中華人民共和國國務院批准的重大文化出版工程

國家文化發展規劃綱要的重點出版工程項目

新聞出版總署列爲『十一五』、『十二五』國家重大工程出版規劃之首

國家出版基金重點支持項目

中華大典

政治典

人民出版社

《中華大典》工作委員會

《中華大典》編纂委員會

《中華大典》前言

《中華大典》是運用我國歷代漢文古籍編纂的一部大型工具書。其目的是爲學術界及願意瞭解中國古代珍貴文化典籍的人士提供準確詳實、便於檢索的漢文古籍分類資料。

中國是世界文明古國之一，幾千年來纂寫和聚集的文化典籍浩如烟海。我國歷代都有編纂類書的優良傳統，具有代表性的《永樂大典》等大多已佚失，現存《古今圖書集成》編就距今也已數百年。爲了適應今天和以後研究和檢索的需要，一九八八年海内外三百多位專家學者和各古籍出版社同仁倡議，在已有類書的基礎上，用現代科學方法編纂一部新的類書《中華大典》。

國務院在關於編纂《中華大典》問題的批覆中指出，編纂《中華大典》『是我國建國以來最大的一項文化出版工程』。本書所收漢文古籍上起先秦，下迄清末，約三萬種，達七億多字，分爲二十二個典，近百個分典，内容廣博，規模宏大，前所未有。

《中華大典》的編纂工作堅持科學態度和百花齊放、百家争鳴方針。儘量采用古精校精刻本，優先采用我國建國後文獻學和考古學的優秀成果。對傳統文化中重要的不同學派的資料，兼收并蓄。運用現代圖書分類的方法，對收集到的資料，精選、精編，力求便於檢索、準確可信。

這項工作從開始起就受到中共中央、國務院和有關部門的重視和支持。國家主席江澤民、國務院總理李鵬分别爲《中華大典》題詞。江澤民的題詞是：『同心同德群策群力認真編好中華大典爲建設有中國特色的社會主義服務。』李鵬的題詞是：『繼承和弘揚民族優秀傳統文化。』全國政協主席李瑞環、國務委員李鐵映也作了重要指示，要求抓緊辦理。一九九〇年五月，國務院批准《中華大典》爲國家重點古籍整理項目。一九九二年九月，正式成立了《中華大典》工作委員會和《中華大典》編纂委員會，召開了《中華大典》工作、編纂會議。自此，《中華大典》的編纂工作由試點轉入正式啓動，逐步鋪開。

編纂《中華大典》，學術性很强，工作量很大，工程十分艱巨，全賴廣大專家學者和全國各有關高等院校、科研院所、圖書館、出版單位的鼎力支持與積極參與。大家本着弘揚中華民族優秀文化的心願，發揚奉獻精神，克服各種困難，團結協作，給這部巨大類書的出版提供了根本保證。在此謹表示誠摯的謝意。

對本書的批評與建議，我們將十分歡迎。

《中華大典》編纂委員會

一九九七年四月

《中華大典》編纂通則

一、性質：《中華大典》（以下簡稱《大典》）是對漢文古籍（含已翻譯成漢文的少數民族古籍）進行全面的、系統的、科學的分類整理和彙編總結的新型類書，是在繼承歷代類書優良傳統、考慮漢文古籍固有特點的基礎上，借鑒和參照近代編纂百科全書的經驗和方法編纂而成。編纂《大典》的目的，是爲學術界及願意瞭解中國古代珍貴文化典籍的人士提供各種分門别類的、準確詳細的古代漢文專題資料。

二、規模和體例：《大典》所收古籍的時限，上自先秦，下迄辛亥革命。全書共收各類漢文古籍三萬餘種，約七億字。全書體例，着重汲取清代《古今圖書集成》所采用的經目和緯目相交織這一統一框架結構的模式，同時參照現代科學的學科、目録分類方法，并根據各類學科内容的實際情況，一般將每一大類學科輯爲一典，也有將幾個相關學科共輯爲一典的。對各典名稱，均以現代學科命名，對於所收入的各種古籍資料，亦儘可能納入現代科學分類體系之中。

三、經目：大典共分二十四個典，即哲學典、宗教典、政治典、軍事典、經濟典、法律典、教育典、語言文字典、文學典、藝術典、歷史典、歷史地理典、民俗典、數學典、物理化學典、天文典、地學典、生物學典、醫藥衛生典、農業典、林業典、工業典、交通運輸典、文獻目録典。典以下以分典、總部、部、分部分級，分部之下的標目根據各學科特點由各典自行擬定。

四、緯目：共設置九項緯目，用以包容各級經目的具體内容：

①題解：對有關學科的名稱、概念、涵義、特點等作總體介紹的資料。

②論説：有關理論部份的資料。

③綜述：有關學科或事物的系統性資料，凡有關學科或事物的性狀、制度、範疇、特點及學科地位、發展情況等具體内容均編入此緯目中。

④傳記：有關人物的傳記资料。

⑤紀事：有關學科或事物的具體活動或事例的資料。

⑥著録：重要人物或文獻的有關著作資料，如專集介紹、序跋、藏書題記，以及有關著作的成書經過、版本源流等。

⑦藝文：有關屬於文學欣賞性的散文或韵文。

⑧雜録：凡未收入以上各緯目，而又有較高參考價值的資料，均入雜録。

⑨圖表：根據有關經目的内容需要，圖與表附於相關專題之下，或集中彙總於某級經目之後。

《大典》以内容分類安排各級緯目，各級緯目的正文，一般以原書爲單位，按時代順序排列。每一條資料前標明出處，包括書名或作者名、篇名或卷次，以利讀者核對原書。

五、書目：每分典後附有該分典所收書之書目，書目包括書名、作者、時（年）代、版本等内容。時代以成書時代爲準，成書時代不詳者，以作者主要活動時代爲準，并遵從歷史習慣。

六、版本：《大典》在選用版本時儘量采用古人的精校精刻本，亦采用學術界通用的近、現代整理圈點本及現代學者校點整理本。

七、校點：爲儘可能保存古籍原貌，《大典》祇對底本中明顯的脱、訛、衍、倒進行勘正。古本中的避諱字一般不作改動，祇對缺筆字補足筆劃。後人刻書時避當朝人諱而改動的字，據古本改回。《大典》采用新式標點法。

一九九六年八月

《中華大典·政治典》編纂委員會

《中華大典·政治典》編輯出版工作委員會

《中華大典·政治典》序

政治是以國家、政府、權力爲基托、爲軸心而存在、運行和發展變化的一種社會歷史現象與活動。國家不同，政治亦異；時代不同，該國政治尤異。中國是世界上一個偉大的統一的多民族國家，是一個地廣人衆、歷史悠久而又富有革命傳統和優秀遺産的國家，是一個經歷過奴隸社會、封建社會、半殖民地半封建社會滄桑巨變的國家。其政治進程之綿長曲折又前途光明，其政治結構之中心突出又複雜多端，其政治運作之弘遠雄深又具體而微，其政治思維之批隙導窾又求真務實，在人類歷史和國際舞臺上都是極具特色且罕有儔匹的。

《政治典》作爲《中華大典》所屬二十四典之一，旨在依照《〈中華大典〉編纂通則》，結合中國古代政治暨近代政治實際而詳定義例，彙輯史料，上起先秦，下至晚清，形成一部規模空前、分類準確、選材精當、編排得體的新型專科大類書，爲此遂凸顯下列主題和主綫：

一、統一的多民族國家創建與發展的總歷程和大趨勢。從傳説時代的部落聯盟——炎黄族屬集團、東夷族屬集團、苗蠻族屬集團到夏商周奴隸制王朝先後崛起，復經春秋大國爭霸，戰國七雄兼併，標志着中國作爲統一的多民族國家在孕育，在肇興；逮至秦漢，則非僅宣告正式建立和形成，幷且得到鞏固與壯大；其後隋、唐王朝相繼勃興，遂轉入强盛；歷經元、明、清迭次經營，到康乾時期更空前恢廓，愈益雄盛，穩固定型，巋然屹立於世界的東方。交替出現在其間的由諸侯列國尤其是對峙政權如南北朝、宋遼夏金造成的分裂局面，實質上都在爲最終實現或恢復、重建、再造大一統國家準備條件，積蓄力量，採取行動。儘管歷程艱難曲折，但統一始終構成了中國政治和中國歷史發展的主流，蘊涵并貫注着各族人民長期所形成的强固的親和力、嚮心力與凝聚力，其勢不可逆轉，亦不可阻擋。

二、政區建制的基本輪廓和變動情形。聚焦在：歷代各王朝及對峙政權的國號由來、命名涵義和世界影響；國土在開闢而互有消長，疆域在拓展而迭有盈縮，最終歸於版圖雄闊定型的歷史結局與定勢；與之相隨的京師、國都的矗立地點，選定緣由，獨特風貌，重大作用及遷都事宜；由分封制到郡縣制、州郡制、道路制、行省制而在其鼎盛時期所分别劃定的封國格局、政區層級和單位數量、等第差别與沿革情況；以及恰與轄境、政區緊密相聯的峰值人口的增減情勢，田地總面積的疊加累積狀況。由此表明中國幅員遼闊、領土廣大、主權歸屬明確和自然資源豐富多樣、孳生人口衆多的歷史淵源。

三、國家元首制度的牢固確立和整體特徵。緊扣在：其一，先秦國王制度遞相推移并向皇帝制度轉變，皇帝制度自秦以降不斷强化而達到頂點、終被廢除的全過程。其二，王制、王權和帝制、皇權在極具排他性的外在標志及物化象徵上，徑從名號、輿服、典禮、器物一直輻射到宫殿、宗廟、社稷、陵墓而轉密加詳的情狀，其威懾力和滲透力所達到的令人望即生畏、動輒觸忌的程度。其三，王位、皇位的尊不可及和禁絶窺覘，終身制與世襲制的共立互持及變例施用，建儲制的輔之而行和愈趨完善。其四，王權、皇權的至高無上、不可分割與不容侵犯，徑直或最終對政事決斷權、軍事統領權、法律掌控權、財政支配權的獨攬、獨裁甚至濫用、妄用的具體表現。其五，由帝王專制而衍生的后妃制度、宦官制度的特定形態與變化軌迹，隨之而造成王權或皇權異化的女主干政亂政、宦官弄權專權等諸多形式和諸類現象。其六，專制主義在中國歷史上所産生的客觀積極作用與嚴重消極影響。

四、國家政權組織的漸趨完備和運行機制。大要凡三：一是歷代王朝從中央到地方所設置的各級各類行政機構、軍事機構、監察機構的初始形態和鼎立式格局、寶塔形序列，諸如命名取義、職能劃分、内部組成、官職設立、員額配備、職權限定、責任歸屬，相互間主從或平行關係的確定，以及前後因革損益之迹、調整改造之處、權力制衡之局、蕃漢分治之由，特别是宰相職位和職權的演變鏈條與真諦所在。二是歷代王朝所制定的官吏管理制度的基本框架和組成部分，包括選拔任用，考核獎懲，監察法辦，秩品俸禄，輿服印信，公文程式，休假與致仕，旌表與優恤，行政法規定立頒行，以及各朝迭加修正、釐訂之舉，完善、健全之方，特别是科舉制度的優越性、行政立法的悠久傳統等。三是歷代王朝環繞軍國大政形成中央決策的必要程序，付諸實施的步驟和方法，特别是國王、皇帝在其中所起的決定性作用。從而得見：中央集權同地方分權互有消長而地方分權越往後越受嚴格控制的定勢，皇權同相權互有升降而相權越往後越被大幅削弱的趨向，在制度設計安排上保證國家機器正常運轉、一姓家天下長治久安的明智措置、成熟經驗暨必不可免的流弊痼疾。

五、政治意識形態的掌控方針和灌輸手段。突出顯現在：夏商周學在王官而被春秋私學勃興所衝決，早期天命觀盛行而被後期人事論繼起所淡化，戰國時代允許甚至鼓勵、歡迎百家爭鳴或以法爲教、以吏爲師而遽被漢代罷黜百家、獨尊儒術所取代，儒術遂屢經改造和變换理論形態而始終居於思想主宰地位。舉凡統一經學、御纂專書、敕編羣籍、設館修史、經義取士，又與之整合組配，爲其加重地位，加深影響，加大作用。面對道教、佛教，則基本實行既利用、又限制的政策，但對異端學説則一直抱定力行排斥、多方遏制甚且封殺的態度，而從焚書坑儒到大興文字獄之類的高壓鉗制手段又輪番施用，一脈相承，進而構築起定於一尊的嚴密乃至嚴酷的思想統治網、思想調控鏈和思想禁錮圈。

六、政治變遷的關鍵環節和往復曲綫。重中尤重者爲：歷代圍繞國家統一與分裂而採取的因時而異的平叛、削藩、靖邊等重大舉措，圍繞國家利益和安全而組織的戰績可觀的收復國土、抗擊外侵的軍事行動，圍繞富國强兵、起衰救弊而從事的效果迴别的變法革新運動，圍繞國家最高權力或中樞權力而展開的包括政變在内的殊死較量和激烈角逐。以及開國守成時期的政迹與景觀，盛世大治階段的規模與氣象，中興復振之際的局面與圖景；與此形成鮮明對照的政治危機的窘境困局，末世敗政的危情險態，亡國一幕的淒情慘狀；政治偉人的與時俱進和卓越建樹，政治敗類的倒行逆施和劣迹惡行。既於交織互動、循環往復之中，益明主流所在，愈顯人心所向；又於錯綜複雜、跌宕起伏之下，更見大勢所趨，頗有規律可尋。

七、近代中國以八大事件爲主綫而展開的『兩個過程』及其重大轉折點和蘊含其間的未來走向，在此過程中所啓動的與之密不可分、息息相關的後發晚生型近代化進程，特別是其中深受外來影響而出現的政治新要素、新形式、新徵象和新動態。諸如傳統官制向新式官制的初步轉型，正規化海軍的首次組建，新軍的編練，警政的創辦，地方自治的倡行，君主立憲制的提上日程，大清國旗和大清國歌的先後制定。尤須彰明的則是：社團政黨的相繼建立，婦女解放運動的持續高漲，收回利權運動的迅猛發展，清王朝和封建帝制終被推翻，等等。

八、對外關係的構建模式和演進趨向。更多投注在：兩漢以來陸上和海上通道亦即絲綢之路的開闢與延伸，沿綫商港口岸的設置與拓展，各王朝務使朝貢體系得以確立并趨於完備化的主要措施，相繼奉行并一以貫之的以維繫和平爲宗旨的外交政策，遞次同亞洲、歐洲、非洲、美洲諸國結成的政治關係或政治聯繫，與之同步的重大通使活動，官方及民間經濟貿易往來所達到的頻度與强度，物質文化和精神文化交流所臻及的廣度與深度，以及閉關鎖國的弊害，晚清屈辱外交的惡果。從而昭示貫穿其間的由近而遠、由疏而密、由表而及裏的演變總趨向，彰顯中國在清中葉以前所長久贏得的崇高國際威望，佔據的領先地位，起到的主導作用，發揮出的巨大感召力和影響力，宣明中華民族所獨有的熱愛和平、珍視友誼、開放包容的民族特質、禀賦與風采。

九、深邃政治智慧的聚結和優秀政治理論遺産的積澱。歷久而彌珍者爲：駕馭全局的體系化、邏輯化的治國大道，卓見成效的綱目化、部門化的施政要術，對內憂外患確可緩解或化除的真知灼見與方略方策，對國家興衰存亡定律的多方究詰與深切剖判，富有民族思維特性的政治哲學觀點和政治認知成果，頗具普適性、警策性的政治名言和政治格言，世代延續的强烈愛國精神和深沉憂患意識，前所未有的近代民主革命思潮等。

凡此種種，歸結到一點，便是對中國數千年政治實踐活動和政治思想精髓進行集中梳理、系統復原、重點展示和內在揭櫫，使之軒豁呈露在今人面前，形成政治楷式同政治炯鑑的結合體，闡揚中華政治文明獨樹一幟又別開生面的創獲性成就，以供各界精英進一步深究詳探。

基於上列主體內容，《政治典》構建了由六級『經目』同四個『緯目』交織互持的框架結構，用以顯示主題，突出類別，統括和承載起傳世古籍暨出土文獻中與之恰相對應的宏富資料。六級經目除『典』居首外，下設六個『分典』，即：先秦政治分典、秦漢政治分典、魏晉南北朝政治分典、隋唐五代政治分典、宋遼夏金政治分典、元明清政治分典（由古代卷、近代卷兩大部分組成）。每一分典（除元明清政治分典近代卷之外），再設六個總部，即：政區總部、皇帝制度總部（先秦政治分典內爲『國王暨國君制度總部』）、官制總部、政治嬗變總部、對外關係總部（先秦政治分典內爲『邦交總部』）、政治思想總部；元明清政治分典近代卷則爲：政區變更總部、新設官制總部、政治嬗變總部、對外關係總部、社團政黨總部、政治思想總部。在各總部之下，復設若干個『部』、『分部』及『專題』。通過『分典』的斷代厝置和自成單元，旨在凸現各個歷史階段和相應朝代所獨具的最突出、最鮮明的政治特點；藉助各『總部』以迄『專題』的多維涵蓋和層級布列，旨在標揭特定時代的諸多政治根本問題、關鍵問題、重大問題、緊切問題及其深層底藴；進而通體聚合并前後銜接起來，即形成格局突兀而立且脈絡清楚、綫索明晰、要點俱在的相對完整的邏輯體系。

本典所設四個『緯目』爲：『綜述』、『論説』、『藝文』、『雜録』，適得其所地依次配置在『部』、『分部』或『專題』之下，組成每級『經目』所包納的具體內容和全部資料的展開區間和宣示點位。其中『綜述』集中收録切合於本經目的最基本、最主要的史實方面的資料，『論説』集中收録切合於本經目的包括針鋒相對之論、孤偏奇特之論在内的各種評議性的精彩文字，『藝文』集中收録切合於本經目的詩、詞、曲、賦和諸體文章，『雜録』則集中收録切合於本經目的具有補充、延伸、拾遺、考證等作用的相關資料。四個『緯目』之間各有側重，彼此映照，互作支撑，融爲一體。

《政治典》依託於相得益彰的既定經緯目框架結構，在資料搜集選定和編排上，大力講求『六强三化』。『六强』謂：『廣博性』和『對應性』雙『强』；『原始性』和『典型性』雙『强』；『完整性』和『獨特性』雙『强』。『三化』指：系統化、條理化、嚴密化。但凡輯録在各級經目之『四緯目』下方的資料各歸其類，密合無間，有倫有脊，渾然一體，是爲系統化。但凡輯録在各級經目之每一『緯目』下方的資料，通常俱按資料産生年代（具體引用典籍的成書年代）依序排列，縱貫而下，紅綫穿珍珠，形成一條龍，是爲條理化。在例行操作和技術層面上符合各項規範要求，恰切進行技術性加工等，是爲嚴密化。

《中華大典·政治典》以四千七百萬字的篇幅，力圖達成政治學原理和中國政治史的有機統一，實現傳統大型類書同現代新型類書的恰切整合，熔鑄成信息密集化的中國古代和近代政治資料庫，發揮出『經世致用』的直接功能，特向國家機關工作人員、社會各界研究者提供一九一一年以前豐富翔實、足資參取、利於統覽、便於查檢的政治專題素材與原始史料，并對總結治國理政的成功經驗和深刻教訓，完善國家治理體系，鞏固民族大團結，促進祖國和平統一大業，擴大中華政治文明的國際影響力，庶幾不失其借鑑意義、啓迪作用和輔助功效。

《中華大典·政治典》由河北師範大學、貴州師範大學、魯東大學、山東大學、山東理工大學、南開大學、天津師範大學、天津市社會科學院、北京外國語大學、河北大學、河北工業大學、山西大學、河南科技大學、湖北大學、華南師範大學、雲南大學、雲南師範大學等全國二十餘所高等院校、科研院所各具專長的學術同仁精誠合作，共同編纂，六易寒暑，始得告竣。期間始終得到《中華大典》工作委員會、《中華大典》編纂委員會、《中華大典》辦公室和國家出版基金規劃管理辦公室高屋建瓴的宏觀指導和强有力支持；人民出版社領導與責任編輯更爲本典確保并持續提升質量提出了許多寶貴意見，付出了大量學術心血和升華性的審訂勞動。謹此深致謝忱。本典有待社會檢驗和時間考驗，倘蒙海內外方家和廣大讀者不吝賜教，則如獲至寶，於此翹首以待。

《中華大典·政治典》編纂委員會

二〇一四年十月十五日

主編：温玉春

中華大典·政治典

魏晉南北朝政治分典

《魏晉南北朝政治分典》編纂委員會

主　編：温玉春

編　委：（按姓氏筆劃排列）

李小平　吴增輝　金久紅　張　敏　董文武　温玉春

撰稿人：（按姓氏筆劃排列）

司楊娜　李小平　李曉艷　汪志遠　吴增輝

金久紅　柳　青　幽亞雪　馬德青　張　敏

張　闖　董文武　温玉春　劉常飛

《魏晉南北朝政治分典》編纂説明

《中華大典·政治典》按時代不同，下設六個分典，《魏晉南北朝政治分典》是其中第三個。

魏晉南北朝所處時段是中國歷史上非常重要的一個時期，也是非常具有特色的一個時期。它處於中華文明上升時期的兩大輝煌王朝——漢和唐之間，具有承上啓下的作用；同時，它又處於漢唐皇權日趨强大的中衰階段，不但内部四海幅裂（四百年内只有西晉三十年短暫的統一），特别是在北方，少數民族政權迭次建立（史稱『五胡亂華』），民族衝突和融合形勢異常複雜。這個時期也是中國南方得到廣泛開發和中外交往全面展開的開始時期。這些，都無不對魏晉南北朝時期的政治産生了巨大影響。

《魏晉南北朝政治分典》力圖通過廣泛搜集歷代資料，慎選精校，在《中華大典·政治典》整體格局之中，突出本時期的歷史特點，展示本時期的政治風貌，爲後人的進一步研究提供便利。

在此指導思想下，本分典主要格局安排如下：首先設立了『政區』、『皇帝制度』、『官制』、『政治嬗變』、『對外關係』、『政治思想』六個總部。總部之下，又設立了數量不等的部、分部和專題。由總部、部、分部、專題，構成了本分典的經目。在各經目之下，又根據情況設立了『綜述』、『論説』、『藝文』、『雜録』四個緯目（政治名人和政治思想家部下還有『傳記』），在各緯目中，把各條資料按照成書年代先後依次排列，以使各種資料類别鮮明，錯落有致，更加便於反映主題，並進而加以理解和利用。

本分典在資料的采選和編排上，按照類書的性質，遵守《中華大典·政治典》『六强三化』（采選上『對應性』和『廣博性』雙强、『原始性』和『典型性』雙强、『獨特性』和『完整性』雙强，編排上條理化、嚴密化、系統化）的總體要求，力爭符合不寬不窄、不冗不漏、比例協調、重複率低的操作規範。在此範圍内，對一些細節，本分典還根據具體情況，進一步做了靈活處理，擇要説明如下：

（一）魏晉南北朝是一個分裂嚴重的歷史階段，最嚴重的時期，與東晉和南朝並存的，竟有至少十六個政權。這給細目的設立造成了一定的困難。因此，我們在必要時采用了在專題下再加小標題的方式。雖有叠床架屋之嫌，但整個分典的編纂框架因此而更加明晰。

（二）版本問題歷來重要，由於時間精力有限，本分典所用各書的版本均爲通行版本（如《三國志》即用中華書局一九五九年點校本），對同仁近期所做校勘成果或未能及時吸收。讀者在參考利用時，可以根據自身需要自行完善。

（三）对于資料中的異體字，根據《中華大典·異體字規範字表》進行了改動。中間省略部分，以『【略】』表示。但因截取原文，會導致理解困難，所以添加了必要的補充説明，例如『（建安）十三年』。

（四）許多注文（如《三國志》裴注、《資治通鑒》胡注），無論是作者自注，還是後人另注，都具有寶貴價值。而許多注文，跟正文有着血肉聯係，是不能被孤立地利用的。所以我們在采選時，對正文和注文，儘量不拆開，本着正注夾雜的原則羅列，並用不同字體、字號或括弧予以區别。

（五）像《資治通鑒》這樣的書，因爲它所參考的資料大多尚存，所以其内容大部分都是二手資料，原則上應該不予采選；但這不是絶對的，其實書中，特别是有關魏晉南北朝部分，頗有今已不見而於此僅見的資料。更何况，司馬光慧眼獨具之識斷、胡三省闡幽發微之注評，亦比比皆是。所以對這樣的書，我們並不簡單排斥。

（六）古代的類書，如《北堂書鈔》、《太平御覽》等，如果引文原作尚存，那麼作爲本分典的資料出處，自然是不可以的。但是，有些引文確實原作已佚。且不説有的佚文没有輯本，即便有，因爲種種原因，利用者也很少徵引輯本。所以對於確實原作已佚且現在最早見於類書的資料，我們便以此類書作爲本分典的資料出處。

（七）『藝文』緯目下的詩文，因爲篇幅短小，且相對次要，並且時間緊迫，所以我們多采用《全唐詩》、《全宋詞》等大型總集作爲資料出處，不再細究爲何未選用收録該詩文的别集或選集了。讀者將來可以在需要時以此作爲綫索，自行查找。

參加《魏晉南北朝政治分典》編纂的作者較多。其中政區總部由温玉春、董文武完成，皇帝制度總部由張敏完成，官制總部由金久紅、柳青完成，政治嬗變總部由李曉艷、司楊娜、幽亞雪、張闖、張敏、劉常飛完成，對外關係總部由李小平、汪志遠完成，政治思想總部由吳增輝完成，全分典藝文部分由馬德青完成。

由於水平和時間所限，本分典必然存在諸多弊病。尚祈學界同仁海涵、指正。

《中華大典·政治典·魏晉南北朝政治分典》編纂委員會

二〇一七年四月十五日

目録

三

政區總部

通紀概說部

國號疆域分部

綜述

元·馬端臨《文獻通考》卷三一五《輿地考一·總敍》 魏氏據中原，有州十二：司隸、荆、豫、兗、青、徐、涼、冀、幽、幷、揚、雍。揚治壽春，今郡；徐治彭城，今郡；荆治襄陽，今郡；涼治武威，今郡；餘並依前式。有郡、國六十八。東自廣陵、文帝黄初六年親征，幸廣陵故城。及旋師，留張遼屯江都。齊王嘉平後屬吳，即今郡。壽春、毌邱儉、諸葛誕皆鎮之。合肥、明帝青龍元年，滿寵於合肥西北三十里築新城，吳軍頻攻不拔，即今廬江郡。故魏明帝云：『先帝東置合肥，南守襄陽，西固祁山，賊來輒破於三城之下者，地有所必爭是也。』沔口、建安十三年，文聘為江夏太守，鎮焉。其後吳軍頻攻不拔。青龍後屬吳。即今漢陽郡。西陽、黄初中，滿寵令將守之。今齊安郡。襄陽，建安二十四年，徐晃守之，蜀將關羽攻，不下。重兵以備吳。江、淮之間，除鎮兵處，更無人居。青龍之中，孫權遣數千家佃於江北，為滿寵破也。西自隴西、今郡是。南安、今隴西郡隴西縣。齊王嘉平五年，蜀將姜維來伐，攻隴西、南安，皆不剋。祁山、明帝太和二年，蜀將諸葛亮攻祁山城，不拔，今同谷郡長道縣東十里。漢陽、明帝青龍二年，蜀將諸葛亮來伐，遣兵備於此，即今天水郡。陳倉，建安二十四年，因蜀將破夏侯妙才於漢中，遂令張郃守陳倉。太和二年，諸葛亮以數萬人攻陳倉，將軍郝昭以千人守二十餘日，不拔，在今縣東二十里故城是。攻郿不剋，在今縣東北十五里故郿城是。並今扶風郡。重兵以備蜀。

蜀主全制巴蜀，置益、治成都，今郡。梁治漢中，今郡。二州，有郡二十二。以漢中、建安末，破魏將夏侯妙才後，遂有漢川，以魏延鎮守，後蔣琬、姜維相繼鎮於此。即今郡地。興勢、後主延熙七年，將軍王平守之，魏大將軍曹爽攻，不剋。今洋州郡興道縣也。白帝，先主章武元年屯之，遂為重鎮。後主建興十五年，吳將全琮來攻，不剋。即今雲安郡。並為重鎮。

吳主北據江，南盡海，置交、治龍編，今安南府。廣、孫權置，治番禺，今南海郡。荆、治南郡，今江陵郡。郢、治江夏，即今郡。揚治建業，今丹陽郡江寧縣。五州，有郡四十有三。以建平、自孫權黄武初，破蜀先主後得之。孫皓天紀四年，晉軍沿流來伐，守將吳彦請增兵，皓不從。今巴東郡。西陵、建安二十四年，蜀將關羽北討魏將于禁等於襄陽，陸遜為宜都守，鎮此。黄武初，蜀先主來伐，遜大破之，後步闡、陸抗並鎮焉。即今夷陵郡是也。樂鄉、吳孫皓建衡三年，陸抗所築樂鄉城，後朱然修之，戍焉。晉王濬攻樂鄉，獲水軍督陸景，平西將軍施洪以城降。在今江陵郡松滋縣東。南郡、自建安末剋關羽後，蜀將糜芳來降，遂得之。孫皓鳳皇元年，將張咸、任延並守之。晉軍平吳，當陽侯杜元凱趨於此。即今江陵郡。巴邱、建安十九年，魯肅、孫皓；寶鼎元年，萬彧並鎮守。即今巴陵郡。夏口、建安十三年，孫權征黄祖，剋之，後遂置兵鎮。孫皓天紀元年，孫慎守之。及晉平吳，將軍胡奮趨於此。即今江夏郡是。武昌、孫權甘露元年，城武昌，陸遜、諸葛恪鎮守。及晉平吳，將軍王戎趨於此。即今江夏郡是。皖城、建安十九年，孫權剋之。赤烏四年，諸葛恪屯此。今同安郡。牛渚圻、孫皓天紀末，何植鎮守。晉平吳，大將王渾趨於此。即今宣城郡當塗縣采石也。濡須塢，建安十七年築，後曹公頻來攻，不剋。在今歷陽縣西南百八十里。並為重鎮。其後得沔口、孫權嘉禾後，陸遜、諸葛瑾屯守。邾城、赤烏四年，陸遜常以三萬兵戍之。今齊安郡東西界，臨江與江夏郡武昌相對。廣陵。孫亮建興三年，衛尉馮朝城廣陵。自三國鼎立，更相侵伐，互有勝負，疆境之守，彼此不常，纔得遽失，則不暇存也。今略紀其久經屯鎮及要害之地焉。其守將亦略紀其知名者，餘不可遍舉，他亦類此。

晉武帝太康元年平吳，分爲十九州部：置司州，治洛陽；今河南府。兗治廩邱；今濮陽郡雷澤縣是。豫治項；今淮陽郡項城是。冀治房子；今趙郡是。幷治晉陽；青治臨淄；徐治彭城；荆初治襄陽，後治江陵；今郡。揚初治壽春，後治建業；涼治武威；分三輔爲雍，治京兆；今府。分隴山之西爲秦，治上邽；今天水郡縣。益治成都；分巴漢之地爲梁，治南鄭；今漢中郡縣。分雲南爲寧，治雲南；今郡。幽治涿；今范陽郡范陽縣。分遼東爲平，治昌黎；今安東府。交治龍編；今安南府。分合浦之北爲廣，治番禺。又增置郡、國二十有二，凡州百五十有六，縣千一百有九，以為冠帶之國，盡秦、漢之土。及永嘉南渡，境宇殊狹，九州之地有其二焉。初，元帝命祖逖鎮雍邱，建武初，逖北伐，便屯雍邱。今陳留郡縣。逖死，北境漸蹙。大興四年，逖死。於是荆、豫、自淮北，今汝南、汝陰、南陽等郡以北。青、兖四州今東萊、東牟、高密、北海、淄川、濟南等郡地。及徐州之半，今彭城、瑯琊等郡。陷劉曜、石勒。以合肥、戴若思鎮守之。淮陰、劉隗鎮守，即今山陽郡縣。壽陽、祖約鎮守，後又陷於石勒，季龍死後復之，即今壽春郡也。泗口、劉遐鎮守，即今臨淮縣、宿遷縣。角城安帝義熙中置，亦在宿遷縣界。為重鎮。成帝時，鄴守將退屯襄陽。咸和初，魏該屯鄴，爲劉曜將黃秀所逼而退守襄陽。後亦陷石勒，尋復之。庾翼、朱序皆鎮於此，又為苻堅將苻丕所陷，尋復之。即今郡。穆帝時，平蜀漢，永和三年，桓温西討，擒李勢。復梁、益之地。梁州則漢川，益則蜀川是。又遣軍西入關，至灞上。十年，桓温討苻健於今京兆府萬年縣白鹿原，戰敗。再北伐，一至洛陽，永和十二年，温討慕容儁，破其將姚襄於伊水，時襄已降。一至枋頭，廢帝太和四年，温又討慕容暐，敗還。今汲郡衛縣界。所得郡縣，軍旋又失。洎苻堅東平慕容暐，太和五年。西南陷蜀漢，西北剋姑臧，孝武太元元年，張天錫敗。今武威郡是。則漢水、長淮以北，悉為堅有。及堅敗，太元八年。再復梁、九年，將郭寶平梁州。益、蜀郡太守任權斬苻堅益州刺史李平，益州平。青、徐、兖、豫、司之地。其後青、兖陷於慕容德，安帝隆安三年，德據之，殺幽州刺史辟閭渾，時鎮廣固，即今北海郡。豫、司陷於姚興，隆安三年。以彭城為北境藩扞。朱序鎮守。後益、梁陷於譙縱。義熙初陷。每因劉、石、苻、姚衰亂之際，則進兵屯戍在於漢中、襄陽、彭城，然大抵上明、今江陵郡松滋縣。江陵、夏口、武昌、合肥、壽陽、淮陰，常為晉氏鎮守。其刺史所治，皆置州兵，雖有不經攻圍，互是重鎮，他皆類比。義熙以後，又復青、兖、司、豫、梁、益之地，而政移於宋矣。

宋武北平廣固，晉安帝義熙六年，平慕容超，得青州之地。廣固即今北海。西定梁、益，九年，朱齡石平譙縱。又剋長安，十三年親征，平姚泓。盡得河南之地。長安尋為赫連勃勃所陷，至廢帝滎陽王景平中，武牢以西，復陷後魏。今大較以孝武大明為正，凡二十有二州。揚治建業，南徐治京口，今丹陽郡丹徒縣。徐治彭城，南兖治廣陵，兖治瑕邱，今魯郡縣。南豫治歷陽，豫治汝南，今汝南郡汝南縣。江治潯陽，今郡縣。青治臨淄，初治歷城，今濟南郡縣。後治廣固，後又移治臨淄，即今縣是。冀治歷城，司治義陽，今郡。荆治南郡，郢治江夏，今郡。湘治臨湘，今長沙郡。雍治襄陽，今郡。梁治南鄭，秦亦治南鄭，益治成都，今蜀郡。寧治建寧，今雲南郡。廣治南海，交治龍編，越治臨鄣。今合浦郡。自東晉成帝，中原流民多南渡，遂於江、漢、淮之間僑立州郡，以撫其民。中間併省廢置，離合非一，不能詳制焉。紀其所治經久者，他皆類此。郡凡二百三十有八，縣千一百七十有九。初，文帝元嘉中，遣將北伐，水軍入河，剋魏碻磝、滑臺、武牢、洛陽四城，碻磝即今濟陽郡城，滑臺今靈昌郡城，武牢今汜水縣，洛陽今故洛陽城。其後又失。又分軍北伐，西軍剋弘農、開方二城。並今弘農郡。以東攻滑臺不剋，而平碻磝，守之，尋皆敗退。元嘉二十七年，王玄謨於滑臺敗歸。時柳元景拔弘農、開方，及玄謨敗，亦棄而歸。於是後魏主太武總師，經彭城、臨江屯於瓜步，今廣陵郡六合縣東。退攻盱眙，不拔而旋。臧質守之，魏師攻圍三旬不下。今淮陽郡縣。明帝時，後魏又南侵淮北，青、冀、徐、兖四州及豫州西境，悉陷没。泰始二年，徐州刺史薛安都引魏軍，自是沈文秀東陽城、崔道固歷城，並為魏將慕容白曜所陷。安都以彭城、常珍奇以懸瓠並降魏。懸瓠，今汝南郡城。則長淮為北境，僑徐、兖於淮南，淮陰立兖州，鍾離立徐州。立青、冀二州，寄治贛榆。今東海郡東海縣。其後，十年餘而宋亡。然初强盛也，南鄭、襄陽、懸瓠、元嘉二十七年，後魏主太武率兵攻圍汝南，太守陳憲等距四十餘日，魏人積屍與城齊，不拔而退。彭城、歷城、東陽廢帝景平初，築夔鎮守，後魏攻圍數旬不剋。即今北海郡治東城。皆為宋藩扞。

齊氏淮北之地所以全少，青州治朐山，今東海郡。冀治連口，今臨淮郡連水縣。豫治壽春，豫州自東晉以後，或治淮南，或治淮北，不常其所，今舉其要害之地。北兖治淮陰，北徐治鍾離，又置巴東，治巴。今雲安郡。其餘州郡，悉因宋代，州二十有三，郡三百九十有五，縣千四百七十有四。其後頻為後魏所侵，至東昏永元初，沔北諸郡，相繼敗没。今南陽郡地。又遣軍北伐，敗於馬圈，退屯盆城，魏馬圈城去襄陽三百里，時陳顯達攻圍四十餘日不拔，魏援師至，敗還。在今襄陽郡界。又失壽春。永元二年，豫州刺史裴叔業以城反入魏。後三年，齊亡。齊氏七主，凡二十四年，內難繁興，不遑外略。及東昏暴虐，北境彌蹙也。始全盛也，南鄭、明帝建武二年，後魏大將元英來伐，梁州刺史蕭懿守拒，攻圍百餘日不下。樊城、今襄陽郡安養縣。建武中，後魏主孝文率兵十萬，數旬攻圍，將曹武拒，不下。襄陽、義陽、壽春、高帝又建鎮，謂垣崇祖曰：『兵衝要地，切備魏師。』俄而魏將王肅以師二十萬至，敗而歸。淮陽、角城、明帝初，後魏南侵，以李安仁戍之。漣口、朐山為重鎮。

梁氏州郡，多沿舊制。天監中，州二十有三，郡三百五十，縣千二十有五。其後更有析置，大同中，州百有七，郡縣亦稱於此。自侯景逆亂，建康傾陷，墳籍散逸，不可得而詳焉。初，武帝受禪，數年即失漢川及淮西之地。天監三年，梁州刺史夏侯道遷以本部叛降後魏，自劍閣以北並陷没。又魏將元英破將軍馬仙琕於義陽，失地。其後，諸將頻年與魏軍交戰於淮南、淮北，互有勝負。自天監四年以後，將張惠紹剋魏宿遷城，韋叡剋合肥，裴邃剋霍邱城、朐山城，尋皆敗，唯合肥獨存。雖得懸瓠、彭城，俄而又失。天監六年，魏軍主白早生、豫州刺史胡遜以懸瓠；普通六年，徐州刺史元法興以彭城並內屬，無何，悉復於魏。又剋壽春。普通七年，將夏侯亶、元樹等剋之，獲魏揚州刺史李憲。自齊東昏永元二年陷後魏，至是凡二十七年，南朝始復。大通初，大舉北伐，城鎮相次剋平，直至洛陽，蹔為梁有。大通元年，魏將爾朱榮害胡太后及少主，魏朝大亂，遣將陳慶之率軍送元顥為魏主，入河陽，六旬五日，爾朱榮來攻，慶之渡河，守北中府城，數日顥敗，慶之亦奔退，所得之地，尋亦失之。中府地，即今河陽北城是。其後，又復漢中。大同中，將蘭欽剋之。自天監二年失漢川，凡經四十三年卻復。至東魏，將侯景以河南地降，逆亂相尋，有名無實。及景平後，江北之地，悉陷高齊，漢川、蜀川没於西魏。太清初，侯景以十三州來降，旋為東魏將慕容紹宗所敗。二年，景舉兵反，圍建康，陷之。及景平後，元帝承聖初，齊將辛術南伐，盡復淮南、江北之地，得傳國璽，反於齊。三年，西魏將達奚武陷漢川，尉遲迥陷蜀川，其漢川經九年復失。大抵雍州、今襄州。下溠戍、漢東郡棗陽縣東南。夏口、白苟堆、大同中，東魏靜帝遣將堯雄為南境守將，雄曰：『白苟堆，梁之北面重鎮，請備之。』在今汝南郡真陽縣。硤石城、今汝陰郡下蔡縣。合州、即合肥。鍾離、將康絢鎮守之。淮陰、朐山為重鎮。天監三年，角城戍主柴慶宗以角城；十一年，東莞太守劉晰以朐山並降入魏。

陳氏比於梁代，土宇彌蹙，西不得蜀漢，北失淮肥，以長江為境。文帝天嘉初，湘川之地為周軍所陷；二年，侯瑱剋平之。湘川，今澧陽、武陵、長沙、衡陽等郡之地也。有州四十有二，地轉狹而州益多，暨後州郡又數倍多於前代，故不可詳。郡百有九，縣四百三十有八。宣帝太建中，頻年北伐，諸將累捷，盡復淮南之地。將吳明徹於壽春城斬高齊將王琳。更經略淮北，大破齊軍於呂梁。及旋師，屬高齊亡國，又總軍北伐，至呂梁，周軍來拒，又大破之。自太建五年北伐，七年破齊軍，九年又破周將梁士彥，悉得梁淮北城鎮下邳、朐山。旋為周軍所敗，悉虜其衆，時梁士彥守彭城，明徹來攻未下。十年，周將王軌來伐，明徹退師，全軍没於清口。自是江北之地，盡没於周，又以長江為界。十二年，周大將司馬消難以淮西地來降，又遣將周羅睺攻剋新野，尋並失之。及隋軍來伐，遣將守狼尾灘、後主禎明三年，戚昕守之。今夷陵郡宜都縣界。荆門、將仲肅據之，亦宜都界。安蜀城、將顧覺鎮之，亦夷陵郡。公安，將陳紀鎮之，今江陵郡縣。巴陵以下，並風靡退散。信州道大總管、清河公楊素自峽中舟師東下，東方守將相繼而破。信州即今雲安郡也。隋軍自采石、隋將韓擒虎襲陷之。京口賀若弼襲陷之。渡江而平之。

後魏起自北方，至道武，率兵下山東，攻拔慕容寶中山，今博陵郡唐昌縣。遂有河北之地，於是遷都平城。今雲中郡。慕容氏喪敗，遣將南略地，至於滑臺、許昌、今潁川郡。彭城。明元帝泰常中，始於滑臺、許昌置兵鎮守。道武天興中，長孫肥等剋滑臺、許昌，尋不能守，至是始有之。太武帝時，又得蒲阪、今河東郡。長安、統萬。始光中，遣軍伐赫連昌，剋蒲坂及長安，又剋統萬，後遂滅赫連。統萬即赫連所都，今朔方郡是。神麚中，宋師來伐碻磝、今濟陽郡城。滑臺、武牢，今河南府汜水縣是。戍將皆不守，尋並復之。神麚三年，宋將到彦之、王仲德等陷滑臺、武牢、洛陽，遣安頡、叔孫建等擊敗走之。太延以後，東平遼東，西平姑臧，三年，東伐馮氏；五年，西伐沮渠，並滅之。於是西至流沙，東接高麗，所未得者，漢中及南陽、懸瓠、彭城、青州之南而已。其後，帝自南征，遂臨瓜步，宋淮北城鎮守將，多有敗没。太平真君十一年，因宋將王玄謨來侵，剋碻磝城，戍將濟州刺史王買德棄城而走，宋師至滑臺敗，帝乘勝至江上。獻文天安初，自河之南，長、淮之北，皆為魏有。時因宋晉安王子勳之亂，遣將慕容白曜略地，破宋將沈文秀、畢衆欽、薛安都、崔道固、常珍奇，遂有其地。孝文遷都洛陽，太和十九年徙都。頻歲親征，皆渡淮、沔。二十年，屯八公山；三十年，屯新野及樊城。宣武初，又得壽春，景明初，齊將裴叔業以壽春來降，後至明帝孝昌二年，又陷入梁。續收漢川，至於劍閣，兼得淮西之地。正始初，梁將夏侯道遷以漢中降，又元英破梁將馬仙琕於義陽，遂有其地。莊帝時，梁軍洛陽數旬，敗走。永安初，因爾朱榮害胡太后、少帝之亂，梁將陳慶之送元顥為魏主。爾後內難相繼，不暇外略，三四年後，分為東、西魏矣，皆權臣擅命。具周、齊事中。自永安末年，爾朱世隆稱兵入洛，圖籍散亡，不可詳記。今按舊史云，管州百十有一，郡五百十有九，縣千三百五十有二。按魏收史所載州郡，是東魏靜帝武定中，其時洛陽以西及關中、梁、益之地，悉屬西魏，收猶總而編之。自太武以後，漸更强盛，東征西伐，剋定中原。屬宋明以後及於齊、梁，國土漸蹙，自守不暇，雖時有侵掠，而退不旋踵，故魏之城鎮，少被攻圍，因利進取，不常所守也。

北齊神武東魏天平末，大舉西伐，至蒲津。靜帝天平四年，三道伐西魏，齊神武自總大衆至蒲津，竇泰自風陵濟河，至潼關，高敖曹入武關，陷上洛，以泰軍敗没，並旋師。風陵在潼關北岸相對。西魏乘勝攻陷陝州。周文帝率李弼等東征，下陝州，擒刺史李徽伯。即今陝郡。神武西至沙苑，其年冬，大敗而歸。今馮翊郡界。西軍又乘勝襲陷洛陽。西魏將獨孤如願據金墉。明年，西師又至於河陰，今洛陽縣北。時拒守河陽城，潘相樂守北城，即據此。高永樂守南城，即今城。後周文帝親征，不剋。西師敗歸。大象元年，周文帝親征，敗還。如願亦棄金墉遁走，神武遂毁其城。其後，神武攻圍西魏玉壁，不剋。興元四年，西魏將王思政守之。今絳郡稷山縣。西師來伐，至於邙山。武定初，周文帝親征，神武禦之，敗。殺周將王雄。後神武又圍玉壁，不剋。武定四年，西魏將韋孝寬守之。文襄遣將圍潁川，拔之。自武定五年冬攻圍，至明年六月城陷。於是河南自洛陽之西，河北自晉州之西，今平陽郡。悉入西魏。文宣之世，命將略地，南際於江矣。天保二年，屬侯景亂梁，遣辛術南討，遂得傳國璽；又過江得梁夏口。後二國通和，旋師矣。武成河清中，築戍於軹關。河清二年，遣斛律光築之。今河南府濟源界。其年，周軍至洛陽，敗還。晉公護統軍，將楊標等至軹關敗走。後主武平中，陳軍來侵，盡失淮南之地。武平五年以後，陳將吳明徹頻歲來侵，淮南城鎮皆不守，諸將累敗。周師攻拔河陰大城。周武親征，有疾，班師。幼主崇化末，西師攻拔晉州，今平陽縣。因之國滅。齊都於鄴，即今郡縣。自東、西魏之後，天下三分，梁、陳有江東，宇文有關西。高氏據河北，有州九十有七，郡百六十，縣三百六十有五。文宣天保七年，已併省州三，郡百五十三，縣五百八十九，鎮二，戍二十六。當齊神武之時，與周文帝抗敵，十三四年間，凡四出師，大舉西伐，周師東討者三焉。略舉齊神武、周文帝統師親征，諸將攻戰則不絕紀。自文宣之後，纔守境而已。大抵西則姚襄城、今文城郡西城，姚襄所築。西臨黄河，控帶龍門之險，周、齊交爭之地。後主武平二年，大將斛律光破周兵於城，遂立鎮焉。洪洞、今平陽郡縣北故城，控據惡險。崇化末，周師既剋晉州，其城主張元靜以城降周。晉州、武平關、三關並今絳郡正平縣界。柏崖、城侯景所築，今河清縣西。軹關、河陽，南則武牢、陸子章增築城守。洛陽、北荆門、今陸津縣東北故城是。孔城防、今伊闕縣東南故城是。汝南郡、今臨汝郡梁縣南。魯城，今汝南郡魯山縣東北。置兵以防周寇。自洛陽之南，襄城、汝陰、汝南以北，皆齊有。及陳師侵軼，數歲齊亡，南境要害，未遑制置也。

周文帝西魏大統中，東魏師至蒲津。文帝大統二年，齊神武親征至蒲津，以竇泰死，退軍。文帝東征，剋陝州，兼得宜陽郡、邵郡。邵郡，今絳郡垣縣。宜陽郡，今福昌縣。東師又至沙苑。其年冬，齊神武親征，大敗，走。後文帝東征，至河陰，先勝後敗，大統四年，殺魏將高敖曹也。築城於玉壁。大統八年，將王思政築之，齊神武攻圍不剋。至十二年，韋孝寬守之，齊神武又攻圍六旬，不剋。文帝又至邙山，先勝後敗，大統九年。得梁雍州。十六年，梁雍州刺史岳陽王詧舉州內附。廢帝初，剋平漢中，梁侯景逆亂，遣達奚武剋之。又遣軍平蜀。將尉遲迥剋之。文帝西征至姑臧，後又平江陵。齊王廓後元初，于謹平之，殺梁元帝。自是疆理西有姑臧，西南有全蜀，南至於江矣。明帝武成二年，將賀若敦剋陳湘川之地，三年失之。今澧陽、武陵、長沙、衡陽等地是。其河南自洛陽之東之北，河東自平陽之界，屬於高齊。至武帝建德中東征，拔齊晉州城，尋又東征，破齊師於晉州城下，建德五年，攻拔晉州，使梁士彥守之。齊後主來攻，三旬餘不拔。六年，又破齊後主軍。乘勝平齊。後遣軍破陳軍於呂梁，將王軌破陳將吳明徹，悉虜其衆也。其東南之境，盡於長沙。通計州二百十有一，郡五百八，縣千二十有四。當全盛戰爭之際，則玉壁、初王思政守，後韋孝寬守，東軍攻不拔，遂置勳州。邵郡、齊子領、今王屋縣東二十里周、齊分界處。通洛防、故函關城，武帝保定中改名。在今新安縣東。黄櫨、三城、今永寧縣西北。宜陽郡、陝州、土𠠷、今長水郡西北二十五里。三荆、將獨孤信略定北荆州，即今伊陽縣。東荆州後改名淮州，今淮安郡。荆州今南陽縣。三鵶鎮，今汝州魯山縣西南，名平高城。置兵以備東軍。

清·汪士鐸《南北史補志》卷五《地理志一》 敍曰：自古聖王之受命也，莫不體國經野以為人極。上應躔次，下裂山河，分疆畫界，建都錫社。【略】逮炎靈數盡，三國爭强，兵革屢興，户口減半。有晉太康之後，太康中，户二千二百四十五萬九千八百四，口一千六百一十六萬三千八百六十三。文軌方同，大抵編户二百六十餘萬。東京無復朔方，改交趾曰交州，凡十二州，司隸所部如故。及三國鼎峙，吳得揚、荆、交，蜀得益州，魏氏得九而吳分交為廣。魏末平蜀，又分益為梁。晉武帝太康元年，天下一統，凡十有六州。後又分涼、雍為秦，分荆、揚為江，分益為寧，分幽為平，而為州二十。尋而五胡逆亂，二帝播遷，東晉洎于宋、齊，僻陋江左；苻、姚之與劉、石，竊據中原，事迹糾紛，難可具紀。自夷狄亂華，司、冀、雍、涼、青、幷、兗、豫、幽、平諸州一時淪没，遺民南渡，僑置牧司，非舊土也。江左又分荆為湘，凡有揚、荆、湘、江、梁、益、交、廣，其徐州則有過半，豫州唯得譙城而已。及至宋世，分揚州為南徐，徐州為南兗，揚州之江西悉屬豫州；分荆為雍，分荆、湘為郢，分荆為司，分廣為越，分青為冀，分梁為南、北秦。太宗初，索虜南侵，青、冀、徐、兗及豫州淮西並皆不守，自淮以北悉入于魏，於是於鍾離置徐州，淮陰為北兗，而青、冀二州治贛榆。故《宋·志》大較以大明八年為正，其後分派，隨事記列。内史、侯、相則以昇明末為定。地理參差，其詳難舉，實由名號驟易，境土屢分，或一郡一縣割成四五。今以班固馬彪二《志》、太康元康定户、王隱《地道》、晉世《起居》、《永初郡國》、何徐《州郡》及地理雜書，互相考覈。且《三國》無志，事出帝紀，雖立郡時見而置縣不書。今唯以《續漢·郡國》校《太康地志》，參伍異同，用相徵驗。自漢至宋，郡縣無移改者，則注云漢舊。其有回徙，隨源甄別。若唯云某無者，則此前皆有也。若不注置立，史闕也。宋孝武大明八年，户九十萬六千八百七十，口四百六十八萬五千五百一。蕭齊嗣之，土宇已蹙，《志》所載者州二十三。梁武帝除暴寧亂，奄有舊吳，天監十年有州二十三、郡三百五十、縣千二十二。其後務恢境宇，頻事經略，開拓閩、越，剋復淮浦，平俚洞，破牂柯，又以舊州遐闊，多有析置。大同年中，州一百七，郡縣亦稱於此。既而侯景構禍，臺城淪陷，墳籍散逸，注記無遺，郡縣户口不能詳究。逮于陳氏，土宇彌蹙，高祖平陳，合州四十、郡一百、縣四百、户五十萬、口二百萬。宣帝時，户六十萬。西亡蜀漢，北喪淮、肥，威力所加，不出荆、揚之域，州有四十二，郡唯一百九，縣四百三十八，户六十萬。魏定燕、趙，遂荒九服，夷翦逋偽，國一家遺之度外，吳、蜀而已。天賜元年，初限縣、户不滿百罷之。正光已前，時惟全盛，户口之數比夫晉之太康倍而已矣。孝昌之際，亂離尤甚，恒、代而北盡為邱墟，崤、潼已西煙火斷絶。齊方全趙，死如亂麻，於是生民耗減且將大半。永安末年，胡賊入洛，官司文簿散棄者多，往時編户全無追訪。今録武定之世以為志焉。州郡創改，隨而注之，不知則闕。内史及相，仍代相沿。然自明莊，寇亂紛糾，改代既廣，啓土逾衆。王宫錫社，一地累封，不可備舉，故總以為郡。其淪陷諸州户據永熙綰籍，無者不録焉。後魏太和十一年云：户口倍于太康。案：晉太康元年，户二百四十五萬三千八百，此則五百餘萬也。爾朱亂後，户三百三十七萬五千三百六十八。後齊承魏末喪亂，與周人抗衡，雖開拓淮南，而郡縣僻小。天保七年，併省三州、一百五十三郡、五百八十九縣、二鎮、二十六戍，然則未省以前，凡一百州、三百十三郡、九百五十四縣也。天保之末，總加併省，洎乎國滅，州九十有七、郡一百六十、縣三百六十五、户三百三萬。周氏初有關中，百度草創。廢帝三年，凡改州四十六，置州一，改郡一百，改縣三百三十云。遂乃訓兵教戰，務穀勸農。南清江漢，西兼巴蜀，卒能以寡擊衆，戡定强鄰。案：《北史·周紀》平齊得州五十五、郡一百一十二、縣三百八四五、户三萬六千五百八十八、口二百萬六千八百八十六。及於東夏削平，多有省廢。宣帝時、户三百五十九萬九千六百四。大象二年通計，州二百一十一、郡五百八、縣一千一百二十四。

清·謝鍾英《三國疆域表·下》 凡三國疆域，州十七部，郡一百四十六，國十一，屬國三，都尉治二，縣一千二百七十。

首都分部

綜述

唐·杜佑《通典》卷一七三《州郡三·古雍州上·京兆府》 今之雍州，理長安、萬年二縣。【略】魏改尹為守，後改為秦國，後復為京兆國。晉為京兆郡，兼置雍州，領郡國七，理於此。後魏亦然。後周復為京兆尹。【略】凡【略】晉、西魏、後周【略】，並為帝都。【略】晉愍帝亦暫都於此，凡四年。後魏孝武帝自洛陽來都之，是為西魏，凡四主，得二十二年，而禪後周。其間【略】劉曜、苻堅、姚萇，亦都於此。前趙劉曜為石勒所滅。前秦苻堅為姚萇所滅。後秦姚泓為晉將劉裕所滅。

又 卷一七七《州郡七·古荆河州·河南府》 洛州凡河北諸縣，並冀州之域，餘則荆河州之域。今理河南、洛陽二縣。【略】後漢改為河南尹，領縣二十。兼置司隸，領郡七，理於此。魏晉郡因之，兼置司州。領縣十一，理於此。後魏孝文自代徙都之，亦為河南尹。至東、西魏，分有其地，北齊為洛州。石季龍已為洛州，至齊又改名焉。齊滅，屬後周。當東、西魏及齊、周之時，二境交爭，攻戰邊鎮，俱在於此。【略】凡【略】魏、晉、後魏【略】，並為帝都。【略】晉謂西晉也。

又 卷一八二《州郡十二·古揚州下·丹陽郡》 潤州今理丹徒縣。【略】吳主孫權初鎮丹徒，謂之京城，後都於秣陵，改為建業。至孫皓，為晉將王濬所滅。晉平吳，為毗陵、丹陽二郡地，兼置揚州。領郡十八，理於建業，即江寧縣。元帝渡江，都建業，改丹陽太守為丹陽尹。《爾雅》曰『絶高為京』。其城因山為壘，緣江為境，似河内郡，内鎮優重。宋置南東海郡及南徐州，領郡十七，理於此。而揚州如舊。齊梁以後並因之，以至於陳，京口常為重鎮。隋大將賀若弼自廣陵來襲，陷之，遂滅陳。

唐·李吉甫《元和郡縣圖志》卷一《關内道一·京兆府》 魏分河西爲涼州，分隴右爲秦州，三輔仍舊屬司隸。晉初省司隸，復置雍州。愍帝之後，劉聰、石勒、苻健、姚萇相繼竊據之，萇孫泓爲劉裕所滅。東晉復置雍州及京兆郡，尋爲赫連勃勃所破，遣子璝鎮長安，號曰『南臺』。後魏太武破赫連昌，復於長安置雍州，孝武自洛陽遷長安，改爲京兆尹。

又 卷五《河南道一·河南府》 及董卓逼遷獻帝西都長安，盡燒洛陽宮廟，後又都焉。魏文帝受禪，亦都洛陽，陳留王以司隸校尉所掌，置司州，領河南、河東、河内、弘農、平陽五郡。晉武帝受禪，司州不改。永嘉初，劉曜叛亂，司州没胡，後又没於石勒。東晉穆帝永和五年，桓温入洛陽，置河南郡。宋武帝北平關、洛，復置司州。後魏孝文帝太和十九年，六宮文武盡遷洛陽，改爲河南尹。至周宣帝移相州六府於洛州，以爲東京。

又 卷一二《河東道一·晉州》 永嘉之亂，劉元海僭號稱漢，建都於此。《前趙録》曰：『太史令宣于循之言于元海曰：「蒲子崎嶇，非可久安。平陽唐堯昔都，願陛下都之。」於是遷都平陽。』後魏太武帝於此置東雍州，孝明帝改爲唐州，尋又改爲晉州，因晉國以爲名也。高齊武成帝於此置行臺，周武帝平齊，置晉州總管。

又 卷一六《河北道一·魏州》 後漢封曹操爲魏王，理鄴。前燕慕容暐都鄴，其魏郡並理於鄴中也。後魏於今州理置貴鄉郡，尋省。周宣帝大象二年，又於貴鄉郡東界置魏州。

又 卷一七《河北道二·恒州》 兩漢恒山太守皆理於元氏，晉理於真定，即今常山故城是也。後魏道武帝登恒山郡城，北望安樂壘，嘉其美名，遂移郡理之，即今州理是也。周武帝於此置恒州。

又 卷一八《河北道三·定州》 後燕慕容垂僭號，建都於此，仍置中山尹。後魏道武帝平慕容垂子寶爲中山郡，置安州，又改爲定州，以安定天下爲名也。

又 卷二五《江南道一·潤州》 後漢獻帝建安十四年，孫權自吳理丹徒，號曰『京城』，今州是也。十六年遷都建業，以此爲京口鎮。按州理或古名京城，説者以爲荆王劉賈嘗都之，或曰孫權居之，故名京城。今按『荆』字既不同，又孫權未稱尊號已名爲『京』，則兩説皆非也。按京者，人力所爲，絶高丘也。亦有非人力所爲者。人力所爲者，若公孫瓚所築易京是也；非人力所爲者，滎陽京、索是也。

又 卷三一《劍南道上·成都府》 靈帝末，劉焉爲益州牧，初理綿竹，後遇天火，焚燒城闕，府庫蕩盡，遂徙理成都焉。子璋繼立，後以州降先主，獨益州置牧，蜀郡置守。魏景元四年，鍾會、鄧艾平蜀。晉武帝改蜀郡爲成都國，以皇子穎爲王。惠帝時，李雄竊據，桓温討平之。簡文帝時，苻堅遣將鄧羌、楊安伐蜀，益州並没於秦。孝武帝太元八年平蜀，安帝時譙縱又據益州叛，朱齡石討平之。至梁，武陵王蕭紀竊號於蜀，其兄湘東王繹討之，斬於白帝。西魏廢帝二年，地並入於魏，益州置總管。至周併省，郡與州同理成都。

又　**卷三九《隴右道上・秦州》**　魏分隴右爲秦州，因秦邑以爲名，後省入雍州。晉復改漢陽爲天水郡，武帝泰始中又立秦川郡，與州同理。

又　**《蘭州》**　永熹末，前涼張軌分立晉興郡，張寔徙金城縣，即今州理是也。西秦乞伏乾歸都苑川，南涼禿髮烏孤都廣武，皆此地也。苑川在今五泉縣，至乞伏慕末爲赫連定所滅。廣武，至禿髮傉檀，爲乞伏熾磐所滅。

又　**《河州》**　晉惠帝立枹罕護軍。前涼張軌保據涼州，立爲晉興郡。張駿二十一年，以州界遼遠，分置河州，以《禹貢》『導河積石，至于龍門』，積石州界，故曰河州。後乞伏熾磐，又自金城郡都於此。後魏平定秦隴西，改置枹鎮。孝文帝太和十六年，改鎮復爲河州。

又　**《鄯州》**　後漢獻帝分置西平郡，屬涼州。前涼張軌分西平置晉興郡。張天錫以晉興、西平二郡遼遠，分爲廣源郡。後涼吕光改西平爲西河郡，南涼禿髮烏孤自稱武威王，徙都於此。弟傉檀遷於姑臧，後復徙理於此，爲乞伏熾磐所併。後魏以西平郡爲鄯善鎮，孝昌二年改鎮立鄯州。

又　**《宕州》**　自秦、漢至魏、晉，皆諸羌據焉。後魏招撫西戎，始有其地。有梁彌忽者，宕昌羌也，其先羌豪祖勤自稱宕昌王。彌忽於太武初表求内附，太武嘉之，拜彌忽爲宕昌王，其後遞相傳襲，稱藩於魏，謂其地爲宕昌藩。周天和元年，改藩置宕州。

又　**卷四〇《隴右道下・涼州》**　魏又分雍州置涼州，領河西五郡。晉惠帝永寧元年，以張軌爲刺史，持節領護羌校尉，會永嘉之亂，因保據涼州，是爲前涼，至張天錫，爲苻堅所滅。後十餘年，又爲吕光所據，是爲後涼，至吕隆，爲姚興所滅。及沮渠蒙遜起兵據張掖，是爲北涼，至沮渠茂虔，爲後魏所滅。及太武帝，改州鎮，置四軍戍，孝文帝太和十四年復爲涼州，領武威等十郡二十縣。周置總管府。

又　**《甘州》**　初屬張軌，後涼末段業亦嘗據此地，後業爲北涼沮渠蒙遜所殺，據之，後又遷理姑臧。後魏太武帝平涼，以爲張掖軍，廢帝二年改軍置甘州，因州東甘峻山爲名。或言地多甘草，故名。

又　**《肅州》**　以城下有泉，其味若酒，故名酒泉。初屬張軌，後涼吕光復據有其地。後魏道武帝天興三年，晉昌太守唐瑶移檄六郡，推武昭王爲主，爲大都督、涼公，領秦、涼二州牧，自敦煌遷都於此，號西涼王。後沮渠蒙遜復據有其地。後魏太武帝平沮渠氏，以酒泉爲軍，屬敦煌鎮。明帝孝昌中，改鎮立瓜州，復置酒泉郡。

又　**《沙州》**　前涼張駿於此置沙州，蓋因鳴沙山爲名。流沙即居延澤也。以西胡校尉楊宣爲刺史，後三年宣讓州，復改爲敦煌郡。涼武昭王初都於此，後又遷於酒泉。後魏太武帝於郡置敦煌鎮，明帝罷鎮立瓜州，以地爲名也，尋又改爲義州，莊帝又改爲瓜州。

又　**《伊州》**　至魏立伊吾縣，晉立伊吾都尉，並寄理敦煌北界，非今之伊州。後魏及周，又有鄯善人來居之。

又　**《西州》**　以其地勢高敞，人物昌盛，因名高昌。晉成帝咸和中，張駿置高昌郡，後魏太武帝時有闞爽者，自爲高昌太守，真君中爽爲沮渠無諱所襲，奪據之。無諱死，弟安周代立，爲蠕蠕所併，蠕蠕以闞伯周爲高昌王，高昌之稱王，自此始也。太和初，伯周死，子義咸立，歲餘，爲從兄首歸所殺，自立爲高昌王。五年，阿伏至羅殺首歸，以敦煌孟明爲高昌王。太和二十年，孟明爲國人所殺，立馬儒爲王，以麴嘉爲長史，遣使内附。高昌人戀本上，不願東遷，相與殺王，而立麴嘉。麴嘉卒，子堅嗣立。

宋・鄭樵《通志》卷四一《都邑略》　三國都

《魏略》云：魏以長安、譙、許昌、鄴、洛陽為五都，洛陽其京室也。《吴志》云：吴都鄂，後遷建業，故改鄂為武昌，改秣陵為建業。後避晉愍帝諱，故又改為建康。《蜀志》云：蜀都成都。譙今亳州，許昌今潁昌府，鄴相州，鄂即鄂州，建業今建康府，成都益州也。

兩晉都

晉都洛陽，仍魏舊也。東晉都建業，本吴都也。

十六國都後魏雖共起，其後奄有中原，故不在十六國之數。

張軌都敦煌，謂之前涼。沙州。

呂光都姑臧，謂之後涼。涼州。

李暠都酒泉，謂之西涼。肅州。

禿髮烏孤都張掖，謂之南涼。蘭州與乞伏國仁分據，定樂在其東。

沮渠蒙遜都張掖，謂之北涼。甘州。

慕容皝初都和龍，後徙薊，又徙鄴，謂之前燕。【略】薊，幽州。鄴，相州。

慕容垂都中山，謂之後燕。今中山府。

慕容德都廣固，謂之南燕。青州。

馮跋都和龍，謂之北燕。

劉淵都平陽，謂之前趙。晉州。

苻堅都長安，謂之前秦。

姚萇都長安，謂之後秦。

乞伏國仁都定樂，後遷金城，謂之西秦。定樂，蘭州東境。金城，河州。

赫連勃勃都統萬，謂之夏。朔方。

宋齊梁陳都

宋因晉舊都建業，齊因宋，梁因齊，改號不改都。梁有太清之禍，建康殘毀。元帝興復，即位于江陵，魏人滅之。陳復都建業。江陵，今荊南府。

後魏都

魏拓跋氏甚微，至道武帝諱珪始盛强。晉太元間，作都於代。六世孝文帝改姓元氏，遷於洛陽。後世微弱，孝武帝為高歡所逼，出居長安，依宇文泰，是為西魏。高歡立孝靜帝，遷都於鄴，是為東魏。高氏繼東魏居鄴，謂之北齊。宇文氏繼西魏居長安，謂之後周。

宋・周應合《景定建康志》卷一五《疆域志一》 建安十六年，孫權自京口徙治秣陵。明年，改為建業。晉武平吳，以為丹陽郡，及揚州刺史治。建興初，改為建康。元帝渡江，都焉。以宰相領揚州，改丹陽太守為尹。宋孝武分浙江東為東揚州，以揚州為王畿，尋復舊。歷齊、梁、陳，咸都於此。

又 《地爲都》 孫吳建都四世，凡六十年。東晉建都十一世，凡一百三年。南宋建都八世，凡五十八年。南齊建都七世，凡二十三年。蕭梁建都四世，凡五十五年。南陳建都五世，凡三十三年。《吳志》及《南史》。

宋・王應麟《通鑑地理通釋》卷四《歷代都邑攷・十六國》 《晉・載記》：劉淵以惠帝永興元年據離石，今石州。稱漢。永嘉二年，徙都蒲子，今隰州隰川縣。僭位，遷都平陽，今晉州。劉曜徙都長安，國號曰趙。謂之前趙，曜子嗣，奔上邽。李雄以永興元年稱成都王，僭帝位。建國為成，壽改為漢，謂之後蜀。後九年，石勒據襄國，今邢州龍岡縣。稱趙。石虎據鄴，今相州，謂之後趙。張氏先據河西，張軌據姑臧，今涼州。是歲，自石勒後三十六年也，重華自稱涼王。據敦煌，今沙州，謂之前涼。後一年，冉閔據鄴，稱魏。後一年，苻健據長安，稱秦。永和八年，僭位，苻丕稱帝於鄴，苻登稱帝于隴東南安郡。慕容氏先據遼東，廆遷於徒河之青山，移居棘城。《通典》：漢徒河縣之青山，在營州城東百九十里；棘城，在營州城東南一百七十里。稱燕，是歲，自苻健後一年也，儁始僭號。皝以咸康三年即燕王位，築龍城，改柳城為龍城縣。七年，遷都龍城，號新宮曰『和龍』。《通典》：營州柳城縣有和龍城。【略】儁都薊，以永和八年僭位，自薊城遷於鄴，謂之前燕。後三十一年，後燕慕容垂據鄴，都中山。後秦姚萇據長安。後二年，西燕慕容沖據阿房。京兆府長安縣有阿房宮。是歲也，乞伏國仁據枹罕，今河州。稱秦。都苑川，《通典》：在蘭州五泉縣，後曰子城縣。《北史》：『築勇士城都之。』乾歸遷金城，今蘭州，謂之西秦。《水經注》：『苑川水出勇士縣之子城南山，東北流，世謂之子城川。又北逕牧師苑，故漢牧苑之地也，有東、西二苑城，相去七里。西城即乞伏所都也。』後一年，慕容永據上黨，稱帝於長子。今潞州隆德府。是歲，呂光據姑臧，稱涼。謂之後涼。後十二年，慕容德據滑臺，今滑州。稱南燕。都廣固，今青州益都縣西。是歲，禿髮烏孤據廉川，築廉川堡以都之。隆安元年，稱西平王。《水經注》：『漢水又西南合焉廉川水。』隗囂奔西城，從楊廣，後人以廣為廉，置楊廉縣。水出西谷，東南流逕西城縣故城北。《後漢注》：『西城縣，屬漢陽郡，一名始昌城，在今秦州上邽縣西南。』稱南涼。烏孤更稱武威王。後三歲，徙於樂都。《通典》：『鄯州湟水縣有湟水，一名樂都水，後魏置鄯州，後周置樂都郡，今為西寧州。』又云：『烏孤都廣武，張駿置廣武郡，蘭州廣武縣也。【略】利鹿孤徙居西平，後漢西平郡故城在鄯州鄯城縣西，今西寧州。以隆安五年稱河西王，傉檀以元興元年號涼王，遷樂都，又遷姑臧。」段業據張掖，今甘州。稱北涼。後三年，李暠據敦煌，稱西涼。遷酒泉，今肅州。後一年，沮渠蒙遜殺段業，稱涼。都張掖，遷姑臧，謂之北涼。後四年，譙縱據蜀，稱成都王。後二年，赫連勃勃據朔方，都統萬，今夏州。稱大夏。赫連定僭號於平涼，今渭州。後二年，馮跋據和龍，營州柳城。稱北燕。為戰國者一百三十六載。何氏曰：『晉之興，中原半為夷居。劉淵，匈奴也，而居晉陽。石勒，羯人也，而居上黨。姚氏，羌也，而居扶風。苻氏，氐也，而居臨渭。慕容，鮮卑也，而居昌黎。是以劉淵一倡，而幷、雍之胡乘時四起。』邵子曰：『晉室之禍本於夕陽亭之一言，石勒長嘯於上東門，亦悠悠爾。』蘇氏曰：『劉、石、慕容、苻之儔，覆亡相繼，遠者不過一傳再傳而滅，何也？其心固安於無法也，而束縛於中國之法，中國之人固安於法也，而苦其無法。君臣相戾，上下相厭，安能久乎？』晉取三焉：蜀、南燕、後秦。

論說

宋・樂史《太平寰宇記》卷九〇《江南東道二・昇州》 按《建康圖經》云：西晉太康元年，平吳，分地為二邑。自淮水南為秣陵，淮水北為建業。其後因愍帝即位，避諱改為建康。司馬德操與劉恭嗣書云：『黃旂紫蓋，恒見東南，終能成天下之功者，揚州之君子乎。』謂斗、牛之間，恒有此氣。西晉亂，元帝自廣陵渡江，此城荒落，以府第居縣北幕府山，幕府之名，自此而立。尋以江寧為琅邪國，蓋襲帝始封之名，在今廢江乘縣界。又虞溥《江表傳》云：『按《晉書》，蘇峻初平，温嶠議遷都豫章，三吳之豪請都會稽，二論紛紜，未有所適。揚州刺史、司徒王導曰：「建康，古之金陵，舊為帝里，孫仲謀、劉玄德俱言王者之宅，今宜時定。」帝從焉。其所會幽、冀、青、兖之士，秦、鄭、周、韓之人，五方雜會，各得所理，即晉室之興也。』又《輿地志》云：『晉故臺城，即成帝時蘇峻作亂，焚燒宮室都盡，温嶠以下咸議遷都，惟王導固爭不許。咸和六年使卞彬營治，七年遷于新宮。議者或患未築雙闕，後王導出宣陽門，南望牛頭山，兩峯礫立，東西相向各四十里。導曰：「此即天闕也。」』又以渡江，江外無事，又於南浦置江寧縣，至咸康七年分江乘縣置臨沂縣，臨沂山西北，臨大江，皆晉之初興遺址也。歷宋、齊、梁、陳，六代咸為帝都。按《金陵記》云：『梁都之時，城中二十八萬餘戶。西至石頭城，東至倪塘，南至石子岡，北過蔣山，東西南北各四十里。自侯景反，元帝都於江陵，冠蓋人物多南徙。洎陳高祖復王於此，中外人物不迨宋、齊之半。』

雜録

《隋書》卷三三《經籍志二》 《洛陽記》四卷。《洛陽記》一卷。陸機撰。《洛陽宮殿簿》一卷。《洛陽圖》一卷。晉懷州刺史楊佺期撰。【略】《鄴中記》二卷。晉國子助教陸翽撰。【略】《國都城記》二卷。【略】《代都略記》三卷。

州郡王國建置分部

綜述

唐・徐堅《初學記》卷八《州郡部・總敍州郡》 《括地志》曰：魏武輔正，吳蜀三方鼎峙，疆埸不定。漢建安中置郡十二：新興、樂平、西平、新平、略陽、陰平、帶方、譙郡、樂陵、章武、南（陽）［鄉］、襄（陵）［陽］是也。又省上郡、朔方、五原、雲中、定襄、漁陽、廬江等七郡。文帝受禪，又置七郡，朝歌、陽平、弋陽、魏興、新城、義陽、安豐是也。明帝置六郡；平公孫（度）［淵］得遼西、遼東、帝方、玄菟、樂浪，又置上庸一郡。少帝又置平陽一郡，並得漢舊郡國五十四，平蜀得二十郡。劉備初置郡九：巴東、巴西、梓潼、江陽、（文）［汶］山、漢嘉、朱提、（雲南）［宕渠］、涪陵，幷得漢舊巴郡、廣漢、犍爲、牂牱、越西、益州、漢中、永昌、南安、武都［、蜀郡］是也。晉太康平吳之後，天下一統，平吳得州四：交、廣、荆、揚也。郡四十三：孫權置臨賀、武昌、朱崖、新安、廬陵五郡，孫亮又置臨川、臨海、衡陽、湘東四郡，孫休置天門、建平、建安、合浦四郡，孫皓置始安、始興、邵陵、安成、新昌、武平、九德、吳興、東陽、桂林、滎陽等十一郡，因立宜（陽）［都］一郡，並漢十八郡，合四十三郡。凡州十六。《太康地記》曰：司、冀、兗、豫、荊、揚、徐、青、幽、幷、雍、涼、梁、益、交、廣是也。晉自蕩陰敗後，羌羯交侵。至於劉曜陷洛陽，於是司、冀、雍、涼、青、幷、兗、豫、幽、平、秦、（營）［寧］十二州並淪没矣。後魏孝文帝都洛陽，開拓土宇。明帝熙平元年，凡州六十八。至武定年，凡州一百一十一，郡五百一十九。周明帝受魏禪，至大象二年，凡州二百一十一。

《舊唐書》卷四二《地理志一》 曹魏之時，三分鼎峙，淮、漢之間，鞠為鬬壤。洎太康混一，尋陷胡戎。南北分爭，何暇疆理？三百年間，廢置不一。

宋·張敦頤《六朝事迹編類》卷上《六朝郡國》 三國鼎立之後，土地宇分裂隙，得失不常，魏武定霸，所置郡國十二，新興、樂平、西平、新平、畧陽、帶方、譙、樂陵、章武、南鄉、陰平、襄陽。而省者七。上郡、朔方、五原、雲中、定襄、漁陽、廬江。文帝置七，朝歌、陽平、弋陽、魏興、新城、義陽、安豐。明及少帝增二，上庸、平陽。得漢郡者五十四焉。蜀先主於漢建安之間初置郡九，巴東、巴西、梓潼、江陽、汶山、漢嘉、朱提、宕渠、涪陵。後主增二，雲安、興古。得漢郡者十有一焉。吳大帝初置郡五，臨賀、珠崖、武昌、廬陵、新安。少帝、景帝各四，臨川、臨海、衡陽、湘東、建安、建平、天門、合浦北部。歸命侯亦置十有二郡。始安、始興、郡陵、九德、吳興、東陽、安成、新昌、武平、桂林、滎陽、宜都。得漢郡者十有八焉。晉武太康元年既平孫氏，凡境置郡國二十有三，滎陽、頓丘、上洛、臨淮、東莞、襄城、汝陰、長廣、廣寧、昌黎、新野、隨郡、陰平、義陽、毗陵、宣城、南康、晉安、寧浦、始平、畧陽、樂平、南平。省司隸，置司州，別立梁、秦、寧、平四州，仍吳之廣州，凡十九，司、豫、冀、兗、荊、徐、揚、青、幽、平、幷、雍、梁、秦、涼、益、寧、交、廣。郡國一百七十三。仍吳所置二十五，仍蜀所置十一，仍魏所置二十一，仍漢舊九十三，置二十三。惠帝不君，中州盡棄，永嘉南渡，建鄴今建康也。開基，九州之地有二焉。自茲以降，國分南北，更王迭霸，疆理不常。宋至孝武大明中，州凡二十有二、郡二百三十有八、縣千一百七十有九。南齊繼統，又置巴東一郡，餘並因之，為州二十有三、郡三百九十五、縣千四百七十有四，頻與元魏侵吞，互相得失。蕭梁之時，多沿舊制，天監中有州二十有三、郡三百五十、縣千二十有五。其後更有析置，大同中州百有七，郡縣亦稱於此。陳氏較之，土宇彌蹙，西不得蜀漢，北失淮淝，而以長江為境，有州四十有二，是其地愈狹，立名益多，為郡百有九、縣四百三十有八，此皆疆宇之列乎南者也。

清·顧祖禹《讀史方輿紀要》卷二《歷代州域形勢二·三國》 董卓賊亂，曹操因之，遂取中原。【略】篡易漢祚，仍都洛陽。《都邑考》：魏武初封魏公，都鄴。今彰德府臨漳縣西二十里故鄴城是，見前。文帝篡漢，復都洛陽。黃初二年以譙爲先人本國，即故豫州治。許昌爲漢之所居，長安爲西京遺迹，鄴爲王業本基，與洛陽號曰五都。《魏志》：文帝置五都，立石表，西界宜陽，北循太行，東北界陽平，南循魯陽，東界郯爲中都地。有州十三：《通典》：『魏以三河、弘農爲司隸，而三輔入於雍州；又分雍州之河西爲涼州，隴右爲秦州；又分遼東、昌黎、帶方、玄菟、樂浪爲平州，後復合爲幽州；亦兼置荊、揚二州。實得漢十三州之九。』

司隸，治河南，即漢治也。領郡六：曰河南，曰河內，曰河東，曰弘農，皆故郡也。曰平陽。正始八年，分河東郡置，治平陽縣，即今山西平陽府。曰朝歌。黃初二年，分河內郡置，治汲縣，即今衛輝府。

荊，治襄陽，因劉表舊治也，後治宛。魏主芳嘉平中，又改屯新野，今南陽鄧州屬縣。領郡八：曰南陽，曰江夏，皆故郡也。曰襄陽，建安十三年，魏武分南郡置，治襄陽縣，即今府。曰南鄉，亦魏武分南陽置，治順陽縣，今鄧州析川縣有順陽城。曰魏興，本建安二十四年先主分漢中郡所置西城郡也，明年曹丕幷入新城郡，尋復改置魏興郡，置西城縣，即故漢中郡治。又建安六年，分漢中置漢寧郡，治安陽縣，以張魯爲漢寧太守，尋廢，即今興安州漢陰縣。曰新城，本建安初劉表分漢中所置房陵郡也。延康元年，曹丕改爲新城郡，治房陵縣，今鄖陽府房縣是也。曰上庸，亦建安中析漢中郡置。《魏略》：魏武初置上庸都尉，後爲上庸郡，治上庸縣。延康元年，文帝幷入新城郡。明帝復析置上庸郡。今鄖陽府竹山縣有上庸城，見前庸國。曰義陽，黃初二年，分南陽郡置，治安昌縣，今汝寧府信陽州西北有故安昌城。《志》云：漢建安十三年，魏武嘗得荊州之地，及敗於赤壁，南郡以南皆爲敵境。黃初三年五月，時孫權臣附，詔以江南八郡爲荊州，江北諸郡爲郢州。十月，以孫權拒命，復郢州爲荊州。

豫，初治譙，尋治潁川。領郡九：曰潁川，曰梁郡，曰沛郡，曰陳郡，曰魯郡，曰汝南，皆故郡也。曰譙郡，建安中，魏武分沛郡置，治譙。曰弋陽，黃初中，分汝南置，治弋陽，今汝寧府光州也。曰汝陰，魏武分汝南置，治汝陰縣，今南直潁州也。又建安二年，魏公操分汝南之安陽、朗陵二縣，置陽安都尉，亦曰陽安郡。安陽，朗陵，見汝寧府真陽、確山二縣。

青，治臨菑，即漢治。領郡五：曰齊郡，曰濟南，曰樂安，曰東萊，皆故郡也。曰城陽，後漢幷入琅邪郡。建安中，魏武復分置。本屬徐州，今改屬青州。又平昌郡，黄初三年，魏文帝分城陽郡置，治平昌縣，今青州府安丘縣西南平昌故城是。晉廢。又長廣郡，建安五年，魏武分東萊郡置，治不其縣，今萊州府膠州即墨縣西南不其故城是。《晉·志》云：晉咸寧二年置。

兗，治鄄。魏主芳嘉平中，兗州屯平阿，今南直懷遠縣東北有平阿城。州領郡八：曰陳留，曰東郡，曰濟陰，曰山陽，曰任城，曰東平，曰濟北，曰泰山，皆故郡也。

揚，初治合肥，後復漢壽春。領郡三：曰淮南，漢九江郡也。建安初，袁術改爲淮南。魏因之。曰廬江，漢故郡。建安中，魏武省入淮南，後復置，治陽泉縣，蓋與吴分置郡也。陽泉故城，在今壽州霍丘縣西。曰安豐，黄初二年，分廬江郡置，治安風縣，今南直霍丘縣西南有安風故城。胡氏曰：安豐，宜屬豫州。

徐，治彭城。領郡六：曰下邳，曰彭城，曰東海，曰琅邪，曰廣陵，皆故郡也。曰東莞，魏正始初，分琅邪郡置，治東管縣，今山東沂水縣也。又有東安郡，亦魏分琅邪郡置，治東安縣，今沂水縣南東安廢縣即故郡治也。東安尋廢。又有昌慮、利城二郡，魏武于建安三年分東海郡置，以處降帥。昌慮，在兗州府滕縣，見前。利城，今南直贛榆縣西六十里有故城，後廢。

涼，治武威。領郡八：曰金城，曰武威，曰張掖，曰酒泉，曰敦煌，皆故郡也。曰西平，建安中，分金城郡置，治西都縣，即今西寧衛。曰西郡，亦建安中分張掖郡置，治日勒縣，今山丹衛東南有日勒廢城。曰西海郡，即故居延屬國也。《晉·志》：魏涼州刺史領戊己校尉護西域，如漢故事，至晉不改。

秦，治上邽，今鞏昌府秦州西六十里有故城。領郡六：曰隴西，曰漢陽，曰武都，皆故郡也。曰南安，即靈帝時置。曰廣魏，即後漢初平中所置永陽郡，改治臨渭，今秦州秦安縣東南有臨渭城。曰陰平，本漢廣漢屬國也。建安中，魏武改置陰平郡。太和三年，武都、陰平皆入於蜀漢。《晉·志》以爲晉泰始中置。

冀，治鄴。領郡十三：曰趙郡，曰鉅鹿，曰安平，曰勃海，曰河間，曰清河，曰中山，曰常山，曰魏郡，皆故郡也。曰平原，漢屬青州，魏改屬冀。曰樂陵，建安中，魏武分平原郡置，今山東樂陵縣即故郡治。曰陽平，黄初中，分魏郡置，治元城縣，今大名府是也。曰廣平，亦黄初二年分魏郡置，治廣平縣，即今廣平府。《魏·紀》：建安八年，魏公操分魏郡置東西部都尉，後以東部都尉分立揚平郡，西部都尉立廣平郡，謂之三魏。又有郡曰博陵。《晉·志》：漢桓帝時置，魏因之。曰高陽，《晉·志》亦曰桓帝置，後又云泰始初置。曰章武，《晉·志》云魏武分勃海國置，後又云泰始中置，治東平舒縣，今北直大城縣是也。博陵、高陽府，見前後漢郡國。

幽，治薊。領郡十一：曰范陽，即漢涿郡也。黄初中，更名。曰燕郡，即漢廣陽也。建安中，魏武省漁陽入焉。黄初中，復故名爲燕郡。曰右北平，曰上谷，曰代郡，曰遼西，曰遼東，曰玄菟，曰樂浪，皆故郡也。曰昌黎，本遼東屬國。景初中，改爲昌黎郡。曰帶方，建安中，公孫度分樂浪置。魏因之，治帶方縣，在今朝鮮境内。《典略》：景初二年，以遼東、昌黎、帶方、玄菟、樂浪五郡爲平州，後合爲幽州。

幷，治晉陽。領郡六：曰太原，曰上黨，曰西河，曰雁門，皆故郡也。曰樂平，建安中，魏武分太原郡置，治沾縣，今山西樂平縣西廢沾縣是。曰新興，亦建安中魏武分太原地置，治九原縣，在今忻州西。《漢魏春秋》：後漢靈帝末，羌胡大擾定襄、雲中、五原、朔方、上郡等五郡，並流徙分散。建安十八年，省幷州入冀州。二十年，始集塞下荒地郡置一縣，領其民，合爲新興郡。黄初元年，復置幷州。二年，遷郡於嶺南，自陘嶺以北並棄之，以勾注爲塞。陘嶺，即勾注也，見前戰國蘇厲遺趙王書。

雍，治長安。領郡六：曰京兆，曰馮翊，曰扶風，曰安定，曰北地，皆故郡也。曰新平，建安中，魏武分扶風郡置，治漆縣，今西安府邠州也。《晉·志》：魏改京兆尹爲太守，馮翊、扶風，各除左右。初，三輔屬司隸，獻帝改置雍州，自三輔距西域皆屬焉。魏析爲涼、秦二州，而雍州不改。

郡國九十有一。《晉·志》作六十有八，得漢郡五十有四，誤。東拒吴，西拒蜀，以廣陵、壽春、合肥，今廬州府附郭縣。見前。沔口、亦曰漢口，亦曰魯口，即湖廣武昌府城西之夏口也。或曰：今漢陽府城東北大別山之陰，爲魏所守之沔口。西陽、西陽，在今黄州府東南百三十里。襄陽、隴西、今臨洮府治狄道縣，即故隴西郡治。南安、即靈帝所置南安郡。祁山、在鞏昌府西和縣北七里。漢陽、《志》曰：漢陽治冀，在今鞏昌府伏羌縣。見前。陳倉今鳳翔府寶鷄縣有陳倉故城。爲重鎮。

魏明帝曰：『先帝東置合肥，南守襄陽，西固祁山，賊來必破於三城之下者，地有所必爭也。』

孫權席父兄之業，奄有江東，【略】奠基建業。《都邑考》：孫策屯曲阿，曲阿，今鎮江府丹陽縣。策擊走揚州刺史劉繇于曲阿，遂屯焉。尋徙屯吴。今蘇州府治。權徙治丹徒，謂之京城。今鎮江府治亦曰京口。尋還秣陵，號曰建業，今應天府治。而武昌爲行都云。今武昌府武昌縣。吴于章武元年自公安徙都鄂，改曰武昌。黄龍元年，還建業。陸遜輔太子登留武昌。歸命侯皓甘露元年，復徙都武昌。寶鼎初，還建業，命滕牧留鎮武昌。公安，今湖廣荆州府屬縣，吴南郡治也。有州五：《通典》：吴分漢交州之南海、蒼梧、鬱林爲廣，分荆州之江夏以東爲郢，得漢十三州之三。又《晉書》：晉滅吴，得州四，謂揚、荆、交、廣也。郢州似初置後廢。

揚，治建業。領郡十三：曰丹陽，曰吴，曰會稽，曰豫章，皆故郡也。曰廬江，吴與魏分置，治皖，今安慶府治是。曰廬陵，建安四年，孫策分豫章置，治廬陵縣，今爲吉安府。曰鄱陽，建安十五年，孫權分豫章郡置，治鄱陽縣，今爲饒州府。曰新都，亦建安十三年孫權分丹陽郡置，治始新縣，今南直徽州及浙江嚴州府。始新，今嚴州府淳安縣也。曰臨川，吴太平二年，亦分豫章郡置，治臨汝縣，今爲撫州府。曰臨海，亦太平二年分會稽東部都尉置，治章安縣，今爲台州府。章安，今府東故城是也。曰建安，永安三年，分會稽南部都尉置，治建安縣，今爲福建建寧府。曰吴興，寶鼎初，分吴郡置，治烏程縣，今爲湖州府。曰東陽，亦寶鼎中分會稽郡置，治長山縣，今爲金華府。曰廬陵南部都尉，亦寶鼎初分廬陵郡置，治雩都縣，今贛州府雩都縣是。又東安郡，黄武五年，以丹陽、會稽、吴三郡山民爲寇，分其地置郡，治富春縣，旋罷。富春，今杭州府富陽縣也。又建安四年，孫策分豫章之海昏諸縣置建昌都尉，治海昏，今南康府建昌縣是。

荆，治南郡。領郡十四：曰南郡，曰武陵，曰零陵，曰桂陽，曰長沙，皆故郡也。曰宜都，建安十三年，魏武得荆州，分南郡枝江以西爲臨江郡，旋敗還。十四年，蜀先主因分置宜都郡，治夷陵，今荆州府夷陵州是也。二十四年，入于吴。曰臨賀，黄武中，分蒼梧郡置，治臨賀縣，今廣西平樂府賀縣也。曰衡陽，太平二年，分長沙西部都尉置，治湘鄉縣，今衡州府南湘鄉城是。曰湘東，亦太平二年分長沙郡置，治酃縣，今衡州府東有故酃城。曰建平，永安三年，分宜都郡置，治建平縣，今荆州府歸州也。或云：建安末，吴嘗置固陵郡，後廢，改置建平郡。曰天門，亦永安中分武陵郡置，治零陽，今岳州府澧州石門縣是。曰邵陵，寶鼎初，分零陵北部都尉置，治邵陵縣，今寶慶府治是。曰始安，甘露初，分零陵南部都尉置，治始安縣，今廣西桂林府治。曰始興，亦寶鼎初分桂陽郡置，治曲江縣，今韶州府治。又營陽郡，亦寶鼎中分零陵郡置，治營道縣，今永州府道州是其地也。後廢。

郢，治江夏，今武昌府。領郡未詳。曰武昌，治武昌縣，漢江夏郡也，本治西陵。建安十三年，孫權以程普領江夏太守，治沙羨。蓋江夏半入于曹氏。黄武初，改曰武昌郡，移治武昌也。沙羨，即今武昌府治武昌縣。見前《都邑考》。曰蘄春，建安十二年，孫權分江夏置，治蘄春縣，今黄州府蘄州也。曰安成，寶鼎二年，分豫章、廬江郡置，治平都縣，今江西吉安府安福縣是。或曰：郡仍屬揚州。又彭澤郡，建安十四年，孫權分豫章、廬江郡置，領彭澤、柴桑、尋陽三縣，即今九江府境也，而地志不著。又漢昌郡，建武十五年，孫權分長沙郡置，治漢昌縣，今岳州府平江縣也。後廢。

交，治龍編，今安南之東都。見後漢交州注。領郡七：曰日南，曰交趾，曰九真，曰合浦，故郡也。曰新昌，吴建衡三年置，治麋泠縣。沈約曰：本名新興，晉太康三年改曰新昌。曰武平，治武寧縣。曰九德，治九德縣。俱在今安南境內。《晉·志》云：武平、九德二郡，吴寶鼎初置。

廣，治番禺。領郡七：曰南海，曰蒼梧，曰鬱林，故郡也。曰高涼，即後漢靈帝時所置郡。曰高興，吴分高涼置，治廣化縣，今廣東陽江縣西北有廢廣化城。曰桂林，寶鼎中，分鬱林郡置，治潭中縣，即今柳州府治。曰合浦北部，永安六年，分合浦郡置，治寧浦縣，今廣西南寧府横州也。《晉·志》：吴黄武五年，分交州之南海、蒼梧、鬱林、高涼四郡，立爲廣州，俄復舊。永安七年，復分交州置廣州云。

郡國四十三。得漢郡十有八。西拒蜀，北拒魏，以建平、見上荆州屬郡。西陵、即夷陵。又州西北二十五里爲西陵峽。詳湖廣重險西陵。樂鄉、今荆州府松滋縣東七十里有樂鄉城。南郡、見前。巴丘、即岳州府附郭巴陵縣。夏口、吴所守之夏口，即今武昌府之城西漢口也。《晉·志》：夏口在荆江中，正對沔口。見前七國楚夏州。武昌、見上。皖城、見前。牛渚圻、在今太平府北二十五里，亦謂之採石圻。詳見南直名山採石。濡須塢，在廬州府無爲州巢縣東南四十里，亦曰東關，又爲東興堤。詳見南直重險東關。後又得邾城、今黄州府治，見前。沔口、見魏重鎮。廣陵，同上。並爲重鎮。

陸抗曰：『西陵、建平，國之蕃表，既處上流，受敵二境。若敵泛舟順流，星奔電邁，非可恃援他部，以救倒懸也。臣父遜，昔在西垂上言：西陵國之西門，雖云易守，亦復易失。若有不守，非但失一郡，荆州非吴有也。如其有虞，當傾國爭之。不然深可憂也。』司馬懿曰：『東關、夏口，敵之心喉。』何承天曰：『曹、孫之霸，才均智敵，江淮之間，不居各數百里。魏捨合肥，退保新城，在今合肥城西北二十里，魏滿寵所築。吳城江陵，移入南岸，吳南郡移治公安，蓋在江南岸也。濡須之戍，聚屯羨溪。羨溪，在濡須東三十里。何者？斥堠之郊，非耕牧之地，故堅壁清野以俟其來，整甲繕兵以乘其弊也。及襄陽之屯，民居星散。司馬懿謂宜徙沔南，以實水北，即沔水北。曹爽不用，果亡沮中。』今襄陽府南沮水左右地，亦曰沮中。胡氏曰：『地有常險，則守亦有常勢。當孫氏時，上流欲爭襄陽而不得，故以良將守南郡；下流欲爭淮南而不得，故以大衆築東興見上濡須塢。與皖口。在今安慶府城西十里，亦曰山口鎮。中流欲爭安陸而不得，安陸，今德安府治是。故以三萬勁卒守邾城。』

先主以敗亡之餘，得一孔明，僅安巴蜀，【略】定都成都。《都邑考》：都成都。有州三：蜀分益爲梁，又以建寧太守遥領交州，得漢十三州之一。又延熙四年，蔣琬奏以姜維爲涼州刺史，時涼州止有武都、陰平二郡，蓋亦遥領也。

益，治成都。領郡十二：曰蜀郡，曰犍爲，曰汶山，曰越嶲，曰牂牁，曰永昌，皆故郡也。曰江陽，劉璋于建安五年，分犍爲郡置，治江陽縣，今四川瀘州也。曰漢嘉，本蜀郡屬國也。曰朱提，本犍爲屬國也。俱章武元年改置。曰建寧，即漢益州郡也。後主建興二年，改爲建寧郡，治味縣，今雲南曲靖軍民府西廢味縣是。曰雲南，本益州永昌郡地，亦建興二年析置，治雲南縣，今大理府趙州雲南是也。曰興古，亦建興二年析益州牂牁郡置，治律高縣，今曲靖府馬龍州東廢律高縣是也。又《晉・志》：後主分廣漢，立東廣漢郡。胡氏曰：東廣漢郡治郪縣，今潼川州也。又《蜀紀》：建安十九年，先主入成都，以諸葛孔明領益州太守，法正領蜀郡太守。蓋劉璋置益州，與蜀郡並治成都郭下云。

梁，治漢中。領郡十：曰漢中，曰廣漢，曰巴郡，皆故郡也。曰梓潼，建安二十三年，先主分廣漢置，治漢壽縣，今保寧府劍州廣元縣也。曰涪陵，亦建安中先主分巴郡置，治涪陵縣，今重慶府之涪州是。曰巴東，曰巴西，即劉璋分巴郡所置也。曰宕渠，亦建安中先主分巴郡置，治宕渠縣，今順慶府廣安州宕渠縣東北七十里有宕渠故城。尋省入巴西郡。曰陰平，本建安中魏公操置。建興七年，入於漢。《晉・志》云後主所置。曰武都，漢故郡也，亦建興中屬漢。蔣琬蓋分二郡爲涼州。

交。治建寧。見上建寧郡。

郡國二十有二。得漢郡十有四。東拒吳，北拒魏，以漢中、見前。興勢、興勢，今漢中府洋縣北興勢山是。白帝今夔州府東五里，即白帝城。爲重鎮。吳賀邵云：劉氏據三關之險。三關者，一陽平關，在今寧羌州東北九十里，杜佑以爲即漢中府襃城縣西北二十里之漢陽關。一白水關，在寧羌州西南百里。一江關，即瞿塘關也。

黄權曰：『若失漢中，則三巴不振。』三巴，見東漢郡。楊洪曰：『漢中，益州咽喉。若無漢中，是無蜀也。』

胡氏曰：『魏人都許，不恃方城而守襄陽。方城，見前七國楚綿以方城。蜀人都益，不恃劍門而守漢中。劍門，在保寧府劍州北二十五里。詳四川名山劍門。吳人都秣陵，不恃大江而守荆渚。』江陵城，楚渚宫也，故曰荆渚。

又 卷三《歷代州域形勢三・晉、十六國》 司馬晉世管魏權，傾危弱主，西滅蜀，東滅吳，遂并天下。【略】仍都洛陽。《都邑考》：晉都洛陽，愍帝都長安，南遷後，都建康。即孫吳建業也。分州十九。沈約《志》：太康元年，天下一統，凡十六州。後又分雍、梁爲益，荆、揚爲江，益爲寧，幽爲平，凡二十州。今從《通典》。

司州：治洛陽，統郡十二。晉改漢魏之司隸爲司州。永嘉以後，洛陽淪沒。大興四年，司州僑治合肥，尋治滎陽。咸康五年，又治襄陽。永和十二年，還治洛陽，後没于苻秦。太元五年收復。隆安中，又没于姚秦。義熙十二年，司州復治洛陽。

河南郡，漢郡也。領洛陽等縣十二。洛陽，即秦漢時舊治。

滎陽郡，本屬河南郡。泰始三年分置，領滎陽等縣八。滎陽，見前。

弘農郡，漢郡也。領弘農等縣六。弘農即漢舊治。渡江以後，僑立弘農郡于尋陽界內，今江西九江府有尋陽故城。

上洛郡，本漢之京兆及弘農郡也。泰始二年分置，領上洛等縣三。上洛，今陝西商州治也。

平陽郡，魏分漢河東郡置，領平陽等縣十二。平陽，即魏舊治。

河東郡，秦郡也。領安邑等縣九。安邑即漢故郡治。渡江後，嘗僑立河東郡於孱陵縣界之上明地。上明，今湖廣松滋縣西有故城。

汲郡，本魏之朝歌郡，後廢。泰始二年，改置汲郡，領汲縣等縣六。汲縣，即魏朝歌郡治。其後石勒析置東燕郡，治燕縣，今衛輝府胙城縣也。

河内郡，漢郡也。領野王等縣九。野王，今懷慶府治河内縣是。

廣平郡，魏增置郡也。領廣平等縣十五。廣平，即魏舊治。本屬冀州，晉屬司州。

陽平郡，亦魏所置郡。領元城等縣七。元城，魏郡治也。本屬冀州。

魏郡，漢郡也。領鄴縣等縣八。鄴，漢郡治也。本屬冀州。

頓丘郡。漢東郡地。泰始二年分置，領頓丘等縣四。頓丘，今大名府清豐縣有頓丘故城。漢、魏俱屬兖州。

兖州：治廪丘，今東昌府濮州范縣東南有廪丘故城。統郡國八。惠帝以後，兖州淪没。建武初，兖州僑治鄒山。大寧三年，寄治廣陵。建元二年，寄治金城。永和八年，僑治下邳。太和四年，移治山陽，尋還廣陵。太元六年，以廣陵爲南兖州，鄄城爲兖州，既而青、兖二州皆寄治淮陰。義熙七年，復以兖州治廣陵。八年，青、兖二州皆鎮京口。鄒山，今兖州府鄒縣東南故邾城是。金城，今江寧府上元縣北三十五里有故金城。山陽，今淮安府附郭縣。淮陰，今淮安府西北四十里故淮陰城是也。餘並見前。

陳留國，漢郡也，領小黄等縣十。小黄，今開封府陳留縣東北三十里有小黄故城。其後石虎改爲建昌郡，屬洛州。東晉咸康四年，於北譙界僑置陳留郡。

濮陽國，本漢東郡地，晉泰始初分置，領濮陽等縣四。濮陽，即漢東郡治。南渡後，僑治淮南。

濟陽郡，漢郡，領定陶等縣九。定陶，即漢濟陰郡治。南渡後，僑治淮南。

高平國，漢山陽郡也，晉改爲高平國，領昌邑等縣七。昌邑，亦漢山陽郡治。晉安帝時，僑置山陽郡，治山陽縣，即今漢陽府治。

任城國，漢故郡也，領任城等縣三。任城，亦舊治。

東平國，漢故郡，領須昌等縣七。須昌，今兖州府東平州治是。

濟北國，漢郡，領盧縣等縣五。盧，亦舊治也。

泰山郡。漢郡，領奉高等縣十一。奉高，漢郡治也。

豫州：治項，今開封府陳州項城縣。統郡國十。永嘉之亂，豫州淪没。大興中，豫州寄治譙，尋又寄治雍丘。大寧初，寄治壽春。咸和四年，又寄治蕪湖。咸康三年，寄治邾城。邾城旋陷於石趙，復治蕪湖。永和元年，移屯牛渚。二年，仍治蕪湖。九年，治歷陽。十一年，移鎮壽春。自是進取則屯壽春，守江則屯歷陽、蕪湖。隆和元年，移鎮汝南，旋還壽春。太元初，鎮姑孰。九年，以姑孰爲南豫州，汝南爲豫州，既而以豫州寄治歷陽，謂之西府。義熙六年，復鎮姑孰。沈約曰：『永和十一年，豫州屯馬頭。升平元年，戍譙。咸安元年，鎮歷陽，寧康元年，復徙姑孰。太元十年，又戍馬頭。十三年，又徙歷陽，義熙二年，則復戍姑孰也。』雍丘，今河南杞縣。見春秋杞國。蕪湖，今南直太平府屬縣。姑孰，即今太平府治。馬頭，今南直鳳陽府懷遠縣南二十里有故城。餘並見前。

潁川郡，秦故郡，領許昌等縣九。許昌，即漢末舊都也。

汝南郡，漢郡，領新息等縣十五。新息，今河南息縣。見春秋息國。《晉·志》：惠帝分汝南立南頓郡，治南頓縣，今河南商水縣是。亦見春秋頓國。又明帝分置汝陽郡，治汝陽縣。咸康中廢，尋復置。今汝寧府治是。

襄城郡，本潁川郡地，泰始二年分置，領襄城等縣七。襄城，今開封府許州襄城縣。南渡後，元帝僑立襄城郡，治繁昌縣，今南直太平府屬縣也。

汝陰郡，魏增置郡，後廢。泰始二年復置，領汝陰等縣七。汝陰，即魏故郡治。《晉·志》：惠帝時，分汝陰立新蔡郡，治新蔡縣，今汝寧府屬縣。南渡後，孝武又僑置南新蔡郡，屬南豫州，在今廬州府舒城縣境。

梁國，漢故郡也，領睢陽等縣十二。睢陽，亦漢梁國舊都。《晉·志》：武帝省陳郡入梁國。惠帝復分梁國立陳郡，治陳縣，即故郡治也。東晉孝武太元中，僑立南梁郡，在壽春南界。

沛國，漢舊郡。領相縣等縣九。相，即漢沛郡治。

譙郡，魏增置郡也。領譙縣等縣七，譙，即魏故郡治。

魯郡，漢郡，領魯縣等縣七。魯縣，即漢魯國舊都也。

弋陽郡，魏增置郡，領西陽等縣七。西陽，今黄州府東南百三十里西陽故城是。沈約云：『晉惠帝分弋陽郡爲西陽國，屬豫州。宋嘗改屬郢州，治西陽縣。』疑惠帝以後，弋陽還魏舊治也。劉昫曰：吴分江夏置蘄春郡，晉改曰西陽郡，即唐之蘄州云。

安豐郡。魏增置郡，領安風等縣五。安風，即魏郡治。

冀州：治房子，今真定府趙州高邑縣西南十五里有房子故城。魏收曰：『治信都。』統郡、國十三。胡氏曰：『晉南渡後，幽、青、冀、并四州，俱僑治於江北。孝武太元七年，復取齊地，幽、冀二州皆徙治焉。』

趙國，漢郡，領房子等縣九。房子，即州治。

鉅鹿國，秦郡也，領廮陶等縣二。廮陶，今趙州寧晉縣西南二十五里故城是。

安平國，漢故郡也，領信都等縣八。信都，即漢信都國都也。

平原國，漢郡，領平原等縣九。平原，即漢舊治。

樂陵國，魏增置郡，領厭次等縣五。厭次，今山東武定州治也。

勃海郡，漢郡，領南皮等縣十。南皮，今河間府滄州屬縣也。

章武國，魏置郡，後廢。晉泰始初復置，領東平舒等縣四。東平舒，即魏故郡治。

河間國，漢郡，領樂城等縣六。樂城，即漢故國都也。

高陽國，漢郡，領博陸等縣四。博陸，即漢治。《晉·志》云：泰始元年置。蓋中間或廢，後復置也。

博陵國，漢郡，領安平等縣四。安平，即漢故治。

清河國，漢郡，領清河等縣六。清河，今廣平府西北故甘陵城是也。

中山國，漢郡，領盧奴等縣八。盧奴，即漢中山國故都。

常山郡。漢郡，領真定等縣八。真定，漢真定國舊都也。

幽州：治涿，見前涿郡。統郡、國七。太元中，幽州寄治廣固。廣固故城在今青州府城西北八里。

范陽國，即漢涿郡也，魏改曰范陽，領涿縣等縣八。涿，即州治。

燕國，漢故郡也，亦曰廣陽國，魏更舊名。領薊縣等縣十。薊，即漢廣陽國故都。

北平郡，秦郡，領徐無等縣四。徐無，今北直薊州玉田縣東故城是也。

上谷郡，秦郡，領沮陽等縣二。沮陽，即漢舊治也。

廣寧郡，本上谷郡地，太康中分置，領下洛等縣三。下洛，今北直保安州西百里有故城。

代郡，秦郡，領代縣等縣四。代縣，今大同府蔚州治是。

遼西郡。秦郡，領陽樂等縣三。陽樂，在今大寧廢衛故柳城郡東。

平州：治昌黎，今北直大寧廢衛故柳城東南，有昌黎廢縣。統郡五。魏嘗置平州，後罷。晉咸寧二年，復分幽州置。永嘉以後，平州屬於慕容氏。

昌黎郡，魏增置，領昌黎等縣二。昌黎，見上。

遼東郡，秦郡，領襄平等縣八。襄平，即漢舊治。

樂浪郡，漢郡，領朝鮮等縣六。朝鮮，即漢舊治。

玄菟郡，漢郡，領高句麗等縣三。高句麗，即漢舊治。

帶方郡。本公孫度置，魏因之，領帶方等縣七。帶方，即魏舊治。

并州：治晉陽，即後漢舊治，統郡國六。建興以後，并州淪没。義熙五年，嘗寄鎮淮陰。十四年，移鎮蒲阪云。

太原國，秦郡，領晉陽等縣十三。晉陽，見上。

上黨郡，秦郡，領潞縣等縣十。潞，今潞安府潞城縣。

西河國，漢郡，領離石等縣四。離石，今汾州府永寧州治。

樂平郡，魏增置郡也。《晉·志》云：泰始中置，領沾縣等縣五。沾，即魏舊郡治。

雁門郡，秦郡也，領廣武等縣八。廣武，今太原府代州西十五里有故城。

新興郡。魏置，領九原等縣五。九原，即魏故郡治。

雍州：治京兆。統郡七。惠帝時，河間王顒據長安州，治安定，又移新平。建興以後，雍州淪没。元帝時，雍州僑治於酇城。孝武時，於襄陽僑置雍州。太元十一年，寄治洛陽，以鎮衛山陵，尋還襄陽。酇城，今襄陽府光化縣東有故城。

京兆郡，漢郡，領長安等縣九。長安，見前。太元十二年，分京兆、馮翊、弘農置華山郡，領鄭縣等縣五。鄭縣，今華州治，亦見前。

馮翊郡，漢郡，領臨晉等縣八。臨晉，今西安府同州朝邑縣西南二里故城是。

扶風郡，漢郡，領池陽等縣六。池陽故城在今西安府三原縣西北，見前。惠帝初，改爲秦國。

安定郡，漢郡也，領臨涇等縣七。臨涇，今平涼府鎮原縣東六十里有故城。

北地郡，秦郡，領泥陽等縣二。泥陽，今西安府耀州治是。

始平郡，本扶風郡地，泰始三年分置，領槐里等縣五。槐里，見前周都犬丘。南渡後，僑立始平郡于武當城，今襄陽府均州也。

新平郡。魏置郡，領漆縣等縣二。漆，即魏故郡治。

涼州：治武威，統郡八。永寧以後，其地爲張氏所據。

金城郡，漢郡，領榆中等縣五。榆中，今臨洮府蘭州西二百里有故城。

西平郡，魏置郡，領西都等縣四。西都，即魏故郡治。

武威郡，漢郡，領姑臧等縣七。姑臧，即漢郡治。

張掖郡，漢郡，領永平等縣三。永平，今甘州衛治是。

西郡，魏初置郡，領日勒等縣五。日勒，即故郡治。

酒泉郡，漢郡，領福祿等縣九。福祿，即漢舊治。

敦煌郡。漢郡，領昌蒲等縣十二。昌蒲，在今沙州廢衛西。又惠帝元康五年，分敦煌及酒泉地置晉昌郡，領宜禾等縣八。宜禾，在今塞外故瓜州西北百三十里。

秦州：初治冀城，後治上邽。統郡六。《晉·志》：魏始分隴右置刺史，領護羌校尉，中間暫廢。泰始五年，又以雍州、隴西五郡及涼州之金城、梁州之陰平，合七郡置秦州，鎮冀城。太康三年，復并入雍州。七年復立，鎮上邽，統郡六。江左以秦州寄治梁州，又于氐池立北秦州。氐池，即仇池，今陝西成縣西北百里有仇池城。冀城，見後漢涼州注。上邽，見三國魏秦州治。

隴西郡，秦郡，領襄武等縣四。襄武，今鞏昌府城東南五里襄武故城是。惠帝分置狄道郡，領狄道等縣九。狄道，今臨洮府治，見前。

南安郡，漢郡，領獂道等縣三。獂道，即後漢故郡治。

天水郡，漢郡，後漢及曹魏皆曰漢陽，晉復曰天水，領上邽等縣六。上邽，即州治。

略陽郡，魏廣魏郡也，泰始中更名。領臨渭等縣四。臨渭，即魏故郡治。

武都郡，漢郡，領下辨等縣五。下辨，今鞏昌府成縣是也。

陰平郡。魏置。《晉·志》云：泰始中置，領陰平等縣二。陰平，即魏故郡治。南渡後，復有南北二陰平郡。南陰平，今四川龍安府東百里有陰平故城。

梁州：治南鄭，統郡八。東晉大興初，梁州寄治襄陽。咸康五年，寄治魏興。建元二年，戍西城。太元二年，復鎮襄陽。義熙初，又移魏興。九年，治苞中。西城，今漢中府興安州治，見前。苞中，即今漢中府褒城縣也。

漢中郡，秦郡，領南鄭等縣八。南鄭，即州治。

梓潼郡，蜀漢置，領梓潼等縣八。梓潼，今保寧府屬縣。《晉·志》：江左孝武時，分梓潼北界立晉壽郡，領晉壽等縣四。晉壽，即蜀漢梓潼郡，治漢壽縣也。

廣漢郡，漢郡，領廣漢等縣三。廣漢，今潼川州射洪縣東南有故城。《晉·志》：桓温平蜀，復置遂寧郡。或曰譙氏所置。今潼川州遂寧縣是也。

新都郡，本廣漢郡地，泰始二年分置，領洛縣等縣四。洛，即東漢益州治。太康三年，郡罷，尋復置。

涪陵郡，蜀漢置，領漢復等縣五。漢復，今涪州南九十里故城是。

巴郡，秦郡，領江州等縣四。江州，即漢以來舊治。

巴西郡，蜀漢置，領閬中等縣九。閬中，即故郡治。《晉·志》：蜀漢割巴郡置宕渠郡，尋省入巴西。晉惠帝復分置宕渠郡，又以魏荆州所統之新城、魏興、上庸，俱改屬梁州。東晉孝武又分巴西、梓潼，置金山郡。或曰今綿州即故金山郡。

巴東郡。蜀漢置，領魚復等縣三。魚復，今夔州府治，亦即蜀漢故郡治也。《晉·志》：穆帝時，嘗改屬荆州。

益州：治成都，統郡八。惠帝永安以後，没于李氏，益州寄治巴郡，後又移治巴東。永和三年，桓温滅蜀，還治成都。咸安二年，又没於苻氏。太元十年，復爲晉有。義熙初，没於譙縱。九年，益州平，仍治成都。

蜀郡，秦郡，領成都等縣六。成都，即州治。

犍爲郡，漢郡，領武陽等縣五。武陽，今眉州彭山縣東十里有故城。

汶山郡，漢郡，領汶山等縣八。汶山，即漢郡，舊治汶江道也。

漢嘉郡，蜀漢置，領漢嘉等縣四。漢嘉，即故郡治。

江陽郡，蜀漢置，領江陽等縣三。江陽，即蜀郡舊治。

朱提郡，蜀漢置，領朱提等縣五。朱提，即蜀郡舊治。沈約曰：懷帝分置南廣郡，領南廣等縣四。南廣，今敍州府南溪縣是。

越巂郡，漢郡，領會無等縣五。會無，今建昌行都司會川衛治是。

牂牁郡。漢郡，領萬壽等縣八。萬壽，今遵義府治是。《晉·志》：永嘉五年，分牂牁立平夷、夜郎二郡，改屬寧州。平夷，今雲南曲靖軍民府陸涼州即其治。夜郎，今遵義府桐梓縣東二十里有故城。又有西河郡，領芘蘇等縣，今雲南大理府雲龍州西有芘蘇城。

寧州：治雲南，統郡四。《晉·志》：泰始七年，分益州置。太康三年，復廢入益州，立南夷校尉護之。永寧二年，復置寧州。咸和八年，没于李雄。咸康五年，復入于晉。

雲南郡，蜀漢置，領雲平等縣九。雲平，今大理府趙州雲南縣北有故城。永嘉三年，分雲南永昌立河陽郡，治東河陽縣。或曰：故河陽城在今大理府東北境。亦曰東河陽郡。沈約曰：『成帝分雲南置興寧郡，領梇棟等縣。』今姚安軍民府治是也。

興古郡，蜀漢置，領律高等縣十一。律高，即蜀漢舊治。沈約曰：『永嘉五年，寧州刺史王遜分興古之東置西平郡，領西平等縣。』在今曲靖府東境。成帝時，又分興古置梁水郡，領梁水等縣。梁水，今臨安府寧州東有故城。或曰梁水郡亦建興中王遜所表置。

建寧郡，蜀漢改置，領味縣等縣十七。味縣，即蜀漢舊治。《晉·志》：惠帝分建寧以西七縣別立益州郡。永嘉二年，改爲晉寧郡，領建伶等縣。建伶，今雲南府西有故城。成帝時，又分建寧置建都郡，領新安等六縣。沈約曰：『郡去寧州建寧郡六十里。』

永昌郡，漢郡，領不韋等縣八。不韋，即漢郡治。

青州：治臨菑，統郡國六。永嘉喪亂，青州淪没。大興二年，青州僑治淮陰。太元九年，青州復歸於晉，僑置幽州於廣固。十五年，青、兖二州俱寄治京口，其後仍鎮廣陵。義熙四年，移鎮丹徒。六年，始置青州于東陽，亦謂之北青州，而僑置青州曰南青州。十年，南青州仍治廣陵。後省南青州，北青州直曰青州。東陽，今青州府治益都縣。廣固城，在今青州府城西北八里。

齊國，秦郡，領臨菑等縣五。臨菑，即州治。

濟南郡，漢郡，領平壽等縣五。平壽，今青州府壽光縣東四十里有故城。

樂安國，漢郡，領高苑等縣八。高苑，今青州府屬縣，見前。

城陽郡，漢郡，領莒縣等縣十。莒，即漢城陽國治。《晉・志》：惠帝元康十年，分城陽置平昌郡，領平昌等縣。本三國魏所置郡，後廢，晉復置。又分城陽置高密國，領高密等縣。本漢高密國，後漢廢晉復置。

東萊國，漢置，領掖縣等縣六。掖，漢郡舊治也。

長廣郡，魏置，領不其等縣三。不其，魏郡舊治也。

徐州：治彭城。統郡國七。元康末，改治下邳。永嘉之亂，徐州淪没者半。大寧二年，寄治淮陰。咸和初，寄治廣陵，尋又移鎮京口。永和八年，復鎮下邳。隆和元年，移屯山陽。太和二年，還治京口。寧康二年，復移廣陵。明年，又還京口。太元九年，始以京口爲南徐州，彭城爲徐州。義熙七年，又以彭城爲北徐州。

彭城國，漢郡，領彭城等縣七。彭城，即漢郡治。渡江後，亦曰沛郡。

下邳國，漢郡，領下邳等縣七。下邳，即東漢下邳國治。

東海郡，漢郡，領郯縣等縣十二。郯，即漢郡治。《晉・志》：元康初，分東海置蘭陵郡，領蘭陵等縣。今兖州府東六十里有蘭陵城。

琅邪國，秦郡，領開陽等縣九。開陽，今兖州府沂州東南有故城。元康七年，分置東安郡，領東安等縣，即曹魏東安郡舊治也。江左僑置琅邪郡于江乘縣境，又改治臨沂。江乘、臨沂，並在今江寧府東北七十里。

東莞郡，魏置，後廢。太康中復置，領東莞縣等縣八。東莞，故魏郡治。

廣陵郡，漢郡，領淮陰等縣八。淮陰，故魏郡治。義熙中，分廣陵置海陵、山陽二郡。海陵，今揚州府泰州治。山陽，見前。

臨淮郡，漢郡，後漢改置下邳國。太康初，復析置，領盱眙等縣十。盱眙，今鳳陽府泗州屬縣。《晉・志》：元康七年，分臨淮置淮陵郡，今盱眙西北九十里有淮陵故城。後又分臨淮、淮陵，置棠邑郡，今江寧府六合縣故棠邑也。義熙中，改曰秦郡，又於盱眙改立盱眙郡。

荆州：初治襄陽，後治江陵。統郡國二十二。《晉・志》：惠帝元康初，分桂陽、武昌、安成三郡及揚之豫章、鄱陽、廬陵、臨川、南康、建安、晉安七郡爲江州。懷帝永嘉初，又分長沙、衡陽、湘東、零陵、邵陵、桂陽及廣州之始安、始興、臨賀共九郡置湘州。咸和四年，復并入荆州。義熙八年，復置。十三年，仍并入荆州，而江州如故。《通釋》：咸和四年，陶侃嘗移荆州鎮巴陵。建始初，仍鎮江陵。太元二年，移鎮上明，後仍還江陵。其江州初治豫章，後移武昌。建元中，寄治半洲。咸安末，移鎮尋陽。上明，今荆州府松滋縣西一里有故城。半洲，在今九江府西九十里。

江夏郡，漢郡，領安陸等縣七。安陸，今德安府治。《晉・志》：惠帝分江夏立竟陵郡，治竟陵縣。今承天府沔陽州景陵縣西有竟陵故城。初屬江州，後還荆州。

南郡，漢郡，領江陵等縣十二。江陵，即州治也。《晉・志》：惠帝時，蜀亂，分南郡僑立成都國，領華容等縣四。華容，今荆州府監利縣東五里有故城。建興中，復并入南郡。又安帝時，析置武寧郡，領樂鄉等縣，今承天府荆門州北八十里樂鄉城是。又析置長寧郡，領長寧等縣，今荆門州西南有長寧廢縣。劉宋改曰永寧。

襄陽郡，魏置，領宜城等縣八。宜城，今襄陽府屬縣。又咸和初，分置義成郡，領義成等縣。義成，今襄陽府穀城縣也。

南陽國，秦郡，領宛縣等縣十四。宛，即秦以來郡治。《晉・志》：惠帝分南陽立新野郡，領新野等縣。新野，今南陽府鄧州屬縣。

順陽郡，本魏所置南鄉郡，晉太康中，改曰順陽，領酇縣等縣八。酇，今襄陽府光化縣東有故酇城。

義陽郡，本魏置，後廢。太康中復置，領新野等縣十二。新野，見上。惠帝時，義陽郡移治義陽縣，今信陽州南義陽故城是也。又分置隨郡，領隨縣等縣，今德安府隨州也。

新城郡，魏置，領房陵等縣四。房陵，即魏郡治。

魏興郡，魏置，領晉興等縣六。晉興，今興安州東有晉興故城。

上庸郡，亦魏置，領上庸等縣六。上庸，即魏舊治也。晉惠帝時，分新城、魏興、上庸三郡屬梁州。又南渡後，謂魏興、新城、上庸、襄陽、義成、竟陵、江夏爲沔中七郡云。

建平郡，本吴置，治秭歸。晉滅蜀，亦置郡，治巫縣。太康初，以吴置郡并入，領巫縣等縣八。巫，即今夔州府巫山縣，見前。

宜都郡，吴置，領夷陵等縣三。夷陵，即吴郡治。

南平郡，本吴所置南郡，吴得江陵，移南郡治公安。晉平吴，南郡復治江陵，而改故南郡爲南平郡，領作唐等縣三。作唐，今岳州府澧州安鄉縣東北有故城。元康以後，南平仍治江安，即公安也。

武陵郡，漢郡，領臨沅等縣十五。臨沅，今常德府治武陵縣是。

天門郡，吴置，領零陽等縣五。零陽，即吴郡治。

長沙郡，漢郡，領臨湘等縣十。臨湘，即漢長沙國都也。沈約曰：『元康九年，分長沙置建昌郡，領巴陵等縣四。宋元嘉十六年爲巴陵郡。』巴陵，今岳州府附郭縣。

衡陽郡，吴置，領湘鄉等縣九。湘鄉，即吴舊治。

湘東郡，吴置，領酃縣等縣七。酃，即吴舊治。

零陵郡，漢郡，領泉陵等縣十一。泉陵，今永州府治零陵縣是。《晉·志》：穆帝時，分零陵立營陽郡，領營道等縣。營陽，亦孫吴舊郡也。

邵陵郡，吴置，領邵陵等縣六。邵陵，亦孫吴舊郡治。

桂陽郡，漢郡，領郴縣等縣六。郴，即漢郡治。

武昌郡，吴置，領武昌等縣七。武昌，即吴故都也。

安成郡，吴置，領平都等縣七。平都，亦吴故郡治。《晉·志》：吴屬揚州，晉改屬荆州。

揚州：初治壽春。太康二年，移治秣陵，即吴建業也。統郡十八。惠帝末，復治壽春。東晉時，治建康。興寧二年，桓温自江陵移鎮赭圻，遥領揚州。三年，移鎮姑孰，尋復故。赭圻，今太平府繁昌縣西南十里有故城。

丹陽郡，漢郡，領建鄴等縣十一。建鄴，即州治。建興中，改曰建康。元帝建都揚州，改丹陽太守爲尹。

宣城郡，本丹陽郡地，太康二年分置，領宛陵等縣十一。宛陵，即漢丹陽郡治。

淮南郡，秦漢舊郡也，領壽春等縣十六。壽春，即揚州舊治。惠帝永興初，分淮南置歷陽郡，領歷陽等縣。歷陽，今和州治也。成帝時，又分置鍾離郡，領鍾離等縣，屬南徐州，今鳳陽府東二十里鍾離故城是也。

廬江郡，漢郡，領陽泉等縣十。陽泉，即曹魏廬江郡治。義熙中分置晉熙郡，領懷寧等縣。懷寧，今安慶府治。

毗陵郡，《晉·志》：吴分吴郡無錫以西爲屯田，置興農校尉。太康三年，省校尉爲毗陵郡，領丹徒等七縣。丹徒，今鎮江府附郭縣，見前。惠帝永興中，以郡封東海王世子毗，因改爲晉陵郡。

吴郡，漢郡，領吴縣等縣十一。吴，即漢郡治。

吴興郡，吴置，領烏程等縣十一。烏程，即吴舊治。《晉·志》：永興中，割吴興及丹陽郡置義興郡，領陽羨等縣。陽羨，今常州府宜興縣是。

會稽郡，秦郡，領山陰等縣十。山陰，即漢郡治。

東陽郡，吴置，領長山等縣九。長山，即吴舊治。

新安郡，吴所置新都郡也，晉改曰新安，領始新等縣六。始新，即吴郡舊治。

臨海郡，吴置，領章安等縣八。章安，亦吴郡舊治。《晉·志》：明帝太寧初，分臨海立永嘉郡，領永寧等縣。永寧，今温州府附郭永嘉縣也。

建安郡，吴置，領建安等縣七。建安，即吴舊郡治。

晉安郡，本建安郡地，太康三年分置，領原豐等縣八。原豐，即今福州府治閩縣是也。

豫章郡，漢郡也，領南昌等縣十六。南昌，即漢郡治。《晉·志》：永興初，分廬江、武昌郡地置尋陽郡。永嘉初，又以豫章之彭澤縣屬焉，領柴桑等縣。柴桑，今九江府南九十里有故城，蓋即孫吴所置。彭澤郡，太康初廢，至是改置。

臨川郡，吴置，領臨汝等縣十。臨汝，即吴舊郡治。

鄱陽郡，吴置，領廣晉等縣八。廣晉，今饒州府北百五十里有故城。

廬陵郡，吴置，領西昌等縣十。西昌，今吉安府泰和縣西三里有故城。

南康郡，本吴所置廬陵南部都尉，太康三年改置郡，領贛縣等縣五。贛，今贛州府附郭縣。

交州：治龍編。統郡七。龍編，即吴交州治。

合浦郡，漢置，領合浦等縣六。合浦，今廉州府治。《晉·志》：太康初，省珠崖入合浦郡。

交趾郡，漢置，領龍編等縣十四。龍編，即州治。

新昌郡，吳置，領麋泠等縣六。麋泠，即吳郡治也。

武平郡，吳郡，領武寧等縣七。武寧，即吳舊治。

九真郡，漢郡，領胥浦等縣七。胥浦，即漢舊治。

九德郡，吳置，領九德等縣八。九德，即吳舊治。

日南郡。秦象郡也，漢曰日南，領象林等縣五。象林，在今占城國境内。

廣州：治番禺，統郡十。《晉・志》：太康初，吳平，以荆州之始安、始興、臨賀三郡來屬。懷帝永嘉初，又以三郡屬湘州。成帝時，又以三郡還屬荆州。

南海郡，秦郡，領番禺等縣六。番禺，即州治。成帝時，分南海立東官郡。領寶安等縣。寶安，今廣州府東莞縣也。安帝又分東官立義安郡，領海陽等縣。海陽，今潮州府附郭縣。恭帝時，又分南海立新會郡，領盆允等縣。盆允，在今廣州府新會縣境。

臨賀郡，吳置，領臨賀等縣六。臨賀，即吳郡治。

始安郡，吳置，領始安等縣七。始安，即吳舊治。

始興郡，吳置，領曲江等縣七。曲江，即吳舊治。

蒼梧郡，漢郡，領廣信等縣十。廣信，即漢郡治。《晉・志》：穆帝分蒼梧立晉康郡，領端溪等縣。端溪，今肇慶府德慶州治。又立新寧郡，領新興等縣。新興，今肇慶府新興縣。又立永平郡，領安沂等縣。安沂，今梧州府藤縣南有故城。

鬱林郡，漢郡，領布山等縣九。布山，即漢郡治。又元帝大興初，分置晉興郡，領晉興等縣。晉興，在今柳州府象州境。

桂林郡，吳置，領潭中等縣八。潭中，即吳郡治。

高涼郡，漢置，領安寧等縣三。安寧，在今肇慶府陽江縣境。

高興郡，吳置，領廣化等縣五。廣化，即吳舊治。《晉・志》：武帝後省入高涼。

寧浦郡。吳合浦北部也，晉改置郡，領寧浦等縣五。寧浦，即吳都尉治。

郡國一百七十有三，晉太康初，因後漢及三國之舊，其後改易及增置者一十五郡而已。《晉・志》云增置二十有三，誤也。縣一千一百有九，幾於秦、漢之境矣。【略】

王氏曰：『晉承三分之季，復一統之規，分州列郡，依然秦漢之疆矣。乃創守失經，用荒厥緒。永嘉以後，中原州郡星離豆剖，莫可究極，先王之阪章不復見者，垂數百年。豈非古今升降之大變也哉？』

迨賈氏煽亂，八王構兵，八王，汝南王亮、楚王瑋、趙王倫、齊王冏、長沙王乂、成都王穎、河間王顒、東海王越也。羣翟起而乘之，於是中原板蕩，不可復問。南渡封域，廣狹無常，然上明、見晉荆州注。江陵、夏口、武昌、合肥、建初二年，合肥陷於後趙。永和六年，復取之。壽陽、即壽春。咸和二年，陷於後趙。永和二年，復歸於晉。太和四年，袁真以壽陽叛降燕，又降秦，六年克之。太元八年，苻堅大舉入寇，壽陽爲所陷，旋復取之。淮陰，見上兗州注。往往爲邊圉重鎮，而漢中、建武初，梁州陷於李雄。桓温平蜀，遂復梁州，北守漢中。寧康初，爲苻堅所陷。太元九年復取之。義熙初，譙縱作亂，漢中爲仇池楊盛所竊據，旋屬於姚秦。三年，復爲盛所據，羈屬於晉。縱平，漢中亦來歸。襄陽、太興初，梁州寄治襄陽。咸和五年，陷於後趙。七年，復取之。永和五年以後，司、豫諸州，多附于晉。十年，桓温伐秦，出自襄陽，不克而還。十二年，復引兵北出收洛陽。興寧五年，洛陽陷於慕容燕。太元四年，襄陽爲苻堅所陷。九年，復取襄陽，又北出宛洛，置戍洛陽，司、豫多爲晉境。隆安三年，洛陽陷於姚秦，司、豫之間多見侵没，以襄陽爲重鎮。彭城，太寧中，彭城陷於後趙。永和五年以後，後趙衰亂，徐、兗諸州，漸歸於晉。太和四年，桓温伐燕，直至枋頭，不克而還。太元三年，彭城爲苻堅所陷。九年，復歸於晉，於是進取青、兗諸州，河南郡縣皆來歸附。十年，劉牢之軍於枋頭，尋入鄴城，既而慕容垂取鄴、河、濟以南，爲所侵陷，於是以彭城爲重鎮。枋頭，在今大名府濬縣西南八十五里。亦間爲藩翰。

殷仲堪曰：『劍閣之隘，蜀之關鍵。巴西、梓潼、宕渠三郡，去漢中遼遠，在劍閣之内，而統屬梁州。蓋定鼎中華，慮在後伏。自南遷守在岷、邛，衿帶之形，事異曩日。是以李勢初平，割三郡隸益州，將欲重複上流爲習坎之防也。』李延壽曰：『壽春形勝，南鄭要險，乃建業之肩髀，成都之喉嗌。』

胡氏曰：『六朝增重上游，庾亮欲經略中原，則先分戍漢、沔。劉裕欲伐魏，則先廣襄陽資力。晉何充有言：「荆楚，國之西門。」』

于斯時也，劉淵據離石今山西汾州府永寧州。稱漢，劉曜據長安，改漢曰趙。【略】李雄據蜀稱成，李壽尋改稱漢。亦謂之後蜀。【略】石勒據襄國，今北直順德府，見前。稱趙，史曰後趙。冉閔據鄴改趙曰魏。【略】慕容氏據遼東，稱燕。【略】張氏據河西，稱涼。【略】苻健據長安，稱秦。【略】慕容垂據中山，爲後燕。【略】慕容永據長子，爲西燕。【略】姚萇據長安，亦稱秦。史謂之後秦。【略】乞伏乾歸據苑川苑川城，在今靖虜衛西南。亦稱秦。史謂之西秦。【略】楊茂搜據仇池，仇池，見前劉曜取仇池。亦稱秦。【略】呂光據姑臧，亦稱涼。史謂之後涼。【略】禿髮烏孤據廉川，廉川城，在今西寧衛西南百二十里。爲南涼。【略】沮渠蒙遜據張掖，爲北涼。【略】李暠據敦煌，爲西涼。【略】慕容德據滑臺，滑臺，今北直滑縣，見前。爲南燕。【略】譙縱亦據蜀，稱成都王。【略】赫連勃勃據統萬，今榆林衛西北二百里故夏州城，即統萬城。稱夏。【略】馮跋據和龍，亦曰龍城，見前燕慕容皝都龍城。爲北燕。

何氏曰：『曹魏承喪亂之餘，西北諸郡，地荒民少，戎夷僭居。晉之興，劉淵，匈奴也，而居晉陽；石勒，羯也，居上黨；姚氏，羌也，居扶風；苻氏，氐也，居臨渭；臨渭，即魏晉略陽郡治。慕容，鮮卑也，居昌黎。及劉淵一倡，并、雍之間，乘機四起。始于永興之初，訖於元嘉之季，爲戰國者一百三十有六年。』王氏曰：『志所稱十六國者，二趙、五涼、四燕、三秦、一蜀、一夏也。附劉淵於前趙，附冉閔於後趙，附西燕於後燕，附譙縱於李蜀，故不曰二十國云。』又仇池嘗臣附於南北間，故不稱國。

又　卷四《歷代州域形勢四·南北朝、隋》　劉裕奮自草澤，克翦逆元，北平廣固，南靖番禺，廣固、番禺，俱見晉青州、廣州注。【略】西定巴蜀，又克長安，而晉祚以移。《都邑考》：自宋、陳，皆因晉都。【略】然長安旋没於夏，河南州郡復陷於魏，最後又失淮北及淮西地。【略】所有州凡二十二：宋初，有州二十一。泰始七年，始增置越州。沈約云：『宋有州二十二。』今從之。

揚，治建康。統郡十一：曰丹陽，曰會稽，曰吳郡，曰吳興，曰淮南，曰宣城，曰義興，曰東陽，曰臨海，曰永嘉，曰新安，俱晉舊郡也。孝建三年，分揚州之會稽、東陽、新安、永嘉、臨海五郡爲東揚州。大明三年，又改揚州爲王畿，而東揚州直云揚州。五年，割王畿之吳郡屬南徐州。廢帝罷王畿復爲揚州，而揚州還爲東揚州，吳郡亦復故。明年，省東揚州并入揚州。昇明三年，又改揚州刺史爲揚州牧云。

南徐，治京口。統郡十六：曰南東海，治丹徒縣，今鎮江府治。曰南琅邪，治臨沂縣，今應天府西北三十里有廢臨沂縣。曰晉陵，治晉陵縣，今常州府治是。曰南蘭陵，治蘭陵縣，今常州府西北六十里有廢蘭陵城。曰南東莞，治東莞縣。曰臨淮，治海西縣。曰淮陵，治司吾縣。曰南彭城，治呂縣。曰南清河，治清河縣。曰南高平，治金鄉縣。曰南平昌，治安丘縣。曰南濟陰，治城武縣。曰南濮陽，治廩丘縣。曰南泰山，治南城縣。曰南濟陽，治考城縣。曰南魯，治魯縣。皆晉南渡以來，僑置於丹陽、吳郡境。沈約曰『泰始四年割揚州之義興屬南徐州』云。

徐，治彭城。泰始三年，淮北陷没，僑治鍾離。泰豫初，移治朐山。元徽初，還治鍾離。統郡十二：曰彭城，曰下邳，曰蘭陵，曰東海，曰東莞，曰東安，曰琅邪，曰沛郡，皆舊郡也。曰淮海，治甬城，在今宿遷縣東南百餘里。曰陽平，治館陶縣，郡縣皆僑置，或云在今邳州境。曰濟陰，僑治睢陵縣，在今泗州盱眙縣西六十里。曰北濟陰，治成武縣，今兗州府屬縣。此十二郡也。沈約曰：『宋亡淮北，元徽初，分南兗、北豫州之境置徐州，仍治鍾離。』領郡三：曰鍾離，晉郡也，本屬南兗；曰馬頭，治虞縣，在今鳳陽府懷遠縣西南二十里，本屬豫州；曰新昌，治頓丘縣，今和州東有頓丘城，是時新置郡也。又泰始三年，分徐州置東徐州，治團城，旋降于魏。團城，即故東管郡城也。鍾離，見晉淮南郡。朐山，即故朐縣，今南直海州治，見前。

南兗，治廣陵。元嘉二十八年，移鎮盱眙。三十年，并入南徐州，旋復置，還治廣陵。泰始六年，南兗州移治淮陰。七年復故。統郡九：曰廣陵，曰海陵，曰山陽，曰盱眙，曰泰郡，曰鍾離，皆晉郡也。曰南濟，治蕭縣，在廣陵境內。曰北沛，曰臨江，未詳所理。沈約曰：『南兗初領郡九，後領十一。』南沛而外，有新平郡，治江陽；北淮陽郡，治晉寧；北濟陰郡，治廣平；北下邳郡，治潼縣；東管郡，治莒縣。皆失淮北後所僑置，而無北沛、臨江二郡。又鍾離郡，元徽初，改屬南徐州，是十一郡也。

兗，初治滑臺。元嘉十三年，移鎮鄒山，又寄治彭城。二十一年，徙治須昌，後省兗州入徐、冀二州。三十年復置，治瑕丘。孝建初，治湖陸。泰始初，復治瑕丘。二年，兗州降魏。五年，僑置於淮陰。統郡六：曰泰山，曰高平，曰魯，曰東平，曰濟北，皆故郡也。曰陽平，沈約曰『治館陶，元嘉中僑置於無鹽縣境。淮北既失，諸郡亦寄治淮南境內』云。鄒山，見晉兗州治。須昌，見晉東平國治。瑕丘，今兗州府治。湖陸，在今南直沛縣北。俱見前。

南豫，初治歷陽。元嘉二十二年，罷入豫州，尋復置。大明五年，移治於湖。統郡十有九：曰歷陽，曰廬江，曰晉熙，曰弋陽，曰安豐，皆故郡也。曰南譙，治山桑縣，今無爲州巢縣東南二十里有南譙城。曰南汝陰，治汝陰縣，今廬州府治是。曰南梁，治睢陽縣，今壽州東北南梁城是。曰汝南，治平興縣。曰新蔡，治新蔡縣。曰東郡，治項縣。曰南頓，治南頓縣。曰潁川，治邵陵縣。曰西汝陰，治汝陰縣。曰汝陽，治汝陽縣。曰陳留，治浚義縣。皆僑置於淮南境內。曰邊城左郡，領雩婁等縣，今壽州霍丘縣西南八十里有雩婁故城。曰光城左郡，治光城縣，今汝寧府光州光山縣是也。曰南城左郡，未詳所治。于湖，今太平府治也。

豫，治壽陽。《宋·志》：武帝開拓河南，綏定豫。東晉義熙九年，割揚州大江以西、大雷以北，悉屬豫州。豫之基址，自此而立。永初二年，分淮東爲南豫州，淮西爲豫州，亦曰西豫州，亦曰北豫州。元嘉二十二年，以南豫州併入豫州。其後復分，或治壽陽，或治汝南。統郡十一：曰汝南，曰新蔡，曰譙，曰梁，曰陳，曰南頓，曰潁川，曰汝陽，曰汝陰，曰陳留，曰馬頭，皆故郡也。泰始三年，淮西之汝南、新蔡、汝陽、汝陰、陳郡、南頓、潁川七郡，皆没于魏。元徽初，又以馬頭郡改屬徐州。大雷，今江南望江縣，見前。

江，治尋陽，昇明初，移鎮湓口。統郡十：曰尋陽，曰豫章，曰鄱陽，曰臨川，曰廬陵，曰安成，曰南康，曰建安，曰晉安，皆舊郡也。曰南新蔡，治苞信，僑置於今湖廣黃梅縣。湓口，在今九江府城西。

青，初，北青州治東陽，南青州治廣陵。後省南青州，而北青州直曰青州。孝建二年，移治歷城。大明八年，還治東陽。泰始中失淮北，青州僑治郁洲。舊統郡九：曰齊郡，曰濟南，曰樂安，曰高密，曰平昌，曰北海，曰東萊，曰長廣，皆故郡也。曰太原，治太原縣，今濟南府長清縣東北廢升城是。《五代志》：武帝置樂安郡於千乘郡治也。泰始四年，又分青州置東青州，治不其城，在今萊州府膠州即墨縣西南五十七里。又宋嘗置并州，亦寄治升城云。東陽，見晉青州治。歷城，今濟南府治，見前。郁洲，今南直海州東北十九里有郁洲山。

冀，元嘉九年，分青州立，治歷城。泰始二年，陷於魏，與青州並寄治郁洲。舊統郡九：曰廣川，曰平原，曰清河，曰樂陵，曰魏郡，曰河間，曰頓丘，曰高陽，曰勃海，大抵皆僑郡也。《五代志》：武帝置廣川郡于武强，今濟南府長山縣是；置平原郡于梁鄒，今濟南府鄒平縣北故梁鄒城是；又置清河郡于盤陽，今濟南府淄川縣是。又文帝僑置高陽郡于樂安境內，勃海郡於臨淄境內。孝武又嘗置幽州，亦僑治梁鄒云。

司，初與并州俱治虎牢。景平初陷没。元嘉二十八年，司州僑治義陽。沈約曰：『元嘉末，僑治汝南。大明中省。建始二年，復置於義陽。』統郡四：曰義陽，曰隨陽，故郡也。曰安陸，治安陸縣，今德安府治是。曰南汝南，治平輿，郡縣皆僑置於義陽南境。

荆，治江陵。統郡十二：曰南郡，曰南平，曰天門，曰宜都，曰湘東，曰建平，皆故郡也。曰汶陽，治汶陽縣，在今荆州府夷陵州遠安縣西百里。曰南義陽，治厥西縣，在今隨州西北八十五里。曰新興，治定襄縣，今荆州府西北安興故城是。曰南河東，治聞喜縣，在今荆州府松滋縣界。曰永寧，治長寧縣，在今安陸府荆門州西南。曰武寧，治樂鄉縣，今荆門州北八十里有樂鄉故城。沈約曰：『孝建初，天門改屬郢州。泰始三年復故。』

郢，治江夏，今武昌府治。孝建初，分荆、湘、江三州置。統郡六：曰江夏，曰竟陵，曰武陵，曰武昌，曰西陽，皆舊郡也。曰巴陵，即晉之建昌郡。沈約曰：『初分荆之江夏、竟陵、隨、武陵、天門，湘之巴陵、江之武昌、豫之西陽置，凡八郡。後隨屬司州，天門仍屬荆州。』

湘，治臨湘。晉置，後廢。永初三年又置。元嘉八年省。十七年復置。二十九年又省。孝建初復置，統郡十：曰長沙，曰衡陽，曰桂陽，曰零陵，曰營陽，曰湘東，曰邵陵。曰臨慶，即臨賀也。曰廣興，即始興也。曰始建，即始安也。俱泰豫中所改。沈約曰：『巴陵，本屬湘州，後改屬郢。』臨湘，見前長沙郡治。

雍，治襄陽。統郡十七：曰襄陽，曰南陽，曰新野，曰順陽，曰義成，皆故郡也。曰京兆，治杜縣，今襄陽府西杜陵城是。曰始平，治武當縣，今均州也。曰扶風，治筑陽縣，今襄陽府穀城縣東四里有筑陽故城。曰南上洛，治上洛縣。沈約曰『其地名臼口』，在今漢中府興安州洵陽縣界。或云臼口當作『申口』，今縣有申口鎮。曰河南，治河南縣，今新野縣東北有河南城。曰廣平，治廣平縣，今新野縣西故朝陽縣是。曰馮翊，治鄀縣，今襄陽府宜城縣西南九十里有鄀縣城。曰南天水，治華陰縣。沈約曰：『其地名巖洲，在襄陽城外。』曰華山，治華山縣。沈約曰：『治大堤』，今宜城縣南漢南城是。曰北河南，治新蔡縣。沈約曰：『地名宛中』。曰弘農，治邯鄲縣。沈約曰『地名五壟』。俱在南陽城外，皆僑置郡也。

梁，初治南城，即今漢中府褒城縣。元嘉十年，還治南鄭。統郡二十。曰漢中，曰魏興，曰新城，曰上庸，曰晉壽，皆故郡也。曰新興，治吉陽縣，今鄖陽府上津縣西有故吉陽城。曰華陽，治華陽縣。沈約云『寄治州下』。曰新巴，治新安縣，在今保寧府南部縣境，沈約曰：『晉安帝分巴西郡置。』曰北巴西，即舊巴西郡也。曰北陰平，即故陰平郡。曰南陰平，亦治陰平縣，在今龍安府東百里。曰巴渠，治巴渠縣，今夔州府開縣東六十五里廢清水城是。曰懷安，治懷安縣，沈約曰：『寄治州下。』曰宋熙，治興樂縣，或曰在今保寧府巴州界，沈約曰：『郡去州七百里。』曰白水，治新巴縣，在今保寧府廣元縣界。曰南上洛，治上洛縣，在今興安州平利縣界。曰北上洛，治北上洛縣，亦在今興安州界。曰安康，治安康縣，今興安州漢陰縣也。曰南宕渠，治宕渠縣，在今四川渠縣東北，即蜀漢所置宕渠郡也。曰懷漢，治永豐縣，未詳所在。皆新郡及僑置郡也。

秦，與梁州同治南鄭，亦曰南秦州。元嘉二年，以武都爲北秦州，授仇池楊玄。十九年，克仇池，又置北秦州，旋没于魏，而秦州如故。統郡十四：曰武都，治下辨縣。曰略陽，治略陽縣。曰安故，治桓陵縣。曰西京兆，治藍田縣。曰南太原，治平陶縣。曰南安，治獂道縣。曰馮翊，治蓮勺縣。曰隴西，治襄武縣。曰始平，治始平縣。曰金城，治金城縣。曰安定，治朝那縣。曰天水，治河陽縣。曰西扶風，治郿縣。曰北扶風，治武功縣。自武都以下，大抵皆僑郡也，錯置於梁州境内。

益，治成都。統郡二十九：曰蜀郡，曰廣漢，曰巴西，曰梓潼，曰巴郡，曰江陽，曰越雟，曰汶山，曰犍爲，曰沈黎，皆舊郡也。曰遂寧，治巴興縣，今潼川州遂寧縣是。曰寧蜀，治廣漢縣，即今成都府雙流縣也。曰懷寧，領治平等縣。曰始康，領始康等縣。沈約云：『皆寄治成都。』曰南陰平，領陰平等縣，沈約曰『治萇楊』，在今漢州德陽縣西。曰北陰平，亦領陰平等縣，或曰在今保寧府劍州西境。曰晉熙，治晉熙縣，亦在今德陽縣界。曰晉原，治江原縣，今成都府崇慶州也。曰宋寧，領欣平等縣，沈約曰：『寄治成都。』曰安固，領略陽等縣，在成都東境，沈約曰：『去州百三十里。』曰新城，治北五城縣，今潼川州中江縣東有故五城縣。曰南晉壽，領晉壽等縣，沈約曰：『郡去州百二十里。』曰宋興，領南漢等縣，沈約曰：『寄治成都。』曰南宕渠，領宕渠等縣，《起居注》：元嘉十六年，自梁州度益州。或云僑置於宕渠南境。曰東江陽，治漢安縣，今瀘州江安縣是。曰南漢中，領南長樂等縣。曰武都，領武都等縣。曰南新巴，領新巴等縣。曰天水，領永興等縣。俱未詳所在，皆新置及僑郡也。又泰始五年，分荆州之巴東、建平，益州之巴西、梓潼郡，置三巴校尉，治白帝。時三峽蠻獠歲爲抄暴，故立府以鎮之。

寧，治建寧。統郡十五：曰建寧，曰晉寧，曰牂柯，曰夜郎，曰朱提，曰南廣，曰梁水，曰興古，曰永昌，曰西平，曰興寧，曰雲南，曰東河陽，曰西河，皆故郡也。曰平蠻，即故平夷郡。

廣，治南海。統郡十七：曰南海，曰晉康，曰新寧，曰永平，曰鬱林，曰新會，曰東官，曰義安，曰晉興，皆故郡也。曰宋康，治廣化縣，在今肇慶府陽江縣西北。曰綏建，治新招縣，在今肇慶府廣寧縣境。曰海昌，治寧化縣，在今廣州府新會縣界。曰宋熙，治平興縣。曰樂昌，治樂昌縣，未詳所在。

交，治龍編。統郡八：曰交阯，曰武平，曰新昌，曰九真，曰九德，曰日南，皆故郡也。曰義昌，曰宋平，皆新置。

越。治臨漳，今廉州府治是。沈約《志》：泰始七年，增置越州。統郡九：曰百梁，曰隴蘇，曰永寧，曰安昌，曰富昌，曰南流，曰臨漳，曰宋壽，皆新郡也。曰合浦，故郡也。沈約曰：『合浦，本屬交州。宋壽，初亦屬交州，後改屬焉。』

郡二百六十八，又合越州所置新郡，計二百七十四。縣一千二百九十九。

沈約曰：『晉遷江左，有揚、荆、湘、江、梁、益、交、廣數州，其徐州則有過半，豫州惟有譙城而已。宋分揚爲南徐，徐爲南兖，揚州之江西，悉屬豫州，分荆爲雍，分荆、湘、江爲郢，分荆爲司，分廣爲越，分青爲冀，分梁爲南北秦。建始以後，自淮以北，化成異域，青、冀、徐、兖、豫諸州，悉非舊疆矣。今所記列，大較參差。其詳難舉，實由名號驟易，境土屢分，或一郡一縣，分爲四五，四五之中，亟有離合，千迴百折，巧歷莫算，尋校推求，未易精悉也。』

王氏曰：『江左大鎮，莫過荆、揚。揚爲京畿財賦所資，荆爲閫外甲兵所聚。時謂荆爲陜西，二州户口，居江南之半。以揚州爲根本，委荆州以閫外，此立國之大要也。李忠定有言：六朝能保守江左者，以强兵巨鎮盡在淮南、荆、襄耳。』《宋書》：晉氏以揚爲京畿，荆、江爲重鎮，常使大將居之。三州户口居江南之半。宋孝建初，惡其强大，分揚州、浙東五郡爲東揚州，荆、湘、江、豫州之八郡置郢州，既而荆揚由此虚耗。何尚之嘗請復合二州，不果。

蓋自晉成帝以來，州郡類多僑置，增損離合，不能悉詳。又南北戰爭，疆境屢易。大約宋之盛時，南鄭、襄陽、懸瓠、今汝寧府東南平輿故城，即懸瓠城也。彭城、泰始二年，彭城、懸瓠皆降于魏。歷城、泰始四年，歷城陷於魏。東陽，泰始四年，東陽亦陷於魏。自是遂以淮爲境。皆重鎮也。

蕭道成馮依城社，遂奸宋位。【略】是時既失淮北，淮北即宋泰始初所失。其後又失沔北及淮南。【略】舉其大略，有州二十三：青治朐山，今淮安府海州治，見前。冀治漣口，今淮安府安東縣。豫治壽春，永元二年，壽春陷於魏，移治歷陽。壽春、歷陽俱見前。北兖治淮陰，在今淮安府西，見前。北徐治鍾離，在今鳳陽府東，見前。巴治巴東，見漢郡。《齊·志》：建元二年，分荆、益二州置巴州，領巴東、建平、巴郡、涪陵四郡，永明二年省。又有北秦州，建武二年置，授沮水氏酋楊馥之，非實土也。其餘悉因宋舊。郡三百九十五，《齊·志》：時置寧蠻府屬雍州，別領西新安等二十四蠻郡，蓋皆緣沔諸蠻所居地。縣千四百七十四。

胡氏曰：『蕭齊諸郡，有寄治者，有新置者，有狸郡、獠郡、荒郡、左郡無屬縣者，有荒無民户者。郡縣之建置雖多，而名存實亡，境土蹙于宋大明之時矣。』

而南鄭、樊城、在今襄陽府城北漢水北岸。襄陽、義陽、壽春、淮陽、在今江南泗州東北，見前。、角城、角城，與淮陽相近。《宋·志》謂之甬城、漣口、朐山，並稱重鎮焉。

蕭衍虎據襄陽，鷹擊建康，承齊之後。《史略》：齊永泰初，以蕭衍爲雍州刺史。會東昏暴虐，衍謀起兵。奉荆州刺史南康王寶融爲主，南并湘州，尋克郢州，緣江東指，於是司州亦附於衍，進取江州，長驅向建康。建康平，寶融乃禪位於衍。有州二十三，郡三百五十，縣千二十有二。此天監十年州郡之制也。

姚思廉曰：『梁天監十年以前，大抵因宋、齊之舊。是後州名浸多，廢置離合，不可勝紀。大同二年，朱異奏：「頃置州稍廣，小大不倫，請分五品，其位秩高卑，參僚多少，皆以是爲差。」於是上品二十州，次十州，又次八州，又次二十三州，下二十一州。時方事征伐，恢拓境宇，北逾淮、汝，東距彭城，西開牂柯，南平俚洞，交廣界表，俚人依阻深險，各自爲洞。紛綸甚衆，故異請分之。其下者皆異國之人，徒有州名，而無土地。或因荒徼之民所居村落置州及郡縣，刺史守令皆用彼人爲之，尚書不能悉領，山川險遠，職貢鮮通。五品之外，又有二十餘州不知處所。凡一百七州。又以邊境鎮戍，雖領民不多，欲重其將帥，皆建爲郡，或一人領二三郡。州郡雖多，户口耗矣。』

淮、沔南北，得失不恒。大抵雍州、即襄陽。下溠戍、在襄陽府棗陽縣東南百餘里。夏口、在武昌府城西，見前。白苟堆、今河南真陽縣東南有白苟城。硤石城、今鳳陽府壽州西北二十五里硤石山上。合州、即合肥。鍾離、淮陰、朐山常爲重鎮。《史略》：初，蕭衍舉兵内向，魏將元英言：『蕭衍東下，襄陽孤城無衛。臣乞躬率步騎，直指沔陽，襄陽，在沔南。水南爲陰。據襄陽之城，斷黑水之路，《水經注》：黑水出南鄭北山，南流入漢。今陝西褒城縣西有褒水，一名黑龍江，或以爲即黑水。英蓋謂得襄陽，則梁州之路斷也。長驅南出，進拔江陵，則三楚可收，岷蜀斷絶。太史公曰：『楚有三俗：自淮、沛、陳、汝南、南郡，此西楚也；彭城以東東海、吴、廣陵，此東楚也；衡山、九江、江南、豫章、長沙，此南楚也。』英謂取江陵，則三楚可以次第舉，而岷蜀趨建康之道絶矣。又命揚、徐二州，魏揚州治壽春，徐州治彭城。聲言俱舉，建康窮蹙，文軌可齊。』魏不能用。既而魏取義陽梁天監三年，魏取義陽三關，梁僑置司州于關南。三關，一曰平靖關，在今河南信陽州東南九十里，故冥阨塞也。一曰黄峴關，在州東南百里。一曰武陽關，在州東南百五十里。詳見河南重險。黽阨關南，三關之南也。及漢中諸郡，天監四年，梁州降魏，魏人取漢中諸城。是時，晉壽、巴西，皆附于魏，魏人入劍閣，破梓潼，乃還。於是梁州十四郡地，東西七百里，南北千里，皆入于魏。梁僑置梁州於西城。晉壽，見晉梓潼郡注。餘並見前。《齊·志》：梁州所領凡二十三郡，荒郡不與焉。今魏取十四郡，蓋西城以東猶屬梁也。西城，即晉宋時魏興郡治。梁數與魏相持，惟得合肥、壽春兩郡。天監五年，取合肥。普通七年，取壽陽。尋因魏亂，沿邊州郡，多來附梁。梁又遣陳慶之送元顥爲魏主，直至洛陽。俄而又失，大通二年，遣陳慶之將兵送魏北海王顥還北，以顥爲魏王。自銍城入梁國，西至洛陽，凡克三十二城。又北渡河，取河内，旋敗還。銍城，在今南直宿州南四十六里。梁國，即睢陽也，見漢晉諸郡。惟義陽、下邳及漢中諸郡復爲梁有。大通二年，義陽來降，復置司州，亦曰北司州。中大通五年，下邳來降，置東徐州。大同元年，攻晉壽，魏東益州降；又攻南鄭，魏梁州降，復置秦、梁二州治焉。其淮、沔以北旋得而旋失者，蓋不勝紀矣。及侯景肆凶，建康傾陷，蕭繹爲謀不遠，苟安江陵。【略】是時江北之地，殘于高齊，漢中、蜀川没於西魏，【略】魏人南侵，江陵失守。【略】蕭詧雖承梁祀，所得者僅江陵三百里，又稱臣于魏，比諸附庸。【略】陳霸先奄有建康，拾梁餘緒，【略】稽其版圖，較前彌蹙，西不得蜀、漢，北不得淮、肥，雖曾克復淮南，未幾復失，始終以長江爲限。【略】有州四十二，陳因梁舊置州，無復前制。郡百有九，縣四百三十八。及隋軍來伐，狼尾灘、在荆州府夷陵州西陵三峽中。荆門、見前。安蜀城、在荆門城西南。公安、見晉胡奮克江安。巴陵，見吴重鎮巴丘。盡爲楊素所陷。韓擒虎渡采石，賀若弼渡京口，而陳以亡。

真氏曰：『兩淮江南根本，廣陵、合肥又兩淮之根本，陳失淮南，亡也忽焉。』胡氏曰：『六朝保淮南，常爭義陽者，義陽淮西屏蔽也。義陽不守，則壽春、合肥不得安枕。魏高閭言「壽春、盱眙、淮陰，淮南本原」者，就淮南言也。由上流言，則重在義陽。陳人復淮南，不爭義陽，而屢爭彭城，淮南其能保乎？』

後魏起自北荒，【略】道武珪克并州，下常山，拔中山，盡取慕容燕河北地。【略】明元嗣時，漸有河南州鎮。【略】太武燾西克統萬，見前赫連勃勃據統萬。東平遼西，又西克姑臧，南臨瓜步。瓜步在南直六合縣東，見前。【略】獻文之世，長淮以北悉爲魏有。孝文都洛，復取南陽。《都邑考》：拓跋力微始自北荒，遷盛樂，猗盧復徙馬邑，城盛樂爲北都，修故平城爲南都。賀傉都東木根山。賀傉應作『鬱律』。什翼犍更城盛樂，其孫珪復都雲中，即盛樂也，亦謂之雲中宮。改代曰魏，尋徙平城。後魏天興元年徙都平城，置司州代尹。孝文太和十九年，遷于洛陽。以平城之司州爲恒州，於洛陽置司州河南尹。其後孝武遷長安爲西魏，孝靜遷鄴爲東魏。【略】宣武恪時又得壽春，復取淮西，續收漢川，至於劍閣。【略】於是魏地北逾大磧，陰山以北曰大磧。西至流沙，流沙，見前呂光伐西域。東接高麗，南臨江漢。迨其末也，有州百十有一，郡五百十有九，縣千三百五十有二。此據《魏書·地形志》。《史略》：魏太和十年，分置州郡。是時有州三十八，其二十五在河南：曰青，治東陽。太平真君中，置青州于樂安。太和中，移治東陽，領齊郡等郡。東陽，見晉青州治。曰南青，治東莞，本劉宋泰始十一年所置東徐州也。後魏因之。太和二十二年，徙東徐州治宿豫，改爲南青州，領東安等郡。東安，見曹魏徐州屬郡。曰兗，治瑕丘。泰常初，兗州置於滑臺，後得瑕丘，因改置焉。初曰東兗州，後曰兗州，領魯郡等郡。其滑臺之兗州則曰西兗州。孝昌三年，西兗州移治定陶，領濟陰等郡，後復故。又太和中，嘗置南兗州于渦陽，領下蔡等郡。正光中，移治譙城，領陳留等郡。時謂滑臺、瑕丘、譙城爲三兗州也。瑕丘，見宋兗州治。渦陽，見侯景敗于渦陽。下蔡，見春秋蔡國。曰齊，治歷城，宋置冀州於此。皇興初得之，改爲齊州，領東魏等郡。東魏，今濟南府東北三十里廢平臺城即其治也。曰濟，治碻磝城，領濟北等郡。曰光，治掖城，領東萊等郡。曰豫，治汝南。天興二年，豫州置於野王。泰常中，徙鎮洛陽，尋又徙於虎牢。皇興初，移鎮懸瓠，領汝南等郡，而以虎牢爲北豫州，領廣武等郡。又有東豫州，太和中曰南司州，尋改曰東豫，治廣陵城，亦領汝南等郡。又有西豫州，則正光末以梁邊城郡來降所置州也。時以懸瓠、虎牢、廣陵爲三豫。野王，見漢河內郡治。廣武郡治中牟，今開封府屬縣。廣陵，今河南息縣西南有故城。所領汝南郡，今息縣即其治也。邊城郡，在今湖廣黄岡縣界。曰洛，治上洛。太延五年，置荆州於此。太和十一年，改荆州爲洛州，領上洛等郡。曰徐，治彭城。延和中，徐州置於外黄。皇興初，改治彭城，領彭城等郡。曰東徐，治宿豫。太和中置，領宿豫等郡。東魏改爲東楚州。又有東徐州，治下邳，則孝昌二年置，領下邳等郡。北徐州，治琅邪，則永安二年置，領琅邪等郡。時謂彭城、下邳、琅邪爲三徐。曰雍，治長安。神䴥初，治蒲阪，後改治長安，領京兆等郡。又泰常中，嘗置南雍州於洛陽，後改曰洛州。神䴥中，又置東雍州于正平。太和中，廢東魏復置，領正平等郡。又孝昌以後，嘗置東雍州于鄭縣，又置北雍州于泥陽。時或以長安、鄭縣爲二雍，并泥陽爲三雍也。正平，今平陽府絳州治。鄭縣，今西安府華州治。泥陽，今西安府耀府治也。曰秦，治上邽。延和中，以蒲阪之雍州爲秦州，後改治上邽，領天水等郡。其後東魏復置秦州于蒲阪，西魏得之亦置焉。時謂之東秦州。曰南秦，治仇池。太平真君七年置。太和十二年，改爲渠州，尋復故。正始初，移治洛谷城，領仇池等郡。又有東秦州。太和十五年，置於杏城鎮，後改曰北華州，領中部等郡。又孝昌中，以秦州爲莫折念生所據，因置東秦州於隴東，治汧城。時謂上邽、仇池爲二秦，并汧城爲三秦也。仇池，見前。洛谷，今鞏昌府成縣西有故城。中部郡，即今縣。汧城，今鳳翔府隴州治是。曰梁，治南鄭。太和中，治仇池。正始中，始移置於南鄭，領漢中等郡。《五代志》：孝昌中，於隆城鎮置南梁州。今四川保寧府東北有故城。曰益，治晉壽。太和中，亦置於仇池。正始中，改治晉壽，領東晉壽等郡。又有東益州，亦正始中置，治武興，領武興等郡，時亦謂之二益。晉壽，今保寧府廣元縣也。武興，見前楊氏據仇池。曰荆，治穰城。太延五年，荆州置於上洛。太和十八年，改爲洛州，而徙荆州于魯陽。二十二年，復移荆州治穰城，領南陽等郡。又東荆州治沘陽，太和以後置。《五代志》：西魏時曰淮州，而置東荆州於廣昌縣。又有南荆州，延興初，置於安昌城，仍隸東豫州。四年，從刺史桓叔興請，不隸東豫。所謂三荆也。東魏武定二年，又置北荆州，治伊陽，領伊陽等郡。侯景以東荆、北荆入於西魏是也。其後北荆復爲齊境，而三荆皆屬於西魏。安昌故城，在今信陽州西北七十里。廣昌，今襄陽府棗陽縣也。餘見前。曰涼，治姑臧，領武威等郡。曰河，治枹罕，領金城等郡。曰沙，治敦煌，領敦煌等郡。一作瓜。涼、瓜等州亦屬河南者，蓋自平城以西言也。曰華，治華陽。太和十一年，分雍州置，領華山等郡。曰陝，治陝城。太和十一年置，領恒農等郡，即今陝州。曰夏，治統萬。太和十一年，以統萬鎮置，領化政等郡。又永平四年，置東夏州，治廣武縣，領偏城等郡。今延安府東三十五里之廢豐林縣，即是時州郡治。曰岐，治雍。太和十一年置，領平秦等郡。平秦，即故扶風也。又延興中，置南岐州，治河池縣，領故道等郡。河池，見前。固道，今漢中府鳳縣也。曰班，治彭陽。皇興二年，置華州於此。太和十一年改班州。十四年改邠州。二十年又改幽州，領北地等郡。彭陽，今慶陽府西南八十里彭原故城是。北地，魏收《志》作『西北地郡』。曰郢，治真陽。太和中置。正始初得義陽，改置郢州，治焉，領安陽等郡。東魏亦謂之南司州，以梁置司州於此也。又有西郢州。正光二年，以授蠻酋田朴特，蓋在義陽之西。胡氏曰：『西郢州治真陽。』真陽，今汝南府屬縣。安陽，今真陽縣東有故城。十三在河北：曰司，治洛陽。魏置司州于平城，洛州於洛陽，領洛陽等郡。遷洛後，改洛州曰司州，而司州曰恒州。東魏遷鄴，又改相州曰司州，而司州仍爲洛州。曰幷，治晉陽。皇始初置，領太原等郡。曰肆，治九原。太平真君七年置，領來安等郡。九原，今忻州西有故城。來安，即故新興郡。曰定，治盧奴。皇始二年置安州。天興二年，改曰定州，領中山等郡。盧奴，故中山郡治也。曰相，治鄴。天興中置相州，領魏郡等郡。東魏改爲司州，以魏郡爲魏尹。曰冀，治信都。皇始二年置，領長樂等郡。長樂，亦即信都也。曰幽，治薊，領燕郡等郡。曰燕，治昌平。太和十八年，分恒州東部置，領昌平等郡，即今順天府昌平州也。或曰：燕，當作懷，治野王。天安二年置，領河內等郡。太和十八年，廢東魏復置。太和十年，蓋有懷州而無燕州。曰營，治和龍。太平真君五年，改和龍鎮置，領昌黎等郡。曰平，治肥如，領遼西等郡。曰安，治方城。皇興二年置，領密雲等郡，今昌平州密雲縣東有故方城。曰瀛，治樂成。太和十一年置，領高陽等郡。樂成，故河間郡治也。曰汾。治蒲子。太和十二年置。孝昌中，移治茲氏，領西河等郡。蒲子、茲氏，見前劉淵據離石。是爲三十八州。太和十八年，韓顯宗言：『南人昔有淮北之地，自比中華，僑置郡縣。歸附以來，仍而不改，名實交錯，文書難辨。宜依地理舊名，一皆釐革。』時未能從。是後南北相高，互增州郡，繼以五方淆亂，建置滋多。齊主洋嘗言：『魏末州郡，類多浮僞。百室之邑，遽立州名；三户之邨，虚張郡目。循名責實，事歸焉有。』【略】蓋自正始之際，迄於東西魏之餘，州郡紛錯，爲已甚矣。

追胡后內亂，六鎮外撓，爾朱構禍，國分爲二，而魏亡矣。【略】

高歡起自晉州，東有殷、冀，遂滅爾朱，劫魏遷鄴，覆其宗嗣。《都邑考》：高氏繼東魏都鄴，改魏尹爲清都尹。以鄴爲上都，晉陽爲下都。【略】於是河北自晉州東，河南自洛陽東，皆爲齊境。此專舉周、齊分界言之。齊天保中，其地北界沙漠，東濱海。又梁侯景之亂，遣將略地，南至於江。有州九十七，郡百有六十，《齊書》：天保七年，以魏末州郡繁雜，省州三，郡一百五十三。又《後周書》：周滅齊，得州五十，郡一百六十二。時齊共有六十州，其淮南十州，先没于陳。今以《隋書》及《通典》爲據。縣三百六十五。而姚襄城、在平陽府吉州西五十二里，西臨黃河。洪洞、平陽府洪洞縣北六里有洪洞故城。晉州、武平關、關在今平陽府絳州西二十里。軹關、今懷慶府濟源縣西北有故關。柏崖、今懷慶府孟縣西三里有故城。河陽、孟縣西南十三里故城是。虎牢、洛陽、北荆州、孔城防、今河南府城南八十里有孔城故址。汝北郡、今汝州西南有故城。魯城，在汝州魯山縣東北十七里皆置兵以防周。高緯時，陳人取淮南地，陳將吳明徹等北伐，取淮南。周師拔河陰，今河南府孟津縣東平陰故城是。拔平陽，而齊遂亡。【略】

宇文周起自高平，據有關、隴，魏主西奔，漸移其社。《都邑考》：宇文氏繼西魏仍都長安。【略】

於是河南自洛陽之西，河北自晉州之西，皆爲周境。先是，東西戰爭，疆場靡定。大統十六年，宇文泰以高洋稱帝，大舉東伐，無功而還。於是東西分境，各自爲守矣。而玉壁、今平陽府絳州稷山縣西南十三里有故城。邵郡、今絳州垣曲縣是其治。齊子嶺、在懷慶府濟源縣西六十里。通洛防、在河南府新安縣東二里，即漢時函谷新關也。黃櫨三城、三城，曰黃櫨，曰同軌，曰永昌，俱在今河南府永寧縣東。、土劚、在河南府盧氏縣東南四十五里，蓋古關之塞垣。三荆、大統三年，西魏取三荆，常爲武守要地。三荆，見前。三鴉鎮，侯景以魯陽入於西魏，因置鎮拒守。三鴉，見前。皆置重兵以備齊。文帝泰既西幷梁、益，南克江、漢，武帝邕又東幷高齊，兼取陳淮南地。詳見前。有州二百十一，郡五百有八，縣一千一百二十四。

論説

《宋書》卷三五《州郡志一・序》 及三國鼎峙，吳得揚、荆、交三州，蜀得益州，魏氏猶得九焉。吳又分交爲廣。魏末平蜀，又分益爲梁。晉武帝太康元年，天下一統，凡十有六州。後又分涼、雍爲秦，分荆、揚爲江，分益爲寧，分幽爲平，而爲二十矣。

自夷狄亂華，司、冀、雍、涼、青、并、兖、豫、幽、平諸州一時淪没，遺民南渡，並僑置牧司，非舊土也。江左又分荆爲湘，或離或合，凡有揚、荆、湘、江、梁、益、交、廣，其徐州則有過半，豫州唯得譙城而已。及至宋世，分揚州爲南徐，徐州爲南兖，揚州之江西悉屬豫州；分荆爲雍，分荆、湘爲郢，分荆爲司，分廣爲越，分青爲冀，分梁爲南北秦。太宗初，索虜南侵，青、冀、徐、兖及豫州淮西，並皆不守；自淮以北，化成虜庭。於是於鍾離置徐州，淮陰爲北兖，而青、冀二州治贛榆之縣。今志大較以大明八年爲正，其後分派，隨事記列。內史、侯、相，則以昇明末爲定焉。

地理參差，其詳難舉，實由名號驟易，境土屢分，或一郡一縣，割成四五；四五之中，亟有離合，千回百改，巧歷不算，尋校推求，未易精悉。今以班固馬彪二志、太康元康定户、王隱《地道》、晉世《起居》、《永初郡國》、何徐《州郡》及地理雜書，互相考覆。且三國無志，事出帝紀，雖立郡時見，而置縣不書。今唯以《續漢・郡國》校《太康地志》，參伍異同，用相徵驗。自漢至宋，郡縣無移改者，則注云『漢舊』，其有回徙，隨源甄别。若唯云『某無』者，則此前皆有也。若不注置立，史闕也。

《隋書》卷二九《地理志上・序》 逮炎靈數盡，三國爭强，兵革屢興，户口減半。有晉太康之後，文軌方同，大抵編户二百六十餘萬。尋而五胡逆亂，二帝播遷，東晉洎于宋、齊，僻陋江左，苻、姚之與劉、石，竊據中原，事迹糾紛，難可具紀。

梁武帝除暴寧亂，奄有舊吳，天監十年，有州二十三，郡三百五十，縣千二十二。其後務恢境宇，頻事經略，開拓閩、越，克復淮浦，平俚洞，破牂柯，又以舊州遐闊，多有析置。大同年中，州一百七，郡縣亦稱於此。既而侯景構禍，臺城淪陷，墳籍散逸，注記無遺，郡縣户口，不能詳究。逮於陳氏，土宇彌蹙，西亡蜀、漢，北喪淮、肥，威力所加，不出荆、揚之域。州有四十二，郡唯一百九，縣四百三十八，户六十萬。後齊承魏末喪亂，與周人抗衡，雖開拓淮南，而郡縣僻小。天保之末，總加併省，洎乎國滅，州九十有七，郡一百六十，縣三百六十五，户三百三萬，周氏初有關中，百度草創，遂乃訓兵教戰，務穀勸農，南清江漢，西兼巴蜀，卒能以寡擊衆，戡定强鄰。及于東夏削平，多有省廢。大象二年，通計州二百一十一，郡五百八，縣一千一百二十四。

唐・杜佑《通典》卷一七三《州郡三・古雍州上》 魏分河西為涼州，分隴右為秦州，三輔仍舊屬司隸。改京兆尹為大，馮翊、扶風各除左右。晉置雍州、領郡國七，理京兆。涼州、領郡國八，理武威，今郡。秦州。領郡六，理上邽，今天水郡。愍帝之後，劉聰、石勒、苻堅、姚萇相繼據之。及姚泓為宋武帝所滅，後屬赫連勃勃，其州縣之名不可得而紀也。後魏以其地置北秦、雍、南秦三州，雍州理京兆，即長安也；秦州理天水，今郡上邽縣；南秦州理洛谷城，今天水郡伏羌縣。頗得古雍州之地。迨西魏以後及於周氏，分裂制置，其名甚多，不可悉數。

又 卷一七四《州郡四・古雍州下》 雍州之地，厥田上上，鄠杜之饒，號稱『陸海』，言其高陸物產，如海之無所不出。四塞為固，被山帶河。【略】自東漢、魏、晉，羌氐屢擾，旋則苻姚疊據，五涼更亂，三百餘祀，戰爭方息。帝都所在，是曰浩穰。其餘郡縣，習俗如舊。

又 卷一七五《州郡五・古梁州上》 至獻帝末，劉備復據其地。魏末平之，遂分置梁、益二州。晉初因之，益領郡八，理成都。梁領郡八，理南鄭。後又分益州南境置寧州。領郡四，理雲南，即今郡。惠帝以後，李特據之，至穆帝時平之。其後没於苻堅，後又復其地。安帝時，譙縱據之，後又收復。宋梁、益、寧三州並因前代，梁領郡二十，益領郡二十九，寧領郡十五。更置秦州。領郡十四，理南鄭。齊、梁初多因之。梁武帝天監三年，刺史夏侯道遷以所部叛降後魏，南至劍閣，悉失之。後魏得漢中，亦曰梁州。西魏亦因之，復入於梁。西魏大統十二年，為梁將蘭欽所陷。梁滅，再復其地。將達奚武平漢川，尉遲迥平蜀川。自西魏以後，所置州郡，割裂無恒，不可詳記。

又　卷一七六《州郡六・古梁州下》　巴蜀之人少愁苦，而輕易淫佚。【略】土肥沃，無凶歲。山重複，四塞險固。王政微缺，跋扈先起。公孫述、劉備、李雄、譙縱叠據之，皆因中原多事。故一方之寄，非親賢勿居。

又　卷一七七《州郡七・古荆河州》　後漢為司隸，理洛陽。及荆河州，理於譙，領郡國六。譙，今譙郡是也。魏亦同。理汝南安城，今汝南吴房縣也。晉分置司州領郡十一，理洛陽。及荆河州，領郡國十，理梁國項，今淮陽郡項城縣也。永嘉之亂，荆河州没於劉、石、苻、姚。宋初有其南境，置荆河州。領縣十，理汝南郡，即今郡。宋文帝永嘉中全盛得之，後失。後魏以後，分裂不詳焉。【略】

荆河之間，四方輻輳，故周人善賈，趨利而纖嗇。韓國分野，亦有險阻。蘇秦謂韓宣王曰『韓北有鞏、成皐之固，西有宜陽、商阪之塞，東有宛、穰、洧水，南有陘山』也。鞏、成皐，則今鞏縣、汜水也。宜陽、商阪即今福昌山及商山也。苑、穰，今南陽界。陘山，今密縣山。自東漢、魏、晉宅於洛陽，永嘉以後，戰爭不息。元魏徙居，纔過三紀。自西晉永嘉五年，劉曜陷洛陽，執懷帝，至後魏太和十九年，經百八十七年遷都。至永熙三年，又經三十九年，分為東、西魏矣。逮乎二魏，爰及齊、周，河、洛、汝、潁，叠為攻守。夫土中，風雨所交，宜乎建都立社，均天下之漕輸，便萬國之享獻。不恃隘害，務修德刑，則卜代之期可延久也。

又　卷一七八《州郡八・古冀州上》　後漢並因前代，為冀州、理於鄗。鄗，今趙郡高邑縣。袁紹、曹公理鄴。鄴，今郡縣。幽州、理薊，今范陽郡縣。并州。理晉陽，今太原府。魏並因之。晉置冀州、領郡國十三，理房子，今趙郡縣。幽州、領郡國七，理涿，今范陽郡是也。并州。領郡國六。惠帝之後，其地淪没於劉元海、石勒、慕容儁，又為苻堅所陷。堅敗，慕容垂據之。後屬後魏。自此分割，不可詳焉。

又　卷一七九《州郡九・古冀州下》　冀州，堯都所在，疆域尤廣。梁州境宇雖遐遠，而雜以夷獠。中夏唯冀州最大。山東之人，性緩尚儒，仗氣任俠，太行、恒山之東。而鄴郡，高齊國都，浮巧成俗。自北齊之滅衣冠，士人多遷關內，惟伎巧商販及樂户移實郡郭，由是人情險詖，至今好為訴訟。山西土瘠，其人勤儉，而河東，魏晉以降，文學盛興，魏豐樂侯杜君畿為河東守，開置學官，親執經教授，郡中化之，自後河東特多儒者。閭井之間，習於程法。并州近狄，俗尚武藝，左右山河，古稱重鎮，韓信謂陳豨曰：『代，天下精兵處也。』後漢末，天下擾亂，高幹為并州刺史，牽招説幹曰：『并州左有恒山之險，右有大河之固，北有强胡，可以守也。』寄任之者，必文武兼資焉。

又　卷一八〇《州郡十・古兖州》　魏晉亦置兖州，領郡國八，理廩丘，今濮陽郡雷澤縣。永嘉之後，陷於石勒。宋武平河南，又得其地，置兖州。領郡六，初理滑臺，後理瑕丘。滑臺，今靈昌郡。瑕丘，今魯郡縣。自二漢以後立兖州，非悉是古州疆域，所領郡國，東境兼入青州之地，西境則入荆河州之地。宋末，其地入後魏，自後分割不可詳焉。【略】兖州舊疆界於河濟，地非險固，風雜數國。衛、魏、宋、齊、趙五國之地。秦漢以降，政理混同，人情樸厚，俗有儒學。及西晉之末，為戰爭之地，三百年間，傷夷偏甚。自宇內平一，又如近古之風焉。

又　《古青州》　後漢因之。領郡國五，理臨淄，今北海郡縣是也。魏晉亦因之。領郡國六。晉又置平州，領郡國五，理昌黎，今安東府也。懷帝末，没於石勒、慕容皝。及慕容恪滅冉閔，剋青州。至苻氏平燕，復有其地。及苻氏敗後，刺史苻朗以州降晉，晉以為幽州。以辟閭渾為刺史，鎮廣固。安帝時，平州又陷於慕容垂。其青州又為慕容德所據，復改為青州慕容超移青州於東萊。後為劉裕所剋，復置青州。時以羊穆之為刺史，鎮廣固。平州自慕容垂後，又没於馮跋，旋為後魏所有。其青州，宋分為青、冀二州，青領郡九，理臨淄。冀領郡九，理歷城，今濟南郡縣。後入後魏。其後分析，不可具舉。【略】

青州古齊，號稱强國，憑負山海，擅利鹽鐵。【略】晉惠之後，淪没僭偽。慕容建國，二代而亡。今古風俗頗革，亦有文學。自國初立都督府，命親王鎮之。漢氏之制，信可取也。

又　《古徐州》　後漢並因前代。理於郯，今臨淮郡下邳縣。魏晉亦曰徐州。領郡國七，理彭城，今郡。自元帝渡江，徐州所得，唯半而已。餘並没於石氏。宋初因之，領郡十三，理彭城。明帝初，地入於後魏，其後不可詳焉。【略】徐方鄒魯舊國，漢興猶有儒風。自五胡亂華，天下分裂，分居二境，尤被傷殘。彭城要害，藩捍南國，必爭之地，常置重兵。數百年中，無復講誦。況今去聖久遠，人情遷蕩。大抵徐兗，其俗略同。

又 卷一八一《州郡十一·古揚州上》 三國時，淮南屬魏，而江南屬吳也。魏晉亦置揚州。理壽春。平吳，領郡十八，理建業，今丹陽郡江寧縣。元帝渡江，揚州遂為王畿，領江東、浙江地。宋孝武分浙江東為東揚州。後罷揚州，以其地為王畿，而東揚州直云揚州，尋復舊。領郡十八，理建康，即建業。順帝改刺史曰牧。又分置南兗州、領郡九，理廣陵。南徐州、領郡十七，理京口，今丹陽郡。南荊河州、領郡十三，理歷陽。江州。領縣九，理潯陽，今郡。齊並因前代，唯徙置荊河州、領郡，理壽春。北兗州、領郡七，理淮陰，今郡。北徐州。領郡五，理鍾離，今郡。梁陳分裂不可詳焉。

又 卷一八二《州郡十二·古揚州下》 揚州人性輕揚，而尚鬼好祀。每王綱解紐，宇内分崩，江淮濱海，地非形勢，得之與失，未必輕重，故不暇先爭。然長淮、大江，皆可拒守。吳、晉、宋、齊、梁、陳皆緣江淮要害之地置兵。閩越遐阻，僻在一隅，憑山負海，難以德撫。漢武帝時，東越王數反。朱買臣上言曰：『故東越王居泉山之上，一人守險，千人不得上。』永嘉之後，帝室東遷，衣冠避難，多所萃止，藝文儒術，斯之為盛。今雖閭閻賤品，處力役之際，吟詠不輟，蓋因顏、謝、徐、庾之風扇焉。

又 卷一八三《州郡十三·古荊州》 漢末，曹公赤壁敗後，遂與吳蜀三分其地。北境屬魏，西境屬蜀，東境南境屬吳。及劉備歿後，所分之地悉復屬吳，而荊州南北雙立。魏荊州理宛，今南陽郡。吳荊州理江陵，今郡也。晉亦置荊州。領郡十九。初理襄陽，平吳，理南郡，今江陵郡。王敦為刺史，理武昌，今江夏郡縣也。其後遷徙無常處。自王抗以後，復理江陵，不復移改。宋分置荊州、領郡十二，理南郡。司州、領郡四，理義陽，今郡。郢州、領郡六，理南郡。雍州、領郡十七，理襄陽，今郡地。刺史所理則在古荊河州境，其統領郡縣則古荊州之境。湘州。領郡十，理長沙，今郡。齊並因之。州境之内，含帶蠻蜑，音但。土地遼落，稱為殷曠。江左大鎮，莫過荊揚，故謂荊州為陝西也。以比周邵分陝之義。其後割裂不可詳也。【略】

荊楚風俗，略同揚州，雜以蠻左，率多勁悍。南朝鼎立，皆為重鎮。然兵强財富，地逼勢危，稱兵跋扈，無代不有。晉王敦、陶侃、桓溫、桓玄、宋謝晦、南郡王義宣、袁顗、沈攸之、桂陽王休範，齊陳顯達，梁武帝，陳王琳、華皎，皆自上流擁兵東下。是以上游之寄，必詳擇其人焉。

又 卷一八四《州郡十四·古南越》 漢末，其地並屬吳，仍分為廣州。領郡三，理番禺。後蜀以建寧太守遥領交州。晉平蜀，亦然。及平吳，仍舊交廣二州。並因前代，交領郡七，廣領郡十。宋分為廣州、領郡十七，理番禺。交州、領郡五，理龍編。越州。領郡三，理臨漳，今合浦郡。齊並因之。廣州領郡二十三，交州領郡九，越州領郡二十。梁陳以來，廢置混雜，不能悉舉。【略】

五嶺之南，人雜夷獠，不知教義，以富為雄。父子別業，父貧乃有質身於子者。其富豪並鑄銅為大鼓，初成，懸於庭中，置酒以招同類。又多搆讎怨，欲相攻擊，則鳴此鼓，到者如雲。有鼓者號為都老，羣情推服。本之舊事，尉佗於漢，自稱蠻夷大長老夫臣佗，故俚人呼其所尊為倒老也。言訛故又稱都老云。珠崖環海，尤難賓服，是以漢室嘗罷棄之。漢元帝時，珠崖數反叛，賈捐之上書，言不可煩中國師徒，請罷棄。帝從之。大抵南方遐阻，人强吏懦，豪富兼併，役屬貧弱，俘掠不忌，古今是同。其性輕悍，易興迷節。自尉佗、徼側之後，無代不有擾亂，故《蕭齊志》云：『憑恃險遠，隱伏巖障，恣行寇盗，略無編户。』爰自前代，及於國朝，多委舊德重臣，撫寧其地也。

雜録

《隋書》卷三三《經籍志二》 《永初山川古今記》二十卷。齊都官尚書劉澄之撰。《元康三年地記》六卷。《司州記》二卷。《幷帖省置諸郡舊事》一卷。《地記》二百五十二卷。梁任昉增陸澄之書八十四家，以爲此記。其所增舊書，亦多零失。見存別部行者，唯十二家，今列之於上。【略】《元嘉六年地記》三卷。《九州郡縣名》九卷。【略】《十三州志》十卷。闞駰撰。【略】《司州山川古今記》三卷。劉澄之撰。【略】《古今地譜》二卷。【略】《魏永安記》三卷。温子升撰。【略】《周地圖記》一百九卷。【略】《大魏諸州記》二十一卷。【略】《趙記》十卷。【略】《州郡縣簿》七卷。

清·洪亮吉《補三國疆域志·序》 陳壽《三國志》有紀傳而無志，然如天文、五行之類略備。沈約《宋書》皆可不補。其尤要而不可闕者，爲地理一志。元郝經所補，全録《晉書·地理志》本文，即見於沈《志》中者，亦近而不採，他可知矣。予自戊戌歲校四史畢，即有志於此，留心裒集者二載。然因有數難，輒復中輟。沈約云：《三國》無志，事出帝紀。雖立郡時見，而置縣不書。此一難也。晉司馬彪撰《續漢書·郡國志》，凡郡縣境損在安、順以後者，卽不置録，是前無所承；唐初修《晉書》，於地理學最不精，建置沿革，舛錯過半，是後無所據。此二難也。卽云出帝紀矣，而荆州、江夏則南北幷立，蘄春、廣陵又魏、吴不常。能析其州郡本末，尤不易辨其道里遷徙。又或居巢、狄道，兩國置壘；鍾離、逡遒，空地不居。臨賀郡所屬，則荆、廣之説不同；宜都郡立名，則魏、蜀之司不一。此三難也。從前諸地志，上論沿革，每自漢越晉，中闕三國。不書彼傳信之體則然，今既欲補志，則須上詳郡縣與東漢異者若干，下與西晉異者若干。全據金行，既謂以孫而定祖；概徵炎運，又嫌有昔而無今。此四難也。沈約箸《宋書》，去三國不過二百祀，當時册籍輿圖，諒存祕省；所引太康、元康《定户》十餘種，最資證佐。而汝陰建郡，顯背《魏書》；蒙縣箸文，復乖《漢·志》。此五難也。今世所存諸地志可採者，如李吉甫《元和郡縣圖志》、樂史《太平寰宇記》等不過五六種，而邱頭、旌武一人，而前後不同；油口號公三書，而彼此互異。此六難也。三國土壤既分，輿圖復窄，州郡之號，類多遥領。吴有犍爲之守，蜀存京兆之名。武都一郡，土歸西國而名列扶風；房陵一區，實隸當塗而虛領益土。近而易混，驟每不詳。此七難也。葭萌改漢壽之名，則與屬武陵者亂；上庸建北巫之號，則與隸建平者淆。東京所無而西魏忽置，誰別建始之年；南邦所創而太康已廢，難識革除之始。此八難也。陳壽史例最號精嚴，而高陵、海陵之縣沿箸舊名，新安、新昌之稱復標近號。加以松之注史，好採殊説。始興未建，作守者已有羊君；東安未立，臨郡者先推郭智。作者既視睫而不見，閲者復貯心而不疑。此九難也。繼此九難，遠閲千載，沈約所據十餘種，僅存其二，而又不能稍參己意境定郡邑。此十難也。然用力既久，終不忍輟作，而證左俱絶者則闕疑以待焉。蓋地理之難也，班生録本朝之書，猶存俟考；沈氏徵近世之壤，每箸存疑。從事於此者當若是矣。今大類仿《宋書·州郡志》之例，而於扼要之地、爭鬬之區可考者附見諸郡縣下，參用《郡國志》例焉。其郡縣之未經分割者，置縣次第準《郡國志》爲多。或已分割及廢而復置者，則先後類從《晉·志》。要在有補原書而不汨其實，此裒輯之意也。然天下州邑之志繁如星草，安知所疑而闕者，不皆散見於諸郡邑圖志中？補是志者，既非爲己，何必皆出一人？同好之君子，苟能隨所見而足之以成一史未竟之事，則是書亦補《三國志》畺域者之權輿矣。洪亮吉（饌）［撰］。

又《嚴長明後序》 郝氏專補地理，僅録《晉·志》本文，無可決擇，其餘疏漏尤多，就余黔淺所及，已多不照。略舉其小者，如：孔明渡瀘之非瀘州也，公琰住涪之非涪州也，公瑾赤壁之非黄州也。景升自廬振麇，爲在襄陽而非合肥之廬州；孔明莫宿黑水，爲在城固而非邛都之瀘水；伯珪上祭北芒，爲在遼西而非河南之郟山。據《水經注》，知《劉馥傳》『廣修戾渠陵大堨水』當作『戾陵堨車箱渠』。據《太平御覽》，知《諸葛恪傳》『移書四部屬城長吏』當作『移書四郡』，卽傳中所稱吴、會稽、新都、鄱陽者是。據《册府元龜》，知《鄧艾傳》自鍾離而南、横石以西盡沘水，曾置營田，兼修淮陽、百咫二渠，復于潁南北穿渠三百餘里，凡九十四字，爲承祚本書，今皆佚去。如此例得數十則，頗見賞于先輩。比中歲官京師間，以痟癘南歸，後宣髮被肩，志與歲去，故紙叢殘，漸已不復省記。今稡存奪幟而登，陵轢一切，始知向來一得羽毛齒革，君之餘也，而猶以爲臯耳之馬，不棄其鞅絆，俾得以附著，其説幸何厚哉！至書例略仿《宋·州郡志》，而要害爭奪之區可考者附見于下。其餘參準《後漢》、《晉書》二志，鎔裁品酌于自序，庶幾盡之，然此固其可見之迹爾。至于明得失之故，鑑興替之繇，本之以廣學流，申之以贊宏業。世有閎通博達，如杜君卿、王厚齋者，定知其所以然也。因亟録其副，並爲慫恿付梓，用俟來者云。江寧嚴長明。

又《吴蘭庭後序》 余同年友洪稚存作《補三國疆域志》二卷，搜抉聯綴，于以究《晉》、《宋書·志》之未備，而正其譌失，足爲讀史者所不可無之書矣。余每病地理之難，部府州縣之志率多附會，而史書之紀沿革又或彼此舛錯，且有一書之中而前後異説者。卽如《晉·地理志·總序》云：桓、靈增置六郡，［桓，高陽、高涼、博陵；］靈，南安、鄱陽、廬陵。而揚州下云：獻帝興平中，孫策分豫章立廬陵郡，孫權又分豫章立鄱陽郡。《孫權傳》同。吴大皇帝初置廬陵南郡，而揚州下又云：孫皓分廬江立廬陵南部都尉。又如《三國·孫權傳》：建安十五年分長沙爲漢昌郡。考漢昌卽吳昌也，然未知復廢爲縣。《隋·地理志》義陽郡鍾山舊曰酆。酆縣前此未見，考《宋·州郡志》義陽太守酆令，二《漢》屬江夏，《晉太康地志》屬義陽，並作『鄳』，音盲。《永初郡國》、何並作『鄳』。上言作『鄳』，下亦言作『鄳』，南北監本同，疑下之『鄳』當是『酆』也。《晉·地理志》鄳縣仍屬江夏。《集韻》云：酆在義陽，本《隋·志》也。然則三國時義陽、江夏郡中當有酆縣，未知定何屬矣。泰山東平陽，《左傳》注：今泰山有平陽縣，在今新泰縣西北四里。《水經注》：洙水西逕泰山東平陽縣，晉武帝元康九年改爲新泰縣也。考元康，惠帝年號，非武帝也。《元和志》沂州新泰縣魯平陽邑，晉太始中鎮南將軍羊祜此縣人也，表改爲新泰縣。《晉·地理志》：泰山新泰，故曰平陽。《羊祜傳》：祜，泰山南城人。《志》有南武城而無南城，南城卽南武城，漢縣舊名，時尚未改，故詔以泰山之南武陽、牟、南城、梁父、平陽五縣爲南城郡，封祜爲南城侯矣。然則祜非平陽人也。且祜在太始中，以車騎將軍貶爲平南將軍。咸寧二年，除征南大將軍，未嘗爲鎮南也。祜卒于咸寧四年，卒二歲而吳平。《杜預傳》謂以立功之後，從容無事，乃爲《春秋經傳集解》。如祜于太始中已表改平陽爲新泰，則預何以復云『今泰山有平陽縣』乎？疑酈氏所云『改于元康』者是也，特不當作『武帝』耳。又考《宋·州郡志》，東安太守新泰令魏立，屬泰山。《魏·地形志》亦云東泰山郡新泰縣，魏置，晉屬泰山。則新泰又似非晉置也。諸此蓄疑，未易悉數，姑撮數條，書以質諸稺存，其幸有以教我矣。歸安吳蘭庭。

又《錢坫後序》　司馬彪作《郡國志》，多録三代以來地名，然于春秋時，若宋之老桃、菅、鄧，齊之禚、甗、多魚，楚之大林、陽邱，鄭之依疇、暴隧，缺漏者不可闔數。《史記》魏地有暘、有詭，趙地有區鼠，韓地有注人，《漢·表》有棘邱、曲成、東柔、臨轅，並出高祖封侯國，其名當易考見。劉昭注補時，羣編咸在，而略不一及，是所蔽也。余以辛丑之歲，與洪君稺存、孫君季仇同舍西安巡撫莫府。時季仇注《山海經》，余注《漢書·地理志》，方有事于叶古責實，而稺存以所輯《三國疆域志》出示。前人輿地諸書，酈道元注《水經》最稱博聞，亦多述曹魏時事。稺存能以陳壽紀傳所載互證旁通，益信道元之無謬矣。《晉書》本有王隱、虞預、朱鳳、臧榮緒、蕭子雲、何法盛、謝靈運數家，楊隋之際，存沕相半，故唐人踵而成之，然郡縣改更，山川首尾多所不照。晉世實因三國，沿流求原，是謂有本，王、沈、張勃當曰同志焉。余昔得吳欲朗碑于耒陽，知長沙劉陽卽同『瀏』字。近又得李苞題名于褒城，知魏景元中曾開石門道，俱銘石之有關于篇册者，倘用魏收之例傳示後人邪？嘉定錢坫。

又《孫星衍後序》　補撰地理，亦有權輿：《春秋》地名，京璠實作。後則沈約《宋書》多及三方之制，長孫《隋·志》亦兼五代之名。唐世既輯成《晉書》，歐陽亦改爲劉《志》。《宋》、《隋》二《志》，其無間矣，自餘得失可得而言。唐時載籍具存，藏于故府，有王隱《地道》、《永初山川》、何徐《州郡》、陸澄《地理》、任昉《地記》之富，野王《輿地》之傳。總此數家，以資左證。而《晉書·地理》輒有抵牾。履絢何人，代之媿矣。《新唐》之《志》亦易名家，劉昫《舊書》既非甚劣，加之川岳，輔以關津，不難取杜佑之長，增吉甫之是。又堅詢書部非無地屬，張、馬史注頗述《圖經》，詳修所著，彌多謬誤。永叔空疏，固無譏也。稺存研精史學亦既有年，服膺陳《書》，補成疆域，于是徵道元之軼說，證常璩之疏漏，張勃所録必折其中，魚豢之言惟取其是。今觀其書，凡安、順以後之郡縣，延康以前之建置，馬彪未登。承天缺録者，莫不著之于編，昭然可信。夫約與無忌去古未遠，猶爲其易，稺存今日實爲其難，有加精焉，誠寄著矣。予以庚子之歲自吳徂秦，此間方志頗有更定，病夫舊本多致疏違，有略棄乎瓜分，或中迷于僑置。涼、苻之際，固多忽爾；魏、蜀之事，亦有昧焉。載覽君書，良資先覺。昔班固創爲《地理》，馬彪踵成《郡國》。鄭、許說地，既多取于班，言郭、杜解經，亦每同乎彪見。同時之儒所欽若彼，予于稺存亦猶是云。同里孫星衍。

清·洪亮吉《十六國疆域志·序》　《十六國疆域志》固與《東晉疆域》相輔而行者也，然志十六國之難則更難于東晉。何則？其竊據之久者不過數十年，少則止十數年。劉曜續開之州郡既迥異于淵、聰，石虎晚定之山河又大逾于襄國。甚者，姚萇以馬牧起事，故崇鎮堡之勢以敵方州；赫連以統萬建基，故芟郡縣之名盡歸城主。後先錯出，彼此互殊，縱欲指陳，殊難畫一，一也。近時崔鴻《十六國春秋》既係明人所輯，不足據憑，惟《太平御覽》中所録及諸輿地圖經所引，尙屬當日舊書，而簡略特甚，十止二三。《晉書・載記》又非詳核，是依據者少，一也。當時霸史之見于《隋》、《唐・經籍志》者，有常璩《漢之書》十卷，田融《趙書》十卷，王度《二石傳》二卷，又《二石僞事》二卷，范亨《燕書》二十卷，張詮《南燕録》五卷，王景暉《南燕録》六卷，遊覽先生《南燕書》七卷，高閭《燕志》十卷，何沖熙《秦書》八卷，席惠明《秦記》十一卷，姚和都《秦紀》十卷，張諮《涼記》八卷，劉景《涼書》十卷，史喻《歸西河記》二卷，段龜《龍涼記》十卷，高道讓《涼書》十卷，《沮渠國史涼書》十卷，無名氏《拓跋涼録》十卷，劉景《敦煌實録》十卷，和苞《漢趙記》十卷，《吐谷渾記》二卷，《翟遼書》二卷，《諸國略記》二卷，《永嘉後纂年紀》二卷，《段業傳》一卷，南宋時已漸次散失，是可搜采者盡亡，三也。卽有附見于《晉》、《宋》諸書紀傳中者，與載記又多不合。如《晉書・列女傳》：王廣仕劉聰爲西揚州刺史，而《前趙録》等不載有此州。《桑虞傳》：石虎靑州刺史劉徵請虞爲長史，帶祝阿郡，而《後趙録》等又不載有此郡，四也。又或名號則彼此分建，方隅則叛服不常。長子屬建興之郡，名乃肇于西燕；赫連築骨律之城，土早歸于後魏。豫州則石趙、東晉共治一城，壽春則江左、苻秦各分要地，五也。復有逞其胸臆則務廣虛名，核彼輿圖則多非事實。如石氏建揚州之號，僅得一城；前燕標荆土之名，惟餘數縣。夏、宋誓書指恒山爲界，既涉張皇；慕容郡册援唐國爲稱，亦慚假借，六也。甚有指南爲北，革舊標新。赫連也以陜地爲荆州，乞伏也以溼川爲益土。琅邪之國强號幽燕，朔代之區忽標齊服。近而易混，驟每不詳，七也。又王彌、曹嶷、段匹磾、慕容永、翟遼、段業等皆建有國都，跨連郡縣。雖不別爲作志，亦例得附書；若非舉要而削繁，又慮喧賓而奪主。八也。又兗、豫、靑、徐之境，空地常多，既不隸于諸方，又不歸于江左。若此者，其郡縣之空名每以戰爭而附見列爲實土，已無户口之可稽目以僑邦則又山川之未改。此則去留不可，位置尤難，九也。卽云魏收、酈元、李吉甫、樂史等諸人所述可以取材矣。而靈昌立渡，各異其方，梁馬名臺，互殊其號。魏該一合之塢與《晉・傳》而先殊，石家太武之堂在襄國而疑誤，十也。乙巳歲，客開封節樓，燕居多暇，因雜取諸書輯成之，距《東晉疆域》之成不逾二稔。其附書山川宮闕，一如《東晉志》之例。他若田融、段龜龍等書之僅存者並一一録入之。非廣異聞，亦所以存故事也。時中秋後五日，是爲序。越十四年戊午仲春，乃刊之于京邸云爾。

清・謝鍾英《補三國疆域志補注・凡例》 長沙祭酒王先生曰：洪《志》缺誤，病在無圖。若取兩《漢・志》爲根，繪圖稽合，以北江爲前導，可收事半功倍之效。鍾英稟承師訓，從事此書，時歷三期，成《補注》十五卷、《大事表》一卷、《壃域表》二卷、《志疑》一卷，都爲十九卷、圖七十餘紙。洪氏原本《郡國志》、《宋書・州郡志》、《晉書・地理志》，旁及《水經注》、《通典》、《元和志》、《寰宇記》，而《國志》反見遺漏，雖云纂輯，乖亂實多。今審其是非，折衷《國志》，自州郡至於關津、鎭戍，廢置分合，必求故事以實之。根究時事，缺疑筈是，意在甄明，非關抵隙。

《補注》雖以《國志》爲主，然《文帝紀》黄初元年郡國縣道多所改易，是魏郡國上與東漢異。《少帝紀》嘉平五年郡國省置不可勝紀，又可見數十年中省置不一，時隔千載，孰爲可徵？且《志》中遥領、虚封，異地同名，書法仍舊者，先後錯雜。略舉其凡，如魏有益州、《楊阜傳》：太祖征漢中，以楊阜爲益州刺史。司馬彪《戰略》：太和六年，遣平州刺史田豫乘海渡，幽州刺史王雄陸道攻遼東。鍾英按：遼東郡，景初二年屬魏。《晉書・衛瓘傳》：瓘爲幽州刺史，始以遼東四郡表立平州。是太和中，魏無平州也。田豫爲平州刺史，猶楊阜爲益州刺史，皆遥領也。丹陽、《温恢傳》：太祖拜蔣濟爲丹陽太守。吳、《楚王彪傳》：黄初三年，封彪吳王。閬中，《張魯傳》：魯降封閬中侯。《晉書・高陽王珪傳》：珪，魏封湞陽子。鍾英按：湞陽，吳地。珪封湞陽，猶魯封閬中，皆虚封也。蜀有魯、梁、甘陵、安平、新平、新興、上黨、北地、《先主傳》：章武元年，封子理爲梁王，永爲魯王。《後主傳》：建興八年，徙永爲甘陵王，理爲安平王。延熙十九年，立子瓚爲新平王。景曜二年，立子諶爲北地王，恂爲新興王，虔爲上黨王。涼州、陳倉、《馬超傳》：章武元年，超領涼州牧，弟岱封陳倉侯。弘農、《楊儀傳》：儀遥署弘農太守。漢陽、《法正傳》：正子邈，官至漢陽太守。濟陽，楊戲《輔臣贊》注：建興十二年，封吳壹濟陽侯。吳有徐州、九江、《丁奉傳》：永安三年，奉假節、領徐州牧。《全琮傳》：黄武四年，領九江太守。黄龍元年，遷徐州牧。豫州、儋耳、《陸凱傳》：凱除儋耳太守，孫休卽位，領豫州牧。南陽、琅邪、齊、《孫權傳》：太元二年，立故太子和爲南陽王，子奮爲齊王，子休爲琅邪王。益州、《陸抗傳》：孫晧卽位，抗領益州牧。鍾英按：時蜀已亡，故抗領益州。幽州、《孫韶傳》：韶加幽州牧。漢中、《周泰傳》：孫權破關羽，拜泰漢中太守。襄陽、《潘璋傳》：拜璋襄陽太守。西陵、《甘寧傳》：拜西陵太守。鍾英按：時寧以拒關羽功拜太守。吳未有荆州，西陵屬宜都郡。冠軍、《韓當傳》：黄武二年，當領冠軍太守。巴東、《顧雍傳》：雍弟徽拜巴東太守。河閒、濟陰、《虞翻傳》：翻子聳爲河閒太守，子昺爲濟陰太守。南陽、《孫和傳》：和封南陽王。譙、《毋邱儉傳》：吳以文欽爲幽州牧，封譙侯。高密、《妃嬪傳》：滕牧封高密侯。《滕胤傳》：胤封高密侯。外黄，《濮陽興傳》：興封外黄侯。皆遥領虛封。若柳城、一見《武紀》，在遼東。一見《郭淮傳》，在略陽。夾石、一見《蔣濟傳》，在廬江。一見《王昶傳》，在江陵。赤岸、一見《趙雲傳》，在褒城。一見《王基傳》，在臨沮。石頭城、一見《孫權傳》，卽建業。一見《朱桓傳》注，豫章郡治。黎陽、一魏郡屬縣。一始新郡屬縣。安民、一見《李典傳》，魏地。一見《孫綝傳》，吳地，無考。北芒、一見《文帝紀》，在洛陽。一見《公孫瓚傳》，在遼西。祁山、一見《武紀》，在河北。一見《諸葛亮傳》，在西縣。歷城，一濟南郡屬縣。一見《楊阜傳》，在西縣。石陽、一魏江夏郡屬縣。一吳廬陵郡屬縣。陰平、一陰平郡屬蜀。一吳鬱林郡屬縣。穀城、一屬河南郡。一屬濟北。東興、一東興隄。一臨川郡屬縣。始興、一屬始興郡。一屬始安郡。瀨鄉、一見《孫登傳》，近建業。一見《王渾傳》，近尋陽。安豐、一屬魏廬江郡。一屬吳蘄春郡。餘汗、一鄱陽郡屬縣。一建安郡鎮戍。建平、一建平郡。一建安郡屬縣。西安、一西安長，屬豫章。一西安令，屬九德。巴邱、一廬陵郡屬縣。一長沙郡鎮戍。揭陽、一屬廬陵南郡。一南海郡屬縣。陽平山、一在漢中郡。一見《寰宇記》，在吳郡。石城，一丹陽郡屬縣。一江夏郡鎮戍。皆同名異地。魏無五原郡，而呂布書『五原郡九原人』。楊、襄陵屬平陽郡，而徐晃書『河東楊人』，賈逵書『河東襄陵人』。湘鄉吳屬衡陽郡，而《蜀志·蔣琬》書『零陵湘鄉人』。餘杭、烏程吳屬吳興郡，而淩統書『吳郡餘杭人』，吾粲書『吳郡烏程人』。凡此皆書法之仍舊者。三國建置，名實已虧；陳氏史例，復未畫一。今窮源竟委，徵求故事，而疆域以明。

《郡國志》終於順朝，《太康志》始於太康。自漢沖帝永嘉元年乙酉迄晉武帝太康元年庚子，一百三十五年，郡縣廢置分合，據前失後，據後失前。卽以三國初言之，蜀有荆州，吳全有廬江，魏全有廣陵、武都、陰平，然吳有廬江時無荆、交、廣三州，蜀有荆州時無武都、陰平，魏有廣陵、武都、陰平時無幽州。海東四郡百年之內疆埸無常，區分國土先嚴斷限，今惟以最後爲斷。凡洪《志》宜增損改屬者，備注沿革，不移易淆亂原文，刊整封疆，釋以今地，仿胡三省《通鑑注》、《大清一統志》例，於城址故迹皆推本《水經注》。凡所徵引，標箸姓氏，紛紜異説，擇善而從。正位辨方，務令今古相符，抉擇之難，蓋甚於採集矣。

唐賈耽撰《古今郡國縣道四夷》，述古郡國題以墨，今州縣題以朱。《三國疆域圖》變通其例，概題以墨而分虛實，今府縣用虛，三國郡國用實，使開卷明白。邑居水道，遷變靡常，縮萬里於方丈之圖，以千數百年前郡國印合之，敢謂毫髮無舛？然題注古地，於山水左右，已三易稿本，亦可見稽古之難。余昔爲洪《志》書後一篇多所糾摘，今取稿覆視，正如拾吐果之核，收棄藥之滓。成書後，吾友孟君容復爲之是正十餘條。後之視今，猶今視昔，非敢自信，聊著所得以備遺忘云爾。

清·謝鍾英《三國疆域志疑》

郡隸州，縣隸郡，山水、關津、鎮成隸縣，志地理通例也。今自州以下若干條，不知所隸，及《國志》諸書脫誤未能補正者，別爲《志疑》附於編末，俟博聞君子考定焉。

《牽招傳》：遼東太守公孫康自稱平州牧。司馬彪《戰略》：太和六年，明帝遣平州刺史田豫乘海渡攻遼東。

鍾英按：《晉書·衛瓘傳》：瓘爲幽州刺史，表立平州，蓋魏平公孫淵卽廢平州屬幽州，故景初後《國志》中無『平州』二字。太和中，魏未有平州，《戰略》所言疑遥領。惲毓鼎曰：據《田豫傳》，乃以汝南太守督青州諸軍討遼東，無『平州刺史』之文，疑《戰略》不足據。

《魏氏春秋》：故梁州刺史耿黼以焦先爲仙人。

鍾英按：晉武平吳後始置梁州，魏時無有，疑『涼州』之譌。

《司馬芝傳》：芝歷甘陵、沛、陽平太守。

鍾英按：《文帝紀》：黄初二年置陽平郡，芝爲太守，在黄初前，時無陽平郡，疑字之譌。

《徐邈傳》：文帝踐阼，歷譙、相、平陽、安平太守。

鍾英按：《少帝紀》：正始八年置平陽郡，文帝時無之，疑『陽平』

之譌。

《孫權傳》赤烏二年注中《文帝傳》：鄭胄爲建安太守，在赤烏前。

鍾英按：《孫亮傳》：太平二年，置建安郡。赤烏前無之，疑字之譌。

《吴範傳》注《會稽典録》：魏滕歷歷山、潘陽、山陰三縣令。《魏略》：建安末，賈洪爲陰泉長。《蔣欽傳》：以涇拘、昭陽爲奉邑。《程普傳》：進破烏程、石木、波門、陵傳、餘杭。

鍾英按：昭陽屬邵陵，涇拘當與相近；烏程、餘杭屬吴興，石木、波門、陵傳亦當相近。此與歷山、潘陽、陰泉皆桓、靈後所立，至晉初已省罷。《郡國志》、《晉·志》不載，近人潘眉謂「歷山」當作「歷陽」，「潘陽」當作「鄱陽」，亦無確據。

《諸葛恪傳》：恪斬臼陽長胡伉。

鍾英按：時恪領丹陽太守，年三十二。恪弱冠爲太子登賓友，登以黄初二年立。由恪歲推之，領丹陽太守在嘉禾元年，時吴興已三十九年。臼陽縣或吴所立。《恪傳》：恪移書吴、會稽、新都、鄱陽四郡，臼陽卽當在四郡中。今考四郡無此縣，不知何時所省。胡三省謂當屬丹陽，亦無確據。

《周泰傳》：荆州平，泰將兵屯岑。《孫綝傳》：父綽，爲安民都尉。

鍾英按：岑、安民皆吴地，縣與鎮戍均不可知。

《高柔傳》：柔孫渾咸熙中封昌陸子。《傅嘏傳》：嘏子祇咸熙中封涇原子。廢齊王芳表有潁昌侯何曾。《晉書·何曾傳》：咸熙初，曾自潁昌侯改封朗陵侯。《鄭柔傳》：五等建，柔封密陵伯。《梁孝王肜傳》：五等建，肜封開平子。《劉寔傳》：寔父魏，斥邱令。寔參文帝相國軍事，封循陽子。《汝南王亮傳》：五等建，亮封祁陽伯。

鍾英按：咸熙中開建五等，所封皆當時郡縣，則昌陸、涇原、潁昌、密陵、開平、循陽、祁陽並魏末縣。

《太康地志》、《晉·志》無有，疑太始中所省。

《明帝紀》：景初元年，分襄陽之鄀、葉縣屬義陽郡。《王昶傳》：白帝、夷陵之間，黔、巫、秭歸皆在江北。

鍾英按：義陽、襄陽兩郡均不能越南陽而有葉縣，吴黔陽屬武陵，白帝、夷陵之間無黔縣。「葉」、「黔」二字疑衍。

《薛綜傳》：建衡三年，何定建議鑿聖溪以通江淮。

鍾英按：永安後，吴兵數出淮泗，聖溪當在天長、六合之間，鑿之以利軍行，如吴邗溝故事。沈欽韓謂卽青溪之古名，大誤。

《賀齊傳》：黄武初，曹休來伐齊，以道遠，後至，因住新市爲拒。

鍾英按：《呂範傳》：範領丹陽太守，督扶州以下至海，轄治建業。《賀齊傳》：齊督扶洲以上至皖，治所卽當在皖。黄武初，曹休出洞浦，自皖至洞浦四百餘里，故史稱「道遠」。後至新市，疑在今無爲州蕪湖界上，非江夏郡之新市也。

《陸遜傳》：遜自襄陽引還，步趨船，敵不敢干。軍到白圍，遣張梁等襲江夏、新市、安陸、石陽。

鍾英按：時遜由襄陽水道引還，沿漢而下，白圍疑當在漢濱。胡三省謂卽白河口，非也。

《孫奐傳》：黄武五年，權攻石陽。奐以地主，使所部將軍鮮于丹帥五千人先斷淮道，自帥吴碩、張梁五千人爲軍前鋒，降高城，得三將。

鍾英按：時奐以揚武中郎將領江夏太守，其分地在沔中。「淮」字疑「沔」字之譌。奐既遣將斷沔道，截魏襄陽之兵，而自爲軍鋒，降高城，疑高城爲魏鎮戍，與石陽相近者。

《後主傳》：建興八年，魏延破魏雍州刺史郭淮於陽谿。

鍾英按：《魏延傳》：使延西入羌中，魏後將軍費瑤、雍州刺史郭淮與延戰於陽谿，延大破淮等。魏洮西無郡縣，陽谿疑在洮水西羌中。

《廖化傳》：化爲丞相參軍，督廣武。《姜維傳》：景耀二年，於西安、建威、武街、石門、建昌、臨遠皆立圍守。

鍾英按：廣武、西安、建昌、臨遠無考，疑皆在武都、漢中郡界。

《曹眞傳》：明帝太和四年，伐蜀，諸軍或從威武入。

鍾英按：時武侯待於城固、赤坂，則魏師當由駱谷入漢中。武威屬涼州，去蜀遠甚，疑字之譌。

《賈逵傳》：時權在東關，當豫州，南去江四百餘里。每出兵爲寇，輒西從江夏，東從廬江，國家征伐亦由淮、沔。是時州軍在項、汝南、弋陽諸郡，守境而已。權無北方之虞，東西有急，并兵相救，故常少敗。逵以爲宜開直道臨江，若權自守，則二方無救，若二方無救，則東關可取。乃移屯潦口，陳攻取之計。

鍾英按：項，今項城縣。北弋陽，今光州境。直道臨江，自光州南踰穆陵關，直抵黄州也。逵設此計，欲斷吴東西救援之道。潦口疑黄州府濱江地。

《賈逵傳》：太和二年，帝使逵督前將軍滿寵、東莞太守胡質等四軍從西陽直向東關。曹休從皖。逵至武將山，休更表賊有請降者，求深入應之，詔逵東與休合進。逵度賊無關東之備，必并兵於皖，休深入與賊戰，必敗，乃部諸將水陸並進，行二百里得生賊，言休戰敗，權遣兵斷夾石，乃兼道進軍，多設旗鼓爲疑兵。賊見逵軍，遂退。逵據夾石，以兵糧給休。

鍾英按：時西陽在黄州。逵自五將山行二百里，得生賊。準其地望，五將山當在今大湖北境。

《王昶傳》：正始中，假節、都督荆豫諸軍事昶以爲：屯宛去襄陽三百餘里，諸軍散屯，船在宣池，有急不足相赴，乃表徙治新野，習水軍於三州。

鍾英按：三州在襄陽北漢水中。宣池疑在宛、新野之閒。

《晉書·宣帝紀》：先是，詔書便道鎮關中，乃次白屋。有詔召帝，乃乘追鋒車，晝夜兼行，自白屋四百餘里，一宿而至。

鍾英按：《世語》：宣王在汲，今於軹關西還長安，自汲至洛陽約四百餘里。白屋疑當在汲縣境。

《晉書·宣帝紀》：嘉平三年，天子使侍中韋誕持節勞軍於五池。

鍾英按：時懿禽王淩，還軍五池，疑當在河南、潁川二郡界上。

《晉書·景帝紀》：正元二年，帝遣將追文欽，比至沙陽，大破其軍。欽父子與麾下走保項。

鍾英按：時文欽攻樂嘉，軍敗，南走項，故沙水支津自淮寧入沈邱，沙陽疑即淮寧縣故沙水西。

《晉書·武帝紀》：平南將軍胡奮克江安。

鍾英按：《孫皓傳》：胡奮向夏口，江安疑與夏口相近。

《滿寵傳》：太和三年秋，使曹休從廬江南入合肥。

鍾英按：《明帝紀》、《曹休傳》、《孫權傳》：太和二年秋，陸遜敗曹休於石亭。《寵傳》作『三年』，誤。時曹休從廬江入皖，『合肥』疑『皖』之譌。

《張郃傳》：諸葛亮攻陳倉，遣郃往救。郃晨夜進軍，到南鄭，亮退。

鍾英按：自先主取漢中，魏兵未嘗至南鄭，郃自洛陽西救陳倉，亦無由至南鄭。《郃傳》『南鄭』，疑字之譌。

《吴書》：建安十六年，吕岱督郎將尹異等，以兵二千人西誘漢中賊帥張魯，到漢興寋城，魯嫌疑斷道，事計不立，權遂召岱還。

鍾英按：興平元年，張魯據漢中。建安十三年，曹操有襄陽、魏興、上庸，皆爲魏地。十五年，先主有南郡、江夏、長沙，亦先主地。十六年，吴境與漢中隔絶，無由與張魯交兵。《吴書》所記蓋誤。漢興寋城地缺。

《張繡傳》：繡至，拜揚武將軍，從破袁譚於南皮，復境邑凡二千户，從征烏丸，薨，謚曰定侯。

鍾英按：《張揚傳》：揚降封安國亭侯。《張魯傳》：魯降，封閬中侯。是張繡封侯當在初降時，『揚武將軍』下脱封某侯句。

《王基傳》：咸熙中開建五等，以基箸勳前朝，改封基孫廙。

鍾英按：『改封基孫廙』下脱封爵名號。

《滿寵傳》：黄初中，封南鄉侯。明帝即位，進封昌邑侯。

鍾英按：寵由鄉侯進封縣，『南』字下有脱文。

《鄭渾傳》：渾討破賊靳富等，將其所略還，及，趙青龍者殺左内史程休。渾聞，遣壯士就梟其首。

鍾英按：『還及』下脱地名。

《孫亮傳》：建興二年，有大鳥見於春申。

鍾英按：《通典》：春申君封邑侯，在無錫，或曰春申浦也，猶白帝城稱白帝。今江陰西二十里，一名申港。二説未知孰是。

清·吴增僅等《三國郡縣表附考證·楊守敬記》 《三國志》無志、表，國朝洪亮吉《補疆域志》大抵上承《續漢·志》，下接《晉·志》，揣度出之，而于本書紀、傳且多不照，滄州葉圭綬謂洪氏之書想當然耳，非過論也。近日武進謝鍾英為之補注，多所糾正，然沿譌者亦不少。惟盱眙吴增僅《三國郡縣表》沿革燦然。原三國雖時代不出數十年，而郡縣之變置綦多，非立表不足悉其庋屬分合，惟間有遺漏，或捨古志而據方書。守敬暇時嘗補正於眉端，復為之圖，今合刻之。觀吴氏之考及守敬之補，可知洪氏輿地之學不能望顧景范項背，乃譏顧氏妄談形勢，是謂不自量矣。楊守敬記。

又 《吴增僅序》 增僅少習俗學，根柢至淺。光緒丙子，族父吉府招致維揚寓所，讀書勉以務實。十餘年來，稍知為學扃塗。歲在丙戌，以萃科博得一官，候吏多閑，未忘結習。近年得明代馮刻《三國志》，丹黃爛然，審係何義門先生校本，因通體過録，研悦至再。復得洪北江先生《補志》。於彼時疆域粗窺崖略，尋校經久，頗疑此事尚待詳求。夫建安之初羣雄角逐，爭相建置，凡所增損，史無其文，三方鼎立，名號紛岐，疆埸之間忽彼忽此，又或置省無定、分合不時。承祚作《志》，于文帝時則曰『郡國縣邑多所改易』，于少帝時則曰『多所置省，不可勝紀』。沈休文去三國之時未至甚遠，其作《州郡志》已言三國置縣不書，惟以《續漢·郡國》校《太康地志》，參伍異同，用相徵驗，補苴之難，何況今日？北江之書據《郡國志》、《晉·志》等書彌縫離合，至具苦心。惟所列州、郡、縣、道未書，求合史文，竊謂曹魏建置，始於漢末建安之際，實大關鍵。而洪氏于魏不言司隸、幽、冀、并、涼諸州郡曾經省併之由。三國建置多因漢制，大郡之中皆置都尉，而洪氏于吴但録毗陵、廬陵、合浦三都尉，反闕其餘。諸郡又或漢末已省之，郡猶屬當塗，或其地已入東朝，仍隸魏土；或此縣彼邑準地望而不符，或記事書年校他書而相伐。蓋其難哉！不揣檮昧，稽合史文，改志為表，求諸史文而不得，然後旁及後世地志諸書，又以本朝輿圖證以先輩釋地，識其方域，正其羼誤。託始於獻帝初平，溯源於《後漢·郡國》，三姓世系以次相承。凡州郡離合之故、縣邑沿革之由，各因其時著之於表。其有增立縣邑，於地志泛言『魏立』、『蜀立』者，無年可考則列於三姓稱帝之初，有漢時舊縣、《晉書》所無而諸家地書亦無所考者，則依《郡國志》録于上方而缺疑其下。其自漢至晉，諸郡屬縣無改移者，則三國當亦相同，不復更加贅注。其意所未盡，尚待加詳者，則別為考證，附於本州表末。志于各郡都尉、典禮，諸志不詳領縣，究其領縣仍統本郡，則概不別目，第為附著郡中。又如郡縣割度增損，洪《志》或有缺誤，則或補或删，亦復稍參管見。胡梅磵不云乎：前注之失吾知之，吾注之失吾不能知。以梅磵之精博尚為是，言荒落如增僅，於北江先生不啻霄壤，何敢求勝前賢？特就我所見之書籍，隨我所見之淺深，累載構綴，積久成帙。附會、抵牾、舛訛、遺漏知所不免，安敢護前，規杜糾歐，是在直諒、多聞之友矣。光緒二十一年冬十二月盱眙吴增僅謹識。

又 《秦其增後序》 光緒甲午，客金陵，主余戚吴君可園。時可園方從事於輿地之學，取洪先生稚存所補志三國疆域，復以陳《志》紀傳旁及裴注，暨唐、宋以來國朝諸地説，鉤其異同，定其舛誤，為《魏蜀吴郡縣表》。余以從軍北行，未及誦其業。越二年歸自衛輝，可園手巨冊語余曰：『曩所為《三國郡縣表》，已定稾，殆三年於兹。牽於吏事，時時不得自竟其緒，發疑補缺，則丹徒陳君善餘之力，不忍棄良友之所匡益，與累年心力之所自得，將付排印，子盍為我志其事？』余受而卒讀，其條例詳，可園自敍不贅言。獨怪東漢以降，史家創立《隱逸傳》例，窮槁羲、黃，漫為引許，流風所扇，汩人心性。江淮之士，不知吴、越，何論楚、蜀？語以古事，不知唐宋，何論晉、魏？規步百里，睫視一時，姝姝自悦，抑何陋也！意欲重推吳君，而反有所不足矣。世勢日闢，垂二千年，海國六七，環集而虎視，大江失塹，長城不險，以今視昔，益不侔矣。可園方自憾其不能通外域文字，奮竭其心力，深譯他國史志，以擴我廟略，而徒尺寸于中原兩戒之地，呫嗶千年，僅為學古之一助，旁皇屏息，傀焉不可終日。若謂將以是冊矜炫淵雅，抗揖北江，則非可園之志也。自是北江諍友。余既稔其始末，敢為志之如此。丙申秋九月，盱眙秦其增。此序於此書不能有所發明，芟之可也。

户口田土分部

綜述

元·馬端臨《文獻通考》卷三《田役考三·歷代田賦之制》 三國

鼎峙之時，合其户數不能滿百二十萬，昔人以爲纔及盛漢時南陽、汝南兩郡之數。蓋戰爭分裂，户口虚耗，十不存一，固宜其然。然晉太康時，九州攸同，不可謂非承平時矣，而爲户只二百四十五萬九千八百。自是而南北分裂，運祚短促者，固難稽據，姑指其極盛者計之，則宋文帝元嘉以後，户九十萬六千八百有奇；魏孝文遷洛之後，只五百餘萬，則混南北言之，纔六百萬。

又　卷一〇《户口考一·歷代户口丁中賦役》　靈帝遭黄巾之亂，獻帝罹董卓之難，大焚宫廟，劫御西遷，京師蕭條，豪傑並爭，郭汜、李傕之徒，殘害又甚，是以興平、建安之際，海内荒廢，天子奔流，白骨盈野。故陝津之難，以箕撮指，安邑之東，后裳不全。遂有戎寇，雄雌未定，割剥庶民三十餘年。及魏武剋平天下，文帝受禪，人衆之損，萬有一存。

魏武據中原，劉備割巴蜀，孫權盡有江東之地，三國鼎立，戰爭不息。魏氏户六十六萬三千四百二十三，口四百四十三萬二千八百八十一。

漢昭烈章武元年，有户二十萬，男女口九十萬。蜀亡時，户二十八萬，口九十四萬，帶甲將士十萬二千，吏四萬。

吴赤烏五年，户五十二萬，男女口二百三十萬。吴亡時，户五十三萬，吏三萬二千，兵二十三萬，男女口二百三十萬，後宫五千餘人。

【略】

晉武帝平吴之後，制户調之式，丁男之户歲輸絹三匹、綿三斤，女及次丁男爲户者半輸，其諸邊郡或三分之二，遠者三分之一；夷人輸賨布，户一匹，遠者或一丈。占田數見《田賦門》。男女年十六已上至六十爲正丁，十五以下至十三、六十一以上至六十五爲次丁，十二以下、六十六以上爲老小，不事。【略】

晉武帝太康元年，平吴之後，九州攸同，大抵編户二百四十五萬九千八百四十，口千六百一十六萬三千八百六十三，此晉之極盛也。

後趙石勒據有河北，初文武官上疏，請依劉備在蜀、魏王在鄴故事。魏王即曹公。以河内、魏、緜等十一郡並前趙國合二十四，户二十九萬，爲趙國。前秦苻堅滅前燕慕容暐，入鄴，閲其名籍，户二百四十五萬八千九百六十九，口九千九百九十八萬七千九百三十五，徙關東豪傑及諸雜夷十萬口於關中，平燕定蜀之後，僞代之盛也。時關隴清宴，百姓豐樂，自長安至於諸州，二十里一亭，四十里一驛，行者取給於途，工賈資販於道。【略】

南燕主慕容德優遷徙之民，使之長復不役，民緣此疊相蔭冒，或百室合户，或千丁共籍，以避課役。尚書請加隱核，從之。得蔭户五萬八千。

宋武帝北取南燕，平廣固今北海郡，西滅姚秦，平關、洛，長河以南盡爲宋有。帝素節儉，文帝勵精勤民，元嘉之治，比於文、景。國富兵强，更務遠略，師徒覆敗，江左虚耗。今按本史，孝武大明八年，户九十萬六千八百七十，口四百六十八萬五千五百一。

宋文帝元嘉中，始興太守孫豁上表曰：『武吏年滿十六便課米六十斛，十五以下至十三皆課三十斛，一户内隨丁多少悉皆輸米，且十三兒未堪田作，或是單迥，便自逃匿。户口之減，實此之由。宜更量課限，使得存立。今若減其米課，雖有交損，考之將來，理有深益。』詔善之。

按：漢以前，田賦自爲田賦，户口之賦自爲户口之賦。魏晉以來，似始混而賦之，所以晉孝武時除度定田收租之制，只口税三斛增至五石。而宋元嘉時，乃至課米六十斛，與晉制懸絶，殊不可曉。豈所謂六十斛者非一歲所賦邪？當考。

宋孝武帝大明五年，制天下人户，歲輸布四疋。

孝武大明中，王敬弘上言：『舊制，人年十二半役，十六全役，當以十三以上自能營私及公，故以充役。考之見事，猶或未盡。體有强弱，不皆稱年。循吏恤隱，可無甚患，庸愚守宰，必有勤劇，況值苛政，豈可稱言！至今逃竄求免，胎孕不育，乃避罪憲，實亦由兹。今皇化維新，四方無事，役名之宜，應存消息。十五至十六宜爲半丁，十七爲全丁。』帝從之。

齊氏六主，年代短促，其户口未詳。

齊自永元以後，魏每來伐，繼以内難，揚、徐二州人丁三人取兩，以此爲率，遠郡悉令上米。準行一人五十斛，輸米既畢，就役如故。又先是諸郡役人，多依人士爲附隸，謂之屬名。又東境役苦，百姓多注籍詐病遣外，醫巫在所檢占，諸屬名並取病身，凡屬名多不合役，往往所在並是復蔭之家。凡注病者，或以積年皆攝充將役，又追責病者租布，隨其年歲多少，銜命之人皆務貨賂，隨意縱舍。

梁武之初，亦稱爲治，後侯景逆亂，竟以幽斃。元帝纔及三年，便至覆滅，墳籍亦同灰燼，户口不能詳究。

陳武帝荆州之西既非我有，淮、肥之内力不能加。宣帝勤恤民隱，時稱令主，閲其本史，户六十萬，而末年窮兵黷武，遠事經略，吴明徹全軍隻輪不返，鋭卒殲焉。至後主亡時，隋家所收户五十萬，口二百萬。

後魏起自陰山，盡有中夏。孝文遷都河洛，定禮崇儒。明帝正光以前，時惟全盛，户口之數，比夫晉太康倍而餘矣。

按：太康平吴後，户二百四十五萬九千八百，口千六百一十六萬三千八百六十三。云倍而餘，是其盛時則户有至五百餘萬矣。

道武帝時，詔採諸漏户，令輸綸綿。自後諸逃户占爲紬繭羅穀者甚衆，於是雜、營户帥遍於天下，不隸守宰，賦役不同，户口錯亂。景穆帝即位，一切罷之，以屬郡縣。

按：人户之以輸財別爲户計，不隸郡縣，其事始此。

魏令：每調一夫一婦，帛一疋，粟二石。詳見《田賦門》。

爾朱之亂，政移臣下，分爲東西。權臣擅命，戰爭不息，人户流離，官司文簿散棄。今按舊史，户三百三十七萬五千三百六十八。

其時以征伐不息，唯河北三數大郡多千户以下，復通、新附之郡，小者户纔二十，口百而已。

齊神武秉政，乃命孫騰、高崇之分責無籍之户，得六十餘萬，於是僑居者各勒還本籍，是後租調之入有加焉。

北齊承魏末喪亂，與周人抗衡，雖開拓淮南，而郡縣褊小。文宣受禪，性多暴虐，及武成、後主俱是僻王，至崇化二年爲周所滅。有户三百三萬二千五百二十八，口二十萬六千八百八十。

北齊武成清河三年，乃令男子十八以上、六十五以下爲丁，十六以上、十七以下爲中丁，六十六以上爲老，十五以下爲小。

後周閔、明二主，俱以弑崩。武帝誅權臣，攬庶政，恭儉節用，考覈名實，五六年内，平蕩燕、齊，嗣子昏虐，亡不旋踵。大象中有户三百五十九萬，口九百萬九千六百四。

周制：司役掌力役之政令，凡人自十八至五十九皆任於役，豐年不過三旬，中年則二旬，下年則一旬。起徒役無過家一人；有年八十者，一子不從役；百年者，家不從役；廢疾非人不養者，一人不從役。若凶札，亦無力征。

國號疆域部

曹魏分部

國號

綜述

《三國志》卷一《魏志・武帝紀》（建安九年九月）天子以公領冀州牧，公讓還兖州。【略】

（建安）十七年春正月，公還鄴。【略】割河内之蕩陰、朝歌、林慮，東郡之衛國、頓丘、東武陽、發干，鉅鹿之廮陶、曲周、南和，廣平之任城，趙之襄國、邯鄲、易陽以益魏郡。【略】

（建安十八年）五月丙申，天子使御史大夫郗慮持節策命公爲魏公曰：『【略】今以冀州之河東、河内、魏郡、趙國、中山、常山、鉅鹿、安平、甘陵、平原凡十郡，封君爲魏公。【略】魏國置丞相已下羣卿百寮，皆如漢初諸侯王之制。』【略】

（建安二十一年）夏五月，天子進公爵爲魏王。【略】

（建安二十二年冬十月）以五官中郎將丕爲魏太子。

又 卷二《魏志・文帝紀》 太祖崩，（曹丕）嗣位爲丞相、魏王。

漢帝以衆望在魏，乃召羣公卿士，告祠高廟。使兼御史大夫張音持節【略】

奉璽綬禪位。【略】乃爲壇於繁陽。庚午，王升壇卽阼，百官陪位。事訖，降壇，視燎成禮而反。改延康爲黄初，大赦。

又　卷四二《蜀志·杜瓊傳》　後宦人黄皓弄權於内，景耀五年，宫中大樹無故自折，周深憂之，無所與言，乃書柱曰：『衆而大，期之會，具而授，若何復？』言曹者衆也，魏者大也，衆而大，天下其當會也，具而授，如何復有立者乎？蜀既亡，咸以周言爲驗。周曰：『此雖己所推尋，然有所因，由杜君之辭而廣之耳，殊無神思獨至之異也。』

又　卷一《魏志·武帝紀》裴松之注　《魏書》載公【略】前後三讓。於是中軍師（王）陸樹亭侯荀攸【略】等勸進曰：『【略】然則魏國之封，九錫之榮，況於舊賞，猶懷玉而被褐也。【略】』於是公敕外爲章，但受魏郡。攸等復曰：『伏見魏國初封，【略】今魏國雖有十郡之名，猶減于曲阜，計其户數，不能參半，以藩衛王室，立垣樹屏，猶未足也。【略】』公乃受命。

《獻帝傳》載詔曰：『【略】今進君爵爲魏王，使使持節行御史大夫、宗正劉艾奉策璽玄土之社，苴以白茅，金虎符第一至第五，竹使符第一至十。君其正王位，以丞相領冀州牧如故。其上魏公璽綬符册。』

又　卷二《魏志·文帝紀》裴松之注　袁宏《漢紀》載漢帝詔曰：『魏太子丕：【略】今使使持節御史大夫華歆奉策詔授丕丞相印綬、魏王璽紱，領冀州牧。』【略】

袁宏《漢紀》載漢帝詔曰：『【略】今其追踵堯典，禪位于魏王。』

《獻帝傳》載禪代衆事曰：左中郎將李伏表魏王曰：『昔先王初建魏國，在境外者聞之未審，皆以爲拜王。武都李庶、姜合羈旅漢中，謂臣曰：「必爲魏公，未便王也。定天下者，魏公子桓，神之所命，當合符讖，以應天人之位。」』【略】

乙卯，册詔魏王禪代天下。【略】

己未，宣告羣僚，下魏，又下天下。

庚午，册詔魏王曰：『【略】今天既訖我漢命，乃眷北顧，帝皇之業，實在大魏。』【略】

《獻帝傳》曰：辛未，魏王登壇受禪，【略】曰：『皇帝臣丕敢用玄牡昭告于皇皇后帝：【略】凡諸嘉祥民神之意，比昭有漢數終之極，魏家受命之符。【略】兆民之望，祚于有魏世享。』

《後漢書》卷一一〇《郡國志二·冀州》　魏郡十五城，户十二萬九千三百一十，口六十九萬五千六百六。

《晋書》卷一四《地理志上》　魏郡。漢置。【略】鄴。魏武受封居此。

宋·司馬光《資治通鑑》卷六九《魏紀一·世祖文皇帝上》　（魏文帝黄初元年）胡三省注：操破袁尚，得冀州，遂居於鄴。鄴，漢之魏郡治所。魏，大名也；遂封爲魏公。又讖云：『代漢者當塗高。』當塗高者，魏也。文帝受漢禪，國遂號魏。

疆域

綜述

《三國志》卷一《魏志·武帝紀》　（建安十八年）詔書并十四州，復爲九州。

《後漢書》卷九《獻帝紀》　（建安）十八年春正月庚寅，復《禹貢》九州。李賢《注》：《獻帝春秋》曰：『時省幽、并州，以其郡國并於冀州；省司隸校尉及涼州，以其郡國并爲雍州；省交州，并荆州、益州。於是有兗、豫、青、徐、荆、揚、冀、益、雍也。』九數雖同，而《禹貢》無益州有梁州，然梁、益亦一地也。

清·洪亮吉、謝鍾英《補三國疆域志補注》卷一　魏疆域：司州、豫州、兗州、青州、徐州、涼州、秦州、冀州、幽州、并州、雍州、荆州、揚州。

鍾英按：《魏志·蔣濟傳》云：今雖有州十二，至於民數，不過漢一大縣。《杜恕傳》：恕太和中，上疏稱荆、揚、青、徐、幽、并、雍、涼、兗、豫、司、冀，不數秦州。曹植《諫伐遼東表》：蜀應西境則雍、涼三分，亦不言秦州。終《三國志》，無『秦州』二字。《宋書·州郡志》：晋武帝置秦州。《晋書·武帝紀》：太始五年春二月，以雍州隴右五郡及涼州之金城、梁州之陰平置秦州。是秦州始於晋武。洪氏從《晋書・地理志》列秦州，非也。

清・吴增僅《三國郡縣表》卷一《魏州郡總目》 司隸・統郡七

河南、領縣二十一。原武、領縣一。弘農、領縣七。河東、領縣十三。平陽、領縣十。河内、領縣十五。野王。領縣一。

豫州：統郡國十

潁川、領縣八。襄城、領縣七。汝南、領縣二十四。弋陽、領縣五。梁國、領縣八。陳郡、領縣五。沛國、領縣五。譙郡、領縣十五。魯國、領縣六。安豐。領縣四。

冀州：統郡國十三

魏郡、領縣九。廣平、領縣十六。陽平、領縣九。鉅鹿、領縣八。趙國、領縣六。常山、領縣七。中山、領縣十一。安平、領縣十五。平原、領縣九。樂陵、領縣五。勃海、領縣八。河間、領縣十。清河。領縣七。

兖州：統郡國八

陳留、領縣十五。東郡、領縣五。濟陰、領縣九。山陽、領縣八。任成、領縣三。東平、領縣八。濟北、領縣五。泰山。領縣十一。

徐州：統郡國六

下邳、領縣十一。彭城、領縣六。東海、領縣十一。琅邪、領縣九。東莞、領縣五。廣陵。領縣四。

青州：統郡國六

齊國、領縣十。濟南、領縣八。樂安、領縣九。北海、領縣五。城陽、領縣十三。東萊。領縣十二。

荆州：統郡七

南陽、領縣二十七。南鄉、領縣八。江夏、領縣五。襄陽、領縣八。魏興、領縣五。上庸、領縣六。新城。領縣五。

揚州。統郡二

淮南、領縣八。廬江。領縣四。

雍州：統郡十

京兆、領縣十。馮翊、領縣九。扶風、領縣十一。北地、領縣二。新平、領縣二。安定、領縣六。廣魏、領縣四。天水、領縣六。隴西、領縣五。南安。領縣三。

涼州：統郡八

金城、領縣四。武威、領縣五。張掖、領縣七。酒泉、領縣九。敦煌、領縣八。西海、領縣一。西平、領縣四。西郡。領縣一。

并州：統郡六

太原、領縣十三。上黨、領縣十一。樂平、領縣三。西河、領縣四。雁門、領縣五。新興。領縣六。

幽州：統郡國十二

范陽、領縣八。燕國、領縣五。漁陽、領縣五。北平、領縣四。上谷、領縣六。代郡、領縣三。遼東、領縣八。昌黎、領縣二。遼西、領縣五。玄菟、領縣三。帶方、領縣七。樂浪。領縣六。

咸熙二年通計有州十二，郡國九十三，見《考證》。縣七百二十。

論説

唐・杜佑《通典》卷一七一《州郡一・序目上》 魏氏據中原，有州十三：司隸、荆、荆河、兖、青、徐、涼、秦、冀、幽、并、揚、雍。分涼州置秦州，理上邽，今天水郡；揚治壽春，今郡；徐治彭城，今郡；荆治襄陽，今郡；涼治武威，今郡；餘並因前代。有郡國六十八。東自廣陵、文帝黄初六年親征，幸廣陵故城，及旋師，留張遼屯江都。齊王嘉平後屬吴，即今郡。壽春、毋丘儉、諸葛誕皆鎮之。合肥、明帝青龍元年，滿寵於合肥西北三十里築新城，吴軍頻攻不拔，即今廬江郡。故魏明帝云：『先帝東置合肥，南守襄陽，西固祁山，賊來輒破於三城之下者，地有所必爭之也。』沔口、建安十五年，文聘為江夏太守，鎮焉。其後吴軍頻攻不拔。青龍後屬吴，即今漢陽縣。西陽、黄初中，滿寵令將守之，今齊安郡。襄陽、建安二十四年，徐晃守之，蜀將關羽攻，不下。重兵以備吴；江淮之間，除鎮兵處，更無人居。青龍之中，孫權遣數千家佃於江北，為滿寵破之。西自隴西、今郡是。南安、今隴西郡隴西縣。齊王嘉平五年，蜀將姜維來伐，攻隴西、南安，皆不克。祁山、明帝太和二年，蜀將諸葛亮攻祁山城，不拔，今同谷郡長道縣東十里。漢陽、明帝青龍二年，蜀將諸葛亮來伐，遣兵備於此，即今天水郡。陳倉，建安二十四年，因蜀將破夏侯妙才於漢中，遂令張郃守陳倉。太和二年，諸葛亮以數萬人攻陳倉，將軍郝昭以千人守二十餘日，不拔，在今縣東三十里故城是。攻郿又不克，在今縣東北十五里故郿城是。並今扶風郡縣。重兵以備蜀。

清・王鳴盛《十七史商榷》卷四二《三國志四・三國疆域》 《三國》但有紀傳，無志，餘姑勿論，惟是地理建置不可無考。毗陵洪亮吉作《三國疆域考》，予未見，姑就《通典》所列，參以本志，并萬氏《補表》，攷之如左。

《魏志・夏侯玄傳》云：「司馬宣王報玄書曰：『秦時無刺史，但有郡守長吏。漢家雖有刺史，奉六條而已，故刺史稱傳車，其吏言從事，居無常治，吏不成臣，其後轉更爲官司耳。』」劉馥等傳評云：「自漢季以來，刺史總部從宋本改，俗作『統』，非。諸郡，賦政于外，非若曩時司察之而已。」案秦雖無刺史，亦有監御史，卽刺史之意。至漢，刺史雖居無常治，然亦未嘗無，說見《朱博傳》，詳前第十六卷。其云「後轉更爲官司」，正指漢末方鎮而言，與劉馥等傳評合。東漢十三州，司隸、豫州、冀州、兖州、徐州、青州、荆州、揚州、益州、涼洲、并州、幽州、交州也。杜佑《通典》一百七十一卷《州郡門》云：「魏據中原，有州十二，司隸、荆河、兖、青、徐、涼、秦、冀、幽、并、揚、雍。」小字夾注云：「分涼州置秦州，理上邽，今天水郡。揚治壽春，今郡。徐治彭城，今郡。荆治襄陽，今郡。兖治武威，今郡。並因前代。」荆河者，《禹貢》「荆、河惟豫州」，本是豫州而改稱者，杜佑避唐代宗諱也。「兖治」之下脱文甚多，未得他本參對，未敢輒添。其下文云「蜀全制巴蜀，置益、梁二州」，「益治成都，今郡。梁治漢中，今郡」。「吳北據江，南盡海，置交、廣、荆、郢、揚五州」，「交治龍編，今安南府。廣，孫權置，治番禺，今南海郡。荆治南郡，今江陵郡。郢治江夏，卽今郡。揚治建鄴，今丹楊郡江寧縣」。

東漢司隸所轄，既有弘農、京兆、馮翊、扶風，故不别置雍州，魏人蓋仍其舊，而卻又别置雍州，其置當在建安中操統事後。觀《魏・張既傳》「太祖時不置涼州，自三輔拒西域，皆屬雍州。文帝卽王位，初置涼州」，則可見矣。《杜恕傳》：「太和中，恕以爲古刺史奉宣六條，以清靜爲名，可勿令領兵，以專民事，乃上疏曰：『今魏有十州，荆、揚、青、徐、幽、并、雍、涼緣邊諸州皆有兵，所恃內充府庫、外制四夷者，惟兖、豫、司、冀。』」荆、揚非魏地，但帶言之。而其有司又有雍則顯然。但雍州始置，既不載於《續漢・郡國志》，而《魏志》本紀又遺之，且漢人但名司隸，魏人則又往往稱司，六朝司州之名起於此。觀杜恕上疏云「兖、豫、司、冀」，又云「天下猶人體，腹心充實，四支雖病無患。今兖、豫、司、冀，天下之腹心」云云，是也。又攷《荀彧傳》：「建安九年，太祖拔鄴，領冀州牧，或說太祖：『宜復古置九州，則冀州所制者廣大。』或以爲不可，遂止。」其後建安十八年遂詔并十四州，復爲九州，見《太祖紀》。《梁習傳》：「并土新附，習領并州刺史。建安十八年，州并屬冀州。文帝踐阼，始復置并州。」彼時又嘗并涼于雍，卽上所引《張既傳》是也。餘所并三州則無考。建置沿革，事之大者，本紀宜詳書之，今各紀於省并分置之郡甚多，而省并分置之州僅一見，亦不詳，恐多漏。卽如《通典》置秦州事，本紀無之，則可見。齊王芳嘉平五年云：「自帝卽位，至于是歲，郡國縣道多所置省，俄或還復，不可勝紀。」則其不載者多矣。

《通典》雖言魏有十二州，而荆、揚正吳地，魏不得有之，特緣邊有鎮戍，聊立此名耳。杜恕於太和中言有十州，蔣濟於景初中言有十二州，二者不同，大約一數荆、揚，一不數荆、揚耳。除此二州，餘有十州，又除自置秦州不數外，大約魏得漢之司隸、豫州、冀州、兖州、青州、并州六全州，此外三州，徐州但得其西境，涼州但得其東西及北境，幽州但得其西南境，不全得也。蜀得益州一全州及涼州之南境，又自置梁州。吳得荆州、揚州、交州三全州及徐州之東境，又自置廣州。其杜佑所云郢州未詳，說見下文。若幽州之東北境則公孫氏據之，直至景初二年始爲司馬懿所滅。

《蜀・後主傳》於降晉後，注引王隱《蜀記》，但有户口數，無郡國縣道數。《吳・三嗣主傳》於孫皓降晉後，注引《晉陽秋》則曰：「王濬收其圖籍，領州四，郡四十三，縣三百一十三。」案「領州四」者，漢舊有之荆、揚、交三州及吳自置之廣州是也。據此則吳無郢州，且《文紀》黄初三年，以荆州江北諸郡爲郢州，旋復故。然則此州乃魏所立，且旋廢矣。不知杜佑何以云云，俟再考。《晉陽秋》「郡四十三」，《太平御覽》引作「三十三」，考《晉書・武帝紀》作「四十三」，《御覽》誤也。至三國所得漢郡與其所增置并省之郡，備詳《晉書・地理志》，而《晉書》於此等處每多游詞，未知確否，是以皆未可據。

沈約《宋書・州郡志》叙首言『三國鼎跱，吳得漢之揚、荆、交三州，蜀得益州，魏氏猶得九焉』，謂冀、幽、并、兖、青、徐、豫、涼及司隸也。此特言其大略，不如予今所考爲得，説詳後《南史》篇中。

清・謝鍾英《三國疆域表上》 魏疆域。魏武肇基兖州，取徐、揚，并河朔，定關中，咸劉厥敵，有州十二。文明以降，代有省置。終魏之世，郡八十一，國十一，屬國一，縣七百七十有二。東置合肥，南守襄陽，西固祁山，重兵萃於三方，而上郡、西河，羌胡錯處，不修秦漢故塞，立華夏之防，豈所謂計長久者哉？謀之不臧，禍流異代。噫！

雜録

《三國志》卷二《魏志・文帝紀》 （延康元年三月）己卯，【略】焉耆、于闐王皆各遣使奉獻。

（黄初三年）二月，鄯善、龜茲、于闐王各遣使奉獻，詔曰：『西戎即敍，氐、羌來王，《詩》、《書》美之。頃者西域外夷並款塞内附，其遣使者撫勞之。』是後西域遂通，置戊己校尉。

又 卷三《魏志・明帝紀》 （太和元年）冬十月丙寅，治兵于東郊。焉耆王遣子入侍。

又 卷一〇《魏志・荀彧傳》 （建安）九年，太祖拔鄴，領冀州牧。或説太祖『宜復古置九州，則冀州所制者廣大，天下服矣。』太祖將從之，彧言曰：『若是，則冀州當得河東、馮翊、扶風、西河、幽、并之地，所奪者衆。前日公破袁尚，禽審配，海内震駭，必人人自恐不得保其土地，守其兵衆也；今使分屬冀州，將皆動心。且人多説關右諸將以閉關之計；今聞此，以爲必以次見奪。一旦生變，雖有（善守）［守善］者，轉相脅爲非，則袁尚得寬其死，而袁譚懷貳，劉表遂保江、漢之間，天下未易圖也。願公急引兵先定河北，然後修復舊京，南臨荆州，責貢之不入，則天下咸知公意，人人自安。天下大定，乃議古制，此社稷長久之利也。』太祖遂寢九州議。

又 卷一六《魏志・倉慈傳》 太和中，遷燉煌太守。郡在西陲，以喪亂隔絶，曠無太守二十歲，大姓雄張，遂以為俗。前太守尹奉等，循故而已，無所匡革。慈到，抑挫權右，撫恤貧羸，甚得其理。舊大族田地有餘，而小民無立錐之土；慈皆隨口割賦，稍稍使畢其本直。先是屬城獄訟衆猥，縣不能決，多集治下；慈躬往省閲，料簡輕重，自非殊死，但鞭杖遣之，一歲決刑曾不滿十人。又常日西域雜胡欲來貢獻，而諸豪族多逆斷絶；既與貿遷，欺詐侮易，多不得分明。胡常怨望，慈皆勞之。欲詣洛者，為封過所，欲從郡還者，官為平取，輒以府見物與共交市，使吏民護送道路，由是民夷翕然稱其德惠。數年卒官，吏民悲感如喪親戚，圖畫其形，思其遺像。及西域諸胡聞慈死，悉共會聚於戊己校尉及長吏治下發哀，或有以刀畫面，以明血誠，又為立祠，遥共祠之。

又 卷一八《魏志・閻温傳》 先是，河右擾亂，隔絶不通，燉煌太守馬艾卒官，府又無丞。功曹張恭素有學行，郡人推行長史事，恩信甚著，乃遣子就東詣太祖，請太守。時酒泉黄華、張掖張進各據其郡，欲與恭（艾）并勢。就至酒泉，為華所拘執，劫以白刃。就終不回，私與恭疏曰：『大人率厲燉煌，忠義顯然，豈以就在困厄之中而替之哉？昔樂羊食子，李通覆家，經國之臣，寧懷妻孥邪？今大軍垂至，但當促兵以掎之耳；願不以下流之愛，使就有恨於黄壤也。』恭即遣從弟華攻酒泉沙頭、乾齊二縣。恭又連兵尋繼華後，以為首尾之援。別遣鐵騎二百，迎吏官屬，東緣酒泉北塞，徑出張掖北河，逢迎太守尹奉。於是張進須黄華之助；華欲救進，西顧恭兵，恐急擊其後，遂詣金城太守蘇則降。就竟平安。奉得之官。黄初二年，下詔褒揚，賜恭爵關内侯，拜西域戊己校尉。數歲徵還，將授以侍臣之位，而以子就代焉。恭至燉煌，固辭疾篤。太和中卒，贈執金吾。就後為金城太守，父子著稱於西州。

又 卷二七《魏志・徐邈傳》 明帝以涼州絶遠，南接蜀寇，以邈為涼州刺史，使持節領護羌校尉。至，值諸葛亮出祁山，隴右三郡反，邈輒遣參軍及金城太守等擊南安賊，破之。河右少雨，常苦乏穀，邈上脩武威、酒泉鹽池以收虜穀，又廣開水田，募貧民佃之，家家豐足，倉庫盈溢。乃支度州界軍用之餘，以市金帛犬馬，通供中國之費。以漸收斂民閒私仗，藏之府庫。然後率以仁義，立學明訓，禁厚葬，斷淫祀，進善黜惡，風化大行，百姓歸心焉。西域流通，荒戎入貢，皆邈勳也。討叛羌柯吾有功，封都亭侯，邑三百户，加建威將軍。邈與羌、胡從事，不問小過；若犯大罪，先告部帥，使知，應死者乃斬以徇，是以信服畏威。賞賜皆散與將士，無入家者，妻子衣食不充；天子聞而嘉之，隨時供給其家。彈邪繩枉，州界肅清。

又 卷三〇《魏志・烏丸鮮卑東夷傳》 後鮮卑大人軻比能復制御羣狄，盡收匈奴故地，自雲中、五原以東抵遼水，皆爲鮮卑庭。數犯塞寇邊，幽、幷苦之。【略】

魏興，西域雖不能盡至，其大國龜茲、于寘、康居、烏孫、疏勒、月氏、鄯善、車師之屬，無歲不奉朝貢，略如漢氏故事。【略】夫餘在長城之北，去玄菟千里，南與高句麗，東與挹婁，西與鮮卑接，北有弱水，方可二千里。【略】

東沃沮在高句麗蓋馬大山之東，濱大海而居。其地形東北狹，西南長，可千里，北與挹婁、夫餘，南與濊貊接。

又 卷一六《魏志・倉慈傳》 裴松之注 《魏略》曰：天水王遷，承代慈，雖循其迹，不能及也。金城趙基承遷後，復不如遷。至嘉平中，安定皇甫隆代基為太守。初，燉煌不甚曉田，常灌溉滀水，使極濡洽，然後乃耕。又不曉作耬犂，用水，及種，人牛功力既費，而收穀更少。隆到，教作耬犂，又教衍溉，歲終率計，其所省庸力過半，得穀加五。又燉煌俗，婦人作裙，攣縮如羊腸，用布一匹；隆又禁改之，所省復不訾。故燉煌人以為隆剛斷嚴毅不及於慈，至於勤恪愛惠，為下興利，可以亞之。

又 卷三〇《魏志・烏丸鮮卑東夷傳》 裴松之注 《魏略・西戎傳》曰：【略】從玉門關西北出，經横坑，闢三隴沙及龍堆，出五船北，到車師界戊己校尉所治高昌，轉西與中道合龜茲，為新道。【略】北新道西行，至東且彌國、西且彌國、單桓國、畢陸國、蒲陸國、烏貪國，皆幷屬車師後部王。王治于賴城，魏賜其王壹多雜守魏侍中，號大都尉，受魏王印。【略】

《魏書》曰：【略】檀石槐既立，乃為庭於高柳北三百餘里彈汗山啜仇水上，東西部大人皆歸焉。兵馬甚盛，南鈔漢邊，北拒丁令，東卻夫餘，西擊烏孫，盡據匈奴故地，東西萬二千餘里，南北七千餘里，罔羅山川、水澤、鹽池甚廣。【略】乃分其地為中東西三部。從右北平以東至遼，（遼）〔東〕接夫餘、〔濊〕貊為東部，二十餘邑，其大人曰彌加、闕機、素利、槐頭。從右北平以西至上谷為中部，十餘邑，其大人曰柯最、闕居、慕容等，為大帥。從上谷以西至燉煌，西接烏孫為西部，二十餘邑，其大人曰置鞬落羅、日律推演、宴荔游等，皆為大帥，而制屬檀石槐。

《後漢書》卷九〇《烏桓鮮卑傳》 （漢桓帝時）檀石槐乃立庭於彈汗山歠仇水上，去高柳北三百餘里，兵馬甚盛，東西部大人皆歸焉。因南抄緣邊，北拒丁零，東卻夫餘，西擊烏孫，盡據匈奴故地，東西萬四千餘里，南北七千餘里，網羅山川水澤鹽池。【略】

乃自分其地為三部，從右北平以東至遼東，接夫餘、濊貊二十餘邑為東部，從右北平以西至上谷十餘邑為中部，從上谷以西至敦煌、烏孫二十餘邑為西部，各置大人主領之，皆屬檀石槐。

蜀漢分部

國號

綜述

《三國志》卷三二《蜀志・先主傳》 （建安）二十五年，魏文帝稱尊號，改年曰黄初。或傳聞漢帝見害，先主乃發喪制服，追謚曰孝愍皇帝。是後在所並言衆瑞，日月相屬，故議郎陽泉侯劉豹、青衣侯向舉、偏將軍張裔、黄權、大司馬屬殷純、益州别駕從事趙莋、治中從事楊洪、從事祭酒何宗、議曹從事杜瓊、勸學從事張爽、尹默、譙周等上言：『【略】近漢初興，五星從歲星謀；歲星主義，漢位在西，義之上方，故漢法常以歲星候人主。當有聖主起於此州，以致中興。【略】』

太傅許靖、安漢將軍麋竺、軍師將軍諸葛亮、太常賴恭、光禄勳（黄權）［黃柱］、少府王謀等上言：『曹丕篡弑，湮滅漢室，竊據神器，劫迫忠良，酷烈無道。人鬼忿毒，咸思劉氏。【略】又前關羽圍樊襄陽，襄陽男子張嘉、王休獻玉璽，璽潛漢水，伏於淵泉，暉景燭燿，靈光徹天。夫漢者，高祖本所起定天下之國號也，大王襲先帝軌迹，亦興於漢中也。今天子玉璽神光先見，璽出襄陽漢水之末，明大王承其下流，授與大王以天子之位，瑞命符應，非人力所致。【略】』卽皇帝位於成都武擔之南。爲文曰：『惟建安二十六年四月丙午，皇帝備敢用玄牡，昭告皇天上帝后土神祇：漢有天下，歷數無疆。曩者王莽篡盜，光武皇帝震怒致誅，社稷復存。今曹操阻兵安忍，戮殺主后，滔天泯夏，罔顧天顯。操子丕，載其凶逆，竊居神器。羣臣將士以爲社稷墮廢，備宜脩之，嗣武二祖，龔行天罰。備惟否德，懼忝帝位。詢于庶民，外及蠻夷君長，僉曰「天命不可以不答，祖業不可以久替，四海不可以無主」。率土式望，在備一人。備畏天明命，又懼漢阼將湮于地，謹擇元日，與百寮登壇，受皇帝璽綬。脩燔瘞，告類于天神，惟神饗祚于漢家，永綏四海！』

又 卷四七《吳志·吳主傳》 （黃龍元年）六月，蜀遣衛尉陳震慶權踐位。【略】造為盟曰：『【略】今日滅叡，禽其徒黨，非漢與吳，將復誰任？【略】自今日漢、吳既盟之後，戮力一心，同討魏賊，救危恤患，分災共慶，好惡齊之，無或攜貳。若有害漢，則吳伐之；若有害吳，則漢伐之。』

又 卷三二《蜀志·先主傳》裴松之注 《魏書》曰：（劉）備聞曹公薨，遣掾韓冉奉書弔，并致賻贈之禮。文帝惡其因喪求好，敕荆州刺史斬冉，絶使命。

《典略》曰：備遣軍謀掾韓冉齎書弔，并貢錦布。冉稱疾，住上庸。上庸致其書，適會受終，有詔報答以引致之。備得報書，遂稱制。【略】

臣松之以爲先主雖云出自孝景，而世數悠遠，昭穆難明，既紹漢祚，不知以何帝爲元祖以立親廟。于時英賢作輔，儒生在官，宗廟制度，必有憲章，而載記闕略，良可恨哉！

南朝梁·蕭統《文選·［晉］左思〈三都賦·序〉》李善注 三都者，劉備都益州，號蜀；孫權都建業，號吳；曹操都鄴，號魏。

宋·蕭常《續後漢書》卷四《章武以來吳魏年表》 按：昭烈以建安二十四年走曹操於漢中，秋羣下表為漢中王，明年操子丕篡國，又明年昭烈從羣臣請卽帝位於成都，改元章武。初未嘗稱『蜀』，參考傍載，亦無稱『蜀』之文。陳壽《三國志》卽孫、曹本號，名其書曰『吳』、『魏』，獨于昭烈之書不曰『漢』而曰『蜀』。且昭烈帝室支屬，系承正統，稱『漢』為宜。壽抑而不書，而書其地，豈以其所處之偏、壤地之狹耶？周自東遷以來，諸侯强大，拓地至數圻，王室不絶如縷。孔子作《春秋》，書王書正，必繫之周，不以周之微而遂絶之也。或謂壽既歸晉，則為晉人，晉承魏統，不得不抑漢，抑漢所以尊魏也。習鑿齒亦晉人也，其著《漢晉春秋》，以昭烈上繼獻帝為漢，意未嘗私魏而於昭烈有所貶抑。矧壽嘗事昭烈父子，獨無舊君之義乎？近世歐陽修作《五代史》，莊宗以晉稱『唐』，則書『唐』；李昪以江南稱『唐』，則又書『唐』；劉崇以河東稱『漢』，則書『漢』；劉龑以南越稱『漢』，則又書『漢』。未聞書莊宗以『晉』、書昪以『江南』、書崇為『河東』、書龑為『南越』。且莊宗自以上繼昭宗，昪自謂唐之宗室，劉崇蓋漢祖之弟，從其所稱可也。劉龑謬自稱漢，亦從而書『漢』，人不以為非；昭烈漢之支屬，又非莊宗之唐、劉龑之漢比，奈何黜其宗國本號，而稱其地哉？故常刊正其謬，合而名之曰《續後漢書》。既正其名，且以孫、曹事迹參會漢氏之紀元，列之於表云。【略】

常既以正統繫之昭烈，且刊正舊史之繆，合其書而名之曰『漢』，識者是之。或謂近世司馬公光作《歷代編年》，以漢傳於魏，魏受之漢，不得不取魏，且謂昭烈於漢，族屬疏遠，是非難辨，不可與光武、晉元比，不得紹漢氏遺統。常謂不然。曹操幽土弑后，漢之賊也。子丕世濟凶德，以羿、莽之心而竊議舜、禹。其代漢也，雖其弟植與其黨蘇則等且不直之，名禪而實篡，謂之傳受可乎？昭烈雖疏屬，要為帝室之胄，舉漢之人皆知其為景帝之後，雖操父子所謂盜憎主人者，亦無一語謂其非是，則是非之際，亦何難辨之有？今不以正統繫之帝室之胄，而乃歸之篡國之賊，其可哉？晉習鑿齒作《漢晉春秋》，起光武，終於愍帝，以昭烈上繼獻帝，而晉承之。且謂魏雖受漢禪，尚為篡逆，至晉文帝克益州，乃為漢亡而晉興。而廣漢張栻之論亦謂獻帝雖廢，昭烈以正義立於蜀，漢統未墜地也。要盡末年而止二子之論云爾，故備著之。

疆域

綜述

《三國志》卷四五《蜀志・鄧芝傳》 芝對曰：『吳、蜀二國四州之地。』

又 卷四七《吳志・吳主傳》 是歲劉備定蜀。權以備已得益州，令諸葛瑾從求荆州諸郡。備不許，曰：『吾方圖涼州，涼州定，乃盡以荆州與吳耳。』

清・洪亮吉、謝鍾英《補三國疆域志補注》卷九 蜀漢疆域。《通典》：蜀主全制巴蜀，置益、梁二州，以漢中、興勢、白帝爲重鎮。鍾英按：蜀無梁州，杜氏説誤。

清・吳增僅《三國郡縣表》卷六《蜀州郡總目》 益州統郡二十二 蜀郡、領縣七。汶山、領縣八。犍為、領縣六。江陽、領縣三。漢嘉、領縣四。廣漢、領縣五。東廣漢、領縣四。梓潼、領縣六。巴西、領縣八。巴郡、領縣四。巴東、領縣五。涪陵、領縣五。漢中、領縣五。武都、領縣六。陰平、領縣二。朱提、領縣五。越嶲、領縣十一。建寧、領縣十八。牂柯、領縣七。永昌、領縣八。興古、領縣五。雲南。領縣七。

炎興元年，通計有州一、郡二十二、《蜀志・後主傳》注引王隱《蜀記》。縣一百三十九。

論説

唐・杜佑《通典》卷一七一《州郡一・序目上》 蜀主全制巴蜀，置益、治成都，今郡。梁治漢中，今郡。二州，有郡二十二，以漢中、建安末，破魏將夏侯妙才後，遂有漢川，以魏延鎮守，後蔣琬、姜維相繼鎮於此，即今郡地。興勢、後主延熙七年，將軍王平守之，魏大將軍曹爽攻，不剋。今洋川郡興道縣也。白帝，先主章武元年屯之，遂為重鎮。後主建興十五年，吳將全琮來攻，不剋。即今雲安郡。並為重鎮。

清・謝鍾英《三國疆域表下》 蜀疆域。先主取巴蜀、定漢中，後主得陰平、武都。其時巴分爲四，犍爲、廣漢分爲二，南中分置雲南、興古，有州一、郡二十、屬國一、縣一百四十有六。關頭、魚復，禍福之門，實漢中之圍。增白帝之戍，設險守國，其大校也。

東吳分部

國號

綜述

《三國志》卷二《魏志・文帝紀》（黃初二年）秋八月，孫權遣使奉章，并遣于禁等還。丁巳，使太常邢貞持節拜權爲大將軍，封吳王，加九錫。

又 卷四六《吳志・孫破虜討逆傳》 曹公表策爲討逆將軍，封爲吳侯。【略】權稱尊號，追謚策曰長沙桓王，封子紹爲吳侯，後改封上虞侯。

又 卷四七《吳志・吳主傳》（建安二十四年）曹公表權爲驃騎將軍，假節領荆州牧，封南昌侯。【略】

自魏文帝踐阼，權使命稱藩，及遣于禁等還。（黃初二年）十一月，策命權曰：『蓋聖王之法，以德設爵，以功制禄；勞大者禄厚，德盛者禮豐。故叔旦有夾輔之勳，太公有鷹揚之功，並啓土宇，并受備物，所以表章元功，殊異賢哲也。近漢高祖受命之初，分裂膏腴以王八姓，斯則前世之懿事，後王之元龜也。朕以不德，承運革命，君臨萬國，秉統天機，思齊先代，坐而待旦。惟君天資忠亮，命世作佐，深覩歷數，達見廢興，遠遣行人，浮于潛漢。望風影附，抗疏稱藩，兼納纖絺南方之貢，普遣諸將來還本朝，忠肅內發，款誠外昭，信著金石，義蓋山河，朕甚嘉焉。今封君爲吳王，使使持節太常高平侯貞，授君璽綬策書、金虎符第一至第五、左竹使符第一至第十，以大將軍使持節督交州，領荆州牧事，錫君青土，苴以白茅，對揚朕命，以尹東夏。其上故驃騎將軍南昌侯印綬符策。今又加君九錫，其敬聽後命。以君綏安東南，綱紀江外，民夷安業，無或攜貳，是用錫君大輅、戎輅各一，玄牡二駟。君務財勸農，倉庫盈積，是用錫君衮冕之服，赤舄副焉。君化民以德，禮教興行，是用錫君軒縣之樂。君宣導休風，懷柔百越，是用錫君朱户以居。君運其才謀，官方任賢，是用錫君納陛以登。君忠勇並奮，清除姦慝，是用錫君虎賁之士百人。君振威陵邁，宣力荆南，梟滅凶醜，罪人斯得，是用錫君鈇鉞各一。君文和於內，武信於外，是用錫君彤弓一、彤矢百、玈弓十、玈矢千。君以忠肅爲基，恭儉爲德，是用錫君秬鬯一卣，圭瓚副焉。欽哉！敬敷訓典，以服朕命，以勖相我國家，永終爾顯烈。』【略】

（黃龍元年）六月，蜀遣衛尉陳震慶權踐位。【略】造爲盟曰：『【略】今日滅叡，禽其徒黨，非漢與吳，將復誰任？【略】自今日漢、吳既盟之後，戮力一心，同討魏賊，救危恤患，分災共慶，好惡齊之，無或攜貳。若有害漢，則吳伐之；若有害吳，則漢伐之。』

又　卷四六《吳志·孫破虜討逆傳》裴松之注　《江表傳》曰：建安二年夏，漢朝遣議郎王誧奉戊辰詔書曰：『董卓逆亂，凶國害民。先將軍堅念在平討，雅意未遂，厥美著聞。策遵善道，求福不回。今以策爲騎都尉，襲爵烏程侯，領會稽太守。』又詔敕曰：『故左將軍袁術不顧朝恩，坐創凶逆，造合虛僞，欲因兵亂詭詐百姓，［始］聞其言以爲不然。定得使持節平東將軍領徐州牧温侯布上術所造惑衆妖妄，知術鴟梟之性，遂其無道，修治王宮，署置公卿，郊天祀地，殘民害物，爲禍深酷。布前後上策乃心本朝，欲還討術，爲國效節，乞加顯異。夫懸賞俟功，惟勤是與，故便寵授承襲前邑，重以大郡，榮耀兼至，是策輸力竭命之秋也。其亟與布及行吳郡太守安東將軍陳瑀戮力一心，同時赴討。』策自以統領兵馬，但以騎都尉領郡爲輕，欲得將軍號，（及）［乃］使人諷誧，誧便承制假策明漢將軍。是時，陳瑀屯海西，策奉詔治嚴，當與布、瑀參同形勢。行到錢塘，瑀陰圖襲策，遣都尉萬演等密渡江，使持印傳三十餘紐與賊丹楊、宣城、涇、陵陽、始安、黟、歙諸險縣大帥祖郎、焦已及吳郡烏程嚴白虎等，使爲內應，伺策軍發，欲攻取諸郡。策覺之，遣呂範、徐逸攻瑀於海西，大破瑀，獲其吏士妻子四千人。

《山陽公載記》曰：瑀單騎走冀州，自歸袁紹，紹以爲故安都尉。

《吳録》載策上表謝曰：『臣以固陋，孤持邊陲。陛下廣播高澤，不遺細節，以臣襲爵，兼典名郡。仰榮顧寵，所不克堪。興平二年十二月二十日，於吳郡曲阿得袁術所呈表，以臣行殄寇將軍；至被詔書，乃知詐擅。雖輒捐廢，猶用悚悸。臣年十七，喪失所怙，懼有不任堂構之鄙，以忝析薪之戒，誠無去病十八建功，世祖列將弱冠佐命。臣初領兵，年未弱冠，雖駑懦不武，然思竭微命。惟術狂惑，爲惡深重。臣憑威靈，奉辭罰罪，庶必獻捷，以報所授。』臣松之案：本傳云孫堅以初平三年卒，策以建安五年卒，策死時年二十六，計堅之亡，策應十八，而此表云十七，則爲不符。張璠《漢紀》及《吳歷》並以堅初平二年死，此爲是而本傳誤也。

《江表傳》曰：建安三年，策又遣使貢方物，倍於元年所獻。其年，制書轉拜討逆將軍，改封吳侯。

又　卷四七《吳志·吳主傳》裴松之注　《江表傳》載曹公與權書曰：『近者奉辭伐罪，旄麾南指，劉琮束手。今治水軍八十萬衆，方與將軍會獵於吳。』權得書以示羣臣，莫不響震失色。

《後漢書》卷一一二《郡國志四》　吳郡順帝分會稽置。洛陽東三千二百里。【略】吳本國。震澤在西，後名具區澤。

疆域

綜述

《三國志》卷四五《蜀志·鄧芝傳》　芝對曰：『吳、蜀二國四州之地，大王命世之英，諸葛亮亦一時之傑也。蜀有重險之固，吳有三江之阻，合此二長，共爲脣齒，進可并兼天下，退可鼎足而立，此理之自然也。大王今若委質於魏，魏必上望大王之入朝，下求太子之內侍，若不從命，則奉辭伐叛，蜀必順流見可而進，如此，江南之地非復大王之有也。』

又　卷四七《吳志·吳主傳》　（黄初二年，魏文）帝問其狀，（趙）咨曰：『【略】據三州虎視於天下，是其雄也。』

唐·徐堅《初學記》卷六《地部中·海》　按南海大海之別有漲海。謝承《後漢書》曰：交阯七郡貢獻，皆從漲海出入。又《外國雜傳》云：大秦西南漲海中，可七八百里，到珊瑚洲。洲底大盤石，珊瑚生其上，人以鐵網取之。

南朝梁·蕭統《文選·［晉］左思〈三都賦·吳都賦〉》　瓊枝抗莖而敷蘂，珊瑚幽茂而玲瓏【略】《扶南傳》曰：漲海中有盤石，珊瑚生其上。玲瓏，明貌。

又《［南朝宋］鮑照〈蕪城賦〉》　南馳蒼梧漲海，北走紫塞鴈門【略】謝承《後漢書》曰：陳茂常渡漲海。

宋·李昉等《太平御覽》卷六〇《地部二十五·海》　謝承《後漢書》曰：汝南陳茂，嘗為交阯別駕，舊刺史行部，不渡漲海，刺史周敞涉海遇風，船欲覆没，茂拔劍訶罵水神，風即止息。

又　卷六九《地部三十四·洲》　《扶南傳》曰：漲海中倒珊瑚洲，洲底有盤石，珊瑚生於上也。

又　卷七八〇《四夷部一·東夷一·敍東夷》　《臨海水土志》曰：夷州在臨海東南，去郡二千里。

又　卷七八二《四夷部三·東夷三·紵嶼人》　《外國記》曰：周詳泛海，落紵嶼。上多紵，有三千餘家，云是徐福童男之後，風俗似吳人。

又　卷七八六《四夷部七·南蠻二》　《外國傳》曰：扶南人，若户中亡器物者，即以米一升，詣神廟，乞神見盜者，以米着神足下。明日取米，呼户中奴婢，分令嚼之，盜者口中血出，米完不碎；不盜者入口即敗。從日南至徼外悉爾。

又曰：扶南之東漲海中有大火洲。洲中有樹，得春雨時皮正黑；得火燃樹皮正白。紡績以作手巾，或作燈炷，用之不盡。

又曰：扶南國人，最大居舍，雕文刻鏤，好布施，多禽獸。王好獵，皆乘象，一去月餘日。

又　卷七九〇《四夷部十一·南蠻六·句稚國》　《南州異物志》曰：句稚，去典遊八百里，有江口，西南向，東北行，極大崎頭出漲海中，淺而多磁石。

又　卷八〇七《珍寶部六·玳瑁》　《吳録》曰：嶺南盧賓縣漲海中，玳瑁似龜而大。

又　卷九八八《藥部五·磁石》　《南州異物志》曰：漲海崎頭，水淺而多磁石。外徼人乘大船，皆以鐵鎖鎖之。至此關，以磁石不得過。

宋·樂史《太平寰宇記》卷一七〇《嶺南道十四·交州·土產·珊瑚》　《吳録》云：『交州漲海中有珊瑚，以鐵網取之。』

又　卷一八四《四夷十三·西戎五·大秦國·土俗物產》　西南漲海中可七八百里，行到珊瑚洲，水底有盤石，珊瑚生其上。大秦人常乘大舶，載鐵網，令水工没，先入視之，可下網乃下。

清·洪亮吉、謝鍾英《補三國疆域志補注》卷一一　吳疆域：揚州、荆州、交州、廣州。

清·吳增僅《三國郡縣表》卷七《吳州郡總目》　揚州統郡十四

丹陽、領縣十九。新都、領縣六。蘄春、領縣三。會稽、領縣十。臨海、領縣七。建安、領縣九。東陽、領縣九。吳郡、領縣十三。吳興、領縣九。豫章、領縣十五。廬陵、領縣十六。鄱陽、領縣九。臨川、領縣九。安成。領縣六。

荆州統郡十五

南郡、領縣七。宜都、領縣三。建平、領縣五。江夏、領縣六。武陵、領縣十。天門、領縣三。長沙、領縣十。衡陽、領縣十。湘東、領縣六。零陵、領縣十。始安、領縣五。昭陵、領縣六。桂陽、領縣六。始興、領縣六。臨賀。領縣六。

交州統郡八

合浦、領縣七。朱崖、領縣二。交趾、領縣十。新興、領縣四。武平、領縣十。九真、領縣六。九德、領縣六。日南。領縣五。

廣州統郡六

南海、領縣七。蒼梧、領縣九。鬱林、領縣九。桂林、領縣八。高涼、領縣三。高興。領縣五。

吳天紀四年，通計有州四、郡四十三、縣三百三十一。此就余所輯之數言。《吳志·孫皓傳》注引《晉陽秋》作『三百一十三』。

論說

唐·杜佑《通典》卷一七一《州郡一·序目上》 吳主北據江，南盡海，置交、治龍編，今安南府。廣、孫權置，治番禺，今南海郡。荆、治南郡，今江陵郡。郢、治江夏，即今郡。揚治建業，今丹陽郡江寧縣。五州，有郡四十有三。以建平、自孫權黄武初破蜀先主後得之，孫皓天紀四年，晉軍沿流來伐，守將吳彦請增兵，皓不從。今巴東郡。西陵、建安二十四年，因蜀將關羽北討魏將于禁等於襄陽，陸遜為宜都守，鎮此。黄武初，蜀先主來伐，遜大破之，後步闡、陸抗並鎮焉。即今夷陵郡。樂鄉、吳孫皓建衡三年，陸抗所築樂鄉城，後朱然修之戍焉。晉王濬攻樂鄉，獲水軍督陸景，平西將軍施洪以城降。在今江陵郡松滋縣東。南郡、自建安末克關羽後，蜀將糜芳來降，遂得之。孫皓鳳凰元年，將張咸、任延並守之。晉軍平吳，當陽侯杜元凱赴於此。即今江陵郡。巴丘、建安十九年魯肅、孫皓寶鼎元年萬彧並鎮守。即今巴陵郡。夏口、建安十三年，孫權征黄祖，克之，後遂置兵鎮。孫皓天紀元年，孫慎守之。及晉平吳，將軍胡奮赴於此。即今江夏郡。武昌、孫權甘露元年城武昌，陸遜、諸葛恪、滕牧鎮守。及晉平吳，將軍王戎赴於此。即今江夏郡縣。皖城、建安十九年，孫權克之。孫權赤烏四年，諸葛恪屯此。今同安郡。牛渚圻、孫皓天紀末，何植鎮守。晉平吳，大將王渾赴於此。即今宣城郡當塗縣采石也。濡須塢、建安十七年築，後曹公頻來，攻不克。在今歷陽縣西南百八十里。並為重鎮。其後得沔口、孫權嘉禾後，陸遜、諸葛瑾屯守。邾城、赤烏四年，陸遜常以三萬兵戍之。今齊安郡。東南界臨江，與江夏郡武昌相對。廣陵。孫亮建興二年，衛尉馮朝城廣陵。自三國鼎立，更相侵伐，互有勝負，疆境之守，彼此不常，纔得遽失，則不暇存也。今略紀其久經屯鎮及要害之地焉。其守將亦略紀其知名者，餘不可偏舉，他亦仿此。

清·謝鍾英《三國疆域表下》 孫策渡江，奄有揚州。權并荆收交，亮略取廣陵，踰江而北，以漢郡大，代有分置。訖皓之末，州四、郡四十五、鍾英按：《晉陽秋》：王濬收吳圖籍，州四、郡四十二，而《晉書·武帝紀》云：郡四十三。今考諸書，得四十五郡。都尉治二、屬國一、縣三百五十有二。鍾英按：《晉陽秋》：縣三百一十三。今考諸書，得三百五十二縣。吳疆域，全有漢交州，荊州惟零陵、桂陽、武陵、長沙四郡，北割江夏、南郡之半，揚州惟丹陽、會稽、吳、豫章四郡，北割廬江、九江之半，徐州僅有廣陵濱江數縣。其固國，江外則以廣陵、涂中、東興、皖、尋陽、邾、夏口、江陵、西陵、建平爲重鎮，江東則以京口、建業、牛渚、柴桑、半洲、武昌、沙羡、陸口、巴邱、樂鄉、公安、夷道、荊門爲重鎮，夾江置守，上游要害尤重建平。

兩晉分部

國號

綜述

《三國志》卷四《魏志·高貴鄉公髦傳》 （魏甘露三年）夏五月，命大將軍司馬文王爲相國，封晉公，食邑八郡，加之九錫，文王前後九讓乃止。【略】

（甘露五年）夏四月，詔有司率遵前命，復進大將軍司馬文王位爲相國，封晉公，加九錫。五月己丑，高貴鄉公卒，年二十。【略】

癸卯，大將軍固讓相國、晉公、九錫之寵。太后詔曰：『夫有功不隱，《周易》大義，成人之美，古賢所尚，今聽所執，出表示外，以章公之謙光焉。』【略】

景元元年夏六月丙辰，進大將軍司馬文王位爲相國，封晉公，增封二郡，并前滿十，加九錫之禮，一如前（奏）［詔］；【略】文王固讓乃止。

【略】

（景元二年八月）甲寅，復命大將軍進爵晉公，加位相國，備禮崇錫，一如前詔；又固辭乃止。【略】

（景元）四年春二月，復命大將軍進位爵賜一如前詔，又固辭乃止。

【略】

冬十月甲寅，復命大將軍進位爵賜一如前詔。【略】

（咸熙元年三月）己卯，進晉公爵爲王，封十郡，并前二十。【略】

（夏五月）癸未，追命舞陽宣文侯爲晉宣王，舞陽忠武侯爲晉景王。【略】

（冬十月）丙午，命撫軍大將軍新昌鄉侯炎爲晉世子。【略】

（咸熙二年）秋八月辛卯，相國晉王薨。壬辰，晉太子炎紹封襲位，總攝百揆，備物典册，一皆如前。【略】

（九月）乙亥，葬晉文王。【略】

十二月壬戌，天禄永終，歷數在晉。詔羣公卿士具儀設壇于南郊，使使者奉皇帝璽綬册，禪位于晉嗣王，如漢魏故事。

《晉書》卷二《文帝紀》（魏甘露三年）五月，天子以并州之太原上黨西河樂平新興雁門、司州之河東平陽八郡，地方七百里，封帝爲晉公，加九錫，進位相國，晉國置官司焉。九讓，乃止。【略】

景元元年夏四月，天子復命帝爵秩如前，又讓不受。【略】（五月己丑）天子崩于車中。【略】

六月，改元。丙辰，天子進帝爲相國，封晉公，增十郡，加九錫如初，羣從子弟未侯者封亭侯，賜錢千萬，帛萬匹。固讓，乃止。【略】

（景元）二年秋八月甲寅，天子使太尉高柔授帝相國印綬，司空鄭沖致晉公茅土九錫，固辭。【略】

四年春二月丁丑，天子復命帝如前，又固讓。【略】

冬十月，天子以諸侯獻捷交至，乃申前命曰：

朕以寡德，獲承天序，嗣我祖宗之洪烈。遭家多難，不明於訓。曩者姦逆屢興，方寇內侮，大懼淪喪四海，以隳三祖之弘業。

惟公經德履哲，明允廣深，迪宣武文，世作保傅，以輔乂皇家。櫛風沐雨，周旋征伐，劬勞王室，二十有餘載。毗翼前人，仍斷大政，克厭不端，維安社稷。暨儉、欽之亂，公綏援有衆，分命興師，統紀有方，用緝寧淮浦。其後巴蜀屢侵，西土不靖，公奇畫指授，制勝千里。是以段谷之戰，乘釁大捷，斬將搴旗，效首萬計。孫峻猾夏，致寇徐方，戎車首路，威靈先邁，黃鉞未啓，鯨鯢竄迹。孫壹搆隙，自相疑阻，幽鑑遠照，奇策洞微，遠人歸命，作藩南夏，爰授鋭卒，畢力戎行。暨諸葛誕滔天作逆，稱兵揚楚，欽、咨逋罪，同惡相濟，帥其蝉賊，以入壽春，憑阻淮山，敢距王命。公躬擐甲胄，龔行天罰，玄謀廟算，遵養時晦。奇兵震擊，而朱異摧破；神變應機，而全琮稽服；取亂攻昧，而高墉不守。兼九伐之弘略，究五兵之正度。用能戰不窮武，而大敵殲潰；旗不再麾，而元憝授首。收勍吳之雋臣，係亡命之逋虜。交臂屈膝，委命下吏，俘馘十萬，積尸成京。雪宗廟之滯恥，拯兆庶之艱難。掃平區域，信威吳會，遂戢干戈，靖我疆土，天地鬼神，罔不獲乂。乃者王室之難，變起蕭牆，賴公之靈，弘濟艱險。宗廟危而獲安，社稷墜而復寧。忠格皇天，功濟六合。是用疇咨古訓，稽諸典籍，命公崇位相國，加于羣后，啓土參墟，封以晉域。所以方軌齊魯，翰屏帝室。而公遠蹈謙遜，深履沖讓，固辭策命，至于八九。朕重違讓德，抑禮虧制，以彰公志，于今四載。上闕在昔建侯之典，下違兆庶具瞻之望。

惟公嚴虔王度，闡濟大猷，敦尚純樸，省繇節用，務穡勸分，九野康乂。耆叟荷崇養之德，鰥寡蒙矜卹之施，仁風興於中夏，流澤布於遐荒。是以東夷西戎，南蠻北狄，狂狡貪悍，世爲寇讐者，皆感義懷惠，款塞內附，或委命納貢，或求置官司。九服之外，絶域之氓，曠世所希至者，咸浮海來享，鼓舞王德，前後至者八百七十餘萬口。海隅幽裔，無思不服；雖西旅遠貢，越裳九譯，義無以踰。維翼朕躬，下匡萬國，思靖殊方，寧濟八極。以庸蜀未賓，蠻荆作猾，潛謀獨斷，整軍經武。簡練將帥，授以成策，始踐賊境，應時摧陷。狂狡奔北，首尾震潰，禽其戎帥，屠其城邑。巴漢震疊，江源雲徹，地平天成，誠在斯舉。公有濟六合之勳，加以茂德，實總百揆，允釐庶政。敦五品以崇仁，恢六典以敷訓。而靖恭夙夜，勞謙昧旦，雖尚父之左右文武，周公之勤勞王家，罔以加焉。

昔先王選建明德，光啓諸侯，體國經野，方制五等。所以藩翼王畿，垂祚百世也。故齊魯之封，於周爲弘，山川土田，邦畿七百，官司典策，制殊羣后。惠襄之難，桓文以翼戴之勞，猶受錫命之禮，咸用光疇大德，作範于後。惟公功邁於前烈，而賞闕於舊式，百辟於邑，人神同恨焉，豈可以公謙沖而久淹弘典哉？今以并州之太原上黨西河樂平新興雁門、司州之河東平陽弘農、雍州之馮翊凡十郡，南至於華，北至於陘，東至於壺口，西踰於河，提封之數，方七百里，皆晉之故壤，唐叔受之，世作盟主，實紀綱諸夏，用率舊職。爰胙茲土，封公爲晉公。命使持節、兼司徒、司隸校尉陔卽授印綬策書，金獸符第一至第五，竹使符第一至第十。錫茲玄土，苴以白茅，建爾國家，以永藩魏室。

昔在周召，并以公侯，入作保傅。其在近代，酇侯蕭何，實以相國，光尹漢朝。隨時之制，禮亦宜之。今進公位爲相國，加綠綟綬。又加公九錫，其敬聽後命。以公思弘大猷，崇正典禮，儀刑作範，旁訓四方，是用錫公大輅、戎輅各一，玄牡二駟。公道和陰陽，敬授人時，嗇夫反本，農殖維豐，是用錫公袞冕之服，赤舄副焉。公光敷顯德，惠下以和，敬信思順，庶尹允諧，是用錫公軒懸之樂、六佾之舞。公鎮靖宇宙，翼播聲教，海外懷服，荒裔款附，殊方馳義，諸夏順軌，是用錫公朱户以居。公簡賢料材，營求俊逸，爰升多士，寘彼周行，是用錫公納陛以登。公嚴恭寅畏，底平四國，式遏寇虐，苛慝不作，是用錫公武賁之士三百人。公明慎用刑，簡恤大中，章厥天威，以糾不虔，是用錫公鈇鉞各一。公爰整六軍，典司征伐，犯命陵正，乃維誅殛，是用錫公彤弓一、彤矢百，玈弓十、玈矢千。公饗祀蒸蒸，孝思維則，篤誠之至，通于神明，是用錫公秬鬯一卣，珪瓚副焉。晉國置官司以下，率由舊式。

往欽哉！祗服朕命，弘敷訓典，光澤庶方，永終爾明德，丕顯余一人之休命。

公卿將校皆詣府喻旨，帝以禮辭讓。

司空鄭沖率羣官勸進曰：『伏見嘉命顯至，竊聞明公固讓，沖等眷眷，實有愚心。以爲聖王作制，百代同風，褒德賞功，有自來矣。昔伊尹，有莘氏之媵臣耳，一佐成湯，遂荷阿衡之號。周公藉已成之勢，據既安之業，光宅曲阜，奄有龜蒙。呂尚，磻溪之漁者也，一朝指麾，乃封營丘。自是以來，功薄而賞厚者，不可勝數，然賢哲之士，猶以爲美談。況自先相國以來，世有明德，翼輔魏室，以綏天下，朝無秕政，人無謗言。前者明公西征靈州，北臨沙漠，榆中以西，望風震服，羌戎來馳，迴首內向，東誅叛逆，全軍獨克。禽闔閭之將，虜輕鋭之卒以萬萬計，威加南海，名懾三越，宇內康寧，苛慝不作。是以時俗畏懷，東夷獻舞。故聖上覽乃昔以來禮典舊章，開國光宅，顯茲太原。明公宜承奉聖旨，受茲介福，允當天人。元功盛勳，光光如彼；國土嘉祚，巍巍如此。內外協同，靡愆靡違。由斯征伐，則可朝服濟江，掃除吳會，西塞江源，望祀岷山。迴戈弭節，以麾天下，遠無不服，邇無不肅。令大魏之德，光于唐虞；明公盛勳，超於桓文。然後臨滄海而謝文伯，登箕山而揖許由，豈不盛乎！至公至平，誰與爲鄰，何必勤勤小讓也哉。』帝乃受命。【略】

（咸熙元年）三月己卯，進帝爵爲王，增封并前二十郡。

夏五月癸未，天子追加舞陽宣文侯爲晉宣王，舞陽忠武侯爲晉景王。【略】

（冬十月）丙午，天子命中撫軍新昌鄉侯炎爲晉世子。

又 卷三《武帝紀》 咸熙二年五月，立爲晉王太子。

八月辛卯，文帝崩，太子嗣相國、晉王位。【略】

泰始元年冬十二月丙寅，設壇于南郊，百僚在位及匈奴南單于四夷會者數萬人，柴燎告類于上帝曰：『皇帝臣炎敢用玄牡明告于皇皇后帝：魏帝稽協皇運，紹天明命以命炎。昔者唐堯，熙隆大道，禪位虞舜，舜又以禪禹，邁德垂訓，多歷年載。暨漢德既衰，太祖武皇帝撥亂濟時，扶翼劉氏，又用受命于漢。粵在魏室，仍世多故，幾於顛墜，實賴有晉匡拯之德，用獲保厥肆祀，弘濟于艱難，此則晉之有大造于魏也。誕惟四方，罔不祗順，廓清梁岷，包懷揚越，八紘同軌，祥瑞屢臻，天人協應，無思不服。肆予憲章三后，用集大命于茲。炎維德不嗣，辭不獲命。於是羣公卿士，百辟庶僚，黎獻陪隸，暨于百蠻君長，僉曰：「皇天鑑下，求人之瘼，既有成命，固非克讓所得距違。天序不可以無統，人神不可以曠主。」炎虔奉皇運，寅畏天威，敬簡元辰，升壇受禪，告類上帝，永答衆望。』禮畢，卽洛陽宮幸太極前殿。

又 卷六《元帝紀》 （建武元年）三月，帝素服出次，舉哀三日。西陽王羕及羣僚參佐州征牧守等上尊號，帝不許。羕等以死固請，至於再三。帝慨然流涕曰：『孤，罪人也，惟有蹈節死義，以雪天下之恥，庶贖鈇鉞之誅。吾本琅邪王，諸賢見逼不已！』乃呼私奴命駕，將反國。羣臣乃不敢逼，請依魏晉故事爲晉王，許之。辛卯，卽王位，大赦，改元。

（太興元年）三月癸丑，愍帝崩問至，帝斬縗居廬。丙辰，百僚上尊號。令曰：『孤以不德，當厄運之極，臣節未立，匡救未舉，夙夜所以忘寢食也。今宗廟廢絶，億兆無係，羣官庶尹，咸勉之以大政，亦何敢辭，輒敬從所執。』是日，卽皇帝位。詔曰：『昔我高祖宣皇帝誕應期運，廓開皇基。景、文皇帝奕世重光，緝熙諸夏。爰暨世祖，應天順時，受茲明命。功格天地，仁濟宇宙。昊天不融，降此鞠凶，懷帝短世，越去王都。天禍荐臻，大行皇帝崩殂，社稷無奉。肆羣后三司六事之人，疇咨庶尹，至于華戎，致輯大命于朕躬。予一人畏天之威，用弗敢違。遂登壇南嶽，受終文祖，焚柴頒瑞，告類上帝。惟朕寡德，纘我洪緒，若涉大川，罔知攸濟。惟爾股肱爪牙之佐，文武熊羆之臣，用能弼寧晉室，輔余一人。思與萬國，共同休慶。』於是大赦，改元，文武增位二等。庚午，立王太子紹爲皇太子。

宋·司馬光《資治通鑑》卷七九《晉紀一·世祖武皇帝上之上》胡三省注　司馬氏，河内温縣人。宣王懿得魏政，傳景王師，至文王昭始封晉公，以温縣本晉地，故以爲國號。

西晉疆域

綜　述

《樓蘭漢文簡紙文書集成》壹《L.A.Ⅰ.出土漢文簡紙文書》　丙申朔七日壬寅大將軍右長史關**【略】**

同建興十八年三月十七日粟［特］胡樓［蘭］**【下殘】**

一萬石錢二百

功曹　主（薄）［簿］

又　貳《L.A.Ⅱ.出土漢文簡紙文書》　**【上殘】**口七匹　泰始五年**【下殘】【略】**

泰始五年七月廿六日從掾位張鈞言敦煌太守

《魏書》卷一〇一《補高昌傳》　晉以其地為高昌郡，張軌、呂光、沮渠蒙遜據河西，皆置太守以統之。去敦煌十三日行。

《晉書》卷三《武帝紀》　（咸寧元年六月）西域戊己校尉馬循討叛鮮卑，破之，斬其渠帥。**【略】**

初，燉煌太守尹璩卒，州以燉煌令梁澄領太守事，議郎令狐豐廢澄，自領郡事。豐死，弟宏代之。至是，涼州刺史楊欣斬宏，傳首洛陽。**【略】**

（二年秋七月）鮮卑阿羅多等寇邊，西域戊己校尉馬循討之，斬首四千餘級，獲生九千餘人，於是來降。

又　卷九七《四夷傳·焉耆》　（晉）武帝太康中，其王龍安遣子入侍。

唐·歐陽詢等《藝文類聚》卷七三《雜器物部·杯》　《南越志》曰：南海以蝦頭為杯，鬚長數尺，金銀鏤。晉康州刺史常以杯獻。簡文用以盛藥，未及飲，無故酒躍於外。時廬江太守曲安遠頗解術數，即令筮之，安遠曰：卽三旬，後庭將有喜慶者。

唐·杜佑《通典》卷一七一《州郡一·序目上》　晉武帝太康元年平吳，分為十九州部：置司州，治洛陽；今河南府。兗治廩丘；今濮陽郡雷澤縣是。荆河治項；今淮陽郡項城是。冀治房子，今趙郡縣。并治晉陽；青治臨淄；徐治彭城；荆初治襄陽，後治江陵；今郡。揚初治壽春，後治建業；涼治武威；分三輔為雍，治京兆；今府。分隴山之西為秦，治上邽；今天水郡縣。益治成都；分巴漢之地為梁，治南鄭；今漢中郡縣。分雲南為寧，治雲南；今郡。幽治涿；今范陽郡范陽縣。分遼東為平，治昌黎；今安東府。交治龍編；今安南府。分合浦之北為廣，治番禺。又增置郡國二十有三，凡州百五十有六，縣千一百有九，以為冠帶之國，盡秦漢之土。

宋·樂史《太平寰宇記》卷一五七《嶺南道一·廣州·東莞縣》　裴淵《廣州記》云：**【略】**珊瑚洲，在縣南五百里，昔有人于海中捕魚，得珊瑚。

東晉疆域

綜　述

《爾雅》卷一〇《釋魚》　蠃，小者蜬。郭璞《注》：螺大者如斗，出日南漲海中，可以為酒杯。按：今所謂鸚鵡杯者，出南海。

南朝宋·謝靈運《謝靈運集·武帝誄并序》 盧循負險，肆慝遐嶺。殄我江豫，迫我臺省。民既摇蕩，國將遷鼎。乘騶歸轅，式固皇境。弘危濟險，弭難釋殆。虎騎鶩隰，舟師漲海。傾穴尋巢，窮幽測昧。

《魏書》卷九六《僭晉司馬叡傳》 永嘉元年春，敏死，秋，叡始到建業。【略】

建興元年，晉愍帝以叡爲侍中、左丞相、大都督、陝東諸軍事，持節、王如故。叡改建業爲建康。七月，叡以晉室將滅，潛有他志，乃自大赦，爲大都督、都督中外諸軍事，又爲丞相。叡號令不行，政刑淫虐，殺督運令史淳于伯，行刑者以刀拭柱，血流上柱二丈三尺，徑頭流下四尺五寸，其直如弦。時人怨之。

平文帝初，叡自稱晉王，改元建武，立宗廟、社稷，置百官，立子紹爲太子。叡以晉王而祀南郊。其年，叡僭卽大位，改爲大興元年。其朝廷之儀，都邑之制，皆準模王者，擬議中國。遂都於丹陽，因孫權之舊所，卽禹貢揚州之地，去洛二千七百里。【略】叡割有揚、荆、梁三州之土，因其故地，分置十數州及諸郡縣，郡縣户口至有不滿百者。

唐·杜佑《通典》卷一七一《州郡一·序目上》 及永嘉南渡，境宇殊狹，九州之地有其二焉。初，元帝命祖逖鎮雍丘，建武初，逖北鎮守雍丘，今陳留郡縣。逖死，北境漸蹙。大興四年逖死。於是荆河、自淮北，今汝南、汝陰、南陽等郡以北。青、兗四州今東萊、東牟、高密、北海、淄川、濟南等郡地。及徐州之半，今彭城、瑯琊等郡。陷劉曜、石勒，以合肥、戴若思鎮守之。淮陰、劉隗鎮守，卽今山陽郡縣。壽陽、祖約鎮守，後又陷於石勒，季龍死後復之，卽今壽春郡地。泗口、劉遐鎮守，卽今臨淮郡宿遷縣界。角城安帝義熙中置，亦在宿遷縣界。為重鎮。成帝時，鄴守將退屯襄陽，咸和初，魏該屯鄼，為劉曜將黄秀所逼而退守襄陽，後亦陷石勒，尋復之。庾翼、朱序皆鎮於此，又為苻堅將苻丕所陷，尋又復之。卽今郡。穆帝時，平蜀漢，永和三年，桓温西討，擒李勢。復梁、益之地。梁州則漢川，益則蜀川是。又遣軍西入關，至灞上，十年，桓温討苻健於今京兆府萬年縣白鹿原，戰敗。再北伐，一至洛陽，永和十二年，温討慕容俊，破其將姚襄於伊水，時襄已降。一至枋頭，廢帝太和四年，桓又討慕容暐，敗還。今汲郡衞縣界。所得郡縣，軍旋又失。洎苻堅東平慕容暐，太和五年。西南陷蜀漢，西北剋姑臧，孝武太元元年，張天錫敗。今武威郡是。則漢水、長淮以北，悉為堅有。及堅敗，太元八年。再復梁、九年，將郭寶平梁州。益、蜀郡太守任權斬苻堅益州刺史李平，益州平。青、徐、兗、荆河之地，其後青、兗陷於慕容德，安帝國諱改焉。崇安三年，德據之，殺幽州刺史辟閭渾，時鎮守廣固，卽今北海郡也。荆河、司陷於姚興，崇安三年。以彭城為北境藩扞。朱序鎮守。後益、梁又陷於譙縱。義熙初陷。每因劉、石、苻、姚衰亂之際，則進兵屯戍在於漢中、襄陽、彭城，然大抵上明、今江陵郡松滋縣。江陵、夏口、武昌、合肥、壽陽、淮陰，常為晉氏鎮守，其刺史所治，皆置州兵，雖有不經攻圍，互是重鎮，他皆類此。義熙以後，又復青、兗、司、荆河、梁、益之地，而政移於宋矣。

十六國分部

綜　述

成漢國號

《三國志》卷四《魏志·三少帝紀》 （咸熙元年）六月，鎮西將軍衞瓘上雍州兵于成都縣獲璧玉印各一，印文似『成信』字，依周成王歸禾之義，宣示百官，藏于相國府。

又 卷四一《蜀志·向朗傳》裴松之注 《襄陽記》曰：魏咸熙元年六月，鎮西將軍衞瓘至於成都，得璧玉印各一枚，文似『成信』字，魏人宣示百官，藏于相國府。【略】孫盛曰：昔公孫自以起成都，號曰成氏，二玉之文，殆述所作乎！

《魏書》卷一《序紀》 （北魏昭皇帝禄官）十二年，賨人李雄，僭帝號於蜀，自稱大成。【略】

（北魏昭成皇帝什翼犍）李雄從弟壽殺期僭立，自號曰漢。

又 卷九六《賨李雄傳》 時晉益州刺史趙廞反叛，特兄弟起兵誅之，晉拜特宣威將軍、長樂鄉侯，流奮威將軍、武陽侯。流民閻式等推特行鎮北大將軍，承制封拜，流行鎮東將軍。後與晉益州刺史羅尚相攻。昭帝七年，特自稱大將軍、大都督，號年建初。戰敗，爲尚所殺，流代統兵事。流字玄通，自稱大都督、大將軍。流病將死，以後事屬雄，雄，特少子也。

雄自稱大都督、大將軍。（北魏昭帝）十年，僭稱成都王，號年建興，置百官。【略】十二年，僭稱皇帝，號大成，改年爲晏平。【略】

壽，字武考。初爲雄大將軍，封建寧王，以南中十二郡爲建寧國，至期，徙封漢王。既廢期自立，改年爲漢興，又改號曰漢。

《晉書》卷四《惠帝紀》（永興元年）冬十一月【略】李雄僭號成都王，劉元海僭號漢王。

成漢疆域

清·顧祖禹《讀史方輿紀要》卷三《歷代州域形勢三·晉、十六國》

李成盛時，東守三峽，三峽，在巴東、建平二郡之境，咸康中二郡復屬於晉。南兼僰、爨，南中蠻也。西盡岷、邛，北據南鄭。李雄置益州於成都，梁州於涪，寧州於建寧，又分梁州置荆州於巴郡，分寧州置交州於興古。領興古、永昌、牂牁、越嶲、夜郎等五郡。《晉志》：『咸康四年李壽又分牂牁、夜郎、朱提、越嶲四郡置安州，既又以興古、永昌、雲南、越嶲、朱提、河陽六郡爲漢州。八年以安州幷入寧州，既又以越嶲還屬益州，省永昌郡。』《晉紀》云：『咸康二年夜郎、興古入於晉，五年寧州皆爲晉所得。壽或於境內遥領寧州諸郡也。』及雄卒而成業遂衰，李壽時寖以削弱，子勢繼之，亡不旋踵矣。

清·周濟《晉略·割據表》 成。李氏。起綿竹，得廣漢，始建年號。得成都，都之，後僭漢。其盛也，盡有梁、益、寧三州之地，又有荆州之建平。置益州治成都，梁州治涪，寧州治建寧。又分梁州置荆州，治巴。分寧州置交州，治興古。後改名漢州。其亡也，地復入晉。

梁州。廣漢、新都。永寧元年十月，得于晉。梓潼。太安元年五月，得于晉。永嘉三年九月，晉復之。四年四月，復得于晉。巴西。太安元年五月，得于晉。永嘉四年三月，晉復之。五年二月，復得于晉。巴。永嘉四年十二月，得于晉。涪陵、漢中，建興二年二月，得于晉。巴東。咸和五年十月，得于晉。

益州。汶山。太安二年七月，得于晉。犍爲。太安二年九月，得于晉。成都。太安二年十二月，得于晉。越嶲、漢嘉。太寧元年正月，得于晉。朱提，咸和八年正月，得于晉。牂牁。咸和八年八月，得于晉。

寧州。興古。太寧二年十月，得于晉。建寧、雲南、永昌。咸和八年三月，得于晉。

荆州。建平。咸和五年十月，得于晉。

前趙國號

《魏書》卷一《序紀》（北魏昭皇帝禄官）十年，【略】匈奴别種劉淵反於離石，自號漢王。【略】

（穆皇帝猗盧）元年，劉淵僭帝號，自稱大漢。

又 卷九五《匈奴劉聰傳》 楊駿輔政，以淵爲建威將軍、五部大都督，封漢光鄉侯。【略】

及惠帝敗，以淵爲冠軍將軍，封盧奴伯。【略】穎悦，拜淵爲北單于，參丞相軍事。

淵至左國城，劉宣等上大單于之號，【略】淵謂宣等曰：『帝王豈有常哉，當上爲漢高，下爲魏武。然晉人未必同我，漢有天下世長，恩德結於民心，吾又漢氏之甥，約爲兄弟，兄亡弟紹，不亦可乎？今且可稱漢，追尊後主，以懷民望。』乃還於左國城，自稱漢王，置百官，年號元熙，追尊劉禪爲孝懷皇帝。【略】

（靳）準自號漢王，置百官。【略】

（劉曜）遂僭尊號，改年光初。靳明既降於曜，曜還都長安，自稱大趙。

《晉書》卷四《惠帝紀》（永興元年）冬十一月【略】劉元海僭號漢王。

又 卷一〇一《劉元海載記》（永興元年秋）元海至左國城，劉宣等上大單于之號。【略】

元海曰：『【略】上可成漢高之業，下不失爲魏氏。雖然，晉人未必同我。漢有天下世長，恩德結於人心，是以昭烈崎嶇於一州之地，而能抗衡於天下。吾又漢氏之甥，約爲兄弟，兄亡弟紹，不亦可乎？且可稱漢，追尊後主，以懷人望。』【略】

永興元年，元海乃爲壇于南郊，僭卽漢王位，下令曰：『昔我太祖高皇帝以神武應期，廓開大業。太宗孝文皇帝重以明德，升平漢道。世宗孝武皇帝拓土攘夷，地過唐日。中宗孝宣皇帝搜揚俊乂，多士盈朝。是我祖宗道邁三王，功高五帝，故卜年倍於夏商，卜世過於姬氏。而元成多僻，哀平短祚，賊臣王莽，滔天篡逆。我世祖光武皇帝誕資聖武，恢復鴻基，祀漢配天，不失舊物，俾三光晦而復明，神器幽而復顯。顯宗孝明皇帝、肅宗孝章皇帝累葉重暉，炎光再闡。自和安已後，皇綱漸頹，天步艱難，國統頻絶。黄巾海沸於九州，羣閹毒流於四海，董卓因之肆其猖勃，曹操父子凶逆相尋。故孝愍委棄萬國，昭烈播越岷蜀，冀否終有泰，旋軫舊京。何圖天未悔禍，後帝窘辱。自社稷淪喪，宗廟之不血食四十年于茲矣。今天誘其衷，悔禍皇漢，使司馬氏父子兄弟迭相殘滅。黎庶塗炭，靡所控告。孤今猥爲羣公所推，紹修三祖之業。顧茲尪闇，戰惶靡厝。但以大恥未雪，社稷無主，銜膽栖冰，勉從羣議。』乃赦其境内，年號元熙，追尊劉禪爲孝懷皇帝，立漢高祖以下三祖五宗神主而祭之。【略】

永嘉二年，元海僭卽皇帝位。

又 卷一〇三《劉曜載記》 曜以太興元年僭卽皇帝位，【略】繕宗廟、社稷、南北郊。以水承晉金行，國號曰趙。

宋·司馬光《資治通鑑》卷八五《晉紀七·孝惠皇帝中之下》 劉淵遷都左國城。胡、晉歸之者愈衆。淵謂羣臣曰：『昔漢有天下久長，恩結於民。吾，漢氏之甥，約爲兄弟；兄亡弟紹，不亦可乎！』乃建國號曰漢。劉宣等請上尊號，淵曰：『今四方未定，且可依高祖稱漢王。』於是卽漢王位。

又 卷九一《晉紀一三·中宗元皇帝中》 漢主曜立宗廟、社稷、南北郊於長安，詔曰：『吾之先，興於北方。光文立漢宗廟以從民望。今宜改國號，以單于爲祖。亟議以聞！』羣臣奏：『光文始封盧奴伯，陛下又王中山；中山，趙分也，請改國號爲趙。』從之。

前趙疆域

《晉書》卷一〇二《劉聰載記》 時東宮鬼哭；赤虹經天，南有一歧；三日並照，各有兩珥，五色甚鮮；客星歷紫宮入於天獄而滅。太史令康相言於聰曰：『蛇虹見彌天，一歧南徹；三日並照；客星入紫宮。此皆大異，其徵不遠也。今虹達東西者，許洛以南不可圖也。一歧南徹者，李氏當仍跨巴蜀，司馬叡終據全吳之象，天下其三分乎！月爲胡王，皇漢雖苞括二京，龍騰九五，然世雄燕代，肇基北朔，太陰之變其在漢域乎！漢既據中原，歷命所屬，紫宮之異，亦不在他，此之深重，胡可盡言。石勒鴟視趙魏，曹嶷狼顧東齊，鮮卑之衆星布燕代，齊、代、燕、趙皆有將大之氣。願陛下以東夏爲慮，勿顧西南。吳蜀之不能北侵，猶大漢之不能南向也。今京師寡弱，勒衆精盛，若盡趙魏之鋭，燕之突騎自上黨而來，曹嶷率三齊之衆以繼之，陛下將何以抗之？紫宮之變何必不在此乎！願陛下早爲之所，無使兆人生心。陛下誠能發詔，外以遠追秦皇、漢武循海之事，内爲高帝圖楚之計，無不克矣。』聰覽之不悦。

清·顧祖禹《讀史方輿紀要》卷三《歷代州域形勢三·晉、十六國》 二劉盛時，其地東不過太行，南不越嵩、洛，王彌、石勒以及曹嶷等雖寇略縱横，東至青、齊，南抵江、漢，然皆不置戍守，或各私其地，名爲附漢而已。西不踰隴坻，劉聰時未有隴右，劉曜始取之。北不出汾、晉。時劉琨以并州拒守，石勒始有其地。劉淵嘗置雍州於平陽、幽州於離石。劉聰又置荆州於洛陽。其時又置殷、衛、東梁、西河陽、北兗五州，而未詳所治。劉曜以秦、涼二州並置於上邽，又置朔方於高平，今平涼府鎮原縣。并州於蒲阪，改置幽州於北地，又嘗置益州於仇池。至郡縣分合，類不能詳也。

清·周濟《晉略·割據表》 漢。劉氏。起西河，都離石，偁漢。徙蒲子，又徙平陽。有司、雍、并、冀、青、兗六州之地。東略至海，西及隴山，南抵嵩、洛，然自并以東石勒擅之，漢實弗能有也。置雍州治平陽，幽州治離石，荆州治洛陽。靳準之亂，石勒叛之，境土中分，曜都長安，偁趙。有雍州，西取秦州，東得司州之河東、弘農、上洛，荆州之順陽。置秦州治上郡，朔方治高平，并州治蒲阪，幽州治北地，益州治仇池。仇池旋爲楊氏所復得。其亡也，金城以西復入于張氏，餘地皆并于石勒。

并州。西河。永興元年八月，得于晉。上黨。永嘉三年七月，得于晉。太興元年十二月，失于石勒。太寧三年三月，復得于石勒。五月，復失之。新興。永嘉五年十二月，得于晉。晉陽。永嘉六年八月，得于晉。十一月，晉復之。建興四年十二月，石勒復得之于晉。

司州。平陽。永嘉二年七月，得于晉。洛陽。永嘉五年六月，攻陷之，弗守也。六年六月，始命趙固守之。建武元年八月，固附晉。十一月，復得之于固。河内、河東。永嘉五年七月，得于晉。襄國。永嘉六年七月，石勒得于晉。鄴。建興元年四月，石勒得于晉。

雍州。長安。永嘉五年七月，得于晉。六年四月，晉復之。建興四年十一月，復得于晉。馮翊。建興三年十月，得于晉。上郡。晉邊外地也。建興四年七月，據之，其後置朔方于高平。北地。建興四年七月，得于晉。

秦州。天水、略陽。太興三年正月，得于晉。永昌元年二月，失于陳安。太寧元年七月，復得之。隴西、南安。太興三年五月，得于張氏，永昌元年，張氏復之。咸和二年十月，復得之。狄道。咸和二年十月，得于張氏。仇池。太寧元年八月，得于楊氏。

涼州。金城。咸和二年十月，得于張氏。

荆州。順陽。咸和元年十月，得于晉。

冀州。建興元年五月，石勒得于晉。

兗州。建興元年五月，石勒得于晉。

幽州。建興元年三月，石勒得于晉。旋爲段匹磾所據。

青州。永嘉五年正月，曹嶷得于晉。建武元年三月，嶷附晉。太興元年五月，又附石勒。

後趙國號

《魏書》卷一《序紀》（北魏平文皇帝鬱律）三年，石勒自稱趙王。【略】

（北魏烈皇帝翳槐）二年，石勒僭立，自稱大趙王。

又　卷九五《羯胡石勒傳》　勒往從劉淵，拜爲輔漢將軍、平晉王。劉聰立，以勒爲征東大將軍、并州刺史、汲郡公。【略】

劉聰加勒陝東伯，得專征伐。【略】

（劉）曜稱尊號，授勒大司馬、大將軍，加九錫，增封十郡，并前十三郡，進爲趙公。【略】曜遣使授勒太宰，領大將軍，進爵趙王，增封七郡，并前二十郡。出入警蹕，冕十有二旒，乘金根車，駕六馬，如魏武輔漢故事。【略】（劉曜）追還策命【略】（石勒）又知追停太宰、趙王之授，怒曰：『帝王之起，復何常也？趙王、趙帝，孤自取之，名號大小，豈爾所節乎！』勒乃自稱大都督、大將軍、大單于、趙王，以二十四郡爲趙國，號爲趙王元年，平文三年也。【略】

（北魏烈帝）二年，勒僭稱皇帝，置百官，年號建平。雖都襄國，又營鄴宮，作者數十萬人，兼以晝夜。【略】

虎遂自立爲大趙王，號年建武，自襄國徙居於鄴。【略】初，虎衣衮冕，將祀南郊，照鏡無首，大恐怖，不敢稱皇帝，乃自貶爲王。【略】虎又改稱大趙天王。【略】

（北魏建國）十二年，虎自稱皇帝，號年太寧。【略】

（石）閔本姓冉，乃復其姓，自稱大魏，號年永興。

《晉書》卷一〇四《石勒載記上》（永嘉元年，汲）桑以（石）勒爲前驅，屢有戰功，署爲掃虜將軍、忠明亭侯。【略】

（十月）元海【略】以勒爲輔漢將軍、平晉王以統之。【略】

（永嘉二年十月）及元海僭號，遣使授勒持節、平東大將軍，校尉、都督、王如故。【略】

及元海死，劉聰授勒征東大將軍、并州刺史、汲郡公，持節、開府、都督、校尉、王如故。勒固辭將軍，乃止。【略】

（永嘉六年二月）勒於葛陂繕室宇，課農造舟，將寇建鄴。會霖雨歷三月不止，元帝使諸將率江南之衆大集壽春，勒軍中饑疫死者太半。檄書朝夕繼至，勒會諸將計之。【略】顧問張賓曰：『於君計何如？』賓曰：『【略】鄴有三臺之固，西接平陽，四塞山河，有喉衿之勢，宜北徙據之。伐叛懷服，河朔既定，莫有處將軍之右者。【略】』勒攘袂鼓髯曰：『賓之計是也。』【略】

長驅寇鄴，攻北中郎將劉演于三臺。【略】

時諸將佐議欲攻取三臺以據之，張賓進曰：『劉演衆猶數千，三臺險固，攻守未可卒下，舍之則能自潰。王彭祖、劉越石大敵也，宜及其未有備，密規進據罕城，廣運糧儲，西稟平陽，掃定并薊，桓文之業可以濟也。且今天下鼎沸，戰爭方始，遊行羈旅，人無定志，難以保萬全、制天下也。夫得地者昌，失地者亡。邯鄲、襄國，趙之舊都，依山憑險，形勝之國，可擇此二邑而都之，然後命將四出，授以奇略，推亡固存，兼弱攻昧，則羣凶可除，王業可圖矣。』勒曰：『右侯之計是也。』於是進據襄國。賓又言於勒曰：『今我都此，越石、彭祖深所忌也，恐及吾城池未固，資儲未廣，送死於我。聞廣平諸縣秋稼大成，可分遣諸將收掠野穀。遣使平陽，陳宜鎮此之意。』勒又然之。於是上表於劉聰，分命諸將攻冀州郡縣壘壁，率多降附，運糧以輸勒。劉聰署勒使持節、散騎常侍、都督冀幽幷營四州雜夷、征討諸軍事、冀州牧，進封本國上黨郡公，邑五萬户，開府、幽州牧、東夷校尉如故。【略】

建興元年，石季龍攻鄴三臺，鄴潰，劉演奔于廩丘，將軍謝胥、田青、郎牧等率三臺流人降于勒，勒以桃豹爲魏郡太守以撫之。【略】

勒謂張賓曰：『鄴，魏之舊都，吾將營建。既風俗殷雜，須賢望以綏之，誰可任也？』賓曰：『晉故東萊太守南陽趙彭忠亮篤敏，有佐時良幹，將軍若任之，必能允副神規。』【略】勒以石季龍爲魏郡太守，鎮鄴三臺，季龍篡奪之萌兆于此矣。【略】

劉聰以平幽州之勳，乃遣其使人柳純持節署勒大都督陝東諸軍事、驃騎大將軍、東單于，侍中、使持節、開府、校尉、二州牧、公如故，加金鉦黃鉞，前後鼓吹二部，增封十二郡。勒固辭，受二郡而已。【略】

劉聰疾甚，驛召勒爲大將軍、録尚書事，受遺詔輔政，勒固辭乃止。聰又遣其使人持節署勒大將軍、持節鉞，都督、侍中、校尉、二州牧、公如故，增封十郡，勒不受。聰死，其子粲襲僞位，其大將軍靳準殺粲于平陽，勒命張敬率騎五千爲前鋒以討準，勒統精鋭五萬繼之，據襄陵北原，羌羯降者四萬餘落。準數挑戰，勒堅壁以挫之。劉曜自長安屯于蒲阪，曜復僭號，署勒大司馬、大將軍，加九錫，增封十郡，幷前十三郡，進爵趙公。【略】

劉曜又遣其使人郭汜等持節署勒太宰，領大將軍，進爵趙王，增封七郡，幷前二十郡，出入警蹕，冕十有二旒，乘金根車，駕六馬，如曹公輔漢故事，夫人爲王后，世子爲王太子。勒舍人曹平樂因使留仕於曜，言於曜曰：『大司馬遣王脩等來，外表至虔，內覘大駕强弱，謀待脩之返，將輕襲乘輿。』時曜勢實殘弊，懼脩宣之。曜大怒，追汜等還，斬脩于粟邑，停太宰之授。【略】（石勒）又知停殊禮之授，怒甚，下令曰：『孤兄弟之奉劉家，人臣之道過矣，若微孤兄弟，豈能南面稱朕哉！根基既立，便欲相圖。天不助惡，使假手靳準。孤惟事君之體當資舜求瞽瞍之義，故復推崇令主，齊好如初，何圖長惡不悛，殺奉誠之使。帝王之起，復何常邪！趙王、趙帝，孤自取之，名號大小，豈其所節邪！』【略】

石季龍及張敬、張賓、左右司馬張屈六、程遐文武等一百二十九人上疏曰：『臣等聞有非常之度，必有非常之功；有非常之功，必有非常之事。是以三代陵遲，五伯迭興，靜難濟時，績侔睿后。伏惟殿下天縱聖哲，誕應符運，鞭撻宇宙，弼成皇業，普天率土，莫不來蘇，嘉瑞徵祥，日月相繼，物望去劉氏、威懷于明公者十分而九矣。今山川夷靜，星辰不孛，夏海重譯，天人係仰，誠應升御中壇，卽皇帝位，使攀附之徒蒙寸尺之潤。請依劉備在蜀、魏王在鄴故事，以河內、魏、汲、頓丘、平原、清河、鉅鹿、常山、中山、長樂、樂平十一郡，幷前趙國、廣平、陽平、章武、渤海、河間、上黨、定襄、范陽、漁陽、武邑、燕國、樂陵十三郡，合二十四郡、户二十九萬爲趙國。封內依舊改爲內史，準《禹貢》、魏武復冀州之境，南至盟津，西達龍門，東至于河，北至于塞垣。以大單于鎮撫百蠻。罷幷、朔、司三州，通置部司以監之。伏願欽若昊天，垂副羣望也。』勒西面而讓者五，南面而讓者四，百僚皆叩頭固請，勒乃許之。

又　卷一〇五《石勒載記下》　太興二年，勒僞稱趙王，赦殊死已下，均百姓田租之半，賜孝悌力田死義之孤帛各有差，孤老鰥寡穀人三石，大酺七日。依春秋列國、漢初侯王每世稱元，改稱趙王元年。始建社稷，立宗廟，營東西宮。署從事中郎裴憲、參軍傅暢、杜嘏並領經學祭酒，參軍續咸、庾景爲律學祭酒，任播、崔濬爲史學祭酒。中壘支雄、遊擊王陽並領門臣祭酒，專明胡人辭訟，以張離、張良、劉羣、劉謨等爲門生主書，司典胡人出內，重其禁法，不得侮易衣冠華族。號胡爲國人。遣使循行州郡，勸課農桑。加張賓大執法，專總朝政，位冠僚首。署石季龍爲單于元輔、都督禁衛諸軍事，署前將軍李寒領司兵勳，教國子擊刺戰射之法。命記室佐明楷、程機撰《上黨國記》，中大夫傅彪、賈蒲、江軌撰《大將軍起居注》，參軍石泰、石同、石謙、孔隆撰《大單于志》。【略】

勒下令曰：『去年水出巨材，所在山積，將皇天欲孤繕修宮宇也！其擬洛陽之太極起建德殿。』遣從事中郎任汪帥使工匠五千採木以供之。【略】

勒羣臣議以勒功業既隆，祥符並萃，宜時革徽號以答乾坤之望，於是石季龍等奉皇帝璽綬，上尊號于勒，勒弗許。羣臣固請，勒乃以咸和五年僭號趙天王，行皇帝事。尊其祖邪曰宣王，父周曰元王。立其妻劉氏爲王后，世子弘爲太子。【略】

羣臣固請勒宜即尊號，勒乃僭即皇帝位，大赦境內，改元曰建平，自襄國都臨漳。【略】

勒將營鄴宮，廷尉續咸上書切諫。勒大怒，曰：『不斬此老臣，朕宮不得成也！』敕御史收之。中書令徐光進曰：『陛下天資聰睿，超邁唐虞，而更不欲聞忠臣之言，豈夏癸、商辛之君邪？其言可用用之，不可用故當容之，奈何一旦以直言而斬列卿乎！』勒歎曰：『爲人君不得自專如是！豈不識此言之忠乎？向戲之爾。人家有百匹資，尚欲市別宅，況有天下之富，萬乘之尊乎！終當繕之耳。且敕停作，成吾直臣之氣也。』因賜咸絹百匹，稻百斛。又下書令公卿百僚歲薦賢良、方正、直言、秀異、至孝、廉清各一人，答策上第者拜議郎，中第中郎，下第郎中。其舉人得遞相薦引，廣招賢之路。起明堂、辟雍、靈臺于襄國城西。時大雨霖，中山西北暴水，流漂巨木百餘萬根，集于堂陽。勒大悅，謂公卿曰：『諸卿知不？此非爲災也，天意欲吾營鄴都耳。』於是令少府任汪、都水使者張漸等監營鄴宮，勒親授規模。【略】

勒以成周土中，漢晉舊京，復欲有移都之意，乃命洛陽爲南都，置行臺治書侍御史于洛陽。【略】

勒如鄴，臨石季龍第，【略】朝其羣臣于鄴。

又 卷一〇六《石季龍載記上》 咸康元年，季龍廢勒子弘，羣臣已下勸其稱尊號。季龍下書曰：『王室多難，海陽自棄，四海業重，故俛從推逼。朕聞道合乾坤者稱皇，德協人神者稱帝，皇帝之號非所敢聞，且可稱居攝趙天王，以副天人之望。』於是赦其境內，改年曰建武。【略】

季龍將遷于鄴，尚書請太常告廟，季龍曰：『古者將有大事，必告宗廟，而不列社稷。尚書可詳議以聞。』公卿乃請使太尉告社稷，從之。及入鄴宮，澍雨周洽，季龍大悅，赦殊死已下。【略】

發雍、洛、秦、并州十六萬人城長安未央宮。【略】又發諸州二十六萬人修洛陽宮。【略】冠軍苻洪諫曰：『【略】今襄國、鄴宮足康帝宇，長安、洛陽何爲者哉？【略】』季龍省之不悅，憚其强，但寢而不納，弗之罪也。乃停二京作役焉。

又 卷一〇七《石季龍載記下》 季龍時疾瘳，以永和五年僭即皇帝位于南郊，大赦境內，建元曰太寧。

又《冉閔傳》 永和六年，殺石鑒，其司徒申鍾、司空郎闓等四十八人上尊號于閔，閔固讓李農，農以死固請，於是僭即皇帝位于南郊，大赦，改元曰永興，國號大魏，復姓冉氏。【略】

石祗聞鑒死，僭稱尊號于襄國，諸六夷據州郡擁兵者皆應之。【略】閔攻襄國百餘日，爲土山地道，築室反耕。祗大懼，去皇帝之號，稱趙王，遣使詣慕容儁、姚弋仲以乞師。

宋·司馬光《資治通鑑》卷九八《晉紀二〇·孝宗穆皇帝上之下》（晉穆帝永和六年）春，正月，趙大將軍閔欲滅去石氏之迹，託以讖文有『繼趙李』，更國號曰衛，易姓李氏，大赦，改元青龍。【略】

閏月，衛主鑒密遣宦者齎書召張沈等，使乘虛襲鄴。宦者以告閔、農，閔、農馳還，廢鑒，殺之，并殺趙主虎二十八孫，盡滅石氏。姚弋仲子曜武將軍益、武衛將軍若帥禁兵數千斬關奔灄頭。弋仲帥衆討閔，軍于混橋。

司徒申鍾等上尊號於閔，閔以讓李農，農固辭。閔曰：『吾屬故晉人也，今晉室猶存，請與諸君分割州郡，各稱牧、守、公、侯，奉表迎晉天子還都洛陽。』尚書胡睦進曰：『陛下聖德應天，宜登大位，晉氏衰微，遠竄江表，豈能總馭英雄，混壹四海乎！』閔曰：『胡尚書之言，可謂識機知命矣。』乃即皇帝位，大赦，改元永興，國號大魏。

又 卷九一《晉紀一三·中宗元皇帝中》（晉元帝太興三年）後趙王勒知續勢孤，是時劉、石國號皆曰趙，史以石趙爲後趙以別之。【略】

降後趙。漢主曜改國號曰趙，石勒稱趙王，同在上年，而勒併曜始得中原，故以後趙別之。

後趙疆域

《晉書》卷一〇六《石季龍載記上》 季龍將討慕容皝，令司、冀、青、徐、幽、并、雍兼復之家五丁取三。四丁取二，合鄴城舊軍滿五十萬，【略】李壽以建寧、上庸、漢固、巴徵、梓潼五郡降于季龍。

清·顧祖禹《讀史方輿紀要》卷三《歷代州域形勢三·晉、十六國》

石趙盛時，其地南逾淮、漢，晉咸和三年石趙取壽春，五年取襄陽。七年襄陽復入於晉，而合肥、邾城皆爲所陷，其地遂南及於江。東濱於海，西至河，西北盡燕、代。石勒置冀州於信都，因晉舊治。并州於上黨，朔州於代北，《晉志》：『勒并朔方置朔州。』兗州於鄄城，後漢東兗州治也。徐州于廩丘，晉兗州治。幽州於薊，因王浚舊治。青州於廣固，廣固，見前。青州治。雍州於長安，秦州於上邽，揚州於壽春，豫州於許昌。皆因魏、晉舊治也。荆州初置於襄陽，復徙魯陽。今汝州魯山縣是。司州仍置於洛陽。石虎改置司州於鄴，而分置洛州於洛陽，又增置營州於令支，涼州於金城。及虎之殞，國隨以喪矣。

清·周濟《晉略·割據表》 後趙。石氏。起茌平，附汲桑。桑敗，降漢。初據襄國，猶爲漢藩。靳準之亂，叛劉曜，僞趙，卽襄國爲都，其地皆故漢時所據。又南取晉兗、豫、徐三州，境至淮。東取冀、青至于海。西滅趙，北併遼西，徙都于鄴，最爲强大矣。石勒時置司州治洛陽。冀州治信都，并州治上黨，兗州治鄄城，徐州治廩丘，幽州治薊，朔州治代，青州治廣固，豫州治許昌，揚州治壽春，荆州治襄陽，後徙魯陽。雍州治長安，秦州治上邽。石虎改司州治鄴，置洛州治洛陽，增置營州治令支，涼州治金城。欲以吞燕、涼，然卒爲燕、涼所挫折。冉閔之亂，自并而東地入燕，其西入秦，金城、隴西入涼，晉亦頗收故地。

司州。平陽。太興元年十二月，得于靳準。洛陽。太寧二年正月，得于趙。滎陽。大寧三年六月，得于晉。

兗州。泰山。太興二年四月，晉太守徐龕來附。陳留。太興三年五月，晉祖逖復之。永昌元年十月，逖卒，復得之。

冀州。樂陵。太興三年四月、得于晉。

豫州。襄城。永昌元年五月，得于晉。譙。永昌元年十月，得于晉。許昌。太寧元年三月，得于晉。汝南。咸和元年四月，得于晉。

徐州。琅邪。永昌元年八月，得于晉。東莞、東海。太寧二年六月，得于晉。彭城、下邳。咸和元年十月，得于晉。

青州。太寧元年八月，得于曹嶷。

并州。太寧三年四月，失于趙。七月，復得之。

揚州。壽春。咸和三年七月，得于趙。

雍州。咸和四年正月，得于趙。

秦州。咸和四年九月，得于趙。八年十二月，郭權以州附晉。九年四月，復得于權。狄道。永和三年七月，得于張氏。

荆州。襄陽。咸和五年八月，得于晉。七年正月，晉復之。四月，復得于晉。義陽。咸康五年九月，得于晉。南陽。永和五年十月，得于晉。

幽州。薊、上谷、北平、代。咸康四年三月，得于段氏。

平州。遼西。咸康四年三月，得于段氏。

涼州。金城。永和三年七月，得于張氏。

論曰：石勒狡猾，卒并關中。石虎繼以驕暴，翦伐異己，脆若拉朽，天之縱恣淫人甚矣哉。察其方强，知其必折，息民繕兵，以需事變，斯則宇内所託命也。惜哉！惜哉！三庾躁動傷本，殷、桓齟齬失時，燕、秦然後坐大。

前燕國號

《晉書》卷一〇八《慕容廆載記》 太康十年，廆又遷于徒河之青山。廆以大棘城卽帝顓頊之墟也，元康四年乃移居之。【略】

永嘉初，廆自稱鮮卑大單于。【略】

懷帝蒙塵于平陽，王浚承制以廆爲散騎常侍、冠軍將軍、前鋒大都督、大單于，廆不受。建興中，愍帝遣使拜廆鎮軍將軍、昌黎遼東二國公。建武初，元帝承制拜廆假節、散騎常侍、都督遼左雜夷流人諸軍事、龍驤將軍、大單于、昌黎公，廆讓而不受。征虜將軍魯昌説廆曰：『今兩京傾没，天子蒙塵，琅邪承制江東，實人命所係。明公雄據海朔，跨總一方，而諸部猶怙衆稱兵，未遵道化者，蓋以官非王命，又自以爲强。今宜通使琅邪，勸承大統，然後敷宣帝命，以伐有罪，誰敢不從！』廆善之，乃遣其長史王濟浮海勸進。及帝卽尊位，遣謁者陶遼重申前命，授廆將軍、單于，廆固辭公封。【略】

裴嶷至自建鄴，帝遣使者拜廆監平州諸軍事、安北將軍、平州刺史，增邑二千户。尋加使持節、都督幽州東夷諸軍事、車騎將軍、平州牧，進封遼東郡公，邑一萬户，常侍、單于並如故；丹書鐵券，承制海東，命備官司，置平州守宰。【略】

廆使者遭風没海。其後廆更寫前箋，幷齎其東夷校尉封抽、行遼東相韓矯等三十餘人疏上（陶）侃府曰：【略】

將佐等以爲宜遠遵周室，近準漢初，進封廆爲燕王，行大將軍事，上以總統諸部，下以割損賊境。使冀州之人望風向化，廆得祇承詔命，率合諸國，奉辭夷逆，以成桓文之功，苟利社稷，專之可也。而廆固執謙光，守節彌高，每詔所加，讓動積年，非將佐等所能敦逼。今區區所陳，不欲苟相崇重，而愚情至心，實爲國計。

侃報抽等書，其略曰：『車騎將軍憂國忘身，貢篚載路，羯賊求和，執使送之，西討段國，北伐塞外，遠綏索頭，荒服以獻。惟北部未賓，屢遣征伐。又知東方官號，高下齊班，進無統攝之權，退無等差之降，欲進車騎爲燕王，一二具之。夫功成進爵，古之成制也。車騎雖未能爲官摧勒，然忠義竭誠。今騰牋上聽，可不、遲速，當任天臺也。』朝議未定。八年，廆卒，乃止。

又　卷一〇九《慕容皝載記》　（咸和九年）是歲，成帝遣謁者徐孟、閭丘幸等持節拜皝鎮軍大將軍、平州刺史、大單于、遼東公，持節、都督，承制封拜，一如廆故事。【略】

封弈等以皝任重位輕，宜稱燕王，皝於是以咸康三年僭卽王位，赦其境內。【略】

帝又遣使進皝爲征北大將軍、幽州牧，領平州刺史，加散騎常侍，增邑萬户，持節、都督、單于、公如故。【略】

皝雖稱燕王，未有朝命，乃遣其長史劉祥獻捷京師，兼言權假之意，幷請大舉討平中原。又聞庾亮薨，弟冰、翼繼爲將相。【略】

又與冰書曰：【略】

冰見表及書甚懼，以其絶遠，非所能制，遂與何充等奏聽皝稱燕王。【略】

使陽裕、唐柱等築龍城，構宮廟，改柳城爲龍城縣。於是成帝使兼大鴻臚郭希持節拜皝侍中、大都督河北諸軍事、大將軍、燕王，其餘官皆如故。封諸功臣百餘人。

咸康七年，皝遷都龍城。【略】

時有黑龍白龍各一，見于龍山，皝親率羣僚觀之，去龍二百餘步，祭以太牢。二龍交首嬉翔，解角而去。皝大悦，還宮，赦其境內，號新宮曰和龍，立龍翔佛寺于山上。

又　《陽裕傳》　及遷都和龍，裕雅有巧思，皝所制城池宮閣，皆裕之規模。

又　卷一一〇《慕容儁載記》　皝死，永和五年，僭卽燕王位，依春秋列國故事稱元年，赦于境內。是時石季龍死，趙魏大亂，儁將圖兼幷之計，以慕容恪爲輔國將軍，慕容評爲輔弼將軍，陽騖爲輔義將軍，慕容垂爲前鋒都督、建鋒將軍，簡精卒二十餘萬以待期。是歲，穆帝使謁者陳沈拜儁爲使持節、侍中、大都督、都督河北諸軍事、幽冀幷平四州牧、大將軍、大單于、燕王，承制封拜一如廆、皝故事。【略】

明年，儁率三軍南伐，出自盧龍，次于無終。石季龍幽州刺史王午棄城走，留其將王他守薊。儁攻陷其城，斬他，因而都之。【略】

於是羣臣勸儁稱尊號，儁答曰：『吾本幽漠射獵之鄉，被髮左衽之俗，歷數之籙寧有分邪！卿等苟相褒舉，以覬非望，實匪寡德所宜聞也。』【略】

以永和八年僭卽皇帝位，大赦境內，建元曰元璽，署置百官。【略】

儁自和龍至薊城，幽冀之人爲東遷，互相驚擾，所在屯結。【略】

儁自薊城遷于鄴，赦其境內，繕修宮殿，復銅雀臺。

前燕疆域

《晉書》卷一〇八《慕容廆載記》　廆使者遭風没海。其後廆更寫前箋，幷齎其東夷校尉封抽、行遼東相韓矯等三十餘人疏上侃府曰：【略】

今燕之舊壤，北周沙漠，東盡樂浪，西暨代山，南極冀方，而悉爲虜庭，非復國家之域。

又　卷一一〇《慕容儁載記》　以慕容評爲都督秦、雍、益、梁、江、揚、荆、徐、兗、豫十州河南諸軍事，權鎮于洛水；慕容强爲前鋒都督、都督荆徐二州緣淮諸軍事，進據河南。

又　卷一一一《慕容暐載記》　慕容垂爲都督荆揚洛徐兗豫雍益梁秦等十州諸軍事、征南大將軍、荆州牧，配兵一萬，鎮魯陽。

清·顧祖禹《讀史方輿紀要》卷三《歷代州域形勢三·晉、十六國》

慕容燕盛時，南至汝、潁，東盡青、齊，西抵崤、黽，北守雲中。燕自慕容雋以後常戍雲中備代。初，平州仍置於襄平；幽州置於龍城，後徙於薊；冀州初置於常山，後還治信都；常山亦謂之北冀州。青州初置於樂陵，後還治廣固；兗州置於陽平，見前司州屬郡。或云後還廩丘。中州置於鄴，慕容雋改司州爲中州。洛州置於金墉，并州置於晉陽；荆州初置於梁國之蠡臺，在歸德府城南。後置於魯陽；即石趙荆州治，燕末與洛州並治洛陽。豫州初置於陳留，後置於許昌。迨其亡也，秦所得郡凡百五十有七焉。

清·周濟《晉略·割據表》　燕。慕容氏。起于平州，都棘城，與後趙共滅段氏。境至遼西之凡城，徙都龍城。石虎殂，興師南下，徙都薊。滅冉閔，徙都鄴，全有平、幽、并、冀、青五州之地。司州則唯平陽、河東、弘農、上洛屬秦，豫州則唯襄城、弋陽、安豐屬晉，兗州則唯泰山一郡。與晉分據徐州，則有琅邪、東莞、東海，荆州則有南陽。置中州治鄴，平州治襄平，幽州治龍城，後徙薊。并州治晉陽，冀州治常山，後徙信都。青州治樂陵，後徙廣固。豫州治陳留，後徙許昌。兗州治陽平，後徙廩丘。洛州治金墉，荆州治蠡臺。後徙魯陽。爲秦所滅。秦敗，復起爲後燕。後燕初得冀州，都中山，遂有幽、平、兗、司之地。别支爲西燕，有并州及司州之河東。後燕滅之，河東入于後秦。青州唯有歷城，徐州唯有琅邪，壤土狹于前燕矣。置冀州治信都，幽州治龍城，平州治平郭，兗州治滑臺，并州治晉陽，雍州治長子，青州治歷城，徐州治黎陽。魏兵南下，棄中原，徙都龍城，僅有平州之地。置幽州治令支，平州治宿軍，青州治新城，并州治凡城，後徙白狼。冀州治肥如。别支爲南燕，有青州及徐、兗、司三州之邊地，置幽州治發干，并州治陰平，徐州治莒，青州治東萊，兗州治梁父。南燕滅于晉，《燕傳》北燕、高氏、馮氏滅于魏。

平州。遼東。太興二年十二月，受于晉。龍城。咸康八年十月都。遼西。永和六年二月，得于後趙。

幽州。永和六年三月，得于後趙。

冀州。永和六年，始取至。九年十一月，全得。趙、中山。永和七年八月，得于冉閔。繹幕。永和八年三月，得于段勤。

并州。永和八年，得于後趙。

司州。鄴。永和八年八月，得于冉智。河内。永和十年三月，得于呂護。滎陽。興寧元年四月，得于晉。洛陽。興寧三年三月，得于晉。平陽。升平五年二月，得于張平。九月，失于秦。

青州。永和十二年十一月，得于段龕。

兗州。升平二年三月，得于晉。

豫州。潁川。升平二年十月，得于晉。興寧元年十月，晉復之。二年四月，復得于晉。陳、汝南。興寧二年四月，得于晉。譙、沛。升平二年十月，得于晉。魯。太和元年十月，得于晉。

荆州。宛。太和元年十二月，得于晉。

前涼國號

《魏書》卷一《序紀》　（北魏昭成皇帝什翼犍）八年，慕容元眞遣使朝貢。是年，張駿私署假涼王。【略】

十六年，【略】是年，張重華死，子曜靈立。重華庶兄祚殺曜靈而自立，稱涼公。

十七年，【略】張祚復稱涼王，置百官，遣使朝貢。

十八年，【略】張瓘、宋混殺張祚，立重華少子玄靖，稱涼王。

又　卷九九《私署涼州牧張寔傳》　父軌，字士彦，散騎常侍。以晉室多難，陰圖保據河西，求爲涼州，乃除持節、護羌校尉、涼州刺史。【略】晉加號安西將軍，封安樂鄉侯，邑一千户。永嘉五年，晉以軌爲鎮西將軍、都督隴右諸軍事，封霸城侯。尋進車騎大將軍、開府儀同三司。愍帝即位，進拜司空，封西平公，邑三千户。後拜侍中、太尉、涼州牧。【略】

寔代統任，愍帝拜爲使持節、都督涼州諸軍事、西中郎將、涼州刺史、領護羌校尉、西平公。劉曜陷長安，寔自稱侍中、司空、大都督、涼州牧，承制行事。【略】

茂字成遜，私署使持節、都督涼州諸軍事、平西將軍、護羌校尉、涼

州牧、西平公。【略】劉曜上隴，茂懼而降，曜以爲太師、涼王。【略】

駿，字公庭，自稱使持節、大將軍、護羌校尉、涼州牧、西平公。【略】駿私署大都督、大將軍、假涼王、督攝三州。【略】

重華，字太林。私署使持節、大都督、太尉公、護羌校尉、涼州牧、西平公、假涼王。【略】重華遣使朝貢，自署丞相、涼王、領秦雍涼三州牧。【略】

曜靈，年十歲。自稱大司馬、涼州牧。【略】

祚，字太伯。既統任，自稱大將軍、涼州牧、涼公。【略】自署涼王，立宗廟，置百官，號和平元年。【略】

玄靚，字元安。自署使持節、大都督、大將軍、涼王。【略】

天錫，字純嘏，一名公純。私署使持節、大都督、大將軍、護羌校尉、涼州牧、涼王。

前涼疆域

《魏書》卷九九《私署涼州牧張寔傳》 父軌，字士彥，散騎常侍。以晉室多難，陰圖保據河西，求爲涼州，乃除持節、護羌校尉、涼州刺史。【略】

煬帝時，隴西人辛晏以枹罕降之，駿遂有河南之地，至於狄道，與石勒分境。

《晉書》卷八六《張軌傳》 永寧初，出為護羌校尉、涼州刺史。于時鮮卑反叛，寇盜從橫，軌到官，卽討破之，斬首萬餘級，遂威著西州，化行河右。【略】永嘉初，【略】于時天下既亂，所在使命莫有至者，軌遣使貢獻，歲時不替。朝廷嘉之，屢降璽書慰勞。

又《張駿傳》 西域諸國獻汗血馬、火浣布、犎牛、孔雀、巨象及諸珍異二百餘品。【略】

又使其將楊宣率衆越流沙，伐龜茲、鄯善，於是西域並降。鄯善王元孟獻女，號曰美人，立賓遐觀以處之。焉耆前部、于寘王並遣使貢方物。

又 卷一〇五《石勒載記下》 涼州牧張駿遣長史馬詵奉圖送高昌、于寘、鄯善、大宛使，獻其方物。

又 卷八《穆帝紀》 （永和元年冬十二月）涼州牧張駿伐焉耆，降之。

又 卷九七《四夷傳·焉耆》 其後張駿遣沙州刺史楊宣率衆疆理西域，宣以部將張植為前鋒，所向風靡。軍次其國，（龍）熙距戰於賁侖城，為植所敗。植進屯鐵門，未至十餘里，熙又率衆先要之於遮留谷。植將至，或曰：『漢祖畏於柏人，岑彭死於彭亡，今谷名遮留，殆將有伏？』植單騎嘗之，果有伏發。植馳擊敗之，進據尉犂，熙率羣下四萬人肉袒降於宣。

宋·司馬光《資治通鑑》卷九五《晉紀一七·顯宗成皇帝中之上》 （晉成帝咸康元年）初，張軌及二子寔、茂，雖保據河右，而軍旅之事無歲無之。及張駿嗣位，境內漸平。駿勤脩庶政，總御文武，咸得其用，民富兵强，遠近稱之以為賢君。駿遣將楊宣伐龜茲、鄯善，於是西域諸國焉耆、于寘之屬，皆詣姑臧朝貢。

又 卷一〇〇《晉紀二二·孝宗穆皇帝中之下》 （晉穆帝永和十二年，張）瓘曰：『我跨據三州，三州謂涼、河、沙，張茂及張駿所分置者也。帶甲十萬，西苞葱嶺，東距大河，伐人有餘，況於自守，何畏於秦！』

清·顧祖禹《讀史方輿紀要》卷三《歷代州域形勢三·晉、十六國》 張氏盛時，嘗南逾河、湟，張駿因前趙之衰，南略至洮陽，置武街、石門、侯和、漒川、甘松五屯護軍，是越河湟而南也。洮陽，今洮州衛治。武街，在今岷州衛境。侯和、漒川、甘松，俱在洮州衛境。東至秦、隴，西包葱嶺，葱嶺，在今甘肅塞外于闐西南。北暨居延。居延，卽晉西海郡。張軌時分置武興、晉興諸郡，武興，今涼州衛西北有故城。晉興，在今蘭州西南。張寔復分置廣武郡。廣武，今蘭州西二百二十里有故城。其後增置益多，張茂嘗置秦州，永嘉初茂取隴西、南安地置秦州。又置定州；《晉·志》：『茂分武興、金城、西平、安故爲定州。』安故，今臨洮府西南有故城。張駿更以武威等郡爲涼州，統十一郡：曰武威、西平、張掖、酒泉、西郡，皆故郡也；曰武興、建康、湟河、晉興、須武、安故，皆張氏所置。建康，今甘州衛西北二百里有故城。湟河，今西寧衛。南二百八十里廢廓州是。須武亦在西寧衛境。興晉等郡爲河州，統八郡：曰興晉，在今蘭州西，張氏所置，據西秦，乞伏乾歸以翟温爲興晉太守，鎮枹罕，則興晉卽今河州也；曰金城、南安，皆故郡也；曰武始、永晉、大夏、武成、漢中，皆張氏所置。永晉，在今河州東。武成、漢中亦在河州境。敦煌等郡爲沙州；統三郡、三營：曰敦煌、晉昌，皆故郡也；曰高昌，今甘肅西徼火州衛是，張氏所置郡，此三郡也。曰西域都護，曰西域校尉，曰玉門護軍，此三營也。玉門，今廢沙州衛西北有故玉門關。張祚又增置商州。《晉・志》『祚以敦煌郡爲商州，其後張玄靚又增置祁連郡，張天錫又置臨松郡』云。祁連，今甘州衛西北有故城。臨松，亦在甘州衛東南。涼張瓘嘗言：『吾保據三州，西包葱嶺，東距大河。』蓋涼以涼、河、沙三州爲封域云。

前秦國號

《魏書》卷一《序紀》（北魏昭成皇帝什翼犍十四年）是歲，氐苻健僭稱大位，自號大秦。

又　卷九五《臨渭氐苻健傳》　劉曜拜洪爲寧西將軍、率義侯，徙之高陸，進爲氐王。石虎平秦隴，表石勒拜冠軍將軍、涇陽伯，又徙之枋頭。遷光烈將軍，進爵爲侯，稍遷冠軍大將軍，進封西平公。討平梁犢，進位車騎大將軍、開府儀同三司、略陽公。冉閔之亂，秦雍徙民西歸，憑洪爲主，衆至十餘萬，自稱大將軍、大單于、三秦王。既而爲其將麻秋所鴆，臨死，謂健曰：『關中周漢舊都，形勝之國，進可以一同天下，退不失保全秦雍，吾死之後，便可鼓行而西。』健從之。

健，初名羆，字世建，又避石虎外祖張羆之名，故改焉。健便弓馬，善於事人，石虎深愛之，歷位翼軍校尉、鎮軍將軍。

時京兆杜洪竊據長安，關中雄俊皆應之。健密圖關中，懼洪之知也，乃繕宫室於枋頭，課民種麥，示無西意。既而自稱征西大將軍、雍州刺史，盡衆西行。至盟津，起浮橋以濟，遣弟輔國將軍雄率步騎五千入自潼關，兄子揚武將軍菁率衆七千自軹關入河東。執菁手曰：『若事不捷，汝死河北，我死河南，不及黄泉，無相見也。』濟訖，焚橋；自統大衆，繼雄而進。杜洪遣將軍張光逆健于潼關，雄擊破之。洪盡召關中之衆以拒健，健聞而筮之，遇《泰》之《臨》。健曰：『小往大來，吉亨。昔往東而小，今還西而大，吉孰大焉。諸君知不？此則漢祖屠秦之機也。』健長驅至長安，杜洪奔司竹，健遂入都。

（北魏）建國十四年，乃僭稱天王，號年皇始，國號大秦，置百官。健尋自稱皇帝。【略】

（苻堅）於是去皇帝之號，僭稱天王，號年永興。【略】

堅驃騎將軍張蚝、并州刺史王騰迎丕入據晉陽。【略】

丕死，（北魏）登國元年，登僭稱尊號於隴東，號年太初，置百官。【略】

（苻登）爲（尹）緯所敗，奔於平涼，入馬毛山。姚興攻之，登戰死。

子崇，奔於湟中。僭稱尊號，改年延初。尋爲乞伏乾歸所殺。

宋・司馬光《資治通鑑》卷九八《晉紀二〇・孝宗穆皇帝上之下》（晉穆帝永和六年）朝廷聞中原大亂，復謀進取。己丑，以揚州刺史殷浩爲中軍將軍、假節、都督揚、豫、徐、兖、青五州諸軍事；以蒲洪爲氐王、使持節、征北大將軍、都督河北諸軍事、冀州刺史、廣川郡公；蒲健爲假節、右將軍、監河北征討前鋒諸軍事、襄國公。

姚弋仲、蒲洪各有據關右之志。弋仲遣其子襄帥衆五萬擊洪，洪迎擊，破之，斬獲三萬餘級。洪自稱大都督、大將軍、大單于、三秦王，改姓苻氏。以南安雷弱兒爲輔國將軍；安定梁楞爲前將軍，領左長史；馮翊魚遵爲右將軍，領右長史；京兆段陵爲左將軍，領左司馬；天水趙俱、隴西牛夷、北地辛牢皆爲從事中郎，互酋毛貴爲單于輔相。

前秦疆域

《晉書》卷一二二《呂光載記》（苻）堅聞（呂）光平西域，以為使持節、散騎常侍、都督玉門已西諸軍事、安西將軍、西域校尉，道絶不通。

又　卷一二五《乞伏國仁載記》　國仁置酒高會，攘袂大言曰：『苻氏往因趙石之亂，遂妄竊名號，窮兵極武，跨僭八州。

清・顧祖禹《讀史方輿紀要》卷二《歷代州域形勢三・晉、十六國》苻堅盛時，南至邛、僰，東抵淮、泗，西極西域，苻堅末，車師、鄯善皆來朝貢，又遣呂光將兵逾流沙，擊西域之未服者。《十六國春秋》：『時東夷、西域凡六十二國，入朝於秦。』北盡大磧，置司隸於長安，秦州於上邽，南秦州於仇池，雍州於安定，後並入司隸。太和六年，復置於蒲阪。安定，今平涼府涇州也。涼州於姑臧，太和二年，置於枹罕。四年，移金城。太元初，始移鎮姑臧。并州於晉陽，初治蒲阪，後徙晉陽。冀州於鄴，升平初，冀州治上黨，又徙晉陽，旋入於燕。滅燕後，始治鄴。太元九年，冀州移治信都，或謂之東冀州。豫州於洛陽，初置於許昌，旋移於弘農，又徙陝城，最後移治洛陽。又置東豫州於許昌。荆州於襄陽，初置於豐陽川，今陝西商州鎮安縣東南有豐陽廢縣。尋徙於魯陽。太元三年，始徙襄陽。洛州於豐陽，初治宜陽，尋改治陝。太和五年，移洛陽。太元四年，復徙豐陽。梁州於漢中，初置於東倉。河州於枹罕，太和六年，置於武始，旋徙於枹罕。晉州於晉興，或云置於平陽。益州於成都，初置於扶風界。寧州於墊江，卽巴西郡治也。寧康初，置於此。兗州於倉垣，今開封府陳留縣西有倉垣故城。太元中，置於湖陸，今南直沛縣北五十里胡陵故城是。亦曰南兗州。苻登時，兗州寄治新平。徐州於彭城，太元三年置。揚州於下邳，亦太元三年置。幽州於薊，初置於和龍，太元四年移治薊。平州於和龍，太元四年，分幽州置和龍，卽龍城也。青州於廣固。十六國中，爲最盛焉。

清·周濟《晉略·割據表》 秦。苻氏。初起略陽，臣劉石。石氏之盛，東徙枋頭。石氏亂，洪遣使文服于晉。洪卒，健假晉官號入關偁秦，與燕分據石氏故地。置司隸治長安，秦州治上邽，荆州治豐陽，青州治盧氏，洛州治宜陽，并州治蒲阪，幽州治垣。張遇以許昌降，置豫州，尋為晉所克。燕日强，取晉洛陽，于是以陝為東蔽矣。及堅大盛，東并燕，北并代，西并涼州，威加西域。南并仇池，遂據巴蜀、襄陽、彭城，乃移涼州治姑臧，并州治晉陽，幽州治薊，青州治廣固，豫州治洛陽，洛州治豐陽，荆州治襄陽。增置雍州治安定，梁州治漢中，南秦州治仇池，益州治成都，寧州治墊江，河州治枹罕，晉州治晉興，冀州治鄴，平州治和龍，兗州治倉垣，徐州治彭城，揚州治下邳，東豫州治許昌。當是時，北方無復列國，以徐、揚、豫、荆、梁、益與晉分界。徐州晉獨有臨淮、廣陵。揚州爲晉，豫州爲秦。荆州則襄陽以北爲秦、南郡以南爲晉。梁州唯巴東屬晉，益州則界漢嘉、越巂之閒。其盛過于石氏矣。肥水之敗，境內皆叛。丕棄鄴據晉陽，未能全有并州也，卒走死河東。登起隴西，據雍城，卒走死隴上。慕容餘燼于是復熾，姚、呂、乞伏乘隙而瓜分之，晉亦收復青、徐、兗、豫、司、荆、梁、益之地云。

雍州。長安。永和六年十月，得于杜洪。太元十年六月，失于西燕。十一年三月，西燕棄之而東，始入于後秦。安定。永和六年得。太元十年正月，失于後秦。十四年七月，復得其平涼。新平。永和六年得。太元十年四月，失于後秦。十二年九月，復得之。扶風。永和六年得。太元十年，失于後秦。十四年九月，復得之。

司州。平陽。永和七年二月，張平來附。升平元年七月，平附晉。二年三月，復來附。九月，又附燕。五年二月，得于平。九月，平復取之。滅平，復得。洛陽。永和八年二月，張遇來附。十年正月，失于周成。十二年八月，晉復之。興寧三年三月，燕據之。太和五年正月，得于燕。弘農。永和八年，得于晉。上洛。永和九年九月，得于晉。十年三月，晉復之。寧康元年，復得于晉。鄴。太和五年十一月，滅燕，得之。

豫州。許昌。永和八年二月，張遇來附。十月，晉復之。興寧二年，入于燕。太和五年，滅燕，復得之。

秦州。上邽。永和八年七月，王擢以州附晉。九年二月，得于擢。五月，失于涼。十年十月，復得于涼。太元十一年九月，失于後秦。十二年四月，登將楊定復得之。略陽。太和元年，歛岐以郡附李儼。三月，復得之。太元十一年八月，失于後秦。十二年四月，登將楊定復得之。七月，又失于後秦。十四年九月，楊定復得之。楊定後復爲仇池王。武都、陰平。咸安元年四月，得于楊氏。秦亡，楊定之弟盛復據之，偁仇池王。

涼州。金城。太和二年四月，得于李儼。姑臧。太元元年八月，滅涼得之，并具支郡。

并州。上黨。太和五年七月，得于燕。晉陽。太和五年九月，得于燕。平城。太元元年，滅代得之。

冀州、幽州、平州、青州、兗州。太和五年，滅燕得之。

梁州、益州。寧康元年十一月，得于晉。

荆州。上庸、新城。寧康元年十一月，得于晉。南鄉。太元元年三月，得于晉。南陽。太元三年六月，得于晉。順陽、襄陽。太元四年二月，得于晉。魏興。太元四年四月，得于晉。

徐州。下邳、彭城、淮陰、盱眙。太元四年二月，得于晉。

揚州。壽春。太元八年十月，得于晉。

後秦國號

《魏書》卷二《太祖紀》 （太祖）八年，【略】姚萇自稱大單于、萬年秦王。【略】登國元年【略】姚萇稱皇帝於長安，自號大秦。

又　卷九五《羌姚萇傳》　父弋仲，晉永嘉之亂，東徙榆眉。劉曜以弋仲爲平西將軍、平襄公。烈帝之五年，【略】勒以弋仲爲奮武將軍，封襄平公。【略】慕容儁以襄爲豫州刺史、丹陽公，進屯淮南，自稱大將軍、大單于。【略】（姚萇）從堅征伐，頻有戰功，歷寧、幽、兗三州刺史，封益都侯，邑五百户。【略】及慕容泓起兵華澤，堅遣子衞大將軍叡討之，戰敗，爲泓所殺。時萇爲叡司馬，懼罪奔馬牧，聚衆萬餘，自稱大將軍、大單于、萬年秦王，號年白雀，【略】（北魏）登國元年，僭稱皇帝，置百官，國號大秦，年曰建初，改長安曰常安。【略】（姚興）既滅苻登，乃發喪行服，僭稱皇帝於槐里，號年皇初。天興元年，興去皇帝之號，降稱天王，號年洪始。

後秦疆域

清·顧祖禹《讀史方輿紀要》卷三《歷代州域形勢三·晉、十六國》

姚秦盛時，其地南至漢川，東逾汝、潁，西控西河，北守上郡。置司隸於長安，秦州於上邽，雍州於安定，亦曰北雍州。并州於蒲阪，又冀州亦置於蒲阪。河州於枹罕，涼州於姑臧，元興二年，以王尚爲涼州刺史。時又有梁、益諸州，未詳所置。或曰梁州治下辨，亦稱南梁州。下辨，見前。豫州於洛陽，兗州於倉垣，即苻秦兗州治。徐州於項城，見晉豫州治。荆州於上洛。較之苻秦，蓋及半而止矣。

清·周濟《晉略·割據表》　後秦姚氏。初起南安石氏，盛時東徙灄頭。石氏亡，降晉，復降秦。秦亂，叛秦。起渭北，西燕東走，入都長安。其盛也，全有雍州之地。秦州唯陰平、武都屬仇池，涼州則有金城、武威、西平，梁州則有漢中，司州則有弘農、上洛、滎陽、河東，豫州則有潁川，兗州則有陳留，荆州則有南鄉等十二荒郡，建置略因秦故。其亡也，秦涼之地入于西秦，餘皆爲晉所復。

雍州。北地。太元九年四月，得于秦。安定。太元十年正月，得于秦。新平。太元十年四月，得于秦，爲秦所復。十六年二月，復得之。京兆。太元十一年四月，得于西燕。馮翊。太元十二年十二月，得于秦。扶風、始平。並太元十九年，滅秦得。

秦州。略陽。太元十一年八月，得于秦。十二年四月，失于秦。七月，復得之。十四年九月，失于仇池，後復得之。義熙六年九月，失于西秦。天水。太元十一年九月，得于秦。十二年四月，秦取之。二十一年十二月，姜乳來附。南安。隆安三年八月，得于西秦。義熙六年九月，失于西秦。隴西。隆安三年八月，得于西秦。義熙六年九月，失于西秦。

涼州。武威。元興元年八月，得于涼。義熙二年六月，予南涼。金城。隆安三年八月，得于西秦。義熙六年二月，失于西秦。西平。南涼暫附。

司州。上洛。隆安元年九月，得于晉。弘農、河南。隆安三年十月，得于晉。滎陽、河東。太元二十一年十二月，得于西燕。

梁州。漢中。義熙元年五月，得于仇池。

豫州。潁川。

兗州。陳留。

荆州。南鄉。凡十二荒郡，得于秦。義熙元年五月，于晉。

後燕國號

《魏書》卷二《太祖紀》　（太祖）八年，【略】慕容垂僭稱燕王。【略】登國元年【略】是歲，慕容垂僭稱皇帝於中山，自號大燕。

又　卷九五《徒何慕容廆傳》　垂稱燕王，置百官，年號燕元。

後燕疆域

清·顧祖禹《讀史方輿紀要》卷二《歷代州域形勢三·晉、十六國》

後燕盛時，南至琅邪，東訖遼海，西屆河、汾，北暨燕、代。冀州仍治信都，初屯廣阿，後復舊。廣阿故城，在今眞定府趙州隆平縣東十里。幽州治龍城，初治薊，平州治平郭，初治龍城，兗州治滑臺，初治東阿。太元十七年，以兗、豫二州皆治滑臺，青州治歷城，徐州治黎陽，初置徐州於黄巾固，在今濟南府章丘縣北。後徙黎陽。太元二十一年，又徙治鄄城，并州治晉陽，雍州治長子。及東保龍城，州郡類多僑置。幽州置於令支，晉隆安二年，慕容盛置幽州於肥如。元興初，慕容熙復移置於令支。肥如，在今永平府西北。令支，在今永平府東北。俱見前。平州置於宿軍，宿軍，在故龍城東北。義熙初，慕容熙改置營州於此，其後馮跋復改爲平州，青州置於新城，新城，在柳城之東，慕容熙始置青州，幷州置於凡城凡城，在柳城西南，冀州置於肥如，慕容盛時幽州治也。其視前燕版圖，抑又末矣。

清·周濟《晉略·割據表》 後燕。

司州。滎陽。太元九年正月，得于秦。黎陽。太元十七年六月，得于段遼。

冀州。信都、渤海。太元九年五月，得于秦。常山。太元九年六月，得于秦。中山。太元九年七月，得于秦。清河、平原。太元九年八月，得于秦。博陵。太元九年十二月，得于秦。

幽州。范陽。太元九年七月，得于秦。薊。太元十年二月，得于秦。

平州。太元十年六月，得于秦。

兗州。濟北。太元十二年正月，得于晉。滑臺、高平。太元十七年六月，得于段遼。廩丘、東平、泰山。太元十九年十一月，得于晉。

青州。歷城。太元十二年二月，得于晉。

幷州。晉陽。太元十九年五月，得于西燕。長子。太元十九年八月，得于西燕。

徐州。琅邪。太元十九年十一月，得于晉。

西燕國號

《魏書》卷九五《徒何慕容廆傳》 刁雲等又殺忠，推永爲大都督、大將軍、大單于、雍秦梁涼四州牧、河東王，稱藩於垂。

西燕疆域

清·顧祖禹《讀史方輿紀要》卷三《歷代州域形勢三·晉、十六國》 永東據長子稱帝，有上黨、太原、平陽、河東、樂平、新興、西河、武鄉武鄉，石勒所置郡也，今沁州武鄉縣，見前。八郡地。

西秦國號

《宋書》卷二《武帝紀中》 （義熙十二年）枹罕虜乞佛熾槃遣使詣公求效力討羌，拜平西將軍、河南公。

又 卷五《文帝紀》 （元嘉六年）十二月丁亥，河南國、河西王遣使獻方物。【略】（九年七月）壬申，河南國、河西王遣使獻方物。【略】（十四年十二月）河南國、河西王、訶羅單國並遣使獻方物。

梁·釋慧皎《高僧傳》卷一〇《釋曇霍傳》 建和二年十一月，霍從河南來，至自西平，持一錫杖。

《魏書》卷九九《鮮卑乞伏國仁傳》 父司繁，擁部落降於苻堅，以爲南單于，又拜鎮西將軍，鎮勇士川。【略】太祖時，（乞伏國仁）私署大都督、大將軍、大單于、秦州、河州牧，號年建義，署置官屬，【略】國仁死，弟乾歸統事，自署大都督、大將軍、大單于、河南王，改年爲太初，署百官。【略】（乞伏乾歸）遂降姚興，興拜爲河州刺史，封歸義侯。尋還苑川。乾歸乃背姚興，私稱秦王，置百官，年號更始。【略】（乞伏）熾磐，自稱大將軍、河南王，改年爲永康。【略】乃私署秦王，置百官，改年爲建洪。

《晉書》卷一二五《乞伏國仁載記》 紇干，【略】四部服其雄武，推爲統主，號之曰乞伏可汗託鐸莫何。【略】（乞伏國仁）以孝武太元十年自稱大都督、大將軍、大單于、領秦、河二州牧，建元曰建義。【略】苻登遣使者署國仁使持節、大都督、都督雜夷諸軍事、大將軍、大單于、苑川王。

又 《乞伏乾歸載記》 （太元十三年）乃推乾歸爲大都督、大將軍、大單于、河南王，【略】太元十四年，苻登遣使署乾歸大將軍、大單于、金城王。【略】苻登遣使署乾歸假黃鉞、大都督隴右河西諸軍事、左丞相、大將軍、河南王，領秦、梁、益、涼、沙五州牧，加九錫之禮。時登爲姚興所逼，遣使請兵，進封乾歸梁王，命置官司，【略】太元十七年，【略】猶稱大單于、大將軍。【略】於是送熾磐兄弟於西平，乾歸遂奔長安。姚興見而大悅，署乾歸持節、都督河南諸軍事、鎮遠將軍、河州刺史、歸義侯，遣乾歸還鎮苑川，盡以部衆配之。【略】義熙三年，僭稱秦王，【略】姚興力未能西討，恐更爲邊害，遣使署乾歸使持節、散騎常侍、都督隴西嶺北匈奴雜胡諸軍事、征西大將軍、河州牧、大單于、河南王。乾歸方圖河右，權宜受之，遂稱藩于興。

又 《乞伏熾磐載記》 先是，姚艾叛降蒙遜，【略】艾叔父俊言于衆曰：『秦王寬仁有雅度，自可安土事之，何爲從涼主西還？』衆咸以爲然，相率逐艾，推俊爲主，遣使請降。

唐·智昇《開元釋教録》卷五下《觀世音菩薩受記經一卷》 沙門釋法勇，【略】遠適西方。初至河南國，仍出海西郡。進入流沙，到高昌郡。

宋·司馬光《資治通鑑》卷一〇七《晉紀二九·烈宗孝武皇帝中之下》 （晉孝武帝太元十三年）羣下推國仁弟乾歸爲大都督、大將軍、大單于、河南王。時乞伏氏跨有涼州、河南之地，遂爲國號。

西秦疆域

《晉書》卷一二五《乞伏乾歸載記》 於是盡有隴西、巴西之地。

清·顧祖禹《讀史方輿紀要》卷三《歷代州域形勢三·晉、十六國》 乞伏盛時，其地西逾浩亹，今西寧衛東有浩亹城。東極隴坻，北距河，南略吐谷渾。置秦州於西安，初曰東秦州。河州於枹罕，又嘗置定州於此。義熙十年，改置涼州，尋復爲河州。涼州於樂都，義熙十四年，置沙州於此，尋改置涼州。梁州於赤水，赤水，今鞏昌府東五里赤亭水是也。元嘉四年，熾磐置梁州於此，旋爲仇池所破，移置南漒。未幾，又爲羌所破，梁州遂罷。南漒，卽漒川也。益州于漒川，元熙初置。益州於澆河，澆河城，在今西寧衛西百二十里。初，張祚置商州于敦煌，熾磐又僑置於此。沙州于湟河，宋元嘉四年，熾磐嘗改置沙州于西平。五年，暮末又改置涼州於此。又乾歸初置秦、梁等州及北河州，皆未詳所治。蓋乞伏于西北諸國，差爲盛强，歷年亦最久云。

清·周濟《晉略·割據表》 西秦。乞伏氏。初屬秦。秦敗于淮南，叛秦。起金城，東得隴西及略陽、天水支縣。後秦滅之，已而復國。因後秦之亡，東全據秦州四郡，西得西平，侵吐谷渾以自廣。卒滅于夏，地入吐谷渾。

涼州。金城。太元十年九月，得于秦。隆安元年二月，失于涼。十一月，得于涼。四年八月，失于後秦。義熙六年二月，得于後秦。苑川。太元十年九月，得于秦。隆安四年八月，失于後秦。明年二月，復予之。枹罕。太元十四年十一月，得于彭奚念。十七年八月，失于涼。隆安元年五月，得于涼。四年八月，失于後秦。義熙五年二月，得于後秦。西平。譚郊不知何時得。義熙八年二月，都之樂都，南涼都。義熙十年五月，滅南涼得之，遂得全郡。

秦州。隴西。太元十九年十月，得于楊定。隆安四年八月，失于後秦。義熙六年九月，得于後秦。天水。太元十四年五月，成紀顯親休官來附。二十一年十月，失于後秦。義熙六年九月，得全郡于後秦。南安、略陽。義熙六年九月，得于後秦。

後涼國號

《魏書》卷二《太祖紀》 （登國四年）是歲，氐呂光自稱三河王，遣使朝貢。【略】。（皇始二年）呂光僭稱天王，號大涼，遣使朝貢。

又 卷九五《略陽氐呂光傳》 （呂光）遂入姑臧。斬熙，自署護羌校尉、涼州刺史。登國初，又自稱使持節、大都督、大將軍、涼州牧、酒泉公。【略】四年，光私稱三河王，遣使朝貢。置官自丞郎已下，猶攝州事。號麟嘉元年。皇始初，光僭稱天王，置百官，改號龍飛，立子紹爲太子。遣使朝貢。光疾甚，立紹爲天王，自號太上皇帝。

《晉書》卷九七《四夷傳·焉耆》 呂光討西域，復降於光。及光僭位，（龍）熙又遣子入侍。

又 卷一二二《呂光載記》 光於是大赦境内，建元曰太安，自稱使持節、侍中、中外大都督、督隴右河西諸軍事、大將軍、領護匈奴中郎將、涼州牧、酒泉公。【略】是時麟見金澤縣，百獸從之，光以爲已瑞，以孝武太元十四年僭卽三河王位，置百官自丞郎已下，赦其境内，年號麟嘉。

後涼疆域

《晉書》卷一二二《呂光載記》 羣議以高昌雖在西垂，地居形勝，外接胡虜，易生翻覆，宜遣子弟鎮之。光以子覆為使持節、鎮西將軍、都督玉門已西諸軍事、西域大都護，鎮高昌，命大臣子弟隨之。

清·顧祖禹《讀史方輿紀要》卷三《歷代州域形勢三·晉、十六國》 呂光初據姑臧，前涼舊壤，宛然如昨也。乃未幾而紛紜割裂。迨涼之亡，姑臧而外，惟餘倉松、番禾二郡而已。倉松，在今莊浪衛西。番禾，在今永昌衛西。

清·周濟《晉略·割據表》 涼呂氏。秦將伐西域，還據涼州。州故八郡金城、西平、爲西秦、南涼所分據。其後北涼據張掖、西海、酒泉、燉煌及西郡之半西涼。又據北涼之燉煌、酒泉。呂氏所有武威而已。呂氏降後秦，南涼并得武威，旋及西涼皆爲北涼所併，西平全入于西秦。

涼州。武威。太元十四年三月，屬涼。元興二年八月，屬後秦。義熙二年八月，屬南涼。六年三月，屬北涼。西郡。太元十四年三月，屬涼。隆安二年五月，半屬北涼。義熙三年九月，全屬北涼。張掖。太元十四年三月，屬涼。隆安元年五月，半屬北涼。二年六月，全屬北涼。西海。太元十四年三月，屬涼。隆安二年六月，屬北涼。酒泉。太元十四年三月，屬涼。隆安二年六月，屬北涼。五年八月，屬西涼。宋受禪之二年，入于北涼。西平。太元十四年三月，屬涼。隆安元年正月，屬南涼。義熙十年五月，屬西秦。金城、枹罕縣。太元十七年，得于西秦。隆安元年，失于西秦。金城縣。隆安元年，得于西秦。二年，失于西秦。

南涼國號

《魏書》卷九九《鮮卑禿髮烏孤傳》 皇始初，呂光拜烏孤益州牧、左賢王。烏孤私署大都督、大將軍、大單于、西平王，年號太初。天興初，烏孤又稱武威王，**【略】**傉檀統任，私署涼王。還居樂都，年號洪昌。**【略】**天賜中，傉檀詐降姚興，興以傉檀爲涼州刺史，遂據姑臧。**【略】**傉檀又自署涼王，署百官，改號嘉平。

又　卷二《太祖紀》 （皇始二年）是歲，鮮卑禿髮烏孤私署大單于、西平王。

《晉書》卷一二六《禿髮烏孤載記》 呂光遣使署爲假節、冠軍大將軍、河西鮮卑大都統、廣武縣侯。**【略】**呂光封烏孤廣武郡公。**【略】**光又遣使署烏孤征南大將軍、益州牧、左賢王。烏孤**【略】**留其鼓吹羽儀，謝其使而遣之。**【略】**隆安元年，自稱大都督、大將軍、大單于、西平王，**【略】**烏孤更稱武威王。

又　《禿髮利鹿孤載記》 羣臣勸進，以隆安五年僭稱河西王。

又　《禿髮傉檀載記》 以元興元年僭號涼王，遷于樂都，改元曰弘昌。**【略】**姚興遣使拜傉檀車騎將軍、廣武公。**【略】**興乃署傉檀爲使持節、都督河右諸軍事、車騎大將軍、領護匈奴中郎將、涼州刺史，常侍、公如故，鎮姑臧。**【略】**傉檀於是僭即涼王位，赦其境內，改年爲嘉平，置百官。

南涼疆域

《魏書》卷九九《鮮卑禿髮烏孤傳》 鮮卑禿髮烏孤，八世祖匹孤自塞北遷於河西。其地東至麥田、牽屯，西到濕羅，南至澆河，北接大漠。**【略】**晉泰始中，殺秦州刺史胡烈於萬斛堆，敗涼州刺史蘇愉于金山。咸寧中，又斬涼州刺史楊欣於丹嶺，盡有涼州之地。

《晉書》卷一二六《禿髮烏孤載記》 八世祖匹孤率其部自塞北遷于河西，其地東至麥田、牽屯，西至濕羅，南至澆河，北接大漠。**【略】**泰始中，（禿髮樹機能）殺秦州刺史胡烈於萬斛堆，敗涼州刺史蘇愉于金山，盡有涼州之地，武帝爲之旰食。後爲馬隆所敗，部下殺之以降。**【略】**曜兵廣武，攻克金城。光遣將軍竇苟來伐，戰於街亭，大敗之。降光樂都、湟河、澆河三郡，嶺南羌胡數萬落皆附之。

清·顧祖禹《讀史方輿紀要》卷三《歷代州域形勢三·晉、十六國》 南涼盛時，東自金城，西至西海，南有河湟，北據廣武。至拱手而得姑臧，爲計得矣，乃卒不能守，並樂都而失之。然則廣地固不可恃哉！

北涼國號

《宋書》卷四《少帝紀》 （景平元年三月）沮渠蒙遜、吐谷渾阿豺並遣使朝貢。庚辰，爵蒙遜爲驃騎大將軍，封河西王。以阿豺爲安西將軍、沙州刺史，封澆河公。

又　卷五《文帝紀》 （元嘉九年七月）壬申，河南國、河西王遣使獻方物。**【略】**（十二年十二月）河南國、河西王、訶羅單國並遣使獻方物。**【略】**（十四年十二月）河南國、河西王、訶羅單國並遣使獻方物。**【略】**（元嘉二十年）是歲，河西國、高麗國、百濟國、倭國並遣使獻方物。**【略】**九月甲辰，以大沮渠安周爲征西將軍、涼州刺史，封河西王。

又　卷六《孝武帝紀》 （大明三年）戊申，河西國遣使獻方物。庚戌，以河西王大沮渠安周爲征虜將軍、涼州刺史。

又　卷九八《氐胡傳·大且渠蒙遜》 （東晉隆安三年五月）時蒙遜兄男成將兵西守晉昌，聞蒙遜反，引軍還，殺酒泉太守壘勝，推建康太守段業爲主。業自號龍驤大將軍、涼州牧、建康公，**【略】**四年五月，蒙遜**【略】**遂舉兵攻張掖，殺段業，自稱車騎大將軍，建號永安元年。**【略】**（北涼永安元年，姚）興以爲鎮西將軍、沙州刺史、西海侯。**【略】**（宋義熙八年，蒙遜）自號大都督、大將軍、河西王，改稱玄始元年，立子正德爲世子。【略】（宋）高祖踐阼，以歆爲使持節、都督高昌敦煌晉昌酒泉西海玉門堪泉七郡諸軍事、護羌校尉、征西大將軍、酒泉公。【略】（永初三年）高祖以蒙遜爲使持節、散騎常侍、都督涼州諸軍事、鎮軍大將軍、開府儀同三司、涼州刺史、張掖公。【略】

（景平元年）是歲，進蒙遜侍中、都督涼秦河沙四州諸軍事、驃騎大將軍、領護匈奴中郎將、西夷校尉、涼州牧、河西王，開府、持節如故。【略】

（元嘉）十年四月，蒙遜卒，【略】衆議推茂虔爲主，襲蒙遜位號。十一年，【略】詔曰：『使持節、侍中、都督秦河沙涼四州諸軍事、車騎大將軍、開府儀同三司、領護匈奴中郎將、西夷校尉、涼州牧河西王蒙遜，才兼文武，勳濟西服，爰自萬里，款誠夙著，方仗忠果，翼宣遠略，奄至薨隕，淒悼于懷。便遣使弔祭，並加顯謚。嗣子茂虔，纂戎前軌，乃心彌彰，宜蒙寵授，紹茲蕃業。可持節、散騎常侍、都督涼秦河沙四州諸軍事、征西大將軍、領護匈奴中郎將、西夷校尉、涼州刺史、河西王。』【略】

十六年閏八月，拓跋燾攻涼州，茂虔兄子萬年爲虜內應，茂虔見執。【略】

（無諱）遣常侍氾俊奉表使京師，獻方物。太祖詔曰：『往年狡虜縱逸，侵害涼土，西河王茂虔遂至不守，淪陷寇逆，累世著誠，以爲矜悼。次弟無諱克紹遺業，保據方隅，外結鄰國，內輯民庶，係心闕庭，踐修貢職，宜加朝命，以褒篤勳。可持節、散騎常侍、都督涼河沙三州諸軍事、征西大將軍、領護匈奴中郎將、西夷校尉、涼州刺史、河西王。』無諱卒，弟安周立。二十一年，詔曰：『故征西大將軍、河西王無諱弟安周，才略沈到，世篤忠款，統承遺業，民衆歸懷。雖亡士喪師，孤立異所，而能招率殘寡，攘寇自今，宜加榮授，垂軌先烈。可使持節、散騎常侍、都督涼河沙三州諸軍事、領西域戊己校尉、涼州刺史、河西王。』世祖大明三年，安周奉獻方物。

《魏書》卷二《太祖紀》（天興四年）盧水胡沮渠蒙遜私署涼州牧、張掖公。

又　卷三《太宗紀》（永興四年）沮渠蒙遜自稱河西王。

又　卷四《世祖紀上》（神䴥四年）九月癸亥，詔兼太常李順持節拜河西王沮渠蒙遜爲假節、加侍中、都督涼州及西域羌戎諸軍事、行征西大將軍、太傅、涼州牧、涼王。【略】

（延和二年）沮渠蒙遜死，以其子牧犍爲車騎大將軍，改封河西王。

又　卷九九《盧水胡沮渠蒙遜傳》　呂光殺其伯父西平太守羅仇，蒙遜聚衆萬餘，屯於金山，與從兄晉昌太守男成共推建康太守段業爲使持節、大都督、龍驤大將軍、涼州牧、建康公，稱神璽元年。【略】業自稱涼王，【略】蒙遜因舉兵攻殺業，私署使持節、大都督、大將軍、涼州牧、張掖公，號年永安，居張掖。

永興中，蒙遜克姑臧，遷居之。改號玄始元年，自稱河西王，置百官丞郎以下，【略】世祖遣兼太常李順持節拜蒙遜爲假節，加侍中，都督涼州、西域羌戎諸軍事，太傅，行征西大將軍，涼州牧，涼王。册曰：『【略】是用割涼州之武威、張掖、敦煌、酒泉、西海、金城、西平七郡封王爲涼王。受茲素土，苴以白茅，用建冢社，爲魏室藩輔，盛衰存亡，與魏升降。夫功高則爵尊，德厚則任重，又加命王入贊百揆，謀謨幃幄，出征不懷，登攝侯伯。其以太傅行征西大將軍，仗鉞秉旄，鷹揚河右，遠祛王略，懷柔荒隅，北盡于窮髮，南極於庸岷，西被于崐嶺，東至于河曲，王實征之，以夾輔皇室。又命王建國：署將相羣卿百官，承制假授，除文官刺史以還，武官撫軍以下；建天子旌旗，出入警蹕，如漢初諸侯王故事。欽哉惟時，往踐乃職，祇服朕命，協亮天工，俾九德咸事，無忝庶官，用終爾顯德，對揚我皇祖之休烈。』崔浩之辭也。【略】第三子牧犍統任，自稱河西王，遣使請朝命。【略】世祖又遣李順拜牧犍使持節，侍中，都督涼沙河三州、西域羌戎諸軍事，車騎將軍，開府儀同三司，領護西戎校尉，涼州刺史，河西王。【略】繇又表請公主及牧犍母妃後定號。朝議謂禮母以子貴，妻從夫爵，牧犍母宜稱河西國太后，公主於其國內可稱王后，於京師則稱公主，詔從之。【略】改授牧犍征西大將軍、王如故。

（眞君）二年春，世祖遣兼鴻臚持節策拜無諱爲征西大將軍、涼州牧、酒泉王。

《晉書》卷一二九《沮渠蒙遜載記》　（沮渠蒙遜）屯據金山，與從兄男成推（呂）光建康太守段業爲使持節、大都督、龍驤大將軍、涼州牧、建康公，改呂光龍飛二年爲神璽元年。【略】業僭稱涼王，【略】隆安五年，梁中庸、房晷、田昂等推蒙遜爲使持節、大都督、大將軍、涼州牧、張掖公，赦其境內，改元永安。【略】姚興遣使人梁斐、張構等拜蒙遜鎮西大將軍、沙州刺史、西海侯。時興亦拜秃髮傉檀爲車騎將軍，封廣武公。【略】蒙遜曰：『朝廷何不即以張掖見封，乃更遠封西海邪？』構曰：『張掖，規畫之內，將軍已自有之。所以遠授西海者，蓋欲廣大將軍之國耳。』蒙遜大悅，乃受拜。

北涼疆域

《魏書》卷九九《盧水胡沮渠蒙遜傳》 世祖遣兼太常李順持節拜蒙遜爲假節，加侍中，都督涼州、西域羌戎諸軍事，太傅，行征西大將軍，涼州牧，涼王。册曰：『【略】是用割涼州之武威、張掖、敦煌、酒泉、西海、金城、西平七郡封王爲涼王。【略】其以太傅行征西大將軍，仗鉞秉旄，鷹揚河右，遠祛王略，懷柔荒隅，北盡于窮髮，南極於庸岷，西被于崐嶺，東至于河曲，王實征之，以夾輔皇室。』

清·顧祖禹《讀史方輿紀要》卷三《歷代州域形勢三·晉、十六國》 蒙遜盛時，西控西域，東盡河、湟。嘗置沙州於酒泉，牧犍以弟元津爲沙州刺史，督建康以西諸軍事，兼領酒泉太守。秦州於張掖，牧犍以弟宜得爲秦州刺史，督丹嶺以西諸軍事，領張掖太守。丹嶺，刪丹嶺也。而涼州仍治姑臧，前涼舊壤，幾奄有之矣。較於諸涼，又其後亡者也。

南燕國號

《魏書》卷九五《徒何慕容廆傳》 （慕容）德率户四萬南走滑臺，自稱燕王，號年爲燕元，置百官。【略】德入都廣固，僭稱尊號，號年建平。

《晉書》卷一〇《安帝紀》 （隆安三年六月） 慕容德陷青州，害龍驤將軍辟閭渾，遂僭卽皇帝位於廣固。

又 卷一二八《慕容超載記》 尚書張俊自長安還，又降于裕，説裕曰：『今燕人所以固守者，外杖韓范，冀得秦援。范既時望，又與姚興舊昵，若勃勃敗後，秦必救燕，宜密信誘範，啗以重利，范來則燕人絶望，自然降矣。』

南燕疆域

《晉書》卷一二七《慕容德載記》 德始都滑臺，介于晉、魏之間，地無十城，衆不過數萬。【略】德曰：『【略】昔少康以一旅之衆，復夏配天，況朕據三齊之地，藉五州之衆，教之以軍旅，訓之以禮讓，上下知義，人思自奮，繕甲待釁，爲日久矣。』

又 卷一二八《慕容超載記》 超曰：『【略】今據五州之强，帶山河之固，戰車萬乘，鐵馬萬羣，縱令過峴，至于平地，徐以精騎踐之，此成擒也。』

清·顧祖禹《讀史方輿紀要》卷三《歷代州域形勢三·晉、十六國》 南燕之地，東至海，南濱泗上，西帶鉅野，北薄於河。置司隸於廣固，慕容德初置青州於廣固，荆州於東萊。慕容超改荆州爲青州，而以青州爲司隸也。兗州於梁父，今泰安州南六十里有梁父城。青州於東萊，并州於平陰，今兗州府東平州屬縣。幽州於發干，發干故城，在今東昌府堂邑縣西南五十里。徐州於莒城。慕容超自謂『據九州之地』者也。

西涼國號

《魏書》卷二《太祖紀》 （天興三年） 李暠私署涼州牧、涼公。

又 卷九九《私署涼王李暠傳》 天興中，暠私署大都督、大將軍、護羌校尉、秦涼二州牧、涼公，年號庚子，【略】暠死，子歆統任。歆，字士業，自稱大都督、大將軍、護羌校尉、涼州牧、涼公，號年嘉興元年。【略】歆弟敦煌太守恂復自立于敦煌，稱冠軍將軍、涼州刺史。

《宋書》卷九八《氐胡傳·大且渠蒙遜》 （東晉隆安）四年五月，敦煌太守李暠亦起兵，自號冠軍大將軍、西胡校尉、沙州刺史，太守如故。稱庚子元年，與蒙遜相抗。【略】

義熙元年正月，李暠改稱大將軍、大都督、涼州牧、護羌校尉、涼公；【略】

高祖踐阼，以歆爲使持節、都督高昌敦煌晉昌酒泉西海玉門堪泉七郡諸

軍事、護羌校尉、征西大將軍、酒泉公。【略】

永初元年【略】歆弟敦煌太守恂據郡，自稱大將軍。

西涼疆域

《宋書》卷九八《氐胡傳·大且渠蒙遜》　高祖踐阼，以歆爲使持節、都督高昌敦煌晉昌酒泉西海玉門堪泉七郡諸軍事、護羌校尉、征西大將軍、酒泉公。

清·顧祖禹《讀史方輿紀要》卷三《歷代州域形勢三·晉、十六國》　西涼有郡凡七，最爲弱小，其亡亦忽焉。七郡，曰敦煌、曰酒泉、曰晉興、曰建康、曰涼興，皆故郡也。又有會稽郡，在今肅州衛西境。廣夏郡，即今廢沙州衛之廣至城。皆李暠所置。涼亡時，又有新城郡。或曰李歆所置，亦在今沙州廢衛境。

夏國號

《晉書》卷一三〇《赫連勃勃載記》　乃以勃勃爲安遠將軍，封陽川侯，【略】頃之，以勃勃爲持節、安北將軍、五原公，配以三交五部鮮卑及雜虜二萬餘落，鎮朔方。【略】

義熙三年，僭稱天王、大單于，赦其境内，建元曰龍昇，署置百官。自以匈奴夏后氏之苗裔也，國稱大夏。【略】羣臣乃勸進，勃勃曰：『朕無撥亂之才，不能弘濟兆庶，自枕戈寢甲，十有二年，而四海未同，遺寇尚熾，不知何以謝責當年，垂之來葉！將明揚仄陋，以王位讓之，然後歸老朔方，琴書卒歲。皇帝之號，豈薄德所膺！』羣臣固請，乃許之。于是爲壇于灞上，僭即皇帝位，赦其境内，改元爲昌武。

《魏書》卷二《太祖紀》　是歲，慕容寶養子高雲殺熙自立，赫連屈丐自稱大單于、大夏天王。

又　卷三《太宗紀》　（泰常三年）赫連屈丐僭稱皇帝。

又　卷九五《鐵弗劉虎傳》　（姚興）以屈孑爲安遠將軍，封陽川侯，【略】以屈孑爲持節、安北將軍、五原公，配以三交五部鮮卑二萬餘落，鎮朔方。太祖末，屈孑襲殺没弈于而並其衆，僭稱大夏天王，號年龍昇，置百官。【略】遂僭稱皇帝於灞上，號年爲昌武。

夏疆域

清·顧祖禹《讀史方輿紀要》卷三《歷代州域形勢三·晉、十六國》　勃勃盛時，南阻秦嶺，東戍蒲津，西收秦、隴，北薄於河。置幽州於大城在今榆林衛東北，朔州於三城，見上，雍州於長安，義熙七年，置雍州於陰密，旋罷。元熙初，於長安置南臺，並置雍州鎮焉，并州於蒲阪，秦州於上邽初置於杏城，後移上邽。杏城，在陝西中部縣東南，梁州於安定，北秦州於武功，豫州於李閏，李閏，在同州東北，荆州於陜。其地不逮於姚秦，而雄悍則過之矣。

清·周濟《晉略·割據表》　夏。赫連氏。初居新興，徙朔方。後秦之衰，畔起安定之高平，與後秦界馮翊之杏城、北地之三城。晉滅後秦，弗能守，因得盡取姚氏雍、秦二州。故域東至蒲坂、陝城。後滅于魏。

朔方。元興元年，後秦使鎮之。高平。義熙三年六月，得于没奕干。杏城。義熙十一年三月，得于後秦。

雍州。秦州。義熙十四年十一月，取後秦故境于晉。

司州。陝城。蒲坂。元熙元年正月，取于晉。

北燕國號

《宋書》卷九七《夷蠻傳·東夷高句驪國》　先是，鮮卑慕容寶治中山，爲索虜所破，東走黄龍。義熙初，寶弟熙爲其下馮跋所殺，跋自立爲主，自號燕王，以其治黄龍城，故謂之黄龍國。

《魏書》卷三《太宗紀》　（天賜六年）高雲爲海夷馮跋所滅，跋僭號，自稱大燕天王。

又　卷九七《海夷馮跋傳》　（馮跋）乃立夕陽公高雲爲主。以跋爲侍中、征北大將軍、開府儀同三司，封武邑公，事皆決跋兄弟。太宗初，雲爲左右所殺，跋乃自立爲燕王，置百官，號年太平，于時永興元年也。

《晉書》卷一二五《馮跋載記》　（高）雲署跋爲使持節、侍中、都督中外諸軍事、征北大將軍、開府儀同三司、録尚書事、武邑公。【略】跋曰：『范陽公素弗才略不恆，志於靖亂，掃清凶桀，皆公勳也。』

素弗辭曰：『臣聞父兄之有天下，傳之於子弟，未聞子弟藉父兄之業而先之。今鴻基未建，危甚綴旒，天工無曠，業係大兄。願上順皇天之命，下副元元之心。』羣臣固請，乃許之，於是以太元二十年乃僭稱天王于昌黎，而不徙舊號，即國曰燕，赦其境内，建元曰太平。分遣使者巡行郡國，觀察風俗。追尊祖和爲元皇帝，父安爲宣皇帝，尊母張氏爲太后，立妻孫氏爲王后，子永爲太子。署弟素弗爲侍中、車騎大將軍、録尚書事，弘爲侍中、征東大將軍、尚書右僕射、汲郡公。

唐·智昇《開元釋教録》卷五下　觀世音菩薩受記經一卷【略】沙門釋法勇，梵名曇無竭，本姓李氏，幽州黄龍國人也。

北燕疆域

清·顧祖禹《讀史方輿紀要》卷三《歷代州域形勢三·晉、十六國》　馮氏襲燕舊壤。司隸治和龍，以幷、青二州鎮白狼，白狼城，亦在故營州西南，幽、冀二州鎮肥如，其餘悉仍燕舊。

宋分部

國號

綜述

《宋書》卷二《武帝紀中》　（義熙十二年）十月，衆軍至洛陽，圍金墉。泓弟僞平南將軍洸請降，送于京師。修復晉五陵，置守衛。天子詔曰：【略】其進位相國，總百揆，揚州牧，封十郡爲宋公，備九錫之禮，加璽綬、遠遊冠，位在諸侯王上，加相國緑綟綬。【略】策曰：【略】今進授相國，以徐州之彭城沛蘭陵下邳淮陽山陽廣陵、兗州之高平魯泰山十郡，封公爲宋公。【略】宋國置丞相以下，一遵舊儀。【略】

（義熙十三年）十月，天子詔曰：【略】其進宋公爵爲王，以徐州之海陵東安北琅邪北東莞北東海北譙北梁、豫州之汝南北潁川北南頓凡十郡，益宋國。其相國、揚州牧、領征西將軍、司豫北徐雍四州刺史如故。【略】

（義熙十四年正月）公解司州，領徐、冀二州刺史，固讓進爵。【略】（六月）詔宋國所封十郡之外，悉得除用。【略】

元熙元年正月，詔遣大使徵公入輔。又申前命，進公爵爲王。以徐州之海陵北東海北譙北梁、豫州之新蔡、兗州之北陳留、司州之陳郡汝南潁川滎陽十郡，增宋國。七月，乃受命，赦國内五歲刑以下。遷都壽陽。【略】

（元熙）二年四月，徵王入輔。六月，至京師。晉帝禪位于王，詔曰：【略】予其遜位别宫，歸禪于宋，一依唐虞、漢魏故事。【略】王奉表陳讓，晉帝已遜琅邪王第，表不獲通。於是陳留王虔嗣等二百七十人，及宋臺羣臣，並上表勸進。上猶不許。太史令駱達陳天文符瑞數十條，羣臣又固請，王乃從之。

又　卷三《武帝紀下》　永初元年夏六月丁卯，設壇於南郊，即皇帝位，柴燎告天。策曰：【略】克隆天保，永祚于有宋。

《魏書》卷三《太宗紀》　（泰常五年）是歲，劉裕廢殺其主司馬德文，僭自稱皇帝，號宋。

《晉書》卷一〇《安帝紀》　（義熙十四年）夏六月，劉裕爲相國，進封宋公。

《南史》卷一《宋紀·武帝》　（義熙十二年）十二月壬申，晉帝加帝位相國，總百揆、揚州牧，封十郡爲宋公，備九錫之禮，加璽紱、遠游冠，緑綟綬，位在諸侯王上。策曰：【略】今進授相國，以徐州之彭城沛蘭陵下邳淮陽山陽廣陵、兗州之高平魯泰山十郡封公爲宋公，宋國置丞相以下，一遵舊儀。【略】

（義熙十三年）十月，晉帝詔進宋公爵爲王，加十郡益宋國，並前爲二十郡。【略】

（義熙十四年正月）帝解司州，領徐、冀二州刺史，固讓進爵。【略】帝沖讓，乃止。【略】

（六月）詔宋國所封十郡之外，悉得除用。

元熙元年正月，晉帝詔徵帝入輔，又申前令，進公爵爲王，以徐州之海陵北東海北譙北梁、豫州之新蔡、兗州之北陳留、司州之陳郡汝南潁川滎陽十郡，增宋國。七月，乃受命。【略】

（元熙二年）六月壬戌，帝至都。甲寅，晉帝禪位于宋。【略】

永初元年夏六月丁卯，皇帝卽位於南郊，設壇，柴燎告天曰：【略】克隆天保，永祚于有宋。

論說

宋·司馬光《資治通鑑》卷一一九《宋紀一·高祖武皇帝》（宋武帝永初元年）胡三省注：劉氏世居彭城，彭城於春秋之時宋土也，故帝之始建國號曰宋。

清·王鳴盛《十七史商榷》卷五四《淮揚》《南史》：「進授相國，以徐州之彭城沛蘭陵下邳淮揚山陽廣陵、兗州之高平魯泰山十郡封公爲宋公。」案「淮揚」當作「淮陽」。

疆域

綜述

唐·杜佑《通典》卷一七一《州郡一·序目上》　宋武帝北平廣固，晉安帝義熙六年，平慕容超，得青州之地。廣固卽今北海。西定梁、益，九年，朱齡石平譙縱。又剋長安，十三年親征，平姚泓。盡得河南之地。長安尋為赫連勃勃所陷，至廢帝滎陽王景平中，武牢以西，復陷於後魏。今大較以孝武大明為正。凡二十有二州：揚治建業，南徐治京口，今丹陽郡丹徒縣。徐治彭城，南兗治廣陵，兗治瑕，今魯郡縣。南荆河治歷陽，荆河治汝南，今汝南郡汝陽縣。江治潯陽，今郡縣。青治臨淄，初治歷城，今濟南郡縣，後治廣固；後又移治臨淄，卽今縣是。冀治歷城，司治義陽，今郡。荆治南郡，郢治江夏，今郡。湘治臨湘，今長沙郡。雍治襄陽，梁治南鄭，秦亦治南鄭，益治成都，今蜀郡。寧治建寧，今雲南郡。廣治南海，交治龍編，越治臨鄣。今合浦郡。自東晉成帝時，中原流民多南渡，遂於江漢淮之間僑立州郡，以撫其民。中間併省廢置，離合非一，不能詳誌焉。今紀其所治經久者，他皆類此。郡凡二百三十有八，縣千一百七十有九。初，文帝元嘉中遣將北伐，水軍入河，剋魏碻磝、滑臺、武牢、洛陽四城，碻磝卽今濟陽郡城；滑臺，今靈昌郡城；武牢，今汜水縣；洛陽，今故洛陽城。碻音口交反。磝音敖。其後又失。又分軍北伐，西軍剋弘農、開方二城，並今弘農郡。以東攻滑臺不剋，而平碻磝，守之，尋皆敗退。元嘉二十七年，王玄謨於滑臺敗歸。時柳元景拔弘農、開方，及玄謨敗，亦棄而退。於是後魏主太武總師，經彭城，臨江，屯於瓜步，今廣陵郡六合縣東。退攻盱眙，不拔而旋。臧質守之，魏師攻圍三旬，不拔。今淮陽郡縣。明帝時，後魏又南侵淮北，青、冀、徐、兗四州及荆河州西境悉陷没，太始二年，徐州刺史薛安都引魏軍，自是沈文秀東陽城、崔道固歷城，並為魏將慕容白曜所陷。安都以彭城，常珍奇以懸瓠並降魏。懸瓠，今汝南郡城。則長淮為北境，僑徐、兗於淮南淮陰立兗州，鍾離立徐州。立青冀二州，寄治贛榆。今東海郡東海縣。贛，古淡反。其後十餘年而宋亡。然初强盛也，南鄭、襄陽、懸瓠、元嘉二十六年，後魏主太武率兵攻圍汝南，太守陳憲等拒四十餘日，魏人積屍與城齊，不拔而退。彭城、歷城、東陽，廢帝景平初，築甕鎮守。後魏攻圍，數旬不剋。卽今北海郡治東城。皆為宋氏藩捍。

宋·司馬光《資治通鑑》卷一二九《宋紀一一·世祖孝武皇帝下》（宋武帝大明八年）宋之境內，凡有州二十二、郡二百七十四、縣千二百九十九、户九十四萬有奇。此大較以沈約《宋·志》爲據，沈約作《志》，大較以是年爲正，然是年止二十一州耳。沈《志》所謂二十二州，以明帝泰始七年分交廣置越州足之；而此時又已省司州，蓋止二十一州也。揚州，領丹楊、吳興、淮南、宣城、義興五郡。東揚州，領會稽、東陽、臨海、永嘉、新安五郡。南徐州，領南東海、南琅邪、晉陵、吳、南蘭陵、南東莞、淮陵、臨淮、南彭城、南清河、南高平、南平昌、南濟陰、南濮陽、南泰山、濟陽、南魯郡十七郡。徐州，領彭城、沛、下邳、蘭陵、東海、東莞、東安、琅邪、陽平、濟陰、北濟陰十二郡。南兗州，領廣陵、海陵、山陽、盱眙、泰郡、南沛、鍾離、比沛、臨江九郡。兗州，領泰山、高平、魯、東平、陽平、濟北六郡。南豫州，領歷陽、南譙、廬江、南汝陰、南梁、晉熙、弋陽、安豐、南汝南、南新蔡、東郡、南潁、南潁川、西汝陰、南汝陽、南陳留、南陳左郡、邊城左郡、光城左郡十九郡。豫州，領汝南、新蔡、譙、梁、陳、南頓、潁川、汝陰、汝陽、陳留、馬頭十一郡。江州，領尋陽、豫章、鄱陽、臨川、廬陵、安成、南康、南新蔡、建安、晉安十郡。青州，領齊、濟南、樂安、高密、平昌、北海、東萊、太原、長廣九郡。冀州，領廣川、平原、清河、樂陵、魏、河間、頓丘、高陽、勃海九郡。司州，領義陽、隨陽、安陸、南汝南四郡。荆州，領南郡、南平、宜都、巴東、汶陽、南義陽、新興、南河東、建平、長寧、武寧十一郡。郢州，領江夏、竟陵、隨、武陵、天門、巴陵、武昌、西陽八郡。湘州，領長沙、衡陽、桂陽、零陵、營陽、湘東、邵陵、始興、臨慶、始安十郡。雍州，領襄陽、南陽、新野、順陽、京兆、始平、扶風、南上洛、河南、廣平、義成、馮翊、天水、建昌、華山、北河南、弘農十七郡。梁州，領漢中、魏興、新興、新城、上庸、晉壽、華陽、新巴、北巴西、北陰平、南陰平、巴渠、懷安、宋熙、白水、南上洛、北上洛、安康、南宕渠、懷安二十郡。秦州，領武都、略陽、安固、西京兆、南太原、南安、馮翊、隴西、始平、金城、安定、天水、西扶風、北扶風十四郡。益州，領蜀郡、廣漢、巴西、梓潼、巴郡、遂寧、江陽、懷寧、寧蜀、越巂、汶山、南陰平、犍爲、始康、晉熙、晉原、永寧、安固、南漢中、北陰平、武都、新城、南新巴、南晉壽、宋興、南宕渠、天水、東江陽、沈黎二十九郡。寧州，領建寧、晉寧、牂柯、平蠻、夜郎、朱提、南廣、建都、西平、西河陽、東河陽、興寧、興古、梁水十五郡。廣州，領南海、蒼梧、晉康、新寧、永平、鬱林、桂林、高凉、新會、東官、義安、宋康、綏康、海昌、宋熙、寧浦、晉興、樂昌、臨鄣十九郡。交州，領交阯、武平、新昌、九眞、九德、日南、合浦、義昌、宋平九郡。合二百六十八。蓋以新立百梁、隴蘇、永寧、安昌、富昌、南流六郡，足爲二百七十四。其間荒外有郡而無縣，有縣而無户口，有户數而無口數，亦不能詳也。

齊分部

國號

綜述

《宋書》卷一〇《順帝紀》 （昇明三年）三月癸卯朔，日有蝕之。甲辰，崇太傅爲相國，總百揆，封十郡，爲齊公，備九錫之禮，加璽紱遠游冠，位在諸王上，加相國緑綟綬，其驃騎大將軍、揚州牧、南徐州刺史如故。丙【略】夏四月壬申，進齊公爵爲齊王，增封十郡。【略】

辛卯，天禄永終，禪位于齊。

《南齊書》卷一《高帝紀上》 （昇明三年）三月甲辰，詔進位相國，總百揆，封十郡爲齊公，備九錫之禮，加璽紱遠游冠，位在諸侯王上，加相國緑綟綬，其驃騎大將軍、揚州牧、南徐州刺史如故。太祖三讓，公卿敦勸固請，乃受。甲寅，策相國齊公曰：【略】今進授相國，以青州之齊郡，徐州之梁郡，南徐州之蘭陵、魯郡、琅邪、東海、晉陵、義興，揚州之吴郡、會稽，凡十郡，封公爲齊公。【略】太祖三讓，公卿敦勸固請，乃受之。【略】

宋帝詔齊公十郡之外，隨宜除用。以齊國初建，給錢五百萬，給錢五百萬，布五千匹，絹五千匹。四月癸酉，詔進齊公爵爲王，以豫州之南梁、陳郡、潁川、陳留，南兗州之盱眙、山陽、秦郡、廣陵、海陵、南沛十郡增封。【略】辛卯，宋帝禪位，下詔曰：【略】便遜位別宫，敬禪于齊，一依唐虞、魏晉故事。【略】太祖三辭，宋帝王公以下固請。【略】太祖乃許焉。

又 卷二《高帝紀下》 建元元年夏四月甲午，上卽皇帝位於南郊。

又 卷二八《崔祖思傳》 宋朝初議封太祖爲梁公，祖思啓太祖曰：『讖書云「金刀利刃齊刈之」。今宜稱齊，實應天命。』從之。轉爲相國從事中郎，遷齊國内史。

《南史》卷三《宋紀·順帝》 （昇明三年）夏四月壬申，進齊公蕭道成爵爲王。

又 卷四《齊紀上·高帝》 （昇明三年）四月癸酉，宋帝又詔進齊公爲王，以豫州之南梁陳潁川陳留、南兗州之盱眙山陽秦廣陵海陵南沛增王封爲二十郡。

宋·司馬光《資治通鑑》卷一三五《齊紀一·太祖高皇帝》 （齊高帝建元元年）胡三省注：按蕭子顯《齊書·崔祖思傳》：宋朝初議封太祖爲梁公，祖思啓太祖曰：『讖書云：「金刀利刃齊刈之。」今宜稱齊，實應天命。』太祖從之，遂以齊建國。

元・馬端臨《文獻通考》卷六〇《職官考十四・太孫官屬附》　南齊永明十年，立文惠太子長子南郡王昭業爲皇太孫，便居東宮。

疆　域

綜　述

唐・杜佑《通典》卷一七一《州郡一・序目上》　齊氏，淮北之地所以全少，青州治朐山，今東海郡。朐音衢。冀治渦口，今臨淮郡漣水縣。荆河治壽春，荆河州自東晉以後，或治淮南，或治淮北，不恆其所，今舉其要害之地。北兖治淮陰，北徐治鍾離，今郡。又置巴東，治巴。今雲安郡。其餘州郡，悉因宋代，州二十有三，郡三百九十有五，縣千四百七十有四。其後頻為後魏所侵，至東昏永元初，沔北諸郡，相繼敗没。今南陽郡地。又遣軍北伐，敗於馬圈，退屯盆城，魏馬圈城去襄陽三百里，時陳顯達攻圍四十餘日不拔，魏援師至，敗還。在今南陽郡界。又失壽春，永元二年，荆河州刺史裴叔業以城叛入魏。後三年，齊亡。齊氏七主，凡二十四年，内難繁興，不遑外略。及東昏暴虐，北境彌蹙也。始全盛也，南鄭、明帝建武二年，後魏大將元英來伐，梁州刺史蕭懿守拒，攻圍百餘日不下。樊城、今襄陽郡安養縣。建武中，後魏主孝文率兵十萬，數旬攻圍，將曹武拒，不下。襄陽、義陽、壽春，高帝又建鎮，謂垣崇祖曰：『兵衝要地，切備魏師。』俄而魏將王肅以師二十萬至，敗而歸。淮陽、角城、明帝初，後魏南侵，以李安仁戍之。漣口、朐山為重鎮。

宋・司馬光《資治通鑑》卷一三五《齊紀一・太祖高皇帝》（齊高帝建元二年）是時，齊之境内，有州二十三，郡三百九十，縣千四百八十五。胡三省《注》：州，二十三，揚、南徐、豫、南豫、南兖、北兖、北徐、青、冀、江、廣、交、越、荆、巴、郢、司、雍、湘、梁、秦、益、寧也。郡三百九十，有寄治者，有新置者，有俚郡、獠郡、荒郡、左郡、無屬縣者，有或荒無民户者。郡縣之建置雖多，而名存實亡，境土蹙於宋大明之時矣。

清・王鳴盛《十七史商榷》卷五七《南史並宋齊梁陳書五・豫治無定壽春為主》　豫州刺史治所無定，要以壽春為主，蓋此為南北交兵必爭之地也。《南齊・州郡志上》云：『齊太祖時欲省南豫，左僕射王儉啓：「江西連接汝、潁，土曠民希，匈奴越逸，唯以壽春為阻。若使州任得才，虜動要有聲聞，豫設防禦，此則不俟南豫。假令或慮一失，醜羯之來，聲不先聞，胡馬倏至，壽陽嬰城固守，不能斷其路，朝廷遣軍歷陽，已當不得先機。戎車初戒，每事草創，孰與方鎮常居，軍府素正？」』愚案宋末雖失淮西，而南齊初淮東尚全南屬，太祖惜費，意欲省置南豫于歷陽，獨置一豫于壽春，王儉雖勸歷陽不可省，然亦可見彼時壽春為要，歷陽特其輔耳。《陳書》第九卷《吳明徹傳》：『太建五年，詔曰：「壽春者，古之都會，襟帶淮、汝，控引河、洛，得之者安，足稱要害。」』合而觀之，可見以雍較豫，豫尤要，豫諸治，壽春尤要。

魏源懷上書有云：『蕭衍内侮，寶卷孤危，斯天啓併吞之會，宜東西齊舉，以成席捲之勢。若使蕭衍克濟，豈惟後圖之難，亦恐揚州危逼。』此所謂東西，正指南豫、南雍，此所謂揚州，是魏之揚州，故胡三省於此下注云：『魏置揚州于壽春。』此上魏鎮南將軍元英請帥步騎三萬直指沔陰，據襄陽之城，又命揚、徐二州俱舉，胡注云：『魏揚州治壽陽，徐州治彭城。』愚謂壽春在漢為揚州刺史治者，約有二三百年，東晉簡文帝鄭太后諱春，改名壽陽，永嘉南渡，以建康為揚都，故予前言晉、宋以後漢揚州治變為豫州治，乃不意南北兵爭壽陽時而屬南者亦時而屬北，於是南朝之豫州治又或變為北朝之揚州治。略見《通鑑》一百四十三卷胡三省注。又《文學・何之元傳》：『王琳召為記室參軍。琳敗，北齊主以為揚州別駕，所居即壽春也。』地理之紛更幾同夢幻之無定矣。此等不必細求，而大關目則不可不知。要之，如此紛更，靡所底止，至唐、宋斷斷不可不盡革古州名，改為某道某路，不然，則稱謂格于口吻，紀載混于簡牘，將無以為治。

前引《通鑑》魏源懷請南伐之下，又有魏東豫州刺史田益宗上表，稱二豫之軍云云，胡三省注云：『二豫，謂魏置豫州於汝南，第一百四十三卷胡注：「魏豫州治懸瓠城，領汝南、新蔡、弋陽等郡。」東豫州於新息也。』是魏已有二豫矣，故有時得壽陽則不名為豫而名為揚；晉、宋以下揚治總在江南矣，故凡江北揚治皆改為豫治。《通鑑》第一百二十四卷胡三省注云：『宋高祖永初二年，分淮東之地為南豫州，治歷陽，淮西為豫州，或治壽陽，或治汝南。』胡氏此注本之《宋書》、《南齊書·州郡志》也。觀此知淮西為豫，淮東為南豫，壽陽介東西之間，故為最要，而《宋、齊·志》又並言自晉義熙中劉義慶為豫州刺史，鎮壽春，後常為州治。今詳考南北兵爭始末，愈知當日情形，總以壽陽為關鍵，蓋當晉末劉、石、苻、姚、慕容俱敗，魏都遠在平城今山西大同府，劉裕直取關、洛，所向無前，關中得而旋失，乃分置二豫，説見上。裕崩，魏遂盡取司、兗、豫三州地，然河南洛、汝雖失，淮北猶宋有。宋文帝頻舉兵，皆不利，乃議和，明帝又啓兵釁，敗亡相繼，泰始三年，並淮北四州及豫州淮西地皆失之，然壽陽猶南屬，故南齊初太祖欲并二豫為一，王儉議勿併，帝不從，後永明仍分二豫。明帝蕭鸞建武元年，魏孝文帝遷都洛陽，是冬即入寇，四年又入寇，取樊、鄧，南雍州入魏矣。東昏侯永元中，壽陽亦為魏取，南齊江北城戍惟廣陵、淮陰矣。梁武帝志欲恢拓，天監元年至八年年年舉兵，十二年，壽陽因大雨城壞，而魏揚州刺史李崇堅守不去，十三年，梁人遂築浮山堰，堰淮水以灌壽陽，十五年四月，堰成，九月，大水堰壞，築堰本康絢功，衹因信讒召還絢，代以張豹子，不修堰，故壞。當堰之成也，魏師大潰而歸，魏人深以為憂，假令堰不壞，可取壽陽而逼汝、洛矣，可見壽陽之要也。至梁普通五年，以豫州刺史裴邃督征討諸軍事伐魏，遂取壽陽，汝、潁回應，詳見《通鑑》第一百五十卷。時魏方衰亂，故梁人得志，乃復以壽陽為豫州，改合肥為南豫州，後元顥入洛，梁之開境幾埒永初，此後約計淮西屬梁三十餘年，直至侯景大亂後復陷北齊，入陳三世不能復。太建五年，吴明徹始擊齊取江北數郡，瓦梁、廬江、歷陽、合肥皆降于陳，進逼壽陽，擒王琳，殺之，傳其首，拜明徹豫州刺史，功亦奇矣，其時明徹固鎮壽陽也。後明徹攻吕梁，大敗，為周所俘，則豫州又入於周，計陳得之不及數年，《陳書》本傳史臣論云：『蹙境喪師，金陵虛弱，禎明淪覆，蓋由其漸焉。』綜而論之，江左之興亡繫乎壽春之得失，故知豫治無定，必以壽春為主。

又　卷六七《北史合魏齊周隋書三·淮南郡》　《隋》淮南郡注云：『舊曰豫州，後魏曰揚州，梁曰南豫州，東魏曰揚州，陳又曰豫州，後周曰揚州。』此即壽春郡也。州名南北互易，最為糾紛，乍觀之幾欲目眩矣。説已詳前第五十七卷《豫治無定》一條，玩彼文，此文自明。

梁分部

國號

綜述

《南齊書》卷八《和帝紀》　（中興二年正月）甲寅，詔大司馬梁王進位相國，總百揆，揚州牧，封十郡爲梁公，備九錫之禮，加遠遊冠，位在諸王上，加相國綠綟綬。【略】

（二月）戊辰，詔進梁公爵爲梁王，增封十郡。【略】（三月）丙辰，禪位梁王。【略】夏四月辛酉，禪詔至，皇太后遜外宫。

《梁書》卷一《武帝紀上》　（中興二年正月）戊戌，宣德皇后臨朝，入居内殿。拜帝大司馬，解承制，百僚致敬如前。詔進高祖都督中外諸軍事，劍履上殿，入朝不趨，贊拜不名。加前後部羽葆鼓吹。置左右長史、司馬、從事中郎、掾、屬各四人，並依舊辟士，餘並如故。詔曰：【略】其進位相國，總百揆，揚州刺史；封十郡爲梁公，備九錫之禮，加璽紱遠遊冠，位在諸王上，加相國綠綟綬。其驃騎大將軍如故。依舊置梁百司。策曰：【略】今進授相國，改揚州刺史爲牧，以豫州之梁郡歷陽、南徐州之義興、揚州之淮南宣城吴吴興會稽新安東陽十郡，封公爲梁公。【略】高祖固辭。【略】二月辛酉，府僚重請【略】，於是始受相國梁公之命。【略】丙戌，詔曰：【略】可進梁公爵爲王。以豫州之南譙廬江、江州之尋陽、郢州之武昌西陽、南徐州之南琅邪南東海晉陵、揚州之臨海永嘉十郡，益梁國，並前爲二十郡。其相國、揚州牧、驃騎大將軍如故。公固辭。有詔斷表。相國左長史王瑩等率百僚敦請。【略】

（三月）癸巳，受梁王之命。【略】丙辰，齊帝禪位于梁王。詔曰：【略】今便敬禪于梁，即安姑孰，依唐虞、晉宋故事。【略】高祖抗表陳讓，表不獲通。於是，齊百官豫章王元琳等八百一十九人，及梁臺侍中臣雲等一百一十七人，並上表勸進，高祖謙讓不受。是日，太史令蔣道秀陳天文符讖六十四條，事並明著；羣臣重表固請，乃從之。

又　卷二《武帝紀中》　天監元年夏四月丙寅，高祖卽皇帝位於南郊。設壇柴燎，告類于天曰：『【略】用永保于我有梁。』

《南史》卷五《齊紀下·和帝》（中興）二年春正月戊戌，宣德皇太后臨朝，入居內殿。壬寅，大司馬蕭衍都督中外諸軍事，加殊禮。己酉，以大司馬長史王亮爲守尚書令。甲寅，加大司馬蕭衍位相國，梁公，備九錫禮。【略】（二月）丙戌，進梁公蕭衍爵爲王。【略】（三月）丙辰，遜位于梁。四月辛酉，禪詔至，皇太后遜居外宮。梁受命，奉帝爲巴陵王，宮于姑孰。

又　卷六《梁紀上·武帝》（中興二年）戊戌，宣德皇后臨朝，入居內殿，拜帝大司馬，解承制，百僚致敬如前。壬寅，詔進帝都督外諸軍事，劍履上殿，入朝不趨，贊拜不名，加前後部羽葆、鼓吹，置左右長史、司馬、從事中郎、掾、屬各四人，并依舊辟士，餘並如故。甲寅，齊帝進帝位相國，總百揆，封十郡爲梁公，備九錫之禮，加遠游冠，緑綟綬，位在諸王上。

宋·司馬光《資治通鑑》卷一四五《梁紀一·高祖武皇帝》（梁武帝天监元年）胡三省注：齊宣德太后詔蕭衍自建安郡公進爵梁公，衍志也。尋進爵爲王，尋受齊禪，國因號曰梁。

雜　録

南朝梁·陶翊《華陽隱居先生本起録》　先生目永元已來深記向晦，聞義師西下，日夕以覬，及届于新林，便指毫贊獎，遣弟子戴猛之假道傳送。行達皂莢橋，不能得造。至登石頭，復使李嗣公仰奏，卽獲聞答。時十一月朔日也。臺堞猶自嚴固，時人懲崔氏覆匱，多懷猶豫，先生不疑，庶事必決也。

《南史》卷七六《隱逸傳下·陶弘景》　齊末爲歌曰『水丑木』爲『梁』字。及梁武兵至新林，遣弟子戴猛之假道奉表。及聞議禪代，弘景援引圖讖，數處皆成『梁』字，令弟子進之。

唐·賈嵩《華陽陶隱居内傳》卷中　征東將軍蕭衍軍次石頭，東昏寶臺城義師頗懷猶豫。先生上觀天象，知時運之變，俯察人心，憫塗炭之苦，乃亟陳圖讖，貽書贊獎。及諸圖讖並稱梁字，爲應運之符。

疆　域

綜　述

唐·杜佑《通典》卷一七一《州郡一·序目上》　梁氏州郡，多沿舊制。天監中，州二十有三，郡三百五十，縣千二十有五。其後更有析置，大同中，州百有七，郡縣亦稱於此。自侯景逆亂，建康傾陷，墳籍散逸，不可得而詳焉。初，武帝受禪，數年卽失漢川及淮西之地，天監三年，梁州刺史夏侯道遷以本部叛降後魏，自劍閣以北並陷没。又魏將元英破將軍馬仙琕於義陽，失地。其後諸將頻年與魏軍交戰於淮南淮北，互有勝負。自天監四年以後，將張惠紹克魏宿遷城，韋叡克合肥，裴邃克霍丘城、朐山城，尋皆敗，唯合肥獨存。雖得懸瓠、彭城，俄而又失。天監六年，魏軍主白早生、荆河州刺史胡遜以懸瓠，普通六年，徐州刺史元法興以彭城並內屬，無何，悉復於魏。又克壽春。普通七年，將夏侯亶、元樹等克之，獲魏揚州刺史李憲。自齊東昏永元二年陷後魏，至是凡二十七年，南朝始復。中大通初，大舉北伐，淮北城鎮，相次克平，直至洛陽，暫為梁有。中大通元年，魏將爾朱榮害胡太后及少主，魏朝大亂。遣將陳慶之率軍送元顥為魏主，入河陽，六旬五日，爾朱榮來攻，慶之渡河，守北中府城，數日顥敗，慶之亦奔退，所得之地尋亦失之。中府地卽今河陽北城是。其後又復漢中。大同中，將蘭欽克之。自天監二年失漢川，凡經四十三年卻復。至東魏，將侯景以河南地降，逆亂相尋，有名無實。及景平後，江北之地，悉陷高齊，漢川、蜀川没於西魏。太清初，侯景以十三州來降，旋為東魏將慕容紹宗所敗。二年，景舉兵反，圍建康，陷之。及景平後，元帝承聖初，齊將辛術南伐，盡復淮南江北之地，得傳國璽，反於齊。三年，西魏將達奚武陷漢川，尉遲迥陷蜀川。其漢川經九年復失。大抵雍州、今襄州。下溠音槎戍、漢東郡棗陽縣東南。夏口、白苟堆、大同中，東魏靜帝遣將堯雄為南境守將。雄曰：『白苟堆，梁之北面重鎮，請備之。』在今汝南郡眞陽縣。硤石城、今汝陰郡下蔡縣。合州，即合肥。鍾離、將康絢鎮守之。淮陰、朐山為重鎮。天監三年，角城戍主柴慶宗以角城，十年，東莞太守劉晰以朐山，並降入魏。

論説

清·王鳴盛《十七史商榷》卷五五《南史合宋齊梁陳書三·淮南》

《陳書·宣帝紀》：『梁室喪亂，淮南地並入齊，高宗太建初，志復舊境，乃運神略，授律出師，至於戰勝攻取，獻捷相繼，遂獲反侵地，功實懋焉。及周滅齊，乘勝略地，還達江際矣。』愚謂此段宜著眼觀淮南數百里間梁、陳、周、齊地理沿革，大略可見，而委曲則難以詳考。

又 卷六七《北史合魏齊周隋書三·梁州郡縣數》 《梁》、《陳》無志，《隋書》各志皆補梁、陳事，獨《地理志》專志隋，不補梁、陳，雖小字夾注中間一及之，亦不備也。惟於敍首約舉梁地理云：『武帝除暴寧亂，奄有舊吳。梁天監十年，有州二十三、郡三百五十、縣千二十二，其後務恢境宇，頻事經略。大同年中，州一百七，郡縣亦稱於此。』愚謂南朝梁爲極盛，以饗國久且當魏亂，故元嘉、永明、太建皆不如，雖其州郡縣數之多由析置者緐，然土宇亦實恢拓，假令陳慶之殺元顥，據洛，勢將混一，天厭梁德，顥背恩，慶之潰歸，梁事去矣。

雜録

宋·樂史《太平寰宇記》卷一七六《四夷五·南蠻一·徼外南夷一·頓遜國》 梁時聞焉。一曰典遜。徼外諸國賈人多至其國市焉。所以然，頓遜回入海中千餘里，漲海無涯岸，船未曾得經過也。

《周書》卷四八《蕭詧傳》 魏恭帝元年，太祖（宇文泰）令柱國于謹伐江陵，詧以兵會之。及江陵平，太祖立詧爲梁主，居江陵東城，資以江陵一州之地。其襄陽所統，盡歸於我。詧乃稱皇帝於其國，年號大定。

《隋書》卷七九《外戚傳·蕭巋》 周太祖以詧爲梁主，遣柱國于謹等率騎五萬襲繹，滅之。詧遂都江陵，有荆郡、其西平州延袤三百里之地，稱皇帝於其國，車服節文一同王者。

《南史》卷八《梁紀下》 自侯景之難，州郡太半入魏，自巴陵以下至建康，緣以長江爲限。荆州界北盡武寧，西拒峽口；自嶺以南，復爲蕭勃所據。文軌所同，千里而近，人户著籍，不盈三萬。中興之盛，盡於是矣。

陳分部

國號

綜述

《梁書》卷六《敬帝紀》 （太平二年）九月辛丑，崇丞相爲相國，總百揆，封十郡爲陳公，備九錫之禮，加璽紱遠遊冠，位在王公上。加相國緑綟綬。置陳國百司。冬十月戊辰，進陳公爵爲王，增封十郡，並前爲二十郡。【略】辛未，詔曰：【略】今便遜位別宮，敬禪于陳，一依唐虞、宋齊故事。陳王踐阼。

《陳書》卷一《高祖紀上》 （太平二年）九月辛丑，詔曰：【略】其進公位相國，總百揆，封十郡爲陳公，備九錫之禮，加璽紱、遠遊冠、緑綟綬，位在諸侯王上，其鎮衛大將軍、揚州牧如故。策曰：【略】今授公相國，以南豫州之陳留、南丹陽、宣城，揚州之吳興、東陽、新安、新寧，南徐州之義興，江州之鄱陽、臨川十郡，封公爲陳公。【略】

十月戊辰，進高祖爵爲王，以揚州之會稽、臨海、永嘉、建安，南徐州之晉陵、信義，江州之尋陽、豫章、安成、廬陵并前爲二十郡，益封陳國。其相國、揚州牧、鎮衛大將軍並如故。【略】辛未，梁帝禪位于陳，詔曰：【略】今便遜位別宮，敬禪于陳，一依唐、虞、宋、齊故事。【略】是日梁帝遜于別宮。高祖謙讓再三，羣臣固請，乃許。

又 卷二《高祖紀下》 永定元年冬十月乙亥，高祖即皇帝位于南郊，柴燎告天曰：『【略】永保于我有陳。』

《南史》卷八《梁紀下·敬帝》 （太平二年九月）丞相陳霸先改授相國，封陳國公。冬十月戊辰，進陳國公爵爲王。辛未，帝遜位于陳。陳受命。

宋·司馬光《資治通鑑》卷一六七《陳紀一·高祖武皇帝》 （陳武帝永定元年）胡三省注：武帝既有功於梁，自以爲姓出於陳，自吳興郡公進封陳公；及受命，國遂號曰陳。

疆域

綜述

《隋書》卷二《高祖紀下》 陳國平，合州三十，郡一百，縣四百。

《北史》卷一一《隋紀上》 （開皇九年）韓擒進師入建鄴，獲陳主叔寶，陳國平。合州四十，郡一百，縣四百，户五十萬，口二百萬。

唐·杜佑《通典》卷一七一《州郡一·序目上》 陳氏比於梁代，土宇彌蹙，西不得蜀漢，北失淮肥，以長江為境。文帝天嘉初，湘川之地為周軍所陷；二年，侯瑱克平之。湘川，今澧陽、武陵、長沙、衡陽等郡之地。有州四十有二，地轉狹而州益多，暨後州郡又數倍多於前代，故不可詳。郡百有九，縣四百三十有八。宣帝太建中，頻年北伐，諸將累捷，盡復淮南之地。將吳明徹於壽春城斬高齊將王琳。更經略淮北，大破齊軍於呂梁。及旋師，屬高齊國亡，又總軍北伐，至呂梁，周軍來拒，又大破之。自太建五年北伐，七年破齊軍，九年又破周將梁士彥，悉得梁淮北城鎮下邳、朐山。旋為周軍所敗，悉虜其衆，時梁士彥守彭城，明徹來攻未下。十年，周將王軌來伐，明徹退師，全軍没於清口也。自是江北之地，盡没於周，又以長江為界。十二年，周大將司馬消難以淮西地來降，又遣將周羅睺攻克新野，尋並失之。及隋軍來伐，遣將守狼尾灘，後主禎明三年，戚欣守之。今夷陵郡宜都縣界。荆門、將呂仲肅據之，亦宜都界。安蜀城、將顧覺鎮之，亦夷陵郡縣。公安、將陳紀鎮之，今江陵郡縣。巴陵以下，並風靡退散，信州道大總管、清河公楊素自峽中舟師東下，東方守將相繼而破。信州卽今雲安郡也。隋軍自采石、隋將韓擒虎襲陷之。京口賀若弼襲陷之。渡江而平之。

論說

清·王鳴盛《十七史商榷》卷六六《北史合魏齊周隋書二·陳州四十》 『開皇九年，陳平，合州四十、郡一百』，案『四十』，《隋書·本紀》作『三十』，誤也。彼《地理志》言『陳初有州四十二、郡一百九』，杜氏《通典》同，及亡，又少二州、九郡，故惟四十州、一百郡。自魏太武帝太延五年魏盡併各國始爲南北朝，中又三分，終又分南北，至此復合于隋，計凡一百五十年。

又 卷六七《北史合魏齊周隋書二·陳州郡縣數》 又約舉陳地理云：『侯景構禍，墳籍散逸，郡縣户口不能詳究。逮于陳氏，土宇彌蹙，西亡蜀漢，北喪淮肥，威力所加，不出荆揚之域，州有四十二，郡惟一百九，縣四百三十八，户六十萬。』愚謂南朝梁最盛，末年卻最衰，陳之蹙，承梁故也。《通鑑》一百六十四卷《梁元帝紀》：『承聖元年十一月，卽位於江陵，改元，大赦。侯景之亂，州郡太半入魏，自巴陵以下至建康，以長江爲限，荆州界北盡武寧，西拒硤口，嶺南復爲蕭勃所據，詔令所行，千里而近。』胡三省注：『北盡武寧，與岳陽王詧分界，西拒硤口，與武陵王紀分界。』《通鑑》誤以紀東下在承聖元年，故胡注如此。其實此時蜀已爲周所取，幷非紀有，説見後六十三卷。陳承梁，雖平蕭勃，而西不能取蜀，北雖暫有淮，吳明徹兵敗被虜，故曰『北喪淮肥，土宇彌蹙』。陳州數已見前六十六卷。

清·趙翼《廿二史劄記》卷一二《宋齊梁陳書並南史·南朝陳地最小》 晉南渡後，南北分裂，南朝之地，惟晉末宋初最大，至陳則極小矣。劉裕相晉，滅慕容超而復青、齊，降姚洸而復洛陽，滅姚泓而復關中。其後關中雖爲赫連勃勃所奪，而泝河西上時，遣王仲德在北岸陸行，魏將尉建棄滑臺，仲德入據之，自後魏屢攻，得而復失。魏明元帝欲南伐，崔浩謂當略地以淮爲限，則滑臺、虎牢反在我軍之北，是滑臺、虎牢尚爲宋地。宋將到彦之、王仲德攻河南，明元帝遣長孫道生等追擊，至歷城而還，是歷城亦宋地也。宋元嘉十九年，詔闕里往經寇亂，應下魯郡修復學舍，是魯郡亦宋地也。直至魏太武帝遣安頡攻拔洛陽，克虎牢，克滑臺，帝臨江起行宮於瓜步，宋餽百牢，乃班師，於是河南之地多入魏。魏孝文帝時，宋薛安都以彭城，畢衆敬以兖州，常珍奇以懸瓠，俱屬於魏，張永、沈攸之與魏戰又大敗，於是宋遂失淮北四州及豫州淮南地。其後齊將裴叔業又以壽春降魏，於是淮北之地亦盡入於魏。故蕭齊北境已小於宋。迨梁武帝使張（紹）惠〔紹〕取宿豫，蕭宏取梁城，韋叡取合肥，以及義陽、邵陽之戰，浮山堰之築，兩國交兵，爭沿淮之地者十餘年，互相勝負。魏孝明帝時，元法僧以徐州降梁，梁武遣蕭綜守之，綜仍以徐州降魏。魏末爾朱榮之亂，北海王顥奔梁，梁立爲魏主，使陳慶之送之歸國，深入千里，孝莊帝北走，顥遂入洛，梁之勢幾振。其後顥戰敗被擒，魏仍復所失地，而梁之地尚無恙也。及侯景之亂，西魏寇安陸，執司州刺史柳仲禮，盡没漢東之地，其淮陽、山陽、淮陰等地俱降東魏，鄱陽王範又以合州降東魏，東魏遂盡有淮南之地。景又攻陷廣陵，使郭元建守之，景敗，元建以廣陵降北齊，時東魏孝靜帝已遜位於齊文宣。於是江北亦爲北齊所有。是時蕭繹在江陵，乞師於西魏，令蕭循以南鄭與西魏，西魏遂取漢中。繹稱帝於江陵，武陵王紀自成都起兵伐之，西魏使尉遲迴攻成都以救繹，及紀爲繹所殺，而迴亦取成都，於是蜀地盡入於西魏矣。是時梁之境，自巴陵至建康，惟以長江爲限，荆州界北盡武寧，西拒峽口，而岳陽王蕭詧以繹殺其兄譽，遂據襄陽降西魏。西魏遣于謹等伐江陵，克之，殺元帝，卽繹乃以江陵易襄陽，使詧爲梁主，而襄陽亦入於西魏矣。元帝殁後，王僧辯、陳霸先立其子方智於建業，北齊文宣納蕭淵明入爲梁主，陳霸先廢殺之，仍奉方智。其時徐嗣徽、任約降北齊，方據石頭城，文宣又遣蕭軌、柳達摩、東方老等來鎮石頭，爲霸先所擒殺，金陵之地得以不陷。計是時江以北盡入於北齊，西境則蜀中及襄陽俱入西魏，江陵又爲蕭詧所有，梁地更小於元帝時矣。陳霸先篡位，是爲陳武帝。因之以立國，其地之入於周者，西魏恭帝遜位於周。惟湘州在江之南，周將賀若敦、獨孤盛不能守，全師北歸，地歸於陳。其後周、陳通好，陳又賂周以黔中地及魯山郡。迨北齊後主荒縱，陳宣帝乘其國亂，使吴明徹取江北，大敗齊師於呂梁，又攻殺王琳於壽陽，於是淮泗之地俱復。而是時周已滅齊，宣帝欲乘亂爭徐、兖，又使明徹北伐，至彭城，反爲周師所敗，明徹被擒，於是周韋孝寬取壽陽，梁士彦復拔廣陵，陳仍畫江爲界，江北之地盡入於周。故隋承周之地，晉王廣由江都至六合，韓擒虎自廬州直渡采石，賀若弼自揚州直造京口，遂以亡陳也。

按三國時孫吴之地，初只江東六郡，漸及閩、粤，後取荆州，始有江陵、長沙、武陵、桂陽等地，而夔府以西尚屬蜀也。其江北之地亦只有濡須塢，今無爲州。其餘則皆屬魏。陳地略與之相似，而荆州舊統内江陵，又爲後梁所占，是其地又小於孫吴時。

北魏東魏西魏分部

國號

綜述

《魏書》卷一《序紀》（穆帝拓跋猗盧三年）晉懷帝進帝大單于，封代公。帝以封邑去國懸遠，民不相接，乃從（劉）琨求句注陘北之地。琨自以託附，聞之大喜，乃徙馬邑、陰館、樓煩、繁畤、崞五縣之民於陘南，更立城邑，盡獻其地，東接代郡，西連西河、朔方，方數百里。帝乃徙十萬家以充之。【略】八年，晉愍帝進帝爲代王，置官屬，食代、常山二郡。【略】（昭成帝拓跋什翼犍元年）十一月，帝卽（代王）位於繁畤之北，時年十九，稱建國元年。

又 卷二《太祖紀》 登國元年春正月戊申，帝（太祖道武帝拓跋珪）卽代王位，郊天，建元，大會於牛川。【略】夏四月，改稱魏王。（天興元年）六月丙子，詔有司議定國號。羣臣曰：『昔周秦以前，世居所生之土，有國有家，及王天下，卽承爲號。自漢以來，罷侯置守，時無世繼，其應運而起者，皆不由尺土之資。今國家萬世相承，啓基雲代。臣等以爲若取長遠，應以代爲號。』詔曰：『昔朕遠祖，總御幽都，控制遐國，雖踐王位，未定九州。逮于朕躬，處百代之季，天下分裂，諸華乏主。民俗雖殊，撫之在德，故躬率六軍，掃平中土，凶逆蕩除，遐邇率服。宜仍先號，以爲魏焉。布告天下，咸知朕意。』【略】十有二月己丑，帝臨天文殿，太尉、司徒進璽綬，百官咸稱萬歲。大赦，改年（天興）。追尊成帝已下及后號謚。

又　卷一一《前廢帝紀》　（建明二年）春二月己巳，（元）曄進至邙南，（爾朱）世隆等奉（廣陵）王（元恭）東郭之外，行禪讓之禮。【略】禮畢，登閶闔門，詔曰：『朕以寡薄，撫臨萬邦，思與億兆同茲慶泰。可大赦天下，以魏爲大魏，改建明二年爲普泰元年。』

又　卷二四《崔玄伯傳》　時司馬德宗遣使來朝，太祖將報之，詔有司博議國號。玄伯議曰：『三皇五帝之立號也，或因所生之土，或即封國之名。故虞夏商周始皆諸侯，及聖德既隆，萬國宗戴，稱號隨本，不復更立。唯商人屢徙，改號曰殷，然猶兼行，不廢始基之稱。故《詩》云「殷商之旅」，又云「天命玄鳥，降而生商，宅殷土茫茫」。此其義也。昔漢高祖以漢王定三秦，滅强楚，故遂以漢爲號。國家雖統北方廣漠之土，逮于陛下，應運龍飛，雖曰舊邦，受命惟新，是以登國之初，改代曰魏。又慕容永亦奉魏土。夫魏者大名，神州之上國，斯乃革命之徵驗，利見之玄符也。臣愚以爲宜號爲魏。』太祖從之。於是四方賓王之貢，咸稱大魏矣。

雜録

《魏書》卷一二《孝靜帝紀》　（永熙三年）冬十月丙寅，（孝靜帝）即位於城東北，【略】壬申，有事於太廟。詔曰：『【略】魏雖舊國，其命惟新。』【略】齊天保元年五月己未，封帝爲中山王，邑一萬户；上書不稱臣，答不稱詔，載天子旌旗，行魏正朔，乘五時副車；【略】於中山國立魏宗廟。

《陳書》卷三四《文學傳・何之元》　及叔陵誅，之元乃屏絶人事，鋭精著述。【略】草創爲三十卷，號曰《梁典》。其序曰：『【略】若夫獫狁孔熾，鯁我中原，始自一君，終爲二主，事有相涉，言成混漫。今以未分之前爲北魏，既分之後高氏所輔爲東魏，宇文所挾爲西魏，所以相分别也。重以蓋彰殊體，繁省異文，其間損益，頗有凡例。』

《周書》卷一《文帝紀上》　（永熙三年）冬十月，齊神武推魏清河王亶子善見爲主，徙都於鄴，是爲東魏。

《隋書》卷三三《經籍志二》　《後魏書》一百三十卷，後齊僕射魏收撰。《後魏書》一百卷，著作郎魏彦深撰。【略】《後魏起居注》三百三十六卷。【略】《後魏辯宗録》二卷，元暉業撰。《後魏皇帝宗族譜》四卷。

《晉書》卷五《懷帝紀》　（晉永嘉六年秋七月）劉粲寇晉陽，【略】八月庚戌，劉琨奔于常山。【略】辛亥，劉琨乞師于（拓跋）猗盧，表盧爲代公。

《北史》卷九《周紀上・孝閔帝》　（魏恭帝三年十二月）庚子，詔禪位于帝曰：『【略】天厭我魏邦，垂變以告，惟爾罔弗知。』【略】使大宗伯趙貴持節奉册書曰：『我魏德之終舊矣。』

《晉書》卷五《愍帝紀》　（建興三年二月丙子）進封代公猗盧為代王。【略】（建興）四年春三月，代王猗盧薨，其衆歸于劉琨。

宋・司馬光《資治通鑑》卷一《周紀一》　以汾水可以灌安邑，絳水可以灌平陽也。【略】余謂自春秋之季至于元魏，歷年滋多，郡縣之離合，川谷之遷改，有不可以一時所睹爲據者。

又　卷一〇六《晉紀二十八》　代王珪初改稱魏王。【略】拓跋氏自此國號魏。

疆域

綜述

唐・杜佑《通典》卷一七一《州郡一・序目上》　後魏起自北方，至道武，率兵下山東，攻拔慕容寶中山，今博陵郡唐昌縣。遂有河北之地，於是遷都平城。今雲中郡。慕容氏喪敗，遣將南略地，至於滑臺、許昌、今潁川郡。彭城。明元帝泰常中，始於滑臺、許昌置兵鎮守。道武天興中，長孫肥等克滑臺、許昌，尋不能守，至是始有之。太武帝時，又得蒲阪、今河東郡。長安、統萬。始光中，遣軍伐赫連昌，克蒲坂及長安，又克統萬，後遂滅赫連。統萬即赫連所都，今朔方郡是。神䴥中，宋師來伐碻磝、今濟陽郡城。滑臺、武牢，今河南府汜水縣是。戍將皆不守，尋並復之。神䴥三年，宋將到彦之、王仲德等陷滑臺、武牢、洛陽，遣安頡、叔孫建等擊敗走之。太延以後，東平遼東，西平姑臧，三年，東伐馮弘，五年，西伐沮渠茂虔，並滅之。於是西至流沙，東接高麗。所未得者，漢中及南陽、懸瓠、彭城、青州之南而已。其後帝自南征，遂臨瓜步，宋淮北城鎮守將，多有敗没。太平眞君十一年，因宋將王玄謨來侵，克碻磝城，戍將濟州刺史王買德棄城而走，宋師至滑臺敗，帝乘勝至江上。獻文天安初，自河之南，長淮之北，皆為魏有。時因宋晉安王子勳之亂，遣將慕容白曜略地，破宋將沈文秀、畢衆欽、薛安都、崔道固、常珍奇，遂有其地。孝文遷都洛陽，太和十九年徙都。頻歲親征，皆渡淮沔。二十年，屯八公山；二十一年，屯新野及樊城。宣武初，又得壽春，景明初，齊將裴叔業以壽春來降，後至明帝孝昌二年，又陷入梁。續收漢川，至於劍閣，兼得淮西之地。正始初，梁將夏侯道遷以漢中降，又元英破梁將馬仙琕於義陽，遂有其地。莊帝時，梁軍洛陽，數旬敗走。永安初，因爾朱榮害胡太后、少帝之亂，梁將陳慶之送元顥為魏主。爾後内難相繼，不暇外略，三四年後，分為東、西魏矣，皆權臣擅命。具周、齊事中。自永安末年，爾朱世隆稱兵入洛，圖籍散亡，不可詳記。今按舊史。管州百十有一，郡五百十有九，縣千三百五十有二。按魏收史所載州郡，是東魏静帝武定中，其時洛陽以西及關中梁益之地，悉屬西魏，收猶總而編之。自太武以後，漸更强盛，東征西伐，克定中原。屬宋明以後及於齊梁，國土漸蹙，自守不暇，雖時有侵掠，而退不旋踵，故魏之城鎮，少被攻圍，因利進取，不常所守也。

清·周濟《晉略·割據表》 魏拓跋氏。其先居北邊。永嘉立功封代，居雁門陘北，爲秦所滅。秦亂復興，改號魏。有漢雲中、五原、定襄、雁門諸郡。及破燕，始得幷、冀、幽州三州及司、兖北境。南北之勢，蓋至宋始相敵云。

幷州。雁門。永嘉四年十月，受于劉琨。晉陽。太元二十一年九月，取于燕，遂全得州境。

冀州。常山。太元二十一年十月，得于燕。遂全得州境，唯信都爲燕。信都。隆安元年正月，得于燕。

司州。平陽。太元二十一年，取幷州後得。鄴。隆安二年正月，得于燕。野王。取鄴後得。

幽州。隆安二年，取鄴後得。遼西。隆安五年十二月，得于燕。明年，燕復取之。

兖州。滑臺。隆安三年二月，得于燕。

朔方。太元十六年，得于劉衛辰。不知何時，復爲夏所得。

雜録

《魏書》卷一《序紀》 （平文帝拓跋鬱律二年）西兼烏孫故地，東吞勿吉以西，控弦上馬將有百萬。【略】（昭成帝拓跋什翼犍）二年春，始置百官，分掌衆職。東自濊貊，西及破洛那，莫不款附。

又 卷一一〇《食貨志》 神䴥二年，（世祖太武）帝親御六軍，略地廣漠。分命諸將，窮追蠕蠕，東至瀚海，西接張掖，北度燕然山，大破之，虜其種落及馬牛雜畜方物萬計。其後復遣成周公萬度歸西伐焉耆，其王鳩尸卑那單騎奔龜茲，舉國臣民負錢懷貨，一時降款，獲其奇寶異玩以巨萬，駝馬雜畜不可勝數。度歸遂入龜茲，復獲其殊方瓌詭之物億萬已上。【略】太和八年，始準古班百官之禄，以品第各有差。【略】所謂各隨其土所出。其司、冀、雍、華、定、相、秦、洛、豫、懷、兖、陜、徐、青、齊、濟、南豫、東兖、東徐十九州，貢綿絹及絲；幽、平、幷、肆、岐、涇、荆、凉、梁、汾、秦、安、營、豳、夏、光、郢、東秦，司州萬年、雁門、上谷、靈丘、廣寧、平涼郡，懷州邵上郡之長平、白水縣，青州北海郡之膠東縣、平昌郡之東武平昌縣、高密郡之昌安高密夷安黔陬縣，泰州河東之蒲坂、汾陰縣，東徐州東莞郡之莒、諸、東莞縣，雍州馮翊郡之蓮芍縣、咸陽郡之寧夷縣、北地郡之三原雲陽銅官宜君縣，華州華山郡之夏陽縣，徐州北濟郡之離狐豐縣、東海郡之贛榆襄賁縣，皆以麻布充稅。

北齊分部

國號

綜述

《魏書》卷一一《前廢帝紀》（普泰元年）三月癸酉，封長廣王曄爲東海王。詔【略】驃騎大將軍、儀同三司、左衛將軍、大都督、晉州刺史、平陽郡開國公齊獻武王（高歡）封勃海王，增邑五百户。

又 卷一二《孝靜帝紀》（武定）五年春正月丙午，齊獻武王薨於晉陽，【略】秋七月戊戌，詔贈王假黄鉞、使持節、相國、都督中外諸軍事、齊王璽紱，轀輬車、黄屋左纛，前後羽葆、鼓吹、輕車介士，兼備九錫之禮，謚曰獻武王。以齊文襄王（高澄）爲使持節、大丞相、都督中外諸軍事、録尚書事、大行臺、勃海王。【略】（七年四月）甲辰，詔以齊文襄王爲相國、齊王，緑綟綬，讚拜不名，入朝不趨，劒履上殿，食冀州之勃海、長樂、安德、武邑，瀛州之河間五郡，邑十五萬户，餘如故。王固讓。【略】八月辛卯，詔立皇子長仁爲皇太子。齊文襄王薨於第。【略】（八年春正月）丁卯，詔贈齊文襄王假黄鉞、使持節、相國、都督中外諸軍事、齊王璽綬，轀輬車、黄屋、左纛，前後部羽葆、鼓吹、輕車介士，備九錫之禮，謚曰文襄王。戊辰，詔齊王（高洋）爲使持節、丞相、都督中外諸軍事、録尚書事、大行臺、齊郡王，食邑一萬户。【略】三月庚申，進齊郡王爵爲齊王。【略】五月甲寅，詔齊王爲相國，總百揆，封冀州之勃海、長樂、安德、武邑，瀛州之河間、高陽、章武，定州之中山、常山、博陵十郡，二十萬户，備九錫之禮；以齊國太妃爲王太后，王妃爲王后。丙辰，詔歸帝位於齊國，即日遜於別宮。

《北齊書》卷一《神武帝紀上》（爾朱）兆不納，殺（北魏莊）帝，而與爾朱世隆等立長廣王曄，改元建明。封神武（帝高歡）爲平陽郡公。【略】魏普泰元年二月，【略】爾朱度律廢元曄而立節閔帝，欲羈縻神武。三月，乃白節閔帝，封神武爲渤海王。征使入覲，神武辭。

又 卷三《文襄帝紀》（武定五年）七月戊戌，魏帝詔以文襄爲使持節、大丞相、都督中外諸軍、録尚書事、大行臺、渤海王。文襄啓辭位，願停王爵。【略】

（七年）七月，王還晉陽。辛卯，王遇盜而殂，時年二十九。

又 卷四《文宣帝紀》（武定八年）三月辛酉，又進封齊王，食冀州之渤海、長樂、安德、武邑，瀛州之河間五郡，邑十萬户。【略】

夏五月辛亥，帝如鄴。甲寅，進相國，總百揆，封冀州之渤海、長樂、安德、武邑，瀛州之河間、高陽、章武，定州之中山、常山、博陵十郡，邑二十萬户，加九錫，殊禮，齊王如故。

《隋書》卷三三《經籍志二》《齊紀》三十卷，紀後齊事，崔子發撰。《齊志》十卷，後齊事，王劭撰。《後齊儀注》二百九十卷。【略】《北齊律》十二卷，目一卷。【略】《北齊令》五十卷，《北齊權令》二卷。

《北史》卷五《魏紀五・節閔帝》（普泰元年）三月癸酉，【略】封晉州刺史、平陽郡公高歡爲勃海王。

又 《文皇帝》（大統十三年）二月，【略】東魏勃海王高歡薨。【略】

（十五年）六月，東魏勃海王高澄攻陷潁川。秋八月，盜殺東魏勃海王高澄。

又 《孝靜帝》（武定）八年春正月辛酉，帝爲勃海王高澄舉哀於東堂。戊辰，詔太原公高洋嗣事，徙封齊郡王。【略】三月庚申，進齊郡王高洋爵爲齊王。

又 卷六《齊紀上・文襄帝》（武定）七年四月甲辰，魏帝進文襄位相國，封齊王，緑綟綬，贊拜不名，入朝不趨，劒履上殿，食冀州之勃海、長樂、安德、武邑，瀛州之河間五郡，邑十五萬户，使持節、都督中外諸軍事、録尚書、大行臺並如故。丁未，文襄入朝，固讓，魏帝不許。【略】七月，文襄朝于鄴，請魏帝立皇太子，復辭爵位殊禮，未報。八月辛卯，遇盜而崩。

宋·司馬光《資治通鑑》卷一六三《梁紀一九·太宗簡文皇帝》（上梁簡文帝大寶元年）齊王卽皇帝位於南郊。帝諱洋，字子進，勃海王高歡第二子，澄之母弟也。歡以勃海王贈齊王，洋又進爵齊王；且高氏本勃海人，勃海故齊地也，國遂號曰齊。

疆域

綜述

唐·杜佑《通典》卷一七一《州郡一·序目上》　北齊神武東魏天平末，大舉西伐，至蒲津。靜帝天平四年，三道伐西魏，齊神武自總大衆至蒲津，竇泰自風陵濟河，至潼關，高敖曹入武關，陷上洛，以泰軍敗没並旋師。風陵在潼關北岸相對。西魏乘勝攻陷陝州。周文帝率李弼等東征，下陝州，擒刺史李祥伯。卽今陝郡。神武西至沙苑。其年冬，大敗而歸。今馮翊郡界。西軍又乘勝襲陷洛陽。西魏將獨孤如願據金墉。明年，西師又至於河陰，今洛陽縣北。時拒守河陽城，潘相樂守北城，卽據此高永樂守南城，卽今城。後周文帝親征，不克。西師敗歸。元象元年，周文帝親征，敗還。如願亦棄金墉遁走，神武遂毁其城。其後神武攻圍西魏玉壁，不克。興和四年，西魏將王思政守之。今絳郡稷山縣。西師來伐，至於邙山。武定初，周文帝親征，神武禦之，敗，殺周將王雄。後神武又圍玉壁，不克。武定四年，西魏將韋孝寬守之。文襄遣將圍潁川，拔之。自武定五年冬攻圍，至明年六月城陷。於是河南自洛陽之西，河北自晉州之西，今平陽郡。悉入西魏。文宣之代，命將略地，南際於江矣。天保二年，屬侯景亂梁，遣辛術南討，遂得傳國璽。又過江得梁夏口，後二國通和，旋師矣。武成河清中，築戍於軹關。河清二年，遣斛律光築之。今河南府濟源界。其年，周軍至洛陽，敗還。晉公護統軍將楊擣等至軹關，敗走。後主武平中，陳軍來侵，盡失淮南之地。武平五年以後，陳將吳明徹頻歲來侵，淮南城鎮皆不守，諸將累敗。周師攻拔河陰大城。周武親征，有疾，班師。幼主崇化末，西師攻拔晉州，今平陽郡。因之國滅。齊都於鄴，卽今郡縣。自東、西魏之後，天下三分，梁陳有江東，宇文有關西，高氏據河北，有州九十有七，郡百六十，縣三百六十有五。文宣天保七年，已併省州三，郡百五十三，縣五百八十九，鎮二，戍二十六。當齊神武之時，與周文帝抗敵，十三四年間，凡四出師，大舉西伐，周師東討者三焉。略舉齊神武、周文帝統師親征，諸將攻戰則不復紀。自文宣之後，纔守境而已。大抵西則姚襄城、今文城郡西城，則姚襄所築，西臨黄河，控帶龍門之險，周齊交爭之地。後主武平二年，大將斛律光破周兵於城，遂立鎮焉。洪洞、今平陽郡縣北故城，四固垂復，控據要險。崇化末，周師既克晉州，其城主張元靜以城降周。晉州、武平關、三關並今絳郡正平縣界。柏崖、城侯景所築，今河清縣西。軹關、河陽，南則武牢、陸子章增築城守。洛陽、北荆州、今陸渾縣東北故城是。孔城防、今伊闕縣東南故城是。汝南郡、今臨汝郡梁縣南。魯城，今臨汝郡魯山縣東北。置兵以防周寇。自洛陽之南，襄城、汝陰、汝南以北，皆齊有。及陳師侵軼，數歲齊亡，南境要害，未遑制置也。

論説

清·王鳴盛《十七史商榷》卷六七《北史合魏齊周隋書三·齊周分界》　《齊》、《周》亦皆無志，《隋書》各志兼補齊、周事，獨地理則專於隋，不能旁及，故於齊、周亦皆從略，惟於敍首約舉齊、周地理云：『齊天保末，洎國滅，州九十有七、郡一百六十、縣三百六十五。周削平東夏，多有省廢。大象二年，計州二百一十一、郡五百八、縣一千一百二十四。』愚謂上文歷舉累代疆域，大凡西漢極盛，不過郡國一百三，今周雖幷齊，尚未得陳，且既云『多有省廢』，而州數比西漢極盛乃倍之有餘者，蓋承歷代分析故，説詳後。予未暇徧考齊、周地理，惟是高氏、宇文氏各欲盗魏，搆怨最深，其分界必須有考，方可見二國形勢。二國戰地，王應麟《通鑑地理通釋》第十四卷已詳，其分界處，則莫妙於《周書·太祖文帝紀》云：『魏大統十六年夏五月，齊文宣廢其主元善見而自立。秋七月，太祖率諸軍東伐，拜章武公導爲大將軍，總督留守諸軍事，屯涇北以鎮關中。九月丁巳，軍出長安。時連雨，自秋及冬，諸軍馬驢多死，遂於弘農北造橋濟河，自蒲坂還。於是河南自洛陽，河北自平陽以東，遂入於齊矣。』此段最明瞭，《北史》削去文宣自立，突書東伐云云，竟不言所伐何國，雖不言自可知，然有此文理乎？廢立是何等大事，齊、周各自爲紀，豈可不互見？兹姑不論，惟齊、周疆域分界處，觀此一段約略可見，洛陽以東既入齊，而梁倚齊援，周竟能越齊界伐梁，以蕭詧爲之導也，説詳第五十五卷。詧本鎮南雍州，今襄陽府，周既滅梁，元帝立詧爲梁王，居江陵，而詧舊所鎮之襄陽地歸於周，見《周書·詧傳》。

北周分部

國號

綜述

《周書》卷一《文帝紀上》 魏帝遣著作郎姚幼瑜持節勞軍，進太祖侍中、驃騎大將軍、開府儀同三司、關西大都督、略陽縣公，承制封拜，使持節如故。【略】

七月丁未，帝遂從洛陽率輕騎入關，太祖備儀衛奉迎，謁見東陽驛。太祖免冠泣涕謝曰：『臣不能式遏寇虐，遂使乘輿遷幸。請拘司敗，以正刑書。』帝曰：『公之忠節，曝於朝野。朕以不德，負乘致寇。今日相見，深用厚顏。責在朕躬，無勞謝也。』乃奉帝都長安。披草萊，立朝廷，軍國之政，咸取太祖決焉。仍加授大將軍、雍州刺史，兼尚書令，進封略陽郡公，别置二尚書，隨機處分，解尚書僕射，餘如故。

又 卷二《文帝紀下》 魏大統元年春正月己酉，進太祖督中外諸軍事、録尚書事、大行臺，改封安定郡王。太祖固讓王及録尚書事，魏帝許之，乃改封安定郡公。【略】

三年春正月丁丑，初行周禮，建六官。以太祖爲太師、大塚宰，柱國李弼爲太傅、大司徒，趙貴爲太保、大宗伯，獨孤信爲大司馬，于謹爲大司寇，侯莫陳崇爲大司空。初，太祖以漢魏官繁，思革前弊。大統中，乃命蘇綽、盧辯依周制改創其事，尋亦置六卿官，然爲撰次未成，衆務猶歸臺閣。至是始畢，乃命行之。【略】

紹元宗之衰緒，創隆周之景命。南清江漢，西舉巴蜀，北控沙漠，東據伊瀍。

又 卷三《孝閔帝紀》 魏恭帝三年三月，命爲安定公世子。四月，拜大將軍。十月乙亥，太祖崩，丙子，嗣位太師、大冢宰。十二月丁亥，魏帝詔以岐陽之地封帝爲周公。庚子，禪位於帝。詔曰：『予聞皇天之命不於常，惟歸於德。故堯授舜，舜授禹，時其宜也。天厭我魏邦，垂變以告，惟爾罔弗知。予雖不明，敢弗龔天命，格有德哉。今踵唐虞舊典，禪位於周，庸布告遐邇焉。』使大宗伯趙貴持節奉册書曰：『咨爾周公，帝王之位弗有常，有德者受命，時乃天道。予式時庸，荒求於唐虞之彝踵。曰我魏德之終舊矣，我邦小大罔弗知，今其可久怫于天道而不歸有德歟。時用詢謀。僉曰公昭考文公，格勳德於天地，丕濟生民。洎公躬，又宣重光。故玄象徵見於上，謳訟奔走於下，天之歷數，用實在焉。予安敢弗若。是以欽祗聖典，遜位於公。公其享兹大命，保有萬國，可不慎歟。』魏帝臨朝，遣民部中大夫、濟北公元迪致皇帝璽紱。固辭。公卿百辟勸進，太（師）［史］陳祥瑞，乃從之。是日，魏帝遜于大司馬府。

元年春正月辛丑，即天王位。柴燎告天，朝百官於路門。追尊皇考文公爲文王，皇妣爲文後。大赦天下。封魏帝爲宋公。是日，槐里獻赤雀四。百官奏議云：『帝王之興，罔弗更正朔，明受之於天，革民視聽也。逮於尼父，稽諸陰陽，云行夏之時，後王所不易。今魏歷告終，周室受命，以木承水，實當行録，正用夏時，式遵聖道。惟文王誕玄氣之祥，有黑水之讖，服色宜烏。』制曰可。以大司徒、趙郡公李弼爲太師，大宗伯、南陽公趙貴爲太傅、大冢宰，大司馬、河内公獨孤信爲太保、大宗伯，柱國、中山公護爲大司馬。以大將軍寧都公毓、高陽公達奚武、武陽公豆盧寧、小司寇陽平公李遠、小司馬博陵公賀蘭祥、小宗伯魏安公尉遲迥等並柱國。

《隋書》卷三三《經籍志二》 《後周太祖號令》三卷。

《北史》卷九《周紀上·文帝》 會斌之與斛斯椿爭權，鎮防不守，魏（孝武）帝遂輕騎入關。帝備儀衛奉迎，謁見于東陽驛，免冠流涕謝罪。

乃奉魏帝都長安，披草萊，立朝廷，軍國之政，咸取決於帝。仍加授大將軍、雍州刺史，兼尚書令，進封略陽郡公。【略】

大統元年正月己酉，魏帝進帝都督中外諸軍、録尚書事、大行臺，改封安定郡王。帝固讓王及録尚書，魏帝許之，乃改封安定郡公。

又《孝閔帝》 魏恭帝三年三月，命爲安定公世子。【略】十月乙亥，文帝崩。丙子，世子嗣位爲太師、大冢宰。十二月丁亥，魏帝詔以岐陽地封帝爲周公。庚子，詔禪位于帝曰：『【略】今踵唐、虞舊典，禪位于周，庸布告爾焉。』使大宗伯趙貴持節奉册書。【略】

元年春正月，天王即位，【略】百官奏議曰：『【略】今魏歷告終，周室受命。』

宋・司馬光《資治通鑑》卷一六六《梁紀二二・敬皇帝》 （梁敬帝太平元年）以岐陽之地封世子覺爲周公。岐陽，即扶風之地。昔周興於岐周，因爲國號。宇文輔魏，仿周以立法制，故魏朝之臣以周封之，將禪代也。

又 卷一六七《陳紀一・高祖武皇帝》 （陳武帝永定元年）周公即天王位。【略】宇文輔政，慕仿周禮，泰卒，覺嗣，遂封周公；既受命，國號曰周。

元・馬端臨《文獻通考》卷三〇六《物異考・夜妖》 北周静帝大象二年，尉迥敗於相（川）[州]。

疆域

綜述

唐・杜佑《通典》卷一七一《州郡一・序目上》 周文帝西魏大統中，東魏師至蒲津。文帝大統二年，齊神武親征至蒲津，以竇泰死，退軍。文帝東征，克陝州，兼得宜陽郡、邵郡。邵郡，今絳郡垣縣。宜陽郡，今福昌縣。東師又至沙苑。其年冬，齊神武親征，大敗，走。後文帝東征，至河陰，先勝後敗。大統四年，殺魏將高敖曹。築城於玉壁。大統八年，將王思政築之，齊神武攻圍不克。至十二年，韋孝寬守之，齊神武又攻圍六旬，不克。文帝又至邙山，先勝後敗。大統九年。得梁雍州。十六年，梁雍州刺史岳陽王詧舉州内附。廢帝初，克平漢中。自梁侯景逆亂，遣將達奚武克之也。又遣軍平蜀。將尉遲迥克之。文帝西征至姑臧，後又平江陵。齊王廓後元初，于謹平之，殺梁元帝。自是疆理西有姑臧，西南有全蜀，南至於江矣。明帝武成二年，將賀若敦克陳湘川之地，三年失之。今澧陽、武陵、長沙、衡陽等地是。其河南自洛陽之東之北，河東自平陽之界，屬於高齊。至武帝建德中東征，拔齊晉州城，尋又東征，破齊師於晉州城下。建德五年，攻拔晉州，使梁士彦守之。齊後主來攻，三旬餘不拔。六年，又破齊後主軍。乘勝平齊。後遣軍破陳軍於吕梁，將王軌破陳將吳明徹，悉虜其衆也。其東南之境，盡於長沙。通計州二百十有一，郡五百八，縣千一十有四。當全盛戰爭之際，則玉壁、初王思政守，後韋孝寬守，東師攻不拔，遂置勳州。邵郡、齊子嶺、今王屋縣東二十里周齊分界處。通洛防、故函關城，武帝保定中改名，在今新安縣東。黄櫨三城，今永寧縣西北。宜陽郡、陝州、主剗、今長水郡西北二十五里。三荆、將獨孤信略定北荆州，今即伊陽縣。東荆州後改曰淮州，今淮安郡。荆州今南陽郡。三鵶鎮，今汝州魯山縣西南，名平高城。置兵以備東軍。

清・王鳴盛《十七史商榷》卷六七《北史合魏齊周隋書三・周陳分界》 《周書・杜杲傳》於陳文帝時奉使往陳分界，陳人以魯山歸周。魯山即今湖北漢陽府漢陽縣漢口鎮江岸山，俗以爲大别者。江北地已盡入周矣，區區魯山豈能獨守？然必至是而周界始直至江岸。

首都部

曹魏五都分部

綜述

《三國志》卷一《魏志・武帝紀》 （建安九年九月）天子以公領冀

州牧，公讓還兗州。【略】

（建安十八年）五月丙申，天子使御史大夫郗慮持節策命公爲魏公，曰：『【略】今以冀州之河東、河內、魏郡、趙國、中山、常山、鉅鹿、安平、甘陵、平原凡十郡，封君爲魏公。』【略】

（建安二十一年）夏五月，天子進公爵爲魏王。【略】（建安二十二年冬十月）以五官中郎將丕爲魏太子。

（建安二十四年）冬十月，軍還洛陽。【略】王自洛陽南征羽，【略】二十五年春正月，至洛陽。【略】庚子，王崩于洛陽，年六十六。

又　卷二《魏志・文帝紀》　太祖崩，嗣位爲丞相、魏王。尊王后曰王太后。改建安二十五年爲延康元年。【略】

漢帝以衆望在魏，乃召羣公卿士，告祠高廟。使兼御史大夫張音持節奉璽綬禪位，册曰：『咨爾魏王：昔者帝堯禪位於虞舜，舜亦以命禹，天命不于常，惟歸有德。漢道陵遲，世失其序，降及朕躬，大亂茲昏，羣凶肆逆，宇內顛覆。賴武王神武，拯茲難於四方，惟清區夏，以保綏我宗廟，豈予一人獲乂，俾九服實受其賜。今王欽承前緒，光于乃德，恢文武之大業，昭爾考之弘烈。皇靈降瑞，人神告徵，誕惟亮采，師錫朕命，僉曰爾度克協于虞舜，用率我唐典，敬遜爾位。於戲！天之歷數在爾躬，允執其中，天祿永終；君其祗順大禮，饗茲萬國，以肅承天命。』乃爲壇於繁陽。庚午，王升壇卽阼，百官陪位。事訖，降壇，視燎成禮而反。改延康爲黄初，大赦。

黄初元年十一月癸酉，以河內之山陽邑萬戶奉漢帝爲山陽公，行漢正朔，以天子之禮郊祭，上書不稱臣，京都有事于太廟，致胙；封公之四子爲列侯。追尊皇祖太王曰太皇帝，考武王曰武皇帝，尊王太后曰皇太后。賜男子爵人一級，爲父後及孝悌力田人二級。以漢諸侯王爲崇德侯，列侯爲關中侯。以潁陰之繁陽亭爲繁昌縣，封爵增位各有差。改相國爲司徒，御史大夫爲司空，奉常爲太常，郎中令爲光祿勳，大理爲廷尉，大農爲大司農。郡國縣邑，多所改易。更授匈奴南單于呼廚泉魏璽綬，賜青蓋車、乘輿、寶劍、玉玦。十二月，初營洛陽宮，戊午幸洛陽。

又　卷四《魏志・陳留王奐傳》　終館于鄴。

又　卷一《魏志・武帝紀》裴松之注　《曹瞞傳》曰：王更脩治北部尉廨，令過于舊。《魏略》曰：孫權上書稱臣，稱説天命。王以權書示外曰：『是兒欲踞吾著爐火上邪！』侍中陳羣、尚書桓階奏曰：『漢自安帝已來，政去公室，國統數絶，至於今者，唯有名號，尺土一民，皆非漢有，期運久已盡，歷數久已終，非適今日也。是以桓、靈之間，諸明圖緯者，皆言「漢行氣盡，黄家當興」。殿下應期，十分天下而有其九，以服事漢，羣生注望，遐邇怨歎，是故孫權在遠稱臣，此天人之應，異氣齊聲。臣愚以爲虞、夏不以謙辭，殷、周不吝誅放，畏天知命，無所與讓也。』

《魏氏春秋》曰：夏侯惇謂王曰：『天下咸知漢祚已盡，異代方起。自古已來，能除民害爲百姓所歸者，卽民主也。今殿下卽戎三十餘年，功德著於黎庶，爲天下所依歸，應天順民，復何疑哉！』王曰：『「施于有政，是亦爲政」。若天命在吾，吾爲周文王矣。』

《曹瞞傳》及《世語》並云桓階勸王正位，夏侯惇以爲宜先滅蜀，蜀亡則吳服，二方既定，然後遵舜、禹之軌，王從之。及至王薨，惇追恨前言，發病卒。

孫盛評曰：夏侯惇恥爲漢官，求受魏印，桓階方惇，有義直之節；考其傳記，《世語》爲妄矣。【略】

《獻帝傳》載詔曰：『【略】今進君爵爲魏王，【略】君其正王位，以丞相領冀州牧如故。其上魏公璽綬符册。』【略】

《曹瞞傳》曰：【略】及公爲王，召建公到鄴。

又　卷二《魏志・文帝紀》裴松之注　袁宏《漢紀》載漢帝詔曰：『魏太子丕：昔皇天授乃顯考以翼我皇家，遂攘除羣凶，拓定九州，弘功茂績，光於宇宙，朕用垂拱負扆二十有餘載。天不憖遺一老，永保余一人，早世潛神，哀悼傷切。丕奕世宣明，宜秉文武，紹熙前緒。今使使持節御史大夫華歆奉策詔授丕丞相印綬、魏王璽紱，領冀州牧。方今外有遺虜，遐夷未賓，旗鼓猶在邊境，干戈不得韜刃，斯乃播揚洪烈，立功垂名之秋也。豈得脩諒闇之禮，究曾、閔之志哉？其敬服朕命，抑弭憂懷，旁祇厥緒，時亮庶功，以稱朕意。於戲，可不勉與！』【略】

臣松之案：諸書記是時帝居北宮，以建始殿朝羣臣，門曰承明，陳思王植詩曰『謁帝承明廬』是也。至明帝時，始於漢南宮崇德殿處起太極、昭陽諸殿。

《魏書》曰：以夏數爲得天，故卽用夏正，而服色尚黄。

《魏略》曰：詔以漢火行也，火忌水，故『洛』去『水』而加『隹』。魏於行次爲土，土，水之牡也，水得土而乃流，土得水而柔，故除『隹』加『水』，變『雒』爲『洛』。【略】

《魏略》曰：改長安、譙、許昌、鄴、洛陽爲五都；立石表，西界宜陽，北循太行，東北界陽平，南循魯陽，東界郯，爲中都之地。令天下聽内徙，復五年，後又增其復。

《宋書》卷一六《禮志三》 是時魏都洛京，而神祇兆域明堂靈臺，皆因漢舊事。【略】漢獻帝建安十八年五月，以河北十郡封魏武帝爲魏公。是年七月，始建宗廟于鄴，自以諸侯禮立五廟也。後雖進爵爲王，無所改易。

《晉書》卷三《武帝紀》 封魏帝爲陳留王，邑萬户，居於鄴宫；魏氏諸王皆爲縣侯。

又 卷一四《地理志上》 魏郡。漢置。【略】鄴。魏武受封居此。許昌。漢獻帝都許。魏禪，徙都洛陽，許宫室武庫存焉，改爲許昌。【略】

南朝梁·蕭統《文選·［晉］左思〈三都賦·魏都賦〉》張載注 魏曹操都鄴，相州是也。太沖賦三都，以吴、蜀遞相頓折，以魏都依制度。

論説

清·王鳴盛《十七史商榷》卷四〇《三國志二·許鄴洛三都》

《文帝紀》黄初二年注引《魏略》：『改長安、譙、許昌、鄴、洛陽爲五都。』其實長安久不爲都，譙特因是太祖故鄉，聊目爲都，皆非都也。眞爲都者，許、鄴、洛三處耳。自建安元年，操始自洛陽迎天子，遷都許，備見《武帝紀》中，并每有征伐事畢，下輒書『公還許』。至九年，滅袁氏之後，則又遷都於鄴矣。封獻帝爲山陽公，都濁鹿城，皆懷州修武縣地，則都鄴明矣。紀雖於此下屢書『公還鄴』，或書『至鄴』，而尚未能直揭明數語，使觀者醒眼。《後漢書·獻紀》亦無此。至二十四年則書『還洛陽』，二十五年又書『至洛陽』，其下卽書『王崩于洛陽』，至其子丕，受禪卽眞位皆在洛，蓋自操之末年，又自鄴遷洛矣。沈約《宋書》三十三卷《五行志》：『魏文帝卽位，自鄴遷洛，終黄初不復還鄴。』紀所書亦宜再加醒眼之句。作史貴據事直書，詳明整贍，凡帝王建都地及臨幸地，雖非都而駐蹕所在，皆當一一謹志之，使觀者瞭然心目。予嘗恨《新唐書》本紀於武后、中宗之在長安、在洛陽全不分明，陳壽意主簡嚴，尚令讀者稍蒙昧，較《新唐書》則已遠勝之。

又 卷四四《晉書二·諫不徙都》 『關羽圍曹仁于樊，于禁等七軍皆没。時漢帝都許昌，魏武以爲近賊，欲徙河北，宣帝諫不當遷』云云，案《魏志·蔣濟傳》：『關羽圍樊，太祖以漢帝在許，近賊，欲徙都。濟與宣王説太祖。』其詞正與此同，此不及濟者，欲專美於司馬懿也。

藝文

南朝梁·蕭統《文選·［晉］左思〈三都賦·魏都賦〉》 魏國先生有睟其容，乃盱衡而誥曰：『異乎交益之士，《孟子》曰：君子所性，仁義禮智根於心，其生色睟然見於面，不言而喻。趙岐曰：睟，潤澤貌也。眉上曰衡。盱，舉眉大視也。異，異也。《尚書·堯典》四岳曰：異哉！善曰：《漢書》曰：武帝置交州；又改梁曰益，有益州。又曰：公盱衡厲色，振揚武怒。《音義》曰：眉上曰衡，謂舉眉揚目也。《字林》曰：盱，張目也。《爾雅》曰：誥，告也。蓋音有楚夏者，土風之乖也；善曰：《孫卿子》曰：人居楚而楚，居夏而夏，非天性也，積靡使然也。《史記》曰：淮北沛、陳、汝南、南郡，此西楚也。潁川、南陽，夏人之居，故至今謂之夏人。情有險易者，習俗之殊也。《論語》曰：性相近，習相遠也。善曰：《周易》曰：辭有險易。《春秋説題辭》曰：中國之性，習俗常操。雖則生常，固非自得之謂也。《傳》曰：習實生常。善曰：《孟子》曰：使自得之。趙岐曰：使自得其本善性也。昔市南宜僚弄丸，而兩家之難解。聊爲吾子復玩德音，以釋二客競于辯囿者也。《莊子》曰：市南宜僚弄丸，而兩家之難解。又曰：公孫龍，辯者之徒，飾人之心，易人之意，能勝人之口，不能服人之心，辯者之囿也。善曰：《毛詩》曰：德音孔昭。

『夫泰極剖判，造化權輿。善曰：《周易》曰：易有太極，是生兩儀。

《史記》曰：鄒衍稱引天地剖判以來。《淮南子》曰：大丈夫無爲，與造化逍遥。《爾雅》曰：權輿，始也。劇秦美《新序》曰：權輿天地未袪也。班固《漢書》述曰：彰其剖判。體兼晝夜，理包清濁。善曰：《列子》曰：昏明之分察，故一晝一夜。又曰：夫有形者生於無形，清輕者上爲天，濁重者下爲地。流而爲江海，結而爲山嶽。善曰：班固《終南山賦》曰：流澤遂而成水，停積結而爲山。列宿分其野，荒裔帶其隅。巖岡潭淵，限蠻隔夷，峻危之竅也。潭，淵也。屈平《卜居》曰：横江潭而漁。善曰：《漢書》曰：秦地於天官東井、輿鬼之分野。楊雄《交州箴》曰：交州荒裔，水與天際。《方言》曰：竅，空也。蠻陬子侯夷落，譯導而通，鳥獸之氓也。陬、落，蠻夷之居處名也。一名聚居爲陬。善曰：《廣雅》曰：落，居也。杜篤《通邊論》曰：親録譯導，緩步四來。《論衡》曰：四夷入諸夏，因譯而通。《説文》曰：譯，傳四夷之語者。《漢書》，賈捐之上書曰：駱越之人，與禽獸無異。毛萇《詩傳》曰：氓，民也。正位居體者，以中夏爲喉，不以邊垂爲襟也。《易》曰：正位居體，美在其中，而暢於四支。善曰：喉、衿，以身及衣爲喻也。《戰國策》，頓子曰：韓，天下之喉咽也；魏，天下之胸腹也。李尤《函谷關銘》曰：衿帶咽喉。《聲類》曰：衿，衣交領也。長世字甿者，以道德爲藩，不以襲險爲屏也。善曰：《左氏傳》，北宮文子曰：有其國家，令問長世。《周書》，成王曰：朕不知字民之道，敬問伯父。《説文》曰：甿，田民也。《東方朔集》曰：文帝以道德爲籬，以仁義爲藩。毛萇《詩傳》曰：藩，屏也。楊雄《城門校尉箴》曰：磐石唐芒，襲險重固。毛萇《詩傳》曰：屏，蔽也。而子大夫之賢者，尚弗曾庶翼等威，附麗皇極。思稟正朔，樂率貢職。善曰：言不曾與衆庶翼戴上者，等其威儀，而附著於大中之道也。《國語》，越王勾踐曰：苟聞子大夫之言。賈逵曰：親而近之，故曰子大夫。《尚書》曰：庶明厲翼。孔安國曰：衆庶皆明其教而自勉厲，翼戴上命。《左氏傳》曰：士會曰：貴有常尊，賤有等威。《莊子》曰：附麗不以膠漆。王弼《周易》注曰：麗，著也。《尚書》曰：皇極，皇建其有極。孔安國曰：皇，大；極，中也。謂大中之道也。又曰：稟，受也。《論語比考讖》曰：正朔所加，莫不歸義。又撰《考讖》曰：穿胸儋耳，莫不貢職。《漢書》曰：單于非正朔所加。《東觀漢記》曰：百蠻貢職。而徒務於詭隨匪人，宴安於絶域。榮其文身，驕其險棘。善曰：詭隨匪人，言詭善隨惡，同於匪人，又自宴安於其絶域也。《毛詩》曰：無縱詭隨，以謹無良。毛萇曰：詭隨，詭人之善，隨民之惡。《毛詩》曰：獨爲匪民。《左氏傳》，管仲曰：宴安酖毒，不可懷也。李陵《書》曰：出征絶域。

《漢書》曰：少康之庶子，封於會稽，文身斷髮。蔡雍《樊陵碑》曰：進路孔夷，人情險棘。毛萇《詩傳》曰：棘，急也。繆默語之常倫，牽膠言而逾侈。飾華離以矜然，假倔强而攘臂。非醇粹之方壯，謀踳駮於王義。孰愈尋靡蓱於中逵，造沐猴於棘刺。李剋《書》曰：言語辯聰之説，而不度於義者，謂之膠言。《周官》曰：形方氏掌制邦國之地域，而正其封疆，無華離之地。班固云：不變曰醇，不雜曰粹。《莊子》曰：惠施多方，其書五車，其道踳駮。言惡也。《楚辭·天問》曰：靡蓱九逵，枲華安居。韓子曰：燕王好微巧，衛人曰：臣能以棘刺之端爲母猴。王悦之，養以五乘之奉。王曰：吾請觀客爲棘刺之母猴。衛人曰：臣爲棘刺之母猴也，人主欲觀之，必半歲不入宮，不飲酒食肉，雨霽日出，視之晏陰之間，而棘刺之母猴乃可見。燕王因養衛人，而不能觀母猴。鄭人有臺下之冶者，謂王曰：臣爲削者，諸微巧必以削削之，所削必大於削。今棘刺之端不容削，王試觀客之削，則能與不能可知也。王曰：客爲棘刺之母猴，何以理之？曰：以削。王曰：吾欲觀客之削也。客曰：臣請取之。因逃。冶人謂王曰：上之無度量，言談之士，多棘刺之説也。善曰：《周易》曰：君子或默或語。《廣雅》曰：膠，欺也。鄭玄《禮記注》曰：矜，謂自尊大也。毛萇《詩傳》曰：然，是也。《漢書》，伍被曰：倔强江、淮間。《孟子》曰：馮婦善搏虎，攘臂下車，衆皆悦之。《楚辭》曰：王色頩以開顔，精純粹而始壯。司馬彪《莊子注》曰：踳，讀曰舛。舛，乖也。駮，色雜不同也。王逸《楚辭注》曰：寧有蓱草蔓衍於九逵之道？靡，蔓也。劍閣雖嶛，憑之者蹶，非所以深根固蔕也。善曰：劍閣，蜀境也。酈元《水經注》曰：小劍戍去大劍，飛閣通衢，故謂之劍閣。《廣雅》曰：嶛巢，高也。又曰：蹶，敗也。善曰：《老子》曰：有國之母，可以長久。是謂深根固蔕，長生久視之道。《聲類》曰：蔕，果鼻也。洞庭雖濬，負之者北，非所以愛人治國也。善曰：洞庭，吳境也。《史記》，吳起曰：三苗氏，左洞庭而右彭蠡，恃此險也，禹滅之。毛萇《詩傳》曰：濬，深也。鄭玄《周禮注》口：負，性恃也。《漢書音義》，服虔曰：師敗曰北，南北之北。《老子》曰：愛人治國，能無知乎？彼桑榆之末光，逾長庚之初輝。善曰：《東觀漢記》，光武曰：失之東隅，收之桑榆。《毛詩》曰：東有啓明，西有長庚。況河冀之爽塏，與江介之湫湄。善曰：《左氏傳》，齊景公欲更晏子之宅，曰：子之宅，湫隘囂塵，請更諸爽塏。《楚辭》曰：長江介之遺風。薛君《韓詩章句》曰：介，界也。毛萇《詩傳》曰：水草交曰湄。故將語子以神州之略，赤縣之畿。魏都之卓犖，六合之樞機。鄒衍以爲儒者所謂中國者，於天下八十一分居一耳。中國名赤縣神州，赤縣神州內自有九州，禹之所敍九州也，是以不得爲州數。中國外，若赤縣神州者九，所謂九州者也。范雎説秦王曰：魏、韓，中國處而天下之樞也。善曰：《河圖括地象》曰：崑崙，謂東南地方五千里，名曰神州，帝王居之。《小雅》曰：略，界也。《周禮》曰：方千里曰王畿。《西都賦》曰：卓躒諸夏。卓犖與卓躒音義同。《呂氏春秋》曰：神通乎六合。

『于時運距陽九，漢綱絶維。姦回內贔，兵纏紫微。翼翼京室，眈眈帝宇，巢焚原燎，變爲煨燼，故荆棘旅庭也。殷殷寰內，繩繩八區，鋒鏑縱横，化爲戰場，故麋鹿寓城也。不飲酒而怒曰贔。《詩》曰：內贔于中國。漢室之亂，起於閹官，故曰內贔也。紫微宮在南城下，于時兵所圍繞。光熹元年四月，靈帝崩。八月，大將軍何進入省見太后，黄門張讓、郭進等斬進。進部曲將兵突入尚書閣，閣閉。虎賁中郎將袁術等攻閣。日暮，術等起火燒閣。初平元年十二月，董卓遷都長安，其夜燒洛陽南北宫。《易》曰：鳥焚其巢。《尚書》曰：若火之燎于原。《春秋穀梁傳》曰：寰內諸侯，非天子之命，不得出會。尹更始曰：天子以千里爲寰。伍被謂淮南王曰：昔伍子胥諫吳王，吳王不用，乃曰：臣今見麋鹿遊姑蘇臺也。臣今見宫中荆棘露沾衣也。善曰：《春秋保乾圖》曰：五運七變，各以類驚。宋衷曰：五運，五行用事之運也。孔安國《尚書傳》曰：距，至也。《漢書》，陽九厄曰：初入，百六，陽九。《音義》曰：《易傳》所謂陽九之厄。《漢書》曰：漢興，禁綱疏闊。《管子》曰：國有四維，四維不張則滅。王逸《楚辭注》曰：維，紘也。《尚書》曰：崇信姦回。《毛詩》曰：商邑翼翼。《漢書》，客謂陳涉曰：夥，涉之爲王沈沈者。應劭曰：沈沈，宫室深邃之貌。謝承《後漢書》曰：陽球爲司隸校尉，虎視帝宇。《廣雅》曰：煨，燼也。《廣雅》曰：煨，煙也。杜預《左氏傳注》曰：燼，火之餘木也。毛萇《詩傳》曰：殷，衆也。《毛詩》曰：子孫繩繩兮。《長楊賦》曰：洋溢八區。言廣大也。《説文》曰：鋒，兵端也。又曰：矢，鋒也。《戰國策》曰：綴甲厲兵，效勝於戰場。伊洛榛曠，崤函荒蕪。善曰：服虔《漢書注》曰：榛，木叢生也。賈逵《國語注》曰：蕪，穢也。臨菑牢落，鄢郢丘墟。善曰：《漢書》，齊郡有臨菑縣。牢落，猶遼落也。《洞簫賦》曰：翩連綿以牢落。《東觀漢記》曰：第五倫自度仕宦牢落。《漢書》，南郡有故鄢縣。《呂氏春秋》，燭過曰：子胥諫而不聽，故吳爲丘墟。而是有魏開國之日，締構之初。萬邑譬焉，亦獨犨麋之與子都，培塿之與方壺也。善曰：《周易》曰：開國承家。《廣雅》曰：締，結也。犨麋，古之醜人也。《呂氏春秋》曰：陳有惡人焉，曰敦洽犨麋，椎顙廣額，色如漆赭，陳侯悦之。《毛詩》曰：不見子都。子都，美丈夫也。《左氏傳》曰：太叔曰：培塿無松柏。【略】方壺，二山名，已見上文。

『且魏地者，畢昴之所應，虞夏之餘人。先王之桑梓，列聖之遺塵。考之四限，則八埏之中；測之寒暑，則霜露所均。卜偃前識而賞其隆，吳札聽歌而美其風。雖則衰世，而盛德形於管弦；雖逾千祀，而懷舊蘊於遐年。《詩譜》云：魏地，畢昴之分野，虞舜及禹所都之地，在《禹貢》冀州，雷首之北，析城之西，周以封同姓。其後晉獻公滅魏，以封大夫畢萬。在晉之南河曲，故其詩云：彼汾一曲，寘之河之干。限，猶隅也。鄒衍曰：四限不靜。司馬相如《封禪文》曰：下泝八埏。《國語》曰：卜偃云：魏，大名也，以是始賞，天啓之矣。《左傳》曰：吳公子札來聘，使工爲之歌魏，曰：美哉，大而婉，儉而易，行以德輔，此則爲明主也。善曰：《毛詩》曰：惟桑與梓，必恭敬止。王逸《楚辭注》曰：考，校也。《周禮》曰：以土圭測日影，以求地中，日南多暑，日北多寒。《禮記》曰：日月所照，霜露所墜。《左氏傳》，史趙曰：盛德必百世祀。《吳越春秋》，樂師曰：君王之德，可記之於管弦。《毛詩序》曰：懷其舊俗。《方言》曰：蘊，積也。爾其疆域，則旁極齊秦，結湊冀道。開胸殷衛，跨躡燕趙。山林幽峡，川澤迴繚。恒碣碪礍於青霄，河汾浩汧而皓溔。南瞻淇澳，則緑竹純茂；北臨漳滏，則冬夏異沼。神鉦迢遞於高巒，靈響時驚於四表。温泉毖涌而自浪，華清蕩邪而難老。善曰：《史記》，蘇秦説魏襄王曰：南有鴻溝，東有淮潁，西有長城，北有河外。《地理志》曰：魏，觜觿、參之分野也，自高陵以東，河東、河內，南有陳及汝南之邵陵、隱强、新汲、西華、長平，潁川舞陽、郾、許、鄢樊陵，河南之開封、中牟、陽武、酸棗、卷，皆魏分也。魏武皇帝初封魏公，南得河內、魏郡，北得趙國、中山、常山、鉅鹿、安平、甘陵，東得平原，西得東平，凡十郡，以此爲魏之本國，蓋冀州之地。恒山，北岳也。碣石，山名也。《詩》云：瞻彼淇澳，緑竹猗猗。《漢書·溝洫志》曰：下淇園之竹。漳、滏，二水名，經鄴西北。滏水熱，故曰滏口。水有寒有温，故曰冬夏異沼也。《冀州圖》，鄴西北鼓山，山上有石鼓之形，俗言時自鳴。劉邵《趙都賦》曰：神鉦發聲。俗云：石鼓鳴，則天下有兵革之事。《詩》云：毖彼泉水。温水，在廣平都易縣，俗以治疾洗百病。華清，井華水也。善曰：王逸《楚辭注》曰：湊，聚也。冀、道，亦二國名也。《爾雅》曰：兩河間曰冀州。《左氏傳》曰：江、黄、道、柏，方睦於齊。杜預曰：道國在汝南。胸，猶前也。《南都賦》曰：涓水蕩其胸。《漢書·地理志》曰：河內本殷舊都，周分爲鄁、鄘、衛。碪礍，高貌。鄭玄《周禮注》曰：汾水出汾陽縣。《上林賦》曰：㵎溔潢漾。《廣雅》曰：浩溔，大也。《山海經》曰：少山，清漳水出焉。郭璞曰：至武安南入濁漳。《山海經》曰：神囷山，滏水出焉。郭璞曰：經鄴西北入漳。《説文》曰：泌，水駃流也。泌與毖同，音秘。魚豢《典略》曰：浪井者，弗鑿而成。《毛詩》曰：永錫難老。墨井鹽池，玄滋素液。厥田惟中，厥壤惟白。原隰畇畇，墳衍斥斥。或嵬壘而複陸，或糙朗而拓落。乾坤交泰而絪緼，嘉祥徽顯而豫作。是以兆朕振古，萌柢疇昔。藏氣讖緯，閟象竹帛。迥時世而淵默，應期運而光赫。暨聖武之龍飛，肇受命而光宅。鄴西高陵西伯陽城西有石墨井，井深八丈。河東猗氏南有鹽池，東西六十四里，南北七十里。《尚書·禹貢》，冀州厥土惟白壤，厥田惟中中。閟，閉也。《詩》云：閟宮有洫。善曰：《周禮》曰：辨其墳衍原隰之名。鄭玄曰：水厓曰墳，下平曰衍。《毛詩》曰：畇畇原隰。斥斥，廣大之貌也。《蒼頡篇》曰：斥，大也。嵬壘，不平之貌。糙朗，光明之貌。拓落，廣大之貌。《周易》曰：天地交泰。又曰：天地絪緼。《西京賦》曰：備致嘉祥。文帝《答曹植詔》曰：所獻詩二篇，徽顯成章。兆，猶機事之先見者也。《淮南子》曰：欲與物接而未成朕兆者也。許慎曰：朕，兆也，《毛詩》曰：振古如茲。毛萇曰：振，自也。《廣雅》曰：萌，始也。《爾雅》曰：柢，本也。《禮記》曰：余疇昔之夜夢。鄭玄曰：疇，發語聲也。《説文》曰：讖，驗也。河、洛所出書曰讖。毛萇《詩傳》曰：閟，閉也。《墨子》曰：以其所書於竹帛，傳於後代子孫。《春秋説題辭》曰：《尚書》者，所以推期運、明命授之際。《魏志》曰：太祖武皇帝，姓曹諱操，爲丞相，封魏王。文帝受禪，追尊曰武皇帝。《東京賦》曰：世祖乃龍飛白水。《毛詩序》曰：文王受命作周也。鄭玄曰：受天命而王天下也。《東京賦》曰：漢初弗之宅。

『爰初自臻，言占其良。謀龜謀筮，亦既允臧。修其郛郭，繕其城隍。經始之制，牢籠百王。畫雍豫之居，寫八都之宇。鑑茅茨於陶唐，察卑宮於夏禹。古公草創，而高門有閌；宣王中興，而築室百堵。兼聖哲之軌，幷文質之狀。商豐約而折中，准當年而爲量。思重爻，摹大壯。覽荀卿，采蕭相。僝拱木於林衡，授全模於梓匠。謀龜謀筮，猶周公之卜都洛邑也。《毛詩》云：爰契我龜，又曰：卜云其吉，終然允臧。重爻，易爻也。大壯，易卦名也。《易》曰：上古穴居而野處，後世聖人易之以宮室，上棟下宇，以禦風雨。蓋取諸大壯，謂壯觀也。荀卿曰：宮室臺榭，以避燥濕。養德，別輕重也，非爲誇泰，將以明人之大通仁順也。《春秋左傳》曰：山林之木，衡鹿守之。治木器曰梓。《尚書》有《梓材》之篇也。善曰：《尚書》曰：謀及卜筮。《淮南子》曰：太一者，牢籠天地。雍，西京也。豫，東京也。《西京賦》曰：取殊裁於八都。《墨子》曰：堯、舜茅茨不翦。《論語》，子曰：禹卑宮室。《毛詩》美古公亶父曰：高門有閌。又美宣王曰：築室百堵。《説文》曰：僝，具也。又曰：僝，取也。《孟子》曰：梓匠輪輿，能與人規矩，不能使人巧。趙岐曰：梓匠，木工也。遐邇悅豫而子來，工徒擬議而騁巧。闌鉤繩之筌緒，承二分之正要。揆日晷，考星耀。建社稷，作清廟。築曾宮以迴匝，比岡隒而無陂。造文昌之廣殿，極棟宇之弘規。尌若崇山崫起以崔嵬，髣若玄雲舒蜺以高垂。二分，春秋之中者也。《詩》，定之方中，作爲楚宮。揆之以日，作爲楚室。定，營室星。營室中可以興土功也。陂，傾也。《易》曰：無平不陂。文昌，正殿名也。蜺，龍形而五色。善曰：難蜀父老曰：遐邇一體。豫或爲務。《西都賦序》曰：衆庶悅豫。《毛詩》曰：庶人子來。《周易》曰：擬之而後言，議之而後動，擬議以成其變化。《甘泉賦》曰：王爾投其鉤繩。杜預《左傳注》：銓，次也，與筌同。《周禮》曰：匠人建國，晝參謀日中之景，夜考之極星，以正朝夕。鄭玄曰：極星，北辰也。《周禮》曰：左宗廟，右社稷。《説文》曰：隒，崖也。鄭玄《禮記注》曰：陂，傾也。《周易》曰：上棟下宇，以避風雨。尌，高貌也。《景福殿賦》曰：若仰崇山而戴垂雲。髣，垂貌也。《淮南子》曰：玄雲素朝。瓌材巨世，⿰土臿墕參差。枌橑複結，欒櫨疊施。丹梁虹申以並亘，朱桷森布而支離。綺井列疏以懸蒂，華蓮重葩而倒披。齊龍首而涌霤，時梗概於滮池。《爾雅》曰：桷謂之榱。善曰：《西都賦》曰：因瓌材而究奇，抗應龍之虹梁。《廣雅》曰：曲枅謂之欒。《説文》曰：欂櫨，柱枅也。然欒、櫨一也，有曲直之殊耳。《西京賦》，蒂倒茄於藻井，披紅葩之狎獵。又曰：疏龍首以抗殿。齊龍首而湧霤，謂畫爲龍首於椽，承簷四隅，而以寫霤也。《説文》曰：霤，屋水流也。《東京賦》曰：其梗概如此。《毛詩》曰：滮池北流也。旅楹閑列，暉鑑抰振。榱題黮䨴，階陏嶙峋。長庭砥平，鐘簴夾陳。風無纖埃，雨無微津。《詩》云：旅楹有閑。抰，中央也。振，屋宇穩也。文昌殿前有鐘簴，其銘曰：惟魏四年，歲在丙申，龍次大火，五月丙寅，作蕤賓鐘，又作無射鐘。建安二十一年七月，始設鐘簴於文昌殿前，所以朝會四方也。善曰：鄭玄《毛詩箋》曰：旅楹，衆也。薛君《韓詩章句》曰：閑，大也，謂閑然大也。暉鑑，言楹柱光輝遠照。抰，振也。《廣雅》曰：鑑，照也。《聲類》曰：黮，深黑色也。䨴，亦黑也。應劭《上林賦注》曰：楯，闌横也。《西京賦》曰：抵鍔嶙峋。《埤蒼》曰：嶙峋，山崖之貌也。《毛詩》曰：風雨攸除。《墨子》曰：聖王作爲宮室，邊足以御風寒，上足以待露。巖巖北闕，南端遒遵。竦峭雙碣，方駕比輪。西闢延秋，東啓長春。用覲羣后，觀享頤賓。文昌殿前値端門。端門之前，南當南止車門，又有東西止車門。端門之外，東有長春門，西有延秋門。文昌殿所以朝會賓客，享四方。善曰：《德陽殿賦》曰：朱闕巖巖。凡南方正門，皆謂之端。《春秋説題辭》曰：血書魯端門。《西京賦》曰：圜闕竦以造天，若雙闕之相望。毛萇《詩傳》曰：覲，見也。《尚書》曰：肆覲羣后。《周易》曰：觀頤，觀其所養也。頤養，亦享也，故曰觀享頤賓。

『左則中朝有赩，聽政作寢。匪樸匪斲，去泰去甚。木無彫鎪，土無綈錦。玄化所甄，國風所稟。中朝，内朝也。漢氏大司馬、侍中、散騎諸吏爲中朝，丞相六百石以下爲外朝也。文昌殿東有聽政殿，内朝所在也。《墨子》曰：堯之爲君，采椽不斲。《晏子春秋》曰：明堂之制，下之濕潤不能及也，上之寒暑不能入也。土事不文，木事不鏤，示民知節也。《老子》曰：去甚去泰。《爾雅》曰：鏤，鎪也。善曰：毛萇《詩傳》曰：赩，赤貌也。《尚書》曰：既勤樸斲。孔安國曰：樸，治；斲，削也。《西京賦》曰：木衣綈錦。《説文》曰：綈，厚繒也。蔡雍《陳留太守頌》曰：玄化洽矣，黔首用寧。《漢書音義》，如淳曰：陶人作瓦器，謂之甄。《毛詩序》曰：一國之事，繫一人之本，謂之風。於前則宣明顯陽，順德崇禮。重闈洞出，鏘鏘濟濟。珍樹猗猗，奇卉萋萋。蕙風如薰，甘露如醴。聽政殿聽政殿門，聽政門前升賢門，升賢門左崇禮門，崇禮門右順德門，三門並南向。升賢門前宣明門，宣明門前顯陽門，顯陽門前有司馬門。閽，守門也。《周官》，閽人守王門。《爾雅》曰：宫中之門謂之闈。洞，達也。南北外内、東西左右掖門，皆洞達相通。善曰：《禮記》曰：大夫濟濟，庶士鏘鏘。毛萇《詩傳》曰《詩傳》曰：猗猗、萋萋，茂盛貌也。《東京賦》曰：惠風横被。邊讓《帝臺賦》曰：惠風如春施。《家語》，舜曰：南風之薰兮。王肅曰：薰，風至之貌也。《論衡》曰：甘露味如飴蜜，王者太平則降。鄭玄《周禮注》曰：醴，今甜酒。禁臺省中，連闥對廊。直事所繇，典刑所藏。藹藹列侍，金蜩齊光。詰朝陪幄，納言有章。亞以柱後，執法内侍。符節謁者，典璽儲吏。膳夫有官，藥劑有司。肴醳順時，腠理則治。升賢門内聽政闥，向外東入有納言闥、尚書臺。宣明門内升賢門，升賢門外東入有内醫署。顯陽門内宣明門外，東入最南有謁者臺閣，次中央符節臺閣，最北御史臺閣，三臺並别西向。符節臺東有丞相諸曹。善曰：《魏武集》，荀欣等曰：漢制，王所居曰禁中，諸公所居曰省中。《淮南子》曰：連闥通房，人所安也。直事，若今之當直也。蔡邕《獨斷》曰：直事尚書一人，典刑。《周禮》六典八刑也。建安十八年，始置侍中、中尚書、御史、符節、謁者。金蜩，金蟬。蔡邕《獨斷》曰：侍中、常侍皆冠惠文，加貂附蟬。《左氏傳》曰：詰朝將見。杜預曰：詰朝，平旦也。《周禮》曰：幕人掌幄帟。鄭玄曰：王所居之帳也。《尚書·舜典》曰：龍，命汝作納言。應劭《漢書注》曰：納言，如今尚書官，王之喉舌也。《毛詩》曰：出言有章。《漢書音義》曰：柱後，以鐵爲柱，今法冠是。如淳曰：御史冠也。符節掌璽，故云典璽。漢有尚符璽。謁者受事，故曰儲吏。《漢書》，謁者掌贊受事。《周禮》：膳夫，上士。又曰：醫師掌毒藥，共醫事。鄭玄《周禮注》曰：劑，和也。又《禮記注》曰：舊醳之酒，謂昔酒也。《呂氏春秋》：伊尹曰：用新去陳，腠理遂通。高誘曰：腠理，肌脈也。於後則椒鶴文石，永巷壼術。楸梓木蘭，次舍甲乙。西南其户，成之匪日。丹青焕炳，特有温室。儀形宇宙，歷像賢聖。圖以百瑞，綷以藻詠。芒芒終古，此焉則鏡。有虞作繪，兹亦等競。近世王者後宫，以椒房爲通稱。聽政殿後有鳴鶴堂、楸梓坊、木蘭坊、文石室，後宫所止也。壼，宫中巷也。術，道也。鳴鶴堂之前，次聽政殿之後，東西二坊之中央有温室，中有畫像讚。尚書，咎繇薦，舜曰：予欲觀古人之象，日月星辰，山龍華蟲，作繪粉米。永巷，掖庭之别名。善曰：《列女傳》曰：姜后待罪永巷。《周禮》曰：正宫掌宫中次舍。甲乙謂次舍之名，以甲乙紀之也。《毛詩》曰：築室百堵，西南其户。又曰：不日成之。藻詠，文藻頌詠也。芒芒，遠貌也。《楚辭》曰：長無絶兮終古。《廣雅》曰：鑑謂之鏡，照也。鄭玄《論語注》曰：繪，畫也。

『右則疏圃曲池，下畹高堂。蘭渚莓莓，石瀨湯湯。弱葼係實，輕葉振芳。奔龜躍魚，有睽呂梁。馳道周屈於果下，延閣胤宇以經營。飛陛方輦而徑西，三臺列峙以崢嶸。亢陽臺於陰基，擬華山之削成。上累棟而重霤，下冰室而沍冥。文昌殿西有銅爵園，園中有魚池堂皇。班固曰：畹，三十畝也。《離騷》曰：既滋蘭之九畹。石瀨，湍也。水激石間，則怒成湍。葼，木之細枝者也。楊雄《方言》曰：青、齊、兗、豫之間謂之葼，故傳曰：慈母怒子，折葼而笞之，其惠存焉。《莊子》曰：呂梁懸水三十仞，流沫三十里，黿鼉魚鼈之所不能遊也。漢厩舊有樂浪所獻果下馬，高三尺，以駕輦車。銅爵園西有三臺，中央有銅爵臺，南則金虎臺，北則冰井臺，有屋一百一間。金虎臺有屋一百九間。冰井臺有屋百四十五間，上有冰室。三臺與法殿皆閣道相通，直行爲徑，周行爲營。建安十五年作銅雀臺。《山海經》曰：太華之山，削成四方。沍，堅也。春秋《左氏傳》曰：固陰沍寒。善曰：《楚辭》曰：坐堂伏檻臨曲池。曹植《責躬詩》曰：夕宿蘭渚。《左氏傳》曰：原田莓莓。杜預曰：若原田之草莓莓然。《楚辭》曰：石瀨兮淺淺。《説文》曰：瞭，察也。《漢書》曰：太子不敢絶馳道。應劭曰：天子道也，若今之中道。延，相連延也。《淮南子》曰：延樓棧道。《魯靈光殿賦》注：飛陛，揭孽；方輦，言廣也。《甘泉賦》曰：似紫宮之崢嶸。《魯靈光殿賦》曰：榭而高大謂之陽，基在小故曰陰基。周軒中天，丹墀臨猋。增搆峩峩，清塵彯彯。雲雀踶甍而矯首，壯翼摛鏤於青霄。雷雨窈冥而未半，皦日籠光於綺寮。習步頓以升降，御春服而逍遥。八極可圍於寸眸，萬物可齊於一朝。丹墀，以丹與蔣離合用塗地也。《爾雅》曰：扶搖謂之猋。猋，上也，風從下升也。班固《西都賦》説鳳闕曰：上觚稜而棲金雀。凡鳥之棲也，羽翼戢弭，以今揆古，言棲非所睹之形也。張衡《西京賦》曰：鳳騫翥於甍標，感懇風而欲翔。此鳳之有定有住，尚向風而無一方，則不宜言懇風也。但鳥跱則形定翼住，飛則斂足絶據，踶則舉羽翮用勢，若將飛而尚住，故言雲雀踶甍而矯首也。《王吉傳》曰：進退步趨以實下。言人不行則膝脛以下虚弱不實也。眸，眸子也。王褒《甘泉賦》曰：十分未升其一，增惶懼而目眩；若播岸而臨坑，登木末以闚泉。楊雄《甘泉賦》説臺曰：鬼魅不能自逮，半長途而下顛。班固《西都賦》説臺曰：攀井干而未半，目眩轉而意迷。捨靈檻而卻倚，若顛墮而復稽。張衡《西京賦》説臺曰：將乍往而未半，怵悼栗而竦矜，非都盧之輕蹻，孰能超而究升？此四賢所以説臺榭之體，皆危峴悚懼，雖輕捷與鬼神，由莫得而自逮也。非夫王公大人，聊以雍容升高，彌望得意之謂也。異乎《老子》曰若春升臺之爲樂焉，故引習步頓以實下，稱八方之究遠，適可以圍於徑寸之眸子，言其理曠而當情也。《莊子》有《齊物》之論。善曰：軒，長廊之有窗也。《列子》曰：周穆王築臺，號中天臺。《漢典職儀》曰：以丹漆地，故稱丹墀。《西都賦》曰：正殿崔嵬曾構。《七發》曰：蒙清塵。毛萇《詩傳》曰：壯，健也。摛鏤，摛布其彫鏤也。《説文》曰：窈窕，深遠也。冥，幽昧也。《毛詩》曰：有如皦日。《西京賦》曰：交綺豁以疏寮。《論語》：曾點曰：春服既成。《毛詩》曰：於焉逍遥。《淮南子》曰：八紘之外，乃有八極。趙岐《孟子章句》曰：眸，目童子也。長塗牟首，豪徼互經。晷漏肅唱，明宵有程。附以蘭錡，宿以禁兵。司衛閑邪，鉤陳罔驚。牟者，閣道有説者也。《霍光傳》，説昌邑王輦道牟首，鼓吹歌舞。豪，徼道也。晷漏，漏刻也。善曰：《説文》曰：晷，景，故曰晷漏。《漢書》，房中歌曰：肅倡和聲。《字書》，倡，亦唱字也，程，猶限也。程，與呈通。《西京賦》曰：武庫禁兵，設在蘭錡。建安二十二年，初置衛尉。《漢書》曰：漢尉掌宮門衛屯兵。《周易》曰：閑邪存其誠。《樂汁圖》曰：鉤陳，後宮也。服虔《甘泉注》曰：紫宮外營鉤陳星。於是崇墉濬洫，嬰堞帶涘。四門轥轥，隆厦重起。憑太清以混成，越埃壒而資始。藐藐標危，亭亭峻趾。臨焦原而不怳，誰勁捷而無猥？與岡岑而永固，非有期乎世祀。陽靈停曜於其表，陰祇蒙霧於其裏。墉，城也。濬，深也。洫，城溝也。張衡《西京賦》曰：經城洫。堞，城上女牆也。賈誼曰：翟伐衛，寇俠城堞。涘，厓也。《毛詩》云：夏屋渠渠。又曰：既成藐藐。《尸子》曰：莒國有石焦原者，廣尋長五十步，臨百仞之谿，莒國莫敢近也。有勇以見莒子者，獨卻行齊踵焉，所以服莒國也。善曰：薛綜《西京賦注》曰：轥轥，高貌也。鶡冠子曰：上及太清，下及太寧。《老子》曰：有物混成，先天地生。《西都賦》曰：軼埃壒之混濁。《周易》曰：萬物資始。王逸《楚辭注》曰：藐藐，遠也。《説文》曰：標，末也。鄭玄《禮記注》曰：危，棟上也。《西京賦》曰：狀亭亭以苕苕。《説文》曰：阯，基也。《論語》曰：慎而無禮則葸。猥與葸同。陽靈，天神也。《甘泉賦》曰：齊乎陽靈之宮。《周禮》曰：掌地祇之禮也。苑以玄武，陪以幽林。繚垣開囿，觀宇相臨。碩果灌叢，圍木竦尋。篁筱懷風，蒲陶結陰。回淵灌，積水深。蒹葭贙，雚蒻森。丹藕淩波而的皪，綠芰泛濤而浸潭。羽翮頡頏，鱗介浮沈。棲者擇木，雊者擇音。若咆渤澥與姑餘，常鳴鶴而在陰。表清籞，勒虞箴。思國恤，忘從禽。樵蘇往而無忌，即鹿縱而匪禁。玄武苑在鄴城西，苑中有魚梁釣臺竹園，蒲陶諸果。《詩》曰：集于灌木。《春秋左氏傳》曰：鳥則擇木。又曰：鹿死不擇音。皆自得之謂也。雊者，舉雉兔之類，不傷其時，況其巨者乎！楊雄曰：勃澥之鳥。《淮南子》曰：軼鶤鷄於姑餘。《易》曰：鳴鶴在陰，其子和之。張衡《東京賦》曰：江池清籞。虞箴，虞人之箴也，事見《春秋》。其辭曰：芒芒禹迹，畫爲九州，經啓九道。人有寢廟，獸有茂草，各有攸處，德用不擾。在帝夷羿，冒于原獸，忘其國恤，思其麀牡。武不可重，是用不恢于夏家。獸臣司原，敢告僕夫。《周易》曰：即鹿無虞，往從禽也。《孟子》，齊宣王問曰：文王之囿方七十里，有諸？《孟子》對曰：於傳有之。曰：若是其大乎？答曰：民猶以爲小也。曰：寡人之囿方四十里，民猶以爲大，何也？答曰：文王之囿方七十里，芻蕘者往焉，雉兔者往焉，與民同之。民以爲小，不亦宜乎？臣始至於境，問國之大禁，然後敢入。臣聞郊關之内有囿方四十里，殺其麋鹿者如殺人之罪。則是四十里爲阱於國中。民以爲大，不亦宜乎？言樵蘇往而無忌，即鹿縱而匪禁者，蓋同乎周文之德，異乎齊宣之意。善曰：《西都賦》曰：幽林穹谷。《西京賦》曰：繚垣綿連。《周易》曰：碩果不食。《莊子》曰：見巨木其絜百圍。《孫子》曰：水深則回。《説文》曰：淵，回水也。《毛詩》

曰：有灌者泉。《文子》曰：積水成海。《説文》曰：贊，分別也。《本草》曰：藕，一名水芝。《爾雅》曰：荷，芙蕖，其根藕。此文云淩波而的皪，即藕爲遍名，非唯根矣。的皪，光明也。《上林賦》曰：的皪江靡。鄭玄《周禮注》曰：陵，芰也。《説文》曰：白濤，大波也。浸潭，漸漬也，隨波之貌。《洞簫賦》曰：玉液浸潭而承其根。毛萇《詩傳》曰：飛而上曰頡，飛而下曰頏。《周禮》曰：川澤宜鱗物，墳衍宜介物。鄭玄曰：鱗，魚龍之屬。介，龜鼈之屬，水居陸生者也。《漢書音義》，晉灼曰：樵，取薪也；蘇，取草也。腜腜坰野，奕奕菑畝。甘荼伊蠢，芒種斯阜。西門溉其前，史起灌其後。墱流十二，同源異口。畜爲屯雲，泄爲行雨。水澍粳稌，陸蒔稷黍。黝黝桑柘，油油麻紵。均田畫疇，蕃廬錯列。薑芋充茂，桃李蔭翳。家安其所，而服美自悦。邑屋相望，而隔逾奕世。腜腜，美也。《詩》云：周原腜腜，堇荼如飴。《爾雅》曰：田一歲曰菑。《詩》云：薄言采芑，于此菑畝。《周官》曰：澤草所生，種之芒種。鄭司農曰：芒種，稻麥也。今鄴下有十二墱天井優，在城西南，分爲十二墱。微子《麥秀之歌》曰：黍苗油油。漢制，列侯、公主田無過三十頃者，其餘各以官次。哀帝時，董賢賜田猥多，王嘉上疏：均田之制，從此隳壞。疇者，界也。埒，畔際也。《詩》云：中田有廬。《孟子》曰：五畝之宅，樹之以桑。故曰蕃廬錯列。《老子》曰：甘其食，美其服，樂其俗，安其居。鄰里相望，鷄犬之聲相聞，人至老死不相與往來。善曰：《韓詩》曰：周原腜腜。《毛詩》曰：奕奕梁山，維禹甸之。賈逵《國語》曰：阜，長也。《河渠書》曰：西門豹引漳水溉鄴，以富魏之河內。《漢書》曰：史起爲鄴令，遂引漳水溉鄴，人歌之曰：鄴有賢令兮爲史公，決漳水兮灌鄴旁。終古潟鹵兮生稻粱。水陸，謂高下之田也。二渠之利，下則澍生粳稌，高則植立稷黍也。《説文》曰：澍，時雨，所以澍生萬物者也。《方言》曰：蒔，更也。郭璞曰：謂更種也。《爾雅》曰：黑謂之黝。郭璞曰：黝，黑貌也。《聲類》曰：油油，麻肥也。《莊子》曰：治邑屋，曷嘗不法聖人哉！謝承《後漢書》曰：王翁位二千石，奕世相襲。

『內則街衝輻輳，朱闕結隅。石杠飛梁，出控漳渠。疏通溝以濱路，羅青槐以蔭塗。比滄浪而可濯，方步櫚而有逾。習習冠蓋，莘莘蒸徒。斑白不提，行旅讓衢。設官分職，營處署居。夾之以府寺，班之以里閭。鄴城內諸街，有赤闕黑闕正當東西南北城門，最是其通街也。石竇橋在宮東，其水流入南北里。《爾雅》曰：石杠謂之倚。郭璞曰：石橋，音江。疏，通也。魏武帝時堰漳水，在鄴西十里，名曰漳渠堰。東入鄴城，經宮中東出，南北二溝夾道，東行出城，所經石竇者也。《楚辭》曰：滄浪之水清，可以濯吾纓。善曰：杜預《左氏傳注》曰：衢，交道也。《文子》曰：羣臣輻湊。李尤德《陽殿賦》曰：朱闕巖巖。晉灼《漢書注》曰：飛梁，浮道之橋。《小雅》曰：控，引也。步櫚，長廊也。《楚辭》曰：曲屋步櫚宜擾畜。《上林賦》曰：步櫚周流，長途中宿。蔡雍《胡憶碑》曰：祁祁我君，習習冠蓋。毛萇《詩傳》曰：莘莘，衆多也。《禮記》曰：斑白者不提挈。鄭玄曰：雜色曰斑。《家語》曰：虞、芮二國爭田，入文王境，行者讓路。《周禮》曰：設官分職，以爲民極。小雅曰：班，次也。其府寺則位副三事，官逾六卿。奉常之號，大理之名。厦屋一揆，華屏齊榮。肅肅階䦧，重門再扃。師尹爰止，毗代作楨。當司馬門南出，道西最北東向相國府，第二南行御史大夫府，第三少府卿寺。道東最北奉常寺，次南大農寺。出東掖門正東，道南西頭太僕卿寺，次中尉寺。出東掖門，宮東北行北城下，東入大理寺。宮內大社西郎中令府。城南有五營。魏武帝爲魏王時，太常號奉常，廷尉號大理。建安十八年，始置侍中、尚書、御史、符節、謁者、郎中令、太僕、大理、大農、少府、中尉。二十一年，大理鍾繇爲相國，始置太常宗正。二十二年，以軍師華歆爲御史大夫。初置衛尉時，武帝爲魏王，置相國、御史大夫，故云位副三事。置卿近九，故曰官逾六卿。善曰：《毛詩》曰：三事大夫，莫肯夙夜。夏屋，已見上注。鄭玄《禮記注》曰：畫，華也。《爾雅》曰：屏謂之樹。鄭玄《禮記注》曰：榮，屋翼也。《爾雅》曰：兩階間曰䦧。《周易》曰：重門擊柝。《説文》曰：扃，門之關也。《毛詩》曰：赫赫師尹。毛萇曰：太師，周之三公也。尹氏爲太師。《毛詩》曰：天子是毗。又曰：王國克生，維周之楨。毛萇曰：楨，幹也。其閭閻則長壽吉陽，永平思忠。亦有戚里，寘宮之東。閈出長者，巷苞諸公。都護之堂，殿居綺窗。輿騎朝猥，蹀斂其中。長壽、吉陽、永平、思忠，四里名也。長壽、吉陽二里在宮東，中當石竇。吉陽南入，長壽北入，皆貴里。都護者，將軍曹淵也。《漢書·萬石君傳》曰：徙其家長安戚里，以姊爲美人故。善曰：《古詩》云：交疏結綺窗。《廣雅》曰：猥，衆也。《聲類》曰：蹀，躡也。《説文》曰：斂，區也。營客館以周坊，餝賓侶之所集。瑋豐樓之閈閎，起建安而首立。葺牆冪室，房廡雜襲。剞劂罔掇，匠斲積習。廣成之傳無以疇，稾街之邸不能及。鄴城南有都亭，城東亦有都道，北有大邸，起樓門臨道，建安中所立也。古者重客館，故舉年號也。《春秋左傳》曰：高其閈閎，繕完葺牆，以待賓客。圬人以時冪館宮室。子産曰：僑聞文公之爲盟主也，宮室卑埤，以崇大諸侯之館，館如公寢。《爾雅》曰：閎，巷門也。一曰：閎，門中所從出入也。葺，覆也。圬人，塗人也。冪，墁也。館宮室，諸侯傳也。《史記》，藺相如奉璧西入秦，秦舍相如廣城傳。善曰：《説文》曰：廡，堂下周屋也。許慎《淮南子注》曰：剞劂，曲刀也。鄭玄《論語注》曰：輟，止。掇，古字通。張晏《漢書注》曰：疇，等也。《漢書》曰：郅支首懸槀街蠻夷邸間。晉灼曰：黄圖，在長安城内也。廓三市而開廛，籍平逵而九達。班列肆以兼羅，設闤闠以襟帶。濟有無之常偏，距日中而畢會。抗旗亭之嶤嶭，侈所覘之博大。《周禮》，大市，日昃而市；朝市，朝時而市；夕市，日夕而市。此三市之謂也。達，已見上章。傳曰：達市在達之上。《易》曰：日中爲市，致天下之人，聚天下之貨，交易而退，各得其所。善曰：有無，謂貨物之多少也。二者常偏，此能濟之也。《孟子》曰：古之爲市也，以其所有，易其所無。《西京賦注》曰：旗亭，市樓也。嶤嶭，高峻之貌。《爾雅》曰：覘，視也。百隧轂擊，連軫萬貫，憑軾捶馬，袖幕紛半。壹八方而混同，極風采之異觀。質劑平而交易，刀布貿而無算。軾，車横覆膝，人所憑也。《周官》曰：聽賣買以質劑。又曰：以質劑結信而止訟。鄭玄曰：質劑，謂兩書一札而别之也，若今下手書，保物要還矣。質，大賈也。劑，小賈也。刀布，錢刀之謂。荀卿書曰：省刀布之斂。善曰：《西京賦》曰：俯察百隧。《史記》，蘇秦曰：臨菑之塗，車轂擊，人肩摩，連衽成帷，舉袂成幕。《左傳》曰：楚子玉謂晉侯曰：君憑軾而觀之。《説文》曰：捶，擊也。《河圖龍文》曰：八方歸德。《淮南子》曰：采俗者，所以一羣生之短脩，明九夷之風采。高誘曰：風，俗。采，事也。財以工化，賄以商通。難得之貨，此則弗容。器周用而長務，物背窳而就攻。不鬻邪而豫賈，著馴風之醇醲。《周官》曰：百工飭貨八材，商賈阜通貨賄。《漢書·貨殖傳》曰：桓、文之後，禮義大壞，上下相冒，於是商通難得之貨，工作無用之器。攻者，堅也。《詩》曰：我車既攻。通物曰商，居賣曰賈。《禮記·王制》曰：器用不中度，不鬻於市；布帛精粗不中數，幅廣狹不中量，不鬻於市；姦色亂正色，不鬻於市；禽獸魚鼈不中殺，不鬻於市。此皆不鬻邪之義。《史記》曰：子産治鄭，不鬻賈。《周官》曰：平肆展成。鄭玄曰：展，整也。成，平也。市者使定物賈，防誑豫也。善曰：《廣雅》曰：財，貨也。財與材古字通。《爾雅》曰：賄，財也。《廣雅》曰：長，常也。言常習之。《史記》曰：舜居河濱，器不苦窳。晉灼曰：窳，病也。《淮南子》曰：黄帝治天下，市不豫賈。《周易》曰：馴致其道。仲長子《昌言》曰：淑清穆和之風既宣，醇醲之化既浹。孔安國《尚書傳》曰：醇，粹也。《説文》曰：醲，厚酒也。優渥，然以酒之醲以喻政厚也。白藏之藏，富有無隄。同賑大内，控引世資，賨幏積墆，琛幣充牣。關石之所和鈞，財賦之所底慎。燕弧盈庫而委勁，冀馬填廄而駔駿。白藏庫在西城下，有屋一百七十四間。《爾雅》曰：秋爲白藏，因以爲名也。大内，京邑都内寶藏也。《漢書》，淮南王安上疏曰：越人貢財之奉，不輸大内。《食貨志》曰：或墆財。《夏書》曰：關石和鈞，王府則有。此夏之逸書。《禹貢》曰：庶土交正，厎慎財賦，咸則三壤。鄴城西下有乘黄廄。燕，幽州也。弧，弓也。《爾雅》曰：北方之美者，有幽都之筋角焉。《春秋左傳》曰：冀之北土，馬之所生。善曰：《周易》曰：富有之謂大業。《漢書》，東方朔曰：不足以危無隄之輿。蘇林曰：隄，限也。《爾雅》曰：賑，富也。《風俗通》曰：槃瓠之後，輸布一匹二丈，是謂賨布。廩君之巴氏，出幏布八丈。賈逵《國語注》曰：關，通也。鄭玄《儀禮注》曰：和，調也。孔安國《尚書傳》曰：金鐵曰石，供民器用，通之使和平。《子虚賦》曰：充仞其中。《説文》曰：駔，壯馬也。

『至乎勍敵糾紛，庶土罔寧。聖武興言，將曜威靈。介冑重襲，旍旗躍莖。弓珧解檠，矛鋋飄英。三屬之甲，縵胡之纓。控弦簡發，妙擬更嬴。建安十九年五月，立魏公，位諸侯王上，赤紱，遠遊冠。二十一年，進爵爲王。二十二年，得設天子旍旗，出警入蹕，賜朱冠，冕十二旒，金根車，駕六馬，建太常，設五時副車。《爾雅》曰：弓以蜃者謂之珧。蜃，骨也。檠，弓柙也。《詩》云：二矛重英。《漢書·刑法志》曰：魏氏武卒，衣三屬之甲。趙惠文王好劍，劍士夾門而客者三千人。趙太子悝謂莊周曰：吾王所見劍士，皆蓬頭突鬢，垂冠縵胡之纓，短後之衣，瞋目而語難者，王乃悦之。《戰國策》，更嬴謂魏王曰：臣能虚發而下鴈。魏王曰：然則射可至於此乎？更嬴曰：可。有鴈從南方來，更嬴虚發而鴈下。善曰：《左氏傳》曰：子魚曰：勍敵之人，隘而不成列。杜預曰：勍，强也。《尚書》曰：庶土交正。《毛詩》曰：庶士有揭。又曰：興言出宿。《長楊賦》曰：以露威靈。《金匱》曰：良弓非勍檠不張。《説文》曰：鋋，小矛。《史記》曰：冒頓自立爲單于，控弦之士三十萬。班固《漢書》李廣述曰：控弦貫石，威動北鄰。《爾雅》曰：簡，擇也。謂擇處而發也。齊被練而銛戈，襲偏裻以讀列。畢出征而中律，執奇正以四伐。碩畫精通，目無匪制。推鋒積紀，鉟氣彌鋭。三接三捷，既晝亦月。剋翦方命，吞滅咆烋。雲撤叛换，席捲虔劉。禓威八紘，荒阻率由。洗兵海島，刷馬江洲。振旅軥軥，反旆悠悠。凱歸同飲，疏爵普疇。朝無刓印，國無費留。《春秋左傳》曰：被練三千。馬融曰：練爲甲裘。《史記》，蘇代曰：强弩在前，銛戈在後。《司馬法》曰：師多則讀。孫武曰：奇正還相生，若環之無端。《莊子》曰：庖丁爲文惠君屠牛，手之所觸，莫不中音，合於桑林之舞。文君曰：善哉技！庖丁對曰：臣好者道，進乎技矣。臣始解牛時，所見無非牛者。三年之後，未嘗見全牛也。今臣以神遇而不以目視也。良庖歲更刀，割也；族庖月更刀，折也。今臣刀十九年矣，所解數千牛也。而刀刃若新發於硎。若彼節者有間，而刀刃者無厚；以無厚入有間，恢乎其於遊刃必有餘地矣。文君曰：善。吾聞丁之言，得養生焉。一紀，十二年。推鋒積紀，謂魏武帝從初平元年起兵，至建安二十五年，軍無不剋，抑亦庖丁用刀十九年之義也。孫武曰：避其鋭氣。謂鋭氣之利甚於鋒刃也。《易》曰：晉，康侯用錫馬蕃庶，晝日三接。《詩》云：一月三捷。既晝亦月者，蓋取其頻繁之數，或日或月也。方命，放棄王命也。《尚書》曰：咈哉方命。剋翦方命者，謂始起兵誅董卓之首亂漢室也。咆烋，猶咆哮也，自矜健之貌也。《詩》云：咆烋於中國。吞滅咆烋者，剋默韓暹、楊奉之專用王命也。叛換，猶恣睢也。《漢書》曰：項氏叛換。雲撤換叛者，謂討破袁紹，猶勝項羽也。虔劉，殺也。《春秋左傳》，呂相絶秦曰：虔劉我邊陲。席捲虔劉者，謂擒呂布於徐州，剋袁術於揚州，平韓約、馬超於雍州，降劉表於荆州之屬也。祲威八紘、荒阻率由者，謂北羈單于于白屋，東懷孫權於吳會，西攝劉備於巴蜀也。刷，小嘗也。司馬相如《梨賦》曰：唰嗽其漿。《史記》，蘇秦曰：輷輷殷殷，若三軍之衆。《穀梁傳》曰：入曰振旅，兵事以嚴終也。《春秋左傳》曰：凡公行，告於宗廟，反行飲至。《漢書》曰：疏爵而貴之。疏爵普疇，疇其爵邑者。刓印，印角刓也。《韓信傳》曰：項王有功當封爵，印刓忍不能與。《孫子兵法》曰：戰勝而不脩其賞者凶，命曰費留。善曰：《國語》曰：公使申生伐東山。韋昭注曰：東山，皋落氏也。衣之偏裻之衣。韋昭注曰：裻在中，左右異，故曰偏裻，音督。《説文》曰：讀列，中止也。然讀列，或止或列。《周易》曰：師出以律。《漢書》，楊雄上疏曰：石畫之臣甚衆。《史記》曰：秦穆公與晉惠公戰於韓地，秦人見穆公窘，亦皆推鋒爭死。《尚書》曰：方命圮族。《春秋感精符》曰：楚圖宋，更相吞滅。《春秋推誠圖》曰：諸侯冰散席捲，各爭恣妄。《西都賦》曰：祲威盛容。《淮南子》曰：八澤之外，乃有八紘。《尚書》曰：率由典常，以藩王室。魏武《兵接要》曰：大將將行，雨濡衣冠，是謂洗兵。刷，猶飲也，所劣切。劉劭《七華》曰：漱馬河源，遊目崑崙。《蒼頡篇》曰：輷輷，衆車聲也，呼萌切。今爲輷字，音田。《毛詩》曰：悠悠旆旍。魏武《孫子》注曰：賞不以時，但留費也。

『喪亂既弭而能宴，武人歸獸而去戰。蕭斧戢柯以柙刃，虹旍攝麾以就卷。斟《洪範》，酌典憲。觀所恒，通其變。上垂拱而司契，下緣督而自勸。道來斯貴，利往則賤。囹圄寂寥，京庾流衍。《尚書》曰：往伐歸獸。桓譚《新論》，雍門周説孟嘗君曰：以强秦之勢伐弱燕，譬猶礰蕭斧以伐朝菌也。馬融《廣成頌》曰：建雄虹之長旍。《洪範》，箕子陳政術之篇也。《易》曰：觀其所恒，而天地萬物之情可見矣。又曰：通其變，使人不倦。《老子》曰：聖人執左契而不責於人，有德司契，無德司徹。善曰：《毛詩》曰：喪亂既平，周公攝政，弘化弭亂。《司馬法》曰：以戰去戰，雖戰可也。柙，胡甲反。《尚書》曰：垂拱而天下治。《莊子》曰：緣督以爲經，可以保身，可以全生。司馬彪曰：緣，順也。督，中也。順守道中，以爲常也。《禮記》曰：仲春省囹圄。《文子》曰：法寬刑緩，囹圄空虛。《毛詩》曰：曾孫之庾，如坻如京。鄭玄曰：庾，露積穀也。於時東鯷卽序，西傾順軌。荆南懷憓，朔北思韙。綿綿迥塗，驟山驟水。繦負賮贄，重譯貢篚。髽首之豪，鐻耳之傑。服其荒服。斂衽魏闕。置酒文昌，高張宿設。其夜未遽，庭燎晰晰。有客祁祁，載華載裔。岌岌冠縰，纍纍辮髮。清酤如濟，濁醪如河。凍醴流澌，温酎躍波。豐肴衍衍，行庖皤皤。愔愔醧讌，酣湑無譁。《地理志》曰：會稽海外，有東鯷人，分爲二十餘國，以歲時獻見。《尚書·禹貢》曰：織皮西傾，因桓是來。織皮，西戎國也。憓，順也。司馬相如《封禪書》曰：義征不憓。《淮南子》曰：三苗髽首。賮，禮贄也。《周官》曰：九州之外，謂之藩國，世一見，各以其所貴寶爲贄。《孟子》曰：將有遠行，行者必以賮。《蒼頡篇》曰：賮，財貨也。建安二十一年，匈奴南單于呼韓廚泉將其名王大人來朝，待以客禮。張衡《南都賦》曰：九醖甘醴，十旬兼清。蘇秦曰：齊有清濟濁河。《楚辭·小招魂》曰：挫糟凍飲酎清涼。王逸曰：凍，冷也。酎，三重釀醇酒也。《韓詩》云：賓爾籩豆，飲酒之醧。能者飲，不能者已，謂之醧。許氏曰：醧，酒美也。善曰：《尚書》曰：西戎卽序。《尸子》曰：荆者非無東西也，而謂之南，其南者多也。杜預《左氏傳》注曰：韙，是也。《論語》曰：襁負其子。《博物志》曰：織縷爲之，以約小兒於背上。《尚書》曰：厥貢漆絲，厥篚織文。《山海經》曰：青要之山，魋武羅司之，穿耳以鐻。郭璞曰：鐻，金銀之器名。魋，音神。鐻，音渠。《漢書》曰：高張四縣。晉灼曰：樂四縣也。《周禮》曰：凡樂事宿縣。《毛詩》曰：夜未央。鄭玄曰：未渠央也。《毛詩》曰：庭燎晰晰。又曰：采繁祁祁。《楚辭》曰：高余冠之岌岌。鄭玄《禮記》注曰：纚，今之幘也。纚與縰同。《漢書》曰：諸侯纍纍從楚。又，終軍曰：解辮髮，削左衽。《毛詩》曰：既載清酤。《説文》曰：澌，流冰也。《周易》曰：鴻漸于磐，飲食衎衎。王肅曰：衎衎，寬饒之貌也。皤皤，豐多貌也。《韓詩》曰：愔愔夜飲。薛君曰：愔愔，和悦之貌也。孔安國《尚書傳》曰：樂酒曰酣。《毛詩》曰：迨我暇矣，飲此湑矣。《毛詩》曰：湑，茜也。鄭玄曰：沛，茜之也。一曰：湑，樂也。謳，乙據反。延廣樂，奏九成。冠韶夏，冒六莖。僣響起，疑震霆。天宇駭，地廬驚。億若大帝之所興作，二嬴之所曾聆。善曰：賈逵《國語注》曰：延，陳也。《尚書》曰：簫韶九成，鳳凰來儀。樂動聲儀曰：帝嚳樂曰六英，帝顓頊曰五莖，舜曰大韶，禹曰大夏。宋衷曰：六英，能爲天地四時六合也。五莖，能爲五行之道，立根本也。《漢書》曰：顓頊作六莖。夏，大承二帝也。韶，繼堯也。僣與曹古字通。《西京賦》曰：大帝説秦穆公而覲之，饗以鈞天廣樂。《史記》曰：趙簡子病，扁鵲視之曰：昔秦穆公嘗如此，七日而寤。寤之日，告公孫支曰：我之帝所甚樂。帝告我晉國且大亂。今主君之疾與之同。二日，簡子寤曰：我之帝所甚樂，與百神遊於鈞天，廣樂九奏萬舞，不類三代之樂。又曰：趙氏之先，與秦同祖。然則秦、趙同姓，故曰二嬴也。《博雅》曰：聆，聽也。金石絲竹之恒韻，匏土革木之常調。干戚羽旄之飾好，清謳微吟之要妙。世業之所日用，耳目之所聞覺。雜糅紛錯，兼該泛博。鞮鞻所掌之音，韎昧任禁之曲。以娛四夷之君，以睦八荒之俗。鞮鞻，周掌樂官名也。《周官》，鞮鞻氏掌四夷之樂與其聲歌。《韓詩內傳》曰：王者舞六代之樂，舞四夷之樂，大德廣之所及。善曰：《周禮》曰：播之以八音：金、石、土、革、絲、木、匏、竹。《禮記》□曰：干戚羽旄謂之樂。鄭玄曰：干，盾也。戚，斧也。武舞所執。羽，翟羽也。旄，旄牛尾。文舞所執。魏文帝《樂府》曰：短歌微吟不能長。《孔叢子》曰：世業不替。《周易》曰：百姓日用而不知。鄭玄《周禮注》曰：鞮鞻，四夷舞者扉也。鞮，都泥反。鞻，俱具反。毛萇《詩傳》曰：東夷之樂曰韎。《孝經·鉤命決》曰：東夷曰味，南夷曰任，西夷之樂曰株離，北夷之樂曰禁。然韎、昧皆東夷之樂，而重用之，疑誤也。《甘泉賦》曰：八荒協兮萬國諧。

『既苗既狩，爰遊爰豫。藉田以禮動，大閲以義舉。備法駕，理秋御。顯文武之壯觀，邁梁騶之所著。夏獵曰苗，冬獵曰狩。建安二十一年三月，魏武帝親耕藉田于鄴城東。建安二十二年十月甲午，治兵，上親執金鼓，以詔進退。大閲，講武也。《魯詩傳》曰：古有梁騶。梁騶，天子獵之田曲也。善曰：《孟子》，夏諺曰：吾王不遊，吾何以休？吾王不豫，吾何以助？一遊一豫，爲諸侯度。《禮記》曰：天子爲藉田千畝。《公羊傳》曰：大閲者何？簡車馬也。蔡邕《獨斷》曰：天子有法駕。《莊子》曰：尹需學御三年而無所得，夜夢受秋駕於其師。明日往朝其師，其師望而謂之曰：吾非獨愛道也，恐子之未可與也。今將教子以秋駕。司馬彪曰：秋駕，法駕也。《史記》曰：此天下之壯觀也。林不槎枿，澤不伐夭。斧斨以時，罾罛以道。德連木理，仁挺芝草。皓獸爲之育藪，丹魚爲之生沼。矞雲翔龍，澤馬亍阜。山圖其石，川形其寶。莫黑匪烏，三趾而來儀。莫赤匪狐，九尾而自擾。嘉穎離合以蓴蓴，醴泉湧流而浩浩。顯禎祥以曲成，固觸物而兼造。蓋亦明靈之所酬酢，休徵之所偉兆。草木未成曰夭。斨，方銎斧也。《詩》曰：取彼斧斨，以伐遠揚。延康元年，木連理，芝草生於樂平郡，白鹿白獐見於郡國，赤魚見於太原郡。黄初元年十一月，黄龍高四五丈，出雲中。張口正赤。矞雲者，外赤內青也。楊雄《太玄經》曰：紫霓矞雲。澤馬見於上黨郡。瑞石靈圖出於張掖之柳谷，始見於建安，形成於黄初，文備於大和，周圍七尋，中高一仞，旁厚一里，蒼質素章，龍馬鳳凰仙人之象，粲然盛著，是以有魏詩雲鳥之書。黄初二年，醴泉出，河內郡玉璧一枚。延康元年，三足烏、九尾狐見於郡國，嘉禾生，醴泉出。《易》曰：顯道而神德行。是故可與酬酢，可與佑神矣。賓主俱飲，主人先舉，名曰酬。客酌主人酒，名曰酢。酢者，報也。行道德，宇神明，而祥瑞皆至。此蓋明靈感應之理，其與人事交報之義也，故曰蓋亦明靈酬酢也。善曰：《國語》，里革曰：山不槎蘖，澤不伐夭。【略】《文子》曰：鷹隼未擊，羅罔不得張谷；草木未落，斤斧不得入山林。《孝經援神契》曰：德至草木，則木連理。《古瑞命記》曰：王者慈仁，則芝草生。《説文》曰：亍，步也，丑赤反。《毛詩》曰：莫赤匪狐，莫黑匪烏。《尚書》曰：鳳凰來儀。應劭《漢書》曰：擾，音擾，馴也。《説文》曰：穎，穗也。蓴，茂盛貌。《蒼頡篇》曰：禎，善也。《周易》曰：曲成萬物而不遺。《尚書》，有休徵。孔安國曰：序美行之驗也。《説文》曰：偉，大也。

『旼旼率土，遷善罔匱。沐浴福應，宅心醰粹。餘糧栖畝而弗收，頌聲載路而洋溢。河洛開奧，符命用出。翩翩黄鳥，銜書來訊。人謀所尊，鬼謀所秩。劉宗委馭，巽其神器。闚玉策於金縢，案圖籙於石室。考歷數之所在，察五德之所莅。量寸旬，涓吉日。陟中壇，即帝位。改正朔，易服色。繼絶世，脩廢職。徽幟以變，器械以革。顯仁翌明，藏用玄默。菲言厚行，陶化染學。讎校篆籀，篇章畢覿。優賢著於揚歷，匪孽形於親戚。河、洛開奧，河出圖，洛出書也。黄初元年，黄鳥銜丹書，晝見河尚臺。《易》曰：人謀鬼謀，百姓與能。玉策，玉牒也。《尚書》曰：納策于金縢。縢，緘也。楊雄《遺劉歆書》曰：得觀書於石室。莅，臨也。《詩》曰：方叔莅止。

《司馬法》曰：明不寶咫尺之玉，而愛寸陰之旬。旬，時也。《禮記》曰：聖人南面而治天下，改正朔，易服色，殊徽號，異器械。《易》曰：顯諸仁，藏諸用。讎校，所爲讎校者也。魏文帝好書，作《皇覽》，諸文章辭藻，多奏御，故曰讎校。《尚書·盤庚》曰：優賢揚歷。歷，試也。善曰：《封禪書》曰：旼旼穆穆。《周易》曰：君子見善則遷，有過必改。《史記》，太史公曰：成王作頌，沐浴膏澤。《尚書》曰：宅山阜猥積。醰，美也。《廣雅》曰：粹，純也。《淮南子》曰：昔容成之時，置餘糧於畝首。蔡雍《胡廣碑》曰：餘糧栖于畎畝。《公羊傳》曰：古者什一而籍，而頌聲作矣。《毛詩》曰：厥聲載路。毛萇曰：路，大也。《七略》曰：鄒子有《終始五德》，從所不勝，木德繼之，金德次之，火德次之，水德次之。《魏志》曰：文帝諱丕，字子桓，武帝太子，爲魏王。漢帝以衆望在魏，遂禪位，乃爲壇於繁陽。王升壇卽阼，改元爲黄初。《尚書》曰：將遜于位。遜與巽同。涓，擇也，古玄切。《淮南子》曰：君人之道，儼然玄墨。馬融《論語注》曰：菲，薄也。《論語》曰：君子薄於言而厚於行。《風俗通》曰：案劉向《别録》，讎校，一人讀書，校其上下得繆誤，爲校；一人持本，一人讀書，若怨家相對。《漢書音義》曰：周宣王太史大篆也。籀，音胄。《漢書》，晁錯曰：今陛下不孽諸侯。應劭曰：接之以禮，不以庶孽畜之也。本枝别幹，蕃屏皇家。勇若任城，才若東阿。抗旍則威噉秋霜，摛翰則華縱春葩。英喆雄豪，佐命帝室。相兼二八，將猛四七。赫赫震震，開務有謐。故令斯民睹泰階之平，可比屋而爲一。建安二十三年，代郡烏丸反，魏武帝以鄢陵侯彰爲北中郎將，行驍騎將軍。入涿郡界，叛胡數千騎卒至，彰唯有步卒千人，騎數百疋，身自搏戰，追胡，大破之，斬首五千餘級。二八者，八元八凱也。四七者，漢光武二十八將也。《黄帝泰階六符經》曰：泰階者，天之三階也。上階，上星爲天子，下星爲女主。中階，上星爲諸侯三公，下星爲卿大夫。下階，上星爲元士，下星爲庶人。三階平，則陰陽和，風雨時，歲大登，民人息，天下平，是謂太平。善曰：《毛詩》曰：本支百世。《説文》曰：幹，本也。《左氏傳》，富辰曰：封建懿親，以蕃屏周。蔡邕《述行賦》曰：皇家赫而天居。彰後爲任城王，植爲東阿王。《漢書》，終軍曰：驃騎抗旍，昆耶左衽。噉，猶猛也，魚贍反。荀悦《申鑑》曰：人主怒如秋霜。答賓戲曰：摛藻如春華。《易乾鑿度》曰：代者赤兑黄佐命。應劭《漢官儀》曰：帝室，猶古言王室。《毛詩》曰：赫赫師尹。《周易》曰：夫易開物成務。《爾雅》曰：謐，靜也，音密。《尚書大傳》曰：周人可比屋而封。

『箄祀有紀，天禄有終。傳業禪祚，高謝萬邦。皇恩綽矣，帝德沖矣。讓其天下，臣至公矣。榮操行之獨得，超百王之庸庸。追亘卷領與結繩，睠留重華而比蹤。尊盧赫胥，羲農有熊。雖自以爲道，洪化以爲隆。世篤玄同，奚遽不能與之踵武而齊其風？《淮南子》曰：古者有督而卷領以王天下，其爲德，生而不殺。莊周曰：昔者軒轅氏、赫胥氏、尊盧氏、虙戲、神農氏，當是時，人結繩而用之。若此之時，則至治也。黄帝一號有熊氏。踵，繼也。武，迹也。《楚辭》曰：及前王踵之武。善曰：《幽通賦》曰：旦箄祀於契龜。《音義》曰：箄，數也。《尚書》曰：天禄永終。王逸《楚辭注》曰：謝，去也。《西京賦》曰：皇恩溥。《尚書》曰：帝德廣運。《老子》曰：大滿若沖。《字書》曰：沖，虛也。《魏志》曰：陳留王奂卽皇帝位，後禪位於晉嗣王。《魏世譜》曰：魏封帝爲陳留王。臣至公，謂帝爲臣於晉，至公之道也。仲長子《昌言》曰：人主臨之以至公。司馬相如《弔二世文》曰：操行之不得。班固曰：漢承百王之弊。馮衍《顯志賦》曰：非庸庸之所識。庸，謂凡常無奇異也。《史記》曰：舜字重華。高誘《淮南子》注曰：隆，盛也。《老子》曰：知者不言，言者不知，是謂玄同。《韓子》曰：雖厚愛之，奚遽不亂。是故料其建國，析其法度。諮其考室，議其舉厝。復之而無斁，申之而有裕。非疏糲魯葛之士所能精，非鄙俚之言所能具。《詩》云：斯干，宣王考室也。疏糲，粗也。《韓非》曰：糲糧之飲，黎藿之羹。斁，猒也。《漢書·司馬遷傳》曰：質而不俚。俚，鄙也。善曰：《説文》曰：析，量也。《爾雅》曰：諮，謀也。陳琳《檄吳將校》曰：豈輕舉厝也哉！《毛詩》曰：無斁於人斯。又曰：綽綽有裕。

『至於山川之倬詭，物産之魁殊。或名奇而見稱，或實異而可書。生生之所常厚，洵美之所不渝。其中則有鴛鴦交谷，虎澗龍山。掘鯉之淀，蓋節之淵。𤬣𤬣精衛，銜木償怨。常山平干，鉅鹿河間。列眞非一，往往出焉。昌容練色，犢配眉連。玄俗無影，木羽偶仙。琴高沈水而不濡，時乘赤鯉而周旋。師門使火以驗術，故將去而林燔。《老子》曰：人之輕死，以其生生之厚也。謂適生生之情以自厚也。鴛鴦水在南和縣西。交谷水在鄴南。虎澗在鄴西南。龍山在廣平沙縣。掘鯉淀在河間莫縣之西。淀者，如淵而淺也。蓋節淵在平原鬲縣北。《山海經》曰：發鳩之山有鳥，狀如烏，文首，白喙，赤足，名曰精衛。赤帝之女，名曰女娃。女娃遊於海，溺而不反。精衛常取西山之木石，以堙東海焉。列眞，謂列仙也。《列仙傳》，昌容者，常山道人也，自稱殷王女。食蓬累根二百餘年，而顔色如年二十人。故曰鍊色。犢子者，鄴人也。時壯時老，時好時醜，乃知其仙人也。陽都女者，生而連眉，耳細而長，衆以爲異，俗皆言此天人也。會犢子來過都女，都女悅之，遂留相奉待，出門共牽犢耳而走，莫能追之。玄俗者，自言河間人也。餌巴豆雲英，賣藥於市，七丸一錢，治百病。王病癥，服藥，用下蛇十餘頭。王家老舍人自言，父甘見俗，俗形無影。王呼俗著日中，實無影。河間，故趙也，文帝三年以爲國。木羽者，鉅鹿南和人也。母貧賤，常助産婦，兒生，自下唼母，母大怖。暮，夢見大冠赤幘守兒，言此兒司命君也，當報汝恩，使子與木羽俱仙。母陰信識之，後兒生，字之爲木羽。兒至年十五，夜有車馬來迎之，呼：木羽木羽，爲我御來。遂俱去。琴高者，趙人也。浮遊冀州二百餘年，後辭入碭水中，取龍子，與諸弟子期。期日皆絜齊待於傍，設屋祠，果乘赤鯉來，出坐祠中。留一月，復入水去。師門者，嘯父弟子，亦能使火，爲孔甲龍師。孔甲不能修其心意，殺而埋之外野。一旦，風雨迎之，訖，則山木皆燔。孔甲祠而禱之，未還而道死。嘯父，冀州人也，在曲周市上。曲周屬廣平郡，漢武帝征和二年，嘗爲平干國，故曰常山平干也。師門者，本嘯父弟子，故附冀州。善曰：《廣雅》曰：倬，絕也。薛綜《西京賦注》曰：詭，異也。王逸《楚辭注》曰：魁，大也。鄭玄《周禮注》曰：生，猶養也。劉瓛《周易義》曰：自無出有曰生。《毛詩》曰：洵美且仁。鄭玄曰：洵，信也。《毛詩》曰：舍命不渝。毛萇曰：渝，變也。淀，音殿。《説文》曰：翄，亦翅字。翼，翅也，叔豉切，今音祇。翄，飛貌。馮衍《爵銘》曰：壽配列眞。劉歆移曰：天下衆書，往往頗出。《左傳》，太史剋曰：奉以周旋。易陽壯容，衛之稚質。邯鄲躧步，趙之鳴瑟。眞定之梨，故安之栗。醇酎中山，流湎千日。淇洹之筍，信都之棗。雍丘之粱，清流之稻。錦繡襄邑，羅綺朝歌。綿纊房子，縑總清河。若此之屬，繁富夥夠，非可單究，是以抑而未罄也。枚乘《兔園賦》曰：易陽之容。《淮南子》曰：蔡之幼女，衛之稚質。史遷《記》曰：趙中山鼓鳴瑟，趾躍鶢。眞定屬中山郡，出御梨。故安屬范陽，出御栗。楊雄《幽州箴》曰：蕩蕩幽州，惟冀之別。《禹貢》無幽州，故安今見屬中山郡。中山出好酎酒，其俗傳云：昔有人曰玄石者，從中山酒家酤酒，酒家與之千日之酒，語其節度，比歸數百里可至於醉。如其言飲之，至家而醉。其家不知其醉，以爲死也，棺斂而葬之。中山酒家計向千日，憶曰：玄石前來酤酒，其醉向解也。遂往問其鄰人，曰：玄石死來三年，服已闋矣。於是與其家至玄石冢上，掘而開其棺，玄石於是醉始解，起於棺中。其俗語曰：玄石飲酒，一醉千日。信都屬安平，出御棗。雍丘屬陳留也。《地理志》曰：魏，參之分野，南有陳留。桓斌曰：雍丘之糧。清流鄰西，出御稻。襄邑屬陳留，舊有服官。《中都賦》曰：朝歌羅綺。又，房子出御綿。清河出縑總。清河一名甘陵也。善曰：《漢書音義》，臣瓚曰：跕爲鶢。跕，都牒反。鶢，所解反。薛君《韓詩章句》曰：均衆謂之流，閉門不出容謂之湎。淇園，已見上文。杜預《左氏傳注》曰：水出洹汲郡。汲，卽衛地也。洹或爲園。洹，音垣。孔安國《尚書傳》曰：纊，細綿。《廣雅》曰：總，絹也。《廣雅》曰：夠，多也。蓋比物以錯辭，述清都之閑麗。雖選言以簡章，徒九復而遺旨。覽《大易》與《春秋》，判殊隱而一致。末上林之隤牆，本前脩以作系。逸詩：九變復貫，知言之選。擇來比物，謂屬變而還復舊貫，則知言之選，擇來比物錯辭，物土之敍也。屈原《遠遊》曰：造旬始，觀清都。言雖選言簡章，徒至九復，而猶遺其精旨也。《春秋》推見以至隱，《易》本隱以之顯，所言雖殊，其合德一也。故曰末上林之隤牆，本前脩以作系也。前脩，謂前賢也。《離騷》，擥吾法夫前脩。司馬相如《上林賦》曰：頹牆填壍，使山澤之人得至。楊雄《羽獵賦》後曰：放雉兔，收罝罘，與百姓共之。亂者，理也。《傳》曰：有亂臣十人。此皆二賦以其後居正之義，理其前過甚之事也。張衡《東京賦》曰：相如壯上林之觀，楊雄騁羽獵之辭，雖係以隤牆填壍，亂以收其罝罘，卒無補於風規。蓋易有繫辭之義，而以本於前脩以爲系亂之意也。系者，胤也。且易之繫，述而辨，至於相如初壯上林之觀，後説隤牆之事，首尾相劘，非本繫辭之流也。而張衡云係以隤牆，謂爲繫辭同音，於義有未安焉。諸文賦之後亂者，與本絕。於隤牆、收罝罘，雖不與本文絕義，張氏同諸繫辭之別，可知也。善曰：《韓子》曰：連類比物。《列子》曰：周穆王暨及化人之宮，王以爲清都紫微。班固《漢書》司馬相如贊文曰：推見至隱。言《大易》、《春秋》隱顯殊而合德若一，故觀覽而法則之。上林則頹牆填壍，雖本前修而作系，所謂勸百而諷一，故輕末而鄙賦。

『其軍容弗犯，信其果毅。糾華綏戎，以戴公室。元勳配管敬之績，歌鍾析邦君之肆。則魏絳之賢有令聞也。《國語》曰：鄭伯納女樂二八，歌鍾二肆。公錫魏絳女樂一八，歌鍾一肆，曰：子教寡人和戎狄而政諸華，於今八年，七合諸侯，寡人無不得志，與子共之。管敬仲相桓公九合諸侯，魏絳輔晉悼公七合諸侯，故謂之元勳配管敬之績也。悼公得二肆而賜魏絳一肆，故諸侯歌鍾析邦君之肆也。善曰：《司馬法》曰：古者國容不入軍，軍容不入國。《禮記》曰：介冑有不可犯。鄭玄《禮記注》曰：信，讀如屈伸之伸，假借字也。《左氏傳》，君子曰：殺敵爲果，致果爲毅。班固《漢書》述曰：太祖元勳，啓立輔臣。《毛詩》曰：令問令望。閑居隘巷，室邇心遐。富仁寵義，職競弗羅。千乘爲之軾廬，諸侯爲之止戈。則干木之德自解紛也。《呂氏春秋》曰：段干木者，魏文侯敬之，過其廬而軾之。其僕曰：干木，布衣耳，而君軾其廬，不亦過乎？文侯曰：干木不趣俗役，懷君子之道，隱處窮巷，聲馳千里之外，未肯以己易寡人也。寡人光乎勢，干木富於義。勢不如德尊，財不如義高，吾安敢不軾乎？秦欲攻魏，而司馬康諫曰：段干木，賢者，而魏禮之，天下皆聞，無乃不可加乎兵。秦君以爲然，乃止。干木寂然不競於俗，故曰職競弗羅也。逸詩云：兆云詢多，職競弗羅。善曰：《漢書》曰：司馬相如稱疾閑居。《毛詩》曰：誕寘之隘巷。又曰：其室則邇。《老子》曰：解其紛也。貴非吾尊，重士踰山。親御監門，嗛嗛同軒。搦女格秦起趙。威振八蕃。則信陵之名若蘭芬也。《史記》曰：魏有隱士曰侯嬴，年七十，家貧，爲大梁夷門監者。公子方置酒大會賓客。坐定，從車騎，虚左，自迎侯生。秦兵圍邯鄲。公子姊爲平原君夫人，平原使使讓公子。公子數請王，及賓客辯士説王萬端。王畏秦，終不聽公子。公子用侯生策，使朱亥椎殺將軍晉鄙，而奪其軍，進擊秦軍。秦軍解去，邯鄲遂存。秦兵伐魏，公子駕歸，救魏王，魏王以上將授公子。公子使偏告諸侯，諸侯各進兵救魏。公子率五國之兵破秦，至函谷關，秦兵不敢出。當是之時，公子威振天下。善曰：《史記》曰：侯生直上載，欲以觀公子。公子執轡愈恭。然親御，謂身自爲御也。監門，卽侯嬴也。《周易》曰：謙謙君子，卑以自牧。嗛，古謙字。《説文》曰：搦，按也。英辯榮枯，能濟其厄。位加將相，窒知逸隙之策。四海齊鋒，一口所敵，張儀、張禄亦足云也。《史記》，張儀者，魏人也。始嘗與蘇秦俱事鬼谷先生學術，蘇秦自以不及張儀。儀以學而遊説諸侯。嘗從楚相飲，楚相亡璧。楚相門下意張儀，曰：儀貧無行，此必盜相君璧。共執儀，掠笞數百，不服，釋之。張儀相秦，使於諸侯，皆説之，散其合從之謀。秦封儀爲武信君。爲秦將取陝，築上郡塞。范雎者，魏人也。遊説欲事魏王，家貧無以自資，乃事魏中大夫須賈。賈怨范雎，以告魏將魏齊，笞擊折脅摺齒。雎佯死，卽盛以簀中。范雎謂守者曰：公能出我，我必厚謝公。守者乃請棄簀中死人。遂伏匿，更名張禄先生，隨秦謁者王稽入秦，謂昭王曰：臣居山東時，聞齊有田單，而不聞其有王也。聞秦有太后、穰侯，不聞其有王也。今太后擅行不顧，穰侯出使不報，華陽、涇陽專斷不請。四貴備而國不危者，未之有也。昭王懼，乃疑穰侯，收其印，而相張禄，爲應侯。應侯之相秦，蔡澤説曰：今君相秦，計不下席，謀不出廊廟，坐制諸侯，六國不得合從，使天下皆畏秦也。善曰：曹植《輔臣論》曰：英辯博通。張升及論曰：噓枯則冬榮。解嘲曰：窒隙蹈瑕，而無所屈也。

『摧惟庸蜀與鴝鵲同窠，句吳與鼃黽同穴。善曰：許慎《淮南子注》曰：摧，揚摧，略也。《尚書》曰：及庸蜀人。孔安國曰：庸在江、漢之南。《左氏傳》曰：鸜鴒株株。鸜，具瑜反。株，音誅。《世本》曰：吳孰姑徙句吳。注：孰姑，壽夢也。句吳，太伯始所居地名句吳。句，音溝。《説文》曰：鼃，蝦蟆也，胡蝸反。鄭玄《周禮注》曰：黽，蝦蟇屬也。黽，莫耿切。一自以爲禽鳥，一自以爲魚鼈。善曰：漢賈捐之上書曰：駱越之人，譬猶魚鼈，何足貪也！鍾會《蒭蕘論》曰：吳之玩水若魚鼈，蜀之便山若禽獸。山阜猥積而踦嶇，泉流迸集而咉咽。隰壤瀸漏而沮洳，林藪石留力又而蕪穢。山阜猥積，蜀也。泉流迸集，吳也。《戰國策》：段規謂韓王曰：分地必取成皋。韓王曰：成皋石留之地，無所用之也。石留之地，喻土地多石，猶人物之有留結也。一曰：壤潄而石也。或作溜字。善曰：《廣雅》曰：踦嶇，傾側也。《字書》曰：迸，散走也。咉咽，流不通也。咉，烏朗反。《公羊傳》曰：瀸者何？漬也。作廉反。《周易》曰：甕敝漏。然漏猶滲也。滲，所禁反。《毛詩》曰：彼汾沮洳。毛萇曰：沮洳，其漸洳也。《漢書》楊惲曰：蕪穢不治。窮岫泄雲，日月恒翳。宅土熇暑，封疆障癘。吳、蜀皆暑濕，其南皆有瘴氣。善曰：泄，猶出也。《埤蒼》曰：熇，熱貌，許妖切。蔡莽螫刺，昆蟲毒噬。蔡莽螫刺，多毒草也。昆蟲毒噬，蝮蛇鴆鳥之屬也。善曰：王逸《楚辭注》曰：蔡，草莽也。《方言》曰：莽，草也，南楚曰莽。鄭玄《禮記注》曰：昆，明也。明蟲者，陽而生，陰而藏。《詩》序曰：文王德及鳥獸昆蟲。漢罪流禦，秦餘徙帑。楊雄《蜀都賦》曰：秦、漢之徙，充以山東。《貨殖傳》曰：秦破趙、遷卓氏於蜀。漢時，日南、北景、合浦、九眞亦皆有徙者，息夫躬、孫寵之屬焉。善曰：《左氏傳》：舜流四凶族，以禦螭魅。《廣雅》曰：帑，餘也，力制反。宵貌蕞陋，禀質遳脆。巷無杍首，里罕耆耋。《地理志》曰：江南卑濕，丈夫多夭。巴、蜀輕易淫泆，柔弱褊阸。《漢書》曰：人宵天地之貌。《方言》曰：《燕記》曰：豐人杍首。杍首，長首也。燕謂之杍。交、益之人，率皆弱陋，故曰無杍首也。善曰：《左氏傳》曰：蕞爾小國。杜預曰：蕞爾，小貌也。《廣雅》曰：質，軀也。遳，亦脆也，七戈反。《説文》曰：脆，少耎易斷也。《左氏傳》曰：王使宰孔謂齊侯曰：伯舅耋老。杜預曰：七十曰耋。或魋髻而左言，或鏤膚而鑽髮。或明發而嬥歌，或浮泳而卒歲。楊雄《蜀記》曰：蜀之先代，人椎結左語，不曉文字。嬥，謳歌，巴土人歌也。何晏曰：巴子謳歌，相引牽連手而跳歌也。潛行爲泳。《詩》曰：漢之廣矣，不可泳思。善曰：《漢書》，淮南王曰：越鑽髮文身之人。張揖以爲古翦字也，子踐反。文身，卽鏤膚也。《毛詩》曰：明發不寐。《爾雅》曰：嬥嬥契契，愈遐急也。郭璞曰：賦役不均，賢人憂歎，遠急切也。佻或作嬥，音葦苕，一音徒了反。《毛詩》曰：何以卒歲？風俗以韰果爲嫿，人物以戕害爲藝。善曰：楊雄《反騷》曰：何文肆而質韰。應劭曰：韰，狹也，下介切。《方言》曰：惈，勇也。果與惈古字通。《說文》曰：嫿，靜好也，音畫。《左氏傳》曰：自內害其君曰殺，自外曰戕。七良反。威儀所不攝，憲章所不綴。《禮記》曰：孔子憲章文、武。善曰：《毛詩》曰：朋友攸攝，攝以威儀。賈逵《國語注》曰：綴，連也。由重山之束阨，因長川之裾勢。距遠關以闚闔，時高樔而陛制。重山束厄，謂蜀也。長川裾勢，謂吳也。《漢書》曰：形束壤制。善曰：束扼，拘束其民，由於湫厄也。據勢，依據川之形勢也。闚闔，望尊位也。陛制，亦以高樔之陛，而能約制其民也。《漢書音義》，言其土地形勢足以束制其人也。薄戍緜冪，無異蛛蝥之網；弱卒瑣甲，無異螳螂之衛。善曰：緜冪，微貌。《呂氏春秋》，湯祝曰：蛛蝥作罔罟，今之人學之。【略】《莊子》，蘧伯玉謂顏闔曰：汝不知夫螳螂乎？怒其臂以當車轍，不知其不勝任也。

『與先世而常然，雖信險而剿絶。揆既往之前迹，即將來之後轍。成都迄已傾覆，建鄴則亦顛沛。善曰：《尚書》曰：天用剿絶其命。剿，子小反。《左傳》，呂相絶秦曰：傾覆我社稷。《論語》曰：顛沛必於是。馬融曰：顛沛，僵仆也。顧非累卵於疊棊，焉至觀形而懷怛！善曰：言其危懼易見，不俟觀形也。《說苑》曰：晉靈公造九層臺，孫息聞之，求見曰：臣能累十二博棊，加九鷄子其上。公曰：子作之。孫息以棊子置下，加九鷄子于其上。靈公曰：危哉！孫息曰：是不危，復有危於此者。九層之臺，三年不成，鄰國將欲興兵，社稷亡滅，君欲何望？公即壞臺。賈逵《國語》注曰：怛，懼也。權假日以餘榮，比朝華而菴藹。善曰：權，猶苟且也。《楚辭》曰：聊假日以須時。《說文》曰：木堇，朝華暮落。覽麥秀與黍離，可作謠於吳會。』善曰：《尚書》大傳曰：微子將相朝周，過殷之墟，見麥秀之蔪蔪，曰：此父母之國，宗廟社稷所立也。志動心悲，欲哭則爲朝周，俯泣則婦人推而廣之，作雅聲。《毛詩》序曰：《黍離》，閔宗周。大夫行役，過故宗廟宮室，盡爲禾黍，而作是詩。

先生之言未卒，吳、蜀二客，矆焉相顧，⿰目條焉失所。有靦瞢容，神惢形茹。絶氣離坐，憮墨而謝。矆，懼也。《左傳》曰：駟氏矆懼。《毛詩》曰：有靦面目。瞢，愧也。《左傳》曰：亦無瞢焉。揚雄《方言》曰：慙也，荊揚之間曰憮。善曰：張以矆，先壟反。今本並爲矆。矆，大視，呼縛反。《說文》曰：惢，失意視，他狄反。《字書》曰：蕊，垂也，謂垂下也。惢，與惢同，而髓切。《說文》曰：惢，心疑也，亦而髓反。《呂氏春秋》曰：以茹魚驅蠅，蠅愈至而不可禁。然茹，臭敗之義也，如舉反。《廣雅》曰：弛，釋也，施紙反。憮，敕典反。杜預《左氏傳注》曰：墨，色下也。《說文》曰：謝，辭也。曰：『僕黨清狂，怵迫閩濮。習蓼蟲之忘辛，翫進退之惟谷。非常寐而無覺，不睹皇輿之軌躅。《漢書·昌邑王賀傳》曰：賀清狂不慧。注，色理清徐而心不慧，故曰清狂也。賈誼《鵩鳥賦》曰：怵迫之徒，或趣西東。善曰閩，已見《吳都賦》。孔安國《尚書注》曰：濮國在江、漢之南。《楚辭注》曰：蓼蟲不知從乎葵藿。王逸曰：蓼蟲處辛剌，食苦惡，不從葵藿食甘美。《毛詩》曰：人亦有言，進退惟谷。又曰：尚寐無覺。《楚辭》曰：恐皇輿之敗。班固《漢書》，班嗣曰：伏周、孔氏之軌躅。《音義》曰：躅，迹也。過以仉剽之單慧，歷執古之醇聽。楊雄《方言》曰：仉剽，輕也。善曰：鄭玄《禮記注》曰：過，猶誤也。王逸《楚辭注》曰：歷，逢也。《老子》曰：執古之道。仉，敷劒切。剽，匹妙反。兼重性以肔繆，偭辰光而罔定。善曰：言既重其性而又累其繆也。廣倉曰：性，用心並誤也，方奚反。《說文》曰：肔，重次第物也，弋豉反。《漢書音義》應劭曰：偭，背也，音面。《國語》曰：次序三辰。賈逵曰：日月星也。先生玄識，深頌靡測。得聞上德之至盛，匪同憂於有聖。《老子》曰：古之士微妙玄通，深不可識。夫惟不可識，故强爲之頌，故曰先生玄識，深頌靡測。又曰：上德無爲而無不爲。《易》曰：顯諸仁，藏諸用，鼓萬物而不與聖人同憂，盛德大業，至矣哉！夫聖人親憂其事，然後能立。易體無爲而無不爲，自然動物，而不與聖人同憂。蓋謂治合造化，出於形器之表者，聖人無所復聞，無復恤也，故曰鼓萬物而不與聖人同憂。其上賦中云顯仁翌明，藏用玄默，故下覆報言之也。善口：王弼《周易注》曰：不與聖人之憂，憂君子之道不長，小人之道不消，黍稷之不茂，荼蓼之蕃殖。至於乾坤，簡易是常，無偏於生養，無擇於人物，不能委曲與彼聖人，同此憂之。抑若春霆發響，而驚蟄飛競。潛龍浮景，而幽泉高鏡。善曰：二客聞言，朗然心悟，猶春霆響，驚蟄紛然而競飛，龍彩幽泉，煥然而照也。《呂氏春秋》曰：聞春始雷，則蟄蟲動矣。《詩推度客》曰：震起而驚蟄睹。《周易》曰：潛龍勿用也。雖星有風雨之好，人有異同之性。庶覿蔀家與剝廬，非蘇世而居正。《尚書·洪範》曰：庶人惟星，星有好風，星有好雨，言人心之不同如星之所好異。《易》曰：豐其屋，蔀其家，小人剝廬。《楚辭·九章》曰：蔀也必獨立。《春秋公羊傳》曰：君子大居正。善曰：言己因此幸見蔀家剝廬之凶，非謂悟世而居正道也。《爾雅》曰：庶，幸也。王弼《周易注》曰：蔀，覆曖鄣光明之物也。既豐其屋，又覆其家，屋厚家覆，闇之甚也。王逸《楚辭》注曰：蘇，寤之也。且夫寒谷豐黍，吹律暖之也。昏情爽曙，箴規顯之也。劉向《别録》曰：鄒衍在燕，有谷，地美而寒，不生五穀。鄒子居之，吹律而温至黍生，今名黍谷。善曰：孔安國《尚書》注，爽，明也。《説文》曰：曙，旦明也。雖明珠兼寸，尺璧有盈。曜車二六，三傾五城，未若申錫典章之爲遠也。《太史書》曰：《田敬仲世家傳》曰：齊威王二十四年，與魏惠王會田於郊。魏王問曰：王亦有寶乎？曰：無有也。魏王曰：若寡人小國也，尚有徑寸之珠，照車前後十二乘者十枚，奈何以萬乘之國而無寶乎！善曰：《尹文子》曰：田父得寶玉徑寸，置於廡上，其夜照一室。《史記》曰：趙惠文王得楚和璧，秦昭王聞之，願以十五城請易璧。《毛詩》曰：申錫無疆。

『亮曰：日不雙麗，世不兩帝。天經地緯，理有大歸。安得齊給守其小辯也哉！』二客自言安能守此者自晦也。《荀卿子》曰：辯説譬論，齊給便利，而不慎義，謂之姧説。善曰：《禮記》曰：天無二日，主無二王。《漢書》文帝賜尉他書云：兩帝並立。《新序》單襄公曰：經之以天，緯之以地，經緯不爽，天之象也。《家語》，孔子曰：小辨害義，小言破道也。

南朝齊・謝朓《謝宣城集》卷二《同謝諮議銅雀臺詩》　繐帷飄井幹，樽酒若平生。鬱鬱西陵樹，詎聞歌吹聲。芳襟染淚迹，嬋媛空復情。玉座猶寂漠，況乃妾身輕。

《宋書》卷二一《樂志三》　《朝游》、《善哉行》　文帝詞五解　朝游高臺觀，夕宴華池陰。大酋奉甘醪，狩人獻嘉禽。一解　齊倡發東舞，秦箏奏西音。有客從南來，爲我彈清琴。二解　五音紛繁會，拊者激微吟。淫魚乘波聽，踴躍自浮沈。三解　飛鳥翻翔舞，悲鳴集北林。樂極哀情來，憀亮摧肝心。四解　清角豈不妙，德薄所不在。大哉子野言，弭弦且自禁。五解

明・徐𤊹《徐氏筆精》卷三《詩談・［唐］劉方平〈銅雀臺詩〉》　劉方平《銅雀臺詩》云：『遺令奉君王，顰蛾强一妝。歲移陵樹色，恩在舞衣香。玉座生秋氣，銅臺下夕陽。淚痕沾井幹，舞袖爲誰長？』此詩較昔年分鼎地之作可相伯仲。

明・王志慶《古儷府》卷三《宮掖部・妃嬪・［南朝陳］張正〈見銅雀臺詩〉》　荒涼銅雀晚，摇落墓田通。雲慘當歌日，松吟欲舞風。人疏瑤席冷，曲罷繐帷空。可惜年年淚，俱盡望陵中。

又《［唐］喬知之〈銅雀妓詩〉》　金閣早分香，鉛華不重粧。空餘强歌舞，猶是爲君王。哀絃調已絶，曲艷不須長。共看西陵暮，秋烟生白楊。

雜録

《三國志》卷一《魏志・武帝紀》　（袁）紹曰：『吾南據河，北阻燕、代，兼戎狄之衆，南向以爭天下，庶可以濟乎？』

北魏・酈道元《水經注》卷一〇《濁漳水》　魏武又以郡國之舊，引漳流自城西東入，逕銅雀臺下，伏流入城東注，謂之長明溝也。渠水又南逕止車門下。魏武封於鄴爲北宮，宮有文昌殿。溝水南北夾道，枝流引灌，所在通溉，東出石竇堰下，注之隍水。故魏武《登臺賦》曰『引長明，灌街里』，謂此渠也。石氏于文昌故殿處，造東、西太武二殿于濟北穀城之山，採文石爲基，一基下五百武直宿衛。屈柱趺瓦，悉鑄銅爲之，金漆圖飾焉。又徙長安、洛陽銅人，置諸宮前，以華國也。城之西北有三臺，皆因城爲之基，巍然崇舉，其高若山，建安十五年魏武所起，平坦略盡。《春秋古地》云『葵丘，地名，今鄴西三臺是也』，謂臺已平，或更有見，意所未詳。中曰銅雀臺，高十丈，有屋百一間，臺成，命諸子登之，並使爲賦。陳思王下筆成章，羡捷當時。亦魏武望奉常王叔治之處也，昔嚴才與其屬攻掖門，脩聞變，車馬未至，便將宮屬步至宮門，太祖在銅雀臺望見之曰：『彼來者必王叔治也。』相國鍾繇曰：『舊京城有變，九卿各居其府，卿何來也？』脩曰：『食其禄，焉避其難，居府雖舊，非赴難之義。』時人以爲美談矣。石虎更增二丈，立一屋，連棟接榱，彌覆其上，盤迴隔之，名曰命子窟。又于屋上起五層樓，高十五丈，去地二十七丈。又作銅雀于樓巔，舒翼若飛。南則金虎臺，高八丈，有屋百九間。北曰冰井臺，亦高八丈，有屋百四十五間，上有冰室，室有數井，井深十五丈，藏冰及石墨焉。石墨可書，又燃之難盡，亦謂之石炭。又有粟窖及鹽窖，以備不虞。今窖上猶有石銘存焉。左思《魏都賦》曰『三臺列峙而崢嶸者』也。城有七門，南曰鳳陽門，中曰中陽門，次曰廣陽門，

東曰建春門，北曰廣德門，次曰廄門，西曰金明門，一曰白門。鳳陽門三臺洞開，高三十五丈，石氏作層觀架其上，置銅鳳，頭高一丈六尺。東城上，石氏立東明觀，觀上加金博山，謂之鏘天。北城上有齊斗樓，超出羣榭，孤高特立。其城東西七里，南北五里，飾表以塼，百步一樓，凡諸宮殿，門臺、隅雉，皆加觀榭。層甍反宇，飛檐拂雲，圖以丹青，色以輕素。當其全盛之時，去鄴六七十里，遠望苕亭，巍若仙居。魏因漢祚，復都洛陽，以譙爲先人本國，許昌爲漢之所居，長安爲西京之遺迹，鄴爲王業之本基，故號五都也。今相州刺史及魏郡治。漳水自西門豹祠北逕趙閲馬臺西，基高五丈，列觀其上，石虎每講武于其下，升觀以望之，虎自臺上放鳴鏑之矢，以爲車騎出入之節矣。漳水又北逕祭陌西。戰國之世，俗巫爲河伯取婦，祭于此陌。【略】淫祀雖斷，地留祭陌之稱焉。又慕容俊投石虎尸處也。田融以爲紫陌也。趙建武十一年，造紫陌浮橋于水上，爲佛圖澄先造生墓于紫陌，建武十五年卒，十二月葬焉，卽此處也。漳水又對趙氏臨漳宮。宮在桑梓苑，多桑木，故苑有其名。三月三日及始蠶之月，虎帥皇后及夫人採桑于此。今地有遺桑，墉無尺雉矣。

又 卷一五《洛水》 屬光武中興，宸居洛邑；逮于魏晉，咸兩宅焉。故《魏略》曰：『漢火行忌水，故去其水而加佳。魏爲土德，土水之牡也，水得土而流，土得水而柔，除佳加水。』《長沙耆舊傳》云：『祝良，字召卿，爲洛陽令。歲時亢旱，天子祈雨不得，良乃曝身階庭，告誡引罪，自晨至中，紫雲水起，甘雨登降。人爲歌曰：天久不雨，烝人失所，天王自出，祝令特苦，精符感應，滂沱下雨。』則縣司及河南尹治。司隸，周官也，漢武帝使領徒隸，董督京畿後，因名司州焉。

又 卷一六《穀水》 穀水又東流逕乾祭門北，子朝之亂，晉所開也，東至千金堨。《河南十二縣境簿》曰：河南縣城東十五里有千金堨。《洛陽記》曰：千金堨舊堰穀水，魏時更脩此堰，謂之千金堨。積石爲堨而開溝渠五所，謂之五龍渠。渠上立堨，堨之東首，立一石人，石人腹上刻勒云：太和五年二月八日庚戌造築此堨，更開溝渠此水衡渠上，其水助其堅也，必經年歷世，是故部立石人以記之云爾。蓋魏明帝脩王、張故績也。堨是都水使者陳協所造。《語林》曰：陳協數進阮步兵酒，後晉文王欲脩九龍堰，阮舉協，文王用之。掘地得古承水銅龍六枚，堰遂成。水歷堨東注，謂之千金渠。逮于晉世，大水暴注，溝瀆泄壞，又廣功焉。石人東脇下文云：太始七年六月二十三日，大水迸瀑，出常流上三丈，蕩壞二堨，五龍泄水，南注瀉下，加歲久漱齧，每澇卽壞，歷載消棄大功，今故無令遏，更于西開泄，名曰代龍渠，地形正平，誠得爲泄至理。千金不與水勢激爭，無緣當壞，由其卑下，水得踰上漱齧故也。今增高千金于舊一丈四尺，五龍自然必歷世無患。若五龍歲久復壞，可轉于西更開二堨、二渠。合用二十三萬五千六百九十八功，以其年十月二十三日起功，功重人少，到八年四月二十日畢。代龍渠卽九龍渠也。後張方入洛，破千金堨。永嘉初，汝陰太守李矩、汝南太守袁孚脩之，以利漕運，公私賴之。水積年渠堨頽毁，石砌殆盡，遺基見存，朝廷太和中脩復故堨。按千金堨石人西脇下文云：若溝渠久疏，深引水者當于河南城北、石磧西，更開渠北出，使首狐丘。故溝東下，因故易就磧堅，便時事業已訖，然後見之。加邊方多事，人力苦少，又渠堨新成，未患于水，是以不敢預脩通之。若于後當復興功者，宜就西磧，故書之于石，以遺後賢矣。雖石磧淪敗，故迹可憑，準之于文，北引渠東合舊瀆。舊瀆又東，晉惠帝造石梁于水上，按橋西門之南頰文，稱晉元康二年十一月二十日，改治石巷、水門，除豎枋，更爲函枋，立作覆枋，屋前後辟級續石障，使南北入岸，築治漱處，破石以爲殺矣。到三年三月十五日畢訖。并紀列門廣長深淺于左右巷，東西長七尺，南北龍尾廣十二丈，巷瀆口高三丈，謂之臯門橋。潘岳《西征賦》曰：駐馬臯門。卽此處也。谷水又東，又結石梁，跨水制城，西梁也。穀水又東，左會金谷水，水出太白原，東南流歷金谷，謂之金谷水，東南流逕晉衛尉卿石崇之故居。石季倫《金谷詩集叙》曰：余以元康七年，從太僕出爲征虜將軍，有別廬在河南界金谷澗中，有清泉茂樹，衆果、竹、柏、藥草備具。金谷水又東南流入于穀。穀水又東逕金墉城北，魏明帝于洛陽城西北角築之，謂之金墉城。起層樓于東北隅，《晉宮閣名》曰：金墉有崇天堂，卽此。地上架木爲榭，故白樓矣。皇居創徙，宮極未就。止蹕于此。搆宵榭于故臺，所謂臺以停停也。南曰乾光門，夾建兩觀，觀下列朱桁于塹，以爲御路。東曰含春門，北有邐門，城上西南列觀，五十步一睥睨，屋臺置一鍾以和漏鼓，西北連廡函蔭，墉比廣榭。炎夏之日，高視常以避暑。爲綠水池一所，在金墉者也。

穀水逕洛陽小城北，因阿舊城，憑結金墉，故向城也。永嘉之亂，結以爲壘，號洛陽壘，故《洛陽記》曰：陵雲臺西有金市，金市北對洛陽壘者也。又東歷大夏門下，故夏門也。陸機《與弟書》云：門有三層，高百尺，魏明帝造，門內東側，際城有魏明帝所造景陽山，餘基尚存。孫盛《魏春秋》曰：景初元年，明帝愈崇宮殿雕飾觀閣，取白石英及紫石英及五色大石于太行穀城之山，起景陽山于芳林園，樹松竹草木，捕禽獸以充其中。于時百役繁興，帝躬自掘土，率羣臣三公已下，莫不展力。山之東，舊有九江，陸機《洛陽記》曰：九江直作圓水。水中作圓壇三破之，夾水得相逕通。《東京賦》曰：濯龍芳林，九谷八溪，芙蓉覆水，秋蘭被涯。今也山則塊阜獨立，江無復髣髴矣。穀水又東，枝分南入華林園，歷疏圃南，圃中有古玉井，井悉以珉玉爲之，以緇石爲口，工作精密，猶不變古，璨焉如新。又逕瑶華宮南，歷景陽山北，山有都亭堂上結方湖，湖中起御坐石也。御坐前建蓬萊山，曲池接筵，飛沼拂席，南面射侯，夾席武峙，背山堂上，則石路崎嶇，巖嶂峻險，雲臺風觀，纓巒帶阜，遊觀者升降阿閣，出入虹陛，望之狀鳧没鸞舉矣。其中引水飛皐，傾瀾瀑布，或枉渚聲溜，潺潺不斷，竹柏蔭于層石，繡薄叢于泉側，微飆暫拂，則芳溢于六空，寔爲神居矣。其水東注天淵池，池中有魏文帝九華臺，殿基悉是洛中故碑累之，今造釣臺于其上。池南直魏文帝茅茨堂，前有《茅茨碑》，是黄初中所立也。其水自天淵池東出華林園，逕聽訟觀南，故平望觀也。魏明帝常言，獄，天下之命也，每斷大獄，恒幸觀聽之。以太和三年，更從今名。觀西北接華林，隸簿昔劉楨磨石處也。《文士傳》曰：文帝之在東宮也，宴諸文學，酒酣，命甄后出拜，坐者咸伏，惟劉楨平視之。太祖以爲不敬，送徒隸簿。後太祖乘步牽車乘城，降閱簿作，諸徒咸敬，而楨拒坐，磨石不動。太祖曰，此非劉楨也，石如何性。楨曰：石出荆山玄巖之下，外炳五色之章，内秉堅貞之志，雕之不增文，磨之不加瑩，稟氣貞正，稟性自然。太祖曰：名豈虚哉？復爲文學。池水又東流入洛陽縣之南池，池，即故翟泉也，南北百一十步，東西七十步。皇甫謐曰：悼王葬景王于翟泉，今洛陽太倉中大冢是也，《春秋》定公元年，晉魏獻子合諸侯之大夫于翟泉，始盟城周。班固、服虔、皇甫謐咸言翟泉在洛陽東北，周之墓地。今按周威烈王葬洛陽城內東北隅，景王冢在洛陽太倉中，翟泉在兩冢之間，側廣莫門道東，建春門路北，路，即東宮街也，于洛陽爲東北。後秦封吕不韋爲洛陽十萬户，封大其城，幷得景王冢矣，是其墓地也。及晉永嘉元年，洛陽東北步廣里地陷，有二鵝出，蒼色者飛翔沖天，白色者止焉。陳留孝廉董養曰：步廣，周之翟泉，盟會之地，今色蒼胡象矣，其可盡言乎？後五年，劉曜、王彌入洛，帝居平陽。陸機《洛陽記》曰：步廣里在洛陽城內，宮東是翟泉所在，不得于太倉西南也。京相璠與裴司空彦季脩《晉輿地圖》，作《春秋地名》，亦言今太倉西南池水名翟泉。又曰：舊説言翟泉本自在洛陽北芒宏城，成周乃繞之。杜預因其一證，謂必是翟泉，而即實非也。後遂爲東宮池。《晉中州記》曰：惠帝爲太子，出聞蝦蟇聲，問人爲是官蝦蟇、私蝦蟇，侍臣賈胤對曰：在官地爲官蝦蟇，在私地爲私蝦蟇。令曰：若官蝦蟇，可給廩。先是有讖云：蝦蟇當貴。昔晉朝收愍懷太子于後池，即是池也。其一水自大夏門東逕宣武觀，憑城結構，不更增墉，左右夾列步廊，參差翼跂，南望天淵池，北矚宣武場。《竹林七賢論》曰：王戎幼而清秀，魏明帝于宣武場上爲欄苞虎牙，使力士袒裼，迭與之搏，縱百姓觀之。戎年七歲，亦往觀焉，虎乘間薄欄而吼，其聲震地，觀者無不辟易顛仆，戎亭然不動。帝于門上見之，使問姓名而異之。場西故賈充宅地。穀水又東逕廣莫門北，漢之穀門也。北對芒阜，連嶺脩亘，苞總衆山，始自洛口，西踰平陰悉芒壠也。《魏志》曰：明帝欲平北芒，令登臺見孟津，侍中辛毗諫曰：若九河溢涌，洪水爲害，丘陵皆夷，何以禦之？帝乃止。穀水又東屈南，逕建春門石橋下，即上東門也。阮嗣宗《詠懷詩》曰：步出上東門者也。一曰上升門，晉曰建陽門。《百官志》曰：洛陽十二門，每門候一人，六百石。《東觀漢記》曰：郅惲爲上東門候，光武嘗出，夜還，詔開門欲入，惲不內，上令從門間識面，惲曰：火明遼遠。遂拒不開，由是上益重之。亦袁本初挂節處也。橋首建兩石柱，橋之《右柱銘》云，陽嘉四年乙酉壬申，詔書以城下漕渠，東通河、濟，南引江、淮，方貢委輸，所由而至，使中謁者魏郡清淵馬憲監作石橋梁柱，敦敕工匠盡要妙之巧，攢立重石，累高周距，橋工路博，流通萬里云云。河南尹邳崇、䲮丞渤海重合雙福、水曹掾中牟任防、史王蔭、史趙興、將作吏睢陽申翔，道橋掾成皐卑國，洛陽令江雙，丞平陽降監掾王騰之，主石作右北平山仲，三月起作，八月畢成。其水依柱，又自樂里道屈而東出陽渠。昔陸機爲成都王穎入洛敗北而返。水南卽馬市，舊洛陽有三市，斯其一也。亦嵇叔夜爲司馬昭所害處也。北則白社故里，昔孫子荆會董威輦于白社，謂此矣。以同載爲榮，故有《威輦圖》。又東逕馬市石橋，橋南有二石柱，並無文刻也。漢司空漁陽王梁之爲河南也，將引穀水以溉京都，渠成而水不流，故以坐免。後張純堰洛以通漕，洛中公私穰贍。是渠今引穀水，蓋純之造也。按陸機《洛陽記》、劉澄之《永初記》言，城之西面有陽渠，周公制之也。昔周遷殷民于洛邑，城隍偪狹，卑陋之所耳。晉故城成周以居敬王，秦又廣之，以封不韋，以是推之，非專周公可知矣。亦謂之九曲瀆，《河南十二縣境簿》云：九曲瀆在河南鞏縣西，西至洛南。又按傅暢《晉書》云：都水使者陳狼鑿運渠，從洛口入注九曲至東陽門。是以阮嗣宗《詠懷詩》所謂朝出上東門，遥望首陽岑；又言遥遥九曲間，裴徊欲何之者也。陽渠水南暨閶闔門，漢之上西門者也。《漢宫記》曰：上西門所以不純白者，漢家厄于戌，故以丹鏤之。太和遷都，徙門南側。其水北乘高渠，枝分上下，歷故石橋東入城，逕望先寺，中有碑，碑側法《子丹碑》作龍矩勢，于今作則佳，方古猶劣。渠水又東歷故金市南，直千金門右，宫門也。又枝流入石逗伏流，注靈芝九龍池。魏太和中，皇都遷洛陽，經構宫極，脩理街渠，務窮隱，發石視之，曾無毁壞。又石工細密，非今知所擬，亦奇爲精至也，遂因用之。其一水自千秋門南流逕神虎門下，東對雲龍門，二門衡栿之上，皆刻雲龍風虎之狀，以火齊薄之，及其晨光初起，夕景斜輝，霜文翠照，陸離眩目。又南逕通門、掖門西，又南流東轉，逕閶闔門南。案《禮》，王有五門，謂皋門、庫門、雉門、應門、路門，路門一曰畢門，亦曰虎門也。魏明帝上法太極于洛陽，南宫起太極殿于漢崇德殿之故處，改閶門爲閶闔門。昔在漢世，洛陽宫殿門題，多是大篆，言是蔡邕諸子。自董卓焚宫殿，魏太祖平荆州，漢吏部尚書安定梁孟皇善師宜官八分體，求以贖死。太祖善其法，常仰繫帳中愛翫之，以爲勝宜官。北宫牓題，咸是鵠筆，南宫既建，明帝令侍中京兆韋誕以古篆書之。皇都遷洛，始令中書舍人沈含馨以隸書書之；景明、正始之年，又敕符節令江式以大篆易之。今諸桁榜題，皆是式書。《周官》，太宰以正月懸治法于象魏。《廣雅》曰：闕，謂之象魏。《風俗通》曰：魯昭公設兩觀于門，是謂之闕，從門，欮聲，《爾雅》曰：觀謂之闕。《説文》曰：闕，門觀也。《漢官典職》曰：偃師去洛四十五里，望朱雀闕，其上鬱然與天連，是明峻極矣。《洛陽故宫名》有朱雀闕、白虎闕、蒼龍闕、北闕、南宫闕也。《東觀漢記》曰：更始發洛陽，李松奉引車馬奔觸北闕鐵柱門，三馬皆死。卽斯闕也。《白虎通》曰：門必有闕者何？闕者，所以飾門，別尊卑也。今閶闔門外夾建巨闕，以應天宿，雖不如禮，猶象而魏之，上加復思，以易觀矣。《廣雅》曰：復思謂之屏。《釋名》曰：屏，自障屏也；罘思在門外，罘復也。臣將入請事于此，復重思之也。漢末兵起，壞園陵罘思，曰無使民復思漢也。故《鹽鐵論》曰：垣闕罘思。言樹屏隅角所架也。潁容又曰：闕者，上有所失，下得書之于闕，所以求論譽于人，故謂之闕矣。今闕前水南道右，置登聞鼓以納諫。昔黄帝立明堂之議，堯有衢室之問，舜有告善之旌，禹有立鼓之訊，湯有總街之誹，武王有靈臺之復，皆所以廣設過誤之備也。渠水又枝分，夾路南出，逕太尉、司徒兩坊間，謂之銅駝街。舊魏明帝置銅駝諸獸于閶闔南街，陸機云：駝高九尺，脊出太尉坊者也。水西有永寧寺，熙平中始創也，作九層浮圖，浮圖下基方十四丈，自金露槃下至地四十九丈，取法代都七級，而又高廣之，雖二京之盛，五都之富，利刹靈圖，未有若斯之搆。按《釋法顯行傳》，西國有爵離浮圖，其高與此相狀，東都西域，俱爲莊妙矣。其地是曹爽故宅，經始之日，于寺院西南隅得爽窟室，下入土可丈許，地壁悉纍方石砌之，石作細密，都無所毁，其石悉入法用，自非曹爽，庸匠亦難復制此。桓氏有言，曹子丹生此豚犢，信矣。渠左是魏、晉故廟地，今悉民居，無復遺墉也。渠水又西歷廟社之間，南注南渠。廟社各以物色辨。方《周禮》，廟及路寢，皆如明堂，而有燕寢焉。惟祧廟則無，後代通爲一廟，列正室于下，無復燕寢之制。《禮》，天子建國，左廟右社，以石爲主，祭則希冕。今多王公攝事，王者不親拜焉。咸寧元年，洛陽大風，帝社樹折，青氣屬天，元王東渡，魏社代昌矣。渠水自銅駝街東逕司馬門南，魏明帝始築，闕崩，壓殺數百人，遂不復築，故無闕門。南屏中舊有置銅翁仲處，金狄既淪，故處亦褫，惟壞石存焉。自此南直宣陽門，經緯通達，皆列馳道，往來之禁，一同兩漢。曹子建嘗行御街，犯門禁，以此見薄。渠水又東逕杜元凱所謂翟泉北，今無水。坎方九丈六尺，深二丈餘，似是人功而不類于泉陂，是驗非之一證也。又皇甫謐《帝王世紀》云：王室定遂徙居，成周小，不受王都，故壞翟泉而廣之，泉源既塞，明無故處，是驗非之二證也。杜預言：翟泉在太倉西南，既言西南，于洛陽不得爲東北，是驗非之三證也。稽之地説，事幾明矣，不得爲翟泉也。渠水歷司空府前，逕太倉南，出東陽門石橋下，注陽渠。穀水自閶闔門而南逕土山東，水西三里有坂，坂上有土山，漢大將軍梁冀所成，築土爲山，植木成苑，張璠《漢記》曰：山多峭坂，以象二崤，積金玉，採捕禽獸，以充其中，有人殺苑兔者，迭相尋逐，死者十三人。南出逕西陽門，舊漢氏之西明門也，亦曰雍門矣。舊門在南，太和中以故門邪出，故徙是門。東對東陽門。穀水又南逕白馬寺東。昔漢明帝夢見大人，金色，項佩白光。以問羣臣，或對曰：西方有神名曰佛，形如陛下所夢，得無是乎？于是發使天竺，寫致經像，始以榆欓盛經，白馬負圖，表之中夏。故以白馬爲寺名。此榆欓後移在城內愍懷太子浮圖中，近世復遷此寺，然金光流照，法輪東轉，創自此矣。穀水又南逕平樂觀東，李尤《平樂觀賦》曰：乃設平樂之顯觀，章秘偉之奇珍。華嶠《後漢書》曰：靈帝于平樂觀下起大壇，上建十二重，五采華蓋高十丈，壇東北爲小壇，復建九重，華蓋高九丈，列奇兵騎士數萬人，天子住大蓋下。禮畢，天子躬擐甲，稱無上將軍，行陣三帀而還，設秘戲以示遠人。故《東京賦》曰：其西則有平樂都場，示遠之觀，龍雀蟠蜿，天馬半漢。應劭曰：飛廉神禽，能致風氣，古人以良金鑄其象。明帝永平五年，長安迎取飛廉并銅馬，置上西門外平樂觀。今于上西門外無他基觀，惟西明門外獨有此臺，巍然廣秀，疑卽平樂觀也。又言皇女稚殤，埋于臺側，故復名之曰皇女臺。晉灼曰：飛廉，鹿身頭如雀，有角而蛇尾豹文。董卓銷爲金，用銅馬徙于建始殿東階下，胡軍喪亂，此象遂淪。穀水又南逕西明門，故廣陽門也。門左枝渠東派入城，逕太社前，又東逕太廟南，又東于青陽門右下注陽渠。穀水又南，東屈逕津陽門南，故津門也。昔洛水泛泆漂害者衆，津陽城門校尉將築以遏水，諫議大夫陳宣止之曰：王尊臣也，水絶其足，朝廷中興，必不入矣。水乃造門而退。穀水又東逕宣陽門南，故苑門也。皇都遷洛，移置于此，對閶闔門南，直洛水浮桁。故《東京賦》曰：泝洛背河，左伊右瀍者也。夫洛陽考之中土，卜惟洛食，寔爲神也。門左卽洛陽池處也。池東舊平城門所在矣，今塞。北對洛陽南宮，故蔡邕曰：平城門，正陽之門，與宮連屬，郊祀法駕所由從出門之最尊者。《洛陽諸宮名》曰，南宮有謻臺臨照臺。《東京賦》曰：其南則有謻門，曲榭邪阻城洫。《注》云：謻門，冰室門也；阻，依也；洫，城下池也。皆屈曲邪行依城池爲道。故《説文》曰：隍，城池也。有水曰池，無水曰隍矣。謻門卽宣陽門也，門內有宣陽冰室，《周禮》有冰人，日在北陸而藏之西陸，朝覿而出之。冰室舊在宣陽門內，故得是名。門既擁塞，冰室又罷。穀水又逕靈臺北，望雲物也。漢光武所築，高六丈，方二十步。世祖嘗宴于此臺得鼮鼠于臺上，亦諫議大夫第五子陵之所居，倫少子也，以清正，洛陽無主人，鄉里無田宅，寄止靈臺，或十日不炊，司隸校尉南陽左雄，尚書廬江朱孟興等，皆倫故孝廉功曹，各致禮餉，並辭不受，永建中卒。穀水又東逕平昌門南，故平門也。又逕明堂北，漢光武中元元年立。尋其基構，上圓下方，九室重隅十二堂。蔡邕《月令章句》同之，故引水于其下爲辟雍也。穀水又東逕開陽門南，《晉宮閣名》曰：故建陽門也，《漢官》曰：開陽門始成，未有名宿，昔有一柱來，在樓上。琅琊開陽縣上言：縣南城門，一柱飛去。光武皇帝使來，識視良是，遂堅縛之，因刻記年月日以名焉。何湯字仲弓，嘗爲門候，上微行夜還，湯閉門不納，朝廷嘉之。又東逕國子太學石經北，《周禮》有國學，教成均之法。《學記》曰：古者，家有塾，黨有庠，遂有序，國有學。亦有虞氏之上庠、下庠，夏后氏之東序、西序，殷人之左學、右學，周人之東膠、虞庠。《王制》曰：養國老于上庠，養庶老于下庠，故有太學、小學，教國之子弟焉，謂之國子。漢魏以來，置太學于國子堂。東漢靈帝光和六年，刻石鏤碑載五經，立于太學講堂前，悉在東側。蔡邕以熹平四年，與五官中郎將堂谿典，光祿大夫楊賜，諫議大夫馬日磾，議郎張馴、韓説，太史令單颺等，奏求正定《六經》文字。靈帝許之，邕乃自書丹于碑，使工鐫刻，立于太學門外。于是後儒晚學，咸取正焉。及碑始立，其觀視及筆寫者，車乘日千餘輛，填塞街陌矣。今碑上悉銘刻蔡邕等名。魏正始中，又立古、篆、隸《三字石經》，古文出于黄帝之世，倉頡本鳥迹爲字，取其孳乳相生，故文字有六義焉。自秦用篆書，焚燒先典，古文絶矣。魯恭王得孔子宅書，不知有古文，謂之科斗書，蓋因科斗之名，遂效其形耳。言大篆出于周宣之時，史籀創著。平王東遷，文字乖錯，秦之李斯及胡毋敬，又改籀書謂之小篆，故有大篆、小篆焉。然許氏《字説》專釋于篆，而不本古文，言古隸之書起于秦代，而篆字文繁，無會劇務，故用隸人之省，謂之隸書，或云卽程邈于雲陽增損者，是言隸者，篆捷也。孫暢之嘗見青州刺史傅弘仁説臨淄人發古冢，得桐棺前和外隱爲隸字，言齊太公六世孫，胡公之棺也。惟三字是古，餘同今書，證知隸自出古，非始于秦。魏初，傳古文出邯鄲淳，《石經》古文，轉失淳法，樹之于堂西，石長八尺，廣四尺，列石于其下，碑石四十八枚，廣三十丈。魏明帝又刊《典論》六碑，附于其次。陸機言，《太學贊》別一碑，在講堂西，下列《石龜碑》，載蔡邕、韓説、堂谿典等名。《太學弟子贊》復一碑，在外門中。今二碑並無。《石經》東有一碑，是漢順帝陽嘉元年立，碑文云：建武二十七年造太學，年積毀壞。永建六年九月，詔書脩太學，刻石記年，用作工徒十一萬二千人，陽嘉元年八月作畢。碑南面刻頌，表裏鏤字，猶存不破。《漢石經》北有晉《辟雍行禮碑》，是太始二年立，其碑中折，但世代不同，物不停故，《石經》淪缺，存半毀幾，駕言永久，諒用憮焉。考古有三雍之文，今靈臺太學，並無辟雍處。晉永嘉中，王彌、劉曜入洛，焚毀二學，尚髣髴前基矣。穀水于城東南隅枝分北注，逕青陽門東，故清明門也，亦曰稅門，亦曰芒門。又北逕東陽門東，故中東門也。又北逕故太倉西，《洛陽地記》曰：大城東有太倉，倉下運船常有千計。卽是處也。又北入洛陽溝。穀水又東左迤爲池，又東右出爲方湖，東西百九十步，南北七十步，故水衡署之所在也。穀水又東南轉屈而東注，謂之阮曲，云阮嗣宗之故居也。穀水又東注鴻池陂，《百官志》曰：鴻池，池名也，在洛陽東二十里，丞一人，二百石。池東西千步，南北千一百步，四周有塘池，中又有東西横塘，水溜逕通，故李尤《鴻池陂銘》曰：鴻澤之陂，聖王所規，開源東注，出自城池也。其水又東，左合七里澗。《晉後畧》曰：成都王穎使吳人陸機爲前鋒都督，伐京師，輕進，爲洛軍所乘，大敗于鹿苑，人相登躡，死于塹中及七里澗，澗爲之滿。卽是澗也。澗有石梁，卽旅人橋也。昔孫登不欲久居洛陽，知楊氏榮不保終，思欲遁迹林鄉，隱淪妄死，楊駿埋之于此橋之東，駿後尋亡矣。《搜神記》曰：太康末，京、洛始爲折楊之歌，有兵革辛苦之辭。駿後被誅，太后幽死，折楊之應也。凡是數橋，皆壘石爲之，亦高壯矣，製作甚佳，雖以時往損功，而不廢行旅。朱超石《與兄書》云：橋去洛陽宫六七里，悉用人石，下圓以通水，可受大舫過也。此題其上云：太康三年十一月初就功，日用七萬五千人，至四月末止。此橋經破落，復更脩補，今無復文字。

《晉書》卷四三《山濤傳》　鍾會作亂於蜀，而文帝將西征。時魏氏諸王公並在鄴，帝謂濤曰：『西偏吾自了之，後事深以委卿。』以本官行軍司馬，給親兵五百人，鎮鄴。

宋·李昉等《太平御覽》卷一五九《州郡部·許州》　《魏畧》曰：後漢建安元年，太祖迎獻帝都於許，卽此邑也。魏文帝卽位，改許昌縣焉。

宋·樂史《太平寰宇記》卷五五《河北道四·相州》　漢高祖置魏郡，理鄴。後漢冀州之理，韓馥爲冀州之牧居鄴。其後袁紹、曹操因之。建安十七年，册命操爲魏公，居鄴。黄初二年，以廣平、陽平、魏三郡爲三魏，長安、譙、許、鄴、洛陽爲五都。石季龍自襄國徙都之，仍改太守爲魏尹。慕容儁平冉閔，又自薊徙都之，仍置司隸校尉。苻堅平鄴，以王猛爲冀州牧。後魏於此立相州。初，道武幸鄴，訪立州名。尚書崔光對曰：『昔河亶甲居相，聖王天命所相，宜曰相州。』道武從之。按《後魏書》：孝文帝太和十八年，卜遷都，經鄴郡，登銅雀臺，御史崔光等曰：『鄴城平原千里，漕運四通，有西門、史起舊迹，可以饒富，在德不在險，請都之。』孝文曰：『君知其一，未知其二。鄴城非久長之地，石虎傾於前，慕容没於後。國富主奢，暴成速敗。且西有枉人山，東有列人縣，北有柏人，君子不飲盜泉，惡其名也。』遂止。東魏靜帝遷都於此，改置魏尹及司州牧。北齊武帝又都焉，改魏尹爲清郡都尹。周平齊後，改爲相州。大象二年，自故鄴移相州于安陽城，卽今理也。【略】

風俗：自北齊之滅，衣冠士人多遷關内，惟伎巧商販及樂户以實郡郭，由是人情險陂，至好爲訴訟。【略】

安陽縣【略】銅雀臺。魏武帝所造。遺令令施繐帳，朝晡宫人歌吹『望吾西陵』。謝玄暉詩云：『繐帳飄井干，罇酒樂平生。鬱鬱西陵樹，詎聞歌吹聲』云云。【略】南臺。《後魏書》云：東魏遷鄴。高丞相以南臺爲定國寺，作博浮圖極高，其銘卽温子昇文。鄴宫。《十六國春秋》云：石勒大破鄴宫，燒之，火旬有五日方滅。石虎建武元年，自襄國徙都之，至鄴，道里相去二百里，每一舍輒立一宫，宫有一夫人，侍婢數十。季龍所起内外臺觀、行宫凡四十四所。曹洪宅。《隋圖經》云：曹洪宫，南有景穆寺，西有石竇橋。西河。按《隋圖經》云：卜子夏、田子方、段干木所遊之地，以魏、趙多儒學，齊、魯及鄴皆謂此爲西河，非龍門之西河也。愁思岡。隋文帝改曰崇義岡。洹水。《水經》云：西南自林慮縣界流入東京殷墟北。魏郡城，卽漢以來爲郡之所，故城在今（安陽）縣東北。鯀堤。堯臣禹之父所築，以捍孟門，今謂之兩城是也。涼馬臺。《鄴城記》云：安陽涼馬臺，卽石季龍所造涼馬名之。高亭。《搜神記》云：相州高陽縣南有亭，宿者輒死。後有書生宿，夜半有人著黑衣來，呼亭主：『此有宿客耶？』曰：『然。』喑嗟而去。又有一人衣赤衣來，問如前。移時無復來。生乃呼亭主問之：『向黑衣者誰？』曰：『北舍猪母。』『赤幘者誰？』曰：『西舍老雄鷄。』『汝誰？』曰：『我老蝎也。』明旦掘之，得蝎，大如琵琶，毒長四尺，幷及猪、鷄。亭遂安靜。

鄴縣，（安陽）縣北四十里，舊十五鄉，今四鄉。本魏國之鄴邑，漢爲縣，屬魏郡。後漢桓、靈之間，冀州刺史嘗寄理於此。《晉書》曰：『建興二年，避懷帝諱，改鄴爲臨漳縣。』又云：石勒諸將佐議欲都鄴，將攻三臺。張賓進曰：『三臺險固攻守，未可卒下。』于是進據襄國。歷來魏、北齊皆都于此。後周置相州，後移相州於安陽，此復爲鄴縣。故鄴城，在縣東五十步，本春秋時齊桓公所築也。自漢至高齊，魏郡並理鄴縣。今按：魏武帝受封於此，至文帝受禪，呼爲北都。黄戔谷。《九州要記》云：谷中有冢，俗謂佛母冢，今牛馬不敢近。濁漳水，在縣東北。有永樂浦。浦西五里，俗謂紫陌河，此卽俗巫爲河伯娶婦處。黄衣水。《隋圖經》云『黄衣水。經野馬岡東南，流注萬金渠，入鸕鷀陂』，卽此水。紫陌橋。《地理志》云：『漳水出上黨鄴口，趙武帝于漳水造浮橋，接紫陌，故號曰「紫陌橋」。』橋之下有天井堰，二十里内作十二墱，墱相去三百步，令相灌注，卽《魏都賦》云『墱流十二，同源異口』。西門橋。按《鄴城故事》云：『西門豹爲令，造十二渠，決漳水以溉民田，因是户口豐饒。』今渠一名安澤陂。高齊天保五年，僕射魏收爲碑存焉。西門豹祠。《隋圖經》云：『豹祠在縣東南七里，北臨太平渠。』佛圖澄冢。澄死，葬於此，經冉閔開視，了無骸骨。又《鄴中記》云：『澄死後，有人於隴上見之。石虎令開視，惟有一石虎，曰：「石者，朕也。葬吾而去吾，其死矣！」果然。』鳳陽門，卽鄴城門也。按《記》云：『魏太祖都之。城内諸街，有赤闕。南面西頭曰鳳陽門，上有鳳二枚，其一飛入漳水，其一仍以鎖絆其足。鄴人舊歌曰：「鳳陽門内天一半，上有金鳳相飛喚，欲去不去著鎖絆。」』梁期城，漢梁期縣，故城尚存。玄武苑，又有新河水所經，亦魏武帝新築，有釣臺曲池焉。長明溝。《水經注》云：『魏武引漳水入銅雀臺下，伏流入城，謂之長明溝。』三臺。銅雀，中臺也，金虎、冰井，南臺、北臺也。石虎於上藏冰，三伏之月以賜大臣。《鄴中記》：『魏武於銅雀園西立三臺。』《魏都賦》云：『三臺列峙而崢嶸』。石虎故城。虎於正殿冬月施流蘇斗帳，用大小明光博山文錦，係以房子綿，施屈膝屏風，燒集和名香。又於魏武故臺立大武殿，窗户宛轉，畫作雲氣，擬秦之阿房、魯之靈光，流蘇染鳥羽爲之，以五色線編蒲心薦蓆。又揀宫人皆才藝者爲女尚書入座，侍中、納言皆豹璫直侍。又作戲馬書，令人立於馬上屈一脚立，書而字皆正好。又衣伎倪作獼猴形走馬，或在頭尾卧側縱横，名爲猿騎。又作金龍，吐酒於殿前，金罇可容五十斛，供金禽。又金華殿後作皇后浴室，九龍銜水之象。又種雙長生樹根，生於室下，枝葉交於棟上。是先種樹，後立屋安玉盤，容十斛於二樹之間。又皇后出，從女騎千人爲鹵簿，脚著五文織成靴，手握雌黄婉轉弓。又作雲母、五明、金薄、黄雉等扇。又虎每獵，著金線織成合歡袴。天樂寺。石虎因佛圖澄造。寺内有文石香爐，卽澄所執供奉者。又有鳴鶴、飛龍等丹臺。三陵，卽魏武帝、文帝、甄皇后三陵。華林苑。石季龍發三萬人築苑，垣周旋數十里。天暴雪三尺，凍死數千人。太史奏，非時雪，降此變異，乃誅尚書朱軌以塞災。高齊時名遊豫園。《鄴中記》：季龍於華林園植衆果，人間名果悉有之。季龍作蝦蟆車四，搏掘根去一尺，深一丈，合土載車中，植之無不生焉。淩雲城，金花洲，光碧堂，飛雪殿，御宿堂，五迴路，蘼蕪島，杜若洲，貧人村。已上皆華林苑中。

宋・王應麟《通鑑地理通釋》卷一四《東西魏周齊相攻地名考・三臺》 《水經注》：鄴城西北有三臺，皆因城爲基，巍然崇舉，其高若山。建安十五年魏武所起，其中曰銅雀臺，高十丈。南則金虎臺，高八丈。北曰冰井臺。亦高八丈。《魏都賦》：三臺列峙以崢嶸。注：銅爵園西有三臺，中央有銅爵臺，南則金虎臺，北則冰井臺。建安十五年作銅爵臺，有屋一百一間；金虎臺，有屋一百九間；冰井臺，有屋百四十五間。上有冰室三臺，與法殿皆閣道相通，直行爲徑，周行爲營。《通典》：相州鄴縣有魏武帝、文帝、甄后等三陵臺。石勒將攻三臺，張賓曰：三臺險固，攻守未可卒下。石虎鎮鄴三臺。鄴縣，宋朝熙寧六年省入臨漳縣。

明・顧炎武《歷代帝王宅京記》卷一《總敘上》 魏文帝黄初元年冬十二月初營洛陽宮，戊午幸洛陽，二年春正月改長安、譙、今鳳陽府亳州。許昌、是年正月改縣爲許昌縣。鄴、今河南彰德府臨漳縣西二十里。洛陽爲『五都』。

按：是時三國鼎立季漢昭烈帝都成都，今四川成都府。吴大帝都建業。今南京應天府。

晉武帝泰始元年冬十二月，受魏禪，都洛陽。惠帝永興元年冬十一月，河間王顒使其將張方劫帝，幸長安，以征西府爲宮。光熙元年夏六月，帝還洛陽。懷帝永嘉五年夏六月，劉曜、王彌冦洛陽，帝蒙塵於平陽。愍帝建興元年夏四月壬申卽皇帝位於長安。四年秋八月，劉曜冦長安。冬十一月，帝蒙塵於平陽。元帝太興元年春三月丙辰卽皇帝位於建康。愍帝建興元年，改建業爲建康。

晉禪於宋，宋禪於齊，齊禪於梁，梁禪於陳，五代皆都建康。及陳後主而隋滅之。元魏始居匈奴之故地，至力微，追謚神元皇帝。乃遷於定襄之盛樂，五傳至猗盧，追謚穆皇帝。乃城盛樂以爲北都，修故平城以爲南都。登平城西山觀望地勢乃更南百里於灅水之陽黄瓜堆築新平城，晉人謂之小平城。四傳至賀傉，追謚惠皇帝。築城於東木根山，徙都之。紇那追謚煬皇帝。遷於大寧。翳槐追謚烈皇帝。城新盛樂在故城東南十里。什翼犍追謚昭成皇帝。移都於雲中之盛樂宮，其孫珪始卽皇帝位，爲太祖。

又 卷二《總敘下》 天興元年秋七月，遷都平城，始營宮室、建宗廟、立社稷。八月，詔有司正封畿，制郊甸，端徑術，標道里。六年秋九月，行幸南平城，規度灅南，面夏屋山，背黄瓜堆，將建新邑。太宗泰常七年秋九月辛亥，築平城外郭周迴三十二里。高祖太和十七年冬十月戊寅朔，幸金墉城，詔徵司空穆亮與尚書李沖、將作大匠董爵經始洛京。十八年春正月乙亥，幸洛陽西宮。閏二月壬申，帝還至平城。癸酉，臨朝堂，部分遷留。冬十一月己丑，車駕全洛陽。十九年秋八月，金墉宮成。九月，車駕幸金墉宮。庚午，六宮及文武遷於洛陽。

孝武帝永熙三年秋七月丁未出奔長安，己酉高歡入洛，冬十月丙寅立清河王世子善見爲帝，丙子兆遷於鄴。

自是分爲東、西魏。東魏禪於齊，都鄴；西魏禪於周，都長安。及周武帝，滅齊。宣帝大象元年以洛陽爲東京。周禪於隋。

清・顧祖禹《讀史方輿紀要》卷四七《河南二・開封府・許州》 東漢末獻帝都許。曹魏曰許都，晉爲潁川郡。治許昌，其後郡治長社。後魏因之。東魏天平初，置潁州。武定七年改曰鄭州。移治潁陰。後周曰許州。【略】

州西控汝、洛，東引淮、泗，舟車輻集，轉輸易通，原野寬平，耕屯有賴。曹操挾天子于此，北幷幽、冀，南抗吳、蜀。說者曰：自天下而言河南爲適中之地，自河南而言許州又適中之地也。北限大河曾無潰溢之患，西控虎牢不乏山溪之阻，南通蔡、鄧實包淮、漢之防，許亦形勝之區矣。豈惟土田沃衍，人民殷阜，足稱地利乎？【略】

許昌城。在州東三十里。【略】建安元年，獻帝都此。曹丕黄初二年改曰許昌，爲五都之一，歲嘗臨幸，每伐吳命司馬懿留鎮於此。明帝睿太和六年，如許昌，治許昌宮，起景福、承光等殿，後亦數臨駐焉。晉爲潁川郡治，永嘉末屢爲石勒所攻陷。既而苟組建行臺於此，大興初勒遣兵逼許昌，組南走。大寧三年許昌没于石勒，永和七年始歸於晉。明年，降將張遇復以許昌叛歸苻秦，尋復克之。既又没于燕，秦滅燕，屬於秦。太元九年復歸于晉。隆安中陷于姚秦。義熙十二年劉裕伐秦，前鋒檀道濟克秦許昌，獲潁川太守姚垣是也。宋景平初爲魏所陷，潁川太守李元德復襲取之。既而魏將周幾復陷許昌，毁其城以立封疆而還。泰始四年，豫州刺史劉耐敗魏兵於許昌。東魏天平初，始分潁川置許昌郡。北齊郡廢。

又 卷四八《河南三・河南府》 東漢都於此，改爲河南尹，兼置司隸。魏、晉相繼都之，並置司州改司隸爲司州，河南尹如故。其後劉聰置荆州，石虎爲洛州，慕容暐亦置洛州於此。苻秦曰豫州。劉宋初亦置司州，治虎牢。後魏改爲洛州，初置南雍州，後改洛州。太和十七年自代徙都之，亦曰司州。郡守仍爲河南尹。東魏復曰洛州，改河南尹爲洛陽郡西魏得之，又改司州。北齊復曰洛州。後周曰東京大成初，以洛陽爲東京，治洛陽宮。【略】

府河、山控帶，形勝甲於天下。【略】曹魏、西晉亦都之。陸機《洛陽記》：『左成皋，右函谷，前有伊闕，後背盟津。』謂之洛陽四關。又江統《賦》云：帶以河、洛，重以崤阻。張華《博物志》：周在中樞三河之分，風雨所起，四險之國也。晉永嘉五年，洛陽爲劉聰所陷，王彌説劉曜曰：時聰遣王彌、劉曜共陷洛陽。『洛陽天下中，山河四塞，城池宮室，不假修營，宜爲都邑。』曜不用彌策而焚之，彌欲曜轉白聰，徙都洛陽。曜以天下未定，洛陽四面受敵，不可守。遂不用彌策。彌罵曰：『屠沽子，豈有帝王之意耶！』太和四年，桓温伐燕，屯枋頭，見直隸濬縣，燕請救於苻堅。王猛謂堅曰：『燕雖强大，慕容評非温敵也。若温舉山東，進屯洛邑，收幽、冀之兵，引幷、豫之衆，觀兵崤、澠，則大事去矣。』魏高歡犯順，宇文泰言：『長河萬里，捍禦爲難，一處得渡，大事去矣。』洛陽蓋恃河爲險也。【略】蓋英雄舉事，類以洛陽爲標準矣。

又　《洛陽縣》　洛陽故城。在府東北二十里。【略】後漢都此，改洛爲『雒』。魚豢曰：『漢火德，火忌水，故去水而加佳也。』魏於行次爲土，土，水之牡也，故除佳而加水。晉仍爲洛陽。永嘉以後，城郭宮闕大都蕪没。後魏太和十七年始營洛陽。景明二年司州牧廣陽王嘉請築洛陽三百二十三坊，各方三百步。從之。三年，洛陽宮室始成。永安二年梁陳慶之送元顥北還，入虎牢，魏主子攸北渡河入河内，顥入洛陽宮。未幾敗滅。東魏遷鄴，改置洛陽郡。西魏大統三年遣獨孤信等趣洛陽，至新安，東魏高敖曹自洛引兵北渡河，信進據金墉城。四年東魏侯景等圍信于金墉，悉燒洛陽内外官寺民居，存者十二三。及邙山之戰，兩軍互相傷敗，宇文泰留長孫子彥守金墉而還。高歡來攻，子彥棄城走，焚城中室屋俱盡，歡毁金墉而還。未幾魏將是云寶復襲取洛陽。九年宇文泰敗於邙山，西入關，洛州復爲東魏所取。【略】《洛陽記》：魏、晉時，城中有銅駝街，在宮南，旁有汶陽里。【略】

金墉城。故洛陽城西北隅也。魏明帝築城，南曰乾光門，東曰含春門，北有還門，又置西宮于城内。嘉平六年，司馬師廢其主芳，遷於金墉。延熙二年魏主禪位於晉，出舍金墉城。晉楊后及愍懷太子至賈后之廢，皆徙金墉。永康二年，趙王倫篡位，遷惠帝，自華林西門出居金墉城，改曰永昌宮。其後每有廢置，輒于金墉城内。大寧三年後趙將石生保金墉，劉曜遣劉岳等攻之，不克。咸和三年劉曜攻石生於金墉，爲石勒所敗。八年後趙石朗舉兵于洛陽討石虎，虎攻朗于金墉，金墉潰。永和十一年桓温收洛陽，屯故太極殿前，尋徙屯金墉，置戍而還。興寧二年爲燕所陷。太和五年秦王猛克洛陽，使鄧羌戍金墉。太元九年復歸晉。隆安初姚興遣姚崇寇洛陽，河南太守夏侯宗之固守金墉，崇不能克。久之始陷。義熙十二年劉裕伐秦，前鋒至成皋，秦將趙玄勸姚洸：『固守金墉以待西師之救，金墉不下，晉必不敢越我而西。』洸不聽，遣軍迎戰，軍敗，洸出降。元熙初劉裕使王康保據金墉。宋景平元年爲魏所陷。元嘉八年遣到彥之等北伐，下河南，留杜驥守金墉，爲河南四鎮之一。既而後魏將安頡自委粟津濟河來攻，驥南遁。魏太和十七年如金墉城，經營洛都。十九年金墉宮成。《洛陽志》：『金墉城有瑤光寺。魏太和中廢后馮氏。延昌末太后高氏皆徙居於此。』西魏大統四年東魏高歡因宇文泰自邙山西遁，克金墉，毁其城。後周建德四年周主自將攻金墉，齊將獨孤永業拒卻之。【略】

漢故宮。在洛陽故城中。《括地志》：『洛陽故城内有南宮、北宮，秦時已有之。』【略】董卓之亂，南、北兩宮大都焚蕩。建安初駕還洛陽，諸將張揚，自以爲功，名所葺南宮正殿曰揚安。及曹丕篡位營洛陽宮。初居北宮，起建始殿朝羣臣，又于其北建崇華殿。曹叡青龍三年，始于漢南宮崇德殿故址起太極、昭鼎諸殿。又是年崇華殿災，乃更作九龍殿，引穀水過殿前。其北宮南又有式乾、顯陽諸殿及太后所居曰永寧宮，皇后宮中殿曰含章殿，東宮門曰承華門。又于太極殿前作總章觀，高十餘丈，門曰閶闔，以象天門。晉武都洛，大抵因之。永嘉之季，劉曜陷洛，復成灰燼。及後魏南遷，大營宮室，魏、晉之舊，次第修復。其後爾朱始禍，東西戰爭。東魏天平二年，遣高隆之盡撤洛陽宮殿，運其材入鄴，自是故址漸成蓁莽。及隋改營都邑，而滄桑益不可問矣。

又　卷四九《河南四·彰德府》　曹魏以受封於此，稱爲鄴都。晉仍爲魏郡，屬冀州。後趙石虎、前燕慕容俊並都鄴。苻堅滅燕，亦移置冀州，治鄴。魏仍爲魏郡，兼置相州，魏主珪取河亶甲居相之義，置州名相。東魏都此改司州。以魏郡太守爲魏尹。北齊又都之。改魏尹爲清都尹。後周仍置相州及魏郡。周末移治安陽城。【略】

府山川雄險，原隰平曠，據河北之襟喉，爲天下之腰膂。【略】兩漢以來，魏郡稱爲雄固。袁紹竊據於此，既而曹公擅有之，訓兵積粟，雄長中原。左思《魏都賦》：『爾其疆域，則旁極齊、秦，結湊冀道；開胸殷、衛，跨躡燕、趙，山林幽映，川澤回繚。』晉永嘉末張賓謂石勒曰：『鄴有三臺之固，西接平陽，山河四塞，宜北徙據之，時石勒在葛陂，故云北徙。葛陂，見新蔡縣。以經營河北。』勒遂引兵渡河。勒至鄴，會劉琨兄子續方鎮鄴，保三臺以自固，諸將欲攻之。賓復曰：『三臺險固，攻之未易猝拔。』乃進據襄國。今北直順德府也。其後石虎自襄國徙都鄴。慕容氏亦雄據於此。拓跋孝文之去代遷洛也，經鄴，登銅雀臺。其臣崔光進曰：『鄴城平原千里，漕運四通，有西門、史起舊迹，可以富饒，請都之。』及高歡自趙州入鄴，一戰而霸業遂成，既管魏權，挾其主東遷，是時兵力雄盛，十倍於關西矣。周末尉遲迥舉相州之衆問罪楊堅，西方震動，韋孝寬僅而克之。【略】夫相州唇齒澤潞，臂指邢洺，聯絡河陽，襟帶澶、魏，其爲險塞，自關以東當爲弁冕。或以地氣偏殘、人情險詖而少之，豈篤論哉？又漳水在鄴，富饒所資也。《史記》：『魏西門豹爲鄴令，鑿十二渠以富民。』鄴西有十二墱，亦名西門渠。《漢·溝洫志》：『史起爲鄴令，引漳水溉鄴以富魏之河內。』漢武帝太初二年，修理西門豹所分漳水爲陂流以溉民田。曹公建安十八年鑿渠引漳水入白溝以通漕。白溝，卽衛河。見大名府。東魏天平中決漳水爲萬金渠，亦曰天平渠。唐咸亨三年，又引爲金鳳、菊花諸渠以溉鄴南。詳見臨漳縣。宋天聖四年王沿上言：『魏史起爲鄴令，鑿十二渠引漳水溉田，歷漢、魏、齊、隋不絕。唐至德後其渠遂廢。今相、魏、磁、洺之田並漳水者，斥鹵不可耕，又取爲牧地，民益困。請募民復十二渠，渠復則水分，無奔決之患，可以富數郡之民。』詔河北漕司規度，而議者謂漳水岸高難開導，渾濁不可溉田。沿又奏：『渠田起於戰國魏襄王時，前載但言灌溉之饒，不言疏導之法。唯《相州圖經》載天井堰魏武所作，凡十二里，分十二墱，相距二百步，互相灌注。故《魏都賦》云：「墱流十二，同源異口。」《水經注》：『魏武遏漳水，回流東注，號天井堰，作十二墱，一源分十二流，皆懸水門。』陸氏《鄴中記》：『水所溉之處名曰晏陂澤。』然則爲渠之法，必就高阜鑿岸爲渠，截流爲堰，然後行水數里，方至平田。若渠開二十四丈，則作堰之功可損其半，日役萬人，五十日而罷；若采岯山之石，見大名府濬縣。取磻陽之木，見林慮縣。給利成之鐵，相州有利成鐵冶。用鄭、白渠之法，鄭、白渠，見陝西西安府。扼中流以作堰，下流大渠分置斗門，餘水東入於御河，或水盛溢則下板閉渠以防奔注，復三百年之廢迹，溉數萬頃之良田，雖勞不可已也。』議卒不行。後沿爲河北轉運使，導相、衛、邢、趙、天平、晏陂諸渠，晏陂，卽天井堰。溉田至數萬頃。

又《臨漳縣》 鄴城。舊在縣西二十里。【略】初平二年袁紹自爲冀州牧，鎮鄴。建安八年曹操敗袁譚、袁尚於黎陽，追至鄴，收其麥。九年操攻鄴，爲土山地道以攻之。既而毀土山地道，鑿塹圍城，引漳水灌之，尋拔其城。十五年建鄴都，作三臺。曹丕篡位，號爲五都之一。晉仍爲魏郡治，惠帝時成都王穎鎮鄴，太安二年舉兵逼洛陽。和安初幽州都督王浚討穎入鄴，大掠而去。永嘉初羣盜汲桑、石勒等攻鄴，殺新蔡王騰，焚鄴宮，火旬有五日方滅。建興初勒復使石虎攻鄴，鄴潰，勒使桃豹守之，尋使石虎鎮焉。咸和六年勒營鄴宮。咸康初石虎徙都焉。升平初慕容儁亦都之。苻秦滅燕，仍爲冀州治。太元九年慕容垂叛秦攻鄴，拔其外城，苻丕退守中城。十年晉將劉牢之等救鄴，尋入鄴城，既而丕復守之，尋棄鄴如晉陽，慕容垂取之。二十一年拓跋珪遣拓跋儀等攻燕鄴城，慕容德守鄴，魏人不能克。隆安初魏克中山，益兵攻鄴，慕容麟説德曰：『魏乘勝攻鄴，鄴城大難固，且人心恇懼，不如南趣滑臺，阻河爲境，伺釁而動，河北庶可圖也。』德從之，拓跋儀乃入鄴，珪因置行臺於此。太和十七年將遷洛都，因巡省至鄴，築宮於鄴西徙居之。十九年復如鄴。孝昌二年鄴城叛降于葛榮，復討平之。既而榮再攻鄴，建義初爾朱榮擊破榮於鄴北，盡降其衆。永安二年魏主使爾朱世隆鎮鄴。普泰二年高歡起兵信都，進圍鄴，拔之。魏主朗自信都入居鄴，爾朱兆等來攻，歡大敗之于鄴西，遂南入洛陽，還鎮鄴。天平初歡遷魏主都此。二年，作新宮于鄴，築鄴南城，周二十五里。元象二年復城鄴。《北史》：『鄴有南北兩城，高歡遷其主善見至鄴，居北城。明年，改築南城而居之。其後高洋篡位，亦居南城。』後周建德六年滅齊，置六府于鄴城。宣政初移六府於洛陽，以相州爲總管府。大象二年尉遲迥起兵討楊堅，堅使韋孝寬擊平之，乃焚燒鄴城，徙其居人南遷四十五里，以安陽城爲相州理所，仍治鄴，而改舊鄴縣爲靈芝縣。【略】鄴城舊有七門：南曰鳳陽門。晉永和五年，後趙石遵自河內舉兵趣鄴，入自鳳陽門，升太武前殿，斬張豺于平樂市。明年趙將孫伏都等起兵誅冉閔不克，屯于鳳陽門，閔毀金明門，擊斬伏都等；中曰中陽門，亦名章門；次曰廣陽門；東曰建春門；北曰廣德門；次曰廄門，西曰金明門，亦名白門。晉永和三年石虎命其子宣祈禱山川，戎卒十八萬出自金明門，虎從後宮登淩霄觀望之，卽此門也。其城東西七里，南北五里。又有宮城，東魏所建也，在南城中，城周六里，正南門曰朱雀門，其內曰閶闔門。天平二年，作新宮，既而閶闔門災。武定五年慕容紹宗擒梁蕭淵明至鄴，魏主升閶闔門受俘。又北則雲龍門。武定八年，魏主禪位於高洋，洋出雲龍門入北城。《鄴都記》：『魏以閶闔、雲龍爲宮門，皆倣洛陽之舊是也。』其東曰萬春門，西曰千秋門，又有神虎門。武定五年魏主謀誅高澄，于宫中作土山地道向北城，至千秋門，門者覺之，以告澄，澄因勒兵入宫，幽其主於含章堂。齊武平初高儼斬和士開于神虎門，帥兵屯千秋門。其後莫多婁敬顯等謀伏兵千秋門，斬高阿那肱不克處也。北門亦曰玄武門。周大象二年悉皆焚廢。今俗名故鄴城曰鄴鎮。《邑志》云：今縣城，明洪武十八年，縣爲漳水沖陷，因移今治。城周四里，西南去舊城十八里，去故鄴城幾四十里云。

又故鄴都，北城在鄴鎮東南一里有奇，南城在鄴鎮東南三里。

清·畢沅《晉書地理志新補正》卷二《司州》 洛陽。置尉五部三市。沅案：陸機《洛陽記》：大市名金市，在大城西，南市在大城南，馬市在大城東。《太平寰宇記》：金市在臨商觀西，兑爲金，故曰金市。馬市在東，舊置丞焉。又酈元注《水經》云：馬市即嵇康爲司馬昭所害之處。東西七里，南北九里，内宫殿臺觀府藏寺舍，晉、魏之代，凡有一萬一千二百一十九門。自永嘉之亂，劉曜入洛，元帝渡江，官署里閭鞠爲茂草。考此條從《太平寰宇記》録出，疑屬戴延之《洛陽記》。東有建春、沅案：《晉宫闕傳》：上東門，洛陽東面門也。在寅地，改爲建春門。東陽、沅案：《晉書》：東面最北曰東上門，後又改爲東陽門。清明三門。南有開陽、沅案：《晉宫闕簿》：開陽門在巳上。應劭《漢官儀》：此門始成，未有名，夜有一柱飛來，在樓上，後琅琊開陽縣上言南門一柱忽然飛去，莫之所在。光武使視之，即是也，因以爲名焉。平昌、宣陽、沅案：《晉宫闕簿》：西漢有小苑門，在午上，晉改爲宣陽門，一云移門，即宣陽門也。薛綜注《東京賦》曰：移門，冰室門也。建陽四門，西有廣陽、沅案：《漢宫闕簿》：廣場門西面有三門，門在申上。《水經注》：稱郭緣生《述征記》：廣場門西南有劉曜壘、試弩棚，西北有鬬鷄臺、射雉觀。西明、閶闔沅案：《河南十二縣鏡簿》：藺觀在廣場門次北，漢曰有雍門，在西上，晉改曰西明門。又次北曰上西門，在戌上，晉改曰閶闔門。《漢官儀》：上西門所以不純白者，漢家于於戌，故以丹青鏤之。三門，北有大夏、沅案：《晉宫闕簿》：夏門北面有二門，其西漢曰夏門，晉改爲大夏門，正在亥上。陸機與弟書曰：大夏門有三層樓高百尺。廣莫沅案：《晉宫闕簿》：漢穀門，晉改爲廣莫門，正在丑上。陸機《洛陽記》：洛城十二門，南北九里，城内宫殿臺觀有閣闥。左右出入，城内皆三道，公卿尚書從中道，凡人左右出入，不得相逢，夾道中榆樹，以蔭行人。《晉書》：洛陽十二門皆有雙闕石橋，橋跨陽渠水。二門，司隸校尉、河南尹及百官列城内也。

清·汪士鐸《南北史補志》卷七《地理志三·魏齊周》 長安。州尹治。初郡治霸城。永熙三年，徙本周之豐鎬。秦嘗爲縣，始皇弟成蟜封爲長安君，楚懷王封項羽爲長安侯是也，但未詳所在。漢高帝五年，入關，立長安縣，屬京兆尹。賈耽《郡國志縣道記》云：長安蓋古鄉聚名，在渭水北，封秦咸陽宫。漢於其地作未央宫，謂大城曰長安城。五年立縣，以長安爲名，歷後漢、魏、晉、苻、姚不改。有昆明池、周靈臺、鎬池、彪池水、有鄗水、郭池、磁石門、泬水、皇子陂、樊川、阿房宫即阿城、揭水、北建章宫、鳳闕、神明臺、井幹樓、太液池、漸臺、壁門、便門橋、長樂宫、趙遥園，漢長安故城宣平、清明、霸城、覆盎、昇路、便門、章門、直門、西城、横門、廚門、杜門等十二門，龍首山、未央宫、玄武倉、二闕、閶闔、止車諸門、宣室及玉堂、含章、麒麟、白虎、鳳凰、朱雀、鵷鸞、昭陽諸殿，天禄、石渠、麒麟、三門、桂宫、明光殿、走馬臺、柏梁臺、長門道、武庫、長信、長秋、永壽、永昌諸殿，王渠、奉明縣城、虎圈、軹道。魏崔亮于張方橋東堰谷水造水碾磨數十區。長安有雍州公廨、草堂寺、清暉堂、陽武門、憑雲觀、乾安殿、長安鎮，周有任人、會義、崇信、雲和、思齊諸殿。天興宫、洪瀆川、乾安殿、路門、路寢、右寢、延壽殿、紫極殿、芳林園、重陽閣，正武、大武二殿，少陵、原津門、道會苑即武道園、大德殿、元都觀、羌橋、上善殿、肅章門、臨皋澤、青城門、天臺、正陽宫、太極殿。

蜀漢首都分部

綜　述

《三國志》卷三二《蜀志·先主傳》 （建安）二十五年，魏文帝稱尊號，【略】故議郎陽泉侯劉豹、青衣侯向舉、偏將軍張裔、黄權、大司馬屬殷純、益州别駕從事趙莋、治中從事楊洪、從事祭酒何宗、議曹從事杜瓊、勸學從事張爽、尹默、譙周等上言：『【略】臣父羣未亡時，言西南數有黄氣，直立數丈，見來積年，時時有景雲祥風，從璿璣下來應之，此爲異瑞。又二十二年中，數有氣如旗，從西竟東，中天而行，圖、書曰「必有天子出其方」。加是年太白、熒惑、填星，常從歲星相追。近漢初興，五星從歲星謀；歲星主義，漢位在西，義之上方，故漢法常以歲星候人主。當有聖主起於此州，以致中興。時許帝尚存，故羣下不敢漏言。頃者熒惑復追歲星，見在胃昴畢；昴畢爲天綱，經曰「帝星處之，衆邪消亡」。聖諱豫睹，推揆期驗，符合數至，若此非一。臣聞聖王先天而天不違，後天而奉天時，故應際而生，與神合契。願大王應天順民，速卽洪業，以寧海內。』【略】

（劉備）卽皇帝位於成都武擔之南。

又《蜀志·先主傳》裴松之注 《魏書》曰：備聞曹公薨，遣掾韓冉奉書吊，並致賻贈之禮。文帝惡其因喪求好，敕荆州刺史斬冉，絶使命。《典略》曰：備遣軍謀掾韓冉齎書吊，並貢錦布。冉稱疾，住上庸。上庸致其書，適會受終，有詔報答以引致之。備得報書，遂稱制。

臣松之以爲先主雖云出自孝景，而世數悠遠，昭穆難明，既紹漢祚，不知以何帝爲元祖以立親廟。于時英賢作輔，儒生在宫，宗廟制度，必有憲章，而載記闕略，良可恨哉！

宋·王應麟《通鑑地理通釋》卷四《歷代都邑考·三國都》 漢昭烈於沔陽立爲漢中王，卽位武擔之南，沔陽故城，在興元府西縣西；武擔山，在成都府西。都成都。公孫述改蜀郡爲成都。劉焉爲益州牧，初治綿竹，徙成都。唐玄宗幸蜀，爲成都府。

論説

清·顧祖禹《讀史方輿紀要》卷六七《四川二·成都府》 府山川重阻，地大而要。戰國時司馬錯説秦惠王伐蜀曰：『取其地足以廣國也，得其財足以富民繕兵。』諸葛武侯亦云：『益州險塞，沃野千里，天府之土是也。』自秦取蜀，因蜀攻楚，楚繇以亡。漢高資巴、蜀之力戰勝滎陽、成皋間，卒有天下。故取天下之規，常在巴、蜀。公孫述之據蜀也，北連秦、隴，東逼荆州，號爲盛强。諸葛武侯用巴、蜀，北出秦川，魏人騷動。晉季雄竊成都，亦能北收漢中，東取夔峽，南並寧州。是故蜀之險，弱則足以自固，强則足以伐人。晉人藉之以並吴，隋人資之以亡陳。唐亦繇此以平蕭銑，其與秦之攻楚同一揆也。王建之據蜀號爲完固，孟氏因其轍亦足以自守。元末明玉珍有蜀，擅威命者且數年。説者謂自公孫述以下未聞有以蜀興者，意者地僻而險，與中原懸隔，不足以出奇制勝歟？然吾觀漢高以後，未見有雄才大略足以相挈者，惟武侯能以漢用蜀，而時不吾與，天不假年，卒困於一隅耳。公孫述、李雄之徒，上之不過擁竊之雄，下之不過窺覦之智，故幸則易世而亡，不幸則及身而敗。故曰險可恃也，而不可恃也。嗟乎！劍門失守則夕樹降旗，陰平已逾則朝纓白組，瞿唐不閉則樓船飈集，清溪無阻則蠻弩星馳。成都之險不在近郊而在四境之外也。雖然劉禪而閉城清野，鄧艾何必非坐縛之師？羅尚而撫士恤民，李氏豈遂爲益州之主？成敗之機，存乎其人，又安可一律論哉！【略】

成都城。府城舊有太城、有少城、有子城，又有羅城。太城，府南城也，秦張儀、司馬錯所築，一名龜城。俗傳儀築城未立，有大龜出於江，周行旋走，隨而築之，城因以立也。少城，府西城也。唯西南北三壁，東卽大城之西墉。昔張儀既築太城，後一年又築少城，《蜀都賦》『亞以少城，接於其西』，謂此也。晉時兩城猶存，益州刺史治太城，成都内史治少城。元康元年詔徵刺史趙廞爲大長秋，以成都内史耿滕代之，廞謀作亂，據太城未去，滕入州，廞遣兵逆之，戰於西門，滕敗死。太安二年，李特攻羅尚於成都，取少城，既而尚襲殺之，特子雄尋復入少城，尚退保太城。永和三年，桓温平李勢，平少城。張詠《創設記》：『張儀築蜀郡城，方廣七里，從周制也，分築南北二少城，以處商賈。』少城之迹今湮。【略】《華陽國志》：『張儀、張若城成都，周迴十二里，更於彝里橋南立錦官。錦官者，猶合浦之珠官也。今城南名錦官城，城西名車官城，蓋舊時城四面皆有軍營壘舍也。』又芙蓉城，或曰孟蜀宫院城，後主昶盡種芙蓉於城上，謂左右曰：『此誠錦城矣。』又《周地圖記》：『漢元鼎二年太城立九門，少城立九門，故有十八郭門之稱。』後漢初，討公孫述，臧宫軍咸門，又入小洛郭門，咸門，北面東頭門也。其北面西頭門曰朔門，或以爲卽小洛門，皆秦時舊門，漢列於十八門者也。其東有陽城門，左思《賦》云：『結陽城之延閣，飛觀榭乎雲中。』又西有宣明門，《益州記》：『宣明門樓卽故張儀樓，重岡復道，跨陽城門是也。』南曰江橋門，大江水所經也。稍西曰市橋門，漢舊州市在橋南，橋下卽石犀所潛淵，亦曰石牛門也。其北曰咸陽門，謂道出咸陽。或曰陽城諸門，蜀漢時更名也。

藝文

南朝梁·蕭統《文選·［晉］左思〈三都賦·蜀都賦〉》 有西蜀公子者，言於東吴王孫，善曰：《聖主得賢臣頌》曰：今臣僻在西蜀。《史記》，武王得仲雍曾孫周章，封之東吴。《漢書》曰：漂母謂韓信曰：吾哀王孫而進食。蘇林曰：如言公子也。《博物志》曰：王孫、公子，皆相推敬之辭。曰：『蓋聞天以日月爲綱，地以四海爲紀。九土星分，萬國錯跱。崤函有帝皇之宅，河洛爲王者之里。非日月無以觀天文，非四海無以著地理，故聖人仰觀俯察、窮神盡微者，必須綱紀也。崤，東、西崤也。函，函谷關也。賈生《過秦》曰：以崤、函爲宫。里，居也。言周、漢皆以河、洛爲都邑。善曰：《越絶書》，范蠡曰：天貴持盈，不失日月星辰之綱紀。《毛詩》曰：滔滔江、漢，南國之紀。《周禮》曰：以星土分辨九州之地所封域。《尚書》曰：萬國咸寧。張衡《靈憲》曰：星體生於地，列居錯峙。崔駰《河南尹箴》曰：唐、虞、商、周，河、洛是居。吾子豈亦曾聞蜀都之事歟？請爲左右揚搉而陳之。《韓非》有《揚搉篇》。班固曰：揚搉古今，其義一也。善曰：許慎《淮南子》注曰：揚搉，粗略也。

『夫蜀都者，蓋兆基於上世，開國於中古。廓靈關以爲門，包玉壘而爲宇。帶二江之雙流，抗峨眉之重阻。楊雄《蜀王本紀》曰：蜀王之先，名蠶叢、拍濩、魚鳧、蒲澤、開明。是時人萌椎髻左言，不曉文字，未有禮樂。從開明上到蠶叢，積三萬四千歲，故曰兆基於上代也。秦惠王討滅蜀王，封公子通爲蜀侯。惠王二十七年，使張若與張儀築成都城。其後置蜀郡，以李冰爲守。《地理志》曰：蜀守李冰鑿離堆，穿兩江，爲人開田，百姓饗其利。是時蜀人始通中國，言語頗與華同，故言開國於中古也。靈關，山名，在成都西南漢壽界。在前，故曰門也。玉壘，山名也，湔水出焉，在成都西北岷山界。在後，故曰宇也。江水出岷山，分爲二江，經成都南，東流經之，故曰帶也。楊雄《蜀都賦》曰：兩江珥其前。峨眉，山名也，在成都南犍爲界。面之，故曰抗也。水陸所湊，兼六合而交會焉；豐蔚所盛，茂八區而菴藹焉。八區，四方四隅也。《地理志》曰：巴、蜀土地肥美，有山林菓實之饒。班固《西都賦》曰：郊野之富，號爲近蜀。美其豐盛。善曰：六合，已見《西都賦》。《長楊賦》曰：洋溢八區。『於前則跨躡犍牂，枕輢交趾。經途所亘，五千餘里。山阜相屬，含谿懷谷。崗巒糺紛，觸石吐雲。阜，大山也。巒，山長而狹也。一曰山小而鋭也。水注川曰谿，注壑曰谷。善曰：《漢書·志》有犍爲郡、牂牁郡，並屬益州，又有交趾郡，屬交州。輢，寄也，於蟻切。《春秋元命包》曰：山有含精藏雲，故觸石而出也。鬱葐蒕以翠微，崛巍巍以峩峩。干青霄而秀出，舒丹氣而爲霞。翠微，山氣之輕縹也。霞，赤雲也。嚴夫子《哀時命》曰：紅霓紛其朝霞。山澤氣通，故曰舒丹氣以爲霞也。善曰：《甘泉賦》曰：騰青霄而軼浮景。《河圖》曰：崑崙山有五色水，赤水之氣，上蒸爲霞而赫然也。龍池㵿瀑濆其限，漏江伏流潰其阿。汨若湯谷之揚濤，沛若濛汜之涌波。龍池在朱堤南十里，地周四十七里。漏江在建寧，有水道，伏流數里復出。故曰漏江。湯谷，日所出也。濛汜，日所入也。善曰：㵿瀑，水沸之聲也。《公羊傳》曰：濆泉者何，涌泉也。《淮南子》曰：日出于湯谷，浴于咸池。《楚辭》云：日出于陽谷，入于濛汜。濛汜，見《西京賦》。於是乎邛竹緣嶺，菌桂臨崖。旁挺龍目，側生荔枝。布緑葉之萋萋，結朱實之離離。迎隆冬而不凋，常曄曄以猗猗。邛竹出興古盤江以南，竹中實而高節，可以作杖。《神農本草經》曰：菌桂出交阯，圓如竹，爲衆藥通使。一曰：菌，薰也，葉曰蕙，根曰薰。《南裔志》曰：龍眼，荔枝，生朱堤南廣縣，犍爲僰道縣。隨江東至巴郡江州縣，往往有荔枝樹，高五六丈，常以夏生，其變赤可食。龍眼似荔枝，其實亦可食。邛竹、菌桂、龍眼、荔枝，皆冬生不枯，鬱茂於山林。善曰：王逸《荔枝賦》曰：緣葉蓁蓁。又曰：朱實叢生。《孫卿子》曰：松柏經隆冬而不凋，蒙霜雪而不彎。曄曄、猗猗，已見《西都賦》。孔翠羣翔，犀象競馳。白雉朝雊，猩猩夜啼。金馬騁光而絶景，碧鷄儵忽而曜儀。火井沈熒於幽泉，高爓飛煽於天垂。孔，孔雀也。翠，翠鳥也。孔雀特出永昌南涪縣。翡翠常以二月、九月羣翔興古十餘。白雉出永昌。猩猩生交趾封溪，似猨，人面，能言語，夜聞其聲，如小兒啼。《春秋傳》曰：豕人立而啼。服子慎曰：啼，呼也。《淮南子》曰：猩猩知往。《地理志》曰：金馬、碧鷄，在越嶲青蛉縣禺同山。漢宣帝時，方士言益州有金馬、碧鷄之神，可以醮祭而置也。宣帝使諫議大夫王褒持節而求之，褒道病卒，竟不能致也。蜀郡有火井，在臨邛縣西南。火井，鹽井也。欲出其火，先以家火投之，須臾許，隆隆如雷聲，爓出通天，光輝十里，以筩盛之，接其光而無炭也。煽，熾也。善曰：《廣雅》曰：熒，光也。《説文》曰：爓，火焰也，音艷。天垂，天四垂也。其間則有虎珀丹青，江珠瑕英。金沙銀礫，符采彪炳，暉麗灼爍。永昌博南縣出虎珀。牂牁有白曹山，出丹青、曾青、空青也。

《本草經》云：皆出越巂郡。瑕，玉屬也。楊雄《蜀都賦》云：瑕英江珠。永昌有水出金，如糠在沙中。興古盤町山出銀。符采，玉之橫文也。灼爍，艷色也。善曰：《博物志》曰：虎珀，一名江珠。

『於後則卻背華容，北指崑崙。緣以劍閣，阻以石門。華容，水名，在江由之北。崑崙，山名也。楊雄《蜀都賦》曰：北屬崑崙。劍閣，谷名，自蜀通漢中道，一由此，北有閣道，在梓潼郡東北。石門，在漢中之西，褒中之北。此二處，蜀之險隘於是在焉。流漢湯湯，驚浪雷奔。望之天迴，卽之雲昏。水物殊品，鱗介異族。或藏蛟螭，或隱碧玉。嘉魚出於丙穴，良木攢於褒谷。有鱗曰蛟螭。蛟螭，水神也，一曰雌龍也，一曰龍子也。相如《上林賦》曰：蛟龍赤螭。碧玉，謂水玉也。《尸子》曰：龍淵生玉英。丙穴，在漢中沔陽縣北，有魚穴二所，常以三月取之。丙，地名也，褒中縣南口斜谷，水源在北，南流經褒中，故北口曰斜，南口曰褒，同一谷耳，長四百七十里。褒、斜出良材。《漢書》曰：斜谷之木，不足爲我械。善曰：枚乘《七發》曰：波湧而濤起，橫奔似雷行。任豫《益州記》曰：嘉魚，鱗似鱒魚。其樹則有木蘭梫桂，杞櫹椅桐，椶枒楔樅。楩枏幽藹於谷底，松柏蓊鬱於山峰。木蘭，大樹也，葉似長生，冬夏榮。常以冬華，其實如小柿，甘美，南人以爲梅，其皮可食。楊雄《蜀都賦》曰：樹以木蘭。梫桂，木桂也。《傳》曰：杞梓之木。櫹，大木也。《詩》曰：其桐其椅。椶枒出蜀，其皮可作繩履。楔，似松有刺也。樅，柏葉松身。楩、枏，二樹名，皆大木也。擢脩幹，竦長條。扇飛雲，拂輕霄。羲和假道於峻岐，陽烏迴翼乎高標。言山木之高也。善曰：《楚辭》曰：吾令羲和弭節兮。《廣雅》曰：日御謂之羲和。《左傳》曰：假道於虞。《春秋元命包》曰：陽成於三，故日中有三足烏。烏者，陽精。巢居栖翔，聿兼鄧林。穴宅奇獸，窠宿異禽。鄧林，林名也。窠，鳥巢也。善曰：鄧林，已見《西京賦》。熊羆咆其陽，雕鶚鴥其陰。猨狖騰希而競捷，虎豹長嘯而永吟。鶚，其形如雕，皆鷙鳥也。枚乘曰：鷙鳥累百，不如一鶚。鴥，疾貌也。善曰：《楚辭》曰：虎豹鬥兮熊羆咆。《說文》曰：咆，嗥也。《毛詩》曰：鴥彼晨風。《春秋元命包》曰：猛虎嘯，谷風起。杜篤《連珠》曰：長吟永嘯。

『於東則左綿巴中，百濮所充。濮，夷也。《傳》曰：麇人率百濮。今巴中七姓有濮也。外負銅梁於宕渠，內函要害於膏腴。銅梁，山名。宕渠，縣名。銅梁在巴東，宕縣在巴西，出鐵。要害，地險隘也。膏腴，土地肥沃也。其中則有巴菽巴戟，靈壽桃枝。樊以蒩圃，濱以鹽池。巴菽，巴豆也。巴戟，巴戟天也。靈壽，木名也，出涪陵縣。桃枝，竹屬也，出墊江縣。二者可以爲杖。樊，藩也。《詩》曰：營營青蠅，止于樊。蒩，草名也，亦名土茄，葉覆地而生，根可食，人飢則以繼糧。鹽池，出巴東北新井縣，水出地如涌泉，可煮以爲鹽。善曰：《埤蒼》曰：蒩，蕺也。蕺，側及切。蜵蛦山棲，黿龜水處。潛龍蟠於沮澤，應鳴鼓而興雨。蜵蛦，鳥名也，如今之所謂山鷄，其雄色班，雌色黑，出巴東。黿，大龜也。譙周《異物志》曰：涪陵多大龜，其甲可以卜，其緣中又似玳瑁，俗名曰靈。又沮，有菜澤也。巴東有澤水，人謂有神龍，不可鳴鼓，鳴鼓其傍，即便雨也。善曰：李尤《七嘆》曰：龍龜水處。《方言》曰：未升天龍，謂之蟠龍。綦母邃《孟子》注曰：澤生草言蒩。沮與蒩同。丹沙赩熾出其坂，蜜房郁毓被其阜。山圖采而得道，赤斧服而不朽。涪陵、丹興二縣出丹砂。丹砂出山中，有穴。《尚書·禹貢》曰：厥土赤埴。巴西漢昌縣多野蜂蜜蠟。山圖，隴西人也。隨道士之名山採藥，身輕不食，莫知所如。赤斧，巴人也，能煉丹砂與消石，服之身體毛髮盡赤。皆古仙者也。見《列仙傳》。善曰：毛萇《詩》傳曰：赩，赤貌也。鄭玄《尚書》注曰：熾，赤也。班固《終南頌》曰：蜜房溜其巔。郁毓，盛多也。若乃剛悍生其方，風謠尚其武。奮之則賨旅，玩之則渝舞。銳氣剽於中葉，蹻容世於樂府。善曰：《廣雅》曰：悍，勇也。應劭《風俗通》曰：巴有賨人，剽勇，高祖爲漢王時，閬中人范目說高祖募取賨人，定三秦，封目爲閬中慈鳧鄉侯；并復除目所發賨人，盧、樸、沓、鄂、度、夕、龔七姓，不供租賦。閬中有渝水，賨人左右居，銳氣喜舞。高祖樂其猛銳，數觀其舞，後令樂府習之。楊雄《荊州箴》曰：風飄以悍，氣銳以剛。《毛詩》曰：昔在中葉。《漢書》曰：武帝樂府。

『於西則右挾岷山，涌瀆發川。陪以白狼，夷歌成章。江水出岷山也。白狼夷在漢壽西界，漢明帝時，作詩三章以頌漢德，益州刺史朱輔驛傳其詩奏之。語在《輔傳》也。坰野草昧，林麓黝儵。交讓所植，蹲鴟所伏。交讓，木名也。兩樹對生，一樹枯則一樹生，如是歲更，終不俱生俱枯也。出岷山，在安都縣。蹲鴟，大芋也，其形類蹲鴟，故卓王孫曰：吾聞岷山之下沃野，下有蹲鴟，至死不飢。善曰：黝儵，茂盛貌。百藥灌叢，寒卉冬馥。異類衆夥，于何不育？其中則有青珠黃環，碧砮芒消。或豐綠荑，或蕃丹椒。蘪蕪布濩於中阿，風連莚蔓於蘭皐。紅葩紫飾，柯葉漸苞。敷蕊葳蕤，落英飄颻。青珠，出蜀郡平澤。黃環，出蜀郡。碧石生越巂郡無會縣。砮可作箭鏃。《禹貢》，梁州厥貢砮石。芒消出蜀郡廣陽山。綠荑、辛荑、蘪蕪，皆香草也。蘪蕪出岷山替陵山。風連出岷山，一曰出廣都山。岷山特多藥草，其椒尤好，異於天下。漸苞，相苞裹而同長也。《書》曰：草木漸苞。蕊者，或謂之華，或謂之實。一曰花鬚頭點也。《楚辭》曰：採薜荔之落英。神農是嘗，盧跗是料。芳追氣邪，味蠲癘痟。扁鵲，盧人，古良醫。楊雄《法言》曰：扁鵲，盧人，而醫多盧。癘氣，不和之氣也。痟，亦頭病也。《周禮》，四時皆有癘疾，春多痟首之疾，《漢書》，相如常有痟病。善曰：《淮南子》曰：神農乃始教人播種五穀，嘗百草之滋味。《史記》曰：虢中庶子謂扁鵲曰：臣聞上古之時，醫有俞跗，醫病不以湯液。其封域之内，則有原隰墳衍，通望彌博。演以潛沫，浸以綿洛。《禹貢》梁州云，沱、潛既道。有水從漢中沔陽縣南流至梓橦漢壽縣入穴中，通岡山下，西南潛出，今名復水。舊説云：《禹貢》潛水也。又有水出岷山之西，東流過漢壽，南流有高山上合下開，《水經》其中曰沫水。水潛行曰演。此二水伏流，故曰演以潛、沫。綿水在綿竹縣，出紫巖山。洛水在上洛縣，出桐柏山。《周禮》曰：揚州，其浸五湖，言益州之有綿、洛，猶揚州之有五湖，故曰浸以綿、洛也。潛、沫、綿、洛四水所經，本皆蜀郡，故皆謂之封域之内也。溝洫脈散，疆里綺錯。黍稷油油，粳稻莫莫。指渠口以爲雲門，灑滮池而爲陸澤。雖星畢之滂沲，尚未齊其膏液。廣深四尺爲溝，倍溝爲洫。《左氏傳》曰：先王疆理天下。謂地勢縱横之宜也。莫莫，茂也。李冰於湔山下造大堋以壅江水，分散其流，溉灌平地。故曰指渠口以爲雲門也。滮，流貌。《詩》曰：滮池北流，浸彼稻田。蔡邕曰：凝雨曰陸。《尚書·洪範》曰：星有好雨。月失道而入畢，則多雨。《詩》曰：月離於畢，俾滂沲矣。善曰：鄭玄《周禮》注曰：黄帝樂曰《雲門》，言黄帝之德，如雲之出門也。然此唯取《雲門》之名，不取樂也。爾乃邑居隱賑，夾江傍山。棟宇相望，桑梓接連。家有鹽泉之井，户有橘柚之園。隱，盛也。賑，富也。梓，木名，可以爲琴瑟。蜀都臨邛縣、江陽漢安縣皆有鹽井。巴西充國縣有鹽井數十。大曰柚，小曰橘。犍爲南安縣出黄甘橘。《地理志》曰：蜀都嚴道、巴郡朐忍魚複二縣出橘，有橘官。善曰：楊雄《蜀都賦》曰：夾江緣山。又曰：西有鹽泉鐵冶，橘林銅陵。其園則林檎枇杷，橙柿梬楟。榹桃函列，梅李羅生。皆果名也。林檎實，似赤柰而小，味如梨。枇杷，冬華黄實，本出蜀。蜀有給客橙，冬夏華實相繼。張揖曰：楟，山梨。善曰：《爾雅》曰：榹桃，山桃也。百果甲宅，異色同榮。朱櫻春熟，素柰夏成。善曰：《周易》曰：百果草木皆甲坼。鄭玄曰：木實曰果。皆讀如人倦之解，解謂坼呼，皮曰甲，根曰宅。宅，居也。呼，火亞切。《漢書》，叔孫通曰：古有春嘗果，令櫻桃熟可嘗也。素柰，白柰也。王逸《荔枝賦》曰：酒泉白柰。若乃大火流，涼風厲。白露凝，微霜結。《詩》曰：七月流火。《禮記·月令》，孟秋涼風至。善曰：毛萇《詩》傳曰：火，大火也。流，下也。《毛詩》曰：白露爲霜。《楚辭》曰：微霜結兮眇眇。紫梨津潤，樼栗罅發。蒲陶亂潰，若榴競裂。甘至自零，芬芬酷烈。《詩》云：樹之榛栗。《傳》曰：榛栗棗脩。罅發，栗皮坼罅而發也。甘至，言熟也。善曰：《西京雜記》曰：上林有紫梨。郭璞《上林賦》注曰：蒲陶似燕薁，可作酒。馬融《西第頌》曰：紫房潰漏。又曰：胡桃自零若榴，已見《兩都賦》。《上林賦》曰：酷烈淑郁。榛與樼同。其園則有蒟蒻茱萸，瓜疇芋區。甘蔗辛薑，陽蓲陰敷。蒟，蒟醬也。緣樹而生，其子如桑椹，熟時正青，長二三寸，以蜜藏而食之，辛香，温調五臟。蒻，草也，其根名蒻，頭大者如斗，其肌正白，可以灰汁，煮則凝成，可以苦酒淹食之。蜀人珍焉。茱萸，一名藙也。疇者，界埒小畔際也。楊雄《太元經》曰：陽蓲萬物。言陽氣蓲煦生萬物也。陰敷，薑生於陰也。日往菲薇，月來扶疏。任土所麗，衆獻而儲。任土，任其土地所生也。《尚書》所謂任土作貢也。《易》曰：百穀草木麗乎土。其沃瀛則有攢蔣叢蒲，綠菱紅蓮。雜以蘊藻，糅以蘋蘩。《楚辭》曰：倚沼畦瀛。王逸云：瀛，澤中也。班固以爲畦。蔣，菰名也。蘊、藻、蘋、蘩，皆水草也。蘊，叢也。總莖梶梶，裛葉蓁蓁，蕡實時味，王公羞焉。梶梶、蓁蓁，盛茂貌也。《詩》曰：爾肴既將。《傳》曰：苟有明信，澗、谿、沼、沚之毛，蘋、蘩、蘊、藻之菜，可薦於鬼神，可羞於王公。善曰：《毛詩》曰：敦彼行葦，維葉梶梶。又曰：桃之夭夭，其葉蓁蓁。又曰：桃之夭夭，有蕡其實。其中則有鴻儔鵠侶，鷩鷺鵜鶘。晨鳧旦至，候鴈銜蘆。皆水鳥名。鴻鵠多羣飛，故言侶儔也。鷩鷺、鵜鶘，二鳥名也。晨鳧，常以晨飛也。鴈，候時南北，故曰候鴈。銜蘆以御繒繳，令不得截其翼也。《淮南子》曰：鴈銜蘆而翔，以備繒繳。善曰：《毛詩》曰：振鷺于飛。《爾雅》曰：鵜，洿澤也。郭璞曰：即鵜鶘也。《説苑》曰：魏文侯嗜晨鳧。《呂氏春秋》曰：季秋之月，候鴈來。木落南翔，冰泮北徂。雲飛水宿，哢吭清渠。其深則有白黿命鼈，玄獺上祭。鱣鮪鱒魴，鮷鱧魦鱨。木落者，葉落也。木葉落，秋時也。冰泮，春時也。善曰：《淮南子》曰：木葉落而長年悲。《家語》曰：冰泮而農桑起。《爾雅》曰：吭，鳥嚨。《禮記·月令》，孟春，獺祭魚，將食之，先以祭也。鱣，鱝鱓也。鮷，似鮎。魦，似鮒。鱒、魴，皆見《詩》也。《楚辭》曰：乘白黿兮逐文魚。張衡《應問》曰：黿鳴而鼈應。命，呼也。差鱗次色，錦質報章。躍濤戲瀨，中流相忘。莊周云：泉涸，魚相與處陸。

相煦以濕，相濡以沫，不若相忘於江湖。善曰：《毛詩》曰：終日七襄，不成報章。

『於是乎金城石郭，兼帀中區。既麗且崇，實號成都。金石，言堅也。營故朝錯曰：神農之教，雖有金城湯池也。闢二九之通門，畫方軌之廣塗。營新宮於爽塏，擬承明而起廬。漢武帝元鼎二年，立成都十八門。《周禮》，經塗九軌。畫，言端直也。爽塏，高明也。善曰：《左氏傳》曰：齊景公欲更晏子之宅，曰：請更諸爽塏者。杜預曰：就高燥也。《漢書》曰：嚴助爲會稽太守，帝賜書曰：君厭承明之廬。張晏曰：承明廬在石渠門外。結陽城之延閣，飛觀榭乎雲中。開高軒以臨山，列綺窗而瞰江。陽城，蜀門名也。善曰：《淮南子》曰：延閣棧道。高軒，堂左右長廊之有窗者。張載《魯靈光殿賦注》曰：軒檻，所以開明也。《古詩》曰：交疏結綺窗。內則議殿爵堂，武義虎威。宣化之闥，崇禮之闈。議殿、爵堂，殿堂名也。武義、虎威，二門名也。宣化、崇禮，皆闈闥之名也。華闕雙邈，重門洞開。金鋪交映，玉題相暉。金鋪，門鋪首以金爲之。玉題，以玉爲之。《孟子》曰：榱題數尺。楊雄曰：旋題玉英。善曰：《西都賦》曰：樹中天之華闕。《長門賦》曰：擠玉户而撼金鋪。外則軌躅八達，里閈對出。比屋連甍，千廡萬室。閈，里門也。《管子》曰：閭閈不可以無闔。廬縮與高祖同里。班固曰：縮自同閈。廡，庌也。蘇秦説魏襄王曰：廬廡之數也。善曰：《漢書》，班嗣與桓生書曰：伏孔氏之軌躅。《音義》曰：《三輔》説牛蹄處爲躅。《爾雅》曰：八達謂之崇期。孫炎曰：崇，多也。多道會期於此。亦有甲第，當衢向術。壇宇顯敞，高門納駟。術，道也。《楚辭·九章》曰：燕雀烏鵲，巢堂壇兮。王逸曰：壇，猶堂也。漢于公高其門，使容駟馬高蓋。此言甲第高門，可以納駟。善曰：《西京賦》曰：北闕甲第，當道直啓。李尤《高安館銘》曰：增臺顯敞，禁室靜幽。庭扣鍾磬，堂撫琴瑟。匪葛匪姜，疇能是恤。疇，誰也。善曰：《蜀志》曰：諸葛亮爲丞相。又曰：姜維初爲亮倉曹掾，稍遷爲大將軍。

『亞以少城，接乎其西。市廛所會，萬商之淵。列隧百重，羅肆巨千。賄貨山積，纖麗星繁。少城，小城也，在大城西，市在其中也。都人士女，袨服靚粧。賈貿墆鬻，舛錯縱横。異物崛詭，奇於八方。布有橦華，麪有桄榔。邛杖傳節於大夏之邑，蒟醬流味於番禺之鄉。蘇林曰：袨服，謂盛服也。張揖曰：靚謂粉白黛黑也。墆，貯也。橦華者，樹名橦，其花柔毳，可績爲布也，出永昌。桄榔，樹名也，木中有屑如麪，可食，出興古。《張騫傳》曰：臣在大夏時，見邛竹杖、蜀布，問安得此？大夏國人曰：吾賈人往市之身毒國。身毒國在大夏東南，可數千里。《南越傳》曰：使唐蒙諷曉南越，食蒙以蒟醬，蒙問所從來？答曰：西北牂牁江廣數里，出番禺城下。故《漢書》曰：感蒟醬、竹杖，則開牂牁、越嶲也。邛竹杖以節爲奇，故曰傳節也。善曰：都人士女。已見《西都賦》。《漢書》曰：富商大賈，或墆財八方，已見上《三都序》。輿輦雜沓，冠帶混幷。累轂疊迹，叛衍相傾。諠譁鼎沸，則哤聒宇宙；囂塵張天，則埃壒曜靈。叛，亂也。莊周曰：何貴何賤，是謂叛衍。善曰：蔡邕《月令章句》曰：冠，首飾也。帶，大帶，所以束身也。司馬彪《莊子注》曰：叛衍，猶漫衍也。《國語》，《管子》曰：四人雜處，則其言哤。《説文》曰：聒，讙語也。《文子》曰：四方上下曰宇。《説文》曰：宙，舟輿所極覆也。西都賓曰：軼埃壒之混濁。《楚辭》曰：角宿未旦，耀靈焉藏。《廣雅》曰：耀靈，白日也。闤闠之里，伎巧之家。百室離房，機杼相和。貝錦斐成，濯色江波。黄潤比筒，籯金所過。闤，市巷也。闠，市外內門也。貝錦，錦文也。譙周《益州志》云：成都織錦既成，濯於江水，其文分明，勝於初成；他水濯之，不如江水也。黄潤，謂筒中細布也。司馬相如《凡將篇》曰：黄潤纖美宜制襌。楊雄《蜀都賦》曰：筒中黄潤，一端數金。籯，脪也。《韋賢傳》曰：黄金滿籯。善曰：《毛詩》曰：百室盈止。《古詩》曰：札札弄機杼。《毛詩》曰：萋兮斐兮，成是貝錦也。侈侈隆富，卓鄭埒名。公擅山川，貨殖私庭。藏鏹巨萬，鈲摫兼呈。亦以財雄，翕習邊城。《漢書·貨殖傳》曰：蜀卓氏之臨邛，公擅山川銅鐵，上爭王者之利，下錮齊人之業，富至僮八百人。程鄭亦冶鑄，富埒卓氏。《司馬相如傳》云：臨邛富人程鄭，僮亦數百人。鏹，錢貫也。《殖貨志》曰：藏鏹千萬。楊雄《方言》云：鈲、摫，裁也。梁、益之間，裁木爲器曰鈲，裂帛爲衣曰摫。兼呈者，皆有常課，至擬於王者。亦以財雄，猶班壹以財雄邊城也。《漢書班氏敍傳》，當孝惠、高后時，以財雄邊，出入弋獵，旌旗鼓吹。以臨邛是蜀郡之邊縣，故云邊城。善曰：藏鏹，《管子》之文也。三蜀之豪，時來時往。養交都邑，結儔附黨。三蜀，蜀郡、廣漢、犍爲也。本一蜀國，漢高祖分置廣漢，漢武帝分置犍爲。善曰：《孫卿子》曰：偷合苟容，以持禄養。劇談戲論，扼腕抵掌。出則連騎，歸從百兩。劇，甚也。《鬼谷先生書》有《抵戲篇》。桓譚《七説》曰：戲談以要譽。《張儀傳》曰：天下之士，莫不扼腕以言。《戰國策》曰：蘇秦説趙王：華屋之下，抵掌而言，皆談説之客也。百兩，百乘也。《詩》云：之子于歸，百兩御之。善曰：《漢書》曰：楊雄口吃不能劇談。連騎，已見《西京賦》。若其舊俗，終冬始春。

吉日良辰，置酒高堂，以御嘉賓。楊雄《蜀都賦》曰：其俗迎春送冬，百金之家，千金之公。善曰：《楚辭》曰：吉日兮良辰。曹植《箜篌引》曰：置酒高殿上。《毛詩》曰：以御賓客，且以酌醴。金罍中坐，肴槅四陳。觴以清醥，鮮以紫鱗。羽爵執競，絲竹乃發。巴姬彈弦，漢女擊節。鮮，魚鱠也。《詩》云：炰鼈鱠鯉。巴姬，漢之美人，猶衛之雅質，蔡之幼女。善曰：《毛詩》曰：肴核維旅。鄭玄曰：肴，菹醢也。核，桃梅之屬也。《左氏傳》，楚共王有巴姬。槅與核義同。起西音於促柱，歌江上之飄厲。紆長袖而屢舞，翩蹮蹮以裔裔。昔周昭王涉漢，中流而隕，其右辛遊靡拯王，遂卒不復還。周乃侯其子于西翟，實爲長公。楚徙宅西河，長公思故處，始作西音。長公繼是音以處西山，秦國之風，蓋取乎此。見《呂氏春秋》。韓子曰：長袖善舞。《詩》曰：屢舞蹮蹮。合樽促席，引滿相罰。樂飲今夕，一醉累月。言頻飲也。善曰：東方朔六言詩曰：合樽促席相娱。《漢書》曰：趙、李侍中，皆引滿舉白。《毛詩》曰：今夕何夕。又曰：一醉日富。

『若夫王孫之屬，郤公之倫。從禽于外，巷無居人。並乘驥子，俱服魚文。玄黄異校，結駟繽紛。王孫，卓王孫也。《貨殖傳》曰：卓王孫田宅射獵之樂，擬於人君。郤公，豪俠也。楊雄《蜀都賦》曰：若其漁弋郤公之徒，相與如乎巨野，羅車百乘，觀者萬堤。服，箭服。《詩》云：象弭魚服。善曰：《周易》曰：卽鹿無虞，以從禽也。《毛詩》曰：叔于田，巷無居人。桓子《新論》曰：善相馬者曰薛公，得馬，惡貌而正走，名驥子。《周禮》，六廏成校，校有左右。《楚辭》曰：青驪結駟齊千乘。西踰金隄，東越玉津。朔别期晦，匪日匪旬。金隄在岷山都安縣西，隄有左右口，當成都西也。璧玉津在犍爲之東北，當成都之東也。楊雄《羽獵賦》，前曰邪界虞淵，後曰浮彭蠡。張衡羽獵，前曰逐息崑崙，後曰勞許公于箕隅。道里遼迥，非一日所遊。金堤、玉津，東西分行，所欲經營，亦非一所。其間悠遠，故曰朔别晦期也。若云一月之中，乃能周遍，不以旬日者也。蹴蹈蒙籠，涉躪寥廓。鷹犬倏眒，罻羅絡幕。倏眒，疾速也。罻羅，鳥獸網也。絡幕，施張之貌也。善曰：蒙籠，已見《南都賦》。桓譚《新論》曰：道路皆蒿草，寥廓狼籍。子雲賦曰：倏眒倩浰。毛羣陸離，羽族紛泊。翕響揮霍，中網林薄。毛羣，獸也。羽族，鳥也。陸離，分散也。紛泊，飛薄也。翕響揮霍，奄忽之間也。屠麖麋，翦旄麈。帶文蛇，跨彫虎。皆獵之所得也。麖麋體大，故屠之；旄麈有尾，故翦之；蛇虎可畏，而帶跨之。言其勇也。《尸子》曰：中黄伯云：余左執太行之獶，而右搏彫虎。善曰：越人衣文蛇。志未騁，時欲晚。追輕翼，赴絶遠。出彭門之闕，馳九折之坂。經三峽之崢嶸，躡五屼之蹇滻。岷山都安縣有兩山，相對立如闕，號曰彭門。楊雄《蜀都賦》曰：彭門鴻屼。九折坂在漢壽嚴道縣邛萊山。三峽，巴東永安縣有高山相對，相去可二十丈左右，崖甚高，人謂之峽，江水過其中。五屼，山名也。一山有五重，在越嶲，當犍爲南安縣之南也。楊雄《蜀都賦》曰：五屼參差。善曰：《楚辭》曰：下崢嶸兮無地。《子虛賦》曰：蹇滻溝瀆。戟食鐵之獸，射噬毒之鹿。皛貙氓於葽草，彈言鳥於森木。貊獸，毛黑白臆，似熊而小，以舌舐鐵，須臾便數十斤，出建寧郡也。有神鹿兩頭，主食毒草，名之食毒鹿，出雲南郡。此二事，魏完《南中志》所記也。《易》曰：噬臘肉，遇毒。貙氓，謂貙人也。言鳥，鸚鵡之屬。皆出南中。文立《蜀都賦》：虎豹之人。善曰：《方言》曰：噬，食也。《博物志》曰：江、漢有貙人，能化爲虎。《説文》曰：拍，拊也。《漢書音義》曰：葽，盛貌。拔象齒，戾犀角。鳥鎩翮，獸廢足。鎩翮不能飛，廢足不能行也。善曰：《淮南子》曰：飛鳥鎩羽，走獸廢足。許慎曰：鎩，殘也。

『殆而朅來相與，第如滇池，集于江洲。試水客，艤輕舟。娉江婓，與神遊。朅，去也。第，且也。《相如傳》曰：第如臨邛。譙周《異物志》曰：滇池在建寧界，有大澤水，周二百餘里。水乍深廣，乍淺狹，似如倒池，故俗云滇池。江洲在巴郡。楊雄《蜀都賦》曰：分川並注，合乎江洲。滇池、江洲非一處也，今連之者，説或有在滇池時，或有在江洲時，無有常也。應劭曰：艤，正也。一曰南方俗謂正船回濟處爲艤。《項羽傳》曰：烏江亭長艤船待羽江婓二女，遊於江濱，逢鄭交甫挑之，不知其神女也。遂解珮與之，交甫悦，受珮而去。數十步，空懷無珮，女亦不見。語在《列仙傳》。罨翡翠，釣鰋鮋。下高鵠，出潛虯。鰋鮋，魚名。吹洞簫，發棹謳。感鱏魚，動陽侯。洞簫，長簫無底也，王褒所頌者也。漢元帝能吹洞簫。櫂謳，鼓櫂而歌也。鱏魚出江中，頭與身正半，口在腹下。《淮南子》曰：瓠巴鼓琴，鱏魚出聽。善曰：櫂謳，已見《西都賦》。陽侯已見《南都賦》。騰波沸涌，珠貝汜浮。若雲漢含星，而光耀洪流。《管子》曰：若江湖之人，求珠貝者不捨也。言魚駭波動，珠貝浮見也。善曰：《相貝經》曰：素質紅裏，謂之珠貝。將饗獠者，張帟幕，會平原。酌清酤，割芳鮮。飲御酣，賓旅旋。車馬雷駭，轟轟闐闐。若風流雨散，漫乎數百里間。獠，獵也。帟，平帳也。《周禮》曰：田則張幕設帟。《月令》曰：躬耕帝籍，反乃執爵。命曰勞酒，言以宴羣臣也。鮮，新殺者也，一曰生肉也。善曰：既載清酤。毛萇《詩》曰：酤，酒也。斯蓋宅土之所安樂，觀聽之所踴躍也。焉獨三川，爲世朝市？

『若乃卓犖奇譎，倜儻罔已。一經神怪，一緯人理。遠則岷山之精，上爲井絡。天帝運期而會昌，景福肸蠁而興作。碧出萇弘之血，鳥生杜宇之魄。妄變化而非常，羌見偉於疇昔。張儀曰：爭名者於朝，爭利者於市。今三川周室，天下之朝市也。《河圖括地象》曰：岷山之地，上爲井絡，帝以會昌，神以建福。上爲天井，言岷山之地，上爲東井維絡，岷山之精，上爲天之井星也。昌，慶也。言天帝於此會慶建福也。莊周曰：萇弘死於蜀，藏其血，三年化爲碧。《蜀記》曰：昔有人姓杜名宇，王蜀，號曰望帝。宇死，俗説云宇化爲子規。子規，鳥名也。蜀人聞子規鳴，皆曰望帝也。善曰：降丘宅土。劉向《雅琴賦》曰：觀聽之所至，乃知其美也。《漢書音義》，韋昭曰：有河、洛、伊，故曰三川。《上林賦》曰：肸蠁布寫。近則江漢炳靈，世載其英。蔚若相如，皭若君平。王褒韡曄而秀發，楊雄含章而挺生。幽思絢《道德》，摛藻掞天庭。考四海而爲儁，當中葉而擅名。是故遊談者以爲譽，造作者以爲程也。相如，司馬長卿也。君平，嚴遵也。王褒，字子淵。楊雄，字子雲。皆蜀人。君平作《老子指歸》，子雲作《太玄》、《法言》，故曰幽思絢《道德》也。鄭玄曰：文章成謂之絢。漢武帝讀相如《子虛賦》而善之，吾獨不得與此人同時哉！元帝善王褒所作《甘泉洞簫頌》，令後宮貴人左右皆誦之。楊雄奏《羽獵賦》，天子異焉。又云：班固述雄傳曰：初擬相如，獻賦黃門，故曰摛藻掞天庭也。《漢書・禮樂志》曰：長麗前掞光耀明。善曰：《史記》曰：屈原浮游於塵埃之外，皭然泥而不滓者也。徐廣曰：皭，踈淨之貌也。《周易》曰：含章可貞。馮衍《德誥》曰：沈情幽思，引《六經》之精微。《毛詩》曰：昔在中葉。《戰國策》，蘇秦曰：外客遊談之士，無敢自進於前也。至乎臨谷爲塞，因山爲障。峻岨塍埒長城，豁險吞若巨防。蘇秦曰：齊南有太山，東有琅邪，北有渤海，西有清河，所謂四塞之國也。史遷述《蒙恬傳》曰：據河爲塞。大曰隄，小曰塍。云峻岨之嚴，視長城若塍埒也。豁，深貌也。《戰國策》曰：齊有長城巨防，足以爲塞也。一人守隘，萬夫莫向。善曰：《淮南子》曰：一人守隘，千夫莫向。公孫躍馬而稱帝，劉宗下輦而自王。善曰：范曄《後漢書》曰：公孫述，字子陽，扶風人也。王莽時，爲導江卒正，更始立，述恃其地險衆附，遂自立爲天子。《蜀志》曰：先主姓劉，諱備，漢靖王勝後也。益州牧劉璋使人迎先主，令討張魯，先主遂進圍成都。璋出降，先主卽皇帝位。備漢後，故曰宗。由此言之，天下孰尚？故雖兼諸夏之富有，猶未若茲都之無量也。』《論語》曰：夷狄之有君，不如諸夏之亡。《周易》曰：富有之謂大業也。又《論語》曰：惟酒無量。

雜　録

北魏・酈道元《水經注》卷一四《沽河》　沽水又南逕安樂縣故城東。《晉書・地道記》曰：晉封劉禪爲公國。俗謂之西潞水也。

宋・佚名《錦繡萬花谷》前集卷六《宋武伐蜀之謀》　宋武帝與朱齡石密謀伐蜀譙縱。帝曰：『劉敬瑄往年出黃武，無功而退。賊謂我今當外水往，而料我當出其不意，猶從内水來也，必重兵守涪城以備内道。若向黃武，正墮其計。今以大衆自外水趣成都，疑兵出内水，此制敵之奇也。』別有函封付齡石。至白帝乃開，曰：『衆軍悉從外水取成都。臧熹、朱枚於中水取廣漢，使羸弱乘高艦十餘，由内水向黃武。譙縱果備内水。齡石至彭模，斬其將侯畔。縱奔巴西，巴西人斬之。《南史・齡石傳》。

清・汪士鐸《南北史補志》卷七《地理志三・魏齊周》　成都。秦縣，代爲州郡治。有望頃池、龍堤池、千秋池、柳池、天井池、雙江、七橋、錦官、湔溲堰、璧玉津。按：七橋自北而西而南曰升仙，曰長升，曰沖治，曰市，曰苲，曰夷皇，曰萬里是也。

東吳三都分部

綜　述

《三國志》卷三二《蜀志・先主傳》　先主至京見（孫）權，綢繆恩紀。

又　卷四七《吳志・吳主傳》　（建安）五年，（孫）策薨，以事授（孫）權，【略】曹公表權爲討虜將軍，領會稽太守，屯吳，使丞之郡行文書事。【略】

十六年，權徙治秣陵。明年，城石頭，改秣陵爲建業。【略】

（二十四年）曹公表權爲驃騎將軍，假節領荊州牧，封南昌侯。【略】

（黄初二年）權自公安都鄂，改名武昌，以武昌、下雉、尋陽、陽新、柴桑、沙羡六縣爲武昌郡。【略】十一月，（魏文帝）策命權曰：『【略】今封君爲吴王，【略】』帝問其狀，（趙）咨曰：『【略】據三州虎視於天下，是其雄也。』【略】

（黄龍元年夏四月）丙申，南郊卽皇帝位，【略】秋九月，權遷都建業，因故府不改館，徵上大將軍陸遜輔太子（孫）登，掌武昌留事。

又　卷四八《吴志・孫皓傳》　（太平三年七月）詔州郡伐宫材。【略】（甘露元年）九月，從西陵督步闡表，徙都武昌，御史大夫丁固、右將軍諸葛靚鎮建業。【略】（寶鼎元年）十二月，（孫）皓還都建業，衛將軍滕牧留鎮武昌。

又　卷五一《吴志・孫韶傳》　（孫韶）後爲將軍，屯京城。【略】韶年十七，收河餘衆，繕治京城，起樓櫓，脩器備以禦敵。權聞亂，從椒丘還，過定丹楊，引軍歸吴。夜至京城下營，試攻驚之，兵皆乘城傳檄備警，讙聲動地，頗射外人，權使曉喻乃止。【略】自權西征，還都武昌，韶不進見者十餘年。權還建業，乃得朝覲。

又　《孫桓傳》　（劉）備逾山越險，僅乃得免，忿恚嘆曰：『吾昔初至京城，桓尚小兒，而今迫孤乃至此也！』

又　卷五三《吴志・張紘傳》　紘建計宜出都秣陵，權從之。令還吴迎家，道病卒。

又　卷六一《吴志・陸凱傳》　（孫）皓徙都武昌，揚土百姓泝流供給，以爲患苦，又政事多謬，黎元窮匱。凱上疏曰：【略】

臣闇於大理，文不及義，智慧淺劣，無復冀望，竊爲陛下惜天下耳。臣謹奏耳目所聞見，百姓所爲煩苛，刑政所爲錯亂，原陛下息大功，損百役，務寬蕩，忽苛政。

又武昌土地，實危險而塉確，非王都安國養民之處，船泊則沈漂，陵居則峻危，且童謡言：『寧飲建業水，不食武昌魚；寧還建業死，不止武昌居。』臣聞翼星爲變，熒惑作妖，童謠之言，生於天心，乃以安居而比死，足明天意，知民所苦也。【略】

（孫）皓遣親近趙欽口詔報凱前表曰：『孤動必遵先帝，有何不平？君所諫非也。又建業宫不利，故避之，而西宫室宇摧朽，須謀移都，何以不可徙乎？』凱上疏曰：『臣竊見陛下執政以來，陰陽不調，五星失晷，職司不忠，姦黨相扶，是陛下不遵先帝之所致。夫王者之興，受之於天，修之由德，豈在宫乎？而陛下不諮之公輔，便盛意驅馳，六軍流離悲懼，逆犯天地，天地以災，童歌其謠。縱令陛下一身得安，百姓愁勞，何以用治？』

又　卷四八《吴志・三嗣主傳》裴松之注　臣松之案：孫權赤烏十年，詔徙武昌宫材瓦，以繕治建康宫，而此猶有端門内殿。《吴録》云：諸葛恪有遷都意，更起武昌宫。今所灾者恪所新作。【略】《漢晉春秋》曰：初望氣者云荆州有王氣破揚州而建業宫不利，故皓徙武昌，遣使者發民掘荆州界大臣名家冢與山岡連者以厭之。

又　卷五三《吴志・張紘傳》裴松之注　《江表傳》曰：紘謂權曰：『秣陵，楚武王所置，名爲金陵。地勢岡阜連石頭，訪問故老，云昔秦始皇東巡會稽經此縣，望氣者云金陵地形有王者都邑之氣，故掘斷連岡，改名秣陵。今處所具存，地有其氣，天之所命，宜爲都邑。』權善其議，未能從也。後劉備之東，宿於秣陵，周觀地形，亦勸權都之。權曰：『智者意同。』遂都焉。《獻帝春秋》云：劉備至京，謂孫權曰：『吴去此數百里，卽有警急，赴救爲難，將軍無意屯京乎？』權曰：『秣陵有小江百餘里，可以安大船，吾方理水軍，當移據之。』備曰：『蕪湖近濡須，亦佳也。』權曰：『吾欲圖徐州，宜近下也。』臣松之以爲秣陵之與蕪湖，道里所校無幾，於北侵利便，亦有何異？而云欲闚徐州，貪秣陵近下，非其理也。諸書皆云劉備勸都秣陵，而此獨云權自欲都之，又爲虚錯。

又　卷六一《吴志・陸凱傳》裴松之注　《江表傳》曰：【略】初，皓始起宫，凱上表諫，不聽，凱重表曰：『臣聞宫功當起，夙夜反側，是以頻煩上事，往往留中，不見省報，於邑歎息，企想應罷。昨食時，被詔曰：「君所諫，誠是大趣，然未合鄙意如何？此宫殿不利，宜當避之，乃可以妨勞役，長坐不利宫乎？父之不安，子亦何倚？」臣拜紙詔，伏讀一周，不覺氣結於胸，而涕泣雨集也。臣年已六十九，榮禄已重，於臣過望，復何所冀？所以勤勤數進苦言者，臣伏念大皇帝創基立業，勞苦勤至，白髮生於鬢膚，黄耇被於甲胄。天下始静，晏駕早崩，自含息之類，能言之倫，無不歔欷，如喪考妣。幼主嗣統，柄在臣下，軍有連征之費，民有雕殘之損。賊臣干政，公家空竭。今强敵當塗，西州傾覆，孤罷之民，宜當畜養，廣力肆業，以備有虞。且始徙都，屬有軍征，戰士流離，州郡騷擾，而大功復起，徵召四方，斯非保國致治之漸也。臣聞爲人主者，攘災以德，除咎以義。故湯遭大旱，身禱桑林，熒惑守心，宋景退殿，是以旱魃銷亡，妖星移舍。今宫室之不利，但當克己復禮，篤湯、宋之至道，愍黎庶之困苦，何憂宫之不安，災之不銷乎？陛下不務脩德，而務築宫室，若德之不脩，行之不貴，雖殷辛之瑶臺，秦皇之阿房，何止而不喪身覆國，宗廟作墟乎？夫興土功，高臺榭，既致水旱，民又多疾，其不疑也？爲父長安，使子無倚，此乃子離於父，臣離於陛下之象也。臣子一離，雖念克骨，茅茨不翦，復何益焉？是以大皇帝居于南宫，自謂過於阿房。故先朝大臣，以爲宫室宜厚，備衞非常，大皇帝曰：「逆虜遊魂，當愛育百姓，何聊趣於不急？」然臣下懇惻，由不獲已，故裁調近郡，苟副衆心，比當就功，猶豫三年。當此之時，寇鈔慴威，不犯我境，師徒奔北，且西阻岷、漢，南州無事，尚猶沖讓，未肯築宫，况陛下危惻之世，又乏大皇帝之德，可不慮哉？原陛下留意，臣不虚言。』

北魏·酈道元《水經注》卷三五《江水三》 江之右岸有鄂縣故城，舊樊楚地，《世本》稱熊渠封其中子紅爲鄂王。《晉太康地記》以爲東鄂矣。《九州記》曰：鄂，今武昌也。孫權以魏黄初元年，自公安徙此，改曰武昌縣。鄂縣徙治于袁山東，又以其年立爲江夏郡，分建業之民千家以益之。至黄龍元年，權遷都建業，以陸遜輔太子鎮武昌。孫皓亦都之，皓還東，令滕牧守之。晉惠帝永平中，始置江州，傳綜爲刺史，治此城，後太尉庾亮之所鎮也。今武昌郡治。城南有袁山，即樊山也。《武昌記》曰：樊口南有大姥廟，孫權常獵于山下，依夕，見一姥，問權獵何所得。曰：正得一豹。母曰：何不豎豹尾？忽然不見。應劭《漢官序》曰：豹尾過後，執金吾罷屯，解圍。天於鹵簿中，後屬車施豹尾。于道路，豹尾之内爲省中。蓋權事應在此，故爲立廟也。又孫皓亦嘗登之，使將害常侍王蕃，而以其首虎爭之。北背大江，江上有釣臺，權常極飲其上，曰：墮臺醉乃已。張昭盡言處。城西有郊壇，權告天即位于此，顧謂公卿曰：魯子敬嘗言此，可謂明于事勢矣。

《宋書》卷五《文帝紀》 （元嘉二十六年）春正月辛巳，車駕親祠南郊。二月己亥，車駕陸道幸丹徒，謁京陵。三月丁巳，詔曰：『朕違北京，二十餘載，雖云密邇，瞻塗莫從。』

（元嘉二十六年三月）又詔曰：『京口肇祥自古，著符近代，衿帶江山，表裏華甸，經塗四達，利盡淮、海，城邑高明，土風淳壹，苞總形勝，實唯名都。故能光宅靈心，克昌帝業。頃年岳牧遷回，軍民徙散，廛里廬宇，不逮往日。皇基舊鄉，地兼蕃重，宜令殷阜，式崇形望。可募諸州樂移者數千家，給以田宅，並蠲復。』

又 卷三五《州郡志一·丹陽尹》 建康令，本秣陵縣。漢獻帝建安十六年置縣，孫權改秣陵爲建業。晉武帝平吴，還爲秣陵。太康三年，分秣陵之水北爲建業。愍帝即位，避帝諱，改爲建康。

《晉書》卷一五《地理志下》 建鄴本秣陵，孫氏改爲建業。武帝平吴，以爲秣陵。太康三年，分秣陵北爲建鄴，改『業』爲『鄴』。

南朝梁·蕭統《文選·［晉］左思〈三都賦·吴都賦〉》劉淵林注 吴都者，蘇州是也。後漢末，孫權乃都於建業，亦號吴。

唐·李吉甫《元和郡縣圖志》卷二五《江南道一·潤州》 本春秋吴之朱方邑，始皇改爲丹徒。漢初爲荆國，劉賈所封。後漢獻帝建安十四年，孫權自吴理丹徒，號曰『京城』，今州是也。十六年遷都建業，以此爲京口鎮。按州理或古名京城，説者以爲荆王劉賈嘗都之，或曰孫權居之，故名京城。今按『荆』字既不同，又孫權未稱尊號已名爲『京』，則兩説皆非也。按京都，人力所爲，絶高丘也。亦有非人力所爲者。人力所爲者，若公孫瓚所築易京是也；非人力所爲者，滎陽京索是也。今地名徐陵，即此京非人力所爲也。京上郡城，城前浦口，即是京口。《吴志》曰『漢獻帝興平二年，長沙桓王孫策創業江東，使將軍孫何領兵屯京地』，是也。《吴志》又云『魏將臧霸以輕船五百，敢死萬人襲徐陵，攻燒城塹』，即吴時或稱京城，或稱徐陵，或稱丹徒，其實一也。晉永嘉亂後，幽、冀、青、幷、兗五州流人過江者，多僑居此處，吴、晉以後，皆爲重鎮。晉咸和中，郗鑒自廣陵鎮於此，爲僑徐州所理。昇平二年，徐州刺史北鎮下邳，京口常有留局，後徐州寄理建業，又爲南兗州，後又爲南徐州。隋開皇九年，賀若弼自廣陵來襲，陷之，遂滅陳，廢南徐州，改爲延陵鎮。十五年罷鎮，置潤州，城東有潤浦口，因以爲名。隋氏喪亂，杜伏威竊據其地，武德三年伏威歸化。六年輔公祏叛，復據其地。七年平公祏，依前置州。其城吳初築也，晉王恭爲刺史，改創西南樓名萬歲樓，西北樓名芙蓉樓。

宋·李昉等《太平御覽》卷一五六《州郡部·敘京都下》 《江表傳》曰：孫皓欲徙都武昌，百姓泝流供給殊以爲患，陸凱上疏曰：『臣聞有道之君，以樂樂人；無道之君，以樂樂身。樂人者，其樂彌長；樂身者，不久而亡。民者，國之根也。誠宜重其食，愛其命，民安則君樂矣。又武昌土地危險磽确，非王者建都安國養民之處，船泊則沈漂，陵居則峻危。且童謡曰：「寧飲建業水，不食武昌魚；寧還建業死，不就武昌居。」臣聞翼星爲祥，熒惑作妖，童謡之言，發自天心也。』

宋·王應麟《通鑑地理通釋》卷四《歷代都邑考·三國都》 吳大帝屯吳。今平江府。建安十三年初，鎮丹徒，今鎮江府丹徒縣。築京城。南面、西面各開一門，因京峴，號爲京鎮。在建業之北，因門爲京口。十六年，徙治秣陵。十七年，城楚金陵邑，號石頭，改秣陵爲建業。今建康府上元縣。黄初二年，自公安今江陵府。都鄂，改鄂爲武昌。今壽昌軍。黄龍元年，還都建業，陸遜輔太子登留武昌。歸命侯甘露元年，徙都武昌，後還都建業。滕牧留鎮武昌。

論説

元·陶宗儀《説郛》卷五九下 劉備曾使諸葛亮至京，因覩秣陵山阜。乃歎曰：鍾山龍盤，石頭虎踞，此帝王之宅也。

宋·王應麟《通鑑地理通釋》卷一二《三國形勢考下·吳重鎮·武昌》 《通典》：建安二十五年，吳城武昌，陸遜、諸葛恪、滕牧鎮守。今鄂州武昌縣，東晉謝尚、庾翼屯守於此。《郡縣志》：武昌縣，舊名鄂。本楚熊渠封中子紅於此稱王。《楚辭》：『乘鄂渚而反顧。』漢以爲縣，屬江夏郡。吳以下雉、潯陽、陽新、柴桑、沙羡、武昌六縣爲武昌郡。黄武初，自建業徙都還都建業。故都城在縣東一里餘，本漢將灌嬰所築，晉陶侃、温嶠、桓温爲刺史，並治其地。嘉定十五年，以武昌縣置壽昌軍。《晉·志》：武昌郡領縣七，有沙羡、鄂、武昌三縣。沙羡，今鄂州也。武昌，故東鄂，今州東北八十里，武昌山在縣南百九十里。鄂縣，有新興鐵官，蓋東近興國軍界，非今之鄂州也。《宋·志》：江夏郡治夏口而鄂縣隸武昌郡，吳改鄂爲武昌，晉太康元年復立鄂縣而武昌如故，隋廢鄂縣入武昌。《水經注》：孫權改鄂曰武昌，鄂縣徙治於袁山東，又立爲江夏郡，分建業之民千家以益之。黄龍元年，權遷都建業，以陸遜輔太子鎮武昌。孫皓亦都之，皓還東，令滕牧守之。晉永平中始置江州，傅綜爲刺史，治此城，後庾亮之所鎮也。今武昌郡治城南有袁山，即樊山也。晉王述曰：『武昌實是江東鎮戍之中，非但扞禦上流而已，急緩赴告，駿奔不難。』晉伐吳，使王戎襲武昌。

薛氏曰：『武昌乃吳建都而王，陶、温、庾之所爲督府者，其地襟帶江、沔，依阻湖、山，左控廬、淝，右連襄、漢。』『南北二塗，有如繩直。』『胡人南牧，嘗出此以襲豫章。』

張魏公曰：『鄂州城東通武昌、樊口，昔孫權移都武昌以拒魏師。渡江而西，接連川陝，中原聲援，絡繹可通。』

又 卷一三《晉宋齊梁陳形勢考·陳重鎮·京口》 隋賀若弼攻拔京口。《南齊·志》：京城因山爲壘，望海臨江，緣江爲境。吳置幽州牧，屯兵在焉。宋高祖以京口要地，去建康密邇，非宗室近親不得居之。《郡縣志》：潤州，吳朱方，秦改丹徒。建安十四年，孫權自吳治丹徒，號曰京城，今州是也。十六年，遷都建業，於此爲京口鎮。按：京者，絶高丘也，人力所爲者，公孫瓚易京是也；非人力所及者，滎陽、京、索是也。今地名徐陵，即此京，非人力所爲也。京上郡城，城前浦口即是京口。《吳志》：孫策使孫何領兵屯京也。又云魏臧霸以輕船襲徐陵，即吳時京城。徐陵、丹徒，其實一也。吳、晉以後，皆爲旹鎮。咸和中，郗鑒自廣陵鎮於此，爲僑徐州所治。昇平二年，徐州刺史北鎮下邳，京口常有留局。後徐州寄治建業，又爲南兗州，後又爲南徐州。隋置州。城東有潤浦，因名。北固山，在丹徒縣北一里，下臨長江，其勢險固。

宋·李燾《六朝通鑑博議》卷一《徙治建業》 （建安）十七年九月初，張紘以秣陵山川形勝勸孫權以爲治。昭烈東過秣陵，亦勸權居之。

權於是作石頭城，徙治秣陵，改秣陵爲建業。

臣熹曰：自古都邑本無定勢。爭形勢之便而據其衝，爲根本之圖則居其要。英雄之圖天下，未必用權而爭其便，終必定計以固其本。以江南論之，武昌居兵之衝，建業爲地之要，孫權力爭荆州上流之形勢，猶未定也。據江夏，臨魏、蜀，塞西北之衝，圖全楚之利，故都武昌以爭荆州，不過權時之宜爾。至用吕蒙襲荆州，無復上流之慮，於是時而不都秣陵以據會要，非王業也。秣陵之地因山爲壘，緣江爲境，山川形勝，氣象雄偉，以秦皇之强，處秦、雍，據崤、函，而猶眷顧秣陵。昭烈之雄，徘徊其地，以爲都邑之勝處，則其形勢可見。孫權從張紘之請，定建康之都，內以固江，外以援淮，而江南之根本不可拔矣。自孫權始基，東晉以後，仍而不改，以重兵戍石頭，以宗室鎮京邑，而建業嘗爲江南都邑之地，是孫權根本之固不止利一時，而規模之遠又可爲五世法。噫！孫權之法可通於五世，而不能貽末。孫之謀遽從步闡徙都武昌，自以爲從先王居也，而不知武昌者孫權以爭形勝，非以爲子孫無窮之基。蓋以揚越之民泝流而給餉，則不便於兵；以人主之重近敵而建都，則不便於國。而危隘不足以容萬乘，墝埆不足以贍一師。而遽爾移都，故南人有言曰：寧還建康，不止武昌。夫地形不便，人心不與，而欲爲王者之都，可乎？若委建業，居武昌，是以秦皇、蜀主之智不如一步闡也。以孫權經營數世之業而委之諸葛靚，疏矣。陸抗丁寧還都建業，最策之得也。不幸抗没，無與攻守。悲夫！

宋·張敦頤《六朝事迹編類》卷上《六朝建都》 南朝建都之地，不過建康、京口、豫章、江陵、武昌數處。其强弱利害，前世論之詳矣。吳孫策以會稽爲根本，大帝嗣立，稍遷京口，其後又嘗住公安，又嘗都武昌，蓋往來其間，因時制宜，不得不爾。及江南已定，遂還建鄴，保有荆、揚，而魏、蜀抗衡，其宏規遠略，晉、宋而下不能易也。故孫皓捨建鄴而之武昌，吳因以衰；梁元帝捨建鄴而守江陵，梁遂以亡；李嗣主捨建鄴而還洪府，南唐遂不能以立。王導斷然折會稽、豫章之論而以建鄴爲根本，自晉而下三百年之基業，導之力也。故孫皓議遷都武昌，陸凱上疏曰：武昌土地危險，非王都安國養民之處。船泊則沈漂，陵居則峻危。童謠云：寧飲建鄴水，不食武昌魚。寧還建鄴死，不止武昌居。夫民謠本於天心，乃以安居而比死，足明天意，而知民所苦也。蘇峻亂，宗廟、宮室並爲煨燼，温嶠議遷豫章，三吳之豪請都會稽，二論紛紜，未有所適。王導曰：古之金陵，聖皇所居，孫仲謀、劉玄德皆言王者之宅，古之帝王不以豐儉移都，苟冠衛文大帛之冠，何往不可？若不績其麻，樂土爲墟矣。由是嶠等之議不行。齊蕭頴胄議遷夏口，柳忱以巴峽未實，不宜輕捨根本，摇動人心。帝不從，俄而巴東之兵至峽口，遷都之議遂息。梁元帝臨荆峽二十年，情所安戀，不欲歸建鄴，故府臣僚皆楚人，並欲都江陵。周洪正諫曰：士大夫言聖王所都，本無定處，若黔首未見入建鄴，便謂猶列國諸王，今日副百姓心，不可不歸建鄴。南唐嗣主用唐鎬計遷豫章，而王都官舍、軍壘十不容其一二，自公卿下至軍士莫不思歸。自此論之，六朝以來，都邑之議莫不以建康爲根本也。

清·王鳴盛《十七史商榷》卷五四《南史合宋齊梁陳書二·丹徒京口京城北府京江北京》 古人之文所以難讀者，一人一地而屢易其稱，如《左傳》於一人忽稱其名，忽稱其字，忽稱其謚，忽稱其姓氏，忽稱其封邑爵秩，一篇中每如此，所以讀者爲之眩目。『宣尼悲獲麟，西狩涕孔丘』，『雖好相如達，不同長卿慢』。在當日不以爲怪，其實乃甚拙耳。趙宋以下則無之矣。此當以後人爲得，不必法古也。至於地理沿革不常，分合時有，多其名稱，尤易牽混。《宋書·武帝紀》敘孫恩寇丹徒，卽今鎮江府所治縣也，其下便云京口震動，此下歷敘討桓玄事，每以丹徒與京口相間言之，及敘至與何無忌等斬桓脩之下，乃云義軍初剋京城，又敘至劉毅搆隙事，則云『毅自謂京城、廣陵，功足相抗』，京城卽京口也。脩乃桓玄之從兄，以撫軍將軍鎮丹徒，帝與無忌等斬脩，故云剋京城，而劉毅斬桓閎於廣陵，故以爲與裕斬桓脩之功相抗，但本是京口，忽又變稱京城，後第十五卷《禮志》中又屢稱京城。觀者能無混目乎？其上文敘桓玄篡位，脩自京口人朝，後還京，《南史》則作『還京口』，《南史》卽采《宋書》，乃今《宋書》於此則直云『還京』，無『口』字，此乃鈔胥脫落，誠不足辨，然苟非善讀書人，又未免眩目矣。書經三寫，烏焉成馬，況史文本自多爲岐稱乎？考樂史《太平寰宇記》第八十九卷《江南東道·潤州》云：『後漢建安十四年，吳孫權自吳徙都于京口，十六年，徙都秣稜，復於京口置京口都督以鎮焉。又《吳志》云京都所統蓄會尤要，是爲重鎮。後爲南徐州，置刺史，鎮下邳，而京城有留局。其後徐州或鎮盱眙，或鎮姑孰，皆置留局于京口，至六代常以此地爲售鎮。」《文選》顔延年《車駕幸京口侍遊蒜山》詩李善注云：「京口，在潤州。」京口之名甚著，誰人不知，但變稱京城則無識者，或誤認作彼時京城之建鄴，將奈何？甚矣，多其名者之無謂而易惑人也。桓脩，《宋書》皆作『脩』，而《南史》則作『修』，此等又何暇詳考。

桓玄與劉邁書曰：『北府人情云何，卿近見劉云何所道。』『劉云』，《南史》作『劉裕』，不知《宋書》之作『云』，是沈約又一避諱法乎，抑傳寫誤乎？且勿論，而此北府則又是京口一別稱，《世説・捷悟》篇：『郗司空在北府，桓宣武惡其居兵權。』注：『《南徐州記》曰：「徐州人多勁悍，號精兵。」』是也。建業在京口之西而稍南，《通鑑》一百十二卷：『桓玄遣吳甫之等相繼北上。』胡三省注：『自建康趣京口爲北上，故桓玄有北府之稱。』

《宋書》三十一卷《五行志》：『晉孝武帝太元四年六月，大旱。去歲，氐賊圍南中郎將朱序於襄陽，又圍揚威將軍戴遁於彭城。桓嗣以江州之衆次郡援序，北府發三州民配何謙救遁。』

《宋書》敍至破廬循事，於京口又別見京江一稱，又《文帝紀》元嘉二十六年又別見北京一稱。

又　卷五八《南史合宋齊梁陳書六・京口名義》　《南齊・州郡志》云：『南徐州鎮京口，孫權初鎮之。《爾雅》曰：「絶高爲京。」今京城因山爲壘，望海臨江，緣江爲境。』案此段釋京口名義最爲精確，樂史《太平寰宇記》第八十九卷亦用之。在無學識者必疑其穿鑿，而以京口爲京都之口，不知從北朝來當於瓜步渡江，在今六合縣，不由丹徒，卽在南朝本國而論，江州、荆州、湘州、益州皆在建業之上游，而京口則在其下流，惟吳會等在京口之下耳，何得以爲京都之口乎？且京口之名不始於南北朝，孫吳已有，故唐許嵩《建康實録》：『權自吳遷京口，築京城，卽今潤州城也，因京峴立名。』詳見前第四十二卷。然則京城都，猶言高城也。愈見《南齊書》釋義之確。

又　《江都浦水》　『南兗州鎮廣陵，漢故王國。有江都浦水，魏文帝伐吳出此，見江濤盛壯，歎云「天所以限南北也」』，愚謂江都浦水與《漢志》廣陵國江都渠水首受江者，疑皆卽邗溝，亦卽瓜洲，但此道直至隋煬帝始開，曹丕征吳時尚淺狹，可見後第七十九卷。彼欲親御龍舟，率水師入江，此道不能容也。《魏志》述丕之臨江觀兵，水道冰，舟不得入江，仍謂舟不能取瓜步路入江，非謂瓜洲。

藝　文

南朝梁・蕭統《文選》卷五《京都下・〔晉〕左思〈三都賦・吳都賦〉》　東吳王孫囅然而咍，囅，大笑貌。莊周云：齊桓公囅然而笑。楚人謂相笑爲咍。《楚辭》曰：衆兆所咍。曰：『夫上圖景宿，辨於天文者也。下料物土，析於地理者也。謂天垂其象，而分野形；地以別土，而區域殊。料，度也。善曰：《文子》曰：天道爲文，地道爲理。古先帝代，曾覽八紘之洪緒。一六合而光宅，翔集遐宇。鳥策篆素，玉牒石記。烏聞梁岷有陟方之館、行宮之基歟？《淮南子》曰：九州外有八澤，方千里。八澤之外，有八紘，亦方千里，蓋八索也。一六合而光宅者，并有天下而一家也。《説文》曰：牒，札也。石記，刻石書傳記也。烏，安也。梁，梁州也；岷，岷山，皆蜀地也。《書》云：舜陟方，謂南巡守也。《光武紀》云：濟陽有武帝行過宮。善曰：《呂氏春秋》曰：神通乎六合。高誘曰：四方上下爲六合。《尚書・序》曰：光宅天下。鳥策，鳥書於策也。《春秋運斗樞》曰：黄龍負圖出，置帝前。鳥文，《漢書音義》曰：大篆，蟲書、鳥書是也。鄭玄《禮記注》曰：筴，簡也。篆素，篆書於素也。楊雄書曰：齎油素四尺。《東觀漢記》曰：封禪其玉牒文，秘天子事也。《説文》曰：諜，記也。牒與諜同。《孝經鉤命訣》曰：封禪，刻石紀號也。天子行所立名曰行宮。陟，升也。方，道也。巡狩，謂舜也。而吾子言蜀都之富，禺同之有。瑋其區域，美其林藪。矜巴漢之阻，則以爲襲險之右。徇蹲鴟之沃，則以爲世濟陽九。齷齪而筭，顧亦曲士之所歎也。旁魄而論都，抑非大人之壯觀也。吾子，謂西蜀公子。言蜀地富饒及禺同之所有也。瑋，美也。《蜀都賦》云：左綿、巴中，百濮所充；緣以劍閣，阻以蜀門。矜夸其險也。徇，營也。亡身從物曰徇，夸物示人亦曰徇。卓王孫曰：吾聞岷山之野，下有蹲鴟，至死不飢。三年不收，其形如蹲鴟，故號也。越嶲郡蜻蛉縣禺山有金馬、碧鷄之神。巴、漢之阻，巴郡之扞關也。漢中廣漢，其路由於劍閣、褒、斜也。《易・無妄》曰：災氣有九。陽阨陰阨，四合爲九，一元之中，四千六百一十七歲，各以數至陽阨，故云百六之會。王孫言公子徇其土地，自生躓鵾，可以救代飢儉，度陽九之厄。《漢書·律曆志》具有其事。齷齪，好苛局小之貌。曲，謂僻也。言筭量蜀地，亦是曲僻之士。旁魄，取寬大之意。王孫謂寬大之意論西都也。善曰：楊雄《城門校尉箴》曰：盤石唐芒，襲險重固。《漢書》，酈食其曰：其將齷齪好苛禮。《文子》曰：曲士不可言至道。《莊子》曰：將旁礴萬物以爲一。司馬彪曰：旁礴，猶混同也。礴與魄同。《鵩鳥賦》曰：大人不曲。何則？土壤不足以攝生，山川不足以周衛。公孫國之而破，諸葛家之而滅。茲乃喪亂之丘墟，顛覆之軌轍。安可以儷王公而著風烈也？攝，持也。《老子》曰：善攝生。《漢書》，公孫述，王莽末時王蜀，爲光武將吴漢破之。《魏志》曰：漢末諸葛亮輔劉備而爲臣，都於蜀，終於魏將鄧艾所平。麗，著也。凡天下存亡，唯繫乎人。然强弱有常勢，利害有常地，必有不可守之土，不可興之國矣。《易》曰：六五之吉，麗王公也。善曰：漢武《柏梁臺》衛尉詩曰：周衛交戟禁不時。《毛詩》曰：喪亂弘多。《呂氏春秋》，燭過曰：子胥諫而不聽，故吴爲丘墟。《毛詩序》曰：閔周室之顛覆。奢，靡也。《尚書》，周公曰：弊化奢麗。風烈，已見《南都賦》。翫其磧礫而不窺玉淵者，未知驪龍之所蟠也。習其弊邑而不覿上邦者，未知英雄之所躔也。磧礫，淺水見沙石之貌。玉淵，水深之處，美玉所出也。《尸子》曰：龍淵生玉英。《莊子》曰：千金之珠，在九重之淵，驪龍頷下。故曰，不窺玉淵者，不知驪龍之蟠也。善曰：《上林賦》曰：下磧礫之坻。《說文》曰：磧，水渚有石也。《左氏傳》曰：衛州吁曰：弊邑與陳、蔡從。上邦，猶上國也。《方言》曰：躔，歷行也。

『子獨未聞大吴之巨麗乎？且有吴之開國也，造自太伯，宣於延陵。蓋端委之所彰，高節之所興。建至德以創洪業，世無得而顯稱。由克讓以立風俗，輕脱躧於千乘。若率土而論都，則非列國之所觖望也。《戰國策》曰：黑齒、彫題，大吴之國也。昔周太伯三以天下讓，延陵季子辭國而不處，遂化荆蠻之方，與華夏同風，二人所興。《左氏傳》曰：太伯端委以治。端委，禮衣委貌。謂冠袖長而裳齊委至地也。孔子曰：太伯三以天下讓，人無得而稱焉。善曰：端委、至德，大伯也。高節、克讓，延陵也。《左傳》曰：吴子諸樊既除喪，將立季札，札曰：聖達節，次守節，下失節，爲君非吾節也。遂讓不受。《史記》曰：壽夢欲立季札，讓不可，乃立諸樊也。《漢書》，武帝曰：吾去妻子如脱躧耳。《聲類》曰：躧，或爲韃。《說文》曰：韃，鞮屬也。諸侯，故言千乘之國。《論語》曰：導千乘之國。《漢書》曰：上欲王盧綰，爲羣臣觖望。臣瓚曰：觖，謂相觖而怨望也。故其經略，上當星紀。拓土畫疆，卓犖兼并。包括干越，跨躡蠻荆。《左傳》曰：天子經略土地，定城國，制諸侯。略，分界也。一曰遠界爲經略也。《爾雅》曰：星紀，斗、牽牛，吴分野。斗者，日月五星之所經始，故謂之星紀。意者斗爲星紀，則其分域亦所以能爲綱維，故曰卓犖兼并也。越，今之蒼梧、鬱林、合浦、交阯、九眞、南海、日南，皆越地，吴之所並也。荆蠻，吴所得。荆州四郡：零陵、桂陽、長沙、武陵。善曰：《漢書》曰：戎狄之與干越，不相入也。《音義》曰：干，南方越名也。《春秋》曰：干越入吴。杜預注曰：干，越人發語聲。《詩》曰：蠢爾蠻荆。婺女寄其曜，翼軫寓其精。指衡岳以鎮野，目龍川而帶坰。婺女越分，翼、軫楚分，非吴分，故言寄曜寓精也。善曰：《漢書》曰：越地婺女之分野，楚地翼、軫之分野。《周禮》曰：正南曰荆州，其鎮衡山。《漢書》：南海有龍川縣。《南越志》，縣北有龍穴山。舜時有五色龍，乘雲出入此穴。《爾雅》曰：林外謂之坰。

『爾其山澤，則嵬嶷嶢屼，嶁冥鬱岪。潰渱泮汗，滇㴐淼漫。或涌川而開濆，或吞江而納漢。磈磈嵬嵬，滮滮洴洴。磝碒乎數州之間，灌注乎天下之半。山之大者衡嶽，澤之大者彭蠡。《地理志》曰：彭蠡澤在豫章彭澤西，會稽餘姚縣蕭山，瀵水所出。嵬嶷，高大貌。嶁冥鬱岪，山氣暗昧之狀。潰渱泮汗，謂直望無崖也。滇㴐淼漫，山水闊遠無崖之狀。錢塘縣，武林水所出龍川，故曰涌川。九江經廬山而東，故曰開濆。《禹貢》曰：三江既入，震澤底定，故曰吞江。又曰：漢水東爲滄浪，南入于江，故曰納漢。磈磈，石在山中之貌。洴洴，水流行聲勢也。磝碒，山深險連延之狀。荆、揚、交、廣數州之間，土地闊遠，故曰天下之半。《字指》曰：屼，禿山也。《埤蒼》曰：岪，鬱山貌。淼，水貌。百川派別，歸海而會。控清引濁，混濤并瀨。濆薄沸騰，寂寥長邁。濞焉洶洶，隱焉磕磕。《字説》曰：水別流爲派。濤，大波也。瀨，急湍也。長邁，不回之意。善曰：《尚書大傳》曰：百川趨于海。洶洶、磕磕，皆水聲也。出乎大荒之中，行乎東極之外。經扶桑之中林，包湯谷之滂沛。潮波汩起，迴復萬里。歊霧漨浡，雲蒸昏昧。大荒，謂海外也。《爾雅》曰：孤竹、北户、西王母、日下，謂之四荒。孤竹在北，北户在南，日下在東，西王母在西，皆四方荒昏之國也。又曰：東至大遠，西至邠國，南至濮鉛，北至祝栗，謂之四極。謂四方之極。極，遠也，言大荒、東極、扶桑、湯谷者，謂海外彌廣，無所不連也。潮波汩起，言水彌廣汩急疾，無所不至。歊霧，水霧之氣，似雲蒸昏暗不明也。善曰：扶桑、湯谷，已見上文。泓澄奫潫，澒溶沆瀁。莫測其深，莫究其廣。澶湉漠而無涯，惣有流而爲長。瓌異之所叢育，鱗甲之所集往。善曰：《說文》曰：泓，下深大也。澄，湛也。瀇瀁，迴復之貌。皆水深廣闊也。【略】澶湉，安流貌。瓌異、龜魚，皆在水中生長。

『於是乎長鯨吞航，修鯢吐浪。躍龍騰蛇，鮫鯔琵琶。王鮪鯸鮐，鮣龜鱕鯌。烏賊擁劍，鼅鼊鯖鰐。涵泳乎其中。航，舡之別名。《異物志》云：鯨魚，長者數十里，小者數十丈，雄曰鯨，雌曰鯢，或死於沙上，得之者皆無目，俗言其目化爲明月珠。《鄧析子》曰：釣鯢者不於清池。一說曰：鯨猶言鳳，鯢猶言皇也。《異物志》曰：朱厓有水蛇，鮫魚出合浦，長二三尺，背上有甲，珠文堅强，可以飾刀，口可以爲鑢。鯔魚形如鯢，長七尺，吳、會稽、臨海皆有之。琵琶魚無鱗，其形似琵琶，東海有之。鯸鮐，魚狀如科斗，大者尺餘，腹下白，背上青黑，有黃文。性有毒，雖小，獺及大魚不敢餤之。蒸煮餤之肥美，豫章人珍之。鮣魚長三尺許，無鱗，身中正四方如印。扶南俗云：諸大魚欲死，鮣魚皆先封之。鱕鯌有橫骨在鼻前，如斤斧形，東人謂斧斤之斤爲鱕，故謂之鱕鯌。魚二十餘種，此其尤異者。此魚所擊，無不中斷也。有出入鯌子，朝出求食，暮還入母腹中，皆出臨海。烏賊魚腹中有藥。擁劍，蟹屬也，從廣二尺許，有爪，其螯偏大，大者如人大指，長二寸餘，色不與體同，特正黃而生光明，常忌護之如珍寶矣，利如劍，故曰擁劍。其一螯尤細，主取食，出南海、交趾。鼅鼊，龜屬也，其形如笠，四足縵胡無指，其甲有黑珠，文采如瑇瑁，可以飾物，肉如龜肉，肥美可食。鯖魚出交趾、合浦諸郡。鰐魚長二丈餘，有四足，似鼉，喙長三尺，甚利齒，虎及大鹿渡水，鰐擊之皆中斷。生則出在沙上乳卵，卵如鴨子，亦有黃白，可食。其頭琢去齒，旬日間更生，廣州有之。涵，沉也。楊雄《方言》曰：南楚謂沉爲涵。泳，潛行也，見《爾雅》。言已上魚龍，潛没泳其中。善曰：《莊子》曰：吞舟之魚，蕩而失水。《周易》曰：見龍在田，或躍在淵。《楚辭》曰：騰蛇兮後從。《文子》曰：騰蛇無足而騰。葺鱗鏤甲，詭類舛錯。泝洄順流，噞喁沈浮。葺，累也。甲，謂龜甲也。《楚辭》曰：魚葺鱗以自別。噞喁，魚在水中羣出動口貌。善曰：《毛詩》曰：泝洄從之，道阻且長。《淮南子》曰：水濁則魚噞喁。鳥則鶤鷄鸀鳿，鸘鵠鷺鴻。鶢鶋避風，候鴈造江。鸂鶒鷛鸈，鶄鶴鶖鶬。鸛鷗鷁鸕，氾濫乎其上。鶤鷄，鳥也，好鳴。鸀鳿，水鳥也。鶖，如鷺而大，長頸赤目，其毛辟水毒，丹陽、鄱陽皆有之。鶢鶋，鳥也，似鳳。《左傳》曰：海鳥爰居，止魯東門外三日，臧文仲使國人祭之，不知其鳥，以爲神也。鸂鶒，水鳥也，色黃赤，有斑文，食短狐蟲，在水中，無毒，江東諸郡皆有之。鷛鸈，似鴨而鷄足。鶄鶴，出南海、桂陽諸郡。善曰：候雁，已見《南都賦》。《毛詩》曰：有鶖在梁。毛萇《詩傳》曰：禿鶖也。《蒼頡篇》曰：鷗大如鳩。郭璞《山海經》注曰：鷗，水鴞也。湛淡羽儀，隨波參差。理翮整翰，容與自翫。彫啄蔓藻，刷盪漪瀾。湛淡，迅疾貌。漪瀾，水波也。彫啄，鳥食貌。蔓藻，海藻之屬也。善曰：《說文》曰：刷，刮也。漪，蓋語辭也。《毛詩》曰：河水清且漣漪。《爾雅》曰：大波爲瀾。魚鳥聱耴，萬物蠢生。芒芒黖黖，慌罔奄欻，神化翕忽，函幽育明。窮性極形，盈虛自然。蚌蛤珠胎，與月虧全。巨鼇贔屭，首冠靈山。大鵬繽翻，翼若垂天。振盪汪流，雷抃重淵。殷動宇宙，胡可勝原！蠢，動也。黖黖，絶遠貌。奄欻，去來不定之意。翕忽，疾貌。函幽育明，皆謂珠玉光耀之狀也。窮性極形，物皆極之也。《呂氏春秋》曰：月望則蚌蛤實，月晦則蚌蛤虛。《列仙傳》曰：鼇負蓬萊山而抃滄海之中。贔屭，用力壯貌。《莊子》曰：北溟有魚名鵾，化爲鵬，怒而飛，翼若垂天之雲。鵬之將徙於南溟，水擊三千里，摶扶搖而上九萬里。示振盪之狀也。汪流，水深貌，其聲勢之不可勝盡也。《淮南子》曰：虛廓生宇宙，宇宙生天地者也。善曰：聱耴，衆聲也。《埤蒼》云：聱，不聽也，魚幽切。耴，牛乙切。杜篤《論都賦》曰：蠢生萬類。黖黖，不明貌，許既切。《春秋保乾圖》曰：日以圓照，月以虧全。宋均曰：全，十五日時也。《列子》，《夏革》曰：渤海之東曰歸墟，其中有五山焉。帝命禺强使巨鼇十五舉首而戴五山，峙而不動。《玄中記》曰：鼇，巨龜也。《西京賦》曰：巨靈贔屭。王逸《楚辭》注曰：擊手曰抃，音卞。

『島嶼綿邈，洲渚馮隆。曠瞻迢遞，迥眺冥蒙。珍怪麗，奇隙充。徑路絶，風雲通。洪桃屈盤，丹桂灌叢。瓊枝抗莖而敷蘂，珊瑚幽茂而玲瓏。島，海中山也。嶼，海中洲，上有山石。魏武《蒼海賦》曰：覽島嶼之所有。綿邈，廣遠貌。水中可居曰洲，小洲曰渚。曠瞻迢遞，謂島嶼也。馮隆，高貌。迢遞，遠貌。迥眺冥蒙，謂洲渚深奥之貌。言珍怪之物，麗於島嶼之中。徑路絶者，人道斷絶，風雲通者，唯風雲能交通也。意者謂奇怪之徒，因風雲以交通。《水經》曰：東海中有山焉，名曰度索，上有大桃，屈盤三千里。桂生蒼梧、交趾、合浦以南山中，所在叢聚，無他雜木也，其枝葉皆辛。木叢生曰灌。瓊樹生，其華蘂仙人所食，令人長生。《楚辭》曰：精瓊蘂以爲糧。蓬萊三山，神仙所居，故宜有焉。《漢書》，歌曰：上蓬萊，咀瓊英。珊瑚樹赤色，有枝無華。《扶南傳》曰：漲海中有盤石，珊瑚生其上。玲瓏，明貌。善曰：後漢《黎陽山碑》曰：山河馮隆，有精英兮。朱稱《鬱金賦》曰：丹桂植其東。《莊子》曰：南方積石千里，名瓊枝，高百二十仞。增岡重阻，列眞之宇。玉堂對霤，石室相距。藹藹翠幄，嫋嫋素女。江婓於是往來，海童於是宴語。斯實神妙之響象，嗟難得而覿縷！玉堂、石室，仙人居也。海童，海神童也。吳歌曲曰：仙人齎持何，等前謁海童。《爾雅》曰：嗟，楚人發語端也。善曰：馮衍《爵銘》曰：富如江海，壽配列眞。《道書》曰：上曰神，次曰仙人，下曰眞人。《楚辭》曰：紫貝闕兮玉堂。鄭玄《禮記》注曰：堂前有承霤。《列仙傳》曰：赤松子常止西王母石室中。藹藹，盛貌。徐幹《齊都賦》曰：翠幄浮遊。《埤蒼》曰：嫋嫋，美也，奴鳥切。《史記》曰：泰帝使素女鼓五十絃瑟。《神異經》曰：西海有神童，乘白馬，出則天下大水。王延壽《王孫賦》曰：嗟難得而覿縷。

『爾乃地勢坱圠，卉木䖑蔓。遭藪爲圃，值林爲苑。異荂蓲蘛，夏曄冬蒨。方志所辨，中州所羨。坱圠，莽沕也，高下不平貌也。卉，百草總名，楚人語也。有木曰苑，有草曰圃。言林藪非一，所在皆爲苑圃，有國有家者，因天地之自然，不復假人功爲園圃也。《爾雅》曰：荂，榮也。蓲，華也。敷蘛，華開貌。南土草木通曰冬生，故曰蒨。善曰：《鵩鳥賦》曰：坱圠無垠。《廣雅》曰：䖑，長也。《爾雅》曰：蕍，榮也。郭璞曰：蕍猶敷蕍，亦草之貌也。蘛與蕍同，庾俱切。蓲與敷同，無俱切。草則藿蒳豆蔻，薑彙非一。江蘺之屬，海苔之類。綸組紫絳，食葛香茅。石帆水松，東風扶留。《異物志》曰：藿香，交趾有之。豆蔻生交趾，其根似薑而大，從根中生，形似益智，皮殼小厚，核如石榴，辛且香。蒳，草樹也，葉如栟櫚而小，三月採其葉，細破，陰乾之，味近苦而有甘，并鷄舌香食之，益美。薑彙，大如累，氣猛，近於臭，南土人擣之以爲齏。葰，一名廉薑，生沙石中，薑類也。其累大，辛而香，削皮以黑梅並鹽汁漬之則成也，始安有之。彙，類也。《易》曰：拔茅連茹，以其彙，征吉。所謂薑彙非一也。江蘺，香草也。《楚辭》曰：扈江蘺。海苔，生海水中，正青，狀如亂髮，乾之亦鹽藏，有汁，名曰濡苔，臨海出之。《爾雅》曰：綸似綸，組似組，東海有之。紫，紫菜也。生海水中，正青，附石生，取乾之，則紫色，臨海常獻之。絳，絳草也，出臨賀郡，可以染食。葛，蔓生，與山葛同，根特大，美於芋也，豫章間種之。香茅生零陵。石帆生海嶼石上，草類也，無葉，高尺許，其華離婁相貫連，雖無所用，然異物也。死則浮水中，人於海邊得之，希有見其生者。水松，藥草，生水中，出南海交趾。東風，亦草也，出九眞。扶留，藤也，緣木而生，味辛，可食。檳榔者，斷破之，長寸許，以合石賁灰，與檳榔并咀之，口中赤如血，始興以南皆有之。布濩皋澤，蟬聯陵丘。夤緣山嶽之岊，冪歷江海之流。扤白蒂，銜朱蕤。鬱兮茷茂，曄兮菲菲。光色炫晃，芬馪肸蠁。職貢納其包匭，《離騷》詠其宿莽。布濩，遍滿貌。蟬聯，不絕貌。夤緣，布藤上貌。冪歷，分布覆被貌。許氏《記字》曰：岊，陬隅而山之節也。扤，搖也。蒂，花本也。菲菲，花美貌也。《方言》曰：凡草生而初達謂之蠁。芬馪，色盛香散狀。包，裹也。匭，猶結也。《尚書·禹貢》曰：包匭菁茅。菁茅生桂陽，可以縮酒，給宗廟，異物也，重之，是故既包裹而又纏結之。一曰，匭，柙也。《爾雅》曰：卷葹草，拔其心不死。江、淮間謂之宿莽。屈原嘉之以其志，故《離騷》曰：夕覽洲之宿莽。善曰：毛萇《詩傳》曰：扤，動也。《淮南子》曰：草木之勾萌，銜翠載實。《說文》曰：蕤，草木華垂貌。肸蠁，已見《蜀都賦》。夤緣，出也。木則楓柙櫲樟，栟櫚枸桹。緜杬杶櫨，文欀楨橿。平仲桾櫏，松梓古度。楠榴之木，相思之樹。楓、柙，皆香木名也。櫲樟，木也。《異物志》曰：栟櫚，椶也，皮可作索。枸桹，樹也，直而高，其用與栟櫚同。栟櫚出武陵山，枸桹出廣州。木緜樹高大，其實如酒杯，皮薄，中有如絲綿者，色正白，破一實得數斤，廣州、日南、交趾、合浦皆有之。杬，大樹也，其皮厚，味近苦澀，剥乾之，正赤，煎訖以藏衆果，使不爛敗，以增其味，豫章有之。杶、櫨，二木名。文，文木也，材密緻無理，色黑如水牛角，日南有之。欀木，樹皮中有如白米屑者，乾擣之，以水淋之，可作餅，似麪，交趾盧亭有之。楨、櫨，二木名。劉成曰：平仲之木，實白如銀。君遷之樹，子如瓠形。松、梓，二木名，古度，樹也，不華而實，子皆從皮中出，大如安石榴，正赤，初時可煮食也，廣州有之。楠榴，木之盤結者，其盤節文尤好，可以作器；建安所出最大長也。相思，大樹也，材理堅，邪斫之則文，可作器；其實如珊瑚，歷年不變，東冶有之。宗生高岡，族茂幽阜。擢本千尋，垂蔭萬畝。攢柯挐莖，重葩殗葉。輪囷虯蟠，墻擸鱗接。榮色雜糅，綢繆縟繡。宵露霮䨴，旭日晻昢。與風颻颺，颮瀏颼飀。鳴條律暢，飛音響亮。蓋象琴筑并奏，笙竽俱唱。宗生，宗類而生於高山之脊，故名宗生。族茂，言種族繁多也。擢本，高聳貌。八尺曰尋。言婆娑覆萬畝之地。《莊子》曰：匠石見樹百圍，其臨千仞，而後有枝，此大樹之屬也。善曰：許慎《淮南子》注曰：挐，亂也，女居切。殗，重也，葉重疊貌，於劫切。鄒陽上書曰：輪囷離奇。輪囷，謂屈曲貌。虯蟠，謂樹如龍蛇之盤屈相糾也。墻擸，枝柯相重疊貌。【略】縟繡，言草木花光似繡文。綢繆，花采密貌。霮䨴，露垂貌。《毛詩》曰：旭日始旦。昢，亦闇也，房妹切。颮瀏，風聲也。【略】律，謂籟也，殷仲文所謂幽律是也。言木枝葉與風搖蕩作聲，如律呂之暢。《說文》曰：筑似箏，五絃之樂也。《世本》曰：隨作竽。鄭玄《周禮》注曰：三十六簧也。其上則猨父哀吟，犤子長嘯。狖鼯猓然，騰趠飛超。爭接縣垂，競游遠枝。驚透沸亂，牢落翬散。《吳越春秋》曰：越有處女，出於南林之中，越王使使聘問以劍戟之事。處女將北見於越王，道逢老翁，自稱素袁公，問處女：吾聞子善爲劍術，原一觀之。女曰：妾不敢有所隱，唯公試之。於是袁公卽跳於林竹，槁折墮地，處女卽接末，袁公操本以刺處女，女應節入，三入，因舉枝擊之，袁公卽飛上樹，化爲白猿，遂引去。𤟤子，猿類，猿身人面，見人嘯。《異物志》曰：狖，猿類，露鼻，尾長四五尺，居樹上，雨則以尾塞鼻，建安臨海北有之。鼯，大如猿，肉翼，若蝙蝠，其飛善從高集下，食火煙，聲如人號，一名飛生，飛生子故也，東吾諸郡皆有之。猓然，猿狖之類，居樹，色青赤有文，日南、九眞有之。楊雄《方言》曰：透，驚也。善曰：《山海經》曰：獄法之山有獸，狀如犬，人面，見人則笑，名𤟤。𤟤，胡奔切。枚乘《兔園賦》曰：上湧雲亂葉翬散。其下則有梟羊麢狼，猰㺄貙象。烏菟之族，犀兕之黨。鉤爪鋸牙，自成鋒穎。精若燿星，聲若震霆。名載於山經，形鏤於夏鼎。《爾雅》曰：梟羊，一名萬萬，如人，面長脣黑，身有毛及踵，見人則笑，左手操管。《海南經》所云也。《異物志》云：麢狼，大如麞，角前向，有枝下出反向上，長者四五尺，廣州有之，常居平地，不得入山林。《山海經》曰：南海之外有猰㺄，狀如貙，龍首，食人。貙，虎屬也，或曰能化爲人也。象生九眞、日南山中，大者其牙鼻長一丈。於菟，虎也，江、淮間謂虎爲於菟。犀，狀如水牛，頭似猪，四足類象，倉黑色，一角當額上，鼻上角亦墮也，又有小角長五寸，不墮，性好食棘，口中灑血，武陵已南山中有之。兕，獸也，似牛。《左傳》曰：昔夏之方有德也，遠方圖物，貢金九牧，鑄鼎象物，而爲之備，使人知神姦，故人入山澤林藪，不逢不若，魑魅魍魎，莫能逢之。故曰形鏤於夏鼎。【略】《淮南子》曰：勾爪鋸牙，於是摯矣。《禮記》曰：刀卻刃授穎。鄭玄曰：穎，鋒也。摯伯陵《答司馬遷書》曰：有能見鋒穎之狀。

『其竹則篔簹箖箊，桂箭射筒。柚梧有篁，篻簩有叢。皆竹名也。《異物志》曰：篔簹，生水邊，長數丈，圍一尺五六寸，一節相去六七尺，或相去一丈，廬陵界有之。始興以南，又多小桂，夷人績以爲布葛。箖箊，是袁公所與越女試劍竹者也。桂竹，生於始興小桂縣，大者圍二尺，長四五丈。箭竹細小而勁實，可以爲箭，通竿無節，江東諸郡皆有之。射筒竹，細小通長，長丈餘，亦無節，可以爲射筒。筒及由梧竹皆出交趾、九眞。篻竹，大如戟槿，實中勁强，交趾人銳以爲矛，甚利。簩竹，有毒，夷人以爲觚，刺獸中之則必死。苞筍抽節，往往縈結。緑葉翠莖，冒霜停雪。橚矗森萃，蓊茸蕭瑟。檀欒蟬蜎，玉潤碧鮮。梢雲無以踰，嶰谷弗能連。鸑鷟食其實，鵷鶵擾其間。苞筍，冬筍也。出合浦，其味美於春夏時筍也。見《馬援傳》。《漢書・天文志》曰：見梢雲。其説，梢如樹也。嶰谷，崑崙北谷也。《漢書・律曆志》，黄帝詔伶倫爲音律，伶倫乃之崑崙山之陰、嶰谷之中，取竹斬之，以其厚均者吹之，以爲黄鍾之管。鸑鷟，鳳鶵也。鵷鶵，《周本紀》曰：鳳類也，非梧桐不棲，非竹實不食。黄帝時，鳳集東園，食帝竹實，終身不去。馴，擾善也。善曰：橚矗，長直貌。蓊茸，茂盛貌。蕭瑟，聲也。冒，犯也。嬋娟，言竹妍雅也。橚，所六切。矗，丑六切。枚乘《兔園賦》曰：脩竹檀欒，夾水碧鮮。言竹似之也。梢雲，山名，出竹。其果則丹橘餘甘，荔枝之林。檳榔無柯，椰葉無陰。龍眼橄欖，棎榴禦霜。結根比景之陰，列挺衡山之陽。薛瑩《荆揚已南異物志》曰：餘甘，如梅李，核有刺，初食之，味苦，後口中更甘，高涼建安皆有之。荔枝樹生山中，葉緑色，實赤，肉正白，味大甘美。檳榔樹，高六七丈，正直無枝，葉從心生，大如楯，其實作房，從心中出，一房數百實，實如雞子皆有殼，肉滿殼中，正白，味苦澀，得扶留藤與古賁灰合食之，則柔滑而美，交趾、日南、九眞皆有之。椰樹似檳榔無枝條，高十餘尋，葉在其末，如束蒲，實大如瓠，繫在樹頭，如掛物也。實外有皮如胡桃，核裏有膚，膚白如雪，厚半寸，如豬膏，味美如胡桃，膚裏有汁升餘，清如水，美如蜜，飲之可以愈渴，核作飲器也。龍眼，如荔枝而小，圓如彈丸，味甘勝荔枝，蒼梧、交趾、南海、合浦皆獻之，山中人家亦種之。橄欖，生山中，實如雞子，正青，甘美，味成時食之益善。始興以南皆有之，南海常獻之。棎，棎子樹也。生山中，實似梨，冬熟，味酸，丹陽諸郡皆有之。榴，榴子樹也。出山中，實亦如梨，核堅，味酸美，交趾獻之。【略】《漢書音義》，如淳曰：比景，日中於頭上，景在己下，故名之比景。比，方利切。一作北景，云漢武時日南郡置北景縣，言在日之南，向北看日，故名。宋玉《笛賦》曰：余嘗觀於衡山之陽。素華斐，丹秀芳。臨青壁，系紫房。鷓鴣南翥而中留，孔雀綷羽以翱翔。山雞歸飛而來棲，翡翠列巢以重行。鷓鴣，如雞，黑色，其鳴自呼。或言此鳥常南飛不北，豫章已南諸郡處處有之。孔雀，尾長六七尺，緑色有華彩，朱崖、交趾皆有之，在山草中。山雞，如雞而黑色，樹棲晨鳴。今所謂山雞者，鷩蛦也。合浦有之。翡翠，巢於樹顛生子，夷人稍徙下其巢，子大未飛，便取之。皆出於交趾鬱林郡。其琛賂則琨瑶之阜，銅鍇之垠。火齊之寶，駭雞之珍。頳丹明璣，金華銀樸。紫貝流黄，縹碧素玉。隱賑崴褢，雜插幽屏。精曜潛穎，硩陊山谷。碕岸爲之不枯，林木爲之潤黷。隋侯於是鄙其夜光，宋王於是陋其結緑。琛，寶也。賂，貨也。《詩》曰：來獻其琛，大賂南金。琨、瑤，皆美石也。鍇，金屬也。《禹貢》，揚州貢金三品，謂金、銀、銅也。《異物志》曰：火齊，如雲母，重沓而可開，色黄赤，似金，出日南。赬，赤也。丹，丹砂也。出山中，有穴。《禹貢》，荆州貢丹。璣，珠屬也。朱崖出珠。金華，采者。銀樸，銀之在石者。紫貝，以色言之。流黄，土精也。《淮南子》曰：夏至而流黄澤。縹碧素玉者，亦以色言也。晢者，言其如晢擿而陊落山谷者。《淮南子》曰：積疊旋玉，以純脩碕。張衡《南都賦》曰：隋珠夜光。張禄先生曰：宋有結緑。隋侯、宋王於此各鄙其寶也。善曰：《尚書》曰：瑤琨篠蕩。《孝經援神契》曰：神靈滋液，則犀駭鷄。宋衷曰：角有光，鷄見而駭驚也。劉欣期《交州記》曰：金華出珠崖，謂金有華采者。《埤蒼》曰：崴嵔，不平也，又重累貌。【略】幽屏，謂生處也。潛穎，謂潛深而有光穎。《説文》，晢，擿空青珊瑚墮之，珠玉潛伏土石間，隨四時長，故晢毁陊落山谷之土石也。潤，膩也。黷，黑茂貌。晢，敕列切。《孫卿子》曰：言無小而不聲，行無隱而不形。玉在山而木潤，淵生珠而崖不枯。許慎《淮南子》注曰：碕，長邊也，巨依切。

『其荒陬譎詭，則有龍穴内蒸，雲雨所儲。陵鯉若獸，浮石若桴。雙則比目，片則王餘。窮陸飲木，極沈水居。泉室潛織而卷綃，淵客慷慨而泣珠。開北户以向日，齊南冥於幽都。陬，四隅，謂邊遠也。湘東新平縣有龍穴，穴中黑土，天旱，人人便共以水沾穴，則暴雨應之，常以此請雨也。陵鯉，有四足，狀如獺，鱗甲似鯉，居土穴中，性好食蟻。《楚辭》曰：陵魚曷止。王逸曰：陵魚，陵鯉也。浮石，體虚輕浮，在海中，南海有之。桴，舟也。比目魚，東海所出。王餘魚，其身半也。俗云：越王鱠魚未盡，因以殘半棄水中爲魚，遂無其一面，故曰王餘也。朱崖海中有渚，東西五百里，南北千里，無水泉，有大木，斬之，以盆甕承其汁而飲之。水居，鮫人水底居也。俗傳鮫人從水中出，曾寄寓人家，積日賣綃，綃者，竹孚俞也。鮫人臨去，從主人索器，泣而出珠滿盤，以與主人。日南人北户，猶日北人南户也。善曰：《尚書》曰：宅朔方曰幽都。謂日既在北，則南冥與幽都同。王餘、泉客，皆見《博物志》。窮陸，見後《漢書》。《史記》曰：秦始皇地南至北向户，北據河爲塞。其四野，則畛畷無數，膏腴兼倍。原隰殊品，窊隆異等。象耕鳥耘，此之自與。穱秀菰穗，於是乎在。畛畷，謂地廣道多也。舊井田間有徑有畛。善曰：鄭玄《毛詩》箋曰：畛，舊田有徑路也，之引切。《説文》曰：畷，兩陌間道也。【略】《説文》曰：窊，汙邪，下也，於瓜切。《越絶書》曰：舜葬蒼梧，象爲之耕；禹葬會稽，鳥爲之耘。《左傳》曰：生人之道，於是乎在。煮海爲鹽，採山鑄錢。國税再熟之稻，鄉貢八蠶之緜。善曰：《史記》曰：吴有豫章郡銅山，吴王濞則招致天下亡命者，盜鑄錢，煮海爲鹽，國用富饒。《異物志》，交趾稻夏熟，農者一歲再種。劉欣期《交州記》曰：一歲八蠶繭，出日南也。

『徒觀其郊隧之内奥，都邑之綱紀。霸王之所根柢，開國之所基趾。郛郭周匝，重城結隅。通門二八，水道陸衢。所以經始，用累千祀。憲紫宫以營室，廓廣庭之漫漫。寒暑隔閡於邃宇，虹蜺迴帶於雲館。所以跨跱煥炳萬里也。《爾雅》曰：柢，本也。吴與周並，世世稱王。自泰伯至闔閭二十五世矣。夫差益强大，得爲盟主。故曰霸王之所根柢也。《越絶書》曰：吴郭周匝六十八里六十步，大城周匝四十七里二百一十步。水門八，陸門八，其二有樓名門者，車船並入。昌門今見在，銅柱石填地。大城中有小城，周十二里，亦有水陸門，皆闔閭宫，在高平里。言經營造作之始，使子孫累代保居也。漫漫，長遠貌。寒暑所閡，謂冬温夏涼。善曰：《西都賦》曰：虹蜺迴帶於棼楣。造姑蘇之高臺，臨四遠而特建，帶朝夕之濬池，佩長洲之茂苑。窺東山之府，則瓌寶溢目；覸海陵之倉，則紅粟流衍。姑蘇，吴臺名也。善曰：《越絶書》曰：吴王夫差起姑胥之臺，五年乃成，高見三百里。《史記》曰：越伐吴，敗之姑蘇。《漢書》，伍被曰：子胥去，見麋鹿遊姑蘇之臺。然姑胥卽姑蘇也。《漢書》，枚乘上書曰：夫漢諸侯方輪，謂錯出其珍怪，不如東山之府；轉粟西向，不如海陵之倉；修治上林，圈守禽獸，不如長洲之苑；遊曲臺，臨上路，不如朝夕之池。蔡邕《月令章句》，穀藏曰倉。《蒼頡篇》曰：覸，索視之貌，師蟻切。《漢書》，太倉之粟，紅腐而不可食。起寢廟於武昌，作離宫於建業。闡闔閭之所營，采夫差之遺法。抗神龍之華殿，施榮楯而捷獵。崇臨海之崔巍，飾赤烏之韡曄。《吴志》曰：前吴都武昌，在豫章；後都建業，在丹陽。孫權自會稽徙治丹陽，建業人皆不樂徙，故爲歌曰：寧飲建業水，不向武昌居。言離宫者，明非吴舊都也。神龍，建業正殿名。臨海、赤烏，皆建業吴大帝所太初宫殿名也。捷獵，高顯貌。《越絶書》曰：昔越王勾踐欲伐吴，大夫種對以九術。於是作榮楯，嬰以白璧，鏤以黄金，狀類龍蛇，以獻吴王夫差，夫差大悦。子胥諫曰：王勿受也。王不聽，遂受之以飾殿也。闔閭造吴城郭宫室，其子夫差嗣，增崇侈靡。孫權移都建業，皆學之，故曰闡闔閭之所營，采夫差之遺法，而施榮楯也。《春秋左氏傳》曰：夫差，次有臺榭陂池焉！玩好必從，歡樂是務。東西膠葛，南北峥嶸。房櫳對櫎，連閣相經。閽闥譎詭，異出奇名。左稱彎碕，右號臨硎。善曰：膠葛，長遠貌。峥嶸，深邃貌。《魯靈光殿賦》

曰：洞膠葛其無垠。《説文》曰：櫳，房室之疏也。又曰：櫎，帷屏屬。然則門牕之廡，通名櫎。櫎，音棍，《音義》同。彎碕、臨硎，閤闥名也。吴後主起昭明宫於太初之東，開彎碕、臨硎二門。彎碕，宫東門；臨硎，宫西門。彫欒鏤楶，青瑣丹楹。圖以雲氣，畫以仙靈。雖兹宅之夸麗，曾未足以少寧。思比屋於傾宫，畢結瑶而構瓊。梁，栭也。瑣，户兩邊以青畫爲瑣文。楹，柱也。《汲郡地中古文册書》曰：桀築傾宫，飾瑶臺。紂作瓊室，立玉門。言其夸麗。善曰：鄭玄《禮記》注曰：栭，謂之楶，音節。《左氏傳》曰：丹桓宫楹。杜預曰：楹，柱也。高闈有閌，洞門方軌。朱闕雙立，馳道如砥。樹以青槐，亘以緑水。玄蔭眈眈，清流亹亹。善曰：李尤《德陽殿賦》曰：朱闕巖巖。《漢書音義》，應劭曰：馳道，天子之道。《毛詩》曰：周道如砥。言其平直也。《漢書》，賈山上書曰：秦爲馳道，樹以青松。然古之表道，或松或槐也。亘，引也。眈眈，樹陰重貌。《韓詩》曰：亹，水流進貌。列寺七里，俠棟陽路。屯營櫛比，解署棊布。横塘查下，邑屋隆夸。長干延屬，飛甍舛互。吴自宫門南出苑路，府寺相屬，俠道七里也。解，猶署也。吴有司徒大監，諸署，非一也。横塘在淮水南，近家渚，緣江築長堤，謂之横塘。北接栅塘查下。查浦在横塘，西隔内江。自山頭南上十里，至查浦。建業南五里有山崗，其間平地，吏民雜居。東長干中有大長干、小長干，皆相連。大長干在越城東，小長干在越城西，地有長短，故號大、小相干。《韓詩》曰：考盤在干。地下而黄曰干。櫛比，喻其多也。藏官物曰公廨。醫巫所居曰署。飛甍舛互，言室屋之多相連下之貌。善曰：應劭《風俗通》曰：今尚書、御史、謁者所止，皆曰寺。俠棟，棟相俠也。古洽切。陽路，路陽也。《毛詩》曰：其崇如墉，其比如櫛。

『其居則高門鼎貴，魁岸豪傑。虞魏之昆，顧陸之裔。岐嶷繼體，老成奕世。躍馬疊迹，朱輪累轍。陳兵而歸，蘭錡内設。冠蓋雲蔭，閭閻闐噎。魁岸，大度也。《漢書》曰：江充爲人魁岸。又于公高門以待封。又《賈捐之傳》曰：石顯方鼎貴。應劭曰：鼎，始也。乃祖乃父已來皆貴，故曰鼎貴也。虞，虞文秀。魏，魏周。顧，顧榮。陸，陸遜。隆吴之舊貴也。昆、裔，皆後世也。岐嶷，謂有識知也。老成德之人，養之乞言。躍馬，騰躍之謂，言富貴也。《蔡澤傳》曰：躍馬肉食。《西京賦》曰：武庫禁兵，設在蘭錡。閭閻闐噎，言人物遍滿之貌。善曰：《毛詩》曰：克岐克嶷。又曰：雖無老成人。謝承《後漢書》曰：王公位二千石，奕世相襲。楊惲《書》曰：方家隆盛時，乘朱輪者十人。其鄰則有任俠之靡，輕訬之客。締交翩翩，儐從弈弈。出躡珠履，動以千百。里讌巷飲，飛觴舉白。翹關扛鼎，拚射壺博。鄱陽暴謔，中酒而作。靡，美也。楊子《法言》曰：聶政、荆軻，刺客之靡。締，結也。賈誼《過秦論》曰：締交。白，罰爵名也。鄱陽人俗性暴急。何晏云：鄱陽惡戲，難與曹也。鄱陽本豫章縣。善曰：《漢書》曰：季布爲任俠。如淳曰：相與信爲任，同是非爲俠。《漢書》述曰：江都輕訬。謂輕薄爲訬也。締，結也。翩翩，往來貌。弈弈，輕靡之貌。高誘《淮南子》注曰：訬，輕利急疾也。訬，音眇。《史記》曰：趙平原君使人於楚，楚相春申君處趙使欲夸楚，爲玳瑁簪，刀劍室皆以珠飾之。請春申君。春申君客三千餘人，其上客皆躡珠履而迎之，趙使大慚。翹關扛鼎，皆逞壯力之勁，能招門開也。《列子》曰：孔子勁，能招國門之關，而不肯以力聞。招與翹同。扛，舉也。《漢書》曰：項羽力能扛鼎。又《漢書》贊曰：元帝時覽拚射。孟康曰：手搏爲拚。壺，投壺也。《禮》有投壺。《論語》曰：不有博弈者乎？

『於是樂只衎而歡飫無匱，都輦殷而四奥來暨。水浮陸行，方舟結駟。唱櫂轉轂，昧旦永日。昧旦，清晨也。《左傳》曰：昧旦丕顯。善曰：《毛詩》曰：其樂只且。又曰：嘉賓式宴以衎。飫，已見上文。輦，王者所乘，故京邑之地，通曰輦焉。《漢書》曰：殺身靡骨，死事輦轂下。四隩來暨，言四方之人皆來。唱櫂轉轂，言遠人唱歌擿船，乘車轉轂，以向吴都。《楚辭》曰：青驪結駟齊千乘。《漢書》曰：轉轂百數。《毛詩》曰：且以永日。開市朝而並納，横闤闠而流溢。混品物而同廛，並都鄙而爲一。士女佇眙，商賈駢坒。紵衣絺服，雜遝從萃。輕輿按轡以經隧，樓船舉颿而過肆。果布輻湊而常然，致遠流離與珂珬。混，同也。佇眙，立視也。今市聚人，謂之立眙。南方多絺葛，故曰紵衣絺服也。樓船，船有樓也。颿者，船帳也。《地理志》曰：越多犀象、玳瑁、珠璣、銅銀、果布之湊。黄支國多異物，入海市明珠流離。果，橘柚之屬。布，箋紵之屬。近海多賓物。湊，會處也。珬，老雕化西海爲珬，已裁割若馬勒者謂之珂；珬者，珂之本，璞也。日南郡出珂珬。善曰：《楚辭》曰：覽涕而佇眙。許慎《淮南子》注曰：坒，相連也，扶必切。《羽獵賦》曰：萃從沇溶。《埤蒼》曰：從，走貌，先鞏切。隧，向市路。肆，市路也。《漢書》有樓船將軍。䌙賄紛紜，器用萬端。金鎰磊砢，珠琲闌幹。桃笙象簟，韜於筒中；蕉葛升越，弱於羅紈。䌙，蠻夷貨名也。扶南傳曰：䌙貨布帛曰賄。金二十四兩爲鎰。《史記》曰：趙孝成王一見虞卿，賜黄金百鎰。磊砢，衆多貌。琲，貫也，珠十貫爲一琲。闌幹，猶縱横也。桃笙，桃枝簟也，吴人謂篳爲笙。又折象牙以爲篳也。蕉葛，葛之細者。升越，越之細者。緁，音捷。儸譶澩㺜，交貿相競。諠譁喤呷，芬葩蔭映。揮袖風飄而紅塵晝昏；流汗霡霂而中逵泥濘。善曰：儸，所立切。《蒼頡篇》曰：譶，不止也，佇立切。澩犬翏，衆相交錯之貌。澩，胡巧切。《方言》曰：㺜，猥也，奴巧切。《方言》曰：諠，籲橫切。諠，通也。《說文》曰：呷，吸也，呼甲切。紛葩，謂舒張貿物使覆映。《史記》，蘇秦說齊王，舉袂成帳，揮汗成雨。毛萇《詩》傳曰：小雨謂之霡霂。杜預《左氏傳》注曰：濘，泥也，奴定切。

『富中之甿，貨殖之選。乘時射利，財豐巨萬。競其區宇，則并疆兼巷；矜其宴居，則珠服玉饌。《越絶書》曰：富中，大唐中也，勾踐治以爲田，肥饒，故謂之富中。珠服，珠襦之屬，以珠飾之也。玉饌者，《尚書》曰：惟辟玉食。言富中之食，貨殖之選者各利，所以能豐其財也。并疆，踰田畝也。兼巷，逾里閭也。言農人之富，自相誇競。善曰：《說文》曰：甿，田人也。孔安國《尚書》曰：自賢曰矜。射，賓亦切。趫材悍壯，此焉比廬。捷若慶忌，勇若專諸。危冠而出，竦劍而趨。扈帶鮫函，扶揄屬鏤。秦零陵令上書曰：荊軻挾匕首，卒刺陛下，陛下以神武，扶揄長劍以自救。《韓非子》曰：解其長劍，免其危冠。《離騷》曰：扈江離。楚人謂被爲扈。鮫函，鮫魚甲，可爲鎧。《淮南子》曰：鮫革犀兕爲甲冑也。《周禮》曰：燕無函。《孟子》曰：矢人豈不仁於函人哉。《左傳》曰：吳賜子胥屬鏤以死。凡此皆其器用之事義，亦其土俗所能出，有嘉服用也。善曰：成公綏《洛禊賦》曰：趫才逸態，習水善浮。《呂氏春秋》曰：吳王欲殺王子慶忌，謂要離曰：吾常以馬逐之江上而不能及，射之，矢左右滿抱而不能中。高誘曰：慶忌，吳王僚之子也。走追奔獸，接及飛鳥。《左傳》曰：吳公子光享王，鱄諸寘劍於全魚中以進，抽劍刺王，遂殺闔閭。藏鍦於人，去戭自閭。家有鶴膝，户有犀渠。軍容蓄用，器械兼儲。吳鉤越棘，純鈞湛盧。戎車盈於石城，戈船掩乎江湖。鍦，矛也。楊雄《方言》曰：吳、越以矛爲鍦。戭，楯也。鶴膝，矛也。矛骹如鶴脛，上大下小，謂之鶴膝。犀渠，楯也，犀皮爲之。《國語》曰：奉父犀渠。軍容，軍之容表，言矛劍等也。《司馬法》曰：古者軍容不入國，國容不入軍。軍容入國，則人德廬；國容入軍，則人德弱。《越絶書》曰：闔閭既重莫耶，乃復命國中作金鉤，有人貪王賞之重，殺其兩兒，以血釁鉤，遂成二鉤，獻之闔閭，詣官求賞。王曰：爲鉤者衆多，而子獨求賞，何以異於衆人之鉤乎？曰：我之作鉤也，殺二子成兩鉤。王曰：舉鉤以示之，何者是也？於是鉤師向鉤而哭，呼其兩子之名吳鴻、扈稽，曰：我在此，王不知汝之神也。聲未絕於口，兩鉤俱飛著於父之背。吳王大驚，曰：嗟乎！寡人誠負子。乃賞之百金，遂服其鉤。《爾雅》曰：棘，戟也。純鈞、湛盧，劍名也。《越絶書》曰：昔越王勾踐有寶劍五，聞於天下，客有能相劍者，名薛燭，王召而問之，對曰：歐冶子因天地之精，悉其伎巧，一曰純鈞，二曰湛盧，三曰莫耶，四曰豪曹，五曰巨闕。石城，石頭隖也，在建業西，臨江，其中有庫，藏軍儲。戈船，船下有戈也。江、湖，二水名也。善曰：《禮記》曰：越棘大弓，天子之戎器也。鄭玄曰：越，國名也。《考工記》曰：越鐵利，可以爲戟。環濟《吳紀》曰：建安十七年，城石頭。《越絶書》，伍子胥船有戈。

『露往霜來，日月其除。草木節解，鳥獸腯膚。觀鷹隼，誡征夫。坐組甲，建祀姑。命官帥而擁鐸，將校獵乎具區。《詩》曰：今我不樂，日月其除。《國語》曰：本見而草木節解。本，氐也。謂霜降之後，生氣既衰，草木枝葉，皆節理解落也。腯，肥也。《左氏傳》曰：肥腯，謂畜之碩大蕃滋也。《漢書》曰：鷹隼未擊，矰弋不施於蹊隧，於此時也，可以戒戎夫。《左氏傳》曰：裹糧坐甲。又曰：組甲三千。馬融曰：組甲，以組爲甲。祀姑，幡名，麾旗之屬也。《國語》曰：吳王夫差出軍，與晉爭長，昏乃戒，夜中令服兵擐甲，陳王卒，官帥擁鐸，建祀姑。此吳軍容之舊制也。鐸，施號令而振之也。周禮，校人中大夫，掌王田獵之馬，一校千二百九十六匹。具區，澤名也，在吳之西。善曰：《爾雅》曰：吳、越之間有具區。烏滸狼𦢈，夫南西屠。儋耳黑齒之酋，金鄰象郡之渠。驫駥飍矞，靸霅警捷，先驅前塗。《異物志》曰：烏滸，南夷別名也，其落在深山之中。其種族爲人所殺，則居其死所，且伺殺主，若有過之者，是與非則仇而食之。狼𦢈人，夜覷金，知其良不。夫南，特有才巧，不與衆夷同。西屠，以草染齒，染白作黑。儋耳人，鏤其耳匡。夫南之外，有金鄰國，去夫南可二千餘里，土地出銀，人衆多，好獵大象，生得，其死則取其牙。酋、渠，皆豪帥也。象郡，今日南郡也，又有象林郡。善曰：驫駥飍矞，衆馬走貌。驫，必幽切。駥，呼橘切。飍，香幽切。矞，以出切。靸霅，走疾貌。靸，素合切。霅，徒合切。俞騎騁路，指南司方。出車檻檻，被練鏘鏘。吳王乃巾玉輅，軺驌驦。旂魚須，常重光。攝烏號，佩干將。羽旄揚蕤，雄戟耀芒。貝冑象弭，織文鳥章。六軍袀服，四騏龍驤。《管子》曰：桓公北征孤竹，見人長尺，而人物具焉。冠而右祛衣，走馬。管仲曰：登山之神，有俞兒者，長尺，人物具焉。霸王之君興，登山之神見，且走馬前導也。祛衣，示前有水也。右祛衣，從右方涉也。至卑耳之溪，有贊水者，從左方涉，其深及冠；從右方涉，其深至膝，已涉大濟也。指南，指南車也。《鬼谷子》曰：鄭人取玉，必載司南之車，爲其不惑也。鏘鏘，行步貌也。《左傳》曰：被練三千。馬融曰：被練，爲甲者所服也。玉輅，以玉飾車也。驌驦，馬也。《左氏傳》曰：唐成公如楚，有兩驌驦馬，子常欲之，不與。三年止之，唐人竊馬而獻子常，子常歸唐侯。馬融曰：驌驦，鳥也，馬似之。旃，旌旗之屬。周禮有巾車官。又交龍爲旃，以魚須爲柄也。日月爲常，重光。謂日月畫於旃上也。攝，持也。烏號，柘名，以爲弓。《淮南子》曰：烏號之弓，不能無弦而射。《列女傳》曰：柘枝體動，烏集其上，被卽舉彈，烏乃哀號，故號之，干將，劍名，胄，兜鍪，以貝飾之。弭，弓末，以象飾之。鳥章，染絲織鳥，畫爲文章，置於旌旗也。《左氏傳》曰：袀服振振，袀，同也。騏，馬名。善曰：《毛詩》曰：大車檻檻。《子虛賦》曰：靡魚須之撓旃。《史記》，趙良曰：屈盧之勁矛，干將之雄戟。又曰：胄貝朱綅。又曰：象弭魚服。又曰：織文鳥章。又曰：乘其四騏。《南都賦》曰：馬鹿超而龍驤。峭格周施，罿罻普張。罼䴈瑣結，罠蹏連綱。陸以九疑，禦以沅湘。輶軒蓼擾，彀騎煒煌。《莊子》曰：峭格羅絡。謂張網周遍。罿罻、罼䴈，皆鳥網也。瑣結，似瑣連結也。連綱，言不絕也。罠，麋網。蹏，兔網。《周易》曰：蹏所以在兔，得兔而忘蹏。陸，闌也。因山谷以遮獸也。禦，禁也。謂因沅、湘爲藩落也。楊雄《羽獵賦》曰：禦自汧、渭。九疑，山名。沅、湘，水名。輶，輕也。《詩》云：輶車鑾鑣。彀騎，張弓弩之騎也。祖裼徒搏，拔距投石之部。猿臂骿脅，狂趭獷猤。鷹瞵鶚視，趍趯犿䠥。若離若合者，相與騰躍乎莽罠之野。《爾雅》曰：祖裼，肉袒也。《詩》云：祖裼暴虎。拔距，謂兩人以手相案，能拔引之也。超，逾躍也。投石，舉石以投擿也。《王翦傳》曰：投石拔距。猿臂，通肩也。《漢書》，李廣猿臂，爲武騎常侍。骿脅，今駢幹也。骿、駢通。《史記·商君傳》，趙良謂鞅曰：君之出，多力而駢脅者參乘。《左傳》曰：晉文公駢脅。趭，走也。鷹瞵鶚視，言勇士似之也。善曰：司馬相如《大人賦》曰：騰而狂趭。子召切。《說文》曰：犬獷不可附也。子猛切。猤，壯勇之貌，其翠切。《說文》曰：瞵，目精也，力辰切。趍趯犿䠥，相隨驅逐，衆多貌。【略】莽罠，廣大貌。干鹵殳鋋，暘夷勃盧之旅。長殺短兵，直發馳騁。儇佻坌並，銜枚無聲。悠悠旆旌者，相與聊浪乎昧莫之坰。干、鹵，皆楯也。《越絕書》曰：越王身披暘夷之甲，扶勃盧之矛。短兵，刀劍也。《尚書》曰：稱爾干。《過秦論》曰：流血漂鹵。《廣雅》曰：殺，矛也，呼狄切。《楚辭》曰：車錯轂兮短兵接。《史記》曰：荆軻怒髮直衝冠。《方言》曰：儇佻，疾也。佻，他吊切。《漢書》曰：相如吊二世曰：坌入曾宮之嵯峨。《音義》曰：坋，並也，步寸切。周禮，銜枚氏下士。鄭玄曰：止言語囂諠也。枚，大如箸，橫銜之。《毛詩》曰：有聞無聲。又曰：蕭蕭馬鳴，悠悠旆旌。悠悠，流貌。昧莫，廣大貌。聊浪，放曠貌。鉦鼓疊山，火烈熛林。飛爓浮煙，載霞載陰。菈擸雷硠，崩巒弛岑。鳥不擇木，獸不擇音。疊，振疊也。熛，火爓也。《左傳》曰：鳥則擇木。又曰：鹿死不擇音。鹿得美草，呦呦而鳴，至於困迫將死，不暇復擇出音。急之至也。凡閒暇而有好聲，逼急不擇音，獸皆然，非唯鹿也。《莊子》亦曰：獸死不擇音。以雷硠之至，故云鳥不擇木，獸不擇音。善曰：《說文》曰：鉦，鐃也。菈擸雷硠，崩弛之聲。【略】《爾雅》曰：巒山墮。山小而高曰岑。虣甝虪，䫉麋麖。驀六駮，追飛生。彈鸞鵕，射猱挺。白雉落，黑鴆零。陵絶嶛嶕，聿越巉險。跐逾竹柏，獑猢杞柟。封豨䓯，神螭掩。剛鏃潤，霜刃染。䫉，絆前兩足也。《莊子》曰：連之羈䫉。音聳。麖，大麞也。桂林有麖。《山海經》曰：駮，如馬，白身黑尾，一角，鋸牙，虎爪，音如鼓，能食虎也。《詩》曰：隰有六駮。飛生，鼯也。師曠曰：南方有鳥曰羌鵕，黃頭赤目，五色備也。猱，似猿，奴刀切。鴆鳥，一名雲白，黑色，長頸赤喙，食蝮蛇，體有毒，古人謂之鴆毒，江東諸大山中皆有之。《左氏傳》曰：叔牙飲酖酒而死。聿越，豹走貌。霜刃，言其殺利也。善曰：《毛詩》曰：不敢暴虎。毛萇曰：暴虎，空手以搏也。虣與暴同。《爾雅》曰：甝，白虎，明甘切。虪，黑虎，音叔。《說文》曰：驀，上馬也。鵕，音京。《史記》曰：跐萬里。如淳曰：跐，超逾也，恥曳切。《埤蒼》曰：獑猢，逃也。《淮南子》，申包胥曰：吳爲封豨脩蛇。《方言》曰：南楚人謂豬爲豨，虛豈切。䓯，豨聲，呼學切。

『於是弭節頓轡，齊鑣駐蹕。徘徊倘佯，寓目幽蔚。覽將帥之拳勇，與士卒之抑揚。羽族以觜距爲刀鈹，毛羣以齒角爲矛鋏，皆體著而應卒。所以挂扢而爲創痏，衝踤而斷筋骨。莫不衂銳挫芒，拉捭摧藏。雖有石林之岝崿，請攘臂而靡之；雖有雄虺之九首，將抗足而跐之。《離騷》曰：抑志弭節。蹕，止行者也。王者出入警蹕。倘佯，猶翱翔。言吳之將帥，皆有拳勇。羽族，鳥屬也。毛羣，獸屬也。鈹，兩刃小刀也。鋏，刀身劍鋒，有長鋏短鋏。體著者，著體而生也。《楚辭·天問篇》曰：烏有石林。此本南方楚圖畫，而屈原難問之。於義，則石林當在南也。《楚辭·招魂》曰：南方不可以止，雄虺九首，往來儵忽。雖有石林，雖有雄虺者，蓋張誕之云，非必臨時所遇。善曰：《左氏傳》曰：得臣寓目焉。《毛詩》曰：無拳無勇。拳與權同。《楚辭》曰：帶長鋏之陸離。《廣雅》曰：扢，摩也。公紇切。《蒼頡篇》曰：痏，毆傷也，爲軌切。《說文》曰：踤，觸也，材律切。衂，折傷也，女六切。拉，頓折也。捭，兩手擊絕也，布買切。靡，碎也。《廣雅》曰：跐，蹋也，且爾切。顛覆巢居，剖破窟宅。仰攀鵕鸃，俯蹴豺獏。刲剞熊羆之室，剽掠虎豹之落。猩猩啼而就禽，嵩嵩笑而被格。屠巴蛇，出象骼。斬鵬翼，掩廣澤。《山海經》曰：猩猩，豕身人面。《異物志》曰：出交趾，封溪有猩猩，夜聞其聲，如小兒啼也。嵩嵩，梟羊也，已解上章矣。梟羊善食人，大口，其初得人喜而笑，卻脣上覆額，移時而後食之。人因爲筒貫於臂上，待執人，人卽抽手從筒中出，鑿其脣於額而得禽之。張衡《玄圖》曰：梟羊喜獲，先笑後愁。《山海經》曰：巴蛇食象，三歲而出其骨。骼，骨也。其爲蛇，青黃赤黑。鵬翼，大垂天也。善曰：許慎《淮南子》注曰：鵕鸃，鷩雉也。鵕，思俊切。鸃，音儀。《爾雅》曰：獏，白豹，音陌。剞，亦刲也。《廣雅》曰：落，居也。輕禽狡獸，周章夷猶。狼跋乎紭中，忘其所以睒睗，失其所以去就。魂褫氣懾而自踢跌者，應弦飲羽，形僨景僵者，累積而增益，雜襲錯繆。傾藪薄，倒岬岫。巖穴無豜豵，翳薈無麏鷚。思假道於豐隆，披重霄而高狩。籠烏兔於日月，窮飛走之棲宿。周章，謂章皇周流也。《楚辭》曰：君不行兮夷猶。王逸曰：夷猶，猶豫也。紭，網綱也。踶跋，促遽貌。踢跌，皆頓伏也。飲羽，謂所射箭沒其箭羽也。《闕子》曰：宋景公以弓人之弓，升虎圈之臺，東向而射，箭集彭城之東，其餘力逸勁，猶飲羽於石梁。雜襲，重疊也。錯繆，聊亂貌。薄，不入之叢。藪，澤別名。言欲假道豐隆，非實事也。然欲窮高極遠，究變化，備幽明之故，設此云。善曰：《毛詩》曰：狼跋其胡。《說文》曰：睒，蹔視也，式冉切。睗，疾視也，式亦切。褫，奪也，直示切。《聲類》曰：踢，跌也，徒郎切。《漢書音義》曰：趹，崩也，蒲北切。《爾雅》曰：僨，僵也，方問切。許慎《淮南子》注曰：岬，山旁，古押切。《爾雅》曰：山有穴曰岫。毛萇《詩》傳曰：獸三歲曰豜，公妍切。《爾雅》曰：豕生三子曰豵，子公切。《說文》曰：麏，麞也。音須。又曰：鷚，鳥大雛也，力幼切。《楚辭》曰：吾令豐隆乘雲兮。王逸曰：豐隆，雲師也。《春秋元命苞》曰：日月兩設，以蟾蠩與兔者陰雙居。月中有兔，已見《蜀都賦》。

『嶰澗闃，岡岵童。罾罘滿，效獲衆。迴靶乎行邪，睨觀魚乎三江。汎舟航於彭蠡，渾萬艘而既同。闃，空也。《易》曰：闃其無人。《爾雅》曰：山多草木曰岵。岡，山脊也。童，無草木也，若童無角。靶，轡革也。彭蠡，澤名。善曰：《爾雅》曰：小山別大山曰嶰，山夾水曰澗。毛萇《詩傳》曰：太平，山不童，澤不竭。聖主《得賢臣頌》曰：王良執靶。《左氏傳》曰：公觀魚于棠。《尚書》曰：三江既入，震澤底定，彭蠡既豬。《說文》曰：艘，船惣名。衆，一作潨。潨，水會也。嶰，古買切。航，船別名。弘舸連舳，巨檻接艫。飛雲蓋海，制非常模。疊華樓而島跱，時髣髴於方壺。比鷁首而有裕，邁餘皇於往初。楊雄《方言》曰：江湖凡大船曰舸。舳，船前也。艫，船後也。船上下四方施板者曰檻也。飛雲、蓋海，吳樓船之有名者，皆彫鏤采畫，有軒櫳華檻之船也。島跱，謂似方壺、蓬萊二山有宮闕。《左氏傳》曰：楚敗吳師，獲其乘舟餘皇，吳子光請於衆曰：喪先君之乘舟，豈唯光罪，衆亦有焉。善曰：《釋名》曰：上下重床曰艦。《江表傳》曰：孫權乘飛雲大船。《吳志》曰：賀齊所乘船，彫刻丹鏤，望之若山。方壺，已見上文。張組幃，構流蘇。開軒幌，鏡水區。槁工檝師，選自閩禺。習御長風，狎玩靈胥。責千里於寸陰，聊先期而須臾。流蘇，謂翦繒綵垂於彫文之樓也。水區，河中也。言開文軒，光輝如鏡照川也。閩，越名也。秦並天下，以其地爲閩中郡。班固述《兩越傳》曰：悠悠外宇，閩越東甌。禺，番禺也。其彼地人便水。《方言》云：刺船曰槁。檝，橈也。《淮南子》曰：來溪谷之流以象禺。長風，遠風也。靈胥，伍子胥神也。昔吳王殺子胥於江，沈其尸於江，後爲神，江海之間莫不尊畏子胥。將濟者，皆敬祠其靈，以爲性命，舟楫之師，獨能狎翫之也。千里，路之長也。寸陰，晷之短也。言水靈輯睦，浪濤弭息，取長路於短景，獨能先期而到，故有須臾之暇也。善曰：《西京賦》曰：長風激於別島。《越絕書》曰：子胥死，王使捐於大江口，乃發僨馳騰，氣若奔馬，乃歸神大海，蓋子胥水仙也。櫂謳唱，簫籟鳴。洪流響，渚禽驚。弋磻放，稽鷦鵬。虞機發，留鵁鶄。弋，繳射也。鷦鵬，鳥也。《楚辭》曰：從玄鶴與鷦鵬。《尚書》曰：若虞機張。鄭氏注曰：虞主田獵之地者也。機，弩牙也。鵁鶄，鳥也，似鳧，頭上揔毛羽。善曰：櫂謳，已見《西都賦》。《說文》曰：籟，三孔籥也。磻，已見《西京賦》。鉤餌縱橫，網罟接緒。術兼詹公，巧傾任父。筌鮔鱮，鱺鱨魦。罩兩魪，罺鰝蝦。乘鼊黿鼉，同罛共羅。沈虎潛鹿，馽䶂僒束。徽鯨輩中於羣犗，攙搶暴出而相屬。雖復臨河而釣鯉，無異射鮒於井谷。《易》曰：結繩而爲網罟，以畋以漁。詹公，詹何也。任父，任公子也。莊周曰：任公子爲大鉤巨緇，五十犗牛以爲餌，蹲會稽，投竿東海。已而大魚食巨鉤，鉤沒而下，鶩揚奮鬐，白波若山，海水震蕩。任公子得若魚，離餌之，制河以東，蒼梧以西，莫不猒此魚者。筌，捕魚器。今之斗回也。筌，所以得魚也。《莊子》曰：得魚而忘筌。罩，籗也。編竹籠魚者也。《詩》云：南有嘉魚，烝然罩罩。魪，左右魪，一目，所謂比目魚也。云須兩魚併合乃能遊，若單行，落魄著物，爲人所得，故曰兩魪，丹陽、吳、會有之。罺，抑魚之器也。鱟，形如惠文冠，青黑色，十二足，似蟹，足悉在腹下，長五六寸，雌常負雄行，漁者取之必得其雙，故曰乘鱟，南海、朱崖、合浦諸郡皆有之。罛，魚網也。《詩》云：施罛濊濊。虎魚，頭身似虎，或云變而成虎。鹿頭魚，有角似鹿。同罛共羅，言皆爲網罟所制獲也。縶龓僒束者，陷網罟之中，見偪束也。徽鯨，魚之有力者也。魚大者莫若鯨也，故曰徽鯨也。欃搶，星也。《淮南子》曰：鯨魚死而彗星出。《易·井卦》曰：九二，井谷射鮒。鄭玄云：九二，坎爻也，坎爲水，上直魚。生一，艮爻也，艮爲山，山下有井。必因谷水所生魚無大魚，但多鮒魚耳。言微小也。夫感動天地，此魚之至大，射鮒井谷，此魚之至小，故以相況。善曰：列子曰：詹何，楚人也，以獨繭絲爲綸，芒針爲鉤，荆篠爲竿，剖粒爲餌，引盈車之魚，於百仞之淵。鮔鰽，鮪也。鮔，古贈切。鰽魦，已見《西京賦》。魪，音介。《爾雅》曰：鰝，大魚。鰕，音遐。鱟，音候。罼，已見《西京賦》。又曰：龓，兼有也，力公切。《鵩鳥賦》曰：僒若囚。拘，求殞切。徽，音輝。《說文》曰：犗，騬牛也。『結輕舟而競逐，迎潮水而振緡。想萍實之復形，訪靈夔於鮫人。精衛銜石而遇繳，文鰩夜飛而觸綸。北山亡其翔翼，西海失其遊鱗。繳，弋綸也。緡、綸，皆釣繳也。《詩》曰：其釣惟何，惟絲伊緡。善曰：《家語》曰：楚昭王渡江，得物如斗，入王舟中，王怪之，使問孔子。孔子曰：此爲萍實，可剖而食之，其甘如蜜。唯王者能獲此吉祥也。云先時童謠曰：楚王渡江，得萍實，大如斗，赤如日，剖而食之，甘如蜜。引此事，言今乘江流，想復遇斯事也。《山海經》曰：東海中有獸如牛，蒼身無角，一足，入水則風，其聲如雷，以其皮冒鼓，聞五百里，名曰夔。鮫人居水中，故訪之。《北山經》曰：發鳩之山有鳥，狀如烏而文首，白喙，赤足，名精衛，其鳴自呼。赤帝之女，姓姜，遊於東海，溺而死，不反；常取西山木石，以填東海。《西山經》曰：秦器之山，濩水出焉，是多鰩魚，狀如鯉，魚身而鳥翼，蒼文而白首，赤喙，常行西海，而遊於東海，夜飛而行。言吳之綸繳得此鳥魚，故西海、北山失其鱗翼也。《戰國策》曰：夏水浮輕舟。楊雄《蜀都賦》曰：行舟競。雕題之士，鏤身之卒。比飾虯龍，蛟螭與對。簡其華質，則亄費錦繢。料其虓勇，則雕悍狼戾。善曰：《水經》云：雕題國在鬱林水南。《漢書》曰：昔少康之庶子，封於會稽，文身斷髮，以避蛟龍之害。蛟螭，龍子也。亄費，錦文貌。於既切。《詩》曰：闞如虓虎。火交切。《戰國策》曰：趙王狼戾無親。戾，力計切。相與昧潛險，搜瓌奇。摸蝳蝐，捫蟕蠵。剖巨蚌於回淵，濯明月於漣漪。昧，冒也。巨蚌，育明珠者。《列仙傳》曰：高后時，會稽朱仲獻三寸四寸珠，此非回淵巨蚌不出之也。風行水成文曰漣漪。《詩》曰：河水清且漣漪。明月珠，珠之至光者。清且漣漪者，水極麗也。濯光珠於麗水，蓋美之。善曰：回淵，水也。蟕，子規切。蠵，呼圭切，大龜也。言天下川澤魚鳥蟲獸瑰奇之物，隱翳之處，搜索使盡也。《說文》曰：眛，目不明也，門撥切。謂之潛隱之穴也。

『畢天下之至異，訖無索而不臻。谿壑爲之一罄，川瀆爲之中貧。哂澹臺之見謀，聊襲海而徇珍。載漢女於後舟，追晉賈而同塵。徇，求也。襲，入也。干寶《搜神記》曰：澹臺子羽齎璧渡河，風波忽起，兩龍夾舟，子羽奮劍斬龍，波乃止。登岸投璧於河，河伯三歸之。子羽毀璧而去。漢女、賈大夫，已見《西京賦》。《老子》曰：和其光，同其塵。汩乘流以砰宕，翼颸風之颸颸。直衝濤而上瀨，常沛沛以悠悠。汔可休而凱歸，揖天吳與陽侯。汩：疾也。砰宕，舟擊水貌。颸颸，風初貌。颸，疾風。瀨，水大波。沛沛，行貌。悠悠，亦行貌。《離騷》曰：溢颸風兮上征。班固曰：颸，疾也。凱，樂也。《左氏傳》曰：振旅凱入於晉。《山海經》曰：朝陽之谷，神爲天吳，是水伯。揖之者，辭水靈而歸。善曰：《詩》曰：汔可小康。鄭玄曰：汔，幾也，虛乞切。陽侯，見《南都賦》。指包山而爲期，集洞庭而淹留。數軍實乎桂林之苑，饗戎旅乎落星之樓。置酒若淮泗，積肴若山丘。飛輕軒而酌綠酃，方雙轡而賦珍羞。班固曰：洞庭，澤名。王逸曰：太湖在秣陵東，湖中有包山，山中有如石室，俗謂洞庭。吳有桂林苑、落星樓，樓在建鄴東北十里。《左傳》曰：以數軍實。《外傳》曰：射不過講軍實。鄭氏曰：軍所以討獲曰實。善曰：周處《風土記》曰：陽羨太湖中有包山。《左傳》，晉穆子曰：有酒如淮，有肉如坻。《史記》云紂爲肉山也。《湘州記》曰：湘州臨水縣有酃湖，取水爲酒，名曰酃酒。車騎行酒肉，已見《西京賦》。飲烽起，釂鼓震。士遺倦，衆懷欣。幸乎館娃之宮，張女樂而娛羣臣。羅金石與絲竹，若鈞天之下陳。吳俗謂好女爲娃。楊雄《方言》曰：吳有館娃宮。善曰：飲烽、釂鼓、鈞天，並見《西京賦》。《左傳》曰：女樂二八。登東歌，操南音。胤陽阿，詠韎任。荆豔楚舞，吳愉越吟。翕習容裔，靡靡愔愔。《晏子春秋》曰：桀作東歌。南音，徵引也，南國之音也。《左氏傳》曰：鍾儀在晉，使與之琴，操南音。商、角、徵、羽各有引。鍾儀，楚人，思在楚，故操南音。《呂氏春秋》曰：禹行水，見塗山之女，未之遇而南省南土。塗山之女乃令其妾往候禹于塗山之陽。女乃作歌曰：候人猗。實始作爲南音，周公、召公取風焉。胤，繼也。《呂氏春秋》曰：陽阿，古樂曲。《周禮》曰：韎，東樂名。任，南樂名。豔，楚歌也。愉，吳歌也。《楚辭》曰：吳歈蔡謳。翕習容裔，音樂之狀。靡靡愔愔，言樂容與閑麗也。善曰：韎、任，已見《東都賦》。曹植《妾薄相行》曰：齊謳楚舞紛紛。《登樓賦》曰：莊舄顯而越吟。《史記》曰：紂作靡靡之樂。《左傳》曰：楚右尹子革曰，祈招之《詩》曰：祈招之愔愔。

『若此者，與夫唱和之隆響，動鐘鼓之鏗耾。有殷坻頽於前，曲度難勝。皆與謠俗汁協，律呂相應。其奏樂也，則木石潤色；其吐哀也，則淒風暴興。或超延露而駕辯，或逾綠水而采菱。軍馬弭髦而仰秣，淵魚竦鱗而上升。《詩》曰：唱予和女。解嘲曰：聲若坻頽。坻頽，崩聲也。天水之大坂，名曰：隴坻，因爲隴坻之曲。《楚辭》曰：伏羲駕辯。伏羲作琴，始造此曲。《淮南子》曰：瓠巴鼓琴，鱏魚出聽，伯牙鼓琴，駟馬仰秣。善曰：《戰國策》，司馬喜曰：臣觀人萌謠俗。《列子》曰：鄭師文鼓琴，當春而叩商弦，以召南呂，涼風至，草木實。及秋叩角弦，以激夾鍾，温風徐回，草木發榮。《衛子》曰：皆與謠俗協。言雖遐方異樂，皆上合律呂，下應謠俗，故能奏和樂之音，則木石潤色也。《淮南子》曰：夫歌采菱，發陽阿，鄙人聽之，不若延露以和。高誘曰：延露，鄙曲也。《淮南子》曰：互會綠水之趣。高誘曰：綠水，古詩也。趣，節也。鏗耾，大聲。汁，猶愜也。酣湑半，八音並。歡情留，良辰征。魯陽揮戈而高麾，迴曜靈於太清。將轉西日而再中，齊既往之精誠。酣，酒洽也。湑，樂也。辰，時也。《爾雅》曰：不辰，不時也。《楚辭》曰：日吉兮辰良。《淮南子》曰：魯陽公，楚將也。與韓遘，戰酣，日暮，援戈而麾之，日爲之反三舍。太清，謂天也。此言酣飲與音樂，蓋是其中半並會之際，歡情之所以留連，良辰之所以覺也。故追述魯陽回日之意，而將轉西日於中盛之時，以適己之盛觀也。昔光武合呼沱水，鄒衍有隕霜之應，精誠之感通天地，人神以相應。魯陽公麾日，抑亦此之謂也。苟日可麾而回，則精誠可庶而幾，故曰齊精誠於既往。蓋是酣樂之至，逼時之晏者，所以慷慨仿佛，是故引而況焉。善曰：曜靈，已見《蜀都賦》。鶡冠子曰：上及太清，下及太寧也。

『昔者夏后氏朝羣臣於茲土，而執玉帛者以萬國。蓋亦先生之所高會，而四方之所軌則。春秋之際，要盟之主。闔閭信其威，夫差窮其武。內果伍員之謀，外騁孫子之奇。勝强楚於柏舉，棲勁越於會稽。闕溝乎商魯，爭長於黄池。《左傳》曰：禹會諸侯於塗山，執玉帛而朝者萬國。先王，謂舜等也。信，讀爲申。《國語》曰：吳王夫差起軍，與齊、晉爭衡，晉文踐土之盟，齊桓邵陵之會，奮其威强，未能過也。伍員，楚大夫，出仕於吳，吳王因其謀伐楚。孫武，吳人，善用兵，作書號《孫子兵書》。北征闕池，爲深溝於商、魯之間，北屬之濟，以會晉定公於黄池。吳、晉爭長，吳先歃，晉惡之。善曰：《左傳》曰：楚師陳于柏舉，闔閭之弟夫裒王先擊楚子常，楚師大敗。《國語》曰：越王勾踐棲於會稽之上。難蜀父老曰：南馳使以誚勁越。徒以江湖嶮陂，物産殷充。繞霤未足言其固，鄭白未足語其豐。士有陷堅之鋭，俗有節概之風。睚眦則挺劍，喑嗚則彎弓。《漢書》，王莽策命前將軍曰：繞霤之固，南當荆楚。鄭、白，二渠名。意者謂吳江湖之阻，洞庭之嶮，土地之沃，物産之豐，雖關中所謂繞霤之固，鄭、白之豐，未足以爲言也。凡天下言豐者，皆多稱關中，故引焉。韓信曰：項羽喑嗚叱吒。善曰：太公《陰符經》曰：無堅不陷也。楊惲曰：西河魏土，凜然皆有節概。睚眥，已見《西京賦》。家語，孔子曰：公良儒者，有勇力，挺劍而令衆也。《孟子》曰：越人彎弓而射我。擁之者龍騰，據之者虎視。麾城若振槁，搴旗若顧指。雖帶甲一朝，而元功遠致。雖累葉百疊，而富强相繼。樂湑衍其方域，列仙集其土地。桂父練形而易色，赤須蟬蛻而附麗。《賈誼傳》曰：權制大下，顧指如意。《叔孫通列傳》曰：斬將搴旗之士。顧指，諭疾且易也。葉，猶世也。《列仙傳》曰：桂父，象林人也，常服桂葉，以龜腦和之，顏色如童，時黑時白時赤，南海人尊事之累世。赤須子，豐人也，豐中傳世見之，秦穆公之主魚吏也，數道豐界災異水旱，十不失一。食柏實石脂，絶穀，齒落更生，細髮復出，後去之吳山。言此人等仙，如蟬之脱殼。《爾雅》曰：麗，附也。《莊子》曰：附離不以膠漆。赤鬚子本非吳人，故言附麗也。夫土地險固以致强，豐沃以致盛，而天下之美皆歸焉，霸王之功皆存焉。故賦者既舉其富强之業，而載其神仙之事。善曰：《長楊賦》曰：麾城摲邑。《商君》曰：秦師至鄢、郢，舉若振槁。槁，葉落。《漢書》曰：吳晉爭長，吳爲帶甲三萬。《史記》曰：維祖元功，輔臣股肱。《新序》曰：齊侯相管仲，國既富强。《楚辭》曰：濟江海兮蟬蛻。《淮南子》曰：蟬飲而不食，三十日而蛻。中夏比焉，畢世而罕見，丹青圖其珍瑋，貴其寶利也。舜禹游焉，没齒而忘歸，精靈留其山阿，翫其奇麗也。中夏貴其珍寶而不能見，徒以丹青畫其象類也。《楚辭·九歌》曰：九疑繽兮並迎。謂舜神在九疑山也。言聖帝明王，存亡而淹留於是者，貴其奇麗也。《書》曰：舜南巡狩陟方死。《山海經》曰：南方蒼梧之丘，有九疑山焉，舜之所葬。《吳越春秋》，禹老，歎曰：吾年壽將盡，止死斯乎！乃命羣臣葬我於會稽之山。《論語》曰：管仲奪伯氏駢邑，没齒無怨言也。剖判庶士，商搉萬俗。國有鬱鞅而顯敞，邦有湫阨而踡跼。伊茲都之函弘，傾神州而韞櫝。仰南斗以斟酌，兼二儀之優渥。湫，下也。阨，小也。函弘，寬大也。《左氏傳》，齊景公欲更晏子之宅，曰：子宅湫隘，不可以居。《禹所受地説書》曰：昆崙東南方五千里，名曰神州，帝王居之。

《楚辭》曰：八柱何以東南傾。吳國在地勢所傾寫，故曰傾神州而韞櫝也。《論語》曰：韞櫝而藏諸。《廣雅》曰：商，度也。推，粗略也。言商度其粗略。《天官星占》曰：南斗主爵禄，其宿六星。《春秋説題辭》曰：南斗爲吴。《詩》曰：既優既渥。

『䌛此而揆之，西蜀之於東吳，小大之相絶也，亦猶棘林螢燿，而與夫檮木龍燭也。否泰之相背也，亦猶帝之懸解，而與桎梏疏屬也。庸可共世而論巨細，同年而議豐确乎？』崔寔《政論》云：使賢不肖相去如日月之與螢火，雖頑嚚之人猶察。《山海經》曰：檮木長千里。又曰：鍾山之神，名曰燭龍，視爲晝，瞑爲夜。《莊子》曰：老子死，秦失吊之，三號而出。弟子曰：非子之交耶？曰：然。然吊若是可乎？曰：始也，吾以其人也，而今非也。適爲夫子時也，適去夫子順也。安時而處順，憂樂不能入也。古者謂是帝之懸解。《莊子》曰：有繫謂之懸，無謂之解。郭璞曰：懸絶曰解。《山海經》曰：二負殺猰貐，帝乃梏之疏屬之山，桎其右足，反縛兩手。漢宣帝時，擊磻石於上郡，陷得石室，其中有反縛械人，劉向曰：此二負之臣也。帝曰：何以知之？以《山海經》對。帝，天也，人生稟命於天，受拘俗之性，憂虞終身不解，此乃自終執縛，爲天所繫。夫安時處順，憂樂不能入，此自然放肆爲天所解也。天在上者，故曰帝之懸解，性之永放者也。桎梏疏屬，形之永拘者也，相背之甚，故以相況焉。凡物安於所守，思不易方，處窮塞而不識天下之通塗，亦如此也。善曰：棘聚而成林。郭象玄《莊子》注曰：生曰懸，死曰解。過秦論曰：不可同年而語矣。确，薄也。暨其幽遐獨邃，寥廓閑奥。耳目之所不該，足趾之所不蹈。倜儻之極異，譎詭之殊事，藏理於終古，而未寤於前覺也。若吾子之所傳，孟浪之遺言，略舉其梗概，而未得其要妙也。』倜儻，譎詭，皆謂非常詭異之事。終古，猶永古也。《周禮·考工記》曰：輪已崇，則人不能登也。輪已庳，則終古登阤。《離騷》曰：吾焉能忍此終古。《孟子》曰：伊尹云：天之生斯人也，使先知覺後知，先覺覺後覺也。予，天民之先覺者也。孟浪，猶莫絡也，不委細之意。《莊子》曰：夫子以爲孟浪之言，我以爲妙道之行。善曰：司馬彪《莊子》注曰：孟浪，鄙野之語。《東京賦》曰：粗謂賓言其梗概。梗概，粗言也。

《宋書》卷三一《五行志二》　孫皓初，童謡曰：『寧飲建業水，不食武昌魚。寧還建業死，不止武昌居。』皓尋遷都武昌，民溯流供給，咸怨毒焉。

北周·庾信《庾子山集》卷二《賦·哀江南賦并序》　昔之虎踞龍盤，加以黄旗紫氣，莫不隨狐兔而窟穴，與風塵而殄瘁。

唐·李白《李太白集》卷八《〈永王東巡歌〉十一首之二》　龍蟠虎踞帝王州，帝子金陵訪古丘。春風試暖昭陽殿，明月還過鳷鵲樓。

雜録

《宋書》卷五《文帝紀》　（元嘉二十六年）二月己亥，車駕陸道幸丹徒，謁京陵。【略】又詔曰：『京口肇祥自古，著符近代，衿帶江山，表裏華甸，經塗四達，利盡淮、海，城邑高明，土風淳壹，苞總形勝，實唯名都。故能光宅靈心，克昌帝業。頃年岳牧遷回，軍民徙散，廛里廬宇，不逮往日。皇基舊鄉，地兼蕃重，宜令殷阜，式崇形望。可募諸州樂移者數千家，給以田宅，並蠲復。』

《南齊書》卷五二《文學傳·丘巨源》　（丘巨源）除武昌太守，拜竟，不樂江外行，世祖問之，巨源曰：『古人云：「寧飲建業水，不食武昌魚。」臣年已老，寧死於建業。』以爲餘杭令。

宋·李昉等《太平御覽》卷一七〇《州郡部·江南道上·潤州》

《後漢書》曰：建安中，吳大帝自吳徙都京口。十六年，遷都秣陵，復於京口置京督以爲鎮焉。

又《鄂州》　《武昌記》曰：大帝築城於江夏，以程普爲太守，遂欲都鄂州，改爲武昌郡。其民謡曰：『寧飲建業水，不食武昌魚；寧歸建業死，不向武昌居。』䌛是徙都建業。

宋·樂史《太平寰宇記》卷八九《江南東道一·潤州》　按：後漢建安十四年，吳孫權自吳徙都於京口。十六年，遷都秣陵，復於京口置京都督以鎮焉。又《吳志》云：京都所統，蕃衞尤要，是以爲重鎮。後爲南徐州，置刺史，鎮下邳，而京城有留局。其後徐州或鎮盱眙，或鎮姑孰，皆留局於京口。晉平吳，又爲毗陵、丹陽二郡地，兼置揚州。元帝渡江都建康，改爲丹陽。《爾雅》云：絶高爲京，其城因山爲壘，緣江爲境，因爲之京口。宋因置南東海郡及南徐州，而揚州如故。齊、梁以後並因之。至陳，六代常以此地爲重鎮。隋平陳，因廢南徐州以爲延陵鎮，移居於京口，爲延陵縣，屬蔣州。

宋·周應合《景定建康志》卷二〇《城闕志一·古城郭》 古都城。案《宮苑記》：吳大帝所築，周迴二十里一十九步，在淮水北五里。黄龍元年自武昌徙都，晉元帝初過江，不改其舊。宋、齊、梁、陳皆都之。宋世宮門外六門，城設竹籬。至齊高帝建元元年有發白虎樽，言：白門三重門，竹籬穿不全，上感其言，改立都牆。《本紀》『建元二年立六門都牆』是也。其後增立爲十二門云。《舊志》。

清·顧祖禹《讀史方輿紀要》卷二〇《南直二·應天府》 孫吳自京口徙都此，改秣陵曰建業。建安十六年孫權所改。晉平吳，移置丹陽郡，兼置揚州治焉。時改建業曰建鄴。元帝都建業建興初避愍帝諱，又改建鄴曰建康。改丹陽太守爲尹，宋、齊、梁、陳因之。【略】

府前據大江，自金陵北向，則大江當其前，南連重嶺，牛首、雁門諸山。憑高據深，形勢獨勝。孫吳建都於此，西引荆楚之固，東集吳會之粟，以曹氏之强，而不能爲兼并計也。諸葛武侯云：『金陵鍾山龍蟠，石頭虎踞，帝王之宅。』王導亦云：『經營四方，此爲根本。』蓋舟車便利則無艱阻之虞，田野沃饒則有轉輸之藉。金陵在東南，言地利者自不能捨此而他及也。晉咸康中蘇峻入建康，郗鑑自廣陵起兵赴難，遣間使至尋陽謂温嶠曰：『或聞賊欲挾天子東入會稽，當先立營壘，屯據要害，既防賊越逸，又斷賊糧運，然後堅壁清野以待賊。賊攻城不下，野無所掠，東道既斷，糧運自絶，必覆潰矣。』嶠從之，峻繇此敗。宋元徽二年桂陽王休範自尋陽舉兵東下，蕭道成曰：『昔上流謀逆，皆因淹緩致敗。休範必遠懲前失，輕兵急下，乘我無備。今應變之術，不宜遠出，若偏師失律，大沮衆心。宜頓新亭、白下，堅守宮城、東府、石頭以待。賊至千里孤軍，後無委積，求戰不得，自然瓦解。我請頓新亭以當其鋒，征北守白下，時張永爲征北將軍。領軍屯宣陽門，時劉勔爲領軍。爲諸軍節度，破賊必矣。』從之，休範果敗。梁敬帝初，徐嗣徽以譙、秦二州附於齊，引齊兵入石頭，攻建康。陳霸先問計於韋載。載曰：『齊師若分兵先據三吳之地，略地東境，則時事去矣。今急通東道轉輸，分兵截彼之糧道，則齊將之首旬日可致也。』霸先從之，齊兵敗卻。【略】杜佑曰：『自孫吳以金陵立國，其後晉、宋踵其成轍，猶能北問中原。下逮梁、陳，雖疆土漸蹙，而聲教所通，尚爲四方繫望。豈非東南都會恆在建康歟？』宋胡安國曰：『建康以三吳爲東門，荆、蜀爲西户，七閩、二廣爲南府。』李綱曰：『建康控引二浙，襟帶江、淮，漕運貯穀，無不便利，然必淮南有藩籬形勢之固，然後建康爲可都。』【略】

今府城卽明京城，亦卽六朝時故都也。舊志云：吳大帝築都城，東晉至陳皆因之。其城近覆舟山，去秦淮五里。內爲宮城，《建康宮闕簿》：『吳大帝所築苑城也。東晉以後，亦曰宮城，亦曰臺城，亦曰苑城。』周六里一百十步，有門六：所謂臺城六門也。宋武陵王駿討元凶劭，劭兵敗，閉守六門。又湘東王繹謂王僧辨『六門之內，自極兵威』，卽此。南曰大司馬門，《宮苑記》：『大司馬門南直宣陽門。』《梁書》：『侯景攻臺城，縱火燒大司馬門及東、西華諸門，又斫東掖門。羊侃擊卻之。既而梁主幸大司馬門，又太子綱遣孟恭自大司馬門出蕩，恭降於景。』其門內曰雲龍門，則殿前正門也。晉咸和三年，蘇峻逼臺城，羊曼勒兵守雲龍門。宋景平二年，徐羡之等廢立，引兵入雲龍門。元嘉末，元凶劭弒逆，從萬春門入。其黨張超之等馳入雲龍門，及齋閣，拔刃徑上合殿。齊永明末，中書郎王融欲矯詔立竟陵王子良，以子良兵禁諸門，蕭鸞亟馳至，排雲龍門而入。既而鸞弒鬱林王昭業，自尚書省入雲龍門。時國子祭酒江斅被召入宮，至雲龍門，托藥發吐車中而去。又東昏侯末，王珍國等謀行弒，其黨開雲龍門引兵入殿。梁天監二年謝朏詣雲龍門，詔見於華林園是也。《建康實録》云：『宮牆第二重東面門曰雲龍門，對第三重宮牆之萬春門。』似誤。東曰萬春門，吳宮東門曰蒼龍門，後改爲萬春門，在東面南頭。東華門，《宮苑記》：『晉之東掖門，後爲東華門。』西曰西華門，《宮苑記》：『晉西掖門，後改爲西華門。』《梁書》：『太清三年侯景攻臺城，僞求和，詔盟於西華門外。』大陽門，在西面南頭。晉太和六年，桓温廢立，帝奕步下西堂，乘犢車出神虎門，或曰卽大陽門也。《梁書》：『陶弘景脱朝服掛神虎門。』又侯景再攻臺城，邵陵世子堅屯大陽門，其書佐董勳等於城西北樓引景衆登城，城陷。《實録》又云：『神虎門宮牆第二重西面門，亦曰神武，對第三重宮牆之千秋門。』《宮苑記》：『宋元嘉二年於苑城東西立萬春、千秋二門。齊改萬春爲雲龍，千秋爲神虎。』似誤。北曰承明門。宋桂陽王休範之亂，蕭道成在新亭，以臺城危逼，遣兵自石頭濟淮，從承明門入衛宮省，既而道成黨王敬則弒蒼梧王，道成入自承明門。梁侯景圍臺城，江子一等開承明門出，與諸弟皆戰死是也。又有南掖、左掖、右掖、北掖及端門、止車諸門，蓋宮門名云。晉桓玄篡位，聞桓謙等爲義師所敗，遂出南掖門西遁。齊永元初，始安王遥光叛據東府城，左將軍沈約馳入西掖門，尚書令徐孝嗣等共出南掖門。二年崔慧景等作亂，其將崔恭祖突入北掖門，乃復出。既而恭祖勸慧景燒北掖樓，慧景不從，時蕭懿屯南掖門處分城內。三年蕭衍圍宮城，別將楊公則屯領軍府壘北樓，與南掖門相對，城中以弩射之。既而衍克臺城，公則率麾下陳於南掖門。梁天監初，齊東昏侯嬖臣孫文明等，率其徒入南、北掖門作亂，燒神虎門、總章觀入衛尉府。敬帝初，徐嗣徽據石頭，引齊兵至闕下，侯安都守臺城，開東、西掖門出戰，大破之。陳禎明末，隋將賀若弼來伐，燒北掖門而入是也。《建康記》：『六朝宮門，正南曰端門，梁時又置石闕於端門外。又有東宮城，在臺城東，其南門曰承華，東門曰安陽，西門曰則天，或曰奉化。宋元凶劭弒逆，呼左衛率袁淑停車奉化門，即西門也。』一云，臺城六門，大司馬門、閶闔門、萬春門、廣莫門、大通門、千秋門也。外爲都城，周二十里十九步。有門十二：晉自元帝渡江以後，諸城門皆用洛陽舊名，宋、齊、梁、陳皆因而不改。《通釋》：『晉初有宣陽門，至成帝作新宮，始修都城，開陵陽等五門，與宣陽門爲六。』似十二門又後所增置。唐許嵩《建康實録》：『都城三重，外重六門，宣陽、廣陽、津陽、清明、建陽、西明也。』正南曰宣陽門，本洛陽南面西頭第二門名也。晉太寧二年，王敦將沈充、錢鳳渡淮，突犯宣陽門。咸和三年，蘇峻作亂，庾亮率衆將陳於宣陽門內。隆安二年，王敦、殷仲堪自京口、江陵舉兵逼建康，詔謝琰屯於宣陽門。元興初，桓玄逼建康，至新亭，會稽世子元顯陳於宣陽門外。三年劉裕討玄入建康，焚桓溫神主於宣陽門外。宋桂陽王休範之亂，蕭道成將張敬兒斬休範將杜黑騾於宣陽門。齊永元末，蕭衍東下，王茂等敗東軍於大航，長驅至宣陽門。梁太清二年，侯景渡朱雀航入宣陽門是也。宣陽之南五里曰朱雀門，又南六里爲國門。見後朱雀桁。宣陽之東曰平昌門，《宮苑記》：『晉宮城北面最東曰平昌門，宋曰承明門。』恐誤。又東曰開陽門。宣陽之西曰津陽門，《實録》云：『宋元嘉二十五年改開陽曰津陽。』恐誤。正東曰東陽門，東陽之南曰清明門，之北曰建陽門，亦曰建春門，齊明帝時王敬則起兵會稽，以奉南康侯子恪爲名。子恪從吳郡自歸，達建陽門，是也。正西曰西明門，一名白門。宋元嘉二年，討徐羨之等殺害營陽、廬陵之罪，羨之承詔至西明門外。齊東昏侯末，聞蕭衍克江、郢，云『須來至白門當一決』，既而衍使陳伯之屯西明門。梁元帝初，王僧辨等討侯景，景軍敗，諸軍逐北至西明門，景至闕下不敢入臺，遂東走。敬帝時徐嗣徽引齊兵逼建康，陳霸先出西明門大敗之是也。《金陵記》：『建康西門曰白門，以方色名也。』西明之南曰廣陽門，初曰陵陽門，後改。梁大同七年，吏部尚書蔡撙除交趾並韶爲廣陽門郎，韶恥之，遂還鄉里作亂。門之北曰閶闔門，《實録》：『宮城南面次東爲閶闔門，後改爲南掖門，俗謂之天門，陳時謂之端門。』恐誤。北面之東曰廣莫門，晉咸康初，石虎南寇，遊騎至歷陽，帝觀兵廣莫門以備之。咸安末，妖人盧悚晨攻廣莫門，詐稱海西公，還谿雲龍門突入殿庭。宋元嘉三年，討傳亮廢殺之罪，殺之於廣莫門。齊崔慧景之亂，自鍾山西巖而下入廣莫門是也。又《宋紀》：『元嘉二十五年新作閶闔、廣莫二門，旋改廣莫曰承明門。』蓋作都城之閶闔，宮城之廣莫，非此門也。西曰大夏門。《宮苑記》：『都城十二門：南四門最西曰陵陽，後改廣陽；正門曰宣陽；稍東曰開陽，後改津陽；最東曰清明。東面二門，東曰東陽；北曰建春，後改建陽。西二門，南曰閶闔；北曰西明。北四門，西曰大夏，中曰玄武，齊時改宣平；稍東曰廣莫，陳改北捷；最東曰延熹。』今考之，與正史不合。又《建康實録》與《宮苑記》所載宮城及都城諸門，參錯不一，姑削之。又自晉以來，於秦淮南北兩岸設籬門五十六所，謂之『郊門』，亦曰『籬門』。《宮苑記》：『東晉以後，建康城之外城惟設竹籬，而有六門。齊高帝建元二年命改築都牆，俗仍謂爲籬門。』永元初，始安王遥光舉兵東府城，詔左興盛屯東籬門。明年崔慧景作亂，復遣左興盛拒之於北籬門。又蕭衍東下，至新林，分遣陳伯之等據西籬門。又有國門，梁天監七年作，在越城東南。亦曰望國門，侯景入犯，使羊侃領千騎頓望國門是也。侯景入臺城，前朝宮闕，大都灰燼。陳時復加修葺，至隋師入建康，宮殿陵園，城垣廬舍，悉皆平蕩，六朝舊迹，蔓草荒煙，無僅存者矣。隋開皇九年平陳，詔建康城邑宮室並平蕩耕墾，更於石頭城中置蔣州。【略】山川環列，氣象宏偉，誠東南都會也。【略】

秣陵城，在府東南五十里。秦縣，屬鄣郡。志云：始皇三十七年自會稽還，改金陵爲秣陵。漢因之，武帝封江都易王子纏爲侯邑，尋屬丹陽郡。建安四年，孫策渡江攻秣陵。十七年，權自京口徙秣陵，改爲建業，而舊治如故。孫皓寶鼎初，山賊施但自秣陵逼建業，諸葛靚迎擊之於九里汀。晉永康中，郗隆爲揚州刺史，治秣陵。沈約曰：『秣陵縣本治去京邑六十里，今名故治村，義熙九年移治京邑之鬬場。元熙初又省揚州禁防參軍，縣移治其處。』二年劉裕受禪，奉帝爲零陵王，即宮於故秣陵縣。梁紹泰二年，徐嗣徽等引齊兵登蕪湖，入丹陽，至秣陵故治。此皆故秣陵城也。胡氏曰：『今西州橋、冶城之間，即晉元熙初移置秣陵縣之地。』《實録》云：『在故臺城南八里小長干巷內。』吳氏若曰：『故秣陵北抵句容，西抵建康，防守最切。』其南即九里汀，東入秦淮，溉田百餘頃。【略】

建康城，在府治南。本秦秣陵縣地。《江表傳》：張紘謂孫權曰：『秣陵楚武王置，本名金陵，地勢岡阜連接石頭，秦始皇東巡，望氣者言金陵地形有王者都邑之氣，故掘斷連岡，改名秣陵。今處所具存，宜爲都邑。』劉備東過秣陵，亦勸權居之。《獻帝春秋》：『建安十七年，孫權自京口徙秣陵，曰：「秣陵有小江百餘里，可以安大船。吾方理水軍，當移據之」。』尋改曰建業。吳赤烏十年繕修宫室，改作太初宫居之。王氏曰：『建鄴本秣陵地，非秣陵郡治。建興初改作石頭城，因徙秣陵改置建業縣。晉平吴復爲秣陵。太康三年復分秣陵之水北置建業縣，爲丹陽郡治。建興初改曰建業。』宋白曰：『晉分秣陵爲二邑，自淮水南爲秣陵，北爲建業是也。』【略】

石頭城，府西二里。有石頭山。《輿地志》：『山環七里一百步。北緣大江，南抵秦淮口，去臺城九里，山上有城，相傳楚威王滅越，置金陵邑於此。』《圖經》：『石頭城在上元縣西四里。南抵淮水，當淮之口。南開二門，東開一門。其南門之西者曰西門。又有石頭倉城，倉城之門曰倉門。漢建安十六年孫權徙治秣陵，明年城石頭，貯寶貨軍器於此。』諸葛武侯使建業，曰：『石頭虎踞，王業之基也。』其地控扼江險，爲金陵必爭之處。王濬帥舟師過三山，鼓譟入石頭，孫皓遂降。晉永康二年郗隆爲揚州刺史，參軍王邃鎮石頭，將士爭往歸邃。隆遣從事於牛渚禁之，不能止，將士遂奉邃攻隆殺之。時隆鎮秣陵，胡氏曰：『於牛渚禁將士往石頭，疑揚州還治淮南也。』或曰：時趙王倫篡逆，齊王冏鎮許昌，移檄討倫，將士欲奉邃西應冏，故隆於牛渚禁之耳。六朝嘗以腹心大臣鎮守。東晉永昌元年，王敦自武昌舉兵向建康，以征虜將軍周札都督石頭諸軍事，守石頭。敦至，札開門納之。敦據石頭歎曰：『吾不復爲盛德事矣。』帝命刁協、劉隗等帥衆攻石頭，皆大敗。太寧二年王敦復自姑孰謀犯京師，命温嶠、卞敦守石頭。咸和初庾亮疑蘇峻、祖約，又畏陶侃，修石頭以備之。二年峻以歷陽叛，亮使弟翼備石頭。既而峻入臺城，聞西方兵起，遂逼帝遷於石頭，陶侃等以勤王之兵東下，會於石頭，官兵共攻之，卒不能克。四年侃等入石頭，京邑之禍始解。永和八年，以謝尚戍石頭。太和五年，桓温伐袁瑾於壽春，使劉波鎮守石頭。隆安二年，王恭復自京口叛，桓玄以江陵之兵應恭，進至横江，詔會稽世子元顯守石頭以備之。俄而玄等至石頭，丹陽尹王愷發京邑士民拒守。五年，孫恩自海道奄至丹徒，建康震駭，命冠軍將軍高素等守石頭。元興三年，劉裕討桓玄，玄潛具舟石頭，聞桓謙等軍敗，遂出南掖門，西趣石頭，浮江南走，裕入建康，即徙屯石頭。義熙四年，劉裕以劉道憐爲幷州刺史，戍石頭。六年，盧循入寇建康，劉裕方平南燕，倍道馳還，發民亟治石頭城。議者謂宜分兵守諸津要，裕曰：『賊衆我寡，若分兵屯守，則測人虚實，且一處失利，則沮三軍之心。今聚衆石頭，隨宜應赴，既令彼無以測多少，又於衆力不分也。』既而循至淮口，裕自屯石頭，恐循侵軼，伐樹柵石頭淮口。元興初，劉裕以其子義眞爲揚州刺史，鎮石頭。宋元嘉初，以皇弟義宣鎮石頭。二十七年，魏主燾入寇，至瓜步，聲言欲渡江，詔太子劭守石頭，統水軍；丹陽尹徐湛之守石頭倉城。上登石頭城，有憂色。三十年，元凶劭弑逆，逆濬在西州未得劭信，時南平王鑠戍石頭，濬從南門出，徑向石頭。俄而劭馳騎召濬，將軍王慶未知濬與劭同謀，勸濬曰：『太子反逆，天下怨憤，明公但當堅閉城門，坐食積粟，不過三日，凶黨自離矣。』濬不聽。劭使檀和之戍守石頭。未幾武陵王駿自尋陽東討，劭黨，蕭斌勸劭勒水軍自上流決戰，江夏王義恭恐南軍不利，紿劭曰：『駿遠來疲弊，正宜以逸待之，割棄南岸，柵斷石頭，此先朝舊法也。』劭從之。駿既至，或勸劭保石頭，劭曰：『昔人所以固石頭者，俟諸侯勤王耳。我若守此，誰當見救？惟應力戰決之。』又元徽二年，桂陽王休範自尋陽舉兵東下，蕭道成議堅守宫城、東府、石頭以待賊至，因分遣沈懷明戍石頭城。昇明初，中書監袁粲鎮石頭，粲知蕭道成有不臣之志，陰欲圖之。既而沈攸之舉兵江陵，粲欲爲難，道成黨蘇烈等助粲守石頭，因據倉城拒粲。道成復遣戴僧静自倉門入助烈等攻粲，粲敗死，百姓歌『可憐石頭城者』也。三年，道成封齊公，以石頭城爲其世子宫，一如東宫。齊建元二年，魏人南侵，詔内外纂嚴，徵南郡王長懋鎮石頭。永元三年，張欣泰等謀廢立，其黨迎建安王寶寅於石頭，向臺城，至杜姥宅，城門閉，謀不得發，衆遂潰。既而蕭衍東下，東昏侯使張瓌鎮石頭，瓌旋棄石頭還，衍遂自新林移鎮石頭，命諸軍攻六門。未幾東昏侯爲其下所弑，國子博士范雲送其首詣石頭。梁太清二年，侯景作亂，詔西豐公大春守石頭，景兵至闕下，大春棄石頭奔京口，別將彭文粲等以石頭降景，景使其黨于子悦守之。既而景攻圍臺城，久未下，時景軍乏食，東城米可支一年，而援軍斷其路，景乃佯爲求和，因運東城米入石頭，攻圍愈急，臺城遂陷。承聖初，王僧辯、陳霸先討侯景，自張公洲乘潮入淮，景塞淮口，又緣淮作城，自石頭至於朱雀桁，十餘里中，樓堞相望，以拒官軍。僧辯問計於霸先，霸先曰：『前援軍數十萬皆隔水而望，竟不度岸，賊登高望之，表裏俱盡，故能覆我師徒。今圍石頭，須度北岸。』乃於石頭西落星山築柵，衆軍次連入城直出石頭東北。景恐西州路斷，亦於石頭東北築五城以遏大路。僧辯尋進軍於石頭城北招提寺，侯景陳於西州之西，合戰，景大敗，賊將盧暉略以石頭降。敬帝初，王僧辯立蕭淵明爲帝，屯石頭。陳霸先自京口襲之，其將侯安都亦自京口帥水軍趣石頭，至城北棄舟登岸，石頭城北接岡阜，不甚危峻，軍人捧安都投於女垣内，衆隨而入，霸先兵亦自南門入，遂殺僧辯。既而譙、秦二州刺史徐嗣徽以州入齊，導齊兵渡江據石頭。陳霸先自義興馳還建康，齊人度粟馬入石頭，又於倉門水南立二柵，與梁兵相拒。

霸先進兵攻二柵，縱火焚之，石頭城中無水，霸先絶其南北汲路，四面攻圍，齊將柳達摩危懼，請和而去。陳大建二年，復修石頭以貯軍食。【略】《丹陽記》：『石頭城吳時悉土塢，義熙中始加磚累石，因山爲城，因江爲池，地形險固有奇勢。』亦謂之石首城。《六朝記》：『孫權緣淮立柵，又於江岸必爭之地築城，名曰石頭，常以腹心大臣鎮守，今石城故基，乃楊行密時稍遷近南，夾淮帶江，以盡地利。其形勢與長干山連接。』又有石頭倉，六朝時與太倉及常平倉爲三倉。梁天監初江州別駕鄧繕説刺史陳伯之作亂云『臺城府藏空竭，三倉無米』是也。張舜民曰：『石頭城者，天生城壁，有如城然。在清涼寺北覆舟山上。江行自北來者，循石頭城轉入秦淮。』陸游曰：『龍灣望石頭山不甚高，然峭立江中，繚繞如垣牆。清涼寺距石頭里許，西望卽宣化渡及歷陽諸山也。』《一統志》：『今清涼報恩寺卽石頭城之地，楊吳名興教寺，南唐曰石城清涼寺，明洪武中易今名云。』

江寧城，在府西南六十里。晉武帝太康初分秣陵立臨江縣，二年更名江寧。其治所臨江濱，南爲江寧浦。太寧二年王敦使王含等犯建康，敗遁，温嶠等追之於江寧。咸和初石勒將石聰寇淮南，建康大震，詔王導軍於江寧。劉宋元嘉末，武陵王駿討元凶劭，使柳元景爲前鋒，元景以舟艦不堅，倍道兼行，至丹陽步上，既而武陵王亦至江寧。齊東昏侯末，蕭衍東下，遣曹景宗等進頓江寧，李居士自新亭馳至江寧，爲景宗所敗。梁敬帝時徐嗣徽等據石頭與陳霸先戰，不勝，因往采石迎齊援軍。將還石頭，霸先遣兵詣江寧，據要險，嗣徽等水步不敢進，頓於江寧浦口。霸先遣侯安都帥水軍襲破之。《金陵覽古》云：『新亭去江寧十里。』宋白曰：『晉咸和初以江外無事，於南浦置縣。今江寧縣南七十里，故城在焉。【略】』呂氏祉曰：『江寧鎮，太平入建康水陸之衝也。其地去大城岡馬家渡尚遠，關係至重。王敦、蘇峻犯建康，宋武帝駿、梁武帝衍起兵皆屯此。【略】』

臺城，在今上元縣治東北五里。本吳後苑城也。晉平吳置建業縣於秣陵水北，南渡建都，依苑城以爲固。太寧二年，王敦使王含等入犯，議者以苑城小而不固，宜及含等軍勢未成，出城拒戰，郗鑒以爲不可，乃止。咸和三年，蘇峻作亂入臺城。既而退，遷帝於石頭，逼劫居民聚之後苑，使其黨匡術守苑城。四年術以苑城來歸，陶侃等推陸曄督宮城軍事，命毛竇守南城，鄧岳守西城。宮城卽苑城之別名，南城、西城卽苑城南、苑城西也。既而蘇逸等并力來攻，不能克。及亂平，宮闕灰燼，以建平園爲宮。五年復於臺城内作新宮。八年宮成，名建康宮，自是亦謂之宮城。宋元嘉三十年，武陵王駿討元凶劭。劭兵敗，閉守臺城六門，於門内鑿塹立柵，諸軍攻克之。元徽二年，桂陽王休範自尋陽入犯，至新林，其將丁文豪請直攻臺城，休範卽遣文豪將兵趣臺城。又城東有岡，謂之臺岡。蒼梧王末，恆與左右於臺岡賭跳，仍往青園尼寺，晚至新安寺，寺皆在臺城外也。齊東昏侯末，（肅）［蕭］衍鎮石頭，命諸軍攻臺城，東昏侯驅逼士民入城，閉門自守，衍合諸軍築長圍守之。《金陵記》：『南北朝時建康無外城，臺城以外，惟設六籬門而已。百官第宅，皆在臺城外，有警輒恃臺城爲固。梁天監七年於朱雀門外渡淮五里樹國門以示觀望，又於端門之外立石闕凡四，高五丈，廣三丈六尺。侯景亂後，宮宇多爲灰燼，而石闕猶存。』《梁史》：『太清二年，侯景逼建康，始命繕修宮城，爲受敵之備，繼又命韋黯等分守宮城諸門及朝堂。既而景至，列兵繞臺城，百道進攻，久之不能陷，乃引玄武湖水灌臺城，闕前皆爲洪流。明年景僞降而復叛，乃決石闕前水百道攻城，晝夜不息，叛者引賊登城，城陷。承聖初侯景爲王僧辯等所敗，還至闕下，不敢入臺，仰觀石闕，歎息久之，遂東走，僧辯遣杜崱入據臺城。』又《宮城記》：『吳時自宮門南出至朱雀門凡七八里，府寺相屬。自閶闔門北出承明門抵玄武湖，凡十餘里。【略】陳亦爲宮城。隋平陳，城邑故址悉皆毁壞。』【略】

冶城，在府西石城門外。本吳冶鑄處，六朝時有東西二冶，以有罪者配焉。《郡國志》：『王導移冶於石頭東髑髏山，以故地多園臺，謂之西園。太元十五年建冶城寺於此。桓玄入建康，廢寺爲西苑，尋復故。』亦曰冶亭。義熙十一年劉裕伐司馬休之於江陵，以高陽内史劉鍾領石頭戍事，屯冶亭。又梁敬帝初，徐嗣徽等據石頭，陳霸先使徐度立柵於冶城以拒之。嗣徽等來攻，霸先自西明門出擊，嗣徽大敗。既而霸先對冶城立航，悉度衆軍，攻齊人石頭、水南二柵，拔之。陳永定二年，遣臨川王蒨西討王琳，送之於冶城寺。【略】胡氏曰：『冶城近石頭，在六朝西明門外。』陸游曰：『今天慶觀在冶城山麓。』【略】又有東冶亭，在半山寺後。自建康東門往蔣山，至此半道，因名。晉太元中謝安爲揚州，袁宏爲東揚州，祖道冶亭。宋元嘉六年王裕之辭尚書令東還，車駕幸東冶餞送。王安石詩『遥望鍾山岑，應知冶城路』，謂東冶亭也。

越城，在府南六里。《圖經》：『在江寧縣南三里，秦淮水南。范蠡佐越滅吳，欲圖霸中國，因立城於此以威楚。今遺址尚存。亦名范蠡城，人呼爲越臺。晉太寧二年，王敦叛，自于湖遣王含、錢鳳奄至江寧南岸，詔遣段秀乘夜渡水擊之，大破之於越城。義熙六年盧循至淮口，劉裕修治越城，使王仲德屯守。齊永元二年崔慧景逼臺城，蕭懿自小峴入援，自采石濟江，頓越城舉火，城中鼓叫稱慶。明年蕭衍東下至新林，命王茂進據越城是也。』宋呂祉曰：『越王城故基與長干相接，憑高下瞰城内，爲與敵分險處。』【略】今府西南聚寶門外曰長干里。其間民居稠密，大報恩寺在焉。江東人謂山隴間曰干，有大長干、小長干、東長干之名。城址與長干山相連，形勢特重。《金陵記》：『長干寺在長干里中，北去上元縣治五里。梁大同三年修長干寺阿育王塔是也。【略】《圖經》：『越城在長干橋西，周迴二里八十步。』《金陵志》：『越城東南有國門，亦曰望國門，梁作。侯景犯建康，令羊侃頓守者是也。』

東府城，在皇城西安門外、清溪橋東，南臨淮水。晉會稽王道子宅也。道子領揚州，宅在州東，故曰東府。自是領揚州者輒鎮焉，爲六朝故事。《輿地志》：『東府城，晉安帝時築。』元興三年劉裕平桓玄，自石頭還鎮東府。宋元嘉中，彭城王義康爲司徒，徙居東府，又於東府側起司徒府。元嘉末武陵王駿討元凶劭，將軍朱修之克東府。元徽二年，桂陽王休範作亂，褚澄開東府門納南軍，推安成王準據東府，既而張敬兒等攻克之。四年建平王景素舉兵京口，京師纂嚴。蕭道成使其子賾鎮東府。五年迎立安成王準於東府，入居朝堂，道成出鎮東府。既而沈攸之舉兵江陵，道成入守朝堂，命其子嶷代鎮東府。攸之平，道成還鎮東府。齊永明中嶷常鎮焉。七年嶷還第，敕其世子子廉代鎮東府。隆昌初蕭鸞弒鬱林王昭業，改立新安王昭文，鸞遂移鎮東府。永元初，始安王遥光舉兵東府，集部曲於東府東門，詔蕭坦之等帥臺軍討之。衆軍圍東城三面，燒司徒府，遥光敗死。二年崔慧景自廣陵逼臺城，江夏王寶玄鎮京口，與慧景合，隨軍東府。三年蕭衍至建康，東昏侯將徐元瑜以東府城降。梁太清二年，以侯景入犯，分命蕭推守東府，既而景陷東府殺推。三年蕭嗣等度淮攻東府前柵，焚之。東府有米，可支一年。時援軍營於青溪東，東府與石頭路中斷，景患之，從王偉計，乃僞求和以緩援軍，運東府米悉入石頭，遂復叛。既而蕭會理等進營東府城北，爲景所敗，臺城旋陷。承聖初，王僧辯等討侯景，景將侯子鑑敗於姑孰，走還建康，據東府。陳大建十四年，始興王叔陵作亂，據東府，斷青溪道，蕭摩訶攻之，屯城西門，叔陵走死。隋平陳，城廢。《元和志》：『東府城在上元縣東七里。有東、西、南三門。六朝時建康有事必置兵守此，亦謂之東城。』《金陵志》：『東府城東北角有土山，晉會稽王道子所作也。宋武帝初領揚州，築東府城，元嘉中彭城王義康更開拓之，作東西塹，自後常爲宰相府第。景和中嘗改爲東宮，旋復故。泰始中建安王休仁鎮東府，訛言東城出天子，帝懼，殺休仁而常閉東府不居。元徽中桂（楊）〔陽〕王休範反，車騎典籤茅恬開東府納賊。齊高帝初封齊，以東府爲齊宮。梁太清三年爲侯景所據，毀土牆易以磚甓。紹泰末焚毀。陳天嘉末徙治府城東三里齊安寺，西臨淮水。陳亡復焚廢。』

西州城，在上元縣治西二里。周圍三里。晉揚州刺史治所。太元中會稽王道子領揚州而居東府，故曰東府、西州。胡氏曰：『揚州刺史治臺城西，故曰西州。』或曰城在臺城西，故名。宋大明中，以東府爲諸王邸，西州爲丹陽尹治所。齊建元三年，詔南郡王長懋移鎮西州。永明二年，竟陵王子良爲揚州刺史，鎮西州。永元初，陳顯達與臺軍戰於西州前，槊折，臺軍繼至，顯達不能抗，走至西州後烏榜村，爲臺軍所殺。《圖經》：『初立西州城未有籬門，樹烏榜而已，村因以名。梁大寶初，侯景以西州爲府，請梁主幸西州。承聖初，王僧辯等討侯景，景戰於西州之西，大敗。』《輿地志》：西州城，晉元帝時築。《續通典》：『漢揚州刺史理秣陵，劉繇爲刺史始移理曲阿，孫策因號秣陵爲西州。』誤矣。《實録》：『城西接冶城，東連運瀆，今朝天宫西即西州橋，宋曰望仙橋，景定中又改曰武衛橋，是其處也。』

丹陽城，在府西南五十里。又西南至太平府八十五里。本秦縣，始皇三十七年過丹陽至錢塘，即此。漢仍爲丹陽縣，屬丹陽郡。武帝封江都易王子敢爲侯邑，後漢仍爲丹陽縣，晉因之。宋齊俱屬丹陽尹，隋開皇九年廢入溧水縣。俗謂之小丹陽，對丹陽郡而言也。晉咸和二年蘇峻濟自横江，陶回謂庾亮曰：『峻知石頭有重戍，不敢直下，必向小丹陽南道步來，伏兵邀之，峻可擒也。』不聽。既而峻果自小丹陽來，迷失道，夜行無復部分，至蔣陵、覆舟山，亮始悔懼。宋元嘉末，柳元景奉武陵王駿討元凶劭，以舟艦不堅，至丹陽步上。昇明三年，蕭道成篡位，廢帝爲汝陰王，築宫於丹陽故縣。梁紹泰二年，齊兵由蕪湖入丹陽縣，至秣陵步上。又紹泰三年，徐嗣徽爲周文育所敗，留船蕪湖，自丹陽步上，陳霸先拒之於白城，文育亦至，遂敗之。唐初嘗置丹陽縣於此，貞觀初復廢。《括地志》：『丹陽縣城在江寧舊縣東南五里。』又丹陽郡城，在府東南。《三國志》：『建安二十五年，權自建業徙都武昌，以呂範爲丹陽太守，治建業。』沈約曰：『丹陽郡本治宛陵，晉太康二年移治建業，大興初改爲丹陽尹。其城周一頃，有東南北三門。』《圖經》云：『晉太康中所築也。』盧循寇建康，徐赤特迎戰，敗績於張侯橋，循兵大上至丹陽郡。又侯景自歷陽趣建康，詔臨賀王正德屯丹陽郡。《金陵記》：『城西去長樂橋一里，南臨大路。』今武定橋東南有長樂巷。《一統志》：『丹陽郡城在府東南四里。』又東南二十里有五城，即晉太寧初王敦黨王含、錢鳳戰敗，率餘黨自倪塘西置五城造營處也。【略】

白下城，在府治北十四里。《輿地志》：『即江乘廢縣之白石壘也。』志云：白石壘在上元縣北十三里，當石頭城之東北，臺城之西，本名白石陂。陶侃討蘇峻，諸將議於查浦築壘，部將李根曰：『查浦地下又在水南，惟白石峻極險固，可容數千人，賊來攻不克，滅賊之衝也。』侃然之，一宿而壘成，賊大驚。侃使庾亮以二千人屯守，峻帥步騎萬餘，四面攻圍，不克。太和六年，桓温自廣陵將還姑孰，屯於白石。隆安五年，孫恩奄至丹徒，建康震駭，分遣將軍桓謙備白石。既而恩至白石，知建康有備，不敢進而還。義熙六年，盧循犯建康，伏兵秦淮南岸，使老弱乘舟向白石，聲言自白石步上，既而突犯查浦。宋元嘉二十七年，魏主燾聲言渡江，詔分軍守白下、新亭諸處。大明四年爲蠶所，置大殿於此。其後謂之白下。廢帝子業末，沈文秀出爲青州刺史，部曲屯白下，密謀廢立，沈慶之不從，乃不果發。泰始二年，晉安王子勳舉兵尋陽，其將孫沖之曰：『今挂帆直取白下，衆軍兼行相接，分據新亭、南州，則一麾定矣。』又後廢帝昱元徽二年，桂陽王休範亦自江州逼建康，蕭道成謂宜頓軍新亭、白下，因分遣張永屯白下是也。又齊武帝以白下城依山帶江，因移南瑯琊郡治焉。《齊紀》：『永明六年如瑯琊城講武。七年復如瑯琊城。九年魏李彪來聘還，齊主親送至瑯琊城。延興初巴陵王子倫爲南蘭陵太守，鎮瑯琊城，蕭鸞遣其典籤華伯茂殺之。』蓋白下城北臨江滸，故常置鎮戍於此也。建武二年，魏人南寇，中外戒嚴，命陳顯達往來新亭、白下以張聲勢。永元二年，裴叔業以壽陽降魏，詔崔慧景將水軍進討，齊主出瑯琊城送之。三年，蕭衍逼建康，瑯琊城主張本以城降。梁天監五年，蕭宏伐魏，自洛口遁還，乘小艦濟江，夜至白石壘叩城門求入。普通六年，幸白下城，履行六軍頓所。太清二年，分遣謝禧等守白下以備侯景，景兵至闕下，禧等棄白下走。紹泰中陳霸先與齊兵戰於幕府山，命侯安都自白下横擊其後，齊人大敗。陳大建十一年，江北州縣悉没於後周，遣將楊寶安鎮白下。禎明末隋師來伐，陳主命樊猛、蔣元徽領青龍八十艘於白下遊奕，以禦隋六合之師。

清·畢沅《晉書地理志新補正》卷五《揚州》 建鄴。本秣陵，孫氏改爲建業。武帝平吳，以爲秣陵。太康三年分秣陵，北爲建鄴，改『業』爲『鄴』。沅按：《建康圖經》：西晉太康元年平吳，分地爲二邑，自淮水南爲秣陵，淮水北爲建業。其後因愍帝即位，避諱改爲『建康』。江寧。太康二年，分建鄴置。沅按：沈《志》：太康元年，分秣陵立臨江縣。二年，更名。今考《太平寰宇記》云：元帝過江，始置江寧。未知何據。

清·汪士鐸《南北史補志》卷五《地理志一·宋南齊》 建康。本秣陵縣。漢獻帝建安十六年，置縣。孫權改秣陵爲建業。晉武帝平吳，還爲秣陵。太康三年，分秣陵之水北爲建業。愍帝即位，避帝諱改爲建康。以下齊同。有鍾山、大航、朱雀航、驃騎航、東陵口、覆舟山、鷄籠山、石城、蔡洲、查浦、張侯橋，南塘、巖山、同夏里三橋，宣陽、鳳莊、徽明三門，西上閣、清曜閣、雲龍門、金牛山、越城、道士墩、籬門、石頭戍、東壘、皂莢橋、南岡、頟擔湖、建康宫、臨光殿、東府、前渚、新婁湖苑、青溪舊宫、新林婁湖、總明觀，閱武、宣武二堂，商飈館即九日臺、孫陵岡、玄圃園、宣猷堂、延昌殿、崇正殿、東田禪靈寺、新林苑、正福殿、延明殿、北籬門、東閣、乾和殿、萬春門、青溪沈公城、定林寺，瓊儀、曜靈、芳樂、芳德、仙華、大興、含德、清曜、安壽、永壽、玉壽、神仙等殿，柏寢秘閣、興光樓、莊嚴寺、芳樂苑、紫閣，南掖、西掖門，華光殿、東府城、杜姥宅、青溪、青塘、太極前殿、故秣陵延賢堂、華林園、東掖門、雲龍門、中堂、玄武館、錢署、鳳皇里、東宫儒學館、白下、白門、白石壘、玄武湖、樂遊苑、景陽山、宣陽場，廣莫即承明、閶闔、開陽即津陽三門，烽火樓、合殿、上閣門、西堂、芳香琴堂即連理堂、清暑殿即即嘉禾殿、景陽樓即慶雲樓、上林苑、牛頭山、明堂國學、朱雀門馳道、大航門、淩室、玉燭殿、永福省、長樂宫即石頭城、建章宫即北邸、長楊宫即南第、南北二馳道、新安寺、華光殿、竹林堂即後堂、西池、景福殿、新亭壘、仁壽殿、曜靈殿、北湖鑾岡、青園尼寺、東城建陽門、東邸。

秣陵。其地本名金陵，秦始皇改，本治去京邑六十里，今故治邨是也。晉安帝義熙九年，移治京邑，在鬬場。恭帝元熙元年，省揚州府禁防參軍，縣移治其處。

西晉三都分部

綜　述

《晉書》卷二《文帝紀》（魏景元四年）冬十月，天子以諸侯獻捷交至，乃申前命曰：『【略】今【略】封公爲晉公。【略】建爾國家，以永藩魏室。』【略】

司空鄭沖率羣官勸進曰：『【略】故聖上覽乃昔以來禮典舊章，開國光宅，顯兹太原。【略】』帝乃受命。

又　卷三《武帝紀》 泰始元年冬十二月丙寅，設壇于南郊，百僚在位及匈奴南單于四夷會者數萬人，柴燎告類于上帝【略】禮畢，即洛陽宫幸太極前殿，【略】於是大赦，改元。【略】丁卯，遣太僕劉原告于太廟。

又　卷四《惠帝紀》（永興元年）冬十一月乙未，（張）方請帝謁廟，因劫帝幸長安。方以所乘車入殿中，帝馳避後園竹中。方逼帝升車，左右中黄門鼓吹十二人步從，唯中書監盧志侍側。方以帝幸其壘，帝令方具車載宫人寶物，軍人因妻略後宫，分爭府藏。魏晉已來之積，掃地無遺矣。行次新安，寒甚，帝墮馬傷足，尚書高光進面衣，帝嘉之。河間王顒帥官屬步騎三萬，迎于霸上。顒前拜謁，帝下車止之。以征西府爲宫。唯僕射荀藩、司隸劉暾、太常鄭球、河南尹周馥與其遺官在洛陽，爲留臺，承制行事，號爲東西臺焉。丙午，留臺大赦，改元復爲永安。【略】

十二月丁亥，詔曰：『天禍晉邦，冢嗣莫繼。【略】自頃戎車屢征，勞費人力，供御之物皆減三分之二，户調田租三分減一。蠲除苛政，愛人務本。清通之後，當還東京。』大赦，改元。【略】

二年春正月甲午朔，帝在長安。【略】

光熙元年春正月【略】帝在長安。【略】

甲子，（司馬）越遣其將祁弘、宋胄、司馬纂等迎帝。【略】

（五月）己亥，弘等奉帝還洛陽，帝乘牛車，行宫藉草，公卿跋涉。【略】

六月丙辰朔，至自長安，升舊殿，哀感流涕。謁于太廟。

又　卷五《懷帝紀》　（永嘉六年九月）辛巳，前雍州刺史賈疋討劉粲於三輔，走之，關中小定，乃與衛將軍梁芬、京兆太守梁綜共奉秦王鄴爲皇太子於長安。【略】

（永興元年）十二月丁亥，立爲皇太弟。帝以清河王覃本太子也，懼不敢當。典書令廬陵脩肅曰：『【略】今乘輿播越，二宫久曠，常恐氐羌飲馬於涇川，螘衆控弦於霸水。宜及吉辰，時登儲副，上翼大駕，早寧東京，下允黔首喁喁之望。』

又　《愍帝紀》　建興元年夏四月丙午，（司馬鄴）奉懷帝崩問，舉哀成禮。壬申，即皇帝位，大赦，改元。【略】

（五年）三月，琅邪王睿承制改元，稱晉王于建康。【略】帝之繼皇統也，屬永嘉之亂，天下崩離，長安城中户不盈百，牆宇穨毁，蒿棘成林。

又　卷一四《地理志上》　洛陽置尉。五部、三市。東西七里，南北九里。東有建春、東陽、清明三門，南有開陽、平昌、宣陽、建陽四門，西有廣陽、西明、閶闔三門，北有大夏、廣莫二門。司隸校尉、河南尹及百官列城内也。

又　卷六五《王導傳》　初，西都覆没，海内思主，羣臣及四方並勸進於（元）帝。

宋·王應麟《通鑑地理通釋》卷四《歷代都邑考·晉都》　晉武帝都洛陽。故洛陽城，在今洛陽縣東二十里，置司州。愍帝都長安。

論説

清·王夫之《讀通鑑論》卷一二《愍帝一》　愍帝之西入長安，必亡之勢也。劉聰雖去洛陽，石勒雖去江、淮，而聰在平陽，勒在鄴，洛陽已毁，襄、鄧已殘，勒一踰河而即至洛，聰一踰河而即犯關中；長安孤縣於一隅，亙南北而中絶，二虜夾之，旋發而旋至。張軌遠在河西，孤軍無輔；李特又割據巴、蜀，而西南之臂斷；天下所僅全者江東耳，而汝、洛荒殘，則聲勢不足以相及；賈疋、索綝、麴允崛起乍合之旅，不足以繫九鼎明矣。周顗等之中道而遁，非葸怯而背義也，知其亡在旦夕，而江東之猶可爲後圖也。

長安自漢以來，蕪曠而不可爲奥區久矣。聰、勒之不急犯而據之也，以其地之不足恃也。名之爲天子之都，而後劉聰欲固獲之矣。帝不入關，長安未即亡也。當其時，石勒已捨淮、襄而北矣，洛陽雖生蔓草，而陳、汝、蔡、鄧猶憑楚塞以爲固，東則連壽、泗而與江東通其津梁，西則連關、陝而與雍、涼繫其絡脈，此率然之勢，首尾交應之形也。使愍帝不捨中州，而權定都於陳、許、宛、汝之間，二虜之不敢即犯輦轂明矣。疋、綝懷土而挾之以西，人無能與爭，而但思逋散，則不亡何待焉？故嗣興於喪亂之餘者，非果英武之姿，不可亟處危地以徼幸，非怯也，所繫者重，一危而天下遂傾也。

夫夷狄亦何嘗不畏中國哉？人所胥戴之共主，一再爲其所獲，而後知中夏之無人，不足憚也。苻堅自將以趨淝水，高緯親行以救晉陽，皆以自速其亡，況素不知兵、徒以名義推奉之愍帝乎？智者知此而已；而愚以躁者，乃挾天子爲孤注，而誚人畏沮，不量力，不度勢，徒敗人國家，豈有救哉！

然則肅宗擁朔方一隅之地，與天下相隔絶，何爲而成收復之功邪？

曰：禄山悍而愚，已據長安，意得而無遠志，輕去幽、燕而喪其根本，是朝露將晞者也，故一隅攻之而已足。聽與勒各據狡兔之窟以相淩壓，方興而未戢，豈孤立之勢所可敵哉？勢因乎時，理因乎勢，智者知此，非可一概以言成敗也。

藝文

南朝梁・蕭統《文選・[晉]潘岳〈西征賦〉》 金墉鬱其萬雉，峻嵯峭以繩直。戾飲馬之陽橋，踐宣平之清閾。都中雜遝，户千人億。華夷士女，駢田逼側。展名京之初儀，即新館而莅職。勵疲鈍以臨朝，勗自强而不息。

於是孟秋爰謝，聽覽餘日。巡省農功，周行廬室。街里蕭條，邑居散逸。營宇寺署，肆廛管庫，蕞芮於城隅者，百不處一。所謂尚冠脩成，黄棘宣明。建陽昌陰，北焕南平。皆夷漫滌蕩，亡其處而有其名。爾乃階長樂，登未央。汎太液，淩建章。縈駊娑而款駘盪，轥枍詣而轢承光。徘徊桂宫，惆悵柏梁。鶩雉雊於臺陂，狐兔窟於殿傍。何黍苗之離離，而余思之芒芒！洪鍾頓於毁廟，乘風廢而弗縣。禁省鞠爲茂草，金狄遷於灞川。

雜録

南朝宋・劉義慶《世説新語・任誕》 賀（循）曰：『入洛赴命，正爾進路。』張（翰）曰：『吾亦有事北京，因路寄載。』便與賀同發。

北魏・酈道元《水經注》卷一九《渭水》 渭水又東逕長安城北。漢惠帝元年築，六年成，即咸陽也。秦離宫無城，故城之。王莽更名常安。十二門，東出北頭第一門，本名宣平門，王莽更名春王門正月亭，一曰東都門，其郭門亦曰東都門，即逄萌挂冠處也。第二門本名清明門，一曰凱門，王莽更名宣德門布恩亭，內有藉田倉，亦曰藉田門。第三門本名霸城門，王莽更名仁壽門無疆亭，民見門色青，又名青城門，或曰青綺門，亦曰青門。門外舊出好瓜，昔廣陵人邵平爲秦東陵侯，秦破，爲布衣，種瓜此門，瓜美，故世謂之東陵瓜。是以阮籍《詠懷詩》云：『昔聞東陵瓜，近在青門外，連畛拒阡陌，子母相鉤帶。』指謂此門也。南出東頭第一門，本名覆盎門，王莽更名永清門長茂亭。其南有下杜城。應劭曰：故杜陵之下聚落也，故曰下杜門，又曰端門，北對長樂宫。第二門本名安門，亦曰鼎路門，王莽更名光禮門顯樂亭。北對武庫。第三門本名平門，又曰便門，王莽更名信平門誠正亭。一曰西安門，北對未央宫。西出南頭第一門，本名章門，王莽更名萬秋門億年亭，亦曰光華門也。第二門本名直門，王莽更名直道門端路亭，故龍樓門也。張晏曰：門樓有銅龍。《三輔黄圖》曰：長安西出第二門即此門也。第三門本名西城門，亦曰雍門，王莽更名章義門著義亭。其水北入，有函里，民名曰函里門，亦曰突門。北出西頭第一門，本名横門，王莽更名霸都門左幽亭。如淳曰：音光，故曰光門。其外郭有都門，有棘門。徐廣曰：棘門在渭北。孟康曰：在長安北，秦時宫門也。如淳曰：《三輔黄圖》曰棘門，在横門外。按《漢書》，徐厲軍于此，備匈奴。又有通門、亥門也。第二門，本名厨門，又曰朝門，王莽更名建子門廣世亭，一曰高門。蘇林曰：高門，長安城北門也。其內有長安廚官在東，故名曰廚門也。如淳曰：今名廣門也。第三門本名杜門，亦曰利城門，王莽更名進和門臨水亭。其外有客舍，故民曰客舍門，又曰洛門也。凡此諸門，皆通逵九達，三途洞開，隱以金椎，周以林木，左出右入，爲往來之徑。行者升降，有上下之別。漢成帝之爲太子，元帝嘗急召之。太子出龍樓門，不敢絶馳道，西至直城門，方乃得度。上怪遲，問其故，以狀對。上悦，乃著令，令太子得絶馳道也。

《隋書》卷一《高祖紀》 （開皇二年六月）丙申，詔曰：『朕祗奉上玄，君臨萬國，屬生人之敝，處前代之宫。常以爲作之者勞，居之者逸，改創之事，心未遑也。而王公大臣陳謀獻策，咸云羲、農以降，至于姬、劉，有當代而屢遷，無革命而不徙。曹、馬之後，時見因循，乃末代之宴安，非往聖之宏義。此城從漢，彫殘日久，屢爲戰場，舊經喪亂。今之宫室，事近權宜，又非謀筮從龜，瞻星揆日，不足建皇王之邑，合大衆所聚。論變通之數，具幽顯之情，同心固請，詞情深切。然則京師百官之府，四海歸向，非朕一人之所獨有。苟利於物，其可違乎！且殷之五遷，恐人盡死，是則以吉凶之土，制長短之命。謀新去故，如農望秋，雖暫劬勞，其究安宅。今區宇寧一，陰陽順序，安安以遷，勿懷胥怨。龍首山川原秀麗，卉物滋阜，卜食相土，宜建都邑，定鼎之基永固，無窮之業在斯。公私府宅，規模遠近，營構資費，隨事條奏。』仍詔左僕射高熲、將作大匠劉龍、鉅鹿郡公賀婁子幹、太府少卿高龍叉等創造新都。【略】

（十二月）丙子，名新都曰大興城。

《晉書》卷六一《周馥傳》 （鎮東將軍周）馥自經世故，每欲維正朝廷，忠情懇至。以東海王越不盡臣節，每言論厲然，越深憚之。馥覩羣賊孔熾，洛陽孤危，乃建策迎天子遷都壽春。永嘉四年，與長史吳思、司馬殷識上書曰：『不圖厄運遂至於此！戎狄交侵，畿甸危逼。臣輒與祖納、裴憲、華譚、孫惠等三十人伏思大計，僉以殷人有屢遷之事，周王有岐山之徙，方今王都罄乏，不可久居，河朔蕭條，崤函險澀，宛都屢敗，江漢多虞，於今平夷，東南爲愈。淮揚之地，北阻塗山，南抗靈嶽，名川四帶，有重險之固。是以楚人東遷，遂宅壽春，徐、邳、東海，亦足戍禦。且運漕四通，無患空乏。雖聖上神聰，元輔賢明，居儉守約，用保宗廟，未若相土遷宅，以享永祚。臣謹選精卒三萬，奉迎皇駕。輒檄前北中郎將裴憲行使持節、監豫州諸軍事、東中郎將，風馳即路。荆、湘、江、揚各先運四年米租十五萬斛，布絹各十四萬匹，以供大駕。令王浚、苟晞共平河朔，臣等戮力以啓南路。遷都弭寇，其計並得。皇輿來巡，臣宜轉據江州，以恢王略。知無不爲，古人所務，敢竭忠誠，庶報萬分。朝遂夕隕，猶生之願。』

宋・李昉等《太平御覽》卷一五七《州郡部・里》 《晉宮閣名》曰：洛陽城中諸里：年和里、宜壽里、永年里、宜都里、太學里、富儲里、德官里、大雅里、孝敬里、永安里、安城里、左池里、東臺里、安民里、延壽里、日中里、步廣里、西國里、東半里、穀陽里、北恢里、安武里、孝西里、太始里、光林里、石市里、宜秋里、葛西里、西河里、宣賜里、延壽里、攸陽里、南孝里、中恢里、宜年里、渭陽里、利民里、西樂里、北溪里、西義里、東統里、宣都里、石羊里、中安里、右池里。

又《坊》 《晉宮閣名》曰：洛陽宮有顯昌坊、修城坊、綏福坊、延祿坊、休徵坊、承慶坊、桂芬坊、椒房坊、舒蘭坊、藝文坊。

又 卷一六四《州郡部・關西道・雍州》 《關中記》曰：秦西以關隴爲限，東以函谷爲界，二關之間謂之關中，地東西方千餘里。

又《隴州》 《三秦記》曰：隴頭流水，鳴聲嗚咽，遥望秦川，肝腸斷絶。

宋・宋敏求《長安志》卷二《京兆尹》 《魏志》曰：鄭渾，字文公，爲京兆尹。渾以百姓新集，爲制移居之法，使兼複者與單輕者相伍，温信者與孤老爲比。勤稼穡，明禁令，以發姦者。由是民安於農而盜賊息。

《李燮別傳》曰：燮字德公，京兆人，拜京兆尹。吏民愛敬，乃作歌曰：我府君，道教舉，恩如春，威如虎，愛如母，訓如父。後周陸逞爲京兆尹，都界有豕生數子，經旬而死，其家又有豶，遂乳養之，諸豚賴之以活。時論以逞仁政所致。

清・顧祖禹《讀史方輿紀要》卷五三《陝西二・西安府》 三國魏改尹爲守。後爲秦國，又爲京兆國。晉爲京兆郡，兼置雍州治此，愍帝時都焉。後没於前趙劉曜，及苻健、姚萇相繼都之。赫連夏時號曰南臺。後魏亦曰京兆郡，仍置雍州治焉。西魏亦都於此。後周復爲京兆尹。【略】

府名山聳峙，大川環流，憑高據深，雄於天下。【略】晉潘岳《西征賦》云：『邪界褒斜，右濱汧、隴，面終南而背雲陽，跨平原而連嶓冢，九嵕巀嶭，太乙巃嵸；南有玄灞素滻湯井温谷，北有清渭濁涇，蘭池周曲；浸決鄭、白之渠，漕引淮、海之粟。』蓋山川形勝，莫若西京也。且原隰沃野，則資儲易足；地勢便利，則戰守有餘。有事於中原者，未嘗不屬意於此焉。北魏孝武初，高歡破爾朱兆於鄴西，入洛陽，召賀拔岳於關中。薛孝通説岳曰：『今以華山爲城，黄河爲塹，進可以兼山東，退可以封函谷，奈何束手受制於人。』【略】論者曰：雍州之險在華嶽與黄河，交會在於潼關，然必東南有宛、洛，東北有晉、絳，而後可以爲固。無宛、洛則武關、崤、函之險可入；無晉、絳則臨晉之阻可入。昔人言臨晉以限東諸侯，武關以限南諸侯，而函谷以限河北。此三關者，誠長安之重地歟！又建都議云：都關中者以漕運爲重，而尤以耕屯爲主。【略】夫關中形勝，自古建都極選也。其便漕利屯之策，不班班可考歟？

今府城，隋開皇二年所營大興城也。漢都城在今城西北十三里，【略】北負渭水，南直南山子午谷。有十二門。【略】西面三門：西出南頭第一門曰章城門，亦曰章門；【略】胡氏曰：『章門或謂之白門。北魏孝昌末蕭寶寅據關中以叛，屢爲魏所敗，其將侯終德因還軍襲寶寅，至白門，寶寅始覺，卽是門也。』【略】

長安故城。府西北十三里。【略】初平中獻帝復都此。《後漢紀》：『初平三年董卓部曲李傕等作亂，圍長安，長安城峻不可攻，守之八日，會内有叛者，傕等乃引兵入城。既而傕等再作亂，駕復東徙。』又長安有小城及外城，晉建興四年劉曜陷長安外城，麴允等退保小城以自固，城中饑困，乃降於曜。永和十年桓温伐秦，進至灞上，苻健帥老弱固守長安小城是也。後燬。宋元嘉十一年，魏人發秦、雍兵築小城於長安城内。西魏大統四年，宇文泰自北邙遁還恒農，東魏降卒趙青雀等遂反，據長安子城，旋討平之。賈耽《縣道記》：『長安故城在今苑中渭水南，隔渭水北對秦咸陽宫，西晉時嘗置安夷護軍於城内，其後更迭爲宫邑，隋建新都始移於今所。【略】』

長樂宫，在府西十四里長安故城東隅。周二十里。【略】後廢，西魏以後復修治之。【略】

未央宫，在府西南十八里長安故城西南隅。【略】後漢初平元年董卓劫遷車駕入長安，復輯未央殿居之。【略】《水經注》：『未央宫蒼龍闕内有閶闔、止車諸門。』劉曜據長安，復營治焉。西魏以後亦增修之。大統四年置紙筆於揚武門外』以求得失。揚武門或以爲卽漢止車門。又有露門，或以爲卽故閶闔門也。宇文周仿古制外朝曰路門，謂曰露。【略】

長安宫，在長宫故城東。戴延之《西征記》：『苻秦築宫於長安東城，中有太極殿，西魏以後皆謂之長安宫。』有肅章門。宇文周建德二年，周主弟直作亂，襲攻肅章門，蓋宫西南門也。宫中有大德、永安、正武等殿。建德六年毁路寢、會義、崇信、含仁、雲和、思齊等殿，以其壯麗也。又有天興宫，後周主贇所居。其東爲正陽宫，周主闡所居也。楊堅輔政，以正陽宫爲丞相府，亦謂之東宫。天興宫東門曰崇陽門，堅每繇此如東宫。又臨光殿亦在天興宫，楊堅受禪處也。唐廢。

東晉首都分部

綜　述

南朝宋·劉義慶《世説新語·德行》　元帝始過江，謂顧驃騎曰：『寄人國土，心常懷慙。』榮跪對曰：『臣聞王者以天下爲家，是以耿、亳無定處，九鼎遷洛邑。願陛下勿以遷都爲念。』

《晉書》卷五《愍帝紀》　建興元年夏四月丙午，（司馬鄴）奉懷帝崩問，舉哀成禮。壬申，卽皇帝位，大赦，改元。【略】（五年）三月，琅邪王睿承制改元，稱晉王于建康。

又　卷六《元帝紀》　永嘉初，用王導計，始鎮建鄴，【略】（建武元年三月）辛卯，卽王位，大赦，改元。【略】乃備百官，立宗廟社稷於建康。【略】（太興元年）三月癸丑，愍帝崩問至，帝斬縗居廬。丙辰，百僚上尊號。【略】是日，卽皇帝位。

又　卷六五《王導傳》　及賊（蘇峻）平，宗廟宫室並爲灰燼，温嶠議遷都豫章，三吴之豪請都會稽，二論紛紜，未有所適。導曰：『建康，古之金陵，舊爲帝里，又孫仲謀、劉玄德俱言王者之宅。古之帝王不必以豐儉移都，苟弘衛文大帛之冠，則無往不可。若不績其麻，則樂土爲虚矣。且北寇游魂，伺我之隙，一旦示弱，竄於蠻越，求之望實，懼非良計。今特宜鎮之以静，羣情自安。』由是嶠等謀並不行。

宋·王應麟《通鑑地理通釋》卷四《歷代都邑考·晉都》　元帝南遷，都建康。都城周二十里十九步，本吴舊址，晉江左所築，但有宣陽門。至成帝，作新宫，始修城，開陵陽等五門，與宣陽爲六。蘇峻滅後，宫闕荒殘，温嶠議遷都，王導曰：『建康，帝皇所居，孫仲謀、劉玄德皆云王者之宅，不可改。』

論　説

宋·王楙《野客叢書》卷二九《石頭石城西塞》　有兩石頭，一在豫章，一在金陵。在金陵者，所謂鍾山龍蟠，石頭虎踞，王處仲、蘇峻之所據之地也。在豫章者，卽韓退之《次石頭驛詩》是也。晉殷洪喬爲豫章太守，去都之日得書百函，次石頭，悉投之水中。吴曾《漫録》謂傳言去都而不言次豫章，疑投其書於金陵之石頭爾，非豫章也。然而豫章有投書渚者，後人意之耳。有兩石城，一在金陵，一在竟陵。在金陵者，卽左思所謂『戎車次於石城』者也。在竟陵者，卽莫愁所居之城也。而周美成詞乃以金陵石城爲莫愁事用，無乃誤乎？有兩西塞，一在雪川，一在武昌。案：《唐書・張志和傳》謂顔眞卿爲湖州刺史，志和來謁眞卿，以舟敝漏，請更之，志和曰：願浮家泛宅，往來苕霅間。又志和詞中有『霅谿灣裏釣魚翁』之句，明此知志和之西塞正在霅川。而在武昌，乃曹武成王用師之城，洪内翰作《西塞漁社圖》，亦嘗辨此。而《漫録》乃謂志和西塞在武昌，所見亦誤矣。

清・王鳴盛《十七史商榷》卷五四《南史合宋齊梁陳書二・建鄴京師京邑京都建康都下》 建業本不當從邑，而《南史》皆作『建鄴』，翻似與河北之鄴相涉者，然此謬也。《宋書・武帝紀》或稱京師，或稱京邑，或稱京都，或稱建康，多其名稱，雖似無害，但京邑之稱與京口、京城易混，《宋書》紀於討桓玄移檄京邑，《南史》改作『都下』一稱，亦以京邑嫌涉京口故也。《南史》大槩多作『建鄴』，似較爲畫一矣。但《宋書・州郡志》云：『丹揚尹，領縣八，首建康，本秣陵，漢獻帝建安十六年置縣，孫權改爲建業，晉愍帝卽位，避帝諱，改建康。』然則正當爲『建康』，何以反稱孫吳舊名乎？愚則謂直當槩稱京師。

清・王夫之《讀通鑑論》卷一三《成帝五》 蘇峻之亂，建業殘敝，廷議遷都，王導獨持不可，江左百年之基，導一言以定之，審乎難易之數也。梁元帝憚建業之凋殘，據江陵之富庶，而速以亡。然則曹操棄洛陽，遷獻帝於許，其一時之姦謀，以許爲兗州之域，而挾天子爲己私，非果厭洛陽之敝也。乃緣此而不能終一天下，亦有由矣。

所謂難易之數者，宫闕燬敗，邑里蕭條，人民離散，粟貨罄乏，乍然見之以爲至難而未可收攝者也。乃夫人驚懼之情，移時而定矣，定則復思安其居而瞻其生，不待上之瞻之也。故《鴻鴈》之詩曰：『雖則劬勞，其究安宅。』莫之擾也。莫之擾，則民各有心，豈必勞來安集之殷勤？而加以勞來安集，則益勸矣。此似難而實易者也。

若夫固然其難者，則已動而不可復靜之人心是已。人莫不歆於一時之利用而競趨之，絲粟鹽酪、酒漿鷄豚、廬舍帷帟之便利，婦人稚子之所歆，而人情之莫能奪者也。此凋敝而移之彼，雖徙如歸焉，彼凋敝而又移之他。君民朝野，日唯延頸四望，睨樂土而苟安，窮年累歲，志在游移而無定情，其不愈窮愈蹙以之於絶地也無幾矣。

楚遷陳而困，遷壽而危，遷吳而亡，非徒地形之不利也，趨利偷安之情，如回河而西之，必不可得也。導之言曰：『鎮之以靜，羣情自安。』知人情物理消長往復之幾，而防衆心之流以止之於早，規之已大，持之已定，豈有難知之數哉？庸人未之察耳。

雜録

宋・李昉等《太平御覽》卷一七〇《州郡部・江南道上・昇州》

《輿地志》曰：金陵有東府城，晉安帝時築。其城西，爲簡文會稽第。其東則丞相、會稽王道子府。謝安石薨，以道子代領揚州，州在第，西故時人號爲東府西州。【略】

《圖經》曰：金陵有古冶城，本吳鑄冶之地也。【略】

《晉書》曰：元帝太興初，以王導疾久，方士戴陽曰：『君本命在申，申地有冶，金火相爍。』遂移冶於石城。

又 《宣州》 《桓玄傳》曰：玄居南州，大築齋第，以郡在國南，故曰南州。【略】

《齊州郡志》曰：梁承聖元年，置南豫州。【略】

《晉書・州郡志》曰：西晉愍懷之亂，瑯琊王出鎮揚州，因渡江，南卜金陵，建大業。衣冠禮樂，州郡邑名，並隨渡江，從北地。當塗來江南，自東晉始也。【略】

《金陵記》曰：姑熟之南，淮曲之陽，置南豫州。六代英雄，迭居於此，以斯地爲上游焉。

十六國首都分部

綜述

成漢首都

《魏書》卷一《序紀》 （北魏昭帝禄官）十二年，賓人李雄，僭帝號於蜀，自稱大成。

《晉書》卷一二〇《李特載記》　朝廷以討趙廞功，拜特宣威將軍，封長樂鄉侯，流爲奮威將軍、武陽侯。【略】六郡流人推特爲主，特命六郡人部曲督李含、上邽令任臧、始昌令閻式、諫議大夫李攀、陳倉令李武、陰平令李遠、將兵都尉楊褒等上書，請依梁統奉竇融故事，推特行鎮北大將軍，承制封拜，其弟流行鎮東將軍，以相鎮統。【略】於是特自稱使持節、大都督、鎮北大將軍，承制封拜一依竇融在河西故事。【略】太安元年，特自稱益州牧、都督梁益二州諸軍事、大將軍、大都督，改年建初，赦其境内。

又《李流載記》　朝廷論功，拜奮威將軍，封武陽侯。【略】特既死，蜀人多叛，流人大懼。流與兄子蕩、雄收遺衆，還赤祖，流保東營，蕩、雄保北營。流自稱大將軍、大都督、益州牧。

又卷一二一《李雄載記》　特起兵於蜀，承制，以雄爲前將軍。流死，雄自稱大都督、大將軍、益州牧，都於郫城。【略】諸將固請雄即尊位，以永興元年僭稱成都王，赦其境内，建元爲建興，除晉法，約法七章。【略】（范）長生勸雄稱尊號，雄於是僭即帝位，赦其境内，改年曰太武。

又《李期載記》　封壽漢王，拜梁州刺史、東羌校尉、中護軍、録尚書事。

又《李壽載記》　驤死，遷大將軍、大都督、侍中，封扶風公，録尚書事。征寧州，攻圍百餘日，悉平諸郡，雄大悦，封建寧王。雄死，受遺輔政。期立，改封漢王，食梁州五郡，領梁州刺史。

宋·王應麟《通鑑地理通釋》卷四《歷代都邑考·十六國》　李雄以永興元年稱成都王，僭帝位。建國爲成，壽改爲漢，謂之後蜀。

前趙七都

北魏·酈道元《水經注》卷三《河水三》　蒲川水出石樓山，南逕蒲城東。即重耳所奔之處也。又南歷蒲子縣故城西，今大魏之汾州治。徐廣《晉紀》稱『劉淵自離石南移蒲子』者也。闞駰曰：蒲城在西北，漢武帝置。其水南出，得黄廬水口，水東出蒲子城南，東北入谷，極溪便水之源也。

又卷六《汾水》　汾水之右有左部城，側臨汾水，蓋劉淵爲晉都尉所築也。【略】汾水又南逕平陽縣故城東，晉大夫趙鼂之故邑也。應劭曰：縣在平河之陽，堯舜並都之也。《竹書紀年》：晉烈公元年，韓武子都平陽。漢昭帝封度遼將軍范明友爲侯國，王莽之香平也。魏立平陽郡，治此矣。水側有堯廟，廟前有碑。《魏土地記》曰：平陽城東十里，汾水東原上有小臺，臺上有堯神屋石碑。永嘉三年，劉淵徙平陽，于汾水得白玉印，方四寸，高二寸二分，龍紐。其文曰：有新寶之印，王莽所造也。淵以爲天授，改永鳳二年爲河瑞元年。

《魏書》卷一《序紀》　（北魏昭帝禄官）十年，晉惠帝爲成都王穎逼留在鄴。匈奴别種劉淵反於離石，自號漢王。【略】十一年，劉淵攻司馬騰，騰復乞師。桓帝以輕騎數千救之，斬淵將綦母豚，淵南走蒲子。【略】（北魏穆帝）元年，劉淵僭帝號，自稱大漢。

又卷九五《匈奴劉聰傳》　淵至左國城，劉宣等上大單于之號，二旬之間，衆便五萬，都於離石。淵謂宣等曰：『帝王豈有常哉，當上爲漢高，下爲魏武。然晉人未必同我，漢有天下世長，恩德結於民心，吾又漢氏之甥，約爲兄弟，兄亡弟紹，不亦可乎？今且可稱漢，追尊後主，以懷民望。』乃遷於左國城，自稱漢王，置百官，年號元熙，追尊劉禪爲孝懷皇帝。【略】桓帝十一年，晉并州刺史司馬騰來乞師，桓帝親率萬騎救騰，斬淵將綦母豚，淵南走蒲子。語在《序紀》。晉光熙元年，淵進據河東，克平陽、蒲坂，遂都平陽。【略】（劉曜）遂僭尊號，改年光初。靳明既降於曜，曜還都長安，自稱大趙。【略】烈帝元年，曜子毗率百官棄長安西走秦州。尋爲石勒所滅。

《晉書》卷一〇一《劉元海載記》　（永興元年秋）元海至左國城，劉宣等上大單于之號，二旬之間，衆已五萬，都于離石。【略】乃遷于左國城，遠人歸附者數萬。永興元年（十月），元海乃爲壇于南郊，僭即漢王位，【略】（永興二年）是歲，離石大饑，遷于黎亭，以就邸閣穀，【略】（永嘉二年七月）王育進諫元海曰：『殿下自起兵以來，漸已一周，而顓守偏方，王威未震。誠能命將四出，決機一擲，梟劉琨，定河東，建帝號，鼓行而南，克長安而都之，以關中之衆席捲洛陽，如指掌耳。此高皇帝之所以創啓鴻基，克殄强楚者也。』元海悦曰：『此孤心也。』遂進據河東，攻寇蒲坂、平陽，皆陷之。元海遂入都蒲子，河東、平陽屬縣壘壁盡降。【略】（永嘉二年十月），元海僭卽皇帝位，【略】（永嘉三年正月）太史令宣于修之言於元海曰：『陛下雖龍興鳳翔，奄受大命，然遺晉未殄，皇居仄陋，紫宫之變，猶鍾晉氏，不出三年，必克洛陽。蒲子崎嶇，非可久安。平陽勢有紫氣，兼陶唐舊都，願陛下上迎乾象，下協坤祥。』於是遷都平陽。

又　卷一〇二《劉粲載記》　準自號大將軍、漢天王，置百官，遣使稱藩于晉。

又　卷一〇三《劉曜載記》　靳準之難，（劉曜）自長安赴之。至于赤壁，太保呼延晏等自平陽奔之，與太傅朱紀、太尉范隆等上尊號。曜以太興元年僭卽皇帝位，【略】徙都長安，起光世殿於前，紫光殿於後。【略】國號曰趙。【略】熙及劉胤、劉咸等議西保秦州，尚書胡勳曰：『今雖喪主，國尚全完，將士情一，未有離叛，可共并力距險，走未晚也。』胤不從，怒其沮衆，斬之，遂率百官奔于上邽，劉厚、劉策皆捐鎮奔之。

又　卷一〇四《石勒載記上》　（永興元年）劉元海稱漢王于黎亭。

宋·李昉等《太平御覽》卷一六三《州郡部·河北道下·晉州》

《前趙記》曰：太史令言於元海曰：『蒲子崎嶇，非可久安。平陽，唐堯所都。』於是徙居平陽也。

又　《石州》　《前趙記》曰：今離石，左國單于所徙庭是也。

【略】

《十六國春秋》曰：晉惠帝以劉元海爲離石將兵都尉。

宋·王應麟《通鑑地理通釋》卷四《歷代都邑考·十六國》　《晉載記》：劉淵以惠帝永興元年據離石，今石州。稱漢。永嘉二年，徙都蒲子，今隰州隰川縣。僭位，遷都平陽，今晉州。劉曜徙都長安，國號曰趙。謂之前趙，曜子嗣，奔上邽。

宋·司馬光《資治通鑑》卷八五《晉紀七·孝惠皇帝中之下》

（晉惠帝永興元年）胡三省注：左國城，蓋匈奴左部所居城也。據《晉書·載記》，光武建武之初，南單于入居西河之美稷，今離石左國城，單于所徙庭也。《水經注》曰：左國城在汾州之右，介休縣西南。杜佑曰：左國城在石州離石縣。宋白曰：離石縣東北有離石水，因以爲名。【略】離石縣自漢以來屬西河郡。【略】

《考異》曰：下云『離石大饑，遷于黎亭』，則是淵猶在離石也。按杜佑《通典》：離石有南單于庭左國城。然則淵雖遷左國，猶在離石縣境内也。

又　卷八六《晉紀八·孝懷皇帝上》　（晉懷帝永嘉二年）胡三省注：蒲子縣，卽晉公子重耳所居蒲城也；漢屬河東郡，晉屬平陽郡。劉昫曰：唐隰州治隰川縣，漢蒲子縣地。杜佑曰：隰州隰川、蒲縣，漢蒲子縣地。《考異》曰：劉琨答太傅府書曰：『潛遣使驛離間其部落，淵遂怖懼，南奔蒲子，雜虜歸降，萬有餘落。琨傳亦然。按時淵强琨弱，豈因畏琨而徙都！』蓋琨爲自大之辭，史因承以爲實耳。

又　卷九一《晉紀一三·中宗元皇帝》　（中元帝太興二年）胡三省注：自粟邑還長安，遂定都也。

後趙二都

《魏書》卷九五《羯胡石勒傳》　用張賓之計，自汝南葛陂北都襄國。【略】（北魏烈帝）二年，勒僭稱皇帝，置百官，年號建平。雖都襄國，又營鄴宫，作者數十萬人，兼以晝夜。【略】虎遂自立爲大趙王，號年建武，自襄國徙居於鄴。【略】虎於鄴起臺四十餘所，營長安、洛陽二宫，作者四十餘萬人。

《晉書》卷一〇四《石勒載記上》　（永嘉元年，汲）桑以（石）勒爲前驅，屢有戰功，署爲掃虜將軍、忠明亭侯。【略】（十月）元海【略】以勒爲輔漢將軍、平晉王以統之。【略】（永嘉二年十月）元海僭號，遣使授勒持節、平東大將軍，校尉、都督、王如故。【略】及元海死，劉聰授勒征東大將軍、并州刺史、汲郡公，持節、開府、都督、校尉、王如故。勒固辭將軍，乃止。【略】（永嘉六年二月）勒於葛陂繕室宇，課農造舟，將寇建鄴。會霖雨歷三月不止，元帝使諸將率江南之衆大集壽春，勒軍中饑疫死者太半。檄書朝夕繼至，勒會諸將計之。【略】顧問張賓曰：『於君計何如？』賓曰：『【略】鄴有三臺之固，西接平陽，四塞山河，有喉衿之勢，宜北徙據之。伐叛懷服，河朔既定，莫有處將軍之右者。【略】」勒攘袂鼓髯曰：「賓之計是也。」【略】長驅寇鄴，攻北中郎將劉演于三臺。【略】時諸將佐議欲攻取三臺以據之，張賓進曰：「劉演衆猶數千，三臺險固，攻守未可卒下，舍之則能自潰。王彭祖、劉越石大敵也，宜及其未有備，密規進據罕城，廣運糧儲，西稟平陽，掃定并薊，桓文之業可以濟也。且今天下鼎沸，戰爭方始，遊行羈旅，人無定志，難以保萬全、制天下也。夫得地者昌，失地者亡。邯鄲、襄國，趙之舊都，依山憑險，形勝之國，可擇此二邑而都之，然後命將四出，授以奇略，推亡固存，兼弱攻昧，則羣凶可除，王業可圖矣。」勒曰：「右侯之計是也。」於是進據襄國。賓又言於勒曰：「今我都此，越石、彭祖深所忌也，恐及吾城池未固，資儲未廣，送死於我。聞廣平諸縣秋稼大成，可分遣諸將收掠野穀。遣使平陽，陳宜鎮此之意。」勒又然之。於是上表於劉聰，分命諸將攻冀州郡縣壘壁，率多降附，運糧以輸勒。劉聰署勒使持節、散騎常侍、都督冀幽并營四州雜夷、征討諸軍事、冀州牧，進封本國上黨郡公，邑五萬户，開府、幽州牧、東夷校尉如故。【略】建興元年，石季龍攻鄴三臺，鄴潰，劉演奔于廩丘，將軍謝胥、田青、郎牧等率三臺流人降于勒，勒以桃豹爲魏郡太守以撫之。【略】勒謂張賓曰：「鄴，魏之舊都，吾將營建。既風俗殷雜，須賢望以綏之，誰可任也？」賓曰：「晉故東萊太守南陽趙彭忠亮篤敏，有佐時良榦，將軍若任之，必能允副神規。」【略】勒以石季龍爲魏郡太守，鎮鄴三臺，季龍篡奪之萌兆于此矣。【略】劉聰以平幽州之勳，乃遣其使人柳純持節署勒大都督陝東諸軍事、驃騎大將軍、東單于，侍中、使持節、開府、校尉、二州牧、公如故，加金鉦黄鉞，前後鼓吹二部，增封十二郡。勒固辭，受二郡而已。【略】劉聰疾甚，驛召勒爲大將軍、録尚書事，受遺詔輔政，勒固辭乃止。聰又遣其使人持節署勒大將軍、持節鉞，都督、侍中、校尉、二州牧、公如故，增封十郡，勒不受。聰死，其子粲襲僞位，其大將軍靳準殺粲于平陽，勒命張敬率騎五千爲前鋒以討準，勒統精鋭五萬繼之，據襄陵北原，羌羯降者四萬餘落。準數挑戰，勒堅壁以挫之。劉曜自長安屯于蒲阪，曜復僭號，署勒大司馬、大將軍，加九錫，增封十郡，并前十三郡，進爵趙公。【略】劉曜又遣其使人郭汜等持節署勒太宰，領大將軍，進爵趙王，增封七郡，并前二十郡，出入警蹕，冕十有二旒，乘金根車，駕六馬，如曹公輔漢故事，夫人爲王后，世子爲王太子。勒舍人曹平樂因使留仕於曜，言於曜曰：「大司馬遣王修等來，外表至虔，内覘大駕强弱，謀待修之返，將輕襲乘輿。」時曜勢實殘弊，懼修宣之。曜大怒，追汜等還，斬修于粟邑，停太宰之授。【略】（石勒）又知停殊禮之授，怒甚，下令曰：「孤兄弟之奉劉家，人臣之道過矣，若微孤兄弟，豈能南面稱朕哉！根基既立，便欲相圖。天不助惡，使假手靳準。孤惟事君之體當資舜求瞽瞍之義，故復推崇令主，齊好如初，何圖長惡不悛，殺奉誠之使。帝王之起，復何常邪！趙王、趙帝，孤自取之，名號大小，豈其所節邪！」【略】石季龍及張敬、張賓、左右司馬張屈六、程遐文武等一百二十九人上疏曰：「臣等聞有非常之度，必有非常之功；有非常之功，必有非常之事。是以三代陵遲，五伯迭興，靜難濟時，績侔睿后。伏惟殿下天縱聖哲，誕應符運，鞭撻宇宙，弼成皇業，普天率土，莫不來蘇，嘉瑞徵祥，日月相繼，物望去劉氏、威懷于明公者十分而九矣。今山川夷靜，星辰不孛，夏海重譯，天人係仰，誠應升御中壇，即皇帝位，使攀附之徒蒙寸尺之潤。請依劉備在蜀、魏王在鄴故事，以河内、魏、汲、頓丘、平原、清河、鉅鹿、常山、中山、長樂、樂平十一郡，并前趙國、廣平、陽平、章武、渤海、河間、上黨、定襄、范陽、漁陽、武邑、燕國、樂陵十三郡，合二十四郡、户二十九萬爲趙國。封内依舊改爲内史，準《禹貢》、魏武復冀州之境，南至盟津，西達龍門，東至于河，北至于塞垣。以大單于鎮撫百蠻。罷并、朔、司三州，通置部司以監之。伏願欽若昊天，垂副羣望也。」勒西面而讓者五，南面而讓者四，百僚皆叩頭固請，勒乃許之。

又　卷一〇五《石勒載記下》　太興二年，勒僞稱趙王，赦殊死已下，均百姓田租之半，賜孝悌力田死義之孤帛各有差，孤老鰥寡穀人三石，大酺七日。依春秋列國、漢初侯王每世稱元，改稱趙王元年。始建社稷，立宗廟，營東西宮。署從事中郎裴憲、參軍傅暢、杜嘏並領經學祭酒，參軍續咸、庾景爲律學祭酒，任播、崔濬爲史學祭酒。中壘支雄、遊擊王陽並領門臣祭酒，專明胡人辭訟，以張離、張良、劉羣、劉謨等爲門生主書，司典胡人出內，重其禁法，不得侮易衣冠華族。號胡爲國人。遣使循行州郡，勸課農桑。加張賓大執法，專總朝政，位冠僚首。署石季龍爲單于元輔、都督禁衛諸軍事，署前將軍李寒領司兵勳，教國子擊刺戰射之法。命記室佐明楷、程機撰《上黨國記》，中大夫傅彪、賈蒲、江軌撰《大將軍起居注》，參軍石泰、石同、石謙、孔隆撰《大單于志》。【略】勒下令曰：『去年水出巨材，所在山積，將皇天欲孤繕修宮宇也！其擬洛陽之太極起建德殿。』遣從事中郎任汪帥使工匠五千採木以供之。【略】勒羣臣議以勒功業既隆，祥符並萃，宜時革徽號以答乾坤之望，於是石季龍等奉皇帝璽綬，上尊號于勒，勒弗許。羣臣固請，勒乃以咸和五年僭號趙天王，行皇帝事。尊其祖邪曰宣王，父周曰元王。立其妻劉氏爲王后，世子弘爲太子。【略】羣臣固請勒宜即尊號，勒乃僭即皇帝位，大赦境內，改元曰建平，自襄國都臨漳。【略】勒將營鄴宮，廷尉續咸上書切諫。勒大怒，曰：『不斬此老臣，朕宮不得成也！』敕御史收之。中書令徐光進曰：『陛下天資聰睿，超邁唐虞，而更不欲聞忠臣之言，豈夏癸、商辛之君邪？其言可用用之，不可用故當容之，奈何一旦以直言而斬列卿乎！』勒歎曰：『爲人君不得自專如是！豈不識此言之忠乎？向戲之爾。人家有百匹資，尚欲市別宅，況有天下之富，萬乘之尊乎！終當繕之耳。且敕停作，成吾直臣之氣也。』因賜咸絹百匹，稻百斛。又下書令公卿百僚歲薦賢良、方正、直言、秀異、至孝、廉清各一人，答策上第者拜議郎，中第中郎，下第郎中。其舉人得遞相薦引，廣招賢之路。起明堂、辟雍、靈臺于襄國城西。時大雨霖，中山西北暴水，流漂巨木百餘萬根，集于堂陽。勒大悅，謂公卿曰：『諸卿知不？此非爲災也，天意欲吾營鄴都耳。』於是令少府任汪、都水使者張漸等監營鄴宮，勒親授規模。【略】勒以成周土中，漢晉舊京，復欲有移都之意，乃命洛陽爲南都，置行臺治書侍御史于洛陽。【略】勒如鄴，臨石季龍第，【略】朝其羣臣于鄴。

又　卷一〇六《石季龍載記上》　咸康元年，季龍廢勒子弘，羣臣已下勸其稱尊號。季龍下書曰：『王室多難，海陽自棄，四海業重，故俛從推逼。朕聞道合乾坤者稱皇，德協人神者稱帝，皇帝之號非所敢聞，且可稱居攝趙天王，以副天人之望。』於是赦其境內，改年曰建武。【略】季龍將遷于鄴，尚書請太常告廟，季龍曰：『古者將有大事，必告宗廟，而不列社稷。尚書可詳議以聞。』公卿乃請使太尉告社稷，從之。及入鄴宮，澍雨周洽，季龍大悅，赦殊死已下。【略】發雍、洛、秦、并州十六萬人城長安未央宮。【略】又發諸州二十六萬人修洛陽宮。【略】冠軍苻洪諫曰：『【略】今襄國、鄴宮足康帝宇，長安、洛陽何爲者哉？【略】』季龍省之不悅，憚其强，但寢而不納，弗之罪也。乃停二京作役焉。

又　卷一〇七《石季龍載記下》　季龍時疾瘳，以永和五年僭即皇帝位于南郊，大赦境內，建元曰太寧。

又　《冉閔傳》　永和六年，殺石鑒，其司徒申鍾、司空郎闓等四十八人上尊號于閔，閔固讓李農，農以死固請，於是僭即皇帝位于南郊，大赦，改元曰永興，國號大魏，復姓冉氏。【略】石祗聞鑒死，僭稱尊號于襄國，諸六夷據州郡擁兵者皆應之。【略】閔攻襄國百餘日，爲土山地道，築室反耕。祗大懼，去皇帝之號，稱趙王，遣使詣慕容儁、姚弋仲以乞師。

宋·王應麟《通鑑地理通釋》卷四《歷代都邑考·十六國》　（永興元年）後九年，石勒據襄國，今邢州龍岡縣。稱趙。石虎據鄴，今相州，謂之後趙。

清·顧祖禹《讀史方輿紀要》卷一五《北直六·順德府》　晉爲鉅鹿、趙二國地，其後石勒都于此，石虎改置襄國郡。後魏爲鉅鹿郡及北廣平郡地。【略】府西帶上黨，北控常山，常山，謂眞定府。河北之襟要，而河東之藩蔽也。【略】張賓說石勒曰：『襄國依山憑險，形勝之國，得而都之，霸王之業也。』自是幽、冀多故，輒爭襄國。【略】李忠定公曰：『邢州與河東之定州，皆地大力豐，東西相峙，如太行之兩翼，往來走集，道里徑易。從邢州而西北，路出井陘可以直擣太原；從邢州而西南，路出邯鄲可以席捲相、衛；若道慶源即趙州。而取深、冀，越清河而馳德、棣，如振裘者之挈其領也。此韓信得之遂以掇拾燕、齊，石勒據之，因以并吞幽、冀歟？』

前燕四都

《魏書》卷九五《徒何慕容廆傳》　徒何慕容廆，字弈洛瓌，其本出於昌黎。曾祖莫護跋，魏初率諸部落入居遼西，從司馬宣王討平公孫淵，拜率義王，始建國於棘城之北。祖木延，從毋丘儉征高麗有功，加號左賢王。父涉歸，以勳進拜鮮卑單于，遷邑遼東。涉歸死，廆代領部落。以遼東僻遠，徙於徒何之青山。穆帝之世，頗爲東部之患，左賢王普根擊走之，乃修和親。晉愍帝拜廆鎮軍將軍，昌黎、遼東二國公。【略】（慕容元眞）乃號年爲元年，自稱燕王，置官如魏武輔漢故事。【略】（建國）四年，元眞遣使朝貢，城和龍城而都焉。【略】（慕容儁）鑿山除道，入自盧龍，克薊城而都之。【略】建國十五年，儁僭稱皇帝，置百官，號年元璽，國稱大燕，郊祀天地。十六年，遣使朝貢。儁自薊遷都於鄴，號年爲光壽。

《晉書》卷一〇八《慕容廆載記》 太康十年，廆又遷于徒河之青山。廆以大棘城卽帝顓頊之墟也，元康四年乃移居之。【略】永嘉初，廆自稱鮮卑大單于。【略】懷帝蒙塵于平陽，王浚承制以廆爲散騎常侍、冠軍將軍、前鋒大都督、大單于，廆不受。建興中，愍帝遣使拜廆鎮軍將軍、昌黎遼東二國公。建武初，元帝承制拜廆假節、散騎常侍、都督遼左雜夷流人諸軍事、龍驤將軍、大單于、昌黎公，廆讓而不受。征虜將軍魯昌説廆曰：『今兩京傾没，天子蒙塵，琅邪承制江東，實人命所係。明公雄據海朔，跨總一方，而諸部猶怙衆稱兵，未遵道化者，蓋以官非王命，又自以爲强。今宜通使琅邪，勸承大統，然後敷宣帝命，以伐有罪，誰敢不從！』廆善之，乃遣其長史王濟浮海勸進。及帝卽尊位，遣謁者陶遼重申前命，授廆將軍、單于，廆固辭公封。【略】裴嶷至自建鄴，帝遣使者拜廆監平州諸軍事、安北將軍、平州刺史，增邑二千户。尋加使持節、都督幽州東夷諸軍事、車騎將軍、平州牧，進封遼東郡公，邑一萬户，常侍、單于並如故；丹書鐵券，承制海東，命備官司，置平州守宰。【略】廆使者遭風没海。其後廆更寫前箋，并齎其東夷校尉封抽、行遼東相韓矯等三十餘人疏上（陶）侃府曰：『【略】將佐等以爲宜遠遵周室，近準漢初，進封廆爲燕王，行大將軍事，上以總統諸部，下以割損賊境。使冀州之人望風向化。廆得祗承詔命，率合諸國，奉辭夷逆，以成桓文之功，苟利社稷，專之可也。而廆固執謙光，守節彌高，每詔所加，讓動積年，非將佐等所能敦逼。今區區所陳，不欲苟相崇重，而愚情至心，實爲國計。』侃報抽等書，其略曰：『車騎將軍憂國忘身，貢篚載路，羯賊求和，執使送之，西討段國，北伐塞外，遠綏索頭，荒服以獻。惟北部未賓，屢遣征伐。又知東方官號，高下齊班，進無統攝之權，退無等差之降，欲進車騎爲燕王，一二具之。夫功成進爵，古之成制也。車騎雖未能爲官摧勒，然忠義竭誠。今騰牋上聽，可不、遲速，當任天臺也。』朝議未定。八年，廆卒，乃止。

又 卷一〇九《慕容皝載記》 是歲，成帝遣謁者徐孟、閭丘幸等持節拜皝鎮軍大將軍、平州刺史、大單于、遼東公，持節、都督、承制封拜，一如廆故事。【略】封弈等以皝任重位輕，宜稱燕王，皝於是以咸康三年僭卽王位，赦其境内。【略】帝又遣使進皝爲征北大將軍、幽州牧，領平州刺史，加散騎常侍，增邑萬户，持節、都督、單于、公如故。【略】皝雖稱燕王，未有朝命，乃遣其長史劉祥獻捷京師，兼言權假之意，并請大舉討平中原。又聞庾亮薨，弟冰、翼繼爲將相，乃表曰【略】又與冰書【略】。冰見表及書甚懼，以其絶遠，非所能制，遂與何充等奏聽皝稱燕王。【略】使陽裕、唐柱等築龍城，構宫廟，改柳城爲龍城縣。於是成帝使兼大鴻臚郭希持節拜皝侍中、大都督河北諸軍事、大將軍、燕王，其餘官皆如故。封諸功臣百餘人。咸康七年，皝遷都龍城。【略】時有黑龍白龍各一，見于龍山，皝親率羣僚觀之，去龍二百餘步，祭以太牢。二龍交首嬉翔，解角而去。皝大悦，還宫，赦其境内，號新宫曰和龍，立龍翔佛寺于山上。

又《陽裕傳》 及遷都和龍，（陽）裕雅有巧思，皝所制城池宫闕，皆裕之規模。

又 卷一一〇《慕容儁載記》 皝死，永和五年，僭卽燕王位，依春秋列國故事稱元年，赦于境内。是時石季龍死，趙魏大亂，儁將圖兼併之計，以慕容恪爲輔國將軍，慕容評爲輔弼將軍，陽騖爲輔義將軍，慕容垂爲前鋒都督、建鋒將軍，簡精卒二十餘萬以待期。是歲，穆帝使謁者陳沈拜儁爲使持節、侍中、大都督、都督河北諸軍事、幽冀并平四州牧、大將軍、大單于、燕王，承制封拜一如廆、皝故事。【略】明年，儁率三軍南伐，出自盧龍，次于無終。石季龍幽州刺史王午棄城走，留其將王他守薊。儁攻陷其城，斬他，因而都之。【略】於是羣臣勸儁稱尊號，儁答曰：『吾本幽漠射獵之鄉，被髮左衽之俗，歷數之籙寧有分邪！卿等苟相褒舉，以覬非望，實匪寡德所宜聞也。』【略】以永和八年僭卽皇帝位，大赦境内，建元曰元璽，署置百官。【略】俊自和龍至薊城，幽冀之人爲東遷，互相驚擾，所在屯結。【略】俊自薊城遷於鄴，赦其境内，繕修宮殿，復銅雀臺。

宋·李昉等《太平御覽》卷一六二《州郡部·河北道中·營州》

《十六國春秋·慕容皝傳》曰：柳城之北，龍山之南，所爲福德之地也。可營制規模，築龍城，構宮室。改柳城爲龍城縣，遂都之，改曰和龍宮。

宋·王應麟《通鑑地理通釋》卷四《歷代都邑考·十六國》 慕容氏先據遼東，廆遷於徒河之青山，移居棘城。《通典》：漢徒河縣之青山，在營州城東百九十里；棘城，在營州城東南一百七十里。稱燕，是歲，自苻健後一年也，儁始僭號。皝以咸康三年即燕王位，築龍城，改柳城爲龍城縣。七年，遷都龍城，號新宮曰『和龍』。《通典》：營州柳城縣有和龍城。《通志》：『即大遼之黄龍府也。』儁都薊，以永和八年僭位，自薊城遷於鄴，謂之前燕。

又 卷一四《東西魏周齊相攻地名考·營州黄龍》 《隋·志》：後魏置營州於和龍城。《通典》：周武帝平齊，其地猶爲高寶寧所據。《水經注》：白狼水北逕黄龍城東。《十三州志》：昌黎有黄龍亭，魏營州刺史治。《通鑑》：契丹黄龍府即慕容氏和龍城。隋長孫晟出黄龍道。

前涼首都

北魏·酈道元《水經注》卷四〇《禹貢山水澤地所在》 王隱《晉書》曰：涼州有龍形，故曰臥龍城。南北七里，東西三里，本匈奴所築也。及張氏之世居也，又增築四城，箱各千步，東城殖園果，命曰講武場，北城殖園果，命曰玄武圃，皆有宮殿。中城内作四時宮，隨節遊幸，並舊城爲五。街衢相通，二十二門。大繕宮殿觀閣，采綺妝飾，擬中夏也。

《魏書》卷九九《私署涼州牧張寔傳》 父軌，【略】求爲涼州，乃除持節、護羌校尉、涼州刺史。【略】

駿築南城，起謙光殿於其中，窮珍極巧，又四面各起一殿，東曰宜陽青殿，南曰朱陽赤殿，西曰正德白殿，北曰玄武黑殿，服章器物皆依色隨四時居之，其旁有直省寺署，一依方色。【略】明年，祚河州刺史張瓘起兵討祚，驍騎將軍宋混率衆應瓘。【略】宋混至姑臧，領軍趙長等開宮門應之。入殿稱萬歲，祚以長等破混也，出勞之。長以槊刺祚中額，祚奔入，爲廚士徐黑所殺，暴尸道左。城内咸稱萬歲。【略】初駿時謠曰：『劉新婦簸米，石新婦炊羖，羝蕩滌，簸張兒，張兒食之口正披。』是時姑臧及諸郡國童兒皆歌之，謂劉曜、石虎並伐涼州不克，至堅而降之也。

《晉書》卷八六《張軌傳》 於是大城姑臧。其城本匈奴所築也，南北七里，東西三里，地有龍形，故名臥龍城。

宋·王應麟《通鑑地理通釋》卷四《歷代都邑考·十六國》 張氏先據河西，張軌據姑臧，今涼州。是歲，自石勒後三十六年也，重華自稱涼王。據敦煌，今沙州，謂之前涼。

前秦五都

《魏書》卷二《太祖紀》 （北魏）登國元年【略】苻丕死，苻登自立於隴東。

又 卷九五《臨渭氐苻健傳》 劉曜拜洪爲寧西將軍、率義侯，徙之高陸，進爲氐王。石虎平秦隴，表石勒拜冠軍將軍、涇陽伯，又徙之枋頭。遷光烈將軍，進爵爲侯，稍遷冠軍大將軍，進封西平公。討平梁犢，進位車騎大將軍、開府儀同三司、略陽公。冉閔之亂，秦雍徙民西歸，憑洪爲主，衆至十餘萬，自稱大將軍、大單于、三秦王。既而爲其將麻秋所鴆，臨死，謂健曰：『關中周漢舊都，形勝之國，進可以一同天下，退不失保全秦雍，吾死之後，便可鼓行而西。』健從之。

健，初名羆，字世建，又避石虎外祖張羆之名，故改焉。健便弓馬，善於事人，石虎深愛之，歷位翼軍校尉、鎮軍將軍。

時京兆杜洪竊據長安，關中雄俊皆應之。健密圖關中，懼洪之知也，乃繕宮室於枋頭，課民種麥，示無西意。既而自稱征西大將軍、雍州刺史，盡衆西行。至盟津，起浮橋以濟，遣弟輔國將軍雄率步騎五千入自潼關，兄子揚武將軍菁率衆七千自軹關入河東。勢菁手曰：『若事不捷，汝死河北，我死河南，不及黄泉，無相見也。』濟訖，焚橋，自統大衆，繼雄而進。杜洪遣將軍張光逆健于潼關，雄擊破之。洪盡召關中之衆以拒健，健聞而筮之，遇《泰》之《臨》。健曰：『小往大來，吉亨。昔往東而小，今還西而大，吉孰大焉。諸君知不？此則漢祖屠秦之機也。』健長驅至長安，杜洪奔司竹，健遂入都。

（北魏）建國十四年，乃僭稱天王，號年皇始，國號大秦，置百官。健尋自稱皇帝。【略】（苻堅）於是去皇帝之號，僭稱天王，號年永興。【略】堅驃騎將軍張蚝、并州刺史王騰迎丕入據晉陽。【略】堅驃騎將軍張蚝、并州刺史王騰迎丕入據晉陽。【略】丕死，（北魏）登國元年，登僭稱尊號於隴東，號年太初，置百官。【略】（苻登）爲（尹）緯所敗，奔於平涼，入馬毛山。姚興攻之，登戰死。

子崇，奔於湟中。僭稱尊號，改年延初。尋爲乞伏乾歸所殺。

《晉書》卷一一二《苻洪載記》 屬永嘉之亂，乃散千金，召英傑之士訪安危變通之術。宗人蒲光、蒲突遂推洪爲盟主。劉曜僭號長安，光等逼洪歸曜，拜率義侯。曜敗，洪西保隴山。石季龍將攻上邽，洪又請降。季龍大悦，拜冠軍將軍，委以西方之事。季龍滅石生，洪説季龍宜徙關中豪傑及羌戎內實京師。季龍從之，以洪爲龍驤將軍、流人都督，處于枋頭。累有戰功，封西平郡公。【略】

永和六年，帝以洪爲征北大將軍、都督河北諸軍事、冀州刺史、廣川郡公。時有説洪稱尊號者，洪亦以讖文有『草付應王』，又其孫堅背有『草付』字，遂改姓苻氏，自稱大將軍、大單于、三秦王。【略】秋説洪西都長安，洪深然之。既而秋因宴鴆洪，將并其衆，世子健收而斬之。洪將死，謂健曰：『所以未入關者，言中州可指時而定。今見困豎子，中原非汝兄弟所能辦。關中形勝，吾亡後便可鼓行而西。』言終而死，年六十六。

又《苻健載記》 及洪死，健嗣位，去秦王之號，稱晉爵，【略】健引兵至長安，洪奔司竹。健入而都之，遣使獻捷京師，并修好於桓溫。【略】

健軍師將軍賈玄碩等表健爲侍中、大都督關中諸軍事、大單于、秦王，健怒曰：『我官位輕重，非若等所知。』既而潛使諷玄碩等使上尊號。永和七年，僭稱天王、大單于，赦境內死罪，建元皇始，繕宗廟社稷，置百官于長安。【略】八年，健僭卽皇帝位於太極前殿，諸公進爲王，以大單于授其子萇。

又 卷一一三《苻堅載記上》 以升平元年僭稱大秦天王，【略】堅遂攻鄴，陷之。慕容暐出奔高陽，堅將郭慶執而送之。堅入鄴宮，閲其名籍，凡郡百五十七，縣一千五百七十九，户二百四十五萬八千九百六十九，口九百九十八萬七千九百三十五。諸州郡牧守及六夷渠帥盡降於堅。

又 卷一一五《苻丕載記》 （王永）勸稱尊號，丕從之，乃以太元十年僭卽皇帝位於晉陽南。

宋·王應麟《通鑑地理通釋》卷四《歷代都邑考·十六國》 後一年，苻健據長安，稱秦。永和八年，僭位，苻丕稱帝於鄴，苻登稱帝于隴東南安郡。

後秦二都

《魏書》卷九五《羌姚萇傳》 父弋仲，晉永嘉之亂，東徙榆眉。劉曜以弋仲爲平西將軍、平襄公。（北魏）烈帝之五年，弋仲率部衆隨石虎遷于清河之灄頭，勒以弋仲爲奮武將軍，封襄平公。【略】慕容儁以襄爲豫州刺史、丹陽公，進屯淮南，自稱大將軍、大單于。【略】（姚萇）從堅征伐，頻有戰功，歷寧、幽、兖三州刺史，封益都侯，邑五百户。【略】及慕容泓起兵華澤，堅遣子衛大將軍叡討之，戰敗，爲泓所殺。時萇爲叡司馬，懼罪奔馬牧，聚衆萬餘，自稱大將軍、大單于、萬年秦王，號年白雀，數月之間，衆至十餘萬，與慕容沖連和，進屯北地。【略】（北魏）登國元年，僭稱皇帝，置百官，國號大秦，年曰建初，改長安曰常安。

《晉書》卷一一六《姚弋仲載記》 永嘉之亂，東徙榆眉，戎夏繈負隨之者數萬，自稱護西羌校尉、雍州刺史、扶風公。

劉曜之平陳安也，以弋仲爲平西將軍，封平襄公，邑之於隴上。【略】勒既死，季龍執權，思弋仲之言，遂徙秦雍豪傑于關東。弋仲率部衆數萬遷于清河，拜奮武將軍、西羌大都督，封襄平縣公。【略】遂滅梁犢。以功加劍履上殿。【略】

弋仲有子四十二人，常戒諸子曰：『吾本以晉室大亂，石氏待吾厚，故欲討其賊臣以報其德。今石氏已滅，中原無主，自古以來未有戎狄作天子者。我死，汝便歸晉，當竭盡臣節，無爲不義之事。』乃遣使請降。永和七年，拜弋仲使持節、六夷大都督、都督江淮諸軍事、車騎大將軍、儀同三司、大單于，封高陵郡公。

又《姚襄載記》 石祗僭號，以襄爲使持節、驃騎將軍、護烏丸校尉、豫州刺史、新昌公。晉遣使拜襄持節、平北將軍、并州刺史、即丘縣公。【略】晉處襄於譙城，【略】襄方軌北引，自稱大將軍、大單于，【略】許遂攻洛陽，踰月不克。

又《姚萇載記》 及襄死，萇率諸弟降於苻生。苻堅以萇爲揚武將軍。歷左衛將軍，隴東、汲郡、河東、武都、武威、巴西、扶風太守，寧、幽、兗三州刺史，復爲揚武將軍，步兵校尉，封益都侯。爲堅將，累有大功。【略】萇懼，奔於渭北，遂如馬牧。西州豪族尹詳、趙曜、王欽盧、王欽盧、牛雙、狄廣、張乾等率五萬餘家，咸推萇爲盟主。【略】萇乃從緯謀，以太元九年自稱大將軍、大單于、萬年秦王，【略】以太元十一年萇僭即皇帝位於長安，大赦，改元曰建初，國號大秦，改長安曰常安。【略】自謂以火德承苻氏木行，服色如漢氏承周故事。徙安定五千餘户于長安。以弟征虜緒爲司隸校尉，鎮長安。

萇如安定，擊平涼胡金熙、鮮卑没奕于，大破之。遂如秦州，【略】萇還安定，修德政，布惠化，省非急之費，以救時弊，閭閻之士有豪介之善者，皆顯異之。【略】以其太子興鎮長安，而與登相距。【略】時諸營既多，故號萇軍爲大營，大營之號自此始也。

宋・王應麟《通鑑地理通釋》卷四《歷代都邑考・十六國》 後秦姚萇據長安。

後燕二都

北魏・酈道元《水經注》卷一一《滱水》 滱水之右，盧水注之，水上承城内黑水池。《地理志》曰盧水出北平，疑爲疏闊；闞駰、應劭之徒，咸亦言是矣。余按盧奴城内西北隅有水，淵而不流，南北百步，東西百餘步水，色正黑，俗名曰黑水池。或云水黑曰盧，不流曰奴，故此城藉水以取名矣。池水東北際水，有漢中山王故宫處，臺殿觀榭，皆上國之制，簡王尊貴，壯麗有加，始築兩宫，開四門，穿北城，累石爲竇，通池流于城中，造魚池、釣臺、戲馬之觀，歲久頹毁，遺基尚存，今悉加土，爲利剎靈圖。池之四周。居民駢比。填褊穢陋，而泉源不絶。暨趙石建武七年，遣北中郎將始築小城，興起北榭，立宫造殿，後燕因其故宫，建都中山小城之南，更築隔城，興復宫觀，今府榭猶傳故制，自漢及燕。池水徑石竇，石竇既毁，池道亦絶，水潛流出城，潭積微漲，涓水東北注於滱。

又 卷一三《㶟水》 㶟水又東北徑薊縣故城南，《魏土地記》曰薊城南七里有清泉河，而不徑其北，蓋《經》誤證矣。昔周武王封堯後于薊，今城内西北隅有薊丘，因丘以名邑也。猶魯之曲阜、齊之營丘矣。武王封召公之故國也，秦始皇二十三年滅燕，以爲廣陽郡，漢高帝以封盧綰爲燕王，更名燕國，王莽改曰廣有，縣曰代戎。城有萬載宫、光明殿，東掖門下，舊慕容儁立銅馬像處。昔慕容廆有駿馬，赭白有奇相，逸力至儁，光壽元年，齒四十九矣，而駿逸不虧。儁奇之，比鮑氏驄，命鑄銅以圖其像，親爲銘贊，鐫頌其旁，像成而馬死矣。大城東門内道左，有魏征北將軍建成鄉景侯劉靖碑。晉司隸校尉王密表靖，功加于民，宜在祀典，以元康四年九月二十日刊石建碑，揚于後葉矣。

又 卷一四《大遼水》 白狼水又東北徑龍山西，燕慕容皝以柳城之北、龍山之南，福地也，使陽裕築龍城，改柳城爲龍城縣十二年，黑龍、白龍見于龍山，皝親觀，龍去二百步，祭以太牢二，龍交首嬉翔，解角而去。皝悦，大赦，號新宫曰和龍宫，立龍翔祠於山上。白狼水又北徑黄龍城東，《十三州志》曰：遼東屬國都尉治昌遼道有黄龍亭者也，魏營州刺史治。《魏土地記》曰：黄龍城西南有白狼河，東北流附城東北下，即是也。

《魏書》卷二《太祖紀》 （皇始二年三月）辛亥，車駕次中山，命諸將圍之。是夜，（慕容）寶弟賀麟將妻子出走西山。寶見賀麟走，恐先據和龍，壬子夜，遂將其妻子及兄弟宗族數千騎北遁。

又 卷九五《徒何慕容廆傳》 垂稱燕王，置百官，年號燕元。【略】垂定都中山。登國元年，垂僭稱大位，號年爲建興。建宗廟社稷於中山，盡有幽、冀、平州之地。【略】寶走還中山，率萬餘騎奔薊。【略】寶走龍城，【略】寶率衆自龍城而南，將攻中山。衆憚征，逃潰。寶還龍城，垂舅蘭汗拒之，寶南走，奔薊。【略】乃還龍城。汗殺之，及子弟等百餘人。汗自稱大都督、大單于、昌黎王，號年青龍，【略】（慕容盛）因汗、穆等酒醉，夜襲殺之。僭尊號，改年爲建平，又號年爲長樂，盛改稱庶民大王。

《晉書》卷一〇《安帝紀》　慕容寶將慕容詳僭卽皇帝位于中山，寶奔黄龍。【略】丙戌，慕容盛僭卽皇帝位於黄龍。

又　卷一二三《慕容垂載記》　以滅宇文之功，封都鄉侯。【略】及俊僭稱尊號，封垂吴王，徙鎮信都，以侍中、右禁將軍録留臺事，大收東北之利。【略】堅不從，以爲冠軍將軍，封賓都侯，食華陰之五百户。【略】垂在堅朝，歷位京兆尹，進封泉州侯，所在征伐，皆有大功。【略】謀於衆曰：『洛陽四面受敵，北阻大河，至於控馭燕、趙，非形勝之便，不如北取鄴都，據之而制天下。』衆咸以爲然。乃引師而東，遣建威將軍王騰起浮橋于石門。【略】垂引兵至滎陽，以太元八年自稱大將軍、大都督、燕王，承制行事，建元曰燕元。【略】垂將有北都中山之意，農率衆數萬迎之。羣僚聞慕容暐爲苻堅所殺，勸垂僭位。垂以慕容沖稱號關中，不許。【略】垂定都中山，羣僚勸卽尊號，具典儀，修郊燎之禮。垂從之，以太元十一年僭卽位。【略】建留臺于龍城，以高陽王慕容隆録留臺尚書事。【略】寶與其太子策及農、隆等萬餘騎迎會於薊，以開封公慕容詳守中山。【略】寶率數百騎馳如龍城。

又　卷一二四《慕容熙載記》　熙遂僭卽尊位。【略】改北燕臺爲大單于臺，置左右輔，位次尚書。

宋·王應麟《通鑑地理通釋》卷四《歷代都邑考·十六國》　後三十一年，後燕慕容垂據鄴，都中山。

西燕四都

《晉書》卷一一五《苻丕載記》　刁雲殺慕容忠，乃推慕容永爲使持節、大都督中外諸軍事、大將軍、大單于、雍秦梁涼四州牧、録尚書事、河東王，稱藩于垂。

宋·王應麟《通鑑地理通釋》卷四《歷代都邑考·十六國》　後一年，慕容永據上黨，稱帝於長子。今潞州隆德府。

西秦八都

北魏·酈道元《水經注》卷二《河水二》　苑川水出勇士縣之子城南山，東北流，歷此成川，世謂之子城川。又北徑牧師苑，故漢牧苑之地也。羌豪迷吾等萬餘人，到襄武、首陽、平襄、勇士，抄此苑馬，焚燒亭驛，卽此處也。又曰：苑川水地，爲龍馬之沃土，故馬援請與田户中分以自給也。有東、西二苑城，相去七十里。西城，卽乞佛所都也。又北入于河也。【略】

河水又東北逕麥田城西，又北與麥田泉水合，水出城西北，西南流注于河。河水又東北逕麥田山西谷，山在安定西北六百四十里。

《魏書》卷二《太祖紀》　（登國三年）是歲，乞伏國仁死，弟乾歸立，私署河南王。

又　卷三《太宗紀》　（天賜六年）是歲，乞伏乾歸據金城自稱秦王。

又　卷九九《鮮卑乞伏國仁傳》　父司繁，擁部落降於苻堅，以爲南單于，又拜鎮西將軍，鎮勇士川。司繁死，國仁代統任。【略】太祖時，私署大都督、大將軍、大單于、秦州、河州牧，號年建義，署置官屬，分部内爲十一郡，築勇士城以都之。

國仁死，弟乾歸統事，自署大都督、大將軍、大單于、河南王，改年爲太初，署百官。登國中，遷於金城。南門自壞，乾歸惡之，遷於苑川。尋爲姚興所破，又奔枹罕，遂降姚興，興拜爲河州刺史，封歸義侯。尋還苑川。乾歸乃背姚興，私稱秦王，置百官，年號更始。【略】熾磐，自稱大將軍、河南王，改年爲永康。【略】乃私署秦王，置百官，改年爲建洪。【略】暮末乃焚城邑，毁寶器，率户五萬遷至高田谷，爲赫連定所拒，遂保南安。

《晉書》卷一二五《乞伏國仁載記》　泰始初，（乞伏祐鄰）率户五千遷于夏緣，部衆稍盛。【略】因居高平川。祐鄰死，子結權立，徙于牽屯。【略】述延立。討鮮卑莫侯于苑川，大破之，降其衆二萬餘落，因居苑川。【略】述延死，子傉大寒立。會石勒滅劉曜，懼而遷于麥田無孤山。大寒死，子司繁立，始遷于度堅山。【略】降於堅。堅大悦，署爲南單于，留之長安。以司繁叔父吐雷爲勇士護軍，撫其部衆。俄而鮮卑勃寒侵斥隴右，堅以司繁爲使持節、都督討西胡諸軍事、鎮西將軍以討之。勃寒懼而請降，司繁遂鎮勇士川，甚有威惠。【略】（乞伏國仁）以孝武太元十年自稱大都督、大將軍、大單于、領秦、河二州牧，建元曰建義。【略】築勇士城以居之。

又《乞伏乾歸載記》（太元十三年）乃推乾歸爲大都督、大將軍、大單于、河南王，【略】遂遷于金城。【略】太元十四年，苻登遣使署乾歸大將軍、大單于、金城王。【略】苻登遣使署乾歸假黄鉞、大都督隴右河西諸軍事、左丞相、大將軍、河南王，領秦梁益涼沙五州牧，加九錫之禮。時登爲姚興所逼，遣使請兵，進封乾歸梁王，【略】乾歸所居南景門崩，惡之，遂遷于苑川。【略】乾歸遁還苑川，遂走金城。【略】於是送熾磐兄弟於西平，乾歸遂奔長安。姚興見而大悦，署乾歸持節、都督河南諸軍事、鎮遠將軍、河州刺史、歸義侯，遣乾歸還鎮苑川，盡以部衆配之。【略】乾歸收衆三萬，遷于度堅山。【略】義熙三年，僭稱秦王，【略】乾歸復都苑川，【略】（姚興）遣使署乾歸使持節、散騎常侍、都督隴西嶺北匈奴雜胡諸軍事、征西大將軍、河州牧、大單于、河南王。

宋・王應麟《通鑑地理通釋》卷四《歷代都邑考・十六國》是歲也，乞伏國仁據枹罕，今河州。稱秦。都苑川。《通典》：在蘭州五泉縣，後曰子城縣。《北史》：『築勇士城都之。』乾歸還金城，今蘭州，謂之西秦。《水經注》：『苑川水出勇士縣之子城南山，東北流，世謂之子城川。又北逕牧師苑，故漢牧苑之地也，有東西二苑城，相去七里。西城即乞伏所都也。』

後涼首都

《晉書》卷一二二《呂光載記》光入姑臧，自領涼州刺史、護羌校尉，表杜進爲輔國將軍、武威太守，封武始侯，自餘封拜各有差。

宋・王應麟《通鑑地理通釋》卷四《歷代都邑考・十六國》是歲，呂光據姑臧，稱涼。謂之後涼。

南涼四都

《宋書》卷九八《氐胡傳・大且渠蒙遜》（義熙元年）姚興假傉檀涼州刺史，代王尚屯姑臧。【略】六年，蒙遜攻破傉檀，傉檀走屯樂都。

《魏書》卷九九《鮮卑禿髮烏孤傳》鮮卑禿髮烏孤，八世祖匹孤自塞北遷于河西。【略】天興初，烏孤又稱武威王，徙治樂都，【略】遂死。弟涼州牧、西平公利鹿孤統任，徙治西平，改年建和。【略】利鹿孤死，傉檀統任，私署涼王。還居樂都，年號洪昌。【略】天賜中，傉檀詐降姚興，興以傉檀爲涼州刺史，遂據姑臧。【略】懼爲蒙遜所滅。乃還于樂都。

《晉書》卷一二六《禿髮烏孤載記》烏孤討乙弗、折掘二部，大破之，遣其將石亦干築廉川堡以都之。【略】後三歲，徙于樂都。

又《禿髮利鹿孤載記》利鹿孤以隆安三年即僞位，赦其境内殊死已下，又徙居於西平。

又《禿髮傉檀載記》以元興元年僭號涼王，遷于樂都，改元曰弘昌。【略】傉檀大城樂都。【略】興乃署傉檀爲使持節、都督河右諸軍事、車騎大將軍、領護匈奴中郎將、涼州刺史，常侍、公如故，鎮姑臧。【略】傉檀懼爲蒙遜所滅，又慮奇鎮克嶺南，乃還于樂都，留大司農成公緒守姑臧。

宋・司馬光《資治通鑑》卷一〇八《晉紀三〇・烈宗孝武皇帝下》（晉孝武帝太元二十年）七月【略】禿髮烏孤擊乙弗、折掘等諸部，皆破降之，築廉川堡而都之。

又卷一一一《晉紀三三・安皇帝丙》（晉孝安帝隆安三年）正月【略】武威王烏孤徙治樂都。【略】八月【略】利鹿孤大赦，徙治西平。

又卷一一二《晉紀三四・安皇帝上》（晉安帝元興元年）三月【略】傉檀襲位，更稱涼王，改元弘昌，遷于樂都。

又卷一一四《晉紀三六・安皇帝己》（晉安帝義熙二年）八月，禿髮傉檀以興城侯文支鎮姑臧，自還樂都；雖受秦爵命，然其車服禮儀，皆如王者。【略】十一月，禿髮傉檀遷于姑臧。

又卷一一五《晉紀三七・安皇帝庚》（晉安帝義熙六年）三月【略】傉檀畏蒙遜之逼，且懼嶺南爲奇鎮所據，乃遷于樂都，留大司農成公緒守姑臧。

又卷一〇八《晉紀三〇・烈宗孝武皇帝下》（晉孝武帝太元二十年）胡三省注：廉川在湟中。

宋・王應麟《通鑑地理通釋》卷四《歷代都邑考・十六國》是歲，

禿髮烏孤據廉川，築廉川堡以都之。隆安元年，稱西平王。《水經注》：『漢水又西南合焉廉川水。』隗囂奔西城，從楊廣，後人以廣爲廉，置楊廉縣。水出西谷，東南流逕西城縣故城北。《後漢注》：『西城縣，屬漢陽郡，一名始昌城，在今秦州上邽縣西南。』稱南涼。烏孤更稱武威王。後三歲，徙于樂都。《通典》：『鄯州湟水縣有湟水，一名樂都水，後魏置鄯州，後周置樂都郡，今爲西寧州。』又云：『烏孤都廣武，張駿置廣武郡，蘭州廣武縣也。唐更名金城縣。利鹿孤徙居西平，後漢西平郡故城在鄯州鄯城縣西，今西寧州。以隆安五年稱河西王，傉檀以元興元年號涼王，遷樂都，又遷姑臧。

清・顧祖禹《讀史方輿紀要》卷六四《陝西十三・西寧鎮》　建安中分置西平郡。晉因之。東晉末爲禿髮烏孤所據，稱西平王。其弟利鹿孤復都西平，是爲南涼也。【略】鎮河、湟環帶，山峽紆迴，《志》云：西寧，萬山環抱，三峽重圍，紅崖峙左，青海瀦右，扼束羌、番，屹爲襟要。【略】

樂都城，在鎮西北二百三十里。《水經注》：湟水逕樂都城南，又東逕破羌故城南。是樂都在破羌西也。前涼置城于此。後涼呂光因置樂都郡。晉隆安三年，禿髮烏孤自西平徙治樂都。又義熙六年禿髮傉檀自姑臧還樂都。十年西秦乞伏熾磐襲樂都，傉檀世子虎臺拒守。其臣梁肅以外城廣大難守，請聚國人守内城。虎臺不聽。城潰，熾磐入樂都，置涼州刺史鎮焉。宋元嘉五年河西王蒙遜攻樂都，克其外城，絶城中水道。乞伏元基擊卻之。其後没于吐谷渾，城廢。【略】

廉川城。在鎮西南百二十里，漢破羌縣地。晉太元二十年禿髮烏孤擊降乙弗折掘等部，築廉川堡而都之。隆安二年後涼楊軌等舉兵攻姑臧不克。尋敗屯廉川，收集彝、夏，衆至萬餘，既而降于烏孤。三年烏孤使從弟洛回鎮廉川，其後爲北涼所取。宋元嘉三年西秦王熾磐伐河西王蒙遜至廉川，即此。後魏廢。胡氏曰：『廉川在湟中。』是也。

北涼三都

《宋書》卷九八《氐胡傳・大且渠蒙遜》　（東晉隆安三年）（段）業自號龍驤大將軍、涼州牧、建康公，以男成爲輔國將軍。男成及晉昌太守王德圍張掖，剋之，業因據張掖。【略】（四年，蒙遜）遂舉兵攻張掖，殺段業，自稱車騎大將軍，建號永安元年。【略】（義熙）八年，蒙遜【略】據姑臧，自號大都督、大將軍、河西王，改稱玄始元年，立子正德爲世子。【略】（宋元嘉）十六年閏八月，拓跋燾攻涼州，【略】（大且渠）茂虔見執。【略】（大且渠）無諱、儀德擁家户西就從弟敦煌太守唐兒。燾使將守武威、酒泉、張掖而還。十七年正月，無諱使唐兒守敦煌，自與儀德伐酒泉，三月，剋之。攻張掖、臨松，得四萬餘户，還據酒泉。十八年五月，唐兒反，無諱留從弟天周守酒泉，復與儀德討唐兒。唐兒將萬餘人出戰，大敗，執唐兒殺之，復據敦煌。七月，拓跋燾遣軍圍酒泉。十月，【略】城乃陷，執天周至平城，殺之。于時虜兵甚盛，無諱衆饑，懼不自立，欲引衆西行。十一月，遣弟安周五千人伐鄯善，堅守不下。十九年四月，無諱自率萬餘家棄敦煌，西就安周，未至而鄯善王比龍將四千餘家走，因據鄯善。【略】八月，無諱留從子豐周守鄯善，自將家户赴之。【略】九月，無諱遣將衛尞夜襲高昌，爽奔芮芮，無諱復據高昌。

《魏書》卷二《太祖紀》　（天興四年）是歲，【略】盧水胡沮渠蒙遜私署涼州牧、張掖公。

又　卷九九《盧水胡沮渠蒙遜傳》　呂光殺其伯父西平太守羅仇，蒙遜聚衆萬餘，屯於金山，與從兄晉昌太守男成共推建康太守段業爲使持節、大都督、龍驤大將軍、涼州牧、建康公，稱神璽元年。【略】蒙遜因舉兵攻殺業，私署使持節、大都督、大將軍、涼州牧、張掖公，號年永安，居張掖。永興中，蒙遜克姑臧，遷居之。【略】太延五年，世祖【略】親征之。【略】車駕至姑臧，【略】城拔，牧犍與左右文武面縛請罪，詔釋其縛。

《晉書》卷一二九《沮渠蒙遜載記》　（沮渠蒙遜）屯據金山，與從兄男成推（呂）光建康太守段業爲使持節、大都督、龍驤大將軍、涼州牧、建康公，改呂光龍飛二年爲神璽元年。業以蒙遜爲張掖太守，男成爲輔國將軍，委以軍國之任。【略】業僭稱涼王，【略】隆安五年，梁中庸、房晷、田昂等推蒙遜爲使持節、大都督、大將軍、涼州牧、張掖公，赦其境内，改元永安。【略】姚興遣使人梁斐、張構等拜蒙遜鎮西大將軍、沙州刺史、西海侯。時興亦拜禿髮傉檀爲車騎將軍，封廣武公。【略】蒙遜曰：『朝廷何不即以張掖見封，乃更遠封西海邪？』構曰：『張掖，規畫之内，將軍已自有之。所以遠授西海者，蓋欲廣大將軍之國耳。』蒙遜大悦，乃受拜。【略】俄而蒙遜遷于姑臧，以義熙八年僭即河西王位，大赦境内，改元玄始。

宋・王應麟《通鑑地理通釋》卷四《歷代都邑考・十六國》　段業據張掖，今甘州。稱北涼。

南燕二都

北魏・酈道元《水經注》卷三《河水三》　河水又東右逕滑臺城北。城有三重，中小城謂之滑臺城，舊傳滑臺人自修築此城，因以名焉。城卽故鄭廩延邑也。【略】

今黎山之東北故城，蓋黎陽縣之故城也。山在城西，城憑山爲基，東阻於河。故劉楨《黎陽山賦》曰：南蔭黄河，左覆金城，青壇承祀，高碑頌靈。昔慕容玄明自鄴率衆南徙滑臺，既無舟楫，將保黎陽，昏而流澌，冰合于夜中，濟訖，旦而冰泮，燕民謂是處爲天橋津。

又　卷二六《淄水》　東北流，逕廣固城西。城在廣縣西北四里，四周絶澗，阻水深隍，晉永嘉中，東萊人曹嶷所造也。水側山際，有五龍口。義熙五年，劉武帝伐慕容超于廣固也，以藉險難攻，兵力勞弊，河間人玄文説裕云：昔趙攻曹嶷，望氣者以爲澠水帶城，非可攻拔，若塞五龍口，城當必陷。石虎從之，嶷請降。降後五日，大雨，雷電震開。後慕容恪之攻段龕，十旬不拔，塞口而龕降，降後無幾，又震開之。今舊基猶存，宜試脩築。裕塞之，超及城内男女皆悉脚弱，病者大半，超遂出奔，爲晉所擒也。然城之所跨，寔憑地險，其不可固城者在此。濁水東北流，逕堯山東。《從征記》曰：廣固城北三里，有堯山祠。堯因巡狩登此山，後人遂以名山，廟在山之左麓，廟像東面，華宇脩整，帝圖嚴飾，軒冕之容穆然，山之上頂，舊有上祠，今也毁廢，無復遺式。磐石上尚有人馬之迹，徒黄石而已，惟刀劍之蹤逼眞矣。至于燕鋒代鍔，魏鋏齊鋩，與今劍莫殊，以密模寫，知人功所制矣。西望胡公陵，孫暢之所云：青州刺史傅弘仁，言得銅棺隸書處。

《魏書》卷二《太祖紀》　天興元年春正月，慕容德走保滑臺。【略】（是歲）慕容德自稱燕王。

又　卷九五《徒何慕容德傳》　（慕容）德率户四萬南走滑臺，自稱燕王，號年爲燕元，置百官。德冠軍將軍苻廣叛於乞活壘，德留兄子和守滑臺，率衆攻廣，斬之。而和長史李辯殺和，以城來降。德無所據，乃謀於衆。其給事黄門侍郎張華勸德取彭城而據之。其尚書潘聰曰：『青齊沃壤，號曰「東秦」。土方二千里，户餘十萬，四塞之固，負海之饒，可謂用武之國。宜攻取據之，以爲關中、河内也。』德從之，引師克薛城，徐兗之民盡附之。以其南海王法爲兗州刺史，鎮梁父。進克莒城，以潘聰爲徐州刺史，鎮莒城。北伐廣固，【略】德入都廣固，僭稱尊號，號年建平。

《晉書》卷一二七《慕容德載記》　（慕容）德兄子麟自義臺奔鄴，因説德曰：『中山既没，魏必乘勝攻鄴，雖糧儲素積，而城大難固，且人情沮動，不可以戰。及魏軍未至，擁衆南渡，就魯陽王和，據滑臺而聚兵積穀，伺隙而動，計之上也。魏雖拔中山，勢不久留，不過驅掠而返。人不樂徙，理自生變，然後振威以援之，魏則内外受敵，使戀舊之士有所依憑，廣開恩信，招集遺黎，可一舉而取之。』先是，慕容和亦勸德南徙，於是許之。隆安二年，乃率户四萬、車二萬七千乘，自鄴將徙于滑臺。【略】及至滑臺，【略】德依燕元故事，稱元年，大赦境内殊死已下，置百官。【略】張華進曰：『彭城阻帶山川，楚之舊都，地險人殷，可攻而據之，以爲基本。』慕容鍾、慕輿護、封逞、韓諄等固勸攻滑臺，潘聰曰：『滑臺四通八達，非帝王之居。且北通大魏，西接强秦，此二國者，未可以高枕而待之。彭城土曠人稀，地平無險，晉之舊鎮，必距王師。又密邇江、淮，水路通浚，秋夏霖潦，千里爲湖。且水戰國之所短，吳之所長，今雖克之，非久安之計也。青、齊沃壤，號曰東秦，土方二千，户餘十萬，四塞之固，負海之饒，可謂用武之國。三齊英傑，蓄志以待，孰不思得明主以立尺寸之功！廣固者，曹嶷之所營，山川阻峻，足爲帝王之都。宜遣辯士馳説于前，大兵繼進于後，避閭渾昔負國恩，必翻然向化。如其守迷不順，大軍臨之，自然瓦解。既據之後，閉關養鋭，伺隙而動，此亦二漢之有關中、河内也。』德猶豫未決。沙門郎公素知占候，德因訪其所適。郎曰：『敬覽三策，潘尚書之議可謂興邦之術矣。今歲初，長星起於奎婁，遂掃虚危，而虚危，齊之分野，除舊布新之象。宜先定舊魯，巡撫琅邪，待秋風戒節，然後北轉臨齊，天之道也。』德大悦，引師而南，兗州北鄙諸縣悉降，置守宰以撫之。【略】德遂入廣固。

宋·李昉等《太平御覽》卷一六〇《州郡部·河南道下·青州》 《十六國春秋·南燕録》曰：慕容德初議所都，尚書潘聰曰：『青齊沃壤，號曰東秦，土方二千里，四塞之固，負海之饒，可謂用武之國。廣固者，曹嶷之所營，山川險峻，足爲王者之都。』從之。

宋·王應麟《通鑑地理通釋》卷四《歷代都邑考·十六國》 後十二年，慕容德據滑臺，今滑州。稱南燕。都廣固，今青州益都縣西。

西涼二都

《宋書》卷九八《氐胡傳·大且渠蒙遜》 （東晉隆安）四年五月，【略】敦煌太守李暠亦起兵，自號冠軍大將軍、西胡校尉、沙州刺史，太守如故。稱庚子元年，與蒙遜相抗。其冬，暠遣唐瑶及鷹揚將軍宋繇攻酒泉，獲太守大且渠益生，蒙遜從叔也。【略】義熙元年【略】五月，移據酒泉。【略】永初元年【略】（蒙遜）斬歆兄弟三人，進攻酒泉，剋之。歆弟敦煌太守恂據郡，自稱大將軍。

《魏書》卷三《太宗紀》 （泰常五年）李歆爲沮渠蒙遜所滅，歆弟恂自立於敦煌。

又 卷九九《私署涼王李暠傳》 天興中，暠私署大都督、大將軍、護羌校尉、秦涼二州牧、涼公，年號庚子，居敦煌，遣使朝貢。天賜中，改年建初，遷於酒泉，歲修職貢。暠死，子歆統任。【略】敗于蓼泉，爲蒙遜所殺，蒙遜遂克酒泉。【略】歆弟敦煌太守恂復自立于敦煌，稱冠軍將軍、涼州刺史。

宋·李昉等《太平御覽》卷一六五《州郡部·隴右道·鄯州》 劉昞《燉煌實録》曰：晉安帝隆安元年，涼州牧李暠微服出城，逢虎道邊，虎化爲人，遥呼暠爲西涼君，暠因彎弧待之。又遥遥呼暠曰：『有事告汝，無疑也。』暠知其異，投弓於地。人乃前曰：『敦煌空虛，不是福地。君之子孫，王於西涼，不如從酒泉。』言訖，乃失。暠乃移都酒泉。

宋·王應麟《通鑑地理通釋》卷四《歷代都邑考·十六國》 後三年，李暠據敦煌，稱西涼。遷酒泉，今肅州。

夏四都

北魏·酈道元《水經注》卷三《河水三》 奢延水注之。水西出奢延縣西南赤沙阜，東北流，《山海經》所謂生水出孟山者也。郭景純曰：孟或作明。漢破羌將軍段熲破羌于奢延澤，虜走洛川。洛川在南，俗因縣土謂之奢延水，又謂之朔方水矣。東北流，逕其縣故城南。王莽之奢節也。赫連龍昇七年，于是水之北，黑水之南，遣將作大匠梁公叱干阿利改築大城，名曰統萬城。蒸土加功，雉堞雖久，崇墉若新，並造五兵，器鋭精利，乃咸百鍊，爲龍雀大鐶，號曰大夏龍雀。銘其背曰：古之利器，吳楚湛盧，大夏龍雀，名冠神都，可以懷遠，可以柔逋，如風靡草，威服九區。世甚珍之。又鑄銅爲大鼓，及飛廉、翁仲，銅駝、龍虎，皆以黄金飾之，列于宫殿之前。則今夏州治也。

《宋書》卷九八《氐胡傳·大且渠蒙遜》 （義熙七年）其年夏四月，西虜赫連定爲索虜拓跋燾所破，奔上邽。

《晉書》卷一三〇《赫連勃勃載記》 諸將諫固險，不從，又復言于勃勃曰：『陛下將欲經營宇内，南取長安，宜先固根本，使人心有所憑係，然後大業可成。高平險固，山川沃饒，可以都也。』勃勃曰：『卿徒知其一，未知其二。吾大業草創，衆旅未多，姚興亦一時之雄，關中未可圖也。且其諸鎮用命，我若專固一城，彼必并力于我，衆非其敵，亡可立待。吾以雲騎風馳，出其不意，救前則擊其後，救後則擊其前，使彼疲于奔命，我則遊食自若，不及十年，嶺北、河東盡我有也。待姚興死後，徐取長安。姚泓凡弱小兒，擒之方略，已在吾計中矣。昔軒轅氏亦遷居無常二十餘年，豈獨我乎！』于是侵掠嶺北，嶺北諸城門不晝啓。興歎曰：『吾不用黄兒之言，以至于此！』黄兒，姚邕小字也。【略】乃赦其境内，改元爲鳳翔，以叱干阿利領將作大匠，發嶺北夷夏十萬人，于朔方水北、黑水之南營起都城。勃勃自言：『朕方統一天下，君臨萬邦，可以統萬爲名。』【略】

羣臣勸都長安，勃勃曰：『朕豈不知長安累帝舊都，有山河四塞之固！但荆、吳僻遠，勢不能爲人之患。東魏與我同壤境，去北京裁數百餘里，若都長安，北京恐有不守之憂。朕在統萬，彼終不敢濟河，諸卿適未見此耳！』其下咸曰：『非所及也。』乃于長安置南臺，以璝領大將軍、雍州牧、録南臺尚書事。

《魏書》卷四《世祖紀上》 （始光四年）六月甲辰，昌引衆出城，大破之。事在《昌傳》。昌將麾下數百騎西南走，奔上邽。【略】神䴥元年【略】二月，改元。赫連昌退屯平涼。【略】昌餘衆立昌弟定爲王，走還平涼。

又　卷九五《鐵弗劉虎傳》　遂僭稱皇帝於灞上，號年爲昌武，定都統萬。勒銘城南，頌其功德。以長安爲南都。【略】昌軍大潰，不及入城，奔於上邽，遂克其城。【略】昌敗，定奔於平涼，自稱尊號，改年勝光。

又　卷一〇六下《地形志下》　夏州赫連屈孑所都，始光四年平，爲統萬鎮，太和十一年改置。治大夏。領郡四，縣九。

宋・李昉等《太平御覽》卷一六四《州郡部・關西道・夏州》　《十六國春秋》曰：赫連勃勃於朔方築大城，既成，下書曰：『今都城已建，宜立美名，朕方統一天下，君臨萬國，都城宜以統萬爲名。』

宋・王應麟《通鑑地理通釋》卷四《歷代都邑考・十六國》　後二年，赫連勃勃據朔方，都統萬，今夏州。稱大夏。赫連定僭號於平涼，今渭州。

北燕首都

《宋書》卷五《文帝紀》　（元嘉）十二年春正月【略】癸酉，封黄龍國主馮弘爲燕主。

又　卷九五《索虜傳》　（拓跋）燾西定隴右，東滅黄龍，海東諸國，並遣朝貢。【略】徐州荅移曰：『【略】黄龍國主受我正朔，且渠茂虔父子歸款，彼皆殘滅俘馘，豈有先言？』

又　卷九七《夷蠻傳・東夷高句驪國》　先是，鮮卑慕容寶治中山，爲索虜所破，東走黄龍。義熙初，寶弟熙爲其下馮跋所殺，跋自立爲主，自號燕王，以其治黄龍城，故謂之黄龍國。

《晉書》卷一二四《慕容雲載記》　跋等强之，雲遂即天王位，復姓高氏，大赦境内殊死以下，改元曰正始，國號大燕。

唐・智昇《開元釋教録》卷五下　沙門釋法勇，梵名曇無竭，本姓李氏，幽州黄龍國人也。

唐・許嵩《建康實録》卷一二《宋文帝》　（元嘉十五年）夏四月，黄龍國使使貢獻。

明・梅鼎祚《宋文紀》卷一八《佚名〈宋徐州答魏移書〉》　黄龍國王受我正朔，且渠茂虔父子歸款，彼皆殘滅俘馘，豈有先言？

宋・司馬光《資治通鑑》卷一二二《宋紀四・太祖文皇帝上之下》　（宋文帝元嘉十二年正月）癸酉，詔封爲燕王，江南謂之黄龍國。以其都和龍也。今北國以和龍爲黄龍府。

宋・王應麟《通鑑地理通釋》卷四《歷代都邑考・十六國》　後二年，馮跋據和龍，營州柳城。稱北燕。

論　説

宋・李燾《六朝通鑑博議》卷五《赫連勃勃入長安長安不守》　閏月，夏主勃勃聞裕東還，大喜，問於王買德。買德曰：『關中形勢之地，而裕以幼子守之，狼狽而歸，此天以關中賜我，不可失也。』勃勃乃帥其子璝，帥騎二萬向長安。勃勃自將大軍爲後繼。十月，勃勃進據咸陽。十一月，朱齡石至長安。義眞將士貪縱人掠，而東夏赫連璝率衆追義眞。傅弘之繼後力戰連日，至青泥，晉兵大敗，弘爲王買德所擒。義眞行在前，會日暮，夏兵不窮追，得免。

臣燾曰：凡兵之道，難成者勢，易失者機。方其將竭謀、士竭勇，轉戰求勝，以成其不敵之勢，豈一日之蓄哉？而機會之間，一有不謹，以敗其勢於垂成，特跬步之轉耳。故古之人於此焉常謹之。晉自五胡亂華，中國之人厲劍槊、躡弓矢，盡精畢慮，以復其大恥，不爲一人代。陂之役，王龕不返山；桑之戰，殷浩不復位；枋頭之師，桓温不振旅：皆中國之恥。中國之人遂以戰鬭擊搏惟夷狄能之，而不敢與爭。方是時，勢在五胡而中國之所不可敵。庾氏弟兄，謝氏父子，選將士，修器械，厚積財，鍛煉激發，數十年之後而始有可用者。宋武滅慕容三齊，克譙縱於庸蜀，殄盧循於交廣，西執姚泓，而定關中，兵聲一振，天下憚服，當此之時，中國之勢幾定矣。五胡餘種，惟關東之拓跋、隴北之赫連爾。晉師之入關，縮頸卻立，不敢出氣，君臣聚議，惟伺其轉足而圖之。此機也固當審處而徐圖之耳。奈何武帝舉金城之地付之無知之孩，引兵遽還，不復顧慮，使赫連氏之接踵而取之，失地亡將不能復出，重消中國之氣，益成夷狄之勢，百年爲之，一旦敗之，不亦惜夫！昔者，秦自穆公常雄諸侯，爭割地以奉秦，秦未嘗一日忘諸侯之憂，無歲不用其師，誠以其勢不可以弱也。故古之人不慮於未成，未成則危，危則人奮；不慮於已成，已成則安，安則勢定，爲將成之會。安危之機，智者之所嘗慮，而武帝忽之，惜夫！

清・顧祖禹《讀史方輿紀要》卷一四《北直五・眞定府・定州》 漢初置中山郡，景帝改爲中山國。後漢及晉皆因之。後燕慕容垂都此，置中山尹。後魏亦爲中山郡，兼置安州，尋改爲定州。後魏主珪初得中山，置安州，建行臺於此。天興二年，改曰定州。高齊改郡曰鮮虞郡。後周置定州總管府。隋廢郡，仍曰定州。【略】

州憑鎮、冀之肩背，控幽、燕之肘腋。關山峻阻，西足以臨雲、代。川陸流通，東可以兼瀛海。語其地勢，亦河北之雄郡也。【略】後漢初，光武定河北，以中山爲驅除之始。慕容垂之復燕也，規中山險固，從而都之。拓跋氏隨而覆之，天關、恆嶺視爲坦途。中山被兵，河北州鎮，悉折而入於魏矣。魏知山東之勢，係於中山，因建行臺於此。南牧河、濟，必先集中山。蓋中山之去雲、朔，僅隔一陘，從高而下，勢若建瓴。既至中山，則出險就平，馳突較易。魏末之亂，發於六鎮，浸淫至定州，而相、魏以北，皆爲糜爛，豈非河北之安危，恆視中山之得失哉？自東魏以迄周、隋，定州皆爲重鎮。【略】州居燕、代、恆、冀之交，誠自古必爭之地。況控臨雄關，襟帶畿輔，而可泄泄視之乎？

雜録

晉・陸翽《鄴中記》 鄴宮南面三門，西鳳陽門高二十五丈，上六層，反宇向陽，下開二門。又安大銅鳳于其巔，舉頭一丈六尺。門牕户，朱柱白壁。未到鄴城七八里，遥望此門。

北魏・崔鴻《十六國春秋》卷二《後趙録》 張賓説勒曰：邯鄲、襄國，趙之舊都，依山憑險，形執之固，可擇此二邑而都。然後命將四出，授以奇略，王業可圖。

宋・李昉等《太平御覽》卷一六〇《州郡部六・河南道下・青州》 《齊記》曰：晉永嘉五年，東萊牟平曹嶷爲刺史，所築城有大澗甚廣，因之爲固，謂之廣固。城則有五龍口。

又　卷一九三《居處部・城下郭壕櫓附》 《續述征記》曰：廣固城，右有大澗甚廣，阻之爲固，謂之廣固。

南朝首都分部

宋三都

綜述

《宋書》卷二《武帝紀中》 （晉義熙十二年）九月，公次于彭城，加領徐州刺史。【略】策曰：『【略】今進授相國，以徐州之彭城、沛、蘭陵、下邳、淮陽、山陽、廣陵，兗州之高平、魯、泰山十郡，封公爲宋公。』【略】

（十三年）十月，天子詔曰：『【略】其進宋公爵爲王。』【略】

十四年正月壬戌，公至彭城，解嚴息甲。【略】

（元熙元年）七月，乃受命，赦國内五歲刑以下。遷都壽陽。【略】

二年四月，徵王入輔。六月，至京師。晉帝禪位于王。

又　卷三《武帝紀下》 永初元年夏六月丁卯，設壇於南郊，即皇帝位，柴燎告天。【略】禮畢，備法駕幸建康宮，臨太極前殿。【略】

（永初三年五月）癸亥，上崩于西殿，時年六十。秋七月己酉，葬丹陽建康縣蔣山初寧陵。

又　卷五《文帝紀》 （元嘉二十五年）夏四月乙巳，新作閶闔、廣莫二門，改先廣莫門曰承明，開陽曰津陽。

又　卷一六《禮志三》 宋武帝初受晉命爲宋王，建宗廟於彭城，依魏、晉故事，立一廟。

《晉書》卷一〇《恭帝紀》（元熙元年）秋八月，劉裕移鎮壽陽。以劉懷慎爲前將軍、北徐州刺史，鎮彭城。

宋・鄭樵《通志》卷四一《都邑略・宋齊梁陳都》 宋因晉舊，都建業。齊因宋，梁因齊，改號不改都。梁有太清之禍，建康殘毀。元帝興復，即位于江陵，魏人滅之。陳復都建業。江陵今荊南府。

齊二都

綜　述

《南齊書》卷一《高帝紀上》（宋昇明三年）三月甲辰，詔進位相國，總百揆，封十郡爲齊公，【略】甲寅，策相國齊公曰：『【略】今進授相國，以青州之齊郡，徐州之梁郡，南徐州之蘭陵、魯郡、琅邪、東海、晉陵、義興，揚州之吳郡、會稽，凡十郡，封公爲齊公。【略】』四月癸酉，詔進齊公爵爲王，【略】辛卯，宋帝禪位。

又　卷二《高帝紀下》 建元元年夏，四月甲午，上即皇帝位於南郊，設壇柴燎告天【略】。禮畢，大駕還宮，臨太極前殿。

《南史》卷三八《柳忱傳》 郢州平，（蕭）穎胄議遷都夏口，忱以巴峽未賓，不宜輕捨根本，搖動人心，不從。俄而巴東兵至峽口，遷都之議乃息。論者以爲見機。

梁三都 附後梁

綜　述

《梁書》卷一《武帝紀上》（齊中興二年正月）策曰：『【略】今進授相國，改揚州刺史爲牧，以豫州之梁郡、歷陽，南徐州之義興，揚州之淮南、宣城、吳、吳興、會稽、新安、東陽十郡，封公爲梁公。』【略】（二月）丙戌，詔曰：『【略】可進梁公爵爲王。』

又　卷二《武帝紀中》 天監元年夏四月丙寅，高祖即皇帝位於南郊。設壇柴燎，告類于天【略】。禮畢，備法駕即建康宮，臨太極前殿。

又　卷五《元帝紀》 是月（大寶二年十月），太宗崩。侍中、征東將軍、開府儀同三司、江州刺史、尚書令、長寧縣侯王僧辯等奉表曰：【略】

陛下繼明闡祚，即宮舊楚，左廟右社之制，可以權宜，五禮六樂之容，歲時取備，金芝九莖，瓊茅三脊，要衛率職，尉候相望，坐廟堂以朝四夷，登靈臺而望雲物，禪梁甫而封泰山，臨東濱而禮日觀，然後與三事大夫，更謀都鄙，左瀍右澗，夾洛可以爲居，抗殿疏龍，惟王可以在鎬，何必勤勤建業也哉？【略】

（大寶三年八月）聘魏使徐陵於鄴奉表曰：『【略】去月二十日，兼散騎常侍柳暉等至鄴，伏承圣旨謙沖，爲而弗宰，或云涇陽未復，函谷無泥，旋駕金陵，方膺天眷。愚謂大庭、少昊，非有定居；漢祖、殷宗，皆無恆宅。登封岱岳，猶置明堂；巡狩章陵，時行司隸。何必西瞻虎據，乃建王宮；南望牛頭，方称天闕。』【略】

承聖元年冬十一月丙子，世祖即皇帝位於江陵。

又　卷六《敬帝紀》（承聖）三年十一月，江陵陷，太尉揚州刺史王僧辯、司空南徐州刺史陳霸先定議，以帝爲太宰、承制，奉迎還京師。四年二月癸丑，至自尋陽，入居朝堂。【略】七月辛丑，王僧辯納貞陽侯蕭淵明，自采石濟江。甲辰，入于京師，以帝爲皇太子。九月甲辰，司空陳霸先舉義，襲殺王僧辯，黜蕭淵明。丙午，帝即皇帝位。

《陳書》卷二四《周弘正傳》 時朝議遷都，朝士家在荊州者，皆不欲遷，唯弘正與僕射王裒言於元帝曰：『若東脩以上諸士大夫微見古今者，知帝王所都本無定處，無所與疑。至如黔首萬姓，若未見輿駕入建鄴，謂是列國諸王，未名天子。今宜赴百姓之心，從四海之望。』時荊陝人士咸云王、周皆是東人，志願東下，恐非良計。弘正面折之曰：『若東人勸東，謂爲非計；君等西人欲西，豈成良策？』元帝乃大笑之，竟不還都。

《周書》卷四八《蕭詧傳》 魏恭帝元年，太祖（宇文泰）令柱國于謹伐江陵，督以兵會之。及江陵平，太祖立督爲梁主，居江陵東城，資以江陵一州之地。其襄陽所統，盡歸於我。督乃稱皇帝於其國，年號大定。

《隋書》卷七九《外戚傳·蕭巋》 周太祖以督爲梁主，遣柱國于謹等率騎五萬襲繹，滅之。督遂都江陵，有荆郡、其西平州延袤三百里之地，稱皇帝於其國，車服節文一同王者。

《南史》卷八《梁紀下》 武陵之平，議者欲因其舟艦遷都建鄴，宗懔、黄羅漢皆楚人，不願移，帝及胡僧佑亦俱未欲動。僕射王褒、左户尚書周弘正驟言卽楚非便。宗懔及御史中丞劉懿以爲建鄴王氣已盡，且渚宫洲已滿百，於是乃留。尋而歲星在井，熒惑守心，帝觀之慨然而謂朝臣文武曰：『吾觀玄象，將恐有賊。但吉凶在我，運數由天，避之何益？』及魏軍逼，閹人朱買臣按劍進曰：『惟有斬宗懔、黄羅漢，可以謝天下。』帝曰：『曩實吾意，宗、黄何罪。』二人退入於人中。

又 卷三四《周朗傳》 時朝議遷都，但元帝再臨荆陝，前後二十餘年，情所安戀，不欲歸建業。兼故府臣僚皆楚人，並欲卽都江陵，云：『建康蓋是舊都，彫荒已極。且王氣已盡，兼與北止隔一江，若有不虞，悔無所及。且臣等又聞荆南有天子氣，今其應矣。』元帝無去意。時尚書左僕射王褒及（周）弘正咸侍，帝顧曰：『卿意何如？』褒等以帝猜忌，弗敢衆中公言，唯唯而已。褒後因清閒，密諫還丹陽甚切，帝雖納之，色不悦。及明日，衆中謂褒曰：『卿昨勸還建鄴，不爲無理，吾昨夜思之，猶懷疑惑。』褒知不引納，乃止。他日，弘正乃正色諫，至于再三，曰：『若如士大夫，唯聖王所都，本無定處。至如黔首，未見入建鄴城，便謂未是天子，猶列國諸王。今日赴百姓之心，不可不歸建鄴。』當時頗相酬許。弘正退後，黄羅漢、宗懔乃言『弘正、王褒並東人，仰勸東下，非爲國計』。弘正竊知其言，他日乃復上前面折二人，曰：『若東人勸下東，謂之私計；西人勸住西，亦是私計不？』衆人默然，而人情並勸遷都。上又曾以後堂大集文武，其預會者四五百人，帝欲偏試人情，曰：『勸吾去者左袒。』於是左袒者過半。武昌太守朱買臣，上舊左右，而閹人也，頗有幹用，故上擢之。及是勸上遷，曰：『買臣家在荆州，豈不願官長住，但恐是買臣富貴，非官富貴邪！』上深感其言，卒不能用。

宋·李昉等《太平御覽》卷一五六《州郡部·敘京都下》 《三國典略》曰：梁元帝在江陵卽位，欲還都建鄴，領軍將軍胡僧祐、太府卿黄羅漢，吏部尚書宗懔、御史中丞劉瑴等曰：『建鄴氣已盡，與虜止隔一江，若有不虞，悔無及也。且渚宫洲數滿百，當出天子，陛下龍飛，是其應也。』梁主令朝臣議之，黄門侍郎周弘正、尚書左僕射王褒曰：『帝王所都，本無定處，其如黔首萬姓，未見輿駕入建業，謂是列國諸王。宜順百姓之心，從四海之望。』時江陵人士咸云弘正東人志願，東下恐非良計。弘正折之曰：『若東人勸東，謂爲非計，君等欲西，豈成良策？』梁王笑之。於後堂大會文武五百人，曰：『吾欲還建鄴，諸卿以爲何如？』衆皆愕然，莫敢先對。梁主曰：『勸吾者去左袒。』於是左袒者過半。武昌太守朱買臣入勸梁主云：『建鄴舊都，塋陵猶在；荆鎮邊疆，非王者宅。願陛下弗疑，致後悔也。臣家在荆州，豈不願陛下住？但恐是臣富貴，非陛下富貴耳。』乃召卜者杜景象決其去留，遇兆不吉，答云『未吉』。景象退而言曰：『此兆爲鬼賊也。』

論說

宋·李燾《六朝通鑑博議》卷一〇《元帝都江陵》 八月庚子，下詔將還建康。領軍將軍胡僧祐、太尉黄羅漢、吏部尚書宗懔、御史中丞劉瑴諫曰：『建康王氣已盡，與寇正隔一江，若有不虞，悔無及也。』上令朝臣議之。黄門侍郎周洪正、尚書右僕射王褒曰：『今百姓未見輿駕入建康，謂見列國諸王，願陛下從四海之望。』時羣臣多荆人，皆曰：『洪正等東人也，志願東下，恐非良計。』洪正面折之曰：『東人勸東，謂非良計。君等西人欲西，豈成長策？』上笑。又議於後堂，會者五百人，上曰：『勸吾去者左袒。』左袒者過半。武思太守朱買臣曰：『建康舊都，山陵所在；荆鎮邊疆，非王者之宅。願陛下勿疑，以致後悔。』上使術士杜景豪卜之，不吉，對上曰：『未吉。』退而言曰：『此兆爲鬼賊所留也。』上以建康彫殘，江陵全盛，意亦安之。卒從僧祐等議。

臣燾曰：王者必居形勢之中，以爲四方之望。商都亳，周都洛，秦漢都長安，天下之中也。魏居許，吳居建康，蜀居成都，一國之中也。孫權欲都鄂，而昭烈不可。温嶠欲都會稽，而王導不可，以爲建康之地，前枕大江，後倚百越，左擾泗海，右連荆、蜀，緩急有變，左右前後，迭爲屏蔽，此於形勢之中、王者之居也。而元帝有如此之勢不能居之，顧戀舊鎮，不忍輕去，不知蜀、雍既去，楚爲孤立，介居一陲，前後無援，是自閉於穴中也。欲不亡，得乎哉？嗚呼！項羽念霸楚而失關中，梁元念江陵而失建康，皆以匹夫之智，遂失天下之勢以至身亡。豈不愚甚矣夫！

雜録

宋·李昉等《太平御覽》卷七二六《方術部·卜下》 《三國典略》曰：梁武昌太守朱買臣聞元帝議遷都，入勸梁主云：「建業舊都，塋陵攸在；荆鎮邊疆，非王者宅，願陛下勿疑，致後悔也。臣家在荆州，豈不願陛下？但恐是臣富貴，非陛下富貴耳。」乃召卜者杜景豪決去留，遇兆不吉，答云：「未去。」景豪退而言曰：「此兆爲鬼賊所留也。」

陳二都

綜述

《陳書》卷一《高祖紀上》 （太平二年）九月辛丑【略】策曰：「【略】今授公相國，以南豫州之陳留、南丹陽、宣城，揚州之吴興、東陽、新安、新寧，南徐州之義興，江州之鄱陽、臨川十郡，封公爲陳公。【略】」十月戊辰，進高祖爵爲王。【略】辛未，梁帝禪位于陳。

又 卷二《高祖紀下》 永定元年冬十月乙亥，高祖卽皇帝位于南郊，柴燎告天【略】禮畢，輿駕還宫，臨太極前殿。

唐·許嵩《建康實録·序》 吴大帝在武昌七年，梁元帝都江陵三年，其實建康宫三百二十一年。

又 卷一九《陳上·高祖武皇帝》 是日，梁敬帝方智避位于别宫。高祖三讓，羣臣固請，以梁太平二年冬十月乙亥設壇于南郊，卽皇帝位，柴燎告天。禮畢，輿駕旋建康宫，臨太極前殿，大赦，改梁太平二年爲永定元年。

宋·王應麟《通鑑地理通釋》卷四《歷代都邑考·宋齊梁陳都》 宋因晉舊，都於建康。齊因宋，梁因齊。梁元帝興復，卽位於江陵。將還建康，胡僧祐等曰：「建業王氣已盡，與虜正隔一江，若有不虞，悔無及也。」帝以建康彫殘，江陵全盛，從僧祐等議，詔王僧辯鎮建康。陳復都建康。後梁蕭察都江陵，稱臣於魏，爲附庸。

論説

清·趙翼《廿二史劄記》卷八《晉書·建業有三城》 六朝時，建業之地有三城。中爲臺城，則帝居也，宫殿臺省皆在焉。其西則石頭城，嘗宿兵以衛京師。王敦内犯，周札守石頭城，開門納敦，敦遂據之以敗王師。後蘇峻之反，劫遷成帝於石頭。峻敗，帝始出。盧循舟師將至，朝臣欲分守諸津，劉裕謂「兵分則勢弱，不如聚兵石頭，則衆力不分。」乃自鎮石頭，果敗賊。宋末，袁粲據石頭，欲誅蕭道成，爲道成所殺，當時諺曰「可憐石頭城，寧爲袁粲死，不作褚淵生。」梁末，王僧辨鎮石頭，陳霸先使侯安都往襲之。石頭不甚高，軍士捧安都投入女垣内，衆隨入，遂執僧辯。後徐嗣徽引北齊兵入石頭，來逼臺城。安都自臺城以甲士突出東、西掖門，敗之。賊還石頭，遂不敢逼臺城是也。臺城之東，則有東府，凡宰相録尚書事兼揚州刺史者居之。實甲嘗數千人。晉時會稽王道子居之。劉裕秉政亦居此。裕出征，則曰「留府。」嘗使劉穆之監府事。裕討劉毅回，公卿咸候於新亭，而裕已潛還東府矣。宋末，後廢帝之弑，蕭道成移鎮東府。《順帝紀》「蕭道成出鎮東府輔政，後進爵齊王。卞彬戲謂曰「殿下今以青溪爲鴻溝，溪東爲齊，溪西爲宋。」因詠詩曰：「誰謂宋遠，跂予望之。」」陳安成、王頊輔政，入居尚書省。劉師知等忌之，矯詔令其還東府是也。可見是時，二城皆爲要地。宋後廢帝狂暴，阮佃夫欲俟其出游，閉臺城，分人守東府、石頭以拒之。會帝不出，乃止。齊豫章王嶷守東府，竟陵王子良鎮石頭，而皆造私第於京師中，遊讌忘返，因范雲謂重地不宜虛曠，嶷乃還東府，子良乃還石頭。緣此二城，拱衛京師，最居要害故也。其時尚有冶城，當徐嗣徽等引北齊兵據石頭，而市廛在南路，去臺城稍遠，恐爲城所乘，乃使徐度鎮治城寺，築壘以斷之。此又在臺城之南。

清·王鳴盛《十七史商榷》卷六四《南史合宋齊梁陳書十二·臺城》 黄之雋等《江南通志》第三十卷《古迹》門云：『臺城在上元縣治北，玄武湖側。《輿地紀勝》云：一曰苑城，本吳後苑地也。晉咸和中作新宮，遂爲宮城。下及梁陳，宮皆在此。晉宋時謂朝廷禁省爲臺，故謂宮城爲臺城。』愚考《輿地紀勝》，宋王象之撰。予從朱奂借閲，嫌殘闕未抄，此條詮臺城名義甚確。洪邁《容齋續筆》第五卷説同。《南史》及各書臺城數見，不可枚舉，試隨便舉之，則如《齊蕭允》、《梁南郡王大連》、《綏建王大摯》、《陳任忠》、《沈炯》、《賊臣侯景》等傳皆有，蓋有都城，有宮成。臺城者，宮城也。今江寧府治上元、江寧二縣，戰國爲楚金陵邑，秦改秣陵，吳改建業，晉改建康，其都城宮城則唐許嵩《建康實録》第一、第五、第七、第十等卷以爲越滅吳，范蠡始築之。孫權於建安十六年始都之，説見三十二卷。築宮曰太初宮。永嘉之亂，琅邪王叡渡江，因吳舊都城修而居之，即太初宮爲府舍。大興元年，即帝位。成帝咸和五年九月，作新宮，始繕苑城，許嵩自注云：『案苑城即建康宮城。』又云：『咸和七年十一月，新宮成，署曰建康宮。十二月，帝遷於新宮。』自注云：『案《圖經》，即今之所謂臺城也。今在縣城東北五里，周八里，有兩重墻，東晉子孫相承，四代十一帝，起戊寅，紀己未，凡一百二年，並都臺城之建康宮。』此言東晉常居之，其實宋張敦頤《六朝事迹》卷上《宮殿》門云：『晉琅邪王因吳太初宮即位，至成帝繕苑城，作新宮，宋、齊而下因之，稱建康宮。』合之《輿地紀勝》云云，則知宋、齊、梁、陳皆居之。蕭子顯於《褚淵》論云：『市朝亟革，陵闕雖殊，顧盼如一。』是也。李吉甫《元和郡縣志》卷第二十五云：『江南道潤州上元縣，晉故臺城，在縣東北五里。成帝時，蘇峻作亂，焚燒宮室都盡，温嶠已下咸議遷都，唯王導固爭不許。咸和六年，使王彬營造，七年，帝遷於新宮，即此城也。』《明一統志》第六卷云：『臺城在上元縣治東北五里，本吳後苑城，即晉建康宮城。其地據高臨下，東環平岡以爲安，西城石頭以爲重，帶玄武湖以爲險，擁秦淮、青溪以爲阻。今臙脂井南至高陽墓二里爲軍營，及民蔬圃者皆是。』《江南通志》謂今上元縣署宋建，江寧縣署明建，觀《明·志》，臺城在上元縣治東北五里，與《建康實録》、《元和郡縣志》並合，則今縣署即唐縣署故址，以此求之，古迹約略可見矣。

諸書皆言新宮對元帝舊宮而言，《南史·齊始安王遥光傳》：『東昏爲兒童時，明帝使與遥光共齋居止，呼遥光爲『安兄』，恩情甚至。及遥光誅後，東昏登舊宮土山，望東府，愴然呼曰：「安兄。」』東府是宰輔所居，在宮城東，説見下。晉成帝所遷新宮在舊宮之北，故曰後苑，説亦見下。舊宮南，羣臣居第及治事廨署分列兩旁，遥光正是以親王爲宰相者，故居東府，東昏思之，從新宮望，未爲切近，故至舊宮望之。《江南通志》：『江寧府城自鍾山之麓西抵覆舟山，建北門，一曰太平，又西據覆舟、鷄鳴，緣後湖以北至南瀆山而西八里，建北門二，曰得勝、曰金川。』臺城實在此，計宮城應於城正中位北面南，乃偏於東北者，因明初重築城，縮其東增廓其西故然。

北魏四都分部

綜　述

北魏·酈道元《水經注》卷三《河水三》 白渠水西北逕成樂城北。《郡國志》曰：成樂，故屬定襄也。《魏土地記》曰：雲中城東八十里有成樂城。今雲中郡治，一名石盧城也。白渠水又西逕魏雲中宮南。《魏土地記》曰：雲中宮在雲中縣故城東四十里。白渠水又西南逕雲中故城南。故趙地。《虞氏記》云：趙武侯自五原河曲築長城，東至陰山。又于河西造大城，一箱崩不就，乃改卜陰山河曲而禱焉。晝見羣鵠遊于雲中，徘徊經日，見大光在其下。武侯曰：此爲我乎？乃即於其處築城，今雲中城是也。秦始皇十三年，立雲中郡，王莽更郡曰受降，縣曰遠服矣。【略】

塞水出懷朔鎮東北芒中，南流逕廣德殿西山下。余以太和十八年，從高祖北巡，届于陰山之講武臺，臺之東，有高祖《講武碑》，碑文是中書郎高聰之辭也。自臺西出南上山，山無樹木，惟童阜耳，即廣德殿所在也。其殿四注兩夏，堂宇綺井，圖畫奇禽異獸之象。殿之西北，便得焜煌堂，雕楹鏤桷，取狀古之温室也。其時，帝幸龍荒，遊鸞朔北。南秦王仇池楊難當捨蕃委誠，重譯拜闕，陛見之所也。故殿以廣德爲名。魏太平眞君三年，刻石樹碑，勒宣時事，碑頌云：肅清帝道，振懾四荒。有蠻有戎，自彼氐羌，無思不服，重譯稽顙。恂恂南秦，斂斂推亡，峨峨廣德，奕奕焜煌。侍中、司徒東郡公崔浩之辭也。碑陰題宣城公李孝伯、尚書盧遐等從臣姓名，若新鏤焉。其水歷谷南出山，西南入芒干水。

又 卷一三《漯水》 （如渾水）又逕平城西郭內，魏太常七年所城也。城周西郭外有郊天壇，壇之東側有《郊天碑》，建興四年立。其水又南屈，逕平城縣故城南。《史記》曰：高帝先至平城。《史記音義》曰在雁門，即此縣矣。王莽之平順也。魏天興二年，遷都于此，太和十六年，破安昌諸殿，造太極殿東、西堂及朝堂，夾建象魏、乾元、中陽、端門、東、西二掖門、雲龍、神虎、中華諸門，皆飾以觀閣。東堂東接太和殿，殿之東階下有一碑，太和中立，石是洛陽八風谷之緇石也。太和殿之東北，接紫宫寺，南對承賢門，門南即皇信堂，堂之四周，圖古聖、忠臣、烈士之容，刊題其側，是辯章郎彭城張僧達、樂安蔣少遊筆。堂南對白臺，臺甚高廣，臺基四周列壁，閣道自内而升，國之圖籙秘籍，悉積其下。臺西即朱明閣，直侍之官，出入所由也。其水夾御路，南流逕蓬臺西。魏神瑞三年，又建白樓，樓甚高竦，加觀榭于其上，表裏飾以石粉，皜曜建素，赭白綺分，故世謂之白樓也。後置大鼓于其上，晨昏伐以千椎，爲城里諸門啓閉之候，謂之戒晨鼓也。又南逕皇舅寺西，是太師昌黎王馮晉國所造，有五層浮圖，其神圖像皆合青石爲之，加以金、銀、火齊，衆綵之上，煒煒有精光。又南逕永寧七級浮圖西，其制甚妙，工在寡雙。又南，遠出郊郭，弱柳蔭街，絲楊被浦，公私引裂，用周園溉，長塘曲池，所在布濩，故不可得而論也。一水南逕白登山西，服虔曰：白登，臺名也，去平城七里。如淳曰：平城旁之高城若丘陵矣。今平城東十七里有臺，即白登臺也，臺南對岡阜，即白登山也。故《漢書》稱上遂至平城，上白登者也。爲匈奴所圍處，孫暢之《述畫》曰：漢高祖被圍七日，陳平使能畫作美女，送與冒頓，閼氏恐冒頓勝漢，其寵必衰，說冒頓解圍於此矣。其水又逕寧先宫東，獻文帝之爲太上皇所居故宫矣。宫之東次，下有兩石柱，是石虎鄴城東門石橋柱也。按柱勒趙建武中造，以其石作工妙，徙之於此。余爲尚書祠部，與宜都王穆羆同拜北郊，親所經見，柱側悉鏤雲矩，上作蟠螭，甚有形勢，信爲工巧，去《子丹碑》則遠矣。其水又南逕平城縣故城東，司州代尹治皇都洛陽，以爲恒州。水左有大道壇廟，始光二年，少室道士寇謙之所議建也。兼諸嶽廟碑，亦多所署立，其廟階三成，四周欄檻上階之上，以木爲圓基，令互相枝梧，以版砌其上，欄陛承阿上圓，制如明堂，而專室四户，室内有神坐，坐右列玉磬，皇輿親降，受籙靈壇，號曰天師，宣揚道式，暫重當時。壇之東北，舊有靜輪宫，魏神麚四年造，抑亦柏梁之流也。臺榭高廣，超出雲間，欲令上延霄客，下絶囂浮。太平眞君十一年，又毁之。物不停固，白登亦繼褫矣。水右有三層浮圖，眞容鷲架悉結石也。裝制麗質，亦盡美善也。東郭外，太和中閹人宕昌公鉗耳慶時，立祗洹舍于東皐，椽瓦梁棟，臺壁櫺陛，尊容聖像，及牀坐軒帳，悉青石也。圖制可觀，所恨惟列壁合石，疏而不密。庭中有《祗洹碑》，碑題大篆，非佳耳。然京邑帝里，佛法豐盛，神圖妙塔，桀跱相望，法輪東轉，茲爲上矣。其水自北苑南出，歷京城内。河干兩湄，太和十年累石結岸，夾塘之上，雜樹交蔭，郭南結兩石橋，橫水爲梁。又南逕籍田及藥圃西、明堂東，明堂上圓下方，四周十二堂九室，而不爲重隅也。室外柱内，綺井之下，施機輪，飾縹碧，仰象天狀，畫北道之宿焉，蓋天也。每月隨斗所建之辰，轉應天道，此之異古也。加靈臺于其上，下則引水爲辟雍，水側結石爲塘，事準古制，是太和中之所經建也。【略】

灅水又東逕沙陵南，魏金田之地也，事同曹武鄴中定矣。

東魏·楊衒之《洛陽伽藍記·自敍》 至晉永嘉惟有寺四十二所。逮皇魏受圖，光宅嵩洛，篤信彌繁，法教愈盛。王侯貴臣，棄象馬如脫屣；庶士豪家，捨資財若遺迹。於是招提櫛比，寶塔駢羅，爭寫天上之姿，競摸山中之影。金刹與靈臺比高，廣殿共阿房等壯。豈直木衣綈繡，土被朱紫而已哉！暨永熙多難，皇輿遷鄴，諸寺僧尼，亦與時徙。至武定五年，歲在丁卯，余因行役，重覽洛陽。城郭崩毁，宫室傾覆，寺觀灰燼，廟塔丘墟，牆被蒿艾，巷羅荊棘。野獸穴於荒階，山鳥巢於庭樹。遊兒牧豎，躑躅於九逵；農夫耕稼，藝黍於雙闕。麥秀之感，非獨殷墟《黍離》之悲。信哉！周室京城表裏，凡有一千餘寺，今日寮廓，鐘聲罕聞，恐後世無傳，故撰斯記。【略】

大和十七年，後魏高祖遷都洛陽。詔司空公穆亮營造宮室，洛陽城門依魏晉舊名。東面有三門。北頭第一門曰建春門，漢曰上東門，阮籍詩曰『步出上東門』是也。魏晉曰建春門。高祖因而不改。次南曰東陽門，漢曰東中門，魏晉曰東陽門，高祖因而不改。次南曰青陽門，漢曰望京門，魏晉曰清陽門，高祖改爲青陽門。南面有三門。東頭第一曰開陽門，初漢光武遷都洛陽，作此門，始成而未有名，忽夜中有柱自來，在樓上，後瑯琊郡開陽縣言南門一柱飛去，使來視之，則是也。遂以開陽爲名。自魏及晉因而不改，高祖亦然。次西曰平昌門，漢曰平門，魏晉曰平昌門，高祖因而不改。次西曰宣陽門，漢曰津一本多一陽字。門，魏晉曰津一作宣。陽門，高祖因而不改。西面有四門。南頭第一門曰西明門，漢曰廣陽門，魏晉因而不改，高祖改爲西明門。次北曰西陽門，漢曰雍門，魏晉曰西明門，高祖改爲西陽門。次北曰閶闔門，漢曰上西門，有銅璇璣玉衡以齊七政，魏晉曰閶闔門，高祖因而不改。次北曰承明門，承明者高祖所立，當金墉城前東西大道，遷京之始宮闕未就，高祖住在金墉城，城西有上南寺，高祖數詣寺，沙門論議，故通此門而未有名，世人謂之新門。時王公卿士常迎駕於新門。高祖謂御史中尉李彪曰：曹植詩云『謁帝承明廬』，此門宜以承明爲稱。遂名之。北面有二門。西頭曰大夏門，漢曰夏門，魏晉曰大夏門，嘗造三層樓，去地二十丈，洛陽城門樓皆兩重，去地百尺，惟大夏門甍棟干雲，東頭曰廣莫門，漢曰穀門，魏晉曰廣莫門，高祖因而不改，廣莫門以西至於大夏門，宮觀相連，被諸城上也。一門有三道，所謂九軌。一作九逵。

又　卷一《城内・永寧寺》　世隆至高都，立太原太守長廣王曄爲主，改號曰建元元年。爾朱氏自封王者八人。長廣王都晉陽，遣潁川王爾朱兆舉兵向京師。【略】至（永熙三年）七月中，平陽王爲侍中斛斯椿所使，奔於長安。十月而京師遷鄴。

又　《瑶光寺》　瑶光寺北有承明門，有金墉城，即魏氏所築。晉永康中，惠帝幽於金墉城。東有洛陽小城，永嘉中所築城。東北角有魏文帝百尺樓，年雖久遠，形製如初。高祖在城内作光極殿，因名金墉城，門爲光極門，又作重樓飛閣，遍城上下，從地望之，有如雲也。

又　卷五《城北》　京師東西二十里，南北十五里，户十萬九千餘。廟社、宮室、府曹以外，方三百步爲一里，里開四門，門置里正二人，吏四人，門士八人，合有二百二十里。寺有一千三百六十七所。天平元年遷都鄴城，洛陽餘寺四百二十一所。北邙山上有馮王寺、齊獻武王寺。京東石關有元領軍寺、劉長秋寺。嵩高中有閑居寺、□禪寺、嵩陽寺、道場寺，上有中頂寺，東有升道寺，京南關口有石窟寺、靈巖寺，京西瀍澗有白馬寺、照樂寺。如此之寺既郭外，不在數限，亦詳載之。

《魏書》卷一《序紀》　（始祖神元帝拓跋力微）三十九年，遷於定襄之盛樂。【略】（穆帝拓跋猗盧）六年，城盛樂以爲北都，修故平城以爲南都。帝登平城西山，觀望地勢，乃更南百里，於灅水之陽黄瓜堆築新平城，晉人謂之小平城，使長子六脩鎮之，統領南部。【略】（惠帝拓跋賀傉）四年，帝始臨朝。以諸部人情未悉款順，乃築城於東木根山，徙都之。【略】（煬帝拓跋紇那）三年，石勒遣石虎率騎五千來寇邊部，帝禦之於句注陘北，不利，遷於大寧。【略】（昭成帝拓跋什翼犍二年）夏五月，朝諸大人於參合陂，議欲定都灅源川，連日不決，乃從太后計而止。語在《皇后傳》。【略】三年春，移都於雲中之盛樂宮。四年秋九月，築盛樂城於故城南八里。

又　卷二《太祖紀》　登國元年春正月戊申，帝（太祖道武帝拓跋珪）即代王位，郊天，建元，大會於牛川。【略】二月，幸定襄之盛樂。【略】夏四月，改稱魏王。【略】天興元年春正月，【略】帝至鄴，巡登臺榭，遍覽宮城，將有定都之意，乃置行臺，以龍驤將軍日南公和跋爲尚書，與左丞賈彝率郎吏及兵五千人鎮鄴。【略】帝慮還後山東有變，乃置行臺於中山，詔左丞相、守尚書令、衛王儀鎮中山，【略】徙山東六州民吏及徒何、高麗雜夷三十六萬，百工伎巧十萬餘口，以充京師。【略】秋七月，遷都平城，始營宮室，建宗廟，立社稷。【略】（十二月即帝位）徙六州二十二郡守宰、豪傑、吏民二千家于代都。

又　卷七下《高祖紀下》　（太和十七年秋七月）己丑，車駕發京師，南伐，步騎百餘萬。【略】庚午，幸洛陽，周巡故宮基址。帝顧謂侍臣曰：『晉德不修，早傾宗祀，荒毀至此，用傷朕懷。』遂詠《黍離》之詩，爲之流涕。【略】丙子，詔六軍發軫。丁丑，戎服執鞭，御馬而出，羣臣稽顙於馬前，請停南伐，帝乃止。仍定遷都之計。【略】冬十月戊寅朔，幸金墉城。詔徵司空穆亮與尚書李沖、將作大匠董爵經始洛京。己卯，幸河南城。【略】乙未，解嚴，設壇於滑臺城東，告行廟以遷都之意。大赦天下。起滑臺宮。【略】癸卯，幸鄴城。乙巳，詔安定王休率從官迎家於代京，車駕送於漳水上。初，帝之南伐也，起宮殿於鄴西。十有一月癸亥，宮成，徙御焉。【略】十有八年春正月丁未朔，朝羣臣於鄴宮澄鸞殿。【略】乙亥，幸洛陽西宮。【略】壬寅，車駕北巡。癸卯，濟河。【略】甲辰，詔天下，喻以遷都之意。閏月癸亥，次句注陘南，皇太子朝于蒲池。壬申，至平城宮。癸酉，臨朝堂，部分遷留。甲戌，謁永固陵。三月庚辰，罷西郊祭天。壬辰，帝臨太極殿，諭在代羣臣以遷移之略。【略】（秋七月）壬辰，車駕北巡。【略】（八月）辛未，還平城宮。【略】冬十月【略】戊申，親告太廟，奉遷神主。辛亥，車駕發平城宮。【略】（十一月）丁丑，車駕幸鄴。甲申，經比干之墓，傷其忠而獲戾，親爲弔文，樹碑而刊之。己丑，車駕至洛陽。【略】（太和二十三年三月）庚子，帝疾甚，車駕北次穀塘原。【略】顧命宰輔曰：『【略】遷都嵩極，定鼎河瀍，庶南蕩甌吳，復禮萬國，以仰光七廟，俯濟蒼生。困窮早滅，不永乃志。』

又 卷一三《皇后傳·平文皇后王氏》 昭成初欲定都於㶟源川，築城郭，起宮室，議不決。后聞之，曰：『國自上世，遷徙爲業。今事難之後，基業未固。若城郭而居，一旦寇來，難卒遷動。』乃止。

又 卷一四《東陽王拓跋丕傳》 及高祖欲遷都，臨太極殿，引見留守之官大議。乃詔丕等，如有所懷，各陳其志。燕州刺史穆羆進曰：『移都事大，如臣愚見，謂爲未可。』高祖曰：『卿便言不可之理。』羆曰：『北有獫狁之寇，南有荆揚未賓，西有吐谷渾之阻，東有高句麗之難。四方未平，九區未定。以此推之，謂爲不可。征伐之舉，要須戎馬，如其無馬，事不可克。』高祖曰：『卿言無馬，此理粗可。馬常出北方，廐在此置，卿何慮無馬？今代在恒山之北，爲九州之外，以是之故，遷于中原。』羆曰：『臣聞黄帝都涿鹿。以此言之，古昔聖王不必悉居中原。』高祖曰：『黄帝以天下未定，居于涿鹿，既定之後，亦遷于河南。』尚書于果曰：『臣誠不識古事，如聞百姓之言，先皇建都於此，無何欲移，以爲不可。中原其如是所由擬。數有篡奪。自建邑平城以來，與天地並固，日月齊明。臣雖管見膚淺，性不昭達，終不以恒代之地，而擬伊洛之美。但以安土重遷，物之常性，一旦南移，懼不樂也。』丕曰：『陛下去歲親御六軍討蕭氏，至洛，遣任城王澄宣旨，敕臣等議都洛。初奉恩旨，心情惶越。凡欲遷移，當訊之卜筮，審定吉否，然後可。』高祖謂丕曰：『往在鄴中，司徒公誕、咸陽王禧、尚書李沖等皆欲請龜占移洛吉凶之事。朕時謂誕等曰，昔周邵卜宅伊洛，乃識至兆。今無若斯之人，卜亦無益。然卜者所以決疑，此既不疑，何須卜也。昔軒轅卜兆龜焦，卜者請訪諸賢哲，軒轅乃問天老，天老謂爲善。遂從其言，終致昌吉。然則至人之量未然，審於龜矣。朕既以四海爲家，或南或北，遲速無常。南移之民，朕自多積倉儲，不令窘乏。』丕曰：『臣仰奉慈詔，不勝喜舞。』高祖詔羣官曰：『卿等或以朕無爲移徙也。昔平文皇帝棄背率土，昭成營居盛樂；太祖道武皇帝神武應天，遷居平城。朕雖虚寡，幸屬勝殘之運，故移宅中原，肇成皇宇。卿等當奉先君令德，光迹洪規。』前懷州刺史青龍，前秦州刺史呂受恩等仍守愚固，帝皆撫而答之，辭屈而退。

又 卷一九中《任城王拓跋澄傳》 後高祖外示南討，意在謀遷，齋於明堂左个，詔太常卿王諶，親令龜卜，易筮南伐之事，其兆遇《革》。高祖曰：『此是湯武革命，順天應人之卦也。』羣臣莫敢言。澄進曰：『《易》言革者更也。將欲應天順人，革君臣之命，湯武得之爲吉。陛下帝有天下，重光累葉。今曰卜征，乃可伐叛，不得云革命。此非君人之卦，未可全爲吉也。』高祖厲聲曰：『《象》云「大人虎變」，何言不吉也！』澄曰：『陛下龍興既久，豈可方同虎變！』高祖勃然作色曰：『社稷我社稷，任城而欲沮衆也！』澄曰：『社稷誠知陛下之社稷，然臣是社稷之臣子，豫參顧問，敢盡愚衷。』高祖既銳意必行，惡澄此對，久之乃解，曰：『各言其志，亦復何傷。』車駕還宮，便召澄，未及昇階，遥謂曰：『向者之《革卦》，今更欲論之。明堂之忿，懼衆人競言，阻我大計，故厲色怖文武耳，想解朕意也。』乃獨謂澄曰：『今日之行，誠知不易。但國家興自北土，徙居平城，雖富有四海，文軌未一，此間用武之地，非可文治，移風易俗，信爲甚難。崤函帝宅，河洛王里，因兹大舉，光宅中原，任城意以爲何如？』澄曰：『伊洛中區，均天下所據，陛下制御華夏，輯平九服，蒼生聞此，應當大慶。』高祖曰：『北人戀本，忽聞將移，不能不驚擾也。』澄曰：『此既非常之事，當非常人所知，唯須决之聖懷，此輩亦何能爲也。』高祖曰：『任城便是我之子房。』加撫軍大將軍、太子少保，又兼尚書左僕射。及駕幸洛陽，定遷都之策，高祖詔曰：『遷移之旨，必須訪衆。當遣任城馳驛向代，問彼百司，論擇可否。近日論《革》，今眞所謂革也，王其勉之。』既至代都，衆聞遷詔，莫不驚駭。澄援引今古，徐以曉之，衆乃開伏。澄遂南馳還報，會車駕於滑臺。高祖大悦曰：『若非任城，朕事業不得就也。』

又　卷一九下《南安王拓跋楨傳》　後高祖南伐，楨從至洛，及議遷都，首從大計，高祖甚悦。

又　卷二二《廢太子恂傳》　遷洛，詔恂詣代都。其進止儀禮，高祖皆爲定。及恂入辭，高祖曰：『今汝不應向代，但太師薨於恒壤，朕既居皇極之重，不容輕赴舅氏之喪，欲使汝展哀舅氏，拜汝母墓，一寫爲子之情。汝至彼，太師事畢後日，宜一拜山陵。拜訖，汝族祖南安可一就問訊。在途，當温讀經籍。今日親見吾也。』後高祖每歲征幸，恂常留守，主執廟祀。恂不好書學，體貌肥大，深忌河洛暑熱，意每追樂北方。中庶子高道悦數苦言致諫，恂甚銜之。高祖幸崧岳，恂留守金墉，於西掖門內與左右謀，欲召牧馬輕騎奔代，手刃道悦於禁中。

又　卷三五《崔浩傳》　神瑞二年，秋穀不登，太史令王亮、蘇坦因華陰公主等言讖書國家當治鄴，應大樂五十年，勸太宗遷都。浩與特進周澹言於太宗曰：『今國家遷都於鄴，可救今年之饑，非長久之策也。東州之人，常謂國家居廣漠之地，民畜無算，號稱牛毛之衆。今留守舊部，分家南徙，恐不滿諸州之地。參居郡縣，處榛林之間，不便水土，疾疫死傷，情見事露，則百姓意沮。四方聞之，有輕侮之意，屈丐、蠕蠕必提挈而來，雲中、平城則有危殆之慮，阻隔恒代千里之險，雖欲救援，赴之甚難，如此則聲實俱損矣。今居北方，假令山東有變，輕騎南出，耀威桑梓之中，誰知多少？百姓見之，望塵震服。此是國家威制諸夏之長策也。至春草生，乳酪將出，兼有菜果，足接來秋，若得中熟，事則濟矣。』太宗深然之，曰：『唯此二人，與朕意同。』復使中貴人問浩、澹曰：『今既糊口無以至來秋，來秋或復不熟，將如之何？』浩等對曰：『可簡窮下之户，諸州就穀，若來秋無年，願更圖也。但不可遷都。』太宗從之，於是分民詣山東三州食，出倉穀以稟之。來年遂大熟。

又　卷五三《李沖傳》　車駕南伐，加沖輔國大將軍，統衆翼從。自發都至於洛陽，霖雨不霽，仍詔六軍發軫。高祖戎服執鞭，御馬而出，羣臣啓顙於馬首之前。高祖曰：『長驅之謀，廟算已定，今大軍將進，公等更欲何云？』沖進曰：『臣等不能折衝帷幄，坐制四海，而令南有竊號之渠，實臣等之咎。陛下以文軌未一，親勞聖駕，臣等誠思亡軀盡命，效死戎行。然自離都淫雨，士馬困弊，前路尚遥，水潦方甚。且伊洛境內，小水猶尚致難，况長江浩汗，越在南境。若營舟檝，必須停滯，師老糧乏，進退爲難，矜喪反旆，於義爲允。』高祖曰：『一同之意，前已具論。卿等正以水雨爲難，然天時頗亦可知。何者？夏既炎旱，秋故雨多，玄冬之初，必當開爽。比後月十間，若雨猶不已，此乃天也，脱於此而晴，行則無害。古不伐喪，謂諸侯同軌之國，非王者統一之文。已至於此，何容停駕？』沖又進曰：『今者之舉，天下所不願，唯陛下欲之。漢文言，吾獨乘千里馬，竟何至也？臣有意而無其辭，敢以死請。』高祖大怒曰：『方欲經營宇宙，一同區域，而卿等儒生，屢疑大計，斧鉞有常，卿勿復言！』策馬將出。於是大司馬、安定王休，兼左僕射、任城王澄等並殷勤泣諫。高祖乃諭羣臣曰：『今者興動不小，動而無成，何以示後？苟欲班師，無以垂之千載。朕仰惟遠祖，世居幽漠，違衆南遷，以享無窮之美，豈其無心，輕遺陵壤。今之君子，寧獨有懷？當由天工人代、王業須成故也。若不南鑾，即當移都於此，光宅土中，機亦時矣，王公等以爲何如？議之所決，不得旋踵，欲遷者左，不欲者右。』安定王休等相率如右。南安王楨進曰：『夫愚者闇於成事，智者見於未萌。行至德者不議於俗，成大功者不謀於衆，非常之人乃能非常之事。廓神都以延王業，度土中以制帝京，周公啓之於前，陛下行之於後，固其宜也。且天下至重，莫若皇居，人之所貴，寧如遺體？請上安聖躬，下慰民望，光宅中原，輟彼南伐。此臣等願言，蒼生幸甚。』羣臣咸唱『萬歲』。

高祖初謀南遷，恐衆心戀舊，乃示爲大舉，因以協定羣情，外名南伐，其實遷也。舊人懷土，多所不願，內憚南征，無敢言者，於是定都洛陽。沖言于高祖曰：『陛下方修周公之制，定鼎成周。然營建六寢，不可遊駕待就；興築城郛，難以馬上營訖。願暫還北都，令臣下經造，功成事訖，然後備文物之章，和玉鑾之響，巡時南徙，軌儀土中。』高祖曰：『朕將巡省方岳，至鄴小停，春始便還，未宜遂不歸北。』尋以沖爲鎮南將軍，侍中、少傅如故，委以營構之任。

又 卷六〇《韓顯宗傳》 既定遷都，顯宗上書：

其一曰：竊聞輿駕今夏若不巡三齊，當幸中山，竊以爲非計也。何者？當今徭役宜早息，洛京宜速成。省費則徭役可簡，并功則洛京易就。往冬輿駕停鄴，是閑隙之時，猶編户供奉，勞費爲劇。聖鑒矜愍，優旨殷勤，爵浹高年，賚周鰥寡，雖賑貸普霑，今猶恐來夏菜色。況三農要時，六軍雲會，其所損業，實爲不少。雖調斂輕省，未足稱勞，然大駕親臨，誰敢寧息？往來承奉，紛紛道路，田蠶暫廢，則將來無資。此國之深憂也。且向炎暑，而六軍暴露，恐生癘疫，此可憂之次也。臣願輿駕早還北京，以省諸州供帳之費，并功專力，以營洛邑。則南州免雜徭之煩，北都息分析之歎，洛京可以時就，遷者僉爾如歸。

其二曰：自古聖帝必以儉約爲美，亂主必以奢侈貽患。仰惟先朝，皆卑宮室而致力於經略，故能基宇開廣，業祚隆泰。今洛陽基址，魏明帝所營，取譏前代。伏願陛下損之又損。頃來北都富室，競以第宅相尚，今因遷徙，宜申禁約，令貴賤有檢，無得逾制。端廣衢路，通利溝渠，使寺署有別，四民異居，永垂百世不刊之範，則天下幸甚矣。

其三曰：竊聞輿駕還洛陽，輕將數千騎，臣甚爲陛下不取也。夫千金之子，猶坐不垂堂，況萬乘之尊，富有四海乎？警蹕於闈闥之內者，豈以爲儀容而已，蓋以戒不虞也。清道而後行，尚恐銜蹶之或失，況履涉山河，而不加三思哉！此愚臣之所以悚息，伏願陛下少垂省察。

又 卷七九《成淹傳》 高祖敕淹曰：『朕以恆代無運漕之路，故京邑民貧。今移都伊洛，欲通運四方，而黄河急浚，人皆難涉。我因有此行，必須乘流，所以開百姓之心。』

又 卷一一〇《食貨志》 （北魏太祖）天興初，制定京邑，東至代郡，西及善無，南極陰館，北盡參合，爲畿內之田。【略】太宗永興中，頻有水旱，詔簡宮人非所當御及非執作伎巧，自餘出賜鰥民。神瑞二年，又不熟，京畿之內，路有行饉。帝以饑將遷都於鄴，用博士崔浩計乃止。於是分簡尤貧者就食山東。

又 卷一〇六上《地形志上》 恆州。天興中置司州，治代都平城，太和中改。

又 卷一〇六中《地形志中》 洛州。太宗置，太和十七年改爲司州，天平初復。

《北史》卷二七《張濟傳》 先是，晉雍州刺史楊佺期乞師於常山王遵以禦姚興。（道武）帝遣濟爲遵從事，即報之。濟自襄陽還，帝問濟江南事。濟曰：『【略】（楊佺期）又曰：「魏定中山，徙幾户於北？」臣答：「七萬餘家。」佺期曰：「都何城？」臣答：「都平城。」佺期曰：「有此大衆，何用城爲！」又曰：「魏帝欲爲久都平城？將移也？」臣答：「非所知也。」佺期聞朝廷不都山東，貌有喜色，曰：「洛城救援，仰恃於魏，若獲保全，當必厚報。如爲羌所乘，寧使魏取。」』道武嘉其辭，厚賞其使，許救洛陽。

宋·鄭樵《通志》卷四一《都邑略·後魏都》 魏拓跋氏甚微，至道武帝諱珪始盛强。晉太元間，作都于代。六世，孝文帝改姓元氏，遷于洛陽。後世微弱，孝武帝爲高歡所逼，出居長安，依宇文泰，是爲西魏。高歡立孝静帝，遷都于鄴，是爲東魏。高氏繼東魏，居鄴，謂之北齊。宇文泰繼西魏，居長安，謂之後周。

宋·司馬光《資治通鑑》卷一〇六《晉紀二八·烈宗孝武皇帝中之上》 （晉孝武帝太元十一年）胡三省注：自武周塞西出至牛川，牛川以北，皆大漠也。據魏紀，窟咄之來寇也，珪乞師於燕，自弩山至牛川，屯於延水，南出代谷以會燕師。又據水經注，於延水出長川城南，則長川即牛川也。班志，於延水出代郡且如塞外，則牛川亦當在且如塞外也。又明元帝大獮于牛川，登釜山。括地志：釜山在嬀州懷戎縣北三里。【略】

按盛樂，《前漢書》作成樂，屬定襄；《後漢書》作盛樂，屬雲中。疑定襄之盛樂，即雲中之盛樂也。然《魏志·帝紀》，什翼犍立三年，移都於雲中之盛樂；明年，築盛樂城於故城南八里，則已非《前漢》之盛樂城；疑定襄之盛樂，乃《前漢》之成樂城也。蓋建武之初，匈奴侵寇，塞下之民悉内徙。其後南單于内附，北單于勢屈，復歸内徙之民於塞下，郡縣城郭，掃地更爲，必有非其故處者。考宋白《續通典》，唐振武軍，漢定襄郡之盛樂也，在陰山之陽，黄河之北，後魏所都盛樂是也；在唐朔州北三百餘里。後魏孝文遷洛之後，於定襄故城置朔州，領盛樂、廣牧二郡。唐初平突厥，置雲中都督府於盛樂。貞觀八年，移雲州雲中郡及定襄縣於今雲州，而雲中都督府後又改單于都護府，又改安北都護府。由是雲中、定襄，地名混亂不可考，而盛樂則一也。

宋·王應麟《通鑑地理通釋》卷四《歷代都邑考·後魏都》 拓跋氏，東胡之後，別部鮮卑，劉道原以爲檀石槐，兩部大人推寅之後。世居北荒，因大鮮卑山爲號。鮮卑山，在營州柳城縣東二百里棘城之東。塞外亦有鮮卑山，在遼西之北一百里，未詳孰是。力微遷定襄之盛樂。盛樂縣在朔州北，《漢志》成樂。禄官分國爲三部。一居上谷北濡源西，東接宇文部，自統之；一居代郡之參合陂北，使子猗㐌統之；一居定襄之盛樂故城，使猗盧統之。晉懷帝時，劉琨表以猗盧爲大單于，封代公，徙馬邑，唐爲朔州。城盛樂以爲北都，修故平城以爲南都。愍帝進猗盧爲代王。食代、常山二郡。《通典》：『今代州城，後魏所置。』賀傉始都東木根山，什翼犍更營盛樂。建國元年，卽位於繁畤北。三年，都雲中之盛樂宫。四年，築盛樂城於故城南八里。秦苻堅殺寔君而分其國。什翼犍之孫珪立爲代王，登國元年卽位，是爲道武。都雲中，在朔州北三百餘里，《魏土地記》：『雲中宫，在雲中故城東四十里。』《唐志》：單于府金河縣，『本道武所都，秦、漢雲中郡地』。改代曰魏，自雲中徙都平城，置司州代尹。天興元年，遷都平城。《後漢注》：『今雲州定襄縣。』《通典》：『卽今雲州，隋雲内縣常安鎮也。』孝文太和十九年，遷洛陽，以平城之司州爲恒州，洛陽置司州河南尹。二十年，改爲元氏。後孝武遷長安，爲西魏；孝靜遷鄴，爲東魏。孝文經鄴，登銅雀臺，崔光曰：『鄴城平原千里，漕運四通，有西門、史起舊迹可以饒富，請都之。』孝文曰：『鄴城非長久之地。石虎傾於前，慕容滅於後，國富主奢，暴成速敗。且西有枉人山，東有列人縣，北有柏人城，君子不飲盜泉，惡其名也。』葉氏曰：『孝文慕華風，變夷俗，始遷洛邑，根本既虚，隨卽崩潰。然則用夏變夷者，聖人之道也；以夷制夏者，夷狄之利也。失其利則衰，反其常則滅，烏得謂黎民懷之，三才其舍諸？』

論說

宋·李燾《六朝通鑑博議》卷八《魏孝文遷都洛陽》 永明十一年，魏主召穆亮使與尚書李沖、將作大匠董爾經營洛都。乙未，魏解嚴，設壇於滑臺城東，告行廟以遷都之意。大赦，起滑臺。任城王澄至平城，衆始聞遷都，莫不驚。澄援引古今，徐以曉之，衆乃開伏。澄還報於滑臺，魏主喜曰：非任城，朕事不成。建武元年二月壬寅，使羣臣更論遷都事。八月戊申，親告太廟，使高陽王雍子烈奉遷神主於洛陽。辛亥，發平城戍卒。魏主至洛陽。

臣燾曰：臣於魏孝文徙都之事而益知天意之所在矣。裔而謀夏，夷而亂華，豈天意之所與哉？今孝文又以封豕、長蛇之性薦食上國，卜宅中土，遂欲以氣吞江南而有之，其無中國甚矣。於是上天震怒，速底其罰。孝文遷都之後，坐席未煖，太子畏熱則反，諸王至山東則又反，大臣歸河北則又反。雖夷狄之性，不安於中華，然亦可以知天意之所在也。孝文不知畏天貪婪之心，死而未已，連歲南伐，卒以不還，傳世一再，女主擅朝，姦臣竊命，而拓跋氏之基業遂不安矣。當時若使齊室僅得中主，君臣以乘其亂，則百年之寇，一朝可平。惜其怯懦，太過坐視其亂而無能焉。上失天意，下違民心，豈不惜夫！

清·王鳴盛《十七史商榷》卷六六《北史合魏齊周隋書二·北都》 南北朝建都之地，南惟梁元帝暫居江陵，其餘皆在建康，今江南江寧府，而北魏則屢遷都。蓋魏自黄帝子昌意之子受封北國，有大鮮卑山，因以爲號，統幽都之北，廣漠之野，黄帝以土德王，北俗以土爲托，以后爲跋，故以爲氏。積六七十代而至毛，又傳至推寅，南遷大澤，昏冥沮洳，至詰汾更南徙，歷年乃出，始居匈奴故地，自詰汾以前，其地固不可詳，詰汾所居曰匈奴故地，則《漢書》可考。其後國中乍亂乍定，遷徙無桓，直至道武帝天興元年始定都平城，王應麟《通鑑地理通釋》第四卷云：『平城，卽雲州定襄縣。』陳景雲《紀元要略》云：『平城，今山西大同府。』至孝文帝改姓元氏，又遷洛陽，則今河南河南府。《通典》第一百七十一卷《州郡門》云『後魏起北方，至道武下山東，攻拔慕容寶中山，自注：「今博陵郡唐昌縣。」遂有河北之地，遷都平城。自注：『今雲中郡。』」孝文太和十九年，『遷都洛陽』云云，是也。後孝武入關都長安，爲西魏，則今陝西西安府；靜帝遷鄴，爲東魏，則今河南彰德府。

藝文

《魏書》卷八二《祖瑩傳》 尚書令王肅曾於省中詠《悲平城》詩，云：『悲平城，驅馬入雲中。陰山常晦雪，荒松無罷風。』

雜録

《魏書》卷五四《高閭傳》 遷都洛陽，閭表諫，言遷有十損，必不獲已，請遷於鄴。高祖頗嫌之。

又 卷八四《儒林傳·梁祚》 又作《代都賦》，頗行於世。

《南齊書》卷五七《魏虜傳》 什翼珪始都平城，猶逐水草，無城郭，木末始土著居處。佛狸破梁州、黄龍，徙其居民，大築郭邑。截平城西爲宮城，四角起樓，女墻，門不施屋，城又無塹。南門外立二土門，内立廟，開四門，各隨方色，凡五廟，一世一間，瓦屋。其西立太社。佛狸所居雲母等三殿，又立重屋，居其上。飲食厨名『阿眞厨』，在西，皇后可孫恒出此厨求食。初，姚興以塞外虜赫連勃勃爲安北將軍，領五部胡屯大城，姚泓敗後，入長安。佛狸攻破勃勃子昌，娶勃勃女爲皇后。義熙中，仇池公楊盛表云『索虜勃勃，匈奴正胤』是也。可孫昔妾媵之。殿西鎧仗庫屋四十餘間，殿北絲綿布絹庫土屋一十餘間。僞太子宮在城東，亦開四門，瓦屋，四角起樓。妃妾住皆土屋。婢使千餘人，織綾錦販賣，酤酒，養猪羊，牧牛馬，種菜逐利。太官八十餘窖，窖四千斛，半穀半米。又有懸食瓦屋數十間，置尚方作鐵及木。其袍衣，使宮内婢爲之。僞太子別有倉庫。

其郭城繞宮城南，悉築爲坊，坊開巷。坊大者容四五百家，小者六七十家。每南坊搜檢，以備姦巧。城西南去白登山七里，於山邊別立父祖廟。城西有祠天壇，立四十九木人，長丈許，白幘、練裙、馬尾被，立壇上，常以四月四日殺牛馬祭祀，盛陳鹵簿，邊壇奔馳奏伎爲樂。城西三里，刻石寫《五經》及其國記，於鄴取石虎文石屋基六十枚，皆長丈餘，以充用。

唐·李吉甫《元和郡縣志》卷一八《河東道五·雲州》 曹公鳩集荒散，又立平城縣，屬新興郡。晉又改屬雁門。晉亂，劉琨表封猗盧爲代王，都平城。後魏道武帝又於此建都，東至上谷軍都關，西至河，南至中山隘門塞，北至五原，地方［五］千里，以爲甸服。孝文帝改爲司州牧，置代尹。孝文帝遷都洛邑，改置恒州。孝昌之際，亂離尤甚，恒、代之北盡爲丘墟。高齊文宣帝天保七年，置恒安鎮，徙豪傑三千家以實之，今名東州城。其年廢鎮，又置恒州。周武平齊，州郡並廢，又於其所置恒安鎮屬朔州。自州迄隋仍爲鎮也。

宋·樂史《太平寰宇記》卷五五《河北道四·相州》 漢高祖置魏郡，理鄴。後漢，冀州之理。韓馥爲冀州之牧，居鄴。其後，袁紹、曹操因之。建安十七年，册命操爲魏公，居鄴。黄初二年，以廣平、陽平、魏三郡爲三魏，長安、譙、許、鄴、洛陽爲五都。石季龍自襄國徙都之，仍改太守爲魏尹。慕容雋平冉閔，又自薊徙都之，仍置司隸校尉。苻堅平鄴，以王猛爲冀州牧。後魏於此立相州。初，道武幸鄴，訪立州名，尚書崔光對曰：『昔河亶甲居相，聖王天命所相，宜曰相州。』道武從之。按：《後魏書》：孝文帝太和十八年，卜遷都。經鄴郡，登銅雀臺。御史崔光等曰：鄴城平原千里，漕運四通，有西門、史起舊迹，可以饒富。在德不在險，請都之。』孝文曰：『君知其一，未知其二，鄴城非久長之地，石虎傾於前，慕容没於後，國富主奢，暴成速敗。且西有枉人山，東有列人縣，北有栢人，君子不飲盜泉，惡其名也。』遂止。東魏靜帝遷都於此，改置魏尹及司州牧。北齊武帝又都焉，改魏尹爲清郡都尹。周平齊後，改爲相州。大象二年自故鄴移相州於安陽城，卽今理也。

東魏首都分部

綜述

《魏書》卷一二《孝靜帝紀》 （永熙三年）冬十月丙寅，（孝靜帝）即位于城東北，大赦天下，改永熙三年爲天平元年。【略】壬申，有事於太廟。詔曰：『安安能遷，自古之明典；所居靡定，往昔之成規。是以殷遷八城，周卜三地。吉凶有數，隆替無恆。事由於變通，理出於不得已故也。高祖孝文皇帝式觀乾象，俯協人謀，發自武州，來幸嵩縣，魏雖舊國，其命惟新。及正光之季，國步孔棘，喪亂不已，寇賊交侵，俾我生民，無所措手。今遠遵古式，深驗時事，考龜襲吉，遷宅漳滏。庶克隆洪基，再昌寶歷。主者明爲條格，及時發邁。』丙子，車駕北遷于鄴。詔齊獻武王留後部分。改司州爲洛州，以衛大將軍、尚書令元弼爲驃騎大將軍、儀同三司、洛州刺史，鎮洛陽。詔從遷之户，百官給復三年，安居人五年。十有一月，【略】庚寅，車駕至鄴，居北城相州之廨。改相州刺史爲司州牧，魏郡太守爲魏尹，徙鄴舊人西徑百里以居新遷之人，分鄴置臨漳縣，以魏郡、林慮、廣平、陽丘、汲郡、黎陽、東濮陽、清河、廣宗等郡爲皇畿。

又 卷七九《張熠傳》 天平初，遷鄴草創，右僕射高隆之、吏部尚書元世儁奏曰：『南京宮殿，毁撤送都，連筏竟河，首尾大至，自非賢明一人，專委受納，則恐材木耗損，有闕經構。熠清貞素著，有稱一時，臣等輒舉爲大將。』詔從之。熠勤於其事。尋轉營構左都將。

又 卷八四《儒林傳・李業興》 遷鄴之始，起部郎中辛術奏曰：『今皇居徙御，百度創始，營構一興，必宜中制。上則憲章前代，下則模寫洛京。今鄴都雖舊，基址毁滅，又圖記參差，事宜審定。臣雖曰職司，學不稽古，國家大事非敢專之。通直散騎常侍李業興碩學通儒，博聞多識，萬門千户，所宜訪詢。今求就之披圖案記，考定是非，參古雜今，折中爲制，召畫工并所須調度，具造新圖，申奏取定。庶經始之日，執事無疑。』詔從之。

又 卷一〇六《地形志上》 司州治鄴城，魏武帝國於此。太祖天興四年置相州。天平元年遷都改。

《北齊書》卷二《神武帝紀下》 初，神武自京師將北，以爲洛陽久經喪亂，王氣衰盡，雖有山河之固，土地褊狹，不如鄴，請遷都。魏（出）帝曰：『高祖定鼎河洛，爲永永之基，經營制度，至世宗乃畢。王既功在社稷，宜遵太和舊事。』神武奉詔。至是復謀焉。遣三千騎鎮建興，益河東及濟州兵，於白溝虜船不聽向洛，諸州和糴粟運入鄴城。【略】神武以孝武既西，恐逼崤、陝，洛陽復在河外，接近梁境，如向晉陽，形勢不能相接，乃議遷鄴，護軍祖瑩贊焉。詔下三日，車駕便發，户四十萬狼狽就道。神武留洛陽部分，事畢還晉陽。

宋・李昉等《太平御覽》卷九〇一《獸部・驢》 《三國典畧》曰：東魏靜帝遷都鄴，尚書郎已下盡令乘驢。

西魏首都分部

綜述

《魏書》卷一一《出帝紀》 （永熙三年七月）丁未，帝爲（斛斯）椿等迫脅，遂出於長安。【略】（八月）辛酉，齊獻武王西迎車駕。戊辰，制曰：『晦爲明始，亂實治基，爰著天道，又符人事。故姬祚中微，踐土有勤王之役；劉氏將傾，北軍致左袒之舉。用能隆此遠年，克兹卜世。永熙之季，權佞擅朝，羣小是崇，動賢見害。官緣價以貴賤，獄因貨而死生。宗祏飄若綴旒，民命棄如草莽。大丞相位居晉鄭，任屬桓文，興甲汾川，問罪伊洛。羣姦畏威，擁迫人主，以自蔽衛，遠出秦方。雖車駕流移，未即返御，然權佞將除，天下延頸。魏邦雖舊，其化惟新，思與兆民，同兹更始。可大赦天下。』

又 卷八〇《斛斯椿傳》 獻武王以椿亂政，欲誅之。椿譖説既行，因此遂相恐動。出帝勒兵河橋，令椿爲前軍，營於邙山北。尋遣椿率步騎數千鎮虎牢。椿弟豫州刺史元壽與都督賈顯智守滑臺，獻武王令相州刺史竇泰擊破之。椿懼己不免，復啓出帝，假説遊聲以劫脅。帝信之，遂入關，椿亦西走長安。

《北齊書》卷二《神武帝紀下》 （永熙三年）七月，魏帝躬率大衆屯河橋。神武至河北十餘里，再遣口申誠款，魏帝不報。神武乃引軍渡河。魏帝問計於羣臣，或云南依賀拔勝，或云西就關中，或云守洛口死戰。未決。而元斌之與斛斯椿爭權不睦，斌之棄椿徑還，紿帝云：『神武兵至。』即日，魏帝遜於長安。己酉，神武入洛陽，停於永寧寺。

《周書》卷一《文帝紀上》 （魏永熙三年）會斌之與斛斯椿爭權不協，斌之遂棄椿還，紿帝云：『高歡兵至。』七月丁未，（魏出）帝遂從洛陽率輕騎入關，太祖備儀衛奉迎，謁見東陽驛。【略】乃奉帝都長安。披草萊，立朝廷，軍國之政，咸取太祖決焉。

雜録

宋·宋敏求《長安志》卷一《總敘》 京兆府。【略】獻帝時董卓謂陳紀曰：三輔平敞，四面險固，土地肥美，號曰陸海，遂都長安。魏文帝分河西爲涼州，隴右爲秦州，改京兆尹爲太守，馮翊、扶風各除左右，仍以三輔屬司隸。晉省司隸，於長安置雍州，統京兆、馮翊、扶風、安定、始平、北地、新平七郡，州治京兆郡。惠帝永安元年，張方刼帝幸長安。光熙元年六月，還洛陽。愍帝之後，劉聰、劉曜、石勒、苻健、苻堅、姚萇相繼竊據之。勒復置雍州，健置司隸校尉，堅分司隸爲雍州，分京兆爲咸陽郡。萇改『長安』曰『常安』。萇孫泓爲劉裕所滅，東晉復置雍州及京兆郡，尋爲赫連勃勃所破。遣子璝鎮長安，號曰南臺。後魏太武始元元年，破赫連昌，以其地置秦、雍、南秦三州，雍治京兆，秦治天水，南秦治伏羌，雍州領京兆、馮翊、扶風、咸陽、北地等五郡三十一縣。京兆郡領縣八。長安、杜城、鄠、山北、新豐、霸城、陰槃、藍田。孝武永熙三年，自洛遷都長安，號西魏，復置京兆尹。《北史》曰：後周明帝二年六月，分長安爲萬年縣，並居京城，改雍州刺史爲牧，京兆郡守爲尹。後周與隋因之。

北齊首都分部

綜述

《魏書》卷一〇六上《地形志上》 司州治鄴城，魏武帝國於此。太祖天興四年處置相州。天平元年遷都改。【略】

并州【略】太原郡【略】晉陽【略】（北魏）出帝永昌中霸朝置大丞相府。武定初，齊獻武王上置晉陽宮。

《隋書》卷三〇《地理志中》 太原山川重複，實一都之會，本雖後齊別都，人物殷阜，然不甚機巧。俗與上黨頗同，人性勁悍，習於戎馬。

《北史》卷六《齊紀上》 （永熙元年）七月壬寅，神武帥師北伐爾朱兆。【略】遂自滏口入。爾朱兆大掠晉陽，北保秀容。并州平。神武以晉陽四塞，乃建大丞相府而定居焉。【略】（武定）三年正月【略】丁未，神武請於并州置晉陽宮，以處配口。

宋·王應麟《通鑑地理通釋》卷四《歷代都邑考·後周北齊都》 齊，高氏，繼東魏，都鄴。後魏置相州。東魏初，遷都，置魏尹。北齊改爲清都，以鄴爲上都，晉陽爲下都，鄴縣省入臨漳縣。

雜録

北齊·顔之推《顔氏家訓》卷上《治家篇》 鄴下風俗專以婦持門户，爭訟曲直，造請逢迎，車乘填街衢綺羅盈府寺，代子求官，爲夫訴屈，此乃恒代之遺風乎？』【略】河北人事多由内政。綺羅金翠不可廢闕，羸馬顇奴僅充而已，唱和之禮或爾汝之。

《隋書》卷四六《長孫平傳》 鄴都俗薄，舊號難治，前後刺史多不稱職。

又 卷五六《令狐熙傳上》 （隋文帝）【略】顧謂侍臣曰：『鄴都，天下難理處也。』

又　卷六三《衛玄傳》　其後拜魏郡太守，尚書如故。（隋煬）帝謂玄曰：『魏郡名都，衝要之所，民多姦宄，是用煩公。此郡去都，道里非遠，宜數往來，詢謀朝政。』

又　卷七三《梁彥光傳》　後數歲，轉相州刺史。彥光前在岐州，其俗頗質，以靜鎮之，合境大化，奏課連最，爲天下第一。及居相部，如岐州法。鄴都雜俗，人多變詐，爲之作歌，稱其不能理化。上（隋文帝）聞而譴之，竟坐免。歲餘，拜趙州刺史，彥光言於上曰：『臣前待罪相州，百姓呼爲戴帽餳。臣自分廢黜，無復衣冠之望，不謂天恩復垂收採。請復爲相州，改弦易調，庶有以變其風俗，上答隆恩。』上從之，復爲相州刺史。豪猾者聞彥光自請而來，莫不嗤笑。彥光下車，發摘姦隱，有若神明，於是狡猾之徒，莫不潛竄，合境大駭。初，齊亡後，衣冠士人多遷關內，唯技巧、商販及樂户之家移實州郭。由是人情險詖，妄起風謠，訴訟官人，萬端千變。彥光欲革其弊，乃用秩俸之物，招致山東大儒，每鄉立學，非聖哲之書不得教授。常以季月召集之，親臨策試。有勤學異等、聰令有聞者，升堂設饌，其餘並坐廊下。有好諍訟、惰業無成者，坐之庭中，設以草具。及大成，當舉行賓貢之禮，又於郊外祖道，並以財物資之。於是人皆剋勵，風俗大改。

又　《樊叔略傳》　鄴都俗薄，號曰難化。朝廷以叔略所在著稱，遷相州刺史，政爲當時第一。

北周二都分部

綜　述

《周書》卷三《閔帝紀》　元年春正月辛丑，卽天王位。柴燎告天，朝百官於路門。【略】丁未，會百官於乾安殿，班賞各有差。

又　卷四《明帝紀》　（二年三月）庚申，詔曰：『三十六國，九十九姓，自魏氏南徙，皆稱河南之民。今周室既都關中，宜改稱京兆人。』【略】（六月）分長安爲萬年縣，並治京城。

又　卷七《宣帝紀》　（大成元年正月）戊午，行幸洛陽。【略】二月癸亥，詔曰：『河洛之地，世稱朝市。上則於天，陰陽所會；下紀於地，職貢路均。聖人以萬物阜安，乃建王國。時經五代，世歷千祀，規模弘遠，邑居壯麗。自魏氏失馭，城闕爲墟，君子有戀舊之風，小人深懷土之思。我太祖受命酆鎬，胥宇崤函，蕩定四方，有懷光宅。高祖神功聖略，混一區宇，往巡東夏，省方觀俗，布政此宮，遂移氣序。朕以眇身，祇承寶祚，庶幾聿修之志，敢忘燕翼之心。一昨駐蹕金墉，備嘗遊覽，百王制度，基趾尚存，今若因修，爲功易立。宜命邦事，修復舊都。奢儉取文質之間，功役依子來之義。北瞻河內，咫尺非遥，前詔經營，今宜停罷。』於是發山東諸州兵，增一月功爲四十五日役，起洛陽宮。常役四萬人，以迄于晏駕。並移相州六府於洛陽，稱東京六府。【略】又詔曰：『洛陽舊都，今既修復，凡是元遷之户，並聽還洛州。此外諸民欲往者，亦任其意。河陽、幽、相、豫、亳、青、徐七總管，受東京六府處分。』

（大象二年二月癸未）是日，洛陽有禿鶖鳥集於新營太極殿前。【略】及營洛陽宮，雖未成畢，其規模壯麗，踰於漢魏遠矣。

又　卷三〇《竇熾傳》　宣政元年，兼雍州牧。及宣帝營建東京，以熾爲京洛營作大監。宮苑制度，皆取決焉。【略】隋文帝輔政，停洛陽宮作，熾請入朝。

又　卷三一《韋孝寬傳》　時或勸孝寬，以爲洛京虛弱，素無守備，河陽鎮防，悉是關東鮮卑，迥若先往據之，則爲禍不小。乃入保河陽。河陽城內舊有鮮卑八百人，家並在鄴，見孝寬輕來，謀欲應迥。孝寬知之，遂密造東京官司，詐稱遣行，分人詣洛陽受賜。既至洛陽，並留不遣。因此離解，其謀不成。

又　卷三二《盧愷傳》　大象初，拜東京吏部下大夫。

宋・王應麟《通鑑地理通釋》卷四《歷代都邑考・後周北齊都》

周，宇文氏，繼西魏，都長安。於長安城中置萬年縣。唐高宗幸故長安城，問侍臣：『秦、漢以來，幾君都此？』許敬宗曰：『秦居咸陽，漢惠帝始城之。其後苻堅、姚萇、宇文周居之。』

州郡王國建置部

曹魏分部

綜述

《晉書》卷一四《地理志上》 魏武定霸，三方鼎立，生靈版蕩，關洛荒蕪，所置者十二，新興、樂平、西平、新平、略陽、陰平、帶方、譙、樂陵、章武、南鄉、襄陽。所省者七，上郡、朔方、五原、雲中、定襄、漁陽、廬江。而文帝置七，朝歌、陽平、弋陽、魏興、新城、義陽、安豐。明及少帝增二，明，上庸也；少，平陽也。得漢郡者五十四焉。【略】

司州。【略】魏氏受禪，即都漢宮，司隸所部河南、河東、河內、弘農並冀州之平陽，合五郡，置司州。【略】

平陽郡。故屬河東，魏分立。【略】

陽平郡。魏置。【略】

廣平郡。魏置。【略】

兗州。【略】

陳留國。漢置。統縣十，户三萬。魏武帝封。【略】

豫州。【略】魏武分沛立譙郡，魏文分汝南立弋陽郡。【略】

許昌。漢獻帝都許。魏禪，徙都洛陽，許宮室武庫存焉，改爲許昌。【略】

汝陰郡。魏置郡，後廢，泰始二年復置。【略】

譙郡。魏置。【略】

弋陽郡。魏置。【略】

安豐郡。魏置。【略】

幽州。【略】

范陽國。漢置涿郡。魏文更名范陽郡。【略】

平州。【略】魏置東夷校尉，居襄平，而分遼東、昌黎、玄菟、帶方、樂浪五郡爲平州，後還合爲幽州。【略】

昌黎郡。漢屬遼東屬國都尉，魏置郡。【略】

并州。【略】建安十八年，省入冀州。二十年，始集塞下荒地立新興郡，後又分上黨立樂平郡。魏黄初元年，復置并州，自陘嶺以北並棄之，至晉因而不改。【略】

新興郡。魏置。【略】

雍州。【略】獻帝時又置雍州，自三輔距西域皆屬焉。魏文帝即位，分河西爲涼州，分隴右爲秦州，改京兆尹爲太守，馮翊、扶風各除左右，仍以三輔屬司隸。【略】

涼州。【略】獻帝時，涼州數有亂，河西五郡去州隔遠，於是乃別以爲雍州。末又依古典定九州，乃合關右以爲雍州。魏時復分以爲涼州，刺史領戊己校尉，護西域，如漢故事，至晉不改。【略】

秦州。案《禹貢》本雍州之域，魏始分隴右置焉，刺史領護羌校尉，中間暫廢。

又 卷一五《地理志下》 荆州。【略】後漢獻帝建安十三年，魏武盡得荆州之地，分南郡以北立襄陽郡，又分南陽西界立南鄉郡，分枝江以西立臨江郡。及敗于赤壁，【略】南陽、襄陽、南鄉三郡爲魏。而荆州之名，南北雙立。【略】魏文帝以漢中遺黎立魏興、新城二郡，明帝分新城立上庸郡。【略】荆州統南郡、武昌、武陵、宜都、建平、天門、長沙、零陵、桂陽、衡陽、湘東、邵陵、臨賀、始興、始安十五郡，其南陽、江夏、襄陽、南鄉、魏興、新城、上庸七郡屬魏之荆州。【略】

襄陽郡。魏置。【略】

新城郡。魏置。【略】

魏興郡。魏置。【略】

上庸郡。魏置。【略】

揚州。【略】揚州統丹楊、吴、會稽、吴興、新都、東陽、臨海、建安、豫章、鄱陽、臨川、安成、廬陵南部十四郡。江西廬江、九江之地，自合肥之北至壽春悉屬魏。

宋·鄭樵《通志》卷四〇《地理略·歷代封畛》 臣謹按：【略】

魏氏據中原，有州十二：司隸、荊、豫、兗、青、徐、涼、秦、冀、幽、并、揚、雍。分涼州置秦州，治上邽，今天水郡。揚治壽春，今郡。徐治彭城，今郡。荊治襄陽，今郡。兗治武威，今郡。餘並因前代。有郡國六十八，東自廣陵，文帝黃初六年，親征幸廣陵故城，及旋師，留張遼屯江都。齊王嘉平後屬吳。即今郡。壽春、毌丘儉、諸葛誕皆鎮之。合肥，明帝青龍元年，滿寵於合肥西北三十里築新城，吳軍頻攻不拔。即今廬江郡。故魏明帝云：先帝東置合肥，南守襄陽，西固祁山，賊來輒破於三城之下者，地有所必爭是也。沔口、建安十五年，文聘為江夏太守，鎮焉。其後吳軍頻攻不拔。青龍後屬吳。即今漢陽郡。西陽、黃初中，滿寵令將守之。今齊安郡。襄陽，建安二十四年，徐晃守之，蜀將關羽攻不下。重兵以備吳，是時，江淮間除鎮兵之處更無人居。明帝青龍中，吳孫權遣數千家佃於江北，為滿寵破之。西自隴西、今郡是。南安、今隴西郡隴西縣。齊王嘉平五年，蜀將姜維來伐，攻隴西、南安，皆不剋。祁山、明帝太和二年，蜀將諸葛亮攻祁山城，不拔。今同谷郡長道縣東十里。漢陽、明帝青龍二年，蜀將諸葛亮來伐，遣兵備此。即今天水郡。陳倉、建安二十四年，蜀將破夏侯妙才於漢中，遂令張郃守陳倉。太和二年，諸葛亮以大衆攻之，將軍郝昭以千人守，亮攻二旬餘不拔。故城今在縣東二十里。亮攻郿，又不剋。郿故城在今縣東北十五里，並今扶風郿縣。重兵以備蜀。

清·謝鍾英《補三國疆域志補注》卷一　司州。

《十三州志》：京師之州，司隸校尉掌焉，故曰司州。魏受禪，都洛陽，陳留王奐以漢司隸所部三河、弘農四郡及分河東所立之平陽，原注：先屬冀州。分河南所立滎陽置司州。

鍾英按：《杜恕傳》：恕太和中上疏稱兗、豫、司、冀。《孫權傳》：黃龍元年，權乃三分天下，豫、青、徐、幽屬吳，兗、冀、并、涼屬蜀，其司州之土以函谷關為界。吳黃龍元年，即魏太和三年。兩傳所言皆紀當時語，是司州置於文明之世。洪氏從《晉書·地理志》、《元和郡縣志》謂陳留王置，非也。

凡得漢舊郡四，增置郡二。

鍾英按：《晉書·地理志》「司州」下云：光武都洛陽，魏氏受禪即都漢宮。司隸所部河南、河東、河內、弘農并冀州之平陽，合五郡，置司州。《元和郡縣志》：司州領河南、河東、河內、弘農、平陽五郡，是魏司州無滎陽郡。又考《魏志》，蘇峻河南中牟人，鄭渾河南開封人，中牟、開封，《晉·志》並屬滎陽郡。蓋魏末已省滎陽并河南，故承祚書法如此。《一統志》：魏置滎陽郡，尋罷。晉太始元年復置。三國郡縣省置移易宜以最後為斷。洪氏不要其終，謂司州領郡六，非也。【略】

治河南。

《晉書·地理志》「河南郡洛陽」下云：司隸校尉，治列城內。

河南尹，本秦三川郡，漢改今名。

魏領縣十三。

洪氏領縣從《晉書·地理志》、《太平寰宇記》。今據《三國志》，以滎陽郡并入，刪陽翟，補平縣，據《晉書》補原武，據《寰宇記》補穀城，據《一統志》度陽城入潁川，為二十二縣。《司馬芝傳》：芝黃初中入為河南尹。《王肅傳》：肅正始中為河南尹。《辛毗傳》：毗子敞咸熙中為河南太守。鍾英按：稱太守，史家駁文。即此。其境北界河內，以河為境，南界潁川，東界陳留，西界弘農。【略】

滎陽郡。魏正始三年，分河南置。領縣八。《水經注》：正始三年，歲在甲子，被癸丑詔書，割河南郡縣自鞏闕以東創建滎陽郡，以李勝為郡守。原注：《曹真傳》注：李勝為滎陽太守。今考《傅嘏傳》，為滎陽守亦在正始時，則《水經注》之言信也。又《孫禮傳》：太祖時遷滎陽都尉，蓋河南郡大漢末已別建都尉，至正始三年乃升為郡耳。沈《志》、《晉書·地理志》等皆以為晉太始元年置，豈魏末暫廢，晉復立邪？【略】

河東郡。秦置。

《漢書·地理志》：河東郡，秦置。

魏領縣十。

今據《元和志》，移新安入弘農，為九縣。《文帝紀》：黃初三年，封子霖為河東王。《少帝紀》：甘露三年，以司州之河東、平陽合并州六郡為晉公國。其境東及北界平陽，西南並以河為境。【略】

平陽郡。魏正始八年，分河東置。

《少帝紀》：正始八年，分河東汾北之十縣為平陽郡。

縣十二。

鍾英按：洪氏領縣從《晉·志》。其境北界西河，東界上黨，南距

汾水，西限大河。【略】

河內郡。漢置。

班《志》：河內郡，高帝元年為殷國，二年更名。《諸侯王表》：二年三月，屬漢，為河內郡。

魏領縣十。

鍾英按：《晉・志》：河內郡，縣九。洪氏從《魏・志》增武德。今據《魏・志》，以朝歌郡并入，為十六縣。《武帝紀》：建安四年，公濟河，圍射犬眭固、長史薛洪。河內太守繆留降，還軍敖倉，以魏种為河內太守。其境東界陳留、東郡，南界河南，西界平陽，北界上黨。【略】

弘農郡。漢置。

班《志》：弘農郡，武帝元鼎四年置。

魏領縣七。

鍾英按：《郡國志》：弘農郡，九城。洪氏以陸渾屬河南，新安屬河東為領縣七。今考沈《志》，『弘農太守』下弘農、陝、澠池、宜陽、盧氏，並云漢舊縣。沈《志》：凡縣自漢至宋不移屬者云漢舊縣。後凡引沈《志》漢舊縣仿此。華陰，魏屬弘農。《元和志》新安、《一統志》湖亦言魏屬弘農。今據之，移河東之新安來屬，為八縣。《賈逵傳》：太祖征馬超，過弘農，曰：此西道之要，以逵領弘農太守。正始中有太守何楨，見《魏志・管寧傳》。嘉平中有太守高陽劉類。見《魏略・苛吏傳》。其境東界河南，西界京兆，南界南陽，北界河東。

又 卷二 豫州。漢建安元年，魏武迎漢帝，都許。及平黄巾、何儀、黄邵等，地遂入魏。

《魏武紀》：建安元年春正月，太祖軍臨武平，袁術所置陳相袁嗣降。汝南、潁川黄巾何儀、劉辟、黄邵、何曼等衆各數萬。二月，太祖進軍討破之，斬辟、邵等，儀及其衆皆降。

得漢舊郡六。

《郡國志》：豫州統潁川、汝南、陳國、梁國、魯國、沛國。

增置郡六。

襄城、汝陰、陽安、弋陽、譙郡、安豐。

凡統郡十二。

鍾英按：《吳志》書『丁奉，廬江安豐人』，『陳武，廬江松滋人』，是魏末已廢安豐入廬江。《魏志》書『杜襲，潁川定陵人』，《晉・志》『武帝受命，分潁川立襄城郡』，是魏末又廢襄城入潁川。沈《志》『汝南太守』下『陽安』、『朗陵』並云：漢舊縣。《晉・志》：魏武置郡十二，不數陽安，蓋不久即廢。故沈《志》於『陽安』、『朗陵』云漢舊縣也。今據之，并安豐於廬江，并襄城於潁川，并陽安、汝陰說詳汝陰郡下。於汝南、沛，為八郡。沈《志》：豫州有陳郡。胡三省曰：魏豫州統汝南、梁國、沛郡、譙郡、魯郡、安豐。考安豐郡嘉平後廢，胡氏偶不檢耳。

治汝南安成。王應麟《地理通釋》云：治譙。今考沈《志》，豫州，漢治譙，魏治安成。《通釋》蓋因漢而誤。

鍾英按：《賈逵傳》：逵為豫州刺史。明帝即位時，州軍在項，汝南、弋陽諸郡守境而已。逵以為宜開直道臨江，乃移屯潦口，陳攻取之計。太和二年，帝使逵督前將軍滿寵、東莞太守胡質，從西陽直向東關。《滿寵傳》：太和三年，寵為豫州刺史。孫權欲自出，寵度其必襲西陽，而為之備。考西陽之說有二。據《水經注》，在今黄岡縣東北百六十里。鍾英按：《方輿紀要》作東南地勢斗入蘄春縣界，疑『南』為『北』之譌，今改作『東北』。據《寰宇記》，在今光山縣西二十里。《賈逵傳》既云『開直道臨江』，則潦口當係濱江之地，與西陽相近，故太和二年即從西陽直向東關。又《滿寵傳》：太和五年，吳將陸遜向廬江，寵以為舍船二百里，後尾空懸。若西陽在光山，權豈能舍船數百里，越三關而襲之哉？故《賈逵》、《滿寵》兩傳所言：『西陽』斷在黄州境內。是為漢舊縣。至於光州之西陽，或係少帝時僑置。考《孫權傳》，赤烏四年八月，陸遜城邾；《寰宇記》謂陸遜常以三萬人守之。赤烏四年為魏正始元年。吳城邾以逼西陽，魏懾吳逼，故徙縣於三關之北。《漢晉春秋》：正始七年，袁淮言於曹爽曰：自江夏以東淮南諸郡，三后以來，其所亡幾何，非以近賊疆埸鈔掠之故哉？孫權自十數年以來，大田江北，繕治甲兵，敢遠其水陸次平土云云。江夏之東為魏弋陽郡，是即魏弋陽蹙境之明證。但魏雖蹙境，其地亦虛。所以東晉之初，光州以南、黄州府北盡為羣蠻也。其境東界揚州，西界荆州，北界司州，南與吳接境。【略】

潁川郡。秦置。

班《志》：潁川郡，秦置。

魏領縣八。

鍾英按：《郡國志》：潁川郡十七城。今據《三國志》、《一統志》，移河南之陽翟、陽城來屬，以襄城郡并入。據《元和志》，補潁陽為十八縣。其境西及北界河南，南界汝南、南陽，東界陳郡。【略】

襄城郡。魏分潁川郡置，領縣七。《晉·地理志》云：「泰始二年置。」今考沈《志》，「潁川郡」下魏分置襄城郡。《元和郡縣志》亦同云。至晉咸康三年省，則言晉置，蓋誤。

鍾英按：魏置襄城郡，其後旋省，故《魏志》書「杜襲，潁川定陵人」。沈《志》據其初，《魏志》要其終耳。宜以《魏志》為斷。《元和郡縣志》所載，因沈《志》而為之詞，不足據也。【略】

汝南郡。漢置。

班《志》：汝南郡，高帝置。

魏領縣十三。

今據《三國志》，補南頓、汝陽、灈、強、細陽、富波。據沈《志》，以陽安郡及汝陰郡所分八縣并入。據《一統志》，補新陽、征羌為三十縣。《李通傳》：通定淮、汝之地，拜汝南太守。《程昱傳》：昱子曉遷汝南太守。《寰宇記》：漢汝南郡，後漢、魏、晉如之。其境東界沛國，西界南陽，南界弋陽，北界陳郡，西北界潁川。【略】

陽安郡。魏分汝南置，領縣二。《李通傳》：分汝南二縣以通為陽安都尉。原注：《魏略》：李通領陽安太守。《趙儼傳》：袁紹招誘豫州諸郡，惟陽安郡不動。蓋魏武破張繡時所立。

鍾英按：魏受禪後，陽安郡不見於《國志》，蓋魏武置郡不久即廢。今從沈《志》并入汝南。【略】

汝陰郡。魏黃初三年分汝南置，景初二年以沛郡十縣來屬，共領縣十八。

《明帝紀》：景初二年分沛國蕭、相、竹邑、符離、蘄、銍、龍亢、山桑、洨、虹十縣為汝陰郡。然承祚書「劉馥，沛國相人」；武周、薛綜，沛國竹邑人」；劉元，沛郡蘄人」，《寰宇記》「虹縣」下云「魏初屬汝陰郡」，是十縣魏末已還屬沛國。

《通典》：司馬懿使鄧艾屯田於此。《元和郡縣志》：魏文帝黃初三年，原注：《太平寰宇記》作「元年」。鍾英按：《寰宇記》作「三年」，洪氏所見本蓋異。以汝陰縣屬汝陰郡，則郡當亦此年分立。惟沈《志》云：「晉武帝分汝南置。」今考《地理志》「汝陰郡」下云：魏置郡，後廢。太始二年復立。何承天《志》「汝陰郡」亦云：故屬汝陰。晉武帝改屬汝南。合此數條及明帝景初二年紀，則魏時有汝陰郡明甚。沈《志》蓋誤以復立時為始置時也。今據《魏·志》、《晉·地理志》、《通典》等列入。

鍾英按：沈《志》「汝陰郡」下既云「晉武帝分汝南置」，《晉書·地理志》「汝陰郡」下又云「魏置郡，後廢。太始二年復立」，是魏分汝南置汝陰郡，其後郡廢，縣還屬汝南，所以晉武復分汝南置汝陰郡。今據之，并汝陰於汝南。【略】

弋陽郡。魏分江夏、汝南置。

《通典》：魏分江夏、汝南置弋陽郡。

領縣五。

杜預《左傳·僖公五年》注：弦國在弋陽軑縣。沈《志》「弋陽太守」下期思、弋陽並云漢舊縣，「西陽太守」下云本縣名，二漢屬江夏，魏立弋陽郡，又屬焉。晉廢帝分弋陽為西陽國，領西陽、西陵，是未分之前，西陽、西陵皆屬弋陽郡。此皆洪氏所據。《晉·地理志》：魏文分汝南立弋陽。

沈《志》「弋陽太守」：魏文帝分汝南立，是即《晉·志》所本。

今考《田豫傳》，遷弋陽太守在魏武時，後又從鄢陵侯彰平代，復遷南陽太守，而文帝始嗣位，疑郡屬魏武所置，非魏文也。

《陸凱傳》：孫皓與晉平使者丁忠自北還，説皓弋陽可襲。即此。其境西界江夏，東界廬江，北界汝南，南與吳接境。【略】

梁郡。漢置。

班《志》：梁國，故秦碭郡，高帝五年為梁國元城。《王禮傳》：太和五年，任城王楷子悌嗣禮，後六年改封梁王。鍾英按：據此，魏作梁國，《寰宇記》「自漢至晉，為梁國」是也。洪氏云「梁郡」，殆誤。

魏領縣六。

今據《一統志》，補薄縣為七縣。其境東界沛國，北界濟陰，西界陳留，陳郡，南界譙郡。【略】

陳郡。漢置。

班《志》：淮陽國，高帝十一年置。劉昭曰：章和二年改陳國。

魏東阿王植徙封此，因改作國。植子徙封濟北，還作郡。

《陳思王傳》：太和六年，以陳四縣封植為陳王，邑子志徙封濟北王。

領縣五。

今據《三國志》、《一統志》，補三縣，為八縣。其境北界陳留，南界汝南，西界潁川，東界譙郡。【略】

譙郡。魏武分沛郡置。

《晉・志》：魏武分沛立譙郡。《魏書》：鍾繇敗後，分徐、豫二州，以譙郡立南兗州。事在正始四年。鍾英按：《鍾繇傳》：繇卒於正始四年。『敗』字係『卒』字之訛。南兗州不見《三國志》，蓋不久即廢。

領縣五。《元和郡縣志》、《太平寰宇記》又云：黄初元年立。

《寰宇記》：文帝黄初元年，以先人舊都立為譙國，與長安、許昌、鄴、洛陽號為『五都』。

今考沈《志》引王粲詩『既入譙郡界』云云，粲亡在建安中，則以為黄初時立者非矣。何承天《志》又云魏明帝始分立，更誤。今從《晉書・地理志》。《太平寰宇記》又云：魏改梁國已氏縣為譙郡。

鍾英按：《寰宇記》『已氏縣』下云：漢屬梁國，魏於此置北譙郡，後齊郡縣廢，是北譙郡與譙無涉，洪氏引之，非也。又考《水經注・淮水篇》，黄初中，文帝以酇、城父、山桑、銍置譙郡。嵇康之先自會稽遷於譙之銍縣，蓋譙郡置於魏武。至文帝時或有移易，故《水經注》遂謂文帝所置。樂史不察，仍其誤耳。洪氏從《晉・志》，最為得實。其境東界沛國，西界陳郡，北界梁國，南界汝南。【略】

魯郡。秦薛郡，漢改今名。

班《志》：魯國，故秦薛郡，高后元年為魯國。

魏領縣六。

《張遼傳》：袁紹破，別遣遼定魯國諸縣，即此。其境東界泰山，西界山陽，東平任城，北界濟北，南界沛。【略】

安豐郡。魏文帝分廬江置。領縣五。

鍾英按：洪氏領縣從《晉・志》。胡三省曰：魏安豐郡，領縣五，屬豫州。

沈《志》云：魏文分廬江置安豐，而『安豐縣』下又云：晉武帝立安豐郡。前後不同。今考沈《志》，於『尋陽郡』下云：太康元年，省蘄春郡，改蘄春之安豐為高陵及邾縣，皆屬武昌。安豐縣應屬本郡。而云蘄春之安豐者，可證魏立安豐郡，後蓋旋廢，以其縣幷蘄春郡。至晉武太康中，又廢蘄春郡而立安豐郡。故《志》又云晉武立安豐郡也。

鍾英按：蘄春郡屬吴，安豐郡屬魏。《吴・志》：朱異率三萬人進屯安豐通鑑，在正始八年，此後吴兵未嘗至安豐，則魏安豐不得屬吴。蘄春郡，沈《志》明云『改蘄春之安豐為高陵』，可知蘄春郡之安豐與安豐郡之安豐無涉，洪氏誤以兩安豐為一地，遂令蘄春、安豐郡界不清。又考《王基傳》，大將軍曹爽請基為從事中郎，出為安豐太守，郡接吴，寇敵不敢犯，時在正始八年。《魏略》：諸葛恪攻合肥新城，張特以守城功遷安豐太守，時在嘉平五年。而承祚書『丁奉，廬江安豐人』、『陳武，廬江松滋人』，蓋嘉平後廢安豐入廬江。故承祚據其終言之。沈《志》云『魏文帝分廬江置安豐』，又於『安豐縣』云『晉武立安豐郡』，其前後互異，即安豐郡已置復廢之明證。今據之，以安豐幷廬江。

又 卷三 冀州。漢建安十年，平袁氏，地入魏。

《武帝紀》：建安九年，定鄴，天子以曹公為冀州牧。

十年，攻袁譚，破之，冀州平。十八年，以冀州之河東、河內、鍾英按：二郡，魏屬司州。魏郡、趙國、中山、常山、鉅鹿、安平、甘陵、平原十郡為魏國。《晉・志》：冀州，歷後漢，至晉不改。

得漢舊郡十二。

魏郡、鉅鹿、趙國、常山、中山、安平、平原、樂陵、博陵、渤海、河間、清河，皆漢舊郡。

增置郡四。

廣平、陽平、朝歌、章武，皆魏置郡。

凡統郡十六。

胡三省《通鑑》注：魏冀州統鉅鹿、趙國、常山、中山、安平、平原、樂陵、博陵、渤海、河間、清河，無魏郡、廣平、陽平、朝歌、章武。沈《志》：魏郡，魏、晉屬司隸。今考《晉・志》、《元和郡縣志》，魏司州無魏郡。蓋魏廣平、陽平三郡，至晉始度司州。章武郡，《晉・志・序例》、《元和郡縣志》並云魏屬冀州。今據《三國志》，并朝歌於河内，為十三郡、二國。

治鄴。黃初中，徙治信都。

《地形志》：冀州，後漢治高邑。袁紹、曹操為冀州，治鄴。魏、晉治信都。《元和郡縣志》：黃初中以鄴為五都之一，始移冀州，治信都。其境南界兖州、青州，北界幽州，西界并州，東盡海。【略】

魏郡。漢置。

班《志》：魏郡，高帝置。

魏領縣十。

洪氏領縣本《晉・志》魏郡、頓邱郡。今據《三國志》，移衛國入陽平；據《晉・志》，移易陽入廣平，補長樂；據《晉書》，補安陽；據胡三省說，以陽平之頓邱來屬；據《一統志》，補梁期為十二縣。《鍾繇傳》：繇子毓為魏郡太守，即此。

黃初二年，以魏郡、廣平、陽平為三魏。

《武帝紀》：建安十七年，割河内之蕩陰、朝歌、林慮，東郡之衛國、頓邱、東武陽、發干，鉅鹿之癭陶、曲周、南和，廣平之鍾英按：廣平是縣，屬鉅鹿。《志》衍「之」字，宜刪。任城，鍾英按：任城屬東平，任縣屬鉅鹿，《志》衍「城」字。趙之襄國、邯鄲、易陽以益魏郡。十八年，分魏郡為東西部，置都尉。《水經注》：分魏郡為東西部都尉，故曰三魏。

長安、譙、許昌、鄴、洛陽為五都。

《魏略》曰：改長安、譙、許昌、鄴、洛陽為五都，立石表。西界宜陽，北循太行，東北界陽平，南循魯陽，東界郯，為中都之地。其境北界廣平，南界陳留，東界陽平、東郡，西界河内。【略】

廣平郡。魏黃初二年，以魏郡西部置。

《文帝紀》：黃初二年，以魏郡西部為廣平郡。《廣平哀王儼傳》：黃初三年，封廣平王。四年薨，無子，國除。

領縣十五。

鍾英按：《晉・地理志》：廣平郡有易陽，無曲周。洪氏從《寰宇記》，録曲周，以易陽屬魏郡，其餘皆本《晉・志》。今移易陽來屬。據《晉書・地道記》，刪肥鄉，仍為十五縣。其境西界上黨，東界陽平，南界魏郡，北界安平、鉅鹿、趙國、樂平。【略】

陽平郡。黃初二年，以魏郡東部置。

《文帝紀》：黃初二年，以魏郡東部為陽平郡。

領縣八。

洪氏領縣從《晉・志》。今據《三國志》，以魏郡衛國來屬，移頓邱於魏郡，移發干於東郡，為七縣。其境西界魏郡、廣平，北界清河，東及南界東郡。【略】

朝歌郡。魏黃初中，分河内郡置，移屬冀州。領縣六。

《元和郡縣志》：魏黃初中，置朝歌郡，屬冀州。晉武改朝歌為汲。

鍾英按：《晉・志》：太始二年，置汲郡。《水經注》：清水過汲縣北，縣故汲郡，晉太康中立。《魏志》書「楊俊，河内獲嘉人」、「張範，河内修武人」，蓋黃初中置朝歌郡，其後已廢入河内，故承祚書法如此。《賈充傳》：充魏時為汲郡典農中郎將。《少帝紀》：咸熙元年，罷屯田官，諸典農皆為太守。原武、野王、宜陽三縣以典農中郎為太守。其時三縣皆升為郡。充為汲典農中郎將，廢典農為太守，故汲亦號為郡。晉受禪後，遂分河内立汲郡，非魏朝歌，至晉改為汲郡也。《一統志》：魏初置朝歌郡，尋罷。今據《魏志》、《水經注》、《晉・地理志》，廢朝歌郡入河内。【略】

鉅鹿郡。秦置。

班《志》：鉅鹿郡，秦置。

魏領縣二。

洪氏領縣從《晉・志》。今據《地形志》、《寰宇記》，補楊氏、南䜌為四縣。其境南界廣平，東界安平，南及北界趙國。【略】

趙國。漢置。

班《志》：趙國，故秦邯鄲，高帝四年，為趙國。

魏黃初中，鉅鹿王幹徙封此。

鍾英按：《張範傳》：魏國初建，範弟承以丞相參軍祭酒領趙郡太守。《趙王幹傳》：黃初二年封燕公，三年為河間王，五年改封樂城縣，七年徙封鉅鹿。太和六年改封趙。洪氏云黃初中徙封，非也。

領縣九。

洪氏領縣從《晉・志》。其境南界廣平，北界常山、中山、博陵，西界樂平，東界鉅鹿。【略】

常山郡。漢置。

班《志》：常山郡，高帝置。

魏領縣八。

《晉・志》：常山郡無上艾。今從《一統志》，移上艾於樂平，為七縣。《寰宇記》：後漢常山國，魏如之。其境西界樂平、太原、雁門，東界中山，南界趙國，北界代郡。【略】

中山國。漢置。

班《志》：中山國，高帝置郡。景帝三年為國。

魏黃初中，漢陽王兗徙封此。

鍾英按：《魏志》：中山王兗，黃初七年徙封濮陽，太和二年就國，六年改封中山。洪氏言：黃初中徙封，非也。《寰宇記》：景帝封靖王為中山國，後漢因之，魏晉不改。

領縣九。

洪氏從《寰宇記》録廣昌，餘皆從《晉・志》。今據《三國》，縣本漢新市縣，地在定州西南五十里。《縣志》：晉新樂縣西南四十五里新城鋪。【略】

安平郡。漢置國。

《郡國志》：安平國，故信都，高帝置。明帝名樂成，延光元年改今名。

魏除作郡。

《武帝紀》：建安十八年，以安平等十郡為魏國。文帝時盧毓為太守。見《魏志・盧毓傳》。明帝時陳騫為太守。見《晉書・陳騫傳》。嘉平三年封司馬懿為安平郡公，不受。見《晉書・宣帝紀》。晉復作國，太始元年封司馬孚。

領縣十。

洪氏從《地形志》録南宮、堂陽，餘皆本《晉・志》。今據《地形志》，移渤海之阜城來屬，為十一縣。其境西界趙國、鉅鹿，東界清河、渤海，南界廣平，北界河間、博陵。【略】

平原郡。漢置。

班《志》：平原郡，漢置。

中興後作國。

《後漢書》：殤帝延平元年，封和帝子勝為中原王。

桓帝建和二年，封弟固為中原王。鍾英按：《郡國志》：終於順帝而平原作郡，蓋誤。

建安中，國除。

《武帝紀》：建安九年，曹公入平原界，略定諸縣。十八年以冀州、平原等十郡為魏國。鍾英按：平原除國當在此時。

魏黃初三年復置國，七年除為郡。

《文帝紀》：黃初三年，封齊公叡為平陽王。七年，叡入為皇太子。《劉曄傳》：曄子陶為平陽太守。

領縣八。

沈《志》『平原太守』下平原、高唐、茌平、安德、西平昌、般、高，並云漢舊縣。洪氏又從《郡國志》録祝阿。今據《輿地廣記》，移東郡之博平來屬。據《一統志》，補漯陰為十縣。其境西界清河，東南界濟南，北界渤海、樂陵，南界濟北。【略】

樂陵國。魏武分平原置。領縣五。

鍾英按：樂陵，魏郡。洪氏從《元和志》作『國』，非是。沈《志》『樂陵太守』下厭次、陽信、樂陵，並云漢舊縣。漯沃，魏復立，新樂，魏改置，是為五縣。

《晉書・地理志》：魏武置郡十二，其一樂陵。《元和郡縣志》：棣州，曹魏時屬新陵國。沈《志》以為魏武分置，恐誤。

鍾英按：《陳矯傳》：太祖辟矯為司空椽屬，除彭城、樂陵太守。《韓暨傳》：太祖平荆州，辟暨為丞相士曹屬，後遷樂陵太守。太守矯、暨為太守，並在建安中，是即魏武置郡之明證。《費詩傳》：王沖為牙門將，統屬江州督李嚴，懼罪降魏，以為樂陵太守。考《李嚴傳》，嚴以建興四年移屯江州。九年廢徙梓潼郡，沖降魏當在九年前建興。九年為魏太和五年，是太和魏有樂陵郡，而《魏志·地形志》『樂陵郡』下云魏初置。義興郡，晉太康中罷，以樂陵為義興，恐非。其境北界渤海，南界平原、濟南、樂安，東際海。【略】

博陵郡。漢置。

《地形志》：桓帝立博陵郡。《晉·志》：桓帝置郡三，博陵其一也。《常林傳》：林以南和長超遷博陵太守，即此。

魏領縣四。

領縣本《地形志》、《晉·志》。其境西界中山，南界安平，東及北界河間。【略】

渤海郡。漢置。

班《志》：渤海郡，高帝置。

魏領縣十。

洪氏領縣從《晉·志》。今據《地形志》，移阜城於安平，刪東安陵為八縣。其境南界樂陵、平原，北界章武，西界河間、安平，東盡海。

【略】

章武郡。魏武分河間、渤海置。領縣四。《杜畿傳》：子恕，嘉平元年免官，徙章武郡。《晉·地理志》：魏武置郡十二，其一章武。及章武國，復云太始元年置，蓋誤也。

洪氏領縣本《晉·志》。其境北界燕國、漁陽，南界渤海，西界河間，東際海。【略】

河間郡。漢置。

班《志》：河間國，故趙文帝二年別為國。

魏領縣十。

洪氏領縣本《晉·志》河間、高陽二國。今據《輿地廣記》，補弓高，為十一縣。鍾英按：《地形志》：高陽國，晉置。《晉·志·序例》：桓帝置高陽郡。《志》又云：太始元年置。蓋桓帝置郡，後中間省并，晉復置也。其境東界彰武、渤海，西界中山，南界博陵、安平，北界燕國、涿郡。【略】

清河郡。漢置。

班《志》：清河郡，高帝置。

桓帝建安二年改清河郡為甘陵。

劉昭曰：桓帝建和二年，改清河為甘陵。

魏復舊名。

《魏武紀》：建安十八年，甘陵屬魏國。《清河悼王傳》：貢黃初三年封清河王。四年薨，無子，國除。沈《志》：魏復舊名。

領縣七。

洪氏從《寰宇記》録棗强，餘皆本《晉·志》。沈《志》清河太守下清河、東武、城繹、幕、貝邱、靈歈六縣，並云漢舊縣。其境西界安平，東界平原，北界渤海，南界東郡、陽平。

又 卷四 青州。漢建安十年破袁譚，地遂入魏。

凡得漢舊郡五。

《袁紹傳》：出長子譚為青州。《武帝紀》：建安四年，使臧霸等入青州，破齊北海、東安。十年正月破斬譚。

濟南、樂安、北海、東萊、齊國皆漢舊郡。

復漢舊郡一。

長廣郡，魏增置。今據《國志》，并入東萊。

治臨淄。

《通典》：後漢青州理臨淄，魏因之。胡三省曰：魏青州統齊郡、濟南、樂安、城陽、東萊，無北海，非也。其境北界冀州，西界兖州，東及南際海。【略】

齊郡。秦置。

班《志》：齊郡，秦置。

魏領縣十。

沈《志》『齊郡太守』下云：臨淄、西安、廣饒、昌國，並漢舊縣。東安、平魏移屬般陽。《晉太康地志》屬齊益都，魏立。洪氏從《三國志》，增新沓、新汶、南豐三縣。今據《一統志》，移東莞郡廣縣來屬，為十一縣。《明帝紀》：黃初二年封帝為齊公。《晉書·刁協傳》：協祖恭，魏齊郡太守。蓋魏初作國，明帝入立，即還為郡也。其境北及東界樂

安，南界東莞，西界濟南。【略】

濟南郡。漢置。

班《志》：濟南郡，故齊文帝十六年別為濟南國，景帝三年領縣七。今據沈《志》補土鼓，據《一統志》補梁鄒，移樂安之東朝陽來屬，為十縣也。考《武帝紀》太祖遷濟南相國有十餘縣，是漢末尚有增置之縣，不止如《郡國志》所云十縣也。

其境東界齊郡，西界平原，北界樂陵，南界泰山。【略】

樂安郡。漢置。

班《志》：千乘郡，高帝置。《郡國志》：永元七年更名樂安國。

魏領縣九。

洪氏領縣從《郡國志》、《晉・志》。今據沈《志》補千乘，據《輿地廣記》補樂安，據《一統志》移東朝陽於濟南，為十縣。《樂進傳》：別擊黃巾，破之，定樂安郡。《桓楷傳》：楷子嘉，嘉平中為樂安太守，即此。其境北界樂陵，南界齊郡，東界北海，西界濟南。【略】

北海國。漢置郡。

班《志》：北海郡，景帝中六年置。

魏太和六年改作國。

《魏志》：北海王蕤，黃初七年立為陽平王，太和六年改封北海，統縣四。

北海、城陽屬縣，大率據《太康志》。沈《志》：北海太守領縣六，惟都昌寄治州下，餘皆依本治。今據《三國志》，移城陽之營陵、朱虛、東莞之劇縣來屬。據《寰宇記》，補都昌，為八縣。其境東界東萊，西界樂安、齊郡，南界城陽，北際海。【略】

城陽郡。漢置，城陽國。

班《志》：城陽國，故齊文帝二年別為國。

中興後省入北海，魏復分北海置。

《武帝紀》：建安三年分琅琊、東海、北海為城陽、利城、昌慮郡。《鄧艾傳》：艾嘉平中為城陽太守，艾又言廣開廣陵、城陽以待吳人，時景元四年也。

領縣十二。

沈《志》：高密太守即魏城陽，領黔、陬、淳于、高密、夷安、營陵、昌安六縣。平昌太守故屬城陽，領安邱、平昌、東武、琅邪、朱虛五縣。今據《三國志》，以營陵、朱虛屬北海，以莒屬琅邪。據沈《志》，移東莞之安邱來屬，為十縣。其境北界北海，南界琅邪，西界東莞，東界東萊。【略】

《太平寰宇記》：魏明帝復城陽郡。今考《魏志》，魏武分北海為城陽郡，則城陽之復已久，不待明帝時。沈《志》止云魏復分北海立，不言何時，今從之。【略】

平昌。漢舊縣。

平昌，班《志》屬琅邪，《郡國志》屬北海。《水經注》：濰水逕平昌縣故城東，荆水注之。《寰宇記》：故城在安邱縣南六十里。《方輿紀要》：今青州府安邱縣西南六十里。

沈《志》：魏文帝分城陽置平昌郡。《魏志・孫禮傳》：歷山陽、平原、平昌、琅邪太守。《晉・地理志》：惠帝元康十年，又置平昌郡。蓋魏文帝立郡，後旋廢，至晉惠帝復置也。原注：《太康地志》：平昌屬城陽。郡立不久，兼未詳所領縣，姑附録於此。

《地形志》：魏文帝置平昌郡，後廢，晉惠帝復。【略】

東萊郡。漢置。

班《志》：東萊郡，高帝置。

魏領縣六。

沈《志》：東萊太守七縣，黃、牟平、掖、當利、盧鄉、曲成、惤，並云漢舊縣。今據《劉繇傳》，以長廣郡并入。據《晉・志》，補觀陽，為十三縣。《王修傳》：修子忠官至東萊太守，即此。其境東、南、北三面際海，西界城陽、北海。【略】

長廣郡。魏分東萊、北海置。領縣六。《何夔傳》『遷長廣太守』下言『郡初立』云云。考范史及《續・志》皆不載有長廣郡。《晉起居注》始云：咸寧三年以齊東部縣為長廣郡，領縣四。原注：沈《志》：不其、長廣、昌陽、挺。《晉・地理志》亦同，惟無昌陽。原注：沈《志》：昌陽，晉惠帝元康八年分長廣縣立。今按《何夔傳》，已有昌陽，則沈《志》誤耳。而此傳云：領六縣，有長廣、牟平、東牟、昌陽。其二縣當即不其、挺也。

原注：挺縣，《前漢・地理志》屬東膠，後漢省。疑當時黃巾起青徐間，郡縣廖廓難制，故又分東萊、北海為長廣郡。原注：《管輅傳》：注前長安太守陳承祐。魏末郡或旋廢，至晉咸寧三年復置耳。《太康地志》：不其、長廣、挺三縣俱云屬長廣，則知咸寧三年前本有長廣郡，後廢可知，今據列入。

鍾英按：《何夔傳》：牟平屬長廣，而《劉繇傳》書『東萊牟平人』，蓋魏末廢長廣入東萊，故承祚書法如此。洪氏謂魏末郡旋廢，至晉咸寧三年復置是也。今據之并入東萊。【略】

兖州。漢興平二年，魏武為兖州牧，其後地遂入魏。

《武帝紀》：興平二年冬十月，天子拜太祖兖州牧，十二月兖州平。

得漢舊縣八。

《郡國志》：兖州統陳留、東郡、東平、任城、泰山、濟北、山陽、濟陰。《通典》：魏兖州，領郡國八。

治廩丘。

沈《志》、《地形志》並云：魏兖州，治廩丘。《寰宇記》：漢獻帝於鄄城置兖州，魏又移兖州理東郡之廩丘。惲毓鼎曰：正始後，兖州刺史治平阿。考《王淩傳》，令狐愚為兖州刺史，屯平阿，舅甥並典兵，專淮南之重。嘉平初，愚死，黃華代為刺史。三年，淩遣將軍楊弘以廢主事告兖州刺史黃華。正以平阿近在本郡，不得不關白通謀。如遠在廩邱治所，淩方謀祕，安肯遠事播揚？蓋其時因吳寇屢來，故移兖州刺史，將屯平阿，協守淮南也。鍾英按：近日督撫帶兵出省，未嘗以屯兵處為省治，不得因刺史屯平阿，遂疑兖州移治平阿也。其境西界司州，東界青州，北界冀州，南界豫州。【略】

陳留郡。漢置。

班《志》：陳留郡，武帝元狩元年置。鍾英按：《魏志》：陳留恭王峻，太和六年封陳留，以郡為國。《司馬芝傳》：芝子岐為陳留相，是陳留為國，洪氏作『郡』，非也。

魏領縣十四。

鍾英按：《郡國志》：陳留郡十七城。今據《三國志》、沈《志》、《一統志》，補三縣，為十七縣。其境北界東郡，南界陳郡，西界河南，東界濟陰、梁國。【略】

東郡。秦置。

班《志》：東郡。秦置。

魏領縣八。

曹植黃初六年令有東郡太守王機，即此。鍾英按：《晉・志》：濮陽國，分東郡置，領濮陽、廩邱、白馬、鄄城，是四縣魏屬東郡。今據《三國志》，移陽平之發干、濟北之東阿來屬。據《輿地廣記》，移博平於平原，為九縣。其境東界東平、濟北，西界魏郡、河內。南界陳留、濟陰，北界陽平。【略】

濟陰郡。漢置。

班《志》：濟陰郡，故梁景帝中六年別為濟陰國。《水經注》：漢景帝以濟水出其北，東注於定陶，置濟陰國，指北濟而定名也。

魏領縣九。

《郡國志》：濟陰郡，十一城。洪氏從《三國志》杜預説以廩邱、鄄城移屬東郡，是為九縣。《晉・志》濟陰郡領縣同《武帝紀》。興平二年，太祖襲定陶，濟陰太守吳資保南城。夏，拔定陶，分兵平諸縣。《彭城王據傳》：據黃初中自彭城徙封濟陰王，即此。其境東界山陽，西界陳留，北界東郡，南界梁國。【略】

山陽郡。漢置。

班《志》：山陽郡，故梁景帝中六年別為山陽國，武帝建元五年復為郡。

魏領縣七。

洪氏領縣本《晉・志》。今據《武帝紀》補東緡，據《輿地廣記》補瑕邱，為九年。《鄭渾傳》：黃初中渾為山陽太守，即此。其境東界魯郡，南界沛國，西界濟陰，北界任城、東平。【略】

任城國。漢置。

《郡國志》：任城國三城。劉昭曰：章帝元和元年，分東平為任城國。魏黃初三年封，鄢陵公彰進爵為王封此。

《任城王彰傳》：黃初二年，彰進爵為公，三年立為任城王，黃初四年，彰子楷徙封中牟，五年改為任城縣。太和六年復改封任城國，食五縣。青龍二年削縣二。鍾英按：洪氏措詞未晰，故詳録《彰傳》。考《彭城王據傳》，黃初五年改封諸侯王，皆為縣王。《明帝紀》：太和六年改封諸侯王，皆以郡為國，是以郡為國始於明帝。同時封者為任城王楷、彭城王據、沛王輔、中山王兗、陳留王峻、琅邪王敏、趙王幹、楚王彪、東平王徽、北海王蕤、東海王霖、梁王悌，其後彪賜死，國除為淮南郡，終魏之世，凡十一國。

統縣三。

鍾英按：《任城王彰傳》：青龍前，任城國有五縣，二縣無考，姑從《郡國志》、《晉・志》。其境北界東平，西、南、東界山陽。【略】

東平國。漢置。

班《志》：東平國，故梁景帝中六年別為濟東國。武帝元鼎元年為大河郡。宣帝甘露元年為東平國。

魏黃初中，壽張王徽進封此。

《魏志》：東平王徽，黃初四年封壽張王。太和六年改封東平。洪氏謂黃初中進封東平，非也。《晉書・阮籍傳》：籍魏時為東平相，即此。

領縣七。

沈《志》『東平太守』下無監、平陸、須昌、壽張，並云漢舊縣。洪氏復從《郡國志》杜預注、《輿地廣紀》録富成、寧陽、剛，為七縣。其境西界東郡，東界魯，北界濟北，南界任城、山陽。【略】

濟北國。漢置。

《郡國志》：濟北國，和帝永元二年分泰山置。

魏陳王植子志徙封此。

《陳思王傳》：植子志徙封濟北王。

領縣五。

今據《三國志》，移東阿於東郡為四縣。其境東界泰山，西界東郡，北界平原，南界東平。

又　卷五　徐州。漢建安三年，破呂布，地入魏。

《武帝紀》：建安三年九月，公東征呂布，冬十月屠彭城，進至下邳，決泗、沂水以灌城，月餘城降，生禽布。《荀彧傳》：太祖生禽呂布，定徐州。曹植《請祭先王表》『得徐州臧霸上鰒二百枚』，即此。

凡得漢舊縣郡五。

《郡國志》：徐州統東海、琅邪、彭城、廣陵、下邳五郡。

增置郡一。

魏武置東莞郡。《通典》：魏徐州領郡國七。胡三省曰：尚有臨淮、東安，二説皆非。

治彭城。

沈《志》、《地理志》並云：魏徐州刺史治彭城。考魏徐州與吴接境。《孫詔傳》：徐泗之間不居者各數百里。《文帝紀》：黃初六年行幸廣陵故城，臨江觀兵。

《張遼傳》：孫權復叛，遼乘舟與曹休至海陵臨江。是歲，薨於江都。《蔣濟傳》：文帝幸廣陵，議者欲就留兵屯田，濟以為東近湖，北臨淮，若水盛時，賊易為寇，不可安屯。《孫權傳》：黃初三年九月，魏文帝出廣陵，望大江。鍾英按：黃武三年為黃初六年，湖即今高郵、邵伯等湖。自後魏兵無出廣陵者，淮南渡江遂為棄地。《江表傳》：赤烏十年，權遣諸葛壹偽叛以誘諸葛誕，誕以步騎一萬迎壹於高山。權出涂中，遂至高山，潛軍以誘之。《孫權傳》：赤烏十三年十一月，遣軍十萬，作堂邑涂塘以淹北道。《王淩傳》：嘉平三年，吴賊塞涂水。鍾英按：赤烏十三年為嘉平三年。權老，無北略意，故作涂塘為自守計。此時吴地踰江以棠邑為界。《孫亮傳》：五鳳二年七月，使衛尉朝城廣陵，拜將軍吴穰為廣陵太守。十二月，以馮朝為監軍使者，督徐州諸軍事。《孫峻傳》：峻城廣陵，功竟不就。《孫亮傳》：太平元年，征魏。先遣呂據、唐咨軍自江都入淮、泗。呂據引兵還討孫綝，綝遣孫憲以舟兵逆據於江都，獲呂據於新洲。鍾英按：峻城、廣陵係略取魏之棄地。功雖不就，其地遂為吴有，所以呂據、唐咨自江都入淮、泗，軍無留行焉。《諸葛誕傳》：甘露元年冬，誕表言吴賊欲向徐堨，請十萬衆守壽春。又來臨淮築城以備寇。二年五月，誕反。魏甘露元年為吴太平元年。吴軍出江都入淮、泗，蓋自今江都北向至高郵、寶應折西，由盱眙趨壽州，故誕欲臨淮築城。此時淮南之廣陵屬吴。《晉書・陳騫傳》：諸葛誕之亂，騫以功封廣陵侯，係虚封，非魏有廣陵也。《丁奉傳》：建衡元年，奉率衆治涂塘。《孫皓傳》：天紀元年冬，晉命鎮東大將軍司馬伷向涂中。《宋書・州郡志》：海陵、江都、廣陵、高郵、監瀆、射陽，皆三國時廢。《輿地紀勝》：吴呂岱墓在如皋縣東南六十里。又通州本海陵東境。據諸書記載，吴廣陵西據堂邑，東盡海陵，有今滁州來安，通州及揚州之江都、甘泉，泰州、江寧之江浦、六合，泗州之天長，無郡縣。而魏廣陵寄治淮陰，僅有淮北之淩、海西、淮浦三縣，淮南之安平、射陽、東陽均廢為荒地。其境西界豫州，北界兗州、青州，東盡海。【略】

彭城國。魏黄初中義陽王據徙封此。

鍾英按：《彭城王據傳》：據封濟陰王，黄初三年改封諸王，皆為縣王。據封定陶。太和六年改封諸王，皆以郡為國。據封彭城。洪氏謂黄初中據封彭城者，非也。

領縣六。

《晉·志》：彭城國，領縣七。洪氏從《明帝紀》，以廣戚屬沛，為六縣。其境北界東海，西界沛，東及南界下邳。【略】

下邳郡。漢置。

班《志》：臨淮郡，武帝元狩六年置。《郡國志》：永平十五年更為下邳國。《晉·志》：漢章帝以臨淮合下邳。太康元年，以下邳縣在淮南者置臨淮郡。《荀凱傳》又云：咸熙中，封臨淮侯。係史家駁文。胡三省據之遂謂魏徐州有臨淮郡，誤矣。

魏領縣十五。

今據《三國志》：删高山、贅其、潘旌，補曲陽。據胡説，移淮陰於廣陵，為十三縣。《晉書·武陔傳》：魏明帝時，陔遷下邳太守，即此。其境東界廣陵，西界沛國，北界東海，南阻淮。【略】

東海國。漢置。

班《志》：東海郡，高帝置。

魏黄初中作國。

鍾英按：《魏志》：東海王霖，黄初三年立為河東王，六年改封館陶。太和六年改封東海王。洪氏謂黄初中作國，非也。

領縣十一。

今據《三國志》補都陽、武陽，據《寰宇記》補陰平，為十四縣。《武帝紀》：興平元年，太祖略地至東海，即此。其境北界琅邪、泰山，南界下邳、彭城，西界魯、沛國，東盡海。【略】

琅邪郡。漢置。

班《志》：琅邪郡，秦置。洪氏謂漢置，非也。

魏領縣八。

鍾英按：《晉·志》：琅邪郡縣九。洪氏以東安屬東莞，餘皆本《晉·志》。今據《三國志》，移華、費屬、泰山，以城陽郡之莒、姑幕來屬。據沈《志》補諸縣，據《一統志》補西海，為十縣。《魏志》：樊安公子敏奉范陽王矩，後太和六年封琅邪王，景元、正元中累增邑。敏薨，子焜嗣。《通典》：魏於琅邪郡置琅邪國。洪氏作『琅邪郡』，非也。《晉書·解系傳》：系父修，魏琅邪太守，蓋在太和六年前。其境北界城陽、東莞，南界東海，西界泰山，東盡海。【略】

東莞郡。魏分琅邪、北海等四郡置。

鍾英按：《臧霸傳》：太祖以霸為琅邪相，吴敦利城，尹禮東莞，孫觀北海，孫康城陽太守。《武帝紀》：建安三年，擒呂布，泰山臧霸、孫觀、吴敦、尹禮各聚衆，布敗獲霸等，公厚納待，遂割青、徐二州附於海以委焉。分琅邪、東海、北海為城陽、利城、昌慮郡，是東莞與城陽等郡同為建安三年所立。沈《志》謂太始元年分琅邪立，《水經注》謂曹魏黄初中立，《晉·志》謂太康元年立，三者皆誤。《魏志》：胡質、張既並為東莞太守。《魏略》張既子緝太和中為東莞太守。《晉書》：司馬晃為東莞太守，亦在魏代。蓋建安初置東莞郡，曹魏不改，晉承魏制也。

領縣七。

《晉·志》：東莞郡縣八。洪氏以朱虚屬城陽，餘皆從《晉·志》。今據《三國志》，移劇縣於北海。據沈《志》，移安邱於城陽。據《一統志》，移廣縣於齊，為四縣。其境北界齊，南界琅邪，西界泰山，東界城陽、北海。【略】

廣陵郡。漢置。

班《志》：廣陵國，高帝六年屬荆，十一年更屬吴，景帝四年更名江都，武帝元狩三年更名廣陵。

魏領縣九。

鍾英按：據胡説，移下邳、廣陵來屬魏。廣陵治淮陰，僅有淮北之凌、海西、淮浦，凡四縣。其境西及北界下邳，東盡海、淮，南為隙地。【略】

揚州。漢舊統六郡。

《郡國志》：揚州統九江、丹陽、廬江、會稽、吳郡、豫章、興平、中江，東地悉入吳。

《范書・獻帝紀》：興平元年，孫策破揚州刺史劉繇，遂據江東。

魏惟得廬江、九江之地，自合肥北至壽春置揚州刺史。領郡二，治壽春。

《武帝紀》：建安十四年，自渦入淮出肥水，軍合肥，置揚州郡縣長吏。沈《志》：魏揚州刺史治壽春。《地形志》同。考魏揚州東南與吳接。《孫權傳》：建安十八年，自廬江、九江、蘄春、廣陵十餘萬户皆東渡江，江西遂虛，合肥以南惟有皖城、黃龍。三年冬十月，使中郎將布詐降以誘魏將王淩，淩以軍迎布等，權伏於阜陵俟之，淩覺而走。《諸葛恪傳》：黃龍二年，築東興堤，遏湖水，後征淮南，敗以内船，由是廢不修。恪以建興元年會衆於東興，更築大堤，左右結山峽築兩城，使全端留略守之。魏以吳人入其疆土，恥於受辱云云。《孫皓傳》：寶鼎三年，皓出入東關，丁奉至合肥。鍾英按：黃龍二年，魏太和四年，建興元年，魏嘉平四年，寶鼎元年，晉太始四年。據三傳所言，黃龍後阜陵、東興皆為魏地，至建興元年恪敗魏師，復為吳有。終魏之世，淮南郡與吳以巢湖為界，吳守東興，魏守合肥，湖濱之居巢、橐皋皆為隙地。《孫權傳》：赤烏六年正月，諸葛恪征六安，收其人民。《諸葛恪傳》：司馬宣王謀欲攻恪，恪徙屯柴桑。《通鑑》：魏正始四年，司馬懿將兵入舒，諸葛恪自皖遷於柴桑。鍾英按：吳赤烏六年為魏正始四年。自後吳兵無出舒至六安者。《王基傳》：大將軍曹爽請基為從事中郎，出為安豐太守，郡接吳寇，敵不敢犯。《魏略》：諸葛恪攻合肥、新城，張特以守城功遷安豐太守。王基為太守在正始八年。恪攻新城在嘉平四年。《傳》言安豐與吳接境，蓋東起合肥，迤西自六安至今銅鑼、松子等關為魏揚州南境。《晉・志》謂江西廬江、九江之地，自合肥北至壽春入魏是也。其舒南之龍舒、六安南之灊皆為隙地。其境西、北界豫州。【略】

淮南郡。本秦九江郡，漢初為淮南國，後復故。

班《志》：九江郡，秦置。高帝四年更名淮南國，武帝元狩元年復故。

魏復改今名。

《袁術傳》：術興平元年建號，以九江太守為淮南尹。《魏略・揚沛傳》：太祖輔政，沛遷九江太守，是建安中術改九江為淮南，魏武幷術復淮南為九江。《邯鄲王邕傳》：邕黃初二年封淮南公，以九江郡為國，三年進封淮南王。《楚王彪傳》：太和六年，自白馬改封楚。嘉平元年國除為淮南郡，是魏以九江為淮南國，後改楚國，又為淮南郡。《國志》所書『九江』、『楚國』、『淮南』，皆據當時之名也。

領縣十。

今刪阜陵、全椒、鍾離，為七縣。其境東界廣陵隙地，西界廬江，北界沛國。【略】

沈《志》：魏改九江曰淮南。《晉・地理志》又云：晉武帝始改。今從沈《志》。【略】

廬江郡。漢置。

班《志》：廬江郡，故淮南。

魏領縣九。

今據《三國志》，以豫州安豐郡幷入，而刪舒、襄安、皖、灊、居巢、臨湖、龍舒，為七縣。《魏志》：東平王徽黃初七年封廬江王，四年徙封壽張。《劉馥傳》：馥子靖黃初中為廬江太守，蓋在徽徙封後。其境北界汝南，西界弋陽，東界淮南，南與吳接。

又 卷六 荆州。漢建安十三年，劉琮舉州降地盡入魏。

《武帝紀》：建安十三年秋七月，曹公南征劉表。八月表卒，子琮代。九月公到新野。琮遂降，公進軍江陵，下令荆州吏民與之更始。

及赤壁之敗，州遂三分，西境屬蜀，東境、南境屬吳，惟北境屬魏。

《武帝紀》：建安十三年十二月，公至赤壁與劉備戰，不利，乃引軍還。備遂有荆州江南諸郡。《先主傳》：羣下推先主為荆州牧，治公安，有武陵、長沙、桂陽、零陵四郡。《程普傳》：攻南郡，走曹仁，拜裨將軍，領江夏太守，治沙羨。鍾英按：據此，赤壁敗後荆州東境屬吳，西境南境並屬蜀，至關羽敗没，南境始更屬吳。

得漢舊郡一，增置郡六。其江夏郡魏、吳並立州，所統凡八郡。

鍾英按：《文帝紀》：黃初三年以荆州江北諸郡為郢州，其年孫權叛復為荆州。《晉・志》：魏荆州統南陽、江夏、襄陽、南鄉、魏興、新城、上庸七郡。洪氏從《三國志》録義陽為八郡。

治宛。

鍾英按：《水經注》：魏荊州刺史治襄陽。《通典》：理宛。二説未知孰是。

沈《志》：魏荊州治江陵。今考《三國志》，江陵屬吳，為吳荊州治所，不得云魏。沈《志》蓋微誤。

考魏荊州南與吳接，西與蜀接。《孫權傳》：建安二十四年，關羽圍襄陽，閏月權襲南郡，十二月獲羽，遂定荊州。黃武元年九月，曹真、夏侯尚、張郃、徐晃圍南郡。二年正月，曹真分軍據江陵中洲。《曹仁傳》：孫權遣將陳邵據襄陽。詔仁討之，仁與徐晃攻破邵，遂入襄陽，使將軍高遷徙漢南附化民於漢北。文帝遣使即拜仁大將軍。《夏侯尚傳》：黃初三年，使尚率諸軍與曹真共圍江陵城，未拔，會疫引還。假鉞，進荊州牧。荊州荒殘，外接蠻夷，而吳阻漢水為境。鍾英按：《晉·宣帝紀》：黃初元年召曹仁還宛。仁焚棄襄、樊二城。《國志·文帝紀》：黃初三年，孫權復叛。《曹仁傳》：仁死於黃初四年，則破邵事在黃初三年，為權黃武元年。蓋丕以孫權降附，外無敵患，遂棄襄、樊。權叛魏稱尊，先襲襄陽，陳邵偏師既得復失，遂阻北首之路。否則據襄陽為重鎮，魏兵豈能至江陵哉？然其時民户皆移漢北，漢南僅有襄陽。《明帝紀》：景初元年分襄陽之臨沮、宜城、旍陽、邔四縣置襄陽南部都尉。鍾英按：《孫權傳》：黃武四年，諸葛恪取柤中，柤中在臨沮北，蓋既取之後旋即屬魏。故景初元年，以四縣置都尉府。是時魏地南至臨沮。景初元年，吳嘉禾六年。《孫權傳》：赤烏九年，朱然征魏柤中，斬獲千餘。《魏氏春秋》：司馬宣王曰：柤中民夷十萬，隔在水南。《漢晉春秋》：正始七年，吳將朱然入柤中，斬獲數千，柤中民夷萬餘家渡沔。司馬宣王謂宜權宜留之。曹爽曰：今不修守，沔南留民漢北，非長策也。卒令還，然襲而破之。鍾英按：赤烏九年即正始七年。是時魏沔南亦僅有襄陽，疆域狹於景初時矣。《孫權傳》：赤烏十三年十二月，王昶圍南郡。王基攻西陵，遣將軍戴烈、陸凱往拒之，皆引還。《朱績傳》：昶圍江陵城，不克而退，績追敗之於紀南。鍾英按：是役，昶無功而退，而《王基傳》嘉平三年表稱江陵有沮、漳二水，灌溉膏腴之田以千數，若水陸並農以實軍資云云，一似魏境跨有沮、漳以逼江陵者，蓋非實録。嘉平三年即權太元元年也。司馬彪《戰略》：景元二年，襄陽太守胡烈表上吳賊鄧由、李光等同謀歸化，剋期欲令郡軍臨江迎拔。司馬宣王使烈督萬人徑造沮水。荊州義陽，南屯宜城。鍾英按：景元二年為吳永安四年。是時，襄陽復有宜城、臨沮。蓋吳自綝、峻等用事，內亂屢作，魏遂蠶食沔南，後三年而魏亡。《陸遜傳》：江陵平衍，道路通利，抗敕江陵督張咸作大堰遏水，漸漬平中，以絶寇叛。羊祜欲因所遏水浮船運糧。抗聞，使咸破堰。祜至當陽，聞堰敗，乃改船以車運。鍾英按：《朱然傳》：永安初，然子績遷都護督，自巴邱上迄西陵。建衡二年卒。《陸抗傳》：建衡二年，代朱績都督信陵、西陵、夷道、樂鄉、公安諸軍事，築堰當在此時。胡三省曰：吳時，引沮、漳之水侵江陵以北之地以限魏兵，當陽、編縣皆隔在堰外，蓋已舉而棄之。時距魏亡已六年，則魏時吳有當陽、編縣。《漢晉春秋》：羊祜自江陵歸，增修德信以懷吳人。沔上獵，吳獲晉人先傷者，皆送而相還。《晉書·羊祜傳》：晉受禪，祜都督荊州，鎮襄陽。始至府，無百日糧，祜以計罷吳石城守，因得減戍卒之半，墾田八百餘頃。詔罷江北都督，漢東、江夏諸軍皆以益祜。頃之，坐援步闡無功，貶號平南。吳將夏祥、邵顗、鄧香相繼降祜，遂進據要害，建五城，收膏腴地。吳石城以西皆入晉。鍾英按：《孫皓傳》：步闡叛在鳳皇元年。據《漢晉春秋》，漢東為魏江夏郡，宜城以南、東距漢水為吳南郡，石城西今沔陽潛江地也。《夏侯尚傳》：文帝踐阼，劉備別軍在上庸，尚勒諸軍擊破上庸，平三郡九縣。黃初三年，尚為荊州牧，荊州荒殘，外接蠻夷，而與吳阻漢水為境，舊民多居江南，尚自上庸通道西行七百餘里，山民蠻夷多服從者。《鍾會傳》：會伐蜀，遣魏興太守劉欽向子午道。鍾英按：《夏侯尚傳》『江南』當作『漢南』。朱然、諸葛瑾屢襲柤中，皆漢南舊民也。自上庸西行七百里，已入蜀漢中郡界三百餘里，侈文不足信。宜以《鍾會傳》為據，會遣欽向子午道，是子午道迤東為荊州西界，今之孝義、鎮安、安陽、漢陰、紫陽皆其地。《王昶傳》：嘉平三年，昶奏孫權放逐良臣，可乘釁而制吳、蜀，白帝、夷陵之間，黔、巫、秭歸皆在江北，與新城郡接境，可襲取也。乃遣新城太守州泰襲巫、秭歸、房陵。鍾英按：白帝、夷陵之間，惟巫、秭歸在江北，黔屬吳武陵，去新城千餘里。房陵，魏新城郡治，非吳所有。黔、房陵皆衍文，然可見新城郡與巫、秭歸接境也。陸抗曰：西陵、建平受敵二境。胡三省曰：謂二郡之境西距巴、夔，北接魏興、上庸，二面皆受敵也。據諸書記載，魏荊州之江夏、襄陽、新城皆南與吳接，魏興西與蜀接。江夏郡界詳吳江夏郡下，其北界司州。【略】

南陽郡。秦置。

班《志》：南陽郡，秦置。

魏領縣二十二。

今從《三國志》、沈《志》、《一統志》，移棘陽、新野、蔡陽、隨屬義陽，以江夏、葉縣來屬，為十九縣。《武帝紀》：建安元年，張濟自關中走南陽，濟死，從子繡領其衆。二年，公到宛，繡降，既而復反。五年，繡復降。《少帝紀》：有南陽太守東里衮。其境東界汝南，西界南鄉，南界義陽，北界河南潁川。【略】

南鄉郡。漢建安十三年，魏武分南陽西界置。

鍾英按：《孫權傳》：建安二十五年秋，南陽、陰酇、筑陽、山都、中廬五縣民五千家來附。陰酇、筑陽並南鄉屬縣，而隸於南陽，是建安二十五年秋尚無南鄉郡。《水經注》：建安中《南鄉建國碑》云：建安末置南鄉郡。《太康三年地記》：建安中分南陽立南鄉郡。沈《志》：魏分南陽立南鄉郡。考《文帝紀》，建安二十五年二月改元延康，十月受禪，改元黄初，十一月郡國縣道多所改易，南鄉置郡當在此時。《建國碑》據一歲之始，故云『漢末』，沈《志》據一歲之終，則云『魏置』，兩説雖異，其實則一。《太康地記》混言建安中立，猶未得實。洪氏不詳繹《國志》而從舊《圖經》、《晉·志》序例。鍾英按：《晉·志》又云『太康中置』，與《序例》自相矛盾。《容齋隨筆》謂建安十三年置，非也。又《陸遜傳》云：建安二十四年，攻南鄉太守郭睦，大破之。今考《孫權傳》，建安二十四年牋與曹公乞討羽自效。十二月，獲羽，定荆州。是其時吴方請降，無緣與魏交兵，則《陸遜傳》所云南鄉太守者係字之譌，不足為據。

領縣八。

《晉·志》：南鄉郡領縣八，魏屬荆州。晉武平吴改為順陽。《容齋隨筆》：自魏武分南鄉郡，至晉太始中所管八縣。其境北界弘農，南界襄陽，東界南陽，西界京兆、魏興、新城。【略】

義陽郡。魏黄初中分南陽置。

鍾英按：《水經注》：置郡在黄初二年。《寰宇記》：文帝分南陽立。

景初二年以襄陽郡葉、鄀二縣來屬。《明帝紀》：景初元年十二月，分襄陽之鄀、葉縣屬義陽郡。鍾英按：襄陽郡不能越南陽而有葉縣，義陽在襄陽之東，亦不能越南陽而有葉縣，是葉縣無緣自襄陽來屬，疑衍『葉』字。

共領縣八。

今據《郡國志》移葉於南陽，據《三國志》移平春、鄳於江夏，以南陽郡之棘陽、新野、蔡陽、隨四縣來屬，為九縣。闞駰云：晉太始中，割南陽東鄙之安昌、平林、平氏、義陽四縣置義陽郡於安昌城。沈《志》：魏文帝立義陽郡，後省，晉武帝又立。其境東及南界江夏，北界南陽，西界襄陽。【略】

江夏郡。漢置。

班《志》：江夏郡，高帝置。

魏、吴並立，魏領縣三。

今從《三國志》，移義陽之平春、鄳、吴，江夏之竟陵、雲杜來屬，為七縣。

《魏志》：明帝太和元年，分江夏南部置南部都尉。

《明帝紀》：太和元年正月，分江夏南部置江夏南部都尉。

《文聘傳》：為江夏太守數十年，至嘉平中桓禺又為江夏太守。《華佗傳》：江夏太守王經。《吴志·陸遜傳》：魏江夏太守逯式。又《王基傳》：基自城上昶，徙江夏治之，以逼夏口，由是賊不敢輕越江。今考魏江夏郡，惟得安陸一縣，後有得新市及吴所立石陽縣，其西陵、西陽、軑三縣分隸弋陽、平春隸義陽，餘皆屬吴。

鍾英按：洪氏考江夏郡屬縣未晰，今詳吴江夏郡下。《晉書·羊祜傳》：江夏去襄陽八百里。其境北界義陽、汝南，東界弋陽隙地，西及南皆阻漢水。【略】

襄陽郡。漢建安十三年，魏分南郡編以北及南陽之山都置。

沈約云：魏武平荆州，分南郡編以北及南陽之山都立襄陽郡。《荆州圖》云：建安十三年，曹操平荆州，始置襄陽郡。以地在襄山之陽為名。

領縣七。

鍾英按：《明帝紀》：景初元年分襄陽臨沮、宜城、旍陽、邔四縣置襄陽南部都尉。沈《志》：襄陽公相領襄陽、中廬、邔三縣。《何承天志》並有宜城及南陽之山都，是魏襄陽郡七縣。今據《三國志》，補夷陵為八縣。其境西界新城，北界南鄉，東界江夏，南與吳接境。【略】

魏興郡。魏黃初中，以漢中遺民在東垂者置。

沈《志》：魏興郡，魏黃初中以漢中遺民在東垂者置。鍾英按：《魏武紀》：建安二十年，曹公平漢中，分漢中之安陽、西城為西城郡，置太守，是為西城立郡之始。《先主傳》：建安二十四年，先主得漢中，遣劉封、孟達、李平等攻申耽於上庸。《劉封傳》：先主遣封乘沔水，下統達軍，與達會上庸，上庸太守申耽降，先主以耽領上庸太守，耽弟儀為西城太守，是為西城屬蜀之始。《文帝紀》：黃初元年七月，孟達降魏。《劉封傳》：達勸封叛蜀，封不從，申儀叛封降魏，魏假儀魏興太守，屯洵口，是為西城還魏、改名「魏興」之始。考申儀與孟達同叛，《通鑑》並敍於黃初元年，是西城之改「魏興」即係是年。《華陽國志》以為黃初二年，非也。

領縣四。袁松山書：建安二十年，分漢陽之安陽、西城為西城郡。《水經注》：魏文帝改西城郡為魏興治，故西城則知郡本西城之舊也。《輿地志》：魏置魏興郡，領洵陽等六縣。今考洵陽、長利雖前舊漢縣，中興後皆省。沈《志》：二縣晉太康四年復立。安得云魏時即領洵陽等六縣乎？《輿地志》：蓋以晉所領縣為魏也。

洪氏領縣本沈《志》。其境北界京兆，東界南鄉，南界上庸，西與蜀接。【略】

新城郡。魏黃初中分漢中置。

鍾英按：《郡國志》「房陵縣」注引《巴漢志》：建安十三年別屬新城郡。余考《劉封傳》，建安二十四年，先主孟達從秭歸北攻房陵殺房陵太守蒯祺。《陸遜傳》：建安二十四年攻房陵太守，劉輔大破之。《劉封傳》：孟達降魏，文帝合房陵、上庸、西城三郡以達領新城太守，是魏時始有新城郡。《巴漢志》說非也。沈《志》：魏屬荊州。

領縣四。

《華陽國志》：司馬宣王滅孟達，分為三郡，新城屬縣四。今據沈《志》，補建始，為五縣。其境東界襄陽、南鄉，西界上庸，北界魏興，南與蜀接。【略】

《太平寰宇記》：郡初治上庸，孟達破後始移房陵。鍾英按：《水經注》：魏文帝合房陵、上庸、西城立新城郡，以孟達為新城太守，治房陵故縣。《寰宇記》從《華陽國志》云：郡初治上庸。今考《晉書·宣帝紀》：孟達叛，吳、蜀各遣其將向西城安橋、木蘭塞以救達，是孟達為新城太守治西城，故吳兵越房陵、上庸而北。酈注謂治房陵、樂史謂治上庸者皆誤。【略】

上庸郡。魏明帝太和二年，分新城之上庸、武陵、北巫置。

鍾英按：《明帝紀》：太和二年，分新城之上庸、武靈、巫縣為上庸郡。洪氏從沈《志》作「武陵」、「北巫」非也。四年廢，景初元年又分魏興之魏陽、惲毓鼎曰：魏陽，《晉》、《宋》二志皆無，蓋景初後省并上庸，魏陽亦廢。甘露四年，郡復立，而魏陽縣遂不復置也。錫郡之安富、上庸為郡，後又省入新城郡。甘露四年復置。

《明帝紀》：太和四年，省上庸郡。景初元年六月，分魏興之魏陽、錫郡之安富、上庸為上庸郡。《少帝紀》：甘露四年分新城郡復置上庸郡。鍾英按：《武帝紀》：建安二十年，分錫、上庸郡置都尉。二十四年，上庸太守申耽降蜀。見《先主》、《劉封傳》。明年為黃初元年，耽復降魏，見《劉封傳》：魏文帝徙申耽於南陽，省上庸并新城。見《華陽國志》。此太和二年前上庸郡之建革也。景初元年置郡後，復省。其年不可考。沈《志》：魏屬荊州。

領縣五。

其境東界新城，城西及北界魏興，南與蜀接。【略】

今考景初元年郡置後不知何時復廢。《齊王芳紀》：自帝即位，郡國縣道多所置省，或郡係此時廢也。至景初元年以前建革，則《魏紀》甚明，而沈《志》云上庸郡，疑太和後省，景初又立，則微誤，蓋偶不檢耳。

又 卷七 雍州。漢建安十八年，魏分司隸置。

《郡國志》：京兆、右扶風、左馮翊屬司隸校尉。《武帝紀》：建安十八年，并十四州復為九州，七月，建魏社稷宗廟。《張既傳》：魏國既建，既為雍州刺史，是時不置涼州，自三輔距西域皆屬雍州。《晉·

志》：文帝即位，仍以三輔屬司隸，晉初於長安置雍州。《通典》、《元和志》、《寰宇記》皆仍其説。今考《郭淮傳》，黄初五年淮為雍州刺史，則魏文時以三輔屬司隸者誤也。

得漢舊郡三，增置郡三，治長安。

今據《三國志》，以秦州并入，移涼州之安定來屬。據《通典》，并漢興於扶風為十郡。《魏略》『韓斐為京兆太守，人民豐富，常為雍州十郡最』是也。又考雍州僑郡二。《楊阜傳》：劉備取漢中以逼下辨，太祖以武都孤遠，前後徙其民於京兆、扶風、天水界，徙郡於槐里。阜為武都太守十餘年，明帝時徵拜城門校尉。《寰宇記》：黄初中，徙武都於美陽，蓋自阜被徵郡即廢，故明帝後武都不見於史。《華陽國志》：魏遥置陰平郡，屬雍州。按其時當在蜀取陰平後置，郡之地無考。其境東界司州，荆州，西阻洮水，南接蜀，北近胡。【略】

京兆郡。漢置尹，魏改為太守。

班《志》：京兆尹，故秦内史，武帝太初元年更為京兆尹。《魏志》：元城王理黄初二年封秦公，以京兆郡為國，三年改為京兆王，六年改封元城王。《齊王芳紀》：正始五年，復秦國為京兆郡。《鄭渾傳》有京兆太守顔斐。《地形志》：京兆郡，兩漢屬司隸，魏改屬雍州。

領縣十一。

今從《三國志》，補長陵，移馮翊之下邽來屬，而移高陵、萬年入馮翊，仍為十一縣。其境南界魏興，北界馮翊，西界扶風，東界弘農。

【略】

馮翊郡。漢置，名『左馮翊』，魏去『左』。

班《志》：左馮翊，故秦内史，武帝太初元年更為『左馮翊』。《通典》：魏去『左』。

領縣八。

鍾英按：《魏略》：建安初，關中始開分馮翊西數縣為内史郡，治高陵，以東數縣治臨晉，不知何時并合。今據《三國志》，補夏陽、鄜，移京兆之萬年、高陵來屬，而移下邽入京兆，為十一縣。其境東界河東，西界扶風，南界京兆，北接戎狄。【略】

扶風郡。漢置，名『右扶風』，魏去『右』。

班《志》：扶風郡，故秦内史，太初元年更為『右扶風』。《通典》：魏去『右』。

領縣七。

今據《三國志》，補安陵、茂陵。據《通典》，以漢興郡并入，為十四縣。其境東界京兆、北地，西界天水，北界新平，南與蜀接。【略】

當日兵勢，魏守陳倉長城，蜀守黄金、興勢、赤崖中間數百里，正如江、淮間隙地。然武侯入谷發喪，知斜谷以南非復魏境，故以佛坪廳隸蜀漢中郡。【略】

漢興郡。魏武分扶風置。領縣五。《獻帝起居注》：中平六年有扶風都尉，置漢安郡，領雍、隃、麋等五縣。『漢興』疑即漢安改名，或中平末郡立，旋廢，至魏武復分置，又改今名也。《三輔決録》注：游楚為漢興太守。

鍾英按：《三輔決録》：太祖定關中，漢興郡缺，以游楚為漢興太守，時為建安十六年。考《通典》隴州下云：後漢、魏、晉屬扶風郡，隴州即漢汧縣也。《元和郡縣志》、《太平寰宇記》『鳳翔府』下並云：魏文帝為扶風郡，鳳翔漢雍縣也，是皆魏廢漢興入扶風之明證。又考中山國漢昌縣，魏改名魏昌，即此類。推知魏文帝受禪，無取『漢興』之名，其廢郡縣無疑。今據之，并入扶風郡。【略】

北地郡。秦置。

班《志》：北地郡，秦置。

魏領縣二。《元和郡縣志》：曹魏於馮翊舊祋祤縣置北地郡。

《宋書·傅弘之傳》：北地郡，漢末失土，寄寓馮翊，置富平縣。《地形志》：魏文帝分馮翊之祋祤置北地郡。顧野王《輿地志》：北地郡，漢末但有泥陽、富平二縣，魏晉亦然。《晉·志》屬雍州。宋白曰：耀州、華原、同官，本漢祋祤縣地。《魏略》：明帝時，游楚為北地太守。其境東南界馮翊，西界扶風，北無郡縣。【略】

新平郡。漢興平元年，分扶風、安定置郡縣，領縣二。

袁松山《書》曰：興平元年，分安定之鶉觚、右扶風之漆置新平郡。《通典》『邠州』下云：後漢末，置新平郡，兼舊安定為二郡也。魏、晉同。鍾英按：據此，《地形志》謂新平郡建安中置，《晉·志》序例謂魏武置，皆非也。《趙儼傳》：儼遷扶風太守，羌虜數來寇害，儼到新平，大破之，即此。其境西界安定，東及南界扶風，北無郡縣。【略】《太康地志》：安定郡，領縣六，其四為鶉觚，則縣或自晉初又移安定。《魏略》：李偉為新平太守。【略】

秦州。魏分隴右置，得漢舊郡四。又分漢陽立廣魏郡，後武都郡都屬蜀。凡統郡四，治上邽。

鍾英按：魏無秦州説，詳《魏疆域下》。

隴西郡。秦置。

魏領縣七。

今從《一統志》，補安故為八縣。《魏略》：游楚為隴西太守，諸葛亮出隴右，天水、南安太守皆棄郡東下楚，獨據隴西即此。其境北界金城，南界陰平，東界南安，西接羌地。【略】

漢陽郡。漢置。

班《志》：天水郡，武帝元鼎三年置。劉昭曰：永平十七年更名漢陽。

魏領縣七。

今據《兩漢志》移廣魏之略陽來屬，據《地形志》補隴城、阿陽，據《一統志》補望垣，據《寰宇記》刪始昌，為十縣。

《晉·地理志》：晉始復漢陽為天水郡，今考《魏書》，曹真等傳已作『天水』，蓋由後言之。

鍾英按：《武帝紀》：建安十八年，馬超在漢陽，復因羌胡為害。《龐德傳》：太祖破超於渭南，德隨入漢陽，保冀城。《魏略》：馬超破嚴幹為漢陽太守，《文帝紀》：延康元年七月，武都氐王楊僕率種人内附，居漢陽郡。十一月改元黃初，是黃初以前郡名『漢陽』。惟《張既傳》：太祖徙民以充河北，隴西、天水、南安民相恐動不安，令既之武都，徙五萬餘落出居扶風、天水界。《魏略》：天水四姓欲共治薛夏，太祖曰：夏無罪，漢陽兒輩直欲殺之耳。此三天水皆史家駁文。然紀太祖語，仍曰『漢陽』，又可為建安中郡名『漢陽』之證。《明帝紀》：太和二年，蜀大將諸葛亮寇邊，天水、南安、安定三郡叛應亮。五年，亮復寇天水。《曹真》、《張郃》、《閻温》、《衛臻》諸傳並稱『天水』。《魏略》：文帝稱『天水』。《薛宣》又有天水太守，《馬遵》、《孔桂》、《薛夏》並云『天水人』。郭沖《四事》：圍天水，拔冀城。《晉書·魯芝傳》：宣帝引芝參驃騎，轉天水太守，是黃初以後，郡名『天水』。《法正傳》：正子邈官至漢陽太守。蜀承漢制，故曰『漢陽』，益可為魏改漢陽為天水之證。胡三省曰：魏復漢陽為天水。《一統志》：漢陽郡，魏復名天水。洪氏引《晉·志》孤證，反疑《國志》所稱『天水』由後追書，非也。其境東界扶風，西界南安，南接蜀，北界安定、廣魏。【略】

南安郡。漢末分漢陽置，領縣三。

《通典》：漢靈帝析漢陽置南安郡，領獂道、中陶、新興三縣，皆今隴西縣也。

《秦川記》：漢中平五年分立。《晉·地理志》、《元和郡縣志》亦云靈帝立南安郡，而何承天《志》以為魏時始分置，蓋誤。

鍾英按：《武帝紀》：建安十九年，有南安趙衢是南安非魏所立，然洪氏引晉以後書駁何《志》，不足以服何氏。其境東界廣魏，東南界天水，西界隴西，北無郡縣。【略】

有祁山，諸葛亮身率諸軍攻祁山，建興元年亮復出祁山，以木牛運。

洪氏所引見亮本傳。《水經注》：漢水又西南逕祁山軍南，在嶓冢之西七十許里。胡三省曰：西和州長道縣南十里。《方輿紀要》：今西和縣北七里。【略】

廣魏郡。魏武分漢陽置，領縣三。

何承天《志》：魏分漢陽立廣魏郡。《明帝紀》有廣魏太守王斌。今移略陽於天水為二縣。東及南界天水，西界南安，北界武威。【略】

涼州。魏黃初元年復分雍州置。

《張既傳》：魏國既建，既為雍州刺史，是時不置涼州，自三輔距西域皆屬雍州。文帝即王位，初置涼州，以安定太守鄒岐為刺史。《晉·志》：魏分雍州河西為涼州，領戊己校尉，護西域如漢故事。

得漢舊郡九。

今據《三國志》移安定於雍州，據《魏氏春秋》幷西郡於張掖，為七郡。胡三省曰：魏涼州統金城、西平、武威、張掖、酒泉、燉煌、西海等郡。

治武威。

胡三省曰：魏涼州治武威。鍾英按：《張既傳》：既為涼州刺史，酒泉蘇衡反，既與夏侯儒擊破之，遂上疏與儒治左城築鄣塞，置烽候、邸閣以備胡，是魏涼州治左城，左城在酒泉界。洪氏從胡説，非也。考涼州南邊蜀，《夏侯淵傳》：淵拔枹罕，遣張郃等平河關，渡河入小湟中，河西等羌皆降。鍾英按：時建安十九年，州境逾河而西。《文帝紀》：黄初三年二月，西域内附，置戊己校尉。《魏名臣奏議》載文帝令蘇則出軍，西定湟中，為河西作聲勢。鍾英按：湟中，今西寧府境，為河西聲勢，即自西寧北抵涼州。《徐邈傳》：明帝以涼州絶遠，南接蜀寇，以邈為涼州刺史。鍾英按：自涼州南至蜀中，隔雍州邊境。《徐邈傳》云『南與蜀接』，蓋蜀蠶食洮西羌地，已北抵涼州也。東及南界雍州，北跨長城，西接西域。【略】

金城郡。漢置。

班《志》：金城郡，昭帝始元六年置。

魏領縣五。

鍾英按：洪氏領縣從《晉·志》。今據《郭淮傳》補令居，為六縣。《閻温傳》：太和中閻就為金城太守，即此。其境北界武威，南界隴西，西界西平，東界安定。【略】

西平郡。漢末分金城置。

鍾英按：《武帝紀》：建安十九年，韓遂為夏侯淵所破，走西平。《杜畿傳》：建安中，荀彧進畿於太祖使持節領西平太守。《明元郭皇后傳》：后西平人，黄初中本郡反叛，遂没入宫。《魏略》：黄初中嚴苞為西平太守。《蜀·後主傳》：延熙十三年，姜維出西平，不克而還。然則《水經注》謂黄初中立。《晉·志·序例》謂魏武所置，皆非也。

領縣四。《水經注》：黄初中立。杜佑《通典》、《元和郡縣志》：建安中置。《太平寰宇記》：建安中立。西平郡，魏、晉因之，今從《通典》等説。

洪氏領縣從《晉·志》。今據《方輿紀要》删長寧，為三縣。其境東界金城，北界武威，南距河，西接羌地。【略】

安定郡。漢置。

班《志》：安定郡，武帝元鼎三年置。

魏領縣五。《晉太康地記》：安定郡領臨涇、朝那、烏氏、鶉觚、陰密、西川六縣。《晉書·地理志》又有都盧縣。今考魏時所領當與《太康地紀》同，惟鶉觚則興平二年已移屬新平郡，故不列。

今據《三國志》補高平，據《地形志》補彭陽，據《晉書》補涇陽，為八縣。《武帝紀》：建安十六年，曹公北征楊秋，圍安定，秋降。十九年，毋丘興為安定太守。《明帝紀》：青龍元年，安定保塞匈奴大人胡薄居姿職等叛。《高士傳》：嘉平中，有安定太守董經。鍾英按：《郭淮傳》：涼州休屠胡梁元碧等附雍州，淮奏請使居安定之高平。據此魏安定屬雍州，洪氏屬涼州，非也。其境北距河，南界新平、扶風、天水、廣魏，西界武威，東無郡縣。【略】

武威郡。漢置。

班《志》：武威郡，故匈奴休屠王地，武帝太初四年開。

魏領縣七。

洪氏領縣從《晉·志》。今據《三國志》，移番和、驪軒於張掖，補祖厲武威，據《地形志》補鸇陰，據《一統志》補樸劉，為九縣。《晉書·隱逸傳》：宣帝輔政，遷范粲為武威太守。《通典》：漢武開武威，後漢、魏、晉因之。其境西界張掖，南界西平、金城，東及北均接羌地。【略】

張掖郡。漢置。

班《志》：張掖郡，故匈奴昆邪王地，武帝太初元年開。

魏領縣三。洪氏領縣從《晉·志》。今據《三國志》，移武威之番和、驪軒來屬，據《魏氏春秋》以西郡幷入，據《漢晉春秋》補氐池，為八縣。其境西界酒泉，東界武威，北踰長城，南接羌地。【略】

西郡。漢建安中，分張掖郡置。魏領縣二。《太平寰宇記》又云：後漢興平二年置。

《郡國志》劉昭注：漢獻分張掖置西郡。鍾英按：《魏氏春秋》：青龍三年，張掖郡删丹縣金山玄川湧溢，寶石負圖，狀象靈龜，是魏時已廢西郡，故删丹屬張掖。今據之幷入張掖。【略】

酒泉郡。漢置。

班《志》：酒泉郡，武帝太初元年開。

魏領縣九。

洪氏領縣從《晉·志》。今據《三國志》移燉煌之乾齊來屬，據《一統志》删驊馬，仍為九縣。《文帝紀》：延康元年，酒泉黄華、張掖張進各執太守以叛，金城太守蘇則討之，斬進，黄華降，即此。其境西界燉煌，東界張掖，北界西海，南接羌胡。【略】

敦煌郡。漢置。

班《志》：敦煌郡，武帝後元年分酒泉置。

魏領縣十二。

今考莒蒲無魏立明文，陽關、伊吾非魏縣，移乾齊屬酒泉，為八縣。《張既傳》：既為涼州刺史，禮辟敦煌張恭、周生烈等。《蘇則傳》：文帝謂則曰：前破酒泉、張掖，西域通使敦煌，獻徑寸大珠。《倉慈傳》：慈太和中，遷敦煌太守，郡在西陲，以喪亂，曠無太守二十年。《魏略》：天水王遷代慈，不能及。金城趙基承遷後，復不如遷。至嘉平中，安定皇甫隆代基為太守。《通典》：漢敦煌郡，魏、晉因之。其境東界酒泉，西界西域，南北並接羌胡。【略】

西海郡。漢建安末，以張掖、居延屬國置。

《郡國志》：張掖居延屬國。劉昭注：獻帝建安末立為西海郡。鍾英按：《獻帝起居注》：建安十八年，復《禹貢》九州，雍州部已有西海郡，則劉昭謂『建安末立』者非也，當從《晉·志》作『興平二年』。《魏名臣奏議》：雍州刺史張既《表》稱毌丘興濟拔四海太守張睦，即此。

領縣一。《晉·地理志》：漢獻帝興平二年，武威太守張雅請置，蓋請立於興平中，至建安末始置也。

鍾英按：據《獻帝起居注》，則《晉·志》謂興平中置者，是洪氏從劉詔説，非也。其境南界張掖、酒泉，北、東、西三面距胡。

又　卷八　幽州。漢建安十二年，魏武平幽州。

鍾英按：《武帝紀》：建安十年春正月，袁熙大將焦觸、張南等叛，攻熙、尚，熙、尚奔三郡烏丸，觸等舉其縣降，是平幽州在十年。洪氏云『十二年』，非也。

惟遼東、樂浪等五郡為公孫度所據，景初二年平公孫淵，地悉入魏。《公孫度傳》：初平中，度分遼東為遼西中遼郡，置太守。《明帝紀》：景初二年正月，司馬宣王討遼東，斬淵，海東諸郡平。

凡得漢舊郡九，新置郡二。

鍾英按：《郡國志》：幽州統涿郡、廣陽、代郡、上谷、漁陽、右北平、遼西、遼東、玄菟、樂浪、遼東屬國。今據《三國志》，補漁陽，改范陽為涿郡，改昌黎為遼東屬國，及新置帶方郡，為郡十、國一、屬國一。

治涿。

鍾英按：《杜恕傳》：恕為幽州刺史，治薊，時在正始九年。《通典》：幽州理薊。洪氏云治涿，非也。

《晉·地理志》：後漢末公孫度自號平州牧，及其子康。康子淵並據遼東。魏置東夷校尉，居襄平，而分遼東、昌黎、玄菟、帶方、樂浪五郡為平州，後還合為幽州。

鍾英按：司馬彪《戰略》：太和六年，明帝遣平州刺史田豫乘海渡，時遼東五郡為公孫淵所據，豫遥領平州刺史耳。平淵之後，未嘗更置平州。《晉·志》已誤，洪氏録之，非也。其境南界冀州，北盡塞垣，東接高句麗、濊貊，西接鮮卑、烏丸。【略】

范陽郡。本漢涿郡，黄初七年改今名。

鍾英按：《崔林傳》：文帝時有涿郡太守王雄。《王觀傳》：觀明帝時為涿郡太守。孫禮、盧毓、劉放三人並書涿郡人，是魏時涿郡不名『范陽』之證。《水經注》『晉太始元年改為范陽郡』是也。惟《晉·志》、《通典》云魏改涿郡為范陽。《寰宇記》遂謂黄初七年改范陽郡，取漢涿縣在范水之陽以為名，無稽之言，洪氏從之，誤矣。《一統志》於方城、良鄉、遒、故安、范陽五縣並云魏屬范陽，亦沿《晉·志》、《通典》、《寰宇記》之誤。

領縣八。

洪氏領縣從《晉·志》。今據《寰宇記》删長鄉，為七縣。其境東界燕國，西界代郡，北界上谷，南界河間。【略】

燕國。漢置。後國除作廣陽郡。

班《志》：燕國高帝置。昭帝元鳳元年更名為廣陽。劉昭曰：世祖省廣陽并上谷，永元八年復。

魏因之。原注：《曹仁傳》：拜廣陽太守。

鍾英按：《曹仁傳》：太祖迎天子都許，仁數有功，拜廣陽太守。是仁為廣陽太守在建安初時。袁紹始并公孫瓚廣陽為紹地，仁為太守不過遥領而已。洪氏謂魏因之，引《曹仁傳》為證，非也。至太和六年復作國，下邳王宇徙封此。《燕王宇傳》：黄初三年，宇封下邳王，五年改封單父縣，太和六年封燕王。正元、景元中累增邑，宇子奐入繼大宗。

統縣十。

鍾英按：洪氏領縣從《晉·志》。今考《劉放傳》：太祖討袁譚於南皮、漁陽，王松舉雍奴、泉州、安次以附，時建安十年。《烏丸傳》：軻比能盡收匈奴故地，自雲中、九原以東抵遼水皆為鮮卑庭。青龍三年，彌素利加厥機為大人，在遼西、右北平、漁陽塞外。《明帝紀》：景初二年，省漁陽郡之狐奴縣，復置安樂縣。《晉書·張華傳》：華父平魏漁陽郡太守。《清惠亭侯京傳》：以漁陽郡益其國。是魏有漁陽郡，至晉始省。今補漁陽郡，從《郡國志》，以漁陽、安樂、潞、泉州、雍奴為屬縣，而燕國領五縣。其境西界上谷、涿郡，東界漁陽，南界章武，北抵塞垣。【略】

北平郡。秦置。

班《志》：右北平秦置。

魏領縣四。

洪氏領縣從《晉·志》。其境東界遼西，西界漁陽，南至海，北抵盧龍塞。【略】

《太平寰宇記》：本名『右北平』，魏去『右』字。

鍾英按：《田疇》、《毌丘儉傳》中並云右北平是魏時，未去『右』字。洪氏從《寰宇記》，非也。【略】

上谷郡。秦置。

班《志》：上谷郡，秦置。《晉書·地道記》：郡在谷之頭，故以『上谷』為名焉。

魏領縣六。

鍾英按：《晉·志》：太康中分上谷之下洛、潘、涿鹿三縣為廣寧郡，上谷領沮陽、居庸二縣，是魏時五縣皆屬上谷，而《魏書》有廣寧縣，即洪氏六縣所本。今據《一統志》，補寧，為七縣。《少帝紀》：甘露元年，上谷言甘露降。《魏氏春秋》：上谷太守閻志，即此。其境西南界代郡，東界涿郡，西北抵塞。【略】

代郡。秦置。

班《志》：代郡，秦置。

魏領縣三。

鍾英按：洪氏領縣從《晉·志》。今據《三國志》，補靈丘、桑乾、昌平，據《一統志》，移中山、廣昌來屬，為七縣。《武帝紀》：建安二十一年，代郡烏丸單于普富盧來朝。《鄢陵侯傳》：建安二十三年，代郡烏丸反，遣彰征之，受詔不得過代。《鮮卑傳》：代郡烏丸反，太祖遣鄢陵侯彰北征，大破之。其時以代為邊塞。《鮮卑傳》：黄初二年，比能出諸魏人在鮮卑者五百餘家出居代郡。明年，遣魏人千餘家居上谷。太和二年秋，田豫將西部鮮卑出塞，還至馬城，比能自將三萬騎圍豫，七日上谷太守閻志往喻，即解圍去。於是幽境始踰代，而以上谷為塞。其境東及北界上谷，南界中山，西界故雁門。【略】

遼西郡。秦置。

班《志》：遼西郡，秦置。

魏領縣三。

鍾英按：洪氏領縣從《晉·志》。今據《三國志》補令支，據《輿地廣記》補臨渝，為五縣。《袁紹傳》：建安十二年，太祖至遼西擊烏丸即此，其境西界右北平，東界遼東，屬國，南盡海，北抵塞垣。【略】

昌黎郡。漢遼東屬國都尉，魏升作都尉，領縣二。

鍾英按：《少帝紀》：正始五年鮮卑內附，置遼東屬國，立昌黎縣以居之。《地形志》：晉分遼東置昌黎郡，是魏無昌黎郡，當作遼東屬國，領縣一。洪氏從《晉·志》、《通典》，非也。其境西界遼西，東界遼東，南盡海，北接鮮卑。【略】

遼東郡。秦置。

班《志》：遼東郡，秦置。漢初平元年，公孫度復分遼東為遼西中遼郡。魏景初二年，公孫淵滅，郡復合。《公孫度傳》：初平元年，分遼東為遼西中遼郡，置太守。景初二年，遼東帶方、玄菟、樂浪悉平。《少帝紀》：景元三年，遼東諸郡言肅慎國遣使入貢。

領縣八。

鍾英按：領縣從《晉·志》。今據《三國志》補北豐、平郭、沓氏、遼隧，據《一統志》刪居就、樂就、力城，為九縣。其境北界玄菟，南界樂浪，西界遼東屬國，東界高句驪。【略】

玄菟郡。漢置。

《漢書》：武帝元封三年，朝鮮降，以其地置玄菟郡。《後漢書》云：武帝滅朝鮮，以沃沮地為玄菟郡，後為夷貊所侵，徙郡於高句麗。《吳志》：玄菟郡在遼東北二百里。胡三省曰：非玄菟郡舊治也。《毋丘儉傳》：正始六年，儉遣玄菟太守王欣追高句驪王宮，即此。

領縣三。

鍾英按：洪氏領縣從《晉·志》。今據《一統志》，補遼東為四縣。其境北接鮮卑，南及西界遼東，東界高句驪。【略】

樂浪郡。漢置。

班《志》：樂浪郡，武帝元封三年開。

魏領縣六。

鍾英按：洪氏領縣從《晉·志》。今據《一統志》，補占蟬。《魏志·夏侯尚傳》：嘉平六年，夏侯玄、李豐等皆夷三族，其餘親屬徙樂浪郡，即此。其境東界濊貊，西盡海，北界遼東，南界帶方。【略】

帶方郡。漢末公孫度分樂浪置。魏景初二年，公孫淵滅，入魏。

《韓傳》：建安中，公孫康分屯有縣以南荒地為帶方郡，遣公孫模、張敞收集遺民，是後倭、韓專屬帶方。景初中，明帝密遣帶方太守劉昕、樂浪太守鮮于嗣越海定二郡，諸韓國臣智加賜爵邑部。從事吳林以樂浪本統韓國，分割辰韓八國，以與樂浪。吏臣智激韓忿，攻帶方郡崎離營。時太守弓遵、樂浪太守劉茂興兵伐之，遵戰死，二郡逐滅。《濊傳》：正始六年，樂浪太守劉茂、帶方太守弓遵以嶺東濊貊屬高句麗，興師伐之，不耐侯等舉邑降。鍾英按：據此，遵戰死當在正始七年，故《倭傳》云：正始八年，帶方太守王欣到官，二郡既滅，旋開。故《夏侯尚傳》云：嘉平六年二月，徙夏侯玄、李豐等親屬於樂浪。《少帝紀》：景元二年，樂浪外夷韓濊貊各率其屬來朝貢，蓋目正如後樂浪、帶方終為魏有。

領縣七。

鍾英按：洪氏領縣從《晉·志》。其境北界樂浪，南界韓，東接濊貊，西盡海。【略】

并州。漢中平末，并州大擾，定襄、雲中、五原、朔方、上郡等五郡流徙分散。

《晉·志》：靈帝末，羌胡大擾，定襄、雲中、五原、朔方、上郡等五郡並流徙分散。

建安十一年，魏武破高幹，上黨等郡入魏。

《武帝紀》：建安十年，高幹以并州叛。十一年正月征幹，三月拔壺關，幹走荊州，上洛都尉王琰捕斬之。

十八年省并州，屬冀州。

《梁習傳》：并土新附，習以別部司馬領并州刺史。十八年，省并州，屬冀州。文帝踐阼，復置并州，習復為刺史。

二十年，始集塞下荒地立新興郡，後又分上黨立樂平郡。黄初元年，復分冀州置并州。得漢舊郡四，增置郡二。

《少帝紀》：甘露三年，以并州之太原、上黨、西河、樂平、新興、雁門及司州之河東、平陽八郡為晉公國。《晉·志》：魏并州自陘嶺以北並棄之，晉因而不改。統郡國六。鍾英按：《明帝紀》：太和三年，復置朔方郡，其後不見《國志》，郡蓋旋省。《宋書·武帝紀》：遠祖某，魏定襄太守。自魏武省定襄後，不知何時復置。《通志》：定襄之盛樂，魏末為拓跋力微所居，是定襄郡魏末已陷於戎。據《少帝紀》，并州終魏世為六郡。胡三省謂魏并州統太原、上黨、西河、雁門、新興五郡，不數樂平，非也。州境戎狄錯處。《梁習傳》：并州胡狄在界，張雄跋扈。《鄧艾傳》：嘉平元年，并州右賢王劉豹并為一部。《晉書·劉元海傳》：魏武分劉豹衆為五部，以豹為左部帥，居太原茲氏，右部居祁，南部居蒲子，北部居新興，中部居大陵。嘉平中，豹妻呼延氏祈子於龍門云云。自魏武分五部後，至是始合為一，艾欲因亂割為二部，其識在郭欽、江統之先。

治晉陽。

《通典》：魏并州理晉陽。其境南界司州，東界冀州，北踰陘嶺，西距大河。【略】

太原郡。秦置。

班《志》：太原郡，秦置。

魏領縣十四。

洪氏領縣從《晉·志》。《夏侯淵傳》：建安十四年，淵擊太原賊，攻下二十餘屯，即此。其境東界常山、樂平，西界西河，南界上黨，北界新興。【略】

上黨郡。秦置。

班《志》：上黨郡，秦置。曹植作《車帳表》，欲遣人到鄴市上黨布五十匹，即此。

魏領縣十二。

今據《元和志》，廢廖阿，移樂平之陽阿來屬，仍為十二縣。《元和郡縣志》：後漢末董卓作亂，郡移理壺關城。鍾英按：《地形志》：上黨郡，前漢治長子，董卓之亂治壺關城，即《元和志》所本。洪氏舍《地形志》而引《元和志》，非也。其境南界河內，北界太原，西界平陽，東界廣平。【略】

樂平郡。漢建安中置，領縣四。

鍾英按：《敍録》：麋信字南山，東海人，魏樂平太守，即此。今據《元和志》，删陽阿，為三縣。其境西、北界太原，南界上黨，東界趙國。【略】

《晉·地理志》序例：魏武置郡十二，其一樂平。劉逵《魏都賦》注：延康元年，芝草生於樂平郡。《水經注》、《後魏·地形志》亦云漢獻帝置，惟《晉·志》樂平郡又云晉太始中立，《通典》因之，蓋誤也。今從《序例》。【略】

西河郡。漢置。

班《志》：西河郡，武帝元朔四年置。

靈帝末廢，魏黄初二年復置。魏領縣四。

鍾英按：《元和郡縣志》：靈帝末，黄巾大亂，百姓南奔。其郡遂廢。黄初三年復置。《輿地廣記》作『二年』。其境東界太原，南界平陽，北界新興，西距河。【略】

雁門郡。秦置。

班《志》：雁門郡，秦置。

漢末大亂，其地荒廢，魏黄初中，移郡南度句注置，故《牽招傳》云『治廣武』也。

《寰宇記》：漢末匈奴侵邊，其地荒廢，魏文帝移雁門郡南度句注。

領縣四。

鍾英按：《明帝紀》：青龍元年六月，保塞鮮卑步度根叛，敕并州刺史畢軌已出軍者慎勿越塞過句注。比詔書到，軌已進軍，屯陰館，遣將軍董尚、董弼追鮮卑，戰於樓煩，敗没。《牽招傳》：招為雁門太守，鮮卑大人步度根將三萬餘家詣郡附塞，招討比能於雲中故郡大破之，繕治陘北，故上館城置屯戍以鎮內外。太和二年，招與并州刺史畢軌議，欲使守新興、雁門二牙門，出屯陘北外，以鎮撫內以兵田，未及行而卒。據《招傳》，是畢軌之敗在招卒後。蓋招破比能後所置上館戍，旋復南度，故太和二年復欲屯田陘北，其事未果。青龍元年，敕勿過句注。杜佑曰：句注即陘嶺，在雁門縣西。《寰宇記》：漢末匈奴侵邊，其地荒廢。魏文移雁門郡南度句注。胡三省曰：魏自陘嶺以北並棄之，故以陘嶺為塞。而《晉書·魏舒傳》：舒以相國參軍封劇陽子。考《國志》，文帝為相國，在甘露三年。劇陽，今應州東。蓋并州魏武世以新興為塞，明帝時以陘嶺為塞，少帝時踰陘嶺而北，以劇陽為塞。郡境日闢而北矣。今據《三國志》，補陰館、樓煩，移新興之平城來屬，據《晉書》補劇陽，《一統志》删葰人，為七縣。其境東界代郡，南界新興，北踰句注。【略】

新興郡。漢建安二十年，省雲中、定襄、朔方、五原四郡，各置一縣統其民。凡領縣六。

鍾英按：《武帝紀》：建安二十年，省雲中、定襄、五原、朔方郡，郡置一縣，領其民，合以為新興郡，是新興祇領四縣。洪氏從《元和志》録平城、馬邑，非也。今據移雁門。

闞駰《十三州志》：建安中，魏武集荒郡之户以為縣，聚之九原界，以立新興郡。《太平寰宇記》：魏立新興郡於漢汾陽縣地。今考樂史於『靜樂縣』下云：漢汾陽縣舊地，後漢末屬九原縣，則知漢之汾陽縣，建初後省入九原。《十三州志》云：立郡九原界。《太平寰宇記》云汾陽縣界，其實一也。

鍾英按：《十三州志》之九原，即漢陽曲縣地，非五原郡之九原也。宋白曰：即唐之嵐州。嵐州今嵐縣。其境北界雁門，西距河，東及南界太原。

清・謝鍾英《三國疆域表》上　司州。河南　河東　平陽　河內　弘農

魏文受禪，都洛陽，以漢司隸所部三河、弘農及分河東所立之平陽置司州，治河南。【略】

河南尹。本秦三川郡，漢改，魏因之。【略】二十二縣。【略】

河東郡。秦置。汾水在北。東及北界平陽，西及南以河爲境。【略】九縣。【略】

平陽郡。齊王芳正始八年，分河東置。北界西河，東界上黨，南距汾水，西阻大河。【略】十二縣。【略】

河內郡。漢置。東界陳留、東郡，南界河南，西界平陽，北界上黨。【略】十六縣。【略】

弘農郡。漢置。東界河南，西界京兆，南界南陽，北界河東。【略】八縣。【略】

豫州。潁川　汝南　弋陽　梁國　陳郡　沛國　譙郡　魯郡

漢建安元年，魏武迎漢獻帝，都許。及平黄巾，何儀、黄邵等地遂入魏。潁川、汝南、陳郡、梁國、魯郡、沛國皆漢舊郡。魏武置譙郡、弋陽，文帝置汝陰，合六郡二國爲魏豫州，治安成。東界揚州，西界荆州，北界司州，南與吳接。【略】

潁川郡。秦置。西及北界河南，南界汝南、南陽，東界陳郡。【略】十八縣。【略】

汝南郡。漢置。東界沛國，西界南陽，南界弋陽，北界陳郡，西北界潁川。【略】三十縣。【略】

弋陽郡。魏武分江夏、汝南置。西界江夏，東界廬江，北界汝南，南與吳接。【略】五縣。【略】

梁國。漢置。東界沛國，北界濟陰，西界陳留陳郡，南界譙郡。【略】七縣。【略】

陳郡。明帝太和六年，封植。植子志徙封濟北，還作郡。北界陳留，南界汝南，西界潁川，東界譙郡。【略】八縣。【略】

沛國。明帝太和六年，封林。北界山陽，南界汝南，東界彭城下邳，西界梁國譙郡。【略】十五縣。【略】

譙郡。魏武分沛置。東界沛國，西界陳郡，北界梁國，南界汝南。【略】五縣。【略】

魯郡。秦薛郡，漢魯國，魏作郡。東界泰山，西界東平、山陽，北界濟北，南界沛國。【略】六縣。【略】

冀州。魏郡　廣平　陽平　鉅鹿　趙國　常山　中山　安平　平原　樂陵　博陵　渤海　章武　河間　清河

建安十年，平袁氏地入魏。魏郡、鉅鹿、趙國、常山、中山、安平、平原、樂陵、博陵、勃海、河間、清河皆漢舊郡。魏武置。章武文帝置廣平、陽平，合十三郡二國，爲魏冀州，治信都。南界兗州、青州，北界幽州，西界幷州，東盡海。【略】

魏郡。漢置。北界廣平，南界陳留，東界陽平東郡，西界河內。【略】十二縣。【略】

廣平郡。文帝黄初二年，以魏郡西部置。西界上黨，東界陽平，南界魏郡，北界安平、鉅鹿、趙國、樂平。【略】十五縣。【略】

陽平郡。文帝黄初二年，以魏郡東部置。西界魏郡廣平，北界清河，東及南界東郡。【略】七縣。【略】

鉅鹿郡。秦置。南界廣平，東界安平，西及北界趙國。【略】四縣。【略】

趙國。明帝太和六年，封幹。南界廣平，北界常山、中山、博陵，西界樂平，東界鉅鹿。【略】九縣。【略】

常山郡。漢置。西界樂平、太原、雁門，東界中山，南界趙國，北界代郡。【略】七縣。【略】

中山國。漢置。明帝太和六年，封兗。西界常山，東界河間博陵，南界趙國，北界代郡。【略】九縣。【略】

安平郡。漢置。西界趙國、鉅鹿，東界清河、勃海，南界廣平，北界河間、博陵。【略】十一縣。【略】

平原郡。漢置。文帝黄初三年，封明帝爲王國。七年，國除爲郡。西界清河，南界濟南，北界渤海、樂陵東界濟北。【略】十縣。【略】

樂陵郡。漢建安中，魏武置。北界勃海，南界平原、濟南、樂安，東際海。

【略】五縣。【略】

博陵郡。漢置。西界中山，南界安平，東及北界河間。【略】四縣。【略】

勃海郡。漢置。南界樂陵、平原，北界章武，西界河間、安平，東盡海。【略】八縣。【略】

章武郡。魏武分河間、勃海置。北界燕國、漁陽，南界勃海，西界河間，東際海。【略】四縣。【略】

河間郡。漢置。東界章武、勃海，西界中山，南界博陵、安平，北界燕國、涿郡。【略】十一縣。【略】

清河郡。漢置。西界安平，東界平原，北界勃海，南界東郡、陽平。【略】七縣。【略】

青州。齊郡　濟南　樂安　北海　城陽　東萊

漢建安十年，魏武破袁譚。有其地濟南、樂安、北海、東萊、齊城陽，皆漢舊郡，治臨淄。北界冀州，西界兖州，東及南盡海。【略】

齊郡。秦置。北及東界樂安，南界東莞，西界濟南。【略】十一縣。【略】

濟南郡。漢置。東界齊郡、樂安，西界平原，北界樂陵，南界泰山。【略】十縣。【略】

樂安郡。漢置。北界樂陵，南界齊郡，東界北海，西界濟南。【略】十縣。【略】

北海國。漢郡。明帝太和六年封蕤。東界東萊，西界樂安、齊郡，南界城陽，北盡海。【略】八縣。【略】

城陽郡。漢置。中興後省，魏武復。北界北海，南界琅邪，西界東莞，東界東萊。【略】十縣。【略】

東萊郡。漢置。西界城陽、北海，東南北三面盡海。【略】十三縣。【略】

兖州。陳留　東郡　濟陰　山陽　任城　東平　濟北　泰山

漢興平二年入魏。陳留、東郡、東平、任城、泰山、濟北、山陽、濟陰皆漢舊郡，治廪丘。西界司州，東界青州，北界冀州，南界豫州。【略】

陳留國。漢郡。明帝太和六年封峻。北界東郡，南界陳郡，西界河南，東界濟陰、梁國。【略】十七縣。【略】

東郡。秦置。東界東平、濟北，西界魏郡河内，南界陳留、濟陰，西北界陽平。【略】九縣。【略】

濟陰郡。漢置。東界山陽，西界陳留，北界東郡，南界梁國。【略】九縣。【略】

山陽郡。漢置。東界魯郡，南界沛國，西界濟陰，北界任城、東平。【略】九縣。【略】

任城國。漢置。明帝太和六年，封彰子楷。北界東平，西南東界山陽。【略】三縣。【略】

東平國。漢置。明帝太和六年封徽。西界東郡，東界魯國，北界濟北，南界山陽、任城。【略】七縣。【略】

濟北國。漢置。植子志封此。東界泰山，西界東郡，北界平原，南界東平。【略】四縣。【略】

泰山郡。漢置。北界濟南、齊郡，南齊東海，東界東莞，西界東平、魯郡。【略】十三縣。【略】

徐州。彭城　下邳　東海　琅邪　東莞　廣陵

漢建安三年，魏武破吕布，有其地東海、琅邪、彭城、廣陵、下邳，皆漢舊郡。魏武置東莞，合六郡爲魏徐州，治彭城。西界豫州，北界兖州、青州，東盡海，南與吴接。【略】

彭城國。漢置。明帝太和六年封據。北界東海，西界沛，東及南界下邳。【略】六縣。【略】

下邳郡。漢置。東界廣陵，西界沛國，北界東海，南阻淮。【略】十二縣。【略】

東海國。漢郡。明帝太和六年封蕤。北界琅邪、泰山，南界下邳、彭城，西界魯沛，東盡海。【略】十四縣。【略】

琅邪國。秦郡。明帝太和六年封敏。北界城陽、東莞，南界東海，西界泰山，東盡海。【略】十縣。【略】

東莞郡。漢建安三年，魏武置。北界齊，南界琅邪，西界泰山，東界城陽、北海。【略】四縣。【略】

廣陵郡。漢置。西及北界下邳，東盡海。淮南爲隙地。【略】四縣。【略】

揚州。淮南　廬江

魏揚州得漢淮南、廬江二郡，治壽春。西北界豫州，東南與吴接。【略】

淮南郡。漢置。文帝黄初二年，爲淮南國。太和六年，封彪爲楚國。彪賜

死，復爲郡。東界廣陵隙地，西界廬江，北界沛國。【略】七縣。【略】

廬江郡。漢置。西界弋陽，東界淮南，北界汝南，南與吳接。【略】七縣。【略】

荆州。南陽　南鄉　義陽　江夏　襄陽　魏興　新城　上庸

漢建安十三年，魏武有其地。得漢舊郡二，魏武置襄陽。文帝置南鄉、義陽、魏興，明帝置新城、上庸，合八郡爲魏，荆州治宛及新野。北界司州，東界豫州，南與吳接，西與蜀接。【略】

南陽郡。秦置。東界汝南，西界南鄉，南界義陽，北界河南潁川。【略】十九縣。【略】

南鄉郡。文帝黄初元年置。北界弘農，南界襄陽，東界南陽，西界京兆。魏興新城。【略】八縣。【略】

義陽郡。文帝黄初二年置。東及南界江夏，北界南陽，西界襄陽。【略】九縣。【略】

江夏郡。漢置。北界義陽、汝南，東界弋陽隙地，西及南皆阻漢水。【略】七縣。【略】

襄陽郡。漢建安十三年，魏武置。西界新城，北界南鄉，東界江夏，南與吳接。【略】八縣。【略】

魏興郡。漢建安二十年，魏武置西城郡。二十四年，入蜀。文帝黄初元年，歸魏，改名魏興。北界京兆，東界南鄉，南界上庸，西與蜀接。【略】四縣。【略】

新城郡。文帝黄初中置。東界襄陽、南鄉，西界上庸。南與蜀接。【略】五縣。【略】

上庸郡。明帝太和二年置。四年廢。甘露四年，復置。東界新城，西及北界魏興，南與蜀接。【略】五縣。【略】

雍州。京兆　馮翊　扶風　北地　新平　隴西　天水　南安　廣魏　安定

本漢司隸。建安十八年，魏武置雍州。京兆、馮翊、扶風、北地、新平、隴西、天水、南安、定安，皆漢郡。魏武置廣魏，合十郡爲魏雍州，治長安。東界司州、荆州，西阻洮水，南與蜀接，北限羌戎。【略】

京兆郡。故漢京兆，魏改郡。南界魏興，北界馮翊，西界扶風，東界弘農。【略】十一縣。【略】

馮翊郡。漢左馮翊。魏去左。東界河東，西界扶風、北地，南界京兆，北接狄戎。【略】十縣。【略】

扶風郡。漢右扶風。魏去右。東界京兆、北地，西界天水，南界漢中，北界新平。【略】十四縣。【略】撫夷護軍。【略】

北地郡。秦置。東南界馮翊，西界扶風，北無郡縣。【略】二縣。【略】

新平郡。漢興平元年置。西界安定，東及南界扶風，北無郡縣。【略】二縣。【略】

隴西郡。秦置。北界金城，南界陰平，東界南安，西接羌地。【略】八縣。【略】

天水郡。漢置。東界扶風，西界南安，北界安定、廣魏，南接蜀。【略】十縣。【略】

南安郡。漢靈帝置。東界廣魏，東南界天水，西界隴西，北無郡縣。【略】三縣。【略】

廣魏郡。魏武置。東及南界天水，西界南安，北界武威。【略】二縣。【略】

安定郡。漢置。北拒河，南界新平、扶風、天水、廣魏，西界武威，東無郡縣。【略】八縣。【略】

涼州。金城　西平　武威　張掖　酒泉　敦煌　西海

文帝黄初元年，分雍州置。統金城、西平、武威、張掖、酒泉、敦煌、西海，皆漢舊郡，治左城。東及南界雍州，西接西域。【略】

金城郡。漢置。北界武威，南界隴西，西界西平，東界安定。【略】六縣。【略】

西平郡。漢建安中置。東界金城，北界武威，南距河，西接羌地。【略】三縣。【略】

武威郡。漢置。西界張掖，南界西平、金城，東及北均接羌地。【略】九縣。【略】

張掖郡。漢置。西界酒泉，東界武威，北踰長城，南接羌地。【略】八縣。【略】

酒泉郡。漢置。西界燉煌，東界張掖，北界西海，南接羌地。【略】九縣。【略】

敦煌郡。漢置。東界酒泉，西連西域，南北皆與羌胡相接。【略】八縣。【略】

西海郡。漢興平中置。南界酒泉，北東西三面距胡。【略】一縣。【略】

幽州。涿郡　燕國　漁陽　右北平　上谷　代郡　遼西　遼東屬國　遼東　玄菟　樂浪　帶方

漢建安十年，魏武平幽州。明帝景初二年，收海東四郡。涿郡、廣陽、代郡、上谷、漁陽、右北平、遼西、遼東、玄菟、樂浪、遼東屬國，皆漢舊郡。公孫度置帶方，魏改廣陽爲燕國。合十郡一國一屬國爲魏幽州，治薊。南界冀州，北盡塞垣，東接高句驪、濊貊，西接鮮卑、烏丸。【略】

涿郡。漢置。東界燕國，西界代郡，北界上谷，南界河間。【略】七縣。【略】

燕國。明帝太和六年，封太祖子宇。西界上谷、涿郡，東界漁陽，南界章武，北抵塞垣。【略】五縣。【略】

漁陽郡。秦置。東界右北平，西界燕國，南界章武，北抵塞垣。【略】六縣。【略】

右北平郡。秦置。東界遼西，西界漁陽，南至海，北抵盧龍塞。【略】四縣。【略】

上谷郡。秦置。西南界代，東界涿郡，西北抵塞。【略】七縣。【略】

代郡。秦置。東及北界上谷，南界中山，西界雁門。【略】七縣。【略】

遼西郡。秦置。西界北平，東界遼東，南盡海，北抵塞。【略】五縣。【略】

遼東屬國。齊王芳正始五年置。西界遼西東界遼東，南盡海，北接鮮卑。【略】一縣。【略】

遼東郡。秦置。北界玄菟，南界樂浪，西界遼東、屬國，東界高句驪。【略】九縣。【略】

玄菟郡。漢置。南及西界遼東，北接鮮卑，東界高句驪。【略】四縣。【略】

樂浪郡。漢置。北界遼東，東界濊貊，西盡海東，南界帶方。【略】七縣。【略】

帶方郡。漢末公孫度置。北界樂浪，東接濊貊，南韓西海。【略】七縣。【略】

幷州。太原　上黨　樂平　西河　雁門　新興

漢建安十一年，魏武有其地。太原、上黨、西河、雁門，皆舊郡。魏武置樂平、新興，合六郡爲魏幷州，治晉陽。南界司州，東界冀州，北踰陘嶺，西距大河。【略】

太原郡。秦置。東界常山、樂平，西界西河，南界上黨，北界新興。【略】十四縣。【略】

上黨郡。秦置。南界河內，北界太原，西界平陽，東界廣平。【略】十二縣。【略】

樂平郡。漢建安中，魏武置。西北界太原，西南界上黨，東界趙國。【略】三縣。【略】

西河郡。漢置。靈帝末廢。魏文帝黄初二年，復置。東界太原，南界平陽，北界新興，西距河。【略】四縣。【略】

雁門郡。秦置。東界代郡，南界新興，北踰句注。【略】七縣。【略】

新興郡。漢建安二十年，魏武置。北界雁門，西距河，東及南界太原。【略】四縣。

清·吳增僅《三國郡縣表》卷一《魏司隸部》 司隸。治洛陽。建安十八年省，見考證。文帝即位復置，通稱亦曰『司州』，見考證。《通典》：魏治河南洛陽。【略】

河南尹。治洛陽。建安十八年幷豫州。復置司隸，自豫州移還，見考證。【略】

滎陽郡。正始三年，分河南立，見考證。疑省還河南。【略】

原武郡。咸熙元年，以原武典農升為郡，見豫州襄城郡考證。【略】

恒農郡。故曰『弘農』，治弘農，避靈帝諱改『恒農』。建安十八年，以郡屬雍州。

弘農郡。魏復為弘農，見考證。復置司隸，自雍州移還。【略】

河東郡。治安邑。建安十八年，以郡屬冀州。復置司隸，自冀州移還。黄初三年，立曹霖為河東王。六年改封館陶縣王，還國為郡。《晉書·文紀》：甘露三年，以司州之河東、平陽二郡，並幷州六郡，封司馬昭為晉公。【略】

平陽郡。《本紀》：正始八年，分河東立。《方輿紀要》：治平陽，見考證。【略】

河內郡。治懷。建安十八年，以郡屬冀州。復置司隸，自冀州移還。【略】

野王郡。咸熙元年，以野王典農升為郡，見豫州襄城郡考證。【略】

左內史郡。建安初，分馮翊西境置，治高陵，尋省，見考證。【略】

京兆郡。建安十八年，以郡屬雍州，見考證。【略】

左馮翊郡。注同前。【略】

右扶風。注同前。

又《魏豫州部》 豫州。治譙。【略】徙治項。徙治安成，見考證。【略】

潁川郡。治陽翟。《晉·志》：治許昌。當是魏徙。【略】

襄城郡。咸熙元年，以襄城典農中郎將改為郡，治襄城，見考證。【略】

汝南郡。治平輿。《晉·志》：治新息。魏治未詳。【略】

汝陰郡。《元和志》：黃初三年置，治汝陰。見考證。疑嘉平中省。【略】

陽安郡。建安三年置，治朗陵，尋省，見考證。【略】

弋陽郡。《汝寧志》：魏分汝南江夏置，屬豫州。蓋建安末，魏武所置，治西陽，見考證。黃初三年，汝陽公彪進封此。五年，改封壽春縣王，還國為郡。【略】

梁國。治下邑。梁郡。受禪後，除國為郡，見考證。《晉·志》：治睢陽。魏治未詳。【略】

梁國。太和六年，元城王悌改封此。復改為國。【略】

陳郡。漢舊國，治陳。《元和志》：漢末陳王寵為袁紹所殺，國除為郡。黃初四年，淮南王邕改封此。六年，改封邯鄲縣王，還國為郡。太和六年，東阿王植封此。復改為國。植薨，子志嗣，徙封濟北，仍復為郡。【略】

沛郡。漢舊國，治相。《魏志·司馬芝傳》：芝為沛郡太守，在建安末年，蓋漢末除國為郡。《徐州志》：魏治沛。

沛國。太和六年，甄城王林進封此，復改為國。【略】

譙郡。建安末年，分沛郡置，治譙，見考證。

譙國。黃初三年，進譙縣公林為譙郡王。五年，仍改譙縣王，還國為郡。

魯國。治魯。魯郡。

安豐郡。黃初初年，分廬江立。《方輿紀要》：治安風，見考證。

河南尹。建安十八年移來。復置司隸，移還。

又 卷二《魏冀州部》 冀州。故置高邑。《寰宇記》：桓、靈之間刺史常理鄴。《元和志》：黃初中，以鄴為五都之一，移州，治信都。【略】

魏郡。治鄴。建安十八年，分魏郡為東西部，置都尉。二十一年，進魏公操爵為魏王，都鄴。【略】

廣平郡。《本紀》：黃初二年，以魏郡西部置。《地形志》：魏治曲梁。三年，封曹儼為廣平王。四年，薨，國除為郡。【略】

陽平郡。《魏志·本紀》：黃初二年，以魏郡東部置。《水經注》：治館陶。【略】

朝歌郡。《元和志》：黃初中，分河內置，屬冀州。《一統志》云：郡尋省，見考證。【略】

鉅鹿郡。治廮陶。《晉·志》：治廮陶。【略】

趙國。治邯鄲。【略】

趙郡。《晉·志》：治房子。魏治未詳。

趙國。太和六年，鉅鹿王幹改封此。【略】

常山郡。漢舊國。治元氏。《范書·獻帝紀》：建安十一年，除為郡。《輿地廣記》：魏治真定。【略】

中山國。治盧奴。太和六年，濮陽王袞改封此，復改為國。青龍三年薨，子孚嗣。【略】

安平國。治信都。安平郡。【略】

博陵郡。《水經注》：桓帝置郡，漢末罷，還安平，見考證。【略】

平原郡。治平原，舊為國。《范書·獻帝紀》：建安十一年，除為郡，故屬青州。十八年移來，見考證。《魏志·本紀》：黃初三年，封齊公叡為平原王。七年，叡嗣位，國還為郡。【略】

樂陵郡。建安十八年，魏武分平原、渤海置，見考證。沈《志》：魏置樂陵，屬冀州。《樂陵縣志》：魏置郡，治厭次。

樂陵國。正始五年，曲陽王茂徙封此，改郡為國。【略】

勃海郡。治南皮。【略】

章武郡。建安末，魏武分渤海、河間置。《皇輿表》：魏治東平舒郡。疑嘉平中省，見考證。【略】

河間國。治樂成。受禪後，國除為郡。黃初三年，燕公幹進爵，改封此。五年，改封樂城縣王，國還為郡。河間郡。【略】

甘陵郡。故清河國。《郡國志》：注：桓帝建和二年，改今名，治甘陵。

《范書・獻帝紀》：建安十一年，除為郡。

清河國。《輿地廣記》：魏復為清河郡。黃初三年，封曹貢為清河王。四年薨，國除為郡。【略】

定襄郡。郡尋廢。別詳并州。【略】

雁門郡。同前。【略】

雲中郡。同前。【略】

五原郡。同前。【略】

朔方郡。同前。右八郡。建安十八年，省并州，以郡來屬。【略】

涿郡。【略】

漁陽。【略】

廣陽郡。【略】

右北平。【略】

上谷郡。【略】

代郡。【略】

遼東郡。【略】

遼東屬國。【略】

遼西部。【略】

玄菟郡。【略】

樂浪郡。右十一郡。建安十八年，省幽州，以郡來屬。右十一郡，復置幽州，移還。

又《魏兗州部》 兗州。治昌邑。興平二年，魏武領州牧，徙治鄄城。《寰宇記》：魏自鄄城移治廩邱。【略】

陳留郡。治陳留。黃初三年，襄邑公峻封此。五年，復改封襄邑，國還為郡。太和六年，襄邑王峻復封此，又改為國。甘露四年，峻薨，子澳嗣。【略】

東郡。故治濮陽。《魏武紀》：初平二年，徙治東武陽。建安中，東武陽移魏郡，疑遂還治濮陽。【略】

濟陰國。治定陶。《范書・獻帝紀》：建安十一年，國除為郡。十七年，皇子熙又封此。

濟陰郡。魏受禪，降熙為列侯，國除為郡。黃初中，彭城王徙封此。五年，改封定陶王。【略】

山陽國。治昌邑。《范書・獻帝紀》：建安十七年，封皇子懿于此。

山陽郡。魏受禪，降懿為列侯，國除為郡。【略】

任成國。治任成。

任成郡。黃初三年，立鄢陵公彰為任成王。四年，薨，子楷嗣。徙封中牟，國還為郡。

任成國。太和六年，任成縣王楷復封此。正始七年，徙封濟南，國還為郡。【略】

東平國。治無鹽。

東平郡。疑魏治壽張。黃初四年，盧江王徽改封壽張王，以東平郡為國。五年，改封壽張縣，還為東平郡，見考證。

東平國。太和六年，壽張縣王徽復封此。【略】

濟北國。治盧。《范書・獻帝紀》：建安十一年，國除為郡。十七年，皇子邈又封此。復改作國。

濟北郡。魏受禪降邈為列侯，國除為郡。

濟北國。陳王植子志，自陳徙封此，又改作國。【略】

泰山郡。治奉高。【略】

嬴郡。獻帝時，分泰山五縣置，尋省，還本郡，見考證。

又《魏徐州部》 徐州。治郯。漢末徙始下邳，見考證。【略】

下邳郡。漢舊國，治下邳。《范書・獻帝紀》：建安十一年，除為郡。黃初三年，魯陽公宇進封此。五年，改封單父縣，仍還為郡。【略】

彭城郡。漢舊國，治彭城。《魏志・陳矯傳》：矯為彭城太守，在魏武時蓋其時，改國為郡。黃初四年，義陽王徙封此，尋改封濟陰。

彭城國。太和六年，據由定陶復封此，復改為國。【略】

東海國。治郯。《范書・獻紀》：建安十七年，封皇子敦於此。

東海郡。魏受禪，降敦為列侯，國除為郡。《輿地廣記》後漢至晉皆治郯。

東海國。太和六年，館陶縣王霖封此，改郡為國。【略】

昌慮郡。《魏武紀》：建安三年，分東海置，十一年，省。【略】

利城郡。《魏武紀》：建安三年，分東海置。【略】

城陽郡。建安三年置，尋移屬青州。【略】

琅邪郡。治開陽。《范書・獻紀》，建安十一年，立故琅邪王子熙為琅邪王。

二十一年，曹公殺熙，國除為郡。《輿地廣記》：後漢及晉皆治開陽。太和六年，句陽王敏封此。【略】

東安郡。漢末分琅邪置。建安十九年省，見考證。【略】

東莞郡。建安初，魏武分琅邪、齊郡置。【略】

廣陵郡。故治廣陵。漢末，徙治射陽，尋還治廣陵。黃初中，徙治淮陰，見考證。

又　卷三《魏青州部》　青州。治臨淄。【略】

齊郡。漢舊國，治臨淄。《范書·獻紀》：建安十一年，國除為郡。《魏明紀》：黃初二年，立皇子叡為齊公。三年，封平原王。

齊國。《齊王芳紀》青龍三年，封皇子芳為齊王。

齊郡。景初三年，芳嗣位，國還為郡。

齊國。《芳紀》嘉平六年，遣芳藩于齊，又改為國。【略】

濟南國。治東平陵。

濟南郡。《一統志》：魏仍治東平陵。

濟南國。正始七年，任城王楷徙封此，復改為國。【略】

樂安郡。治臨濟。《晉·志》：治高苑，魏治未詳同否。【略】

北海郡。漢舊國，治劇。《范書·獻紀》，建安十一年，除為郡。魏治未詳，黃初三年，贊公袞封此。五年，又封贊王。

北海國。太和六年，陽平縣王蕤封此，復改為國。青龍元年，薨，以曹贊奉蕤，後封昌鄉公。【略】

城陽郡。《魏武紀》：建安三年，分北海、琅邪置。【略】

東萊郡。《寰宇記》：後漢移理黃縣，魏不改。【略】

平昌郡。沈《志》：魏文帝分城陽置，後省。《魏志·孫禮傳》：歷平昌、琅邪太守，此外無考。《太康志》：平昌屬城陽。知立郡未久，復省還本郡也。【略】

長廣郡。建安初，魏武分東萊置，尋省，見考證。

又　《魏荊州部》　荊州。故治漢壽。劉表領荊州，治襄陽。建安十三年，劉琮舉州降操，尋為吳破，荊州遂分，見考證。《方輿紀要》：魏治宛，徙治新野，見考證。【略】

南陽郡。治宛。【略】

南鄉郡。《晉·志》：魏武平荊州，分南陽西界置。《輿地廣記》：魏置，郡治南鄉。【略】

章陵郡。建安初年，以南陽章陵縣置郡。疑黃初初年，改郡為義陽，見考證。【略】

義陽郡。《沈志》：魏文帝立，後省，見考證。黃初三年，章陵王據徙封此，尋徙封彭城。【略】

江夏郡。故治西陵。劉表時，黃祖為太守，屯沙羡。魏武平荊州，以文聘為太守，屯石陽。《本紀》：太和元年，分置南部都尉。徙治安陸上昶城，見考證。【略】

蘄春郡。沈《志》：吳立。疑孫權破黃祖時立郡，旋入魏，見吳揚州考證。黃初四年，地復入吳。【略】

襄陽郡。建安十三年，魏武分南郡置。《方輿紀要》：治襄陽。《本紀》：景初元年，分置南部都尉。【略】

西城郡。《魏武紀》：建安二十年，分漢中安陽西城置。《水經注》：治西城。《常志》：魏屬荊州。

魏興郡。《水經注》：魏文帝改今名，見考證。《寰宇記》：文帝時理洵口。《常志》：蜀平，遂治西城。【略】

上庸郡。《魏武紀》：建安二十年，分漢中置。上庸都尉，尋改為郡，見考證。黃初元年，省郡入新城。《本紀》：太和二年，分新城置。四年，又廢。景初元年，又置，見考證。《常志》：魏屬荊州。嘉平中，又省。《本紀》：甘露四年，又分新城置，治上庸。【略】

房陵郡。建安中，分漢中置郡，見考證。黃初元年，省郡入新城。【略】

新城郡。黃初元年，文帝合房陵、上庸置。《寰宇記》：理房陵。《常志》：魏屬荊州，見考證。【略】

臨江郡。《晉·志》：建安十三年，魏武分南郡。

又　卷四《魏揚州部》　揚州。故治歷陽，後徙壽春。建安初，又徙治合肥，見考證。正始初，徙治壽春。【略】

九江郡。治壽春。

淮南郡。黃初二年，封曹邕為淮南公，以九江郡為國。三年，改封陳國，還為郡。

楚國。太和六年，以淮南郡為楚國，改封白馬王彪于此。

淮南郡。嘉平元年，彪坐罪自殺，國除。為淮南郡。【略】

廬江郡。故治舒，後徙皖。建安末，徙治陽泉，見考證。黃初三年，歷城公徽封此。五年，徙封壽張王。疑徙治六安，見考證。

又《**魏雍州部**》雍州。建安初年，分涼州河西四郡置，治武威。十八年，省涼州，以諸郡併入雍州，見考證。《輿地廣記》：治京兆長安。【略】

武威郡。文帝即位，復置涼州，移郡屬焉。【略】

張掖郡。同前。【略】

酒泉郡。同前。【略】

敦煌郡。同前。【略】

張掖居延屬國。改為西海郡。

同前。【略】

張掖屬國。右四郡、兩屬國，建安初年雍州所統。【略】

西郡。右六郡、一屬國。建安十八年以前，雍州所統。

移涼州。【略】

金城郡。同前。【略】

西平郡。同前。【略】

京兆尹。治長安。

京兆郡。《通典》：魏改尹為守。黃初二年，封曹禮為秦公，以京兆郡為國。三年，改為京兆王。六年，改封元城縣王。國還為郡。

秦國。青龍三年，封皇子詢為秦王，改京兆郡為秦國。

京兆郡。正始五年，詢卒。復秦國為京兆郡。【略】

左馮翊。故治高陵。《魏志·裴潛傳》注引《魏略》：建安初，徙治臨晉。

馮翊郡。《通典》：魏去『左』字。《晉書·文紀》：景元四年，以郡益晉公國。【略】

右扶風。治槐里。

扶風郡。《通典》：魏去『右』。【略】

漢興郡。中平中，立郡，曰漢安。建安中，魏武改今名，見考證。郡省，諸縣還屬扶風。【略】

北地郡。《范書·本紀》：安帝永初五年，以避羌寇，徙郡治池陽。順帝永建四年，復還舊治。永和六年，又徙治馮翊界。《寰宇記》：魏于馮翊祋祤地置郡。【略】

新平郡。《郡國志》注引《袁山松書》：興平元年，分安定、鶉觚、扶風、漆縣置。《方輿紀要》：治漆縣。【略】

安定郡。治臨涇。《范書·本紀》：安帝永初五年，以避羌寇，徙郡寄治扶風美陽縣。順帝永建四年，復歸本土。永和六年，又徙居扶風界，後仍還舊治。【略】

永陽郡。《郡國志》注：初平四年置。《魏武紀》：建安十九年省。《方輿紀要》：魏武改置廣魏，治臨渭。

廣魏郡。【略】

漢陽郡。故曰『天水』。《郡國志》注永平十七年，改今名，治冀。

天水郡。魏復舊名，見考證。《蜀志·姜維傳》注引《魏略》：治冀。【略】

隴西郡。故治狄道。《范書·安帝紀》：永初五年，羌胡大擾，徙治襄武。【略】

南安郡。《郡國志》注：中平五年，分漢陽置。《華昌志》：治獂道。【略】

武都郡。治下辨，屬涼州。建安二十四年，魏武徙郡，寄治扶風小槐里。《常志》：魏遥置，郡，屬雍州，見考證。太和三年，郡地入蜀，魏罷武都太守。【略】

陰平郡。建安末，魏武置，屬涼州。《常志》：魏亦遥置郡，屬雍州，見考證。太和三年，郡地入蜀，魏罷陰平太守。【略】

上郡。《寰宇記》：安帝時徙郡，寄治馮翊衙縣。《通典》：魏武省，領縣詳并州。【略】

弘農郡。右二十四郡。建安十八年以後、二十五年以前，雍州所統。文帝復置司隸，以郡還屬。【略】

秦州。《元和志》：文帝分隴右置，尋省，還屬雍州。【略】

隴西郡。南安郡。天水郡。廣魏郡。

又 **卷五《魏涼州部》** 涼州。故治隴。靈帝時，徙治冀。建安十八年，省入雍州，見雍州考證。《魏志·張既傳》：文帝即位，復置涼州。《輿地廣記》：魏治武威。《晉·志》：魏涼州領戊己校尉，護西域，如漢故事。【略】

金城郡。治允吾。《晉·志》：治榆中，魏治未詳。【略】

武威郡。治姑臧。【略】

張掖郡。治觻得。【略】

酒泉郡。治福祿。【略】

敦煌郡。治敦煌。【略】

張掖屬國。【略】

西海郡。故張掖居延屬國。建安中，改為郡，見考證。【略】

西平郡。《方輿紀要》：建安中，分金城置，治西都，見考證。【略】

西郡。《輿地廣記》：建安中，分張掖日勒縣，立西郡。【略】

武都郡。

隴西郡。

漢陽郡。

安定郡。

北地郡。

南安郡。

漢興郡。

永陽郡。

新平郡。

右十七郡、一屬國。建安十八年以後、二十五年以前，皆屬雍州。

又《魏并州部》 并州。治晉陽。建安十八年，省入冀州，見考證。

《晉·志》：黃初元年，復置并州，自陘嶺以北并棄之。《通鑑》胡注引《漢魏春秋》：黃初二年，還郡嶺南以句注為塞。《輿地廣記》：仍治晉陽。《晉書·文紀》：甘露三年，以并州六郡封司馬昭為晉公。【略】

太原郡。【略】

上黨郡。治長子。《元和志》：後漢末，董卓作亂，移理壺關。【略】

樂平郡。《晉·志》：建安二十年，立新興郡，後又分上黨置樂平郡，治樂平，見考證。【略】

西河郡。《范書·順帝紀》：永和四年，羌寇為害，徙郡治離石。章懷注云：西河本治平定。《元和志》：漢末大亂，匈奴侵邊，郡縣荒廢。《元和志》：黃初二年，於漢茲氏縣復置西河郡。【略】

雁門郡。治陰館。《元和志》：漢末大亂，匈奴侵邊，郡縣荒廢。《太原府志》：黃初中，移郡陘南。《魏志·牽招傳》：郡治廣武。【略】

上郡。治施《范書·本紀》：安帝永初五年，以避羌寇，徙郡寄治馮翊。順帝永建四年，復治。永和四年，復徙馮翊夏陽。建安十八年，移屬雍州。《通典》：魏武省上郡。《輿地廣記》：漢末，郡縣皆廢。【略】

五原郡。治九原。《輿地廣記》：為匈奴所沒，魏晉荒廢。【略】

雲中郡。治雲中。《輿地廣記》：魏晉荒廢。【略】

定襄郡。治善無。《輿地廣記》：漢末，郡縣荒廢。【略】

朔方郡。治臨戎。《范書·本紀》：順帝永安四年，以羌寇為害，徙郡寄治五原。《輿地廣記》：東漢後没于戎狄。《魏志·本紀》：青龍三年復置。甘露中，以并州諸郡封晉公，內無朔方，蓋旋立旋廢也，領縣未詳。【略】

新興郡。《魏武紀》：建安二十年，省雲中、定襄、朔方、五原四郡，各置一縣領其民，立以為新興郡。《太原府志》：治九原。

又《魏幽州部》 幽州。治薊。建安十八年，省入冀州，見考證。文帝即位復置。《輿地廣記》：治薊。【略】

涿郡。治涿。《寰宇記》：黃初七年，改名范陽。【略】

廣陽郡。《郡國志》注：永平八年，復置。治薊。黃初二年，弘農侯幹進爵，封燕公，改燕國。三年，改封河間。

燕國。太和六年，下邳王宇徙封此，復改燕國。【略】

漁陽郡。治漁陽，《晉·志·序例》：魏武省漁陽郡，見考證。【略】

右北平郡。治土垠。《寰宇記》：魏去『右』字。【略】

上谷郡。治沮陽。《水經注》：魏治居庸。【略】

代郡。治高柳。《晉·志》：治代，當是魏徙。【略】

遼東郡。治襄平。《魏志·公孫度傳》：初平元年，度自立為平州牧。建安九年，死，子康嗣。康死，弟恭立。太和二年，公孫淵劫奪恭位。景初元年，自立為燕王。二年，司馬懿滅之，遼東五郡入魏。【略】

遼西中遼郡。《魏志·公孫度傳》：初平元年，度分遼東置，領縣未詳。公孫淵滅郡，復合於遼東。【略】

遼東屬國。公孫氏廢之，見考證。《本紀》：正始五年，復置，旋改昌黎郡。《方輿紀要》：治昌黎。

昌黎郡。【略】

遼西郡。治陽樂。【略】

玄菟郡。治高句驪。公孫康徙郡于遼東東北二百里，僑置句驪縣，為郡治，魏因之，見考證。【略】

帶方郡。《魏志·東夷傳》：建安中，公孫康分屯有縣以南荒地置，治帶方。

【略】

樂浪郡。景初二年，滅公孫淵合遼東五郡置，尋還合幽州，見考證。

平州。景初二年，滅公孫淵，合遼東五郡置，尋還合幽州，見考證。【略】

遼東郡。遼西郡。樂浪郡。玄菟郡。帶方郡。

論説

清·王鳴盛《十七史商榷》卷四二《三國志四·三國疆域》

《三國》但有紀傳，無志，餘姑勿論，惟是地理建置不可無考。毗陵洪亮吉作《三國疆域考》，予未見，姑就《通典》所列，參以本志，并萬氏《補表》，考之如左。

《魏志·夏侯玄傳》云：『司馬宣王報玄書曰：「秦時無刺史，但有郡守長吏。漢家雖有刺史，奉六條而已，故刺史稱傳車，其吏言從事，居無常治，吏不成臣，其後轉更爲官司耳。」』劉馥等傳評云：、『自漢季以來，刺史總部從宋本改，俗作『統』，非。諸郡，賦政于外，非若曩時司察之而已。』案秦雖無刺史，亦有監御史，即刺史之意。至漢，刺史雖居無常治，然亦未嘗無，説見《朱博傳》，詳前第十六卷。其云『後轉更爲官司』，正指漢末方鎮而言，與劉馥等傳評合。東漢十三州，司隸、豫州、冀州、兖州、徐州、青州、荆州、揚州、益州、涼州、并州、幽州、交州也。杜佑《通典》一百七十一卷《州郡》門云：『魏據中原，有州十二，司隸、荆河、兖、青、徐、涼、秦、冀、幽、并、揚、雍。』小字夾注云：『分涼州置秦州，理上邽，今天水郡。揚治壽春，今郡。徐治彭城，今郡。荆治襄陽，今郡。兖治武威，今郡。並因前代。』荆河者，《禹貢》『荆、河惟豫州』，本是豫州而改稱者，杜佑避唐代宗諱也。『兖治』之下脱文甚多，未得他本參對，未敢輒添。其下文云『蜀全制巴蜀，置益、梁二州』，『益治成都，今郡。梁治漢中，今郡』。『吳北據江，南盡海，置交、廣、荆、郢、揚五州』，『交治龍編，今安南府。廣，孫權置，治番禺，今南海郡。荆治南郡，今江陵郡。郢治江夏，即今郡。揚治建鄴，今丹楊郡江寧縣』。

東漢司隸所轄，既有弘農、京兆、馮翊、扶風，故不別置雍州，魏人蓋仍其舊，而却又別置雍州，其置當在建安中操統事後。觀《魏·張既傳》『太祖時不置涼州，自三輔拒西域，皆屬雍州。文帝即王位，初置涼州』，則可見矣。《杜恕傳》：『太和中，恕以爲古刺史奉宣六條，以清靜爲名，可勿令領兵，以專民事，乃上疏曰：「今魏有十州，荆、揚、青、徐、幽、并、雍、涼緣邊諸州皆有兵，所恃內充府庫、外制四夷者，惟兖、豫、司、冀。」』荆、揚非魏地，但帶言之。而其有司又有雍則顯然。但雍州始置，既不載於《續漢·郡國志》，而《魏志》本紀又遺之，且漢人但名司隸，魏人則又往往稱司，六朝司州之名起於此。觀杜恕上疏云『兖、豫、司、冀』，又云『天下猶人體，腹心充實，四支雖病無患。今兖、豫、司、冀，天下之腹心』云云，是也。又考《荀彧傳》：『建安九年，太祖拔鄴，領冀州牧，或説太祖「宜復古置九州，則冀州所制者廣大。」或以爲不可，遂止。』其後建安十八年遂詔并十四州，復爲九州，見《太祖紀》。《梁習傳》：『并士新附，習領并州刺史。建安十八年，州并屬冀州。文帝踐阼，始復置并州。』彼時又嘗并涼于雍，即上所引《張既傳》是也。餘所并三州則無考。建置沿革，事之大者，本紀宜詳書之，今各紀於省并分置之郡甚多，而省并分置之州僅一見，亦不詳，恐多漏。即如《通典》置秦州事，本紀無之，則可見。齊王芳嘉平五年云：『自帝即位，至于是歲，郡國縣道多所置省，俄或還復，不可勝紀。』則其不載者多矣。

《通典》雖言魏有十二州，而荆、揚正吳地，魏不得有之，特緣邊有鎮戍，聊立此名耳。杜恕於太和中言有十州，蔣濟於景初中言有十二州，二者不同，大約一數荆、揚，一不數荆、揚耳。除此二州，餘有十州，又除自置秦州不數外，大約魏得漢之司隸、豫州、冀州、兖州、青州、并州六全州，此外三州，徐州但得其西境，涼州但得其東西及北境，幽州但得其西南境，不全得也。蜀得益州一全州及涼州之南境，又自置梁州。吳得荆州、揚州、交州三全州及徐州之東境，又自置廣州。其杜佑所云郢州未詳，説見下文。若幽州之東北境則公孫氏據之，直至景初二年始爲司馬懿所滅。

《蜀後主傳》於降晉後，注引王隱《蜀記》，但有户口數，無郡國縣道數。《吳三嗣主傳》於孫皓降晉後，注引《晉陽秋》則曰：『王濬收其圖籍，領州四，郡四十三，縣三百一十三。』案『領州四』者，漢舊有之荆、揚、交三州及吳自置之廣州是也。據此則吳無郢州，且《文紀》黄初三年，以荆州江北諸郡爲郢州，旋復故。然則此州乃魏所立，且旋廢矣。不知杜佑何以云云，俟再考。《晉陽秋》『郡四十三』，《太平御覽》引作『三十三』，考《晉書·武帝紀》作『四十三』，《御覽》誤也。至三國所得漢郡與其所增置并省之郡，備詳《晉書·地理志》，而《晉書》於此等處每多游詞，未知確否，是以皆未可據。

沈約《宋書·州郡志》叙首言『三國鼎跱，吳得漢之揚、荆、交三州，蜀得益州，魏氏猶得九焉』，謂冀、幽、并、兗、青、徐、豫、涼及司隸也。此特言其大略，不如予今所考爲得，説詳後《南史》篇中。

清·錢大昕《潛研堂文集》卷三五《與洪稚存書二》　僕留意三國疆域有年，常欲作志，以補承祚之闕。蜀吳屬稿粗具，將次第魏事。今讀尊製，體大思精，勝僕數倍，已輟所業，讓足下獨步矣。其中有數事，或可備葑菲之采，敢略陳之。

歷陽有當利浦，謂因王濬書有『風利不得泊』之語以為名。此説本於樂史《寰宇記》，考其實殊未然。《孫討逆傳》稱劉繇遣張英屯當利口，《周瑜傳》亦云『將兵迎策，從政横江、當利，皆拔之』。則當利之名漢末已有之，豈待王濬平吳乃得名乎？

酒泉之福禄縣，漢時本名禄福，班史及石刻《曹全碑》皆其明證。至三國猶然，《龐淯傳》及皇甫謐《列女傳》并云禄福長尹嘉。《續漢志》偶顛倒二字，而《晉·志》因之。又敦煌之淵泉，『淵』訛『拼』，涪陵之漢葭，『葭』訛為『發』，此皆不可不正者也。

漢陽之為天水，蓋魏初所改，《魏明帝紀》、張郃、楊阜、鄧艾、諸葛亮、姜維諸傳無稱天水為『漢陽』者。《艾傳》又有天水太守王頎，豈皆史臣追改乎？《晉·志》謂晉始復名天水者，殆未可信，惟足下進而教之。

清·趙翼《廿二史劄記》卷七《三國志晉書·漢復古九州》　《後漢書》：『建安十八年，復《禹貢》九州。』《魏志》亦稱是年詔書并十四州爲九州。《獻帝春秋》謂省幽、并州入於冀州；省司隸校尉及涼州入於雍州，於是有兗、豫、青、徐、荆、揚、冀、益、雍九州。

按《荀彧傳》，建安九年，或説曹操宜復古九州。則冀州所制者廣。彧曰：『若是，則冀州當得河東、馮翊、扶風、西河、幽、并之地，所奪者衆，關右諸將必謂以次見奪，將人人自保，恐天下未易圖也。』操乃寢九州議。至是乃重複之。蓋是時，幽、并及關中諸郡國皆已削平，操自爲張本，欲盡以爲將來王畿之地故也。觀於是年之前，已割蕩陰、朝歌、林慮、衛國、頓邱、東武陽、發干、廮陶、曲周、南和、任城、襄國、邯鄲、易陽，以益魏郡。是年又以冀州之河東、河内、魏郡、趙國、中山、常山、鉅鹿、安平、甘陵、平原十郡，封操爲魏公。可見復九州，正爲禪代地也。

雜録

《三國志》卷一《魏志·武帝紀》　（建安十八年）詔書并十四州，復爲九州。

又　卷二《魏志·文帝紀》　（黄初三年）五月，以荆、揚、江表八郡爲荆州，孫權領牧故也；荆州江北諸郡爲郢州。【略】

（黄初三年十月）是月，孫權復叛。復郢州爲荆州。

又　卷四《魏志·陳留王傳》　（景元四年十二月）壬子，分益州爲梁州。【略】

（正始五年）九月，鮮卑內附，置遼東屬國，立昌黎縣以居之。【略】

（嘉平三年）二月，置南郡之夷陵縣以居降附。

又　卷四八《吳志·孫皓傳》　（元興元年）是歲，魏置交阯太守之郡。

《晉書》卷二《文帝紀》　（甘露）四年夏六月，分荆州置二都督，王基鎮新野，州泰鎮襄陽。

唐·徐堅《初學記》卷八《州郡部·河東道》　（魏盧毓）《冀州論》曰：『冀州，天下之上國也。』《尚書》何平叔、鄧玄茂謂其土産無珍，人生質朴，上古以來，無應仁賢之例，冀、徐、雍、豫、諸州也。廬釋曰：『除黄帝已前，未可備聞。』略言唐、虞已來，冀州乃聖賢之淵藪，帝王之寶地。東河以上，西河以來，南河以北，易水以南，膏壤千里，天地之所會，陰陽之所交，所謂神州也。

宋·李昉等《太平御覽》卷一六一《州郡部·河北道上·相州》

《魏書》曰：『黄（武）［初］二年，以魏郡東部爲陽平郡，西部爲廣平郡。』廣平、陽平、魏平三郡爲三魏也。

又 卷一六二《州郡部·河北道上·滄州》 《十三州志》曰：渤海風俗鷙戾，多氣力，輕姦凶。

又 《冀州》 《十三州志》曰：冀州之地，古今京也。人患剽悍，故語曰：『仕宦不偶值冀部。』

又 卷一六三《州郡部·河北道下·忻州》 《十三州志》曰：漢末大亂，匈奴侵邊，自定襄已西盡雲中、雁門之間遂空。建安中，丞相曹公集荒郡之户以爲縣，聚之九原界，以立新興郡，領九原等縣，屬并州。

又 卷一六八《州郡部·山南道下·襄州》 《荆州圖副》曰：建安十三年，魏武平荆州，始置襄陽郡。以地在襄山之陽爲名。【略】

《楚地記》曰：蜀關羽攻没于禁等七軍，兵勢甚盛，獨襄陽徐晃屯守，不下。曹公謂晃曰：『全襄陽者，徐晃之功也。』後吴大帝率兵向西，時曹仁鎮之，司馬宣王言於魏文曰：『襄陽水陸之（衡）［衝］，禦寇要地，不可失也。』

蜀漢分部

綜　述

《晉書》卷一四《地理志上·序》 蜀先主於漢建安之間初置郡九，巴東、巴西、梓潼、江陽、汶山、漢嘉、朱提、宕渠、涪陵。後主增二，雲南、興古。得漢郡者十有一焉。

宋·鄭樵《通志》卷四〇《地理略·歷代封畛》 蜀全制巴蜀，置益，治成都，今郡。梁治漢中，今郡。二州，有郡二十二，以漢中、建安末破夏侯妙才，遂有漢中，以魏延鎮此。後蔣琬、姜維繼守。即今郡地。興勢、後主延熙七年，將軍王平守之。魏大將軍曹爽攻，不剋。今洋州郡興道縣。白帝先主章武元年屯之，遂為重鎮。後主建興十五年，吴將全琮來攻，不剋。即今雲安郡。並為重鎮。

清·謝鍾英《補三國疆域志補注》卷九 益州。

班《志》：益州，武帝置。沈《志》：漢武帝分梁州立。應劭《地理風俗記》：壤地益廣，故名益州。

漢建安十九年，先主定益州。二十四年，進定漢中。

《先主傳》：建安十九年夏，圍成都，劉璋降。二十四年夏，遂有漢中。

後主建興七年，復得涼州之武都。

《後主傳》：建興七年，定武都、陰平二郡。

改益州郡為建寧郡。

《後主傳》：建興三年，改益州郡為建寧郡。譙周《巴記》作『二年』，洪氏次於七年得武都、陰平之後，非也。

遥領交州。

《李恢傳》：恢為來降都督，領交州刺史。

凡得漢舊郡十一，漢末及蜀漢增置郡十一。

鍾英按：《郡國志》：益州領漢中、巴郡、廣漢、蜀郡、犍為、牂柯、越巂、益州、永昌、廣漢屬國、蜀郡屬國、犍為屬國、涼州武都。蜀以廣漢屬國為陰平、蜀郡屬國為漢嘉、犍為屬國為朱提，又增置江陽、汶山、興古、雲南、梓潼、巴西、巴東、涪陵屬國，合二十郡、一屬國為蜀益州。洪氏謂舊郡十一、增置十一，非也。其境東界吴，北界魏。【略】

蜀郡。秦置。

《史記·秦本紀》：惠王後九年，伐蜀，滅之。十一年，封子通於蜀。

蜀漢領縣七。《水經注》：益州舊以蜀郡、犍為、廣漢為三蜀。

鍾英按：《晉·志》：蜀郡領縣六。洪氏從《後主傳》録湔，為七縣。《蜀志》：法正、呂乂並為蜀郡守，即此。其境西界漢嘉，東界廣

漢，西北界汶山，南界犍為。【略】

犍為郡。漢置。

班《志》：犍為郡，武帝元鼎六年開。《十三州志》：郡有犍為山也。

蜀漢領縣五。

鍾英按：沈《志》犍為太守下武陽、南安、資中、僰道，並云漢舊縣。牛鞞，何承天《志》：晉穆帝度蜀郡，是穆帝前縣屬犍為。此皆洪《志》所本。《李嚴傳》：建安十八年，嚴為犍為太守，即此。其境北界成都、廣漢，東界巴郡、江陽，西界漢嘉、越嶲，南界朱提。【略】

江陽郡。漢末，劉璋分犍為郡置。

承祚《季漢輔臣贊注》：劉璋以程畿為江陽太守。沈《志》：劉璋分犍為立江陽郡。

蜀漢領縣三。

洪氏領縣從《晉・志》。《華陽國志》領縣同。承祚《季漢輔臣贊注》：劉邕隨先主入蜀，為江陽太守。《彭羕傳》先主拔羕爲治中從事後左遷江陽太守《王連傳》：連子山，官至江陽太守，即此。其境東界巴郡，南界朱提，西及北界犍為。【略】

《水經注》：故犍為、枝江都尉。建安十八年，劉璋立郡。《楊戲傳》注：劉璋聞程畿之答龐羲，遷畿江陽太守，郡蓋為畿而立。而《晉・志》云蜀章武元年始置，今考益州初定，劉邕、彭羕即繼為江陽太守，明非。至章武元年始置，可知當以《蜀志》及《水經注》為是。【略】

汶山郡。漢武帝置。宣帝地節三年，合蜀郡。靈帝又分蜀郡北部置。原注：《華陽國志》又云：漢安帝延光三年復立。鍾英按：《郡國志》以順朝為斷，無汶山郡，是汶山非安帝所立，常璩説非是。

《後漢書・西南夷傳》：冉駹夷者，武帝所開。元鼎六年，以為汶山郡。至地節三年，夷人以立郡賦重，宣帝乃省并蜀郡為北部都尉。靈帝復分蜀郡北部為汶山郡。

蜀漢領縣八。

今據《水經注》，刪都安，改升遷為氐道，為七縣。《廖立傳》：立廢，徙汶山郡。《益部耆舊傳》：王嗣遷西安督、汶山太守，即此。其境東界陰平，南界蜀郡，西及北皆徼外。【略】又考《張嶷傳》注引《益部耆舊傳》云：嶷督數營在先，至他里邑，曉之曰：汝汶山諸種反蜀云云。又云：餘種聞他里已下。是『他里』、『羌中』邑名。吳江潘眉以為汶山郡縣名，非是，地缺。

《太康地志》以為蜀漢時始復置，非。

鍾英按：《陳震傳》：震隨先主入蜀，蜀既定，為蜀郡北部都尉，因易郡名為汶山太守，是蜀漢置汶山郡之明證，為《太康地志》所本。蓋靈帝置汶山郡後，不知何時復合蜀郡，至蜀漢又分置也。洪氏泥於《晉・志》，不考《國志》本文，反以《太康志》為非，誤矣。【略】

漢嘉郡。蜀漢章武元年，以蜀郡屬國置，領縣四。

鍾英按：《後漢書・西南夷傳》：靈帝時，以蜀郡屬國為漢嘉郡。洪氏從《晉・志》、胡三省説謂章武元年置，非也。《後主傳》：建興十三年，中軍師楊儀廢徙漢嘉郡。《向朗傳》：朗弟寵。延熙三年，征漢嘉蠻夷，遇害，即此。其境南界越嶲，北界汶山，東界成都，犍為西徼外。【略】

朱提郡。漢建安二十年，蜀先主以犍為屬國置，領縣五。

洪氏領縣從《晉・志》、《李嚴傳》：子豐，官至朱提太守，即此。其境西界越嶲，東界牂柯，北界犍為，南界建寧。【略】

楊戲《季漢輔臣贊》原注：鄧方隨先主入蜀，蜀既定，為犍為屬國都尉，易郡名，為朱提太守，選為安遠將軍、庲降都督。考庲降都督之置，在建安二十四年，則朱提郡之立當從《華陽國志》。《水經注》作二十年為是。《晉書・地理志》：章武元年始置。《元和郡縣志》又云：諸葛亮南征時所置，恐皆誤。【略】

越嶲郡。漢置。

班《志》：越嶲郡，武帝元鼎六年開。應劭曰：故邛都國，有嶲水，言越此水以章休盛也。

蜀漢領縣六。

鍾英按：沈《志》越嶲太守下邛都、臺登、會無、卑水、定莋、蘇祁，並云漢舊縣，此洪氏所本。今據《三國志》補安上、新道，據《華陽國志》補三縫、闡、潛街、馬湖，為十二縣。《後主傳》：建興元年夏，越巂夷王高定反。三年，丞相亮南征平之。咸熙三年，使越巂太守張嶷平定越巂郡，即此。其境北界漢嘉，南界建寧、雲南，東界朱提，西徼外。【略】

牂柯郡。漢置。

班《志》：牂柯郡，武帝元鼎六年開。《十三州志》：牂柯者，江中山名。

蜀漢領縣七。

鍾英按：《晉・志》：牂柯郡八縣。洪氏録其七。今考沈《志》『牂柯太守』下且蘭、毋斂、同並，並云漢舊縣。夜郎太守下云：晉永嘉五年，寧州刺史王遜分牂柯立夜郎郡，領談指、夜郎二縣，又分牂柯立平蠻郡，領鼈、平夷二縣，是未分之前四縣，皆屬牂柯。洪氏以同並隸建寧郡，準其地望是也。惟并渠不見兩《漢・志》，又無蜀立明文，當係晉縣。今删并渠為六縣。《蜀・後主傳》：建興元年夏，牂柯太守朱褒擁郡反。三年，丞相亮南征平之。《馬忠傳》：拜衷為牂柯太守，即此。其境北界巴郡，南界興古，西界朱提，東興吳接。【略】

建寧郡。本漢益州郡，蜀漢建興三年改今名。

班《志》：益州郡，武帝元封二年開。《後主傳》：建興元年，益州郡大姓雍闓反，流太守張裔於吳。三年，丞相亮南征平之，改為建寧郡。《楊戲傳》：延熙中，戲為建寧太守。

《蜀志》：以建寧太守遥領交州，即治建寧。至建興七年以交州屬吳，罷刺史。領縣十五。

鍾英按：沈《志》：建寧太守漢益州郡劉氏更名，領味、牧靡、昆澤、同瀨、新定、同並、毋單、存䣕。晉惠帝太安二年，分建寧西七縣為益州郡。懷帝更名晉寧，領縣七。七縣者，建伶、連然、滇池、穀昌、秦臧、雙柏，缺一縣。據《晉・志》，疑即同勞，而《華陽國志》晉寧郡七縣，有同安、同勞、毋單，無穀昌、雙柏。建寧郡十三縣，有同樂、穀昌、雙柏、漏江、談藁、漏江、談藁二縣，沈《志》並云晉後立。伶邱、脩雲、元俞。平樂郡二縣，有新定、興遷，而無同並、毋單，與沈《志》互異。今據之補同勞、連然、秦臧，為十八縣。其境北界越巂，西界雲南，東及南皆界興古。【略】

味。漢舊縣。

味，兩《漢・志》：屬益州。《水經注》：温水又西徑昆澤縣南，又徑味縣，縣故滇國都也。諸葛亮討平南中，劉禪建興三年分益州郡置建寧郡於此。鄒安圖曰：故城當在今雲南府宜良縣南。【略】

蜀漢庲降都督自平夷縣移治此。

《馬忠傳》：故都督常駐平夷縣，至忠乃移治味縣。惲毓鼎曰：楊戲《輔臣贊》注：鄧方以庲降都督住南昌縣。《華陽國志》朱提郡南昌縣下云：故都督治。《國志・李恢傳》：恢以庲降都督住平夷縣，當是鄧方本住南昌，恢乃移治平夷，至忠復移味縣。邊郡治所本無常也。【略】

興古郡。蜀漢建興三年，分建寧牂柯郡置。領縣十。

《後主傳》：建興三年，丞相亮南征，分建寧、牂柯為興古郡。鍾英按：沈《志》云：興古，漢舊郡。晉成帝分興古立梁水郡。興古太守下宛温、句町、漏臥。梁水太守下西豐、滕休、鐔封、滕休、鐔封二縣，《華陽國志》：屬興古郡。西隨，並云漢舊縣，是七縣皆興古舊屬。賁古，《華陽國志》屬梁水。漢興，《華陽國志》屬興古。淮承，《晉・志》屬興古。則三縣亦興古舊屬，此皆洪氏所本。今據《地道記》，補律高，為十一縣。其境北界牂柯，西北界建寧，東接吳境，南徼外。【略】

永昌郡。漢置。

《郡國志》：明帝永平二年，分益州置。

蜀漢領縣八。

洪氏領縣從《晉・志》。《呂凱傳》：永昌在益州郡之西。《霍峻傳》：永昌郡夷獠不賓，以峻子弋領永昌太守，率偏軍討之，郡界寧靜，即此。其境東界雲南，西、北界皆徼外。【略】

雲南郡。蜀漢建興三年分建寧、永昌置。

《後主傳》：建興三年，丞相亮南征，分建寧、永昌郡為雲南郡。《呂凱傳》：亮表凱為雲南太守。

領縣八。

洪氏領縣從《晉・志》。鍾英按：沈《志》引《太康地志》：雲南故屬永昌。何承天《志》：晉懷帝分雲南立東河陽，成帝分雲南立興寧。

是沈《志》雲南、東河陽、興寧三郡屬縣皆蜀漢雲南郡屬縣也。今從沈《志》刪永寧，為七縣。其境西界永昌，東界建寧，北界越嶲，南徼外。

又　卷一〇　漢中郡。秦置。

班《志》：漢中郡，秦置。

建安二十年，張魯改名漢寧。原注：袁山松《書》：建安二十年，復置漢寧郡，名蓋即是歲所改。云復置，誤也。二十一年，魏武平漢中，復舊名。

鍾英按：《武帝紀》：建安十六年，張魯據漢中。二十年，曹公入南鄭，復漢寧為漢中。《張魯傳》：漢末，拜魯鎮民中郎將，領漢寧太守。建安二十年，太祖之征魯，降，封閬中侯。是張魯改漢中為漢寧，在建安二十年之前；魏武復漢寧為漢中，在建安二十年。洪氏不考《三國志》本文而從袁山松《書》，非也。

後入蜀漢。

《先主傳》：建安二十四年，先主遂有漢中。《魏延傳》：先主拔魏延為督漢中、鎮遠將軍，領漢中太守。《呂乂傳》：乂為漢中太守，兼領督農，即此。

領縣八。

今據《國志》補四鄉，據《通典》、《寰宇記》刪黃金、興勢，為七縣。其境西界武都，南界巴郡，東及北與魏接。【略】

廣漢郡。漢置。

班《志》：廣漢郡，高帝置。

領縣九。《華陽國志》：後主延熙中，復分四縣為東廣漢郡。

鍾英按：《華陽國志》：東廣漢郡咸熙初省。考蜀亡於癸未冬，明年甲申為魏咸熙元年，是蜀有東廣漢郡。故《寰宇記》於郪縣伍城、《方輿紀要》於廣漢並云三國屬東廣漢。然《姜維傳》云：維等聞諸葛瞻破，乃引兵由廣漢郪道言郪縣之道也。以審虛實。承祚《季漢輔臣贊》注馬甫、衛邵皆云：廣漢郪人，不云東廣漢，是常璩、樂史之言未可盡信也。今惟以《三國志》為主。據《寰宇記》，補湔陽，為十縣。《楊洪傳》：何祇為廣漢太守，即此。又考承祚《輔臣贊》注：孔觀隨先主入蜀，歷洛、郫令、南廣漢太守。錢大昕曰：蜀有南廣郡，延熙中置，無南廣漢。按《水經注》：南廣郡，後主延熙中置，先主時無之。承祚注衍『漢』字耳，錢氏說非。其境西界蜀郡，東界巴西，北界梓潼，南界犍為。【略】

梓潼郡。漢建安二十二年，蜀漢分廣漢置。

鍾英按：《霍峻傳》：先主自葭萌南還，襲劉璋，留峻守葭萌城。張魯攻圍此，一年不能下。先主定蜀，嘉峻之功，乃分廣漢為梓潼郡，以峻為梓潼太守。《先主傳》：建安十九年，洛城破，遂定蜀，是梓潼置郡當在十九年，洪氏從《華陽國志》：謂二十二年，非也。《後主傳》：建興六年都護李嚴徙梓潼郡。

領縣五。

鍾英按：《華陽國志》：蜀分廣漢，置梓潼郡。屬縣六，列梓潼、涪、晉壽、白水、漢德五縣，缺其一。《晉·志》：劉備據蜀，分廣漢之葭萌、涪、梓潼、白水四縣，改葭萌曰『漢壽』。又立漢德縣以為梓潼郡。今考《晉·志》，梓潼郡有劍閣縣。祝穆曰：劍門，漢屬廣漢郡為葭萌縣地。蜀先主以霍峻為梓潼太守，有劍閣縣。苻秦使徐成寇蜀，攻二劍，克之，始有『二劍』之號。《興地廣記》：孔明以大劍至小劍，當隘束之路，乃立劍閣縣，是蜀梓潼有劍閣縣。《華陽國志》缺一縣，當即劍閣。胡三省謂桓溫入蜀，於晉壽置劍閣縣，非是。今據補漢德、劍閣，為七縣。《圖經》又謂聖曆二年置劍閣縣者，蓋既廢復置耳。其境東界巴西，西界陰平，南界廣漢，北界武都。【略】

巴郡。秦置。

班《志》：巴郡，秦置。

蜀漢領縣五。

鍾英按：《華陽國志》：獻帝初平元年，劉璋分巴，以江州至巴江為永寧郡。建安六年，改永寧為巴郡。漢世郡治江州巴水北，今江北府城是也。後乃遷南城。劉先主初以江夏費瓘為太守，領江州都督。延熙中，鄧芝為都督，治陽關。十七年，省平都、樂成、常安。咸熙元年，但有四縣。沈《志》：巴郡太守領縣四，無安漢，今移安漢於巴西，為四縣。《張飛傳》：飛與諸葛亮等泝流而上，分定郡縣，至江州，獲璋將巴郡太守嚴顏。《廖立傳》：建安二十年，先主以立為巴郡太守，即此。其境北界巴東、巴西。南界牂柯，西界江陽，東界涪陵。【略】錢大昕曰：按

《華陽國志》：初平元年，征東中郎將安漢趙穎建議分巴為三郡，穎欲得巴舊名，故白益州牧劉璋，以墊江上為巴郡，龐羲為太守，治安漢；以江州至臨江為永寧郡，朐忍至魚復為固陵郡，巴遂分矣。建安六年，魚復蹇允白璋，爭巴名，璋乃改永寧為巴郡，以固陵為巴東，徙羲為巴西太守，是為三巴。然則固陵郡亦劉璋所分，特初分三郡時，以巴郡為永寧，而移巴郡之名。安漢出於趙穎私意，故永寧、固陵二郡民起而爭之，由是巴郡還復其舊，而以新置之巴郡為巴西，固陵為巴東，此三巴創設之本末也。《水經注》云：漢獻帝初平元年，分巴為三郡，可證三郡之分始於劉璋，而三郡俱有巴名則在建安六年。譙周《巴記》：初平六年，趙穎分巴為三郡，欲得巴舊名，故郡以墊江為治，安漢以下為永寧郡。建安六年，劉璋分巴，以永寧為巴東郡，墊江為巴西郡。今按《晉》、《宋》二志，安漢並屬巴西，不屬巴東。《宋·志》：墊江，漢舊縣。建安六年，度巴西。劉禪建興十五年，復舊。蓋初平初以安漢、墊江屬新置之巴郡，建安六年改新巴郡為巴西，則兩縣俱隸巴西矣。又考《晉》、《宋》二志，巴郡領縣四。江州臨江墊、江枳，惟墊江由巴西改屬，乃在蜀後主之世。鍾英按：初平紀元止四年，《巴記》『六年』即『四年』之譌，錢氏考巴郡詳確，故採其說。

巴西郡。漢建安六年，劉璋分巴郡置。

《劉璋傳》：璋襲位，以龐羲為巴西太守，領兵禦張魯。

蜀漢領縣五。

今據《三國志》，以宕渠郡幷入，移巴郡、安漢來屬，而刪蒼溪、岐愜，為八縣。《武帝紀》：建安二十年，巴七姓夷王朴胡、賨邑侯杜濩舉巴夷賨民來附，於是分巴郡，以胡為巴東太守、濩為巴西太守。《張郃傳》：太祖留濩與夏侯淵等守漢中，拒劉備。郃別督諸軍降巴東、巴西二郡，徙其民於漢中。鍾英按：操未嘗有巴郡，以胡濩為太守係遥領。《蜀志》：郃為張飛拒卻，與十餘人遁還漢中。《郃傳》降軍徙民，亦不足據。審當時兵勢，宜從《蜀志》。

譙周《巴記》：建安六年，分立巴西郡。《蜀志》：章武元年，改巴西為巴郡，則巴西似復合於巴。然諸地志皆言蜀漢有巴西郡，今仍之。

鍾英按：《蜀志》：張飛、向朗、呂乂並為巴西太守，是蜀有巴西郡之明證，不必徵諸地志也。至謂章武元年改巴西為郡，《蜀志》無此文，洪氏蓋誤。其境東界巴東，西界梓潼，南界巴郡，北界漢中。【略】

巴東郡。漢初平元年，趙韙原注：《華陽國志》：作『穎』。奏分巴郡置。永寧郡。建安六年，劉璋改今名。二十一年，蜀漢先主改名固陵。章武元年，復舊。領縣四。

《華陽國志》：初平元年，劉璋分巴郡朐忍至魚復為固陵。建安六年，以固陵為巴東。先主入益州，改名江關都尉。建安二十年，以朐忍、魚復、此下空兩格，疑『漢豐』。羊渠及宜都之巫、北井鍾英按：巫縣後屬吳。建平郡北井地缺，當與巫相近。為固陵，武陵康立為太守。鍾英按：《劉琰傳》：先主定益州，以琰為固陵郡太守。章武元年，復為巴東。鍾英按：《孫休傳》：永安七年，隆抗等圍蜀巴東，守將羅憲蓋自章武元年改名巴東，終蜀世為巴東郡。晉太康初，將巫、北井還建平，但四縣，知蜀時巴東有六縣也。鍾英按：建安中，蜀巴東有六縣，至先主敗後，巫、北井入吳，建平僅存四縣。常璩謂蜀時巴東有六縣，係指建安中而言。其境西界巴郡、巴西，北界魏，東及南並界吳。【略】

涪陵郡。漢建安六年，劉璋分巴郡置。

鍾英按：譙周《巴記》：建安六年，劉璋以涪陵分立丹興、漢嘉二縣。立巴東屬國都尉，後為涪陵郡。〈華陽國志〉：建安六年，涪陵謝本白璋求以丹興、漢髮為郡。初以為巴東屬國，後遂為涪陵郡。惟胡三省引《華陽國志》云璋分涪陵立永寧，兼丹興、漢葭，合四縣，置屬國都尉。理涪陵，蜀先主改為郡，與今本《華陽國志》異，不知何據。

蜀漢領縣六。

鍾英按：《蜀志》：劉威石、龐統子宏並為涪陵太守，而《後主傳》：延熙十一年秋，涪陵屬國民夷反，鄧芝討平之。是涪陵郡後仍為屬國。《華陽國志》：涪陵，巴之南鄙，從枳縣入涪水，秦司馬錯由之取楚黔中地。漢興，常為都尉理。山險水灘，人多獠蜑。《寰宇記》：夷、費、思、播及黔府等五郡，皆涪陵地。其境北界巴東，南界牂柯，西界巴郡，東與吳接。【略】

宕渠郡。蜀漢分巴蜀郡置。領縣三。《太平寰宇記》：漢建安二十三年，先主分巴郡置，尋省，後主延熙中又置。

鍾英按：《季漢輔臣贊注》：德緒弟衡，建興初為宕渠太守。《華陽國志》：延熙中置宕渠郡，以廣漢王上為太守。郡建九年省，故《蜀志》書『王平，巴西宕渠人』，是即延熙後省宕渠入巴西之明證，今幷入巴西

郡。【略】

武都郡。漢置。

班《志》：武都郡，武帝元鼎六年置。

本隸涼州，先屬魏。

《夏侯淵傳》：建安二十一年，擊武都氐羌於下辨，收氐穀十餘萬斛。《武帝紀》：建安二十二年，劉備遣張飛、馬超、吳蘭等屯下辨，遣曹洪拒之。二十三年，洪破吳蘭，張飛、馬超走漢中，陰平氐强端斬吳蘭，傳其首。

蜀漢建興七年，地入蜀。領縣五。

《後主傳》：建興七年，丞相亮遣陳式攻武都、陰平，遂平二郡。《華陽國志》：丞相諸葛亮平武都、陰平二郡，還屬益州。亮及魏延、姜維等多從此出秦川，遂荒無留民。其境東界漢中，西界陰平，南界梓潼，北與魏接。【略】

陰平郡。漢末以廣漢屬國置。蜀漢建興七年，地入蜀。領縣二。

洪氏領縣從沈《志》。其境東界武都，南界梓潼，北與魏接，西抵岷山羌中。【略】

何承天《志》：蜀郡，漢時立。《元和郡縣志》亦云：蜀建興二年，置陰平郡。今考郡以建興七年始入蜀，而云二年已置，似誤。《晉·地理志》及《通典》又云：晉初始置，亦不合事實。惟常璩《漢中志》以為郡立於漢永平後，然使永平後即置，則《郡國志》何以不録？轉展詳求，不得一是。《漢中志》云：劉先主入蜀，求武都、陰平二郡不得。《晉·地理志·序例》：魏武定霸，置郡十二，其一陰平，説尚近實，故今以為漢末置也。《郡國志》：廣漢屬國都尉，又有甸氐道、剛氐道。

鍾英按：《一統志》：蜀漢有甸氐道、剛氐道。今從沈《志》不録。

清·謝鍾英《三國疆域表》下 益州。蜀郡 犍爲 江陽 汶山 漢嘉 朱提 越嶲 牂柯 建寧 興古 永昌 雲南 漢中 廣漢 梓潼 巴郡 巴西 巴東 涪陵 武都 陰平

建安十九年，先主定益州。二十四年，進定漢中。後主建興七年，得陰平及涼州之武都。漢中、巴郡、廣漢、蜀郡、犍爲、牂柯、越嶲、永昌、注山、武都，皆舊郡。改益州爲建寧、廣漢屬國爲陰平、蜀郡屬國爲漢嘉、犍爲屬國爲朱提。劉璋置巴東、巴西、涪陵。先主置梓潼。後主置雲南。興古凡舊郡十改郡四，增置郡六、屬國一，合二十郡、一屬國爲蜀益州，治成都。北界魏，東界吳。【略】

蜀郡。秦置。西界漢嘉，東界廣漢，西北界汶山，南界犍爲。【略】七縣。【略】

犍爲郡。漢置。北界成都、廣漢，東界巴郡、江陽，西界漢嘉、越嶲，南界朱提。【略】五縣。【略】

江陽郡。劉璋分犍爲置。東界巴郡，南界朱提，西與北界犍爲。【略】三縣。【略】

汶山郡。漢置。東界陰平，南界蜀郡，西及北皆徼外。【略】七縣。【略】

漢嘉郡。漢靈帝以蜀郡屬國置。南界越嶲，北界汶山，東界成都、犍爲，西徼外。【略】四縣。【略】

朱提郡。漢建安二十年，蜀先主以犍爲屬國置。西界越嶲，東界牂柯，北界犍爲，南界建寧。【略】五縣。【略】

越嶲郡。漢置。北界漢嘉，南界建寧、雲南，東界朱提，西徼外。【略】十二縣。【略】

牂牁郡。漢置。北界巴郡，南界興古，西界朱提，東與吳接。【略】六縣。【略】

建寧郡。漢益州後主建興三年改。北界越嶲，西界雲南，東及南界興古。【略】十八縣。【略】

興古郡。後主建興三年分建寧、牂柯置。北界牂柯，西北界建寧，東界吳，南徼外。【略】十一縣。【略】

永昌郡。漢置。東界雲南，西北南皆徼外。【略】八縣。【略】

雲南郡。後主建興三年分建寧、永昌置。東界建寧，西界永昌，北界越嶲，南徼外。【略】七縣。【略】

漢中郡。秦置。漢建安中，張魯改漢寧，魏武平魯復舊名。二十四年入蜀。西界武都，南界巴郡，東及北與魏接。【略】七縣。【略】

廣漢郡。漢置。西界蜀郡，東界巴西，北界梓潼，南界犍爲。【略】十縣。【略】

梓潼郡。建安十九年，先主分廣漢置。東界巴西，西界陰平，南界廣漢，北界武都。【略】七縣。【略】

巴郡。秦置。北界巴東、巴西，南界牂河，西界江陽，東界涪陵屬國。【略】

四縣。【略】

巴西郡。建安六年劉璋分巴郡置。東界巴東，西界梓潼，南界巴郡，北界漢中。【略】八縣。【略】

巴東郡。漢初平元年，劉璋置固陵郡。建安六年，改巴東。二十一年，先主復改固陵。章武元年，又改巴東。西界巴郡、巴西，東南與吳接，北與魏接。【略】四縣。【略】

涪陵屬國。建安六年，劉璋置涪陵郡。後主建興中，改屬國。北界巴東，南界牂柯，西界巴郡，東與吳接。【略】六縣。【略】

武都郡。漢置。東界漢中，西界陰平，南界梓潼，北與魏接。【略】五縣。【略】

陰平郡。漢末以廣漢屬國置。東界武都，南界梓潼，西抵岷山羌中，北與魏接。【略】二縣。

論說

清·錢儀吉《衎石齋記事稿》卷二《三巴辨》 三巴者，漢之巴郡，漢末析巴東、巴西，併巴而三也。其境之割隸，名之更移，譙周《巴記》、常璩《華陽國志》所傳不同。

謝山全氏據譙周而駁常氏，其言曰：《華陽國志》曰：初平元年，征東中郎將趙韙建議自劉璋分巴，韙欲得巴舊名，取墊江以上為巴郡，治安漢。以江州至臨江為永寧郡，以朐忍至魚復為固陵郡，而用龐羲為巴郡。建安六年，璋以蹇允訟爭巴名，乃改永寧為巴郡，以固陵為巴東，而改龐羲為巴西，是為三巴。考初平元年劉璋尚未嗣位，趙韙亦未爲征東，其誤一也。韙欲得巴舊名，而乃以予龐羲，其誤二也。建安五年，羲已屯閬中，則是固陵太守，非巴也，其誤三也。不知趙韙但分巴為二，至蹇允訟後，始分為三。譙周《巴記》曰：初平六年，趙韙分巴為二，韙欲得巴舊名，故郡以墊江為治，而割安漢以下為永寧郡。按全氏此文據《郡國志注》也，『而割』二字全氏所增。竊謂本文當以『治安漢』三字連讀，其上下俱有脫文。建安六年，以蹇允訟分巴為三。『為三』二字亦全氏所增。以永寧為巴東，閬中為巴西，墊江為巴郡。《郡國志注》引《巴記》曰：建安六年，劉璋分巴，以永寧為巴東郡，以墊江為巴西郡。不言巴郡。此閬中以下十字又全氏自為說如此。是乃三巴分置之次第也，全氏之言如此。

然以予考之，常氏固未嘗誤，而全氏讀《華陽志》有未審也。《華陽志》稱征東中郎將安漢趙韙，蓋韙固安漢人也。欲得巴舊名者，為其鄉邑欲得巴郡之名也。故璋即以安漢為巴郡治。下文又稱魚復蹇允白璋爭巴名，亦以魚復屬固陵，蹇允又為其鄉邑爭之也。而璋遂改固陵為巴東，且三郡皆被以巴名，以杜後之復有爭之者。全氏未悟爭之意，略安漢、魚復等字不讀，遂疑韙欲為巴郡太守，璋不當以予龐羲，轉以訾謷常氏，其誤一也。

今更以地形水道證之。常氏謂墊江以上為巴郡，治安漢，後為巴西者，今重慶府合州西北至順慶、保寧二府地也。涪江東南流，至合州，白水江自其西北來會，所謂墊江以上者，指白水上流言之也。自是而東南，自今重慶府巴縣以東至忠州，所謂江州至臨江為永寧，後為巴郡者也。自夔州府雲陽以東至奉節，所謂朐忍至魚復為固陵，後為巴東者也。劉璋之始分郡也，江州以下之郡無巴名，故墊江以上為巴郡可也。建安之易名也，三郡盡擊之以巴，不得不目墊江為巴西，而以其東南二郡，西為巴，東為巴東也。名有可以意為者，此名以東西之形，則不可意為也。乃若全氏之言，始終以墊江為巴郡，而指安漢以下為巴東，曾不思安漢為今順慶府南充縣地，在墊江之西北，何以稱巴東？其誤二也。

常氏謂徙龐羲為巴西者，謂易其巴郡之名為巴西，非移其治也。譙周謂劉璋以墊江為巴西，說無異于常氏也。全氏既徵于周之言，又輒易之，而以閬中為巴西，墊江為巴郡，何也？將以龐羲為巴西太守而屯閬中邪？閬中正在墊江以上，言墊江而閬中舉矣，本屬巴西，何惑乎其屯之也？將據《晉志》巴郡治墊江邪？後來改屬，不可以例前也。且全氏直以巴西一郡之地析為三巴，北閬中為西巴，其南安漢為巴東，其南墊江以下為巴郡，而於東南諸縣若朐忍、魚復不能更言所隸，將盡屬之巴郡邪？則與《晉志》又不合。進退失據，臆決而已。況三巴之境，閬中極乎西北，固陵極乎東南，全氏乃謂羲屯閬中，則是固陵太守，尤誤之甚者，三也。

若其始分郡之年先後不同，《水經注》兩述其事，一云初平元年，一云興平元年。此據《永樂大典》本。當以興平元年為是。《陳志·二牧傳》：是歲，劉璋為益州牧，以趙韙為征東中郎將。正與常氏之言合，而酈氏之舉郡名與其境，皆本諸常氏，疑《華陽志》亦當為興平，而今本誤也。常氏述蜀事，亦必本諸譙周，而《巴記》久佚，僅見于沈約、劉昭所稱引者。趙韙之名或為趙穎，固莫詳其是非，而劉璋且誤為劉綽。又如初平止於四年，而《巴記》有六年；韙仕益州，而《巴記》以為荆州。周生於漢季，時世相接，必不舛謬至此。古書傳録，類多譌奪。周雖降國駑臣哉，亦不必據二千年之闕文還相折難。

要之，三巴之分其郡名與其境，皆當以《華陽志》為定，而全氏輕詆之，竊為之辨誣云爾。

雜録

《三國志》卷三三《蜀志·後主傳》（建興）三年春三月，丞相亮南征四郡，四郡皆平。改益州郡爲建寧郡，分建寧、永昌郡爲雲南郡，又分建寧、牂牁爲興古郡。

宋·李昉等《太平御覽》卷一六六《州郡部·劍南道·漢州》

《蜀記》曰：益州謂之三蜀，廣漢其一也。

清·吴增僅《三國郡縣表》卷六《蜀益州部》 益州。《蜀志·二牧傳》：靈帝中平五年，焉為益州牧。興平元年，焉薨，子璋嗣刺史，故治洛焉，徙治綿竹，後又徙治成都。建安十九年，劉璋降先主，先主遂定益州。二十四年，羣臣表上獻帝，立先主為漢中王。章武元年，即帝位于成都，遂都焉。【略】

蜀郡。治成都。【略】

汶山郡。建安末，先主以蜀都北部置，見考證。《水經注》：治綿虒。【略】

犍為郡。治武陽。【略】

江陽郡。建安十八年，劉璋分犍為置，見考證。《輿地廣記》：治漢安。【略】

蜀郡屬國。治漢嘉。《晉·志》：章武元年，以蜀郡屬國置，治漢嘉。【略】

廣漢郡。治洛。【略】

巴郡。故治江州。興平元年，劉璋分巴以江州為永甯郡治，而巴郡徙治安漢。建安六年改名巴西。《寰宇記》：劉璋改巴郡為巴西，遂自安漢徙治閬中，見《考證》。

巴西郡。【略】

永甯郡。興平元年，劉璋分巴郡置。建安六年，改名巴郡。《寰宇記》：治江州。

巴郡。【略】

固陵郡。興平元年，劉璋分巴郡置。建安六年，改名巴東。《常志》：治魚復。【略】

巴東屬國。建安六年，劉璋分巴郡置，治涪陵。

涪陵郡。建安末，先主改屬國為郡。《元和志》：治涪陵，見考證。《寰宇記》引《太康志》：省丹興縣，郡移理漢復。【略】

宕渠郡。《寰宇記》：建安二十三年，先主分巴西置，尋省還巴西。延熙中，後主復分巴西置，後又省，見考證。【略】

漢中郡。《元和志》：建安中，張魯據此改郡曰漢寧，治南鄭。《魏志·武紀》：建安二十年，魏武平漢中，復漢甯為漢中郡。二十四年，先主斬夏侯淵，魏武引軍退，先主遂有南鄭等四縣地。【略】

武都郡。治下辨，先屬魏。《後主傳》：建興七年入蜀。【略】

陰平郡。先屬魏，建興七年，入蜀治陰平。【略】

庲降都督建安十九年，先主定蜀置，統南中諸郡，初治南昌，旋徙治平夷。延熙中，又徙治味縣，見考證。【略】

犍為屬國。治朱提。《常志》：建安十九年，先主改為郡。《水經注》『若水』下云：蜀治朱提。【略】

南廣郡。延熙中，分朱提置，後省，見《考證》。【略】

越巂郡。治邛都。《常志》：建興初，寄治安上。延熙二年，還治邛都，見考證。【略】

益州郡。治滇池。《通鑑》胡注：蜀初，與蜀郡太守同治成都郭下。《常志》：建興三年，改益州郡為建甯郡，治味縣。【略】

牂柯郡。故治且蘭。【略】

永昌郡。治不韋。《常志》云：故郡治不韋，今郡治永壽，則蜀時仍治不

韋。【略】

興古郡。《蜀志·後主傳》：建興三年，分建甯、牂柯立。《水經注》『温水』下云：治宛温。【略】

雲南郡。《蜀志·後主傳》：建興三年，分牂柯、永昌置。《常志》：分越嶲、建甯置，蓋分四郡所置。《寰宇記》：治梇棟。

東吳分部

綜述

《晉書》卷一四《地理志上·序》 吳主大皇帝初置郡五，臨賀、武昌、珠崖、新安、廬陵南部。少帝、景帝各四，少，臨川、臨海、衡陽、湘東。景，天門、建安、建平、合浦北部。歸命侯亦置十有二郡，始安、始興、邵陵、安成、新昌、武平、九德、吳興、東陽、桂林、滎陽、宜都。得漢郡者十有八焉。

宋·鄭樵《通志》卷四〇《地理略·歷代封畛》 吳主北據江，南盡海，置交、治龍編，今安南府。廣、孫權置，治番禺，今南海郡。荆、治南郡，今江陵郡。郢、治江夏，即今郡。揚治建業，今丹陽郡江寧縣。五州，有郡四十有三，以建平、自孫權黄武初破蜀先主後得之。孫皓天紀四年，晉軍沿流來伐。守將吾彦請增兵，皓不從。今巴東郡。西陵、建安二十四年，蜀將關羽北討魏將于禁等于襄陽，陸遜為宜都守，鎮此。黄武初，蜀先主來伐，遜大破之。後步闡、陸抗並鎮焉。即今夷陵郡。樂鄉、吳孫皓建衡三年，陸抗所築樂鄉城，後朱然脩之，戍焉。晉王濬攻樂鄉，獲水軍督陸景，平西將軍施洪以城降。在今江陵郡松滋縣東。南郡、自建安末剋關羽後，蜀將麋芳來降，遂得之。孫皓鳳皇元年，督將伍延守此。晉軍平吳，當陽侯杜元凱赴之，斬伍延。即今江陵郡也。巴邱、建安十九年，魯肅剋之。孫皓寶鼎元年，萬彧並鎮守。即今巴陵郡。夏口、建安十三年，孫權征黄祖，剋之。後遂置兵鎮。孫皓天紀元年，孫慎守之。及晉平吳，將軍胡奮赴於此。即今江夏郡。武昌、孫權甘露元年，城武昌，陸遜、諸葛恪鎮守。及晉平吳，將軍王戎赴於此。即今江夏郡是。皖城、建安十九年，孫權剋之。赤烏四年，諸葛恪屯此。今同安郡。牛渚圻、孫皓天紀末，何植鎮守。晉平吳，大將王渾赴於此。即今宣城郡當塗縣採石也。濡須塢建安十七年築後。曹公頻來攻，不剋。在今歷陽縣西南百八十里。並為重鎮。其後得沔口、孫權嘉禾後，陸遜、諸葛瑾屯守。邾城、赤烏四年，陸遜常以三萬兵戍之。今齊安郡。東西界臨江，與江夏郡武昌相對。廣陵。孫亮建興三年，衛尉馮朝城廣陵。

清·謝鍾英《補三國疆域志補注》卷一一 揚州。漢興平中，揚州所屬江東諸郡悉入吳。

《孫策傳》：興平元年，策從袁術，術以堅部曲還策，渡江轉鬬，所向皆破。《後漢書·獻帝紀》：興平元年，揚州刺史劉繇與袁術將孫策戰於曲阿，繇軍敗績，孫策遂據江東。

凡得漢舊郡四，增置郡十、校尉都尉部二。治建業。

鍾英按：丹陽、廬江、會稽、吳、豫章五郡，《郡國志》並屬揚州。策置廬陵，權置鄱陽、新都，亮置臨海、臨川，休置建安，皓置東陽、吳興、安成、廬陵南部。凡郡九、都尉治一，合十四郡、一都尉，為吳揚州。洪氏説非。其境西界荆州，南界廣州，東盡海。【略】

丹陽郡。本秦鄣郡，漢改今名。

班《志》：丹陽郡，屬揚州，故鄣郡。鍾英按：鄣非秦郡，劉原父已言之。《漢書·高帝紀》：以故東陽、鄣郡、吳郡五十三縣立荆王，郡蓋秦漢間所置。洪氏定為秦郡，非也。

吳領縣十六。

鍾英按：沈《志》：太康二年，分丹陽置宣城郡，領宣城、宛陵、陵陽、安吳、涇、廣德、寧國、懷安、石城、臨城、春穀十一縣。『丹陽太守』下建業、丹陽、永平、句容並云漢舊縣。《晉·志》：丹陽郡有蕪湖縣，此皆洪氏所本。今據《三國志》，補始安、溧陽，為十八縣。《朱然傳》：分丹陽為臨川郡，然為太守。裴松之曰：此郡尋罷。其境南界新都，東界吳郡、吳興，西及北以江為境。【略】

新都郡。建安十三年，吳分丹陽郡置。領縣六。

《孫權傳》：建安十三年，使賀齊討黟、歙，分歙為始新、新定、犂陽、休陽，以六縣為新都郡。《妃嬪傳》：全主與和母有隙，遂勸峻徙和居新都，即此。其境北界丹陽，西及南界鄱陽，東界吳。【略】

蘄春郡。吴置。後屬魏，又入吴。領縣二。

鍾英按：《胡綜傳》：蘄春郡去江數百里。沈《志》：吴立蘄春郡，尋陽縣屬焉。《方輿紀要》：建安十二年，吴分江夏，置蘄春郡。考建安十二年，江夏屬劉表。顧氏謂吴分者誤。晉武太康元年，省蘄春郡，以尋陽屬武昌，改蘄春之安豐為高陵，及邾縣皆屬武昌，是吴蘄春領蘄春、尋陽、安豐、邾四縣。今據之移江夏邾縣來屬，補安豐。又考《賀齊傳》：齊與呂範分督揚州。範督扶州以下，至海轉；齊督扶州以上，至皖。是揚州西境至皖，蘄春在皖西，宜屬荆州，今據移荆州。其境東界廬江，西及南界江夏，北與魏接。【略】

沈《志》：吴立蘄春郡。今考《吴志》，建安十八年，自廬江、九江、蘄春、廣陵十餘萬户皆東渡江，江西遂虚，蘄春之名始見於此，是吴於此年分廬江立此郡也。嗣後民雖東渡，而地尚屬魏，故《吴志》於黄初二年云：魏以吴降將晉宗為蘄春太守。《魏志·衛臻傳》：明帝到尋陽，權乃退。《吴志》：魏使廬江謝奇為蘄春典農都尉，屯皖，呂蒙襲破之。

鍾英按：《呂蒙傳》：謝奇事在魯肅代周瑜之後。瑜卒建安十五年，則謝奇事當在十五年後。

《賀齊傳》：齊督麋芳、鮮于丹等襲蘄春，生虜晉宗，吴復置蘄春郡，是郡中間屬魏，後又屬吴，至晉平吴始省也。原注：晉太康二年，省蘄春郡。今列於此。

鍾英按：《賀齊傳》虜晉宗事在黄武初。【略】

會稽郡。秦置。

班《志》：會稽郡，秦置。

吴領縣十。

洪氏領縣從沈《志》。沈約云：會稽治吴，漢順帝永建四十年，分會稽為吴郡，會稽移治山陰縣。《孫亮傳》：以會稽太守滕胤守太常即此。其境西、北界吴郡，南界臨海、東陽，東盡海。【略】

臨海郡。吴太平二年，以會稽東部置。

《孫亮傳》：太平二年，以會稽東部為臨海郡。

領縣七。

鍾英按：沈《志》：臨海太守本會稽東部都尉，前漢都尉治鄞，後漢分會稽為吴郡，疑是都尉徙治章安。晉明帝太寧元年，分臨江為永嘉，是沈《志》臨海、永嘉二郡皆吴臨海郡地也。其境北界會稽，西北界東陽，南界建安，東盡海。【略】

建安郡。吴永安三年，以會稽南部置。

《孫亮傳》：太平二年，會稽南部反。《孫休傳》：永安三年，以會稽南部為建安郡。沈《志》：會稽治縣，後分為會稽東南二部都尉，東部臨海是也，南部建安是也。吴孫休永安三年，分南部立建安郡。太康三年，分建安立晉安郡。鍾英按：據此，沈《志》建安、晉安二郡屬縣皆吴建安舊縣。

領縣九。

《寰宇記》：吴永安三年，割會稽南部，以建安、將樂、邵武、建陽、吴興、延平、東安、侯官等九縣為建安郡。《輿地廣記》：福、建、泉、南劍、汀、漳六州皆建安郡地。其境北界臨海，西界臨川、廬陵南部，西南界南海，東南盡海。【略】

東陽郡。吴寶鼎元年，以會稽西部置。領縣九。

鍾英按：《孫皓傳》：寶鼎元年，分會稽為東陽郡。沈《志》：東陽太守，本會稽西部都尉。孫皓寶鼎元年，立領縣九。今據《通典》，補武義，為十縣。《吴志》：駱統，會稽烏傷人。《吴書》：留贊，會稽長山人。烏傷、長山並屬東陽，兩書隸會稽者仍舊言之也。其境北界會稽、吴郡、新郡，西界鄱陽，東及南界臨海。

又 卷一二 吴郡。漢置。

《郡國志》劉昭注：順帝分會稽置。《會稽典録》：虞翻曰：永建四年，分浙江之北以為吴郡。

領縣十。

沈《志》『吴郡太守』下吴、嘉興、海鹽、鹽官、錢塘、富春、桐廬、婁，並云漢舊縣；建德、新昌，吴置。此洪氏所本。今據《三國志》，以毗陵典農幷入，為十三縣。《寰宇記》：長洲縣，吴大帝封長沙王果於此，晉廢，以地幷入吴。考《孫策傳》，權稱尊號，追謚策長沙桓王，封子紹為上虞侯。紹卒，子奉嗣，孫皓時誅死。是吴無長沙王果，即

長洲亦非吳縣。樂史説蓋誤，今不取。其境西界丹陽、吳興，南界會稽、東陽，北抵江，東盡海。【略】

吳興郡。吳寶鼎元年，分丹陽、吳兩郡置。領縣九。

《孫皓傳》：寶鼎元年，分吳郡、丹陽為吳興郡。《孫和傳》：皓即位後，寶鼎元年正月，分吳、丹陽九縣為吳興郡，治烏程，置太守。《輿地紀勝》載孫皓置郡詔曰：今吳郡陽羨、永安、餘杭、臨水及丹陽故鄣、安吉、原鄉、於潛諸縣，地勢水流之便，悉注烏程，其分此九縣為吳興郡，治烏程。鍾英按：《吳志》書『淩統，吳郡餘杭人』、『吳粲，吳郡烏程人』，皆仍舊書言之。惟《賀齊傳》建安十六年，吳郡餘杭民郎稚合宗起兵云云，時未置吳興，故稱『吳郡餘杭』。其境西界丹陽，東、南、北界吳郡。【略】

豫章郡。漢置。

班《志》：豫章郡，高帝置。

吳領縣十六。

鍾英按：洪氏領縣本《晉·志》。《孫策傳》：以孫賁為豫章太守。孫皓元興元年，封休太子霬為豫章王，即此。其境東界鄱陽，西界長沙，南界廬陵，西界臨川，北界江夏。【略】

廬陵郡。漢興平元年，吳分豫章置。

《孫策傳》：分豫章為廬陵郡，以賁弟輔為廬陵太守。《豫章記》：靈帝末，揚州刺史劉遵上書請置廬陵、鄱陽二郡。獻帝興平元年，始立郡。《江表傳》：時丹陽僮芝自署廬陵太守。策留賁弟輔領兵住南昌。周瑜到巴邱，輔遂進據廬陵。鍾英按：孫策興平元年平豫章，其分置廬陵郡，蓋承僮芝之舊。《國志》、《豫章記》、《江表傳》三書所載各異，其實一也。

領縣十。

洪氏領縣從《晉·志》。鍾英按：沈《志》：南野屬廬陵公相。《元和郡縣志》：南安為南野之分，是吳時南野屬廬陵南部。今據移南野於南部，為九縣。其境東界臨川，北界豫章，西界安成，南界廬陵南部。【略】

《太平寰宇記》以為建安十五年與鄱陽郡同置，誤。鍾英按：《寰宇記》云興平元年置廬陵郡，而『饒州』下作『建安十五年』，自相歧誤。【略】

鄱陽郡。漢建安十五年，吳分豫章置。

《孫權傳》：建安十五年，分豫章為鄱陽郡。

領縣九。

沈《志》：郡始立，治鄱陽縣。赤烏八年，徙治吳芮故城。

今從《三國志》補新都，從《寰宇記》删建平，補東安，為十縣。其境東界東陽，南界臨川，西及北界豫章。【略】

臨川郡。太平二年，分豫章東部都尉置。

《孫亮傳》：太平二年，以豫章東部為臨川郡。

《太平寰宇記》：以南城、臨汝二縣立。領縣十。

《寰宇記》：吳太平二年，以南城、臨汝二縣置臨川郡，更增宜黃、安浦、新建、西平、西城、東興、南豐、永城八縣。晉改西平為西豐，西城為西寧。鍾英按：沈《志》：臨川郡無西城。洪氏領縣從《寰宇記》。其境東界建安，西界廬陵，北界豫章，南界廬陵南部。【略】

安成郡。吳寶鼎二年，分豫章、廬陵、長沙三郡置。

《孫皓傳》：寶鼎二年，分豫章、廬陵、長沙為安城郡。《晉·志》：吳屬揚州。領縣六。《寰宇記》引《地志》云：吳分豫章之新喻、宜春，廬陵之平都、永新，長沙之安成、萍鄉六縣為安成郡。其境北界豫章，西界長沙，西南界湘東，東及南界廬陵。【略】

廬陵南部都尉。吳末分廬陵置領縣六。沈《志》：南康公相晉太康三年以廬陵南部都尉立，領縣八。六縣係漢吳所置，今移廬陵南野來屬，為七縣。其境南界南海，東界建安，北及西界廬陵。【略】

《晉·地理志》：吳大帝初置郡五，其一為廬陵南部。原注：《地理通釋》、《方輿勝覽》同。鍾英按：《元和志》：嘉禾五年，分廬陵置南部都尉。而『揚州』下又云：吳歸命侯分置。今考《吳志》，亦云歸命侯置。

《寰宇記》『虔州』下引《後漢書》云：興平二年分豫章置廬陵郡，贛縣屬焉。《吳志》云：孫皓立廬陵南郡，贛縣亦屬焉。晉改為南康郡。鍾英按：《三國·吳志》無孫皓置廬陵南部之文，疑樂史所引《吳志》非承祚書，俟考。

又 卷一三 荊州。漢建安十三年，劉琮降魏，魏盡有荊州之地。及敗於赤壁，南郡以南入吳。

鍾英按：《先主傳》：南征四郡，武陵、長沙、零陵、桂陽皆降，四郡在南郡之南，並歸先主。洪氏從《晉·志》，謂南郡以南入吳，非也。

十九年，與蜀分荊州，復得長沙、江夏、桂陽三郡地。

《孫權傳》：建安十九年，分荊州長沙、江夏、桂陽以東屬吳。

吳黃武中，蜀先主没，武陵、零陵、南郡、宜都四郡地悉入吳。

《孫權傳》：建安二十四年，遣呂蒙襲公安，獲將軍士仁，蒙到南郡，南郡太守糜芳以城降。陸遜别取宜都，遂定荊州。《先主傳》：章武二年，自佷山通武陵，遣侍中馬良安慰五溪蠻夷，咸相率相應。六月，先主自猇亭還秭歸。秋八月，收兵還巫。《馬良傳》：先主敗，良亦遇害。《通典》：劉備敗没，所分之地悉復屬吳。

凡得漢舊郡五，增置郡十，江夏則與魏共，統郡十六。

鍾英按：今據《三國志》廢武昌，據《水經注》立營陽，江夏、南郡、零陵、桂陽、武陵、長沙六郡。《郡國志》：並屬荊州。操置宜都，權置蘄春，亮置衡陽、湘東，休置建平、天門，皓置始安、邵陵、始興、營陽，凡十郡，合十六郡為吳荊州。

治南郡。

《通典》：吳荊州理江陵。沈《志》謂魏荊州刺史治江陵，非是。其境西界蜀，北界魏，南界廣州，東界揚州，逾江跨嶺。【略】

南郡。秦置。

班《志》：南郡，秦置。

吳領縣九。

鍾英按：沈《志》：太康元年，平吳，分南郡江南為南平郡，治作唐，領孱陵。『南郡太守』下江陵、華容、當陽、臨沮、編、枝江，並云漢舊縣，是八縣吳皆屬南郡，今據《一統志》删石首，為八縣。其境西界宜都，東界江夏，南界長沙、天門，北與魏接。【略】

宜都郡。漢建安十三年，魏武平荊州，分南郡枝江以西為臨江郡。建安十五年，蜀改今名。

習鑿齒曰：魏武平荊州，分南郡枝江以西為臨江郡。建安十五年，劉備改為宜都。鍾英按：《張飛傳》：先主既定江南，以飛為宜都太守。《孫權傳》：建安十四年，劉備領荊州牧。《先主傳》：定江南在領牧前，是改臨江為宜都係十四年事。洪氏從習鑿齒作『十五年』，非也。

二十四年，郡移屬吳。

《孫權傳》：建安二十四年，陸遜别取宜都，屯夷陵，守峽口以備蜀。

領縣三。

《吳録》：劉備分南郡立宜都郡，領夷道、佷山、夷陵三縣。《陸抗傳》、《雷緒、虞翻傳》翻子汜，《吳録》顧雍子裕，並為宜都太守，即此。其境東界南郡，西界建平，南界天門，北與魏接。【略】

建平郡。吳永安三年分宜都西部置。

《孫休傳》：永安三年，分宜都郡置建平郡。其境東界宜都，西及南界蜀，北界魏。【略】

領縣六。

《王昶傳》：嘉平三年，昶奏吳、蜀白帝、夷陵之間黔、巫、秭歸、房陵皆在江北，民夷與新城郡接，可襲取也。乃遣新城太守州泰襲巫、秭歸、房陵，是吳建平郡有房陵縣。沈《志》：建平郡領信陵、興山、秭歸、沙渠四縣。晉建平都尉領巫、北井、泰昌、建始四縣。晉武咸寧元年，改都尉為郡，於是吳、晉各有建平郡。太康元年，吳平，幷合。鍾英按：《襄陽記》：太始元年，羅憲襲取巫城。《晉書·吾彥傳》：彥吳時為建平太守。王濬伐吳，彥堅守，大衆攻之不能克，乃退舍禮之。吳亡，彥始歸降，蓋羅憲取巫後旋即失之。吳亡彥降，巫始為晉有。沈氏以巫隸晉咸寧前建平郡，非也。建始，沈《志》隸晉咸寧前建平都尉，即非吳建平屬縣。《方輿勝覽》謂吳建平有建始縣，恐不足據。今删建始，補房陵，仍為六縣。【略】

江夏郡。漢置。

班《志》：江夏郡，高帝置。

吳領縣三。《吳志》：周瑜、程普、孫奐、原注：子乘亦領此郡。蔡遺、刁嘉等俱為江夏太守。

鍾英按：建安十二年，孫權征黃祖，虜其人民而還。十三年，復征祖，斬之。劉表以長子琦為江夏太守。【略】秋七月，曹操擊劉表。八月，表卒，子琮代，屯襄陽，先主屯樊。九月，操至新野，琮以荆州降。先主奔江陵，操追及於當陽長阪，遂走夏口。【略】十二月，曹操東下，周瑜、魯肅等與先主迎擊於赤壁，大破之，追至南郡，以瑜領南郡太守，屯江陵。十四年，先主表琦為荆州刺史，琦病卒。羣下推先主為荆州牧，治公安。十五年，權始有江夏江南諸縣。【略】二十年，據江夏郡。【略】其後江北地漸入魏。黃武元年，魏將文聘遂屯沔口。【略】嘉禾三年，陸遜、諸葛瑾屯江夏沔口。赤烏中，城沙羡，以孫鄰為夏口沔中督，沔北新市、安陸、雲杜、竟陵皆為魏地。【略】江夏移治武昌，改武昌為江夏郡。【略】今移邾縣於蘄春，移雲杜、竟陵於魏江夏，以武昌郡并入，移長沙之蒲圻來屬，為六縣。其境南界豫章，西界南郡，西南界長沙，東北界蘄春，北界魏。【略】

武昌郡。漢建安二十五年，吳分江夏置，領縣五。

《孫權傳》：建安二十五年，權自公安都鄂，改名武昌，以武昌、下雉、尋陽、陽新、柴桑、沙羡六縣為武昌郡。鍾英按：吳末改為江夏郡。《吳志》：黃武元年，自建業徙都此。黃龍元年，於此即尊位，還都建業。太子登留守武昌。嘉禾元年，太子還建業。太元二年，立王子奮為齊王，居武昌。諸葛恪不欲諸王處沿江兵馬地，徙居豫章。甘露元年，歸命侯又都之。後又還建業。【略】

武陵郡。漢置。

班《志》：武陵郡，高帝置。《郡國志》：秦昭王立名黔中，高帝五年更名。

吳領縣十一。

沈《志》：武陵太守縣十：臨沅、吳壽、沅陵、辰陽、酉陽、沅南、遷陵，並云漢舊縣。洪氏從《晉·志》，録鐔城為十一縣。《先主傳》：建安十四年，先主南征四郡。武陵太守金旋降。二十年，分荆州武陵西屬。二十四年，孫權襲取荆州。章武元年，先主征吳武陵蠻夷，遣使請兵。二年，先主敗還永安，武陵屬吳。《黃蓋傳》：武陵蠻夷反亂，攻守城邑，乃以蓋領太守，誅討魁帥，諸幽邃巴、醴、由、誕邑侯君長皆改操易節。趙一清曰：巴、醴、由、誕，四水名。由即油水。《水經注》：澧水又東，澹水注之。水上乘澧水於作唐縣，東逕其縣北。又東注於澧，謂之澹口。王仲宣詩云『悠悠澹、澧』是也。鍾英按：黃蓋本傳云：時郡兵纔五百人，因開城門，賊半入，乃擊之。武陵郡治臨沅，而油、澹、澧三水皆在臨沅東北作唐、孱陵境內。其後二縣移屬南郡，既非幽邃之地，而郡境又無巴水。趙氏説誤。《蜀志·馬良傳》：先主東征，遣良入武陵，招納五溪蠻夷，渠帥皆受印號。先主敗，良亦遇害。蓋領太守當即此時。是巴、醴、油、誕為當時邑侯君長名號。其地在五溪中，其時為黃武元年。《孫權傳》：黃龍三年，遣太常潘濬率衆五萬討武陵五谿蠻夷。嘉禾三年，平之。《鍾離牧傳》：永安六年，蜀并於魏，武陵五谿蠻夷與蜀接界，懼其叛亂，以牧為武陵太守，往之郡。時魏遣漢發長郭純試守。武陵太守率涪陵民入遷陵界，屯於赤沙，又進攻酉陽縣，牧以三千兵緣山險行，垂二千里，斬魁帥支黨千餘級。純等散走，五谿平。胡三省曰：武陵郡在西溪之陽，今辰、錦、敍、獎、溪、澧、朗、施八州是其地。其境北界天門，東北界南郡，東界長沙，東南界邵陵，西界蜀。【略】

天門郡。吳永安六年，分武陵置。

《孫休傳》：永安六年，分武陵為天門郡。沈《志》：充縣有松梁山，山有石，石開處數十丈，其高以弩仰射，不至其上，名天門，因此充縣後省。《水經注》：吳永安六年，武陵郡嵩梁山，其山洞開，玄朗如門，高三百丈，廣二百尺，門角上各生一竹，倒垂下拂，謂之天帚，孫休以為嘉祥，分武陵置天門郡。鍾英按：《晉·志》：天門郡有充縣，蓋晉復置。

領縣三。

《寰宇記》：吳分武陵西界三縣置天門郡。其境南界武陵，西界建平，東及北界南郡。

又　卷一四　長沙郡。秦置。

長沙郡，班《志》：秦置。《先主傳》：建安十四年，南征四郡，長沙太守韓玄降。二十年，分荆州長沙東屬。《寰宇記》：長沙郡，歷吳不改。

吳領縣十。

沈《志》：長沙太守，宋初十縣。元嘉十六年，分長沙之巴陵、蒲圻、下雋屬巴陵。今領縣七。七縣者，臨湘、攸、醴陵、瀏陽、建寧、吳昌、羅，即洪氏十縣所本。今據《三國志》，移蒲圻於武昌廢巴陵縣，為八縣。其境北界江夏、南郡，東界豫章，南界湘東，西南界衡陽。【略】

衡陽郡。吳太平二年，分長沙西部都尉置。

《孫亮傳》：太平二年，分長沙西部為衡陽郡。《薛綜傳》：孫皓左遷繆禕為衡陽太守，即此。

領縣十。《晉·地理志》以為吳大帝分置，誤。

沈《志》衡陽太守下湘鄉、重安、湘南、烝陽、連道、益陽，並云漢舊縣。其境北界武陵，東界長沙，東南界湘東，西南界邵陵、零陵。【略】

湘東郡。吳太平二年，分長沙東部都尉置。

《孫亮傳》：太平二年，分長沙之東部立湘東郡。

領縣六。《晉·地理志》又云：吳大帝分置，誤。

沈《志》：湘東太守，吳孫亮立。晉世七縣，孝武太元二年省酃、利陽、新平三縣。今領縣五。鍾英按：沈《志》：湘東郡五縣臨蒸吳屬衡陽。湘陵，後廢帝立。其餘茶陵、陰山、新寧，合太元二年所省三縣，是吳湘東郡有六縣。其境東界安成，西界衡陽、零陵，北界長沙，南界桂陽。【略】

零陵郡。漢置。

班《志》：零陵郡，武帝元鼎四年置。

吳領縣四。《晉·地理志》：吳歸命侯置郡十二，其一營原注：今本誤作『榮』。陽，《水經注》：魏咸熙二年，吳分置營陽郡，在營水之南，故名。沈《志》營陽太守下云：江左分零陵立。疑吳立，後旋省。至江左復立。沈《志》：營陽郡統縣四，未知吳時所統，與此同異，未敢臆斷，故附録於此。

今割四縣立營陽郡。零陵屬縣六。其境北界邵陵，東界湘東、桂陽，南界營陽，西南界始安。【略】

始安郡。吳甘露元年，分零陵南部都尉置。

《孫皓傳》：甘露元年，以零陵南部為始安郡。《圖經》：黃武五年，割零陵之始安為始安郡，分蒼梧之荔浦屬焉，領始陽、平樂等七縣。鍾英按：始安置郡，宜從《皓傳》。《圖經》作『黃武五年』，非是。沈《志》：吳始安屬廣州，晉成帝度荆州，宋明帝改為建始。《晉·志》又謂吳屬荆州，晉武平吳，始屬廣州。今考始安、零陵之分，宜與零陵並屬荆州，《晉·志》説是。

領縣七。

洪氏領縣從《晉·志》。今據《水經注》，補始興，為八縣。其境西界桂林，北界邵陵，東北界零陵，東南界臨賀。【略】

邵陵郡。吳寶鼎元年，分零陵北部都尉置。

《孫皓傳》：寶鼎元年，分零陵北部為邵陵郡。《輿地紀勝》：吳屬荆州。

領縣五。

今據《寰宇記》，補新城，為六縣。其境東界衡陽、湘東、零陵，南界始安，西界武陵。【略】

桂陽郡。漢置。

班《志》：桂陽郡，高帝置。沈《志》：元康元年，度江州，是吳時屬荆州也。

吳領縣六。

《郡國志》：桂陽郡十一城。洪氏以五縣隸始興，故桂陽領六縣。沈《志》『桂陽太守』下郴、耒陽、便、臨武、南平，並云漢舊縣。漢寧，吳改陽安。《輿地紀勝》：桂陽六縣：郴、攸、耒陽、臨武、南平、晉寧。今考攸為便之譌，晉寧即陽安也。其境南界始興，東界廬陵，北界湘東，西界零陵、營陽。【略】

始興郡。吳甘露元年分桂陽南部都尉置。

《孫皓傳》：甘露元年，以桂陽南部為始興郡。《圖經》：吳始興郡，晉因之。沈《志》：晉武平吳，以屬廣州。宋改郡名廣興。是吳時屬荆州也。

領縣七。

沈《志》：明帝太始六年，割始興之桂陽、陽山、含洭立宋安郡。是沈《志》宋安及廣興屬縣，故吳始興屬縣也。其境東界建安，西界臨賀，北界桂陽，南界南海。【略】

《晉・地理志》荆州下云始安、始興、臨賀三郡，晉武帝平吴後始移屬廣州，而始安、臨賀二郡於始立時即云屬廣州，今徧檢諸地志，臨賀郡之立當在置廣州之前，不得云立郡時已屬廣州。《通典》：吴廣州領郡六，亦不數臨賀。《元和郡縣志》、《方輿勝覽》：臨賀、始興二郡皆屬荆州。則《晉・地理志》之説校是，今從之。【略】

臨賀郡。吴黄武五年，分蒼梧置。

沈《志》：吴分蒼梧立臨賀郡，屬廣州。晉成帝度荆州，宋明帝改名臨慶。《寰宇記》：吴黄武五年，割蒼梧郡封陽、臨賀、馮承、富川、蕩山、桂嶺六縣為臨賀郡，晉因之。蕩山、桂嶺皆隋縣，蓋吴時割其地，屬臨賀。樂史不察，遂以隋縣書之。《晉・志》：晉武平吴，始移臨賀屬廣州。鍾英按：臨賀郡，蒼梧之分，吴時應屬廣州，宜從沈《志》。《孫權傳》：赤烏二年，廖式殺臨賀太守嚴綱。《吕岱傳》：岱斬式及偽署臨賀太守費陽，即此。

領縣六。

今據沈《志》，移蒼梧之寧新來屬，為七縣。其境北界零陵、營陽，西界始安，東界始興，南界南海、蒼梧。

又 卷一五 交州。漢建安八年，改交趾刺史為交州，治蒼梧廣信縣。十六年，徙治番禺。

沈《志》：漢武帝元鼎六年，開百越，置交趾刺史，治龍編。獻帝建安八年，改曰交州，治蒼梧廣信縣。《步騭傳》：建安十五年，騭為交州刺史。明年，追拜使持節、征南中郎將。《元和郡縣志》：番禺城，步騭所築。

黄武五年，立廣州，交州還治龍編。

《孫權傳》：黄武五年，分交州置廣州。俄復舊。《孫休傳》：永安七年，復分交州置廣州。沈《志》：咸熙元年，分為二州，交州還治龍編。鍾英按：咸熙元年，為吴永安七年，是後交、廣二州終吴世不改。洪氏謂交州還治龍編在黄武五年，非也。

凡得漢舊郡四，復舊郡一，增置郡三。

鍾英按：《吕岱傳》：黄武五年，分海南三郡為交州、海東四郡為廣州。永安七年，復置交、廣二州，分地當仍舊制。所謂海東、海南者，即指欽州以南之海，合浦、朱崖皆在海東。今據移廣州，據《晉書》補九真屬國，交趾、九真、日南皆舊郡。皓置新昌、武平、九德，合六郡、一屬國為吴交州。其境東北界廣州。【略】

合浦郡。漢置。

班《志》：合浦郡，武帝置。《水經注》：元鼎六年置。

吴黄武七年，更名珠官，後復舊。領縣五。

《孫權傳》：黄武七年，改合浦為珠官郡。今據《輿地紀勝》，移珠官於朱崖為四縣。其境北界桂林、合浦北部，東界高凉，南界朱崖，西至海，海西為交趾境。【略】

交趾郡。漢置。

班《志》：交趾郡，武帝元鼎六年開。

吴領縣十四。

《士燮傳》：漢以燮為綏南中郎將，董督七郡，領交趾太守如故。建安十五年，孫權遣步騭為交州刺史。騭到，率兄弟奉承節度。黄武五年，燮卒。遣陳時為交趾太守，而燮子徽自署交趾太守。《吕岱傳》：擊破徽，定交州。黄龍三年，南土清定，召岱還，屯長沙漚口。《孫休傳》：永安五年，使察戰至交趾，調孔雀、大豬。六年，交趾郡吏吕興等反，殺太守孫諝，使使如魏請太守及兵。《孫皓傳》：元興元年，魏置交趾太守之郡。寶鼎二年，遣交州刺史劉俊、前部督修則等人擊交趾，為晉將毛炅所破，皆死，兵散還合浦。建衡三年，虞汜、陶璜破交趾，禽殺晉所置守將。九真、日南還屬。《晉書・陶璜傳》：孫皓時，交趾殺太守孫諝，以郡内附。霍弋遣犍為楊稷自蜀出交趾，破吴軍於古城。吴以璜為蒼梧太守，距稷，戰於分水。璜敗，退保合浦，乃從海道出不意，竟至交趾，遂陷交趾。武平、九德、新昌，土地阻險，夷獠勁悍，歷世不賓，璜征討，開置三郡、九真屬國據此，吴交州有九真屬國，領縣無考。三十餘縣。《晉・志》：武平、九德、新昌三郡屬縣二十二，『三』字為『二』字之譌。【略】

新興郡。吴建衡三年，分交趾置。領縣四。

《晉・志》：新昌郡尚有臨西、西道。吴縣、晉縣無考。今據沈《志》，移吴定於武平，為三縣。其境東南界武平。吾友鄒代鈞曰：越南太原、高平二道是其地。

《通典》：吳分置新興郡，晉武改為新昌。今考《吳志・歸命侯傳》，已云分交趾為新昌，蓋承祚作《志》時郡名已改，故從後言之。

鍾英按：《孫皓傳》：建衡三年，分交趾為新昌郡。《晉・志》：新昌郡，吳置。是置郡時即名『新昌』，不名『新興』。洪氏不信著書之承祚，而信後來之杜佑，惑矣。【略】

武平郡。吳建衡三年，討扶嚴夷，以其地置。

《孫皓傳》：建衡三年，諸將破扶嚴，置武平郡。《輿地廣記》：吳武平郡，晉因之。

領縣七。

洪氏領縣從《晉・志》。今據沈《志》，移新昌之吳定來屬，為八縣。鍾英按：八縣中惟吳定、封溪為吳縣。武寧與交趾復出，疑『武平』之譌。武興、進山、根寧、安武、扶安五縣之是吳是晉，皆不可知，姑仍其舊，以俟博考。郡境西北界交趾，東北界新昌。吾友鄒代鈞曰：今越南新化、山西、宣光三道是其地。【略】

九真郡。漢置。

班《志》：九真郡，武帝元鼎六年開。《士燮傳》：交趾刺史朱符為夷賊所殺，州郡擾亂，燮表次弟徐聞令鮪領九真太守。《呂岱傳》：進討九真，斬獲萬數，即此。

吳領縣六。

《晉・志》：尚有松原、梧津。今據《輿地廣記》，補無編，為七縣。周濟曰：郡境東北界交趾，北界新昌，東界九德。吾友鄒代鈞曰：今順化、廣南、清華、乂安、省靜六道皆其地。【略】

九德郡。吳末分九真置。

沈《志》：吳末分九真置九德郡。《通典》謂分日南置，非也。

領縣六。

何《志》：九德，領縣六。今據《三國志》，補四安，為七縣。其境北界九真，南界日南。吾友鄒代鈞曰：今越南廣治、廣平二道是其地。【略】

日南郡。本秦象郡，漢改今名。

班《志》：日南，故秦象郡，武帝元鼎六年開，更名。

吳領縣五。沈《志》：郡，吳省，晉太康三年復置。今考《歸命侯傳》，建衡三年，虞汜、陶璜破交趾，禽殺晉所置守將，九真、日南還屬。《華覈傳》亦云：日南孤危。《魏・三少帝紀》：九真、日南郡聞呂興去逆效順云云。《晉・地理志》：吳黃武五年，以交趾、日南、九真、合浦四郡為交州刺史，則吳時有日南郡可知。沈《志》恐誤。

洪氏領縣從沈《志》、《晉・志》。今據《水經注》，補壽泠，為六縣。周濟曰：北界九德。吾友鄒代鈞曰：今越南歸仁、富安、廣和、平順四道是其地。【略】

朱崖郡。漢置。

班《志》：漢武元封元年，遣使自徐聞南入海，得大洲，方一千里，略以為珠崖、儋耳。《昭帝紀》：始元五年，罷儋耳。《元帝紀》：初元三年，罷珠崖。

吳赤烏五年復立。

《孫權傳》：赤烏五年，遣將軍聶友、校尉陸凱以兵三萬討珠崖、儋耳。《全琮傳》：軍行經歲，士衆疾疫死者十八九。權深悔之。

領縣二。

今據《元和郡縣志》，删珠崖，移合浦之珠官來屬，仍為二縣。《輿地廣記》：晉平吳，廢入合浦。其境北界合浦，三面際海。【略】

考吳時未嘗復儋耳郡。《陸凱傳》：除儋耳太守，蓋因討珠崖郡，使虛領其名耳。

《方輿勝覽》：昭帝罷儋耳入珠崖，自漢至陳更不得有其地。【略】

廣州。吳黃武五年，分交州之南海、蒼梧、鬱林、高涼立廣州，俄復舊。

《孫權傳》：黃武五年，分交州置廣州，俄復舊。《士燮傳》：權以交趾懸遠，分合浦以北為廣州，呂岱為刺史。《呂岱傳》：岱分合浦、南海、蒼梧、鬱林海東四郡為廣州。洪氏從《晉・志》有高涼，無合浦，非也。

永安七年原注：《晉・地理志》作『六年』，誤。復置。

《孫休傳》：永安七年，復分交州為廣州。《孫皓傳》：天紀三年，郭馬反攻，殺廣州都督虞授，即此。

凡得漢舊郡三、增置郡三、都尉治一。

《通典》：晉平吳，廣州因前代，領郡六。今據《三國志》、沈《志》，移交州之合浦、朱崖，荆州之臨賀來屬。南海、蒼梧、鬱林、合浦，《郡國志》並屬交州，權置朱崖、臨賀、高涼、高興。休置合浦北部，合八郡、一都尉為吳廣州。其境北界揚州、荆州，西南界交州，東南盡海。今廣東潮州、惠州、廣州、肇慶、高州、廉州、雷州、嘉應州，廣西潯州、鬱林州、思恩、南寧、柳州、梧州府之蒼梧、藤縣、岑溪、容平、樂府之富川賀，越南之海防、廣安二道皆其地。

治番禺。

《寰宇記》：吳廣州治番禺。

南海郡。秦置。

班《志》：南海郡，秦置。秦敗尉佗王此地。武帝元鼎六年開。

吳領縣六。

洪氏領縣從《晉・志》。今據《三國志》，補揭楊，為七縣。其境西界蒼梧，西北界始興，北界廬陵南部、建安，東及南盡海。【略】

蒼梧郡。漢置。

班《志》：蒼梧郡，武帝元鼎六年開。

吳領縣十一。

今據沈《志》，移寧新於臨賀，為十縣。《妃嬪傳》：滕牧見遣，居蒼梧郡，即此。其境西界鬱林，南界高涼，北界始安、臨賀，東南際海。

【略】

鬱林郡。秦置。

班《志》：鬱林郡，故秦桂林，武帝元鼎六年開，更名。《陸績傳》：孫權統事，以績為鬱林太守，即此。

吳領縣九。

洪氏領縣從沈《志》。其境東界蒼梧，北界桂林，南界合浦北部。

【略】

桂林郡。吳鳳皇三年，分鬱林置。

《孫皓傳》：鳳皇三年，分鬱林為桂林郡。《通鑑》：咸寧五年，吳桂林太守脩允卒，即此。

領縣六。

洪氏領縣從《晉・志》。今據沈《志》，補桂林、中溜，為八縣。其境東界始安，南界鬱林，北與蜀接。【略】

高涼郡。漢建安二十三年，吳分合浦置。

沈《志》：建安二十三年，吳分合浦、高涼縣置高涼郡。《呂岱傳》：延康元年，岱為交州刺史。到州，高涼賊帥錢博乞降，岱因承制以博為西部都尉。鍾英按：據此，是延康元年高涼為合浦西部都尉，則沈《志》謂『建安二十三年，吳置高涼郡者』誤也。《晉・志》：高涼郡，吳置。今姑仍之，然置郡之年不可考矣。《投荒録》：高涼郡土厚而山環繞，高而稍涼，故以為名。

縣領三。《晉・地理志》有云：漢桓帝分交趾立高興，靈帝改曰高涼。今從沈《志》。

洪氏領縣從《晉・志》。今據沈《志》，補石門，為四縣。高涼、高興二郡，犬牙相錯，難分界限，圖中幷合為一二郡。西界合浦，北界蒼梧，東北界南海，南盡海。【略】

高興郡。吳又分合浦立。

沈《志》：吳又分合浦立高興郡，太康初省幷高涼。領縣五。

洪氏領縣從《晉・志》。鍾英按：《晉・志》：高興郡，吳置，蓋太康初省幷，其後又分置也。《元和郡縣志》謂東漢桓帝分立高興郡，靈帝改曰高涼，不知何據。【略】

合浦北部都尉。吳永安三年，分合浦置。領縣三。《廣州記》：漢建安二十三年，吳分鬱林立寧浦郡。《晉・地理志》本之。今考《吳録》，景帝永安三年，分合浦立合浦北部都尉，領平山、興道、寧浦三縣。《晉太康地志》亦言武帝太康七年，始改合浦屬國都尉，立寧浦郡。又徧檢諸地志，吳時所置郡皆無寧浦，明郡係太康中所置，吳時止有合浦北部都尉也。《廣州記》及《晉・地理志》皆不足據。

鍾英按：沈《志》既引《吳録》以為永安三年分合浦立合浦北部都尉，又引《廣州記》謂建安二十三年，吳分鬱林立寧浦郡，治平山。自嫌歧誤，故於『寧浦太守』下引《太康地志》云：武帝太康七年，改合浦屬國都尉，立寧浦郡。折衷《太康志》、《廣州記》之誤，自明《晉・

志》、《通典》、《輿地廣記》並從《廣州記》説非也。其境東及南界合浦，北及西界鬱林。

清·謝鍾英《三國疆域表》下　揚州。丹陽　新都　會稽　臨海　建安　東陽　吴郡　吴興　豫章　廬陵　鄱陽　廬江　臨川　安成　廬陵南部

丹陽、會稽、吴豫章、廬江，皆漢郡。策置廬陵，權置鄱陽、新都，亮置臨海、臨川，休置建安，皓置東陽、吴興、安成、廬陵南部。合十四郡、一都尉，爲吴揚州，治建業。南界廣州，西界荆州，東盡海，北與魏接。【略】

丹陽郡。漢郡。南界新都，東界吴、吴興，西及北以江爲境。【略】十八縣。【略】

新都郡。漢建安十三年，吴分丹陽置。北界丹陽，東界吴郡，西及南界鄱陽。【略】六縣。【略】

會稽郡。秦置。西北界吴郡，南界臨海、東陽，東盡海。【略】十縣。【略】

臨海郡。孫亮太平二年，以會稽東部置。北界會稽，西北界東陽，南界建安，東盡海。【略】七縣。【略】

建安郡。孫亮永安三年，以會稽南部置。北界臨海，西界臨川、廬陵南部，西南界南海，東南盡海。【略】九縣。【略】

東陽郡。孫皓寶鼎元年，以會稽西部置。北界會稽、吴郡、新都，西界鄱陽，東及南界臨海。【略】十縣。【略】

吴郡。漢置。西界丹陽、吴興，南界會稽、東陽，北抵江，東盡海。【略】十三縣。【略】

吴興郡。孫皓寶鼎元年，分吴丹陽置。西界丹陽，東、南、北界吴郡。【略】九縣。【略】

豫章郡。漢置。東界鄱陽，西界長沙，南界廬陵，西南界臨川，北界江夏。【略】十六縣。【略】

廬陵郡。漢興平元年，孫策分豫章置。東界臨川，北界豫章，西界安成，南界廬陵南部。【略】九縣。【略】

鄱陽郡。漢建安十五年，孫權分豫章置。東界東陽，南界臨川，西及北界豫章。【略】十縣。【略】

廬江郡。漢置。東南距江，北接魏，西界蘄春、淮南之皐陵、歷陽、全椒。三國時屬吴，吴無淮南郡，準其地望幷入廬江。【略】六縣。【略】

廣陵廢郡。漢置。東盡海，南距江，西界廬江，北與魏接。無郡縣，地接廬江，故附於此。【略】

臨川郡。孫亮太平二年，分豫章東部置。東界建安，西界廬陵，北界豫章，南界廬陵南部。【略】十縣。【略】

安成郡。孫皓寶鼎二年，分豫章、廬陵、長沙置，北界豫章，西界長沙，西南界湘東，東及南界廬陵。【略】六縣。【略】

荆州。南郡　宜都　建平　江夏　蘄春　武陵　天門　長沙　衡陽　湘東　零陵　營陽　始安　邵陵　桂陽　始興

漢建安十三年，劉琮迎降魏武，盡有荆州之地。及敗於赤壁，南郡以南歸先主。十九年，與蜀分荆州，得江夏、長沙、桂陽三郡。二十四年，襲斬關羽，盡取南郡、零陵、宜都、武陵四郡。江夏、南郡、零陵、桂陽、武陵、長沙皆漢郡。操置宜都，權置蘄春，亮置衡陽、湘東，休置建平、天門，皓置營陽、始安、邵陵、始興。合十六郡，爲吴荆州，治江陵。南界廣州，東界揚州，西蜀、北魏踰江跨嶺。【略】

南郡。秦置。西界宜都，東界江夏，南界長沙、天門，北與魏接。【略】八縣。【略】

宜都郡。漢建安十三年，魏武分南郡置臨江郡。十四年，先主改名宜都。二十四年，屬吴。東界南郡，西界建平，南界天門，北與魏接。【略】三縣。【略】

建平郡。孫休永安三年，分宜都置。東界宜都，北與魏接，西及南並與蜀接。【略】六縣。【略】

江夏郡。漢建安二十五年，孫權置武昌郡，後改江夏。南界豫章，西界南郡，西南界長沙，北與魏接。【略】六縣。【略】

蘄春郡。吴置。東界廬江，西及南界江夏，北與魏接。【略】四縣。【略】

武陵郡。漢置。北界天門，東北界南郡，東界長沙，東南界邵陵，西與蜀接。【略】十一縣。【略】

天門郡。孫休永安六年，分武陵置。南界武陵，西界建平，東及北界南郡。【略】三縣。【略】

長沙郡。秦置。北界江夏、南郡，東界豫章，南界湘東，西南界衡陽。【略】八縣。【略】

衡陽郡。孫亮太平二年，分長沙西部置。北界武陵，東界長沙，東南界湘東，西南界邵陵、零陵。【略】十縣。【略】

湘東郡。孫亮太平二年，分長沙東部置。東界安成，西界衡陽、零陵，北界長沙，南界桂陽。【略】六縣。【略】

零陵郡。漢置。北及西界邵陵，東界湘東、桂陽，南界營陽，西南界始安。【略】六縣。【略】

營陽郡。孫皓甘露元年，分零陵置。東界桂陽，南界始興、臨賀，西及北界零陵。【略】四縣。【略】

始安郡。孫皓甘露元年，以零陵南部置。西界桂林，北界邵陵，東北界零陵，東南界臨賀。【略】八縣。【略】

邵陵郡。孫皓寶鼎元年，分零陵北部置。東界衡陽、湘東、零陵，南界始安，西界武陵。【略】六縣。【略】

桂陽郡。漢置。南界始興，東界廬陵，北界湘東，西界零陵、營陽。【略】六縣。【略】

始興郡。孫皓甘露元年，分桂陽南部置。東界建安，西界臨賀，北界桂陽，南界南海。【略】七縣。【略】

交州。交趾　新昌　武平　九眞　九德　日南　九眞屬國

漢建安八年，改交趾刺史爲交州。孫權黃武五年，分海南三郡置交州，俄復舊。孫休永安七年，復分置交州、交趾、九眞、日南，皆舊郡。孫皓置新昌、武平、九德、九眞屬國。合六郡、一屬國，爲吳交州，治龍編。【略】

交趾郡。漢郡。【略】十四縣。【略】

新昌郡。孫皓建衡三年，分交趾置。東南界武平。【略】三縣。【略】

武平縣。【略】孫皓建衡三年，破扶嚴夷開。西北界交趾，東北界新昌。【略】八縣。【略】

九眞郡。漢置。東北界交趾，東界九德，北界新昌。【略】七縣。【略】

九德郡。吳末分九眞置。北界九眞，南界日南。【略】七縣。【略】

日南郡。秦象郡，漢改。北界九德。【略】六縣。【略】

九眞屬國屬縣無考。

廣州。南海　蒼梧　臨賀　合浦　珠崖　鬱林　桂林　高涼　高興　合浦北部

孫權黃武五年，分交州置，俄罷。孫休永安七年，復置南海、蒼梧、鬱林、合浦、珠崖，皆舊郡。權置高涼、臨賀，休置合浦北部，孫皓置桂林、高興，亦吳所置。合九郡、一都尉，爲吳廣州，治番禺。北界揚州、荆州，西南界交州，南盡海。【略】

南海郡。秦置。西界蒼梧，西北界始興，北界廬陵南部、建安，東南盡海。【略】七縣。【略】

蒼梧郡。漢置。西界鬱林，南界高涼，北界始安、臨賀，東南盡海。【略】十縣。【略】

臨賀郡。孫權分蒼梧置。北界零陵、營陽，西界始安，東界始興，南界南海、蒼梧。【略】七縣。【略】

合浦郡。漢置。黃武七年改名珠官，後復舊。北界鬱林、合浦北部，東界高涼，南界朱崖，西南至海，海西爲交趾境。【略】四縣。【略】

珠崖郡。漢置。元帝省。孫權赤烏五年，復置於合浦境。北界合浦，東、西、南盡海。【略】二縣。【略】

鬱林郡。秦置。東界蒼梧，北界桂林，南界合浦北部。【略】九縣。【略】

桂林郡。孫皓鳳皇三年，分鬱林置。東界始安，南界鬱林，北與蜀接。【略】八縣。【略】

高涼郡。吳置。高涼、高興二郡，犬牙相錯，劃分爲難圖，幷爲一二郡。西界合浦北界、蒼梧，東北界南海，南際海。【略】四縣。【略】

高興郡。吳分合浦置。五縣。【略】

合浦北部都尉。孫休永安三年，分合浦置，東及南界合浦，北及西界鬱林。【略】三縣。

清·吳增僅《三國郡縣表》卷七《揚州部》　揚州。漢揚州所屬江東諸郡。興平中，盡為孫策所有。《元和志》：孫策置揚州於建業。【略】

丹陽郡。故治宛陵。建安末，徙治律業。還治宛陵，見考證。【略】

新都郡。《孫權傳》：建安十三年，分丹陽置。《方輿紀要》：治始新。【略】

臨川郡。建安末年，分丹陽置，見考證。領縣未詳。黃龍初省。【略】

廬江郡。建安初，治皖屬吳，尋入魏。十九年，復屬吳徙治，尋陽與魏封置。吳初，復移治皖，赤烏中郡省，見考證。【略】

會稽郡。治山陰。太平三年，孫綝黜亮為會稽王。【略】

臨海郡。《吳志·孫亮傳》：太平二年，以會稽東部置。《方輿紀要》：治章安。【略】

建安郡。《吴志·孫休傳》：永安三年，以會稽南部置。《輿地廣記》：治建安。【略】

東陽郡。《吴志·孫皓傳》：寶鼎元年，以會稽西部置。《輿地廣記》：治長山。《寰宇記》：吴理烏傷，今從《輿地廣記》。【略】

吴郡。治吴。建安元年，孫策領會稽太守，屯此。策薨，以事受權。十四年，徙丹徒。魏黄初二年，文帝封。【略】

東安郡。《孫權傳》：黄武五年，分丹陽、吴會三郡惡地十縣為郡，七年省。裴注引《吴録》：治富春。【略】

吴興郡。《孫皓傳》：寶鼎元年，分丹陽吴郡立。《輿地廣記》：治烏程。【略】

南昌郡。治南昌。【略】

廬陵郡。《孫策傳》：建安元年，策分豫章置。《元和志》：治西昌。【略】

鄱陽郡。《吴志·孫權傳》：建安十五年，分豫章置。《郡國志》注：治鄱陽。沈《志》：赤烏八年，徙治吴芮故城。【略】

臨川郡。《吴志·孫亮傳》：太平二年，分豫章東部置。《洪志》引《記纂淵海》：治南城。【略】

安成郡。《吴志·孫皓傳》：寶鼎二年，分豫章、廬陵、長沙置。《方輿紀要》：治平都。

又 卷八《荆州部》 荆州。建安二十四年，吕蒙襲破關侯，江南諸郡復為吴有。吴遂與魏對置荆州，治樂鄉，見考證。魏黄初三年，孫權降魏，魏以荆、揚江表八郡為荆州，荆州江北諸郡為郢州，權尋叛復舊。【略】

南郡。建安十三年，周瑜破曹仁，遂得南郡以南地。先治江陵，後徙治公安，見考證。【略】

宜都郡。故曰臨江。建安十三年，魏武分南郡立，尋入吴，屬先主。沈《志》：十五年，先主改今名。二十四年，復入吴。《水經注》：治夷道。【略】

固陵郡。《潘璋傳》：建安二十一年，分宜都、巫、秭二縣置。疑黄武元年省，見考證。【略】

建平郡。《孫休傳》：永安三年，分宜都西部立。《水經注》：治巫。【略】

江夏郡。建安十三年，孫權破黄祖，遂有江夏南境，與魏對置郡，治沙羡，治武昌，見考證。【略】

西陵郡。《吴志·甘寧傳》：建安十九年，分江夏之陽新、下雉二縣置郡，尋省。【略】

武昌郡。《吴志·孫權傳》：建安二十五年置，治武昌，黄武初年，郡省，見考證。【略】

武陵郡。治臨沅。建安十三年，地為先主所有。二十四年入吴。【略】

天門郡。《孫休傳》：永安六年，分武陵置，治零陽。【略】

長沙郡。治臨湘。建安十三年，地爲先主所有。二十四年入吴。【略】

漢昌郡。《吴志·孫權傳》：建安十五年，分長沙置，魯肅為太守，屯陸口。建安末年，罷省。【略】

衡陽郡。《孫亮傳》：太平二年，分長沙西部置。《方輿紀要》：治湘鄉。【略】

湘東郡。《孫亮傳》：太平二年，分長沙東部立。《方輿紀要》：治酃縣。【略】

零陵郡。治泉陵。建安十三年，地屬先主，二十四年入吴。【略】

營陽郡。甘露元年，吴分零陵置。《方輿紀要》：治營道，尋省，見考證。【略】

始安郡。《孫皓傳》：甘露元年，分零陵南部置。《方輿紀要》：治始安。【略】

昭陵郡。《孫皓傳》：寶鼎元年，分零陵北部立。《方輿紀要》治昭陵。諸地志作「邵陵」，恐誤，見老證。【略】

桂陽郡。治郴。【略】

始興郡。《孫皓傳》：甘露三年，分桂陽南部立。《方輿紀要》：治曲江。【略】

臨賀郡。《寰宇記》：黄武五年，分蒼梧立，治臨賀。

又 《吴交廣州部》 交州。故治龍編。《元和志》：建安八年，改交阯刺史為交州，徙治廣信。十六年，徙治番禺。【略】

合浦郡。治合浦。

珠官郡。《孫權傳》：黄武七年，改今名。

合浦郡。沈《志》：孫亮復舊名，見考證。【略】

珠崖郡。前漢舊郡。《晉·志》：吴赤烏五年，復立，疑治徐聞，見考證。

【略】

交趾郡。治龍編。吴治未詳。【略】

新興郡。《孫皓傳》：建衡三年，分交趾置。《方輿紀要》：治麋冷，見考證。【略】

武平郡。沈《志》：建安三年，討扶嚴夷，以其地立。《方輿紀要》：治武甯。【略】

九真郡。治胥浦。【略】

九德郡。《晉・志》：吴置本周時越裳氏地。《元和志》：天紀二年，分九真之咸懽置，屬交州，治咸懽。【略】

日南郡。治西卷。【略】

南海郡。治番禺。【略】

蒼梧郡。治廣信。【略】

鬱林郡。治布山。【略】

高涼郡。建安末，吴分合浦置。沈《志》：治思平，見考證。【略】

廣州。《孫權傳》：黄武五年，分交州置廣州，俄復舊。《孫休傳》：永安七年，復分交州置。《元和志》：治番禺。【略】

南安郡。【略】

蒼梧郡。【略】

鬱林郡。【略】

桂林郡。《孫皓傳》：鳳皇三年，分林置。沈《志》：治武安。【略】

高涼郡。【略】

高興郡。

論說

清・汪士鐸《汪梅村先生集》卷二《三國廬江郡考》 開天下之物者存乎識，爭天下之機者存乎力，識無不周，力則有所限，此豪杰所無如何也。當建安之時，曹氏經營中原，孫氏戡定江表。各因士馬舟楫所便利，非不知有青、豫、荆、揚也；力有不逮，不以己所短竞人之長，所以善用其衆，而無破軍殺將之慘，以保固其邊圉也。所部既定，使保境休養，交聯抗拮，民生其間，可以小愒。乃不以聘問，而以戈鋋，于是繁庶之區變為甌脱，暴骨横野，列戍相望。西極襄沔，東則淮肥，大氐地多險者，亂尤劇。知勇交困，而向之所謂大都名郡者，化為荆棘。觀于三國廬江一郡，有可慨焉，作廬江郡考。

廬江郡者，古廬子國也。西漢縣十二。新莽之亂，人户凋劫。建武十二年，省六安國，五縣入之。又省龍舒入舒，樅陽、湖陵、松茲入皖，為城十三。郡故治舒，建安四年，劉勳始移治皖。是時孫策既拔横江、當利屬九江，遂襲皖，克之，表李術為廬江守，吴有廬江太守之始。深險之地雖未盡得，而于前漢廬江郡地則幾全，所不可知者雩婁、灊耳。建安十四年，孫權攻合肥。蔣濟偽言：張喜未救，已到雩婁。權乃走。十六年，魏廬江人陳蘭、梅成據灊、六叛，張遼斬之。是二縣未從吴也。然二國各置太守，王基、文欽、吕蒙，其尤著者也。魏自五年，劉馥營合肥為揚州治。吴壁濡須，于十七年亦築塢。于是南北之軍萃于二鎮，爭地爭城惟在要害。舒、居巢、灊、雩婁、臨湖、襄安、尋陽諸縣民户，皆東渡江，合肥以南皖邑僅存。十八年，魏欲内徙其民，而間閱轉相驚恐。九江、廬江、蕲春、廣陵十餘萬户皆東渡江，江西遂虚。十九年，吴破朱光，拔皖城。自五年李術之叛，權屠其墟，徙其鄒由三萬餘人，灊山之皖域遂蕪。此後所言，皆懷寧之皖也。魏廬江太守遂治陽泉。太和二年，魏滿寵言：曹休從廬江南入合肥。以陽泉在合肥西北也。吴廬江太守西屯尋陽，既而合肥之西又立新城。濡須東、西，立東、西關。《賈逵傳》言：東關當豫州南，去江四百餘里。「江」疑「州」字之誤，濡須距江不容如許也。魏軍之來，或由居巢、峽石、洞浦、石亭、無疆口。吴軍之往，或攻六安、安豐、芍陂、橐皋、黄初之元，安豐、雩婁、安風、蓼，別為安豐郡。魏之廬江，僅陽泉、六安。吴之廬江，僅皖、尋陽。餘則城郭雖存，榛無千里而已。

按：魏廬江太守猶有劉馥之子靖黄初中。及李膺。《朱桓傳》。蓋魏得六、蓼、安豐、安風、陽泉、灊諸縣，故置太守。吴所得只江濱要害，疑太守皆遥領，無甚赫赫名也。

又 卷三《答洪琴西觀察問三國廬江郡》 承詢吴時廬江郡治有無僑置之處。謹案廬江之名，最古《楚詞・招魂》：路貫廬江兮左長薄。李注云：廬江在江北，東行為左。卽指漢廬江郡言也。《山海經》以為出三天子都，無可徵實。《班志》以為出陵陽東南，北入江，始以廬江為在江南。案：《班志》『廬江出陵陽東南，北入江』十字，疑當系『丹陽郡陵陽』下。廬江水名土俗訛為『魯巷』，今蕪湖西南石硊河也；以名偶同，故班氏誤系『廬江郡』下。班氏又于陵陽下引桑欽方『淮水出東南，北入大江』，亦誤，北語疑當系秣陵下，今秦淮水也。然所言乃《晉地理志》之淮水，在今石埭縣東，斯附會《山經》而誤者矣。酈注之『出三天子都』，又以匡廬山水當之，此何與子三天子都乎？

廬江者，以廬子國名，不在江南也。漢廬江郡治舒，在今廬江縣西；後漢建安中徙治皖，在今潛山縣。建安四年，吳孫策攻劉繇，克之，使汝南李術為廬江太守，即此。其後二年，術以郡叛，孫權克之，而徙其部曲三萬餘人，魏亦遷其民使內徙，民間驚恐，相率渡江，居春谷一帶，而江西遂虛。然皖城自在十八年魏人使朱光守之，大開稻田，明年，權與呂蒙克皖，獲光，其地又為吳有，韓當、諸葛恪等遞守之。至正始四年，司馬懿征皖，恪始退屯江南之柴桑，其後遂為遥領之郡，此吳之廬江也。自合肥以至壽春，地悉屬魏。朱光被獲而魏之廬江仍舊治舒，其後乃治六安，酈善長亦言之。蓋一郡而二國分治，其時尚無僑之郡也。

洪氏《東晉疆域志》宣城縣注，自屬樂史誤引；或成帝時尚有廬江人民居宣城者，獲鼎語未分晰爾。呂蒙為廬江太守而居尋陽，其時蒙實任尋陽，在今黄梅、廣濟間，地尤衝要，故仍赴尋陽。若《晉書・地理志》下云：孫皓分廬江立廬陵南部都尉。江乃陵字之訛，其地今之南康，非江北之廬江也。

清・郭松燾《養知書屋文集》卷二《與李次青方伯論吳有漢昌郡無吳昌郡》 奉讀惠示《平江志・沿革》：黄龍元年，改漢昌縣為吳昌，置吳昌郡；自承舊志為説。證之《吳志》，吳昌未置郡也。後漢劉昭《郡國志》長沙郡下無漢昌、瀏陽二縣名，始見《吳志》周瑜、魯肅、呂蒙三傳。其後吳改漢昌為吳昌，故知漢昌漢置；而瀏陽莫知所從始。《唐書》徑謂『吳分長沙置瀏陽縣』，方曹公自荊州東下，軍敗北還，吳蜀爭荊州，而長沙先為蜀得，吳但踞有長沙之下雋、瀏陽、漢昌三縣，并南郡之州陵，為周瑜奉邑以拒蜀，安得于是時分長沙地置瀏陽？

以事求之，建安十四年吳平荊州，所得南郡、江夏二郡，而蜀分得長沙、零陵、桂陽、武陵四郡。漢昌、瀏陽近距豫章郡，為吳所必爭；下雋瀕江，與巴丘相屬；因并南郡之州陵為周瑜奉邑，使夾江為守。瑜卒，魯肅代領其軍，奉邑四縣屬焉，而以程普領南郡太守。其年以南郡歸蜀，普還領江夏郡。十五年置漢昌郡，以魯肅為太守，即以下雋等四縣隸之漢昌郡。二十年先主定益州，與吳分荊州，割湘水為界，南郡、零陵、武陵屬蜀，江夏、長沙、桂陽屬吳。二十二年肅卒，呂蒙領漢昌太守。二十四年，蒙襲取荊州，拜南郡太守，自是漢昌郡之名不見于傳。推求當日情事，吳蜀爭荊州，恃下雋、漢昌等縣冀蔽東南，為南郡襟帶，與蜀相持，立漢昌郡以統攝之，呂蒙卒用其地以襲取荊州。是漢昌一郡，孫氏君臣陰謀秘計日取荊州，而玩之股掌中者也。既并有荊州，州陵仍當還之南郡，下雋、瀏陽、漢昌仍當還之長沙，計其時必已罷漢昌郡。距黄龍元年改漢昌縣為吳昌，遠至十年之久。《晉書》以下《州郡志》，即緣吳立縣之舊，不宜黄龍以後重有置吳昌郡事也；此可以讀史而得其大要者。

言地志者，不務考求本末，徒以漢昌、瀏陽見之《吳志》，遂以為吳置；又因漢昌、吳昌之異名，謂漢昌漢置，而不能辨知其為何時。《後漢書》：延禧五年，艾縣賊焚燒長沙郡縣，踞臨湘，遣太常馮緄為車騎將軍討平之。是時州郡盜賊數起，緄比艾西南距臨湘，西距羅，并四五百里，因析臨湘東境置瀏陽，析羅東境置漢昌，以資控御。值漢末造，史并略之。方志鋪張故實，多失之誣，而沿革大政，史家或詳或略，皆有端緒可尋，未宜牵率傅會，承訛襲謬，疑誤後人。望更審而正之。

雜録

《三國志》卷四七《吳志・吳主傳》 （建安）五年，策薨，以事授權，【略】是時惟有會稽、吳郡、丹楊、豫章、廬陵，然深险之地猶未盡從，而天下英豪布在州郡，賓旅寄寓之士以安危去就爲意，未有君臣之固。【略】

是歲（十三年），使賀齊討黟、歙，分歙爲始新、新定、犁陽、休陽縣，以六縣爲新都郡。【略】

十五年，分豫章爲鄱陽郡；分長沙爲漢昌郡，以魯肃爲太守，屯陸

口。【略】

（黄初二年）權【略】以武昌、下雉、尋陽、陽新、柴桑、沙羨六縣爲武昌郡。【略】

（黄武五年）秋七月，權【略】分三郡惡地十縣置東安郡，【略】是歲，分交州置廣州，俄復舊。【略】

七年春三月，【略】罷東安郡。【略】是歲，改合浦爲珠官郡。

又 卷四八《吳志・孫亮傳》 （太平二年）以長沙東部爲湘東郡，西部爲衡陽郡，會稽東部爲陽海郡，豫章東部爲臣臨川郡。【略】（永安三年）以會稽南部爲建安郡，分宜都置建平郡。【略】（六年）分武陵爲天門郡。【略】（七年秋七月）復分交州置廣州。【略】（寶鼎二年）是歲，分豫章、廬陵、長沙爲安成郡。【略】（甘露元年十一月）以零陵南部爲始安郡，桂陽南部爲始興郡。【略】（寶鼎元年）分會稽爲東陽郡，分吳、丹楊爲吳興郡。以零陵北部爲邵陵郡。【略】是歲（寶鼎二年），分豫章、廬陵、長沙爲安成郡。【略】是歲（建衡三年），（虞）汜、（陶）璜破交阯，禽殺晉所置守將，九真、日南皆還屬。大赦，分交阯爲新昌郡。諸將破扶嚴，置武平郡。【略】（鳳皇三年）分鬱林爲桂林郡。

又 《孫皓傳》裴松之注 《吳録》曰：郡治富春也。【略】皓詔曰：「古者分土建國，所以褒賞賢能，廣樹藩屏。秦毁五等爲三十六郡，漢室初興，闓立乃至百王，因事制宜，蓋無常數也。今吳郡陽羨、永安、餘杭、臨水及丹楊故鄣、安吉、原鄉、於潛諸縣，地勢水流之便，悉注烏程，既宜立郡以鎮山越，且以藩衛明陵，奉承大祭，不亦可乎！其亟分此九縣爲吳興郡，治烏程。」

宋・李昉等《太平御覽》卷一七〇《州郡部・江南道上・江州》

《晉・地道記》曰：尋陽，陸通五嶺，北導長江，遠行岷、漢，亦一都會也。

又 卷一七一《州郡部・嶺南道・桂州》 《始安記》曰：吳越之境，其人好劍，輕死易生。火耕水耨，人食魚稻，無千金之家。好巫鬼，重淫祀。

西晉分部

綜述

晉・常璩《華陽國志》卷一《巴志》 巴、漢、庸、蜀屬益州。至魏咸熙元年平蜀，始分益州巴、漢七郡置梁州，治漢中。以相國參軍中山耿黼爲刺史。元康六年，廣漢〔還〕益州，更割雍州之武都、陰平，荆州之新城、上庸、魏興以屬焉。凡統郡一十（一）〔二〕，縣五十八。【略】其地東至魚復，西至僰道，北接漢中，南極黔、涪。土植五穀，牲具六畜。桑、蠶、麻、紵，魚、鹽、銅、鐵、丹、漆、茶、蜜、靈龜、巨犀、山鷄、白雉，黄潤、鮮粉，皆納貢之。其果實之珍者：樹有荔芰，蔓有辛蒟，園有芳蒻、香茗、給客橙、（蔆）〔葵〕。其藥物之異者有巴戟、天椒；竹木之璝者有桃支、靈壽。其名山有塗籍、靈臺，石書、刊山。

其民質直好義，土風敦厚，有先民之流。故其詩曰：「川崖惟平，其稼多黍。旨酒嘉穀，可以養父。野惟阜丘，彼稷多有。嘉穀旨酒，可以養母。」其祭祀之詩曰：「惟月孟春，獺祭彼崖。永言孝思，享祀孔嘉。彼黍既潔，彼犧惟澤。蒸命良辰，祖考來格。」其好古樂道之詩曰：「日月明明，亦惟其夕；誰能長生，不朽難獲。」又曰：「惟德實寶，富貴何常。我思古人，令問令望。」而其失在於重遲魯鈍，俗素樸，無造次辨麗之氣。其屬有濮、賨、苴、共、奴、獽、夷、蜑之蠻。【略】

獻帝初平（元）〔六〕年，征東中郎將安漢趙韙建議分巴爲二郡。韙欲得巴舊名，故白益州牧劉璋，以墊江以上爲巴郡，河南龐羲爲太守，治安漢。以江州至臨江爲永寧郡，朐忍至魚復爲固陵郡。巴遂分矣。建安六年，魚復蹇胤白璋，爭巴名。璋乃改永寧爲巴郡，以固陵爲巴東，徙羲爲巴西太守，是爲「三巴」。於是涪陵謝本白璋，求（以）〔分置〕丹興、漢髮二縣，〔以涪陵〕爲郡。初以爲巴東屬國，後遂爲涪陵郡。

〔巴郡。郡〕分後，屬縣七，户二萬，去洛三千七百八十五里。東接朐忍，西接（蔣）［符］縣，南接涪陵，北接安漢、德陽。

巴子時雖都江州，或治墊江，或治平都，後治閬中。其先王陵墓多在枳。其畜牧在沮，今東突峽下畜沮是也。又立市於龜亭北岸，今新市里是也。其郡東枳有明月峽、廣（德屿）峽，［及鷄鳴硤］，故巴亦有三峽。巴、楚數相攻伐，故置扞關、陽關及沔關。【略】

巴東郡，先主入益州，改爲江關都尉。建安二十一年，以朐忍、魚復、［漢豐、］羊渠及宜都之巫、北井六縣爲固陵郡，武陵（康）［廖］立爲太守。章武元年，朐忍徐（惠）［慮］、魚復蹇機以失巴名，上表自訟，先主聽復爲巴東，南郡輔匡爲太守。先主征吳，於夷道還，薨斯郡；以尚書令李嚴爲都督，造設圍戍。嚴還江州，征西將軍汝南陳到爲都督。到卒官，以征北大將軍南陽宗預爲都督。預還內，領軍襄陽羅獻爲代。

蜀平，獻仍其任，拜淩江將軍，領武陵太守。泰始二年，吳大將步闡、唐咨攻獻，獻保城。咨西侵至朐忍。故蜀尚書郎巴郡楊宗告急於洛，未還，獻出擊闡，大破之，［闡、］咨退。獻遷監軍、假節、安南將軍，封西鄂侯；入朝，加錫御蓋朝服。吳武陵太守孫恢寇南浦，安蠻護軍楊宗討之，退走。因表以宗爲武陵太守，住南浦，誘恤武陵蠻夷，得三縣初附民。獻卒，以犍爲太守天水楊（攸）欣爲監軍。（攸）欣遷涼州刺史，朝議以唐彬及宗爲代。晉武帝問散騎常侍文立曰：『彬、宗孰可用？』立對曰：『彬、宗俱立事績，在西不可失者。然宗才誠佳，有酒嗜；彬亦其人，性在財欲。惟陛下裁之。』帝曰：『財欲可足，酒嗜難改。』遂用彬爲監軍，加廣武將軍。

迄吳平（巴東）後，省羊渠，（置）［入］南浦。晉太康初，將巫、北井還建平，但五（四）縣。去洛二千五百里。東接建平，南接武陵，西接巴郡，北接（房陵）［上庸］。［有］奴、獽、夷、蜑之蠻民。【略】

涪陵郡，巴之南鄙，從枳南入，（析丹）［泝舟］涪水。本與楚商於之地接，秦將司馬錯（由之）取楚商於地爲黔中郡也。漢（後）［興］恒有都尉守之。舊屬縣五，去洛五千一百七十里。東接巴東，南接武陵，西接牂柯，北接巴郡。土地山險水灘，人多戇勇，多獽蜑之民。縣邑阿黨，鬬訟必死。無蠶桑，少文學，惟出茶、丹、漆、蜜、蠟。漢時赤甲軍常取其民，蜀丞相亮亦發其勁卒三千人爲連弩士，遂移家漢中。延熙十三年，大姓徐巨反，車騎將軍鄧芝討平之。見玄猿緣其山，芝性好弩，手自射猿，中之。猿子拔其箭，卷木葉塞其創。芝歎曰：『嘻！吾傷物之性，其將死矣。』乃移其豪徐、藺、謝、范五千家於蜀，爲獵射官。分羸弱配督將韓、蔣，名爲助郡軍，遂世掌部曲，爲大姓。晉初，移弩士於馮翊蓮勺。其人性質直，雖徙他所，風俗不變，故迄今（有）［在］蜀、漢、關中、涪陵；其爲軍在南方者猶存。山有大龜，其甲可卜，其緣可作叉，世號『靈叉』。【略】

巴西郡，屬縣七，去洛二千八百一十五里。東接巴郡，南接［廣漢，西接］梓潼，北接（涼）［漢中、］西城。土地山原多平，有牛馬桑蠶。其人自先漢以來，傀偉俶儻，冠冕三巴。及郡分後，叔布、榮始、周羣父子、程公弘等，或學兼三才，或精秀奇逸；其次馬盛衡、承伯才藻清妙，龔德緒兄弟英氣曄然，黃公衡應權通變，馬德信、王子均、勾孝興、張伯岐建功立事，劉二主之世，稱美荆楚。［若］乃先漢以來，［范三侯、］馮車騎、（范）［馬］鎮南皆植斯鄉，故曰『巴有將，蜀有相』也。及晉，譙侯修文於前，陳靖衫炳於後，幷遷雙固，倬犖穎世，甄在傳記，縉紳之徒不勝次載焉。【略】

宕渠郡，（延熙中）［蜀先主］置，以廣漢王士爲太守。郡建九年省。［延熙中復置，尋又省。］永興元年，李雄復置，今遂爲郡。長老言，宕渠蓋爲故賨國，今有賨城、盧城。秦始皇時，有長人二十五丈見宕渠。秦史胡毋敬曰：『是後五百年外必有異人爲大人者。』及雄之王，祖世出自宕渠，有識者皆以爲應之。先漢以來，士女賢貞。縣民、車騎將軍馮緄、大司農玄賀、大鴻臚龐雄、桂陽太守李溫等皆建功立事，有補於世。緄、溫各葬所在。常以三月，二子之靈還鄉里，水暴漲，郡縣吏民莫不於水上祭之。其列女節義在《先賢志》。【略】

右巴國凡分爲五郡二十三縣。

譔曰：巴國遠世則黃（炎）［帝］之支封，在周則宗姬之戚親，故於《春秋》班侔秦、楚，示甸衞也。若蔓子之忠烈，范目之果毅，風淳俗厚，世挺名將，斯乃江、漢之含靈，山嶽之精爽乎！觀其俗足以知其敦壹矣。昔沙麓崩，卜偃言其後當有聖女興，元城（敦）建公謂王翁孺屬當其時，故有政君。李雄，宕渠之廝伍、略陽之黔首耳，起自流隸，獲君（君获）士民，其長人之魄，良有以也。

又　卷二《漢中志》　漢中郡，本（附）庸國，屬［蜀］。【略】

蜀平，梁州治沔陽。太康中，晉武帝（子）［孫］漢王迪受封，更曰漢國。郡但六縣。【略】

魏興郡，本漢中西城縣。【略】建安二十四年，劉先主命宜都太守孟達從（姊）［秭］歸北伐房陵、上庸；（自漢中）又遣副軍中郎將劉封（自漢中）乘沔水會達上庸。以申耽弟儀爲建信將軍、西城太守。達、耽降魏。黄初二年，文帝轉儀爲魏興太守，封鄖鄉侯。蜀平，遂治西城。屬縣六，户萬，去洛一千七百里。土地險隘，其人半楚，風俗略與荆州沔中（郡）同。【略】

上庸郡，故庸國，楚與巴、秦所共滅者也。秦時屬蜀，後屬漢中。漢末爲上庸郡。建安二十四年，孟達、劉封征上庸，上庸太守申耽稽服，遣子弟及宗族詣成都。先主拜耽征北將軍，封鄖鄉侯，仍郡如故。黄初中降魏，文帝拜耽懷集將軍，徙居南陽。省上庸，并新城。孟達誅後復爲郡。屬縣（五）六，户七千，去洛一千七百里。【略】

新城郡，本漢中房陵縣也，秦始皇徙呂不韋舍人萬家於房陵，以其隘地也。漢時宗族大臣有罪，亦多徙此縣。漢末以爲房陵郡。

建安二十四年，孟達征房陵，殺太守蒯祺，進平三郡。與劉封不和，封奪達鼓吹。關羽圍樊城，求助於封、達，封、達以新據山郡，未可擾動爲辭。羽爲吳所破殺。達既忿封，又懼先主見責，遂拜書先主，告叛降魏。魏文帝善達姿才容觀，以爲散騎常侍、建武將軍。襲劉封，封敗走，達據房陵。文帝合三郡爲新城郡，以達爲太守。後蜀丞相諸葛亮將北伐，招達爲外援，故貽書曰：『嗟乎，孟子度！嚮者，劉封侵淩足下，以傷先帝待士之望，慨然永歎。每存足下平素之志，豈虚托名榮者哉！』都護李嚴亦與書曰：『吾與孔明并受遺詔，思得良伴。』吳主孫權亦招之。達遂背魏通吳、蜀，表請馬弩於文帝。撫軍司馬宣王以爲不可許。帝曰：『吾爲天下主，義不先負人，當使吳、蜀知吾心。』乃多與之，過其所求。

明帝太和初，達叛魏歸蜀。時宣王屯宛，知其情，乃以書喻之曰：『將軍昔棄劉備，託身國家。委將軍以疆埸之任，任將軍圖蜀之事，可謂心貫白日。蜀人愚智莫不切齒於將軍。諸葛亮欲相破，惟苦無路耳。模之所言，非小事也，亮豈輕之而令宣露，此殆易知耳。』達乃以書與亮曰：『宛去洛八百，去此千二百里。聞吾舉事，當表上天子，比相反覆，一月間也，則吾城已固，諸軍足辦。（則）吾所在深險，司馬公必不自來；諸將来，吾無患矣。』及兵到，達又告亮曰：『吾起事八日而兵至城下，何其神速也！』亮以其數反覆，亦不救，遂爲宣王所誅滅。宣王分爲三郡。新城屬縣四，户二萬，去洛一千六百里。【略】

右三郡，漢中所分也。在漢［中］之東，故蜀漢謂之『東三郡』。蜀時爲魏，屬荆州，晉元康六年始還梁州。山水艱阻，有黄金、子午，馬（聰）［騣］、建鼓之阻。又有作道，九君摶土作人處。而其記及，《漢中記》不載，又不爲李雄所據，璩識其大梗概，未能詳其小委曲也。

梓潼郡，本廣漢屬縣也。建安十八年，劉先主自葭萌南攻州牧劉璋，留中郎將南郡霍峻守葭萌城。張魯遣將楊帛誘峻，求共城守。峻曰：『小人頭可得，城不可得也！』帛退。劉璋將向存、扶禁由巴閬水攻峻，歲餘不能克。峻衆纔八百人，存衆萬計，更爲峻所破敗，退走。成都既定，先主嘉峻功。二十二年，分廣漢置梓潼郡，以峻爲太守。屬縣五，户萬，去洛二千八百三十八里。東接巴西，南接廣漢，西接陰平，北接漢中。土地出金、銀、丹、漆、藥、蜜也。世有雋彦，人侔於巴、蜀。【略】

武都郡，本廣漢西部都尉治也，元鼎六年別爲郡。屬縣九，户萬，去洛一千八百七十八里。東接［漢中，南接］梓潼，（北）西接天水，並西接（始）陰平。土地險阻，有麻田，氐傁，多羌戎之民。其人半秦，多勇戇。出名馬、牛、羊、漆、蜜。有瞿堆百頃險勢，氐傁常依之爲叛。【略】其氐傁楊濮屬魏，魏遥置其郡，屬蜀。蜀平，屬雍州。太（元）康六年還梁州。

（八）［元康六］年，氐傁齊萬年反，郡罹其寇，晉民流徙入蜀及梁州。永嘉初，天水氐傁楊茂搜率種人爲寇，保據其郡，貢獻長安。愍帝以胡寇方盛，欲懷來戎翟，拜驃騎將軍、左賢王。【略】

陰平郡，本廣漢北部都尉［治］。永平後，羌虜數反，遂置爲郡。屬縣四，户萬，去洛二千三百四十四里。東接（漢中）［武都］，南接梓潼，西接（隴西）［汶山］，北接（酒泉）［隴西］。土地山險，人民剛勇。多氐傁，有黑、白水羌、紫羌，胡虜風俗、所出與武都略同。【略】

劉先主之入漢中也，爭二郡不得。建興七年，諸葛亮始命陳戒平之。魏亦遥置其郡，屬雍州。自景谷有步道，經江油左儋行出涪。鄧艾從之伐蜀。元康六年，還屬梁州。

永嘉末，太守王鑑粗暴，郡民毛深、左騰等逐出之，相率降李雄。晉民盡出蜀，氐、羌爲楊茂搜所佔有。【略】

右梁州。

譔曰：漢沔彪炳，靈光上照。在天鑑爲雲漢，於地畫爲梁州。而皇劉應之，洪祚悠長。蕭公之云，不亦宜乎！

又 卷三《蜀志》 蜀郡，州治，屬縣（五）六。户：漢廿七萬，晉六萬五千。去洛三千一百二十里。東接廣漢，北接汶山，西接漢嘉，［南接］犍爲。州治太城，郡治少城。

西南兩江有七橋：直西門郫江（中）［上曰］沖（治）［里］橋；西南石牛門曰市橋，［其］下，石犀所潛淵（中）也；［大］城南［門］曰江橋；南渡流［江］曰萬里橋；西上曰夷里橋，（上）［亦］曰笮橋；從沖（治）［里］橋西（出）［北］折曰長昇橋；郫江上西有永平橋。長老傳言：李冰造七橋，上應七星。故世祖謂吳漢曰：『安軍宜在七星間。』城北十里有昇僊橋，有送客觀。司馬相如初入長安，題其門曰『不乘赤車駟馬，不過汝下』也。（其郫西上有永平桥）於是江（衆）［上］多作橋，故蜀立里，多以橋爲名。

其大江自湔堰下至犍爲有五津：始曰白華津；二曰（皂）里津；三曰江首津；四曰（沙）涉頭津，劉璋時召東州民居此，改曰東州頭；五曰江南津。入犍爲有漢安橋、玉津、東沮津，津亦七。

始，文翁立文學精舍、講堂，作石室，一曰（作）玉室，在城南。永初後，堂遇火，太守陳留高眹更修立，又增造二石室。州奪郡文學爲州學，郡更於夷里橋南岸道東邊起文學，有女牆。其道西城，故錦官也。錦工，織錦濯其（江）中則鮮明，濯他江則不好，故命曰『錦里』也。西又有車官城，其城東西南北皆有軍營壘城。其郡四出大道，道實二十里，有衢。今言十八里者，昔蜀王女未嫁，年二十亡，王哀悼，不忍言二十，故言十八也。王女墓在城北，今王女陌是也。

其太守著德垂績者，前漢莫聞。建武以來，有第五倫、廉范叔度特垂

惠愛。百姓歌之曰：『廉叔度，來何暮，來時我單衣，去時重五袴。』其後漢中趙瑶自扶風太守來之郡，司空張温謂曰：『第五伯魚從蜀郡爲司空，今掃吾第以待足下。』瑶换廣漢。陳留高眹亦播文教。太尉趙公初爲九卿，適子寧還蜀，眹命爲文學，撰《鄉俗記》。亦能屈士如此。廣漢王商，犍爲楊洪皆見詠懷。及晉建西夷府，太守多遷爲西夷校尉，亦遷益州刺史。【略】

成都市官本有長，建武十八年省。蜀郡，太康初屬王國，改號曰成都內史；王改封，乃復舊。

廣漢郡，高帝六年置。屬縣八。漢户十七萬，晉四萬。去洛三千里，南去成都百二十里。西接汶山，北接梓潼，東接巴郡［，南接蜀犍為］。本治繩鄉，安帝永（和）［初］中，陰平、漢中羌反，元初二年移涪，後治洛城。王莽改曰（就）［新］都，公孫述名曰子同。

益州以蜀郡、廣漢、犍爲［爲］『三蜀』。土地沃美，人士俊乂，（爲）一州稱望。（然）漢選蜀郡、廣漢太守，每重德高俊。故前有趙護、第五伯魚，後有蔡、陳，表章禮物，殊於諸郡。其太守著功德者有劉（感）［咸］、孫（賓）［寶］、蔡［茂］、陳寵（伯魚）。［茂］自郡遷司徒，寵亦至三公。而殺諷、尹睦、鮮於定、趙瑶，皆公望也；薛鴻輩，卿佐也；而許靖亦爲上公，及何衹、常閎皆有稱。

以處州中，益州恒治此郡。初平中，益州牧劉焉自綿竹移洛縣城，築闕門；云其地不王，乃留孫（修）循據之。建安十八年，劉先主自涪攻圍且一年，軍師龐統中流矢死。先主痛惜，言則涕泣。廣漢太守南陽張存曰：『統雖可惜，違大雅之體。』先主怒曰：『統殺身成仁，非仁乎？』即免存官。十九年夏，洛城拔。襄陽馬良書詒諸葛亮曰：『承洛城已下，尊兄配業光國，魄兆見矣。』時州或治成都，時復治洛，爲蜀淵府。【略】

劉氏延熙中，分廣漢四縣置東廣漢郡，咸熙初省。泰始末又分置新都郡，太康省。末年又置（蜀）［新都］王國，蜀郡常騫爲內史。永嘉末省。

犍爲郡，孝武建元六年置。時治鄨，［其後］縣十二，（漢）户十萬。鄨，故夜郎地是也。鄨有犍山，見《保乾圖》。

武帝初欲開南中，令蜀通僰、青衣道。（是）［建］元（年）［中］，僰道令通之，費功無成，百姓愁怨，司馬相如諷諭之。使者唐蒙將南入，

以道不通，執令，將斬之，歎曰：『忝官益土，恨不見成都市！』蒙即令送成都市而殺之。蒙乃斬石通閣道。故世爲諺曰『思都郵，斬令頭』云。後蒙爲都尉，治南夷道。

元光五年，郡移治南廣。［太初］四年，益州刺史任安城武陽。孝昭元年，郡治僰道，後遂徙武陽。至晉，屬縣五，户二萬，去洛三千二百七十里。東接江陽，南接朱提，北接蜀郡，西接（廣）漢［嘉］。王（橋）［喬］升其北山，彭祖家其彭蒙，白虎仁於廣德，寶鼎見於江溉。綏和（五）［元］年，又上寶磬十六，劉向以爲美化所降，用立辟雍。而士多仁孝，女性貞專。王莽改曰西順，郡人不服。會更始都南陽，遠奉貢職。及公孫述有蜀，郡拒守，述伐之。郡功曹朱遵逆戰，衆寡不敵，遵絆馬死戰，遂爲述所幷。而任君業閉户，費貽素隱。光武帝嘉之，曰：『士大夫之郡也！』

郡去成都百五十里，渡大江。昔人作大橋曰漢安橋，廣一里半，每秋夏水盛，斷絶，歲歲修理，百姓苦之。建安二十一年，太守南陽李嚴乃鑿天社山，尋江通車道，省橋（梁），梁三津，吏民悦之。嚴因更造起府寺，觀［樓］壯麗，爲一州勝宇。二十四年，黄龍見武陽赤水九日，蜀以［為］劉氏瑞應。其太守，漢興以來，鮮有顯者。【略】

江陽郡，本犍爲枝江都尉，建安（十）八年置郡。漢安程徵、石謙白州牧劉璋，求立郡。璋聽之，以都尉廣漢成存爲太守。屬縣四，户五千，去洛四千八十里。東接巴郡，南接牂柯，西接（廣漢）犍爲，北接廣漢。有荔芰、巴菽、桃枝、蒟、給客橙。俗好文刻，少儒學，多樸野，蓋天性也。【略】

汶山郡，本蜀郡北部冉、駹都尉，孝武元鼎（四）六年置。舊屬縣（八）［五］，户二十五萬，去洛三千四百六十三里。東接（蜀）［廣漢］郡，南接［蜀郡］漢嘉，西接涼州（酒泉）［生羌］，北接陰平。有六夷、羌胡、（羌）［賨］虜、白蘭、蜂峒、九種之戎，牛馬、旄氈、班罽、青頓、毞毲、羊、（羖）［羧］之屬。特多雜藥、名香。［有鹹石，煎之得鹽。］土地剛鹵，不宜五穀，惟種［稞］麥。而多冰寒，盛夏凝凍不釋。故夷人冬則避寒入蜀，庸賃自食，夏則避暑反落，歲以爲常，故蜀人謂之作（五）［氐］、白石子也。

宣帝地節（元）三年，武都白馬羌反，使者駱武平之，因［慰勞。汶山吏及百姓詣武自訟：『一歲再度，更賦至重，邊人貧苦，無以供給，求省郡。』郡建以來四十五年矣。武以狀上，遂省郡，復置北部都尉。］

［漢嘉郡。］（下闕）

［越嶲郡，］【略】章武（元）［三］年，越嶲叟大帥高定元稱王，恣睢，遣都督李承之殺將軍梓潼焦璜，破没郡土。丞相亮遣越嶲太守龔祿住安上縣，遥領太守。安上去郡八百里，有名而已。建興三年，（蜀安南將軍馬忠討越嶲郡夷。）［丞相亮南征，復郡治。］郡夷剛狠，皆鴟視。［軍去後，復殺太守祿叛。延熙初以安南將軍馬忠率將張嶷為］越嶲太守。（張）嶷將所領之郡。誘殺蘇祈、邑君冬逢及其弟隗渠等，懷集種落，威信允著，諸種漸服。又斬斯都耆帥李承之首，乃手煞焦璜、龔祿者也。又討叛鄙，降夷人，安種落，蠻夷率服。嶷始以郡郛宇穨，更築小塢居之。延熙（二）［五］年，乃還舊郡，更城郡城，夷人男女，莫不致力。興復七縣。嶷遷後，復頗姦軌。雖有四部斯臾及七營軍，不足固守，乃置赤甲、北軍二牙門及斯臾督軍中堅，衛夷徼。【略】

右益州。漢初統郡五。後漸分建：蜀郡及巴郡，又分（爲）［出］五（七）郡；［劉二主時，又自］廣漢、漢中、犍爲［、巴西］（為）［分出］（四）［六］郡；［武帝］（乂）開益州五郡，［明帝開永昌郡，丞相亮分置建寧、興古、雲南郡，］合二十五郡。及寧州、［荆州、］梁州建，復增七郡。蜀於是有（三）［四］州三十（三）［二］郡，一百（九）［八］十（六）［二］縣。州分後，益州凡新舊郡（九）［七］，縣四十八。户：夷、晉二十四萬。

譔曰：蜀之爲邦：天文，［則］井絡輝其上；地理，［則］岷、嶓鎮其域；五嶽，則華山表其陽；四瀆，則汶江出其徼。故上聖則大禹生其鄉，媾姻則黄帝婚其族，大賢彭祖育其山，列仙王喬升其岡。而寶鼎輝光於中流，離龍仁虎躍乎淵陵。開闢及漢，國富民殷，府腐穀帛，家蘊畜積。《雅》、《頌》之聲，充塞天衢，《中穆》之詠，侔乎二《南》。蕃衍三州，土廣萬里，方之九區，於斯爲盛。固乾坤之靈囿，先王之所經緯也。

又　卷四《南中志》　寧州，晉泰始六年初置，蜀之南中諸郡，庲降都督治也。

南中在昔蓋夷越之地，滇濮、句町、夜郎、葉榆、桐師、嶲唐，侯王國以十數。[或椎髻耕田，有邑聚，或]編髪（左衽），隨畜遷徙，莫能相雄長。【略】

建安十九年，劉先主定蜀，遣安遠將軍南郡鄧方以朱提太守、庲降都督治南昌縣。輕財果毅，夷漢敬其威信。方亡，先主問代於治中從事建寧李恢，對曰：「（西）[先]零之役，趙充國有言：『莫若老臣。』」先主遂用恢爲都督，治平夷縣。

先主薨後，越嶲叟帥高定元殺郡將（軍）焦璜，舉郡稱王以叛。益州大姓雍闓亦殺太守正昂。更以蜀郡張裔爲太守。闓假鬼教曰：「張裔府君如瓠壺，外雖澤而內實粗，殺之不可縛與吳。」於是執送裔於吳。吳主孫權遥用闓爲永昌太守，遣故劉璋子闡爲益州刺史，處交、益州際。牂柯郡丞朱提朱褒領太守，恣睢。丞相諸葛亮以初遭大喪，未便加兵，遣越嶲太守巴西龔祿住安上縣，遥領郡。從事蜀郡常頎行部南入，以都護李嚴書曉喻闓。闓答曰：「愚聞天無二日，土無二王。今天下派分，正朔有三，遠人惶惑，不知所歸。」其傲慢如此。頎至牂柯，收郡主簿考訊姦。褒因殺頎爲亂。益州夷復不從闓，闓使建寧孟獲説夷叟曰：「官欲得烏狗三百頭，膺前盡黑，螨腦三斗，（斷）[斲]木構三丈者三千枚，汝能得不？」夷以爲然，皆從闓。（斷）[斲]木堅剛，性委曲，高不至二丈，故獲以欺夷。

建興三年春，亮南征，（自安上）由水路入越嶲。別遣馬忠伐牂柯，李恢向益州，以犍爲太守廣漢王士爲益州太守。高定元自旄牛、定筰、卑水多爲壘守。亮欲俟定元軍衆集合，并討之，軍卑水。定元部曲殺雍闓及士（庶）等，孟獲代闓爲主。亮既斬定元，而馬忠破牂柯，李恢敗於南中。夏五月，亮渡瀘，進征益州。生虜孟獲，置軍中，問曰：「我軍如何？」獲對曰：「恨不相知，公易勝耳。」亮以方務在北，而南中好叛亂，宜窮其詐，乃赦獲使還，合軍更戰。凡七虜七赦。獲等心服，夷漢亦思反善。亮復問獲，獲對曰：「明公，天威也，邊民長不爲惡矣。」

秋，遂平四郡。改益州爲建寧，以李恢爲太守，加安漢將軍，領交州刺史，移治味縣。分建寧、越嶲置雲南郡，以呂凱爲太守。又分建寧、牂柯置興古郡。以馬忠爲牂柯太守。移南中勁卒青羌萬餘家於蜀，爲五部，所當無前，（軍）號[為]飛[軍]。分其羸弱配大姓焦、雍、婁、爨、孟、量、毛、李爲部曲；置五部都尉，號『五子』，故南人言『四姓五子』也。以夷多剛很，不賓大姓富豪，乃勸令出金帛，聘策惡夷爲家部曲，得多者奕世襲官。於是夷人貪貨物，以漸服屬於漢，成夷、漢部曲。亮收其俊傑建寧爨習、朱提孟琰及獲爲官屬，習官至領軍，琰輔漢將軍，獲御史中丞。出其金、銀、丹、漆，耕牛、戰馬給軍國之用，都督常（重用）[用重]人。

李恢卒後，以蜀郡太守犍爲張翼爲都督。翼持法嚴，不得殊俗和。夷帥劉胄反，徵翼，以馬忠爲代。忠未至，翼修攻戰方略資儲，羣下懼。翼曰：「吾方臨戰場，豈可以絀退之故廢公家之務乎！」忠至，承以滅胄。（蜀賜翼爵關內侯。）忠在南，柔遠能（爾）[邇]，甚垂惠愛，官至鎮南大將軍。卒後，南人爲之立祠，水旱禱之。以蜀郡張表爲代，加安南將軍；又以犍爲楊（義）[羲]爲參軍，副貳之。表後，以南郡閻宇爲都督，南郡霍弋爲參軍。弋甚善參毗之體，遂代宇爲監軍、安南將軍。撫和異俗，爲之立法施教，輕重允當，夷晉安之。

及晉世，因仍其任。時交阯（不）來附，假弋節，遥領交州刺史，得以便宜選用長吏。今官和解夷人，及適罰之，皆依弋故事。弋卒，子在（龔）[襲]領其兵，和諸姓。晉（以）巴西太守吳靜，在官數年，撫恤失和，軍司鮮於嬰表徵靜還。嬰因代之。

泰始六年，以益州大，分南中四郡爲寧州，嬰爲刺史，[治雲平。]咸寧五年，尚書令衛瓘奏兼并州郡。太康（三）[五]年，罷寧州，置南夷，以天水李毅爲校尉，持節，統兵鎮南中，統五十八部夷族都監行事。每夷供貢南夷[府]，入牛、金、旃、馬，動以萬計，皆豫作（忿恚）[念羨]致校尉官屬；其供郡縣亦然。南人以爲饒。自四姓子弟仕進，必先經都監。

夷人大種曰『昆』，小種曰『叟』。皆曲頭木耳，環鐵裹結，無大侯王，如汶山、漢嘉夷也。夷中有桀黠能言議屈服種人者，謂之『耆老』，便爲主。論議好譬喻物，謂之『夷經』。今南人言論，雖學者亦半引『夷經』。與夷爲姓曰『遑耶』，諸姓爲『自有耶』。世亂犯法，輒依之藏匿。

或曰：有爲官所法，夷或爲（報）［執］仇。與夷至厚者謂之『百世遑耶』，恩若骨肉，爲其逋逃之藪。故南人輕爲禍變，恃此也。其俗徵巫鬼，好詛盟，投石結草，官常以盟詛要之。諸葛亮乃爲夷作圖譜，先畫天地、日月、君長、城府；次畫神龍，龍生夷，及牛、馬、羊；後畫部主吏乘馬幡蓋，巡行安恤；又畫夷牽牛負酒、齎金寶詣之之象，以賜夷。夷甚重之，許致生口直。又與瑞錦、鐵券，今皆存。每刺史、校尉至，齎以呈詣，動亦如之。

毅後，永昌呂祥爲校尉。祥後數（人）［年］，（李）廣漢［李毅］從雲南、犍爲郡守爲校尉。久之，建寧太守巴西杜俊、朱提太守梓潼雍約懦鈍無治，政以賄成。俊奪大姓鐵官令毛詵、中郎李叡部曲，致詵弟耐罪。朱提大姓、太中大夫李猛有才幹，弟爲功曹，分當察舉；而（俊）約受都尉雷逢賂，舉逢子炤孝廉，不禮猛。猛等怨之。太安元年秋，詵、叡（猛）逐俊以叛。猛貽之書曰：『昔魯侯失道，季氏出之。天之愛民，君師所治。知足下追踵古人，見賢思齊。足下箕帚，枉慚吾郡。』亦逐約應之作亂，衆［各］數萬。毅討破之，斬詵首。叡走依遑耶五（蔡）［苓］夷帥於陵承。猛箋降曰：『生長遐荒，不達禮教，徒與李特和光合勢。雖不能營師五丈，略地渭濱，冀北斷褒斜，東據永安。退考靈符，晉德長久，誠非狂夫所能幹。輒表革面，歸罪有司。』毅惡其言，遂誘殺之。

部永昌從事江陽孫辨上南中形勢：『七郡斗絶，晉弱夷强。加其土人屈塞，應復寧州，以相鎮慰。』冬十一月丙戌，詔書復置寧州，增統牂柯、益州、朱提，合七郡；［毅］爲刺史，加龍驤將軍，進封成都縣侯。

［太安］二年，於陵承詣毅，請恕叡罪。毅許之。叡至，羣下以爲誅、叡破亂州土，必殺之。毅不得已，許諾。及叡死，於陵承及詵、猛遑耶怒，扇動謀反，奉建寧太守巴西馬（恢）［義］爲刺史，燒郡僞發。毅方疾作，力出軍。初以救（恢）［義］，及聞其情，乃殺（恢）［義］。夷愈强盛，破壞郡縣，没吏民。會毅疾甚，軍連不利。晉民或入交州，或入永昌、牂柯，半亦爲夷所困虜。夷因攻圍州城。毅但疾力固孤城，病篤，不能戰討。時李特、李雄作亂益州，而所在有事，救援莫至。毅上疏陳謝：『不能式遏寇虐，疾與事遇，使虜遊魂。兵穀既單，器械窮盡，而求救無望，坐待殄斃。若必不垂矜憂，乞請大使，及臣尚存，加臣重罪；若臣已死，［必］陳屍爲戮。』積四年，光熙元年春三月，毅薨。子釗任洛，還赴到牂柯，路塞，停住交州。文武以毅女秀明達有父才，遂奉領州事。秀初適漢嘉太守廣漢王載，載將家避地在南，故共推之。又以載領南夷、龍驤參軍。秀獎勵戰討。食糧已盡，人但（樵）［焦］草炙鼠爲命。秀伺夷怠緩，輒出軍掩破。首尾三年，釗乃得達丁喪。文武復逼釗領州府事。毅故吏毛孟等詣洛求救，至欲自刎。懷帝乃下交州使救助之；以釗爲平寇將軍，領南夷護軍；遣御史趙濤贈毅少府，謚曰威侯。交州刺史吾彦遣子威遠將軍咨以援之。

朝廷以廣漢太守魏興王遜爲南夷校尉、寧州刺史，代毅。自永嘉元年受除，四年乃至。遥舉建寧董敏爲秀才。郡久無太守，功曹周悦行郡事，輕敏，不下其板。遜至，怒，殺悦。悦弟秦臧長周昺合夷叟謀，以趙濤父混昔爲建寧，有德惠，欲殺遜樹濤。遜誅之，并殺濤。夷晉莫不惶懼。表釗爲朱提太守，治南廣，禦［李］雄。時荒亂後，倉無斗粟，衆無一旅，官民虛竭，繩紀弛廢。遜惡衣菜食，招集夷民。夷徼厭亂，漸亦返善。勞來不怠，數年克復。以五（茶）［苓］夷昔爲亂首，圖討之，未有致罪。會夷發夜郎莊王墓。遜因此遂討滅之；及討惡獠剛夷數千落，威震南方。官至平西、安南將軍，又兼益州刺史，加散騎常侍，封褒中伯。而嚴猛太過，多所誅鋤。平夷太守朱提雷炤、流民陰貢、平樂太守董霸破牂柯、平夷、南廣，北降李雄。建寧爨量與益州太守李逷、梁水太守董慬保興古盤南以叛。雄遣叔父驤破越嶲，伐寧州。遜使督護雲南姚嶽距驤於堂螂縣，違遜指授，雖大破之，驤不獲。太興四年，遜發病薨。州人推［遜］中子堅領州事。【略】

牂柯郡，漢武帝元鼎（二）［六］年開。屬縣：漢十七，户（六）［二］萬，及晉，縣（四）［八］，户五千。去洛五千六百一十里。郡上值天井，故多雨潦。俗好鬼巫，多禁忌。（畬）［佘］山爲田，無蠶桑。頗尚學書，少威（棱）［儀］，多儒怯。寡畜産，雖有僮僕，方諸郡爲貧。

【略】

郡特多阻險，有延江、霧赤、煎水爲池衛。少有亂，惟朱褒見誅。其郡守垂功名者，前有吳霸、陳立，後有漢中張亮則、廣漢劉寵、犍爲費詩、巴西馬忠，皆著勳烈。晉滑帝世，太守建寧孟才以驕暴無恩，郡民王

清、范朗逐出之。刺史王遜怒，分鼈半爲平夷郡，夜郎以南爲夜郎郡，但四縣。【略】

平夷郡，晉(元)［愍］帝建興元年置。屬縣二，户千，夜郎郡，［故］夜郎郡也。屬縣二，户千。【略】

晉寧郡，本（益州）［滇國］也。元鼎初［置吏，分］屬牂柯、越嶲。（漢武帝）元封二年，叟反，遣將軍郭昌討平之，因開爲郡，治滇池上，號曰益州。漢屬縣二十四，户八萬；晉縣七，户萬。去洛五千六百里。（司馬相如、）韓説初開，得牛、馬、羊屬三十萬。漢乃募徙死罪及姦豪實之。郡土（大）平敞，有原田，多長松，皐有鸚鵡、孔雀，鹽池田漁之饒，金銀畜産之富。俗奢豪，難撫禦，惟文齊、王阜、景毅、李顒及南郡董和爲之防檢，後遂爲善。蜀建興三年丞相亮之南征，以郡民李恢爲太守，改曰建寧，治味縣。寧州（別）建，［分西七縣別立］爲益州郡。後太守李遏，恢孫也，與（前）［梁水］太守董慬、建（興）［寧］爨量共叛，寧州刺史王遜表改益州爲晉寧郡。【略】

建寧郡，治故庲降都督屯也，南人謂之『屯下』。屬縣［十七，］（晉太安二年）分（為）［置］益州、平樂二郡，（合）縣十三。户萬。去洛五千六百三十九里。有五部都尉、四姓及霍家部曲。【略】

平樂郡，愍帝建興元年，刺史［王遜］割建寧［之］新定、興遷二縣，新立平樂、三沮二縣，合四縣爲（一）郡。後太守建寧董霸叛降李雄，郡縣遂省。寧州北屬雄，復爲郡，以朱提李壯爲太守。【略】

朱提郡，本犍爲南部，孝武帝元封二年置，屬縣四。建武後省爲犍爲屬國。至建安二十年，鄧方爲都尉，先主因易名太守。屬縣五，户八千，去洛五千三百里。先有梓潼文齊，初爲屬國，穿龍池，溉稻田，爲民興利，（亦）［民］爲立祠。大姓朱、魯、雷、興、仇、遞、高、李，亦有部曲。其民好學，［地］濱犍爲，號多士人，爲寧州冠冕。【略】

南廣郡，蜀延熙中置，以蜀郡常竺爲太守。蜀朝召竺入爲侍中，巴西令狐衷代之。建武（九）［元］年省。元帝世，刺史王遜移朱提（治郡）［郡治］南廣。太守李釗數破雄，殺（賊）［其］大將樂初。後刺史尹奉御郡還舊治。及雄定寧州，復置郡，以興古太守朱提李播爲太守。屬縣四，户千。

自僰道至朱提有水、步道。水道有黑水及羊官水，至險，難行。步道度三津，亦艱阻。故行人爲語曰：『猶溪、赤木，盤蛇七曲；盤羊、烏櫳，氣與天通。看都濩泚，住柱呼伊。庲降賈子，左儋七里。』又有牛叩頭、馬搏［頰］阪，其險如此。土地無稻田蠶桑，多蛇蛭虎狼。俗妖巫，惑禁忌，多神祠。【略】

永昌郡，古哀牢國。哀牢，山名也。其先有一婦人，名曰沙（壺）［壹］，依哀牢山下居，以捕魚自給。忽於水中觸（有）一沈木，遂感而有娠。度十月，産子男十人。後沈木化爲龍，出謂沙（壺）［壹］曰：『若爲我生子，今在乎？』而九子驚走。惟一小子不能去，（陪）［倍］龍坐，龍就而舐之。沙（壺）［壹］與言語，以（龍與陪）［與龍倍］坐，因名曰元隆，猶漢言（陪）［倍］坐也。沙（壺）［壹］將元隆居龍山下。元隆長大，才武。後九兄曰：『元隆能與龍言，而黠有智，天（之）［所］貴也。』共推以爲王。時哀牢山下復有一夫一婦，産十女，元隆兄弟妻之。由是始有人民，皆象之，衣後著尾，臂脛刻文。元隆死，世世相繼，分置小王，往往邑居，散在溪谷。絶域荒外，山川阻深，生民以來，未嘗通中國也。南中昆明祖之，故諸葛亮爲其國譜也。

孝武時通博南山，度蘭滄水、耆溪，置嶲唐、不韋二縣。徙南越相呂嘉子孫宗族實之，因名不韋，以彰其先人［之］惡。行人歌之曰：『漢德廣，開不賓。渡博南，越蘭津。渡蘭滄，爲他人。』渡蘭滄水以取哀牢地，哀牢轉衰。

至世祖建武二十三年，王扈栗遣兵乘箄船南攻鹿茤。鹿茤民弱小，將爲所禽。會天大震雷，疾風暴雨，水爲逆流，箄船沈没，溺死者數千人。後扈栗復遣六王攻鹿茤。鹿茤王迎戰，大破哀牢軍，殺其六王。哀牢人埋六王。夜，虎掘而食之。哀牢人驚怖，引去。扈栗懼，謂耆老曰：『哀牢略徼，自古以來，初不如此。今攻鹿茤，輒被天誅，中國有受命之王乎，是何天祐之明也？漢威甚神！』即遣使詣越嶲太守，願率種人歸義奉貢。世祖納之，以爲西部屬國。其地東西三千里，南北四千六百里。有穿（胷）［鼻］、儋耳種，閩越濮、鳩僚。其渠帥皆曰王。

孝明帝永平十二年，哀牢（柳）［抑］狼遣子奉獻。明帝乃置郡，以蜀郡鄭純爲太守。屬縣八，户六萬，去洛六千九百里，寧州之極西南也。

有閩濮、鳩獠、僄越、裸濮、身毒之民。土地沃腴，有黄金、光珠、虎魄、翡翠、孔雀、犀、象、蠶桑、綿、絹、采帛、文繡。又有貊獸食鐵，猩猩獸能言，其血可以染朱罽。有大竹名濮竹，節相去一（丈）［尺］，受一斛許。有梧桐木，其華柔如絲，民績以爲布，幅廣五尺以還，潔白不受汙，俗名曰桐華布。以覆亡人，然後服之及賣與人。有蘭幹細布。蘭幹，獠言紵也，織成文如綾錦。又有罽、旄、帛、疊、水精、琉璃、軻蟲、蚌珠。宜五穀，出銅錫。太守著名績者，自鄭純後，有蜀郡張化、常員，巴郡沈稚、黎彪，然顯者猶鮮。

章武初，郡無太守。值諸郡叛亂，功曹吕凱奉郡丞蜀郡王伉保境六年。丞相亮南征，高其義，表曰：『不意永昌風俗［敦直］乃爾！』以凱爲雲南太守，伉爲永昌太守，皆封亭侯。李恢遷濮民數千落於雲南、建寧界，以實二郡。凱子祥太康中獻光珠五百斤，還臨本郡，遷南夷校尉。祥子元康末爲永昌太守。值南夷作亂，閩濮反，乃南移永壽，去故郡千里，遂與州隔絶。吕氏世官領郡，於今三世矣。大姓陳、趙、謝、楊氏。

【略】

雲南郡，蜀建興三年置。屬縣七，户萬，去洛六千三百四十三里。本雲（川）［山］地。有熊倉山。上有神鹿，一身兩頭，食毒草。有上方、下方夷。亦出［桐］華布。孔雀常以二月來翔，月餘而去。土地有稻田蓄牧，但不蠶桑。【略】

河陽郡，刺史王遜分雲南置。屬縣四，户千。【略】

下闕

梁水郡，刺史王遜分［興古］置。（在興古之盤南。）【略】

興古郡，建興三年置。屬縣七，户四萬，去洛五千八百九十里。多（鳩）僚、濮。特有瘴氣。自梁水、興古、西平三郡少穀。有桄榔木，可以作麪，以牛酥酪食之，人民資以爲糧。欲取其木，先當祠祀。【略】

西平郡，刺史王遜時，爨量保盤南，遜出軍攻討，不能克。及遜薨後，寇掠州下，吏民患之。刺史尹奉重募徼外夷刺殺量，而誘降李遏，盤南平。奉以功進安西將軍，封（前）［遷］陵伯。乃割興古（雲南）之盤江、來如、南零三縣爲郡。以下闕

右寧州。統郡十四，縣（六）［七］十（八）［六］。

咸熙元年，吴交趾郡吏吕興殺太守孫靖（諝），内附魏，魏拜興安南將軍。時南中監軍霍弋表遣建寧爨谷爲交趾太守，率牙門將（軍）建寧董元、毛炅、孟幹、孟通、爨熊、李松、王素等領部曲以（討）［援］之。谷未至，興已爲功曹李統所殺。

泰始元年，谷等逕至郡，撫和初附。無幾，谷卒，晉更用馬忠子融代谷。融卒，遣犍爲楊稷代之，加綏遠將軍；又進諸牙門，皆雜號將軍，封（吴）侯。［吴］交州刺史劉峻、（大）前部督修則領軍三攻稷，皆爲稷所敗；鬱林、九真皆附稷。稷表遣將軍毛炅、董元等攻合浦，戰於古城，大破吴軍，殺峻、則。稷因表炅爲鬱林太守，元爲九真太守。元病亡，更以益州王素代之，數攻交州諸郡。

泰始七年春，吴主（王）孫皓遣大都督薛珝、交州刺史陶璜帥（二十）萬軍，興扶嚴惡夷合十萬伐交趾。稷遣炅及將軍建寧孟嶽等禦之，戰於封溪。衆寡不敵，炅等敗績，僅以身還。交趾固城自守。破敗之後，衆纔千人，并新附可有四千，男女萬餘口。陶璜圍之。杜塞蹊徑，救援不至，雖班糧約食，猶不供繼。至秋七月，城中食盡，病餓死者大半。交趾人廣野將軍王約反應陶璜，以梯援外，吴人遂得入城。得稷等，皆囚之，即斬稷長史張登、將軍孟通及炅，并交趾人邵暉等二千餘人。受皓詔，傳稷秣陵，故梏稷及孟幹、爨熊、李松四人於吴，通四遠消息。稷至合浦，發病歐血死，傳首秣陵，棄其屍喪於海。幹、松、熊至吴，將加斬刑。或説皓：宥免幹等，可以勸邊將。皓原之，欲徙付臨海郡。初，稷等私誓：不能死節，困辱虜手，若蒙未死，必當思求北歸。稷既路死，幹等恐北路轉遠，以吴人愛蜀側竹弓弩，言能作之，皓轉付作部爲弓工。九年，幹自吴逃返洛陽，松、熊爲皓所殺。初，晉武帝以稷爲交州刺史，大封；半道，稷城陷，或傳降，故不録。幹至表狀，乃追贈交州刺史，封松、熊後嗣侯焉。

古城之戰，毛炅手殺修則。則子允隨陶璜。璜以炅壯勇，欲赦之；而允必欲求殺炅，炅亦不屈於璜。璜怒，乃裸身囚結面縛［之］，呵曰：『晉兵賊！』炅亦烈聲呵曰：『吴狗，何等爲賊！』吴人生（割）剖其腹，允割其肝，罵曰：『虜腹作賊！』炅罵不斷，曰：『尚欲斬汝孫皓，汝父何死狗也！』吴人斬之。武帝聞而矜哀，即詔炅子襲爵，封諸子三人

關内侯。

九真太守王素以交趾敗，與董元牙門王承等欲還南中，爲陶璜別將衞濮所獲。功曹李祚見交趾民殘害，還，遂率吏民保郡爲晉。祚舅黎晃爲吴將，攻伐祚不下，數遣人解喻，［欲］降之。祚答曰：『舅自吴將，祚自晉臣，惟力是視矣。』邵暉子（允）［胤］先爲父使詣洛，拜奉車都尉。比還，暉敗亡，胤依祚固守，求救南中，南中遥爲之援。［踰時乃拔。］諸姓得世有部曲，弋遣之南征，因以功相承也。

讚曰：南域處邛、笮、五夷之表，不毛閩濮之鄉，固九服之外也。而能開土列郡，爰建方州，逾博南，越蘭滄，遠撫西垂，漢武之迹，可謂大業。然要荒之俗，不與華同，安邊撫遠，務在得才。故高祖思猛士作歌，孝文想頗、牧咨嗟。斯靜禦之將，信王者所詳擇也。馬、霍、王、尹，得失之際，足以觀矣。交趾雖異州部，事連南中，故并志焉。

《晉書》卷一四《地理志上・總敘》　晉武帝太康元年，既平孫氏，凡增置郡國二十有三，滎陽、上洛、頓丘、臨淮、東莞、襄城、汝陰、長廣、廣寧、昌黎、新野、隨郡、陰平、義陽、毗陵、宣城、南康、晉安、寧浦、始平、略陽、樂平、南平。省司隸置司州，别立梁、秦、寧、平四州，仍吴之廣州，凡十九州，司、冀、兗、豫、荆、徐、揚、青、幽、平、并、雍、涼、秦、梁、益、寧、交、廣州。郡國一百七十三，仍吴所置二十五，仍蜀新置十一，仍魏所置二十一，仍漢舊九十三，置二十三。以爲冠帶之國，盡有殷周之土。若乃敦龐於天地之始，昭晰於犧農之世，用長黎元，未爭疆埸。而玉環楛矢，夷裘風駕，南暈表貺，東風入律，光乎上德，奚遠弗臻。然則星象麗天，山河紀地，端掖裁其弘敞，崤函判其都邑，仰觀俯察，萬物攸歸。是以洛汭咸陽，宛然秦漢，晉濱河西，同知堯禹，於兹新邑，宅是鎬京，五尺童子皆能口誦者，史官弗之書也。【略】魏文帝黄初三年，初制封王之庶子爲鄉公，嗣王之庶子爲亭侯，公侯之庶子爲亭伯。【略】晉文帝爲晉王，命裴秀等建立五等之制，惟安平郡公孚邑萬户，制度如魏諸王。其餘縣公邑千八百户，地方七十五里；大國侯邑千六百户，地方七十里；次國侯邑千四百户，地方六十五里；大國伯邑千二百户，地方六十里；次國伯邑千户，地方五十五里；大國子邑八百户，地方五十里；次國子邑六百户，地方四十五里；男邑四百户，地方四十里。武帝泰始元年，封諸王以郡爲國。邑二萬户爲大國，置上下中下三軍，兵五千人；邑萬户爲次國，置上軍下軍，兵三千人；五千户爲小國，置一軍，兵千五百人。王不之國，官於京師。罷五等之制，公侯邑萬户以上爲大國，五千户以上爲次國，不滿五千户爲小國。太康元年，平吴，大凡户二百四十五萬九千八百四十，口一千六百一十六萬三千八百六十三。而江左諸國並三分食一。【略】

司州。案：《禹貢》豫州之地。及漢武帝，初置司隸校尉，所部三輔、三河諸郡。其界西得雍州之京兆、馮翊、扶風三郡，北得冀州分河東、河内二郡，東得豫州之弘農、河南二郡，郡凡七。位望隆于牧伯，銀印青綬。及光武都洛陽，司隸所部與前漢不異。魏氏受禪，即都漢宫，司隸所部河南、河東、河内、弘農并冀州之平陽，合五郡，置司州。晉仍居魏都，乃以三輔還屬雍州，分河南立滎陽，分雍州之京兆立上洛，廢東郡，立頓丘，遂定名司州，以司隸校尉統之。州統郡一十二，縣一百。【略】

河南郡。漢置。統縣十二，【略】置尹。【略】

滎陽郡。泰始二年置。統縣八。【略】

弘農郡。漢置。統縣六。【略】

上洛郡。泰始二年，分京兆南部置。統縣三。【略】

平陽郡。故屬河東，魏分立。統縣十二。【略】

河東郡。秦置。統縣九。【略】

汲郡。泰始二年置。統縣六。【略】

河内郡。漢置。統縣九。【略】

廣平郡。魏置。統縣十五。【略】

陽平郡。魏置。統縣七。【略】

魏郡。漢置。統縣八。【略】

頓丘郡。泰始二年置。統縣四。【略】

兗州。案：《禹貢》濟河之地，舜置十二牧，則其一也。《周禮》：『河東曰兗州。』《春秋元命包》云：『五星流爲兗州。兗，瑞也，信也。』又云：『蓋取兗水以名焉。』漢武帝置十三州，以舊名爲兗州，自此不改。州統郡國八，縣五十六。【略】

陳留國。漢置。統縣十，【略】魏武帝封。【略】

濮陽國。故屬東郡，晉初分東郡置。統縣四。【略】

濟陰郡。漢置。統縣九。【略】

高平國。故屬梁國，晉初分山陽置。統縣七。【略】

任城國。漢置。統縣三。【略】

東平國。漢置。統縣七。【略】

濟北國。漢置。統縣五。【略】

泰山郡。漢置。統縣十一。【略】

惠帝之末，兗州闔境淪没石勒。【略】

豫州。案：《禹貢》爲荆河之地。《周禮》：『河南曰豫州。』豫者舒也，言稟中和之氣，性理安舒也。《春秋元命包》云：『鈎鈐星别爲豫州。』地界，西自華山，東至於淮，北自濟，南界荆山。秦兼天下，以爲三川、河東、南陽、潁川、碭、泗水、薛七郡。漢改三川爲河南郡，武帝置十三州，豫州舊名不改，以河南、河東二郡屬司隸，又以南陽屬荆州。先是，改泗水曰沛郡，改碭郡曰梁，改薛曰魯，分梁沛立汝南郡，分潁川立淮陽郡。後漢章帝改淮陽曰陳郡。魏武分沛立譙郡，魏文分汝南立弋陽郡。及武帝受命，又分潁川立襄城郡，分汝南立汝陰郡，合陳郡于梁國。州統郡國十，縣八十五。【略】

潁川郡。秦置。統縣九。【略】

汝南郡。漢置。統縣十五。【略】

襄城郡。泰始二年置。統縣七。【略】

汝陰郡。魏置郡，後廢，泰始二年復置。統縣八。【略】

梁國。漢置。統縣十二。【略】

沛國。漢置。統縣九。【略】

譙郡。魏置。統縣七。【略】

魯郡。漢置。統縣七。【略】

弋陽郡。魏置。統縣七。【略】

安豐郡。魏置。統縣五。【略】

惠帝分汝陰立新蔡，分梁國立陳郡，分汝南立南頓。永嘉之亂，豫州淪没石氏。【略】

冀州。案：《禹貢》、《周禮》並爲河内之地，舜置十二牧，則其一也。《春秋元命包》云：『昴畢散爲冀州，分爲趙國。』其地有險有易，帝王所都，亂則冀安，弱則冀强，荒則冀豐。舜以冀州南北闊大，分衛以西爲并州，燕以北爲幽州，周人因焉。及漢武置十三州，以其地依舊名爲冀州，歷後漢至晉不改。州統郡國十三，縣八十三。【略】

趙國。漢置。統縣九。【略】

鉅鹿國。秦置。統縣二。【略】

安平國。漢置。統縣八。【略】

平原國。漢置。統縣九。【略】

樂陵國。漢置。統縣五。【略】

勃海郡。漢置。統縣十。【略】

章武國。泰始元年置。統縣四。【略】

河間國。漢置。統縣六。【略】

高陽國。泰始元年置。統縣四。【略】

博陵郡。漢置。統縣四。【略】

清河國。漢置。統縣六。【略】

中山國。漢置。統縣八。【略】

常山郡。漢置。統縣八。【略】

惠帝之後，冀州淪没于石勒。【略】

幽州。案：《禹貢》冀州之域，舜置十二牧，則其一也。《周禮》『東北曰幽州。』《春秋元命包》云：『箕星散爲幽州，分爲燕國。』言北方太陰，故以幽冥爲號。武王定殷，封召公于燕，其後與六國俱稱王。及秦滅燕，以爲漁陽、上谷、右北平、遼西、遼東五郡。漢高祖分上谷置涿郡。武帝置十三州，幽州依舊名不改。其後開東邊，置玄菟、樂浪等郡，亦皆屬焉。元鳳元年，改燕曰廣陽郡。幽州所部凡九郡，至晉不改。幽州統郡國七，縣三十四。【略】

范陽國。漢置涿郡。魏文更名范陽郡。武帝置國，封宣帝弟子綏爲王。統縣八。【略】

燕國。漢置，孝昭改爲廣陽郡。統縣一。【略】

北平郡。秦置。統縣四。【略】

上谷郡。秦置，郡在谷之上頭，故因名焉。統縣二。【略】

廣寧郡。故屬上谷，太康中置郡，都尉居。統縣三。【略】

代郡。秦置。統縣四。【略】

遼西郡。秦置。統縣三。【略】

惠帝之後，幽州没于石勒。【略】

平州。案：《禹貢》冀州之域，於周爲幽州界，漢屬右北平郡。後漢末，公孫度自號平州牧。及其子康、康子文懿並擅據遼東，東夷九種皆服事焉。魏置東夷校尉，居襄平，而分遼東、昌黎、玄菟、帶方、樂浪五郡爲平州，後還合爲幽州。及文懿滅後，有護東夷校尉，居襄平。咸寧二年十月，分昌黎、遼東、玄菟、帶方、樂浪等郡國五置平州。統縣二十六。【略】

昌黎郡。漢屬遼東屬國都尉，魏置郡。統縣二。【略】

遼東國。秦立爲郡。漢光武以遼東等屬青州，後還幽州。統縣八。【略】

樂浪郡。漢置。統縣六。【略】

玄菟郡。漢置。統縣三。【略】

帶方郡。公孫度置。統縣七。【略】

平州初置，以慕容廆爲刺史，遂屬永嘉之亂，廆爲衆所推。【略】

幷州。案：《禹貢》蓋冀州之域，舜置十二牧，則其一也。《周禮》：正北曰幷州，其鎮曰恒山。《春秋元命包》云：『營室流爲幷州，分爲衛國。』州不以衛水爲號，又不以恒山爲稱，而云幷者，蓋以其在兩谷之間也。漢武帝置十三州，幷州依舊名不改，統上黨、太原、雲中、上郡、雁門、代郡、定襄、五原、西河、朔方十郡，又別置朔方刺史。後漢建武十一年，省朔方入幷州。靈帝末，羌胡大擾，定襄、雲中、五原、朔方、上郡等五郡並流徙分散。建安十八年，省入冀州。二十年，始集塞下荒地立新興郡，後又分上黨立樂平郡。魏黄初元年，復置幷州，自陘嶺以北並棄之，至晉因而不改。幷州統郡國六，縣四十五。【略】

太原國。秦置。統縣十三。【略】

上黨郡。秦置。統縣十。【略】

西河國。漢置。統縣四。【略】

樂平郡。泰始中置。統縣五。【略】

雁門郡。秦置。統縣八。【略】

新興郡。魏置。統縣五。【略】

惠帝改新興爲晉昌郡。【略】

雍州。案：《禹貢》黑水、西河之地，舜置十二牧，則其一也。以其四山之地，故以雍名焉。亦謂西北之位，陽所不及，陰氣雍閼也。《周禮》：西曰雍州。蓋幷禹梁州之地。周自武王克殷，都於酆鎬，雍州爲王畿。及平王東遷洛邑，以岐酆之地賜秦襄公，則爲秦地，累世都之，至始皇遂平六國。秦滅，漢又都之。及武帝置十三州，其地以西偏爲凉州，其餘並屬司隸，不統於州。後漢光武都洛陽，關中復置雍州。後罷，復置司隸校尉，統三輔如舊。獻帝時又置雍州，自三輔距西域皆屬焉。魏文帝即位，分河西爲凉州，分隴右爲秦州，改京兆尹爲太守，馮翊、扶風各除左右，仍以三輔屬司隸。晉初於長安置雍州，統郡國七，縣三十九。【略】

京兆郡。漢置。統縣九。【略】

馮翊郡。漢置，名左馮翊。統縣八。【略】

扶風郡。漢武帝以爲主爵都尉，太初中更名右扶風。統縣六。【略】

安定郡。漢置。統縣七。【略】

北地郡。秦置。統縣二。【略】

始平郡。泰始二年置。統縣五。【略】

新平郡。漢置。統縣二。【略】

惠帝即位，改扶風國爲秦國。徙都。【略】

凉州。案：《禹貢》雍州之西界，周衰，其地爲狄。秦興美陽甘泉宫，本匈奴鑄金人祭天之處。匈奴既失甘泉，又使休屠、渾邪王等居凉州之地。二王後以地降漢，漢置張掖、酒泉、敦煌、武威郡。其後又置金城郡，謂之河西五郡。漢改周之雍州爲凉州，蓋以地處西方，常寒凉也。地勢西北邪出，在南山之間，南隔西羌，西通西域，于時號爲斷匈奴右臂。獻帝時，凉州數有亂，河西五郡去州隔遠，於是乃別以爲雍州。末又依古典定九州，乃合關右以爲雍州。魏時復分以爲凉州，刺史領戊己校尉，護西域，如漢故事，至晉不改。統郡八，縣四十六。【略】

金城郡。漢置。統縣五。【略】

西平郡。漢置。統縣四。【略】

武威郡。漢置。統縣七。【略】

張掖郡。漢置。統縣三。【略】

西郡。漢置。統縣五。【略】

酒泉郡。漢置。統縣九。【略】

敦煌郡。漢置。統縣十二。【略】

西海郡。故屬張掖，漢獻帝興平二年，武威太守張雅請置。統縣一。【略】

元康五年，惠帝分敦煌郡之宜禾、伊吾、宜安、深泉、廣至等五縣，分酒泉之沙頭縣，又别立會稽、新鄉，凡八縣爲晉昌郡。永寧中，張軌爲涼州刺史，鎮武威，上表請合秦雍流移人於姑臧西北，置武興郡，統武興、大城、烏支、襄武、晏然、新鄣、平狄、司監等縣。又分西平界置晉興郡，統晉興、枹罕、永固、臨津、臨鄣、廣昌、大夏、遂興、罕唐、左南等縣。【略】

秦州。案：《禹貢》本雍州之域，魏始分隴右置焉，刺史領護羌校尉，中間暫廢。及泰始五年，又以雍州隴右五郡及涼州之金城、梁州之陰平合七郡置秦州，鎮冀城。太康三年，罷秦州，幷雍州。七年，復立，鎮上邽。統郡六，縣二十四。【略】

隴西郡。秦置。統縣四。【略】

南安郡。漢置。統縣三。【略】

天水郡。漢武置，孝明改爲漢陽，晉復爲天水。統縣六。【略】

略陽郡。本名廣魏，泰始中更名焉。統縣四。【略】

武都郡。漢置。統縣五。【略】

陰平郡。泰始中置。統縣二。【略】

惠帝分隴西之狄道、臨洮、河關，又立洮陽、遂平、武街、始興、第五、眞仇六縣，合九縣置狄道郡，屬秦州。【略】

梁州。案：《禹貢》華陽黑水之地，舜置十二牧，則其一也。梁者，言西方金剛之氣强梁，故因名焉。《周禮》職方氏以梁幷雍。漢不立州名，以其地爲益州。及獻帝初平六年，以臨江縣屬永寧郡。建安六年，劉璋改永寧爲巴東郡，分巴郡墊江置巴西郡。劉備據蜀，又分廣漢之葭萌，涪城、梓潼、白水四縣，改葭萌曰漢壽，又立漢德縣，以爲梓潼郡；割巴郡之宕渠、宣漢、漢昌三縣宕渠郡，尋省，以縣並屬巴西郡。泰始三年，分益州，立梁州於漢中，改漢壽爲晉壽，又分廣漢置新都郡。梁州統郡八，縣四十四。【略】

漢中郡。秦置，統縣八。【略】

梓潼郡。蜀置。統縣八。【略】

廣漢郡。漢置。統縣三。【略】

新都郡。泰始二年置。統縣四。【略】

涪陵郡。蜀置。統縣五。【略】

巴郡。秦置。統縣四。【略】

巴西郡。蜀置。統縣九。【略】

巴東郡。漢置。統縣三。【略】

太康六年九月，罷新都郡幷廣漢郡。惠帝復分巴西置宕渠郡，統宕渠、漢昌，宣漢三縣，幷以新城、魏興、上庸合四郡以屬梁州。【略】

益州。案：《禹貢》及舜十二牧俱爲梁州之域，周合梁於雍，則又爲雍州之地。《春秋元命包》云：『參伐流爲益州，益之爲言阨也。』言其所在之地險阨也，亦曰疆壤益大，故以名焉。始秦惠王滅蜀，置郡，以張若爲蜀守。及始皇置三十六郡，蜀郡之名不改。漢初有漢中、巴蜀。高祖六年，分蜀置廣漢，凡爲四郡。武帝開西南夷，更置犍爲、牂柯、越巂、益州四郡，凡八郡，遂置益州統焉，益州始此也。及後漢，明帝以新附置永昌郡，安帝又以諸道置蜀、廣漢、犍爲三郡屬國都尉，及靈帝又以汶江、蠶陵、廣柔三縣立汶山郡。獻帝初平元年，劉璋分巴郡立永寧郡。建安六年，改永寧爲巴東，以巴郡爲巴西，又立涪陵郡。二十一年，劉備分巴郡立固陵郡。蜀章武元年又改固陵爲巴東郡，巴西郡爲巴郡，又分廣漢立梓潼郡，分犍爲立江陽郡，以蜀郡屬國爲漢嘉郡，以犍爲屬國爲朱提郡。劉禪建興二年，改益州郡爲建寧郡，廣漢屬國爲陰平郡，分建寧永昌立雲南郡，分建寧牂柯立興古郡，分廣漢立東廣漢郡。魏景元中，蜀平，省東廣漢郡。及武帝泰始二年，分益州置梁州，以漢中屬焉。七年，又分益州置寧州。益州統郡八，縣四十四。【略】

蜀郡。秦置。統縣六。【略】

犍爲郡。漢置。統縣五。【略】

汶山郡。漢置。統縣八。【略】

漢嘉郡。蜀置。統縣四。【略】

江陽郡。蜀置。統縣三。【略】

朱提郡。蜀置。統縣五。【略】

越巂郡。漢置。統縣五。【略】

牂柯郡。漢置。統縣八。【略】

寧州。於漢魏爲益州之域。泰始七年，武帝以益州地廣，分益州之建寧、興古、雲南，交州之永昌合四郡爲寧州，統縣四十五。【略】

雲南郡。蜀置。統縣九。【略】

興古郡。蜀置。統縣十一。【略】

建寧郡。蜀置。統縣十七。【略】

永昌郡。漢置。統縣八。【略】

太康三年，武帝又廢寧州入益州，立南夷校尉以護之。太安二年，惠帝復置寧州，又分建寧以西七縣別立爲益州郡。永嘉二年，改益州郡曰晉寧，分牂柯立平夷、夜郎二郡。

又 卷一五《地理志下》 青州。案：《禹貢》爲海岱之地，舜置十二牧，則其一也。舜以青州越海，又分爲營州，則遼東本爲青州矣。《周禮》：『正東曰青州。』蓋取土居少陽，其色爲青，故以名也。《春秋元命包》云：『虚危流爲青州。』漢武帝置十三州，因舊名，歷後漢至晉不改。州統郡國六，縣三十七。【略】

齊國。秦置郡，漢以爲國。景帝以爲北海郡。統縣五。【略】

濟南郡。漢置。統縣五。【略】或云魏平蜀，徙其豪將家於濟河北，故改爲濟岷郡。而《太康地理志》無此郡名，未之詳。【略】

樂安國。漢置。統縣八。【略】

城陽郡。漢置，屬北海，自魏至晉，分北海而立焉。郡統縣十。【略】

東萊國。漢置郡。統縣六。【略】

長廣郡。咸寧三年置。統縣三。【略】

惠帝元康十年，又置平昌郡。又分城陽之黔陬、壯武、淳于、昌安、高密、平昌、營陵、安丘、大、劇、臨朐十一縣爲高密國。【略】

徐州。案：《禹貢》海岱及淮之地，舜十二牧，則其一也。於周入青州之域。《春秋元命包》云：『天氐流爲徐州。』蓋取舒緩之義，或云因徐丘以立名。秦兼天下，以置泗水、薛、琅邪三郡。楚漢之際，分置東陽郡。漢又分置東海郡，改泗水爲沛，改薛爲魯，分沛置楚國，以東陽屬吳國。景帝改吳爲江都，武帝分沛、東陽置臨淮郡，改江都爲廣陵。及置十三州，以其地爲徐州，統楚國及東海、琅邪、臨淮、廣陵四郡。宣帝改楚爲彭城郡，後漢改爲彭城國，以沛郡之廣戚縣來屬，改臨淮爲下邳國。及太康元年，復分下邳屬縣在淮南者置臨淮郡，分琅邪置東莞郡。州凡領郡國七，縣六十一。【略】

彭城國。漢以爲郡。統縣七。【略】

下邳國。漢置爲臨淮郡。統縣七。【略】

東海郡。漢置。統縣十二。【略】

琅邪國。秦置郡。統縣九。【略】

東莞郡。太康中置。統縣八。【略】

廣陵郡。漢置。統縣八。【略】

臨淮郡。漢置，章帝以合下邳，太康元年復立。統縣十。【略】

太康十年，以青州城陽郡之莒、姑幕、諸、東武四縣屬東莞。元康元年，分東海置蘭陵郡。七年，又分東莞置東安郡，分臨淮置淮陵郡，以堂邑置堂邑郡。【略】

荆州。案：《禹貢》荆及衡陽之地，舜置十二牧，則其一也。《周禮》：『正南曰荆州。』《春秋元命包》云：『軫星散爲荆州。』荆，强也，言其氣躁强。亦曰警也，言南蠻數爲寇逆，其人有道後服，無道先强，常警備也。又云取名於荆山。六國時，其地爲楚。及秦，取楚鄢郢爲南郡，又取巫中地爲黔中郡，以楚之漢北立南陽郡，滅楚之後，分黔中爲長沙郡。漢高祖分長沙爲桂陽郡，改黔中爲武陵郡，分南郡爲江夏郡。武帝又分長沙爲零陵郡。及置十三州，因舊名爲荆州，統南郡、南陽、零陵、桂陽、武陵、長沙、江夏七郡。後漢獻帝建安十三年，魏武盡得荆州之地，分南郡以北立襄陽郡，又分南陽西界立南鄉郡，分枝江以西立臨江郡。及敗於赤壁，南郡以南屬吳，吳後遂與蜀分荆州。於是南郡、零陵、武陵以西爲蜀，江夏、桂陽、長沙三郡爲吳，南陽、襄陽、南鄉三郡爲魏。而荆州之名，南北雙立。蜀分南郡立宜都郡，劉備没後，宜都、武陵、零陵、南郡四郡之地悉復屬吳。魏文帝以漢中遺黎立魏興、新城二郡，明帝分新城立上庸郡。孫權分江夏立武昌郡，又分蒼梧立臨賀郡，分長沙立衡陽、湘東二郡。孫休分武陵立天門郡，分宜都立建平郡。孫皓分零陵立始安郡，分桂陽立始興郡，又分零陵立邵陵郡，分長沙立安成郡。荆州統南郡、武昌、武陵、宜都、建平、天門、長沙、零陵、桂陽、衡陽、湘東、邵陵、臨賀、始興、始安十五郡，其南陽、江夏、襄陽、南鄉、魏興、新城、上庸七郡屬魏之荆州。及武帝平吳，分南郡爲南平郡，分南陽立義陽郡，改南鄉順陽郡，又以始興、始安、臨賀三郡屬廣州，以揚州之安成郡來屬。州統郡二十二，縣一百六十九。【略】

江夏郡。漢置。統縣七。【略】

南郡。漢置。統縣十一。【略】

襄陽郡。魏置。統縣八。【略】

南陽國。秦置郡。統縣十四。【略】

順陽郡。太康中置。統八縣。【略】

義陽郡。太康中置。統縣十二。【略】

新城郡。魏置。統縣四。【略】

魏興郡。魏置。統縣六。【略】

上庸郡。魏置。統縣六。【略】

建平郡。吳、晉各有建平郡，太康元年合。統縣八。【略】

宜都郡。吳置。統縣三。【略】

南平郡。吳置，以爲南郡，太康元年改曰南平。統縣四。【略】

武陵郡。漢置。統縣十。【略】

天門郡。吳置。統縣五。【略】

長沙郡。漢置。統縣十。【略】

衡陽郡。吳置，故屬長沙。統縣九。【略】

湘東郡。吳置，故屬長沙。統縣七。【略】

零陵郡。漢置。統縣十一。【略】

邵陵郡。吳置。統縣六。【略】

桂陽郡。漢置。統縣六。【略】

武昌郡。吳置。統縣七。【略】

安成郡。吳置。統縣七。【略】

惠帝分桂陽、武昌、安成三郡立江州，以新城、魏興、上庸三郡屬梁州，又分義陽立隨郡，分南陽立新野郡，分江夏立竟陵郡。懷帝又分長沙、衡陽、湘東、零陵、邵陵、桂陽及廣州之始安、始興、臨賀九郡置湘州。時蜀亂，又割南郡之華容、州陵、監利三縣別立豐都，合四縣置成都郡，爲成都王穎國，居華容縣。愍帝建興中，併還南郡，亦併豐都於監利。【略】

揚州。案：《禹貢》淮海之地，舜置十二牧，則其一也。《周禮》：「東南曰揚州。」《春秋元命包》云：「牽牛流爲揚州，分爲越國。」以爲江南之氣躁勁，厥性輕揚。亦曰，州界多水，水波揚也。於古則荒服之國，戰國時其地爲楚分。秦始皇幷天下，以置鄣、會稽、九江三郡。項羽封英布爲九江王，盡有其地。漢改九江曰淮南，即封布爲淮南王。六年，分淮南置豫章郡。十一年，布誅，立皇子長爲淮南王，封劉濞爲吳王，二國盡得揚州之地。文帝十六年，分淮南立廬江、衡山二郡。景帝四年，封皇子非爲江都王，幷得鄣、會稽郡，而不得豫章。武帝改江都曰廣陵，封皇子胥爲王而以屬徐州。元封二年，改鄣曰丹楊，改淮南復爲九江。後漢順帝分會稽立吳郡，揚州統會稽、丹楊、吳、豫章、九江、廬江六郡，省六安幷廬江郡。獻帝興平中，孫策分豫章立廬陵郡。孫權又分豫章立鄱陽郡，分丹楊立新都郡。孫亮又分豫章立臨川郡，分會稽立臨海郡。孫休又分會稽立建安郡。孫皓分會稽立東陽郡，分吳立吳興郡，分豫章、廬陵、長沙立安成郡，分廬陵立廬陵南部都尉，揚州統丹楊、吳、會稽、吳興、新都、東陽、臨海、建安、豫章、鄱陽、臨川、安成、廬陵南部十四郡。江西廬江、九江之地，自合肥之北至壽春悉屬魏。及晉平吳，以安成屬荆州，分丹楊之宣城、宛陵、陵陽、安吳、涇、廣德、寧國、懷安、石城、臨城、春穀十一縣立宣城郡，理宛陵，改新都曰新安郡，改廬陵南部爲南康郡，分建安立晉安郡，又分丹楊立毗陵郡。揚州合統郡十八，縣一百七十三。【略】

丹陽郡。漢置。統縣十一。【略】

宣城郡。太康二年置。統縣十一。【略】

淮南郡。秦置九江郡。漢以爲淮南國，漢武帝置爲九江郡。武帝改爲淮南郡。統縣十六。【略】

廬江郡。漢置。統縣十。【略】

毗陵郡。吴分會稽無錫已西爲屯田，置典農校尉。太康二年，省校尉爲毗陵郡。統縣七。【略】

吴郡。漢置。統縣十一。【略】

吴興郡。吴置。統縣十。【略】

會稽郡。秦置。統縣十。【略】

東陽郡。吴置。統縣九。【略】

新安郡。吴置。統縣六。【略】

臨海郡。吴置。統縣八。【略】

建安郡。故秦閩中郡，漢高帝五年以立閩越王。及武帝滅之，徙其人，名爲東冶，又更名東城。後漢改爲候官都尉，及吴置建安郡。統縣七。【略】

晉安郡。太康三年置。統縣八。【略】

豫章郡。漢置。統縣十六。【略】

臨川郡。吴置。統縣十。【略】

鄱陽郡。吴置。統縣八。【略】

廬陵郡。吴置。統縣十。【略】

南康郡。太康三年置。統縣五。【略】

惠帝元康元年，有司奏，荆、揚二州疆土廣遠，統理尤難，於是割揚州之豫章、鄱陽、廬陵、臨川、南康、建安、晉安，荆州之武昌、桂陽、安成，合十郡，因江水之名而置江州。永興元年，分廬江之尋陽、武昌之柴桑二縣置尋陽郡，屬江州，分淮南之烏江、歷陽二縣置歷陽郡。又以周玘創義討石冰，割吴興之陽羡并長城縣之北鄉置義鄉、國山、臨津并陽羡四縣，又分丹陽之永世置平陵及永世，凡六縣，立義興郡，以表玘之功，並屬揚州。又以毗陵郡封東海王世子毗，避毗諱，改爲晉陵。懷帝永嘉元年，又以豫章之彭澤縣屬尋陽郡。愍帝立，避帝諱改建鄴爲建康。【略】

交州。案：《禹貢》揚州之域，是爲南越之土。秦始皇即略定揚越，以謫戍卒五十萬人守五嶺。自北徂南，入越之道，必由嶺嶠，時有五處，故曰五嶺。後使任囂、趙他攻越，略取陸梁地，遂定南越，以爲桂林、南海、象等三郡，非三十六郡之限，乃置南海尉以典之，所謂東南一尉也。漢初，以嶺南三郡及長沙、豫章封吴芮爲長沙王。十一年，以南武侯織爲

南海王。陸賈使還，拜趙他爲南越王，割長沙之南三郡以封之。武帝元鼎六年，討平呂嘉，以其地爲南海、蒼梧、鬱林、合浦、日南、九眞、交趾七郡，蓋秦時三郡之地。元封中，又置儋耳、珠崖二郡，置交趾刺史以督之。昭帝始元五年，罷儋耳并珠崖。元帝初元三年，又罷珠崖郡。後漢馬援平定交部，始調立城郭置井邑。順帝永和九年，交趾太守周敞求立爲州，朝議不許，即拜敞爲交趾刺史。桓帝分立高興郡，靈帝改曰高涼。建安八年，張津爲刺史，士燮爲交趾太守，共表立爲州，乃拜津爲交州牧。十五年，移居番禺，詔以邊州使持節，郡給鼓吹，以重城鎮，加以九錫六佾之舞。吴黄武五年，割南海、蒼梧、鬱林三郡立廣州，交趾、日南、九眞、合浦四郡爲交州。戴良爲刺史，值亂不得入，呂岱擊平之，復還并交部。赤烏五年，復置珠崖部。永安七年，復以前三郡立廣州。及孫皓，又立新昌、武平、九德三郡。蜀以李恢爲建寧太守，遥領交州刺史。晉平蜀，以蜀建寧太守霍弋遥領交州，得以便宜選用長吏。平吴後，省珠崖入合浦。交州統郡七，縣五十三。【略】

合浦郡。漢置。統縣六。【略】

交趾郡。漢置。統縣十四。【略】

新昌郡。吴置。統縣六。【略】

武平郡。吴置。統縣七。【略】

九眞郡。漢置。統縣七。【略】

九德郡。吴置，周時越常氏地。統縣八。【略】

日南郡。秦置象郡，漢武帝改名焉。統縣五。【略】

廣州。案：《禹貢》揚州之域，秦末趙他所據之地。及漢武帝，以其地爲交阯郡。至吴黄武五年，分交州之南海、蒼梧、鬱林、高梁四郡立爲廣州，俄復舊。永安六年，復分交州置廣州，分合浦立合浦北部，以都尉領之。孫皓分鬱林立桂林郡。及太康中，吴平，遂以荆州始安、始興、臨賀三郡來屬。合統郡十，縣六十八。【略】

南海郡。秦置。統縣六。【略】

臨賀郡。吴置。統縣六。【略】

始安郡。吴置。統縣七。【略】

始興郡。吴置。統縣七。【略】

蒼梧郡。漢置。統縣十二。【略】

鬱林郡。秦置桂林郡，武帝更名。統縣九。【略】

桂林郡。吳置。統縣八。【略】

高涼郡。吳置。統縣三。【略】

高興郡。吳置。統縣五。【略】

寧浦郡。吳置。統縣五。【略】

武帝後省高興郡。懷帝永嘉元年，又以臨賀、始興、始安三郡凡二十縣爲湘州。

宋·李昉等《太平御覽》卷七九一《四夷部十二·南蠻七·朱提》

《永昌郡傳》曰：朱提郡，在犍為南千八百里，治朱提縣。川中縱廣五、六十里。有大泉，池水千頃，名千頃池。又有龍池，以灌溉種稻。與僰道接，時多猿，羣聚鳴嘯於行人徑次，聲聒人耳。夷分布山谷間，食肉衣皮，雖有人形，禽獸其心，言語服飾，不與華同。有堂狼山，山多毒草，盛夏之月，飛鳥過之，不能得去。

又曰：建寧郡，朱提之東南六百里，土氣和適，盛夏之月，熱不鬱蒸；孟冬時，寒不慘慄。

又曰：永昌郡，在雲南西七百里。郡東北八十里瀘倉津。此津有鄣氣，往以二月渡之，行者六十人，皆悉悶亂；毒氣中物則有聲，中樹木枝則折，中人則令奄然青爛也。

又曰：興古郡，在建寧南八百里。郡領九縣，縱經千里，皆有瘴氣。菽谷鷄豚魚酒不可食，皆食啖皆病害人。郡北三百有盤江，廣數百步，深十餘丈，此江有毒瘴。九縣之人，皆號曰鳩民，言語嗜欲，不與人同。鳩民咸以三尺布角割作兩襜，不復加針縷之功也，廣頭著前，狹頭覆後，不蓋其形，與裸身無異。

宋·司馬光《資治通鑑》卷八一《晉紀三·世祖武皇帝中》（晉武帝太康元年）是歲，以司隸所統郡置司州，凡州十九，郡國一百七十三，户二百四十五萬九千八百四十。

宋·司馬光《資治通鑑考異》《宋書·州郡志》云：『太康元年，天下一統，凡十六州，後又分雍、梁爲秦，分荆、揚爲江，分益爲寧，分幽爲平，而爲二十矣。』按：杜佑《通典》：『平吳，分十九州島：司、兗、豫、冀、幷、青、徐、荆、揚、涼、雍、秦、益、梁、寧、幽、平、交、廣。』今從之。杜佑曰：司州治洛陽。兗治廩丘，今濮陽郡雷澤縣。豫治項，今淮陽郡項城縣。冀治房子，今趙郡縣。幷治晉陽。青治臨菑。徐治彭城。荆初治襄陽，後治江陵。揚治壽春，後治建業。涼治武威。分三輔爲雍，治京兆。分隴山之西爲秦，治上邽。益治成都。分巴、漢之地爲梁，治南鄭。分雲南爲寧，治雲南。幽治涿。分遼東爲平，治昌黎。交治龍編。分合浦之北爲廣，治番禺。

宋·鄭樵《通志》卷四〇《地理略·歷代封畛》晉武帝太康元年平吳，分為十九州部，置司州治洛陽，今河南府。兗治廩邱，今濮陽郡雷澤縣是。豫治項，今淮陽郡項城是。冀治房子，今趙郡縣。幷治晉陽，青治臨淄，徐治彭城，荆初治襄陽，後治江陵，今郡。揚初治壽春，後治建業，涼治武威，分三輔為雍治京兆，今府。分隴山之西為秦治上邽，今天水郡縣。益治成都，分巴、漢之地為梁治南鄭，今漢中郡縣。分雲南為寧治雲南，今郡。幽治涿，今范陽郡范陽縣。分遼東為平治昌黎，今安東府。交治龍編，今安南府。分合浦之北為廣治番禺，又增置郡國二十有二，凡州百五十有六、縣千一百有九，以為冠帶之國，盡秦漢之土。

及永嘉南渡，境宇殊狹，九州之地有其二焉。

清·畢沅《晉書地理志新補正》卷二 司州。案：《禹貢》：豫州之地及漢武帝初置司隸校尉所部三輔、三河諸郡，其界西得雍州之京兆、馮翊、扶風三郡，北得冀州之河東、河內二郡。東得豫州之弘農、河南二郡。郡凡七位，望降于牧伯，銀印青綬。及光武都洛陽，司隸所部與前漢不異。魏氏受禪，即都漢宮，司隸所部河南、河東、河內、弘農並冀州之平陽，合五郡置司州。晉仍居魏都，乃以三輔還屬雍州，分河南立滎陽，分雍州之京兆立上洛，廢東郡立頓邱，遂定名司州，以司隸校尉統之。沅案：《十三州志》：京師之州，司隸校尉掌焉，故曰司州。《通典》：晉分置司州，領郡十一，理洛陽，今者州領郡十二。州統郡一十二、縣一百、户四十七萬五千七百。

河南郡。漢置，統縣十二。沅案：《通典》：領縣十一。今考所統縣亦十二，未知《通典》何據。户一十一萬四千四百，置尹。沅案：二《漢》：河南郡有原武縣。魏收《地形志》云：晉罷。【略】

汲郡。泰始二年置，統縣六、户三萬七千。沅案：汲郡本名朝歌，泰始二年改名。云置，誤。【略】

兗州。案：《禹貢》：濟河之地，舜置十二牧，則其一也。《周禮》：河東曰兗州。《春秋元命包》云：五星流為兗州，兗瑞也，信也。又云蓋取兗水以名焉。漢武帝置十三州，以舊名為兗州，自此不改。沅案：沈約《宋·志》：兗州，魏晉治廩邱。【略】

陳留國。漢置，統縣十、户三萬，沅案：沈《志》：晉亂郡廢。至成帝延康三年復立。魏武帝封。沅案：魏武帝未嘗封陳留，注誤。【略】

濮陽國。故屬東郡，晉初分東郡，置統縣四、户二萬一千。沅案：沈《志》：濮陽王允後改封淮南，此還為東郡。杜預《左傳·莊十三年》注：東郡鄄城。《襄二十四年》注：東郡白馬縣。蓋在允徙封之後。又《隱五年》杜預注：今東郡燕縣。案：《晉·地理志》無燕縣，或尚沿後漢時舊名耳。《成公綏傳》：東郡白馬人。《魏浚傳》：東郡東阿人。沈《志》又云：趙王倫簒位，廢太孫為淮陽王，王尋廢，郡名遂不改。【略】

濟陽郡，漢置，統縣九、户七千六百。沅案：兩漢皆為濟陰郡。《通典》：至晉始改為濟陽，注似微誤。《卞壺傳》：濟陰冤句人。【略】

濟北國。漢置，統縣五、户三千五百。沅案：《地形志》：肥城縣，後漢屬濟北，晉罷。【略】

豫州。案：《禹貢》：為荆河之地。《周禮》：河南曰豫州者舒也，言禀中河之氣，性理安舒也。《春秋元命包》云：鉤鈐星別為豫州地界，西自華山，東至於淮，北自濟，南界荆山。秦兼天下，以為三川、河東、南陽、潁川、碭、泗水、薛七郡。漢改三川為河南郡，武帝置十三州，豫州舊名不改，以河南、河東二郡屬司隸，又以南陽屬荆州。先是，改泗水曰沛郡，改碭郡曰梁，改薛曰魯，分梁、沛立汝南郡，分潁川立淮陽郡。後漢章帝改淮陽曰陳郡，魏武分沛立譙郡，魏文分汝南立弋陽郡。及武帝受命，又分潁川立襄城郡，分汝南立汝陰郡，合陳郡于梁國。沅案：《宋·志》：豫州，魏治汝南、安成，晉平吳後治陳國。州統郡國十、縣八十五、户十一萬六千七百九十六。

潁川郡。秦置，統縣九、户一萬八千三百。沅案：《宋·志》：晉惠帝永康元年復立西華縣，屬潁川。又曲陽縣，《地形志》：前漢屬東海，後漢屬下邳，晉罷，後復屬潁川。此《志》無之，疑屬東晉以後復縣及移屬也。【略】

襄城郡。泰始二年置，統縣七、户一萬八千。沅案：沈《志》：晉成帝咸康二年省襄城還並潁川。【略】

汝陰郡。魏置，郡後廢，泰始二年復置，統縣八、户八千五百。沅案：前『豫州』下云：晉武帝分汝陽立汝陰郡。此安得云『魏置』？【略】

弋陽郡。魏置，統縣七、户一萬六千七百。沅案：沈《志》：晉惠帝又分弋陽為西陽國。《陶侃傳》：為荆州刺史，領西陽，江夏武昌是西陽國。又會屬荆州。《陳頵傳》：以西陽太守蔣巽代之。《庾亮傳》：西陽太守樊峻。《庾翼傳》：為西陽太守。案：西陽王羕咸和初降為弋陽縣王，蓋國廢後，西陽復為郡耳。疑此郡自惠帝置後本未嘗廢，《地理志》失載也。【略】

惠帝分汝陰立新蔡，分梁國立陳郡，沅案：沈《志》云：郡初並併，梁王王肜薨，後還為陳。則事在永康二年，後與此《志》言惠帝分立陳郡，及《地形志》同合。杜預隱三年《左傳》注即云：陳國陳縣。《陳頵傳》亦云：陳國苦人。皆沿後漢舊名也。《袁悦之》、《殷浩》等傳即云：陳郡陽夏、長平人。分汝南立南頓。【略】

冀州。案：《禹貢》、《周禮》並為河內之地，舜置十二牧，則其一也。《春秋元命包》云：昴畢散為冀州，分為趙國，其地有險有易，帝王所都，亂則冀安，弱則冀彊，荒則冀豐，舜以冀州南北闊大，分衛以西為并州，燕以北為幽州，周人因焉。及漢武置十三州，以其地依舊名為冀州，歷後漢至晉不改。沅案：《通典》：晉冀州，理房子州統郡國十三、縣八十二、户三十二萬六千。【略】

鉅鹿國。秦置，統縣二、户一萬四千。沅案：《元和郡縣志》：稾城縣，晉省。【略】

安平國。漢置，統縣八、户二萬一千。沅案：《晉書》：太康五年，改安平為長樂國，封安平王孚曾孫祐為王，十年割武遂、武邑、觀津三縣為武邑國，以封南宮王承為武邑王。惠帝時，承薨，無後，省還長樂。【略】

樂城侯國。沅案：本漢舊縣，桓帝改為樂陵，魏文帝復舊名。【略】

博陵國。漢置，統縣四、户一萬。沅案：《水經注》：漢桓帝置，漢末罷，還安平。晉泰始中復為郡。【略】

清河國。漢置，統縣六、户二萬二千。【略】

幽州。案：《禹貢》：冀州之域，舜置十二牧，則其一也。《周禮》：東北曰幽州。《春秋元命包》云：箕星散為幽州，分為燕國，言北方太陰，故以幽冥為號，武王定殷，封召公于燕，其後與六國俱稱王。及漢滅燕，以為漁陽、上谷、右北平、遼西、遼東五郡。漢高祖分上谷置涿郡，武帝置十三州，幽州依舊名不改其後。開東邊，置玄菟、樂浪等郡，亦皆屬焉。元鳳元年，改燕曰廣陽郡。幽州所部凡九郡，至晉不改。沅案：《通典》：幽州理范陽郡涿縣。幽州統郡國七、縣三十四、户五萬九千二十。【略】

燕國。漢置，孝昭改為廣陽郡。沅案：《通典》：漢高帝分置燕國，又分燕置涿郡及廣陽國，後漢為涿、廣陽二郡地，魏更名范陽郡，晉為燕、范陽二國。據此，則燕國晉所復置，非漢舊矣。此注云『漢置』，微誤。【略】

北平郡。秦置，統縣四、户五千。沅案：《太平寰宇記》：晉改右北平曰北平。【略】

廣寧郡。故屬上谷，太康中，置郡都尉居，統縣三、户三千九百五十。沅案：一本『五十』作『三十』。【略】

遼西郡。秦置，統縣三、户兩千八百。【略】

平州。案：《禹貢》：冀州之域，于周為幽州界，漢屬右北平郡。後漢末，公孫度自號平州牧。及其子康、康子文懿，並擅據遼東，東夷九種皆服事焉。魏置東夷校尉，居襄平，而分遼東、昌黎、玄菟、帶方、樂浪五郡為平州，後還合為幽州。及文懿滅後，有護東夷校尉居襄平。咸寧二年，沅案：《晉書》本紀：在泰始十年。十月分昌黎、遼東、玄菟、帶方、樂浪等郡國五置平州，沅案：《衛瓘傳》：瓘表立平州。又《晉書》本紀：太康三年秋八月，罷平州，刺史三年一奏事。統縣二十六、户一萬六千一百。【略】

昌黎郡。漢屬遼東屬國都尉。魏置郡，統縣二、户八百。沅案：『八百』一本作『九百』。

又 卷三 并州。案：《禹貢》蓋冀州之域，舜置十二牧，則其一也。《周禮》：正北曰并州，其鎮曰恒山。《春秋元命包》云：營室流為并州，分為衛國，州不以衛水為號，又不以恒山為稱，而云『并』者，蓋以其在兩谷之間也。漢武帝置十三州，并州依舊名，不改。統上黨、太原、雲中、上郡、雁門、代郡、定襄、五原、西河、朔方十郡，又別置朔方刺史。後漢建武十一年省朔方入并州。靈帝末羌胡大擾，定襄、雲中、五原、朔方、上郡等五郡並流徙分散。建安十八年，省入冀州。二十年始集塞下荒地立新興郡，後又分上黨立樂平郡。魏黄初元年復置并州，自陘嶺以北並一作『并』。棄之，至晉因而不改。沅案：《通典》：并州，理晉陽。并州統郡國六、縣四十五、户五萬九千三百。

太原國。秦置，統縣十三、户一萬四千。沅案：兩《漢·志》皆有慮虒縣。《元和郡縣志》云：晉省。【略】

上黨郡。秦置，統縣十、户一萬二千。沅案：《元和郡縣志》：漢猗氏縣屬上黨郡，至晉省。【略】

西河國。漢置，統縣四、户六千三百。沅案：《元和郡縣志》：西河國，晉惠帝時為劉元海所攻破，郡遂廢。又云：十軍縣，晉省。【略】

雁門郡。秦置，統縣八、户一萬兩千七百。沅案：一本作『六百』。【略】

雍州。案：《禹貢》：黑水西河之地，舜置十二牧，則其一也。以其四山之地，故以『雍』名焉。亦謂西北之位陽，所不及陰陽氣，雍閼也。《周禮》：西曰雍州。蓋并禹梁州之地。周自武王克殷都於酆、鎬，雍州為王畿。及平王東遷洛邑，以岐、酆之地賜秦襄公，則為秦地，累世都之，至始皇遂平六國。秦滅，漢又都之。及武帝置十三州，其地以西偏為涼州，其餘並屬司隸，不統於州。後漢光武都洛陽，關中復置雍州，後罷，復置司隸校尉，統三輔如舊。獻帝時又置雍州，自三輔距西域皆屬焉。魏文帝即位，分西河為涼州，分隴右為秦州，改京兆尹為太守，馮翊、扶風各除左右，仍以三輔屬司隸。晉初於長安置雍州，沅案：《通典》：晉雍州，理京兆。統郡國七、沅案：《杜軫傳》：為池陽令，為雍州十一郡最，俟考。縣三十九、户九萬九千五百。【略】

馮翊郡。漢置，名左馮翊，統縣八、户七千七百。沅案：馮翊郡有雲陽縣。《元和郡縣志》：魏司馬宣王撫慰關中，于雲陽置撫夷護軍，劉、石、苻、姚因之。《地形志》又云：晉罷，後復。【略】

扶風郡。漢武帝以為主爵都尉，太初中更名右扶風。統縣六、户二萬三千。沅案：《太平寰宇記》：晉太康八年改為秦國。《元和郡縣志》：扶風周至縣，後漢省，晉武帝時復立。今考晉扶風無周至縣，蓋武帝後又廢。《地形志》又云：周至、好畤，皆晉罷，後復。【略】

安定郡。漢置，統縣七、户五千五百。沅案：《晉太康地記》：安定郡領臨涇、朝那、烏氏、鶉觚、陰密、西川六縣，無都盧縣，與此異，又有安定、涇陽、撫夷、祖居、爰得、三水、高平七縣。《地形志》：後漢屬，晉罷，後復。【略】

北地郡。秦置，統縣二、户二千六百。沅案：漢北地郡有弋居縣。《地形志》云：晉罷，後復。【略】

始平郡。泰始三年置，統縣五、户一萬八千。沅案：《元和郡縣志》：漢平陵縣，魏文帝改為始平，晉武改置始平國。《太平寰宇記》又謂魏黄初元年改為始平國，因縣以建名。【略】

新平郡。漢置，統縣二、户二千七百。沅案：《太平寰宇記》：晉武帝分漆縣置豳邑縣。【略】

惠帝即位，改扶風國為秦國，徙都。【略】

涼州。案：《禹貢》：雍州之西界，周衰，其地為狄。秦興，美陽甘泉宫本匈奴鑄金人祭天之處，匈奴既失甘泉，又使休屠渾邪王等居涼州之地。二王後以地降漢，漢置張掖、酒泉、敦煌、武威郡。其後又置金城郡，謂之河西五郡。漢改周之雍州為涼州，蓋以地處西方，常寒涼也。地勢西北邪出在南山之間，南隔西羌，西通西域，于時號為斷匈奴右臂。獻帝時涼州數有亂，河西五郡去州隔遠，於是乃別以為雍州，末又依古典定九州，乃合關右以為雍州。魏時復分以為涼州，刺史領戊己校尉，護西域如漢故事，至晉不改。沅案：《通典》：晉涼州，理武威。統郡八、縣四十六、户三萬七百。【略】

西平郡。漢置，統縣四、户四千。【略】

武威郡。漢置，統縣七、户五千九百。沅案：《郡國志》：武威郡有鸇、陰密二縣。晉罷，後復。【略】

張掖郡。漢置，統縣三、户三千七百。【略】

敦煌郡。漢置，統縣十二、户六千三百。【略】

元康五年，惠帝分敦煌郡之宜禾、伊吾、宜安、深泉、廣至等五縣，分酒泉之沙頭縣，又别立會稽新鄉，凡八縣為晉昌郡。永寧中，張軌為涼州刺史，鎮武威，上表請合秦、雍流移人，于姑臧西北置五興郡，統武興、大城、烏支、襄武、晏然、新鄣、平狄、司監等縣。又分西平界置晉興郡，統晉興、枹罕、永固、臨津、臨鄣、廣昌、大夏、遂興、罕唐、左南等縣。【略】

秦州。案：《禹貢》：本雍州之域，魏始分隴右置焉。刺史領護羌校尉，中間暫廢。及泰始五年，又以雍州隴西五郡及涼州之金城、梁州之陰平合七郡置秦州，鎮冀城，太康三年罷秦州并雍州，七年復立，鎮上邽。沅案：朱《志》：秦州，治天水冀縣。統郡六、縣二十四、户三萬兩千一百。【略】

隴西郡。秦置，統縣四、户三千。沅案：【略】王隱《晉書》：蘭池縣，隴西郡。【略】

武都郡。漢置，統縣五、户三千。沅案：《太平寰宇記》又云：【略】晉武帝時，氐豪楊定擁衆仇池，稱藩于晉，求割天水之西縣、武都之上祿縣為仇池郡。沈約《宋·志》：武都有上祿，漢舊縣，後省，晉武帝太康三年又立。今考《晉書·地理志》不載此縣，蓋武帝後復廢。【略】

惠帝分隴西之狄道、臨洮、河關，又立洮陽、遂平、武街、始興、第五、真仇六縣，合九縣，置狄道郡，屬秦州。【略】

梁州。案：《禹貢》：華陽黑水之地，舜置十二牧，則其一也。梁者，言西方金剛之氣彊梁，故因名焉。《周禮》：職方氏以梁并雍。漢不立州名，以其地益州。及獻帝初平六年，以臨江縣屬永寧郡。建安六年，劉璋改永寧為巴東郡，分巴郡墊江置巴西郡。劉備據蜀，又分廣漢之葭萌、涪城、梓潼、白水四縣，改葭萌曰漢壽，又立漢德縣以為梓潼郡，割巴郡之宕渠、宣漢、漢昌三縣置宕渠郡。壽省，以縣並屬巴西郡。泰始三年，分益州立梁州於漢中，改漢壽為晉壽，又分廣漢置新都郡。沅案：《通典》：晉州，理南鄭。梁州統郡八、縣三十八、户七萬六千三百。

漢中郡。秦置，統縣八、户一萬五千。沅案：沈《志》：漢獻帝二十年，魏武平張魯，復漢寧郡為漢中。疑是此前改漢中曰漢寧也。【略】樂史稱王隱《晉書》云：魏末克蜀，分廣漢、巴、涪陵以北七郡為梁州，理漢中之沔陽，歷晉太康中，州又移理漢中郡，領縣八。【略】

梓潼郡。蜀置，統縣八、户一萬兩百。沅案：《晉太康地志》：劉氏分廣漢立。《永初郡國志》：梓潼郡又有漢德、新興二縣。徐云：新興，義熙九年立。漢德，舊縣，沈《志》云：漢德移，劉氏所立。【略】

廣漢郡。漢置，統縣三、户三萬一千。沅案：一本作『五千一百』。

【略】

涪陵郡。蜀置統縣五、户四千二百。沅案：《太平寰宇記》稱《晉太康地記》云：晉省丹興縣，移理漢復。《元和郡縣志》：晉永嘉後，地没於蠻夷。

【略】

巴西郡。蜀置，統縣九、户一萬兩千。沅案：譙周《巴記》：建安六年，劉璋分巴郡墊江以上為巴西郡。據此，則巴西郡劉璋時分置。徐《志》以為晉武帝時立，非。【略】

太康六年九月，罷新都郡并廣漢郡。惠帝復分巴西置宕渠郡，統宕渠、漢昌、宣漢三縣，沅案：《水經注》：巴水出晉昌郡宣漢縣八嶺山，郡隸梁州，晉太康中立，治漢中，是晉昌郡太康中置。【略】并以新城、魏興、上庸，合四郡，以屬梁州。【略】

益州。案：《禹貢》：及舜十二牧具為梁州之域。周合梁於雍，則又為雍州之地。《春秋元命包》云：參伐流為益州，益之為言，厄也，言其所在之地險阨也。亦曰疆壤益大，故以為名焉。始秦惠王滅蜀，置郡，以張若為蜀守。及始皇置三十六郡，蜀郡之名不改。漢初有漢中、巴、蜀。高祖六年，分蜀置廣漢，凡為四郡；武帝開西南夷，更置犍為、牂柯、越巂、益州四郡，凡八郡；遂置益州統焉，益州蓋始此也。及後漢明帝以新附置永昌郡，安帝又以諸道置蜀廣漢、犍為三郡屬國都尉。及靈帝又以汶江、蠶陵、廣柔三縣立汶山郡，獻帝初平元年，劉璋分巴郡立永寧郡，建安六年改永寧為巴東，以巴郡為巴西，又立涪陵郡。二十一年，劉備分巴郡立固陵郡。蜀章武元年，又改固陵為巴東郡、巴西郡為巴郡，又分廣漢立梓潼郡，分犍為立江陽郡，以蜀郡屬國為漢嘉郡，以犍為屬國為朱提郡。劉禪建興二年，改益州郡為建寧郡、廣漢屬國為陰平郡，分建寧、永昌立雲南郡，分建寧、牂柯立興古郡，分廣漢立東廣漢郡。魏景元中，蜀平，省東廣漢郡。及武帝泰始二年，分益州置涼州，以漢中屬焉。七年，又分益州置寧州。沅案：《通典》：晉益州，理成都。益州統郡八、縣四十四、户四萬九千三百。【略】

蜀郡。秦置，統縣六、户五萬。沅案：沈《志》：晉武帝太康中改曰成都國，後復舊。【略】

犍為郡。漢置，統縣五、户一萬。【略】

汶山郡。漢置，統縣八、户一萬六千。沅案：《晉太康地志》：漢武帝立。孝宣地節三年，合蜀郡，劉氏又立。案：《後漢・冉駹夷傳》：靈帝時復分蜀郡北部為汶山郡，則汶山郡靈帝時置。《太康地志》以為蜀漢，後復立，恐非。

【略】

漢嘉郡。蜀置，統縣四、户一萬二千。沅案：沈《志》：晉江左省漢嘉郡為縣。

江陽郡。蜀置，統縣三、户三千一百。【略】

朱提郡。蜀置，統縣五、户五萬兩千六百。沅案：本作『四百』，誤。

【略】

寧州。于漢、魏為益州之域。泰始七年，武帝以益州地廣，分益州之建寧、興古、雲南、交州之永昌，合四郡為寧州。沅案：《通典》：晉寧州，理雲南。統縣四十五、户八萬三千。【略】

雲南郡。蜀置，統縣九、户九千二百。【略】

興古郡。蜀置，統縣十一、户六千二百。沅案：沈《志》：晉懷帝永嘉五年，寧州刺史王遜分興古之東立西平郡。【略】

建寧郡。蜀置，統縣十七、户二萬九千。沅案：沈《志》：晉武帝復立同樂縣，屬建寧，又同並漢舊縣。晉武帝咸寧五年省，哀帝復立，又江左復立萬安、新興二縣。【略】

永昌郡。蜀置，統縣八、户三萬八千。沅案：沈《志》：晉懷帝永嘉五年，寧州刺史王遜分永昌、雲南立東河陽郡，東河陽縣疑與俱立。【略】

太康三年，武帝又廢寧州入益州，立南夷校尉以護之。太安二年，惠帝復置寧州，又分建寧以西七縣別立為益州郡。永嘉二年，改益州郡曰晉寧，分牂柯立平夷、夜郎二郡。沅案：沈《志》：晉懷帝永嘉五年，寧州刺史王遜分牂柯、朱提、建寧立平夷、夜郎二郡。《十三州志》：分牂柯置夜郎郡，兼置寧州。

又 卷四 青州。案：《禹貢》：為海岱之地，舜置十二牧，則其一也。舜以青州越海又分為營州，則遼東本為青州矣。《周禮》：正東曰青州，蓋取土居少陽，其色為青，故以為名也。《春秋元命包》云：虚、危流爲青州。漢武帝置十三州，因舊名，歷後漢至晉不改。《通典》：晉青州，理臨淄。沈《志》：江左僑立，治廣陵。州統郡國六、縣三十七、户五萬三千。【略】

齊國。秦置郡，漢以為國。景帝以為北海郡，統縣五、户一萬四千。沅案：《晉太康地志》：有般陽縣，此不載，蓋後省。【略】

濟南郡。漢置，統縣五、户五千。沅案：杜預莊公十年《左傳》注：濟南郡有平陵縣。昭公十年注：濟南有於陵縣。《魏志·地形志》：歷城，晉屬濟南。沈《志》：平陵縣，漢至晉並曰東平陵。《太平寰宇記》：永嘉末，濟南自東平陵移理歷城。又云：鄒平縣，後漢及晉不改。永嘉之亂，其縣始廢，則西晉時有此諸縣也。或云魏平蜀，徙其豪將家于濟河北，故改為濟岷郡。沅案：沈《志》：濟岷郡，晉安帝義熙中土斷幷濟南，則晉蓋曾分濟南立濟岷，非竟改濟南作濟岷也。此注云改為濟岷郡，似誤。而《太康地理志》無此郡名，未之詳。沅案：《太康地理志》恐並無濟南郡。今考此志『濟南郡領縣五』下密膠東即墨。《太康地志》云：屬北海祝阿。《太康地志》無，唯平壽一縣，兩漢本屬北海，則《太康地志》無濟南郡可知，疑武帝以後始改北海為濟南，但無明文可據耳。【略】

長廣郡。咸寧三年置，統縣三、户四千五百。沅案：《地形志》：二漢屬東萊，後罷。晉惠帝復，後屬長廣。《太平寰宇記》：晉無昌陽縣。又稱顧野王曰：晉惠帝元康八年後復立昌陽縣，屬長廣郡。【略】

惠帝元康十年，又置平昌郡，沅案：《安德陳太后傳》：父廣為平昌太守。又分城陽之黔陬、壯武、淳于、昌安、高密、平昌、營陵、安丘、大劇、臨朐十一縣為高密國。【略】

徐州。案：《禹貢》：海岱及淮之地。舜置十二牧，則其一也。于周入青州之域。《春秋元命包》云：天氐流為徐州，蓋取舒緩之義。或云：因徐邱以立名。秦兼天下，以置泗水、薛、琅邪三郡。楚漢之際，分置東陽郡。漢又分置東海郡，改泗水為沛，改薛為魯，分沛置楚國，以東陽屬吳國。景帝改吳為江都。武帝分沛、東陽，置臨淮郡，改江都為廣陵。及置十三州，以其地為徐州，統楚國及東海、琅邪、臨淮、廣陵四郡。宣帝改楚為彭城郡，後漢改為彭城國，以沛郡之廣戚縣來屬，改臨淮為下邳國。及太康元年，復分下邳屬縣在淮南者置臨淮郡，分琅邪置東莞郡。沅案：《通典》：晉徐州，理彭城。州凡領郡國七、縣六十一、户八萬一千二十。【略】

下邳國。漢置，為臨淮郡，統縣七、户七千五百。【略】

琅邪國。秦置郡，統縣九、户二萬九千五百。【略】

東莞郡。太康中置，統縣八、户一萬。沅案：沈《志》：咸寧三年，復以東莞郡合琅邪。太康十年，復立。【略】

廣陵郡。漢置，統縣八、户八千八百。沅案：【略】沈《志》：海陵縣，三國時廢，晉武帝太康元年復立。【略】

太康十年以青州、城陽郡之莒、姑幕、諸、東武四縣屬東莞。元康元年，分東海治蘭陵郡。沅案：《太平寰宇記》：分東海之蘭陵、承戚、合鄉、昌慮五縣，置蘭陵郡理承縣。七年，又分東莞置東安郡，沅案：沈《志》：晉惠帝立東安郡，領縣三。分臨淮置淮陵郡，沅案：沈《志》：惠帝永寧元年，以為淮陵國，所領有司、吾徐、下邳、廣陽等縣。以堂邑置堂邑郡。【略】

荊州。案：《禹貢》：荊及衡陽之地。舜置十二牧，則其一也。《周禮》：正南曰荊州。《春秋元命包》云：軫星散為荊州。荊，强也，言其氣躁强。亦曰警也，言南蠻數為寇逆，其人有道後服無道，先强常警備也。又云：取名于荊山。六國時其地為楚。及秦取楚鄢郢，為南郡。又取巫中地為黔中郡，以楚之漢北立南陽郡。滅楚之後，分黔中為長沙郡。漢高祖分長沙為桂陽郡，改黔中為武陵郡，分南郡為江夏郡。武帝又分長沙為零陵郡。及置十三州，因舊名為荊州，統南郡、南陽、零陵、桂陽、武陵、長沙、江夏七郡。沅案：《後漢書·劉表傳》：荊州八郡。《漢官儀》：荊州，統長沙、零陵、桂陽、南陽、江陵、武陵、南郡、章陵，不知何時始置。又惟《魏志·趙儼傳》：太祖征荊州，以儼領章陵太守，疑郡屬建安時所立。又『江陵』宜作『江夏』。後漢獻帝建安十三年，魏武盡得荊州之地，分南郡以北立襄陽郡，又分南陽西界立南鄉郡，分枝江以西立臨江郡。及敗于赤壁，南郡以南屬吳。吳後遂與蜀分荊州，於是南郡、零陵、武陵以西為蜀，江夏、桂陽、長沙三郡為吳，南陽、襄陽、南鄉三郡為魏，而荊州之名南北雙立，分南郡立宜都郡。劉備没後，宜都、武陵、零陵、南郡四郡之地悉復吳。魏文帝以漢中遺黎立魏興、新城二郡。明帝分新城立上庸郡。孫權分江夏立武昌郡，又分蒼梧立臨賀郡，分長沙立衡陽、湘東二郡。沅案：《吳志》在孫亮太平二年。此云權分置，誤。孫休分武陵立天門郡，分宜都立建平郡。孫皓分零陵立安郡，分桂陽立始興郡，又分零陵立邵陵郡，分長沙立安成郡。荊州統南郡、武昌、武陵、宜都、建平、天門、長沙、零陵、桂陽、衡陽、湘東、邵陵、臨賀、始興、始安十五郡。

其南陽、江夏、襄陽、南鄉、魏興、新城、上庸七郡屬魏之荆州。及武帝平吳，分南郡為南平郡，分南陽立義陽郡，改南鄉為順陽郡，又以始興、始安、臨賀三郡屬廣州，以揚州之安成郡來屬。沅案：《晉書》：荆州刺史理襄陽、洎平。吳復理南陵。羊祜、杜預繼領荆州，或鎮襄陽，或鎮江陵。王敦為刺史，理武昌。【略】州統郡二十二、縣一百六十七、户三十五萬七千五百四十八。【略】

南郡。漢置，統縣十二、户五萬五千。沅案：沈《志》：晉武帝太康元年改曰新郡，尋復故。【略】

順陽郡。太康中置，統縣八、户二萬一百。沅案：魏分南陽立南鄉郡，晉武帝改今名。此注云太康中置，誤。沈《志》：晉成帝咸康四年，復立南鄉郡，後復舊。【略】

義陽郡。太康中置，統縣十二、户一萬九千。沅案：《元和郡縣志》云：晉太康九年，分義陽郡置隨郡。《太平寰宇記》：晉武帝太始元年，割南陽之東鄙復置義陽郡，封安平獻王孚次子望為義陽王。【略】

新城郡。魏置，統縣四、户一萬五千二百。沅案：《水經注》：沮水又東南經汶陽郡北，即高安縣界。郡治錫城縣，居郡下城，故新城之下邑，義熙初分新城立。【略】

魏興郡。魏置，統縣六、户一萬二千。沅案：《太平寰宇記》：郡魏文帝時理洵口，晉太康二年移理錫縣，三年始改理平陽，至元康中又移理錫縣，永嘉後又移理西城。【略】

上庸郡。魏置，統縣六、户一萬一千四百四十八。沅案：沈《志》：魏明帝太和二年，分新城之上庸、武陵、北巫為上庸郡。景初元年，又分魏興之魏陽，錫郡之安富、上庸為郡，疑是太和後省，景初又立也。又引《晉地記》：武帝太康元年改上庸之廣昌為庸昌，二年省。【略】

建平郡。吳、晉各有建平郡。太康元年合，統縣八、户一萬三千二百。沅案：《吳志》：孫休永安三年分宜都立，領信陵、興山、秭歸、沙渠四縣。沈《志》：晉又有建平都尉，領巫、北井、泰昌、建始四縣。晉武帝咸寧元年改都尉為郡，於是吳、晉各有建平郡。太康元年吳平，并合。【略】

宜都郡。吳置，統縣三、户八千七百。沅案：注言吳置，非，辨已見前。【略】

南平郡。吳置，以為南郡。太康元年改曰南平，統縣四、户七千。沅案：沈《志》：南平郡後治江安。【略】

湘東郡。吳置，故屬長沙，統縣七、户一萬九千五百。【略】

零陵郡。吳置，統縣十一、户一萬五千一百。沅案：零陵，漢舊郡，不得云吳置。【略】

桂陽郡。漢置，統縣六、户一萬一千三百。沅案：沈《志》：江左復立汝成縣。【略】

武昌郡。吳置，統縣七、户一萬四千八百。沅案：《晉起居注》：太康改江夏為武昌郡。今考《吳志》，權分江夏立武昌郡。晉平吳後，江夏、武昌二郡亦並立，安得云改江夏為武昌乎？《起居注》蓋誤。【略】

惠帝分桂陽、武昌、安成三郡立江州，以新城、魏興、上庸三郡屬梁州，又分義陽立隨郡，沅案：《陶稱傳》：庾亮以稱監江夏、隨、義陽三郡軍事。分南陽立新野郡，沅案：盛弘之《荆州記》在元康九年。分江夏立竟陵郡。懷帝又分長沙、衡陽、湘東、零陵、邵陵、桂陽及廣州之始安、始興、臨賀九郡置湘州。時蜀亂，又割南郡之華容、州陵、監利三郡別立豐都，合四縣。置成都郡，為成都王穎國，居華容縣。愍帝建興中，併還南郡，亦併豐都為監利。

又 卷五 揚州。案：《禹貢》：淮海之地，舜置十二牧，則其一也。《周禮》：東南曰揚州。《春秋元命包》云：牽牛流為揚州，分為越國，以為江南之氣燥勁，厥性輕揚。亦曰：州界多水，水波揚也。于古則荒服之國，戰國時其地為楚分。秦始皇并天下，以置鄣、會稽、九江三郡。項羽封英布為九江王，盡有其地。漢改九江曰淮南，即封布為淮南王。六年，分淮南置豫章郡。十一年布誅，立皇子長為淮南王，劉濞為吳王，二國盡得揚州之地。文帝十六年，分淮南立廬江、衡山二郡。景帝四年，封皇子非為江都王，并得會稽郡而不得豫章。武帝改江都曰廣陵，封皇子胥為王而以屬徐州。元封二年，改鄣曰丹陽，改淮南復為九江。後漢順帝分會稽立吳郡。揚州統會稽、丹陽、吳、豫章、九江、廬江六郡，省六安并廬江郡。獻帝興平中，孫策分豫章立廬陵郡，孫權又分豫章立潘陽郡，分丹陽立新都郡。孫亮又分豫章立臨川郡，分會稽立臨海郡。孫休分會稽立建安郡。孫皓分會稽立東陽郡，分吳立吳興郡，分豫章、廬陵、長沙立安成郡，分廬江立廬陵南部都尉。揚州統丹陽、吳、會稽、吳興、新都、東陽、臨海、建安、豫章、潘陽、臨川、安成、廬陵南部十四郡，江西、廬江、九江之地自合肥之北壽春悉屬魏。及晉平吳，以安成屬荆州，分丹陽之宣城、宛陵、陵陽、安吳、涇、廣德、寧國、懷安、石城、臨城、春穀十一縣立宣城郡，理宛陵，改新都曰新安郡，改廬陵南部為南康郡，分建安立晉安郡，又分丹陽立毗陵郡。沅案：應云分吳郡立毗陵郡，此云丹陽，誤。揚州合統郡十八、沅案：《通典》：揚州，魏晉理壽春。晉平吳，理建業。【略】縣一百七十三、户三十一萬一千四百。【略】

丹陽郡。漢置，統縣十一、户五萬一千五百。【略】

宣城郡。太康二年置。沅案：當從沈《志》作『太康元年』。統縣十一、户二萬三千五百。【略】

淮南郡。秦置九江郡，漢以為淮南國。漢武帝置為九江郡。武帝改為淮南郡。統縣十六、户三萬三千四百。【略】

廬江郡。漢置，統縣十、户四千二百。沅案：《太平寰宇記》稱《晉太康地記》：廬江郡從皖更移居于舒。【略】

毗陵郡。吳分會稽、無錫已西為屯田，置典農校尉。太康二年，省校尉為毗陵郡，統縣七、户一萬二千。沅案：【略】沈《志》：郡治丹徒，後復還毗陵。永嘉五年後，徙治丹徒。【略】

吳郡。漢置，統縣十一、户二萬五千。沅案：一本作『二萬四千』。【略】

會稽郡。秦置，統縣十、户三萬。沅案：晉於此置東揚州。【略】

新安郡。吳置，統縣六、户五千。沅案：沈《志》：漢建安十三年，孫權分丹陽立曰新都。晉武帝太康元年更名。【略】

建安郡。故秦閩中郡，漢高祖五年以立閩越王。及武帝滅之，徙其人，名為東冶，又更名東城。後漢改為候官都尉。及吳，置建安郡，統縣七、户四千三百。沅案：《太平寰宇記》：晉廢建安郡，以舊屬邑隸晉安郡。【略】

晉安郡。太康三年置，統縣八、户四千三百。沅案：《元和郡縣志》：晉置，領縣八。【略】

臨川郡。吳置，統縣十、户八千五百。沅案：《太平寰宇記》：吳太平二年以南城、臨汝二縣置臨川郡，更增宜黃、安埔、新建、西平、西城、東興、南豐、永城八縣。至晉改西城為西寧、西平為西豐。【略】

鄱陽郡。吳置，統縣八、户六千一百。沅案：沈《志》：孫權分豫章立治鄱陽縣。赤烏八年，徙治吳芮故城。【略】

廬陵郡。吳置，統縣十、户一萬兩千二百。沅案：《晉地記》：太康中以雩都、贛、南野等縣割為南康郡，而廬陵百姓去管遥遠，乃移郡于石陽縣。【略】

南康郡。太康三年置，統縣五、户一千二百。沅案：《元和郡縣志》：本吳廬陵南部都尉。晉武帝太康三年罷都尉立為南康郡，至永和五年移理贛。【略】

惠帝元康元年，有司奏：荆、揚二州，疆土廣遠，統理尤難，于是割揚州之豫章、潘陽、廬陵、臨川、南康、建安、晉安，荆州之武昌、桂陽、安成，合十郡，因江水之名而置江州。永興元年，分廬江之尋陽、武昌之柴桑二縣置尋陽郡，屬江州，分淮南之烏江、歷陽二縣置歷陽郡。又以周玘創義，討石冰，割吳興之陽羨并長城縣之北鄉置義鄉、國山、臨津并陽羨四縣。又分丹陽之永世置平陵及永世，凡六縣。立義興郡以表玘之功，並屬揚州。又以毗陵郡封東海王世子毗，避毗諱，改為晉陵。懷帝永嘉元年，又以豫章之彭澤縣屬尋陽郡。湣帝立，避帝諱，改建業為建康。【略】

交州。案：《禹貢》：揚州之域，是為南越之土。秦始皇既略定揚州以謫戍卒五十萬人守五嶺。自北徂南入越之道必由嶺嶠，時有五處，故曰五嶺。後使任囂、趙佗攻越，略取陸梁地，遂定南越，以為桂林、南海、象等三郡，非三十六郡之限，乃置南海尉以典之，所謂東南一尉也。漢初以嶺南三郡及長沙、豫章，封吳芮為長沙王。十一年，以南武侯織為南海王。陸賈使還，拜趙佗為南越王，割長沙之南三郡以封之。武帝元鼎六年，討平呂嘉，以其地為南海、蒼梧、鬱林、合浦、日南、九真、交阯七郡，蓋秦時三郡之地。元封中，又置儋耳、珠崖二郡置交阯刺史以督之。昭帝元始五年，罷儋耳并珠崖。元帝元初三年又罷珠崖郡。後漢馬援平定交部，始請立城郭、置井邑。順帝永和九年，交阯太守周敞請立為州，朝議不許，改拜敞為交阯刺史。桓帝分立高興郡。靈帝改曰高涼。建安八年，張津為刺史，士燮為交阯太守，共表立為州，乃拜津為交州牧。

十五年，移居番禺，詔以邊州使持節，郡給鼓吹以重城鎮，加以九錫、六佾之舞。吳黃武五年割南海、蒼梧、鬱林、三郡立廣州，交阯、日南、九真、合浦四郡為交州。戴良為刺史，值亂不得入。呂岱擊平之，復還并交部。赤烏五年後，復置珠崖郡。永安七年，復以前三郡立廣州。及孫皓，又立新昌、武平、九德三郡，蜀以李恢為建寧太守，遥領交州刺史。晉平蜀，以蜀建寧太守霍蟻遥領交州，得以便宜選用長吏。平吳後，省珠崖入合浦。沅案：《通典》：交州，理龍編。交州統郡七、縣五十三、户二萬五千六百。【略】

交阯郡。漢置，統縣十四、户一萬兩千。沅案：《水經注》：晉太康中，交阯徙理龍編。【略】

武平郡。吳置，統縣七、户三千。沅案：一本作『五千』。【略】

日南郡。秦置象郡，漢武帝改名焉。統縣五、户六百。沅案：沈《志》：吳省。太康三年復立，又有壽泠、無勞二縣。壽泠，晉武帝太康十一年分西卷立；無勞，晉武帝分比景立。【略】

廣州。案：《禹貢》：揚州之域，秦末趙佗所據之地。及漢武帝以其地為交阯郡，至吳黃武五年分交州之南海、蒼梧、鬱林、高梁四郡立為廣州，俄復舊。永安六年復分交州置廣州。沅案：《吳志》：事在永安七年，此云『六年』，誤。沈《志》亦作『七年』。分合浦，立合浦北部，以都尉領之。孫皓分鬱林立桂林郡。及太康中吳平，遂以荆州始安、始興、臨賀三郡來屬。沅案：《通典》：廣州，理番禺。合統郡十、縣六十八、户四萬三千一百二十。【略】

鬱林郡。秦置桂郡，漢武帝更名。統縣九、户六千。沅案：沈《志》：有安始縣，吳立，曰建始。晉武帝太康元年更名。又晉武帝太康六年，立安遠縣，屬鬱林。【略】

桂林郡。吳置，統縣八、户兩千。沅案：沈《志》：吳孫皓鳳凰三年，分鬱林治武熙縣，不知何時所徙。【略】

高涼郡。吳置，統縣三、户二千。沅案：沈《志》：吳分合浦立，治思平，不知何時所徙。吳又立高熙郡。太康中省并高涼。【略】

寧浦郡。吳置，統縣五、户一千二百二十。沅案：《廣州記》：建安二十三年，吳分鬱林立，治平山縣。《吳録》：孫休永寧三年，分合浦立合浦北部校尉，領平山、興道、寧普三縣。《晉太康地志》：武帝太康七年，改合浦屬國都尉立。遍考諸地志，吳所置郡無寧浦，當是孫休時立合浦北部尉，至太康中始改立作郡耳。此注及《廣州記》恐皆不足據。【略】

武帝後省高興郡。懷帝永嘉元年，又以臨賀、始興、始安三郡凡二十縣為湘州。

論説

宋・王應麟《通鑑地理通釋》卷二《歷代州域總敍中・晉十九州》

《地理志》：晉武帝太康元年，平孫氏，增置郡國二十三：滎陽、上洛、頓丘、臨淮、東莞、襄城、汝陰、長廣、廣寧、昌黎、新野、隨郡、陰平、義陽、毗陵、宣城、南康、晉安、寧浦、始平、略陽、樂平、南平。省司隷，置司州，別立梁、秦、寧、平四州，仍吳之廣州，凡十九州。司治洛陽；兗治廩丘；今濮州雷澤縣。豫治項；今陳州項城。冀治房子；今趙州臨城縣。并治晉陽；青治臨淄；徐治彭城；今徐州。荆初治襄陽，後治江陵；揚初治壽春，後漢建業；涼治武威；今涼州。雍治京兆；秦治上邽；今秦州。益治成都；梁治南鄭；今興元府。寧治雲南；今姚州。幽治涿；今幽州范陽縣。平治昌黎；漢遼西交黎，唐安東府。交治龍編；唐安南府。廣治番禺。今廣州。

惠帝分揚之豫章至晉安七郡，荆之桂陽、武昌、安成三郡立江州。《宋・州郡志》云：『太康元年，天下一统，凡十六州。後又分涼、雍為秦，分荆、揚為江，分益為寧，分幽為平，而為二十矣。』郡國一百七十三。仍吳所置二十五，仍蜀新置十一，仍魏所置二十一，仍漢舊九十三，置二十三。永嘉南度，境宇殊狹，九州之地有其二焉。晉以魏公族微弱，委兵諸王，遞相攻伐，致亂尤速。八王：汝南王亮、楚王瑋、趙王倫、齊王冏、長沙王乂、成都王穎、河間王顒、東海王越。

清・王鳴盛《十七史商榷》卷四四《晉書二・分荆州江州八郡爲湘州》

《懷帝紀》：『永嘉元年八月，分荆州、江州八郡爲湘州。』案：《地理志》：『懷帝分長沙、衡陽、湘東、零陵、邵陵、桂陽及廣州之始安、始興、臨賀九郡置湘州。』乃九郡，非八郡也。其長沙等六郡，舊俱屬荆州，惠帝元康元年分桂陽屬江州，今《紀》云『分荆州、江州八郡爲湘州』，不及廣州，偶遺之耳。

又　卷四六《晉書四・晉地理辨證》　『司州滎陽郡屬縣封』，上脫『開』字。注云：『宋蓬池，或曰蓬浲。』『浲』當作『澤』。

『河東郡屬縣汾陽』，注：『公相國。』元板作『公國相』。

『廣平郡屬縣涉』，案《後漢書》魏郡無涉。

『兗州濟陽郡屬縣宛句』，元板作『冤句』。

『高平國屬縣陸湖』，據《後漢書》，當作『湖陸』。

『泰山郡屬縣奉高』注：『西南有明臺。』案『臺』當作『堂』。

『豫州汝南郡屬縣西平』，注：『龍泉，水有用淬可刀劍。』案當作『有龍泉，水可用淬刀劍』。

『沛國屬縣汶』，案《後漢書》沛國有洨縣，無汶。『汶』字當作『洨』。

『魯郡屬縣番』，注：『故小邾之國。』『邾』字闕。

『冀州，縣八千二』，『千』當作『十』。

『中山國屬縣魏昌』，案即漢昌，魏改名。

『幽州燕國屬縣安國』，注：『國相。蜀主劉禪封此縣公。』案後主封安樂公，《後書》亦作『安樂』，此作『國』，誤。

『廣寧郡』，注：『故屬上谷。』『屬』字闕。

『代郡屬縣富城』，案疑即『當城』。

『平州，咸寧二年十月，分昌黎、遼東、玄菟、帶方、樂浪等郡國五置』，案《武帝本紀》：『泰始二年二月，分幽州五郡置平州。』與此年月互異。

『遼東國屬縣汶』，當作『文』。

『樂浪郡屬縣遂城』，當作『遂成』。

『雍州安定郡屬縣烏氏』，案《後漢書》作『烏枝』。

『涼州武威郡屬縣揖次』，案兩《漢書》皆作『揟次』。『胥』，古文『骨』，故訛爲『揖』。又『倉松』，當作『蒼松』。

『敦煌郡屬縣宜安』，疑即『冥安』，冥水所出。

『梁州巴東郡屬縣魚腹』，《後漢書》作『魚復』。

『益州江陽郡屬縣有符』，前漢犍爲郡之符縣也，《後漢書》則作『荷節』，未詳。

牂牁郡屬縣有指談，有毋劍，按兩《漢書》皆作『談指』、『毋斂』。

『寧州』，誤不提行。

『雲南郡屬縣弄棟』，『弄』誤作『梇』。

『興古郡屬縣有滕休』，兩《漢書》作『勝休』。又『鐔封』，《後漢書》作『鐔封』。

『咸康四年，分牂牁、夜郎、朱提、越嶲四郡置安州。八年，又罷幷寧州』，案《成帝紀》罷安州在咸康七年，與志不同。

『青州濟南郡屬縣即墨』，注：『有天山祠。』案天山即天寶山。

『徐州下邳國屬縣下邳』，注：『萬嶧山在西首，百嶧陽也。』『萬』當作『葛』，『百』當作『古』，『首』字衍。

『東海郡屬縣有況其』，案『況』當作『祝』，見《左傳》。又有原丘，案兩《漢書》俱作『厚丘』。

『荆州襄陽郡屬縣中廬』，案《後漢書》作『中廬』。

『義陽郡屬縣有厥』，下誤空一格，乃云『西平氏』，當『厥西』連文，『西』下空一格。

『天門郡屬縣有兗』，案後漢武陵郡有充無兗，『兗』當作『充』。

【略】

『揚州會稽郡屬縣鄮』，案《後漢書》作『剡』，此誤。【略】

『交阯郡羸陵』，案『羸』，《漢書》作『羸』，音連，乃妄造『羸』字，謬甚。又『典易』，《後漢書》作『曲易』。

『九真郡屬縣移風』，案兩漢九真有居風，無移風，此誤作『移』。

『廣州，吳黄武五年，分交州立，俄復舊。永安六年，復分交州置廣州』，案上文甫言永安七年復立廣州，此又言六年，自相違。

『鬱林郡』，注：『秦置桂郡。』『桂』下脫『林』字。『屬縣柯林』，兩《漢》俱作『阿林』。

又　卷六四《南史合宋齊梁陳書十二・秣陵建康二縣分治秦淮南北》　今上元、江寧二縣在漢惟秣陵縣，在六朝爲秣陵、建康二縣。其建置沿革分合變遷，糾紛參錯，不可爬梳，惟《皇輿表》最爲詳晰，康熙十八年修，四十三年增修。學者覽之自明。其縣治之爲古迹，爲後創，未可詳攷。惟因秦淮水常存，故秣陵、建康分治處猶可想像得之。樂史《太平寰宇記》卷九十《江南東道》云：『淮水北去江寧縣一里，源從宣州東南溧水縣烏利橋西流入百五十里。相傳秦始皇巡會稽，鑿斷山阜，此淮即所鑿也，故名秦淮。又未至方山，有直瀆行三十許里，以地形論之，淮發源詰屈，不類人功，則始皇所掘宜此瀆也。淮水發源於華山，在丹陽湖姑孰之界，西北流經建康、秣陵二縣之間，縈紆京邑之内，至於石頭入江，綿亘三百許里。』樂史此段與李昉等《太平御覽》第六十五卷《地》部多同，所叙《秦淮》原流甚佳。彼文又云：『《建康圖經》云：「西晉太康元年，平吳，分地爲二邑，自淮水南爲秣陵，淮水北爲建業。」』樂史所采《建康圖經》自是唐以前古書可信者，據此則二縣分治古迹，千載可見。

陶弘景《真誥》卷第十一《稽神樞》篇注：『金陵之號起自楚時，至秦皇過江厭氣，乃改爲秣陵。漢來縣舊治小丹陽，今猶呼爲故治也。晉太康三年，割淮水之南屬之。義熙九年，移治鬬場。元熙元年，徙還今處。』此條以證淮水之南爲秣陵最爲明切，歐陽忞《輿地廣記》卷第二十四《江南東路》：『江寧府上元縣，故建康縣，本建業。晉武帝既復改建業爲秣陵，太康三年，又分秣陵之水北置建鄴縣，後避愍帝名，改曰建康。』此條以證淮水之北爲建康，亦最爲明切也。

雜録

《晉書》卷三《武帝紀》 （泰始五年）二月，以雍州隴右五郡及涼州之金城、梁州之陰平置秦州。【略】

（泰始十年）二月，分幽州五郡置平州。【略】

（太康）三年春正月丁丑，罷秦州，并雍州。

又 卷四《惠帝紀》 （永平元年）秋七月，分揚州、荆州十郡爲江州。

又 卷五《懷帝紀》 （永嘉元年八月）分荆州、江州八郡爲湘州。

宋·李昉等《太平御覽》卷一六三《州郡部·河北道下·并州》

《太康地記》曰：并州不以衛水爲號，不以恒山爲稱，而云并者，蓋以在兩谷之間乎？

又 卷一六八《州郡部·山南道下·澧州》 《輿地志》曰：晉末以義陽流人在南郡者立爲南義陽郡，寄在荆州。

又 卷一六九《州郡部·淮南道·壽州》 《壽春記》曰：三國時，江、淮爲戰爭之地，其間數百里無復人居。晉平吳，其民乃還本土，復立爲淮南郡。

又 卷一七〇《州郡部·江南道上·江州》 《尋陽記》曰：春秋時吳之西境，後吳爲楚滅，更爲楚地。秦屬廬江郡。漢屬淮南國。晉武太康十年，因江水之名而置江州。成帝咸和元年，移理湓城，即今郡是。

又 《洪州》 《豫章記》曰：太康中，望氣者雲豫章、廣陵有天子氣，故封湣懷太子爲廣陵王，領鎮軍以鎮豫章。後永興中，懷帝遂以豫章王登天位。

清·畢沅《晉書地理志新補正·序》 《晉書·地理志》二卷案：《新、舊唐書》爲房玄齡等二十人所撰。今核其書，大要以晉武帝太始、太康中爲定，自惠帝時已略焉，至東晉則尤略，蓋唐初諸儒于地理之學非所研究。故顔師古注《前漢書》以京兆南陵爲今寧國府南陵縣，章懷太子注《後漢書》以九江、當塗爲今太平府當塗縣。案之樂史《太平寰宇記》，漢南陵縣故城在萬年縣東南二十四里白鹿原上，當塗縣故城在鍾離縣西一百十七里，皆無緣至江左，二人蓋誤以東晉僑縣爲漢舊縣也。此類尚多，非可詳矣。夫晉世册籍可據者，如《太康地志》、《元康定户》、《晉世起居注》等見于沈約《宋書》，撰《晉書》者王隱、虞預、臧榮緒、謝靈運、干寶諸家，其王隱《晉書·地道記》及不著姓氏《晉書·地理志》與《晉地記》見于酈道元《水經注》，類皆搜采廣博，十倍今書。他如《郡國縣道記》、《聖賢冢地記》，黄義仲、闞駰皆有《十三州記》，以迄杜預、京相璠之注經，徐廣之注史，皆引近世州郡以證古名，多可采擇。姑即一二言之。沈約稱《晉起居注》：太康四年立南郡監利縣。酈道元稱：杜預克江南，罷華容縣置江安縣以華容之南鄉爲南郡。太康元年，改爲南平郡。若以太康之前爲據，則南郡不宜有監利也。以太康之後爲據，則南郡又不宜有華容也。而今志則兩縣並載。樂史稱王隱《晉書》云：魏末克蜀，分廣漢、巴、涪陵以北七郡爲梁州。酈道元、沈約從之，而今志云：梁州，晉太康三年始置。酈道元稱闞駰《十三州記》：晉太始中割南陽東鄙之安昌、平林、平氏、義陽四縣置義陽郡。沈約亦同。而今志亦以爲太康中始置。外若樂史稱盛弘之《荊州記》：晉荆州領三十郡，又稱《舊晉書》：晉荆州領十九郡，皆與今志不同。是唐初脩《晉書》，不特不旁考諸書，卽王隱《地道》之編，沈約《州郡》之志，亦近而不采，殊可怪矣。然使能一以武帝時郡縣爲定，而盡録《太康地志》所有，勒成一書，雖非典午之全編，亦可悉金行之首運，未爲失也。今又不然。考今志，巴東郡無漢豐縣，建寧郡無泠邱縣，而沈《志》云《太康地志》皆有之，是縣省設不同。一也。今志青州無北海郡，而沈《志》卽墨、下密二縣下並云：《太康地志》屬北海。今志吳置寧浦郡，而沈《志》稱《太康地志》：武帝太康七年，始改合浦屬國都尉立寧浦郡，張勃《吳録》亦然。是郡廢置不同。二也。今又志云：太康三年罷平州、寧州，而本紀及他書皆云：太康三年罷，二州刺史入奏事，未嘗廢刺史，是州罷立不同。三也。以鹵莽之羣材，承史志之重寄，而又不資校衆籍，證引他書，固宜其紀傳所列卽與志殊，志之前所列又與後殊也。夫晉世版輿，上承三國之瓜分，下值南朝之僑置，建罷沿革，所係非輕，蓋馬彪撰《郡國》，既不詳：安順以後，沈約志州郡又難究徐、兗以西，使諸賢能據貞觀見存之圖籍，述太康混一之山川，可采既多，用功亦易。而今之撰録若此，則唐初諸賢不究地理學之過也。沅官事之暇，嗜博觀史籍，閒以所見校正此志譌漏，凡數百條，又采他地理書可以補正闕失者皆録入焉。分爲五卷，升元注作大字，則從劉昭補注《郡國志》舊例也。時乾隆四十六年，歲在辛丑，孟冬月十五日。

又　卷五《洪亮吉後序》　秋颿先生著《晉書地理志新補正》五卷，采酈元、沈約、司馬貞、張守節、李善所稱述書，凡二十餘種，益以魏王泰、杜祐、李吉甫、樂史、宋敏求諸書事涉典午者即綴録之，又隨事正其闕失，纔數百條。自是《晉書·地理志》始為完書，非僅劉昭注《郡國志》第矜該博已也。歷史地理，惟班固最稱詳核，自高、惠建置以迄新莽改稱，靡不畢登，用芟殊說。至司馬彪著《郡國志》，則先詳後略。永初而降，事乃闕如。及唐人修《晉書》，其志輿地，蓋欲據西晉一統之日，然亦當以惠帝永康、永興為斷，而今之州縣登降，僅及太康，又與《太康地志》牴牾者，十復得五，則前後失據之甚者焉。益信先生補正是書，為不可少也。先生官事之暇，于地理尤所究心。既成此書，又以黃義仲、闞駰《十三州記》、《晉太康地理志》、魏王泰《括地志》等散失已久，更從諸書綴出之，弟其先後，證其闕失，彙為若干卷，行將鋟本，以廣其傳。亮吉從先生久，又舟輪所周殆半區宇。每興焉，眺覽方册，必俱資於見聞，藉證今昔。因先生此書，遂續為《東晉區宇》、《十六國區宇》，二志於實土僑置，星離豆剖者，庶不至理亂絲而紊。行將乞先生序之，庶可附是書以傳也。乾隆四十八年，歲在癸卯，三月十八日，陽湖後學洪亮吉書于西安使院之曉華齋。

清·方愷《新校晉書地理志》　司州

河南郡

案：《續漢·郡國志》劉昭注引皇甫謐《帝王世紀》曰：尸鄉在偃師縣西三十里。《水經注》引《太康地道記》同。郭璞《山海經》穀水注云：今穀水出穀陽谷，東北至穀城縣入洛河。左氏《隱十一年》傳『吾先君新邑于此』杜預注云：此今河南新鄭。據此知晉時有偃師、穀城、新鄭三縣，皆當從《續漢志》屬河南郡。《寰宇記》謂偃師晉併入洛陽，又云西晉省穀城縣入河南，蓋援本志望文生義耳。翊寅謹案：《郡國志》弘農郡有新安，云澗水出。魏收《地形志》：新安，二漢屬弘農，晉屬河南。沈約《州郡志》言《晉太康地志》屬河東，誤也。《地理志》：穀城，《禹貢》瀍水出。師古曰：卽今新安。《郡國志》：穀城有函谷關。本志云：新安，函谷關所居。是西晉時穀城省幷入新安矣。郭璞注有穀城縣，蓋東晉復置。

滎陽郡

案：左氏《襄十八年》傳『遂涉潁，次于旃然』杜注：旃然水出滎陽成皋縣東，入汴。《昭五年》傳『子太叔勞諸索氏』杜注又云：河南成皋縣東有大索城。一縣不應兩屬，未詳孰是。又《隱元年經》『鄭伯克段于鄢』杜注：在滎陽宛陵縣西南。苑、宛古通。寅案：《地形志》：苑陵，二漢屬河南，晉屬汝陽，有新鄭城、鄭莊公廟。據此，是新鄭晉時已幷入苑陵矣。『汝陽』當是『滎陽』之譌。又案：魏收《地形志》注：成皋，晉屬河南，後屬滎陽。疑杜預時已改屬此郡，後人誤用本志改竄《昭五年》注文耳。又案：《寰宇記》晉太始二年分河南置陽翟郡，以密縣屬焉，未詳所本。又本書《魏舒傳》遷宜陽、滎陽二郡太守，在文帝時。

宜陽郡或至武帝時已廢，滎陽郡則非泰始二年始置明矣。

弘農郡

案：本書《載記》「晉華山太守董邁降姚興」胡三省云：晉分弘農之華陰、京兆之鄭、馮翊之夏陽置華山郡。考杜氏《隱十一年》注謂鄭在京兆，《桓九年》注謂梁在馮翊夏陽，杜氏《春秋釋例》謂渭水至弘農華陰縣入河。郭璞注《爾雅》、《山海經》華山皆言華陰屬弘農，疑此郡置在東晉中年也。「黽池」，杜氏《僖三十二年》注作「澠池」。寅案：二《漢・志》作「黽」，《魏志》作「澠」。

平陽郡

左氏《僖十五年》傳「明年，其死于高梁之墟」杜注：在平陽楊氏縣西南。又《昭二十八年》傳「僚安爲楊氏大夫」注：平陽楊氏縣。疑「楊縣」當作「楊氏」。《僖九年》「高梁」注：在平陽縣西南。脫縣名矣。又《二十四年》「高梁」注作「楊」，脫「氏」字。

河東郡

杜注《左氏傳・襄元年》「賓諸瓠邱」云：河東東垣縣有壺邱。郭注《山海經》：王屋山，今在河東東垣縣。《州郡志》稱《太康地志》有東垣縣。是此郡「垣縣」當作「東垣」也。寅案：《州郡志》司州河南領東垣云：二《漢》、《晉太康地志》有東垣縣。今考《漢・志》河東郡有垣縣，無東垣，亦不屬河南，疑沈《志》當云「屬河東」也。又《州郡志》「司州刺史」下云：新安，《晉太康地志》屬河東，疑《州郡志》傳寫之譌。此「河東」當作「河南」。又案：郭注《爾雅》「漢大出尾」下條、郭注《山海經》「跋踵之山」條皆云：今河東汾陰縣有漢水。杜氏《文六年》傳「改蒐于董」注亦謂河東汾陰縣有董亭。本志作「汾陽」，疑誤。寅案：汾陽，二《漢・志》皆作「汾陰」。本志乃傳寫之譌。

汲郡

左氏《隱十一年》傳注：欑茅、隤二邑在修武，屬汲郡，與本志合。《山海經・西山經》郭注：今河内修武縣北黑山亦出清水。《水經注・清水篇》引京相璠曰：河内修武有隤城，疑西晉末改屬也。

河内郡

《續漢・郡國志》河内郡有武德縣。《石勒載記》：勒攻冠軍將軍梁巨於武德。《水經注・沁水篇》引闞駰言：沛水至武德入河。疑此縣西晉時尚存。

廣平郡

劉庠案：本志前篇言：魏氏受禪卽都漢宫，司隸所部河南、河東、河内、弘農，并冀州之平陽，合五郡，置司州，無廣平郡，而「廣平郡」下乃又言魏置，則魏時司州有六郡矣。寅案：《郡國志》注：建武十三年，省廣平國，以其縣屬鉅鹿。《州郡志》亦言建武十三年省并鉅鹿，魏分鉅鹿、魏郡，復爲廣平。又《地形志》「曲梁縣」云：魏黄初二年復置郡治。洪氏《疆域志》因之。是廣平省於建武、立於黄初矣。然據《三國・魏志》：建安十七年，割廣平之廣平、任城以益魏郡，則廣平之省當在建安末。沈《志》言建武中省，蓋本范書《光武紀》，而不言何時復立，疏矣。

劉逵《魏都賦》注：温水在廣平都易縣。「都易」字疑有誤。《郡國志》注作「易陽」，是也。又注云：龍山在廣平。沙縣卽本志之「涉」，《志》誤也。寅案：《郡國志》「魏郡沙侯國」劉昭引《魏都賦》注曰有龍山，是「沙縣」不當作「涉」矣。《地理志》魏郡有沙縣，惟《王子侯表》作「涉侯」，《魏武紀》、《水經注》、《元和志》、《寰宇記》並作「涉」。王氏《雜志》以「沙」爲傳寫之譌，恐非。又斥漳，《郡國志》、《地形志》皆作「斥章」。又本書《程衛傳》：衛，廣平曲周人。案：曲周，前漢屬廣平，後漢屬鉅鹿，疑晉初仍屬廣平。本志不載，未詳。寅案：《州郡志》云：曲周，《太康地志》屬廣平，作「曲周」。《梁》本志「曲」下脫「周」字。

陽平郡

《郡國志》、《地形志》清泉皆作「清淵」。本志作「于唐太宗時避諱改，非眞名也」。又《地形志》陽平郡武陽，晉屬東郡曰東武陽，後改屬。本志此縣既屬陽平，則應曰「武陽」，若仍稱「東武陽」，則應屬東郡，始與《地形志》合。又《州郡志》：發干令，漢舊名，屬東郡。《太康地志》無。《地形志》言晉屬陽平，疑太康時省，惠帝後復置。又《州郡志》：樂平令，前漢曰清，屬東郡，章帝更名。《晉太康地志》無。《地形志》言晉屬陽平，蓋亦非太康舊制矣。

魏郡

鄴，晉愍帝諱也。《州郡志》云：江左避諱，改曰「臨漳」。本志或于此斷爲太康地名，則當別見後篇，概從删削，似缺晉典。

頓丘郡

左氏《僖二十三年》傳「出于五鹿」杜注：今衛國縣西北有地名五鹿。《三國·魏志》：建安十七年，以東郡之衛國益魏郡。《地形志》：衛國，晉屬頓丘。《州郡志》：衛國令，《晉太康地志》有。案：據各書，本志「衛」下脱「國」字。《春秋·文元年》「公孫敖會晉侯于戚」杜注：在頓丘衛縣西。亦有譌脱也。《水經注·河水篇》引京相璠曰：今衛國縣西北三十里有五鹿地，今屬頓丘縣。

兗州

陳留國

《地形志》：扶溝，晉屬陳留。又《州郡志》亦云：扶溝，《太康地志》屬陳留，《志》缺。又《地形志》：圉城，晉曰圉，屬陳留，後罷。《州郡志》言《太康記》無此縣，未詳孰是。本書《江統》、《江逌傳》：皆陳留圉人。是晉初當有是縣，或太康末始省歟？又蔡豹，陳留圉城人，見《豹傳》。又案：本書《元敬虞皇后傳》：后爲濟陽外黄人。《隱逸·范粲傳》又云：粲，陳留外黄人。志列外黄於此，未詳孰是。又《蔡謨傳》：謨，陳留考城人。考城，東漢縣，疑晉時尚存。寅案：《州郡志》：晉惠分陳留爲濟陽國。領縣二，考城、鄄城。又《太康地志》：陳留無考城縣

濮陽國

《州郡志》：南濮陽太守，本東郡，晉武帝咸寧二年以封子允，以「東」不可爲國名，東郡是濮陽縣，故曰「濮陽國」。「濮陽」，漢舊名也。允改封淮南，還爲東郡。趙王倫簒位，廢太孫臧爲濮陽王。王尋廢，郡名遂不改。據沈約説，是晉武帝改東郡爲濮陽，非分置也。《地形志》：東郡，秦置，晉改濮陽。後復其屬縣，曰東燕、曰白馬，皆晉屬濮陽、後屬東郡；曰酸棗、曰長垣，皆晉屬陳留、後屬東郡。又有濮陽郡，云晉置，其屬縣曰廩丘、曰濮陽、曰鄄城，皆晉屬濮陽；曰城陽，晉屬濟陰，後屬濮陽。據魏收説，是晉復立東郡之後，與濮陽郡分統諸縣也。《左傳》注《隱五年》之燕縣，《定八年》、《哀十六年》注亦有東郡燕縣。《莊十四年》之鄄城縣，《僖十三年》、《宣十二年》之濮陽縣，《成十六年》、《襄二十六年》之廩丘縣，《襄二十四年》之白馬縣，皆云屬東郡。據杜預説，又本書《文苑·成公綏傳》：綏，東郡白馬人。是但有東郡，別無濮陽郡也。《太康地志》：鄄城、白馬、燕三縣屬濮陽，廩丘、濮陽二縣未詳所屬。據沈約所引《太康志》説，是但有濮陽郡，別無東郡也。各説互淆，巧歷不能算，是非不可決。若燕縣，則西晉時仍在，諸説俱同。又案：《水經注·瓠子河篇》：京相璠曰：清丘在今東郡濮陽縣東南三十里，魏都尉治。又曰：今東郡廩丘縣南有羊角城。又曰：東郡廩邱縣南三十里有故郕都。又曰：今東郡廩丘縣東八十里有故運城。參考衆説，似西晉時兩郡俱存也。又本書《鄭袤附傳子默》：武帝時爲東郡太守。《劉喬傳》：河間王顒以喬長子祐爲東郡太守。《郗鑒附傳叔隆》：爲東郡太守，在趙王倫專政之前。《魏浚傳》：浚，東郡東阿人。又可爲西晉有東郡之證。乃本志「司州」前言廢東郡立頓丘，後篇又不載復立東郡，不詳何據。

濟陽郡

此「濟陽郡」當作「濟陰」。今考洪氏亮吉《東晉疆域志》「濟陽郡」下云：沈《志》：晉惠分陳留爲濟陽國。「濟陰郡」下云：案：《晉·志》：兗州有濟陽郡，領定陶等九縣。此「濟陽」實「濟陰」之譌。而惠帝分置之濟陽，則《志》反闕之，洪氏説是也。又案：《左傳·隱八年》注：濟陽句陽縣東北有垂亭。此刊本因《晉·志》誤也。《爾雅》「再成爲陶邱」郭璞注：今濟陰，定陶城中。《左·桓四年》注：曹國，今濟陰定陶縣是也。本書《郤詵傳》：詵，濟陰單父人。《卞壺傳》：壺，濟陰冤句人。足證「陽」爲「陰」之誤。寅案：錢氏《考異》曰：漢無濟陽郡，蓋「濟陰」之誤。今考《州郡志》，於「城武」、「離狐」二縣並云：《晉太康地志》屬濟陰。可證「濟陽」當作「濟陰」。杜佑《通典》云「濟陰郡，晉爲濟陽郡」，非也。

高平國

高平屬邑在漢均屬山陽，晉改山陽爲高平。本志云：故屬梁國，晉初分山陽置，文有譌奪。又案：太康以前並無高平王，似不當作「國」。互見「魯郡」下。

東平國

《郡國志》濟北國有剛縣。杜氏《哀八年》注：東平剛縣北有闡亭。字亦作「岡」。《水經注》：汶水西南過岡縣北。京相璠曰：岡縣西四十

里有闡亭。剛、岡通。《隱五年》傳『郱人侵衛』注：東平，剛父縣西南有郕鄉。『父』字衍。《地形志》：剛晉曰剛平，後改濟北國。

本書《魏浚傳》：浚，東郡東阿人。與《志》異，必有一誤。

泰山郡

庠案：《郡國志》：泰山南城故屬東海，有東陽城。《左氏·襄十九年》『城武城』杜注：泰山南武城縣。而《哀八年》：吳師伐晉，既克武城，又克東陽。《史記》：曾參，南武城人。章懷《後漢》注：南城，曾子父所葬。是南城卽南武城也。據杜預注《左氏》皆作『南城』不作『南武城』，可證《襄十九年》杜注之泰山南武城縣言泰山之南有武城縣也。

本書《兩羊后及羊祜傳》皆云『泰山南城人』，無『武』字。庠案：《羊祜傳》：詔以泰山之南武陽、牟、南城、梁父、平陽五縣爲南城郡，封祜爲南城侯。祜卒，仍聽復本封。今志無南城郡，而『泰山郡』下又無南城縣。杜氏《隱六年》注：泰山牟縣東南有艾山。《地形志》：牟，漢、晉屬泰山。《州郡志》同。是泰山屬邑爲牟，非東牟也。漢東牟縣屬青州東萊郡，不當在此，互見青州東萊郡。庠案：《羊祜傳》泰山郡亦作『牟』，不作『東牟』。《晉·志》以南城爲南武城，以牟爲東牟，皆誤也。又《左傳·宣八年》杜注：今泰山有平陽縣。知新泰之改或在武帝末。《州郡志》『東莞郡』下云：新泰令，魏立，屬泰山。杜氏親當其時，不應捨新號取舊名，沈說似誤。本志缺更名年分，亦失考證矣。庠案：《地理沿革圖》馬氏徵鱗云：《左·宣公八年》『城平陽』杜注：今泰山有平陽縣。案：《州郡志》兗州高平郡有平陽縣，疑此縣太康初有之，不知廢于何時，而南宋復立，改屬高平也。翊寅謹案：平陽改名新泰，據《水經注》在晉武元康九年。元康非武帝年號，或以爲『太康』之誤，或以爲『武帝』當作『惠帝』。而《州郡志》、《地形志》皆以爲魏立，與酈注亦不相合。《元和郡縣志》又云：泰始中，鎮南將軍羊祜表改爲新泰縣。則杜預注《傳》在祜卒後，不當復云『今有平陽』，衆說紛歧，未詳孰是。沈、魏二《志》尚多舛誤，《元和志》可無論矣。酈注云元康中改說，蓋可從。

豫州

潁川郡

《郡國志》注引皇甫謐《帝王世紀》曰：魏文帝登禪于曲蠡之繁陽亭，爲縣曰繁昌，今潁川繁昌是也。《州郡志》：繁昌令，漢舊名，本屬潁川。魏分潁川爲襄城，又屬焉。晉亂，襄城郡以此縣屬淮南。案：繁昌實爲魏置，非漢舊名，沈說似誤。又《州郡志》：西華，漢舊縣，屬汝南。晉初省，惠帝永康元年復立，屬潁川。本書《荀勖傳》：子藩，元康中封西華縣公。是此縣至西晉尚存也，本志前、後篇俱不載。寅案：《地形志》『潁川領曲陽縣』云：後漢屬下邳，晉罷，後復，屬潁川。本志後篇亦不載。

汝南郡

《左傳·襄四年》注：繁陽在汝南鮦陽縣南。據杜說，南頓當屬汝陰，鮦陽當屬本郡。互見『汝陰』下灌陽，刊本或作『濯陽』，誤。寅案：《後漢書·吳漢傳》『灌陽侯』注云：灌陽，縣名，屬汝南郡，在灌水之陽，因以爲名。《說文》：灌水出汝南吳房，入淮。《水經注》同。《州郡志》作『瞿陽』，亦誤。俗本作『濯』，畢沅已校正。吳房，杜氏作『吳防』，見《昭十三年》注，『防』、『房』古通。

襄城郡

庠案：《左氏·僖二十四年》『邘晉應韓』杜注：應國在襄陽城父縣。又《昭十九年》『大城城父』杜注：城父，今襄城城父縣。此二『城父』皆當作『父城』。而《僖二十四年》之『襄陽』乃『襄城』之譌。蓋父城，兩漢皆屬潁川郡，晉分潁川置襄城，故父城屬襄城。春秋本名城父，而漢、晉作『父城』者，以漢時沛郡有城父，故改爲『父城』。此志沛郡無城父，而譙郡有之，當卽沛郡分屬者也。《左·僖二十三年》『遂取焦夷』杜注：夷，一名城父，今譙郡城父縣。據此，則杜預之時，譙未爲封國。然考《晉書·譙剛王傳》，剛王于武帝受禪時卽封。譙，後亦無徙封之事，則杜注誤矣。繁昌，疑當從皇甫氏說屬潁川，見前。《魏志》稱襄城郡，晉置繁昌。晉屬，豈西晉末移屬，皇甫氏不及見耶？本書《五行志》：惠帝永寧元年，齊王冏舉義軍，軍中有小兒出于襄城繁昌縣，亦同魏說。寅案：《州郡志》：繁昌本屬潁川，魏分潁川爲襄城，又屬焉。是魏已屬襄城，皇甫說未可從。

汝陰郡

左氏《僖二十三年》傳『城頓而還』杜氏注：今汝陰南頓縣。據杜說，此郡之鮦陽當與汝南之南頓互易也。見前。又案：《州郡志》：南頓令，漢舊縣。何《志》：故屬汝陽，晉武帝改屬汝南。沈約案：《晉太康地志》、王隱《地道》無汝陽郡，竊疑『汝陽』當作『汝陰』。

梁國

案：本書《武帝紀》：泰始元年封從叔父斌爲陳王。故杜氏《隱三年》有陳國陳縣，《成十六年》有陳國武平縣之注。庠案：《水經·□水注》：又東逕鹿邑城。引杜預亦作『陳國武平』。至咸寧三年，徙斌爲西河王，國除爲郡。故《州郡志》言：項城令，《太康地志》屬陳郡。本書《梁王肜傳》：咸寧中，以陳國汝南、南頓增封。蓋割數縣增梁國耳，非謂遂廢陳郡也。若如本志竟删陳郡，則汝南何以不删？《太康志》何以仍有陳郡？後篇但言惠帝分梁置陳，疑非確證。又案：杜氏《僖十七年》注：項國、汝陰、項縣。蓋陳王斌立國時，項屬汝陰，及太康時還爲陳郡，而項屬陳，或其時始更名項城，總之此縣始終不屬梁國也。《爾雅》『陳有宛丘』郭璞注：今在陳郡陳縣。又《州郡志》引《太康地志》：陳令，屬梁，無復陽夏縣。又《晉·地志》：惠帝永康中，復立陽夏。本書《何曾》、《謝鯤》、《袁悦之》、《袁瓌傳》，皆陳國陽夏人。蓋西晉初陽夏屬陳，太康末廢，惠帝復立也。又案：本書《陳頵傳》：頵，陳國苦人，仕爲郡督郵。太守劉享拔爲主簿。據此，則郡督郵實陳郡之督郵也，劉享實陳郡之太守也。頵後劾案沛王韜獄，韜以咸寧元年封，不得謂太康時無陳郡，至惠帝始分置也。又《殷浩傳》：浩，陳郡長平人；《王隱傳》：隱，陳郡陳人。

沛國

汶屬遼東，此當作『洨』，刊本譌誤也。杜氏《隱七年》注：滕國在沛國公丘縣東南。本書《賈充傳》：咸寧三年，更以沛國之公丘益其封。本志：公丘屬魯國，未詳孰是。本書《武陔傳》：陔，沛國竹邑人。此作『竺邑』，似誤。

譙郡

案：本書《譙剛王遜傳》：武帝受禪，封世嗣譙國，至東晉末。故杜注《左傳·隱二》、《襄元》、《昭六》等年皆作『譙國』，此作『譙郡』，誤。杜注亦有作『譙郡』者，俗本援此改竄也。本書《兩夏侯后傳》皆稱『沛國譙人』，此亦當作『譙國』，刊本誤『沛』。

魯郡

本書《索靖傳》：惠帝卽位之前爲魯相。考晉初，諸王無封魯者，豈相爲太守之誤耶？又案：《武帝紀》受禪之始，封石苞樂陵郡公，陳騫高平郡公，賈充魯郡公，裴秀鉅鹿郡公。核之本志，樂陵、高平、鉅鹿皆稱『國』，蓋緣此得名，然獨于魯則稱『郡』，本志例不合矣。《武帝紀》：太康五年夏四月，任城、魯國池水赤如血。又紀、志之不合也。又《新蔡王騰傳》有鉅鹿太守，則與《索靖傳》之『魯相』例又不合。杜預《春秋釋例·隱元年》作『魯國』，『番』當作『蕃』。寅案：《續漢·志》作『蕃』，音『屏藩』之『藩』。《左傳·襄四年》『戰狐臺』杜注：魯國番縣東南有目臺亭。陸德明云：『番』本或作『蕃』。《州郡志》亦作『蕃』，云：音皮，漢末太傅陳蕃子逸爲魯相，改『蕃』爲『番』，幷改音皮也。

弋陽郡

案：《漢·地理志》：軑，故弦子國。杜氏《左傳·僖五年》注同。《水經注》亦云：江水東逕軑縣故城南故弦國也。是漢、晉人皆謂弦國在軑。本志謂在西陽，吳氏卓信《漢地理志》補注云：《地道記》以爲在西陽，非也。杜氏《通典》、《輿地廣記》並主其說，非是。

安豐郡

《州郡志》云：尋陽，本縣名，漢屬廬江。吳立蘄春郡，尋陽縣屬焉。晉武帝太康元年，省蘄春郡，以尋陽屬武昌，改蘄春之安豐爲高陵，及鄡縣，皆屬『武昌安豐』下。又云：縣名，後漢屬廬江，晉武帝立爲安豐郡。《水經注》引《晉書地道記》云：安豐，安豐郡之屬縣也。與沈《志》『尋陽』下說不合，未詳孰是。又《寰宇記》云：松滋，晉武帝平吳，以荆州有松滋縣，改爲宿松。

冀州

趙國

《左傳·昭十二年》杜注：鉅鹿下曲陽縣有肥纍城。《十五年》注：鼓聚同。又《地形志》『鄡』作『鄡』，云：二漢、晉屬鉅鹿。案：《說文》邑部：鄡在鉅鹿，從邑梟聲。蓋『鄡』爲正體，惟不屬趙國耳。

鉅鹿國

案：本書《武帝紀》分封諸王，無『鉅鹿』之號。本書《新蔡王騰傳》有鉅鹿太守崔曼。是爲郡名無疑，互見『魯郡』下，不當作『國』。下曲陽、鄡當屬此郡，見前。又《水經注·濁漳水篇》引闞駰《十三州志》曰：楊氏縣北四十里武亭故縣也。《郡國志》：楊氏屬鉅鹿。則晉時此郡下當有楊氏縣，本志缺載。又案：本書《衛恒傳》恒序《四體書勢》云：今鉅鹿宋子有《耿球碑》。宋子，本漢縣。據此知西晉縣仍在，本志缺載。

安平國

《地形志》：長樂郡，漢信都，晉改。又堂陽、南宮，晉屬安平，後屬長樂。信都、下博，晉屬長樂。廣川，晉屬廣川，後屬長樂。又云：武邑郡，晉武帝置。武邑、武遂、灌津，晉屬安平，後屬武邑。阜城，晉屬渤海，後屬武邑。《水經注·濁漳水篇》：衡漳又東逕武邑縣故城北，晉武帝封子於縣以爲王國，後分武邑、武遂、觀津爲武邑郡，治此。本書《武帝紀》：太康五年二月景寅，立南宮王子玷爲長樂王。太康十年冬十月壬子，徙南宮王承爲武邑王。又《牽秀傳》：秀，武邑觀津人。參考兩書，晉實有長樂、武邑二郡，卽在太康之後，亦當別見下篇。本志絶不載及，未詳何據。又案：洪氏亮吉《東晉疆域志》引《元和郡縣志》：晉置武强縣，屬武强郡。并云：今考武强郡，誤，當從《地形志》作『武邑郡』也。蓋晉武置武邑郡，又置武强縣以屬之。今案：《水經注·河水篇》：又東北逕長樂郡武强縣故城東。長樂，故信都，晉太康五年改從今名。則武强當屬長樂，《元和志》有脱誤也。

平原國

《地形志》：高唐，二漢、晉屬平原，後罷。《水經注·漯水篇》杜預曰：祝阿縣西北有高唐城。據此，知高唐已罷并祝阿矣。

樂陵國

石苞封樂陵郡公，子孫世爵，至西晉末，見本書本傳，不應再作『王國』。《水經注·河水篇》：樂陵縣。伏琛、晏謨言平原邑，今分爲郡是也。互見『魯郡』下。

勃海郡

《地形志》：廣川，晉屬廣川，後屬長樂。棗强，前漢縣，後漢罷，晉復屬廣川。索盧，晉屬廣川，似西晉時曾分立廣川郡，并置索盧縣。而《州郡志》『廣川太守』下絶不載西晉立此郡。於『廣川縣』則云：前漢屬信都，後漢屬清河，魏屬勃海，晉還清河。於『棗强縣』則云：前漢屬清河，後漢、晉、江左無。魏、沈二説互異。本志以廣川縣屬勃海，既不隸廣川、長樂，又不屬清河，未詳何據。

章武國

『東平舒』或作『東平野』，誤，今正。

河閒國

《水經注》但有易縣，無易城縣。《地形志》『易縣』下云：前漢屬涿，漢、晉屬河閒，後屬高陽。亦不書晉改易城，本志豈別有據耶？《五行志》亦作『易城』。

高陽國

《地形志》：扶輿，前漢屬涿，後漢罷，晉復屬高陽。前漢、晉曰『樊輿』，後罷。案：《魏志》各縣有云：晉縣後罷者，本志或存成否，又未詳斷於何年，後人讀此，無可依據，姑志于此以俟博學。又《地形志》：樂鄉，前漢縣，後漢罷，晉復屬高陽，志皆不載。

博陵國

《續漢·郡國志》無博陵國，《水經注·滱水篇》云：漢質帝本初元年，追尊父冀陵曰『博陵』，因以爲縣，又置郡焉。漢末罷還安平。晉太始復爲郡。本志但言漢置，不載已廢復立，似有遺脱。西晉無博陵王，惟王浚嗣父沈爵，爲博陵郡公，蓋公國也。寅案：汲古閣本作『博陵郡』，不作『博陵國』，此據殿本、汲古閣本，已校正。

清河國

《郡國志》作『貝邱』。《前漢》、《宋》、《魏志》、《水經注》同。應劭以此縣爲卽《左氏》『齊襄公田於貝邱』故地。見《地理志》注、《水經注·河水篇》。或本作『具邱』者，誤。

中山國

劉逵《魏都賦》注：眞定，屬中山郡。故安，屬范陽。今見屬中山郡。杜氏《釋例》：北嶽，中山曲陽縣西北恒山也。本志盡屬他郡，不詳所據。

常山郡

據杜說，則恒山在中山曲陽。而郭璞注《爾雅》北嶽，說與本志同，豈太康以後割隸耶？

幽州

范陽國

故安，據劉逵注《三都賦》，當屬中山，見前《地形志》。「故安」作「固安」。寅案：《郡國志》作「故安」是也。《地形志》：萇鄉，晉屬范陽。此「長鄉」疑當作「萇鄉」。

燕國

「安國」當作「安樂」。《水經注·沽水篇》云：沽水又南逕安樂縣故城東。《晉書地道記》云：晉封劉禪爲侯國。此刊本之譌。互見荆州上庸郡。寅案：汲古本亦作「安樂」，云：國相蜀主劉禪封此縣公，是本不作「安國」也。此據殿本，未校正。

北平郡

《地形志》「幽州漁陽郡」下無終、土垠、徐無三縣注皆言：晉屬右北平郡。杜預《釋例》言「北平無終」，無「右」字。未詳《魏志》何本。庠案：本志北平無「右」字，而上篇乃云：秦滅燕，以爲漁陽、上谷、右北平、遼西、遼東五郡。兩漢皆有右北平郡，而「北平」二字則中山國之縣名，本志「北平郡」下既云秦置，則當以有「右」字爲是。

平州

本書《武帝紀》：太康三年八月，罷平州、寧州。本志但紀寧州不紀平州。又後篇云：平州初置，慕容諫爲刺史。考之《武帝紀》及慕容氏載紀，咸寧二年立州之後，至太康三年州罷，其時應方寇掠昌黎、肥如，至太康十年始降。是平州復立必在十年以後，紀、志不相謀合，當有缺誤也。

昌黎郡

《地形志》：營州昌黎郡，晉分遼東置。此云魏置，不詳孰是。

遼東國

《山海經·海內東經》「潦水」下郭璞注：潦陽縣，屬潦水。案：「潦」，疑通作「遼」。《地理志》遼東郡有遼陽縣也。寅案：《說文》：潦訓雨水大貌。其「遼東」字作「遼」。《山海經》作「潦」者，古文叚借，郭注不改字，非晉有潦陽縣也。《郡國志》：遼陽屬玄菟郡。本志並闕，附紀於此。

樂浪郡

《水經注·浿水篇》引闞駰《十三州志》曰：浿水縣在樂浪東北，鏤方縣在郡東。今志無浿水縣，豈《水經注》有誤耶？《郡國志》亦有浿水縣。寅案：《說文》：浿水出樂浪鏤方，東入海，從水貝聲。一曰出貝水縣。《地理志》同。《水經注》引闞駰《志》當不誤。本志闕此縣，未詳何時省并也。《郡國志》：「浿水」作「浿水」，非是。

帶方郡

《三國·魏志·東夷傳》：建安中，公孫康分屯，有縣以南荒地，爲帶方郡。本志作「公孫度」，疑誤。

并州

太原國

《左傳·昭二年》「執陳無宇於中都」，漢以爲縣，別無徙治之文，乃杜預注謂「界休縣南中都城」是。不言「今中都縣屬太原」，是西晉縣并入界休矣。本書《孫楚》、《孫盛傳》：太原中都人。似晉初其縣尚存，未詳孰是。《爾雅》：燕有昭余祁。郭璞注：今太原鄔陵縣。本志缺「陵」字。

上黨郡

《地形志》：猗氏，晉屬上黨。本志屬河東。又郭璞注《山海經》汾水或言出穀遠縣。《郡國志》：穀遠，亦屬上黨。又泫氏，《地形志》作「玄氏」，注云：晉屬上黨。又《地形志》：鄉縣晉屬上黨。疑即「武鄉」，有脫字也。

西河國

《文選·雪賦》注引張華《博物志》曰：西河郡鴻門縣有火井祠，火從地出。案：鴻門，前漢屬西河，《郡國志》無，疑晉復置也。介休，杜注《左氏傳》或作「界休」，亦作「介休」，蓋古通。《郡國志》注引《古今注》曰：建武十一年十月，西河上郡屬魏。郭璞注《山海經·西山經》「鹿事之山」云：今在上郡。本志無上郡，附紀于此。

樂平郡

《水經注·清漳水篇》：轑水出轑河縣西北轑山，南流逕轑河縣故城西南。《地形志》作『遼陽』。又壽陽，《地形志》作『受陽』，注：晉屬樂平。本書《武帝紀》：樂平王延祚以太康元年八月己未封。事在平吳凱旋後三月，則此『郡』當作『國』。

雁門郡

《北史·魏穆帝紀》云：晉懷帝進帝大單于，封代公。帝以封邑去國遠，從劉琨求句注陘北地。琨大喜，乃徙馬邑、陰館、樓煩、繁畤、崞五縣人於陘南。庠案：本志上篇序云：黄初元年，復置幷州，自陘嶺以北幷棄之。晉因而不改。《魏紀》所言似是此五縣，爲琨所有，故能徙其人而獻其邑。琨以前非晉有也。更立城邑，盡獻其地。據此知西晉中年五縣俱在，本志删陰館、樓煩二縣，未詳。又《水經注·汾水篇》引《十三州志》曰『出武州之燕京山』，亦管涔之異名也。武州，漢縣，屬雁門郡。闞《志》無故縣字，疑晉時尚存。又《州郡志》云：陰館，《前漢》作『陰觀』，《後漢》、《晉》作『陰館』。《水經注·㶟水篇》引《十三州志》：劇陽在陰館縣東北一百三里。又《十三州志》：善無縣南七十五里有中陵縣。《水經注·河水篇》『善無縣故城』《十三州志》云：舊定襄郡治也。又引《十三州志》云：武縣在善無西百五十里。又《㶟水篇》引《十三州志》曰：班氏縣在郡西南百里，狋氏縣在高柳南百里。寅案：《郡國志》：班氏、狋氏、高柳三縣皆屬代郡，惟陰館、樓煩、武州、劇陽四縣屬雁門郡。又善無、中陵二縣皆屬定襄，云故屬雁門。闞《志》皆不言故縣，疑晉尚存，未詳何時省并改屬。本志俱删，恐有缺誤。

新興郡

《地形志》『永安郡』下云：後漢建安中，置新興郡。《郡國志》注引《魏志》云：建安二十年，省雲中、定襄、五原、朔方，置一縣領其民，合以爲新興郡。此作『魏置』，未變。

雍州

京兆郡

《地形志》：杜，二漢、晉屬京兆。二漢曰杜陵，晉曰杜城，後改。《州郡志》：杜令，二漢曰杜陵，魏改。兩志雖異，然西晉不當稱『杜陵』也。本書《忠義·王育傳》有杜令王攸，《左傳·襄二十四年》注作『京兆杜』，當從沈說。本書《杜預傳》云：預，京兆杜陵人。誤沿漢代舊名也。又《州郡志》：池陽令，《晉太康地志》屬京兆，本志屬扶風，未詳孰是。

馮翊郡

《續漢·志》『馮翊雲陽』下劉昭注：有荆山。引《帝王世紀》曰：荆山在馮翊、懷德之南。《帝王世紀》皇甫謐著，是其時當有懷德。志缺。

扶風郡

《州郡志》：郿縣令，《晉太康地志》屬秦國。案：本書《武帝紀》：秦王柬以太康十年徙封。本志後篇以爲惠帝更扶風爲秦國，未詳何據。池陽當屬京兆，見前。

又案：《太康地志》：既有秦國，應斷於太康之末。此志有秦、寧二州，則應斷於太康之初。今考扶風王駿以咸寧三年徙封，太康七年薨，子暢嗣。十年徙，始改國名『秦』，是此志既不從《太康地志》作『秦國』，亦應稱『扶風國』，『郡』字誤也。

安定郡

烏氏，或本作『烏氏』，誤。《地理志》注：師古曰：氏音支。本書《張軌傳》『軌，安定烏氏人』是也。

北地郡

《郡國志》『北地郡』有弋居縣。《地形志》云：弋居，晉罷，後復。本書《索靖傳》：子綝以首迎大駕功，封弋居伯。是西晉此縣仍在，本志前、後篇俱不載，疑缺。又本書《傅玄傳》：弟袛封靈川縣公。考晉無靈川縣，惟《郡國志》北地郡屬有靈州縣。袛又爲北地人，則『靈州』之誤無疑矣。此郡下亦不載，未詳。

始平郡

案：兩《漢·志》別無蒯城縣。《魏》、《宋·志》亦不載，當是晉始置縣，旋卽幷省。然命名之義殊不可解。惟《說文》邑部扶風鄠有鄘鄉，豈蒯城卽鄘城，因字相近而誤耶？録此備考。《史記·傅靳蒯成列傳》：蒯成侯緤者。《索隱》：蒯者，鄉名。案：《三蒼》云：蒯鄉在城父縣，音裴。《漢書》作『鄘』，從崩從邑。今書本並作『蒯』，音『菅蒯』之『蒯』，非也。蘇林：音薄催反。晉灼案：《功臣表》屬長沙。

崔浩：音薄壤反。《楚漢春秋》作『憑成侯』，則裴、憑聲相近，此得其實也。又《正義》引《括地志》云：蒯亭在河南西十四里苑中。《輿地志》云：蒯成縣，故陳倉縣之故鄉聚名也，周緤所封也。晉武帝咸寧四年，分陳倉立蒯成縣，屬始平郡也。綜考《索隱》諸說，是其音當從邑崩聲爲正。《史記正義》引《括地志》作『蒯亭』，《輿地志》作『蒯成』，《晉·志》作『蒯城』，並誤。

新平郡

關中無汾水，未詳汾邑何所取義。《方輿紀要》：栒邑，漢置。晉仍爲栒邑縣，屬新平郡。疑原本作『栒邑』。顧氏猶及見之，後譌爲『汾邑』耳。寅案：『栒』與『豳』古相通借字，亦作『邠』，又誤作『汾』也。

涼州

金城郡

《地形志》『河州金城郡有大夏縣』注云：二漢屬隴西，晉屬晉興。不言中廢復置。《水經注·河水篇》：大夏水又東逕大夏縣故城南。《晉書地道記》曰：縣有禹廟。案：後篇張氏分置晉興郡，統大夏縣。援據魏、酈兩書，此縣自漢至晉不改，是未立晉興以前或屬金城，或屬隴西，中篇不應删去。又《水經注》闞駰曰：白石縣在狄道西北二百八十五里。又後篇張寔分金城之令居、枝陽二縣。又立永登縣爲廣武郡，是令居、枝陽皆仍漢縣之舊。又漢允吾縣屬金城郡。闞駰曰：允吾縣西四十里有小晉興城。疑晉亦仍漢舊，均不當删。又案：河西諸郡，至惠帝以後張氏、苻氏、呂氏、沮渠氏迭爲雄長，更增郡縣，故本書載記所紀諸地名往往不見此篇，未可據以論難。今就可考者録之左方，疑者缺焉。

西平郡

庠案：《志》以西平郡爲漢置，非也。《水經注·河水篇》：一水逕長寧亭南東入長寧水。又牛心川水北逕西平亭西，東北入湟水。魏黄初中立西平郡。闞駰亦言長寧亭北有養女嶺，西平亭北有土樓神祠。是爲二亭名，晉時並未立縣，此作西都、長寧二縣，未詳何據。庠案：闞駰言見《水經·河水篇》：又東過金城允吾縣北下。

武威郡

說詳『金城』下。

張掖郡

本書《武帝紀》：泰始三年四月，張掖太守焦勝上言：氐池縣大柳谷兩漢皆有氐池縣，屬張掖郡。有玄石一所。《呂光載記》有張掖屬縣邱池令尹興。豈十六國時改『邸池』爲『邱池』耶？說詳『金城』下。又本書《儒林傳》：崔遊爲文帝相府舍人，出爲氐池長。

西郡

庠案：兩漢均無西郡，而《志》以爲漢置，非也。說詳『金城』下。

酒泉郡

說詳『金城』下。

敦煌郡

案：後篇言：惠帝元康五年，分敦煌郡五縣、酒泉之沙頭縣，又別立會稽、新鄉，凡八縣，爲晉昌郡。則新鄉爲元康時立，不應先見中篇。

秦州

隴西郡

《續漢·郡國志》：隴西郡有枹罕縣。本書《五行志》：永嘉五年，枹罕令嚴根妓產一龍、一女、一鵝。《州郡志》：河關令，《太康地志》屬隴西。又《郡國志》：隴西有安故縣。闞駰《十三州志》：縣在郡南四十七里，疑西晉時尚有此縣。本書《藝術·王嘉傳》：嘉，隴西安陽人。《志》缺。又案：本書《高密文獻王泰傳》：泰以武帝受禪封隴西王，至惠帝時始改高密。《武帝本紀》，則於泰始元年封泰隴西，至惠帝元康九年六月又言太尉隴西王泰薨。雖與本紀稍異，然太康之初，則隴西爲王國無疑，此作『郡』，誤也。

南安郡

庠案：兩漢有南安縣，屬犍爲郡，而無南安郡。本志『南安郡』下注云『漢置』，非也。

天水郡

《州郡志》『天水太守』下：新令，《晉太康地志》有。

武都郡

《州郡志》：武都郡上祿令，漢舊縣，後省，晉武帝太康三年又立。

又棠，常璩《華陽國志》：武都郡，蜀平，屬雍州，太康六年還梁州。校本志前篇太康三年罷秦州幷雍州，故常璩以爲武郡暫屬秦州，未幾卽屬雍，故直言『屬雍州』。及七年秦州復立，而武都前一年已歸梁，故不言及秦州。本志仍隸秦郡，未詳。又《華陽國志》『武都郡』下有泉街、平樂、修武、嘉陵、上祿五縣，今皆不載，未詳。

陰平郡

《州郡志》：北陰平太守平武令，蜀立曰廣武，晉武帝太康元年更名。此作『平廣』，字之誤也。《華陽國志》亦作『平武』。又有甸氏、剛氏二縣。庠案：甸氏、剛氏，兩漢皆屬廣漢。

梁州

漢中郡

案：《元和志》：黄金縣，本漢安陽縣地，後魏文帝於此分置黄金縣。《水經注》但有黄金戍，《元和志》蓋本酈說。據此，則縣不當始立於晉。又《地形志》：興勢，延昌三年置。《元和志》『興道縣』下云：後魏宣武帝分置興勢縣。貞觀二十三年，改爲興道縣。竊謂黄金、興勢在三國時僅爲屯戍之地，置縣之說惟見於此。本志與魏、酈不合，未詳何據。至興道，實以唐初避『世』字嫌名而改，不特非晉縣，亦非魏、周縣也。又案：《華陽國志》，漢中但六縣，無黄金、興道，本志似誤。寅案：《隋・志》漢川郡有興勢、黄金二縣，《唐・志》『興勢』作『興道』，是隋末尚未改『興道』也。又此二縣，據《元和志》皆後魏分置，志誤。顯然唐史臣修《晉書》於地理最不精核，此以後魏爲曹魏，尤屬疏謬。

梓潼郡

後篇言桓温置晉昌郡，又於晉壽置劍閣縣，是劍閣爲東晉所置，不應前後複見。《華陽國志》云：有劍閣道三十里，至險，有閣尉。據此，知西晉爲地名，並未立縣也。又《州郡志》『涪令』下並無晉改涪城之條，不詳何據。《華陽國志》亦作『涪』。寅案：《隋・志》：涪城，西魏所改，晉不當有『城』字。又《寰宇記》：晉於梓潼水尾萬安故城置萬安縣。晉末亂，移就孱亭。是本志『黄安』卽『萬安』，字相近而誤也。黄安，西魏所置，見《隋・志》，不得列爲晉縣。寅案：《隋・志》：萬安，舊曰孱亭，西魏改名焉。《寰宇記》云：晉置，殆不足據。又《隋・志》：黄安，舊曰華陽，西魏改。今《晉・志》有黄安，誤也。

又案：《州郡志》邵歡令，《永初郡國》、何、徐並有，不注置立，疑自蜀立曰昭歡，晉改也。據沈說，此縣避諱更名，必自西晉。本志缺載，惟後篇孝武分立晉壽郡，統邵歡，不言置自何代，未詳。又《州郡志》『萬安令』下又言二漢、晉無，《寰宇記》不詳何據。

廣漢郡

《州郡志》：新都令，漢舊縣，晉武帝爲王國。太康六年省爲縣，屬廣漢。

新都郡

什方，當從《郡國志》、《州郡志》作『什邡』。又《州郡志》『廣漢太守』下有郪縣令，漢舊縣；陽泉令，蜀分綿竹立，皆不言晉省。本志缺，未詳。又本書《王長文傳》：長文，廣漢郪人。此兩郡俱缺，未詳。又《諸王傳》有新都王，太康四年薨，則此當作『國』。寅案：《武帝紀》：咸寧三年，立皇子該爲新都王。太康四年，新都王該薨。《武十三王傳》亦云：太康四年薨，無子國除。本志：新都郡，泰始二年置。是始立爲郡，繼爲國，後省爲縣。惟咸寧三年前當稱『郡』耳。《州郡志》云：太康六年省爲縣。豈國除之後，復改爲郡，至六年始省幷廣漢耶？或沈《志》誤也。

涪陵郡

劉逵《蜀都賦》注：涪陵、丹興二縣出丹砂。案：洪氏亮吉《東晉疆域志》：蜀置涪陵郡，本理丹興。《太平寰宇記》稱《晉太康地記》云：省丹興縣，郡移理。漢復。本志無丹興，蓋從《太康地記》說也。《華陽國志》云：丹興，蜀時省。又有漢髮縣，屬涪陵郡，疑卽漢復也。寅案：本志：漢葭卽《華陽志》之漢髮，建安中舊縣也。『葭』與『髮』形近而譌。又《華陽志》以涪陵爲郡治，與《寰宇記》引《太康志》異。

巴郡

《州郡志》『南宕渠太守』下：宕渠令，二漢、《晉太康地志》屬巴郡。寅案：二《漢・志》：宕渠屬巴郡。本志屬巴西郡。畢沅輯《太康志》有巴西、巴東二郡，無巴郡，疑輯本有脫誤。《州郡志》『巴郡』下所領四縣，與本志同。

巴西郡

《州郡志》有宣漢令，不言置立。《水經注・江水篇》云：巴水出晉昌郡宣漢縣，郡隸梁州，晉太康中立。案：後篇言晉昌郡爲桓温立，然惠帝時已分巴西置宕渠郡，統宕渠、漢昌、宣漢三縣，是晉昌郡雖未必爲太康時置，而宣漢縣則立於惠帝之前，屬巴西郡無疑矣。前後不符，不詳何解。寅案：《郡國志》：宣漢，劉昭注引《巴漢記》曰：和帝分宕渠之東置。又漢昌，永元中置。劉昭注引《巴記》曰：分宕渠之北而置之。是漢昌、宣漢，《續·志》同屬巴郡。《州郡志》『南宕渠太守』下有宣漢令，云：前漢無，後漢屬巴郡，《晉太康地志》無。據《水經注》及本志後篇，則宣漢縣太康中尚存，惠帝時改屬宕渠，並未省幷。沈《志》云：《太康志》無，非也。本志不載，疑有缺誤。此漢舊縣，亦非晉立。又案：蒼溪、岐㯓二縣，《漢·志》無，沈《志》、常《志》俱不載，未詳何時置立。今考《隋·志》云：巴西郡蒼溪舊曰漢昌，開皇末改名焉。蘭入晉置，可云傎絶。又《隋·志》亦無岐㯓，疑卽岐坪縣舊名。《唐書·地理志》：蒼溪、岐坪皆屬閬州，不聞晉有岐㯓縣也。

巴東郡

洪氏亮吉《東晉疆域志》『巴東郡漢豐縣』下云：《太平寰宇記》：建安二十一年，蜀漢先主分朐䏰縣西北界立，以漢上豐盛爲名。沈《志》稱何《志》不注置立。《太康地志》：巴東有漢昌縣，疑是。今考漢昌屬巴西郡，《太康地志》所云『漢昌』當屬『漢豐』之誤。據此，則西晉卽有漢豐，《晉·地理志》失載也。又劉逵《蜀都賦》注：鹽池出巴東北新井縣，互見荊州。又《華陽國志》巴東郡有潢豐縣，建安二十一年置。洪說是也。

益州

蜀郡

《水經注·江水篇》：晉太康中，以蜀郡爲王國，更名成都内史。庠案：成都王穎受封在太康十年，見《武帝紀》。《穎傳》亦言太康末受封以前似未聞有封於蜀者。酈注『太康中』當作『太康末』。翊寅謹案：《州郡志》亦言晉武帝太康中改曰成都國，後復舊。本志曰蜀郡，是據太康初年未改以前也。

漢嘉郡

《水經注·沬水篇》：青衣水又東逕開邦縣故平鄉也，晉初置。寅案：開邦，常璩《華陽志》作『開刊』。

朱提郡

《華陽國志》：南廣郡，蜀延熙中置，建武十九年省。建武爲惠帝年號，是終武帝之世南廣置郡如故。本志不載，未詳。又案：常《志》：南廣郡屬縣四，南廣、臨利、常遷、新興，《志》缺其三，亦不可解。《州郡志》：南廣太守，晉武帝分朱提立。本書《王遜傳》：遜於惠帝時分立南廣郡。未詳孰是。總之《晉·志》不當全删也。庠案：惠帝無建武年號。元帝初元稱建武，次年卽改大興。《華陽國志》『建武九年』當是『元年』之誤。又南廣，疑武帝時省幷，王遜於惠帝時復立，至建武又省也，然無明證。翊寅案：《州郡志》：南廣令，《晉太康地志》屬朱提，是武帝太康中無南廣郡之證。《州郡志》又言晉武帝分朱提立，疑『武帝』乃『惠帝』之譌。

越巂郡

《水經注·沬水篇》：靈道縣，一名靈關道。晉太始九年，黄龍二見於慈池。縣令董元之率吏民觀之，以白刺史王濬。濬表上之，晉朝改護龍縣也。本志缺載。又《州郡志》：蘇利，漢曰蘇示，曰蘇利。本志既無蘇利，又缺蘇示，似應補。庠案：《漢書·地理志》：越巂郡有蘇祁，疑卽『蘇示』之譌。寅案：《郡國志》作『蘇示』，古『祁』、『示』字同，聲相借。據《州郡志》，疑後漢稱『蘇示』，晉始改『蘇利』也。

牂柯郡

《州郡志》：且蘭令，漢舊縣，《晉太康地志》無。劉昭注《郡國志》『故且蘭縣』下引《地道記》曰：有沈水。本志蓋從《地道記》也。又《州郡志》：廣談長，《晉太康地志》屬牂牁。『毋劍』當作『毋斂』，『指談』當作『談指』。寅案：《郡國志》作『毋斂』。《州郡志》有故毋斂令，云漢舊縣。此作『劍』，誤。又《郡國志》：談指出丹。《州郡志》夜郎有談柏令，云漢舊縣，屬牂柯。蓋卽『談指』之譌。

寧州

庠案：南監本《晉·地理志》於益州後段直接寧州，不提行，非是。

興古郡

《州郡志》：西隋令，漢舊縣，屬牂柯。《晉太康地志》屬興古，並作『隨』。《華陽國志》西隨縣屬梁水郡，蓋梁水郡爲刺史王遜分置，以縣割屬，初隸興古也。劉昭注《郡國志》引《地道記》：西隨縣有麋水。寅案：本志無西隨，當據補。《州郡志》『都簪』作『都唐』。寅案：《州郡志》西平太守都陽令，何《志》晉成帝立。沈約案：《晉起居注》：太康二年置興古之都唐縣，疑是。據此，則沈《志》作『都陽』，《晉起居注》作『都唐』也。

建寧郡

《州郡志》『建寧太守』下有同樂令，晉武帝立。本書《五行志》：孝武太元十四年，建寧郡銅樂縣枯樹斷折忽然，自立相屬。案：《華陽國志》：晉寧郡本益州也。漢開爲郡，治滇池。蜀建興三年，丞相亮南征，以郡民李恢爲太守，改曰建寧，治味縣。後太守李遏，恢孫也，與前太守董懂、建寧爨量共叛。寧州刺史王遜表改爲晉寧郡，屬縣七，滇池、同勞、同安、連然、建伶、毋單、秦臧。建寧郡屬縣十三，味、牧麻、同樂、穀昌、同瀨、雙柏、存䣕、昆澤、漏江、談稾、泠邱、修雲、新定。太安二年，分爲益州、平樂二郡，合縣十三云云。據此，則常《志》所云晉寧、建寧二郡，建置與本志不同。太安二年所分之益州郡，乃在建寧十三縣之內，于晉寧七縣無涉。

永昌郡

南涪，《華陽國志》作『南里』。寅案：李鋻本、廖寅本《華陽國志》皆作『南涪』。

青州

齊國

《州郡志》：般陽令，《晉太康地志》屬齊。《地形志》：盤陽，晉屬齊郡。又《地形志》下密、都昌、平壽、膠東四縣，晉屬齊郡，後屬北海。《州郡志》『北海太守』下有都昌、平壽二縣。又有膠東、下密二縣，引《太康地志》云：屬北海。疑晉初屬齊，太康時移屬北海。本志列三縣于濟南，不載北海郡，又不載都昌縣，疑誤。說互見下。又案：曹魏于齊郡下置新沓縣。本書《山濤傳》封新沓伯終于太康四年，是新沓爲伯國，不應刪。

濟南郡

平壽、下密、膠東見前。《州郡志》：卽墨令，《太康地志》屬北海。寅案：《地形志》：卽墨，後漢屬北海，晉屬長廣，本志屬濟南，未詳孰是。祝阿，《太康地志》無。《左氏傳》杜注《襄十九年》有濟南、祝阿，蓋太康末省。又杜注《桓十八年》有濟南歷城，《莊十年》有濟南平陵，《襄二十七年》有濟南東朝陽，《昭十年》有濟南於陵，《哀十年》有濟南隰陰。本志惟列東朝陽于樂安國，餘俱不載。又案：卽墨只上四縣，皆在臨淄以東。祝阿一縣乃在齊西三百里。古人貫郡領縣，地境相連，不應夐絕曠遠至此。又案：《地形志》：歷城、著，晉皆屬濟南。平陵，晉屬濟南，曰東平陵。寅案：《州郡志》：濟南有廣城令、著令、平陵令，皆云漢舊縣。『廣城』卽『歷城』之譌。平陵，漢、晉幷曰東平陵。又見《郡國志》。本志俱缺，非是。本書《儒林・劉兆傳》：兆，濟南東平人，卽此傳脫『陵』字耳。又樂史稱《太康地志》云：濟南郡管縣，管叔後又封於此。又樂史稱鄒平自漢至晉不改，永嘉亂始廢。本書《解系傳》：系，濟南著人。是本志於濟南應屬之縣反皆不載。又刪去北海郡，以所屬縣移列濟南，疏舛殊甚。又案：《宋書・五行志》：西晉有北海郡。《晉書・諸王傳》：太康元年，以齊王攸子實繼廣漢殤王，後改封北海王。是不特西晉有北海郡，幷改爲王國也。考《武帝紀》，太康元年十二月戊辰，廣漢王贊薨，始以實嗣。則王北海必在太康二、三年間。正本志中篇應列年分。若謂志所列在太康元年，平吳時，則贊方王廣漢，何以不稱『國』？杜注：北海都昌在《莊元年》，北海平壽在《襄四年》，北海卽墨在《襄六年》。本書《隱逸・石垣傳》：垣自云北海劇人。郭璞《爾雅》注：今北海劇縣。《州郡志》引《太康志》，則以劇屬琅邪。總之不應刪去『北海』也。

樂安國

《前漢・地理志》有利縣屬齊郡，益縣屬北海郡。《郡國志》：二縣皆屬樂安國。《水經注》：濟水又東北逕利縣西。《水經注》：巨洋水又東北逕益縣故城東。是兩漢時利、益實二縣名。本志幷爲一，不詳改置，豈誤刊耶？若作『二縣』，則前注當云『統縣九』。又據杜注，東朝陽常屬濟南。《州郡志》引《太康志》則以屬樂安。又《州郡志》：菴令，前漢屬琅邪，後漢屬泰山，《晉太康地志》屬樂安。案：菴，《地理》、《郡國志》均無此縣，或疑爲『益』，爲『蓋』，形相近而誤。然所屬郡名與兩志異，恐尚有誤字。蓋縣地境太遠，益縣爲近是。寅案：《地理》、《郡國》二志，蓋縣並屬泰山，不屬琅邪，益縣前漢屬北海，後漢屬樂安。《州郡志》所列菴令，不詳何地，未可附會。本書《樂安平王鑑傳》：咸寧初，以齊之梁鄒益封。乃本志此國屬縣有鄒無梁鄒。豫州魯郡下又重出鄒縣，是知樂安屬縣必因漢舊名梁鄒無疑。其故城爲今濟南府鄒平縣治，距樂安最近。鄒縣故城在今兗州府鄒縣東，中隔泰安一府。一字之誤，繆及千里矣。顧亭林亦疑『鄒』字上有缺文。寅案：《州郡志》：樂安，漢高立名千乘，和帝永元七年更名。《郡國志》有千乘、樂安二縣。沈《志》有千乘，無樂安，晉不當二縣俱省也。

城陽郡。寅案：本志城陽郡漢置，屬北海，自魏至晉分北海而立焉，則當先列北海郡領平壽、都昌、即墨、下密、膠東等縣矣。

《州郡志》夷安、營陵、朱虛，引《太康地志》屬城陽、營陵、朱虛，互見徐州琅邪國。《地形志》：夷安，晉屬城陽，後屬高密。本志均不載，而於後篇言惠帝分城陽之十一縣置高密國，内又有營陵、安邱、大劇、臨朐等縣，是惠帝以前諸縣俱屬城陽可知。乃分營陵、朱虛、劇、安邱、臨朐五縣屬東莞，疑有脱誤，互見徐州東莞郡。又後篇大、劇若爲一縣，則只十縣；若分劇爲一縣，則『大』字斷非縣名，疑刊本有誤，附紀於此。寅案：『大』疑『蓋』字之譌。據志，當是城陽郡分六縣、東莞郡分五縣也。後篇『平昌』下疑脱『東莞之』三字。《沿革圖》馬氏曰：《左·隱元年》注：城陽莊武縣，今志作『壯武』。寅案：《郡國志》亦作『壯武』，疑今本《左氏傳》杜注誤。

東萊國

《郡國志》：郡屬有東牟縣。本書《懷帝紀》：永嘉元年有東牟太守龐伉。本志郡既不載縣，復移置泰山下，誤矣。互見泰山郡。本書《蘇峻傳》：峻，長廣掖人。案：掖爲東萊國治，不當移屬長廣，恐《傳》誤也。寅案：長廣郡有挺縣，《州郡志》引《太康地志》同。《蘇峻傳》：長廣掖人。『掖』即『挺』之譌字，非東萊之掖縣。

徐州

下邳國

《州郡志》：北陵令，本屬南下邳，二漢無，《晉太康地志》屬下邳，本名陵，而廣陵舊有陵縣。晉武帝太康二年，以下邳之陵縣，非舊土，而同名改爲北陵。據此，則下邳之『陵』當作『北陵』，廣陵或當另有陵縣，互見廣陵。寅案：汲古本陵縣作『凌』。《郡國志》廣陵有，凌縣、下邳無。本志廣陵無，凌縣、下邳有，當從《州郡志》爲正。

琅邪國

《地形志》：營陵、朱虛，晉屬琅邪。據《州郡志》引《太康地志》，則屬城陽。今志兩縣俱屬東莞，未詳所本。蒙陰，見東莞。馬氏曰：《左·哀七年》注：今琅邪鄫縣。今志作『繒』。

東莞郡

杜注《隱元年》左氏傳有東莞劇縣，《莊元年》有東莞臨朐，《襄十八年》有東莞，蓋與本志同，乃本志青州後篇又盡屬城陽，又與《太康地志》、《地形志》各異，不詳孰是。又《左傳·莊九年》注有東莞蒙陰，此屬琅邪，又復不同，尤不可解。又《州郡志》：東莞太守，晉武帝太始元年分琅邪立。咸寧三年，復，只合琅邪。太康十年復立。本志既先列東莞郡，後篇又言太康十年分屬四縣，與沈《志》又異。然咸寧三年既幷入琅邪，則杜預以太康五年薨。預存時不應仍有東莞，恐沈《志》誤也。寅案：本志言太康元年分琅邪置東莞，與沈《志》異，疑沈《志》『太康十年』爲『元年』之譌。本書《孝友王裒傳》：裒，城陽營陵人。此屬東莞，未詳，互見『琅邪城陽』下。

廣陵郡

杜注《哀十二年》傳有廣陵海陵，本志作『海陽』，字之誤。《州郡志》：海陵，三國時廢，晉太康元年復立。又《州郡志》：廣陵太守高郵令，漢舊縣，三國時廢，晉太康元年復立。今高郵，屬臨淮，與沈《志》異。寅案：廣陵、江都、高郵三縣，自漢至宋皆屬廣陵，不容太康中獨屬臨淮，本志恐誤。又《郡國志》廣陵有凌縣，《太康地志》言廣陵有陸縣，見『下邳』下。又案：《郡國志》『廣陵』下有堂邑縣。後篇言惠帝元康七年，以堂邑置堂邑郡，則未置郡以前縣仍漢舊可知矣。《册府元龜·令長部》：晉范廣爲堂邑令，志脱。

臨淮郡

此郡地轄淮水左右。以今輿地言之，各縣皆濱洪澤湖，惟高郵一縣最遠，地勢不合，當屬廣陵，見『廣陵』下。又案：《荀顗傳》：封臨淮公，若從高平、鉅鹿例，當稱『國』。又顗於咸熙初封臨淮侯，武帝踐阼，進爵爲公，是在魏末晉初已有臨淮郡。乃本志前篇云『太康元年，分置臨淮郡』，與《傳》矛盾，必有一誤。

荆州

江夏郡

本志揚州宣城郡春穀縣注言：孝武改春爲陽。案：孝武以母鄭太后名『春』，凡縣名『春』者皆改，弋陽郡之蘄春、江夏郡之平春、安成郡之宜春、淮南郡之壽春、吳郡之富春等縣，悉改『春』爲『陽』，散見《州郡志》、《元和志》、《寰宇記》中。汝南之北宜春，東晉省，似不應獨注春穀一縣下。又《州郡志》引《太康地志》平春、酈二縣皆屬義陽郡。本書《李重》、《張光傳》：皆江夏鍾武人。案：鍾武，漢縣，後漢廢，蓋西晉復立，本志闕。寅案：《州郡志》：鍾武，前漢屬江夏，後漢、《晉太康地志》無，不詳何時復立。

南郡

《州郡志》：南郡太守，秦立。漢文帝元年，爲臨江國。景帝中元年，復故。晉武帝太康元年，改曰新郡，尋復故。本志但云漢置，似有缺。又《州郡志》：監利侯相。沈約案：《晉起居注》：太康四年，復立南郡之監利縣，尋復省之。言由先有而被省也，疑是吳所立，又是吳所省。今考本志，秦、寧二州皆太康三年罷。秦州，雖七年復置，其時寧州已廢，亦不當並存於中篇。中篇既列二州，則以三年爲斷，不當於此列監利縣也。又杜注《左傳·桓十年》有南郡華容。《續漢·志》汝南城父縣有章華臺，注引杜預曰：章華宫在華容縣城内。《州郡志》：華容，晉太康元年省，後復立。《水經注》『江水又東逕公安縣北』注云：杜預克定江南，罷華容置之，謂之江安縣，南郡治矣。以華容之南鄉爲南郡，晉太康元年改曰『南平』。據沈、酈說，則有江安便無華容。今以華容屬南郡，以江安屬南平，同時並存，不詳何據。又案：《路史·國名紀》云：預云華容，今監利也。據此，則《左傳·桓十年》杜注『華容』下，疑宋本有此六字。蓋預以華容幷監利，後又分置江安，故云然。

襄陽郡

洪氏亮吉《東晉疆域志》云：案：《晉書·地理志》：義陽郡有鄧縣，襄陽郡復有鄧城縣，疑誤。今考杜氏《左傳釋例》，鄧國，義陽鄧縣。鄾在鄧縣南。本志中篇略紀太康郡縣，適當杜預作鎮襄陽時，豈有現存鄾縣不列於注，反云『在鄧縣南』之理？至鄧與鄧城，二縣重出，洪氏已辯其非，無可回護。若《圖經》云晉置鄾縣，則由《晉·志》而誤也。寅案：《郡國志》鄧有鄾聚。《桓九年》左傳：鄧南鄙鄾人。杜注：鄾在鄧縣南，沔水之北。《一統志》：襄陽縣東北二十里有鄧城，鄾城在鄧城南八里。又案：鄧縣，今南陽府鄧州。晉太康中，鄧屬義陽，則鄧城與鄾皆非晉縣也。又《僖二十四年》『邘晉應韓』杜注：應國，在襄陽父城縣西。父城或作『城父』，江氏永《春秋地理考實》更正。然考父城在今汝州寶豐縣魯山界，距襄陽殊遠，似當近屬南陽，恐『襄陽』爲『南陽』之誤。本志兩郡俱無此縣，又不可解。又前篇《水經注·沔水篇》：建安十三年，魏武平荆州，分南郡立爲襄陽郡。建安爲漢獻帝年號，當云『漢置』也。又《水經注·沔水篇》：晉武平吳，割臨沮之北鄉、中廬之南鄉立上黄縣，治軨鄉，不言所屬。《州郡志》言二漢、晉無『上黄』，疑《水經注》別有所本。寅案：《州郡志》上黄本屬襄陽，與酈注合，《志》缺。

南陽國

堵陽，《州郡志》作『赭陽』。寅案：《郡國志》有堵陽無赭陽，本志不誤。又郭璞《山海經》注：今湍水出南陽穰縣。本志：穰屬義陽。《州郡志》：穰，漢舊縣，屬南陽，不言晉徙屬義陽，郭說是也。寅案：《郡國志》：穰屬南陽。《州郡志》：屬新野。云晉惠帝分南陽立，則未分以前晉亦屬南陽矣。

順陽郡

杜注《左氏傳·桓七年》有筑陽，《僖二十五年》有丹水、析，《昭十九年》有陰，皆云南陽屬縣。今作『順陽』，則從後改郡名也。然考《州郡志》，汎陽令，晉太康五年立，屬南鄉，仍屬順陽，『仍』字疑『後』字之誤。據此知太康五年以前皆名南鄉郡也。本志不載汎陽，誤。又案：《武帝紀》：太康十年，封扶風王子暢爲順陽王，疑南鄉之改順陽當在是年，則當作『順陽國』。本書《良吏·范晷傳》：晷，南陽順陽人。豈順陽未立國時，縣屬南陽不屬南鄉耶？未詳。寅案：《郡國志》：順陽屬南陽郡。又《州郡志》云：魏分南陽立南鄉，晉武帝更名順陽。本志言：順陽，太康中置。則太康五年以前，《志》例當作『南鄉郡』也。

義陽郡

《武帝紀》、《義陽王望傳》：泰始二年，封從伯父望爲義陽王。望卒，孫奇嗣。太康九年，奇貶，更徙封章武王威爲義陽王。是太康以前義陽爲王國，不當作『郡』。又《州郡志》：隨陽太守，晉武帝分南陽、義陽立義陽國。太康年，又分義陽爲隨國，屬荆州隨縣。《晉太康地志》：屬義陽，後隨國，與縣俱改。本志後篇言惠帝分義陽爲隨郡，與沈《志》異。《元和志》亦言太康九年分義陽置隨郡。本書《隨穆王傳》：武帝以義陽國一縣追封爲隨縣王，子邁嗣。太康九年，以義陽之平林益邁爲隨郡王。《水經注·溳水篇》『東南逕隨縣西』注亦言太康中立爲郡，然則謂惠帝始分誤也。互見序首。又《州郡志》有厥西縣、平氏縣，今作『厥縣、西平氏縣』，刊本譌。《水經注》作『灄西』，杜注《莊四年》作『厥縣』，亦傳寫譌脫。寅案：《郡國志》平氏桐柏、大復山，淮水出，漢屬南陽。本志云『桐柏山在南』是也。厥西，沈約云：二漢無。《太康地志》屬義陽。或又作『闕西』，疑字之誤。

新城郡

《州郡志》：房陵，《太康地志》、王隱無，疑太康時省。又案：郭璞注《山海經》新城汴陰縣亦有漳水。『汴』疑當作『沶』，本志無『汴陰』，有『沶陰』。

魏興郡

『晉興』當作『興晉』，見《州郡志》。又《州郡志》『鄭鄉令』下云：本錫縣，魏、晉世爲郡，後省，武帝太康五年改爲鄧鄉。又《州郡志》：錫縣令，前漢長利縣，後漢省，太康四年復立，五年改長利爲錫。據此，則魏、晉之際至太康三年，有錫，無長利。五年以後，有錫，有鄭鄉，無長利。其二縣俱存，僅太康四年長利復立之時不過一歲，以秦、寧二州年分例之，不容並載。又《州郡志》：『洵陽』作『旬陽』。前漢有，後漢無，晉太康四年復立，與秦、寧二州年分斷，例亦不合，說見南郡監利。又案：《漢書·地理志》：漢中郡有錫縣。又『弘農郡上洛』下注：又有甲水出秦領山東南，至錫入沔。應劭、師古皆注：『錫』音『陽』，卽《春秋》所謂『錫穴』，後譌爲『錫』，非也。寅案：『錫』，班《志》作『錫』。應劭、顔師古皆云音『陽』。今考《郡國志》作『錫』，云沔陽有鐵，錫有錫，則作『錫』者蓋本《續漢·志》也。《說文》：錫，馬頭飾也。臣鉉等曰：鐊，今經典作『錫』，與章切。應、顔說恐非是。

上庸郡

安富，《華陽國志》同。《州郡志》作『富安』。寅案：汲古本《州郡志》亦作『安富』，云：《晉太康地志》、《永初郡國》、何、徐並有。又《州郡志》：武陵令，前漢屬漢中，後漢、《晉太康地志》、王隱並無，疑後漢省，至太康後始復立也。又《華陽國志》：上庸郡有安樂縣，咸熙元年爲公國，封劉後主也。本志從《水經注》、《晉書地道記》說，燕國安樂爲劉禪所封，雖立說不同，不應并縣，刪削互見幽州燕國。

建平郡

劉逵《蜀都賦》注有巴東北新井縣，此有北井，疑卽一縣。沈《志》稱《太康地志》『北井先屬巴東，泰始五年度建平』是也。

南平郡

《水經注·澧水篇》：澧水又東逕安南縣南。晉太康元年分孱陵立。此作『南安』，未詳。寅案：《州郡志》亦作『南安』，云：晉武帝分江安立。《水經注》作『安南』，誤。又云：分孱陵立，亦非是。考南安分南郡之江安，故曰南安，則不當作『安南』矣。

武陵郡

《州郡志》『武陵太守』下有西陽，本志『西陽』疑卽『西陽』之誤。寅案：今各本已校正。舞陽，《水經注》作『無陽』。寅案：班《志》亦作『無陽』。

天門郡

今本《水經注·澧水篇》：東標零陽，西揭充縣，廢省臨澧，卽其地。縣臨封縣之故治，臨側澧水，卽爲縣名。晉太康四年置。案：文有譌奪，當云：充縣廢省，卽其地立臨澧縣，太康四年置。援酈氏意，則不應二縣並列。《澧水篇》下又云：渫水東逕渫陽縣南，晉太康中置。《州郡志》：臨澧、澧陽，太康四年立，例與監利等同。詳南郡漊中。《水經注·澧水篇》作『婁中』。寅案：《州郡志》亦作『漊中』，云二漢無。《晉太康地志》有漊。酈注作『婁』，省『水』旁也。

長沙郡

劉陽，《州郡志》作『瀏陽』。本書《忠義·易雄傳》：長沙瀏陽人。當從《州郡志》作『瀏』。寅案：《谷朗碑》作『劉陽』，古文省借。《水經·湘水篇》『又北至巴邱山入于江』注：山有巴陵故城，本吳之巴邱邸閣，晉太康元年立巴邱縣於此。案：《州郡志》亦作『巴陵』，疑太康初作『巴邱』，後改。《東晉疆域志》分作二縣，似誤。本書《良吏傳》：潘京與樂廣同時爲巴邱令。

衡陽郡

《州郡志》：衡山，吳立，曰衡陽，晉惠帝更名。本志列中篇卽曰『衡山』，似誤。

湘東郡

《水經注·湘水篇》『臨烝』作『臨承』。又云：臨承卽故酃縣也。《州郡志》僅有臨烝，無酃縣，疑只一縣，前後更名，本志不應並立。寅案：《州郡志》云：湘東，吳太平二年分長沙東部立。晉世七縣。孝武太元二十年，省酃、利陽、新平三縣。本志『領縣七』，與沈説合。又《州郡志》：臨烝，吳屬衡陽。《晉太康地志》屬湘東，是臨烝與酃，太康時二縣幷存，酈注誤，不可從。

零陵郡

漢春陵侯徙國南陽，故《州郡志》『營陽郡』下有春陵，云吳立。本書《忠義·易雄傳》爲春陵令，本志作『舂陽』，誤。又案：《隸釋·綏民校尉熊君碑》作『灌陽長』，卽本志『觀陽』，古字通。寅案：《州郡志》：應陽，晉惠帝分觀陽立。本志『應陽』列中篇，似與衡山同一舛誤。

邵陵郡

《州郡志》：邵陽，吳立曰昭陽，晉武改。又云：邵陵，二漢無。《吳録》屬邵陵。今考《郡國志》，漢有昭陽，屬零陵郡。又有昭陵，屬長沙郡。吳因之，至晉武帝，避景帝諱改爲『邵陽』、『邵陵』。本志於『涼州張掖郡臨澤』下言：漢昭武避景帝諱改此郡。何獨無注。又《州郡志》：高平，吳立，晉太康元年改曰南高平，後更曰高平。又《州郡志》『邵陵太守』下：武剛令，晉武分都梁立。《水經注·資水篇》：武岡縣左右二岡，舊傳後漢五溪蠻保此岡，故曰武岡，縣卽其稱焉。寅案：零陵列應陽，而邵陵不列武岡，此可見《晉·志》之疏。

桂陽郡

《元和志》：晉省，便入郴縣。

武昌郡

案：《州郡志》：太康元年，省蘄春郡，以尋陽屬武昌，改蘄春之安豐爲高陵，及邾縣皆屬武昌。二年，以武昌之尋陽復屬廬江郡。本志尋陽既隸廬江，當斷自太康二年以後，何以邾縣、高陵不列此郡？互見『豫州安豐郡』下。

安成郡

新諭，《州郡志》作『新喻』。又《州郡志》：安復本名安成，晉武帝太康元年更名，屬長沙。據此，則太康初安復不應屬此郡。寅案：《郡國志》『長沙』下有安城，吳立安成郡，當治安城縣，晉太康初改安復，無由復屬長沙，疑沈《志》當云『本名安成，屬長沙，晉武帝太康元年更名也』。今文似有倒誤。

揚州

丹陽郡

蕪湖，《州郡志》作『無湖』，『蕪』、『無』古通。寅案：見《州郡志》，『淮南襄垣令』下云：漢舊縣。

宣城郡

《寰宇記》：石城縣，晉太康三年廢入宣城縣。今考《州郡志》『石城令』下，無既廢復立之文，《寰宇記》當別有據。又案：《州郡志》：廣陽令，漢舊縣曰陵陽。晉成帝杜皇后諱『陵』，咸康四年更名。考東晉縣邑以『陵』名者不可殫述，可獨改陵陽一縣，恐非實録。後篇但言改『陵陽』爲『廣陽』，不載避諱事是也。又《州郡志》『宣城太守』下云：晉武帝太康元年分丹陽立。《水經注·沔水篇》：石城縣，晉太康元年隸宣城郡。本志作『二年置』，誤。

淮南郡

案：杜佑、李吉甫皆云：晉孝武避鄭太后諱，改『壽春』爲『壽陽』。然考本書《帝紀》，孝武之前，成帝咸和元年稱『壽陽』，後至穆帝永和元年又稱『壽春』，或據此疑東晉之初已改。竊謂本書於地理考證，本屬疏舛，作史者追敍其事，偶失檢正，不足據也。又案：《州郡志》：淮南太守，秦立爲九江郡，兼得廬江、豫章，漢高帝四年更名淮南國，分立豫章郡。文帝又分爲廬江郡。武帝元狩元年，復爲九江郡，治壽春。後漢徙治陰陵。魏復曰淮南，徙治壽春。晉武帝太康元年，復立尋陽、當塗、逡道諸縣。二年，復立鍾離縣，並二漢舊縣也。三國時，江淮爲戰爭之地，其間不居者各數百里。此諸縣並在江北淮南，虛其地，無復民户。

吳平，民各還本，故復立焉云云。案沈氏說，則晉太康初，淮南郡縣名雖仍舊，實則新立。本志不載，似闕晉典。又《州郡志》逡道令，漢作『逡遒』，晉作『逡道』。寅案：《地理》、《郡國志》皆作『浚遒』，屬九江郡。

廬陵郡

樂史稱《太康地志》：廬江郡治皖，更移居於舒。《水經·沘水篇》『東北過六縣東』注云：《漢書》所謂以舒屠六，晉太康三年廬江郡治云。本志治陽泉，未詳。又本書《陶侃傳》：廬江太守張夔以侃領樅陽令。疑西晉卽有此縣，本志不載，後篇亦缺，疑誤。

毗陵郡

旣陽，《州郡志》作『暨陽』，古字通。寅案：《元和郡縣志》云：本漢毗陵縣之漑陽鄉，晉太康二年置漑陽縣。『旣』作『暨』，又作『漑』，不詳孰是。

吳郡

《州郡志》：富陽令，本名富春，晉孝武避鄭太后諱更名。本志列西晉縣名作『富陽』，誤。又《州郡志》：海虞令，晉太康四年分吳縣之虞鄉立。考本志中篇年分斷例，不應列此縣。見『荆州南郡』下。

吳興郡

後篇言：割吳興之陽羨立義興郡。郭璞《山海經》注：今吳興陽羨縣有君山。《爾雅》注同。《史記索隱》引《太康地理志》：陽羨縣本名荆溪。《州郡志》：陽羨令，漢舊縣。不言晉廢、復置，是陽羨自漢歷西晉至宋，皆有此縣，不應與義鄉等縣並列，後篇本志誤。本書《周處傳》：處，爲義興陽羨人。又《武帝紀》：太康八年十二月，吳興人蔣迪聚黨反，圍陽羨縣。又《賀循傳》：吳平後，嵇喜舉循秀才，除陽羨令。

會稽郡

郭璞《山海經》注：句餘山，今在會稽餘姚縣南、句餘縣北，故此二縣因此爲名焉。見張氏《地理志》云云。今案：會稽有句章縣，無句餘縣，疑『餘』乃『章』字之誤，蓋二縣各分一字爲名，非《晉·志》誤也。又案：《水經注·沔水篇》『南江又東北爲長瀆，歷河口』注引謝康樂云：《山海經》：浮玉之山在句餘東五里，便是句餘縣之東山云云。據此句餘縣名非特見《山海經》注，他書皆有之，恐晉時曾置句餘縣，而《晉·志》缺載也。寅案：漢舊縣有句章，無句餘。本志餘姚縣有句餘山在南，與郭璞注同，不當復有句餘縣。《水經注》：句餘山在餘姚之南、句章之北，可證《山海經》郭注之譌。

新安郡

郭璞注《山海經》云：案《地理志》：浙江出新安黟縣南蠻夷中，東入海，今錢塘浙江是也，黟卽歙也云云。案：據郭說，東晉時已無黟縣。寅案：《州郡志》云：黟，漢舊縣。不言晉省，疑西晉時尚有此縣也。又案：《水經注·浙江水篇》：浙江又北歷黟山縣，居山之陽，故縣氏之。漢成帝以爲廣德國，封孫雲客王於此。晉太康中以爲廣德縣，分隸宣城郡。再據酈說，則在西晉時，黟卽宣城郡之廣德縣。本志兩縣並存，亦誤。寅案：《水經注》未盡可信，《郡國志》有黟縣，《吳書》同。本志兩縣並存，當必有據。

臨海郡

《州郡志》寧海令，何《志》：漢舊縣。案：二《漢·志》、《晉太康地》（下闕）考沈《志》雖闕，意蓋言《太康地志》無此縣以駁何《志》也。《東晉疆域志》言樂史稱《臨海記》云：晉永和三年，分會稽郡八百户，於臨海郡章安地立寧海縣。據此知寧海實立於東晉穆帝時，不應闌入中篇。又《州郡志》：橫陽令，晉武帝太康四年，以橫萸船屯爲始陽，仍復更名。考橫陽旣更名於太康四年之後，本志載入，與秦、寧二州不一例。說見『荆州南郡』下。

建安郡

本志『張掖郡』下例書避諱更名，此郡邵武亦以昭武改，應補載。

晉安郡

《州郡志》：温麻令，太康四年立。例說見『荆州監利縣』。

豫章郡

《州郡志》：豫寧侯相，漢獻帝建安中立，吳曰西安，晉武帝太康元年更名。本志作『豫章』，與沈《志》不合。《水經注·贛水篇》：又北逕南昌縣城西，建安中更名『西安』，晉又名『豫章』。若從《水經注》，則『豫章』卽南昌之改名，又不應兩縣並存也。《水經注》又云：循水出艾縣東北，逕豫章寧縣故西安也。晉太康元年，更從今名，則又與前說稍異。然以西安推之，亦不當復有南昌，而《州郡志》則有南昌、豫寧，未解孰是。庠案：豫寧即今南昌府屬之武寧縣。《水經注》：循水出艾縣東北，逕豫章寧縣，故西安也。『章』字衍，當作『逕豫寧縣』。《贛水篇》：建安中更名『西安』，晉又名『豫章』。『章』字當作『寧』。循水即《漢·志》之脩水，艾縣今義寧州也，脩水今謂之奉新江。翊寅案：《郡國志》注引《豫章記》曰：豫章縣，建安中立。是後漢舊有豫章縣也。《州郡志》『豫章太守』下豫寧侯相云：漢獻帝建安中立，吳曰『西安』，晉武帝太康元年更名，是『豫寧』即『豫章』之譌。今考豫章，水名，在漢海昏縣地。《元和郡縣志》：海昏故城在建昌縣東三里，昌邑王賀所封。《寰宇記》云：建安中，分海昏縣立西安縣。晉太康元年，改爲豫章。可證西晉以前無『豫寧』之稱。《水經·贛水篇》『北逕南昌縣城西』酈注云：晉太康元年更從今名。酈君於南方水道考訂本疏，此二注尤屬舛謬。案：南昌縣爲豫章郡治，莽曰宜善，後漢復舊，不聞建安中以南昌爲西安，亦不聞晉改豫章。至豫章爲建安中分海昏所立，吳曰西安，晉太康元年，復改豫章，仍漢舊名，與南昌無涉。今酈注乃混南昌、豫章二縣爲一，致使後人聚訟紛如。又循水所經之豫章寧縣，酈注本衍一『寧』字，近儒皆據沈《志》謂當作『豫寧』，衍一『章』字，亦屬附會。又案：酈注循水出艾縣東北，此即《漢·志》『脩水』之譌。《後漢書》注：艾縣故城在建昌縣，亦與南昌縣絕不相涉。晉太康中，南昌、豫章二縣並存，未聞有改。酈注牽混，殆不可從，劉氏庠說失考之甚。

臨川郡

《州郡志》：南城男相，漢舊縣，晉武帝太康元年更曰南新城，江左復舊。此篇缺『新』字。

都陽郡

《州郡志》：上鏡男相，吳立。《太康地志》有，王隱《地道》無。

廬陵郡南野當屬南康，見下。

南康郡

《州郡志》『南康郡』下云：南野伯相，漢舊縣，屬豫章。郭璞《山海經》贛水注：今贛水出南康南野縣西北。是晉南野縣當屬南康也。庠案：《郡國志》無南野縣。南野縣在今南安府南康縣西南，爲大庾縣境。庾仲初謂之大庾嶠水。又《州郡志》：寧都，吳立曰楊都。晉武帝太康元年，更名。本志無寧都，誤。寅案：畢校亦云：此志疑脫南野、寧都二縣。

交州

合浦郡

沈《志》：朱盧，吳立。晉始，晉武帝立。今缺。

交阯郡

交興當從《州郡志》作『吳興』。又《州郡志》『九眞太守』下軍安長，何《志》晉武帝立，《太康地志》無此縣，而交阯有軍平縣，本志兩縣俱無，未詳。《水經注·葉渝水篇》：越敗，安陽王下船逕出於海，今平道縣後王宮城見有故處。《晉太康地記》：縣屬交阯。《志》缺。『羸𨻻』，《州郡志》作『羸𨻻』。謹案：《地理志》作『羸𨻻』。孟康曰：羸音蓮，𨻻音受。土簍。《郡國志》同。沈《志》作『羸𨻻』，云漢舊縣。本志作『𨻻』。《廣韻》始有『羸』字，《說文·玉篇》無，則𨻻乃六朝後字也。當從《漢·志》作『羸𨻻』。

新昌郡

《東晉疆域志》云《太平御覽》引《方輿志》：吳置新興郡，晉改爲新昌。本志直云：案：置未詳。庠案：交州前篇，孫皓又立新昌、武平、九德三郡。《疆域志》誤也。

武平郡

《州郡志》『九眞太守』下武寧令，吳立。何《志》：武帝立。《太康地志》無此縣，而交阯有。考沈氏於《太康地志》僅舉交阯一武寧縣，則此郡之武寧，《太康志》決不載。本志似屬重出。

九眞郡

湛梧，沈《志》作『津梧』，云晉武帝分移風立。寅案：局本《晉·志》亦作『津梧』，據畢校改。

九德郡

陽遂，沈《志》作『陽遠』。都狄，沈《志》作『都伏』。

日南郡

《州郡志》無勞長，晉武分北景立。『比景』，沈《志》作『北景』。又壽泠令，晉武太康十年分西卷立。寅案：今志並缺，蓋據太康三年爲斷。

廣州

南海郡

《州郡志》：新夷令，吳立曰平夷。晉武帝太康元年，更名屬南海。

始安郡

《州郡志》：熙平令，吳立爲尙安，晉武改。案：本志常安、熙平並列，豈晉武於熙平縣外別立一縣耶？抑誤增也？未詳。

始興郡

劉逵《吳都賦》注：桂竹生於始興小桂縣。《東晉疆域志》：桂陽，一名小桂，陶侃執劉沈於小桂，卽此。《州郡志》作『桂』。疑此縣在漢名桂陽，及吳、晉竟稱小桂。《疆域志》因《晉・志》作『桂陽』，故調停其辭曰『一名小桂』也。

蒼梧郡

《州郡志》臨慶內史屬縣有寧新令，云二漢無，當是吳所立，屬蒼梧。晉太康元年更名。又『蒼梧太守』下云：晉武帝太康元年，改新寧曰寧新。又《州郡志》：丁留令，晉武帝太康七年立。寅案：畢沅曰：此志不載，或後省，至宋初復立也。

鬱林郡

《州郡志》：安始令，吳立曰建始。晉武帝太康元年更名。今作『始建』，誤。又桂林太守屬有安遠令，晉武帝太康六年立，屬鬱林。今作『安廣』，誤。柯林，當從《漢》、《宋・志》作『阿林』。

桂林郡

《州郡志》云：《永初郡國》有長安、夾陽二縣。夾陽，晉武帝太康元年分龍岡立。長安，《太康地志》有，王隱無。又陽平令，沈約案：晉武帝太康元年立桂林之洋縣，疑是。考本志，『洋』作『羊平』，『龍岡』作『龍剛』，不列夾陽、長安，皆誤。

高興郡

庠案：本志交州前篇明云：漢順帝分交阯立高興郡，靈帝改曰高涼，而『廣州高涼、高興郡』下皆云吳置，自相牴牾，疑靈帝改高興爲高涼，吳又復置高興，與高涼並列，晉初仍吳制，而《志》不能悉其原委耳。又案：廣州前篇云：吳黃武五年分交州之南海、蒼梧、鬱林、高涼四郡立爲廣州。是黃武時尙未置高興郡也。案：明板《晉書》『陽』作『黃陽』。然考《州郡志》有莫陽令，《晉太康地志》有屬高興，則『黃陽』又『莫陽』之誤也。寅案：今局本亦作『黃陽』，畢校同。

寧浦郡

案：明板《晉書》『道』作『連道』。然考《州郡志》興道令，太康元年以合浦北部營之連道立，則『連道』又『興道』之誤也。寅案：局本亦作『連道』，畢校同。《州郡志》又云：潤陽令，晉武帝太康七年立。《永初郡國》作『簡陽』。又云：始定令，《太康地記》有。今皆缺。

又《序》 《晉書・地理志》列十三州，州凡三篇，前篇紀漢、魏立州郡之始，中篇列晉代郡縣，後篇紀惠帝以後增損之制，閒有太康三年更革州郡亦附後篇如秦、寧二州，而冠以《總序》，此其大要也。然中篇郡縣不列年分，綜核全志，有荆、揚、交、廣，則爲太康元年平吳之後可知也。有秦、寧二州，則爲太康三年未及并省以前，又可知也。乃東莞、順陽等郡下又注太康中置，則本書自爲矛盾矣。然太康二、三年事猶可強稱曰中，若《總序》稱太康元年既平孫氏，凡增置郡國二十有三，內有新野隨郡，而於荆州乃列後篇，爲惠帝增立，不入郡國一百七十三之數，則太康增置僅二十一，合之漢、魏、蜀、吳舊制僅一百七十一矣。又以各州中篇所列郡國司十二、兗八、豫十、冀十三、幽七、平五、并六、雍七、涼八、秦六、梁八、益八、寧四、青六、徐七、荆二十二、揚十八、交七、廣十，合計亦僅百七十二，此又數之訛謬也。又《總序》太康增置郡國內有寧浦郡，而廣州中篇寧浦郡下則曰吳置；《總序》前言魏武所置有略陽、陰平，魏文所置有義陽，乃此三郡。又在太康增置二十三郡國之列。復考之秦州中篇略陽、陰平，又皆云泰始中置；荆州中篇義陽，則又云太康中置，此又文之訛謬也。又凡户口增損之數，月異歲殊。地志所載，必以極盛一年爲斷，而臚列郡縣亦斷於是年。故《前漢・地理志》郡縣户口斷於元始二年，《續漢・郡國志》郡縣户口斷於永和五年。今考本志《總序》紀太康元年户口之數，而中篇所列之郡有順陽、義陽爲太康中置，宣城爲太康二年置，晉安、南康爲太康三年置，是郡國下散載户口與《總序》不相合，則當以何年爲定？此又體例之訛謬也。一序之內紛紜舛錯，披讀全志，羣疑叢生。爰據本書《紀傳》諸志載述異同，又取杜預、張華、京相璠、皇甫謐、劉逵諸儒箸述皆身當其時，疏列異說，以相證引。又據東晉郭璞、王隱、常璩、闞駰諸人書用證西晉。中原板籍若沈約《州郡志》、魏收《地形志》、酈道元《水經注》，則惟取西晉沿革以校此志之失。其唐以後地志考證。西晉郡縣，有獨標異義者，亦閒及之。與此志抵牾非復一條，誦讀之暇，輒爲《辯證》一卷。至于江左中興以後，校本志諸州後篇舛誤各條，則已見洪氏亮吉《東晉疆域志》、《十六國疆域志》，無煩末學贅言，故悉從缺略。是爲序。陽湖方愷。

又《吳翊寅跋》 陽湖方君博覽多識，夙承庭聞。於輿地、曆算之學靡不綜檄淹貫，箸書滿家。光緒己卯，侍其尊人元徵先生駿謨於徐州邸舍，成《新斠晉書地理志》一卷，糾謬拾遺，辨證翔實，典午一朝建置沿革，藉可考見，厥功甚偉。同時劉君慈民庠亦覃精此書，閒有商榷，益徵完善。比客廣州，已校刻算術數種，此稿寫定未竟，而君遽歿傷已。昔江醴陵謂史莫難於志，而志地理尤難。漢代地志，創自孟堅，聞見既眞，典籍尤備。然象郡之罷，不詳置於何時；廣宗之封，未載隸於何地。晉司馬彪踵成郡國，前軌可繼，疏漏尚多，劉昭補之，庶幾無闕。惟安順以後郡縣分并，概置不書。洎乎三方鼎峙，畺域相錯，僑置遥領，棼如亂絲。承祚《國志》未暇整比，金行革運，吳、蜀一家。王隱、虞預、臧榮緒、蕭子雲、何法盛、謝靈運皆撰有《晉書》，歷宋及隋，存佚相半。唐初史臣奉敕脩纂，於地理學最爲不精，其閒斷限復乖體裁，舛午異同難可枚舉。君以沈約《州郡》、魏收《地形》采擇詳碻，足資佐證。至於晉世起居，《太康地道》，雖書已散逸而說可引徵，其見存完帙，如元凱《左傳》之釋、善長《水經》之注，於晉代沿革，首尾具在。他若皇甫謐《帝王世紀》、京相璠《春秋地名》、常璩之述《華陽》、郭璞之箋《山海》、王隱《地記》、闞駰《州志》，皆二晉英流，習於掌故，其所譔箸，裒輯尤勤，下逮《元和郡縣》、《太平寰宇》，凡涉方輿，閒加搜討，而輒據唐以前書爲之標準。至其斷限，以太康三年爲主，其識可謂精且卓矣。時粵中方開書局，廣蒐乙部，獲覩此稾，録以付栞，翊寅末學，弇陋校讀之下，謹綴所聞，匪敢獻其一得，亦以助熒爝之照云。光緒十有七年二月，同里吳翊寅謹跋。

東晉分部

綜　述

宋·鄭樵《通志》卷四〇《地理略·歷代封畛》 及永嘉南渡，境宇殊狹，九州之地有其二焉。初，元帝命祖逖鎮雍邱。建武初，逖北伐，便屯雍邱。今陳留郡縣。逖死，北境漸蹙，大興四年逖死。於是荆、豫、自淮北今汝南汝陰南陽等郡以北。青、兗四州今東萊、東牟、高密、北海、淄川、濟南等郡之地。及徐州之半今彭城琅邪等郡。陷劉曜、石勒，以合肥、戴若思鎮守之。淮陰、劉隗鎮守，即今山陽郡縣。壽陽、劉遐鎮守，即今臨淮郡宿遷縣界。泗口、安帝義熙中置，亦在宿遷縣界。角城為重鎮。

成帝時，鄷守將退屯襄陽，祖約鎮守，後又陷於石勒。石虎死後，復之。即今壽春郡地。咸和初，魏該屯鄷，為劉曜將黃秀所逼而退守襄陽。後亦陷石勒，尋復之。庾翼、朱序皆鎮於此。又為苻堅將苻丕所陷，尋又復之。即今郡。穆帝時，平蜀、漢，永和三年，桓温西討擒李勢。復梁、益之地。梁州則漢川，益則蜀川是。又遣軍西入關，至灞上。十年，桓温討苻健，於今京兆府萬年縣白鹿原戰敗。再北伐，一至洛陽，永和十二年，桓温討燕，慕容儁大破其將姚襄於伊水。時襄已降。一至枋頭，廢帝太和三年，桓温又討慕容暐，敗還。今汲郡衛縣界。枋音方。所得郡縣軍旋又失。洎苻堅東平慕容暐，太和五年。西南陷蜀漢，西北剋姑臧，孝武太和五年，平張天錫。今武威郡。則漢水、長淮以北悉為堅有。及堅敗，太和八年。再復梁、九年，將郭寶平梁州。益、蜀郡太守任權斬苻堅益州刺史李平，益州平。青、徐、兗、豫、司之地。其後青、兗陷於慕容德，安帝隆安三年，德據之，殺幽州刺史辟閭渾。時鎮廣固，即今北海郡也。豫、司陷於姚興，隆安三年。以彭城為北境藩扞。朱序鎮守。後益、梁陷於譙縱。義熙初陷。每因劉、石、苻、姚衰亂之際，則進兵屯戍在於漢中、襄陽、彭城，然大抵上明、今江陵郡松滋縣。江陵、夏口、武昌、合肥、壽陽、淮陰，常為晉氏鎮守。其刺史所治，皆置州兵。雖有不經攻圍，互是重鎮。他皆類此。

義熙以後，又復青、兗、司、豫、梁、益之地，而政移於宋矣。武帝北平廣固，時晉安帝義熙六年，平慕容超，得青州之地。廣固即今北海。西定梁、益，九年，朱齡石平譙縱。又剋長安，十三年，親征，平姚泓。盡得河南之地。長安尋為赫連勃勃所陷。至廢帝滎陽王景平中，武牢以西復陷後魏。今大較以孝武大明為正，凡二十有二州，揚治建業，南徐治京口，今丹陽郡丹徒縣。徐治彭城，南兗治廣陵，兗治瑕，今魯郡縣。南豫治歷陽，荆治汝南，今汝南郡汝陽縣。江治尋陽，今郡縣。青治臨淄，初治歷城，今濟南郡縣，後治廣固，後又移治臨淄，即今縣是。冀治歷城，司治義陽，荆治南郡，郢治江夏，今郡。湘治臨湘，今長沙郡。雍治襄陽，今郡。梁治南鄭，秦亦治南鄭，益治成都，今蜀郡。寧治建寧，今雲南郡。廣治南海，交治龍編，越治臨鄣，今合浦郡。自東晉成帝時，中原流民多南渡，遂於江、漢、淮之間僑立州郡，以撫其民。中間併省廢置離合，非一不能詳制焉。今紀其所治經久者，他皆類此。郡凡二百三十有八、縣千一百七十有九。

清·徐文范《東晉南北朝輿地表·年表》卷首　壬申（西晉永嘉七年）

司州。屬漢。晉所存者列下： 時劉琨以兄子演為魏郡太守，鎮三臺。李矩在陽武，荀藩假滎陽太守。魏浚屯洛北石梁塢，劉琨假河南尹。郭默在懷，劉琨假河內太守。魏浚族子該屯弘農宜陽之一泉塢。宋哲屯弘農之華陰。河東汾陰薛氏聚族黨，阻河自固。

雍州。時秦王業為皇太子，在長安，全部俱統。

秦州。時南陽王模世子保在上邽，惟武都為楊茂搜據，陰平入成，餘俱保統之。

冀州。除下，並入石勒。時邵舉守信都，王浚假行刺史。邵續屯厭次，王浚假樂陵太守。李惲在長樂之廣宗縣上白城，王浚假青州刺史。其中山、常山、博陵三郡，劉琨與代兼統之。

兗州。荀藩保開封，以李述為刺史，諸郡半入石勒。

豫州。時荀組與藩共保開封，而組行豫州刺史，亦空名耳。蓋州境四衝，胡羯軍鋒及土寇賊帥充斥無完地。田徽屯襄城之定陵，王浚假兗州刺史。

徐州。時淮北荒殘，如豫淮陰以東差安，尚為晉有。

揚州。時琅琊王睿鎮建業，都督揚、江、湘、交、廣五州，而淮南、廬江亦時被寇盜。

江州。時王敦為征討都督，屯豫章。

荆州。胡元、杜曾、王沖作亂，刺史王澄見逐。周顗不克至州。

湘州。杜弢據長沙作亂。

廣州。時王機逃入，逐刺史郭訥而據之。

交州。刺史顧祕。

梁州。刺史張光，治漢中，領魏興與新城、上庸，合漢中四郡，餘屬成。

益州。刺史向沈，治涪陵，統越巂、江陽、漢嘉、巴、巴東。其汶山雖隔遠，太守蘭維尚守之，餘並入成。【略】

時琨以晉陽殘破，徙居陽曲，所統惟樂平全郡。太原郡有半強，上黨郡有半弱，新興郡三之一。【略】

幽州。王浚全統之，惟遼西段疾六眷據令支。

冀州。章武、平原、渤海、河間，浚與石勒各有之。

平州。東夷校尉崔毖在遼東，鮮卑單于慕容廆在棘城，東部宇文莫槐居遼東之北，並統於王浚。【略】

丁丑（東晉建武元年）

揚州。時十三郡，晉全有，刺史王導領，治建康，丹陽尹劉隗。自後揚州刺史宰輔兼領。

江州。時十一郡，晉全有，王敦都督揚、江、荆、湘、交、廣六州，領江州刺史，時治武昌。

荆州。時十三郡，晉全有，刺史王廙，治江陵。荀崧督沔北，治宛。第五猗據漢沔間，杜曾據武當。

湘州。時十郡，晉全有，刺史甘卓，治長沙。

廣州。時六郡，晉全有，刺史陶侃，治番禺。

交州。時七郡，晉全有，州將梁碩作亂，以前刺史修則子湛行州事，碩自為新昌太守。

寧州。時十三郡，平夷、平樂二郡入成，餘皆晉有，刺史王遜，治雲南。

梁州。晉惟有魏興、新城、上庸三郡，刺史周訪，治荊州之襄陽，餘七郡並入屬成。

益州。晉惟有巴東、江陽、越巂三郡，刺史應詹，治巴東，餘六郡俱入成。

徐州。時十二郡，晉全有，刺史蔡豹，治彭城。

青州。全入曹嶷。

涼州。全屬張寔。

豫州。晉刺史祖逖屯譙城，石勒有半强。

兗州。晉刺史郗鑒屯鄒山，蓬陂塢主陳川自稱陳留太守，在浚儀，泰山守徐龕，餘石勒有半强。

司州。晉刺史李矩守滎陽之新鄭，魏該屯宜陽之一泉塢。餘盡没於漢，置荆州於洛陽。

冀州。晉刺史邵續守樂陵，續婿劉遐聚衆河濟以為平原太守，尋遷下邳内史，餘石勒全據。

幽州。刺史段匹磾，治薊，遼西郡屬段疾六眷，代郡屬拓跋鬱律。

平州。東夷校尉崔毖，治遼東，慕容廆在昌黎界，樂浪、帶方、玄菟三郡陷高句麗。

幷州。漢全有，惟雁門郡半入代。

雍州。漢全有，姚弋仲在扶風界。

秦州。南陽王保在上邽，蒲洪在略陽，楊茂搜據武都，狄道入張寔，陰平入李雄。

永嘉五年，石勒幷王彌。建興二年，勒襲克薊。四年，漢河東饑。勒使石越招誘其流民二十萬户。劉聰責之，勒不受命。勒時雖臣漢而尾大不掉之勢已漸成。微靳準平陽之逆、劉曜停封之舉，固所云趙王、趙帝竟自為之矣。蓋其恣睢成戮，專征兼幷，在劉淵時已横行河南北，何有於聰？又何有於曜乎？計勒凡滅七州，入鄴殺都督東燕王騰，寇信都殺冀州刺史王斌，襲鄄城殺兗州刺史袁孚，攻新蔡殺豫州刺史新蔡王禽，襲蒙城擒青州都督苟晞，克上白斬青州刺史李惲，再攻信都殺冀州刺史王象，克定陵殺兗州刺史田徽，襲幽州擒河北督王浚，然亦寇陷克滅而已，非竟全有其州郡也。前勒所實有者，司之廣平、魏、汲、陽平，冀之趙、鉅鹿、博陵、高陽諸郡，而視聰未得雍州以前所轄已廣。蓋聰不過河南、河東、滎陽、平陽、離石而已，故陳元達以為所有之地不過太宗之二郡也。增封勒十二郡，亦誇張虛名耳。范故不備列其所據之郡，以亂雖極而未定。勒臣漢而難制，勒與漢是時似宜併合，而實一而二也，非如成李雄之確有實地可畫，所以《年表》分為卷首。

斯時州郡最難分明者莫如徐、兗、豫三州。軍鋒出入，兵戈蹂踐，十數年來，衝要疆圉。司馬氏雖設重鎮，而河、濟間南及於淮，石世龍縱横馳騁，如入無人之境，張賓所謂擢髮難數其罪矣。然征城略地，旋取旋棄，非必勒竟據有也。《晉・地理志》謂永嘉之亂兗州闔境淪没，石氏徐州所有過半，豫州唯得譙城，此統計數年後之大勢，先懸擬之耳。試閲史傳紀事，敍述鎮守保屯之地。逐年按圖稽考，殊不盡然。當愍帝出狩、建武紀元，祖逖始屯譙城，前此荀藩保開封，留臺猶存。郗鑒鎮鄒山，魯、沛無恙，與新鄭李矩、宜陽魏該、河内郭默輩東西遥相應接，未嘗全為勒有也。即此時，荀組尚在許昌，加豫州牧，陳川、樊雅並受逖節度，非第有譙城而已。史因逖自淮陰進屯，尚如是艱難，故以譙蓋之爾。《禹貢》：兗州東南距濟，西北距河。《周禮》：河東曰兗州。晉諸州與古有異，惟兗州疆域未嘗稍改。曹嶷據東方，史一則曰盡得齊、魯間郡縣，再則曰臨河置戍，又請勒以河為境，由是觀之，不獨據青州，兼有徐之北境、兗之東北境明矣。後南燕亦居廣固，則竟有兗之全郡，而無徐之北邊，與嶷雖小異而大概相同也。況泰山、陳留、魯、沛、東莞，元帝太興初尚屬晉，勒不能越此而有東海、琅琊也。至弋陽在淮南，後當為豫州刺史治所。安豐在壽春西南，時並無恙，何獨譙也？《年表》於此三州再三低徊，不敢率意輕下筆墨，故分為卷首於懷、愍，終年略括諸州以存其梗概云。徐文范又識。

又　卷一　戊寅（東晉大興元年）

時豫境為石趙戰爭分界地。東自彭城，西至成皐，北及開封、梁、陳間。祖逖、李矩艱難鎮守，帝得保江、淮以南者，二人之力也。故另立一行於下。【略】

己卯（大興二年）

揚州。時十三郡，丹陽、宣城、淮南、廬江、晉陵、吳、吳興、義興、會稽、新安、臨海、東陽、歷陽。

江州。時十一郡，豫章、潯陽、武昌、竟陵、臨川、鄱陽、南康、建安、晉安、安成。

荆州。時十一郡，南郡、南平、宜都、天門、江夏、武陵、南陽、順陽、義陽、隨、新野。

湘州。時十郡，長沙、衡陽、湘東、邵陵、建昌、零陵、臨賀、始安、始興、桂陽。

交州。時七郡，交趾、合浦、九德、九真、日南、武平、新昌。

廣州。時七郡，南海、蒼梧、寧浦、桂林、鬱林、晉昌、高涼。

寧州。時十一郡，雲南、晉寧、牂柯、朱提、建寧、夜郎、永昌、興古、南廣、西平、河陽。

益州。存三郡，時治建平，建平、巴東、江陽、越巂。

梁州。存三郡，時治襄陽，襄陽、新城、魏興、上庸。

徐州。時十三郡，彭城、下邳、東海、蘭陵、東莞、東安、琅邪、廣陵、臨淮、淮陵、堂邑、秦、盱眙。

豫州。時存六郡，譙、安豐、弋陽、西陽、新蔡、魯。

其有介在二趙兩屬與司、兗，並見『祖逖』下。

時有實郡九十六。時以流民度淮，已僑置東平郡於丹陽之江乘，東海郡於吳於海虞，新蔡、弘農二郡於潯陽，新興郡於南郡。

帝渡江，僑置幽、青、冀、并、兗等州及郡，見明帝太寧中。以斯時尚未備立也，而成李雄所陷没梁、益二州郡，並遥立於所存之地，如魏興、建平是也。自後割屬州郡，隨時盡度，余故謂始以郡縣立州，繼以州補郡縣，終至州郡縣多非其故地也。揚、江、荆、襄屬郡，有出入損益梁、益、徐、豫有陷没，恢復惟交、廣、寧至晉，終大同小異云。【略】

時晉與二趙兩屬地，豫州居半，司、兗、冀、幽亦間有之。

豫州之潁川、汝南、新蔡、襄城、南頓、梁、陳、沛，兗州之陳留、泰山，司州之河南、滎陽、上洛，冀州之樂陵、博陵，幽州之北平、上谷、遼西。

時司州刺史督河南、弘農、滎陽三郡軍事，領滎陽太守。李矩屯新鄭、郭誦為陽翟令。潁川太守郭默屯洛口。

兗州刺史郗鑒仍鎮鄒山。

豫州刺史祖逖屯譙城，與後趙相持陳留、潁川、梁、陳間。

冀州刺史邵續仍守樂陵，段匹磾兄弟依之。段末柸據薊、遼西、北平。

癸未（大寧元年）

揚州。時十四郡，全有。增永嘉。王敦自領揚州牧，屯于湖孰，使王含督揚之江西。按：歷陽、廬江、淮南三郡也。

江州。仍前十一郡，全有。敦以王彬為豫章太守領刺史。

荆州。仍前十一郡，全有。刺史王舒。

湘州。仍前十郡，全有。敦使從弟魏又督之。

廣州。仍前七郡，全有。刺史陶侃。

交州。仍前七郡，全有。刺史阮放。

寧州。仍前十一郡，全有。刺史王堅。

梁州。仍存三郡，合襄陽而四。敦以周撫督荆州之沔北，即魏興、新城、上庸三郡也。治沔中，即襄陽也。

益州。存江陽、巴東二郡，合建平。而王敦自領梁、益二州都督，僑置梁、益郡縣於建平等郡。

徐州。失琅邪郡。刺史卞敦與王邃自下邳移守盱眙，兗州刺史劉遐鎮彭城，僑立清和郡於東莞郡之莒。

豫州。存四譙、安豐、弋陽、西陽，此四郡實地屬晉，其有兩屬者見『祖約』下，時有實郡九十二。【略】

時豫境尚未全入後趙者五郡：潁川、汝南、汝陰、魯、新蔡。【略】

己丑

揚州。元帝太興元年，晉王即位，都建康。永昌元年，王敦反，破石頭，尋歸武昌。明帝太寧元年，王敦移鎮姑孰。二年，敦死姑孰。成帝咸和二年，歷陽太守蘇峻與豫州刺史祖約反。三年，峻據石頭。十月，峻死。四年，峻黨悉平。後趙陷壽春。

江州。永昌元年，王敦反於武昌。咸和四年，郭默殺刺史劉允，據豫章。

荆州。太興二年，以襄陽為梁州，治以建平，入益州，僑立益州陷没諸郡縣。湘州刺史周訪斬杜曾。咸和三年，後趙陷南陽。四年，省湘州併入荆、廣二州。

交州。永昌元年，梁碩據州。太寧二年，陶侃討平之。

益州。刺史治巴東。太寧元年，成陷越嶲。成分立沈黎、漢原。

徐州。永昌元年，後趙陷琅邪。太寧二年，陷東海、東莞、東安、蘭陵。

青州。曹嶷始築廣固城居之。太寧元年後趙滅嶷。

兗州。太興二年，徐龕以泰山降。後趙四年，後趙取陳留。自是全州屬後趙。

豫州。太興三年，刺史祖逖自譙退屯封邱。四年，逖卒，弟約代。永昌元年，郗鑒自鄒山退屯合肥。永昌元年，後趙取定、襄、梁、陳。祖約退屯壽春。太寧三年，後趙取潁川、汝陰，淮北地悉入後趙。

司州。太興二年，石勒稱趙王，都襄國。魏該南遷新野。後趙分河內置野王郡。

幽州。李矩守新鄭。郭誦屯陽翟，郭默屯洛口。太寧三年，矩南歸河南，滎陽地並入後趙。太興元年，段匹磾殺劉琨。二年，後趙攻薊，匹磾奔樂陵。段末柸據遼西、北平。四年，後趙陷樂陵。

平州。太興二年，慕容廆逐刺史崔毖，詔即授之。

雍州。太興元年，劉曜建都長安。二年，改漢曰趙。咸和四年，後趙滅之。

秦州。太興二年，南陽王保自稱晉王，改元建康三年。保被弒，地分屬涼、趙。

涼州。張寔、張茂仍稱滑帝建興年號。

時既平蘇峻，徐州都督郗鑒自廣陵鎮京口，徙晉陵郡還治丹徒。郗鑒流民之在淮南者於晉陵諸縣，其從過江而南者僑立郡縣，業已司牧之，或留在江北者，江北仍立幽、冀、青、并四州，故徐、兗二治無常，時或京口，廣陵互易也。而自後鎮京口者，恒以徐州刺史兼督青、冀、并、幽、兗五州并揚州之晉陵焉。晉豫州本治項，自祖逖以豫州刺史屯譙城，祖約自譙退壽春，而豫州移於淮南矣。至是約降，後趙乃僑立豫州於江、淮間。以庾亮為刺史，治蕪湖。分蕪湖，立逡遒縣，以舊當塗流人度江僑立當塗縣於丹陽之於湖。置淮南郡，與宣城並隸豫州焉。

又 卷二 庚寅

揚州。時十郡，刺史王導領。丹陽、吳國、吳興、義興、晉陵、會稽、新安、東陽、臨海、永嘉。

江州。時十二郡，陶侃兼領。武昌、豫章、潯陽、竟陵、臨川、鄱陽、廬陵、安成、南康、桂陽、建安、晉安。

荆州。時十三郡，刺史陶侃領。南郡、南平、宜都、天門、江夏、建昌、武陵、隨、長沙、衡陽、湘東、邵陵、零陵。

廣州。時十一郡，刺史鄧岳。南海、蒼梧、鬱林、桂林、寧浦、高涼、晉興、東官、臨賀、始安、始興。

交州。時七郡，鄧岳兼督。交趾、合浦、九德、九真、日南、新昌、武平。

寧州。時十三郡，刺史尹奉。雲南、晉寧、牂柯、南廣、朱提、建寧、夜郎、梁水、西平、河陽、興古、永昌、江陽。時益州惟存此以統於寧。

梁州。存三，本周撫督河北軍，以失襄陽免。魏興、新城、上庸。

徐州。時六郡，刺史郗鑒。治廣陵，尋鎮京口，都督青、兗、幽、冀、平。廣陵、鍾離、盱眙、堂邑、陳留、秦郡。

豫州。時八郡，刺史庾亮，鎮蕪湖。宣城、淮南、歷陽、廬江、安豐、譙、弋陽、西陽。

時有實郡八十三。

凡江淮間僑置琅邪、東海、東平、新蔡、弘農、彭城、下邳、濟岷、平昌、東莞、魯、齊、沛、北沛、高平、濮陽、泰山、高密、燕、雁門、遼西、樂陵、廣平、濟陽、濟陰、平原、松滋、安豐、義成、蘭陵、臨淮、淮陵三十餘郡，分屬徐、兗、幽、并、冀、青六州及揚州。

《元和郡縣志》云：庾亮表稱：潁川、襄城本是一郡，户口今少，請以襄城還合潁川。從之。考斯時襄入後趙非一年矣，但從其省併，『趙』下去此郡云。【略】

壬寅

揚州。時九郡，刺史庾冰領。丹陽、吳國、吳興、義興、會稽、新安、東陽、臨海、永嘉。

僑置琅邪、東海、東莞、蘭陵、平昌、東平、濮陽、泰山、魯、魏、高陽、堂邑、廣川、襄城。

凡僑置，治處見《州郡表》及《郡縣表》，茲不具載。

江州。時十三郡，刺史褚裒。武昌、豫章、潯陽、竟陵、桂陽、平陽、安成、臨川、鄱陽、廬陵、南康、建安、晉安。

僑置新蔡。

荆州。時十四郡，刺史庾翼。南郡、南平、武陵、天門，南鄉、隨、長沙、衡陽、湘東、邵陵、零陵、宜都、襄陽、義成。

司州。刺史桓宣，鎮襄陽。義成郡，寄治城內。沔北空設雍、秦二州，置郡。僑立益州，又僑置新興、河東二郡。

徐州。時四郡，刺史何充，鎮京口。晉陵、廣陵、盱眙、鍾離。

僑置彭城、清和、沛、北沛、下邳、高平、燕濟、高密、平原、雁門、遼西、樂陵、廣平、濟陰、北濟陰、陽平、淮陽。

僑立兗、青、幽、冀、并五州，並統諸僑郡。又有陳、汝陰、濟岷、頓邱等郡在淮東。督之者時或京口，或廣陵，無定，惟幽州治見三阿。時蔡謨督兗、青。

豫州。時七郡，刺史庾懌，鎮蕪湖。淮南治丹陽之於湖，為實土、宣城、歷陽、廬江、堂邑、譙在廬江、居巢、秦。

僑置安豐、陳留。

廣州。時十一郡，刺史鄧岳。南海、蒼梧、寧浦、桂林、鬱林、東官、高涼、晉興、臨賀、始興、始安。

交州。七郡，刺史姜壯。交趾、合浦、九德、九真、日南、武平、新昌。

梁州。時存三郡，刺史陳囂。魏興、新城、上庸。

時僅有實郡六十八，僑郡四十。

又雍、益二州空設於宜都沔北者無考。

斯時僑郡縣皆為嘗有實土，惟以流民向來之郡縣空設江之南北晉陵、廣陵間居多，並統於兗、青、幽、冀、并五僑州，亦有竟隸揚、徐者，其所居之地仍屬本州郡，故竟陵猶帶揚州。至孝穆永和後，并義興亦入徐部焉。自安帝土斷，乃割實地為僑置州郡縣境。宋、齊時則儼然以為土著矣，此時猶未也。考是年桓温領琅邪相，鎮江乘之蒲洲、金城，上求割江城縣境立郡，乃分江乘立臨沂縣，明年又割臨沂、建康立即邱、陽都、費三縣，費治宮城之北，並屬琅邪郡，隸徐州，其地並注明《表》中，逐年可見。【略】

庚戌

揚州。時郡九。丹陽、吳、吳興、會稽、東陽、新安、臨海、永嘉、寧海。

江州。時郡十一。潯陽、豫章、武昌、竟陵、鄱陽、臨川、安成、廣陵、南康、建安、晉安。

荆州。時郡二十。南郡、南平、建平、巴東、宜都、天門、武陵、江夏、桂陽、臨賀、始安、始興、南陽、順陽、南鄉、新野、義陽、隨、襄陽、義成。

湘州。郡六。長沙、衡陽、湘東、邵陵、零陵、營陽。

交州。郡七。交趾、九德、九真、日南、合浦、新昌、武平。時陷臨邑。

廣州。時郡十一。南海、鬱林、桂林、寧浦、高涼、晉興、蒼梧、東官、晉康、新寧、永平。

梁州。時郡十四。漢中、魏興、新城、上庸、廣漢、德陽、梓潼、巴西、宕渠、晉原、晉昌、遂寧、始興、北陰平。

益州。時郡九。蜀、越嶲、犍為、汶山、江陽、漢嘉、涪陵、巴、南陰平。

寧州。時郡十四。雲南、晉寧、牂柯、朱提、建寧、梁水、平夷、平樂、夜郎、南廣、西平、興古、河陽、壽陽。

徐州。時郡五。晉陵、義興、盱眙、廣陵、鍾離。

豫州。時郡八。淮南、宣城、歷陽、廬江、譙、秦郡、弋陽、西陽。

時有實郡百有十四，僑郡見前不與。【略】

癸丑

時有實郡百四十餘。

揚州。全。

江州。全。

荆州。全，周成據南陽。

湘州。全。

梁州。全。

益州。全。

寧州。全。

廣州。全。

交州。惟日南陷林邑。

徐州。全。

豫州。時姚襄統據半。

兗州。時高昌、李歷等據半。

司州。三之一。

又 卷三 丁巳

揚州。刺史王述，時郡十三。丹陽、淮南、宣城、吳、吳興、晉陵、義興、會稽、新安、臨海、永嘉、東陽、寧海。

江州。時十一郡。潯陽、豫章、竟陵、武昌、臨川、廬陵、鄱陽、安成、晉安、建安、南康

荆州。刺史桓温，時郡二十。南郡、南平、建平、宜都、武陵、天門、江夏、武寧、襄陽、南陽、新野、隨、義成、巴東、順陽、南鄉、臨賀、始安、始興、桂陽。

湘州。時六郡。長沙、衡陽、湘東、邵陵、零陵、營陽。

徐州。刺史荀羨，時郡十一。下邳、彭城、廣陵、東海、琅邪、東莞、東安、盱眙、臨淮、淮陵、鍾離。

豫州。刺史謝奕，時郡十七。譙故淮南、廬江、歷陽、秦郡、堂邑、戈陽、西陽、潁川、安豐、新蔡、梁、汝南、南頓、沛、魯、陳。

兗州。時存郡四。泰山、濟陰、東平、高平。

司州。時有郡三，王胡之督司、兗二州。河東、營陽、陳留。

交州。七郡。交趾、合浦、九德、九真、新昌、武平、日南。

廣州。時十一郡。南海、桂林、高涼、鬱林晉興、晉康、東官、新寧、合浦、蒼梧、永平。

梁州。刺史司馬勳，時郡十四。漢中、魏興、上庸、新城、廣漢、德陽、遂寧、梓潼、巴西、宕渠、晉昌、晉原、始寧、北陰平。

益州。刺史周撫，時郡九。蜀、犍為、越巂、汶山、江陽、漢嘉、巴、涪陵、南陰平。

寧州。時十四郡。雲南、晉寧、牂柯、朱提、建寧、梁水、平夷、平樂、南廣、西平、興古、夜郎、河陽、東河陽。

時有實郡一百四十。【略】

丙寅

揚州。時郡八，桓温遥領。丹陽、吳、吳興、新安、會稽、東陽、臨海、永嘉。

江州。時郡十一，刺史桓沖。潯陽、武昌、豫章、竟陵、鄱陽、安成、臨川、南康、廬陵、晉安、建安。

荆州。時郡二十，刺史桓豁。南郡、南平、武陵、天門、巴東、宜都、江夏、武寧、襄陽、義成、順陽、南鄉、義陽、新野、隨、桂陽、臨賀、始安、始興、建平。

湘州。時郡六，桓温督。長沙、衡陽、湘東、邵陵、零陵、營陽。

徐州。時郡十三，刺史庾希。廣陵、下邳、晉陵、義興、彭城、東海、東莞、東安、鍾離、盱眙、臨淮、淮陵、琅邪。

豫州。時郡九，刺史袁真。宣城、淮南、歷陽、廬江、弋陽、西陽、秦郡、安豐、故淮南。

梁州。時郡十四。漢中、魏興、上庸、新城、廣漢、德陽、梓潼、宕渠、巴西、晉昌、遂寧、晉原、始寧、北陰平。

益州。時郡十，刺史周楚。蜀、犍為、寧蜀、汶山、越巂、江陽、漢嘉、涪陵、巴、南陰平。

寧州。時郡十四。雲南、晉寧、牂柯、朱提、建寧、梁水、平蠻、平樂、南廣、夜郎、興古、西平、河陽、東河陽。

廣州。時郡十二。南海、蒼梧、鬱林、桂林、寧浦、高涼、晉興、晉康、東官、新寧、永平、新安。

交州。時郡七。交趾、九真、九德、新昌、合浦、武平、日南。

時有實郡百二十四，僑州郡見前。【略】

己卯

時有實郡八十四，僑郡總見在後。

揚州。治臺城西，刺史謝安領，時郡八。丹陽、吳、吳興、永嘉、會稽、新安、東陽、臨海。

江州。時治潯陽，刺史桓嗣，時郡十一。潯陽、武昌、豫章、竟陵、建安、晉安、安成、南康、廬陵、臨川、鄱陽。

荆州。治江陵，刺史桓沖，時郡存十三。南郡、南平、巴東、建平、宜都、江夏、武陵、天門、武寧、臨賀、始安、始興、桂陽。

湘州。治臨湘，刺史桓沖領，時郡六。長沙、衡陽、湘東、邵陵、零陵、營陽。

交州。治龍編，刺史桓沖領，時郡七。交趾、新昌、武平、九真、九德、日南、合浦。

廣州。治番禺，刺史桓沖領，時郡十二。南海、蒼梧、鬱林桂林、晉興、晉康、寧浦、高涼、東官、新寧、永平、新安。

寧州。治雲平，刺史桓沖領，時郡存九。雲南、晉寧、建寧、梁水、南廣、興古、西平、河陽、東河陽

豫州。時治歷陽，刺史桓伊，時郡存十二。歷陽、淮南、宣城、廬江、晉熙、汝陰、弋陽、西陽、譙、梁、安豐、新蔡。

徐州。時治廣陵，刺史謝玄，時郡存六。廣陵、晉陵、義興、盱眙、鍾離、秦郡。

僑郡。琅邪、東海、東莞、蘭陵、平昌、泰山、濮陽、東平、高平、高陽、魏、魯、廣州、濟岷、陳、頓邱、陳留、堂邑、高密、雁門、沛、北沛、遼西、燕、彭城、樂陵、廣平、濟陽、濟陰、下邳、清和、新興、弘農、臨淮、淮陵、長樂、汝南、平原、河東、義陽、濟南。

此僑郡分屬幽、燕、冀、青、并五州及揚、徐二州，外此又有新蔡、譙、安豐、汝陰、梁等郡已割淮南、江西境成實土。前明帝所僑立濮陽、平昌、高平、濟陰、濟陽、泰山、魯七郡雖屬兗州，而與琅邪、蘭陵、東海、東莞、臨淮、淮陵、廣平、彭城、清和、諸郡並僑在江南。晉陵屬邑及京邑分屬幷、青等州。其僑在廣陵者，有東平、燕、齊、高密、平原、濟岷、雁門、沛、北沛、遼西諸郡，分屬幽、冀。而陳留、堂邑則在秦郡及淮南之全椒間。新興、河東在南郡界。其上黨、襄城已併入於湖之淮南郡，割春穀等縣為上黨、襄城二縣實地矣。前永和初，僑置雍州於襄陽，其所屬有京兆、河南僑郡。其秦州空設於沔北如故，至太元十一年，始以雍、秦二州並治襄陽。若斯時襄陽、沔北悉入苻秦，則雍、秦不知僑在何處。前梁、益入成，以梁州治西城，益州治巴東、建平甚至宜都，斯時巴東諒仍為益州僑治矣。而魏興等三郡亦已入秦，又未知梁州僑治何地，而史輒稱督梁、益、秦、雍諸州，無從考索，非若青、兗、幽、冀、并五州之設在江、淮間，所領僑郡雖虛猶實，在晉陵、廣陵左右，地可探求而得也。余故惟列其實有之州郡而以虛設者，總見於此，使不混讀史者之目，又不敢自昧秦、雍、梁三州，斯時之僑治掩飾，謂為已明而不質，正高明也。【略】

甲申

揚州。克復全。

江州。克復全。

湘州。克復全。

交州。克復全。

廣州。克復全。

荆州。克復全。

寧州。克復全。

徐州。克復全。

豫州。克復全。

兗州。全克復。

青州。全克復。

梁州。全克復。

益州。半克復。

司州。復河南上洛。【略】

甲午

時揚州八郡，全。

江州。十一郡，全。

荆州。二十一郡，全。

湘州。六郡，全。

交州。七郡，全。

廣州。十二郡，全。

梁州。十五郡，全。

益州。十二郡，全。

寧州。十三郡，全。

徐州。十二郡，失琅邪。

豫州。二十一郡，全。

司州。存五郡。

時有實郡百四十有三。

又 卷四 丁酉

揚州。時郡九，道子領。丹陽、吳、吳興、會稽、新安、東陽、臨海、永嘉、寧海。

僑琅邪。

江州。時郡十一，刺史王愉。潯陽、豫章、武昌、竟陵、廣陵、鄱陽、臨川、安成、南康、晉安、建安。

僑新蔡。

荆州。得郡二十六，刺史殷仲堪。南郡、南平、建平、宜都、天門、江夏、武陵、武寧、桂陽、臨賀、始安、始興、長沙、衡陽、湘東、邵陵、零陵、營陽、南陽、順陽、南鄉、襄陽、義成、義陽、平陽、隨。

僑秦州於沔北，領河東。置雍州於襄陽，領京兆、扶風、始平、廣平、河南僑郡。

梁州。時郡十二，刺史郗恢。漢中、魏興、上庸、新城、梓潼、晉壽、廣漢、德陽、宕渠、巴西、晉昌、遂亭。

僑安固、上洛。

益州。時十二郡。蜀、犍為、汶山、越嶲、江陽、漢嘉、晉原、始寧、寧蜀、巴、巴東、南陰平。

僑漢中。

寧州。時十七郡。雲南、晉寧、建寧、牂柯、朱提、梁水、平樂、平蠻、夜郎、南廣、西平、興古、建都、興寧、西河、河陽、東河陽。

交州。七郡。交趾、合浦、九德、九真、日南、新昌、武平。

廣州。時郡十一，刺史習逵。南海、蒼梧、鬱林、寧浦、高涼、東官，晉興、晉康、新寧、桂林、永平。

徐州。時郡十二，刺史王恭。晉陵、義興、廣陵、下邳、彭城、盱眙、東海、東莞、東安、宿豫、鍾離、蘭陵。

僑彭城、臨淮、淮陵、東平、魏、東海、蘭陵、東莞、廣川、陽平、淮陽、濟陰、北濟陰、平昌、濮陽、魯、泰山、濟陽、頓邱、濟岷、清和、平原、高密、雁門、遼西、沛、北沛、樂陵、齊、燕、廣平等郡於江淮間，與京口、廣陵南北相對，分屬幽、兗、冀、青、并五僑州。

豫州。時郡二十一，刺史庾楷。淮南、宣城、廬江、晉熙、歷陽、秦郡、梁、潁川、陳、沛、汝陰、魯、汝南、汝陽、襄城、安豐、南頓、新蔡、弋陽、西陽於故淮南。

僑譙、梁、馬頭、陳留、堂邑、陳等郡，分屬徐、兗州。

司州。時存郡二，刺史楊佺期。河南、滎陽。

時有實郡百有四十，僑郡不與。【略】

辛丑

揚州。郡九，同前，刺史會稽王世子元顯領。

江州。郡十一，同前，刺史恒偉。

荆州。視前失南鄉、順陽、新野、隨，增綏安，刺史恒玄。

梁州。郡十二，同前，刺史郭銓。

益州。郡十二，同前。

寧州。郡十七，同前。

交州。郡七，同前，刺史杜瑗。

廣州。郡十一，同前，刺史刁暢。

豫州。刺史譙王尚之，治蕪湖。較前少淮北諸郡，見秦。

徐州。少琅邪等郡，見南燕，刺史劉牢之。

僑郡是時省冀州之樂陵郡，以所屬新樂等縣併平昌；省僑青州之齊郡，以所屬西安縣入魯；而於荆州南平僑立義陽郡，省僑立之平陽郡，併為縣，亦屬焉。外更有僑郡省併者，一時無暇條分縷析也，且已各見於所僑置之處矣。從義熙七年土斷後，僑置或有竟成實地，如故淮南所立諸郡，乃與空設者更變分析者同實郡，一一列其所屬之縣于義熙十三年克復

長安之時，以為東晉全盛疆域歸結云。【略】

辛亥

分廣陵置海陵、山陽二郡。

省宿預郡立淮陽、陽平二郡。

省濟岷郡併入濟南。

省安豐郡入弋陽。

立都昌縣為北海郡治，並寄東陽城。

分淮北為北徐州，統彭城、沛、下邳、蘭陵、東莞、東安、淮陽、陽平、琅邪、濟陰、北濟陰十一郡，以幷州刺史劉道憐為北徐州刺史，自淮陰移鎮彭城。

淮南但曰徐州，統晉陵、廣陵、山陽、海陵、盱眙、鍾離等實郡。其僑立江、淮間之琅邪、東海、蘭陵、東莞、下邳、臨淮、淮陵、沛、廣平、魯、彭城、濟和、高平、平昌、濮陽、太山、濟陽、廣川、魏、頓邱、高密、燕、高平原、濟南、遼西諸郡並如故，仍分屬徐、兗、青、幽、冀，幷及揚州，分治廣陵與京口。

青州加『北』字，治東陽城，統齊、濟南、長廣、東萊、樂安、平昌、高密、城陽、牟平九郡。僑置北冀州，寄治東陽城，統北海、樂陵、東海三實郡，又僑郡。

兗州時治鄒山，統魯泰山、金鄉、東平、高平、濟北、東清和七郡。

揚州入義興，餘如故。

江州去竟陵，餘如故。

交州七郡如故。

廣州十一郡如故。

寧州十七郡如故。

梁州時治西城，統魏興、新城、上庸三郡。

豫州時治姑孰，統宣城、淮南、歷陽、廬江、晉熙、秦郡、汝陰、馬頭八郡，僑陳留、陳、安豐如故，尋以宣城、淮南還揚州。

豫州郡督，治睢陽，即壽春，統譙、梁、陳、弋陽、西陽。

明年分荆置湘州，統長沙、衡陽、湘東、邵陵、零陵、營陽、臨賀、始安、始興、桂陽十郡。

荆州統西郡、南平、建平、宜都、天門、武陵、江夏、竟陵、襄陽、義成、隨、南陽、新野、南鄉、順陽、舞陰、義陽、武寧、綏安十九郡，僑河東、義陽、新興如故。

置雍州於襄陽。

僑益州於建平。【略】

晉安帝疆域

揚州。治臺城西，統實郡十二、縣七十一、僑郡二十三、僑縣八十六。

丹陽尹。【略】

僑立魏郡，時已省堂邑、高陽二郡併入魏郡。【略】

僑立廣川郡，與魏郡並隸揚州。【略】

僑立琅邪郡於江乘，屬徐州。【略】

淮南郡。【略】

宣城郡。【略】

吳國。【略】

吳興郡。【略】

會稽郡。【略】

東陽郡。【略】

新安郡。黎陽。【略】

臨海郡。【略】

永嘉郡。【略】

義興郡。【略】

晉陵郡。【略】

僑置東海郡于京口。【略】

僑置蘭陵郡于武進。【略】

僑置彭城郡。【略】

僑置臨淮郡。【略】

僑置淮陵郡。【略】

僑置東莞郡。【略】

僑置下邳郡。【略】

僑置廣平郡。【略】

僑置清和郡。【略】

僑置高平郡。【略】

僑置平昌郡。【略】

僑置濟陰郡。【略】

僑置濮陽郡。【略】

僑置泰山郡。【略】

僑置濟陽郡。【略】

僑置魯郡。【略】

僑置齊郡。【略】

僑置高密郡。【略】

僑置長樂郡。【略】

以上諸僑郡，前分屬兖、青、幽、冀、并五僑州及徐州。是時已省幽、冀合徐，省青、并合兖，以彭城、清和、高平、濟陰、濟陽、平昌、濮陽、泰山、魯九郡並屬兖州。

江州。治潯陽郡十，縣七十三，僑郡一、縣三。

潯陽郡。【略】

僑置新蔡郡。【略】後成實郡。

豫章郡。【略】

鄱陽郡。【略】

臨川郡。【略】

廬陵郡。【略】

安成郡。【略】

南康郡。【略】

建安郡。【略】

晉安郡。【略】

武昌郡。【略】

湘州。治臨湘，郡十、縣六十二。

長沙郡。【略】

衡陽郡。【略】

桂陽郡。【略】

陶侃置平陽郡、縣于汝城。

湘東郡。【略】

零陵郡。【略】

營陽郡。【略】

邵陵郡。【略】

始興郡。【略】

臨賀郡。【略】

始安郡。【略】

荆州。治江陵，郡二十一、縣百十八、僑郡七、僑縣二十七。

南郡。【略】

武寧郡。【略】

沮陽郡。【略】

河東郡。【略】弘農、譙本二郡，省為縣入。

僑置新興郡于故石首縣。【略】

高平郡。

僑置義陽郡。【略】

宜都郡。【略】

建平郡。【略】

天門郡。【略】

武陵郡。【略】

江夏郡。【略】

竟陵郡。【略】

襄陽郡。【略】

義成郡。【略】

綏安郡。【略】

僑置雍州于襄陽，領六郡。上洛見魏興。

京兆僑郡。【略】

始平僑郡。【略】

扶風僑郡。【略】

廣平僑郡。【略】

河南僑郡。【略】

前又有北河南僑郡，太元中收復，省。

南陽郡。【略】

舞陰郡。【略】

新野郡。【略】

義陽郡。【略】

順陽郡。【略】

南鄉郡。【略】

隨郡。【略】

廣州。治番禺，郡十二、縣九十四。

南海郡。【略】

東官郡。【略】

義安郡。【略】

蒼梧郡。【略】

永平郡。【略】

新寧郡。【略】

晉康郡。【略】

鬱林郡。【略】

桂林郡。【略】

晉興郡。【略】

寧浦郡。【略】

高涼郡。【略】

交州。治龍編，郡七、縣五十一。

交阯郡。【略】

合浦郡。【略】

新昌郡。【略】

武平郡。【略】

九德郡。【略】

九真郡。【略】

日南郡。【略】

豫州。時治壽陽，實郡二十一、實縣百，有五僑郡六、僑縣二十二。

梁郡。前屬徐州。【略】

譙郡。【略】

僑立陳留郡。【略】

成帝先已僑立譙郡于淮南，所屬有長垣縣，與堂邑連界，後又置陳留僑郡於長垣僑縣，則僑置中又僑置矣。至安帝劃所置譙郡在全椒界者，成實土而陳留仍空懸。

鍾離郡。【略】兗州。

馬頭郡。【略】

僑立沛郡。【略】

汝陰郡。【略】

僑立陳郡。【略】

以上並在晉故淮南郡。【略】

廬江郡。【略】

晉熙郡。【略】

僑立安豐郡。【略】

僑立弋陽郡。【略】

僑立新蔡郡。【略】

僑立並在故六縣。

歷陽郡。【略】

北譙郡。【略】

魯郡。【略】

陳郡。【略】

北梁郡。【略】

汝南郡。【略】

南頓郡。【略】

汝陽郡。【略】

北汝陰郡。【略】

北新蔡郡。【略】

弋陽郡。【略】

西陽郡。【略】

北穎川郡。【略】

襄城郡。【略】

徐州。治廣陵，實郡五、實縣三十八，僑郡縣見晉陵。

廣陵郡。【略】

僑置兗州，所領僑郡在『晉陵』下。

僑立北沛郡。【略】省遼西僑郡改。

海陵郡。【略】

山陽郡。【略】

盱眙郡。【略】

秦郡。【略】

時省堂邑、陳留二郡入。

徐州所領僑郡在『晉陵郡』下，時淮南之梁亦屬。

北徐州。治彭城，實郡十、實縣三十六、僑郡二、僑縣七。

彭城郡。【略】

沛郡。【略】

蘭陵郡。【略】

下邳郡。【略】

東海郡。【略】

東莞郡。【略】

東安郡。【略】

琅邪郡。【略】

淮陽郡。【略】

僑置陽平郡。【略】

濟陰郡。【略】

僑置北濟陰郡。【略】

兗州。治滑臺，郡八、縣五十二。

濮陽郡。【略】

東郡。【略】

泰山郡。【略】

高平郡。【略】

東平郡。【略】

濟北郡。【略】

濟陽郡。【略】

陳留郡。【略】

青州。治東陽，郡十一、縣四十一。

齊郡。【略】

時僑立冀州于東陽城，又僑立於廾州。

濟南郡。【略】

北海郡。【略】

樂安郡。【略】

城陽郡。【略】

高密郡。【略】

平昌郡。【略】

東萊郡。【略】

東牟郡。【略】

長廣郡。【略】

樂陵郡。【略】

南燕據有司州。楊平郡之發干縣地置幽州，劉裕平南燕仍之。所立東清和郡，革之。

司州，治虎牢，實郡五、縣三十三、僑郡縣十六。

河南郡。【略】

僑置河內郡。【略】

滎陽郡。【略】

僑置東京兆郡。【略】

弘農郡。【略】

上洛郡。【略】

河東郡。【略】

僑置平陽郡于汾陰。

姚秦置并州于蒲阪，劉裕平秦仍之。

雍州。治長安，郡六、縣二十九。

京兆郡。【略】

華山郡。【略】

咸陽郡。【略】

始平郡。【略】

扶風郡。【略】

馮翊郡。【略】

僑置東秦州及河西郡于馮翊。

梁州。時治苞中，實郡十七、縣六十六，僑郡七、縣十六。

漢中郡。【略】

晉昌郡。【略】

僑置華陽君于沔陽、始平郡于南鄭。

僑置秦州于南鄭，統郡五。懷寧郡在成都。

武都僑郡。【略】

略陽僑郡。【略】

安固僑郡。【略】

太原僑郡。【略】

南安僑郡。【略】

魏興郡。【略】

巴渠郡。【略】

僑立上洛郡。【略】屬雍州。

新城郡。【略】

上庸郡。【略】

遂寧郡。【略】

廣漢郡。【略】

前僑立宕渠、陰平、晉熙、始康四郡，時以故新都郡地為實土。

宕渠郡。【略】

陰平郡。【略】

晉熙郡。【略】

始康郡。【略】

梓潼郡。【略】

金山郡。【略】成時有武連、劍閣、漢德、萬安四縣，時已並廢，而置金山郡。

晉壽郡。【略】

新巴郡。【略】

巴西郡。【略】

益州。治成都，郡十三、縣四十，僑郡一、縣三。

蜀郡。【略】

晉原郡。【略】

寧蜀郡。【略】

僑立懷寧郡于成都。【略】屬秦州。

又僑置漢中郡。

始寧郡。【略】

犍為郡。【略】

江陽郡。【略】

東江陽郡。【略】

越巂郡。【略】

平樂郡。【略】

汶山郡。【略】

巴郡。【略】

涪陵郡。【略】

巴東郡。【略】

寧州。治建寧，郡十六、縣七十八。

建寧郡。【略】

牂柯郡。【略】

朱提郡。【略】

平蠻郡。【略】

夜郎郡。【略】

普寧郡。【略】

南廣郡。【略】

建都郡。【略】

西平郡。【略】

西河郡。【略】

雲南郡。【略】

興寧郡。【略】

興古郡。【略】

梁水郡。【略】

東河陽郡。【略】

西河陽郡。【略】

時有實郡一百八十四、實縣九百八十、僑郡五十一、僑縣一百八十一。

清·洪亮吉《東晉疆域志》卷一《實州郡縣第一》 揚州。《晉書·地理志》：揚州合統郡十八、縣一百七十三。東晉凡統舊郡九、增置郡二、縣九十三。

州治。沈約《宋書·州郡志》魏、晉治壽春，晉平吳治建業。樂史《太平寰宇記》：元帝渡江歷江左，揚州常治建業不移。

丹陽尹。沈《志》：漢置郡，治宛陵。晉武帝太康二年，分丹陽郡立宣城郡，治宛陵，而丹陽移治建業。歐陽詢《藝文類聚》稱《晉中興書》曰：晉太興元年，改丹陽內史爲丹陽尹。《元帝紀》在元年六月。領縣十二。【略】

宣城郡。沈《志》：晉武帝太康元年分丹陽立。《晉書·地理志》：晉平吳，分丹陽之宣城、宛陵、陵陽、安吳、涇、廣德、寧國、懷安、石城、臨城、春穀十一縣立宣城郡。理宛陵。而《元和郡縣志》云：漢順帝立宣城郡。《太平寰宇記》又云：武帝元狩元年，改鄣郡爲丹陽郡，至順帝又改爲宣城郡，恐皆誤也。李吉甫云：宣城郡東晉或理蕪湖，或理姑孰，或理赭圻。樂史稱《吳書》云：孫皓以何植爲牛渚都督以禦晉。晉平吳，武帝復移郡于此。案此，則東晉宣城郡治蓋無常居，其云在姑孰，在蕪湖，與牛渚，皆寄治丹陽郡地矣。郡城俗傳桓彝所築，則當在宛陵，故《彝傳》云：自郡城退據廣德也。《桓玄傳》云玄居南州大築齋第，以郡在國南，故曰南州。沈《志》：去京都水五百八十、陸五百。【略】

吳郡。漢置。東晉領縣十二。沈《志》：去京都水六百七十、陸五百二十。郭璞《山海經》注：晉永嘉四年吳司鹽都尉戴逢。《王允之傳》：允之爲錢塘令，領司鹽都尉。案此，則郡有司鹽都尉也。【略】

吳興郡。吳置。東晉領縣十。沈《志》：去京都水九百五十、陸五百七十。【略】

會稽國。秦置郡。《通典》：晉爲會稽國。東晉領縣十。沈《志》：去京都水一千三百五十五、陸同。《元和郡縣志》：晉于此置東揚州。【略】

東陽郡。吳置。東晉領縣九。沈《志》：去京都水一千七百，陸同。有黃檗嶠。《宋書·謝方明傳》：方明于上虞載母妹奔東陽，由黃檗嶠出鄱陽。【略】

新安郡。吳新都郡。沈《志》：晉武帝太康元年更名。東晉領縣六。沈《志》：去京都水一千八百六十、陸一千八百。【略】

臨海郡。吳置。東晉領縣五。沈《志》：去京都水二千一十九，陸同。【略】

永嘉郡。《晉書·地理志》：明帝太寧元年分臨海郡置，領縣五。樂史稱《輿地志》：晉明帝自溫嶠嶺以南分永寧等四縣置永嘉郡，屬東揚州。沈《志》：去京都水二千八百、陸二千六百四十。【略】

義興郡。《晉書·地理志》：惠帝永興元年，以周玘創義討石冰，割吳興之陽羨并長城縣之北鄉。《晉書·周玘傳》作「長城西鄉」。置義鄉、國山、臨津并陽羨四縣，又分丹陽之永世置平陵及永世，凡六縣，立義興郡，以表玘之功，并屬揚州。沈《志》：永世尋還丹陽，去都水四百九十，陸同。【略】

晉陵郡。《晉書·地理志》：吳分會稽無錫已西爲屯田，置典農校尉。太康二年省。校尉爲毗陵郡。東晉領縣八。沈《志》：毗陵郡治丹徒，後復還毗陵。東海王越世子名毗，而東海國故食毗陵。永嘉五年帝改爲晉陵，始自毗陵徙治丹徒。大興初，郡及丹徒縣悉治京口。郗鑒復徙還丹徒。安帝義熙九年，復還晉陵。案：郡亦曾屬徐州。《王恭傳》：都

督兗、青、冀、幽、幷、徐州之晉陵諸軍事。沈《志》：去京都水四百，陸同。【略】

北徐州。《晉·志》：太康元年，復分下邳屬縣在淮南者置臨淮郡，分臨淮置東莞郡。凡領郡國七，縣六十一。元帝渡江之後，徐州所得惟半。《元和郡縣志》：晉氏南遷，又于淮南僑立徐州。安帝始分淮北爲北徐州，淮南但曰徐州。《晉書》：安帝義熙十三年加劉裕領司、豫、北徐、雍四州刺史。恭帝元熙元年劉懷慎爲北徐州刺史。《宋書·劉道憐傳》：義熙七年加北徐州刺史。今考劉裕平廣固後，盡得徐州故土，凡領舊郡七，增置郡五僑郡別見，縣三十七。州治：沈《志》：魏、晉、宋治彭城。

彭城郡。漢置。東晉領縣可考者五。《晉書》：元帝太興元年，彭城內史周撫殺沛國內史周默以反明帝。太寧二年，石虎寇兗州，刺史劉遐自彭城退保泗口。成帝咸和元年，蘭陵人朱縱斬石虎將郭祥，以彭城來降。沈《志》：彭城去京都水一千三百六十，陸一千。【略】

沛郡。漢置。東晉領縣可考者三。沈《志》：舊屬豫州，江左改配。去州陸六十，去京都一千。有大丘故縣。《祖逖傳》：逖殺張平，進據大丘。【略】

下邳郡。漢置。東晉領縣可考者四。《晉書》：明帝太寧元年，石勒攻陷下邳。成帝咸和元年，濟岷太守劉闓殺下邳太守夏侯嘉，叛降石勒。穆帝升平二年以郗曇爲北中郎將，鎮下邳。哀帝隆和元年，以庾希爲徐、兗二州刺史，鎮下邳。二年，自下邳退鎮山陽。沈《志》：晉武帝分下邳之淮南爲臨淮，而下邳如故。去州水二百，陸一百八十；去京都水一千一百八十，陸八百。舊臨淮郡。《康帝紀》：建元元年以桓温爲前鋒小督，假節入臨淮。有東陽縣。《謝玄傳》：詔使移鎮東陽城，有石鼈屯。《元和郡縣志》：晉穆帝升平初，荀羨爲北部都尉，鎮下邳，起屯于東陽之石壁，公私利之。【略】

東海郡。漢置。東晉領縣可考者三。沈《志》：去州水一十，陸六百七十。案：《宋書·劉道憐傳》：義熙中領北東海太守，即此。【略】

譙郡。魏置。東晉領縣可考者二。《晉書·祖逖傳》：蓬坡塢主陳川遣將李頭援逖。逖遂克譙城。《桓宣傳》：宣爲譙國內史。元帝永昌元年，石勒攻陷襄城，城父遂圍譙。祖約退據壽春。成帝咸和八年，石勒死，其將石聰以譙來降。孝武太元九年，龍驤將軍劉牢之克譙城。十一年，翟遼寇譙城，龍驤將軍朱序擊走之。案：義熙十三年，以十郡益封，劉裕爲宋王。內云：徐州之北譙、北梁，則二郡在晉末，皆屬徐州。《宋書·武帝紀》：永初三年，以徐州之梁還屬豫州。疑譙郡移屬，亦當在此時也。沈《志》云：去京都水二千，陸一千二百。【略】

梁國。漢置。東晉領縣可考者三。《史記索隱》稱《太康地記》：戰國時謂梁爲南梁者，別之于大梁、少梁。《晉書》：穆帝永和九年，殷浩表姚襄梁國內史。升平五年，桓温命范汪率衆出梁國。孝武太元中，謝玄使朱序屯梁國。案：《宋武帝紀》：義熙十三年以十郡益宋國，內有北譙、北梁，即此是也。梁國又有下邑縣。《戴洋傳》：祖約表洋爲下邑長。又寧陵縣有周塢。《水經注》稱《續述征紀》：晉義熙中，劉公遣周超之自彭城緣汳故溝，斬樹穿道七百餘里以開水路，停泊于此，故茲塢流稱焉。沈《志》：去州陸一百六十，去京都水九百。【略】

蘭陵郡。《晉·志》：惠帝元康元年，分東海置蘭陵郡。《太平寰宇記》：晉惠帝分東海之蘭陵、承、戚、合鄉、昌慮五縣置蘭陵郡，治承城。沈《志》：去州陸二百。去京都水一千六百，陸一千三百。【略】

琅邪國。秦置。東晉領縣可考者三。《晉書》：元帝永昌元年，琅邪太守孫默叛降石勒。穆帝永和十一年，慕容恪攻段龕于廣固，北中郎將荀羨帥師次于琅邪以救之。《元和郡縣志》：元帝于郡城置發干戍，以南軍鎮之，自永嘉以後陷于胡寇。今考《晉·志》義熙七年，北徐州統彭城、沛、下邳、蘭陵、東莞、東安、琅邪、陽平、濟陰、北濟陰十一郡，除陽平等三郡係僑置，餘皆實土，蓋自義熙六年劉裕平慕容超，徐境復全入晉也。此志大率以義熙爲斷，餘皆倣此。沈《志》：去州陸四百。去京都水一千五百，陸一千一百。有發干戍見上。【略】

淮陽郡。沈《志》：晉安帝義熙中，土斷立，後又分置宿預郡，凡領縣三僑縣別見。沈《志》：去州水六百，陸五百。去京都水七百，陸五百五十。【略】

宿預郡。《地形志》：司馬德宗置，領縣可考者一。【略】

東莞郡。沈《志》：晉武帝太始元年，分琅邪立。咸寧三年，復以合琅邪。太康十年，復立。《晉·志》：統縣八，後分置東安郡。凡領縣五。沈《志》：去州陸七百。去京都水二千，陸一千四百。【略】

東安郡。沈《志》：東安故縣名。《晉太康地志》：屬東莞。《晉·

志》：惠帝元康七年，又分東莞置東安郡。東晉凡領縣二（僑縣別見）。沈《志》：去州陸七百，去京都陸一千三百。【略】

兖州。《晉書》：明帝太寧二年，石虎寇兖州。三年，石勒將石良又寇兖州，刺史檀贇力戰死之。是年，石勒盡陷司、兖、豫三州之地。今考南渡初，兖州全境淪没。太和中，東燕等郡暫復仍失。至義熙末，劉裕平慕容超後，兖州始有實土，如泰山、濟北等郡是也。並詳見郡下。凡領舊郡八，增置郡一僑郡別見。縣可考者二十三。

州治：沈《志》：魏、晉治廩丘，武帝平河南治滑臺。《元和郡縣志》：魏治廩丘，晉不改。

泰山郡。漢置。東晉領縣可考者一。《晉書》元帝太興二年，太山太守徐龕以郡叛。四年又帥衆來降，永昌元年石虎攻陷太山，執守將徐龕。穆帝升平三年，泰山太守諸葛攸將水陸二萬擊燕，入自石門，屯于河渚。孝武帝太元十一年，太山太守張願叛以郡降于翟遼。十五年，劉牢之與張願戰于太山，王師敗績。有泰山。《宋書・五行志》：晉太始四年，泰山崩墜三里。【略】

高平郡。《晉・志》：故屬梁國，晉初分山陽置。東晉領縣可考者四。《晉書》：廢帝太和元年，慕容厲陷魯郡。高平四年，燕高平太守徐翻舉郡來降。孝武太元十二年，高平人翟暢執太守徐含遠，以郡降翟遼。安帝時高平相劉懷肅、竺朗之。案：太和四年，桓温收散卒屯于山陽。今考此卽舊山陽郡，非安帝所立之山陽。劉煦、胡三省所言並非也。【略】

魯郡。漢置。東晉領縣可考者一。【略】

濟北郡。漢置。東晉領縣可考者二。《晉書》：孝武帝太元中燕洗馬温詳來奔，以爲濟北太守，屯東阿。太元十二年，慕容垂寇河東，太守温詳奔彭城。《慕容儁載記》：晉濟北太守高柱叛歸于儁。【略】

濮陽國。《晉・志》：晉初分東郡置。東晉領縣可考者二。《晉書》：孝武太元九年，詔以秦故臣光祚等爲河北諸郡太守，皆營于濟北、濮陽，羈係温詳。十二年，詳敗並降燕。【略】

東燕郡。沈《志》：江左分濮陽所立，領燕縣、白馬、平昌、考城凡四縣。《晉書》廢帝太和四年，桓温以毛虎生督東燕等四郡諸軍事，領東燕太守考城別見。凡領縣三。【略】

陳留郡。漢置。東晉領縣可考者六。《晉書》穆帝永和十年，江西乞活郭敬等執陳留内史劉仕而叛。樂史稱《晉太康地道記》曰：陳留，先有陳留縣，以北有大城，故此城號小陳留城。【略】

東平郡。漢置。東晉領縣可考者一。【略】

濟陽郡。沈《志》：晉惠分陳留爲濟陽國，東晉領縣可考者二。《謝玄傳》：濟陽太守郭滿。【略】

濟陰郡。漢置。案《晉志》：兖州有濟陽郡，領定陶等九縣，此『濟陽』實『濟陰』之譌。而惠帝分置之濟陽，則《志》反闕之。今從沈《志》等列作二郡，庶復東晉之舊觀云。領縣可考者二。【略】

豫州。《太平御覽》稱《晉太康地記》：豫州之分，其人得中和之氣，性安舒，其俗阜，其人和，今俗多寬慢。《晉・志》永嘉之亂，豫州淪没石氏，成帝乃僑立豫州于江淮之閒。又幷淮南、廬江、安豐並屬豫州。沈《志》：武帝欲開拓河南，綏定南豫。義熙九年割揚州大江以西、大靁以北悉屬豫州，豫基因此而立。今考晉南渡初，豫州所得唯有譙城。及祖約退還壽春，譙城亦陷，後又幷壽春失之。至石氏喪亡，復收淮南之地。及苻堅敗而豫境漸復。義熙經略中原，奄有豫之故土。今參用《晉》、《宋》兩志，及散見于紀傳者一一采入，凡統舊郡十，增置郡五，改實郡爲僑郡一僑郡別見，縣三十六。

州治：沈《志》：元帝元昌元年，刺史祖約始自譙城退還壽春。成帝咸和四年，僑立豫州，庾亮爲刺史治蕪湖。咸康四年，毛寶爲刺史治邾城。案：《趙誘傳》：誘子胤還西豫州刺史，時在成帝咸和、咸康中。時豫州治邾城，較蕪湖爲西，或當時名之爲西豫州也。六年，荆州刺史庾翼鎮武昌，領豫州。八年，庾懌爲刺史，又鎮蕪湖。穆帝永和元年，刺史趙胤鎮牛渚。二年，刺史謝尚鎮蕪湖。四年，進壽春。九年，尚又鎮歷陽。十一年，進馬頭。升平元年，刺史謝奕戍譙。哀帝隆和元年，刺史袁眞自譙退守壽春。簡文咸安元年，刺史桓沖戍姑孰。孝武太元十年，刺史朱序戍馬頭。十二年，刺史桓石虔戍歷陽。《刁逵傳》：逵爲豫州刺史亦鎮歷陽。安帝義熙二年，刺史劉毅戍姑孰。十三年，刺史劉義慶鎮壽陽。

汝南郡。漢置。東晉領縣可考者一。《晉書》：成帝咸和元年，石勒將石生寇汝南，汝南人執内史祖濟以叛。《祖逖傳》作「汝南太守」。哀帝隆和元年，袁真爲豫州刺史鎮汝南，是年復從汝南，退鎮壽陽。興寧二年，慕容評侵汝南，太守朱斌遁于壽陽。沈《志》：去京都水三千，陸一千五百。【略】

汝陽郡。沈《志》：《晉太康地志》、王隱《地道》無此郡，應是。江左分汝南立。晉成帝咸康三年省併汝南，後又立。《祖逖傳》：汝陽太守張敬。東晉領縣可考者一。沈《志》：去州二百，去京都陸一千四百，水三千五百。【略】

南頓郡。沈《志》：故屬汝南。晉惠帝分立。《晉書》廢帝太和五年，南頓太守桓石虔克燕南城。胡三省云：卽壽春南城。《阮放傳》：子晞之南頓太守。東晉領縣二。沈《志》：去京都陸一千四百五十。【略】

汝陰郡。沈《志》：晉武帝分汝南立。成帝咸康二年省併新蔡，後復立。領縣可考者一僑縣別見。【略】

新蔡郡。沈《志》：晉惠帝分汝陰立。東晉領縣四。《晉書》安帝義熙十二年，檀道濟攻拔新蔡，殺秦太守董遵。沈《志》：去州陸六百。去京都水二千五百，陸一千四百。【略】

陳郡。漢置。《晉·志》：惠帝分梁國立陳郡。東晉領縣可考者二。《晉書》：哀帝興寧二年，慕容評進圍陳郡，太守朱輔嬰城固守。桓溫遣江陽相劉岵擊退之。案：《宋書·武帝紀》：元熙元年，以司州之陳郡、汝南、潁川、滎陽增宋國，是陳、汝南、潁川三郡晉末又屬司州，或裕平關、洛後所移也。然前一年尚云豫州之汝南、北潁川、北南頓，又三郡自江左以來久屬豫州，今故不復移而附記于此。沈《志》：去州陸七百六十，去京都水一千四百五十。【略】

潁川郡。秦置。《晉志》：泰始二年分置襄城郡。案：襄城郡有舞陽縣。《通典》臨汝郡下云：晉屬河南。舞陽二郡地，則舞陽又曾作郡也。《元和郡縣志》：晉咸和二年征西庾亮表成帝曰：潁川、襄城本是一郡，户口今少，請還合潁川，從之。東晉領縣可考者三。沈《志》：去京都陸一千八百。【略】

弋陽郡。魏置。東晉領縣可考者五。沈《志》：晉安帝省安豐郡爲縣，屬弋陽，去京都水闕。【略】

西陽郡。沈《志》：晉惠帝又分弋陽爲西陽國，屬豫州。《太平寰宇記》又云：惠帝時改蘄春郡爲西陽郡。今考《陶侃傳》，爲荆州刺史，領西陽、江夏、武昌。《成帝紀》：咸和三年，江州刺史温嶠救京師，遣西陽太守鄧嶽等爲前鋒，是西陽國又曾屬荆、江二州。《康帝紀》：建元元年，西陽太守曹據。又《桓沖桓石虔傳》並爲西陽太守。《陳頵傳》以西陽太守蔣巽代之。《庾亮傳》西陽太守樊峻。《庾翼傳》爲西陽太守。《桓溫傳》：西陽太守滕畯。案：《西陽王羕傳》：咸和初降爲弋陽縣王，蓋因廢，後西陽復爲郡，疑此郡自惠帝置後本未嘗廢。《地理志》失載也。《水經注》稱《晉書·地道記》：西陽故絃子國也。江之右岸有鄂縣故城，舊樊楚地。《晉太康地記》以爲東鄂矣。又曰：西陽郡治章浦。《水經注·淮水》下云：黄水又東逕晉西陽城南，則知晉西陽郡，不治漢西陽舊縣矣。道元又云：江水又東得桑步，步下有章浦，西陽郡治。東晉領縣可考者二。沈《志》：去京都水一千七百二十。【略】

淮南郡。秦九江郡，漢改今名。東晉時又分立歷陽、馬頭、鍾離等郡。凡領縣可考者四。案：壽春爲東晉重鎮。而沈《志》于移鎮南郡，並不詳壽春一縣有無及所屬何郡。《晉·志》亦同，殊爲疏略。今考《晉書》成帝咸和元年，石勒將石聰攻壽陽，不克，遂侵逡遒、阜陵。穆帝永和元年，石虎將路永屯于壽春。五年，石遵揚州刺史王浹以壽陽來降。是年，褚裒敗還，西中郎將陳逵焚壽春遁。廢帝大和四年，桓溫爲慕容垂所敗，豫州刺史袁真以壽陽叛。五年，桓溫擊真子瑾於壽陽，敗之。六年，溫克壽陽。孝武太元八年，苻堅弟融陷壽春，征討都督謝石等，與苻堅戰于肥水，大破之。《通典》：明帝時祖約守壽春，後陷。石勒、季龍死後復理之。今郡西十五里卽謝玄破苻融之處。晉伏滔云：彼壽春者，南引汝、潁之利，東達三吳之富，北接梁、宋，平塗不過七百，西接陳、許，水陸不出千里，外有淮、淝之固。龍泉之陂，良田萬頃，舒、吳之貢，利盡蠻越也。《太平寰宇記》：壽陽自晉至宋，並屬南朝。又案：錢少詹大昕云：據《宋·志》，南梁之睢陽縣，卽漢、晉之壽春縣。疑太元收復以後，卽僑立南梁郡于此，不更立淮南郡。又避鄭太后名，不立壽春縣，卽以睢陽當之云云。然考沈《志》，義熙十三年，劉裕以子義慶爲豫州刺史，鎮壽陽。元熙元年，義康督豫、司、幽、并四州諸軍事，亦鎮壽陽。《劉敬宣傳》：遣使持節督馬頭、淮西諸郡軍事，鎮蠻護軍，淮南、安豐二郡太守，梁國内史，事在義熙五年。又考《宋書·劉湛傳》，高祖以義康爲豫州刺史，留鎮壽陽，以湛爲長史。梁郡太守，此梁郡卽南梁郡。是晉末淮南、南梁二郡太守並立。舊圖云：合肥縣古滁陽城，東晉于此置南梁郡，是南梁郡又在滁陽，不在壽春。案：滁陽城在合肥縣東北，壽州在其西，相距不遠，以其近故，豫州刺史常兼領梁郡耳。又杜佑、李吉甫等並云：東晉以鄭皇后諱改壽春爲壽陽，又晉末有壽陽縣之一證。蓋是時南梁僑郡與淮南郡治所相去不遠，至宋永初後始合爲一也。【略】

歷陽郡。沈《志》：晉惠帝永興元年分淮南立，屬揚州，安帝割屬豫州。案：《劉毅傳》：都督豫州、揚州之淮南、歷陽、廬江、安豐五郡諸軍事，蓋尚在未割屬之前。考《何無忌傳》，督豫州、揚州、淮南、歷陽、安豐、廬江、堂邑五郡軍事，則知《毅傳》五郡内亦應有堂邑，史文脱也。領縣二。僑縣別見。豫州常鎮于此。《太平寰宇記》：東晉改淮南郡爲歷陽郡，微誤。【略】

馬頭郡。沈《志》：屬南豫州，故淮南當塗縣地。晉安帝置，因山形立名。《地形志》亦云司馬德宗置。《晉書》：穆帝永和十一年，謝尚鎮馬頭城。《太平寰宇記》：晉太元二年，謝玄爲兗州刺史，以爲馬頭城案：成帝咸和七年，趙胤等攻石勒馬頭塢，克之。此塢在吳興與此自別。義熙元年，立爲馬頭郡，凡領縣一。僑縣別見。沈《志》：去京都水一千七百五十，陸六百七十一。《太平御覽》稱《晉太康地志》：塗山古。一作『有』。當塗國，夏禹所娶也。西南又有禹村，蓋禹會諸侯于塗山，在《禹貢》揚州之域。今九江當塗縣有《禹貢》之地。又邑界有當塗山，故城存焉，卽漢縣，後廢。樂史稱《太康地記》：當塗山在壽春東北，今驗無差。【略】

廬江郡。漢置。東晉分出堂邑。晉熙二郡。凡領縣二。案：晉成帝咸和以後，廬江亦曾立僑郡，詳見前宣城郡春穀縣下。沈《志》：去州水二千七百二十，陸四百七十；去京都水一千一百，陸六百二十一。【略】

晉熙郡。沈《志》：晉安帝分廬江立。樂史稱《宋書·州郡志》：晉安帝復于舊皖縣地置懷寧縣，仍分廬江郡置晉熙郡。凡領縣二僑縣別見。沈《志》：去州陸八百，無水。去京都水一千二百，無陸。【略】

秦郡。沈《志》：晉惠帝永興元年分臨淮、淮陵立堂邑郡，安帝改堂邑爲秦郡。《永初郡國》屬豫州。東晉蓋同。《晉書》王國寶、楊佺期、毛安之，《宋書》劉穆之等傳並爲堂邑太守。凡領縣可考者三。案：此係僑郡兼領實縣，故附録于此（僑縣別見）。沈《志》去京都水一百五十，陸一百四十。【略】

北青州。《藝文類聚》稱《太康地志》曰：青州，東方少陽，其色青，其氣清清，歲之首、事之始也，故以爲名。周之建國，表齊東海，居于青州，故吳季札觀樂于魯，聞齊之詩曰：『泱泱乎大國之風也，其表東海者乎！』《晉·志》：永嘉亂後，青州淪没石氏，東萊人曹嶷爲刺史，造廣固城，後爲石季龍所滅。季龍末，遼西段龕自號齊王，據青州，慕容恪滅趙剋青州。苻氏平，燕盡有其地。及苻氏敗後，刺史苻朗以州降，朝廷置幽州，以別駕辟閭渾爲刺史，鎮廣固。隆安四年，爲慕容德所滅，遂都之，復改爲青州。及劉裕滅慕容超，留長史羊穆之爲青州刺史，築東陽城居之，自元帝渡江，于廣陵僑置青州，至是始置。北青州，鎮東陽城，以僑立青州爲南青州。《晉書》穆帝永和六年，鮮卑段龕以青州來降。十一年慕容恪帥衆寇廣固。十二年段龕及恪戰于廣固，大敗之。恪退，據安平。恪復攻段龕于廣固，使北中郎將荀羡攻琅邪以救之。升平元年，段龕爲慕容恪所陷，遇害。孝武太元九年，苻堅青州刺史苻朗帥衆來降。十七年，齊國内史蔣喆殺樂安太守辟閭濬，據青州反，北平原太守辟閭渾討平之。安帝隆安三年，慕容德陷青州害龍驤將軍辟閭渾。義熙六年，劉裕攻慕容超，克之，齊地悉平。《宋書·武帝紀》：晉義熙五年七月，詔加公北青、冀二州刺史案：晉末收復青州，稱北青州，而僑置之青州如故，不加『南』字。宋初省僑置之青州，而北青州始去『北』字。今《晉·志》以僑州爲南青州者，誤。凡統舊郡八，增置郡一，縣四十四。

州治：沈《志》：安帝義熙五年，平廣固，北青州刺史治東陽城。《魏書·地形志》：青州司馬德宗治東陽城。《晉·志》：義熙十三年，北青州刺史向彌留戍碻磝。

齊郡。漢置。西晉作國。東晉領縣五。《元和郡縣志》：晉武帝以弟攸爲齊王，子冏嗣。永嘉末陷于石勒。其後南燕慕容德建都于此。至慕容超，宋武帝伐克之。案：《晉書》：劉裕克慕容超，以韓範爲都督八郡軍事、燕郡太守。胡三省云：南燕蓋于廣固郡，置燕都尹，晉平燕，改爲燕郡太守耳。【略】

濟南郡。漢置。沈《志》晉世濟岷郡云：魏平蜀徙蜀豪將家于濟河，故立此郡。安帝義熙中，土斷幷濟南。又云：《晉太康地志》無濟岷郡。《元和郡縣志》：永嘉後濟南郡移理歷城，後又爲石勒所據。慕容氏亦有其地。義熙五年，劉裕平之。案：裕未滅燕已前，晉亦有濟南郡，僑置在淮北。《宋書·武帝紀》：義熙五年慕容超大掠淮北，執濟南太守趙元。今考東晉領縣除土鼓、沈《志》：晉無。《地形志》亦云晉罷。逢陵、沈《志》：晉無。東朝陽、《晉·志》屬樂安。沈《志》、《永初郡國》濟南郡無此縣。外當同宋，凡五縣。沈《志》：去州陸四百，去京都二千四百。【略】

樂安國。漢置。東晉領縣，疑與宋同，凡三。《晉書》：孝武太元十七年，齊國內史蔣喆殺樂安太守辟閭濬，據青州反。沈《志》：去州陸一百八十，去京師陸一千八百。【略】

高密郡。《晉·志》惠帝元康十年，又分城陽之黔陬、壯武、淳于、昌安、高密、平昌、營陵、安丘、大劇、臨朐十一縣爲高密國。《謝玄傳》：高密內史毛藻。東晉領縣疑與宋同，凡六。沈《志》：去州陸二百、去京都陸一千八百。【略】

平昌郡。《晉·志》惠帝元康十年，又置平昌郡。東晉領縣，疑與宋同，凡五。《晉書·安德陳太后傳》：父廣爲平昌太守。沈《志》去州陸二百、去京都陸一千七百。【略】

北海郡。漢置。《晉·志》脫，今據《太康地志》、沈《志》、《地形志》補入。領縣六。【略】

東萊郡。漢置。東晉領縣七。【略】

東牟郡。晉置。案：兩漢皆爲縣，屬東萊郡。《晉·志》無。今考《晉·懷帝紀》，永嘉元年有東牟太守龐伉，則郡屬西晉末所置也。縣可考者一。【略】

長廣郡。沈《志》、《晉太康地志》：故屬東萊。《起居注》：咸寧三年以齊東部縣爲長廣郡。領縣四。

又 卷二《實州郡縣第二》 司州。《文選》注：稱《太康地記》司州司隸校尉治。《晉書·地理志》：永嘉之後，司州淪没劉聰。元帝渡江亦僑置司州于徐，非本土也。永和五年，桓温入洛，復置河南郡，屬司州。沈《志》：太和、隆安司州還，復湮陷，牧司之任示舉大綱而已。縣邑户口不可具知。武帝北平關、洛，河南底平，置司州刺史，治虎牢，領河南、滎陽、弘農實土三郡，其他如汲郡、河內等曾入版圖者亦附焉。又河內、東京兆二僑郡，別見。凡統舊郡四，附見郡四、縣二十八。

州治：《晉書》：李矩爲司州刺史，治滎陽，自毛穆之以後皆鎮洛陽。《元和郡縣志》：宋武帝北平關、洛，置司州刺史，治虎牢。

河南郡。漢置。《地形志》：後漢、晉爲尹，後罷，司馬德宗置。沈《志》：東晉末領縣十一。《前趙録》：建興四年，劉聰將趙固以洛陽歸晉。《晉書·穆帝紀》：永和九年，鎮西將軍張遇反于許昌，使其黨上官恩據洛陽。十年，冉閔降將周成反，自宛陵襲洛陽，河南太守戴施奔鮪渚。十二年，桓温使揚武將軍毛穆之及河南太守戴施等鎮洛陽，使車灌、袁眞持節如洛陽修復五陵。《哀帝紀》：隆和元年，慕容暐將呂護、傅末波攻陷小壘，以逼洛陽。呂護復寇洛陽，河南太守戴施奔于宛，遣北中郎將庾希、竟陵太守鄧遐以舟師救洛陽。呂護等退守小平津，鄧遐進屯新城。庾希部將何謙及慕容暐將劉則戰于檀丘，破之。西中郎將袁眞進次汝南，運米五萬斛饋洛陽。興寧二年，苻堅別帥侵河南，慕容暐寇洛陽。冠軍將軍陳祐留沈勁守洛陽，帥衆奔新城。三年，慕容恪陷洛陽。寧朔將軍竺瑶奔于襄陽，冠軍長史揚武將軍沈勁死之。《孝武帝紀》：太元八年，桓石虔遣河南太守高茂北戍洛陽。又《桓石民傳》：河南太守馮遵。十三年，朱序戍洛陽。翟遼將翟發入寇河南。太守郭給距破之。十六年，慕容永寇河南，太守楊佺期擊破之。《郗恢傳》：楊佺期以疾去職，恢以夏侯宗之爲河南太守，戍洛陽。《安帝紀》：隆安三年姚興陷洛陽，執河南太守辛恭靖。義熙十二年劉裕伐姚泓，泓將姚光以洛陽降裕，以毛修之爲河南、河內二郡太守、行司州事，戍洛陽。【略】

滎陽郡。魏置。《晉·志》：泰始二年置。沈《志》：東晉末凡領縣九。《晉書》：元帝太興元年，以滎陽太守李矩爲都督司州諸軍事。司州刺史。穆帝升平三年，平北將軍高昌爲慕容俊所逼，自白馬奔于滎陽。五年，呂護退保滎陽。哀帝興寧元年，慕容暐寇滎陽，太守劉遠奔魯陽。孝武帝太元十年，滎陽人鄭燮以郡來降。十四年，翟遼寇滎陽，執太守張卓。《習鑿齒傳》爲滎陽太守。《羅含傳》：父綏，滎陽太守。有沈菜堰《傅祗傳》：祗爲滎陽太守，自魏黄初中大水之後，河、濟泛溢。鄧艾嘗著《濟河論》，開石門而通之。至是復浸壞，乃造沈菜堰，至今兗、豫無水患，百姓立碑頌焉。萬氏臺、《褚裒傳》：裒與滎陽太守郭秀保萬氏臺。新鄭故城、《李矩傳》：矩東屯滎陽，後移新鄭。韓王故壘、《李矩傳》：劉聰遣弟暢襲矩屯于韓王故壘。鄭子產祠。矩將夜襲暢，令郭誦夜禱鄭子產祠。【略】

弘農郡。漢置。晉末領縣五。僑縣別見。郭璞《山海經》注：桃林，今弘農湖縣閿鄉南谷中是也。《水經注》稱《晉太康地志》同。又云：胡縣，漢武帝改作『湖』。《通鑑》：河南太守楊佺期帥衆軍湖城，擊秦，苻登將竇衝走之。姚興入寇湖城，弘農太守陶仲山、華山太守董邁皆降之。遂至陝城，進寇上洛，拔之。今考沈《志》，弘農郡七縣中無湖，蓋晉末縣，爲赫連勃勃所據也。【略】

華山郡。《晉書・載記》：晉華山太守董邁降姚興。胡三省云：晉分弘農之華陰、京兆之鄭、馮翊之夏陽置。華山郡。案：郡蓋東晉所立。領縣三。【略】

汲郡。《晉志》：泰始二年置。東晉領縣可考者一。【略】

河内郡。漢置。東晉領縣可考者一。【略】

陽平郡。魏置。東晉領縣可考者一。【略】

魏郡。漢置。東晉領縣可考者一。《晉書》：孝武太元八年，晉劉襲等進攻黎陽，剋之。十一年，魏郡太守滕恬之戍黎陽，爲段遼所拒，退奔鄄城。遼遂據黎陽。《謝玄傳》：遣寧遠將軍沓演伐申凱于魏郡，破之。【略】

頓丘郡。《晉・志》泰始二年置。東晉領縣可考者一。【略】

荊州。《藝文類聚》稱《晉元康地記》：荊州于古蠻服之地也。秦滅楚，置郡縣。漢武分爲交州。至魏晉而荊州所部郡國二十。《晉書・地理志》：州統郡二十二，縣一百六十七。樂史稱盛弘之《荊州記》：永嘉十四年，荊州所領三十郡。又稱《晉書》：荊州領郡十九，理襄陽。洎平吳，復理南陽。《通鑑》注稱《晉太康地志》：荊州統郡二十有二。今考《晉・志》惠帝以桂陽、武昌、安成、三郡屬江州，新城、魏興、上庸三郡屬梁州。穆帝以長沙、衡陽、湘東、零陵、邵陵分零陵所立之營陽六郡屬湘州，以益州之巴東郡來屬。又樂史稱義陽國。元帝遷都，淪陷劉、石。安帝時以流人在南郡者，立南義陽郡于南郡郭下。東晉凡統舊郡十五，增置郡五。僑縣別見。縣一百十七。

州治：《地形志》：魏、晉治江陵。《通典》：晉初理襄陽，平吳理南郡，今江陵郡。案：《劉弘傳》弘爲荊州刺史，治襄陽，在吳平後。王敦爲刺史，理武昌，其後遷徙無常處，自王抗以來復理江陵，不復移改。《陶侃傳》：周顗爲荊州刺史，先鎮潯水城，侃爲荊州，鎮于沌品，又移入沔江。侃平蘇峻後，以江陵偏遠，移鎮巴陵，又移鎮武昌。

南郡。秦置。沈《志》：晉武帝太康元年改曰新都，尋復舊。東晉領縣十。【略】

南平郡。《晉・志》：吳置以爲南郡。太康元年改曰南平，領縣四。沈《志》：晉武帝太康元年，分南郡江南爲南平郡，治作唐，後治江安。去京都水三千五百。無陸。【略】

武寧郡。《晉書・地理志》：桓温又分南郡立武寧郡。《桓玄傳》：玄移沮漳蠻二千户于江南，立武寧郡。沈《志》同《太平寰宇記》：晉安帝隆安五年，刺史桓玄立武寧郡于故編縣城，其屬有長林縣，與郡俱立，分編縣所置也。《元和郡縣志》亦云：晉安帝置武寧郡。則《地理志》桓温宜作『桓玄』爲是。領縣二。【略】

綏安郡。《晉書・桓玄傳》：玄更招集流民，立綏安郡。領縣可考者四。【略】

江夏郡。漢置。三國時魏、吳並立。及晉平吳始合爲一。《元和郡縣志》：江夏郡自後漢末當吳、魏二國之境。永嘉南遷，後又當苻秦、石趙，與東晉犬牙爲界。又云：曹魏與晉俱理安陸。東晉領縣西。案：《通鑑》注：宋白曰：晉江夏郡，治林障。義熙元年，徙夏口。今考『江夏郡』三字，蓋荊州刺史之誤。《晉書》：劉毅表請荊州刺史劉道規鎮夏口。六年遂自臨漳徙理夏口也。有蘄春故縣、《元和郡縣志》：晉孝武帝改曰蘄陽。長岐。《晉書》：陶侃與皮初等共破錢端于長岐，胡三省

云：當在江夏郡界）。【略】

竟陵郡。《水经注》：晉惠帝元康九年，分江夏西部置竟陵郡，治石城。東晉領縣四。沈《志》：去京都水三千四百。案：《晉·志》：舊江州督荆州之竟陵郡。及何無忌爲刺史，表以竟陵去州遼遠，去江陵三百里，荆州所立綏安郡人户入境，欲資此郡助江濱戍防，以竟陵郡還荆州。據此，則竟陵曾屬江州也。《晉書》太和二年，慕容暐將慕容塵寇竟陵，太守羅崇擊破之。太元六年，苻堅遣其襄陽太守閻震寇竟陵，襄陽太守桓石虔討擒之。【略】

襄陽郡。魏置。《晉書》：成帝咸康五年，石虎將李農陷沔南。孝武帝太元元年，朱序鎮襄陽。四年，苻丕攻陷襄陽。序爲丕所擒。九年，使竟陵太守趙統伐襄陽，克之。《元和郡縣志》：安帝時魯宗之爲刺史，仍于州理置寧蠻校尉。東晉領縣八。【略】

南陽郡。秦置。《南陽王模傳》：永興中作國，傳子保，永嘉初國廢。東晉仍作郡，領縣十四。《成帝紀》咸和三年石勒攻宛，南陽太守王國叛降于勒。《元和郡縣志》：永嘉五年，爲劉聰所没。成帝咸康四年，復歸于晉。苻堅之亂又没。前秦姚興時又復還。沈《志》：去京都水四千四百。【略】

順陽郡。《史記索隱》稱《太康地理志》：魏武帝建安中分南陽立南鄉郡，晉武帝改曰順陽郡。沈《志》：成帝咸康四年，復立南鄉，後復舊。孝武太元四年，苻丕陷順陽。《地形志》：魏分置曰南鄉，司馬衍更名。《水經注》、《晉書·地理志》云太康中置，微誤。東晉凡領縣六。有丹水故縣。《通鑑》：庾翼表桓宣爲梁州刺史，前趣丹水。翼使宣擊趙將李羆于丹水，爲羆所敗。樂史云：永嘉亂後廢。【略】

義陽郡。沈《志》：魏文帝立，後省。《水經注》稱闞駰言：晉泰始中《晉書·地理志》作『太康中』，誤。割南陽東鄙之安昌、平陵、當作『春』、平氏、義陽四縣，置義陽郡于安昌城。又稱《太康地志》、《晉書·地道記》並云義陽郡以南陽屬縣爲名。沈《志》又稱《晉太康地志》：郡屬荆州。《太平寰宇記》：泰始元年，復置義陽郡，封安平獻王孚次子望爲義陽王。元帝遷都，淪陷劉、石。今考《元和郡縣志》，江左省義陽縣地入平春縣。晉孝武帝改平春爲平陽。又平氏縣石城山，酈元、杜佑、樂史俱云晉于北山上置義陽郡。今廢城猶在山上。《水經注》：永和五年，晉大司馬桓温築平林新城。據此數條，則義陽郡非全没劉氏可知。又案：《義陽王望傳》：封義陽王邑萬户，是望所封特義陽等數縣，後或没于劉、石耳。樂史疑望封全得義陽郡，及後遭亂，又疑郡皆淪没，蓋失不深考也。今不取。《晉書·地理志》：統縣十二。東晉又分出隨、新野二郡，凡領縣五。【略】

隨郡。《水經注》：晉武帝太康中立爲郡。《元和郡縣志》：太康九年，分義陽置隨郡。今考《隨穆王整傳》，武帝以義陽國一縣追封爲隨縣王，子邁嗣。太康九年以義陽之平林益邁爲隨郡王，是隨郡所領止二縣。東晉同。沈《志》：去京都三千四百八十。【略】

新野郡。《水經注》：咸寧三年，封大司馬、扶風武王少子歆爲新野郡公，割南陽五屬棘陽、蔡陽、穰、鄧、山都封焉。今考《晉書·地理志》，棘陽等五縣皆屬義陽郡。而酈注云：分南陽置。知泰始中立義陽郡止有安昌、平林、平氏、義陽四縣。闞駰《十三州志》所記爲得其實也。沈《志》無棘陽、蔡陽、鄧縣。領縣五。去京都水四千五百八十。郭璞《山海經》注：朝陽縣，今屬新野。【略】

建平郡。沈《志》：吳、晉各有建平郡。太康元年，吳平併合。案：沈《志》：建平郡有歸鄉縣。何承天《志》：歸鄉。故屬秭歸，吳分。《太康地志》云：秭歸有歸鄉。故夔子國，楚滅之，而無歸鄉縣。沈約云：何《志》所言非也。今考《劉弘傳》，以仇勃爲歸鄉令，是晉有此縣矣。何《志》所言不誣，沈非之，誤也。《晉書·地理志》亦無歸鄉縣。東晉領縣十四。沈《志》：去京都水四千三百八十。【略】

宜都郡。沈《志》：習鑿齒云：魏武平荆州，分南郡、枝江以西爲臨江郡。建安十五年，劉備改爲宜都。《水經注》稱王隱《地道》、《太康地志》：吳分南郡立宜都郡。《晉書·地理志》：統縣三。東晉同。沈《志》：去京水三千七百三十。【略】

武陵郡。漢置。東晉領縣九。沈《志》：去京都水三千。【略】

天門郡。吳置。《晉書·孝武帝紀》：寧康二年，天門蛋賊攻郡，太守王匪死之。征西將軍桓豁遣師討平之。《太平御覽》稱《晉中興書》：應詹都督天門、武陵，羣蠻並反。詹誅其魁帥，餘皆降。《晉書·地理

志》：統縣五。東晉省兗縣，增置渫陽縣，亦領縣五。沈《志》：去京都水三千五百。【略】

巴東郡。漢置。東晉領縣四。沈《志》稱《晉太康地志》：巴東屬梁州。惠帝太安二年度益州。穆帝永和初平蜀，度屬荆州。去州水一千三百，去京都水四千六百八十。《晉書·康帝記》：建元二年，巴東太守楊謙擊李勢，勢將申陽走之，獲其將樂高。《安帝紀》：義熙六年，蜀賊譙縱陷巴東，守將温祚、時延祖死之。【略】

臨賀郡。《晉·志》：吳置。東晉領縣八。《太平寰宇記》又云：晉永嘉三年，析封陽縣置開建縣。今考沈《志》：開建令，文帝分封陽立。疑樂史『永嘉三年』係『元嘉三年』之誤也。今不録入。沈《志》：晉武帝平吳，以屬廣州。成帝度荆州，去京都水陸五千五百七十。【略】

始興郡。《晉·志》：吳置。統縣七。東晉領縣同。沈《志》：晉武帝平吳，以屬廣州。成帝度荆州，去京都水五千。【略】

始安郡。《晉·志》吳置。東晉領縣六。《十道志》、《太平寰宇記》又云：晉孝武帝改爲始建郡。今考沈《志》云：宋明帝始改名，疑《十道志》等誤也。沈《志》始安郡屬廣州。晉成帝度荆州。去州水二千八十，陸二千六百三十。去京都水五千五百九十。【略】

湘州。《晉書·地理志》：懷帝分長沙、衡陽、湘東、零陵、邵陵、桂陽及廣川之始安、始興、臨賀九郡置湘州。《元和郡縣志》懷帝分荆州湘中諸郡置湘州，南以五嶺爲界，北以洞庭爲界。穆帝時又分零陵立營陽而臨賀、始興、始安、桂陽四郡移屬荆州以長沙、衡陽、湘東、零陵、邵陵、營陽六郡屬湘州。案沈《志》云：晉懷帝永嘉元年，分荆州之長沙、衡陽、湘東、邵陵、零陵、營陽、建昌，江州之桂陽八郡立，治臨湘。成帝咸和四年省。安帝義熙八年復立。《安帝紀》分荆州十郡立湘州。十二年又省。今考營陽郡，《晉書·地理志》：穆帝分零陵置。沈《志》：營陽太守下亦云：江左分零陵立，而湘州下乃云：懷帝時已有營陽郡，失其實矣。今以穆帝時所分六郡爲準。沈《志》又云：建昌郡，晉惠帝元康九年分長沙東北下雋諸縣立。成帝咸康元年省。今亦不録。凡統舊郡五，增置郡一、縣四十二。

州治：《水經注》晉懷帝以永嘉元年分荆州湘中諸郡立湘州，治長沙城内。

長沙郡。秦置。東晉領縣十一。沈《志》：去京都水三千三百。【略】

衡陽郡。吳置。東晉領縣九。沈《志》：去京都三千七百。【略】

湘東郡。吳置。沈《志》：晉世七縣，孝武太元二十年省酃、利陽、新平三縣。據此則東晉領縣四也。去州水陸七百，去京都水三千六百。【略】

零陵郡。漢置。東晉分出營陽郡。凡領縣七。沈《志》：去州一千四百，去京都水四千八百。【略】

邵陵郡。吳置。東晉領縣七。沈《志》：去州水七百，陸一千三百，去京都水四千五百。【略】

營陽郡。《晉書·地理志》：穆帝分零陵立營陽郡，領縣四。沈《志》：去州水一千七百一，去京都水五千五百五十。【略】

江州。《晉書·地理志》：惠帝元和元年，有司奏荆、揚二州，疆土廣遠，統理尤難，于是割揚州之豫章、鄱陽、廬陵、臨川、南康、建安、晉安，荆州之武昌、桂陽、安成，合十郡，因江水之名而置江州。案《水經注》：惠帝永平中始置江州。《元和郡縣志》：有司奏分江州，在元康元年，定立江州，則在二年也。永興元年又分廬江之尋陽、武昌之柴桑二縣置尋陽郡，屬江州。凡領舊郡十，增置郡一、縣八十八。案《太平寰宇記》云：元帝過江，始置江州，誤。《衛恆傳》：族弟展，永嘉中已爲江州刺史矣。

州治：沈《志》：初治豫章。成帝咸康六年移治尋陽。庾悦又治豫章，尋還尋陽。《元和郡縣志》：晉惠帝元康二年于豫章郡理立江州。東晉元帝時江州自豫章移理武昌郡。自後或理湓城，或理潯陽，或理半洲，並在湓城側近。《太平寰宇記》：晉成帝咸康俗本作『咸通』，誤。元年，『元』應作『六』。移江州理湓城，即今尋陽郡是也。晉初理在江北岸，地名蘭城，温嶠爲守之日移于此。

尋陽郡。沈《志》：尋陽，本縣名，因水名縣，水南注江。二漢屬廬江，吳立蘄春郡，尋陽屬焉。晉武帝太康元年省。蘄春郡，以尋陽屬武昌，改蘄春之安豐爲高陵，及邾縣皆屬武昌。二年以武昌之尋陽復置廬江郡。惠帝永興元年分廬江、武昌立尋陽郡。《通典》漢尋陽舊縣在江北，晉温嶠移于江南。《太平御覽》稱《晉書地道記》曰：尋陽南通五嶺，北導長江，遠行岷漢，亦一都會也。《太平寰宇記》：地本蒲塘，春秋時爲楚之東鄙地。至晉永興初始以爲郡，乃領尋陽、柴桑、彭澤、上甲、九江五縣。今考《晉書·地理志》：懷帝永嘉元年又以豫章之彭澤縣屬尋陽郡。元帝渡江，尋陽郡又置九江、上甲二縣，尋省九江縣入尋陽。安帝義熙八年省尋陽縣屬柴桑。後又省上甲縣入彭澤。凡領縣二。僑縣別見。欒史以爲永興初卽領五縣，誤也。【略】

豫章郡。漢置。東晉領縣十五。沈《志》：去州水六百，陸三百五十。去，京都水一千九百，陸二千一百。【略】

鄱陽郡。吳置。東晉領縣八。沈《志》：去州水四百四十。去京都水一千八百四十，陸二千六十。《太平寰宇記》稱《鄱陽記》云：晉永嘉七年分餘干置興安縣，尋省，今不録。【略】

廬陵郡。吳置。東晉統縣十。沈《志》：去州水二千，陸一千六百。去京都水三千六百。【略】

臨川郡。吳置。東晉領縣十。沈《志》：去州水一千一百，陸一千二十。去京都水二千八百三十，陸三千。【略】

南康郡。《晉書·地理志》：太康三年置。統縣五。《水經注》：晉太康五年分廬陵立。《元和郡縣志》：本吳廬陵南部都尉。晉太康三年罷都尉立爲南康郡。案此則《水經注》『五』年當作『三』，或傳寫之誤。東晉領縣六。沈《志》去州水三千七百四十，去京都水三千八十。《元和郡縣志》：郡先治雩都，永和五年移理贛。案《水經注·贛水》下云：縣卽南康郡治，晉太康五年分廬陵立。蓋據後言之。《太平寰宇記》永和五年太守高琫置郡城于章、貢二水之間。義熙七年徙于贛水東。【略】

建安郡。吳置。《太平寰宇記》：晉廢建安郡，以舊屬邑隸晉安郡。東晉又立。凡領縣八。沈《志》：去州水二千三百八十，去京都水三千四十，並無陸。【略】

晉安郡。《文選》注稱王隱《晉書》：太康三年置。統縣八。東晉領縣同。沈《志》：去州水三千九百九十，去京都水三千五百八十。案《太平寰宇記》云：東晉南渡，衣冠士族多萃其地，以求安堵，因立晉安郡。今考沈《志》及《晉書·地理志》皆云：晉武帝太康三年分建安立晉安郡。則郡不至東晉始立也。欒史蓋誤。【略】

武昌郡。吳置。東晉領縣六。沈《志》：《晉起居注》：太康元年改江夏爲武昌郡，去京都水一千一百。【略】

桂陽郡。漢置。東晉領縣八。沈《志》：去州水一千四百，去京都水四千九百四十。【略】

安成郡。吳置。東晉領縣七。沈《志》：去州水三千三百，陸三千六百。去京都水三千七百，無陸。《太平寰宇記》稱《晉書》曰：元康元年朱居爲太守，築郡城郭，內有雙闕，高數丈。又稱《輿地志》：凡闕八里，置八門，卽此城。又稱：《安成記》：殷仲堪爲安成太守，于郡西大池上築室讀書，今遺地尚存，頗存勝境。

又 卷三《實州郡縣第三》 梁州。《晉書·地理志》：秦始三年分益州立梁州于漢中，統郡八，縣三十八。《水經注》稱《晉書地道記》曰梁州南至桓水，西底黑水，東限扞關，今漢中、巴郡、汶山、蜀郡、漢嘉、江陽、朱提、涪陵、陰平、廣漢、新都、梓潼、犍爲、武都、上庸、魏興、新城，皆古梁州之地。《太平寰宇記》又稱王隱《晉書》云：魏末克蜀，分廣漢、巴、涪陵以北七郡爲梁州。《晉書·地理志》：惠帝時以魏興、上庸、新城三郡屬梁州。《孝武帝紀》：寧康元年，苻堅將楊安陷梓潼，及梁、益二州刺史周仲孫南遁。東晉凡領舊郡十，增置郡六、僑郡別見。

州治：沈《志》：魏元帝景元四年平蜀復立梁州，治漢中南鄭而益州治成都。李氏據梁、益，江左于襄陽僑立梁州。李氏滅復舊譙縱時，又治漢中，刺史治魏興，縱滅刺史還治漢中之苞中縣，所謂南城也。《太平寰宇記》稱王隱《晉書》云魏末克蜀，梁州理漢中之沔陽，歷晉太康中，州又移理漢中郡。後李特據蜀，漢中又陷。及桓温平蜀，梁州刺史復理漢中郡，譙縱時又失漢中，刺史寄理魏興郡。《水經注》：氐略漢川，梁州移治西城。縱滅，復理漢中之苞中縣。今哀城縣是也。東晉末又移理城固。

漢中郡。秦置。《晉書·地理志》：統縣八。東晉領縣同。沈《志》稱《晉地記》云：孝武太元十五年梁州刺史周表立。疑是李氏所省，李氏平後復立。【略】

魏興郡。魏置。《晉書・地理志》統縣六。東晉領縣同。沈《志》：去州一千二百，去京都水六千七百。《太平寰宇記》：魏時理洵口。晉太康二年移理錫縣。三年又改理平陽縣。元康中又移理錫縣。永嘉後復移理西城故城。《晉書》：孝武帝太元四年，苻堅將韋鍾陷魏興，太守吉挹死之。【略】

晉昌郡。《晉書・地理志》：桓温平蜀後，以巴漢流人立。晉昌郡，領長樂、安晉、延壽、安樂、宣漢、寧都、新興、吉陽、東關、永安十縣。今考《水經注》，晉昌郡隸梁州，晉太康中立。沈《志》：稱何承天《志》又云：晉元帝立。案當以《晉書・地理志》爲是。《太平寰宇記》：郡本漢西城縣地。【略】

新城郡。魏置。《晉書・地理志》：統縣四。東晉領縣同。《晉書》：孝武帝太元九年，桓沖將郭寶伐新城、魏興、上庸三郡，降之。沈《志》：去州陸一千五百，去京都水五千二百。【略】

上庸郡。魏置。東晉領縣七。沈《志》：去州陸二千三百，去京都水六千七百。【略】

梓潼郡。沈《志》稱《晉太康地志》：劉氏分廣漢立《晉書・地理志》：統縣八。東晉分出晉壽郡。領縣五。【略】

晉壽郡。《晉書・地理志》：孝武分梓潼北界立晉壽郡，統晉壽、白水、邵歡、興安四縣。沈《志》稱《晉地記》云：孝武太元十五年梁州刺史周馥表立。案沈《志》南漢中郡下又云：太元十五年梁州刺史周瓊表立。疑有一誤。至漢中郡下止云：梁州刺史周表立。則『周』下脱『一字也。去州陸一千二百，去京都水一萬。【略】

廣漢郡。漢置。沈《志》稱《太康地志》：屬梁州。《晉書・地理志》：太康六年九月罷新都郡，并廣漢郡。《地理志》：新都郡。泰始二年置，統縣四。東晉分置遂寧郡，領縣七。沈《志》：去州陸六百，去京都水九千九百。【略】

遂寧郡。《晉書・地理志》：桓温平蜀後，于德陽界東南置遂寧郡。《元和郡縣志》：東晉分置遂寧郡于廣漢縣地。《太平寰宇記》：晉分德陽置遂寧郡，屬益州。蓋德陽之舊壘也。西北接涪縣東鄉之横山，東極青石，與巴郡爲界。譙縱亂後，移于石岼。凡領縣五。【略】

涪郡。蜀置。涪陵郡。《晉書・地理志》：統縣五。漢復涪陵。漢平漢葭、萬寧。案蜀置郡，本理丹興。《太平寰宇記》：稱《晉太康地記》云：省丹興縣，郡移理漢復。《元和郡縣志》：晉永嘉後地没蠻夷，桓温定蜀以涪郡理枳縣城。樂史又云：東晉桓温定蜀，别立枳縣于今涪陵郡東北一十里鄰溪口，又置故枳城郙，尋廢。今考沈《志》，枳縣屬巴郡，則涪陵郡所治之枳自屬桓温定蜀後别立。樂史之言蓋有所本。《毛璩傳》：涪陵太守文處茂保涪陵。又毛德祖爲涪陵太守。又《元和郡縣志》：涪州城本秦枳縣城，樂温、賓化二縣本漢枳縣地。是桓温所立。涪郡，治枳縣者，係秦枳縣城。巴郡所統者，則漢枳縣也。今從諸説，分晰列入。而涪陵郡所統舊縣則已没蠻夷，不更録入。凡領縣一。【略】

巴郡。秦置。《晉書・地理志》：統縣四。東晉同。沈《志》：去州內水一千八百，陸五百；外水二千二百。去京都水六千。【略】

巴西郡。蜀置。東晉分出宕渠、新巴二郡，凡領縣六。《晉書》：穆帝永和三年，振威護軍蕭敬文害征虜將軍楊謙，攻涪城陷之，遂取巴西通于漢中。八年平西將軍周撫討蕭敬文丁涪城，斬之。【略】

宕渠郡。蜀置，尋省。《晉書・地理志》：惠帝復分巴西置宕渠郡，統宕渠、漢昌。『漢昌』疑當作『漢興』，宣漢三縣。東晉領縣同。沈《志》稱《永初郡國》有宕渠、漢興、宣漢三縣。《太平寰宇記》又云：李壽亂後，地爲諸獠所侵，郡縣悉廢。【略】

新巴郡。沈《志》：晉安帝分巴西，立領縣三。《地形志》亦云司馬德宗置。今考東晉領縣當同宋。【略】

汶陽郡。《晉・志》：安帝時又立新巴、汶陽二郡。沈《志》：稱何《志》：新立，先屬梁州。《南齊書・蠻傳》：汶陽本臨沮西界二百里中，水陸迂狹，魚貫而行，有數處不通騎，而水白田甚肥腴。桓温時割以爲郡，西北接梁州新城，東北接南襄城，南接巴、巫。領縣三。【略】

北巴西郡。沈《志》：梁州北巴西是晉末所立。《永初郡國》領閬中、漢昌二縣。東晉領縣當同。沈《志》：去州一千四百，去京都水九千九百。【略】

益州。漢置。《晉書・地理志》：武帝泰始二年分益州置梁州，以漢中屬焉。七年又分益州置寧州、益州，統郡八、縣四十四。今考東晉益州領舊郡五，增置郡五、縣四十三。《通典》又云：東晉益州領郡二十九。宋、齊、梁並同。案沈《志》二十九郡内宋寧、宋興、南宕渠、南晉壽等郡皆宋元嘉中始立。非東晉時所有。《通典》誤。案州舊有陰平郡。《華陽國志》云：晉永嘉之末，太守王監以郡降李雄。晉永嘉之後，羌虜數叛，遂立爲郡以遏之。晉人因是悉流移于蜀漢，其氐羌並屬楊茂搜以郡，自後不爲正朔所頒。《晉書》：永和三年，桓温攻成都，李勢降，益州平。寧康元年，苻堅陷益州。太元十年，蜀郡太守任權斬苻堅益州刺史李平，益州平。義熙九年，朱齡石克成都，斬譙縱，益州平。

州治：《通典》：晉益州治成都。

蜀郡。秦置。《水經注》：晉太康中，蜀郡爲王國，更爲成都内史、益州刺史治。《元和郡縣志》：武帝改蜀郡爲成都國，以皇子穎爲王。惠帝時李雄竊據，桓温討平之。簡文帝時苻堅遣將鄧羌楊安伐蜀，益州並没于秦。孝武太元八年，平蜀。安帝時譙縱又據益州叛，朱齡石討平之。今考東晉蜀郡又分置晉原寧、蜀二郡，凡領縣四。【略】

寧蜀郡。《太平寰宇記》稱臧榮緒《晉書穆帝紀》：永和八年平西將軍周撫攻涪，八月戊午剋之，斬蕭敬文，益州平，以蜀流人立寧屬、晉昌二郡。晉昌郡屬梁州。凡領縣三。【略】

晉原郡。沈《志》：李雄分蜀郡爲漢原，晉穆帝更名。《太平寰宇記》：穆帝永和三年改漢原，爲晉原郡。領縣五。去州陸一百二十，去京都水一萬。今考東晉領縣當同宋。【略】

犍爲郡。漢置。《晉書·地理志》：統縣五。東晉無牛鞞縣。增治官縣。領縣同。沈《志》：去州陸九十，去京都水一萬。【略】

汶山郡。沈《志》稱《晉太康地志》：漢武帝立。孝宣地節三年合蜀郡。劉氏又立。東晉領縣六。沈《志》：去州陸一百，去京都水一萬。【略】

江陽郡。蜀置。詳見僑郡。沈《志》：中失本土，寄治武陽。案江陽、符皆西晉江陽郡舊縣。東晉分立之常安、安樂，亦皆實土，故仍列入實郡，而郡之建置則于僑郡詳焉。【略】

東江陽郡。沈《志》稱何《志》：晉安帝初流寓入蜀，今新復舊土爲郡。領縣一。僑縣别見。去州一千五百八十，去京都水八千九十。《元和郡縣志》：晉穆帝于江陽縣置東江陽郡，領江陽縣。【略】

越嶲郡。漢置。東晉領縣八。《晉書》：太寧元年越嶲太守李釗以郡叛降李驤。【略】

平樂郡。常璩《南中志》：元帝建興元年，刺史割建寧、新定、興遷二縣新立平樂、三沮二縣，合四縣爲郡。【略】

沈黎郡。沈《志》稱《蜀記》云：漢元鼎中置，後罷。又二漢、晉並無此郡。《永初郡國》有。案此疑晉末所立，故附入。領縣三。【略】

寧州。《晉書·地理志》：泰始七年，武帝以益州地廣，分益州之建寧、興古、雲南，交州之永昌，合四郡爲寧州，統縣四十五。《藝文類聚》稱《晉咸和起居注》曰：六年，寧州上言：甘露降，城北園桼桃樹等。沈《志》：太康三年省，立南夷校尉。惠帝太安二年復增牂柯、越嶲、朱提三郡。成帝咸康四年分牂柯、夜郎、朱提、越嶲四郡爲安州，尋越嶲復還益州。《晉書·地理志》同。又云：咸康八年罷并安州入寧州。《成帝紀》：在七年十二月。又省永昌郡。案《晉書·武帝紀》止云太康三年八月罷平州、寧州刺史三年一入奏事，而不云廢寧州，疑沈《志》有誤，《晉·志》則又承其誤也。《成帝紀》：咸和二年，寧州刺史尹奉遣姚岳等援龐遺，八年，李壽陷寧州，刺史尹奉及建寧太守霍彪並降之。今考東晉凡領舊郡六，增置郡十、縣七十九。沈《志》：去京都一萬三千三百。

州治：《通典》：晉寧州理雲南。

建寧郡。蜀置。《晉書·地理志》：統縣十七，後又分出益州平樂等郡。東晉凡領縣十一。有丹川。《通鑑》：咸康六年李壽陷丹川，守將孟彦、劉齊、李秋皆死。注：丹川當在建寧郡界。【略】

晉寧郡。沈《志》：晉惠帝永安二年分建寧、西七縣爲益州郡。晉懷帝更名。《王遜傳》：改益州郡爲晉寧郡，事敍在元帝即位以後，微誤。領縣七。原注：疑案《明帝紀》太寧二年有益州太守李遏，則改名晉寧在此年以後。去州七百三十，去京都水一萬三千七百。東晉領縣當同。案沈《志》及《晉書·地理志》皆云惠帝分建寧以西七縣别立爲益州郡。而此屬晉寧郡，止六縣，未知何故。今考建寧郡所屬又有修雲、俞元二縣，沈《志》：晉武帝咸寧元年分建寧郡修雲、俞元二縣閒流民復立律高縣，而二縣則沈《志》已無之。疑東晉亦同。且核其地理亦不在建寧以西。疑益州郡七縣中必無修雲、俞元也。餘又無縣足以當之，姑從沈《志》，共闕疑焉。【略】

牂柯郡。漢置。《晉書·地理志》：統縣八，後分出平夷、夜郎二郡。東晉凡領縣五。沈《志》：去州一千五百，去京都水一萬二千。【略】

平蠻郡。沈《志》：晉永嘉五年。《晉書·地理志》作「二年」。寧州刺史王遜分牂柯、朱提、建寧立平夷郡。《水經注》云：晉建興元年置。後避桓温諱，改領縣二。去京都水一萬三千。東晉領縣當同。【略】

夜郎郡。沈《志》：晉懷帝永嘉五年，寧州刺史王遜分牂柯、朱提、建寧立領縣四。去州一千，去京都水一萬四千。東晉領縣當同。【略】

朱提郡。蜀置。《晉書·地理志》：統縣五，後分出南廣郡。東晉凡領縣五。沈《志》：去州七百二十，去京都水一萬四千六百。【略】

南廣郡。沈《志》：晉懷帝分朱提立。領縣四。《王遜傳》：以地形便分朱提爲南廣郡，亦永嘉五年也。去州水二千三百，去京都水一萬四百。今考新興縣沈《志》云：何承天《志》不注置立，疑屬宋初所置，不敢録入。東晉當領縣三也。【略】

建都郡。沈《志》：晉成帝分建寧立。領縣六。去州二千，去京都水一萬五千，東晉領縣同。【略】

興古郡。蜀置。沈《志》稱《晉太康地志》：故牂柯。《晉書·地理志》：統縣十一，後分出西平、梁水二郡。東晉凡領縣六。沈《志》：去州二千三百，去京都水一萬六千。《晉書》：太寧二年，梁水太守爨亮、益州太守李遏以興古叛降李雄。咸康二年廣州刺史鄧嶽遣督護王隨擊夜郎。新昌太守陶協擊興古，並克之。【略】

西平郡。沈《志》：晉懷帝永嘉五年寧州刺史王遜分興古之東立。何《志》：晉成帝非也。東晉有西寧縣。凡領縣六。沈《志》：去京都水一萬五千三百。【略】

梁水郡。沈《志》：晉成帝分興古立。領縣七。去州水三千，去京都水一萬六千。案《水經注》劉禪分興古之盤南置郡于梁水縣。據此則蜀時已有此郡。東晉時復立耳。《王遜傳》又云：永嘉五年分永昌爲梁水郡。今考《明帝紀》，太寧二年已有梁水太守爨亮，則郡當自永嘉中立也。又考新豐、建安二縣，何《志》：不注置立，不敢録入。東晉當領縣五。【略】

永昌郡。漢置。東晉分出東河陽、西河等郡。凡領縣七。《晉·志》又云：成帝咸康八年省永昌郡。【略】

雲南郡。蜀置。沈《志》稱《晉太康地志》：故屬永昌。《晉書·地理志》：統縣九，後又分出東河陽、興寧二郡。東晉凡領縣三，其西姑復縣。沈《志》稱何不注置立，今亦不録。沈《志》：去州一千五百，去京都水一萬四千五百。【略】

東河陽郡。沈《志》：晉懷帝永嘉五年，寧州刺史王遜分永昌、雲南立，領縣二。去州二千，去京都水一萬五千。東晉領縣當同。【略】

西河郡。沈《志》：晉成帝分河陽立，領縣三。去州二千五百，去京都水一萬五千五百。東晉領縣當同。【略】

興寧郡。沈《志》及《晉書·地理志》：晉成帝分雲南立。領縣二。去州一千五百，去京都水一萬四千五百。東晉領縣當同。【略】

廣州。吳置。《晉書·地理志》：太康中吳平，以荆州始安始興、臨賀三郡來屬。統郡十、縣六十八。懷帝永嘉元年，又以臨賀、始興、始安三郡凡二十縣爲湘州。成帝又以三郡還屬荆州。東晉凡領舊郡六，增置郡七、縣一百九。《晉書·安帝紀》：義熙十三年，南海賊徐道期陷廣州，始興相劉謙之討平之。

州治：《元和郡縣志》：吳孫皓分置廣州，理番禺，晉代因而不改。

南海郡。秦置。《晉書·地理志》：統縣六。東晉分出東官、新會二郡，凡領縣八。【略】

東官郡。沈《志》稱何《志》：故司鹽都尉，晉成帝立爲郡。《廣州記》：晉成帝咸和六年分南海立。案《太平寰宇記》云：東官郡晉義熙中立，蓋誤。領縣六。去州水三百七十，去京都水五千六百七十。今考安懷縣，沈《志》稱《永初郡國》：何、徐並不注置立，他書亦無明文。容宋初所立也。又欣樂一縣。沈《志》稱本屬南海，宋末度，案縣，不知何時所立。今亦不録。東晉當領縣四。【略】

新會郡。沈《志》：晉恭帝元熙二年分南海立。《廣州記》曰：永初元年分新寧立，治盆允，未詳孰是。今考《晉書·地理志》云：恭帝分南海立新會郡。而《通典》、《太平寰宇記》亦云：新會郡，晉末置，疑當以前一説爲是也。凡領縣三。沈《志》：去州三百五十。【略】

蒼梧郡。漢置。《晉書·地理志》：統縣七。東晉分出晉康、新寧。永平三郡，凡領縣六。沈《志》：去州水八百，去京都水五千五百九十。【略】

晉康郡。沈《志》：晉穆帝永和七年分蒼梧立，治元谿。《永初郡國》治龍鄉，今考《元和郡縣志》云晉末置。《太平寰宇記》稱《南越志》晉康郡本屬蒼梧端谿縣，晉咸康四年分置。案云咸康四年置及晉末置，皆與沈《志》、《晉書·地理志》穆帝置異，未知李吉甫、樂史何本姑附見俟考。凡領縣十二。沈《志》：去州水五百，去京都水五千八百。【略】

新寧郡。沈《志》：晉穆帝永和七年分蒼梧立。《太平寰宇記》：永和七年分蒼梧郡，于臨允縣置新寧郡。東晉領縣九。沈《志》：去州水六百二十，去京都水五千六百。【略】

永平郡。沈《志》：晉穆帝升平五年分蒼梧立，凡領縣十。去州水一千二百，去京都水五千四百，東晉領縣當同。【略】

鬱林郡。秦置。桂林郡，漢改今名。《晉書·地理志》：統縣九。東晉分出晉興郡，領縣二十一。沈《志》：去州水一千六百，去京都水七千九百。【略】

晉興郡。沈《志》：晉元帝太興元年，分鬱林立。《水經注》又云：晉興郡，太康中分鬱林置。未知誰是。《元和郡縣志》：晉于領方縣置。晉興郡。凡領縣八。【略】

桂林郡。吳置。東晉領縣九。沈《志》：去州水一千五百七十五，去京都水六千八百。【略】

高涼郡。吳置。東晉領縣七。沈《志》：吳又立高興郡。太康中省幷高涼。去州水一千一百，去京都六千六百。【略】

寧浦郡。沈《志》稱《晉太康地志》：武帝太康七年改合浦屬國都尉立。《晉書·地理志》云：吳置，誤。辯見《三國疆域志》。東晉領縣七。【略】

義安郡。沈《志》：晉安帝義熙九年分東官立。《太平寰宇記》稱《南越志》云：義安郡本屬南海郡，後隸東官郡。晉義熙八年割立。其地與晉安郡接界。東晉領縣五。沈《志》：去州三千五百，去京都水八千九百。【略】

交州。漢置。《藝文類聚》稱《太康地記》云：交州本屬揚州，取交阯以爲名，虞之南極也。周有天下，越裳氏慕聖人之德，重九譯貢白雉。秦滅六國，南開百越，置桂林、象郡，以趙佗爲龍川令。因秦之末，自擅南裔。漢高革，加以王爵，始變椎髻，襲冠冕焉。《晉書·地理志》：晉平蜀，以蜀建寧太守霍弋遥領交州，得以便宜選用長吏。平吳後省。朱崖入合浦。太寧元年梁碩攻陷交州，刺史王諒死之。陶侃遣高寶攻梁碩，斬之。太元五年九眞太守李遜據交州反，交趾太守杜瑗斬遜，交州平。東晉統郡七，縣六十五。案郭璞《山海經》注：交州有南康郡。

州治：《元和郡縣志》：晉太康中，交州徙理龍編。交阯郡。漢置。《晉書·地理志》：統縣十四。東晉領縣當同。《晉書·安帝紀》：隆安三年，范逵寇交阯，太守杜瑗討破之。【略】

合浦郡。漢置。東晉領縣九。沈《志》：去京水一萬八百。【略】

新昌郡。《太平御覽》稱《方輿志》：吳置新興郡，晉改爲新昌。《晉書》：咸康二年，廣州刺史鄧嶽遣督護王隨擊夜郎，新昌太守陶協擊興古，並克之。《王敦傳》：敦使交州刺史王諒殺新昌太守梁碩，碩舉兵圍諒于龍編。東晉領縣六。【略】

武平郡。吳置。東晉領縣九。沈《志》：去州水二百一十六。【略】

九眞郡。漢置。東晉領縣十一。沈《志》：去州水八百，去京都水一萬一百八十。【略】

九德郡。吳置。《晉書·地理志》：周時越常氏地，東晉領縣九。沈《志》：去州水九百，去京都水一萬九百。《晉書·穆帝紀》：永和四年范文寇九德，多所殺害。【略】

日南郡。秦象郡，漢改今名。《太平寰宇記》：吳省。晉平吳，復置。《水經注》：晉太康三年省日南郡屬國都尉，以其所統盧容縣置日南郡，及象林之故治。又稱《晉書地道記》云：郡去盧容浦口二百里，故秦象郡象林縣治也。《晉書·穆帝紀》：永和三年三月林邑范文攻陷日南，害太守夏侯覽。七月范文復陷日南，害督護劉雄。《水經注》：永和五年征西桓温遣督護滕畯率交、廣兵伐范文于舊日南之廬容縣，爲文所敗，退次九眞，更治兵。文被創死，子佛代立。七年，畯與交州刺史楊平復進軍壽泠浦，入頓郎湖，討佛于日南故治，佛蠻聚連壘五十餘里，畯平破之。佛逃竄川藪，遣大帥面縛請罪軍門，與盟而還。《安帝紀》：隆安三年，林邑范達陷日南、九眞。《太平寰宇記》：晉末郡人范熊自稱林邑王，攻陷日南郡，告交州刺史吉蕃求以日南郡，北界横山爲界，其後又陷九眞郡，自是屢寇交阯南界。東晉領縣七。沈《志》：去京都水一萬六百九十。

又　卷四《實州僑郡第四》　荆州。見上。東晉凡統僑郡六，僑縣可考者二十一。

義陽郡。《晉・志》：穆帝時以義陽流人在南郡者立爲義陽郡。縣無考。

新興郡。沈《志》稱《魏志》：建安二十年省雲中、定襄、五原、朔方四郡，郡立一縣合爲此郡，屬幷州。晉江左僑立。案沈《志》：宋初六縣。疑晉末亦同，故並録。【略】

南河東郡。《晉・志》：元帝渡江，又僑立新興、南河東二郡。沈《志》又云：晉成帝咸康三年征西將軍庾亮以司州僑户立。《圖經》咸康四年于南郡所屬松滋僑縣置南河東郡。宋初八縣。案疑晉末亦同。【略】

南義陽郡。《晉・志》：安帝僑立。沈《志》：晉末以義陽流民僑立，宋初有四縣。案今縣可考者三。【略】

東義陽郡。《晉・志》：安帝僑立。縣無考。

長寧郡。沈《志》：晉安帝僑立。《晉・志》同。案沈《志》又云：宋初五縣。後省經安。今考晉末當領縣四，無上黄。【略】

益州。見上。東晉凡統僑郡三、橋縣可考者六。

始康郡。沈《志》：關隴流民，晉安帝立領縣四，寄治成都。案此郡縣名雖新創，然因流民所在創立。又寄治成都，非有實土，故亦列僑郡中，他皆倣此。【略】

南陰平郡。沈《志》：永嘉流寓來屬，寄治萇陽，領僑縣二。《太平寰宇記》：德陽縣北厚中山西有南陰平鄉，即故僑郡也。【略】

金城郡。《太平御覽》稱《周地圖記》曰：晉義熙末，刺史朱齡石率建平人征蜀，仍于東山立金城郡。後魏平蜀，改爲金水郡。案此郡未知何屬。今以征蜀所立，故附益州，他皆倣此。縣無考。

揚州。見上。東晉凡統僑郡三，實郡有僑縣三，共僑縣十六。

淮南郡。見上。沈《志》：中原亂，胡寇屢南侵淮南，民多南渡。成帝初，蘇峻、祖約爲亂于江淮，胡寇又大至，民南渡江者轉多，乃于江南僑立淮南郡及諸縣。晉末遂割丹陽之于湖縣爲境。凡領僑縣五。【略】

松滋郡。《晉・志》：成帝又于尋陽僑置松滋郡，遥隸揚州。案《宋書・庾悦傳》：督司州之松滋，則郡似曾屬司州。然考《何无忌傳》，增督揚州之松滋。无忌距悦之爲督時不遠，疑《悦傳》有脱文也。又案太元十二年松滋太守王遐之，當即此郡。【略】

義成郡。《晉書・桓宣傳》宣平襄陽陶侃使宣鎮之，以其淮南部曲立義成郡。沈《志》晉孝武立，治襄陽。案晉哀帝興寧二年以桓豁監荆州及揚州之義成。《桓沖傳》：督揚州之義成、新野二郡。今考豁與沖所督之義成即陶侃僑立于襄陽者其，僑置之地在荆州，其人户則屬揚州也。《圖經》：義成廢郡在光化縣西北，領僑縣四。【略】

尋陽郡（見上）凡領僑縣二，案實郡隸江州，此特附見。

又　《僑州實郡第五》　徐州。沈《志》：晉永嘉大亂，幽、冀、青、幷、兖州及徐州之淮北流民相率過淮，亦有過江在晉陵郡界者，晉成帝咸和四年，司空郗鑒又徙流民之在淮南者于晉陵諸縣。其徙過江南及留在江北者並立僑郡縣以司牧之。又云：明帝世淮北没寇，僑立徐州治鍾離。安帝義熙七年，始分淮北爲北徐，淮南猶爲徐州，後又以幽、冀合徐。今考江北、淮南諸實郡皆徐州所領。僑郡别見。胡三省云：徐州實郡在江北者有廣陵、堂邑、鍾離三郡，然實則不止此也。沈《志》：穆帝永和中郡移出京口。《圖經》：晉徐州僑治京口。凡領舊郡二，增置郡四，領縣二十。

廣陵郡。漢置。《晉・志》：東晉分出海陵、山陽二郡，凡領縣五。《晉書》：廢帝太和中，桓温自山陽及會稽王昱會于涂中，謀後舉，遂城廣陵而居之。【略】

海陵郡。沈《志》：晉安帝分廣陵立。《永初郡國》屬徐州，東晉蓋

同。凡領縣四。僑縣別見。去京都水三百九十，陸同。【略】

山陽郡。沈《志》：晉安帝義熙中土斷分廣陵立。景帝分梁爲山陽，非此郡也。《永初郡國》屬徐州，東晉蓋同。《通典》或云：漢吴王濞反于廣陵，山陽王率衆于此拒之，因以山陽爲名。樂史稱《宋書·郡國志》幷記云：安帝義熙元年，省射陽縣，分廣陵之鹽城地立山陽東城左鄉二縣，爲山陽郡屬南徐州。又稱戴延之《西征記》曰山陽津名。案郡名蓋取諸此。又漢鹽瀆縣，沈《志》云：晉安帝改爲鹽城，是東晉時有此縣，凡領縣四。沈《志》：去京都水五百，陸同。【略】

盱眙郡。《晉·志》：義熙中以盱眙立盱眙郡。統考城、直瀆、陽城三縣。《太平寰宇記》：義熙中置郡于今盱眙縣東一里臺子山上。《晉書》：太寧元年石勒攻陷下邳，徐州刺史卞敦退保盱眙。太元四年苻堅將句難、彭超陷盱眙，高密內史毛璪之爲賊所執。沈《志》去京都水七百，陸五百。有君川，《通鑑》謝玄與秦將俱難等戰于君川，大破之胡。三省云盱眙縣北六里有君山，此蓋君山之川也。淮橋同上。謝玄遣何謙之等率舟帥乘潮而上，焚淮橋。【略】

鍾離郡。沈《志》：晉安帝分立。《晉·志》：明帝于漢故九江郡界置鍾離郡，屬徐州。案《宋書·劉義康傳》：兼督司州之鍾離郡，事在義熙中。沈《志》：去都陸六百二十，水一千三十。縣別見。

淮陵國。沈《志》：惠帝永寧元年以爲淮陵國。《蘇峻傳》：除淮陵內史。《謝玄傳》：淮陵太守高素。《王恭傳》：淮陵內史虞珧。僑縣別見。凡領縣可考者四。【略】

秦州。《晉·志》：江左分梁爲秦，寄居梁州。又立氐池爲北秦州。沈《志》：晉孝武立秦州，寄治襄陽。安帝世在漢中南鄭。案楊氏據仇池，常奉晉正朔，故晉得立北秦州，此志不録入者，亦與涼州張氏同例。又考義熙十三年劉裕置東秦州。《宋書·劉義眞傳》：領東秦州刺史，是東晉秦州有三，然實郡則止陰平一郡耳。

陰平郡。《晉·志》：泰始中置。《懷帝紀》：永嘉六年，陰平都尉董沖逐太守王鑑，以郡叛降于李雄。《成帝紀》：咸和六年雄將李壽侵陰平、武都，氐帥楊難敵降之。案：董沖叛後郡蓋復歸，故咸和六年又云李壽侵陰平也。郡雖舊屬秦州，而與梁州境接。桓温平李氏後，當兼有此郡。故《地理志》云：江左分梁爲秦，寄居梁州，蓋專指此郡而言，所領縣當與西晉同。

又《遥立州郡第六》 北雍州。《晉書》：義熙十三年劉裕克長安，執姚泓，以子義眞爲都督雍、涼、秦三州諸軍，雍、東秦二州刺史，以朱齡石爲北雍州刺史。十四年復陷于赫連勃勃。《太平寰宇記》：姚萇孫泓爲劉裕所滅。東晉復置雍州及京兆郡，凡領郡可考者七。

京兆郡。領縣可考者三。【略】

馮翊郡。《宋書·王鎮惡傳》：以本號領安西司馬、馮翊太守。案《毛德祖傳》爲馮翊太守，亦在裕西征時。縣無考。

扶風郡。《宋書·自序》：高祖表言參征虜軍事扶風太守沈田子。縣無考。

咸陽郡。《宋書·自序》即授田子咸陽、始平二郡太守。【略】

始平郡。《通鑑》：裕以田子領始平太守。《元和郡縣志》：沈平子領始平太守。【略】

東安定郡。《宋書·劉義眞傳》：又進督幷、東秦二州，司州之東安定、新平二郡諸軍事。案《劉遵考傳》又云：督北雍州之新平、安定諸軍事。今考新平、安定二郡。《晉·志》本屬雍州，當以《劉遵考傳》爲是。縣無考。

新平郡。縣無考。

東秦州。《宋書·劉義眞傳》：領東秦州刺史。《通鑑》：以毛德祖領秦州刺史。胡三省云：德祖所領即東秦州。凡領郡可考者二。

天水郡。《晉書·毛德祖傳》：以德祖爲中兵參軍，領天水太守。案：是時劉裕未得天水，蓋遥領也。縣無考。

南安郡。《晉書·毛德祖傳》：從劉裕伐姚泓，頻攻滎陽、扶風、南安、馮翊數郡，所在剋捷。縣無考。

司州。《宋書·索虜傳》：毛德祖督司州之河東平陽河北。《劉遵考傳》督幷州、司州之北河東、北平陽。案《劉義眞傳》以義眞行都督雍、涼、秦三州之河東、平陽、河北三郡諸軍事。今考河東、平陽二郡。《晉·志》本屬司州河北縣，又本屬河東，姚秦時始升作郡。錢大昕《考異》云：三州下當有『司州』二字是也。又案東晉初亦曾遥立此二郡。

故《晉書·李矩傳》：荀藩表元帝令矩領河東、平陽太守是也。是時二郡屬石勒，亦不過使矩假其名耳。《魏浚傳》：浚亦爲平陽太守，以亂，不之官。《魏該傳》：元帝假該河東太守，督護河東、河南、平陽三郡，凡領郡可考者三。

河東郡。《宋書·朱超石傳》：大軍進克蒲坂，以超石爲河東太守，戍守之。《自序》：沈林子爲河東太守。【略】

平陽郡。《通鑑》：義熙十三年裕以薛辯爲平陽太守，捍鎮北道。縣無考。

河北郡。見上。縣無考。

并州。《宋書·劉遵考傳》：長安平定，以督并州、司州之北河東、北平陽，北雍州之新平、安定五郡諸軍事。輔國將軍、并州刺史。案此上衹四郡。錢大昕《考異》云當脫『河北』一郡也。又案據《姚秦載記》及遵考等《傳》，則此時司州、并州蓋並鎮蒲坂。

又《僑州郡縣第七》

豫州見上。沈《志》：晉江左胡寇强盛，豫郡殲覆。成帝咸和四年，僑立豫州。《晉·志》：僑立豫州于江淮之閒，居蕪湖。樂史稱《金陵記》：姑孰之南、淮曲之陽置豫州。《圖經》：南豫州，城在蕪湖縣東二里，今之五面場是也。又案：沈《志》：晉孝武太元十年，立北河南郡，後省，故不録。凡統僑郡六，實郡有僑縣者三，共僑縣十七。

歷陽郡見上。【略】

南譙郡。《水經注》：江水又東逕南譙郡城南。《一統志》：譙郡城在巢縣東南二十里。今爲南譙鄉。領縣可考者四。【略】

襄城郡。《晉·志》：元帝渡江，以丹陽春穀縣置襄城郡。《司馬休之傳》：休之爲襄城太守，鎮歷陽。則郡又嘗僑治歷陽也。【略】

馬頭郡見上。領僑縣二。【略】

潁川郡。沈《志》：別見《水經注·江水》下。後塘上有潁川僑郡故城。案：此則江左時潁川僑郡亦在今和州界可知。又案：劉裕進封宋王，所益十郡内有北潁川，故知此僑立之潁川與北潁川本屬二郡，至宋受禪後，凡有僑郡又普加『南』字也。沈《志》：南豫州下有南潁，是矣。惟南南頓郡無考。縣無考。

南汝陰郡。沈《志》：江左立。【略】

晉熙郡又別見。【略】

汝南郡見上。《通典》：東晉于江夏僑立汝南郡。【略】

西陽郡見上。【略】

秦郡見上。沈《志》：晉武帝分扶風爲秦國，中原亂，其民南流寄居堂邑。安帝改堂邑爲秦郡。《永初郡國》：屬豫州。元嘉八年度南兗。案：此則東晉當屬豫州也。【略】

南新蔡郡。《晉·志》：孝武于漢九江王黥布舊城置南新蔡郡，屬南豫州。案：晉時無南豫州之名。《晉·志》蓋誤。【略】

徐州見上。沈《志》：晉永嘉大亂，幽、冀、青、并、兗州及徐州之淮北流民相率過淮，亦有過江在晉陵郡界者。晉成帝咸和四年，司空郗鑑又徙流民之在淮南者于晉陵諸縣。其徙過江南及流在江北者，並立僑郡縣以司牧之。《通典》：晉後于鍾離郡地僑置徐州。《元和郡縣志》：晉氏南遷，又于淮南僑立徐州。安帝始分淮北曰北徐州，淮南但曰徐州。凡統僑郡十七，實郡有僑縣者四，縣可考者五十二。

淮陽郡見上。《晉·志》：元帝渡江之後，徐州所得惟半，乃僑置淮陽、陽平、濟陰、北濟陰四郡。沈《志》云：晉義熙中土斷立。今考淮陽郡之置，當以《宋·志》爲是。僑縣一。【略】

陽平郡。沈《志》：故屬司州，流寓來配。案：《宋書·武帝紀》：義熙五年，慕容超大掠淮北，執陽平太守劉千載，則郡僑立在淮北也。《一統志》：陽平廢郡，本晉元帝置，在今靈璧縣南。案：沈《志》：領縣三。東晉當同。【略】

濟陰郡。《圖經》：晉元帝時于睢陵僑置濟陰郡。《地形志》：彭城郡睢陵縣，晉亂屬濟陰。領縣二。【略】

北濟陰郡。【略】

琅邪郡見上。沈《志》：晉亂，琅邪國人隨元帝過江千餘户。太興三年立懷德縣。丹陽雖有琅邪相，而無此地。成帝咸康元年，桓温領郡，鎮江乘之蒲洲金城上，求割丹陽之江乘縣境，立郡。樂史稱王隱《晉書》云：江乘南岸溝州津有城，卽琅邪城。又云：在上元縣東北六十里。又稱《南徐州記》曰：琅邪郡割潮溝爲界。案：今句容縣北有琅邪鄉，即其地。《晉書》：康帝建元元年，以何充都督揚、豫、徐州之琅邪諸軍事。二年，以褚裒都督兗州、徐州之琅邪諸軍事。案：安帝義熙十三年，以徐州之北琅邪、北東莞、北東海、北譙、北梁，豫州之北潁川、北南頓益宋國。是琅邪、東莞、東海、譙、梁、潁川、南頓東晉時皆有南、北兩郡，一係實土，一屬僑郡，其實土皆以『北』字別之，至宋永初後，僑郡又普加『南』字耳。南譙、南梁、南汝陰等則晉太元後已加『南』字，又非自宋始。凡領僑縣五。【略】

東海郡見上。沈《志》：晉元帝初割吳郡海虞縣之北境爲東海郡，立郯、朐、利城三縣，而祝其、襄賁等縣寄治曲阿。穆帝永和中，郡移出京口，郯等三縣亦寄治于京。案《晉·志》：郯、朐、利城、祝其、厚丘、西隰、襄賁，凡七縣。今仍之。【略】

東平郡。《晉·志》：元帝以江乘置南東海、南琅邪、南東平、南蘭陵等郡。案：此諸僑郡有『南』字者，皆宋受禪後所加。晉世無此名也。義熙十二年，以徐州之彭城、沛、蘭陵、下邳，兗州之高平、魯、泰山等郡封宋公。即《永初郡國》之南彭城、南沛、南蘭陵、南下邳、南高平、南魯、南泰山也。唐人修《晉史》，讀《宋書》不審，誤仞爲晉明帝所名，失之甚矣。縣無考。

蘭陵郡。《晉·志》：元帝置。《圖經》：晉太初中置郡及蘭陵縣，屬徐州。領縣可考者一。【略】

臨淮郡。沈《志》：晉武帝太康元年，復分下邳之淮南爲臨淮郡，治盱眙。江左僑立。《晉·志》：元帝分武進立臨淮、淮陵、南彭城等郡，屬徐州。《周玘傳》：臨淮太守蔡豹。又玘子勰終臨淮太守。《范寗傳》：爲臨淮太守。《蔡豹傳》：臨淮太守劉遐。縣無考。

淮陵郡見上。領僑縣二。【略】

彭城郡。沈《志》：江左僑立。《劉牢之傳》：領南彭城內史，當即此。案：據《宋書·武帝紀》及《劉康祖等傳》，則下邳三郡皆僑立于京口。《圖經》亦云：僑置在晉陵郡界內。領縣可考者一。【略】

沛郡。沈《志》晉成帝又立南沛郡。《晉·志》作『明帝立』，疑誤。領縣四。【略】

清河郡。《晉·志》：明帝立南清河郡。沈《志》：屬南徐州，今故列此。《劉敬宣傳》：義熙中領清河太守。領縣四。【略】

下邳郡。《晉·志》：明帝立南下邳郡。縣無考。

東莞郡。《晉·志》：明帝立南東莞郡。《圖經》：屬南徐州，治莒縣。凡領縣三。《江南通志》：東晉僑置南東莞郡于晉陵南境。【略】

平昌郡。《晉·志》：明帝立南平昌郡。沈《志》：屬南徐州。領縣可考者二。【略】

鍾離郡見上。案：此卽實郡僑縣。沈《志》：領縣三。東晉當同。【略】

海陵郡見上。【略】

南梁郡。沈《志》：晉孝武太元中僑立于淮南。安帝始有淮南故地，屬徐州。《太平寰宇記》：自晉永嘉過江，温嶠立淮北之縣用牧流人。又云：合肥縣，古滁陽城，東晉于此置南梁郡。領縣可考者七。【略】

東安郡見上。領僑縣一。【略】

兗州見上。沈《志》：中原亂，北州流民多南渡。晉成帝立南兗州，寄治京口。《晉·志》：明帝以郗鑒爲刺史，寄居廣陵，置濮陽、濟陰、高平、太山等郡，後改爲南兗州，或還江南，或居盱眙，或居山陽，後始割地爲境，常居廣陵，南與京口對岸。《通典》：晉末以廣陵控接三齊，故青、兗二州刺史皆鎮于此。《元和郡縣志》：晉建武初，兗州寄理嶧山上。洛陽傾覆，郗鑒獲歸，州鄉人士並守附之，遂共推鑒爲主，與千餘家避難于嶧山。中宗假鑒龍驤將軍、兗州刺史，鎮鄒山。後爲石勒所侵逼，鑒率文武自嶧山奔下邳。凡統僑郡七、僑縣可考者十。

陳留郡。《晉·志》：成帝咸康四年，于北譙界立陳留郡。沈《志》：陳留太守，中原亂廢。晉成帝咸和四年，復立。《太平寰宇記》：陳留廢郡在安豐縣東北五里，浚儀廢縣在縣東北二百五十步，芍陂塘下雍丘廢縣在縣南六十里，小黄廢縣在縣西北三十里。以上一郡三縣，晉義熙十二年，劉義慶奏置。《一統志》：陳留廢郡在壽州南領縣，可考者八。案：東晉時堂邑亦僑立陳留郡。後郡廢，所領縣又幷入秦郡，《宋書·檀韶、向彌等傳》所謂北陳留也，與此自別。【略】

濮陽郡。《晉·志》：明帝僑置。沈《志》：《永初郡國》：濮陽郡，領濮陽、廩丘二縣。今又附鄄城一縣。共僑縣三。【略】

高平郡。《晉·志》：明帝僑置。案：《宋書·武帝紀》：晉義熙十二年，以兗州之高平、魯、泰山諸郡封宋國。即此。沈《志》：領縣六。今增任城一縣，共領縣七。案：沈《志》南徐州下又有南高平郡，容永初後所立，今不録。【略】

泰山郡。《晉·志》：明帝僑置。沈《志》、《永初郡國》又有山茌、萊蕪、太原三縣，而無鉅平。今據列入。共領縣十。【略】

魯郡。《晉·志》：明帝立南魯郡。沈《志》：江左屬兗州。領縣六。今除平陽等三縣，增入樊縣。共領縣四。【略】

東燕郡。沈《志》：江左分濮陽所立。領燕縣、白馬、平昌、考城，凡四縣。【略】

樂陵郡。沈《志》：晉江左立樂陵郡及諸縣。【略】

幽州。沈《志》：晉江左又僑立幽、冀、青、并四州。又云：徐州備有徐、兗、幽、冀、青、并、揚七州郡邑。案：此則諸僑郡皆在江北、淮南地可知。《輿地紀勝》：高郵州北阿鎮，東晉時嘗僑置幽州。太元四年，苻秦將俱難、彭超圍幽州刺史田洛于三阿，去廣陵百里，即此。凡僑郡可考者二、僑縣四。

遼西郡。沈《志》：晉末遼西僑郡省幷廣陵。領縣四。【略】

燕國。《晉書·謝安傳》：以安都督揚、豫、徐、兗、青五州，幽州之燕國諸軍事。《謝玄傳》：都督徐、兗、青三州，揚州之晉陵，幽州之燕國諸軍事。《宋書·虞丘進傳》：義熙中除燕國內史。錢詹事《考異》云：燕國與晉陵連文，疑即僑立于晉陵界內。縣無考。

冀州。沈《志》江左立南冀州，後省，義熙中更立，治青州，又省。《晉書》：安帝元興元年，冀州刺史劉軌叛降于慕容德。二年，冀州刺史孫無終爲桓玄所害，義熙中劉敬宣爲青、冀二州刺史。凡統僑郡六、僑縣十。

廣川郡。沈《志》稱何《志》：江左所立。《宋書》：孟龍符、劉鍾等，義熙中並領廣川太守。凡僑縣可考者五。【略】

河閒國。沈《志》：江左屢省置。《晉書》：安帝義熙六年，廣川太守劉鍾、河閒內史蒯恩帥衆追盧循。是東晉有河閒國，亦當屬冀州也。領縣可考者一。【略】

魏郡。沈《志》：江左屢省置。《晉·志》：成帝咸康四年，僑置魏郡、廣川、高陽、堂邑等郡幷所統縣，並寄居京邑。《會稽王道子傳》：以嬖人趙牙爲魏郡太守。《王導傳》：子恬爲魏郡太守。《一統志》：廢魏郡，在上元縣界。領縣二。【略】

頓丘郡。沈《志》：江左屢省置。案：今從沈《志》，列冀州下。領縣可考者一。【略】

高陽郡。沈《志》：晉武帝又分范陽爲高陽，江左屢省置。《宋史·向靖傳》：遷高陽內史，在義熙中。又義熙十二年，以高陽內史劉鍾領石頭戍事。樂史稱《輿地志》：高陽郡領北新城、博陸二縣。案：東晉時江北之堂邑，雖在版圖，亦曾僑立于江南。義熙元年劉裕以弟道憐領堂邑太守，戍石頭是也。樂史稱《輿地志》：堂邑郡領堂邑一縣，後省併高陽。又《圖經》稱：咸康中，常僑置廣陵郡于陵陽縣。《晉·志》亦不載。【略】

勃海郡。沈《志》：江左屢省置，領縣可考者二。【略】

鉅鹿郡。《宋書·劉道憐傳》：義熙元年，索虜寇徐州，攻相縣，執鉅鹿太守賀申。據此，則東晉僑置鉅鹿郡當在相縣也，故附此。領縣可考者一。【略】

青州見上。沈《志》：江左僑立，治廣陵。安帝義熙五年，平廣固，北青州刺史治東陽城，而僑立南青州如故。凡統僑郡三、僑縣八。

齊郡。沈《志》：過江僑立，後省，以西安配南魯郡。領縣可考者二。【略】

濟岷郡。沈《志》：江左立。《晉書·載記》：晉濟岷太守劉闓等叛降于石生。案：沈《志》：又云魏平蜀，徙蜀豪將家于濟河，故立此郡。安帝義熙中土斷，幷濟南。今故列入僑郡領縣二。【略】

高密郡見上。沈《志》：南兗州下高密郡，領淳于、黔陬、營陵、夷安，凡四縣。案：太元四年，秦將俱難等拔盱眙，執高密內史毛璪之。據此，則高密僑郡當在盱眙。【略】

并州。《元和郡縣志》：晉惠帝時，并州之地盡爲劉元海所有。其後劉曜徙都長安，自平陽以東盡入石勒。至苻堅、姚興、赫連勃勃，並于河東郡置并州。後苻丕爲慕容垂所迫，奔于晉陽，稱帝一年，爲慕容永所滅。又案：《晉書》：穆帝升平元年，苻堅將張平以并州降，遂以爲并州刺史。平爲苻堅所逼，奔于平陽，堅追敗之。安帝義熙四年，并州刺史劉道憐《劉道規傳》亦爲并州刺史。沈《志》：晉于江左僑立并州。凡統僑郡可考者二。

上黨郡。《晉書·謝琰傳》：上黨太守張乾碩。案：郡後又省爲縣。沈《志》：淮陽郡有上黨縣，云流寓郡，併省來配。則郡當僑置在淮陽也。又淮南有上黨郡。沈《志》：上黨民過江者，僑郡縣，寄治蕪湖，後省上黨郡爲縣。縣無考。

義昌郡。《宋書·劉道憐傳》：代諸葛長民爲并州刺史。義昌太守弟道規亦爲并州刺史、義昌太守。縣無考。

司州見上。晉《志》：元帝僑置司州于徐。《安帝紀》：元興二年，司州刺史溫詳。凡統僑郡五。實郡有僑縣一，共僑縣二十一。

弘農郡見上。《晉·志》：東晉以弘農人流寓尋陽者僑立爲弘農郡，領縣可考者一。又附録一縣。【略】

河東郡見上。沈《志》：晉成帝咸康三年，征西將軍庾亮以司州僑户立河東郡，統安邑、聞喜、永安、臨汾、弘農、譙、松滋、大戚卽廣戚，當時避隋諱耳。八縣並寄居焉。《烈王無忌傳》：轉河東郡太守。《桓石虔傳》：領河東太守。《太平寰宇記》：東晉孝武時荆州刺史桓沖以苻堅强盛，自襄陽退屯司州。【略】

河南郡。沈《志》：僑立，始治襄陽。《晉·志》：孝武于襄陽僑置河南郡。《圖經》：河南廢郡在今襄陽縣北。又穀城縣東有洛陽城，當亦江左時僑縣。以沈《志》云，當是何《志》後立，故不録。【略】

河内郡。沈《志》：武帝北平關洛，置司州刺史。又有河内、東京兆二郡，河内寄治河南，領溫、野王、軹、河陽、沁水、山陽、懷、平皋、朝歌，凡十縣。案：數止有九。【略】

東京兆郡。沈《志》：寄治滎陽，領長安、萬年、新豐、藍田、蒲坂、凡六縣。案：止有五縣。【略】

廣平郡。沈《志》：咸康四年，江左僑立，治襄陽。晉成帝省，後又立，寄治丹徒，領廣平、易陽、曲周三縣。《圖經》廣平廢郡在今光化縣北。今增邯鄲縣，凡領縣四。【略】

雍州。沈《志》：晉江左立，胡亡氐亂，雍、秦流民多南出樊、沔。晉孝武始于襄陽僑立雍州，并立僑郡縣。《太平御覽》稱《南雍州記》：永嘉之亂，三輔豪族流于樊、沔，僑于漢側，立雍州，因人所思以安百姓也。《晉書》：安帝義熙六年，雍州刺史魯宗之。十二年，刺史趙倫之。統僑郡六，共僑縣二十。

京兆郡。沈《志》：初僑立，寄治襄陽。朱序没氐，孝武太元十一年復立。哀帝興寧元年，以桓豁監雍州之京兆軍事，卽此。《一統志》：京兆廢郡在襄陽縣西。領縣可考者六。【略】

扶風郡。沈《志》：僑立，治襄陽郡。《圖經》：扶風廢郡，在穀城縣東。領縣可考者一。【略】

始平郡。沈《志》：晉武帝太始二年，分京兆、扶風立。後分京兆、扶風僑立，治襄陽。《元和郡縣志》：在武當縣地，領縣可考者四。【略】

南上洛郡。沈《志》、《永初郡國》、何《志》：雍州並有南上洛郡，寄治魏興。又徐《志》云：南上洛，晉武帝立。沈《志》云：非也。疑當是江左所立，或在北上洛郡之先。沈《志》領縣二，晉末當同。【略】

北上洛郡。沈《志》稱徐《志》：雍州有北上洛、北京兆、義陽三郡。北上洛，晉孝武立。領上洛、北商、酆陽、陽亭、北拒陽五縣。【略】

義陽郡見上。沈《志》雍州義陽郡云：晉安帝立，領平氏、襄鄉二縣。案：此與南義陽、東義陽及本郡統未没之縣，凡四義陽。又案：《太平寰宇記》：廣漢郡什方縣有南陽郡故城。《李膺記》曰：南陽、漢中李雄亂蜀道，李壽盡摽，漢川五千餘家，流寓于此。晉太康元年立郡。案：雄亂蜀在太康後，遠甚。又諸地志益州亦無南陽郡。故不録。【略】

秦州見上。凡統僑郡四，僑縣十。又案：《司馬尚之傳》：遣武都太守楊秋屯横江、武都，當亦江左僑郡。附記于此。

西京兆郡。沈《志》：晉末三輔流民出漢中，僑立。沈《志》：領縣三。《永初郡國》無藍田縣，故不録。凡領縣二。【略】

西扶風郡。沈《志》：晉末三輔流民出漢中，僑立。領縣二。晉末當同。【略】

懷寧郡。沈《志》：秦、雍流民，晉安帝立。本屬南秦州，寄治成

都。《宋書·朱齡石傳》：監秦州之安固、懷寧郡諸軍事。領縣三。【略】

安固郡。沈《志》：張氏于涼州立，晉哀帝時民流入蜀，僑立，本屬南秦州。領僑縣三。案：秦州上有『南』字，當亦宋永初後所加。【略】

梁州見上。沈《志》：李氏據梁、益，江左于襄陽僑立，梁州。《晉書·周訪傳》：訪爲梁州刺史，屯襄陽。凡統僑郡五，實郡有僑縣三，共僑縣十二。

新巴郡見上實郡。【略】

南新巴郡。案：郡所領縣五。沈《志》稱何《志》云：皆晉安帝哀帝立。則郡亦東晉時置可知。沈《志》又稱《起居注》：新巴民流寓。文帝元嘉十二年，于劍南立。疑《起居注》有誤也。【略】

巴西郡見上實郡。【略】

北陰平郡。《晉·志》：梁州郡縣，没于李特，尋屬楊茂搜，其晉人流寓于梁、益者，仍于二州立南、北二陰平郡。沈《志》稱徐《志》：本屬秦州。樂史稱《輿地志》亦同。縣無考。

南漢中郡。沈《志》稱《晉地記》：孝武太元十五年，梁州刺史周瓊表立。《晉·志》：孝武又别置南漢中郡。案：此蓋漢中郡民流寓于此，故立。後郡旋廢，至宋大明三年復立也。徐《志》亦云：北漢中民流寓立。《宋書·朱齡石傳》：南漢中郡。又屬益州。領縣可考者一。【略】

晉熙郡。沈《志》：秦州流民，晉安帝立。領縣二。【略】

東江陽郡見上。領僑縣一。【略】

西江陽郡。《圖經》：東晉分置西江陽郡。沈《志》：中失本土，寄治武陽。《太平寰宇記》：晉永和中置西江陽郡。《一統志》：晉安帝于漢武陽縣僑置江陽，亦曰西江陽郡。案：此則東晉之江陽，即西江陽郡，以别于東江陽，故俗又加『西』字耳，非兩郡也。

雜録

《宋書》卷二《武帝紀中》（義熙八年十一月）以荆州十郡爲湘州。【略】

《晉書》卷七《成帝紀》（咸和四年二月）壬寅，以湘州并荆州。【略】

（咸康四年）秋八月丙午，分寧州置安州。

又 卷一〇《安帝紀》（義熙八年十二月）分荆州十郡置湘州。

宋·李昉等《太平御覽》卷一六七《州郡部·山南道上·荆州》（南朝宋盛弘之）《荆州記》曰：元嘉中，以京師根本之所寄，荆楚爲重鎮，上流之所總，擬周之分陝；晉、宋以降，此爲西陵。

又 《文州》《輿地志》曰：晉永嘉之末，太守王鑑以郡降李雄。晉人因是悉流移於蜀、漢，其氐羌並屬楊茂梗，此後不復爲正朔所頒。

宋·樂史《太平寰宇記》卷一〇三《江南西道一·宣州》按《吴書》云：孫皓以何植為牛渚都督而禦晉。後晉平吴，武帝復移郡於此郡城，即晉桓彝所築。又《桓玄傳》云：玄居南州，大築齋第，以郡在國南，故曰南州。宋如之，齊改為南豫州。《郡志》云：梁承聖元年，復江南，南豫州郡不廢，歷梁、陳之代亦為重鎮。隋平陳，遂省宣城郡，仍改南豫州為宣州，蓋取郡號以為州名。

宋·王楙《野客叢書》卷一六《廣陵》西漢揚州，治無定所。後漢治歷陽，後治壽春，後又徙曲阿，至隋唐方治今之廣陵耳。今之廣陵，自後漢至晉皆屬徐州，至東晉僑置青、兖二州，故廣陵以青、兖、徐為一鎮。至宋乃為南兖州，齊為東廣州，後周為吳州，隋唐始為揚州耳。然則今廣陵之為揚州，亦未甚久也。古今地理更革不一，而文人議論多失於不契勘，往往便謂今之廣陵為古揚州之地。如韓皐謂諸葛誕等為揚州都督，舉兵討晉，事敗，故名《廣陵散》，不知廣陵是時未為揚州也。今廣陵境上有黄相公冢，《大觀圖經》謂黄霸冢，蓋霸嘗為揚州刺史也，不知是時揚州刺史未治廣陵。周日用注《博物志》謂淮南王安得道輕舉，今維揚馬迹尚存，不知漢之淮南王正非今之維揚。似此甚多，事有可笑者。廣陵之名，其來舊矣。至隋煬帝悦其地之繁盛，置離宫别館而行幸焉。當時改言江都而不言廣陵者，正避煬帝諱也。然煬帝戀江都之盛而不歸，竟死於廣陵，得非廣陵之名為煬帝先讖乎？慶元元年

清・徐文范《東晉南北朝輿地表・王鳴盛序》 予譔《十七史商榷》百卷，一切典故，無所不考，而其所尤盡心者，地理也。蓋人欲考古，必先明地理。地理既明，於古形勢情事皆如目睹，然後國運之强弱、政治之得失、民生之利害、人才之賢否，皆可口講指畫，不出户庭而知四海、九州之遠。立乎今日而知數千百年之久，皆在是矣。此其所以爲通儒也。不先明此，而欲尋行數墨以求之，此矮人看場，所見能幾何哉？地理之難知，莫甚於割據之亂世。漢末，天下三分，陳壽不作表志，兹事已難研究。晉一統裁二十三年，當惠帝太安二年，而僭僞並起。自是以後，羣雄雲擾閲一百三十七年，直至劉宋文帝元嘉十六年，而北方諸國始盡併於元魏。自是爲南北朝矣。魏衰，高氏、宇文氏相繼與南朝鼎峙，天下再三分，直至隋文帝開皇九年始合爲一。自太安二年至此，凡二百八十七年，區宇分裂，未有甚於此時者也。故地理爲最難明，同里徐君文范字仲圃，作《東晉南北朝輿地表》。以年爲經，以國爲緯，旁行書之，而又以晉初所分之二十州，爲其緯中之緯，下至隋煬帝，罷州置郡而止。追補千數百年前之志，抑何博且精也。書起太安而稱東晉者，禍本雖始西晉，但祇漢、成二國，餘皆在渡江以後，可以東晉統言之也。且史家之爲地志也，其例有二。有以全盛爲主者，有以最後爲主者。班固《漢・志》據平帝元始，司馬彪續《漢・志》據順帝永和，沈約《宋・志》據孝武帝大明，魏收《魏・志》據孝靜帝武定，《新唐書》據昭帝天祐。此皆以最後爲主者也。惟《晉志》據武帝太康，《舊唐書・志》據玄帝天寶，此二家則皆據其最盛時。二者既各偏據其一，則于沿革分合必有所遺，孰若仲圃之包絡始末，繩貫絲聯，使糾紛錯互，他人所望而目眯者，豁然如指上螺文，可一一數邪。此專門之業，非涉獵者所能及矣。大抵地理志也，表也，圖也，三者闕一不可。若憎其煩絮，欲求省淨，則世間閒筆浪墨，不知凡幾，乃於實學所在惜其勞費乎？仲圃此書，爲昔人之所未及爲，而後人考史者之所必不可少。洵有功於史學而足以傳矣。予《商榷》於南北朝戰爭之所立國之界，亦費苦心，沾沾自喜，而東晉諸僭僞，則畏其繁亂而未暇詳。予涉獵之功，非專門之業。所以稍有發揮，未能臚列，獨心折仲圃，以爲不可及焉。

乾隆五十七年壬子初夏，西沚居士王鳴盛譔。維時瞽目重開，行年七十有一。

又《錢大昕序》 讀史而不諳輿地，譬猶瞽之無相也。然兩漢、唐、宋之世，區宇混一，經緯秩如，即如三國之承漢，五代十國之承唐。封畛雖分名實，未改稽古之彦。搜索匪難，獨典午渡江以後，開皇平陳以前，瓜剖豆分，蓋三十國，南北僑置，千回百改，史之存者，十家而有志者纔五。晉則但述太康，而不詳江左偏安之局。魏則祇據武定，而反遺洛陽全盛之規。休文上考沿革，差有條理而或失之繁。輔機兼籠五朝，亦能貫串，而或失之略。子顯謏聞更無譏矣。杜佑、李吉甫、樂史輩，於方輿之學最爲該洽，而南北僑立之迹，十闕其九，非涉獵之未周良，討論之未易也。同里徐仲圃默而好深湛之思，足迹不出百里，而三條四列、十道九域，一一囊括於心胸，乃上溯太安，下訖大業，年經國緯，表而次之，先辨實土，附以僑治，其間分裂并合，參互錯綜，志有滲漏，則采紀傳以證成之。以予亦嘗從事於斯也，每成一篇，輒就商榷，考辯異同，必得其當然後已。旁觀匿笑，謂其用心無用之地，不知吾兩人之莫逆於心也。古人謂作史，莫難於志，而時代久遠，則考證尤難。晉、隋兩書均出唐史臣之手，而《晉志》之紕繆，甚於《隋志》，謂江左有南徐州、南兖州、南青州，不知僑州加南昉。於永初詔書，晉世方鎮，未有稱南兖、南徐者也。謂梁州立巴渠、懷安、宋熙、懷漢、安康諸郡，不知皆宋所立，且晉世不當先有宋熙之名也。桓玄立綏安郡，非桓温也。襄陽僑立河南義成郡，非秦雍流人也。唐初去晉僅二百年，而傳聞舛謬若此。仲圃生於千載之後，乃能鉤稽載籍，究其離合，分剖毫氂，窮極玩眇。雖身歷其時，目睹其地者，亦無以過。自非有絶人之識，用心專而爲日久，安能爲古人之所難爲也哉。此書出，必有珍爲枕中之秘者，予固非阿所好而云然也。

乾隆五十有四年秋八月，錢大昕譔。

又《自序》 余三十年前每讀史，病晉永嘉大亂後至隋幾三百載，南北州、郡、縣紊，更僑寓眩亂難明，因詳考史志歷代輿地及《寰宇記》、《元和志》等書，凡二十寒暑，編集《年表》暨《郡縣表》、《州郡表》，條分縷析。雖學識愚下，耳目未廣，而自備讀史資用，粗爲繕寫，就正前輩，謬言許可。邇年更爲考校，欲手書一冊，而精神耗散，前後遺忘，且病痰痿，不能備述。地理從前置立原委，故概從簡略，存其大要。

凡州、郡、縣沿革，晉已前見於《晉書·地理志》者，舉不詳録，録自晉武帝太康以後始。嘉慶八年六月二十日立秋節。嘉定徐文范仲圃氏記於杏雨齋，旹年七十。

又《凡例》　晉武一天下，有司、兗、豫、冀、幽、并、雍、涼、益、梁、青、徐、荆、揚、交、廣十六州，後又分雍、涼爲秦，幽爲平，益爲寧，凡一十九州。惠帝割荆、揚置江，懷帝分江、荆、廣立湘，凡二十一州。湘雖或離或合，然宋後至隋不廢，故以二十一州爲斷。

州郡設於武、惠、懷、愍者，並表著之，其分立在元帝後及僑置州郡，無論東晉竊據諸國，與宋、齊、梁、陳、元魏、周、齊，並排列西晉郡下，貫串横敍。考史傳略記其時戰爭事爲證據，至隋開皇初罷郡而止。郡縣表志，建置沿革，以太康地志郡縣名目。自後隨諸國因改省併，直遞至隋大業初，罷州仍爲郡而止下格稍載山川及故城遷徙，就可考見者注之，亦惟以有關輿地者作引證，若名勝足資遊覽者概不録。

年表年經國緯，志各國所有之州郡縣，或十數年，或三五年，隨時疆域鋪敍提明之以分割出入，時有變易也。若僑立空名，必繫以晉時實地所在，使不懸而無薄。蕭氏《三十國春秋》未見其書不知所列名目。然崔氏《十六國》似猶未盡，故凡有叛亂竊據者，雖不踰年，必書之，亦帶敍州郡表中焉。【略】

《太康志》首列司州重帝都也，東晉統在建康，故以揚州爲首，自元帝渡江，所有半壁河山同於宋、齊、梁、陳作史者特以正統所在大書紀年。而宋至隋開皇九年以前目爲南北朝。究之南北朝，似可以元帝始也。改元帝以前年表分爲卷首，開皇一統以後爲卷終。

東晉兗、豫、徐、青諸州，或割裂度屬，或參差分境，甚至幽、冀、司、并、雍、秦，全無寸土，而空設於晉陵、廣陵、襄陽、漢中，成帝後分揚之宣城、歷陽爲豫，晉陵、義興爲徐。宋以浙東爲東揚州，而惟以丹陽、吳、吳興爲京畿，荆州分沔北立雍、漢南爲郢。梁分秦、廣，分越、徐、兗，並分南北齊，并移司於南義陽，梁武雖名開闢置州至百，而北未有懸瓠，尚不能如宋初自太清後。至陳地益促而州愈多，離合改易，推求難尋。休文謂宋時已然，由後論之殆尤甚焉。而燕、秦、二魏、齊、周又混雜紊亂。北境自古亂未有若此之久，竊據未有若此之多，輿地未有若此之難明者。予故以晉之州郡爲主，起自惠帝太安二年癸亥，依《通鑑》目録託始也，且漢與代並是年立號云。太安二年時已置江州而湘州尚未立，荆州之魏興、新城、上庸，三郡已屬梁，梁之巴、巴東、涪陵三郡未屬益，益之牂柯、朱提二郡未入寧，而平夷、夜郎、南廣、西平、河陽諸郡亦未分置，即臨賀、始安、始興、桂陽並在江、廣二部下。郡國表標二十一州，以晉之大勢而立諸州、郡、縣，凡建置於惠懷愍時者，列諸表以爲準。若元帝建元後分立，無論南北，凡有實地可考見者，鱗次備列郡縣下。其無實地僅以流民僑置，或南北各自誇張，虛設名目，別附注於所立處以見焉。總之，去浮存實，使不徒眩人目以混。太康時之舊地如齊文宣之斬亂絲而歸於隋，一統後所立州郡縣，以明之夫江淮沔漢間。南北戰爭，朝暮互易，重兵鎮戍，各相假號，其始借郡縣劃州，其繼爲州補郡縣，而終至於州郡縣多非其故地。嗚呼！此吾所以編集年表也夫。【略】

鄭首凡僭國所據者，備列之。晉所有者，概不注明，以舉彼可見此也。而於懷愍末年，各歷敍諸州，以總括之。至元帝後，則亦隨時標列其疆域。焉有孤危之地獨能支持保全，如李矩、魏浚、郭默、魏駭、荀蕃、荀組、邵續、劉遐諸人，並表見之。【略】

交州近林邑，時擾日南、九眞，故其王范文亦隨時見。及至平州玄菟、樂浪、帶方三郡，自晉中葉，燕衰，高句麗據之。至隋末，嘗內屬。故亦附見。

晉時，河尚北行入海，其司兗、冀，瀕河之郡，河南、河內魏汲、濮陽、頓邱、陽平、陳留、任城、清河、平原、信都、樂陵、勃海、河間諸郡，非如今之奪淮泗入海也。故滑臺瀕河之東南，與碻磝城並當河津之要，而河水自遮害亭屈，而東北流過黎陽、南河之西，岸爲黎陽界，東岸爲滑臺界。宋南渡後，遺范成大使時，河已南徙滑州。及白馬縣皆在河北，古滑州已淪於河中矣。然河可徙，而黎陽山自如也。剩水在濬城西南，積水若河對濬城，即黎陽山使據所見，以擬昔時地圖，不至穿鑿附會。不止如此，類者甚多。余故就所知以表列之，古今異名遷徙，隨時可考見者，注之不敢深求，亦無容泥執也。第就晉至隋三百年間，南北數十國之疆域，稍畫其實有之州郡，附以析置寄治，而歸結於大業初罷州仍爲郡，而止中權於苻秦。元魏作小束焉。蓋非明古今輿地，亦聊以考東晉、南北朝之實境云爾。卽作南北史之地理志，以補其缺也。可窮鄉僻壤，參訂無從兼之識陋質愚，忘前遺後，掛一漏萬之譏，與夫謬誤之處，必不能免。惟冀博雅君子，賜之芟正。

凡僑州郡縣，南北各有，大抵在淮南、淮西、沔北、漢東爲尤甚，既列郡縣沿革表中。而年表亦隨時附見。自宋後竟有以虛作實者，而東晉時則猶空懸，與本郡縣無關涉者。

東晉時竊據諸國，遠或二三十年，近至三四年，有不再傳卽亡者，其疆域無明文，固難定準，惟考戰爭事及攻擊鎮戍牧守地，以爲界限。卽或有犬牙相錯者，亦可按圖而得。故凡戰爭處必書之，亦可引作證據也。晉惠懷愍元時，爲大亂之始。江東梁益，西涼差安外，此日無寧宇事，固不勝紀言，輿地亦萬不必紀事，獨斯時有不容盡削者，故首二三卷稍敘時事焉。其重出之州、郡、縣，梁魏以前尚少，其後層見疊出各國猶可也。此置彼效，甚且同在一國矣。更不解郡縣竟有重出於一州內者，此與歷國相同之名，總見卷末綴言，略窺一斑云。

乾隆五十四年歲次己酉冬十一月，既望嘉定徐文范謹識。

清·洪亮吉《東晉疆域志·自序》 歷史地志，互有得失，若求其最舛者，則惟《晉史·地理志》乎！其爲志也，惟詳太始、太康，而永嘉以後僅掇數語，又不能據《太康地志》、《元康定户》等書以爲準則。故其志州也，梁州之建與王隱《地道》先後不同，湘、廣之分與沈約《宋書》多寡互異；其志郡也，北海則一方全脫，濟岷則兩縣無徵；其志縣也，巴東無漢豐，梁國無西華，既異晉初之疆理；滎陽有陽武，南郡有監利，又非江左之輿圖。雖分卷至四，洵可謂本末倒置，後先失據者焉。然余以爲且無論其得失也，卽其以永嘉爲斷，亦止可稱西晉之地志，而于江左則尚無預焉。此東晉疆域之不可不作也。又有甚者，僑州郡縣之設始于東晉，而僑州郡縣之與實土相混則莫若初唐。卽以此書之外論之。顏師古注《前漢書》，以京兆南陵爲今寧國府南陵縣，李賢注《後漢書》，以九江當塗爲今太平府當塗縣，遂使方州之志、郡國之書遇荆、揚之土著皆疑。幷、冀之流人譜楚越之名區，悉改燕、秦之郡望，喧客奪主，以假亂眞。此則實土之與僑置不可不分者也。然而志東晉實土之難也，其時全得者不過荆、揚及分建之湘、江數州，他若梁、益，則李氏僭于前，譙縱王于後；交、廣則李遜踞其始，盧循亂其終；青、徐則地不全屬；兗、豫則户已半淪。司州雖時置戍卒而僅服于德宗，雍州則纔振兵威而卽亡于夏國。其蹙境也，始于咸和，甚于寧康，再甚于隆安，其拓疆也，肇于永和，再振于太元，大啓于義熙，其朝南暮北，旋有旋亡者，雖巧術不能算也。至若志僑置之難也，僑州至十數，僑郡至百，僑縣至數百，而皆不出荆、揚二州之域。東海一郡寄治海虞而又移京口，汝南諸縣僑留金水而又說塗中。襄垣寓邑並奪蕪湖之舊稱，合肥主名乃改汝陰之客號。其他僑而不知所在者尚多。輿地之記既不克並徵，州縣之圖亦殊難盡信，此則行迷路者多窮，而理亂絲者易紊也矣。將謂沈《志》可據乎？而新昌、壽昌之縣合作一區，軍平、軍安之名不知兩縣。壽春重鎮而存没不著于篇，晉陽新建而懷、穆互殊其說。其他與紀傳舛錯者又時時而有也。又或謂《晉書》紀傳可據乎？而寧境罷州既顯殊于《宋·志》，漢嘉改郡又互異于《蜀書》。梁水之建亦傳紀之不同，武寧之分乃後先之各出。蓋傳述者既非一輩，搜采者又非一書。無怪其虛實並陳，始終不照矣。暇日以《晉書》紀傳爲主，詳求沈約，輔以魏收，外若《太康地志》、《元康定户》，王隱、虞預、臧榮緒、謝靈運、孫盛、干寶諸人所著僅存于今者，參之以酈元、李吉甫、樂史、祝穆之所撰，旁搜乎雜録，閒采乎方書，統標東晉之名，略以義熙爲斷，其閒州郡之得而旋失者，亦因類附見焉。凡兩閱歲而成其紀。及于山川邑里、鄉堡聚落、臺殿宮閣、園林冢墓者，非特仿馬彪、魏收之例，亦以自西晉以來陸機、華延俊等數十輩造述，今已悉亡，其佚說見他書者懼其復歸淪没，爰爲采掇之，悉著于編，庶藉羣賢之簡牘，成一代之掌故焉。書成藏之篋笥者又十年，乃序而付之梓云爾。陽湖洪亮吉。

又 《錢大昕序》 陽湖洪君稺存撰次《三國疆域志》成，予既歎其奇絶比者，復有《東晉疆域志》之編汗青甫畢，出以相示，讀之，益歎其才大而思精，誠史家不可少之書也。蓋自黃帝畫野分州，至秦更爲郡縣，而輿地一變，郡縣之名多因山川都邑。至南北朝僑置州郡，而輿地又一變，由是名實混殽，觀聽眩瞀。建康也而有高陽、廣川，襄陽也而有扶風、京兆，廣陵也而有雁門、遼西，既以客户而雜主；壽春也而稱爲睢陽，合肥也而稱爲汝陰，沙羡也而稱爲汝南，更以假號而奪眞。宋、齊、梁、陳沿襲于東南，元魏、齊、周效尤于西北，而其端實自典午啓之，此東晉疆域辨之宜早也。然而斯志之補，厥有四難：一則實土之廣狹無常。建武、太寧規橅粗定，始削于咸和而旋振于永和，再蹙于寧康而復拓于太元，三挫于隆安而大闢于義熙。試卽全晉十有九州論之，始終梗化者唯秦、幷、冀、幽、平五州。雍則兵威所加而不能守，涼則職貢所通而不能有，皆可置之不論。若夫青、梁、益、寧之始陷卒復，司、兗、豫之時得時失，卽揚之江西、徐之淮北、荆之沔中，亦間或淪陷。疆埸一彼一此，前史莫之詳也。一則僑土之名目多複。幽、冀、青、幷共居江表，梁、秦、司、雍雜處襄陽。豫户多寄淮南而或在夏口，雍民皆依漢沔而或在滁中。揚之義成、松滋乃處荆都，徐之郯朐、利城曾託海虞。太原、上黨、魏郡、廣川地異名同，總非故土，此沈休文所謂『千回百改，巧術不算』者也。一則紀傳之事迹不完。洛陽爲晉故都，得失宜謹書之，而紀或書或否。幽州燕國、幷州義昌，不言僑立何方。姚興割歸十二郡，得其四而遺其八。唐人且有遺忘，于今焉能尋討？一則志之紕漏難信。濟陽、西陽，惠帝所分；宿預、始康，安帝所置。陳留嘗寄于堂邑，春穀曾屬于廬江。志並闕而不書。改堂邑爲秦郡，乃安帝而非元帝。分南郡立武寧，乃桓玄而非桓溫。且僑置州郡本無『南』字。義熙收復故土，因立北徐、北青，永初受禪始詔去『北』加『南』，而《志》已先有南兗、南徐、南青、南豫，且謂元帝置南東海、南琅邪、南東平諸郡，豈非誤仞《宋·志》追稱以爲本號乎？梁州之巴渠、懷安、宋熙、懷漢、安康諸郡，皆劉宋所立，而志以爲安帝，豈晉末先有宋熙之名乎？夫唐初去晉未遠，何法盛、臧榮緒諸書具在，而全不檢照，涉筆便誤，則史臣之昧于地理不得辭其咎矣。穉存生于千載之後，乃能補苴罅漏，抉摘異同，搜酈、樂之逸文，參沈、魏之後史，闕疑而愼言，博學而明辯，俾讀者瞭然如聚米之在目前，詎非大快事哉！穉存少而好遊，九州之廣，足迹幾徧，胸羅全史，加以目驗，故能博且精。若此而意猶未足也，將踵是而志十六國之疆域，與斯編相輔而行。予雖衰病，亦嘗留意方輿之學，願企踵以觀厥成焉。

乾隆五十有四年秋八月，嘉定錢大昕譔。

清·周濟《晉略·州郡表·序》 自然之謂形，因然之謂勢，皆不利之謂險，皆利之謂要。山川丘陵可依而不可阻也，通津廣原可犄而不可扼也。北人利陸，吴築濡須，則奪其長；南人利水，魏遷合肥，則致其短。用險有道，存乎面勢，信矣。蘇秦雖雄辨，非簡練揣摩無以得從衡之權。蕭何雖大畧，非先收圖籍無以決楚、漢之勝。左披右覽，偏任則迷，若必以書括圖，則莫先于準望矣。方位既辨，遠近得職，經之以山川，緯之以道路，盱八埏若示掌，綜百代如屈指。裴秀之論，有足偁焉。

晉初論功，惟平蜀爲大。及乎受禪，合君臣以謀吴。故其建置，割巴、閬隸梁，分陰平、武都屬秦，大拓豫境，總江、淮之會，豈不以三分鼎足六七十年之閒尟有寧宇？故不欲以敵國外患遺諸後嗣哉！夫陽輸易鑑，陰蹊難燭，見敗于已形，忘禍于未發，此庸才所以苟安，非所語于開基之哲后、立功之上佐也。當泰始、咸寧之時，北邊六州，民徙地棄，全仍魏舊，羌胡數擾，盈庭動色。羊祜、張華、杜預、王濬之儔，奮庸選事，眈眈江表，未嘗一日忘及孫氏歸命，罷州郡之兵財，存武吏數十人，郭欽觥觥發策不售，論者惜之。且以秦、涼之急，鹽惱陷脰之患，而猶莫之省，憂務恢南畧，又況展地闢境，方數千里，塞下叛虜，次第降獲，此誠志意盈溢侈情塗飾之會，而欲動安卽危，釋甘茹苦，復秦、漢之舊境，立中外之大防，徙三魏之丁壯，實西河之曠土，豈所及哉？豈所及哉？江表士庶遭罹孫皓水深火熱之苦，旣入中國，琅邪王伷及諸將帥先後撫接，懷枚新舊來蘇之感，旣淚南度食報，固其宜也。

建武、太興之際，無復北問中原之志，惟務安集江、漢之閒，以寧南紀，然而八州軍府廩諸四郡，司、豫、兗、徐、青、冀、幽、幷八州，皆僑丹陽、昆陵、廣陵、淮南之境。雖云嚴衞京邑，乃是朘剝疲甿，將吏猥多，貲用儉薄，送迎割没，日月相繼，夫婦有墊隘之困，士馬無飽騰之實。荆土有釁，雍、湘莫制。從逆則傅之羽翼，守正則俄爲煨燼，豈非儲倚有贏絀，舟楫有堅脃，利鈍縣殊，人事先定，難以盡責之地利哉？是故語其變也，則金湯或委而去；語其常也，則三七莫躄而踰。通材雅籌，固莫能偏恃而偏癈，已洛都全盛，憂伏肩背，內釁迭起，外虞坐大，太陽孟津，東西並亟，手足之扞，不及頭目，而枝葉披矣。

建康新造，憂在腹心，荆江饋運，殫于疆事，連城百數，上供道絕，局成反制，加以跋扈，商販一斷，飢窮莫告，而本根撥矣。枝葉披，則爲瓦解，西晉之所以分裂也；本根撥，則爲土崩，東晉之所以篡奪也。北方堂奧，山東關右，揣其物力，實相鈞敵。并州中處，勢若縣衡，然而西得之則足以併東，東得之僅足以自立，何也？關中上流，惟有秦、隴，秦、隴底定，梁、涼自服，于是據四塞之絶險，資陸海之厚實，奮其全力，以爭太原、上黨，二郡嚮風，則山東無堅城矣。山東之地，趙、魏爲重，北資幽、平之馬足，南虞兗、豫之津濟，招揖幽、平，連綴兗、豫，然後可以南規河、洛，西通上黨。甚矣其難也。就令得志，使太行之險全歸封域，然而東西兵食，聲勢相隔，進乃援引，動須旬日，譬猶騎閾而鬬敵，跬步之際，罣閡存焉。自非北收上郡，南通商、洛，徒爭勝于蒲、潼，未見其能立淩也。

劉淵初據平陽，南陽王模全督關右，陳安淳于定、趙。染之徒，皆健將也。麴允、索綝、賈疋，咸策名守土。劉琨枕戈陽曲，志存雪恥；張軌效忠武威，貢計續路。于斯時也，可以有爲，而模武不能出一旅之師，文不能通一介之使，蒲坂反噬，長安面縛，是爲不善用關中矣。

王浚之督幽、冀也，鮮卑、烏桓供其驅策。劉靈猖獗，臨陣授首，石勒狡悍，凶鋒屢挫。顧乃結怨越、石，自殘右臂，誤任崔毖，復夷左股，遂致段國賣之而不覺，子春玩之而坐斃，可謂不善用幽、冀矣。

昔在魏武，發軔兗州，以平河北；及乎石勒，先殘兗、豫，迺都襄國，然則兗州亦山東之樞機也。苟晞爲督，先以酷暴失人心，及其奔走高平，自顧不暇，然後膺上將之重寄，握六州之符節，方且縱欲壑、填忠規，頸雖甫鑷于蒙城，魄固早奪于屠伯矣。假令受任之初，布德行惠，樹基崇址，三齊之民且將與之并命，曹嶷蝗聚之衆烏能有所震撼哉！此亦有山東而不能用者也。

燕、秦、夏、魏，搏攫相尋，迹其隆替，皭然可覩。嗟乎！曹氏有關中矣，吳蜀方强，其勢未足以封植也。晉武之世，蜀亡吳弱，其勢足以封植矣。而帷幄之臣，意存南牧，坐失事機。夫往而不可追者，時也；蹶而不可復者，勢也。區區江外，奔迸轉測之餘，內難未寧，乃思恢復，不亦遠乎？桓温入關，兵不踰霸，挫衄而返，斯固無足言者。至如宋武，艱難奏捷，旌麾甫動，復淪異域，豈惟易代之意盛，抑亦堅凝之勢難？且以王猛、（符）［苻］融勵精圖治，接鎮鄴都于慕容，黷貨亡國之後者十有二年。其初至也，父老壺漿，有復見太原之感。其久鎮也，豈無厭亂思治、蒙安衽席之情？然而農楷夜呼，應者四起，姚興守文，政非苛虐，泓致喪邦，實由內釁。而且拓跋狼顧于河內，赫連鷙匿于嶺北，西人未閑于教訓，東兵思歸而謳吟，是故崔浩、王買得之徒皆能策裕之必走，豈如齊、蜀克則有之，可以擇才留鎮，都無後慮哉？然而青、齊、涼、蜀，恃險虞難，閉關竊據，聊足自娛，强則嵎虎之拒搏，弱則狡兔之潛窟耳。及其值眞主、命良將，旬月之閒，未嘗不指揮以收，鞭笞以馭，固非弔伐之主之所憑藉也。

楚、漢以來，分崩離析，莫甚于晉，更起迭踣，變故萬端，險阻形勝，有奇必効，是用表其郡縣，審其方面，以天體度分約其八道，以今時府州證其所在，實測天象，一度當烏道二百五十里；準今營造，尺二百里定爲二十五分，郡去州、縣去郡皆曰幾度幾分。其在今府州縣某方若干里，皆依據圖書，校審，録注。陰陽易處，辨以山川，如某縣在今縣東西若干里，而與今縣有山水南北之異者，則注某山水南北，其南北若干里而有山水，東西之異者亦如之。若望文自了，便不復注。僑置僭立，兵爭要害，畧皆注之。至于割據分合，檢尋難瞭，別爲一表，以從省約。

昔宛溪顧氏研精地理，雖裹足鍵户而囊括九州，自明以前山經、地志采摭無遺。斯實耑門之偉業，非微瑕之所類矣。近世畢氏、洪氏，于兩晉疆域頗勤蒐輯，然僅掇拾殘缺，既不究其時事，又不稽諸圖牒，是以牴牾脱謬，靡所甄明。謏聞末學，志存綜覈，欲使一代成敗之由昭然可睹，是用摭其要畧，證以《一統志》、《圖書集成》圖表。所不能通，存其異義，闕其罣漏，尚祈來哲爲之晰疑釋滯焉。

又《割據表·序》　漢末三國疆土始分裂，晉承魏，蜀已先滅，吳仍舊疆，有荊、揚、交、廣四州，而揚州之淮南、廬江，荊州自江夏、竟陵以北皆屬晉。泰始中，楊稷克交州數郡，步闡以西陵來降，已皆復爲吳。吳數攻江夏、汝南、弋陽，亦弗能下也。晉鎮襄陽、巴東、合肥、廣陵，吳鎮建平、樂鄉、柴桑、京口，江、淮之閒虛弗倨者，東西五百餘里，南北二百餘里。古所偁冥阨之塞，羣蠻萃焉。南及江夏，北通義陽，皆蠻落也。吳平，天下州十有九，本十五州。泰始五年，分雍、梁、涼三州地置秦州。七年，分益州地置寧州。十年，分幽州地置平州。吳平，置司州。其後增置江、湘，雖有廢復，大校可知也。元康元年置江州，永嘉元年置湘州。

永嘉以後，中原淪喪，晉恆有揚、江、荆、湘、交、廣六州，其司、豫、徐、兗、青、梁、益、寧八州皆詭得詭失，得則奮翼而北翥，失則宛頸而南戢。雍、秦、涼、并、幽、平、冀七州，雲擾瓦裂，靡有寧宇矣。自武帝時劉猛叛并州，樹機能陷涼州，惠帝之初郝散、齊萬年亂雍州，以及張昌、陳敏、杜弢、孫恩之屬皆旋踵破滅，未成割據。楊氏僅據陰平、武都二郡地，狹匙兵事，不足爲表。張氏據涼州，始終奉晉正朔。祚爲狂悖，見誅國人，于義不當表，且其境土已列，得失于秦、趙分合之故，又備著于諸涼，固無贅焉。其餘分裂土壤，莫不依託于形勝。天下大勢常三分，而蜀不預焉。冥阨者，南北之限；太行者，東西之脊也。雍州四塞之國，北吳岳、九嵕、嶻嶭，南終南、太白，西隴山、蕭關，是以北有夏，南有蜀，西有西秦。西秦負河據洮，是以有涼。涼南洪嶺，西天山，是以有南涼。北金山，東合黎，是以有北涼。酒泉、燉煌，既長且狹，易以中斷，是以有西涼。并州左山右河，馬足乘，鐵足兵，而食不足飽，是以爲爭地。劉淵命十將據上黨，而趙、魏、兗、豫莫不動摇。劉曜弗能用也，以滅于石勒。慕容暐弗能用也，以滅于苻堅。慕容永弗能用也，以滅于慕容垂。慕容寶弗能用也，以滅于拓跋圭。是無立國也。句注擁之，是以有代山，東左海，右太行，太行之陘自居庸以東傅海，是以有燕。泰山特起，蒼莽之中臨濟爲國，是以有南燕。然則割據之國之所馮依，任山者什之九，任水者什之一，斷可識也。南北分爭，雖號江淮爲重門，豈不恃冥阨哉！方數百里之地，蜒以平岡重疊周折閒，以塘濼沮洳敧仄踐岡，則紆迴倍蓰而不得了。涉登徑行，則車覆馬躓，人徒緣蹬而不得比肩，或擇便而邀之，則立盡耳。就其出險固，不待接刃而自憊矣。夫是以西捍襄、漢，東揵汝、潁，建之襄陽、壽春，則淮足以衛外而江足以葆内也。常人知用其所用，智者知用其所不用，以不用爲用，則是未守而先固、未攻而先克也。至乃五嶺以南，巫、黔以西，腹毳之少多，其無與于六翮也明矣。輇次諸國得失，後先盛衰之故，參諸人事。

十六國分部

綜述

成漢

清・徐文范《東晉南北朝輿地表・年表》卷首 癸亥

時有蜀、廣漢、梓潼、巴西、犍為、新都、德陽、宕渠八郡。【略】

壬申

李雄時有益州之蜀、犍為二郡，梁州之梓潼、廣漢、巴西、宕渠，增置德陽，秦州之陰平，合八郡。時巴省新都入廣漢。

又 卷一 癸未

時有蜀、沈黎、漢原、平夷、平樂、漢中、廣漢、德陽、梓潼、晉壽、巴、巴西、宕渠、涪陵、犍為、汶山、漢嘉、越巂，凡十八郡。

又 卷二 庚寅

時有晉益州之蜀、犍為、越巂、汶山、漢嘉、巴、涪陵、沈黎、漢原，梁州之晉壽、漢中、廣漢、德陽、梓潼、新都、巴西、宕渠，荆州之巴東、建平，寧州之平夷、平樂，凡有實郡二十一。【略】

壬寅

司隸之成都、漢原、漢嘉、汶山、犍為、沈黎。

益州之蜀、廣漢、梓潼、德陽。

梁州之晉壽、漢中、巴西、宕渠、北陰平。

寧州之建寧、雲南、建都、興寧、平夷、平樂。

交州之牂柯、夜郎、漢川、興古、晉寧、梁水、西河。

安州之朱提、越巂、河陽、西平、南廣、南陰平。

荆州之巴、巴東、涪陵、江陽、建平、是歲省永昌郡。

清・周濟《晉略表三・割據表》 成李氏起綿竹，得廣漢，始建年號，得成都之，後僭漢。其盛也，盡有梁、益、寧三州之地，又有荆州之建平。置益州，治成都。梁州治涪，寧州治建寧。又分梁州置荆州，治巴。分寧州置交州，治興古。後改名漢州。其亡也，地復入晉。

梁州。廣漢、新都、永寧元年十月，得于晉。梓潼、太安元年五月，得于晉。永嘉三年九月，晉復之。四年四月，復得于晉。巴西、太安元年五月，得于晉。永嘉四年三月，晉復之。五年二月，復得于晉。巴、永嘉四年十二月，得于晉。涪陵、漢中、建興二年二月，得于晉。巴東。咸和五年十月，得于晉。

益州。汶山、太安二年七月，得于晉。犍爲、太安二年九月，得于晉。成都、太安二年十二月，得于晉。越巂、漢嘉、太寧元年正月，得于晉。朱提、咸和八年正月，得于晉。牂牁。咸和八年八月，得于晉。

寧州。興古、太寧二年十月，得于晉。建寧、雲南、永昌。咸和八年三月，得于晉。

荆州。建平。咸和五年十月，得于晉。

前趙

清・徐文范《東晉南北朝輿地表・年表》卷首　癸亥

左部居太原故兹氏縣，右部居太原祁縣，南部居平陽蒲子縣，北部居新興晉昌縣，中部居太原大陵縣。

左部所居城為左國城。《水經注》：左國城在汾州之右、介休縣西南。杜佑曰：左國城在石州離石縣。宋白曰：縣東北有離石水，因名。《括地志》：離石，今石州所理縣也。有離石山，今名赤洪嶺。【略】

壬申

劉聰時有司州之河南、河東、平陽三全郡，置雍州於平陽，置荆州於洛陽，以趙國為刺史鎮之。於蒲子置大昌郡。上洛、河内、弘農、滎陽諸郡有半强，以亂廢頓邱郡。并州有西河郡，全，時已改為離石。置幽州新興郡，有三之二。太原、上黨、雁門三郡有半。前已改新興為晉昌。

又　卷一　己卯

殺石勒使，始與之絶，改國號為趙。劉曜時有晉雍州，全，京兆、馮翊、扶風、始平、安定、北地、新平、上郡，司州之河東、平陽、河南、上洛、弘農，并州之離石、新興，凡有十五郡。

自平陽以東悉屬後趙，又於蒲子置大昌郡，又增置隴東郡，合十七郡。置高平鎮於漢定郡之故高平，立朔州牧鎮之，以并州鎮蒲阪，幽州鎮北地。【略】

癸未

時有晉雍州，全，京兆、馮翊、扶風、始平、新平、安定、北地、上郡，司州之河南、弘農、上洛、河東、大昌、平陽，并州之離石、新昌，秦州之天水、略陽，凡十八郡。【略】

時有晉司州之魏、廣平、汲、陽平、河内、頓邱，徐州之琅邪，青州，全，齊、濟南、長廣、東萊、崇安、城陽、平昌、高密，兗州，全，陳留、濟陰、濟北、高平、東平、任城、濮陽、泰山，豫州之襄城、陳、梁、沛，冀州，全，趙、鉅鹿、長樂、高陽、武邑、樂陵、河間、渤海、常山、中山、章武、平原、清和、博陵，幽州之燕、范陽、上谷、漁陽，并州之太原、樂平、上黨、武鄉、定襄，凡五十郡。

并州刺史，時治上黨。

清・洪亮吉《十六國疆域志》卷一《前趙・劉淵》　雍州。《晉書・地理志》：鎮平陽。

幽州。《晉書・地理志》：鎮離石。《太平御覽》稱崔鴻《十六國春秋・前趙録》：嘉平元年，聰以石勒爲幽州牧。麟嘉三年，以勒領幽、冀二州牧。案：是志所引《十六國春秋》皆據《太平御覽》及諸輿地圖經、唐宋類書諸編採入。若明人所輯崔鴻《十六國春秋》大字本，恐不足據依，概置不録焉。

冀州。《前趙録》：淵以劉雲爲冀州刺史，屯廣宗。

青州。《前趙録》：元熙四年，淵拜王彌爲青州牧，王彌表左長史曹嶷行安東將軍，東徇青州。

又《劉聰》　司隸校尉部。《晉書・地理志》：劉淵以雍州刺史鎮平陽。及劉聰攻陷洛陽，置左右司隸，各領户二十餘萬，萬户置一内史，凡内史四十三人。《前趙録》：麟嘉元年六月，河東大蝗，平陽、雍、冀尤甚，司隸部人奔於冀州者二十萬户。《載記》：趙固、郭默攻聰河東，至於絳邑，右司隸部人盜牧馬負妻子奔之者三萬餘人。

雍州。《前趙録》：嘉平二年，聰雍州刺史趙固。麟嘉三年，以曜領雍州牧。

豫州。《前趙録》：嘉平二年，聰豫州刺史王桑。

荆州。《晉書・地理志》：永嘉之後，司州淪没劉聰，聰以洛陽爲荆州。案：《晉・地志》：司州統郡十二，淵以平陽爲雍州，聰復以洛陽爲荆州。聰以又分置左、右司隸部。則左司隸蓋部司州平陽諸郡，右司隸蓋部荆州河南諸郡也。《前趙録》：嘉平二年，聰以趙固爲荆州刺史，領河南太守，鎮洛陽。

殷州。《晉書・地理志》：聰又置殷、衛、東梁、西河陽、北兗五州。《水經注》：河内懷縣有殷城。《圖經》：在今武涉縣東南。昔劉曜以郭默爲殷州刺史督緣河諸軍事，治此。樂史《太平寰宇記》：獲嘉縣，西晉曾立爲殷州。案：此西晉卽指劉聰時。

衛州。案：聰所置衛州，當在朝歌縣。

東梁州。《圖經》稱《前趙録》：嘉平元年，聰以彭天護爲梁州刺史。

西河陽州。案：《晉書・列女傳》：王廣仕劉聰爲西陽州刺史。《前趙録》同。惟『劉聰』作『劉淵』，誤。西陽州疑卽西河陽，或《地志》及《列女傳》有一誤也。

北兗州。

并州。《前趙録》：嘉平元年，聰以石勒督并、幽二州諸軍事，領并州刺史。又《載記》：聰以劉豐爲并州刺史，鎮晉陽。

幽州。《前趙録》：聰以石勒爲幽州牧。

冀州。《水經注》：劉聰以詹事魯繇爲冀州，治猗氏。

又《劉曜》 雍州。《晉書・載記》：聰以曜領雍州牧，鎮長安。《地理志》：劉曜徙都長安。

秦州。《晉書・地理志》：曜以秦、涼二州牧，鎮上邽。《前趙録》：光初二年，陳安自稱秦州刺史，叛降於曜。《晉書・張駿傳》：駿遣張閬等率衆數萬攻掠秦州諸郡。光初十三年，曜遣河間王述屯秦州。

涼州。

朔州。《晉書・地理志》：曜以朔州牧鎮高平。

幽州。《晉書・地理志》：曜以幽州刺史鎮北地。

益州。《晉書・載志》：曜以田崧爲益州刺史，鎮仇池。

并州。《晉書・地理志》：曜以并州牧鎮蒲坂。《前趙録》：光初四年，并州牧、安定王策。九年，石虎遂攻王騰於并州，執騰，殺之。案：前趙僅二十七年，方州所統，凡經三易。若以淵父子時爲準則，秦、涼尚未隸屬；若以曜時爲斷，又無平陽以東。今祇據《晉書・地理志》、《前趙録》等，於淵、聰、曜三主下各列所置之州，而州所治之處則又各分注於諸郡縣下，庶觀者易尋省焉。

平陽郡。魏置。《晉書・懷帝紀》：永嘉二年七月，劉淵寇平陽，太守宋抽奔京師。十月，淵僭帝號於平陽。曜平陽大尹周置降於石勒。《前趙録》：淵河瑞元年遷都平陽。《晉書・載記》：太史令宣于修之言於淵曰：蒲子崎嶇，非可久安。平陽，唐堯昔都，願陛下上迎乾象，下協坤祥。於是遷都平陽。李吉甫《元和郡縣志》：劉淵僭號稱『漢』，建都於平陽。凡領縣十一。【略】

大昌郡。《太平寰宇記》稱《十六國春秋》：劉淵僭號稱『漢』，初理於蒲子，後徙平陽。又於此置大昌郡，以縣屬焉。領縣可考者一。【略】

汲郡。魏朝歌郡。《元和郡縣志》：晉武帝改朝歌爲汲郡。《前趙録》：元熙四年，淵侵汲郡，略有頓丘、河内之地。光初十三年，曜分遣諸將，攻討汲郡、河内諸郡。凡領縣六。【略】

河内郡。漢置。《前趙録》：趙固與郭默攻略河内、汲郡。《晉書・載記》：石生攻劉曜河内太守尹平於新安，斬之，剋壁壘十餘。凡領縣十。【略】

頓丘郡。晉泰始二年置。《水經注》：郎山内有《郎山君碑》，事具其文。徐水又逕郎山君中子觸鋒將軍廟南，廟前有碑，晉惠帝永康元年八月十四日壬寅發詔，錫君法祠。劉曜光初七年，前頓丘太守郎宣、北平太守案：前趙無北平郡，或係遥領。陽平邑振等共修舊碑，刻石樹頌焉。領縣四。【略】

魏郡。漢置。《晉書・載記》：王彌與石勒攻魏郡、汲郡、頓丘，陷五十餘壁。《後趙録》：聰以石虎爲魏郡太守，鎮鄴三臺。領縣八。【略】

太原郡。秦置。《晉書・載記》：嘉平二年，聰遣靳沖寇太原，遂圍晉陽。領縣十三。【略】

上黨郡。秦置。《晉書・載記》：拓跋猗㐌等合兵擊淵於西河、上黨，大破之。建元元年，曜進攻上黨。《劉琨傳》：上黨太守襲醇率衆降聰。案：《通鑑》注稱《十六國春秋》作『劉惇』。《晉書・帝紀》作『龐淳』。今從《劉琨傳》。領縣十。【略】

西河國。漢置。《元和郡縣志》：西河國，晉惠帝時爲劉淵所攻破，郡遂廢。領縣四。【略】

樂平郡。漢置。前趙領縣五。【略】

新興郡。魏置。《太平寰宇記》：晉末爲劉淵之地。《晉書》：太康中北部都尉，居新興。《劉琨傳》：邢延以新興附漢。凡領縣五、護軍一。【略】

鉅鹿郡。漢置。《前趙録》：張賓仕聰爲鉅鹿太守。領縣二。【略】

長樂國。漢安平國。《水經注》：長樂，故信都也。太康五年，改從今名。《晉書・安平王孚傳》：太康五年，改安平爲長樂國。《晉書・蔡豹傳》：父宏爲長樂太守。前趙領縣可考者一。【略】

齊郡。秦置。《晉書・載記》：建元元年，青州刺史曹嶷攻汶陽關公丘，陷之，殺齊郡太守徐浮，齊、魯之間郡縣壁壘降者四十餘所。領縣六。【略】

濟南郡。漢置。前趙領縣可考者一。【略】

東萊國。漢置。《晉書・載記》：石虎討曹嶷，進圍廣固，東萊太守劉巴、長廣太守呂披皆以郡降。領縣六。【略】

東平國。漢置。《晉書・王彌傳》：曹嶷克東平，進攻琅邪，領縣七。寧陽故縣有汶陽關公丘城。青州刺史曹嶷攻汶陽關公丘，陷之。《元和郡縣志》：汶陽故城在龔丘縣東北五十四里。案：關當即在此。《太平寰宇記》：龔丘縣東南二十里，有龔丘城。【略】

河南郡。漢置。《晉書・愍帝紀》：建興二年九月，劉聰寇河南，河南尹張髦死之。《晉書・載記》：石勒遣司州刺史石生攻寇河南，太守尹平死之。領縣十二。新鄭故縣。郭默欲突圍投李矩於新鄭，矩使甥郭誦迎之。有韓王故壘。聰使劉暢攻滎陽，太守李矩屯韓王故壘，相去七里。《通鑑》注：壘在新鄭。【略】

河東郡。秦置。《晉書・載記》：永鳳元年，淵進據河東，攻寇蒲坂、平陽，皆陷之。淵遂入都蒲子。河東平陽屬縣壁壘盡降。趙固與河内太守郭默攻聰河東至絳邑。又石勒遣將石虎，率衆二萬出軹關來攻，河東應之者五十餘縣。領縣八。【略】

弘農郡。漢置。《前趙録》：弘農太守呼延謨。領縣六。【略】

滎陽郡。泰始二年置。《前趙録》：建元元年，曜進攻李矩於滎陽。《晉書・載記》：李矩聞劉岳敗，自滎陽逃歸。矩長史崔宣率衆降於勒。領縣八。【略】

京兆郡。漢置。前趙領縣九。【略】

馮翊郡。漢置。《晉書・載記》：曜染復與將軍殷凱率衆數向長安。麴允逆戰於馮翊。建元元年，曜進次馮翊，太守梁肅奔萬年。領縣八、護軍一。【略】

扶風郡。漢置。前趙領縣八。有故虢縣。《圖經》稱《太康地》：虢叔之國，平王東遷，自此之上陽爲南虢。【略】

始平郡。晉泰始二年置。前趙領縣五。【略】

新平郡。漢置。《晉書・載記》：劉粲使劉雅、趙染攻新平不克，索綝救新平，大小百戰，雅等收退。領縣二。【略】

安定郡。漢置。《太平寰宇記》稱《晉太康地志》：安定郡領臨涇、朝那、烏氏、鶉觚、陰密、西川六縣。《晉書・地理志》：又有都盧縣。領縣八。《晉書・載記》：安定太守賈疋與諸氏羌皆送任子於聰。安定太守焦嵩爲曜所滅。光初二年，曜進陷安定。三年，遊子遠進軍安定。有麥田。隴西鮮卑乞伏述延居於苑川。聞趙亡，述延懼，遷於麥田。《水經注》：麥田山在安定北界山之東北，有麥田城。又北有麥田泉。【略】

北地郡。漢置。劉曜幽州治。《晉書・愍帝紀》：建興四年七月，劉曜攻北地，麴允帥步騎三萬救之。王師不戰而潰。《載記》：嘉平四年，趙染寇北地。建元元年，曜自粟邑攻北地。麟嘉元年，曜逼長安，復寇北地。北地太守麴昌敗赴長安，北地遂陷。領縣三。有蟠石谷。曜追敗麴允於蟠石谷。案：《地形志》：北地郡有石槃山，當即此。【略】

隴西郡。秦置。《載記》：光初四年，隴西太守梁勳降曜。前趙領縣四、護軍一。有大夏故縣。《水經注》稱《晉書地道記》：有禹廟，禹所出也。案：《前趙録》：胤自上邽趨長安，隴東、武都等郡皆起兵應胤，

則其時又有隴東郡。今詳見後趙。【略】

南安郡。漢置。《晉書・載記》：光初四年，曜復討南陽王保部將楊韜於南安。韜懼，與隴西太守梁勳來降。陳安攻曜將劉貢於南安，安留姜充兒等守隴城，姜充兒以隴城降曜。領縣三。有祁山、陳安舉兵攻壽春，奉南陽王保之南安祁山。《元帝紀》：太興二年，南陽王保稱晉王於祁山。桑壁、呼延晏攻寧羌護軍陰鑑於桑壁。《通鑑》注：桑壁在南安界。案：南陽王保自上邽遷於桑城。休屠王石武以桑城降趙。石武自桑城引兵趨上邽，救劉貢。桑城疑即此桑壁也。南安峽。劉曜自將圍陳安，安突圍奔峽中。【略】

天水郡。漢置。《前趙録》：光初九年，胤拜大單于，徙封南陽王，以漢陽諸郡十三爲國。領縣六。案：《元和郡縣志》又云：武帝泰始元年，又立秦川郡，與秦州同理。今考晉無秦川郡，李吉甫誤。【略】

略陽郡。魏廣魏郡。晉泰始中更名。沈《志》稱《晉太康地志》：略陽屬天水郡。前趙領縣六。【略】

武都郡。漢置。《太平寰宇記》：愍帝末劉曜入長安，氐羌相率降伏。其後有氐豪楊茂搜，勇健爲羣氐所推，王于五都之地。領縣五。【略】

上郡。案：郡，漢末已廢，蓋西晉末復立，幷寄治三輔也。《前趙録》：建元元年，曜進攻上郡。上郡太守張禹奔於允吾。案：允吾縣，漢末省。或亦西晉末立。麟嘉元年，曜復寇上郡。上郡太守韋藉率衆奔南鄭。曜又自北地轉寇上郡。光初九年，石勒將石他自雁門出上郡，襲安國將軍、北羌王盆句除。縣無考。

後趙

清・徐文範《東晉南北朝輿地表・年表》卷首　壬申

勒時有司州之魏廣平、陽平、汲五郡半强。有冀州之高陽、清和、巨鹿、趙四全郡。兗州有半。【略】

乙亥

是歲有汲、陽平、濮陽諸郡，分幽州之燕置漁陽郡。

又　卷一　己卯

二十四郡，趙國、廣平、陽平、章武、勃海、河間、上黨、定襄、范陽、漁陽、燕國、武邑、長樂、樂陵、魏、汲、河內、頓邱、平原、清和、鉅鹿、常山、中山、樂平。此外時尚有太原、高陽、博陵、平陽半、陳留半，濮陽、濟陽、濟北、仁城、高平、東平。是年又分河南立野王郡，以河內治懷。凡有三十六郡。勒又以鄉里分上黨置武鄉郡，改廣平之仁為苑鄉。

又　卷二　庚寅

時有荆州之南陽、襄陽、義陽、新野、順陽，揚州之淮南，秦州之天水、略陽，徐州之彭城、下邳、東海、東莞、琅邪、東安、蘭陵、淮陵、臨淮；青州，全，齊、樂安、濟南、城陽、長廣、東萊、平昌、高密；兗州，全，陳留、濟陽、北仁城、濮陽、泰山、東平、高平；豫州之潁川、梁、汝南、陳、汝陰、沛、南頓、魯、新蔡、燕；司州，全，野王、廣平、頓邱、陽平罷大昌郡；冀州，全，趙、信都、長樂、武邑、鉅鹿、樂陵、平原、清和、常山、中山、高陽、章武、渤海、河間、博陵；幽州之燕、范陽、上谷、漁陽；并州之太原、樂平、新興、永石、上黨、武鄉、定襄；雍州，全，京兆、馮翊、扶風、安定、始平、新平、北地、上郡、隴東。時有實郡八十九。

勒平朔方，置朔州；克洛陽，仍為司州；以南陽為荆州；克長安，復置雍州；以淮南為揚州。

時郭敬克襄陽，移荆鎮樊城。後二年，晉收復襄陽，荆州仍鎮南陽。【略】

壬寅

前石勒平朔方，置朔州，分并州之定襄、永石隸焉。晉已改新興為晉昌，勒改晉昌為定襄。虎仍置新興而定襄如故，又於故封猗盧之代仍立代郡。統計有州十五、郡百有一。

司隸。郡九。魏尹、汲、陽平、頓邱、廣平、襄國、平陽、河內、野王。

洛州。郡六。河南、河東、弘農、滎陽、建昌、東燕。

兗州。郡九。濮陽、濟陽、高平、東平、泰山、濟北、仁城、黎陽、建興。

豫州。郡十一。潁川、汝南、汝陰、南頓、譙、梁、魯、陳、沛、西陽、弋陽。

徐州。郡八。彭城、下邳、琅邪、東海、東莞、東安、虎興、臨淮。

冀州。郡十五。信都、趙、武邑、鉅鹿、長樂、平原、樂陵、清和、常山、中山、博陵、章武、渤海、河間、高陽。

幽州。郡五。燕、范陽、上谷、漁陽、代。此秦漢以來之代郡。

營州。郡四。遼西、北平。

幷州。郡四。太原、樂平、上黨、武鄉。

朔州。郡三。定襄、永石、新興。

雍州。郡九。京兆、馮翊、扶風、始平。新平、上郡、安定、隴東、北地。

秦州。郡二。天水、略陽。

青州。郡八。齊、濟南、樂安、城陽、長廣、東萊、平昌、高密。

荊州。郡六。南陽、順陽、上洛、義陽、新野、江夏。

揚州。郡三。淮南、安禮、新蔡。【略】

庚戌

時冉閔有司、洛、徐、兗、荆、豫六州，而刺史皆據州境觀望，不得竟為閔有也。

按：斯時徐州刺史周成據廩邱矣。兗州刺史魏統據任城，荆州刺史樂宏據豐陽，豫州刺史張遇據許昌，洛州刺史鄭系據三河，各守要害，不為趙、魏用，則閔所引為己有而調其丁賦者惟河北、魏、汲、平陽、河內數郡爾。按：地可考，難以意分，亦不必細列也。

清·洪亮吉《十六國疆域志》卷二《後趙》　揚州。《晉書》石虎言：克十有三州。今此共得十有五州，朔州係石勒置，營州係石虎置，不在此十三州內也。

司州。魏置。《晉書·地理志》：司州淪没劉聰，聰以洛陽爲荆州。及石勒復以爲司州，石虎復分司州爲洛州。今考石趙司州，凡領舊郡八，新置郡二，共郡十。

襄國郡。漢縣名。《元和郡縣志》：永嘉六年，勒僭號，遂定都焉。石虎徙都鄴，以此爲襄國郡。石氏既滅，罷之。領縣四。《晉書·載記》：石祗、劉顯均僭帝號於此。【略】

魏郡。《元和郡縣志》：石虎自襄國徙都此，改太守爲魏尹。《晉書》：永嘉二年，石勒寇鄴。魏郡太守王粹戰敗死之。魏郡太守劉矩以郡降勒。建興元年，勒魏郡太守桃豹，尋又以石虎代豹，鎮鄴三臺。領縣八。【略】

廣平郡。魏置。《元和郡縣志》：永嘉末，石勒據有其地。今考後趙又分廣平置襄國郡。廣平郡凡領縣十二。【略】

陽平郡。魏置。《晉書》：冉閔破劉顯軍，追奔至陽平，斬首三萬餘級。又姚襄南攻陽平、元城、發干，皆破之，屯於碻磝津。凡領縣七。【略】

河內郡。《晉書》：永嘉四年，河內人樂仰執裴整叛降於勒。建興四年，趙固與郭默攻勒河內、汲郡。石生攻劉曜河內太守尹平於新安，斬之，克壁壘十餘。石遵聞虎死，率衆屯河內。姚弋仲等平秦、洛，班師還，遇遵於李城，説遵討張豺，遵從之。洛州刺史劉國等亦率洛陽之衆至李城。後趙凡領縣十。改太守曰內史。【略】

汲郡。《晉書》：劉淵封勒汲郡公，勒固讓不受。永嘉四年，勒寇汲郡，執汲郡太守胡寵。劉聰復拜勒汲郡公。趙王六年，勒汲郡內史石聰。凡領縣六。【略】

上洛郡。晉泰始二年置。後趙領縣五。《水經注》稱《地道記》：郡在洛上，故以爲名。【略】

平陽郡。《晉書》：太興元年，石虎率幽、冀州兵會勒攻平陽，勒焚平陽宮室。劉曜徙都長安，平陽以東地盡入石勒。凡領縣十二。【略】

頓丘郡。《晉書》：建興二年，劉演遣將韓弘等襲頓丘，斬勒所署太守邵攀。凡領縣四。【略】

洛州。《晉書·地理志》：石虎分司州之河南、河東、弘農、滎陽，兗州之陳留、東燕爲洛州。《載記》：大寧三年，石遵自李城還趣鄴，洛州刺史劉國等率洛陽之衆往會之。永和七年，冉閔將高崇等執洛州刺史鄭系，以三河歸順。凡領舊郡六，新置郡一。故《太平寰宇記》云：洛州刺史領七郡也。

河南郡。《晉書》：建武七年，虎敕河南四州治南伐之具，幷、朔、秦、雍嚴西討之資。凡領縣十二。【略】

河東郡。《晉書》：石勒遣將石虎，率衆二萬出軹關來攻河東，應之五十餘縣。建興四年七月，河東、平陽大蝗。中山、常山尤甚。又河東太守石暉。凡領縣九。【略】

弘農郡。後趙領縣六，與晉同。【略】

滎陽郡。《晉書》：趙王二年，李矩假爲滎陽太守。八年，李矩聞劉岳敗，自滎陽逃歸，矩長史崔宣率衆降於勒。勒盡有司、兗之地，徐、豫濱淮諸郡縣皆降之。太和元年，勒滎陽太守尹矩、野王太守裴進等皆降於劉曜，勒命石堪等統見衆會滎陽拒劉曜，使石虎進據石門。太寧元年，梁犢敗李農，因東掠滎陽、陳留諸郡。凡領縣八。【略】

建昌郡。《晉書·地理志》：石虎改陳留郡爲建昌，屬洛州。又《晉書》：趙王四年，勒將寇陳留，凡領縣十。有陳留小城、《太平寰宇記》：陳留，先有陳留縣。以北有大城，故此城號爲陳留小城，今無城壁。《圖經》稱《晉太康地志》：陳留城南三里，又有小陳留城。己吾故縣。勒請王彌宴於己吾，伏兵襲殺之。【略】

濮陽國。晉分東郡置。沈《志》：允改封淮南，還曰東郡。趙王倫篡位，廢太孫臧爲濮陽王。王尋廢郡，名遂不改。《晉書》：建興二年，勒遣將葛蒲寇濮陽，陷之，害太守韓弘。又冉閔濮陽太守戴施。東郡舊有東武陽故縣。《晉書》：永嘉初，兗州刺史苟晞破盜汲桑于東武陽。【略】

東燕郡。沈《志》：江左分濮陽所立。領燕縣、白馬、平昌、考城四縣。《晉書》：晉遣車騎將軍王堪屯兵東燕以拒勒，勒將晞明破東燕、酸棗。趙王二年，桃豹自陳川故城宵遁，屯東燕城。後趙領縣與江左同。【略】

豫州。《晉書·地理志》：永嘉之亂，豫州淪没石氏。《載記》：永嘉五年，勒引兵攻掠豫州諸郡。趙王五年，勒遣將軍王陽屯於豫州。太和元年，勒遣豫州刺史桃豹統見衆會滎陽。永和七年，冉閔豫州刺史冉遇《通鑑》作『豫州牧張遇』。以城歸順晉。凡領舊郡十、新復郡一。

潁川郡。秦置。《晉書》：王彌出師轘轅。流民之在潁川、襄城、汝南、南陽、河南者數萬家，悉爲居民所苦，皆燒城邑，殺二千石長史以應彌。趙王六年，勒使石生自延壽關出寇許、潁。勒汲郡内史石聰攻潁川太守郭默。凡領縣九。《水經注》稱《晉地道記》曰：潁川故城，楚靈王築。【略】

汝南郡。漢置。《晉書》：永嘉五年，石勒攻汝南，汝南王祐奔建康。咸和元年，趙王八年，石勒遣將石生寇汝南，汝南人執内史祖濟以叛。《庾翼傳》：石虎汝南太守戴開詣翼降。凡領縣十四。【略】

襄城郡。魏置。《晉書》：王彌攻寇襄城諸郡縣。永嘉四年，石勒陷襄城，太守崔曠遇害。凡領縣七。【略】

汝陰郡。魏置。後趙領縣五。【略】

新蔡國。《晉書·新蔡武哀王騰傳》：永嘉初，以迎駕勳封新蔡王。又祖逖牙門童建斬新蔡内史周密，降於勒。案：此則新蔡入勒，後疑亦別作國。領縣三。姑據沈《志》所載東晉時者録入。【略】

梁國。漢置。《晉書》：劉聰遣劉粲等帥衆四萬出轘轅，掠梁、陳、汝、潁閒，陷壁壘百餘。建興四年，勒使虎襲乞活王平於梁城，敗績而歸。建武元年，虎濟自長壽津，寇梁國，害内史荀闓。祖逖攻陳川於蓬關，石虎救川，逖退屯梁國。凡領縣六。《太平寰宇記》稱《晉太康地志》：梁國有陽縣。《晉書·地理志》無。【略】

陳郡。漢置。沈《志》：晉初併梁王肜薨還爲陳。又稱《太康地記》：陳屬梁國。《晉地道志》：惠帝永康中復立。《水經注》稱王隱云：陳城南道東有宛丘，漸欲平。又云：城北有故沙，名之爲死沙。又云：犖北有谷水。《晉書》：永嘉四年，勒濟河攻豫州刺史馮嵩於陳郡，不克。凡領縣七。有寧平故縣。《水經注》稱《晉陽秋》：太傅東海王越之東奔也，石勒追之，焚尸於此，數十萬衆斂手受害，勒縱騎圍謝，尸積如山，王夷甫死焉。【略】

沛國。漢置。《晉書》：太寧元年，晉褚裒使部將王龕來伐，拔其沛郡，獲僞相支重。凡領縣九。有穀陽故縣。《晉書》：永嘉五年，石勒陷穀陽，沛王滋戰敗遇害。【略】

譙郡。魏置。《晉書》：勒譙郡太守彭彪。凡領縣七。【略】

魯郡。漢置。後趙領縣七。【略】

弋陽郡。魏置。後趙領縣七。【略】

安豐郡。魏置。後趙領縣五。【略】

兗州。《晉書·地理志》：惠帝之末，兗州闔境没石勒。《載記》：

晉兗州刺史郗鑑爲虎所逼，懼，自鄒山退屯下邳。太寧三年，勒趙王六年，石勒將石虎寇兗州，刺史劉遐自彭城退保泗口。三年，石瞻攻陷晉兗州刺史檀斌於鄒山，斌死之，將軍李矩等並衆潰而歸石勒，盡陷司、兗、豫三州之地。石虎徙遼西、北平、漁陽萬餘户於兗、豫、雍、洛四州之地。永和七年，冉閔况州刺史魏統以城歸順晉。凡領郡國六。

濟陰郡。漢置。案：《晉·志》誤作「濟陽」，辯已見前。《晉書·載記》：建平元年，濟陰木連理。凡領縣九。【略】

高平國。沈《志》：漢山陽國，晉武帝泰始元年更名。案：《晉書·地理志》：故屬梁國。晉初分東郡置。今考漢景帝時已分梁置山陽，非晉初也。晉初亦無山陽國，則云分置誤，當以沈《志》爲是。凡領縣七。郭璞《山海經》注：晉太興三年，高平郡界有山崩，其中出數千觔雄黄。【略】

任城國。漢置。後趙領縣三。案：近得晉任城太守夫人孫氏碑在新泰縣宫山之陽，知任城國西晉亦嘗爲郡，故沈約《宋書·州郡志》「任城縣本屬任城，江左省郡爲縣」，是任城國爲郡之證也。【略】

東平國。《晉書》：劉淵遣曹嶷寇東平、琅邪，石勒遣將張敬救徐龕至東平。凡領縣七。有剛山。《太平御覽》稱《後趙録》：石虎遣司農中郎將費霸帥工匠四千於東平剛山，造獵車千乘，轅長三丈，高丈八尺。格虎車四十乘，立級行樓二層於其上。自靈昌津南、滎陽東，極陽都而還。【略】

濟北國。漢置。後趙領縣五。《元和郡縣志》：理碻磝城，其城西臨黄河。晉末爲河水所毁，移理河北博州界。【略】

泰山郡。漢置。《晉書》：晉太興元年，泰山太守徐龕叛降於勒。晉徐州刺史蔡豹敗徐龕於檀丘，龕率衆叛勒，復降於晉。永昌元年，勒趙王四年，勒將石虎攻陷泰山，執守將徐龕。凡領縣十。【略】

冀州。《晉書·地理志》：惠帝之後，冀州淪没於石勒。《載記》：勒分命諸將攻冀州諸郡縣，壁壘率多降附。建興四年，勒攻下冀州諸縣，以程遐監冀州七郡諸軍事。太興元年八月，冀、徐、青三州大蝗。勒準《禹貢》魏武復冀州之境，南至盟津，西達龍門，東至於河，北至於塞垣。延熙元年，虎以次子宣爲冀州刺史。石琨避冉閔亂，奔據冀州。慕容俊已克幽、薊，略地至於冀州。凡領舊郡十四，新置郡二。案：《石虎載記》言冀州八郡，蓋不數鉅鹿等國，否則或雨雹止及八郡也。

趙郡。漢置。《晉書》：永嘉二年九月，勒寇趙郡。十月，勒進寇趙郡，殺冀州西部都尉馮仲、冉閔。趙郡太守李邽以趙郡降燕。凡領縣十。有亭頭。《劉聰載記》：劉琨攜妻子奔於趙郡之亭頭。【略】

中丘郡。漢縣名。《元和郡縣志》：晉於中丘縣立中丘郡。《晉書》：勒攻乞活赦亭、田禋於中丘，皆殺之。領縣一。【略】

鉅鹿國。《晉書》：永嘉三年，勒進軍攻鉅鹿、常山，殺二郡守將，陷冀州郡縣堡壁百餘。凡領縣四。【略】

長樂國。《水經注》：建興四年，石勒使長樂太守程遐屯於昌亭。又《裴憲傳》：勒出憲爲長樂太守。凡領縣四。【略】

武邑郡。漢武邑縣。《晉書》：太康五年，割武邑、武遂、觀津爲武邑國。《太平寰宇記》作「十年」，誤。《魏書·地形志》：晉武帝置武邑郡。《邵續傳》：續兄子武邑内史存，後續陷於勒，帝復假存揚武將軍、武邑太守。案：《晉書·載記》：趙國二十四郡内有武邑，則石趙因晉舊不改。凡領縣四。【略】

建興郡。《水經注》稱田融曰：趙武帝十二年立建興郡，治廣宗，置建始、興德五縣隸焉。案：《五代志》：燕太傅長史田融著《趙書》。《晉書》：石宣殺石韜。建興人史科知某謀，告之。案：《通鑑》：晉建興太守高瓮以郡降燕。今考東晉無建興郡，當屬石趙地，此時因冉閔之篡，乃以郡歸燕耳。【略】

平原國。漢置。後趙領縣九。《邵續傳》：邵續遣兄子存與文鴦率匹磾衆就食平原，爲石虎所破。【略】

樂陵國。漢置。《晉書》：永嘉元年，勒攻幽州刺史石尠於樂陵，尠與戰，敗死。乞活田禋率衆救尠，勒逆敗禋與苟晞等，相持於平原、陽平間。并州人田蘭、薄盛等起兵爲東瀛公騰報仇，斬汲桑於樂陵。案：《勒載記》云：斬桑於平原。考厥次本屬平原，《載記》蓋從其始言之也。建興四年，勒襲邵續於樂陵，續逆戰，大敗而還。凡領縣五。【略】

勃海郡。漢置。《晉書》建興四年，勒以臨深爲勃海太守。邵續使兄子濟攻勒勃海，虜三千餘人而還。勃海人逄約因趙亂擁衆數千家附於閔，閔以約爲勃海太守，閔又以故太守劉準爲幽州刺史，與約中分勃海。凡領

縣十。【略】

章武國。晉泰始元年置。《晉書》：趙王五年，勒以樊坦爲章武内史。永和六年，冉閔章武太守賈堅。凡領縣四。有蝌蚪壘。章武人王眘起兵於此，擾亂勒河間、勃海諸郡。【略】

河間國。漢置。《晉書》：建興四年，勒以張夷爲河間太守。凡領縣六。【略】

高陽國。晉泰始元年置。《晉書》：建興四年，勒以武遂令李回爲易北都護兼高陽太守。凡領縣四。【略】

博陵郡。漢置。後趙領縣五。【略】

清河國。漢置。後趙領縣七。【略】

中山國。漢置。《晉書》：永嘉三年，勒分遣諸郡攻中山、博陵、高陽諸縣，降者數萬人。建興三年，劉琨遣將王旦攻中山，逐勒太守秦固。四年，中山、常山大蝗。中山丁零翟鼠叛勒，攻中山、常山，勒討之，獲其母妻而還。鼠保於胥關，遂奔代郡。慕容廆攻陷中山，閔太守徐龕踰城出降。《太平御覽》稱《後趙録》：中山太守魏豹。凡領縣八。【略】

常山郡。漢置。《晉書》：永嘉二年，勒寇常山。三年，進軍常山。建興二年，劉琨遣焦球攻勒常山，斬其太守邢泰。趙王元年，大雨霖，中山、常山尤甚。常山崩陷千餘家，石沖討石遵至常山，衆十餘衆。劉顯率衆伐常山，太守蘇亥告難於冉閔，閔親率師救之。永和七年，蘇亥棄常山，奔於新興。凡領縣八。【略】

青州。《藝文類聚》稱《晉太康地志》、《晉書・地理志》：永嘉喪亂，青州淪没石氏。東萊人曹嶷爲刺史，造廣固城。《載記》：趙王五年，石勒遣石虎統中外步卒四萬擊安東將軍、青州刺史曹嶷。嶷欲徙海中，保根余山，會疾疫甚，計未及就，虎進圍廣固，東萊太守劉巴、長廣太守呂披皆以郡降，嶷遂出降。送於襄國，殺之。虎盡殺嶷衆，青州刺史劉徵爲言，乃坑其衆三萬，留男女七百口配徵使，鎮廣固，青州諸郡縣壁壘盡陷。石虎令青州造船千艘，使石宣率步騎二萬，擊朔方鮮卑斛摩頭，破之。凡領舊郡五，增置郡一。

齊郡。後趙縣可考者一。【略】

濟南郡。《太平寰宇記》：濟南郡後爲石勒所據。凡領縣四。【略】

樂安郡。《北史・李先傳》：父懋，石季龍樂安太守。凡領縣八。【略】

祝阿郡。《晉書・桑虞傳》：石虎青州刺史劉徵請虞爲長史，帶祝阿郡。凡領縣一。【略】

東萊國。《晉書》：石虎討曹嶷，進圍廣固。東萊太守劉巴、長廣太守品披皆以郡降。凡領縣七。【略】

長廣郡。魏置。後趙領縣四。【略】

徐州。《晉書・地理志》：永嘉之亂，臨淮、淮陵並淪没石氏。《載記》：永嘉四年，王彌以三千衆會勒攻寇徐、豫、兖州。石虎建武元年，徐州從事朱縱殺刺史郭祥，以彭城歸晉。虎遣將王朗擊之，縱奔淮南。冉閔徐州刺史周成以城歸順晉。《北史・隱逸・眭夸傳》：祖邁，勒徐州刺史。今考凡得舊郡五、增置郡二，共七郡。

彭城國。漢置。《晉書》：石勒趙王五年，勒寇彭城、下邳，徐州刺史卞敦與征北將軍王邃退保盱眙。六年，石瞻敗内史劉續。太興元年，晉彭城内使周撫殺沛國内史周默，帥衆降勒。咸和九年，蘭陵人朱縱斬石虎將郭祥，以彭城來降。永和七年，冉閔徐州刺史周成以城歸順。凡領縣七。【略】

下邳國。漢置。《晉書》：趙王六年，石勒將石瞻寇下邳，敗晉將劉長，遂寇蘭陵。勒徵徐、揚州兵會石瞻於下邳，兖州刺史劉遐懼，又自下邳奔於泗汭。八年，晉濟岷太守劉闓、將軍張闓等叛，害下邳内史夏侯嘉，以下邳降於石生。晉征北將軍褚裒率師伐石遵，次下邳，遵遣李農等拒之，裒退屯廣陵。凡領縣七。【略】

東海郡。漢置。《晉書》：趙王六年，晉東海太守蕭誕以郡叛降於勒。石虎建武八年，東海有大石自立，旁有血流。凡領縣七。【略】

琅邪國。《晉書・元帝紀》：永昌元年、勒趙王四年，琅邪太守孫默叛降於勒。《載記》：趙王二年，徐、兖閒壁壘多送任請降，皆就拜守宰。《元和郡縣志》：永嘉之後琅邪陷於胡寇。凡領縣九。【略】

武興郡。《晉書・地理志》：元康元年，分東海置蘭陵郡。冉閔封蘭陵公，卽此。石虎改今名。《太平寰宇記》：分東海之蘭陵、承、戚、合鄉、昌慮五縣置蘭陵郡，治承縣。今考後趙領縣同。【略】

東莞郡。晉太康中置。《晉書》：趙王六年，晉東莞太守竺珍以郡叛降於勒。凡領縣七。案：《晉書·地理志》：徐州所屬又有東安、堂邑等郡。今考《晉書·載記》及諸書所稱《後趙録》，皆不見諸郡名，故不敢録入。【略】

臨淮郡。晉太康元年復立。《晉書》：建興四年，虎攻臨淮，平原內史劉遐棄郡走。凡領縣六。【略】

淮陵郡。漢縣名。沈《志》：惠帝永寧元年，以爲淮陵國。凡領縣四。《晉書·地理志》作『淮陵郡』。【略】

幽州。《太平寰宇記》稱《晉地道記》：舜以冀州南北廣大，分燕地北爲幽州，夏、殷省幽併冀，又爲冀州之域。周復置幽州。幽州因幽都以爲名。《山海經》有幽都之山，今列於北荒矣。《晉書·地理志》：惠帝之後，幽州没於石勒。《載記》：劉聰以石勒爲幽州牧，聰又以勒領幽、冀二州牧。建興二年，勒破王浚，以晉尚書劉翰行幽州刺史，戍薊，置守宰而還。段匹磾自幽州將奔邵續，勒將石越邀之於鹽山，大破之，匹磾奔還幽州。趙王元年，孔萇討平幽州諸郡，匹磾奔邵續。趙王三年，段匹磾降。於是冀、幷、幽州遼西、巴西諸屯結皆陷於勒。建武四年，段遼襲幽州，刺史李孟退奔易京。虎遣桃豹、王華統州師十萬出漂渝津，支雄、姚弋仲統步騎十萬以伐段遼，遼漁陽太守馬豹、代相張牧、北平相陽裕、上谷相侯龕等四十餘城並降於虎。遼懼，棄令支，奔於密雲，遼長史劉羣等封府庫請降。虎遣將郭太等追遼，及之，戰於密雲，獲其母妻。遼單馬竄險，遣子乞特眞送表請降。虎納之。建武五年，慕容皝襲幽、冀，略三萬餘家而云。幽州刺史石光坐懦弱徵還。九年，幽州牧石斌以淫酒荒獵免官歸。石虎自幽州東至白狼，大興屯田。永和六年，石虎幽州刺史王午棄城走。七年，冉閔幽州刺史劉準降於慕容儁。凡領舊郡四，復舊郡一。

范陽郡。漢涿郡。《晉書·地理志》：魏文帝更名。武帝置國。《水經注》：晉泰始元年改爲范陽郡。《載記》：王浚司馬游統鎮范陽，叛浚，陰馳使降勒。勒斬其使送於浚。范陽李產仕石氏爲本郡太守。凡領縣八。【略】

燕郡。漢置。《晉書》：段遼燕郡太守楊裕以郡降虎。《太平寰宇記》：石勒於薊置幽州，於州置燕郡。凡領縣五。【略】

漁陽郡。秦置。魏省郡屬燕國。案：《晉書·載記》：趙國二十四郡內有漁陽。又建武四年，段遼漁陽太守馬鮑降虎，虎徙遼西、北平、漁陽萬餘户於兖、豫、雍、洛四州之地。是後，趙有漁陽郡也。今考凡領縣六。舊平谷縣有臨泃城。《水經注》：泃河又東逕臨泃城。《方輿紀要》：石趙置。亦曰臨渠，後廢。【略】

代郡。案：此係漢、魏代郡。《通鑑》：孔萇攻箕澹于代郡。《載記》作『桑乾』，胡三省云：此後魏之代郡也。凡領縣四。【略】

營州。《晉書》：石虎建武五年，以李農爲使持節，監遼西、北平諸軍事、營州牧，鎮令支。《通鑑》注：趙置營州，統遼西、北平二郡。

遼西郡。秦置。《晉書》：建武四年，石虎率衆七萬擊段遼於遼西，遼奔於平岡。五年，燕復遣別將來攻遼西，虎遣石成帥呼延晃、張支等擊之。晃、支爲燕所殺，俘獲數千家而去。虎以遼西迫近燕境，數遭攻襲，乃悉徙其民於冀州之南。今考後趙所得遼西郡領縣四。【略】

北平郡。秦置。《晉書》：前趙北平太守楊平。石虎建武四年，虎拜陽裕爲北平太守。凡領縣四。平岡故縣有密雲山、段蘭棄令支奔密雲山。遼從密雲山遣使求迎於趙，既而悔，復求迎於燕。三藏口、《晉憶》：咸康四年，慕容皝伏兵於三藏口，敗趙將麻秋於此。《方輿紀要》：密雲縣東北有武列水，亦曰三藏川，其合處曰三藏口。白狼故縣。虎自幽州以東至白狼大興屯田。《圖經》：白狼縣，漢屬北平郡，晉省。【略】

幷州。《藝文類聚》稱《太康地記》曰：幷州不以衛水爲號，又不以恆山爲名，而云『幷』者，蓋以其在兩谷之閒乎？韓、魏、趙謂之三晉，卽幷、冀二州是其地也。《晉書·地理志》：劉曜徙都長安，平陽以東地入石勒。自惠、懷之閒，離石縣荒廢，勒於其處置永石郡。又別置武鄉郡。《載記》：劉聰以石勒爲幷州刺史。建興四年，劉琨長史李弘以幷州降勒。趙王七年，勒西夷中郎將王勝襲殺幷州刺史崔琨、上黨內史王昚，以幷州叛降於曜。石虎攻王勝於幷州，殺之。石虎建武元年七月，河朔大蝗，幷、冀、青、雍四州尤甚。永和七年，冉閔幷州刺史張平遣使降秦。《水經注·沽河下》：趙建武中，幷州刺史王霸。凡領舊郡五、增置郡二。

太原國。後趙領縣十三。【略】

上黨郡。後趙領縣八。【略】

武鄉郡。《晉書》：太興元年，石勒分上黨、樂平郡置。石虎建武三年，武鄉長城徙人韓强獲玄玉璽，獻於鄴。八年，武鄉送雄虎，變爲雌。凡領縣三。【略】

永石郡。《晉書》：石勒於離石置永石郡。案：《太平御覽》稱《後趙録》：太和二年，秦、隴悉平，遂置永石郡於西河國。《元和郡縣志》：西河國，晉惠帝時爲劉元海所攻破，郡遂廢。是後趙有永石郡，無西河國也。凡領縣四。【略】

雁門郡。秦置。《晉書》：石勒趙王七年，北羌王盆句除附於劉曜，勒將石他自雁門出上郡襲之。建武五年，石虎使征北張舉自雁門討索頭鬱菊，剋之。凡領縣七。有鹵城故縣。郭璞《山海經》注：今虖沱水出雁門鹵城縣南武夫山。【略】

新興郡。《晉書》：趙國二十四郡内有定襄郡，無新興郡，疑後所改，俟考。【略】

樂平郡。《晉書》：永嘉元年，勒爲冀州刺史丁紹所敗，奔於樂平。建興四年，勒征樂平，南和令趙領復合廣川、平原、勃海、河間數千户奔於邵續。凡領縣四。【略】

朔州。《晉書·地理志》：趙王七年，勒平朔方，又置朔州。今考石趙朔州統郡一。

朔方郡。漢置，漢末省。案：當是石趙復置。《後趙録》：鮮卑吴延叛勒，石虎敗之於朔方。《晉書》：石虎建武四年，虎使太子宣率步騎二萬擊朔方。今考《郡國志》，領縣六。除廣牧别屬外，後趙領縣或同。有三交城、建元二年，涼州將張瓘敗趙將王擢於三交城。《通鑑》注：三交城在朔方之西。肆廬川。劉虎帥衆渡河居朔方肆廬川，劉聰封虎爲樓煩公。【略】

雍州。《藝文類聚》稱《晉太康地志》：雍州兼得梁州之地，西北之位，陽所不及，陰氣壅閉，故取名焉。《晉書·地理志》：石勒克長安，復置雍州。《載記》：石生鎮關中，起兵討石虎，石虎使子鑑鎮關中。建武十年，虎以張離爲雍州刺史。又石鑑徵還，以石苞代鎮關中。虎雍州刺史張茂、蒲洪。《北史·辛昂傳》：昂族人仲景，高祖欽，後趙雍州刺史。凡得舊郡六、增置郡一。

京兆郡。《晉書》：司馬勳使劉煥攻石遵，京兆太守劉季離斬之。《通鑑》作『秀離』。三輔豪右多殺其令長，擁三十餘壁，有衆五萬以應勳。凡領縣九。【略】

馮翊郡。漢置。後趙領縣八、護軍一。【略】

扶風郡。漢置。後趙領舊縣八、增置縣一。【略】

安定郡。《晉書》：雍州刺史石生上言：西鄉行尸，蛇與鼠鬬於安定府閒，二日蛇死。安定聽事前有天神降。凡領縣七。【略】

趙平郡。《魏書·地形志》：涇州趙平郡。《太平寰宇記》：石勒改鶉觚縣爲趙平郡。凡領縣一。【略】

北地郡。《晉書》：長安陳良夫招誘北羌，四角王薄句大等擾北地、馮翊，與石斌相持。石韜與斌夾擊敗之，羌奔於馬蘭山。凡領縣三。【略】

始平郡。《晉書》：始平人馬勖起兵於洛氏葛谷，石苞攻滅之。凡領縣五。【略】

新平郡。《晉書》：石虎末，新平相崔悦爲郡人所殺。凡領縣二。【略】

秦州。《晉書》：趙王五年，石他擊羌胡於河西，克之，秦、隴悉平。建平元年，秦州休屠王羌叛於勒，刺史臨深討之，爲羌所敗，隴右大擾，氐羌悉叛。勒遣石生進據隴城。郭權以石生敗，據上邽，歸順於晉。於是京兆、新平、扶風、馮翊、北地皆應之，上邽豪族害權以降虎。虎建武元年，虎遣子斌帥師并秦、雍二州兵討羌薄句大、虎秦州刺史劉羣。凡得舊郡四。

隴東郡。《陝西圖經》：咸和四年，石趙取長安，分安定郡置隴東郡，治涇陽故縣。領縣可考者三。【略】

隴西郡。後趙領縣五。【略】

南安郡。後趙領縣三。【略】

天水郡。後趙領縣六。【略】

武都郡。建武九年，虎遣將劉寧攻武都，陷之。【略】

荆州。《晉書》：建平元年，石勒署郭敬爲荆州刺史。建武五年，石虎遣夔安寇荆、揚北鄙。石閔敗王師於沔陰，將軍蔡懷死之。宣將朱保又敗王師於白石，將軍鄭豹等皆遇害。永和七年，冉閔荊州刺史樂弘以城歸順晉。案：石趙時荊、揚二州，或攻得一郡，或得數縣，又或時得時失。故於州郡下不言領郡縣若干，他皆類此。

南陽國。秦置。時屬江左。《晉書》：太寧三年，劉曜將康平寇魏興及南陽，曜封子胤爲南陽王。趙王八年晉龍驤將軍王國叛，以南郡降於勒。太和元年，南陽都尉董幼叛，率襄陽之衆降於堪。遵南陽太守袁景。

【略】

江夏郡。漢置。時屬江左。《晉書》：永嘉五年，石勒渡沔寇江夏，太守楊岷棄郡奔武昌。勒因進攻夏日。石虎將夔安、李農陷沔南，張貉陷邾城。因寇江夏、義陽，征虜將軍毛寶、西陽太守樊俊、義陽太守鄭進並死之。夔安等進圍石城，竟陵太守李陽距戰，破之。安乃退，遂略漢東，擁七千餘家，遷於幽、冀。【略】

襄陽郡。魏置。時屬江左。《晉書》：永嘉四年，石勒南寇襄陽，攻陷江西壁壘三十餘所，留刁膺守襄陽。咸和五年，石勒建平元年，勒荊州監軍郭敬等寇襄陽，克之。敬毁襄陽，遷其百姓於沔北城、樊城以戍之。晉師復戍襄陽，敬又攻陷之，留戍而歸。建武元年，石虎遣將石遇圍北平將軍桓宣於襄陽，輔國將軍毛寶等率荊州之衆救之，屯於章山，遇攻，守二旬，軍中饑疫而還。有樊城。《晉書》：咸和五年，郭敬寇襄陽，屯樊城。六年，陶侃遣子斌等攻石勒將郭敬，破之，拔樊城。【略】

南郡。漢置。時屬江左。《晉書》：後趙太和元年，晉龍驤將軍王國以南郡叛降於石堪。

義陽郡。晉太康中置。時屬江左。【略】

順陽郡。晉太康中置，時屬江左。【略】

揚州。《晉書》：石遵，揚州刺史王浹以淮南歸順。

淮南郡。漢置。時屬江左。

前燕

清·徐文範《東晉南北朝輿地表·年表》卷一　己卯

時有晉平州之昌黎、遼東二郡，又於昌黎之邊境置樂浪、成周、冀陽、營邱、唐國五郡。【略】

癸未

時有晉之昌黎、遼東二郡及自置之樂浪、冀陽、成周、營邱、唐國五郡。

又　卷二　庚寅

時有晉平州之昌黎、遼東二郡。又于棘城境西置樂浪、冀陽、成周、營邱、唐國五郡，又有武原郡及居就等縣。

高句麗王劉據平州之玄菟、樂浪、帶方三郡，居丸都，而玄菟、帶方、樂浪等郡，廆仍僑置於遼東、棘城間。【略】

壬寅

時有昌黎、遼東及遼東之柳城為燕國，克復樂浪、玄菟、帶方，其僑郡冀陽、成周、營邱、唐國、樂浪仍如故。

又置令支及武原、武寧、安晉、榆陰、棘城、徒河、大棘、和陽、武次、西樂、永樂等縣。【略】

庚戌

時有昌黎、遼東、遼西、燕、范陽、右北平、上谷、漁陽、廣寧、代、樂安、河間、渤海、彰武。

按：慕容皝末年罷冀陽、營陽等郡，以渤海人為興集縣，廣平、魏郡人為興平縣，東萊、北海人為育黎縣，吳人為吳縣，悉隸燕國。

儁是年分北平置建德及石城縣，又置安樂郡，分中山置北平郡，分渤海置廣川郡。【略】

癸丑

時儁置北冀州於常山、青州於樂安，僑置秦、雍、益、梁、江、揚、荆、徐、兗、豫十州於河北諸郡，見《郡縣表》。

冀州治信都，幽治薊，斯時燕都也。營治遼西，平治昌黎，改司州曰中州。以和龍為上都，建留臺謂之龍都。實有晉幽、平、冀三全州及司州河北、平陽以東三十餘郡。

又　卷三　丁巳

時有晉司州之魏、陽平、汲、頓邱、河內、野王、廣平、黎陽、北廣平。時呂護據野王。有晉兗州之漢陽、任城、濟北、建興。時李歷據漢陽、任城，高昌據東燕，明年並降。有晉冀州，全，信都、清和、東清和、平原、鉅鹿、長樂、武邑、常山、中山、北平、高陽、博陵、章武、渤海、河間、樂陵、廣川。有晉幽州之燕、范陽、上谷、漁陽、遼西、右北平、建德、安樂、代、廣寧。有晉平州之昌黎、遼東、樂浪。有晉青州，全，齊、濟南城、樂安、長廣、東萊、平昌、高密。凡有郡五十四。

是年兗州又置東郡。

按：後漢東郡治東武陽。晉武以封子允，而『東』不可為國名，東郡有濮陽縣，改曰『濮陽國』。後允改封淮南，還曰『東郡』。趙王倫篡立，廢大孫臧為濮陽王，東郡遂名『濮陽』。至是燕復置東郡、濮陽如故。

武陽，晉分屬陽平。劉昫曰：魏州朝城，隋武陽縣地，唐更名。

又是年，慕容恪進兵度河，略地河南，汝、潁、譙、沛皆陷，分置守宰。【略】

丙寅

時有晉司州之魏、河南、汲、滎陽、河內、野王、陽平、頓邱、廣平、北廣平。有晉豫州之潁川、汝南、新蔡、汝陰、魯、南頓、譙、梁、陳、沛、襄城。有晉兗州，全，陳留、濟陰、濮陽、東郡、東平、高平、濟北、東燕、任城、泰山、黎陽、建興。有晉青州，全，齊、濟南、樂安、城陽、長廣、東萊、平昌、高密、北海、東牟。有晉冀州，全，信都、趙、鉅鹿、廣寧、長樂、武邑、平原、章武、清和、東清和、常山、中山、博陵、樂陵、河間、渤海、高陽、北平、建德。有晉幽州，全，范陽、漁陽、上谷、安樂、遼西、平昌、廣川、廣寧、代。有晉平州之昌黎、遼東、樂浪。有晉幷州，全，太原、樂平、武鄉、上黨、雁門、定襄、新興、永石、襄垣。荆州之南陽。時有八十五郡。

清・洪亮吉《十六國疆域志》卷三《前燕》 平州。《晉書・地理志》：咸寧二年十月，分昌黎、遼東、玄菟、帶方、樂浪等郡國五置平州。平州初置，以慕容廆爲刺史，遂屬。永嘉之亂，廆爲衆所推。及其孫儁，移都於薊。《太平御覽》稱崔鴻《十六國春秋・前燕録》：太興四年，晉遣謁者拜廆平州牧。《晉書》：元帝拜廆平州刺史，尋進平州牧。咸和九年，晉遣謁者拜皝平州刺史。儁元年，晉遣謁者陳沈拜儁幽、冀、幷、平四州牧。儁光壽元年，儁以慕容垂爲平州刺史，鎮遼東。《晉書》：苻堅平州刺史劉特率户五千降儁。慕容恪攻遼東太守韓稠於平州。苻堅將郭慶遣朱嶷擊桓，執送於堅。陽騖、皇甫真爲平州別駕。凡領舊郡六，新置郡五。《魏書・地形志》：晉置平州，治肥如城。

昌黎郡。魏置。《晉書》：皝徙昌黎郡，築好城於乙連東，使蘭勃戍之以逼乙連。又城曲水以爲勃援。段遼遣從弟屈雲襲皝子遵於興國城。儁昌黎太守高開。今考凡領縣五。【略】

遼東國。秦置。《晉書》：廆率騎討鮮卑素連木津，大敗斬之，二部悉降。廆立遼東郡而歸。廆封遼東郡公裴嶷爲遼東相。慕容翰鎮遼東。襄平令王冰等以遼東叛。皝東夷校尉封抽，又遼東相韓矯、玄菟太守高詡等棄城奔還。於是慕容仕盡有遼左之地。皝征遼東，殺仕所置守宰，分徙遼東大姓於棘城，以杜羣爲遼東相。皝使慕容恪鎮遼東，皇甫真爲遼東太守。暐遼東太守韓稠降秦，慕容桓攻遼東殺稠。凡領縣十三。郭璞《山海經》注：遼陽縣屬遼東郡。案：《郡國志》及《晉書・地理志》遼東均無遼陽縣，疑郭沿前漢舊名也。【略】

樂浪郡。漢置。《晉書》：遼東張統歸廆，廆爲之置樂浪郡，以統爲太守。案：此則郡及縣皆非漢樂浪郡舊地也。裴嶷自遼東相轉樂浪太守。咸康四年，樂浪太守鞠彭以境内皆叛，選鄉里壯士二百餘人共還棘城。凡領縣六。【略】

玄菟郡。漢置。前燕領縣三。《晉書》：咸康四年，皝玄菟太守劉佩出兵擊趙，斬獲而還。儁玄菟太守乙逸。【略】

帶方郡。公孫度置。前燕領縣七。【略】

遼西郡。案：《地形志》：平州，晉置，治肥如城。則郡蓋自前燕時移屬平州，後魏仍之。《晉書》：太康二年，廆寇遼西，平州刺史鮮于嬰討破之。咸康五年，皝將慕容評敗石虎將石城等於遼西。凡領縣四。郭璞《山海經》注：碣石山，今在遼西臨渝縣南水中，或曰在右北平驪城縣海邊山。【略】

冀陽郡。《晉書》：廆置，以統冀州流人，因名。以下四郡皆晉建武初立。咸康四年，冀陽流寓之士共殺太守宋燭以降於趙。永和三年，皝罷四郡。《通鑑》注：案魏收《地形志》，冀陽郡當置於漢北平平剛縣界。

【略】

成周郡。《晉書》：庬置，以統豫州流人。《後趙録》：燕成周内史崔燾。縣無考。

唐國郡。《晉書》：庬置，以統幷州流人。《晉書》：唐國内史陽裕。縣無考。

營丘郡。《晉書》：庬置，以統青州流人。《太平寰宇記》稱《十六國春秋》：慕容皝東遷徒河，置營丘郡北鎮。韓恆、皇甫眞爲營丘太守。咸康四年，營丘内史鮮于屈遣使降趙。《通鑑》注：遼西臨渝縣有渝水，首受白狼水，南流逕營丘城西。庬所置郡也。《北史·盧玄傳》祖偃仕慕容氏爲營丘太守。《盧誕傳》：會祖宴仕慕容氏營丘、成周二郡守。領縣二。【略】

附：

凡城。《晉書·載記》：咸康五年，石虎將李農、張舉攻燕凡城。皝遣悦綰以一千兵守之。舉等不能克而退。建元二年，趙將尹農攻燕凡城，不克而還。俊徙代郡民于凡城。《水經注》：自盧龍東越青陘至凡城二百餘里。自凡城東北出趨平剛故城可百八十里。《圖經》：凡城在柳城西南。

好城。《載記》：咸康三年，皝于乙連城東築好城，以逼乙連。

威德城。《載記》：皝更命涉夜千所居曰威德城，使弟彪戍之。案：夜千所居，本名南羅城。慕容令帥謫戍東襲威德城，殺城郎，慕容倉據城部署。

南蘇城。《載記》：永和元年，皝使慕容恪攻高句麗，拔南蘇，置戍而還。胡三省云：城在南陝之東。

榆陰城。

安晉城。《載記》：威安八年，皝築榆陰、安晉二城。宇文歸入寇安晉。胡三省云：榆陰城蓋在大榆河之陰，安晉城在威德城東南。

興國城。《載記》：咸康三年，段遼遣從弟屈雲襲皝子遵於興國城。胡三省云：城蓋慕容氏所築。

幽州。《晉書·地理志》：穆帝永和五年，慕容俊僭號於薊，是爲前燕。《載記》：永和六年，石虎幽州刺史王午棄城走。俊幽州刺史慕容德乙逸。今考凡得漢舊郡四，復漢舊郡一、晉郡一，共六郡。

燕國。前燕領縣十五。【略】

漁陽郡。《北史·循吏·竇瑗傳》：會祖堪，慕容氏漁陽太守。縣無考。案：漁陽郡，魏武已省，此容前燕時復立，但屬縣無可考耳。

范陽國。《晉書》：燕二年燕兵至，范陽太守李產率八城令長出降。俊復以產爲太守，俊使范陽、燕郡搆皝廟。凡領縣八。【略】

北平郡。前燕領縣四。《晉書》：俊北平太守孫興。《隋書·高祖本紀》：震八代孫鉉仕燕爲北平太守。平剛故縣有密雲山、段遼密與燕謀覆趙軍，皝遣慕容恪伏精騎七千於密雲山。三藏口。慕容恪大敗麻秋於三藏口。【略】

代郡。《晉書》：永和六年，俊以弟宜爲代郡城郎，代郡人趙榼帥三百餘家叛燕歸趙。《通鑑》注：此秦漢以來之代郡，非後魏之代郡，此代郡治代。領縣四。【略】

廣寧郡。《晉書》：俊以孫泳爲廣寧太守，俊徙廣寧上谷民於徐無。領縣三。【略】

中州。《前燕録》：元璽元年，俊以慕容評爲司州刺史，鎮鄴，改司州爲中州，置司隸校尉。今考凡得漢舊郡二、魏郡三、晉郡一，新置郡二，共八郡。

魏郡。漢置。《晉書》：暐魏尹慕容德。暐時凡郡百五十七、縣一千五百七十九、户二百四十五萬八千九百六十九、口九百九十八萬七千九百三十五。凡領縣七。【略】

貴鄉郡。《太平寰宇記》：自漢至魏晉，魏郡皆理鄴。前燕慕容暐都鄴，於今魏州理漢元城縣。立貴鄉郡，尋省。今考領縣可考者一。有州城。《元和郡縣志》：慕容暐所置。【略】

黎陽郡。漢黎陽縣。《晉書》：苻生黎陽太守韓高以郡歸俊。凡領縣一。案：郡蓋分魏郡置。《地形志》：孝昌中分汲郡置，蓋此郡立後，俊又省幷汲郡，至孝昌中，又分汲郡置也。《圖經》：東晉時燕嘗置黎陽郡，尋省。【略】

汲郡。前燕領縣六。【略】

廣平郡。《元和郡縣志》：石氏滅，又屬慕容俊，至子暐滅。凡領縣

十五。【略】

陽平郡。前燕領縣六。【略】

河内郡。《晉書》：（儁元璽元年）苻生河内太守王會以郡歸儁，儁以呂護爲河内太守。凡領縣十。【略】

平陽郡。《通鑑》：平陽人舉郡降燕，燕以段剛爲太守，遣督護韓苞將兵共守平陽。張平襲燕平陽，殺段剛、韓苴，又攻雁門，殺太守單男。凡領縣十一。【略】

洛州。《晉書·地理志》：石虎分司州置。《載記》：暐以慕容筑爲洛州刺史，鎮金墉。今考凡得舊郡八。

河南郡。《晉書》：儁以慕容評爲都督秦、雍、益、梁、江、揚、荆、徐、兗、豫十州河南諸軍事，權鎮於洛水。儁以慕容强爲前鋒都督，都督荆、徐二州緣淮諸軍事，進據河南。暐遣傅顔率騎二萬觀兵河南，臨淮而還。暐遣司馬悦希圖洛陽，河南諸壘悉陷。《通鑑》：燕呂護攻洛陽，河南太守戴施奔宛。凡領縣十二。【略】

河東郡。前燕領縣九。【略】

弘農郡。領縣六。【略】

滎陽郡。《晉書》：升平五年（暐建熙二年），暐遣容忠攻陷滎陽，呂護復自滎陽叛歸於暐。（四年）暐遣慕容臧救金墉，師次滎陽，王猛大破慕容臧於滎陽。凡領縣八。【略】

陳留郡。漢置。前燕領縣十。《哀帝紀》：興寧元年，慕容暐將慕容塵攻陳留太守袁披於長平。【略】

濮陽國。前燕領縣二。《通鑑》：晉泰山太守諸葛攸攻燕東郡，入武陽。儁遣慕容恪等擊之。攸敗，走還泰山。光壽二年，儁遣慕容臧攻李歷於濮陽，歷奔滎陽。【略】

東郡。《圖經》：燕於鄄城縣置東郡。領縣可考一。【略】

東燕郡。（光壽二年）儁遣陽騖討高昌於東燕，昌奔東陵。建熙十年，温自東燕出倉垣，經陳留鑿井而飲，行七百餘里。領縣四。【略】

豫州。《晉書》：興寧初，暐豫州刺史孫興。（建熙十年）豫州刺史李邽率州兵斷桓温饋運。今考凡得舊郡國七。

潁川郡。《晉書》：（光壽元年）慕容恪進寇河南，汝、潁、譙、沛皆陷，置守宰而還。（建熙十年）苻堅遣將苟池救暐，師次潁川。凡領縣九。【略】

汝南郡。《晉書》：興寧初，慕容評攻陷許昌等縣，遂掠汝南諸郡。太守朱斌遯於壽陽。凡領縣十五。【略】

沛國。前燕領縣九。【略】

譙郡。《晉書》：（建熙十年）秦將苟池聞桓温班師，邀擊於譙郡，温又敗。凡領縣七。【略】

魯郡。《晉書》：太和元年，暐將慕容厲陷魯郡高平。凡領縣七。【略】

梁國。漢置。《晉書》：（儁元璽元年）姚襄以梁國降於儁。暐以慕容垂爲河南大都督、兗州牧、荆州刺史，鎮梁國。凡領縣六。【略】

陳郡。《晉書》：（建熙五年）二月，慕容評進圍陳郡，太守朱輔固守。桓温遣江夏相劉岵擊退評。夏四月，朱輔退保彭城。領縣七。【略】

兗州。《晉書》：太和元年。（建熙七年），暐遣慕容厲攻晉太山太守諸葛攸，攸奔淮南，厲陷兗州諸郡，置守宰而還。案：《通鑑》：故趙將擁兵據州郡者各遣使降燕，燕王儁以王擢爲益州刺史，夔逸爲秦州刺史，張平爲幷州刺史，李歷爲兗州刺史。案：益、秦二州未嘗屬燕，儁蓋以王擢等新降，使領虚號耳。下又云：以朱禿爲青州刺史，孫元爲兗州刺史，當亦然。凡得舊郡四。

高平國。《晉書》：（建熙十年）晉大司馬桓温等率衆伐暐，前兗州刺史孫元起兵應之。暐高平太守徐翻以郡歸順。凡領縣七。【略】

任城國。（光壽二年）儁以賈堅子活爲任城太守。領縣三。【略】

泰山郡。《晉書》：儁太山太守賈堅屯山茌，爲晉將荀羡所殺。凡領縣十。【略】

濟北國。《晉書》：（元璽二年）晉濟北太守高柱以郡叛歸儁，儁封子泓爲濟北王。凡領縣五。【略】

青州。《晉書·地理志》：慕容恪滅趙，剋青州。（元璽二年）以朱禿爲青州刺史。凡領舊郡六。

齊國。前燕領縣六。慕容恪以章武太守鮮于亮爲齊郡太守。【略】

濟南郡。前燕領縣六。【略】

樂安國。《晉書》：石虎遣將鄧恆率衆屯此，營取之計。凡領縣八。【略】

城陽郡。前燕領縣十。【略】

東萊國。前燕領縣六。慕容恪以鞠殷爲東萊太守。【略】

長廣郡。前燕領縣四。【略】

冀州。《晉書·地理志》：石勒僭號於襄國，稱趙，後爲慕容儁所滅。《太平寰宇記》：慕容儁平冉閔，冀州又徙理信都。《後燕録》：儁以慕容霸爲北冀州刺史，鎮常山，後徙治信都。今考北冀州當屬權時所立，後仍并入冀州也，觀後徙治于信都可知。燕征東參軍劉拔刺殺冀州刺史慕容友於信都。（光壽二年）攻陷冀州諸郡。今考凡得舊郡十三。

趙郡。漢置。《晉書》：閔趙郡太守李邽舉郡降燕。領縣九。【略】

長樂國。漢安平國。晉太康五年改。《晉書》：儁長樂太守傅顔討李黑，斬之。凡領縣八。【略】

樂陵國。前燕領縣五。《晉書》：永和六年，儁以賈堅爲樂陵太守，治高城。案：《通鑑》言：慕容評徇勃海，遣使招賈堅，不降。此云以堅爲樂陵太守，治高城，蓋燕雖破，冀州尚未得，勃海郡僅得高城一縣，以併入樂陵，故此言堅治高城也。《通鑑》又言：燕樂陵太守慕容鉤與青州刺史朱禿共治厭次，當屬得樂陵全郡之後，或樂陵移屬青州，未可知。【略】

勃海郡。《晉書》：永和七年，儁使高開討劉準、封放，開至勃海，準、放迎降。儁以以放爲勃海太守。逢釣亡歸勃海，招集舊衆以叛燕。樂陵太守賈堅使人告諭鄉人，示以成敗，釣部衆稍散，遂奔晉。凡領縣十。【略】

河間國。《晉書》：燕二年，儁南徇冀州，取章武、河間，以封裕爲河間太守。凡領縣六。【略】

章武國。《晉書》：冉閔章武太守賈堅率郡兵邀擊評，戰於高城，擒堅於陣。儁以慕容評爲章武太守。暐出李績爲章武太守。凡領縣四。【略】

高陽國。前燕領縣四。【略】

鉅鹿郡。領縣二。【略】

博陵郡。前燕領縣四。【略】

清河郡。前燕領縣七。【略】

中山國。《晉書》：永和六年。（燕二年），儁遣慕容恪略地中山，冉閔將白同、中山太守侯龕固守不下。恪留將慕容彪攻之，進討常山。慕容評次南安，王午遣將鄭生拒評，評逆擊斬之。侯龕踰城出降。恪進克中山，斬白同。儁以北平太守孫興爲中山太守。案：後一年，《晉書》言：冉閔游食常山、中山諸郡。又云：閔軍於安喜。則燕此時尚未得中山全郡可知。及閔見擒後，中山方全屬燕也。儁如中山，爲二軍聲勢。閔懼，奔常山。恪追及於泒水，敗之，擒閔。儁命恪鎮中山，儁封子沖爲中山王。凡領縣八。有無極故縣。中山蘇林起兵於無極，自稱天子。慕容恪自魯口還討林，儁遣慕容根助恪攻林，斬之。【略】

常山郡。《前燕録》：儁光壽二年三月，常山寺大樹自拔根出，得璧二十七、圭七十三。《晉書》：（儁元璽四年）慕容恪進據常山。段勤懼，請降。常山人李犢聚衆數千反於普壁壘，儁遣慕容恪討降之。暐常山太守申紹。凡領縣八。【略】

并州。《晉書》：張平跨有新興、雁門、西河、太原、上黨、上郡之地，儁遣慕容評等討之，并州壘壁降者百餘所，以悦綰爲并州刺史撫之。平所署征西諸葛驤等率壁壘百三十八降於儁。暐以孫希爲并州刺史。又并州刺史皇甫眞、苻堅。《載記》：王猛克晉陽，執燕并州刺史慕容莊。今考凡得舊郡七，石趙新置郡一。

太原國。前燕領縣十三。【略】

上黨郡。《晉書》：升平二年（光壽元年），慕容恪進據上黨，冠軍將軍馮鴦以衆叛歸慕容儁，儁盡陷河北之地。太和五年，苻堅將王猛伐慕容暐，陷上黨，執太守慕容越。凡領縣八。【略】

武鄉郡。前燕領縣三。【略】

西河國。案：石趙有永石郡，無西河國。今考《慕容儁載記》：張平跨有新興、雁門、西河、太原、上黨、上郡之地，後皆降於儁。疑『永石』祇石趙時郡名，後仍復爲西河國也。凡領縣四。【略】

樂平郡。前燕領縣四。【略】

雁門郡。前燕領縣八。《前燕録》：建熙二年，張平叛攻雁門，殺太

守單男。領縣八。【略】

新興郡。前燕領縣五。【略】

上郡。案：張平所據六郡，内有上郡。領縣四。【略】

荆州。《晉書》：建熙六年，暐以慕容垂爲都督荆、揚、洛、徐、兗、豫、雍、益、涼、秦等十州諸軍事、荆州牧，鎮魯陽。領郡可考者一。

南陽郡。時屬江左。惟宛、雉、魯陽三縣暫曾屬前燕。

前涼

清·徐文范《東晉南北朝輿地表·年表》卷首　壬申

軌全有，分置武興、晉興、興晉、大夏四郡，合武威、金城、西平郡、西海、張掖、酒泉、敦煌、晉昌，凡十有五郡。又開高昌。【略】

丙子

分西平、金城置安興故郡，又乘亂收河南地，秦州之狄道郡亦為所有，又分狄道置武始郡，連前凡有十五郡。

又　卷一　己卯

寔時統金城、狄道、武始、安故、大夏、晉興、興晉、廣武、武威、西平、西郡、西海、武興、張掖、酒泉、敦煌、晉昌、湟河十九郡。【略】

癸未

時有武威、張掖、酒泉、敦煌、晉昌、西平、西海、西郡、金城、武興、廣武、興晉、晉興、湟河、武始、大夏、安故、狄道、隴西、南安，凡二十郡。

茂以校尉玉門大護軍三郡三營為沙州。

又　卷二　庚寅

時駿以武威、武興、西平、張掖、酒泉、建康、西郡、湟河、晉興、須武為涼州，興晉、金城、武始、南安、永晉大夏武成漢中爲河州狄道、隴西、廣武、安故、西海為秦州，燉煌、晉昌、高昌為沙州。

前張茂以西域都護校尉玉門大護軍置沙州三郡三營，駿假涼州都督，攝河、秦、沙三州。

駿又置武街、石門、侯和、漒川、甘松五屯護軍。【略】

壬寅

涼州之武威、武興、西平、張掖、酒泉、建康、西郡、湟河、須武、晉興十郡。

河州之興晉、金城、武始、南安、永晉、大夏、武成、漢中、廣武九郡。

秦州之隴西、狄道、安故、平昌四郡。

沙州之燉煌、晉昌、西海、西域都護、玉門護軍、高昌營軍，所謂三郡三營也。五屯：石門、武街、侯和、漒州、甘松。

河州，是年置，治枹罕。【略】

庚戌

時仍有武威、武興、西平、張掖、酒泉、建康、西郡、湟河、晉興、興晉、須武、武始、永晉、武成、廣武、漢中、安故、平昌、西海、敦煌、晉昌、高昌、金城、大夏、狄道二十五郡。

又　卷三　丁巳

時有武威、武興、西平、張掖、酒泉、建康、西郡、湟河、廣武、晉興、興晉、武始、大夏、須武、永晉、武成、安故、漢中、平昌、西海、燉煌、晉昌、高昌、金城、狄道、祁連、昌松二十七郡。石門、武街、侯和、漒川、甘松五屯如故。【略】

丙寅

時有晉涼州全武威、張掖、酒泉、燉煌、晉昌、高昌、西平、西海、西郡、建康、湟河、須武、祁連、金城、武興、廣武、晉興、安故、永晉、武或、漢中、昌松二十二郡。

儼時據隴西、略陽、武始、興晉、大夏、狄道六郡。

清·洪亮吉《十六國疆域志》卷七《前涼》　涼州。漢置。《晉書·地理志》：永寧中，張軌爲涼州刺史鎮武威。是時，中原淪没，元帝徙居江左。軌乃控據河西，稱晉正朔，是爲前涼。張駿分武威、武興、西平、張掖、酒泉、建康、西郡、湟河、晉興、須武合十一郡，實止十郡。爲涼州。《元和郡縣志》：張天錫又分置廣源郡。凡統舊郡五、增置郡六、縣四十二。《晉書》：成帝咸康五年，張駿以世子重華行涼州事、海西公。太和二年，苻堅將王猛寇涼州，張天錫距之，猛師敗績。孝武太元二年，苻堅將苻萇陷涼州，虜張天錫，盡有其地。

武威郡。漢置。《晉·志》：統縣九。前涼又分置武興郡。凡領縣九。《晉書》：軌武威太守張琠、張駿。駿武威太守竇濤。天錫武威太守索泮。【略】

武興郡。《晉·志》：永寧中，張軌分武威郡，又合秦、雍二州流人于西北置。《張軌傳》：中州民避難來者日月相繼，分武威置武興郡以居之。張茂時分屬定州。張駿時仍屬涼州。領縣八。《晉書》：駿武興太守辛巖。【略】

西平郡。漢置。《晉書》：軌封西平郡公。西平王叔與曹祛餘黨麴儒等劫前福祿令麴恪爲主，執太守趙彝，東應秦州刺史裴苞，張寔討斬之。西平人衛琳據郡叛，張瓘等討敗之。咸康五年，晉詔以陳寓爲西平相。天錫十年七月，大水，地震，西平五十日中地十動，土樓山崩。領縣四。《晉書》：軌西平太守曹祛、宗醜。駿西平相陳寓。天錫西平相趙凝。有土樓山、黃阪、曹祛遣麴晃距張寔于黃阪。邯川戍。《元和郡縣志》：米川縣，前涼張天錫于此置邯川戍。【略】

晉興郡。《晉·志》：永寧中，軌又分西平界置。領縣九。《張軌傳》：麻秋遣王擢略地晉興、廣武。天錫晉興相常壉、彭知正。晉興太守彭和。【略】

廣源郡。《元和郡縣志》：張天錫分興晉、西平二郡置。縣無考。

張掖郡。漢置。前涼領縣四。《張軌傳》：祚張掖太守索孚有東山。《晉書·隱逸傳》：郭荷上疏乞還，祚許之，送還張掖之東山。【略】

酒泉郡。漢置。《張軌傳》：酒泉太守張鎮潛引秦州刺史賈龕代軌，不果。駿酒泉太守馬岌。重華酒泉太守謝艾。玄靚酒泉太守馬基。領縣七。【略】

建康郡。案：郡蓋張氏置。《圖經》：領縣一。張駿置建康郡，屬涼州。【略】

西郡。漢置。前涼領縣五。《晉書·索泮傳》：天錫時爲西郡、敦煌太守。《前涼録》：呂光東還，西郡太守索泮城守不下，光攻殺之。【略】

須武郡。案：郡蓋張氏置。縣無考。

湟河郡。《前涼録》：咸康元年，張駿分湟河郡，屬涼州。案：郡蓋亦張氏所置。《輿地廣記》：前涼置湟河郡。縣無考。

河州。《晉書》：張駿分興晉、金城、武始、南安、永晉、大夏、武城、漢中八郡爲河州。《張軌傳》：駿分涼州東界六郡置河州，以張瓘爲刺史。《元和郡縣志》：張駿二十一年，以州界遼遠，分置河州，以《禹貢》「導河積石，至于龍門」，積石在州界，故曰「河州」。案：《志》言：八郡傳言六郡，蓋據建州之始言止有六郡。又《法苑珠林》言：張祚時，河州刺史張瓘。疑即「瓘」字之誤。凡統舊郡三、增置郡五、縣可考者十八。

興晉郡。《元和郡縣志》：永嘉末張軌分金城郡置。又云晉惠帝立枹罕護軍。前涼張軌保據涼州，立爲興晉郡。縣無考。

金城郡。漢置。《張軌傳》：軌金城太守胡勖叛，遣宋毅等討降之。寔金城太守竇濤。駿金城太守張閬、韓璞。遣辛巖督運于金城。重華金城太守張沖，降于麻秋。天錫討羌廉岐，以別駕楊遹爲監前鋒軍事、前將軍，趣金城。領縣六。有破羌故縣。張寔與曹祛戰于破羌，斬祛。【略】

武始郡。《晉·志》：張駿以狄道縣置。《地形志》：晉分隴西置。案：《通典》又云：張寔分隴西置，未知何據。《太平寰宇記》云：張駿分廣武置。領縣一。有武始大澤。《前涼録》：宋混次于武始大澤，爲靈曜發哀。胡三省云：在姑臧之西。【略】

南安郡。漢置。《前涼録》：張寔遣韓璞等率步騎赴國難，次南安，會諸羌斷路璞與張閬等夾擊，大敗之。《晉書》：明帝大寧元年，茂將陳珍募發氐羌之衆擊曜，走之，剋復南安。領縣三。有祁山。《太平御覽》稱《前涼録》：張寔五年，祁山地震，從中陶原坂三里冒覆下川，忽如見掩，坂上草木存焉。【略】

永晉郡。案：郡蓋張氏置。縣無考。

大夏郡。《太平寰宇記》稱《前涼録》：張駿十八年，分武始、興晉、廣武三郡置。《圖經》稱《十六國春秋》：咸康元年，張駿以大夏郡屬河州。《張軌傳》：石虎令麻秋進陷大夏。大夏護軍梁式執太守宋晏，以城應秋。太和二年，天錫攻李儼大夏、武始二郡，皆下之。領縣一。【略】

武成郡。《圖經》：前涼張氏置。《張軌傳》：武成太守張悛。縣無考。

漢中郡。漢置。前涼領縣八。【略】

沙州。《晉·志》：敦煌、晉昌、西域都護張茂以校尉玉門大護軍三郡三營爲沙州。《張軌傳》：駿分涼州西界三郡置沙州。《元和郡縣志》：前涼張駿置沙州。蓋因鳴沙山爲名，流沙卽居延澤也。以西胡校尉楊宣爲刺史。後三年，宣讓州，復改爲敦煌郡。今考敦煌郡後又別屬。凡統舊郡可考者二、增置郡三、都護一、縣十二。

晉昌郡。《晉·志》：元康五年，惠帝分敦煌郡之宜禾、伊吾、冥安、淵泉、廣至等五縣，分酒泉之沙頭縣，又別立會稽、新鄉，凡八縣，爲晉昌郡。《文選》注稱王隱《晉書》：惠帝以敦煌土界闊遠，分立晉昌郡。《張軌傳》：晉昌太守郎坦。案：《前涼録》：軌徵九郡胄子，卽《晉·志》所列涼州八郡及晉昌也。宜禾後屬涼興。凡領縣七。有石驢山。寔討曹祛于晉書，自姑臧西踰石驢，據長寧。胡三省云：石驢山在晉昌郡界。案：《太平御覽》稱段龜龍《涼州記》：山陽縣北有谷通得驢馬。石勒十八騎，昔在此啖梨生樹，今有梨園。今考涼州無山陽縣，當有誤字，姑附記于此，俟考。【略】

西海郡。漢置。前涼領縣可考者一。案：駿分涼州西界三郡置沙州。除敦煌別屬外，餘一郡無可考。今以東西道里計之，蓋卽西海也。案：張駿分涼、河諸州內無西海，則西海屬沙州無疑。《晉·志》：「駿分敦煌、晉昌」至「爲沙州」二十五字，文法不甚可解，疑有錯誤，細校之，疑「敦煌、晉昌」四字下脫「西海」二字。《張軌傳》：西海太守張肅。【略】

高昌郡。《張軌傳》：戊己校尉趙貞不附于駿，至是，駿擊擒之，以其地爲高昌郡。天錫廢太子大懷爲高昌郡公。《元和郡縣志》：晉成帝咸和中，張駿于高昌壁置高昌郡。案：高昌郡之置在立沙州之後。今考《呂光載記》：羣議高昌在西垂，宜遣子弟鎮之，光以子覆都督玉門以西諸軍事，鎮高昌，疑高昌未置郡以前，卽玉門大護軍也，故附列此。領縣一。【略】

祁連郡。《晉·志》：永興中，置漢陽縣，以守牧地。張玄靚改爲祁連郡。《前涼録》：隆和元年，張玄靚以商州爲祁連郡。案：祁連、臨松二郡均係後所立，未知何屬，姑就近附此。領縣二。【略】

臨松郡。《晉·志》：張天錫又別置臨松郡。《太平寰宇記》稱《前涼録》：晉元嘉元年，張掖臨松山有石如「張掖」字。後「掖」字漸滅，而「張」字分明。又有文曰：初祚天下，四方安萬年。案：此郡蓋分張掖郡觻得縣置。領縣一。【略】

西域都護。《張軌傳》：西域長史李柏駿使將楊宣率衆越流沙，伐龜茲、鄯善，于是西域並降。

戊己校尉。

玉門大護軍。

安州。《晉·志》：張茂分武鄉、金城、西平、安故爲定州。案：金城、西平二郡，張駿時又分屬涼州。凡統新置郡二、縣可考者一。

武鄉郡。縣無考。

安故郡。《圖經》稱《十六國春秋》：永昌元年，張茂分安故郡屬定州。胡三省《通鑑》注：蓋張氏分西平、金城二郡置。《前涼録》：安故太守賈騫。領縣一。【略】

商州。《晉·志》：張祚又以敦煌郡爲商州。凡統舊郡一、增置郡二、縣可考者九。

敦煌郡。《晉書》：駿擢參軍黃彬爲敦煌太守，祚聞桓温入關，懼欲西保敦煌，會温還而止。敦煌人宋混與弟澄等聚衆以應張瓘。《索襲傳》：張茂敦煌太守陰澹。《宋纖傳》：張祚敦煌太守楊宣。《通鑑》：天錫，敦煌太守張烈。領縣六。有流沙。《晉書》：張駿使楊宣越流沙伐龜茲、鄯善。《通志》：流沙在沙州衛西。【略】

涼興郡。案：涼武昭王元年，分敦煌之涼興、烏澤，晉昌之宜禾三縣置涼興郡。今考《呂光載記》，光破酒泉，軍次涼興郡，是郡之立本在後涼以前。胡三省云：河西張氏置涼興郡。當別有所據也，今從之。領縣三。【略】

延興郡。《前涼録》：駿之二十一年，祚拜延興太守，封長寧侯。天錫三年，延興地震，陷裂水出。案：延興郡不知何時所立，郡名亦惟見《前涼録》，他書無之，今姑附涼興郡之後，俟考。縣無考。

秦州。《前涼録》：建興四年，張祚拜秦州刺史。《晉書》：永昌初茂使將軍韓璞率衆取隴西南安之地，以置秦州。咸和初，駿遣武威太守竇濤等率衆會韓璞攻討秦州諸郡。駿稱涼王，領秦、涼二州牧。石虎將王擢奔重華，重華以爲秦州刺史，擢伐苻健，大敗奔還。重華復授擢兵攻秦州，克之。祚遣其平東將軍、秦州刺史牛霸等擊王擢，破之，擢奔于苻健。凡統舊郡可考者二，增置郡一，縣十三。

隴西郡。《張軌傳》：寔隴西太守吳紹。駿盡有隴西之地，士馬强盛，秦州刺史王擢鎮隴西。隴西人李儼誅大姓彭姚，自立于隴右，奉中興年號，玄靚遣牛霸討之。領縣三。【略】

廣武郡。《晉・志》：張寔分金城之令居、枝陽二縣又立永登縣，合三縣立廣武郡。《通典》：前涼張寔分隴西郡置。案：《元和郡縣志》：張駿三年，分興晉置廣武郡。隋開皇三年，罷郡置廣武縣。今考廣武縣前涼時已有，苻秦、西秦因之，此言隋時始置，疑誤。《晉・志》、《通典》並言張寔置，此獨云張駿置，疑亦誤也。《晉書》：天錫廣武太守辛章。領縣五。【略】

天水郡。漢置。前涼領縣六。《前涼録》：天錫天水太守史綏。《西涼録》：李暠祖父弇前涼天水郡太守有綿諸故縣。《晉書》：太興初，南陽王保故將陳安據綿諸。案：卽縣故城也。勇士故縣有苑川。【略】

武街護軍。《張軌傳》：咸和五年，駿置武街、石門、侯和、漒川、甘松五屯護軍，與石勒分境。《穆帝紀》：永和二年，石虎將王擢襲武街，執張重華護軍胡宣。《通鑑》：王擢等略地晉興、廣武、武街，至于曲柳。案：今本『街』作『衛』，誤。案：武街本晉惠帝時分狄道所置縣，駿蓋因之立護軍也。

石門護軍。

侯和護軍。

漒川護軍。

甘松護軍。有甘松山。《太平御覽》稱崔鴻《十六國春秋》：甘松山東北二百里有西王母樗蒲山，大有神驗，江水出焉。

枹罕護軍。案：《前涼録》：永嘉五年，枹罕令嚴羌。《張軌傳》：枹罕護軍辛晏。又永和三年，枹罕護軍李逵，蓋枹罕有令又有護軍也，故兩存之。

宣威護軍。《通鑑》：天錫貶宋皓爲宣威護軍。

宛戍都尉。《張軌傳》：麻秋執大夏太守宋晏，遣晏以書誘宛戍都尉宋矩。案：《矩傳》亦同。

寧戎校尉。《張軌傳》：寧戎校尉張璩。

西城校尉。《太平御覽》稱《前涼録》：張植爲西城校尉，與奮威將軍牛霸率騎救張沖。六月至于涉沙，無水，士卒渴甚，植乃翦髮、肉袒，徒跣升壇，慟泣請雨，俄而雲起，西北雨水成川。

前秦

清・徐文范《東晉南北朝輿地表・年表》卷首 癸亥

時居秦州略陽郡臨渭縣，世為西戎酋長。

又 卷二 庚戌

時有京兆、馮翊、扶風、始平、安定、隴東、新平、北地、河東、天水、上洛半。【略】

癸丑

前張遇降，以為豫州刺史，鎮許昌。王擢降，以為秦州刺史，鎮上邽，而旋失，不能得其地。斯時所實有者，則京兆、馮翊、扶風、安定、隴東、北地、新平、始平、弘農、上洛、河東、平陽、咸陽、安邑、河北十五郡而已。

又 卷三 丁巳

時有晉雍州，全，京兆、馮翊、扶風、咸陽、安定、隴東、北地、上郡、新平、始平，有晉司州之弘農、上洛、河東、平陽、安邑、河北，有晉秦州之天水、隴西、略陽、南安，凡有郡二十。【略】

丙寅

時有晉雍州，全，京兆、馮翊、扶風、始平、咸陽、安定、隴東、新平、北地、上郡、趙平、長城，司州之河東、安邑、河北、平陽、弘農、上洛，秦州之天水、南安，凡二十郡。【略】

己卯

司隸校尉。治長安。京兆、咸陽、馮翊、扶風、始平、隴東、趙平。

雍州。治蒲阪。河東、安邑、河北、平陽。

北雍州。治臨涇。安定、平涼、新平、北地、上郡。

秦州。治上邽。天水、隴安、略陽、南安。
南秦州。治仇池。武都、陰平。
晉州。治晉興。晉興、金城、大夏、武始、興晉。
河州。治枹罕。狄道、武成、漢川、安固、昌平、永晉。
涼州。治姑臧。武威、武興、廣武、西平、湟河、西郡、西海、須武、臨松、昌松、祁連。
沙州。治燉煌。燉煌、酒泉、張掖、晉昌、建康、高昌。
并州。治晉陽。太原、上黨、樂平、西河、永石。
朔州。治雲中。雲中、五原、襄垣、雁門、定襄、新興。
冀州。治鄴。魏、陽平、頓邱、樂陵、趙、鉅鹿、廣平、汲、平原、清和。
北冀州。治常山。常山、中山、博陵、高陽、長樂、武邑、章武、北平、東清和。
幽州。治薊。燕、范陽、渤海、河間、廣川、右北平。
平州。治龍城。昌黎、遼東、遼西、上谷、漢陽、廣寧、代郡。
青州。治廣固。齊、濟南、城陽、樂安、長廣、東萊、北海、平昌、高密、東平。
兗州。治浚儀之倉垣。陳留、濮陽、東郡、東燕、建興、濟陰。
南兗州。治湖陸。東平、高平、任城、濟北、汝陽、南頓。
豫州。治洛陽。河南、河內、野王、廣寧、汲、黎陽、滎陽。
東豫州。治許昌。潁州、汝南、汝陰、新蔡、譙、沛、梁、陳、魯。
洛州。治豐陽。上洛、弘農。
徐州。治彭城。彭城、琅邪、蘭陵、臨淮、淮陵。
揚州。治下邳。下邳、東海、東莞、東安。
荆州。治襄陽。襄陽、南陽、新野、順陽、南鄉、隨、義成、義陽、魏興、新城、上庸。
梁州。治南鄭。漢中、梓潼、廣漢、德陽、遂寧、晉昌、宕渠。
益州。治成都。蜀、犍為、汶山、越巂、江陽、漢嘉、晉原、始寧、寧蜀。
寧州。治蟄江。巴、巴西、涪陵、朱提、牂柯、夜郎、平蠻、平樂。

時凡有郡一百八十。【略】

甲申

時慕容垂據肥鄉，築新興城，慕容農據列人，慕容麟據中山。常山，冀州郡縣，猶觀望成敗，未得全為垂有。
慕容沖據阿房、華陰、鄭等城。
後秦姚萇據北地、安定。
西秦乞伏國仁據隴西、略陽。
苻丕困守鄴，王騰守并州，王永守幽州，苻沖守平州，王廣守益州、寧州，梁熙守涼州，王統守秦、晉州，毛興守河州，苻登為狄道長，楊壁守南秦州，苻定、苻謨、苻紹等並在河北。

清·洪亮吉《十六國疆域志》卷四《前秦》 司隸校尉。《晉書·地理志》：苻健僭據關中，又都長安，是爲前秦，於是乃於雍州置司隸校尉。苻堅時分司隸爲雍州。堅建元六年，省雍州入司隸。《通鑑》：秦置雍州於安定，後省入司隸校尉，分京兆爲咸陽郡。司隸所領京兆、馮翊、扶風、咸陽、平涼、始平、新平、安定、北地九郡。

京兆尹。案：《晉書·載記》：堅以王猛、慕容垂爲京兆尹，蓋堅建都於此，又改京兆郡爲尹也。苻登以胡罕爲京兆尹。凡領舊縣九、增置縣一。【略】

馮翊郡。《晉書》：苻生以苻黃眉爲左馮翊。堅以仇騰爲馮翊太守。馮翊、寇明起兵應苻丕、苻登，馮翊太守蘭犢、馮翊郭質起兵廣鄉以應登，登以質爲馮翊太守。《北史·寇讚傳》：苻堅僕射韋華爲馮翊太守。領縣八、護軍四。有鄜縣故城、《姚襄載記》：使從兄蘭略地鄜城。敷陸。《圖經》：太元十二年，秦苻纂與後秦相持，自涇陽退屯敷陸。【略】

扶風郡。《晉書》：苻生以苻飛爲右扶風太守。又堅扶風太守王永。姚萇扶風人馬郎起兵應苻丕。登扶風太守齊益男。領縣七、附僑縣一。【略】

咸陽郡。《晉書·地理志》：苻堅分京兆爲咸陽郡。《元和郡縣志》：苻堅於漢渭城縣地置。《太平寰宇記》：苻堅於今咸陽縣東北長陵城置咸陽郡。《長安志》同。《晉書》：生咸陽太守鄧羌。堅咸陽內史王猛。領縣四。【略】

平涼郡。《圖經》：東晉時，苻秦置平涼郡。《元和郡縣志》：本漢涇陽縣地，周武帝建德元年割涇州平涼郡，於今理置平涼縣。案：《晉書・載記》：（太初四年）苻登進攻姚萇將吳忠、唐匡於平涼，克之，以苻碩戍平涼。登爲尹緯所敗，自雍保平涼。姚興時亦有平涼太守姚周都。疑平涼郡苻秦時已置，又分涇陽縣置平涼縣，屬平涼郡也。領縣二。【略】

始平郡。晉太始三年置。《晉書》：堅始平太守徐嵩。領縣五。【略】

新平郡。漢置。《晉書》：太元八年，姚萇攻新平。堅新平太守苟輔固守。萇陷新平，苟輔等死之。堅以馮終爲新平太守。登太初六年，登兗州刺史强金槌據新平降。後秦登攻之，姚萇救至，登引去。領縣二。【略】

安定郡。苻秦甘露二年，分司隸爲雍州，以苻雙爲刺史，鎮安定。《晉書》：堅建元三年，苻武據安定應苻雙等。堅遣將毛嵩等討之，姚萇自武都退入安定。苻登圍姚萇營。登復攻安定，爲萇所敗，據路承堡。登又進逼安定，萇懼之。領縣十三。陰般故縣有安城，登邀擊姚萇於安丘，敗之。《地形志》：安定陰般縣有安城。有大界。登留輜重於大界，自將輕騎攻安定羌密造保，克之。《通鑑》注：大界當在安定、新平之間，姚萇遣將姚崇襲大界，萇自率騎三萬襲大界，克之。【略】

北地郡。《晉書》：堅徙烏丸雜類於馮翊、北地。太元八年，堅北地長史慕容泓起兵背堅。堅將姚萇背堅，起兵於北地。堅討姚萇至北地。領縣三、護軍一。有鸛雀渠、堅將竇衝敗萇將尹買於鸛雀渠。楊渠川。姚萇留弟緒守楊渠川營，自率衆攻堅。【略】

長城郡。本漢雕陰縣地。領縣一。案：秦長城在雕陰縣境，苻氏蓋取中名郡。【略】

雍州。《晉書・地理志》：苻健以并州刺史鎮蒲坂。及堅時，移并州鎮晉陽，以蒲坂爲雍州治。《載記》：健并州刺史尹赤生。又苻柳爲并州牧，鎮蒲坂。堅時苻雙、苻武、苻柳、苻丕、苻叡、苻熙並爲雍州刺史，鎮蒲坂。登以楊定爲雍州牧。登雍州刺史徐嵩。雍州牧竇衝。領漢魏舊郡三、晉新置郡二。

河東郡。《晉書》：苻健遣兄子菁自軹關入河東，姚襄寇掠河東，生遣將張平討之。堅河東太守姚萇、河東王昭起兵應苻丕。《北史・王憲傳》：父休，河東太守。案：亦當作『苻』。堅時領縣八。有裴氏堡。燕將慕輿長卿入軹關，破秦幽州刺史張哲於裴氏堡。《通鑑》注：裴氏堡在河東界。【略】

平陽郡。《晉書》：（健皇始三年）西域胡劉康詐稱劉曜子，聚衆平陽。健遣苻飛討擒之。（苻生壽光二年）姚襄率衆萬餘攻平陽太守苻產於匈奴堡，苻柳救之，爲襄所敗。襄遂攻堡，克之，殺苻產。（堅建元九年）以慕容沖爲平陽太守。（二十年）堅平陽太守慕容沖起兵背堅。（二十一年）丕自晉陽進據平陽。領縣十二。【略】

河内郡。《晉書》：秦河内太守王會以郡降燕，慕容垂濟河焚橋，有衆三萬，留遼東鮮卑可足渾譚集兵於河内之沙城。領縣九。【略】

汲郡。《晉書》：苻堅時姚眺、姚萇皆爲汲郡太守。領縣七。案：汲郡、頓丘郡，石趙皆屬司州。苻秦無司州，疑亦屬雍州也。【略】

頓丘郡。領縣四。【略】

秦州。《晉書・地理志》：苻健以秦州刺史鎮上邽。《載記》：健秦州刺史苻願，張重華復使王擢伐上邽，秦州郡縣多應之，願戰敗，奔長安。健以啖鐵爲秦州刺史。堅以苻雄爲都督秦、晉、涼、雍諸軍事。秦州牧。又堅時秦州刺史竇滔、《御覽》稱《前秦録》：秦州刺史竇滔。《列女傳》：竇滔，苻堅爲秦州刺史。啖鐵、苟池、楊壁、苻雙、王統。（建元二十一年）苻丕以統爲秦州牧，統以秦州降姚萇，萇遣將王破虜略地。秦州苻登進攻秦碩德於秦州。領漢郡一、晉郡一、又新置郡一。

隴東郡。《晉書》：苻雄攻王擢於隴上，擢奔涼州，雄屯隴東。苻健以苻敞爲隴東太守。堅時隴東太守姚萇、苻登，以竇衝督隴東諸軍事。登攻萇將張業生於隴東，萇救之，不克而還。隴東郡領縣可考者三。【略】

天水郡。《前秦録》：甘露五年，白虎見天水。《晉書》：天水羌延起兵應苻丕。領縣六、護軍一。【略】

略陽郡。《晉書》：（永興元年）堅平羌將軍高離據略陽叛，鄧羌及秦州刺史啖鐵討平之。（堅建元三年）堅遣王猛等討羌斂岐於略陽，猛攻破略陽，斂岐奔白馬，猛遣邵羌追之，使王撫守侯和姜衡守白石。邵羌擒斂岐於白馬。略陽太守王皮降姚萇。凡領縣六。【略】

南秦州。《晉書》：咸安二年，苻堅陷仇池，執秦州刺史楊世，即以爲南秦州刺史。寧康元年，堅以王統爲南秦州刺史，並鎮仇池。又堅南秦州刺史楊璧。（建元二十一年）苻丕以璧爲南秦州牧。（太初二年）苻登以竇衝爲南秦州牧。《通鑑》注：秦置秦州於上邽，仇池在其南，故置南秦州。領漢郡二，楊定新置郡一。

武都郡。《太平寰宇記》稱《十六國春秋》：苻健於陳倉縣三交故城置武都郡。《前秦不》：堅武都太守姚萇、苻登次朝那，姚萇據武都，與登相持。領縣四。【略】

仇池郡。《太平寰宇記》：晉孝武帝時，武都氐豪楊定擁說衆仇池，稱藩於晉，求割天水之西縣、武都之上録縣爲仇池郡。《宋書》：仇池地方百頃，因以百頃爲號。《晉書》：苻堅遣將苻雅、楊安與益州刺史王統率步騎七萬先取仇池，進圍寧益。雅等次於鷲峽。楊纂率衆五萬拒雅。晉梁州刺史楊亮遣郭寶救之，戰於陝中，爲雅等所敗。纂收衆奔還，雅進攻仇池，楊統率武都之衆降於雅。纂懼出降，送於長安。以楊統爲南秦州刺史，加楊安都督，鎮仇池。晉梁州刺史楊亮遣子廣襲仇池，與堅將楊安戰，廣屢敗績。晉沮水諸戍皆委城奔潰。亮懼，退守磬險，安遂進寇漢川。領縣三。有仇池山、《太平御覽》稱辛氏《三秦記》：西晉末爲氐楊茂搜所據，於山上立宮室囷倉，皆爲板，乃氐星之所理於此，今謂之洛道谷是也。鷲峽。《通鑑》：秦兵至鷲峽、楊纂帥衆五萬拒之。注：在仇池北，一名『塞峽』。【略】

陰平郡。領縣二。【略】

洛州。《晉書·地理志》：苻健以洛州刺史鎮宜陽，時刺史趙俱。及堅時，以洛州刺史鎮陝城。滅燕後。又移洛州鎮豐陽。《載記》：晉桓温遣別將入淅川，攻上洛，執健荆州刺史郭敬，健使苻菁略定上洛，置司州於豐澤川，以郭敬爲刺史。苻生洛州刺史杜郁。堅洛州刺史苻庾、趙遷。又堅以鄧羌爲洛州刺史，鎮陝城。堅洛州刺史張五虎據豐陽來降。領漢郡一、晉郡一。

上洛郡。領縣四。《圖經》稱《地道記》：地在洛水之上，故以爲名。【略】

弘農郡。《晉書》：健豫州刺史楊羣退屯弘農，王猛以桓寅爲弘農太守，戍陝城。領縣七。【略】

豫州。《晉書·地理志》：健以豫州刺史鎮許昌，及堅時移鎮洛陽。《前秦録》：皇始二年，健豫州牧張遇。《載記》：苻生時，苻庾、苻謏爲豫州牧，鎮陝城。堅以王鑒爲豫州刺史，鎮洛陽。堅以毛當戍洛陽。堅豫州刺史苻重，鎮洛陽，謀反，長史呂光執之，送長安。堅以苻暉爲豫州牧，都督豫、洛、荆、南兗、東豫、揚六州諸軍事，鎮洛陽。《太平寰宇記》：苻堅使王猛克洛陽，改司州爲豫州，後秦不改。領漢郡一、魏郡一。

河南郡。《晉書》：翟斌反河南，苻丕遣慕容垂及苻飛龍討之。垂殺飛龍，豫州牧苻暉遣毛當擊斌，爲斌所敗，死之。領縣十三。【略】

滎陽郡。《晉書》：姚弋仲破梁犢於滎陽。太初四年，堅將梁成等大破慕容臧於滎陽。堅以故扶餘王餘蔚爲滎陽太守。滎陽人鄭燮以郡降晉。領縣八。【略】

東豫州。《晉書·地理志》：苻健以豫州刺史鎮許昌。健豫州刺史楊羣及苻堅時豫州移洛陽，以許昌置東豫州。《後秦録》：建元十六年，秦置東豫州，以毛當爲刺史，鎮許昌。凡領漢郡六、魏晉郡五。

潁川郡。前秦領縣九。建元九年，堅遣苟池等救燕，出自洛陽趨潁川。【略】

汝南郡。前秦領縣十五。【略】

襄城郡。前秦領縣七。【略】

汝陰郡。前秦領縣八。【略】

梁國。前秦領縣六。【略】

陳郡。前秦領縣七。【略】

沛國。前秦領縣九。【略】

譙郡。前秦領縣七。建元五年，苟池等邀擊桓温於譙，大破之。【略】

魯郡。前秦領縣七。【略】

弋陽郡。《晉書》：堅弋陽太守王詠。領縣七。【略】

安豐郡。前秦領縣五。【略】

并州。《晉書·地理志》：健以并州刺史鎮蒲坂。《前秦録》：皇始四年，并州刺史苻安。壽光中，生以苻柳爲并州牧，鎮蒲坂。堅時移鎮晉陽。《載記》：健以尹赤赤爲并州刺史，鎮蒲坂。晉升平元年（堅永興元年），張平據新興、雁門、西河、太原、上黨、上郡之地欲與燕、秦爲敵國。堅以苻柳都督并、冀諸軍事加并州牧，鎮蒲坂以禦之。升平二年，堅將張平以并州叛，堅率衆討之，以鄧羌爲前鋒，據汾上。堅至銅壁，平距戰，爲羌所敗，平懼，降於堅。又堅時并州刺史苻柳、徐成、俱難、鄧羌、張蚝。堅又以王騰爲并州刺史，領河、并二州，鎮晉陽。苻登以苻師奴爲并州牧。（太初四年）登并州刺史楊政。領漢郡七、晉郡一、石太原國。前秦領縣十三。

太原國。前秦領縣十三。【略】

上黨郡。《晉書》：苻丕封張蚝爲上黨郡公。又永和十一年，上黨人馮鴦自稱太守，背苻生，遣使來降。領縣八。【略】

武鄉郡。前秦領縣三。【略】

西河郡。前秦領縣四。【略】

雁門郡。前秦領縣八。【略】

五原郡。秦置，漢末省。《晉書》：（建元十二年）劉衛辰殺秦五原太守而叛。案：五原郡自建安二十一年省，屬新興，袛存九原一縣，又移置曲陽縣中，非九原舊地。此有五原太守者，疑苻秦權時所立，即領九原一縣也。《圖經》：苻秦復得漢五原郡舊地，亦置五原郡，後爲赫連所據。【略】

新興郡。前秦領縣四。【略】

樂平郡。前秦領縣四。【略】

上郡。《晉書》：苻纂遣師奴攻上郡羌酋金大黑等，大黑等大敗之。領縣四。【略】

朔方郡。《晉書》：興寧三年，堅如朔方，巡撫諸胡。太和二年，堅送衛辰還朔方，遣兵戍之。《通鑑》：堅以右僕射梁平老爲使持節、都督北垂諸軍事、鎮北大將軍，戍朔方之西。領縣三。【略】

冀州。《前秦録》：皇始元年，健以張平爲冀州牧。建元六年，堅入鄴宮，以王猛爲冀州牧，鎮鄴。《太平寰宇記》：苻堅平慕容暐，冀州又徙理於鄴。《晉書》：王猛平慕容暐，留鎮冀州。（堅建元八年）以苻融代猛爲冀州牧。（十三年）又以苻丕代之，尋以苻定爲冀州刺史，鎮信都。（二十一年）苻丕以定爲冀州牧。苻紹督冀州諸軍事。（太初四年）苻登冀州刺史楊楷。凡領舊郡十七、增置郡四。

魏郡。《晉書》：堅以韋鍾爲魏郡太守。領縣七。【略】

黎陽郡。漢黎陽縣。《晉書》：苻生黎陽太守韓高以郡降燕。領縣可考者一。【略】

廣平郡。《元和郡縣志》：慕容暐滅，又屬苻堅。領縣十二。有曲周故縣。有董塘坡。《太平寰宇記》：晉龍驤將軍劉牢之北救苻丕，追慕容垂大軍於董塘，即此陂也。【略】

陽平郡。《晉書》：苻堅時陽平太守彭豹、邵興、苻丕，封王騰爲陽平郡公。領縣七。【略】

襄國郡。前秦領縣四。【略】

越郡。前秦領縣十。【略】

中丘郡。前秦領縣一。護軍

鉅鹿郡。前秦領縣四。《北史·賈彝傳》：父爲苻堅鉅鹿太守。有柏鄉故縣。晉太元九年，趙郡人趙粟起兵柏鄉，以應苻丕將邵興。【略】

長樂國。前秦領縣四。【略】

武邑郡。前秦領縣四。【略】

建興郡。前秦領縣五。【略】

平原國。前秦領縣九。【略】

樂陵國。前秦領縣五。【略】

勃海郡。前秦領縣十。【略】

章武國。前秦領縣四。【略】

河間國。前秦領縣六。【略】

高陽國。前秦領縣四。【略】

博陵郡。《太平寰宇記》：自石、苻秦後，魏並爲博陵郡，理於饒陽縣廣口鎮。《晉書》：（太安元年）丕平州刺史王兗固守博陵，與慕容垂相持，慕容驎攻兗，郡人張猗應之，城陷，兗及苻鑑並爲驎所殺。領縣五。【略】

清河國。《太平寰宇記》：苻堅封長子爲清河王，移居武城。《晉

書》：堅以郝略爲清河相，王猛封清河郡侯，苻丕封王永爲清河郡公。領縣七。【略】

中山國。《晉書》：太元五年，苻重率兵會苻洛於中山。堅遣竇衝等與洛戰於中山，大敗之，執洛。堅中山太守王兖。領縣八。【略】

常山郡。《晉書》：苻謨、苻亮據常山。領縣八。【略】

幽州。《晉書·地理志》：苻堅幽州刺史鎮薊城。《載記》：慕容儁將慕輿長卿等率衆七千，入自軹關，攻幽州刺史張哲於裴氏堡。生遣鄧羌拒之，戰於堡南，大敗長卿，獲之。堅滅慕容暐，以郭慶爲幽州刺史，鎮薊。梁讜亦爲幽州刺史，鎮薊。（建元十六年）堅以苻重鎮薊，堅遣幽州刺史苻洛率幽州兵十萬討代王涉翼犍，又遣後將軍俱難等東出和龍西北上郡，與洛會於涉翼犍庭，犍戰敗，遁弱水，洛逐之，又退還陰山。案：北弱水近陰山，非肅州之弱水。考《山海經》，有弱水西入洛。《太平寰宇記》謂之吃莫川，云不勝筏，今在靖邊縣境。洛率衆十萬發和龍，將圖長安。堅遣呂光討之，使石越自東萊出石逕襲和龍。苻重亦盡薊城之衆會洛兵於中山。衝等與洛戰於中山，大敗之，執洛。呂光追斬苻重於幽州。石越克和龍，斬平顏。堅以梁讜爲幽州刺史，鎮薊城。又堅幽州刺史王永，平州刺史苻沖頻爲慕容垂所敗，遣昌黎太守宋敞焚和龍、薊城宮室。《後秦録》：堅以姚萇爲寧、幽、兖三州刺史。苻丕（建元二十一年）以苻謨爲幽州牧，苻亮督幽、平二州諸軍事。領漢郡四、晉郡一。

燕國。前秦領縣十。【略】

范陽郡。《晉書》：堅出慕容評爲范陽太守。領縣八。【略】

北平郡。《晉書》：堅北平太守皇甫傑。領縣四。【略】

廣寧郡。前秦領縣三。【略】

代郡。《晉書》：苻堅使將苻洛攻代，執代王涉翼犍。堅以韓允領護赤沙中郎將，移烏桓府於代郡之平城。領縣四。【略】

平州。《晉書·地理志》：苻堅滅燕之後分幽州置平州。《載記》：堅。（建元十六年）分幽州置，以石越爲平州刺史，鎮龍城。平州刺史苻沖。（建元二十一年）苻丕平州刺史王兖、宋敞。領漢郡四，魏郡二。

昌黎郡。《晉書》：堅昌黎太守王縕、宋敞。領縣五。【略】

遼東郡。《晉書》：咸安元年，苻堅伐慕容桓於遼東，滅之。堅遼東太守趙讚。領縣十三。【略】

樂浪郡。前秦領縣六。【略】

玄菟郡。前秦領縣三。【略】

帶方郡。前秦領縣七。【略】

遼西郡。《晉書》：堅遼西太守工琳。領縣四。【略】

涼州。《晉書》：（建元三年）苻堅以彭越爲涼州刺史，鎮枹罕。又姜宇爲涼州刺史。堅徙涼州治金城。堅將苟萇陷涼州，虜刺史張天錫，盡有其地。堅以梁熙爲涼州刺史，鎮姑臧。領漢郡八、新置郡二、護軍一。案：前涼所建置州郡，至苻秦時或已并省。今所録皆據《前秦録》、前秦《載記》所有者，餘不敢列入。下河州等均視此。

西平郡。《晉書》：苻丕封苻沖爲西平王。領縣四。【略】

武威郡。《晉書》：堅武威太守姚萇、彭濟。（建元二十一年）濟執涼州刺史梁熙，迎呂光，光殺之。《法苑珠林》：堅武威太守趙正。領縣九。【略】

張掖郡。《晉書》：堅以慕容德爲張掖太守，又張掖太守苻昌。領縣四。【略】

西郡。《晉書》：堅西郡太守索泮，《通鑑》作『宋』。爲呂光所殺。領縣五。【略】

酒泉郡。漢置。《晉書》：（堅建元二十一年）梁熙遣子允率衆距呂光於酒泉郡，堅酒泉太守宋皓爲光所殺。領縣九。【略】

敦煌郡。《晉書》：堅徙江漢流人萬餘户於敦煌，及中州，不闢田疇，民七千餘户。（建元二十一年）敦煌太守姚靜以郡降呂光。十二年，敦煌太守蘇膺。領縣十二。【略】

涼興郡。前秦領縣三。【略】

西海郡。《晉書》：堅徙苻洛於西海郡。（建元二十一年）堅涼州刺史梁熙殺洛於西海郡。領縣一。【略】

高昌郡。《晉書》：堅以楊幹爲高昌太守，幹以郡降呂光。領縣一。【略】

晉昌郡。前涼置。《晉書》：堅。（建元二十一年）晉昌太守李純以郡降呂光。案：《元和郡縣志》：張駿以西胡校尉楊宣爲沙州刺史，後三年宣讓，州復改爲敦煌郡。疑前秦時敦煌郡所屬諸縣已歸敦煌，晉昌郡所屬縣當止惠帝時別立會稽、新鄉二縣也。俟再考。領縣二。【略】

河州。《晉書》：苻堅以李儼爲河州刺史，鎮武始。儼卒，堅復以儼子辯爲河州刺史。堅又以刺史李辯領興晉太守，鎮枹罕。堅以毛興爲都督河、秦二州諸軍事、河州刺史，鎮枹罕。（建元二十一年）苻丕以興爲河州牧。益州牧王廣攻興於枹罕，興遣衛平等襲敗之。王統復遣兵助廣，興又敗之。廣亡，奔秦州，枹罕諸氏叛。毛興推衛平爲河州刺史。領漢郡三、晉郡一、前涼郡一。

金城郡。漢置。《晉書》：堅以趙凝爲金城太守。領縣六。【略】

武始郡。《晉書》：河州刺史李儼，鎮武始。領縣一。【略】

南安郡。《晉書》：堅南安太守邵羌。苻丕封苻登爲南安王。《前秦録》：苻登率衆五萬，東下隴右，據南安。《北史·常爽傳》：祖珍，苻堅南安太守。領縣三。【略】

隴西郡。《晉書》：堅隴西太守姜衡。領縣三。案：《晉書·地理志》：張駿分興晉等八郡爲河州，有漢中郡，無隴西郡。今考苻堅時梁州刺史鎮漢中，河州刺史鎮枹罕，是堅時河州屬郡，有隴西無漢中也。案：堅平張氏後，隴西一郡始蓋屬涼州，後更屬河州也。郡縣割裂，時時不同，惟合諸書考之，方得實耳。他皆倣此。有白石故縣。《圖經》稱《十六國春秋》：苻堅建元三年張天錫攻李儼於枹罕，王猛馳救，使姜衡屯白石【略】

晉興郡。《前秦録》：堅以李辯爲河州刺史，領興晉太守。領縣可考者二。案：他書亦作『晉興』，今詳所領二縣，則作『晉興』是也。【略】

廣武郡。前涼分隴西郡。《晉書》：堅廣武太守慕容納。領縣五。

案：此郡從前涼屬秦州。【略】

梁州。《晉書》：寧康元年苻堅遣王統、朱彤率卒二萬爲前鋒寇蜀。毛當、徐成入自劍閣，楊亮率巴獠萬餘拒之，戰於青谷，王師不利，亮奔固西城。朱彤乘勝陷漢中，徐成又攻二劍，克之。楊安陷梓潼及梁、益二州。堅以楊安都督益、梁諸軍事。梁州刺史。堅克梁、益，以毛當爲梁州刺史，鎮漢中。堅梁州刺史韋鍾圍魏興太守吉挹於西城。堅梁州刺史潘猛棄漢中奔長安。苻丕以竇衡爲梁州牧。太初二年苻登以楊璧爲梁州牧。領漢郡二、魏郡三、晉郡一。

漢中郡。前秦領縣八。【略】

魏興郡。《晉書》：苻堅遣梁州刺史韋鍾寇魏興，晉將毛武生救之，與堅校尉姜宇等戰於南縣，王師敗績。韋鍾攻陷魏興，執太守吉挹。《桓沖傳》：沖遣上庸太守郭寶伐堅，魏興太守褚垣、上庸太守段方並降之。領縣六。【略】

新城郡。《晉書·桓沖傳》：苻堅新城太守麴常遁走。領縣四。【略】

上庸郡。前秦領縣五。【略】

梓潼郡。《晉書》：寧康元年，楊安進據梓潼。苻堅以裴元略爲巴西、梓潼二郡太守，壘襲以涪城來降。領縣五。【略】

新都郡。前秦領縣五。【略】

益州。《前秦録》：鄧羌平益州，勒銘岷山而還。《晉書》：寧康元年，苻堅以王統爲益州刺史。（建元九年）楊安進兵陷益州。於是西南夷、邛莋、夜郎等皆歸之。堅以安爲益州牧，鎮成都。（建元十年）蜀人張育、楊光等起兵與巴獠相應，叛於堅。育自號蜀王，遣使歸順。晉與巴獠酋帥張重、尹萬等進圍成都。堅遣鄧羌與楊安等擊敗之。育退屯綿竹，安又敗張重、尹萬於萬都。南重死之。鄧羌復擊張育、楊光於綿竹，皆害之。（十六年）堅以苻洛都督益、寧諸軍事、益州牧，鎮成都，命從伊闕自襄陽溯漢而上，堅益州刺史王廣，廣以蜀人江陽太守李丕。《晉·紀》『丕』作『平』。爲益州刺史，守成都。廣帥所部奔還隴西，晉蜀郡太守任權攻拔成都，斬丕，復取益州。（二十一年）苻丕以王廣爲益州牧，廣奔其兄秦州刺史王統。（太初二年）苻登以楊定爲益州牧。領漢郡一、蜀漢郡一。案：苻秦時益州當止得蜀、江陽二郡，餘俱屬晉也。

蜀郡。前秦領縣四。【略】

江陽郡。《晉書》：江陽太守李丕。領縣四。【略】

寧州。《晉書》：寧康元年，苻堅以姚萇爲寧州刺史，領西蠻校尉，屯墊江。晉益州刺史竺瑤等率衆攻墊江。姚萇兵退，屯五城。堅以姜宇爲寧州刺史。領漢郡三、蜀漢郡一。案：苻秦末嘗得寧州地。今考《前秦録》及《載記》云：寧州刺史屯墊江。又云：退屯五城，是苻秦以梁州所屬三巴及廣漢郡別置州，遥取寧州之名耳。

巴郡。前秦領縣四。【略】

巴西郡。《晉書》：苻堅巴西太守康回。領縣九。【略】

巴東郡。前秦領縣四。【略】

廣漢郡。前秦領縣一。案：《晉書·地理志》：廣漢郡領三縣。今考廣漢、德陽，桓温平蜀後，已移屬遂寧郡。則苻秦廣漢郡當僅得五城一縣也。【略】

兗州。《晉書·地理志》：苻堅時兗州刺史，鎮倉垣。《圖經》：苻秦兗州刺史，鎮鄄城。《載記》：堅兗州刺史梁成、彭超。《水經注·河水下》：鄄城南有鄧艾廟，廟南有碑。秦建元十二年，廣武將軍、沇州刺史、關内侯安定彭超立。姚萇太元八年，晉劉牢之伐兗州。堅刺史張崇棄鄄城，奔慕容垂。領漢郡四。

陳留郡。前秦領縣十。【略】

東燕郡。前秦領縣四。【略】

濟陽郡。前秦領縣九。【略】

濮陽國。前秦領縣三。【略】

南兗州。《晉書》：苻堅以苻暉都督豫、洛、荆、南兗、東豫、揚六州諸軍事。又以毛盛爲兗州刺史，鎮湖陸。《通鑑》注：秦南兗州，鎮湖陸，領漢郡二、晉郡一。

高平國。前秦領縣七。【略】

東平國。《晉書》：苻堅東平太守楊光。領縣七。【略】

濟北郡。《晉書》：堅濟北太守申紹。領縣五。【略】

青州。《晉書·地理志》：慕容恪滅趙，剋青州。苻氏平燕，盡有其地。及苻氏敗後，刺史苻朗以州降。《載記》：苻堅徙陳留、東阿萬户以實青州。苻堅時青州刺史韋鍾、苻朗。晉遣淮陰太守高素伐青州，朗詣謝玄降。領漢郡五、魏郡一、晉郡二。

齊郡。前秦領縣六。《北史·崔逞傳》：父瑜，苻堅以爲齊郡太守。【略】

濟南郡。前秦領縣五。【略】

樂安國。《晉書》：苻朗封樂安男。領縣八。【略】

高密郡。領縣三。《晉書》：堅高密太守毛璪之。【略】

平昌郡。魏置，後廢。《地形志》：晉惠帝復。前秦領縣三。【略】

東萊國。前秦領縣七。《北史·寇讃傳》：父修之，苻堅東萊太守。【略】

東牟郡。前秦領縣一。【略】

長廣郡。前秦領縣六。【略】

荆州。《晉書·地理志》：苻健荆州刺史，鎮豐陽。《桓温傳》：健荆州刺史郭敬。及堅時，移鎮襄陽。《載記》：（建元二年）苻堅使王猛等率衆二尤寇荆州北鄙諸郡，掠漢陽尤餘户而還。（十四年）堅遣苻丕等寇襄陽，使楊安將樊、鄧之衆爲前鋒，石越率精騎出魯陽關，慕容垂、姚萇出自南鄉，苟池等從武當繼進，大會漢陽，師次沔北。晉南中郎將朱序固守中城。丕率諸將進攻之。遣苟池以衆五萬屯於江陵。晉桓沖憚池等，不進，保據上明。丕又圍襄陽。苻叡遣慕容垂及石越爲前鋒，次於沔水，沖懼，退還上明。慕容暐屯鄖城。姜成等守江口。晉隨郡太守夏侯澄攻成，斬之。堅荆州刺史都貴遣閻振等寇竟陵，留輜重於管城。桓沖遣南平太守桓石虔、竟陵太守郭銓等拒之，戰於滶水。振等大敗，退保管城。石虔乘勝攻破之，斬振等。又苻堅荆州刺史梁成、皇甫覆。凡領漢郡一、魏郡一、晉郡二。案：荆、徐、揚三州，苻堅時尚皆屬晉。或攻得一二郡，即便立州及州治所在，以領之，非若青州等郡云。苻氏平燕，盡有其地也。今止據《前秦録》及《載記》等所有者録入，與《東晉疆域志》可參考焉。

襄陽郡。《晉書》：太元四年。（堅建元十五年），苻丕陷襄陽，執朱序，送於長安。（十九年）晉桓沖等攻襄陽，遣劉波等攻沔北諸城。沖別將攻萬歲城，拔之。堅遣子叡及慕容垂等救襄陽。《桓沖傳》：沖使桓石虔伐堅，襄陽太守閻震擒之。領縣八。【略】

南陽郡。《晉書》：（建元十四年）慕容垂拔南陽，執太守鄭裔，與苻丕會襄陽。領縣十四。【略】

順陽郡。《晉書·周虓傳》：堅攻陷順陽，執太守丁穆。《前秦録》：秦兵寇南鄉，拔之，山蠻三萬户降秦。案：晉武帝改南鄉爲順陽。《通鑑》舉舊名也。領縣七。【略】

新野郡。領縣可考者一。【略】

徐州。《晉書・地理志》：苻堅時，徐州刺史鎮彭城。《載記》：（建元十四年）苻堅遣後將軍俱難等帥步騎七萬寇淮陰、盱眙，揚武，彭越寇彭城。堅時，徐州刺史彭越、毛當、趙遷。太元八年，遷棄彭城，奔還晉，謝玄進據彭城。領漢郡五。

彭城國。《晉書》：堅徐州趙遷棄彭城，奔還。謝玄前鋒張願追及於碭山。遷轉戰，免玄，進據彭城。晉沛郡太守戴遂率衆數千戍彭城。太元四年，謝玄率衆次泗汭，將救彭城。戴遂率彭城之衆奔玄。堅以毛當爲徐州刺史，鎮彭城。領縣可考者二。【略】

東海郡。《北史・韋閬傳》：閬從叔道福，父罷事堅，爲東海太守。縣無考。

琅邪郡。《前秦録》：苻堅以徐攀爲琅邪太守。樊，徐統子。案：《晉書・地理志》：琅邪郡統縣九。今據沈《志》東晉時所有者列入。【略】

廣陵郡。《晉書》：彭越等攻晉幽州刺史田洛於三阿，去廣陵百里。晉遣謝石率水軍次於涂中。毛安之、王曇之次堂邑。謝自廣陵救三阿。堅將毛當等襲安之，王師敗績。玄率衆三萬，次白馬塘。俱難、都顏逆戰於塘西，大敗之。玄進兵至三阿，與俱難等戰，難等又大敗。領縣可考者一。【略】

臨淮郡。前秦領縣可考者一。【略】

揚州。《晉書》：太元五年。（堅建元十五年），苻堅以王顯爲揚州刺史，戍下邳。（八年）堅將梁成與揚州刺史王顯率衆屯洛澗，柵淮以遏東軍。晉遣謝石等距苻融，去洛澗二十五里，憚成不進。晉將胡彬保硤石。晉將劉牢之夜襲梁城壘，克之，斬成王顯、王詠等十將。張蚝敗謝石於肥南。蚝列陣逼肥水。《晉書》：王師乘勝追擊堅軍至青岡。領漢郡二。

下邳郡。前秦縣可考者一。【略】

淮南郡。《晉書》：太元八年，入前秦，是年晉復取壽陽，執堅淮南太守郭褒。領縣可考者二。

後秦

清・徐文范《東晉南北朝輿地表・年表》卷首　癸亥

燒當之後，時居秦州南安郡，置赤亭，世為羌酋，雄洮、罕間。

又　卷三　甲午

時有雍州，全，京兆、馮翊、扶風、咸陽、隴東、始平、新平、北地、安定、上郡、平涼、趙平，凡十二郡。【略】

丁酉

時有晉雍州，全，京兆、咸陽、馮翊、扶風、始平、安定、隴東、平涼、上郡、趙平，有晉司州之弘農、華山、上洛、河東、安邑、河北、平陽，有晉秦州之天水、略陽，凡二十一郡。【略】

辛丑

時有晉雍州，全，京兆、咸陽、始平、華山、馮翊、扶風、上郡、隴東、安定、平涼、趙平，司州之河東、河北、安邑、平陽、泰平、上洛、弘農、河南、滎陽，兗州之陳留，荆州之南鄉、順陽、新野、隨，豫州之汝南、新蔡、南頓、襄城、梁、陳，秦州之天水隴西、南安、略陽。有實郡三十四。以幷、冀二州牧鎮蒲阪，豫州刺史鎮洛，兗州刺史鎮倉垣。置司隸於長安，分領北安定、平涼、趙平、隴東、上郡。置雍州，治安定郡。【略】

辛亥

時有晉雍州，全，京兆、咸陽、始平、馮翊、扶風、安定、隴東、平涼、趙平、長城十郡，司州之河南滎陽、弘農、上洛、華山、河東、安邑、河北八郡，秦州之隴西、天水，豫州之汝南、新蔡、汝陽、南頓、襄城，兗州之陳留、潁川，凡二十七郡。

清・洪亮吉《十六國疆域志》卷五《後秦》　案：後秦亦稱『東秦』。胡三省云：時乞伏氏建國隴西，號『秦』，故史書姚秦爲『東秦』以別之。

司隸校尉部。《晉書・地理志》：興分司隸，領北五郡。《載記》：萇以弟征虜緒爲司隸校尉，鎮長安。興司隸校尉郭撫尹緯。泓司隸校尉姚紹。案：司隸所領，蓋三輔、始平、咸陽五郡。

京兆郡。《晉書・載記》：萇京兆太守韋範。興京兆尹尹昭。凡領舊縣七、新置縣二。【略】

馮翊郡。後秦領縣六。護軍四。祋祤故縣有姚萇殿。《長安志》：姚萇殿在華原縣西北七十五里鳳遊鄉。又翟道故縣有彭沛穀堡、彭沛穀，苻秦時盧水胡也。立堡于二縣，附於苻登。太元十三年，爲姚萇所敗，奔香城。此其故堡云。大蘇堡。《圖經》：姚秦時戍守處。【略】

扶風郡。《晉書·載記》：扶風太守强超。永和元年，扶風太守姚雋降姚恢。領縣七、僑縣一。有新支堡。《後秦録》：建初八年，萇如長安，至於新支堡，疾篤，輿疾而進。【略】

始平郡。《晉書·載記》：興始平太守姚詳、周班、慕容鍾。領縣五。【略】

咸陽郡。《晉書·載記》：興咸陽太守劉忌奴，據避世堡叛，興襲擒之。領縣五。【略】

雍州。《晉書·地理志》：興置雍州刺史，鎮安定。《載記》：興以子弼爲雍州刺史，鎮安定。又雍州刺史楊佛嵩。案：《晉書·載記》：姚恢率安定鎮户三萬八千，焚燒宫宇，以車爲方陣，自北雍州趣長安。今考安定距長安僅四百餘里，中爲新平、咸陽諸郡。興既以雍州鎮安定，則雍州部已與司隸部相接，無容更有北雍州。疑京兆等五郡興雖立爲司隸部，土人尚仍舊名，呼爲『雍州』，而以興所立安定之雍州爲北雍州耳。觀《晉書·載記》：文法自見。又案：河東等郡，苻氏曾立爲雍州，興時雖改置幷、冀二州，土人或尚有『雍州』之稱。此言北雍州，所以別苻氏之雍州耳。凡領漢郡四、新置郡三、都尉部一。

安定郡。《後秦録》：太元九年，萇略地至安定，嶺北諸城盡降之。建初九年七月，萇如安定。二年徙秦州三萬户於安定。《晉書·載記》：萇擊平涼胡金熙、鮮卑没奕干於安定，大破之。萇使姚碩德鎮安定。萇大敗苻登於安定郡東。興以姚緒鎮安定。皇初元年，興如安定。弘始十七年，泓命姚恢殺安定太守呂超。是年，興徙李閏羌三千家於安定，尋徙新支。泓永和元年，姚恢棄定安，率户五千奔新平。姚紹、姚恢等討勃勃，勃勃自雍縣退保安定，郡人胡儼等閉門拒之，據郡降紹。領縣十三。又《北史·恩倖·孫小傳》：父瓚，姚泓安定護軍。【略】

北地郡。《晉書·載記》：萇進屯北地。北地太守段鏗。（弘始十七年）興自長安入北地。泓北地太守毛雍。領縣三、護軍一。有趙氏塢、北地太守毛雍據趙氏塢以叛，姚紹討擒之。劉回堡。《宋書·王鎮惡傳》：勃勃寇逼北地，沈田子距之，虜甚盛，田子屯劉回堡。【略】

新平郡。《後秦録》：太元九年，萇遣諸將攻新平，剋之。萇自故縣如新平，吳忠執堅送之。慕容沖遣車騎大將軍、尚書令高蓋來戰於新平，大破之，蓋率麾下數千人來降。建初八年，苻登將金槌以新平降萇。弘始十七年，《晉書·載記》：興遣子弼至新平謀討勃勃。勃勃將赫連建寇新平，姚弼破之，姚恢自安定奔新平。安定人胡儼等拒之，恢單騎歸長安。《元和郡縣志》：姚萇之亂，百姓夷滅。此地郡縣並無理。所領縣二。【略】

平涼郡。《晉書·載記》：（弘始十一年）興自平涼如朝那。（十二年）勃勃遣將胡鑫纂攻平涼。興如貳城以救之。纂衆大潰，生擒之。（十七年）勃勃遣騎寇平涼，太守姚周都爲赫連建所獲。領縣三。【略】

長城郡。後秦領縣二。【略】

平原郡。《地形志》不注置立。案：《夏録》：赫連據平原，及魏軍進攻平原云云。又《御覽·職官部》引《十六國春秋》：索稜，燉煌人，姚萇甚重之，後爲平原太守。今考郡當非赫連氏所立。赫連氏承後秦，則此郡後秦所置也。今附於此。領縣一。【略】

趙興郡。《晉書·載記》：後將軍斂成爲羌所敗，甚懼，詣趙興太守姚穆歸罪，穆欲送殺之。成怒，奔赫連勃勃。案：趙興郡疑石氏所立，苻、姚仍之。《地形志》：幽州有趙興郡，云：眞君二年置。容石氏立，後中廢，北魏時復立也。所領陽周、獨樂二縣。並云：前漢屬上郡。後漢、晉罷，後復屬。今考晉無上郡，此云『後復屬』者，疑石氏立趙興郡，復置二縣以屬之，故地志云然耳。姑附記此，俟再考。領縣二。【略】

中部都尉部。《地形志》：中部姚興置。《太平寰宇記》：魏晉戎翟所居，後秦姚興於今理南十八里置中部都尉部。領縣一。【略】

秦州。《晉書·載記》：（建初元年）萇如秦州，與堅刺史王統相持。統降萇，以弟碩德爲秦州刺史，鎮上邽。萇復如秦州，爲苻登所敗。興以碩德爲秦州牧，鎮上邽。魏人襲没奕干，干率部衆與赫連勃勃奔秦州。秦州刺史姚嵩興使子弼鎮秦州，楊盛攻陷祁山，遂逼秦州。泓遣姚平救之，盛引退。（泓永和元年）勃勃攻陷陰密，執秦州刺史姚軍都，乞伏曇達擊泓秦州刺史姚艾於上邽，破之。《太平御覽》稱《後秦録》：姚泓永和元年，秦州地陷裂，巖嶺崩墜，人舍壞，凡統舊郡二、增置郡二。

天水郡。《晉書·載記》：姚萇自安定引會姚碩德，攻前秦秦州刺史王統天水。萇天水太守王松忿。苻登攻萇天水太守張業生於隴東，萇救之，登引去。《北史·趙逸傳》：兄温爲姚泓天水太守。領縣六。《圖經》：萇僑置天水郡于涇陽。【略】

略陽郡。《晉書·載記》：（弘始十二年）勃勃寇清水，太守姚壽都委守奔秦州。泓略陽太守王煥、姚龍。領縣六。【略】

隴東郡。《晉書·載記》：（皇初四年）武都氐屠飛、啖鐵等殺隴東太守姚迴。（弘始十二年）隴東太守郭播。領縣三。【略】

廣武郡。《後秦録》：姚碩德從金城濟河，直趣廣武。《晉書·載記》：興封禿髮傉檀爲黄廣武公。領縣五。【略】

涼州。《晉書·載記》：興涼州刺史王尚。（弘始八年）興以禿髮傉檀爲涼州刺史，徵王尚還長安。《後秦録》：弘始四年五月，興遣大將軍、隴西王碩德率步騎六萬伐呂隆於涼州。九月，隆奉表請降。興以隆爲鎮西將軍、涼州刺史、建康公。凡統郡可考者七。

西平郡。《後秦録》：吐蕃傉檀據西平。《晉書·載記》：禿髮利鹿孤據西平，遣使降興。領縣四。【略】

武威郡。《晉書·載記》：姚碩德表姜紀爲武威太守，據晏然。領縣四。【略】

武興郡。前涼置。後秦縣可考者一。【略】

張掖郡。《晉書·載記》：沮渠蒙遜據張掖，遣使降興。興拜蒙遜沙州刺史、西海侯。領縣四。【略】

昌松郡。《晉書·載記》：興昌松太守閻松。領縣三。【略】

番禾郡。《晉書·載記》：興番禾太守郭將。領縣一。【略】

敦煌郡。《晉書·載記》：李暠據敦煌，遣使降興。領縣六。【略】

高昌郡。《晉書·載記》：興以李嵩爲高昌侯。領縣一。【略】

河州。《晉書·載記》：（弘始二年）興以乞伏乾歸爲河州刺史。（九年）禿髮傉檀招秦河州刺史彭奚念阻河以叛。興遣姚弼等伐傉檀，傉檀退保河曲。凡統郡可考者四。

隴西郡。《晉書·載記》：興封姚碩德爲隴西王。隴西内史索稜。（泓永和元年）太守姚秦都。領縣四。【略】

金城郡。《晉書·載記》：（建初五年）萇以王達爲金城太守。（皇初四年）鮮卑薛勃叛，圍興將姚詳於金城，興遣姚崇、尹緯討之，興自討勃勃。勃勃懼棄衆奔高平公没奕干，干執送之。（弘始五年）興遣將趙曜率衆二萬，西屯金城。姚弼等拒傉檀。自金城郡濟。（十二年）乞伏乾歸以衆叛，攻陷金城，執太守任蘭，蘭不食死。領縣六。【略】

武始郡。後秦領縣一。【略】

南安郡。後秦領縣三。有祁山、楊盛叛興，遂擾祁山。泓永和元年，盛攻陷祁山，執王總。鶩陝、興將姚恢等討楊盛，入自鶩陝。羊頭陝、秦州刺史姚嵩帥師入羊頭陝。赤亭。《後秦録》：姚弋仲，南安赤亭羌人也。九世祖郝内附，漢處之赤亭。《晉書·載記》：姚訓據南安之赤亭。【略】

南秦州。後秦統郡三。案：後秦南秦州。《晉書·載記》及《後秦録》雖無可考，然所統武都、仇池等郡，皆見著録，則亦沿苻秦之舊可知，故列此。

武都郡。後秦領縣四。有方山。武都氐屠飛、啖鐵等據方山以叛秦。興遣姚紹等討之，斬飛、鐵。祝穆《方輿勝覽》：方山在武都郡東西四十里。【略】

仇池郡。《晉書·載記》：（弘始六年）興遣姚碩德等伐楊盛於仇池，盛遣弟壽距之。壽懼降，碩德還師。（七年）復使姚碩德、徐浴生等伐仇池。盛懼，請降。領縣四。【略】

陰平郡。後秦領縣二。【略】

并州、冀州。《晉書·地理志》：苻堅、姚興、赫連勃勃并州並徙置河東。又姚興以河東爲并、冀二州。又云：興以并、冀二州牧鎮蒲坂。《載記》：并州牧姚懿，并州刺史尹昭。《後秦録》：并州刺史尹昭以蒲坂降。二州共統舊郡四、新置郡一。

河東郡。《晉書·載記》：慕容永河東太守柳恭降興。姚緒鎮河東。（弘始元年）興如河東，魏平陽太守貳塵入侵河東。（二年）興遣姚平等伐魏，軍次河東。魏遣王洛生屯於河東爲泓聲援。泓太守唐小方。領縣八。有乾城、姚平攻魏乾城，陷之。一名『乾壁』。新坂、《北史》：魏南絶蒙阬之口，東杜、新坂之隘，守天度，屯賈山。汾水。《北史》：魏截汾曲爲南北

浮橋。【略】

河北郡。《圖經》：秦分河東立河北郡。《晉書・載記》：泓河北太守薛帛。《北史・薛辯傳》：仕姚興，歷河北太守。領縣一。【略】

弘農郡。《晉書・載記》：（皇初四年）晉弘農太守陶仲山降興。（永和元年）姚讚以尹雅爲太守，守潼關。領縣五。【略】

華山郡。《晉書・載記》：（皇初四年）晉華山太守董邁降興。（弘始九年）華山郡地涌沸，廣袤百餘步，燒生物皆熟，歷五月止。案：郡蓋東晉時分立。領縣四。【略】

平陽郡。《晉書・載記》：平陽太守姚成都。（泓永和元年）并州定陽二城胡數萬落叛泓，入於平陽，推匈奴曹弘爲大單于。姚懿討弘，戰於平陽，大破之，執弘送長安。領縣十二。【略】

荆州。《晉書・載記》：（弘始五年）興遣荆州刺史趙曜迎彭泉。興遣荆州刺史桓謙、梁州刺史譙道福寇江陵，又遣將苟林會之。謙屯支江津，與晉雍州刺史魯宗之等戰於支江。謙敗績，爲晉所斬。林引歸。興將姚成王救司馬休之等至南陽。凡統郡可考者六。

上洛郡。《晉書・載記》：（皇初四年）興進寇上洛，陷之。安鄉侯康宦驅掠白鹿原，氐胡數百家奔上洛。上洛太守宋林距之。案：前秦以荆州刺史鎮豐陽，後始改爲洛州。今考姚秦無洛州，則上洛當仍屬荆州也。領縣四。【略】

南鄉郡。《晉書・載記》：趙曜等攻陷南鄉，擒晉將劉嵩，略地至梁國。（弘始七年）晉求南鄉諸郡，興割南鄉及順陽、新野、舞陰等十二郡歸之。案：沈約、魏收並云：魏武分南陽立南鄉，晉武帝改曰順陽郡。惟沈約又云：晉成帝咸康四年復立南鄉郡，後復舊。是咸康四年後南鄉、順陽二郡並立可知。又考東晉時荆州所屬惟南陽、襄陽、順陽等三四郡，爲苻姚所侵擾，餘皆阻遠，非敵鋒所及。姚秦所得荆州屬郡必不應至十二之多，疑內有豫、兗、徐等州所屬郡，但無明文可考耳。舞陰爲南陽屬邑，亦非郡名，或姚秦時得荆州一縣卽置作郡，示疆宇恢廓，且羈縻降人也。領縣可考者一。【略】

襄陽郡。領縣可考者一。《太平御覽》稱：車頻《秦書》：苟萇圍襄陽，作飛雲車，攻城，克之。【略】

順陽郡。《後秦録》：興弘始五年，晉順陽太守彭梁以郡降興。領縣可考者一。【略】

新野郡。領縣可考者一。【略】

舞陰郡。案：當屬後秦時所立。領縣可考者一。【略】

豫州。《晉書・地理志》：興以豫州牧鎮洛陽。《載記》：豫州牧姚洸。凡統郡可考者四。

河南郡。《晉書・載記》：河南太守慕容筑。案：《秦書・康絢傳》：絢祖穆爲姚萇河南尹，則後秦亦嘗置河南尹也。領縣十三。【略】

滎陽郡。後秦領縣可考者二。【略】

潁川郡。《晉書・載記》：（弘始十二年）潁川太守姚平都姚垣。案：前秦潁川等郡分屬東豫州，後秦無東豫州，當並屬豫州也。領縣九。【略】

新蔡郡。《晉書・載記》：新蔡太守董遵固守不降，晉檀道濟攻破之。遵不屈，死。領縣五。【略】

徐州。《晉書・載記》：泓徐州刺史姚掌以項城降檀道濟。案：此則徐州刺史鎮項城也。統郡可考者二。

梁國。後秦領縣三。《晉書》殷浩表襄爲梁國內史。【略】

譙郡。後秦領縣可考者一。【略】

兗州。《晉書・地理志》：興以兗州刺史鎮倉垣。《載記》：興兗州刺史司馬國璠。統郡可考者一。

陳留郡。後秦領縣十。【略】

梁州。

漢中郡。《晉書・載記》：（皇初四年）興遣狄伯支迎流人曹會、牛壽萬餘户於漢中。（弘始七年）興遣將斂俱寇漢中，俱徙漢中流人郭陶等三千家於關中。晉梁州督護苻宣入漢中，興梁州別駕呂營等起兵應宣。領縣八。【略】

南梁州。《晉書・載記》：（弘始儿年）晉梁州督護苻宣入漢中。興梁州別駕呂營等應之，求救於楊盛。盛遣軍至瀘口。南梁州刺史王敏退守武興。（十年）興遣敏救譙縱。統郡一。

武興郡。前涼置。後秦領縣可考者一。

後蜀

清·洪亮吉《十六國疆域志》卷六《後蜀》

益州。《晉書·惠帝紀》：永寧二年三月，李特攻陷益州。荆州刺史宋岱擊特，斬之，傳首京師。夏四月，特子雄復據益州。《地理志》：帝之後李特僭號於蜀，稱漢益州郡縣皆没於特。李特又分漢嘉、蜀二郡立沈黎、漢原二郡。崔鴻《十六國春秋·蜀録》：建初元年，特既見殺，流自稱大將軍、益州牧。九月流薨，雄稱大將軍、益州牧，治郫城。樂史《太平寰宇記》稱崔鴻《十六國春秋·蜀録》：李難定成都，嚴樫爲蜀郡太守，雄卽王位，還益州刺史。凡統舊郡五、增置郡二、縣二十七。

蜀郡。《晉書·載記》：蜀郡太守徐儉以小城降，特以李瓘爲蜀郡太守。領縣四。【略】

漢原郡。沈約《宋書·州郡志》：李雄分蜀郡爲漢原郡。《晉書·地理志》言李特置。領縣二。【略】

犍爲郡。《蜀録》：羅尚緣水作營，自都安至犍爲七百里，與特相拒。《晉書·載記》：李驤攻犍爲，斷尚運道，雄以李薄爲犍爲太守。勢遣李福、昝堅等數十人從山陽趣合水，拒桓温、昝堅，到犍爲方知與温異道。領縣五。【略】

汶山郡。《後秦録》：李雄渡江，害晉汶山太守陳圖。《通鑑》：期以弟保爲汶山太守。領縣八。【略】

漢嘉郡。《晉書·載記》：雄南得漢嘉、涪陵遠人，繼至壽，徙李乾爲漢嘉太守。領縣三。【略】

沈黎郡。沈《志》稱《蜀記》云：漢武帝元鼎十年，分蜀西部邛筰爲沈黎郡。十四年罷。案：元鼎止六年，云十年，非也。《晉書·地理志》：李特又分漢嘉郡立沈黎郡。領縣四。【略】

江陽郡。《晉書·載記》：辛冉憚特不敢進，冉智力既窘，亡奔江陽。雄軍饑甚，乃率衆就穀於郪。蜀人流散，東下江陽，南入七郡。《蜀録》：雄子車騎將軍越自江陽奔喪。領縣三。【略】

梁州。《晉書·地理志》：梁州郡縣没於李特。永嘉中又分屬楊茂搜。其晉人流寓於梁、益者，仍於二州立南、北二陰平郡。《載記》：梁州刺史許雄遣軍攻特，特陷破之。雄。（晏平二年）遣李國、李雲等率衆二萬寇漢中，梁州刺史張殷奔長安。雄復遣李離寇梁州。（玉衡四年）雄以李鳳爲梁州刺史。（八年）鳳叛，誅之，以李壽爲梁州刺史。《通鑑》：成帝咸和三年，雄以李玝爲梁州刺史，代壽，屯晉壽。案：《後蜀録》作『以玝爲梁州牧』。九年，期又以壽爲梁州刺史，屯涪。咸康四年，壽以任調爲梁州刺史。凡統舊郡六、增置郡二、縣四十三。

漢中郡。《後秦録》：建興元年，李離攻漢中，轉寇梁州。《晉書·載記》：晉建威將軍司馬勳屯漢中。期遣李壽攻而陷之。《通鑑》：梁州人張咸以漢嘉、涪陵、漢中之地歸雄。《雄和郡縣志》：晉末李特據蜀、漢中，又爲所有，桓温討平之。領縣八。【略】

梓潼郡。《晉書·惠帝紀》：永寧元年，李特陷梓潼、巴西。《懷帝紀》：永嘉三年，李雄別帥劉羡以梓潼歸順。四年，李雄陷梓潼，流梓潼太守李離。《載記》：（雄晏平四年）李離據梓潼，爲部將張金苟等所殺，以梓潼歸於羅尚。雄遣張將寶襲梓潼，陷，以寶爲太守。《蜀録》：特稱益州牧，以雄鎮梓潼。領縣八。【略】

廣漢郡。《晉書·惠帝紀》：永寧元年，太尉、河間王顒遣將衙博擊李特於蜀，爲特所敗，遂陷梓潼、巴西，害廣漢太守張徵，自號大將軍。《載記》：永康中，特攻辛冉於廣漢，冉衆出戰，特每破之，冉奔江陽，特入據廣漢，以李超爲太守。壽廣漢太守解思明、李乾。領縣八。【略】

德陽郡。《晉書·載記》：永寧元年，朝廷以張徵爲廣漢太守，進屯德陽。特攻徵，殺之，以騫碩爲德陽太守。二年，惠帝遣荆州刺史宋岱、建平太守孫阜救羅尚，阜已次德陽。特遣蕩督李璜助任臧距阜，孫阜破德陽，獲特所置守將騫碩、太守任臧等。案：德陽郡蓋卽李特置。領縣可考者一。【略】

涪陵郡。《晉書·成帝紀》：咸和元年，李雄將張龍寇涪陵，執太守謝俊。三年，雄將張龍寇涪陵，太守趙弼没於賊。領縣五。【略】

巴西郡。《晉書·載記》：李蕩進寇巴西，巴西郡丞毛植五官襄珍以郡降蕩。（雄晏平五年）李國鎮巴西，其帳下文碩又殺國，以巴西降羅尚。李驤陷涪，乘勝進軍，討文碩，害之。《後蜀録》：玉衡八年，梁州刺史李鳳以巴西叛雄自至涪，使李驤討鳳，斬之，以李壽督巴西諸軍事。

領縣八。【略】

宕渠郡。《華陽國志》：宕渠郡延熙中置，九年省。晉永興元年，李雄復置。《通鑑》：譙登進攻宕渠，斬成巴西太守馬脫。領縣三。【略】

陰平郡。《晉書・地理志》：晉人流寓梁、益者，仍於二州立南、北二陰平郡。《晉書・懷帝紀》：永嘉六年，陰平都尉董沖逐太守王鑑，以郡叛，降於李雄。案：《輿地志》云：太守王鑑以地降李雄，恐誤。《元和志》文州下誤亦同《成帝紀》：咸和六年，雄將李壽侵陰平。武都氐帥楊難敵降之。案：南、北二陰平郡。沈《志》有之，南陰平下云：永嘉流寓來屬，疑卽李氏時於益州所立之南陰平郡也。但《蜀録》、《載記》等皆無『南陰平』之名，故不敢列入，而附記於此。《懷帝紀》等所云陰平當屬《晉・地志》之北陰平也。舊領縣二。【略】

荆州。《通鑑》：愍帝建興中，雄以李恭爲荆州刺史。成帝咸康四年，壽以李閎爲荆州刺史，鎮巴郡。《後蜀録》：漢興二年，晉李松等伐巴郡，至江陽，執閎及巴郡太守黄植壽。又拜李奕爲鎮東將軍，伐閎守巴郡。今考凡統舊郡二、縣八。

巴郡。《後蜀録》：建興元年冬，羅尚移屯巴郡，遣安攻掠蜀中。《通鑑》：益州刺史皮素至巴郡，羅宇使人夜殺素，建平都尉暴重殺宇，巴郡亂。益州將吏共殺暴重，表巴郡太守張羅行三府事。羅與隗文等戰，死，文等驅掠吏民，西降成。雄巴郡太守任小。成帝。咸康五年，晉參軍李松攻漢巴郡。《太平寰宇記》：李雄之亂，巴郡荒蕪，太守理無定處。領縣四。【略】

巴東郡。《晉書・載記》：（玉衡十二年）雄將張龍寇巴東，建平太守柳純擊走之。（二十年）雄以李壽爲大將軍、西夷校尉，督征南費黑、征東任回攻陷巴東，太守楊謙退保建平。壽別遣費黑寇建平。晉巴東監軍毋丘奧退保宜都。《通鑑》：成帝咸康五年，李壽將李奕寇巴東，守將勞揚戰敗死之。案：沈《志》：穆帝永和初平蜀，度屬荆州。今考巴東一郡，與東晉接壤，李氏既以荆州鎮巴郡，則巴東郡亦屬荆州可知。穆帝時蓋仍李氏之舊也。【略】

寧州。《晉書・明帝紀》：太寧元年，李驤等寇寧州。刺史王遜遣將姚岳距戰於堂狼，大破之。《成帝紀》：咸和二年，寧州秀才龐遺起義兵，攻李雄將任回等。《後蜀録》：雄以任回爲寧州刺史。雄遣將羅恆費黑救之。寧州刺史尹奉遣將姚岳、朱提太守楊術援遺，戰於臺登。岳等敗績，術死之。八年正月，李雄將李壽陷寧州。刺史尹奉及建寧太守霍彪並降之。《通鑑》：咸和八年三月，成以大將軍壽領寧州。九年三月，成主雄分寧州置交州，以霍彪爲寧州刺史。咸康四年，漢主壽以從子權爲寧州刺史。五年，廣州刺史鄧岳將兵擊漢寧州，漢建寧太守孟彦執其刺史霍彪，舉郡降晉。凡統舊郡一、改置郡一、增置郡三、縣二十九。

建寧郡。蜀領縣十二。《後蜀録》：建寧大姓李叡等逐太守杜俊應特。【略】

晉寧郡。《晉書・地理志》：永嘉二年，改益州郡曰晉寧。蜀領縣七。沈《志》本闕。【略】

平夷郡。《後蜀録》：玉衡四年，晉平夷太守朱提雷炤殺南廣太守孟桓，帥二郡三千餘家叛降。《晉書・地理志》：永嘉二年分牂柯立平夷、夜郎二郡。蜀領縣二。【略】

南廣郡。《蜀録》：玉衡二十三年，雄復置南廣郡，以興古守李播爲太守。案：沈《志》：晉懷帝分朱提立。今考《晉・地志》：李壽分寧州六郡爲漢州。有朱提無南廣，則南廣仍屬寧州也。下梁水等郡同。領縣三。【略】

西平郡。沈《志》：晉懷帝五年立。蜀領縣六。【略】

漢州。《蜀録》：漢興六年，分寧州興古、永昌、雲南、朱提、越嶲、河陽六郡爲漢州。《晉書・地理志》同。今考朱提、越嶲後又屬安州。凡統舊郡三、增置郡一、縣十八。

興古郡。《晉書・明帝紀》：太寧二年，梁水太守爨亮、益州刺史李逷以興古叛降於李雄。領縣六。【略】

永昌郡。蜀領縣七。【略】

雲南郡。蜀領縣三。【略】

河陽郡。沈《志》：晉懷帝永嘉五年立。案：沈《志》：有東西河陽郡。今從《晉・地志》，止稱『河陽』。【略】

安州。《晉書・地理志》：咸康四年，分牂柯、夜郎、朱提、越嶲四郡置安州。八年，又罷并寧州，以越嶲還屬益州，省永昌郡焉。案：《蜀録》：漢興六年，分寧州興古等六郡爲漢州。今考李壽漢興六年爲晉康帝建元元年，安州係分寧、漢二州所置，不應漢州未立一年以前，安州已省，疑《蜀録》及《晉・地志》年月有一誤也。又考《通鑑》：咸和九年，李雄分寧州置交州，以爨深爲交州刺史。胡三省注：雄分寧州之興古、永昌、牂柯、越嶲、夜郎等郡爲交州。案：永昌、興古，《晉・地志》屬漢州牂柯、越嶲、夜郎，又並屬安州，則交州蓋立，後旋省，今故不録安州。凡統舊郡三、增置郡二、縣二十四。

牂柯郡。《晉書・載記》：壽遣鎮東大將軍李奕征牂柯太守謝恕，保城距守者積日不拔，會奕糧盡引還。領縣四。【略】

夜郎郡。《太平寰宇記》稱：《十三州志》分牂柯置夜郎郡，兼置交州。案：此交州置當在懷帝永嘉五年，又非李氏所置之交州也。領縣四。【略】

朱提郡。《晉書・載記》：朱提大姓李猛逐太守雍約，以兵應特。（玉衡二十二年）雄遣李壽攻朱提，以費黑、卬攀爲前鋒，又遣鎮南任回、征木落分寧州之援。寧州刺史尹奉降，遂有南中之地。領縣四。【略】

越嶲郡。《晉書・明帝紀》：太寧元年，李雄使其將李驤、任回寇臺登，將軍司馬玖死之。越嶲太守李釗、漢嘉太守王載，以郡叛，降於驤。《通鑑》：成帝咸和元年，成人討越嶲，斯叟破之。七年，李壽寇寧州，遣鎮南將軍任回出越嶲。領縣八。【略】

平樂郡。《後蜀録》：晉平樂太守董霸降於成。胡三省云：以《隋・志》證之，蓋置於越嶲郡之邛都。領縣可考者四。

後燕

清・徐文范《東晉南北朝輿地表・年表》卷三　甲午

時有冀州全十八郡，并州七郡，平州三郡，徐州一郡，幽州全十二郡，司州九郡，兖州全十二郡，青州數縣，凡有六十二郡。

又　卷四　丁酉

時有龍都、昌黎、遼東、樂浪、遼西、燕、范陽、平昌、北平、漁陽、安樂十數郡。【略】

辛丑

時有龍都、昌黎、漁陽、范陽、平昌、北平、密雲、安樂、遼西、遼東、樂浪十餘郡。

熙以幽州刺史領遼西之令支，以青州刺史鎮新城，并州刺史鎮凡城，營州刺史鎮宿軍，冀州刺史鎮肥如，宿軍城在龍城東北。

清・洪亮吉《十六國疆域志》卷一二《後燕西燕附》　冀州。《後燕録》：燕二年，垂以慕容精爲冀州刺史。建興元年，垂遣慕容楷等攻苻堅，冀州牧苻定等降垂。冀州刺史韋温、平喜。冀州牧慕容楷。永康元年，寶以慕容鳳爲冀州刺史，寶遣使持節受司空、范陽王德丞相、冀州牧，承制南夏，封公侯牧守。樂史《太平寰宇記》：垂都中山，復移冀州牧於信都。凡統舊郡十九、新置郡四。

中山尹。漢舊國。《後燕録》：燕元年，垂北如中山。十二月，遂定都中山。《元和郡縣志》：後燕慕容垂建都中山，仍置中山尹。《晉書・載記》：慕容麟進圍中山，克之。垂遣慕容温屯中山，温營中山宫室。垂中山尹封衡。（建興元年）垂留太子寶守中山，自率衆攻段遼。（二年）井陘人賈鮑引北山丁零翟遥等夜襲中山，陷其外郭，慕容宙等大破之。垂自黎陽還中山，魏攻中山，不克。（永康元年）寶以慕容詳守中山，慕容會奔中山，踰圍入，爲詳所殺。詳遂僭號於中山。慕容麟率丁零之衆入中山，斬詳，復僭稱尊號。（二年）魏師入中山。麟奔鄴。領縣八。【略】

魏郡。《後燕録》：垂魏郡太守齊涉。案：前燕改司州置中州，領魏廣平、陽平諸郡。苻秦時三魏又并屬冀州。今考慕容寶以冀州牧鎮鄴，則三魏仍屬冀州可知。領縣七。【略】

河内郡。後燕領縣可考者二。有沙城。燕元年垂遣可足渾譚集兵於河内之沙城。【略】

貴鄉郡。《北史・列女傳》：慕容垂貴鄉太守常山房湛。領縣一。當與前燕同。【略】

汲郡。後燕領縣可考者一。【略】

黎陽郡。《晉書・載記》：劉牢之攻燕黎陽，太守劉撫於孫就柵。領縣一。【略】

廣平郡。《元和郡縣志》：慕容垂得山東，其地復屬焉。領縣十二。

【略】

陽平郡。《後燕録》：建興九年垂東巡陽平、平原。領縣七。【略】

襄國郡。後燕領縣四。【略】

鉅鹿郡。《晉書·載記》：寶遣慕容騰招集散兵於鉅鹿。領縣四。有藁城故縣、慕容農屯藁城以逼翟遼。楊氏故城。《後燕録》：慕容寶永康元年趙王麟攻楊城。【略】

趙郡。《北史·鄧彦海傳》：彦海仕慕容垂，卒於趙郡内史。《杜銓傳》：父嶷，慕容垂祕書監，仍僑居趙郡。領縣九。【略】

長樂國。《晉書·載記》：垂自平原狩於廣川、勃海、長樂而歸。領縣四。【略】

武邑郡。後燕領縣四。【略】

平原郡。《晉書·載記》：垂自帥慕容德等南略地，使慕容隆東徇平原。《北史·祖瑩傳》：曾祖敏仕慕容垂，爲平原太守。領縣九。【略】

勃海郡。《後燕録》：燕二年，慕容麟等徇勃海，執勃海太守封懿，因屯歷口。領縣十。【略】

河閒郡。後燕領縣六。建興七年，垂自魯口如河閒、勃海、平原。《北史·鄧彦海傳》：垂用爲河閒太守。《呂羅漢傳》：祖顯，慕容垂以爲河間太守。【略】

章武郡。《晉書·載記》：章武人王祖殺太守白欽叛。領縣四。【略】

高陽國。《後燕録》：燕二年，慕容農至高邑，假從事中郎眭邃爲高陽太守。《北史·許彦傳》：祖茂，仕慕容氏高陽太守。《通鑑》：拓跋珪軍魯口，高陽太守崔宏奔海渚。領縣四。【略】

博陵郡。《晉書·載記》、《後燕録》：建興中，慕容麟攻王兗於博陵，拔之。十一年，垂將平規以博陵、武邑、長樂三郡兵反於魯口。永康元年，魏攻中山，不克，進據博陵魯口。博陵太守申永奔河南。二年，寶遣將慕輿騰攻博陵，殺魏所置守宰。領縣六。【略】

清河郡。《晉書·載記》：清河太守賀耕聚衆定陵以叛，南應段遼，慕容農討斬之。《後燕録》：燕市人吳深據清河，殺太守丁國反，垂攻之不克。垂又進攻深壘，拔之，深單馬走。建興二年，翟遼復叛，寇掠清河、平原。四年，清河太守賀耕聚衆定陵以叛，南應翟遼，慕容農討斬之。領縣七。【略】

廣川郡。《太平寰宇記》稱《縣道記》：慕容垂於清河郡棗強縣置廣川郡。領縣三。【略】

常山郡。《晉書·載記》：（燕元年）慕容麟引兵攻常山，拔之。（永康元年）拓跋珪攻常山，拔之，獲太守苟延，諸郡縣皆附於魏，惟中山、鄴、信都三城爲燕守。領縣八。【略】

幽州。《晉書·載記》：慕容楷等攻苻堅幽州牧苻謨，謨降垂，以慕容農爲幽州牧、都督幽平二州北狄諸軍事，鎮龍城。《後燕録》：燕二年，垂幽州刺史平規。是年，慕容會爲幽、平二州牧。（建興四年）垂以慕容隆爲幽州牧、都督幽平二州諸軍事。（建平元年）盛幽州刺史慕容豪謀叛，盛誅之。（長樂二年）魏襲幽州，執刺史盧溥而去。光始二年熙幽州刺史宇文拔熙以慕容懿爲刺史，鎮令支。高雲以馮萬泥爲幽、冀二州刺史，鎮肥如。統舊郡五。

燕郡。《晉書·載記》：高句驪寇燕郡。（長樂元年）盛燕郡太守高湖降魏。熙光始四年，高句驪寇燕郡，殺掠百餘人。領縣十。【略】

漁陽郡。已見《前燕録》，故亦附入。縣無考。

范陽郡。後燕領縣八。《北史·崔逞傳》：爲慕容垂范陽、昌黎二郡太守。又《盧玄傳》：父邈，爲范陽太守。【略】

廣寧郡。《晉書·載記》：拓跋珪遣將王建等擊寶，廣寧太守劉亢泥斬之。領縣三。【略】

代郡。《晉書·載記》：代郡人許謙逐太守賈閏，以郡附劉顯。慕容隆擊謙，破之。謙奔西燕，遂廢代郡，悉徙其民於龍城。領縣五。案：《北史·賈彝傳》：寶大敗於參合，執彝及其從兄代郡太守潤等。潤當卽閏，蓋隆破謙之後，閏復本位，後又見執於魏也。【略】

上谷郡。《晉書·載記》：太元十二年，上谷人王敏殺太守封戢，以郡附劉顯。慕容麟討斬之。（永康元年）寶上谷太守慕容詳。《宋書·王玄謨傳》：祖牢仕慕容氏爲上谷太守，領縣二。有赤城。慕容麟擊擒加訥於赤城。【略】

平州。《後燕録》：燕二年，垂徙平州刺史，帶方太守王佐鎮平郭。《晉書·載記》：熙平州刺史慕容歸棄城走。凡領郡五。

昌黎尹。《晉書·載記》：垂昌黎太守賈彝。（建興元年）盛昌黎尹張順坐謀反誅。（長樂元年）昌黎尹留忠亦謀反誅。（雲正始元年）昌黎尹馮素弗。領縣五。《後燕録》：長樂元年，熙遷僕射、中外都督、領昌黎尹。胡三省云：燕都龍城，以昌黎太守爲昌黎尹。凡領縣五。【略】

遼東郡。《晉書·載記》：高句驪寇遼東，垂將慕容佐遣郝景救之，爲所敗，遼東、玄菟遂没。慕容農等進伐高句驪，復遼東、玄菟二郡。農以司馬龐淵爲遼東太守。《太平御覽》稱高閭《燕志》：光始五年春，慕容燕與苻后征高麗，至遼東，爲衝車馳道以攻之。領縣十三。【略】

樂浪郡。後燕領縣六。【略】

玄菟郡。《晉書·載記》：慕容農進擊高句驪，復遼東、玄菟二郡。領縣三。長樂二年，盛率衆伐高句驪，襲其新城、南蘇二城，皆克之，開境七百餘里。【略】

帶方郡。《後燕録》：燕二年，帶方太守王佐。光始三年帶方太守劉瓚。領縣七。【略】

營州。《晉書·地理志》：慕容熙以營州刺史鎮宿軍。《載記》：熙營州刺史仇尼倪。案：《地理志》：熙以幽州刺史鎮令支，冀州刺史鎮肥如，是熙時幽、冀、營三州皆在遼西一郡。今幽、冀二州仍從垂時治中山及薊。而以遼西郡歸營州，與石趙時同。凡統舊郡二、新置郡一。

北平郡。《後燕録》：建興五年，北平吴柱聚衆千餘，攻破北平，轉寇廣都，入白狼城。《晉書·載記》：李朗迎魏帥於北平。領縣七。有大單于臺。熙改北燕臺爲大單于臺。【略】

遼西郡。《晉書·載記》：遼西太守李朗叛，盛遣李旱討之。盛徙新城、南蘇五千餘户於遼西。魏襲幽州刺史盧溥於遼西，克之。熙遼西太守陽豪。光始五年遼西守邵顔有罪，亡命爲盜，討斬之。《北史·怡峯傳》：高祖寬，燕遼西郡守。領縣六。【略】

唐郡。前燕置。《北史·宇文福傳》：祖活潑，仕慕容垂爲唐郡内史。縣無考。

兗州。《晉書·載記》：垂遣慕容農濟河與安南將軍尹國略地青、兗，農攻廩丘，國攻陽城，皆拔之。東平太守韋簡戰死。高平、泰山、琅邪諸郡皆委城奔潰。農進軍臨海，偏置守宰。《後燕録》：建興二年，垂以慕容楷爲兗州刺史，鎮東阿。凡統郡可考者五。

濟北郡。後燕領縣五。【略】

東燕郡。後燕領縣四。【略】

濮陽郡。後燕領縣可考者三。《北史·酈範傳》：祖紹，慕容寶濮陽太守，以郡降魏。【略】

太山郡。《晉書·載記》：慕容農略地河内、太山、琅邪諸郡，皆委城奔潰。農進師臨海，置守宰而還。領縣十一。【略】

高平國。《後燕録》：高平人翟暢執太守徐含遠，以郡降翟遼。建興九年，晉高平太守徐含告急，劉牢之不能救，於是高平、太山、琅邪諸郡皆委城奔潰。領縣七。【略】

青州。《後燕録》：太元十二年，垂建興二年，燕人進軍歷城，青、兗、徐州郡縣壁壘多降。垂以慕容紹爲青州刺史，鎮歷城。《晉書·地理志》：熙青州刺史鎮新城。《載記》：熙以悦眞爲青州刺史，鎮新城。統郡可考者二。

齊郡。後燕領縣可考者一。【略】

濟南郡。後燕領縣六。【略】

徐州。《後燕録》：建興二年，垂以翟遼爲徐州刺史。《通鑑》：太元十三年，垂青州刺史慕容紹爲平原太守辟閭渾所逼，退屯黄巾固，垂更以紹爲徐州刺史。統郡可考者一。《方輿勝覽》：後燕初置徐州於黄巾固，後徙黎陽。太元十一年，又徙治鄄城。

琅邪郡。後燕領縣九。《方輿勝覽》：後燕盛時南境至琅邪。【略】

豫州。後燕統郡可考者五。

滎陽郡。《後燕録》：建興四年，翟遼寇滎陽，執太守張卓。領縣八。【略】

河南郡。後燕領縣十三。【略】

襄城郡。後燕領縣可考者一。【略】

梁國。後燕領縣可考者一。【略】

頓丘郡。後燕領縣可考者一。

并州。《後燕録》：建興九年，垂以慕容瓚爲并州刺史，鎮晉陽。《晉書·載記》：魏伐并州，慕容農逆戰，敗績。魏遂取并州。（永康元年）寶以慕容農爲都督并、雍、益、梁、秦、涼六州諸軍事、并州牧、鎮晉陽。（永康元年）魏取并州。《晉書・地理志》熙以并州刺史，鎮凡城。《載記》：熙并州刺史衛駒。高雲以并州刺史馮乳陳鎮白狼。統郡四。

太原郡。後燕領縣十三。【略】

西河郡。後燕領縣四。【略】

雁門郡。故東部都尉，下有蟠羊山。《通鑑》：晉太元二十年，燕主垂遣太子寶伐魏，魏軍至參合陂西，燕軍在陂東，營於蟠羊山南水上。後燕領縣八。【略】

五原郡。《後燕録》：建興十年，垂遣太子寶等自五原伐魏。領縣一。有黑城。寶軍至五原降魏，別部三萬餘家置黑城。《通鑑》注：在五原河北。【略】

雍州。《後燕録》：建興九年，垂以慕容鳳爲雍州刺史，鎮長子。統郡二。

上黨郡。《晉書・載記》：慕容農西招庫辱官偉於上黨。領縣六。

建興郡。《地形志》：慕容永分上黨置建興郡。領縣可考者二。

【略】

西秦

清・徐文范《東晉南北朝輿地表・年表》卷三　乙酉

國仁聞苻堅為姚萇所殺，遂自稱單于，領秦、河二州牧，改元，築勇士城，都之，置百官，分其地置武成、武陽、安固、武始、漢陽、天水、略陽、漒川、甘松、白馬、匡城、苑川十二郡。

按：武城下四郡即前涼所置甘松、漒川，亦在五屯中，其餘分置大抵在今河州、蘭州府左右。勇士城本漢縣，國仁改築之耳。後遷苑川，有東、西二城，相去七里，西城即國仁所都，蓋在今蘭州府西境。【略】

甲午

時有晉之秦、涼二州十四郡，其自分置十二郡，半在其中，半在河南。

又　卷四　丁酉

時有晉秦州之隴西、南安及天水之冀城，有涼州之晉興、武始、興晉、大夏、安固、永晉、武成、漢中。又自置花川、武陽、漒川、甘松、匡朋、白馬、武成、武始、漢陽、天水、略陽、安固十二郡。半在前涼所置郡中。【略】

辛丑

苑川在今甘肅蘭州府西百二十里。時仍統晉及前涼之狄道、金城、晉興、武始、興晉、大夏、安故、永晉、武成、漢中諸郡，並在河之東，其自置十二郡半在狄道下數郡內，半與吐谷渾連界，在河之西南。【略】

辛亥

時有晉秦州之狄道、略陽、南安、武始。又自置秦興、興國二郡，涼州之金城、廣武、晉興、大夏、興晉、安故、永晉、武威、漢中十數郡。

【略】

丁巳

時有興晉、天水、隴西、略陽、南安、狄道、金城、西平、秦興、晉興、大夏、安故、漢中、武成、永晉、須武、湟河、樂都實郡十八。

清・洪亮吉《十六國疆域志》卷一五《西秦》　秦州。崔鴻《十六國春秋・西秦録》：國仕自稱大都督、將軍、大單于，領秦河二州牧，改秦建元二十一年爲建義元年，置武城、《太平御覽》本作『武陵』，誤從《晉書》改。苑川等十二郡，築勇士城以都之。《晉書・載記》：國仕置武城、武陽、安固、武始、漢陽、天水、略陽、漒川、甘松、匡朋、白馬、苑川十二郡。（太初元年）乾歸以乞伏益州爲秦州牧。（七年）苻登以乾歸領秦、益、涼、梁、沙五州牧。《通鑑》：熾磐秦州刺史曇達、王松壽、翟爽，秦州牧姚艾、曇達。曇達爲州牧，鎮南安。案：國仕所置十二郡，除漒川爲梁、益二州治所，南案郡爲東秦州治所，餘蓋皆屬秦州廣武一郡。前涼、後秦並屬秦州，故亦録屬焉。凡統前涼郡一，新置郡十一。

苑川郡。李吉甫《元和郡縣郡志》：漢金城郡地。永嘉末，前涼張軌分立興晉郡，張寔徙金城縣，即今蘭州理是也。西秦乞伏乾歸都苑川，南涼禿髮烏孤都廣武，皆此地。《圖經》稱《十六國春秋》：東晉初、鮮卑乞伏述延破別部莫侯於苑川，自牽屯徙居之。《西秦録》：述延立遷於苑川。建元七年，秦將王統來伐，司繁率騎三萬拒統，就苑川。建義三年，苻登遣使拜國仕大將軍、苑川王。太初十三年，乾歸爲姚興所敗，遁歸苑川。是年，乾歸奔長安。十四年，姚興遣乾歸還鎮苑川，盡以部民配之。十九年五月，苑川地震裂。二十一年，乾歸奔還苑川，遂如枹罕，留熾磐鎮之。《晉書・載記》：（更始二年）乾歸復都苑川，又攻剋姚興略陽、南安、隴西諸郡，徙二萬五千户於苑川及枹罕，又攻剋興別將姚龍於伯陽堡，王憬於永洛城，徙四千餘户於苑川。《通鑑》：乾歸徙都譚郊，留熾磐鎮苑川。熾磐以妻機鎮苑川。（建弘七年）赫連勃勃攻苑川。案：苑川郡在國仁所置十二郡之末，今以都城所在，故首列焉，餘並從《載記》次序。【略】

武城郡。乞伏國仁置。案：張駿置武成郡，屬河州，當即此。國仁蓋重置也。領縣無考。

武陽郡。乞伏國仁置。領縣無考。

安固郡。乞伏國仁置。案：前凉分西平、金城二郡地，置安故郡。國仁所置，當即仍張氏之舊也。領縣可考者一。【略】

武始郡。乞伏國置。案：《地形志》：晉分隴西置武始郡，國仁當亦仍晉之舊。領縣一。【略】

漢陽郡。乞伏國仁置。領縣二。據《魏・地形志》録入。【略】

天水郡。乞伏國仁置。案：天水，漢舊郡，國仁蓋重置也。下略陽等郡同。領縣三。【略】

略陽郡。乞伏國仁置。《晉書・載記》：乾歸攻克姚興略陽、南安、隴西諸郡。熾磐以王孟保爲略陽太守，鎮赤水。慕末略陽太守楊顯以郡降夏。領縣六。【略】

甘松郡。乞伏國仁置。縣無考。

匡朋郡。乞伏國仁置。縣無考。

白馬郡。乞伏國仁置。《圖經》：本白馬氐羌所居。太元十年，國仁得其地，置白馬郡。縣無考。

廣武郡。《太平寰宇記》：乾歸自苑川徙都焉。《晉書・載記》：熾磐以趙恢爲廣武太守，鎮廣武。（永康四年）蒙遜攻廣武郡，拔之。領縣四。【略】

西安郡。《西秦録》：永弘二年，西安太守莫幼眷據漢川以叛。慕末討之，爲幼眷所敗。

東秦州。《西秦録》：孝武帝太元十一年，國仁建義二年，祕宜與莫侯悌眷帥其衆三萬餘户降於乞伏國仁。國仁拜宜東秦州刺史。十七年，休官權千成據顯親，自稱秦州牧。太初六年，權千成爲秦所逼，請降於金城王乾歸，乾歸以爲東秦州刺史、休官大都統、顯親公。案：國仁置東秦州，未知所治何所。據《方輿紀要》及《陝甘圖經》：西秦時東秦州治獂道城，則南安郡屬東秦州也。又乾歸卽顯親置東秦州，以處權千成，疑顯親等數縣亦當屬東秦州。地志闕略，無可依據，姑附記於此，以俟再考。

南安郡。《晉書・載記》：（國仁建義二年）南安祕祖及諸羌虜來擊國仁，四面而至。國仁勒衆五千襲其不意，大敗之。祕宜奔還南安，尋與其弟莫侯悌率衆三萬餘户降於國仁。《西秦録》：建弘七年，勃勃遣韋代攻南安，拔之，執秦州刺史翟爽、南安太守李亮。李延壽《北史・附庸傳》：慕末爲赫連定所拒，遂保南安。《西秦録》：永弘四年，赫連定遣其叔北平公韋代率衆一萬攻南安。城内大饑，人相食。慕末乃銜璧出降。《通鑑》：慕末南安太守翟承伯、李亮。領縣三。有南安峽、姚興將姚碩德伐乾歸，入南安峽。高田谷、《北史》：慕末率衆歸魏，至高田谷。《通鑑》注：高田谷當在南安郡界。罕开谷。蒙遜伐西秦，西秦南安太守翟承伯等據罕开谷以應河西。【略】

河州。《西秦録》：太初元年，乾歸以屈眷爲河州牧。十三年，乾歸朝長安。姚興大悦，拜持節、都督河南諸軍事、河州刺史。十九年，以其子熾磐爲西夷校尉，行河州刺史。又云：乾歸以屈眷爲河州牧，以乞伏審虔及屋引破光爲河州刺史，鎮枹罕。熾磐以謙屯爲河州牧。案：張駿分興晉、金城、武始、南安、永晉、大夏、武城、漢中爲河州。今考西秦無漢中郡，武始、南安、武城當屬秦州，興晉屬定州，又自前秦以後河州皆治隴西之枹罕。乞伏氏亦然，後乞伏又分置北河州，治枹罕，則隴西郡移屬北河州可知。河州凡統舊郡一、前涼增置郡二、新置郡一。

金城郡。《西秦録》：太初元年九月，乾歸遷都金城。二年正月，苻登遣使拜爲大將軍金城王。《通鑑》乾歸金城太守辛靜。（太初四年）呂光遣呂纂等攻金城。乾歸率衆救之，未至，纂等拔金城。《晉書・載記》：義熙五年，乾歸攻克姚興金城郡。領縣六。有河關故縣。《圖經》

稱《十六國春秋》呂光龍飛二年，攻西秦克河關。【略】

東金城郡。《圖經》稱《十六國春秋》：西秦乞伏乾歸更始二年，攻秦，拔金城郡，以乞伏務和爲東金城太守鎮之。《晉書·載記》：乾歸攻剋姚興金城郡，以其驍騎乞伏務和爲東金城太守。案：疑是時後秦、西秦並有金城郡，故乾歸攻克姚秦金城後，遂以爲東金城也。縣無考。

永晉郡。縣無考。

大夏郡。西秦領縣一。更始四年，乞伏公府弑乾歸，奔固大夏，熾磐遣弟智遠等討之。七月，破公府於大夏，公府奔疊蘭城，又奔嵻崀南山，追獲，轘之。【略】

北河州。《西秦録》：太初二年，枹罕羌彭奚念附於乾歸，乾歸以爲北河州刺史。安帝隆安元年，乾歸徵北河州刺史彭奚念爲鎮衛將軍，以鎮西將軍屋引破光爲河州牧。更始元年，復以屋引破光爲河州刺史，鎮枹罕。案：胡三省注：枹罕舊爲河州治所，乞伏氏先於境内置河州，以屈眷爲牧，故以枹罕爲北河州，以奚念爲刺史。據此，則彭奚念屋引破光皆爲北河州牧也。凡統郡可考者二。

隴西郡。《西秦録》：太初七年十月，氐王楊定步騎四萬來伐，乾歸勒衆而進，大敗定軍，斬定及首級萬有七千，盡有隴西、巴西之地。十三年，乾歸次於隴西以拒姚碩德。《晉書·載記》：隴西太守越質詰歸以平襄叛，乾歸擊敗之。永康二年，姚興將索稜以隴西降熾磐。領縣五。有隴山、詰歸東奔隴山，既復擁衆歸降，乾歸署以爲立義將軍。白石川、白石故縣。《圖經》稱《十六國春秋》：乞伏熾磐永康三年討破休官於白石川，進據白石城，即故城也。【略】

廣寧郡。《圖經》：西秦於隴西郡彰縣置廣寧郡。縣無考。

沙州。《西秦録》：太初三年，乾歸以視連爲沙州牧。是年，視連卒，又以其子視羆爲沙州牧，不受。永康七年，熾磐以乞伏木奕干爲沙州刺史，鎮樂都。又刺史出連虔熾磐。又以沙州刺史麴景鎮西平。案：木奕干爲沙州刺史，鎮樂都，在晉義熙十四年。至宋元嘉四年，熾磐以涼州刺史鎮樂都，而沙州移鎮西平。今考統舊郡一、前涼增置郡一、後涼增置郡二。

西平郡。《西秦録》：太初十四年，乾歸留熾磐兄弟於西平，乾歸遂奔長安。《晉書·載記》：乙弗鮮卑他子率户五千入居西平。永康三年，熾磐以禿髮赴單爲西平太守，鎮西平。呼廬古等又攻西平，執安西將軍庫落干。慕末太守麴承蒙遜攻西平，克之，執麴承。領縣四。【略】

河湟郡。《晉書·載記》：義熙十一年，熾磐攻克沮渠蒙遜，河湟太守沮渠漢平以其左衛四達爲河湟太守。《通鑑》：呼廬古等攻沙州刺史，出連虔於湟河，虔遣將擊敗之。案：此則河湟郡，屬沙州。縣無考。

三河郡。《通鑑》：熾磐攻南涼三河太守吴陰於白土，克之，以乞伏出累代之。領縣一。案：三河一郡未知何屬，姑因河湟郡附其下。【略】

涼州。《晉書·載記》：乾歸涼州牧乞伏軻殫。涼州刺史出連虔。《西秦録》：永康三年，熾磐以謙屯爲涼州刺史，鎮樂都。四年，以連虔代之。又涼州刺史段暉。慕末涼州牧乞伏千年，鎮湟河。千年奔河西，以乞伏沃陵代之。共領舊郡二、新置郡四。

武威郡。《晉書·載記》：乾歸以子没奕干爲武威太守，鎮嵻崀城。領縣五。【略】

樂都郡。《西秦録》：永康五年五月，熾磐聞傉檀西征，率步騎二萬襲樂都。傉檀降，遂幷南涼。《通鑑》：蒙遜攻樂都，乞伏元基救之。蒙遜師退。領縣可考者一。附近有若厚塢、若涼。傉檀伐蒙遜，蒙遜敗之於若厚塢，又敗之於若涼，因進圍樂都。【略】

建昌郡。西秦領縣三。案：郡縣並據《地形志》列入。【略】

晉興郡。《西秦録》：太初十三年，禿髮利鹿孤迎乾歸，處之於晉興。永康四年，熾磐以王基爲晉興太守，鎮浩亹。案：浩亹屬金城郡，西秦疑以晉興太守寄治浩亹也。《晉·志》：張駿以晉興郡屬涼州，今故列此。領縣可考者一。【略】

秦興郡。《通鑑》：乾歸以子敕勃爲秦興太守，鎮度堅城。注：乾歸置秦興郡於度堅山，有度堅山、度堅城。《西秦録》：建元七年秦將王統潛襲度堅山，部民五萬餘落悉降於統。司繁乃詣統歸降。乾歸自枹罕將衆二萬遷於度堅山。義熙七年，乾歸徙鮮卑僕渾部三千餘户於度堅城。案：城當在度堅山下故名。縣無考。

興國郡。《通鑑》：乾歸以兄子阿柴爲興國太守，鎮疊蘭城。注：秦漢末興國氐王阿貴據興國城，在略陽郡界，乞伏因其地名置郡。案：秦興、興國二郡未知何屬，姑附於此，俟再考。有疊蘭城。《通鑑》：河南王乾歸徙羌句豈等衆五千餘户於疊蘭城。乞伏公府奔疊蘭城。縣無考。

梁州。《西秦録》：太初元年，乾歸以從弟軻彈爲梁州牧。《通鑑》：熾磐以寧朔將軍出連輔政爲梁州刺史，鎮赤水。楊玄遣將苻白作圍，熾磐梁州刺史出連輔政於赤水，民執輔政以降熾磐。又以吳漢爲梁州刺史，鎮南湿。領郡無考縣一。【略】

南梁州。《西秦録》：建義二年，國仁以悌眷爲南梁州刺史。《西秦録》：建弘八年，南梁州刺史出連虔鎮赤水。氐王楊玄遣將苻白作圍之，執輔伯以歸，至駱谷逃回。領郡無考縣一。【略】

商州。《西秦録》：建弘九年，熾磐商州刺史、領澆河太寧姚濬叛降河西。熾磐以焦嵩、代濬帥騎討之。案：晉時張祚以敦煌郡爲商州，西秦時敦煌屬河西，熾磐以濬遥領商州而守澆河也。統郡可考者一。

澆河郡。《西秦録》：姚濬兼領澆河太守。《晉書·載記》：義熙九年，遣其龍驤乞伏智達平東王、松壽討吐谷渾樹洛干於澆河，大破之，獲其將呼那烏提虜三千餘户而還。領縣一。【略】

益州。《西秦録》：永康八年，熾磐益州刺史王松壽，鎮湿川。統郡可考者一。

湿川郡。《西秦録》：永康五年，熾磐攻湿川。八年，熾磐遣其左衛匹達、建威梯君等討彭利和於湿川，大破之。利和單騎奔仇池，獲其妻子，徙羌豪三千户於枹罕。湿川羌三萬餘户皆安堵如故。案：湿川郡蓋因前涼湿川護軍置附縣一，俟考。有沓中。熾磐攻湿川，師次沓中。【略】

定州。《通鑑》：乾歸以定州刺史翟瑥爲興晉太守，鎮枹罕。案：枹罕此時屬隴西，瑥蓋領興晉太守，寄治枹罕也。統郡可考者一。

興晉郡。《晉書·載記》：元興元年，熾磐自平泉奔長安，姚興以爲振忠將軍、興晉太守。縣無考。

弱水護軍。《晉書·載記》：熾磐使征西他子討吐谷渾覓地於弱水南。覓地率衆六千降於熾磐，署爲弱水護軍。

列渾城。《圖經》：熾磐以乞伏是辰爲西胡校尉，築列渾城於漢羅以鎮之。漢羅卽羅川矣。有羅川。見上。

後涼

清·徐文范《東晉南北朝輿地表·年表》卷三　乙酉

時有武威、廣武、武興、西平、湟河、建康、祁連、臨松、須武、西郡、西海、燉煌、張掖、酒泉、晉昌、南昌、昌松、高昌。【略】

甲午

時有武威、張掖、酒泉、燉煌、晉昌、高昌、西郡、西海、西平、湟河、建康、須武、祁連、臨松、廣武、三河、樂都、澆河、東張掖，凡有十九郡。

又　卷四　丁酉

時有晉涼州之武威、張掖、燉煌、晉昌、高昌、西平、西海、西郡、須武、祁連、武興、西安、三河、狄道、湟河、澆河、樂都、東張掖。【略】

辛丑

時南境止洪池嶺，北境止删丹，領有武威、番禾、昌松、西海四五郡而已。

清·洪亮吉《十六國疆域志》卷一〇《後涼》　涼州。《晉·志》：張天錫降於苻氏，其地尋爲呂光所據，及呂隆降於姚興。《太平御覽》稱《後涼録》：建元二十一年九月，光入姑臧，自領涼州刺史、護羌校尉。太安元年十二月，羣僚上光爲侍中、中外都督隴右諸軍事、大將軍、涼州牧、酒泉公。神鼎二年，秦遣鴻臚恆敦拜隆征北大將軍、都督河西諸軍、涼州牧、建康公。案：後涼所統郡縣，大略兼張氏所析之五州，而涼州外不聞别建州號，則諸郡並統於涼州可知。其前後以舊郡爲主，所分新郡各分附於下。凡統舊郡六、增置郡二十一，又新置郡四，新改郡一、護軍三。

武威郡。《晉書》：太元九年，苻堅武威太守彭濟執梁熙請降，光表杜進爲輔國將軍、武威太守。光太安三年，殺進，纂以楊桓爲涼都尹。領縣五。案：杜進爲武威太守，而《載記》云光既居都秀云云，則後涼以武威太守兼涼都尹也。【略】

武興郡。《元和郡縣志》：嘉麟縣，本漢宣威縣地。前涼張軌於此置

武興郡，後涼呂光改置嘉麟縣。案：縣疑卽改武興縣所置，以無明文，姑並列入。領縣九。【略】

西平郡。《後涼録》呂光太安二年，西平太守康寧自稱匈奴王，阻兵不從。《北涼録》：光以蒙遜伯父羅仇爲西平太守。領縣四。【略】

昌松郡。《元和郡縣志》：後涼置。《太平寰宇記》：本漢蒼松縣地，屬武威郡。《後涼録》，太安二年。案：昌松郡疑卽此年前所立。胡三省以爲張氏時置，恐誤，光以郭黁讖言改昌松郡爲東張掖郡。又云：後涼呂光麟嘉四年以郭黁讖言改爲昌松縣，兼於此立東張掖郡，與此微異。胡三省《通鑑》注：呂光改昌松爲東張掖郡，尋復爲昌松郡。《晉書》：魏安人焦松等攻陷昌松郡，光遣其將杜進討之，爲所敗。傉檀攻呂隆昌松太守孟禕於顯美。領縣可考者二。【略】

番禾郡。《後涼録》：番禾太守呂超擅伐鮮卑思盤，思盤訴超於纂。《晉書》：纂改封呂弘番禾郡公。案：此則後涼時已有番禾郡。《通志》亦云：後涼置番禾郡。《元和郡縣志》：北涼沮渠蒙遜立番禾郡，蓋誤。胡三省亦云：郡蓋呂氏置。領縣可考者一。【略】

金城郡。《晉書》：光擢尉祐爲寧遠將軍、金城太守。麟嘉四年，光遣南中郎將呂方及其弟右將軍呂寶等討乞伏乾歸於金城，方屯河北。寶進師濟河，爲乾歸所敗，寶死之。龍飛二年，光使呂纂等步騎三萬攻金城，乾歸率衆二萬救之，光又遣王寶、徐炅率騎邀之，乾歸懼不進，呂纂克金城，擒乾歸金城太守衛鞬。《北史·張湛傳》：祖質仕涼，位金城太守。案：後涼郡縣，不能得其次第。今以《晉·地志》舊郡爲次，惟武威郡以光建都所在，故首列焉。領縣六。【略】

西河郡。《元和郡縣志》：後涼呂光改西平爲西河郡。《晉書》：光西平太守康寧自稱匈奴王，阻兵叛光。光屢討之，不克。光復徙西海郡人於西河、樂都。光西河太守程肇。《郭黁傳》：西平太守趙凝。《魏書》：光殺西平太守沮渠羅仇。案：《藝文類聚》稱《涼記》：涼王呂光麟嘉二年，以沮渠羅仇爲西寧太守。『西寧』疑當作『西平』。凡領縣四。

【略】

樂都郡。《晉書》：隆安二年，涼樂都太守田瑤降於秃髮烏孤。《元一統志》：東晉末，後涼呂光置樂都郡，蓋因山谷爲名。領縣可考者一。

【略】

晉興郡。後涼領縣九。【略】

張掖郡。《晉書》：太安二年，光將徐炅與張掖太守彭晃謀叛，光遣師討炅，炅奔晃。纂遂西襲張掖，圍之。呂弘鎮張掖。龍飛三年，弘棄張掖東走，段業徙治張掖。咸寧三年，纂進圍張掖，略地建康。領縣五。

【略】

西安郡。《晉書》：光西安太守石元良率步騎五千赴難，與纂共擊郭黁軍，破之。龍飛三年，段業城西安，以其將臧莫孩爲太守。案：西安郡當屬後涼所置。胡三省以爲業置西安郡於張掖東境，誤也。縣無考。

西郡。《晉書》：張大豫自西郡詣臨洮。龍飛三年，蒙遜攻臨洮，引水灌城，城潰，執太守呂純以歸。領縣五。【略】

酒泉郡。《後涼録》：太安元年，苻丕以光爲車騎大將軍、涼州牧、領護西域大都督、酒泉公。三年，白鷟翔於酒泉，衆燕成列而從之。《晉書》：涼州刺史梁熙遣子胤等距光於酒泉。王穆襲據酒泉，自稱大將軍、涼州牧。太安二年，光率步騎二萬攻酒泉，克之。光酒泉太守壘澄。領縣六。【略】

敦煌郡。《晉書》：王穆以其黨索嘏爲敦煌太守，既而忌其威名，率衆攻嘏。太安三年，敦煌太守宋歆。龍飛三年，敦煌太守孟敏以郡降段業。領縣六。【略】

晉昌郡。《晉書》：沮渠男成先爲將軍，守晉昌，聞蒙遜起兵，亦叛。龍飛三年，晉昌太守王德以郡降段業。領縣七。【略】

涼興郡。《晉書》：太安二年，光破酒泉，進次涼興。領縣三。【略】

西海郡。《晉書》：光徙西海郡人於諸郡。頃之，遂相扇動，復徙之於河西樂都。《郭黁傳》：呂光西海太守王禎。領縣一。【略】

高昌郡。《晉書》：光至高昌太守楊翰，以郡迎降，麟嘉五年，光以子覆爲使持節、鎮西將軍、都督玉門以西諸軍事、西域大都護，鎮高昌。領縣一。有高梧谷。秦涼州刺史梁熙謀閉境拒光，高昌太守楊翰勸熙守高梧谷口。胡三省云：高梧谷口，當在高昌西界。案：《晉書·載記》作『高桐』。

【略】

建康郡。《晉書》：建康太守李隰起兵應張大豫，王穆爲光將彭晃等所敗，奔建康。麟嘉三年，光署段業爲建康太守。沮渠男成進攻建康，推建康太守段業爲大都督、龍驤大將軍、涼州牧、建康公，呂纂略地建康。《後涼録》：秦封隆建康公。【略】

臨松郡。《晉書》：三河太守沮渠麴粥。羅仇弟子蒙遜叛光，殺中田護軍。案：《宋書·氐胡傳》作『臨松護軍』。馬邃攻臨松郡。領縣一。【略】

三河郡。《後涼録》：光三河太守沮渠麴粥。案：郡蓋呂氏所置。【略】

澆河郡。《圖經》：呂光置澆河郡。《後涼録》：澆河太守王推。縣無考。

湟河郡。《後涼録》：光西平太守康寧自稱匈奴王，殺湟河太守强禧以叛。《晉書》：光湟河太守宋孌。縣無考。

隴西郡。後涼領縣三。【略】

廣武郡。《晉書》：張大豫奔廣武，廣武人執大豫，送之，斬於姑臧市。《後涼録》：呂方鎮廣武。纂篡後，呂超、呂弘並出奔廣武。咸寧三年，方率廣武民三千餘户奔利鹿孤。領縣五。【略】

武始郡。《晉書》：光封杜進武始侯。領縣一。【略】

臨池郡。《晉書》：段業以蒙遜爲臨池太守。案：郡蓋呂氏所置。領縣一。【略】

中田護軍。《晉書》：蒙遜殺中田護軍馬邃。胡三省云：蓋呂光置。今考沮渠法弘於苻堅時已爲中田護軍，則軍蓋前秦所立。胡注誤也。

寧戎護軍。《載記》：光寧戎護軍趙策。

北部護軍。《晉書》：呂隆拜北部護軍。案：《藝文類聚》稱段龜龍《涼州記》：呂光太安三年，白雀巢陽川，令蓋敏室。又云：呂光躬撲蝗蟲，幸揚川潒水北，大駕所到，蟲尋殲盡。揚川所在及屬何郡，俟再考。

南涼

清·徐文范《東晉南北朝輿地表·年表》卷四 丁酉

時有涼州之廣武、金城。【略】

辛丑

時有洪池、嶺南、西平、湟河、澆河、樂都、廣武、五郡及金城之半。【略】

辛亥

時有西平、樂都、湟河、澆河、三河。

清·洪亮吉《十六國疆域志》卷一一《南涼》 涼州。崔鴻《十六國春秋·南涼録》：弘昌四年六月，秦遣使署傉檀都督河右諸軍事、涼州刺史，鎮姑臧。《晉書》：禿髮烏孤八世祖匹孤率其部，自塞北遷於河西，其地東至麥田牽屯，西至濕羅，南至澆河，北至大漠匹，孤曾孫樹機能盡有涼州之地。烏孤太初三年，以弟利鹿孤爲涼州牧，鎮西平。利鹿孤建初二年，以弟傉檀爲涼州牧。案：南涼郡縣次第亦無可考，除武威、西平、樂都三郡曾經建都，餘先後亦如後涼之例焉。凡統舊郡十三、增置郡一、護軍一、縣可考者五十。

武威郡。《南涼録》：太初二年，烏孤改稱武威王，領縣六。舊媼圍縣，有温圍水。焦朗勸傉檀往温圍水北渡。胡三省云：水當因媼圍縣得名，又譌『媼』爲『温』也。【略】

西平郡。《南涼録》：太初元年正月，烏孤自稱大將軍、大單于、西平王。二年，以田玄明爲西平太守。三年，烏孤以弟傉檀爲車騎大將軍、廣武公，鎮西平。是年，又以弟利鹿孤爲涼州牧，鎮西平，追傉檀入録府國事。利鹿孤以晉隆安三年卽僞位，徙居於西平。乞伏乾歸遣子乾等質於西平。蒙遜侵西平，徙户掠牛馬而還。樂都城潰，安西樊尼自西平奔告傉檀。《元和郡縣志》：南涼禿髮自稱武威王，徙都西平，弟傉檀遷於姑臧，後復徙領西平，爲乞伏熾磐所併。領縣四。【略】

樂都郡。《南涼録》：太初二年，後涼樂都太守田瑶以郡降。三年正月，烏孤徙治樂都。建和三年，傉檀襲位，僭號涼王，遷於樂都。《晉書·載記》：烏孤攻克金城，降呂光。樂都、湟河、澆河三郡西南羌胡數萬落皆附之。弘昌元年，傉檀大城樂都。嘉平三年，傉檀懼爲蒙遜所滅，又慮硒鼓鎮克嶺南，乃遷於樂都。案：此又自姑臧遷樂都，傉檀第二遷也。蒙遜圍樂都，三旬不克，傉檀以子安周爲質，蒙遜進圍樂都。傉檀嬰城固守，以子染千爲質，蒙遜乃歸。蒙遜又攻樂都，二旬不克而還。傉檀西襲乙弗，使太子武臺守樂都，熾磐乘虛來襲，一旬而城潰。熾磐入樂都，又傉檀徙焦朗餘衆於樂都。領縣一。有內城、外城。撫軍從事中郎尉肅言於武臺曰：『今外城廣大，難以固守，宜聚國人於內城。肅等率諸晉人距戰於外。如或不捷，猶有萬全』。武臺不從，一旬城潰。【略】

武興郡。《晉書·載記》：傉檀僞遊澆河，襲徙西平、湟河諸羌三萬餘户於武興、番禾、武威、昌松四郡。領縣九。【略】

晉興郡。《晉書·載記》：乞伏乾歸爲姚興所敗，率騎數百來奔，處之晉興。案：《十三州記》又云：處之於允吾小晉興城，當有所據。利鹿孤晉興太守陰暢。領縣九。【略】

昌松郡。《晉書·載記》：嘉平元年，姚興遣將齊難率衆迎呂隆於姑臧，傉檀攝昌松、魏安二戍以避之。姚弼衆至漠口，昌松太守蘇霸嬰城固守。弼喻霸令降，不從，城陷斬霸。《南涼録》：昌松太守孟褘。嘉平二年正月，傉檀以子明德歸爲南中郎將，領昌松太守。領縣二。【略】

番禾郡。《晉書·載記》：蒙遜因剋姑臧來伐傉檀，遣其安北段苟、左將軍雲連乘虛出番禾以襲其後，徙三千餘家於西平。領縣一。【略】

金城郡。《晉書·載記》：隆安元年，烏孤太初元年，攻克金城郡。領縣七。【略】

西郡。《晉書·載記》：弘昌六年，傉檀率騎二萬，運穀四萬石以給西郡。蒙遜進攻西郡，陷之。西郡太守楊統。領縣五。【略】

晉昌郡。南涼領縣七。有石驢山、右衞折掘奇鎮據石驢山以叛，鎮軍敬歸討奇鎮於石驢山，戰敗，死家。胡三省云：石驢山在姑臧西南、長寧川西北，屬晉昌郡界。長寧川。見上。【略】

三河郡。《晉書·載記》：三河太守吳陰。領縣一。【略】

湟河郡。《南涼録》：太初二年，後涼湟河太守張稠以郡降。三年，以叔父素渥鎮湟河。《晉書·載記》：傉檀湟河太守文支以湟河降蒙遜，徙五千餘户於姑臧。縣無考。

澆河郡。《南涼録》：太初二年，後涼澆河太守王稺以郡降。三年，烏孤以叔父若留鎮澆河。《元和郡縣志》：獻帝建安中分金城置西平郡。南涼禿髮烏孤又以河南地爲澆河郡。案：後魏張猛龍碑祖興宗僞涼時饒河、黄河二郡，太守。今考『黄』宜作『湟』，『饒』宜作『澆』，碑字誤也。縣無考。

廣武郡。《南涼録》：呂光封烏孤廣武郡公。弘昌元年，秦遣使拜車騎將軍、廣武公。太初元年，烏孤耀兵廣武。建和二年，秦姚碩德自金城濟河，直趨廣武。利鹿孤攝廣武守軍以避之。《元和郡縣志》：漢金城郡地，南涼禿髮烏孤都此。領縣五。【略】

邯川護軍。《晉書·載記》：傉檀邯川護軍孟愷。邯川人衞章等謀殺孟愷，南啓乞伏熾磐。郭越密告之。愷誘章等飲酒，殺四十餘人。

北涼

清·徐文范《東晉南北朝輿地表·年表》卷四 丁酉

時有涼州之建康、臨松、酒泉及西郡、燉煌、晉昌之半。【略】

辛丑

時有刪丹、嶺北、張掖、三河、西郡、西安、臨安。【略】

辛亥

時有武威、張掖、西郡、西安、臨松、番禾、西海、涼興、涼寧、廣武之半。【略】

丁巳

時有武威、張掖、西海、廣武、番和、臨松、三河、西郡、澆河、西安、涼平實郡十一。

又 卷五 辛未

時有武威、張掖、酒泉、西海、金城、敦煌、西平七郡。

清·洪亮吉《十六國疆域志》卷九《北涼》 涼州。崔鴻《十六國春秋·北涼録》：永安元年六月，右長史梁中庸等推遜爲大將軍、梁州牧。《晉書·載記》同。義和元年十二月，魏遣太常李順拜遜太傅、涼州牧、涼王加九錫之禮。《晉書》：安帝隆安五年五月，沮渠蒙遜殺段業，自號大都督、北涼州牧。案：此則前梁州牧當屬『涼』字之誤，魏收《魏書》亦作『涼州』。凡統舊郡四、前涼增置郡九、後涼增置郡一、新置郡二，共郡十六、縣可考者四十。

張掖郡。《北涼録》：神璽元年，業以蒙遜爲張掖太守。天璽二年，以馬權代之。永安元年五月，蒙遜至張掖，田昂兄子承愛斬關納蒙遜。是年蒙遜署從兄伏奴爲鎮軍將軍、張掖太守。玄始七年，蒙遜遣張掖太守廣宗詐降以誘李歆。蒙遜張掖太守句呼勒出奔西涼。《魏書》：牧犍弟張掖太守。宜得領縣五。有張掖城。張掖城每有光色，蒙遜曰：王氣將成，百戰百勝之象也。【略】

西安郡。《晉書》：永安元年，蒙遜自請爲西安太守，業許焉。玄始十四年，乞伏暮末率兵攻西安，不克。《北涼録》及《後魏書》並作『安西』。縣無考。

臨松郡。《晉書》：蒙遜伯父臨松太守孔篤，乞伏熾磐遣太子暮末等出貂裘谷，攻西河白草嶺、臨松郡，皆破之，又遣叱廬犍等襲沮渠白蹄于臨松，擒之。領縣一。【略】

金山郡。《晉書》：永安十年，蒙遜以從弟成都爲金山太守。案：郡蓋蒙遜所置，取金山以爲名。有金山。神璽元年，蒙遜屯據金山。玄始五年，蒙遜西祀金山。縣無考。

湟河郡。《晉書》：玄始二年，傉檀湟河太守文支據湟川來降蒙遜。蒙遜以王建爲湟河太守。四年，蒙遜遣其將運糧于湟河，自率衆攻克乞伏熾磐廣武郡，以運糧不繼，自廣武如湟河。蒙遜以弟漢平爲折衝將軍、湟河太守。熾磐率衆三萬襲湟河，漢平力戰固守，遣司馬隗仁夜出擊熾磐，斬級數百，熾磐將引退，漢平長史焦昶、將軍段景密信招熾磐。熾磐復進攻漢平，漢平納昶、景之説，面縛出降。案：《乞伏氏載記》又作『河湟』。縣無考。

湟川郡。《晉書》：玄始二年，蒙遜署成宜侯爲振威將軍、湟川太守。案：郡蓋蒙遜分湟河郡所置。縣無考。

敦煌郡。《晉書》：神璽二年，呂光敦煌太守孟敏以郡降段業。《涼武昭王傳》：蒙遜以索嗣子元緒行敦煌太守。《北涼録》：永和三年五月，西中郎將、敦煌太守沮渠唐男上言：十五日有老父見于郡城東門，投書一紙，八字文曰：『涼王三十，年若七年』。領縣六。有流沙。沮渠無諱走渡流沙。【略】

晉昌郡。《晉書》：神璽二年，呂光晉昌太守王德以郡降段業。玄始十年，蒙遜晉昌太守唐契據郡叛，遣世子政德攻克之。秦州刺史宜得奔晉昌。領縣七。【略】

涼興郡。【略】

西海郡。《晉書》：姚興遣使人梁斐、張構等拜蒙遜鎮西大將軍、沙州刺史、西海侯。領縣一。【略】

高昌郡。《晉書》：蒙遜以隗仁爲高昌太守。領縣一。【略】

祁連郡。領縣二。【略】

金城郡。領縣七。【略】

廣武郡。《晉書》：玄始八年，蒙遜署文支鎮東大將軍、廣武太守、振武侯。四年，蒙遜率衆伐乞伏熾磐于廣武郡，克之。領縣五。【略】

樂都郡。《晉書》：樂都太守沮渠安周，南牧犍敗安周，南奔吐谷渾。領縣一。【略】

臨池郡。《晉書》：天璽二年，蒙遜爲臨池太守。領縣一。案：北涼領三州，除秦州鎮姑臧、沙州領酒泉外，餘郡不知如何分屬，地志缺略，無從參考。今姑以舊郡所分出者各附于本郡下，涼州爲蒙遜建業之地，故所領較多焉。【略】

秦州。《晉書》：永安十二年，蒙遜以其弟挐爲護羌校尉、秦州刺史，封安平侯，鎮媪臧，旬餘而挐死，又以從祖益子爲鎮京將軍、護羌校尉、秦州刺史，鎮姑臧。《北涼録》：正始元年冬十月，蒙遜遷都姑臧，僭即河西王位。案：《通鑑》：牧犍以弟宜得爲秦州刺史，都督丹嶺以西諸軍，領張掖太守。今考以秦州領張掖，蓋牧犍時事，今以蒙遜時爲準。凡統郡四。

武威郡。《魏書》：魏割涼州之武威、張掖、敦煌、酒泉、西海、金城、西平七郡封蒙遜爲涼王。領縣五。【略】

西平郡。《北涼録》：永弘二年，蒙遜拔西平，執太守麴承。領縣四。【略】

昌松郡。北涼領縣二。【略】

番禾郡。《晉書》：蒙遜襲狄洛磐於番禾，不克。玄始八年，乞伏暮末攻番禾。《元和郡縣志》：北涼沮渠蒙遜立爲番禾郡。案：辯已見《後涼疆域》。領縣一。【略】

沙州。《北涼録》：永安四年，秦鴻臚梁裴拜遜鎮西大將軍、開府儀同三司、沙州牧。《晉書》：段業以孟敏爲沙州刺史，牧犍以弟無諱爲沙州刺史、都督建康以西諸軍事、領酒泉太守。《魏書》：世祖遣李順拜牧犍使持節、侍中、都督涼沙河三州西域羌戎諸軍事、涼州刺史、河西王。凡統舊郡三。

酒泉郡。《北涼録》：神璽元年，段業以沮渠男成爲酒泉太守，旋徙晉昌。二年，業以王德爲酒泉太守。天璽二年，德叛，自稱河州刺史。是年，業以蒙遜從叔益生爲酒泉太守。永安二年，李暠遣宋繇攻酒泉，獲益生。玄始八年，蒙遜進克酒泉，百姓安堵如故，軍無私焉。以子茂虔爲酒泉太守，尋遷敦煌。《魏書》：牧犍弟酒泉太守無諱。領縣六。【略】

涼寧郡。《北涼録》：永安元年，蒙遜酒泉、涼寧二郡叛降李暠。

案：郡蓋段業及蒙遜所置。縣無考。

西郡。《晉書》：神璽元年，段業使蒙遜攻西郡，蒙遜引水灌城，城潰，執太守呂純以歸。永安元年，蒙遜以田昂爲鎮南將軍、西郡太守。二年，梁中庸爲西郡太守，西奔李暠。十年，蒙遜以從弟鄯善爲西郡太守。十一年，蒙遜率步騎三萬伐禿髮傉檀，次於西郡。領縣五。有均石。【略】

建康郡。《晉書》：沮渠男成進攻建康，姚碩德以蒙遜弟挐爲建康太守。玄始七年，蒙遜成建康城。領縣一。有解支澗。蒙遜爲李歆敗於解支澗。《涼武昭王傳》：蒙遜追李歆，與戰解支澗，大破之，城建康，置戍而還。【略】

中田護軍。《晉書》：蒙遜伯父中田護軍親信。案：北涼又有永安縣。《晉書·載記》：蒙遜時木連理生於永安，永安令張披上書言之，蒙遜歸功於二千石令長。今考平陽郡有永安縣與北涼相去較遠，恐非，或疑卽永平之誤也。又《北史·張湛傳》：兄銑仕蒙遜，位建昌令。《御覽·職官部六十》稱《北涼録》：張譚爲和寧令。二縣並附此，俟再考。

南燕

清·徐文范《東晉南北朝輿地表·年表》卷四　丁酉

時統司州之魏、河內、野王、汲、陽平、頓邱、貴鄉；兗州，全；陳留、濮陽、濟陰、濟北、東平、高平、東郡、東燕、建興、黎陽、任城、泰山；徐州之琅琊。【略】

辛丑

時有晉青州，全，齊、濟南、長廣、東萊、城陽、樂安、平昌、高密、北海、東牟、清和，冀州之樂陵，兗州之濟陰、濟北、泰山、東平、高平、任城，徐州之琅琊、蘭陵、東莞、東安。以青州刺史鎮東萊，徐州刺史鎮東莞之莒，兗州刺史鎮泰山之梁父，幽州刺史鎮發干，在司州陽平郡，幷州牧鎮陰館。

觀後慕容達作亂，知德亦置司隸校尉於廣固，以青州治東萊。

清·洪亮吉《十六國疆域志》卷一三《南燕》　青州。《晉書·地理志》：苻氏敗後，青州刺史苻朗以州降朝廷，置幽州，以別駕辟閭渾爲刺史，鎮廣固。隆安四年，爲慕容德所滅，遂都之，是爲南燕，復改爲青州。德以青州刺史鎮東萊。超移青州於東萊郡，後爲劉裕所滅。崔鴻《十六國春秋·南燕録》：建平二年，青州刺史鞠仲來朝。太上元年，超以慕容鍾爲青州牧。超遣慕容鎮等攻鍾於青州，克之，鍾奔姚興。統郡五。

燕都尹。卽齊郡，又稱京兆太守。《南史·垣護之傳》：父苗仕慕容超爲京兆太守。蓋超都齊郡，卽以之爲京兆郡耳。又胡三省云：南燕於廣固置燕都尹。《晉書·載記》：德引師而南，遣使喻齊郡太守辟閭渾，渾不從，遣慕容鍾率步騎二萬擊之。渾懼，將妻子奔於魏。《南燕録》：建平元年，德如齊城。領縣六。【略】

濟南郡。《晉書·載記》：超濟南太守王儼。（太上五年）超遣公孫歸等入濟南，執晉太守趙元，略男女千餘人而云。領縣六。有管縣故城、《載記》：晉南陽太守閭丘羨師次管城。石塞城。封融叛，集羣盜襲石塞城，殺超將餘鬱。【略】

北海郡。南燕領縣可考者一。【略】

東萊郡。《晉書·載記》：（太上五年）東萊郡雨血。領縣七。【略】

東牟郡。晉置。《魏書·張幸傳》：爲慕容超東牟太守。《北史》同。領縣可考者一。【略】

平原郡。《晉書·載記》：辟閭渾遣平原太守張豁戍柳泉，豁降於德。領縣九。案《晉書·地理志》：平原、勃海二郡屬冀州。今考南燕無冀州。《續漢書·郡國志》：青州六郡有平原，今故附此，勃海郡亦以地近附焉。【略】

勃海郡。《晉書·載記》：（燕二年）勃海太守封孚以郡降德。領縣十。【略】

幷州。《晉書·地理志》：德以幷州牧鎮陰平。《南燕録》：燕二年，德以賀賴盧爲幷州刺史。《北史·外戚傳》止作『賀盧』。統郡可考者一。

東海郡。南燕領縣七。【略】

幽州。《晉書·地理志》：德以幽州刺史鎮發干。案：德蓋仍晉幽州舊名置，又發干屬琅邪，陰平城屬東海，故以二郡分隸二州。案：此發干卽元帝所置發干戍。《晉·志》：陽平郡有發干縣。諸地志以爲德幽州治所。今考德雖分置五州，實皆不出青、徐二州境，且晉本於徐土置幽州，德蓋又仍晉之舊，無容遠至陽平所屬之發干也。統郡可考者一。

琅邪國。《晉書·載記》：（燕二年）德進據琅邪。領縣九。有發干戍。卽南燕幽州治所。【略】

徐州。《晉書·地理志》：德以徐州刺史鎮莒城。《南燕録》：燕二年，德以潘聰爲徐州刺史。太上元年，超以段宏爲徐州刺史。超遣慕容昱等攻宏於莒城，拔之。宏奔魏。《太平寰宇記》稱《南燕録》：慕容德以尚書潘聰爲徐州刺史，鎮莒城。又以桓遵爲徐州刺史，亦理莒城。後舉城降劉裕。統郡可考者二。

東莞郡。《晉書·載記》：晉師伐超，次東莞。領縣七。【略】

宿豫郡。南燕領縣一。【略】

兖州。《晉書·地理志》：德以兖州刺史，鎮梁父。《載記》：（燕元年）德以慕容法爲兖州刺史，鎮梁父。超嗣位以法都督徐、兖、揚、南兖四州諸軍事。案：揚、南兖二州，《載記》及《南燕録》等並無可考，疑亦遥領也。太上二年，超遣王凝等攻法於兖州，法出奔魏。凡統郡三。

泰山郡。南燕領縣九。【略】

濟北郡。南燕領縣五。有標榆谷。慕容法敗魏師於標榆谷。【略】

東燕郡。南燕領縣四。

西涼

清·徐文范《東晉南北朝輿地表·年表》卷四 辛丑

北涼酒泉、涼寧二郡來降。

時又有燉煌、晉昌、高昌、祁連、會稽、涼興、建康。【略】

辛亥

時有酒泉、敦煌、晉昌、祁連、會稽、建康、高昌。【略】

丁巳

時有酒泉、涼寧、敦煌、晉昌、會稽、祁連、高昌七郡。

清·洪亮吉《十六國疆域志》卷八《西涼》 涼州。崔鴻《十六國春秋·西涼録》：庚子元年十一月，晉昌太守唐瑤移覈六郡，推暠爲大將軍、涼公、秦、涼二州牧。暠薨，左長史宋繇等上歆爲大將軍、涼公、領涼州牧。恂入敦煌，朱承、張弘等推恂爲涼州刺史。案：暠雖領雍、涼二州牧，其實止一涼州。凡統舊郡五、前涼郡三、後涼郡二、增置郡八、縣可考者四十三。

敦煌郡。《西涼録》：神璽二年，敦煌索僊等以暠温毅有惠政，推暠爲敦煌太守。庚子五年四月，敦煌有葛，緣木而生，作黄鳥之形。嘉興元年，歆弟驍騎將軍翻等西奔敦煌，翻及敦煌太守恂與諸子等棄敦煌，奔于北山。郡人朱承、張弘等以恂在郡有惠政，密信招恂，恂率千騎入于敦煌。《晉書·涼武昭王傳》：段業以敦煌太守趙郡孟敏爲沙州刺史，業又以索嗣爲敦煌太守。暠遣子士業等逆戰，破之。嗣奔還張掖。建初元年，暠徵宋繇爲右將軍、領敦煌護軍，與其子敦煌太守讓鎮敦煌。暠遂遷居于酒泉。嘉興四年，歆弟敦煌太守恂。《北史·序傳》：恂位酒泉、敦煌太守。沮渠蒙遜元始八年，恂據郡自稱大將軍。九年，爲蒙遜所殺。領縣六。【略】

涼興郡。《晉書》：段業分敦煌之涼興、烏澤，晉昌之宜禾三縣爲涼興郡，進暠持節、都督涼興憶西諸軍事，暠遣宋繇東伐涼興。索嗣子元緒東奔涼興。案：涼興郡，張氏已有，段業蓋復分置也。《輿地廣記》：李暠改晉昌郡乃涼興，亦微誤。領縣三。【略】

晉昌郡。《西涼録》：暠以晉昌太守唐瑤爲征東將軍。領縣七。《北史·序傳》：讓弟愔，位晉昌敦煌太守。【略】

晉興郡。《晉書》：暠以令狐遷爲武衛將軍、晉興太守。領縣八。【略】

西都郡。《晉書》：氾德瑜爲寧遠將軍、西都太守。案：郡蓋段業

及李氏所置。領縣可考一。【略】

河湟郡。《晉書》張靖爲折衝將軍、河湟太守。縣無考。

西平郡。《晉書》索訓爲威遠將軍、西平太守。領縣三。【略】

大夏郡。《晉書》：趙開爲騂馬護軍、大夏太守。領縣一。【略】

廣武郡。《晉書》：索慈爲廣武太守。領縣五。【略】

西安郡。《晉書》：陰亮爲西安太守。縣無考。

武威郡。《晉書》：令狐赫爲武威太守。暠分南人置會稽、廣夏郡，餘萬三千户分置武威、武興、張掖三郡，築城于敦煌南子亭以威南虜。案：此時張掖屬蒙遜，武威、武興屬傉檀，故暠于敦煌城外築城，僑置三郡，非實土也。令狐赫等爲太守，蓋亦遥領。縣無考。

武興郡。《晉書》：索述爲武興太守。縣無考。

張掖郡。《晉書》：歆以索僊爲征虜將軍、張掖太守。縣無考。

酒泉郡。《晉書》：建初元年，暠自敦煌遷于酒泉。郭摩之寇武威，武威、張掖已東人西奔敦煌、晉昌者數千户，及暠東遷皆徙之于酒泉。暠既遷酒泉，乃敦勸稼穡。羣僚以年穀頻登，百姓樂業，請勒銘酒泉。暠從之，朝廷以歆爲持節、都督七郡諸軍事、鎮西大將軍、護羌校尉。嘉興四年，歆酒泉太守李翻、酒泉公蒙遜入于酒泉。《北史·張湛傳》：父顯，武昭王時位酒泉太守。案：《蒙遜載記》：呂隆降興，酒泉、涼寧二郡叛，降李暠，是暠得酒泉等郡，在呂氏亡後得酒泉，後乃遷都也。領縣六。【略】

涼寧郡。縣無考。

建康郡。《晉書》：暠以張體順爲寧遠將軍、建康太守，鎮樂綰。建初二年，暠親略地至建康。沮渠蒙遜來侵，王于建康，掠三千餘户而歸。暠追敗之，盡收所掠之户。嘉興元年八月，隕星于建康。領縣一。【略】

西海郡。《北史·序傳》：翻弟豫位西海太守。領縣一。【略】

祁連郡。《北史·序傳》：恂弟翻，祁連、酒泉、晉昌郡太守。領縣二。【略】

會稽郡。《晉書》：初苻堅建元之末，徙江漢之人萬餘户于敦煌。中州之人有田疇不闢者，亦徙七千餘户。及暠東遷，皆徙之于酒泉，分南人五千户置會稽郡。《五代志》：會稽郡，在漢玉門縣界。縣無考。

廣夏郡。《晉書》：暠分中州人五千户置廣夏郡，歆以宋武爲武衛將軍、廣夏太守。領縣可考一，又附縣一。【略】

新城郡。《晉書·載記》：歆弟新城太守豫。案：郡蓋李氏所置。縣無考。

騂馬護軍。《西涼録》：趙開爲騂馬護軍。

敦煌護軍。《西涼録》：建初二年，宋繇爲敦煌護軍。

撫夷護軍。《北史·劉延明傳》：涼武昭王時遷撫夷護軍。

夏國

清·徐文范《東晉南北朝輿地表·年表》卷四　辛亥

時有漢故上郡、朔方地及晉故北地、新平二郡地。【略】

丁巳

時有安定、平涼、趙平、隴東、上郡及北地、新平、朔方地，又秦州之上封尋入西秦。

清·洪亮吉《十六國疆域志》卷一六《夏》　幽州。《晉書·地理志》：赫連勃勃僭號於統萬，是爲夏，置幽州牧於大城。崔鴻《十六國春秋·夏録》：河西鮮卑杜崙獻馬八千匹於秦，濟河至大城，勃勃留之。《晉書·載記》：勃勃攻姚興將金洛生於黄石固彌姐豪地於我羅城，皆拔之，徙七千餘家於大城，以其丞相右地代領幽州牧以鎮之。勃勃又攻興將姚壽都於清水城，壽都奔上邽，徙其人萬六千家於大城。酈道元《水經注》：赫連龍昇七年，改築大城，名曰『統萬城』。案此，則統萬城即大城。勃勃既以幽州牧鎮大城，則改築統萬後亦屬幽州可知。《晉·地志》先言僭號於統萬，後言置幽州牧於大城，二語微誤。考自統萬建後，《夏録》及《載記》不更言及大城，是大城爲統萬城之一證，道元所言眞可據矣。凡統都城一、餘城十。【略】

代來城。《晉書·載記》：衛辰屯代來城。魏收《魏書》：苻堅以衛辰爲西單于，督攝河西雜類，屯代來城。《夏録》魏師乘勝濟河，攻克代來，執辰殺之。

三交城。《太平寰宇記》稱《夏録》：龍昇五年秋九月，勃勃率衆來拒秦師。十一月，戰於青石北原，秦師敗績，降其衆四萬，獲戎馬二萬匹，因築此城。附近有百井戍、《元和郡縣志》：在長澤縣南八十里，勃勃與秃髪傉檀戰處。沃壄鎮、《圖經》：漢朔方郡沃野縣，漢末廢，勃勃復置城邑於此。木城、勃勃追後秦將齊難，將至木城，悉俘其衆。髑髏臺、《夏録》：赫連勃勃大破傉檀於百井戍，殺衆數萬，以人頭爲京觀，號曰『髑髏臺』。《晉書·載記》同。青石原、見上，勃勃敗傉檀將張佛生於青石原。陽武下峽、勃勃於陽武下峽鑿凌埋車以塞路。傉檀與勃勃戰於陽武，爲勃勃所敗。淥漣池。《夏録》：鳳翔元年，勃勃鑿淥漣池於三交。《太平寰宇記》：赫連勃勃每畋於三交淥漣池。

契吴城。《元和郡縣志》：故白城一名『契吴城』，在朔方縣北一百二十五里契吴山。赫連昌因山所築。勃勃常所嘆美，故其子昌因立此城以立勃勃之廟。有契吴山。《元和郡縣志》：在朔方縣北七十里。《夏録》：赫連勃勃北遊契吴，歎曰『美哉！臨廣澤而帶清流，自馬嶺以北、大河以南未之有也』。《太平寰宇記》作『未有若斯之壯麗』。

右四城，在漢朔方郡朔方縣也。《夏録》：勃勃父衛辰，苻堅以爲西單于，督攝河西諸虜，屯於代來城，因秦末兵亂，遂有朔方之地。姚興以勃勃爲持節、安北將軍、五原公，配以三交五部鮮卑及雜虜二萬餘落，鎮朔方。案：朔方、雲中、上郡、五原等郡自漢末至東晉久已荒廢，赫連氏雖據有其地，然細校諸書，自勃勃至昌、定世，類皆不置郡縣。《元和郡縣志》勝州下：赫連氏之後訖於周代，往往置鎮不立州郡惟以城爲主，戰勝克敵，則徙其降虜，築城以處之。故今志夏國疆域，惟以州統城，而未著其所在郡縣以别之，與志他國異焉。

太后城。《元和郡縣志》：僞夏太后城在洛交縣西三十六里。赫連勃勃聞劉裕滅姚泓，命其子義眞等守長安，大悦，自將兵入長安，留太后於此，築城以居。

黑城。《太平寰宇記》：赫連勃勃置其城，緣山坡崎嶇不正，遂名『黑城』。在寧眞縣東二十五里庫利東流川交口。

右二城，在漢上郡雕陰縣地。

吴兒城。《元和郡縣志》：在龍泉縣西北四十里。初，赫連勃勃破劉裕子義眞於長安，遂虜其人，築此城以居之，號『吴兒城』。

右一城，在漢上郡膚施縣地。案：五原、雲中二郡。《元和郡縣》：晉末皆没赫連勃勃。《夏録》：姚興封勃勃五原公。

赫連城。沈括《夢溪筆談》延州故豐林縣城。赫連勃勃所築，至今謂之『赫連城』。案：隋豐林縣在漢高奴縣地，疑括所指即此也。又今霍州東四十里亦有赫連城，一名夏王城。《元和郡縣志》：延州在漢爲上郡高奴縣地。魏省上郡至晉陷爲戎狄，其後屬赫連勃勃，後魏滅赫連昌，以屬統萬鎮。

右一城，在漢上郡高奴縣地。

薄骨律鎮城。《水經注》：城在河渚上，赫連氏果城也。故老耆舊云：赫連之世有駿馬死此，取馬色以爲邑號。《元和郡縣志》：後魏太武帝平赫連昌，置薄骨律鎮。案：後魏蓋仍赫連氏舊名。有果園、《元和郡縣志》：赫連勃勃所置果園，今桃李千餘株，鬱然猶在。果洲。《太平寰宇記》稱《水經注》云：河水北有薄骨律鎮，城在渚上，舊赫連果城也。桑果、榆林列植其上，故謂之果洲。

白馬騮城。《太平寰宇記》稱《十六國春秋》：赫連勃勃時有駿馬死，即取毛爲號，故名其城爲『白馬騮』。案此，疑即薄骨律鎮城之譌，但樂史已兩列，今故仍之。

飲汗城。《元和郡縣志》：在靈州東北隔河一百二十里，本名飲汗城。赫連勃勃以此爲麗子園，附近有白鹽池、《魏書》：陳留公元虔南至白鹽池，虜衛辰家屬。將軍伊謂至木根山，禽直力鞮，盡并其衆。木根山。見上。

右三城，在漢北地郡富平縣地。

雍州。《夏録》：昌武元年冬十月，勃勃以太子璝領大將軍、雍州牧、録南臺尚書事，鎮長安。《晉書·地理志》：勃勃以雍州刺史鎮陰密。案：《載記》：勃勃以子昌爲雍州刺史鎮陰密，乃未得長安時事。及既建南臺，改刺史爲牧，則雍州不得尚鎮陰密。《晉書·地志》第據初制而言，蓋誤也。又案：梁州牧鎮安定，雍州刺史鎮陰密，相去太近，勃勃既得長安，不容舍京兆扶風而遠治陰密，又勢所必然也。凡統縣可考者二。

長安。《夏録》：鳳翔四年，勃勃遣太子璝率騎二萬南伐長安。昌武元年，勃勃入長安。太子璝、赫連定相繼爲雍州牧，鎮長安。《魏書》：勃勃以長安爲南都。承光三年，魏將奚斤據長安。勝光元年，定復取長安。《夏録》及《載記》並作『南臺』。附近有青泥、勃勃伐長安，以王買德爲撫軍，南斷青泥，買德獲晉寧朔將軍傅弘之、輔國將軍蒯恩、義眞司馬毛修之於青泥。案：青泥城在藍田。渭水、赫連璝伐長安，至渭陽，降者屬路。劉迴堡、《夏録》：劉義眞遣龍驤將軍沈田子率衆逆戰，璝擊敗之，退屯劉迴堡。寡婦人渡。《宋書・傅弘之傳》：赫連璝抄掠渭南，弘之又於寡婦人渡破璝。

霸城。《夏録》：鳳翔六年正月，羣臣勸勃勃稱皇帝。三月，築壇於霸上，卽皇帝位。

右二縣，舊屬京兆郡。

咸陽。《夏録》：昌武元年八月，勃勃進據咸陽附近，有赫連臺。宋敏求《長安志》：涇陽縣北宜善鄉有赫連臺。案：《魏書》：屈子大破義眞，積人頭爲京觀，號曰髑髏臺。《載記》亦同。係勃勃破長安時事。涇陽距長安甚近，疑卽是臺也。

右一縣，舊屬咸陽郡。案：《晉書・地理志》：勃勃州郡之名並不可知。今考雍、秦等五州，治所雖均係舊縣，而郡名則並不可考，是當時不以郡統縣可知。今縣名亦惟據見於諸書者録入，不敢濫及。又考諸州治所，雖見地志，而餘縣所屬別無明文。今略就州治所近而以舊時郡境區之。雍州既鎭長安，則京兆郡地當屬雍州。以此類推，則馮翊郡地當屬豫州，扶風郡地當屬北秦州，安定郡地當屬梁州，弘農郡地當屬荆州，河東郡地當屬并州，天水郡地當屬秦州也。地志闕略，非敢臆斷，亦本《晉書・地志》等書類推耳。

朔州。《魏書》：慕容永據長子，拜衛辰使持節、都督河西諸軍事、大將軍、朔州牧，居朔方。《晉書・地理志》：勃勃以朔州牧鎭三城。統城可考者一。

三城。《晉書・載記》：龍昇元年，勃勃進攻姚興，三城已北諸戍，斬其將楊丕、姚石生等，姚興來伐，至三城，勃勃俟興諸軍未集，率騎擊之。姚興將姚詳棄三城，南奔大蘇。勃勃遣其將平東鹿奕干要擊之，執詳，盡俘其衆。

右一城，在漢上郡高奴縣地。

秦州。《晉書・地理志》：勃勃以秦州刺史鎭杏城。《晉書・安帝紀》：義熙十二年，勃勃攻姚泓秦州，陷之。案：《夏録》：安定城潰，赫連昌奔秦州，而《魏書》及《北史》則並云西奔上邽，明秦州自義熙十二年後已移鎭上邽也。舊統城一，移鎭上邽，後統縣可考者一、城一。

杏城。《晉書・苻堅載記》：匈奴左賢王衛辰等侵苻堅杏城。《赫連勃勃載記》：（鳳翔三年）勃勃攻姚興將姚逵於杏城，二旬克之，執逵及其將姚大用等，勃勃自安定引歸杏城。

右一城。在漢上郡雕陰縣舊地。

上邽。《晉書・載記》：（鳳翔四年）勃勃攻上邽，二旬克之，殺姚泓秦州刺史姚平都。《魏書》：（承光三年）赫連昌軍大潰，奔於上邽。《夏録》：勝光三年，魏軍來襲，十月剋安定進攻平原。十一月定遂掠民五萬户，西奔上邽。四年，魏遣益州刺史沒利延、寧州刺史拾虎率騎三萬來伐，遂擒定送於魏。

右一縣，舊屬天水郡。案：《通鑑》：宋元嘉六年夏，隴西守將降魏。當卽指此。

清水城。《晉書・載記》：勃勃攻姚興將姚壽都於清水城，壽都奔上邽。有白崖堡。勃勃寇隴右，破白崖堡，遂趨清水。《元豐九域志》：清水縣西有白崖堡。案：一作「柏陽堡」，又作「伯陽堡」。

右一城，舊屬略陽郡。

北秦州。《晉書・地理志》：勃勃以北秦州刺史鎭武功。統縣可考者三。

武功。

右一縣，舊屬始平郡。

雍城。《晉書・載記》：勃勃進攻姚泓將姚諶於雍城，諶奔長安。有龍尾堡。義熙十一年，夏將赫連建入新平。後秦將姚弼與戰於龍尾堡，拔之。

郿城。《晉書・載記》：勃勃進掠郿城。泓遣其將姚紹來拒，勃勃退如安定。

右二縣，舊屬扶風郡。

并州。《晉書・載記》：苻堅、姚興、赫連勃勃并州並徙置河東。勃勃以并州刺史鎭蒲坂。《載記》：勃勃以俟提爲并州刺史。統縣可考者三。《北史》：赫連定與宋連和遥分河北，自恆山以東屬宋，恆山以西屬定。

蒲坂。《晉書・載記》：（眞興元年）勃勃遣將叱奴俟提爲并州刺史，鎭蒲坂。（承光二年）魏將奚斤克蒲坂。

汾陰。有薛通城。《元和郡縣志》：後魏道武帝天賜元年，赫連勃勃僭號夏，侵河外。於時，有縣人薛通，率宗族千餘家，西去漢汾陰縣城八十里，築城以自固，因名之。

右二縣，舊屬河東郡。

永安有赫連勃勃墓。《太平寰宇記》：在霍邑縣東二十里霍山最高峯上。案：《元和郡縣志》：勃勃墓在朔方，與崔鴻等書合。今樂史於舊永安縣載勃勃墓，疑誤。但勃勃此時以并州鎮蒲坂，則永安或當在夏境。勃勃於此置疑冢，亦未可知。姑附於此，以俟再考。附近有擒昌城。《太平寰宇記》：魏太武帝擒赫連昌置，因名焉。在赫連縣東二十四里。

右一縣，舊屬平陽郡。

涼州。今本誤作『梁』。《晉書·地理志》：勃勃以涼州牧鎮安定。統縣可考者七、城二。

安定。《魏書·地形志》：後漢、晉罷，後復。《晉書·載記》：（龍昇六年）勃勃率騎三萬攻安定，姚泓、姚恢棄安定奔於長安。（鳳翔四年）安定人胡儼、華韜率户五萬據安定降於勃勃。勃勃留鎮東羊苟兒鎮之，配以鮮卑五千。胡儼等襲殺苟兒，以城降姚泓。《通鑑》：勃勃聞劉裕伐泓，又進據安定。泓嶺北郡縣悉降，勃勃盡有嶺北之地。勃勃自安定還統萬。《夏録》：永光三年，赫連昌留河内公費連烏提守高平，徙諸城以北編户於安定以都之。四年二月，魏軍至安定。三月，城潰，昌奔秦州。

高平。《地形志》：二漢屬安定，晉罷後復。《晉書·載記》：姚興使勃勃助没奕干鎮高平。《夏録》：眞興六年，勃勃將廢太子璝，立酒泉公倫。璝聞將廢己，率衆七萬北伐。倫倫率騎三萬拒之，戰於高平，爲璝所敗，倫死之。永光三年，赫連昌留河内公費連烏提守高平。有高平川、勃勃僞獵高平川，襲殺没奕干而并其衆。東鄉。勃勃進攻東鄉，下之。《圖經》：東鄉蓋在青石嶺東。

鶉觚。有鶉觚原。《通鑑》：赫連定救平涼，爲魏將古弼所敗，還走，登鶉觚原。

陰密。《晉書·載記》：勃勃進攻陰密，殺姚興將姚良子及將士萬餘，以其子昌爲使持節、前將軍、雍州刺史，鎮陰密。

右四縣，舊屬安定郡。

平涼。《晉書·載記》：勃勃率騎二萬入高岡，及於五井，掠平涼雜胡七千餘户以配後軍。勃勃遣其尚書金纂率騎二萬攻平涼。姚興來救，纂爲興所敗，死之。又遣赫連建將兵擊秦，執平涼太守姚周都，遂入新平。承光四年，昌自上邽退屯平涼。《魏書》：赫連昌敗，定奔於平涼，自稱尊號。世祖襲平涼，定救平涼，方陳自固，世祖四面圍之，斷其水草，定不得水，引衆下原。詔武衛將軍丘眷擊之，衆潰，定被創單騎遁走，收其餘衆，乃西保上邽。有高岡五井、並見上。馬髦嶺、《通鑑》：魏將奚斤追昌至馬髦嶺，昌逆擊擒之。案：他處並作『馬毛山』。依力川、勃勃進屯依力川。《圖經》：依力川在平涼故城東南。涇南、魏進軍平涼次於涇南。我羅城、敕奇堡、黄石固。《晉書》：義熙五年，勃勃攻姚興，敕奇堡、黄石固、我羅城皆拔之。《通志》：並在今平涼縣北。

定陽。《晉書·載記》：勃勃兄子左將軍羅提率步騎一萬攻興將姚廣都於定陽，尅之，坑將士四千餘人，以女弱爲軍賞。

右二縣，舊屬平涼郡。

陰槃。《夏録》：勝光元年十月，定畋於陰槃。有苛藍山。《夏録》：定登苛藍山而望統萬城，泣曰：『先帝以朕承大業者，豈有今日乎？』《太平御覽》稱《涼州記》：赫連定登此山，有羣狐遶之而鳴，射之，竟不得一，定乃嘆曰：『此亦怪事也。』

貳城。《晉書·載記》：（龍昇六年）勃勃進攻姚興，將党智隆於東鄉，降之，署智隆光禄勳，徙其三千餘户於貳城。《夏録》：龍昇三年，姚興自將擊勃勃至貳城。（承光三年）魏將娥青等攻貳城，拔之。

右一城，舊屬平涼郡。胡三省云：即貳縣城也。在杏城西北平涼東南。案：今以就近附此。

侯尼城。《通鑑》：赫連定欲復取統萬，東至侯尼城，不敢進而還。

右一城，胡三省云：在平涼東，故亦附此。

豫州。《晉書·地理志》：勃勃以豫州牧鎮李閏。統縣可考者一、城二。

鄜城。《通鑑》：夏主定自鄜城，還安定。

李閏城。

甘泉城。《太平寰宇記》：亦謂之夏王城，俗傳赫連勃勃所築。

右一縣、二城，舊屬馮翊郡，後一城又屬馮翊下邽。

荆州。《晉書・地理志》：勃勃以荆州刺史鎮陝。領縣可考者三。

陝。《後魏書》：太武始光三年，遣將軍周幾等襲陝城。

湖。有京觀。《元和郡縣志》：俗號平吴臺，在湖城縣西二十二里。赫連勃勃使太原公昌攻劉裕將朱齡石於潼關，克之，築臺以表武功。附近有潼關、勃勃伐長安，遣赫連昌屯兵潼關。曹公故壘。赫連昌攻朱齡石及龍驤將軍王敬於潼關之曹公故壘，克之。

臨晉。《後魏書》：赫連定長安，武功、臨晉守將皆走，關中悉入於魏。

右三縣，舊屬弘農郡。《通鑑》：弘農太守曹達聞魏軍至，不戰而走。案：赫連氏太守僅見於此，疑曹達係姚秦氏舊守，赫連氏仍而未改也。

治城。《西夏録》：宋元嘉八年，赫連定畏魏人之逼，擁秦民自治城，濟河。

右一城，在漢隴西郡枹罕縣地。

吐京護軍。漢土軍縣晉時譌爲『吐京』。《西夏録》：勃勃置吐京護軍。

右護軍一，在漢太原郡土軍縣地。

長城護軍。《圖經》：赫連夏于後秦黄石固置長城護軍。

右護軍一，當在前秦平涼郡平涼縣地。案：右一城及二護軍未知所屬，故附於末。

北燕

清・徐文范《東晉南北朝輿地表・年表》卷四　辛亥

時有昌黎、漁陽、平昌、密雲、北平、遼西、安樂、石城、遼東、樂浪、帶方、冀陽、營邱、成周、玄菟十數郡。樂浪下諸郡並置于龍城。

【略】

丁巳

時有昌黎、漁陽、平昌、密雲、遼西、北平、安樂、長樂、石城、冀陽、成周、營邱、遼東、帶方、樂浪、玄菟。

清・洪亮吉《十六國疆域志》卷一四《北燕》　平州。北燕統郡六。

昌黎尹。《晉書・載記》：太元十二年，跋僭稱天王於昌黎。跋昌黎尹孫伯仕。《馮素弗傳》：初爲京尹。領縣五。【略】

遼東郡。《晉書・載記》：跋遼東太守務銀提。蝚蠕斛律爲其弟大但所逐，盡室奔跋，跋館之於遼東郡。領縣十三。【略】

樂浪郡。北燕領縣六。《北史・游明根傳》：祖鱓，慕容熙樂浪太守。案：傳又言明根父力，馮跋假廣平太守。今考北燕無廣平郡，蓋遥領耳。【略】

帶方郡。《魏書》：魏將賀多羅攻弘帶方太守慕容玄。元健攻建德，元丕攻冀陽，皆拔之。領縣七。【略】

玄菟郡。北燕領縣三。【略】

冀陽郡。北燕領縣二。【略】

幽州、冀州。《通鑑》：馮萬泥爲幽、冀二州牧。《晉書・載記》作『幽平』，鎮肥如。統郡二。

遼西郡。《北史》：弘世子崇母弟廣平公朗、樂陵公邈出奔遼西。《太平御覽》稱《北燕録》：遼西太守高讚謀反伏誅。樂史《太平寰宇記》稱《北燕録》：馮弘太興元年省遼西郡。領縣六。【略】

建德郡。北燕領縣二。《後魏書》：延和五年，建德太守王融降魏。

【略】

幷州。《通鑑》：跋以馮乳陳爲幷州牧，鎮白狼。統郡可考者二。

右北平郡。北燕領縣五。【略】

石城郡。《北燕録》。太興二年八月，石城、遼東、營丘、城周四郡並降魏。《通鑑》：弘石城太守李崇等。《北史・李訢傳》同十郡降於魏。注：石城縣，前漢屬右北平，燕分置石城郡。案：十郡蓋即徙户之營丘、成周等郡，石城本分右北平所置，故列於此。領縣可考者一。【略】

青州。案：慕容廆本以青州流人置營丘郡。《晉書・載記》：馮素弗初爲京尹，後鎮營丘。今考《晉書・地理志》，高雲以幽、冀二州牧鎮肥如，幷州刺史鎮白狼。惟青州不言治處。今素弗云鎮營丘，疑此時素弗爲青州刺史，營丘即青州治處。史文簡略，偶不詳耳，姑列於此，俟再考。又案：《載記》：李訓爲方略令，馮素弗言於跋云云。方略縣，未詳所屬，附記於此。

營丘郡。《晉書·載記》：庫莫奚虞出庫眞率三千餘落請交市獻馬千匹，許之，處之於營丘。《北史·馮跋傳》：太武親討之，弘嬰城固守，其營丘、遼東、成周、樂浪、帶方、玄菟六郡皆降。領縣可考者一。【略】

成周郡。《通鑑》：魏主燾引軍還徙營丘、成周、遼東、樂浪、帶方、玄菟六郡民三萬家於幽州。縣無考。

代

清·徐文范《東晉南北朝輿地表·年表》卷首 癸亥

時已分其國為三部。祿官自統上谷之北、濡源之西。祿官，元沙漠汗之子。猗㐌統代郡參合陂之北猗㐌弟猗盧統其西，居定襄之盛樂故城。

又 卷一 戊寅

時有晉幽州之代、廣寧，冀州常山之北邊，幷州之雁門。【略】

癸未

仍有晉雁門、廣寧、代三郡。

又 卷二 庚寅

時有晉幽州之代、廣寧，幷州之雁門，凡三郡。

又 卷三 丁巳

時仍有平城之代及雁門，陘北五縣，東至大寧。

雜録

《魏書》卷九九《私署涼州牧張寔傳》 （張駿）分武威、武興、西平、張掖、酒泉、建康、西海、西郡、湟河、晉興、廣武十一郡爲涼州，以長子重華爲刺史；興晉、金城、武始、南安、永晉、大夏、武城、漢中八郡爲河州，以其寧戎校尉張瓘爲刺史；敦煌、晉昌、高昌、西域都護、戊己校尉、玉門大護軍，三郡三營爲沙州，以西胡校尉楊宣爲刺史。

《晉書》卷一〇六《石季龍載記上》 分廮陶之柳鄉立停駕縣。

又 卷一〇八《慕容廆載記》 時二京傾覆，幽、冀淪陷，廆刑政修明，虛懷引納，流亡士庶多繈負歸之。廆乃立郡以統流人，冀州人爲冀陽郡，豫州人爲成周郡，青州人爲營丘郡，幷州人爲唐國郡。

又 卷一〇九《慕容皝載記》 罷成周、冀陽、營丘等郡。以勃海人爲興集縣，河間人爲寧集縣，廣平、魏郡人爲興平縣，東萊、北海人爲育黎縣，吳人爲吳縣，悉隸燕國。

又 卷一一〇《慕容儁載記》 改司州爲中州，置司隸校尉官。

又 卷一一二《苻健載記》 （苻）雄遣（苻）菁掠上洛郡，于豐陽縣立荆州，以引南金奇貨、弓竿漆蠟，通關市，來遠商，於是國用充足，而異賄盈積矣。

又 卷一二五《乞伏國仁載記》 置武城、武陽、安固、武始、漢陽、天水、略陽、漒川、甘松、匡朋、白馬、苑川十二郡，築勇士城以居之。

宋·司馬光《資治通鑑》卷一一六《晉紀三八·安皇帝辛》 （晉安帝義熙七年）河南王乾歸徙鮮卑僕渾部三千餘户於度堅城，胡三省注：仆渾降乾歸見上卷上年。度堅城即乞伏先所都度堅山城也。以子敕勃爲秦興太守以鎮之。胡三省注：乞伏乾歸本建國號曰秦，故置秦興郡於度堅山。

宋分部

綜述

《宋書》卷三五《州郡志一》 揚州、南徐州、徐州、南兗州、兗州。

揚州刺史，前漢刺史未有所治它州同，後漢治歷陽，魏、晉治壽春，晉平吳治建業。成帝咸康四年僑立魏郡，別見。肥鄉，別見。元城漢舊縣，晉屬陽平。二縣，後省元城。又僑立廣川郡，別見。領廣川一縣，宋初省爲縣，隸魏郡。江左又立高陽、別見。堂邑二郡，別見。高陽領北新城、別見。博陸博陸縣，霍光所封，而二漢無，晉屬高陽。二縣。堂邑，領堂邑一縣，後省堂邑幷高陽，又省高陽幷魏郡，並隸揚州，寄治京邑。文帝元嘉十一年省，以其民併建康。孝建元年分揚州之會稽、東陽、新安、永嘉、臨海五郡爲東揚州。大明三年罷州，以其地爲王畿，以南臺侍御史部諸郡，如從事之部傳焉，而東揚州直雲揚州。八年罷王畿，復立揚州，揚州還爲東揚州。前廢帝永光元年省東揚州併揚州。順帝昇明三年改揚州刺史曰牧。領郡十，領縣八十。【略】

丹陽尹，秦鄣郡，治今吳興之故鄣縣。漢初屬吳國，吳王濞反敗，屬江都國。武帝元封二年爲丹陽郡，治今宣城之宛陵縣。晉武帝太康二年分丹陽爲宣城郡，治宛陵，而丹陽移治建業。元帝太興元年改爲尹。領縣八。【略】

會稽太守，秦立，治吳。漢順帝永建四年分會稽爲吳郡，會稽移治山陰。領縣十，【略】去京都水一千三百五十五，陸同。【略】

吳郡太守，分會稽立。孝武大明七年度屬南徐。八年復舊。領縣十二，【略】去京都水六百七十，陸五百二十。【略】

吳興太守，孫皓寶鼎元年分吳、丹陽立。領縣十，【略】去京都水九百五十，陸五百七十。【略】

淮南太守，秦立爲九江郡，兼得廬江豫章。漢高帝四年更名淮南國，分立豫章郡，文帝又分爲廬江郡。武帝元狩元年復爲九江郡，治壽春縣。後漢徙治陰陵縣。魏復曰淮南，徙治壽春。晉武帝太康元年復立歷陽、別見。當塗、逡道諸縣，二年復立鍾離縣，別見。並二漢舊縣也。三國時，江淮爲戰爭之地，其間不居者各數百里，此諸縣並在江北淮南，虛其地，無復民户。吳平，民各還本，故復立焉。其後中原亂，胡寇屢南侵，淮南民多南度。成帝初，蘇峻、祖約爲亂於江淮，胡寇又大至，民南度江者轉多，乃於江南僑立淮南郡及諸縣。晉末，遂割丹陽之于湖縣爲淮南境。宋孝武大明六年以淮南郡併宣城，宣城郡徙治于湖。八年復立淮南郡，屬南豫州。明帝泰始三年還屬揚州。領縣六，【略】去京都水一百七十，陸一百四十。【略】

宣城太守，晉武帝太康元年分丹陽立。領縣十，【略】去京都水五百八十，陸五百。【略】

東陽太守，本會稽西部都尉，吳孫皓寶鼎元年立。領縣九，【略】去京都水一千七百，陸同。【略】

臨海太守，本會稽東部都尉。前漢都尉治鄞，後漢分會稽爲吳郡，疑是都尉徙治章安也。孫亮太平二年立。領縣五，【略】去京都水二千一十九，陸同。【略】

永嘉太守，晉明帝太寧元年分臨海立。領縣五，【略】去京都水二千八百，陸二千六百四十。【略】

新安太守，漢獻帝建安十三年，孫權分丹陽立曰新都，晉武帝太康元年更名。領縣五，户一萬二千五十八，口三萬六千六百五十一。去京都水一千八百六十，陸一千八百。【略】

南徐州刺史，晉永嘉大亂，幽、冀、青、并、兗州及徐州之淮北流民，相率過淮，亦有過江在晉陵郡界者。晉成帝咸和四年，司空郗鑒又徙流民之在淮南者於晉陵諸縣，其徙過江南及留在江北者，並立僑郡縣以司牧之。徐、兗二州或治江北，江北又僑立幽、冀、青、并四州。安帝義熙七年始分淮北爲北徐，淮南猶爲徐州。後又以幽、冀合徐，青、并合兗。武帝永初二年加徐州曰南徐，而淮北但曰徐。文帝元嘉八年更以江北爲南兗州，江南爲南徐州，治京口，割揚州之晉陵、兗州之九郡僑在江南者屬焉，故南徐州備有徐、兗、幽、冀、青、并、揚七州郡邑。《永初二年郡國志》又有南沛、南下邳、廣平、廣陵、盱眙、鍾離、海陵、山陽八郡。南沛、廣陵、海陵、山陽、盱眙、鍾離割屬南兗，南下邳併南彭城，廣平併南泰山。今領郡十七，縣六十三，【略】去京都水二百四十，陸二百。

南東海太守，東海郡別見。晉元帝初，割吳郡海虞縣之北境爲東海郡，立郯、朐、利城三縣，而祝其、襄賁等縣寄治曲阿。穆帝永和中，郡移出京口，郯等三縣亦寄治於京。文帝元嘉八年立南徐，以東海爲治下郡，以丹徒屬焉。郯、利城並爲實土。《永初郡國》有襄賁，別見。祝其、厚丘、並漢舊名。西隰何江左立。四縣，文帝元嘉十二年省厚丘併襄賁。何、徐無厚丘，餘與《永初郡國》同。其襄賁、祝其、西隰，是徐《志》後所省也。領縣六。【略】

南琅邪太守，琅邪郡別見。晉亂，琅邪國人隨元帝過江千餘户，太興三年立懷德縣。丹陽雖有琅邪相而無此地。成帝咸康元年，桓温領郡，鎮江乘之蒲洲金城上，求割丹陽之江乘縣境立郡，又分江乘地立臨沂縣。《永初郡國》有陽都、前漢屬城陽，後漢、《晉太康地志》屬琅邪。費、即丘並別見。三縣，並割臨沂及建康爲土。費縣治宮城之北。元嘉八年省即丘

併陽都。十五年省費併建康、臨沂。孝武大明五年省陽都併臨沂。今領縣二，【略】去州水二百，陸一百，去京都水一百六十。【略】

晉陵太守，吳時分吳郡無錫以西爲毗陵典農校尉。晉武帝太康二年省校尉，立以爲毗陵郡，治丹徒，後復還毗陵。東海王越世子名毗，而東海國故食毗陵。永嘉五年，帝改爲晉陵。始自毗陵徙治丹徒。太興初，郡及丹徒縣悉治京口，郗鑒復徙還丹徒。安帝義熙九年復還晉陵。本屬揚州，文帝元嘉八年度屬南徐。領縣六，【略】去州水一百七十五，陸同；去京都水四百，陸同。【略】

義興太守，晉惠帝永興元年分吳興之陽羨、丹陽之永世立。永世尋還丹陽。本揚州，明帝泰始四年度南徐。領縣五，【略】去州水四百，陸同；去京都水四百九十，陸同。【略】

南蘭陵太守，蘭陵郡別見。領縣二。【略】

南東莞太守，東莞郡別見。《永初郡國》又有蓋縣。別見。領縣三。【略】

臨淮太守，漢武帝元狩六年立，光武以併東海。明帝永平十五年復分臨淮之故地爲下邳郡。晉武帝太康元年復分下邳之淮南爲臨淮郡，治盱眙。江左僑立。《永初郡國》又有盱眙縣，何、徐無。領縣七。【略】

淮陵太守，本淮陵縣，前漢屬臨淮，後漢屬下邳，晉屬臨淮，惠帝永寧元年以爲淮陵國。《永初郡國》又有下相、前漢屬臨淮，後漢屬下邳，《晉太康地志》屬臨淮。廣陽廣陽，漢高立爲燕國，昭帝更名。光武省併上谷，和帝永元八年復立。魏、晉復爲燕國。前漢廣陽縣，後漢無，晉復有此也。二縣。今領縣三。【略】

南彭城太守，彭城郡別見。江左僑立。晉明帝又立南下邳郡，成帝又立南沛郡。文帝元嘉中分南沛爲北沛，屬南兗，而南沛猶屬南徐。孝武大明四年以二郡並併南彭城。領縣十二。【略】

南清河太守，清河郡別見。領縣四。【略】

南高平太守，高平郡別見。《永初郡國》又有鉅野、昌邑二縣。并漢舊名。今領縣三。【略】

南平昌太守，平昌郡別見。領縣四。【略】

南濟陰太守，二漢、晉屬兗州，前漢初屬梁國，景帝中六年別爲濟陰國，宣帝甘露二年更名定陶國，後還曰濟陰。《永初郡國》又有句陽、定陶二縣。並漢舊名。今領縣四。【略】

南濮陽太守，本東郡，屬兗州。晉武帝咸寧二年以封子允，以東不可爲國名，東郡有濮陽縣，故曰濮陽國。濮陽，漢舊名也，允改封淮南，還曰東郡。趙王倫簒位，廢太孫臧爲濮陽王，王尋廢，郡名遂不改。《永初郡國》又有鄄城縣。二漢屬濟陰，《晉太康地志》屬濮陽也。今領縣二。【略】

南泰山太守，泰山郡別見。《永初郡國》有廣平，漢武帝征和二年立爲平干國。宣帝五鳳二年改爲廣平。光武建武十三年省併鉅鹿。魏分鉅鹿、魏郡復爲廣平。江左僑立郡，晉成帝咸康四年省，後又立。寄治丹徒，領廣平、易陽、易陽，二漢屬趙，《晉太康地志》屬廣平。曲周前漢屬廣平，作曲周。後漢屬鉅鹿。《晉太康地志》屬廣平，作曲梁。三縣。文帝元嘉十八年省廣平郡爲廣平縣，屬南泰山。今領縣三。【略】

濟陽太守，晉惠分陳留爲濟陽國。領縣二。【略】

南魯郡太守，魯郡別見。又有樊縣。前漢屬東平，後漢、《晉太康地志》屬任城也。今領縣二。【略】

徐州刺史，後漢治東海郯縣，魏、晉、宋治彭城。明帝世，淮北没寇，僑立徐州，治鍾離。泰豫元年移治東海朐。後廢帝元徽元年分南兗州之鍾離、豫州之馬頭，又分秦郡之頓丘、梁郡之穀熟、歷陽之酇，立新昌郡，置徐州，還治鍾離。今先列徐州舊郡於前，以新割係。舊領郡十二，縣三十四。【略】今領郡三，縣九。彭城去京都水一千三百六十，陸一千。

彭城太守，漢高立爲楚國，宣帝地節元年改爲彭城郡；黄龍元年又爲楚國；章帝還爲彭城。領縣五。【略】

沛郡太守，秦泗水郡，漢高更名。舊屬豫州，江左改配。領縣三，【略】去州陸六十；去京都一千。【略】

下邳太守，前漢本臨淮郡，武帝立，明帝改爲下邳。晉武帝分下邳之淮南爲臨淮，而下邳如故。領縣三；【略】去州水二百，陸一百八十；去京都水一千一百六十，陸八百。【略】

蘭陵太守，晉惠帝元康元年分東海立。領縣三，【略】去州陸二百；去京都水一千六百，陸一千三百。【略】

東海太守，秦郯郡，漢高更名。明帝失淮北，僑立青州於贛榆縣。泰始七年又立東海縣屬東海郡，又割贛檢置鬱縣，立西海郡，並隸僑青州。領縣二，【略】去州水一千，陸八百；去京都水一千，陸六百七十。【略】

東莞太守，晉武帝泰始元年分琅邪立，咸寧三年復以合琅邪，太康十年復立。領縣三，【略】去州陸七百。去京都水二千，陸一千四百。【略】

東安太守，東安故縣名，前漢屬城陽，後漢屬琅邪，《晉太康地志》屬東莞，晉惠帝分東莞立。領縣三，【略】去州陸七百；去京都陸一千三百。【略】

琅邪太守，秦立。領縣二，【略】去州陸四百；去京都水一千五百，陸一千一百。【略】

淮陽太守，晉安帝義熙中土斷立。領縣四，【略】去州水六百，陸五百；去京都水七百，陸五百五十。【略】

陽平太守，陽平本縣名，屬東郡。魏分東郡及魏郡爲陽平郡。故屬司州，流寓來配。《永初郡國》又有廪丘縣。別置。今領縣三。【略】

濟陰太守，漢景帝立，屬兖州。流寓徐土，因割地爲境。領縣三。【略】

北濟陰太守，孝武孝建元年昇立。領縣三。【略】

鍾離太守，本屬南兖州，晉安帝分立。案漢九江郡、晉淮南郡有鍾離縣，即此地也。領縣三，【略】去京都陸六百二十，水一千二十。【略】

馬頭太守，屬南豫州，故淮南當塗縣地，晉安帝立，因山形立名。領縣三，【略】去京都水一千七百五十，陸六百七十。【略】

新昌太守，後廢帝元徽元年立。【略】

南兖州刺史，中原亂，北州流民多南渡，晉成帝立南兖州，寄治京口。時又立南青州及并州，武帝永初元年省并併南兖。文帝元嘉八年始割江淮間爲境，治廣陵。《永初郡國》領十四郡。南高平、南平昌、南濟陰、南濮陽、南泰山、濟陽、南魯七郡，今並屬徐州。又有東燕郡，江左分濮陽所立也，領燕縣、前漢曰南燕，後漢曰燕，並屬東郡。《太康地志》屬濮陽。白馬、平昌、考城凡四縣。文帝元嘉十八年省考城併燕。十九年省東燕郡爲東燕縣，屬南濮陽，後又省東燕縣。南東平郡領范、蛇丘、歷城凡三縣。高密郡領淳于、黔陬、營陵、夷安凡四縣。南齊郡領西安、臨菑凡二縣。南平原郡領平原、高唐、茌平並別見。凡三縣。濟岷郡，江左立。領營城，晉寧江左立。凡二縣。雁門郡漢舊郡。領樓煩，別見。陰館，前漢作『觀』，後漢、晉作『館』也。廣武，前漢屬太原，後漢、《晉太康地志》屬雁門也。崞，馬邑並漢舊名。凡五縣。凡七郡，二十三縣，並省屬南徐州。諸僑郡縣，何《志》又有鍾離、雁門、平原、東平、北沛五郡。鍾離今屬徐州。雁門領樓煩、陰館、廣武三縣。平原領茌平、臨菑、營城、平原四縣。東平領范、朝陽、歷城三縣。北沛領符離、蕭、相、沛四縣。符離，漢舊縣。餘並別見。凡十四縣。《起居注》，元嘉十一年以南兖州東平之平陸併范，壽張併朝陽，平原之濟岷、晉寧併營城，先是，省濟岷郡爲縣。高唐併茌平。按此五縣，元嘉十一年所省，則平陸、壽張疑在《永初郡國志》，而無此二縣，未詳。徐《志》有南東平郡，領范、朝陽、歷城、樓煩、陰觀、廣武、茌平、營城、臨菑、平原十縣，則是雁門、平原併東平也。孝武大明五年以東平併廣陵。宋又僑立新平、北淮陽、北濟陰、北下邳、東莞五郡。元嘉二十八年南兖州徙治盱眙。三十年省南兖州併南徐，其後復立，還治廣陵。徐《志》領郡九，縣三十九，【略】宋末領郡十一，縣四十四。去京都水二百五十，陸一百八十。

廣陵太守，漢高六年立，屬荆國，十一年更屬吳；景帝四年更名江都國；武帝元狩三年更名廣陵。舊屬徐州。晉武帝太康三年治淮陰故城，後又治射陽。射陽別見。江左治廣陵。《永初郡國》又有輿、前漢屬臨淮，後漢省臨淮屬廣陵，文帝元嘉十三年并江都也。肥如、潞、真定、新市五縣。並二漢舊名。肥如屬遼西，潞屬上黨，真定前漢屬真定，後漢省真定屬常山，晉亦屬常山。新市二漢、晉屬中山。《永初郡國》云四縣本屬遼西，則是晉末遼西僑郡省併廣陵也。何有肥如、新市，徐與今同也。今領縣四。【略】

海陵太守，晉安帝分廣陵立。《永初郡國》屬徐州。領縣六，【略】去州水一百三十，陸同；去京都水三百九十，陸同。【略】

山陽太守，晉安帝義熙中土斷分廣陵立。案漢景帝分梁爲山陽，非此郡也。《永初郡國》屬徐州。領縣四，【略】去州水三百，陸同；去京都水五百，陸同。【略】

盱眙太守，盱眙本縣名，前漢屬臨淮，後漢屬下邳，晉屬臨淮，晉安

帝分立。領縣五，【略】去州水四百九十，陸二百九；去京都水七百，陸五百。【略】

秦郡太守，晉武帝分扶風爲秦國，中原亂，其民南流，寄居堂邑。堂邑本爲縣，前漢屬臨淮，後漢屬廣陵，晉又屬臨淮。晉惠帝永興元年分臨淮淮陵立堂邑郡，安帝改堂邑爲秦郡。《永初郡國》屬豫州，元嘉八年度南兗。《永初郡國》又領臨塗、晉宋立。平丘、漢舊，屬陳留，《晉太康地志》無。外黃、漢舊名，屬陳留。沛、雍丘、浚儀、頓丘別見。凡七縣。何無雍丘、外黃、平丘、沛，徐又無浚儀。元嘉八年以沛併頓丘。後廢帝元徽元年割頓丘屬新昌。領縣四，【略】去州水二百四十一，陸一百八十；去京都水一百五十，陸一百四十。【略】

南沛太守，沛郡別見。何《志》云，北沛新立；徐云南沛。《永初郡國》又有符離、洨、並別見。竹邑、前漢曰竹。李奇曰，今邑也。後漢曰竹邑。至晉并屬沛。杍秋前漢屬梁，後漢、《晉太康地志》屬沛。四縣。杍秋治無錫，餘并治廣陵。文帝元嘉十二年以北沛郡竹邑并杍秋，何、徐並無此二縣，不詳。《起居注》，孝武大明五年分廣陵爲沛郡，治肥如縣。時無復肥如縣，當是肥如故縣處也。二漢、《晉太康地志》並無肥如縣。沛郡宜是大明五年以前省，其時又立也。今領縣三。【略】

新平太守，明帝泰始七年立。【略】

北淮陽太守，宋末僑立。【略】

北濟陰太守，濟陰郡別見。宋失淮北僑立。【略】

北下邳太守，下邳郡別見。宋失淮北僑立。【略】

東莞太守，東莞郡別見。宋失淮北僑立。【略】

兗州刺史，後漢治山陽昌邑，魏、晉治廩丘；武帝平河南，治滑臺；文帝元嘉十三年治鄒山，又寄治彭城。二十年省兗州，分郡屬徐、冀州。三十年六月復立，治瑕丘。二漢山陽有瑕丘縣。《永初郡國》有東郡、陳留、濮陽三郡，而無陽平。東郡領白馬、別見。涼城、二漢東郡有聊城縣，《晉太康地志》無，疑此是。東燕別見。三縣。陳留郡領酸棗、漢舊縣。小黃、雍丘、白馬、襄邑、尉氏六縣。郡縣並別見。濮陽郡領濮陽、廩丘並別見。二縣。宋末失淮北，僑立兗州，寄治淮陰。淮陰別見。兗州領郡六，縣三十一。【略】

泰山太守，漢高立。《永初郡國》又有山茌、別見。萊蕪、漢舊名。太原本郡，僑立此縣。三縣，而無鉅平縣。今領縣八，【略】去州陸八百；去京都陸一千八百。【略】

高平太守，故梁國，漢景帝中六年分爲山陽國；武帝建元五年爲郡；晉武帝泰始元年更名。《永初郡國》及徐并又有任城縣，前漢屬東平，章帝元和元年分東平爲任城，又屬焉。晉亦屬任城。江左省郡爲縣也。後省。今領縣六，【略】去州陸二百二十；去京都陸一千三百三十。宋明帝泰始五年僑立於淮南當塗縣界，領高平、金鄉二縣。其年又立睢陵縣。【略】

魯郡太守，秦薛郡，漢高后更名。本屬徐州，光武改屬豫州，江左屬兗州。領縣六，【略】去州陸三百五十；去京都陸一千一百。【略】

東平太守，漢景帝分梁爲濟東國，宣帝更名。領縣五，去州水五百，陸同；去京都水二千，陸一千四百。宋末又僑立於淮陰。【略】

陽平太守，魏分魏郡立。文帝元嘉中流寓來屬，後省，孝武大明元年復立。領縣五。【略】

濟北太守，漢和帝永元二年分泰山立。《永初郡國》有臨邑、二漢屬東郡，《晉太康地志》屬濟北。東阿二漢屬東郡，晉無。二縣，孝武大明元年省，應在何《志》而無，未詳。領縣三，【略】去州陸七百；去京都水二千，陸一千五百。宋末又僑立於淮陽。

又　卷三六《州郡志二》　南豫州、豫州、江州、青州、冀州、司州。

南豫州刺史，晉江左胡寇强盛，豫部殲覆，元帝永昌元年，刺史祖約始自譙城退還壽春。成帝咸和四年僑立豫州，庾亮爲刺史，治蕪湖。咸康四年，毛寶爲刺史，治邾城。六年，荆州刺史庾翼鎮武昌，領豫州。八年，庾懌爲刺史，又鎮蕪湖。穆帝永和元年，刺史趙胤鎮牛渚。二年，刺史謝尚鎮蕪湖；（四）［五］年，進壽春；九年，尚又鎮歷陽；十一年，進馬頭。升平元年，刺史謝奕戍譙。哀帝隆和元年，刺史袁真自譙退守壽春。簡文咸安元年，刺［史桓熙戍歷陽。孝武寧康元年，刺］史桓沖戍姑孰。太元十年，刺史朱序戍馬頭。十二年，刺史桓石虔戍歷陽。安帝義熙二年，刺史劉毅戍姑孰。宋武帝欲開拓河南，綏定豫土，九年，割揚州大江以西、大雷以北，悉屬豫州，豫基址因此而立。十三年，刺史劉義慶鎮壽陽。永初三年，分淮東爲南豫州，治歷陽；淮西爲豫州。文帝元嘉七年，［合二豫州爲一，十六年又分，二十二年又合，孝武大明三年］又分。五年，割揚州之淮南、宣城又屬焉。徙治姑孰。明帝泰始二年又合，而以淮南、宣城還揚州。九月又分，還治歷陽。三年五月，又合。四年，以揚州之淮南、宣城爲南豫州，治宣城，五年罷。時自淮以西，悉没寇矣。七年，復分歷陽、（淮）陰、南譙、南兗州之臨江立南豫州。泰豫元年，以南汝陰度屬豫州，豫州之廬江度屬南豫州。按淮東自永初至於大明，便爲南豫，雖乍有離合，而分立居多。爰自泰始甫失淮西，復於淮東分立兩豫。今南豫以淮東爲境，不復於此更列二州，覽者按此以淮東爲境，推尋便自得泰始兩豫分域也。徐《志》領郡十三，縣六十一，【略】今領郡十九，縣九十一。去京都水一百六十。

歷陽太守，晉惠帝永興元年分淮南立，屬揚州，安帝割屬豫州。《永初郡國》唯有歷陽、烏江、龍亢三縣，何、徐又有酇、雍丘二縣。今領縣五。【略】

南譙太守，譙郡别見。晉孝武太元中於淮南僑立郡縣，後割地成實土。《太康地志》、《永初郡國》又有酇縣，何、徐無。今領縣六，【略】去州水五百四十，陸一百七十；去京都水七百，陸五百。【略】

廬江太守，漢文帝十六年分淮南國立。光武建武十三年又省六安國以併焉。領縣三，【略】去州水二千七百二十，陸四百七十；去京都水一千一百，陸六百三十一。【略】

南汝陰太守，汝陰郡别見。江左立。領縣五，【略】去州陸三百；去京都水一千，陸五百三十。【略】

南梁太守，梁郡别見。晉孝武太元中，僑立于淮南，安帝始有淮南故地，屬徐州。武帝永初二年還南豫，孝武大明六年廢屬西豫，改名淮南，八年復舊。《永初郡國》又有（虞）、陽夏、安豐三縣。並别見。何、徐無安豐；又有義昌而並無寧陵縣。今領縣九，【略】去州水一千八百，陸五百；去京都水一千七百，陸七百。【略】

晉熙太守，晉安帝分廬江立。領縣五，【略】去州陸八百，無水；去京都水一千二百，無陸。【略】

弋陽太守，本縣名，屬汝南，魏文帝分立。領縣六，【略】去州陸一千一百，去京都水闕。【略】

安豐太守，魏文帝分廬江立。江左僑立，晉安帝省爲縣，屬弋陽，宋末復立。【略】

汝南太守。别見。【略】

新蔡太守。别見。【略】

陳郡太守别見。《永初郡國》無萇平、穀陽而有扶溝，别見。何無陽夏、扶溝，徐無陽夏。【略】

南頓太守，别見。帖治陳郡。【略】

潁川太守。别見。【略】

汝陽太守。别見。【略】

西汝陰太守，《永初郡國》、何、徐並無此郡。【略】

陳留太守，别見。《永初郡國》無浚儀、封丘，而有酸棗，何、徐無封丘、尉氏。【略】

南陳左郡太守，少帝景平中省此郡，以宋民度屬南梁、汝陰郡，而《永初郡國》無，未詳。孝建二年以蠻户復立。分赤官左縣爲蓼城左縣。領縣二。樂疑大明八年省郡，即名爲縣，屬陳左縣。

邊城左郡太守，文帝元嘉二十五年以豫部蠻民立茹由、樂安、光城、雩婁、史水、開化、邊城七縣，屬弋陽郡。徐《志》有邊城郡，領雩婁、史水、開化、邊城四縣。大明八年復省爲縣，屬弋陽，後復立。領縣四。【略】

光城左郡太守，《永初郡國》、何、徐並無。按《起居注》，大明八年省光城左郡爲縣，屬弋陽，疑是大明中分弋陽所立。八年復省，後復立。【略】

豫州刺史，後漢治譙，魏治汝南安成，晉平吳後治陳國，晉江左所治，已列於前。《永初郡國》、何、徐寄治睢陽，而郡縣在淮西。徐又有邊城，别見。南豫州。何又有初安、綏城二郡，初安領新懷、懷德二縣，綏城領安昌、招遠二縣，並云新立。徐無，則是徐《志》前省也。領郡十，縣四十三。【略】

汝南太守，漢高帝立。領縣十一，【略】去州水一千，陸七百；去京都水三千，陸一千五百。【略】

新蔡太守，晉惠帝分汝陰立，今帖治汝南。領縣四，【略】去州陸六百；去京都水二千五百，陸一千四百。【略】

譙郡太守，何《志》故屬沛，魏明帝分立。按王粲詩：『既入譙郡界，曠然消人憂。』粲是建安中亡，非明帝時立明矣。《永初郡國》無長垣縣。今領縣六，【略】去州陸（道）三百五十；去京都水二千，陸一千二百。【略】

梁郡太守，秦碭郡，漢高更名。孝武大明元年度徐州，二年還豫。領縣二，【略】去州陸一百六十；去京都水九百。【略】

陳郡太守，漢高立爲淮陽國，章帝元和三年更名。晉初併，梁王肜薨，還爲陳。《永初郡國》有扶溝、前漢屬淮陽，後漢、《晉太康地志》屬陳留。陽夏，別見。而無谷陽、長平。領縣四，【略】去州陸七百六十；去京都水一千四百五十。【略】

南潁太守，故屬汝南，晉惠帝分立。領縣二，【略】去州［陸］七百六十；去京都（陸）一千四百五十。【略】

潁川太守，秦立。魏分潁川爲襄城郡，晉成帝咸康二年省襄城還併潁川。《永初郡國》又有許昌、本名許，漢舊縣。魏曰許昌。新汲、別見。鄢陵、長社、潁陰、陽翟四縣並漢舊縣。陽翟，魏、晉屬河南。六縣，而無曲陽。領縣三，【略】去州一千；去京都陸一千八百。【略】

汝陽太守，《晉太康地志》、王隱《地道》無此郡，應是江左分汝南立。晉成帝咸康三年省併汝南，後又立。領縣二，【略】去州二百；去京都陸一千四百，水三千五百。【略】

汝陰太守，晉武帝分汝南立，成帝咸康二年省併新蔡，後復立。領縣四。【略】

陳留太守，漢武帝元狩元年立，屬兗州，中原亂廢。晉成帝咸康四年復立，《永初郡國》屬兗州，何、徐屬豫州。《永初郡國》無浚儀，有酸棗。別見。今領縣四，【略】寄治譙郡長垣縣界。【略】

江州刺史，晉惠帝元康元年分揚州之豫章、鄱陽、廬陵、臨川、南康、建安、晉安，荆州之武昌、桂陽、安成十郡爲江州。初治豫章，成帝咸康六年移治尋陽；庾翼又治豫章，尋還尋陽。領郡九，縣六十五，【略】去京都水一千四百。

尋陽太守，尋陽本縣名，因水名縣，水南注江。二漢屬廬江，吳立蘄春郡，尋陽縣屬焉。晉武帝太康元年省蘄春郡，以尋陽屬武昌，改蘄春之安豐爲高陵及邾縣，皆屬武昌。二年以武昌之尋陽復屬廬江郡。惠帝永興元年分廬江、武昌立尋陽郡。尋陽縣後省。領縣三。【略】

豫章太守，漢高帝立，本屬揚州。《永初郡國》有海昏，漢舊縣。何《志》無。今領縣十二，【略】去州水六百，陸三百五十；去京都水一千九百，陸二千一百。【略】

鄱陽太守，漢獻帝建安十五年孫權分豫章立，治鄱陽縣；赤烏八年徙治吳芮故城。《永初郡國》有歷陵縣漢舊縣，何《志》無。領縣六，【略】去州水四百四十；去京都水一千八百四十，陸二千六十。【略】

臨川內史，吳孫亮太平二年分豫章東部都尉立。領縣九，【略】去州水一千一百，陸一千二十；去京都水二千八百三十，陸三千。【略】

廬陵太守，廬陵本縣名，屬豫章，漢獻帝興平元年孫策分豫章立。領縣九，【略】去州水二千，陸一千六百；去京都水三千六百。【略】

安成太守，孫皓寶鼎二年分豫章、廬陵、長沙立。《晉太康地志》屬荆州。領縣七，去州水三千三百，陸三千六百；去京都水三千七百，無陸。【略】

南康公相，晉武帝太康三年以廬陵南部都尉立。領縣七，【略】去州水三千七百四十；去京都水三千八十。【略】

南新蔡太守，江左立。領縣四，【略】去州水二百；去京都水一千三百七十，陸一千八百八十。【略】

建安太守，本閩越，秦立爲閩中郡。漢武帝世，閩越反，滅之，徙其民於江、淮間，虛其地。後有遁逃山谷者頗出，立爲治縣，屬會稽。司馬彪云章安是故治，然則臨海亦治地也。張勃《吳録》云：『閩越王治鑄地，故曰安閩王治。此不應偏以受名，蓋句踐治鑄之所，故謂之治乎？閩中有山名湛，疑湛山之爐鑄劍爲湛爐也。』後分治地爲會稽東、南二部都尉。東部，臨海是也；南部，建安是也。吳孫休永安三年分南部立爲建安郡。領縣七，疑。【略】去州水二千三百八十；去京都水三千四十，併無陸。【略】

晉安太守，晉武帝太康三年分建安立。領縣五，【略】去州水三千九

百九十；去京都水三千五百八十。【略】

青州刺史，治臨淄。江左僑立，治廣陵。安帝義熙五年平廣固，北青州刺史治東陽城，而僑立南青州如故。後省南青州，而北青州直曰青州。孝武孝建二年移治歷城。大明八年還治東陽。明帝失淮北，於郁洲僑立青州，立齊、北海、西海郡。舊州領郡九，縣四十六，【略】去京都陸二千。

齊郡太守，秦立。領縣七。【略】

濟南太守，漢文帝十六年分齊立。晉世濟岷郡，云魏平蜀，徙蜀豪將家於濟、河，故立此郡。安帝義熙中土斷，并濟南。案《晉太康地志》無濟岷郡。《永初郡國》濟南又有祝阿、二漢屬平原，《晉太康地志》無。於陵縣，漢舊縣。而無朝陽、平陵二縣。領縣六，【略】去州陸四百；去京都二千四百。【略】

樂安太守，漢高立，名千乘，和帝永元七年更名。領縣三，去州陸一百八十；去京都陸一千八百。【略】

高密太守，漢文帝分齊爲膠西，宣帝本始元年更名高密。光武建武十三年併北海，晉惠帝又分城陽立，城陽郡，前漢有，後漢無，魏復分北海立。宋孝武併北海。領縣六，【略】去州陸二百；去京都陸一千六百。【略】

平昌太守，故屬城陽，魏文帝分城陽立，後省，晉惠帝又立。領縣五，【略】去州陸二百；去京都陸千七百。【略】

北海太守，漢景帝中二年立。領縣六，【略】寄治州下。【略】

東萊太守，漢高帝立。領縣七，【略】去州陸五百；去京都二千一百。【略】

太原太守，秦立，屬幷州。文帝元嘉十年割濟南、泰山立。領縣三，【略】去州陸五百；去京都一千八百。【略】

長廣太守，本長廣縣，前漢屬琅邪，後漢屬東萊，《晉太康地志》云故屬東萊。《起居注》，咸寧三年以齊東部縣爲長廣郡。領縣四，【略】去州五百；去京都一千九百五十。【略】

冀州刺史，江左立南冀州，後省。義熙中更立，治青州，又省。文帝元嘉九年又分青州立，治歷城，割土置郡縣。領郡九，縣五十，【略】去京都陸二千四百。

廣川太守，本縣名，屬信都，《地理志》不言始立。景帝二年以爲廣川國，宣帝甘露三年復。明帝更名樂安，安帝延光中改曰安平；晉武帝太康五年又改爲長樂。廣川縣，前漢屬信都，後漢屬清河，魏屬勃海，晉還清河。何《志》，廣川江左所立。又有蓨縣，前漢屬信都，後漢、晉屬勃海。而無廣川。孝武大明元年省廣川之棗强前漢屬清河，後漢、晉江左無。、勃海之浮陽、高城並漢舊縣，立廣川縣，非舊廣川縣也。屬廣川郡。領縣四，【略】去州陸一百六十；去京都陸一千九百八十。【略】

平原太守，漢高帝立。舊屬青州，魏、晉屬冀州。領縣八。【略】

清河太守，漢立，桓帝建和二年改曰甘陵，魏復舊。何有重合縣。別見。領縣七，【略】去州一百一十；去京都陸一千八百。【略】

樂陵太守，晉武帝分平原立。舊屬青州，今來屬。領縣五，【略】去州一百四十；去京都陸一千八百。【略】

魏郡太守，漢高帝立。二漢屬冀州，魏、晉屬司隸，江左屢省置；宋孝武又僑立，何無。領縣八。【略】

河間太守，漢文帝二年分趙立。江左屢省置，宋孝武又僑立，何無。領縣六。【略】

頓丘太守，別見。江左屢省置，孝武又僑立，何無。領縣四。【略】

高陽太守，高陽，前漢縣名，屬涿，後漢屬河間。晉武帝泰始元年分涿爲范陽，又屬焉。後又分范陽爲高陽。江左屢省置，孝武又僑立，何無。領縣五。【略】

勃海太守，漢高帝立，屬幽州；後漢、晉屬冀州。江左省置，孝武又僑立，何無。領縣三。【略】

司州刺史，漢之司隸校尉也。晉江左以來，淪没戎寇，雖永和、太元王化暫及，太和、隆安還復湮陷。牧司之任，示舉大綱而已。縣邑户口，不可具知。武帝北平關、洛，河南底定，置司州刺史，治虎牢，領河南、漢舊郡。滎陽、晉武帝泰始元年分河南立。弘農漢舊郡。實土三郡。河南領洛陽、河南、鞏、緱氏、新城、梁、並漢舊縣。河陰、《晉太康地志》有。陸渾、漢舊縣，屬弘農，《晉太康地志》屬河南。東垣、二漢、《晉太康地志》、何有垣縣。新安、二漢屬弘農，《晉太康地志》屬河南。西東垣新立。凡十一縣。滎陽領京、密、滎陽、卷、陽武、苑陵、中牟、開封、成皋並漢舊縣。屬河南。凡九縣。弘農領弘農、陝、宜陽、黽池、盧氏、並漢舊縣。曲陽前漢屬東海，後漢屬下邳，《晉太康地志》無。凡七縣。三郡合二十七縣。【略】又有河內、漢舊郡。東京兆京兆別見。雍州，東京兆新立。二僑郡。河內寄治河南，領溫、野王、軹、河陽、沁水、山陽、懷、平皋，並漢舊名。朝歌二漢屬河內，《晉太康地志》屬汲郡。晉武太康元年始立。凡十縣。東京兆寄治滎陽，領長安、漢舊縣。萬年、別見。新豐、別見。藍田、別見。蒲阪二漢、《晉太康地志》屬河東。凡六縣。合十六縣。【略】少帝景平初，司州復没北虜。文帝元嘉末，僑立于汝南，尋亦省廢。明帝復于南豫州之義陽郡立司州，漸成實土焉。領郡四，縣二十，去京都水二千七百，陸一千七百。

義陽太守，魏文帝立，後省，晉武帝又立。《太康地志》、《永初郡國》、何《志》並屬荆州，徐則南豫也。明帝泰始五年度郢州，後廢帝元徽四年屬司州。領縣七。【略】

隨陽太守，晉武帝分南陽義陽立義陽國，太康年又分義陽爲隨國，屬荆州。孝武孝建元年度屬郢，前廢帝永光元年度屬雍；明帝泰始五年還屬郢，改爲隨陽；後廢帝元徽四年度屬司州。徐《志》又有革音縣，今無。領縣四，【略】去京都三千四百八十。【略】

安陸太守，孝武孝建元年分江夏立，屬郢州；後廢帝元徽四年度司州。徐《志》有安蠻縣，《永初郡國》、何並無，當是何《志》後所立。尋爲郡，孝武大明八年省爲縣，屬安陸；明帝泰始初，又立爲左郡，宋末又省。領縣二，【略】去京都水二千三百。【略】

南汝南太守。汝南郡別見。

又 卷三七《州郡志三》 荆州、郢州、湘州、雍州、梁州、秦州。

荆州刺史，漢治武陵漢壽，魏、晉治江陵，王敦治武昌，陶侃前治沔陽，後治武昌，王廙治江陵，庾亮治武昌，庾翼進襄陽，復還夏口；桓溫治江陵，桓沖治上明，王忱還江陵，此後遂治江陵。宋初領郡三十一，後分南陽、順陽、襄陽、新野、竟陵爲雍州；湘川十郡爲湘州，江夏、武陵屬郢州，隨郡、義陽屬司州，北義陽省，凡餘十一郡。文帝世，又立宋安左郡，領拓邊、綏慕、樂寧、慕化、仰澤、革音、歸德七縣，後省改。汶陽郡又度屬。今領郡十二，縣四十八，【略】去京都水三千三百八十。

南郡太守，秦立。漢高帝元年爲臨江國，景帝中二年復故。晉武帝太康元年改曰新郡，尋復故。宋初領縣九，後州陵、監利度屬巴陵；旌陽，文帝元嘉十八年省併枝江。二漢無旌陽，見《晉太康地志》，疑是吳所立。凡餘六縣。【略】

南平內史，吳南郡治江南，領江陵、華容諸縣。晉武帝太康元年分南郡江南爲南平郡，治作唐，後治江安。領縣四，【略】去州水二百五十，去京都水三千五百，無陸。【略】

天門太守，吳孫休永安六年分武陵立。充縣有松梁山，山有石，石開處數十丈，其高以努仰射不至，其上名「天門」，因此名郡。充縣後省。孝武孝建元年度郢州；明帝泰始三年復舊。領縣四，【略】去州水一千二百，陸六百；去京都水三千五百。【略】

宜都太守，《太康地志》、王隱《地道》、何《志》並云吳分南郡立；張勃《吳録》云劉備立。按《吳志》，呂蒙平南郡，據江陵，陸遜別取宜都，獲秭歸、枝江、夷道縣。初權與劉備分荆州，而南郡屬備，則是備分南郡立宜都，非吳立也。習鑿齒云，魏武平荆州，分南郡枝江以西爲臨江郡；建安十五年劉備改爲宜都。領縣四，【略】去州水三百五十，無陸；去京都水三千七百三十。【略】

巴東公相，譙周《巴記》云，初平元年，荆州帳下司馬趙韙建議分巴郡諸縣漢安以下爲永寧郡。建安六年，劉璋改永寧爲巴東郡，以涪陵縣分立丹興、漢葭二縣，立巴東屬國都尉，後爲涪陵郡。《晉太康地志》，巴東屬梁州，惠帝太安二年度益州；穆帝永和初平蜀，度屬荆州。《永初郡國志》無巴渠、黽陽二縣。領縣七，【略】去州水一千三百；去京都水四千六百八十。【略】

汶陽太守，何《志》新立。先屬梁州，文帝元嘉十一年度。宋初有四縣，後省汶陽縣。今領三縣，【略】去州水七百，陸四百；去京都四千一百。【略】

南義陽太守，義陽郡別見。晉末以義陽流民僑立。宋初有四縣，孝武孝建二年以平陽縣併厥西。平陽本爲郡，江左僑立。魏世分河東爲平陽郡，晉末省爲縣。今領縣二。【略】

新興太守，《魏志》建安二十年省雲中、定襄、五原、朔方四郡，郡立一縣，合爲此郡，屬幷州。晉江左僑立。宋初六縣，後省雲中，漢舊名，屬雲中。孝武孝建二年又省九原縣漢舊名，屬五原。併定襄，宕渠流寓立。併廣牧。凡今領縣三。【略】

南河東太守，河東郡，秦立。晉成帝咸康三年征西將軍庾亮以司州僑户立。宋初八縣，孝武孝建二年以廣戚前漢屬沛，後漢、《晉太康地志》屬彭城。江左流寓立。併聞喜，弘農、江左立僑郡，後併省爲縣。臨汾併松滋，安邑併永安。臨汾、安邑，漢舊名。臨汾後屬平陽。今領縣四，【略】去州水一百二十；去京都水三千五百。【略】

建平太守，吴孫休永安三年分宜都立，領信陵、興山、秭歸、沙渠四縣。晉又有建平都尉，領巫、北井、泰昌、建始四縣。晉武帝咸寧元年改都尉爲郡，於是吴、晉各有建平郡。太康元年吴平，併合。五年省建始縣，後復立。《永初郡國》有南陵、建始、信陵、興山、永新、永寧、平樂七縣，今並無。按《太康地志》無南陵、永新、永寧、平樂、新鄉五縣，疑是江左所立。信陵、興山、沙渠，疑是吴立。建始，晉初所立也。領縣七，【略】去州水陸一千；去京都水四千三百八十。【略】

永寧太守，晉安帝僑立爲長寧郡；宋明帝以名與文帝陵同，改爲永寧。宋初五縣，後省綏安。晉安帝立。孝武孝建二年後，以僮陽晉安帝立。併長寧，綏寧晉安帝立。併上黄。今領縣二，【略】去州陸六十；去京都三千四百三十。【略】

武寧太守，晉安帝隆安五年，桓玄以沮、漳降蠻立。領縣二。【略】

郢州刺史，魏文帝黄初三年以荆州江北諸郡爲郢州，其年罷幷荆，非今地。吴又立郢州。孝武孝建元年，分荆州之江夏、竟陵、隨、武陵、天門，湘州之巴陵，江州之武昌，豫州之西陽，又以南郡之州陵、監利二縣度屬巴陵，立郢州。天門後還荆。領郡六，縣三十九，【略】去京都水二千一百。

江夏太守，漢高帝立，本屬荆州。《永初郡國》及何《志》並治安陸，此後治夏口。又有安陸、曲陵，曲後別郡。領縣七。【略】

竟陵太守，晉惠帝元康九年分江夏西界立。何《志》又有宋縣，徐無。領縣六，【略】去州水一千四百；去京都水三千四百。【略】

武陵太守，《前漢·地理志》，高帝立。《續漢·郡國志》云，秦昭王立，名黔中郡，高帝五年更名。本屬荆州。領縣十，【略】去州水一千；去京都水三千。【略】

巴陵太守，文帝元嘉十六年分長沙之巴陵、蒲圻、下雋，江夏之沙陽四縣立，屬湘州；孝武孝建元年割南郡之監利、州陵度江夏，屬郢州。二年又度長寧之綏安屬巴陵。何《志》訖元嘉二十年巴陵郡以十六年立，應在何《志》而闕。領縣四，【略】去州水五百，去京都水二千五百。【略】

武昌太守，《晉起居注》，太康元年改江夏爲武昌郡。領縣三，【略】去京都水一千一百。【略】

西陽太守，本縣名，二漢屬江夏，魏立弋陽郡，又屬焉。晉惠帝又分弋陽爲西陽國，屬豫州；宋孝武孝建元年度郢州；明帝泰始五年又度豫，後又還郢。《永初郡國》、何、徐並有弋陽縣。今領縣十，【略】去州水二百八十；去京都水一千七百二十。【略】

湘州刺史，晉懷帝永嘉元年分荆州之長沙、衡陽、湘東、邵陵、零陵、營陽、建昌，江州之桂陽八郡立，治臨湘。成帝咸和三年省。安帝義熙八年復立，十二年又省。宋武帝永初三年又立，文帝元嘉八年省；十六年又立，二十九年又省。孝武孝建元年又立。建昌郡，晉惠帝元康九年分長沙東北下雋諸縣立，成帝咸康元年省。元嘉十六年立巴陵郡屬湘州，後度郢。領郡十，縣六十二，【略】去京都水三千三百。

長沙内史，秦立。宋初十縣，下雋、蒲圻、巴陵屬巴陵。今領縣七。【略】

衡陽内史，吴孫亮太平二年分長沙西部都尉立。領縣七，【略】去州水二百二十；去京都水三千七百。【略】

桂陽太守，漢高立，屬荆州，晉惠帝元康元年度江州。領縣六，【略】去州水一千四百，去京都水四千九百四十。【略】

零陵内史，漢武帝元鼎六年立。領縣七，【略】去州［水］一千四百；去京都水四千八百。【略】

營陽太守，江左分零陵立。領縣四，【略】去州水一千七百一；去京都水五千五百五十。【略】

湘東太守，吴孫亮太平二年分長沙東部都尉立。晉世七縣，孝武太元二十年省鄮、漢舊縣。利陽、新平張勃《吳録》有此二縣，利作梨，晉作利音。三縣。今領縣五，【略】去州水陸七百，去京都水三千六百。【略】

邵陵太守，吳孫皓寶鼎元年分零陵北部都尉立。領縣七，【略】去州水七百，陸一千三百；去京都水四千五百。【略】

廣興公相，吳孫皓甘露元年分桂陽南部都尉，立爲始興郡。晉武帝平吳，以屬廣州，成帝度荆州；宋文帝元嘉二十九年又度廣州；三十年復度湘州。明帝泰始六年立岡溪縣，割始興之封陽、陽山、含洭三縣，立宋安郡，屬湘州。泰豫元年復□，省岡溪縣，改始興曰廣興。領縣七，【略】去州水二千三百九十；去京都水五千。【略】

臨慶內史，吳分蒼梧立爲臨賀郡，屬廣州；晉成帝度荆州；宋文帝元嘉二十九年度廣州；三十年復度湘州。明帝改名。領縣九，【略】去州水陸二千八百；去京都水陸五千五百七十。【略】

始建內史，吳孫皓甘露元年分零陵南部都尉立始安郡，屬廣州；晉成帝度荆州；宋文帝元嘉二十九年度廣州；三十年復度湘州。明帝改名。領縣七，【略】去州水二千八十，陸二千六百三十；去京都水五千五百九十。【略】

雍州刺史，晉江左立。胡亡氐亂，雍、秦流民多南出樊、沔，晉孝武始於襄陽僑立雍州，并立僑郡縣。宋文帝元嘉二十六年割荆州之襄陽、南陽、新野、順陽、隨五郡爲雍州，而僑郡縣猶寄寓在諸郡界。孝武大明中又分實土郡縣以爲僑郡縣境。徐《志》雍州有北上洛、北京兆、義陽三郡。北上洛，晉孝武立，領上洛、北商、酆陽、陽亭、北拒陽五縣。北京兆領北藍田、霸城、山北三縣。並云景平中立。義陽，云晉安帝立，領平氏、襄鄉二縣。酆陽、陽亭、北拒陽，並云安帝立，餘縣不注置立。今並無此三郡。今領郡十七，縣六十，【略】去京都水四千四百，陸二千一百。

襄陽公相，魏武帝平荆州，分南郡編以北及南陽之山都立，屬荆州。魚豢云，魏文帝立。《永初郡國》、何《志》並有宜城、漢舊縣，屬南郡。鄀、上黄縣，並別見。徐《志》無。領縣三。【略】

南陽太守，秦立，屬荆州。《永初郡國》有比陽、魯陽、赭陽、西鄂、犨、葉、雉、博望八縣。並漢舊縣。何《志》無犨、雉。徐《志》無比陽、魯陽、赭陽、西鄂、博望，而有葉，餘並同。孝武大明元年省葉縣。領縣七，【略】去州三百六十，去京都水四千四百。【略】

新野太守，何《志》晉惠帝分南陽立。《永初郡國》、何《志》有棘陽、別見。蔡陽、鄧縣併漢舊縣。徐無。孝武大明元年省蔡陽。今領縣五，【略】去州一百八十；去京都水四千五百八十。【略】

順陽太守，魏分南陽立曰南鄉，晉武帝更名。成帝咸康四年復立南鄉，後復舊。《永初郡國》及何《志》有朝陽、武當、酇、陰、汎陽、筑、並別見。析、前漢屬弘農，後漢屬南陽。修陽唯見《永初郡國》。凡八縣。徐《志》唯增朝陽。朝陽，孝武大明元年省。領縣七。【略】

京兆太守，故秦內史。漢高帝元年屬塞國；二年更爲渭南郡；九年罷，復爲內史。武帝建元六年分爲右內史；太初元年更爲京兆尹，魏改爲京兆郡。初僑立，寄治襄陽。朱序没氐。孝武太元十一年復立。大明土斷，割襄陽西界爲實土。雍州僑郡先屬府，武帝永初元年屬州。《永初郡國》有藍田、漢舊縣。鄭、池陽、並別見。南霸城、本霸陵，漢舊縣。《太康地志》曰霸城，何《志》魏地。新康五縣。何《志》無新康而有新豐。徐無。孝武大明元年省京兆之盧氏、藍田、霸城縣。盧氏當是何《志》後所立，二漢屬弘農，《晉太康地志》屬上洛。新康疑是晉末所立。領縣三。【略】

始平太守，晉武帝泰始二年分京兆、扶風立。後分京兆、扶風僑立，治襄陽；今治武當。《永初郡國》唯有始平、平陽、清水別見。三縣。何《志》有槐里、別見。宋寧、宋嘉何《志》新立。三縣，而清水、始平與《永初郡國》同。領縣四。【略】

扶風太守，故秦內史。高帝元年屬雍國；二年更爲中地郡，九年罷。後爲內史。武帝建元六年分爲右內史；太初元年更名爲右扶風。僑立，治襄陽，今治筑口。《永初郡國》及何《志》唯有郿、魏昌縣，魏昌，魏立，屬中山。孝武大明元年省魏昌。領縣三。【略】

南上洛太守，《永初郡國》、何《志》雍州並有南上洛郡，寄治魏興，今梁州之上洛是也。此上洛蓋是何《志》以後僑立耳。今治臼（何）[口]。徐《志》雍州南上洛，晉武帝立，（北）[此]上洛云晉孝武立，非也。徐有南北陽亭、陽安縣，不注置立。今領縣二。【略】

河南太守，故秦三川郡，漢高帝更名。光武都洛陽，建武十五年改曰河南尹。僑立，始治襄陽，孝武大明中分沔北爲境。《永初郡國》及何《志》並又有陽城、緱氏縣，漢舊名，並屬河南。徐無此二縣，而有僑洛陽。漢舊名。陽城縣，孝武大明元年省。洛陽，當是何《志》後立。領縣五，【略】去州陸三十五。【略】

廣平太守，別見。江左僑立，治襄陽，今爲實土。《永初郡國》及何《志》並又有易陽、曲周、邯鄲並見在，無鄴、比陽。徐無復邯鄲縣。易陽、曲周，孝武大明元年省。邯鄲應是土斷省。領縣四。【略】

義成太守，晉孝武立，治襄陽，今治均。《永初郡國》又有下蔡、平阿縣，二縣前漢屬沛，後漢屬九江，《晉太康地志》屬淮南。何同。孝武大明元年省下蔡，始亦流寓立也。平阿當是何《志》後省。領縣二。【略】

馮翊太守，故秦內史。高帝元年屬塞國，二年更名爲河上郡；九年罷，復爲內史。武帝建元六年分爲左內史。太初元年更名。三輔流民出襄陽，文帝元嘉六年立，則何《志》應有而無。治襄陽。今治鄀。領縣三，疑。【略】

南天水太守，天水郡別見。徐《志》本西戎流寓。今治巖州。《永初郡國》、何《志》並無，當是何《志》後所立。又有冀縣漢舊名，孝武大明元年省。領縣四。【略】

建昌太守，孝建元年刺史朱修之免軍户爲永興、安寧二縣，立建昌郡；又立永寧爲昌國郡，並寄治襄陽。昌國後省。徐《志》，建昌又有永寧縣，今無。領縣二。【略】

華山太守，胡人流寓，孝武大明元年立。今治大堤。領縣三。【略】

北河南太守，晉孝武太元十年立北河南郡，後省。《永初郡國》、何、徐《志》並無。明帝泰始末復立。寄治宛中。領縣八。【略】

弘農太守，漢武帝元鼎四年立。宋明帝末立，寄治五壟。領縣三。【略】

梁州刺史，《禹貢》舊州，周以梁併雍，漢以梁爲益，治廣漢洛縣。魏元帝景元四年平蜀，復立梁州，治漢中南鄭，而益州治成都。李氏據梁、益，江左於襄陽僑立梁州。李氏滅，復舊。譙縱時，又治漢中。刺史治魏興。縱滅，刺史還治漢中之苞中縣，所謂南城也。文帝元嘉十年刺史甄法護於南城失守，刺史蕭思話還治南鄭。《永初郡國》又有宕渠郡、北宕渠郡。《宋起居注》，元嘉十六年割梁州宕渠郡度益州。今益部宕渠郡曰南宕渠。何、徐並有北宕渠郡，唯領宕渠一縣。何云，本巴西流民。今無。

漢中太守，秦立。漢獻帝建安二十年，魏武平張魯，復漢寧郡爲漢中，疑是此前改漢中曰漢寧也。《晉·地記》云，孝武太元十五年梁州刺史周瓊表立。又疑是李氏所省，李氏平後復立。《永初郡國》又有苞中、懷安漢、晉、何、徐並無二縣。二縣。領縣四。【略】

魏興太守，魏文帝以漢中遺民在東垂者立，屬荆州。江左還本。領縣十三。疑。去州一千二百；去京都水六千七百。【略】

新興太守，《永初郡國》、何、徐云新興、吉陽、東關三縣，屬晉昌郡。何云晉元帝立，本巴、漢流民。宋末省晉昌郡，立新興郡，以晉昌之長樂、安晉、延壽、安樂屬魏興郡，宣漢屬巴渠郡，寧都屬安康郡。《永初郡國》有永安縣，何、徐無。今亦無復新興縣，何云巴東夷人。今領縣二。【略】

新城太守，故屬漢中，魏文帝分立，屬荆州。江左還本。領縣六，【略】去州陸一千五百；去京都水五千三百。【略】

上庸太守，魏明帝太和二年分新城之上庸、武陵、北巫爲上庸郡。景初元年又分魏興之魏陽，錫郡之安富、上庸爲郡。疑是太和後省，景初又立也。魏屬荆州，江左還本。《永初郡國》有上（庸）、廣昌。何有廣昌。領縣七，【略】去州陸二千三百；去京都水六千七百。【略】

晉壽太守，《晉·地記》云，孝武太元十五年梁州刺史周瓊表立。何《志》故屬梓潼。而益州南晉壽郡悉有此諸縣。《永初郡國》、徐又有南晉壽、南興樂、南興安縣。何無南興樂，雲南晉壽惠帝立，餘並不注置立。今領縣四，去州陸一千二百；去京都水一萬。【略】

華陽太守，徐《志》新立。《永初郡國》、何並無，寄治州下。領縣四。【略】

新巴太守，晉安帝分巴西立。何、徐又有新歸縣，何云新立，今無。領縣三。【略】

北巴西太守，何《志》不注置立。《宋起居注》，文帝元嘉十二年於劍南立北巴西郡，屬益州。今益州無此郡。又《永初郡國》、何、徐梁州並有北巴西而益州無，疑是益部僑立，尋省；梁州北巴西是晉末所立也。《永初郡國》領閬中、漢昌二縣。何又有宋昌縣，云新立。徐無宋昌，有宋壽。何、徐並領縣四，今六。疑。去州一千四百；去京都水九千九百。【略】

北陰平太守，《晉太康地志》故廣漢屬國都尉。何《志》蜀分立。《永初郡國》曰北陰平，領陰平、綿竹、平武、資中、胄旨五縣。何、徐直曰陰平，領二縣與此同。【略】寄治州下。【略】

南陰平太守，《永初郡國》唯領陰平一縣。徐《志》無『南』字，云陰平舊民流寓立，唯領懷舊一縣。何無。今領縣二。【略】

巴渠太守，何《志》新立。領縣七。【略】

懷安太守，何《志》新立。領縣二，【略】寄治州下。【略】

宋熙太守，何、徐《志》新立。領縣五，【略】去州七百；去京都九千八百。【略】

白水太守，《永初郡國》、何並無，徐《志》仇池氏流寓立。有漢昌縣。今領縣六。【略】

南上洛太守，《晉太康地志》分京兆立上洛郡，屬司隸。《永初郡國》、何《志》並屬雍州，僑寄魏興，即此郡也。徐《志》巴民新立，徐《志》時已屬梁州矣。《永初郡國》無豐陽而有陽亭，何、徐有，何不注陽亭置立。領縣六。【略】

北上洛太守，徐《志》巴民新立。領縣七。【略】

安康太守，宋末分魏興之安康縣及晉昌之寧都縣立。【略】

南宕渠太守，《永初郡國》有宕渠郡，領宕渠、漢興、宣漢三縣，屬梁州；元嘉十六年度屬益州，非此南宕渠也。何、徐梁並無此郡，疑是徐《志》後所立。【略】

懷漢太守，孝武孝建二年立。領縣三。【略】

秦州刺史，晉武帝泰始五年分隴右五郡及涼州金城、梁州陰平并七郡爲秦州，治天水冀縣；太康三年併雍州，惠帝元康七年復立。何《志》晉孝武復立，寄治襄陽。安帝世在漢中南鄭。領郡十四，縣四十二。【略】

武都太守，漢武帝元鼎六年立。《永初郡國》又有河池、故道縣並漢舊縣。今領縣三。【略】

略陽太守，《晉太康地志》屬天水。何《志》故曰漢陽，魏分立曰廣魏，武帝更名。《永初郡國》有清水縣，別見。何、徐無。領縣三。【略】

安固太守，《永初郡國志》有安固郡，又有南安固郡，元嘉十六年度益州。今領縣二。【略】

西京兆太守，晉末三輔流民出漢中僑立。領縣三。【略】

南太原太守，太原別見。何《志》云，故屬并州，流寓割配。《永初郡國》又有清河、別見。高堂縣。別見冀州平原郡，作高唐。領縣一。【略】

南安太守，何《志》云故屬天水，魏分立。《永初郡國》無。領縣二。【略】

馮翊太守，三輔流民出漢中，文帝元嘉二年僑立。領縣五。【略】

隴西太守，秦立。文帝元嘉初，關中民三千二百三十六户歸化，六年立，今領縣六。【略】

始平太守，別見。《永初郡國》無。領縣三。【略】

金城太守，漢昭帝始元六年立。《永初郡國》無，何、徐領縣二。【略】

安定太守，漢武帝元鼎三年立。《永初郡國志》無。領縣二。【略】

天水太守，漢武元鼎三年立，明帝改曰漢陽。雍州已有此郡。《永初郡國》無。領縣二。【略】

西扶風太守，扶風郡別見。晉末三輔流民出漢中僑立。領縣二。【略】

北扶風太守，孝武孝建二年以秦、雍流民立。領縣三，時又有廣長郡，又立成階縣，領氐民，尋省。

又 卷三八《州郡志四》 益州、寧州、廣州、交州、越州。

益州刺史，漢武帝分梁州立，所治別見。梁州，領郡二十九，縣一百二十八。【略】去京都水九千九百七十。

蜀郡太守，秦立。晉武帝太康中改曰成都國，後復舊。領縣五。【略】

廣漢太守，漢高帝六年立。《晉太康地志》屬梁州。領縣六，【略】去州陸六百；去京都水九千九百。【略】

巴西太守，譙周《巴記》，建安六年劉璋分巴郡墊江以上爲巴西郡。徐《志》本南陽冠軍流民，寓入蜀漢，晉武帝立，非也。本屬梁州，文帝元嘉十六年度。何《志》梁、益二州無此郡。領縣九。【略】

梓潼太守，《晉太康地志》劉氏分廣漢立。本屬梁州，文帝元嘉十六年度益州。《永初郡國》又有漢德、新興，徐同。徐云，新興，義熙九年立；漢德，舊縣。案二漢並無漢德縣，《晉太康地志》、王隱並有，疑是劉氏所立。何益、梁二州無此郡。領縣四。【略】

巴郡太守，秦立。領縣四，【略】去州內水一千八百，陸五百，外水二千二百；去京都水六千。【略】

遂寧太守，《永初郡國》有，何無，徐云舊立。領縣四。【略】

江陽太守，劉璋分犍爲立。中失本土，寄治武陽。領縣四。【略】

懷寧太守，秦、雍流民，晉安帝立。本屬南秦，文帝元嘉十六年度益州。領縣三，【略】寄治成都。【略】

寧蜀太守，《永初郡國》有而何無，徐云舊立。《永初郡國》及徐併有西墊江縣，今無。領縣四。【略】

越巂太守，漢武帝元鼎六年立，故邛都國。何《志》無。領縣八。【略】

汶山太守，《晉太康地志》漢武帝立，孝宣地節三年合蜀郡，劉氏又立。領縣二，【略】去州陸一百；去京都水一萬。【略】

南陰平太守，陰平郡別見。永嘉流寓來屬，寄治萇陽。領縣二。【略】

犍爲太守，漢武帝建元六年開夜郎國立。領縣五，【略】去州陸九十；去京都水一萬。【略】

始康太守，關隴流民，晉安帝立。領縣四，【略】寄治成都。【略】

晉熙太守，秦州流民，晉安帝立。領縣二。【略】

晉原太守，李雄分蜀郡爲漢原，晉穆帝更名。領縣五，【略】去州陸一百二十；去京都水一萬。【略】

宋寧太守，文帝元嘉十年免吳營僑立。領縣三，【略】寄治成都。【略】

安固太守，張氏於涼州立。晉哀帝時，民流入蜀，僑立此郡，本屬南秦，文帝元嘉十六年度益州。領縣六，【略】去州一百三十。去京都水一萬。【略】

南漢中太守，晉地記，孝武太元十五年梁州刺史周瓊表立。徐《志》，北漢中民流寓，孝武大明三年立。《起居注》，本屬梁州，元嘉十六年度。《永初郡國》屬梁州，領縣與此同。以《永初郡國》及《起居》檢，則是太元所立，而何《志》無此郡，當是永初以後省，大明三年復立也。領縣五。【略】

北陰平太守，徐《志》本屬秦州，文帝元嘉二十六年度。《永初郡國》、何《志》秦、梁、益並無。領縣四。【略】

武都太守，別見。《永初郡國》、何《志》益州並無此郡。徐《志》本屬秦州，流寓立。領縣五。【略】

新城太守，何《志》新分廣漢立。領縣二，【略】去州闕去京都九千五百三十。

南新巴太守，新巴郡別見。《起居注》新巴民流寓，文帝元嘉十二年於劍南立。何《志》新立，新巴民先屬梁州，既立害配。領縣六。【略】

南晉壽太守，梁州元有晉壽，文帝元嘉十二年于劍南以僑流立。領縣五，【略】去州一百二十；去京都水一萬。【略】

宋興太守，文帝元嘉十年免建平營立。領南陵、建昌二縣。何《志》無復南陵，有南漢、建忠。徐無建忠，有永川，何云建忠新立。領縣三，【略】寄治成都。【略】

南宕渠太守，徐《志》本南中民，蜀立。《起居注》，本屬梁州，元嘉十六年度。《永初郡國》梁州有宕渠郡，領縣三，與此同。而無『南』字，何同。若此郡元嘉十六年度益，則何《志》應在益部，不詳。領縣三。【略】

天水太守，別見。《永初郡國》、何《志》益州無此郡。徐《志》與今同。領縣三。【略】

東江陽太守，何《志》晉安帝初，流寓入蜀，今新復舊土爲郡。領縣二，【略】去京都水八千九十。【略】

沈黎太守，《蜀記》云：『漢武元鼎十一年分蜀西部邛莋爲沈黎郡，十四年罷。』案元鼎至六年，云十一年，非也。又二漢、晉併無此郡，《永初郡國》有，何無，徐云舊郡。領縣四。【略】

寧州刺史，晉武帝太始七年分益州南中之建寧、興古、雲南、永昌四郡立。太康三年省，立南夷校尉。惠帝太安二年復立，增牂牁、越嶲、朱提三郡。成帝咸康四年分牂牁、夜郎、朱提、越嶲四郡爲安州，尋罷併寧州。越嶲復還益州。今領郡十五，縣八十一，【略】去京都一萬三千三百。

建寧太守，漢益州郡滇王國，劉氏更名。領縣十三。【略】

晉寧太守，晉惠帝太安二年分建寧西七縣爲益州郡，晉懷帝更名。領縣七，【略】去京都水一萬三千七百。【略】

牂牁太守，漢武帝元鼎六年立。領縣六，【略】去京都水一萬二千。【略】

平蠻太守，晉懷帝永嘉五年寧州刺史王遜分牂牁、朱提、建寧立平夷郡，後避桓温諱改。領縣二，【略】去京都水一萬三千。【略】

夜郎太守，晉懷帝永嘉五年，寧州刺史王遜分牂牁、朱提、建寧立。領縣四，【略】去州一千，去京都水一萬四千。【略】

朱提太守，劉氏分犍爲立。領縣五，【略】去州七百二十；去京都水一萬四千六百。【略】

南廣太守，晉懷帝分朱提立。領縣四，【略】去州水二千三百；去京都水一萬四百。【略】

建都太守，晉成帝分建寧立。領縣六，【略】去州二千；去京都水一萬五十。【略】

西平太守，晉懷帝永嘉五年，寧州刺史王遜分興古之東立。何《志》晉成帝立，非也。《永初郡國》、何《志》並有西寧縣，何云晉成帝立，今無。領縣五，【略】去州二千三百；去京都水一萬五千三百。【略】

西河陽太守，晉成帝分河陽立。領縣三，【略】去州二千五百；去京都水一萬五千五百。【略】

東河陽太守，晉懷帝永嘉五年，寧州刺史王遜分永昌、雲南立。《永初郡國》又有西河陽，領楪榆、遂段、新豐三縣，何、徐無。遂段、新豐二縣，二漢、晉並無。領縣二，【略】去州二千；去京都水一萬五千。【略】

雲南太守，《晉太康地志》云，故屬永昌。何《志》劉氏分建寧、永昌立。領縣五，疑。【略】去州一千五百；去京都水一萬四千五百。【略】

興寧太守，晉成帝分雲南立。領縣二，【略】去州一千五百；去京都水一萬四千五百。【略】

興古太守，漢舊郡，《晉太康地志》故牂牁。何《志》劉氏分建寧、牂牁立，則是後漢末省也。領縣六，【略】去州二千三百；去京都水一萬六千。【略】

梁水太守，晉成帝分興古立。領縣七，【略】去州水三千；去京都水一萬六千。【略】

廣州刺史，吴孫休永安七年分交州立。領郡十七，縣一百三十六，【略】去京都水五千二百。

南海太守，秦立。秦敗，尉他王此地，至漢武帝元鼎六年開屬交州。領縣十。【略】

蒼梧太守，漢武帝元鼎六年立。《永初郡國》又有高要、建陵、寧新、都羅、端溪、撫寧六縣。建陵、寧新，吴立。都羅，晉武分建陵立。晉武帝太康元年改新寧曰寧新。端溪、別見。撫寧始見《永初郡國》。高要，何《志》無，餘與《永初郡國》同。徐《志》無建陵、寧新、撫寧三縣。何、徐二志並有懷熙一縣。思安、封興、蕩康、僑寧四縣，疑是宋末度此也。今領縣十一，【略】去州水八百；去京都水五千五百九十。【略】

晉康太守，晉穆帝永和七年分蒼梧立，治元溪。《永初郡國》治龍鄉。何《志》無復龍鄉縣，當是晉末立，元嘉二十年前以龍鄉併端溪也。《永初郡國》又有封興、蕩康、思安、遼安、開平縣。何《志》無遼安、開平二縣，餘與《永初郡國》同。封興、蕩康、思安、別見。遼安、開平，應是晉末立，元嘉二十年前省。今領縣十四，【略】去州水五百，去京都水五千八百。【略】

新寧太守，晉穆帝永和七年分蒼梧立。《永初郡國》有平興、永城縣，何、徐《志》有永城，無平興。此二縣當是晉末立。平興當是元嘉二十年以前省，永城當是大明八年以後省。何《志》又有熙寧縣，云新立，當是文帝所立。徐《志》無，當是元嘉二十年後省也。今領縣十四，【略】去州水六百二十；去京都水五千六百。【略】

永平太守，晉穆帝升平五年分蒼梧立。《永初郡國》有雷鄉、盧平、員鄉、逋寧、開城五縣，當是與郡俱立。何、徐《志》無雷鄉、員鄉，又有熙平，云新立，疑是文帝所立。雷鄉、員鄉當是元嘉二十年以前省。盧平、逋寧、開城當是大明八年以後省。今領縣七，疑。【略】去州水一千二百；去京都水五千四百。【略】

鬱林太守，秦桂林郡，屬尉他，武帝元鼎六年復，更名。《永初郡國》有安遠、程安、威定、三縣別見。中胄、歸化五縣。中胄疑即桂林之中溜。歸化，二漢、《晉太康地志》無，疑是江左所立。何《志》無中胄、歸化，餘三縣屬桂林，徐《志》同。今領縣十七，【略】去州水一千六百；去京都水七千九百。【略】

桂林太守，本縣名，屬鬱林。吴孫皓鳳皇三年分鬱林，治武熙縣，不知何時徙。《永初郡國》有常安、夾陽二縣。夾陽，晉武帝太康元年分龍岡立。常安，《太康地志》有而王隱無。何、徐並無此二縣。今領縣七，【略】去州水一千五百七十五；去京都水六千八百。【略】

高涼太守，二漢有高涼縣，屬合浦。漢獻帝建安二十三年，吴分立，治思平縣，不知何時徙。吴又立高熙郡，太康中省併高涼，宋世又經立，尋省。《永初郡國》高涼又有石門、廣化、長度、宋康四縣。何、徐並無宋康，當是宋初所立，元嘉二十年以前省，其餘當是江左所立。領縣七，【略】去州水一千一百；去京都水六千六百。【略】

新會太守，晉恭帝元熙二年分南海立。《廣州記》云：『永初元年分新寧立，治盆允。』未詳孰是。領縣十二，【略】去州三百五十。【略】

東官太守，何《志》故司鹽都尉，晉成帝立爲郡。《廣州記》，晉成帝咸和六年分南海立。領縣六，【略】去州水三百七十；去京都水五千六百七十。【略】

義安太守，晉安帝義熙九年分東官立。領縣五，【略】去州三千五百；去京都水八千九百。【略】

宋康太守，本高涼西營，文帝元嘉九年立。領縣九，【略】去州水九百五十；去京都水五千九百七十。【略】

綏建太守，文帝元嘉十三年立。孝武孝建元年，有司奏化注、永固、綏南、宋昌、宋泰五縣，舊屬綏建，中割度臨賀，相去既遠，疑還綏建。今唯有綏南，餘並無。何、徐又有新招縣，云本屬蒼梧，元嘉十九年改配。徐《志》晉康復有此縣，疑誤。今領縣七，疑。【略】去州闕。【略】

海昌太守，文帝元嘉十六年立。何有覃化縣，徐無。領縣五，【略】去州水六百五十；去京都水五千四百九十四。【略】

宋熙太守，文帝元嘉十八年以交州流寓立昌國、義懷、綏寧、新建四縣爲宋熙郡，今無此四縣。二十七年更名宋隆。孝武孝建中復改爲宋熙。領縣七，【略】去州水三百四十五；去京都水五千二百。【略】

寧浦太守，《晉太康地志》，武帝太康七年改合浦屬國都尉立。《廣州記》，漢獻帝建安二十三年，吴分鬱林立，治平山縣。《吴録》孫休永安三年分合浦立爲合浦北部尉，領平山、興道、寧浦三縣。又云晉分平山爲始定，寧浦爲澗陽，未詳孰是。《永初郡國》有安廣縣，無始定縣。何、徐並無此郡。領縣六。【略】

晉興太守，晉元帝太興元年分鬱林立。【略】

樂昌郡。【略】

交州刺史，漢武帝元鼎六年開百越，交趾刺史治龍編。漢獻帝建安八年改曰交州，治蒼梧廣信縣；十六年徙治南海番禺縣。及分爲廣州，治番禺。交州還治龍編。領郡八，縣五十三，【略】去京都水一萬。

交趾太守，漢武帝元鼎六年開。領縣十二。【略】

武平太守，吴孫皓建衡三年討扶嚴夷，以其地立。領縣六。【略】去州水二百一十，陸下闕。上闕。《吴録》無，《晉太康地志》有。【略】

九真太守，漢武元鼎六年立。領縣十二，疑。【略】去州水八百；去京都水一萬一百八十。【略】

九德太守，故屬九真，吴分立。何《志》領縣七，今領縣十一，【略】去州水九百；去京都水一萬九百。【略】

日南太守，秦象郡，漢武元鼎六年更名，吴省，晉武帝太康三年復立。領縣七，【略】去州水二千四百；去京都水一萬六百九十。【略】

義昌郡，宋末立。

宋平郡，孝武世，分日南立宋平縣，後爲郡。

越州刺史，明帝泰始七年立。

百梁太守，新立。

㦗蘇太守，新立。

永寧太守，新立。

安昌太守，新立。

富昌太守，新立。

南流太守，新立。

臨漳太守，先屬廣州。

合浦太守，漢武帝立，孫權黄武七年更名珠官，孫亮復舊。先屬交州。

領縣七，【略】去京都水一萬八百。【略】

宋壽太守，先屬交州。

宋·鄭樵《通志》卷四〇《地理略·歷代封畛》 初，文帝元嘉中遣將北伐，水軍入河，剋魏碻磝、滑臺、虎牢、洛陽四城。碻磝，即今濟陽郡城。滑臺，今靈昌郡城。虎牢，今汜水縣。洛陽，今故洛陽城。碻音口交反，磝音敖。其後又失。又分軍北伐，西軍剋弘農、開方二城，並今弘農郡。以東攻滑臺不剋，而平碻磝守之，尋皆敗退。元嘉二十七年，王元謨於滑臺敗歸。時柳元景拔弘農、開方。及元謨敗，亦棄而遁。於是後魏主太武總師經彭城，臨江屯於瓜步，今廣陵郡六合縣東。退攻盱眙，不拔而旋。臧質守之，魏師攻圍，三旬不拔。今淮陽郡縣。明帝時，後魏又南侵淮北，青、冀、徐、兗四州及豫州西境悉陷没。泰始二年，徐州刺史薛安都引魏軍。自是沈文秀東陽城、崔道固歷城並為魏將慕容白曜所陷。安都以彭城、常珍奇以懸瓠並降魏。懸瓠今汝南郡城。則長淮為北境，僑徐、兗於淮南，淮陰立兗州，鍾離立徐州，立青、冀二州，寄治贛榆，今東海郡東海縣。贛，古淡反。其後十年餘而宋亡。然初强盛也，南鄭、襄陽、懸瓠、元嘉二十六年，後魏主太武率兵攻圍汝南，太守陳憲等距四十餘日，魏人積屍與城齊，不拔而退。彭城、歷城、東陽，滎陽王景平初竺夔鎮守，後魏攻圍，數旬不剋。即今北海郡治東城。皆為宋氏藩扞。

清·徐文范《東晉南北朝輿地表·年表》卷五 壬戌 宋武帝疆域。

揚州。時郡十，刺史傅亮。丹陽、淮南、宣城、吴、吴興、會稽、新安、東陽、臨海、永嘉。

江州。時郡十，刺史王宏。潯陽、豫章、臨川、鄱陽、廬陵、安成、南康、建安、晉平、南新蔡。

荊州。時郡二十一，刺史宜都王義隆。南郡、南平、宜都、建平、巴東、天門、武寧、江夏、竟陵、武陵、武昌、襄陽、南陽、義成、新野、順陽、南鄉、義陽、綏安、汶陽、隨。

僑置雍州及南義陽、南河東、新興、長寧、上洛、京兆、始平、扶風、廣平十郡。

湘州。時郡十，刺史張紀。長沙、衡陽、湘東、零陵、邵陵、營陽、臨賀、始興、始安、桂陽。

廣州。時郡十四，刺史劉謙之。南海、蒼梧、晉康、新寧、永平、鬱林、桂林、高凉、新會、東官、義安、寧浦、晉興、樂昌。

交州。時郡六，刺史杜慧度。交趾、合浦、武平、日南、九真、九德。

梁州。時郡十，刺史，治苞中。漢中、魏興、新城、上庸、巴西、梓潼、晉壽、廣漢、宕渠、新巴。

僑立金山、北新巴，華陽南，陰平、北陰平、巴渠、懷安，宋熙，白水、南上洛、北上洛，安康，懷漢、懷寧、南宕渠。

僑置秦州於南鄭，統武都、安周、略陽、西京兆、南太原、西扶風。

益州。時郡十三。蜀、遂寧、寧蜀、越嶲、江陽、巴、汶山、犍為、晉原、沈黎、晉熙、始康、東江陽。

寧州。時郡十七。建寧、晉寧、牂柯、朱提、平蠻、梁水、夜郎、平樂、南廣、建都、西平、興古、西河、興寧、雲南、河陽、東河陽。

南徐州。時治丹徒。晉陵、義興、山陽、海陵四郡實土，南東海寄治京口，南琅邪寄治江乘。又僑立南蘭陵、南東莞、臨淮、淮陵、南彭城、南下邳、南清河、南高平、南晉昌、南濟陰、南魯、南濮陽、南泰山、濟陽等郡於江淮間，分屬南徐及南兗。

徐州。時治彭城。彭城、沛、下邳、東莞、東海、蘭陵、琅邪、淮陽、東安、北濟陰、濟陰。

南兗州。時治廣陵。廣陵、鍾離、盱眙、北沛。

兗州。時已失濮陽等入魏。刺史徐琰，治碻磝城。濟北、東平、魯。

南豫州。刺史義康，時治歷陽。歷陽、南譙、南梁、南汝陰、馬頭、秦郡、廬江、晉熙、弋陽、西陽、陳留。

豫州。刺史劉粹，時治懸瓠。汝南、新蔡、汝陽、汝陰、潁川、南頓、梁、陳、譙、襄城。

青州。刺史竺夔，時治東陽城。齊、濟南、樂安、高密、平昌、北海、東萊、長廣、城陽、樂陵。

僑置冀川及廣川、平原、清河、魏、河間、頓邱、高陽、勃海等郡。

司州。時刺史毛德祖鎮虎牢。河南、滎陽二郡實土。僑置河內、東京兆二郡。時有實郡百六十有六。

南豫、南兗、南徐與雍、冀、秦雖已並立，猶空懸，未得為實境，見下『元嘉』中。【略】

庚辰　宋文帝疆域。

揚州。時統郡十，計縣八十。丹陽領縣八，宣城領縣十，淮南領縣六，吳領縣十二，吳興領縣十，會稽領縣十。東陽領縣九，新安領縣五，臨海領縣五，永嘉領縣五。

南徐州。治峴山西，州境實土不過晉之晉陵、義興二郡及江乘縣。南東海，惟晉陵之丹徒縣為實土，餘縣並僑峴山。南琅邪，惟丹陽之江乘縣為實土。南蘭陵，南東莞，南高平，南平昌，臨淮，南濟陰，南泰山，南濮陽，南清和，淮陵，南彭城，濟陽，南魯。此十三郡並僑置晉陵之武進等縣。晉陵領縣六，義興領縣五。此二郡實土。

徐州。治彭城，時郡十一，縣三十五。彭城領縣五，下邳領縣三，蘭陵領縣三，東海領縣三，東安領縣三，沛領縣三，東莞領縣三，琅邪領縣二，淮陽領縣四，濟陰領縣三，北濟陰領縣三。

南兗州。治廣陵，實、僑郡各六。廣陵領縣四，海陵領縣六，山陽領縣四，盱眙領縣五，秦郡，鍾離。此六郡實土。南東平，南平原，高密，東燕，南齊，雁門。此六郡僑治江、淮間。

兗州。時寄治彭城，郡五。魯、東平、陽平、泰山、濮陽，惟鄄城一縣。

南豫州。時治歷陽，郡十。歷陽、南譙、南梁、南汝陰、南沛、馬頭、廬江、晉熙、陳留、頓邱。

豫州。治南梁之睢陽而郡縣在淮西。汝南、新蔡、潁川、譙、梁、陳、汝陰、汝陽、南頓、西陽、弋陽。

江州。郡十。潯陽、豫章、鄱陽、臨川、廬陵、安成、南康、建安、晉平、南新蔡。

荊州。時郡二十一，僑郡十二。南郡、南平、宜都、建平、巴東、天門、武陵、武寧、長寧、汶陽、襄陽、義成、南陽、新野、義陽、順陽、南鄉、隨、江夏、武昌、竟陵。

時已失虎牢。至元嘉末，始僑置司州於汝南，斯時司州不知治何處。僑置南義陽、新興、南河東、安蠻，屬荊州。僑置雍州於襄陽，統京兆、始平、馮翊、扶風、廣平，上洛、河南、北河南與南義陽四郡尚空懸，至孝武始劃境成實土。

湘州。時郡十一。長沙、衡陽、湘東、桂陽、零陵、營陽、邵陵、巴陵、臨賀、始安、始興。

廣州。時郡十六。南海、蒼梧、晉康、新寧、永平、鬱林、桂林、高涼、新會、東官、義安、寧浦、晉興、樂昌、宋康、綏建。

交州。時郡六。交趾、合浦、九德、九真、日南、武平。

寧州。時郡十七。建寧、晉寧、牂牁、朱提、平蠻、梁水、夜郎、南廣、建都、西平、西河。興寧、雲南、興古、河陽、西河陽、平樂。

益州。實郡十四，僑郡十一。蜀、江陽、犍為、寧蜀、越嶲、汶山、晉原、沈黎、始康、巴、巴西、梓潼、遂寧、涪陵。僑立懷寧、南晉壽、西新巴、南新巴、東宕渠、南宕渠、北巴西、始寧、東江陽、宋興、宋寧。

梁州。實郡九，僑郡十六。漢中、魏興、上庸、新城、晉壽、新巴、廣漢、晉昌、宕渠。

僑立南陰平、北陰平、巴渠、晉熙、始康、華陽、新興、金山、宋熙、懷安、白水、安康、懷漢、南上洛、北上洛。

僑置南秦州於南鄭，統武都、略陽、西京兆、西扶風、南太原、馮翊、金城、安定、天水、隴西、安固、宋康。

青州。時郡九。齊、濟南、樂安、城陽、高密、平昌、北海、長廣、東萊。

冀州。治歷城。廣川、平原、清和、樂陵。惟樂陵實郡，餘俱割青州西界，亦作實土。

時有實郡一百七十二、僑郡六十一。【略】

甲午　宋孝武帝疆域。

揚州。刺史竟陵王誕。丹陽、淮南、宣城、吳、吳興。

東揚州。治山陰。會稽、東陽、新安、臨海、永嘉。

江州。刺史蕭思話。統十郡同前。

荆州。刺史朱修之。南郡、南平、宜都、天門、建平、巴東、武寧、長寧、汶陽、義陽。僑立南義陽、新興、南河東、安蠻。

雍州。治襄陽，刺史武昌王渾。襄陽、南陽、新野、順陽。僑立京兆、始平、馮翊、扶風、河南、北河南、上洛、建昌、昌國。

郢州。治夏口。江夏、竟陵、隨、武陵、巴陵、武昌、安隆、西陽。

湘州。刺史劉遵考。惟去巴陵，餘同前。

廣州。刺史宗慤。南海、蒼梧、晉寧、新寧、鬱林、永平、桂林、高涼、新會、東官、義安、寧浦、晉興、宋隆、宋康、綏建、宋建、臨漳、海昌。

交州。交趾、九德、九真、日南、武平、合浦、宋壽、朱崖。

梁州。治南鄭，刺史劉秀之。漢中、魏興、新城、上庸、晉壽、廣漢、晉昌、新巴、宕渠。

僑立南陰平、北陰平、巴渠、晉興、始寧、北新巴、南新巴、華陽、新興、金山、宋熙、懷安、白水、安康、懷漢、新城、南上洛、北上洛。

僑置南秦州於南鄭，統武都、略陽、西京兆、西扶風、馮翊、金城、安定、天水、隴西、宋康、南太原。立北秦州于武興之葭蘆，省平武、陰平。

益州。治成都。統郡僑郡並從前。

寧州。惟省西河陽，餘同前。

青州。治東陽城，刺史垣護之。齊郡、北海、濟南、樂安、城陽、高密、平昌、東萊、長廣、太原。

冀州。治歷下。廣川在歷下，樂陵實土，平原、清河並在樂陵，梁鄒城在濟南北百餘里，魏郡在冀州平原之聊城及濟北之臨邑。頓邱在齊郡西安諸縣，渤海在樂安之高苑，高陽、河間並在故臨淄地。合九郡。

兗州。治瑕邱，刺史夏侯祖歡。魯、東平、陽平、高平、泰山、濮陽。惟鄄城一縣。

南兗州。時治盱眙，刺史沈慶之。盱眙、廣陵、海陵、山陽、秦郡、鍾離。

司州，治懸瓠。汝南、隨、南頓、陳、新蔡、汝陰。

豫州。治睢陽，即壽春。南譙、南汝陰、譙、梁、南梁、穎川、廬江、晉熙、歷陽、馬頭、陳留、南沛、頓邱、汝陽、弋陽、光城、邊城。

徐州。刺史龐秀之。彭城、沛、下邳、蘭陵、東莞、東安、東海、琅邪、淮陽、陽平、濟陰、北濟陰。

南徐州。刺史江夏王義恭。南東海、晉陵、義興、南琅邪，並實土。南東莞、南蘭陵、臨淮、淮陵、南彭城、南清和、南高平、南平昌、南濟陰、南濮陽、南魯、濟陰、南泰山，並僑郡，僑處見《郡縣表》。

時有實郡百有七十、僑郡六十。【略】

乙巳

按：沈休文《宋·地理志》以是年為準。明年後，淮北地盡入魏，僑寄者愈紊混亂真，故又備列之，不復注『僑』、『實』，以前此已明也。縣名載《宋·志》，亦不詳登，止紀縣數目而已。然斯時之郡亦有與《志》不盡符者，則以《志》合前後《年表》，專言泰始元年之疆域也。南北朝興地越千數百年，則與前後已大變，僅僅注明陷復罷併改置，如地形之類無補也，況并不注明而又無梁、陳、周、齊之地志可考見乎？其間殊費躊躇矣。然徒就南北朝參核史事，博採地籍，終或未確，及考《唐書》新舊《志》、《元和郡縣》等志並，不為南北朝而設，而與南北朝輿地有大相關，涉處者於此乃悟畫家染背法焉。

又案：斯時魏州郡與前小異大同，茲不復列，惟列宋云。【略】

宋明帝疆域。

揚州。時郡十，縣八十，縣見《宋·志》，茲不具録。丹陽領縣八、宣城領縣十、吳領縣十二、吳興領縣十、義興領縣五、會稽領縣十、東陽領縣九、新安領縣五、臨海領縣五、永嘉領縣五。

南徐州。治京口，時郡十六，縣六十四。州境惟晉陵一郡及丹陽之江乘縣為實土。南東海領縣六、晉陵領縣六、南琅邪領縣二、南東莞領縣三、南蘭陵領縣二、臨淮領縣七、淮陵領縣三、南彭城領縣十二、南清和領縣四、南高平領縣三、南濟陰領縣四、南濮陽領縣二、南泰山領縣二、南魯領縣二、南平昌領縣四、濟陽領縣二。

南兗州。時治廣陵，郡七，縣二十九。廣陵領縣四、海陵領縣六、山陽領縣四、盱眙領縣五、秦郡領縣四、南沛領縣三、鍾離領縣三。

兗州。時治瑕邱。郡六，縣三十二。魯郡領縣六、泰山領縣八、高平領縣六、東平領縣五、陽平領縣五、濮陽領縣二。

徐州。治彭城，郡十二，縣三十六。彭城領縣五、沛領縣三、下邳領縣三、蘭陵領縣三、東海領縣二、東莞領縣三、東安領縣三、琅邪領縣二、陽平領縣三、淮陽領縣四、濟陰領縣三、北濟陰領縣三。

南豫州。時治睢陽，郡十，縣五十五。南梁領縣九、淮南領縣六、歷陽領縣五、南譙領縣六、南汝陰領縣五、廬江領縣三、晉熙領縣五、弋陽領縣六、馬頭領縣三、義陽領縣七。

豫州。與南豫同治，而郡縣在淮西，郡九、縣三十八，又于懸瓠立司州。汝南領縣十一、新蔡領縣四、譙領縣六、陳領縣四、梁領縣二、南頓領縣二、汝陰領縣二、潁川領縣三、汝陰領縣二。

江州。治潯陽，郡十，縣七十。潯陽領縣三、豫章領縣十二、鄱陽領縣六、臨川領縣九、廬陵領縣九、安成領縣七、南康領縣八、建安領縣七、晉平領縣五、南新蔡領縣四。

青州。治東陽，郡九，縣四十八。齊領縣七、濟南領縣六、樂安領縣三、高密領縣六、平昌領縣六、北海領縣六、東萊領縣七、長廣領縣四、太原領縣三。

冀州。治歷城，郡九，縣五十，惟樂陵實土，餘並割青西界置。廣川領縣四、平原領縣八、清和領縣七、樂陵領縣五、魏領縣八、河間領縣五、頓邱領縣四、高陽領縣五、渤海領縣三。

荆州。治江陵，郡十一，縣四十二。南郡領縣六、南平領縣四、宜都領縣四、建平領縣七、巴東領縣七、汶陽領縣三、新興領縣三、武寧領縣二、永寧領縣二、南義陽領縣二、南河東領縣四。

郢州。治夏口，郡九，縣四十七。江夏領縣七、武昌領縣三、竟陵領縣六、武陵領縣十、天門領縣四、巴陵領縣五、安陸領縣二、安蠻領縣二、西陽領縣十。

雍州。治襄陽，郡十七、縣六十一。襄陽領縣三、南陽領縣七、新野領縣五、順陽領縣七、隨領縣四、京兆領縣三、始平領縣四、扶風領縣三、南上洛領縣二、河東領縣五、廣平領縣四、義成領縣二、馮翊領縣二、建昌領縣二、華山領縣三、南天水領縣四、南鄉領縣四。

湘州。治湘潭，郡十、縣六十六。長沙領縣七、衡陽領縣七、桂陽領縣六、零陵領縣七、營陽領縣四、邵陵領縣七、湘東領縣五、臨慶領縣九、始興領縣七、始建領縣七。

梁州。治南鄭，郡十八、縣八十六。漢中領縣四、魏興領縣十二、新興領縣二、新城領縣六、上庸領縣七、晉壽領縣四、華陽領縣四、新巴領縣三、北巴西領縣四、南陰平領縣二、北陰平領縣二、巴渠領縣七、懷安領縣二、宋熙領縣五、南安領縣六、懷漢領縣三、南上洛領縣六、北上洛領縣七。

秦州。寄治南鄭，僑郡十四、僑縣三十九。武都領縣三、略陽領縣三、安固領縣二、西京兆領縣三、南安領縣二、南太原領縣一、馮翊領縣五、隴西領縣六、始平領縣三、金城領縣二、安定領縣二。天水領縣二、西扶風領縣二、北扶風領縣三、安康領縣三，安康宜在梁州。

益州。治成都，郡二十七，縣百十六。蜀領縣五、廣漢領縣六、巴西領縣九、梓潼領縣四、遂寧領縣四、江陽領縣四、寧蜀領縣四、懷寧領縣三、越嶲領縣八、汶山領縣二、南陰平領縣二、犍為領縣五、始康領縣四、晉熙領縣四、晉原領縣五、宋寧領縣三、安固領縣五、南漢中領縣五、南新巴領縣六、北陰平領縣四、武都領縣二、宋興領縣三、天水領縣三、沈黎領縣四、南晉壽領縣五、南宕渠領縣三、東江陽領縣三。

寧州。治建寧，郡十五、縣七十七。建寧領縣十三、晉寧領縣七、牂柯領縣六、平蠻領縣二、夜郎領縣四、朱提領縣五、南廣領縣四、建都領縣六、西平領縣五、西河領縣三、雲南領縣五、河陽領縣二、興古領縣六、興寧領縣二、梁水領縣七。

廣州。治番禺，郡十九、縣百六十六。南海領縣十、蒼梧領縣十一、晉康領縣十四、新寧領縣十四、永平領縣七、鬱林領縣十七、桂林領縣七、高涼領縣七、新會領縣十二、東官領縣六、義安領縣五、宋康領縣九、綏建領縣七、海昌領縣五、宋熙領縣七、晉興領縣八、樂昌領縣六、寧浦領縣六、合浦領縣七。

交州。治龍編，郡八、縣四十五。交趾領縣十二、武平領縣四、九德領縣七、九真領縣十二、日南領縣七、宋平領縣一、宋壽領縣一、朱崖領縣一。

時司州雖曾僑義陽，尚虛懸未定。越州亦未分置，故州止二十。合僑郡凡二百五十有二，合僑縣凡千二百五十，實有晉之揚、江、荆、湘、交、廣、梁、益、寧、徐、豫、青十二全州及兖州三之一、冀州樂陵一郡地。然自後南朝疆域日蹙，即梁武全盛時，北境終未至彭城、縣瓠、青、齊也。

論　説

清·王鳴盛《十七史商榷》卷五七《南史合宋齊梁陳書·州郡敍首言漢制誤》　《宋書·州郡志·敍》首言：『漢武帝開地斥境，南置交趾，北置朔方，改雍曰涼，改梁曰益，連舊所有之冀、幽、并、兖、青、徐、揚、荆、豫，凡爲十三州，而司隸部三輔、三河諸郡。東京無復朔方，改交趾曰交州，凡十三州，司隸所部如故。』案西漢十三州，數司隸不數朔方，此志乃數朔方，而以司隸在十三州之外，誤與《晉書》同，説已見前第十四卷。東漢既已省朔方，則當言凡十二州，連司隸爲十三部矣。今乃仍言凡十三州，而亦以司隸爲在外，則更誤中之誤，爲有此大誤，下文言魏、蜀、吳、西晉州數皆誤，作多一州筭。

又　《南北地理得其大概不必細求》　晉武帝天下一統，爲二十州，司、冀、雍、涼、秦、青、幷、兖、豫、幽、平、徐、揚、荆、江、梁、益、寧、交、廣也。後南北分裂，新置之州更多，展轉改易，迷其本來，况又有每州各自析爲南北，再加以僑置、寄治之名，糾纏舛錯，不可爬梳，其勢然也。《宋書·志·總敍》首云：『地理參差，事難該辨。魏晉以來，遷徙百計，一郡分爲四五，一縣割成兩三，或昨屬荆、豫，今隸司、兖，朝爲零、桂之士，夕爲廬、九之民，去來紛擾，無暫止息，版籍爲之渾淆，職方所以不能記。自戎狄内侮，有晉東遷，中土遺氓，播越江外，幽、并、冀、雍、兖、豫、青、徐之境，幽淪寇逆。自扶莫而裹足奉首，免身於荆、越者，百郡千城，流寓比室。人佇鴻鴈之歌，土蓄懷本之念，莫不各樹邦邑，思復舊井。既而民單户約，不可獨建，故魏邦而有韓邑，齊縣而有趙民。且省置交加，日回月徙，寄寓遷流，迄無定託，邦名邑號，難或詳書。大宋受命，重啓邊隙，淮北五州，翦爲寇境，其或奔亡播遷，復立郡縣，斯則元嘉、泰始，同名異實。』此段論作志惟地理最難，又《州郡志·敍》首云：『地理參差，其詳難舉。寔由名號驟易，境土屢分，或一郡一縣，割成四五，四五之中，亟有離合，千回百改，巧歷不筭，尋校推求，未易精悉。』此段即總敍意而言之重複如此，約身居齊梁猶如此，况去之又千餘年乎？得其大概可耳，不必細求。

又　《揚州刺史治所》　揚州刺史一條下云：『前漢刺史未有所治，沈約自注：『它州同。』後漢漢歷陽，魏晉治壽春，晉平吳治建業。』案：沈約所舉揚州刺史治所尚未備，馬端臨《文獻通考》卷首自序云：『漢分天下爲十三州，晉分州爲十九，實不止十九。自後爲州寖多，建治之地亦不一所，姑以揚州言之，自漢以來，或治歷陽，或治曲阿，或治合肥，或治建業，而唐始治廣陵。』馬所舉又漏却壽春。愚考歷陽、壽春、合肥三縣，《漢·地理》、《續漢·郡國》皆屬九江郡。與今江西九江府無涉。歷陽今爲安徽布政司直隸和州，壽春今爲壽州，屬安徽鳳陽府，合肥今爲安徽廬州府治，《續漢》於『歷陽』下司馬彪自注云：『刺史治。』『壽春』下劉昭注云：『《漢官》云刺史治，去洛陽千二百里，』與《志》不同。《漢官》當即衞宏作，疑是後漢初制，而司馬彪則據永和也。至馬端臨又以爲在合肥者，《三國·魏志·劉馥傳》：『孫策所置廬江太守李述攻殺揚州刺史嚴象，太祖方有袁紹之難，謂馥可任以東南之事，遂表爲揚州刺史。馥受命，單馬造合肥空城，建立州治，數年中，因化大行，興治芍陂及茹陂七門。吳塘諸堨以溉稻田，又高爲城壘，爲戰守備。』又《滿寵傳》：『太和二年秋，曹休從廬江南入合肥。是歲休薨，寵以前將軍代都督揚州諸軍事。四年，拜寵征東將軍。其冬，孫權揚聲欲至合肥，寵表召兖豫諸軍皆集，賊尋退，寵以爲今賊大舉而還，必欲僞退以罷吾兵，表不罷兵。後十餘日，權果更來，到合肥城，不克而還。時權歲有來計，青龍元年，寵上疏曰：「合肥城南臨湖，北遠壽春，賊攻圍之，得據水爲勢，宜移枉三十里，有奇險可依，更立城以固守，引賊平地而掎其歸路。」詔聽。其年權自出，欲圍新城，以其遠水，積二十日不敢下船。寵謂諸將曰：「權得吾移城，大舉來，雖不敢至，必當上岸耀兵，以示有餘。」乃潛遣步騎六千，伏肥城隱處以待之。權果上岸耀兵，寵伏軍卒起擊之，斬首數百。明年，權自將，號十萬，至合肥新城，寵馳往赴，放火燒賊攻具，射殺權弟子孫泰，賊引退。』然則揚州刺史治合肥乃漢季建安及魏制也。又云在曲阿者，樂史《太平寰宇記》云：『案輿地志，曲阿縣雲陽，地屬朱方，南徐之境。』在今日爲江蘇蘇松等處布政司鎮江府所屬丹陽縣，此處本無丹陽之名，而唐人忽改稱之，想必因揚州刺史曾治於此，而屬郡首丹陽，故以名之，但揚州刺史治曲阿，書傳無所見，惟李吉甫《元和郡縣志》二十五卷《江南道》：『揚州故理在上元縣東百步，後漢理壽春，劉繇爲揚州刺史，移理曲阿。』李吉甫此言必有據也。吉甫於此下又言『孫策定江東，置揚州於建業』，後孫權徙都之，刺史治此，并爲京尹矣。晉、宋、齊、梁、陳皆因之也。若云唐始治廣陵，則別是一説，州大郡小，刺史尊，郡守卑，隋唐改州爲郡，郡守即名刺史，唐之揚州絶非漢以來之揚州，唐之刺史亦迥非漢以來之刺史矣，而移揚州之名於江北江都，亦自隋平陳始。

兩漢揚州刺史皆治江北，吴及東晉、南朝皆治江南矣。

西漢刺史無治所，然亦有之，必無傳車周流，終年僕僕道路，無處處駐足之理。予前已據《朱博傳》論之，衛宏云『揚州刺史治壽春』，此必西漢已有此制，而東漢特因之也。揚州之境日漸恢拓，東至海，南盡閩越，控制數千里，壽春地在西北，鞭長莫及，故東漢永和以後徙治歷陽，在壽春之東南約八九百里，且直臨江岸，烏江亭下一葦可杭，於制馭江南爲便矣。漢季大亂，而孫氏勃興，駸駸有進逼中原之勢，魏人相度地利，移治合肥，反退至歷陽之西北三四百里矣。以《劉馥》、《滿寵傳》證之，魏時揚州始終治合肥，沈約以爲壽春，非也。吴人所據者揚荆，揚治自在江南，永嘉南渡沿之，但立國江南者必跨江而有，淮南方足自立，故晉宋以後，漢之揚州治皆變而爲豫州治矣。唐復移揚州於江北，而又以漢之廣陵國江左稱爲南兗州者當之矣。即一揚州刺史治所，上下千餘年，其變遷無定如此。論古須援據，無一語落空方爲實學，又須以己意融會貫穿，得其大要，方爲通儒。徒執印板死册子逐㯳看去，則何益矣。

又《丹陽尹》 丹陽尹，秦鄣郡，治今吴興之故鄣縣。漢初屬吴國，吴王濞反，敗，屬江都國。武帝元封二年爲丹陽郡，治今宣城之宛陵縣。

又《晉分永世》 『義興又有平陵縣，晉分永世』，下脱『置』字。

又《去州去京都若干》 『會稽太守，去京都水一千三百五十五，陸同』，司馬彪各郡國有去洛陽里數，洛陽是京都，此京都建康也。省『里』字，不言可知，各郡同，亦是一例。此是丹陽尹所領，獨言去京都，其餘自南徐州以下各州下先列去京都里數，其所領之郡則先列去州里數，後言去京都里數，其南東海郡無去州若干者，此郡即刺史治也，無去京都若干者，上文州下已見也，下凡郡爲刺史治者放此。南蘭陵以下十三郡，陽平以下三郡，南沛以下六郡皆無去州去京都里數，他郡如此尚多，不可枚舉，又有有水無陸者，未暇詳考。

又《分元程分烏程》 『東遷令，分元程立』，『元』當作『烏』。『長城令，分烏程』，下脱『立』字。

又《歷敍豫州治所》 《宋·州郡志》於南豫州刺史一條下，先述其緣起云：『晉江左胡寇强盛，豫部殲覆。元帝永昌元年，刺史祖約始自譙城退還壽春。成帝咸和四年，僑立豫州。』此言南豫州之所由始。漢豫州刺史本治沛國譙縣，祖約自譙退還壽春，故治陷没，成帝僑立治壽春也。此下即歷敍晉刺史治所，或治蕪湖，或治邾城，或治武昌，或治牛渚，或治壽春，或治歷陽，或治馬頭，或治譙，或治姑孰。除壽春、歷陽已見前外，譙，《續漢·志》本沛國屬縣，至《宋·志》有南譙郡，屬有譙縣，又有譙郡，屬無譙縣，其南譙郡下云：『晉孝武太元中於淮南僑立郡縣。』《輿表》第三卷滁州全椒縣下辨之，而不能定其爲南譙、北譙，但今全椒實在淮南，其爲晉太元僑立之南譙無疑，非沛國之譙明矣。蕪湖即今縣，屬安徽太平府邾城，據胡三省《通鑑注》，爲今湖北黄州府治黄岡縣。武昌，今爲府治江夏縣，屬湖北。牛渚，今太平府當塗縣地。馬頭，郡名，《宋·志》云：『故淮南當塗縣地。』《輿表》云：『淮南之當塗乃今鳳陽府地。』與太平府治當塗縣無涉，而馬頭實土則無考。姑孰亦即今當塗縣。譙治久陷，而復有治譙者，當晉穆帝升平初，桓温已北平洛陽，謝奕繼其兄尚爲豫州刺史，故得進而治漢舊治之譙也。見晉書列傳第四十九卷。此下入宋事云：『宋武帝欲開拓河南，綏定豫土，義熙九年，割揚州大江以西、大靁以北，悉屬豫州，豫基址因此而立。十三年，刺史劉義慶鎮壽陽。永初二年，分淮東爲南豫州，治歷陽，淮西爲豫州。』此下則又反覆辨明二豫之屢分屢合，及其界址。《南齊書·州郡志》敍豫州始末，大意與《宋書》此志敍南豫州略同，亦從刺史祖約避胡賊自譙還治壽春敍起，及敍至義熙十二年劉義慶鎮壽春之下，却添三句云：『後常爲州治，撫接遐荒，扞禦疆埸。』以下即無文，但言領郡如左，蓋豫本一耳，若以漢制論，惟有譙城一治方是真正豫州，東晉以下所立皆南豫耳。永初以後，於其中又分爲二，以淮東西爲別，東爲南豫，治歷陽，西則北豫，不言治所，大約進則治汝南，退則治壽春，而壽春其常也。於是《宋》、《齊》二志並列二豫，而敍法各自不同。《宋書》先敍南豫州，後敍北豫州，却將二豫始末一併敍在南豫篇中，前半篇敍不治譙城而退治各處，緣由此總説，無所謂二豫之分也，直敍到永初二年分列淮東西二豫之下，然後再詳辨二豫分合及其界址，而歸於以歷陽爲治，故云去京都水一百六十。其所以如此之近者，此志雖據大明，而於南豫則又以泰始爲斷，泰始已失淮西，退治歷陽，今和州，故去江寧府治如此之近也。至其敍北豫州則甚略，但云晉江左所治，已列於前，如此而已，志於其屬郡首列汝南，則是刺史治，但此據大明則然，泰始則退治壽陽矣。《南齊書》先敍北豫州，後敍南豫州，却暗暗取《宋書》南豫之前半篇意敍在北豫州，後半篇意敍在南豫州，大抵二豫分置，總以壽春爲樞紐，北豫進則治汝南，而退則治壽春，南豫本治壽春，而退則治歷陽也。二豫界址毋庸細考，略考其治所，則當日情事瞭然矣。

義熙關洛尚爲裕取，况汝潁乎？永初雖無關，然淮汝潁洛皆在，故分二豫，而胡三省以爲南豫治歷陽，北豫或治壽陽，或治汝南也。說見後。元嘉、泰始，北境日削，然終宋世，二豫並建，故齊承宋而王儉議二豫不可并。說亦見後。大約南豫是實土，北豫是虛名。

《宋書·裴松之傳》：『元嘉二年，誅司徒徐羨之等，分遣大使巡行天下，前尚書右丞孔默使南北二豫州。』觀此則知元嘉三年已分置南北二豫州。《梁書·韋叡傳》天監中出爲豫州刺史，領歷陽太守。此後叡破魏軍，還豫州於合肥，大約其時仍以壽陽、歷陽分建南北二豫。

又**《南豫爲要南雍次之》**　南朝州郡僑治雖多，大約總以南豫州爲最要，南雍州次之。南豫宋治歷陽，今和州。齊梁治壽春。今壽州。南雍則宋、齊、梁皆治襄陽也。今縣府治。以上俱詳《通典》一百七十一卷，然《通典》亦言其畧，實則宋初豫治汝南，後分二豫，始以南豫治歷陽，北豫治壽春。惟陳無此二州，《陳書·高宗、宣帝本紀》云：『梁室喪亂，淮南地並入齊。高宗太建初，志復舊境。授律出師，戰勝攻取，獻捷相繼，遂反侵地，功實懋焉。及周滅齊，乘勝略地，還達江際矣。』《陳書》此段雖專指陳將吳明徹取淮南，暫得復失，以廣陵爲江際，其實周滅齊後，荆襄亦入於周，綜計陳一代始末，僅畫江爲界，江北固非陳人有，此隋取陳所以易也。大約立國於東南者，西必據襄樊，北必控淮汝，進有窺取關洛之意，然後退而足以自守。守江則危矣。若以進取而論，關公攻樊，曹議徙許都，雍似不在豫下，但南朝既都建康，則豫尤近。《通鑑》第一百四十四卷魏車騎大將軍源懷於南齊東昏末上書請南伐云：『壽春之去建康纔七百里，山川水陸皆彼所諳，彼若乘舟藉水，倏忽而至。』源懷言南之易往，則可知北亦易來，若襄陽相距有二三千里矣，故曰南豫爲要，南雍次之。

又**《豫治無定壽春爲主》**　豫州刺史治所無定，要以壽春爲主，蓋此爲南北交兵必爭之地也。《南齊書·州郡志》上云：『齊太祖時欲省南豫，左僕射王儉啓：「江西連接汝潁，土曠民希，匈奴越逸，唯以壽春爲阻。若使州任得才，虜動要有聲聞，豫設防禦，此則不俟南豫。假令或慮一失，醜羯之來，聲不先聞，胡馬倏至，壽陽嬰城固守，不能斷其路，朝廷遣軍歷陽，已當不得先機。戎車初戒，每事草創，孰與方鎮常居，軍府素正。」』愚案宋末雖失淮西，而南齊初淮東尚全南屬，太祖惜費，意欲省置南豫於歷陽，獨置一豫於壽春，王儉雖勸歷陽不可省，然亦可見彼時壽春爲要，歷陽特其輔耳。《陳書》第九卷《吳明徹傳》：『太建五年，詔曰：「壽春者，古之都會，襟帶淮汝，控引河洛，得之者安，足稱要害。」』合而觀之，可見以雍較豫，豫尤要，豫諸治，壽春尤要。

魏源懷上書有云：『蕭衍内侮，寶卷孤危，斯天啓并吞之會，宜東西齊舉，以成席捲之勢。若使蕭衍克濟，豈惟後圖之難，亦恐揚州危逼。』此所謂東西，正指南豫、南雍，此所謂揚州，是魏之揚州，故胡三省於此下注云：『魏置揚州於壽春。』此上魏鎮南將軍元英請帥步騎三萬直指沔陰，據襄陽之城，又命揚徐二州俱舉，胡注云：『魏揚州治壽陽，徐州治彭城。』愚謂壽春在漢爲揚州刺史治者，約有二三百年，東晉簡文帝鄭太后諱春，改名壽陽，永嘉南渡，以建康爲揚都，故予前言晉宋以後漢揚州治變爲豫州治，乃不意南北兵爭壽陽時而屬南者亦時而屬北，於是南朝之豫州治又或變爲北朝之揚州治。畧見《通鑑》一百四十三卷胡三省注。又《文學·何之元傳》：『王琳召爲記室參軍。琳敗，北齊主以爲揚州別駕，所居即《壽春》也。』地理之紛更幾同夢幻之無定矣。此等不必細求，而大關目則不可不知。要之，如此紛更，靡所底止，至唐宋斷斷不可不盡革古州名，改爲某道某路，不然，則稱謂格於口吻，紀載混於簡牘，將無以爲治。

前引《通鑑》魏源懷請南伐之下，又有魏東豫州刺史田益宗上表，稱二豫之軍云云，胡三省注云：『二豫，謂魏置豫州於汝南，第一百四十三卷胡注：『魏豫州治懸瓠城，領汝南新蔡弋陽等郡。』東豫州於新息也。』是魏已有二豫矣，故有時得壽陽則不名爲豫而名爲揚；晉宋以下揚治總在江南矣，故凡江北揚治皆改爲豫治。《通鑑》第一百二十四卷胡三省注云：『宋高祖永初二年，分淮東之地爲南豫州，治歷陽，淮西爲豫州，或治壽陽，或治汝南。』胡氏此注本之《宋書》、《南齊書·州郡志》也。觀此知淮西爲豫，淮東爲南豫，壽陽介東西之間，故爲最要，而《宋、齊·志》又並言自晉義熙中劉義慶爲豫州刺史，鎮壽春，後常爲州治。今詳考南北兵爭始末，愈知當日情形，總以壽陽爲關鍵，蓋當晉末劉、石、苻、姚、慕容俱敗，魏都遠在平城今山西大同府，劉裕直取關洛，所向無前，關中得而旋失，乃分置二豫，説見上。裕崩，魏遂盡取司兗豫三州也，然河南洛汝雖失，淮北猶宋有。宋文帝頻舉兵，皆不利，乃議和，明帝又啓兵釁，敗亡相繼，泰始三年，幷淮北四州及豫州淮西地皆失之，然壽陽猶南屬，故南齊初太祖欲幷二豫爲一，王儉議勿倂，帝不從，後永明仍分置二豫。明帝蕭鸞建武元年，魏孝文帝遷都洛陽，是冬即入寇，四年又入寇，取樊鄧，南雍州入魏矣。東昏侯永元中，壽陽亦爲魏取，南齊江北城戍惟廣陵淮陰矣。梁武帝志欲恢拓，天監元年至八年年年舉兵，十一年，壽陽因大雨城壞，而魏揚州刺史李崇堅守不去，十三年，梁人遂築浮山堰，堰淮水以灌壽陽，十五年四月，堰成，九月，大水堰壞，築堰本康絢功，祇因信讒召還絢，代以張豹子，不修堰，故壞。當堰之成也，魏師大潰而歸，魏人深以爲憂，假令堰不壞，可取壽陽而逼汝洛矣，可見壽陽之要也。至梁普通五年，以豫州刺史裴邃督征討諸軍事伐魏，遂取壽陽，汝潁響應，詳見《通鑑》第一百五十卷。時魏方衰亂，故梁人得志，乃復以壽陽爲豫州，改合肥爲南豫州，後元顥入洛，梁之開境幾埒永初，此後約計淮西屬梁三十餘年，直至侯景大亂後復陷北齊，入陳三世不能復。太建五年，吳明徹始擊齊取江北數郡，瓦梁、廬江、歷陽、合肥皆降於陳，進逼壽陽，擒王琳，殺之，傳其首，拜明徹豫州刺史，功亦奇矣，其時明徹固鎮壽陽也。後明徹攻呂梁，大敗，爲周所俘，則豫州又入於周，計陳得之不及數年，《陳書》本傳史臣論云：『蹙境喪師，金陵虛弱，禎明淪覆，蓋由其漸焉。』綜而論之，江左之興亡繫乎壽春之得失，故知豫治無定，必以壽春爲主。

又《無屬縣之郡》　《宋·志》有無屬縣之郡，如南豫州之南陳左郡太守是，此等只可闕疑，不必致詳。至越州所領之郡凡九郡，只有合浦一郡領縣七，其餘八郡皆無屬縣，蓋在荒外，不可以内地常例論，且此州是明帝泰始七年方立，屬郡亦多有『新立』字，規制殆皆未定。

又《司州縣數不合》　『武帝北平關洛，河南底定，置司州刺史，治虎牢，領河南、滎陽、弘農實土三郡。河南領洛陽、河南、鞏、緱氏、新城、梁、河陰、陸渾、東垣、新安、西東垣凡十一縣，滎陽領京、密、滎陽、卷、陽武、苑陵、中牟、開封、成皋凡九縣，弘農領弘農、陝、宜陽、黽池、盧氏、曲陽凡七縣，三郡合二十七縣』，案合二十七縣，則弘農當七縣，今此雖云七縣，實六縣。又『河内寄治河南，領温、野王、軹、河陽、沁水、山陽、懷、平臯、朝歌凡十縣，東京兆寄治滎陽，領長安、萬年、新豐、藍田、蒲阪凡六縣，合十六縣』，案合十六縣，今河内十縣實九縣，東京兆六縣，實五縣，合之實只十四縣。

又《雍州》　前言僑治南豫爲要，南雍次之，《宋·州郡志》敘至雍州刺史，亦追述其緣起云：『晉江左立。胡亡氐亂，雍秦流民多南出樊沔，晉孝武始於襄陽僑立雍州，幷立僑郡縣』云云。《通鑑》：『宋高祖永初三年，秦雍流民南入梁州，遣使漕荆雍之穀以賑之。』胡三省注：『秦雍之雍，古雍州也，關中之地。荆雍之雍，晉末所置南雍州也，治襄陽。」謂此也。此州不加南字，以豫有二，雍惟一故，然襄陽而被雍名，非南而何？所領有京兆、扶風、馮翊等，蓋除襄陽外，其餘諸郡多空稱。

又《江左不可無蜀》 梁州、益州二刺史所領，則三國時蜀境也。江左不可無蜀，蓋其爲國，東則倚淮南數郡爲屏蔽，中則資荆、襄、樊、鄧爲藩籬，而西則巴蜀亦其右臂。險既足恃，吳楚泝流直達，由漢中可窺關陝。晉滅蜀，吳不能救，失犄角之勢，晉之取吳易矣。自晉惠帝時蜀爲李特所據，後爲桓温所滅，義熙中又暫爲譙縱所據，約九年，旋爲朱齡石所滅，自此歷宋、齊、梁，蜀長爲江左有矣。《梁書·武帝紀》天監元年六月，前益州刺史劉季連據成都反，二年五月，益州刺史鄧元起克成都，曲赦益州。此當梁武初受禪，小有反側而旋定。天監四年，魏王足攻涪城，邢巒規定巴西，已而自却，蜀仍梁有，梁武享國最久，勢頗雄盛，蜀之南蜀久矣，直至侯景大亂後，而武陵王紀尚據有全蜀，前後在蜀十七年，南開寧州越嶲，西通資陵吐谷渾，士馬殷富，若梁之子弟多賢，有此藩翰，國豈易亡？無奈紀與元帝同一無人心，侯景之難不赴援，侯景已平，反率兵東下，欲圖即尊坐，使骨肉相殘，爲元帝所誅，西魏乘其國中空虛，遂取蜀矣。西魏太師泰問大將軍代人尉遲迥以取蜀方略，迥曰：『蜀與中國隔絶百有餘年。』計蜀自東晉穆帝永和三年入晉，至梁元帝承聖二年入西魏，實二百有七年，迥言百有餘年者，豈以譙縱稱藩於姚秦，除去數年，不滿二百之數乎？且迥方言蜀之易取，應屬中國，欲言其竊據之日淺，不欲言其久也。此二百年中，晉、宋、齊、梁立國不全恃蜀，而蜀實足以壯其形勢，譬常山率然之蛇，擊首尾應，擊中首尾皆應，吳楚蜀實然，陳承梁，土宇迫陿，東既無淮肥，西又失蜀，文軌所同不過江外，故隋之取陳勢如破竹，與晉取吳同，信乎江左不可無蜀也。厥後趙宋南遷，猶賴吳玠保蜀焉。

又《廣州刺史多一郡》 『廣州刺史，領郡十七』，而今數之實十八，多一郡。又凡各州所領之郡皆書某太守，不言郡，獨此州之末書樂昌郡，不言太守，皆未詳。

又《建安十六年交州治番禺》 『交州刺史，漢武帝元鼎六年開百越交趾，刺史治龍編。漢獻帝建安八年，改曰交州，治蒼梧廣信縣，十六年，徙治南海番禺縣』，案『十六年』，司馬彪《續漢書》劉昭注及《晉書·地理志》俱作『十五年』。

又《交州刺史少一郡》 『交州刺史，領郡八』，而今數之只七郡，少一郡。

又《通鑑注與宋志不同》 《通鑑》第一百二十九卷於孝武帝大明八年之末云：『宋境內，有州二十二，郡二百七十四。』胡注云：『此大較以沈約《宋志》爲據，沈約《志》大較以是年爲正。』此下胡即歷舉各州所領郡名，而與沈《志》頗有不同，不知何故，未能詳考。

又 卷六七《北史合魏齊周隋書三·淮南郡》 《隋》淮南郡注云：『舊曰豫州，後魏曰揚州，梁曰南豫州，東魏曰揚州，陳又曰豫州，後周曰揚州。』此即壽春郡也。州名南北互易，最爲糾紛，乍觀之幾欲目炫矣。說已詳前第五十七卷《豫治無定》一條，玩彼文，此文自明。

清·成孺《宋州郡志校勘記》卷三五《州郡一》 凡十二州

『二』，毛本、北靈本作『三』。《商榷》云：東漢既已省朔方，則當言『凡十二州』，連司隸爲十三部。今乃仍言『凡十三州』而以司隸爲在外，誤。案：南監本、殿本正作『二』，今從之。

揚州　僑立魏郡肥鄉元城三縣

案：『魏』是郡名，肥鄉、元城是屬縣，不得統稱三縣。《晉書·地理志》：咸康四年，僑置魏郡、廣川、高陽、堂邑諸郡。本志下文廣川郡領廣川，高陽領北新城、博陸，堂邑領堂邑，並有『領』字。以此例之，肥鄉、元城上亦當有『領』字，『三縣』當作『二縣』。

宋初省爲縣

『縣』，毛誤『孫』，今從南北監、殿本。

順帝昇明三年改揚州刺史曰牧

《本紀》：昇明二年九月丙午，加太尉齊王黄鉞，都督中外諸軍事，太傅，領揚州牧，中軍將軍，揚州刺史。晉熙王燮爲司徒，改揚州刺史曰『牧』，正在此時。此稱『三年』，字誤。

丹陽尹

『陽』，毛作『楊』，從殿本，他處不悉著。

鄮令漢舊縣

毛作『搸』，南監本作『鄮』，殿本同。考證：『鄮』，諸本作

『捡』，今從二《漢·志》、《晉·志》改正。案：《南齊書·州郡志》亦作『鄮』，從之。

孫權黄武四年以爲東安郡

《三國·吳志》：黄武五年秋七月，分三郡惡地十縣置東安郡。此作『四年』，誤。

東遷令晉武帝太康三年分烏程立

『烏』，毛作『元』。《商榷》云：『元』當作『烏』。南監、殿本正作『烏』，今從之。

長城令晉武帝太康三年分烏程立

毛作『分烏程』。《商榷》云：下脱『立』字。南監、殿本正作『分烏程立』。今從補。

晉亂襄城郡

《晉·志》：罷襄城郡爲繁昌縣，並以屬淮南。疑『晉亂』下脱『省』字。

其地本無湖

無，南監本作『蕪』，下同。

晉作逡道

案：今本《晉·志》亦作『逡遒』。《春秋·哀公十二年》『公會吳于橐皋』杜注：在淮南逡遒縣東南。此晉世作『逡遒』之顯證。沈約所據《晉·志》誤作『道遂』，有此説耳。

烏傷令

《考證》云：此下當有『漢舊縣』三字。

故治閩中地

據『江州建安郡』下引司馬彪云：章是故治。則此『治』字蓋『治』之誤文。今本《續·志》亦譌作『治』，『閩中』作『閩越』。

案二漢志晉太康地

《考證》：『地』字下當有闕文。考二《漢·志》俱無寧海，未知其所闕者果係何字。案：據志例，二《漢·志》下當是『無』字，《晉·志》有寧海，知《晉太康地》下當是『志有』二字。

晉孝武寧康三年分永寧立

『寧康』，毛誤倒，今據《晉書》乙正。

黟令漢舊縣

毛本此五字誤綴前行末，今從殿本跳行。

南徐州　司空郗鑒

『郗』，《晉書》本傳作『郄』。

又有南沛南下邳廣平廣陵盱眙鍾離八郡

《考異》：今數之止六郡，蓋脱海陵、山陽二郡。

山陽

『陽』，毛作『陵』。案：本志南兗州有山陽郡，無山陵。今據正。

毗陵令

此以下十一字，毛本誤綴前行末，從北監本跳行。『令』，毛本誤脱，據《志》例補。

利城令漢舊名

《漢·志》作『成』，《續·志》作『城』，《南齊·志》作『成』。

晉太康地志屬琅邪

毛本脱『志』，字從南監本補。

永嘉五年帝改爲晉陵

《晉·志》：惠帝永興元年，以毗陵郡封東海王世子毗，避『毗』諱改爲晉陵。考《惠帝本紀》，永興元年十二月，以司空越爲太傅。司空越即東海王，封其世子毗，當在此時。永嘉五年三月戊午，詔下東海王越罪狀，告方鎮討之。丙子，東海王越薨。四月，東海世子毗没於石勒。若謂永嘉五年避世子諱，改『毗陵』爲『晉陵』，恐與情事不合。疑《志》文『帝改爲晉陵』五字，在『永嘉五年』上。

本吳郡司鹽都尉署

郡，南監本作『縣』。

義鄉令故屬長城陽羨

《晉·志》永興元年，以周玘創義討石冰，割吳興之陽羨并長城之北鄉置義鄉國、山、臨津并陽羨四縣，又分丹陽之永世置平陵，及永世立義興郡。義鄉故屬長城，臨津國、山故屬陽羨，立義興郡。同時分立義鄉下『陽羨』二字，蓋涉左右方而衍。

廣陵令前漢屬泗水

《漢·志》：廣陵縣屬廣陵國，不屬泗水。此云「前漢屬泗水」者，《考異》云：「陵」當作「淩」，「廣」字衍，是也。《南齊·志》正作「淩」。

又有下相

相，毛作「邳」，從三本。考兩《漢》、《晉·志》，下相，前漢屬臨淮郡，後漢屬下邳國，晉屬臨淮郡，正與本注合。若下邳惟後漢亦屬下邳國，而前漢則屬東海郡，晉又屬下邳國。且下「陽樂令」明云：元嘉十三年，以下相併陽樂，亦其證。

今領縣三

「令」，毛誤「令」，據《志》例正。

司吾令晉太康地志屬臨淮

「淮」，毛作「沂」。案：《晉·志》：司吾屬臨淮郡。臨沂乃琅邪國之屬縣，歷代無臨沂郡也。今訂正。

景帝中六年別爲濟陰國

毛本「中」下有「平」字。案：「中平」乃漢靈帝紀年。《漢·志》景帝中六年，別爲濟陰國，「平」字衍。今據删。

漢武帝征和二年立爲平干國以下五十八字

毛本譌舛不可讀，茲從殿本。「干」，舊譌作「子」。《考證》云：《後漢·郡國志》：武帝征和二年，置爲平干國。宣帝五鳳二年，復故正。此注：所據之文「子」字乃「干」字之譌，「改」，南、北監本作「復」。

文帝八年省廣平郡爲廣平縣

《考異》：當云「文帝元嘉十八年」，此脱三字。

考城令前漢曰甾屬梁國

「甾」，毛作「留」。案：《漢·志》：梁國有甾縣。應劭曰：章帝改曰考城。《續漢·志》陳留郡考城，故菑，章帝更名，故屬梁菑。「菑」通「留」，爲「甾」字形近之誤，今據正。

徐州　移治東海朐山

歷代無朐山縣。《西·志》：南徐州南東海朐令。據此知「朐」下「山」字衍。

又分秦郡之頓邱

「秦」，毛作「泰」，從三本。《後廢帝紀》：元徽元年十月癸酉，割南兗州之鍾離，豫州之馬頭，又分秦郡、梁郡、歷陽置新昌郡，立徐州，正與此合。

今先列徐州舊郡於前

「先」，毛作「大」，從三本。

留令漢舊縣

毛誤綴前行「元康中度」下。今從殿本。

東莞太守

「守」，毛作「安」，從南監本、殿本。

菴令

歷代無菴縣。李氏兆洛云：「菴」乃「蓋」之譌。案：李説是也。漢末有蓋縣，屬泰山郡。此云屬琅邪，誤也。

孝武孝建元年

「孝建」，毛作「建元」，從殿本。前漢有濟陰無北濟陰。此孝武，謂宋孝武也。

去京都水一千七百五十

毛脱「水」字，從南本、殿本補。

新昌太守

「新」，毛作「平」。案：《後廢帝紀》：元徽元年十月癸酉，割南兗州之鍾離，豫州之馬頭，又分秦郡、梁郡歷陽，置新昌郡。《志》「徐州刺史」下云：後廢帝元徽元年，分南兗州之鍾離、豫州之馬頭，又分秦郡之頓邱、梁郡之穀孰、歷陽之酇，立新昌郡。此既承鍾離、馬頭之後，而所屬又適爲頓邱、穀孰、酇三縣，其爲「新昌」之誤無疑。《志》「南兗州秦郡太守」下云：元徽元年，割頓邱屬新昌，亦其證。《考異》云：「平昌」當作「新昌」，得之，今據正。

南兗州　南魯山郡

歷代無魯山郡，「山」當作「七」，形近之誤也。

十九年

「九」，毛作「八」，上已有十八年，殿本作「九」，今從之。

後又省東燕郡

「郡」，毛作「縣」，從殿本。

東平

據下稱「東平原」，則此亦當有「原」字。

沛領符離、蕭、相、沛四縣

案：上文何《志》又有北沛郡，卽「南沛太守」下稱何《志》云「北沛新立」者也，然則此「沛」上亦當有「北」字與？

領郡九縣十九

南兗州，宋末領郡十一。除僑立新平、北淮陽、北濟陰、北下邳、東莞五郡，其餘廣陵、海陵、山陽、盱眙、泰郡、南沛，適得六郡，而此作「九」。「縣四十四」，除江陽以下十八縣，餘二十六，而此作「三十九」，大約此《志》郡縣數譌舛已久，今亦未敢一一訂正，姑著其說於此云。

潞屬上黨

「潞」，毛作「路」。案：《漢·志》路屬漁陽郡，其屬上黨者，乃潞縣，非路也。《考異》云：「路」當作「潞」。今據正。

新市永初郡國云四縣本屬遼西

《考異》：「新市」下有脫文。當云：二漢、晉屬中山。

秦郡口一萬五千二百九十六

「二百」，三本並作「三百」。

立臨江郡

「郡」，毛作「縣」，據下云「省臨江郡」，知「縣」爲「郡」字之譌，從三本。

又有符離洨竹邑杼秋四縣

「符」，毛作「鍾」。《晉·志》：豫州沛國有符離，故《永初》沿用之，從殿本。

北淮陽太守

毛本脫「陽」字。徐州有淮陽郡，故此云「北淮陽」也。今據《考異》說補。

兗州治鄒山

歷代無鄒山縣，據《志》下文：魯郡有鄒令，知鄒山乃鄒縣之譌。

郡領白馬涼城東燕三縣

據上云：《永初郡國》有東郡，知「郡」字上脫「東」字。

南城令後漢晉屬泰山

毛脫「漢」字，從三本補。

前漢屬東平

「東平」，毛作「高平」。據《漢·志》正。下文云「分東平爲任城」，亦其證。

高平令前漢名槖章帝更名

「槖」，毛作「槀」，「更」下脫「名」字。《漢·志》山陽郡槖，莽曰「高平」。臣瓚曰：音「拓」。《續·志》：山陽郡高平侯國，故槖，章帝更名。今據補正。

光武改屬任城

《續·志》：魯國，秦薛郡，高后改，本屬徐州，光武改屬豫州。此誤豫州爲任城者，蓋涉前行而譌也。

陽平令

「陽平」，毛誤作「平陽」，從三本乙正。

元城令漢舊

舊下脫「名」字，當據館陶例補。

漢和帝永元二年

「元」，毛作「光」。案：永光乃前漢元帝紀年，後漢和帝年號自是永元。《續·志》：濟北國，和帝永元二年分泰山置。今據正。

穀城令

穀，毛誤「榖」，今據《續漢·志》、《晉·志》正。

又　卷三六《州郡二》　南豫州　大霝以北

「大」，毛誤「太」，從三本。

永初二年分淮東爲南豫州

《武帝紀》：永初三年二月丁丑，詔淮南諸郡可立爲豫州，自淮以東爲南豫州。此作「二年」，誤。

淮西爲豫州

《考異》：此下有『治壽陽』三字。

文帝元嘉七年又分五年割揚州之淮南宣城又屬焉徙治姑孰

《考異》：此條當有脱文。以《本紀》及《南平王鑠傳》考之，文帝元嘉七年，罷南豫州幷豫州。十六年，復分豫州之淮南爲南豫州。二十二年，復以南豫州併壽陽。孝武大明三年，分淮南北復置二豫州。五年，移南豫治淮南于湖縣，于湖卽姑孰也。當云：文帝元嘉七年，合二豫州爲一。十六年，又分。二十二年，又合。孝武大明三年，又分。五年，割揚州之淮南宣城又屬焉，則首尾相應矣。

唯有歷陽烏江龍亢三縣

『烏』，毛誤『南』，從南本、殿本。

廬江太守漢文帝六年分淮南國立

《漢·志》：廬江郡故淮南。文帝十六年，别爲國。此誤脱『十』字。

以豫部蠻民立太湖呂亭二縣晉熙

『晉熙』上疑當有『屬』字。

眞陽令别見

毛本『别見』上衍『眞陽』二字，從殿本删。

永初郡國無莨平父陽

『父』，毛誤『谷』，據下文訂正。

西汝陰太守永初郡國何徐並無此郡

毛脱下『郡』字，從三本補。

而永初郡國無未詳

『未』，毛誤『禾』，從殿本。

屬陳左縣

『縣』，疑作『郡』。

立茹由樂安光城雩婁邊城史水開化邊城七縣

《考異》：上下兩字皆誤。詳其文義，謂立邊城郡，領雩婁等四縣也。上兩字疑『郡』字之譌，下兩字疑『四』字之譌。

豫州　平樂令漢舊縣

《漢·志》：山陽郡、平樂侯國、武都郡、平樂道，兩平樂並與此平樂别，不得言漢舊縣也。『平樂』疑是『平輿』之誤。

舊作鄰

毛本誤『鄘』入正文，今訂正。

既入譙郡界

『界』，毛誤『東』，從三本。

蒙令漢舊縣屬沛

兩《漢·志》：蒙並屬梁國。此作『沛』者，涉左方而誤也。

蘄令

『蘄』，毛誤『鄿』，三本作『蘄』，與《漢》、《晉》、《南齊·志》合，今從之。

二年還豫

『年』，毛誤『縣』，從三本。

章帝元和三年

《續·志》作『二年』，此作『三』，疑字之誤。

父陽令本苦縣前漢屬陳

案：《漢·志》：苦縣屬淮陽國。《續·志》：豫州陳國，高帝置爲淮陽。章帝元和二年，改。《宋·志》當云：前漢屬淮陽，後漢屬陳。今本脱『屬淮陽後漢』五字。

長平令後漢屬陳

毛脱『陳』字，從三本補。《續·志》：陳國長平，故屬汝南。

和城令

『城』，毛作『成』，從三本。《南齊·志》正作『成』。

本昌許漢舊縣

兩漢潁川郡並有許，無昌許，疑『昌』爲『名』字之誤。

安城令漢舊縣

『安』，毛作『宋』。案：兩漢並無宋城縣。《班》志：汝南郡有安成。《續·志》作『安城』。『安』、『宋』形既相近，又涉右方『宋令』而譌。《南齊·志》作『安城』，今據改。本書西汝陰太守，領汝陰、安城、樓煩、宋四縣，亦正作『安城』。

江州　晉惠帝元康元年分揚州之豫章鄱陽廬陵臨川南康建安晉安荊州之武昌桂陽安成十郡爲江州

『元康』，毛作『太康』。案：太康乃武帝紀年。《晉書·惠帝本紀》：永平元年秋七月，分揚州、荆州十郡爲江州。是年，六月改元元康。然則『太康』爲『元康』之誤無疑。《晉·志》『揚州』下云：惠帝元康元年，割揚州之豫章、鄱陽、廬陵、臨川、南康、建安、晉安，荆州之武昌、桂陽、安成合十郡，因江水之名，而置江州。尤顯證矣，今據正。『成』，毛作『城』，從南本，《晉·志》正作『成』。

庾悦又治豫章

案：《南齊·志》『江州』下云：庾亮領刺史，表江州宜治尋陽。其後庾翼又還豫章。義熙後，還尋陽。『庾悦』蓋『庾翼』之譌。

柴桑漢晉太康地志屬豫章

『漢』字疑衍。

豫寧吴曰西安

『西』，毛作『要』。《考異》：『要安』當爲『西安』之譌。《太平寰宇記》：武寧縣，古西安縣也。後漢建安中，分海昏立安縣。晉太康元年，改爲豫寧。《三國志·潘璋傳》：遷豫章西安長。是吴時縣名『西安』之證，今據錢說正。《水經·贛水注》：豫寧縣故西安也，晉太康元年，更從今名。亦其證。

晉武帝太康元年更曰新南城

『曰』，毛誤『白』，從三本。

巴邱男相吴立

『巴』，毛誤『已』。《晉·志》、《南齊·志》並作『巴邱』，據正。

安城太守

『成』，毛作『城』。案：《三國志·孫皓傳》：寶鼎二年，分豫章、廬陵、長沙爲安成郡，《晉·志》、《南齊·志》並作『成』，據正。

領縣七

『七』下原注『疑』字。案：《南齊·志》建安郡所屬縣全與《宋·志》同，惟『吴興』下有『建安縣』，《晉·志》『建安』居首。疑晉時，建安爲附郭。此云『領縣七』，蓋本有『建安縣』，而傳寫遺之，故校者記其下云『疑』也。當據《南齊·志》補。

青州　於郁洲僑立青州

『洲』，毛作『州』，從三本。

前漢屬淄川

『淄』，班《志》作『甾』。

徙屬豪將家於濟河

案：晉世無濟河地名。考《晉·志》『濟南郡』下云：魏平蜀，徙其豪將家於濟河北，故改爲濟岷郡。濟河下有『北』字，於義爲優。

宣帝本始元年更名高密

『本』，毛作『太』。案：《漢·宣帝紀》：年有本始，無太始。班《志》：宣帝本始元年，更爲高密國，今據正。

北海太守漢景帝中二年立

『中』，毛作『十』。案：景帝前七年，中六年，後三年，皆無十二年。《漢·志》：北海郡，景帝中二年，置，今據正。

𢭃令

𢭃，《漢·志》作『𢄼』。《續·志》、《晉·志》作『𢭃』。《北魏書·地形志》與班《志》同。

孝武孝建元年度濟北

毛本無『孝建以下七字』，兩監本有之。惟建上脱『孝』字，殿本《考證》云：孝武下當有『孝』字，今據補。

不其令

不其，《續·志》作『不期』。

冀州　又有蓨縣

蓨，《漢·志》作『脩』，《續·志》作『修』，《晉·志》作『蓚』。

後漢晉太康地志曰西平昌

案：《續·志》無西平昌，後漢下當是脱『無』字。

文帝元嘉二十八年流民歸順

『二』，毛作『一』，從三本。

樂城令

兩《漢·志》作『樂成』，《晉·志》、《魏·志》作『樂城』。

城平令

兩《漢》、《晉·志》並作『成平』。

漢信都有昌城

《漢·志》：信都國有昌成，無昌城。右北平郡昌城乃作『城』。

並曰北新城

《漢·志》作『北新城』。

司州　治虎牢

『治』，毛誤『治』，從南本、殿本。

二漢晉太康地志何有東垣縣

兩《漢》、《晉·志》並無東垣，疑《地志》下脱『無』字。

新安晉太康地志屬河東

案：新安不得屬河東郡。《晉·志》：新安屬河南。疑『東』爲『南』字之誤。

中牟

『牟』，毛作『年』，從三本。

並漢舊縣屬河南

『並』，毛誤，今訂正。

義陽户八千三十一

『一』，殿本作『二』。

晉武帝分南陽義陽立義陽國

《晉·志》『荆州』下云：武帝平吴，分南陽立義陽郡。又義陽郡，太康中置，字並作『郡』，此作『國』，字之誤也。

水陽男相

『水』，《南齊·志》作『永』。

闕西令

『闕』，《南齊·志》作『闞』。據本《志》原注云：別見荆州，作『厥西』。『闞』、『厥』聲相近，知『闕』爲『闞』字之誤。當據以改正。

改江夏石陽曰曲陵

『陵』，毛作『陽』，蓋涉石陽而誤，今據上文訂正。

眞陽令

毛本『令』下誤衍『庵』字，從殿本删。

又　卷三七《州郡三》　荆州　後分南陽順陽襄陽新野竟陵爲雍州野

毛誤『亭』，從三本。

凡餘十一郡

『餘』，毛誤『後』，從三本。

漢高帝元年爲臨江國

『高帝』，毛作『文帝』。案：《漢·志》：南郡，秦置。高帝元年，更爲臨江郡。又高帝紀元年，懷王柱國共敖爲臨江王。孟康曰：本南郡，改爲臨江國。知『文』爲『高』之誤，今據正。

南安令

『南安』，毛作『安南』。案：《晉·志》作『南安』。《水經·澧水注》：澧水又東逕南安縣南，即此，今據乙正。

充縣有松梁山

《水經·澧水注》：『松』，作『嵩』。

澧陽令晉武帝太康四年立

『澧』，毛本、殿本作『灃』，從兩監本。《水經·澧水注》：臨側澧水，故爲縣名，晉太康四年，置。《南齊·志》亦作『臨澧』。『晉武』，毛作『武晉』，從三本。

疑是吴立

『立』，毛誤『記』，從三本。

則是備分南郡立宜都

『郡』，毛誤『地』，從三本。

初平六年

案：獻帝初平紀元僅四年，『六』字疑有誤。《晉·志》『益州』下云：獻帝初平元年，劉璋分巴郡立永寧郡。知『六』爲『元』字之誤，當據正。

荆州帳下司馬趙韙

《三國志·劉焉傳》：州太吏趙韙等共上璋爲益州刺史，詔書因以韙爲征東中郎將，疑趙韙當是益州下司馬。且《志》注引《英雄記》曰：璋使趙韙進攻荆州，其非荆州帳下司馬甚明。故《考異》云：『荆州』

當作『益州』。

建議分巴郡諸縣安漢以下爲永寧郡

『安漢』，毛作『漢安』。案：《續·志》：漢安隸犍爲郡，安漢隸巴郡，此明係巴郡屬縣，自當作『安漢』。《續·志》『巴郡』注引譙周《巴記》曰：分巴爲二郡，安漢以下爲永寧郡。正作『安漢』。《考異》云：『漢安』當作『安漢』，得之。今據乙正。

朐䏰令漢舊縣

䏰，兩《漢·志》作『忍』。

峽中

『峽』，毛誤『陝』，從三本。

先屬梁州

梁，毛誤『渠』，據《考異》說正。

臨汾後屬平陽

『平陽』，毛作『陽平』。案：《晉·志》：司州平陽郡臨汾。今據乙正。

郢州　曲後別郡

據上文，又有安陸曲陵，知此曲下亦當有『陵』字。

臨沅男相漢舊縣

毛脫『漢』字，從本三補。

漢壽伯相前漢立

《漢·志》：武陵郡，索。應劭曰：順帝更名漢壽。《續·志》：武陵郡、漢壽，故索。陽嘉三年，更名。據《志》例推之，疑『前漢立』下當脫『曰索』二字。

割南郡之監利州陵度江夏屬郢州

案：監利、州陵二縣，歷代未隸江夏郡。考本《志》『郢州刺史』下云：孝武孝建元年，又以南郡之州陵、監利二縣，度屬巴陵，立郢州。據此，則『江夏』二字當爲『巴陵』之誤文。蓋涉左方江夏而譌耳。

魏文帝黄初三年孫權改鄂爲武昌

《三國志·孫權傳》：建安二十五年，魏稱尊號，改元爲黄初二年。權自公安都鄂，改名『武昌』。據此，則『三年』當爲『二年』之誤。

省爲蘄春郡

兩《漢·志》並有蘄春縣，吳立爲郡縣，卽屬焉。晉太康省郡，而縣改屬弋陽。故《晉·志》弋陽郡有蘄春縣。『爲』字當衍。

復以西陽蘄水已水希水三屯爲縣

『已』，殿本作『直』。

省西陽之赤亭陽城彭波三縣

『波』，毛作『城』。案：『蘄水左縣長』下云：孝武大明八年，赤亭、彭波併陽城。故《考證》云：『彭城』當作『彭波』，今據以訂正。

湘州　十七年又立

《文帝本紀》：元嘉十六年正月，復分荆州置湘州。二月，以始興王濬爲湘州刺史。『七』當作『六』。

汝城令

『城』，毛作『成』，從三本。《南齊·志》正作『汝城』。

春陵侯

『春』，毛誤『春』，從北監本、殿本。

陰山令

『令』，毛誤『合』，從三本。

分桂陽南都尉立爲始興郡

《三國志·孫皓傳》：甘露元年十一月，以零陵南部爲始安郡，桂陽南部爲始興郡。據此，則『南』下似脫『部』字。本《志》『始建內史』下云：吳孫皓甘露元年，分零陵南部都尉立始安郡，正作『南部』，當據補『部』字。

割始興之封陽陽山含洭四縣

『四』，當作『三』。

泰豫元年復

『復』下原注『缺』字。案：據下云『改始興曰廣興』，知是時宋安郡已省所屬三縣，復還始興。疑『復』下所缺當是『故』字。

去州水二千三百九十

『二』，南本作『一』。

桂令漢舊縣屬桂陽

兩《漢·志》：桂陽郡並有桂陽縣，無桂縣，此誤脫『陽』字，當據補。

含洭男相

『含』，毛誤『舍』，從三本。

雍州　領北藍田霸城山北三縣

『霸』，毛誤『霜』，從三本。

邔縣令漢舊縣屬南郡

『邔』，毛作『巴』，從殿本。《漢·志》：南郡邔。孟康曰：音忌。師古曰：音其己反。《說文·邑部》：邔，南陽縣，從邑己聲。《晉·志》、《南齊·志》並同。

析前漢屬弘農後漢屬南陽

『析』，毛作『折』。案：《漢·志》弘農郡、《續·志》南陽郡並有『析』，無『折』。今據正。

魏改爲京兆郡

『郡』，毛誤『永』，從三本。

今治曰何徐志

《考證》：『曰何』二字疑有誤。今案：『治曰』當是『復省』二字之譌。『何』字毛本闕，從三本補。

建武五年改曰河南尹

《續·志》：建武十五年，改曰河南尹。此脫『十』字，當據補。

三年更名爲河上郡

《漢·志》：左馮翊，高帝元年，屬塞國。二年，更名河上郡。『三』疑當作『二』。

今治郗

『郗』，毛誤『郡』，今據下文正。

領縣三

『三』下原注『疑』字。馮翊祗統郗、高陸二縣，而乃云『領縣三』，故校者注云『疑』也。今案：《南齊·志》：馮翊郡屬縣三，曰『郗』、曰『蓮勺』、曰『高陸』。疑此《志》本亦屬縣三，而傳寫者誤脫『蓮勺』與？

弘農太守漢武帝元鼎六年立

《漢·志》：弘農郡，武帝元鼎四年，置。『六』字疑有誤。

梁州　又有苞縣作中懷安三縣

『三』，毛誤『二』，從殿本。

城固令

『城固』，毛作『固城』，從三本，兩《漢》、《晉·志》『漢中郡』，並作『成固』。《南齊》《北魏·志》『漢中郡』，並作『城固』。

魏興太守領縣十三

『三』下原注『疑』字。魏興所隸祗有十二縣，故校者注云『疑』也。今案：『新興太守』下云：宋末以晉昌之長樂、安晉、延壽、安樂屬魏興郡。疑沈《志》此郡本有安樂令，而傳寫失之，故縣數不符。

本建平流離民

案：『新興太守東關令』、『上庸太守新安令』並云『本建平流民』。疑此『宣漢令』下亦當作『本建平流民』，『離』字當衍。

今領縣二

『二』，毛作『一』，從三本。吉陽、東關實二縣也。

安富令

『安富』，毛作『富安』。案，上文上庸太守序作『安富』，知此亦當作『安富』。《晉·志》『上庸郡』正作『安富』。故云《晉太康地志》有也，今據乙正。

案魏所分新城之巫

據上庸太守序云：魏明帝太和二年，分新城之上庸、武陵、北巫爲上庸郡，知此『巫』上脫『北』字。

新巴太守新安令

《南齊·志》：新巴郡屬縣三，新巴、晉城、晉安。疑《宋·志》本亦作『新巴令』，與郡俱立，爲郡治。寫者涉下晉安帝，遂譌爲『新安』耳。

於劍南立北巴西郡

『西』，毛誤『南』，從三本。

農陽長何作鄷陽徐作豐

『鄷』，毛誤『鄷』，從北本、殿本。《南齊・志》作『北豐陽』，正與徐合。何作『鄷』者，古『豐』、『鄷』通，如《詩》『作邑於豐』，《文選・西征賦》注作『鄷』之比，疑『農』卽『豐』字，形近之譌。

北上洛太守徐志巴新立

南上洛引徐《志》云：巴民新立，則此『新立』上亦當有『民』字。

西豐令

《南齊・志》『西豐』下有『陽』字。南上洛已有豐陽，故此冠以『西』，疑《宋・志》本亦作『西豐陽』。

秦州　略陽太守晉太康地志屬天水

案：晉泰始中，已改魏廣魏郡爲略陽郡，略陽縣卽郡治。太康時已不得屬天水，何況略陽、天水各自爲郡？略陽太守何得屬天水耶？疑《太康地志》下脫『故』字。

別見青州平原郡作高唐

平原郡、高唐，漢屬青州，晉、宋屬冀州。此云『平原郡作高唐』，當是指本志言之。『青』當作『冀』，青州無高唐也。

新令

《晉・志》、《南齊・志》：天水郡並有新陽，無新縣，疑『新』下脫『陽』字。

撫風郡別見

『見』，毛誤『有』。據《志・例》正。

又　卷三八《州郡四》　益州　任城令何劉氏立

據《志》例，『何』下當有『志』字，或『云』字。

譙周巴記初平六年分充國爲南充國

『六年』，《續・志》『巴郡』充國注引《巴記》作『四年』。『南』，毛誤『充』，從三本。

安漢令舊縣屬巴郡

兩《漢・志》『巴郡』並有安漢縣。『舊』上當是脫『漢』字。

治平令

據本注云：別見。檢本志無『治平令別見』者。考雍州始平郡、秦州始平郡、北扶風郡並有始平縣，疑『治』爲『始』字之譌。《南齊・志》正作『始平』。

永初郡國及徐並有西塾江縣

『有』，毛作『郡』，今訂正。《南齊・志》寧蜀郡有塾江縣，亦其證。

冶官令

『冶』，毛誤『治』。今據《南齊・志》正。《漢・志》犍爲郡武陽南安並有鐵官，故以冶官名縣。

晉原太守李雄分蜀郡爲漢原

《南齊・志》作『晉康郡』，疑李雄分蜀郡爲漢康。晉穆帝更名。『晉康』、『康原』形近易致譌舛。本《志》『東江陽太守漢安令』引《晉太康地志》，『康』誤作『原』可證。

樅陽令前漢樅縣晉太康地志有樅陽縣

『樅』，三本並作『徙』。案：兩《漢・志》、《晉・志》並作『徙』，當以作『徙』爲是。《南齊・志》作『樅』。『徙』之傳寫爲『樅』，未知誤自何時也。

本南陽白民流寓立

《晉・志》荊州有南陽國，疑『白』是『國』字之譌。

起居注南新巴

『巴』，毛誤『巳』，從三本。

白馬令

案：『梁州晉壽太守』下云：益州南晉壽郡悉有此諸縣，彼領縣四：晉壽、白水、邵歡、興安，而南晉壽獨無白水，疑『白馬』卽『白水』之譌。今本作『白馬』者，涉上文兩白馬而致誤耳。

建昌令何新立

據志例，『何』下當有『志』字。

永川徐志新立

『新』，毛誤『行』，從三本。

宋興令

『宋』，毛作『禾』。三本作『未』，並誤。《南齊・志》『益州天水郡」作「宋興」，今據正。

晉安帝初流寓入蜀令新復舊土

毛本「入」誤「八」，「土」誤「二」，並從三本。

晉太康地志屬江陽

「康」，毛誤「原」，從南本。

寧州　尋越嶲

案：《晉・志》：咸康四年，分牂牁、夜郎、朱提、越嶲四郡置安州。八年，又罷。據此，則「尋」下當是脱「省」字。

談稾令晉武帝立

毛脱「立」字，從三本補。

晉惠帝太安二年

「太」，毛作「永」。案：晉惠帝永安紀元無二年。《晉・志》：太安二年，惠帝復置寧州，又分建寧以西七縣別立爲益州郡。據此，知「永安」爲「太安」之誤。據正。

領縣七

「七」下原注「疑」字，說見下文「屬建寧」條。

建伶令漢舊縣

「伶」，毛誤「令」。從三本。兩《漢・志》正作「伶」。

屬建寧

「屬」上原注「闕」，下空十四格。案：《南齊・志》：晉寧郡建伶、連然、滇池、俞元、穀昌、秦臧、雙柏，全與《宋》同，疑此志所闕卽「俞元」也。兩《漢・志》「益州郡」、《晉・志》「建寧郡」並有「俞元」，據《志》例當補云「俞元長」。漢舊縣，屬益州郡，《晉太康地志》屬建寧。

牂牁太守

《漢・志》作「牂柯」，師古曰：船杙也。《華陽國志》：楚莊蹻滅夜郎，以且蘭有椓船牂柯處，乃改其名爲「牂柯」。《志》作「牂牁」，六朝俗字也。

談柏令漢舊縣

案：兩《漢・志》有「談指」，無「談柏」。《晉・志》雖譌爲「指談」，然亦作「指」，不作「柏」也。當據以訂正。

堂狼令後漢晉太康地志屬朱提

案：《續・志》無堂狼令，《晉・志》「益州朱提郡」下云：蜀置。故《續・志》亦無朱提郡。不得云「後漢屬朱提」也。疑「後漢」下脱「無」字。

晉懷帝分朱提立

「懷」，毛作「武」，從三本。案：《晉・志》及《太康地志》：南廣縣尚屬朱提郡，知南廣郡非武帝所分立也。

經雲令

《南齊・志》作「綏雲」。

麻應長

《南齊・志》作「麻雅」。

置興古之都唐

《晉・志》「寧州興古郡」作「都篖」。

芘作比

《南齊・志》亦作「比」。

雲南太守領縣五

「五」下原注「疑」字。案：《南齊・志》「雲南郡東古復西古復雲平」下有邪龍，卽《晉・志》雲南郡之邪龍縣也，疑《宋・志》本有邪龍縣，而傳寫者失之。

則是後漢末省也

案：「興古太守漢舊郡」七字，當是舊志文。檢兩《漢・志》，實無興古郡。沈約意謂據何《志》云劉氏分建寧、牂牁立，則是後漢末置也。「省」疑是「置」字之譌。

騰休長

騰，兩《漢・志》作「勝」，《晉・志》作「滕」，《南齊・志》亦作「勝」。

西隋令

《南齊・志》亦作「隨」，與《漢》、《晉》同。

母掇令

《續·志》、《晉·志》並作「毋掇」，與此同。班《志》作「毋棳」。師古曰：「毋」讀與「無」同，「棳」字從「木」。據「莽曰有棳」，則作「毋讀無」者是。

廣州　博羅二漢皆傅字

今本兩《漢·志》併作「博」。

龍川令舊縣

兩《漢·志》「南海郡」並有龍川縣，疑舊上脱「漢」字。

何志復龍鄉縣

據下云元嘉二十年前，以龍鄉併端溪，疑何《志》下脱「無」字。

甘東令

《南齊·志》作「甘泉」。

徐曰藉平

藉，南本作「籍」。

歸代令

《南齊·志》作「歸化」，疑「代」是「化」，字形近之譌。本志「鬱林太守」下云：徐《志》無「中胄」、「歸化」，亦其證。

有長安夾陽二縣

「長」，三本作「常」，下「立長安」同。

中溜令

《續·志》同班《志》作「中留」，《南齊·志》亦作「留」。

立桂林之洋縣

據《晉·志》作「羊平」，疑「洋」下脱「平」字。

安遠令晉武帝太康六年立

毛闕「晉」字，從三本補。

漢獻帝建安二十三年吳分立

《續·志》「合浦郡」高涼注：建安二十五年，孫權立高涼郡。「三」字疑有誤。

安懷令

《南齊·志》作「懷安」。

逐度令

《南齊·志》作「遂度」。

綏建太守

「綏」，毛本闕，從三本補。

何徐又新招縣

「又」，疑當作「志」。

立爲合浦北部尉

「尉」，上疑脱「都」字。

澗陽令

「澗」，毛作「潤」。案：「寧浦太守」下云：「寧浦」爲「澗陽」，知「潤」爲「澗」字之譌。今據正。下《永初郡國》作「簡陽」，《南齊·志》亦作「簡」，可證。

寧浦令以下二十七字

毛並脱，從三本補。《南齊·志》「寧浦郡」亦有寧浦縣。

交州　句漏令漢舊縣

《漢·志》作「苟屚」，《續·志》作「苟漏」，《晉·志》亦作「苟屚」。師古曰：「屚」與「漏」同。《南齊·志》與本志同。

定安令漢舊縣

《續·志》同。班《志》、《晉·志》並作「安定」。

羸婁令

《漢·志》作「羸𨻻」，《續·志》作「羸𨻻」，《晉·志》作「羸𨻻」，《南齊·志》同班。

力知反

「力」，毛誤「刀」，從三本。

武平太守領縣六

《考證》：此郡言「領縣六」，止列三縣，其三縣沿革失載。

去州水二百一十六

毛闕「百一十六四字」，從三本補。

陽遠吳立

《晉·志》作「陽遂」。

都洨長

泧，《南齊・志》作『泫』。

壽泠令

泠，毛誤『冷』，從三本。

北景長

案：兩《漢》、《晉》、《南齊・志》並作『比景』。如淳曰：日中於頭上，景在己下，故名之。據此，則作『北』者非，當訂正。

雜録

《宋書》卷三《武帝紀下》（永初元年八月）罷青州併兗州。【略】

（永初三年）二月丁丑，詔曰：『豫州南臨江滸，北接河、洛，民荒境曠，轉輸艱遠，撫莅之宜，各有其便。淮西諸郡，可立爲豫州；自淮以東，爲南豫州。』【略】又分荆州十郡還立湘州，左衛將軍張紀爲湘州刺史。戊寅，以徐州之梁，還屬豫州。

又 卷四《少帝紀》（景平元年）十二月丙寅，省寧州之江陽、犍爲、安上三郡，合爲宋昌郡。

又 卷五《文帝紀》（元嘉六年五月）乙卯，於雍州置馮翊郡。【略】

（元嘉六年）九月戊午，於秦州置隴西、宋康二郡。【略】

（元嘉七年）冬十月甲寅，罷南豫州并豫州。【略】

（元嘉八年六月）己卯，割江南及揚州晉陵郡屬南徐州，江北屬兗州。【略】

（元嘉八年八月）丁未，割豫州秦郡屬南兗州。【略】

（元嘉八年）冬十二月，罷湘州，還并荆州。【略】

（元嘉九年六月甲戌）分青州置冀州。【略】

（元嘉九年冬十一月）癸丑，於廣州立宋康郡。【略】

（元嘉十年）秋七月戊戌，曲赦益、梁、秦三州。於益州立宋寧、宋興二郡。八月丁丑，於青州立太原郡。【略】

（元嘉十一年）五月丁卯，曲赦梁、南秦二州劍閣北。【略】

（元嘉十一年）六月丁未，省魏郡。【略】

（元嘉十二年）八月壬申，於益州立南晉、壽新、巴西三郡。【略】

（元嘉十六年正月）癸巳，復分荆州置湘州。【略】

（元嘉十六年二月）癸亥，割梁州之巴西梓潼南宕渠南漢中、南秦州之南安懷寧凡六郡，屬益州。分長沙江夏郡立巴陵郡，屬湘州。【略】

（元嘉十八年閏月）戊戌，復分豫州之淮南爲南豫州。【略】

（元嘉十八年五月）癸巳，於交州置宋熙郡。【略】

（元嘉二十八年）十一月壬寅，曲赦二兗、徐、豫、青、冀六州。【略】

（元嘉二十九年）五月甲午，罷湘州并荆州。以始興、臨賀、始安三郡屬廣州。【略】

（元嘉三十年正月）以南兗州并南徐州。

又 卷六《孝武帝紀》（元嘉三十年六月）庚午，還分南徐，立南兗州。【略】

（孝建元年二月）壬午，曲赦豫州。【略】

（孝建元年六月）癸未，分揚州立東揚州；分荆、湘、江、豫州立郢州。【略】

（孝建元年十月）於郢州立安陸郡。【略】

（孝建三年）夏五月辛酉，制荆、徐、兗、豫、雍、青、冀七州統內，家有馬一匹者，蠲復一丁。【略】

（大明元年四月）庚子，省湘州宋建郡并臨賀。【略】

（大明元年）秋七月辛未，土斷雍州諸僑郡縣。八月戊戌，於兗州立陽平郡。【略】

（大明）三年春正月丁亥，割豫州梁郡屬徐州。【略】

（大明三年）二月乙卯，以揚州所統六郡爲王畿。以東揚州隸揚州。【略】

（大明三年七月）丙戌，分淮南北復置二豫州。【略】

（大明四年五月）乙酉，以徐州之梁郡還屬豫州。【略】

（大明五年七月）庚午，曲赦雍州。【略】

（大明五年九月）甲戌，移南豫州治淮南于湖縣。【略】

（大明六年三月）乙巳，改豫州南梁郡爲淮南郡，舊淮南郡并宣城。【略】

（大明七年正月）癸巳，割吳郡屬南徐州。【略】

（大明七年）十一月丙子，曲赦南豫州殊死以下。

又　卷七《前廢帝紀》　（大明八年六月）戊寅，以豫州之淮南郡復爲南梁郡，復分宣城還置淮南郡。【略】

（大明八年十二月）壬辰，以王畿諸郡爲揚州，以揚州爲東揚州。【略】

（永光元年）五月己亥，割郢州隨郡屬雍州。【略】

（景和元年八月）罷東揚州并揚州。【略】

（景和元年）冬十月癸亥，曲赦徐州。【略】

（景和元年十一月）赦揚、南徐二州。

又　卷八《明帝紀》　（泰始二年五月）丁酉，曲赦豫州。【略】

（泰始二年）九月乙酉，曲赦江、郢、荊、雍、湘五州。【略】

（泰始二年九月）分豫州立南豫州。【略】

（泰始二年十月）曲赦揚、南徐二州。【略】

（泰始三年五月）辛酉，罷南豫州并豫州。【略】

（泰始三年十一月）乙卯，分徐州置東徐州。【略】

（泰始四年八月）辛卯，分青州置東青州。【略】

（泰始四年十月）甲戌，割揚州之義興郡屬南徐州。【略】

（泰始五年）二月丙申，分豫州、揚州爲南豫州。【略】

（泰始五年）三月乙卯，於南豫州立南義陽郡。【略】

（泰始五年）夏四月辛未，割雍州隨郡屬郢州。乙酉，割豫州義陽郡屬郢州，郢州西陽郡屬豫州。【略】

（泰始五年十二月）庚申，分荊、益州五郡置三巴校尉。【略】

（泰始七年二月）戊戌，置百梁、隴蘇、永寧、安昌、富昌、南流郡，又分廣、交州三郡，合九郡，立越州。【略】

（泰始七年四月）甲辰，于南兗州置新平郡。【略】

（泰始七年七月）乙酉，於冀州置西海郡。【略】

（泰始七年）十二月丁酉，分豫州、南兗州立南豫州。

又　卷九《後廢帝紀》　（泰豫元年七月）己丑，割南豫州南汝陰郡屬西豫州，西豫州廬江郡屬豫州。【略】

（元徽元年十月）癸酉，割南兗州之鍾離、豫州之馬頭，又分秦郡、梁郡、歷陽置新昌郡，立徐州。【略】

（元徽四年七月）曲赦南徐州。【略】

（元徽四年）九月丁亥，割郢州之隨郡屬司州。

又　卷一〇《順帝紀》　（升明二年二月）甲申，曲赦荊州。

又　卷四二《劉穆之傳》　義熙三年，揚州刺史王謐薨。高祖次應入輔，劉毅等不欲高祖入，議以中領軍謝混爲揚州。或欲令高祖于丹徒領州，以內事付尚書僕射孟昶。遣尚書右丞皮沈以二議咨高祖。沈先見穆之，具説朝議。穆之僞起如廁，即密疏白高祖曰：『皮沈始至，其言不可從。』高祖既見沈，且令出外，呼穆之問曰：『卿云沈言不可從，其意何也？』穆之曰：『昔晉朝失政，非復一日，加以桓玄篡奪，天命已移。公興復皇祚，勳高萬古。既有大功，便有大位。位大勳高，非可持久。公今日形勢，豈得居謙自弱，遂爲守藩之將邪？劉、孟諸公，與公俱起布衣，共立大義，本欲匡主成勳，以取富貴耳。事有前後，故一時推功，非爲委體心服，宿定臣主之分也。力敵勢均，終相吞咀。揚州根本所係，不可假人。前者以授王謐，事出權道，豈是始終大計必宜若此而已哉！今若復以他授，便應受制於人。一失權柄，無由可得。而公功高勳重，不可直置，疑畏交加，異端互起，將來之危難，可不熟念。今朝議如此，宜相酬答，必云在我，厝辭又難。唯應云「神州治本，宰輔崇要，興喪所階，宜加詳擇。此事既大，非可懸論，便暫入朝，共盡同異。」公至京，彼必不敢越公更授餘人，明矣！』高祖從其言，由是入輔。

又　卷七一《徐湛之傳》　廣陵城舊有高樓，湛之更加修整，南望鍾山。城北有陂澤，水物豐盛。湛之更起風亭、月觀，吹臺、琴室，果竹繁茂，花藥成行，招集文士，盡遊玩之適，一時之盛也。

齊分部

綜述

《南齊書》卷一四《州郡志上》　揚、南徐、豫、南豫、南兗、北兗、北徐、青、冀、江、廣、交、越。

揚州，京輦神皋。漢、魏刺史鎮壽春，吴置持節督州牧八人，不見揚州都督所治。晉太康元年，吴平，刺史周浚始鎮江南。元帝爲都督，渡江左，遂成帝畿，望實隆重。領郡如左：

丹陽郡。

會稽郡。

吴郡。

吴興郡。

東陽郡。

新安郡。

臨海郡。

永嘉郡。

南徐州，鎮京口。吴置幽州牧，屯兵在焉。丹徒水道入通吴會，孫權初鎮之。《爾雅》曰：『絶高爲京。』今京城因山爲壘，望海臨江，緣江爲境，似河内郡，内鎮優重。宋氏以來，桑梓帝宅，江左流寓，多出膏腴。領郡如左：

南東海郡。

晉陵郡。

義興郡。永明二年，割屬揚州，後復舊。

南琅邪郡。本治金城，永明徙治白下。

臨淮郡。自此以下，郡無實土。

淮陵郡。

南東莞郡。

南清河郡。南徐州領冀州。

南彭城郡。

南高平郡。宋太始五年僑置，初寄治淮陰，復徙淮南當塗。二縣僑屬南豫，後屬南徐。

南濟陰郡。

南濮陽郡。

南魯郡。建武二年省。

南平昌郡。建武三年省。

南泰山郡。建武三年省。

南濟陽郡。建武三年省。

豫州。晉元帝永昌元年，刺史祖約避胡賊，自譙還治壽春。壽春，淮南一都之會，地方千餘里，有陂田之饒。漢、魏以來揚州刺史所治，北拒淮水，《禹貢》云『淮海惟揚州』也。咸和四年，祖約以城降胡，復以庾亮爲刺史，治蕪湖。蕪湖，浦水南入，亦爲險奥。劉備謂孫權曰：『江東先有建業，次有蕪湖。』庾亮經略中原，以毛寶爲刺史，治邾城，爲胡所覆。荆州刺史庾翼領州，在武昌。諸郡失土荒民數千無佃業，翼表移西陽、新蔡二郡。荒民就陂田於尋陽。穆帝永和五年，胡僞揚州刺史王浹以壽春降。而刺史或治歷陽，進馬頭及譙，不復歸舊鎮也。哀帝隆和元年，袁真還壽春。真爲桓温所滅，温以子熙爲刺史，戍歷陽。孝武寧康元年，桓沖移姑熟，以邊寇未靜，分割譙、梁二郡。見民，置之浣川，立爲南譙、梁郡。十二年，桓石虔還歷陽。庾准爲刺史，表省諸權置，皆還如本。義熙二年，劉毅復鎮姑熟，上表曰：『忝任此州，地不爲曠，西界荒餘，密邇寇虜，北垂蕭條，土氣强獷，民不識義，唯戰是習。逋逃不逞，不謀日會。比年以來，無月不戰，實非空乏所能獨撫。請輔國將軍張暢領淮南、安豐、梁國三郡。』時豫州邊荒，至乃如此。十二年，劉義慶鎮壽春，後常爲州治。撫接遐荒，扞禦疆埸。領郡如左：

南汝陰郡。建元二年罷南陳左郡，二縣並。

晉熙郡。

潁川郡。

汝陽郡。

梁郡。《永元元年地志》，南梁郡領睢陽、新汲、陳、蒙、崇義五縣。

北陳郡。

陳留郡。

南頓郡。《永元元年地志》無。

西南頓郡。寄治州，《永元元年地志》無。

北梁郡。《永元元年地志》無。

西汝陰郡。

北譙郡。

汝南郡。《永元元年地志》無。

北新蔡郡。

弋陽郡。

陳郡。

安豐郡。

光城左郡。

邊城郡。《永元元年地志》無。

建寧郡。

齊昌郡。

右三郡，永明四年割郢州屬。

南豫州。晉寧康元年，豫州刺史桓沖始鎮姑熟，後還徙，見《晉書》。宋永初二年，分淮東爲南豫州，治歷陽，而淮西爲豫州。元嘉七年省并。大明元年復置，治姑熟。泰始二年治歷陽，三年治宣城，五年省。淮西没虜，七年，復分淮東置南豫。建元二年，太祖以西豫吏民寡刻，分置兩州，損費甚多，省南豫。左僕射王儉啓：『愚意政以江西連接汝、潁，土曠民希。匈奴越逸，唯以壽春爲阻。若使州任得才，虜動要有聲聞，豫設防禦，此則不俟南豫。假令或慮一失，醜羯之來，聲不先聞，胡馬倏至，壽陽嬰城固守不能斷其路，朝廷遣軍歷陽，已當不得先機。戎車初戒，每事草創，孰與方鎮常居，軍府素正。臨時配助，所益實少。安不忘危，古之善政。所以江左屢分南豫，意亦可求。如聞西豫力役尚復粗可，今得南譙等郡，民户益薄，于其實益，復何足云。』太祖不從。永明二年，割揚州宣城、淮南、豫州歷陽、譙、廬江、臨江六郡，復置南豫州。四年，冠軍長史沈憲啓：『二豫分置，以桑堺子亭爲斷。潁川、汝陽在南譙、歷陽界內，悉屬西豫，廬江居晉熙、汝陰之中，屬南豫。求以潁川、汝陽屬南豫，廬江還西豫。』七年，南豫州別駕殷瀰稱：『潁川、汝陽，荒殘來久，流民分散在譙、歷二境，多蒙復除，獲有郡名，租輸益微，府州絶無將吏，空受名領，終無實益。但寄治譙、歷，於方斷之宜，實應屬南豫。二豫亟經分置，廬江屬南豫，濱帶長江，與南譙接境，民黎租帛，從流送州，實爲便利，遠逾西豫，非其所願，郡領灊、舒及始新、左縣，村竹産，府州採伐，爲益不少。府州新創，異於舊藩。資役多闕，實希得廬江。請依昔分置。』尚書參議：『往年慮邊塵須實，故啓回換。今淮、泗無虞，宜許所牒。』詔『可』。領郡如左：

淮南郡。

宣城郡。

歷陽郡。

南譙郡。

廬江郡。

臨江郡。建元二年，罷并歷陽，後復置。

南兗州，鎮廣陵，漢故王國。有江都浦水，魏文帝伐吳出此，見江濤盛壯，歎云：『天所以限南北也。』晉元帝過江，建興四年，揚聲北討，遣宣城公裒督徐、兗二州，鎮廣陵。其後或還江南，然立鎮自此始也。時百姓遭難，流移此境，流民多庇大姓以爲客。元帝太興四年，詔以流民失籍，使條名上有司，爲給客制度，而江北荒殘，不可檢實。明帝太寧三年，郗鑒爲兗州，鎮廣陵，後還京口。是後兗州或治盱眙，或治山陽。桓玄以桓弘爲青州，鎮廣陵。義熙二年，諸葛長民爲青州，徙山陽。時鮮卑接境，長民表云：『此蕃十載釁故相襲，城池崩毁，荒舊散伏，邊疆諸戍，不聞鷄犬。且犬羊侵暴，抄掠滋甚。』乃還鎮京口。晉末以廣陵控接三齊，故青、兗同鎮。宋永初元年，罷青并兗。三年，檀道濟始爲南兗州，廣陵因此爲州鎮。土甚平曠，刺史每以秋月多出海陵觀濤，與京口對岸，江之壯闊處也。永明元年，刺史柳世隆奏：『尚書符下土斷條格，并省僑郡縣。凡諸流寓，本無定憩，十家五落，各自星處。一縣之民，散在州境，西至淮畔，東届海隅。今專罷僑邦，不省荒邑，雜居舛止，與先不異。離爲區斷，無革遊濫。謂應同省，隨堺幷帖。若鄉屯里聚，二三百家，井甸可脩，區域易分者，别詳立。』於是濟陰郡六縣，下邳郡四縣，淮陽郡三縣，東莞郡四縣，以散居無實土，官長無廨舍，寄止民村，及州治立，見省，民户帖屬。領郡如左：

廣陵郡。建元四年，罷北淮陽、北下邳、北濟陰、東莞四郡幷。

海陵郡。

山陽郡。

盱眙郡。

南沛郡。

北兗州，鎮淮陰。《地理志》云淮陰縣屬臨淮郡，《郡國志》屬下邳國，《晉太康地記》屬廣陵郡。穆帝永和中，北中郎將荀羡北討鮮卑，云『淮陰舊鎮，地形都要，水陸交通，易以觀釁。沃野有開殖之利，方舟運漕，無他屯阻。』乃營立城池。宋泰始二年失淮北，於此立州鎮。建元四年，移鎮盱眙，仍領盱眙郡。舊北對清泗，臨淮守險，有陽平石鼈，田稻豐饒。所領唯陽平一郡，永明七年，光禄大夫呂安國啓稱：『北兗州民戴尚伯六十人訴「舊壤幽隔，飄寓失所，今雖創置淮陰，而陽平一郡，州無實土，寄山陽境内。竊見司、徐、青三州，悉皆新立，並有實郡。東平既是望邦，衣冠所係。希於山陽、盱眙二界間割小户置此郡，始招集荒落，使本壤族姓，有所歸依。」臣尋東平郡。既是此州本領，臣賤族桑梓，願立此邦。』見許。領郡如左：

陽平郡。寄治山陽。

東平郡。

高平郡。

濟北郡。

泰山郡。

新平郡。

魯郡。

右荒。

北徐州，鎮鍾離。《漢志》鍾離縣屬九江郡，《晉太康二年起居注》置淮南鍾離，未詳此前所省令。《晉地記》屬淮南郡。宋泰始末年屬南兗。元徽元年置州，割爲州治，防鎮緣淮。永明元年，省北徐譙、梁、魏、陽平、彭城五郡。領郡如左：

鍾離郡。

馬頭郡。

濟陰郡。

新昌郡。

沛郡。

青州，宋泰始初淮北没虜，六年，始治鬱州上。鬱州在海中，周迴數百里，島出白鹿，土有田疇魚鹽之利。劉善明爲刺史，以海中易固，不峻城雉，乃累石爲之，高可八九尺。後爲齊郡治。建元初，徙齊郡治瓜步，以北海治齊郡故治，州治如舊。流荒之民，郡縣虚置，至於分居土著，蓋無幾焉。建元四年，移鎮朐山，後復舊。領郡如左：

齊郡。永明元年，罷秦郡幷之，治瓜步。

北海郡。

東莞、琅邪二郡。治朐山也。

冀州，宋元嘉九年分青州置。青州領齊、濟南、樂安、高密、平昌、北海、東萊、太原、長廣九郡，冀州領廣川、平原、清河、樂陵、魏郡、河間、頓丘、高陽、勃海九郡。泰始初，遇虜寇，並荒没。今所存者，泰始之後更置立也。二州共一刺史。郡縣十無八九，但有名存，案《宋志》自知也。建元初，以東海郡屬冀州。全領一郡：

北東海郡。治連口。

江州，鎮尋陽，中流衿帶。晉元康元年，惠帝詔：『荆、揚二州，疆土曠遠。有司奏割揚州之豫章、鄱陽、廬陵、臨川、南康、建安、晉安爲新州。新安、東陽、宣城舊豫章封内，豫章之東北，相去懸遠，可如故屬揚州。又割荆州之武昌、桂陽、安成幷十郡，可因江水之名爲江州，宜治豫章。』庾亮領刺史，都督六州，云以荆、江爲本，校二州户口，雖相去機事，實覺過半，江州實爲根本。臨終表江州宜治尋陽，以州督豫州新蔡、西陽二郡，治湓城，接近東江諸郡，往來便易。其後庾翼又還豫章。義熙後，還尋陽。何無忌表：『竟陵去治遼遠，去江陵正三百里，荆州所立綏安郡民户，參入此境，郡治常在夏口左右，欲資此郡助江濱戍防，以竟陵還荆州。又司州弘農、揚州松滋二郡，寄尋陽，人民雜居，宜並見督。』今九江在州鎮之北，彭蠡在其東也。領郡如左：

尋陽郡。

豫章郡。

臨川郡。

廬陵郡。

鄱陽郡。

安成郡。

南康郡。

南新蔡郡。

建安郡。

晉安郡。

廣州，鎮南海。濱際海隅，委輸交部，雖民户不多，而俚獠猥雜，皆樓居山險，不肯賓服。西南二江，川源深遠，別置督護，專征討之。卷握之資，富兼十世。尉他餘基，亦有霸迹，江左以其遼遠，蕃戚未有居者，唯宋隨王誕爲刺史，領郡如左：

南海郡。

東官郡。

義安郡。

新寧郡。

蒼梧郡。

高涼郡。

永平郡。

晉康郡。

新會郡。

廣熙郡。

宋康郡。

宋隆郡。

海昌郡。

綏建郡。

樂昌郡。

鬱林郡。

桂林郡。

寧浦郡。

晉興郡。

齊樂郡。

齊康郡。

齊建郡。

齊熙郡。

交州，鎮交阯，在海漲島中。楊雄《箴》曰：『交州荒遰，水與天際。』外接南夷，寶貨所出。山海珍怪，莫與爲比。民恃險遠，數好反叛。領郡如左：

九真郡。

武平郡。

新昌郡。

九德郡。

日南郡。

交阯郡。

宋平郡。

宋壽郡。建元二年，割越州屬。

義昌郡。永元二年，改沃屯置。

越州，鎮臨漳郡，本合浦北界也。夷獠叢居，隱伏巖障，寇盜不賓，略無編户。宋泰始中，西江督護陳伯紹獵北地，見二青牛驚走入草，使人逐之不得，乃志其處，云『此地當有奇祥』。啓立爲越州。七年，始置百梁、隴蘇、永寧、安昌、富昌、南流六郡，割廣、交、朱戴三郡屬。元徽二年，以伯紹爲刺史，始立州鎮，穿山爲城門，威服俚獠。土有瘴氣殺人。漢世交州刺史每暑月輒避處高，今交土調和，越瘴獨甚。刺史常事戎馬，唯以戰伐爲務。

臨漳郡。

合浦郡。

永寧郡。

百梁郡。

安昌郡。

南流郡。

北流郡。永明六年立，無屬縣。

龍蘇郡。

富昌郡。

高興郡。

思築郡。

鹽田郡。

定川郡。

隆川郡。

齊寧郡。建元二年置，割鬱林之新邑、建初二縣幷。

越中郡。

馬門郡。

封山郡。

吴春俚郡。永明六年立，無屬縣。

齊隆郡。先屬交州，中改爲□□，永泰元年，改爲齊隆，還屬□州。

又 卷一五《州郡志下》 荆、巴、郢、司、雍、湘、梁、秦、益、寧。

荆州，漢靈帝中平末刺史王睿始治江陵，吴時西陵督鎮之。晉太康元年平吴，以爲刺史治。湣帝建興元年，刺史周顗避杜弢賊奔建康，陶侃爲刺史，治沌口。王敦治武昌。其後或還江陵，或在夏口。桓温平蜀，治江陵。以臨沮西界，水陸紆險，行逕裁通，南通巴、巫，東南出州治，道帶蠻、蜒，田土肥美，立爲汶陽郡，以處流民。屬氐陷襄陽，桓沖避居上明，頓陸遜樂鄉城上四十餘里，以田地肥良，可以爲軍民資實，又接近三峽，無西疆之虞，故重戍江南，輕戍江北。苻堅敗後，復得襄陽。太元十四年，王忱還江陵。江陵去襄陽步道五百，勢同唇齒，無襄陽則江陵受敵，不立故也。自忱以來，不復動移。境域之內，含帶蠻、蜒，土地遼落，稱爲殷曠。江左大鎮，莫過荆、揚。弘農郡。陝縣，周世二伯總諸侯，周公主陝東，召公主陝西。故稱荆州爲陝西也。領郡如左：

南郡。

南平郡。

天門郡。

宜都郡。

南義陽郡。

河東郡。

汶陽郡。

新興郡。

永寧郡。

武寧郡。

巴州，三峽險隘，山蠻寇賊，宋泰始三年，議立三巴校尉以鎮之。後省，昇明二年，復置。建元二年，分荆州巴東、建平，益州巴郡爲州，立刺史，而領巴東太守，又割涪陵郡屬。永明元年省，各還本屬焉。

巴東郡。

建平郡。

巴郡。

涪陵郡。

郢州，鎮夏口，舊要害也。吴置督將爲魯口屯，對魯山岸，因爲名也。晉永嘉中，荆州刺史都督山簡自襄陽避賊奔夏口，庾翼爲荆州，治夏口，並依地險也。太元中，荆州刺史桓沖移鎮上明，上表言：『氐賊送死之日，舊郢以北，堅壁相望，待以不戰。江州刺史桓嗣宜進屯夏口，據上下之中，於事爲便。』義熙元年，冠軍將軍劉毅以爲夏口二州之中，地居形要，控接湘川，邊帶涢、沔，請幷州刺史劉道規鎮夏口。夏口城據黄鵠磯，世傳仙人子安乘黄鵠過此上也。邊江峻險，樓櫓高危，瞰臨沔、漢，應接司部，宋孝武置州於此，以分荆楚之勢。領郡如左：

江夏郡。

竟陵郡。

武陵郡。

巴陵郡。

武昌郡。

西陽郡。

齊興郡。永明三年置。

東牂牁郡。《永明三年户口簿》云『新置，無屬縣』。

方城左郡。

北新陽郡。

義安左郡。

南新陽左郡。

北遂安左郡。《永明三年簿》云『五縣皆缺』。

新平左郡。

建安左郡。

司州，鎮義陽。宋景平初，失河南地，元嘉末，僑立州於汝南縣瓠，尋罷。泰始中，立州于義陽郡。有三關之隘，北接陳、汝，控帶許、洛。自此以來，常爲邊鎮。泰始既遷，領義陽，僑立汝南，領三郡。元徽四年，又領安陸、隨、安蠻三郡。領郡如左：

南義陽郡。

北義陽郡。

隨郡。

安陸郡。寄州治。

汝南郡。寄州治。

齊安郡。

淮南郡。

宋安左郡。

安蠻左郡。

永寧左郡。

東義陽左郡。

東新安左郡。

新城左郡。

圍山左郡。

建寧左郡。

北淮安左郡。

南淮安左郡。

北隨安左郡。

東隨安左郡。

雍州，鎮襄陽，晉中朝荆州都督所治也。元帝以魏該爲雍州，鎮酇城，襄陽别有重戍。庾翼爲荆州，謀北伐，鎮襄陽。自永嘉亂，襄陽民户流荒。咸康八年，尚書殷融言：『襄陽、石城，疆埸之地，對接荒寇。諸荒殘寄治郡縣，民户寡少，可并合之。』朱序爲雍州，於襄陽立僑郡縣，没苻氏。氏敗，復還南，復用朱序。襄陽左右，田土肥良，桑梓野澤，處處而有。郗恢爲雍州，于時舊民甚少，新户稍多。宋元嘉中，割荆州五郡屬，遂爲大鎮。疆蠻帶沔，阻以重山，北接宛、洛，平塗直至，跨對樊、沔，爲鄢郢北門。部領蠻左，故别置蠻府焉。領郡如左：

襄陽郡。

南陽郡。

新野郡。

始平郡。

廣平郡。

京兆郡。

扶風郡。

馮翊郡。

河南郡。

南天水郡。

義成郡。

建昌郡。

華山郡。

南上洛郡。建武中，此以下郡皆没虜。

北河南郡。

弘農郡。

從陽郡。

西汝南郡。

北上洛郡。

齊安郡。

齊康郡。

招義郡。

右五郡，不見屬縣。

寧蠻府，領郡如左：

西新安郡。

義寧郡。

南襄郡。

北建武郡。

蔡陽郡。

永安郡。

安定郡。

懷化郡。

武寧郡。

新陽郡。

義安郡。

高安郡。

左義陽郡。

南襄城郡。

廣昌郡。

東襄城郡。

北襄城郡。

懷安郡。

北弘農郡。

西弘農郡。

析陽郡。

北義陽郡。

漢廣郡。

中襄城郡。

右十二郡没虜。

湘州，鎮長沙郡。湘川之奧，民豐土閑。晉永嘉元年，分荆州置，荀眺爲刺史。此後三省，輒復置。元嘉十（八）六年置，至今爲舊鎮。南通嶺表，唇齒荆區。領郡如左：

長沙郡。

桂陽郡。

零陵郡。

衡陽郡。

營陽郡。

湘東郡。

邵陵郡。

始興郡。

臨賀郡。

始安郡。本名始建，齊改。

齊熙郡。

梁州，鎮南鄭。魏景元四年平蜀所置也。晉永嘉元年，蜀賊没漢中，刺史張光治魏興，三年，還漢中。建興元年，又爲氐楊難敵所没。桓温平蜀，復舊土。後爲譙縱所没，縱平復舊。每失漢中，刺史輒鎮魏興。漢中爲巴蜀扞蔽，故劉備得漢中，云『曹公雖來，無能爲也』。是以蜀有難，漢中輒没。雖時還復，而户口殘耗。宋元嘉中，甄法護爲氐所攻，失守。蕭思話復還漢中。後氐虜數相攻擊，關隴流民，多避難歸化，於是民户稍實。州境與氐、胡相鄰，亦爲威禦之鎮。領郡如左：

漢中郡。

魏興郡。

新興郡。《永元二年志》無。

南新城郡。

上庸郡。

晉壽郡。

華陽郡。

新巴郡。

北巴西郡。

巴渠郡。

懷安郡。

宋熙郡。

白水郡。

南上洛郡。

北上洛郡。

安康郡。

南宕渠郡。

懷安郡。

北陰平郡。

南陰平郡。

齊興郡。

晉昌郡。

東晉壽郡。

右一郡，縣邑事亡。

弘農郡。

東昌魏郡。

略陽郡。

北梓潼郡。

廣長郡。

弍水郡。

思安郡。

宋昌郡。

建寧郡。

南泉郡。

三巴郡。

江陵郡。

懷化郡。

歸寧郡。

東楗郡。

北宕渠郡。

宋康郡。

南漢郡。

南梓潼郡。

始寧郡。

江陽郡。

南部郡。

南安郡。

建安郡。

壽陽郡。

南陽郡。

宋寧郡。

歸化郡。

始安郡。

平南郡。

懷寧郡。

新興郡。

南平郡。

齊兆郡。

齊昌郡。

新化郡。

寧章郡。

鄰溪郡。

京兆郡。

義陽郡。

歸復郡。

安寧郡。

東宕渠郡。

宋安郡。

齊安郡。

凡四十五郡，荒或無民户。

秦州，晉武帝泰始五年置。舊土有秦之富，跨帶壟阪。太康省。惠帝元康七年復置。中原亂，没胡。穆帝永和八年，胡僞秦州刺史王擢降，仍以爲刺史，尋爲苻健所破。十一年，桓温以氐王楊國爲秦州刺史，未有民土。至太元十四年，雍州刺史朱序始督秦州，則孝武所置也。寄治襄陽，未有刺史，是後雍州刺史常督之。隆安二年，郭銓始爲梁、南秦州刺史，州寄治漢中。四年，桓玄督七州，但云秦州。元興元年，以苻堅子宏爲北秦州刺史。自此荆州都督常督秦州，梁州常帶秦州刺史。義熙三年，以氐王楊國爲北秦州刺史。十四年，置東秦州，劉義真爲刺史。郭恭爲梁州刺史，尹雅爲秦州刺史。宋文帝爲荆州都督，督秦州，又進督北秦州。州名雜出，省置不見。《永明郡國志》秦州寄治漢中南鄭，不曰南北。《元嘉計偕》亦云秦州，而荆州都督常督二秦，梁、南秦一刺史。是則《志》所載秦州爲南秦，氐爲北秦。領郡如左：

武都郡。

略陽郡。

安固郡。

西扶風郡。

京兆郡。

南太原郡。

始平郡。

天水郡。

安定郡。

南安郡。

金城郡。

馮翊郡。

隴西郡。

仇池郡。

東寧郡。

益州，鎮成都，起魏景元四年所治也。開拓夷荒，稍成郡縣，如漢之永昌、晉之雲山之類是也。蜀侯惲杜以來，四爲偏據，故諸葛亮云『益州險塞，沃野天府』。劉頌亦謂『成都宜處親子弟，以爲王國』。故立成都王穎，竟不之國。三峽險阻，蠻夷孔熾。西通芮芮河南，亦如漢武威張掖，爲西域之道也。方面疆鎮，塗出萬里，晉世以處武臣。宋世亦以險遠，諸王不牧。泰始中，成都市橋忽生小洲，始康人邵碩有術數，見之曰：『洲生近市，當有貴王臨境。』永明二年，而始興王鎮爲刺史。州土瓌富，西方之一都焉。領夷、齊諸郡如左：巴、涪陵二郡見巴州。

蜀郡。

廣漢郡。

晉康郡。

寧蜀郡。

汶山郡。

南陰平郡。

東遂寧郡。

始康郡。

永寧郡。

安興郡。

犍爲郡。

江陽郡。

安固郡。

懷寧郡。

巴西郡。

梓潼郡。

東江陽郡。

南晉壽郡。

西宕渠郡。

天水郡。

南新巴郡。《永元志》，寄治陰平。

北陰平郡。

新城郡。

扶風郡。見《永元三年志》。

南安郡。見《永元三年志》。

東宕渠獠郡。

北部都尉

越巂獠郡。

沈黎獠郡。

甘松獠郡。

始平獠郡。

齊開左郡。

齊通左郡。

右二左郡，建武三年置。

寧州，鎮建寧郡，本益州南中，諸葛亮所謂不毛之地也。道遠土瘠，蠻夷衆多，齊民甚少。諸爨、氐强族，恃遠擅命，故數有土反之虞。領郡如左：

建平郡。

南廣郡。

南朱提郡。

南牂牁郡。

梁水郡。

建寧郡。

晉寧郡。

雲南郡。

西平郡。

夜郎郡。

東河陽郡。

西河陽郡。

平蠻郡。

興古郡。

興寧郡。

西阿郡。

平樂郡。

北朱提郡。

宋昌郡。

永昌郡。有名無民曰空荒不立。

益寧郡。永明五年，刺史董仲舒啓置，領二縣，無民户，自此已後皆然也。

南犍爲郡。永明二年置。

西益郡。

江陽郡。

犍爲郡。

永興郡。

永寧郡。

安寧郡。

右六郡，隆昌元年置。

東朱提郡。延興元年立。

安上郡。建武三年，刺史郭安明啓置。

宋·鄭樵《通志》卷四〇《地理略·歷代封畛》 齊氏淮北之地所以全少。青州治朐山，今東海郡。朐音衢。冀治渦口，今臨淮郡漣水縣。豫治壽春，北豫州自晉以後或治淮南，或治淮北，不常所。今舉其要害之地。北兗治淮陰，北徐治鍾離，又置巴東治巴，今雲南郡。其餘州郡悉因宋代州二十有三、郡三百九十有五、縣千四百七十有四。其後頻為後魏所侵，至東昏永元初，沔北諸郡相繼敗没。今南陽郡地。又遣軍北伐，敗於馬圈，退屯盆城。魏馬圈城去襄陽三百里。時陳顯達攻圍，四十餘日不拔，魏援師至，敗還。在今丹陽郡界。又失壽春，永元二年，豫州刺史裴叔業以城叛入魏。後三年齊亡。齊氏七主，凡二十四年，内難繁興，不遑外畧。及東昏暴虐，北境殲蹙。始全盛也，南鄭、明帝建武二年，後魏大將元英來伐，梁州刺史蕭懿守拒，攻圍百餘日不下。樊城、今襄陽郡安養縣。建武中，後魏主孝文率兵十萬，數旬攻圍，將曹虎拒守不下。襄陽、義陽、壽春、高帝遣垣崇祖鎮之，謂曰兵衝要地，宜備魏師。俄而魏將王肅以大軍來攻，敗而歸。淮陽、角城、明帝初，後魏南侵，以李安仁戍之。漣口、朐山為重鎮。

清·徐文范《東晉南北朝輿地表·年表》卷六 己未

齊高帝疆域

揚州。治臺城西，時郡八。丹陽、吳、吳興、會稽、新安、東陽、臨海、永嘉。

江州。治溽陽，時郡十。溽陽、豫章、臨川、廬陵、鄱陽、安成、南康、建安、晉平、南新蔡。

南徐州。治京口，時郡十七，首四郡實土。南東海、晉陵、義興、南琅邪、南東莞、臨淮、淮陵、南清和、南彭城、南高平、南平昌、南濟陰、南濮陽、南魯、南泰山、南濟陽、南蘭陵。

徐州。時治鍾離，郡四。鍾離、馬頭、新昌、高平。

豫州。治睢陽，即壽春，時郡十三。南梁、南汝陰、晉熙、弋陽、安豐、汝南、新蔡、南陳、穎川、陳留、汝陽、西汝陰、建寧、宋安、安豐，以下並僑郡。

南豫州。時治歷陽，時郡六。歷陽、臨江、淮南、宣城、廬江、南譙。

兗州。寄治淮陰，僑郡五，郡縣全虛。泰山、魯、濟北、陽平、東平。

南兗州。治廣陵，時郡十。惟首四郡實土。廣陵、海陵、山陽、盱眙、南沛、新平、北淮、東莞、北濟陰、北下邳。

青、冀二州。時治鬱州，不過東海之贛榆一縣。齊郡、北海、東海、西海。

廣州。治番禺，時郡十九。南海、東官、義安、新寧、蒼梧、高涼、永平、晉康、新會、宋康、海昌、綏建、樂昌、鬱林、桂林、寧浦、晉興、宋熙。

交州。治龍編，時郡七。交趾、九德、九真、新昌、武平、日南、宋平。

越州。治臨漳，時郡九。臨漳、合浦、宋壽、百梁、永寧、安昌、隴蘇、富昌、南流。

荆州。治江陵，時郡十。南郡、南平、天門、宜都、汶陽、新興、武寧、永寧、河東、南義陽。

湘州。治臨漳，時郡十。長沙、桂陽、衡陽、零陵、營陽、邵陵、湘東、臨慶、廣興、始建。

郢州。治夏口，時郡六。江夏、武昌、竟陵、武陵、巴陵、西陽。

司州。治義陽，時郡四。義陽、安陸、隋陽、南汝南。

雍州。治襄陽，時郡十六，首五郡實土。襄陽、南陽、新野、順陽、南鄉、京兆、始平、扶風、河東、廣平、南上洛、義成、馮翊、建昌、華山、南天水。

寧蠻府。二十四郡。義寧、懷安、南襄城、左義陽、義安、武寧、漢廣、東襄城、北義陽、廣昌、蔡陽、南襄、北襄城、西弘農、析陽、新陽、永安、中襄城、北弘農、安定、高安、懷化、西新安、北建武。

梁州。治南鄭，時郡十九。漢中、魏興、上庸、新城、晉壽、新興、華陽、白水、新巴、巴渠、北巴西、懷安、宋熙、南上洛、北上洛、懷漢、安康、宕渠、南陰平、北陰平。

秦州。寄治南鄭，僑郡十六，全虛。武都、略陽、安固、南安、西京兆、南太原、馮翊、隴西、始平、金城、安定、天水、安康、新昌、西扶風、北扶風。

益州。治成都，時郡二十六，實郡七。蜀、廣漢、遂寧、江陽、懷寧、越嶲、汶山、寧蜀、南陰平、北陰平、犍為、始康、晉熙、晉原、南漢中、宋寧、安固、武都、南新邑、南晉壽、宋興、天水、沈黎、南宕渠、東江陽。

三巴都尉，統巴東、巴西、梓潼、建平。

寧州。治建寧，時郡十五。建寧、晉寧、牂牁、朱提、夜郎、平蠻、南廣、建都、西平、西河、雲南、興古、興寧、梁水、河陽。

時有州二十二，郡合僑寄凡二百五十餘。實有晉二十六州之揚、江、荆、湘、梁、益寧、交、廣九全州及徐州之半弱。

史稱是時郡三百九十，縣四百八十三，有寄治者，有新置者，有俚郡、獠郡、荒郡、左郡，無屬縣者，荒而無民者，自後郡縣之建置愈多而名存實亡，境土蹙於太始初矣。兹諸郡出入增改置有可考見者録之，不敢濫收附會以符《地志》也。【略】

甲戌

齊明帝疆域

揚州。時郡八、縣六十四。縣繁不録止記數，以見《齊》本志中。

丹陽領縣八、吳領縣十二、吳興領縣十。會稽領縣十、新安領縣五、東陽領縣九、臨海領縣五、永嘉領縣五。

南徐州。時郡十六、縣七十五，惟晉陵、義興二郡實土。南東海領縣七、晉陵領縣七、義興領縣五、南琅邪領縣五、南東莞領縣三、臨淮領縣六、淮陵領縣五、南清和領縣四、南彭城領縣十二、南高平領縣二、南魯領縣三、南濟陰領縣三、南濮陽領縣五、南平昌領縣四、南泰山領縣二、南濟陽領縣一。

南豫州。時郡六、縣三十六。淮南領縣六、宣城領縣十一、歷陽領縣三、臨江領縣三、南譙領縣六、廬江領縣七。

西豫州。時郡二十二、縣九有七，並僑置故淮南及弋陽安豐界。南汝陰領縣十三、潁川領縣四、南梁領縣五、汝陽領縣二、晉熙領縣六、西汝陰領縣九、北譙領縣三、梁郡領縣四、北梁領縣二、陳郡領縣五、北陳領縣四、南頓領縣二、西南頓領縣四、陳留領縣三、汝南領縣三、北新蔡領縣四、建寧領縣二、弋陽領縣五、安豐領縣八、光城左領縣三、邊城領縣二、齊昌領縣四。

南兗州。時郡五、縣二十五，實惟晉廣陵一郡。廣陵領縣五、海陵領縣八、山陽領縣四、盱眙領縣五、南沛領縣三。

北兗州。時郡七，並僑置淮陰。陽平領縣四、東平領縣二、高平、濟北、泰山、新平、魯。

北徐州。時郡五、縣十五，並僑置故淮南。鍾離領縣四、馬頭領縣二、濟陰領縣四、新昌領縣三、沛郡領縣三。

青州。時郡四、縣十九。僑在鬱州朐山。齊郡領縣九，時在瓜步。北海領縣七、東莞、琅邪領縣二。

冀州。時郡一、縣五，僑在漣口。北東海領縣五。

江州。時郡十、縣六十九。潯陽領縣二、豫章領縣十二、臨川領縣九、安成領縣七、鄱陽領縣六、廬陵領縣九、南康領縣八、建安領縣七、晉安領縣五、南新蔡領縣四。

廣州。時郡二十三、縣百八十八。南海領縣十三、東官領縣八、義安領縣六、新寧領縣十四、蒼梧領縣十二、高涼領縣七、永平領縣十二、晉康領縣十五、新會領縣十一、廣熙領縣八、宋康領縣十、宋隆領縣六、海昌領縣五、綏建領縣五、樂昌領縣五、鬱林領縣十五、桂林領縣十三、寧浦領縣六、晉興領縣八、齊樂領縣六、齊康領縣一、齊建領縣二、齊熙。

交州。時郡九、縣五十二。交趾領縣十一、新昌領縣八、九真領縣九、德領縣七、日南領縣七、武平領縣六、宋平領縣三、宋壽、義昌。

越州。時郡二十、縣五十五。臨漳領縣七、合浦領縣九、永寧領縣五、百梁領縣三、安昌領縣四、南流領縣一、龍蘇領縣一、北流、富昌領縣三、高興領縣十、鹽田領縣一、思築、定川領縣一、隆川領縣一、齊寧領縣四、越中、封山領縣一、馬門領縣四、齊隆、吳春俚。

荆州。時郡十一、縣三十六。南郡領縣六、南平領縣四、天門領縣四、宜都領縣四、武寧領縣二、汶陽領縣三、新興領縣三、永寧領縣二、河東領縣二、南義陽領縣二、南河東領縣四。

郢州。時郡十五、縣七十三。江夏領縣六、武昌領縣五、竟陵領縣六、武陵領縣十、巴陵領縣四、西陽領縣九、齊興領縣六、東牂柯領縣六、方城左領縣二、北新陽領縣三、義安左領縣一、新平領縣三、建安左領縣二、南新陽左領縣五、北建安左領縣五。

司州。時郡十九、縣八十四。南義陽領縣六、北義陽領縣六、隨領縣四、安陸領縣五、汝南領縣九、齊安領縣六、淮南領縣二、宋安左領縣三、安蠻左領縣六、永寧左領縣四、新城左領縣四、東義陽左領縣四、東新安左領縣九、圍山左領縣六、建寧左領縣二、北隨安左領縣一、南淮安左領縣二、北隨安左領縣二、東隨安左領縣三。

雍州。時郡二十二、縣六十九，又統寧蠻府。襄陽領縣四、南陽領縣七、新野領縣六、始平領縣四、廣平領縣四、京兆領縣四、扶風領縣三、馮翊領縣三、河南領縣五、義成領縣二、南天水領縣三、建昌領縣二、華山領縣三、弘農領縣三、上洛領縣二、北河南領縣八、西汝南、順陽領縣六，齊安、齊康、北上洛、招義。

寧蠻府。統郡二十四、縣六十六。西新安領縣四、義寧領縣五、南襄領縣四、北建武領縣六、蔡陽領縣六、永安領縣四、安定領縣六、懷化領縣七、武寧領縣五、新陽領縣八、義安領縣九、高安領縣二、廣昌、左義陽、南襄城、東襄城、懷安、北襄城、北弘農、西弘農、析陽、漢廣、北義陽、中襄城。

湘州。時郡十一、縣六十七。長沙領縣七、桂陽領縣六、零陵領縣七、衡陽領縣五、營陽領縣四、湘東領縣六、邵陵領縣七、始興領縣十、始安領縣六、臨賀領縣九、齊熙。

巴州。時郡六、縣三十四。巴東領縣七、建平領縣七、巴領縣四、巴西領縣九、梓潼領縣四、涪陵領縣三。

梁州。時郡六十八、縣百有十三。漢中領縣五、魏興領縣六、南新城領縣六、上庸領縣九、新興領縣二、晉壽領縣四、華陽領縣四、新巴領縣三、北新巴領縣七、巴渠領縣七、懷安領縣二、宋熙領縣五、白水領縣六、南上洛領縣七、北上洛領縣十三、安康領縣二、南宕渠領縣四、懷安領縣三、北陰平領縣二、南陰平領縣二、齊興領縣六、晉昌領縣八、東晉壽、弘農、東昌、魏、略陽、北梓潼、廣長、建寧、三水、思安、宋昌、懷化、南泉、三巴、江陵、歸寧、東楗、宋康、南漢、北宕渠、始寧、江陽南部、南梓潼、南安、建安、壽陽、南陽、宋寧、始安、平南、懷寧、新興、南平、齊兆、齊昌、新化、寧章、京兆、鄰溪、齊安、義陽、歸復、東宕渠、安寧、宋安。

諸郡大半無考。蕭子顯《齊書》備載之，亦謂五十四郡荒或無民户。今姑存其名云爾。

秦州。時郡十四、縣四十一，僑在南鄭。武都領縣三、略陽領縣二、安固領縣三、京兆領縣三、西扶風領縣二、始平領縣三、安定領縣二、南安領縣二、南太原領縣一、金城領縣四、馮翊領縣五、隴西領縣四、東寧領縣三、仇池領縣四。

益州。時郡二十七、縣九十八。蜀郡領縣五、廣漢領縣六、晉康領縣五、寧蜀領縣四、始康領縣三、汶山領縣三、宋寧領縣三、南陰平領縣四、北陰平領縣七、宋興領縣二、犍為領縣五。江陽領縣四、東遂寧領縣二、安固領縣七、懷寧領縣四、天水領縣四、東江陽領縣二、南晉壽領縣三、西宕渠領縣四、南新巴領縣三、新城領縣四、宕渠獠郡領縣三、北部都尉、越巂獠郡、沈黎獠郡、始平獠郡、甘松獠郡。

寧州。時郡二十三、縣九十五。建寧領縣六、建平領縣十三、南廣領縣四、梁水領縣七、南朱提領縣四、晉寧領縣七、雲南領縣四、南平領縣六、南牂柯領縣六、夜郎領縣四、平蠻領縣二、東河陽領縣二、西河陽領縣三、興古領縣六、興寧領縣二、西阿領縣三、北朱提領縣二、平樂領縣二、宋昌領縣三、永昌領縣七、益寧領縣二、南犍為領縣、東朱提領縣。

凡有州二十四、郡三百六十五、縣一千三百七十八。實有晉二十一州之揚、江、荆、湘、交、廣、梁、益、寧九全州及徐州三之一。

清·汪士鐸《南北史補志》卷五《地理志一·宋南齊》　揚州。前漢刺史未有所治，後漢治歷陽，魏晉治壽春，晉平吴，治建業。成帝咸康四年，僑立魏郡、肥鄉、元城三縣。後省元城，又僑立廣川郡，領廣川一縣。宋初省為縣，隸魏郡。江左又立高陽、堂邑二郡，高陽領北新城、博，陸二縣，堂邑領堂邑一縣。後省堂邑并高陽，又省高陽并魏郡，並隸揚州，寄治京邑。文帝元嘉十一年，省，以其民併建康。孝建元年，分揚州之會稽、東陽、新安、永嘉、臨海五郡為東揚州。大明三年，罷州，以其地為王畿，以南臺侍御史部諸郡，如從事之部傳焉，而東揚州直云揚州。八年，罷王畿，復立揚州，揚州還為東揚州。前廢帝永光元年，省東揚州并揚州。順帝升明三年，改揚州刺史曰牧，領郡十、縣八十、户一十四萬三千二百九十六、口一百四十五萬五千六百八十五。凡州有刺史。齊同。齊揚州領丹陽、會稽、吴、吴興、東陽、新安、臨海、永嘉八郡。

丹陽尹。秦鄣郡，治吴興之故鄣縣。漢初屬吴國，吴王濞反敗，屬江都國。武帝元封二年，為日丹陽郡，治宣城之宛陵縣。晉武帝太康二年，分丹陽為宣城郡，治宛陵，而丹陽移治建業。元帝太興元年，改為尹。領縣八、户四萬一千一十、口二十三萬七千三百四十一。凡不稱尹、内史者，太守也；不稱相者，令也；縣無注者，別見也。齊同。【略】

會稽郡。秦立，治吴。順帝永建四年，分會稽為吴郡，會稽移治山陰，為三吴之一。領縣十、户五萬二千二百二十八、口三十四萬八千一十四。去京都水一千三百五十五，陸同。【略】

吴郡。分會稽立。孝武大明七年，度屬南徐，八年，復舊，亦三吴之一。領縣十二、户五萬四百八十八、口四十二萬四千八百一十二。去京都水六百七十、陸五百二十。【略】

吴興郡。孫皓寶鼎元年，分吴丹陽立。領縣十、户四萬九千六百九、口三十一萬六千一百七十三。去京都水九百五十、陸五百七十，此三吴之一也。【略】

淮南郡。秦立，為九江郡，兼得廬江、豫章。漢高帝四年，更名淮南國，分立豫章郡。文帝又分為廬江郡。武帝元狩元年，復為九江郡，治壽春縣。後漢徙治陰陵縣。魏復曰淮南，徙治壽春。晉武帝太康元年，復立歷陽、當塗、遵道諸縣。二年，復立鍾離縣。三國時江淮為戰爭地，其間不居者各數百里。此諸縣並在江北、淮南，虛其地，無復民户。吴平，民各還本，故復立焉。其後中原亂，淮南民多南渡。成帝初，乃於江南僑立淮南郡諸縣。晉末，遂割丹陽之于湖縣為淮南境。宋孝武大明六年，以淮南郡併宣城，宣城郡徙治於湖。八年，復立淮南郡，屬南豫州。明帝泰始三年，還屬揚州。領縣六、户五千三百六十二、口二萬五千八百四十。去京都水一百七十、陸一百四十。齊曰南豫州，領淮南、宣城、歷陽、南譙、廬江、臨江六郡。【略】

宣城郡。晉武帝太康元年，分丹陽立。領縣十、户一萬一百二十、口四萬七千九百九十二。去京都水五百八十、陸五百。齊屬南豫州，又有建元縣。【略】

東陽郡。本會稽西部都尉，孫皓寶鼎元年立。領縣九、户一萬六千二十二、口一十萬七千九百六十五。去京都水一千七百，陸同。【略】

臨安郡。本會稽東部都尉。前漢都尉治鄞。後漢分會稽為吴郡都尉，徙治章安。孫亮太平二年立。領縣五、户三千九百六十一、口二萬四千二百二十六。去京都水二千一十九，陸同。【略】

永嘉郡。晉明帝太寧元年，分臨海立。領縣五、户六千二百五十、口三萬六千六百八十。去京都水二千八百、陸二千六百四十。【略】

新安郡。漢獻帝建安十三年，孫權分丹陽立，曰新都。晉武帝太康元年，更名。領縣五、户一萬二千五十八、口三萬六千六百五十一。去京都水一千八百六十、陸一千八百。【略】

南徐州。晉永嘉大亂，幽、冀、青、并、兖州及徐州之淮北流民相率過淮，亦有過江在晉陵郡界者。成帝咸和四年，司空郗鑒又徙流民之在淮南者於晉陵諸縣。其徙過江南及留在江北者並僑立郡縣以司牧之。徐、兖二州或治江北，江北又僑立幽、冀、青、并四州。安帝義熙七年，始分淮北為北徐，淮南猶為徐州。後又以幽、冀合徐，青合兖。武帝永初元年，詔舊郡縣以北為名者悉除之，寓立於南者，聽以南為號。二年，加徐州曰南徐，而淮北但曰徐。文帝元嘉八年，更以江北為南兖州，江南為南徐州，治京口，割揚州之晉陵、兖州之九郡僑在江南者屬焉，故南徐州備有徐、兖、幽、冀、青、并、揚七州郡邑。永初二年，《郡國志》又有南沛、南下邳、廣平、廣陵、盱眙、鍾離八郡，南沛、廣陵、海陵、山陽、盱眙、鍾離割屬南兖。南下并南彭城，廣平併南泰山。今領郡十七、縣六十三、户七萬二千四百七十二、口四十二萬六百四十。去京都水二百四十、陸二百。齊領南東海、晉陵、義興、南琅琊、臨淮、淮陵、南東莞、南清河、南彭城、南高平、南濟陰、南濮陽、南魯南、平昌、南泰山、南濟陽十六郡。

南東海郡。晉元帝初，割吴郡海虞縣之北境為東海郡，立郯、朐、利城三縣，而祝其、襄賁等縣寄治曲阿。穆帝永和中，郡移出京口，郯等三縣亦寄之于京。文帝元嘉八年，立南徐，以東海為治，下郡以丹徒屬焉，郯、利城並為實土。《永初郡國》有襄賁、祝其、厚丘、西隰四縣。文帝元嘉十二年，省厚丘並襄賁。何、徐無厚丘。余與《永初郡國》同其襄賁、祝其、西隰，是徐《志》後所省也。領縣六、户五千三百四十二、口三萬三千六百五十八。齊有祝其、襄賁、西隰三縣。【略】

南琅琊郡。晉亂琅琊國人隨元帝過江千餘户。太興三年，立懷德縣。丹陽雖有琅琊相而無此地。成帝咸康元年，桓溫領郡鎮江乘之蒲州，金城上求割丹陽之江乘縣境立郡。又分江乘地立臨沂縣。《永初郡國》有陽都、費、即邱三縣，並割臨沂及建康為土，費縣治宫城之北。元嘉八年，省即邱併陽都。十五年，省費併建康、臨沂。孝武大明五年，省陽都併臨沂。今領縣二、户二千七百八十九、口一萬八千六百九十七。去州水二百、陸一百，去京都水一百六十。齊又有闞、陵水、譙三縣。【略】

晉陵郡。吴時分吴郡無錫以西為毗陵典農校尉。晉武帝太康二年，省校尉立，以為毗陵郡，治丹徒，後復還毗陵。東海王越世子名毗，而東海國故食毗陵。永嘉五年，帝改為晉陵，始自毗陵徙治丹徒。安帝義熙九年，復還晉陵，本屬揚州。文帝元嘉八年，度屬南徐。領縣六、户一萬五千三百八十二、口八萬一百一十三。去州水一百七十五，陸同，去京都水四百，陸同。齊又有海陽縣。【略】

義興郡。晉惠帝永興元年，分吴興之陽羨、丹陽之永世立，永世尋還丹陽，本屬揚州。明帝泰始四年，度南徐。領縣五、户一萬三千四百九十六、口八萬九千五百二十五。去州水四百，陸同，去都水四百九十，陸同。【略】

南蘭陵郡。領縣二、户一千五百九十三、口一萬六百三十四，以下皆僑立。【略】

南東莞郡。《永初郡國》又有蓋縣。領縣三、户一千四百二十四、口九千八百五十四。【略】

臨淮郡。漢武帝元狩六年立，光武以併東海。明帝永平十五年，復分臨淮之故地為下邳郡。晉武帝太康元年，復分下邳之淮南為臨淮。郡之盱眙，江左僑立。《永初郡國》又有盱眙縣，何、徐無。領縣七、户三千七百一十一、口二萬二千八百八十六。齊又有淩縣，無廣陵、長樂二縣。【略】

淮陵郡。本淮陵縣，惠帝永寧元年，以為淮陵國。《永初郡國》又有下相、廣陽二縣。今領縣三、户一千九百五、口一萬六百三十。齊又有甄城、武陽二縣。【略】

南彭城郡。江左僑立。晉明帝又立南下邳郡，成帝又立南沛郡。文帝、元帝中，分南沛為北沛，屬南兗，而南沛猶屬南徐。孝武大明四年，以二郡並 南彭城。領縣十二、户一萬一千七百五十八、口六萬八千一百六十三。齊又有彭城縣。【略】

南清河郡。領縣四、户一千八百四十九、口七千四百四。【略】

南高平郡。《永初郡國》又有鉅野、昌邑二縣。今領縣三、户一千七百一十八、口九千七百三十一。齊無湖陸。【略】

南平昌郡。領縣四、户二千一百七十八、口一萬一千七百四十一。【略】

南濟陰郡。景帝中平六年，別為濟陰國。宣帝甘露二年，更名定陶國。後還曰濟陰。《永初郡國》又有句陽、定陶二縣。今縣四、户一千六百五十五、口八千一百九十三。【略】

南濮陽郡。本東郡。晉武帝咸寧二年，以封子允，以『東』不可為國名，而郡有濮陽縣，故曰濮陽國。濮陽，漢舊名也。允改封淮南，還曰東郡。趙王倫篡位，廢太孫臧為濮陽王，王尋廢，郡名遂不改。《永初郡國》又有甄城縣。今領縣二、户二千二十六、口八千二百三十九。齊又有東燕、甄城、會三縣。【略】

南太山郡。《永初郡國》有廣平，寄治丹徒，領廣平、易陽、曲周三縣。文帝八年，省廣平郡為廣平縣，屬南太山。今領縣三、户二千四百九十九、口一萬三千六百。【略】

濟陽郡。晉惠帝分陳留為濟陰國。領縣二、户一千二百三十二、口八千一百九十二。齊曰南濟陽郡。【略】

南魯郡。今領郡二、户一千二百一十一、口六千八百七十八。齊又有樊縣。【略】

徐州。後漢治東海郯縣。魏、晉、宋治彭城。明帝世，淮北沒寇，僑立徐州，治鍾離。泰豫元年，移治東海朐山。後廢帝元徽元年，分南兗州之鍾離、豫州之馬頭，又分秦郡之頓邱、梁郡之穀孰、歷陽之酇立新昌郡，置徐州，還治鍾離。今先列徐州舊郡於前，以新割係舊。領郡十二、縣三十四、户二萬三千四百八十五、口十七萬五千九百六十七。今領郡三、縣九。彭城，去京都水一千三百六十、陸一千。齊曰北徐州，領鍾離、馬頭、濟陰、新昌、沛五郡。按：《齊紀》：宋徐州有梁郡，今無。

彭城郡。漢高立，為楚國。宣帝地節元年，改為彭城郡。黃龍元年，又為楚國。章帝還為彭城。領縣五、户八千六百二十七、口四萬一千二百三十一。【略】

沛郡。秦泗水郡，漢高更名。領縣三、户五千一百九十、口二萬五千一百七十。去州陸六十，去京都一千。【略】

下邳郡。漢武帝立淮郡，明帝改為下邳。晉武帝分下邳之淮南為臨淮，而下邳如故。領縣三、户三千九十九、口一萬六千八十八。去州水二百、陸一百八十，去京都水一千一百六十、陸八百。【略】

蘭陵郡。晉惠帝元康元年，分東海立。領縣三、户三千一百六十四、口一萬四千五百九十七。去州陸二百，去京都水一千六百、陸一千三百。【略】

東海郡。秦郯郡，漢高更名。明帝失淮北，僑立青州於贛榆，置鬱洲縣，立西海郡，並僑隸青州。領縣二、户二千四百一十一、口一萬三千九百四十一。去州水一千、陸八百，去京都水一千、陸六百七十。【略】

東莞郡。晋武帝泰始元年，分琅邪立。咸寧三年，復并琅邪。太康十年，復立。領縣三、户八百八十七、口七千三百二十。去州陸七百，去京都水二千、陸一千四百。【略】

東安郡。東安，故縣名，晋惠帝分東莞立。領縣三、户一千二百八十五、口一萬七百五十五。去州陸七百，去京都陸一千三百。【略】

琅邪郡。秦立。領縣二、户一千八百一十八、口八千二百四十三。去州陸四百，去京都水一千五百、陸一千二百。【略】

淮陽郡。晋安帝義熙中土斷立。領縣四、户二千八百五十五、口一萬五千三百六十三。去州水六百、陸五百，去京都水七百、陸五百五十。【略】

陽平郡。本縣名，魏分東郡及魏郡為陽平郡，流寓來配。《永初郡國》又有廪邱。領縣三、户一千七百二十五、口一萬三千三百三十。【略】

濟陰郡。漢景帝立，流寓徐土，因割地為境。領縣三、户二千三百五、口一萬一千九百二十八。【略】

北濟陰郡。孝武建元元年，昇立，領縣三、户九百二十七、口三千八百一十。【略】

鍾離郡。晋安帝分立。案：漢九江郡、晋淮南郡有鍾離縣即此。領縣三、户三千二百七十二、口一萬七千八百三十二。去京都陸六百二十、水一千三十。【略】

馬頭郡。故淮南當塗縣地。晋安帝立，因山形立名。領縣三、户一千三百三十二、口一萬二千三百一十。去京都水一千七百五十、陸六百七十。【略】

平昌郡。後廢帝元徽元年立。齊曰新昌郡，又有尉氏縣。【略】

南兗州。中原亂，北州流民多南渡。晋成帝立南兗州，寄治京口。時又立南青州及并州。武帝永初元年，省并併南兗。文帝元嘉八年，始割江、淮間為境，治廣陵。《永初郡國》：領十四郡。南高平、南平昌、濟陰、南濮陽、南泰山、濟陽、南山陽郡，今並屬徐州。又有東燕郡，江左分濮陽所立也。領燕縣、白馬、平昌、考城，凡四縣。文帝元嘉十八年，省考城併燕。十八年，省東燕縣屬南濮陽。後又省東燕縣。南東平郡領范、蛇邱、歷城，凡三縣。高密郡領淳于、黔陬、營陵、夷安，凡四縣。南。齊郡領安西、臨淄，凡二縣。南平原郡領平原、高唐、茌平，凡三縣。濟岷郡領營城、晋寧，凡二縣。雁門郡領樓煩、陰館、廣武、崞、馬邑，凡五縣。凡七郡、二十三縣並省屬南徐州。諸僑郡縣，何《志》又有鍾離、雁門、平原、東平、北沛五郡。鍾離今屬徐州。雁門領樓煩、陰、廣武三縣，平原領茌平、臨淄、營城、平原四縣，東平原領范、朝陽、歷城三縣，沛領符離、龍、相、沛四縣，凡十四縣。《起居注》：元嘉十一年，以南兗州東平之平陸併范、壽張併朝陽，平原治濟岷，晋寧併營城，高康併茌平。按：此五縣，元嘉十一年，所省，則平陸、壽張疑在《永初郡國志》而無此二縣，未詳。徐《志》有南東平郡，領范朝、歷城、樓煩、陰觀、廣武、茌平、營城、臨菑、平原十縣，則是雁門、平原併東平也。孝武大明五年，以東平併廣陵。宋又僑立新平、北淮陽、北濟北、下邳、東莞五郡。元嘉二十八年，南兗州徙治盱眙。三十年，省南兗州並南徐。其後復立，還治廣陵。徐《志》：領郡九、縣三十九、户三萬一千一百一十五、口十五萬九千三百六十二。宋末領郡十一、縣四十四。去京都水二百五十、陸一百八十。齊領廣陵、海陵、山陽、盱眙、南沛等五郡。

廣陵郡。漢高六年立，屬荆國。十一年，更屬吳。景帝四年，更名江都國。武帝元狩三年，更名廣陵，舊屬徐州。晋武帝太康三年，治淮陰故城，後又治射陽。江左治廣陵。《永初郡國》又有興、肥如、路、真定、新市。今領縣四、户七千七百四十四、口四萬五千六百一十三。齊有。齊寧縣。【略】

海陵郡。晋安帝分廣陵立。《永初郡國》屬徐州。領縣六、户三千六百二十六、口二萬一千六百六十。去州水一百三十，陸同，去京都水三百九十，陸同。【略】

山陽郡。晋安帝義熙中土斷分廣陵立。案：漢景帝分梁為山陽，非此郡也。《永初郡國》屬徐州。領縣四、户二千八百一十四、口二萬二千四百七十。去州水三百，陸同，去京都水五百，陸同。【略】

盱眙郡。本縣名。晋安帝分立。領縣五、户一千五百一十八、口六千八百二十五。去州水四百九十、陸二百九，去京都水七百、陸五百。齊有

盱眙、長樂二縣。【略】

秦郡。晉武帝分扶風為秦國，中原亂，其民南流，寄居堂邑。堂邑本為縣，晉武惠帝永興元年，分臨淮、淮陵立。堂邑郡，安帝改堂邑為秦郡。《永初郡國》屬豫州。元嘉八年，度南兗。《永初郡國》又領臨塗、平邱、外黃、沛、雎邱、浚儀、頓邱，凡七縣。何無雍邱、外黃、平邱、沛，徐又無浚儀。元嘉八年，以沛併頓邱。後廢帝元徽元年，割頓邱屬新昌。領縣四、户三千三百三十三、口一萬五千三百九十六。去州水二百四十一、陸一百八十，去京都水一百五十、陸一百四十。【略】

南沛郡。何《志》云：北沛新立。徐云：南沛。《永初郡國》又有符離、洨、竹邑、杼秋四縣。杼秋治無錫，餘並治廣陵。文帝元嘉十二年，以北沛郡、竹邑併杼秋。何、徐無此二縣，不詳。孝武大明五年，分廣陵為沛郡，治肥如。然時無復肥如縣，當是肥如故縣處也。二《漢》、《晉太康地志》肥如縣並無沛郡，宜是大明五年，以前省，其時又立也。今領縣三、户一千一百九、口一萬二千九百七十。【略】

新平郡。明帝泰始七年立。齊屬北兗州。【略】

北淮郡。宋末僑立。【略】

北淮陰郡。宋失淮北僑立。【略】

北下邳郡。宋失淮北僑立。【略】

東莞郡。宋失淮北僑立。【略】

兗州。後漢治山陽、昌邑。魏晉治廩邱。武帝平河南，治滑臺。文帝元嘉十三年，治鄒山，又寄治彭城。二十年，省兗州，分郡屬徐、冀州。三十年，六月，復立，治瑕邱。《永初郡國》有東郡、陳留、濮陽三郡，而無陽平郡，領白馬、涼城、東燕三縣。陳留郡領酸棗、小黃、雎邱、白馬、襄邑、尉氏六縣。濮陽郡領濮陽、廩邱二縣。宋末失淮北，僑立兗州。寄治淮陰兗州領郡六、縣三十一、户二萬九千三百四十、口一十四萬五千五百八十一。

泰山郡。漢高立。《永初郡國》又有茌、萊蕪、太原三縣而無巨平縣。今領縣八、户八千一百七十七、口四萬五千五百八十一。去州陸八百，去京都陸一千八百。【略】

高平郡。故梁國。漢景帝中六年，分為山陽國。武帝建元五年，為郡。晉武帝泰始元年，更名。《永初郡國》及徐並又有任城縣，後省。今領縣六、户六千三百五十八、口二萬一千一百一十二。去州陸二百二十，去京都陸一千三百三十。宋明帝泰始五年，僑立於淮南當塗縣界，領高平、金鄉二縣，其年，又立睢寧縣。【略】

魯郡。秦薛郡，漢高后更名，本屬徐州。光武改屬任城，江左屬兗州。領縣六、户四千六百三十一、口二萬八千三百七。去州陸三百五十，去京都一千一百。【略】

東平郡。漢景帝分梁為濟東國，宣帝更名。領縣五、户四千一百五十九、口一萬七千二百九十五。去州水五百，陸同，去京都水二千、陸一千四百。宋末又僑立於淮陰。濟北，兗州東平郡寄治。清河，割山陽官瀆以西山百户立。壽張縣，割直瀆破釜以東淮陰鎮下流雜一百户立，淮安縣屬焉。【略】

陽平郡。魏分魏郡立，文帝元嘉中流寓來屬，後省，孝武大明元年，復立。領縣五、户二千八百五十七、口一萬一千二百七十一。齊曰北兗州，領陽平、東平、高平、漢北、泰山、新平、魯七郡，陽平郡寄治山陽，領泰清、永陽、安宜、豐國四縣。【略】

濟北郡。漢和帝永光二年，分泰山立。《永初郡國》有臨邑、東阿二縣。孝武大明元年省。應在何《志》而無，未詳。領縣三、户三千一百五十八、口一萬七千三。去州陸七百，去京都水二千、陸一千五百。宋末又僑立于淮陽。

南豫州。晉元帝永昌元年，刺史祖約始自譙城退還壽春。成帝咸和四年，僑立豫州，治蕪湖。咸康四年，治邾城。六年，荆州刺史庾異鎮武昌，領豫州。六年，鎮蕪湖。穆帝永和元年，鎮牛渚。二年，鎮蕪湖。四年，進壽春。九年，鎮歷陽。十一年，進馬頭。升平元年，戍譙城。哀帝隆和元年，自譙退守壽春。簡文咸安元年，戍姑孰。太元十年，戍馬頭。十二年，戍歷陽。安帝義熙二年，戍姑孰。宋武帝欲開拓河南，綏定豫土。九年，割揚州大江以西、大靁以北悉屬豫州，豫基址因此而立。十三年，鎮壽陽。永初二年，分淮東為南豫州，治歷陽。淮西為豫州。文帝元嘉七年，又分。五年，割揚州之淮南宣城屬焉，徙治姑孰。明帝泰始二年，又合，而以淮南宣城還揚州。九月，又分，還治歷陽。三年，五月，又合。四年，以揚州之淮南宣城為南豫州，治宣城。五年罷。時自淮以西悉没寇矣。七年，復分歷陽、淮陰、南譙、南兗州之臨江立南豫州。泰豫元年，以南汝陰度屬豫州，豫州之廬江度屬南豫州。按：淮東自永初至於大明，便為南豫，雖乍有離合，而分立居多。爰自泰始，甫失淮西，復於淮東分立兩豫。今南豫以淮東為境，不復於此更列二州。覽者按此以淮東為境，推尋便自得泰始兩豫分域地也。徐《志》：領郡十三，縣六十一，户三萬七千六百二十，口二十一萬九千五百。今領郡九，縣九十一。去京都水一百六十。齊南豫州治淮南，領淮南、宣城、歷陽、南譙、廬江、臨江等六郡。

歷陽郡。晉惠帝永興元年，分淮南立，屬揚州。安帝割屬豫州。《永初郡國》唯有歷陽、烏江、龍亢三縣。何、徐又有酇、雍邱二縣。今領縣五，户三千一百五十六，口一萬九千四百七十。齊以烏江、酇二縣及懷德縣立臨江郡，屬南豫州。【略】

南譙郡。晉孝武帝太元中於淮南僑立郡縣，後割地成實土。《郡國志》又有酇縣。何、徐無。今領縣六，户四千四百三十二，口二萬二千三百五十八。去州水五百四十，陸一百七十，去京都水七百，陸五百。齊有北許昌、曲陽、嘉平三縣，無譙、銍、城父。【略】

廬江郡。漢文帝六年，分淮南國立。光武建武十三年，又省六安國以併焉。領縣三，户一千九百九，口一萬一千九百九十七。去州水二千七百二十，陸四百七十，去京都水一千一百，陸六百三十一。齊建元二年，割晉熙之呂亭左縣及南譙之譙縣來屬。又有和城、西華二縣，而《永元志》無。【略】

南汝陰郡。江左立。領縣五，户二千七百一，口一萬九千五百八十五。去州陸三百，去京都水一千，陸五百三十。齊豫州治南汝陰郡。建元二年，罷南陳左郡二縣併入。領南汝陰、汝陽、晉熙、潁川、梁、北梁、北陳、陳留、南頓、西南頓、西汝陰、北譙、汝南、北新蔡、弋陽、陳、安豐、光城、左邊城、建寧、齊昌等二十一郡。末三郡，永明四年，割郢州屬，而邊城郡無所領縣。建寧領建寧、陽城二縣。齊昌領。齊昌、陽塘、保城、永興四縣，宋無之。【略】

南梁郡。晉孝武太元中，僑立於淮南。安帝始有淮南故地，屬徐州。武帝永初二年，還南豫。孝武大明六年，廢屬南豫，改名淮南。八年，復舊。《永初郡國》又有虞、陽夏、安豐三縣。何、徐無安豐，又有義昌而並無寧陵縣。宋領縣九，户六千二百一十二，口四萬二千七百五十四。去州水一千八百，陸五百，去京都水一千七百，陸七百。齊永元元年，地志領睢陽、新汲、陳、蒙、崇義五縣，而《齊·志》作梁郡北譙、梁、蒙、城父四縣，《永元志》則城父屬南譙郡。【略】

晉熙郡。晉安帝分廬江立。領縣五，户一千五百二十一，口七千四百九十七。去州陸八百，無水，去京都水一千二百，無陸。齊又有南樓煩、齊興二縣。【略】

弋陽郡。本縣名。魏文帝分立。領縣六，户三千二百七十五，口二萬四千二百六十二。去州陸一千一百，去京都水（闕）。齊又有南新息、上蔡、平與三縣。【略】

汝南郡。【略】

新蔡郡。【略】

東郡。《永初郡國》無莨平、谷陽而有扶溝，何無陽夏、扶溝，徐無陽夏。齊曰北陳郡，無父陽縣。【略】

南頓郡。帖治陳郡，《齊永元元年志》無。又有西南頓郡，帖治豫州，《永元志》亦無之。領西南頓、和城、譙、平鄉四縣。【略】

潁川郡。齊有南許昌縣而《永元志》無。【略】

西汝陰郡。《永初郡國》何、徐並無此郡。齊又有陳、平豫、固始、新蔡、汝南等縣，而《永元志》無。【略】

汝陽郡。【略】

陳留郡。《永初郡國》無浚儀、封邱而，有酸棗。何、徐無封邱、尉氏。《齊·志》無白馬以下四縣。【略】

南陳左郡。少帝景平中省此郡，以此民度屬南梁汝陰郡。而。《永初郡國》無，未詳。孝建二年，以蠻户復立，分赤官左縣為蓼城左縣。領縣二。樂（疑）大明八年，省郡，即名為縣，屬南陳左縣。【略】

邊城左郡。文帝元嘉二十五年，以豫部蠻民立茹由、樂安、光城、雩婁、邊城、史水、開化邊城七縣，屬弋陽郡。徐《志》有邊城郡須、雩婁、史水、開化邊城兩縣。大明八年，復省為縣，屬弋陽。後復立。領縣

四、户四百一十七、口二千四百七十九。《齊永元元年志》無，而以四縣屬安豐郡。【略】

光城左郡。《永初郡國》、何、徐並無。按：《起居注》，大明八年，省光城左郡為弋陽縣，疑是大明中分弋陽所立。八年，復省。後復立。齊同。【略】

豫州。後漢治譙。魏治汝南安成。晉平吴後，治陳國。晉江左所治已列於前。《永初郡國》、何、徐寄治睢陽，而郡縣在淮西。徐又有邊城，別見南豫州。何又有初安、綏成二郡。初安領新懷、德二縣，綏成領安昌、招遠二縣，並云新立。徐無，則是徐《志》前省也。領郡十、縣四十三、户二萬二千九百一十九、口一十五萬八百三十九。齊豫州治南汝陰郡。

汝南郡。漢高帝立。領縣十一、户一萬一千二百九十一、口八萬九千三百四十九。去州水一千、陸七百，去京都水三千、陸一千五。【略】

新蔡郡。晉惠帝分汝陰立，今帖治汝南。領縣四、户二千七百七十四、口一萬九千八百八十。去州陸六百，去京都水二千五百、陸一千四百。齊曰北新蔡。【略】

譙郡。何《志》魏明帝分立。按：王粲詩「即入譙郡界」。粲是建安中亡，非明帝立，明矣。《永初郡國》無長桓縣。今領縣六、户一千四百二十四、口七千四百四。去州陸道三百五十，去京都水二千、陸一千二百。齊曰北譙，領譙、荆、寧陵三縣。【略】

梁郡。秦碭郡，漢高更名。孝武大明元年，度徐州，二年，還豫。領縣二、户九百六十八、口五千五百。去州陸一百六十，去京都水九百。【略】

陳郡。漢高立，為淮陽國。章帝元和三年，更名。晉初併梁。梁王肜薨，還為陳。《永初郡國》有扶漢、陽夏，而無父陽、長平。領縣四、户六百九十三、口四千一百一十三。去州陸七百六十，去京都水一千四百五十。齊無父陽而有南陳、陽夏二縣，而《永元志》南陳外四縣皆無。【略】

南頓郡。晉惠帝分立，領縣二、户五百二十六、口二千三百六十五。去州七百六十，去京都陸一千四百五十。【略】

潁川郡。秦立，魏分潁川為襄城郡。晉成帝咸康二年，省襄城還併潁川。《永初郡國》又有許昌、新汲、鄢陵、長社、潁陰、陽翟六縣而無曲陽。領縣三、户六百四十九、口二千五百七十九。去州一千，去京都陸一千八百。按：《齊紀》：陳留、梁、陳、潁，以四郡皆屬徐州。【略】

汝陽郡。《晉太康地志》、王隱《地道》無此郡，應是江左分汝南立。晉成帝咸康三年，省併汝南，後又立。領縣二、户九百四十一、口四千四百九十五。去州三百，去京都陸一千四百水三千五百。齊曰汝南，領瞿陽、安成、上蔡三縣，而《永元志》無。按：晉武分汝南為汝陰，何所言非也。【略】

汝陰郡。晉武帝分汝南立。成帝咸康二年，省併新蔡，後復立。領縣四、户二千七百四十九、口一萬四千三百三十五。【略】

陳留郡。漢武帝元狩元年立，屬兗州。中原亂，廢。晉成帝咸康四年，復立。《永初郡國》屬兗州，何、徐屬豫州。《永初郡國》無浚儀有酸棗。今領縣四、户一百九十六、口二千四百一十三，寄治譙郡長垣縣界。【略】

江州。晉惠帝太康元年，分揚州之豫章、鄱陽、廬陵、臨川、南康、建安、晉安，荆州之武昌、桂陽、安成十郡為江州。初治豫章，成帝咸康六年，移治尋陽。庾悦又治豫章，尋還尋陽。領郡九、縣六十五、户五萬二千三十三、口三十七萬七千一百四十七。去京都水一千四百。齊同。

尋陽郡。本因水名縣，水南注江，吴立蘄春郡，尋陽縣屬焉。晉武帝太康元年，省蘄春郡，以尋陽屬武昌，改蘄春之安豐為高陵，及邾縣皆屬武昌。二年，以武昌之尋陽復屬廬江郡。惠帝永興元年，分廬江、武昌立尋陽郡尋陽縣，後省。領縣三、户二千七百二十、口一萬六千八。郡既立，治此。齊無松滋、安豐二縣。【略】

豫章郡。漢高帝立，本屬揚州。《永初郡國》有海昏，何《志》無。今領縣十二、户一萬六千一百三十九、口一十二萬二千五百七十三。去州水六百、陸三百五十，去京都水一千九百、陸二千一百。【略】

鄱陽郡。漢獻帝建安十五年，孫權分豫章立，治鄱陽縣。赤烏八年，徙吴芮故城。《永初郡國》有歷陵縣，何《志》無。領縣六、户三千二百四十二、口一萬九百五十五。去州水四百四十，去京都水一千八百四十、

陸二千六十。【略】

臨川王國。凡王國有內史。吳孫亮太平二年，分豫章東部都尉立。領縣九、户八千九百八十三口六萬四千八百五。去州水一千一百、陸一千二十，去京都水二千八百三十、陸三千。【略】

廬陵郡。本縣名，屬豫章。漢獻帝興平元年，孫策分豫章立。領縣九、户四千四百五十五、口三萬一千二百七十一。去州水二千、陸一千六百，去京都水三千六百。【略】

安城郡。孫皓寶鼎二年，分豫章廬陵長沙立。《晉太康地志》屬荆州。領縣七、户六千一百一十六、口五萬三百二十三。去州水三千三百、陸三千六百，去京都水三千七百，無陸。【略】

南康公國。公國有相。晉武帝太康三年，以廬陵南部都尉立。領縣七、户四千四百九十三、口三萬四千六百八十四。去州水三千七百四十，去京都水三千八十。【略】

南新蔡郡。江左立。領縣四、户一千七百三十、口八千八百四十八。去州水二百，去京都水一千三百七十、陸一千八百八十。【略】

建安郡。本閩越，秦立為閩中郡。漢武帝世，閩越反，滅之，徙其民于江淮間，虛其地。後有遁逃山谷者頗出，立為治縣，屬會稽。司馬彪云：章安是故治，然則臨海亦治地也。張勃《吳録》云：閩越主治鑄地，故曰安。閩王治此，不應偏以受名，蓋句踐治鑄之所，故謂之治乎？閩中有山名湛，疑湛山之鑪鑄劍為湛鑪也。後分治地為會稽東、南二部都尉。東部，臨海是也。南部，建安是也。吳孫休永安三年，分南部立為建安郡。領縣七（疑）、户三千四十二、口一萬七千六百八十六。去州水二千三百八十，去京都水三千四十，並無陸。齊有建安縣。【略】

晉安郡。晉武帝太康二年，分建安立。領縣五户二千八百四十三、口一萬九千八百三十八。去州水三千九百九十，去京都水三千五百八十。【略】

青州。治臨淄。江左僑立，治廣陵。安帝義熙五年，平廣固。北青州刺史治東陽城，而僑立南青州如故。後省南青州，而北青州直曰青州。孝武孝建二年，移治歷城。大明八年，還治東陽。明帝失淮北，於鬱州僑立青州立。齊、北海、西海郡。舊領郡九、縣四十六、户四萬五百四、口四十萬二千七百二十九。去京都陸二千。齊建元初，徙。齊郡治瓜步，以北海治。齊郡故治，而州治如故。四年，移鎮朐山，後復舊領。齊、北海二郡及東莞。琅邪郡治朐山，領即邱、北東莞，二縣永明元年，又以流户立南東莞縣，皆《宋・志》無。

齊郡。秦立。領縣七、户七千三白四十六、口一萬四千八百八十九。齊永明元年，罷秦郡，并治瓜步，有。齊安縣。永明元年罷。又有宿豫、尉氏、平虜、泰等縣，無安平、般陽、廣饒三縣。永元二年，省華城入臨淄縣焉。【略】

濟南郡。漢文帝十六年，分。齊立。晉世云：濟岷郡。魏平蜀，徙蜀豪將家於濟河，故立此郡。安帝義熙中土斷，并濟南。案：《晉太康地志》無濟岷郡。《永初郡國》：濟南又有祝阿、於陵縣，而無朝陽、平陵二縣。領縣六、户五千五十六、口三萬八千一百七十五。去州陸四百，去京都二千四百一。以下。齊無。【略】

樂安郡。漢高立，名千乘。和帝永元七年，更名。領縣三、户二千二百五十九、口一萬四千九百九十一。去州陸一百八十，去京都陸一千八百。【略】

高密郡。漢文帝分。齊為廖西。宣帝本始元年，更名高密。光武建武十三年，併北海。晉惠帝又分城陽。宋孝武併北海。領縣六、户二千三百四、口一萬三千八百二。去州陸二百，去京都陸一千六百。【略】

平昌郡。魏文帝分城陽立，後省，晉惠帝又立。領縣五、户二千二百七十、口一萬五千五十。去州陸二百，去京都陸一千七百。【略】

北海郡。漢景帝十二年立。領縣八、户三千九百六十八、口三萬五千九百九十，無寄治州下。【略】

東萊郡。漢高帝立。領縣七、户一萬一百三十一、口七萬五千一百四十九。去州陸五百，去京都二千一百。【略】

太原郡。秦立，屬并州。文帝元嘉十年，割濟南太山立。領縣三、户二千七百五十七、口二萬四千六百九十四。去州陸五百，去都一千八百。【略】

長廣郡。本縣。《起居注》：咸寧三年，以。齊東部縣為長廣郡。領縣四、户二千九百六十六、口二萬二丨三。去州五百，去京都一千九百五

十。【略】

冀州。江左立南冀州，後省，義熙中更立，治青州，又省。文帝元嘉九年，又分青州歷城割土置郡縣。領郡九、縣五十、户三萬八千七十六、口一十八萬一千一。去京都陸二千四百。泰始荒没，其後置立二州，共一刺史，郡縣十無八九。齊建元初，以北東海郡屬冀州。唯領一郡，郡領襄賁、僮、下邳、厚邱、曲成五縣而已。

廣川郡。本縣，《地理志》不言始立。景帝二年，以為廣川國。宣帝甘露三年復。明帝更名樂安。安帝延光中，改曰安平。晉武帝太康五年，又改為長樂，廣川縣。前漢屬信都，後漢屬清河，魏屬渤海，晉還清河。何《志》：廣川，江左所立。又有蓨縣而無廣川。孝武太明元年，省廣川之棗强、渤海之浮陽、高城立廣川縣，非舊廣川縣，屬廣川郡。領縣四、户三千二百五十、口二萬三千六百一十四。去州陸一百六十，去京都陸一千九百八十。以下郡縣，齊皆無之。【略】

平原郡。漢高帝立。領縣八、户五千九百一十三、口二萬九千二百六十七。【略】

清河郡。漢立，桓帝建和二年，改曰甘陵。魏復舊。何有重合縣。領縣七、户三千七百九十四、口二萬九千二百七十四。去州一百一十，去京都陸一千八十。【略】

樂陵郡。晉武帝分平原立。領縣五、户三千一百三、口一萬六千六百六十一。去州一百四十，去京都陸一千八百。【略】

魏郡。漢高帝立，江左省置。宋孝武帝又僑立，何無。領縣八、户六千四百五、口三萬三千六百八十二。【略】

河間郡。漢文帝二年，分趙立，江左屢省置。宋孝武帝又僑立，何無。領縣六、户二千七百八十一、口一萬七千七百七。【略】

頓丘郡。江左屢省置。宋孝武又僑立，何無。領縣四、户一千二百三十八、口三千八百五十一。【略】

高陽郡。前漢縣。晉武帝泰始元年，分涿為范陽縣屬焉。後又分范陽為高陽。江左屢省置。孝武又僑立，何無。領縣五、户二千□百九十七、口一萬四千七百二十五。【略】

渤海郡。漢高帝立。江左屢省置。孝武又僑立，何無。領縣三、户一千九百五、口一萬二千一百六十六。【略】

司州。漢之司隸校尉也。晉江左以來，淪没戎寇。雖永和太元王化暫及，太和、隆安還復湮陷牧司治任示舉大綱而已。縣邑、户、口不可具知。武帝北平關、洛，河南底定，置司州刺史，治虎牢，領河南、滎陽、弘農實土三郡。河南領洛陽、河南、鞏、緱氏、新城、梁、河陰、陸渾、東垣、新安、西東垣，凡十一縣。滎陽領京、密、滎陽、卷、陽武、苑陵、中牟、開封、成皋，凡九縣。弘農領弘農、陜、宜陽、黽池、盧氏、曲陽，凡七縣。三郡合二十七縣、一萬六千三百六户。又有河内、東京兆二僑郡，河内寄治河南，領温、野王、軹、河陽、沁水、山陽、懷平、朝歌，凡十縣，東京兆寄治滎陽，領長安、萬年、新豐、藍田、蒲阪，凡六縣，合十六縣、一千九百九十二户。少帝景平初，失河南地，司州復没，文帝元嘉末僑立于汝南縣瓠，尋亦省廢。明帝泰始中，復于南豫州之義陽郡立司州，北接陳、汝，控帶許、洛，有三關之隘，常為邊鎮，漸成實土焉。領郡四、縣二十。去京都水二千七百、陸一千七百。齊司州又有南義陽郡，領孝昌、平與、義昌、平陽、南安、平春。齊安郡，領。齊安、始安、義城、南安、義昌、義安。淮南郡，領關口、平氏。宋安左郡，領仰澤、樂寧、襄城。安蠻左郡，領木蘭、新化、懷中、聶陽、南聶陽、安蠻。永寧左郡，領中曲陵、曲陵、孝懷、安德。東義陽左郡，領永寧、革音、威清、永平。東新安左郡，領第五、南平、林始、平始、安平、林義、昌、固城、新化、西平。新城左郡，領孝懷、中曲、南曲陵、懷昌。圍山左郡，領及剌、章平、北曲洛、陽圍山、曲陵。建寧左郡，領建寧、陽城。北淮安左郡，領高邑。南淮安左郡，領慕化、柏源。北隨左郡，領濟山，油潘。東隨安左郡，領西隨、高城、牢山。

義陽郡。魏文帝立，後漢省，晉武帝又立。《太康地志》、《永初郡國》、何《志》並屬荆州，徐則南豫也。明帝泰始五年，度郢州。後廢帝元徽四年，屬司州。齊曰北義陽，屬司州。領縣七、户八千三十一、口四萬一千五百九十七。【略】

隨陽郡。晉武帝分南陽、義陽立易陽國，太康中又分義陽為隨國，屬荆州。孝武孝建元年，度屬郢州，前廢帝永光元年度屬雍州明帝泰始五年還屬郢，改為隨陽。後廢帝元徽四年，度屬司州。徐《志》又有革音縣，

晉無。領縣四、户四千六百。去京都三千四百八十。齊曰隨郡，又有安化縣。【略】

安陸郡。孝武孝建元年，分江夏立，徐《志》有安蠻縣。《永初郡國》、何並無，當是何《志》後所立，尋為郡。孝武大明八年，省為縣，屬安陸。明帝泰始初又立為左郡。宋末又省。領縣二、户六千四十三、口二萬五千八十四。去京都水二千三百。齊寄州治，領安陸、應城、新市、新陽、宣化五縣，無江夏縣。【略】

南汝南郡。齊曰汝南，寄州治，別領汝南、上蔡，凡九縣。【略】

荊州。漢治武陵、漢壽，魏、晉治江陵，王敦治武昌，陶侃前治沔陽、沌口，後治武昌，王廙治江陵，庾亮治武昌，庾翼進襄陽，復還夏口，桓温治江陵，桓沖治上明，王説還江陵。江陵去襄陽步道五百，勢同唇齒，故必重戍襄陽。此後遂治江陵。宋初領郡三十一，後分南陽、順陽、襄陽、新野、竟陵為雍州，湘川十郡為湘州。江夏武陽屬郢州隨郡義陽屬司州北義陽省凡餘十一郡文帝世武又立宋安左郡，領拓邊、綏慕、樂寧、慕化、仰澤、革音、歸德七縣，後省，改汶陽郡，又度屬。今領郡十二、縣四十八、户六萬五千六百四。去京都水三千三百八十。

南郡。秦立，漢文帝元年，為臨江國。景帝中元年後，改。晉武帝太康元年，改曰新興郡，尋復故。宋初領縣九。後州陵、監利度屬巴陵、旍陽。文帝元嘉十八年，省併枝江二漢，無旍陽，見《晉太康地志》，疑是吳所立。凡餘六縣、户一萬四千五百四十四、口七萬五千八十七。齊有。【略】

南平王國。吳南郡治江南，領江陵、華容諸縣。晉武帝太康元年，分南郡江南為南平郡，治作唐，後治江安。領縣四、户一萬二千三百九十二、口四萬五千四十九。去州水二百五十，去京都水三千五百，無陸。齊有。【略】

天門郡。吳孫休永安六年，分武陵立充縣。有松梁山，山有石，石開處數十丈，其高以弩仰射不至其上，名天門，因此名郡。充縣後省。孝武孝建元年，度郢州。明帝泰始三年，復舊。領縣四、户三千一百九十五。去州水一千二百、陸六百，去京都水三千五百。齊有縣同。【略】

宜都郡。《太康地志》、王隱《地道》、何《志》並云吳分南郡立。張勃《吳録》云：劉備立，按：《吳志》：呂蒙平南郡，據江陵。陸遜別取宜都，獲秭歸、枝江、夷道縣。初，權與劉備分荊州，而南郡屬備，則是備分南郡立宜都，非吳立也。習鑿齒云：魏武平荊州，分南郡枝江以西為臨江郡。建安十五年，劉備改為宜都。領縣四、户一千八百四十三、口三萬四千二百二十。去州水三百五十，無陸，去京都水三千七百三十。齊有縣同。【略】

巴東公國。譙周《巴記》云：初平六年，荊州帳下司馬趙韙建議分巴郡諸縣漢安以下為永寧郡。建安六年，劉璋改永寧為巴東郡，以涪陵縣分立丹興、漢葭二縣，立巴東屬國都尉，後為涪陵郡。《晉太康地志》：巴東屬梁州。惠帝太安二年，度益州。穆帝永和初平蜀，度屬荊州。《永初郡國志》無巴渠、黽陽二縣。領縣七、户一萬三千七百九十五、口四萬五千二百三十七。去州水一千三百，去京都水四千六百八十。《齊・志》目有巴州而卷佚之，疑治巴東也。建平、武寧、永寧俱宜屬之。《齊・志》又有漢平、涪陵、漢攻三縣，亦佚郡名，然亦巴州縣也。【略】

汶陽郡。何《志》新立，以臨沮西界水、陸紆險，行徑裁通，南通巴、巫，東南出州治，道帶蠻蜑，田上肥美，故立此郡以處流民。宋初有四縣，後省汶陽縣。今領三縣、户九百五十八、口四千九百一十四。去州水七百、陸四百，去京都四千一百。齊有縣同。【略】

南義陽郡。晉末以義陽流民僑立，宋初有四縣。孝武孝建二年，以平陽縣併厥西、平陽。本為郡，江左僑立。魏世分河東為平陽郡，晉末省為縣。今領縣二、户一千六百七、口九千七百四十一。齊有，縣同。【略】

新興郡。《魏志》：建安二十年，省雲中、定襄、五原、朔方四郡，郡立一縣，合為此郡，屬并州。晉江左僑立，宋初六縣，後省雲中。孝武孝建二年，又省九原縣併定襄，宕渠併廣牧。凡今領縣三、户二千三百一、口九千五百八十四。齊有，縣同。【略】

南河東郡。河東郡秦立，晉安帝咸康三年，征西將軍庾亮以司州僑户立，宋初八縣孝武孝建二年，以廣威併聞喜弘農臨汾併松滋安邑併永安。今領縣四、户二千四百二十三、口一萬四百八十七。去州水一百二十，去京都水三千五百。齊曰河東縣同。【略】

建平郡。吳孫休永安三年，分宜都立，領信陵、興山、秭歸、沙渠四縣。晉又有建平都尉，領巫、北井、泰昌、建始四縣。晉武帝咸寧元年，改都尉為郡，於是吳、晉各有建平。太康元年，吳平，併合。五年，省建始縣，後復立。《永初郡國》有南陵、建始、信陵、興山、永興、永寧、平樂七縣，今並無。按：《太康地志》無南陵、永新、永寧、平樂、新鄉五縣，疑是江左所立。信陵、興山、沙渠，疑是吳建始晉初所立也。領縣七、户一千三百二十九、口二萬八百一十四。去州水、陸一千，去京都水四千三百八十。【略】

永寧郡。晉安帝僑立，為長寧郡。宋明帝以名與文帝陵同，改爲永寧。宋初五縣，後省經安。孝武孝建二年，後以僮陽併長寧，綏寧併上黄。今領縣二、户一千一百五十七、口四千二百七十四。去州陸六十，去京都三千四百三十。【略】

武寧郡。晉安帝隆安五年，桓玄以沮漳降蠻立。領縣二、户九百五十八、口四千九百一十四。【略】

郢州。魏文帝黄初三年，以荆州江北諸郡為郢州，鎮夏口。二州之中，控帶湘川，邊接湞沔城，據黄鵠磯，瞰臨沔、漢，其年，罷幷荆，非今地。吳又立郢州。孝武孝建元年，分荆州之西夏、竟陵、隨、武陵、天門，湘州之巴郡，江州之武昌，豫州之西陽，又以南郡之州陵、監利二縣度屬巴陵，立郢州，天門後還荆。領郡六、縣三十九、户二萬九千四百六十九、口十五萬八千五百八十七。去京都水二千一百。齊郢州，又有。齊興郡，領綏懷、齊康、茸波、綏平、齊寧、上蔡。東牂牁郡，領宜南、平陽、西新市、南新市、西平陽、東新市。方城左郡，領城陽、歸義。北新陽郡，領西新陽、安吉、長寧。義安左郡，領綏安。南新陽左郡，領南新陽、新興、北新陽、角陵、新安。北遂安左郡，領東城、綏化、富城、南城、新安。新平左郡，領平陽、新市、安城。建安左郡，領霄城。

江夏郡。漢高帝立，本屬荆州。《永初郡國》及何《志》並治安陸，後治夏口。又有安陸、曲陵、曲後別郡。領縣七、户五千七十二、口二萬三千八百一十。齊有縣同，惟無孝昌縣。【略】

竟陵郡。晉惠帝元康九年，分江夏西界立。何《志》又有宋縣，徐無。領縣六、户八千五百九十六、口四萬四千三百七十五。去州水一千四百，去京都水三千四百。齊有縣同。【略】

武陵郡。高帝立。《續漢·郡國志》云：秦昭王立，名黔中郡。高帝五年，更名。領縣十、户五千九十、口三萬七千五百五十五。去州水一千，去京都水三千。齊無遷陵，而有零陵縣，餘同。【略】

巴陵郡。文帝元嘉十六年，分長沙之巴陵、蒲圻、下雋，江夏之沙陽四縣立，屬湘州。孝武孝建元年，割南郡之監利、州陵度江夏，屬郢州。二年，又度長寧之綏安屬巴陵。何《志》訖元嘉二十年。巴陵郡以十六年立，應在何《志》而闕。領縣四、户五千一百八十七、口二萬五千三百一十六。去州水五百，去京都水二千五百。齊同。【略】

武昌郡。《晉起居注》：太康元年，改江夏為武昌郡。領縣三、户二千五百四十六、口一萬一千四百一十一。去京都水一千一百。齊有義寧縣，寄治鄂。又有真陽縣，而《永明三年户口名簿》無。【略】

西陽郡。本漢縣名。晉惠帝分弋陽為西陽國。《永初郡國》、何、徐並有弋陽縣。今領縣十、户二千九百八十三、口一萬六千一百二十。去州水二百八十，去京都水一千七百二十。齊有期思縣，而《永明三年户口名簿》無。【略】

湘州。晉懷帝永嘉元年，分荆州之長沙、衡陽、湘東、邵陵、零陵、營陽、建昌、江州之桂陽八郡立，治臨湘。成帝咸和三年省。安帝義熙八年，復立。十二年，又省。宋武帝永初三年，又立。文帝元嘉八年省。十七年，又立。二十九年，又省。孝武孝建元年，又立建昌郡。晉惠帝元康九年，分長沙東北下雋諸縣立。成帝咸康元年省。元嘉十六年，立巴陵郡，屬湘州，後度郢。領郡十、縣六十二、户四萬五千八十九、口三十五萬七千五百七十二。去京都水三千三百。

長沙王國。秦立，宋初十縣，下雋、蒲圻、巴陵屬巴陵。今領縣七、户五千六百八十四、口四萬六千闕百一十三。齊有湘陰縣、漢攸縣。【略】

衡陽王國。吳孫亮太平二年，分長沙西部都尉立。領縣七、户五千七百四十六、口二萬八千九百九十一。去州水二百二十，去京都水三千七百。齊無湘南、重安二縣。【略】

桂陽郡。漢高立。領縣六、户二千二百一十九、口二萬二千一百九十二。去州水一千四百，去京都水四千九百四十。齊同。【略】

零陵王國。漢武帝元鼎六年立。領縣七、户三千八百二十八、口六萬四千八百二十八。去州一千四百，去京都水四千八百。齊同。【略】

營陽郡。江左分零陵立。領縣四、户一千六百八、口二萬九百二十七。去州水一千七百一，去京都水五千五百五十。齊有。【略】

湘東郡。吴孫亮太平二年，分長沙東部都尉立，晉世七縣。孝武太元二十年，酃、利陽、新平三縣。今領縣五、户一千三百九十六、口一萬七千四百五十。去州水、陸七百，去京都水三千六百。齊無湘陰，有攸、重安二縣。【略】

邵陵郡。吴孫皓寶鼎元年，分零陵北部都尉立。領縣七、户一千九百一十六、口二萬五千五百六十五。去州水七百、陸一千三百，去京都水四千五百。齊同。【略】

廣興公國。吴孫皓甘露元年，分桂陽南部都尉立始興郡。宋明帝泰始六年，立岡溪縣，割始興之封陽、陽山、含、湞四縣立宋安郡，屬湘州。太豫元年，復缺省岡溪縣，改始興曰廣興。領縣七、户一萬一千七百五十六、口七萬六千二百二十八。去州水一千三百九十，去京都水五千。齊曰始興，又有仁化。今階、霊、溪等三縣。【略】

臨慶王國。吴分蒼梧立，為臨賀郡。宋明帝改名。領縣九、户三千七百一十五、口三萬一千五百八十七。去州水、陸二千八百，去京都水、陸五千五百七十。齊曰臨賀縣同。【略】

始建王國。吴孫皓甘露元年，分零陵南部都尉立始安郡。宋明帝改名。領縣七、户三千八百三十、口二萬二千四百九十。去州水二千八十、陸二千六百三十，去京都水五千五百九十。齊曰始安，無樂化縣。【略】

雍州。晉中朝荆州都督所治也。江左雍、秦流民南出樊、沔，孝武始於襄陽僑立。雍州郡縣疆蠻帶沔，阻以重山，北接宛、洛，平塗直出，跨對樊、鄧，鄢僑北門。宋文帝元嘉二十六年，割荆州之襄陽、南陽、新野、順陽、隨五郡為雍州，而僑郡縣猶寄寓在諸郡界。孝武大明中，又分實土郡縣以為僑郡縣境。徐《志》：雍州有北上洛、北京兆、義陽三郡。北上洛，晉孝武立，領上洛、北南酆陽、陽亭、北拒陽五縣。北京兆領北藍田、霸城、山北三縣，並云景平中立。義陽云晉安帝立，領平氏、襄鄉二縣。酆陽、陽亭、北拒陽並云安帝立，餘縣不注置立。今並無此三郡。今領郡十七、縣六十、户三萬八千九百七十五、口十六萬七千四百六十七。去京都水四千四百、陸二千一百。齊有西汝南郡、北上洛郡、齊安郡、齊康郡、招義郡。上五郡不見屬縣。寧蠻府領郡如左，西新安郡領新安、汎陽、安化、南安四縣，義寧郡領筑、義寧、汎陽、武當、武陽五縣，南襄郡領新安、武昌、建武、武平四縣，北建武郡領東莨秋、霸、北郡、高羅、西莨秋、平邱六縣，蔡陽郡領樂安、東蔡陽、西蔡陽、新化、楊子、新安六縣，永安郡領東安、樂新、安西、安樂、勞泉四縣，安定郡領思歸、歸化、皋亭、新安、士漢、士頃六縣，懷化郡領懷化、編、遂城、精陽、新化、遂寧、新陽七縣，武寧郡領新安、武寧、懷寧、新城、永寧五縣，新陽郡領東平東、林頭、章新、安朗城、新市、新陽、武安、西林八縣，義安郡領郊鄉、東里、永明、山都、義寧、西里、義安、南錫、義清九縣，高安郡領高安、新集二縣，左義陽郡、南襄城郡、廣昌郡、東襄城郡、北襄城郡、懷安郡、北弘農郡、西弘農郡、析陽郡、北義陽郡、漢廣郡、中襄城郡，以上十二郡没虜。

襄陽公國。魏武帝平荆州，分南郡編以北及南陽之山都立，屬荆州。魚豢云：魏文帝立。《永初郡國》、何《志》並有宜城，屬南、上黄縣，徐《志》無。領縣三、户四千二十四、口一萬六千四百九十六。齊又有建昌縣。【略】

南陽郡。秦立，屬荆州。《永初郡國》有比陽、魯陽、赭陽、西鄂、犨、葉、雉、博望八縣，何《志》無犨雉，徐《志》無比陽、魯陽、赭陽、西鄂、博望，而有葉，餘並同。孝武大明元年，省業縣。領縣七、户四千七百二十七、口三萬八千一百三十二。去州三百六十，去京都水四千四百。齊同。【略】

新野郡。何《志》：晉惠帝分南陽立。《永初郡國》、何《志》有棘陽、蔡陽、鄧縣，徐無。孝武大明元年，省蔡陽。今領縣五、户四千二百三十五、口一萬四千七百九十三。去州一百八十，去京都水四千五百八十。齊又有惠懷縣。【略】

順陽郡。魏分南陽立，曰南鄉。晉武帝更名。成帝咸康四年，復立南鄉。後復舊。《永初郡國》及何《志》有朝陽、武當、酇、陰、汎陽、筑、析、脩，凡八縣。徐《志》唯增朝陽。朝陽，孝武大明元年省。領

縣七、户四千一百六十三、口二萬三千一百六十三。齊無朝陽縣。【略】

京兆郡。故秦內史。漢高帝元年，屬塞國。二年，更為渭南郡。九年罷，復為內史。武帝建元六年，分為右內史。太初元年，更為京兆尹。魏改為京兆郡。初僑立，寄治襄陽。朱序没氏，孝武太元十一年，復立。大明土斷，割襄陽四界為實土，雍州僑郡先屬府，武帝永初元年，屬州。《永初郡國》有藍田、鄭、池陽、南霸城、新康五縣。何《志》無新康而有新豐，徐無。孝武大明元年，省京兆之盧氏、藍田、霸城縣，盧氏當是何《志》後所立，二漢屬弘農，《晉太康地志》屬上洛，新康疑是晉末所立。領縣三、户二千三百七、口九千二百二十三。齊又有魏縣。【略】

始平郡。晉武太始二年，分京兆扶風立。後分京兆扶風僑立，治襄陽，今治武當。《永初郡國》唯有始平、平陽、淆水三縣，何《志》有槐里、宋寧、宋嘉三縣，而清水、始平與《永初郡國》同。領縣四、户二千七百九十七、口五千五百一十二。齊同。【略】

扶風郡。故秦內史。高帝元年，屬雍國。二年，更為中地郡。九年罷。後為內史。武帝建元六年，分為右內史。太初元年，更名為右扶風，僑立，治襄陽，今治筑口。《永初郡國》及何《志》唯有郡魏昌縣，孝武大明元年，省魏昌。領縣三、户二千一百五十七、口七千二百九十。齊同。【略】

南上洛郡。《永初郡國》、何《志》雍州並有南上洛郡，寄治魏興，今梁州之上洛是也。北上洛，蓋是何《志》以後僑立耳，今治曰。何、徐《志》：雍州南上洛，晉武帝立。北上洛云晉孝武立，非也。徐有南北陽亭、陽安縣，不注置立。今領縣二、户一百四十四、口四百七十七。齊同。【略】

河南郡。故秦三川郡。漢高帝更名。光武都洛陽，建武五年，改曰河南尹，僑立，始治襄陽。孝武大明中，分沔北為境。《永初郡國》及何《志》並又有陽城、緱氏縣。徐無此二縣，而又僑洛陽、陽城縣。孝武大明元年，省洛陽。當是何《志》後立。領縣五、户三千五百四十一、口一萬三千四百七十。去州陸三十五。齊同。【略】

廣平郡。江左僑立，治襄陽，今為實土。《永初郡國》及何《志》並又有義陽、曲周、邯鄲、無酇、比陽。徐無復邯鄲縣、易陽、曲周。孝武大明元年，省邯鄲，應是土斷省。領縣四、户二千六百二十七、口六千二百九十三。齊同。【略】

義成郡。晉孝武立，治襄陽，今治均。《永初郡國》又有下蔡、平阿縣，何同。孝武大明元年，省下蔡，始亦流寓立也。平阿當是何《志》後省。領縣二、户一千五百二十一、口五千一百一。齊同。【略】

馮翊郡。故秦內史。高帝元年，屬塞國。三年，更名為河上郡。九年罷，復為內史。武帝建元六年，分為左內史。太初元年，更名三輔。流民出襄陽，文帝元嘉六年立，則何《志》應有而無，治襄陽，今治郡。領縣三（疑）、户二千七十八、口五千三百二十一。齊又有蓮勺縣。【略】

南天水郡。徐《志》：本西戎流寓，今之巖州。《永初郡國》、何《志》並無，當是何《志》後立。又有冀縣，孝武大明元年省。領縣四、户六百八十七、口三千一百二十二。齊無河陽縣。【略】

建昌郡。孝建元年，刺史朱脩之免軍、户為永興、安寧二縣，立建昌郡，又立永寧為昌國郡，並寄治襄陽、昌國，後省。徐《志》建昌又有永寧縣，今無。領縣二、户七百三十二、口四千二百六十四。齊同。【略】

華山郡。胡人流寓，孝武大明元年立，今治大隄。領縣三、户一千三百九十九、口五千三百四十二。齊同。【略】

北河南郡。晉孝武太元十年，立北河南郡，後省。《永初郡國》、何、徐《志》並無。明帝泰始末復立，寄治宛中。領縣八。齊同。【略】

弘農郡。漢武帝元鼎六年立，宋明帝末立，寄治五龍。領縣三。齊同。【略】

梁州。《禹貢》：舊州，周以梁為雍、漢，以梁為益，治廣漢洛縣。魏元帝景元四年平蜀，復立梁州，治漢中。南鄭而益州，治成都。李氏據梁、益，江左於襄陽僑立梁州。李氏滅，復舊。譙縱時，又治漢中，刺史張光治魏興。縱滅，刺史還治漢中之苞中縣，所謂南城也。文帝元嘉十年，刺史甄法護於南城失守，刺史蕭思話還治南鄭。《永初郡國》又有宕渠郡、北渠郡。《宋起居注》：元嘉十六年，割梁州宕渠郡度益州，今益郡、宕渠郡曰南宕渠。何、徐並有北宕渠郡，唯領宕渠一縣。何云：本巴西流民，今無。齊有齊興郡，領齊興、安昌、鄖鄉、錫安、富、略陽六縣，晉昌郡領安晉、宣漢、吉陽、萇壽、東關、新興、延壽、安樂八縣，東晉壽郡，右一郡縣邑事，亡弘農郡、東昌魏郡、略陽郡、北梓潼郡、廣萇郡、三水郡、思安郡、宋昌郡、熙寧郡、南泉郡、三巴郡、江陵郡、懷化郡、歸寧郡、東犍為郡、北宕渠郡、宋康郡、南漢郡、南梓潼郡、始寧郡、江陽郡、南部郡、南安郡、建安郡、壽陽郡、南陽郡、宋寧郡、歸化郡、始安郡、平南郡、懷寧郡、新興郡、南平郡、齊兆郡、齊昌郡、新化郡、寧章郡、鄰溪郡、京兆郡、義陽郡、歸復郡、安寧郡、東宕渠郡、宋安郡、齊安郡，凡四十五郡，荒或無民户。

漢中郡。秦立，漢獻帝建安二十年，魏武平張魯，復漢寧郡為漢中，疑是此前改漢中曰寧也。《晉地記》云：孝武太元十五年，梁州刺史周表立，又疑是李氏所省，李氏平後復立。《永初郡國》又有苞中縣、作中懷安二縣。領縣四、户一千七百八十六、口一萬三百三十四。齊有上庸縣。【略】

魏興郡。魏文帝以漢中移民在東垂者立，江左還本。領縣十三（疑）。去州一千二百，去京都水六千七百。齊無鄖鄉、錫、長樂、安晉、延壽、宣漢等縣。【略】

新興郡。何云：晉元帝立，本巴漢流民，宋末省晉昌郡立新興郡，以晉昌之長樂、安晉、延壽、安樂屬魏興郡，宣漢屬巴渠郡，寧都屬安康郡。《永初郡國》有永安縣。何、徐無，今亦無復新舞縣。何云：巴東夷人。今領縣二。【略】

新城郡。魏文帝分立。領縣六、户一千六百九十八、口七千五百九十四。去州陸一千五百，去京都水二千三百。齊曰南新城。【略】

上雍郡。魏明帝太和二年，分新城之上庸、武陵、北巫為上庸郡。景初元年，又分魏興之魏陽、錫郡之安富、上庸為郡，疑是太和後省，景初又立也。《永初郡國》有上庸、廣昌，何有廣昌。領縣七、户四千五百五十四、口二萬六百五十三。去州陸二千三百，去京都水六千七百。齊有新豐縣。【略】

新巴郡。晉安帝分巴西立，何、徐又有新歸縣。何云新立，今無。領縣三、户三百九十三、口二千七百四十九。【略】

北巴西郡。何《志》不注置立。《宋起居注》：文帝元嘉十二年，於劍南立北巴西郡，今益州無此郡。又《永初郡國》、何、徐梁州並有北巴西，而益州無，疑是益部僑立，尋省，梁州北巴西是晉末所立也。《永初郡國》：領閬中、漢昌二縣。何又有宋昌縣云：新立。徐無宋昌，有宋壽。何、徐並領縣四，今六（疑）。去州一千四百，去京都水九千九百。齊有宋壽、漢昌二縣。【略】

北陰平郡。《晉太康地志》：故廣漢屬國都尉。何《志》：蜀方立。《永初郡國》曰：北陰平領陰平、綿竹、平武、賨中、胄旨五縣。何、徐直曰陰平領二縣，與此同。户五百六、口二千一百二十四，寄治州下。【略】

南陰平郡。《永初郡國》唯領陰平一縣。徐《志》無『南』字，云：陰平，舊民流寓立，唯領懷舊一縣。何無。今領縣二、户四百七。【略】

巴渠郡。何《志》：新立。領縣七、户五百、口二千一百八十三。【略】

懷安郡。何《志》：新立。領縣一、户四百七、口二千三百六十六，寄治州下。【略】

宋熙郡。何、徐《志》：新立。領縣五、户一千三百八十五、口二千一百二十八。去州七百，去京都九千八百。【略】

白水郡。《永初郡國》、何並無，徐《志》：仇池氏流寓立，有漢昌縣。今領縣六、户六百五。【略】

南上洛郡。《晉太康地志》：分京兆立上洛郡。《永初郡國》、何《志》：僑寄魏興，即此郡也。徐《志》：巴民新立。徐《志》已屬梁州矣。《永初郡國》無豐陽而有陽亭，何、徐有，何不注陽亭置立。領縣六。【略】

北上洛郡。徐《志》：巴新立。領縣七、户二百五十四。齊曰上洛，無北上洛，而有齊化、齊寧、京兆、新寧、新附、東鄰陽諸縣。【略】

安康郡。宋末分魏興之安康縣及晉昌之寧都縣立。【略】

南宕渠郡。《永初郡國》有宕渠郡，領宕渠、漢興、宣漢三縣，屬梁州。元嘉十六年，度屬益州，非此南宕渠也。何、徐：梁並無此郡，疑是徐《志》後所立。【略】

懷漢郡。孝武孝建二年立。領縣二、户四百十九。齊曰懷安。【略】

秦州。晉武帝泰始五年，分隴右五郡及涼州金城、梁州陰平并七郡為秦州，治天水冀縣。太康三年，併雍州。惠帝元康七年，復立。何《志》：晉孝武復立，寄治襄陽，雍州刺史常督之。安帝世，治漢中南鄭。隆安二年，郭銓始為梁、南秦州刺史，州寄治漢中。四年，桓玄督七州，但云秦州。元興元年，以苻堅子宏為北秦州刺史。自此荆州都督常督秦州、梁州，常帶南秦州刺史。義熙三年，以氐王楊國為北秦州刺史。十四年，置東秦州劉義真為刺史，郭恭為梁州刺史，尹雅為秦州刺史，宋文帝為荆州都督，督秦州，又進督北秦州，州名雜出，省置不見《永明郡國志》。秦州寄治漢中南鄭，不曰南、北。元嘉計偕亦云秦州。而荆州都督常督二秦、梁、南秦州刺史，是則《志》所載秦州為南秦、氐為北秦。領郡十四、縣四十二、户八千七百三十二、口四萬八百八十八。齊又有仇池郡，領上辯、倉泉、白石、夷安四縣，東寧郡領西安、北地、南漢三縣。

武都郡。漢武帝元鼎六年立。《永初郡國》又有河池故道縣。今領縣三、户一千二百七十四、口六千一百四十。【略】

略陽郡。何《志》：故曰漢陽，魏分立曰廣魏，武帝更名。《永初郡國》有清水縣，何、徐無。領縣三、户一千三百五十九、口五千六百五十七。【略】

安固郡。《永初郡國志》有安固郡。又南安固郡，元嘉十六年度益州。今領縣二、户一千五百五、口二千四十四。齊有安固縣。【略】

西京兆郡。晉末三輔流民出漢中僑立。領縣三、户六百九十三、口四千五百五十二。齊無『西』字。【略】

南太原郡。何《志》云：故屬并州，流寓割配。《永初郡國》又有清河高堂縣。領縣一、户二百三十三、口一千一百五十六。【略】

南安郡。何《志》云：魏分立。《永初郡國》無。領縣二、户六百二十、口三千八十九。【略】

馮翊郡。三輔流民出漢中，文帝元嘉二年，僑立。領縣五、户一千四百九十、口六千八百五十四。【略】

隴西郡。秦立。文帝元嘉初關中民三千二百三十六户歸化，六年立。今領縣六、户一千五百六十一、口七千五百三十。齊無襄武、臨洮。【略】

始平郡。《永初郡國》無。領縣三、户八百五十九、口五千四百四十一。【略】

金城郡。漢昭帝始元六年立。《永初郡國》無，何、徐領縣二、户三百七十五、口一千。齊有襄武、臨洮二縣。【略】

安定郡。漢武帝元鼎三年立。《永初郡國志》無。領縣二、户六百四十、口二千五百一十八。【略】

天水郡。漢武帝元鼎三年立，明帝改曰漢陽，雍州已有此縣。《永初郡國》無。領縣二、户八百九十三、口五千二百二十八。【略】

西扶風郡。晉末三輔流民出漢中僑立。領縣二、户一百四十四。【略】

北扶風郡。孝武孝建二年，以秦、雍流民立。領縣三。時又有廣長郡，又立武階縣領氐民，尋省。齊無此郡。【略】

益州。漢武帝分梁州立，鎮成都。魏景元四年，開拓夷荒，稍成郡縣，如漢之永昌，晉之雲山之類是也。蜀侯輝、杜以來，四為偏據，故諸葛亮云『益州險塞，沃野大府』，劉頌亦謂『成都宜處親子弟以為王國』。故立成都王穎，竟不之國。三峽險阻，蠻夷孔熾，西通芮芮、河南，亦如漢武威，張掖為西域之道也。方面疆鎮，途出萬里，晉世以處武臣，宋世亦以險遠，諸王不牧。泰始中，成都市橋忽生小洲。始康人邵碩有術數見之，曰洲生。近市常有貴王臨境。永明二年，而始興王鎮為刺史。州土環富，西方之一都焉。領郡二十九、縣一百二十八、户五萬三千一百四十一、口二十四萬八千二百九十三，去京都水九千九百七十。齊又有扶風郡，領武江、華陰、茂陵三縣。南安郡，領南安、華陽、白水、樂安、恒道五縣。東宕渠獠郡，領宕渠、平州、漢初三縣。北部都尉、越巂獠郡、沈黎獠郡、釐陵，今無户數，甘松獠郡、始平獠郡、齊開左郡、齊通左郡、右二左郡，建武三年置。

蜀郡。秦立。晉武帝太康中改曰成都國，後復舊。領縣五、户一萬一千九百二、口六萬八百七十六。

廣漢郡。漢高帝六年立，《晉太康地志》領縣六、户四千五百八十六、口二萬七千一百四十九。去州陸六百，去京都水九千九百。【略】

巴西郡。譙周《巴記》：建安六年，劉璋分巴郡墊江以上為巴西郡。徐《志》本南陽冠軍流民寓入蜀漢，晉武帝，非也。文帝元嘉十六年，度。何《志》梁、益二州無此郡。領縣九、户四千九百五十四、口三萬三千三百四十六。齊有東關縣。【略】

梓潼郡。《晉太康地志》：劉氏分廣漢立。《永初郡國》又有漢德、新興，徐同。徐云：新興，義熙九年立。漢德舊縣，案：二漢並無漢德縣。《晉太康地志》、王隱並有，疑是劉氏所立，何益、梁二州無此郡。領縣四、户三千三十四、口二萬一千九百七十六。齊有漢德、新興二縣。【略】

巴郡。秦立，舊有涪陵郡併入巴。泰始五年，分荆、益五郡立三巴校尉，即此。領縣四、户三千七百三十四、口一萬三千一百八十三。去州內水一千八百、陸五百外水二千二百，去京都水六千。齊屬巴州。【略】

遂寧郡。《永初郡國》有，何無。徐云：舊立。領縣四、户三千三百二十。齊曰東遂寧。【略】

江陽郡。劉璋分犍為立，中失本土，寄治武陽。領縣四、户一千五百二十五、口八千二十七。【略】

懷寧郡。秦、雍流民晉安帝立，本屬南秦，文帝元嘉十六年，度益州。領縣三、户一千三百一十五、口五千九百五十寄治成都。齊有懷道縣。【略】

寧蜀郡。《永初郡國》有而何無。徐云：舊立。《永初郡國》及徐並郡西墊江縣。晉無。領縣四、户一千六百四十三。齊無西鄉，有墊江。【略】

越嶲郡。漢武帝元鼎六年立，故邛都國。何《志》無。領縣八、户一千三百四十九。齊無。【略】

汶山郡。《晉太康地志》：漢武帝立。孝宣地節三年，合蜀郡。劉氏又立。領縣二、户一千一百七、口六千一百五。去州陸一百，去京都水一萬。齊有齊基縣。【略】

南陰平郡。永嘉流寓來屬，寄治長陽。領縣二、户一千二百四十、口七千五百九十七。齊有南鄭、南長樂二縣。【略】

犍為郡。漢武帝建元六年，開夜郎國立。領縣五、户一千三百九十、口四千五十七。去州陸九十，去京都水一萬。【略】

始康郡。關隴流民晉安帝立。領縣四、户一千六十三、口四千二百二十六，寄治成都。【略】

晉熙郡。秦州流民晉安帝立。領縣二、户七百八十五、口三千九百二十五。【略】

晉原郡。李雄分蜀郡為漢原，晉穆帝更名。領縣五、户一千二百七十二、口四千九百六十。去州陸一百二十，去京都水一萬。齊曰晉康。【略】

宋寧郡。文帝元嘉十年，免吳營僑立。領縣三、户一千三十六、口八千三百四十二。寄治成都。齊曰永寧。【略】

安固郡。張氏於涼州立。晉哀帝時，民流入蜀僑立。此郡本屬南秦，文帝元嘉十六年，度益州。領縣六、户一千一百二十、口六千五百五十七。去州一百三十，去京都水一萬。齊無略陽、下邽，有南苞中、南沔陽、南城固三縣。【略】

南漢中郡。《晉地記》：孝武太元十五年，梁州刺史周瓊表立。徐《志》：北漢中民流寓，孝武大明三年立。領縣與此同。以《永初郡國》及《起居》檢，則是太元所立，而何《志》無此郡，當是永初以後。後省，大明三年復立也。領縣五、户一千八十四、口五千二百四十六。齊并入安固郡。【略】

北陰平郡。徐《志》：本屬秦州，文帝元嘉二十六年，度。《永初郡國》、何《志》：秦、梁、益並無。領縣四、户一千五十三、口六千七百六十四。齊有扶風、京兆、綏歸等三縣。【略】

武都郡。《永初郡國》、何《志》：益州並無此郡。徐《志》：本屬泰州，流寓立。領縣五、户九百八十一、口四千四百一。齊并入新城郡。【略】

新城郡。何《志》：新分廣漢立。領縣二、户七百五十三、口五千九百七十一。去州缺，去京都九千五百三十。齊無所領縣，而領武都郡下辯以下四縣。【略】

南新巴郡。《起居注》：新巴民流寓，文帝元嘉十二年，于劍南立。何《志》：新立新巴民，先屬梁州，既立割配。領縣六、户一千七十、

口二千六百八十三。齊有晉熙縣。【略】

南晉壽郡。梁州元有晉壽。文帝元嘉十二年，于劍南以僑流立。領縣五、户一千五十七、口一千九百四十三。去州一百二十，去京都水一萬。齊無興安以下四縣，有南晉壽、白水、南興三縣。【略】

宋興郡。文帝元嘉十年，免建平營立。領南陵、建昌二縣。何《志》無復南陵，有南漢、建忠。徐無建忠，有永川。何云：建忠新立。領縣三、户四百九十六、口一千九百四十三。寄治成都。齊曰安興。【略】

南宕渠郡。徐《志》：本南中民蜀立。《永初郡國》：梁州有宕渠郡。領縣三，與此同，而無『南』字。何同，若此郡元嘉十六年度益，則何《志》應在益部，未詳。領縣三、户五百四、口三千一百二十七。齊曰西宕渠，有東關縣。【略】

天水郡。《永初郡國》、何《志》益州無此郡。徐《志》與今同。領縣三、户四百六十一。【略】

東江陽郡。何《志》：晉安帝永初流寓入蜀，今新復舊土為郡。領縣二、户一百四十二、口七百四十。去州一千五百八十，去京都水八千九十。齊有安樂縣。【略】

沈黎郡。《蜀記》云：漢武元鼎十一年，分蜀西部邛莋為沈黎郡。十四年罷。案：元鼎至六年，云十一年，非也。又二漢、晉並無此郡。《永初郡國》有，何無，徐云舊郡。領縣四、户六十五。齊無。【略】

寧州。晉武帝泰始七年，分益州南中之建寧、興古，雲南之永昌四郡立。太康三年，省立南夷校尉。惠帝太安二年，復立，（增）牂牁、越嶲、朱提三郡。成帝咸康四年，分牂牁、夜郎、朱提、越嶲四郡為安州。尋越嶲後還益州。今領郡十五、縣八十一、户一萬二百五十三，去京都一萬三千三百。齊又領西阿郡，領楪榆、新豐、遂三縣。平樂郡，領益寧、安寧二縣。北朱提郡，領河陽、義城二縣。宋昌郡，領江陽、安上、犍為三縣。永昌郡，領永安、永口、不建、犍為、雍鄉、西城、博南。據《水經》有不韋山，哀牢國也，有牢水。益寧郡，領武陽、綿水二縣。南犍為郡、西益郡、江陽郡、犍為郡、永興郡、永寧郡、安寧郡，以上六郡，隆昌元年置東朱提郡、安上郡。

建寧郡。漢益州郡滇王國，劉氏更名。領縣十三、户二千五百六十二。齊曰建平郡。【略】

晉寧郡。晉惠帝永安二年，分建寧西七縣為益州郡，晉懷帝更名。領縣七（疑）、户六百三十七。去州七百三十，去京都水一萬三千七百。齊有俞元縣。【略】

牂牁郡。漢武帝元鼎六年立。領縣六、户一千九百七十。去州一千五百，去京都水一萬二千。齊曰南牂牁郡。【略】

平蠻郡。晉懷帝永嘉五年，寧州刺史王遜分牂牁、朱提、建寧立平夷郡，後避桓温諱改。領縣二、户二百四十五，去京都水一萬三千。齊無鱉縣，有穀邑縣。【略】

夜郎郡。晉懷帝永嘉五年，寧州刺史王遜分牂柯、朱提、建寧立。領縣四、户二百八十八。去州一千，去京都水一萬四千。【略】

朱提郡。劉氏分犍為立。領縣五、户一千一十。去州七百二十，去京都水一萬四千六百。齊曰南朱提郡，無臨利縣。【略】

南廣郡。晉懷帝分朱提立。領縣四、户四百四十。去州水二千三百，去京都水一萬四百。【略】

建都郡。晉成帝分建寧立。領縣六、户一百七。去州二千，去京都水一萬五十。齊曰建寧。【略】

西平郡。晉懷帝永嘉五年，寧州刺史王遜分興古之東立，何《志》晉成帝立，非也。《永初郡國》、何《志》並有西寧縣。何云：晉成帝立，今無。領縣五、户一百七十六。去州二千三百，去京都水一萬五千三百。齊有西寧縣。【略】

西河郡。晉成帝分河陽立。領縣三、户三百六十九。去州水二千五百，去京都水一萬五千五百。齊曰西河郡。【略】

東河陽郡。晉懷帝永嘉五年，寧州刺史王遜分永昌雲南立。《永初郡國》又有西河陽，領楪榆、達段、新豐三縣，何、徐無。領縣二、户一百五十二。去州二千，去京都水一萬五千。【略】

雲南郡。《晉太康地志》云：故屬永昌。何《志》：劉氏分建寧、永昌立。領縣五（疑）、户三百八十一。去州一千五百，去京都水一萬四千五百。齊無雲南縣，有邪龍。【略】

興寧郡。晉成帝分雲南立。領縣二、户七百五十三。去州一千五百，

去京都水一萬四千五百。【略】

興古郡。漢舊郡。《晉太康地志》：故牂柯。何《志》：劉氏分建寧、牂柯立，則是後漢末省也。領縣六、户三百八十六。去州二千三百，去京都水一萬六千。【略】

梁水郡。晉成帝分興古立。領縣七、户四百三十一。去州水三千，去京都水一萬六千。【略】

廣州。吴孫休永安七年，分交州立。領郡十七、縣一百三十六、户四萬九千七百二十六、口二十萬六千六百九十四，去京都水五千二百。齊又領廣熙郡，領龍鄉、羅平、賓化、寧鄉、長化、定昌、永熙、寶寧八縣。齊樂郡，領希平、觀寧、臻安、宋平、綏南、對陵六縣。齊康郡，領樂康縣。齊建郡，領初寧、永城二縣，及齊熙郡。

南海郡。秦立。秦敗，尉佗王此地。至漢武帝元鼎六年，開屬交州。領縣十、户八千五百七十四、口四萬九千一百五十七。齊無始昌縣，而有新豐、羅陽、安遠、河源四縣。【略】

蒼梧郡。漢武帝元鼎六年立。《永初郡國》又有高要、建陵、寧新、都羅、端溪、撫寧六縣，建陵、寧新、吴立，都羅，晉武分建陵立。晉武帝太康元年，改新寧曰寧新，端溪、撫寧始見。《永初郡國》高要，何《志》無餘，與《永初郡國》同。徐《志》無建陵、寧新、撫寧三縣。何、徐二《志》並有懷熙一縣。思安、對興、蕩康、僑寧四縣，疑是宋末度此也。今領縣十一、户六千五百九十三、口一萬一千七百五十三。去州水八百，去京都水五千五百九十。齊無武化而有寧新、撫寧二縣。【略】

晉康郡。晉穆帝永和七年，分蒼梧立，治元溪。《永初郡國》治龍鄉，何《志》復龍鄉縣，當是晉末立。元嘉二十年，前以龍鄉併端溪也。《永初郡國》又有對興、蕩康、思安、遼安、開平縣。何《志》無遼安、開平二縣，餘與《永初郡國》同。對興、蕩康、思安、遼安、開平應是晉末立。元嘉二十年前省。今領縣十四、户四千五百四十七、口一萬七千七百一十。去州永五百，去京都水五千八百。齊無僑寧而有義立、威城二縣。【略】

新寧郡。晉穆帝永和七年，分蒼梧立。《永初郡國》有平興、永城縣。何、徐《志》有永城，無平興，此二縣當是晉末立。平興當是元嘉二十年以前省，永城當是大明八年以後省。何《志》又有熙寧縣，云新立，當是文帝所立。徐《志》無當是元嘉二十年後省也。今領縣十四、户二千六百五十三、口一萬五百一十四。去州水六百二十，去京都水五千六百。【略】

永平郡。晉穆帝升平五年，分蒼梧立。《永初郡國》有雷鄉、盧平、員鄉、逋寧、開城五縣，當是郡俱立。何《志》、徐無雷鄉、員鄉。又有熙平，云新立，疑是文帝所立。雷鄉、員鄉，當是元嘉二十年以前省。盧平、逋寧、開城，當是大明八年以後省。今領縣七（疑）、户一千六百九、口一萬七千二百二。去州水一千二百，去京都五千四百。齊又有盧平、員鄉、逋寧、雷鄉、開城、毗平六縣。【略】

鬱林郡。秦桂林郡，屬尉佗。武帝元鼎六年，復更名。《永初郡國》有安遠、程安、威定、中胄、歸化五縣。中胄疑是桂林之中溜，歸化二縣。《晉太康地志》無疑是江左所立。何《志》無中胄、歸化，餘三縣，屬桂林。徐《志》同。今領縣十七、户一千一百二十一、口五千七百二十七。去州水一千六百，去京都水七千九百。齊無安始、新邑、建初而有始集縣。【略】

桂林郡。本縣名，屬鬱林。吴孫皓鳳皇三年，分鬱林，治武熙縣，不知何時徙。《永初郡國》有長安、夾陽二縣。夾陽，晉武帝太康元年，分龍岡立長安。《太康地志》有而王隱無，何、徐並無此二縣。今領縣七、户五百五十八、口二千二百五。去州水一千五百七十五，去京都水六千八百。齊無陽平而有騰溪、潭平、龍岡、臨浦、武豐、潭中、安化七縣，潭中有潭水、浪水。【略】

高涼郡。二漢有高涼縣，屬合浦。漢獻帝建安二十三年，吴分立，治思平縣，不知何時徙。吴又立高熙郡，太康中省併高涼。宋世又經立，尋省。《永初郡國》高涼又有石門、廣化、長度、宋康四縣，何、徐並無宋康，當是宋初所立，元嘉二十年以前省，其餘當是江左所立。領縣七、户一千四百二十九、口八千一百二十三。去州水一千一百，去京都水六千六百。【略】

新會郡。晉恭帝元熙二年，分南海立。《廣州記》云：永初元年，

分心寧立，治盆允，未詳孰是。領縣十二、户一千七百三十九、口一萬五百九。去州三百五十。【略】

東官郡。何《志》：故司監都尉，晉成帝立為郡。《廣州記》：晉成帝咸和六年，分南海。領縣六、户一千三百三十二、口一萬五千六百九十六。去州水三百七十，去京都水五千六百七十。齊有齊昌、隆安二縣。【略】

義安郡。晉安帝義熙九年，分東官立。領縣五、户一千一百一十九、口五千五百二十二。去州三千五百，去京都水八千九百。齊有程鄉縣。【略】

宋康郡。本高涼西營，文帝元嘉九年立。領縣九、户一千五百一十三、口九千一百三十一。去州水九百五十，去京都水五千九百七十。齊有興定縣。【略】

綏建郡。文帝元嘉十三年立。孝武孝建元年，有司奏化注、永固、綏南、宋昌、宋泰五縣，舊屬綏建，中割度臨賀，相去即遠，疑還綏建，今唯有綏南，餘並無。何、徐又新招縣云：本屬蒼梧，元嘉十九年，改配。徐《志》晉康復有此縣，疑誤。今領縣六、户三千七百六十四、口一萬四千四百九十一。去州闕。齊有化注縣而無懷集、綏南。【略】

海昌郡。文帝元嘉十六年立，何有覃化縣，徐無。領縣五、户一千七百二十四、口四千七十四。去州水六百五十，去京都水五千四百九十四。齊有始化縣，無威寧、興定二縣。【略】

宋熙郡。文帝元嘉十八年，以交州流寓立昌國、義懷、綏寧、新建四縣，為宋熙郡，今無此四縣。二十七年，更名宋隆。孝武孝建中，復改為宋熙。領縣七、户二千八十四、口六千四百五十。去州水三百四十五，去京都水五千二百。齊曰宋隆郡，無初寧縣。【略】

寧浦郡。《晉太康地志》：武帝太康七年，改合浦屬國都尉立。《廣州記》：漢獻帝建安二十三年，吳分鬱林立，治平山縣。《吳録》：孫休永安三年，分合浦立為合浦北部尉，領平山、興道、寧浦三縣。又云：晉分平山為始定、寧浦為建陽，未詳孰是。《永初郡國》有安廣縣，無始定縣，何、徐並無此郡。領縣六。齊有安廣、簡陽二縣，而無澗陽。【略】

晉興郡。晉元帝太興元年，分鬱林立。【略】

樂昌郡。【略】

交州。漢武帝元鼎六年，開百越。交趾刺史，治龍編，在海漲島中。漢獻帝建安八年，改曰交州，治蒼梧廣信縣。十六年，徙治南海番禺縣。及廣州治番禺，交州還治龍編。領郡八、縣五十三、户一萬四百五十三，去京都水一萬。齊領九真、武平、新昌、九德、日南、交趾、宋平、義昌八郡。建元二年，割越州宋壽來屬。

交趾郡。漢武帝元鼎六年開。領縣十二、户四千二百三十二。【略】

武平郡。吳孫皓建衡三年，討扶嚴夷，以其地立。領縣六、户一千四百九十。去州水二百一十六。齊領武定、封溪、平道、武興、根寧、南移六縣。【略】

九真郡。漢武帝元鼎六年立。領縣十、户二千三百二十八。去州水八百，去京都水一萬一百八十。【略】

九德郡。故屬九真，吳分立。何《志》領縣七。今領縣十一、户八百九。去州水九百，去京都水一萬九百。【略】

日南郡。秦象郡。漢武帝元鼎六年，更名。吳省，晉武帝太康三年，復立。郡縣七、户四百二。去州水二千四，去京都水一萬六百九十。齊同。【略】

義昌郡。宋末立。齊永元二年，改沃屯立。【略】

宋平郡。孝武世分日南立宋平縣，後為郡。齊領昌國、義懷、綏寧三縣。【略】

越州。合浦北界也。明帝泰始七年立，又割交、廣、朱䓼三郡屬。元徽二年，陳伯紹為刺史，始立州鎮。齊領臨漳、合浦、永寧、百梁、安昌、南流、北流、龍蘇、富昌、高興、思築、鹽田、定川、隆川、濟寧、越中、馬門、對山、吳春俚、齊隆等郡。其高興郡領宋和、寧單、高興、威成、夫羅、南安、歸安、陳蓮、高城、新建等十縣，思築郡，鹽田郡領杜同縣，定川郡領興昌縣，隆川郡領梁國縣，齊寧郡領開城、延海、新邑、建初等四縣，越中郡，馬門郡領鍾吳、田羅、馬陵、思寧等四縣，對山郡領安金縣，吳春俚郡。齊隆郡。

百梁郡。齊領百梁、始昌、宋西三縣。

龍蘇郡。齊領龍蘇縣。

永寧郡。齊領杜羅、金安、蒙廖、簡、留城等五縣。

安昌郡。齊領武桑、龍淵、石秋、撫林四縣。

富昌郡。齊領南立、義立、歸明三縣。

南流郡。並新立。齊領方度一縣。又有北流郡，永明六年立，無所立縣。

臨漳郡。先屬廣州。齊領漳平、丹城、容城、勞石、長石、都井、緩端七縣。

合浦郡。漢武帝立，孫權黃武七年，更名珠官。孫亮復舊，先屬交州。領縣七、户九百三十八，去京都水一萬八百。齊有朱豐、宋豐、宋廣三縣，而無朱官。【略】

宋壽郡。先屬交州，齊屬交州。

論說

《南齊書》卷一五《州郡志贊》 郡國既建，因州而部。離過十三，合不踰九。分城列邑，名號殷阜。遷徙叛逆，代亡代有。

清·王鳴盛《十七史商榷》卷五五《南史合宋齊梁陳書三·二吳》

《南齊書·高帝紀》：『建元元年九月，詔：「二吳義興三郡遭水，減今年田租。」二年六月，詔：「曲赦丹陽二吳義興四郡遭水尤劇之縣。」』按前四十五卷據唐杜佑以爲晉、宋、齊皆以吳郡與吳興、丹陽爲三吳，若以《南齊》此條論之，似丹陽不在三吳之數，蓋如杜佑說，元年詔二吳是吳郡、吳興，添義興爲三郡猶可，二年詔既言丹陽，又言二吳，又言義興，又言四郡，若丹陽在三吳數内，何不直云三吳義興四郡乎？愚謂不然。吳郡、吳興皆有『吳』字，自當爲二吳，義興郡起於晉，未有此郡之前，此郡地不但即吳郡，并有屬丹楊者，故必重累舉之，且元年詔因丹楊稍高，水災淹浸不及，故言『二吳義興三郡』，二年災并及丹楊，詔即承上年詔文而言，故云『丹楊二吳義興四郡』也。仍以予前辨爲正。至於《南史》存元年詔，刪去二年詔，或去或存，任意出入，毫無定見，李延壽之妄甚矣。

又 卷五八《南史合宋齊梁陳書六·南齊州郡所據之書》 《南齊書·州郡志》有永明三年户口簿，有永元志，永元，東昏號。有永明郡國志，有元嘉計偕，亦猶《宋書·州郡志》自稱采地理雜書。

又 卷六二《南史合宋齊梁陳書十·南北蘭陵郡》 《李安人傳》云：『蘭陵承人。』《桓康傳》云：『北蘭陵承人。』《周盤龍傳》云：『北蘭陵人。』考《南齊書·州郡志》承縣屬南琅邪郡，明帝時省，而無蘭陵、北蘭陵郡，彼書《高帝紀》云：『蕭何居沛，其子侍中彪免官，居東海蘭陵縣。晉元康元年，分東海爲蘭陵郡，中朝亂，淮陰令整過江，居晉陵武進縣。』寓居江左者皆僑置本土，加以南名，於是爲南蘭陵蘭陵人，乃《州郡志》則晉陵郡所屬有晉陵縣，無武進，武進自屬南東海郡，蘭陵自爲縣名，屬南琅邪郡，不但無所謂北蘭陵郡，亦并無所謂南蘭陵郡也，未可詳考。

雜錄

《南齊書》卷二《高帝紀下》 （建元二年二月）置巴州。

又 卷三《武帝紀》 （永明十一年七月）又詔曰：『【略】曲赦南兗、兗、豫、司、徐五州，南豫州之歷陽、譙、臨江、廬江四郡，三調衆逋宿債，並同原除。其緣淮及青、冀新附僑民，復除已訖，更申五年。』

又 卷七《東昏侯紀》 （永元二年五月）乙丑，曲赦京邑、南徐、兗二州。【略】

（永元三年六月）戊子，曲赦江州安成、庐陵二郡。【略】

（永元三年）秋七月癸巳，曲赦荆、雍二州。

梁分部

綜述

宋·鄭樵《通志》卷四〇《地理略·歷代封畛》 梁氏州郡多沿舊制。天監中，州二十有三、郡三百五十、縣千二十有五。其後更有析置。

大同中，州百有七，郡縣亦稱於此。自侯景逆亂，建康傾陷，墳籍散逸，不可得而詳焉。初，武帝受禪，數年即失漢川及淮西之地。天監三年，梁州刺史夏侯道遷以本部叛降後魏，自劍閣以北並陷没。又魏將元英破將軍馬仙琕於義陽失地。其後諸將頻年與魏軍交戰於淮南、淮北，互有勝負。自天監四年以後，將張惠紹剋魏宿遷城，韋叡剋合肥，裴邃剋翟邱城、朐山城，尋皆敗，唯合肥獨存。雖得懸瓠、彭城，俄而又失。天監六年魏軍主白早生、豫州刺史胡遜以懸瓠，普通六年徐州刺史元法興以彭城，並内屬，無何悉復於魏。又剋壽春。普通七年，將夏侯亶、元植等剋之，獲魏揚州刺史李憲。自齊東昏永元二年陷後魏，至是凡二十七年南朝始復。大通初，大舉北伐，城鎮相次剋平，直至洛陽，暫為梁有，大通元年，魏將爾朱榮害胡太后及少主，魏朝大亂，遣將陳慶之率軍送元顥為魏主，入河陽六旬五日，渡河守北中府城數日。爾朱榮來攻，數日顥敗，慶之亦奔退，所得之地尋亦失之。中府地即今河陽北城是。其後又復漢中。大同中，將蘭欽剋之。自天監二年失漢川，凡經四十三年卻復。至東魏將侯景以河南地降，逆亂相尋，有名無實。及景平後，江北之地悉陷高齊，漢川、蜀川没於西魏。太清初，侯景以十三州來降，旋為東魏將慕容紹宗所敗。二年，景舉兵反，圍建康，陷之。及景平後，元帝承聖初，齊將辛術南伐，盡取淮南、江北之地，得傳國璽，反於齊。三年，西魏將達奚武陷漢川，尉遲迥陷蜀川，其漢川經九年復失。大抵雍州、今襄州。下溠、戍，漢東郡棗陽縣東南。夏口、白苟堆、大同中，東魏靜帝遣將堯雄為南境守將。雄曰：『白苟堆，梁之北面重鎮，請備之。』在今汝南郡真陽縣。硤石城、今汝陰郡下蔡縣。合州、即合肥。鍾離、將康絢鎮守之。淮陰、朐山為重鎮。天監三年角城戍主柴慶宗以角城，十一年東莞太守劉晰以朐山，並降入魏。

清・徐文范《東晉南北朝輿地表・年表》卷六　壬午

梁武帝疆域

揚州。時治臺域西，郡八。丹陽、吳、吳興、會稽、新安、東陽、臨海、永嘉。

南徐州。時治京口，郡十三。晉陵、蘭陵、義興、南琅邪、臨淮、淮陵、南東莞、南清和、南彭城、南濮陽、南魯、南高平、南濟陰。

南豫州。時治姑孰，郡四。淮南、宣城、歷陽、臨江。

豫州。時治晉熙，郡十六。晉熙、廬江、南譙、梁、西汝陰、汝陽、弋陽、陳、南頓、北譙、西南頓、汝南、北新蔡、光城、建寧、齊昌。

南兗州。時治廣陵，郡四。廣陵、山陽、海陵、盱眙、南沛。

北兗州。時治淮陰，郡三。陽平、東平、高平。

北徐州。時治鍾離，郡五。鍾離、馬頭、濟陰、新昌、北沛。

青州。時治瓜步，郡四。齊郡、北海、東莞、琅邪。

冀州。時治璉口，郡一。北東海。

江州。時治湓口，郡十。潯陽、豫章、臨川、廬陵、鄱陽、安成、南康、建安、晉安、南新蔡。

交州。時治龍編，郡九。交趾、九德、九真、日南、新昌、武平、宋平、宋壽、義昌。

廣州。時治番禺，郡二十三。南海、東官、義安、新寧、蒼梧、高涼、永平、晉康、新會、廣熙、宋康、宋隆、海昌、綏建、樂昌、鬱林、桂林、寧浦、晉興、齊樂、齊康、齊建、齊熙。

越州。時治臨漳，郡十九。臨漳、合浦、永寧、百梁、安昌、北流、龍蘇、富昌、高興、思築、鹽田、定川、隆川、齊寧、越中、齊隆、馬門。封山、吳春俚。

荆州。時治江陵，郡十一。南郡、南平、天門、宜都、武寧、河東、汶陽、新興、永寧、南河東、南義陽。

郢州。時治夏口，郡十五。江夏、武昌、竟陵、武陵、巴陵、西陽、齊興、新平、東牂柯、方城左、北新陽、義安左、建安左、南新陽左、北遂安左。

司州。時治南義陽，郡十八。南義陽、北義陽、隨、安陸、汝南、齊安、宋安左、淮南、安蠻左、永寧左、新城左、建寧左、圍山左、東義陽左、東新安左、北淮安左、南淮安左、北隨安左、東隨安左。

雍州。時治襄陽，郡十三。襄陽、廣平、始平、新野、京兆、建昌、華山、從陽、招義、齊安、齊康、沔東、義城。

寧蠻府。二十二郡，又有中襄城、北義陽二郡入魏。西新安、義寧、南襄、蔡陽、北建武、永安、安定、懷安、武寧、新陽、義安、高安、廣昌、懷化、析陽、漢廣、南襄城、北襄城、東襄城、左義陽、北弘農、南弘農。

湘州。時治臨潭，郡十。長沙、桂陽、零陵、衡陽、湘東、邵陵、營陽、臨賀、始安、始興。

巴州。時治江州，郡三。巴東、巴郡、涪陵。

梁州。時治南鄭，郡六十八。漢中、魏興、南新城、上庸、新興、晉壽、華陽、新巴、北巴西、巴渠、懷安、宋熙、白水、安康、懷漢、南上洛、北上洛、晉昌、齊興、東晉壽、南宕渠、弘農、略陽、東昌、魏、東宕渠、廣長、建寧、北梓潼、南梓潼、思安、三水、南陰平、北陰平、宋昌、三巴、南泉、西扶風、江陵、懷化、歸寧、東犍、宋康、南漢、北宕渠、始寧、江陽南部、建安、南安、壽陽、南陽、歸化、宋寧、始安、平南、懷寧、南平、齊兆、齊昌、新化、寧章、鄰溪、京兆、義陽、歸復、安寧、宋安、齊安。

秦州。時寄治南鄭，郡十。武都、略陽、安固、京兆、西扶風、始平、安定、南安、南太原、金城、馮翊、隴西、東寧、仇池。

益州。時治成都，郡二十三，獠郡六。蜀都、巴西、梓潼、廣漢、晉康、寧蜀、汶山、南陰平、北陰平、始康、宋寧、宋興、東遂寧、犍為、安固、江陽、東江陽、懷寧、天水、南晉壽、西宕渠、新城、南新巴、宕渠獠郡、甘松獠郡、北部都尉、越嶲獠郡、始平獠郡、沈黎獠郡。

寧州。時治建寧，郡二十三。建寧、建平、南廣、南朱提、南牂柯、梁水、晉寧、雲南、西平、夜郎、平蠻、平樂、興古、興寧、西阿、永昌、宋昌、益寧、南犍為、東河陽、西河陽、東朱提、北朱提。

時有州二十三，郡三百二十六，縣一千三百。

又 卷七 己未

梁武帝疆域

揚州。時治臺城西，郡十。丹陽、吳、信義、吳興、東陽、會稽、新安、新寧、臨海、永嘉。

南徐州。時治京口，郡十三。晉陵、蘭陵、義興、臨淮、淮陵、南琅邪、南東莞、南魯、南清和、南高平、南彭城、南濟陰、南濮陽。

南豫州。時治歷陽，郡五。歷陽、宣城、淮南、江都、南陵。

豫州。時治合肥，郡十五。南汝陰、廬江、晉熙、譙、梁、南頓、西汝陰、汝陽、潁川、陳留、西南頓、北新蔡、建寧、齊昌、定遠。

光州。時治光城，郡五。南光城、北光城、弋陽、梁安、宋安。

定州。時治蒙籠城，郡五。弋陽、汝南、安定、新秦、北建寧。

南郢州。時治赤石關，郡三。定城、邊城、光城。

北湘州。時治西陽大治關，郡三。安蠻、梁寧、永安。

北徐州。時治鍾離，郡十。陳留、彭沛、沛、馬頭、安定、廣梁、北譙、魯、濟陽、北陽平。

霍州。時治霍邱，郡十七。安豐、岳安、平原、陳、南陳、北陳、梁興、北沛、西沛、樂安、扶風、淮南、新蔡、北潁川、西潁川、邊城、西邊城。

南兗州。時治廣陵，郡四。廣陵、海陵、沛郡、秦郡。

沛州。時治廣陵之輿，郡三。涇城、東陽、淮陽、在宿預。

淮州。時治淮陰，郡四。淮陰、山陽、盱眙、陽平。

仁州。時治故沛郡虹縣赤坎城，郡二。臨淮、東莞。

北兗州。時治直瀆，郡三。東平、新昌、高平。

青州。與冀州平，治鬱州。齊郡、北海、東莞、琅邪。

冀州。北東海。

江州。時治湓口，時郡十一。潯陽、豫章、臨川、廬陵、鄱陽、安成、南康、建安、晉安、南新蔡、太原。

交州。時治龍編，郡九。交趾、九德、九真、新昌、武平、日南、宋平、宋壽、義昌。

廣州。時治番禺，郡十五。南海、新寧、高涼、永平、廣熙、宋康、宋隆、綏建、晉興、寧浦、齊樂、齊康、齊建、齊熙、晉康。

瀛州。時治義安，郡六。義安、東官、梁化、海昌、樂昌、新會。

桂州。時治桂林，郡三。桂林、蒼梧、鬱林。

越州。時治臨漳，郡十九。臨漳、合寧、永寧、百梁、安昌、龍蘇、北流、富昌、思築、鹽田、高興、定川、隆川、齊寧、越中、齊隆、馬門、封山、吳春俚。

荊州。時治江陵，郡九。南郡、南平、天門、河東、汶陽、新興、永寧、武寧、南河東。

宜州。時治夷陵，郡三。宜都、巴東、建平。

沅州。時治武陵，郡二。武陵、夜郎。

巴州。時治江州，郡四。巴、涪陵、寧蜀、東宕渠。

北巴州。時治巴西，郡八。北巴、隆城、宕渠、水蘭、掌天、梓潼、白馬、義陽。

郢州。時治夏口，郡十八。江夏、武昌、竟陵、沔陽、營陽、州陵、梁安、巴陵、西陽、東牂柯、齊興、方城左、新平、北新陽、義安左、建安左、南新陽左、北遂安左。

新州。時治新陽，分安陸置郡三。汝南、義陽、梁寧。

司州。時治南義陽，在安陸界，郡十七。南義陽、隨、安陸、齊安、宋安左、安蠻左、淮南、永寧左、新城左、建寧左、圍山左、東義陽左、東新安左、北淮安左、南淮安左、北隨安左、東隨安左。

雍州。時治襄陽，時郡十三。襄陽、新野、廣平、始平、京兆、建昌、華山、從陽、齊安、齊康、招義、沔東、馮翊。

寧蠻府。二十二郡，中襄城、北義陽入魏。西新安、義寧、南襄、蔡陽、永安、北建武、左義陽、高安、定安、懷安、武寧、新陽、南弘農、義安、廣昌、懷化、北弘農、漢廣、南襄城、東襄城、西襄城、析陽。

興州。時治武當，郡四。始平、齊興、扶風、廣福。

宛州，時治襄陽北邊，郡十。興國、義城、建武、秦南、武泉、酇城、堵陽、南陽、左南陽、西析陽。

湘州。時治臨漳，郡六。長沙、桂陽、零陵、永陽、邵陵、湘東。

衡州。時治始興之陽山，郡五。衡陽、始興、始安、臨賀、陽山。

梁州。時治西城，郡十三。魏興、吉陽、洵陽、新城、上庸、南新巴、晉熙、始康、懷寧、南漢、東晉壽、齊昌、陰平。

南洛州。時治北上洛，郡四。南上洛、北宕渠、南天水、齊安。

秦州。寄治魏興，郡十二。略陽、安固、西扶風、京兆、南太原、南安、安定、始平、金城、馮翊、隴西、東寧。

北秦州。時治仇池界。仇池、武都、儻成。

益州。時治成都，郡十六。蜀、廣漢、寧蜀、宋寧、宋興、犍為、江陽、東江陽、懷寧、齊基、天水、新城、南晉壽、南陰平、北陰平、江原。

澠州。時治廣陽，合獠郡七。汶山北部，又獠郡、宕渠、越嶲、沈黎、始平、甘松。

南梁州。時治梓潼，郡四。梓潼、東遂寧、北遂寧、西宕渠。

寧州。時治建寧，郡二十三。建寧、建平、南廣、南朱提、梁水、雲南、晉寧、西平、南牂柯、夜郎、平夷、平樂、東河陽、西河陽、興古、興寧、西阿、北朱提、東朱提、宋昌、永昌、益寧、南犍為。

時有州四十五、郡三百八十二。【略】

癸丑

梁武帝疆域

揚州。時治臺城西，郡八。丹陽、淮南、宜城、吳、吳興、歷陽、信義、南陵。

東揚州。時治山陰，郡六。會稽、金華、赤誠、新安、新寧、永嘉。

南徐州。時治京口，郡十二。晉陵、蘭陵、義興、淮陵、南魯、南琅邪、南東莞、南清和、南高平、南彭城、南濮陽、南濟陰。

南豫州。時治合肥，郡八。南汝陰、南頓、南梁、北梁、北陳、西汝陰、廬江、建寧。

豫州。時治壽陽，郡六。梁、淮南、新興、陳留、北譙、北新安。

譙州。時治新昌城，郡三。新昌、高塘、臨滁。

北徐州。時治鍾離，郡十。鍾離、陳留、彭沛、馬頭、沛郡、廣梁、北陽平、魯、安定、濟陽。

汴州。時治下蔡，郡二。沛、臨淮。

北安州。時治東城，郡一。廣安。

北相州。時治西陽大冶關，郡三。安蠻、梁寧、永安。

霍州。時治霍邱，郡十七。安豐、岳安、平原、陳、南陳、北陳、梁興、北沛、西汴、邊城、西邊城、扶風、淮南、新蔡、樂安、北穎川、西穎川。

光州。時治光城，郡五。南光城、北光城、弋陽、梁安、宋安。

晉州。時治懷寧，郡三。晉熙、齊昌、縱陽。

定州。時治蒙籠城，郡五。弋陽、汝南、安定、新蔡、北建寧。

南郢州。時治赤石關，郡三。安城、邊城、光城。

南兗州。時治廣陵，郡五。廣陵、海陽、沛郡、神農、秦郡。

沛州。時治廣陵之輿，郡二。涇城、東陽。

淮州。時治淮陰，郡四。淮陰、山陽、盱眙、陽平。

仁州。時治沛之虹赤城，郡二。臨淮、東莞。

北兗州。時治大徐城，郡八。東平、高平、清和、歸義、朱沛、修儀、安豐、濟陰。

潼州。時治下邳，郡十一。朝陽、臨沭、晉寧、淮陽、綏化、呂梁、清和、恩撫、平原、下邳、扶風。

東徐州。時治宿豫，改魏南徐州置，郡四。宿豫、晉寧、鉅鹿、泰山。

西徐州。時治渦陽，改魏渦州置。南譙、龍亢、南汴、蘄城、潁川、蒙郡、臨渙。

西豫州。時治新息，改魏東豫州置，郡六。汝南、新蔡、弋陽、陽安、東新蔡、長陵。

西淮州。時治白苟堆，郡三。淮安、安陽、下蔡。

楚州。時治楚城，郡三。城陽、汝陽、伍城。

陳州。時治魏初安城，郡三。初安、北陳留。

潁州。時治汝陰雙頭，郡十。汝陰、弋陽、射邱、梁安、東郡、汝南、西恒農、陳南、清和、南陽、新蔡、南陳留、滎陽、北通、汝南、太原、東恒農、新興。

武州。時亦治下邳，郡二。武安、下邳。

北司州。時治義陽，郡六。義陽、齊安、永安、安陵、城陽、汝南。

南司州。時治安陸界南義陽，郡十七。南義陽、安陸、隨郡、齊安、淮安、宋安左、安蠻左、永寧左、新城左、建寧左、圍山左、東義陽左、北淮安左、東新安左、北隨安左、東隨安左，北永寧左，凡左並蠻户郡。

襄州。魏置降，時治湖陽。西淮安。

義州。時治期思。義城，治木蘭縣。

東荊州。魏置降。江夏，治北陽縣。

勞州。魏置降。

郢州。時治夏口，郡十七，分置土、富、洄、豪、泉五州。江夏、武昌、上雋、巴陵、營陽、州陵、梁安、西陽、齊興、新平、東牂柯、方城左、北新陽、義安左、建安左、南新陽、北遂安左。

新州。時治新陽，郡二。汝南、義陽。

北新州。時治長壽。竟陵、梁寧等八郡。

北江州。時治連城關，郡六。義陽、齊昌、新昌、梁安、光城、齊興。

南北二青州。郡六。北海、東海、彭城、潼陽、北郡、齊郡。

冀州。與青同治朐。琅邪、北東海。

江州。時治湓口，郡十二。潯陽、豫章、臨川、廬陵、鄱陽、南康、建安、晉安、安成、南新蔡、太原、巴山。

交州。時治龍編，郡四。又置明、利二州。交趾、新昌、武平、宋平。

南安州。時治宋壽，郡二。安京、宋壽。

德州。時治九德，郡三。九德、義昌、日南。

愛州。時治九真，郡一。九真。

廣州。時治番禺，郡十。南海、新寧、宋隆、綏建、永平、晉興、齊樂、齊康、齊建、晉康。

合州。時治合浦。

瀧州。郡四。開陽、平原、羅陽、梁德。

高州。郡三。高涼、嶺山、陽春。

羅州。時治羅縣。郡六。高興、齊隆、宋康、杜陵、電白、岳陽。

瀛州。時治潮陽，郡六。義安、東官、梁化、海昌、樂昌、新會。

桂州。桂林，又南桂林等三十四郡。

成州。蒼梧。

南定州。樂陽。

建州。廣熙、永叢。

越州。時治臨漳，郡十六。臨漳、永寧、百梁、安昌、龍蘇、北流、富昌、思築、鹽田、定川、隆川、齊寧、越中、馬門、封山、吳春俚。

東寧州。時治桂林界，郡六。齊寧、黄水、寧浦、簡陽、連江、南巴。

荊州。時治江陵，郡八。南郡、天門、河東、南河東、汶陽、新興、永寧、武寧。

宜州。時治彝陵，郡二。宜都、南平。

沅州。時治武陵，郡二。武陵、夜郎。

信州。時治白帝城，郡三。巴東、信陵、建平。

巴州。時治江州，郡四。巴郡、涪陵、東宕渠、寧蜀。

北巴州。時治巴西，郡六。北巴、宕渠、木蘭、白馬、義陽、掌天。

南梁州。時治隆城，郡五。隆城、梓潼、右宕渠、東遂寧、北遂寧。

雍州。時治襄陽，郡十四。襄陽、新野、廣平、始平、京兆、華山、建昌、從陽、齊安、齊康、招義、沔東、安昌、河南。

寧蠻府。二十一郡。西新安、義寧、南襄、蔡陽、永安、北建武、懷安、武寧、新陽、義安、左義陽、高安、廣昌、懷化、析陽、南襄城、東襄城、西襄城、漢廣、南弘農、北弘農，又有北襄城、北義陽、安定三郡與雍之馮翊、郢之沔陽、宛之酇城並入魏。

興州。時治武當，郡四。治平、齊興、扶風、廣福。

兗州。時治襄陽北邊，郡九。興國、義城、建武、秦南、武泉、堵陽、南陽、左南陽、西析陽。

湘州。時治臨潭，郡五。長沙、桂陽、零陵、永陽、邵陵。

衡州。時治始興之陽山，郡五。衡陽、始興、始安、陽山、湘東。

靜州。時治臨賀，郡五。臨賀、梁壽、開化、武都、梁樂。

東靜州。時治東建，郡一。靜慰。

梁州。時治西城，郡十三。魏興、吉陽、洵陽、新城、上庸、晉熙、齊昌、始康、懷寧、南漢、陰平、南新巴、東晉壽。

南洛州。時治北上洛，郡四。南上洛、南天水、齊安、北宕渠。

秦州。寄治魏興，郡十二。略陽、安固、京兆、南安、安定、始平、金城、馮翊、隴西、東寧、南太原、西扶風。

北秦州。時治仇池界，郡三。仇池、武都、黨城。

益州。時治成都，郡十六。蜀郡、廣漢、寧蜀、宋寧、江原、齊基、宋興、新城、南陰平、北陰平、犍為、江陽、東江陽、懷寧、天水、南晉壽。

瀘州。時治廣陽，郡二。汶山北部。

又獠郡五，宕渠、始平、越巂、沈黎、甘松。

寧州。時治建寧，郡二十三。建寧、建平、南廣、梁水、晉寧、平夷、平樂、雲南、夜郎、西平、興古、興寧、西阿、宋昌、永昌、益寧、南朱提、北朱提、東朱提、南犍為、東河陽、西河陽、南牂牁。

梁時有州八十六、郡四百九十二。

又 卷八 丙寅

梁武帝疆域

時為極盛。

揚州。治臺城西，統郡八。丹陽、南丹陽、淮南、宣城、吳、信義、吳興、南太原。

東揚州。治山陰，統郡六。會稽、赤城、新安、新寧、金華、永嘉。

南豫州。治歷陽，統郡二。歷陽、南陵。

南徐州。治京口，統郡十二。蘭陵、晉陵、義興、淮陵、南琅邪、南東莞、南魯、南彭城、南清和、南高平、南濟陰、南濮陽。

豫州。治壽陽，統郡四。梁、北淮南、新興、陳留。

合州。治合肥，統郡八。南汝陰、南頓、南梁、北梁、北陳、西汝南、南譙、廬江。

譙州。治新昌城，統郡四。新昌、建寧、臨滁、高塘。

南譙州。治桑根山西，統郡二。北譙、北新安。

北徐州。治鍾離，統郡十。鍾離、陳留、彭沛、馬頭、沛、廣梁、魯、安定、濟陽、北陰平。

汴州。治下蔡，統郡二。汴、臨淮。

北安州。治東城，統郡二。廣安、定遠。

北湘州。治西陽大冶關，統郡三。安蠻、梁寧、永安。

霍州。治霍邱，統郡十七。安豐、岳安、平原、陳、南陳、梁興、西汴、邊城、西邊城、北沛、扶風、淮南、新蔡、樂安、北陳、北潁川、西潁川。

晉州。治懷寧，統郡三。晉熙、齊昌、樅陽。

光州。治光城，統郡三。南光城、弋陽、梁安。

滇州。治北光城，統郡二。北光城、宋安。

定州。治蒙籠城，統郡五。弋陽、汝南、安定、新蔡、北建寧。

南郢州。治赤石關，統郡三。定城、邊城、光城。

南兗州。治廣陵，統郡五。廣陵、海陵、沛、秦、神農。

涇州。治廣陵之興，統郡二。涇城、東陽。

淮州。治淮陰，統郡四。淮陰、山陽、盱眙、陽平。

仁州。治沛郡虹之赤坎城，統郡三。臨淮、東莞、東安。

北兗州。治大徐城，統郡八。東平、高平、清和、歸義、朱沛、修儀、安豐、濟陰。

潼州。治下相界取慮，統郡十一。朝陽、臨沭、晉寧、淮陽、綏化、呂梁、恩撫、清和、平原、下邳、扶風。

東徐州。治宿預，統郡四。宿預、晉寧、鉅鹿、泰山。

西徐州。治渦陽，統郡七。南譙、龍亢、南汴、蕲城、潁川、蒙。臨渙。

北豫州。治新息四望阪，統郡六。汝南、新蔡、弋陽、陽安、長陵、東新蔡。

西淮州。治白苟堆，統郡三。淮安、安陽、下蔡。

楚州。治楚城，統郡三。城陽、汝陽、伍城。

陳州。治苦縣瀨鄉，統郡一。陳郡。

潁州。治汝陰，統郡十七。弋陽、汝陰、財邱、梁安、東郡、西恒農、陳南、清和、南陽、滎陽、北通、汝南、太原、新蔡、南陳留、東恒農、新興。

武州。治下邳，統郡二。下邳、武安。

北司州。治義陽，統郡六。義陽、齊安、永安、安陽、城陽、汝南。

司州。治安樂之南義陽，統郡十六。南義陽、安陸、齊安、宋安左、淮南左、安蠻左、永寧左、新城左、建寧左、圍山、東義陽左、北永寧左、東新安左、北淮安左、東隨安左、北隨安左，凡左並蠻户郡。

襄州。魏置，治湖陽，統郡一。西淮安。

應州。治應濃山，統郡二。平靖、厥西。

義州。治思期，統郡一。義城，治木蘭縣。

勞州。魏置降，未詳，治所。

郢州。治夏口，統郡十七。江夏、營陽、州陵、巴陵、武昌、梁安、西陽、齊興、新平、東牂柯。

分置土富泗濠泉五州。方城左、北新陽、義安左、建安左、上巂、南新陽左、北遂安左。

新州。治新陽，統郡三。汝南、義陽、梁寧。

北新州。治長壽，統郡九。竟陵、梁寧等八郡。

北江州。治鹿城關，統郡六。義陽、齊昌、光城、新昌、梁安、齊興。

南北二青州。治祝其，統郡六。東彭城、北海、東海、僮陽、齊、北譙。

冀州。與青同，治朐，統郡二。琅邪、北東海。

江州。治湓口，統郡十三。潯陽、豫章、臨川、廬陵、鄱陽、南康、建安、晉安、安城、太原、巴山、南新蔡。

交州。治龍編，統郡四。交趾、新昌、武平、宋平。

南安州。統郡二。安京、宋壽。

德州。統郡三。九德、義昌、日南。

愛州。統郡一。九真。

明州。

利州。並治交趾。

廣州。治番禺，統郡十。南海、新寧、宋隆、綏建、陰石、晉興、晉康、齊樂、齊康、齊建。

石州。統郡一。永平。

黄州。統郡一。寧海。

南合州。統郡一。合浦。

瀧州。統郡四。開陽、平原、羅陽、梁德。

高州。統郡三。高凉、嶺山、陽春。

羅州。治湘陰。統郡六。高興、齊隆、宋康、杜陵、電白、岳陽。州治。

桂州。治始安。統郡三。始安、梁化、建陵，前有南桂林等二十四郡，已省。

成州。統郡一。蒼梧。

南定州。統郡四。鬱林、樂陽、安成、領方。

建州。統郡三。廣熙、梁信、高要。

越州。治臨潭，統郡十六。臨漳、永寧、百梁、安昌、龍蘇、北流、富昌、思築、鹽田、定川、隆川、越中、齊寧、馬門、封山、吴春俚。

東寧州。治桂林，統郡七。桂林、齊熙、黄水、寧浦、蘭春、連江、南巴。

荆州。治江陵，統郡十。南郡、南平、宜都、天門、河東、汶陽、新興、永寧、武寧、南新東。

沅州。治武陵，統郡二。武陵、夜郎。

信州。治白帝城，統郡三。巴東、信陵、建平。

巴州。治江州縣，統郡四。巴、涪陵、寧蜀、東宕渠。

北巴州。治巴西，統郡六。北巴、宕渠、木蘭、掌天、白馬、義陽。

南梁州。治隆城，統郡六。隆城、梓潼、東遂寧、輔劍、西宕渠、北遂寧。

梁州。治南鄭，統郡五。漢中、晉壽、安康、褒中、懷安。

黎州。治葭萌，統郡四。晉壽、宋熙、平興、新巴，又置北益州。

東益州。治成都之繁，統郡一。東晉壽。

北益州。治平興。

西華州。統郡一。華陽。

渠州。改魏南梁置，統郡二。流江、固道。

鄴州。統郡一。竟陽。

雍州。治襄陽，統郡十四。襄陽、新野、廣平、始平、京兆、建昌。華山、安昌、從陽、齊安、齊康、招義、沔東、河南。

寧蠻府。二十四郡。西新安、義寧、南襄、北延武、蔡陽、永安、懷安、武寧、新陽、義安、高安、左義陽、廣昌、懷化、東襄城、南襄城、西襄城、南弘農、北弘農、廣漢、析陽，又有北襄城、北義陽、安定三郡與雍。州之馮翊、郢之沔陽、宛之酇城並入魏，時在西魏。

興州。治武當，統郡四。始平、扶風、齊興、廣福。

隨州。治隨，統郡三。蔡陽、曲陵、上明。

宛州。治襄陽北邊，統郡七。興國、義城、建武、秦南、武康、堵陽、南陽，又有西析陽、左南陽入魏。

華州。治平氏東界，統郡二。上川、西義陽。

東梁州。治西城，統郡十二。魏興、吉陽、洵陽、新城、上庸、晉熙、南新巴、始康、懷寧、南漢、齊昌、陰平。

南洛州。治北上洛，統郡五。北上洛、南天水、北宕渠、齊安、上津。

秦州。寄治魏興，統郡十一。略陽、安固、西扶風、京兆、南安、安定、始平、金城、馮翊、隴西、東寧。

北秦州。寄治南鄭，統郡三。仇池、武都、儻成。

湘州。治臨潭，統郡四。長沙、零陵、永陽、邵陵。

郴州。統郡一。桂陽。

衡州。治始興之陽山，統郡四。衡陽、始興、陽山、湘東。

靜州。治臨賀，統郡五。臨賀、梁壽、開化、武城、樂梁。

東靜州。治開建縣，統郡一。靜慰。

益州。治成都，統郡十三。蜀、廣漢、寧蜀、宋寧、江原、齊基、宋興、懷寧、天水、新城、東江陽、南陰平、北陰平。

瀘州。治江陽，統郡二。江陽、犍為。

戎州。治僰道，統郡二。六同、懷仁。

滙州。治廣陽，統郡七。汶山北部、越嶲獠郡、宕渠獠郡、沈黎獠郡、始平獠郡、甘松獠郡。

寧州。治建寧，統郡二十三。建寧、建平、南廣、梁水、平夷、平樂、雲南、晉寧、西平、夜郎、興古、興寧、西河、東昌、宋昌、益寧、南犍為、東河陽、西河陽、南牂牁、東朱提、北朱提、南朱提。

南翔州。治齊阪城，統郡六。梁郡、新蔡、邊城、義陽、新城、黄川。

南建州。治高平城，統郡七。高平、新蔡、陳留、魯、南陳、光城、清和。

沙州。治白沙關，統郡二。建寧、齊安。

青州。治武陽玉津鎮，統郡一。齊通。

鐵州。治汶山之蠶陵。武陵王紀置。

梁時凡有州百又四、郡五百八十有六。合下。

又 卷九 丙子

後梁都江陵。時有郡七、縣十七。

荆州。

南郡。【略】

汶陽郡。【略】

永寧郡。【略】

河東郡。【略】

監利郡。【略】

新興郡。【略】

義陽郡。【略】

癸巳

後梁州郡有五州、十一郡、十八縣，其實不過晉時江陵一郡之地。

荆州。都、南郡、永寧、新興、監利、河東、汶陽、南義陽。

鄀州。治編。漢東、武寧。

基州。治旌陽。臨沮、章山。

平州，治當陽。漳川。

直州。治魏興、安康界之直城。

又 卷一〇 庚子

後梁疆域

荆州。

南郡。【略】

永寧郡。【略】

新興郡。【略】

監利郡。【略】

安遠郡。【略】

南義陽郡。【略】

河東郡。【略】

基州。治臨沮。

章山郡。【略】

平州。治當陽。

漳川郡。【略】

鄀州。治編。

漢東郡。【略】

武寧郡。【略】又嘗置直州於魏興、安康界之直城。

有四州、十一郡、二十八縣，實有晉南郡全境而已。

論說

清·洪齮孫《補梁疆域志》卷一 揚州。自漢以來皆爲刺史治。梁領郡八。州治，《通鑑》：元帝承聖元年九月，以王僧辯爲揚州刺史。二年正月，僧辯發建康，陳霸先代鎮揚州。九月，詔僧辯還鎮建康。

丹陽尹。《宋書·州郡志》：漢置。郡治宛陵。晉太康二年，移治建業。梁領縣四。【略】

吳郡。漢置。《梁書·簡文帝紀》：太清三年七月戊辰，以吳郡爲吳州。大寶元年二月，省吳州，如先爲郡。領縣十。【略】

會稽郡。秦置。《通典》：宋置東揚州，尋罷。梁又置。《梁書·武紀》：普通五年三月甲戌，分揚州、江州置東揚州。《敬帝紀》：太平元年三月景子，罷東揚州，還復會稽郡。領縣十。【略】

吳興郡。沈《志》：孫皓寶鼎元年立。《通鑑》：敬帝紹泰元年，王僧辯以吳興爲震州。《梁書·敬帝紀》：太平元年二月己未，罷震州，還復吳興郡。領縣十。【略】

新安郡。吳新都郡。沈《志》：晉太康元年更名，梁普通五年屬東揚州，太平元年復。《陳書·武紀》：梁大寶二年十一月，元帝承制授高祖東揚州刺史、都督新安等五郡諸軍事。及《南史·陳武紀》：太平二年，封陳十郡，有揚州之新安是也。領縣四。【略】

新寧郡。本新安郡地，梁時分置。《元和志》：歙州或隸新安郡，或立新寧郡。今時地理家皆謂梁改新安爲新寧，然考《南史·陳武帝紀》，敬帝太平二年，封陳武十郡，有揚州之新安。新寧則屬分置，而非改置矣。而《梁史》、《隋·志》皆無明文。惟《一統志》云：梁末分置新寧郡。又引《府志》云『承聖二年置，治海寧』，今從之。案：郡初屬東揚州。敬帝時復領縣四。【略】

臨海郡。吳置。《寰宇記》：臨海郡，梁又爲赤城郡。《輿地紀勝》：臨海郡，梁武帝置赤城郡，尋廢爲臨海縣。案：郡，普通中屬東揚州，敬帝時復。《陳書·武紀》：梁大寶二年十一月，元帝承制授高祖東揚州刺史、都督臨海等五郡諸軍事。及《南史·陳武紀》：太平元年十月戊辰，以揚州之臨海益封陳國是也。領縣五。【略】

建安郡。沈《志》：本秦閩中郡，孫休永安三年分南部立建安郡。《元和志》：宋、齊、梁皆封子弟爲王。《寰宇記》：梁承聖三年，封蕭基爲長樂侯於此。梁末城池被盜陵夷，其後謝竭爲太守，於西溪之右編木柵爲理所。案：郡本屬江州，後屬揚州。《南史·陳武帝紀》：梁太平元年十月戊辰，以揚州之建安益封陳國是也。領縣六。【略】

縉州。本名婺州。《通鑑》：元帝承聖二年，王僧辯至姑孰，遣婺州刺史侯瑱築壘東關以待齊師。注：東陽郡，梁置婺州是也。《通典》：以當天文婺女之分爲名。梁末改名縉州。《陳書·留異傳》：梁紹泰二年，除晉州刺史，領東陽太守。《元和志》、《寰宇記》諸書以爲陳始置者非也。領郡一。州治長山。

東陽郡。吳置。梁時嘗改名金華郡。《通典》：梁、陳置金華郡。《寰宇記》：東陽郡，梁武置金華郡於此。陳芳績《歷代地理沿革表》：梁大同六年，改金華郡，尋復。案：郡，梁嘗屬東揚州。《陳書·武紀》：梁大寶二年十一月，元帝承制授高祖東揚州刺史、都督東陽等五郡諸軍事，後屬。領縣十。【略】

東嘉州。梁置。《寰宇記》：瑞安、晉安、固縣，梁屬東嘉州。領郡一。州治永寧。

永嘉郡。沈《志》：晉太寧元年，分臨海立，梁嘗屬東揚州。《陳書·武紀》：梁大寶二年十一月，元帝承制授高祖東揚州刺史、都督永嘉等五郡諸軍事，後屬。《南史·忠壯世子方等傳》：世子莊，元帝封爲永嘉王。領縣五。【略】

秦州。梁置。《通鑑》：簡文帝大寶元年九月，任約進寇西陽武昌。初，寧州刺史徐文盛募兵討侯景，湘東王繹以爲秦州刺史。《梁書·侯景傳》：太清三年六月，景以儀同郭元建爲北道等臺，鎮新業。大寶元年七月，景以秦郡爲西兖州，尋曰『秦州』是也。領郡一，州治尉氏。

秦郡。晉安帝改堂邑縣置。齊永明初罷。梁復置。《梁書·武紀》：大同六年，秦郡獻白鹿一。領縣四。【略】

涇州。《寰宇記》引《郡國志》即《郡縣志》。云：梁於石梁置涇州。《梁書·元帝紀》：承聖三年，秦州刺史嚴超達自秦郡圍涇州。領郡二。州治，《通鑑》注引《北史》：梁涇州在石梁。

涇城郡。《隋·志》：永福，梁置涇城、東陽二郡。《通鑑》元帝承聖二年注引《五代志》：梁置州，領涇城、東陽二郡。領縣一。有石梁。《梁書·元帝紀》：嚴超達圍涇州侯瑱，張彪出石梁爲其聲援。【略】

東陽郡。見上《隋·志》及《通鑑》注。領縣可考者一。【略】

南徐州。沈《志》：晉咸和四年，僑置徐州。宋永初二年，加徐州曰南徐。元嘉八年，更以江北爲南兖州、江南爲南徐州。梁領郡九。州治，《梁書·安成王秀傳》：是時東昏弟，晉熙王寶嵩爲南徐州刺史，鎮京口。長史范岫等府州事，遣使降高祖。以秀爲南東海太守，鎮京口。

蘭陵郡。本南東海郡地。《梁書·武紀》：天監元年，改南東海爲蘭陵郡，土斷南徐州諸僑郡縣。《隋·志》：延陵，舊置南徐州南東海郡，梁改曰『蘭陵郡』。《咸淳毘陵志》引《南齊·高帝紀》：高帝封齊公策文，有南徐州之蘭陵等郡，《州郡志》乃無之。又《宋·州郡志》：南蘭陵郡止有蘭陵、與承二縣。《南齊·志》乃并載於『南琅邪郡』下，必當更革，史有闕誤，《梁紀》云『改南東海爲蘭陵郡』，復之也。領縣八。【略】

晉陵郡。沈《志》：吳時爲毘陵典農校尉。晉太康二年立爲毘陵郡，後改。《南史·陳武紀》：梁太平元年十月戊辰，以南徐州之晉陵益封陳國。領縣三。【略】

信義郡。本吳郡地。《隋·志》：常熟，梁置信義郡。《方輿紀要》：天監六年置。《陳書·武紀》：梁太平二年，以南徐州之信義，益封陳國。領縣七。【略】

江陰郡。《隋·志》：梁置江陰縣，并置江陰郡。《咸淳毘陵志》引

《陳書·高祖紀》：永定元年，以江陰郡奉梁主爲江陰王，益見梁曾置此郡。領縣三。【略】

義興郡。沈《志》：晉永興元年，分吳興之陽羨、丹陽之永世立本揚州。泰始四年，度。《齊·志》：永明二年，割屬揚州，後復舊。梁領縣四。【略】

南琅邪郡。沈《志》：晉咸康元年立。《齊·志》：本治金城。永明初，徙治白下。梁領縣三。【略】

臨淮郡。沈《志》：晉太康元年，復分下邳之，淮南爲臨淮郡，治盱眙、江左僑立。《齊·志》：自臨淮郡以下郡無實土方輿紀要引志云：蕭梁時，僑置臨淮郡，治東葛城是也領縣四。【略】

淮陵郡。《晉·志》：元帝分武進立臨淮、淮陵、南彭城等郡，屬徐州，宋、齊因之。梁領縣四。【略】

南彭城郡。沈《志》：江左僑立。《南史·梁吳平侯景弟昂傳》：爲琅邪、彭城二郡太守，是梁有是郡也。領僑縣七。【略】

南兗州。沈《志》：晉成帝立。《隋·志》：江都郡，梁置南兗州。《南史·蕭業傳》：天監二年，都督南兗州刺史是也。領郡六。

州治，《齊·志》：南兗州鎮廣陵。

廣陵郡。沈《志》：漢高六年立。領縣二。【略】

江都郡。本臨江郡。宋大明七年置。齊因之。《通鑑》：武帝太清三年，侯景以前臨江太守董紹先爲江北等臺。注引《五代志》：歷陽郡烏江縣，梁置臨江郡，蓋是時尚因齊舊名也，後改。《隋·志》：烏江，梁置江都郡。《通典》同。領縣三。【略】

陽平郡。《隋·志》：安宜，梁置陽平郡。案：《齊·志》：亦有陽平郡屬北兗州，領泰清等四縣注，寄治山陽。蓋至梁時，始移郡來治安宜耳！《通鑑》：武帝太清三年三月，景改陽平爲北滄州。《梁書·侯景傳》：大寶元年七月，侯景以陽平郡爲北兗州。《一統志》：其地尋入北齊，梁時。領縣一。【略】

東莞郡。《隋·志》：安宜，梁又置『東莞郡』。案：晉宋齊俱有東莞郡，領莒縣三縣，乃僑郡。在晉陵南，境非此也。其僑郡縣齊末俱廢。縣無考。

神農郡。《隋·志》：高郵，梁置廣業郡，尋以有嘉禾爲神農郡。領縣三。【略】

海陵郡。《隋·志》：海陵，梁置郡。案：沈《志》：晉安帝分廣陵，立海陵郡。《宋齊》：二志俱有，特海陵縣尚隸廣陵。梁時，始移郡治於此耳。領縣七。【略】

淮州。本北兗州。《齊·志》：宋泰始二年立。《通鑑》：武帝中大通元年，以陳慶之爲北兗州刺史是也。後改。《地形志》：蕭衍置淮州。《方輿紀要》：太清二年，没於東魏。未没時領郡三。

州治，《齊·志》：鎮淮陰。建元四年，移鎮盱眙。《通鑑》中大通元年注：此北兗州當治『淮陰』。

淮陰郡。《方輿紀要》：梁置，太清二年，没於東魏。未没時領縣一。【略】

盱眙郡。《沈志》：晉安帝分立。《寰宇記》：盱眙郡，梁屬兗州。案：兗州上當脱『北』字。領縣五。【略】

山陽郡。沈《志》：晉義熙中土斷，廣陵立。《通典》：梁初得之，後入後魏。《南史·梁桂陽王大成傳》：太清三年簡文即位，封山陽郡王。領縣四。【略】

武州。魏東徐州。《地形志》：孝昌元年置。永熙二年陷。在梁爲中大通五年。《隋·志》：下邳，梁置武州。《梁書·武紀》：中大通五年秋七月，改下邳爲武州。《方輿紀要》：太清二年，又降於東魏。未没時領郡二。

州治下邳。

下邳郡。沈《志》：宋失淮北，僑立。案：郡，梁初地入元魏，後入梁。《梁書·武紀》：中大通五年六月己卯，魏建義城主蘭寶殺魏東徐州刺史，以下邳城降。領縣二。【略】

武安郡。《隋·志》：良城，梁置武安郡。領縣一。【略】

徐州。《方輿紀要》：宋泰始三年，陷於後魏。梁普通六年，魏徐州刺史元法僧以州附梁，梁使其子豫章王綜鎮之，綜仍以州叛入魏。未没時領郡一。

州治，沈《志》：魏、晉、宋治彭城。《梁書·豫章王綜傳》：都督衆軍鎮於彭城。

彭城郡。《梁書・武紀》：普通六年正月庚申，魏徐州刺史元法僧以彭城内附三月乙丑，南兗州刺史豫章王綜權頓彭城，總督衆軍幷攝徐州府事。六月庚辰，豫章王綜奔於魏。魏復據彭城。《侯景傳》：先是豫州刺史貞陽侯蕭淵明督衆軍圍彭城，兵敗没於魏。蓋旋得旋失，故南北互見也。《元和志》：梁初蹔收太清之後，尋復入魏。案：《方輿紀要》：自綜叛入魏後，大同初遣元慶和攻東魏城父，高歡分遣侯景趨彭城禦之。中大同二年，侯景以河南州鎮來附，詔蕭淵明等攻彭城，不克。九年因周人滅齊，復命吳明徹攻彭城，爲周將王軌所敗。是郡自普通六年以後曾未入梁也。《元和志》云太清後入魏者微誤。又《一統志》：有南陽平廢郡。注引《地形志》云南陽平郡治沛南界，後寄治彭城，領襄邑等三縣。梁普通六年，將軍王希聃拔魏南陽平郡是也。彭城郡未没時領縣二。【略】

西徐州。《梁書・武紀》：大通元年以渦陽置西徐州。《隋・志》：山桑，梁改渦州曰『西徐州』。《元和志》：魏渦州理山桑縣，其後地入於梁，梁於此置西徐州。《一統志》：太清初，魏將慕容紹宗敗侯景於渦陽，其地遂復入魏。《地形志》：武定七年復。《梁書・武紀》：太清二年正月己亥，魏陷渦陽。《通鑑》注：渦陽，魏置譙州，梁改爲西徐州。案：《方輿紀要》：梁尋改爲譙州，東魏因之。此注云『梁改魏譙州爲西徐州』者，前後似誤。領南譙、汴、龍亢、蘄城、潁川、臨渙、蒙郡。今以汴郡入汴州，潁川郡入潁州。又依《隋・志》補陽夏一郡。凡領郡六。

州治，《方輿紀要》：大通初，復遣曹仲宗、陳慶之攻渦陽，魏十三城悉爲慶之所拔。渦陽降，因置西徐州治焉。《梁書・武紀》：大通元年十一月丁卯，以中護軍蕭深藻爲北討都督、征北大將軍，鎮渦陽。

南譙郡。沈《志》：晉太元中於淮南僑立。《方輿紀要》：後魏景明中，置渦陽郡。孝昌後入梁仍曰『南譙郡』。領縣一。【略】

龍亢郡。《地形志》：蕭衍置。《一統志》：梁普通六年趙景悦拔魏龍亢城，因置。龍亢郡後廢。縣無考。

蘄城郡。《地形志》：蕭衍置。領縣一。【略】

臨渙郡。《地形志》：蕭衍置。《元和志》：梁武帝普通中，克銍城，置臨渙郡，以臨渙水爲名。領縣三。【略】

蒙郡。《地形志》：蕭衍置。《隋・志》：山桑，梁置北新安郡。《方輿紀要》：魏太和七年置縣。梁於此置北新安郡，又改爲蒙郡。領縣一。

陽夏郡。《隋・志》：山桑，梁置陽夏郡。縣無考。

東徐州。《隋・志》：下邳郡，後魏置南徐州，梁改爲東徐州。《一統志》：後魏太和中，置南徐州。梁天監八年，改置東徐州。《梁書・武紀》：太清三年四月，東徐州刺史湛海珍舉州附魏。未没時領郡二十一。

州治宿預。

宿預郡。《梁書・蕭景傳》：天監四年，王師北伐，景率衆出淮陽，進屠宿預。《武紀》：天監五年五月辛未，太子左衛率張惠紹克魏宿預城。八年正月壬辰，魏鎮東將軍成景俊斬宿預城主嚴仲賓，以城内屬。《元紀》：承聖二年十二月，宿預土民東方光據城歸。北魏江西城郡皆起兵應之。領縣一。【略】

淮陽郡。沈《志》：晉義熙中土斷立。《地形志》：蕭衍置。《隋・志》：下邳郡。淮陽，梁置淮陽郡。《通鑑》：武帝天監五年二月。將軍蕭昞將兵擊魏。徐州圍淮陽注角城在淮水之陽。淮陽又在角城北十八里治宿預。梁後於角城置淮陽郡。《梁書・武紀》：天監六年十二月乙丑，魏淮陽鎮都督軍主常邕和以城内屬。《方輿紀要》：尋復入於魏。普通五年，遣將攻魏淮陽不克。未没時領縣一。【略】

朝陽郡。《隋・志》：宿豫，梁置。朝陽郡。縣無考。

臨沭郡。《地形志》：蕭衍置。《隋・志》：宿豫，梁置臨沭郡。縣無考。《地形志》：領臨沭招遠縣。案：招遠疑卽梁朐縣改者，今入青州東莞、琅邪二郡内，此不列。

晉寧郡。《地形志》：蕭衍置。領縣四。【略】

高平郡。《隋・志》：徐城，梁置。高平郡。《元和志》：梁於徐城縣置高平郡及縣。領縣五。【略】

朱沛郡。《地形志》：朱沛武定七年，改蕭衍朱沛修儀安豐三郡置。《隋・志》『修儀』作『循義』，今從之。安豐郡，梁屬安豐州，詳見下。縣無考。

循義郡。見上。縣無考。

安遠郡。《隋・志》：徐城梁又有安遠郡有安遠戍。《地形志》：安遠郡，武定七年改蕭衍安遠戍置。縣無考。

臨清郡。《隋·志》：淮陽梁有臨清，天水浮陽三郡領縣一。【略】

天水郡。見《隋·志》。領縣一。【略】

浮陽郡。《隋·志》：領縣一。【略】

綏化郡。《地形志》：綏化武定七年，改蕭衍綏化、呂梁二郡置。《隋·志》同。縣無考。

呂梁郡。見上。縣無考。

因撫郡。《地形志》：招義武定七年改蕭衍恩撫郡二縣置。縣無考。

西淮郡。《地形志》：淮陽武定七年改蕭衍西淮郡七縣置。縣無考。

扶風郡。《地形志》：富城，武定七年，改蕭衍下邳、扶風、清河三郡置下邳，梁屬武州，詳見上。縣無考。

清河郡。見《地形志》。領縣一。

蘭陵郡。《地形志》：招農，武定七年，改蕭衍蘭陵郡十三縣置。縣無考。

鉅鹿郡。《地形志》：鉅鹿，武定七年，改蕭衍鉅鹿郡六縣置。縣無考。

太山郡。《地形志》：淮浦，武定七年，改蕭衍太山郡四縣置。縣無考。

譙州。魏爲南兗州。《魏書·廢帝紀》：中興元年，南兗城民王乞德逼前刺史劉世明以州降蕭衍。衍使其將元樹入據譙城。《梁書·武紀》：中大通四年正月癸未，魏南兗州刺史劉世明以城降。改魏南兗州爲譙州。《元樹傳》：中大通四年，攻魏譙城，拔之。會魏將獨孤如願來援，城陷。《方輿紀要》：三年置。案：魏中興元年卽梁中大通三年。明年没於魏。未没時領郡一。

州治，《地形志》：南兗州治譙城。

陳留郡。沈《志》：晉咸康四年立，寄治譙城。梁領縣一。【略】

南譙州。《寰宇記》：梁大同二年割北徐州之新昌南豫州之南譙。豫州之北譙凡三郡，立爲南譙州，居桑根山之西，今滁州西南八十里全椒縣界，南譙故城是也。梁末喪亂地没高齊至。大寶三年徙南譙州於新昌郡，今之州城是也。亦曰譙州。《地形志》：蕭衍置。《通鑑》：武帝太清二年冬十月庚寅，侯景揚聲趣合肥而實襲譙州。注：此譙州置於新昌城，今滁州城是也。案：《通鑑》：武帝大通元年，譙州刺史湛僧智圍魏東豫州。注：帝置譙州，治新昌城。領新昌、高塘、臨塗、南梁郡。今以《寰宇記》所領三郡列之於前，而以此注所云高塘等三郡列之於後。凡領郡六。

州治，《地形志》：治新昌城。

新昌郡。沈《志》：元徽元年立。《隋·志》：清流，舊置新昌郡。《梁書·武紀》：天監十一年二月戊辰，新昌郡野蠶成繭是也。領縣一。【略】

南譙郡。《通典》：梁屬南譙州。領縣一。【略】

北譙郡。《隋·志》：全椒，梁曰北譙，置北譙郡。在今滁州全椒縣西北二十里。案：《寰宇記》：梁克壽陽，立北譙郡於故曲陽地。北譙、蒙城二縣屬焉。在今鳳陽府定遠縣西北六十五里。與此互異，當是武帝時置於定遠，屬豫州。今壽州。其後地没高齊移置，今全椒界耳，今依《隋·志》。領縣二。【略】

高塘郡。見《通鑑》注。《方輿紀要》：梁置。領縣四。有白塔，《通鑑》：武帝天監二年十月，魏人拔關要、潁川、大峴三城，白塔、牽城、清溪皆潰。【略】

臨塗郡。《輿地紀勝》：古臨塗郡在清流縣東五十五里之葛城。《地形志》：臨塗郡治葛城，恐卽此地也。縣無考。《地形志》有懷德、烏江、酇等縣。今依齊舊屬江都郡，不敢謂魏所領縣，盡因梁舊也。

南梁郡。《通鑑》：武帝天監二年，南梁太守馮道根戍阜陵。《方輿紀要》引胡氏注曰：南梁自宋有之，未詳其實土，自是爲郡治，有阜陵戍。《梁書·馮道根傳》：以南梁太守領阜陵戍。案：阜陵，漢舊縣也。晉後廢爲戍。縣無考。

晉州。《隋·志》：同安郡，梁置豫州，後改云晉州。《通典》：梁置荆河州，後改曰晉州。《寰宇記》：晉熙郡，梁置南豫州，後改爲晉州。《方輿紀要》：梁初豫州治此，後改爲西豫州。《通鑑》：武帝太清二年十月丙戌，鄱陽王遣西豫州刺史裴之高將兵入援。注：梁置西豫州。案：《梁書·鄱陽王恢傳》：世子範引軍至湓城，以晉熙爲晉州，遣子嗣爲刺史。及範薨嗣，猶據晉熙。《隋·志》諸書其說不一，皆當以《梁書》爲正。又《羊鯤傳》：平峽中除西晉州刺史破郭元建於東關。遷東晉州刺史。案：梁有縉州，在晉州之東。或以彼爲東晉州，因以此爲西晉州歟？《通鑑》：敬帝紹泰元年三月，齊將蕭軌南侵皖城。晉州刺史蕭惠以州降之。未没時領郡二。

州治懷寧。

晉熙郡。沈《志》：晉安帝立。《梁書·侯景傳》：任約廬暉略攻晉熙郡，殺鄱陽世子嗣。領縣三。【略】

樅陽郡。《隋·志》：同安舊曰樅陽，并置樅陽郡。《輿地廣記》：梁置樅陽郡。《寰宇記》：梁天監中改樅陽縣爲樅陽郡。領縣二。【略】

合州初爲豫州。《梁書·韋叡傳》：天監四年《通鑑》作五年。遷豫州於合肥。《裴邃傳》：普通二年遷豫州刺史鎮合肥。《方輿紀要》：自晉熙還豫州治合肥是也。又爲南豫州。《寰宇記》：梁置南豫州。《梁書·武紀》：普通七年十一月，改合肥爲南豫州。《方輿紀要》：克壽陽因改置豫州，而以合肥爲南豫州是也。又名合州。《地形志》：蕭衍置。《隋·志》：廬江郡，梁置南豫州又改爲合州。《通典》：梁置南荆河州。尋改爲合州爲重鎮《梁書·武紀》：太清元年七月甲子改合肥爲合州。《通鑑》：武帝太清三年七月，東魏大將軍澄遣西兗州刺史李伯穆逼合肥。鄱陽王範方謀討侯景。景藉東魏爲援，乃帥戰士二萬出東關以合州輸伯穆，以乞師於東魏。《方輿紀要》所謂『三年，没於東魏』是也。未没時領郡一。

州治，《地形志》：治合肥城。《通鑑》：武帝太清二年正月，更以鄱陽王範爲合州刺史。鎮合肥。

汝陰郡。《隋·志》：合肥，梁置，汝陰郡。《通典》、《寰宇記》並同。領縣二。【略】

湘州。《隋·志》：廬江，梁置湘州。《通典》同。領郡一。

州治廬江。

廬江郡。沈《志》：漢文六年，分淮南國立。《梁書·裴邃傳》：天監初，爲廬江太守，時魏將吕頗率衆五萬奄來攻郡，邃率麾下拒破之。領縣二。【略】

霍州。《地形志》：蕭衍置。《隋·志》：霍山，梁置霍州。《梁書·武紀》：天監六年十二月分豫州置霍州。《寰宇記》：梁天監四年於灊縣。改置霍州，兼别築城。又云：天監二年置。年分不同，今以《梁書》爲正。領郡三。

州治，《水經注》：梁立霍州，治灊縣天柱山。

岳安郡。《隋·志》：霍山，梁置岳安郡岳安縣。領縣一。【略】

北沛郡。《隋·志》：渒水，梁置北沛郡。領縣二。【略】

北潁川郡。《地形志》：屬霍州，領潁川、邵陵、天水三縣。《方輿紀要》：蓋蕭梁置。領縣三。

直豫州。《梁書·武紀》：普通七年十一月以壽陽置豫州。太清元年七月甲子，以壽春爲南豫州。《寰宇記》：案：壽陽自晉至宋，並屬南朝，或爲揚州，或爲豫州。至齊末，没於胡寇。梁普通七年重克之。太清元年，後魏河南道大行臺侯景率十三州來降。魏將慕容紹宗追破景於壽陽。梁以景爲大都督豫州刺史，仍鎮壽陽。二年，景作亂，舉兵向建業，景中軍都督復以壽陽降魏魏復改爲揚州。《舊唐書·地理志》：宣城，梁置南豫州。《寰宇記》：梁承聖元年復江南，南豫州郡不廢，歷梁陳之代，亦爲重鎮。領郡十。

州治初治壽春，後徙宣城。詳見上。

宣城郡。沈《志》：晉太康元年分丹陽立。梁時以封子弟。《梁書·武紀》：中大通四年春正月庚午，立嫡皇孫大器爲宣城郡王是也。領縣十。【略】

南陵郡。《隋·志》：南陵，梁置南陵郡。管石城臨城定陵故治南陵五縣。《元和志》：南陵縣本漢春穀縣地，梁於此置南陵縣，仍於縣理置南陵郡。《寰宇記》：南陵縣故城在貴池縣西南十二里，舊置戍，梁普通六年置。南陵郡於此領縣五。【略】

淮南郡。沈《志》：晉在帝立。梁領縣四。【略】

南丹陽郡。《隋·志》：江寧，梁置丹陽郡及南丹陽郡。《南史·陳武紀》：梁太平二年封陳十郡有南豫州之南丹陽。《陳書·周文育傳》：侯景平累遷南丹陽太守。《程靈洗傳》：梁紹泰元年，除南丹陽太守仍鎮采石。領縣四。【略】

廣梁郡。《隋·志》：綏安，梁末立大梁郡。《一統志》案：大梁卽廣梁。《隋·志》避諱也。又改名陳留郡。《一統志》引《陳書》：梁紹泰元年，割故鄣廣德置廣梁郡。永定二年改爲陳留郡。案：此則陳留郡乃陳郡名。《隋·志》云：又改才，或卽指陳代言之，而《南史·陳武紀》：梁太平二年，封陳十郡。則云南豫州之陳留，蓋記事者從後所改而未追書耳。領縣一。【略】

歷陽郡。沈《志》：晉永興元年分淮南立。《梁書·武紀》：太清二年九月丁未，侯景進攻歷陽，太守莊鐵降之。《侯景傳》：景乃得濟江。《寰宇記》：梁末，侯景亂江北之地盡屬高齊，立爲和州。劉禹錫《和州記》：梁王僧辯迎貞陽侯於齊，會於此更名和州。未没時領縣二。【略】

梁郡。《寰宇記》引《輿地志》云：宋明帝於淮南立梁郡。領北譙北梁蒙城城父四縣。梁克壽陽後立北譙郡於故曲陽地，北譙蒙城二縣屬焉。又梁武克壽春置豫州，立梁南、梁西、汝陰、武安四郡，於城中置淮南州城也。又《寰宇記》云：太清二年侯景中軍都督降魏，魏改爲揚州，北齊因之。案：此則郡縣自没魏後曾未入梁也。下三郡同。未没時領縣三。【略】

南梁郡。《寰宇記》引《輿地志》：梁武克壽春立。又引《宋書·志》：睢陽縣置南梁郡。領睢陽、蒙、虞、穀熟、陳、義寧、新汲、崇義、寧陵等縣。自晉永嘉過江，温嶠立淮北之縣，用牧流人，至隋末廢。而《齊·志》無南梁郡。惟梁郡注引永元元年《地志》：南梁郡領睢陽、新汲、陳、蒙、崇義五縣，與《寰宇記》微有異同，但睢陽縣，沈《志》：孝武大明六年改名壽春，八年復舊，卽二漢、晉壽春縣。梁旣立壽春，不當復有睢陽。《寰宇記》不無少誤也。至領縣之數，《齊·志》、《寰宇記》俱不足據，今依《宋·志》書之。若寧陵縣，《齊·志》無之，當是齊省也。至穀熟縣，《方輿紀要》：宋元徽初屬新昌郡。齊因之，梁末廢。《一統志》：齊後廢，故亦不列。領縣六。【略】

西汝陰郡。《寰宇記》引《輿地志》：梁武克壽春立。沈、齊二志亦有是郡。案：沈《志》領汝陰、安城、樓煩、宋四縣，今以安城爲陳州，新興郡治樓煩爲汴郡。《方輿紀要》：梁置。俱見下此。領縣二。【略】

武安郡。別見。《寰宇記》引《輿地志》：梁武克壽春立。領縣一。【略】

北徐州。《地形志》：楚州蕭衍置北徐州，或作徐州。《舊唐書·地理志》：鍾離，晉、宋、齊、梁置徐州。《梁書·曹景宗傳》：天監五年，魏托跋英寇鍾離，圍徐州刺史昌義之。《通鑑》注：南徐治京口，故以鍾離爲北徐。《寰宇記》：鍾離郡。宋明帝失淮北地，復立徐州於此。後廢帝改號北徐州，梁因之，後入高齊。《通鑑》武帝：太清三年正月，封山侯正表以北徐州降東魏。未没時領郡七。

州治，《齊·志》：鎭鍾離《梁書·義之傳》：天監二年爲北徐州刺史鎭鍾離。

鍾離郡。沈《志》：晉安帝分立。《梁書·武紀》：天監五年十一月，魏寇鍾離，遣石衞將軍曹景宗率衆赴援。《方輿紀要》：太清三年，蕭正表以鍾離降魏。未没時領縣四。有鍾離城。《梁書·昌義之傳》：遣土匠修營鍾離城。又鍾離城北阻淮水。【略】

淮陵郡。沈《志》：晉永寧元年以爲淮陵國。《方輿紀要》：齊因之。《通鑑》：武帝天監二年冬十月，魏元英分兵寇東關大峴淮陵九山。注《宋·志》：南徐州領淮陵郡。昰時旣置徐州於鍾離，則亦置淮陵於鍾離界未可知也。縣無考。

馬頭郡。沈《志》：故淮南當塗縣地。晉安帝立。《梁書·昌義之傳》：天監五年魏元英乘勢追躡，攻没馬頭郡。《武紀》：普通五年十一月景寅，魏馬頭、安城並來降。《寰宇記》：梁大通元年，刺史劉公茂移居新城。《方輿紀要》：梁末，魏復取之。未没時領縣一。【略】

定遠郡。初置臨濠郡。《隋·志》：定遠，梁置臨濠郡。《寰宇記》：梁置臨濠郡於廢東城，在定遠縣東，後爲定遠郡。《寰宇記》：梁天監三年，士人祭豐據東城，自魏歸。梁武帝嘉之，改曰豐城，立爲定遠郡。又改爲廣安郡。案：《隋·志》：後齊改此，云又則似梁改矣。『又』字誤。定遠縣，案：郡嘗置安州。《梁書·武紀》：大同六年九月，移安州置定遠郡，受北徐州都督定遠郡仍屬安州。《隋·志》：定遠，梁置安州。侯景亂廢是也。又有西沛郡。《寰宇記》：梁普通三年，於閶城中置西沛郡。至大寶二年廢。領縣一。【略】

九江郡。《隋·志》：定遠又有舊九江郡，後齊廢爲曲陽縣。《方輿紀要》：梁置有曲陽城。《梁書·武紀》：普通五年曹世宗破魏曲陽城。《水經注》：洛水北逕西曲陽縣故城東。秦墟同上甲辰又剋秦墟。《水經注》：洛水又北歷秦墟。《方輿紀要》：蓋亦是時戍守處也。鄘、潘溪。同上魏鄘、潘溪守，悉皆棄城走。《水經注》：淮水歷潘城南置潘谿戍，戍東側潘谿又東逕梁城，城臨側淮川，川左有涓城，涓卽鄘也。縣無考。

魯郡。《地形志》：蕭衍置。案：《一統志》：有魯城在鳳陽縣西魯山之東。《一統志》：東魯山在鳳陽縣西南十五里又西三里，爲西魯山。相傳魯肅屯兵於此。今有東西魯城，村皆以此城名，疑卽魯郡遺址也。縣無考。《地形志》：領鄒、碭、魯三縣，未知其爲梁置而東魏因之，抑入東魏後而別置否，今不列。

濟陰郡。沈《志》：漢景帝立屬兗州。流寓徐土因割地爲境。《一統志》：後魏改曰『濟陽』，梁初因之。《梁書·武紀》：天監十一年二月戊辰，濟陽郡野蠶成繭是也。後復。《地形志》：高平郡。白水武定七年，改蕭衍濟陰郡置。《方輿紀要》：太清二年没於東魏。未没時領縣四。【略】

安豐州。《寰宇記》：梁大同元年徙舊安豐郡於此置州在霍邱縣南四十里。至太清二年，侯景破梁，僞中軍大都督王貴顯以壽春降魏，此州又入東魏。未没時領郡二。

州治安豐。

安豐郡。《隋·志》：安豐，梁置安豐郡。又霍邱，梁置安豐郡。《通典》同，皆此郡也。領安豐一縣，益以《方輿紀要》所領宇婁、邊城二縣及松兹縣，凡領縣四。【略】

陳留郡。《隋·志》：安豐，梁置陳留郡。《通典》同《寰宇記》：陳留郡，領浚儀小黄雍邱三縣，晉義熙十二年，劉義奏置，則是晉置而梁因之也。領縣三。【略】

義州。梁置。《梁書·武紀》：普通四年六月乙丑，分霍州置義州。《通鑑》：武帝普通二年六月，義州文僧明邊城太守，田守德擁所部降魏。七月，以裴邃爲信武將軍，假節督衆軍討義州，破魏義州，刺史封壽於檀公峴遂圍其城，壽請降，復取義州。注：此義州當置於齊安郡木蘭縣界。又此時，梁境未得至安豐。《五代志》：黄岡縣界舊有邊城郡，此正田守德所居之地。案：二說非是。《隋·志》：蘄春郡羅田縣，梁置義州義城郡羅田，與木蘭相去不遠，梁既置義州於此，必不復置一義州於木蘭矣。是謂義州置於木蘭縣者誤也。漢安豐故城在今固始且東，梁時爲新蔡郡地，是謂梁境未得至安豐者誤也。下裴邃破封壽於檀公峴，注引《水經注》『決水出廬江雩婁縣大別山』注云：俗謂之『檀公峴』，蓋大別之異名也。夫雩婁與安豐相近，故能破之於此，若遠在黄岡，何能略地至此乎？是謂黄岡縣之邊城郡卽守德所居之地者又誤也。惟義州注末云：以下文裴邃復義州觀之，恐義州與邊城皆置於安豐界於義合矣。而與置於木蘭之說則又自相矛捍焉，是亦終未有確見也。胡氏注於地理最審，此獨如是，故附辨於此。《地形志》：蕭衍置，武定七年內屬。卽梁太清三年。未没時領郡二。

州治，《一統志》：苞信，梁兼置義州。

義城郡。《隋·志》：殷城，梁置義城郡。領縣一。【略】

邊城郡。沈《志》：邊城左郡元嘉二十五年以豫部蠻民立。梁領縣二。【略】

汴州。《地形志》：蕭衍置。《一統志》：梁大通中，魏亂，梁得下蔡，改置汴州及汴郡。案：《地形志》：又領臨淮郡及臨淮縣，未知因《梁書》否，抑別置否。今不列，以《隋·志》所云『淮陽郡』益之。凡領郡二。

州治，《地形志》：治汴城。

汴郡。《地形志》：蕭衍置。《隋·志》：下蔡，梁置汴郡《輿地廣記》同。領縣一。【略】

淮陽郡。《隋·志》：下蔡，梁置淮陽郡。縣無考。

仁州。《地形志》：蕭衍置。《寰宇記》：梁天監八年，置赤坎戍。大同二年，廢戍置仁州，有赤坎戍、《元和郡縣志》：梁天監八年置。貢城戍。同上，漢虹縣，梁武於此置貢城戍。

州治，《地形志》：治赤坎城。

郡縣無考。《地形志》：領臨淮郡及己吾、義城二縣，其己吾縣注云：州郡治。案：此未知因《梁書》否？抑別置否？今不列。

睢州。《地形志》：南濟陰郡孝昌中陷。蕭衍爲睢州，《隋·志》：

符離，梁置睢州亦名潼州。《地形志》：睢州蕭衍置潼州。《梁書·武紀》：大通元年五月景寅，成景俊剋魏臨潼竹邑。《方輿紀要》：因置潼州於此。《通鑑》：武帝太清元年十一月丙午，魏慕容紹宗攻潼州，刺史郭鳳營《地形志》：武定五年復卽是時也。未没時領郡二州，治頓邱。

南濟陰郡，魏置。《地形志》：治竹邑城孝昌中陷。梁領縣一。【略】

沛郡。沈《志》：秦泗水郡，漢高更名，舊屬豫州江左改配。《地形志》：睢南郡，蕭衍置沛郡。領縣四。【略】

建州。《地形志》：南建州，蕭衍置。《隋·志》：殷城，梁置建州并所領高平、新蔡、新城三郡。案：《寰宇記》：建州，北齊置，梁末廢州。《隋·志》則云開皇初廢，蓋北齊所置者北建州。《隋·志》：固始縣，北齊置，至建州，尋廢是也。《寰宇記》誤以北建州爲建州，故曰梁末卽廢，今依《隋·志》。領郡三。

州治，《地形志》：治高平城。

高平郡。見《隋·志》。縣無考。

新蔡郡。見《隋·志》。案：沈《志》：晉惠帝分汝陰立，今帖治汝南南齊改曰北新蔡郡，梁復舊。領縣一。【略】

新城郡。見《隋·志》。領縣一。【略】

光州。《地形志》：蕭衍置。《隋·志》：弋陽郡，梁置光州。《元和志》：梁末於光城縣置光州。《寰宇記》引《輿地志》同。《魏書·孝靜帝紀》：天平三年梁大同二年。梁光州刺史郝樹以城内附。未没時領郡六。

州治，《地形志》：治光城。

光城郡，《隋·志》：光山舊置光城郡，又有舊黄川郡，梁廢。《一統志》：後魏置治定安梁廢，入光州。《寰宇記》：梁天監元年廢。領縣二。【略】

北光城郡。《隋·志》：新息，梁置北光城郡，又置湞州尋廢。領縣一。【略】

弋陽郡。沈《志》：魏文帝分立《寰宇記》：漢弋陽縣地，梁普通八年自後魏徙弋陽郡於此。置領縣一。【略】

宋安郡。《隋·志》：樂安，梁置宋安郡，及宋安、光城二縣又有豐安郡，案：光城縣自宋以來常爲光城郡治。梁當因之，今入光城郡。其豐安郡據《一統志》，本後魏所置永安郡也，治新城縣，北齊改曰豐安。案：此未知梁置，而北齊用其名否，抑《隋·志》所云又者或卽指北齊而言之否？今不列姑附於此以俟考此。領縣一。【略】

梁安郡。《隋·志》：褒信，梁置梁安郡。領縣一。【略】

長陵郡。《地形志》：蕭衍置。《隋·志》：褒信，梁又有長陵郡。領縣二。【略】

淮州。《地形志》：蕭衍置。《梁書·武紀》：太清元年二月侯景以十三州内屬，東豫州亦與焉，七月以北廣陵爲淮州。《夏侯夔傳》：是時譙州刺史湛僧智圍魏東豫州，刺史元慶和於廣陵人其郛。魏將元顯伯率軍赴援僧智逆擊破之。夔自武陽會僧智斷魏軍歸路，慶和於内築柵以自固。及夔至遂請降，詔以僧智領東豫州刺史鎮廣陵。《隋·志》：新息梁改西豫州，後改淮州。領郡一。

州治，《地形志》：治廣陵城，又見上《夏侯夔傳》。

北廣陵郡。《地形志》：興和中分東豫州置。《通鑑》注：此廣陵城在新息縣界，非南兗州之廣陵也。領縣五。【略】

西淮州。《地形志》：蕭衍置。《隋·志》：眞陽，梁置淮州。領郡一。

州治，《地形志》：治豫州界白苟堆。

淮川《地形志》作『州』，此據《一統志》。郡。《地形志》：州治領縣二。【略】

南朔州。《地形志》：蕭衍置。

州治，《地形志》：治齊坂城。

郡縣無考。《地形志》：領梁新蔡邊城、義陽、新城、黄川、六郡，新息、嗣陽、邊城、義陽、新城、安定六縣。其黄川郡梁廢，新城郡入建州，餘四郡縣未知梁置，抑魏置否。今不列，姑識疑於此。

南郢州。《地形志》：蕭衍置。領郡一。

州治，《地形志》：治赤石關。

定城郡，《一統志》：梁置。領縣一。【略】

湘州。《地形志》：蕭衍置，領郡二。

州治，《地形志》：治大治關城。

安蠻郡，齊安蠻左郡。《梁書·馬仙琕傳》：授宋安安蠻二郡太守。領縣三。【略】

梁寧郡。《地形志》有此郡，當是梁置也。《地形志》：又有永安郡，新城縣卽豐安郡也。詳見上此。領縣二。【略】

豫州。《梁書·武紀》：太清元年二月侯景以十三州内屬，豫州亦與焉。七月甲子，以懸瓠爲豫州。《通鑑》注：天監中，韋叡克合肥，以爲豫州，後復壽陽。又徙豫州，復舊治。今得懸瓠，復宋之舊爲豫州。《一統志》：魏豫州梁，天監七年降梁，尋復爲魏，取太清，初仍入於梁，尋又没於東魏。未没時領郡二。

州治，《地形志》：治懸瓠城，《梁書·羊鴉仁傳》：爲司、豫二州刺史，鎭懸瓠。

汝南郡。沈《志》：漢高立。梁領縣二。【略】

西汝南郡。《元和志》：漢郾縣地梁武置，西汝南郡於此。領縣一。【略】

楚州。《隋·志》：城陽，梁置楚州。《通鑑》：武帝大同二年冬十月乙亥，詔大舉伐東魏。東魏侯景將兵寇楚州。《地形志》又作西楚州，蕭衍置。《一統志》：梁置楚州，尋没於東魏，置西楚州。案：此則西楚州乃東魏置。《地形志》云然者蓋梁置楚州，東魏加西字，故仍謂蕭衍置耳。今從《隋·志》。未没時領郡三。

州治，《地形志》：治楚城。

汝陽郡。《地形志》：蕭衍置。領縣一。【略】

伍城郡。《地形志》：蕭衍置。《隋·志》：城陽，梁置伍城郡。領縣二。【略】

城陽郡。《地形志》：蕭衍置。領縣三。【略】

殷州。《隋·志》：項城東魏置揚州。梁改曰『殷州』。《梁書·武紀》：太清元年二月侯景以十三州内屬，北揚州亦與焉。七月甲子詔以項城爲殷州。《一統志》：尋還屬東魏。曰北揚州。未没時領郡二。案：《梁書·侯景傳》：與豫州刺史高成、廣州刺史郎椿、襄州刺史李密、兗州刺史邢子才、南兗州刺史石長宣、齊州刺史許季良、東豫州刺史邱元征、洛州刺史爾朱渾願、揚州刺史樂恂、北荆州刺史梅季昌、北揚州刺史元神和等内附。《通鑑》：武帝太清元年，景請以豫、廣、郢、荆、襄、兗、南兗、濟、東豫、洛陽、北荆北揚等十三州内附。《考異》曰：《梁書·景傳》云與廣州刺史暴顯、潁州刺史司馬世雲、荆州刺史郎椿。據此則今本《梁書》廣州刺史下宜脱暴顯以下十四字。又《梁書》齊州，《通鑑》作濟州、揚州。《通鑑》作陽州。《通鑑》郢州，《考異》據《梁書》作『潁州』，未詳孰是。其豫東、豫北、揚三州今見上，餘無考。蓋自景亂後仍入魏耳，故不列。

州治，《地形志》：北揚州治項城。《梁書·侯景傳》：詔以西陽太守羊思建爲殷州刺史，鎭項城。

丹陽郡。《隋·志》：項城東魏置，丹陽郡。梁領縣一。【略】

北陳郡。《隋·志》：長平，梁置北陳郡。縣無考。

華州。《隋·志》：桐柏梁立華州。《寰宇記》：漢平氏縣梁大同元年於此置華州，及上川郡又有勞州東荆州、南荆州。《通鑑》：武帝中大通五年，勞州刺史曹鳳、東荆州刺史雷勝能，等舉城降魏。注皆蠻左也。因其地授以州刺史。《方輿紀要》：勞州城在今唐縣東南，魏所置州以授蠻酋。東荆州卽今唐縣治。魏太和中置案：魏太和當宋齊之際，則州爲魏置，不知何時入梁。至此仍入魏耳。又《通鑑》：武帝天監十一年，魏以桓叔興爲南荆州刺史，治安昌城隸東荆州。普通二年五月辛巳，魏南荆州刺史桓叔興據所部來降。《南史·徐嗣徽傳》：從征巴邱，以功監南荆州是也。其郡縣無考。姑附於此州領郡三。

州治無考。

上川郡。《隋·志》：桐柏，梁置上川郡。領縣三。【略】

西義陽郡。《隋·志》：桐柏梁又置西義陽郡。縣無考。

堵陽郡。《元和志》：方城本漢堵陽地，在堵水之陽，故名。梁於此置郡。縣無考。

陳州《地形志》：北陳留潁川二郡，蕭衍爲陳州，武定七年改置。《隋·志》：潁陽，梁置陳州。案：《地形志》：潁川武泰元年陷，武定七年復魏。武泰元年爲梁中，大通元年、武定七年爲梁。太清三年，則陳州亦當如是。未没時領郡十二。

州治許昌。

潁川郡。《地形志》：譙州下蔡郡，蕭衍潁川郡。《隋·志》：清邱，梁置潁川郡。領縣二。【略】

汝陰、弋陽二郡。《地形志》：蕭衍置。雙頭郡縣。領縣四。【略】

陳留郡。《隋·志》：潁陽，梁置，陳留郡。《方輿紀要》：梁大通末置。領縣一。

財邱、梁興二郡。《地形志》：蕭衍置。領縣四。【略】

西恆農陳南二郡。《地形志》：蕭衍置。領縣二。【略】

東郡汝南二郡。《地形志》不注置立，當是梁置也。領縣一。【略】

清河南陽二郡。《地形志》：蕭衍置。領縣二。【略】

東恆農郡。《地形志》：蕭衍置。領縣一。【略】

新蔡南陳留二郡。《地形志》：蕭衍置。領縣一。【略】

滎陽北通二郡。《地形志》：蕭衍置。領縣二。【略】

汝南太源二郡。《地形志》：蕭衍置。領縣二。【略】

新興郡。《地形志》：蕭衍置。領縣四。【略】

青州。沈《志》：明帝失淮北，於鬱州僑立。《地形志》作『劉子業置』，誤也。《梁書·張稷傳》：時魏寇青州詔假節行州事。領郡一。

州治，《齊·志》：治鬱州。

北海郡。本西海郡，宋泰始六年僑置，後改齊郡。齊建元中徙瓜步置北海郡。《地形志》：東海郡蕭衍改置北海郡。《寰宇記》：梁改東海郡爲北海郡。領縣四。【略】

南青州。《隋·志》：東海郡，梁置南北二青州。《一統志》：齊建武四年，黃曇紛攻魏，南青州黃郭戍爲戍主崔僧淵所敗，梁得其地置南北二青州。侯景之亂没於東魏，未没時領郡四。

州治，《南史·陰子春傳》：詔授南青州刺史鎮朐山。東莞琅邪二郡，齊置。《梁書·武紀》：天監十年三月盜殺東莞琅邪二郡太守。鄧晰普通五年冬十月辛巳，彭寶孫剋琅邪。領縣二。【略】

東彭城郡，《地形志》：蕭衍置。領縣三。【略】

北譙郡。《地形志》：山寧，蕭衍北譙郡。縣無考。

齊郡。沈《志》：秦立。《地形志》：上鮮改蕭衍齊郡置。領縣一。【略】

北青州。見《隋·志》：《梁書·武紀》：太清三年四月，北青州刺史王奉伯舉州附魏。

州治及郡縣無考。

冀州。沈《志》：元嘉九年，分青州立，齊僑置。梁侯景之亂没於東魏。未没時領郡二。

州治齊僑置襄賁。

北東海郡。《齊·志》：治連口。《梁書·羊侃傳》：嘗南還至連口是也。領縣二。

僮陽郡。《地形志》：沭陽郡，蕭衍置僮陽郡。《寰宇記》：梁武天監五年，復置僮陽郡。領縣二。

又 卷二 江州。沈《志》：晉太康元年置，案：江州。梁大寶元年以豫章置豫州，又以新吳置南江州。臨川置寧州。《陳書·武紀》：梁大寶元，年授高祖豫州刺史，領豫章內史。《梁書·敬帝紀》：太平二年二月蕭勃反，南江州刺史余孝頃以兵會之。《通鑑》注：蓋就置南江州命爲刺史。《南史·周敷傳》：侯景平，梁元帝授敷寧州刺史。《方輿紀要》：元帝置寧州，以周敷爲刺史是也。又《寰宇記》引《梁書》云：于慶入洪州，進攻新吳縣，則疑梁時更置洪州矣。然《敬帝紀》：太平二年四月曲赦江廣衡三州是江州未嘗廢也。其閒改置，史無明文，蓋皆不久廢省，今仍書江州而附録於此。領郡五。

州治，《齊·志》：鎮尋陽。《元和志》：江州自晉元帝後或理湓城，或理尋陽，或理半洲。並在湓城近側。然梁於尋陽置西江州，必當移治。《一統志》：太平二年，移江州治豫章，以潯陽置西江州是也。

豫章郡。沈《志》：漢高帝立梁爲王國。《梁書》：豫章王綜是也。領縣八。【略】

廬陵郡。沈《志》：漢興平元年，孫策分豫章立，梁爲王國。《梁書》：廬陵王續是也。領縣七。【略】

南康郡。沈《志》：晉太康三年以廬陵南部都尉立。梁爲王國。《梁書》：南康王績是也。《輿地紀》：勝梁承聖元年復徙南康郡於章貢閒。領縣九。【略】

晉安郡。沈《志》：晉太康三年分建安立。《元和志》：晉安郡，南

朝皆封子弟爲王。梁簡文帝初封晉安王，入爲皇太子是也。領縣三。【略】

南安郡。《隋·志》：南安舊置南安郡。《方輿紀要》：梁天監中分置治晉安。領縣三。【略】

西江州。《梁書·敬帝紀》：太平二年正月分尋陽、太原、齊昌、高塘、新蔡五郡置。西江州領郡五。

州治同上，卽於尋陽，仍充州。鎮《輿地紀勝》引《廬山記》云：梁太清二年，蕭大心因侯景之亂欲依險固乃移於湓口城，卽今城也。尋陽郡沈《志》：晉永興元年立，梁爲王國。《梁書》：當陽王大心是也。領縣三。有尋陽城。《通鑑》：簡文帝大寶二年八月壬寅朔，范希榮亦棄尋陽城走晉熙。【略】

太原郡。《隋·志》：彭澤，梁置太原郡，領彭澤、晉陽、和城、天水四縣。《通典》同。《寰宇記》：古太原郡在縣東北五十里。《輿地志》云：梁武帝立屬尋陽領晉陽等三縣。又《輿地廣記》：彭澤，梁置太康郡。然《隋·志》：《元和志》：諸書皆不言梁置，此郡疑卽太原之誤耳。領縣四。【略】

齊昌郡。齊置。《齊·志》：永明四年，割郢州屬豫州，梁屬西江州。領縣四。【略】

高塘郡。《隋·志》：宿松，梁置高塘郡。《南史·梁武紀》：大同八年三月，於江州新蔡高塘。《梁書》作『埭』，誤。立，頌平屯墾作蠻田。領縣一。【略】

南新蔡郡。沈《志》：江左立。《通鑑》：元帝承聖元年五月，扶風民魯悉達糾合鄉人以保新蔡是也。領縣四。【略】

吳州，《隋·志》：鄱陽郡，梁置吳州。《元和志》：吳鄱陽郡。梁承聖二年改爲吳州。《寰宇記》：梁天監中置吳州。案：《通鑑》：元帝承聖二年，始有吳州刺史開建侯藩，前此未有。《寰宇記》疑誤，當從《元和志》。領郡一。

州治鄱陽。

鄱陽郡。沈《志》：後漢建安十五年，孫權分豫章立。梁爲王國。《梁書》『鄱陽王恢』是也。領縣六。【略】

高州。《南史·黃法奭傳》：梁敬帝太平元年，割江西四郡置高州。《通鑑》注：蓋臨川、安城、豫寧、巴山，以其地在南江之西，負山面水據高臨深因名高州。領郡四。

州治，《南史·黃法奭傳》：以法奭爲刺史，鎮巴山。

臨川郡。沈《志》：吳太平二年，分豫章東部都尉立梁爲王國。《梁書》『臨川王宏』、《南史》『臨川王大款』是也。領縣七。【略】

安成郡。沈《志》：孫皓寶鼎二年，分豫章、廬陵、長沙立梁爲王國。《梁書》『安成王秀』是也。《寰宇記》案《安成記》云『梁武封皇弟秀』，卽此。領縣七。【略】

豫寧郡。《寰宇記》：武寧，陳武帝初割建昌、豫寧、艾、永修、新吳等五縣立爲豫寧郡，而《通鑑》注列於梁置高州之下。蓋置雖出白陳武而尚在未革梁代以前猶之，梁置西江州而《元和志》以爲陳武置也。今依《通鑑》注録之。領縣五。【略】

巴山郡。《隋·志》：崇仁，梁置巴山郡，領西豐、新安、巴山、新建、興平、豐城、西寧七縣。《寰宇記》：豐城，梁大通二年分立廣豐、新安二縣，又分廬陵之興平、臨川之新建等二縣立西寧、巴山二縣，合其縣立爲巴山郡。又云梁大同二年分新建、西寧二縣，立巴山縣，更置巴山郡，取廬陵之興平、南昌之豐城以益之。二說互異詳見下。案：《隋·志》較《寰宇記》多西豐一縣，《寰宇》較《隋·志》多廣豐、宜黃二縣，今兩從之。領縣九。【略】

廣州。沈《志》：吳永安七年分交州立。《隋·志》：梁、陳並置都督府。領郡六。

州治，《齊·志》：鎮南海。

南海郡。沈《志》：秦立，漢武屬交州。梁爲王國。《梁書》『南海王大臨』是也。領縣六。【略】

蒼梧郡。沈《志》：漢元鼎六年立。梁領縣四。【略】

新會郡。沈《志》：晉元熙二年分南海立，又《廣州記》：永初元年分新寧立，治盆允。案：郡，宋元嘉二十七年治宋元，齊還治。梁領縣十一。【略】

東官郡。沈《志》引《廣州記》晉咸和六年分南海立。梁領縣五。

【略】

綏建郡。沈《志》：元嘉十三年立，《梁書·蕭景弟昌傳》：天監九年以昌爲持節，督廣州之綏建諸軍事案：郡又爲王國。《梁書》：綏建王大摯是也。領縣四。【略】

梁化郡。《元和志》：梁置。領縣三。【略】

東衡州。《隋·志》：始興，梁置東衡州，《元和志》：梁承聖中蕭勃據嶺南於始興郡置。東衡州。《寰宇記》：梁元帝於始興郡理置。東衡州案：《陳書·歐陽頠傳》：梁元帝承制以始興郡，爲東衡州以頠爲都督。東衡州諸軍事東衡州刺史。《一統志》：時有衡州治含洭，故謂此爲東衡。《輿地紀勝》以爲陳始置東衡州者非也。領郡二。

州治曲江。

始興郡。沈《志》：吳甘露元年分桂陽南部都尉立。宋改廣興，齊復舊名。梁爲王國，《梁書》：始興王憺是也。《輿地紀勝》：梁武末年，陳霸先爲始興太守，自始興起兵討侯景。領縣六。【略】

安遠郡。《隋·志》：始興，梁置安遠郡。領縣一。【略】

西衡州。《記纂淵海》：梁立西衡州。領郡一。

州治無考。

清遠郡。《元和志》：梁武於漢中宿縣地置清遠郡。領縣一。【略】

瀛州。《隋·志》：義安郡，梁置東揚州，後改瀛州。領郡四。

州治海陽。

義安郡。沈《志》：晉義熙九年分東官，立梁爲王國，《梁書》『義安王大昕』是也。領縣六。【略】

高要郡。《隋·志》：高要舊置郡。《元和志》：梁大同中於高要縣立高要郡。《一統志》引《陳書·高祖記》：太清中爲西江都護高要太守起兵入援是也。領縣一。【略】

樂昌郡。《一統志》：宋置治樂昌，齊省樂昌移郡治始昌。梁領縣五。【略】

陽春郡。《隋·志》：陽春，梁置郡。領縣二。【略】

新州。《隋·志》：新興，梁置新州。《元和志》：梁武改置新州。此見《輿地紀勝》所引下文，《通鑑》同。《寰宇記》引《輿地志》：梁武割廣州新寧一郡立新州，爲信安郡。《通鑑》：大同五年，《一統志》引作『八年』。有新州刺史盧子雄。《陳書·杜僧明傳》：當要，梁大同中，與兄天合及周文育征俚獠有功爲新州助防。領縣一。

州治新興。

新寧郡。沈《志》：晉永和七年分蒼梧立。梁領縣十四。【略】

高州。《隋·志》：高涼郡，梁置高州。《寰宇記》：漢高涼縣，梁大通中爲高州。《南史·吳平侯勱傳》：勱以南江危險宜立重鎮乃表臺於高涼郡，立州敕仍以爲高州。《輿地紀勝》：宋末爲夷獠所據，梁討平俚洞，置高州。領郡十二。

州治高涼。

高涼郡。沈《志》：漢高涼縣，漢建安二十三年，吳分立。梁領縣一。【略】

電白郡。《隋·志》：電白，梁置郡。《通典》同。領縣一。【略】

杜陵郡。《隋·志》：杜原，梁置杜陵郡。領縣一。【略】

宋康郡。沈《志》：本高涼西營，元嘉九年立。《隋·志》：杜原梁有宋康郡。領縣十。【略】

宋隆郡。本宋熙郡，沈《志》：元嘉十八年以交州流寓立。二十七年，更名宋隆。孝建中復名宋熙，齊又改宋隆。《隋·志》：平興舊置宋隆郡。領縣九。【略】

海昌郡。沈《志》：元嘉十六年立。《隋·志》：電白，梁又有海昌郡。領縣六。【略】

晉康郡。沈《志》：晉永和七年分蒼梧立。《隋·志》：端溪，舊置晉康郡。領縣十一。【略】

梁泰郡。《隋·志》：平興，梁置梁泰郡及縣。《一統志》：梁分平興縣置。領縣一。【略】

齊安郡。《隋·志》：海安，舊置齊安郡。領縣一。【略】

連江郡。《隋·志》：連江，梁置郡。《輿地廣記》：故保寧縣，本連江，梁立連江郡。領縣二。【略】

南巴郡。《隋·志》：連江梁又置南巴郡。領縣二。【略】

梁德郡。《隋·志》：懷德舊置梁德郡。《輿地廣記》：梁置。領縣

一。【略】

成州。《梁書·武紀》：普通四年六月分廣州置成州。《通典》：梁置成州。領郡二。

州治梁信。

梁信郡。普通四年置。《隋·志》：封川，梁置梁信郡。《通典》同。《元和志》：漢廣信縣地，梁於此置梁信郡屬成州。領縣二。【略】

南靜郡。《隋·志》：開建，梁置南靜郡。《輿地廣記》同。領縣一。【略】

羅州。《隋·志》：石龍舊置羅州。《寰宇記》：宋元嘉三年，鎮南將軍檀道濟巡撫於陵羅江口，築造此城，因置羅州。縣名也。以江爲名，屬高涼郡。蓋梁卽因此以置羅州。《通典》：梁陳立羅州，因宋羅縣『羅』下疑脱『州』字。爲名是也。《梁書·武紀》：大同八年三月，遣羅州刺史寧巨征李賁於交州。《輿地紀勝》引《高涼郡夫人洗氏廟記》云：『夫人高涼洗氏之女梁大同初，羅州刺史馮融爲其子。高州疑作『涼』字。太守馮寶聘焉。』是梁大同初已有羅州矣。領郡二。

州治石龍。

石龍郡。《一統志》：梁置。領縣一。【略】

高興郡。《隋·志》：石龍舊置高興郡。《通典》：梁陳置羅州及高興郡。《輿地紀勝》：宋又立高興郡尋省梁復置。案：《齊·志》已有此郡，不當言梁復置也。領縣十。【略】

南合州。《梁書·武紀》：普通四年分廣州置合州。太清元年七月甲子，以合州爲南合。《隋·志》：海康，梁大通中，割番州合浦立高州，尋又分立。合州大同，宋以合肥爲合州，此置南合州。《通典》、《寰宇記》並同。領郡五。

州治，《一統志》：治徐聞。

合浦郡。沈《志》：漢武立。梁領縣十一。【略】

宋廣郡。《隋·志》：內亭舊置宋廣郡。案：齊止有宋廣縣，而無郡當是梁置。領縣一。【略】

齊康郡。齊置。梁領縣一。【略】

梁樂郡。《隋·志》：宣樂，梁置梁樂郡。領縣二。【略】

齊樂郡。齊置。梁領縣三。【略】

建州。《梁書·武紀》：普通四年六月分廣州置建州。《隋·志》：安遂，梁置建州尋廢州舊。《唐書·地理志》：梁置建州。《寰宇記》：梁分廣熙郡置建州。又引《南越志》云：梁大同中分廣熙置建州。領郡一。

州治安遂。

廣熙郡。《隋·志》：安遂，梁置廣熙郡。《一統志》：齊置廣熙郡治龍鄉，案：此蓋梁時移治安遂也。領縣十。【略】

瀧州。《隋·志》：永熙郡，梁置瀧州。《通典》同。《舊唐書·地理志》、《寰宇記》皆云梁置建州，又分建州之雙頭洞置雙州。《陳書·歐陽頠傳》：梁末爲廣州刺史都督十九州中有雙州。《一統志》：雙、瀧同音，疑卽瀧州也。領郡三。

州治雙頭洞。

平原郡。《隋·志》：瀧水舊置平原郡。《一統志》：齊置廣熙郡，梁改置。領縣一。【略】

羅陽郡。《隋·志》：瀧水舊置羅陽郡。領縣一。【略】

開陽郡。《隋·志》：瀧水舊置開陽郡。領縣一。【略】

崖州。《隋·志》：珠崖郡，梁置崖州。《通典》同。領郡一。

州治義倫。

珠崖郡。《方輿紀要》：梁置。領縣三。【略】

石州。《通鑑》：敬帝紹泰元年，陳霸先自表東討留石州刺史杜稜，宿衞臺省。注引《五代志》：永平郡，梁置石州。領郡四。

州治夫寧。

永平郡。沈《志》：晉升平五年分蒼梧立。《隋·志》：永平舊置永平郡。梁領縣十一。【略】

建陵郡。《隋·志》：安基，梁置建陵郡。《元和志》：吳置建陵縣，梁武立爲郡。《方輿紀要》：梁置。領縣一。【略】

陰石郡。《隋·志》：普寧，梁置陰石郡。領縣一。【略】

桂平郡。《隋·志》：桂平，梁置桂平郡。《元和志》：本桂平縣梁於此置能平郡。領縣一。【略】

東寧州。《隋・志》：義熙舊置東寧州。《元和志》：齊置齊熙郡。梁大同中又於郡置東寧州。領郡四。

州治無考。

齊熙郡。《隋・志》：義熙舊置齊熙郡。領縣一。【略】

黄水郡。《隋・志》：義熙舊置黄水郡。領縣一。【略】

領方郡。《隋・志》：領方，梁置領方郡。《輿地廣記》：梁立。領縣一。【略】

安城郡。《隋・志》：安成，梁置安成郡。《元和志》同。領縣一。【略】

龍州。《輿地紀勝》引張維《廣西郡邑志》云：梁大同三年，八龍見於江，乃於江南置龍州及龍城縣。領郡七。

州治龍城。

馬平郡。《隋・志》陽壽有馬平郡。領縣十三。【略】

簡陽郡。《隋・志》：寧浦，梁置簡陽郡。《輿地廣記》：分寧浦郡立。領縣一。【略】

樂陽郡。《隋・志》：樂山，梁置樂陽郡，《輿地廣記》同，領縣一。【略】

嶺山郡。《隋・志》：嶺山，梁置郡。《元和志》：本漢高涼縣之地，梁於此置嶺山郡。領縣二。【略】

晉興郡。沈《志》：晉太興元年分鬱林立。梁領縣八。【略】

定川郡。齊置，《寰宇記》：宋南流郡。齊、梁爲定川郡。又云：宋立南流郡，歷齊、梁、陳不改。案：齊南流郡領方度縣。梁時廢入定川，則謂齊以南流爲定川，與謂南流歷齊、梁、陳不改者皆非也。領縣二。【略】

樂昌郡。《方輿紀要》：宋置隋廢。案：此則梁有也。領縣一。【略】

静州。《隋・志》：龍平，梁置静州。《輿地紀勝》：梁武分臨賀郡於龍平縣，置南静州。案：《寰宇記》：梁分臨賀置南静郡，又改爲静州仍改南静郡爲龍平縣，屬富州。考《元和志》，梁置南静郡，至開皇十一年廢，則以郡爲縣之説既非，謂屬富州亦誤，今依《隋・志》。領郡四。

州治龍平。

梁壽郡。《隋・志》：龍平，梁置梁壽郡。領縣一。【略】

静慰郡。《隋・志》：龍平，梁置静慰郡。縣無考。

武城郡。《隋・志》：豪静，梁置武城郡。領縣一。【略】

開江郡。《隋・志》：豪静，梁置開江郡。領縣一。【略】

南定州。《梁書・武紀》：普通四年六月分廣州置南定州。《隋・志》：鬱林郡，梁置定州，後改爲南定州。《寰宇記》：梁武以鬱林郡置桂州，後割桂州之鬱林、寧浦二郡立定州。後改爲南定州。領郡二。

州治鬱林。

鬱林郡。沈《志》：秦桂林郡屬尉佗。漢元鼎六年復更名。梁領縣七。【略】

寧浦郡。沈《志》引《廣州記》：漢建安二十三年，吴分鬱林立。《晉太康地志》：太康七年改合浦屬國都尉立。梁領縣二。【略】

交州。沈《志》：漢武元鼎六年開百越交趾。獻帝建安八年改曰交州。《梁書・武紀》：大同七年，交州土民李賁攻刺史蕭諮，諮輸賂得還越州。八年，遣越州刺史陳侯等同征李賁於交州。中大同元年，交州刺史楊師剋交趾，李賁竄入獠洞，交州平。《方輿紀要》：梁設都督附。領郡三。

州治，《齊・志》：鎮交趾。

交趾郡。沈《志》：漢武元鼎六年開。《梁書・武紀》：大同十年春正月，李賁於交趾竊位號，署置百官。領縣十一。【略】

宋平郡。沈《志》：孝武世分日南立宋平縣，後爲郡。梁領縣三。【略】

武平郡。沈《志》：吴建衡三年，討扶嚴夷以其地立。梁領縣四。【略】

興州。《方輿紀要》：新昌郡，梁兼置興州。領郡一。

州治無考。

新昌郡。沈《志》：吴建衡三年分交趾立新興郡。晉太康三年更名。《通鑑》：武帝中大同元年春正月癸丑楊瞟等克嘉寧城。李賁奔新昌獠

中。領縣八。【略】

驩州。《方輿紀要》：梁增置。

州治及郡縣無考。

愛州。《隋·志》：九眞郡，梁置愛州。《通典》、《輿地廣記》同。《元和志》：梁於交趾郡理置愛州。《梁書·武紀》：普通四年六月乙丑，分交州置愛州。大同八年三月，遣愛州刺史阮漢征李賁於交州。《陳書·歐陽頠傳》：梁末，爲廣州刺史，都督十九州，中有愛州。領郡一。

州治九眞。

九眞郡。沈《志》：漢武元鼎六年，立。梁領縣十二。【略】

寧海郡。《隋·志》：海安，梁置寧海郡。《通典》、《寰宇記》同。領縣三。【略】

利州。《隋·志》：金寧，梁置利州。《陳書·歐陽頠傳》：梁末爲廣州刺史，都督十九州。中有利州。

州治金寧。

郡無考。【略】

明州。《隋·志》：交谷，梁置明州。《梁書·敬帝紀》：太平元年二月癸亥，徐嗣徽任約襲采石，戍執戍主。明州刺史張懷鈞入於齊。《通鑑》注引《五代志》：日南郡交谷縣，梁置明州。懷鈞蓋帶刺史而戍采石也。《陳書·歐陽頠傳》：梁末爲廣州刺史，都督十九州。中有明州。

州治交谷。

郡無考。【略】

越州。沈《志》：泰始七年立。《梁書·武紀》：大同八年三月，遣越州刺史陳侯征李賁於交州。領郡十二。其臨漳郡及縣。《方輿紀要》：梁俱，廢百梁、安昌等郡縣。《一統志》：梁、陳時俱廢。

州治，《齊·志》：鎮臨漳郡。《方輿紀要》：臨漳郡，梁幷入合浦，仍爲越州治。

永寧郡。沈《志》：新立。《隋·志》：杜原，梁有永寧郡。《方輿紀要》：梁置永寧郡。未詳孰是。領縣五。【略】

龍蘇郡。沈《志》：作隴蘇，新立。梁領縣二。【略】

富昌郡。沈《志》：新立。梁領縣三。【略】

思築郡。齊置。

縣，《齊·志》無。

鹽田郡。齊置。梁領縣一。【略】

隆川郡。齊置。梁領縣一。【略】

齊寧郡。《齊·志》：建元二年置。割鬱林之新邑、建初二縣幷。梁領縣四。

德州。《隋·志》：日南郡，梁置德州。《元和志》：梁武於九德縣置德州。《輿地廣記》：大同九年夏四月，林邑王破德州，攻李賁。賁將范脩又破林邑王於九德。領縣二。

州治九德。

九德郡。沈《志》：故屬九眞。吳分立。梁領縣八。【略】

日南郡。沈《志》：秦象郡。漢武元鼎六年，更名吳省。晉武太康三年，復立。梁領縣六。【略】

安州。《隋·志》：寧越郡，梁置安州。《梁書·武紀》：大同八年三月，遣安州刺史李智等，同征李賁於交州。領郡二。

州治無考。

宋壽郡。沈《志》：先屬交州。《齊·志》：建元二年，割越州屬交州。梁又移屬安州。

縣無。案：宋、齊皆有郡而不置縣。

安京郡。《隋·志》：安京舊置郡。《元和志》：安京，梁武分宋壽郡，於此置安京郡。領縣一。【略】

黃州。《隋·志》：海安，梁置黃州。《通典》同。《元和志》：本漢交趾郡地。梁大同元年，於郡分置黃州。《寰宇記》：交趾郡，梁分置黃州。《陳書·歐陽頠傳》：梁末爲廣州刺史，都督十九州。中有黃州。領郡一。

州治安平。

越中郡。齊置。

縣，《齊·志》無。

馬門郡。齊置。梁領縣四。【略】

封山郡。齊置。梁領縣三。【略】

吳春俚郡。《齊·志》：永明六年立。

縣，《齊·志》無。

齊隆郡。《齊·志》：先屬交州，中改爲□□。永泰元年，改爲齊隆，還屬越州。

縣，《齊·志》無考。

懷方郡。《南史·張正見傳》：父修禮，魏散騎侍郎。歸梁仍拜本職，遷懷方太守。案：郡未詳建置及屬州。姑附此末。縣無考。

又 卷三 荆州。《隋·志》：南郡舊置荆州。西魏以封梁爲蕃國，又置江陵總管府。《通典》：梁元帝都之，爲西魏所陷。還後梁居之，爲蕃國。《寰宇記》：梁初陷于魏，後復之。梁元帝爲湘東王，荆州刺史居之，凡二十年。侯景既平，卽位，遂都之。爲西魏所陷，復還後梁居之，位爲藩國。《通鑑》：元帝承聖元年，侯景之亂，州郡大半入魏。自巴陵以下，至建康，以長江爲限，荆州界。北盡武寧，西拒硤口，嶺南復爲蕭勃所據，詔令所行千里，而近注北盡、武寧，與岳陽王督分界。西拒硤口，與武陵王分界。領郡九。

州治，《齊·志》：治江陵。《梁書·元紀》：大寶元年，以南平王恪爲荆州刺史，鎮武陵。案：武陵不隸荆州，當是遥領耳。

南郡。沈《志》：秦立梁爲王國。《梁書》：南郡王大連是也。領縣六。有南郡城。

南平郡。沈《志》：晉武太康元年，分南郡江南爲南平郡。《隋·志》：孱陵舊置。南平郡梁爲王國。《梁書》：南平王偉是也。領縣四。【略】

天門郡。沈《志》吳，永安六年，分武陵立。梁領縣四。【略】

南義陽郡。沈《志》：晉末以義陽流民僑立。《隋·志》：安鄉舊置義陽郡領縣二。【略】

河東郡。沈《志》作南河東郡，晉咸康三年，征西將軍庾亭以司州僑户立。《隋·志》：松滋，江左舊置河東郡，梁爲王國。《梁書》：武紀中大通三年六月癸丑，立昭明太子子枝江公譽爲河東郡王是也。領縣四。【略】

汶陽郡。何《志》：新立先屬梁州，元嘉十一年。立度。《隋·志》：遠安舊置汶陽郡，領縣三。

新興郡。沈《志》、《魏志》：建安二十年，省雲中、定襄、五原朔方、四郡立一縣，合爲此郡屬并州，晉江左僑立梁爲王國。《梁書》：新興王大莊是也。領縣三。

永寧郡。本長寧郡。沈《志》：晉安帝僑立，宋明帝以名與文帝陵同改名永寧郡。《梁書·張稷傳》：明帝時爲新興、永寧二郡，太守郡犯私諱父永也。改永寧爲長寧，然案《張齊傳》：普通四年，遷新興、永寧二郡太守《馮道根傳》：天監十三年，出爲新興、永寧二郡太守《王僧辯傳》：改封永寧郡，公皆作永寧蓋稷所改者用晉舊名自稷去，後仍復宋名耳。《通鑑》：簡文帝大寶元年，注永寧郡置于襄陽南漳縣界領縣一。

武寧郡。沈《志》：晉隆安五年，桓玄以沮漳降蠻，立梁爲王國。《梁書》：武寧王大威是也。《通鑑》：元帝承聖元年，荆州界北盡武寧，西拒硤口，又元帝以王琳爲廣州刺史，琳謂人曰：緩急恐不得琳力，陛下何不以琳爲武寧太守，作田訓兵以固江？』梁元帝不從，後魏于謹伐江陵，如入無人之境，以武寧不守故也。領縣三。

鄀州。《隋·志》：紫陵西魏置華陵縣，其城南面梁置鄀州。案《周書·蕭巋傳》：周以基、平、鄀三州歸之于巋，蓋因梁舊名也。

州治雲澤。

郡無考。

宜州。《隋·志》：夷陵郡，梁置宜州，《通典》同。《寰宇記》：宜都郡梁武天監中于此置宜州，以舊宜都爲州之名。《通鑑》：簡文帝大寶元年，湘東王繹改宜都爲宜州未詳孰是，領郡一。

州治，《一統志》：治夷陵。

宜都郡。沈《志》引張勃《吳録》曰：劉備立。《隋·志》：夷道舊置宜都郡。《南史·梁汝南王大封傳》：太清三年，簡文卽位，封宜都郡王。領縣三。

郢州。沈《志》：孝武孝建元年立，《隋·志》：竟陵郡舊置郢州，又江夏郡舊置郢州。《通典》：梁武自襄陽起兵，東下攻圍二百餘日，方降。梁末，北齊得之，遣慕容儼守，陳霸先將侯瑱攻圍，六月餘不下，後三國和通，乃歸梁。《通鑑》：敬帝紹泰元年，郢州刺史陸法和以郢州降齊，齊使慕容儼戍之，侯瑱攻郢州不能克，齊人以城在江外難守因割以還梁。《輿地紀勝》：梁末，郢州降北齊，已而復歸于梁，領郡十四。

州治，《齊・志》治夏口。《梁書・貞惠世子方諸傳》爲郢州刺史，鎮江夏。

江夏郡。沈《志》：漢高帝立。《南史・梁臨川王大款傳》：太清三年，簡文即位封江夏郡，王領縣四。

沔陽郡。《隋・志》：沔陽，梁置郡。《輿地廣記》：漢雲杜縣地，梁置沔陽郡。《通鑑》：武帝大通五年，魏賀拔勝攻沔陽等郡拔之。領縣二。

營陽郡。《隋・志》：沔陽，梁置營陽郡。縣無考。

州城郡。《隋・志》：沔陽，梁置州城郡。《方輿紀要》：梁置州陵郡，與此不合，今從《隋・志》，而縣則從《方輿紀要》，屬是郡焉。領縣一。

武昌郡。沈《志》引《晉起居注》：太康元年，改江夏爲武昌郡，《梁書・武紀》大同三年三月戊戌，昭明太子子詧爲武昌郡王。領縣四。

西陽郡。沈《志》：本漢縣名，二漢屬江夏，魏立弋陽郡又屬焉。晉惠帝又分弋陽爲西陽國，屬豫州。宋孝建元年，度郢州梁爲王國。《梁書》：西陽王大鈞是也。領縣六。【略】

東牂牁郡。《齊・志》：《永明三年户口簿》云：新置。梁領縣六。【略】

方城左郡。齊置。梁領縣二。【略】

北新陽郡。齊置。梁領縣三。【略】

義安左郡。齊置。梁領縣三。【略】

南新陽左郡。齊置。梁領縣五。【略】

北遂安左郡。齊置。梁領縣五。【略】

新平左郡。齊置。梁領縣三。【略】

建安郡。《記纂淵海》：南齊分置建安左郡，梁改爲建安郡。縣，《齊・志》領宵城縣梁于宵城縣置竟陵郡。此領縣無考。

北郢州。《隋・志》：安貴，梁置北郢州領郡一。

州治定陽。

上明郡。《隋・志》：平林，梁置上明郡。《梁書・陳慶之傳》：表置上明郡。領縣二。【略】

隋初郡廢，縣屬隨州，是梁有也。

定州。《地形志》：梁置南定州，《梁書・安成王秀傳》：天監十三年，司州蠻田魯生及弟魯賢超秀據蒙籠來降。高祖以魯生爲北司州刺史，魯賢北豫州刺史，超秀定州刺史。《方輿紀要》：天監十四年，超秀復以定州降魏，後復入于梁。大寶初，定州刺史田祖龍欲以州迎邵陵王綸，不果。《魏收志》：領弋陽、汝陰、安定、新蔡、北建寧、諸蠻郡今領郡一。

州治，《地形志》：南定州治蒙籠城，《水經注》：舉水西北流逕蒙籠戍南梁定州治，又西南逕湖陂城東梁司豫二州治。

建寧郡。沈《志》：孝武大明八年，省建寧左郡爲縣屬西陽。南齊復爲郡，改名北建寧，屬司州。梁又名建寧郡。《魏書・出益宗傳》：梁建寧太守黄天賜築城赤亭是有郡矣。領縣二。【略】

雋州。《寰宇記》：梁置上雋郡，至承聖三年改爲雋州領郡一。《隋・志》：浦圻梁又有沙陽縣，置沙州尋廢。《地形志》：蕭衍置沙州治白關城。《通鑑》：武帝天監二年，將軍吴子陽與魏元英戰于白沙，子陽敗績。案：此蓋不久即廢，或謂即置于上雋郡者非也。

州治下雋。

下雋郡。《隋・志》：蒲圻，梁置上雋郡。《寰宇記》：梁大同五年，于下雋縣置上雋郡。領縣三。【略】

新州。《隋・志》：京山舊曰新陽，梁置新州。《通典》：京山晉、宋以下皆云新陽，梁置新州。《寰宇記》：晉宋以來爲新陽，梁改新州，因舊邑之名。《元和志》：郢州本江夏雲杜縣之地。《周地圖記》：蠻人酋渠田金生代居此地，常爲邊患，梁普通末，遣郢州刺史元樹討平之。因置新州。案：《梁書・元樹傳》：普通六年，爲郢州刺史討南蠻賊平之，即此領郡一。

州治，《一統志》：新陽。

梁寧郡。《隋・志》：京山，梁置梁寧郡。領縣一。【略】

北新州。《寰宇記》：梁武起兵襄陽，東下攻圍二百餘日方降，因分置北新州。《隋・志》：長壽梁又置北新州，及梁寧等八郡，又江夏郡梁分置北新州，又豐鄉西魏置基州及章山郡。《周書・蕭詧傳》：周以基、平、都三州歸梁，今領郡可考者一。其梁寧等郡無考。

州治無考。

竟陵郡。沈《志》：晉元康九年，分江夏西界立。《隋・志》：竟陵舊置竟陵郡。梁領縣四。【略】

土州。《隋・志》：土山，梁置土州，又江夏郡，梁分北新州立土州。《通典》、《寰宇記》並同。《通鑑》：武帝太清元年三月甲辰，遣兗州刺史桓和趨懸瓠。注引《梁紀》：作土州刺史桓和，領郡三。

州治龍巢。

東永寧郡。《隋・志》：土山，梁置東西二永寧郡。領縣一。【略】

西永寧郡。見《隋・志》：領縣一。【略】

眞陽郡。《隋・志》：土山，梁置眞陽郡。領縣一。【略】

富州。《隋・志》：江夏郡，梁分北新州立富州。《通典》、《寰宇記》並同。

州治及郡縣無考。

涸州。《隋・志》：江夏郡，梁分北新州立涸州。《通典》、《寰宇記》並同。

州治及郡縣無考。

泉州。《隋・志》：江夏郡，梁分北新州立泉州。《通典》、《寰宇記》並同。

州治及郡縣無考。

濠州。《隋・志》：江夏郡，梁分北新州立濠州。《通典》、《寰宇記》並同。

州治及郡縣無考。

應州。《隋・志》：應山，梁置應州。《通典》同。《元和志》：本漢隨縣地。梁大同，以隨州北界應濃山戍置應州。《寰宇記》：梁大同二年立，領郡一，州治永陽。

平靖郡。《隋・志》：應山梁又有平靖郡。領縣一。【略】

義州。《隋・志》：羅田，梁置義州。案：此義州在今湖北黃州府黃岡縣界，與安豐之義州異。胡三省以安豐之義州爲，在木蘭縣界。蓋因此而誤也，此義州與木蘭縣相近，領郡一。

州治，《一統志》：治羅田。

義城郡。《隋・志》：羅田，梁置義城郡。案《隋・志》：殷城亦有，梁置義城郡。《皇輿表》：案《一統志》：本漢蘄春縣地。考隋穀城縣亦有義城郡，皆在一時，豈名偶相同耶？領縣一。【略】

巴州。《隋・志》：巴陵郡，梁置巴州。《通典》：湘東王遣陸法和等據赤亭，擒侯景將任約於此。《元和志》：巴陵郡梁元帝改爲巴州。《輿地紀勝》：巴陵郡梁兼置巴州，領郡二。

州治巴陵。

巴陵郡。沈《志》：元嘉十六年，分長沙之巴陵、蒲圻、下雋、江夏之沙陽四縣立。《梁書・安成王秀傳》：先是巴陵、馬營、蠻爲緣江侵害，後軍司馬高江產以郢州軍伐之，不克。江產死之蠻，遂盛秀遣防閤文熾率衆討之，期歲而江路清。於是州境盜賊遂絶。領縣二。【略】

監利郡。《方輿紀要》：梁置。《周書・蕭詧傳》：大定五年，王琳遣將雷又柔襲監利郡，太守蔡大有死之。又《蔡大業傳》：詧稱帝，歷監利郡守，是有郡也。領縣一。【略】

羅州。《隋・志》：湘陰，梁置羅州。《輿地紀勝》：梁元帝又置羅州。《通鑑》：簡文帝大寶二年，湘東王繹鄧羅州刺史徐嗣徽，自岳陽會王僧辯。領郡二。

州治岳陽。

岳陽郡。《隋・志》：湘陰，梁置岳陽郡。《通典》：秦羅縣地，梁置岳陽郡。案：郡，梁置爲王國。《梁書・武紀》：中大通三年六月癸丑，立昭明太子子曲阿公詧爲岳陽郡王是也。領縣四。【略】

藥山郡。《隋・志》：沅江，梁置，曰『樂山』，仍爲郡。《輿地廣記》：漢益陽縣地，梁置藥山郡及藥山縣。領縣二。【略】

沅州。《隋・志》：武陵郡，梁置武州。後改曰沅州。《通典》同。《輿地紀勝》引《寰宇記》：湘東王承制割武陵郡置武州。《元和志》：漢沅陵縣，梁天監十年置盧州，蓋不久卽廢也。領郡三。

州治臨沅。

武陵郡，漢置。《隋・志》：武陵舊置武陵郡，梁爲王國，《梁書・

武陵王紀》是也。《輿地廣記》：沅州，梁、陳屬沅陵郡。案：此説誤。考沅陵郡，陳天嘉中置，今不録。領縣十一。【略】

南陽郡。《隋・志》：辰溪，又梁置南陽郡。領縣一。【略】

夜郎郡。《隋・志》：辰溪平陳，廢故夜郎郡，置静人縣，尋廢。《方輿紀要》：梁置郡。領縣一。【略】

北江州。《地形志》：蕭衍置。今湖北黄州府麻城縣西有梁置北江故城。

州治，《地形志》：治鹿城關。

領義陽、齊昌、新昌、梁安、齊興五郡，今領郡六。

南義陽郡。《隋・志》：木蘭，梁置義陽郡。《通鑑》注：梁南義陽郡治鹿城關。案：梁有三義陽郡，一爲司州義陽郡，魏文帝立。今河南汝寧府信陽州界。一爲荆州南義陽郡，晉末僑立。今湖南澧州界。一即此，今湖北黄州府黄安縣界。初置司州。《梁書・武紀》：天監三年八月，魏陷司州，詔以南義陽置司州。《鄭紹叔傳》：天監三年，義陽爲魏所陷，司州移鎮關南。四年，以紹叔爲司州刺史。《馬仙琕傳》：天監四年，遷南義陽太守，仍遷都督司州諸軍，事司州刺史。《夏侯夔傳》：普通七年，爲司州刺史。大通二年，魏郢州刺史元顯達降夔，留鎮郢州。詔改魏郢州爲北司州，以夔爲刺兼督司州，皆在此郡，及以舊北司州復爲司州，而此司州遂廢。又案：既云移鎮關南，則南義陽與義陽相去不遠。《元和志》：平靖關在申州武陽、黄峴二關，在安州亦去申州不遠，蓋地本接境者也。領縣三。【略】

永安郡。《隋・志》：浠水，梁置永安郡。領縣二。【略】

陰平郡。《隋・志》：麻城有陰平郡。領縣一。【略】

齊昌郡。齊置。《梁書・陵王綸傳》：綸收散卒屯於齊昌郡，將引魏軍共攻南陽。侯景將任約襲之，綸走定州，後復歸齊昌，行至汝南。魏汝南城主李素納之。《通鑑》注：齊昌當在木蘭郡界。又《通鑑》：簡文帝大寶元年初，郡隊王綸以衡陽王獻爲齊州刺史，鎮齊昌。《方輿紀要》：大寶初，郡陵王綸置齊州，旋廢。縣無考。

梁守郡。《隋・志》：木蘭，梁置梁安郡。案：郡當在今湖北黄州府黄安縣界。若光州之梁安郡領包信縣者，則在今河南光州自縣界，又一梁安也。領縣一。【略】

齊興郡。《齊・志》：永明三年置。《通鑑》：齊永泰元年，奉朝請鄧學以齊興郡降魏，蓋梁時復之也。領縣三。【略】

司州。沈《志》：宋明帝於南豫州之義陽僑立。《隋・志》：義陽郡梁曰『北州』，後復曰『司州』。《梁書・武紀》：天監三年八月魏陷司州，詔以南義陽置司州。《寰宇記》：魏得司州後改爲郢州，《武紀》：大通二年夏四月辛丑，魏郢州刺史元願達以義陽内附置北司州，後復改爲司州。《通鑑》：武帝太清三年，東魏使金門公潘樂等將兵五萬，襲司州。刺史夏侯强降之，於是東魏盡有淮南之地。案：《通典》、《寰宇記》、《輿地紀勝》皆謂梁天監元年改曰北司州，後復置司州，至三年爲魏將元英所陷，則是司州未陷於魏以前已改北司州矣。證之《梁書》紀傳皆有不合，而《元和志》『義陽郡入後魏爲郢州，入梁爲司州』，亦微有脱誤。今一以《梁紀》爲主，領郡十七。

州治，《齊・志》：鎮義陽。《梁書・鄭紹叔傳》：天監三年義陽爲魏所陷，司州移鎮關南。案：此乃南義陽郡所置司州治也。自大通三年後至太清二年前，當仍治義陽。

義陽郡。沈《志》：魏文帝立，宋後廢帝元徽四年屬司州。《齊・志》：有南北二義陽郡。疑梁時并省。領縣十。【略】

隋郡。沈《志》：晉武分南陽、義陽，立義陽國。太康（缺）年又分義陽爲隨國。宋改隨郡，齊復舊名。梁領縣二。

曲陽郡。《通典》：漢隨縣地，梁置曲陽郡。《寰宇記》同。《方輿紀要》作『梁置曲陽郡』，未詳孰是。領縣一。【略】

安陸郡。沈《志》：孝建元年，分江夏立。《南齊・志》：寄司州治，《隋・志》：安陸郡，梁置南司州，尋罷。《通鑑》注：梁置南司州於安陸。《寰宇記》：梁天監七年於此置南司州，後廢州復爲安陸縣。當作『郡』字爲是。《梁書・陳慶之傳》：表省南司州復安陸郡。《韋叡傳》：叡至安陸增築城二丈餘，更開大塹起高樓。案：郡亦爲王國。《梁書》：案陸王大春是也。領縣五。【略】

汝南郡。《南齊・志》：僑立，寄司州治。《南史・梁汝南王大封傳》：湘東王承制封汝南王。領實縣一，僑縣七。【略】

齊安郡。《隋・志》：黄岡齊置齊安郡。梁領縣六。【略】

淮南郡。齊置，梁當之。領縣二。【略】

宋安左郡。沈《志》：環水縣注：宋安縣明帝立爲郡。《方輿紀要》：齊亦置，梁當因之。領縣三。【略】

永寧左郡。齊置，梁當因之。領縣三。【略】

東義陽左郡。案：《晉志》：荆州有安帝僑立東義陽郡。梁領縣九。【略】

新城左郡。齊置，梁當因之。領縣四。【略】

［圍山左郡。齊置，梁當因之。領縣六。］【略】

北淮安左郡，齊置，梁當因之。領縣一。【略】

南淮安左郡。齊置，梁當因之。領縣二。【略】

北隨郡。《隋·志》：順義，梁置北隨郡。案：齊有北隨安左郡，梁改置。縣無考。

東隨安左郡。宛《志》環水注：宋安本縣名。大明八年，省義陽郡所統東隨安左郡爲宋安縣，是宋初已有是郡矣。領縣三。【略】

崇義郡。《隋·志》：清騰，梁置崇義郡。領縣一。【略】

雍州。沈《志》：晉江左立。宋孝武始於襄陽僑立雍州，并立僑郡縣。宋元嘉二十六年，割荆州之襄陽、南陽、新野、順陽、隨五郡爲雍州，而僑郡縣猶寄寓在諸郡界。大明中，又分實土郡縣以爲僑郡縣境。《太平御覽》引梁鮑至《南雍州記》：永嘉之亂，三輔豪族流於樊沔僑，於漢側立雍州。因人所思，以安百姓也，宋文帝因之，置南雍州焉。梁領郡十三。

州治，《齊·志》：鎮襄陽。

襄陽郡。沈《志》：魏武帝平荆州分南郡編以北及南陽之山都立。《輿地紀勝》：梁武起兵於此。《通典》：後梁蕭詧附庸於西魏，而都於此。《元和志》：梁太清二年，岳陽王詧爲雍州刺史。兄河東王譽爲元帝所殺，詧怒以州北附西魏，克江陵。以詧爲梁王，都江陵爲西魏藩國。《輿地紀勝》：後梁蕭詧都此。案：《周書·蕭詧傳》：中大同元年，爲雍刺史。詧以襄陽形勝之地，又是梁武創基之所，遂剋己勵節，樹恩於百姓。後西魏大統十六年，鄧詧爲梁王。詧乃於襄陽置百官，承制封拜。十七年，詧留蔡大寶居守。乃自襄陽來朝，蓋自江陵未滅以前，後梁宣帝常都於此及遷都江陵，而襄陽所統遂盡歸於周矣。在梁時領縣六。【略】

廣平郡。沈《志》：江左僑立，治襄陽。今爲實土或謂梁省，然考《周書·蕭詧傳》：杜岸奔其兄巘於廣平。詧遣將尹正、薛暉等攻拔之，則梁尚有是郡也。《圖經》：廣平廢郡在今光化縣。領縣三。【略】

鄾城郡。梁置。案：《隋·志》：陰城，西魏置鄾城郡。然考《通鑑》，梁中大通五年，魏荆州刺史賀拔勝遣軍攻馮翊，安定、沔陽、鄾城皆拔之。是梁已有此郡矣。《一統志·表》：梁改置鄾城郡是也。領縣一。【略】

馮翊郡。沈《志》：流民出襄陽，元嘉六年立，或謂梁廢。然考《通鑑》，梁天監六年六月，馮翊等七郡叛降魏。注：馮翊等郡江左僑立，則梁有。是郡没入後魏也。後中大通五年，魏賀拔勝拔馮翊等郡，蓋入魏後旋復耳。領縣三。【略】

河南郡。沈《志》：僑立始治襄陽。大明中分沔北爲境齊，末入魏。《通鑑》：武帝天監五年，江州刺史王茂遣所署宛州刺史雷豹狼等，取魏河南城。後魏遣平南將軍楊大眼進攻河南城，茂逃還城没於魏。則梁曾有是郡也。《圖經》：河南廢郡，在今襄陽縣北。領縣五。【略】

南天水郡。徐《志》：本西戎流寓今治巖州。梁領縣二。【略】

德廣郡。《隋·志》：上洪宋僑立略陽縣。梁又立德廣郡。領縣一。【略】

義成郡。沈《志》：晉孝武立治襄陽，今治均。《隋·志》：穀城舊置義城郡。領縣三。【略】

建昌郡。沈《志》：孝建元年立，寄治襄陽。梁領縣二。【略】

華山郡。沈《志》：胡人流寓。大明元年立，今治大堤。梁領縣三。又《齊·志》：華山郡下有南上洛、北河南、弘農順陽西汝南北上洛齊安齊康、招義等郡，其南上洛郡注：建武中此以下郡，皆没虜。案：《齊·志》：云虜者當是北魏梁時，不知曾收復否，故不列其弘農、順陽二郡入宛州。【略】

興國郡。《隋·志》：穀城，梁置興國郡。縣無考。

秦南郡。《隋·志》：漢南，梁置秦南郡。縣無考。

沔東郡。《方輿紀要》：蕭梁初所置荒郡也。天監四年，雍州蠻沔東太守田青喜叛降魏。胡氏曰：郡蓋在襄陽府東、竟陵郡西。縣無考。

寧蠻府。《元和志》：晉安帝時，魯宗之爲雍州刺史，仍於州理置寧蠻校尉。《齊·志》：雍州部領蠻左，故別置蠻府焉。《梁書·柳慶遠傳》：爲寧蠻校尉，雍州刺史。領郡十二。

府治。

西新安郡。《齊·志》：有領縣四。梁當因之。【略】

義寧郡。《齊·志》：有領縣五。梁當因之。【略】

南襄郡。《齊·志》：有領縣四，梁當因之。【略】

北建武郡。《齊·志》：有領縣六梁當因之。【略】

蔡陽郡。《齊·志》：有領縣六。《方輿紀要》：梁因之。【略】

永安郡。《齊·志》：有領縣四。梁當因之。【略】

安定郡。《齊·志》：有領縣六。《通鑑》：武帝中大通五年十二月，魏荊州刺史賀拔勝遣軍攻馮翊、安定、沔陽、酇城皆拔之案：此則未拔前梁有安定郡也。【略】

懷化郡。《齊·志》：有領縣七。梁當因之。【略】

武寧郡。《齊·志》：有領縣五。梁當因之。【略】

新陽郡。《齊·志》：有領縣八。梁當因之。【略】

義安郡。《齊·志》：有領縣九。梁當因之。【略】

高安郡。《齊·志》：有領縣二。梁當因之。【略】

興州，本南雍州。宋文帝置，梁初因之。《寰宇記》引《輿地志》：梁武以興郡爲南始平郡，復有武功、武陽二縣，仍屬南雍州是也。後改《隋·志》：武當，梁置興州。《寰宇記》：太清元年，於梁州齊興郡置興州《通鑑》：陳永定元年初，梁興州刺史席固以州降魏是也，未没時領郡三。

州治，《一統志》：治鄖鄉。

齊興郡。本始平郡，晉僑立宋，齊因之，梁爲南始平郡。《寰宇記》引《輿地紀》：梁武以興郡爲南始平郡。《輿地紀勝》引《圖經》：始平郡，梁爲南始平郡是也。《隋·志》：武當又僑置，始平郡後改爲齊興郡。宋白曰：齊永平七年置。梁領縣七。【略】

廣福郡。《隋·志》：安福，梁置曰廣福，併爲郡。領縣一。【略】

新興郡。《方輿紀要》：東晉置晉昌郡，宋末改，齊、梁因之。領縣一。【略】

鄖州。《梁書·杜龕傳》：太清中，歸世祖。世祖以爲鄖州刺史，建置未詳。

州治及郡縣無考。

宛州。《通鑑》：武帝天監五年，江州刺史王茂將兵數萬侵魏荊州，誘魏邊民及諸蠻更立宛州，遣所署宛州刺史雷豹狼等襲取魏河南城。注：更魏荊州爲宛州也。案：魏荊州《地形志》：太和中治穰城，領南陽、順陽、新野、東恆農、漢廣、襄城、北清『清』當作『淯』。恆農等郡在南朝爲雍州所統地，其東恆農、漢廣、北淯三郡，皆元氏分立。襄城一郡南朝，皆隸寧蠻校尉。今依《齊·志》書之，領郡可考者四。

州治無考。

南陽郡。沈《志》：秦立。《隋·志》：陰城梁又立南陽郡。《元和志》：南陽梁普通中暫克還入魏，隋開皇七年，梁王巋入隋。自穰縣移萬州，還江陵於穰縣，置鄧州。《寰宇記》：開皇七年，梁祚既絕，改爲鄧州。則後梁尚有是郡也。領縣七。【略】

新野郡。沈《志》：晉惠帝分南陽立。案：郡自晉及齊皆未嘗廢，而《梁書·武紀》：齊永元二年高祖於沔南立新野郡，以集新附。《隋·志》：亦云：上洪，梁置新野郡，豈齊末暫廢，梁時復立耶？領縣五。【略】

順陽郡。沈《志》：魏分南陽立，曰南鄉晉武更名。梁領縣六。【略】

弘農郡。沈《志》：明帝末立，寄治五壟。《一統志》：西魏廢，則梁時有是郡矣。領縣三。【略】

湘州。沈《志》：晉永嘉元年，分荊州之長沙、衡陽、湘東、邵陵、零陵、營陽、建昌、江州之桂之桂陽八郡立。梁領郡八，其建昌郡入雍州，桂陽郡入衡州。

州治，《齊·志》：治長沙。

長沙郡，秦置，梁爲王國。《梁書》：長沙王懿是也。領縣五。【略】

湘東郡。沈《志》：吳太平二年分長沙東部都尉立。《輿地紀勝》：

梁武封子繹爲湘東王。領縣六。【略】

衡陽郡。沈《志》：吴太平二年分長沙西部都尉立。梁爲王國。《梁書》：衡陽王暢是也。領縣六。【略】

零陵郡。沈《志》：漢武元鼎六年立。梁領縣七。【略】

永陽郡。《隋・志》：永陽，梁置郡。《通典》：梁改營陽郡爲永陽郡。《輿地紀勝》引《寰宇記》：梁天監十四年，改永陽郡亦爲王國。《梁書》：永陽嗣王敷是也。案：郡後置營州尋省。《通鑑》：元帝承聖元年，零陵人李洪雅據其地上卽，以爲營州刺史。注：營陽郡、漢零陵郡之地故因置營州。領縣五。【略】

臨賀郡。沈《志》：吴分蒼梧立，宋明帝改名臨慶，齊復舊梁爲王國。《梁書・武紀》：中大通四年春正月立，臨川王宏子正德爲臨賀郡王是也。領縣八。【略】

樂梁郡。《方輿紀要》：梁置。《梁書・簡文帝紀》：大寶元年十月立，皇子大圜爲樂梁郡王。領縣一。【略】

邵陵郡。沈《志》：吴寶鼎元年，分零陵北部都尉立。《輿地紀勝》：宋、齊、梁皆爲邵陵國。案：《梁書》：邵陵王綸是也。領縣七。【略】

衡州。《隋・志》：含洭，梁置衡州。《梁書・武紀》：天監六年四月，分湘廣二州置衡州。又《蕭景弟昌傳》：天監九年分湘州置衡州，以昌爲衡州刺史。《輿地紀勝》引《圖經》云：梁天監七年，分湘州於此置衡州陽山郡。《寰宇記》：古衡州城在崇善鄉界，含洭縣西百步。梁天監七年置。案：《梁書・蘭欽傳》：大通元年，假欽節督衡州三郡兵，討桂陽、陽山、始興叛蠻。是衡州所統有三郡，後元帝割始興置東衡州，領郡二。

州治含洭。

陽山郡。《隋・志》：含洭，梁置陽山郡。《通典》：梁分桂陽縣爲陽山郡。《寰宇記》：梁天監六年，分置。領縣四。【略】

桂陽郡。沈《志》：漢高立。《輿地紀勝》：宋齊梁皆封子弟爲桂陽王。案：《梁書》：有桂陽王大成是也。又《王僧辯傳》：有郴州刺史裴之横。《一統志》：梁嘗置郴州尋廢。領縣五。【略】

弘化郡。《通鑑》：武帝天監十四年冬十月甲午，弘化太守杜桂舉郡降魏。注弘化地闕，蓋亦緣邊蠻郡也。案：郡未詳屬何州姑附於此。縣無考。

又 卷四 北梁州。《地形志》：蕭衍梁、秦二州。《隋・志》：漢川郡舊置梁州。《通典》：梁爲梁州。《寰宇記》：梁大同元年，使大將蘭欽克梁州，復移在南鄭。《通鑑》：武帝大同元年，北梁州刺史蘭欽引兵攻南鄭。注：梁以南鄭爲北梁州，蓋以欽爲刺史使之圍南鄭也。《輿地紀勝》：案：《梁書》云：天監三年，刺史夏侯道遷以州叛入魏。案：《梁書・武紀》：天監三年二月，魏陷梁州。正始四年立爲梁州。《地形志》：正始初改置。梁大同元年，魏梁州刺史元羅以地入梁，復治南鄭。承聖元年尉遲迥下蜀地，入西魏。在梁時，領郡三。

州治南鄭。

漢中郡。《地形志》：秦置。梁領縣四。【略】

晉昌郡。《隋・志》：石泉舊置晉昌郡。《通典》：石泉齊置晉昌郡。《寰宇記》：梁武立晉昌郡，治王水口。夏侯道遷以梁州入魏，移郡於所領長樂縣東陽村。領縣九。【略】

宋熙郡。《隋・志》：嘉川舊置宋熙郡。領縣四。【略】

南梁州。《地形志》：郡縣缺。《隋・志》：西城郡，梁置梁州，尋改南梁州。《寰宇記》：梁於魏興郡置北梁州。《通鑑》：武帝普通六年，北涼州刺史錫休儒等自魏興侵魏梁州。注：梁置北涼州於魏興。『涼』當作『梁』。尋改南梁州。又引《梁州記》：西魏大統元年，梁將蘭欽東伐取南鄭，其魏興等諸郡還梁，梁罷梁州。廢帝元年，大將軍達武吞併山南。東梁州刺史李遷哲降魏。魏於魏興置東梁州。《輿地紀勝》引《通鑑》：承聖元年正月，西魏將王雄取上津、魏興。東梁州刺史李遷哲降。又云《隋・志》：於安康縣。注云：西魏置東梁州。案：《通鑑》：魏興在梁已爲東梁州，自李遷哲敗東梁州陷没於魏，仍爲東梁州，非魏置也。惟《一統志》云：梁天監中於魏興郡置梁州，小曰北梁州，尋改南梁州。西魏廢帝元年，改東梁州。則梁時當以南梁州爲是，領郡三。

州治西城。

魏興郡。沈《志》：魏文帝以漢中遺民在東垂者立。梁領縣七。

【略】

南上洛郡。沈《志》：雍州南上洛郡。注：永初郡國。何《志》：雍州並有南上洛郡，寄治魏興。今梁州之上洛是也。梁州南上洛郡。注《晉太康地志》：分京兆立，上洛郡屬司隸永初郡國。何《志》：並屬雍州僑寄即此郡也。徐《志》：巴民新立。徐《志》：已屬梁州矣。《隋·志》：豐利，梁置南上洛郡。領縣六。【略】

安康郡。沈《志》：宋末分魏興之安康，晉昌之寧都立。《隋·志》：安康齊置安康郡，後蕭詧改置州。領縣二。【略】

南洛州。《隋·志》：上津舊置北上洛郡，梁改爲南洛州。《寰宇記》：宋置北上洛縣，梁改爲南洛州，領郡一。

州治上津。

上津郡。《方輿紀要》：宋置北上洛郡，齊因之。梁置郡。領縣一。

【略】

岐州。《隋·志》：光遷梁末置岐州。《寰宇記》：梁天監末立。《元和志》：侯景之亂地。入後魏末没時，領郡二。

州治，《寰宇記》：與郡同理。

新城郡。《隋·志》：光遷舊曰房陵，置新城郡。《方輿紀要》：魏置，晉宋因之。齊爲南新城郡，梁仍曰新城郡。領縣二。【略】

上庸郡。《方輿紀要》：秦上庸地後漢建安末置郡，晉宋齊皆因之。梁領縣二。【略】

綏州。《方輿紀要》：梁置。

州治綏陽。

郡無考。【略】

益州。沈《志》：漢武分梁州立。《隋·志》：蜀郡舊置益州。《寰宇記》引《周地圖記》云：梁大寶三年，武陵王蕭紀僭號於蜀。西魏廢帝二年平蜀，二十一州並入於魏。在梁時，領郡十一。

州治，《齊·志》：鎮成都。

蜀郡。沈《志》：秦立。晉武太康中改成都國，後復舊。《隋·志》：成都舊置蜀郡。領縣五。【略】

懷寧郡。沈《志》：秦雍流民晉安帝立。《通鑑》注：宋元嘉十六年，寄治成都。《隋·志》：成都舊置懷寧郡。領縣四。【略】

晉熙郡。《隋·志》：成都舊置晉熙郡。縣無考。

安興郡，本宋興郡。沈《志》：元嘉十年，免建平營立。《隋·志》：成都舊置宋興郡。《齊·志》：作『安興』。梁領縣二。【略】

永寧郡本宋寧郡。沈《志》：元嘉十年，免吳營僑立。《隋·志》：成都舊置宋寧郡。《齊·志》：作『永寧』。梁領縣三。【略】

廣漢郡。沈《志》：漢高六年立。《隋·志》：洛舊置廣漢郡。梁領縣四。【略】

始康郡。沈《志》：關隴流民晉安帝立。《隋·志》：成都舊又有新都縣，梁置始康郡。領縣一。【略】

江原郡。《隋·志》：晉原舊曰『江原』及置江原郡。案：本宋晉原郡。沈《志》：蜀李雄分蜀郡爲漢原，晉穆帝更名晉原，南齊又改名晉康，梁改名江原。領縣二。【略】

寧蜀郡。東晉永和中，分巴郡。《隋·志》：雙流舊曰廣都，置寧蜀郡。領縣三。【略】

汶山郡。沈《志》：《晉太康地志》：漢武立地節三年，合蜀郡，劉氏又立。梁領縣二。【略】

齊基郡。《隋·志》：泟城舊置齊基郡。領縣一。【略】

東益州。《隋·志》：九隴，梁置東益州。《元和志》：漢繁縣舊於此置東益州。《寰宇記》：梁天監中置，領郡一。

州治晉壽。

南晉壽郡。沈《志》：梁州元有晉壽郡。元嘉十二年於劍南以僑流立。梁領縣三。【略】

沙州，本北益州。《一統志》：梁初置北益州平興郡。大寶初叛廢。《通鑑》：元帝承聖二年初，楊法琛求爲黎州刺史。《武陵王紀》：以爲沙州刺史。注：蓋即以平興爲沙州也，領郡一。

州治白水。

平興郡。《隋·志》：景谷舊置平興郡。領縣一。【略】

楚州。《隋·志》：巴郡，梁置楚州。《通典》：渝州梁於此置楚州。《寰宇記》：梁太清四年，武陵王蕭紀於巴郡置，領郡三。

州治墊江。

巴郡。沈《志》：秦立。《隋·志》：巴縣舊置巴郡。領縣一。【略】

東宕渠郡。《隋·志》：石鏡舊置宕渠郡。《元和志》及《通典》並云宋置，而沈《志》無之，《齊·志》有。郡不領縣，係四十王郡荒殘之數。梁領縣一【略】

涪陵郡。《隋·志》：涪陵舊置涪陵郡。領縣二。【略】

南梁北巴州。《梁書·武紀》：天監八年夏四月，以北巴西郡置南梁州。又《張齊傳》：初南鄭没於魏，乃於益州西置南梁州。《隋·志》：巴西郡，梁置南梁北巴州。案：此蓋雙頭州郡也。《一統志》作『南梁』，《通典》作『北巴』，皆舉其半。《寰宇記》：梁天監中立東梁州，則更誤矣，領郡六。

州治閬中。

北巴西郡。《隋·志》：閬中，梁置北巴郡。《通典》同。《寰宇記》：梁天監中立。案：《隋·志》諸書皆云北巴郡，今從《梁紀》，加『西』字。領縣三。【略】

白馬義陽二郡。《隋·志》：奉國，梁置白馬、義陽二郡。《寰宇記》：梁武立。領縣一。【略】

南部郡。《寰宇記》：充國縣，梁於此置南部郡。《輿地紀勝》引《隋·志》云：南部，梁曰南充郡。《元和志》云：梁置南部郡。《一統志》案：《輿地紀勝》所引《隋·志》，與今本不同。今從《元和志》及《寰宇記》。領縣一。【略】

木蘭郡。《隋·志》：晉城梁置木蘭郡。領縣一。【略】

金遷郡。《元和補志》：本漢閬中縣地，梁置金匱縣。又爲金遷郡。《元和補志》：本漢閬中縣地，梁置金匱縣。又爲金遷郡。領縣一。【略】

掌天郡。《隋·志》：西水梁置掌天郡，有掌天戍。《寰宇記》：案：大同中於今西水縣西北［《輿地紀勝》引此無『北』字。］三十五里置掌天戍。

郡治不置縣。

黎州。《隋·志》：義城郡，後魏立益州，世號小益州。梁曰『黎州』。《南史·武陵王紀傳》：初楊法深。『深』，《通鑑》作『琛』。求爲黎州刺史不得，紀以爲沙州刺史。《元和志》：武陵王蕭紀僭號於蜀，以席嶷爲黎州刺史。嶷反州屬魏，復改黎州爲西益州。正始三年，改西益州爲利州。《寰宇記》：梁大同二年，改西益州爲黎州。至西魏復曰西益州。梁承聖三年，又改西益州爲利州。案：利州之改，《隋·志》、《通典》、《輿地廣記》諸書皆謂西魏正始中，而《寰宇記》獨謂梁承聖中，恐不足據。《輿地紀勝》：梁武以竺嗣爲晉壽太守，嗣叛入後魏。魏以晉壽爲西益州，梁復克之。始通劍路改西益州爲黎州。《元和志》云『大通六年』，《寰宇記》云『大同二年改』，二説不同。象之謹案：大通六年，晉壽尚屬後魏。至大同元年，始克之，不應預於大通六年改魏之州名也，當從《寰宇記》。領郡二。

州治興安。

東晉壽郡。《隋·志》：綿谷舊置晉壽郡。《寰宇記》：齊永泰元年，分晉壽郡之興安縣，置東晉於烏奴北一里。《齊·志》東晉壽郡注：右一郡縣邑事亡。梁領縣一。【略】

西晉壽郡。沈《志》：《晉地記》云：太元十五年，梁州刺史周馥表立。梁領縣二。【略】

華州。《隋·志》：綿谷，梁置華州，領郡一。

州治無考。

華陽郡。《隋·志》：綿谷舊有華陽郡。《梁書·鄱陽王恢傳》：世子範爲益州刺史，開通劍道尅復華陽。領縣二。【略】

巴州。《隋·志》：清化郡舊置巴州。《通鑑》：元帝承聖三年，注引《五代志》：清化郡化成縣，梁置歸化郡及巴州，領郡十三。

州治梁廣。

歸化郡。《隋·志》：化成，梁置歸化郡。《通典》同。《寰宇記》引《四夷縣道記》云：李壽時爲獠所據，宋末於巴嶺南置歸化郡，則非梁置也。領縣二。【略】

哀戎郡。《寰宇記》：本漢葭萌縣地。梁普通六年，於巴州東三十里置哀戎郡，以界内哀戎水爲名。領縣一。【略】

遂寧郡。《隋·志》：始寧，梁置遂寧郡。《寰宇記》：本漢宕渠縣地。梁普通六年，於其章縣東南十五里，置遂寧郡。領縣二。

義陽郡。《輿地紀勝》引《元和志》云：本漢閬中縣地。梁普通六

年，分閬中置義陽郡及義陽縣，屬巴州。《寰宇記》同。《一統志》引《寰宇記》：因界內山爲名縣同。領縣一。【略】

木門郡。《隋·志》：清化，梁置木門郡。《寰宇記》：清化梁普通六年，於縣北二十里置木門郡，因山爲名。領縣二。【略】

北水郡。《寰宇記》：宋末，於清化縣西南十里置北水郡。梁領縣一。【略】

伏虞郡。《隋·志》：伏虞，梁置伏虞郡。《輿地紀勝》引《元和志》：在大同元年。《寰宇記》：屬巴州。領縣二。【略】

景陽郡。《隋·志》：宕渠，梁置境陽郡。《通典》：梁置景陽郡，自後『境』皆作『景』。《寰宇記》：梁太清元年置。領縣二。【略】

隆城郡。《隋·志》：儀隴，梁置隆城郡。《通典》作崇城。《寰宇記》：梁天監元年置，因隆城山爲名。領縣二。【略】

義安郡。《寰宇記》：伏虞縣東三十里分置宣漢縣，屬義安郡。領縣一。【略】

宕渠郡。《隋·志》：南充舊置宕渠郡。領縣一。【略】

新興郡。《隋·志》：漢初，梁置新興郡。《寰宇記》：梁大同中置。領縣一。【略】

梓潼郡。《隋·志》：相如，梁置梓潼郡。《元和補志》：天監六年立。領縣一。【略】

東巴州。《寰宇記》：梁武帝大同中立，以領安寧等三郡。

州治，《寰宇記》：在木馬。案：木馬地名，在今洋州界，無復遺址。

安寧郡。《寰宇記》：大同中於巴嶺側立。縣無考。

敬水郡。《寰宇記》：大同中於巴嶺側立。縣無考。

平南郡。《寰宇記》：大同中於巴嶺側立。縣無考。

渠州。《隋·志》：宕渠郡，梁置渠州。《通典》：梁置梁州，疑本作『渠州』，刻本誤也。《太平御覽》引《輿地志》云：梁大通三年，置渠州。《寰宇記》：大同三年於北宕渠郡理置渠州。案：《輿地紀勝》云《元和志》在大通三年，《寰宇記》及《續通典》並在大同三年，未詳孰是？領郡一。

州治無考。

北宕渠郡。《寰宇記》：梁普通三年，又於漢宕渠縣西南七十里，置北宕渠郡。即今渠州理是也。領縣二。【略】

鄰州。《隋·志》：鄰水，梁置鄰州。《通典》、《輿地廣記》作『潾』，下鄰水同。《寰宇記》：漢宕渠縣地，自晉至齊地並爲夷獠所據。梁大同三年，於此置鄰州。領縣一。

州治鄰水不置郡。

戎州。《隋·志》：犍爲郡，梁置戎州。《元和志》：本漢僰道縣也。李雄竊據，此地空廢。梁武大同十年，使先鐵詩定夷獠，乃立戎州，即以鐵爲刺史。《寰宇記》：梁置戎州以鎮撫戎夷也，領郡一。

州治僰道。

六同郡。《隋·志》：南溪，梁置六同郡。《寰宇記》：梁大同十年，於僰道置六同郡，以六合所同爲名。領縣二。【略】

信州。《梁書·武紀》：普通四年六月乙丑，分益州置信州。《隋·志》：巴東郡，梁置信州。《寰宇記》：梁大同三年于郡理立信州。今從《梁紀》。領郡三。

州治，《周書·蠻傳》：信州舊治白帝。

巴東郡。《隋·志》：人復舊置巴東郡。領縣七。【略】

信陵郡。《隋·志》：巴東，梁置信陵郡。《元和補志》：歸鄉，梁置信陵郡。領縣一。【略】

建平郡。《隋·志》：巫山，舊置建平郡，梁爲王國。《梁書》：建平王大球是也。領縣三。【略】

新州。《隋·志》：新城郡，梁末置新州。《元和志》：梁武陵王蕭紀于新城郡置新州，領郡七。

州治北伍城。

新城郡。何《志》：新分廣漢立。《梁書·鄱陽王恢傳》：成都去新城五百里。領縣五。【略】

始平郡。《隋·志》：涪城舊置始平郡。領縣一。【略】

西宕渠郡。《隋·志》：通泉舊置西宕渠郡。《寰宇記》：梁天監中廢，未知是否領縣一。【略】

北宕渠郡。《元和志》：監亭梁於此置北宕渠郡及縣。《寰宇記》：本漢廣漢縣地，梁于此置北宕渠郡。案：梁有兩北宕渠郡，一于漢宕渠縣地置屬渠州者也，一于漢廣漢縣地置屬新州者也。領縣二。【略】

東遂寧郡。《隋·志》：方義，梁置東遂寧郡。領縣四。【略】

西遂寧郡。《隋·志》：洛舊又有西遂寧郡。《寰宇記》：宋泰始五年，刺史劉亮表分遂寧爲東西二郡。縣無考。

普慈郡。《舊唐·志》：晉李雄亂，後爲獠所據，梁招撫之，置普慈郡。《寰宇記》：普州，梁置普慈郡于此。普通中益州刺史臨汝侯賜羣獠《金券鏤書》。其文云：『今爲汝置普慈郡，可率屬子弟奉官租，以時輸送。』

郡治不置縣。

青州。《隋·志》：通義舊置青州。《元和志》：嘉州梁武陵王蕭紀開通外徼立青州，遥取漢青衣縣以爲名也。又眉州，梁太清二年，武陵王立青州。又玉津，蕭紀置青州之地。《寰宇記》：眉州，梁普通中，于此置焉。州義取青城山爲稱。《校勘記》：案：今眉州。《圖經》云：梁太清三年，武陵王蕭紀立青州，其年與《元和志》合。今記曰普通中，未知何據，領郡一。

州治齊通。

齊通郡。《齊·志》：齊通左郡。建武三年置，梁去左字。《隋·志》：通義，舊置齊通郡。《通典》：梁置齊通郡。《寰宇記》：梁普通中置。《校勘記》案：今《眉州圖紀》云：齊建武三年，置齊通郡。今記以爲梁置郡，蓋據《通典》而言。然郡縣如安漢、魏興之類，皆係當時國號，則齊通恐亦類此案：此則郡爲齊置，而梁因之地。領縣一。【略】

江州。《隋·志》：隆山舊置江州。《南史·武陵王紀傳》：有所署江州刺史王開業，領郡一。

州治江陽。

江陽郡。沈《志》：劉璋分犍爲立，中失本土寄治武陽。《舊唐書·志》：晉于犍爲郡置西江陽郡。梁領縣四。【略】

瀘州。《隋·志》：瀘川郡，梁置瀘州。《元和志》：梁大通初，割江陽郡置。《寰宇記》：梁大同中置，遠取瀘川爲名。案：二書年分不同，未詳孰是？領郡三。

州治江陽。

東江陽郡。沈《志》：新復。《隋·志》：瀘川舊置江陽郡。《一統志》引《華陽國志》：江陽本犍爲枝江都尉。建安十八年，劉璋置郡。晉安帝時，失土僑置江陽郡於武陽縣界。宋時始復舊土爲東江陽郡。梁領縣三。【略】

懷仁郡。《隋·志》：仁壽，梁置懷仁郡。《寰宇記》同。

郡治不置縣。

席郡。《寰宇記》：籍縣，梁天監中於此立席郡。《舊唐·志》：籍本梁席郡，一名漢陽戍漢綿竹縣地。縣無考。

邛州。《元和志》：秦蜀郡地，宋及齊、梁不置郡縣，唯豪家能服獠者名爲保主，總屬益州。梁益州刺史蕭範於蒲水口立柵爲城以備生獠，名爲浦口頓。《武陵王蕭紀》：於蒲口頓改置邛州，南接邛來山因以爲名。《寰宇記》：梁置蒲口鎮及邛州。《一統志》引《舊唐·志》：依政，秦蒲陽縣，梁置邛州于蒲陽。惟《隋·志》云：依政，西魏置，邛州，與諸說不合。

州治不置郡縣。《元和志》：梁置邛州，領依政縣。又依政縣，後魏于此置依政縣，前後必有一誤。案：《隋·志》：依政，西魏置。《舊唐書·志》云：不領縣，《寰宇記》亦云未爲郡縣。《元和志》前説誤也。有蒲口鎮。見《寰宇記》。西、潼二州。《寰宇記》：梁武陵王蕭紀僭號於二郡，置西、潼二州。《校勘記》案：《南史·本傳紀》：僭號於蜀，以巴西、梓潼二郡太守永豐侯撝爲征西大將軍，則二郡上疑有。巴西、梓潼字，又云置西、潼二州，豈增置西、潼州爲二州乎？然無所考。案：此蓋雙頭州郡也。《南史·武陵王紀傳》：初楊乾運求爲梁州刺史不得，紀以爲潼州刺史。《通鑑》：簡文帝大寶元年，武陵王紀遣潼州刺史楊乾運討楊法琛。注引《元和志》：梓潼郡，梁置潼州。《一統志》：梁置潼州皆舉其半。領郡一。

州治涪。

巴西、梓潼二郡。《隋·志》：巴西舊置巴西郡。《梁書·張齊傳》：

天監十四年遷巴西、梓潼二郡太守。又《庾域傳》：天監初出爲巴西、梓潼二郡太守。領縣六。【略】

晉熙郡。《隋·志》：綿衝舊置晉熙郡。《一統志》：晉隆安二年分置晉熙郡，宋因之，齊永元初廢，梁復置。領縣三。【略】

南陰平郡。沈《志》：永嘉流寓來屬寄治萇陽。《隋·志》：洛縣舊又有南陰平郡。領縣二。【略】

北陰平郡。《隋·志》：陰平，宋置北陰平郡。《一統志》：晉永嘉後陰平没于氐，仍于梁益二州僑置南北二陰平郡，共有四陰平，此則梁州之北陰平也。梁領縣一。【略】

新巴郡。本南新巴郡。沈《志》、《起居注》：新巴民流寓，元嘉十二於劍南立南新巴郡。《齊·志》、《永元志》：寄治陰平。梁領縣一。【略】

繩州。《隋·志》：汶山舊曰廣陽，梁改爲北部都尉，置繩州北部郡。《寰宇記》：梁普通三年，置取桃關之路，以繩爲橋，因作州稱。又《元和志》：梁太清中，武陵王蕭紀于蠶陵舊縣置龍鐵州尋廢此，領郡二。

州治廣陽。

北部郡。見《隋·志》。領縣一。【略】

汶山郡。《元和志》：梁于汶川縣置汶山郡。領縣一。【略】

萬州。《隋·志》：通川郡，梁置萬州。《通典》同。《寰宇記》：梁大同二年于宣漢縣置萬州，以州界内有地萬餘頃，因以數名之，領開巴、新寧案：新寧，當作新安。新寧乃魏改梁新安名，非梁置也。寧巴、壽陽、巴中五郡。《南史·武陵王紀傳》有元帝遣萬州刺史宋簉，是也。今領郡七。

州治石城。

東關郡。《隋·志》：通川，梁置東關郡。《通典》同。領縣四。【略】

關巴郡。見上《寰宇記》。縣無考。

新安郡。《寰宇記》：兩漢宣漢縣地。梁大同二年于此置新安郡。領縣二。【略】

寧巴郡，見上《寰宇記》。縣無考。

壽陽郡，見上《寰宇記》。縣無考。

巴中郡，見上《寰宇記》。縣無考。

萬榮郡。《隋·志》：永穆梁有萬榮郡。《寰宇記》：梁大同中，分宣漢縣置萬榮郡于此，兼立永康縣以屬焉。《輿地廣記》作南榮。領縣二。【略】

并州。《一統志》案《隋·志》、《寰宇記》皆云西魏置并州。而《周書·李遷哲傳》梁時已有此州，知爲梁末所置。領郡三。

州治東關。

南晉郡。《寰宇記》：後魏廢帝二年，于梁所置南晉郡、西百步置并州、梁郡。領縣一。【略】

臨江郡。《隋·志》：臨江梁置臨江郡。《寰宇記》：梁大同六年、立臨江郡，以郡城臨于江也。領縣一。【略】

安州。《隋·志》：普安郡，梁置，南梁州後改爲安州。《元和志》：梁武陵王紀改南安郡立安州。《寰宇記》：梁天監中立南梁州，以在梁州南也。梁末改爲安州。《輿地紀勝》案《後周書》：魏廢帝二年平蜀改置州郡改南梁州曰隆州。改安州曰始州，則南梁州與安州自是兩處，方西魏改置州郡之時，同是年月而同改南梁州及始州。案：始字當作安字。使南梁州在武陵王紀之時既改爲安州，不應至西魏復有南梁州可改爲安州也。蓋南梁州置于梁武之天監，在今四川保寧府閬中縣西。而武陵王紀在蜀又分南梁州爲安州。今四川保寧府劍州治諸云南梁州者，蓋南梁州地也。《元和志》所云爲得其實。故南梁自爲隆州，而安州自爲始州，庶不相牴牾耳。領郡二。

州治南安。

南安郡。《元和志》：武陵王紀改南安郡爲安州，則武陵未僭號以前有是郡矣。領縣四。【略】

輔劍郡。《隋·志》：武連舊置輔劍郡領縣一。【略】

巂州。《南史》：大同三年，武陵王紀爲益州刺史。紀在蜀開建寧越巂嘗置巂州，尋復陷没。

州治及郡縣無考。

寧州。《南史・徐文盛傳》：梁大同末，爲寧州刺史。州在僻遠，羣蠻劫竊相尋，前後刺史莫能制。文盛推心撫慰，夷人感之，風俗遂改。

《一統志》：大寶後荒廢，爲爨蠻所據。

州志及郡縣見《齊・志》，今不列。

補遺

丹陽尹建康縣有果林五城、《陳書・武紀》：梁大寶三年，賊恐西州路斷，于東北果林作五城以遏大路。盪主戴晃、曹宣等攻拔果林一城，衆軍又剋其四城。石頭西門、同上《程靈洗傳》：高祖誅王僧辯，靈洗率所領來援，其徒力戰于石頭西門，軍不利。石頭北門、同上《武紀》：梁大寶三年，侯景儀同盧輝略開石頭北門來降。象闕、同上太平元年九月丁未，王彭稱今月五日平旦，于御路見龍迹，自大社至象闕，亙三四里。公車府、《通鑑》：武帝太清二年，侯景據公車府。注：在臺城門外。冶亭、《南史・江淹傳》：嘗宿于冶亭，夢郭璞謂淹曰：吾有筆在卿處多年，可見還。淹乃探懷中得五色筆以授之。爾後爲詩絶無美句，時人謂之才盡。征虜亭、《南史・陸杲傳》：子罩，大同七年以母老求去，公卿以下祖道于征虜亭。梅崗、《陳書・武紀》：梁紹泰二年三月，自去冬至是，甘露頻降于鍾山、梅崗、南澗及京口、江寧縣境。南澗、見上。後湖、同上孔奐傳齊遣將來寇軍至後湖都邑騷擾。蟹浦。同上《留異傳》：梁代爲蟹浦戍主。吳郡吳縣有西昌門。《陳書・裴忌傳》：高祖誅王僧辯，僧辯弟僧智舉兵據吳郡。高祖遣黄他率衆攻之，僧智出兵于西昌門拒戰。

附録

封氏縣、《南史・陸子隆傳》：父悛，梁封氏令。案：縣未詳建置之由及所屬州郡，姑附于此，以俟考，下二縣同。安山縣、《陳書・樊猛傳》：以擒武陵王紀功，封安山縣伯。永化縣、同上。《熊曇朗傳》：紹泰三年，封永化縣侯。利亭、《南史・張纘傳》：梁初，封利亭侯。安東亭、《陳書・王沖傳》：梁大同三年，以帝甥賜爵安東亭侯。武陽亭、同上。《王通傳》：梁世以帝甥封武陽亭侯。甲口亭、同上。《王質傳》：梁世以武帝甥封甲口亭侯。莫口亭、同上。《王固傳》：以梁武帝甥封莫口亭侯。上牢、《陳書・周文育傳》：余孝頃有舴艋三百艘、艦百餘乘，在上牢。關頭、《梁書・蕭子範傳》：子確賊平後赴江陵，因没關頭。白崖山、《陳書・侯瑱傳》：蜀賊張文蕚據白崖山。谿水、《梁書・忠壯世子方等傳》：高祖欲見諸王長子，世祖遣方等入侍，方等欣然升舟，行至谿水，值侯景亂，世祖召之。沙洲、《南史・梁武陵王紀》：子圓正傳紀既死，埋于沙洲，不封無櫬。窮洲同上。《魚弘傳》：爲湘東王、鎮西司馬，述職西上道中乏食，于窮洲之上捕得數百獼猴，膊以爲脯，以供酒食。金井。《梁書・張齊傳》天監十年，巴西郡人姚景和聚合蠻蜑，抄斷江路，攻破金井，齊討景和于平昌，破之。

雜録

《梁書》卷二《武帝紀中》（天監元年四月）改南東海爲蘭陵郡。土斷南徐州諸僑郡縣。【略】

（天監二年五月）乙丑，益州刺史鄧元起克成都，曲赦益州。【略】

（天監三年）八月，魏陷司州，詔以南義陽置司州。【略】

（天監四年二月）曲赦交州。【略】

（天監六年四月）分湘、廣二州置衡州。【略】

（天監六年七月）丙寅，分廣州置桂州。【略】

（天監六年十二月）分豫州置霍州。【略】

（天監十一年）三月丁巳，曲赦揚、徐二州。【略】

（天監十五年十一月）曲赦交州。

又 卷三《武帝紀下》（普通四年）六月乙丑，分益州置信州，分交州置愛州，分廣州置成州、南定州、合州、建州，分霍州置義州。【略】

（普通五年）三月甲戌，分揚州、江州置東揚州。【略】

（普通七年十一月）以壽陽置豫州，合肥改爲南豫州。【略】

（大通元年十月）甲寅，曲赦東豫州。【略】

（大通元年十一月）以渦陽置西徐州。【略】

（大通二年）夏四月辛丑，魏郢州刺史元願達以義陽内附，置北司州。【略】

（大同）六年春正月庚戌朔，曲赦司、豫、徐、兖四州。【略】

（大同六年）九月，移安州置定遠郡，受北徐州都督，定遠郡改屬安州。【略】

（大同六年十二月）置桂州於湘州始安郡，受湘州督；省南桂林等二十四郡，悉改屬桂州。【略】

（太清元年七月）今汝、潁克定，可依前代故事，以懸瓠爲豫州，壽春爲南豫，改合肥爲合州，北廣陵爲淮州，項城爲殷州，合州爲南合州。【略】

（太清二年五月）辛亥，曲赦交、愛、德三州。【略】

（太清二年八月）曲赦南豫州。

又　卷四《簡文帝紀》　（太清三年七月）戊辰，以吴郡置吴州。

又　卷六《敬帝紀》　（太平元年二月）己未，罷震州，還復吴興郡。【略】

（太平元年）三月丙子，罷東揚州，還復會稽郡。【略】

（太平二年正月）分尋陽、太原、齊昌、高唐、新蔡五郡，置西江州，即於尋陽仍充州鎮。【略】

（太平二年）夏四月癸酉，曲赦江、廣、衡三州；並督内爲賊所拘逼者，並皆不問。

宋·李昉等《太平御覽》卷一六六《州郡部·劍南道·邛州》

《周地圖記》曰：梁武陵王蕭紀於蒲水口置邛州。南郡有邛來山，因以爲名。

又　《渠州》　《輿地志》曰：梁大通三年，於此置渠州。

清·洪齮孫《補梁疆域志·序》　吾常近今言地理之學者，推北江洪先生。先生所著有《乾隆府廳州縣志》及《補三國東晉十六國疆域諸志》，刊行已久，家有其書。今其少子子齡又有《補梁疆域志》之作，洵爲北江才子矣。而先生自序《補三國疆域志》謂有十難。其一云：晉司馬彪撰《續漢書·郡國志》，凡郡縣增省在安順以後者即不置録，是前無所承。唐初修《晉書》，於地理學最不精，建置沿革舛錯過半，是後無所據。然以梁較之爲尤難也。何則？三國上爲兩漢，下爲西晉，俱有郡國、地理之書。初無僑州郡縣之目，若梁之前，則爲宋、齊，同時爲北魏，其後爲北齊、北周與陳耳。宋、齊、北魏雖有志而承東晉、十六國以來僑州郡縣朝南莫北旋有旋亡，雖巧術不能算焉。齊、周及陳又各無南，《南、北二史》蓋亦缺如。先後若斯，悉難依據。所可幸者，《梁書》本文其建州置郡時見於紀傳，兼之《齊書》、《魏書》、《南史》、《北史》、《齊、周、陳、隋書》亦具在其中，扼要之地，爭鬭之區，彼此互見，次第足徵，益以《隋志》注文，頗爲詳審。其餘今世所存諸地志如《元和郡縣志》、《太平寰宇記》、《輿地廣記》、《輿地紀勝》及《通典》、《通考》、《通鑑地理通釋》猶足借爲證佐。雖非無可措手，而於先生所謂十難者，殆又甚焉。今子齡以本書紀、傳爲主，輔以他書，略仿宋、齊二志之例，詳列《魏》、《隋》二注之文，其州郡縣之次序，因宋、齊舊制而未經分割者，準宋、齊《州郡志》爲多。其本爲魏地而終爲梁有，與本爲梁地而終爲魏有者則類從《魏》、《隋》二注，其分置不見於本書與《魏》、《隋》二注而見於他書者，歷引書文以爲證據，其閒若無實土而置虚名，與因虚名而成實土，或雖一名而實二地，與以一地而得二名，莫不明是非，別同異。而復州詳置治之所，縣列因革之文。名山大川、舊關重鎮、館殿臺閣、宫闕園陵，靡不綴輯，以廣後學之見，聞可無憾矣。復有餘力，更補北齊、北周及陳時之疆域尤易爲功，諸史皆具爲求地理者之一大快。跂予望之於此，信北江先生之積學深而遺澤遠，而子齡亦可爲克傳其家學也。已是爲序。武進李兆洛。

又　《跋》　吾師芝舲夫子，淵源家學，少孤自勵，年逾二十即有志於著述。兹《補梁疆域志》四卷，皆道光乙酉丙戌所脱藁者也。以無力付梓，藏之篋衍者十年。今歲夏，五李大令申耆先生爲之正定，付剞劂氏。焯等實預校讎之役，閱八月工竣。因邀同學諸子醵資刷印，以廣流傳。昔昌黎文出，俟李漢以成編；廬陵集成，鄧蘇軾而作序。焯等從學有年，自慚才識譾昧，未獲上企薪傳以述著書之緣起。衹因讎書之役得列名簡末，幸矣！若師所著，尚有《戰國地名備考》、駢體文、古近體詩等若干卷，所當先後校刊以公諸同志也。時道光乙未十二月受業王焯、劉榦、費暘等。謹跋。

陳分部

綜 述

宋・鄭樵《通志》卷四〇《地理略・歷代封畛》 陳氏比於梁代，土宇彌蹙，西不得蜀漢，北失淮肥，以長江為境，文帝天嘉初，湘川之地為周軍所陷。二年，侯瑱剋平之。湘川，今澧陽、武陵、長沙、衡陽等郡之地也。有州四十有二、地轉狹而州益多，暨後州郡又數倍多於前代，故不可詳。郡百有九、縣四百三十有八。宣帝大建中頻年北伐，諸將累捷，盡復淮南之地，將吳明徹於壽春城，斬高齊將王琳。更經略淮北，大破齊軍於吕梁。及旋師，屬高齊國亡，又總軍北伐，至吕梁。周軍來拒，又大破之。自大建五年北伐，七年破齊軍，九年又破周將梁士彦，悉得梁淮北地，以兵鎮下邳朐山。旋為周軍所敗，悉虜其衆。時梁士彦守彭城，明徹來攻，未下。十年，周將王軌來伐，明徹退師，全軍没於清口。自是江北之地盡没於周，又以長江為界。十二年，周大將司馬消難以淮西地來降。又遣將周羅侯攻，剋新野，尋並失之。及隋軍來伐，遣將守狼尾灘、後主禎明三年，戚昕守之。今夷陵郡宜都縣界。荆門、將仲肅據之，亦宜都界。安蜀城、將顧覺鎮之，亦夷陵郡。公安，將陳紀鎮之，今江陵郡縣。巴陵已下並風靡退散。信州道大總管、清河公楊素自峽中舟師東下，東方守將相繼而破。信州即今雲安郡也。隋軍自採石、隋將韓擒虎襲陷之。京口賀若弼襲陷之。渡江而平之。

清・徐文范《東晉南北朝輿地表・年表》卷九《梁末陳初疆域》

揚州。治臺城西，統郡七、縣四十二。

丹陽郡。【略】

南丹陽郡。【略】

吳郡。【略】

吳興郡。【略】

會稽郡。【略】

新安郡。【略】

新寧郡。

縉州。治松陽，統郡四，縣二十六。

永嘉郡。【略】

金華郡。【略】

赤城郡。【略】

建安郡。【略】

合州。僑置江濱，統南譙、南齊昌等郡。

南豫州。治姑孰，統郡五、縣二十。

淮南郡。【略】

宣城郡。【略】

南陵郡。【略】

陳留郡。【略】

南太原郡。【略】

南徐州。治京口，統郡九、縣三十七。

蘭陵郡。【略】

晉陵郡。【略】

義興郡。【略】

琅琊郡。【略】

東莞郡。【略】

彭城郡。【略】

濟陰郡。【略】

清和郡。【略】

濮陽郡。【略】

東徐州。治延陵，統郡四、縣一十一。

臨淮郡。【略】

淮陵郡。【略】

信義郡。【略】

江陰郡。【略】

廣州。治番禺，統郡九、縣三十七。

南海郡。【略】

綏建郡。【略】
寧浦郡。【略】
簡陽郡。【略】
連江郡。【略】
齊樂郡。【略】
新會郡。【略】
樂昌郡。【略】
南巴郡。【略】
瀛州。治海陽，統郡三、縣十三。
義安郡。【略】
東官郡。【略】
梁化郡。【略】
成州。治廣信，統郡七、縣二十三。
蒼梧郡。【略】
高要郡。【略】
齊建郡。【略】
晉康郡。【略】
梁信郡。【略】
宋隆郡。【略】
梁泰郡。【略】
石州。治陰石，統郡二、縣十七。
陰石郡。【略】
永平郡。【略】
新州。治新寧，統郡一、縣十七。
新寧郡。【略】
瀧州。治鄣平，統郡三、縣三。
開陽郡。【略】
平原郡。【略】
梁德郡。【略】
建州。治廣熙，統郡二、縣五。

廣熙郡。【略】
羅陽郡。【略】
南定州。治鬱林，統郡三、縣八。
鬱林郡。【略】
安成郡。【略】
樂陽郡。【略】
尹州。治鬱平，統郡四、縣四。
桂平郡。【略】
晉興郡。【略】
領方郡。【略】
石南郡。【略】
東寧州。治潭中，統郡三、縣十三。
齊熙郡。【略】
黃水郡。【略】
桂林郡。【略】
南高州。治高涼，統郡三、縣十一。
高涼郡。【略】
石龍郡。【略】
嶺山郡。【略】
東羅州。統郡三、縣三。
杜陵郡。【略】
陽春郡。【略】
電白郡。【略】
南新州。統郡一、縣八。
新昌郡。【略】
交州。治龍編，統郡二。
交趾郡。【略】
日南郡。【略】
利州。
明州。並分交州立。

愛州。治移風，統郡一。

九眞郡。【略】

德州。治九德，統郡一。

九德郡。【略】

黃州。統郡一。

寧海郡。

江州。治金城，統郡八，縣四十六。

潯陽郡。【略】

太原郡。【略】

豫昌郡。【略】

安成郡。【略】

廬陵郡。【略】

南康郡。【略】

晉安郡。【略】

南新蔡郡。【略】

僑在西陽之蘄春界。

吳州。治鄱陽，統郡一、縣六。

鄱陽郡。【略】

高州。治巴山，統郡四、縣十七。

巴山郡。【略】

臨川郡。【略】

高唐郡。【略】

齊昌郡。【略】

南江州。治新吳，統郡一、縣四。

豫寧郡。【略】

郢州。治夏口，統郡四、縣十三。

江夏郡。【略】

武昌郡。【略】

魯山郡。【略】

西陽郡。【略】

土州。

富州。

洄州。

豪州。

泉州。五州三分郢州地立。

巴州。治巴陵，統郡二、縣四。

巴陵郡。【略】

上雋郡。【略】

荊州。治公安，統郡四、縣十五。

笵按：《南史》：梁元帝時有西荊州。未詳立在何處。

南平郡。【略】

天門郡。【略】

建平郡。【略】

南安湘郡。【略】

沅州。治武陵，統郡二、縣七。

武陵郡。【略】

夜郎郡。【略】

信州。治歸鄉，統郡一、縣三。

信陵郡。【略】

廬州。治廬溪，統郡一、縣五。

南陽郡。【略】

宜州。治宜都，與西魏分治各置州，魏改為柘州，統郡二、縣五。

宜都郡。【略】

黔中郡。【略】

湘州。治臨湘，統郡三、縣十八。

長沙郡。【略】

湘東郡。【略】

邵陵郡。【略】

營州。治營浦，統郡二、縣十。

永陽郡。【略】

零陵郡。【略】

羅州。治羅，統郡一、縣五。

岳陽郡。【略】

衡州。治陽山，統郡五、縣二十二。

陽山郡。【略】

衡陽郡。【略】

梁樂郡。【略】

沅江郡。【略】

清遠郡。【略】

東衡州。治曲江，統郡三、縣六。

始興都。【略】

安遠郡。【略】

廬陽郡。【略】

郴州。治郴，統郡二、縣六。

桂陽郡。【略】

平陽郡。【略】

靜州。治靜慰，統郡二、縣四。

靜慰郡。【略】

梁壽郡。【略】

東靜州。治開建，統郡四、縣十二。

臨賀郡。【略】

樂梁郡。【略】

開江郡。【略】

武城郡。【略】

桂州。治始安，統郡三、縣六。

始安郡。【略】

梁化郡。【略】

建陵郡。【略】

越州。治臨漳，統郡十九、縣四十六。

臨漳郡。【略】

永寧郡。【略】

百梁郡。【略】

安昌郡。【略】

南流郡。【略】

北流郡。

龍蘇郡。【略】

富昌郡。【略】

高興郡。【略】

思築郡。

鹽田郡。【略】

定川郡。【略】

隆川郡。【略】

齊寧郡。【略】

馬門郡。【略】

越中郡。

封山郡。【略】

吳春俚郡。

濟隆郡。

合州。治合浦，統郡二、縣九。

合浦郡。【略】

宋壽郡。【略】

崖州。統郡一。

朱崖郡。

安州。統郡三。

安京郡。

寧越郡。

宋廣郡。

時有州五十四、郡百五十有八、縣六百有六。實有晉二十一州之江、湘、交、廣四全州及揚州之江南荆州三分之一豫州之邊隅。

又《**魏末周初疆域**》 陳時有州八十、郡二百四十有餘。

齊時有州六十五、郡一百六十有二。

周時有州百三十五、郡二百六十一。

縣已見前。陳、齊稍有更變，見後。唯周大有增損，然亦不詳列，俟平齊後總志之。

又《陳太建初疆域》 揚州。治丹陽。吳、吳興、海寧。

東揚州。治山陰。會稽、新安、新寧、金華。

縉州。治松陽。永嘉、章安、建安。

宣州。治宣城。宣城、淮南。

北江州。治南陵。南陵、南太原。

南豫州。治歷陽。歷陽、臨江。

豫州。治壽春。梁、陳留、北陳、潁川、北譙、下蔡、濟陰、淮南。

南譙州。治全椒。新昌、南梁、臨徐。

北徐州。治鍾離。鍾離、荆山、彭沛、安定、臨濠、廣梁、南譙、魯。

合州。治合肥。汝陰、南頓、南梁、北梁、廬州、陳、西汝南。

晉州。治懷寧。晉熙、樅陽、龍安、大雷。

霍州。治霍山。岳安、安豐。

南徐州。治京山。晉陵、義興、琅邪、清和、濮陽、東莞、彭城、濟陰。

東徐州。治延陵。東海、江陰、臨淮、淮陵、信義。

以上在晉揚州。

荆州。治公安。南平、宜都、義陽、石門。

南荆州。治河東郡。河東、宜春、羅郡。

武州。治武陵。沅陵。

沅州。治都尉城。通寧、夜郎。

信州。治歸鄉。信陵、建平。

以上在晉荆州。

湘州。治臨潭。長沙、邵陵、湘東。

巂州。治上巂。上巂。

巴州。治巴陵。巴陵。

營州。治營浦。永陽、零陵。

羅州。治羅。岳陽。

衡州。治陽山。陽山、衡陽、梁樂、沅江、清遠。

東衡州。治曲江。始興、安遠、羅陽。

郴州。治郴。桂陽。

東寧州。馬平、韶陽、象郡。

靜州。治靜慰。靜慰、梁壽。

東靜州。治開建。臨賀、梁化、開江。

桂州。治始安。始安、梁化。

以上在晉湘州。

交州。治龍編。交趾、日南、宋平。

南新州。治新昌。新昌、武平。

愛州。治移風。九眞。

德州。治九德。九德。

又置利州、明州于交趾。

南合州。治合浦。合浦、抱郡。

崖州。朱崖。

南兗州。治廣陵。廣陵、江陽、沛、海陵。

北兗州。治淮陰。淮陰、山陽、陽平、鹽城。

北譙州。治盱眙。盱眙、北陽平。

安州。治宿豫。宿豫、晉寧、淮陽、神農、東莞、高平。

冀州。治夏邱。夏邱、潼。

青州。治朐山。琅邪、東海、沭陽、武陵。

仁州。治沛。穀陽、城陽。

司州。治黄城。安昌、漢陽、義陽。

秦州。治堂邑。秦郡。

以上在晉徐州。

朔州。治期思齊坂城。義城、新城、黄川。

江州。治蘄春。齊昌、高唐、永安、新蔡。

光州。治軑。光城、宋安、邊城、豐安、齊化。

定州。治蒙龍城。建寧、定城、陰平。

建州。治期思。平高、新蔡。

以上在豫州弋陽、西陽二郡。

南江州。治豫章。豫章、廬陵、豫寧、鄱陽、南康。

西江州。治湓城。潯陽、太原。

郢州。治夏口。江夏、齊安、西陽。又置土、富、泗、濠、泉五州。

高州。治巴山，高州已將省入南江州。巴山、安城、安樂。

寧州。治臨川。臨川。

豐州。治晉安。晉安、南安。

北新州。治新陽。武昌、竟陵。

沔州。治沔陽。沔陽、汶川。

以上在晉江州。

廣州。治番禺。南海、綏建、簡陽、連江、寧浦、齊樂、新會、樂昌。

瀛州。治海陽。義安、東官。

成州。治蒼梧。蒼梧、高要、齊建、晉康、宋隆、建陵、梁信、梁泰。

石州。治陰石。永平、陰石。

新州。治新寧。新寧、南巴。

瀧州。治漳平。問陽、平原、廣熙、梁德、羅陽。

南定州。治鬱林。鬱林、安成、石南。

尹州。治鬱平。桂平、晉興、領方。

東寧州。治潭中。齊熙、黃水、桂林。

高州。治高梁。高涼、嶺山、陽春、電白、石龍。

東羅州。杜陵。

以上在晉廣州。

越州。臨漳等郡。

南安州。寧越、安京。

黃州。寧海。

考《隋、唐·百官志》，又有梁、益、南梁三州，未知僑寄何地，俟正博雅。

又 卷一〇 《陳太建末疆域》 時有州六十四、郡百有六十六、縣幾六百。

揚州。治臺城西。

丹陽郡。【略】

吳郡。【略】

吳興郡。【略】

建興郡。【略】在晉江乘縣。

海寧郡。【略】分新安置。

南徐州。治京口。

晉陵郡。【略】

義興郡。【略】

東莞郡。【略】

濟陰郡。【略】

清和郡。【略】

濮陽郡。【略】

東徐州。治延陵。

東海郡。【略】

江陰郡。【略】

信義郡。【略】

臨淮郡。【略】

淮陵郡。【略】

東揚州。治山陽。

會稽郡。【略】

新安郡。【略】

縉州。治松陽。

永嘉郡。【略】

章安郡。【略】

金華郡。【略】

豫州。治姑孰。

淮南郡。【略】

宣州。治宣城。

宣城郡。【略】

陳留郡。【略】
北江州。治南陵。
南陵郡。【略】
南太原郡。【略】
江州。治豫章。
豫章郡。【略】
廬陵郡。【略】
合州。僑治江濱。
南譙郡。
南齊昌郡。
西江州。治湓口。
潯陽郡。【略】
南新蔡郡。【略】
太原郡。【略】
齊昌郡。【略】
高唐郡。【略】
南江州。治新吳。
豫寧郡。【略】
寧州。治臨川故城。
臨川郡。【略】
吳州。治鄱陽。
鄱陽郡。【略】
高州。治巴山。
巴山郡。【略】
安成郡。【略】
宜春郡。【略】
安樂郡。【略】
閩州。治建安。
建安郡。【略】
豐州。治晉安。
晉安郡。【略】
南安郡。【略】
北新州。治武昌。
武昌郡。【略】
土州。治官陵。
永川郡。【略】
富州。治安昌。
洄州。治新陽。
豪州。治永興。
泉州。治國川。
竟陵郡。【略】
郢州。治江夏。
江夏郡。【略】
西陽郡。【略】
齊安郡。【略】
以上皆在江州。
荆州。治公安。
南平郡。【略】
義陽郡。【略】
宜都郡。【略】
石門郡。【略】
二郡與周分屬。
南荆州。治松滋界。陳文帝又于公安置荆州。
河東郡。
宜春郡。
羅郡。
信州。治安蜀城。
信陵郡。【略】
武州。治武陵。
武陵郡。【略】

沅陵郡。【略】
沅州。治都尉城。
夜郎郡。【略】
通寧郡。
廬州。治羅溪。
南陽郡。【略】
湘州。治臨湘。
長沙郡。【略】
以上在晉荆州。
巴州。治巴陵。
巴陵郡。【略】
巂州。治下巂。
上巂郡。【略】
湘州。
湘東郡。【略】
邵陵郡。【略】
羅州。治羅。
岳陽郡。【略】
營州。治營浦。
永陽郡。【略】
零陵郡。【略】
衡州。治始興陽山。
陽山郡。【略】
衡陽郡。【略】
沅江郡。【略】
梁樂郡。【略】
清遠郡。【略】
東衡州。治曲江。
始興郡。【略】
廬陽郡。【略】
安遠郡。【略】
郴州。治郴。
桂陽郡。【略】
静州。治臨賀寧新。
静慰郡。【略】
梁壽郡。【略】
東静州。
臨賀郡。【略】
梁樂郡。【略】
開江郡。【略】
武城郡。【略】
逍遥郡。【略】
桂州。治始安。
始安郡。【略】
梁化郡。【略】
建陵郡。【略】
綏越郡。
永建郡。
以上在晉湘州。
廣州。治番禺。
南海郡。【略】
綏建郡。【略】
寧浦郡。【略】
齊樂郡。【略】
新會郡。【略】
樂昌郡。【略】
南巴郡。【略】
簡陽郡。【略】
連江郡。【略】
瀛州。治海陽。

義安郡。【略】
梁化郡。【略】
東官郡。【略】
成州。治蒼梧。
蒼梧郡。【略】
高要郡。【略】
齊建郡。【略】
晉康郡。【略】
梁信郡。【略】
宋隆郡。【略】
梁泰郡。【略】
石州。治陰石。
陰石郡。【略】
永安郡。【略】
新州。治新寧。
新寧郡。【略】
隴州。治漳平。
開陽郡。【略】
平原君。【略】
梁德郡。【略】
建州。
廣熙郡。【略】
羅陽郡。【略】
定州。治鬱林。
鬱林郡。【略】
安成郡。【略】
領方郡。【略】
石南郡。【略】
尹州。治鬱平。
桂平郡。【略】

晉興郡。【略】
東寧州。治潭中。
齊熙郡。
黄水郡。
象郡。
馬平郡。
永寧郡。
宋康郡。
桂林郡。【略】
韶陽郡。【略】
高州。治高涼。
高涼郡。【略】
嶺山郡。
陽春郡。
電白郡。
石龍郡。
東羅州。
杜陵郡。【略】
越州。
臨漳等十數郡。
以上在晉廣州。
交州。治龍編。
交趾郡。【略】
日南郡。【略】
宋平郡。【略】
南新州。治新昌。
新昌郡。【略】
武平郡。【略】
愛州。治移風。
九眞郡。【略】

德州。治九德。

九德郡。【略】又置利州、明州。

南合州。治合浦。

合浦郡。【略】

宋壽郡。

抱郡。

宋廣郡。

安州。

寧越郡。

安京郡。

黄州。

寧海郡。

崖州。

朱崖郡。

以上在晉交州。

《方輿紀要》云：陳有州四十二、郡百有九、縣四百三十八，實未盡其數。即瀛、建等州時已罷併，吳、宣等州時尚未置，去此數州，猶有五十餘州，余蓋括陳氏所置之州，除所失江北地，統計于此。斯時郡縣已是實數，惟疑交、廣間有所變易，又無從考索，與越州、臨漳等地混舉等縣，不敢臆斷也。

清·汪士鐸《南北史補志》卷六《地理志二·梁陳》 揚州。《唐宰相世系表》十三下：樂恂，西揚州刺史。按：對會稽，則此為西也。

丹陽尹。齊舊郡。按：《金陵記》云：梁都之時，城中二十八萬餘户。東至倪塘，西至石頭城，南至石子岡，北過蔣山，四方各四十里。陳時，中外人物不過宋、齊之半。梁武帝、簡文帝、敬帝及陳氏諸帝皆都焉。緣淮北岸，起石頭，迄東治；南岸，起後渚、籬門，迄三橋。【略】

廣梁郡。紹泰元年立。【略】

新安郡。齊舊郡。《徽州府志》：陳省新寧郡併入。領縣五。《新安志》：陳省新寧郡及黎陽縣，而新安復屬東陽州。注：祥符，天嘉三年省。【略】

新寧郡。梁末分新安立，陳省。【略】

吳州。

吳郡。舊郡。太清三年，以為吳州。大寶元年，復為郡。統縣十。陳順明元年，以吳郡為吳州，以錢塘為郡屬焉。【略】

震州。

吳興郡。齊舊郡。紹泰元年，王僧辯以為震州。太平元年省。【略】

東揚州。《陳世祖紀》：東揚州領會稽、東陽、臨海、永嘉、新安、新寧、晉安、建安八郡。按：《梁武紀下》：普通五年，分揚州、江州立。東揚州，太平元年省。據此，則東揚既立，而揚州僅領丹陽一郡矣。

會稽郡。齊舊郡。【略】

臨海郡。齊舊郡。【略】

婺州。梁立，永定三年，曰縉州。

東陽郡。齊舊郡。陳曰金華郡。【略】

永嘉郡。齊舊郡。與豐州接壤，稱嚴邑焉。【略】

南徐州。

蘭陵郡。舊曰南東海郡，天監元年，改今名。永定二年，復曰東海郡。天監元年，改併諸僑郡縣，謂《齊·志》臨淮以下十二郡也。【略】

晉陵郡。齊舊郡。【略】

義興郡。齊舊郡。【略】

南瑯邪郡。有舊郡。【略】

江陰郡。太平三年立。【略】

信義郡。天監六年立。【略】

南豫州。舊立，治宣城郡。

淮南郡。齊舊郡。【略】

宣城郡。齊舊郡，治宛陵。陳改為宣州，江右四州之一也。江右四州者，南、西二豫及合、光二州也。【略】

南丹陽郡。天嘉五年，罷郡。【略】

歷陽郡。齊舊郡。北齊曰和州。【略】

南譙郡。齊舊郡。【略】

江都郡。梁立，陳曰臨江郡，相近有祐州。【略】

臨塗郡。梁立，陳省。有羅城。

西江州。敬帝太平二年，以五郡為西江州，治尋陽，天嘉初省入江州。

潯陽郡。齊舊郡。有廬山、九水、彭蠡湖。【略】

南太原郡。梁立。【略】

高塘郡。梁立。太建八年，分江州、晉熙、高塘、新蔡為晉州。案：太建六年，江州之齊昌、新蔡、高塘三郡，則本屬江州也。及案所分者，疑為西晉州。《羊侃傳》云：為西晉州，破郭元建於東關，遷東晉州刺史。據地望，宜在此。

齊昌郡。齊舊郡。《通鑑》：大寶元年，邵陵王綸以衡陽王獻為齊州刺史，鎮齊昌，則此郡會立為州矣。陳太建五年，罷郡。【略】

高州。《通鑑》：太平元年，分江州巴山、臨川、安成、豫章四郡立高州。

南新蔡郡。齊舊郡。有尋陽、太原、高唐、南、北新蔡五郡。【略】

「章」當作「寧」。

巴山郡。大同二年，分臨川立。陳天嘉四年，州省。宋白曰：大同二年，分廬陵之興平、臨川之新建立，西寧、巴山二縣為巴山郡，在撫州崇仁、巴山之北。【略】

豫寧郡。梁立，陳武帝以建章、豫寧、艾、永修、新吳五縣立郡，疑郡為梁末太平間，陳武撫改時立公國。【略】

臨川郡。齊舊郡。永定三年，以臨川故郡立。寧川有工塘。【略】

安成郡。齊舊郡。【略】

吳州。

鄱陽郡。齊舊郡。承聖二年，立吳州。陳光大二年，省。太建十三年，又立。【略】

江州。此即南江州也。《南史・陳紀》：江州有鄱陽、臨川二郡。又有尋陽、豫章、安成、廬陵四郡。

豫章郡。齊舊郡。天嘉五年，省郡。六年，省。州有南湖、郭默城，自南康至豫章曰南川。周迪之「南川八郡」者，南康、宜春、安成、廬陵、臨川、巴山、豫章、豫寧也。【略】

廬陵郡。齊舊郡。【略】

南康郡。齊舊郡。【略】

建安郡。齊舊郡。陳永定初曰閩中。天嘉五年，省入東陽州。光大二年，曰豐州。【略】

晉安郡。齊舊郡。【略】

南安郡。梁立，南安郡縣以上皆陳有梁分晉安立。【略】

荊州。北盡武寧，西拒峽口。以下陳不盡有。

南郡。齊舊郡。元帝都焉。西魏以封蕭詧為蕃國。周太和六年，以基、平、鄀三州與蕭詧。基州，荊門之東。鄀州，荊門之北。平州，在當陽。自巴陵至此四百一十里。有湘浦、白堉、龍光殿、鳳凰閣、津陽門、江津、黃華，去江陵四十里。祇洹寺、馬頭、長沙寺、天居寺、金城、東閣、竹殿、白馬寺、主衣庫、湘東苑、元洲苑、栖心省、百福殿、瑶光寺、普賢尼寺、枇巴門、馬頭岸、瓦官寺、寧朔隄、龍洲、安蜀城、青泥水、巫峽、峽口、馬鞍山、磨刀澗、延洲。案：梁荊州，治江陵。陳荊州，治江安。時江陵不為陳有也。陳無。【略】

長寧郡。梁立，即長林也。案：武寧郡長林縣在當陽之東，疑武寧即長寧也。陳無。【略】

南平郡。齊舊郡。陳有。【略】

南安郡。梁曰南安湘郡，尋省。陳無。【略】

天門郡。齊舊郡。有天門山。陳有。【略】

宜州。梁元帝立，陳有。

宜都郡。齊舊郡。有谿水。陳有。【略】

南義陽郡。齊舊郡。按：《齊・志》：有平氏、闕西二縣，于梁、陳無徵。陳有。

河東郡。齊舊郡。陳世祖天嘉二年，以南平、宜都羅郡，河東為南荊州，治河東郡，尋省。陳有。【略】

汶陽郡。齊舊都。陳無。【略】

新興郡。齊舊都。陳無。【略】

湘州。梁立，湘州於長沙有西江。以下皆陳有。

長沙郡。齊舊郡。有白沙、麻溪、車輪城、石槨寺、橘洲、青草湖、麓山寺。【略】

湘東郡。齊舊郡。有楊葉洲。【略】

衡陽郡。齊舊郡。有小桂嶺。【略】

邵陵郡。齊舊郡。有三百里。【略】

零陵郡。齊舊郡。有空靈灘、空靈城、淥口、零陵。【略】

郢州。

竟陵郡。齊舊郡。西園在郢州城西，郢北門曰倉門，有長隄夏口，有偃月壘、騎城、芊口、羅城、金城、白楊浦、橫桑戍、石梵、武城、滻水、工塘、樊

浦、弇口、倉門。梁末王琳並湘、郢，據以拒陳焉。陳有。【略】

西陽郡。公國。齊舊郡。有馬柵加湖、子陽水。陳大建七年，移治保城。陳有。【略】

齊安郡。齊舊郡。陳有。【略】

沔陽郡。梁立。陳無。【略】

州城郡。梁立。陳無。【略】

梁安郡。梁立，有漢陽。陳有。【略】

營陽郡。梁立，有魯山。陳無。

齊興郡。齊舊郡。陳有。【略】

巴州。梁元帝立，陳曰岳州。

巴陵郡。齊舊郡。有楊浦、白塔、南安、芊口、赤沙亭、赤亭、白螺，以下陳省。【略】

監利郡。後梁立。

新州。梁立，普通末立，西魏曰温州。

梁寧郡。梁立。

秦南郡。梁立。

南陽郡。梁立。【略】

沙州。《太宗紀》：承聖三年立，陳曰雋州。天嘉四年，省。

上雋郡。大同五年立。陳曰雋州。【略】

土州。梁立。

富州。梁立。

富水郡。梁立，有曲池水。

豪州。梁立。

泉州。梁立。

涸州。梁立。

江夏郡。齊舊郡。本屬郢州。梁分其地立土、富等五州。未審所屬，有夏口、黃鶴樓、夏首、曹公城、嬰武州、江夏口、楊浦。《鮑泉傳》有黃鵠磯。【略】

武昌郡。齊舊郡。本屬郢州，梁立土、富等州，未知所屬。有弇口、漢曲、貝磯、資磯、大舉口、蘆洲即伍胥渡處、楊葉洲、武昌。【略】

營州。梁立，尋省。

永陽郡。本齊營陽郡，梁改今名。【略】

郴州。

桂陽郡。齊舊郡。已上陳有。【略】

盧州。天監十年立，尋省。陳無。

黔中郡。梁立。陳無。【略】

牂牁郡。梁立。陳無。【略】

夜郎郡。梁立。陳無。【略】

羅州。梁立羅州於湘陰。陳省州以下。陳有。

岳陽郡。梁立，陳省。【略】

武州。梁立，後省。陳天嘉元年，又立。大建七年，改曰沅州。

武陵郡。齊舊郡。【略】

沅陵郡。梁立，陳曰通寧郡，立沅州。太建七年，省沅州曰沅陵郡。【略】

藥山郡。初曰喬江，後改曰樂山。【略】

南陽郡。梁立，陳省。【略】

廣州。梁、陳並立督府。

南海郡。齊舊郡。有朝亭、孤園寺、南江督護。【略】

東官郡。齊舊郡。【略】

高要郡。大同中立。【略】

晉康郡。齊舊郡。【略】

宋隆郡。齊舊郡。【略】

梁泰郡。梁立。【略】

清遠郡。公國。梁武立，陳以為縣，移郡治今之翁源也。【略】

齊康郡。齊舊郡。【略】

樂昌郡。齊舊郡。陳以為東陽郡。【略】

梁化郡。梁立。陳禎名三年，改曰歸善郡歸善縣。【略】

瀛州。梁立，本名東陽州。陳省州留郡。

義安郡。【略】

新州。

新興郡。梁省新寧之臨沅立。【略】

新寧郡。梁立。【略】

新會郡。齊舊郡。【略】

海昌郡。齊舊郡。【略】
高州。大通中割合浦立，尋又分立南合州。
高梁郡。梁立。【略】
杜陵郡。梁立。【略】
永寧郡。梁立。【略】
宋康郡。齊舊郡。【略】
齊安郡。齊舊郡。【略】
陽春郡。梁立。【略】
連江郡。梁立。【略】
南巴郡。梁立。【略】
海昌郡。梁立。【略】
電白郡。梁立。
南合州。大通中割合浦立，高州尋分立南合州。普通四年，曰合州。太清元年，以合州為南合州，在海康、遂溪、徐聞之間。
合浦郡。齊舊郡。陳曰務德，屬高涼郡，與石州梁德郡下同名。【略】
龍蘇郡。齊舊郡。【略】
北流郡。齊舊郡。【略】
定川郡。梁立。【略】
羅州。
石龍郡。梁立。【略】
高興郡。梁立。【略】
越州。
臨漳郡。齊舊郡。【略】
陸川郡。齊舊郡。後省為縣。【略】
抱幷郡。齊舊郡。【略】
齊康郡。齊舊郡。【略】
封山郡。齊舊郡。陳為縣。【略】
興州。
新昌郡。齊舊郡。有典徹湖、屈獠洞。【略】
寧浦郡。齊舊郡。【略】
樂陽郡。梁立。【略】
簡陽郡。梁分寧浦立。【略】
桂州。天監六年，分廣州立。大同六年立桂州於湘州。始安郡。陳有。
始安郡。大同六年立，王國。【略】
齊樂郡。齊舊郡。【略】
桂林郡。齊舊郡。【略】
臨賀郡。齊舊郡。【略】
龍平郡。梁分臨賀立。【略】
樂梁郡。梁立。【略】
象郡。梁立。【略】
詔陽郡。梁立。【略】
馬平郡。梁立。【略】
安成郡。梁立，後曰保城。【略】
領方郡。梁立。
齊樂郡。齊舊郡。【略】
晉興郡。齊舊郡。【略】
東衡州。梁世祖立，陳太建十三年，分始興為東衡州，衡州為西衡州。
始興郡。齊舊郡。【略】
安遠郡。承聖中，分始興立。【略】
衡州。天監六年，分湘、廣二州立。有黄洞。
陽山郡。天監六年立。有小桂嶺。【略】
綏建郡。齊舊郡。【略】
東寧州。大同中立。
齊熙郡。齊郡郡。【略】
黄水郡。梁立。【略】
梁化郡。大同八年立，本潭中縣也。【略】
成州。普通四年，分廣州立。
蒼梧郡。齊舊郡。【略】
梁信郡。普通四年立，公國。【略】
靜州。梁分臨賀立。

靜尉郡。梁分臨賀立。
梁壽郡。梁分臨賀立。
南靜郡。武帝分臨賀立。
開江郡。梁立。【略】
武城郡。梁立，陳曰逍遥郡。復立靜州，治此。【略】
建州。普通四年，分廣州立，尋省。
廣熙郡。齊舊郡。【略】
瀧州。梁立。
平原郡。梁立。【略】
開陽郡。梁立。【略】
羅陽郡。梁立。【略】
石州。梁立。
永平郡。齊舊郡。【略】
永業郡。梁立，尋為縣。
梁德郡。梁立。【略】
建陵郡。梁武帝立。【略】
陰石郡。梁立。【略】
南定州。普通四年，分廣州立，本名定州，後改。
鬱林郡。齊舊郡。【略】
桂平郡。梁立。【略】
安州。梁立。
宋壽郡。齊舊郡。
宋廣郡。齊舊郡。
安京郡。梁武分宋壽立。
崖州。梁立。
珠崖郡。梁立。【略】
黄州。大同十年立。
寧海郡。梁立。【略】
交州。
宋平郡。齊舊郡。【略】
交趾郡。齊舊郡。有蘇歷江。【略】
武平郡。齊舊郡。陳省。【略】
德州。梁日南郡。立，德州。
九德郡。齊舊郡。【略】
利州。梁立。
□□郡。【略】
明州。梁立。
日南郡。齊舊郡。【略】
愛州。普通四年，分交州立。
九真郡。齊舊郡。【略】
益州。以下陳無。
蜀郡。齊舊郡。【略】
懷寧郡。齊舊郡。【略】
宋興郡。
宋寧郡。
廣漢郡。齊舊郡。【略】
始康郡。齊舊郡。【略】
寧蜀郡。齊舊郡。
懷仁郡。梁立。【略】
席郡。天監中立，今井研地。
西遂寧郡。梁立。
南陰平郡。齊舊郡。【略】
東宕渠郡。齊舊郡。【略】
晉熙郡。梁立。【略】
普慈郡。梁立。【略】
南宕渠郡。梁立。【略】
西宕渠郡。齊舊郡。【略】
東遂寧郡。齊舊郡。【略】
扶風郡。齊舊郡。【略】
東益州。有石梁、深杭、南安、石同諸地。

南晉壽郡。齊舊郡。【略】

繩州。普通三年立。

北部都尉。齊舊郡。【略】

鐵州。武陵王紀立，尋省。齊之蠶陵令也。

汶山郡。齊舊郡。【略】

安州。本南梁州。武陵王改立。有大劍、寒冢二戍，劍閣、涪水。

南安郡。齊舊郡。【略】

北陰平郡。齊舊郡。郡北為今龍州，梁時楊、李二姓所據。【略】

輔劍郡。梁立。【略】

平州。武陵王立。

萬安郡。梁立。【略】

新巴郡。梁立。

潼州。梁立。

梓潼郡。齊舊郡。【略】

西州。武陵王立。

巴西郡。梁立，本屬潼州，武陵王分立。【略】

新州。武陵王立。

新城郡。齊舊郡。【略】

始平郡。齊舊郡。有石鼓村。【略】

黎州。大同中立，大同二年，改西益州為黎州。

東晉壽郡。宋立。【略】

宋熙郡。

華州。梁立。

華陽郡。梁立。【略】

白水郡。【略】

建陽郡。【略】

平興郡。魏之沙川，梁立。【略】

江州。梁改武陽曰江州犍為郡，又以武陽入懷仁郡。

犍為郡。齊舊郡。【略】

青州。武陵王立。

齊通郡。齊舊郡。普通中又立。【略】

臨邛郡。梁立。【略】

邛州。武陵王立，益州刺史蕭範於蒲水口立柵為城，以備生獠，曰蒲口村。

江原郡。齊曰晉康，梁改。【略】

齊基郡。梁立。

雋州。梁立，尋陷於蠻。

亮善郡。

沙郡。

宣化郡。

邛部郡。

平樂郡。

戎州。大同十年立。

犍為郡。梁立。【略】

六同郡。梁立。【略】

瀘州。大同中割江陽立。

東江陽郡。齊舊郡。【略】

寧州。尋陷於蠻。

建平郡。齊舊郡。尋省。公國。

西平郡。齊舊郡。

南梁州。天監中為北梁州，尋改。

金城郡。梁立。【略】

吉安郡。梁立。

南洛州。

南上洛郡。梁立。

洵陽郡。梁立。

魏興郡。魏立，梁因之。

北上洛郡。

直州。蕭詧立。

安康郡。齊立，魏因之。【略】

晉昌郡。【略】

梁州。理南鄭。領郡二十。《通鑑》：天監四年，魏取梁州十四郡。東西七百里，南北千里，有高橋城、斜谷。

漢中郡。齊舊郡。【略】

泰州。與梁同城，若南、北二青州之例也。領郡十四，亦理南鄭城。天監八年，入魏曰梁州。大同初，還梁。有士林壖、光道寺溪。

武都郡。公國。齊舊郡。

北益州。本大同初之東益州，後為武興蕃國。按：楊乾運據龍安以北，李文智據武興之東，俱自稱蕃王，曰楊、李二蕃，然楊更盛。其地北至今略陽、沔寧羌以西。

順政郡。

南梁北巴州。天監八年立，有金井、平昌。

巴西郡。梁立。

北巴西郡。齊舊郡。【略】

掌天郡。梁立，大同中立，有掌天戍。

金遷郡。梁立。【略】

奉國郡。

白馬郡。

義陽郡。以上數郡皆梁立。【略】

北宕渠郡。梁立。【略】

木蘭郡。梁立。【略】

伏虞郡。大同元年立。

隆山郡。梁立。【略】

義安郡。梁立。【略】

安固郡。齊舊郡。【略】

東巴郡。後改集州。

遂寧郡。梁立。【略】

其章郡。梁立。【略】

哀戎郡。梁立，普通六年立。

巴州。梁立，非齊舊壤也。

歸化郡。梁分漢昌立。【略】

大谷郡。梁立。【略】

木門郡。梁立。【略】

儀隴郡。天監元年立。【略】

崇城郡。天監元年立。

渠州。梁立。

北宕渠郡。梁立。【略】

梓潼郡。梁立。【略】

潾州。梁立。

境陽郡。太清元年立。【略】

潾山郡。梁立。【略】

綏陽郡。梁立。

萬州。大同二年，於宣漢立萬州，領開巴、新寧、三巴、壽陽、巴中五郡。

案：後魏始改新安為新寧。三巴則後周始立也。壽陽、巴中未詳。

萬榮郡。大同中立，周改曰萬川。【略】

新安郡。大同二年立。【略】

東關郡。梁立。【略】

南晉郡。梁立。【略】

巴渠郡。

信州。普通四年，分益州立。陳無。白帝、巴東、魚復、赤亭湖。

巴東郡。梁立。【略】

信陵郡。梁立。【略】

建平郡。普通四年立。【略】

臨江郡。大同六年，改巴東立。【略】

楚州。太清四年，武陵王立，有巴水。

巴郡。梁立。【略】

永寧郡。齊舊郡。

涪陵郡。梁立。【略】

新興郡。梁大同中立。【略】

東陽郡。梁立。【略】

汴州。梁武立，治汴城。

汴郡。梁立，大同中於硤石築城。
仁州。天監八年，立赤坎戍。大同二年，廢戍立州，治赤坎戍。陳有。
淮陽郡。梁武立，有臨潼。陳有。【略】
蘄郡。梁立，陳有。
綏化郡。梁立，陳有。
呂梁郡。梁立，陳有。
睢州。大通中立。
沛郡。梁立。【略】
武州。梁立，中大通五年，改下邳，為武州治下邳，魏之東徐州也。
下邳郡。梁立。【略】
武安郡。梁立。
晉寧郡。【略】
濟陰郡。【略】
扶風郡。
清河郡。
恩撫郡。領二縣。
西淮郡。領七縣。
蘭陵郡。領十三縣。
鉅鹿郡。領六縣。
太山郡。領四縣。
臨沭郡。
安遠戍。以上自晉寧郡至此，《地形志》皆云梁武立，未詳所隸及有無實土，姑綴。
潼州。梁武立，治取慮城。
睢南郡。【略】
東平郡。
陽平郡。
清河郡。
歸義郡。
朱沛郡。有清口、荆山。
脩儀郡。
安遠郡。
陳州。梁立。
北陳留潁川郡。梁武立。【略】
財邱梁興郡。梁武立。【略】
西弘農陳南郡。梁武立。【略】
清河南陽郡。梁武立。【略】
東弘農郡。梁武立。【略】
滎陽北通郡。梁立。【略】
新興郡。梁立。【略】
□□郡。魏為東郡汝南雙頭郡。【略】
安州。梁立，大清中省。
定遠郡。大同六年，移安州立定遠郡，後曰廣安郡。【略】
九江郡。梁立。
臨濠郡。梁立。
西沛郡。普通三年立。
霍州。梁武立，治天柱山，陳有。
陳留安豐郡。梁立，分豫州立霍州。【略】
北潁川郡。梁立。【略】
邊城郡。梁立。【略】
岳安郡。【略】
北沛郡。【略】
秦州。侯景曰西兗州。陳太建五年，省。十年，曰義州。旋罷。
秦郡。舊尉氏縣。後為郡，屬譙州。後齊為州，梁因之。【略】
涇州。梁立。陳省二郡為沛郡。
涇城郡。梁立，有東關壘、柵口、梁山。陳有。【略】
東陽郡。梁立，陳省。
湘州。梁立。
廬江郡。梁立，梁末入齊。【略】
南譙州。梁武大同二年，以新昌、南、北譙三郡立，治桑根山。

新昌郡。齊舊郡。按：州初治北譙，大同二年後，移治此。太建七年，移譙州鎮新昌郡。【略】

北譙郡。梁立，治陰陵。太建七年，以北譙縣為北譙郡，領陽平所屬北譙、西譙二縣。【略】

南譙郡。梁立。【略】

高塘郡。梁立。【略】

譙州。大通四年，改魏南兗曰譙州。陳有。

臨渙郡。梁立，治故鍾城。【略】

北徐州。梁武立，治鍾離，有荆山堰、邵陽洲、趙草城、鳳凰道人三洲，在淮東。白塔、牽城、清溪。

鍾離郡。齊舊郡。陳有。

彭城郡。齊舊郡。陳太建十年，罷彭城、琅邪二郡。有韓山堰。【略】

馬頭郡。齊舊郡。陳有。【略】

濟陰郡。齊舊郡。有曹公堰、陵焦城、阜陵。【略】

魯郡。

東徐州。天監八年立，治宿預。陳太建七年，改曰安州。有宿預堰。陳有。

高平郡。梁立，有瀝橋城戍。【略】

下邳郡。

臨沭郡。

淮陽郡。梁立，淮陽郡臨淮縣即角城也。【略】

興安郡。【略】

西徐州。渦陽，魏之東豫州。大通元年，取之，改曰西徐州。按：《地形志》：魏譙州治渦陽，領南譙、沛、龍亢、蘄城、下蔡。梁曰潁川、臨渙、蒙等七郡。據此，則梁之西徐乃後魏之渦州、東魏之譙州也。《武紀下》之東豫，疑誤。魏東豫治廣陵，在南兗之東，非此州也。有駝澗，去渦陽四十里。

渦陽郡。梁立。

北新安郡。

陽夏郡。

龍亢郡。

蘄城郡。

潁川郡。梁立，魏曰下蔡。有城城戍。【略】

沛郡。梁立。【略】

蒙郡。梁立。【略】

冀州。

北東海郡。齊舊郡。【略】

潼陽郡。梁武天監五年立。【略】

南青州北青州。初曰青州，後曰南、北二青。北有石鹿山、臨海鬱洲，去朐山六里，有漣口、朐山二戍。

東海郡。南青治。齊舊郡。【略】

北海郡。梁立，北青治。【略】

琅邪郡。齊舊郡。治朐山。【略】

東莞郡。齊舊郡。治舊山。

齊郡。齊舊郡。【略】

東彭城郡。梁立。【略】

北兗州。魏曰淮州，梁武立，治淮陰城。侯景曰北滄州。陳有。

陽平郡。齊舊郡。寄治山陽。陳有。【略】

山陽郡。齊舊郡。陳有。【略】

淮陰郡。梁立。

南兗州。按：陳太建五年，始詔開邊。六年，赦江右淮北諸州。七年，詔豫、二兗、譙、徐、合、霍、南司、定九州，及南豫、江、郢所部在江北者，置雲旗義士，往大軍，諸路備防。十年，吳明徹敗於呂梁。十一年，周取壽陽、霍州。十二月，南、北兗、晉三州及盱眙、山陽、陽平、馬頭、秦歷、沛、北譙、南梁等九郡民自拔向建業。周取譙、北徐二州，淮南之地盡歸周矣。

廣陵郡。齊舊郡。陳有。【略】

海陵郡。齊舊郡。【略】

盱眙郡。齊舊郡。陳太建五年，改屬南譙。七年，與秦郡神農還屬南兗。又曰：北譙州尋省。有九山城。陳有。【略】

南沛郡。齊舊郡，陳有。

神農郡。梁立，本曰廣業郡。由繁梁湖下淮圍淮陰。據《水經·淮水注》，在高郵西北五十里。【略】

合州。天監五年，曰豫州。普通七年，曰南豫。太清元年，曰合州。陳有。

南汝陰郡。天監五年，去「南」字。齊舊郡。有小峴城、東西小城、肥水堰、懷靜城、巢湖、三汶。又云：東陵去甓城二十里。自合肥道陰陵大澤有濡須水、肥水、羊石，在廬江西北、霍邱東南東陵。今廬江金蘭縣安樂柵、焦湖、踟蹰山。【略】

南梁郡。梁立，陳太建七年，入譙州。【略】

豫州。普通七年，曰豫州。太清元年，曰南豫州。陳太建五年，復為豫州。有棲賢寺、北山即八公山、西峽、石馬頭、白捺、歐陽曲沐、建陵、亶狄城、甓城、黎漿、司吾、曲陽、秦虛、東莞、安城、倉陵、堰羅城、洛口、梁城戍、芍陂及沙陵等戍，曲水、琅邪、魏湄、磻溪、童棧、睢陵、荆山、相國城、金城、硤石。按：以上諸地不必皆在此州，以此州為南北重鎮，故綴附於此。陳有。

汝陰郡。齊舊郡。【略】

梁郡。《通鑑》：天監五年，梁城。注：梁郡之城，在壽州東北。齊舊郡。陳因之。陳有。【略】

北譙郡。齊舊郡。非《通典》全椒之北譙郡也。陳有。【略】

淮南郡。

新興郡。梁立。【略】

西豫州。本曰豫州，後曰西豫。大寶元年，曰晉州，有大雷軍、南皖皖口，陳有。【略】

晉熙郡。齊舊郡。梁末入齊。【略】

樅陽郡。陳有。

北司州。大通元年，以義陽為北司州。太清元年，曰豫州。本魏郢州也。有楚王城、懸瓠、栗園、賢首山、峴山、平靖、穆陵、陰山、三關、長薄、松峴、廣峴、鑿峴、毛城。

義陽郡。齊舊郡。梁末入齊，有四望城。【略】

西汝南郡。梁武立。【略】

南司州。天監三年，魏陷司州，以南義陽立司州。是年初，失三關，移鎮關南，增竹墩、麻陽二城。七年，移於安陸郡。陳天嘉三年，於麻陽、麻口立戍。後周曰鄖州。陳有。

南義陽郡。齊舊郡。【略】

安陸郡。天監七年立南司州，尋省，梁末入齊。陳太建十二年，復曰南司州。有漴頭石城，在安陸之北。【略】

上明郡。梁以安陸立，為上明郡。【略】

汝南郡。齊舊郡。按：安陸之吉陽，梁曰汝南郡。【略】

宋安左郡。

安蠻左郡。

華州。梁立。

上川郡。梁立。【略】

西義陽郡。梁立，有下槎城。【略】

淮州。大通元年立西豫州。太清元年，改曰淮州，治白狗堆。魏收《志》：西淮州，治豫州界白狗堆，梁武帝立。

北廣陵郡。太清元年，以北廣陵為淮州。

長陵郡。梁武立。【略】

淮州郡。梁立。【略】

西楚州。梁武立，治楚城。

西汝南郡。梁立。【略】

仵城郡。梁立。【略】

城陽郡。梁立。【略】治光城。《通鑑》：天監元年，取魏淮南木陵戍、光山南。二年，有陰山、白藁二戍，在光山、麻城之間。

光城郡。梁立。【略】

宋安郡。梁立，《元和志》有仙堂、六陂。大同元年，百姓堰谷水為六陂，有白沙關。【略】

豐安郡。梁立。【略】

南建州。梁立，治高平城，在商城東。

義城郡。梁立。【略】

高平郡。

新蔡南陳留郡。梁武立。【略】

新城郡。

汝南太原郡。梁武立。【略】

南郢州。梁武立，治赤石關。

定城郡。

梁安郡。梁立。【略】

汝陰郡。梁武立。【略】

慎州。梁立，尋省。按：《元和志》真陽因慎水而名，據此則《隋・地理志》作『滇州』者，疑誤，古字立心、立水每如是也。

北光城郡。梁立。【略】

殷州。太清元年，以項城為殷州。

□□郡。【略】

應州。大同二年，分立。

平靖郡。【略】

郗州。梁立。

□□郡。梁立。【略】

義州。普通四年，分霍州立。有檀公峴。

義成郡。【略】

始平郡。梁立。有石鼓村。

朔州。梁武立，治齊坂城。

□□郡。

南定州。梁武立，治蒙籠城。

弋陽郡。齊舊郡。陳有。

北江州。梁武立，治鹿城關。

梁安郡。梁立。【略】

義陽郡。梁立。【略】

沙州。梁武立，治白沙關。有黃岡。

齊安郡。齊舊郡。【略】

湘州。梁武立，治大治關，今黃陂之北，後曰北江州。

永安郡。梁立，陳曰司州。

北郢州。梁立。

□□郡。【略】

雍州。

襄陽郡。齊舊郡。梁武起此。天監六年，馮翊七郡叛降魏。中大通五年，下迮戍、馮翊、安定、沔、西陽、酇郡為魏所攻，沔北為邱墟矣。天監八年，魏寇潺溝。亦在沔北，自岳陽王據以為都，因以入周，而西北重鎮失矣。【略】

馮翊郡。齊舊郡。

晉康郡。

華山郡。齊舊郡。有西山。【略】

南陽郡。齊舊郡。

新野郡。梁義師起時立。【略】

隨郡。齊舊郡。【略】

北隋郡。齊舊郡。

京兆郡。【略】

義安郡。

廣平郡。

曲梁一作『陽』郡。梁立。【略】

武陵郡公國。齊舊郡。【略】

崇義郡。梁立。【略】

德廣郡。梁立。【略】

義城郡。齊舊郡。【略】

興國郡。梁立。【略】

蔡陽郡。齊舊郡。

南襄郡。齊舊郡。【略】

弘農郡。齊舊郡。

南天水郡。齊舊郡。

土州。梁立。

東永寧郡。梁立。【略】

西永寧郡公國。【略】

眞陽郡。【略】

興州。梁立。

齊興郡。齊舊郡。

武當郡。梁立。【略】

始平郡。齊舊郡。【略】

綏州。梁立。

□□郡。【略】

岐州。梁末立。

新城郡。齊舊郡。有光遷國。

鄮城郡。梁立。【略】

堵陽郡。梁立。

論說

清・王鳴盛《十七史商榷》卷六六《北史合魏齊周隋書二・陳州四十》 『開皇九年，陳平，合州四十、郡一百』，案『四十』，《隋書》本紀作『三十』，誤也。彼《地理志》言『陳初有州四十二、郡一百九』，杜氏《通典》同，及亡，又少二州、九郡，故惟四十州、一百郡。自魏太武帝太延五年魏盡併各國始爲南北朝，中又三分，終又分南北，至此復合于隋，計凡一百五十年。

又 卷六七《北史合魏齊周隋書三・陳州郡縣數》 又約舉陳地理云：『侯景構禍，墳籍散逸，郡縣户口不能詳究。逮于陳氏，土宇彌蹙，西亡蜀漢，北喪淮肥，威力所加，不出荆揚之域，州有四十二，郡惟一百九，縣四百三十八，户六十萬。』愚謂南朝梁最盛，末年却最衰，陳之蹙，承梁故也。《通鑑》一百六十四卷《梁元帝紀》：『承聖元年十一月，即位於江陵，改元，大赦。侯景之亂，州郡太半入魏，自巴陵以下至建康，以長江爲限，荆州界北盡武寧，西拒硤口，嶺南復爲蕭勃所據，詔令所行，千里而近。』胡三省注：『北盡武寧，與岳陽王詧分界，西拒硤口，與武陵王紀分界。』《通鑑》誤以紀東下在承聖元年，故胡注如此。其實此時蜀已爲周所取，并非紀有，説見後六十三卷。陳承梁，雖平蕭勃，而西不能取蜀，北雖暫有淮，吳明徹兵敗被虜，故曰『北喪淮肥，土宇彌蹙』。陳州數已見前六十六卷。

清・臧勵龢《補陳疆域志》卷一 揚州。自漢以來皆爲刺史治。陳領郡三。

州治，《陳書・程文季傳》：世祖嗣位，除宣惠始興王府限內中直兵參軍。是時王爲揚州刺史，鎮治城。

丹陽尹。《宋・志》：漢置，郡治宛陵。晉太康二年，移治建業。《寰宇記》：晉元帝渡江，都建康，改丹陽郡爲丹陽尹。陳領縣七。【略】

建興郡。《陳書・宣帝紀》：太建十年，罷義州及琅邪、彭城二郡，立建興郡，屬揚州。領縣六。【略】

陳留郡。本梁廣梁郡。《陳書・高祖紀》：永定二年，以廣梁郡爲陳留郡。《陳詳傳》：資割故鄣、廣德置廣梁郡，以詳爲太守。高祖踐祚，改廣梁爲陳留，又以爲陳留太守。《隋・志》：綏安，梁末立，大梁〔即廣梁，避隋諱改也。〕又改爲陳留。領縣四。【略】

吳州。本漢吳郡。《陳書・後主紀》：禎明元年，割揚州吳郡置吳州。《隋・志》：吳郡，陳置吳州。《通典》、《寰宇記》：蘇州，州治吳。

吳郡。漢置。《陳書・後主紀》：禎明二年立。皇子藩爲吳郡王。領縣六。【略】

錢塘郡。本吳郡地。《元和志》：陳禎明中，置錢塘郡。《通典》、《寰宇記》：杭州，陳以爲錢塘郡。《陳書・後主紀》：禎明元年，割錢塘縣爲郡，屬吳州。又《錢塘王恬傳》：禎明二年，立爲錢塘王。領縣四。【略】

吳興郡。《宋・志》：孫皓寶鼎元年立。《通鑑》：梁敬帝紹泰元年，王僧辯以爲震州。《梁書・敬帝紀》：太平元年，罷震州還復吳興郡。《通典》：吳分吳、丹陽二郡，置吳興郡。晉、宋、陳因之，梁末改爲震州。後復置吳興郡。《陳書・後主紀》：禎明二年，廢太子爲吳興王。領縣七。【略】

東揚州。《隋・志》：會稽郡，梁置東揚州。陳安省，尋復。《寰宇記》：越州，自晉至陳，於此置東揚州。《梁書・武帝紀》：普通五年，分揚州、江州，置東揚州。《敬帝紀》：太平元年，罷東揚州。《陳書・世祖紀》：天嘉三年，以會稽、東陽、臨海、永嘉、新安、新寧、晉安、建安八郡置東揚州。尋省新寧入新安。以永嘉屬東嘉州，東陽屬縉州。建安、晉安屬豐州。今領郡三。

州治山陰。

會稽郡。秦置。《陳書・後主沈皇后傳》：后母卽高祖女，會稽穆公主。又《會稽王・莊傳》至德四年立。爲會稽王。領縣十。【略】

臨海郡。《宋・志》孫亮太平二年立。《寰宇記・吳少帝》：置臨海郡。梁又爲赤城郡。《輿地紀勝》：梁武帝置赤城郡，尋廢爲臨海縣。

《陳書·高祖紀》：梁元帝承制，授高祖東揚州刺史，都督臨海等五郡諸軍事。是梁時仍有臨海郡也。《宣帝紀》：光大二年，慈訓太后令，廢帝爲臨海王。又《臨海王權顯傳》：至德四年立。爲臨海王。領縣五。【略】

新安郡。《宋·志》：孫權立，曰新都。晉太康元年，更名。《寰宇記》：晉平吳，改新都爲新安。歷宋、齊、梁、陳並因之。《通典》：睦州。梁、陳爲新安郡。《通考》：嚴州。梁陳爲新安郡。《方輿紀要》：梁承聖中，析置新寧郡。陳復并入新安。《徽州府志》：陳省新寧郡并入新安。《新安志》：陳省新寧郡及黎陽縣，而新安復屬東揚州。《陳書·世祖紀》：天嘉六年，封皇子伯固爲新安郡王。領縣七。【略】

縉州。本名婺州。《陳書·留異傳》：紹泰二年，除縉州刺史，蓋梁時所置。《元和志》：孫皓分會稽郡置東陽郡。陳武帝置縉州。《寰宇記》：婺州，陳永定三年於此置縉州。均以《陳書·高祖紀》：永定三年，詔曰『縉州去歲蝗旱』。遂誤爲陳始置縉州也。領郡二。

州治長山。

金華郡。本吳東陽郡。陳芳績歷代地理沿革表。梁大同六年，改金華郡。尋復。《通典》：梁、陳置金華郡。《寰宇記》：吳東陽郡。梁、陳曰『金華』。《一統志》：東陽郡。梁末置縉州。陳改置金華郡。諸書建置牴牾莫可詳考。蓋梁曾改東陽爲金華，尋復。舊至陳又改金華也。領縣七。【略】

信安郡。《寰宇記》：陳改信安縣爲信安郡。按：《一統志》：陳有信安縣。疑陳於信安縣置郡，非改置也。領縣二。【略】

東嘉州。《寰宇記》：瑞安，晉安固縣，梁、陳屬東嘉州。蓋梁置，陳因之。領郡一。

州治永寧。

永嘉郡。《宋·志》：晉太寧元年，分臨海立。《寰宇記》：晉明帝分永寧等四縣置。《陳書·永嘉王彦傳》：至德元年立，爲永嘉王。領縣五。【略】

豐州。《陳書·廢帝紀》：光大二年，割東揚州、晉安郡爲豐州。《隋·志》：建安郡，陳置閩州，仍廢。又置豐州。《五代志》：建安郡，陳置豐州。《通典》、《寰宇記》：陳置閩州，後又改爲豐州。領郡三。

州治原豐，即漢侯官地。

建安郡。《宋·志》：本閩越。秦立爲閩中郡。張勃《吳録》云：閩越王冶鑄地。後分冶地爲東、南二部都尉。吳孫休永安三年，分南部立爲建安郡。《通典》：吳置建安郡。陳屬閩州，後又屬豐州。《陳書·宣帝紀》：太建四年立。皇子叔卿爲建安王。領縣四。

吳興。《宋·志》漢末立，曰漢興，吳更名。《寰宇記》浦程縣本漢興縣，吳永安三年改曰吳興，有湖際。《陳書》：《陳寶應傳》寶應據建安之湖際，逆拒王師。

將樂。本漢建安縣地，《宋·志》、《晉太康地志》有，《寰宇記》三國吳永安三年析建安之校鄉置，又移於將水口·

建陽·吳建平縣·《寰宇記》晉太元四年改建平爲建陽縣，因山之陽爲名。

建安。《通典》漢冶縣地，吳置。《寰宇記》孫策於建安初分東侯官之地置，即以年號爲名。又曰漢立郡在覆船山下，宋元嘉元年徙於溪北黄華山。梁末被盜侵夷移於溪西。陳時又移覆船山下，禎明元年又移今所。《陳書·豫章王叔英傳》天嘉元年封建安侯。又《袁憲傳》封建安縣伯有安泉嶺。《陳書·韓子高傳》天嘉五年寧昭達等自臨川征晉，安子高自安泉嶺會於建安。

邵武。《宋·志》：吳立曰昭武，晉武帝更名。《陳書·章昭達傳》天嘉二年封邵武縣侯。

綏成。《宋·志》：晉永初郡國何徐並有，《方輿紀要》：晉義熙中析昭武縣置。

沙村。《宋·志》：晉永初郡國何徐並有，《方輿紀要》：晉延平縣地太元四年置戍於此，謂之沙村戍義熙中升爲縣。

晉安郡。《宋·志》：晉太康三年，分建安立。《元和志》：晉安郡。南朝皆封子弟爲王。《陳書·世祖紀》：天嘉六年立。皇子伯恭爲晉安王。領縣三。【略】

南安郡。《隋·志》：南安，舊置南安郡。《方輿紀要》：梁天監中，分置。《陳書·後主紀》：至德元年立。皇弟叔儉爲南安王。領縣五。

【略】

南徐州。《宋・志》：晉義熙七年，始分淮北爲北。徐淮南猶爲徐州。宋永初三年，加徐州曰南徐。而淮北但曰徐。元嘉八年，更以江北爲兗州，江南爲南徐州。陳領郡五。

州治，《通典》：宋置南東海郡及南徐州。齊、梁以後並因之。以至於陳，京口常爲重鎮。

東海郡。本南東海郡。《梁書・武帝紀》：天監元年，改南東海爲蘭陵郡。《隋・志》：延陵，舊置徐州南。東海郡，梁改曰蘭陵，陳又改爲東海。《陳書・高祖紀》：永定二年，改南徐州，所領南蘭陵郡，復爲東海郡。領縣四。【略】

晉陵郡。《宋・志》：吳時分吳郡，無錫以西爲毗陵典農校尉。晉太康二年，立爲毗陵郡。永嘉五年，改爲晉陵。《寰宇記》：宋、齊、陳因之。領縣四。【略】

義興郡。《宋・志》：晉永興元年，分吳興之陽羨、丹陽之永世立。《通典》：晉以周玘行義，討石冰，割吳興之陽羨並長城之北鄉爲義興郡，以表玘功。陳領縣四。【略】

江陰郡。《隋・志》：梁置。《陳書・高祖紀》：永定元年，以江陰郡奉梁主，爲江陰王。《寰宇記》：陳至德元年，江陰郡守倪啓，徙郡。縣治長浦。領縣四。【略】

信義郡。《隋・志》、《五代志》：常熟，梁置信義郡。《方輿紀要》：天監六年置。《一統志》：梁析吳郡置。《陳書・信義王祗傳》：至德元年立。爲信義王。領縣七。【略】

南豫州。《梁書・武帝紀》：普通七年，以壽陽置豫州。太清元年，以壽春爲南豫州。《舊唐志》：宣城，梁置南豫州。《寰宇記》：梁承聖元年，復江南南豫州郡。歷梁、陳之代，亦爲重鎮。《方輿紀要》：太平府，梁末爲南豫。陳因之。領郡四。

州治，《通鑑》：隋文帝開皇九年，陳遣南豫州刺史樊猛帥舟師出白下。胡注：『陳南豫州，治宣城時，徙鎮姑熟白下城，合白石壘』。

淮南郡。《宋・志》：晉成帝於江南僑立。《陳書・淮南王叔彪傳》：太建八年立。爲淮南王。領縣四。【略】

宣城郡。《宋・志》：晉太康元年，分丹陽立。《通典》：晉武帝分置宣城郡。宋、齊、梁、陳皆因之。陳以爲重鎮。《一統志》：陳爲宣州治。按：《隋・志》宣城郡，平陳，改爲宣州。是至隋時始立宣州也。《一統志》誤。《寰宇記》：宣州，陳爲重鎮，蓋據隋改後而言也。領縣七。【略】

歷陽郡。《宋・志》晉永興元年，分淮南立。《陳書・宣帝紀》：太建五年，伐齊，黃法奭克歷陽城，詔南豫州刺史。黃法奭徙鎮歷陽。十一年，周師南侵，自拔還京師，没於周。未没時領縣二。【略】

臨江郡。《宋書・孝武紀》：大明七年，割歷陽，秦郡置。《前廢帝紀》：永光元年，罷。《齊・志》：有臨江郡，當是齊復置。《隋・志》：烏江，梁置江都郡。後齊改爲齊江郡。陳又改爲臨江郡。《陳書・宣帝紀》：太建十二年，淳于陵克臨江郡。《後主紀》：至德四年立。皇弟叔謨爲臨江王。領縣三。【略】

晉州。《隋・志》：同安郡，梁置豫州，後改曰晉州。後齊改曰江州。陳又曰晉州。《寰宇記》同《通典》。梁置荆河州，後改爲晉州。北齊改曰江州，陳又曰晉州。《陳書・宣帝紀》：太建五年，伐齊。平固侯敬泰克晉州城。十一年，周師南侵，自拔還京師，没於周。未没時領郡三。

州治懷寧。

晉熙郡。《宋・志》：晉安帝，分廬江立。《陳書・晉熙王叔文傳》：太建七年立。爲晉熙王。領縣二。【略】

高塘郡。《隋・志》：宿松，梁置高塘郡。陳領縣一。【略】

南新蔡郡。《宋・志》：江左立。陳領縣四。【略】

北江州。《隋・志》：南陵，陳置北江州。《通典》：同領郡三。

州治，《方輿紀要》：赭圻城，陳置北江州於此。

南陵郡。《隋・志》：南陵，梁置南陵郡，管石城、臨城、定陵，故治南陵五縣。《元和志》：本漢春穀縣地，梁於此置南陵縣，仍於縣理置南陵郡。《寰宇記》：梁普通六年，置南陵郡。《方輿紀要》：陳屬北江州。領縣五。【略】

大雷郡。《隋・志》：望江，陳置大雷郡。《通典》：望江，晉大雷戍在此，陳置大雷郡。《寰宇記》：陳於新治置大雷郡。《陳書·高祖紀》：永定二年，以王琳軍尋陽，遣軍拒之於大雷。領縣無考。

樅陽郡。《隋·志》：同安，舊置樅陽郡。《輿地廣記》：梁置樅陽郡。《寰宇記》：梁天監中，改樅陽爲樅陽郡。陳領縣二。

又　卷二　南兗州。《宋·志》：晉成帝立。《隋·志》：江都郡，梁置南兗州，後齊改曰東廣州，陳復曰南兗。《陳書·宣帝紀》：太建十一年，周師南侵南兗州，自拔還京師，没於周。未没時，領郡九。

州治廣陵。

廣陵郡。《宋·志》：漢高六年立。陳領縣二。【略】

海陵郡。《隋·志》：海陵，梁置海陵郡。洪齮孫《補梁疆域志》、《宋·志》：晉安帝分廣陵立海陵郡。《宋》、《齊》二志俱有。特海陵縣尚隸廣陵郡。梁時始移治於此耳。陳領縣七。【略】

秦郡。《一統志》：晉惠帝永興元年，立堂邑郡。安帝改爲秦郡。蕭齊永明初，罷。梁復置秦郡。大寶元年，侯景以郡置，西兗州尋曰秦州。陳太建五年，州廢。

《陳書·宣帝紀》：太建五年，伐齊。吴明徹克秦州，水柵秦州城，降。《吴明徹傳》：初秦郡屬南兗，後隸譙州至，是以譙之秦、盱眙、神農三郡還屬南兗州。又《宣帝紀》：太建十年八月，改秦郡爲義州，十月罷。十一年，周師南侵秦郡，自拔還京師，没於周。未没時領縣三。【略】

陽平郡。《隋·志》：安宜，梁置陽平郡。《五代志》：劉宋僑置陽平郡於沛郡。《陳書·宣帝紀》：太建五年，伐齊，陽平城降。十一年，周師南侵，自拔還京師，没於周。未没時領縣二。【略】

東莞郡。《隋·志》：安宜，梁又置東莞郡。洪齮孫《補梁疆域志》：晉、宋、齊俱有東莞郡，乃僑郡，非此也。其僑郡、縣齊末俱廢。陳領縣無考。

鹽城郡。《隋·志》：鹽城，後齊置射陽郡。陳曰鹽城。《一統志》：陳置鹽城郡。《陳書·徐敬成傳》：太建五年，隨吴明徹北伐，克鹽城郡。《宣帝紀》：太建十一年，没於周。未没時領縣一。【略】

盱眙郡。《宋·志》：晉安帝分立。《隋·志》：盱眙，舊魏置盱眙郡。陳置北譙州，尋省，屬南兗州。《陳書·宣帝紀》：太建五年，伐齊盱眙，城降。十一年周師南侵，自拔還京師，没於周。未没時領縣五。【略】

神農郡。《隋·志》高郵，梁置廣業郡。尋以有嘉禾改名神農郡。陳屬南兗州。領縣三。【略】

沛郡。《隋·志》永福，梁置涇城、東陽二郡。陳廢州并二郡，置沛郡。《陳書·宣帝紀》：太建五年，伐齊。程文季克涇州城。十一年，周師南侵。沛自拔還京師。《通鑑》注：『梁涇州在石，梁程文季所克之城卽此。入陳後，州廢，又并涇城、東陽二郡爲沛郡。』没於周。未没時領縣二。【略】

北兗州。《齊·志》宋泰始二年立。《地形志》：蕭衍置淮州。《陳書·吴明徹傳》：太建八年，授都督南北兗等五州諸軍事，是陳時，復爲北兗州也。《方輿紀要》：陳太建五年，北伐克之。《陳書·宣帝紀》：太建十一年，周師南侵，北兗州自拔還京師，没於周。未没時領郡三。

州治淮陰。

淮陰郡。《方輿紀要》：梁置。陳太建五年，伐齊，淮陰城降。九年，没於後周。未没時領縣一。【略】

山陽郡。《宋·志》：晉義熙中，斷廣陵立。《陳書·宣帝紀》：太建五年，伐齊，山陽城降。十一年，周師南侵，自拔還京師，没於周。未没時領縣三。【略】

陽平郡。《陳書·宣帝紀》：太建五年，伐齊，陽平郡降。《通鑑》注：以《地形志》考之，梁置淮州，治淮陰城。其屬有陽平郡，治陽平城。其地當在淮陰城西。十一年，没於周。未没時領縣一。【略】

南譙州。《寰宇記》：梁大同二年，割北徐州之新昌、南豫州之南譙、豫州之北譙凡三郡，立爲南譙州。《方輿紀要》：梁置南譙州，領新昌、高塘、臨滁、南梁等郡。其臨滁郡陳時廢，今以《寰宇記》之新昌、南譙、北譙列之於前。以《方輿紀要》之高塘、南梁列之於後。凡領郡五。

州治，《寰宇記》：梁南譙州，居桑根山之西。《陳書·宣帝紀》：太建七年，移譙州鎮於新昌郡。

新昌。《宋·志》：元徽元年立。《隋·志》：清流舊置新昌郡。陳

領縣二。【略】

南譙郡。《通典》：梁屬南譙州。《方輿紀要》：晉太元中，僑置南譙郡。治山桑，蓋取山爲名，齊因之。梁又置譙州及南譙郡。皆治蘄，在今巢縣界，而以此爲北譙。復別於渦陽之譙，謂之南譙。《陳書·宣帝紀》：太建五年，伐齊，任忠克譙郡城。十一年，没於周。未没時領縣一。【略】

北譙郡。《一統志》：梁置北譙郡，兼置譙州、魏州。徙郡廢。陳復置郡。《陳書·宣帝紀》：太建七年，分北譙縣，置北譙郡。領陽平所屬北譙、西譙二縣。十一年，周師南侵，北譙郡自拔還京師，没於周。未没時領縣二。【略】

高塘郡。《方輿紀要》：梁置。《陳書·宣帝紀》：太建五年，伐齊。北高塘郡城降。十一年，没於周。未没時領縣五。【略】

南梁郡。《通鑑》注：『南梁，自宋有之，未詳其實土。梁馮道根，以南梁太守戍阜陵，自是爲郡治。《陳書·宣帝紀》：太建七年，以合州之南梁郡，隸入譙州。十一年，周師南侵，自拔還京師，没於周。未没時領縣無考。合州。《地形志》：蕭衍置。《隋·志》：廬江郡，梁置南豫州，又改爲合州。《通典》：梁置南荆河州，尋改爲合州，爲重鎮。《陳書·宣帝紀》：太建五年，伐齊，任忠克合州外城，黄法氍克合州城，以黄法氍爲合州刺史。十一年，没於周。未没時領郡三。

州治，《地形志》：治合肥城。

汝陰郡。本南齊南汝陰郡。《隋·志》：合肥，梁置汝陰郡。陳領縣一。【略】

廬江郡。《宋·志》：漢文六年，分淮南國立。《陳書·宣帝紀》：太建五年，伐齊。徐槾克廬江城。十年，合州、廬江蠻田伯興出寇魯廣達討平之。十一年，没於周。未没時領縣二。【略】

梁郡。《隋·志》：慎東魏置平梁郡。陳曰梁郡。領縣一。【略】

安州。本梁東徐州。魏置東楚州。《方輿紀要》：陳太建五年，伐齊克之。《陳書·宣帝紀》：太建七年，改梁東徐州爲安州。《一統志》：太建十一年，没於後周。未没時領郡三。

州治，《陳書·陸子隆傳》子隆弟子才，從吴明徹北伐，監安州鎮於宿豫。《徐敬成傳》：爲安州刺史，鎮宿豫，宿豫郡。《一統志》：東魏太和中，置陳領縣一。【略】

高平郡。《寰宇記》：吴城亦名高平郡在舊徐城北三十里東臨通濟渠。陳太建六年，吴明徹於此置高平郡。領縣三。【略】

淮陽郡。《隋·志》：下邳，梁置淮陽郡。《五代志》：梁置淮陽郡於下邳郡之淮陽。《陳書·宣帝紀》：太建五年，伐齊，淮陽郡棄城走。十一年，没於周。未没時領縣二。【略】

東徐州。本梁武州。魏改曰東徐。《方輿紀要》：陳太建六年，『六』字疑誤。得之。十一年，爲周所取。未没時領郡一。

州治，《地形志》：治下邳城。

下邳郡。《宋·志》：宋失淮北僑立。《陳書·宣帝紀》：太建七年，樊毅克下邳城。十一年，没於周。未没時領縣二。【略】

青州。《宋·志》：明帝失淮北，於鬱州僑立青州。《地形志》：劉子業置青州。武定七年改海州。《陳書·宣帝紀》：太建五年，伐齊，青州東海郡降。蓋從梁舊名也。十一年，青州義主率所領七百户，内附州，尋没於周。未没時領郡一。

州治，《齊·志》：治鬱州。《地形志》：治龍沮城，蓋魏時移治也。

東海郡。本漢舊郡。《地形志》：蕭衍改置北海郡。武定七年復。陳其龍沮縣屬東彭城郡，北齊時郡縣並廢。

冀州。《宋·志》：元嘉九年，分青州立。《寰宇記》：漣水軍南界，宋置冀州，寄理於此，以爲邊鎮防扼之所。《陳書·宣帝紀》：太建六年，赦江右淮北十五州，内有冀州。盖五年伐齊所得。十一年，没於周。未没時領郡二。

州治襄賁。

海西郡。本齊北東海郡。《地形志》：武定七年，改置陳。領縣三。【略】

沭陽郡。《隋·志》：沭陽，梁置潼陽郡，東魏改曰沭陽郡。《陳書·宣帝紀》：太建五年，伐齊沭陽郡，棄城走。十一年，没於周。未没時領縣一。【略】

南青州。《隋·志》：陳海郡，梁置南、北二青州，又懷仁梁置南北二青州。《陳書·吳明徹傳》：太建八年，都督南北青州諸軍事。蓋亦太建五年伐齊所得。十一年，没於周。未没時領郡一。

州治朐山。

琅邪郡。《隋·志》：朐山，舊置琅邪郡。陳領縣三。【略】

北青州。見上。

州治、郡縣無考。

豫州。《隋·志》：淮南郡，舊曰豫州。後魏曰揚州，梁曰南豫州，東魏曰揚州，陳又曰豫州。《陳書·宣帝紀》：太建五年，詔曰梁末得懸瓠，以壽陽爲南豫州。今者克復，可還爲豫州。十一年，周師南侵，豫州又陷未陷時。領郡四。

州治壽陽。

梁郡。《輿地楊》：宋明帝於淮南立。《通鑑》：梁武帝天監五年，梁城注梁郡之城在壽州。陳因之。領縣三。【略】

北譙郡。《隋·志》：壽春有北譙郡。《輿地志》：梁克壽陽，立北譙郡於曲陽故也。陳領縣二。【略】

陳留郡。《隋·志》：安豐，梁置陳留郡。《寰宇記》：晉義熙十二年，劉義奏置陳留郡。蓋晉置而梁因之耳。陳領縣三。【略】

安豐郡。《隋·志》：安豐，梁置安豐郡。開皇初，廢。是陳時有也。領縣一。【略】

仁州。《地形志》：蕭衍置。《寰宇記》：梁天監八年，立赤坎戍大同。二年，廢。戍置仁州。《陳書·宣帝紀》：太建五年，伐齊，吳明徹師至仁州，克其州城。十一年，没於周。未没時領郡二。

州治，《地形志》：治赤坎城。

潁川郡。《隋·志》：下蔡，梁置淮陽郡，後齊改曰潁川郡。

東領縣無考。

蘄郡。《隋·志》：蘄梁置蘄郡。陳領縣一。【略】

司州。《陳書·宣帝紀》：太建五年，伐齊。九月丁亥，魯天念克黄城小城，齊軍退保大城。壬辰，黄城大城降。十月詔：以黄城爲司州。《通鑑》：陳宣帝太建十一年，周韋孝寬遣杞公亮自安陸攻黄城，拔之，遂没於周。未没時領郡三。

州治，《陳書·宣帝紀》：司州，治下爲安昌郡。

安昌郡。本梁縣，陳置郡。《隋·志》：黄陂有安昌郡。領縣一。【略】

漢陽郡。《陳書·宣帝紀》：太建五年，詔以漼湍爲漢陽郡。屬司州。領縣二。【略】

義陽郡。《陳書·宣帝紀》：太建五年，詔以三城依梁，爲義陽郡。屬司州。領縣二。【略】

霍州。《梁書·武帝紀》：天監六年，分豫州置霍州。《陳書·世祖紀》：天嘉二年，霍州西山蠻，率部落内屬。《宣帝紀》：太建五年，伐齊。任忠克霍州城。十一年，周師南侵，霍州陷未陷時。領郡四。

州治，《水經注》：治灊縣天柱山。

岳安郡。《地形志》：梁武置。《隋·志》：霍山，梁置岳安郡。陳領縣一。【略】

北沛郡。《隋·志》渒水，梁置北沛郡。陳領縣一。【略】

北潁川郡。《地形志》：屬霍州。《方輿紀要》：蕭梁置。陳領縣三。【略】

邊城郡。《隋·志》：期思，陳置邊城郡。領縣四。【略】

譙州。《地形志》：景明中置渦陽郡。孝昌中陷。武定七年，復置州。《五代志》：譙郡山桑縣，梁置渦州。東魏改曰譙州。《陳書·宣帝紀》：太建五年，伐齊，譙城降即此，尋復。没於周。未没時領郡一。

州治，《地形志》：治渦陽城。

南譙郡。《地形志》：司馬昌期置。陳領縣一。【略】

元州。《陳書·徐敬成傳》：都督安、元、潼三州諸軍事。蓋太建五年，伐齊得之。十一年，没於周。州治郡縣無考。潼州。《地形志》：蕭衍置潼州。武定元年平，改置睢州。《陳書·宣帝紀》：太建七年，樊毅克齊潼州城。蓋從《梁舊》名也。十一年，没於周。未没時領郡二。

州治，《五代志》：夏邱，梁後齊置潼州，治取慮城，其取慮縣齊省。

潼郡。《隋·志》：夏邱，東魏置臨潼郡，後齊改爲潼郡。陳領縣

三。【略】

穀陽郡。本漢縣名。晉省。《地形志》：太和中置鎮。世宗置平陽郡。武定六年，改置穀陽郡。《陳書·宣帝紀》：太建五年，伐齊，穀陽士民殺其渠帥以降。十一年，没於周。未没時領縣一。【略】

北徐州。《寰宇記》：宋明帝失淮北地，復立北徐州於鍾離郡。廢帝改號北徐州。梁因之。《地形志》：蕭衍置北徐州。武定七年，改楚州。《陳書·宣帝紀》：太建五年，伐齊，魯廣達克北徐州。蓋從梁舊名也。十一年，周師南侵，北徐州陷。未陷時領郡三。

州治鍾離。

鍾離郡。《宋·志》：晉安帝分立。陳領縣三。【略】

馬頭郡。《宋·志》故淮南當塗縣地。晉安帝立。《陳書》：太建五年，伐齊。沈善度克馬頭城。十一年，周師南侵，自拔還京師，没於周。未没時領縣無考。【略】

濟陰郡。《宋·志》：漢景帝立，屬兗州。流寓徐士因割爲境。《一統志》：後魏改曰濟陽。梁初因之，後復。《陳書·宣帝紀》：太建五年，伐齊，樊毅克濟陰城。十一年，没於周。未没時領縣二。【略】

東豫州。《隋·志》：新息，後魏置東豫州。梁改曰西豫州，又改曰淮州。東魏復曰東豫州。陳太建五年，伐齊得之。十一年，没於周。未没時領郡一。

州治郡。《地形志》：治廣陵城。

廣陵郡。《地形志》：興和中，分東豫州置。《通鑑》陳宣帝太建五年，伐齊，樊毅克廣陵。十一年，周韋孝寬遣梁士彦攻廣陵，拔之，没於周。未没時領縣五。【略】

永州。本魏西楚州。《一統志》：齊更名永州。陳太建五年，伐齊得之。十一年，没於周。未没時領郡三。

州治，《地形志》：西楚州，治楚城。齊改州名，治所當因其舊。

汝陽郡。《地形志》：蕭衍置。陳領縣一。【略】

仵城郡。《地形志》：蕭衍置。《隋·志》：城陽，梁置仵城郡。陳領縣二。【略】

城陽郡。《地形志》：蕭衍置。陳領縣三。【略】

建州。《地形志》：南建州，蕭衍置。《隋·志》：殷城，梁置建州。《陳書·吳明徹黄法𣰋傳》：都督六州諸軍事，内均有建州。蓋太建五年，伐齊得之。十一年，没於周。未没時領郡三。

州治，《地形志》：治高平城。

高平郡。《隋·志》：梁建州，領高平郡。陳領縣四。【略】

新蔡郡。《隋·志》：梁建州，領新蔡郡。又固始後齊置新蔡郡。《陳書·宣帝紀》：太建五年，伐齊。湛佗克新蔡城。十一年，没於周。未没時爲王國。《新蔡王叔齊傳》：太建七年立。爲新蔡王。領縣三。【略】

新城郡。《隋·志》：梁建州，領新城郡。陳領縣一。【略】

朔州。《地形志》：南朔州，蕭衍置。《陳書·吳明徹黄法𣰋傳》：都督六州諸軍事，内均有朔州。蓋太建五年，伐齊得之。十一年，没於周。郡縣無考。

州治，《地形志》治齊坂城。

光州。《地形志》：蕭衍置。《隋·志》：弋陽縣，梁置光州。《元和志》：梁末，於光城縣置光州。《陳書·吳明徹黄法𣰋傳》：都督六州諸軍事，内均有光州。蓋太建五年，伐齊得之。十一年，没於周。未没時領郡三。

州治，《地形志》：治光城。

光城郡。《隋·志》：光山，舊置光城郡。陳領縣一。【略】

南樂安。

北光城郡。《隋·志》：新息，梁置北光城郡。陳領縣一。【略】

弋陽郡。《宋·志》：魏文帝分立。《寰宇記》：漢弋陽縣地，梁普通八年，自後魏徙弋陽郡於此。陳領縣一。【略】

宋安郡。《隋·志》：樂安，梁置宋安郡。陳領縣二。【略】

梁安郡。《隋·志》：褒信，梁置梁安郡。陳領縣二。【略】

定州。《隋·志》：麻城，有北西陽。陳廢北西陽，置定州。《五代志》：麻城，陳置定州。《通鑑》：陳宣帝太建五年，定州刺史田龍升以江北六州，七鎮叛入於齊，詔周炅討平之，盡復江北之地，尋失之。未失時領郡二。

州治北西陽。

永安郡。《隋・志》：木蘭，梁置永安郡。陳領縣無考。

義陽郡。《隋・志》：木蘭，梁置義陽郡。陳領縣二。【略】

蘄州。《隋・志》：蘄春郡，後齊置羅州，後周改州曰蘄州。《陳書・周炅傳》：太建五年，都督六州諸軍事，内有蘄州。蓋後齊已有蘄州之名，陳伐齊得之，因而不改也。十一年，没於周。未没時領郡一。

州治齊昌。

齊昌郡。《隋・志》：蘄春，後齊置齊昌郡。《陳書・宣帝紀》：太建五年，伐齊。黄詠克齊昌外城。任忠軍次東關，克其東、西二城。湛佗克齊昌城。十一年，没於周。未没時領縣一。【略】

南司州。《隋・志》：安陸郡，梁置南司州，尋罷。西魏置安州。《一統志》：梁置南司州，尋罷。西魏置安州。周改曰鄖州。陳復置南司州。《陳書・宣帝紀》：太建十二年八月，周司馬消難以鄖州内附。九月詔，改安陸郡爲南司州。蓋得周鄖州而改置南司州也。《通典》：尋失之。《方輿紀要》：周復取之。未失時領郡二。

州治安陸。

安陸郡。《宋・志》：孝建孝武元年，分江夏立。《隋・志》：安陸，舊置安陸郡。開皇初，郡廢。是郡至隋始廢。陳蓋於安陸郡置司州非改置也。領縣一。【略】

溳水郡。《隋・志》：安貴，梁置北郢州，西魏改爲款州，又尋廢爲溳水郡。陳領縣一。【略】

隨州。古隨國。《隋・志》：西魏置并州，後改曰隋州。《寰宇記》：西魏置并州，尋廢。大統十六年，克定隨、安陸二郡，改爲隨州。《陳書・宣帝紀》：太建十二年，周司馬消難以隨州内附。《通典》：尋失之。《方輿紀要》：周復取之。未失時領郡三。

州治隨。

隨郡。《宋・志》：隨陽，晉太康年，分義陽爲隨國。宋明帝泰始五年，改爲隨陽。《齊・志》作『隨郡』。《隋・志》：隋舊置隋郡。陳領縣一。【略】

隴西郡。《隋・志》：隋、西魏析置隴西郡。陳領縣一。【略】

曲陵郡。《隋・志》：隋梁，又置曲陵郡。陳領縣一。【略】

温州。《隋・志》：京山，梁置新州。西魏改爲温州。《陳書・宣帝紀》：太建十二年，周司馬消難以温州内附。《通典》：尋失之。《方輿紀要》：周復取之。未失時領郡二。

州治□陵。

梁寧郡。《隋・志》：京山，梁置梁寧郡。陳領縣二。【略】

富人郡。《隋・志》：富水，西魏置富人郡。陳領縣一。【略】

應州。《隋・志》：應山，梁置應州。《通典》同《元和志》，本漢隨縣地。梁大同中，以隨州北界應濃山戍置應州。《寰宇記》：梁大同二年立。《陳書・宣帝紀》：太建十二年，周司馬消難以應州内附。《通典》：尋失之。《方輿紀要》：周復取之。未失時領郡一。

州治永陽。

平靖郡。《隋・志》：應山，梁又有平靖郡。陳領縣二。【略】

順州。《隋・志》：順義，西魏立冀州，尋改爲順州。《陳書・宣帝紀》：太建十二年，周司馬消難以順州内附。《通典》：尋失之。《方輿紀要》：周復取之。未失時領郡。

州治南陽。

南陽郡。《隋・志》：順義，梁置北隋郡，西魏改爲南陽。陳領縣無考。

淮南郡。《隋・志》：順義，西魏析置淮南郡。陳領縣三。【略】

上明郡。《隋・志》：平林，梁置上明郡。陳領縣三。【略】

澴州。《隋・志》：吉陽，後周置澴州。《陳書・宣帝紀》：太建十二年，周司馬消難以澴州内附卽此。《通典》：尋失之。《方輿紀要》：周復取之。未失時領郡二。

州治京池。

重城郡。《隋・志》：吉陽，梁立汝南郡。西魏改郡爲重城。陳領縣一。【略】

城陽郡。《隋・志》：應陽，西魏置城陽郡。陳領縣二。【略】

岳州。《隋・志》：孝昌，西魏置岳州。《寰宇記》：後魏置楚州。後周武帝三年，改爲岳州。《陳書・宣帝紀》：太建十二年，周司馬消難以岳州內附。《通典》：尋失之。《方輿紀要》：周復取之。未失時領郡二。

州治孝昌。

岳山郡。《隋·志》：孝昌，西魏置岳山郡。《寰宇記》：後周武帝三年，置岳山郡，蓋因西魏之舊也。《通典》：尋失之。《方輿紀要》：周復取之。未失時爲王國。《陳書·後主紀》：至德元年立。皇弟叔韶爲岳山王。領縣一。【略】

澴岳郡。《隋·志》：孝昌，西魏又有澴岳郡。陳領縣無考。

沔州。《隋·志》：沔陽郡，後周置復州。大業初改曰沔州。《陳書·宣帝紀》：太建十二年，周司馬消難以沔州內附，是周入陳之前已改爲沔州矣。《通典》：尋失之。《方輿紀要》：周復取之。未失時領郡一。

州治無考。

汶川郡。《隋·志》：甑山，梁置梁安郡，西魏改曰魏安郡，尋改郡曰汶川。《寰宇記》：漢安陸縣，後魏置汊川郡。『汶』、『汊』形似，傳寫者誤耳。陳領縣三。【略】

北新州。《隋·志》：江夏郡，梁分置北新州，又長壽梁置北新州。《寰宇記》：梁置北新州，尋分北新州爲土、富、洄、泉、豪五州。梁末北齊得之，遣慕容儼守之，爲陳將侯瑱攻圍，凡二百日不下，後因二國通和，復歸。

陳州治、郡縣無考。

土州。《隋·志》：土山，梁置土州，又江夏郡。梁分北新州立土州。《陳書·宣帝紀》：太建十二年，周司馬消難以土州內附。《通典》：尋失之。《方輿紀要》：周復取之。未失時領郡一。

州治左陽。

齊郡。《隋·志》：土山，梁置東、西二永寧、眞陽三郡。後周廢，三郡爲齊郡。陳領縣三。【略】

富州。《隋·志》：江夏郡，梁分北新州，立富州。州治、郡縣無考。

洄州。《隋·志》：江夏郡，梁分北新州，立洄州。州治、郡縣無考。

泉州。《隋·志》：江夏郡，梁分北新州，立泉州。州治、郡縣無考。

豪州。《隋·志》：江夏郡，梁分北新州，立豪州。州治、郡縣無考。

又 卷三 吳州。《隋·志》：鄱陽郡，梁置吳州，陳廢。《寰宇記》：梁天監中，置吳州。《元和志》作承聖三年。陳初又廢。按：《陳書·廢帝紀》：光大二年，罷吳州以鄱陽郡，還屬江州。《宣帝紀》：太建十三年，改鄱陽郡爲吳州，是陳廢復置也。領郡一。

州治鄱陽。

鄱陽郡。《宋·志》：後漢建安十五年，孫權分豫章立。《陳書·鄱陽王伯山傳》：天嘉元年，封鄱陽郡王，領縣六。【略】

江州。《宋·志》：晉太康元年置。《南史·陳武帝紀》：江州，有鄱陽、臨川二郡，又有尋陽、豫章、安成、廬陵四郡。《通鑑》：梁敬帝太平元年，分江州，巴山、臨川、安成、豫章汪梅村曰：『章』當作『寧』。四郡立高州。《梁書·敬帝紀》：太平二年，以潯陽、南太原、高塘、齊昌、南新蔡爲西江州。《陳書·世祖紀》：天嘉四年，罷高州，隸入江州。《宣帝紀》：天嘉初，省西江州入江州，合觀諸書，江州有鄱陽、臨川、尋陽、豫章、安成、廬陵、巴山、豫寧、南太原、高塘、齊昌、南新蔡十二郡。陳太建五年，罷齊昌。卽梁齊昌，非陳伐齊所得之齊昌也。《陳書》作『南齊昌卽此。至伐齊所得之齊昌，則開皇初始廢。八年，分高塘、新蔡卽南新蔡。屬晉州。十三年，割鄱陽屬吳州。復增置廣豐、安樂二郡。又《宋》、《齊》二志皆有南康郡。洪齮孫《補梁疆域志》亦以南康隸江州。陳當因之，凡領郡十一。《一統志》：天嘉六年，罷江州。今考《南史》、《陳書》紀傳皆無此文。《陳書·廢帝紀》：光大二年，以鄱陽君還屬江州。其時在天嘉之後，如江州已罷，則光大時安得復有江州，又《陳書·晉熙王叔文傳》：至德元年，授江州刺史，是江州未嘗廢也。

州治，《齊·志》鎭尋陽。《一統志》：梁太平二年，移治豫章。豫章郡。《宋·志》：漢高帝立。《陳書·世祖紀》：天嘉六年，罷豫章郡，是豫章已罷然考。《隋·志》：豫章舊置豫章郡。平陳郡廢，則終陳之世有豫章郡可知。殆天嘉六年，罷後復置，而史闕之耳。《陳書·豫章王叔

英傳》：太建元年，改封豫章王。領縣九。【略】

廬陵郡。《宋·志》本縣名屬豫章。孫策元年，分豫章立。《通典》：孫策置廬陵郡。晉、宋、齊、梁、陳皆因之。《陳書·世祖紀》：天嘉六年立。皇子伯仁爲廬陵王。領縣五。【略】

南康郡。《宋·志》：晉太康三年，以廬陵南部都尉立。《通典》：晉平吳，置南康郡。宋爲南康國。齊、梁、陳皆爲南康郡。《寰宇記》：東晉永和初年，置郡城於章、貢二水間。義熙七年，徙於贛水東。梁承聖元年，復於章、貢間。《陳書·高祖紀》：永定元年，追贈皇弟休先，封南康郡王。《宣帝紀》：太建七年，南康郡獻瑞鍾。領縣九。【略】

巴山郡。《隋·志》：崇仁，梁置巴山郡。《一統志》：光大初，郡廢。按：《隋·志》：開皇九年，廢巴山郡。是郡至隋時始廢。《寰宇記》：光大二年，移巴山郡於廣豐縣西二里獨瀦水之南岸。《一統志》殆誤移治爲郡廢也。《陳書·巴山王叔雄傳》：太康十四年，立爲巴山王。領縣五。【略】

豫寧郡。《寰宇記》：陳武帝初，割建昌、豫寧、艾、永修、新吳等五縣立。爲豫寧郡。領縣五。【略】

臨川郡。《宋·志》：吳分豫章東部都尉立。《舊唐志》：吳置臨川郡，歷南朝不改。《通典》：吳置臨川郡。晉、宋、齊、梁、陳皆因之。《陳書·高祖紀》：永定元年，封長城縣侯蒨爲臨川王。領縣九。【略】

安成郡。《宋·志》：孫皓寶鼎二年，分豫章、廬陵、長沙立。《寰宇記》引《地志》云：吳分豫章之新喻、宜春，廬陵之平都、永新、長沙之安成、萍鄉六縣爲安成郡。《陳書·世祖紀》：徙封始興嗣王頊爲安成王。領縣六。【略】

尋陽郡。《宋·志》：尋陽，本縣名。晉永興元年，分廬江、武昌立尋陽郡。《寰宇記》：尋陽歷宋、齊、梁、陳與州並理。自晉以來，頗爲重鎮。《陳書·尋陽王叔儼傳》：後主即位，立爲尋陽王。領縣四。【略】

太原郡。《隋·志》：彭澤，梁置太原郡，領彭澤、晉陽和城天水。《方輿紀要》：陳郡縣俱廢。按：《隋·志》云：平陳，郡縣並廢。《輿地志》云：太原郡，梁武帝立，屬尋陽，領晉陽、天水、和城三縣，陳亡，廢。是陳時有太原郡及彭澤等縣，可知《方輿紀要》誤。《陳書·太原王叔匡傳》：禎明二年立爲太原王。領縣四。【略】

慶豐郡。《隋·志》作大豐。陳爲郡。領縣一。【略】

安樂郡。《陳書·高祖紀》：永定二年，以安成所部廣興六洞爲安樂郡。領縣二。【略】

郢州。《宋·志》：孝武孝建元年立。《隋·志》：竟陵郡，舊置郢州，又江夏郡，舊置郢州。《五代志》：江夏郡，陳置郢州，蓋陳因宋舊也。《陳書·宣帝紀》太建七年，郢州獻瑞鍾。領郡八。

州治，梁鎮江夏，陳當因之。

竟陵郡。《宋·志》：晉元康九年，分江夏西界立。《隋·志》：竟陵，舊置竟陵郡。梁末，王琳并湘郢，據以拒陳。後陳平王琳，遂復焉。太建中，没於周。未没時領縣三。【略】

西陽郡。《宋·志》：本縣二漢，屬江夏。魏立弋陽，又屬焉。晉惠帝分弋陽爲西陽國。宋孝武孝建元年，屬郢州。《陳書·宣帝紀》：太建七年，移西陽郡治保城。《後主紀》至德元年立，皇弟叔穆爲西陽王。領縣五。【略】

齊安郡。《隋·志》黄岡，齊置齊安郡。《通典》：齊分西陽，置齊安郡。北齊置衡州，陳廢州。《陳書·宣帝紀》太建五年，伐齊，齊安城降。十一年，没於周。未没時領縣六。又《陳書·宣帝紀》：太建五年，周炅克州。按：《隋·志》：黄岡後，齊置巴州，陳廢。今不列。【略】

齊興郡。《齊·志》：永明三年置。《隋·志》：漢東，齊置齊興郡。陳太建中，没於周。未没時領縣四。【略】

上雋郡。《隋·志》：蒲圻，梁置上雋郡。《寰宇記》：陳改上雋郡爲雋州。天嘉元年，還復本名。領縣四。【略】

江夏郡。《宋·志》：漢高帝立。《陳書·世祖紀》：天嘉六年立，皇子伯義爲江夏王。領縣三。【略】

武昌郡。《宋·志》引《晉起居注》：太康元年，改江夏爲武昌。《陳書·周炅傳》：太建八年，卒，贈司州刺史，封武昌郡公。又《後主紀》：立皇弟叔虞爲武昌王。領縣三。【略】

竟陵郡。《陳書·世祖紀》天嘉二年，以武昌國川爲竟陵郡。以安流民。領縣無考。

巴州。汪士鐸《南北史補志》：巴州，陳曰岳州。按：《隋・志》：巴陵郡，梁置巴州，平陳改曰岳州。《通鑑地理通釋》：巴陵，梁兼置巴州，隋改岳州，是陳時尚名巴州也。汪説誤。《五代志》：巴陵郡，陳置巴州，是陳因梁舊可知。領郡二。

州治巴陵。

巴陵郡。《宋・志》：元嘉十六年，分長沙之巴陵、蒲圻、下雋、江夏之沙陽四縣立。梁以蒲圻、下雋、沙陽屬上雋郡。陳因之。今領縣一。【略】

監利郡。《方輿紀要》：梁置。陳領縣一。【略】

湘州。《宋・志》：晉永嘉元年，分荆州、江州立。《隋・志》：長沙郡，舊置湘州。《通典》：湘川之奥，人豐土闢，南通嶺嶠，唇齒荆雍，亦爲重鎮。梁、陳以來因而不改。《方輿紀要》：自宋以後，湘州常爲重鎮，梁、陳之間力爭巴、湘。巴湘屬陳，而江南始可固。《南史・陳文帝紀》：天嘉二年，周湘州城主殷亮降，湘州平。領郡十。

州治長沙。

長沙郡。秦置。《通典》：有萬里沙祠，故曰長沙。《陳書・長沙王叔堅傳》：太建元年，立爲長沙王。領縣五。【略】

湘東郡。《宋・志》：吳太平二年，分長沙東部都尉立。《水經注》：吳湘東郡，本治湘水東，後乃徙酃，梁陳因之。《陳書・徐度傳》：天嘉元年，以平王琳功封湘東郡公。又《後主紀》：至德元年，立皇弟叔平爲湘東王。領縣八。【略】

衡陽郡。《宋・志》：吳太平二年，分長沙西部都尉立。《陳書・衡陽王昌傳》：天嘉元年，封衡陽王。領縣六。【略】

邵陵郡。《宋・志》：吳寶鼎元年，分零陵北部都尉立。《隋・志》：邵陽，舊置邵陵郡。《通考》：吳置邵陵郡。宋、齊、梁、陳皆因之。《陳書・章昭達傳》：天嘉元年，改封邵陵郡公。領縣六。【略】

岳陽郡。《隋・志》：湘陰，梁置岳陽郡及羅州。陳廢州。《通典》：秦羅縣地，梁置岳陽郡。《陳書・後主紀》：立皇弟叔慎爲岳陽王。領縣六。【略】

零陵郡。《宋・志》：漢武元鼎六年立。《陳書・侯瑱傳》封零陵郡公。領縣七。【略】

永陽郡。《水經注》：營水，徑營浦縣，南營陽郡治。魏咸熙二年，吳孫皓分零陵置在營水之陽，故以名郡。齊、梁間改郡曰永陽。《通典》：梁改營陽郡爲永陽郡。《輿地廣記》：梁改郡縣，皆曰永縣。《寰宇記》：梁天監十四年，改永陽郡。《陳書・廢帝紀》：光大二年立。皇弟伯智爲永陽王。領縣五。【略】

臨賀郡。《宋・志》：吳分蒼梧立。宋明帝改名臨慶。《齊・志》：復舊。《水經注》：郡對臨、賀二水之交會，故取名焉。《隋・志》：富川，舊置臨賀郡。《陳書・後主紀》：至德元年，立皇弟叔傲爲臨賀王。領縣六。【略】

綏越郡。《隋・志》：永平郡，陳置綏越郡，又賀川。陳置綏越郡。《陳書・魯廣達傳》：改封綏越郡公。領縣一。【略】

樂梁郡。《隋・志》：富川，舊置樂梁郡。《方輿紀要》：梁置，陳因之。領縣二。【略】

沅州。《陳書・世祖紀》：天嘉元年，分荆州之天門、義陽、南平，郢州之武陵四郡，置武州，其刺史督沅州，領武陵、太守治武陵郡。《宣帝紀》：太建七年，改武州爲沅州，其天門、義陽、南平三郡，廢帝立荆州於公安，以之還屬，益以南陽、沅陵、藥山、夜郎四郡，凡領郡五。

州治武陵。

武陵郡。漢置。《隋・志》：武陵，舊置武陵郡。《陳書・世祖紀》：天嘉六年立。皇子伯禮爲武陵王。領縣七。【略】

南陽郡。《隋・志》：辰溪，梁置南陽郡建昌縣，陳廢縣。開皇初，廢郡，是陳時尚有此郡也。領縣一。【略】

沅陵郡。《陳書・世祖紀》：天嘉元年，以都尉所部六縣爲沅州。別置通寧郡，以刺史領，太守治，都尉城。《方輿紀要》：陳分武陵，置沅陵郡，治沅陵縣。太建中，以武陵爲沅州，以沅陵爲沅陵郡。《一統志》：陳天嘉元年，分置沅州及通寧郡。太建七年，州廢，改置沅陵郡。蓋移沅州於臨沅，而沅陵之州廢。《陳書・後主紀》：至德元年立。皇弟叔興爲沅陵王。領縣四。【略】

藥山郡。《隋・志》：沅江，梁置曰藥山，仍爲郡。《輿地廣記》：

漢益陽縣地，梁置藥山郡及藥山縣。陳領縣二。【略】

夜郎郡。《隋・志》：辰溪，平陳廢。故夜郎郡置靜人縣，尋廢。《方輿紀要》：梁置。陳領縣一。【略】

荆州。《陳書・陸子隆傳》：廢帝卽位，遷都督，荆、信、祐三州諸軍事，宣毅將軍荆州刺史，是時荆州新置，治於公安。《隋・志》：公安，陳置荆州。領郡三。

州治見上

南平郡。《宋・志》：晉武太康元年，分南郡，江南爲南平郡。《隋・志》：孱陵，舊置南平郡。《陳書・吳明徹傳》：太建五年，進爵南平郡公，又《南平王嶷傳》：至德元年立。爲南平王。領縣五。【略】

石門郡。《宋・志》：吳永安六年，分武陵立天門郡。《方輿紀要》：吳置天門，陳改郡曰石門，領縣三。【略】

義陽郡。《晉・志》：穆帝時，以義陽流人在南郡者立義陽郡。《宋・志》作『南義陽』。《隋・志》：安鄉，舊置義陽郡。《通典》：安鄉，南朝置義陽郡。《方輿紀要》：晉析置南義陽郡。宋、齊至梁、陳皆因之。《陳書・黄法𣰰傳》：改封義陽郡公。又《義陽王叔達傳》：太建十四年立。爲義陽王。領縣二。【略】

南荆州。《陳書・世祖紀》：天嘉二年，分荆州之南平、宜都、羅、河東四郡置南荆州，以吳明徹爲南荆州刺史，鎮河東。《一統志》：州尋罷。考《陳書》及《南史》紀傳，均無罷南荆州之文。《一統志》誤。其南平郡，廢帝置荆州於公安，以之還屬。羅郡，係陳罷梁羅州置，尋罷。今領郡二。

州治見上。

河東郡。《宋・志》：南河東郡，晉咸康三年，庾亮以司州僑户立。《隋・志》：松滋江左，舊置河東郡。《通鑑》：陳臨海王光大元年，華皎以梁兵、周兵侵郢州，吳明徹敗之於沌口，乘勝攻梁河東，拔之。《陳書・宣帝紀》：太建五年立。皇子叔獻爲河東王。領縣三。【略】

宜都郡。《宋・志》：劉備立。《隋・志》：夷道，舊置宜都郡。又巴山，梁置宜都郡。《陳書・宣帝紀》：太建五年立。皇子叔明爲宜都王。領縣四。【略】

祐州。《通典》：梁武帝天監中，置宜州。後魏改爲拓州。陳嘗得之以爲重鎮。《方輿紀要》：陳光大二年，沈恪爲荆州刺史。都督武、祐二州諸軍事。祐卽拓之譌也。《陳書・宣帝紀》：太建十二年，淳于陵克祐州城。《南史》作柘州城『柘』與祐『拓』字均形似。蓋光大後没於周。至此又克也。郡縣無考。梁宜州有宜都郡，陳以宜都屬南荆州，則祐州之郡縣無考矣。

州治，《通鑑》注：祐州城地闕。

信州。《梁書・武帝紀》：普通四年，分益州，置信州。《寰宇記》作『大同三年』，誤。《隋・志》：巴東郡，梁置信州。《陳書・宣帝紀》：太建十一年，遣前信州刺史楊寶安，鎮白下，是陳時有此州也。領郡四。

州治，《周書・蠻傳》：治白帝。

巴東郡。《隋・志》魚復，舊置巴東郡。《陳書・後主紀》：至德四年立。皇弟叔謨爲巴東王。領縣四。【略】

建平郡。《水經注》：吳孫休分南郡立。《隋・志》：巫山，舊置建平郡。陳領縣二。【略】

秭歸郡。《隋・志》：秭歸，後周置秭歸郡。陳領縣一。【略】

萬川郡。《隋・志》：南浦，後周置安鄉郡，後改曰萬川郡。陳領縣二。

又 卷四 廣州。《宋・志》：吳永安七年，分交州立。《隋・志》：南海郡，舊置廣州。梁、陳並置督府。《通典》：廣州，梁、陳並置都督府。領郡十一。

州治，《齊・志》：鎮南海。

南海郡。《宋・志》：秦立，漢武屬交州。《陳書・南海王虔傳》：至德元年立。爲南海王。領縣七。【略】

東官郡。《宋・志》引《廣州記》：晉咸和九年，分南海立。陳領縣六。【略】

高要郡。《隋・志》高要，舊置郡。《通典》、《通考》、《寰宇記》皆曰陳置高要郡。按：《陳書・高祖紀》：太清中，有高要太守。《元和志》：梁大同中，於高要縣立高要郡，則此郡乃梁置陳因之也。領縣一。

【略】

晉康郡。《宋・志》：晉永和七年，分蒼梧立。《隋・志》：端谿，舊置晉康郡。陳領縣七。【略】

宋隆郡。本宋熙郡。《宋・志》：元嘉十八年，以交州流寓立。二十七年，更名宋隆。孝建中，復名。宋熙齊又改宋隆。《隋・志》：平興，舊置宋隆郡。陳領縣八。【略】

梁泰郡。《隋・志》：平興，梁置梁泰郡及縣。《一統志》：梁分平興縣置梁泰郡及縣。陳領縣一。【略】

清遠郡。《隋・志》翁源，陳置清遠郡。《寰宇記》同。《陳書・侯安都傳》：天嘉元年，封清遠郡公。領縣七。【略】

東陽郡。本齊樂昌郡。汪士鐸《南北史補志》陳以爲東陽郡。《陳書・東陽王怪傳》：禎明二年立爲東陽王。領縣五。【略】

歸善郡。本梁梁化郡。《輿地紀勝》引《祥符圖經》云：歸善，晉欣樂縣地。陳禎明三年，改爲歸善。汪士鐸《南北史補志》：梁化郡，陳禎明三年，改曰歸善郡、歸善縣。領縣二。【略】

義安郡。《宋・志》：晉義熙九年，分東官立。《寰宇記》：梁置東陽州，後改爲瀛州，及陳而廢。領縣六。【略】

綏建郡。《宋・志》：元嘉十三年立。《隋・志》：四會，舊置綏建郡。陳領縣六。【略】

新州。《隋・志》：新興，梁置新州。《元和志》：梁武改置新州。《寰宇記》引《輿地志》云：梁武割廣州新寧郡立新州。《陳書・沈恪傳》：都督十八州。《南康王曇朗傳》都督十九州，內均有新州。領郡四。

州治新興。

新興郡。汪士鐸《南北史補志》：梁省新寧之臨沇立。《陳書・新興王叔純傳》：至德元年立。爲新興王。領縣四。【略】

新寧郡。《宋・志》：晉永和七年，分蒼梧立。《隋・志》作新興，梁置新寧郡，非《陳書・新甯王叔隆傳》至德四年立。爲新寧王。領縣三。【略】

新會郡。《宋・志》晉元熙二年，分南海立。《隋・志》新會，舊置新會郡。《通典》、《寰宇記》晉末置新會郡，宋、齊、梁、陳並因之。《陳書・後主紀》：至德四年立皇弟叔坦爲新會王。領縣八。【略】

海昌郡。《宋・志》：元嘉十六年立，治寧化城。《隋・志》：電白梁又有海昌郡。《方輿紀要》：海昌，梁置郡。治蓋宋郡，本治寧化縣，梁立海昌縣，移郡治也。陳領縣六。【略】

高州。《隋・志》：高涼郡，梁置高州。《寰宇記》：漢高涼縣。梁大通中爲高州。陳領郡九。

州治高涼。

高涼郡。《宋・志》：漢高涼縣，後漢建安二十三年，吳分立。陳領縣三。【略】

杜陵郡。《隋・志》：杜原，梁置杜陵郡。陳領縣一。【略】

永寧郡。《隋・志》：杜原，梁有永寧郡。陳領縣無考。

宋康郡。《宋・志》：本高涼西營。元嘉九年立。《隋・志》：杜原，梁有宋康郡。陳領縣十。【略】

齊安郡。《隋・志》：海安，舊置齊安郡，陳領縣一。【略】

陽春郡。《隋・志》：陽春，梁置陽春郡，陳領縣一。【略】

連江郡。《隋・志》：連江，梁置連江郡。《輿地廣記》：故保寧縣，本連江，梁立連江郡。陳領縣一。【略】

南巴郡。《隋・志》：蓮江，梁又置南巴郡，陳領縣二。【略】

電白郡。《隋・志》：電白，梁置電白郡，陳領縣一。【略】

南合州。《梁書・武帝紀》：普通四年，分廣州置合州。太清元年，以合州爲南合。《隋・志》：梁大通中，割番州、合清立高州，尋又分立合州。大同末以合肥爲合州。此置南合州。陳領郡三。

州治，《一統志》：治徐聞。《方輿紀要》：梁、陳間廢徐，聞入齊康。

合浦郡。《宋・志》：漢武立。陳領縣十三。【略】

齊康郡。《齊・志》：有蓋齊置。陳領縣一。【略】

定川郡。《通典》：宋置南流郡。齊、梁曰定川郡。《寰宇記》：宋南流郡。齊、梁爲定川郡，又云宋立南流郡。歷齊、梁、陳不改。按定川郡見《齊・志》。蓋齊舊郡。梁、陳時因之。齊南流郡。《一統志》云：

梁、陳時廢，則謂齊、梁以南流爲定川。與謂南流。歷齊、梁、陳不改者皆非也。領縣一。【略】

羅州。《隋·志》：石龍，舊置羅州。《寰宇記》：宋元嘉三年，檀道濟於陵羅江口，築石城因置羅州，縣名以江爲名。《通典》：梁、陳立羅州，因宋羅縣羅下脱州字爲名。蓋梁、陳因宋羅州縣置羅州，而羅州縣遂廢也。《陳書·沈恪傳》：都督十八州。《南康王曇朗傳》：都督十九州，內均有羅州。領郡二。

州治石龍。

石龍郡。《一統志》：梁置。《陳書·馮僕傳》：太建中，自陽春太守轉石龍太守，母冼氏爲石龍郡太夫人。領縣一。【略】

高興郡。《隋·志》：石龍，舊置高興郡。《通典》：梁、陳置羅州及高興郡。《輿地紀勝》：宋又立高興郡，尋省，梁復置。按高興郡已見《齊·志》，非梁復置。《一統志》：齊復置高興郡是也。陳領縣十。【略】

越州。《宋·志》：泰始七年立。《陳書·沈恪傳》：都督十八州，《南康王曇朗傳》：都督十九州，內均有越州，領郡二。

州治，《齊·志》：鎮臨漳郡。《通志》：梁省臨漳郡，入合浦郡，還治合浦，仍移越州治焉。

龍蘇郡。《宋·志》：隴蘇郡，新立。《齊·志》作『龍蘇郡』。《隋·志》：龍蘇，舊置龍蘇郡。陳領縣二。【略】

抱井郡。《隋·志》：抱成，舊曰抱井，置郡。陳領縣一。【略】

興州。《隋·志》：嘉寧，舊置興州。《方輿紀要》：梁置興州。《通典》、《通考》、《寰宇記》皆云陳置興州，未知孰是。領郡五。

州治嘉寧。

新昌郡。《三國吳志孫皓傳》：建衡三年，分交趾爲新昌郡。《晉·志》新昌郡，吳置。《宋·志》作吳分交趾，立新興郡。晉太康三年，更名者誤。領縣六。【略】

寧浦郡。《宋·志》引《廣州記》：漢建安二十三年，分鬱林立。《晉太康地志》：太康七年，改合浦屬國都尉立。《隋·志》：寧浦，舊置寧浦郡。陳領縣一。【略】

樂陽郡。《元和志》：本漢廣鬱縣地，陳於此置樂陽郡。按：《隋·志》：樂山，梁置樂陽郡。則陳乃因梁之舊也。領縣一。【略】

嶺山郡。《隋·志》：嶺山，梁置嶺山郡，陳領縣二。【略】

簡陽郡。《隋·志》寧浦，梁置簡陽郡。《輿地廣記》：梁分寧浦，立簡陽郡。陳領縣一。【略】

桂州。《隋·志》：始安郡，梁置桂州。《元和志》：天監六年，立桂州於蒼梧，鬱林之境因桂江以爲名。大同六年，移桂州於湘州，始安郡。《方輿紀要》：梁大同初，置桂州，陳因之。領郡九。

州治始安。

始安郡。《宋·志》：吳孫皓甘露元年，分零陵南部都尉立。宋明帝改名始建。《通典》：吳置始安郡，宋改爲始建，齊復爲始安郡。《陳書·淳于量傳》：淮南克定，改封始安郡公。領縣四。【略】

齊樂郡。《方輿紀要》：齊置，梁、陳仍舊。領縣三。【略】

桂林郡。《宋·志》：本縣名，屬鬱林。吳孫皓三年，分鬱林治武熙縣，不知何時徙。《隋·志》：陽壽有桂林郡。陳領縣五。【略】

馬平郡。《隋·志》：陽壽有馬平郡。陳領縣十一。【略】

象郡。《隋·志》：陽壽，有象郡。《元和志》：象縣，陳於今縣南四十五里置象郡。領縣無考。

韶陽郡。《隋·志》：陽壽有韶陽郡。《方輿紀要》：昭陽，梁置卽此。陳領縣二。【略】

安成郡。《隋·志》：安成，梁置安成郡。《元和志》：保城，梁置安城郡。陳領縣一。【略】

領方郡。《隋·志》：領方，梁置領方郡。陳領縣一。【略】

晉興郡。《宋·志》：晉太興元年，分鬱林立。陳領縣八。【略】

東衡州。《陳書·世祖紀》：天嘉元年，改桂陽之汝成縣爲廬陽郡，分衡州之始興、安遠二郡，置東衡州。《侯安都傳》：天嘉元年，詔改桂陽之汝城縣爲廬陽郡，分衡州之始興、安遠二郡，置東衡州，以安都從弟曉爲刺史。領郡三。

州治始興。

始興郡。《宋·志》：吳孫皓甘露元年，分桂陽南部尉，立爲始興郡。宋泰豫元年，改曰廣興。《齊·志》作始興，蓋齊時復，梁陳因之。

《陳書・世祖紀》：卽位，封皇子伯茂爲始興王。領縣五。【略】

安遠郡。《隋・志》：始興，有梁置安遠郡。《寰宇記》：吳置始興縣，梁於此置安遠郡。陳領縣二。【略】

廬陽郡。陳改桂陽之汝城置。《隋・志》：廬陽，陳置廬陽郡。卽此領縣一。【略】

西衡州。《梁書・武帝紀》：天監六年，分湘、廣二州，置衡州。《隋・志》：含洭，梁置衡州。《陳書・宣帝紀》：太建十三年，分衡州始興郡爲東衡州，衡州爲西衡州。按：《宣帝紀》太建五年，西衡州獻馬生角，是太建十三年之前，已名西衡州。蓋天嘉時，置東衡州，卽改衡州爲西衡州耳。且以始興郡爲東衡州，亦在天嘉時，非太建十三年始分。也領郡三。

州治含洭。

陽山郡。《隋・志》：含洭，梁置陽山郡。《輿地紀勝》引《圖經》云：梁天監七年，分湘州於此，置衡州及陽山郡。《陳書・歐陽頠傳》：世祖嗣位，改封陽山郡公。又《陽山王叔宣傳》：至德元年立爲陽山王。《通典》梁分桂陽縣爲陽山郡，陳郡廢，然至德元年，尚有陽山王，則陳有此郡也。《通典》誤。領縣四。【略】

梁樂郡。《隋・志》：宣樂，梁置梁樂郡。陳領縣一。【略】

桂陽郡。《宋・志》：漢高立。《通典》：郴州，陳爲桂陽郡。《陳書・侯安都傳》：天嘉元年，改封桂陽郡公。又《廢帝紀》：光大二年立。皇弟伯謀爲桂陽王。領縣五。【略】

東寧州。《隋・志》：義熙，舊置東寧州。《元和志》：齊置齊熙郡。梁大同中，又於郡置東寧州。陳領郡三。

州治齊熙。

齊熙郡。《隋・志》：義熙，舊置齊熙郡。陳領縣一。【略】

黃水郡。《隋・志》：義熙，舊置黃水郡。陳領縣一。【略】

梁化郡。《方輿紀要》：梁置興安縣，并置梁化郡治焉。陳因之。領縣二。【略】

成州。《梁書・武帝紀》：普通四年，分廣州，置成州。《通典》、《寰宇記》：梁置成州。《陳書・沈恪傳》：都督十八州。《南康王曇朗傳》：都督十九州。內均有成州。領郡二。

州治，《一統志》：治梁信。

梁信郡。《隋・志》：封川，梁置梁信郡。《通典》同。《元和志》：漢廣信縣地，梁於此置梁信郡，屬成州。陳領縣二。【略】

蒼梧郡。《宋・志》：漢元鼎六年立。《隋・志》：賀川，陳置蒼梧郡。蓋陳因漢以後之舊，而《隋・志》誤以爲置也。領縣四。【略】

靜州。《隋・志》：龍平，梁置靜州。《輿地紀勝》：梁武分臨賀郡於龍平縣，置南靜州。《通典》：陳置靜川，蓋陳因梁舊也。領郡六。

州治龍平。

南靜郡。劉昫曰：梁置靜州，兼置南靜郡，尋改郡爲龍平縣，《寰宇記》：梁武帝分臨賀，置南靜郡。陳爲靜尉郡。按：《隋・志》：開建，梁置南靜郡。平陳，郡廢。則劉昫及《寰宇記》皆非也。領縣一。【略】

靜尉郡。《隋・志》：龍平，梁置靜慰郡。陳領縣無考。

梁壽郡。《隨・志》：龍平，梁置梁壽郡。陳領縣一。【略】

開江郡。《隋・志》：豪靜，梁置開江郡。陳領縣一。【略】

武城郡。《隋・志》：豪靜，梁置武城郡。陳領縣一。【略】

逍遥郡。《隋・志》：豪靜，陳置逍遥郡。《通典》：陳改開江、武城二郡爲逍遥郡。《方輿紀要》：梁置武城、開江二郡。陳改置逍遥郡。按：《隋・志》開江、武城二郡皆云平陳廢。是陳時兼有開江、武城二郡，又析置逍遥郡也。《通典》、《方輿紀要》皆誤。《陳書・樊毅傳》：後主卽位，改封逍遥郡公。領縣無考。【略】

建州。《梁書・武帝紀》：普通四年，分廣州，置建州。《隋・志》：安遂，梁置建州。《陳書・沈恪傳》：都督十八州。《南康王曇朗傳》：都督十九州，內均有建州。領郡一。

州治安遂。

廣熙郡。《隋・志》：安遂，梁置廣熙郡。《一統志》：齊置廣熙郡，治龍鄉。《方輿紀要》：梁置廣熙郡於安遂，蓋梁移郡治也。陳領縣八。【略】

瀧州。《隋・志》：永熙郡，梁置瀧州。《舊唐・志》、《寰宇記》皆云梁置建州，又分建州之雙頭洞置雙州。《一統志》：雙、瀧同音，疑卽瀧州也。《陳書·沈恪傳》：都督十八州，内有雙州。領郡三。

州治雙頭洞。

平原郡。《隋·志》：瀧水，舊置平原郡。《一統志》：齊置廣熙郡，梁改置平原郡。按梁有廣熙郡，治安遂，不當言改，蓋梁移齊廣熙郡於安遂，而於此置平原郡縣一。【略】

開陽郡。《隋·志》：瀧水，舊置開陽郡。《一統志》：梁置開陽郡。陳領縣一。【略】

羅陽郡。《隋·志》：瀧水，舊置羅陽郡。《一統志》：羅陽廢縣，梁、陳時羅陽郡，領縣一。【略】

石州。《五代志》：永平郡，梁置石州。《方輿紀要》：梁置石州、陳因之。《陳書·沈恪傳》：都督十八州。《南康王曇朗傳》：都督十九州，内均有石州。領郡四。

州治夫寧。

永平郡。《宋·志》：晉升平五年，分蒼梧立。《隋·志》：永平，舊置永平郡。陳領縣十一。【略】

梁德郡。《隋·志》：懷德，舊置梁德郡。陳領縣一。【略】

建陵郡。《元和志》：吳置建陵縣。梁武立爲建陵郡。《隋·志》：安基，梁置建陵郡，又賀川陳置建陵郡。蓋陳因梁舊也。領縣二。【略】

永建郡。《隋·志》：賀川，陳置永建郡。領縣無考。

南定州。《梁書·武帝紀》：普通四年，分廣州置南定州。《隋·志》：鬱林郡，梁置定州，後改爲南定州。《寰宇記》：梁武以鬱林郡置桂州。後割桂州之鬱林寧浦二郡，立定州。後改爲南定州。今以寧浦屬興州。而益以桂平郡，及陳置石南郡。凡領郡三。

州治鬱林。

鬱林郡。《宋·志》：秦桂林郡，屬尉佗。漢元鼎六年復，更名。陳領縣七。【略】

石南郡。《隋·志》石南，陳置石南郡。領縣一。【略】

桂平郡。《隋·志》：桂平，梁置桂平郡。《一統志》：本漢鬱林郡地，梁分置桂平縣。陳領縣一。【略】

安州。《隋·志》：寧越郡，梁置安州。《陳書·沈恪傳》：都督十八州。《南康王曇朗傳》：都督十九州，内均有安州。領郡三。

州治宋壽。

宋壽郡。《宋·志》：先屬交州。《隋·志》欽江，舊置宋壽郡。《一統志》：梁武帝於郡置安州。陳領縣無考。

宋廣郡。《隋·志》：内亭，舊置宋廣郡。按：《宋》、《齊·志》俱無此郡，當是梁、陳時置。領縣一。【略】

安京郡。《隋·志》：安京，舊置安京郡。《元和志》：梁武分宋壽於此，置安京郡。陳領縣一。【略】

崖州。《隋·志》：珠崖郡，舊置崖州。《陳書·南康王曇朗傳》：都督十九州，内有崖州。領郡一。

州治義倫。

珠崖郡。漢元封間置，後罷爲合浦。《晉·志》：吳赤烏五年，復置。平吳後，省入合浦。《一統志》：宋元嘉八年，復立。陳領縣二。【略】

黄州。《隋·志》：海安，梁置黄州。《元和志》：本漢交趾郡。梁大同元年，於郡分置黄州。《陳書·沈恪傳》：都督十八州。《南康王曇朗傳》：都督十九州，内均有黄州。領郡一。

州治安平。

寧海郡。《隋·志》；海安，梁置海郡。陳領縣三。【略】

利州。《隋·志》：金寧，梁置利州。《陳書·沈恪傳》：都督十八州。《南康王曇朗傳》：都督十九州，内均有利州。領郡無考。

州治金寧。

領縣可考者一。【略】

明州。《隋·志》：交谷，梁置明州。《陳書·南康王曇朗傳》：都督十九州，内有明州。領郡一。

州治交谷。

日南郡。《宋·志》：秦象郡，漢武元鼎六年，更名吳省。晉太康三年，復立。領縣六。【略】

交州。《宋·志》：漢武元鼎六年，開百越、交趾。獻帝建安八年，改曰交州。《隋·志》：交趾郡，舊曰交州。《寰宇記》：梁、陳於交州置都督府。領郡三。

州治交趾。

宋平郡。《宋·志》：孝武世，分日南立宋平縣，後爲郡。《隋·志》：宋平，舊置宋平郡。《元和志》：本漢日南郡，西捲縣地，宋分立宋平縣，屬九德郡，後改爲宋平郡。《通典》、《寰宇記》：宋置宋平郡，齊因之，亦爲交州郡。梁、陳因之。領縣三。【略】

交趾郡。《宋·志》：漢武元鼎六年立。《隋·志》：龍編，舊置交趾郡。陳領縣九。【略】

武平郡。《宋·志》：呈建衡三年，討扶嚴夷，以其地立。《隋·志》：朱鳶，舊置武平郡，又隆平，舊置武平郡。陳領縣六。【略】

愛州。《梁書·武帝紀》：普通四年，分交州，置愛州。《隋·志》：九眞郡，梁置愛州。《元和志》：秦象郡地。梁武帝於郡理置愛州。《陳書·沈恪傳》：都督十八州，內有愛州。領郡一。

州治九眞。

九眞郡。《宋·志》：漢武元鼎六年立。《隋·志》：移風，舊置九眞郡。陳領縣十。【略】

德州。《隋·志》：日南郡，梁置德州。《元和志》：古越地，越裳氏重九譯者也。梁武帝於此置德州。《陳書·沈恪傳》：都督十八州。《南康王曇朗傳》：都督十九州，內均有德州。領郡一。

州治九德。

九德郡。《宋·志》：故屬九眞，吳分立。《寰宇記》：吳分日南置。陳領縣七。

雜録

《陳書》卷二《高祖紀下》（永定二年十二月）壬申，割吳郡鹽官、海鹽、前京三縣置海寧郡，屬揚州。以安成所部廣興六洞置安樂郡。

又　卷三《世祖紀》（天嘉元年三月）甲子，分荊州之天門、義陽、南平，郢州之武陵四郡，置武州。其刺史督沅州，領武陵太守，治武陵郡。其都尉所部六縣為沅州。別置通寧郡，以刺史領太守，治都尉城，省舊都尉。【略】

（天嘉元年）五月乙卯，改桂陽之汝城縣為盧陽郡。分衡州之始興、安遠二郡，置東衡州。【略】

（天嘉二年）夏四月，分荊州之南平、宜都、羅、河東四郡，置南荊州，鎮河東郡。【略】

（天嘉元年三月）甲子，分荊州之天門、義陽、南平，郢州之武陵四郡，置武州。【略】

（天嘉三年六月）以會稽、東陽、臨海、永嘉、新安、新寧、晉安、建安八郡置東揚州。【略】

（天嘉四年正月）罷高州隸入江州。

又　卷四《廢帝紀》（光大二年正月）甲子，罷吳州，以鄱陽郡還屬江州。【略】

（光大二年四月）丁亥，割東揚州晉安郡為豐州。

又　卷五《宣帝紀》（太建二年三月）景午，曲赦廣、衡二州。【略】

（太建五年九月）戊子，割南兗州之盱眙郡屬譙州。【略】

（太建五年十月）梁末得懸瓠，以壽陽為南豫州，今者克復，可還為豫州。以黃城為司州，治下為安昌郡，漄湍為漢陽郡，三城依梁為義陽郡，並屬司州。【略】

（太建七年三月）改梁東徐州為安州，武州為沅州。移譙州鎮於新昌郡，以秦郡屬之。盱眙、神農二郡還隸南兗州。【略】

（太建七年）五月乙卯，割譙州之秦郡還隸南兗州。分北譙縣置北譙郡，領陽平所屬北譙、西譙二縣。合州之南梁郡，隸入譙州。【略】

（太建八年十一月）丁酉，分江州晉熙、高唐、新蔡三郡為晉州。【略】

（太建十年）八月乙丑朔，改秦郡為義州。【略】

（太建十年）冬十月戊寅，罷義州及琅邪、彭城二郡。立建興，領建安、同夏、烏山、江乘、臨沂、湖熟等六縣，屬揚州。【略】

（太建十二年九月）景戌，改安陸郡為南司州。【略】

（太建十三年）夏四月乙巳，分衡州始興郡為東衡州，衡州為西衡

州。【略】

（太建十三年十月）改鄱陽郡為吳州。

又 卷六《後主紀》（禎明元年）冬十一月乙亥，割揚州吳郡置吳州，割錢塘縣為郡，屬焉。

清·臧勵龢《補陳疆域志·例言》 一代之中，疆場無常，建置靡定，故作志必先嚴斷限。斷限不嚴，則眉目不清，而州郡淆亂。班孟堅作《地理志》，斷於元始。司馬彪作《郡國志》，斷於永和。史家之通例也。然補陳志則不能不稍變其例焉。陳氏承梁之緒，版圖彌蹙，西不得蜀漢，北不得淮肥。雖太建時克復淮南，周司馬消難又以淮西地來降，而未幾復失。若斷自禎明，則畫江而守，不足見全盛之封疆，若斷自太建，則建置不常，不足盡一朝之因革。今於州郡廢置，悉以禎明爲斷而已。得旋失之江北州郡亦連類録之。陳氏之全庶乎可見。若當世宏達之士，以有背昔賢史例責之，僕復何辭？

陳前爲梁，梁既無志，同時爲北齊、北周又各無志，南北二史亦復闕。然所幸其建州置郡時於《陳書》紀傳見之。而《周》、《齊》、《魏》、《隋》諸書以及其餘地志各書釐然具在，均足借爲佐證。洪氏子齡、汪氏梅村復有《梁疆域志》、《南北史志》之作，可以資其採擇，尚非無可措手耳。今以本書紀傳爲主，佐以他書，凡州及郡、縣皆詳其建立之始，載其沿革之文，並仿馬彪、魏收之例，於山川、樓閣、臺殿、園陵皆綴輯於郡縣之下，而求故事以實之。無則闕焉，疑則闕焉。

洪北江先生以一代大儒，補三國、東晉、十六國諸疆域志，而其中謬誤數見不鮮，況以弇陋末學妄補舊志，謬誤迭出，復何待言？亦曰搜輯聞見，聊備觀覽云爾。刊謬正誤，是所望於通人。

北魏分部

綜　述

《魏書》卷一〇六上《地形志上》 《夏書·禹貢》、周氏《職方》中畫九州，外薄四海，析其物土，制其疆域，此蓋王者之規摹也。戰國分並，秦吞海內，割裂都邑，混一華夷。漢興，即其郡縣，因而增廣。班固考地理，馬彪志郡國，魏世三分，晉又一統，《地道》所載，又其次也。自劉淵、石勒傾覆神州，僭逆相仍，五方淆亂，隨所跨擅。□□□長，更相侵食，彼此不恒，犬牙未足論，繡錯莫能比。魏定燕趙，遂荒九服，夷翦逋僞，一國一家，遺之度外，吳、蜀而已。

又 卷一〇六下《地形志下》 雍州。漢改曰涼，治漢陽郡隴縣，後治長安。領郡五，縣三十一。

京兆郡。秦爲内史，漢高帝爲渭南郡，武帝爲京兆尹，後漢因之，屬司隸，魏改屬。領縣八。

馮翊郡。故秦内史，漢高帝二年更名河上郡，九年復爲内史，武帝爲左内史，後爲左馮翊，後改。領縣六。

扶風郡。故秦内史，漢高帝二年更名爲中地郡，九年復爲内史，武帝爲右内史，太初中更名主爵都尉，爲右扶風，後改。世祖眞君年中併始平郡屬焉。領縣五。

咸陽郡。領縣五。

北地郡。魏文帝分馮翊之祋祤置。領縣七。

岐州。太和十一年置。治雍城鎮。領郡三，縣八。

平秦郡。太延二年置。領縣三。

武都郡。太延年置。領縣三。

武功郡。太和十一年分扶風置。領縣二。

秦州。治上封城。領郡三，縣十二。

天水郡。漢武帝置，後漢明帝改爲漢陽郡，晉復。領縣四。

略陽郡。晉武帝分天水置。領縣五。

漢陽郡。眞君七年分天水置。領縣三。

南秦州。眞君七年置仇池鎮，太和十二年爲渠州，正始初置。治洛谷城。領郡六，縣十八。

天水郡。眞君七年置。領縣三。

漢陽郡。眞君五年置。領縣二。

武都郡。漢武帝置。領縣四。

武階郡。領縣三。

脩城郡。領縣四。

仇池郡。領縣二。

南岐州。領郡三。

固道郡。延興四年置。

廣化郡。

廣業郡。

東益州。治武興。領郡七，縣十六。

武興郡。領縣四。

仇池郡。領縣二。

槃頭郡。領縣二。

廣長郡。領縣二。

廣業郡。領縣二。

梓潼郡。領縣二。

洛叢郡。領縣二。

益州。正始中置。領郡五，縣十。

東晉壽郡。司馬德宗置，魏因之。領縣四。

西晉壽郡。領縣一。

新巴郡。司馬德宗置，魏因之。領縣一。

南白水郡。領縣二。

宋熙郡。領縣二。

巴州。郡縣闕。

梁州。蕭衍梁、秦二州，正始初改置。領郡五，縣十四。

晉昌郡。領縣三。

褒中郡。領縣三。

安康郡。劉準置，魏因之。領縣二。

漢中郡。秦置。領縣三。

華陽郡。領縣三。

南梁州。郡縣闕。

東梁州。領郡三。縣四。【略】

金城郡。領縣一。【略】

安康郡。領縣一。【略】

魏明郡。領縣二。【略】

涇州。治臨涇城。領郡六，縣十七。

安定郡。漢武帝置，太和十一年罷石堂郡，以其縣屬。領縣五。

隴東郡。領縣三。

新平郡。後漢獻帝建安中置。領縣四。

趙平郡。領縣二。

平涼郡。領縣二。

平原郡。領縣一。

河州。有伏乾。闕二字。眞君六年置鎮，後改。治枹罕。領郡四，縣十四。

金城郡。漢昭帝置，後漢建武十三年□隴西，孝明復。領縣二。

武始郡。晉分隴西置。領縣三。

洪和郡。領縣三。

臨洮郡。二漢、晉縣，屬隴西。眞君六年改置。領縣三。

渭州。領郡三，縣六。

隴西郡。秦置。領縣二。

南安陽郡。領縣二。

廣寧郡。領縣二。

原州。太延二年置鎮，正光五年改置，並置郡縣。治高平城。領縣二，縣四。

高平郡。領縣二。

長城郡。領縣二。

涼州。漢置，治隴。神䴥中爲鎮，太和中復。領郡十，縣二十。【略】

武安郡。領縣一。【略】

臨杜郡。領縣二。【略】

建昌郡。領縣三。【略】

番和郡。領縣二。【略】

泉城郡。領縣一。【略】

武興郡。領縣三。【略】

武威郡。漢武帝置。領縣二。【略】

昌松郡。領縣三。【略】

東涇郡。領縣一。【略】

梁寧郡。領縣二。【略】

鄯州。郡縣闕。

瓜州。郡縣闕。

華州。太和十一年分秦州之華山、澄城、白水置。領郡三，縣十三。

華山郡。領縣五。

澄城郡。眞君七年置。領縣五。

白水郡。太和二年分澄城置。領縣三。

北華州。太和十五年置東秦州，後改。治杏城。領郡二，縣七。【略】

中部郡。領縣四。【略】

敷城郡。領縣三。【略】

豳州。皇興二年爲華州，延興二年爲三縣鎮，太和十一年改爲班州，十四年爲邠州，二十年改焉。領郡三，縣十。

西北地郡。秦昭王置。領縣三。

趙興郡。眞君二年置。領縣五。

襄樂郡。太和十一年置。領縣二。

夏州。赫連屈孑所都，始光四年平，爲統萬鎮，太和十一年改置。治大夏。領郡四，縣九。

化政郡。太和十二年置。領縣二。

闡熙郡。太和十二年置。領縣二。

金明郡。眞君十二年置。領縣三。

代名郡。太安二年置。領縣二。

東夏州。延昌二年置。領郡四，縣九。

偏城郡。太和元年置。領縣二。

朔方郡。漢武帝置。領縣三。

定陽郡。二漢縣，屬上郡，太安中改置。領縣二。

上郡。秦置。領縣三。

泰州。神䴥元年置雍州，延和元年改，太和中罷，天平初復，後陷。領郡三，縣七。

河東郡。秦置。治蒲坂。領縣五。

北鄉郡。領縣二。

陝州。太和十一年置。治陝城。八年罷，天平初復。後陷。領郡五，縣十一。

恒農郡。前漢置，以顯祖諱，改曰『恒』。領縣三。

西恒農郡。領縣一。

澠池郡。領縣二。

石城郡。正始二年置縣，後改。領縣一。

河北郡。領縣四。

洛州。太延五年置荆州，太和十一年改。治上洛城。領郡五，縣七。

上洛郡。晉武帝置。領縣二。

上庸郡。皇興四年置東上洛，永平四年改。領縣二。

魏興郡。太延五年置。領縣一。

始平郡。景明元年置。領縣一。

蕞和郡。景明元年置。領縣一。

荆州。後漢治漢壽，魏、晉治江陵，太延中治上洛，太和中治穰城。領郡八，縣四十一。

南陽郡。秦置。領縣十。

順陽郡。魏分南陽置，曰南鄉，司馬衍更名，魏因之。領縣五。

新野郡。晉惠帝置。領縣三。

東恒農郡。太和中置。領縣六。

漢廣郡。領縣二。

襄城郡。領縣九。

北清郡。領縣二。

恒農郡。領縣四。

襄州。孝昌中置。領郡六，縣二十。

襄城郡。蕭道成置，魏因之。治赭陽城。領縣六。

舞陰郡。孝昌中置。領縣二。

南安郡。太和十三年置郢州，十八年改爲南中府，天平初罷府置，後陷。領縣四。

期城郡。孝昌中置。領縣四。

北南陽郡。孝昌中置，爲宣義郡，後改。州治。領縣二。

建城郡。太和十八年置，景明末罷郡置戍，永熙二年復。領縣二。

南襄州。領郡三，縣五。

西淮郡。領縣二。

襄城郡。領縣二。

北南陽郡。領縣一。

南廣州。領郡五，縣七。

襄城郡。領縣一。

魯陽郡。領縣二。

高昌郡。領縣一。

南陽郡。領縣一。

襄城郡。領縣二。

郢州。領郡三，縣八。

安陽郡，領縣四。

城陽郡。領縣三。

汝南郡。領縣一。

南郢州。領郡十二，縣二十九。

北遂安郡。領縣一。

馮翊郡。領縣四。

江夏郡。領縣二。

□子郡。領縣四。

香山郡。領縣二。

永安郡。領縣二。

新平郡。領縣二。

永安郡。領縣二。

宕都郡。領縣三。

宜民郡。領縣三。

南遂安郡。領縣一。

□□郡。領縣三。

析州。領郡五，縣十一。

脩陽郡，領縣二。

固郡。領縣三。

朱陽郡。領縣二。

南上洛郡。領縣二。

析陽郡。領縣二。

宋·鄭樵《通志》卷四〇《地理略·歷代封畛》 後魏起自北方。至道武率兵下山，東攻拔慕容寶中山，今博陵郡唐昌縣。遂有河北之地，於是遷都平城。今雲中郡。慕容氏喪敗，遣將南畧地，至于滑臺、許昌、今潁川郡。彭城。明元帝太恒中，始於滑臺、許昌置兵鎮守。道武天興中，長孫肥等剋滑臺、許昌，尋不能守，至是始有之。太武帝時又得蒲阪、今河東郡。長安、統萬。始光中，遣軍伐赫連昌，剋蒲阪及長安，又剋統萬，遂滅赫連氏。統萬即赫連所都，今朔方郡是。神𪊨中，宋師來伐碻磝、今濟陽郡城。滑臺、虎牢，今河南府汜水縣是。戍將皆不守，尋並復之。神𪊨三年，宋將到彥之、王仲德等陷滑臺、虎牢、洛陽，遣安頡叔孫建等擊敗走之。太延以後，東平遼東，西平姑臧，三年，東伐馮氏。五年，西伐沮渠，並滅之。於是西至流沙，東接高麗，所未得者漢中及南陽、懸瓠、彭城、青州之南而已。其後帝自南征，遂臨瓜步，宋淮北城鎮守將多有敗没。太平真君十二年，因宋將王元謨來侵，剋碻磝城，戍將濟州刺史王買得棄城而走。宋師至滑臺敗，帝乘勝至江上。獻文、天安初，自河之南、長淮之北，皆為魏有。時因宋晉安王子勳之亂，遣將慕容白曜畧地，破宋將沈文秀、畢衆敬、薛安都、崔道固、常珍等，遂有其地。孝文遷都洛陽，太和十九年徙都。頻歲親征，皆渡淮沔二十年屯八公山，三十一年屯新野及樊城。宣武初，又得壽春，景明初，齊將裴叔業以壽春來降。後至明帝孝昌二年又陷入梁。續收漢川，至于劒閣，兼得淮西之地。正始初，梁將夏侯道遷以漢中降。又元英破梁將馬仙琕於義陽，遂有其地。

莊帝時，梁軍洛陽，數旬敗走。永安初，因爾朱榮害胡太后、少帝之亂，梁將陳慶之送元顥為魏主。爾後內難相繼，不暇外畧，三四年後分為東、西魏矣，皆權臣擅命。詳周齊事中。自永安末年爾朱世隆稱兵入洛，圖籍散亡，不可詳紀。今按舊史云：管州百十有一、郡五百十有九、縣千三百五十有二。按：魏收史所載州郡見東魏靜帝武定中，其時洛陽以西及關中梁、益之地悉屬西魏，收猶總而編之。自太武以後，漸更强盛，東征西伐，剋定中原，屬宋明以後及於齊、梁，國土漸蹙，自守不暇，雖時有侵掠而退不旋踵，故魏之城鎮少被攻圍，因利進取，不常所守也。

清・徐文范《東晉南北朝輿地表・年表》卷三《魏登國九》 時有晉并州北陘雁門、定襄、五原、雲中地。

按：拓跋力微始自北荒，遷盛樂，今山西大同府西北三百里故盛樂城是也。猗盧徙馬邑，今朔平府朔州是。什翼犍都雲中。《通典》曰：朔州北三百餘里雲中城是。《通釋》：猗盧時城盛樂為北都，修故平城為南都，後拓跋珪自盛樂徙都平城，今大同府附郭大同縣也。

又 卷四《魏道武帝珪皇始》 時有晉并州，全。雲中、定襄、五原、襄垣、雁門、太原、西河、永石、新興、樂平、上黨。

有晉冀州，全。信都、趙、長樂、武邑、廣川、鉅鹿、常山、中山、平原、清和、章武、博陵、渤海、河間、高陽。

有晉幽州之上谷、廣寧。

有晉司州之廣平。

按：魏始都平城，以平城為代都，依漢建國之名也。漢平城縣本屬雁門郡，而代郡治桑乾。東漢徙高柳，晉徙平舒。魏收《地志》之上谷郡，晉之代郡也，唐為蔚州之地。魏之代郡，唐為雲州雲中縣之地。杜佑曰：後魏都平城，今雲中郡治。雲中縣是今馬邑郡，北平城即今郡，隋為雲內縣恒安鎮。宋白曰：魏道武都平城，東至上谷、軍都關，西至河，南至中山隘門塞，北至五原，地方千里，以為甸服。

今以苻秦曾立雲中、五原、定襄、襄垣等郡，據其實地，仍標列魏所有之郡。下如宋白《續通典》代都甸服四趾，斯時道武始入中夏，尚未規立，迨改築平城，省漢武故代郡，則雲中、五原等郡盡併入代都而為甸服焉。見後。

又《魏道武天興四》 時司州治平城之代郡，東合大寧、故代郡，西至河北，合五原、雲中，南至隘門為畿內。又統雁門、晉昌、定襄、永石、建興五郡。

并州。治晉陽，統太原、樂平、上黨三郡。

冀州。治信都，統長樂、趙、武邑、章武、平原五郡。

幽州。治合口，統渤海、廣川、河間、高陽、燕、上谷、廣寧七郡。

相州。治鄴，統魏、陽平、廣平、汲、頓邱、清和六郡。

定州。治盧奴，統中山、常山、渤海、博陵四郡。

豫州。治野王，統河內。

兗州。治滑臺，統濮陽、東郡、東燕、潁川四郡。

時有郡三十六。

又《魏永興三》 司州。七郡：代、雁門、定襄、秀容、肆盧、建興、永石。

并州。三郡：太原、樂平、上黨。

冀州。五郡：長樂、武邑、平原、趙、章武。

相州。六郡：魏、陽平、汲、頓邱、廣平、清和。

定州。四郡：中山、常山、鉅鹿、博陵。

豫州。三郡：河內、野王、平陽。

兗州。三郡：濮陽、東郡、東燕。

幽州。八郡：燕、范陽、勃海、河間、高陽、廣川、上谷、廣寧。

又《魏明元帝疆域》 司州。治平城。

代郡。【略】

雁門郡。【略】

新興郡。【略】

秀容郡。【略】

肆盧郡。【略】

永石郡。【略】

建興郡。【略】

并州。治晉陽。

太原郡。【略】

樂平郡。【略】

上黨郡。【略】

冀州。治信都。

長樂郡。【略】

廣川郡。【略】

武邑郡。【略】

渤海郡。【略】
章武郡。【略】
平原郡。【略】
趙郡。【略】
相州。治鄴。
魏郡。【略】
廣平郡。【略】
汲郡。【略】
陽平郡。【略】
頓邱郡。【略】
清和郡。【略】
定州。治盧奴。
中山郡。【略】
常山郡。【略】
鉅鹿郡。【略】
博陵郡。【略】
幽州。治薊。
燕郡。【略】
范陽郡。【略】
上谷郡。【略】
高陽郡。【略】
河間郡。【略】
豫州。治野王。
河内郡。【略】
平陽郡。【略】
河東郡。【略】
河北郡。河北、聞喜。
時有郡三十六，縣二百有八。

實有晉并、冀二全州，幽州惟遼西尚在，北燕又有司州河北地，而置雍州于河西匈奴堡，置南雍州于洛陽北邊，置平州于肥如邊境。又刁雍擾河、濟間以為兗州。

又 卷五《魏泰常七》 司州。治平城。代郡、雁門、新興、永石、秀容、肆盧、建興。
冀州。治信都。長樂、武邑、趙、廣川、渤海、章武、平涼。
并州。治晉陽。太原、樂平、上黨。
幽州。治薊。燕、范陽、上谷、高陽、河間。
相州。治鄴。魏、廣平、汲、陽平、清和、頓邱。
定州。治盧奴。中山、常山、鉅鹿、博陵。
豫州。治野王。河内、平陽、河東、河北、泰平。
置雍州于河内之匈奴堡。
置南雍州于洛陽界。
置荆州于倉垣。

又《魏太武帝疆域》 司州。治平城。代郡、雁門、新興、永石、秀容、肆盧、敷城、建興。
兗州。治滑臺。東郡、濮陽、濟陽、陳留。
僑置徐州于外黃。
濟州。治碻磝。濟北、東平、高平、任城、金鄉。
豫州。治虎牢。滎陽、潁川、河内。
洛州。治洛陽。河南、弘農。
荆州。治商。上洛、華山，僑置魏興。
東秦州。治蒲坂。河東、征平、禽昌、平陽、河北。
雍州。治長安。京兆、馮翊、扶風、咸陽、北地、秦平。
涇州。治臨涇。安定、石堂、新平、隴東、趙平、高平、平涼、平原、西北地、始平。
秦州。治上邽。天水、略陽、南安、安陽、武都。
相州。治鄴。魏郡、廣平、陽平、頓邱、清和、汲郡。
定州。治盧奴。中山、常山、博陵、鉅鹿。
冀州。治信都。長樂、武邑、平原、章武、趙郡、高陽、渤海、河間。
幽州。治薊。燕郡、上谷、范陽、漁陽、石城、建德、遼西、北平、撫冥鎮、柔元鎮。

幷州。治晉陽。太原、上黨、樂平、鄉郡。

僑置南秦州于扶風之沂。

僑置益州于燕之廣陽。

僑置交州于北之土垠。

以青州刺史，治樂安界。

蒲子置吐京鎮。

汾陽，治汾鎮及九原鎮。

遼西置營鎮。

代北置沃野、懷朔、武川、禦夷、懷荒、薄骨律六鎮。

平夏置統萬鎮，舊有杏城鎮。

平燕置和龍鎮。

平涼州置四鎮：武威、張掖、酒泉、燉煌。

時有實郡八十、軍鎮二十。

又《魏太武帝疆域》 司州。治平城。代郡、雁門、吐軍、西河。

幷州。治晉陽。太原、上黨、鄉郡。

肆州。治肆盧。秀容、新興、九原鎮。

蔚州。治故代郡。靈邱，撫冥、柔元、二鎮。

朔州。治雲中，統六鎮。沃野、懷朔、武川、禦夷、懷荒、博骨律。

相州。治鄴。廣平、陽平、汲、清和、頓邱。

定州。治盧奴。中山、常山、鉅鹿、博陵。

冀州。治信都。長樂、武邑、滄水、河間、趙、章武、平原、高陽。

幽州。治薊。燕、范陽、漁陽、北平、廣陽。

平州。治遼西。遼西、上谷、石城、安樂。

營州。治和龍。昌黎、建德、遼東、樂浪、冀陽。

兗州。治滑臺。東郡、濮陽、陳留、濟陽。

僑置徐州于外黃。

濟州。治碻磝。濟北、東平、高平、金鄉。

豫州。治虎牢。滎陽、河內。

洛州。治金墉城。河南、弘農。

荊州。治上洛。上洛、魏興、華山。

東秦州。治蒲坂。河東、征平、河北。

東雍州。治平陽。平陽、吐京、伍城。

雍州。治長安。京兆、馮翊、扶風、咸陽、北地。

北雍州。治杏城。金明、西北地、平高、秦平。

涇州。治臨涇。安定、石堂、新平、隴東、趙平、平涼、平原、統萬鎮。

秦州。治上邽。天水、略陽、南安、濮陽、安陽。

南秦州。治仇池。武都、仇池、落叢。

河州。治枹罕。臨洮、水池、勇田、藍川、金城、武始。

涼州。治武威姑臧，統五鎮。武威、鄯善、張掖、酒泉、敦煌。

時有二十五州，郡百，鎮十餘，實有晉之司、冀、幽、幷、雍、秦、涼七州全境及兗、平二州之半。

又 卷六《魏孝文帝疆域》 司州。治平城。代、雁門、吐軍、西河、平齊。

幷州。治晉陽。太原、上黨、鄉郡、建興。

肆州。治肆盧。秀容、新興。

蔚州。治故代。靈邱。

平州。治方城。遼西、范陽。

營州。治龍城。昌黎、建德、遼東、樂浪、冀陽。

幽州。治薊。燕、漁陽、上谷、石城。

安州。治安寧。安樂、廣陽、密雲。

冀州。治信都。長樂、武邑、滄水、章武、趙。

定州。治盧奴。中山、常山、鉅鹿、博陵、河間、高陽。

相州。治鄴。魏、廣平、陽平、清和、頓邱、汲。

兗州。治滑臺。東郡、濮陽、陳留、濟陽、平原。

東兗州。治瑕邱。魯、泰山、東平、高平。

濟州。治碻磝。濟北、金鄉、東泰山。

青州。治東陽。齊、北海、樂安、樂陵、渤海、河間、高陽、義興，四郡並僑。

齊州。治歷城。濟南、太原、東魏、東平原、東清和、廣川。

光州。治掖。長廣、東萊。

徐州。治彭城。彭城、沛、東海、琅邪。

南徐州。治宿豫。淮陽、下邳、南陽平、建昌。

東徐州。治團城。東莞、東安、高密、平昌。

豫州。治懸瓠。汝南、新蔡、南頓、城陽、譙、梁、初安、潁川、汝陰、汝陽、襄城、東新蔡。

揚州。治項城。丹陽、陳郡。

洛州。治虎牢。河南、滎陽。

懷州。治野王，置西懷州于萇平。河内。

荆州。治廬氏，置東荆州于樂陵鎮。上洛、東上洛、弘農、華山、魏興。

東秦州。治蒲坂。河東、征平、河北、澄城。

東雍州。治平陽。平陽、吐京、伍城、邵郡、邵上。

雍州。治長安。京兆、馮翊、扶風、秦平、武都、咸陽、北地。

涇州。治臨涇。安定、石堂、新平、趙平、平涼、平原、隴東。

北雍州。治杏城。金明、西北地、平高、定陽、偏城、上郡。

秦州。治上邽。天水、略陽、南安、漢陽、安陽。

南秦州。治仇池，僑置梁、益二州。仇池、武都、陰平、落叢、白水、修武。

河州。治枹罕，分置沙州。臨洮、武始、金城、洪和、固道。

涼州。治姑臧，時統五鎮。武威、鄯善、張掖、酒泉、燉煌。

時有州三十八、郡百六十。實有晉二十一州之司、并、雍、秦、涼、幽、冀、青、兖、豫十全州及徐州過半，平州三之一，而朔方、沃野、懷朔、懷荒、武州、禦夷、薄骨律六鎮與撫冥、柔元、高平、統萬四鎮並在晉并、雍二州域外北境。

又《魏泰和十年》 《通鑑》載是年分置州郡，凡三十八州，二十五在河南，十三在河北。胡三省注：河南二十五州，青、南青、兖、齊、濟、光、豫、洛、徐、東徐、雍、秦、南秦、梁、益、荆、涼、沙、河，時又置華、陜、夏、岐、班、郢，凡二十五。河北十三州，同、并、肆、冀、定、相、幽、燕、營、平、安，時又置瀛、汾，凡十三。蕭子顯謂雍、涼、秦、沙、涇、華、岐、河西、華、寧、陜、洛、荆、郢、北豫、東荆、南豫、西兖、東兖、南徐、東徐、青、齊、濟、光二十五州在河南，相、汾、懷、東雍、肆、定、瀛、朔、并、冀、幽、平、司十三州在河北。范考：是時魏有司、并、肆、蔚、營、平、幽、安、冀、定、相、嵐、東秦、東雍、懷、西懷十六州在河北，兖、東兖、濟、青、齊、徐、南徐、東徐、光、豫、揚、洛、荆、雍、北雍、涇、秦、南秦、梁、益、河、涼二十二州在河南，合三十八州。按：年可考證，非是歲分置也。胡、蕭二先生所引華、陜、汾、郢、瀛、朔、燕、班、岐等州，時尚未改置，並見後。至朔方所統六鎮，還洛後始置朔州，蓋渾言之，胡、蕭亦就後來所置以言，非專以輿地見長也。魏自是州郡益紛，或名存而地非故處，或改建而仍號舊名，余故挨年作表及《州郡縣表》，希明之而終難明也。

又《魏孝文帝疆域》 司州。治洛陽。河南、新安、恒農、平陽、河東、河北、河内、安邑、正平、東郡、潁川。

相州。治鄴。魏、廣平、陽平、清和、汲、頓邱、南趙。

汾州。治蒲子。吐京、西河、五城、定陽、邵、高樂。

洛州。治上洛。上洛、魏興、朱陽、東上洛。

華州。治華陰。華山、澄城、白水。

雍州。治長安。京兆、馮翊、扶風、咸陽、北地、渭南。

岐州。治雍。秦平、武功、武都。

涇州。治臨涇。安定、新平、趙平、隴東、平涼、平原。

邠州。治。西北地、趙興、襄洛。

夏州。治統萬。化成、金明、代名、闡熙。

東秦州。治杏城。中部、敷城、欒川、義川。

北雍州。治。平高、定陽、偏城。

秦州。治上邽。天水、略陽、南安、漢陽、安陽。

涼州。治姑臧。武威、武安、臨杜、建昌、番和、梁寧、泉城、武興、昌松、東涇。河西四軍鎮：鄯善、張掖、酒泉、敦煌。

河州。治枹罕，兼置沙州。金城、臨洮、武始、洪和、固道、北金城。

南秦州。治百頃，兼置梁、益二州。武都、陰平、落叢、武階、修武、白水。

渠州。治南梁州于武興。仇池。

恒州。治平城。代郡、吐軍、平齊。朔方合八鎮：懷朔、懷荒、沃野、武川、撫冥、柔元、禦夷、薄骨律。

朔州。治定襄。盛樂、廣牧。

燕州。治昌平。平禺。

并州。治晉陽。太原、上黨、鄉郡、建興。

肆州。秀容、雁門、新興。

蔚州。又有嵐州。靈邱。

營州。治龍城。昌黎、建德、遼東、樂浪、冀陽。

平州。治肥如。遼西、范陽、北平。

幽州。治薊。燕郡、漁陽、上谷、石城。

安州。治安樂。安樂、密雲、廣陽。

瀛州。治趙都軍城。河間、高陽、章武、浮陽。

冀州。治信都。長樂、武邑、滄水、趙、安德。

定州。治盧奴。中山、鉅鹿、博陵、唐郡、常山。

兗州。治瑕邱。魯、泰山、東平、高平。

南兗州。治渦陽。梁、譙、沛，又下蔡戍。

濟州。治碻磝。濟北、金鄉、濟陽、平原、東泰山。

青州。治臨淄。齊、北海、樂安、樂陵、勃海、高陽、河間。

齊州。治歷下。濟南、太原、東魏、廣川、濮陽、東平原、東清和。

光州。治掖。長廣、東萊、東牟。

徐州。治彭城。彭城、東海、琅邪。

南徐州。治宿豫。淮陽、下邳、南陽平。

東徐州。治圍城。東莞、東安、高密、平昌。

豫州。治懸瓠。汝南、新蔡、南頓、初安、襄城。

北豫州。治虎牢。滎陽。

東郢州。置郢州于葉。汝陰、汝陽、東新泰。

揚州。治項城。丹陽、陳郡。

荊州。治魯陽。南陽。

東荊州。治沘陽，又置鄭、潘、溱三州及西郢州。江夏、周康。

南荊州。治平氏。義陽、漢廣。

殷州。又置南雍州于蔡陽。城陽、東南陽。

襄州。治湖陽。西淮安、建成。

洞州。治棘陽。洞川、襄城。

三荊、三郢及鄭、潘、溱、殷、襄、洞、南雍十三州並在沔北、淮西邊界西陽、義陽、南陽、新野、順陽間。

時有州五十七、郡二百。實有晉二十一州之司、冀、幽、兗、青、豫、并、雍、秦、涼十全州及荊州北邊、平州三之一、徐州半强，又得漢雍、并北朔方境地。

又　卷七《魏宣帝疆域》　司州。時治洛陽，統郡十三。河南、新安、恒農、平陽、河東、河北、河內、正平、安邑、林慮、東郡、潁陽、汲。滎陽立東中府，新野之葉立南中府。

相州。治鄴，統郡七。魏、廣平、陽平、頓邱、清和、南趙。

汾州。治蒲，統郡六。吐京、西河、五城、邵郡、高涼、石城。

洛州。治上洛，統郡六。上洛、魏興、朱陽、始平、長和、東上洛。

華州。治華陰，統郡三。華山、澄城、白水。

雍州。治長安，時統郡五。京兆、馮翊、扶風、咸陽、渭南。

岐州。治雍，統郡三。秦平、武都、武功。

涇州。治臨涇，統郡六。安定、新平、趙平、隴東、平涼、平原。

幽州。郡三。西北地、趙興、襄洛。

北雍州。郡四。北地、平高、定陽、偏城。

夏州。治統萬，郡四。化成、金明、代名、闡熙。

東秦州。治杏城，郡四。中部、敷城、樂川、義川。

秦州。治上邽，統郡五。天水、略陽、漢陽、南安、安陽。

南秦州。治駱谷城，兼置梁州于仇池、南梁州于武興。

渠州。兼置益州。仇池、天水、略陽、漢陽。

河州。治枹罕，兼置沙州。金城、臨洮、武始、洪和、固道、北金城。

涼州。治姑臧，統郡十及四鎮。武城、武安、臨杜、建昌、番和、梁寧、武興、泉城、昌松、東涇。河西四鎮：張掖、鄯善、酒泉、敦煌。

恒州。治平城，郡四。代郡、吐軍、平齊、神武。朔方合八鎮：懷朔、沃野、懷荒、武川。撫冥、柔元、禦夷、薄骨律。

朔州。治定襄。盛樂、廣牧、偏城、廣寧。

燕州。治昌平，郡二。平禺、上谷。

肆州。治九原，郡四。秀容、雁門、新興、永石。

并州。治晉陽。太原、上黨、鄉郡、建興。

蔚州。又有嵐州。靈邱。

營州。治龍城，郡五。昌黎、建德、遼東、樂浪、冀陽。

平州。治肥如，郡三。遼西、范陽、北平。

幽州。治薊，郡四。燕、漁陽、上谷、石城。

安州。治安樂，郡三。安樂、密雲、廣陽。

瀛州。治趙郡，郡四。軍城、河間、高陽、章武。

冀州。治信都，郡四。長樂、武邑、趙、渤海。

定州。治盧奴，郡四。中山、常山、鉅鹿、博陵。

兗州。治瑕邱，郡四。魯、太山、東平、高平。

南兗州。治渦陽，郡四。譙、梁、沛、馬頭。

濟州。治碻磝，郡五。濟北、金鄉、平原、東泰山、濟陽。

青州。治臨淄，郡七。齊、北海、樂安、樂陵、渤海、高陽、河間。

齊州。治歷下，郡七。濟南、太原、東魏、廣川、濮陽、東平原、東清和。

光州。治掖，郡三。長廣、東萊、東牟。

徐州。治彭城，郡三。彭城、東海、琅邪。

南徐州。治下邳，郡三。下邳、淮陽、南陽平。

南青州。治團城，郡三。東莞、東安、平昌。

東豫州。治新息廣陵城，郡六。汝南、弋陽、陽安、東新蔡、長陵。

豫州。治懸瓠，郡六。汝南、新蔡、初安、南頓、城陽、襄城。

潁州。治汝陰，郡四。潁川、汝陰、汝陽、陳。

揚州。治壽春，郡九。梁、淮南、北陳、邊城、陳留、新蔡、安豐、潁川、下蔡。

荆州。治穰，郡七。南陽、新野、南鄉、東恒農、北清、襄城、順陽。

南平州。治湖陽，郡三。西汝南、北襄城、北義陽，又齊所立扶風、馮翊、河南、北河南、天水、南上洛等郡。

東荆州。治沘陽，郡一。江夏。

殷州。郡二。城陽、東南陽。鄭、璠潘溱三州并在沘陽界。周康。

襄州。亦治湖陽，郡二。西淮安、建城。

南荆州。治平氏，郡二。義陽、漢廣。

南雍州。治蔡陽。

洞州。治棘陽，郡二。洞川、襄城。

西郢州。治沘陽。

時有州六十、郡鎮二百有四十八。

又《魏明帝疆域》 司州。治洛陽，郡十三。河南、新安、恒、河東、河北、正平、安邑、平陽、河內、林慮、汲、潁川、東郡，滎陽立東中府，新野之葉立南中府。

相州。治鄴，郡六。魏、廣平、陽平、頓邱、清和、南趙。

汾州。治蒲，郡七。吐東、西河、五城、邵郡、高涼、石城、柏壁鎮。

洛州。治洛，郡八。上洛、魏興、上庸、朱陽、始平、長和、漢安、石城。

華州。治華陰，郡三。華山、澄城、白水。

雍州。治長安，郡五。京兆、馮翊、扶風、渭南、咸陽。

岐州。治雍，郡三。秦平、武功、武都。

涇州。治臨涇，郡七、鎮一。安定、新平、趙平、隴東、平涼、平原、長城、高平鎮。

北雍州。時治華原，郡三。北地、平高、定陽。

幽州。治彭陽，郡三。西北地、趙興、襄洛。

夏州。治統萬，郡四。化成、金明、代名、闡熙。

東夏州。治朔方之廣武，郡四。偏城、朔方、上郡、定陽。

北華州。治杏城，郡四。中部、敷城、廣川、義川。

秦州。治上邽，郡五。天水、略陽、漢陽、南安、安陽。

南秦州。治洛谷城，郡六。武都、武階、修武、天水、略陽、仇池。

梁州。治晉昌，郡五。漢中、晉昌、安康、華陽、褒中。

益州。治晉壽，郡五。東晉壽、西晉壽、宋熙、新巴、南白水。

東益州。治武興，郡七。武興、仇池、槃頭、廣長、廣業、梓潼、落叢。

南梁州。在宕渠界，郡二。流江、固道。

巴州。在巴西界，郡一、鎮一。巴西、隆頭鎮。

河州。治枹罕，郡六。金城、臨洮、武始、洪和、故道、北金城。

涼州。治姑臧，郡十四。武威、武安、臨杜、建昌、番和、梁寧、泉城、武興、昌松、東涇。河西四鎮、張掖、鄯善、酒泉、敦煌。

恒州。治平城，郡四。代郡、吐軍、平齊、神武。代北八鎮：懷朔、懷荒、沃野、武川。撫冥、柔元、禦夷、薄骨律。

朔州。治定襄，郡四。盛樂、廣牧、廣寧、偏城。

燕州。治昌平，郡二。平禺、上谷。

肆州。治九原，郡三。秀容、雁門、新興。

幷州。治晉陽，郡四。太原、上黨、鄉郡、建興。

蔚州。治故代郡，郡一。靈邱。又有嵐州及難石鎮。

平州。治肥如，郡三。遼西、范陽、北平。

營州。治龍城，郡五。昌黎、建德、遼東、樂浪、冀陽。

幽州。治冀，郡四。燕、漁陽、上谷、石城。

安州。治方城，郡三。安樂、密雲、廣陽。

瀛州。治趙都軍城，郡三。河間、高陽、章武。

冀州。治信都，郡四。長樂、武邑、趙、渤海。

南冀州。治聊城，郡二。平原、東安。

滄州。治饒安，郡三。浮梁、樂陵、安德。

定州。治盧奴，郡四。中山、鉅鹿、常山、博陵。

兗州。治瑕邱，郡五。魯、泰山、東平、高平、任城。

濟州。治碻磝。郡四。濟北、金鄉、東泰山、濟陽。

青州。治東陽，郡六。齊、北海、樂安、渤海、高陽、河間。

齊州。治歷城，郡七。濟南、南太原、東魏、廣川、濮陽、東平原、東清和。

南青州。治團城，郡四。東莞、東安、平昌、高密。

光州。治掖，郡三。東萊、東牟、長廣。

徐州。治彭城，郡四。彭城、東海、琅邪、建昌。

南徐州。治下邳，郡二。下邳、南陽平。

東豫州。治新息廣陵城，郡五。汝南、新蔡、弋陽、陽安、東新蔡。

豫州。治懸瓠，郡七。汝南、新蔡、初安、南頓、城陽、梁、沛。

潁州。時治汝陰，郡五。潁川、汝陰、汝陽、陳、譙。

揚州。治壽陽，郡十。南梁、淮南、北陳、陳留、新蔡、邊城、潁川、下蔡、安豐、北譙。

渦州。時治渦陽，郡一。渦陽。又置江州于陽石，在廬江、安豐間。

南兗州。治南譙，郡五。南譙、馬頭、北梁、沛、梁。

殷州。郡二。城陽、東南陽。鄭、潘、溱三州及周康郡並在沘陽界。

荆州。治穰，郡六。南陽、新野、南鄉、東恒農、北清、襄城，又齊所立河南等城。

南平州。治湖陽，郡三。西汝南、北襄城、北義陽。又齊所立扶風、馮翊、河南、南天水、北河南等郡。

東荆州。治沘陽。江夏，又有勞州。

南荆州。治安昌，郡二。漢廣、義陽。

襄州。亦治湖陽，西淮安。

南雍州。治蔡陽。

洞州。治棘陽，郡二。洞川、襄城。

西郢州。亦治沘陽。

郢州。治義陽，郡六。齊安、義陽、永安、安陽、城陽、汝南。

南郢州。治南荆界，郡十二。北遂安、南遂安、新陽、香山、新平、宕都、永安、永安左、新市、宜民、馮翊、江夏。

廣州。治魯陽，郡七。魯陽、安陽、順陽、廣漢、定陵、汝南、襄城。

南廣州。與南郢並在南荆邊界，郡五。襄城、魯陽、高昌、南陽、襄城左。

南梁州。治魏興、西城邊界。西城。

時有州六十八，郡鎮三百餘。

實有晉二十一州之司、雍、秦、涼、并、冀、幽、青、兖、豫十全州及揚州淮南故郡，梁、益漢中郡，徐州之半，平州三之一，荆州沔北，又雍、并朔方域外。時元魏疆域為極盛。

又《魏孝武帝疆域》 司州。時治洛陽，郡十二。河南、恒農、西恒農、河東、河北、河內、正平、安邑、汝北、陽城、汲，滎陽立東中府，新野之葉立南中府。

相州。時治鄴，郡十一。魏、廣平、廣宗、林慮、陽平、位城、頓邱、清和、山陽、黎陽、北廣平。

殷州。時治廣阿，郡三。鉅鹿、趙、南趙。

汾州。時治蒲，郡八。吐京、西河、正平、伍城、邵、高涼、石城、定陽、柏壁鎮。

晉州。治白馬城，郡八。平陽、北絳、南絳、義寧、西河、冀氏。永安。

洛州。治上洛，郡八。上洛、魏興、上庸、朱陽、始平、長和、漢安、石城。

華州。治華陰，郡三。華山、澄城、白水。

原州。治高平，郡二。高平、長城。

雍州。治長安。京兆、馮翊、扶風、咸陽、渭南。

岐州。郡三。秦平、武都、武功。

涇州。治臨洮，郡三。安定、新平、趙。

東秦州。治汧，郡三。隴東、平涼、平原。

渭州。治隴西，郡三。隴西、廣寧、南安陽。

北雍州。治華原，郡五。北地、平高、定陽、建忠、大興。

幽州。治彭陽，郡三。西北地、趙興、襄洛。

夏州。治統萬，郡四。化成、金明、代名、闡熙。

東夏州。治朔方，郡四。偏城、朔方、上郡、定陽。

北華州。治杏城，郡四。中部、敷城、廣川、義川。

靈州。薄骨律鎮改。

秦州。治上邽，郡五。天水、略陽、漢陽、南安、安陽。

南秦州。治駱谷城，郡六。武都、武階、修武、天水、略陽、仇池。

梁州。治晉昌，郡五。晉昌、漢中、安康、華陽、褒中。

益州。治晉壽，郡五。東晉壽、西晉壽、宋熙、南白水、新巴。

東益州。治武興，郡七。武興、仇池、槃頭、廣長、廣業、梓潼、落叢。

時没氐蜀。

東梁州。治西域邊界。西城。

南梁州。治宕渠界。流江、固道。

巴州。治巴西界。巴西。

河州。治枹罕，郡七。金城、臨洮、武始、洪和、故道、廣武、北金城。

涼州。治姑臧，郡十。武威、武安、臨杜、建昌、番和、梁寧、泉城、武興、昌松、東涇。

鄯州。治西平，郡二。鄯善軍、張掖軍。

瓜州。治敦煌，郡六。敦煌、酒泉、常樂、會稽、玉門、晉昌。

恒州。治平城，郡四。代、吐軍、平齊、靈邱，多荒廢。

并州。治晉陽，郡四。太原、上黨、襄垣、樂平。

朔州。寄治并州界，郡五。太安、廣寧、神武、太平、附化。

雲州。寄治祁縣界，郡四。盛樂、雲中、建安、真興。

蔚州。治太原之鄔，郡二。始昌、忠義。

豐州。寄治武鄉，郡二。鄉郡。

建州。治建興，郡西。高都、長平、安平、泰寧。

肆州。治九原，郡四。秀容、雁門、永安、高柳。

顯州。治西河六壁城，郡二。建平、定戎。

嵐州。治嵐岢。

燕州。治昌平。平昌、上谷。

南岐州。治固道，郡三。固道、廣化、廣業。

營州。治龍城，郡六。昌黎、建德、遼東、樂浪、冀陽、營邱。
平州。治范陽，郡三。范陽、遼西、北平。
安州。治方城，郡三。安樂、密雲、廣陽。
幽州。治薊，郡四。燕、漢陽、上谷、石城。
南營州。治高陽英雄城，郡三。建德、昌黎、遼東。
瀛州。治趙都軍城，郡三。河間、高陽、章武。
冀州。治信都，郡三。長樂、武邑、渤海。
滄州。治饒安，郡三。浮陽、樂陵、安德。
定州。治盧奴，郡四。中山、常山、博陵、北平。
兖州。治滑臺，郡四。東郡、濮陽、陳留、陽夏。
東兖州。治瑕邱，郡四。魯、泰山、高平、任城。
西兖州。治定陶，郡二。濟陰、沛。
濟州。治碻、城，郡六。濟北、金鄉、東泰山、平原、東平、北濟陰。
青州。治東陽，郡六。齊、北海、樂安、渤海、高陽、河間。
齊州。治歷成，郡六。濟南、太原、廣川、東魏、東平原、東清和。
南青州。治團城，郡二。東莞、平昌。
光州。治掖，郡三。長廣、東萊、東牟。
膠州。治東武，郡三。東武、高密、平昌。
徐州。治彭城，郡四。彭城、建昌、碭、蕃。
北徐州。治泰山界，郡二。東泰山、琅邪。
東徐州。治下相界，郡二。盱眙、臨潼。
豫州。治懸瓠，郡六。汝南、新蔡、渦陽、南頓、譙、梁。
揚州。治項，郡四。丹陽、淮南、南陽、陳。
昇州。治澗陽，郡三。西汝南、北襄城、北義。又齊所立扶風、河南、南天水、北河南等郡。
荆州。治穰，郡三。南陽、新野、南鄉，又齊所立東恒農、北清、中襄城等郡。
南荆州，治葉縣界，郡二。建成，又拔梁馮翊、安定、沔陽、酇城四郡。
殷州。治城陽，郡二。東南陽、城陽。
鄭州。
播州。周康。
秦州。並在沘陽界。
南雍州。治蔡陽。
洞州。治棘陽，郡二。洞川、襄城。
西郢州。亦治泌陽。
南郢州。治南荆界，郡十一。北遂安、南遂安、香山、新陽、新市、新平、宕都、宜民、江夏、馮翊、永安、永安左。
襄州。治堵陽，郡四。襄城、舞陰、期城、宜義。
南襄州。治湖陽，郡三。西淮、襄城、北南陽。
廣州。治魯陽，郡七。魯陽、南陽、順陽、廣漢、定陵、汝南、襄城。
南廣州。治南荆邊界，郡五。襄城、魯陽、高昌、南陽、襄城左。
析州，治順陽之析，郡五。析陽、修陽、松陽、固郡、南上洛。
東荆州。治沘陽，郡一。江夏。
南兖州。治譙界，郡五。南譙、馬頭、北譙、沛、梁。
魏時有州八十四、郡三百五十四。

論説

宋・司馬光《資治通鑑》卷一三六《齊紀二・世祖武皇帝上之下》

（齊武帝永明四年，魏）分置州郡，凡三十八州，二十五在河南，十三在河北。河南二十五州，青、南青、兖、齊、濟、光、豫、洛、徐、東徐、雍、秦、南秦、梁、益、荆、涼、河、沙，時又置華、陝、夏、岐、班、郢，凡二十五。河北十三州，司、并、肆、定、相、冀、幽、燕、營、平、安，時又置瀛、汾，凡十三。蕭子顯曰：雍、涼、秦、沙、涇、華、岐、河、西華、寧、陝、洛、荆、郢、北豫、東荆、南豫、西兖、東兖、南徐、東徐、青、齊、濟、光二十五州在河南，相、汾、懷、東雍、肆、定、瀛、朔、并、冀、幽、平、司等十三州在河北。

清・温曰鑑《魏書地形志校録・朱琦〈魏書地形志校異序〉》 史莫

難於志，而地理爲甚，志割據時之地理爲尤甚。蓋南北離析，犬牙相錯，彼此攻奪，中多僑置，加以文簿散亡，動成淆亂，固未易確得其指歸也。北魏享國百有餘年，初都代，旋徙盛樂，厥後幅員日廣，遂跨越天下，大半所屬，州郡沿某紛如。魏收志地形，自知闕略。且收本齊人，專主東魏，故棄稱録武定之世。武定係東魏孝靜帝年號，而西魏大統以還概不之著。序又言淪陷諸州户，據永熙綰籍永熙，則東、西魏未分以前也。然卽所撰述乖迕，亦不一而足。儒者論方輿，率取前後兩《漢·志》，次《元和郡縣志》、《元豐九域志》、《太平寰宇記》諸書而已。魏既偏安，收書復蒙穢史之謗，咸高閣不觀。吳興温君鐵華獨理而董之，旁稽互勘，勒就校異一編來問序。余公退餘閒，披覽甫竟，竊意其間魯魚亥豕，原不必盡咎原書，如武邑郡灌津當作『觀津』，偏城郡泼野當作『沃野』之類，或音近或形似，經典皆有，故君於汲郡治城頭，據《元和志》當作『枋頭城』；東魏郡聊城有管城，據《漢·志》，『管』當作『菅』，並以爲轉寫致誤是也。外此箴譌益漏，抉剔幽微，實可見收之疏。其爲功正史不淺。

按是書今世傳本蓋出宋劉攽、劉恕等所校定，但彼時祇校其亡逸不完者二十九篇，各疏於逐篇之末，志則天象二卷，補以張太素書，餘未遑詳覈。若君之作，乃眞用心勤而搜事博矣。我朝乾隆中，校刊前史，卷尾每附考證，而《魏書·地形志》署名齊次風侍郎，侍郎固夙號淹雅。揆君釐訂，往往符合，至於條舉件繫，多逾倍蓰，顧侍郎所校，閒亦有君未及者。受陽、壽陽之別，遼陽、轑陽之殊，大邱、犬邱之判，更增脱字、正舛義約共十餘，則君虛懷善下，實事求是，曾兼采近人，全、趙、錢、洪之説，豈偶遺齊氏與甄綜斯備？請還以質諸君。

又 《張鑑秋水〈魏書地形志校異序〉》 余友温君鐵華，病《魏志》地形之譌，取兩《漢》、《晉》、《宋》《隋》各志，參以《水經注》、《元和郡縣志》、《太平寰宇記》、《輿地廣記》、《方輿紀要》，旁采近世全氏、趙氏、錢氏、洪氏諸說，仍本之各史、《通鑑》，證其疏舛，補其罅漏，於是拓跋之幅員近可讀矣。粤自典午陵夷，中原雲擾，魏起朔方，豆分瓜剖，武定以還，始列版章，然南司、揚、楚等二十三州，名號遞更，疆域紛改，或一郡縣割成三四，三四之中又復離析，流民橋寄，南北一轍，故魏澹繼譔，諸志闕如，佛助操觚，固由草創，官司文簿，散棄綦多。實則專守王隱《太康地道》一記，穢史貽譏，卒亦不刊。夫隻手不能障千古之目。據酈善長說，別有《土地記》之名，試以讎校如平陽郡治楊，章武郡治故，建興郡治陽阿，多不印證。欲以息後人之喙，難矣。鐵華恬於利祿，閉户著書，一塵不染，以余之沈疴，荒殖尙更迭舉示，今見此稾已經三易，卽起何承天、李賢、胡三省諸賢訂之，能有此勤且精否？行將促之剞劂，遂書以爲緣起。

又 卷上 班固考地理焉，彪志郡國。『焉』爲『馬』字之譌。繡錯莫能比。汲古閣本『錯』譌爲『鍇』。今録武定之世以爲志焉。錢氏大昕曰：伯起志州郡，不述太和全盛之規，轉録武定裂之制。至秦、雍以西不在東魏疆域之内，乃據永熙綰籍以足之，未幾自亂其例矣。

司州。治鄴城。《元和郡縣志》：故鄴城在鄴縣東五十步，春秋時齊桓公所築也。自漢至高齊，魏郡、鄴縣並理之。《水經注》云：今相州刺史及魏郡治。

魏尹。鄴有西門豹祠、《太平寰宇記》引《隋圖經》：祠在鄴縣東南七里，北臨太平渠。《水經注》云：祠堂東頭石柱勒銘曰：趙建武中所修也。武城、《郡國志》：鄴縣有武城。《水經注》云：武城卽期城矣。牖里城、《元和郡縣志》：牖里，一名羑里，在蕩陰縣北九里。《漢·志》：蕩陰有羑里城。韋昭音『羑』爲『牖』。蕩城、當卽蕩陰城，脱『陰』字。石竇堰。《水經注》：魏武引漳水入鄴城，又東出爲石竇堰。天平中，決漳水爲萬金渠，今世號『天平渠』。按：《北齊書·高隆之傳》：鑿渠引漳水，周流城郭，造治碾磑，並有利於時。卽此渠也。臨漳，有鼓山、《郡國志》『鄴縣』下注引《魏都賦》注：鄴西北有鼓山，時時自鳴，鳴則兵。肥鄉城、《元和郡縣志》：肥鄉故城在今縣西二十二里。《水經注》引《竹書紀年》曰：梁惠成王八年，伐邯鄲取肥者也。邯鄲城、《漢·志》：邯鄲縣，趙敬侯自中牟徙此。《元和郡縣志》：本衛地也，後屬晉，七國時爲趙都。斥丘城、《元和郡縣志》：斥丘故城在成安縣南三十里。《水經注》：故乾侯矣。列人城、《太平寰宇記》：列人故城在肥鄉縣東北十五里。《水經注》引《竹書紀年》曰：梁惠成王八年，伐邯鄲，取列人者也。鸕鷀陂。《水經注》：洹水枝津逕高陵城南，又東逕鸕鷀陂。《元和郡縣志》：陂在洹水縣西南五里，周迴八十里。繁陽，治繁陽城。《史記正義》引《括地志》：繁陽故城在内黃縣東北二十七里。《水經注》：《史記》：趙將廉頗伐魏，取繁陽者也。列人，後漢屬。《郡國志》：屬鉅鹿郡。易陽，天平初屬，錢氏大昕曰：《北齊志·李元忠傳》：分廣平、易陽、襄國、南趙郡之中丘三縣爲易陽郡。此事在永安中，《志》失載。有易陽城。《太平寰宇記》：臨洺縣，本漢易陽縣。元城，有沙鹿山。《春秋》注：沙鹿，山名，平陽元城縣東有沙鹿土山。貴鄉，天平二年，分館陶置，治趙城。按：《舊唐書·志》：趙城在館陶西界，魏州西北三十里。有東中郎將治，按：《孝靜帝紀》：天平元年，初置四中郎將，於礓石橋置東中，蒲泉置西中，濟北置南中，洺水置北中。今《志》惟東中見於此。有空陵城。《水經注》：白溝又東北逕空陵城西，又北逕喬亭城西，東去館陶縣故城十五里。

陽平郡。治館陶城。《水經注》：館陶縣卽《春秋》所謂冠氏也，魏陽平郡治也。

清淵，二漢屬郡。齊氏召南曰：『郡』字上當有『魏』字，係從來刊本之脫。有清淵城。《水經注》：淇水逕平恩縣故城東，又東過清淵縣故城西，又歷縣之西北爲清淵。樂平，治樂平城。《元和郡縣志》：樂平故城，本漢清縣，在堂邑縣東三十里。發干，有發干城。《史記正義》引《括地志》：發干故城在堂邑縣西南二十三里。陽平，有陽平城，《元和郡縣志》：莘縣，漢爲陽平縣。有岡城、《郡國志》陽平有岡成城，疑此脫『成』字。《水經注》引作『岡成亭』。有趙簡子陵、《史記集解》引張華曰：趙簡子冢在臨水界。《太平寰宇記》『邯鄲縣』下引《隋圖經》謂之『研子冢』。武溝水。《漢·志》：東郡東武陽縣。《禹貢》：漯水東北至千乘入海。應劭曰：武水之陽也。《水經注》：漯水，戴延之謂之武水也。

廣平郡。治曲梁城。《元和郡縣志》：永年縣，本漢曲梁縣。《左傳》注：晉地。

平恩。治平恩城。《元和郡縣志》：平恩縣，本漢舊縣。《水經注》引《地理風俗記》曰：縣，故館陶之別鄉也。有康臺澤。《元和郡縣志》：康臺澤，在平恩縣東五里。曲安，治曲安城。《元和郡縣志》：曲周縣，本漢舊縣，後魏宣武帝改置曲安縣。邯鄲，有紫山。《隋·志》：武安臨洺縣有紫山。《太平寰宇記》：在武安縣東三十里。廣平，治廣平城。《太平寰宇記》：廣平故城，漢平于國廢城，在永年縣北。廣年，治廣年城。《後漢書》注：廣年故城在永年縣東北。

汲郡。治城頭。當作『枋頭城』，轉寫之誤。《元和郡縣志》云：後魏孝靜帝移汲郡理此，在衛縣界是也。《水經注》云：漢建安九年，魏武於淇水口下大枋木以成堰遏淇水，東入白溝以通漕運，故時人號其處爲『枋頭』。

北修武。治清陽城。《後漢書》注：濁鹿城，一名濁城，亦名清陽城，在懷州修武東北。有丁公神、《水經注》：永豐塢有丁公泉，發於焦泉之右，疑卽此所。謂丁公也，其名未詳。全氏祖望曰：每縣下皆載有祠，但直作『神』字，疑是北人竟以『神』字當『祠』字耳。陶河、《水經注》：孟津亦曰盟津，又曰富平津，又謂之『陶河』。覆釜山、《水經注》：山陽縣東北二十五里，有陸眞阜，次阜之東北得覆釜堆。五里泉、《太平寰宇記》『修武縣』下引《水經注》云：五里泉在修武鄉。馬鳴泉、《水經注》：陸眞阜南有皇母、馬鳴二泉，東南合注于吳陂也。重泉、《水經注》：長泉水，源出白鹿山東南，伏流逕一十三里，重源濬發於鄧城。西北東南伏流，世亦謂之重泉水也。郡戒、安陽城。《史記正義》引《括地志》：安陽縣，七國安陽城，卽今相州外城是也。南修武，二漢屬河內，晉屬。《漢》、《晉·志》作『修武』，以孝昌中分置北修武，故此加『南』字。吳城。《水經注》：蔡溝水又東逕修武縣之吳亭北，東入吳陂水。汲，治汲城，《史記正義》引《括地志》：汲縣，今衛州城，卽殷牧野之地，周武王伐紂築地。有比干墓、《水經注》：朝歌縣有殷大夫比干冢。《元和郡縣志》：在汲縣北十里。太公廟。《水經注》：汲縣城東門北側有太公廟，城北三十里太公泉上又有太公廟。朝歌有朝歌城、《元和郡縣志》：朝歌故城在衛縣西二十一里。《漢·志》：紂所都，周武王弟康叔所封，更名『衛』。《水經注》引《晉書地道記》：本沬邑也。大方山、《水經注》：方山上方在衛縣西。淇水、《水經注》：淇水自元甫城東南逕朝歌縣北。《竹書紀年》：晉定公十八年，淇絕于舊衛，卽此也。白溝水、《水經》：淇水東過內黃縣南，爲白溝。天井溝、《水經注》：淇水歷枋堰，又東與菀水合，其上流有五水，今并爲二，一謂之『天井溝』。苑城。《水經注》：菀水上承淇水於元甫城西北，自石堰東、菀城西。卽此苑城也。山陽有沁陽城，《水經注》：懷縣北有沁陽城。孝景二年，置郡，初治共城，《後漢書》注：共縣故城，在共城縣東，故城東北卽汲之新中鄉也。《漢·志》：故國。孟康曰：共伯爲周三公者也。後移治山陽城。《史記正義》引《括地志》：山陽故城在修武縣西北，太行山東南。獲嘉，治新洛城。『洛』當作『樂』。《水經注》：清水又東，周新樂城，城在獲嘉縣故城東北。《太平寰宇記》：十六國時，燕將樂安王臧所築。有獲嘉城。《元和郡縣志》：獲嘉故城，在新鄉縣西南十里。《漢·志》：故汲之新中鄉，武帝行過更名也。

廣宗郡。廣宗有廣宗城、《元和郡縣志》：宗城縣，本後漢章帝分立廣宗縣。建始城、《水經注》：張甲河左瀆逕廣宗縣故城西，又北逕建始縣故城東。

田融云：趙武帝十二年，立建興郡，治廣宗，置建始興德五縣隸焉。建德城。『建』疑『興』字之誤。東郡，治滑臺城。《通鑑》注：滑臺城在白馬縣西。《水經注》：城有三重，中小城謂之滑臺城。舊傳滑臺人自修築此城，因以名焉，城卽故鄭廩延邑也。天興中，置兗州，此州亦曰西兗，以《高祐傳》『出爲西兗州刺史，鎭滑臺』可證。

東燕，二漢屬，晉屬濮陽，按：二漢、晉無東燕縣。考《宋・志》，前漢曰南燕，後漢曰燕，並屬東郡。《太康地志》：屬濮陽。《元和郡縣志》云：漢爲南燕縣，其後慕容德都之，復號東燕縣。有燕城、《史記正義》引《括地志》：南燕城，胙城縣是也。《漢・志》：南燕國，姞姓，黄帝後。錢氏坫曰：《春秋左傳正義》引此無『南』字。《郡國志》亦無，然則『南』字衍也。堯祠、《太平寰宇記》：臨河縣西南五十里，有堯祠，劉盆子所立，當卽此。伍子胥祠。《水經注》：河水逕涼城縣，又東北逕伍子胥廟南，祠在北岸頓丘郡界。白馬，有朝溝。《水經注》：陽清湖逕桃城南，而東注于濮，俗謂之『朝平溝』。涼城，有涼城。《水經注》引《耆舊傳》：東郡白馬縣之神馬亭，亭上舊置涼城縣，治此。酸棗，有酸棗城、《元和郡縣志》：酸棗故城在今縣西南十五里。六國時，韓王所理處，舊址猶存。《水經注》云韓國矣。望氣臺。《水經注》：酸棗城西有韓王望氣臺。長垣，有平丘城、《漢・志》：陳留郡有平丘縣，晉省。《春秋》注：平丘在陳留長垣縣西南。《水經注》云『衛地』也。匡城、《春秋》注：匡，衛地，在陳留、長垣縣西南。《郡國志》『長垣』下注引《北征記》：城周三里。蒲城、《春秋》注：蒲，衛地，在陳留長垣縣西南。《史記正義》引《括地志》：蒲城在匡城縣北十五里。《水經注》：濮渠又東逕蒲城北，故衛之蒲邑。《元和郡縣志》：在匡城縣北一十五里。子路祠、《郡國志》『長垣』下注引《陳留志》：有子路祠。長垣城、《通典》：長垣故城在匡城縣南。《水經注》：故首垣矣，秦更從今名。《元和郡縣志》：匡城縣，古衛之匡邑，在縣西南十里。衛靈公祠、《太平寰宇記》：衛靈公祠在長垣縣東北二十七里。龍城。《太平寰宇記》：龍城在長垣縣東南二十里。昔夏桀臣龍逢所居以爲名。

北廣平郡。南和，晉屬。當作『晉屬廣平』，今郡永安中分置，非晉舊也。下任縣、襄國誤同。南和城。《元和郡縣志》：南和縣，本漢舊縣。任，有宛鄉城。《太平寰宇記》：古苑鄉城在任縣東北一十八里，後趙石氏置，卽此宛鄉城也。襄國，有襄國城。《史記正義》引《括地志》：邢州城，本漢襄國縣。《漢・志》：故邢國。

林慮郡。林慮，有陵陽河，東流爲垣，『垣』當作『洹』。《水經注》：葦泉水出林慮山北澤中，東南流注黄華水，謂之『陵陽水』，又東入於洹水也。臨淇，有王莽嶺源河，《水經注》：河之北瀆，王莽時空，故世俗名是瀆爲『王莽河』也。東流爲淇。《漢・志》：河內郡共北山，淇水所出，東至黎陽入河。《說文》同。一曰：出隆慮西山。《水經》云：出隆慮西大號山。《山海經》云：出沮洳山。皆與此異。洪氏亮吉曰：大約諸山相近，故各指言之。共，有凡城、《春秋》注：凡國，汲郡共縣東南有凡城。《郡國志》作『汎亭』。卓水陂、《水經注》：重門城南有安陽陂，次東又得卓水陂。柏門山。趙氏一清曰：《金史・地理志》：衛州蘇門縣西北七里，有蘇門山，亦曰百門山。桓門水，南流名『太清水』。『桓』當作『柏』。《水經注》作『北門陂』，陂方五百步，在共縣，故城西，其水三川南合，謂之『清川』。白鹿山。《隋・志》：河內共城縣有白鹿山。《元和郡縣志》：在縣西五十四里。

頓丘郡。頓丘有帝顓頊冢、《史記集解》引《皇覽》曰：顓頊冢，在東郡濮陽頓丘城門外廣陽里中。帝嚳冢、《史記集解》引《皇覽》曰：帝嚳冢，在東郡濮陽頓丘城南臺陰野中。衛國，二漢屬東郡，晉屬。全氏祖望曰：東漢至晉皆名『衛縣』，不名『衛國縣』也。東漢以衛縣爲衛國耳，而『國』與『縣』未嘗連稱，拓跋氏始稱『衛國縣』。漢曰觀。《郡國志》曰：衛本觀故國姓。《漢・志》作『畔觀』。有衛國城、《水經注》：衛國縣故城古斟觀。應劭曰：夏有觀扈，卽此城也。衛康叔冢、《元和郡縣志》：衛康叔墓在頓丘縣東北九十里。子路冢、《水經》：河水過衛縣南。注云：河之北岸，有聶城，東城有子路冢。孔悝冢、《太平寰宇記》：孔悝墓在頓丘縣北三里。衛靈公冢、《元和郡縣志》：衛靈公墓在觀城縣南四十二里。臨黄，有衛新臺。《水經注》：河水逕鄄城縣北，河之北岸有新臺，鴻基層廣高數丈，衛宣公所築。《太平寰宇記》：臺在鄄城縣北十七里。陰安，有陰安城、《史記正義》引《括地志》：陰安故城在頓丘縣北六十里。審食其冢。食其沛人，見《史記・陳丞相世家》。

濮陽郡。廩丘，有羊角哀、左伯桃冢、羊角哀、左伯桃二人事具《烈士傳》，見《後漢書・申屠剛傳》注。《太平寰宇記》：左伯桃墓在范縣東南五十里新安村，高一丈。管公明冢。管輅字公明、平原人，見《三國志・方伎傳》。城陽有瓠子河、《水經》：瓠子河出東郡濮陽縣北河。注云：縣北十里卽瓠河口也。《史記集解》引蘇林曰：在甄城以南濮陽以北，廣百步、深五丈。雷澤。《漢・志》：濟陰成陽縣。《禹貢》：雷澤在西北。《水經注》：在西北一十餘里，其陂東西二十餘里，南北一十五里。

黎陽郡。治黎陽城。《太平寰宇記》：今黎陽縣也。《水經注》：黎侯國今黎山之東北，故城蓋黎陽縣之故城也。

黎陽，有黎陽山。《漢·志》「黎陽」下晉灼曰：黎山在其南，河水經其東。《水經注》云：山在城西，城憑山爲基，東阻於河。

清河郡。侯城，有侯城。《水經注》引應劭曰：東武城西南七十里，有陵鄉，故縣也。後漢封太僕梁松爲侯國，故世謂之梁侯城，遂立侯城縣治也。武城，有武城。《太平寰宇記》：故武城縣在今縣北十里，本七國時趙邑。

中山郡。盧奴，世祖神麚中，置新城宮。《太平寰宇記》：故新城在祁州西二十八里。引《水經注》云：後魏太武帝南巡行宮築。《世祖紀》：太延元年十月，行幸定州，次新城宮。樂陽城。《漢·志》：常山郡，有樂陽縣，後漢省。《後漢書》注：今藁城縣也，故城在縣西。上曲陽，有恆山、《漢·志》：上曲陽，恆山北谷在西北。《史記正義》引《括地志》：在恆陽縣西北百四十里。嘉山、《方輿紀要》：嘉山在定州西四十里。黑山、《方輿紀要》：黑山在行唐縣北三十五里。堯山、《漢·志》「唐縣」下「堯山在南」張晏曰：在唐東北望都界。黃山。《隋·志》：博陵新樂縣有黃山。《方輿紀要》：少容山，一名黃山，在曲陽縣南二十里。魏昌有魏昌城、《太平寰宇記》：故魏昌城在祁州東南二十八里。安城。《太平寰宇記》：故安城在祁州東南六里。引《水經注》云：安城卽魏之安鄉也。新市有藺相如冢、《元和郡縣志》：藺相如墓在邯鄲縣西南二十三里。義臺城、《史記正義》引《括地志》：野臺，一名義臺，在新樂縣西南六十一里。《通鑑》注據《北史》：義臺，塢名。新市城。《太平寰宇記》：新市故城在眞定縣東。「北漢新市縣」下應劭曰：鮮虞子國，今鮮虞亭是。毋極，治毋極城、《太平寰宇記》：漢毋極故城在今毋極縣西。廉臺。《元和郡縣志》謂之廉頗臺，在陘邑縣西南十九里。安喜，前漢曰安險，後漢章帝改。《郡國志》「喜」作「憙」。有天井漢、《太平寰宇記》：天井澤在安喜縣東南四十七里，周迴六十二里。引《水經注》云：泒水歷天井澤南流所播爲澤，俗名爲「天井淀」。安喜城、《元和郡縣志》：安喜故城在今安喜縣東三十里。趙堯祠。趙堯，漢御史大夫，見《漢書·周昌傳》。唐，有左人城、《郡國志》「唐縣」下注引《列子》：趙襄子使新梓穆子攻翟取左人、中人。《博物記》曰：左人，唐西北四十里。寡婦城、《元和郡縣志》：寡婦城在唐縣北九里。《水經注》云：賈復從光武追銅馬五幡，於北平所作也。世俗音轉，故有是名矣。唐水、《漢·志》「唐縣」下應劭曰：唐水在西。《水經注》：唐下導源盧奴縣西北，東流至唐城西北隅，堨而爲河，其水南入小溝，下注滱水。狼山祠。《隋·志》作「郎山」。《水經注》：狼山在中山城北。

常山郡。孝章建初中爲淮陽，永元二年復。卷末載宋館閣諸臣考證。《後漢書》：章帝建初四年四月，徙常山王昞爲淮陽王。和帝永元二年五月，詔封故淮陽王昞子側爲常山王。《昞傳》云：徙淮陽王以汝南之新安西華益，淮陽國昞自常山徙封淮陽。非改常山爲淮陽，蓋魏收之誤。

九門，有常山城，《史記正義》引《括地志》：常山故城，在眞定縣南八里，本漢東垣邑也。有九門城，《太平寰宇記》：九門縣，本戰國時趙邑。《史記》：趙惠文王二十八年，藺相如城九大城是也。有安樂壘。《元和郡縣志》「恆州」下云：後魏道武帝登恆山郡城，北望安樂壘，嘉其美名，遂移郡理之，卽今州理是也。行唐，治唐城。當作「行唐地」。《元和郡縣志》：行唐縣，本趙南行唐邑，惠文王所置。《太平寰宇記》云：後魏太和初移置夫人城。孝昌四年，復行唐縣於舊城，卽今理是也。蒲吾，有嘉陽城。《元和郡縣志》：房山實外險，一名嘉陽城。靈壽，有所山、「所」當作「房」。《後漢書·章帝紀》：元和三年，幸趙祠房山於靈壽。蓋漢人隸書「房」，或作「𢨋」，因譌爲所耳。西王母祠。《後漢書》注：王母祠在房山上。井陘，有回星城。《方輿紀要》：井陘縣西南二十五里，有《靈眞城志》云：韓信伐趙時築，卽此回星城矣。石邑，有石邑城。《元和郡縣志》：石邑縣，本戰國中山邑也。《史記》：趙武靈王攻中山取石邑是也。

鉅鹿郡。曲陽，二漢、晉屬趙國，曰「下曲陽」。按：《漢·志》：下曲陽屬鉅鹿，不屬趙國。有臨平城。《漢·志》：鉅鹿有臨平縣，後漢省。《太平寰宇記》：故城在鼓城縣東南。藁城，前漢屬眞定，後漢屬，晉罷。按：《郡國志》鉅鹿郡無藁城縣，蓋後漢省也。有肥壘。錢氏大昕曰：《漢·志》：眞定有肥纍縣，晉以後蓋省入藁城。當云：有肥壘矣。又按：《元和郡縣志》：肥壘故城在藁城縣西南七里。《漢·志》：故肥子國。鄡，二漢、晉屬。今《晉·志》屬趙國。有鄡城、《太平寰宇記》：鄡縣廢城在束鹿縣東。錢氏大昕曰：「鄡」不成字，當作「鄡」。《說文》：鄡，鉅鹿縣，從邑梟聲。《漢·志》作「鄡」。「県」與「梟」文異，而音、義同。安定城。《漢·志》：鉅鹿有安定縣，後漢省。《元和郡縣志》：鹿城縣，本漢安定縣地。有璀璨丘、牛丘、黃丘、馳丘、靈丘。《通鑑》：晉永和七年，冉閔遣將孫成拒石琨於黃丘洼，以爲卽此黃丘也。《方輿紀要》：黄丘在東鹿縣南，又縣有青丘、半丘、馳丘、靈丘，與黄丘共爲五丘。

博陵郡。饒陽，有魯口城、《元和郡縣志》：深州理城晉魯口城也。公孫泉叛，司馬宣王征之，鑿滹沲入泒水以運糧，因築此城。蓋滹沲有魯沲之名，因號『魯口』。博陵城、《太平寰宇》：博陵故城，漢邑名，在饒陽縣界。《水經注》：卽古陸城。饒陽城。《太平寰宇記》：饒陽故城在今縣東北二十里。《郡國志》：故名饒。安平，治安平城。《元和郡縣志》：安平縣，本漢舊縣。有樓女、貴人神。《太平寰宇記》『安平縣』下云：今城北面有臺，俗謂之『神女樓』。安國，有安國城。《後漢書》注：安國故城在義豐縣東南。

北平郡。治北平城。《後漢書》注：北平故城。今永樂縣也。

蒲陰，有蒲陰城。《太平寰宇記》：蒲陰故城在北平縣西北四十里。北平，有木門城。《左傳》注：木門，晉邑。《元和郡縣志》：參户故城，一名『木門城』，在長蘆縣西北四十里。望都，有高昌城、《水經注》：唐城南如東一十餘里有一城，俗謂之『高昌縣城』，或望都之故城也，故縣目曰『望都縣』，在高昌南。伊祁山，《太平寰宇記》：望都有伊祁山。云堯住此山，後因作姓。有堯神。《水經注》：堯山南有堯廟。《元和郡縣志》：堯祠在望都縣南四十里。

長樂郡。晉改。《通鑑》注曰：考之《晉書》，有安平而無長樂，不知何時更名也。《水經注》亦云：長樂故信都也。晉太康五年，改從今名。曰鑑按：《晉書·安平王孚傳》：太康五年，改安平爲『長樂國』。

棗强，有煮棗城。《漢書》注引晉灼曰：清河有煮棗城。《功臣表》有煮棗侯。《元和郡縣志》：故城在信都縣東北五十里。信都，有武陽城、《水經注》引《十三州志》曰：扶柳縣東北有武陽城故縣也。安城。《水經注》：絳水故瀆左逕安城南，故信都之安城鄉也。索盧，有索盧城。《方輿紀要》：索盧城在棗强縣東十二里。廣川，晉屬廣川。今《晉·志》屬勃海郡。辟陽城。《漢·志》：信都國有辟陽縣，後漢省。《元和郡縣志》：故城在信都縣東南三十五里。

渤海郡。南皮，有渤海城。《太平寰宇記》：後魏廢渤海郡城，卽今東光縣理。脩，前漢、晉屬。當作『前漢屬信都，後漢、晉屬』。號脩，後改。錢氏大昕曰：脩與漢、晉無異文，何以云改？據《列傳》：高氏、封氏皆稱渤海蓚人，乃知晉以前本作『脩』，上『脩』字當作『脩』，後魏改從『草』耳。有董仲舒祠。《水經注》：桑社溝瀆自觀津縣故城北，又東逕董仲舒廟南。仲舒廣川人也，世猶謂之董府君祠。安陵，晉置，渤。《晉·志》作『東安陵屬渤海』，下二字衍，當和屬。《太平寰宇記》：在今安陵縣東七里，後魏省『東』字。

武邑郡。武遂，前漢屬河間。《漢·志》『遂』作『隧』。阜城，前漢屬渤海，後漢屬安平。按：《郡國志》：阜城故昌城，與前漢之阜城明是兩縣。全氏祖望曰：蓋合二縣而爲一，非也。有弓高城。《漢·志》：河間有弓高縣，晉省。《太平寰宇記》：故城在阜城縣南二十七里。灌津，前漢屬信都，後漢、晉屬安平。《漢》、《晉·志》『灌』作『觀』。有竇氏冢。《郡國志》『觀津縣』下注引《決録》注曰：孝文竇皇后父隱身漁釣，墜淵而卒。景帝立后爲太后，遣使者更塡父所墜淵，而葬，起大墳于縣城南，民號曰『竇氏青山』。武强，有武强淵。《水經注》：衡漳右合張平口故溝，上承武强淵。淵之西南側水有武强縣故治，故淵得其名焉。

安德郡。平原，二漢、晉屬。『晉屬』下當有『平原』二字。鬲，治臨齊城。《水經注》：始東齊未賓大，魏築城以臨之，故城得其名也。

幷州。晉末治臺壁。《水經注》：潞縣北對故臺壁，漳水逕其南，本潞子所立也。

太原郡。晉陽，有介子推祠。《水經注》：晉陽城南舊有介子推祠。西南有懸甕山，一名『龍山』，晉水所出。《漢·志》：太原郡晉陽縣龍山在西北，晉水所出。《山海經》云：出縣雍山。《水經》作『縣甕』，注引《晉書·地道記》及《十三州志》並言『出龍山』，一云『出結紬山』。東入汾。《漢·志》及《山海經》、《水經》亦云：東入汾。又《漢·志》：太原郡汾陽縣北山，汾水所出。《山海經》云：出管涔山。《水經》同注引《十三州志》：出武州之燕京山，亦管涔之異名也。有晉王祠、《水經注》：晉陽有唐叔虞祠。《元和郡縣志》：一名王祠，在晉陽縣西南十二里。梗陽城、《左傳》注：在太原晉陽縣南。《漢·志》：太原郡榆次縣有梗陽鄉，魏戊邑。《水經注》引京相璠曰：今太原晉陽縣南六十里，榆次界有梗陽城。同過水，《水經》作『洞過』。出沾縣北山，西過榆次縣南，又西到晉陽縣南，西入於汾。出木瓜嶺，《方輿紀要》：木瓜嶺在榆次縣東南六十里。一出沾嶺，《元和郡縣志》：沾嶺在樂平縣西三十里。一出原過祠下。《水經注》：洞渦水又西與原過水合，近北便水源也，水西阜上有原過祠。五水合道，故曰『同過』。顧氏炎武曰：案上文止四水，或有脱漏。武定初，齊獻武王止置晉陽宮。《北齊書·神武紀》：武定三年正月，請於并州置晉陽宮。《唐·志》：晉陽宮在北都之西北，宮城周二千五百二十步，崇四丈八尺。祁，有祁城、《元和郡縣志》：故祁城在祁縣東南五里。《漢·志》：晉大夫賈辛邑。《左傳》注：祁奚食邑於祁，因以爲氏。祁奚墓、《元和郡縣志》：

祁奚墓在祁縣東南七里。周黨冢、《元和郡縣志》：周黨墓在祁縣東南十四里。太谷水、《水經注》：侯甲水發源祁縣胡甲山，又西北歷宜歲郊逕太谷，謂之太谷水。趙襄子城。《元和郡縣志》：趙襄子城在祁縣西六里。榆次，有『鹿臺山祠』。《元和郡縣志》：麓臺山俗名『鑿臺山』，在榆次縣東南三十五里。麓臺山祠俗名『知伯祠』，在麓臺山上。中都有榆次城、《元和郡縣志》：榆次縣，本漢舊縣。《水經注》謂卽春秋之魏榆。服虔曰：魏晉邑。榆，州里名也。原過祠。《史記正義》引《括地志》：三神祠，今名原過祠，今在霍山側也。趙襄子祠三神於百邑，使原過主之，世謂其處爲『觀阜』。鄔，有中都、『中都』下脱『城』字。《郡國志》『中都縣』下注引杜預曰：界休縣，南中都城是也。鄔城、《方輿紀要》：鄔城，在介休縣東北二十七里。《漢·志》：晉大夫司馬彌牟邑。盧水、《水經注》：侯甲水又西，合於嬰侯之水，逕鄔縣故城南，謂之『鄔水』，俗亦曰『盧水』。『盧』、『鄔』聲相近，故因變焉。太岳山。《水經注》：太岳山，《禹貢》所謂『岳陽』也，卽霍太山矣。《元和郡縣志》：在霍邑東三十里。入區夷澤。《水經》：溰水出代郡靈丘縣高是山。注云：卽嘔夷之水也，一作『温夷水』。又引《地理志》：鄔縣九澤在北，幷州藪也。《呂氏春秋》謂之『大陸』，又名之曰『嘔洟之澤』，俗謂之『鄔城泊』。平遥，二漢、晉爲平陶屬，後改。錢氏大昕於《舊唐·志》『平遥，漢平陶縣，後魏廟諱，改「陶」爲「遥」』下云：世祖諱『燾』，與『陶』同音，故改『平陶』爲『平遥』、『慶陶』爲『慶遥』。《魏·志》不言改名之由，當依此志補之。曰鑑按：慶遥乃永安二年分慶陶置，非改『慶陶』爲『慶遥』也。《志》中以『陶』名縣者，亦不止此一縣，如陽平、東陽平之有館陶，濟陰、南濟陰之有定陶，南安陽之有中陶，何以皆不見避諱？有京陵城、《漢·志》：太原郡有京陵縣，晉末廢。《元和郡縣志》：故城在平遥縣東七里。《水經注》：於春秋爲九原之地，漢興增陵於其下，故名。平遥城。《元和郡縣志》：平陶城在文水縣西南二十五里，後魏改爲平遥。後西胡内侵，遷居京陵塞，在今汾州界。沾豫水，出得車嶺。《通鑑》注引作『昂車嶺』，其地當在今唐儀州東南界，石會關之西。受陽，晉屬樂平。《晉·志》作『壽陽』。《元和郡縣志》：本漢榆次縣地，西晉置，屬樂平郡。永嘉後省。晉末山戎内侵後，魏太武遷戎外出，徙受陽之户於大陵城南，置受陽縣，卽今文水縣是也。有大陵城、《漢·志》：太原郡有大陵縣，後魏省。《元和郡縣志》：大陵城在文水縣東北十里。文谷水。《水經》：文水出大陵縣西山文谷，東到其縣，屈南到南陶縣東北，東入於汾。長安，有三角城。《元和郡縣志》：三角城在晉陽縣西北十九里，一名『徙人城』。陽邑，有白壁嶺、《元和郡縣志》：白壁嶺在太谷縣北七十五里。徐水。『徐』當作『涂』。《水經注》：涂水出陽邑東北大賺山涂谷。

上黨郡。秦置，治壺關城。《元和郡縣志》：潞州在漢壺關縣也。《漢·志》『壺關』下應劭曰：黎侯國也，今黎亭是。前漢治長子城，《太平寰宇記》：長子漢舊縣也。《漢·志》：周史辛甲所封。慕容俊治安民城。《通鑑》注：安民城在襄垣縣，蓋永嘉中，劉琨遣張倚所築，以安上黨之民，因以爲名。上黨關、《漢·志》：上黨郡有上黨關。《水經注》引高誘《淮南子》注云：上黨關在河内野王縣西北。石井關、《漢·志》作『石研關』。天井關。《元和郡縣志》：天井關在晉城縣南四十五里太行山上。《水經注》引蔡邕曰：太行山上有天井關，在井北，遂因名焉。

屯留，有屯留城。《史記正義》引《括地志》：屯留故城在長子縣東北三十里，故留吁國也。《左傳》作『純留』。鳳皇山，一名『天冢山』。《通鑑》注引作『大王山』。按：魏太平眞君九年二月詔：於壺關東北大王山累石爲三封，又斬其北鳳凰山南，足以斷之。《方輿紀要》：大王山在壺關縣東南二十五里。有關龍逢祠，《太平寰宇記》『潞城縣』下引《上黨記》云：王屋山有關龍逢祠。有疑山、《方輿紀要》：疑山在屯留縣南。黄沙嶺。《太平寰宇記》『潞城縣』下引《冀州圖》云：潞縣西三十里黄阜山，亦名『黄沙嶺』。絳水自寄氏界來，入濁漳，因名交漳，按《水經注》：漳水於武安縣東，清漳水自涉縣東南來流注之，世爲決入之所爲交漳口也。余五城。『五』當作『吾』。《漢·志》：上黨郡有余吾縣，後漢蓋省入屯留。《郡國志》『屯留』下注云：在縣西北三十里。長子，有廉山，濁漳出焉。《漢·志》：上黨郡長子縣鹿谷山，濁漳水所出，東至鄴入清漳。《説文》同。《山海經》及《水經》並云：出發鳩山。《水經注》：鹿谷與發鳩連麓，而在南。《淮南子》謂之『發苞山』。高誘曰：發包一名『鹿谷』，然則『發包』、『發鳩』、『鹿谷』，皆廉山之異名，似是一山而所記别也。應城、《方輿紀要》：應城在長子縣東南四十里。傾城。《水經注》：頃城卽銅鞮縣之下虒聚聚也。長灣水東流至梁川，北入濁漳。《水經注》：漳水東會於梁水，水南出梁山北，流逕長子縣故城南，又北入漳水。羊頭山下《漢·志》：上黨穀遠縣有羊頭山。《元和郡縣志》云：一名謁戾山，在長子縣東五十六里。神農泉，北有穀關，卽神農得嘉穀處。《元和郡縣志》『長子』下引《後魏風土記》云：神農城在羊頭山上，山下有神農泉，卽神農得嘉穀之所。有泉北流至陶鄉，名『陶水』。《水經注》：陶水出陶鄉北，流逕長子城東，西轉逕其城北，東注于漳水。有鮑宣墓。宣字子都，渤海高城人，見《漢書·列傳》。壺關，有羊腸坂。《漢·志》：壺關有羊腸坂。《史記正義》：羊腸阪在太行山上，南口懷州，北口潞州。鷄鳴嶺，一名『火山』。《元和郡縣志》：鷄鳴山在上黨縣東南七十六里。有赤壤川，其地寒而早霜。《太平寰宇記》『潞州』下引《上黨記》曰：高平赤壤，其地山阻，百姓不居。魯般門、《水經注》：倉谷水出林慮縣之倉谷溪，東北逕魯般門西闕。昂藏石壁霞舉，左右結石修防，崇基仍存。微子城、《太平寰宇記》：微子城在潞城縣東北二十里。令狐徵君墓、《郡國志》『長子』下注引《上黨記》曰：令狐徵君隱城東山中，去郡六十里，即壺關三老。令狐茂上書訟戾太子者也，茂即葬其山。五龍祠。《元和郡縣志》：五龍祠在上黨縣東南二十里五龍山上，慕容永所立，以祭五方神。寄氏，二漢爲猗氏。《漢·志》『猗』作『陭』。《郡國志》作『猗』。有猗氏城。《太平寰宇記》：陭氏故城在冀氏縣北三十五里。三想山北有水源，出蒲谷。《水經注》：蒲水出蒲谷，北流注於洞渦。有盤秀嶺，《太平寰宇記》『屯留縣』下云：盤秀山，經邑界。有方山、《元和郡縣志》：方山在屯留縣西南八十四里。伏牛山。《方輿紀要》：伏牛山在潞城縣東南十五里。樂陽，有望夫嶺，《水經注》：漳水又東北歷望夫山，山之南有石人竚於山上，狀有懷於雲表，因以名焉。《太平寰宇記》：黎城縣有望夫山。有堯廟。《水經注》：堯水自西山東北流，逕堯廟北，又東逕長子縣故城南。

鄉郡。陽城，二漢、晉屬上黨，曰『涅』，《漢·志》曰『涅氏』。有涅城。《太平寰宇記》『武鄉縣』下引《冀州圖》云：涅城在縣西六十里。覆甑山，涅水出焉。《漢·志》：涅氏，涅水也。注云：涅水出焉。《水經注》：出覆甑山入漳。《元和郡縣志》：山在綿上縣東南二十四里。東南合武鄉水。《水經注》：武鄉水源出武鄉山西南，逕武鄉縣故城西，東南注於涅水。鄉郡治。晉屬上黨。《晉書》作『武鄉』。《元和郡縣志》云：晉縣，元有『武』字，後草創，失其舊名。有武鄉城、《元和郡縣志》：榆社縣城，故武鄉城也。石勒時築。《晉書》：縣在縣西北三十五里。榆社城。《太平寰宇記》『武鄉縣』下引《冀州圖》云：今理即古榆社故城也。三臺嶺上《太平寰宇記》『遼山縣』下引《後魏書》云：武鄉有三臺廟。有古麻池。《元和郡縣志》：漚麻池在榆社縣北三十里。銅鞮，有銅鞮城，《史記正義》引《括地志》：銅鞮故城在銅鞮縣東十五里。《郡國志》『銅鞮』下注引《上黨記》：城去晉宮二十里，羊舌所邑。有烏蘇城。《太平寰宇記》『銅鞮縣』下：閼與城，今名『烏蘇城』。引《冀州圖》云：在縣西北二十里。

樂平郡。治沾城。《元和郡縣志》：樂平縣城即漢沾縣城也。

遼陽，晉屬。《晉·志》『遼』作『轑』。《元和郡縣志》云：後魏明帝改爲遼陽。有黃澤嶺、《方輿紀要》：黃澤嶺在遼州東北百二十里太行山上。遼陽城。《方輿紀要》引《城邑考》：遼州北三里有故轑陽城，王翦攻趙轑陽，即此。樂平，有八賦嶺。《元和郡縣志》：八賦嶺在平城縣西南三十里。石艾，前漢屬太原，後罷。晉屬。眞君九年，罷。孝昌六年，復故名上艾。按《郡國志》，上艾屬常山國，未嘗罷也，此誤。有井陘關、《元和郡縣志》：井陘關在廣陽縣東北八十里。引《述征記》曰：其山首自河內，有八陘，井陘第五，四面高，中央低，似井，故名。葦澤關、《元和郡縣志》：葦澤關在廣陽縣東北八十里。董卓城、《元和郡縣志》：廣陽縣東北八十里有董卓壘。引《水經注》曰：澤發水出董卓壘東。宏女泉及祠。『宏』當爲『妒』字之譌。《水經注》：綿蔓水出樂平郡之上艾縣北，流逕井陘關下，注澤發水。《元和郡縣志》『廣陽縣』下云：澤發水，一名『阜漿水』，亦名『妒女泉』，源出縣東北董卓壘東。泉旁有祠，土人祀之。婦人袨服靚妝，必興雨雹，故曰『妒女』。

襄垣郡。治襄垣城。《元和郡縣志》：襄垣縣，本漢舊縣，趙襄子所築，因以爲名。

建義，有鹿臺山。《山海經》：龍首山西二百里曰鹿臺之山。《水經注》：陽泉水出鹿臺山。《元和郡縣志》：山在襄垣縣南二十里。《太平寰宇記》云：謁戾山，一名鹿臺山。刈陵，有黎城、《郡國志》『潞縣』下注云：東北八十里有黎城。《元和郡縣志》：黎城縣，古黎國，春秋晉荀林父滅潞，立黎侯而還，今縣東十八里黎侯城是也。積布山、《隋·志》：上黨黎城縣有積布山。潞城、《元和郡縣志》：潞城縣，本漢潞縣。《漢·志》：故潞子國。涉城，《太平寰宇記》：潞州涉縣，漢舊縣也。按兩《漢·志》本作『沙縣』，屬魏郡，晉曰『涉』，屬廣平，後魏省。有涉水。《水經》：清漳水出上黨沾縣西北少山大黽谷，東過沙縣西。注云：漳水於此有『涉河』之稱，蓋名因地變也。

高陽郡。高陽，有郝神。《太平寰宇記》：高陽縣有聖姑祠。引邢子勵《記》云：聖姑，姓郝，字女君，魏青龍時人。高陽城、《太平寰宇記》：高陽縣，本漢舊縣。博野。《隋·志》：舊曰『博陸』，後魏改爲『博野』。蠡吾，有清涼城、《通鑑》：晉永和六年，慕容雋擊鄧恒於魯口，軍至清梁。注以爲卽此清涼也。《方輿紀要》：城在蠡縣西二十里，石趙所置。蠡吾城。《後漢書》注：蠡吾故城在博野縣西。《水經注》引《地理風俗記》曰：縣，故饒陽之下鄉者也。石羊壘、《方輿紀要》：石羊壘在蠡縣東。易，後漢、晉屬河閒，《晉·志》作『易城』。有易京。《後漢書》注：易京故城在歸義縣南十八里，其城三重，周迴六里，今內城中有土京。餘詳《三國志·公孫瓚傳》。樂鄉，有樂鄉城。《水經注》：白馬湖水上承滹沱，東逕樂鄉縣北、饒陽縣南。永寧，有班姬神。《太平寰宇記》引《郡國志》：易縣有斜安城，東隅上有班姬廟。

章武郡。晉置章武國。洪氏亮吉曰：《杜畿傳》：子恕，嘉平元年，免官徙章武郡。《晉·地理志》：魏武置郡十二，其一章武及章武國。下復云泰始元年置，蓋誤也。

成平，治京城。《太平寰宇記》：景城縣，漢舊縣，屬渤海郡。後魏延昌二年，自今縣南二十里，徙成平縣來理之，是京城卽景城也。平舒，有章武城，《水經注》：滱水逕東平舒縣故城南。《魏土地記》曰：章武郡治，故世以爲章武故城，非也。有城頭神。《太平寰宇記》『清池縣』下云：城頭將軍在此縣。束州，有束州城。《太平寰宇記》：束州故城在束城縣東北十四里。文安，有文安、文安下脫『城』字。《太平寰宇記》：古文安縣城在今縣東北三十里。平曲城、《史記正義》引《括地志》：平曲城在文安縣北七十里。廣陵、《方輿紀要》：文安縣西北二十里有廣陵城，疑此脫『城』字。趙君神。《太平寰宇記》：文安縣有趙君祠。引《圖經》云：趙夔，漢武帝時爲文安縣令，好神仙，值文安大旱，乃自焚身，土人感慕，因立祠焉。

河閒郡。武垣，有武垣城、《史記正義》引《括地志》：武垣故城，今瀛州城是也。《方輿紀要》：本趙邑。《史記》：趙孝成王九年，秦圍武垣，卽此。小陵城。《方輿紀要》：小陵城在河閒縣西北，亦曰『蕭陵』，蓋石趙所置。樂城，治河閒城。《漢·志》：河閒國，故趙。有二王陵。《後漢書》注：愼園在樂壽縣東南，俗呼爲『二皇陵』。鄚，後漢、晉屬，治陵城。按：《漢·志》：涿郡有阿陵縣，《太平寰宇記》云：故阿陵城，在任丘縣東北二十里，後魏曹曾徙鄚縣，理此。此脫『阿』字。又後漢上當有『前漢屬涿』四字。有鄚城。《太平寰宇記》：廢鄚縣城在今縣東北三里。邢子顒《三郡記》云：顓頊所造。

趙郡，後漢建武中復。齊氏召南曰：景帝三年，改趙國爲邯鄲郡。至五年，卽復爲趙國，是以《前·志》列趙國，豈遲至光武復置乎？

平棘，有平棘城。《太平寰宇記》：平棘故城，漢縣廢，在今縣南。房子，有房子城、《元和郡縣志》：房子故城在高邑縣西南十五里。《太平寰宇記》云：《史記》：趙惠文王四年，城之是也。回車城、《方輿紀要》：回車城，在贊皇縣南十里，李左車所築。平州城。趙氏一清曰：《九域志》：趙州有平州城。元氏，有元氏城、《元和郡縣志》：元氏故城在今縣西北十五里。《漢·志》『元氏縣』下闞駰曰：趙公子元之封邑。《太平寰宇記》：《史記》：趙孝成王十一年，城元氏是也。大嶺山、《水經注》：滱水自倒馬關南流，與大嶺水合，水出山西南大嶺下。高邑，有禪亭祠、《後漢書·肅宗紀》：元和三年，詔高邑令祠，光武於卽位壇。《元和郡縣志》：漢世祖廟，一名壇亭，在柏鄉縣北十四里。鄗縣故城南七里，卽世祖卽位之千秋亭也。漢光武卽位碑。《後漢書》注引《水經注》曰：亭有石壇，壇有圭頭碑，其陰云：常山相隴西狄道馮龍所造。有高邑城。《元和郡縣志》：高邑故城在柏鄉縣北二十一里。《太平寰宇記》云：《史記》：趙武靈王二年，城之是也。欒城，治關城，《漢·志》：常山有關縣，後漢省。《元和郡縣志》：欒城縣，本漢關縣。有欒城。《郡國志》：常山有欒城縣，後廢。《元和郡縣志》：故城在平棘縣西北十六里，春秋晉邑。

鉅鹿郡。治舊楊城。按：舊楊城，卽楊氏縣也。《元和郡縣志》：寧晉縣，本春秋時晉楊氏邑，漢以爲縣，屬鉅鹿郡，晉省。

廮陶。治廮陶城。《太平寰宇記》：廮陶故城在寧晉縣南二十九里。有沃州城。趙氏一清曰：《九域志》：趙州有沃州城。引《水經》云：沃水東至沃州城，入於沃湖。宋子，治宋子城。《後漢書》注：宋子故城在平棘縣北。廮遥，治楊城，當作『楊氏城』。《元和郡縣志》：後魏於此置廮遥縣。有歷城。《漢·志》：鉅鹿有歷鄉縣，後漢省。《方輿紀要》云：在寧晉縣東二十五里。魏收《志》：廮遥有歷城是也。

南趙郡。平鄉，治鉅鹿城。《史記正義》引《括地志》：平鄉縣城西鉅鹿，王離圍趙王歇，卽此城。平鄉城。《太平寰宇記》：平鄉縣，本秦鉅鹿郡。後魏景明中，移縣於舊城東三十里，後自平鄉故城移平鄉以理之。南䜌，二漢屬鉅鹿，《漢·志》『欒』作『䜌』。《續·志》作『䜌』。有南欒城，《太平寰宇記》：廢南䜌縣在平鄉縣。柏人，二漢、晉屬。當作『二漢、晉屬趙國』。有柏人城、《元和郡縣志》：堯山縣，本曰『柏人』，春秋時晉邑，故城在縣西北十二里。柏鄉城。《漢·志》：鉅鹿有柏鄉縣，後漢廢。《太平寰宇記》：故城在堯山縣東北二十二里。廣阿，有廣阿城、《元和郡縣志》：昭慶縣，本漢廣阿縣。堯臺、《太平寰宇記》引《隋圖經》：大陸縣有堯臺、高與縣城等，謂堯禪舜處。大陸陂、《漢·志》：鉅鹿郡鉅鹿。《禹貢》：大陸澤在北。《元和郡縣志》：在鉅鹿縣西北五里，東西二十里，南北三十里。銅馬祠。《水經注》：衡漳又逕銅馬祠東漢光武廟。《太平寰宇記》：祠在鉅鹿縣北七里。中丘，有中丘城、《元和郡縣志》：內丘縣，古邢國地，在漢爲中丘縣。伯陽城、《史記正義》引《括地志》：伯陽故城在鄴縣西五十五里，七國時魏邑，漢邯會城也。鵲山祠。《隋·志》：襄國柏仁縣有鵲山。《元和郡縣志》：山在內丘縣西三十六里。《漢·志》：中丘逢山長谷，卽此。《水經注》作『蓬鵲山』。

滄州。治饒安城。《元和郡縣志》：饒安縣，本漢千童縣，卽秦千童城。

浮陽郡。屬瀛州。汲古閣本脫『瀛』字。

饒安，有無棣溝，《水經注》：請帖一河入南皮縣界，無棣溝出焉。流逕高成縣，至鹽山東北入海。西鄉、《太平寰宇記》：漢高樂縣故城在南皮縣東南三十里，今謂之『思鄉城』，亦曰『西鄉城』。茅焦冢。《太平寰宇記》：茅焦冢在臨津縣。引《郡國志》云：秦時人，勸始皇與母相見者。浮陽，西接漳水，《漢·志》：上黨沾縣，大黽谷清漳水所出，東北至阜成入河。《水經》：清漳水出上黨沾縣西北少山大黽谷，東過沙縣，西至武安縣南黍窖邑，入於濁漳。衡水入焉，今謂之『合口』。《水經注》：衡漳自渤海建成縣又東，左會虖池別河，故瀆又東北合清河，謂之『合口』。有浮水。《水經注》：浮水首受清河於浮陽縣界，流逕柳縣故城南，東北逕漢武帝望海臺，東注於海。應劭曰：浮陽，浮水所出，入海。高城，治高城，《元和郡縣志》：鹽山縣，本春秋齊無棣邑，漢於此置高城縣。有平津鄉。《史記索隱》：平津，高城之鄉名。章武，治章武城。《元和郡縣志》：魯城縣，本漢章武縣。《水經注》云：故濊邑也。有漢武帝臺，《水經注》引《魏土地記》曰：章武縣東一百里有武帝臺，南北有二臺，相去六十里，基高六十丈，俗云漢武帝東巡海上所築。有沽水。《漢·志》漁陽郡漁陽，沽水出塞外，東南至泉州入海。《水經》：沽河從塞外來，西南與温餘水合爲潞河，至雍奴縣西入笥溝，東南至泉州城與清河合，東入於海。大家姑祠，俗云海神，或云麻姑神。《水經注》作『紵姑』。《太平寰宇記》：清池縣有麻姑城。引《郡國志》云：卽漢武帝東巡至此，祀麻姑，故有此名。

樂陵郡。晉爲國。《晉·志》：魏武置郡十二，其一樂陵。樂陵，有樂陵城。《後漢書》注：樂陵故城在樂陵縣東。《元和郡縣志》云：本燕將樂毅攻齊所築。《水經注》：伏琛、晏謨言平原邑，今分爲郡。陽防，治陽信城，《太平寰宇記》：陽信故城在無棣縣東南三十里。有鹽山神祠。《隋·志》：渤海鹽山縣有鹽山。《元和郡縣志》：在縣東南八十里。厭次，治馬領城。《太平寰宇記》：馬嶺城在陽信縣東。《水經注》：商河又東北流逕馬嶺城西北，南流，屈而東注南轉，逕城東，城在河曲之中。有蒲臺祠，《郡國志》『鬲縣』下注引《三齊記》曰：城南有蒲臺，高八十尺，秦始皇所頓處，在臺下縈蒲繫馬，今蒲猶縈著。《水經注》云：臺高八丈方二百步，東去海三十里。有富城，當作『富平城』，脫『平』字。邵續居之，號『邵城』，中有鐵柱神。《太平寰宇記》：漢富平故城在陽信縣東南三十里，今名『邵城』。引《十六國春秋》：內黃人邵續自號冀州刺史，屯富平城，爲石季龍所擒，卽此城也。城中有鐵柱，兼有神祠。羊闌城。按：《傅豎眼傳》：拜靈越鎮遠將軍青州刺史貝丘子，鎮羊蘭城，卽此城也。濕沃，《水經注》作『漯沃』。胡氏渭曰：濟漯之漯，《說文》本作『濕』。燥濕之濕，《說文》本作『溼』。隸改『日』乃爲『田』，又省一『系』，遂作『漯』，而『濕』轉爲『溼』，『濕』、『溼』二字混而無別。漢千乘郡有濕沃縣，漯水之所逕，故名。而《地理志》譌爲『溼』，司馬彪、魏收皆承其誤。前漢屬千乘郡，後罷，晉復。《宋·志》：溼沃令，前漢屬千乘。後漢無。何云魏立，當是魏復立也。此云晉復，誤。延鄉城。《漢·志》：千乘有延鄉縣，後漢省。《水經注》：蓋野溝水導源延鄉城東北平地，西北流逕高宛縣，北注時水。

安德郡。中興初，分樂陵置。太昌初罷，天平初復，治般界。按《隋·志》：平原郡平昌縣，後魏置東安郡，卽此。『東安』下當有『德』字。因冀州有安德郡，故加『東』以別之。

般。治般城。《太平寰宇記》：故般城，在德平縣東北二十五里。有故般河。《水經注》：大河故瀆，逕西平昌縣故城北，故渠川派東入般縣爲般河，蓋亦九河之一道也。重合，治重合城。《元和郡縣志》：重合故城在樂陵縣東二百步。有苑康冢。康字仲眞，渤海重合人，見《後漢書·黨錮傳》。重平，有歐陽歙冢。歙字正思，樂安千乘人，見《後漢書·儒林傳》。平昌，治平昌城。《太平寰宇記》：平昌故城在德平縣西南三十里。

肆州。治九原。非漢五原郡之九原縣也。《元和郡縣志》：秀容縣，本漢陽曲縣地，後漢末於此置九原縣，屬新興郡。

永安郡。定襄，有聖人祠、《太平寰宇記》『五臺縣』下引《水經注》曰：滹沱水東流經聖人阜，阜下有泉，泉側石有十二手迹，其西復有二脚迹甚大，莫窮所自，在縣西南四十八里。定襄城。《史記正義》引《括地志》：定襄故城在善陽縣北三百四十里。陽曲，有羅陰城、《水經注》：洛陰水出新興郡，西流逕洛陰城北，當卽此。陽曲澤。《方輿紀要》：陽曲縣東北七十里有陽曲川。平寇，有三會河。《太平寰宇記》「定襄縣」下引《水經注》云：三會水出九原縣西，東流入滹沱水，經定襄縣界。驢夷，有思陽城、趙氏一清曰：《初學記》引《水經注》云：思陽水東有獨山城，蓋因水以得名。驢夷城、《太平寰宇記》：五臺縣，本漢慮虒縣。倉城。《方輿紀要》：倉城在五臺縣西南三十里之白村周三十步。

秀容郡。秀容，有秀容城、《太平寰宇記》：秀容故城在今縣西北五十里。《通鑑》注曰：在漢定襄郡界北秀容也。原平城、《史記正義》引《括地志》：原平故城在崞縣南三十五里。《郡國志》「原平縣」下注引《古史考》曰：趙衰居原。今原平縣。肆廬城、《方輿紀要》：肆廬城在定襄縣西北，以西近肆廬水而名。石鼓山神、《太平寰宇記》「雁門縣」下引《郡國志》云：代郡石鼓在山下，橫臥高一丈八尺，腰細有過繩處。金山神。《太平寰宇記》：程侯山，一名金山，在秀容縣北三十五里。引《水經注》曰：忻州，東歷程侯山北，山甚層鋭其下。舊有采金處，俗謂之「金山」。肆廬，治新會城、《方輿紀要》：三會城在定襄縣西南，卽新會城也。大邗城。大邗城，見《序紀》：定襄侯衛操樹碑於此。敷城，有車輪泉神。《水經注》：陰館縣西北，上平洪源七輪，謂之「桑乾泉」，卽漯涫水者也。

雁門郡。原平，有陰館城、《漢·志》：雁門有陰館縣，故樓煩鄉，晉末廢。《太平寰宇記》：故城在鄯陽縣。樓煩城、《漢·志》：雁門有樓煩縣。應劭曰：故樓煩胡地，後漢末廢。《太平寰宇記》：故城在崞縣東。廣武城、《後漢書》注：廣武故城在雁門縣。龍淵神。《太平寰宇記》「雁門縣」下引《水經注》云：龍泉出雁門西平地。

幽州。治薊城。《方輿紀要》：薊城在順天府治東。《漢·志》：故燕國召公所封。

燕郡。後漢光武併上谷。和帝永元六年，復爲廣陽郡。按：《後漢書·和帝紀》：永元八年，復置廣陽郡。此作「六年」，誤也。《郡國志》作「永平八年」，蓋「永元」之譌。薊，有燕昭王陵、燕惠王陵、趙氏一清曰：後人因此誤以燕剌王旦戾陵當之，非，戾陵在薊西南，此陵在薊東南。覩道元所敍高梁河甚明。《金史·世宗本紀》：大定九年二月，詔改葬漢二燕王於城東。《蔡珪傳》：初，兩燕王墓舊在中都東城外，海陵廣京城圍基在東城內。嘗有盜發其墓。大定九年，詔改葬於城外。俗傳六國時燕王及太子丹之葬。及啓壙，其東墓之柩題其端曰「燕靈王舊」。「舊」，古「柩」字通用，乃西漢高祖子劉建葬也。其西，蓋燕康王劉嘉之葬。珪作《兩燕王墓辨》，據葬制名物款刻甚詳。戾陵陂。《水經注》：高梁水首受㶟水於戾陵堰。水北有梁山，山有燕剌王旦之陵，故以「戾陵」名堰。廣陽，有廣陽城。《史記正義》引《括地志》：廣陽故城在良鄉縣東北三十七里。良鄉，治良鄉城。《太平寰宇記》：良鄉縣在燕爲中都。有大房山神。《水經注》作「大防山」，在良鄉縣西北。《太平寰宇記》：在西北三十五里。軍都，有軍都關、《水經》：㶟餘水出上谷居庸關東。注云：其水歷山南，逕軍都縣界，又謂之「軍都關」。《元和郡縣志》「河内縣」下引《述征記》曰：太行山首始於河內，北至幽州，有八陘，第八軍都陘。昌平城。《漢·志》：上谷有昌平縣。後漢屬廣陽，晉屬燕。後魏省。《後漢·志》注：故城在昌平縣東南。安城，前漢屬渤海，後漢屬廣陽，晉屬。《漢》、《晉·志》作「安次」。有安次城、《漢漢書》注：安次故城在安次縣東。萇道城。按：卽常道城，「常」、「萇」音同通用。《水經注》：故鄉亭也，西去長鄉城四十里。

范陽郡。漢高帝置涿郡，後漢章帝改。按《郡國志》：涿郡屬幽州，未嘗改爲范陽。《志》之誤也。據《晉·志》，乃魏文更名。又《侯淵傳》：尋詔淵以本將軍爲平州刺史、大都督，仍鎮范陽。平州，本治肥如，嘗徙鎮於此，《志》亦未及。

涿，有涿城。《方輿紀要》：涿縣，今涿州治，本燕之涿邑。《水注經》引應劭曰：涿郡，故燕。固安，二漢屬涿，晉屬。《漢》、《晉·志》「固」作「故」。有固安城、《太平寰宇記》：固安故城，在易縣東南百步。《水經注》：武陽大城，東南小城卽故安縣之故城也，東西二里，南北一里半。金臺、《水經注》：故安縣有金臺陂，陂北十餘步有金臺，臺上東西八十許步，南北加減高十餘丈。《太平寰宇記》：臺在易縣東南三十里，燕昭王所造。三公臺。《太平寰宇記》：三公臺，在易縣東南一十八里，相去三十六步，並高大，燕昭王所立。樂毅、鄒衍、劇辛所遊之處，故曰「三公臺」。范陽，有長城、《太平寰宇記》：長安城在易縣東南二十七里。《漢書》云：宣帝時，幽州刺史李宣尙范陽公主。主思長安，乃築此城，象長安，故以爲名。范陽城、《元和郡縣志》：范陽故城在易縣東南六十二里。《水經注》：秦末張耳、陳餘爲陳勝略地，燕、趙命蒯通說之，范陽先下是也。梁門陂。《水經》注：易水東分爲梁門陂，又東梁門陂水注之。水上承易水於梁門東，入長城，東北入陂。萇鄉，晉屬。《晉·志》「萇」

作『長』。有萇鄉城。《水經注》引《地理風俗記》曰：涿縣東五十里有陽鄉亭，後分爲縣卽長鄉縣也。《太平寰宇記》：陽鄉故城在固安縣西北二十七里，後漢省，晉復置爲長鄉。方城，有臨鄉城、《漢·志》：涿郡有臨鄉縣，後漢省入方城。《水經注》引《地理風俗記》曰：在方城南十里。方城、《太平寰宇記》引《郡國志》：故方城在固安縣南十五里。鄉，六國時燕之舊邑。《水經注》：李牧伐燕，取方城是也。韓侯城。《水經注》引鄭玄曰：周封韓侯，居韓城爲侯伯。王肅曰：今涿郡方城縣有韓侯城。容城，前、後漢屬涿。按《郡國志》：涿郡無容城縣，『後』字衍。『屬涿』下當作『後漢省』也。遒，有南、北二遒城。《太平寰宇記》：漢遒縣在今淶水縣北一里，故遒城是也。後漢移於故城南，卽今淶水縣理所。

漁陽郡。眞君七年，併泉州屬。《漢·志》：泉州屬漁陽郡，晉屬燕國。是年，又兩併安樂、平谷屬焉。《漢·志》：安樂、平谷二縣，並屬漁陽郡。安樂，晉屬燕國。平谷，晉初省，後復置也。

雍奴，有泉州城、《後漢書》注：泉州故城在雍奴縣南。雍奴城。《太平寰宇記》：武清縣，本漢雍奴縣也。潞，二漢屬。《漢·志》『潞』作『路』，後漢曰『潞』。無終，有無終城。《後漢書》注：無終故城今漁陽縣也。《水經注》引《魏土地記》：在右北平城西北百三十里。《漢·志》：故無終子國。漁陽，有漁陽城、《史記正義》引《括地志》：漁陽故城在密雲縣南十八里。桃花山。一作『桃芝山』，誤。《隋·志》：安樂、密雲縣有桃花山。《太平寰宇記》『密雲縣』下引《郡國志》云：山在漁陽縣西北一十五里。土垠，有北平城。《太平寰宇記》引《隋圖經》：漁陽，有北平故城。《水經注》引《魏土地記》：在薊城東北三百里。徐無，有徐無城。《水經注》引《魏土地記》曰：右北平城東北一百一十里有徐無城。

晉州。孝昌中置唐州，建義元年改，錢氏大昕曰：《崔挺傳》作『武泰初，改郡爲唐州』，武泰元年，卽孝昌四年也。其年，卽改建義，則平陽之爲唐州不及一年。治白馬城。《水經》：汾水過平陽縣東。注云：又南逕白馬城西，魏刑白馬而築之，故世謂之『白馬城』。

平陽郡。晉分河東置。《晉·志》：故屬河東，魏分立。考《三國·魏·紀》：正始八年，分河東之汾北十縣爲平陽郡，此云『晉分河東置』者誤也。眞君四年，置東雍州。太和十八年，罷。錢氏大昕曰：《楊播傳》：建義初除冠軍將軍、東雍州刺史。其年，州罷。未知誰是。

禽昌，有乾城、《方輿紀要》：乾壁城在襄陵縣東南，亦曰『乾城』。郭城。《太平寰宇記》：神山縣城，故郭城也。《後魏書》：禽昌縣有郭城，卽此。其城東西高四丈，南北三面絶崖險固，周迴五里。平陽，有晉永、『永』疑『水』字之譌。《水經注》：平水又東逕平陽城南，東入汾，俗以爲晉水，非也。高梁城、《左傳》注：高梁，晉地在平陽縣西南。《水經注》引《竹書紀年》：晉出公十三年，智伯瑶城高梁。龍子城、《元和郡縣志》：臨汾縣有龍子祠，在姑射山東平水之源。堯廟。《水經注》引《魏土地記》：平陽城東十里汾水東原上有小臺，上有堯神屋石碑。襄陵，治襄陵城。《太平寰宇記》：襄陵故城在臨汾縣東南三十五里。《水經注》：晉大夫郤犨之邑也，故其地有犨氏鄉亭矣。《漢·志》作『班氏』，蓋今本傳刻之誤。泰平，有泰平城。《元和郡縣志》：太平故關城在太平縣東北二十七里。

北絳郡。北絳，二漢、晉曰『絳』。《後漢》、《晉·志》並作『絳邑』。

永安郡。治永安城。《水經》：汾水過永安縣西。注云：故彘縣也，霍伯之都也。

永安，有霍山祠、《漢·志》：河東郡彘縣，霍太山在東。《水經注》：山有岳廟。《元和郡縣志》：廟在趙城縣東南三十里霍山上。趙城。《史記集解》引徐廣曰：趙城在河東永安縣。《正義》引《括地志》云：卽造父之邑也。楊，治楊城。《太平寰宇記》：故楊城在洪洞縣東南十八里。《漢·志》『楊縣』下應劭曰：楊侯國。《水經注》：晉大夫僚安之邑也。有岳陽山。卽太岳山，已見『太原郡鄔縣』下。

北五城郡。錢氏大昕曰：五城之五，《隋·志》皆作『伍』。五城、定陽，本汾州屬郡，孝昌中寄治西河，并移西河郡於平陽界。興和中，又析置北五城、定陽郡，皆在隋之臨汾縣地。

冀氏郡。冀氏，有冀氏城。《方輿紀要》：冀氏城在岳陽縣東南百二十里。合陽，有合陽城。《方輿紀要》：合陽城在岳陽縣南。

南絳郡。治會交川。『會』卽『澮』字。《水經注》：澮水出河東絳縣，東澮交東高山。注云：澮水又西南與諸水合，謂之『澮交』。小鄉，有小鄉城。《方輿紀要》：小鄉城在翼城縣西南。

義寧郡。治孤遠城。《元和郡縣志》：沁源縣本漢穀遠縣地，舊在今縣南百五十里孤遠故城是也。語音譌轉，故以穀為孤耳。

河內郡。野王有太行山、《漢·志》：河內郡埜王，《淮南子》謂之『五行山』，太行山在西北。華岳神。《水經注》：沁水逕野王縣故城北，水北有華岳廟，懷州刺史頓丘李拱之之所經構也。沁水，治沁城。當作『沁水城』。《水經注》：蓋藉水以名縣矣。京相璠曰：晉地矣。有沁水、《漢·志》：上黨郡穀遠縣羊頭山世靡谷，沁水所出，東南至滎陽入河。又云：出井陘山東。《水經》云：出上黨湼縣謁戾山。注云：即湼水也。蓋合二水爲一矣。《山海經》云：出謁戾山。濟水。《漢·志》：河東郡垣縣。《禹貢》：王屋山在東北，沇水所出，東南至武德入河，『沇』即『濟』也。《山海經》作『瀞水』。《水經》：濟水出河東垣縣東王屋山爲沇水，又東至温縣西北爲濟水。軹，治軹城。《史記正義》引《括地志》：故軹城在濟源縣東南十三里，七國時魏邑。有軹關。《隋·志》：河内王屋縣有軹關。《元和郡縣志》引《述征記》曰：太行山首始於河内。自河内北至幽州有八陘，第一曰軹關陘，今屬河南府濟源縣，在縣理西十一里。

武德郡。平皋，有平皋陂、《元和郡縣志》：平皋陂在武德縣南二十三里，周迴二十五里。平皋城、《史記正義》引《括地志》：平皋故城，本邢丘邑，在武德縣東南二十里。安昌城。《水經注》：沙溝水東南逕安昌城西。漢成帝河平四年，封張禹爲侯國。《元和郡縣志》：城在武德縣東十三里。温，有温城、今本逸『城』字。《太平寰宇記》：古温城在温縣西南三十里。《漢·志》：故國，己姓，蘇忿生所封。浿水。按《春秋》注：湨水出河内軹縣，東南至温入河，則『浿』當爲『湨』，形近而譌也。《漢·志》：樂浪郡浿水縣，浿水西至增地入海。《水經》：浿水出樂浪鏤方，東入海。《說文》同。一曰出浿水縣，與此初不相涉。懷，有懷城。《元和郡縣志》：故懷城在武陟縣西十一里。《左傳》注：後爲晉邑。州，有雍城、《左傳》注：雍國在河内山陽縣西。中都城、《水經注》：光溝水逕成鄉城北，又東逕中都亭南。金城。《水經注》：白馬湖水東南流逕金亭西。《方輿紀要》：東金城在懷慶府城東四十三里，西金城在懷慶府城東北四十里。

建州。治高都城。《史記正義》引《括地志》：高都故城，今澤州是。長平郡。永安中置，治泫氏城。汲古閣本脫『永安』以下八字。《元和郡縣志》：高平縣，本漢泫氏縣。《水經注》引《竹書紀年》：晉烈公元年，趙獻子城泫氏是也。

高平、當作『平高』。《隋·志》：高平縣，舊曰平高，齊末改焉。元氏，二漢、晉屬上黨。《漢》、《晉·志》『元』作『泫』。《元和郡縣志》云：後魏改爲元氏。有羊頭城。明刻本作『羊頭山』。

汾州。延和三年，爲鎮。太和十二年，置州，治蒲子城。《漢·志》：河東郡有蒲子縣，晉屬平陽，後省。《太平寰宇記》：故城在隰川縣東北一里。春秋時曰蒲。《左傳》注：蒲，今平陽蒲子縣。錢氏大昕曰：《穆羆傳》：高祖時爲吐京鎮將，後改吐京鎮爲州，仍以羆爲刺史，然則魏初本爲吐京鎮蒲子城，即吐京鎮也。汾州之治西河自裴良始。

西河郡。治茲氏城。《漢·志》：太原郡有茲氏縣。《水經注》云：縣，故秦置也。魏黃初二年，置西河郡。《元和郡縣志》：晉改爲國，仍改茲氏爲隰城。

隰城，有虞城。《太平寰宇記》：孝義縣有虞城。相傳晉滅虞，遷其人於此，築城以居之。介休，二漢屬太原。《漢·志》『介』作『界』。有郭林宗墓、《元和郡縣志》：郭林宗墳，在介休縣東三里。介休城。《方輿紀要》：介休城在今介休縣東南十五里。

吐京郡。《水經注》：吐京郡治，即土軍縣之故城也。胡、漢譯言皆爲譌變矣。

東雍州。世祖置，太和中罷，天平初復。錢氏大昕曰：前『晉州平陽郡』下云：眞君四年，置東雍州。太和十八年，罷。然則世祖所置之東雍州在平陽，此天平復置之東雍州乃在邵郡，名雖同而地實異矣。曰鑑按：《通鑑·梁紀》：東魏以東雍州刺史司馬恭鎮正平，司空從事中郎聞喜、裴邃欲攻之，恭棄城走。泰以楊檦行正平郡事。以《周書·楊檦傳》證之，司馬恭懼檦威聲，棄城遁走，檦遂移據東雍州，既而東魏遣太保侯景攻陷正平。下文云：時東魏以正平爲東雍州，遣薛榮祖鎮之，是州在正平不在邵郡也。《隋·志》：絳郡，後魏置東雍州；垣縣，後魏置邵郡，亦非一地。錢氏蓋誤以首郡爲治矣。又考《水經注》，汾水過臨汾縣，逕絳縣故城北，又西逕正平郡南，故東雍州治。太和中，皇都徙洛，罷州立郡矣。是州之置本在正平。《元和郡縣志》：今絳州即漢河東郡之臨汾縣地。魏正始八年，分河東汾北置平陽郡，又爲平陽郡地，後魏太武帝於今西南二十里正平縣界柏壁置東雍州及正平郡，其地屬焉云云，似爲得之。

邵郡。皇興四年，置邵上郡。《食貨志》：懷州邵郡上郡之長平白水縣。錢氏大昕曰：此文當云『邵上郡』，誤多一『郡』字。邵上郡，本屬懷州，《志》亦未載。

白水，有馬頭山。《水經注》：乾棗澗水又南歷姦苗北馬頭山，亦曰『白水原』。西南逕垣縣故城北。《元和郡縣志》：山在呂香縣南六十里。清廉，有清廉山、《水經注》：清水出清廉山之西嶺，世亦謂之『清營山』。《太平寰宇記》：古清廉縣在垣縣西北二十二里，後魏割聞喜、安邑東界之人，於清廉山北置縣。白馬山、《水經注》：澮水又南，紫谷水東出白馬山白馬州。《遁甲開山圖》曰：絳山東距白馬山，謂是山也。萇平。《隋·志》『萇』作『長』。《水經注》同。有王屋山。《漢·志》：河東垣縣。《禹貢》：王屋山在東北。《史記正義》引《括地志》：在王屋縣北十里。《古今地名》云：山方七百里，高萬仞。

高涼郡。高涼，有高涼城、《方輿紀要》：高涼城在稷山縣東南三十里。麗姬冢。《元和郡縣志》：驪姬墓在正平縣南八里。龍門，有臨汾城。《太平寰宇記》：臨汾故城在正平縣東北二十五里。

正平郡。聞喜，有周陽城。《史記正義》引《括地志》：周陽故城在聞喜縣東三十九里。《水經注》：其城南臨涑水，北倚山原。《竹書紀年》：晉獻公二十五年，翟人伐晉周陽，卽是邑也。

安州。皇興二年置，治方城。《太平寰宇記》：故方城在固安縣南十五里，卽六國時燕之舊邑也。天平中陷。元象中，寄治幽州北界。錢氏大昕曰：《通鑑》：梁普通七年，魏安州石離穴城斛鹽三戍兵反，應杜洛周，衆合二萬，洛周自松岍赴之，卽魏孝昌二年也。則安州之陷似當在孝昌中，與燕營二州之陷同時矣。今考《江文遥傳》稱文遥爲安州刺史，善於綏撫，甚得物情。時杜洛周、葛榮等相繼叛逆，幽、燕已南悉没，惟文遥孤城獨守，百姓皆樂爲用。卒官長史許思祖等，復推其子果行州事，遣使奉表，莊帝嘉之。旣而賊勢轉盛，救援不接，乃攜諸弟幷率城人東奔高麗。天平中，詔高麗送果等。蓋至是始聞安州之陷，故《志》系之天平中也。其後招其遺民，寄治幽部，故地迫近庫莫奚，遂爲甌脱矣。

密雲郡。治提攜城。錢氏大昕曰：《漢·志》：漁陽郡有厗奚縣。孟康讀『厗』爲『題』，卽此提攜也。此云：郡治提攜城，而『白檀縣』下又云：郡治則白檀，卽提攜城矣。漢時白檀、厗奚本是兩縣，蓋後來省厗奚入白檀，又移縣治於故厗奚城也。曰鑑按：《郡國志》及《水經注》並作『傂奚』。要陽桃花山。《方輿紀要》曰：卽今桃山，在冀州西南，蓋境相接也。

廣陽郡。燕樂州郡治。錢氏大昕曰：上文云：安州，治方城，而此燕樂爲州郡治，則燕樂城亦卽方城矣。而普泰元年，又別置方城縣，蓋孝昌淪陷之後，僑立此縣，非卽燕樂故地也。

義州。興和二年置，寄治汲郡陳城。按《隋·志》『汲縣』下，東魏僑置七郡十八縣，今數之，乃十九。『陳』卽『陣』字。《通鑑》注引宋白曰：衞州城，隋已前謂之『陣城』。《郡國縣道記》：武王伐紂，於此列陣，因名。

五城郡。隰城，有鳳皇臺。《太平御覽》引《郡國志》：衞州有鳳皇臺。《太平寰宇記》『汲縣』下：鳳臺因鳳所集爲名。

泰寧郡。《通鑑》注引作『義寧』。

南汾州。錢氏大昕曰：《志》不言何時置，又不言治何城。考《隋·志》：文城郡，東魏置南汾州，其首縣曰吉昌。後魏爲定陽縣，幷置定陽郡，則南汾州當治定陽城矣。此志有定陽郡而無定陽縣，所未詳也。《孝莊紀》：永安三年，以元顯恭都督晉、建、南汾三州諸軍事，晉州刺史，則南汾之置當亦在永安初矣。

南營州。孝昌中，營州陷。永熙二年置，寄治英雄城。錢氏大昕曰：英雄城，未詳所在。《隋·志》：上谷郡遂城縣，舊曰『武遂』，後魏置南營州，則英雄城卽遂城也。但後魏上谷郡無武遂縣，惟冀州武邑郡有之。本漢縣，屬河間，後漢、晉屬安平，後齊廢縣入武强，與上谷之武遂似非一地。曰鑑按：英雄城見《元和郡縣志》『遂城縣』下，以韓瓚爲南營州刺史，所部三千人並雄武冠時而名。

遼東郡。太平。《隋·志》作『襄平』。

東燕州。太和中，分恆州東部置燕州。錢氏大昕曰：以《穆羆傳》考之，燕州蓋治廣寧也。天平中，領流民置，寄治幽州宣都城。錢氏大昕曰：幽州無宣都城。一本作『宜都』，亦誤，當是『軍都』之譌。《隋·志》：汲郡昌平縣，舊置東燕州。考兩漢及晉，軍都、昌平各自爲縣，後魏軍都縣有昌平城，則已幷昌平於軍都，隋又改軍都爲昌平也。

平昌郡。孝昌中陷，天平中置。汲古閣本『昌』譌爲『禺』。考《京兆王黎傳》：繼弟羅侯遂家於燕州之昌平郡。《宋弁傳》：長子維默爲燕州昌平郡守，是燕州所領本名昌平郡。《水經注》：昌平郡，太和中置是矣。至天下中始改爲平昌。此云孝昌中陷，不書建立之年，《志》之略也，而郡名互異，亦不著明。

万言，天平中置。『言』字誤。按《隋·志》『涿郡昌平縣』下：開皇初，省萬年縣入焉。『万』與『萬』同。

營州。治和龍城。《太平寰宇記》引《十六國春秋·慕容皝傳》云：柳城之北，龍山之南，所謂福德之地，可營制規模，築龍城，構宮廟，改柳城爲龍城縣，遂遷都龍城，號新宮曰『和龍宮』是也。《水經注》引《十三州志·昌遼道》：有黄龍亭，魏營州刺史治。

昌黎郡。晉分遼東置。《晉·志》：漢屬遼東屬國都尉，魏置郡。

龍城，有榆頓城、榆頓，疑「蹋頓」之誤。狼水。《水經注》：白狼水出白狼縣，逕廣成縣南、昌黎縣西、龍山西、黃龍城東。又東北出，東流分爲二水，右水疑卽渝水，一水東北出塞爲白狼水，東南流至房縣注於遼。廣興，有鷄鳴山、《隋・志》：遼西柳城縣有鷄鳴山。石城、《方輿紀要》：石頭故城在營州西南百餘里。大柳城。《後漢書》注：柳城故城在今營州南。定荒，有鹿頭山、《太平寰宇記》「柳城縣」下引《郡國志》云：白狼山，一名鹿首山。松山。《隋・志》：遼西柳城縣有松山。

建德郡。眞君八年置，錢氏大昕曰：《世祖紀》：延和元年，車駕至和龍，馮文通石城太守李崇、建德太守王融十餘郡來降。則建德郡後世已有之，魏特因其故名耳。《志》無石城郡，蓋併入建德矣。治白狼城。《漢・志》：右北平有白狼縣，後漢省。《方輿紀要》：白狼城在營州西南。

石城，前漢屬右北平。《漢・志》「城」作「成」。有白鹿山祠。《水經注》：白鹿山卽白狼山也。

遼東郡。襄平，有青山。《太平寰宇記》：青山在柳城縣東北九十里。

樂良郡。治連城。《方輿紀要》：樂浪城在營州西南，卽連城是也。

永洛。《隋・志》作永樂。

營丘郡。正光末置。錢氏大昕曰：《世祖紀》：延和元年，徙營丘、成周、遼東、樂浪、帶方、玄菟六郡民三萬家於幽州，開倉以振之。是營丘郡後燕所置，而《志》以爲正光末置者，世祖滅燕之後，營丘、成周、帶方、玄菟、諸郡皆已併省，正光末又復置耳。曰鑑按：《晉書・載記》：慕容廆以青州流人立爲營丘郡，則郡前燕已有，不始於後燕也。

平州。治肥如城。《太平寰宇記》：肥如故城，今盧龍縣也。《漢・志》「肥如縣」下應劭曰：肥子奔燕，燕封於此。

遼西郡。肥如，有孤竹山祠、《水經注》引《晉書・地道志》曰：遼西人見遼水有浮棺，欲破之。語曰：我孤竹君子也，汝破我何爲？因爲立祠焉，祠在山上。碣石、《漢・志》：右北平驪成縣大碣石山在縣西南。《說文》云：特立之石，東海有碣石山。《水經注》：今枕海有石如甬道數十里，當山頂有大石如柱形，世名之曰「天橋柱」也。今支城、《漢・志》：遼西郡有令支縣，晉廢。《太平寰宇記》：廢城在今盧龍縣界。《史記》作「離支」。黃山、《方輿紀要》：黃山在遷安縣西五十里。濡河。《漢・志》：遼西郡肥如縣，元水東入濡水，濡水南入海陽，卽漁陽白壇之洫水也。《水經注》引作「濡水」。蓋今本《漢書》傳刻之誤。《水經》：濡水從塞外來，東南過遼西令支縣北、海陽縣西南，入於海。陽樂，有覆舟山、《隋・志》：北平盧龍縣有覆舟山。林榆山。《太平寰宇記》：臨餘山在盧龍縣東一百八十里，本名臨渝山，音譌爲「餘」。海陽，有橫山、《通鑑》注：橫山蓋卽三陘之地。新婦山、《太平寰宇記》「盧龍縣」下引《九州要紀》云：盧龍柳城南有新婦山。清水。《水經注》：清水出海陽縣東南，流逕海陽城東，又南合新河，又南流一十許里，西入九過口注海。

北平郡。新昌，前漢屬涿，後漢、晉屬遼東。按：此縣亦後魏僑置，當依朝鮮注爲例。且營州遼東郡新昌縣二漢、晉屬此，復書「後漢、晉屬遼東」，而以前漢涿郡之新昌合而爲一，牴牾甚矣。《漢・志》新昌明是兩縣，一屬涿郡，後漢省，在今固安縣南三十里；一屬遼東，在今海城縣東。有盧龍山。《水經注》：濡水又東南逕盧龍塞塞道，自無終縣東出，渡濡水，向林蘭陘東至青陘。《太平寰宇記》「盧龍縣」下：塞道在今郡城西北二百里。

恆州。天興中，置司州，治代，都平城。錢氏大昕曰：魏初都平城，置司州，其所領郡縣皆闕而不書。今據《食貨志》：司州萬年、雁門、上谷、靈丘、廣寧、平涼郡，知當時六郡皆隸司州矣。曰鑑按：雁門郡，天興中屬司州，已見於本志。

代郡。秦置。孝昌中陷，天平二年置。趙氏一清曰：《李元護傳》：叔恤爲東代郡太守。蓋太和遷洛以後，以平城爲代郡，故以漢代郡之代縣爲東代。《地形志》：代郡秦置，孝昌中陷，天平二年置，而無東代郡。且後魏時，代郡又屬肆州。《本紀》：太和十一年，肆州之代郡民饑。《靈徵志》：神䴥二年，白鹿見代郡倒刺山，皆故代縣地，而《志》又缺，則知所遺者多矣。曰鑑按：《官氏志》：延和元年三月，改代尹爲萬年尹，代令爲萬年令，後復。《志》亦失書。

武周，二漢屬雁門。《漢・志》「周」作「州」。

梁城郡。裋鴻，一本作「祇鴻」。《通鑑》注引此作「旋鴻」。考《水經注》，如渾水出涼城旋鴻縣，今《志》作「裋」及「祇」，未詳。

朔州。本漢五原郡，延和二年置爲鎭，後改爲懷朔。《水經注》：光祿城東北卽懷朔鎭城也。《通鑑》注：考其地當在漢五原稒陽塞外，杜佑曰：在馬邑郡北三百餘里。

神武郡。殊頹。此縣本名樹頹，避高歡父諱改「樹」爲「殊」。《周書・楊忠傳》：高祖元壽，魏初爲武川鎭。司馬因家於神武樹頹焉。

附化郡。息澤、趙氏一清曰：當作「恩澤」。廣收。《通鑑》注引作「廣牧』。《斛斯椿傳》：廣牧，富昌人。則又似廣牧自爲一郡也。

蔚州。永安中，改懷荒、禦夷二鎭置。《通鑑》注：懷荒，在柔元鎭之東、禦夷鎭之西。引宋白曰：懷荒、禦夷二鎭皆在蔚州界。

顯州，治汾州六壁城。《太平寰宇記》：六壁城，在孝義縣西八里。《水經注》：勝水出西狐岐山，東逕六壁城南，魏朝舊置六壁於其下。

定戎郡。治瓜城。《太平寰宇記》：瓜城在孝義縣北十里，本號城也。

眞君郡。治東多城。《方輿紀要》：東多城在孝義縣北二十里。

武昌郡。治團城。《元和郡縣志》：團城，在孝義縣西北十八里。後魏築以防稽胡，其城紆曲，故名。

廓州。武定元年置，治肆州敷城界廓城。汲古閣本作『郭城』。錢氏大昕曰：《隋·志》：雁門郡崞縣，後魏置，曰石城。東魏置廓州，有廣安、永定、建安三郡，寄山城，與此志治敷城似不合。考敷城、石城，俱肆州秀容郡之屬縣，蓋隋時并敷城入石城，因附書於下也。

武州。武定元年置，治雁門川。武定三年，始立州城。錢氏大昕曰：《隋·志》：雁門郡繁畤縣，後魏置，并置繁畤郡，有東魏武州及吐京、齊、新安三郡，寄在城中。此志之雁門川卽繁畤郡，且寄治郡城，非別立州城也。

寧州。興和中置，寄治汾州介伏城。按：《世祖紀》：始光四年，以氐王楊元爲都督荆、梁、益、寧四州諸軍事，則寧州之置當在始光初矣。今志祇據興和中寄治書之，亦其疏也，介伏城當是『介休』之譌。

靈州。太延二年，置薄骨律鎭。《水經注》：河水又北，逕薄骨律鎭城，城在河渚上，赫連果城也。

又 卷中 兗州。魏、晉治廪丘，今本脫『廪』字。劉義隆治瑕丘，錢氏大昕曰：漢山陽郡有瑕丘縣，劉宋、元魏皆以瑕丘爲兗州治所，而不著瑕丘縣，至隋始復置焉，今滋陽縣也。魏因之。《高祖紀》：延興元年，劉彧將垣崇祖率衆二萬，自郁洲寇東兗州。錢氏大昕曰：此東兗州，治瑕丘，卽劉宋之兗州。魏泰常中已置兗州於滑臺，故此加『東』。《宇游明根傳》：由都督兗州諸軍事，瑕丘鎭將就拜東兗州刺史是也。

泰山郡。鉅平，治平樂城。《漢·志》：山陽郡有平樂縣，後漢省。《方輿紀要》：在單縣東四十里。《水經注》：黄溝東逕城武縣故城南，又東逕郜城北，又東逕平樂縣故城南。有亭亭山祠、《漢·志》：鉅平有亭亭山祠。《史記索隱》引應劭曰：在鉅平北十餘里。《郡國志》謂之『亭禪山』。陽關城、《左傳》[illegible]在泰山鉅平縣東。鉅平城、《方輿紀要》：鉅平城在亭陽縣東北九十里，春秋時魯之成邑。祝丘。《春秋》注：祝丘魯地。奉高，有梁父山、《水經注》：梁父縣北有梁父山。《史記正義》引《括地志》：在泗水縣北八十里。岱岳祠、《漢·志》：博縣有泰山廟，岱山在西北。《水經注》引《從征記》曰：泰山有下、中、上三廟，中廟去下廟五里，上廟在山頂，卽封禪處也。玉符山、《隋·志》：魯郡博城縣，有玉符山。《水經注》：琨瑞水西北流，逕玉符山，又西北逕獵山東。故明堂基。《漢·志》：奉高有明堂，在西南四里。武帝元封二年造。並詳《孝武紀》及《郊祀志》。博平，有博平城、卽博縣也。《後漢書》注：博，今博城縣。野首山。『野首』疑『社首』之誤。《史記集解》引應劭曰：山在博縣。嬴，有馬耳山祠，《水經注》：馬耳山，高百丈，上有二石並舉，望齊馬耳，故世取名焉。東去常山三十里。汶水出焉。《漢·志》：泰山郡。汶水出萊蕪，西入濟。又萊蕪縣原山，《禹貢》：汶水出西南，入泲。《水經》：汶水出太山萊蕪縣西南，至安民亭入於濟。《元和郡縣志》引《述征記》：泰山郡。水皆名汶，又有北汶、嬴汶、柴汶、牟汶，皆源別而流同。瀛城、《史記正義》引《括地志》：嬴故城在博城縣東北。《左傳》注：齊邑。銅冶山。《太平御覽》引作『琛』。《齊記》：萊蕪谷有銅冶峴，古鑄銅處。牟，有萊蕪城、《漢·志》：泰山郡有萊蕪縣，晉末廢。《元和郡縣志》：故城在淄川縣東南六十里。《水經注》引應劭《十三州記》曰：魯之萊柞邑。平州城、《春秋》注：平州，齊地，在泰山牟縣西。牟城、《方輿紀要》：牟城在萊蕪縣東二十里。《漢·志》：故國。應劭曰：魯附庸也。梁父，汲古閣本『父』誤作『汶』。有菟裘澤，汲古閣本『菟』誤作『羌』。《左傳》注：菟裘，魯邑，在泰山梁父縣南。徂來山在北。《水經注》引《鄒山記》曰：徂徠山在梁甫、奉高、博三縣界，亦曰尤萊之山也，山高十里。梁父城、《太平寰宇記》：梁父故城在泗水縣北。龜山、《春秋》注：泰山博縣北有龜山。《水經注》：在博縣北一十五里。羊續碑。續字興祖，太山平陽人。見《後漢書·列傳》。

魯郡。秦置爲薛郡。高后改爲魯國。按：是注本《漢·志》與《水經注》所引同。全氏祖望以爲此實班氏之誤。高后以城陽爲魯國，不以薛郡。其時薛郡屬楚國。

魯，有牛首亭、《郡國志》：魯有牛首亭。注引《左傳》：宋伐鄭，取牛首。何氏焯曰：既取鄭地，則非此牛首矣。五父衢、《左傳》注：五父衢，道名，在魯國東南。尼丘山、《隋·志》：魯郡。泗水縣有尼丘山。《元和郡縣志》：在縣南五十里。房山、《隋·志》：魯郡。泗水縣有防山。《元和郡縣志》：在曲阜縣東二十五里。魯城、《漢·志》：魯縣，伯禽所封。《史記正義》引《括地志》：曲阜縣外城，即周公旦子伯禽所築古魯城也。叔梁紇廟、《史記正義》引《括地志》：叔梁紇廟，亦名尼丘山祠，在泗水縣五十里尼丘山東趾。孔子墓廟、《史記集解》引《皇覽》曰：孔子冢去魯城一里。冢塋百畝，冢南北廣十步，東西十三步，高一丈二尺。冢前以瓴甓爲祠壇，方六尺，與地平。沂水、《水經注》：沂水出魯城東南尼丘山西北，平地發泉，流逕魯縣故城南，西逕圓丘北，又西，右注泗水。泗水、《漢·志》：魯國卞縣，泗水西南至方與入泲。《山海經》：出魯東北。《水經》：出魯卞縣北山。注引《博物志》：出陪尾。季武子臺、《水經注》：曲阜上有季氏宅，宅有武子臺。今雖崩夷，猶高數丈。顏母祠、《水經注》：尼丘山東一十里有顏母廟，又孔廟之西北二里有顏母廟。魯昭公臺、《太平寰宇記》：魯昭公臺在魯城內，高二丈九尺。伯禽冢、《太平寰宇記》：伯禽墓高四丈四尺，在曲阜縣南七里。魯文公冢、《太平寰宇記》：魯文公冢高五丈五尺，在曲阜縣南九里。魯恭王陵、《太平寰宇記》：魯恭王墓高一丈，在曲阜縣南九里。宰我冢、《太平寰宇記》：宰我墓在曲阜縣西南二十里。兒寬碑。兒寬，千乘人。見《後漢書·列傳》。汶陽，有新甫山、《方輿紀要》：宮山在新泰縣西北四十里，即古新甫山。汶陽城。《元和郡縣志》：故汶陽城在龔丘縣東北五十四里。鄒，二漢、晉屬。《漢·志》作『騶』。有叔梁紇城、《水經注》：今邾城在鄒山之陽，故邾婁之國，曹姓也，叔梁紇之邑也。嶧山、《漢·志》：騶縣嶧山在北。《水經注》：山東西二十里。鄒山、《郡國志·騶縣》注：有騶山高五里。《太平御覽》引《鄒山記》：鄒山，古之嶧山也。山下是鄒縣，本是邾國，魯穆公改鄒山，從邑變故曰『鄒山』。陽平，劉駿置。《宋·志》作『平陽』。有滕城。《漢·志》：沛郡。公丘縣，故滕國，周文王子錯叔繡所封，今本文作『懿』，蓋傳刻之誤。《元和郡縣志》：在滕縣西南十四里滕城是也。

高平郡。高平，有洸水、《水經》：泗水過高平縣西，洸水從西北來流注之。注云：洸水者，洙水也。洸、洙相入，互受通稱矣。又引呂忱曰：洸水出東平陽。胡陸城、《郡國志》：山陽有湖陸縣，故湖陵，章帝更名。晉屬高平國，後魏省。《太平寰宇記》：故城在魯臺縣東南一里。高平山。《水經注》：泗水過高平縣南逕高平山，山東西十里，南北五里，高四里，與衆山相連。其山最高頂上方平，故謂之『高平山』。方與，有方與城。《元和郡縣志》：魯臺縣理城即漢方與城也。金鄉，有金鄉山、《郡國志》『金鄉』下注引《晉地道記》：縣多山，所治名金山，鑿而得金，故名。范巨卿冢碑，汲古閣本『冢』誤爲『家』。《水經注》：金鄉山東南有范巨卿冢，石柱猶存。巨卿，名式，山陽之金鄉人。平陽，有平陽城、《後漢書》注：南平陽故城，今鄒縣。《左傳》注謂之『西平陽』。漆城、《郡國志》『南平陽有漆亭』注引杜預曰：縣東北有漆鄉。《水經注》引《十三州記》：邾邑也。白馬溝。《方輿紀要》：白馬河在鄒縣北三十里，源出九龍山。

任城郡。任城，有任城。《元和郡縣志》：本漢縣也。《漢·志》：故任國，太昊後，風姓。亢父，有亢父城、《史記正義》引《括地志》：亢父故城在任城縣南五十一里，戰國時齊地。女媧冢。《元和郡縣志》：女媧陵在任城縣東南三十九里。鉅野，有鉅野城。汲古閣本『野』誤爲『鹿』。《元和郡縣志》：鉅野縣，本漢舊縣。

東平郡。無鹽，有龍山、《水經注》：汶水自東平陸縣故城北，又西逕危山南，世謂之『龍山』也。無鹽城、《元和郡縣志》：無鹽故城在須昌縣東三十六里。《郡國志》：本宿國，任姓。南章、北章城。《漢·志》：東平國有章縣。《水經注》云：《世本》：任姓之國也，春秋齊人降章者也。故城在無鹽縣東北五十里。須昌，治須昌城。《元和郡縣志》：須昌故城在須昌縣東南三十二里。《漢·志》：故須句國，太昊後，風姓。《水經注》引京相璠曰：須朐，一國二城兩名，蓋遷都須昌，朐是其本。壽張，有郈城。《漢·志》：無鹽有郈鄉。《左傳》注：在無鹽縣東南。《水經注》：魯叔孫昭伯之故邑也。今其城無南面。富城，有富城、《水經注》：汶水過章縣南，泌水注之。泌水西南逕富城縣故城西，注於汶。左丘明冢。《元和郡縣志》：左丘明墓在平陰縣東南五十五里。剛，治剛城。《太平寰宇記》：故剛城在龔丘縣東北。《漢·志》：故闡。應劭曰：《春秋》：齊取讙及闡，今闡亭是也。

東陽平郡。故東平地，劉義隆置，尋罷，劉駿復，《宋·志》作『陽平郡』。『東』字蓋後魏所加，以別於司州之陽平也。下齊州之東魏、東平原、東清河三郡並同。治陸城。《太平寰宇記》：中都縣，漢爲東平陸縣。《漢·志》『東平陸』下應劭曰：古厥國，今有厥亭是。

元城，有亭陽城。《漢·志》：泰山有寧陽縣，後漢屬東平國，晉省。《後漢書》注：故城在龔丘縣南。樂平，有青山祠。《元和郡縣志》：青石山在龔丘縣西三十里，後魏有青石山祠。平原，有鉅野澤。《漢·志》：山陽郡。鉅壄縣大壄澤在北。《元和郡縣志》：一名鉅野，在鉅野縣東五里。《水經注》引何承天曰：鉅野湖澤廣大，南通洙泗、北接清濟。

青州。按《崔休傳》：青州九郡民。今《志》領齊、北海、樂安、渤海、高陽、河間、樂陵，祇七郡。後讀《食貨志》：青州北海郡之膠東縣，平昌郡之東武、平昌縣，高密郡之昌安、高密、夷安、黔陬縣，乃知七郡外尚有平昌、高密二郡，與所云九郡其數正合。惟平昌、高密二郡皆屬膠州。膠州置於永安二年，不言嘗隸青州，亦《志》之略也。司馬德宗治東出。《通鑑注》引宋白曰：東陽城，今青州治益都縣東城。《水經注》：晉義熙中，青州刺史羊穆之築此，以在陽水之陽，卽謂之『東陽城』。

齊郡。臨淄，有公孫接冢、《水經注》：淄水逕蕩陰里西，水東有冢，一基三墳，東西八十步，是列士公孫接、田開疆、古冶子之墳也。晏嬰冢、《史記集解》引《皇覽》曰：晏嬰冢在臨淄城南、淄水南，桓公冢西北。營丘、《漢・志》『臨淄』下臣瓚曰：臨淄卽營丘也，今齊之城中有丘。《水經注》云：在小城內，周迴三百步，高九丈北，降丈五。淄水出其前，故有營丘之名。齊臺、《水經注》：齊城內有故臺。堯山祠。《水經注》引《從征記》曰：廣固城北三里有堯山，堯祠因巡狩登此山，後人遂以名。山廟在山之左麓山之上頂，舊有上祠。今也毀廢。昌國，有紀信冢、杭氏世駿曰：滎陽郡滎陽又有周苛、紀信冢。盤陽有朱虛城、《史記正義》引《括地志》：朱虛故城在臨朐縣東六十里。《十三州志》云：丹朱遊故虛，故云『朱虛』。大峴山、《隋・志》：北海臨朐縣有大峴山。《水經注》：峴山所出。《元和郡縣志》：山在沂水縣北九十里。鉅平山、《水經注》：涪水出峿山，世謂之『巨平山』也。《地理志》：靈門縣有高桼山與峿一山。又云：山在小泰山東。太山祠。《漢・志》：琅邪朱虛縣有東山。《史記》：公玉帶言：黃帝封東泰山，乃令祠官禮之是也。《水經注》謂之『小泰山』。西安，有逢山。《水經注》：逢山卽石膏山也。引郭緣生《續述征記》：山在廣固南三十里。《漢書・郊祀志》作『蓬山』。安平，二漢、晉曰『東平』，按：《宋・志》：安平令，六國時其地曰『安平』，二漢、魏、晉曰『東安平』。此脫『安』字。有覆釜山。《方輿紀要》：朐山，在臨朐縣東南二里，一名覆釜山。廣川，有牛山、《隋・志》：北海臨淄縣有牛山。《水經注》：南郊山卽牛山也。《元和郡縣志》：山在臨淄縣南二十五里。仲父冢、《史記正義》引《括地志》：管仲冢在臨淄縣南二十一里牛山之阿。齊桓公冢、《史記集解》引《皇覽》曰：冢在臨菑南城十七里所菑水南。《水經注》引《從征記》：女水西有桓公冢，甚高大，一墓二墳，與母同墓。四豪冢。《水經注》：淄水逕臨淄縣故城南，又東逕四豪冢北水南山下。有四冢，方基員墳，咸高七尺，東西直列，是田氏四王冢也。

北海郡。治平壽城。《太平寰宇記》：廢平壽縣在濰州西南三十里。都昌，有徐偉長冢。《太平寰宇記》：徐幹墳在濰州東五十一里，俗呼爲博士冢。按：幹，字偉長，見《三國志・王粲傳》。膠東，有逢萌冢。《水經注》：濰水過都昌縣東北，逕逢萌墓，萌縣人也。《太平寰宇記》謂之『高士冢』。

渤海郡。長樂，有王陵冢。王陵，沛人。見《漢書・列傳》。

高陽郡。故樂安地，《汲古閣》本作『安樂』，誤。劉義隆置。當作『劉駿置』。《宋・志》『高陽郡』稱孝武僑立。孝武諱駿，義隆乃文帝諱也。此誤。下河閒郡同。

河閒郡。章武，有張釋之冢。釋之，字季，南陽堵陽人。《史記》、《漢書》並有傳。南皮，有望海臺。《後漢書》注：平望縣，今青州北海縣西北平望臺是也。一名望海臺。《水經注》云：伏琛、晏謨並以爲平望亭在平壽縣故城西北八十里古縣。又或言秦始皇升以望海，因曰『望海臺』。

樂陵郡。陽信，有千乘城、《元和郡縣志》：千乘故城在高苑縣北二十五里，漢千乘國也。《水經注》：故齊地。伏琛曰：城在齊城西北一百五十里。博昌城。《太平寰宇記》：博興縣，本漢博昌縣。樂陵，有姑城、當作『薄姑城』，脫『薄』字。《史記正義》引《括地志》：薄姑故城在博昌縣東北六十里。濕沃。《食貨志》作『隰沃』。

齊州。治歷城。《元和郡縣志》：歷城縣，古齊歷下城，對歷山之下。引《述征記》：歷城到營城三十里。

東魏郡。後徙臺城。《漢・志》：濟南有臺縣，晉省。《太平寰宇記》：在歷城縣北十三里。

肥鄉，有巨合城。《後漢書》注：巨里聚，一名巨合城，在全節縣東南。《水經注》：三面有城，西有深阬。聊城，有管城。『管』字誤，當作『菅』，卽《漢・志》『濟南郡。菅縣』也。《齊乘》云：在章丘臨濟鎭北。記引《晉太康志》：以管叔之後封於此，齊滅管，故其子孫仕齊。按《書》稱致辟管叔。古史謂管叔鮮罪大無後。管夷吾出自周穆王，至夷吾始顯，豈管叔之後耶？鄭州管城，乃管叔所封，魯有管邑大夫采地，惟齊無管城。此卽漢之菅城，而傳寫致誤。

衛國，有鷄山。《隋・志》：齊郡國城有鷄山。《水經注》：巨合水南出鷄山西北，北逕巨合故城西。《太平寰宇記》：山在章丘縣西十里。博平，有土鼓城、《方輿紀要》：土鼓城在淄川縣西川縣西北四十里，俗謂此卽『丑父』之城。長白山。《隋・志》：齊郡章丘有長白山。《元和郡縣志》：山在縣東南十三里，高二千九百丈，周迴六十里。安陽，有魯溝。《水經注》：魚子溝水出長白山東柳泉口，逕於陵縣故城西北，注隴水。東魏有蒼狼溝、《水經注》：德會水出昌國縣黃山，西北流逕昌國縣故城南，又西北，世謂之『滄浪溝』，又北流注時水。時水。《漢・志》：千乘郡。博昌縣，時水東北至鉅定入馬車瀆。《水經注》：時水出齊城西北二十五里，平地出泉卽如水也。又云：時水於博昌合繩水，自下通謂之『繩水』。臨邑，有鵲山、《隋・志》：齊郡。歷城有鵲山。隰陰城。《漢・志》：平原郡。有隰陰縣。《水經注》以爲《春秋》之犂也。《左傳》注：犂亦名『隰』，濟南有隰陰縣。《後漢書・濟北安王傳》亦作『隰陰』。《襄楷傳》同。注云：故城在齊州臨邑縣西。

東平原郡。治梁鄒。《漢・志》：濟南郡。有梁鄒縣，晉省。《齊乘》云：在鄒平原東南三十五里。

平原，有黃山。《方輿紀要》：黃山在鄒平縣東南。鬲，有高苑城、《漢・志》：千乘郡。有高宛縣，後漢作菀，屬樂安國，晉爲樂安國治，後省。《太平寰宇記》：故城在長山縣北二十四里。平原城。《史記正義》引《括地志》：平原故城在平原縣東南十里。臨濟，有鄒平城、《漢・志》：濟南郡。有鄒平縣。晉曰鄒縣，屬樂安國，後廢。《方輿紀要》：故城在今縣西南二十五里。《水經注》：古鄒侯國，舜後姚姓也。建新城。《漢・志》：千乘郡。莽曰『建信』。錢氏坫曰：《後漢書・崔駰傳》：崔篆爲建新大尹，『新』、『信』字通也。《水經注》引應劭曰：在臨沸縣西北五十里。廣宗，有胡山。《方輿紀要》：湖山在章丘縣南五十里。

東清河郡。治盤陽城。《元和郡縣志》：淄川縣，本漢般陽縣也。晉省。宋於此置貝丘縣。《隋・志》：淄川縣，舊曰貝丘，置東清河郡。

繹幕，有隴水。《水經》：濟水過梁鄒縣北。注云：隴水南出長城中，卽古袁水也。西北逕梁鄒縣故城南，又北屈逕其城西北注濟。鄃，有淳于髡冢。《太平寰宇記》：淳于髡墓在淄川縣東六十七里。武城，有昌國城。《史記正義》：昌國故城在淄川縣東北四十里。

廣川郡。中水，有長城。《水經注》：平陰城南有長城，東至海，西至濟，河道所由，名『防門』，去平陰三里。長城西接岱山，東連琅邪巨海，千有餘里，蓋田氏之所造也。《史記正義》引《括地志》：西北起平陰縣，緣河歷太山北岡上，經淄川縣西南博城縣北，東至密州琅邪臺入海。

濟南郡。歷城，有華不注山、《左傳》注：華不注，山名。《元和郡縣志》：在歷城縣東北十五里。華泉、《水經注》引京相璠《春秋土地名》曰：華泉，華不注山下泉水也。舜山祠、《隋・志》：齊郡。歷城縣有舜山。《水經注》：歷城南對山，山上有舜祠。娥姜祠。《水經注》：濼水出歷城縣故城西南谷，謂之爲『娥姜水』，以泉源有舜妃娥英廟故也。著，二漢、晉屬，《漢・志》作『著』。韋昭讀爲『著』，此承昭之誤。治著城。『著』當作『著』。《方輿紀要》：著城在臨邑縣東南五十里。平陵，有章丘城、《水經注》：楊渚溝水逕土鼓城東，又西北逕章丘城東。洛盤城、《太平寰宇記》：洛盤山在章丘縣南二十七里。引《齊記》：去山有樂盤城。平陵城、《太平寰宇記》：平陵城在歷城縣東十五里。《水經注》：故陵城也，後乃加『平』，譚國也。女郎山祠。《水經注》：陽丘縣故城南有女郎山，山上有神祠，俗謂之『女郎祠』。《太平寰宇記》『章丘縣』下引《齊志》曰：章侯有三女溺死，葬於此。土鼓，有龍盤山。《隋・志》：齊郡。章丘縣有龍盤山。《元和郡縣志》：山在章丘縣東二十五里。逢陵，有於陵城。《漢・志》：濟南郡。有於陵縣，後漢末廢。《太平寰宇記》：故城在長山縣南二十五里。朝陽，有朝陽城。《太平寰宇記》：朝陽城在臨濟縣東四十里。

太原郡。劉義隆置，魏因之。《隋・志》：濟北長清縣有東太原郡，卽此。考《列傳》：韓伯華、裴絺、許廓，俱嘗爲東太原太守。《水經注》云：郡治山茌。

太原，治升城。《通鑑》注：升城在唐濟州長清縣界。有靡溝、《水經》：濟水過盧縣北。注云：東北與湄溝合，水上承湄湖，北流注濟，卽此靡溝也。《顯祖紀》、《慕容白曜傳》並作『麋』。垣城。錢氏大昕曰：當云『垣苗城』，史脫『苗』字。《慕容白曜傳》：既至升城，垣苗、麋溝二戍拒守不下。是二城距升城不遠。曰鑑按：《水經注》：濟水又東北逕垣苗城西，故洛當城也。祝阿，有唐城。疑卽高唐城，脫『高』字。《左傳》注：高唐在祝阿縣西北。山茌，有格馬山。《水經注》：賓溪谷水出南格馬山賓溪谷。《元和郡縣志》謂之『隔馬山』，在長清縣東南三十五里。引《左傳》：夙沙衛殺馬於隘以塞道，後因以名山。盧，有盧城、《太平寰宇記》：盧城在長清縣南五十里。《郡國志》『盧縣』下注引杜預曰：今縣故城。平陰城、《郡國志》：濟北盧縣有平陰城。注引杜預曰：在縣東北。《水經注》引京相璠曰：齊地也。在注北盧縣故城西南十里。孝子堂。《水經注》：巫山在平陰縣東北，山上有石室，耆老言郭巨葬母處，世謂之『孝子堂』。

鄭州。治長城。當作『長社城』，脱『社』字。《元和郡縣志》：故城在長葛縣西一里。《漢·志》『長社縣』下應劭曰：宋人圍長葛是也。其社中樹暴長，更名『長社』。治潁陰城。《太平寰宇記》：潁陰城在南頓縣西三十里。

許昌郡。許昌，二漢、晉屬潁川，《漢·志》作『許』。《三國志·魏文帝紀》：黄初二年，改許縣爲許昌縣。治許昌城。《史記正義》引《括地志》：許故城在許昌縣南三十里。《漢·志》：故國姜姓，四岳後，太叔所封。扶溝，有白亭城、《水經注》：康溝水又東逕扶溝縣之白亭北。《陳留風俗傳》曰：扶溝縣有帛鄉。帛，亭名，在七鄉十二亭中。《史記正義》引《括地志》：白亭在扶溝縣北四十五里。扶溝城、《太平寰宇記》：右扶溝城在今縣東北二十里。《水經注》：縣，故潁川之穀平鄉也。康溝水、《水經注》：康溝水首受洧水於長社縣東，逕向岡西白亭北、少曲亭東南、扶溝縣故城東，東南注沙水。龍洲陂、汲古閣『西洲』作『州』。刀陵岡。汲古閣本『刀』作『屬』。鄢陵，二漢、晉屬潁川。《漢·志》『鄢』作『傿』。《續·志》作『隝』。有鄢陵城、《史記正義》引《括地志》：隝陵故城在隝陵縣西北十五里。李奇云：六國時爲安陵也。《郡國志》：春秋時曰『隝』。向城、《郡國志》：長社有向鄉。注引杜預曰：在縣東北。蔡澤陂。《水經注》：蔡澤陂水出傿陵城西北，東西五里南北十里，東逕匡城北，東南至扶溝城北，又東南入沙水。新汲，有新汲城、《太平寰宇記》：新汲故城在扶溝縣西。《漢·志》『新汲』下闞駰曰：本西鄉也。鴨子陂。《水經注》：洧水逕匡城南，又東，左迆爲鴨子陂，謂之『大穴品』也。陂廣一十五里，餘波南入甲庚溝西，注洧。

潁川郡。長社，錢氏大昕曰：《南史·魯爽傳》：宋武帝定長安，魯軌奔魏，魏以軌爲荆州刺史，鎮長社。軌死，爽代爲荆州刺史，鎮長社，是魏初嘗置荆州於此。《志》亦失書。有長葛城、《郡國志》：長社有長葛城。《春秋》注：鄭邑在長社縣北。鷄鳴城、《水經注》：鷄鳴城卽長社縣之濁城也。《太平寰宇記》：城在尉氏縣西南三十里。鍾皓墓、皓，字季明，潁川長社人。見《後漢書·列傳》。白雁陵。《水經注》作『白雁陂』，在長社縣東北，東西七里，南北十里。潁陰，有荀爽墓、《太平寰宇記》：荀爽兄弟八冢，在長社縣東北七里。爽，本潁川人。東、西二武城。《水經注》：潩水逕東西二武亭閒，兩城相對，疑卽古之『岑門』。按：岑門，《史記》作『岸門』。《正義》引《括地志》：在長社縣西北二十八里，今名『西武亭』。

陽翟郡。黄臺，有黄臺岡。《水經注》作『皇臺岡』。《太平寰宇記》：黄臺，在陽翟縣東北四里。陽翟，有陽翟城、《方輿紀要》：陽翟城，今禹州治。《漢·志》：夏禹國，周末韓景侯自新鄭徙此。《郡國志》『陽翟』下注引《古史考》曰：鄭厲公入櫟，卽此也。康城、《水經注》：潁水又東出陽關，歷康亭城南。《太平寰宇記》『陽翟縣』下引《洛陽記》云：夏少康故邑也。禹山祠、《太平寰宇記》『陽翟縣』下引此志：有禹山祠。《隋·志》：河南陽城縣有禹山。赤沙澗、《水經注》：洧水又東南，赤澗水注之。水出武定岡，東南流逕黄臺岡下。又歷岡東，東南流注於洧。九山祠、《隋·志》：襄城陽翟縣有九山祠。《水經注》：潁水逕陽翟縣故城北，城西側水有九山祠碑，叢柏猶茂，北枕川流也。呂不韋墓。《史記集解》引《皇覽》曰：不韋冢在河南洛陽北邙道西大冢是也。

濟州。治濟北高磝城。《水經注》引《述征記》曰：囂磝，津名也。其城臨水西南，崩於河，後更城之。魏立濟州，治此也。河水衝其西南隅，又崩於河，卽故茌平縣也。

濟北郡。臨邑，有昌鄉城。《水經注》：河水自鄧里渠東北逕昌鄉亭北，逕碻磝城西。臨邑、《太平寰宇記》：臨邑故城在盧縣東，今謂之『馬坊城』是也。東阿，有東阿城、《史記正義》引《括地志》：東阿故城在東阿縣西南二十五里，秦時齊之阿也。衛城。《漢·志》『東阿縣』下應劭曰：衛邑也。盧，有柳舒城、《水經注》：吾山上有柳舒城，山西去東阿城四十里。盧子城。《水經注》引京相璠曰：今濟北所治盧子城，故齊、周首邑也。

平原郡。武泰初，立南冀州。永安中，罷州。錢氏大昕曰：南冀州，分冀州之清河、相州之陽平、濟州之平原置，以路思令爲刺史。永安中，葛榮滅而州亦省也。

聊城，有王城，郡、縣治。《水經注》：黄溝承聊城郭水，又東南逕王城。北魏太常七年，安平王鎮平原所築，世謂之『王城』。太和二十三年罷鎮立平原郡，治此城也。有畔城。《方輿紀要》：畔城在東昌府西。博平，有博平城、《後漢書》注：博平故城在博平縣東。《元和郡縣志》云：本齊之博陵邑也。濕水。『濕』一作『漯』。《漢·志》：東郡東武陽縣。《禹貢》：漯水東北至千乘入海。又『平原郡高唐縣』下桑欽言：漯水所出。《水經注》：漯水上承河水於武陽縣，東南至千乘縣二城閒，東北爲馬常阬，亂河枝流，入於海。茌平，治鼓城。《方輿紀要》：鼓城在長清縣西，戰國時齊邑。《國策》所云『齊開此，必效鼓』是也。有茌平城、《元和郡縣志》：茌平故城在聊城縣東五十三里。《水經注》云：昔石勒之隸師懽屯耕於茌平，聞鼓角鞞鐸之聲於是縣也。陽城。《水經注》：河水逕陽虛縣之故城東，俗猶謂是城曰『陽城』矣。西聊，治聊城。《史記正義》引《括地志》：故聊城在聊城縣西二十里，春秋時齊之西界聊、攝也。

東平郡。治秦城。《郡國志》：東郡。范縣有秦亭。《左傳》注：在縣西北。

壽張，有梁山。《隋·志》：東平須昌縣有梁山。《元和郡縣志》：山在壽張縣南三十五里。《史記》作『良山』。

南清河郡。晉泰寧中，分平原置，錢氏大昕曰：晉世紀元有太寧而無泰寧。考《房亭傳》：普泰中，濟州刺史張瓊表所部置南清河郡。乃知『晉』字本『普』字之譌，又衍一『寧』字耳。治莒城。

鄃，治鄃城。《史記正義》引《括地志》：故鄃城在平原縣西南三十里。零，二漢、晉屬清河，《宋·志》：零令，漢舊縣，作『靈』。治零城。《太平寰宇記》：故靈城在高唐縣西二十里。

東濟北郡。孝昌三年置。錢氏大昕曰：鄭輯之，孝靜初除東濟北太守，帶肥城戍主。則郡治肥城也。

肥城，治肥城。《太平寰宇記》：故肥城在平陰縣東南。《漢·志》『肥城』下應劭曰：肥子國。

光州。治掖城。《元和郡縣志》：掖縣，本漢舊縣也。延興五年，改爲鎮。景明元年復。錢氏大昕曰：呂豹子爲東萊鎮將，後改鎮爲州，行光州事。是光州未復之時爲東萊鎮也。

東萊郡。掖，有斧山、《方輿紀要》：福山在萊州府西北五里，俗名『斧山』。東曲城。汲古閣本『曲』誤作『西』。

長廣郡。晉武帝置，按：《三國志·何夔傳》：太祖時，遷長廣太守，則漢末已有長廣郡，非始於晉武帝也。而《晉》、《宋·志》皆作『咸寧三年置』。洪氏亮吉曰：魏末郡，或旋廢，至晉咸寧三年復置耳。治膠東城。《漢·志》：膠東國，故齊。《太平寰宇記》：在膠水縣東南六十里卽墨故城是也。後漢省國爲縣。

昌陽，有挺城、《太平寰宇記》：挺城在萊陽縣南七里。五龍廟。《太平寰宇記》：五龍山，在萊陽縣南二十里，有水五道於山下，合流穿入於南海，俗以『五龍』爲名。長廣，有馬山祠、《隋·志》：東萊卽墨縣有馬山。卽墨城、《元和郡縣志》：卽墨故城在膠水縣東南六十里。金泉山。《太平寰宇記》：金泉山在膠水縣東南四十里。不其，有牢山。『牢』當作『勞』，卽大勞、小勞也。《元和郡縣志》：在卽墨縣東南三十八里。顧氏炎武曰：勞山之名，《齊乘》以爲登之者勞。又云：一作『牢』，丘長春又改爲『鼇』。皆鄙淺可笑。按《南史》：明僧紹隱於長廣郡之嶗山。《本草》：天麻生太山、嶗山諸山。則字本作『嶗』。若《魏書·地形志》、《唐書·姜扶傳》、《宋史·甄棲眞傳》並作『牢』，乃傳寫之誤。《魏書·高祖紀》、《釋老志》並仍作『勞山』。挺，有樂毅城。《太平寰宇記》：樂毅城在卽墨城北。《史記》：樂毅攻田單，卽此城。卽墨，有三户山、《漢·志》：膠東下密縣有三石山祠。《水經注》引作『三户』，卽此三户山也。『石』，蓋『户』之譌。《漢·郊祀志》亦作『户』。膠水、《漢·志》：琅邪郡邦縣，膠水東至平度入海。《水經》：膠水出黔陬縣膠山，北過夷安縣東、當利縣西北，入於海。寧戚冢。《太平寰宇記》：寧戚冢在膠水縣西六十里。引《齊記》云：東亭、西亭西北七十里有寧戚冢，因山爲墳，俗呼爲『鳴角阜』。當利，有當利城。《太平寰宇記》：當利故城在萊州西南三十六里。

東牟郡。孝昌四年，分東郡、陳留置，治雍丘。錢氏大昕曰：『孝昌』以下十三字當在陽夏郡下，誤重出於此。

牟平，有之罘山、《漢·志》：東萊睡縣有之罘山祠。《元和郡縣志》：山在文登縣西北一百九十里。成山、《漢·志》：東萊不夜縣有成山日祠。《郊祀志》作『盛山』。《元和郡縣志》：山在文登縣東北一百八十里。牟城、按：牟城已見『泰山牟縣』下，當作『牟平城』。《太平寰宇記》：在蓬萊縣東南九十里。東牟城、《漢·志》：東萊有東牟縣，晉省。《元和郡縣志》：故城在文登縣西北一百十里。劉寵墓。寵字榮祖，東萊牟平人，齊悼惠王之後也。見《後漢書·循吏傳》。黃，有黃城、《元和郡縣志》：故黃城在今縣東南二十五里，古萊子之國。萊山祠。《漢·志》：黃縣有萊山松林萊郡祠。《封禪書》：八神，六曰月主，祠之萊山。《元和郡縣志》：山在黃縣東南二十里。惤，『惤』當作『㡉』。有弦城。《太平寰宇記》：漢㡉縣故城在黃縣西南二十五里。觀陽，有觀陽城。《後漢書》注：觀陽故城在昌陽縣東。

梁州。治大梁城。《漢·志》：浚儀，故大梁，魏惠王自安邑徙此。《水經注》：本春秋之陽武高陽鄉也。於戰國爲大梁，周梁伯之居矣。

陽夏郡。治雍丘城。《元和郡縣志》：雍丘故城，今縣城是也，北臨汴河。《漢·志》：故杞國也。周武王封禹後東樓公。

陽夏，治陽夏城。《元和郡縣志》：太康縣理城卽漢陽夏城，夏后太康所築。雍丘，有高陽城、《史記集解》引文穎曰：高陽，聚邑名也，屬陳留圉縣。瓚曰：《陳留傳》曰：在雍丘西南。白楊陂。《水經注》：睢水東逕雍丘縣故城北，又東，水積成湖，俗謂之『白羊陂』，陂方四十里。濟陽，延和二年置徐州。按：《刁雍傳》：徐州，蓋置於外黄。有濟陽城、《漢·志》、《後漢書》注：濟陽故城在冤句縣西南。《水經注》：故武父城也。外黄城。《漢·志》：陳留郡。有外黄縣，後魏廢。《元和郡縣志》：故城在雍丘縣東六十里。東緍城。『緍』與『昏』通，非山陽之東緍也。《漢·志》：東昏屬陳留郡，晉廢。《元和郡縣志》：故城在陳留縣東北九十里。《水經注》：陽武縣之户牖鄉矣。圉城，二漢、晉曰『圉』，後罷。景明元年復，後改。《隋·志》於『圉城縣』下云：舊曰『圉』，後齊廢。開皇六年，復置，曰『圉城』。疏漏甚矣。

開封郡。治開封城。《元和郡縣志》：開封縣，本漢舊縣，魏爲秦所敗走，保開封，此城也。

開封，有陳留城。《漢·志》：陳留縣，爲陳留郡治。孟康曰：留，鄭邑也，後爲陳所并，故曰『陳留』。晉廢。《後漢書》注：故城在雍丘縣南。尉氏，治尉氏城。《元和郡縣志》：尉氏縣，本漢舊縣。《漢·志》『尉氏』下臣瓚曰：鄭大夫尉氏之邑。《水經注》：圈稱云：鄭國之東鄙。

陳留郡。浚儀，有信陵君冢、《太平寰宇記》：信陵君墓在浚儀縣南一十二里。張耳冢、《太平寰宇記》：張耳墓在開封縣東七里。樊於期冢、《太平寰宇記》：樊於期墓在開封縣南一十三里。邊讓冢、讓字文祀，陳留浚儀人，見《後漢書·文苑傳》。倉垣城。《水經注》：汳水出浚儀縣北，東逕倉垣城南，卽大梁之倉垣亭也。《元和郡縣志》：長垣故城，一名『倉垣城』，在開封縣北二十里。灤水，在大梁城東，分爲蔡渠、『灤水』當作『汴』。《水經注》：渠水自中牟至浚儀縣分爲二水。《續述征記》曰：汴沙到浚儀而分也。汴東至沙南流。按：沙水卽蔡水，孔氏讀『沙』爲『蔡』。聖女淵。《水經注》：渠水又東，左會淵水，其水上承聖女陂，陂周二百餘步，南流注於渠。封丘，治封丘城。《元和郡縣志》：封丘縣古之封國。《水經注》：燕縣之延鄉也，其在春秋爲長丘焉。有封丘臺、《太平寰宇記》：封丘臺在封丘縣東五里。白溝。《輿地廣記》：封丘有白溝河。小黄，有昭靈后冢、《後漢書》注引《漢舊儀》曰：昭靈后，高祖母，起兵時死，小黄北後爲作園廟於小黄。《水經注》：以梓宫招魂幽野，於是丹蛇自水濯洗入於梓宫，其浴處有遺髮焉，故謚曰『昭靈夫人』。陳冢、《太平寰宇記》引《城冢記》：大梁城東三十里，汴水北五里，有黄柏山，陳元方祖父墳二十區。蔡邕冢、《太平寰宇記》：蔡伯皆墓在開封縣東北四十五里。小黄城。《史記正義》引《括地志》：小黄故城在陳留縣東北三十三里。《水經注》：縣，故陽武之東黄鄉也。

豫州。治懸瓠城。《元和郡縣志》：蔡州理城，古懸瓠城也。《水經注》：城之西北，汝水枝別左出，西北流，又屈西東轉，又西南會，汝形若垂瓠。

汝南郡。臨汝，劉裕置。《方輿紀要》：今《宋·志》不載。平輿，有平輿城。《元和郡縣志》：平輿故城在汝南縣東北六十里。《漢·志》『平輿』下應劭曰：故沈子國，今沈亭是也。《郡國志》云姬姓。西平。《隋·志》：西平縣，後魏置襄城郡。瞿陽，二漢、晉爲瀘陽。《宋·志》：瞿陽令，漢舊縣，作『濯陽』。應劭曰：濯水出吳房，東入瀙。《説文》亦同，蓋以水氏縣了，『瀘』字譌。有瞿陽城。《後漢書》注：濯陽，今吳房縣也。

潁川郡。邵陵，二漢屬汝南。《漢·志》『邵』作『召』。有邵陵城、《元和郡縣志》：邵陵故城在郾城縣東四十五里。《漢·志》『召陵』下注云：卽齊桓公伐楚，次於召陵者也。鄧城。《郡國志》『召陵縣』下注引杜預曰：縣西南有鄧城。曲陽，有郾城。《漢·志》：潁川有郾縣，東晉廢。《水經注》：故魏下邑也。《史記》：楚昭陽伐魏，取郾是也。《正義》引《括地志》：故郾城在郾城縣南五里。

汝陽郡。汝陽，有章華臺。《通鑑·宋紀》：泰始四年，劉勔遣申元德斬魏子都、公闕于拔於汝陽臺東。注以爲卽此章華臺也。此書『汝陽臺』者，蓋以别南郡之章華也。武津，有武津城。《方輿紀要》：武津城，在上蔡縣東。

義陽郡。永安三年，置郢州。天平四年，罷州置。錢氏大昕曰：此義陽非梁之司州。蓋孝昌末，郢州刺史元願達以義陽叛入於梁，乃僑立郢州及義陽郡於豫州界，卽隋眞陽縣地。《隋·志》：眞陽縣，舊置郢州。東魏廢州置義陽郡。卽此。

平陽，有馬鄉城。《水經注》：溱水逕北宜春縣故城北，又東北逕馬香城北。眞陽，有宜春城。《漢·志》：汝南有宜春縣，後漢、晉曰『北宜春』，後省。《史記正義》引《括地志》：故城在汝陽縣西六十七里。安陽，二漢屬汝南，晉罷。按：《晉·志》：汝南，有南安陽縣，卽此，未嘗罷也。《宋·志》：安陽令，漢舊縣，晉武太康元年，改爲南安陽。有眞陽城。《元和郡縣志》：眞陽縣，本漢愼陽縣，地屬汝南，後魏改爲眞陽。

新蔡郡。治石母臺。《太平寰宇記》：石母臺在平輿縣西北五十步。鮦陽，有蔡城。《太平寰宇記》：漢上蔡縣，迄今不改。《漢·志》：故蔡國，周武王弟叔度所封。

初安郡。新懷，有樂山。《方輿紀要》：樂山在確山縣西北四十里。懷德，有銅山、《方輿紀要》：銅山在泌陽縣東四十里。浮石山。《水經注》：溱水出浮石嶺北青衣山。

城陽郡。太和三年置，後罷。錢氏大昕曰：《韋珍傳》：破崔慧景，擁降民七千餘户內徙，表置城陽、剛陵、義陽三郡以處之，卽太和三年置城陽郡事也。剛陵、義陽二郡，當與城陽俱罷，故《志》不及之。天平四年所置之義陽與韋珍表置之義陽非一地，故《志》不言復置也。

廣陵郡。興和中，分東豫州置。錢氏大昕曰：魏之東豫州，本治廣陵城，孝昌三年，州没於梁，故興和中別置廣陵郡以招撫流民。《志》云分東豫置，不知興和之世，東豫已不屬魏矣。

北豫州。泰常中，復治虎牢。《漢·志》：河南郡。成臯，故虎牢，或曰制注引《穆天子傳》曰：七萃之士，生捕虎，卽獻天子，天子蓄之，東虢號曰「虎牢」。

廣武郡。天平初，分滎陽置，治中左城。當作「中牟城」。《隋·志》：滎陽郡。管城縣，舊曰「中牟」，東魏置廣武郡。

曲梁，有曲梁城。《方輿紀要》：曲梁城在密縣東北。原武，有白馬淵、《水經注》：濟水逕陽武縣故城南，又東爲白馬淵，淵東西二里，南北一百五十步。原武城。《後漢書》注：原武故城在原武縣西北。《水經注》：春秋之原圃也。陽武，有陽武城、《史記正義》引《括地志》：陽武故城在陽武縣東北十八里。黃雀溝。《水經注》：黃水至滎澤南，分爲二水，一水東北流，卽黃雀溝。《穆天子傳》曰：壬寅，天子東至於雀梁者也。中牟，有管城。《漢·志》：中牟有筦叔邑。《史記正義》引《括地志》：管城縣外城，古管國城也，周武王弟叔所封。苑陵，晉屬汝陽。今《晉·志》：屬滎陽郡。有新鄭城、《漢·志》：河南有新鄭縣。《詩·鄭國》：鄭桓公之子，武公所國，晉省。《左傳》注：鄭在宛陵縣西南。《水經注》引《帝王世紀》曰：或言縣，故有熊氏之墟，黃帝之所都也。鄭莊公廟、《太平寰宇記》：鄭莊公廟去扶溝縣二十里。《水經注》：洧水逕鄭城南，水南有鄭莊公望母臺。苑陵城。《太平寰宇記》：苑陵故城在新鄭縣東北三十里。《水經注》：縣，故鄭都也。

滎陽郡。滎陽，有滎陽城、《史記正義》引《括地志》：滎陽故城在滎澤縣西南十七里，周時名「北制」。《漢·志》「滎陽」下應劭曰：故虢公國，今虢亭是也。敖倉、《漢·志》：敖倉在滎陽。《史記集解》引臣瓚曰：敖地名，在滎陽西北山臨河大倉是也。廣武城、《郡國志》「滎陽」下注引《西征記》：三皇山上有二城，東者曰東廣武，西者曰西廣武。各在山一頭，相去二百餘步。《元和郡縣志》：在滎澤縣西二十里。石門城、《水經注》：漢靈帝建寧四年，於敖城西北壘石爲門，以遏渠口，謂之石門，故世亦謂之「石門水」。水北有石門亭。戴延之所云：新築城城周三百步。管叔冢、《水經注》引司馬彪《郡國志》：滎陽縣有虢亭，俗謂之「呼咷城」，城內有大冢名「管叔冢」。周苛、紀信冢、《水經注》：索水逕滎陽縣故城南，又東逕周苛冢北。又云：紀信冢在滎陽城西北三里。滎澤。《澤志》：河東郡。垣縣沇水東南至武德入河，軼出滎陽北地中。《水經注》：澤在中牟縣西，西限長城、東極官渡、北佩渠水，東西四十許里、南北二百許里。

京，有高陽城、《水經注》：黃水又北逕高陽亭東，又北至故市縣。索水、《水經注》：索水出京縣西南嵩渚山，卽古旃然水也。引杜預曰：旃然水出滎陽成臯縣東入汳，亦謂之「鴻溝水」。京水。《水經注》：黃水發源京縣黃堆山，東南流名祝龍泉，世謂之「京水」也。密，治密城、《太平寰宇記》：今密縣東南三十里古密城，卽漢理所。《漢·志》：故國。《水經注》：《春秋》謂之「新城」。有承雲山、《水經注》：洧水過密縣南，又東南流與承雲二水合，俱出承雲山。大騩山、「大騩」疑當作「大隗」。《漢·志》：河南郡。密縣有大騩山。《水經注》作「具茨山」。子產墓、《史記集解》引《皇覽》曰：子產冢在河南新鄭城外大冢是也。《水經注》云：在陘山上累石爲方，墳東北向鄭城。卓茂冢祠。《水經注》：密縣城東北南側有漢密令卓茂祠。茂字子康，南陽宛人。卷，有卷城。《史記正義》引《括地志》：故卷城在原武縣西北七里，卽衡雍也。《郡國志》：卷有垣雝城。注云：今縣所治城。

成臯郡。西成臯有厄井、《太平寰宇記》：厄井在汜水縣東北七十里。引《風俗通》謂漢高祖與項羽，羽敗於京、索，遁入蒲井，因名厄井。漢高祖壇、《水經注》引郭緣生《述征記》、劉澄之《永初記》並言：高祖卽帝位於汜水之陽，今不復知舊壇所在。盧諶、崔雲亦言是矣。余按：高皇帝受天命於定陶汜水，又不在此也。於是求壇，故無髣髴矣。汜水、汲古閣本作『泥水』。《郡國志》：成皋有汜水。《水經注》：汜水出浮戲山，北逕虎牢城東，又北流注於河。《山海經》曰：浮戲之山汜水出焉。成皋城。《水經注》：成皋故城在伾山上，高四十許丈。《史記正義》引《括地志》：在汜水縣西南二里。鞏，有長羅川、《水經注》：羅水出方山羅川，西北流，蒲也水注之，水出南蒲陂，西北流合羅水，謂之『長羅川』。鞏城、《漢・志》：鞏縣東周所居。《元和郡縣志》：古鞏伯之國也。九山祠。《隋・志》：鞏縣有九山。《水經注》：白桐澗水，北流逕九山東，山際有九山廟。《太平寰宇記》：在鞏縣西南五十五里。

徐州。魏、晉治彭城。《漢・志》：彭城，古彭祖國。《元和郡縣志》：卽徐州外城是也。

彭城郡。彭城，有寒山、《元和郡縣志》：寒山在彭城縣東南十八里。黃山、《隋・志》：彭城留縣有黃山。九里山、《太平寰宇記》引《元中記》曰：彭城北有九里山。桓魋冢、《郡國志》『彭城』下注引《北征記》曰：城北六里有山，臨泗有宋桓魋石槨，皆青石，隱起龜龍麟鳳之象。亞父冢、《史記集解》引《皇覽》曰：亞父冢在廬江居巢縣郭東。《水經注》：按：《漢書・項羽傳》：范增未至彭城而發疽死，不言之居巢，今彭城南有項羽涼馬臺，臺之西南山麓上卽其冢也。楚元王冢、《郡國志》『彭城』下注引《北征記》：城西二十里有山，山有楚元王墓。《水經注》：彭城同孝山陰有楚元王冢，高十許丈、廣百許步。龔勝冢。《水經注》：泗水逕彭城縣故城東，又逕龔勝墓南，墓碣尚存。《太平寰宇記》：在彭城縣東南三里。呂，有呂梁城、《水經》：泗水過呂縣南。注云：宋邑也，縣對泗水，水上有石梁焉，故曰『呂梁』也。《元和郡縣志》：呂梁城在彭城縣東五十七里，高一百四十尺，周迴十七里。茱萸山、《太平寰宇記》：茱萸山在彭城縣東北八十五里。偪陽城。《漢・志》：楚國有傅陽縣，故偪陽國，後漢、晉屬彭城國，宋省。《後漢書》注：故城在承縣西南。薛，有奚公山、《元和郡縣志》：奚公山在滕縣東南六十六里，奚仲初造車於此處。奚仲廟、《太平寰宇記》『滕縣』下引《後魏書》：薛縣有奚仲廟。薛城、《元和郡縣志》：故薛城在滕縣東南四十三里。《漢・志》：夏車正奚仲所封，後遷於邳湯相仲虺居之。孟嘗君冢。《史記集解》引《皇覽》曰：孟嘗君冢在魯國薛城中，向門東向門出北邊門也。龍城，有龍城。《太平寰宇記》：龍城在蕭縣東三十里。《水經注》：獲水東逕蕭縣，歷龍城是也。留，有微山、《隋・志》：留縣有微山。《元和郡縣志》：山去沛縣六十五里。留城、《元和郡縣志》：故留城在沛縣東南五十五里。《水經注》：宋邑也。《春秋左傳》所謂『侵宋呂留』也。微子冢、《元和郡縣志》：微山上有微子冢。張良冢祠、《史記正義》引《括地志》：張良墓在沛縣東六十五里，與留城相近也。《水經注》：留城內有張良廟。廣戚城、《漢・志》：沛郡。有廣戚縣，後漢、晉屬彭城，宋省。《後漢書》注：故城在沛縣東。戚夫人廟。戚夫人卽漢高祖爲漢王所得定陶戚姬，事具《漢書・外戚傳》。睢陵，有睢陵城。《太平寰宇記》：睢陵故城在下邳縣東南。

南陽平郡。治沛南界，後寄治彭城。钱氏大昕曰：薛曇尚，熙平二年除徐州穀陽戍主、行南陽平郡事，則穀陽爲南陽平治所，卽沛南界矣。《隋・志》云：彭城郡之穀陽縣，後齊置穀陽郡。此卽舊南陽平郡所治。又云：彭城縣，後周幷沛及南陽平二郡入，則據後來寄治而言。

蕃郡。蕃，有蕃城。《後漢書》注：蕃縣故城在滕縣東南。《漢・志》『蕃縣』下應劭曰：邾國也。

沛郡。蕭有蕭城、《漢・志》：蕭縣故蕭叔國，宋別封附庸也。《郡國志》『蕭縣』下注引《北征記》：城周十四里，南臨汴水。谷水、《水經注》：蕭縣南山有箕谷，谷水北流注獲，世謂之『西流水』。華山。《方輿紀要》：華山在豐縣東南三十里。沛，有漢高祖廟、《水經注》：沛縣故城內有漢高祖廟，階陛尚存。沛城、《元和郡縣志》：沛縣理城卽秦沛縣城也。《水經注》：縣治故城南垞上。呂母冢。呂母見《後漢書・劉盆子傳》。相，有厥城、《通鑑》：梁大通元年，東宮直閣蘭欽攻魏蕭城。厥，固《志》以爲卽此厥城也。《方輿紀要》：城在蕭縣北。相城、《元和郡縣志》：故相城在符離縣西北九十里，蓋相土舊都也。《水經注》：宋共公之所都也。相山廟。《隋・志》：蕭縣有相山。《太平寰宇記》：廟在符離縣西北九十里，相山南。

蘭陵郡。治永城。『永』當作『承』。

昌慮，有桃山、《太平寰宇記》『滕縣』下云：桃山卽華萊山也。《齊乘》云：在滕州南五十里。孤山。《通鑑》：梁天監五年，桓和屯孤山。注以爲卽此孤山也。《方輿紀要》：山在滕縣東南。承，有抱犢山、《隋・志》：蘭陵縣有抱犢山。《元和郡縣志》：山在承縣北六十里，高九里，周迴四十五里。承城、《太平寰宇記》：今承縣西一里，漢故城也。蘭陵，有蘭陵山、《史記正義》：今沂州承縣有蘭陵山。石孤山，有荀卿冢。《太平寰宇記》：荀卿墓在承縣東六十二里。

北濟陰郡。治單父城。《元和郡縣志》：單父縣，古魯邑也。漢屬山陽郡，後漢屬濟陰、晉屬濟陽。《輿地廣記》云：後魏曰『離狐』。

豐，有豐城。《元和郡縣志》：豐縣，本漢舊縣。《漢書》注引應劭曰：沛縣也，豐其鄉也。離狐，有單襄公祠、《左傳》注：單襄公，王卿士。《漢書》注：單子朝也。平洛城。『洛』當作『樂』。《漢·志》：山陽有平樂縣，後漢省。《水經注》：黄溝逕郜城北，又東逕平樂縣故城南。城武，治郜城。《漢·志》：山陽有郜成縣，後漢省入成武。《春秋》注：宋邑濟陰成武縣東南有郜城。《水經注》：俗謂之『北郜』者也。

碭郡。治下邑城。《太平寰宇記》：今碭山縣卽古下邑城也。

安陽，治麻城。《太平寰宇記》：故麻城漢爲麻鄉，在碭山縣西北。

西兗州。治定陶城。《元和郡縣志》：定陶故城在濟陰縣東北四十七里。《漢·志》：故曹國，周武王弟叔振鐸所封。《水經注》：縣，故三鬷國也。後徙左城。《元和郡縣志》：曹州理中城，蓋古之陶丘也。一名左城。《水經注》：左城，亦名之曰『葬城』，蓋恭王之陵寢也。

沛郡。興和二年置，治孝昌城。孝昌城，未詳所在。據《隋·志》：濟陰郡。後魏置西兗州，其首縣曰濟陰。後魏置沛郡。則沛郡爲西兗州治所，其治孝昌城亦卽左城矣。

己氏，《隋·志》：梁郡。楚丘縣，後魏曰『己氏』，置北譙郡。有安陽城。《史記索隱》引此志：己氏有安陽城，今宋州。楚丘西北四十里，安陽故城是也。

濟陰郡。離狐，汲古閣本『狐』譌爲『孤』。有離狐城。《太平寰宇記》『南華縣』下：前離狐在今縣西北三十三里，離狐故城是也。後魏移於今理。冤句，治冤句城。《元和郡縣志》：冤句縣本漢舊縣也。乘氏，有大鄉城、《太平寰宇記》：大響城在乘氏縣西北三里，古之鄸邑也。一作大鄉。梁丘城。《漢·志》：山陽昌邑縣有梁丘鄉。《春秋》注：在昌邑縣西南。

南兗州。正光中置，錢氏大昕曰：據《范紹傳》，蓋析徐、豫二州置。治譙城。《漢·志》：沛郡。有譙縣，三國魏爲譙郡治，晉末廢。《春秋傳》曰『焦』。《元和郡縣志》：後魏無譙縣，有小黄縣。

陳留郡。小黄，有曹騰墓、《水經注》：譙城南、曹嵩闕北有圭碑，題云：漢故中常侍長樂太僕特進費亭侯曹君之碑，蓋卽騰墓所在。曹嵩墓、《水經注》：譙城南有曹嵩冢。鄧艾祠。艾字士載，義陽棘陽人。見《三國志·列傳》。浚儀，有城父城。《漢·志》：沛郡。有城父縣，後漢屬汝南、晉屬譙郡。《春秋傳》曰『夷』。《元和郡縣志》、《宋·志》闕，而有浚儀縣。谷陽，有苦城、《漢·志》：淮陽有苦縣，後漢屬陳國、晉屬梁國。《宋·志》云：成帝咸康三年，更名谷陽。《郡國志》：春秋時曰『相』。陽都陂、《水經注》：沙水逕寧平縣故城南，又東積而爲陂，謂之『陽都陂』。老子廟。《漢·志》『苦縣』下注云：《晉太康地記》：城東有賴鄉祠。《郡國志》注引《北征記》及《水經注》並作『老子廟』。東燕，有馮唐冢。《元和郡縣志》：馮唐墓在高邑縣東北二十八里，趙人也。計其道里不合。武平，有武平城、《郡國志》：陳國有武平縣，晉蜀梁國，後省。《元和郡縣志》：故城在鹿邑縣東北十八里。賴鄉城。《史記》作『厲鄉』。《水經注》：谷水又東逕賴鄉城南，其城實中東北隅有臺偏高。

譙郡。二漢縣屬沛，晉以爲郡。《晉·志》：魏武置郡十二，其一譙郡。《宋·志》稱何《志》故屬沛，魏明帝分立。又引王粲詩以證，則郡當爲魏武所置，非明帝也。此云晉以爲郡，誤。又考《水經注》：過水逕譙縣故城北，魏立譙郡，沇州治。

北梁郡。考陽，汲古閣本『考』誤作『孝』。治亳城。

沛郡。治貢楊城。《通鑑》注引作『陽』。《方輿紀要》：黄楊城，或謂之『北城』。《城邑考》：北城方九里，南去蕭城二十里。

蕭，治虞城。《漢·志》：梁國有虞縣。《水經注》：古虞國也，後魏廢。《後漢書》注：故城在虞城縣。

馬頭郡。治建平城。錢氏大昕曰：漢沛郡。有建平縣。章懷太子云：建平故城在今亳州酇縣西北，一名馬頭城，卽此馬頭郡也。魏時淮南、北皆有馬頭郡，此南兗州之馬頭，領蘄、己吾、下邑三縣，在淮北。又楚州亦有馬頭郡，領蘄、平預二縣，在淮南，今懷遠縣西南有馬頭城是也。

下邑，二漢、晉屬梁國。《太平寰宇記》『下邑縣』下：後魏明帝孝昌二年，置碭郡於下邑城，移下邑縣於此。

廣州。永安中置，錢氏大昕曰：《高祖紀》：太和二十年，廣州刺史薛法護南叛，則廣州之名先已有之。但其時魯陽爲荆州治所，未知廣州治何城也。治魯陽，《漢·志》：南陽有魯陽縣，古魯縣御龍氏所遷。《元和郡縣志》：魯山縣本漢魯陽縣，後魏太和十一年改爲山北縣。徙治襄城。《元和郡縣志》：襄城縣理廢汝州。城卽古襄城。《水經注》：南對汜城。引王隱《晉書·地道記》：楚靈王築。

南陽郡。南陽，有大劉山祠。《隋・志》：襄城郟城縣有大留山。《水經注》：大劉山，扈澗水所出者也。郟城，有峽城。『峽』當作『郟』。《漢・志》：潁川有郟縣。《後漢書》注：今郟城縣也。《水經注》：《春秋・昭公十九年》：楚令尹子瑕之所城也。

順陽郡。龍山，有龍山。《水經注》：汝水又東南與龍山水會，水出龍山龍溪。《元和郡縣志》：山在龍興縣東南三十五里。

定陵郡。雲陽，太和十一年置。按：《劉昞傳》：太和十四年，除共一子爲郢州雲陽令，則雲陽本屬郢州，《志》亦未見。

魯陽郡。山北有應山、《隋・志》：襄城犨城縣有應山。《水經注》：橋水出魯陽縣北恃山，東南逕應山北。應城。《漢・志》：潁川父城縣有應鄉故圃，周武王弟所封。《史記正義》引《括地志》：故城在魯山縣東三十里。

汝南郡。符壘，有沙水。《水經注》：養水出魯陽縣北將孤山北長岡下，數泉俱發，東歷永仕三堆南，又東逕沙川，世謂之『沙水』。歷山符壘北，又有東逕沙亭南，東北入東長湖，亂流注汝水。

漢廣郡。昆陽，有昆陽城。《元和郡縣志》：昆陽故城在葉縣北二十五里。《方輿紀要》：戰國時魏邑，蘇秦謂『南有昆陽』是也。高陽，有滍水、《漢・志》：南陽郡。魯陽縣魯山，滍水所出，東北至定陵，入汝。《水經》：滍水，出魯陽縣西堯山東北，過定陵縣西、郾縣南，東入於汝。東西二蒲城、《水經注》引京相璠曰：昆陽縣北有蒲城。首山祠。《隋・志》：潁川汝墳縣有首山。

襄城郡。繁昌，有繁昌城、《元和郡縣志》：繁昌故城在臨潁縣西北三十里。《水經注》：曲蠡之繁陽亭也。潁鄉城。《水經注》：潁水又南逕潁鄉城西潁陰縣，故城在東北。襄城，有潁陽城。《後漢書》注：潁陽故城在許州西。《太平寰宇記》：本夏之綸國。《竹書紀年》：楚及秦伐鄭，圍綸氏是也。

膠州。治東武陵。錢氏大昕曰：『陵』當是『城』字之譌。曰鑑按：《史記正義》引《括地志》：東武縣今諸城縣是也。《水經注》：縣因岡爲城，城周三十里。

東武郡。姑幕，有公治長墓。《史記集解》引張華曰：公治長墓在城陽姑幕城東南五里所，墓極高。扶其，有常山祠、《太平寰宇記》：常山在密州諸城縣。引晏氏《齊記》云：祈雨常應，故曰『常山』。扶其水、《水經注》：濰水過東武縣西，又北，左合扶淇之水，水出西南常山，東北流注濰。盧水。汲古閣本『盧』作『瀘』。《水經注》：濰水右合盧水，即久台水也。《地理志》曰：水出琅邪横縣故山東，南逕東武，入濰者也。梁鄉五弩山，膠水出焉。《水經注》引《齊記》曰：膠水出五弩山，蓋膠山之殊名也。琅邪臺、《山海經》：琅邪臺在渤海間，琅邪之東。郭璞注：琅邪在海邊，有山嶕嶢特起，狀如高臺。秦始皇碑。此碑始皇二十八年所刻，見《史記・本紀》。

高密郡。高密，有高密城、《史記正義》引《括地志》：高密故城在高密縣西南四十里。維水、《漢・志》：琅邪郡箕縣。《禹貢》：濰水北至都昌入海。《水經》：濰水出琅邪箕縣濰山。注：許愼、呂忱云：出箕屋山。《淮南子》曰：出覆舟山，蓋廣異名也。鄭玄墓。《水經注》：濰水逕高密縣故城北，水西有礪阜，阜上有漢司農卿鄭康成冢。《太平寰宇記》：在高密縣西北十里。夷安，有夷安城、《後漢書》注：夷安故城，今高密縣外城。《漢・志》『夷安縣』下應劭曰：故萊夷維邑。夷安澤。《元和郡縣志》：夷安澤在高密縣北二十里。《水經注》：夷安縣西去濰水四十里有潭，潭之澤周四十里，亦濰水枝津之所注也。黔陬，有黔陬城、《太平寰宇記》引《郡國縣道記》：黔陬，秦所置，在高密郡東北一百一十里東陬故城是也。《漢・志》：故介國也。《水經注》：晏謨、伏琛並云：縣有東、西二城，相去四十里。野艾山祠。《水經注》：柜艾水出黔陬縣西南柜艾山，即《齊記》所謂『黔艾山』也。『野』字誤。平昌，治平昌城。《太平寰宇記》：平昌故城在安丘縣南六十里。有龍臺山，上有井，云與荆水通。《水經注》：平昌城東南角有臺。臺下有井與荆水通，亦謂之『龍臺城』也。《太平寰宇記》引《三齊略記》：臺高六丈。

平昌郡。昌安，有巨丘亭。《漢・志》『安丘縣』下孟康曰：今渠丘是。《水經注》：莒渠丘城也。昌安城、《太平寰宇記》：昌安故城，今安丘縣外城是也。淳于，有淳于城、《史記正義》引《括地志》：淳于故城在安丘縣東北三十里。《左傳》注：淳于，州國所都。《水經注》：故夏后氏之斟灌國也，周武王以封淳于公。鐵山。《隋・志》『北海』下密縣有鐵山。營陵，有營陵城。《史記正義》引《括地志》：營陵故城在北海縣南三十里。《漢・志》：或曰『營丘』。安丘，有石崇墓、《太平寰宇記》『河南縣』下引戴延之《西征記》：石崇冢在邙上，與此地不合。郱原墓。《太平御覽》引伏琛《齊地記》：郱原墓在朱虛城東北三十里柴阜東頭。朱虛，晉屬琅邪。今《晉・志》：屬東莞郡。有丸山，《漢・志》作『凡山』。《史記集解》引徐廣曰：『丸』，一作『凡』。《正義》引《括地志》：丸山即丹山，在臨朐界。朱虛故縣西北二十里。丹水所出。《漢・志》：琅邪郡。朱虛縣凡山，丹水所出，東北至壽光，入海。《水經注》：

丹水有二源，各道一山，世謂之『東丹』、『西丹水』也。西丹水自凡山北流，逕劇縣東，東丹水注之，水出方山北，逕縣合西丹水。琅邪，有管寧墓。《太平御覽》引伏琛《齊記》：管寧墓在朱虚城東二十里柴阜西南隅。

洛州。太宗置，按：《隋·志》：州置洛陽。又考《寇讚傳》：拜讚安遠將軍、南雍州刺史、軹縣侯，治於洛陽，立雍州之郡縣以撫之。是洛州未置之前，嘗置南雍州於此。《志》亦未見。太和十七年，改爲司州。按：司州所領郡縣亦略而不著，其見於《靈徵志》，如太和十九年司州平陽郡，獲白狐以獻。景明元年，司州之潁川、汲郡大水。又司州之正平、平陽頻暴風隕霜。四年，司州之河北、河東、正平、平陽大風拔樹。正始元年，司州上言：河内民席衆家鷄雛近尾上復有一頭。又司州上言：滎陽京縣木連理。二年，司州上言：崤縣木連理。又司州上言：潁川陽翟縣木連理。四年，司州恒農郡蝗蟲。永平元年，司州上言：潁川郡木連理。二年，司州上言：恆農北陝縣木連理。延昌三年，司州上言：軹縣木連理。據此則所漏甚多，皆可補此志之闕。

洛陽郡。緱氏，有緱氏城。《太平寰宇記》：緱氏故城在緱氏縣東南二十五里。《水經注》：故滑費。《春秋》：滑國所都也。《左傳》注：姬姓國。

河陰郡。河陰，晉置。《水經注》：河水又東逕平陰縣北。魏文帝改曰『河陰』。此云晉置，非也。《宋·志》作『魏立』，亦誤。《史記正義》引《括地志》：河陰縣城本漢平陰縣。《十三州志》云：在平津大河之南也。魏文帝改曰『河陰』。

新安郡。東垣，二漢、晉屬河東。《通鑑》注參考《漢》、《晉·志》：河東郡有垣縣無東垣。孝武太元十一年，馮該擊斬苻丕於東垣，此時已有東垣之名。宋白曰：宋武入洛，更置東垣、西垣二縣。

陽城郡。陽城，有少室山、《元和郡縣志》：山在登封縣西十里，高十六里，周迴三十里。嵩高山、《元和郡縣志》：山在登封縣北八里，高二十里，周迴一百三十里。《漢·志》：潁川有崈高縣，武帝置，以奉太室山，是爲中岳，有太室、少室山廟。古文以崈高爲外方山也。《水經注》：合而言之爲嵩高，分而言之爲二室，西南爲少室，東北爲太室。許由墓、《水經注》：陽城縣南對箕山，山上有許由冢，堯所封也。啓母廟。《元和郡縣志》：啓母祠在登封縣東北七里。康城，有陽城關、《水經注》：潁水又東出陽關，歷康亭城南。箕山、《隋·志》：河南陽城縣有箕山。《高士傳》：亦名『許由山』，在陽城縣南十三里。許由隱窟、《水經注》『箕山』下有牽牛墟側潁水，有犢泉，是巢父還牛處也。石上犢迹存焉。刑山、《元和郡縣志》：陘山在新鄭縣西南三十里。鄭子產廟。《水經注》：陘山上墳東有廟。

南青州。治國城，顯祖置爲東徐州。錢氏大昕曰：『國城』，《通鑑》作『圂城』。注云：當在唐沂州沂水縣界。『圂』，户困翻。按《高閭傳》：以本官領東徐州刺史，與張讜對鎮團城。《劉休賓傳》亦云：東徐州刺史張讜所戍團城領二郡。則『國城』當爲『團城』之譌，或作『圂城』，亦誤。曰鑑按：《水經注》引《東燕録》亦作『團城』。

東安郡。二漢縣，晉惠帝置。《三國志·杜畿傳》注引《傅子》曰：畿與太僕李恢、東安太守郭智有好。則東安郡曹魏已有之，不始於晉惠帝也。《通鑑》注曰：《宋·志》：晉惠帝分東莞爲東安郡。蓋魏既分而又省併，既省併而晉又分屬東莞，又自東莞分爲郡也。蓋，有東安城。《漢·志》：城陽有東安縣。後漢、晉屬琅邪，後省。新泰，有蒙山。《漢·志》：泰山蒙陰縣。《禹貢》：蒙山在西南。《太平寰宇記》引《徐州記》曰：山高四十里，長六十九里。發干，有危山。《太平寰宇記》『沂水縣』下引此志作『峗山』。

東莞郡。晉武帝置。《晉·志》作『太康中置』。錢氏大昕曰：《三國志》：太祖禽吕布，以尹禮爲東莞太守。黄初中，胡質爲東莞太守。明帝時，張緝爲東莞太守。而司馬晃爲東莞太守，亦在魏代。則漢末至魏已有東莞郡矣。晉武帝即位之初，封叔父伷爲東莞王，是晉初本有東莞郡，非太康始置也。但咸寧三年，徙東莞王伷爲琅邪王，即以東莞益其國。自後東莞不爲郡者九年，至太康四年伷薨，而後東莞復爲郡耳。《水經注》：東莞縣，魏文帝黄初中立爲東莞郡。不知建安中已有之。然則此云晉武帝置者，亦非也。又考《通鑑》注，《宋·志》：晉武帝太始元年，分琅邪立東莞郡。當是魏即分而復屬於琅邪，晉又分也。

莒，有莒城。《元和郡縣志》：莒縣理在莒國故城中。《漢·志》：故國，盈姓。少昊後。《水經注》：其城三重，惟南開一門，内城方十二里，郭周四十許里。

義塘郡。治黄郭城。《太平寰宇記》：懷仕縣東北三十里，漢贛榆縣舊城是也。梁於此置黄郭戍，後魏改置義塘郡。

北徐州。永安二年置。錢氏大昕曰：此州不言治所。按：《隋·志》：琅邪郡，舊置北徐州，蓋治琅邪之即丘矣。

東泰山郡。南城，前漢屬東海，《漢·志》作『成』。後漢、晉屬泰山。《晉·志》作『南武城』。有東安城、《漢·志》：東海有東安縣，後漢省。《太平寰宇記》：故城在朐山縣西八十三里。武城。《太平寰宇記》：《左傳·襄公十九年》：城武城。注云：泰山南武城是也。新泰，魏置。《宋·志》亦作『魏立』。《晉·志》：故曰『平陽』。考《水經注》：洙水西逕泰山東平陽縣，晉武帝元康九年改爲新泰縣。錢氏大昕曰：『元康』，惠帝年號，或『太康』之譌。有嶅山。《太平寰宇記》：敖山在新泰縣東十一里。引《左傳》：先君獻武、廢二山。注：具、敖也。武陽，有顓臾城。《漢·志》：泰山蒙陰縣，顓臾國在蒙山下。《左傳》注：在泰山南武陽縣東北。

琅邪郡。卽丘，有繒城、《漢·志》：東海有繒縣，故國，禹後。後漢、晉屬琅邪，後廢。《太平寰宇記》：故城在承縣東八十里。臨沂城、《元和郡縣志》：臨沂縣，本漢舊縣也。卽丘城、《太平寰宇記》：漢卽丘縣城，在臨沂縣東南五十里。《漢·志》『卽丘縣』下孟康曰：卽古祝丘。王休徵冢。《太平寰宇記》：晉王祥墓在臨沂縣東北五十里。祥，字休徵，臨沂人也。費，有費城。《太平寰宇記》：故費城在今縣西北二十里，古費伯國也。《漢·志》：故魯季氏邑。

北揚州。天平二年置，按：《隋·志》：淮陽郡。項城縣，東魏置揚州。及丹陽郡。秣陵縣，梁改曰『殷州』，東魏又改曰『北揚州』。此志無置揚州之文。又考《梁書·侯景傳》載《景降表》云：與北揚州刺史元神和歸梁，尋詔羊思建爲殷州刺史，鎮項城。是梁時改殷州已名『北揚州』矣。而《武帝紀》又作『西揚』，未審其故。錢氏大昕曰：《隋·志》此條『東魏』字兩見，疑上『東』字當爲『後』字之誤，亦無所證據。治項城。《太平寰宇記》：項城在項城縣東北一里。《漢·志》：故國。《水經注》：楚襄王所都，以爲別都。都內西南小城，項縣故城也。

陳郡。長平，有長平城、《史記正義》引《括地志》：長平故城在宛丘縣西六十六里。習陽城。《水經注》：習陽城在西華縣北。西華，治西華城。《後漢書》注：西華故城在溵水縣西北。

南頓郡。南頓，有潁陰城、《太平寰宇記》：潁陰城在南頓縣西三十里。南頓城、《漢·志》：南頓，故頓子國，姬姓。《後漢書》注：故城在項城縣西。《水經注》：今其城在南頓□三十餘里。漢光武廟。《太平寰宇記》：漢光武廟在宛丘縣西南一里。和城，有高陽丘。《元和郡縣志》：高陽丘在南頓縣南四十里。應場，南頓人，兄弟俱有名，自比高陽才子，故號『高陽丘』。

汝陰郡。晉武帝置，按《三國魏紀》：景初二年，分沛國、蕭、相、竹邑、符離、蘄、銍、龍亢、山桑、洨虹十縣爲汝陰郡。則郡當置於魏明。《晉·志》：魏置郡，後廢。泰始二年，復置。惟《宋·志》作『晉武帝分汝南立』，與此同。治社亭城。社亭城未詳，據《水經注》：汝陰縣城西有一城，故陶丘鄉也。汝陰郡治。《隋·志》『汝陰縣』亦云：舊置汝陰郡。

東楚州。司馬德宗置宿豫郡。高祖初，立東徐州。後陷，世宗初，改爲鎮，後陷。武定七年，復改爲宿豫郡。錢氏大昕曰：《隋·志》：宿豫郡。後魏置南徐州，梁改爲東徐州，東魏又改曰『東楚州』。與此志異。考皇興元年，宿豫始入於魏。正始三年，梁將張惠紹拔宿豫，仍不能守。永平元年，成景雋殺宿預戍主，以城降梁，自是不隸魏者四十餘年。及侯景之亂，始歸東魏，乃有東楚州之名。又云：《世宗紀》：太和二十三年，南徐州刺史沈陵南叛。按：是時沈陵據宿豫以叛，則南徐州治宿豫也。而《志》謂宿豫郡，高祖初立東徐州，似誤。太和之世東徐治團城，不應更置於宿豫也。曰鑑按：《水經注》亦云：宿豫城，魏太和中南徐州治。

高平郡。治大徐城。《史記正義》引《括地志》：大徐城在徐城縣北三十里，古徐國也，城周十一里。《漢·志》：臨淮郡徐縣，故國，盈姓，後漢屬下邳，晉屬臨淮，後省。

朱沛，武定七年，改蕭衍朱沛、修儀、安豐三郡置。錢氏大昕曰：『修儀』，《隋·志》作『循儀』。有朱沛水、《太平寰宇記》『臨淮縣』下古大徐城東北臨朱沛水。徐君墓，卽延陵季子挂劍處。《郡國志》『徐縣』下注引伏滔《北征記》：縣北有大冢，徐君墓，延陵解劍之處。

東徐州。治下邳城。《元和郡縣志》：下邳縣理城，古邳國城也。《水經注》：城有三重。

下邳郡。下邳，有沂水。《漢·志》：泰山郡。蓋縣，沂水南至下邳，入泗。《水經》：沂水出泰山蓋縣艾山，南過下邳縣，西南入於泗。注云：沂水於下邳縣北分爲二水，一水於城北西南入泗，一水逕城東南亦注泗，謂之『小沂水』。歸正，有陳珪墓。陳珪見《三國志·袁術傳》：下邳人，球弟子也。

武原郡。武原，有武原水、《水經注》：武原水出彭城武原縣西北，會注陂南，逕其城西南，合武水謂之『泇水』，南逕剛亭城，又南至下邳入泗，謂之『武原水口』也。武原城、《太平寰宇記》：武原故城在下邳縣北。徐偃王墓。《水經注》：武原縣東有徐廟山，山上有石室，徐廟也。

郯郡。治郯城。《元和郡縣志》：故郯城在下邳縣東北一百五十里。《漢·

志》：故國，少昊後，盈姓。

郯，有建陵山。《水經注》：沭水逕建陵縣故城東，又南逕建陵山西。《太平寰宇記》：山在沭陽縣西北一百五里，南北狹長有陵阜，緣此名『建陵』。建陵，有馬嶺山。《方輿紀要》：馬嶺山在海州。西一百五十里。

臨清郡。睢陵，有睢水。《漢·志》：陳留郡。浚儀縣，睢水首受狼湯渠，東至取慮入泗。又沛郡芒縣。應劭曰：睢水出焉。《水經》：睢水出梁郡。鄢縣當蕭縣南入於陂。注云：出陳留縣西蒗蕩渠。《經》言出鄢，非矣。逕下相縣南，東南流入於泗，謂之『睢口』，《經》止蕭縣，非也。

海州。治龍沮城。《元和郡縣志》：龍且故城在朐山縣南六十里。

東彭城郡。龍沮，有卽丘城。按：卽丘城已見『琅邪郡卽丘縣』下。《方輿紀要》云：魏收《志》：龍且有卽丘城，蓋與山東沂州接界。安樂，有伊萊山神、《太平寰宇記》：伊廬山，一名大伊萊山，在朐山縣南七十五里。引《史記》：項王亡將鍾離昧家在伊廬是也。聖母祠。《太平寰宇記》：聖母廟在朐山縣。引《神異傳》云：秦始皇時人。

東海郡。下密，有堯廟。《太平寰宇記》：堯廟在東海縣西北三里謝祿山上。引《舊州記》：宋泰始七年，刺史劉崇智每稱是氏本承堯後，遂造此廟。

海西郡。《隋·志》作『海安』。蕭鸞置東海郡。《南齊志》作『北東海郡』。

沭陽郡。蕭衍置僮陽郡。《隋·志》：『僮』作『潼』。

琅邪郡。海安，有蘆石山。《太平寰宇記》：盧石山在朐山縣東南六十里。引《漢書》：韓信鎭於三盧、盧石、伊盧等三山，石色黑因以爲名。朐，二漢屬東海，晉曰『臨朐』，屬。按：《晉·志》：朐縣屬東海郡，漢舊縣也，臨朐自屬東莞。有朐城、《太平寰宇記》：故朐城在朐山縣西南。《水經注》：游水歷朐縣，又逕朐山、西山，側有朐縣故城。朐山。《隋·志》：東海朐山縣有朐山。《太平寰宇記》：在縣南二里。

武陵郡。洛要，有武陵城。《太平寰宇記》：武陵郡。城在懷仕縣南五十九里。

東豫州。太和十九年置，治廣陵城。孝昌三年陷，武定七年復。錢氏大昕曰：廣陵城，今光州息縣地。考《田益宗傳》，太和十七年，奉表歸款。十九年，拜都督光城、弋陽、汝南、新蔡、宋安五郡諸軍事，南司州刺史。後以益宗既渡淮北不可仍乃司州，乃以新蔡立東豫州，以益宗爲刺史，是廣陵城卽新蔡地矣。梁大通元年，譙州刺史湛僧智圍魏，東豫州刺史元慶和於廣陵，慶和舉城降，以僧智領東豫州刺史，自是廣陵屬梁，又改爲西豫州。太清元年，以北廣陵爲淮州。卽此廣陵也。又二年，有侯景之亂，而廣陵又入於魏。《北·志》所云武定七年復，正其時也。曰鑑按：《水經注》：淮水又東逕新息縣故城南，太和中蠻田益宗效誠立東豫州，以益宗爲刺史，是東豫州蓋置於新息也。而《傳》謂乃於新蔡立東豫州，似誤。《隋·志》『汝南新息縣』亦云：後魏置東豫州。

弋陽郡。弋陽，有弋陽城、《漢·志》：汝南有弋陽縣。應劭曰：故黄國，今黄城是。《史記正義》引《括地志》：故城在定城縣西十里。《水經注》：城內有二城，西卽黄城也。黄水。《水經注》：黄水出黄武山，東逕晉西陽城南，又逕南光城東北，逕高城南，又逕弋陽郡，又東北入於淮，謂之『黄口』。

長陵郡。安寧，有期思城、《漢·志》：汝南有期思縣。注云：故蔣國，晉屬弋陽。《太平寰宇記》：故城在固始縣西方北七十里。孫叔敖廟。《水经注》：期思縣城之西北隅有楚相孫叔敖廟。

義州。蕭衍置。武定七年，內屬。錢氏大昕曰：此州不言治所，亦無所領郡縣。《隋·志》：羅田縣，梁置義州義城郡，當卽此。《通鑑》：梁普通二年，義州刺史文僧明擁所部降魏，魏以爲西豫州刺史。胡三省謂此義州當置於齊安郡木蘭縣界，蓋以意度之，未及檢《隋·志》也。

汝陰、弋陽二郡。蕭衍置，雙頭郡縣。錢氏大昕曰：雙頭郡者，兩郡同治，一人帶兩郡守也。此本汝陰郡地，又僑立弋陽郡，《宋·志》所謂『帖治』。

陳留，有高塘陂。汲古閣本作『高城』，誤。《水經注》：潤水東南流爲高塘陂。宋，有荊亭城、《水經注》：潤水逕汝陰縣，東逕荊亭北。《太平寰宇記》：荊亭城在潁上縣西南六十里。弋陽、汲古閣本脫此二字，與所云『領縣七』亦不合。新息。汲古閣本無『新』字。

北陳留、潁川二郡。蕭衍爲陳州，武定七年改置。錢氏大昕曰：《隋·志》：汝陰郡。潁陽縣，梁曰『陳留』，并置陳留郡及陳州。東魏廢州，卽此陳州也。本雙頭郡。《隋·志》：止舉陳留而不及帖治之郡。他皆類此。

西恆農、陳南二郡。胡城，有燋丘、雉鯛二陂神廟。《水經注》：潤水又東積而爲陂水，東注焦陵陂，陂水北出爲鯛陂。南頓，有閏水、《水經注》：潤水首受富陂，逕汝陰縣東、荊亭北，而東入於淮。東陵城。

譙州。景明中置渦陽郡。孝昌中陷。武定七年，復置州。治渦陽城。《水經注》作『過陽』。錢氏大昕曰：渦陽，隋爲山桑縣，今之蒙城縣也。《隋·

志》云：後魏置渦州，梁改西徐州，東魏改譙州。此志無置渦州之文。又孟表爲蕭鸞馬頭太守。太和十八年，據郡歸誠，除南兖州刺史，領馬頭太守，鎮渦陽。則太和中嘗置南兖於渦陽，而《志》亦未之及也。

南譙郡。渦陽，有北平城。《水經注》：山桑邑，俗謂之『北平城』。《太平寰宇記》：城在臨涣縣西南五十二里。

蘄城郡。廣平，有艾平城。《太平寰宇記》引作『艾子城』，在蘄城縣西十五里。蘄城，有蘄城。《漢·志》：沛郡。有蘄縣，晉屬譙郡。《水經注》：故垂鄉也。《元和郡縣志》：後魏改爲蘄城縣。

臨涣郡。白撣城，《隋·志》作『樿』，在今宿州西南，後譌爲『百善』。丹城，治費城。《元和郡縣志》：故費城在永城縣南二十里。《郡國志》『酇縣』下注引《帝王世紀》：曹騰封費亭侯，縣有費亭是也。

蒙郡。蕭衍置，魏因之。按：《隋·志》『山桑縣』下：梁置北新安郡，東魏改置蒙郡。

伊陽郡。武定二年置，治伏流城。《元和郡縣志》：伏流城卽陸渾縣理城，東魏所築，以城北焦澗水伏流地下，西有伏流坂爲名。錢氏大昕曰：《隋·志》：河南郡。陸渾縣，東魏置伊川郡，領南陸渾縣。開皇初，郡廢改縣，曰『伏流』。是伏流城卽南陸渾縣也。彼《志》云伊川郡，此云伊陽，未審孰是。《水經注》曰：陸渾故城東南八十許里，有三塗山，伊水逕其下，又東北逕伏流嶺東。後陷，寄治州城。錢氏大昕曰：州城不知所在。據《隋·志》，陸渾縣又有東魏北荆州，則州城距伏流當亦不遠。

新城郡。治孔城。《通典》：孔城坊，今伊闕縣東南故城是。

北陸渾。汲古閣本脱『渾』字。

汝北郡。治陽仕城，《漢·志》：河南梁縣有陽人聚，卽此陽仕城也。『人』與『仕』古字通。《史記正義》引《括地志》：陽人故城在梁縣西四十里。移治梁雀塢，今本『雀』譌爲『崔』。《史記正義》引《括地志》：周承休城，一名梁雀塢，在梁縣東北二十六里。《水經注》作『梁雀鄉』。治楊志塢。《水經注》：大戟北水出廣成澤西，南逕楊志塢北，與南水合。《方輿紀要》：塢在登封縣西北。

南汝原，有汝水、《漢·志》：當南郡定陵、高陵山，汝水出東南，至新蔡入淮。《水經》：汝水出河南梁縣勉鄉西天息山，至原鹿縣南入於淮。注云：《地理志》：出高陵山，卽猛山也。亦言出南陽魯陽縣之大盂山，又言出弘農盧氏縣還歸山。《博物志》曰：汝出燕泉山。並異名也。石澗水。《水經注》：明水出梁縣西狼睪山，俗謂之『石澗水』也。《山海經》曰：放睪之山，明水出焉。南流注於伊水。東汝南，有黄陂。《水經注》：承休水又南逕梁雀鄉西，水積爲陂，世謂之『黄陂』。《元和郡縣志》：陂在梁縣東二十五里，南北七里，東西十里。梁，有廣城澤。《水經注》：廣成澤水出狼睪山北澤中，自澤東南流逕温泉南，東南入於汝水。又引《河南十二縣簿》曰：澤在新城縣界黄阜。《元和郡縣志》：在梁縣西四十里周迴百里。

陽州。天平初置，尋陷，武定初復。按：《隋·志》：州治宜陽。

金門郡。盧氏。《隋·志》：盧氏縣，後魏置漢安郡。

南司州。劉彧置司州。正始元年，改爲郢州。孝昌三年陷，蕭衍又改爲司州。武定七年復，改置。錢氏大昕曰：此宋、齊、梁之司州。魏正始初，始得之，改爲郢州。其後又入於梁。梁末喪亂復爲東魏，所得乃仍司州之名。鄴中已有司州，故此加『南』字，若梁之南司州。治安陸，與此初不相涉。

齊安郡。保城，劉駿置。《宋·志》作『寶城』。有羅山廟、《水經注》：瑟水逕光淹城東，而北逕青山東、羅山西。《元和郡縣志》：山在羅山縣西南九里。鄳，《漢》、《晉》、《宋·志》皆作『鄳』。有石城山，《水經注》：溮水逕鍾武縣，故城南又東逕石城山北。《史記》：魏攻冥阨。或言：在鄳，指此山也。《正義》引《括地志》：山在鍾山縣東南二十一里。有霸山廟。《元和郡縣志》：溢水出鍾山縣南霸山，去縣七十五里。

義陽郡。平陽，有師水。《水經注》：溮水源出大潰山，又北逕賢首山西，又東逕義陽縣故城北。

宋安郡。樂寧，有成陽關、『成』當是『武』字之譌。按：義陽三關謂平靖、武陽、黄峴也。《元和郡縣志》：關在應山縣東北一百三十里。鷄頭山。《太平寰宇記》：鷄頭山在應山縣東北九十里，有二山，遠相向，如鷄頭欲鬭之狀。東隨，有黄峴關。《元和郡縣志》：黄峴關在應山縣界。

楚州。治鍾離城。《漢·志》：九江有鍾離縣。應劭曰：鍾離子國，晉屬淮南。《元和郡縣志》：安帝時，因東郡燕縣流入鍾離者於此置燕縣。

彭、沛二郡。南陽，有曲陽城。《漢·志》：九江有曲陽縣。《後漢》曰：西曲陽，晉屬淮南，後省。《太平寰宇記》：故城在定遠縣西北九十五里。

沛郡。己吾，有當塗山、《郡國志》：九江平阿縣有塗山。注引應劭云：山在當塗。《通鑑》注：塗山在鍾離縣西九十五里。荆山。《水經注》：蒗蕩渠出於荆山之左、當塗之右，奔流二山之閒。《通鑑》注：荆山在鍾離縣西八十里。

北譙郡。治陰陵城。《漢·志》：九江郡有陰陵縣，晉屬淮南，後廢。《元和郡縣志》：故城在定遠縣西北六十五里。

北譙，有苟甫城。汲古閣本作『苛甫城』。

鍾離、陳留二郡。燕有白石山。《水經注》：柵水又東，左會白石山，水發白石山。朝歌，有九山城、《太平寰宇記》：九山在徐城縣西北七十里臨淮。黄溪水。《通鑑》注：黄溪水卽黄水。灌丘，有郡陽城。『郡』，當作『邵』。《通鑑》：齊建武二年，魏主如邵陽，築城於洲上，柵斷水路，夾築二城。注：邵陽洲在鍾離城北淮水中。

合州。治合肥城。《漢·志》：九江有合肥縣，晉屬淮南，後省。《太平寰宇記》：故城在今縣北。《水經注》：城居四水中。

汝陰郡。州治。錢氏大昕曰：州治卽合肥城也。《宋·志》：南汝陰郡汝陰縣所治，卽二漢、晉合肥縣。

南梁郡。《隋·志》作『平梁』。

北梁郡。明刻本闕『北』字。

西汝南郡。安城，有金牛山。《太平寰宇記》『合肥縣』下引《圖經》云：昔有金牛從此山出，奔入江，人逐之，故其處有渚，猶謂『金牛渚』。

北陳郡。西華，有舒水。《太平寰宇記》：龍舒水在舒城縣南三里。杜預云：廬江西南有龍舒，卽此水是也。源從三角山東北流。

霍州。蕭衍置。《水經注》：梁立霍州，治灊縣天柱山。

南陳郡。州治。錢氏大昕曰：此志以南陳郡爲霍州治。而《隋·志》於『霍山縣』下云：梁置霍州及岳安郡岳安縣，豈南陳郡後亦併入霍山乎？

南陳，治元康城。《水經注》：肥水北注舊瀆之横塘，流爲元康南路。又肥水逕元康城西北。

邊城郡。治麻步山。《方輿紀要》：麻埠鎮在六安州西南九十里，卽故郡也。《水經注》：博鄉縣有麻步川。

睢州。蕭衍置潼州。武定元年平改置，錢氏大昕曰：監本作『九年』。考武定紀元止於八年，則以爲九年者誤矣。據下文淮陽、穀陽、睢南、臨潼諸郡俱云『六年置』，則睢州之置亦當在六年。字形相涉，誤爲『元』爾。治取慮城。《漢·志》：臨淮有取慮縣，後漢、晉屬下邳。《太平寰宇記》：故城在下邳縣西南。

穀陽郡。治穀陽城。《漢·志》：沛郡有穀陽縣，晉省。《太平寰宇記》：故城在蘄縣東七十里。

連城，有濊水。《通鑑》注：渙水經亳、宿二州閒，東南至泗州巉石山，西南入淮，亦謂之『濊水』。丁度《集韻》曰：『濊』，呼外翻，一作『渙』，音同。水名，在亳州。

睢南郡。斛城，有扶離城。『扶』當作『符』，漢沛郡有符離縣，晉末廢。《後漢書》注：故城在符離縣東。

南濟陰郡。治竹邑城。《漢·志》：沛郡有竹縣，後漢曰竹邑、晉曰竺邑，後廢。《後漢書》注：故城今符離縣也。

臨潼郡。治臨潼城。《水經注》：潼水逕夏丘縣故城西，又東南逕臨潼戍西。《通鑑》注據《水經》：城臨潼水，故名。

夏丘，有夏丘城。《漢·志》：沛郡有夏丘縣，後漢、晉屬下邳，東晉初廢。《後漢書》注：故城卽虹縣城是。《太平寰宇記》『虹縣』下引《輿地志》云：堯封夏禹爲夏伯，邑於此。

南定州。蕭衍置，魏因之，治蒙籠城。錢氏大昕曰：《南史·梁安成王秀傳》：司州。叛蠻田魯生、魯賢、超秀據蒙籠來降，武帝以魯生爲北司州刺史，魯賢北豫州刺史，超秀定州刺史。是梁時但稱『定州』，至魏始加『南』字，以别於中山之定州也。今麻城縣西有故蒙籠城。州所領郡五，而弋陽郡爲州治。《隋·志》於『麻城縣』下云陳置定州，不知梁與東魏已有之，又不言曾立弋陽郡，皆其疏也。余按：《水經注》：舉水出龜頭山西北，流逕蒙籠戍南，梁定州治。

汝陰郡。治汝陰城。《漢·志》：女陰，故胡國。《郡國志》『汝陰』下注引杜預曰：縣西北有胡城。

西楚州。蕭衍置，魏因之，治楚城。錢氏大昕曰：《隋·志》：汝南郡。城陽縣，後魏置城陽郡，梁置楚州，東魏置西楚州。州，蓋以楚王城得名。今息縣西有成陽廢縣，一名楚子城。《孝靜紀》：天平三年，侯景攻克楚州，獲刺史桓和，卽此州也。

仵城郡。蕭衍置，魏因之。錢氏大昕曰：《隋·志》：城陽縣有梁置伍城郡，卽此仵城也。『五』與『午』古字通。

蔡州。治豫州鮦陽縣新蔡城。《漢·志》：新蔡縣，蔡平侯自蔡徙此。《元和郡縣志》：古呂國也。《水經注》：青陂東對大呂亭，蔡平侯始封也。

新蔡郡。治四望城。《元和郡縣志》：四望城在朗山縣東南七十里。後魏太和十一年，豫州刺史王肅於四望陂南築之以禦梁。

西淮州。蕭衍置，魏因之，治豫州界白苟堆。《太平寰宇記》：白狗城在眞陽縣西南七十里。錢氏大昕曰：《隋·志》：眞陽縣又有白狗縣，梁置淮州，後齊廢州，以置齊興郡。郡尋廢。開皇初，改縣曰淮川，即此淮州也。淮陰有淮州，故此加「西」字。州領淮川一郡，眞陽、梁興二縣，而淮川爲州治。故隋改縣爲淮川，而眞陽名縣亦因乎此。

淮川郡。汲古閣本「川」譌爲「州」。

譙州。蕭衍置，魏因之，治新昌城。錢氏大昕曰：此淮南之譙州，所謂南譙州也。《隋·志》：清流縣，舊曰頓丘，置新昌郡及南譙州。開皇初，改爲滁州。即此。

高塘郡。治高塘城。《方輿紀要》引《志》云：今全椒縣北六十里，地名「高塘」，即是城也。

臨徐郡。錢氏大昕曰：「徐」當作「滁」。治葛城。《方輿紀要》：葛城與江浦縣接界，今有西葛城市。

梁郡。州治。錢氏大昕曰：《宋·志》：南梁郡睢陽縣所治，即二漢、晉壽春縣。

蒙，有馬頭城。《方輿紀要》：壽州西北二十里有馬頭戍城。梁天監五年，取魏合肥，魏人守壽陽，於馬頭置戍。普通五年，梁取壽陽，亦置戍於此。太清二年，侯景以壽陽叛，西攻馬頭、東攻木柵，是馬頭在壽陽西也。或以爲當塗之馬頭郡。誤矣。

淮南郡。壽春故楚。《漢·志》：壽春邑，楚考烈王自陳徙此。《史記·楚世家》：楚東徙都壽春，命曰「郢」，是。有倉陵城。《水經注》：淮水東流與潁口會，東南逕蒼陵城北，又東北流逕壽春縣故城西。汝，有楊泉城。「楊」當作「陽」，漢六安國有陽泉縣，後漢、晉屬廬江，後廢。《後漢書》注：故城在安豐縣。《水經注》：故陽泉鄉也。

邊城郡。期思，有豐城。齊氏召南曰：此與期思並屬邊城郡。監本誤刻「豐城」二小字於「期思」注下，則邊城郡少一縣矣。

新蔡郡。新蔡，有大蘇山。《隋·志》：弋陽殷城縣，有大蘇山。《太平寰宇記》：山在固始縣東四十里。《水經注》：灌水導源廬江金蘭縣西北東陵鄉大蘇山。

潁川郡。許昌，有峽石山。《水經注》：淮水逕壽春縣北，右合肥水，又北逕山峽中，謂之「峽石」。《元和郡縣志》：峽石山在下蔡縣西南六十里。

淮州。治淮陰城。《漢·志》：臨淮有淮陰縣，後漢屬下邳，晉爲廣陵郡治。《太平寰宇記》：故城在山陽縣。《水經注》：城北臨淮水。

盱眙郡。治盱眙城。《漢·志》：臨淮有盱眙縣，後漢屬下邳國，晉爲臨淮郡治，安帝分立盱眙郡。《太平寰宇記》引阮勝之《南兗州記》云：春秋時本善道地，魯襄公五年會吴之處。

山陽郡。治山陽城。《宋·志》：山陽令，射陽縣境地名「山陽」。晉義熙中，與郡俱立。《水經注》：自廣陵出山陽白馬湖，逕山陽城西，即射陽縣之故城也。

淮陰郡。懷恩州郡治。按上文，淮州治淮陰城，而此懷恩爲州郡治，則懷恩當即淮陰縣所改。《隋·志》「江都郡山陽縣」下：後齊併魯富陵，立懷恩縣，亦特因魏之故名耳。

仁州。蕭衍置，魏因之，治赤坎城。錢氏大昕曰：此州惟領臨淮一郡。《志》以己吾縣爲州郡治，則己吾即赤坎城矣。《隋·志》：彭城郡之穀陽縣舊有己吾、義城二縣，後齊併以爲臨淮縣。然則梁所治仁州即隋穀陽縣也。《太平寰宇記》：赤坎故城在虹縣西南一百九十五里。梁天監八年，置赤坎戍，大同二年，廢戍置仁州。

北光城郡。樂安。汲古閣本作「樂城」，誤。

宋安郡。治大城。按：《北史·房法壽傳》：子翼大城戍主帶宋安太守，即此大城也。時無宗安郡。「宗」當作「宋」。

南朔州。蕭衍置，魏因之，治齊坂城。錢氏大昕曰：此州未審所在。州領梁、新蔡、邊城、義陽、新城、黄川六郡。考《隋·志》：光山縣有舊黄川郡，蓋即朔州所領之黄川矣。梁無北朔州，此「南」字魏所加。

邊城郡。治石頭城。按《張普惠傳》：衍又遣定州刺史田超秀、田僧達等竊陷石頭戍，即此石頭城也。

南建州。蕭衍置，魏因之，治高平城。錢氏大昕曰：《隋·志》：殷城縣，梁置義城郡及建州。并所領平高、新蔡、新城三郡，即此南建州也。梁時本稱「建州」，「南」字蓋東魏所加，以别於高都之建州也。據此志，新城郡乃南朔州所領，不隸於南建。蓋《隋·志》之誤，然即此可證建、朔二州相距不遠也。

南郢州。蕭衍置，魏因之。錢氏大昕曰：州所領有定城、邊城、光城三郡。《隋·志》：定城縣，後齊置南郢州。武定八年，即齊天保元年，故《隋·志》以爲後齊置。據此志，則「南郢」之名實始於梁也。

沙州。治白沙關城。《唐志》：黄州。黄陂縣有白沙關。《元和郡縣志》：關西至大關六十里在黄州西二百四十里，北至光州界二十五里。

建寧郡。錢氏大昕曰：《隋·志》：麻城縣有建寧郡，蓋卽沙州所領之建寧郡。

北江州。治鹿城關。梁南義陽治。《方輿紀要》：鹿城關在黄州府西北，近木蘭故城。

湘州。蕭衍置，魏因之，治大治關城。《方輿紀要》：大治關在黄州府北二百二十五里。錢氏大昕曰：《隋·志》：木蘭縣，梁置梁安郡。又有永安、義陽二郡，後齊置湘州，後改爲北江州。則湘與北江卽一州而更名。據此志，北江州領義陽、齊昌、新昌、梁安、光城、齊興六郡，而義陽之義陽縣爲州郡治。湘州領安蠻、梁寧、永安三郡，而安蠻之新化縣爲州郡治。則明係兩州，不可混而爲一。蓋梁時本是二州，魏末因梁舊亦分湘、北江爲二，迨後齊幷省州郡，以北江入湘，又移北江之名於湘爾。

汴州。蕭衍置，魏因之，治汴城。錢氏大昕曰：此州未審所在。州領沛、臨淮二郡。沛郡臨蕭、潁川、相三縣。考《隋·志》，梁郡虞城縣，後魏曰『蕭』，後齊廢，又後魏置沛郡，後齊廢，疑卽梁時所置汴州也。

沛郡。汲古閣本『沛』作『汴』。

財州。治豫州鮦縣。當作『鮦陽』。固始城。《漢·志》『汝南郡寢縣』下應劭曰：孫叔敖子所邑之寢丘也，世祖更名『固始』。

又 卷下

京兆郡。漢高帝爲渭南郡，武帝爲京兆尹。齊氏召南曰：高帝九年，卽復爲内史，不稱渭南郡矣。《志》似疏。

長安，有昆明池、《三圃黄圖》：上林苑有昆明池，周匝四十里。《漢書》注引臣瓚曰：在長安西南。周靈臺、《三圃黄圖》：周文王靈臺，在長安西北四十里，高二十丈，周四百二十步。鎬池、《三圃黄圖》引《廟記》云：長安城西有鎬池，在昆明池北，周匝二十二里。彪池水。『彪』，當從水作『滮』。《說文》作『淲』。《水經注》：水出鄗池西而北流入於鎬。杜，二漢曰『杜陵』，晉曰『杜城』。《晉·志》作『杜陵』。鄠，豐水出焉。《漢·志》：鄠縣，酆水出東南，北過上林苑，入渭。《元和郡縣志》：出鄠縣東南終南山，自發源北流經縣東二十八里，北流入渭。山北有風涼原，《水經注》引《關中圖》曰：驪山之西川中有阜名曰『風涼原』，在䰟山之陰，雍州之福地。《太平寰宇記》：原在藍田縣西南四十五里。有苦谷滻水出焉。《水經》：滻水出京兆藍田谷，北入於灞。此云『苦谷』，大約諸谷相近，故各指言之。《水經注》：狗枷西川上承䰟山之斫槃谷，次東有苦谷是也。《漢·志》謂之『沂水』，蓋今本傳刻之誤。有杜城。《漢·志》：杜陵，故杜伯國。《後漢書》注：在萬年縣東南。新豐，有驪山、《漢·志》：新豐驪山在南。《史記正義》引《括地志》：在南十六里。戲亭、《郡國志》：新豐有戲亭。注引蘇林曰：縣東南四十里。《史記集解》引作『二十里』。首谷水。《水經注》：渭水又東首水南出倒虎山，西總五水單流逕秦步高宫東，歷新豐原東而北逕步壽宫西，又北入渭。霸城，有軹道亭、《史記索隱》引《漢宫殿疏》：軹道亭東去霸城觀四里，觀東去灞水百步。《集解》引蘇林曰：在長安東十三里。長門亭、《史記正義》引《括地志》：長安門故亭在萬年縣東北苑中。霸水、《漢·志》：京兆郡。南陵霸水出藍田谷，北入渭，古曰『茲水』，秦穆公更名，以章霸功視子孫。《史記集解》引應劭及《水經注》並作『滋水』。温泉。《水經注》：温泉水發自長門亭下，入荆谿水，亂流注於霸。陰槃，二漢屬安定，晉屬。《通鑑》注：鴻門戲水皆在縣界。按：漢京兆與馮翊以渭水爲界，安定在馮翊之北，晉安得割安定之陰槃以屬京兆耶？此魏收之誤。又云涇州。有平原郡，治陰槃縣，一《志》之閒，兩陰槃並載而不覺其誤，以是見史學之難精也。劉昫曰：唐涇州良原縣，隋陰槃縣，是卽漢安定之陰盤縣。宋白曰：京兆昭應縣東十三里有漢新豐縣故城，亦謂之『陰盤城』。後漢靈帝末移安定陰盤縣寄理於此，是卽京兆之陰盤也。有鴻門亭、《郡國志》：新豐東有鴻門亭。注引孟康曰：在縣東七十里，舊大道北下阪口名。《水經注》：今新豐縣故奪東三里有阪長二里餘，塹原通道南北，洞開有迴門狀，謂之鴻門。靈谷水、《水經注》：泥泉水出南山靈谷，北流注於渭。戲水。《水經注》：戲水出麗山馮公谷，東北流，北逕麗戎城東、鴻門東、戲亭東，又北分爲二水，並注渭。藍田，有白鹿原。《水經注》引《三秦記》曰：麗山西有白鹿原。《元和郡縣志》：在藍田縣西六里。

馮翊郡。頻陽，有廣武城。《方輿紀要》：據《一統志》：廣武城在富平縣南十五里。南鹵原鹽池、汲古閣本池誤作『也』。萬年，二漢、晉屬京兆。《漢·志》：屬左馮翊。有漆沮水。《水經》：渭水又東過華陰縣北注，云洛水入焉。闞駰以爲漆沮之水焉。孔安國曰：漆、沮，二水名，亦曰洛水出馮翊北。蓮芍，二漢、晉屬。《漢·志》作『蓮勺』，如淳音『輦酌』。《水經注》引《十三州志》曰：縣以草受名也。下邽城。《漢·志》：京兆郡有下邽縣。應劭曰：

秦武公伐邽戎置，後魏廢。《方輿紀要》引《四夷縣道記》：故城在唐下邽縣東南二十五里。郊，太和二十二年置。『郊』當作『鄣』。《太平寰宇記》：後魏太和中，分萬年置鄣縣。《水經注》：渭水又東，芝鄣縣西，蓋隴西郡之鄣徙也。

扶風郡。好畤，有武都城。《元和郡縣志》：魏文帝徙武都於美陽，即今好畤縣界也。槐里，二漢、晉屬始平，當作『二漢屬右扶風』。始平郡，晉泰始三年置，此誤。周曰『大丘』。齊氏召南曰：《漢・志》：槐里，周曰『犬丘』，非大丘地，此當係傳寫之誤。

咸陽郡。《太平寰宇記》：苻堅於今咸陽縣東北長陵城置咸陽郡。後魏太和二十年，移咸陽郡於涇水北，今涇陽縣也。

石安，秦孝公築渭城，《漢・志》：右扶風渭城，故咸陽。《史記索隱》引《關中記》：孝公都咸陽，今渭城是在渭北。《正義》引《括地志》：在咸陽縣東十五里。名咸陽宮。《史記索隱》引《三輔故事》：咸陽宮在渭北。有四皓祠、《太平寰宇記》：四皓廟在萬年縣南，終南山下，去縣五十里。《史記索隱》：四皓謂東園公、綺里季、夏黃公、角里先生。安陵城、《漢・志》：左扶風有安陵縣。注引闞：本周之程邑也，晉省。《史記正義》引《括地志》：故城在咸陽縣東一十一里。杜鄠亭、『杜鄠』疑『杜郵』之誤。《水經注》：杜郵亭去咸陽十七里。《史記正義》引《括地志》：今咸陽縣古之杜郵。竇氏泉。《水經注》：成國故渠又東逕平陵縣故城南，故渠之南有竇氏泉。池陽，有鄭白渠。鄭渠，自中山西抵瓠口，鑿涇水爲渠，並北山，東注洛三百餘里。見《史記・河渠書》。白渠引涇水，首起谷口，尾入櫟陽，注渭中，袤二百里。見《漢書・溝洫志》。寧夷，有甘泉、《隋・志》：京兆郡醴泉有甘泉水。《長安志》：甘河自醴泉縣西北甘北鎮來，至縣東北逕甘渡入涇水。九嵕山。《漢・志》：左馮翊谷口九嵕山在西。《太平寰宇記》『醴泉縣』下引《郡國縣道記》：東連仲山西當涇水出處。

北地郡。按：《食貨志》：北地郡之三原、雲陽、銅官、宜君縣，今雲陽、銅官、宜君俱屬北地，而無三原，當亦脫漏。又《北史・毛遐傳》：北地三原人也。《元和郡縣志》：三原縣本漢池陽縣，巀嶭山在縣西北六十里，苻秦於此山北置三原護軍。後魏太武七年罷，改置三原縣。魏文帝分馮翊之祋祤置。《漢・志》：左馮翊有祋祤縣，三國魏廢。《元和郡縣志》：故城在華原縣東南一里。

富平。《太平寰宇記》：富平縣本漢舊縣，屬北地郡。前漢理在今靈州迴樂縣界，後漢移於今寧州彭原縣界，晉又移於今縣西南懷德城。漢武帝祠。《水經注》：頻陽城北有頻山，山有漢武帝殿。泥陽，有慈城山。《太平御覽》引《四夷郡國縣道記》：巀嶭山在雲陽縣東北十里，一名慈峨山，俗云『嵯峨山』，疑『城』當爲『峨』，字形相涉而誤。雲陽，有雲陽宮。《三輔黃圖》：甘泉宮，一曰雲陽宮。《元和郡縣志》：在雲陽縣西北八十里甘泉山上。銅官，有石槃山。《太平寰宇記》『宜君縣』下：石盤水源自耀州銅官縣大石盤。土門，有土門山。《元和郡縣志》：土門山在華原縣東南四里，以頻山有二土阜，狀似門，故曰『土門』。宜君，有宜君水。《水經注》：瀘水自直路縣西南逕宜君川，世又謂之『宜君水』。

岐州。太和十一年置，治雍城鎮。《元和郡縣志》：後魏太武於今岐州理東五里置雍城鎮。錢氏大昕曰：據《劉藻傳》：藻爲雍城鎮將，在任八年，遷離城鎮將。太和中，改鎮爲岐州。則離城與雍城非一地，岐州乃離城鎮所改，與《志》自相矛盾。

平秦郡。《隋・志》作『秦平』。

雍，有周城。《史記正義》引《括地志》：周公故城在岐山縣北九里周之采邑也。

武都郡。平陽，有五丈原、《水經注》引《諸葛亮與步騭書》曰：在武功西十里餘。《元和郡縣志》：原在郿縣西南三十五里。郿塢、《後漢書》注：今按塢舊基高一丈，周迴一里一百步。《元和郡縣志》：在郿縣東北十六里。南田。『田』當作『由』。《元和郡縣志》『南由縣』下：後魏孝明帝於縣西南由谷置。《隋・志》亦作『南由』。

武功郡。美陽，二漢、晉屬扶風。眞君七年，罷郡屬焉，後屬。謝氏啓昆曰：《通典》、《元和志》、《寰宇記》並云：魏於美陽縣置武功郡。則美陽爲武功郡治，不屬扶風。《志》既載美陽於『武功郡』下，又於『扶風郡』載領美陽，必記載之誤。有岐山、《漢・志》：右扶風美陽。《禹貢》：岐山在東北。《元和郡縣志》：在岐山縣東北十里。太白山、《隋・志》：扶風郡。郿縣有太白山。《水經注》：山在武功縣南。《元和郡縣志》：在郿縣東南五十里。美原廟、『美原』疑即『姜嫄』，形似而誤。《水經注》：斄縣故城東北有姜嫄祠。《元和郡縣志》：祠在武功縣西南二十二里。駱谷。《元和郡縣志》：駱谷在長安西南，南口曰『儻谷』，北口曰『駱谷』。邵亭、《水經注》：雍水又東逕邵亭、南亭，故邵公之采邑也。京相璠曰：在周城南五十里。《史記正義》引《括地志》：在岐山縣西南十里。漢西。《隋・志》作『莫西』。《太平寰宇記》：莫谷水源出高泉山，後魏於水西置縣，因名『莫西』。此『漢』字當是『莫』字之誤。有梁山。《史記正義》引《括地志》：山在好畤縣西北十八里。

秦州。治上封城。即上邽城。《太平寰宇記》：今爲清水縣理所。《漢·志》『上邽縣』下應劭曰：《史記》：故邽戎邑也。

天水郡。按《楊機傳》：天水冀人。今《志》無冀縣。《元和郡縣志》云：後魏以冀爲當亭。

上封，有席水。《水經注》：藉水東歷當亭川，左則當亭水注之，右則曾席水入焉。顯新，後漢屬漢陽。《郡國志》作『顯親』。

略陽郡。晉武帝分天水置。《晉·志》：略陽郡，本名『廣魏』，泰始中更名焉。《宋·志》云：何《志》：故曰『漢陽』，魏分立曰『廣魏』。武帝更名。此云晉武帝分天水置，誤也。安戎，有董城。《水經注》：涇谷水又東北歷董亭下。《方輿紀要》：在南安郡西南。『董』或作『童』。隴城，前漢屬天水，後漢屬漢陽。二漢曰『隴』。有隴城、《方輿紀要》：隴城在秦安縣東九十里。略陽城。《漢·志》：天水郡有略陽道，後漢屬漢陽，晉屬略陽後廢。《太平寰宇記》：故城在隴城縣西北。

漢陽郡。黄瓜，有始昌城、《晉·志》：天水郡有始昌縣。《水經注》引《晉書地道記》：天水始昌縣故西城也。陽廉。《水經注》作『楊廉』。

南秦州。治洛谷城。《方輿紀要》：駱谷城在成縣西八十里。

漢陽郡。蘭倉，有雷牛山。《太平寰宇記》『栗亭縣』下：雷牛山在邑界。

武都郡。石門，有羌道城。《漢·志》：隴西郡。有羌道縣。後漢屬武都。晉省。

武階郡。《隋·志》：武都郡。覆津，後魏初曰『翫當』，置武階郡。今《志》止領北部、南五部、赤萬三縣。

脩武郡。《隋·志》作『脩城』。

仇池郡。階陵於牛頭山。《通鑑》注：牛頭山蓋在洮水之南，以形名山。

南岐州。此州據《元和郡縣志》。孝昌中，以固道郡置。錢氏大昕曰：《志》不言所治，以《隋·志》考之，當治固道郡之梁泉縣。

固道郡。延興四年置。《隋·志》：河池郡梁泉，舊曰『故道』。後魏置郡，曰『固道』，縣曰『涼泉』，尋改曰『梁泉』。

廣化郡。《隋·志》：河池郡。河池，後魏曰『廣化』，并置廣化郡。又下文後魏置思安縣，亦當屬廣化。

廣業郡。《隋·志》：河池郡。同谷，舊曰『白石』，置廣業郡。又下文有泥陽縣，亦當屬廣業。錢氏大昕曰：南岐州領三郡。《志》惟於固道郡云：延興四年置，餘皆闕之。考《皮豹子傳》：子喜高祖初，拜都督秦、雍、荆、梁、益五州諸軍事。仇池鎮將酋帥强奴子等各率户歸附，於是置廣業、固道二郡以居之。則廣業郡亦延興中置矣。

洛聚郡。《隋·志》作『落叢』。《元和郡縣志》『鳴水縣』下：後魏宣武帝於此置，落叢郡。因落叢山爲名。

益州。正始中置。《隋·志》：義城郡。後魏立益州，世號『小益州』。錢氏大昕曰：《薛安都傳》：永平初，分梁州晉壽爲益州。永平元年，即正始五年也。

東晉壽郡。司馬德宗置。《太平寰宇記》『利州』下：齊明帝永太元年，分晉壽郡之興安縣置東晉壽郡於烏奴北一里，即今州是也。若晉之晉壽郡。《晉·志》：孝武分梓潼北界立。《宋·志》稱《晉地記》：孝武太元十五年，梁州刺史周馥表立，亦非司馬德宗置。

晉壽，晉惠帝置。《宋·志》『晉壽令』引《晉起居注》：武帝太康元年，改梓潼之漢壽曰『晉壽』。『漢壽』之名疑是蜀立。何云『惠帝立』，非也。《元和郡縣志》：蜀先主改『葭萌』爲『漢壽縣』，屬梓潼郡，晉改爲『晉壽』。

新巴郡。《隋·志》：義城郡葭萌，後魏曰『晉安』，置新巴郡。今《志》止領新巴一縣。

巴州。郡縣闕。此州據《太平寰宇記》：正始元年，於漢昌縣理所置大谷郡。延昌三年，置州。考《獠傳》，以梁、益二州控攝險遠，乃立巴州以統諸獠，後以巴酋嚴始欣爲刺史。《隋·志》：清化郡。舊置巴州。

梁州。蕭衍梁、秦二州，正始初改置。錢氏大昕曰：宋、齊以後，梁、秦二州刺史常以一人領之，以南鄭爲治所。正始二年，梁將夏侯道遷據南鄭入魏，魏始立梁州。其治所蓋仍在南鄭也。

晉昌郡。龍亭，有鎮勢山、『鎮』當作『興』。《太平寰宇記》：興勢山，在興道縣西北四十三里。今郡城所枕自然隴勢形如一盆，緣外險而內有大谷，爲盤道上數里方及四門因爲興勢之名。《元和郡縣志》：興勢山在興道縣北二十里，諸葛亮置烽火樓處。《水經注》：小成固城北百二十里有興勢坂。灙水。《水經注》：洛谷水自灙城南流，右則灙水注之，水發西谿，東南流合爲一水，亂流南出，際其城西，南注漢水。

褒中郡。武鄉，有牛頭山。《太平寰宇記》：褒城縣有牛頭山，形如牛頭，高百仞。

安康郡。安康，有直水。《水經注》：直水出子午谷巖嶺下，南枝分東注旬水，又南逕莅閣下，東南歷直谷，逕直城西南流注漢。

漢中郡。漢陰，有胡城。《水經注》：漢水逕胡城南，南對扁鵲城，當是越人舊所逕陟，故邑流其名耳。

華陽郡。華陽，有黄牛山、《隋・志》：南鄭縣有黄牛山。《太平寰宇記》：在南鄭縣西南五十里。廉水、《水經注》：廉水出巴嶺山北流逕廉川，故水得其名矣。又北注漢水。蕭何城。《水經注》：沔水東逕沔陽縣故城南。城舊，漢祖在漢中言蕭何所築也。沔陽，有白馬城、《水經注》：沔水逕白馬戍南，謂之『白馬城』，一名『陽平關』，其城西帶濜水，南面沔川，城側二水之交，故亦曰『濜口城』矣。黄沙城、《水經注》：五丈谿水側有黄沙屯，諸葛亮所開也。諸葛亮廟。《三國志・諸葛亮傳》：景耀六年春，詔爲亮立廟於沔陽。《水經注》：定軍山東名高平，是亮宿營處，有亮廟。嶓冢，有嶓冢山，漢水出焉。《漢・志》：隴西西縣。《禹貢》：嶓冢山在西，西漢水所出，南入廣漢。

南梁州。郡縣闕。按《獠傳》：孝昌初，魏子建啓以巴州隆城鎮爲南梁州。《通鑑》注引《西魏典略》曰：此州舊有隆城，故又謂之『南隆城』，治古閬中，今之閬中卽其地。

東梁州。《隋・志》『西城郡安康縣』下：後魏置東梁州。考《淳于誕傳》，孝昌三年，以梁州安康郡分置東梁州。

涇州。此州據《元和郡縣志》，蓋置於神麚三年。治臨涇城。《元和郡縣志》：臨涇縣，本漢舊縣。錢氏大昕曰：《肅宗紀》：熙平二年，城靑、徐、兗、涇、平、營、肆七州，所治東陽、歷城、瑕丘、平涼、肥如、和龍、九原七城諸州治所，具載於《志》，惟涇州治臨涇城，而《紀》作『平涼』，未詳。

安定郡。安定，有銅城、《太平寰宇記》『渭州潘原縣』下引《水經注》云：良源縣有銅城山。《方輿紀要》：銅城在崇信縣西四十里。撫夷城。《元和郡縣志》：今臨涇縣，兼有撫夷縣地。烏氏，二漢、晉屬。《郡國志》作『烏枝』。石堂。按《張祐》、《抱嶷傳》皆作『石唐』。

隴東郡。涇陽有薄落山，涇水出。《漢・志》：安定郡。涇陽幵頭山在西。《禹貢》：涇水所出，東南至陽陵入渭。《說文》同。惟《淮南子》作『薄落山』。注云：一名『笄頭山』。安定臨涇縣西，笄頭卽幵頭也。《廣雅》：薄落謂之『幵頭』。白城、《水經注》：涇谷水又西北合白城溪。隴山。《郡國志》：漢陽郡。成紀有大坂名『隴坻』。注引郭仲產《秦州記》曰：隴山東西百八十里。《元和郡縣志》：在汧源縣西六十二里。祖居，前漢屬，罷，後復屬武威。齊氏召南曰：祖居，卽二漢之祖厲縣也。前屬安定，後屬武威。此注『前漢屬』下似脫『安定』二字，衍『罷』字，又譌『後漢』『漢』字爲『復』字。

新平郡。後漢獻帝建安中置。按《後漢書・獻帝紀》：興平元年十二月，分安定、扶風爲新平郡。

白土，二漢屬上郡，晉屬金城。《通鑑》注曰：後魏新平之白土乃漢上郡之白土，晉金城之白土乃左南西之白十，各是一處。高平，有石門山。《元和郡縣志》：石門山在三水縣東五十里。《水經注》：石門水左會三川，混濤歷峽。峽卽隴山之北垂也，謂之『石門口』，在高平縣西北八十餘里。

隨平郡。《隋・志》作『趙平』。又考《靈徵志》，趙平郡上言：鶉觚縣木連理，此『隨』字誤。

鶉鵤，前漢屬山城，後漢、晉屬安定。《漢・志》『鵤』作『孤』。後漢、晉作『觚鵤』，字譌。《太平寰宇記》引《周地圖記》云：鶉觚縣者，秦使太子扶蘇及蒙恬築長城，見此平原水淺，因欲築城，逐以『觚』觚［爵奠］祭，乃有鶉鳥飛升觚上以爲靈異，因以名縣。『山城』當作『北地』。有臺山、《方輿紀要》：臺山在靈臺縣東北十里。東槃。當作『東陰槃』。

平涼郡。鶉陰，後漢屬武威。《郡國志》作『鸇陰』。有凡亭、《通鑑》注：杜佑作『瓦亭』。注云：瓦亭山在今平涼郡蕭關縣。《方輿紀要》：『凡亭』卽『瓦亭』之譌。涇陽、『涇陽』下脫『城』字。《元和郡縣志》：涇陽故城在平涼縣西四十里。平涼城。《通鑑》注引作『平梁』。

平原郡。陰槃有安城、《通鑑》：太元十四年，姚崇襲大界，苻登邀擊之於安丘。注引此志：陰盤有安城。安武城。《元和郡縣志》：今臨涇縣兼有安武縣地。

河州。有伏乾□□，錢氏大昕曰：諸本『乾』下闕二字。按乞伏國仁嘗自稱河州牧，當云：乞伏乾歸置，『有』蓋『乞』之譌。曰鑑按：河州，前涼張駿所置。見《晉・志》及《張軌傳》。治枹至。『至』當作『罕』。《漢・志》：金城郡有枹罕縣。應劭曰：故羌侯邑也。後漢屬隴西郡。《水經注》引《十三州志》：縣在郡。西二百一十里。

金城郡。後漢建武十三年闕。據《元和郡縣志》：當是『省入』二字。

大夏，有白水、《太平寰宇記》：大夏水，一名白水，出大夏縣西南山谷中。《水經注》：洮水左會大夏川水，水出西山，二源合，舍而亂流，逕金柳城南，又東北逕大夏縣故城南，又東北出山，注於洮水。金柳城。《水經注》引《十三州志》曰：大夏縣西有故金柳城，去縣四十里。

武始郡。晉分隴西置。《晉·志》：張駿以狄道縣置。洪和郡，蕈州。《隋·志》作『蕈川』。考《水經注》：洮水又北出門峽，歷東歷川，蕈川水注之。蓋縣以水名也。一作『蕈塏川』。

渭州。此州。據《元和郡縣志》：永安三年，於隴西郡置。《隋·志》：隴西郡，舊渭州，其治所當在襄武也。

南安陽郡。按《晉·志》：漢靈帝置南安郡，即此。錢氏大昕曰：此『陽』字疑衍。《隋·志》：隴西縣舊曰內陶，置南安郡。

原州。治高平城。《元和郡縣志》：平高縣，本漢高平縣，屬安定郡。後魏太延二年，於今縣理置平高縣，屬平高郡。

高平郡。錢氏大昕曰：《隋·志》：平高縣，後魏置太平郡，後改爲平高。《周書》：李穆除原州刺史，又以賢子爲平高郡守，遠子爲平高縣令，叔姪三人皆牧宰鄉里，然則此郡縣名皆當爲『平高』，而上文原州治高平城，亦當爲『平高』也。

臨杜郡。『杜』一作『社』。《通鑑》注引作『臨松』。

武威郡。按《賈彝傳》：本武威姑臧人也。又《段承根》、《殷仲達傳》並稱：武威姑臧人。《王叡傳》：子孫因居於武威姑臧。今《志》無姑臧縣。《方輿紀要》曰：後魏武威郡，治林中縣，或曰即故姑臧也。

襄城，有休屠城、《漢·志》：武威郡有休屠縣，晉廢。《元和郡縣志》：故城在姑臧縣北六十里。《水經注》：都野澤水東北流，逕馬城東，即休屠縣之故城也，本匈奴休屠王都。武治澤。《水經注》：都野澤水，上承姑臧武始澤，澤水二源，東北流爲一水。《通鑑》注：澤在姑臧西。

昌松郡。『揟次』本作『撮沙』，又作『揖次』。撮少未詳。《漢·志》作『揟次』，晉作『揖次』。錢氏大昕曰：漢隸『胥』、『咠』二字多相亂，故譌爲『揖』。

東涇郡。臺城。《通鑑》注引作『治城』。

梁寧郡。《通鑑》注引作『涼寧』。

鄯州。郡縣闕。《隋·志》：西平郡舊置鄯州。《元和郡縣志》：後魏以西平郡爲鄯善鎮。孝昌二年，改鎮立瓜州。郡縣闕。《隋·志》：敦煌郡。舊置瓜州。《元和郡縣志》：後魏武帝於敦煌郡。置敦煌鎮，明帝罷鎮立。

華州。太和十一年，分秦州之華山、澄城、白水置。按：《隋·志》：州治華陰。錢氏大昕曰：《志》不言治所。以《安定王燮傳》考之，蓋初治李潤堡，世宗時移治古馮翊城也。又《薛辯傳》：自徙都洛邑，鳳子兄弟移屬華州河西郡焉。華州之有河西郡，《志》亦未見。刊本『華山』作『山山』，誤。

華山郡。華陰，前漢屬京兆，後漢、晉屬恆農，後屬。按《隋·志》：京兆郡有華陰縣，漢舊縣也。而馮翊郡，馮翊，後魏曰『華陰』，此又一華陰。《元和郡縣志》云：本漢臨晉縣，晉武帝改爲大荔，後魏改爲華陰，後以名重改爲武鄉，是魏時實有兩縣。今《志》舂而爲一。有華山、《漢·志》：華陰，太華山在南。《史記正義》引《括地志》：在南八里。集仙館、《太平寰宇記》：華陰縣有集仙宮，漢帝宮觀名也。巨靈原、薛綜《西京賦》注：巨靈，河神也。古語云：華嶽本一山，當河水過之而曲行，河之神以手擘開其上，足蹋離其下，中分爲二，以通河流，手足之迹於今尚在。濕關、『濕』疑『潼』字之誤。《水經注》：河在關內南流，潼激關山，因謂之『潼關』。《元和郡縣志》：潼關在華陰縣東北三十九里，古桃林塞也。重泉城。《漢·志》：左馮翊有重泉縣，後魏廢。《史記正義》引《括地志》：故城在蒲城縣東南四十五里。鄭，《隋·志》：鄭縣，後魏置東雍州幷華山郡。有廣鄉原、《水經注》：渭水又東，西陽、東陽二水並南出廣鄉原北垂。鄭城、《元和郡縣志》：古鄭城在今縣理西北三里。《漢·志》：周宣王弟鄭桓公邑。赤城。《水經注》引《世本》曰：契居蕃。闞駰曰：蕃在鄭西。然則今鄭城是矣，俗名之『赤城』，非也。夏陽，故少梁，《漢·志》：夏陽，故少梁。《史記正義》引《括地志》：在韓城縣南二十二里。《國都城記》云：梁伯國，嬴姓之後，與秦同祖，秦穆公滅之。有梁山、《漢·志》：夏陽。《禹貢》：梁山在西北。《史記正義》引《括地志》：在韓城縣東南十九里。龍門山。《漢·志》：夏陽龍門山在北。《元和郡縣志》：在韓城縣北五十里。敷西，有武平城。《水經注》：東石橋水逕武平城東。按《地理志》：左馮翊有武成縣。《史記正義》引《括地志》：故武城，一名『武平城』，在鄭縣東北十三里。

澄城郡。五泉，有濕水。『濕』亦疑『潼』字之誤。《水經注》：濩水北流逕通谷，世亦謂之『通谷水』，東北注於河。《述征記》所謂『潼谷水』者也。三門，有衙城。《漢·志》：左馮翊有衙縣。注：即《春秋》所云秦晉戰於彭衙。晉省。《太平寰宇記》：故城在白水縣東北六十里。

白水郡。姚谷，有黄崖山。《方輿紀要》：黄崖山在白水縣界。白水，有五龍山、《隋·志》：馮翊郡。白水有五龍山。粟邑城。《漢·志》：左馮翊有粟邑縣，晉末廢。《元和郡縣志》：故城在白水縣西北二十八里。

北華州。治杏城。《元和郡縣志》：杏城在中部縣西南五里。相傳漢將韓胡伐杏木爲柵，以抗北狄，因以爲名。

中部郡。狄道，有淺石山。《太平寰宇記》『中部縣』下引《水經注》：淺石川出翟道山，疑即淺石山也。山或因川而異名。長城，有五郊城。《太平寰宇記》『鄜州』下：隋大業三年罷州，置鄜城郡，自杏城移理於五交城。

豳州。按《隋·志》：州治趙興之定安縣。今《志》作『安定』，未審孰是。延興二年，爲三縣，疑。疑《志》誤據《元和郡縣志》，當作『三縣鎮』。

西北地郡。秦昭王置。此郡，後魏移置，秦置亦無『西』字。

富平，有神泉、《漢·志》：北地郡。富平縣，北部都尉，治神泉障。《水經注》：龍尾水出北地神泉障北山龍尾谿，東北流，注清水。靈州城、《漢·志》：北地郡。有靈州縣，後漢廢。《後漢書》注：故城在馬領縣西北。獵山。《淮南·墬形訓》：洛出獵山。高誘注：獵山在北地西北夷中。《水經注》：洛水自獵山枝分東派，東南注於河。

趙興郡。陽周，有橋山、《漢·志》：上郡。陽周，橋山在南。《元和郡縣志》：子午山，亦曰橋山，在眞寧縣東八十里。黄帝冢、《漢·志》：陽周，有黄帝冢。《史記集解》引《皇覽》曰：冢在上郡橋山。泥陽城、《史記正義》：泥陽故城在羅川縣北三十一里。秋水。《史記正義》：正寧縣東北四十里有泥陽湫，疑即此。

襄樂郡。襄樂，前漢屬上郡。《漢·志》『樂』作『洛』。《元和郡縣志》：後魏孝文改『洛』爲『樂』。膚施，有五龍山、《漢·志》：膚施有五龍山。《方輿紀要》：山在延安府北十里。黄帝祠。《漢·志》：膚施有黄帝祠。按祠，漢宣帝所立。見《郊祀志》。《元和郡縣志》云：在五龍山上。

夏州。始光四年，平爲統萬鎮。《水經注》：奢延水逕奢延縣故城南。赫連龍昇七年，於奢延水之北、黑水之南，遣將作大匠梁公叱千阿利改築大城，名曰『統萬城』。大和十一年，改置，治大夏。《水經注》：龍昇七年，幷造五兵器鋭精利，乃咸百鍊，爲龍雀大鐶，號曰『大夏』，則今夏州。治也。

化政郡。汲古閣本作『化城』，誤。《通鑑》注引此亦作『化政』。

巖緑，一本作『嚴緑』。明刻本、汲古閣本並作『復緑』，一本作『巖緑』。按：《元和郡縣志》『夏州朔方縣』下：後魏置巖緑縣，隋因之。今《隋·志》亦作『巖緑』，當以『巖』爲是。

東夏州。延昌二年置。按：《薛和傳》：永平四年正月，山賊劉龍駒擾亂夏州。詔和發汾、華、東秦、夏四州之衆討龍駒，平之，和因表立東夏州。此云延昌二年置，誤矣。

偏城郡。廣武，前漢屬太原，後漢、晉屬雁門。按此注已見上卷『雁門郡廣武縣』下。《通鑑》注曰：後周改廣武曰『豐林』。魏收以爲太原雁門之廣武，誤也。有三城、《方輿紀要》：三城在延安府東南。泼野，二漢屬朔方，晉罷，後復屬。『泼』當作『沃』。《隋·志》『延安郡豐林縣』下：大業初，併沃野縣入焉。即此，非漢舊也。

朔方郡。政和。《隋·志》作『和政』。

定陽郡。臨眞，有丹陽山、《水經注》：河水又南得丹水，水出丹陽山。白泉。《水經注》：丹水東北會白水，口水出丹山東而西北注之。

秦州。錢氏大昕曰：此秦州不言治所。以《水經注》考之，蓋治蒲坂也。考《志》，中州名相同者多，加東、西、南、北以別之。太和改洛爲司，因以『上洛』爲『洛』。天平以大梁爲梁，其時南鄭之梁已失，非同時有兩洛州、兩梁州也。惟光義、譙、南郢係武定新附之州，沿蕭梁舊名，未及更正，有重複耳。獨兩秦州並置者六十餘年，何以不議改易，且延和元年，改雍州爲秦州。其時赫連定甫平秦州，初入版圖，豈有復置秦州之理？予積疑者數載，後讀《食貨志》，稱幷、肆、汾、建、晉、泰、陝、東雍、南汾九州。《靈徵志》：天平四年，泰州井溢。太和二年，泰州獻五色狗。《薛辯傳》：贈都督冀、定、泰三州諸軍事。《出帝紀》：泰州刺史万俟普撥。又《齊書·莫多婁貸文傳》：仍爲汾、陝、東雍、晉、泰五州大都督。《周書·薛端傳》：高祖謹，泰州刺史。《侯植傳》：父欣，泰州刺史。史言『泰州』者多矣，而《地形志》無之。乃悟蒲坂之『秦州』當爲『泰州』之譌，字形相涉，讀史者不能是正非一日矣。曰鑑謂：《北史·魏諸宗室傳·贊》：弟淑孝文時爲河東太守，爲之謡曰：泰州河東，杼柚代春。連下所屬河東郡，書之更明。

河東郡。蒲坂，二漢、晉屬。《漢·志》『坂』作『反』。有華陽城、《水經注》：華水出北山華谷西南，流逕一故城西。按：故漢上谷長史侯相碑云：侯氏出自倉頡之後，食采華陽。今蒲坂北亭地，即是城也。雷首山。《漢·志》：河東蒲反縣雷首山在南。《水經注》：山臨大河，北去蒲坂三十里。南解，有桑泉城。《左傳》注：桑泉在河東解縣西。《水經注》引京相璠《春秋土地名》曰：桑泉在解東南。北解，有張楊城。《水經注》：涑水逕張陽城東。《竹書紀年》：齊師逐鄭太子齒奔張城南鄭者也。《漢書》之所謂東張矣。《史記正義》引《括地志》：城在虞鄉縣西北四十里。猗氏，二漢、晉屬河東，後復屬。『河東後復屬』五字衍。有介山塘。《漢·志》：河東郡。汾陰縣，介山在南。《水經注》云：即汾山也。其山特立周七十里，高三十里。今準此山可高十餘里。

北鄉郡。北猗氏，有解城。《水經注》：涑水又西南逕解縣故城南。《春秋》：晉惠公許秦以河外五城，內及解梁是也。《元和郡縣志》：城在臨晉縣東南十八里。汾陰，有北鄉城、《太平寰宇記》：汾陰北鄉城即采桑津也，在寶鼎縣北三十一步。后土祠。《漢書》注引蘇林曰：汾陰縣在睢之上，后土祠在縣西。《元和郡縣志》：在寶鼎縣西北一十一里。

陝州。治陝城。《漢·志》：弘農郡，陝縣，故虢國。《水經注》：陝東城，即虢邑之上陽也。虢仲之所都為南虢。八年罷。錢氏大昕曰：當云十八年罷，蓋遷洛之後以畿內罷州也。

恆農郡。北陝，有曲沃城、錢氏大昕曰：此非桓叔始封之曲沃。《水經注》云：《春秋·文公十三年》：晉侯使詹嘉守桃林之塞，處此以備秦。時以曲沃之官守之故，曲沃之名遂為積久之傳矣。鄧芝廟。芝字伯苗，義陽新野人。見《三國志·列傳》。崤，有三崤山。《水經注》：穀水東逕土崤北，所謂三崤也。《史記正義》引《括地志》：又名嶔岑山，在永寧縣西北二十里，即古之殽道也。

西恆農郡。恆農，有桃林。《郡國志》：弘農有桃丘聚，故桃林。注引《博物記》：在湖縣休與之山。《山海經》：夸父之山，北有林焉，名曰『桃林』，廣員三百里。注云：今弘農湖縣閿鄉南谷中是也。

澠池郡。北澠池，有馬頭山、《水經注》：穀水出於崤東馬頭山穀陽谷。俱利城、《水經注》：穀水東逕秦、趙二城間，世謂之『俱利城』。《元和郡縣志》：東城在澠池縣西十三里，西城在澠池縣西四十里。生耳山。『生耳』，疑當作『熊耳』。《水經注》：洛水之北有熊耳山，雙巒競舉，狀同熊耳。此自別山，不與《禹貢》『導洛自熊耳』同也。《元和郡縣志》：山在永寧縣東北四十五里。

河北郡。《太平寰宇記》：姚秦於河北縣置。後魏太和十一年，移郡於大陽城，即此。

南安邑，有中條山。《史記正義》引《括地志》：河東縣雷首山，一名中條山。《太平寰宇記》：在安邑縣南二十里，西連華嶽，東接太行。河北，有芮城、《史記正義》引《括地志》：故芮城在河北縣西二十里，古芮國也。《通典》：古芮國在河北縣西，芮伯萬居魏，即此。嫣水、《水經注》：河東郡南有歷山，嫣、汭二水出焉，南曰『嫣水』，北曰『汭水』，異源同歸，渾流西注，入於河。首陽山、《史記集解》引馬融曰：山在河東蒲坂華山之北、河曲之中。《水經注》：河北縣北去首山一十許里。又云首陽山。《春秋》：所謂『首戴』也。伯夷叔齊墓。《水經注》：雷首山南有古冢，陵柏蔚然，攢茂丘阜谷，謂之『夷齊墓』也。大陽，有虞城、《漢·志》：河東郡。大陽縣吳山在西，上有吳城。周武王封太伯後於此，是為虞公。《郡國志》作『虞城』。《史記正義》引《括地志》：在河北縣東北五十里。夏陽城。按：《春秋》注：下陽虢邑在河東大陽縣，若夏陽故少梁。已見本《志》。此蓋緣《公羊傳》而誤，與《水經注》所引服虔注同。

洛州。太和十一年改，錢氏大昕曰：當在太和十八年，字誤。治上洛城。

上洛郡。上洛，有丹水、《漢·志》：弘農丹水縣丹水，出上洛冢領山，東至析入鈞。《水經》：丹水出京兆上洛縣西北冢領山，東南過商縣南。又東南至丹水縣入於均。四皓祠、《水經注》：楚水源出上洛縣西南楚山，昔四皓隱於楚山，即此山也。其水兩源合舍於四皓廟東。高東祠。當作『高車』。《水經注》：高車山上有四皓碑及祠，漢惠帝所立。

荊州。魏、晉治江陵。按：魏荊州治襄陽。洪氏亮吉曰：《宋·志》：魏荊州治江陵。今考《三國志》，江陵屬吳，為吳荊州治，所不得云魏，此仍《宋·志》之誤。太延中，治上洛。太和中，治穰城。錢氏大昕曰：上卷魯陽郡云太和十八年改為荊州。二十二年，罷置。然則太和十八年以前荊州仍治上洛，及遷都洛陽移洛州於上洛，而荊州徙治魯陽。二十二年克南陽始還荊州於穰城，則在太和末年矣。此云太和中治穰城，尚脫改治魯陽一節，合前後文，考之方得其實。又按：《史記正義》引《括地志》：穰縣鄧州。所理即古穰侯國。《水經注》：楚別邑也。

南陽郡。宛有清水、《太平寰宇記》『南陽縣』下引《隋圖經》：清水經獨山史定伯碑云：瓜里津即清水。《郡國志》：宛有瓜里津。梅溪水。《隋·志》：南陽菊潭縣有梅溪。《水經注》：梅溪水出宛縣北紫山，又南逕杜衍縣東，又南注淯水。新城，有覆釜山、《方輿紀要》：覆釜山在鄧州西北八十里。赤石山。《水經注》：淯水逕新野縣故城西，又東朝水出西北赤石山。冠軍，有湍水、

《漢・志》：弘農郡析縣黃水、鞠水俱東至酈入湍水。《水經》：湍水出酈縣北芬山東南，至新野縣東入于淯。注云：出弘農界翼望山。《山海經》曰：翼望之山，湍水出焉。羊角。齊氏召南曰：「羊角」下疑有脱字。西平，有精山。《郡國志》：西鄂有精山。《後漢書》注：西鄂故城在向城縣南，精山在其南也。《元和郡縣志》：在南陽縣西北二十七里。涅陽，有涅。齊氏召南曰：以縣在涅水之陽，故名。「有涅」之下當有「水」字。西鄂，有棘山、《水經注》：涅水出涅陽縣西北岐棘山。張衡碑。《水經注》：洱水逕西鄂縣南，水北有張平子墓，墓之東側有平子碑。

東恆農郡。西城。汲古閣本作「西域」，誤。北酈，有長山、《郡國志》：南陽葉縣有長山，曰「方城」。注引杜預曰：方城山在縣南，即此長山也。《漢・志》云：有長城號曰「方城」，則「長山」當作「長城」，似脱一「城」字。《水經注》引《郡國志》作「長城山」。左南鄉。《隋・志》：南鄉縣又有左南鄉縣，并置左鄉郡。有凡亭山。《水經注》：朝水枝分爲樊氏陂，俗謂之「凡亭陂」。

漢廣郡。有漢廣城。汲古閣本脱「城」字。

襄城郡。方城，有楨陽城、錢氏大昕曰：襄州之襄城郡，云蕭道成置，魏因之，治楨陽城，其所領方城、郟城、伏城、舞陰、翼陽、楨城六縣亦與此同。疑孝昌中析荆州置襄州，其實一地也。七石山。《方輿紀要》：七峯山在裕州北三十里，上有七峯列峙。舞陰，有唐山。《隋・志》作「西唐山」。《水經注》：一作「唐子山」。《後漢書》注：在湖陽縣西南。

北清郡。錢氏大昕曰：「清」當作「淯」。《肅宗紀》：北淯懸危，南陽告急。《楊大眼傳》：出爲荆州刺史。北淯郡嘗有虎害，大眼搏而獲之。

武川，有鹿鳴山。《方輿紀要》：南陽府北七十里，山有百重，其最著者曰鹿鳴。武陽亂石拓禽，鯉魚五山。北雉，有西鄂城。《史記正義》引《括地志》：向城縣南二十里西鄂故城，是楚西鄂。

恆農郡。國。錢氏大昕曰：「國」當作「圉」，字之譌也。《宋・志》：雍州之恆農郡，寄治五壟，領邯鄲、圉、廬氏三縣。

襄州。孝昌中置。錢氏大昕曰：《隋・志》：潁川郡之葉縣，後齊置襄州。據此志，則襄州之置不始於後齊矣。

襄城郡。治赭陽城。《漢・志》：南陽有堵陽縣。韋昭讀「堵」爲「赭」。《後漢書》注：故城在方城縣。

南安郡。天平初罷府置。錢氏大昕曰：《隋・志》：葉縣有東魏置定南郡。據此志，則東魏所置，本名南安郡，領南安、南舞、葉、南定四縣，初無定南郡也。二《志》未審誰是，魏收仕於東魏，其述東魏郡縣當得其實。

南安。汲閣本作「安南」。

建城郡。《隋・志》「淯陽方城縣」下：東魏又置建城郡及建城縣。今《志》止領楨陽北、方城二縣。

南襄州。錢氏大昕曰：此志不言治所。《隋・志》：春陵郡之湖陽縣，後魏置西淮安郡及南襄州，當即此。

西淮郡。《隋・志》作「西淮安郡」。

襄城郡。上馬。《隋・志》：春陵郡上馬縣，後魏置，曰「石馬」，後譌爲「上馬」，因改焉。

南廣州。錢氏大昕曰：《隋・志》不見南廣州之名。《孝莊紀》：有南廣州刺史鄭先護。《周本紀》：魏廢帝三年，改南廣爲淯州。

郢州。錢氏大昕曰：魏以梁之司州爲郢州。此州蓋孝昌中義陽淪没之後僑置者。《隋・志》：眞陽縣舊置郢州。東魏廢州置義陽郡。即此郢州也。縣又有後魏安陽縣，即此州所領之安陽郡也。

南郢州。錢氏大昕曰：此州未詳何年建立。考韋朏爲荆、郢和糴大使、南郢州刺史，在肅宗朝。而孝武時有南郢州刺史寧，西魏有南郢州刺史耿令貴、韋瑱。此州之置當在正光、孝昌以前矣。《周本紀》：魏廢帝三年，改南郢爲歸州。周武帝天和二年，省歸州入唐州。其地當在今隨州西北。

江夏郡。錢氏大昕曰：《隋・志》：淮安郡慈丘縣，後魏曰「江夏」，并置江夏郡。蓋即南郢州之江夏郡也。

永安郡。錢氏大昕曰：南郢州所領十二郡。今刊本殘闕，失其二。又有兩永安郡。所領縣各不同，而不加東、西、南、北以別之。六朝郡縣，僑置雖多重複，然一州領郡若干，未有同名者，獨南廣州有兩襄城，與此兩「永安」，皆可疑也。

析州。錢氏大昕曰：《隋・志》：淅陽郡。西魏置淅州。即此，後人加水旁耳。據此志，則後魏已有之，不始於西魏矣。西魏所置州郡，非魏收史所當書也。考《周書・泉企傳》，以破蕭寶寅功，遷左將軍淅州刺史，則淅州之置當在永安初矣。

脩陽郡。錢氏大昕曰：孝武帝名「脩」，而此有脩陽郡脩陽縣，蓋此州及所領郡肥皆置於孝武以前。魏收仕於東魏，以孝武播遷失國，不以君禮待之，故不爲諱也。《宋·志》：順陽郡，《永初郡國》有朝陽、武當、酇陰、汎、陽、筑、析、脩陽八縣，則脩陽郡蓋析順陽置也。

蓋陽。《水經注》作『葛陽』。趙氏清曰：『蓋』、『葛』音同通用。

析陽郡。錢氏大昕曰：《北史·韋孝寬傳》：普泰中，從荆州刺史源子恭鎮穰城，以功除淅陽郡守。時獨孤信爲新野郡守，同隸荆州。是普泰之世，析陽又隸荆州，蓋魏末分爭，州郡之隸屬無常，史家不能悉紀也。

雜録

《南齊書》卷五七《魏虜傳》（永明四年）分置州郡，雍州、涼州、秦州、沙州、涇州、華州、岐州、河州、西華州、寧州、陝州、洛州、荆州、郢州、北豫州、東荆州、南豫州、西兗州、東兗州、南徐州、東徐州、青州、齊州、濟州二十五州在河南；相州、懷州、汾州、東雍州、肆州、定州、瀛州、朔州、并州、冀州、幽州、平州、司州十三州在河北。凡分魏、晉舊司、豫、青、兗、冀、幷、幽、秦、雍、涼十州地，及宋所失淮北爲三十八州矣。

《魏書》卷二《太祖紀》（天賜元年）五月，置山東諸冶，發州郡徒謫造兵甲。

又　卷三《太宗紀》（泰常七年十月）丙午，曲赦司州殊死已下。

又　卷四下《世祖紀下》（太平真君十一年九月）庚子，曲赦定、冀、相三州死罪已下。

又　卷七下《高祖紀下》（太和十九年四月）丁未，曲赦徐、豫二州，其運漕之士，復租賦三年。【略】

（太和十九年六月）乙卯，曲赦梁州，復民田租三歲。【略】

（太和十九年）冬十月甲辰，曲赦相州。

又　卷八《世宗紀》（正始三年八月）壬戌，曲赦涇、秦、岐、涼、河五州。【略】

（延昌二年六月）甲午，曲赦揚州。

又　卷九《肅宗紀》（正光五年八月）諸州鎮軍貫，元非犯配者，悉免爲民，鎮改爲州，依舊立稱。【略】

（孝昌二年）六月己巳，曲赦齊州。

又　卷一二《孝靜紀》（天平元年十月）改司州爲洛州，以衛大將軍、尚書令元弼爲驃騎大將軍、儀同三司、洛州刺史，鎮洛陽。

宋·李昉等《太平御覽》卷一六三《州郡部·河北道下·雲州》《後魏書》曰：道武幸鄴，訪立州名，尚書崔光對曰：『昔河亶甲居相，宜曰相州。』道武從之。

東魏分部

綜述

《魏書》卷一〇六上《地形志上》今録武定之世以爲《志》焉。州郡創改，隨而注之，不知則闕。內史及相仍代相沿。魏自明、莊，寇難紛糾，攻伐既廣，啓土逾衆，王公錫社，一地累封，不可備舉，故總以爲郡。【略】

司州。治鄴城，魏武帝國於此。太祖天興四年置相州。天平元年遷都改。領郡十二，縣六十五。【略】

魏尹。故魏郡，漢高祖置，二漢屬冀州，晉屬司州，天興中屬相州。天平初改爲尹。領縣十二。【略】

陽平郡。魏文帝黄初二年分魏置，治館陶城。領縣八。【略】

廣平郡。漢武帝爲平干國，宣帝改爲廣平國。後漢建武中省，屬鉅鹿。魏文帝黄初二年復，改治曲梁城。領縣六。【略】

汲郡。晉武帝置，治枋頭。領縣六。【略】

廣宗郡。太和十一年立，尋罷，孝昌中復。領縣三。【略】

東郡。秦置，治滑臺城。晉改爲濮陽，後復。天興中置兗州，太和十八年改。領縣七。【略】

北廣平郡。永安中分，廣平置。領縣三。【略】

林慮郡。永安元年置。領縣四。【略】

頓丘郡。晉武帝置。領縣四。【略】

濮陽郡。晉置，天興中屬兗州，太和十一年屬齊州，孝昌末又屬西兗。天平初屬。領縣四。【略】

黎陽郡。孝昌中分汲郡置，治黎陽城。領縣三。【略】

清河郡。漢高帝置。領縣四。【略】

定州。太祖皇始二年置安州，天興三年改。領郡五，縣二十四。【略】

中山郡。漢高帝置，景帝三年改爲國，後改。領縣七。【略】

常山郡。漢高帝置，曰恒山郡，文帝諱恒，改爲常山，後漢建武中省眞定郡屬焉。孝章建初中爲淮陽，永元二年復。領縣七。【略】

鉅鹿郡。秦置，後漢建武中省廣平國屬焉。領縣三。【略】

博陵郡。漢桓帝置。領縣四。【略】

北平郡。孝昌中分中山置，治北平城。領縣三。【略】

冀州。後漢治高邑，袁紹、曹操爲冀州，治鄴，魏、晉治信都，晉世卲續治厭次，慕容垂治信都。皇始二年平信都，仍置。領郡四，縣二十一。【略】

長樂郡。漢高帝置，爲信都郡，景帝二年爲廣川國，明帝更名樂成，安帝改曰安平，晉改。領縣八。【略】

勃海郡。漢高帝置，世祖初改爲滄水郡，太和二十一年復。領縣四。【略】

武邑郡。晉武帝置。領縣五。【略】

安德郡。太和中置，尋併勃海，中興中復。領縣四。【略】

并州。漢、晉治晉陽，晉末治臺壁，後治晉陽。皇始元年平，仍置。領郡五，縣二十六。【略】

太原郡。領縣十。【略】

上黨郡。秦置，治壺關城，前漢治長子城，董卓作亂，治壺關城，慕容俊治安民城，後還壺關城。皇始元年還治安民。眞君中復，治壺關。有白馬祠、劉公祠、上黨關、石井關、天井關。領縣五。【略】

鄉郡。石勒分上黨置武鄉郡，後罷，延和二年置。領縣四。【略】

樂平郡。後漢獻帝置，眞君九年治太原，孝昌二年復，治沾城。領縣三。【略】

襄垣郡。建義元年置，治襄垣城。領縣四。【略】

瀛州。太和十一年分定州河間、高陽，冀州章武、浮陽置，治趙都軍城。領郡三，縣十八。【略】

高陽郡。晉置高陽國，後改。領縣九。【略】

章武郡。晉置章武國，後改。領縣五。【略】

河間郡。漢文帝置河間國，後漢光武併信都，和帝永元三年復，晉仍爲國，後改。領縣四。【略】

殷州。孝昌二年分定、相二州置，治廣阿。領郡三，縣十五。【略】

趙郡。秦邯鄲，漢高帝爲趙國，景帝又爲邯鄲，後漢建武中復，後改。領縣五。【略】

鉅鹿郡。永安二年分定州鉅鹿置，治舊楊城。領縣四。【略】

南趙郡。太和十一年爲南鉅鹿，屬定州，十八年屬相州，後改。孝昌中屬。領縣六。【略】

滄州。熙平二年分瀛、冀二州置，治饒安城。領郡三，縣十二。【略】

浮陽郡。太和十一年分勃海、章武置，屬瀛州，景明初併章武，熙平二年復。領縣四。【略】

樂陵郡。晉爲國，後改。領縣四。【略】

安德郡。中興初分樂陵置，太昌初罷，天平初復，治般界。領縣四。【略】

肆州。治九原。天賜二年爲鎮，眞君七年置州。領郡三，縣十一。【略】

永安郡。後漢建安中置新興郡，永安中改。領縣五。【略】。

秀容郡。永興二年置，眞君七年併肆盧、敷城二郡屬焉。領縣四。【略】

雁門郡。秦置，光武建武十五年罷，二十七年復。天興中屬司州，太和十八年屬。領縣二。【略】

幽州。治薊城。領郡三，縣十八。【略】

燕郡。故燕，漢高帝爲燕國，昭帝改爲廣陽郡，宣帝更爲國，後漢光武併上谷，和帝永元年六年復爲廣陽郡，晉改爲國，後改。領縣五。【略】

范陽郡。漢高帝置涿郡，後漢章帝改。領縣七。【略】

漁陽郡。秦始皇置。眞君七年併北平郡屬焉。領縣六。【略】

晉州。孝昌中置唐州，建義元年改。治白馬城。領郡十二，縣三十一。【略】

平陽郡。晉分河東置。眞君四年置東雍州，太和十八年罷，改置。領縣五。【略】

北絳郡。孝昌三年置。治絳。領縣二。【略】

永安郡。建義元年置。治永安城。領縣二。【略】

北五城郡。興和二年置。領縣三。【略】

定陽郡。興和四年置。領縣三。【略】

敷城郡。天平四年置。領縣一。【略】

河西郡。天平四年置。領縣一。【略】

五城郡。天平中置。領縣三。【略】

西河郡。舊汾州西河民，孝昌二年爲胡賊所破，遂居平陽界，還置郡。領縣三。【略】

冀氏郡。建義元年割平陽、郡置。領縣二。【略】

南絳郡。建義初置。治會交川。領縣二。【略】

義寧郡。建義元年置，治孤遠城。領縣四。【略】

懷州。天安二年置，太和十八年罷，天平初復。領郡二，縣八。【略】

河内郡。漢高帝置。領縣四。【略】

武德郡。天平初分河内置。領縣四。【略】

建州。慕容永分上黨置建興郡，眞君九年省，和平五年復。永安中罷郡置州。治高都城。領郡四，縣十。【略】

高都郡。永安中置。領縣二。【略】

長平郡。永安中置。治玄氏城。領縣二。【略】。

安平郡。領縣二。【略】

泰寧郡。孝昌中置，及縣。領縣四。【略】

汾州。延和三年爲鎮，太和十二年置州。治蒲子城。孝昌中陷，移治西河。領郡四，縣十。【略】

西河郡。漢武帝置，晉亂罷。太和八年復。治茲氏城。領縣三。【略】

吐京郡。眞君九年置。孝昌中陷，寄治西河。領縣二。【略】

五城郡。正平二年置，孝昌中陷，寄治西河。領縣三。【略】。

定陽郡。舊屬東雍州，延興四年分屬焉。孝昌中陷，寄治西河。領縣二。【略】

東雍州。世祖置，太和中罷，天平初復。領郡三，縣八。【略】

邵郡。皇興四年置邵上郡，太和中併河内，孝昌中改復。領縣四。【略】

高涼郡。領縣二。【略】

正平郡。故南太平，神䴥元年改爲征平，太和十八年復。領縣二。【略】

安州。皇興二年置，治方城，天平中陷，元象中寄治幽州北界。領郡三，縣八。【略】

密雲郡。皇始二年置。治提攜城。領縣三。【略】

廣陽郡。延和元年置益州，眞君二年改爲郡。領縣三。【略】

安樂郡。延和元年置交州，眞君二年罷州置。領縣二。【略】。

義州。興和二年置，寄治汲郡陳城。領郡七，縣十九。【略】

五城郡。永安中置，屬司州，天平中屬北豫州，武定五年屬。領縣三。【略】

泰寧郡。興和中置。領縣三。【略】

新安郡。興和中置。領縣三。【略】

澠池郡。興和中置。領縣三。【略】

恒農郡。興和中置。領縣三。【略】

宜陽郡。興和中置。領縣三。【略】

金門郡。興和中置。領縣一。【略】

南汾州。領郡九，縣十八。【略】

北吐京郡。領縣四。【略】

西五城郡。領縣三。【略】

南吐京郡。領縣一。【略】

西定陽郡。領縣一。【略】

定陽郡。領縣一。【略】

北鄉郡。領縣二。【略】

五城郡。領縣二。【略】

中陽郡。領縣二。【略】

龍門郡。領縣二。【略】

南營州。孝昌中營州陷，永熙二年置。寄治英雄城。領郡五，縣十一。【略】

昌黎郡。永興中置。領縣三。【略】

遼東郡。永熙中置。領縣二。【略】

建德郡。永熙中置。領縣二。【略】

營丘郡。天平四年置。領縣三。【略】

樂良郡。天平四年置。領縣一。【略】

東燕州。太和中分恒州東部置燕州，孝昌中陷，天平中領流民置。寄治幽州宣都城。領郡三，縣六。【略】

平昌郡。孝昌中陷，天平中置。領縣二。【略】

上谷郡。天平中置。領縣二。【略】

偏城郡。武定元年置。領縣二。【略】

營州。治和龍城。太延二年爲鎮，眞君五年改置。永安末陷，天增初復。領郡六，縣十四。【略】

昌黎郡。晉分遼東置，眞君八年併冀陽屬焉。領縣三。【略】

建德郡。眞君八年置。治白狼城。領縣三。【略】

遼東郡。秦置，後罷。正光中復。治固都城。領縣二。【略】

樂良郡。前漢武帝置，二漢、晉曰樂浪，後改，罷。正光末復。治連城。領縣二。【略】

冀陽郡。眞君八年併昌黎，武定五年復。領縣二。【略】

營丘郡。正光末置。領縣二。【略】

平州。晉置。治肥如城。領郡二，縣五。【略】

遼西郡。秦置。領縣三。【略】

北平郡。秦置。領縣二。【略】

恒州。天興中置司州，治代都平城，太和中改。孝昌中陷，天平二年置，寄治肆州秀容郡城。領郡八，縣十四。

代郡。秦置，孝昌中陷，天平二年置。領縣四。

善無郡。天平二年置。領縣二。

梁城郡。天平二年置。領縣二。

繁畤郡。天平二年置。領縣二。

高柳郡。永熙中置。領縣二。

北靈丘郡。天平二年置。領縣一。

内附郡。天平二年置。

靈丘郡。天平二年置。

朔州。本漢五原郡，延和二年置爲鎮，後改爲懷朔，孝昌中改爲州。後陷，今寄治幷州界。領郡五，縣十三。

大安郡。領縣二。

廣寧郡。領縣二。

神武郡。領縣二。

太平郡。領縣三。

附化郡。領縣四。

雲州。舊置朔州，後陷，永熙中改，寄治幷州界。領郡四，縣九。

盛樂郡。永熙中置。領縣二。

雲中郡。秦置。領縣二。

建安郡。永熙中置。領縣二。

眞興郡。永熙中置。領郡三。

蔚州。永安中改懷荒、禦夷二鎮置，寄治幷州鄔縣界。領縣三，縣七。

始昌郡。永安中置。領縣二。

忠義郡。永安中置。領縣二。

附恩郡。天平中置。領縣三。

顯州。永安中置。治汾州六壁城。領郡四，縣四。

定戎郡。永安中置。治瓜城。領縣一。

建平郡。永安中置，州治。領縣二。

眞君郡。天平中置，治東多城。

武昌郡。武定四年置，治圍城。

廓州。武定元年置。治肆州敷城界郭城。領郡三。

廣安郡。武定元年置。

永定郡。武定元年置。

建安郡。武定元年置。

武州。武定元年置。治雁門川，武定三年始立州城。領郡三，縣四。

吐京郡。武定八年置。領縣二。

齊郡。武定元年置，州治。領縣二。

新安郡。武定元年置。

西夏州。寄治幷州界。領郡二。

太安郡。

神武郡。

寧州。興和中置，寄治汾州介休城。領郡四。

武康郡。武定四年置，治東多城。

靈武郡。武定元年置。

初平郡。武定元年置。

武定郡。武定元年置。

靈州。太延二年置薄骨律鎮，孝昌中改，後陷關西。天平中置，寄治汾州隰城縣界。郡縣闕。

前自恒州已下十州，永安已後，禁旅所出，户口之數，並不得知。

又　卷一〇六中《地形志中》　兗州。後漢治山陽昌邑，魏、晉治廩丘，劉義隆治瑕丘，魏因之。領郡六，縣三十一。【略】

泰山郡。漢高帝置。領縣六。【略】

魯郡。秦置，爲薛郡，高后改爲魯國。皇興中改。領縣六。【略】

高平郡。故梁國，漢景帝分爲山陽國，武帝改爲郡，晉武帝更名。領縣四。【略】

任城郡。後漢孝章帝分東平爲任城國，晉永嘉後罷，神龜元年分高平置。領縣三。【略】

東平郡。故梁國，漢景帝分爲濟東國，武帝改爲大河郡，宣帝爲東平國。後漢、晉仍爲國，後改。領縣七。【略】

東陽平郡。故東平地，劉義隆置，尋罷。劉駿復，魏因之。治平陸城。領縣五。【略】

青州。後漢治臨淄，司馬德宗治東陽，魏因之。領郡七，縣三十七。【略】

齊郡。秦置。領縣九。【略】

北海郡。漢景帝置，治平壽城。領縣五。【略】

樂安郡。漢高帝爲千乘國，後漢和帝更名樂安國，晉改。領縣四。【略】

勃海郡。故臨淄地，劉駿置，魏因之。領縣三。【略】

高陽郡。故樂安地，劉義隆置，魏因之。領縣五。【略】

河間郡。劉義隆置，魏因之。領縣六。【略】

樂陵郡。故千乘地，劉義隆置，魏因之。領縣五。【略】

齊州。治歷城。劉義隆置冀州，皇興三年更名。領郡六，縣三十五。【略】

東魏郡。劉駿置，魏因之。治歷城。後徙臺城。領縣九。【略】

東平原郡。劉裕置，魏因之。治梁鄒。領縣六。【略】

東清河郡。劉裕置，魏因之。治盤陽城。領縣七。【略】

廣川郡。劉裕置，魏因之。領縣三。【略】

濟南郡。漢文帝爲濟南國，景帝爲郡，後漢建武中復爲國，晉改。領縣六。【略】

太原郡。劉義隆置，魏因之。領縣四。【略】

鄭州。天平初置潁州，治長社城。武定七年改治潁陰城。領郡三，縣九。【略】

許昌郡。天平元年分潁川置。領縣四。【略】

潁川郡。秦置，漢高改曰韓國，尋復。領縣三。【略】

陽翟郡。領縣二。【略】

濟州。治濟北碻磝城。泰常八年置。領郡五，縣十五。【略】

濟北郡。漢和帝置。領縣三。【略】

平原郡。漢高帝置。皇始中屬冀州，太和十一年分屬，武泰初立南冀州，永安中罷州。領縣四。【略】

東平郡。泰常中置，太和末罷，建義中復。治秦城。領縣二。【略】

南清河郡。晉泰寧中分平原置。治莒城。領縣三。【略】

東濟北郡。孝昌三年置。領縣三。【略】

光州。治掖城。皇興四年分青州置，延興五年改爲鎮，景明元年復。領郡三，縣十四。【略】

東萊郡。漢高帝置。領縣四。【略】

長廣郡。晉武帝置。治膠東城。領縣六。【略】。

東牟郡。領縣四。【略】

梁州。天平初置。治大梁城。領郡三，縣七。【略】

陽夏郡。孝昌四年分東郡、陳留置。治雍丘城。領縣五。【略】

開封郡。天平元年分陳留置。治開封城。領縣二。【略】

陳留郡。漢武帝置，太和十八年罷，孝昌中復。領縣三。【略】

豫州。劉義隆置司州，治懸瓠城。皇興中改。領郡九，縣三十九。【略】

汝南郡。漢高帝置。領縣八。【略】

潁川郡。太和六年置。領縣三。【略】

汝陽郡。領縣三。【略】

義陽郡。永安三年置郢州，天平四年罷州置。領縣五。【略】

新蔡郡。晉置，孝昌中陷，後復。治石臺。領縣三。【略】

初安郡。延興二年置，孝昌中陷，後復。領縣四。【略】

襄城郡。晉武帝置，治襄城。領縣三。【略】

城陽郡。太和三年置，後罷，武定初復。領縣五。【略】

廣陵郡。興和中分，東豫州置。領縣五。【略】

北豫州。後漢治譙，魏治汝南安城，晉治項。司馬德宗置司州。泰常中復，治虎牢，太和十九年罷，置東中府，天平初罷，改復。領郡三，縣十二。【略】

廣武郡。天平初分，滎陽置。治中左城。領縣五。【略】

滎陽郡。領縣五。【略】

成皋郡。天平元年分滎陽置。領縣二。【略】

徐州。後漢治東海郡，魏、晉治彭城。領郡七，縣二十四。【略】

彭城郡。漢高帝置楚國，宣帝改，後復爲楚國，後漢章帝更名彭城國，晉改。領縣六。【略】

南陽平郡。治沛南界，後寄治彭城。領縣三。【略】

蕃郡。孝昌三年置，元象二年併彭城，武定五年復。領縣三。【略】

沛郡。故秦泗水郡，漢高帝更名，後漢爲國，後改。領縣三。【略】

蘭陵郡。晉置，後罷。武定五年復，治承城。領縣四。【略】

北濟陰郡。劉駿置，魏因之。治單父城。領縣三。【略】

碭郡。孝昌二年置，治下邑城。領縣二。【略】

西兗州。孝昌三年置，治定陶城，後徙左城。領郡二，縣七。【略】

沛郡。興和二年置，治孝昌城。領縣三。【略】

濟陰郡。領縣四。【略】

南兗州。正光中置。治譙城。領郡七，縣二十一。【略】

陳留郡。領縣五。【略】

梁郡。故秦碭郡，漢高帝爲梁國，後改。治梁國城。領縣二。【略】

下蔡郡。太和十九年置，孝昌中陷，興和中復。領縣四。【略】

譙郡。二漢縣，屬沛，晉以爲郡。太昌中陷，武定中復。領縣三。【略】

北梁郡。領縣二。【略】

沛郡。延昌中置，正光中陷，後復。治黄楊城。領縣二。【略】

馬頭郡。司馬德宗置，魏因之。正光中陷，天平中復。治建平城。領縣三。【略】

廣州。永安中置。治魯陽。武定中陷，徙治襄城。領郡七，縣十五。【略】

南陽郡。領縣二。【略】

順陽郡。太和中置縣，後改。領縣二。【略】

定陵郡。永安中置。領縣三。【略】

魯陽郡。太和十一年置鎮，十八年改爲荆州，二十二年罷，置。領縣二。【略】

汝南郡。永安元年置。治符壘城。領縣二。【略】

漢廣郡。永安中置。領縣二。【略】

襄城郡。晉置。領縣二。【略】

膠州。永安二年置。治東武陵。領郡三，縣十四。【略】

東武郡。永安二年置。領縣三。【略】

高密郡。漢文帝爲膠西國，宣帝更爲高密國，後漢併北海，晉惠帝復，劉駿併北海。延昌中復。領縣五。【略】

平昌郡。魏文帝置。後廢，晉惠帝復。領縣六。【略】

洛州。太宗置，太和十七年改爲司州，天平初復。領郡六，縣十二。【略】

洛陽郡。天平初置。領縣二。【略】

河陰郡。元象二年置。領縣一。【略】

新安郡。天平初置。領縣三。【略】

中川郡。天平初置。領縣二。【略】

河南郡。秦置三川守，漢改爲河南郡。後漢、晉爲尹，後罷。司馬德宗置，後罷。太宗復，太和中遷都，爲尹，天平初改。領縣一。【略】

陽城郡。孝昌二年置。領縣三。【略】

南青州。治國城。顯祖置，爲東徐州，太和二十二年改。領郡三，縣九。【略】

東安郡。二漢縣，晉惠帝置。領縣三。【略】

東莞郡。晉武帝置。領縣三。【略】

義塘郡。武定七年置，治黄郭城。領縣三。【略】

北徐州。永安二年置。領郡二，縣五。【略】

東泰山郡。皇興三年分泰山置，屬兗州，永安中屬。領縣三。【略】

琅邪郡。秦置，後漢建武中省城陽國，以其縣屬。領縣二。【略】

北揚州。天平二年置。治項城。領郡五，縣十九。【略】

陳郡。漢高帝置，爲淮陽國，後漢章帝更名陳國，晉初併梁國，後復，改。領縣四。【略】

南頓郡。晉惠帝置。領縣四。【略】

汝陰郡。晉武帝置，太和十八年爲東郢州，後罷。治社亭城。領縣三。【略】

丹楊郡。領縣四。【略】

陳留郡。武定六年置，及縣。領縣四。【略】

東楚州。司馬德宗置宿豫郡。高祖初，立東徐州，後陷，世宗初，改爲鎮，後陷。武定七年復改。爲宿豫郡。領郡六，縣二十。【略】

宿豫郡。領縣四。【略】

高平郡。治大徐城。領縣四。【略】

淮陽郡。蕭衍置，魏因之。領縣四。【略】

晉寧郡。蕭衍置，魏因之。領縣四。【略】

安遠郡。武定七年改蕭衍安遠戍置。治安遠城。領縣二。【略】

臨沭郡。蕭衍置，魏因之。領縣二。【略】

東徐州。孝昌元年置，永熙二年州郡陷，武定八年復。治下邳城。領郡四，縣十六。【略】

下邳郡。領縣六。【略】

武原郡。武定八年分下邳置。領縣三。【略】

郯郡。秦置，漢高改爲東海，後漢爲國，晉復，武定八年改。治郯城。領縣四。【略】

臨清郡。孝昌三年置盱眙郡，武定八年改。領縣三。【略】

海州。劉子業置青州，武定七年改。治龍沮城。領郡六，縣十九。【略】

東彭城郡。蕭衍置，魏因之。領縣三。【略】

東海郡。蕭衍改置北海郡，武定七年復。領縣四。【略】

海西郡。蕭鸞置東海郡，武定七年改置。領縣三。【略】

沭陽郡。蕭衍置僮陽郡，武定七年改。領縣四。【略】

琅邪郡。領縣三。【略】

武陵郡。領縣二。【略】

東豫州。太和十九年晉治廣陵城。孝昌三年陷，武定七年復。領郡六，縣十六。【略】

汝南郡。孝昌三年陷，武定七年復。領縣五。【略】

東新蔡郡。領縣四。【略】

新蔡郡。孝昌中陷，武定七年復。領縣二。【略】

弋陽郡。孝昌三年陷，武定七年復。領縣一。【略】

長陵郡。蕭衍置，魏因之。領縣三。【略】

陽安郡。領縣一。【略】

義州。蕭衍置，武定七年内屬。【略】

潁州。孝昌四年置，武泰元年陷，武定七年復。領郡二十，縣四十。【略】

汝陰、弋陽二郡。蕭衍置雙頭郡縣，魏因之。領縣七。【略】

北陳留、潁川二郡。蕭衍爲陳州，武定七年改置。領縣五。【略】

財丘、梁興二郡。蕭衍置，魏因之。領縣四。【略】

西恒農、陳南二郡。蕭衍置，魏因之。領縣三。【略】

東郡、汝南二郡。治牛心丘。領縣二。【略】

清河、南陽二郡。蕭衍置，魏因之。領縣三。【略】

東恒農郡。蕭衍置，魏因之。領縣三。【略】

新蔡、南陳留二郡。蕭衍置，魏因之。領縣一。【略】

滎陽、北通二郡。蕭衍置，魏因之。領縣四。【略】

汝南、太原二郡。蕭衍置，魏因之。領縣四。【略】

新興郡。蕭衍置，魏因之。領縣四。【略】

譙州。景明中置渦陽郡，孝昌中陷，武定七年復置州，治渦陽城。領郡七，縣十七。【略】

南譙郡。司馬昌明置，魏因之。領縣四。【略】

汴郡。蕭衍置，魏因之。領縣二。【略】

龍亢郡。蕭衍置，魏因之。領縣二。【略】

蘄城郡。蕭衍置，魏因之。領縣二。【略】

下蔡郡。蕭衍潁川郡，武定六年改置。領縣二。【略】

臨渙郡。蕭衍置，魏因之。領縣三。【略】

蒙郡。蕭衍置，魏因之。領縣二。【略】

北荆州。武定二年置。領郡三，縣八。【略】

伊陽郡。武定二年置。治伏流城。後陷，寄治州城。領縣一。【略】

新城郡。天平中置。治孔城。後陷，徙治州城。領縣二。【略】

汝北郡。孝昌三年置。治陽仁城。天平二年罷，武定元年復。移治梁崔塢。五年陷，□年復。治楊志塢。領縣五。【略】

陽州。天平初置，尋陷，武定初復。領郡二，縣七。

宜陽郡。孝昌初置，屬□州，天平初屬。領縣三。【略】

金門郡。天平初置。領縣四。【略】

南司州。劉彧置司州，正始元年改爲郢州，孝昌三年陷，蕭衍又改爲司州，武定七年復，改置。領郡三，縣七。

齊安郡。正始元年置。領縣三。【略】

義陽郡。魏文帝置，後罷，晉武帝復。領縣二。【略】

宋安郡。劉彧置，魏因之。領縣二。【略】

楚州。蕭衍置北徐州，武定七年改。治鍾離城。領郡十二，縣二十九。

彭、沛二郡。領縣三。【略】

馬頭郡。領縣二。【略】

沛郡。領縣三。【略】

安定郡。領縣四。【略】

廣梁郡。領縣一。【略】

魯郡。蕭衍置，魏因之。領縣三。【略】

北譙郡。治陰陵城。領縣二。【略】

濟陽郡。領縣四。【略】

北陽平郡。領縣二。【略】

鍾離、陳留二郡。領縣五。【略】

合州。蕭衍置，魏因之。治合肥城。領郡八，縣十七。

汝陰郡。州治。領縣二。【略】

南頓郡。領縣二。【略】

南梁郡。領縣二。【略】

北梁郡。領縣二。【略】

南譙郡。領縣二。【略】

廬江郡。領縣三。【略】

西汝南郡。領縣二。【略】

北陳郡。領縣二。【略】

霍州。蕭衍置，魏因之。領郡十七，縣三十六。

安豐郡。治洛步城。領縣一。【略】

平原郡。領縣一。【略】

北潁川郡。領縣三。【略】

梁興郡。領縣一。【略】

陳郡。領縣三。【略】

北陳郡。治衞山城。領縣一。【略】

扶風郡。治烏溪城。【略】

北沛郡。領縣五。【略】

南陳郡。州治。領縣二。【略】

新蔡郡。領縣三。【略】

岳安郡。領縣二。【略】

邊城郡。治麻步山。領縣一。【略】

西邊城郡。領縣三。【略】

西沛郡。領縣三。【略】

淮南郡。領縣三。【略】

樂安郡。領縣三。【略】

南潁川郡。領縣一。【略】

睢州。蕭衍置潼州，武定六年平，改置。治取慮城。領郡五，縣十二。

【略】

淮陽郡。武定六年置。領縣二。【略】

穀陽郡。治穀陽城。太和中置鎮，世宗開置平陽郡。孝昌中陷，武定六年復，改。領縣二。【略】

睢南郡。蕭衍置沛郡，武定六年改。領縣二。【略】

南濟陰郡。治竹邑城。孝昌中陷，蕭衍爲睢州，武定五年復。領縣二。

【略】

臨潼郡。治臨潼城。孝昌中陷，武定六年置。領縣四。【略】

南定州。蕭衍置，魏因之。治蒙籠城。領郡五，縣七。

弋陽郡。州治。領縣二。【略】

汝陰郡。治汝陰城。領縣一。【略】

安定郡。領縣一。【略】

新蔡郡。治新蔡城。領縣一。【略】

北建寧郡。領縣二。【略】

西楚州。蕭衍置，魏因之。治楚城。領郡三，縣七。

汝陽郡。蕭衍置，魏因之。領縣一。【略】

仵城郡。蕭衍置，魏因之。領縣二。【略】

城陽郡。蕭衍置，魏因之。領縣四。【略】

蔡州。治豫州鮦陽縣新蔡城。領郡二，縣四。

新蔡郡。治四望城。領縣二。【略】

汝南郡。治白馬澗。領縣二。【略】

西淮州。蕭衍置，魏因之。治豫州界白苟堆。領郡一，縣二。

淮川郡。州治。領縣二。【略】

譙州。蕭衍置，魏因之。治新昌城。領郡四，縣十五。

高塘郡。治高塘城。領縣四。【略】

臨徐郡。治葛城。領縣三。【略】

南梁郡。領縣四。【略】

新昌郡。州治。領縣四。【略】

揚州。後漢治歷陽，魏治壽春，後治建業。晉亂，置豫州，劉裕、蕭道成並同之。景明中改，孝昌中陷，武定中復。領郡十，縣二十一。

梁郡。州治。領縣二。【略】

淮南郡。領縣三。【略】

北譙郡。永平元年置。領縣二。【略】

陳留郡。領縣二。【略】

北陳郡。領縣一。【略】

邊城郡。領縣二。【略】

新蔡郡。領縣二。【略】

安豐郡。領縣二。【略】

下蔡郡。領縣二。【略】

潁川郡。領縣三。【略】

淮州。蕭衍置，魏因之。治淮陰城。領郡四，縣九。【略】

盱眙郡。治盱眙城。領縣三。【略】

山陽郡。治山陽城。領縣二。【略】

淮陰郡。領縣三。【略】

陽平郡。治陽平城。領縣一。【略】

仁州。蕭衍置，魏因之。治赤坎城。領郡一，縣二。

臨淮郡。領縣二。【略】

光州。蕭衍置，魏因之。治光城。領郡五，縣十。

北光城郡。領縣二。【略】

弋陽郡。領縣二。【略】

梁安郡。領縣二。【略】

南光城郡。領縣二。【略】

宋安郡。治大城。領縣二。【略】

南朔州。蕭衍置，魏因之。治齊坂城。領郡六，縣六。

梁郡。領縣一。【略】

新蔡郡。領縣一。【略】

邊城郡。治石頭城。領縣一。【略】

義陽郡。領縣一。【略】

新城郡。治新城。有關城。領縣一。【略】

黃川郡，領縣一。【略】

南建州。蕭衍置，魏因之。治高平城。領郡七，縣七。

高平郡。領縣四。【略】

新蔡郡。領縣二。【略】

陳留郡。領縣三。【略】

魯郡。領縣二。【略】

南陳郡。領縣二。【略】

光城郡。領縣三。【略】

清河郡。領縣一。【略】

南郢州。蕭衍置，魏因之。治赤石關。領郡三，縣七。

定城郡。領縣二。【略】

邊城郡，領縣一。【略】

光城郡。治赤石城。領縣一。【略】

沙州。蕭衍置，魏因之。治白沙關城。領郡二，縣二。

建寧郡。【略】

齊安郡。領縣一。【略】

北江州。蕭衍置，魏因之。治鹿城關。領郡六，縣六。

義陽郡。領縣一。【略】

齊昌郡。領縣一。【略】

新昌郡。領縣一。【略】

梁安郡。治建昌城。領縣一。

光城郡。領縣一。【略】

齊興郡。領縣一。【略】

湘州。蕭衍置，魏因之。治大治關城。領郡三，縣三。

安蠻郡。領縣一。【略】

梁寧郡。領縣一。【略】

永安郡。領縣一。【略】

汴州。蕭衍置，魏因之。治汴城。領郡二，縣四。

沛郡。領縣三。【略】

臨淮郡。領縣一。【略】

財州。武定八年置。治豫州鮦縣固始城。

前件自陽州已下二十三州並緣邊新附，地居險遠，故郡縣户口有時而闕。

清·徐文范《東晉南北朝輿地表·年表》卷八《東魏疆域》 司州。治鄴，統郡十三。魏尹、陽平、廣平、廣宗、汲、林慮、清和、北廣、東郡、濮陽、頓邱、黎陽、廣寧。

洛州。治洛陽，統郡六。洛陽、河南、新安、中川、陽城、河陰。

陽州。治宜陽，統郡三。宜陽、上洛、金門。

北荆州。治伏流城，統郡三。伊陽、新城、汝北。

廣州。治襄城，統郡二。襄城、北南陽。

梁州。治大梁城，統郡三。陳留、開封、陽夏。

潁州。治長社，統郡三。潁川、許昌、陽翟。

揚州。治項城，統郡五。丹陽、陳郡、陳留、南頓、汝陰。

豫州。治懸瓠，統郡九。汝南、潁川、汝陽、義陽、新蔡、初安、襄城、陽城、廣陵。

北豫州。治虎牢，統郡三。西成皋、滎陽、廣武。

南兗州。治譙界，統郡五。南譙、馬頭、北譙、沛、梁。

青州。治東陽，統郡六。益都、北海、樂安、渤海、高陽、河間。

齊州。治歷城，統郡七。濟南、太原、廣川、東平原、東魏、東安、東清和。

南青州。治團城，統郡二。東莞、平昌。

光州。治掖，統郡三。長廣、東萊、東牟。

膠州。治東武，統郡三。東武、高密、平昌。

徐州，治彭城，統郡五。彭城、建昌、碭、南陽平、北濟陰。

東徐州。治下相界，統郡二。盱眙、臨潼。

北徐州。治泰山界，統郡二。泰山、琅邪。

兗州。治瑕邱，統郡四。魯、泰山、高平、任城。

西兗州。治定陶，統郡二。濟陰、沛。

濟州。治碻磝，統郡七。濟北、金鄉、平原、東濟北、東平、南清和、東陽平。

平州。治范陽，統郡三。范陽、遼西、北平。

營州。治龍城，統郡六。昌黎、建德、遼東、營邱、樂浪、冀陽。

幽州。治薊，統郡四。燕、漢陽、上谷、石城。

燕州。治昌平，統郡二。平禹、上谷。

安州。寄治幽州北界河僑，統郡三。安樂、密雲、廣陽。

南營州。治高陽英雄城，統郡三。建德、昌黎、遼東。

東燕州。寄治幽州宜都城，統郡三。平昌、上谷、偏城。

瀛州。治趙都軍城，統郡三。河間、高陽、章武。

滄州。治饒安，統郡三。浮陽、樂陵、東西河。

冀州。治信都，統郡四。長樂、武邑、渤海、安德。

睢州。治下邳取慮城，統郡五。臨潼、睢南、睢陽、穀陽、南濟陰。

定州。治盧奴，統郡四。中山、博陵、常山、北平。

義州。治汲郡東城，統郡七。伍城、泰寧、澠池、新安、恒農、宜陽、金門。

懷州。治野王，統郡二。河內、武德。

晉州。治白馬城，統郡十一。平陽、北絳、南絳、義寧、西河、冀氏、永安、敷城、河西、定陽、北伍城。

汾州。移治西河，統郡三。吐京、西河、伍城。

殷州。治廣河，統郡三。鉅鹿、趙、南趙。

建州。治建興，統郡四。高都、長平、安平、泰寧。

豐州。治武鄉，統郡一。鄉郡。後併入幷州。

肆州。治九原，統郡四。秀容、雁門、永安、高柳。

幷州。治晉陽，統郡四。太原、上黨、襄垣，樂平。

恒州。僑置秀容，統郡五。代、善無、梁城、繁時、靈邱內附。

靈州。寄治隰城郡界。

西夏州。治幷州馬邑界，統郡二。大安、神武。

寧州。寄治介休縣，統郡四。武康、靈武、初平、武定。

廓州。治崞山，統郡三。廣安、永安、建安。

武州。治雁門川，統郡三。齊、吐京、新安。

朔州。治幷州界，統郡三。廣寧、太平、附化。

雲州。治祁縣界，統郡四。盛樂、雲中、建安、真平。

蔚州。治太原之鄔，統郡三。始昌、忠義、附恩。

顯州。治西河六壁城，統郡四。建平、定戎、武昌、真君。

嵐州。治嵐岢。

南汾州。治北屈界，統郡二。定陽、龍門。

廣州。僑置魯陽東北邊界。

東荆州。僑置比陽北邊界。

襄州。治襄城郟縣，統郡八。南陽、順陽、定陵、魯陽、汝南、漢廣、襄城、定南。

南兗州。治譙城小黄，統郡七。陳留、梁、下蔡、譙、北梁、沛、馬頭。

東魏時有州五十九、郡二百三十。

按：明年，侯景據河南降西魏，尋又降梁。《通鑑》固混言之。景表據函谷以東、瑕邱以西，豫、廣、郢、荆、襄、兗、南兗、濟、東豫、洛、北荆、陽、揚十三州內附。《考異》及《五代志·太清紀》互有不同，胡三省注之詳矣。顧祖禹《方輿紀要》定為豫、郢、襄、荆、廣、梁、洛、北荆、北豫、南兗、東荆、東豫、北揚十三州各注明所治及今時州縣處，驟見之，甚覺醒目，但歷舉南北戰爭及東西魏建置州郡、疆界得失，逐年即照《通鑑》排列，殊不盡。然東魏自沙苑之敗，秦、東雍、陝、洛、荆、陽、南汾、豫、郢、廣幷入西魏，南汾、豫、郢、廣明年即復，而洛、北河僑之。戰雖各有勝負，而自是東魏克復北豫虎牢、洛陽、陳留，然襄、廣以西竟盡入西魏矣。則南陽葉縣之襄州，新野、穰縣之荆州，魯陽之廣州與比陽之東荆州，西魏得之已久，所以王思政自玉壁為荆州刺史。當侯景降後，思政即自荆據潁川也。東魏既失魯陽，乃于魯陽東北仍僑置廣州、襄城僑置襄州、比陽北邊僑置東荆州，然皆非故地矣。三荆既失，乃立北荆于伊陽伏流城，無所謂荆州也。《方輿紀要》注：郢州在義陽，即齊之司州，今汝寧有信陽州。夫義陽梁久已克復，以安陸有司州，改義陽為北司州，未聞魏復取之也。前此梁與東魏連和，東魏未當爭之，況必不能越西魏之境而有之也。項城，揚州斯時未加『北』字，至武定末取壽春置揚州，始加前此揚州『北』字。余初謂南北朝時，淮、泗、河、濟間輿地難明，不謂晉揚州之淮南、荆州之沔北、豫州之淮西、汝穎，尤未易更僕數也。二月望日，文范記。

論說

清·王鳴盛《十七史商榷》卷六七《北史合魏齊周隋書三·魏地形據武定》 魏收《魏志·地形志·敍》首云：『魏定燕趙，遂荒九服，夷翦逋僞，一國一家，遺之度外，吳蜀而已。正光已前，時惟全盛，户口之數，比夫晉之太康，倍而已矣。孝昌之際，亂離尤甚，恒代而北盡爲兵墟，崤潼已西煙火斷絶。齊方全趙，死如亂麻，生民耗減，且將大半。永安末年，逆賊入洛，官司文簿散棄者多，往時編户全無追訪。今録武定之世以爲志焉。』正光前户口倍於晉太康者，太康猶承漢季三國大亂，而正光時魏之平定已百餘年，故户口極蕃，此言理宜有之。『恒代』云云，謂六鎮之叛，杜洛周葛榮等反；『逆賊入洛』，謂爾朱榮及兆也。武定是東魏末帝孝靜帝最後紀元，其八年遂禪齊。予前後論史例，志地理有以最盛者，有以最後者，此真最後矣。若論盛時，則當以孝文帝太和中，彼時遷都洛陽，爲魏之極盛，今不敢而用武定爲正，故志首司州而治鄴城，本相州，即孝靜帝即位之元年改元天平，遷都於此，而改名之其時，已政歸高歡，帝徒擁虚名，誠末造矣。魏收之爲此，要亦因盛時文簿已亡，不得已也。此下又言『其淪陷諸州户，據永熙綰籍』，永熙是孝武帝紀年，帝於三年即西奔長安矣。此志中所列有郡縣名無户口數者，大抵皆他國地而虚言之。

西魏分部

綜述

清·徐文范《東晉南北朝輿地表·年表》卷八《西魏疆域》 雍州。治長安，統郡六。京兆、馮翊、扶風、延壽、渭南、武鄉。

岐州。治雍城，統郡四。岐山、武都、武功、寧夷。

涇州。治臨涇，統郡三。安定、新平、趙平。

東秦州。治汧，統郡三。隴東、平涼、平原。

原州。治高平，統郡二。太平、長城。

渭州。治隴西，統郡四。隴西、廣安、臨洮、南安陽。

北雍州。治華原，統郡四。北地、平高、安陽、建忠。

西安州。統郡一。五原。

豳州。治彭陽，統郡三。西北地、趙興、襄洛。

蔚州。治洛蟠，統郡一。歸德。

恒州。治上郡北三水縣，統郡一。弘化。

夏州。治統萬，統郡四。化成、金明、代名、闡熙。

東夏州。治朔方，統郡六。朔方、偏城、上郡、定陽、神水、文安。

汾州。治三保二鎮。宜君。

北華州。治杏城，統郡四。中部、敷城、廣川、義川。

靈州。薄骨律鎮改，統郡一。臨河。

顯州。治漢陽周縣。

燕州。治襄洛。

雲州。治豐利。

秦州。治上邽，統郡五。天水、清水、略陽、南安、漢陽。

北秦州。統郡一。安陽。

會州。治漢鶉陰縣。

南秦州。治洛谷城，統郡七。武都、武階、脩武、天水、萬郡、略陽、仇池。

東益州。治武興，統郡七。武興、仇池、盤須、廣長、廣業。時没氐蜀，梓潼、洛叢。

河州。治枹罕，統郡七。枹罕、金城、武治、洪和、故道、廣武、北金城。

涼州。治姑臧，統郡九。武威、臨杜、建昌、番和、梁寧、泉城、昌松、魏安、東涇。

鄯州。治西平，統郡西。鄯善軍、張掖軍、澆河、西郡。

瓜州。治敦煌，統郡八。敦煌、酒泉、常樂、玉門、會稽、晉昌、效穀、壽昌。

南岐州。治固道，統郡三。固道、廣化、廣業。

華州。治華陰，統郡三。華山、白水、登城。

陝州。治陝，統郡五。恒農、西恒農、石池、河北、河南。

南汾州。治華陰楊氏堡。

南雍州。治華州鄭縣。又有治在蔡陽界。

洛州。治上洛，統郡三。上洛、魏興、上庸。

義州。治朱陽，統郡四。義川、長和、石城、拒陽。

廣州。治魯陽，統郡七。魯陽、南陽、廣漢、定陵、汝南、襄城、順陽。

南廣州。治南荆界，統郡五。襄城、魯陽、高昌、南陽、襄城左。

荆州。治葉界，統郡六。酇城、沔陽、馮翊、安定、南安、定南。

南荆州。治安昌，統郡二。建成、南襄陽。

萬州。治穰，統郡三。南陽、新野、南鄉。

殷州。治城陽，統郡二。東南陽、成陽。

鄭州。

璠州。周原。

溱州。三州並在泚陽界。

淍州。治棘陽界。

西郢州。治泚陽，統郡三。安陽、城陽、汝南。

湖州。治湖陽，統郡四。西汝南、柘林、北襄城、北義陽。

南郢州。治南荆界，統郡十一。香山、新平、新市、北遂安、新陽、宜氏、永安、永安左、宕都、馮翊、南遂安。

東荆州。治泚陽，統郡一。江夏。

蒙州。治堵陽，統郡一。襄邑。

應州。治平氏界，統郡一。淮陽。

南豫州。治厥西界，統郡四。南郭、丹水、山都、秀山。

襄州。治赭陽，統郡五。襄城、舞陰、建城、期城、宕城。

南襄州。治湖陽，統郡三。西淮、襄城、北南陽。

析州。治順陽之析，統郡五。析陽、修陽、固郡、朱陽、南上洛。

東秦州。治蒲坂，統郡二。河東、綏化。

東雍州。治臨汾，統郡三。邵郡、高河、正平。

西魏時有州五十七、郡百八十三。

清·謝啓昆《西魏書》卷七《地域考上》 拓跋起朔方，奄有中夏。永熙棄孝文之業，西都關中。於是河北州郡，高氏竊據，終魏世不能復。然魏以山河四塞之地，訓兵孝戰，務穀勸農，遂能撫有三分天下之二。宇文席之以霸，視梁、陳爲强矣。獨其州郡併析改易者，二十年餘，名稱紛糾。凡改州五十、郡一百六、縣二百三十，增立者不與焉。魏氏《地形志》，雖據永熙綰籍，而漏落已多，後世輿地之書記載尤爲參錯。今詳證互校，得其可知者，著爲攷云。

雍州。《禹貢》：黑水西河之地，舜置十二牧，雍其一也。周自武王剋殷，都於酆鎬，雍州爲王畿。平王東遷洛邑，以岐、酆之地賜秦襄公，秦累世都之。秦滅，漢又都之。及武帝置十三州，其地以西偏爲凉州，其餘並屬司隸，不統於州。後漢光武都洛陽，關中復置雍州，後罷，復置司隸校尉，統三輔如舊。獻帝時，又置雍州，自三輔距西域皆屬焉。魏文帝即位，分河西爲凉州，分隴右爲秦州，改京兆尹爲太守，馮翊、扶風各除『左』、『右』，仍以三輔屬司隸。晉初於長安置雍州。愍帝後，劉聰、石勒、苻犍、姚萇相繼竊據之。萇孫泓爲劉裕所滅，東晉復置雍州。及京兆郡，尋爲赫連勃勃所破，遣子隗鎮長安，號曰南臺。太武帝破赫連昌，復置雍州。領郡四、縣二十三。

京兆尹。【略】領縣八。【略】

馮翊郡【略】領縣六。【略】

扶風郡【略】領縣五。【略】

咸陽郡。後魏置。領縣四。【略】

延壽郡。大統三年置。【略】

寧夷郡。西遷後置。【略】

宜州。永熙初，於北地郡兼北雍州，廢帝二年改。【略】

通川郡。【略】領縣六。【略】

宜君郡。西遷後置。【略】

岐州。太和十一年置，治雍城鎮。案：《元和志》作『太武於今岐州理東築雍城鎮，文帝改鎮爲岐州」，與《魏・志》不合，「文帝」當作「孝文」。領郡三、縣九。

岐山郡。《通典》作「岐陽」，今從《隋・志》。太延二年，置平秦郡，西遷後改名。領縣三。【略】

武都郡。太延年中置。領縣五。《魏・志》領三縣，今據《寰宇記》增縣二。【略】

武功郡。太和十一年，分扶風置。領縣二。【略】

秦州。古西戎地，秦始封之邑，晉置州。領郡三、縣十一。【略】

天水郡。【略】領縣五。【略】

略陽郡。晉武帝分天水置，本名廣魏，尋改名。領縣三。案：郡初領五縣，西魏省綿諸，又於清水置郡。【略】

漢陽郡。眞君七年，分天水置。領縣三。【略】

清水郡。西遷後置。【略】

成州，古白馬氐國，二漢屬武都郡。晉永嘉後，没於楊茂搜等，置北秦州仇池郡。眞君七年，置仇池鎮。太和十一年，爲渠州。「渠」一作「梁」。正始初，置南秦州。《寰宇記》作後魏廢帝元年，改郡爲南秦州，與《地形志》不合，疑誤。治洛谷，在仇池山。廢帝三年，改曰成州。領郡五、縣十四。【略】

長道郡。眞君五年，置漢陽郡，廢帝改。領縣二。【略】

武階郡。領縣二。【略】

修武郡。領縣五。【略】

岷州。秦隴西郡之臨洮縣地。大統十六年，置州。

同和郡。大統十六年置。【略】

潭水郡。西遷後置。【略】

武州。廢帝置。【略】

武都郡。【略】廢帝復置州。【略】

白水郡。眞君九年置郡，後廢爲縣，西遷後，復置郡。【略】

孔提郡。西遷後置。【略】

萬郡。西遷後置。【略】

文州。漢武帝開西南夷，置陰平道。晉末爲李雄及楊茂搜據。廢帝平蜀，置州。

廬北郡，廢帝置屬。【略】

武陽郡。西遷後置。【略】

陰平郡。晉置。【略】

鄧寧郡。廢帝元年置，取前鄧羌部落所居爲州郡名。

鄧州。秦、漢已來蕃地。廢帝元年，逐吐谷渾，討定陰平，置州。

封統郡。【略】

帖夷郡。【略】

尚安郡。【略】

武進郡。恭帝二年置。【略】

麓州。廢帝時，儀同宇文袒殄陰平、鄧至二蕃，置寧州，尋改名。

昌寧郡。【略】

鳳州。孝昌中，置南岐州。廢帝三年，改名。案：《隋・志》「河池郡」下作後周改南岐爲鳳州，今從《周書・文帝紀》。領郡三。

歸眞君。延興四年，置固道郡。一作太和初置。廢帝三年，改名。案：魏碑志固道、廣化、廣業，三郡皆缺縣，今據《隋・志》補。【略】

廣化郡。【略】

廣業郡。【略】

興州。白馬氐東境，秦屬蜀郡。漢武都郡沮縣地。晉永嘉末，爲氐楊茂搜所據。其後爲梁所破，置武興蕃王國。楊難當據下辨，自稱大秦王，難當弟伯宜爲茹蘆王，伯宜孫鼠分王武興，鼠子集來稱蕃。正始三年，以謀叛，遂廢武興爲藩鎮。其年，改鎮爲東益州。廢帝二年改名。領郡七、縣十七。

順政郡。正始三年，改武興鎮爲郡，又僑置略陽郡，後省。廢帝二年，改武興曰順政。領縣四。【略】

仇池郡。領縣三。【略】

槃頭郡。因水盤曲爲名。領縣二。【略】

廣萇郡。領縣二。【略】

廣業郡。領縣二。【略】

梓潼郡。領縣二。【略】

洛聚郡。《魏·志》作『洛聚』，《隋·志》、《通典》并作『落叢』，《寰宇記》謂以落叢山爲名。宣武帝置。領縣二。【略】

利州。本晉晉壽郡。正始中，得其地，置益州，亦曰西益州。永熙三年，復入於梁，改爲黎州。廢帝二年，剋黎州，仍改西益州。恭帝元年，又改。領郡五、縣十一。

東晉壽郡。晉孝武置，魏因之。案：《魏·志》作安帝置，今從《晉·志》。領縣四。【略】

西晉郡壽。領縣一。【略】

新巴郡。晉安帝置。領縣二。案：《魏·志》郡領新巴一縣，今據《隋·志》、《寰宇記》增。【略】

南白水郡。領縣二。【略】

宋熙郡。案：《宋·志》：宋熙郡領興樂、歸安、宋安、元壽、嘉昌五縣。《南齊·志》：宋熙領興平、宋安、陽安、元壽、嘉昌五縣。《魏·志》：宋熙所領僅二縣，蓋梁、魏所併省。領縣二。【略】

平興郡。【略】

東洛郡。【略】

龍州。秦、漢、魏無人之地。魏鄧艾伐蜀，自陰平至江油，即此。晉始置平武縣。至梁爲楊、李二豪族所據。後魏武帝得其地，置江油郡。廢帝二年置州。領縣二、縣三。

江油郡。【略】

始州。漢梓潼縣地。梁天監中，置南梁州，以在梁州之南。梁末改安州。廢帝二年，伐蜀，先下安州，始通巴蜀，因改安州爲始州，取郡邑更始爲名。

普安郡。廢帝二年置屬。【略】

安都郡。舊曰輔劍。《寰宇記》作宋置武都，今從《隋·志》。【略】

黄原郡。舊有南安郡，平蜀後廢改。【略】

陰平郡。宋太始中，置北陰平郡，西遷後改。案：《隋·志》『陰平』下稱魏置龍州，蓋西遷後，移龍州治於江油。【略】

潼川郡。漢建安二十二年，昭烈分廣漢置梓潼郡。晉永嘉末徙，西遷後復置郡。【略】

巴西郡。晉末徙梓潼郡於此。廢帝二年，改置州郡。

巴西。漢涪縣。廢帝二年改名。《元和志》作魏改巴中，隋避諱改巴西，今從《隋·志》。【略】

涪城郡。舊始平改。【略】

萬安郡。恭帝元年置。【略】

新州。漢廣漢郡地。梁武陵王蕭紀置州。

昌城郡。宋置新城郡，齊廢，平蜀後，復置郡。【略】

鹽亭郡。梁置北宕梁郡，恭帝改，以近鹽井，故名。【略】

湧泉郡。漢廣漢縣地。宋置西宕渠郡，恭帝移治湧山，改名。【略】

合州。恭帝三年置，以涪、漢二水合於此。因名。

墊江郡。宋置東宕渠郡。大統初，得其地。恭帝三年，改名。【略】

清居郡。梁大同中，置新興郡。恭帝三年，改名。【略】

東遂寧郡。晉永和中，改廣漢置遂寧郡。宋泰始五年，刺史劉亮采分遂寧爲東、西二郡。案：《隋·志》作梁置，《元和志》作晉置，今從《寰宇記》。【略】

懷化郡。西遷後置。【略】

楚州。梁太清四年，武陵王蕭紀於巴郡置。案：《地形志》有巴州，缺郡縣。《寰宇記》謂正始初置大谷郡，延昌中於郡置州，又『渝州』下稱西魏改梁楚州爲巴州，與《元和志》同，疑同時無并置巴州之事，惟《隋·志》、《通典》俱云梁置楚州，隋改渝州，無西魏改巴州事，於理爲近，今從之。

巴郡。古巴國也，閬、白二水曲折東南流，如『巴』字形，故謂之巴。武王伐殷，巴人助焉，封爲巴子。其地東至魚復，西至僰道，接漢中，南極牂牁，是其界也。春秋時，亦爲巴國。戰國時，楚既稱王，巴亦稱王。秦惠王使張儀司馬錯伐巴蜀，滅之，分其地爲三十一縣。始皇置巴郡，漢高帝分巴蜀置廣漢郡，武帝又置犍爲郡。劉璋爲益州牧，分巴郡爲二，墊江已上爲巴郡，墊江已下爲永寧郡。昭烈又以固陵爲巴東郡，於是巴郡分爲三，號曰三巴。【略】

七門郡。西遷後置。【略】

信州。梁普通四年置。《寰宇記》作大同三年，今從《梁書·武帝紀》。

巴東郡。漢初平初，劉璋分巴郡置固陵郡，章武元年改名。【略】

建平郡。吳孫休分南郡置。【略】

安鄉郡。廢帝元年，分朐䏰縣置。【略】

信陵郡。梁置。【略】

開江郡。廢帝三年置。【略】

益州。【略】

至梁武陵王蕭紀僭號於蜀，其兄湘東王繹討之，斬於白帝。廢帝二年，剋蜀地，並入魏，置總管府。案：《隋·志》作周置，今從《元和志》。【略】

蜀郡。秦置。後漢興平初，益州治。建安中，昭烈建都。【略】

寧蜀郡。晉永和中，分巴郡置。【略】

犍爲郡。漢武帝置，屬益州，平蜀後移治。【略】

懷寧郡。晉安帝時置，屬南秦州。宋元嘉十六年，改屬。領縣三。【略】

晉熙郡。領縣二。【略】

宋興郡。宋元嘉十年置。領縣三。【略】

宋寧郡。宋元嘉十年置。領縣三。【略】

汶山郡。【略】

齊基郡。梁置。【略】

資州。恭帝二年置。案：《周書·閔帝紀》作元年置資州，蓋魏末所置，繫之周初，今從《隋·志》、《元和志》。【略】

武康郡。平蜀後置。

東益州。梁置。

南晉壽郡。宋置。案：《元和志》作後魏改南晉壽爲九隴，《隋·志》謂周廢州改郡，今從之。【略】

廣漢郡。漢置。【略】

西遂寧郡。

南陰平郡。

金淵郡。晉義熙末，朱齡石於東山置金淵戍，平蜀後，置郡及縣。

案：『淵』，《隋·志》避作『泉』。【略】

邛州。梁益州刺史蕭範於蒲水口立柵爲城，以稅生獠，曰蒲口頓。武陵王蕭紀置邛州，取南界邛來山爲名。案：《隋·志》作西魏置邛州，今從《元和志》、《寰宇記》。平蜀後，始置郡縣。領郡四、縣六。

臨邛郡。廢帝二年置。案：《通典》作周置郡，今從《元和志》、《舊唐·地理志》、《寰宇記》。領縣一。【略】

蒲源郡。廢帝二年置。領縣二。【略】

蒲陽郡。梁蒲口鎮。廢帝二年，置郡爲州治。領縣一。【略】

蒙山郡。廢帝二年置。以山爲名，《禹貢》『蔡、蒙旅平』，即此。領縣二。【略】

眉州。漢犍爲郡，武陽縣南地。梁太清二年，武陵王蕭紀開通外徼，置青州，取青城山爲名。廢帝二年，改以峨眉山爲名。領郡二。

齊通郡。齊建武三年，析武陽置齊通左郡，梁去『左』字。【略】

青神郡。漢南安縣地。李雄後夷獠所據，平蜀後置屬。【略】

懷仁郡。梁置。【略】

仁和郡。平蜀後置。並縣。【略】

江州。梁置。

江陽郡。宋置。【略】

瀘州。漢犍爲之江陽、符陽二縣地。梁大通初置州。

東江陽郡。晉穆帝置，並縣。【略】

戎州。漢犍爲郡地。晉末荒廢。梁大同十年，討定夷獠，置州。

六同郡。梁置。【略】

巴州。古巴國地。延昌三年，於大谷郡置。案：《魏·志》巴州郡縣闕，今補。領郡四、縣五。

大谷郡。後漢分巴郡宕渠置漢昌縣，晉末爲獠據，宋置歸化、北水二郡。案：《寰宇記》『郡』作『縣』，據《通典》改。以領獠户，齊因之，梁增置太門郡。『門』，《通典》作『閈』。正始元年，梁梁州刺史夏侯道遷以地内屬，於漢昌舊理置大谷郡，帶防兵以鎮撫之。領縣一。【略】

歸化郡。宋置。領縣二。【略】

水門郡。梁普通六年置，以山爲名。領縣一。【略】

北水郡。宋置。領縣一。【略】

洋州。廢帝二年，分直州置，以水爲名。領郡四。

洋川郡。廢帝二年置。【略】

懷昌郡。廢帝二年置。領縣一。【略】

洋中郡。廢帝二年置。

豐寧郡。漢南鄉縣，晉改西鄉，正始中廢縣，置豐寧戍，尋置郡，隸直州，後改屬。【略】

静州。《禹貢》：梁州，周以梁併雍，漢以梁爲益。魏元帝景元四年，平蜀後立梁州。案：魏景元四年，爲漢炎興元年，蓋於是年平蜀置州。《晉·志》作泰始三年置。今從宋、齊《志》。晉末爲李特所據，李滅復舊，宋、齊、梁因之，更置秦州。正始元年，梁刺史夏侯道遷以州來降，遂併秦州置梁州。大統元年，爲梁將蘭欽所陷，改北梁州。廢帝元年克復之，仍曰梁州，尋改名。領郡五、縣十五。

儻城郡舊曰晉昌。廢帝二年改名。領縣三。【略】

褒中郡。正始中，分漢中置。領縣三。【略】

安康郡。宋順帝置。領縣二。【略】

漢中郡。秦置。後漢末，張魯竊據，改曰漢寧。建安二十年，魏武帝復置漢中。昭烈破魏將夏侯淵，遂克之。晉末，李特、譙縱相繼據守。宋、齊、梁皆漢中郡。正始元年，入魏。大統初，復陷。廢帝元年，仍克之。領縣四。【略】

華陽郡。領縣三。【略】

隆州。漢巴郡地。建安六年，劉璋改置巴西郡。晉李雄亂後荒蕪。宋元嘉八年，復置北巴西郡，宋末除『北』字。孝昌中，魏昌建啓以巴州隆城鎮立南梁州。據《魏志·獠傳》。後地入梁。梁天監中，改置南梁北巴州。廢帝二年，平蜀，復改以隆城鎮爲名。初，《魏·志》南梁州郡縣缺，今補。

盤龍郡。梁天監中，置巴北郡。廢帝二年改置，以郡中盤龍岡爲名。【略】

南部。舊曰南充國，梁改。《寰宇記》作梁置南部郡。周閔帝罷郡，立南部縣，屬盤龍郡。今從《隋·志》。

新安郡。平蜀後置。【略】

宕渠郡。【略】

金遷郡。梁置掌天郡，平蜀後改。案：《寰宇記》作周閔帝改，今從《隋·志》。領縣三。【略】

白馬郡。梁武帝置。【略】

隆城郡。梁置。【略】

金州。漢建安二十年，分漢中之安陽西城爲西城郡。後入蜀，蜀太守申儀降魏，魏改曰魏興。晉、宋、齊不改。梁置北梁州，尋改南梁。正始元年，梁夏侯道遷舉漢中來歸。孝昌三年，改置東梁州於安康郡。大統元年，梁將蘭欽攻取南鄭，其魏興等郡還梁，梁罷梁州。廢帝元年，大將軍達奚武吞併山南，梁刺史李遷哲降魏，魏又於魏興置東梁州。三年，以其地出金，改名。領縣三、縣四、永熙户一千二百二十二。

金城郡。領縣一。永熙户二百八十六。【略】

安康郡。領縣一。永熙户六百一十八。【略】

魏明郡。領縣二。永熙户三百一十八。【略】

魏興郡。曹魏置。案：《寰宇記》引《輿地志》稱魏興領洵陽等六縣，内興晉西魏廢，其四縣今不可攷。【略】

洵陽郡。【略】

淯陽郡。本洵陽縣地。晉於縣置淯口戍。大統十七年，改置郡。『淯』，《隋·志》黄土注誤作『濟』。【略】

魏昌郡。晉元帝時平蜀，以巴、漢流人立晉昌郡，宋末省，齊復置，梁不改。據《晉、宋·志》、《通典》。案《寰宇記》作梁武帝置，誤。正始初入魏，西遷後改名。【略】

吉安郡。【略】

豐利郡。梁南上洛，西遷後改。【略】

光遷國。春秋時房子國，兩漢爲漢中郡地。蜀漢爲房陵郡。魏文帝爲新城郡，初治上庸，後漢房陵。梁天監末，立岐州。侯景之亂，州郡入魏，魏廢州改郡，爲光遷國。【略】

羅州。梁上庸郡。大統中，廢置州。【略】

萬榮郡。梁大同中置。以下六郡，皆梁置，至隋開皇始廢。在西魏時，不知其所隸之州，今備録之。【略】

遂寧郡。梁普通六年置。【略】

義陽郡。梁普通六年，分閬中置，以山爲名。【略】

哀戎郡。梁普通六年置，以水爲名。【略】

伏虞郡。梁置。【略】

義安郡。梁置。【略】

通州。古巴國，秦屬巴郡，晉屬巴西郡，宋、齊爲巴渠郡。梁大同二年，置萬州，以州內地萬餘頃爲名。廢帝二年，以州居四達之地，改名。領郡五。

開巴郡。

新寧郡。梁新安改名。【略】

寧巴郡。

壽陽郡。

巴中郡。

遷州。後漢宣漢縣地。恭帝三年，置州。領郡一。【略】

臨清郡。恭帝三年置屬。【略】

石州。恭帝二年置。

巴渠郡。恭帝二年置。【略】

幷州。廢帝二年置。領郡一。

永昌郡。梁置南晉，廢帝改。案：《寰宇記》作周改南晉爲和昌，《隋·志》作西魏置幷州及永昌郡，今參取之，「和」當爲「永」字之誤。領縣二。【略】

東關郡。梁置後屬。【略】

固安郡。【略】

萬安郡。

江會郡。【略】

渠州。秦巴郡地。漢置宕渠縣。建安二十三年，置宕渠郡。晉末，獠據，郡縣悉廢。梁置北宕渠郡。大同三年，於郡理置州。大統十三年，其地內屬，州郡因之。案：《通典》作梁置梁州，唐爲渠州，誤，今從《隋·志》、《寰宇記》。

北宕渠郡。梁普通三年置。《隋·志》、《通典》作魏置流江郡。案：《寰宇記》：周武成元年，乃改北宕渠爲流江，今從之。【略】

鄰山郡。梁大同三年置鄰州，廢帝改郡。【略】

晉陽郡。梁置。【略】

容州。

容山郡。【略】

臨州。漢初平六年，置臨江縣，屬永寧郡。梁置郡。廢帝二年，置州。領郡二。

臨江郡。梁大同六年置，以臨江川爲名。【略】

萬川郡。梁置。

涇州。神䴥三年置，以涇水爲名，治臨涇城。領郡五。縣十二。

安定郡。漢武帝元鼎二年，分秦北地郡置。後漢徙其人以避羌寇，郡寄在美陽。魏、晉皆爲安定郡。太和十一年，又罷石堂郡，以其縣屬。領縣四。【略】

陳東郡。領縣三。【略】

隨平郡。領縣二。【略】

平涼郡。領縣二。【略】

平原郡。領縣一。【略】

豳州。西遷後置。領郡二、縣六。

新平郡。後漢建安中置。領縣四。

又 卷八《地域考下》 河州有伏乾。闕。眞君六年置鎮，後改治枹罕。領郡四、縣十一。

金城郡。漢昭帝始元六年置。後漢建武十三年，併隴西，孝明復。領縣二。【略】

武始郡。晉末，張駿分隴西置。領縣三。【略】

洪和郡。領縣三。【略】

臨洮郡。二漢、晉屬隴西。眞君二年改置。領縣三。【略】

交州。西遷後，置北秦州，尋改名。

安陽郡。領縣二。【略】

廣安郡。西遷後置。【略】

渭州。領郡三、縣六。

隴西郡。秦置。《漢·志》注：郡在隴山之西。領縣二。【略】

南安陽郡。領縣二。【略】

廣安郡。舊曰廣寧，西遷後改。領縣二。【略】

原州。太延二年置鎮，正光五年改置，并置郡縣，治高平城。領郡二、縣四。

高平郡。《隋·志》誤作平高。初置太平郡，後改名。領縣二。【略】

長城郡。領縣二。【略】

會州。古西羌地。宇文泰來巡，會師於此，土人張信罄資饗六軍，泰悅，因置州，以會爲名。【略】

涼州。《禹貢》：雍州西界，周衰爲狄地。秦逐匈奴，得甘泉。匈奴使休屠渾邪王等居涼州之地，後降漢，漢置河西五郡，張掖、酒泉、敦煌、武威、金城，改雍州爲涼州，以地處西方，常寒涼也。晉永寧後，爲張軌、呂光、姚興所據，又分爲三涼。

後入魏。神䴥中，爲鎮。太和中復。領郡十、縣二十、永熙户三千二百七十三。

武安郡。領縣一、永熙户三百七十三。【略】

臨杜郡。『杜』一作『社』。太和中置。領縣二、永熙户三百八十九。【略】

建昌郡。領縣三、永熙户六百五十七。【略】

番和郡。領縣二、永熙户一百三十九。【略】

泉城郡。領縣一、永熙户七十二。【略】

武興郡。領縣三、永熙户三百八十五。【略】

武威郡。漢武帝開匈奴置，魏、晉爲涼州治。領縣二、永熙户三百四十。【略】

昌松郡。領縣三、永熙户三百九十七。【略】

東涇郡。領縣一、永熙户一百九十一。【略】

梁寧郡。領縣二、永熙户三百三十一。【略】

甘州。大統十二年，置西涼州。廢帝三年改名。案：舊有四郡，西遷後廢。

張掖郡。故匈奴昆邪王地。漢武帝太初元年開置，晉末爲涼據。太武帝平涼，置張掖軍。太和十一年改郡。【略】

鄯州。古西戎地。晉末爲涼據，嘗置西平郡，魏改置鄯善鎮。孝昌三年，改立州。『鄯』一作『膳』。案：《魏·志》郡縣闕，今補。

澆河郡。太平眞君十六年，置屬。《隋·志》作西魏置，今從《寰宇記》。【略】

瓜州。產美瓜，《春秋傳》：允姓之戎，居於瓜州，即此。太武帝置鎮，孝明帝改置州。案：《魏·志》郡縣闕，今補。領郡五、縣十三。

敦煌郡。漢武帝後元，分酒泉置。領縣三。【略】

效穀郡。舊置。【略】

壽皇郡。舊置。【略】

常樂郡。舊置。【略】

會稽郡。舊置。【略】

華州。太和十一年，分秦州之由山、澄城、白水置。據《地形志》。孝昌二年，改東雍州。據《寰宇記》。西遷後，廢帝三年，復改華州。案：《隋·志》、《通典》、《元和志》俱載西魏改東雍爲華州。考《魏·志》本有華州，又東魏有東雍州，與此無涉，《隋·志》已下，頗欠明晰。今據《魏·志》、《寰宇記》推之，知其嘗三改名，可以弭牴牾之迹矣。領郡三、縣十二。

華山郡。太平眞君元年置。領縣五。【略】

澄城郡。眞君七年置。領縣五。【略】

白水郡。太和三年，分澄城置。領縣二。【略】

同州。初曰華州，西遷後改名，以漆、沮二水同流入渭，城居其地，故曰同州。

武鄉郡。西遷後置。【略】

鄜州。『鄜』一作『敷』。太和十五年，置東秦州。孝明帝改北華州，治杏城。廢帝三年，復改名。領郡二、縣七、永熙户一萬一千五百九十七。

中部郡。領縣四。永熙户八千九百二十四。【略】

敷城郡。領縣三。永熙户五千六百七十二。【略】

寧州。皇興二年，爲華州。太和十年，改爲班州。十四年，爲邠州。二十年，改豳州。西遷後，又改。領郡三、縣十。

西北地郡。秦昭王置。領縣三。【略】

趙興郡。眞君二年置。領縣五。【略】

襄樂郡。太和十一年置。領縣二。【略】

襄樂郡。太和十一年置。領縣二。【略】

顯州。西遷後，分趙興郡置。

蔚州。西遷後，分西北地郡置。

雲州。西遷後，分西北地郡置。

燕州。西遷後，分襄樂郡置。

朔州，西遷後置。

恆州。西遷後置。

夏州。赫連氏所都。始光四年，平爲統萬鎮。太和十一年，改置，治大夏。領郡四、縣九。

宏化郡。太和十二年，置化政『政』一作『城』。郡。西遷後改名。領縣二。【略】

闡熙郡。太和十二年置。《隋・志》長澤注誤作西魏置。領縣二。【略】

金明郡。眞君十二年置。領縣三。【略】

代名郡。太安二年置。領縣二。【略】

長州。舊置南夏州，廢帝三年改名。

太安郡。

延州。延昌二年，置東夏州。西遷後，改置總管府。領郡四、縣十。

偏城郡。太和元年置。領縣二。【略】

朔方郡。漢武帝元朔二年，開西域置。領縣三。【略】

神水郡。漢定陽縣，在定水陽，屬上郡。太安中，改置郡。西遷後，改名。領縣三。【略】

上郡。春秋時白狄所居，戰國屬魏，秦置郡。漢高帝元年，更爲翟國，尋復故。後漢至晉荒廢，爲赫連部落所居。神䴥元年，復置郡。領縣二。【略】

丹州。大統三年，僑置汾州，廢帝三年改名。

義川郡。大統三年置。【略】

文安郡。西遷後置。【略】

綏州。廢帝元年，分上郡置。

安寧郡。西遷後置。【略】

安政郡。西遷後置。【略】

撫寧郡。舊置。領縣三。【略】

鹽州。大統中，置西安州，廢帝三年改名。

大興郡。舊置。大統中，改曰五原，尋復。

靈州。孝昌中置。

臨河郡。西遷後置。

秦州。神䴥元年，置雍州。延和元年改，太和中罷，永熙末復置。領郡二、縣六。

河東郡。秦置，治蒲坂。領縣四。【略】

北鄉郡。領縣二。【略】

隴州。西遷後置東秦州，尋改名。

隴東郡。西遷後置。【略】

汾州。舊陽都州改名。

勳州。舊南汾州改名。

邵州。大統三年置。案：是年周文帝以沙苑之捷，乘勝略定汾、絳，故於邵郡置州。《隋・志》作後周置，誤，今從《寰宇記》。

邵州。皇興四年，置邵上郡。太和中，併河內。孝昌中改復。領縣四。【略】

龍門郡。舊置高涼郡，西遷後改。領縣二。【略】

建州，大統中僑置。

絳郡。建義初，置南絳郡，恭帝去『南』字。【略】

宏農郡。漢置，以顯祖諱，改曰恆。領縣三。案：宏農、西宏農、澠池、石城、河北五郡，舊隸陝州。州爲太和十一年置，八年罷，永熙中復，大統三年又罷，自後此五郡未知其隸何州，今仍舊文録於此。【略】

西宏農郡。領縣一。【略】

澠池郡。領縣二。【略】

石城郡。正始二年置縣，後改。領縣二。【略】

河北郡。姚秦置。領縣五。【略】

洛州。太延五年，置荊州。太和十一年，改治上洛城。領郡五、縣七。

上洛郡。晉武帝泰始二年置。領縣二。【略】

上庸郡。皇興四年，置東上洛，永平四年改。領縣二。【略】

魏興郡。太延五年置。領縣一。【略】

始平郡。景明元年置。領縣一。【略】

萇和郡。景明元年置。領縣一。【略】

上州。漢長利縣地。宋置北上洛郡，梁改南洛州，廢帝末復改。

上津郡。廢帝三年，置郡並縣，以晉置洛津戍爲名。【略】

巖州。大統初，置東義州，後改名。

義川郡。舊置漢安郡，大統初改。【略】

朱陽郡。太和十四年，蠻人樊磨背梁歸魏，因置郡，屬析州。大統三年改屬。領縣二。【略】

荆州。後漢治漢壽，魏、晉治江陵。太延中，治上洛。太和中，治穰城。領郡五、縣二十七。

南陽郡。《禹貢》豫州域，周申國，戰國屬韓。秦昭襄王十五年，取其地置郡，以在中國之南，而居陽地，故曰南陽。領縣十。【略】

新野郡。晉惠帝置。領縣三。【略】

黄岡郡。舊置郡，曰漢廣，西遷後改名。領縣一。【略】

襄邑郡。齊置郡，曰北襄城。魏去『北』字，西遷後改名。領縣九。【略】

宏農郡。領縣四。【略】

蓼州。西遷後置。

北淯郡。【略】

雉陽郡。西遷後置。領縣二。【略】

襄州。孝昌中置。領郡六、縣二十。案：河南諸州郡，初陷東魏。大統中，始内屬，其州郡名稱未必悉仍永熙之舊，故恭帝初，於襄陽郡復改置到州也。

襄城郡。齊太祖置，魏因之，治赭陽城。案：赭陽隸建城，此當作赭城。領縣六。

舞陰郡。孝昌中置。領縣二。【略】

南安郡。太和十三年，置郢州。十八年，改爲南中府。東魏天平初，罷府置，後内屬。領縣四。【略】

期城郡。孝昌中置。領縣四。【略】

北南陽郡。孝昌中置，爲宣義郡，後改州治。領縣二。【略】

建城郡。太和十八年置。景明末，罷郡置戍。永熙二年復。領縣二。【略】

湖州。太和二十一年，置南襄州，後改南平。西遷後，改昇州，尋改曰湖。領郡一、縣三。

襄城郡。領縣二。【略】

北南陽郡。領縣一。【略】

洞川郡。舊置西淮郡，隸南襄州，西遷後改屬。領縣二。【略】

淯州。太和中，置荆州，旋罷州置郡。永安中，置南廣州，西遷後改名。領縣五、縣七。

襄城郡。領縣一。【略】

魯陽郡。領縣二。【略】

高昌郡。領縣一。【略】

高陽郡。領縣一。【略】

襄城郡。領縣二。【略】

鴻州。舊置郢州，西遷後改名。

安陽郡。領縣四。【略】

城陽郡。領縣三。【略】

汝南郡。領縣一。【略】

歸州。舊置南郢州，西遷後改名。領郡十二、縣二十九。

北遂安郡。領縣一。【略】

馮翊郡。領縣四。【略】

江夏郡。領縣二。【略】

闕子郡。領縣四。【略】

香山郡。領縣二。【略】

永安郡。領縣二。【略】

新平郡。領縣二。【略】

永安郡。領縣二。【略】

宕都郡。領縣三。【略】

宜居郡。領縣三。【略】

南遂安郡。領縣一。【略】

闕二字郡。領縣三。【略】

淅州。漢析縣，以水爲名，魏置州。案：《隋·志》作西魏置，然《地形志》已載此州。

柘林郡。建安中，曹操分南陽置南鄉郡。晉太康末，改曰順陽。咸康四年，復曰南鄉。宋改順陽，齊改從陽，魏改順陽，屬荆州。西遷後改南鄉，尋又改屬。【略】

丹川郡。【略】

秀山郡。舊置左鄉郡，西遷後改名。【略】

同軌郡。恭帝置。【略】

金門郡。東魏置，内屬。【略】

脩陽郡。領縣二。【略】

固郡。領縣三。【略】

南上洛郡。領縣二。【略】

析陽郡。【略】

豐州。梁太清元年置興州，廢帝二年改名。案：《隋·志》作周改豐州，今從《寰宇記》。

齊興郡。舊僑置始平郡，後改。【略】

武當郡。【略】

廣福郡。梁置。【略】

淮州。梁置華州，魏改置東荆州，西遷後改名。

上川郡。梁置。【略】

南郭郡。舊置東南陽郡，西遷後改名。

輔州。西遷後，改北應置。

淮陽郡。梁置西義陽郡，西遷後改名。

梁國。恭帝元年，平江陵，以江陵一州之地封梁蕭詧爲附庸，復置江陵總管府。案：梁蕃封地，《隋·志》所載，惟『當陽』下稱後周置平州，領漳川、安遠二郡，屬梁蕃而已。《通典》、《寰宇記》、《輿地廣記》諸書，皆不詳其境域。考《周書·蕭詧傳》，大定五年，王琳遣將盧叉柔，襲陷監利郡，太守蔡大有死之，知其復有監利郡也。以今縣計之，梁地爲江陵、監利、枝江、當陽四縣之境，廣袤僅千里。詧襄陽之地既入於魏，元帝時舊土，若南平、長沙等郡近江陵者，爲王琳所據，復入於陳，宜詧之以土狹爲憾矣。【略】

拓州。春秋時，楚夷陵地。梁天監中，置宜州，平江陵後改名，取開拓之義。

宜都郡。魏武帝平荆州，置臨江郡。漢昭烈帝改置宜都郡，理夷陵。【略】

鄀州。古鄀國，在若水旁，廢帝元年徙置。

武寧郡。東晉隆安五年置。【略】

基州。大統後置。

章山郡。【略】

上黄郡。大統末置。【略】

汶陽郡。宋置。【略】

郢州。大統十七年置。案：《隋·志》『竟陵郡』下稱舊置郢州，《通典》、《寰宇記》俱作周置，惟《元和志》作西魏置，今從之。

竟陵郡。晉惠帝時，分江夏置。【略】

漢東郡。宋元嘉二年，僑立馮翊郡，大統後改。【略】

沔陽郡。梁置。【略】

光州。大統末置。

建安郡。齊置。【略】

沔州。舊置，江州改名。

汶川郡。梁置梁安郡。大統末，改魏安，尋復改。

襄州。春秋楚地。秦、漢南郡北境，魏、晉置荆州。治襄陽，後還治江陵。東晉僑置南雍州。宋元嘉二十六年，分荆州置雍州。領襄陽、南陽、新野、順陽、隨五郡。恭帝元年，改名，置總管府。

襄陽郡。漢建安十三年，魏武平荆州置。【略】

鄧城郡。案：《隋·志》『安養』下稱西魏置河南郡，無鄧城，今從《元和志》。【略】

河南郡。恭帝置。【略】

義成郡。晉成帝置。案：梁置興國、義城二郡。恭帝初俱廢。【略】

德廣郡。梁置。【略】

威寧郡。梁置新野郡，恭帝改。【略】

宜城郡。宋置華山郡，恭帝改置。

建武郡。【略】

秦南郡。有秦洲。

武泉郡。【略】

酇城郡。恭帝置。【略】

山都郡。梁置南陽郡，恭帝改。【略】

歸義郡。【略】

南襄陽郡。齊置南襄郡，屬寧蠻府，恭帝改。【略】

長湖郡。恭帝置。【略】

昌州。舊置南荆州，西遷後改。案：西魏嘗置東荆州，尋廢。

廣昌郡。齊置。【略】

蔡州。舊置南雍州，西遷後改。

蔡陽郡，梁置。【略】

千金郡。西遷後置。【略】

隨州。古隨國，舊置并州，大統十六年改名。

隨郡。晉太康九年，分義陽置隨郡。宋泰始中，更名隨陽。齊復舊隨漢置。

溳西郡。大統末，分隨郡置。

曲陵郡。梁置。

土州。梁置，並郡縣。

東永寧郡。

西永寧郡。

眞陽郡。【略】

塘州。西遷後置肆州，尋改，以古唐國爲名。

義陽郡。魏舊置。【略】

均州。舊恆州改名。

深州。舊沙州改名。

款州。梁置北郢州，大統末改。案：《隋·志》『唐城』下稱周省均、款、溳、歸四州，又『安迹』下稱西西魏改北郢爲款州，又尋廢爲溳水郡，蓋周省款州，而別置溳水及戟城二郡。【略】

溳州。

南豫州。東魏置。

純州。舊淮州改。

順州。大統末，置冀州，尋改。

淮南郡。大統末置。【略】

上明郡。梁置。【略】

安州總管府。梁天監七年，置南司州，尋廢。大統十六年，置州及府。

安陸郡。古鄖國，漢置安陸縣，屬江夏郡，宋武帝分江夏置郡。《寰宇記》作晉咸和中分置，今從《元和志》。【略】

岳州。大統末置，並郡。

岳山郡。

澴岳郡。【略】

重城郡。梁置曰汝南，大統十六年改。案：《隋·志》梁有義陽郡，西魏改爲南司州，尋廢。【略】

城陽郡。【略】

溫州。梁置新州。大統末改。

梁寧郡。梁置。【略】

富人郡。大統末置。【略】

應州。梁置。【略】

平靖郡。梁置。【略】

潁州。舊揚州改。

憲州。舊司州改。

雜録

《周書》卷二《文帝紀下》擒梁元帝，殺之，並虜其百官及士民以歸。没爲奴婢者十餘萬，其免者二百餘家。【略】

魏廢帝元年春，王雄平上津、魏興，以其地置東梁州。【略】

（魏廢帝三年春正月）又改置州郡及縣：改東雍爲華州，北雍爲宜州，南雍爲蔡州，華州爲同州，北華爲鄜州，東秦爲隴州，南秦爲成州，北秦爲交州，東荆爲淮州，南荆爲昌州，東夏爲延州，南夏爲長州，東梁爲金州，南梁爲隆州，北梁爲靜州，陽都爲汾州，南汾爲勳州，汾州爲丹州，南豳爲寧州，南岐爲鳳州，南洛爲上州，南廣爲淯州，南襄爲湖州，西涼爲甘州，西郢爲鴻州，西益爲利州，東巴爲集州，北應爲輔州，恒州爲均州，沙州爲深州，寧州爲麓州，義州爲巖州，新州爲温州，江州爲沔州，西安爲鹽州，安州爲始州，幷州爲隨州，肆州爲塘州，冀州爲順州，淮州爲純州，揚州爲潁州，司州爲憲州，南平爲昇州，南郢爲歸州，青州爲眉州。凡改州四十六，置州一，改郡一百六，改縣二百三十。

唐·李吉甫《元和郡縣圖志》卷四《關内道四·會州》 周太祖爲西魏相，來巡，會師于此，因命置州，以會爲名。

北齊分部

綜　述

《周書》卷六《武帝紀下》 （建德六年二月）齊諸行臺州鎮悉降，關東平。合州五十五，郡一百六十二，縣三百八十五，户三百三十萬二千五百二十八，口二千萬六千（六）［八］百八十六。

宋·鄭樵《通志》卷四〇《地理略·歷代封畛》 北齊神武，東魏天平末大舉西伐，至蒲津。靜帝天平四年，三道伐西魏。齊神武自總大衆至蒲津。竇泰自風陵濟河，至潼關。高敖曹入武關，陷上洛。以泰軍敗没，並旋師。風陵在潼關北岸相對。西魏乘勝攻陷陝州，周文帝率李弼等東征下陝州，禽刺史李祥伯。即今陝郡。神武西至沙苑，其年冬，大敗而歸。今馮翊郡界。西軍又乘勝襲陷洛陽。西魏將獨孤如願據金墉。明年西師又至於河陰。今洛陽縣北。時拒守河陽城，潘相樂守北城，即舊城；高永樂守南城，即今城。後周文帝親征，不剋。西師敗歸，大象元年，周文帝親征，敗還。如願亦棄金墉遁走，神武遂毀其城。其後神武攻圍西魏玉壁，不剋。興元四年，西魏將王思政守之。今絳郡稷山縣。西師來伐，至於邙山。武定初，周文帝親征，神武禦之，敗，殺周將王雄。後神武又圍玉壁，不剋。武定四年，西魏將韋孝寬守之。文襄遣將圍潁川，拔之。自武定五年冬攻圍，至明年六月城陷。於是河南自洛陽之西，河北自晉之西，今平陽郡。悉入西魏。文宣之世命將畧地，南際于江矣。天保二年屬侯景亂梁，遣辛術南討，遂得傳國璽。又過江，得梁夏口。後二國通和，旋師矣。武成、河清中築戍於軹關。河清二年，遣斛律光築之。今河南府濟源界。其年，周軍至洛陽，敗還。晉公護統軍將揚檦等，至軹關敗走。後主武平中，陳軍來侵，盡失淮南之地。武平五年以後，陳將吳明徹頻歲來侵，淮南城鎮皆不守，諸將累敗。周師攻拔河陰大城。周武親征，有疾班師。後主隆化末，西師攻拔晉州，今平陽郡。因之國滅。齊都於鄴，即今郡縣。自東魏之後，天下三分，梁、陳有江東，宇文有關西，高氏據河北，有州九十有七、郡百六十、縣三百六十有五。文宣天保七年，已併省州三、郡百五十三、縣五百八十九、鎮二、戍二十六。當齊神武之時，與周文帝抗敵十三四年間，凡四出師，大舉西伐。周師東討者三焉。畧舉齊神武、周文帝統師親征，諸將攻戰則不復紀。自文宣之後，纔守境而已。大抵西則姚襄城、今文城郡西城，姚襄所築。西臨黄河，控帶龍門之險，周、齊交爭之地。後主武平二年，大將斛律光破周兵於此，遂立鎮焉。洪洞、今平陽郡縣北故城，控據要險。崇化末，周師既剋晉州，其城主張元靜以城降周。晉州、武平關、三關並今絳郡正平縣界。柏崖、城，侯景所築，今河清縣西。軹關、河陽，南則虎牢、陸子章增築城守。洛陽、北荆門、今陸渾縣東北故城是。孔城防、今伊闕縣東南故城是。汝南郡、今臨汝郡梁縣南。魯城，今汝南郡魯山縣東北。置兵以防周寇。自洛陽之南、襄城汝陰汝南以北，皆齊有。及陳師侵軼，數歲齊亡，南境要害，未遑制置也。

《隋書》卷三〇《地理志上》 後齊承魏末喪亂，與周人抗衡，雖開拓淮南，而郡縣僻小。天保之末，總加併省，洎乎國滅，州九十有七，郡一百六十，縣三百六十五，户三百三萬。

清·徐文范《東晉南北朝輿地表·年表》卷九《北齊天保末疆域》 司州。治鄴，統郡八、縣三十二。清都郡。【略】

廣平郡。【略】
陽平郡。【略】
汲郡。【略】
東郡。【略】
廣寧郡。【略】
清和郡。【略】
濮陽郡。【略】
黎州。治黎陽，統郡一、縣一。
黎陽郡。【略】
北義州。治汲，統郡一、縣三。
伍城郡。【略】
洛州。治金墉，統郡五、縣十一。
洛陽郡。【略】
河南郡。【略】
中州郡。【略】
陽城郡【略】
新城郡。【略】
北荆州。治陸渾，統郡二、縣四。
伊陽郡。【略】
新城郡。【略】
陽州。治宜陽邊，統郡一、縣二。
宜陽郡。【略】
晉州。治平陽，統郡十一、縣二十五。
平陽郡。【略】
正平郡。【略】
永安郡。【略】
汾西郡。【略】
南絳郡。【略】
邵郡。【略】
定陽郡。【略】
西河郡。【略】
敷城郡。【略】
伍城郡。【略】
北伍城郡。【略】
汾州。治西河，統郡五、縣八。
西河郡。【略】
定陽郡。【略】
吐京郡。【略】
伍城郡。【略】
石城郡。【略】
南汾州，治北屈界，統郡四、縣五。
定陽郡。【略】
北鄉郡。【略】
河北郡。【略】
龍門郡。【略】
建州。治高都，統郡三、縣六。
高都郡。【略】
長平郡。【略】
安平郡。【略】
南豫州。治灄西界，統郡一。
建成郡。
襄州。治葉邊，統郡一。
定南郡。
北豫州。治虎牢，統郡三、縣七。
成皋郡。【略】
廣武郡。【略】
汝陰郡。【略】屬北荆州。
懷州，治野王，統郡二，縣四。
河内郡。【略】
武德郡。【略】

青州，治東陽，統郡三、縣十二。
齊郡。【略】
樂安郡。【略】
高陽郡。【略】
齊州。治歷城，統郡二、縣九。
濟南郡。【略】
東平原郡。【略】
光州。治掖，統郡二、縣七。
東萊郡。【略】
長廣郡。【略】
兗州。治瑕邱，統郡三、縣十一。
任城郡。【略】
東平郡。【略】
高平郡。【略】
西兗州。治定陶，統郡二、縣七。
濟陰郡。【略】
永昌郡。【略】
濟州。治碻磝，統郡二、縣八。
濟北郡。【略】
平原郡。【略】
梁州。治大梁，統郡二、縣六。
陳留郡。【略】
陽夏郡。【略】
冀州。治信都，統郡二、縣九。
長樂郡。【略】
安德郡。【略】
趙州。治平棘，統郡二、縣十一。
趙郡。【略】
鉅鹿郡。【略】
滄州。治饒安，統郡四、縣十四。
浮陽郡。【略】
樂陵郡。【略】
章武郡。【略】
渤海郡。【略】
鄭州。治鄚，統郡二、縣五。
高陽郡。【略】
河間郡。【略】
南營州。治英雄城，統郡一、縣二。
黎郡。【略】
東燕州。治平昌，統郡一、縣二。
平昌郡。
幽州。治薊，統郡四、縣八。
燕郡。【略】
漁陽郡。【略】
范陽郡。【略】
歸德郡。
北燕州。治徐無，統郡二、縣二。
長寧郡。【略】
永豐郡。【略】
安州。治方城，統郡二、縣四。
安樂郡。【略】
北燕郡。【略】
平州。治遼西，統郡一、縣二。
北平郡。【略】
營州。治和龍，統郡二、縣四。
建德郡。【略】
冀陽郡。【略】
定州。治安喜，統郡三、縣十。
中山郡。【略】
博陵郡。【略】

常山郡。【略】

靈州。治故代，統郡三、縣三。

靈邱郡。【略】

北靈邱郡。【略】

上谷郡。【略】

北恒州。治平城，統郡六。

安遠郡。

臨塞郡。

威遠郡。

臨陽郡。

齊德郡。

長寧郡。

荆州。治馬邑，統郡二、縣一。

廣安郡。【略】

太平郡。【略】

肆州。治新興，統郡二、縣八。

秀容郡。【略】

永安郡。【略】

恒州。寄治秀容，統郡七、縣十六。

代郡。【略】

善無郡。【略】

梁城郡。【略】

繁畤郡。【略】

高柳郡。【略】

内附郡。【略】

雁門郡。【略】

北顯州。治嶂石城，統郡一、縣二。

神武郡。【略】屬朔州。

嵐州。治晉昌，岢嵐。

并州。治晉陽，統郡四、縣十七。

太原郡。【略】

樂平郡。【略】

上黨郡。【略】

鄉郡。【略】

豐州。僑在并州。

蔚州。寄治鄔界，統郡三、縣七。

始昌郡。【略】

附恩郡。【略】

忠義郡。【略】

雲州。寄治祁，統郡四、縣九。

盛樂郡。【略】

雲中郡。【略】

建安郡。【略】

真興郡。【略】

南朔州。寄治西河。

顯州。治六壁城，統郡四、縣四。

建平郡。【略】

定戎郡。【略】

真君郡。【略】

武昌郡。【略】

西汾州。治離石，統郡一、縣二。

懷政郡。【略】

揚州。治壽春，統郡十、縣二十二。

淮南郡。【略】

梁郡。【略】

陳留郡。【略】

北陳郡。【略】

邊城郡。【略】

新蔡郡。【略】

安豐郡。【略】

下蔡郡。【略】

潁川郡。【略】

北譙郡。【略】

南譙郡。治全椒，統郡四、縣十五。

新昌郡。【略】

南梁郡。【略】

高塘郡。【略】

臨徐郡。【略】

西楚州。治鍾離，統郡九、縣二十四。

鍾離郡。【略】

荆山郡。【略】

彭沛郡。【略】

安定郡。【略】

廣梁郡。【略】

魯郡。【略】

北譙郡。【略】

濟陰郡。【略】

北陽平郡。【略】

合州。治合肥，統郡九、縣二十。

汝陰郡。【略】

南頓郡。【略】

南梁郡。【略】

北梁郡。【略】

廬江郡。【略】

西汝南郡。【略】

北陳郡。【略】

臨濠郡。【略】

南譙郡。【略】屬西楚州。

江州。治懷寧，統郡四、縣八。

晉熙郡。【略】

岳安郡。【略】

龍安郡。【略】

樅陽郡。【略】

東廣州。治廣陵，統郡二、縣三。

廣陵郡。【略】

江陽郡。【略】

涇州。治故輿之石梁，統郡三、縣五。

涇城郡。【略】

東陽郡。【略】

沛郡。【略】

楚州。治淮陰，統郡六、縣十四。

山陽郡。【略】

射陽郡。【略】

海陵郡。【略】

淮陰郡。【略】

盱眙郡。【略】

陽平郡。【略】

安州。治臨淮，統郡三、縣六。

東莞郡。【略】

高平郡。【略】

神農郡。【略】

潼州。治夏邱，統郡二、縣五。

夏邱郡。【略】

潼郡。【略】

東楚州。治宿豫，統郡三、縣十一。

宿豫郡。【略】

晉寧郡。【略】

淮陽郡。【略】

海州。治朐山，統郡四、縣十四。

琅邪郡。【略】

東海郡。【略】
沭陽郡。【略】
武陵郡。【略】
南青州。治莒，統郡二、縣五。
義塘郡。【略】
東安郡。【略】
東徐州。治下邳，統郡四、縣九。
下邳郡。【略】
郯郡。【略】
武原郡。【略】
武安郡。【略】
徐州。治彭城，統郡三、縣十。
彭城郡。【略】
蘭陵郡。【略】
南濟陰郡。【略】
北徐州。治琅邪，統郡一、縣三。
琅邪郡。【略】
膠州。治東武，統郡三、縣十一。
高密郡。【略】
東武郡。【略】
平昌郡。【略】
秦州。治堂邑，統郡二、縣四。
秦郡。【略】
瓦梁郡。【略】
南兗州。治譙，統郡二、縣五。
譙郡。【略】
陳留郡。【略】
譙州。治渦陽，統郡六、縣十六。
北譙郡。【略】
蒙郡。【略】
龍亢郡。【略】
蘄城郡。【略】
南塘郡。【略】
梁郡。【略】
仁州。治沛，統郡一、縣五。
穀陽郡。【略】
睢州。治竹邑，統郡一、縣二。
睢南郡。【略】
信州。治項城，統郡六、縣十二。
項城郡。【略】
陳郡。【略】
汝陰郡。【略】
北陳郡。【略】
川郡。【略】
安豐郡。【略】
豫州。治懸瓠，統郡三、縣五。
汝南郡。【略】
初安郡。【略】
文城郡。【略】
涓州。
瀰州。
澮州。
蔡州。
東豫州。治新息，統郡四、縣七。
汝南郡。【略】
新蔡郡。【略】
梁安郡。【略】
廣寧郡。【略】
永州。治宜春，統郡一、縣一。
城陽郡。【略】

義州。治期思，統郡一、縣一。

義城郡。【略】

郢州，治弋陽，統郡一、縣二。

弋陽郡。【略】

光州，治軑，統郡四、縣四。

光城郡。【略】

新蔡郡。【略】

宋安郡。【略】

豐安郡。【略】

產州。治西陵，統郡二、縣四。

邊城郡。【略】

齊化郡。【略】

南建州。亦治期思，統郡三、縣三。

平高郡。【略】

新蔡郡。【略】

新城郡。【略】

衡州。與巴北江並治西陽，統郡一、縣一。

義陽郡。【略】

巴州。統郡一、縣二。

齊安郡。【略】

北江州。統郡一、縣一。

永安郡。【略】

南司州。治西陵，統郡一、縣一。

安昌郡。【略】

南定州。治蒙籠城，統郡三，縣三。

建寧郡。【略】

定城郡。【略】

陰平郡。【略】

羅州。治蘄春，統郡二、縣四。

齊昌郡。【略】

永安郡。【略】

鄭州。治潁陰，統郡三、縣八。

臨潁郡。【略】

許昌郡。【略】

陽翟郡。【略】

廣州。治繁昌，統郡四、縣七。

襄城郡。【略】

定陵郡。【略】

南陽郡。【略】

順陽郡。【略】

和州。治歷陽，統郡二、縣二。

歷陽郡。【略】

齊江郡。【略】

寧州。寄治介休，統郡四。

武康郡。

靈武郡。

初平郡。

武定郡。

時有州九十二、郡二百六十一、縣五百七十九，實有晉二十一州之兗、豫、徐、冀、幷、幽、青七全州及司州半强、揚州四之一、荆州什之一、平州五之一，視梁、魏為最廣。

又《齊末疆域》 司州。治鄴。

清都、廣平、廣寧、陽平、清和、林慮。

西兗州。治滑臺。

東郡、濮陽。

黎州。治黎陽。

黎陽。

義州。治汲。

伍城。

洛州。治金墉。

洛城、河南、陽城、中州。
北荆州。治陸渾。
伊陽、新城、汝原、汝陰。
東雍州。治絳界。
北豫州。治虎牢。
成皋、廣武。
懷州。治河內。
河內、武德。
南汾州。治汾北。
北鄉、定陽、河北、龍門。
晉州。治平陽。
平陽、永安、汾西。
襄州。治葉界。
定南。
以上在晉司州。
齊州。治歷城。
濟南、東平原。
青州。治東陽。
齊、樂安、高陽。
光州。治掖。
長廣、東萊。
以上在晉青州。
兖州。治瑕邱。
任城、東平、高平。
北兖州。治定陶。
濟陽、永昌。
南兖州。治譙。
譙、陳留、梁。
濟州。治碻磝。
濟北、平原。
梁州。治大梁。
陳留、陽夏。
以上在晉兖州。
譙州。治渦陽。
北譙、龍亢、蘄城、高塘、蒙。
睢州。治竹邑。
睢南、潁川。
信州。治項城。
陳、北陳、汝陰、安豐、項城。
豫州。治懸瓠。
汝南、初安、文成。
又置洧州、灊州。
廣州。治繁昌。
襄城、定陵、南陽、順陽。
東豫州。治新息。
汝南、新蔡、梁安、廣寧。
又置澮州、蔡州。
鄭州。治潁陰。
臨潁、許昌、陽翟。
以上在晉豫州。
南青州。治莒。
義塘、東安。
膠州。治東武。
高密、東武、平昌。
以上在晉青州。
徐州。治彭城。
彭城、蘭陵、南濟陰。
東徐州。治下邳。
下邳、武原、武安、郯。
幷州。治晉陽。

太原、樂平、上黨、鄉。
僑置豐州。
蔚州。治鄔界。
始昌、附恩、忠義。
雲州。治祁。
盛樂、雲中、建安、眞興。
顯州。治六壁城。
建平、定戎、眞君、武昌。
北顯州。治崞。
寧州。治介休。
武康、露武、初平、武定。
嵐州。治晉昌。
朔州。治馬邑。
廣安、太平、神武。
靈州。治故代。
靈邱、上谷。
建州。治高都。
高都、長平、安平。
汾州。治西河。
西河、吐京、五城、建陽、石城。
西汾州。治離石。
懷政。
又譙置南朔州。
恒州。治秀容。
代、善無、梁城、繁畤、高柳、內附。
北恒州。治平城。
安遠、臨塞、威遠、臨陽、齊德、長寧。
肆州。治新興。
秀容、永安、雁門。
以上在晉幷州。

營州。治龍城。
建德、冀陽。
平州。治遼西。
北平。
安州。治方城。
安樂、北燕。
幽州。治涿。
范陽、燕、漁陽、歸德。
北燕州。治徐無。
長寧、永豐。
東燕州。治平昌。
平昌。
以上在晉幽、平二州。
鄚州。治鄚。
高陽。
南營州。治英雄城。
黎。
定州。治安喜。
中山、博陵、常山。
趙州。治平棘。
趙、鉅鹿。
冀州。治信郡。
長樂、勃海、安德。
滄州。治饒安。
淳陽、樂陵、章武。
以上在晉冀州。
北徐州。治琅邪。
琅邪。
以上在晉徐州。

雜録

《北齊書》卷四《文宣帝紀》（天保六年四月）丁卯，儀同蕭軌克梁晉熙城，以爲江州。【略】

（天保七年十一月）併省三州、一百五十三郡、五百八十九縣、二鎮二十六戍。【略】

（天保七年十二月）先是，自西河總秦戍築長城東至於海，前後所築東西凡三千餘里，率十里一戍，其要害置州鎮，凡二十五所。【略】

（天保十年正月）乙卯，詔於麻城置衡州。

北周分部

綜述

《隋書》卷二九《地理志上》 周氏初有關中，百度草創，遂乃訓兵教戰，務穀勸農，南清江·漢，西兼巴蜀，卒能以寡擊衆，戡定强鄰。及于東夏削平，多有省廢。大象二年，通計州二百一十一，郡五百八，縣一千一百二十四。【略】

京兆郡。【略】

大興，【略】後周於舊郡置縣曰萬年。【略】有後魏杜城縣、西霸城縣、西魏山北縣，並後周廢。

長安，帶郡。【略】有舊長安城。

始平，故置扶風郡。【略】

武功，後周置武功郡，建德中郡廢。【略】

盩厔，後周置周南郡及恒州，又有倉城、温湯二縣，尋並廢。【略】

醴泉，後魏曰寧夷，西魏置寧夷郡。後周改爲秦郡，後廢，又以新畤、甘泉二縣入焉。【略】

藍田，後周置藍田郡，尋廢郡，及白鹿、玉山二縣入焉。【略】

華原，後魏置北雍州，西魏改爲宜州，又置北地郡，尋改爲通川郡。【略】

宜君，舊置宜郡。【略】

鄭，後魏置東雍州，幷華山郡。西魏改曰華州。【略】

渭南，後魏置渭南郡，西魏分置靈源、中源二縣，後周郡及二縣並廢入焉。【略】

高陵，後魏曰高陸。【略】

三原，後周置建忠郡，建德初郡廢。

涇陽，舊置咸陽縣。【略】

雲陽，舊置，後周置雲陽郡。【略】

富平。舊置北地郡，後周改曰中華郡，尋罷。【略】

馮翊郡。後魏置華州，西魏改曰同州。【略】

馮翊，後魏曰華陰。西魏改爲武鄉，置武鄉郡。【略】

澄城，後魏置澄城郡，後周併五泉縣入焉。【略】

朝邑，後魏曰南五泉，西魏改焉。【略】

蒲城，舊置南、北二白水。西魏改爲蒲城，置白水郡。【略】

下邽。舊置延壽郡。【略】

扶風郡。舊置岐州。【略】

雍，後魏置秦平郡，西魏改爲岐山郡。【略】

岐山，後周曰三龍縣。【略】又有後魏周城縣，後周廢。【略】

陳倉，後魏曰宛川，西魏改曰陳倉。後周置顯州，尋州縣俱廢。【略】

虢，後魏置武都郡，西魏改縣曰洛邑。後周置朔州，州尋廢。【略】

郿，舊曰平陽縣，西魏改曰郿城，後周廢入周城縣。【略】又後周置雲州，建德中廢。【略】

汧源，西魏置隴東郡及汧陰縣，後改縣曰杜陽。後周又曰汧陰。【略】又有西魏東秦州，後改爲隴州。【略】

汧陽，舊置汧陽郡，後周罷。

南由。後魏置，西魏改爲鎮，後周復置縣。又有舊長蛇縣。【略】

安定郡。舊置涇州。【略】

安定，帶郡。

鶉觚，舊置趙平郡。後周廢郡。並以宜禄縣入焉。【略】

陰盤，後魏置平涼郡。【略】

朝那。西魏置安武郡，及析置安武縣。【略】

北地郡。後魏置豳州，西魏改爲寧州。【略】

定安，舊置趙興郡。【略】

羅川，舊曰陽周。【略】又西魏置顯州，後周廢。【略】

彭原，舊曰彭陽。後魏置西北地郡，有洛蟠城。西魏置蔚州，有豐城。西魏置雲州。後周二州並廢。【略】

襄樂，後魏置襄樂郡，後周廢。又西魏置燕州，後周廢。【略】

新平，舊曰白土，西魏置豳州。【略】

三水。西魏置恒州，尋廢。

上郡。後魏置東秦州，後改爲北華州。西魏改敷州。【略】

内部，舊置敷州及内部郡。【略】

三川，舊名長城，西魏改焉。又有利仁縣，尋廢入焉。

鄜城。後魏曰敷城。【略】

雕陰郡。西魏置綏州。【略】

上縣，西魏置安寧郡，與安寧、綏德、安人三縣同置。【略】又後周置義良縣，亦廢入焉。

大斌，西魏置，仍立安政郡。【略】

延福，西魏置，曰延陵。【略】

儒林，後周置銀州。【略】

眞鄉，西魏置。後周置眞鄉郡。【略】

開光，舊置開光郡。【略】

銀城，後周置，曰石城，後改名焉。

城平，西魏置。

開疆，西魏置，有後魏撫寧郡。【略】

撫寧，西魏置。

綏德。西魏置。

延安郡。後魏置東夏州。西魏改爲延州，置總管府。【略】

豐林，後魏置，曰廣武，及徧城郡。【略】

魏平，後魏置，並立朔方郡。後周廢郡，併朔方、政和二縣入焉。

臨眞，有西魏神水郡、眞川縣，後周郡廢。【略】

延川，西魏置，曰文安，及置文安郡。【略】

延安，西魏置，又置義鄉縣。【略】

因城，後魏置。後周廢，尋又置。

義川，西魏置汾州、義川郡，後改州爲丹州。後周改縣爲丹陽。【略】

汾川，舊曰安平，後周改曰汾川。【略】

咸寧。舊曰永寧，西魏改爲太平。【略】

弘化郡。西魏置朔州，後周廢。【略】

華池，【略】又西魏置蔚州，後周廢。

歸德。西魏置恒州，後周廢。【略】

平涼郡。舊置原州，後周置總管府。【略】

平高，後魏置太平郡，後改爲平高。【略】

百泉，後魏置長城郡及黄石縣，西魏改黄石爲長城。【略】

平涼，後周置。【略】

會寧。西魏置會州，後周廢。【略】

朔方郡。後魏置夏州，後周置總管府。【略】

巖綠，西魏置弘化郡。【略】

寧朔，後周置。

長澤。西魏置闡熙郡。又有後魏大安郡，及置長州。【略】

鹽川郡。西魏置西安州，後改爲鹽州。【略】

五原。後魏置郡，曰大興。西魏改爲五原，後又爲大興。【略】

靈武郡。後魏置靈州，後周置總管府。【略】

回樂，後周置，帶普樂郡。又西魏置臨河郡。【略】

懷遠，後周置，仍立懷遠郡。【略】

靈武，後周置，曰建安，後又置歷城郡。【略】

鳴沙。後周置會州，尋廢。【略】

天水郡。舊秦州。後周置總管府。【略】

上邽，故曰上邽，帶天水郡。【略】

冀城，後周曰冀城縣，廢入黄瓜縣。【略】

清水，後魏置，及置清水郡。【略】

秦嶺，後魏置，曰伯陽縣。【略】

隴城，舊曰略陽，置略陽郡。【略】

成紀。舊廢，後周置。【略】

隴西郡。舊渭州。【略】

襄武，帶郡。

隴西，舊城内陶，置南安郡。【略】

障，後魏置。西魏置廣安郡，後周郡廢。

長川，後魏置安陽郡，領安陽、烏水二縣。西魏改曰北秦州，後又改曰交州。【略】

金城，舊縣曰子城，帶金城郡。【略】

狄道。後魏置臨洮郡、龍城縣，後周皆廢。又後魏置武始郡。【略】

枹罕郡。舊置河州。【略】

枹罕，舊置枹罕郡。【略】

龍支，後魏曰北金城，西魏改焉。【略】

水池。後魏曰亹川，後周改焉。

澆河郡。後周武帝逐吐谷渾，以置廓州總管府。【略】

河津，後周置洮河郡，領洮河、廣威、安戎三縣。【略】

達化。後周置達化郡。【略】

西平郡。舊置鄯州。【略】

湟水，舊曰西都，後周置樂都郡。【略】又有舊浩亹縣，又西魏置龍居、路倉二縣，並後周廢。【略】

化隆。舊魏曰廣威，西魏置澆河郡，後周廢郡。【略】

武威郡。舊涼州，後周置總管府。【略】

姑臧，舊置武威郡。【略】又後魏置武安郡、襄武縣，並西魏廢。又舊有顯美縣，後周廢。【略】

昌松，後魏置昌松郡，後周廢郡，以揟次縣入。【略】又有後魏魏安郡，後周改置白山縣，尋廢。【略】

番和，後魏置番和郡。後周郡廢，置鎮。【略】

允吾。後魏置，曰廣武，及置廣武郡。【略】

張掖郡。西魏置西涼州，尋改曰甘州。【略】

張掖，舊曰永平縣，後周置張掖郡。【略】又有臨松縣，後周廢。【略】

删丹，後魏曰山丹，又有西郡、永寧縣。西魏郡廢，縣改爲弱水。後周省入山丹。【略】又後周置金山縣，尋廢入焉。【略】

福祿。舊置酒泉郡。【略】又後周置樂涫縣，尋廢。【略】

敦煌郡。舊置瓜州。【略】

敦煌，舊置敦煌郡，後周併效穀、壽皇二郡入焉。又併敦煌、鳴沙、平康、效穀、東鄉、龍勒六縣爲鳴沙縣。【略】

常樂，後魏置常樂郡。後周併涼興、大至、冥安、閏泉，合爲涼興縣。【略】

玉門。後魏置會稽郡。後周廢郡，併會稽、新鄉、延興爲會稽縣。【略】

且末郡。置在古且末城。【略】

西海郡。置在古伏俟城，即吐谷渾國都。【略】

河源郡。置在古赤水城。【略】

漢川郡。舊置梁州。【略】

南鄭，舊置漢川郡。【略】又西魏置白雲縣，至是併入焉。【略】

西，舊曰嶓冢。【略】

興勢，舊置儻城郡。【略】

西鄉，舊曰豐寧，置洋州及洋川郡。【略】又舊有懷昌郡，後周廢爲懷昌縣。【略】

難江。後周置集州及平桑郡。【略】

西城郡。梁置梁州，尋改曰南梁州。西魏改置東梁州，尋改爲金州，置總管府。【略】

金川，梁初曰上廉，後曰吉陽。西魏改曰吉安，後周以西城入焉。舊有金城、吉安二郡。【略】又後周置洵州，尋廢。【略】

石泉，舊曰永樂，置晉昌郡。西魏改郡曰魏昌，尋改永樂曰石泉，析置魏寧縣。後周省魏昌郡入中城郡，又省魏寧縣入石泉縣。

洵陽，舊置洵陽郡。【略】

安康，舊曰寧都，齊置安康郡，後魏置東梁州，後蕭詧改直州。【略】

黄土，西魏置甯陽郡。後周改郡，置縣曰長岡。後郡省入甲郡，置縣曰黄土，併赤石、甲、臨江三縣入焉。【略】

豐利。梁置南上洛郡，西魏改郡曰豐利。後周省郡入上津郡，以熊川、陽川二縣入豐利。後又廢上津郡入甲郡。【略】

房陵郡。西魏置光遷國。後周國廢，置遷州。【略】

光遷，舊曰房陵，置新城郡。梁末置岐州，後周郡縣並改爲光遷。又有舊綏州。【略】

永清，舊曰大洪，後周改焉。【略】

竹山，梁曰安城，西魏改焉，置羅州。【略】

上庸。梁曰新豐，西魏改焉。後周改曰孔陽。【略】

清化郡。置巴州。【略】

化成，梁曰梁廣，仍置歸化郡。後周改縣曰化成。【略】

曾口，梁置。

清化，梁置，曰伏强，有木門郡。【略】

盤道，梁置，曰難江。西魏改焉。【略】

永穆，梁置，曰永康。又有萬榮郡。【略】

歸仁，梁置，曰平州縣。後周改曰同昌。【略】

始寧，梁置，並置遂寧郡。【略】

其章，梁置。

恩陽，梁置，曰義陽。【略】

長池，後周置，曰曲細。【略】

符陽，舊置其章郡。【略】

白石，有文山。

安固，梁置。後周置蓬州。【略】

伏虞。梁置，曰宣漢，及置伏虞郡。【略】

通川郡。梁置萬州，西魏曰通州。【略】

通川，梁曰石城，置東關郡。【略】

三岡，梁置，屬新安郡。西魏改郡曰新寧。【略】

石鼓，西魏置遷州。後周廢州，置臨清郡。【略】

東鄉，西魏置石州，後周廢州，置三巴郡。【略】

宣漢，西魏置井州及永昌郡。【略】

西流，後魏曰漢興。西魏改焉，又置開州，及周安、萬安、江會三郡。後周省江會入周安。【略】

萬世。後周置，及置萬世郡。【略】

宕渠郡。梁置渠州。【略】

流江，後魏置縣，及置流江郡。【略】

賨城，舊曰始安。【略】

鄰水，梁置縣，並置鄰州，後魏改鄰山郡。【略】

宕渠，梁置，並置境陽郡。【略】

咸安，梁置，曰綏安。【略】

墊江。西魏置縣及容川、容山郡。後周改爲魏安縣。【略】

漢陽郡。後魏曰南秦州，西魏曰成州。【略】

上祿，舊置仇池郡，後魏置倉泉縣，後周廢階陵、豐川、建平、城階四縣入焉。【略】

潭水，西魏置潭水郡。後周郡廢，並廢甘若、相山、武定三縣入焉。

長道。後魏置漢陽郡。後周郡廢，又省水南縣入焉。【略】

臨洮郡。後周武帝逐吐谷渾，以置洮陽郡，尋立洮州。【略】

美相，後周置縣，及置洮陽郡。【略】

疊川，後周置疊州、疊川縣。【略】

合川，後周置，仍立西疆郡。【略】

樂川，後周置。

洮源，後周置，曰金城，並立旭州，又置通義郡。【略】

洮陽，後周置，曰廣恩，並置廣恩郡。【略】

臨潭，後周曰汎潭。【略】

臨洮，西魏置，曰溢樂，並置岷州及同和郡。【略】又後周置祐川郡、基城縣，尋郡縣俱廢。【略】

當夷，後周置。又立洪和郡，郡尋廢。又置博陵郡及博陵、寧人二縣。【略】

和政。後周置洮城郡，尋廢。

宕昌郡。後周置宕昌國，天和元年置宕州總管府。【略】

良恭，後周置，初曰陽宕，置宕昌郡。【略】

和戎，後周置。【略】

懷道。後周置甘松郡。【略】

武都郡。西魏置武州。【略】

將利，舊曰石門，西魏改曰安育。後周改曰將利，置武都郡，後改曰永都

郡。【略】又有東平縣，後周併入焉。【略】

建威，後魏置白水郡，郡廢，改爲白水縣。西魏復立郡，改爲綏戎。後周郡廢，改爲建威縣，並廢洪化縣入焉。又西魏有孔堤郡及縣，後周並廢。

覆津，後魏初曰甑當，置武階郡。西魏又置覆津縣，及置萬郡，統赤萬、接難、五部三縣。後周一郡三縣並甑當，併廢入焉。【略】

盤堤，西魏置，曰南五部縣，後改名焉；並立武陽郡及茄蘆縣。後周郡廢，縣併入焉。

長松，西魏置，初曰建昌，置文州及廬北郡。【略】

曲水，西魏置。

正西。西魏置。

同昌郡。西魏逐吐谷渾，置鄧州。【略】

尚安，西魏置縣及鄧寧郡。【略】

鉗川，西魏置。【略】

貼夷，西魏置，又置昌寧郡。【略】

同昌，西魏置。【略】

嘉誠，後周置縣幷龍涸郡及扶州總管府。【略】

封德，後魏置，又立芳州，有深泉郡。【略】

常芬，後周置，及立恒香郡。【略】

金崖。後周置。

河池郡。後魏置南岐州，後周改曰鳳州。【略】

梁泉，舊曰故道，後魏置郡，曰固道，縣曰涼泉，尋改曰梁泉。西魏改郡曰歸眞。後周廢郡，又廢龍安、商樂二縣入。【略】

兩當，後魏置，及立兩當郡。【略】

河池，後魏曰廣化，並置廣化郡。【略】又後魏置思安縣。【略】

同谷。舊曰白石，置廣業郡。西魏改曰同谷，後周置康州。【略】又有泥陽縣，西魏廢。

順政郡。後魏置東益州，梁爲武興蕃王國，西魏改爲興州。【略】

順政，舊曰略陽。西魏置郡，曰順政，縣曰漢曲；又置仇池縣，後改曰靈道。【略】

鳴水，西魏置，曰落叢，並置落叢郡。【略】

長舉，西魏置，又立盤頭郡。後周廢郡。【略】

修城。舊置修城郡，縣曰廣長。後周郡廢，又廢下阪縣入。【略】又西魏置柏樹縣，後周廢。

義城郡。後魏立益州，世號小益州。梁曰黎州。西魏復曰益州，又改曰利州，置總管府。【略】

綿谷，舊曰興安，置晉壽郡。【略】又有華陽郡，梁置華州，西魏並廢。【略】

義城，西魏置。

葭萌，後魏曰晉安，置新巴郡。【略】

景谷，舊曰白水，置平興郡。後周省東洛郡入。【略】

嘉川。舊置宋熙郡。【略】

平武郡。西魏置龍州。【略】

江油，後魏置江油郡。【略】

馬盤，後魏置馬盤郡。【略】

平武，梁末，李文智自立爲藩王，西魏廢爲縣。【略】

方維。舊曰秦興，置建陽郡。【略】

汶山郡。後周置汶州。【略】

汶山，舊曰廣陽。梁改爲北部都尉，置繩州、北部郡。後周改曰汶州。【略】

北川，後周置。【略】

汶川，後周置汝山郡。【略】

左封，後周置，曰廣年，及置廣年郡、左封郡。【略】

平康，後周置。【略】

翼水，後周置，曰龍求，及置清江郡。【略】

翼針，後周置，及翼針郡。【略】

江源，後周置。

通軌。後周置縣及覃州，並覃川、榮鄉二郡。【略】

普安郡。梁置南梁州，後改爲安州，西魏改爲始州。【略】

普安，舊曰南安。西魏改曰普安，置普安郡。【略】

永歸，舊曰白水，西魏改焉。

黃安，舊曰華陽，西魏改焉，又置黃原郡。【略】

陰平，宋置北陰平郡，魏置龍州。西魏改郡爲陰平，又名縣焉。後周從江油

郡，改曰靜龍，縣曰陰平。【略】

梓潼，舊曰安壽，西魏置潼川郡。【略】

武連，舊曰武功，置輔劍郡。西魏改郡曰安都，縣曰武連。【略】

臨津。舊曰胡原。【略】

金山郡。西魏置潼州。【略】

巴西，舊曰涪，置巴西郡。西魏改縣曰巴西。【略】

昌隆。有雲臺山。

涪城，舊置始平郡，西魏改郡爲涪城，後周又改曰安城。【略】

魏城，西魏置。

萬安，舊曰孱亭，西魏改名焉，置萬安郡。【略】

神泉，舊曰西充國。【略】

金山。舊置益昌、晉興二縣，西魏省晉興入益昌，後周別置金山。【略】

新城郡。梁末置新州。【略】

郪，舊曰伍城。西魏改曰昌城，仍置昌城郡。【略】

射洪，西魏置，曰射江，後周改名焉。

鹽亭，西魏置鹽亭郡。【略】

通泉。舊曰通泉，置西宕渠郡。西魏改郡、縣俱曰湧泉。【略】

巴西郡。梁置南梁、北巴州，西魏置隆州。【略】

閬内，梁置北巴郡，後魏平蜀，置盤龍郡。【略】

南部，舊曰南充國，梁曰南部，西魏置新安郡，後周郡廢。

蒼溪，舊曰漢昌。【略】

南充，舊曰安漢，置宕渠郡。【略】

相如，梁置梓潼郡，後魏郡廢。

西水，梁置掌天郡，西魏改曰金遷。【略】

晉城，舊曰西充國，梁置木蘭郡。西魏廢郡，改縣名焉。【略】

奉國，梁置白馬、義陽二郡。【略】

儀隴，梁置，並置隆城郡。【略】

大寅。梁置。

遂寧郡。後周置遂州。【略】

方義，梁曰小溪，置東遂寧郡。西魏改縣名焉。後周改郡曰石山。【略】

青石，舊曰晉興，西魏改名焉。又置懷化郡。【略】

長江。舊曰巴興，西魏改名焉。又置懷化郡。【略】

涪陵郡。西魏置合州。【略】

石鏡，舊曰墊江，置宕渠郡。西魏改郡爲墊江，縣爲石鏡。【略】

漢初。梁置新興郡。西魏改郡曰清居，名縣曰漢初。【略】

巴郡。梁置楚州。【略】

巴，舊置巴郡，後周廢枳、墊江二縣入焉。【略】

江津，舊曰江州縣。西魏改爲江陽，置七門郡。【略】

涪陵。舊曰漢平，置涪陵郡。【略】

巴東郡。梁置信州，後周置總管府。【略】

人復，舊置巴東郡，縣曰魚復，西魏改曰人復。【略】

雲安，舊曰朐䏰，後周改焉。

南浦，後周置安鄉郡，後改縣曰安鄉，改郡曰萬川。【略】

梁山，西魏置。【略】

大昌，後周置永昌郡，尋廢，又廢北并縣入焉。

秭歸，後周曰長寧，置秭歸郡。【略】

巫山，舊置建平郡。【略】

巴東，舊曰歸鄉，梁置信陵郡。後周郡廢，縣改曰樂鄉。【略】

新浦，後周置周安郡。【略】

盛山，梁曰漢豐，西魏改爲永寧。【略】

臨江，梁置臨江郡，後周置臨州。【略】

武寧。後周置南州、南都郡、源陽縣，後改郡曰懷德，縣曰武寧。【略】

蜀郡。舊置益州，【略】後周置總管府。【略】

成都，舊置蜀郡，又有新都縣。梁置始康郡，西魏廢始康郡。【略】舊置懷寧、晉熙、宋興、宋寧四郡，至後周並廢。【略】

雙流，舊曰廣都，置寧蜀郡，後同郡廢。仁壽元年改縣曰雙流。

新津，後周置，並置犍爲郡。【略】

晉原，舊曰江原，及置江原郡。後周廢郡，縣改名焉。

清城，舊置齊基郡，後周廢爲清城縣。【略】

九隴，舊曰晉壽，梁置東益州。後周州廢，置九隴郡，並改縣曰九隴。【略】

綿竹，舊置晉熙郡及長楊、南武都二縣。後周併二縣爲晉熙，後又廢晉熙入陽泉。【略】

郪，西魏分置温江縣。【略】

玄武，舊曰伍城，後周置玄武郡。【略】

洛，舊曰廣漢，又置廣漢郡。【略】又有西遂寧郡、南陰平郡。後周廢西遂寧，改爲懷中，南陰平郡曰南陰平縣，尋並廢。

陽安，舊曰牛鞞，西魏改名焉，並置武康郡。【略】

平泉，西魏置，曰婆閏。【略】

金泉。西魏置縣及金泉郡。後周廢郡，並廢白牟縣入焉。【略】

臨邛郡。舊置雅州。【略】

嚴道，西魏置，曰始陽縣，置蒙山郡。【略】

名山，舊曰蒙山。【略】

依政，西魏置，及置邛州。【略】

臨邛，舊置臨邛郡。【略】

蒲江，西魏置。曰廣定，及置蒲原郡。【略】

蒲溪，西魏置。

沈黎。後周置黎州，尋並縣廢。【略】

眉山郡。西魏曰眉州。後周曰青州，後又曰嘉州。【略】

龍遊，後周置，曰峨眉，及置平羌郡。【略】

平羌，後周置，仍置平羌郡。【略】

通義，舊置齊通郡及青州。西魏改州曰眉州。【略】

青神，後周置，並置青神郡。【略】

丹棱。後周置，曰齊樂。【略】

隆山郡。西魏置陵州。【略】

仁壽，梁置懷仁郡，西魏改縣曰普寧，【略】又西魏置蒲亭。【略】

貴平，西魏置，又立和仁郡。後周又廢可曇、平井二縣入焉。【略】

隆山。舊曰犍爲，置江州。西魏改縣曰隆山。後周省州，置隆山郡。【略】

資陽郡。西魏置資州。【略】

磐石，後周置縣及資中郡。【略】

内江，後周置。

安岳，後周置，並置普州。【略】

普慈，後周置郡曰普慈，縣曰多業。【略】

安居，後周置，曰柔剛，及置安居郡。【略】

隆康，後周置，曰永康。【略】

資陽。後周置。

瀘川郡。梁置瀘州。【略】

瀘川，舊曰江陽，並置江陽郡。【略】

富世，後周置，及置洛源郡。【略】

江安，舊曰漢安。【略】

合江，後周置。

綿水，梁置。【略】

犍爲郡。梁置戎州。【略】

僰道，後周置，曰外江。【略】

犍爲，後周置，曰武陽。【略】

南溪。梁置，曰南廣，及置六同郡。【略】

越巂郡。後周置嚴州。【略】

越巂，帶郡。

邛都，

蘇祇，舊置亮善郡。【略】

可泉，舊宣化郡。【略】

臺登，舊置白沙郡。【略】

邛部。舊置邛部郡，又有平樂郡。【略】

黔安郡。後周置黔州，不帶郡。

又 卷三〇《地理志中》 河南郡。舊置洛州。【略】

滎陽郡。舊鄭州。【略】

管城，舊曰中牟，東魏置廣武郡。【略】後魏置曲梁縣，後齊廢。【略】

汜水，舊曰成皋，即武牢也。後魏置東中府，東魏置北豫州，後周置滎州。【略】

浚儀，東魏置梁州、陳留郡，後齊廢開封郡入，後周改曰汴州。【略】

酸棗，後齊廢。【略】

新鄭，後魏廢。【略】

滎陽，舊置滎陽郡。後齊省卷、京二縣入，改曰成皋郡。【略】

開封。東魏置郡，後齊廢。

梁郡。【略】

宋城，舊曰睢陽，置梁郡。【略】又梁置北新安郡，尋廢。

雍丘，後魏置陽夏郡。【略】

襄邑，後齊廢。【略】

寧陵，後齊廢。【略】

虞城，後魏曰蕭，後齊廢。【略】

穀熟，後魏廢。【略】

陳留，後魏廢，【略】又有小黄縣，後齊廢入。【略】

下邑，後齊廢己吾縣入焉。

考城，後魏曰考陽，置北梁郡。後齊郡縣並廢，爲城安縣。【略】

楚丘，後魏曰己氏，置北譙郡。後齊郡縣並廢。【略】

碭山，後魏置，曰安陽。【略】

圉城，舊曰圉，後齊廢。【略】

柘城。舊曰柘，久廢。【略】

譙郡。後魏置南兖州。後周置總管府，後改曰亳州。【略】

譙，舊曰小黄，置陳留郡。【略】

酇，舊廢，【略】舊有馬頭郡，後魏又置下邑縣，後齊並廢。

城父，宋置，曰浚儀。【略】

谷陽，後齊省。【略】

山桑，後魏置渦州、渦陽縣，又置譙郡。梁改渦州曰西徐州。東魏改曰譙州。

【略】又梁置北新安郡，東魏改置蒙郡。後齊廢郡，置蒙縣，後又置郡。

【略】又梁置陽夏郡，東魏廢。

臨渙。後魏置臨渙郡，又別置丹城縣。東魏析置白檡縣，後齊郡廢。【略】

濟陰郡。後魏置西兖州，後周改曰曹州。【略】

濟陰，後魏置沛郡，後齊廢。【略】

外黄，後齊廢成安縣入。【略】

成武，後齊置永昌郡。【略】

單父。後魏曰離狐，置北濟陰郡。後齊郡縣並廢。【略】

襄城郡。東魏置北荆州，後周改曰和州。【略】

承休，舊曰汝原，置汝北郡，後改曰汝陰郡。後周郡廢。【略】

梁，舊置汝北郡，後齊廢。【略】

郟城，舊曰龍山。東魏置順陽郡及南陽郡、南陽縣。【略】

陽翟，東魏置陽翟郡。【略】

汝南，有後魏汝南郡及符壘縣，並後齊廢。

魯，後魏置荆州，尋廢，立魯陽郡，後置魯州。【略】

犨城。舊曰雉陽。【略】又有後周置武山郡，【略】後魏置南陽縣、河山縣。【略】

頴川郡。舊置頴州，東魏改曰鄭州，後周改曰許州。【略】

頴川，舊曰長社，置頴川郡，後齊廢頴陰縣入，【略】又東魏置黄臺縣。【略】

襄城，舊置襄城郡，後周置汝州。【略】

汝墳，後齊置漢廣郡，尋廢。【略】

葉，後齊置襄州。後周廢襄州，置南襄城郡。【略】又東魏置定南郡，後周廢爲定南縣。【略】

北舞，舊置定陵郡。【略】

郾城，開皇初置，【略】又後魏置頴川郡，後齊改爲臨頴郡，【略】又有邵陵縣。【略】

尉氏，後齊廢。【略】

鄢陵。東魏置許昌郡，後齊廢縣。【略】

汝南郡。後魏置豫州，東魏置行臺。後周置總管府，後改曰舒州，尋復曰豫州，及改洛州爲豫州，此爲溱州，又改曰蔡州。【略】

汝陽，舊曰上蔡，置汝南郡。【略】

城陽，舊廢，梁置，又有義興縣。後魏置城陽郡，梁置楚州，東魏置西楚州，後齊曰永州。【略】又梁置伍城郡，後齊廢。【略】

眞陽，舊置郢州。東魏廢州，置義陽郡。後齊廢郡入保城縣。【略】又有白狗縣，梁置淮州。後齊廢州，以置齊興郡，郡尋廢。【略】又有後魏安陽縣，後廢。【略】

新息，後魏置東豫州。梁改曰西豫州，又改曰淮州。東魏復曰東豫州，後周改曰息州，【略】又後魏置汝南郡，【略】又梁置滇州，尋廢。又梁置北光城郡，東魏廢，又有北新息縣，後齊廢。

褒信，宋改曰包信。【略】又梁置梁安郡。【略】又有長陵郡，後齊廢爲縣。

【略】

上蔡，後魏置，曰臨汝。後齊廢。【略】

平輿，舊廢。【略】

新蔡，齊置北新蔡郡，魏曰新蔡郡，東魏置蔡州。後齊廢州置廣寧郡。【略】又後齊置永康縣，後改名曰澺水。至是及舒縣并廢入正焉。

朗山，舊曰安昌，置初安郡。【略】又梁置陳州，後魏廢，又齊置荆州，尋廢。後周又置威州，後又廢。

吳房，故曰遂寧，後齊省綏義縣入焉。【略】

西平，後魏置襄城郡，後齊改郡曰文城，【略】又有故武陽縣，【略】又有故洧州、灊州，並後齊置。【略】

宛丘，後魏曰項，置陳郡。【略】又後魏置南陽郡，東魏廢。

西華，舊曰長平，【略】有舊長平縣，後齊廢。

溵水，【略】又有後魏汝陽郡及縣，後齊郡廢。【略】

太康，舊曰陽夏，並置淮陽郡。【略】

鹿邑，舊曰武平。【略】

項城，東魏置揚州及丹陽郡、秣陵縣，梁改曰殷州，東魏又改曰北揚州，後齊改曰信州，後周改曰陳州。【略】又有項城郡。【略】

南頓，舊置南頓郡。後齊廢郡及平鄉縣入，改曰和城。【略】

鮦陽。後齊廢，【略】又東魏置財州，後齊廢，以置包信縣。【略】

汝陰郡。舊置潁州。【略】

汝陰，舊置汝陰郡。【略】

潁陽，梁曰陳留，並置陳留郡及陳州。東魏廢州。【略】有鄭縣，後齊廢。

清丘，梁曰許昌，及置潁川郡。【略】

潁上，梁置下蔡郡，後齊廢郡。【略】

下蔡。梁置汴郡，後齊郡廢。【略】又梁置淮陽郡，後齊改曰潁川郡。【略】

上洛郡。舊置洛州，後周改爲商州。【略】

上洛，舊置上洛郡。【略】

洛南，舊曰拒陽，置拒陽郡。【略】

豐陽，後周置。【略】

上津。舊置北上洛郡，梁改爲南洛州，西魏又改爲上州，後周併漫川、開化二縣入。【略】

弘農郡。【略】

弘農，舊置西恒農郡，後周廢。【略】又有石城郡、玉城縣，西魏並廢。【略】

盧氏，後魏置漢安郡，西魏置義川郡。【略】

長泉，後魏曰南陝，西魏改焉。【略】

朱陽，舊置朱陽郡，後周郡廢。有邑陽縣。【略】

淅陽郡。西魏置淅州。【略】

南鄉，舊置南鄉郡，後周併龍泉、湖里、白亭三縣入。又有左南鄉縣，並置左鄉郡。西魏改郡爲秀山，改縣爲安山。後周秀山郡廢。【略】

內鄉，舊曰西淅陽郡，西魏改爲內鄉。後周廢，併淅川、石人二縣入焉。【略】

丹水，舊置丹川郡。後周郡廢，併茅城、倉陵、許昌三縣入。【略】

武當，舊置武當郡。又僑置始平郡，後改爲齊興郡。梁置興州，後周改爲豐州。【略】

均陽，梁置。

安福。梁置，曰廣福，併爲郡。【略】

南陽郡。舊置荆州。【略】

穰，帶郡有白水。

新野，舊曰棘陽，置新野郡。又有漢廣郡，西魏改爲黃岡郡。又有南棘陽縣，改爲百寧縣。後周二郡並廢，併南棘縣入焉。【略】

南陽，舊曰上陌，置南陽郡。後周併宛縣入，更名上宛。【略】

課陽，舊曰涅陽。【略】

順陽，舊置順陽郡。西魏析置鄭縣，尋改爲清鄉。後周又併順陽入清鄉。【略】

菊潭，舊曰酈，【略】有東弘農郡，西魏改爲武關，至是廢入。【略】

新城。西魏改爲臨湍。【略】

淯陽郡。西魏置蒙州。【略】

向城，西魏置，又立雉陽郡。【略】

方城。西魏置，及置襄邑郡。【略】東魏又置建城郡及建城縣，後齊郡縣並

廢。又有業縣。【略】

淮安郡。後魏置東荆州，西魏改爲淮州。【略】

比陽，帶郡。後魏曰陽平，【略】又有後魏城陽縣，置殷州、城陽郡。【略】又有昭越縣，【略】又有東南陽郡，西魏改爲南郭郡，後周廢。又有比陽故縣，置西郢州。西魏改爲鴻州，後周廢爲眞昌郡。【略】

平氏，舊置漢廣郡。【略】

眞昌，舊曰北平。【略】

顯岡，舊置舞陰郡。【略】

臨舞，東魏置，及置期城郡。【略】又有東舞陽縣。【略】

慈丘，後魏曰江夏，並置江夏郡。【略】後魏有鄭州、潘州、溱州及襄城、周康二郡，上蔡、青山、震山三縣。【略】

桐柏。梁置，曰淮安，並立華州，又立上川郡。西魏改州爲淮州，後改爲純州，尋廢。【略】又梁置西義陽郡，西魏置淮陽郡及輔州，後周州郡並廢，又置淮南縣。【略】又有大義郡，後周置。【略】

東郡。【略】

白馬，舊置東郡，後齊併涼城縣入焉。【略】

衞南，【略】又有後魏平昌、長樂二縣，後齊並廢。【略】

封丘，後齊廢。【略】

匡城，後齊曰長垣。【略】

胙城。舊曰東燕。【略】

東平郡。後周置魯州，尋廢。【略】

鄆城，後周置，曰清澤，又置高平郡。【略】

鄄城，舊置濮陽郡。【略】

宿城，後齊曰須昌，【略】舊置東平郡，後齊並廢。

雷澤，舊曰城陽，後齊廢。【略】

鉅野。舊廢。【略】

濟北郡。舊置濟州。【略】

盧，舊置郡。【略】

范，後齊廢。【略】

長清，【略】又有東太原郡，後齊廢。【略】

肥城。宋置濟北郡，後齊廢。後周置肥城郡，尋廢，又復。【略】

武陽郡。後周魏置魏州。【略】

貴鄉，東魏置。又有平邑縣，後齊廢。【略】

元城，後齊廢。【略】

繁水，舊曰昌樂，置昌樂郡。東魏郡廢，後周又置。舊有魏城縣，後齊廢。【略】

魏，後齊廢。【略】

莘，舊曰陽平，後齊改曰樂平。【略】後周置武陽郡焉。【略】

頓丘，後齊省，【略】又有舊陰安縣，後齊廢。

觀城，舊曰衞國。【略】

臨黄，後魏置，後齊省。【略】

武陽，後齊省，後周置。【略】

館陶，舊置毛州，【略】又有舊陽平郡。【略】

聊城。舊置南冀州及平原郡，未幾，州廢。【略】

渤海郡。【略】

陽信，帶郡。

樂陵，舊置樂陵郡。【略】

滴河，【略】又有後魏濕沃縣，後齊廢。【略】

厭次，後齊廢。【略】

饒安，舊置滄州、浮陽郡。【略】

鹽山，舊曰高成。【略】

南皮，【略】

清池。舊曰浮陽。【略】

平原郡。【略】

安樂，舊置平原郡，【略】又有後魏鬲縣，後齊廢。【略】

平原，後齊併鄃縣入焉。【略】又後魏置東青州，置未久而廢。【略】

平昌，後魏置東安郡，後齊廢，並以重平縣入焉。

般，後齊省。【略】

長河，舊曰廣川。後齊省。【略】

弓高，舊廢。【略】

東光，舊置渤海郡。【略】

胡蘇。舊廢。【略】

信都郡。舊置冀州。【略】

長樂，舊曰信都，帶長樂郡，後齊廢扶柳縣入焉。【略】

堂陽，舊縣，後齊廢。【略】

棗强，舊縣，後齊廢索盧、廣川二縣入焉。

武邑，舊縣，後齊廢。【略】

武强，舊置武邑郡，後齊郡廢，又廢武遂縣入焉。

南宫，舊縣，後齊廢。【略】

鹿城，舊曰鄡，後齊改曰安國。【略】

蓨。舊曰脩。【略】

清河郡。後周置貝州。【略】

清河，舊曰武城，置清河郡。【略】

清陽，舊曰清河縣，後齊省貝丘入焉，改爲貝丘，【略】又有後魏侯城縣，後齊省以入武城。【略】

武城，舊曰上城。【略】

漳南，【略】有後魏故索盧城，後齊以入棗强。【略】

鄃，舊廢。【略】

臨清，後齊廢。【略】

清泉，後齊廢千童縣入。【略】

高唐，後魏置南清河郡，後齊郡廢。

經城，後齊廢。【略】

宗城，舊曰廣宗【略】

茌平。後齊廢。【略】

魏郡。後魏置相州，東魏改曰司州牧。後周又改曰相州，置六府。宣政初府移洛，以置總管府，未幾，府廢。【略】

安陽，周大象初，置相州及魏郡，因改名鄴。【略】

鄴，東魏都。後周平齊，置相州。大象初縣隨州徙安陽，此改爲靈芝縣。

【略】

臨漳，東魏置。

成安，後齊置。

靈泉，後周置。【略】

洹水，後周置。

滏陽，後周置。【略】

林慮，後魏置林慮郡，後齊郡廢，後又置。【略】

臨淇，東魏置，尋廢。【略】

汲郡。東魏置義州，後周爲衛州。【略】

衛，舊曰朝歌，置汲郡。後周又分置修武郡。【略】

汲，東魏僑置七郡十八縣。後齊省，以置伍城郡，後周廢爲伍城縣。【略】

黎陽，後魏置黎陽郡，後置黎州。【略】

内黄，舊廢。【略】

湯陰。舊廢。【略】

河内郡。舊置懷州。【略】

河内，舊曰野王，置河内郡。【略】有軹縣。【略】

温，舊廢。【略】

濟源，【略】舊有沁水縣，後齊廢入。【略】

河陽，舊廢。【略】

安昌，舊曰州縣，置武德郡。【略】舊有平高縣，後齊廢。

王屋，舊曰長平，後周改焉，後又置懷州。及平齊，廢州置王屋郡。【略】

獲嘉，後周置修武郡。【略】

新鄉，【略】舊有獲嘉縣，後齊廢。

修武，後魏置修武，後齊併入焉。【略】又有東魏廣寧郡，後周廢。

共城。舊曰共，後齊廢。【略】

長平郡。舊曰建州。【略】

丹川，舊曰高都。後齊置長平、高都二郡，後周併爲高平郡。【略】

沁水，舊置廣寧郡。後齊郡廢，縣改爲永寧。【略】

端氏，後魏置安平郡。【略】

濩澤，有嶕嶢山、濩澤山。

高平。舊曰平高，齊末改焉，又泫併氏縣入焉。【略】

上黨郡。後周置潞州。【略】

上黨，舊置上黨郡，【略】有壺關縣。【略】

長子，後齊廢。【略】舊有屯留、樂陽二縣，後齊廢。【略】

屯留，後齊廢。【略】

襄垣，舊置襄垣郡，後齊郡廢。後周置韓州。【略】

黎城，後魏以潞縣被誅遺人置。【略】

涉，後魏廢。【略】

鄉，石勒置武鄉郡，後魏「去」武字。【略】又有後魏南垣州，尋改豐州，後周廢。

銅鞮，有舊涅縣，後魏改爲陽城。【略】

沁源。後魏置縣及義寧郡，【略】又義寧縣。【略】

河東郡。後魏曰秦州，後周改曰蒲州。【略】

河東，舊曰蒲坂縣，置河東郡。【略】

汾陰，舊置汾陰郡。【略】

龍門，後魏置，並置龍門郡。【略】

芮城，舊置，曰安戎。後周改焉，又置永樂郡，後省入焉。【略】

夏，舊置安邑郡。【略】

河北，舊置河北郡。【略】

猗氏，西魏改曰桑泉，後周復焉。

虞鄉，後魏曰安定，西魏改曰南解，又改曰綏化，又曰虞鄉。【略】

絳郡。後魏置東雍州，後周改曰絳州。【略】

正平，舊曰臨汾，置正平郡。【略】又有後魏南絳郡，後周廢郡，又併南絳縣入小鄉縣。【略】

翼城，後魏置，曰北絳縣，並置北絳郡。後齊廢新安縣，並南絳郡入焉。【略】

絳，舊置絳郡，【略】後周置晉州，建德五年廢。

曲沃，後周置，建德六年廢。【略】

稷山，後魏曰高涼，【略】有後魏龍門郡，【略】又有後周勳州，置總管，後改曰絳州。【略】

垣，後魏置邵郡及白水縣。後周置邵州，改白水爲亳城。【略】

太平。後魏置，後齊省臨汾縣入焉。【略】

文城郡。東魏置南汾州，後周改爲汾州，後齊爲西汾州。後周平齊，置總管府。【略】

吉昌，後魏曰定陽縣，並置定陽郡。【略】

文城，後魏置。【略】

伍城，後魏置，曰刑軍縣，後改爲伍城，後又置伍城郡。【略】

昌寧。後魏置，並內陽郡。【略】

臨汾郡。後魏置唐州，改曰晉州。後周置總管府。【略】

臨汾，後魏曰平陽，並置平陽郡。【略】又有東魏西河、敷城、伍城、北伍城、定陽等五郡，後周廢爲西河、定陽二郡。【略】又有後魏永安縣，【略】又有舊襄城縣，後齊省。【略】

襄陵，後魏太武禽赫連昌，乃分置禽昌縣。齊併襄陵入禽昌縣。【略】

冀氏，後魏置冀氏郡，領冀氏、合陽二縣。後齊郡廢，又廢合陽入焉。

楊霍邑，後魏曰永安，並置永安郡。【略】

汾西，後魏曰臨汾，並置汾西郡。【略】又有後周新城縣。【略】

岳陽。後魏置，曰安澤。【略】

龍泉郡。後周置汾州。【略】

隰川，後周置縣，初曰長壽，又置龍泉郡。【略】

永和，後周置，曰臨河縣及臨河郡。【略】

樓山，後周置，曰歸化。【略】

石樓，舊置吐京郡及吐京縣。【略】

蒲。後周置，有伍城郡及石城郡及石城縣，周末並廢。又有後魏平昌縣。【略】

西河郡。後魏置汾州，後齊置南朔州，後周改曰介州。【略】

隰城，舊置西河郡。【略】

介休，後魏置定陽郡、平昌縣。後周改郡曰介休，以介休縣入焉。【略】

永安，有崔鼠谷。

平遥。【略】又後魏置蔚州，後周廢。【略】

離石郡。後齊置西汾州，後周改爲石州。【略】

離石，後齊曰昌化縣，置懷政郡。後周改曰離石郡及縣，又置寧鄉縣。【略】

修化，後周置，曰窟胡，並置窟胡郡。【略】又後周置盧山縣。【略】

定胡，後周置，及置定胡郡。

太和。後周置，曰烏突，及置烏突郡。【略】

雁門郡。後周置肆州。【略】

雁門，舊曰廣武，置雁門郡。【略】

繁畤，後魏置，並置繁畤郡。後周郡縣並廢。【略】有東魏武州及吐京、齊、新安三郡，寄在城中。後齊改爲北靈州，尋廢。【略】

崞，後魏置，曰石城縣。東魏置廓州。有廣安、永定、建安三郡，寄山城。後齊廢郡。改爲北顯州。後周廢。【略】又有雲中城，東魏僑置恒州，尋廢。【略】

五臺，舊曰慮虒，久廢。後魏置，曰驢夷。【略】

靈丘。後魏置靈丘郡，後齊省莎泉縣入焉。後周置蔚州，又立大昌縣。【略】

馬邑郡。舊置朔州。【略】

善陽，後齊置，縣曰招遠，郡曰廣安。【略】又有後魏桑乾郡，後齊以置朔州及廣寧郡。後周郡廢。【略】

神武，後魏置神武郡，後齊改曰太平，後周罷郡。【略】

雲內，後魏立平齊郡，尋廢。後齊改曰太平縣，後周改曰雲中，【略】有後魏都，置司州，又有後齊安遠、臨塞、威遠、臨陽等郡屬北恒州，後周並廢。【略】

開陽。舊曰長寧，後齊置齊德、長寧二郡。後周廢齊德郡。【略】

定襄郡。【略】

樓煩郡。【略】

靜樂，舊曰岢嵐。【略】

臨泉，後齊置，曰蔚汾。【略】

秀容。舊置肆州，後齊又置平寇縣。後周州徙雁門。【略】

太原郡。後齊并州，置省，立別宮。後周置并州六府，後置總管，廢六府。【略】

晉陽，後齊置，曰龍山。帶太原郡。【略】

太原，舊曰晉陽，帶郡。【略】

汾陽，舊曰陽曲。【略】

文水，舊曰受陽。【略】

祁，後齊廢。【略】

榆次，後齊曰中都。【略】

太谷，舊曰陽邑。【略】

樂平，舊置樂平郡。【略】

和順，舊曰梁榆。【略】

遼山。後魏曰遼陽，後齊省。【略】

襄國郡。【略】

龍岡，舊曰襄國。【略】

南和，舊置北廣平郡，後齊省入廣平郡，後周分置南和郡。【略】

鉅鹿。後齊廢。【略】

武安郡。後周置洺州。【略】

永年，舊曰廣平，置廣平郡，後齊廢北廣平郡及曲梁、廣平二縣入。【略】

肥鄉，東魏省。【略】

洺水，舊曰斥漳，後齊省入平恩。【略】

邯鄲，東魏廢。【略】

臨洺。舊曰易陽。後齊廢入襄國縣，置襄國郡。後周改爲易陽縣，別置襄國縣。【略】

趙郡。【略】

平棘，舊置趙郡，【略】有宋子縣，後齊廢。【略】

元氏，舊縣，後齊廢。【略】

廮陶，舊曰廮遙。【略】

欒城，舊縣，後齊廢。【略】

大陸，舊曰廣阿，置殷州及南鉅鹿郡。後改爲南趙郡，改州爲趙州。【略】

房子，舊縣，後齊省。【略】

槀城，後齊廢下曲陽入焉。改爲高城縣，置鉅鹿郡。【略】

鼓城。舊曰曲陽，後齊廢。【略】

恒山郡。後周置恒州。【略】

眞定，舊置常山郡。【略】

石邑，舊縣，後齊改曰井陘。【略】

九門，後齊廢。【略】

井陘，後齊廢石邑，以置井陘。【略】

靈壽。後周置蒲吾郡。【略】

博陵郡。舊置定州。後周置總管府，尋罷。【略】

鮮虞，舊曰盧奴，置鮮虞郡。後齊廢盧奴入安喜。【略】

北平，舊置北平郡。後齊郡廢，又併望都、蒲陰二縣來入。【略】

唐，舊縣，後齊廢。【略】

恒陽，舊曰上曲陽，後齊去『上』字。【略】

隋昌，後魏曰魏昌，後齊廢。【略】

義豐，【略】舊有安國縣，後齊廢。

深澤，後齊廢。【略】

安平。後齊置博陵郡。【略】

河間郡。舊置瀛州。【略】

河間，舊置河間郡。【略】

樂壽，舊曰樂城。【略】

束城，舊曰束州，後齊廢。【略】

景城，舊曰成平。【略】

高陽，舊置高陽郡。【略】

鄚，有易城縣，後齊廢。【略】

博野，舊曰博陸，後魏改爲博野，後齊廢蠡吾縣入焉。【略】

清苑，舊曰樂鄉。後齊省樊輿、北新城、清苑、樂鄉入永寧，改名焉。【略】

平舒。舊置章武郡。【略】

涿郡。舊置幽州，後齊置東北道行臺。後周平齊，改置總管府。【略】

薊，舊置燕郡。【略】

涿，舊置范陽郡。【略】

固安，舊曰故安。【略】

昌平，舊置東燕州及平昌郡。後周州郡並廢，後又置平昌郡。【略】

懷戎，後齊置北燕州，領長寧、永豐二郡。後周去『北』字。【略】

潞。舊置漁陽郡。【略】

上谷郡。【略】

易，【略】舊有故安縣，後齊廢。【略】

淶水，舊曰遒縣，後周廢。【略】

遒，舊范陽居此，俗號小范陽。【略】

遂城，舊曰武遂。後魏置南營州，准營州置五郡十一縣：龍城、廣興、定荒屬昌黎郡；石城、廣都屬建德郡；襄平、新昌屬遼東郡；永樂屬樂浪郡；富平、帶方、永安屬營丘郡。後齊唯留昌黎一郡，領永樂、新昌二縣，餘並省。【略】

永樂，舊曰北平，後周改名焉。【略】

飛狐。後周置，曰廣昌。【略】

漁陽郡。【略】

無終。後齊置，後周又廢徐無縣入焉。【略】

北平郡。舊置平州。【略】

盧龍。舊置北平郡，領新昌、朝鮮二縣。後齊省朝鮮入新昌，又省遼西郡並所領海陽縣入肥如。【略】

安樂郡。舊置安州，後周改爲玄州。【略】

燕樂，後魏置廣陽郡，領大興、方城、燕樂三縣。後齊廢郡，以大興、方城入焉。【略】

密雲。後魏置密雲郡，領白檀、要陽、密雲三縣。後齊廢郡及二縣入密雲。又有舊安樂郡，領安市、土垠二縣，後齊廢土垠入安市，後周廢安市入密雲縣。【略】

遼西郡。舊置營州。【略】

柳城。後魏置營州於和龍城，領建德、冀陽、昌黎、遼東、樂浪、營丘等郡，龍城、大興、永樂、帶方、定荒、石城、廣都、陽武、襄平、新昌、平剛、柳城、富平等縣。後齊唯留建德、冀陽二郡，永樂、帶方、龍城、大興等縣，其餘並廢。【略】

北海郡。舊置青州，後周置總管府。【略】

益都，舊置齊郡。【略】

臨淄，及東安平、西安，並後齊廢。【略】

千乘，舊置樂安郡。【略】

博昌，舊曰樂安。【略】

臨朐，舊曰昌國。【略】

北海，舊曰下密，置北海郡。後齊改郡曰高陽。【略】

營丘，後齊廢。【略】

下密。後魏曰膠東，後齊廢。【略】

齊郡。舊曰齊州。【略】

歷城，舊置濟南郡。【略】

鄒平，舊曰平原。【略】

章丘，舊曰高唐。【略】又宋置東魏郡，後齊廢。【略】

長山，舊曰武强，置廣川郡，併東清河、平原二郡入，改曰東平原郡。【略】

高苑，後齊曰長樂。【略】

亭山，舊曰衛國，後齊併土鼓、肥鄉入焉。【略】

淄川。舊曰貝丘，置東清河郡。後齊郡廢。【略】

東萊郡。舊置光州。【略】

掖，舊置東萊郡，後齊併曲城、當利二縣入焉。【略】

膠水，舊曰長廣。【略】

盧鄉，後齊盧鄉及挺城並廢。【略】

即墨，後齊及不其縣並廢。【略】

觀陽，後周廢。【略】

黄，舊置東牟、長廣二郡，後齊廢東牟郡入長廣郡。【略】

文登。後齊置。【略】

高密郡。舊置膠州。【略】

諸城，舊曰東武，置高密郡。【略】

東莞，後齊併姑幕縣入焉。【略】

郚城，舊置平昌郡。後齊廢郡，置琅邪縣，廢朱虚入焉。【略】

高密，後齊廢淳于縣入焉。

膠西。舊曰黔陬，置平昌郡。

又 卷三一《地理志下》 彭城郡。舊置徐州，後齊置東南道行臺，後周立總管府。【略】

彭城，舊置郡，後周併沛及南陽平二郡入。【略】

蘄，梁置蘄郡。後齊置仁州，又析置龍亢郡。【略】

穀陽，後齊置穀陽郡，【略】又有己吾、義城二縣，後齊併以爲臨淮縣。【略】

沛留，後齊廢。【略】

豐蕭，舊置沛郡，後齊廢爲承高縣。【略】

滕，舊曰蕃，置蕃郡。後齊廢。【略】

蘭陵，舊曰承，置蘭陵郡。【略】

符離，後齊置睢南郡，【略】有竹邑縣，梁置睢州。【略】

方與，後齊廢。【略】

魯郡。舊兗州。【略】

瑕丘，舊廢。【略】

任城，舊置高平郡。【略】

曲阜，舊曰魯郡，後齊改郡爲任城。【略】

平陸，後齊曰樂平。【略】

龔丘，後齊曰平原縣。【略】

博城。舊曰博，置泰山郡。後齊改郡曰東平，又併博平、牟入焉。【略】有奉高縣。【略】

琅邪郡。舊置北徐州，後周改曰沂州。【略】

臨沂，舊曰即丘，帶郡。【略】

費顓臾，舊曰南城武陽，【略】又有南城縣，後齊廢。【略】

新泰，後齊廢蒙陰縣入焉。

沂水，舊置南青州及東安郡，後周改州爲莒州。【略】

東安，後齊廢。【略】

莒。舊置東莞郡。後齊廢，後置義唐郡。【略】

東海郡。梁置南、北二青州，東魏改爲海州。【略】

朐山，舊曰朐，置琅邪郡。後周改縣曰朐山，郡曰朐山。【略】

東海，舊置廣饒縣及東海郡，後齊分廣饒置東海縣。【略】

漣水，舊曰襄賁。置東海郡。東魏改曰海安。【略】

沭陽，梁置潼陽郡。東魏改曰沭陽郡，置縣曰懷文。後周改縣曰沭陽。【略】

懷仁。梁置南、北二青州。東魏廢州，立義唐郡及懷仁縣。【略】

下邳郡。後魏置南徐州，梁改爲東徐州，東魏又改曰東楚州，陳改爲安州，後周改爲泗州。【略】

宿豫，舊置宿豫郡，【略】又梁置朝陽、臨沭二郡，後齊置晉寧郡，尋並廢。

夏丘，後齊置，並置夏丘郡，尋立潼州。後周改州爲宋州，縣曰晉陵。【略】

又東魏置臨潼郡，睢陵縣，後齊改郡爲潼郡。又梁置潼州，後齊改曰睢州，尋廢，亦入潼郡。【略】

徐城，梁置高平郡。東魏又併梁東平、陽平、清河、歸義四郡爲高平縣，又併梁朱沛、循儀、安豐三郡置朱沛縣。又有安遠郡，後齊廢，後周又併朱沛入高平。【略】

淮陽，梁置淮陽郡。東魏並綏化、呂梁二郡置綏化縣。後周改縣爲淮陽。【略】又有梁臨清、天水、浮陽三郡，東魏併爲甬城縣，後齊改曰文城縣，後周又改爲臨清。【略】

下邳，梁曰歸政，置武州，下邳郡。魏改縣爲下邳，置郡不改，改州曰東徐。後周改州爲邳州。【略】

良城，梁置武安郡。【略】

郯。舊置郡。【略】

江都郡。梁置南兗州，後齊改爲東廣州，陳復曰南兗，後周改爲吳州。【略】

江陽，舊曰廣陵，後齊置廣陵、江陽二郡。【略】

江都，自梁及隋，或廢或置。

海陵，梁置海陵郡。【略】

高郵，梁析置竹塘、三歸二縣，及置廣業郡，尋以有嘉禾，爲神農郡。【略】

安宜，梁置陽平郡及東莞郡。【略】

山陽，舊置山陽郡，【略】有後魏淮陰郡，東魏改爲淮州，後齊併魯、富陵立懷恩縣，後周改曰壽張，又僑立東平郡。【略】

盱眙，舊魏置盱眙郡。陳置北譙州，尋省。【略】

鹽城，後齊置射陽郡，陳改曰鹽城。【略】

清流，舊曰頓丘，置新昌郡及南譙州。【略】

全椒，梁曰北譙，置北譙郡。後齊改郡爲臨滁，後周又曰北譙。【略】

六合，舊曰尉氏，置秦郡。後齊置秦州。後周改州曰方州，改郡曰六合。【略】又後齊置瓦梁郡，陳廢。【略】

永福，舊曰沛，梁置涇城、東陽二郡，陳廢州，併二郡爲沛郡。後周改沛郡爲石梁郡，改沛縣曰石梁縣，省橫山縣入焉。【略】

延陵，舊置南徐州、南東海郡，梁改曰蘭陵郡，陳又改爲東海。【略】

曲阿。有武進縣，梁改爲蘭陵。【略】

鍾離郡。後齊曰西楚州。【略】

鍾離，舊置郡。【略】

定遠，舊曰東城。梁改曰定遠，置臨濠郡。後齊改曰廣安。【略】又有舊九江郡，後齊廢爲曲陽縣，縣尋廢。又有梁置安州，侯景亂廢。

化明，故曰睢陵，置濟陰郡。後齊改縣曰池南，陳復曰睢陵，後周改爲昭義。【略】

塗山。舊曰當塗。後齊改曰馬頭，置郡曰荆山。【略】

淮南郡。舊曰豫州，後魏曰揚州，梁曰南豫州，東魏曰揚州，陳又曰豫州，後周曰揚州。【略】

壽春，舊有淮南、梁郡、北譙、汝陰等郡。【略】

安豐，梁置陳留、安豐二郡。【略】

霍丘，梁置安豐郡，東魏廢。【略】

長平。梁置北陳郡。【略】

弋陽郡。梁置光州。【略】

光山，舊置光城郡。【略】又有舊黄川郡，梁廢。

樂安，梁置宋安郡，及宋安、光城二縣，又有豐安郡。【略】

定城，後齊置南郢州，後廢入南、北二弋陽縣，後又省北弋陽入南弋陽，改爲定遠焉。又後魏置弋陽郡，及有梁東新蔡縣。後周改爲淮南郡。又後齊置齊安、新蔡二郡，及廢舊義州，立東光城郡。【略】

殷城，舊曰包信，【略】梁置義城郡及建州，並所領平高、新蔡、新城三郡。【略】

固始，梁曰蓼縣。後齊改名焉，置北建州，尋廢州，置新蔡郡。後周改置澮州。【略】

期思。陳置邊城郡。【略】有後齊光化郡，亦廢入焉。【略】

蘄春郡。後齊置雍州，後周改曰蘄州。【略】

蘄春，舊曰蘄陽，梁改曰蘄水。後齊改曰齊昌，置齊昌郡。【略】

浠水，舊置永安郡。【略】

蘄水，舊曰蘄春，梁改名焉。【略】

黄梅，舊曰永興。【略】

羅田。梁置義州、義城郡。【略】

南郡。舊置荆州。西魏以封梁爲蕃國，又置江陵總管府。【略】

當陽，後周置平州，領漳川、安遠二郡，屬梁蕃。【略】梁又置安居縣。【略】

松滋，江左舊置河東郡。【略】

長林，舊曰長寧縣。【略】

公安，陳置荆州。【略】

安興，舊置廣牧縣，【略】又有定襄縣。【略】

紫陵。西魏置華陵縣，後周改名焉。其城南面，梁置都州，又置雲澤縣。

【略】

夷陵郡。梁置宜州，西魏改曰拓州，後周改曰硤州。【略】

夷道，舊置宜都郡。【略】

遠安。舊曰高安，置汶陽郡。又周改縣曰安遠。【略】

竟陵郡。舊置郢州。【略】

長壽，後周置石城郡。【略】又梁置北新州及梁寧等八郡，後周保定中，州及八郡總管廢入焉。【略】

藍水，宋僑立馮翊郡，蓮勺縣，西魏改郡爲漢東，縣爲藍水。又宋置高陸縣，西魏改曰漖水。【略】

蒶川，後周置，及置漖川郡。又置清縣，西魏改曰漖陂。【略】

漢東，齊置，曰上蔡，及置齊興郡。後周郡廢。【略】

清騰，梁置，曰梁安，又立崇義郡。後周廢郡。後周又有遂安郡。【略】

樂鄉，舊置武寧郡，西魏置都州。又梁置旌陽縣，後改名惠懷，西魏又改曰武山。【略】

豐鄉，西魏置，又置基州及章山郡。【略】

章山。西魏置，曰祿麻，及立上黄郡。【略】

沔陽郡。後周置復州。【略】

沔陽，梁置沔陽、營陽、州城三郡。西魏省州陵、惠懷二縣，置縣曰建興。後周置復州，後又省營陽、州城二郡入建興。【略】

竟陵，舊曰霄城，置竟陵郡。後周改縣曰竟陵。【略】又有京山縣，齊置建安郡，西魏改曰光川，後周郡廢。【略】

甑山。梁置梁安郡。西魏改曰魏安郡，置江州，尋改郡曰汶川。後周置甑山縣，建德二年州廢。【略】

沅陵郡。【略】

沅陵，舊置沅陵郡。【略】

大鄉，梁置。

鹽泉，梁置。

龍檦，梁置。【略】

辰溪。舊曰辰陽。【略】又梁置南陽郡，建昌縣，陳廢縣。【略】

武陵郡。梁置武州，後改曰沅州。【略】

武陵。舊置武陵郡。【略】

清江郡。後周置亭州。【略】

鹽水，後周置縣，並置資田郡。【略】

巴山，梁置宜都郡、宜昌縣，後周置江州。【略】

清江，後周置施州及清江郡。【略】

開夷，後周置，曰烏飛。【略】

建始。後周置業州及軍屯郡。【略】

襄陽郡。江左並僑置雍州。西魏改曰襄州，置總管府。【略】

襄陽，帶襄陽郡。【略】

安養，西魏置河南郡，後周廢樊城，山都二縣入。【略】

穀城，舊曰義城，置義城郡。後周廢郡，【略】又梁有筑陽，【略】又梁有興國、義城二郡，並西魏廢。【略】

上洪，宋僑立略陽縣，梁又立德廣郡。西魏改縣曰上洪。【略】又梁置新野郡，西魏改曰威寧，後周廢。【略】

率道，梁置。

漢南，宋曰華山，置華山郡。西魏改縣爲漢南，屬宜城郡。後周廢武建郡及惠懷、石梁、歸仁、鄾等四縣入，後省宜城郡入武泉。又梁置秦南郡，後周並武泉縣俱廢。【略】

陰城，西魏置酇城郡，後周廢。又梁置南陽郡，西魏改爲山都郡，後周省。

義清，梁置，曰穰縣。西魏改爲義清，屬歸義郡。後周廢郡及左安、開南、歸仁三縣入焉。又有武泉郡。【略】

南漳，西魏併新安、武昌、武平、安武、建平五縣置，初曰重陽，又立南襄陽郡。後周置沮州，尋廢，復改重陽縣曰思安。【略】

常平。西魏置，曰義安，置長湖郡，後改縣曰常平。【略】又後魏置旱停縣。

【略】

春陵郡。後魏置南荆州，西魏改曰昌州。【略】

棗陽，舊曰廣昌，並置廣昌郡。【略】又西魏置東荆州，尋廢。【略】

春陵，舊置安昌郡，【略】又後魏置豐良縣。【略】

湖陽，後魏置西淮安郡及南襄州，後郡廢，州改爲南平州。西魏改曰昇州，

後又改曰湖州。後周改置昇平郡。【略】又後魏置順陽郡，西魏改爲柘林郡。後周省郡，改縣曰柘林。【略】

上馬，後魏置，曰石馬，後訛爲上馬，因改焉。有鍾離縣，置洞州、洞川郡。後周州廢。【略】

蔡陽。梁置蔡陽郡，後魏置南雍州。西魏改曰蔡州，分置南陽縣，後改曰雙泉；又置千金郡、漻源縣。【略】

漢東郡。西魏置并州，後改曰隋州。【略】

隋，舊置隨郡，西魏又析置㵐西郡及㵐西縣。梁又置曲陵郡。【略】

土山，梁曰龍巢，置土州、東西二永寧、眞陽三郡，及置石武縣。後周廢三郡爲齊郡，改龍巢曰左陽；又有阜陵縣，改爲漳川縣。【略】

唐城，後魏曰㵐西，置義陽郡。西魏改㵐西爲下溠，又立肆州，尋曰唐州。後周省均、款、涓、歸四州入，改曰唐州。又有東魏南豫州，至是改爲㵐川郡，又置清嘉縣。【略】

安貴，梁置，曰定陽，又置北郢州。西魏改定陽曰安貴，改北郢州爲欵州，又尋廢爲涓水郡，別置戟城郡及戟城縣。後廢戟城郡，改戟城縣曰橫山。【略】

順義，梁置北隨郡。西魏改爲南陽，析置淮南郡；以厲城、順義二縣立冀州，尋改爲順州；又置安化縣。【略】

平林，梁置上明郡。【略】

上明，西魏置，曰洛平縣。【略】

光化。舊曰安化，西魏改爲新化，後周又改焉。

安陸郡。梁置南司州，尋罷。西魏置安州總管府。【略】

安陸，舊置安陸郡。【略】有舊永陽縣，西魏改曰吉陽，至是廢入。

孝昌，西魏置岳州及岳山郡，後周州郡並廢。又有澴岳郡。【略】

吉陽，梁置，曰平陽，及立汝南郡。西魏改郡爲董城，改縣曰京池。後周置澴州，尋州郡並廢。【略】又梁置義陽郡，西魏改爲南司州，尋廢。

應陽，西魏置，曰應城，又置城陽郡。【略】

雲夢，西魏置。

京山，舊曰新陽，梁置新州、梁寧郡。西魏改州爲温州，改縣爲角陵，又置盤陂縣。【略】

富水，舊曰南新市。西魏改爲富水，又置富水郡。【略】

應山。梁置，曰永陽，仍置應州，又有平靖郡。西魏又置平靖縣。【略】

永安郡。後齊置衡州，陳廢，後周又置。【略】

黄岡，齊曰南安，又置齊安郡。【略】又後齊置巴州，陳廢。後周置，曰弋州，統西陽、弋陽、邊城三郡。【略】

黄陂，後齊置南司州。後周改曰黄州，置總管府，又有安昌郡。【略】又後齊置滻州，陳廢之。

木蘭，梁曰梁安，置梁安郡，又有永安、義陽二郡。後齊置湘州，後改爲北江州。【略】

麻城。梁置信安，又有北西陽縣。陳廢北西陽，置定州。後周改州曰亭州，又有建寧、陰平、定城三郡。【略】

義陽郡。齊置司州。梁曰北司州，後復曰司州。後魏改曰郢州，後周改曰申州。【略】

義陽，舊曰平陽，置宋安郡。【略】

鍾山，舊曰鄳。後齊改曰齊安，仍置郡。【略】

羅山，後齊置，曰高安。【略】

禮山，舊曰東隨。【略】

淮源。後齊置，曰慕化，置淮安郡。【略】

澧陽郡。【略】

石門，舊置天門郡。【略】

孱陵，舊曰作唐，置南平郡。【略】

安鄉，舊置義陽郡。【略】

崇義。後周置衡州。

宋・鄭樵《通志》卷四〇《地理略・歷代封畛》 周文帝西魏大統中，東魏師至蒲津。文帝大統二年，齊神武親征至蒲津，以竇泰死退軍。文帝東征，剋陝州，兼得宜陽郡、邵郡。邵郡，今絳郡常縣。宜陽郡，今福昌郡。東師又至沙苑。其年冬，齊神武親征，大敗走。後文帝東征，至河陰，先勝後敗，大統四年，殺魏將高敖曹也。築城於玉壁。大統八年，將王思政築之。齊神武攻圍，不剋。至十二年，韋孝寬守之。齊神武又攻圍，六旬不剋。文帝又至邙山，先勝後敗，大統九年。得梁雍州。十六年，梁雍州刺史岳陽王詧舉州內附。廢帝初，剋平漢中，自梁侯景逆亂，遣將達奚武剋之。又遣軍平蜀。將尉遲迥剋之。文帝西征至姑臧，後又平江陵。齊王廓後元初于謹平之，殺梁元帝。自是疆理西有姑臧，西南有全蜀，南至于江矣。明帝武成二年，將賀若敦剋陳湘州之地。三年，失之。今澧陽、武陵、長沙、衡陽等地是。其河南自洛陽之東之北，河東自平陽之界屬于高齊。至武帝建德中，東征拔齊晉州城，尋又東征，破齊師於晉州城下，建德五年，攻拔晉州，使梁士彥守之。齊後主來攻，三旬餘不拔。六年又破齊後主軍。乘勝平齊。後遣軍破陳軍於呂梁，將王軌破陳將吳明徹，悉虜其衆也。其東南之境盡于長沙。通計州二百十有一、郡五百八、縣千二十有四。當全盛，戰爭之際則玉壁、初王思政守，後韋孝寬守，東軍攻不拔，遂置勳州。邵郡、齊子嶺、今王屋縣東二十里周齊分界處。通洛防、故函關城，武帝保定中改名。今在新安縣東。黄櫨三城、今永寧縣西北。宜陽郡、陜州、土劃、今長水郡西北二十五里。三荆、將獨孤信署定北荆州，今即伊陽縣。東荆州後改曰淮州，今淮安郡。荆州，今南陽郡。三鵶鎮，今汝州魯山縣西南名平高城。置兵以備東軍。

清・徐文范《東晉南北朝輿地表・年表》卷八《吐谷渾夸呂二十四》

按：《周・高祖本紀》載是年凡改州四十六，置州一，改郡一百六，改縣二百三十，郡縣繁多，未及偏載云云。範以所改郡縣備注歷年前後，而即所載之州數之，亦惟四十二州，以《年表》質對，三十二州可考見。參以西魏，斯時疆域原相印合，其南夏州以下十州未詳，不敢妄為附會，姑闕俟考。其餘並見下《魏末周初疆域》。

置襄州于襄陽，改東荆州曰淮壽，又改為純州。改南荆州曰昌州，改南洛州曰上州，改南廣州曰清州，改南襄州曰湖州，改義州為宕州，改西郢州曰鴻州，改北應州曰輔州，改北雍州曰宜州，改新州曰溫州，改江州曰沔州，改安州曰泗州，改并州曰隨州，改肆州曰塘州，改華州曰同州，改汾州曰丹州，改東雍州曰華州，改南雍州曰蔡州，改西安州曰鹽州，改北華州曰鄜州，改青州曰眉州，改東夏州曰延州，改南秦州曰成州，改北秦州曰交州，改南汾州曰勳州，改南平州曰昇州，改南魏州曰寧州，改南岐州曰鳳州，改東梁州曰金州，改南梁州曰隆州，改南益州曰利州，改西涼州曰甘州，以上並可考見。

又南夏曰長北，梁曰靜，陽都曰汾，恒曰均，沙曰深，寧曰麓，冀曰順，揚曰潁，司曰憲，南郢曰歸。此十州未詳。

又　卷九《魏末周初疆域》　雍州。治長安，統郡六、縣二十三。

京兆郡。【略】

渭南郡。【略】

馮翊郡。【略】

延壽郡。【略】

扶風郡。【略】

武鄉郡。【略】

勳州。治楊氏堡，夏陽。

隴州。治汧，統郡二、縣五。

隴東郡。【略】

平涼郡。【略】

宜州。治華原，統郡四、縣八。

北地郡。【略】

宜君郡。【略】

建忠郡。【略】

平高郡。【略】

原州。治高平，統郡二、縣四。

太平郡。【略】

長城郡。【略】

鹽州。統郡一、縣一。

五原郡。【略】

寧州。治彭陽，統郡二、縣八。

西北地郡。【略】

趙興郡。【略】

燕州。統郡一、縣二。

襄洛郡。【略】

涇州。治臨涇，統郡二、縣八。

安定郡。【略】

趙平郡。【略】

秦州。治上封，統郡四、縣十二。

天水郡。【略】

漢陽郡。【略】

略陽郡。【略】

清水郡。【略】

河州。治枹罕，統郡五、縣十四。

枹罕郡。【略】

金城郡。【略】

洪和郡。【略】

廣武郡。【略】

武始郡。【略】

岷州。治臨洮，統郡二、縣四。

臨洮郡。【略】

同和郡。【略】

武州。治仙陵洛谷城，統郡六、縣十六。

武都郡。【略】

修武郡。【略】

綏戎郡。【略】

孔堤郡。【略】

武階郡。【略】

萬郡。【略】

興州。治武興，統郡六、縣十四。

順政郡。【略】

盤頭郡。【略】

落叢郡。【略】

葉陽郡。【略】

廣長郡。【略】

武興郡。【略】

成州。治仇池，統郡五、縣十四。

仇池郡。【略】

天水郡。【略】

漢陽郡。【略】

潭水郡。【略】

武都郡。【略】

鳳州。治固道，統郡五、縣九。

歸真郡。【略】

廣化郡。【略】

兩當郡。【略】

武陽郡。【略】

廣業郡。【略】

文州。治陰平，統郡一、縣三。

葭蘆郡。【略】

梁州。治晉昌，統郡三、縣十一。

魏昌郡。【略】

漢中郡。【略】

褒中郡。【略】

洋州。治西鄉，統郡三、縣四。

洋川郡。【略】

豐寧郡。【略】

懷昌郡。【略】

金州。治魏興，統郡四、縣六。

金城郡。【略】

安康郡。【略】

魏明郡。【略】

吉安郡。【略】

上州。治長利，統郡三、縣七。

豐利郡。【略】

洵陽郡。【略】

上津郡。【略】

綏州。治新城，統郡一、縣三。

光遷郡。【略】

羅州。治上庸，統郡一、縣二。

上庸郡。【略】

始州。治梓潼，統郡四、縣五。
潼川郡。【略】
普安郡。【略】
黄原郡。【略】
安都郡。【略】
潼州。治涪，統郡二、縣三。
涪城郡。【略】
巴中郡。【略】
利州。治晉壽，統郡二、縣五。
晉壽郡。【略】
新巴郡。【略】
沙州。治白水，統郡二、縣二。
平興郡。【略】
東洛郡。【略】
隆州。治巴西，統郡十、縣十五。
隆城郡。【略】
盤龍郡。【略】
通川郡。【略】
北巴郡。【略】
新安郡。【略】
宕渠郡。【略】
金遷郡。【略】
白馬郡。【略】
義陽郡。【略】
萬安郡。【略】
渠州。治宕渠，統郡三、縣五。
流江郡。【略】
鄰山郡。【略】
竟陽郡。【略】
容州。治墊江。統郡二、縣二。
容山郡。【略】
金泉郡。【略】
益州。治武都，統郡九、縣十五。
蜀郡。【略】
懷寧郡。【略】
宋興郡。【略】
宋寧郡。【略】
寧蜀郡。【略】
和仁郡。【略】
江原郡。【略】
齊基郡。
晉熙郡。
東益州。治繁，統郡一、縣四。
東晉壽郡。【略】
邛州。治依政，統郡二、縣二。
臨邛郡。【略】
蒲原郡。【略】
雅州。治火井，統郡一、縣二。
蒙山郡。【略】
江州。治江陽，統郡一、縣二。
犍為郡。【略】
陵州。治陵井，統郡一、縣二。
懷仁郡。【略】
眉州。治玉津，統郡三、縣三。
齊通郡。【略】
齊樂郡。【略】
青城郡。【略】
戎州。治僰道，統郡一、縣二。
六同郡。【略】
資州。治資中，統郡二、縣三。

普慈郡。

武康郡。【略】

澠州。治汶山，統郡一、縣一。

北部郡。【略】

鄧州。治安昌，統郡二、縣四。

鄧寧郡。【略】

昌寧郡。【略】

芳州。治甘松，統郡一、縣二。

深泉郡。【略】

瀘州。治江陽，統郡一、縣二。

江陽郡。【略】

陝州。治恒農，統郡四、縣六。

恒農郡。【略】

西恒農郡。【略】

宜陽郡。【略】

河南郡。【略】

陽州。治宜陽，統郡三、縣四。

宜陽郡。【略】

金門郡。【略】

新安郡。【略】

汾州。治寄氏，統郡二、縣四。

上黨郡。【略】

北琅邪郡。【略】

洛州。治上洛，統郡四、縣四。

洛郡。【略】

拒陽郡。【略】

長和郡。【略】

魏興郡。【略】

東秦州。治蒲坂，統郡四、縣十一。

河東郡。【略】

綏化郡。【略】

安邑郡。【略】

河北郡。【略】

勳州。治皮氏玉壁，統郡一、縣一。

内陽郡。【略】

絳州。治玉壁，統郡二、縣三。

高河郡。【略】

昌城郡。【略】

麓州。治廬氏，統郡一、縣三。

義川郡。【略】

東義州。統郡二、縣五。

朱陽郡。【略】

上庸郡。【略】

西江州。統郡一。

魏安郡。

沔州。治沔陽，統郡四、縣四。

汶川郡。【略】

州陵郡。【略】

懷惠郡。【略】

營陽郡。【略】

廣州。治平氏，統郡一、縣二。

漢廣郡。【略】

基州。治旌陽及臨沮，統郡一、縣一。

章山郡。【略】

平州。治當陽，統郡二、縣三。

漳川郡。【略】

安遠郡。【略】

同州。治澄城，統郡二、縣七。

澄城郡。【略】

白水郡。【略】

華州。治鄭，統郡一、縣四。
華山郡。【略】
岐州。治雍城，統郡四、縣十七。
武都郡。【略】
武功郡。【略】
寧夷郡。【略】
豳州。治漆，統郡一、縣二。
新平郡。【略】
會州。治漢鶉陰界。
顯州。治漢陽周城。
豊州。【略】
雲州。治豊城。
朔州。治漢都郅縣。
蔚州。治樂蟠，統郡一、縣一。
歸德郡。【略】
恒州。治漢三水縣，統郡一、縣一。
弘化郡。【略】
鄜州。治漢廓城，統郡一、縣三。
敷城郡。【略】
敷州。治漢翟道，統郡一、縣三。
中部郡。【略】
丹州。右三堡鎮，統郡二、縣四。
義川郡。【略】
樂川郡。【略】
夏州。治統萬，統郡一、縣三。
金明郡。【略】
長州。治漢三封縣，統郡二、縣三。
闡熙郡。【略】
大安郡。【略】
延州。治朔方，統郡六、縣十四。
偏城郡。【略】
朔方郡。【略】
上郡。【略】
定陽郡。【略】
神水郡。【略】
交安郡。【略】
綏州。治膚施，統郡三、縣十。
安寧郡。【略】
安政郡。【略】
撫寧郡。【略】
渭州。治隴西，統郡四、縣七。
隴西郡。【略】
南安陽郡。【略】
廣安郡。【略】
南安郡。
靈州。治懷德，統郡一、縣一。
臨河郡。【略】
交州。治南安，統郡一、縣二。
安陽郡。【略】
涼州。治姑臧，統郡四、縣六。
武威郡。【略】
昌松郡。【略】
魏安郡。【略】
番和郡。【略】
鄯州。治西平，統郡二、縣三。
澆河郡。【略】
石城郡。【略】
甘州。統郡一、縣二。
張掖郡。【略】
瓜州。統郡八、縣十四。

敦煌郡。【略】

酒泉郡。【略】

效穀郡。【略】

壽昌郡。【略】

常樂郡。【略】

玉門郡。【略】

會稽郡。【略】

晉昌郡。【略】

龍州。治江油，統郡四、縣五。

江油郡。【略】

馬盤郡。【略】

建陽郡。【略】

陰平郡。【略】

遂州。統郡四、縣八。

東遂寧郡。【略】

懷化郡。【略】

臨亮郡。【略】

湧泉郡。【略】

新州。治伍城，統郡七、縣十二。

昌城郡。【略】

廣漢郡。【略】

德陽郡。【略】

南陰平郡。【略】

西遂寧郡。【略】

金泉郡。【略】

晉熙郡。【略】

巴州。治漢昌，統郡六、縣十三。

歸化郡。【略】

木門郡。【略】

萬榮郡。【略】

遂寧郡。【略】

其章郡。【略】

伏虞郡。【略】

集州。治江州，統郡二、縣三。

巴郡。【略】

七門郡。【略】

合州。治墊江，統郡二、縣三。

墊江郡。【略】

清居郡。【略】

信州。治白帝，統郡一、縣五。

巴東郡。【略】

通州。治巴渠，統郡二、縣二。

東關郡。【略】

新寧郡。【略】

開州。統郡三、縣二。

周安郡。【略】

萬安郡。

江會郡。【略】

遷州。東鄉。

石州。石鼓。

并州。永昌郡。

都州。治華陵，統郡四、縣八。

漢東郡。【略】

沔陽郡。【略】

武寧郡。【略】

齊興郡。【略】

柘州。治夷陵，統郡一、縣一。

宜都郡。【略】

安州。治安陸，統郡四、縣七。

安陸郡。【略】

城陽郡。【略】

重城郡。【略】

富人郡。【略】

江州。統郡二、縣四。

竟陵郡。【略】

九州郡。【略】

温州。治新陽，統郡一、縣二。

梁寧郡。【略】

岳州。治孝昌，統郡一、縣一。

岳山郡。【略】

襄州。治襄陽，統郡八、縣十八。

義城郡。【略】

華山郡。【略】

武建郡。【略】

宜城郡。【略】

秦南郡。【略】

南襄陽郡。【略】

河南郡。【略】

襄陽郡。【略】

隨州。治隨，統郡二、縣六。

溳西郡。【略】

平靖郡。【略】

均州。

款州。

歸州。

鄭州。

南豫州。東魏置。

蔡州。治蔡陽，統郡二、縣三。

蔡陽郡。【略】

千金郡。【略】

昌州。統郡一、縣三。

安昌郡。【略】

唐州。統郡一、縣一。

上明郡。【略】

鄧州。治宛，統郡二、縣四。

南陽郡。【略】

旌陽郡。【略】

油州。

睢州。

憲州。

魯州。治魯陽，統郡二、縣六。

魯陽郡。【略】

武關郡。【略】

蒙州。治淯陽，統郡一、縣三。

襄邑郡。【略】

淮州。自淮至溱，並治比陽界，統郡一、縣二。

舞陰郡。【略】

純州。統郡一、縣一。

期城郡。【略】

鴻州。統郡一、縣三。

江夏郡【略】

殷州。統郡一、縣一。

城陽郡。【略】

鄭州。統郡二、縣三。

襄城郡。【略】

輔城郡。【略】

潘州。統郡一、縣一。

周康郡。【略】

溱州。統郡一、縣二。

南郭郡。【略】

萬州。治穰，統郡七、縣十三。

襄城郡。【略】

黄岡郡。【略】

酇城郡。【略】

順陽郡。【略】

丹水郡。【略】

山都郡。

南陽郡。

洞州。治新野，統郡一、縣一。

洞川郡。【略】

淅州。治南鄉，統郡二、縣八。

秀山郡。【略】

淅陽郡。【略】

豐州。治武當，統郡三、縣七。

武當郡。【略】

齊興郡。【略】

廣福郡。【略】

郢州。治義陽，統郡三、縣六。

義陽郡。【略】

魏安郡。【略】

西汝南郡。【略】

輔州。治平氏，統郡三、縣一。

淮陽郡。【略】

上川郡。

曲義陽郡。

湖州。治湖陽，統郡一、縣一。

柘林郡。【略】

時有州一百二十八、郡二百八十九、縣四百九十二。實有晉二十一州之雍、秦、涼、梁、益五全州及寧州北境、荆州半强、司州四之一，並雍州北徼外朔方地。

又**《周建德初疆域》** 雍州。治長安。京兆、馮翊、延壽、武鄉、扶風。

華州。治鄭。

華山。

同州。治澄城。【略】

岐州。治雍城。

岐山、武都、秦郡、周南、武功。

置朔州于古西虢地。

置雲州于鄜城。

隴州。治汧。

隴東、平原、汧陽。

隴州時已併入雍，置顯州于陳倉，前。

置恒州于盩厔。

宜州。治華原。

宜君、平昌、中華。

原州。治高平。

太平、長城。

鹽州。治五原。

五原。

置蔚州于靈邱界，又置豐州。

寧州。治彭陽。

西北地、趙興。

燕州。襄洛。

涇州。治臨涇。

安定。

豳州。治漆。

新平。

蔚州。治樂蟠。

歸德。

恒州。治漢三水縣。

弘化。
鄜州。治鄜城。
敷州。治漢翟道。
內部。
丹州。治三堡鎮。
樂川、義川。
夏州。治統萬。
金明。
長州。治三封。
闡熙、大安。
延州。治朔方。
偏城、上郡、定陽、文安。
綏州。治膚施。
安寧、安政、撫寧。
靈州。治懷德。
臨河。
會州。治臨河。
普樂、懷遠。
銀州。治乞銀城。
眞鄉、開光。
以上在晉雍州及朔方。
復州。治沔陽。
竟陵、沔陽、魯山。
都州。治漢東。
漢東、武寧。
又置鄖州于雲杜。
安州。治安陸。
安陸、城陽、富入。
郢州。石城、澂川。
環州。治孝昌。
環岳。
江州。魏安。
襄州。治襄陽。
襄陽、河南、華山、南襄陽。
隨州。治隨。
㵐西、㵐川、廣昌、崇葉。
蔡州。治蔡陽。
千金、蔡陽。
昌州。安昌。
唐州。治㵐。
上明。
又置順州。
鄧州。治宛。
南陽、旌陽、武關。
申州。治義陽。
義陽、大義。
鄭州。至殷州並治泚陽界。
昇平、襄城。
純州。期城、輔城。
淮州。舞陰、周康。
潘州。武山。
殷州。江夏。
秦州。眞君。
蒙州。治淯陽。
襄邑。
魯州。治魯陽。
魯陽。
豐州。治武當。
武當、齊興、廣福。

萬州。治穰。
襄城、酇城、順陽、丹水。
廣州。治平氏。
漢廣。
淅州。治南鄉。
南鄉。
信州。治白帝。
巴東。
通州。治巴渠。
東關、新寧。
硤州。治夷陵。
宜都、建平、黔中。
開州。萬安、江會。
幷州。永昌。
以上在晉荆州。
商州。治上洛。
上洛。
麓州。治廬氏。
義川。
洮州。治美相。
洮陽。
亭州。治建平界。
資田、周安。
虞州。治河北。
河北。
邵州。邵郡。
秦州。治上邽。
天水、略陽、清水。
渭州。治隴西。
南安。

交州。治安陽。
安陽。
河州。治枹罕。
金城、武始、臨城、廣武、枹罕。
岷州。治臨洮。
同和、祐川。
武州。治仙陵洛谷城。
武都、武階。
興州。治武興。
順政、落叢、華陽、廣長、武興。
成州。治仇池。
仇池、漢陽、武都。
鳳州。治固道。
廣化、兩當、廣業。
交州。治陰平。
葭蘆。
龍州。治江油。
江油、馬盤、建陽、靜龍。
扶州。治龍涸。
龍涸、眞蕃。
宕州。治宕昌。
甘松、宕昌。
蓬州。治恒陵。
伏虞、其章。
鄯州。治西平。
樂都、石城。
涼州。治姑臧。
武威。
甘州。治張掖。
張掖。

瓜州。治敦煌。
敦煌、京興、河泉、晉昌。
以上在晉秦、涼二州。
巴州。治漢昌。
歸化、木門、萬榮。
楚州。治江州縣。
巴郡。
臨州。治臨江。
七門。
遂州。治遂寧。
石山、懷化、鹽泉、湧泉。
合州。治墊江。
墊江、清居。
梁州。治漢中。
漢川。
洋州。治西鄉。
洋川。
金州。治魏興。
金城、安康、魏明、石城。
洵州。治吉安。
吉安。
上州。治長利。
洵陽、甲郡。
遷州。治新城。
元遷。
又置綏州。
羅州。治上庸。
上庸。
康州。治同谷。
廣業、修武。
新州。治伍城。
昌城、廣漢、晉熙、西遂寧。
始州。治梓潼。
潼川、普安、黄原、安都。
潼州。治涪。
安成、巴中。
利州。治晉壽。
晉襄、新巴。
沙州。治白水。
東興、東洛。
隆州。治巴西。
隆城、盤龍、北巴、新安、宕渠、金遷、白馬、義陽、萬安。
渠州。治宕渠。
流江、鄰山、竟陽。
容州。治墊江。
容山、金泉。
益州。治成都。
蜀郡、和仁、江原、齊基、九隴。
邛州。治依政。
臨邛、蒲原、蒙山。
雅州。治犍為。
平羌、沈犀、隆山。
陸州。治蒲。
懷仁。
眉州。治玉津。
齊通、齊樂、青城。
戎州。治僰道。
六同。
資州。治資中。
武康。

澠州。治汶山。北部。
鄧州。治安昌。
鄧寧。昌寧。
芳州。治甘松。
深泉。
瀘州。治江陽。
江陽、洛源。
翼州。治七頃山。
翼針、廣年、左封。
潭州。同上。
潭川、榮鄉、清江。
嚴州。治越嶲。
宣化、沙郡、邛郡、亮善。
置黎州于沈黎，奉州于涪陵，遷州于石鼓，石州于東鄉。
以上在晉梁、益二州。
陝州。治弘農。
弘農、閿鄉、上黨、北鄉。
中州。治新安。
新安。
和州。治伏流城。
河南。
蒲州。治蒲坂。
河東、安邑、汾陰、永樂。
絳州。治正平。
正平、高河、昌城。
汾州。治北屈。
定陽、西河、敷城、伍城、北伍城。
勳州。治玉壁。
內陽。
懷州。治河內界。
王屋。
以上在司州。

又 卷一〇《周末隋初疆域》 京兆尹。治長安。
長安、萬年、新豐、渭南、藍田、鄠。
馮翊郡。【略】
馮翊，治晉京北之高陵，治馮翊故大荔城，治晉馮翊之下邽，治晉始平郡槐里。
武鄉郡。【略】
在晉京兆、弘農間。
延壽郡。【略】
在晉馮翊郡。
扶風郡。【略】
華州。治鄭。
華山郡。【略】
同州。治郃陽。
澄城郡。【略】
白水郡。【略】
宜州。治故祋祤。
宜君郡。【略】
宜君，在晉馮翊之蓮芍。
雲陽郡。【略】
通川郡。【略】
岐州。治雍城。
岐山郡。【略】
在晉扶風郡。
武都郡。【略】
在晉扶風郡。
隴東郡。【略】
在晉京兆郡。
平源郡。【略】

涇州。治臨涇。
安定郡。【略】
原州。治高平。
太平郡。【略】
長城郡。【略】
在晉安定郡。
豳州。治漆。
新平郡。【略】
北地郡。【略】
趙興郡。【略】
以上在晉雍州。
寧州。治故彭陽。
西北地郡。【略】
敷州。治秦上郡杏城。
敷城郡。【略】
鄜城郡。【略】
内部郡。【略】
上郡。【略】
延州。治朔方。
偏城郡。【略】
在漢高奴縣。
文安郡。【略】
丹州。治秦臨河縣。
義川郡。【略】
樂川郡。【略】
綏州。治故膚施。
安寧郡。【略】
安政郡。【略】
長州。治三封。
闡熙郡。【略】
大安郡。【略】
銀州。治驄馬城。
真鄉郡。【略】
撫寧郡。【略】
開光郡。【略】
夏州。治統葛。
弘化郡。【略】
鹽州。治馬嶺。
大興郡。【略】
靈州。治薄骨律。
普樂郡。【略】
臨浦郡。【略】
歷城郡。【略】
懷遠郡。【略】
秦州。治上邽。
天水郡。【略】
略陽郡。【略】
清水郡。【略】
以上在晉雍、秦二州北邊。
渭州。治隴西之南安。
南安郡。【略】
交州。治中陶。
安陽郡。【略】
岷州。治武街。
同和郡。【略】
博陵郡。【略】
洮州。治美相。
洮陽郡。【略】
西疆郡。【略】
疊州。治疊州。

開遠郡。【略】

弘州。

河潛郡。

旭州。

通義郡。【略】

廣恩郡。【略】

洮、疊、弘、旭四州逐吐谷渾置。

武州。治武都。

永都郡。【略】

武階郡。【略】

興州。治武興。

順政郡。【略】

落叢郡。【略】

華陰郡。【略】

在晉漢中郡界。

鳳州。治固道。

廣化郡。【略】

兩當郡。【略】

康州。治河池。

廣業郡。【略】

成州。治仇池。

漢陽郡。【略】

仇池郡。【略】

交州。治陰平。

葭蘆郡。【略】

龍州。治江油。

江油郡。【略】

馬盤郡。【略】

建陽郡。【略】

靜龍郡。【略】

河州。治枹罕。

枹罕郡。【略】

武始郡。【略】

廣武郡。【略】

金城郡。【略】

以上在晉秦州。

鄯州。治覃。

樂都郡。【略】

廓州。逐吐谷渾置。

澆河郡。【略】

達化郡。【略】

宕州。治宕昌。

宕昌郡。【略】

甘松郡。【略】

涼州。治姑臧。

武威郡。【略】

甘州。治張掖。

張掖郡。【略】

瓜州。治敦煌。

敦煌郡。【略】

酒泉郡。【略】

涼興郡。【略】

以上在晉涼州。

梁州。治漢中。

漢川郡。【略】

儻成郡。【略】

洋州。治西鄉。

洋川郡。【略】

集州。治蒲池。

平桑郡。【略】

金州。治魏興。
金城郡。【略】
吉安郡。【略】
石城郡。【略】
上州。治長利。
洵陽郡。【略】
直州。治直城。
安康郡。【略】
遷州。治新城。
光遷郡。【略】
新州。治伍城。
玄武郡。【略】
鹽亭郡。【略】
湧泉郡。【略】
昌城郡。【略】
廣漢郡。【略】
晉熙郡。【略】
利州。治晉壽。
晉壽郡。【略】
新巴郡。【略】
隆州。治巴西。
盤龍郡。【略】
隆城郡。【略】
宕渠郡。【略】
金遷郡。【略】
白馬郡。【略】
義陽郡。【略】
渠州。治宕渠。
萬安郡。【略】
流江郡。【略】
鄰山郡。【略】
竟陽郡。【略】
綏州。治房陵東。【略】
羅州。治上庸。【略】
遂州。治遂寧。
石山郡。【略】
懷化郡。【略】
始州。治梓潼。
普安郡。【略】
黄原郡。【略】
潼川郡。【略】
安都郡。【略】
潼州。治涪城。
安城郡。【略】
巴中郡。【略】
沙州。治白水。
平興郡。【略】
宋熙郡。【略】
容州。治墊江。
容山郡。【略】
以上在晉梁州。
益州。治成都。
蜀郡。【略】
和仁郡。【略】
九龍郡。【略】
邛州。治臨邛。
臨邛郡。【略】
蒲原郡。【略】
蒙山郡。【略】
資州。治資中。

武康郡。【略】
資中郡。【略】
普慈郡。【略】
安居郡。【略】
汶州。治汶山。
汶山郡。【略】
北部郡。【略】
瀘州。治江陽。
江陽郡。【略】
洛源郡。【略】
嚴州。治越巂。
宜化郡。【略】
沙郡。【略】
邛部郡。【略】
平樂郡。
亮善郡。【略】
鄧州。治甘松。
鄧寧郡。【略】
昌寧郡。【略】
芳州。治鄧至。
深泉郡。【略】
信州。治白帝城。
巴東郡。【略】
建平郡。【略】
秭歸郡。【略】
周安郡。【略】
南州。治南陽。
懷德郡。【略】
萬川郡。【略】
黎州。治沈黎。

遷州。治石鼓。
臨清郡。【略】
石州。治東鄉。
三巴郡。【略】
通州。治巴渠。
東關郡。【略】
新寧郡。【略】
汶陽郡。【略】
并州。在巴東界。
永昌郡。【略】
開州。在巴東界。
萬世郡。【略】
雅州。治犍為。
隆山郡。【略】
犍為郡。【略】
陵州。治蒲。
懷仁郡。【略】
嘉州。治峨眉。
平羌郡。【略】
沈犀郡。【略】
眉州。治玉津。
齊通郡。【略】
青城郡。【略】
戎州。治僰道。
六同郡。【略】
翼州。治蠶陵。
翼針郡。【略】
廣年郡。【略】
左封郡。【略】
潭州。亦治蠶陵。

潭川郡。【略】
滎鄉郡。【略】
清江郡。【略】
龍涸郡。【略】
寧州。治安昌。
恒蕃郡。【略】
蓬州。治宕渠。
伏虞郡。【略】
其章郡。【略】
巴州。治漢昌。
歸化郡。【略】
木門郡。【略】
萬榮郡。【略】
遂寧郡。【略】
楚州。
巴郡。【略】
臨州。
七門郡。【略】
合州。
墊江郡。【略】
清居郡。【略】
黔州。
涪陵郡。
亭州。
建平郡。【略】
陰平郡。
定城郡。
以上在晉益州。
硤州。治夷陵。
宜都郡。【略】

施州。治沙渠。
清江郡。【略】
衡州。治黔中。
黔中郡。
安州。治安陸。
安陸郡。【略】
鄖州。至宜人郡並在晉江夏、宋安陸。
城陽郡。【略】
豫州。
澴岳郡。【略】
重城郡。【略】
温州。
梁寧郡。【略】
富人郡。【略】
宜人郡。【略】
襄州。治襄陽。
襄陽郡。【略】
河南郡。【略】
南襄陽郡。【略】
武泉郡。【略】
華山郡。【略】
鄧州。治宛。
南陽郡。【略】
雄陽郡。【略】
武關郡。【略】
武山郡。【略】
蒙州。治清陽。
襄邑郡。【略】
舞陰郡。【略】
期城郡。【略】

萬州。治穰。
順陽郡。【略】
洞川郡。【略】
申州。治義陽。
宋安郡。【略】
漢廣郡。【略】
上川郡。【略】
大義郡。【略】
昇平郡。【略】
郢州。治竟陵。
竟陵郡。【略】
漖川郡。【略】
沔州。治沔陽。
沔陽郡。【略】
汶州郡。【略】
石城郡。【略】
魯山郡。【略】
亭州。治都亭。
資田郡。【略】
葉州。治建始。
軍屯郡。
江州。治宜都之佷山、巴山。
淮州。治比陽。
真君郡。【略】
殷州。治溱，並治比陽。
城陽郡。【略】
淮安郡。真昌。
鄭州。
江夏郡。【略】
潘州。

襄城郡。【略】
溱州。
周康郡。【略】
魯州。治魯陽。
魯陽郡。【略】
淅州。治南鄉。
南鄉郡。【略】
昌州。治廣昌。
安昌郡。【略】
豐州。治武當。
武當郡。【略】
齊興郡。【略】
廣福郡。【略】
唐州。治灦西。
灦川郡。【略】
義陽郡。【略】
上朗郡。
順州。治鄧。
淮南郡。【略】
隋州。治隋。
灦西郡。【略】
廣昌郡。【略】
蔡州。治蔡陽。
蔡陽郡。【略】
千金郡。【略】
以上在晉荊州。
揚州。治壽春。
淮南郡。【略】
梁郡。
北譙郡。

陳留郡。
北陳郡。
邊城郡。
新蔡郡。
安豐郡。
下蔡郡。
潁川郡。

統計所領十數縣，並東晉後所僑置，其實不過漢、晉一縣之地，茲概不録，以見《郡縣表》及齊天保七年，故止誌郡數。凡西楚合南譙仿此，若實縣數見下『開皇三年省郡』下。

南譙州。治全椒。
新昌郡。【略】
北譙郡。
高唐郡。
晉州。治皖。
晉熙郡。【略】
大雷郡。【略】
樅陽郡。【略】
龍安郡。【略】
和州。治歷陽。
歷陽郡。【略】
烏江郡。【略】
西楚州。治鍾離。
鍾離郡。
荆山郡。
彭沛郡。
安定郡。
廣梁郡。
魯郡。
濟陰郡。
北陽平郡。
合州。治合肥。
汝陰郡。
南頓郡。
南梁郡。
北梁郡。
西汝南郡。
廬江郡。
霍州。治六。
岳安郡。【略】
安豐郡。【略】
以上在晉揚州之江北。
吳州。治廣陵。
廣陵郡。【略】
江陽郡。【略】
石梁郡。【略】
山陽郡。【略】
鹽城郡。【略】
海陵郡。【略】
東平郡。【略】
東莞郡。【略】
神農郡。【略】
淮州。治盱眙。
盱眙郡。【略】
沂州。治琅邪。
琅邪郡。【略】
蘭陵郡。【略】
莒州。治新泰。
東安郡。【略】
義塘郡。【略】

膠州。治東武。

高密郡。【略】

平昌郡。【略】

徐州。治彭城。

彭城郡。【略】

睢南郡。【略】

泗州。治宿豫。

宿豫郡。【略】

淮陽郡。【略】

高平郡。【略】

方州。治堂邑。

六合郡。【略】

邳州。治下邳。

下邳郡。【略】

武安郡。【略】

郯郡。【略】

宋州。治夏邱。

夏邱郡。【略】

潼郡。【略】

海州。治朐山。

朐山郡。【略】

海安郡。【略】

東海郡。【略】

沭陽郡。【略】

義塘郡。【略】

以上在晉徐州。

青州。治東陽。

齊郡。【略】

樂安郡。【略】

齊州。治歷下。

濟南郡。【略】

高陽郡。【略】

東平原郡。【略】

東光州。治東樂。

東萊郡。【略】

長廣郡。【略】

西兗州。治滑臺。

濮陽郡。【略】

東郡。【略】

兗州。治瑕邱。

任城郡。【略】

高平郡。【略】

東平郡。【略】

濟州。治碻磝。

濟北郡。【略】

肥城郡。【略】

平原郡。【略】

曹州。治定陶。

濟陰郡。【略】

永昌郡。【略】

汴州。治浚儀。

陳留郡。【略】

陽夏郡。【略】

以上在晉兗州。

亳州。治譙。

陳留郡。【略】

譙州。治銍。

譙郡。【略】

蒙郡。【略】

高塘郡。【略】

亳州。併上。
梁郡。【略】
仁州。治龍亢。
蘄城郡。【略】
龍亢郡。【略】
穀陽郡。【略】
豫州。治上蔡。
汝南郡。【略】
汝陰郡。【略】
臨潁郡。【略】
溮州。治西平。
文城郡。【略】
蔡州。治蔡陽。
廣寧郡。【略】
梁安郡。【略】
光州。治西陽。
光城郡。【略】
義城郡。
平高郡。
新蔡郡。
邊城郡。
齊化郡。
郢州。治弋陽。
弋陽郡。【略】
齊安郡。
新蔡郡。
淮南郡。
東光城郡。
許州。治長社。
許昌郡。【略】

潁川郡。【略】
陽翟郡。【略】
南襄城郡。【略】
陳州。治項。
陳郡。【略】
項城郡。【略】
淮陽郡。【略】
陳留郡。【略】
潁川郡。【略】
北陳郡。【略】
灊州。治固淯。
安昌、齊興。
息州。治新息。
汝南郡。【略】
蔡郡。
建安郡。
永州。治楚城。
城陽郡。【略】
澮州。治固始。
新蔡郡。【略】
弋州。治郲。
西陽郡。【略】
黄州。治西陵。
安昌郡。【略】
蘄州。治蘄春。
齊昌郡。【略】
永安郡。【略】
義州。
義城郡。【略】
汝州。治襄城。

襄城郡。【略】
定陵郡。【略】
南陽郡。【略】
順陽郡。【略】
以上在晉豫州。
洛州。治金墉。
洛陽郡。【略】
河南郡。【略】
陽城郡。【略】
松州。治陛渾。
伊川郡。【略】
新城郡。【略】
熊州。治宜陽。
宜陽郡。【略】
同軌郡。【略】
商州。治上洛。
上洛郡。【略】
拒陽郡。【略】
虢州。治盧氏。
義川郡。【略】
滎州。治虎牢。
成皋郡。【略】
廣武郡。【略】
蒲州。治蒲坂。
河東郡。【略】
汾陰郡。【略】
安邑郡。【略】
河北郡。【略】
相州。治安陽。
魏郡。【略】

昌樂郡。【略】
黎州。治黎陽。
黎陽郡。【略】
衛州。治汲。
汲郡。【略】
修武郡。【略】
林慮郡。【略】
魏州。治貴鄉。
陽平郡。【略】
毛州。治館陶。
武陽郡。【略】
洛州。治廣平。
廣平郡。【略】
成安郡。【略】
襄國郡。【略】
南和郡。【略】
陝州。治弘農。
弘農郡。【略】
崤郡。【略】
閿鄉郡。【略】
晉州。治平陽。
平陽郡。【略】
西河郡。【略】
定陽郡。【略】
西汝州。治北屈。
定陽郡。【略】
伍城郡。【略】
永安郡。【略】
汾西郡。【略】
絳州。治玉壁。

正平郡。【略】
內陽郡。【略】
絳郡。【略】
北絳郡。【略】
龍門軍。【略】
龍泉郡。【略】
臨河郡。【略】
吐京郡。【略】
懷州。治野王。
河內郡。【略】
武德郡。【略】
以上在晉司州。
并州。治晉陽。
太原郡。【略】
樂平郡。【略】
潞州。治上黨。
上黨郡。【略】
鄉郡。【略】
澤州。治高都。
高平郡。【略】
韓州。治襄垣。
安平郡。【略】
汾州。治隰城。
西河郡。【略】
介休郡。【略】
石州。治離石。
離石郡。【略】
窟胡郡。【略】
定胡郡。【略】
烏突郡。【略】
肆州。治雁門。
雁門郡。【略】
新興郡。【略】
朔州。治馬邑。
廣平郡。【略】
長寧郡。【略】
雲州。治定襄。
永安郡。【略】
神武郡。【略】
嵐州。治雲中。
岢嵐。
以上在晉并州。
冀州。治信都。
長樂郡。【略】
廣宗郡。【略】
安鄉郡。【略】
滄州。治饒安。
浮陽郡。【略】
渤海郡。【略】
樂陵郡。【略】
章武郡。【略】
河間郡。【略】
高陽郡。【略】
趙州。治平棘。
趙郡。【略】
鉅鹿郡。【略】
貝州。治清河。
清河郡。【略】
南營州。治新城。
黎郡。【略】

定州。治中山。

中山郡。【略】

博陵郡。【略】

恒州。治真定。

常山郡。【略】

蒲吾郡。【略】

以上在晉冀州。

幽州。治薊。

燕郡。【略】

漁陽郡。【略】

昌平郡。【略】

燕州。治北平。

長寧郡。【略】

永豐郡。

易州。治范陽。

范陽郡。【略】

黎郡。【略】

元州。治方城。

安樂郡。【略】

北燕郡。【略】

平州。治肥如。

北平郡。【略】

以上在晉幽、平二州。

凡有州二百有七、郡四百八十六、縣九百有餘。

《通鑑》載是時周有州二百一十一、郡五百有八，縣未及。今詳考新舊《唐書》、《隋書》、《五代志》、《元和志》、《九域志》、《寰宇記》、《通志》、《通典》諸書，凡上可參合梁、魏、北齊，下可接入開皇初，罷郡存州者並已搜索，視《通鑑》數州少三郡少二十餘，倘以後梁基、平、郡三州入之適符，而以十一郡亦入之，郡終缺十，得毋在淮南、沔漢間更有僑置者乎？俟考。

清·汪士鐸《南北史補志》卷七《地理志三·魏齊周》 司州。治鄴城。魏武帝國於此。太祖天興四年，立相州。天平元年，遷都，改。領郡十二、縣六十五、户三十七萬一千六百七十四、口一百四十三萬三百三十五。齊曰司州。周曰相州。建德六年，立六相。宣政初，府移洛，仍立總管府，未幾府廢。

魏尹。故魏郡。漢高祖立，二漢屬冀，晉屬司州。天興中屬相州。天平初改為尹。領縣十三、户一十二萬二千六百一十三、口四十三萬八千二十四。天平元年，以魏郡、林慮、廣平、陽平、汲郡、黎陽、東郡、濮陽、清河、廣宗等十郡為皇畿。齊曰魏尹。周曰魏郡。

鄴。漢縣。晉天平初，併蕩陰、安陽，屬之蕩陰。太和中立關，後罷。有西門豹祠、武城匾、里城、蕩城、石竇堰。有南部、右部、西部尉。天平中，決漳為萬全渠，今曰天平渠。《水經注》有殷墟、東明觀、建春門、玄武苑、玄武池、安、陽城、洹水、邯會城、天井堰，疑即天平渠也。有葵邱、長明溝、金虎冰井、銅雀三臺、臨漳宮、止車門、北宮、文昌殿、東西太武殿、鳳陽、中陽、廣陽、達春、廣德廄、金明七門、齊斗樓、閱馬臺、祭陌即紫陌密、太后廟、澄鸞殿、野馬岡、閶闔門、新宮、麟趾閣、西山、漳濱堰。南至州四十里，有韓陵、涼風堂、宣光、建始、嘉福、仁壽、昭陽、金華、太極、乾象、瑶華、修文、九龍諸殿，金鳳、聖應、崇光三臺，大莊嚴、大總持、太興聖三寺，聖壽、乾壽二堂，元洲苑、文林館。周大象初，縣隨州徙安陽，而此改名靈芝，有濁漳水。安陽在郭下，平齊立相州。大象初，改名鄴。大象十年，鄴復還舊。【略】

陽平郡。魏文帝黄初二年，分魏立，治館陶城。領縣八、户四萬七千四百四十四、口十六萬二千七十五。《元和志》：石趙移郡治今所。齊曰陽平郡。周曰毛州。大象二年立，《元和志》作「屯州」。【略】

廣平郡。漢武帝為平干國，宣帝改為廣平國，後漢建平中省。魏文帝黄初二年，復改曲梁城。領縣六、户二萬三千七百五十、口十萬三千四百三。【略】

汲郡。晉武帝立，治枋頭。領縣六、户二萬九千八百八十三、口十萬二千九百九十七。齊因之。周曰衞州。【略】

廣寧郡。魏立。齊曰永寧。周廢入武脩。

廣宗郡。太和十一年立，尋省。孝昌中復。領縣三、户一萬三千二百五十二、口五萬五千八百九十七。【略】

東郡。秦立，治滑臺城，晉改為濮陽，後復。天興中立兗州。太和十八年，改北齊楊裴脩石濟橋移津，於白馬起石潭兩岸造關城。領縣七、户三萬五百二十一、口十萬七千七百一十七。【略】

北廣平郡。永安中，分廣平立。領縣三、户一萬六千六百九十一、口九萬一千一百四十八。齊天保省，入廣平郡。【略】

林慮郡。永安元年立。領縣四、户一萬三千八百二十一、口五萬二千三百七十二。齊天保省，後又立。【略】

頓邱郡。晉武帝立。領縣四、户一萬七千一十二、口八萬七千六十三。【略】

濮陽郡。晉立。天興中，屬兗州。太和十二年，屬齊州。孝昌末，又屬西兗。天平初，屬治泥中城，即黎城。領縣四、户一萬八千六百六十四、口五萬五千五百一十二。【略】

黎陽郡。孝昌中，分汲郡立，治黎陽城。領縣三、户一萬一千九百八十、口五萬四百五十七。【略】

清河郡。漢高帝立。領縣□、户二萬六千三十三、口一十二萬三千六百七十。周曰貝州。【略】

殷州。孝昌二年，分定、相二州立，治廣阿。領郡三、縣十五、户七萬八千九百四十二、口三十五萬六千九百七十六。按：《通鑑》一百五十一云：《四郡注》曰：初立時，兼領相州之廣宗郡也。齊曰趙州。

趙郡。秦邯鄲。漢高帝為趙國，景帝又為邯鄲，後漢建武中復，後改。領縣五、户二萬一千八百九十九、口一十四萬八千三百一十四。【略】

鉅鹿郡。永安三年，分定州鉅鹿立，治舊城。領縣四、户一萬三千九百九十七、口五萬八千五百四十九。【略】

南趙郡。太和十一年，為南鉅鹿，屬定州。十八年，屬相州，後改。孝昌中，屬。據《隋・志》，即南鉅鹿郡，殷州治。領縣六、户三萬二千四百四十六、口十五萬一百一十三。【略】

冀州。後漢治高邑。袁紹、曹操為冀州，治業。魏晉治信都，晉世邵續治厭次，慕容垂治信都。皇始二年，平信都，仍立。領郡五、縣二十一、户一十二萬五千六百四十六、口四十九萬六千六百二。

長樂郡。漢高帝立，為信都郡。景帝二年，為廣川國。明帝更名樂成，安帝改曰安平，晉改。領縣八、户三萬五千六百八十三、口十四萬三千一百四十五。【略】

渤海郡。漢高帝立，世祖初改为滄水郡。太和二十一年復。領縣四、户三萬七千九百七十二、口一十四萬四百八十二。【略】

武邑郡。晉武帝立。領縣五、户二萬九千七百七十五、口一十四萬四千五百七十九。【略】

鹿城郡。齊曰安國。

安德郡。太和中立，尋併渤海。中興中復。領縣四、户二萬二千二百一十六、口六萬八千三百九十六。按：《一統志・表》云：泰常中立東青州平原郡。領平原、繹幕、隔三縣。皇興中，州郡俱省。【略】

滄州。熙平二年，分瀛、冀州立，治饒安城。領郡三、縣十二、户七萬一千八百三、口二十五萬一千八百七十九。

浮陽郡。太和十一年，分渤海、章武立，屬州。景明初併章武。熙平二年復。領縣四、户二萬六千八百八十、口九萬八千四百五十八。【略】

樂陵郡。晉為國，後改。有清河。領縣四、户二萬四千九百九十八、口八萬五千二百八十四。【略】

安德郡。中興初，分樂陵立。太昌初罷。天平初，復治般界即東安德郡。領縣四、户一萬九千九百二十五、口六萬八千一百三十七。齊省。【略】

瀛州。太和十一年，分定州、河間、高陽、冀州、章武、浮陽立，治趙都軍城。領郡三、縣十八、户十萬五千一百四十九、口四十五萬一千五百四十二。

高陽郡。晉立，高陽國，後改。領縣九、户三萬五百八十六、口四十五萬一千五百二十四。【略】

章武郡。晉立，章武國，後改。領縣五、户三萬八千七百五十四、口十六萬二千八百七十。【略】

河間郡。漢文帝立河間國。後漢光武併信都。和帝永元三年復。晉仍為國，後改。領縣四、户三萬五千八百九十、口十四萬八千五百六十五。【略】

定州。太祖皇始二年，立安州。天興三年，改。領郡五、縣二十四。、户一十七萬七千五百、口八十三萬四千二百一十二。周曰總管府。建德六年立，尋罷。

中山郡。漢高帝立。景帝三年，改為國，後改。有唐水。領縣七、户五萬二千五百九十二、口二十五萬五千二百四十二。【略】

常山郡。漢高帝立，曰恒山郡。文帝諱恒，改為常山。後漢建武中，省鎮定郡屬焉。孝章建初中，為淮陽。永元二年復。領縣七。、户五萬六千八百九十、口二十四萬八千六百二十二。【略】

鉅鹿郡。秦立，後漢建武中，省廣平國屬焉。領縣三、户二萬七千一百七十二、口一十三萬二百三十九。齊省。【略】

博陵郡。漢桓帝立。領縣四、户二萬七千八百一十二、口一十三萬五千七。

【略】

北平郡。孝昌中分中山立，治北平城。領縣三、户一萬三千三十四、口六萬五千一百一。齊省。【略】

幽州。治薊城。領郡三、縣十八、户三萬九千五百八十、口一十四萬九百三十六。齊曰東北道行臺，有北夏口。周總管府，建德六年立。

燕郡。故燕。漢高帝為燕國，昭帝改為廣陽郡。宣帝更為國。後漢光武帝併上谷。和帝永元六年，復为。廣陽郡。晉改爲國，後改。魏裴延儁修房陵堰。領縣五、户五千七百四十八、口二萬二千五百五十九。【略】

范陽郡。漢高帝立涿郡。後漢章帝改。領縣七、户二萬六千八百四十八、口八萬八千七百七。【略】

漁陽郡。秦始皇立。真君七年，併北平屬焉。領縣六、户六千九百八十四、口二萬九千六百七。【略】

燕州。齊曰懷戎。

禦夷鎮。太和中立，有沙野鎮、沽河、丹花嶺、獨石、赤城、鮑邱水、濡水。

廣寧郡。太和中立，孝昌中陷。有聖水。齊曰北燕州。周曰燕州。【略】

大寧郡。太和中立。齊曰長寧郡。【略】

廣靈郡。齊曰永豐郡。【略】

安州。皇興二年立，治方城。天平中陷，元象中寄治幽州北界。領郡三、縣八、户五千四百五、口二萬三千一百四十九。周曰玄州。

懷荒鎮。

密雲郡。皇興二年立，治撝城。領縣三、户二千二百三十一、口九千一十一。齊省。【略】

廣陽郡。延和元年立益州。真君二年，改為郡，分右北平僑立。領縣三、户二千八、口八千九百一十九。齊省。【略】

安樂郡。延和元年立交州。真君二年，罷州立。領縣二、户一千一百六十六、口五千二百一十九。【略】

平州。晉立，治肥如城。漢肥如，後盧龍縣也。領郡二、縣五、户九百六十七、口三千七百四十一。

遼西郡。秦立，有黃山宮。領縣三、户五百三十七、口一千九百五。齊省。【略】

北平郡。秦立。領縣二、户四百三十、口一千八百三十六。【略】

營州。治和龍城。太延二年，為州。真君五年，改立。永安末陷，天平初復。領郡六、縣十四、户一千二十一、口四千六百六十四。

昌黎郡。晉分遼東立。真君八年，併冀陽屬焉。領縣三、户二百一、口九百一十八。齊省。【略】

建德郡。真君八年立，治白狼城。領縣三、户二百、口七百九十三。【略】

遼東郡。秦立，後罷。正光中復治固都城。領縣二、户一百三十二、口八百五十五。齊省。【略】

樂良郡。前漢武帝立，曰樂良，後改罷。正光末。復治連城。領縣二、户二百一十九、口一千八。齊省。【略】

冀陽郡。真君八年，併昌黎。武定五年復。領縣二、户八十九、口二百九十六。【略】

營邱郡。正光末立，有榆永、女買城。領縣二、户一百八十二、口七百九十四。齊省。【略】

幷州。漢、晉治晉陽，晉末治臺壁，後治晉陽。皇始元年，仍立。領郡五、縣二十六、户一十一萬二千九百三十三、口四十七萬二千七百四十。齊置省，立别宮。周建德六年，立六府。後廢，立總管府。

太原郡。領縣十、户四萬五千六、口二十萬七千五百七十八。【略】

豐州。本曰南垣州，周廢。

鄉郡。石勒分上黨立武鄉郡。後罷。後魏去『武』字。延和二年立。領縣四、户一萬六千二百一十、口五萬五千九百六十一。【略】

樂平郡。後魏獻帝立。真君九年，治太原。孝昌二年，復治漳城。領縣三、户一萬八千二百六十七、口六萬八千一百五十九。【略】

襄垣郡。建義元年立，治襄垣城。領縣四、户七千五百一十二、口三萬六千五百六十七。齊天保省。周曰贛州。【略】

晉州。孝昌中立唐州。建義元年改治白馬城。領郡十二、縣三十一、户二萬八千一百五十、口一十萬三千一百。周曰總管府。

平陽郡。晉分河東立。真君四年，立東雍州。太和十八年罷，改立。領縣五、户一萬五千七百三十四、口五萬八千五百七十二。【略】

北絳郡。孝昌三年立，治絳。據《隋・志》，本曰郡。領縣二、户一千七百四十、口六千二百九十二。周曰晉州，建德五年省。【略】

永安郡。建義元年，治永安城。領縣三、户二千九百三十二、口一萬五百四十一。【略】

北五城郡。興和二年立。領縣三、户二百一十二、口八百六十四。以下僑立。【略】

定陽郡。興和四年立。領縣三、户四百九十八、口一千九百四十一。周曰介休郡。有雀鼠谷、汾水關、高壁。【略】

敷城郡。天平四年立。領縣一、户九十、口三百五十九。周省。【略】

河西郡。天平四年立。領縣一、户二百五十六、口一千一百四十四。【略】

五城郡。天平中立。領縣三、户四百一十一、口一千六百一十八。周省。【略】

汾西郡。【略】

西河郡。舊汾州西河民。孝昌二年，為胡賊所破，遂居平陽界，還立郡。領縣三、户一千七百六十一、口四千九百九十七。周曰新城。【略】

冀氏郡。建義元年，割平陽郡立。領縣二、户一千三百二、口五千三百一十六。齊天保省。【略】

南絳郡。建義初立，治會交川。《西魏書》云：建州絳郡絳縣，即此，屬西魏。領縣二、户八百三十六、口二千九百九十一。齊天保省。入北絳門，併入小鄉縣。【略】

義寧郡。建義元年立，立孤遠城。領縣四、户二千四百七十八、口八千四百六十六。【略】

肆州。治九原。天賜二年，為鎮。真君七年，為州。有雲水。領郡三、縣十一、户四萬五百八十二、口一十八萬一千六百四十三。齊西有馬陵戍，東有土墱。周徙治雁門。

永安郡。後漢建安中，立新興郡。永安中改。領縣五、户二萬二千七百四十八、口十萬四千一百八十五。【略】

秀容郡。永興二年立。真君七年，併肆廬、敷城二郡屬焉。領縣四、户一萬一千五百六、口四萬七千二十四。【略】

雁門郡。秦立。光武建武十五年罷。二十七年復。天興中，屬司州。太和十八年，屬魏。皇興三年，齊平徙其民於陰館縣，立平齊郡。領縣二、户六千三百二十八、口三萬四千三十四。【略】

雲州。舊立朔州，後陷。永熙中改，寄治并州界。領郡四、縣九。

盛樂郡。永熙中立。穆帝六年，城盛樂以為北都。烈帝後元又城盛樂，在故城東南十里。昭成帝四年，築盛樂城於故城南八里。領縣二。【略】

雲中郡。秦立，舊有雲中宮、白渠水，有武川鎮白道。高祖講武臺、廣德殿、金陵、野馬苑。領縣二。【略】

建安郡。永興中立。領縣二。【略】

真興郡。永熙中立。領縣三。【略】

朔州。本漢五原郡。延和二年，立為鎮，後改為懷朔。孝昌中改為州。後陷，寄州并州界，今壽陽縣。領郡五、縣十三。

太安郡。僑立壽陽西。領縣二。【略】

廣寧郡。僑立壽陽東。領縣三。【略】

神武郡。僑立壽陽北。領縣二。周省。【略】

太平郡。後魏都在焉，本司州也。僑立壽陽東北。領縣三。齊亦曰太平郡。【略】

附化郡。領縣四。【略】

西夏州。寄治并州界。領郡二。

太安郡。

神武郡。

蔚州。永安中，改懷荒、禦夷二鎮立，寄治并州鄔縣界。領郡三、縣七。

始昌郡。永安中立。領縣二。【略】

忠義郡。永安中立。領縣二。【略】

附恩郡。天平中立。領縣三。【略】

恒州。天興二年立，曰司州，治代都平城。太和中，還都，改曰恒州。孝昌中陷。天平二年立，寄治肆州秀容郡城。領郡十、縣十四。按：舊恒州平城有黄瓜阜、灅水即桑乾水、白狼堆、魏故宫、巨魏亭、班氏城、燕昌城、郊天壇、安昌殿、太極殿、東西堂、朝堂、象魏、乾元、中陽、端門、東西二掖門、雲龍、神虎、中華諸門、太和殿、紫宮寺、承賢門、皇信堂、白臺、朱明閣、蓬臺、白樓、皇陽寺、永寧浮圖、白登山、平城、寧先宮、大道、壇廟、靜輪宮、三層浮圖、宕昌、公祇洹、舍耕田、明堂、藥圃、靈臺、辟雍、火井、湯井、風穴、靈巖、沙陵、平邑城、洛陽殿。又穆帝六年，修平城為南都，又於其南百里灅陽、黄瓜堆築新平城，即小平城也。天興元年，始都之。有天文殿、在西宮，有板殿、鑾渠引武川水注苑中為三溝，分流宮城内外，有鳴雁池、天華殿、鹿苑、京城十二門、西武庫、太廟。天興三年，穿城南通于城內，作東西魚池，中天殿、雲母堂、金華室、紫極殿、玄武樓、涼風觀、石池、鹿苑、臺西、昭陽殿。天陽三年，築壘南宮，門闕高十餘丈，引溝穿池外城方二十里，天安殿、白登山。永興五年，穿魚池于北苑，豐宮、宜武廟、蓬臺、白臺、東苑、外廟，周三十二里。西宮外牆，周二十二里，萬壽宮、永安、安樂二殿、臨望觀、九華堂、太學、東宮、天泉池、馬射臺、太華殿、壽安宮、崇光宮、建明寺、朱明思、賢門、永樂游觀、殿神、泉池、坤德、六合殿、報德寺、思義殿、東明觀、皇信堂、皇信東室、太廟靈臺、永樂宮、宣文堂、宜光殿。北有方山，上有文，石室、靈泉殿、思遠寺、永固石室、鑑元殿。齊又立北朔州廣安郡招遠縣。周又有北朔州總管府，建德六年立。

代郡。秦立，孝昌中陷，天平二年立。領縣四。【略】

善無郡。天平二年立。領縣二。【略】

梁城郡。天平二年立。《水經注》作『涼城』。領縣二。【略】

繁畤郡。天平二年立。【略】

高柳郡。永熙中立。領縣二。【略】

北靈邱郡。天平二年立。領縣二。【略】

內府郡。天平二年立。

靈邱郡。天平二年立。

桑乾郡。後魏立。有桑乾河在北。有夏屋山、南池、汪陶城、石亭。

平原郡。保安州，魏徙平原于此，僑立此郡。

建州。慕容永分上黨立建興郡。真君九年，省。和平五年復。永安中，罷郡立州，治高都城。領郡四、縣十、户一萬八千九百四、口七萬五千三百。

高都郡。永安中立。領縣二、户六千四百九十九、口二萬七千六百三十五。【略】

長平郡。領縣二、户五千四百一十二、口二萬二千七百七十八。建州治。周曰王屋郡，懷州治。【略】

安平郡。領縣二、户五千六百五十八、口一萬九千五百五十七。【略】

泰寧郡。孝昌中立，及縣。領縣四、户一千三百三十五、口五千三百三十。僑立。【略】

懷州。天安二年立。太和十八年罷。天平初復有重山。領郡二縣八、户二萬一千七百四十、口九萬八千三百一十五。周有懷州宮。

河內郡。漢高帝立。領縣四、户九千九百五、口四萬二千六百一。【略】

武德郡。天平初分河內立。領縣四、户一萬一千八百三十五、口五萬五千七百四十一。【略】

顯州。永安中立，治汾州，六壁城。魏朝舊立六壁於其下，防離石諸胡，因為大鎮。太和中，省鎮，立西河郡。領郡四、縣四。

定戎郡。永安中立，治瓜城。有狐岐山、六壁城。領縣二。【略】

建平郡。永安中立州治。領縣二。【略】

真君郡。天平中立，治東多城。

武昌郡。武定四年立，治團城。

汾州。延和二年，為鎮。太和十二年，立州，治蒲子城。孝昌中陷，移治河西。東魏，本名南汾州，後改。領郡四、縣十、户六千八百二十六、口三萬一千二百一十。齊曰汾州，本曰西汾州。有離石戍、赤洪嶺，北有來遠津。周曰汾州總管府。【略】

離石鎮。齊曰懷政郡。天保三年，曰昌化縣。周曰石州。建德六年，改名離石郡及縣。

定陽郡。舊屬東雍州。延興四年，分屬焉。孝昌中陷，寄治西河。領縣二、户七百九十七、口二千二百八。【略】

西河郡。漢武帝立，晉亂罷。太和八年，復治茲氏城。領縣三、户五千三百八十八、口二萬五千三百八十八。齊曰南朔州。周曰介州。【略】

吐京郡。真君九年立，孝昌中陷，寄治西河。領縣二、户三百八十四、口一千五百一十三。【略】

五城郡。正平二年立，孝昌中陷，寄治西河。領縣四、户二百五十七、口一千一百一。周曰臨河郡，臨河、歸化二縣，今永和縣也。【略】

石城郡。世祖為定陽。太和二十一年，改。【略】

南汾州。領郡九、縣十八、户一千九百三十三、口七千六百四十八。

北吐京郡。領縣四、户八十八、口三百五十一。【略】

西五成郡。領縣三、户二百四十七、口一千一百一十八。【略】

南吐京郡。領縣一、户三十二、口七十三。【略】

西定陽郡。領縣一、户四十二、口一百四十。【略】

定陽郡。古北屈也。有風穴，黃河在西，有孟門、鯉魚澗、羊求川、采桑津。領縣一、户五十四、口一百九十。【略】

北鄉郡。領縣二、户二百九、口七百五十九。【略】

五城郡。領縣二、户二百一十四、口八百八十四。【略】

中陽郡。領縣二、户四百六十八、口一千六百三十七。【略】

龍門郡。領縣二、户五百七十八、口二千四百九十六。【略】

青州。後漢治臨淄，晉治東陽，魏因之。領郡七、縣三十七、户七萬九千七百五十三、口二十萬六千五百九十三。周曰總管府，建德六年立。

齊郡。秦立。領縣九、户三萬三萬八百四十八、口八萬二千一百。齊有南鄧村。【略】

北海郡。漢景帝立，治平壽城。領縣五、户一萬七千五百八十七、口四萬六千五百四十九。齊曰高陽郡。【略】

樂安郡。漢高帝為千乘國，後漢和帝更名樂安國，晉改有樂安城。領縣四、户五千九百一十六、口一萬三千二百三十九。【略】

渤海郡。故臨淄地。宋立，魏因之。按：當作『臨濟』。領縣三、户五千二百七十九、口一萬三千七百五。以下僑立。【略】

高陽郡。故安樂地。宋立，魏因之。在臨淄西時水之交。領縣五、户六千三百二十二、口一萬七千六百七十。【略】

河間郡。宋立，魏因之。領縣六、户五千八百三十、口一萬四千八百一十。【略】

樂陵郡。故千乘地。宋立，魏因之。領縣五、户七千九百七十一、口一萬八千五百一十五。【略】

光州。治掖城。皇興四年，分青州立。延興五年，改為鎮。景明元年復。領郡三、縣十四、户四萬五千七百七十六、口十六萬九百四十九。

東萊郡。漢高帝立。領縣四、户一萬九千一百九十五、口六萬九百四十九。【略】

長廣郡。晉武帝立，治膠東城。故膠東國。有膠水。領縣六、户一萬五千八百三十三、口五萬一千五百六十七。【略】

東牟郡。孝昌四年，分東郡、陳留立，治雍邱。領縣四、户一萬七百四十八、口四萬七千三百三十八。齊省入長廣。【略】

膠州。永安二年立，治東武陵。領郡三、縣十四、户二萬六千五百六十二、口六萬三百八十二。

東武郡。永安二年立。領縣三、户八千六百一十七、口一萬八千七百五十七。【略】

高密郡。漢文帝為膠西國，宣帝更為高密國，後漢併北海，晉惠帝復，宋孝武帝併北海，延昌中復。領縣五、户八千六百一十七、口一萬八千七百五十七。【略】

平昌郡。魏文帝立，後廢，晉惠帝復。領縣六、户一萬四百四十、口二萬五千四百七十二。齊省。【略】

齊州。治歷城。宋立冀州。皇興三年，更名。領郡六、縣三十五、户七萬七千三百九十一、口二十六萬九千六百六十二。以下僑立，有實土。周曰齊州。

東魏郡。宋立，魏因之。治歷城，後徙臺城。領縣九、户一萬九千一百三十、口七萬三千五百七十。齊省。周曰濟南郡。大象元年，為陳國。【略】

東平原郡。宋立，魏因之，治梁鄒。領縣六、户一萬三千九百二十九、口四萬四百三。【略】

東清河郡。宋立，魏因之，治盤陽城。領縣七、户六千八百一十。【略】

廣川郡。宋立，魏因之。領縣三、户三千九百四十五、口一萬三千四百七十二。齊省，入平原郡。【略】

濟南郡。漢文帝為濟南國。景帝為郡。後漢建武中，復為國，晉改。領縣六、户二萬一千七、口六萬八千八百二十。以下有實土。【略】

太原郡。宋立，魏因之。即東太原郡。有川水。領縣四、户一萬三千五百六十、口五萬八百二十三。齊省。【略】

濟州。治濟北碻磝城。泰常八年立。領郡五縣十五、户五萬三千二百一十二、口一十三萬四千六百二。

濟北郡。漢和帝立。領縣三、户九千四百六十七、口二萬九千三百九十九。【略】

平原郡。漢高帝立。始皇中屬冀州。太和十一年，分屬武泰，初立南冀州。永安中罷州。領縣四、户二萬二千二百五十、口五萬九千四百三十七。【略】

東平郡。太常中立，太和末罷，建義中復治秦城。領縣二、户八千八百九十六、口二萬五千一百三。【略】

南清河郡。晉秦寧中，分平原立，治莒城。領縣三、户一萬一百三十五、口一萬三千九百八十五。齊省。【略】

東濟北郡。孝昌三年立。領縣三、户二千四百六十四、口六千六百七十八。齊省。【略】

兗州。後漢治山陽昌邑，魏晉治廩邱，宋治瑕邱，魏因之，古負瑕也。領郡六、縣三十一、户八萬八千三十二、口二十六萬六千七百九十一。

泰山郡。漢高帝立。領縣六、户二萬八千三十二、口二十六萬六千七百九十一。齊曰東平郡。【略】

魯郡。秦立，為薛郡。高后改為魯國。皇興中改。領縣五、户一萬五千一百六十、口四萬七千三百二十九。齊曰任城郡。【略】

高平郡。故梁國，漢景帝分為山陽國，武帝改郡，晉武帝更名。領縣四、户一萬一千一百二十四、口二萬五千八百九十六。【略】

任城郡。後漢孝章帝分東平為任城國，晉永嘉後罷。神龜元年，分高平立。領縣三、户八千五十、口二萬一千七百八十九。【略】

東平郡。故梁國。漢景帝分為濟東國，武帝改為大河郡。宣帝為東平國，後漢、晉仍為國，後改。領縣七、户二萬七百五十二、口六萬一千八百一十。齊省。周曰魯州，尋省。【略】

東陽平郡。故東平地。宋立，尋罷，後復，魏因之，治平陸城。領縣五、户六千一百四十六、口一萬八千九十四。【略】

北徐州。永安二年立。領縣六、户一萬四千七百八十一、口四百二十五。

東泰山郡。皇興三年，分泰山，屬兗州。永安中屬。領縣四、户五千七、口一萬六千三百八十一。【略】

琅邪郡。秦立，後漢建武中，省城陽國，以其縣屬。領縣二、户九千七百七十四、口二萬三千七百四十四。【略】

南青州。治國城，魏顯祖立，為東徐州。太和二十二年，改。領郡三、縣十、户一萬五千二十四、口四萬五千三百二十二。周曰莒州。

東安郡。漢縣，晉惠帝立。領縣四、户四千六百四十、口一萬六千五百五十一。【略】

東莞郡。晉武帝立，南青州治東莞縣。領縣三、户九千六百二十、口二萬六千五百六。齊曰義塘郡。【略】

義塘郡。武定七年立，治黃郭城。領縣三、户七百六十四、口二千二百六十五。【略】

海州。宋立青州。武定七年，改治龍沮城。梁之南、北青州，南境也。東魏改今名。領郡六、縣十九、户四千八百七十八、口二萬三千一十。

東彭城郡。梁立，魏因之。領縣三、户八百、口三千四百六十九。【略】

東海郡。梁立北海郡。武定七年復。領縣四、户一千二百四十二、口五千九百四。【略】

海西郡。齊立東海。武定七年，改立，東魏曰海安郡。領縣三、户八百六十、口三千九百五十。【略】

沭陽郡。梁立僮陽郡。武定七年，改。領縣四、户一千三百九十七、口七千五百八十三。【略】

琅邪郡。領縣三、户三百五十六、口一千三百七十一。周曰朐山。【略】

武陵郡。領縣二、户□百二十三、口七百三十三。【略】

西兗州。孝昌三年立，治定陶城，後徙左城。《通鑑》一百五十一卷注：孝昌十年立於定陶。領郡二、縣七、户三萬七千四百七、口一十萬三千八百九十四。周曰曹州。

沛郡。興和二年立，治孝昌城。領縣三、户七千五百七十一、口二萬三百一十四。齊省。【略】

北譙郡。齊省。

濟陰郡。領縣四、户二萬九千八百三十六、口八萬三千五百八十。【略】

南兗州。正光中立，治譙城。領郡七、縣二十一、户三萬七千一百三十、口一十一萬五千五百三十九。周曰亳州總管府，建德六年立。

陳留郡。領縣五、户六千二百三十、口一萬六千七百四十九。【略】

梁郡。故秦陽郡。漢高帝為梁國，後改治梁國城。領縣二、户一萬三百五十九、口二萬五千九百九十五。【略】

下蔡郡。太和十九年立，孝昌中陷，興和復。領縣四、户三千三百六十二、口七千九百七十三。【略】

譙郡。漢縣，晉以為郡。太昌中陷，武定中復，魏立譙郡，允州治，有譙城。領縣三、户五千一百三十二、口一萬二千九百九十一。【略】

北梁郡。領縣二、户八千二百三十一、口四萬一千七百三十八。齊省入城安。【略】

沛郡。延昌中立，正光中陷，後復，治黃楊城。領縣二、户一千八百四十八、口四千五百六十五。【略】

馬頭郡。晉立，魏因之。正光中陷，大平中復，治建平城。有酇縣城、䣜聚、費亭、渙水、鄲縣城、建戍城。領縣三、户一千九百六十八、口五千五百二十八。【略】

梁州。天平初立，治大梁城。領郡三、縣七、户四萬四千三百六十、口一十八萬二千九百三。周曰汴州。

陽夏郡。孝昌四年，分東郡陳留立，治雍邱城。領縣五、户一萬六千五百四十九、口六萬三千五百五十九。【略】

開封郡。天平元年，分東陳留立，治開封城。領縣二、户八千二百七、口三萬六千六百二。齊省入陳留。【略】

陳留郡。漢武帝立，太和十八年罷，孝昌中復。王實斷故渠，引水東南出以灌大梁，曰梁溝，在浚儀大梁。領縣三、户一萬九千六百一十二、口八萬二千七百四十二。【略】

洛州。魏太宗立，太和十七年，改為司州。天平初復。漢張純堰洛通漕洛中，晉都水使者陳狠開運渠，徙洛口，入注九曲至東陽門。領郡六、縣十二、户一萬五千六百七十九、口六萬六千五百二十一。周立東京六府，洛州總管。

洛陽郡。天平初立。領縣二、户三千六百五十九、口一萬五千七十二。【略】

河陰郡。元象二年立。領縣一、户二千七百六十七、口一萬四千七百十五。【略】

新安郡。天平初立。領縣三、户四百九十、口一千九百一十一。周曰中州，尋省。【略】

中川郡。天平初立。領縣二、户二千七十八、口八千二百二十五。周省。【略】

河南郡。秦立三川守，漢改為河南郡。後漢、晉為尹，後罷，司馬德宗立，後罷，太宗復，太和中遷都為尹，天平初復。領縣一、户三千六百四十二、口一萬四千七百一十五。【略】

陽城郡。孝昌二年立。領縣三、户三千四十三、口一萬一千八百八十三。【略】

陽州。天平初立，尋陷，武定初復。領郡二、縣八。周曰熊州。

宜陽郡。孝昌中立，屬州。天平初屬。領縣四。【略】

金門郡。天平初立，西魏初有。領縣四。周省。【略】

北荆州。武定二年立。領郡三、縣八、户九百三十三、口四千五十六。

伊陽郡。武定二年立，治伏流城，後陷，寄治州城。《隋·志》作『伊川郡』。領縣一、户四十八、口二百八十三。【略】

新城郡。天平中立，治孔城，後陷，徙治州城。領縣二、户三百三十二、口一千四百八十四。【略】

汝北郡。孝昌二年立，治陽仁城，天平二年罷，武定元年復移治梁崔塢，五年陷，七年復治楊志塢，後曰汝陰郡。領縣五、户五百五十四、口二千二百八十九。周省。【略】

北豫州。後漢治譙，魏治汝南安城，晉治項，司馬德宗立司州，泰常中復治虎牢，太和十九年復立東中府，天平初復。領郡三、縣十二、户四萬七百二十八、口一十八萬二千五百六十九。周曰滎州。

廣武郡。天平初分滎陽立，治中左城。領縣五、户一萬五千五百九十六、口七萬四千五百一十九。【略】

廣州。永安中立，治魯陽，武定中陷，徙治襄城。領郡七、縣十五、户二萬八千六百九十六、口九萬六千七百五十。實土。

南陽郡。領縣二、户七千四百八十九、口二萬六千七百二十八。【略】

順陽郡。太和立縣，後改。領縣二、户二千四十五、口七千二百五十二。【略】

定陵郡。永安中立。領縣三、户三千六百九十、口八千七百五十六。【略】

魯州。本立荆州，尋省，改今名。

魯陽郡。太和十一年，立鎮。十八年，改為荆州。二十二年，罷立。有魯陽縣大盂山，汝水出焉。太和城、堯山、將孤山、賈復城。領縣二、户二百四十五、口七百七十五。【略】

汝南郡。永安元年立，治符壘城。領縣二、户七百八十三、口二千三百四十四。齊省。【略】

漢廣郡。永安中立。領縣二、户六千二百、口八千一十七。齊尋省。【略】

襄城郡。晉立。領縣二、户八千二百四十四、口四萬二千八百七十八。周曰汝州。【略】

鄭州。天平初立潁州，治長城。武定七年，改治潁陰城。領郡三、縣九、户六萬二千一百七十三、口二十七萬四千二百四十二。周曰許州。

許昌郡。天平元年，分潁川立。領縣四、户二萬五千三百二十七、口一十萬四千四百六十三。【略】

潁川郡。秦立，漢高改曰韓國，尋復。領縣三、户二萬二千四十四、口一十萬五千九百九。齊曰臨潁郡。【略】

陽翟郡。領縣二、户一萬四千八百二、口六萬三千八百七十。【略】

北揚州。天平二年立，治項城，本曰揚州，梁之殷州也。領郡五、縣十九、戶九千八百四十九、口三萬二千一百三十八。齊曰信州，周曰陳州。

陳郡。漢高帝立為淮陽國，後漢章帝更名陳國，晉初併梁國，後復改。領縣四、戶三千二十四、口七千六百六十九。【略】

南頓郡。晉惠帝立。領縣四、戶二千五百二十、口七千二百六十五。齊省入和城。【略】

汝陰郡。晉武帝立。太和十八年，改為東郢州，後罷，治社亭城。領縣三、戶一千七百九十四、口八千四百九十八。【略】

丹楊郡。領縣四、戶二千一百四十、口七千九百三十一。【略】

陳留郡。武定六年立，及縣。領縣四、戶二百六十七、口七百七十五。僑立。【略】

淮陽郡。【略】

蔡州。治豫州鮦陽縣新蔡城，後魏曰南雍州，西魏曰蔡州，梁之蔡陽郡也。領郡二、縣四。

新蔡郡。治四望城。領縣二。【略】

汝南郡。治白馬澗。領縣二。【略】

豫州。宋立司州，治懸瓠城。皇興中，改東魏立行臺。領郡九、縣三十九、戶四萬一千一百七十、口九萬六千九百一十六。周曰舒州總管府，尋曰豫州，又改溱州，又曰蔡州。建德六年立總管府。

汝南郡。漢高帝立。領縣八、戶一萬五千八百八十九、口三萬七千六十一。【略】

潁川郡。太和六年立。領縣三、戶八千三百九十六、口二萬六百四十。周曰武山郡。【略】

汝陽郡。領縣三、戶七千二百五十四、口二萬五千二百四十五。齊省。【略】

義陽郡。永安三年立郢州。天平四年，罷州立。領縣五、戶一千七百九十、口四千五百九十五。齊省入保城。【略】

東蔡州。東魏立。齊省。

新蔡郡。晉立，孝昌中陷，後復，治石母臺，即齊之北新蔡郡也。領縣三、戶一千九百一十七、口四千七百七十八。齊曰廣寧郡。分立澺水縣，本曰永康，周屬豫州。【略】

初安郡。延興二年立，孝昌中陷，後復。領縣四、戶二千二十六、口五千九百二十二。齊曰荊州，尋省，周曰威州後省豫州屬。【略】

襄城郡。晉武帝立，治襄城。領縣三、戶一千四百四十六、口四千六十三。齊曰淯州文城郡。【略】

城陽郡。太和三年立，後罷，武定初復。領縣五、戶五百四十六、口一千三百八十八。以下僑立。【略】

廣陵郡。興和中，分東豫州立。領縣五、戶一千九百六、口三千二百二十四。【略】

西楚州。梁立，魏因之，治楚城。領郡三、縣七。齊曰永州。【略】

汝陽郡。梁立，魏因之。領縣一。【略】

仵城郡。梁立，魏因之。領縣二。【略】

城陽郡。梁立，魏因之。領縣四。【略】

南司州。宋立司州。正始元年改為郢州。孝昌三年陷，武定七年復，改立，南齊曰司州，梁曰北司州，後復曰司州。領郡三、縣七。周曰申州，又曰淮安郡。

齊安郡。正始元年立，又立高安縣。領縣三。【略】

義陽郡。魏文帝立，後罷。晉武帝復故治仁順城。領縣二。【略】

永安郡。宋立，魏因之，舊曰宋安郡。領縣二。【略】

西淮州。宋立，魏因之，治豫州界白狗堆。領郡一、縣二。

淮州郡。州治。《一統志·表》：梁立州縣郡，曰西川，皆治白狗堆。領縣二。【略】

東豫州。太和十九年，晉治廣陵城。孝昌三年陷。武定七年，復即梁之西豫州，又改曰淮州者也。太和中，蠻田益宗效誠立。領郡六、縣十六、戶二千八百八十七、口一萬六百九十九。周曰息州。

汝南郡。孝昌三年陷，武定七年復。領縣五、戶一千六百二十九、口六千四百八十二。僑立。【略】

東新蔡郡。梁曰蓼縣，魏立。領縣四、戶二百四十七、口六百七十七。齊曰北建州，後省，周曰澮州。【略】

義城郡。梁立。

新蔡郡。孝昌中陷，武定七年復。領縣二、戶四百六十五、口一千五百一十三。【略】

弋陽郡。孝昌三年陷，武定七年復。領縣一、戶一百三十七、口五百三十三。【略】

長陵郡。梁武帝立，魏因之。領縣三、户三百八十七、口一千三百六十三。齊省。【略】

陽安郡。領縣一、户二十二、口一百三十一。【略】

南朔州。梁立，魏因之，治齊陂城。領郡六、縣六。

梁郡。領縣一。【略】

新蔡郡。領縣一。【略】

邊城郡。治石頭城。領縣一。【略】

義陽郡。領縣一。【略】

新城郡。治新城有關城。領縣一。【略】

黄川郡。《梁書》：領縣一。【略】

南郢州。梁立，東魏因之，治赤石關。領郡三、縣四。

定城郡。領縣二。【略】

邊城郡。領縣一。【略】

光城郡。治赤石城。領縣一。齊曰東光城郡。【略】

譙州。景明中立渦陽郡。孝昌中陷，武定七年復，立州，治渦陽城梁之西徐州也。領郡七、縣十七、户二千六百一十六、口七千八百三十一。

南譙郡。晉立，魏因之。領縣四、户四百七十六、口一千七百三十四。【略】

汴郡。梁立，魏因之。領縣二、户二百五十三、口八百二十九。【略】

龍亢郡。梁立，魏因之。領縣二、户三百三十三、口一千六十六。【略】

蘄城郡。梁立，魏因之。領縣二、户三百二十四、口七百六。【略】

下蔡郡。梁立，潁川郡。武定六年，改立。領縣二、户三百四十、口八百七十八。【略】

臨渙郡。梁立，魏因之。領縣三、户七百九、口二千六十二。齊省。【略】

蒙郡。梁立，魏因之，梁之北新安郡也。領縣二、户一百八十一、口五百四十六。齊省又立。【略】

財州。武定八年立，治豫州鯛縣固始城。有臨潁城、雲陽城、邱頭。齊省。

南定州。梁立，魏因之，治蒙籠城。領郡五、縣七。

弋陽郡。州治。領縣二。【略】

汝陰郡。治汝陰城。領縣一。【略】

安定郡。領縣一。【略】

新蔡郡。治新蔡城。領縣一。【略】

北建寧郡。領縣二。【略】

南建州。梁立，魏因之，治高平城。領郡七、縣一十七。

高平郡。領縣四。【略】

新蔡郡。領縣二。梁立。齊有，周有。【略】

陳留郡。領縣三。【略】

魯郡。領縣二。【略】

南陳郡。領縣二。【略】

光城郡。領縣三。【略】

清河郡。領縣一。【略】

義州。梁立，武定七年内屬。户二百一十五、口三百二十二。齊省。

沙州。梁立，魏因之，治白沙關城。領郡二、縣二。

建寧郡。領縣一。【略】

齊安郡。領縣一。【略】

北江州。梁立，魏因之，治鹿城關。領郡六、縣六。

義陽郡。領縣一。【略】

齊昌郡。領縣一。【略】

新昌郡。領縣一。【略】

梁安郡。治建昌城。領縣一。【略】

光城郡。領縣一。【略】

齊興城。領縣一。【略】

徐州。後漢治東海郡。魏、晉治彭城。領郡七、縣二十四、户三萬七千八百一十二、口一十萬七千八百三十七。齊曰東南道行臺。周曰總管府，建德六年立。

彭城郡。漢高帝立楚國，宣帝改，後復為楚國，後漢章帝改名彭城國，晉改。領縣六、户六千三百三十九、口二萬三千八百四十一。【略】

南陽平郡。治沛南界，後寄治彭城。領縣三、户三千七十一、口六千三百五十八。僑立，周省入彭城。【略】

蕃郡。孝昌三年立。元象二年，併彭城。武定五年復。領縣三、户四千三百九十二、口一萬八千八百四十二。實土。【略】

沛郡。故秦泗水郡。漢高帝更名，後漢為國，後改。領縣三、户四千四百一

十九、口一萬二千二百七十八。齊省為承高，周省入彭城。【略】

蘭陵郡。晉立，後罷。武定五年，復治永城。領縣四、户七千四百二十四、口一萬五千七百七十六。【略】

北濟陰郡。宋立，魏因之，治單父城。領縣三、户八千五百四十六、口二萬一千九百八十八。齊省。【略】

碭郡。孝昌二年立，治下邑城。領縣二、户三千六百二十一、口八千七百五十四。【略】

東徐州。孝昌元年立。永熙二年，州郡陷。武定八年，復治下邳城，梁曰武州，魏改。領郡四、縣十六、户六千七百一、口三萬六百六十五。周曰邳州。

下邳郡。梁立。領縣六、户一千一百四十八、口三千七百三十九。【略】

武安郡。梁立。

武原郡。武定八年，分下邳立。有徐偃王廟。領縣三、户二千八百一十七、口二萬五千。【略】

郯郡。秦立，漢高改為東海，後漢為國，晉復。武定八年，改治郯城。領縣四、户一千二百一十九、口三千三百八。【略】

臨清郡。孝昌三年，立盱眙郡。武定八年改。《隋・志》作『臨潼郡』，東魏立，梁之潼州也。領縣三、户一千五百一十七、口三千五百六十三。齊曰睢州潼郡。後省州。【略】

東楚州。晉立宿豫郡。高祖初立，東徐州後陷，世宗初改為鎮，後陷。武定七年，復改為宿豫郡，本南徐州，梁曰東徐州，東魏改今名，陳曰安州。領郡六、縣二十、户六千五百二十九、口二萬七千一百九十二。僑立。

宿豫郡。領縣四、户一千六百五十、口七千三百七。【略】

高平郡。治大徐城。梁立。有徐城、徐陂、歷澗戍。領縣四、户九百二十、口三千九十六。【略】

淮陽郡。梁立，魏因之。《隋・志》作『朝陽郡』。梁立，後省。領縣四、户一千六百一十七、口七千二百七十七。【略】

晉寧郡。梁立，魏因之。《隋・志》：齊立此郡。領縣四、户一千二百二十二、口五千二十三。【略】

安遠郡。武定七年，改梁安遠戍立，治安遠城。領縣二、户五百八十、口二千三百八十二。齊省。【略】

臨沭郡。梁武帝立，魏因之。領縣二、户五百三十五、口二千一百七。【略】

睢州。梁立潼州。武定元年改立，治取慮城。領郡五、縣十二。齊曰睢南郡竹邑。【略】

淮陽郡。武定六年立。領縣二。齊曰潁川郡。【略】

穀陽郡。治穀陽城。太和中立鎮，世宗開立平陽郡。孝昌中陷，武定六年，後改。有穀陽城、穀陽戍、浚縣城、垓下、聚臨潼戍、潼縣城、潼水。領縣二。【略】

睢南郡。梁立沛郡。武定六年改。領縣二。【略】

南濟陰郡。治竹邑城。孝昌中陷梁為睢州。武定五年復。領縣二。【略】

臨潼郡。治臨潼城。孝昌中陷，武定六年立。領縣四。【略】

仁州。梁立，魏因之，治赤坎城。領郡一、縣二。

臨淮郡。疑故虹縣地。有虹城、白石戍。領縣二。齊曰臨淮縣。【略】

淮州。梁立，魏因之，治淮陰城。領郡四、縣九。

盱眙郡。治盱眙城，陳之北譙州也。領縣三。【略】

山陽郡。治白陽城。領縣二。【略】

淮陰郡。領縣三。【略】

陽平郡。治陽平城。領縣一。周曰東平郡。【略】

楚州。梁立北徐州。武定七年，改治鍾離城。有孤山。領郡十二、縣二十九。

彭、沛二郡。領縣三。【略】

馬頭郡。有富塗故城，渦水入淮，又有蒗蕩渠之沙入淮處，有平阿城、塗山。齊曰荊山郡。【略】

沛郡。領縣三。【略】

安定郡。領縣四。【略】

廣梁郡。領縣一。【略】

魯郡。梁立，魏因之。領縣三。【略】

北譙郡。梁立北譙州，治陰陵城。領縣三。齊曰臨塗郡，周曰北譙郡。【略】

濟陽郡。領縣四。【略】

北陽平郡。領縣二。【略】

鍾離、陳留二郡。領縣五。【略】

潁州。孝昌四年立，武泰元年陷，武定七年復。領郡二十、縣四十、户三千六百六十一、口一萬三千三百四十三。

汝陰、弋陽二郡。梁立雙頭郡縣，魏因之。領縣七、户一千六百六十五，六千七十八。【略】

北陳留、潁州二郡。梁為陳州。武定七年，改立。領縣五、户三百五十一、口一千二百七十二。【略】

財邱、梁興二郡。梁立，魏因之。領縣四、户二百八十三、口一千六十九。【略】

西恒農、陳南二郡。梁立，魏因之。領縣三、户二百三十一、口八百六十四。【略】

東郡、汝南二郡。治牛心邱。領縣二、户一百四十七、口六百二十三。【略】

清河、南陽二郡。梁立，魏因之。領縣三、户一百三十二、口五五百五十五。【略】

東恒農郡。梁立，魏因之。領縣三、户一百一十九、口四百四十。【略】

新蔡、南陳留二郡。梁立，魏因之。領縣一、户三百五十七、口一千二百四十二。【略】

滎陽、北通二郡。梁立，魏因之。領縣四、户一百七十七、口四百七十二。【略】

汝南、太原二郡。梁立，魏因之。領縣四、户八十七、口四百六。【略】

新興郡。梁立，魏因之。領縣四、户一百一十二、口三百二十四。【略】

汴州。梁立，魏因之，治汴城。領郡二、縣四。

汴郡。領縣三。齊省。【略】

臨淮郡。領縣一。【略】

揚州。後漢治歷陽，魏治壽春，後治建業。晉亂，立豫州。宋曰南豫州，陳曰豫州，齊同之。景明中改，孝昌中陷，武定中復。領郡一十、縣二十一。周曰揚州。

梁郡。州治。領縣二。【略】

淮南郡。領縣三。【略】

汝陰郡。

北譙郡。永平元年立，此壽春之僑郡也。領縣二。【略】

陳留郡。梁立。領郡二。【略】

北陳郡。梁立。領縣一。【略】

邊城郡。領縣一。【略】

新蔡郡。領縣一。【略】

安豐郡。梁立，東魏省。領縣二。【略】

下蔡郡。領縣二，本州來城也。淮東有下蔡、新城、八公山、潘溪戍、梁城、湄城、西曲陽城、閻溪、洛水。齊省。【略】

潁川郡。領縣三，疑即南潁川郡。有孝領城、鄎縣城、大灑水、鄧城。【略】

霍州。梁立，魏因之。領郡十七、縣三十六。齊省。

安豐郡。治洛步城。領縣一。【略】

平原郡。領縣一。【略】

北潁川郡。領縣三。【略】

梁興郡。領縣一。【略】

陳郡。領縣三。【略】

北陳郡。治衛山城。領縣一。【略】

扶風郡。治烏溪水。

北沛郡。梁立。領縣五。【略】

南陳郡。州治。領縣二。【略】

新蔡郡。領縣三。【略】

岳安郡。梁立霍州岳安郡岳安縣。領縣二。【略】

邊城郡。治麻步山安豐故城，今邊城郡治。有決水、蓼縣城即舒蓼也。領縣一。齊曰光化郡，陳曰邊城郡。【略】

西邊城郡。領縣三。【略】

西沛郡。領縣三。【略】

淮南郡。領縣三。【略】

樂安郡。領縣三。【略】

南潁川郡。領縣一。

湘州。梁立，魏因之，治大治關城。齊立廬江郡，梁曰相湘，今廬江縣。領郡三、縣三。【略】

梁寧郡。領縣一。【略】

永安郡。領縣一。【略】

合州。梁立，魏因之，治合肥城，梁立南豫州，後改今名。領郡八、縣十七。

汝陰郡。州治。領縣二。【略】

南頓郡。領縣二。【略】

南梁郡。東魏曰平梁郡。陳曰梁郡。領縣二。【略】

北梁郡。領縣二。

南譙郡。有居巢，巢國也。巢澤、濡須口、栅口水、附農山、白石山、竇湖、韓綜山、潁川僑郡刺史山、格虎山、東關城、東興堤，李雀、王武子、郭僧坎、趙祖悦、高江產、胡景略、張祖禧、鄭衛尉諸城。【略】

廬江郡。領縣三。【略】

西汝南郡。領縣二。【略】

北陳郡。齊分汝陰郡立。領縣二。【略】

晉熙郡。梁立。齊曰高唐郡，周分立大雷郡。或云：陳立。

樅陽郡。【略】

和州。

歷陽郡。齊分立齊江郡，梁曰江都郡，周分立同江郡，陳曰臨江郡。

永安郡。齊曰羅州。周曰蘄州。【略】

衡州。梁立，魏因之，陳省。周曰衡州。

齊安郡。南齊立。【略】

巴州。梁立，魏因之，陳省。周曰弋州。

弋陽郡。

西陽郡。

邊城郡。

南司州。周曰黃州總管府。

產州。

湘州。陳之北江州也。

梁安郡。梁立。【略】

永安郡。有蘄春城、蘄水、五水蠻、大陽戍。

義陽郡。梁立。

亭州。陳曰定州。

建陵郡。

陰平郡。

定城郡。【略】

南譙州。梁立，魏因之，治新昌城，即梁之譙州。領郡四、縣十五。

高塘郡。治高塘城。領縣四。【略】

新昌郡。州治。領縣六。【略】

臨徐郡。治葛成。領縣三。【略】

南梁郡。領縣四。【略】

雍州。【略】獻帝時又立雍州，自三輔距西域皆屬焉。魏文帝即位，分河西為涼州，分隴右為秦州。改京兆尹為太守，馮翊、扶風各除『左』、『右』，仍以三輔屬司隸。晉初於長安立雍州。愍帝後，劉聰、石勒、苻犍、姚長相繼竊據之。萇孫泓為宋武所滅。東晉復立雍州及京兆郡，尋為赫連勃勃所破，遣子隗鎮長安，號曰南臺。太武帝破赫連昌後，立雍州，漢改曰涼，治漢陽郡隴縣，後治長安。領郡七、縣二十八。周曰雍州。明帝二帝於雍州立十二郡。按：謂京兆、馮翊、扶風、渭南、延壽、藍田、咸陽、寧夷、通川、雲陽、建忠、中華也。

京兆尹。秦兼天下，立内史以領關中。項籍滅秦，分其地為三，以章邯為雍王，都高奴，謂之三秦。高祖入關，定三秦為渭南郡，後併為内史。景帝分立左、右内史。武帝太初元年，改内史為京兆尹。後與左馮翊、右扶風謂之三輔，俱理長安城中，隸司隸校尉。光武初，隸雍州，尋仍舊屬司隸，魏因之。晉初，屬隸雍州。東晉滅姚泓，復立京兆郡，隸雍州，尋陷赫連氏。太武復立京兆郡。孝武帝永熙三年，自洛陽遷都長安，改京兆尹。領縣八。周曰京兆郡。【略】

長安。【略】

馮翊郡。秦内史。漢高帝元年，屬塞國。二年，更名河上郡。九年罷，復為内史。武帝建元六年，分為左内史。後太初元年，更名左馮翊。魏除『左』字。領縣六。周曰馮翊郡。【略】

延壽郡。太統三年立。周曰延壽郡。【略】

渭南郡。後魏立。周曰渭南郡。【略】

扶風郡。古秦内史。漢高帝元年，屬雍國。二年，更為中地郡。九年罷，復為内史。武帝為右内史，太初中更名主爵都尉，為右扶風。魏文帝去『右』字。晉太康八年，為秦國。世祖真君年中，併始平郡屬焉。領縣五。周曰扶風郡。【略】

咸陽郡。後魏立。領縣四。周曰咸陽郡。有咸陽宮。【略】

寧夷郡。西遷後立。周曰寧夷郡，後改曰秦郡，尋省。【略】

宜州。永熙初，於北地郡兼立北雍州。廢帝二年改。

通川郡。本曰北城，魏文帝分馮翊之祋祤所立也。真君七年省，景明初復。廢帝二年改。領縣六。周曰中華郡，尋省。周又分立建忠郡，建德初省。【略】

宜君郡。西遷後立。【略】

華州。太和十一年，分秦州之由山、澄城、白水立。孝昌二年，東雍州西遷。後廢帝三年，復改華州。西魏曰同州。領郡三、縣十二。

華山郡。太平真君元年立，西魏曰武鄉。領縣五。【略】

澄城郡。真君七年立。領縣五。【略】

白水郡。太和三年立，澄城立。領縣三。【略】

同州。初曰華州。西遷後改名，以漆、沮同流入渭城居其地，故曰同州。

武鄉郡。西遷後立。齊曰武鄉郡。有沙苑萬壽殿，有渭曲天成宮、長春宮、赤岸澤。保定二年，開龍首渠。【略】

洛州。太延五年立荆州。太和十一年，改治上洛城。領郡五、縣七。周曰商州。

上洛郡。晉武帝秦始二年立。領縣一。【略】

拒陽郡。【略】

上庸郡。故庸國，皇興四年立東上洛。永平四年，改。領縣二。周曰孔陽郡。【略】

魏興郡。太延五年立。領縣一。【略】

始平郡。景明元年立。領縣一。後曰齊興，周曰豐州。【略】

萇和郡。景明元年立。領縣一。【略】

陝州。太和十一年立，治陝城。八年罷，永熙中復，西魏太統三年又罷。領郡五、縣十一。周曰總管府，建德六年省。

恒農郡。漢立，以顯祖諱，改曰恒。領縣三。【略】

西恒農郡。領縣二。周省。【略】

澠池郡。領縣二。【略】

石城郡。正始二年立縣，後改。領縣二。尋又省。【略】

河北郡。姚秦立。領縣三。按：宜入建州。【略】

永樂郡。故魏國，有襄山、芮城。領縣二。周省。【略】

秦州。神麚元年立雍州，延和元年改，太和中罷，永熙末復立，太和遷都，罷州立郡。領郡三、縣七。周曰蒲州。武帝二年，開河渠，有蒲州宮，有總管府。建德六年省。

河東郡。秦立，治蒲阪。領縣五。【略】

北鄉郡。領縣一。【略】

汾陰郡。領縣一。【略】

邵州。大統三年，西魏乘沙苑之捷，略定汾、絳，故於邵郡立邵州。領郡一、縣四、户五十二、口一百五十八。

邵郡。皇興四年立邵上郡。太和中併河內，孝昌中復改。領縣四。周曰邵州。【略】

東雍州。世祖立，太和中罷，天平初復。領郡二、縣五、户六千一百八十九、口三萬二百四十二。

正平郡。故南太平。神麚元年，改為征平。太和十八年，復有荀城。領縣三、户一千七百四十四、口八千三百八十九。【略】

龍門郡。舊立高涼郡。西遷後改。領縣二、户四千四百四十五、口二萬一千八百五十三。【略】

汾州。舊揚州改名。

勳州。舊南汾州改名。周曰絳州，有總管府。

西汾州。齊立。周曰石州。

懷政郡。周曰離石郡。【略】

窟胡郡。周立。【略】

定胡郡。【略】

烏突郡。【略】

北恒州。齊立，寄治雲中。周省。

安遠郡。

臨塞郡。

威遠郡。

臨陽郡。

齊德郡。

長寧郡。並齊立。周省。【略】

岐州。太和十一年立，治雍城鎮。領郡三、縣九。

岐山郡。太延二年，立平秦郡。西遷後改名。領縣三。有岐陽。【略】

武都郡。太延年中立。領縣五。周曰朔州，後省。【略】

汧陽郡。有隃麋城。周省郡。【略】

武功郡。太和十一年，分扶風立。領縣二。周建德中省。天和元年七月，築武都、武功、斜谷、留谷、郿、津坑諸城以置軍人。【略】

鄜州。即敷州。太和十九年立，東秦州。孝明帝改北華州，治杏城。廢帝三年，復改名。領郡二、縣七、户四萬一千五百九十六。

中部郡。領縣四，永熙户八千九百二十九。【略】

敷城郡。領縣三，永熙户五千六百七十二。【略】

丹州。大統三年，僑立汾州。廢帝三年，改名。

義川郡。大統三年立。【略】

義鄉郡。【略】

文安郡。西遷後立。【略】

樂川郡。【略】

延州。延昌二年立東夏州，西遷後改立總管府。領郡四、縣十。

偏城郡。太和元年立。領縣二。【略】

朔方郡。漢武帝元朔二年，開西域立。領縣三。【略】

神水郡。漢定陽縣，在定水陽，屬上郡。太安中改立郡，西遷後改名。領縣三。周省郡。【略】

上郡。春秋時，白狄所居，戰國屬魏，秦立郡。漢高帝元年，更曰翟國，尋復故。後漢至晉荒廢，為赫連部落所居。神龜元年，復立郡。領縣二。【略】

綏州。廢帝元年，分上郡立。

安寧郡。西遷後立。周曰義良。【略】

安政郡。西遷後立。周曰銀州。【略】

撫寧郡。舊立。領縣三。【略】

開光郡。西魏立。【略】

恒州。西遷後立。周省。

朔州。西遷後立。

宏化郡。太和十二年，立化政郡。西遷後改。領縣二。周曰寧朔。【略】

夏州。赫連氏所都，始光四年，平為統萬鎮。太和十一年，改立，治大夏。領郡三、縣七。周曰總管府。

統萬鎮。

闡熙郡。太和十二年立。領縣二。有横風山。【略】

金明郡。真君十二年立。領縣三。【略】

代名郡。太安二年立。領縣二。【略】

長州。

大安郡。

鹽州。西魏立，本曰西安州。

大興郡。西魏立，後罷，立縣曰五原，旋復故。有黄河在西。

靈州。周曰靈州總管府。

薄骨律鎮。城在河渚上，赫連果城也。有典農城，有渾懷障。周曰普樂郡。

臨河郡。周曰回樂，又分立懷遠郡懷遠縣，又分立歷城郡建安縣，又分立會州。

豳州。皇興二年，為華州。太和十一年，改為班州。一云十一年改，十四年為邠州，二十年為豳州。西遷後改為寧州。領郡三、縣十。按：《地形志》云：延興二年，為三縣，疑。按：今寧州有三縣鎮是也。『疑』字係校書者加也。周曰寧州總管府，建德六年立。

西北地郡。秦昭王立。領縣三。【略】

趙興郡。真君二年立。領縣五。【略】

襄樂郡。太和十一年立。領縣二。周省。【略】

蔚州。

洛蟠城，西魏分西北地郡立。周省。

雲州。西魏分西北地郡立。【略】

燕州。西魏分襄樂郡立。周省。

顯州。西魏分趙興郡立。周省。

東秦州。西魏分涇州立，後曰隴州。領郡一、縣四。

隴東郡。西魏立。

邠州。西魏分涇州立。領郡二、縣六。

新平郡。後漢建安中立。領縣四。【略】

安武郡。西遷後立。領縣二。【略】

原州。太延二年，立鎮。正光五年，改立，并立郡縣，治高平城。領郡二、縣五。周曰總管府。

高平鎮。

高平郡。初立太平郡，後改名。領縣二。【略】

長城郡。領縣三。【略】

會州。古西羌地。宇文泰來巡，會師於此，土人張信罄資饗六軍，泰悅，因立州，以『會』為名。【略】

涼州。《禹貢》：雍州西界，周衰，為狄地。秦逐匈奴，得甘泉。匈奴使休屠、渾邪王等居涼州之地，後降漢。漢立河西五郡，改雍州為涼州，以地處西方常寒涼也。晉永寧後，為張軌、呂光、姚興所據，又分為三。涼後入魏，神䴥中為鎮，太和中復。領郡十、縣二十，永熙户三千二百七十四。周曰總管府。

武安郡。領縣一，永熙户三百七十三。西魏省。【略】

臨杜郡。『杜』，一作『社』。太和中立。領縣二，永熙户三百八十九。【略】

建昌郡。領縣三，永熙户六百五十七。【略】

番和郡。領縣五，永熙户一百三十九。周省為鎮。【略】

廣武郡。有逆水、街亭、城陽、非亭、候馬亭。【略】

泉城郡。領縣一，永熙户七十二。【略】

武興郡。領縣三，永熙户三百八十五。【略】

武州。

武威郡。漢武帝開匈奴立，魏、晉為涼州，治有都野澤，在東姑臧城東西門外，湧泉合于城北，其大如河澤，草茂盛。領縣三，永熙户三百四十。【略】

昌松郡。領縣三，永熙户三百九十七。周省入榆中。【略】

魏安郡。後魏立。周曰白山。

東涇郡。領縣一，永熙户一百九十一。【略】

梁寧郡。領縣二，永熙户三百三十一。【略】

甘州。大統十二年立，西涼州。廢帝三年，改名。領郡二、縣四。

張掖郡。故匈奴昆邪王地。漢武帝太初元年開立，晉末為涼據。太武帝平涼，立張州張掖軍，太和十一年改，河水在其南。領縣三。【略】

西郡。西魏省。

酒州。

酒泉郡。河水在其南，有合離山在東北。領縣一。周分立金山郡，又分立樂涫，尋省。【略】

瓜州。產美瓜。《春秋傳》：允姓之戎居於瓜州，即此。太武帝立鎮，孝明帝改立州。領郡五、縣十三。

敦煌郡。漢武帝後元年，分酒泉立。河水在其南，有三危山。領縣五。【略】

壽皇郡。舊立。領縣一。【略】

常樂郡。舊立。領縣四。【略】

會稽郡。舊立。領縣三。周省。【略】

玉門郡。

鄯州。古西戎地。晉末為涼據，嘗立西平郡。魏改立鄯善鎮，孝昌三年改立州。『鄯』，一作『膳』。領郡一、縣五。

澆河郡。太平真君十六年，立屬。黃河在其北，西南有積石山。領縣六。【略】

河州。有伏乞顯。真君六年，立枹罕鎮，後改立。領郡四、縣十一。

枹罕郡。

枹罕鎮。【略】

金城郡。漢昭帝始元六年立。後漢建武十三年，併隴西。孝明復。領縣四。有黃河、湟水、浩亹水、石城津。【略】

武始郡。晉末張駿分隴西立，有濫水、龍坻。領縣三。【略】

洪和郡。有石洮水。洪和北山有西傾山，在西南，即強臺山。領縣三。周曰洪和郡，尋省。【略】

臨洮郡。二漢、晉屬隴西。真君二年，改立，一作『六年』。領縣三。周省。【略】

渭州。領郡三、縣六。

隴西郡。秦立。領縣二。【略】

南安郡。領縣二，一作『南安陽郡』。【略】

南安郡。

廣安郡。舊曰廣寧，西遷後改。領縣三。【略】

交州。西遷後立北秦州，改名。

安陽郡。領縣二。【略】

廣安郡。西遷後立。【略】

涇州。神䴥十年立。以涇水為名，治臨涇城。領郡四、縣十。周曰總管府，建德六年省。

安定郡。漢武帝元鼎三年，分秦北地郡立。後漢徙其人以避羌寇。郡寄在美陽。魏晉皆為安定郡。太和十一年，又罷石堂郡以其縣屬。領縣四。【略】

趙平郡。一作『隨平』，誤。領縣三。周省。【略】

平涼郡。領縣一。【略】

平原郡。領縣一。【略】

秦州。古西戎地。秦始封之邑。晉立州。領郡四、縣十三。治上封城。《靈徵志》有南稻、新興二縣，未詳。周曰總管府。

天水郡。秦為隴西郡。漢武帝元鼎三年，分立天水。後隗囂據其地，後漢明帝改曰漢陽。晉復領縣四。【略】

略陽郡。晉武帝分天水立。本名廣魏，尋改名。領縣五。【略】

漢陽郡。真君七年，分天水立。領縣三。【略】

清水郡。西遷後立。領縣一。【略】

成州。古白馬氐國，二漢屬武都郡。晉永嘉後，没於楊茂搜等，立北秦州仇池郡。真君七年，立仇池鎮。太和十一年，為渠州，一作『梁州』。正始初立南秦州，治洛谷。廢帝三年，改曰成州。領郡五、縣十九。

天水郡。真君七年立。領縣三。【略】

長道郡。真君五年，立漢陽郡。廢帝改。領縣三。周尋省。【略】

武階郡。《水經注》作『武街』。有平樂城、濁水城、甘泉、平樂二戍。領縣三。【略】

修武郡。《隋·志》作『修城郡』。《水經注》作『修城道』。領縣五。周省。【略】

仇池郡。真君中，於仇池鎮立。有仇池山，其土地百頃，四面壁立，峭絶險固，一人守道，萬人莫向，山勢自然，有樓櫓卻敵之狀，東西二盤道可七里，上有岡阜泉源，晉末爲氐楊茂搜據，所理處名洛谷，有白馬氐、虎道戍、威武戍。領縣五。又有武興、蘭皋二壘，有谷口。仇池鎮。【略】

岷州。秦隴西郡之臨洮縣地。大統十六年，置州。

同和郡。大統十六年立。【略】

潭水郡。西魏立。周省。【略】

武州。廢帝立。領郡四、縣九。

武都郡。古白馬氐國，天池大澤在其西。漢武帝元鼎六年，闢地立武都郡。後漢因之，蜀漢建興七年，伐魏得武都、陰平二郡。晉永熙末，為楊茂搜所據。宋討平之於仇池仙陵山之東，立武都鎮。宣武帝於鎮立武都郡。廢帝復立州。領縣二。周曰永都郡。【略】

白水郡。真君九年，立郡。後廢為縣，西遷，後復立郡。領縣二。周省入建威。【略】

孔提郡。西遷後立。領縣一。周省。【略】

萬郡。西遷後立。領縣四。周一郡三縣，并省入覆津。【略】

文州。漢武帝開西南夷立陰平道，晉末為李雄及楊茂搜據，廢帝平蜀立州。領郡三、縣五。【略】

廬北郡。廢帝立屬。領縣一。【略】

武陽郡。西遷後立。領縣二。【略】

陰平郡。晉立。領縣二。【略】

麓州。廢帝時，儀同宇文袒殄陰平、鄧至二蕃立寧州，尋改名。

昌寧郡。周分立芳州。又分立深泉郡及封德縣，又分立理定縣，又分立恒香郡。又分立常芬縣，又分立金崖縣。

鄧州。秦漢以來蕃地。廢帝元年，逐吐谷渾，討定陰平立。領郡五、縣四。

鄧寧郡。廢帝元年立，取前鄧羌部落所居為州郡名。有鄧至城、夷祝城。

封統郡。【略】

帖夷郡。【略】

尚安郡。西魏逐吐谷渾立。【略】

武進郡。恭帝二年立。【略】

梁州。《禹貢》：梁州，周以梁併雍、漢，以梁為益。魏元帝平蜀後立梁州。晉末為李特所據，李滅復舊，宋、齊、梁因之，更立秦州。正始元年，梁刺史夏侯道遷以州來降，遂併秦州，立梁州。大統元年，為梁將蘭欽所陷，改北梁州。廢帝元年，克復之，仍曰梁州。尋改名靜州。治漢中。領郡五、縣十五。

晉昌郡。後曰儻城郡。有洛谷水。領縣四。【略】

褒中郡。正始中，分漢中立。領縣三。【略】

漢中郡。秦立，後漢末張魯竊據，改曰漢寧。建安二十年，魏氏帝復立漢中。昭烈破魏將夏侯淵，遂克之。晉末李特、譙縱相繼據守。宋、齊、梁皆曰漢中郡。正始元年，入魏。大統初陷。廢帝元年，仍克之。《隋·志》誤作『漢川郡』。領縣四。【略】

華陽郡。領縣三。【略】

洋州。廢帝二年，分直州立，以水為名。領郡四、縣三。

洋川郡。廢帝二年立。領縣一。【略】

懷昌郡。廢帝二年立。領縣四。【略】

洋中郡。廢帝二年立。

豐寧郡。漢南鄉縣，晉改西鄉，正始中廢縣立豐寧戍，尋立郡，隸直州。後改屬。領縣一。【略】

南岐州。孝昌三年立。廢帝三年，改名鳳州。領郡四、縣八。周曰鳳州。

固道郡。延興四年立，一作『太和初立』，舊曰故道。廢帝三年，改名歸真。有怒特祠、故道水、故道城、故道戍、尚婆城。領縣三。周郡縣皆省入梁泉。【略】

廣化郡。有河池水、河池戍、兩當水。領縣二。

廣業郡。領縣二。周曰康州。【略】

兩當郡。領縣一。【略】

興州。白馬氐東境，秦屬蜀郡。漢武都郡沮縣地，晉永嘉末為羌楊茂搜所據，其後為梁所破，立武興藩王國。楊難當據下辨，自稱大秦王。難當弟伯宜為茹蘆王，伯宜孫鼠分王武興為藩鎮。其年，改鎮為東益州。廢帝二年改。領郡七、縣十七。

順政郡。正始三年，改武興鎮為郡。又僑立略陽郡，後省。廢帝二年，改武興曰順政。領縣四。【略】

仇池郡。領縣三。【略】

槃頭郡。因水盤曲為名，有濁城、濁水。領縣二。【略】

廣萇郡。領縣二。【略】

廣業郡。領縣二。【略】

梓潼郡。領縣二。【略】

洛聚郡。宣武帝立。領縣二，一作『落叢郡』。【略】

直州。蕭督立，本南齊安康郡寧都縣也。魏曰東梁州。後改今名。

安康郡。宋順帝立。領縣二，永熙户六百一十八。【略】

東梁州。後曰金州，本漢建安二十年，分漢中之安陽西城為西城郡。後入蜀，蜀太守申儀降魏，魏改曰魏興，晉、宋、齊不改，梁置北梁州，尋改南梁州。正始元年，梁夏侯道遷舉漢中來歸。孝昌三年，改立東梁州於安康郡。大統元年，梁將蘭欽攻取南鄭，其魏興等郡還梁，梁罷梁州。廢帝元年，大將軍達奚武吞併山梁，刺史李遷哲降魏，魏又於魏興立東梁州。三年，以其地出金，改曰金州。領郡八、縣十一，永熙户一千二百二十二。周曰總管府。

金城郡。領縣一，永熙户二百八十六。周曰洵州，後省。【略】

魏明郡。領縣二，永熙户三百八十一。【略】

魏興郡。曹魏立。按：《寰宇記》稱領六縣，內興晉，西魏省，餘三縣不可考。【略】

洵陽郡。有平陽戍、木蘭塞、伎陵城。周曰長岡，又省入甲郡。

淯陽郡。本洵陽縣地，晉於縣立渝口戍。大統十七年，改立郡。【略】

魏昌郡。本曰晉昌，西魏改。晉元帝時平蜀，以巴、漢流人立晉昌郡。宋末省，齊復立，梁不改。正始初入魏，西遷後改名。周省入中城郡。【略】

吉安郡。【略】

豐利郡。梁南上洛，西遷後改。周省入上津。【略】

光遷國。春秋時房子國，兩漢為漢中郡地，蜀漢為房陵郡。魏文帝為新城郡。梁天監末立岐州。侯景之亂，郡入魏，魏廢州改郡，爲光遷國。周曰遷州。為光遷國省。保定三年，改為州。

綏州。本房陵，梁末立岐州。周省入光遷。

新城郡。周省入甲郡。

甲郡。【略】

中城郡。

房陵郡。【略】

上州。梁曰南洛州。廢帝末，改本漢長利縣地，宋曰北上洛郡。

上津郡。有甲水，廢帝三年立郡縣，以晉置洛津戍為名。周曰北上洛郡。【略】

羅州。梁上庸郡。大統中廢，立州，故庸國。【略】

萬榮郡。梁大統中立。【略】

遂寧郡。梁普通六年立。【略】

義陽郡。梁普通六年，分閬中立，以山為名。【略】

京戎郡。梁普通六年立，以水為名。【略】

伏虞郡。梁立。【略】

義安郡。梁立。【略】

析州。一作『淅州』。漢析縣，以水為名。領郡十一、縣三十五。

修陽郡。領縣二。【略】

固郡。領縣三。【略】

南上洛郡。領縣二。【略】

析陽郡。領縣四。

西析陽郡。西魏曰內鄉。領縣三。周省。【略】

柘林郡。建安中，曹操分南陽立南鄉郡。晉太康末改曰順陽。咸康四年，復曰南鄉。宋改順陽，齊改從陽，魏改順陽屬荆州，西遷後改南鄉，又改屬。周省郡入清鄉。【略】

丹川郡。有三户城、密陽鄉，古商密也。丹崖山。【略】

秀山郡。舊立左鄉郡。西遷後改名。周省。【略】

南鄉郡。【略】

同軌郡。恭帝立。

金門郡。東魏立，內屬。【略】

巖州。大統初立，義州後改名。

義川郡。舊曰漢安郡。大統初改。【略】

朱陽郡。太和十四年，蠻人樊磨背梁歸魏，因立郡，屬析州。大統三年，改屬。領縣二。【略】

藜州。西魏立北淯郡。【略】

雉陽郡。西魏立。領縣二。【略】

荆州。後漢治漢壽，魏、晉治江陵，太延中治上洛，太和中治穰城。領郡六、縣三十三。周曰總管府。保定二年，山南、荆、安襄、江陵為四總管，有三鴉路。

南陽郡。《禹貢》：豫州域。周申國。戰國屬韓。秦昭襄王十五年，取其地立郡。以在中國之南而居陽地，故曰南陽。領縣十。【略】

新野郡。晉惠帝立。領縣四。周曰新野郡。大象元年，為滕國。【略】

黄岡郡。舊立郡曰漢廣，西遷後改名。領縣二。【略】

襄邑郡。齊立郡曰北襄城，魏去『北』字，西遷後改名。領縣九。【略】

恒農郡。領縣四。【略】

殷州。分郢州立。領郡二、縣六。

城陽郡。領縣五。【略】

汝南郡。領縣一。【略】

西郢州。西遷後改曰鴻州。領郡二、縣五。《魏·地形志》作『郢州』。

安陽郡。領縣五。周曰真昌郡。【略】

南郭郡。舊曰東南陽郡。西遷後改。周省。

南郢州。西遷後改名歸州。領郡十二、縣二十九。周省。

北遂安郡。領縣一。【略】

馮翊郡。領縣四。【略】

江夏郡。領縣二。【略】

闕子郡。領縣四。【略】

香山郡。領縣二。【略】

永安郡。領縣二。【略】

新平郡。領縣二。【略】

永安郡。領縣二。【略】

宕都郡。領縣三。【略】

宜民郡。領縣三。【略】

南遂安郡。領縣一。【略】

闕二字郡。領縣三。【略】

南荆州。西遷後改曰昌州，又曰東荆州。後廢帝以泌陽有東荆，故曰『南』。

廣昌郡。齊立。【略】

安昌郡。【略】

蔡州。舊立南雍州，西遷後改。

蔡陽郡。梁立。【略】

千金郡。西遷後立。【略】

洞州。西遷後立。領郡一、縣二。

洞川郡。舊立西淮安郡，隸南襄州。西遷後改屬。領縣二。周曰洞川郡洞川縣。【略】

南襄州。太和十一年立，後領南平州。西遷後改昇州，尋改曰湖州。領郡二、縣三。

襄城郡。領縣二。周曰昇平郡。【略】

北南陽郡。領縣一。【略】

肆州。西遷後立，尋改為唐州，以古唐國為名。領郡一、縣一。周曰唐州。

義陽郡。魏舊立，本蔡陽之上唐鄉有土山。領縣一。【略】

均州。舊恒州改名。周省。

深州。舊沙洲改名，東魏地也。

款州。梁立北郢州。大統末改。領縣一。周省。【略】

涓州。

南豫州。東魏立。周曰灄川郡。

順州。大統末立冀州，尋改。領郡二、縣七。周曰順州。

淮南郡。大統末立，本梁州之隨郡也。領縣四。周曰淮南郡。【略】

上明郡。梁立。領縣三。【略】

東荊州。梁曰華州。魏改，西遷後曰淮州。又曰純州，尋省，治泚陽。領郡三、縣四。

上川郡。梁立。領縣一。【略】

淮陽郡。【略】

南郭郡。舊曰東南陽郡。西魏改。

輔州。本曰北應州。西魏後改。周省。

淮陽郡。梁曰西義陽郡。西魏改。

鄭州。

潘州。

溱州。領郡三、縣四。

襄城郡。

周康郡。領郡三。【略】

江夏郡。領縣一。【略】

南廣州。太和中立荊州，旋罷州立郡。永安中改今名，西遷後曰淯州。領郡五、縣七。

襄城郡。領縣一。【略】

魯陽郡。領縣二。【略】

高昌郡。領縣一。【略】

南陽郡。領縣一。【略】

襄城郡。領縣一。【略】

襄州。孝昌中立。《隋·志》云齊立，誤。周省。謝蘇塘云：河南諸州郡初陷，東魏大統中始內屬，名稱未必一仍永熙之舊，故恭帝於襄陽復立襄州。領郡七、縣二十一。周曰南襄城郡。

襄城郡。齊太祖立，魏因之，治赭城。領縣六。【略】

舞陰郡。孝昌中立。領縣二。【略】

南安郡。太和十三年立郢州。十八年，改為南中府。東魏天平初罷府立，後屬西魏。領縣三。【略】

定南郡。東魏立，疑即南定縣也。周曰定南。

期城郡。孝昌中立。領縣五。【略】

北南陽郡。孝昌中立，為宣義郡。後改州治。領縣三。【略】

建城郡。太和十八年立，景明末罷郡立戍，永熙二年復。領縣三。周省。

【略】

襄州。春秋楚地，秦、漢南郡北境。魏、晉立荊州。東晉僑立南雍州。宋元嘉二十六年，分荊州立雍州。恭帝元年，改名立總管府。領郡十五、縣二十三。周曰總管府，保定二年立。

襄陽郡。漢舊縣，屬南郡。後漢末改屬縣，在襄水之陽，故名。有樂山、隆中、萬山、檀溪、宛口、魚梁州、景升臺、峴山、蔡洲。【略】

鄧城郡。有鄾城、故鄧國、濁水、鄧塞。領郡一。【略】

河南郡。恭帝立。領縣二。【略】

義城郡。晉成帝立，並省梁之興國郡入焉。領縣二。周省。【略】

德廣郡。梁立。領縣一。【略】

咸寧郡。梁立新野郡。恭帝改名。領縣一。周省。【略】

宜城郡。宋立華山郡。恭帝改立。於宜城東穿渠上口，去城三里。漢南郡太守王寵又開之，引蠻水溉田，曰木里溝，東北入沔即夷水也。有羅川城、故羅國、即鄢水，又有沶水、蠻城、陂田、金城、白起渠、鄀縣城、鄀國、烽火臺、狄城、敖水、三澨。

武建郡。領縣四。【略】

秦南郡。梁立。有秦洲。周省。

武泉郡。領縣一。周省，宜城郡入之。【略】

酇城郡。西魏立。領縣一。周省。【略】

山都郡。梁曰南陽郡，恭帝改。領縣一。周省。【略】

歸義郡。領縣四。周省。【略】

南襄陽郡。齊立南襄郡，屬寧蠻府，恭帝改。有中廬、總廬戎國也。有馬穴山、犂邱觀城。周曰沮州。後省。【略】

長湖郡。西魏立，後曰常平。領縣二。【略】

土州。梁立，並郡縣。領郡三、縣三。周曰土州。

東永寧郡。梁立。周曰齊郡。

西永寧郡。梁立。

真陽郡。梁立。有土山章水。領縣三。周曰永川郡。【略】

豐州。梁太清元年，立興川。廢帝二年，改名。領郡四、縣四。

齊興郡。舊僑置始平郡，後改。領縣二。【略】

安富郡。周曰安郡。大象六年，以安富、武當二郡為越國。

武當郡。領縣一。【略】

廣福郡。梁立。領縣一。【略】

隨州。古隨國，舊置并州。大統十六年，改名。領郡三、縣二。

隨郡。晉太康九年，分義陽立隨郡。宋泰始中更名隨陽。齊復舊。有大洪山，溳水出焉。古隨國溠水、斷蛇邱、隨城山、隨水、厲山即烈山、大義山、故賴國漻水。領縣一。周曰隨郡。馬圈戍又分立遂安郡。【略】

灄西郡。大統末分隨郡立。【略】

曲陵郡。梁立，一作『曲梁郡』。周曰崇業郡。

拓州。春秋楚夷陵地。梁天監中立宜州。平江陵後，改名，取開拓之義。周曰硤州。

宜都郡。魏武帝平荆州立臨江郡。漢昭烈帝改立宜都郡。理夷陵。【略】

鄀州。古鄀國，在鄀水旁。廢帝元年，徙立。

武寧郡。東晉隆安五年立。【略】

永寧郡。東晉立長寧，宋泰始中改。【略】

基州。大統後立。

章山郡。【略】

上黄郡。晉武平吳，割臨沮之北鄉、中廬之南鄉立上黄縣，治軨鄉。大統末，為郡。有軨水。【略】

汶陽郡。宋立。【略】

後梁國。恭帝元年，平江陵，以荆州一州之地封蕭詧為附庸，復立江陵總管府。周曰大義郡。

荆州。江陵總管府，周曰總管府，保定二年立。

南郡。漢郡。【略】

河東郡。江左立。周曰安遠郡。【略】

温州。梁立新州。大統末改。周曰温州。

梁寧郡。梁立。【略】

富人郡。大統末立。周曰宜人郡。【略】

岳州。大統末立，並郡。周省。

岳山郡。【略】

澴岳郡。

重城郡。梁曰汝南，西魏改。周曰澴州。後省。【略】

城陽郡。西魏立。周曰鄖州城陽郡。【略】

應州。梁立。

平靖郡。梁立。周曰平靖郡，屬雍州。【略】

光州。大統末立，後省。周曰息州。

建安郡。齊立，西魏後省。周曰建安郡。【略】

沔州。舊曰江州，改名。周建德二年省。

汊川郡。梁立梁安郡。大統末年，改魏安，尋復改。有沌陽城、臨漳城、沔口即夏口、大別山。周曰甑山郡。有甑山鎮。

潁州。舊揚州改。

憲州。舊司州改。

安州。總管府。梁天監七年立南司州，尋廢。大統十六年，立州及府。周曰總管府，保定二年立。

安陸郡。古鄖國，漢立安陸縣，屬江夏郡。宋武帝分江夏立郡。有古鄖國、石巖山、清發新城、鄖口。周曰鄖州。【略】

郢州。大統十七年立。

竟陵郡。晉惠帝時分江夏立，有聊曲水、臼水即成臼也、巾水戍、甘魚陂。【略】

漖川郡。後魏立。周曰石城郡。保定中，以梁北新州梁寧等八郡總管立。【略】

漢東郡。宋元嘉二年，僑立馮翊郡。大統後改。周曰漢東郡。【略】

齊興郡。齊立。周省。【略】

沔陽郡。梁立。周曰復州沔陽郡。【略】

涓水郡。

戟城郡。後省。【略】

利州。本晉晉壽郡。正始中得其地，立益州。永熙三年，復入於梁，攻爲黎州。廢帝二年，剋犂州，仍改西益州。恭帝元年，又改總管府。領郡八、縣十五。周曰總管府。【略】

東晉壽郡。晉孝武帝立，魏因之。領縣四。【略】

西晉壽郡。有苴城、吐費城。領縣一。【略】

新巴郡。晉安帝立。領縣二。【略】

南白水郡。領縣二。【略】

南陽郡。《水經注》作僑郡。

宋熙郡。領縣二。【略】

平興郡。領縣一。【略】

東洛郡。《水經注》作『平洛郡』。有清水。領縣三。周省入平興郡。【略】

隆州。漢巴郡地。建安六年，劉璋改立巴西郡。晉李亂後荒蕪。宋元嘉八年，復立北巴西郡。宋末除『北』字。孝昌中，魏昌建啓以巴州隆城鎮立南梁州，後地入梁。梁天監中，改立南梁、北巴州。廢帝二年，平蜀後改，以隆城鎮為名。有津渠戍。

盤龍郡。梁天監中，立北巴郡。廢帝二年，改立，以郡中盤龍岡為名。領縣二。【略】

新安郡。平蜀後立。領縣一。【略】

宕渠郡。領縣二。【略】

金遷郡。梁立，掌天部，平蜀後改。領縣三。【略】

白馬郡。梁武帝立。領縣一。【略】

隆城郡。梁立。領縣二。【略】

集州。舊東巴州改名。周曰集州。平桑郡難江縣，漢宕渠地。

符陽郡。【略】

始州。漢梓潼縣地。梁天監中，立南梁州，以在梁州之南。梁末改安州。廢帝二年，伐蜀，先下安州始通巴蜀，因改安州為始州。取郡邑更始為名。

普安郡。廢帝二年立，屬。【略】

安都郡。舊名輔劍。【略】

黃原郡。舊有南安郡，平蜀後廢改。【略】

陰平郡。宋太始中立北陰平郡。西遷後改。周曰靜龍。【略】

潼川郡。漢建安二十二年，昭烈分廣漢立梓潼郡。晉永嘉末徙，西遷後復立郡。【略】

巴州。古巴蜀地。延昌三年，於大谷郡立。初，魏以梁、益二州境土荒遠，更立巴州。州統諸獠凡二十餘萬户，以巴酋始欣為刺史。領郡四、縣六。

大谷郡。後漢分巴郡宕渠，立漢昌縣。晉末為獠據。宋立歸化、北水二郡，以領獠户。齊因之。梁增立木門郡。正始元年，梁梁州刺史夏侯道遷以地內屬於漢昌舊理，立大谷郡，帶防兵以鎮撫之。領縣一。【略】

歸化郡。宋立。領縣三。【略】

遂寧郡。梁立。【略】

義陽郡。【略】

哀戎郡。【略】

伏虞郡。【略】

義安郡。【略】

其章郡。舊立，又周立曲細縣。

木門郡。梁普通六年立，以山為名。領縣一。周曰木門郡。【略】

北水郡。宋立。領縣一。【略】

幷州。廢帝二年立。領郡一、縣二。

永昌郡。梁立南晉，廢帝改。領縣二。【略】

遷州。後漢宣漢縣地。恭帝三年，立州。領郡一。周曰臨清郡。

臨清郡。恭帝三年立，屬。【略】

石州。恭帝二年立。

巴渠郡。恭帝二年立。【略】

通州。古巴國，秦蜀巴郡。晉屬巴西郡。宋、齊為巴渠郡。梁大同二年，立萬州，以州內地萬餘頃為名。廢帝二年，以州居四達之地，改名。領郡五。

開巴郡。

新寧郡。梁新安改名。【略】

寧巴郡。

壽陽郡。

巴中郡。

開州。廢帝二年立。

東關郡。梁立，後屬，即通川郡梁之萬州也。【略】

達州。

萬榮郡。梁立。【略】

萬安郡。西魏立。

江會郡。西魏立。周省入固安郡，而立萬世郡萬世縣。【略】

容州。

容山郡。【略】

臨州。漢初平六年立臨江縣，屬永寧郡。梁立郡。廢帝二年，立州。領郡二。

臨江郡。梁大同六年立，以臨江川為名。周曰臨州。【略】

萬川郡。梁立。

渠州。秦巴郡地。漢立宕渠縣。建安二十三年，立宕渠郡。晉末獠據，郡縣悉廢。梁立北宕渠郡。大同三年，於郡理立州。大統十三年，其地內屬州郡因之。

北宕渠郡。梁普通三年，立五古賓國。延熙中，分巴立郡。有賓城。【略】

鄰山郡。梁曰鄰州。後魏改。【略】

晉陽郡。梁立。【略】

流江郡。後魏立。【略】

合州。恭帝三年立，以涪、漢二水合於此，因之。

墊江郡。宋立東宕渠郡。大統初得其地，恭帝三年，改名。【略】

清居郡。梁大同中，立新興郡。恭帝三年，改名。【略】

東遂寧郡。晉永和中，改廣漢，立遂寧郡。宋泰始五年，刺史劉亮采分遂寧郡為東、西二郡。周曰石山郡。【略】

楚州。梁太清四年，武陵王蕭紀於巴郡立。

巴郡。古巴國，閬、白二水曲折東南，形如『巴』字，故名。昔巴人助武王伐紂，封為巴子，其地東魚復，西僰道，北接漢中，南極牂牁。春秋時亦為巴國。戰國時與楚並稱王，秦惠王使張儀、司馬錯伐而滅之，分其地為三十一縣。始皇立巴郡，漢高祖分立廣漢郡，武帝又置犍為郡。劉璋分巴郡為二，墊江以上曰巴郡，墊江以下曰永寧郡。昭烈又以固陵為巴東郡，於是巴郡分為三，曰三巴。六朝時，梁曰楚州。【略】

七門郡。西遷立。【略】

涪陵郡。【略】

信州。梁普通四年立。周曰信州總管府。

巴東郡。漢初平初，劉璋分巴郡立固陵郡。章武元年，改名。【略】

建平郡。吳孫休分南郡立。【略】

安鄉郡。廢帝元年，分朐䏰縣立，周曰萬川郡安鄉。

信陵郡。梁立。【略】

開江郡。廢帝三年立。【略】

益州。古蜀國。周武王時，蜀與戎、羌等助伐商。周衰，蜀僭號稱王，秦惠王伐蜀滅之，封公子通為蜀侯，於成都立蜀郡，因蜀山為名。始皇三十六郡，蜀郡不改。漢分雍州之南立益州，以統廣漢等八郡。公孫述據成都，改益州為司隸、蜀郡為成都郡。吳漢討述，平之，州郡復舊。靈帝末劉焉為益州牧，初理綿竹，後以火災徙理成都，子璋以州降昭烈。魏景元四年，平蜀，晉武帝改蜀郡為成都國，以皇子穎為王。惠帝已後為李雄、苻秦、譙縱竊據，至梁武陵王蕭紀僭號於蜀，其兄湘東王繹討之，斬於白帝。廢帝二年，剋蜀地，併入魏，立總管府。

蜀郡。秦立。後漢延興初，益州治。建安中，昭烈建都。【略】

成都。秦縣代爲州郡治，有望頃池、龍隄池、千秋池、柳池、天井池、雙江、七橋、錦官、湔溲堰、璧玉津。按：七橋泉而西而南，昇仙、曰沖治、曰市、曰笮、曰夷皇、曰萬里是也。

寧蜀郡。晉永和中分巴郡立。周省。【略】

犍為郡。漢武帝立，屬益州。平蜀後移治。齊省。周曰犍為郡。周復立。【略】

懷寧郡。晉安帝時立，屬南秦州。宋元嘉十六年，改屬縣三。周省。【略】

晉熙郡。領縣二。周省為陽泉郡。【略】

宋興郡。宋元嘉十年立。領縣三。周省。【略】

永寧郡。宋元嘉十年立。領縣三。周省。【略】

汶山郡。有岷山、天彭闕、汶關、氐道縣、升遷綿、虒各城、玉壘山、江水。周曰汶州汶山郡，舊曰廣陽，梁之繩州北部都尉也。【略】

齊基郡。梁立。周曰清城。【略】

東益州。梁立。周省。

南晉壽郡。宋立。周曰九隴郡九隴縣。【略】

廣漢郡。漢立。【略】

西遂寧郡。周曰懷中郡。

南陰平郡。周省郡為縣。

金淵郡。晉義熙末，朱齡石於東山立金淵戍。平蜀後立郡及縣。周省。【略】

建陽郡。西魏立。【略】

邛州。梁益州刺史蕭範於蒲水口立柵為城，以稅生獠，曰蒲口頓。武陵王蕭紀立邛州，取南界邛來山為名。平蜀後始立郡縣。領郡四、縣六。

臨邛郡。廢帝二年立，有火井鹽水。【略】

蒲源郡。廢帝二年立。領縣二。【略】

蒲陽郡。梁蒲口鎮，廢帝二年立郡，為州治。領縣一。【略】

蒙山郡。廢帝二年立，以山為名，《禹貢》『蔡蒙旅平』，即此。領縣二。【略】

眉州。漢犍為郡武陽縣南地。梁太清二年，武陵王蕭紀開通外徼，立青州，取青城山為名。廢帝二年，改以峨眉山為名。領郡二。周曰青州，後又曰嘉州。

齊通郡。齊建武三年，析武陽立齊通左郡。梁去『左』字。周曰平羌郡平羌、峨眉二縣。有熊耳峽、玉壘城、蜀王開明故治、青衣水、沬水。【略】

青神郡。漢南安縣地。李雄後夷獠所據，平蜀後立屬。【略】

陵州。漢陽武縣東地。晉太元中，益州刺史毛據立西城戍，平蜀後立州。以張道陵所開井為名。

懷仁郡。梁立。【略】

仁和郡。平蜀後，立郡並縣。【略】

龍州。秦、漢、魏無人之地。魏鄧艾伐蜀，自陰平至江油即此。晉始立平武縣，至梁為楊、李二豪族所據。後魏帝得其地，立江油州郡。廢帝二年，立州。領郡二、縣三。

江油郡。後魏立，有江油戍、涪水。【略】

馬盤郡。舊立，以山為名。【略】

潼州。廢帝二年立。

巴西郡。晉末徙梓潼郡於此。廢帝二年，改立州郡。【略】

涪城郡。舊始平改。周曰安城。【略】

萬安郡。恭帝元年立。【略】

新州。漢廣漢郡。梁武陵王蕭紀立州。

昌城郡。宋立新城郡。齊廢帝平蜀，後復立郡。【略】

鹽亭郡。梁立北宕渠郡。恭帝改，以近鹽井，故名。【略】

湧泉郡。漢廣漢縣地。宋立四宕渠郡。恭帝移治湧山，改名。【略】

資州。恭帝二年立。

陽安郡。漢牛鞞縣屬犍為，晉永和中改屬蜀，恭帝二年改名。【略】

武康郡。平蜀後立，周分立普州普慈郡多業縣，又分立資中郡磐石、內江、安岳等縣，又分立安居郡柔剛、永康、資陽等縣。

江州。梁立。周省。

江陽郡。宋立。【略】

戎州。漢犍為郡地。晉末荒廢，梁大同十年，討定夷獠立州。

六同郡。梁立。【略】

瀘州。漢犍為之江陽、符陽二縣地。梁大同初，立州。

東江陽郡。晉穆帝立，並縣。周又分立洛源郡富世、合江二縣。有符縣城、符關、樂水。【略】

訓州。

恭州。

協州。周又分立西寧州。天和五年，平越巂立。又分立翼州廣年郡廣年縣，又分立左封郡平康縣，又分立清江郡龍求縣，又分立翼針郡翼針縣、江原縣，又分立覃州覃川郡，又分立滎鄉郡。

滎陽郡。領縣五、户二萬一千四百七十二、口九萬兩千三百一十。齊曰成皋郡。【略】

成皋郡。天平元年，分滎陽立。領縣二、户三千六百六十、口一萬五千七百四十。【略】

光州。梁立，魏因之，治光城。領郡六、縣十。

北光城郡。領縣二。【略】

弋陽郡。領縣二。齊曰南郢州。後省入南、北二弋陽縣。周曰淮南郡。梁之東新蔡縣。【略】

豐安郡。

梁安郡。領縣二。【略】

南光城郡。領縣二。【略】

宋安郡。治大城。領縣二。【略】

秦郡。舊立。周曰六合郡。【略】

鍾離郡。【略】

九江郡。齊曰曲陽，梁曰安州，後省。

濟陰郡。【略】

東廣州。梁、陳皆曰南兗州。周曰吳州。

廣陵郡。【略】

江陽郡。有江都城、歐陽埭洛橋。

海陵郡。梁立。【略】

陽平郡。有津湖。【略】

東莞郡。【略】

神農郡。舊曰廣業。

又 **卷八《地理志四·周隋》** 雍州。

京兆郡。【略】城東西十八里一百一十五步，南北十五里一百七十五步，東面通化、春明、延興三門，南面啓夏、明德、安化三門，西面延平、金光、開遠三門，北面光化一門，里一百六，市二。【略】統縣二十二、户三十萬八千四百九十九。【略】

大興。【略】後周舊郡。置縣曰萬年。【略】

長安。帶郡。有仙都福陽太平等宫，有闕官，有舊長安城。【略】

馮翊郡。西魏改曰同州。統縣八、户九萬一千五百七十二。【略】

扶風郡。舊置岐州。統縣九、户九萬二千二百二十三。【略】

安定郡。舊置涇州。統縣七、户七萬六千二百八十一。【略】

北地郡。西魏寧州，【略】統縣六、户七萬六百九十。【略】

上郡。西魏敷州，【略】統縣五、户五萬三千四百八十九。【略】

雕陰郡。西魏綏州。【略】領縣十一、户三萬六千一十八。【略】

延安郡。西魏延州總管府，【略】領縣十一、户五萬三千九百三十九。【略】

宏化郡。西魏朔州，【略】領縣七、户五萬二千四百七十三。【略】

平涼郡。後周原州總管府，【略】領縣五、户二萬七千九百九十五。【略】

朔方郡。後周夏州總管府，【略】領縣三、户一萬一千六百七十三。【略】

鹽川郡。西魏鹽州。領縣一、户三千七百六十三。【略】

靈武郡。後周靈州總管府，【略】領縣六、户一萬二千三百三十。【略】

榆林郡。【略】領縣三、户二千三百三十。【略】

五原郡。【略】領縣三、户二千三百三十。【略】

天水郡。後周秦州總管府，【略】領縣六、户五萬二千一百二十。【略】

隴西郡。舊渭州。領縣五、户一萬九千二百四十七。【略】

金城郡。【略】領縣二、户六千八百一十八。【略】

枹罕郡。舊置河州。領縣四、户一萬三千一百五十七。【略】

澆河郡。後周廓州總管府，【略】領縣二、户二千二百四十。【略】

西平郡。舊置鄯州。領縣二、户三千一百一十八。【略】

武威郡。後周涼州總管府，【略】領縣四、户一萬一千七百五。【略】

張掖郡。西魏甘州。領縣三、户六千一百二十六。【略】

敦煌郡。舊置瓜州。領縣三、户七千七百七十九。【略】

梁州。

漢川郡。舊置梁州。領縣八、户一萬一千九百一十。【略】

西城郡。西魏金州總管府，【略】領縣六、户一萬四千三百四十一。【略】

房陵郡。後周遷州，【略】領縣四、户七千一百六。【略】

清化郡。舊置巴州。領縣十四、户一萬六千五百三十九。【略】

通川郡。西魏曰通州。領縣七、户一萬二千六百二十四。【略】

宕渠郡。梁置渠州。領縣六、户一萬四千三十五。【略】

漢陽郡。西魏曰成周。領縣三、户一萬九百八十五。【略】

臨洮郡。後周洮州，【略】領縣十一、户二萬八千九百七十一。【略】

宕昌郡。後周宕州總管府，【略】領縣三、户六千九百九十六。【略】

武都郡。西魏武州。領縣七、户一萬七百八十。【略】

同昌郡。西魏逐吐谷渾置鄧州，【略】領縣八、户一萬二千二百四十八。【略】

河池郡。後周凰州。領縣四、户一萬一千二百二。【略】

順政郡。西魏興州。領縣四、户四千二百六十一。【略】

義城郡。西魏利州置總管府，【略】領縣七、户一萬五千九百五十。【略】

平武郡。西魏龍州。領縣四、户五千四百二十。【略】

汶山郡。後周置汶州，【略】領縣十一、户二萬四千一百五十九。【略】

普安郡。西魏始州。領縣七、户三萬一千三百五十一。【略】

金山郡。西魏置潼州，【略】領縣七、户三萬六千九百六十三。【略】

新城郡。梁末置新州，【略】統縣五、户三萬七百二十七。【略】

巴西郡。西魏置隆州。領縣十、户四萬一千六十四。【略】

遂寧郡。後周遂州，【略】領縣三、户一萬二千六百二十二。【略】

涪陵郡。西魏置合州，【略】領縣三、户九千九百二十一。【略】

巴郡。梁楚州，【略】領縣三、户一萬四千四百二十三。【略】

巴東郡。後周信州總管府，【略】領縣十四、户二萬一千三百七十。【略】

蜀郡。舊置益州，【略】後周置總管府。【略】領縣十三、户十萬五千五百八十六。【略】

臨邛郡。舊置雅州。領縣九、户二萬三千三百四十八。【略】

眉山郡。後周曰嘉州，大業二年又改曰眉州。領縣八、户二萬三千七百九十九。【略】

隆山郡。西魏陵州。領縣五、户一萬一千四十二。【略】

資陽郡。西魏資州。領縣九、户二萬五千七百二十二。

瀘川郡。梁瀘州。【略】領縣五、户一千八百二。

犍為郡。梁戎州。領縣四、户四千八百五十九。【略】

越巂郡。後周嚴州，【略】領縣六、户七千四百四十八。【略】

牂柯郡。【略】領縣二。【略】

黔安郡。後周置黔州，不帶郡。領縣二、户一千四百六十。【略】

豫州。

河南郡。舊置洛州。【略】領縣十八、户二十萬二千二百三十。【略】

滎陽郡。舊鄭州，【略】領縣十一、户十六萬九百六十四。【略】

梁郡。【略】領縣十三、户十五萬五千四百七十七。【略】

譙郡。後周南兗州總管府，後改曰亳州，【略】領縣六、户七萬四千八百一十七。【略】

濟陰郡。後周曹州。領縣九、户十四萬九百四十八。【略】

襄城郡。復州曰和州，【略】領縣八、户十萬五千九百一十七。【略】

潁川郡。後周許州。領縣十四、户十九萬五千六百四十。【略】

汝南郡。後周蔡州。領縣十一、户十五萬二千七百八十五。【略】

淮陽郡。【略】領縣十、户十二萬七千一百四。【略】

汝陰郡。舊置潁州。領縣五、户六萬五千九百二十六。【略】

上洛郡。後周商州。領縣五、户一萬五百一十六。【略】

弘農郡。【略】領縣四、户二萬七千四百六十六。【略】

淅陽郡。西魏淅州。領縣七、户三萬七千二百五十。【略】

南陽郡。舊荆州，【略】領縣八、户七萬七千五百二十。【略】

淯陽郡。西魏蓁州，【略】領縣三、户一萬七千九百。【略】

淮安郡。西魏淮州，【略】領縣七、户四萬六千八百四十。【略】

兗州。

東郡。【略】領縣九、户十二萬一千九百五。【略】

東平郡。後周魯州，【略】領縣六、户八萬六千九十。【略】

濟北郡。舊濟州。領縣九、户十萬五千六百六十。【略】

武陽郡。後周魏州。領縣十四、户二十一萬三千三十五。【略】

渤海郡。【略】領縣十、户十二萬二千九百九。【略】

平原郡。【略】領縣九、户十三萬五千八百二十二。【略】

冀州。

信都郡。舊置冀州。領縣十二、户十六萬八千七百一十八。【略】

清河郡。後周貝州。領縣十四、户三十萬六千五百四十五。【略】

魏郡。後周相州，置六府。宣政初，府移洛以置總管府，未幾府廢。領縣十一、户十二萬二百二十七。【略】

汲郡。後周衛州。領縣八、户十一萬一千七百二十一。【略】

河內郡。舊置懷州温縣。【略】領縣十、户十三萬三千六百六。【略】

長平郡。舊曰建州，【略】領縣六、户五萬四千九百一十三。【略】

上黨郡。後周潞州。領縣十、户十二萬五千五十七。【略】

河東郡。後周蒲州。領縣十、户十五萬七千七十八。【略】

絳郡。後周絳州。領縣八、户七萬一千八百七十六。【略】

文城郡。後周西汾州，置總管府。【略】領縣四、户二萬二千三百。【略】

臨汾郡。後周晉州，置總管府，【略】領縣七、户七萬一千八百七十四。【略】

龍泉郡。後周汾州，【略】領縣五、户二萬五千八百三十。【略】

西河郡。後周介州。領縣六、户六萬七千三百五十一。【略】

離石郡。後周石州。領縣五、户二萬四萬八十一。【略】

雁門郡。後周置肆州。【略】領縣五、户四萬二千五百二。【略】

馬邑郡。舊置朔州，【略】領縣四、户四千六百七十四。【略】

定襄郡。【略】領縣一、户三百七十四。

樓煩郡。【略】領縣三、户二萬四千四百二十七。【略】

太原郡。後周置并州總管府，【略】領縣十五、户十七萬五千三。【略】

襄國郡。【略】領縣七，户十萬五千八百七十三。【略】

武安郡。後周置洛州。領縣八、户十一萬八千五百九十五。【略】

趙郡。【略】領縣十一、户十四萬八千一百五十六。【略】

恒山郡。後周恒州。領縣八、户十七萬七千五百七十一。【略】

博陵郡。舊置定州，後周置總管府，尋罷。領縣十、户十萬二千八百一十七。【略】

河間郡。舊置瀛州。領縣十三、户十七萬三千八百八十三。【略】

涿郡。舊置幽州總管府。【略】領縣九、户八萬四千五十九。【略】

上谷郡。【略】領縣六、户三萬八千七百。【略】

漁陽郡。【略】領縣一、户三千九百二十五。【略】

安樂郡。後周元州，【略】領縣二、户七千五百九十九。【略】

遼西郡。舊營州，【略】領縣一、户七百五十一。【略】

青州。

北海郡。後周青州總管府，【略】領縣十、户十四萬七千八百四十五。【略】

齊郡。舊曰齊州。領縣十、户十五萬二千三百二十三。【略】

東萊郡。舊置光州，【略】領縣九、户九萬三百五十一。【略】

高密郡。舊膠州，【略】領縣七、户七萬一千九百二十。【略】

徐州。

彭城郡。後周徐州，後齊置東南道行臺總管府，【略】領縣十、户十三萬二百三十二。【略】

魯郡。舊兗州。【略】縣十、户十二萬四千一十九。【略】

琅邪郡。後周沂州。領縣七、户六萬三千四百二十三。【略】

東海郡。魏海州。領縣五、户二萬七千八百五十。【略】

下邳郡。後周泗州。領縣七、户五萬二千七十。【略】

揚州。

江都郡。陳曰南兗州，【略】領縣十六、户十一萬五千五百二十四。【略】

鍾離郡。後齊曰西楚州，【略】領縣四、户三萬五千一十五。【略】

淮南郡。後周揚州，【略】領縣四、户三萬四千二百七十八。【略】

弋陽郡。梁置廣州。領縣六、户四萬一千四百三十二。【略】

蘄春郡。後周蘄州，【略】領縣五、户三萬四千六百九十。【略】

歷陽郡。後齊和州。領縣二、户八千二百五十四。【略】

荆州。

夷陵郡。西魏拓州，後周改曰硤州。領縣三、户五千一百七十九。【略】

竟陵郡。舊郢州。領縣八、户五萬三千三百八十五。【略】

沔陽郡。後周復州，【略】領縣五、户四萬一千七百一十四。【略】

沅陵郡。【略】領縣二、户四千一百四十。【略】

清江郡。後周亭州，【略】領縣五、户二千六百五十八。【略】

襄陽郡。江左僑置雍州，西魏改曰襄州，置總管府。【略】領縣十一、户九萬九千五百七十七。【略】

舂陵郡。舊廣昌郡，【略】有霸山，有溲水。【略】

漢東郡。西魏隋州。領縣八、户四萬七千一百九十三。【略】

安陸郡。西魏安州總管府，【略】領縣八、户六萬八千四十二。【略】

永安郡。後齊衡州，【略】領縣四、户二萬八千三百九十八。【略】

義陽郡。後周申州，【略】領縣五、户四萬五千九百三十。【略】

案：芒芒禹迹，膴膴周原，畫為九州，疆為五服。秦郡漢縣，布如弈棋。典午中葉，南風不競，流亡寓配，僑立州郡。於是太原遷於齊邦，琅邪立於江左。自是以後，客户益多，梁與魏、齊各誇析置。一荆也，則有東、南、北之分；一江也，則有吴、楚、蜀之別。秦、楚有四，襄、郢皆三。以及汝南、襄城、陳留、新蔡諸郡，隨處有之，俱無實土。昔之一州，人户不過數千；今之一縣，郡邑足容數十。大抵田單之族、郿子之孥，黄鳥爰止，名從主人。此外緣邊析置，各立鎮戍，朝梁暮齊，昨兗今廣，瓜分豆析，巧隸難名。南鄭、襄陽、義陽、白狗、壽春、彭城、洛陽、玉壁，諸所爭地，爭城於是焉在；而揚、江、司、冀、雍、益各州，縣同繈赤，郡儕關輔，殷富繁劇，不異歷代，租庸賦調於爾取之。夫提封過廣，則控制難以周輪廣；疆域太狹，則經費不足立州府。數荒郡不敵一華縣，則名器因之太輕；一上州足置百邊州。則防守因之太廣。白阜難繪，黄册徒存，諸所建置，固不足為典要也。

雜録

《周書》卷三《孝閔帝紀》（周孝閔帝元年春正月）丙寅，於劍南陵井置陵州，武康郡置資州，遂寧郡置遂州。

又　卷四《明帝紀》（周明帝二年春正月）丁巳，雍州置十二郡。又於河東置蒲州，河北置虞州，弘農置陝州，正平置絳州，宜陽置熊州，邵郡置邵州。【略】

（周明帝二年三月）以廣業、脩城二郡置康州，葭蘆郡置文州。

又　卷五《武帝紀上》（保定元年二月）於洮陽置洮州。【略】

（保定二年夏四月）己未，於伏流城置和州。【略】

（保定二年冬十月）分南寧州置恭州。【略】

（天和元年正月）丁未，於宕昌置宕州。【略】

（天和元年五月）吐谷渾龍涸王莫昌率户内附，以其地爲扶州。【略】

（天和二年）夏四月乙巳，省東南諸州：以潁州、歸州、湞州、均州入唐州，油州入純州，鴻州入淮州，洞州入湖州，睢州入襄州，憲州入昌州。【略】

（天和四年）十二月壬午，罷隴州。【略】

（天和五年）十二月癸巳，大將軍鄭恪率師平越巂，置西寧州。【略】

（建德二年二月）省雍州内八郡，併入京兆、馮翊、扶風、咸陽等郡。【略】

（建德三年十月）乙卯，曲赦蒲州見囚大辟以下。

又　卷六《武帝紀下》（建德六年六月）癸亥，於河州鷄鳴防置旭州，甘松防置芳州，廣州防置弘州。【略】

（宣政元年正月）分相州廣平郡置洺州，清河郡置貝州，黎陽郡置黎州，汲郡置衛州；分定州常山郡置恒州；分并州上黨郡置潞州。辛卯，行幸懷州。癸巳，幸洛州。詔於懷州置宫。

又　卷八《静帝紀》（大象二年八月）庚午，韋孝寬破尉遲迥於鄴城，迥自殺，相州平。移相州於安陽，其鄴城及邑居皆毁廢之。分相州陽平郡置毛州，昌黎郡置魏州。

户口田土部

曹魏分部

綜述

《三國志》卷八《魏志·張繡傳》官渡之役，繡力戰有功，遷破羌將軍。從破袁譚於南皮，復增邑凡二千户。是時天下户口減耗，十裁一在，諸將封未有滿千户者，而繡特多。

又　卷一四《魏志·蔣濟傳》景初中，外勤征役，内務宫室，怨曠者多，而年穀饑儉。濟上疏曰：『【略】今雖有十二州，至于民數，不過漢時一大郡。』

又　卷一六《魏志·杜恕傳》乃上疏曰：『帝王之道，莫尚乎安民；安民之術，在於豐財。豐財者，務本而節用也。方今二賊未滅，戎車亟駕，此自熊虎之士展力之秋也。然搢紳之儒，横加榮慕，搤腕抗論，以孫、吴爲首，州郡牧守，咸共忽恤民之術，脩將率之事。農桑之民，競干戈之業，不可謂務本。帑藏歲虚而制度歲廣，民力歲衰而賦役歲興，不可謂節用。今大魏奄有十州之地，而承喪亂之弊，計其户口不如往昔一州之民，然而二方僭逆，北虜未賓，三邊遘難，繞天略匝；所以統一州之民，經營九州之地，其爲艱難，譬策羸馬以取道里，豈可不加意愛惜其力哉？以武皇帝之節儉，府藏充實，猶不能十州擁兵；郡且二十也。今荆、揚、青、徐、幽、并、雍、凉緣邊諸州皆有兵矣，其所恃内充府庫外制四夷者，惟兖、豫、司、冀而已。臣前以州郡典兵，則專心軍功，不勤民事，宜别置將守，以盡治理之務；而陛下復以冀州寵秩吕昭。冀州户口最多，田多墾闢，又有桑棗之饒，國家徵求之府，誠不當復任以兵事也。若以北方當須鎮守，自可專置大將以鎮安之。計所置吏士之費，與兼官無異。然昭於人才尚復易；中朝苟乏人，兼才者勢不獨多。以此推之，知國家以人擇官，不爲官擇人也。官得其人，則政平訟理；政平故民富實，訟理故囹圄空虛。陛下踐阼，天下斷獄百數十人，歲歲增多，至五百餘人矣。民不益多，法不益峻。以此推之，非政教陵遲，牧守不稱之明效歟？往年牛死，通率天下十能損二；麥不半收，秋種未下。若二賊游魂於疆埸，飛芻輓粟，千里不及。究此之術，豈在強兵乎？武士勁卒愈多，愈多愈病耳。夫天下猶人之體，腹心充實，四支雖病，終無大患；今兗、豫、司、冀亦天下之腹心也。是以愚臣慺慺，實願四州之牧守，獨脩務本之業，以堪四支之重。然孤論難持，犯欲難成，衆怨難積，疑似難分，故累載不爲明主所察。凡言此者，類皆疏賤；疏賤之言，實未易聽。若使善策必出於親貴，親貴固不犯四難以求忠愛，此古今之所常患也。』

又　卷二二《魏志・陳羣傳》　青龍中，營治宮室，百姓失農時。羣上疏曰：『禹承唐、虞之盛，猶卑宮室而惡衣服，況今喪亂之後，人民至少，比漢文、景之時，不過一大郡。加邊境有事，將士勞苦，若有水旱之患，國家之深憂也。且吳、蜀未滅，社稷不安。宜及其未動，講武勸農，有以待之。今舍此急而先宮室，臣懼百姓遂困，將何以應敵？昔劉備自成都至白水，多作傳舍，興費人役，太祖知其疲民也。今中國勞力，亦吳、蜀之所願。此安危之機也，惟陛下慮之。』

又　卷一《魏志・武帝紀》　裴松之注　《魏書》：『**【略】**攸等復曰：「**【略】**昔齊、魯之封，奄有東海，疆域井賦，四百萬家，基隆業廣，易以立功，故能成翼戴之勳，立一匡之績。今魏國雖有十郡之名，猶減于曲阜，計其户數，不能參半，以藩衛王室，立垣樹屏，猶未足也。」』

又　卷二二《魏志・陳羣傳》　裴松之注　臣松之案：《漢書・地理志》云：元始二年，天下户口最盛，汝南郡爲大郡，有三十餘萬户。則文、景之時不能如是多也。案：《晉太康三年地記》，晉户有三百七十七萬，吳、蜀户不能居半。以此言之，魏雖始承喪亂，方晉亦當無乃大殊。長文之言，於是爲過。

晉・司馬彪《續漢書・郡國志一》　劉昭注　《帝王世紀》曰：『**【略】**及靈帝遭黄巾，獻帝即位而董卓興亂，大焚宮廟，劫御西遷，京師蕭條，豪傑並爭，郭汜、李傕之屬，殘害又甚，是以興平、建安之際，海内凶荒，天子奔流，白骨盈野。故陜、津之難，以箕撮指。安邑之東，后裳不完。遂有寇戎，雄雌未定，割剝庶民，三十餘年。及魏武皇帝剋平天下，文帝受禪，人衆之損，萬有一存。景元四年，與蜀通計民户九十四萬三千四百二十三，口五百三十七萬二千八百九十一人。又案：正始五年，揚威將軍朱照日所上吳之所領兵户九十三萬二千，推其民數，不能多蜀矣。昔漢永和五年，南陽户五十餘萬，汝南户四十餘萬，方之於今，三帝鼎足，不踰二郡，加有食祿復除之民、凶年饑疾之難，見可供役，裁若一郡。以一郡之人，供三帝之用，斯亦勤矣。自禹至今二千餘載，六代損益，備於茲焉。』臣昭案：《謐記》云春秋時有千二百國，未知所出。班固云周之始，爵五而土三，蓋千八百國。轉相吞滅，數百年間，列國耗盡，至春秋時，尚有數十。

《晉書》卷二《文帝紀》（魏甘露二年夏五月，司馬昭）乃表曰：『**【略】**今諸軍可五十萬，以衆擊寡，蔑不剋矣。』

又　卷一四《地理志上》　獻帝建安元年拜曹操爲鎮東將軍，封費亭侯。魏文帝黄初三年，初制封王之庶子爲鄉公，嗣王之庶子爲亭侯，公侯之庶子爲亭伯。劉備章武元年，亦以郡國封建諸王，或遥採嘉名，不由檢土地所出。其户二十萬，男女口九十萬。孫權赤烏五年，亦取中州嘉號封建諸王。其户五十二萬三千，男女口二百四十萬。晉文帝爲晉王，命裴秀等建立五等之制，惟安平郡公孚邑萬户，制度如魏諸王。其餘縣公邑千八百户，地方七十五里；大國侯邑千六百户，地方七十里；次國侯邑千四百户，地方六十五里；大國伯邑千二百户，地方六十里；次國伯邑千户，地方五十五里；大國子邑八百户，地方五十里；次國子邑六百户，地方四十五里；男邑四百户，地方四十里。武帝泰始元年，封諸王以郡爲國。邑二萬户爲大國，置上下中下三軍，兵五千人；邑萬户爲次國，置上軍下軍，兵三千人；五千户爲小國，置一軍，兵千五百人。王不之國，官於京師。罷五等之制，公侯邑萬户以上爲大國，五千户以上爲次國，不滿五千户爲小國。太康元年，平吳，大凡户二百四十五萬九千八百四十，口一千六百一十六萬三千八百六十三。而江左諸國並三分食一，元帝渡江，太興元年，始制九分食一。

唐・杜佑《通典》卷七《食貨七・歷代盛衰户口》　靈帝遭黄巾為

寇，獻帝遇董卓稱亂，大焚宮廟，劫御西遷，是以興平、建安之際，海內荒殘，人户所存，十無一二。魏武據中原，劉備割巴蜀，孫權盡有江東之地。三國鼎立，戰爭不息。劉備章武元年，有户二十萬，男女口九十萬。及平蜀，得户二十八萬，口九十四萬，帶甲將士十萬二千，吏四萬，通計户九十四萬三千四百二十三，口五百三十七萬二千八百八十一。除平蜀所得，當時魏氏唯有户六十六萬三千四百二十三，口有四百四十三萬二千八百八十一。孫權赤烏五年，有户五十二萬，男女口二百三十萬。

清·吴增僅《三國郡縣表》卷一《魏州郡總目》 吏。未詳。兵。未詳。

景元四年，户六十六萬三千四百二十三，男女口四百四十三萬二千八百九十一。見考證。

論説

《後漢書》卷四九《仲長統傳》 《理亂篇》曰：【略】以及今日，名都空而不居，百里絶而無民者，不可勝數。此則又甚於亡新之時也。悲夫！

宋·司馬光《資治通鑑》卷七三《魏紀五·烈祖明皇帝中之下》

（魏明帝青龍三年）胡三省注：漢自秦、項之爭，民死於兵者多矣，雖文、景與民休息，户口蕃息，重以武帝窮奢極欲，又減其半。平帝元始之初，民户一千三百二十三萬三千六百一十二，以班《志》考之，汝南一郡，户四十六萬一千五百八十七。光武興於南陽，至永和元年，户五十餘萬。三國虎爭，人衆之損，萬有一存，景元四年，與蜀通計民户九十四萬三千二百四十二耳。當此之時，謂不過漢文、景時一大郡，非虚語也。

又 卷八〇《晉紀二·世祖武皇帝上之下年》 （晉武帝咸寧五）

胡三省注漢元始之初，民户千三百二十三萬三千六百一十二，口五千九百一十九萬四千九百七十八。漢之極盛也，桓帝之初，户二千六百七萬九百六，口五千六萬六千八百五十六。魏既并蜀，景元四年，與屬通計，民户九十四萬三千四百二十三，口五百三十七萬二千八百九十一。蓋口猶及漢十分之一，而户則未幾及也。

清·王鳴盛《十七史商榷》卷四〇《三國志二·魏民比漢一郡》 《蔣濟傳》：『景初中，外勤征役，內務宮室。濟上疏曰：「今雖有十二州，至於民數，不過漢時一大郡。」』按《陳羣傳》：『青龍中，營治宮室，百姓失農時。羣上疏曰：「今喪亂之後，人民至少，比漢文景之時不過一大郡。」』羣之言與濟正同，彼文下臣松之按：『《漢·地理志》云元始二年，天下户口最盛，汝南郡爲大郡，有三十餘萬户，則文景之時不能如是多也。《晉太康三年地記》，晉户有三百七十七萬，吴、蜀户不能居半。以此言之，魏雖始承喪亂，方晉亦當無大殊。陳羣之言於是爲過。』再考《杜畿子恕傳》：『太和中，恕上疏曰：「今大魏奄有十州之地，而承喪亂之弊，計其户口，不如往昔一州之民。」』今考明帝即位，建元太和，太和七年改青龍，青龍五年改景初，儻如松之之言，以陳羣爲過，則蔣濟亦過也，杜恕近之，然亦甚其詞矣。又考《張繡傳》：『破袁譚，繡增邑二千户。是時天下户口減耗，十裁一在。』操破袁氏之時，天下亂極，生靈塗炭。《張繡傳》云云，斯爲實録。其後稍平定，至青龍、景初，生孳息三四十年，户口當必漸加。故松之以陳羣爲過，自此以至晉太康，生聚孳息又不下四五十年，而中間雖有征役，絶無大亂若黄巾、董、袁之甚者。則其户口自當益以滋殖，豈可遂據太康以例青龍、景初時乎？

南齊竟陵王子良密啓武帝論民户疲耗有曰：『以魏方漢，猶一郡之譬。』見蕭子顯《南齊書》本傳。然則蔣濟、陳羣之言，從來相傳如此，何得云魏始承喪亂時，與晉無大殊？又《南史·齊東昏紀》張欣泰謂裴長穆曰：『以秦之富，今不及秦一郡。』南朝既不及秦一郡，則魏初只可及漢一郡可知。

清·吴增僅《三國郡縣表》卷一《魏司隸部一》 《後漢書·郡國志》第一注引《帝王世紀》云：景元四年，與蜀通計，民户九十四萬三千四百二十三，男女口五百三十七萬二千八百九十一。今據《蜀志·後主傳》注引王隱《蜀志》，減蜀户二十八萬，男女口九十四萬，得魏户口數。放後漢興平、建安之際，天下分崩，民户減耗，十裁一在。《魏志·張繡傳》。曹魏得漢九州之地，當時户籍不過漢時一大郡。《陳羣》、《杜恕傳》。迄乎三國之末，總而計之，其兵民户亦不及二百萬。魏正始五年，揚威將軍朱照日所上吴之所領兵户九十三萬二千。越三十六年而吴亡，十又耗其三、四，推之蜀、魏，略可覩矣。大抵死喪者居半，逃亡者亦居半焉。晉初一統，當時流民漸歸故土。太康元年，得户二百四十五萬九千八百四十。《資治通鑑》。越二年，民户亦不過三百七十七萬。吴、蜀之户曾不及半。《陳羣傳》注引《太康三年地道記》。以百數十萬户之脂膏，塗三方數萬里之原野。嗚呼，民何以堪！附誌於此，庶幾覽斯表者，有以知其世焉。

藝文

《宋書》卷二一《樂志三》 《登山有遠望》、《十五》，文帝詞：

登山而遠望，谿谷多所有。楩柟千餘尺，衆草之盛茂。華葉燿人目，五色難可紀。雉雊山雞鳴，虎嘯谷風起。號羆當我道，狂顧動牙齒。

《惟漢二十二世》、《薤露》，武帝詞：

惟漢二十二世，所任誠不良。沐猴而冠帶，智小而謀强。猶豫不敢斷，因狩執君王。白虹爲貫日，己亦先受殃。賊臣持國柄，殺主滅宇京。蕩覆帝基業，宗廟以燔喪。播越西遷移，號泣而且行。瞻彼洛城郭，微子爲哀傷。

《關東有義士》、《蒿里行》，武帝詞：

關東有義士，興兵討羣凶。初期會孟津，乃心在咸陽。軍合力不齊，躊躇而雁行。勢利使人爭，嗣還自相戕。淮南弟稱號，刻璽於北方。鎧甲生蟣蝨，萬姓以死亡。白骨露於野，千里無鷄鳴。生民百遺一，念之絶人腸。

《北上》、《苦寒行》，武帝詞六解：

北上太行山，艱哉何巍巍。羊腸坂詰屈，車輪爲之摧。一解樹木何蕭瑟，北風聲正悲。熊羆對我蹲，虎豹夾道啼。二解谿谷少人民，雪落何霏霏。延頸長歎息，遠行多所懷。三解我心何怫鬱，思欲一東歸。水深橋樑絶，中道正裴回。四解迷惑失徑路，暝無所宿棲。行行日以遠，人馬同時飢。五解擔囊行取薪，斧冰持作糜。悲彼東山詩，悠悠使我哀。六解

南朝梁·蕭統《文選·[魏]曹植〈送應氏二首〉之一》 步登北邙坂，遥望洛陽山。洛陽何寂寞，宫室盡燒焚。垣牆皆頓擗，荆棘上參天。不見舊耆老，但覩新少年。側足無行徑，荒疇不復田。遊子久不歸，不識陌與阡。中野何蕭條，千里無人煙。念我平常居，氣結不能言。

又 《[魏]王粲〈七哀詩二首〉》 西京亂無象，豺虎方遘患。復棄中國去，遠身適荆蠻。親戚對我悲，朋友追相攀。出門無所見，白骨蔽平原。路有飢婦人，抱子棄草間。顧聞號泣聲，揮涕獨不還。南登霸陵岸，回首望長安。悟彼下泉人，喟然傷心肝。

荆蠻非我鄉，何人久滯淫。方舟泝大江，日暮愁我心。山崗有餘映，巖阿增重陰。狐狸馳赴穴，飛翔故林。流波激清響，猴猿臨岸吟。迅風拂裳袂，白露霑衣衿。獨夜不能寐，攝衣起撫琴。絲桐感人情，爲我發悲音。

又 《[晉]潘岳〈關中詩一首〉》 哀此黎元，無罪無辜，肝腦塗地，白骨交衢，夫行妻寡，父出子孤，俾我晉民，化爲狄俘。

又 《[晉]張載〈七哀詩二首〉之一》 北芒何壘壘，高陵有四五。借問誰家墳？皆云漢世主。恭文遥相望，原陵鬱膴膴。季世喪亂起，賊盗如豺虎。毁壤過一抔，便房啓幽户。珠柙離玉體，珍寶見剽虜。園寢化爲墟，周墉無遺堵。蒙籠荆棘生，蹊逕登童豎。狐兔窟其中，蕪穢不復掃。頹隴並墾發，萌隸營農圃。昔爲萬乘君，今爲丘山土。感彼雍門言，悽愴哀往古。

雜録

《三國志》卷一《魏志·武帝紀》 （建安八年）秋七月，令曰：『**【略】**其令郡國各脩文學，縣滿五百户置校官。**【略】**』

（建安）七年春正月，公軍譙，令曰：『吾起義兵，爲天下除暴亂。舊土人民，死喪略盡，國中終日行，不見所識，使吾悽愴傷懷。其舉義兵已來，將士絶無後者，求其親戚以後之，授土田，官給耕牛，置學師以教之。爲存者立廟，使祀其先人，魂而有靈，吾百年之後何恨哉！』

（十年）三郡烏丸承天下亂，破幽州，略有漢民合十餘萬户。**【略】**虜衆大崩，斬蹋頓及名王已下，胡、漢降者二十餘萬口。

又 卷二《魏志·文帝紀》 （黄初二年）初令郡國口滿十萬者，

歲察孝廉一人；其有秀異，無拘户口。

又 卷六《魏志·董卓傳》（初平三年）時三輔民尚數十萬户，（李）傕等放兵劫略，攻剽城邑，人民饑困，二年間相啖食略盡。

又 卷一二《魏志·崔琰傳》 太祖破袁氏，領冀州牧，辟琰爲别駕從事，謂琰曰：『昨案户籍，可得三十萬衆，故爲大州也。』

又 卷一五《魏志·梁習傳》 時承高幹荒亂之餘，胡狄在界，張雄跋扈，吏民亡叛，入其部落；兵家擁衆，作爲寇害，更相扇動，往往釭跱。習到官，誘諭招納，皆禮召其豪右，稍稍薦舉，使詣幕府；豪右已盡，乃次發諸丁强以爲義從；又因大軍出征，分請以爲勇力。吏兵已去之後，稍移其家，前後送鄴，凡數萬口；其不從命者，興兵致討，斬首千數，降附者萬計。

又 《張既傳》 魯降，既説太祖拔漢中民數萬户以實長安及三輔。【略】是時，太祖徙民以充河北，隴西、天水、南安民相恐動，擾擾不安，既假三郡人爲將吏者休課，使治屋宅，作水碓，民心遂安。太祖將拔漢中守，恐劉備北取武都氐以逼關中，問既。既曰：『可勸使北出就谷以避賊，前至者厚其寵賞，則先者知利，後必慕之。』太祖從其策，乃自到漢中引出諸軍，令既之武都，徙氐五萬餘落出居扶風、天水界。

又 《賈逵傳》 文帝即王位，以鄴縣户數萬在都下，多不法，乃以逵爲鄴令。

又 卷一八《魏志·李典傳》 典宗族部曲三千餘家，居乘氏，自請願徙詣魏郡。太祖笑曰：『卿欲慕耿純邪？』典謝曰：『典駑怯功微，而爵寵過厚，誠宜舉宗陳力；加以征伐未息，宜實郊遂之内，以制四方，非慕純也。』遂徙部曲宗族萬三千餘口居鄴。

又 卷二一《魏志·衛覬傳》 時四方大有還民，關中諸將多引爲部曲，覬書與荀彧曰：『關中膏腴之地，頃遭荒亂，人民流入荆州者十萬餘家，聞本土安寧，皆企望思歸。而歸者無以自業，諸將各競招懷，以爲部曲。郡縣貧弱，不能與爭，兵家遂强。一旦變動，必有後憂。夫鹽，國之大寶也，自亂來散放，宜如舊置使者監賣，以其直益市犁牛。若有歸民，以供給之。勤耕積粟，以豐殖關中。遠民聞之，必日夜競還。又使司隸校尉留治關中以爲之主，則諸將日削，官民日盛，此强本弱敵之利也。』

又 卷二五《魏志·辛毗傳》 帝欲徙冀州士家十萬户實河南。時連蝗民饑，羣司以爲不可，而帝意甚盛。毗與朝臣俱求見，帝知其欲諫，作色以見之，皆莫敢言。毗曰：『陛下欲徙士家，其計安出？』帝曰：『卿謂我徙之非邪？』毗曰：『誠以爲非也。』帝曰：『吾不與卿共議也。』毗曰：『陛下不以臣不肖，置之左右，廁之謀議之官，安得不與臣議邪！臣所言非私也，乃社稷之慮也，安得怒臣！』帝不答，起入内；毗隨而引其裾，帝遂奮衣不還，良久乃出，曰：『佐治，卿持我何太急邪？』毗曰：『今徙，既失民心，又無以食也。』帝遂徙其半。

又 《楊阜傳》 及劉備取漢中以逼下辯，太祖以武都孤遠，欲移之，恐吏民戀土。阜威信素著，前後徙民、氐，使居京兆、扶風、天水界者萬餘户，徙郡小槐里，百姓襁負而隨之。

又 卷三〇《魏志·烏桓傳》 漢末，遼西烏丸大人丘力居，衆五千餘落，上谷烏丸大人難樓，衆九千餘落，各稱王，而遼東屬國烏丸大人蘇僕延，衆千餘落，自稱峭王，右北平烏丸大人烏延，衆八百餘落，自稱汗魯王，皆有計策勇健。【略】建安十一年，太祖自征蹋頓於柳城，【略】及幽州、并州柔所統烏丸萬餘落，悉徙其族居中國，帥從其侯王大人種衆與征伐。

又 《鮮卑傳》 黄初二年，（軻）比能出諸魏人在鮮卑者五百餘家，還居代郡。明年，比能帥部落大人小子代郡烏丸修武盧等三千餘騎，驅牛馬七萬餘口交市，遣魏人千餘家居上谷。【略】比能衆遂强盛，控弦十餘萬騎。

又 《東夷傳》 夫餘【略】户八萬，其民土著，有宫室、倉庫、牢獄。【略】東沃沮【略】户五千，無大君王，世世邑落，各有長帥。

又 卷三二《蜀志·先主傳》 下邳陳登謂先主曰：『【略】彼（鄙）州殷富，户口百萬，欲屈使君撫臨州事。』

又 卷四七《吴志·吴主傳》 （建安十八年）初，曹公恐江濱郡縣爲權所略，徵令内移。民轉相驚，自廬江、九江、蘄春、廣陵户十餘萬皆東渡江，江西遂虚，合肥以南惟有皖城。【略】（建安）十九年五月，權征皖城。閏月，克之，獲廬江太守朱光及參軍董和，男女數萬口。【略】（建安二十五年）秋，魏將梅敷使張儉求見撫納。南陽陰、酇、筑陽、山都、中廬五縣民五千家來附。

又 卷四八《吳志·孫亮傳》 （五鳳二年）淮南餘衆數萬口來奔。

又 卷六〇《吳志·賀齊傳》 候官既平，而建安、漢興、南平復亂，齊進兵建安，立都尉府，是歲（建安）八年也。郡發屬縣五千兵，各使本縣長將之，皆受齊節度。賊洪明、洪進、苑御、吳免、華當等五人，率各萬户，連屯漢興，吳五六千户别屯大潭，鄒臨六千户别屯蓋竹，（大潭）同出餘汗。【略】凡討治斬首六千級，名帥盡禽，復立縣邑，料出兵萬人，拜爲平東校尉。

又 卷二《文帝紀》裴松之注 《魏書》曰：（黄初二年）十一月辛未，鎮西將軍曹真命衆將及州郡兵討破叛胡治元多、盧水、封賞等，斬首五萬餘級，獲生口十萬，羊一百一十一萬口，牛八萬，河西遂平。

又 卷四〇《蜀志·李嚴傳》裴松之注 諸葛亮又與平子豐教曰：「【略】（李嚴）今雖解任，形業失故，奴婢賓客百數十人。」

《後漢書》卷七二《董卓傳》 初，長安遭赤眉之亂，宫室營寺焚滅無餘，是時唯有高廟、京兆府舍，遂便時幸焉。後移未央宫。於是盡徙洛陽人數百萬口於長安，步騎驅蹙，更相蹈藉，飢餓寇掠，積尸盈路。卓自屯留畢圭苑中，悉燒宫廟官府居家，二百里内無復孑遺。【略】（牛）輔分遣其校尉李傕、郭汜、張濟將步騎數萬，擊破河南尹朱儁於中牟。因掠陳留、潁川諸縣，殺略男女，所過無復遺類。【略】初，帝入關，三輔户口尚數十萬，自傕、汜相攻，天子東歸後，長安城空四十餘日，强者四散，羸者相食，二三年閒，關中無復人迹。

又 卷七三《陶謙傳》 初平四年，曹操擊謙，破彭城傅陽。謙退保郯，操攻之不能克，乃還。過拔取慮、睢陵、夏丘，皆屠之。凡殺男女數十萬人，鷄犬無餘，泗水爲之不流，自是五縣城保，無復行迹。初三輔遭李傕亂，百姓流移依謙者皆殲。

又 《劉虞傳》 青、徐士庶避黄巾之難歸虞者百餘萬口，皆收視温恤，爲安立生業，流民皆忘其遷徙。

又 《公孫瓚傳》 初平二年，青、徐黄巾三十萬衆入勃海界，欲與黑山合。瓚率步騎二萬人，逆擊於東光南，大破之，斬首三萬餘級。賊弃其車重數萬兩，奔走度河。瓚因其半濟薄之，賊復大破，死者數萬，流血丹水，收得生口七萬餘人，車甲財物不可勝筭，威名大震。

又 卷七五《劉焉傳》 初，南陽、三輔民數萬户流入益州，焉悉收以爲衆，名曰「東州兵」。【略】韓遂、馬超之亂，關西民奔魯者數萬家。時人有地中得玉印者，羣下欲尊魯爲漢寧王。魯功曹閻圃諫曰：「漢川之民，户出十萬，四面險固，財富土沃，上匡天子，則爲桓、文，次方竇融，不失富貴。」

又 《袁術傳》 初，術在南陽，户口尚數十百萬，而不修法度，以鈔掠爲資，奢恣無厭，百姓患之。【略】遂歸帝號於（袁）紹，曰：「【略】今君擁有四州，人户百萬，以强則莫與爭大，以位則無所比高。【略】」紹陰然其計。

《晉書》卷一《宣帝紀》 又徙孟達餘衆七千餘家於幽州。蜀將姚靜、鄭他等帥其屬七千餘人來降。時邊郡新附，多無户名，魏朝欲加隱實。屬帝（司馬懿）朝於京師，天子（魏明帝）訪之於帝。帝對曰：「賊以密網束下，故下棄之。宜弘以大綱，則自然安樂。」

（正始）七年春正月，吳寇柤中，夷夏萬餘家避寇北渡沔。帝以沔南近賊，若百姓奔還，必復致寇，宜權留之。曹爽曰：「今不能修守沔南而留百姓，非長策也。」帝曰：「不然。凡物致之安地則安，危地則危。故兵書曰『成敗，形也；安危，勢也』。形勢，御衆之要，不可以不審。設令賊以二萬人斷沔水，三萬人與沔南諸軍相持，萬人陸梁柤中，將何以救之？」爽不從，卒令還南。賊果襲破柤中，所失萬計。

（魏景初二年）文懿攻南圍突出，帝（司馬懿）縱兵擊敗之，斬于梁水之上星墜之所。既入城，立兩標以别新舊焉。男子年十五已上七千餘人皆殺之，以爲京觀。僞公卿已下皆伏誅，戮其將軍畢盛等二千餘人。收户四萬，口三十餘萬。

又 卷二《文帝紀》 （魏景元四年）冬十月，天子（魏元帝）以諸侯獻捷交至，乃申前命曰：「【略】九服之外，絶域之氓，曠世所希至者，咸浮海來享，鼓舞王德，前後至者八百七十餘萬口。」

又 卷九三《外戚傳·王恂》 「魏氏給公卿已下租牛客户，數各有差。自後小人憚役，多樂爲之，貴勢之門，動有百數。」

蜀漢分部

綜　述

晉·常璩《華陽國志》卷一《巴志》　（巴郡。郡）分後，屬縣七，户二萬。

延熙十三年，（涪陵郡）大姓徐巨反，車騎將軍鄧芝討平之。【略】乃移其豪徐、藺、謝、范五千家於蜀，爲獵射官。

又　卷二《漢中志》　蜀平，（魏興郡）遂治西城。屬縣六，户萬。

又　卷四《南中志》　移南中勁卒青羌萬餘家於蜀，爲五部，所當無前，（軍）號飛［軍］。

又　卷八《大同志》　後主既東遷，内移蜀大臣宗預、廖化及諸葛顯等並三萬家於東及關中，復二十年田租。

《三國志》卷三三《蜀志·後主傳》裴松之注　王隱《蜀記》：「（炎興元年，後主）又遣尚書郎李虎送士民簿，領户二十八萬，男女口九十四萬，帶甲將士十萬二千，吏四萬人。」

晉·司馬彪《續漢書·郡國志一》劉昭注　《帝王世紀》曰：「【略】景元四年，與蜀通計民户九十四萬三千四百二十三，口五百三十七萬二千八百九十一人。」

《晉書》卷一四《地理志·總序》　劉備章武元年，亦以郡國封建諸王，或遥採嘉名，不由檢土地所出。其户二十萬，男女口九十萬。

清·吴增僅《三國郡縣表》卷六《蜀州郡總目》　炎興元年吏四萬人。王隱《蜀記》。

炎興元年帶甲將士十萬二千。同上。

炎興元年户二十八萬，男女口九十四萬。同上。

東吳分部

綜　述

《三國志》卷四八《吴志·孫皓傳》裴松之注　《晉陽秋》曰：（天紀四年）濬收其（東吴）圖籍，領州四，郡四十三，縣三百一十三，户五十二萬三千，吏三萬二千，兵二十三萬，男女口二百三十萬，米穀二百八十萬斛，舟船五千餘艘，後宫五千餘人。

晉·司馬彪《續漢書·郡國志一》劉昭注　《帝王世紀》曰：「【略】又案：正始五年，揚威將軍朱照日所上吴之所領兵户凡十三萬二千，推其民數，不能多蜀矣。」

《晉書》卷三《武帝紀》　收其（吴國）圖籍，得州四，郡四十三，縣三百一十三，户五十二萬三千，吏三萬二千，兵二十三萬，男女口二百三十萬。

又　卷一四《地理志·總序》　孫權赤烏五年，亦取中州嘉號封建諸王，其户五十二萬三千，男女口二百四十萬。

清·吴增僅《三國郡縣表》卷七《吴州郡總目》　天紀四年，吏三萬二千。《晉陽秋》。

天紀四年，兵二十三萬。同上。

赤烏七年，兵户九十三萬一千。《郡國志》第一註引《帝王世紀》云：魏正始五年，揚威將軍朱照日所上吴所領數。

天紀四年，民户五十二萬三千，男女口二百四十萬。《晉陽秋》作二百三十萬，此據《晉·志·序例》。

雜　録

《三國志》卷四七《吴志·吴主傳》　（建安）十三年春，權復征黄祖，祖先遣舟兵拒軍，都尉吕蒙破其前鋒，而淩統、董襲等盡鋭攻之，遂屠其城。祖挺身亡走，騎士馬則追梟其首，虜其男女數萬口。

又　卷四八《吳志·孫休傳》　（永安元年十一月）壬子，詔曰：『諸吏家有五人三人兼重爲役，父兄在都，子弟給郡縣吏，既出限米，軍出又從，至於家事無經護者，朕甚愍之。其有五人三人爲役，聽其父兄所欲留，爲留一人，除其米限，軍出不從。』

西晉分部

綜　述

晉·常璩《華陽國志》卷二《漢中志》　（上庸郡）屬縣六，户七千。【略】

（新城郡）屬縣四，户二萬。【略】

（梓潼郡）屬縣六，户萬。【略】

（武都郡）屬縣九，户萬。【略】

（陰平郡）屬縣四，户萬。

又　卷三《蜀志》　（蜀郡）屬縣六。户：漢廿七萬，晉六萬五千。【略】

（廣漢郡）屬縣八。漢户十七萬，晉四萬。【略】

（犍爲郡）縣十二，（漢）户十萬。【略】

（江陽郡）屬縣四，户五千。【略】

（汶山郡）舊屬縣八，户二十五萬。【略】

州分後，益州凡新舊郡九，縣四十八。户：夷、晉二十四萬。

又　卷四《南中志》　（牂柯郡）屬縣：漢十七，户六萬；及晉，縣四，户五千。【略】

（平夷郡）屬縣二，户千。【略】

（夜郎郡）屬縣二，户千。【略】

（晉寧郡）漢屬縣二十四，户八萬；晉縣七，户萬。【略】

（建寧郡）屬縣晉太安二年分為益州、平樂二郡後，合縣十三。户萬。【略】

（朱提郡）屬縣五，户八千。【略】

（南廣郡）屬縣四，户千。【略】

（雲南郡）屬縣七，户萬。【略】

（河陽郡）屬縣四，户千。【略】

（興古郡）屬縣十一，户四萬。

又　卷八《大同志》　（太康）八年，武帝子成都王穎受封，以蜀郡、廣漢、犍為、汶山十萬户為王國。

《三國志》卷二二《魏志·陳羣傳》裴松之注　臣松之案：《漢書·地理志》云：元始二年，天下户口最盛，汝南郡爲大郡，有三十餘萬户。則文、景之時不能如是多也。案：《晉太康三年地記》，晉户有三百七十七萬，吳、蜀户不能居半。以此言之，魏雖始承喪亂，方晉亦當無乃大殊。長文之言，於是爲過。

《隋書》卷二九《地理上·總序》　有晉太康之後，文軌方同，大抵編户二百六十餘萬。

《晉書》卷一四《地理志上》　總敍　劉備章武元年，亦以郡國封建諸王，或遥採嘉名，不由檢土地所出。其户二十萬，男女口九十萬。孫權赤烏五年，亦取中州嘉號封建諸王。其户五十二萬三千，男女口二百四十萬。【略】太康元年，平吳，大凡户二百四十五萬九千八百四十，口一千六百一十六萬三千八百六十三。【略】

司州。【略】户四十七萬五千七百。

河南郡。【略】户一十一萬四千四百。【略】

滎陽郡。【略】户三萬四千。【略】

弘農郡。【略】户一萬四千。【略】

上洛郡。【略】户萬七千。【略】

平陽郡。【略】户四萬二千。【略】

河東郡。【略】户四萬二千五百。【略】

汲郡。【略】户三萬七千。【略】

河内郡。【略】户五萬二千。【略】

廣平郡。【略】户三萬五千二百。【略】

陽平郡。【略】户五萬一千。【略】
魏郡。【略】户四萬七百。【略】
頓丘郡。【略】户六千三百。【略】
兖州。【略】户八萬三千三百。
陳留國。【略】户三萬。【略】
濮陽國。【略】户二萬一千。【略】
濟陰郡。【略】户七千六百。【略】
高平國。【略】户三千八百。【略】
任城國。【略】户一千七百。【略】
東平國。【略】户六千四百。【略】
濟北國。【略】户三千五百。【略】
泰山郡。【略】户九千三百。【略】
豫州。【略】户十一萬六千七百九十六。
潁川郡。【略】户二萬八千三百。【略】
汝南郡。【略】户二萬一千五百。【略】
襄城郡。【略】户一萬八千。【略】
汝陰郡。【略】户八千五百。【略】
梁國。【略】户一萬三千。【略】
沛國。【略】户五千九十六。【略】
譙郡。【略】户一千。【略】
魯郡。【略】户三千五百。【略】
弋陽郡。【略】户一萬六千七百。【略】
安豐郡。【略】户一千二百。【略】
冀州。【略】户三十二萬六千。
趙國。【略】户四萬二千。【略】
鉅鹿國。【略】户一萬四十。【略】
安平國。【略】户二萬一千。【略】
平原國。【略】户三萬一千。【略】
樂陵國。【略】户三萬三千。【略】
勃海郡。【略】户四萬。【略】
章武國。【略】户一萬三千。【略】
河間國。【略】户二萬七千。【略】
高陽國。【略】户七千。【略】
博陵郡。【略】户一萬。【略】
清河國。【略】户二萬二千。【略】
中山國。【略】户三萬三千。【略】
常山郡。【略】户二萬四千。【略】
幽州。【略】户五萬九千二十。
范陽國。【略】户一萬一千。【略】
燕國。【略】户二萬九千。【略】
北平郡。【略】户五千。【略】
上谷郡。【略】户四千七十。【略】
廣寧郡。【略】户三千九百五十。【略】
代郡。【略】户三千四百。【略】
遼西郡。【略】户二千八百。【略】
平州。【略】户一萬八千一百。
昌黎郡。【略】户九百。【略】
遼東國。【略】户五千四百。【略】
樂浪郡。【略】户三千七百。【略】
玄菟郡。【略】户三千二百。【略】
帶方郡。【略】户四千九百。【略】
幷州。【略】户五萬九千三百。
太原國。【略】户一萬四千。【略】
上黨郡。【略】户一萬三千。【略】
西河國。【略】户六千三百。【略】
樂平郡。【略】户四千三百。【略】
雁門郡。【略】户一萬二千七百。【略】
新興郡。【略】户九千。【略】
雍州。【略】户九萬九千五百。
京兆郡。【略】户四萬。【略】

馮翊郡。【略】户七千七百。【略】
扶風郡。【略】户二萬三千。【略】
安定郡。【略】户五千五百。【略】
北地郡。【略】户二千六百。【略】
始平郡。【略】户一萬八千。【略】
新平郡。【略】户二千七百。【略】
涼州。【略】户三萬七百。
金城郡。【略】户二千。【略】
西平郡。【略】户四千。【略】
武威郡。【略】户五千九百。【略】
張掖郡。【略】户三千七百。【略】
西郡。【略】户一千九百。【略】
酒泉郡。【略】户四千四百。【略】
敦煌郡。【略】户六千三百。【略】
西海郡。【略】户二千五百。【略】
秦州。【略】户三萬二千一百。
隴西郡。【略】户三千。【略】
南安郡。【略】户四千三百。【略】
天水郡。【略】户八千五百。【略】
略陽郡。【略】户九千三百二十。【略】
武都郡。【略】户三千。【略】
陰平郡。【略】户三千。【略】
梁州。【略】户七萬六千三百。
漢中郡。【略】户一萬五千。【略】
梓潼郡。【略】户一萬二百。【略】
廣漢郡。【略】户五千一百。【略】
新都郡。【略】户二萬四千五百。【略】
涪陵郡。【略】户四千二百。【略】
巴郡。【略】户三千三百。【略】
巴西郡。【略】户一萬二千。【略】
巴東郡。【略】户六千五百。【略】
益州。【略】户十四萬九千三百。
蜀郡。【略】户五萬。【略】
犍爲郡。【略】户一萬。【略】
汶山郡。【略】户一萬六千。【略】
漢嘉郡。【略】户一萬三千。【略】
江陽郡。【略】户三千一百。【略】
朱提郡。【略】户二千六百。【略】
越巂郡。【略】户五萬三千四百。【略】
牂柯郡。【略】户一千二百。【略】
寧州。【略】户八萬三千。
雲南郡。【略】户九千二百。【略】
興古郡。【略】户六千二百。【略】
建寧郡。【略】户二萬九千。【略】
永昌郡。【略】户三萬八千。

又 卷一五《地理志下》 青州。【略】户五萬三千。
齊國。【略】户一萬四千。【略】
濟南郡。【略】户五千。【略】
樂安國。【略】户一萬一千。【略】
城陽郡。【略】户一萬二千。【略】
東萊國。【略】户六千五百。【略】
長廣郡。【略】户四千五百。【略】
徐州。【略】户八萬一千二十一。
彭城國。【略】户四千一百二十一。【略】
下邳國。【略】户七千五百。【略】
東海郡。【略】户一萬一千一百。【略】
琅邪國。【略】户二萬九千五百。【略】
東莞郡。【略】户一萬。【略】
廣陵郡。【略】户八千八百。【略】
臨淮郡。【略】户一萬。【略】

荊州。【略】户三十五萬七千五百四十八。

江夏郡。【略】户二萬四千。【略】

南郡。【略】户五萬五千。【略】

襄陽郡。【略】户二萬二千七百。【略】

南陽國。【略】户二萬四千四百。【略】

順陽郡。【略】户二萬一百。【略】

義陽郡。【略】户一萬九千。【略】

新城郡。【略】户一萬五千二百。【略】

魏興郡。【略】户一萬二千。【略】

上庸郡。【略】户一萬一千四百四十八。【略】

建平郡。【略】户一萬三千二百。【略】

宜都郡。【略】户八千七百。【略】

南平郡。【略】户七千。【略】

武陵郡。【略】户一萬四千。【略】

天門郡。【略】户三千一百。【略】

長沙郡。【略】户三萬三千。【略】

衡陽郡。【略】户二萬三千。【略】

湘東郡。【略】户一萬九千五百。【略】

零陵郡。【略】户二萬五千一百。【略】

邵陵郡。【略】户一萬二千。【略】

桂陽郡。【略】户一萬一千三百。【略】

武昌郡。【略】户一萬四千八百。【略】

安成郡。【略】户三千。【略】

揚州。【略】户三十一萬一千四百。

丹陽郡。【略】户五萬一千五百。【略】

宣城郡。【略】户二萬三千五百。【略】

淮南郡。【略】户三萬三千四百。【略】

廬江郡。【略】户四千二百。【略】

毗陵郡。【略】户一萬二千。【略】

吳郡。【略】户二萬五千。【略】

吳興郡。【略】户二萬四千。【略】

會稽郡。【略】户三萬。【略】

東陽郡。【略】户一萬二千。【略】

新安郡。【略】户五千。【略】

臨海郡。【略】户一萬八千。【略】

建安郡。【略】户四千三百。【略】

晉安郡。【略】户四千三百。【略】

豫章郡。【略】户三萬五千。【略】

臨川郡。【略】户八千五百。【略】

鄱陽郡。【略】户六千一百。【略】

廬陵郡。【略】户一萬二千二百。【略】

南康郡。【略】户一千四百。【略】

交州。【略】户二萬五千六百。

合浦郡。【略】户二千。【略】

交阯郡。【略】户一萬二千。【略】

新昌郡。【略】户三千。【略】

武平郡。【略】户五千。【略】

九真郡。【略】户三千。【略】

九德郡。【略】無户。【略】

日南郡。【略】户六百。【略】

廣州。【略】户四萬三千一百二十。

南海郡。【略】户九千五百。【略】

臨賀郡。【略】户二千五百。【略】

始安郡。【略】户六千。【略】

始興郡。【略】户五千。【略】

蒼梧郡。【略】户七千七百。【略】

鬱林郡。【略】户六千。【略】

桂林郡。【略】户二千。【略】

高涼郡。【略】户二千。【略】

高興郡。【略】户一千二百。【略】

寧浦郡。【略】户一千二百二十。

又　卷五六《孫綽傳》　綽乃上疏曰：『【略】自喪亂已來六十餘年，蒼生殄滅，百不遺一，河洛丘、虚，函夏蕭條，井堙木刊，阡陌夷滅，生理茫茫，永無依歸。』

唐·杜佑《通典》卷七《食貨七·歷代盛衰户口》　晉武帝太康元年，平吴，收其圖籍，户五十三萬，吏三萬二千，兵二十三萬，男女口二百三十萬，後宫五千餘人。九州攸同，大抵編户二百四十五萬九千八百四十，口千六百一十六萬三千八百六十三，此晉之極盛也。蜀劉禪炎興元年，則魏常道鄉公景元四年，歲次癸未，是歲魏滅蜀。至晉武帝太康元年，歲次庚子，凡一十八年。户增九十八萬六千三百八十一，口增八百四十九萬九百八十二。

宋·司馬光《資治通鑑》卷八一《晉紀三·世祖武皇帝中》　（晉武帝太康元年）是歲，以司隸所統郡置司州，凡州十九，郡國一百七十三，户二百四十五萬九千八百四十。

宋·宋敏求《長安志》卷一《管縣·晉》　雍州。統郡國七、縣三十九、户九萬九千五百。【略】

京兆郡。統縣九，户四萬。

馮翊郡。統縣八，戸七千七百。【略】

扶風郡。統縣六，户二萬三千。【略】

安定郡。統縣七户五千五百。【略】

北地郡。統縣二户二千六百。【略】

始平郡。泰始三年置，統縣五，户一萬八千。【略】

新平郡。新置，統縣二，户二千七百。

雜録

南朝宋·劉義慶《世説新語·德行》　鄧攸始避難，於道中棄己子，全弟子。既過江，取一妾，甚寵愛。歷年後訊其所由，妾具説是北人遭亂，憶父母姓名，乃攸之甥也。攸素有德業，言行無玷，聞之哀恨終身，遂不復畜妾。

又　《世説新語·德行》劉孝標注　鄧粲《晉紀》曰：『永嘉中，攸爲石勒所獲，召見，立幕下與語，説之，坐而飯焉。攸車所止，與胡人鄰轂，胡人失火燒車營，勒吏案問胡，胡誣攸。攸度不可與爭，乃曰：「向爲老姥作粥，失火延逸，罪應萬死。」勒知遺之。所誣胡厚德攸，遺其驢馬，護送令得逸。』王隱《晉書》曰：『攸以路遠，斫壞車，以牛馬負妻子以叛，賊又掠其牛馬。攸語妻曰：「吾弟早亡，唯有遺民。今當步走，儋兩兒盡死，不如棄己兒，抱遺民。吾後猶當有兒。」婦從之。』《中興書》曰：『攸棄兒於草中，兒啼呼追之，至莫復及。攸明日繫兒於樹而去，遂渡江，至尚書左僕射，卒。弟子綏服攸齊衰三年。』

《隋書》卷三三《經籍志二》　《元康六年户口名簿記》三卷。

《晉書》卷三《武帝紀》　（咸寧三年）是歲，西北雜虜及鮮卑、匈奴、五溪蠻夷、東夷三國前後十餘輩，各帥種人部落内附。

又　卷五六《江統傳》　統深惟四夷亂華，宜杜其萌，乃作《徙戎論》。其辭曰：『【略】且關中之人百餘萬口，率其少多，戎狄居半，處之與遷，必須口實。【略】今五部之衆，户至數萬，人口之盛，過於西戎。【略】滎陽句驪本居遼東塞外，正始中，幽州刺史毌丘儉伐其叛者，徙其餘種。始徙之時，户落百數，子孫孳息，今以千計，數世之後，必至殷熾。』

又　卷五九《成都王穎傳》　成都王穎，字章度，武帝第十六子也。太康末受封，邑十萬户。

又　卷六六《劉弘傳》　于時流人在荆州十餘萬户，羈旅貧乏，多爲盜賊。弘乃給其田種糧食，擢其賢才，隨資敍用。時總章太樂伶人，避亂多至荆州，或勸可作樂者。弘曰：『昔劉景升以禮壞樂崩，命杜夔爲天子合樂，樂成，欲庭作之。夔曰：「爲天子合樂而庭作之，恐非將軍本意。」吾常爲之歎息。今主上蒙塵，吾未能展效臣節，雖有家伎，猶不宜聽，況御樂哉！』乃下郡縣，使安慰之，須朝廷旋返，送還本署。

又　卷六八《賀循傳》　著作郎陸機上疏薦循曰：『【略】至于荆、揚二州，户各數十萬，今揚州無郎，而荆州江南乃無一人爲京城職者，誠非聖朝待四方之本心。』

又　卷九三《外戚傳·王恂》　魏氏給公卿已下租牛客户數各有差，自後小人憚役，多樂爲之，貴勢之門動有百數。又太原諸部亦以匈奴胡人爲田客，多者數千。武帝踐位，詔禁募客，恂明峻其防，所部莫敢犯者。

又 卷九七《四夷傳·匈奴》 武帝踐阼後，塞外匈奴大水，塞泥、黑難等二萬餘落歸化，帝復納之，使居河西故宜陽城下。後復與晉人雜居，由是平陽、西河、太原、新興、上黨、樂平諸郡靡不有焉。泰始七年，單于猛叛，屯孔邪城。武帝遣婁侯何楨持節討之。楨素有志略，以猛衆兇悍，非少兵所制，乃潛誘猛左部督李恪殺猛，於是匈奴震服，積年不敢復反。其後稍因忿恨，殺害長史，漸爲邊患。侍御史西河郭欽上疏曰：『戎狄强獷，歷古爲患。魏初人寡，西北諸郡皆爲戎居。今雖服從，若百年之後有風塵之警，胡騎自平陽、上黨不三日而至孟津，北地、西河、太原、馮翊、安定、上郡盡爲狄庭矣。宜及平吴之威，謀臣猛將之略，出北地、西河、安定，復上郡，實馮翊，於平陽已北諸縣募取死罪，徙三河、三魏見士四萬家以充之。裔不亂華，漸徙平陽、弘農、魏郡、京兆、上黨雜胡，峻四夷出入之防，明先王荒服之制，萬世之長策也。』帝不納。至太康五年，復有匈奴胡太阿厚率其部落二萬九千三百人歸化。七年，又有匈奴胡都大博及萎莎胡等各率種類大小凡十萬餘口，詣雍州刺史扶風王駿降附。明年，匈奴都督大豆得一育鞠等復率種落大小萬一千五百口，牛二萬二千頭，羊十萬五千口，車廬什物不可勝紀，來降，並貢其方物，帝並撫納之。

又 卷一二〇《李特載記》 元康中，氐齊萬年反，關西擾亂，頻歲大饑，百姓乃流移就穀，相與入漢川者數萬家。

宋·司馬光《資治通鑑》卷八一《晉紀三·世祖武皇帝中》（晉武帝太康元年）交州牧陶璜上言：『交、廣東西數千里，不賓屬者六萬餘户，至於服從官役，纔五千餘家。』

東晉分部

綜 述

南朝宋·何法盛《晉中興書》卷七《琅琊王録》 王彪之爲鎮軍將軍、會稽內史。加散騎常侍。居郡八年。豪强斂迹。亡户出者三萬餘口。

《宋書》卷二《武帝紀中》 先是，山湖川澤，皆爲豪强所專，小民薪採漁釣，皆責税直，至是禁斷之。時民居未一，公表曰：

臣聞先王制治，九土攸序；分境畫疆，各安其居；在昔盛世，人無遷業，故井田之制，三代以隆。秦革斯政，漢遂不改；富强兼幷，於是爲弊。然九服弗擾，所托成舊，在漢西京，大遷田、景之族，以實關中，即以三輔爲鄉閭，不復係之于齊、楚。自永嘉播越，爰託淮、海，朝有匡復之算，民懷思本之心，經略之圖，日不暇給。是以寧民綏治，猶有未遑。及至大司馬桓温，以民無定本，傷治爲深，庚戌土斷，以一其業。于時財阜國豐，實由於此。自茲迄今，彌歷年載，畫一之制，漸用頹弛。雜居流寓，閭伍弗修，王化所以未純，民瘼所以猶在。

臣荷重任，恥責實深，自非改調解張，無以濟治。夫人情滯常，難與慮始，所謂父母之邦以爲桑梓者，誠以生焉終焉，敬愛所託耳。今所居累世，墳壟成行，敬恭之誠，豈不與事而至。請準庚戌土斷之科，庶子本所弘，稍與事著。然後率之以仁義，鼓之以威武，超大江而跨黄河，撫九州而復舊土，則戀本之志，乃速申於當年，在始暫勤，要終所以能易。伏惟陛下，垂矜萬民，憐其所失，永懷《鴻雁》之詩，思隆中興之業。既委臣以國重，期臣以寧濟，若所啓合允，請付外施行。

於是依界土斷，唯徐、兗、青三州居晉陵者，不在斷例。諸流寓郡縣，多被併省。

《晉書》卷六《元帝紀》（太興元年）秋七月戊申，詔曰：『王室多故，姦凶肆暴，皇綱馳墜，顛覆大猷。朕以不德，統承洪緒，夙夜憂危，思改其弊。二千石令長當祗奉舊憲，正身明法，抑齊豪强，存恤孤獨，隱實户口，勸課農桑。州牧刺史當互相檢察，不得顧私虧公。長吏有志在奉公而不見進用者，有貪惏穢濁而以財勢自安者，若有不舉，當受故縱蔽善之罪，有而不知，當受闇塞之責。各明慎奉行。』

又 卷七《成帝紀》（咸康七年）夏四月丁卯。葬恭皇后于興平陵。實編户，王公已下皆正土斷白籍。

又 卷八《哀帝紀》（興寧二年）三月庚戌朔，大閱户人，嚴法禁，稱爲庚戌制。

又　卷三七《司馬玄傳》　玄嗣立。會庚戌制不得藏户，玄匿五户，桓温表玄犯禁，收付廷尉。既而宥之，位至中書侍郎。

又　卷七五《范寧傳》　帝詔公卿牧守普議得失，寧又陳時政曰：

古者分土割境，以益百姓之心；聖王作制，籍無黄白之别。昔中原喪亂，流寓江左，庶有旋反之期，故許其挾注本郡。自爾漸久，人安其業，丘壟墳柏，皆已成行，雖無本邦之名，而有安土之實。今宜正其封疆，以土斷人户，明考課之科，修閶伍之法。難者必曰：『人各有桑梓，俗自有南北。一朝屬户，長爲人隸，君子則有土風之慨，小人則懷下役之慮。』斯誠並兼者之所執，而非通理者之篤論也。古者失地之君，猶臣所寓之主，列國之臣，亦有違適之禮。隨會仕秦，致稱《春秋》；樂毅宦燕，見褒良史。且今普天之人，原其氏出，皆隨世遷移，何至於今而獨不可？

凡荒郡之人，星居東西，遠者千餘，近者數百，而舉召役調，皆相資須，期會差違，輒致嚴坐，人不堪命，叛爲盜賊。是以山湖日積，刑獄愈滋。今荒小郡縣，皆宜并合，不滿五千户，不得爲郡，不滿千户，不得爲縣。守宰之任，宜得清平之人。頃者選舉，惟以恤貧爲先，雖制有六年，而富足便退。又郡守長吏，牽置無常，或兼臺職，或帶府官。夫府以統州，州以監郡，郡以莅縣，如令互相領帖，則是下官反爲上司，賦調役使無復節限。且牽曳百姓，營起廨舍，東西流遷，人人易處，文書簿籍，少有存者。先之室宇，皆爲私家，後來新官，復應修立。其爲弊也，胡可勝言！

又方鎮去官，皆割精兵器杖以爲送，故米布之屬不可稱計。監司相容，初無彈糾。其中或有清白，亦復不見甄異。送兵多者至有千餘家，少者數十户。既力人私門，復資官廪布。兵役既竭，枉服良人，牽引無端，以相充補。若是功勳之臣，則已享裂土之祚，豈應封外復置吏兵乎！謂送故之格宜爲節制，以三年爲斷，夫人性無涯，奢儉由勢。今并兼之士亦多不贍，非力不足以厚身，非禄不足以富家，是得之有由，而用之無節。蒱酒永日，馳騖卒年，一宴之饌，費過十金，麗服之美，不可貲算，盛狗馬之飾，營鄭衛之音，南畝廢而不墾，講誦闕而無聞，凡庸競馳，傲誕成俗。謂宜驗其鄉黨，考其業尚，試其能否，然後升進。如此，匪惟家給人足，賢人豈不繼踵而至哉！

官制謫兵，不相襲代，頃者小事，便從補役，一愆之違，辱及累世，親戚傍支，罹其禍毒，户口減耗，亦由於此。皆宜料遣，以全國信，禮，十九爲長殤，以其未成人也。十五爲中殤，以爲尚童幼也。今以十六爲全丁，則備成人之役矣。以十三爲半丁，所任非復童幼之事矣。豈可傷天理，違經典，困苦萬姓，乃至此乎！今宜修禮文，以二十爲全丁，十六至十九爲半丁，則人無夭折，生長滋繁矣。

帝善之。

唐·瞿曇悉達《開元占經》卷一一四《城邑宫殿怪·屋室自壞》

《晉中興·徵祥説》曰：大興二年，吴郡米廡故壞，米廡貨糴之屋無故自壞。天戒若曰：五穀踴貴，無所糴賣，不復須屋。是歲，人大饑餓，死者十二三萬。

宋·李昉等《太平御覽》卷二〇三《職官部·總敘官》（東晉桓温）《桓温集·略表》曰：今天下分崩，喪亂殄瘁，雖道隆中興，而户口彫寡，近方漢時不當一郡之民。

宋·司馬光《資治通鑑》卷一一三《晉紀三五·安皇帝戊》（晉安帝元興三年）是歲，晉民避亂，繦負之淮北者道路相屬。

十六國分部

綜　述

成漢

《晉書》卷一二〇《李特載記》　元康中，氐齊萬年反，關西擾亂，頻歲大饑，百姓乃流移就穀，相與入漢川者數萬家。特隨流人將入于蜀，**【略】**初，流人既至漢中，上書求寄食巴蜀，朝議不許，遣侍御史李苾持節慰勞，且監察之，不令入劍閣。苾至漢中，受流人貨賂，反爲表曰：『流人十萬餘口，非漢中一郡所能振贍，東下荊州，水湍迅險，又無舟船。

蜀有倉儲，人復豐稔，宜令就食。」朝廷從之，由是散在益梁，不可禁止。【略】流人既不樂移，咸往歸特，騁馬屬鞬，同聲雲集，旬月間衆過二萬。流亦聚衆數千。特乃分爲二營，特居北營，流居東營。

又 卷一二一《李雄載記》 先是，南土頻歲饑疫，死者十萬計。南夷校尉李毅固守不降，雄誘建寧夷使討之。毅病卒，城陷，殺壯士三千餘人，送婦女千口於成都。

又 《李勢載記》 初，蜀土無獠，至此，始從山而出，北至犍爲、梓潼，布在山谷，十餘萬落，不可禁制，大爲百姓之患。

宋・李昉等《太平御覽》卷一六八《州郡部・山南道下・巴州》 《四夷縣道記》曰：李特、孫壽時，有羣獠十餘萬從南越入蜀、漢間，散居山谷。因思流布在此地，遂爲獠所據。

前趙

《晉書》卷一〇二《劉聰載記》 麴特等圍長安，劉曜連戰敗績，乃驅掠士女八萬餘口退還平陽，因攻司徒傅祗于三渚，使其右將軍劉參攻郭默于懷城。祗病卒，城陷，遷祗孫純、粹並二萬餘户于平陽縣。【略】置左右司隸，各領户二十餘萬，萬户置一內史，凡內史四十三。單于左右輔，各主六夷十萬落，萬落置一都尉。【略】北地饑甚，人相食啗，【略】平陽大饑，流叛死亡十有五六。【略】河東大蝗，唯不食黍豆。靳準率部人收而埋之，哭聲聞於十餘里，後乃鑽土飛出，復食黍豆。平陽饑甚，司隸部人奔于冀州二十萬户，石越招之故也。

又 卷一〇三《劉曜載記》 明率平陽士女萬五千歸于曜，曜命誅明，靳氏男女無少長皆殺之。【略】於是巴氐盡叛，推巴歸善王句渠知爲主，四山羌、氐、巴、羯應之者三十餘萬，關中大亂，城門晝閉。【略】先是，上郡氐羌十餘萬落保險不降，酋大虛除權渠自號秦王。【略】權渠大懼，被髮割面而降。子遠啓曜以權渠爲征西將軍、西戎公，分徙伊余兄弟及其部落二十餘萬口于長安。西戎之中，權渠部最强，皆稟其命而爲寇暴，權渠既降，莫不歸附。【略】使侍中喬豫率甲士五千，遷韜等及隴右萬餘户于長安。【略】胤次于仲橋，石生固守長安。勒使石季龍率騎二萬距胤，戰於義渠，爲季龍所敗，死者五千餘人。胤奔上邽，季龍乘勝追戰，枕尸千里，上邽潰。季龍執其僞太子熙、南陽王劉胤並將相諸王等及其諸卿校公侯已下三千餘人，皆殺之。徙其臺省文武、關東流人、秦雍大族九千餘人于襄國，又坑其王公等及五郡屠各五千餘人于洛陽。

後趙

《晉書》卷一〇四《石勒載記上》 勒以幽冀漸平，始下州郡閱實人户，户貲二匹，租二斛。勒將陳午以浚儀叛于勒。逯明攻甯黑于茌平，降之，因破東燕酸棗而還，徙降人二萬餘户于襄國。【略】徙平原烏丸展廣、劉哆等部落三萬餘户于襄國。【略】石季龍及張敬、張賓、左右司馬張屈六、程遐文武等一百二十九人上疏曰：「【略】請依劉備在蜀、魏王在鄴故事，以河內、魏、汲、頓丘、平原、清河、鉅鹿、常山、中山、長樂、樂平十一郡，並前趙國、廣平、陽平、章武、渤海、河間、上黨、定襄、范陽、漁陽、武邑、燕國、樂陵十三郡，合二十四郡、户二十九萬爲趙國。」

又 卷一〇五《石勒載記下》 散諸流人三萬餘户，復其本業，置守宰以撫之。於是冀、并、幽州、遼西巴西諸屯結皆陷於勒。【略】石生攻劉曜河內太守尹平于新安，斬之，克壘壁十餘，降掠五千餘户而歸。自是劉、石禍結，兵戈日交，河東、弘農間百姓無聊矣。以右常侍霍皓爲勸課大夫，與典農使者朱表、典勸都尉陸充等循行州郡，核定户籍，勸課農桑。農桑最修者賜爵五大夫。【略】石聰與堪濟淮，陷壽春，祖約奔歷陽，壽春百姓陷于聰者二萬餘户。【略】徙氐羌十五萬落于司、冀州。【略】徙秦州夷豪五千餘户于雍州。【略】徙雍、秦州華戎十餘萬户于關東。【略】徙秦州三萬餘户于青、并二州諸郡。

又 卷一〇六《石季龍載記上》 分慶陶之柳鄉立停駕縣。【略】乃遷其户二萬餘于雍、司、兗、豫四州之地，諸有才行者皆擢敍之。【略】安於是掠七萬户而還。【略】季龍將討慕容皝，令司、冀、青、徐、幽、并、雍兼復之家五丁取三，四丁取二，合鄴城舊軍滿五十萬，具船萬艘，自河通海，運穀豆千一百萬斛于安樂城，以備征軍之調。徙遼西、北平、漁陽萬户于兗、豫、雍、洛四州之地。【略】慕容皝襲幽、冀，略三萬餘家而去。

又　卷一〇七《石季龍載記下》　（冉）閔知胡之不爲己用也，班令内外趙人，斬一胡首送鳳陽門者，文官進位三等，武職悉拜牙門。一日之中，斬首數萬。閔躬率趙人誅諸胡羯，無貴賤男女少長皆斬之，死者二十餘萬，尸諸城外，悉爲野犬豺狼所食。屯據四方者，所在承閔書誅之，于時高鼻多鬚至有濫死者半。【略】姚襄、悦綰、石琨等三面攻之，祗衝其後，閔師大敗。閔潛于襄國行宫，與十餘騎奔鄴。降胡粟特康等執冉胤及左僕射劉琦等送于祗，盡殺之。司空石璞、尚書令徐機、車騎胡睦、侍中李琳、中書監盧諶、少府王鬱、尚書劉欽、劉休等諸將士死者十餘萬人，於是人物殲矣。賊盜蜂起，司、冀大饑，人相食。自季龍末年而閔盡散倉庫以樹私恩。與羌胡相攻，無月不戰。青、雍、幽、荆州徙户及諸氏、羌、胡、蠻數百餘萬，各還本土，道路交錯，互相殺掠，且饑疫死亡，其能達者十有二三。諸夏紛亂，無復農者。

宋·李昉等《太平御覽》卷一二〇《偏霸部四·後趙石勒》　（北魏崔鴻）《十六國春秋·後趙録》曰：征虜虎與左右長史張敬、張賓等上號曰：『大司馬（石勒）雖位冠九台，非霸者之號，請改稱大將軍、大單于、領冀州牧，依魏王在鄴故事，以二十四郡、户二十九萬爲趙國。』

前燕

《晉書》卷一一三《苻堅載記上》　（東晉太和五年）堅遂攻鄴，陷之。慕容暐出奔高陽，堅將郭慶執而送之。堅入鄴宫，閲其名籍，凡郡百五十七，縣一千五百七十九，户二百四十五萬八千九百六十九，口九百九十八萬七千九百三十五。諸州郡牧守及六夷渠帥盡降於堅。

前凉

《魏書》卷九九《私署凉州牧張寔傳》　（張駿）分武威、武興、西平、張掖、酒泉、建康、西海、西郡、湟河、晉興、廣武十一郡爲凉州，以長子重華爲刺史；興晉、金城、武始、南安、永晉、大夏、武城、漢中八郡爲河州，以其寧戎校尉張瓘爲刺史；敦煌、晉昌、高昌、西域都護、戊己校尉、玉門大護軍，三郡三營爲沙州，以西胡校尉楊宣爲刺史。

數十萬。

代國

《宋書》卷九五《索虜傳》　晉初，索頭種有部落數萬家在雲中。【略】盧孫什翼犍勇壯，衆復附之，號上洛公，北有沙漠，南據陰山，衆數十萬。

《魏書》卷一《序紀》　（始祖）二十九年，賓臨終，戒其二子，使謹奉始祖。其子不從，乃陰謀爲逆。始祖召殺之，盡并其衆，諸部大人，悉皆欵服，控弦上馬二十餘萬。【略】自始祖以來，與晉和好，百姓乂安，財畜富實，控弦騎士四十餘萬。【略】（平文皇帝）二年，劉虎據朔方，來侵西部。帝逆擊，大破之。虎單騎迸走。其從弟路孤率部落内附，帝以女妻之。西兼烏孫故地，東吞勿吉以西，控弦上馬將有百萬。【略】（昭成皇帝）二十六年冬十月，帝討高車，大破之，獲萬口，馬牛羊百餘萬頭。

前秦

《晉書》卷一一三《苻堅載記上》　其將張平以并州叛，堅率衆討之，【略】徙其所部三千餘户于長安。【略】烏丸獨孤、鮮卑没奕于率衆數萬又降於堅。堅初欲處之塞内，苻融以『匈奴爲患，其興自古。比虜馬不敢南首者，畏威故也。今處之于内地，見其弱矣，方當闚兵郡縣，爲北邊之害。不如徙之塞外，以存荒服之義。』堅從之。【略】匈奴右賢王曹轂、左賢王衛辰舉兵叛，【略】堅徙其酋豪六千餘户於長安。【略】使王猛、楊安等率衆二萬寇荆州北鄙諸郡，掠漢陽萬餘户而還。【略】徙關東豪傑及諸雜夷十萬户於關中，處烏丸雜類於馮翊、北地，丁零翟斌于新安，徙陳留、東阿萬户以實青州。諸因亂流移，避仇遠徙，欲還舊業者，悉聽之。【略】徙豪右七千餘户於關中。

後秦

《晉書》卷一一六《姚襄載記》　晉征西大將軍桓温自江陵伐襄，戰於伊水北，爲温所敗，率麾下數千騎奔于北山。其夜，百姓棄妻子隨襄者五千餘人，屯據陽鄉，赴者又四千餘户。襄前後敗喪數矣，衆知襄所在，輒扶老攜幼奔馳而赴之。時或傳襄創重不濟，温軍所得士女莫不北望揮涕。其得物情如此。【略】襄尋徙北屈，將圖關中，進屯杏城，遣其從兄輔國姚蘭略地鄜城，使其兄益及將軍王欽盧招集北地戎夏，歸附者五萬餘户。

又　《姚萇載記》　苻堅先徙晉人李詳等數千户于敷陸，至是，降於萇，北地、新平、安定羌胡降者十餘萬户。【略】徙安定五千餘户于長安。以弟征虜緒爲司隸校尉，鎮長安。萇如安定，擊平涼胡金熙、鮮卑没奕于，大破之。遂如秦州，與苻堅秦州刺史王統相持，天水屠各、略陽羌胡應萇者二萬餘户，統懼，乃降。【略】南羌竇鴦率户五千來降，拜安西將軍。【略】苻登驃騎將軍没奕于率户六千降，【略】萇下書，兵吏從征伐，户在大營者，世世復其家，無所豫。【略】晉平遠將軍、護氐校尉楊佛嵩率胡蜀三千餘户降于萇。

又　卷一一七《姚興載記上》　先是，苻登使弟廣守雍，子崇屯胡空堡，聞登敗，各棄守走。登無所投據，遂奔平涼，率其餘衆入馬毛山。興自安定如涇陽，與登戰于山南，斬登。散其部衆，歸復農業。徙陰密三萬户于長安，分大營户爲四，置四軍以領之。【略】鮮卑越質詰歸率户二萬叛乞伏乾歸，降于興，興處之于成紀，【略】徙新平、安定新户六千于蒲坂。【略】徙流人西河嚴彦、河東裴岐、韓襲等二萬餘户而還。【略】遣狄伯支迎流人曹會、牛壽萬餘户于漢中。【略】興徙河西豪右萬餘户于長安。【略】興下書，録馬嵬戰時將吏，盡擢敍之，其堡户給復二十年。【略】斂俱陷城固，徙漢中流人郭陶等三千餘家於關中。

又　卷一一八《姚興載記下》　興將曹熾、曹雲、王肆佛等各將數千户避勃勃内徙，興處佛于湟山澤，熾、雲于陳倉。【略】隴東太守郭播言於興曰：『嶺北二州鎮户皆數萬，若得文武之才以綏撫之，足以靖塞姦略。』【略】興遣姚紹與姚弼率禁衛諸軍鎮撫嶺北。遼東侯彌姐亭地率其部人南居陰密，劫掠百姓。弼收亭地送之，殺其衆七百餘人，徙二千餘户于鄭城。

後燕

《晉書》卷一二三《慕容垂載記》　（翟）釗單騎奔長子。釗所統七郡户三萬八千皆安堵如故。徙徐州流人七千餘户于黎陽。

又　卷一二四《慕容盛載記》　盛率衆三萬伐高句驪，襲其新城、南蘇，皆克之，散其積聚，徙其五千餘户于遼西。

西燕

《魏書》卷九五《徒何慕容廆傳》　（慕容）沖敗，其左僕射慕容恒與（慕容）永潛謀，襲殺段隨，立宜都王子（慕容）顗爲燕王，號年建明，率鮮卑男女三十餘萬口，乘輿服御，禮樂器物，去長安而東，以永爲武衛將軍。

《晉書》卷一二三《慕容垂載記》　（慕容）永所統新舊八郡户七萬六千八百及乘輿、服御、伎樂、珍寶悉獲之，於是品物具矣。

西秦

《晉書》卷一二五《乞伏國仁載記》　泰始初，率户五千遷于夏緣，部衆稍盛。鮮卑鹿結七萬餘落，屯于高平川，與祐鄰迭相攻擊。鹿結敗，南奔略陽，祐鄰盡并其衆，固居高平川。祐鄰死，子結權立，徙于牽屯。結權死，子利那立，擊鮮卑吐賴于烏樹山，討尉遲渴權于大非川，收衆三萬餘落。利那死，弟祁埿立。祁埿死，利那子述延立。討鮮卑莫侯于苑川，大破之，降其衆二萬餘落，固居苑川。【略】秘宜奔還南安，尋與其弟莫侯悌率衆三萬餘户降於國仁，各拜將軍、刺史。【略】索虜禿髮如苟，率户二萬降之，乾歸妻以宗女。【略】乾歸復都苑川，又攻克興略陽、南安、隴西諸郡，徙二萬五千户於苑川、枹罕。【略】乾歸入枹罕，收羌户一萬三千。【略】遣平遠犍虔率騎五千追傉檀，徙武臺與其文武及百姓萬餘户於枹罕。【略】曇達進屯大利，破黄石、大羌二戍，徙五千餘户于枹罕。【略】至是，乙弗鮮卑烏地延率户二萬降于熾磐，署爲建義將軍。【略】徙羌豪三千户于枹罕，湟川羌三萬餘户皆安堵如故。

宋·司馬光《資治通鑑》卷一一六《晉紀三八·安皇帝辛》　（晉安帝義熙七年）河南王乾歸徙鮮卑僕渾部三千餘户于度堅城，以子敕勃爲秦興太守以鎮之。

後涼

《魏書》卷九五《略陽氐呂光傳》　沮渠蒙遜、禿髮傉檀頻來攻擊，河西之民，不得農桷，穀價湧貴，斗直錢五千文，人相食，餓死者千餘口。姑臧城門晝閉，樵採路斷，民請出城，乞爲夷虜奴婢者，日有數百。隆恐沮動人情，盡坑之。於是積屍盈于衢路，户絶者十有九焉。

《晉書》卷一二二《呂隆載記》　姑臧穀價踊貴，斗直錢五千文，人相食，饑死者十餘萬口。城門晝閉，樵採路絶，百姓請出城乞爲夷虜奴婢者日有數百。隆懼沮動人情，盡坑之，於是積屍盈于衢路。【略】隆率騎一萬，隨難東遷，至長安。

南涼

《晉書》卷一一六《禿髮傉檀載記》　傉檀僞游澆河，襲徙西平、湟河諸羌三萬餘户于武興、番禾、武威、昌松四郡。

北涼

《宋書》卷九八《氐胡傳》　（元嘉）十七年正月，無諱使唐兒守敦煌，自與儀德伐酒泉，三月，剋之。攻張掖、臨松，得四萬餘户，還據酒泉。十八年五月，唐兒反，無諱留從弟天周守酒泉，復與儀德討唐兒。唐兒將萬餘人出戰，大敗，執唐兒殺之，復據敦煌。七月，拓跋燾遣軍圍酒泉。十月，城中饑，萬餘口皆餓死，天周殺妻以食戰士；食盡，城乃陷，執天周至平城，殺之。于時虜兵甚盛，無諱衆饑，懼不自立，欲引衆西行。十一月，遣弟安周五千人伐鄯善，堅守不下。十九年四月，無諱自率萬餘家棄敦煌，西就安周，未至而鄯善王比龍將四千餘家走，因據鄯善。初，唐契自晉昌奔伊吾，是年攻高昌，高昌城主闞爽告急。八月，無諱留從子豐周守鄯善，自將家户赴之。未至，而芮芮遣軍救高昌，殺唐契，部曲奔無諱。

《魏書》卷四《世祖紀上》　（太延五年）九月丙戌，牧犍兄子萬年率麾下來降。是日，牧犍與左右文武五千人面縛軍門，帝解其縛，待以藩臣之禮，收其城内户口二十餘萬，倉庫珍賨不可稱計。進張掖公禿髮保周爵爲王，與龍驤將軍穆羆、安遠將軍源賀分略諸郡，雜人降者亦數十萬。【略】冬十月辛酉，車駕東還，徒涼州民三萬餘家于京師。

南燕

《魏書》卷九五《慕容德傳》　德率户四萬南走滑臺，【略】其尚書潘聰曰：「青齊沃壤，號曰『東秦』。土方二千里，户餘十萬，四塞之固，負海之饒，可謂用武之國。宜攻取據之，以爲關中、河内也。」德從之，引師克薛城，徐兗之民盡附之。以其南海王法爲兗州刺史，鎮梁父。進克莒城，以潘聰爲徐州刺史，鎮莒城。北伐廣固，司馬德宗幽州刺史辟閭渾聞德將至，徙民八千餘户入廣固。

《晉書》卷一二七《慕容德載記》　隆安二年，乃率户四萬、車二萬七千乘，自鄴將徙于滑臺。【略】潘聰曰：「【略】青、齊沃壤，號曰東秦，土方二千，户餘十萬，四塞之固，負海之饒，可謂用武之國。【略】」【略】德進據琅邪，徐、兗之士附者十餘萬，自琅邪而北，迎者四萬餘人。【略】其尚書韓諄上疏曰：「【略】而百姓因秦、晉之弊，迭相陰冒，或百室合户，或千丁共籍，依託城社，不懼熏燒，公避課役，擅爲姦宄，損風毀憲，法所不容，但檢令未宣，弗可加戮。今宜隱實黎萌，正其編貫，庶上增皇朝理物之明，下益軍國兵資之用。若蒙採納，冀裨山海，雖遇商鞅之刑，悦綰之害，所不辭也。」德納之，遣其車騎將軍慕容鎮率騎三千，緣邊嚴防，備百姓逃竄。以諄爲使持節、散騎常侍、行臺尚書，巡郡縣隱實，得廕户五萬八千。

西涼

《晉書》卷八七《涼武昭王傳》　（李）玄盛親率騎二萬，略地至于建康，鄯善前部王遣使貢其方物，且渠蒙遜來侵，至于建康，掠三千餘户而歸。玄盛大怒，率騎追之，及于彌安，大敗之，盡收所掠之户。初，苻堅建元之末，徙江漢之人萬餘户于敦煌，中州之人有田疇不闢者，亦徙七千餘户。郭黁之寇武威，武威、張掖已東人西奔敦煌、晉昌者數千户。及玄盛東遷，皆徙之于酒泉，分南人五千户置會稽郡，中州人五千户置廣夏郡，餘萬三千户分置武威、武興、張掖三郡，築城于敦煌南子亭，以威南

虜。又以前表未報，復遣沙門法泉間行奉表，曰：『【略】又敦煌郡大衆殷，制御西域，管轄萬里，爲軍國之本。』道男

《西涼建初十二年正月敦煌郡敦煌縣西宕鄉高昌里户籍殘卷》

弟德年廿一　釋子
仙妻趙年十七
仙息女宮年一
建初十二年正月籍
敦煌郡敦煌縣西宕鄉高昌里兵裴晟年六十五
息男魄年廿九　丁男二
魄男弟溱年廿五　次男一
溱妻馮年廿九　女口一
凡口四
居趙羽塢
建初十二年正月籍
敦煌郡敦煌縣西宕鄉高昌里散陰懷年十五
母高年六十三　丁男一
女口一
凡口二
居趙羽塢
建初十二年正月籍
敦煌郡敦煌縣西宕鄉高昌里兵裴保年六十六
妻袁年六十三　丁男二
息男金年卅九　次男一
金男弟隆年口四　小男一
金妻張年卅六　女口三
隆妻蘇年廿二　凡口七
金息男養年二　居趙羽塢
敦煌郡敦煌縣西宕鄉高昌里散呂沾石年五十六
妻趙年卌三　丁男二
息男元年十七　小男一
元男弟騰年七本名臈　女口二
騰女妹華年二　凡口五
居趙羽塢
建初十二年正月籍
敦煌郡敦煌縣西宕鄉高昌里兵呂德年卌五
唐妻年卌一　丁男二
息男年十七　小男二
明天男弟爰年十　女口二
爰女妹媚年六　凡口六
媚男弟興年二　居趙羽塢
建初十二年正月籍
敦煌郡敦煌縣西宕鄉高昌里大府吏隨嵩年五十
妻曹年五十　丁男二
息男壽年廿四　女口三
壽妻趙年廿五　凡口五
姊皇年七十四　附籍　居趙羽塢
建初十二年正月籍
敦煌郡敦煌縣西宕鄉高昌里散隨楊年廿六
母張年五十四　丁男一
女口一
凡口二
居趙羽塢
口　女口一
凡口二
居趙羽塢
建初十二年正月籍
敦煌郡敦煌西宕鄉高昌里散唐黃年廿四
妻呂年廿六　丁男一
息女皇年六　女口二

夏

《晉書》卷一三〇《赫連勃勃載記》　及堅國亂，遂有朔方之地，控弦之士三萬八千。【略】頃之，（姚興）以勃勃爲持節、安北將軍、五原公，配以三交五部鮮卑及雜虜二萬餘落，鎮朔方。時河西鮮卑杜崘獻馬八千匹于姚興，濟河，至大城，勃勃留之，召其衆三萬餘人僞獵高平川，襲殺没奕于而并其衆，衆至數萬。【略】其年，討鮮卑薛干等三部，破之，降衆萬數千。【略】勃勃初僭號，求婚于禿髮傉檀，傉檀弗許。勃勃怒，率騎二萬伐之，自楊非至于支陽三百餘里，殺傷萬餘人，驅掠二萬七千口、牛馬羊數十萬而還。【略】傉檀率衆追之，【略】勃勃乃勒衆逆擊，大敗之，追奔八十餘里，殺傷萬計，斬其大將十餘人，以爲京觀，號『髑髏臺』，還于嶺北。【略】勃勃與姚興將張佛生戰于青石原，又敗之，俘斬五千七百人。興遣將齊難率衆二萬來伐，勃勃退如河曲。難以去勃勃既遠，縱兵掠野，勃勃潛軍覆之，俘獲七千餘人，收其戎馬兵杖。難引軍而退，勃勃復追擊于木城，拔之，擒難，俘其將士萬有三千，戎馬萬匹。嶺北夷夏降附者數萬計，勃勃于是拜置守宰以撫之。勃勃又率騎二萬入高岡，及于五井，掠平凉雜胡七千餘户以配後軍，進屯依力川。【略】徙七千餘家于大城。【略】徙其人萬六千家于大城。【略】其年，勃勃率騎三萬攻安定，與姚興將楊佛嵩戰于青石北原，敗之，降其衆四萬五千，獲戎馬二萬匹。進攻姚興將党智隆于東鄉，降之，署智隆光禄勳，徙其三千餘户于貳城。

北燕

《魏書》卷九七《海夷馮跋傳》　延和元年，世祖親討之，（馮）文通嬰城固守。文通營丘、遼東、成周、樂浪、帶方、玄菟六郡皆降，世祖徙其三萬餘户于幽州。

雜　録

《魏書》卷九五《徒何慕容廆傳》　（慕容）元真襲石虎，至於高陽，掠徙幽冀二州三萬户而還。四年，元真遣使朝貢，城和龍城而都焉。元真征高麗，大破之，遂入丸都，掘高麗王釗父利墓，載其屍，並其母妻、珍寶，掠男女五萬餘口，焚其宫室，毁丸都而歸。釗單馬遁走，後稱臣於元真，乃歸其父屍。又大破宇文，開地千里，徙其部民五萬餘家於昌黎。

《晉書》卷一〇八《慕容廆載記》　時二京傾覆，幽、冀淪陷，廆刑政修明，虚懷引納，流亡士庶多襁負歸之。廆乃立郡以統流人，冀州人爲冀陽郡，豫州人爲成周郡，青州人爲營丘郡，并州人爲唐國郡。

又　卷一〇九《慕容皝載記》　（咸康七年）皝掘釗父利墓，載其尸並其母妻珍寶，掠男女五萬餘口，焚其宫室，毁丸都而歸。【略】皝開地千餘里，徙其部人五萬餘落於昌黎，改涉奕于城爲威德城。【略】皝記室參軍封裕諫曰：『【略】自永嘉喪亂，百姓流亡，中原蕭條，千里無煙，飢寒流隕，相繼溝壑。先王以神武聖略，保全一方，威以殄姦，德以懷遠，故九州之人，塞表殊類，襁負萬里，若赤子之歸慈父，流人之多舊土十倍有餘，人殷地狹，故無田者十有四焉。殿下以英聖之資，克廣先業，南摧强趙，東滅句麗，開境三千，户增十萬，繼武闡廣之功，有高西伯。【略】句麗、百濟及宇文、段部之人，皆兵勢所徙，非如中國慕義而至，咸有思歸之心。今户垂十萬，狹湊都城，恐方將爲國家深害，宜分其兄弟宗屬，徙于西境諸城，撫之以恩，檢之以法，使不得散在居人，知國之虚實。』【略】慕容恪攻高句麗南蘇，克之，置戍而還。三年，遣其世子俊與恪率騎萬七千東襲夫餘，克之，虜其王及部衆五萬餘口以還。【略】罷成周、冀陽、營丘等郡。以勃海人爲興集縣，河間人爲寧集縣，廣平、魏郡人爲興平縣，東萊、北海人爲育黎縣，吳人爲吳縣，悉隸燕國。

又　卷一一〇《慕容儁載記》　護、鶩亦陰通京師。張平跨有新興、雁門、西河、太原、上黨、上郡之地，壘壁三百餘，胡晉十餘萬户，遂拜置征、鎮，爲鼎峙之勢。

又　卷一一一《慕容暐載記》　興寧初，暐復使慕容評寇許昌、懸瓠、陳城，並陷之，遂略汝南諸郡，徙萬餘户于幽、冀。【略】暐僕射悦綰言於暐曰：『太宰政尚寬和，百姓多有隱附。《傳》曰，唯有德者可以寬臨衆，其次莫如猛。今諸軍營户，三分共貫，風教陵弊，威綱不舉，宜悉罷軍封，以實天府之饒，肅明法令，以清四海。』暐納之。綰既定制，朝野震驚，出户二十餘萬。慕容評大不平，尋賊綰，殺之。【略】堅徙暐及其王公已下並鮮卑四萬餘户于長安。

又　卷一二四《慕容寶載記》（慕容寶）遵垂遺令，校閲户口，罷諸軍營分屬郡縣，定士族舊籍，明其官儀。

《北史》卷九八《徒何段就六眷傳》（務目塵）據遼西之地而臣于晉。其所統三萬餘家，控弦上馬四五萬騎。

宋·司馬光《資治通鑑》卷九三《晉紀一五·肅宗明皇帝下》（晉明帝太寧三年）乞得歸棄軍走，鮮、仁進入其國城，使輕兵追乞得歸，過其國三百餘里而還，盡獲其國重器，畜産以百萬計，民之降附者數萬。

段氏自務勿塵以來，日益强盛，其地西接漁陽，東界遼水，所統胡、晉三萬餘户，控弦四五萬騎。

宋分部

綜　述

《宋書》卷九《後廢帝紀》（元徽元年）八月辛亥，詔曰：『分方正俗，著自虞册，川谷異制，煥乎姬典。故井遂有辨，閭伍無雜，用能七教克宣，八政斯序。雖綿代殊軌，沿革異儀，或民懷遷俗，或國尚興徙，漢陽列燕、代之豪，關西熾齊、楚之族，並通籍新邑，即居成舊。洎金行委御，禮樂南移，中州黎庶，襁負揚、越。聖武造運，道一閎區，貽長世之規，申土斷之制。而夷險相因，盈晦遞襲，歲饉凋流，戎役惰散，違鄉寓境，漸至繁積。宜式遵鴻軌，以爲永憲，庶阜俗昌民，反風定保。夷胥山之險，澄瀚海之波，括《河圖》於九服，振玉軔於五都矣。』

又　卷三五《州郡志一》　揚州刺史，【略】户一十四萬三千一百九十六，口一百四十五萬五千六百八十五。【略】

丹陽尹，【略】户四萬一千一十，口二十三萬七千三百四十一。【略】

會稽太守，【略】户五萬二千二百二十八，口三十四萬八千一十四。【略】

吴郡太守，【略】户五萬四百八十八，口四十二萬四千八百一十二。【略】

吴興太守，【略】户四萬九千六百九，口三十一萬六千一百七十三。【略】

淮南太守，【略】户五千三百六十二，口二萬五千八百四十。【略】

宣城太守，【略】户一萬一百二十，口四萬七千九百九十二。【略】

東陽太守，【略】户一萬六千二十二，口一十萬七千九百六十五。【略】

臨海太守，【略】户三千九百六十一，口二萬四千二百二十六。【略】

永嘉太守，【略】户六千二百五十，口三萬六千六百八十。【略】

新安太守，【略】户一萬二千五十八，口三萬六千六百五十一。【略】

南徐州刺史，【略】户七萬二千四百七十二，口四十二萬六百四十。【略】

南東海太守，【略】户五千三百四十二，口三萬三千六百五十八。【略】

南琅邪太守，【略】户二千七百八十九，口一萬八千六百九十七。【略】

晉陵太守，【略】户一萬五千三百八十二，口八萬一百一十三。【略】

義興太守，【略】户一萬三千四百九十六，口八萬九千五百二十五。【略】

南蘭陵太守，【略】户一千五百九十三，口一萬六百三十四。【略】

南東莞太守，【略】户一千四百二十四，口九千八百五十四。【略】

臨淮太守，【略】户三千七百一十一，口二萬二千八百八十六。【略】

淮陵太守，【略】户一千九百五，口一萬六百三十。【略】

南彭城太守，【略】户一萬一千七百五十八，口六萬八千一百六十三。【略】

南清河太守，【略】户一千八百四十九，口七千四百四。【略】

南高平太守，【略】户一千七百一十八，口九千七百三十一。【略】

南平昌太守，【略】户二千一百七十八，口一萬一千七百四十一。【略】

南濟陰太守，【略】户一千六百五十五，口八千一百九十三。【略】

南濮陽太守，【略】户二千二十六，口八千二百三十九。【略】

南泰山太守，【略】户二千四百九十九，口一萬三千六百。【略】

濟陽太守，【略】户一千二百三十二，口八千一百九十二。【略】

南魯郡太守，【略】户一千二百一十一，口六千八百一十八。【略】

徐州刺史，【略】户二萬三千四百八十五，口十七萬五千九百六十七。【略】

彭城太守，【略】户八千六百二十七，口四萬一千二百三十一。【略】

沛郡太守，【略】户五千二百九，口二萬五千一百七十。【略】

下邳太守，【略】户三千九十九，口一萬六千八十八。【略】

蘭陵太守，【略】户三千一百六十四，口一萬四千五百九十七。【略】

東海太守，【略】户二千四百一十一，口一萬三千九百四十一。【略】

東莞太守，【略】户八百八十七，口七千三百二十。【略】

東安太守，【略】户一千二百八十五，口一萬七百五十五。【略】

琅邪太守，【略】户一千八百一十八，口八千二百四十三。【略】

淮陽太守，【略】户二千八百五十五，口一萬五千三百六十三。【略】

陽平太守，【略】户一千七百二十五，口一萬三千三百三十。【略】

濟陰太守，【略】户二千三百五，口一萬一千九百二十八。【略】

北濟陰太守，【略】户九百二十七，口三千八百十。【略】

鍾離太守，【略】户三千二百七十二，口一萬七千八百三十二。【略】

馬頭太守，【略】户一千三百三十二，口一萬二千三百一十。【略】

南兗州刺史，【略】户三萬一千一百一十五，口十五萬九千三百六十二。【略】

廣陵太守，【略】户七千七百四十四，口四萬五千六百一十三。【略】

海陵太守，【略】户三千六百二十六，口二萬一千六百六十。【略】

山陽太守，【略】户二千八百一十四，口二萬二千四百七十。【略】

盱眙太守，【略】户一千五百一十八，口六千八百二十五。【略】

秦郡太守，【略】户三千三百三十三，口一萬五千二百九十六。【略】

南沛太守，【略】户一千一百九，口一萬二千九百七十。【略】

兗州刺史，【略】户二萬九千三百四十，口一十四萬五千五百八十一。

泰山太守，【略】户八千一百七十七，口四萬五千五百八十一。【略】

高平太守，【略】户六千三百五十八，口二萬一千一百一十二。【略】

魯郡太守，【略】户四千六百三十一，口二萬八千三百七。【略】

東平太守，【略】户四千一百五十九，口一萬七千二百九十五。【略】

陽平太守，【略】户二千八百五十七，口一萬一千二百七十一。【略】

濟北太守，【略】户三千一百五十八，口一萬七千三。

又 卷三六《州郡志二》 南豫州刺史，【略】户三萬七千六百二，口二十一萬九千五百。【略】

歷陽太守，【略】户三千一百五十六，口一萬九千四百七十。【略】

南譙太守，【略】户四千四百三十二，口二萬二千三百五十八。【略】

廬江太守，【略】户一千九百九，口一萬一千九百九十七。【略】

南汝陰太守，【略】户二千七百一，口一萬九千五百八十五。【略】

南梁太守，【略】户六千二百一十二，口四萬二千七百五十四。【略】

晉熙太守，【略】户一千五百二十一，口七千四百九十七。【略】

弋陽太守，【略】户三千二百七十五，口二萬四千二百六十二。【略】

邊城左郡太守，【略】户四百一十七，口二千四百七十九。【略】

豫州刺史，【略】户二萬二千九百一十九，口一十五萬八百三十九。

汝南太守，【略】户一萬一千二百九十一，口八萬九千三百四十九。【略】

新蔡太守，【略】户二千七百七十四，口一萬九千八百八十。【略】

譙郡太守，【略】户一千四百二十四，口七千四百四。【略】

梁郡太守，【略】户九百六十八，口五千五百。【略】

陳郡太守，【略】户六百九十三，口四千一百一十三。【略】

南頓太守，【略】户五百二十六，口二千三百六十五。【略】

潁川太守，【略】户六百四十九，口三千五百七十九。【略】

汝陽太守，【略】户九百四十一，口四千四百九十五。【略】

汝陰太守，【略】户二千七百四十九，口一萬四千三百三十五。【略】

陳留太守，【略】户百九十六，口二千四百一十三。【略】

江州刺史，【略】户五萬二千三十三，口二十七萬七千一百四十七。【略】

尋陽太守，【略】户二千七百二十，口一萬六千八。【略】

豫章太守，【略】一萬六千一百三十九，口一十二萬二千五百七十三。【略】

鄱陽太守，【略】户三千二百四十二，口一萬九百五十。【略】

臨川内史，【略】户八千九百八十三，口六萬四千八百五。【略】

廬陵太守，【略】户四千四百五十五，口三萬一千二百七十一。【略】

安成太守，【略】户六千一百一十六，口五萬三百二十三。【略】

南康公相，【略】户四千四百九十三，口三萬四千六百八十四。【略】

南新蔡太守，【略】户一千七百三十，口八千八百四十八。【略】

建安太守，【略】户三千四十二，口一萬七千六百八十六。【略】

晉安太守，【略】户二千八百四十三，口一萬九千八百三十八。【略】

青州刺史，【略】户四萬五百四，口四十萬二千七百二十九。【略】

齊郡太守，【略】户七千三百四十六，口萬四千八百八十九。【略】

濟南太守，【略】户五千五十六，口三萬八千一百七十五。【略】

樂安太守，【略】户二千二百五十九，口一萬四千九百九十一。【略】

高密太守，【略】户二千三百四，口一萬三千八百二。【略】

平昌太守，【略】户二千二百七十，口一萬五千五十。【略】

北海太守，【略】户三千九百六十八，口三萬五千九百九十五。【略】

東萊太守，【略】户一萬一百三十一，口七萬五千一百四十九。【略】

太原太守，【略】户二千七百五十七，口二萬四千六百九十四。【略】

長廣太守，【略】户二千九百六十六，口二萬二十三。【略】

冀州刺史，【略】户三萬八千七十六，口一十八萬一千一。【略】

廣川太守，【略】户三千二百五十，口二萬三千六百一十四。【略】

平原太守，【略】户五千九百一十三，口二萬九千二百六十七。【略】

清河太守，【略】户三千七百九十四，口二萬九千二百七十四。【略】

樂陵太守，【略】户三千一百三，口一萬六千六百六十一。【略】

魏郡太守，【略】户六千四百五，口三萬三千六百八十二。【略】

河間太守，【略】户二千七百八十一，口一萬七千七百七。【略】

頓丘太守，【略】户一千二百三十八，口三千八百五十一。【略】

高陽太守，【略】户二千二百九十七，口一萬四千七百二十五。【略】

勃海太守，【略】户一千九百五，口萬二千一百六十六。【略】

司州刺史，【略】領河南、滎陽、弘農實土三郡。【略】三郡合二十七縣，一萬六千三百六户。又有河内、東京兆二僑郡。【略】合十六縣，一千九百九十二户。【略】

義陽太守，【略】户八千三十二，口四萬一千五百九十七。【略】

隨陽太守，【略】户四千六百。去京都三千四百八十。【略】

安陸太守，【略】户六千四十三，口二萬五千八十四。

又 卷三七《州郡志三》 荆州刺史，【略】户六萬五千六百四。【略】

南郡太守，【略】户一萬四千五百四十四，口七萬五千八十七。【略】

南平内史，【略】户一萬二千三百九十二，口四萬五千四十九。【略】

天門太守，【略】户三千一百九十五。【略】

宜都太守，【略】户一千八百四十三，口三萬四千二百二十。【略】

巴東公相，【略】户一萬三千七百九十五，口四萬五千二百三十七。【略】

汶陽太守，【略】户九百五十八，口四千九百一十四。【略】

南義陽太守，【略】户一千六百七，口九千七百四十一。【略】

新興太守，【略】户二千三百一，口九千五百八十四。【略】

南河東太守，【略】户二千四百二十三，口一萬四百八十七。【略】

建平太守，【略】户一千三百二十九，口二萬八百一十四。【略】

永寧太守，【略】户一千一百五十七，口四千二百七十四。【略】

武寧太守，【略】户九百五十八，口四千九百一十四。【略】

郢州刺史，【略】户二萬九千四百六十九，口十五萬八千五百八十七。【略】

江夏太守，【略】户五千七十二，口二萬三千八百一十。【略】

竟陵太守，【略】户八千五百九十一，口四萬四千三百七十五。【略】

武陵太守，【略】户五千九十，口三萬七千五百五十五。【略】

巴陵太守，【略】户五千一百八十七，口二萬五千三百一十六。【略】

武昌太守，【略】户二千五百四十六，口一萬一千四百一十一。【略】

西陽太守，【略】户二千九百八十三，口一萬六千一百二十。【略】

湘州刺史，【略】户四萬五千八十九，口三十五萬七千五百七十二。

【略】

長沙内史，【略】户五千六百八十四，口四萬六千二百一十三。【略】

衡陽内史，【略】户五千七百四十六，口二萬八千九百九十一。【略】

桂陽太守，【略】户二千二百一十九，口二萬二千一百九十二。【略】

零陵内史，【略】户三千八百二十八，口六萬四千八百二十八。【略】

營陽太守，【略】户一千六百八，口二萬九百二十七。【略】

湘東太守，【略】户一千三百九十六，口一萬七千四百五十。【略】

邵陵太守，【略】户一千九百一十六，口二萬五千五百六十五。【略】

廣興公相，【略】户一萬一千七百五十六，口七萬六千三百二十八。

【略】

臨慶内史，【略】户三千七百一十五，口三萬一千五百八十七。【略】

始建内史，【略】户三千八百三十，口二萬二千四百九十。【略】

雍州刺史，【略】户三萬八千九百七十五，口十六萬七千四百六十七。【略】

襄陽公相，【略】户四千二十四，口一萬六千四百九十六。【略】

南陽太守，【略】户四千七百二十七，口三萬八千一百三十二。【略】

新野太守，【略】户四千二百三十五，口一萬四千七百九十三。【略】

順陽太守，【略】户四千一百六十三，口二萬三千一百六十三。【略】

京兆太守，【略】户二千三百七，口九千二百二十三。【略】

始平太守，【略】户二千七百九十七，口五千五百十二。【略】

扶風太守，【略】户二千一百五十七，口七千二百九十。【略】

南上洛太守，【略】户一百四十四，口四百七十七。【略】

河南太守，【略】户三千五百四十一，口一萬三千四百七十。【略】

廣平太守，【略】户二千六百二十七，口六千二百九十三。【略】

義成太守，【略】户一千五百二十一，口五千一百一。【略】

馮翊太守，【略】户二千七十八，口五千三百二十一。【略】

南天水太守，【略】户六百八十七，口三千一百二十二。【略】

建昌太守，【略】户七百三十二，口四千二百六十四。【略】

華山太守，【略】户一千三百九十九，口五千三百四十二。【略】

漢中太守，【略】户一千七百八十六，口一萬三百三十四。【略】

新城太守，【略】户一千六百六十八，口七千五百九十四。【略】

上庸太守，【略】户四千五百五十四，口二萬六百五十三。【略】

華陽太守，【略】户二千五百六十一，口萬五千四百九十四。【略】

新巴太守，【略】户三百九十三，口二千七百四十九。【略】

北陰平太守，【略】户五百六，口二千一百二十四。【略】

南陰平太守，【略】户四百七。【略】

巴渠太守，【略】户五百，口二千一百八十三。【略】

懷安太守，【略】户四百七，口二千三百六十六。【略】

宋熙太守，【略】户一千三百八十五，口三千一百二十八。【略】

白水太守，【略】户六百五。【略】

北上洛太守，【略】户二百五十四。【略】

懷漢太守，【略】户四百十九。【略】

秦州刺史，【略】户八千七百三十二，口四萬八百八十八。

武都太守，【略】户一千二百七十四，口六千一百四十。【略】

略陽太守，【略】户一千三百五十九，口五千六百五十七。【略】

安固太守，【略】户一千五百五，口二千四十四。【略】

西京兆太守，【略】户六百九十三，口四千五百五十二。【略】

南太原太守，【略】户二百三十三，口一千一百五十六。【略】

南安太守，【略】户六百二十，口三千八十九。【略】

馮翊太守，【略】户一千四百九十，口六千八百五十四。【略】

隴西太守，【略】户一千五百六十一，口七千五百三十。【略】

始平太守，【略】户八百五十九，口五千四百四十一。【略】

金城太守，【略】户三百七十五，口一千。【略】

安定太守，【略】户六百四十，口二千五百一十八。【略】

天水太守，【略】户八百九十三，口五千二百二十八。【略】

西扶風太守，【略】户百四十四。

又　卷三八《州郡志四》　益州刺史，【略】户五萬三千一百四十一，口二十四萬八千二百九十三。【略】

蜀郡太守，【略】户一萬一千九百二，口六萬八百七十六。【略】

廣漢太守，【略】户四千五百八十六，口二萬七千一百四十九。【略】

巴西太守，【略】户四千九百五十四，口三萬三千三百四十六。【略】

梓潼太守，【略】户三千三十四，口二萬一千九百七十六。【略】

巴郡太守，【略】户三千七百三十四，口一萬三千一百八十三。【略】

遂寧太守，【略】户三千三百二十。【略】

江陽太守，【略】户一千五百二十五，口八千二十七。【略】

懷寧太守，【略】户一千三百一十五，口五千九百五十。【略】

寧蜀太守，【略】户一千六百四十三。【略】

越嶲太守，【略】户一千三百四十九。【略】

汶山太守，【略】户一千一百七，口六千一百五。【略】

南陰平太守，【略】户一千二百四十，口七千五百九十七。【略】

犍爲太守，【略】户一千三百九十，口四千五十七。【略】

始康太守，【略】户一千六十三，口四千二百二十六。【略】

晉熙太守，【略】户七百八十五，口三千九百二十五。【略】

晉原太守，【略】户一千二百七十二，口四千九百六十。【略】

宋寧太守，【略】户一千三十六，口八千三百四十二。【略】

安固太守，【略】户一千一百二十，口六千五百五十七。【略】

南漢中太守，【略】户一千八十四，口五千二百四十六。【略】

北陰平太守，【略】户一千五十三，口六千七百六十四。【略】

武都太守，【略】户九百八十二，口四千四百一。【略】

新城太守，【略】户七百五十三，口五千九百七十一。【略】

南新巴太守，【略】户一千七十，口二千六百八十三。【略】

南晉壽太守，【略】户一千五十七，口一千九百四十三。【略】

宋興太守，【略】户四百九十六，口一千九百四十三。【略】

南宕渠太守，【略】户五百四，口三千一百二十七。【略】

天水太守，【略】户四百六十一。【略】

東江陽太守，【略】户一百四十二，口七百四十。【略】

沈黎太守，【略】户六十五。【略】

寧州刺史，【略】户一萬二百五十三。【略】

建寧太守，【略】户二千五百六十二。【略】

晉寧太守，【略】户六百三十七。【略】

牂牁太守，【略】户一千九百七十。【略】

平蠻太守，【略】户二百四十五。【略】

夜郎太守，【略】户二百八十八。【略】

朱提太守，【略】户一千一十。【略】

南廣太守，【略】户四百四十。【略】

建都太守，【略】户一百七。【略】

西平太守，【略】户一百七十六。【略】

西河陽太守，【略】户三百六十九。【略】

東河陽太守，【略】户一百五十二。【略】

雲南太守，【略】户三百八十一。【略】

興寧太守，【略】户七百五十三。【略】

興古太守，【略】户三百八十六。【略】

梁水太守，【略】户四百三十一。【略】

廣州刺史，【略】户四萬九千七百二十六，口二十萬六千六百九十四。【略】

南海太守，【略】户八千五百七十四，口四萬九千一百五十七。【略】

蒼梧太守，【略】户六千五百九十三，口萬一千七百五十三。【略】

晉康太守，【略】户四千五百四十七，口一萬七千七百一十。【略】

新寧太守，【略】户二千六百五十三，口一萬五百一十四。【略】

永平太守，【略】户一千六百九，口一萬七千二百二。【略】

鬱林太守，【略】户一千一百二十一，口五千七百二十七。【略】

桂林太守，【略】户五百五十八，口二千二百五。【略】

高涼太守，【略】户一千四百二十九，口八千一百二十三。【略】

新會太守，【略】户一千七百三十九，口萬五百九。【略】

東官太守，【略】户一千三百三十二，口一萬五千六百九十六。【略】

義安太守，【略】户一千一百一十九，口五千五百二十二。【略】

宋康太守，【略】户一千五百一十三，口九千一百三十一。【略】

綏建太守，【略】户三千七百六十四，口一萬四千四百九十一。【略】

海昌太守，【略】户一千七百二十四，口四千七十四。【略】

宋熙太守，【略】户二千八十四，口六千四百五十。【略】

交州刺史，【略】户一萬四百五十三。【略】

交趾太守，【略】户四千二百三十三。【略】

武平太守，【略】户一千四百九十。【略】

九真太守，【略】户二千三百二十八。【略】

九德太守，【略】户八百九。【略】

日南太守，【略】户四百二。【略】

合浦太守，【略】户九百三十八。

又 卷九二《良吏傳・序》 自此區宇宴安，方内無事，三十年間，氓庶蕃息，奉上供徭，止於歲賦，晨出莫歸，自事而已。守宰之職，以六期爲斷，雖没世不徙，未及曩時，而民有所係，吏無苟得。家給人足，即事雖難，轉死溝渠，於時可免。凡百户之鄉，有市之邑，歌謡舞蹈，觸處成羣，蓋宋世之極盛也。暨元嘉二十七年，北狄南侵，戎役大起，傾資掃蓄，猶有未供，於是深賦厚斂，天下騷動。自兹至于孝建，兵連不息，以區區之江東，地方不至數千里，户不盈百萬，薦之以師旅，因之以凶荒，宋氏之盛，自此衰矣。

《南史》卷二《宋紀中》 （元嘉）二十八年春正月丁亥，魏太武帝自瓜步退歸，俘廣陵居人萬餘家以北，徐、豫、青、冀、二兗六州殺略不可勝算，所過州郡，赤地無餘。

唐・杜佑《通典》卷七《食貨七・歷代盛衰户口》 宋武帝北取南燕，平廣固，南燕，慕容超。廣固，即今北海郡。西滅後秦，平關洛，後秦，姚泓。長河以南，盡為宋有。帝素節儉，有司嘗奏東西堂施局脚牀，用銀塗釘，帝以為費，使用直脚牀，釘用鐵。公主出適，遣送不過二十萬，無錦繡金玉之費。文帝勵精臨人，江左數代帝王莫及，所以稱元嘉之理，比前漢之文、景焉。既而國富兵强，更務經略。元嘉二十七年，後魏主太武帝以數十萬衆南伐，河上屯戍，相次覆敗。魏師至瓜步而還。宋之財力，自此衰耗。今按本史，孝武大明八年，户九十萬六千八百七十，口四百六十八萬五千五百一。

宋・司馬光《資治通鑑》卷一二九《宋紀一一・世祖孝武皇帝下》 （宋武帝大明七年）宋之境内，凡有州二十二，郡二百七十四，縣千二百九十九，户九十四萬有奇。

又 卷一二六《宋紀八・太祖文皇帝下之上》 （宋文帝元嘉二十八年）魏師過彭城，江夏王義恭震懼不敢擊。或告『虜驅南口萬餘，夕應宿安王陂，去城數十里，今追之，可悉得。』【略】魏人先已聞之，盡殺所驅者而去。【略】魏人凡破南兗、徐、兗、豫、青、冀六州，殺傷不可勝計，丁壯者即加斬截，嬰兒貫於槊上，盤舞以爲戲。所過郡縣，赤地無餘，春燕歸，巢於林木。魏之士馬死傷亦過半，國人皆尤之。【略】自是邑里蕭條，元嘉之政衰矣。

齊分部

綜述

《南齊書》卷三《武帝紀》 （永明七年春）又詔曰：『春頒秋斂，萬邦所以惟懷，柔遠能邇，兆民所以允殖。鄭渾宰邑，因姓立名，王濬剖符，户口殷盛。今産子不育，雖炳常禁，比聞所在，猶或有之。誠復禮以貧殺，抑亦情由俗淡。宜節以嚴威，敦以惠澤。主者尋舊制，詳量附定，蠲邺之宜，務存優厚。』

又 卷三四《虞玩之傳》 玩之遷驍騎將軍，黄門郎，領本部中正。上患民間欺巧，及即位，敕玩之與驍騎將軍傅堅意檢定簿籍。建元二年，詔朝臣曰：『黄籍，民之大紀，國之治端。自頃氓俗巧僞，爲日已久，至乃竊注爵位，盜易年月，增損三狀，貿襲萬端。或户存而文書已絶，或人在而反託死叛，停私而云隸役，身强而稱六疾。編户齊家，少不如此。皆政之巨蠹，教之深疵。比年雖卻籍改書，終無得實。若約之以刑，則民僞已遠；若綏之以德，則勝殘未易。卿諸賢並深明治體，可各獻嘉謀，以振澆化。又臺坊訪募，此制不近，優刻素定，閑劇有常。宋元嘉以前，茲役恒滿，大明以後，樂補稍絶。或緣寇難頻起，軍蔭易多，民庶從利，投坊者寡。然國經未變，朝紀恒存，相揆而言，隆替何速！此急病之洪源，晷景之切患，以何科算，革斯弊邪？』

玩之上表曰：『宋元嘉二十七年八條取人，孝建元年書籍，衆巧之所始也。元嘉中，故光禄大夫傅隆，年出七十，猶手自書籍，躬加隱校。隆何必有石建之慎、高柔之勤，蓋以世屬休明，服道脩身故耳。今陛下日旰忘食，未明求衣，詔逮幽愚，謹陳妄説。古之共治天下，唯良二千石，今欲求治取正，其在勤明令長。凡受籍，縣不加檢合，但封送州，州檢得實，方卻歸縣。吏貪其賂，民肆其姦，姦彌深而卻彌多，賂愈厚而答愈緩。自泰始三年至元徽四年，揚州等九郡四號黄籍，共卻七萬一千餘户。于今十一年矣，而所正者猶未四萬。神州奥區，尚或如此，江、湘諸部，倍不可念。愚謂宜以元嘉二十七年籍爲正。民惰法既久，今建元元年書籍，宜更立明科，一聽首悔，迷而不反，依制必戮。使官長審自檢校，必令明洗，然後上州，永以爲正。若有虚昧，州縣同咎。今户口多少，不減元嘉，而板籍頓闕，弊亦有以。自孝建已來，入勳者衆，其中操干戈衛社稷者，三分殆無一焉。勳簿所領而詐注辭籍，浮遊世要，非官長所拘録，復爲不少。尋蘇峻平後，庾亮就温嶠求勳簿，而嶠不與，以爲陶侃所上，多非實録。尋物之懷私，無世不有，宋末落紐，此巧尤多。又將位既衆，舉卹爲禄，實潤甚微，而人領數萬，如此二條，天下合役之身，已據其太半矣。又有改注籍狀，詐入仕流，昔爲人役者，今反役人。又生不長髮，便謂爲道人，填街溢巷，是處皆然。或抱子並居，竟不編户，遷徙去來，公違土斷。屬役無滿，流亡不歸，寧喪終身，疾病長臥。法令必行，自然競反。又四鎮戍將，有名寡實，隨才部曲，無辨勇懦，署位借給，巫媪比肩，彌山滿海，皆是私役。行貨求位，其塗甚易，募役卑劇，何爲投補？坊吏之所以盡，百里之所以單也。今但使募制明信，滿復有期，民無逕路，則坊可立表而盈矣。爲治不患無制，患在不行，不患不行，患在不久。』

上省玩之表，納之。乃別置板籍官，置令史，限人一日得數巧，以防懈怠。於是貨賂因緣，籍注雖正，猶强推卻，以充程限。至世祖永明八年，謫巧者戍緣淮各十年，百姓怨望。世祖乃詔曰：『夫簡貴賤，辨尊卑者，莫不取信於黄籍。豈有假器濫榮，竊服非分。故所以澄革虚妄，式允舊章。然釁起前代，過非近失，既往之侃言，不足追咎。自宋昇明以前，皆聽復注。其有謫役邊疆，各許還本。此後有犯，嚴加翦治。』

又 卷四六《顧憲之傳》 憲之議曰：『【略】山陰一縣，課户二萬。』

《南史》卷四七《崔祖思傳》 武帝即位，祖思啓陳政事，【略】又曰：『案前漢編户千萬，太樂伶官方八百二十九人，孔光等奏罷不合經法者四百四十一人，正樂定員唯置三百八十八人。今户口不能百萬，而太樂雅鄭，元徽時校試千有餘人，後堂雜伎不在其數。糜費力役，傷敗風俗。今欲撥邪歸道，莫若罷雜伎，王庭唯置鐘簴羽戚登歌而已。』上詔報答。

唐·杜佑《通典》卷七《食貨七·歷代盛衰户口》 齊氏六王，年代短促，其户口未詳。

梁分部

綜述

《梁書》卷二《武帝紀中》 （天監二年）土斷南徐州諸僑郡縣。

（天監）十七年春正月丁巳朔，詔曰：『夫樂所自生，含識之常性；厚下安宅，馭世之通規。朕矜此庶氓，無忘待旦，亟弘生聚之略，每布寬卹之恩；而編户未滋，遷徙尚有，輕去故鄉，豈其本志？資業殆闕，自返莫由，巢南之心，亦何能弭。今開元發歲，品物惟新，思俾黔黎，各安舊所。將使郡無曠土，邑靡游民，鷄犬相聞，桑柘交畛。凡天下之民，有流移他境，在天監十七年正月一日以前，可開恩半歲，悉聽還本，蠲課三年。其流寓過遠者，量加程日。若有不樂還者，即使著土籍爲民，准舊課輸。若流移之後，本鄉無復居宅者，村司三老及餘親屬，即爲詣縣，占請村内官地官宅，令相容受，使戀本者還有所託。凡坐爲市埭諸職，割盜衰減，應被封籍者，其田宅車牛，是民生之具，不得悉以没入，皆優量分留，使得自止。其商賈富室，亦不得頓相兼併。遁叛之身，罪無輕重，並許首出，還復民伍。若有拘限，自還本役。並爲條格，咸使知聞。』

《隋書》卷二九《地理志上》 梁武帝除暴寧亂，奄有舊吳，天監十年，有州二十三，郡三百五十，縣千二十二。其後務恢境宇，頻事經略，開拓閩、越，克復淮浦，平俚洞，破牂柯，又以舊州遐闊，多有析置。大同年中，州一百七，郡縣亦稱於此。既而侯景構禍，臺城淪陷，墳籍散逸，注記無遺，郡縣户口，不能詳究。

《南史》卷五九《王僧孺傳》 先是，尚書令沈約以爲『晉咸和初，蘇峻作亂，文籍無遺。後起咸和二年以至于宋，所書並皆詳實，並在下省左户曹前廂，謂之晉籍，有東西二庫。此籍既並精詳，實可寶惜，位宦高卑，皆可依案。宋元嘉二十七年，始以七條徵發，既立此科，人姦互起，僞狀巧籍，歲月滋廣。以至于齊，患其不實，於是東堂校籍，置郎令史以掌之。競行姦貨，以新換故，昨日卑細，今日便成士流。凡此姦巧，並出愚下，不辨年號，不識官階。或注隆安在元興之後，或以義熙在寧康之前。此時無此府，此時無此國。元興唯有三年，而猥稱四、五，詔書甲子，不與長曆相應。校籍諸郎亦所不覺，不才令史固自忘言。臣謂宋、齊二代，士庶不分，雜役減闕，職由於此。竊以晉籍所餘，宜加寶愛』。武帝以是留意譜籍，州郡多離其罪，因詔僧孺改定《百家譜》。

唐·杜佑《通典》卷三《食貨三·鄉黨土斷、版籍並附》 梁武帝時所司奏，南徐、江、郢逋兩年黄籍不上。尚書令沈約上言曰：『晉咸和初，蘇峻作亂，版籍焚燒。此後起咸和三年以至乎宋，並皆詳實，朱筆隱注，紙連悉縫。而尚書上省庫籍，唯有宋元嘉中以來，以為宜檢之日，即事所須故也。晉代舊籍，並在下省左人曹，謂之晉籍，有東西二庫。既不係尋檢，主者不復經懷，狗牽鼠齧，雨濕沾爛，解散於地，又無扃縢。此籍精詳，實宜保惜，位高官卑，皆可依按。宋元嘉二十七年，始以七條徵發。既立此科，苟有迴避，姦偽互起，歲月滋廣，以至於齊。於是東堂校籍，置郎令史以掌之，而簿籍於此大壞矣。凡粗有衣食者，莫不互相因依，競行姦貨，落除卑注，更書新籍，通官榮爵，隨意高下。以新換故，不過用一萬許錢，昨日卑微，今日仕伍。凡此姦巧，並出愚下，不辨年號，不識官階。或注義熙在寧康之前，或以崇安在元興之後。此時無此府，此年無此國。元興唯有三年，而猥稱四年。又詔書甲子，不與長曆相應。如此詭謬，萬緒千端。校籍諸郎亦所不覺，不才令史更何可言。且籍字既細，難為眼力，尋求巧偽，莫知所在，徒費日月，未有實驗。假令兄弟三人，分為三籍，卻一籍父祖官，其二初不被卻，同堂從祖以下固自不論，諸如此例，難可悉數。或有應卻而不卻，不須卻而卻。所卻既多，理無悉當。懷冤抱屈，非止百千，投辭請訴，充曹牣府，既難領理，交興人怨。於是悉聽復注，普停洗卻，既蒙復注，則莫不成官。此蓋核籍不精之巨弊也。臣謂宋、齊二代，士庶不分，雜役減闕，職由於此。自元嘉以來，籍多假偽。景平以前，既不係檢，凡此諸籍，得無巧換。今雖遺落，所存尚多，宜有徵驗，可得信實。其永初、景平籍，宜移還上省。竊以為晉籍所餘，須加寶愛，若不切心留意，則還復散失矣。不識胄胤，非謂衣冠，凡諸此流，罕知其祖。假稱高曾，莫非巧偽，質諸文籍，姦事立露，懲覆矯詐，為益實弘。又上省籍庫，雖直郎題掌，而盡日料校，唯令史獨入，籍既重寶，不可專委羣細。若入庫檢籍之時，直郎、直都，應共監視。寫籍皆於郎、都目前，並加掌置，私寫私換，可以永絶。事畢郎出，仍自題名。臣又以為，巧偽既多，並稱人士，百役不及，高卧私門，致命公私闕乏，是事不舉。宜選史傳學士諳究流品者，為左人郎、左人尚書，專共校勘。所作卑姓雜譜，以晉籍及宋永初、景平籍在下省者，對共讎校。若譜注通籍有卑雜，則條其巧謬，下在所科罰。』帝以是留意譜籍，詔御史中丞王僧孺改定《百家譜》。由是有令史書吏之職，譜局因此而嚴。

又《食貨七·歷代盛衰户口》 梁武之初，亦稱為理，及精華耗竭，貪地邀功，侯景逆亂，竟以幽斃。元帝慘虐，骨肉相殘，纔及三年，便至覆滅，墳籍亦同灰燼。户口不能詳究。

宋·司馬光《資治通鑑》卷一六二《梁紀一八·高祖武皇帝十八》 （梁武帝太清三年）初，閉城之日，男女十餘萬，擐甲者二萬餘人，宋司馬光《通鑑考異》：《南史》作『三萬』，今從《典略》。被圍既久，人多身腫氣急，死者什八九，乘城者不滿四千人，率皆羸喘，横尸滿路，不可瘞埋，爛汁滿溝，而衆心猶望外援。【略】（五月）壬午詔，北人在南為奴婢者，皆免之。所免萬計，景或更加超擢，冀收其力。高祖之末，建康士民服食器用，爭尚豪華，糧無半年之儲，常資四方委輸。自景作亂，道路斷絶，數月之間，人至相食，猶不免餓死，存者百無一二。《金陵記》曰：梁都之時户二十八萬，西石頭城，東至倪塘，南至石子岡，北過蔣山，南北各四十里。侯景之亂至于陳時，中外人物不迨宋、齊之半。貴戚、豪族皆自出採稆，填委溝壑，不可勝紀。

陳分部

綜述

《隋書》卷二九《地理志上》 逮于陳氏，土宇彌蹙，西亡蜀、漢，北喪淮、肥，威力所加，不出荆、揚之域。**【略】**户六十萬。

《陳書》卷三《世祖紀》 （天嘉元年）三月景辰，詔曰：『自喪亂以來，十有餘載，編户凋亡，萬不遺一，中原氓庶，蓋云無幾。』**【略】**（七月）乙卯，詔曰：『自頃喪亂，編户播遷，言念餘黎，良可哀惕。其亡鄉失土，逐食流移者，今年内隨其適樂，來歲不問僑舊，悉令著籍，同土斷之例。』

又 卷五《宣帝紀》 （太建二年）秋八月甲申，詔曰：『懷遠以德，抑惟恒典，去戎即華，民之本志。頃年江介繦負相隨，崎嶇歸化，亭候不絶，宜加卹養，答其誠心。維是荒境自拔，有在都邑及諸州鎮，不問遠近，並蠲課役。若克平舊土，反我侵地，皆許還鄉，一無拘限。州郡縣長明加甄別，良田廢村，隨便安處。若輒有課訂，即以擾民論。』

（太建十一年）三月丁未，詔淮北義人率户口歸國者，建其本屬舊名，置立郡縣，即隸近州，賦給田宅，唤訂一無所預。

《北史》卷一一《隋紀上》 （開皇九年）韓擒進師入建鄴，獲陳主叔寶，陳國平。合州四十，郡一百，縣四百，户五十萬，口二百萬。

唐·杜佑《通典》卷七《食貨七·歷代盛衰户口》 陳武帝，荆州之西，既非我有，淮肥之內，力不能加。宣帝勤恤人隱，時稱令主，閲其本史，户六十萬。而末年窮兵黷武，遠事經略，吴明徹全軍隻輪不返，鋭卒利器，從此殲焉。至後主滅亡之時，隋家所收户五十萬，口二百萬。

唐·孟棨《本事詩·情感第一》 陳太子舍人徐德言之妻，後主叔寶之妹，封樂昌公主。才色冠絶。時陳政方亂，德言知不相保，謂其妻曰：『以君之才容，國亡必入權豪之家，斯永絶矣。儻情緣未斷，猶冀相見，宜有以信之。』乃破一鏡，人執其半。約曰：『他日必以正月望日賣於都市，我當在，即以是日訪之。』及陳亡，其妻果入越公楊素之家，寵嬖殊厚。德言流離辛苦，僅能至京，遂以正月望日訪於都市。有蒼頭賣半鏡者，大高其價，人皆笑之。德言直引至其居，設食具言其故，出半鏡以合之。仍題詩曰：『鏡與人俱去，鏡歸人不歸。無復嫦娥影，空留明月輝。』陳氏得詩，涕泣不食。素知之，愴然改容，即召德言，還其妻，仍厚遺之。聞者無不感歎，仍與德言、陳氏偕飲，令陳氏為詩曰：『今日何遷次，新官對舊官。笑啼俱不敢，方驗作人難。』遂與德言歸江南，竟以終老。

北魏分部

綜述

《魏書》卷一〇六上《地形志上》 魏定燕趙，遂荒九服，夷翦逋僞，一國一家，遺之度外，吴蜀而已。正光已前，時惟全盛，户口之數，比夫晉之太康，倍而已矣。孝昌之際，亂離尤甚。恒、代而北，盡爲丘墟；崤、潼已西，煙火斷絶；齊方全趙，死如亂麻。於是生民耗減，且將大半。永安末年，胡賊入洛，官司文簿，散棄者多，往時編户，全無追訪。

又 卷一〇六下《地形志下》 東梁州。**【略】**户一千二百二十二。

金城郡。**【略】**户二百八十六。

安康郡。**【略】**户六百一十八。

魏明郡。**【略】**户三百一十八。**【略】**

涼州。**【略】**户三千二百七十三。

武安郡。【略】户三百七十三。

臨杜郡。【略】户三百八十九。

建昌郡。【略】户六百五十七。

番和郡。【略】户一百三十九。

泉城郡。【略】户七十二。

武興郡。【略】户三百八十五。

武威郡。【略】户三百四十。

昌松郡。【略】户三百九十七。

東涇郡。【略】户一百九十一。

梁寧郡。【略】户三百三十一。【略】

北華州。【略】户一萬四千五百九十六。

中部郡。【略】户八千九百二十四。

敷城郡。【略】户五千六百七十二。

唐·杜佑《通典》卷七《食貨七·歷代盛衰户口》 後魏起自陰山，盡有中夏。孝文遷都河洛，定禮崇儒。明帝正光以前，時惟全盛，户口之數，比夫晉太康倍而餘矣。按：晉武帝太康元年平吴後，大凡户二百四十五萬九千八百，口千六百一十六萬三千八百六十三。今云倍而餘者，是其盛時則户有至五百餘萬矣。及爾朱之亂，政移臣下，或廢或立，甚於弈碁，遂分為東西二國，皆權臣擅命，戰爭不息，人户流離，官司文簿，又多散棄。今按舊史，户三百三十七萬五千三百六十八。其時以征伐不息，唯河北三數大郡，多千户以下，復通新附之郡，小者户纔二十，口百而已。

雜録

《宋書》卷九五《索虜傳》 虜又圍汝陽，太守王公度將十餘騎突圍奔項城。虜又破邵陵縣，殘害二千餘家，盡殺其男丁，驅略婦女一萬二千口。【略】吴上表歸順，曰：『【略】今平城遺虐，連兵大壇，東西狼顧，威形莫接，長安孤危，河、洛不戍，平陽二孽，世連土宇，擁率部落，控弦五萬，東屯潼塞，任質軍門。【略】』虜謀欲納祖，下書曰：『【略】今可分命諸軍，以行九伐。使持節征東大將軍安定王直懃伐伏玄、侍中尚書左僕射安西大將軍平北公直懃美晨、散騎常侍殿中尚書平北將軍山陽公呂羅漢，領隴右之衆五萬，沿漢而東，直指襄陽。使持節征南大將軍勃海王直懃天賜、侍中尚書令安東大將軍始平王直懃渴言侯、散騎常侍殿中尚書令安西將軍西陽王直懃蓋户千，領幽、冀之衆七萬，濱海而南，直指東陽。使持節征南將軍京兆王直懃子、侍中司徒安南大將軍新建王獨孤侯尼須、散騎常侍西平公韓道人，領江、雍之衆八萬，出洛陽，直至壽陽。使持節征南大將軍宜陽王直懃新成、侍中太尉征東大將軍直懃駕頭拔、羽直征東將軍北平公拔敦及義陽王劉昶，領定、相之衆十萬，出濟、兖，直造彭城，與諸軍剋期同到，會于秣陵。納祖反國，定其社稷，使荆、陽沾德義之風，江、漢被來蘇之惠。』【略】强者爲轉屍，弱者爲繫虜，自江、淮至于清、濟，户口數十萬，自免湖澤者，百不一焉。村井空荒，無復鳴鷄吠犬。

《南齊書》卷五七《魏虜傳》 （永明）四年，造户籍。

《魏書》卷二《太祖紀》 （皇始元年）八月庚寅，治兵于東郊。己亥，大舉討慕容寶，帝親勒六軍四十餘萬，南出馬邑，逾於句注。旌旗駱驛二千餘里，鼓行而前，民屋皆震。【略】（天興元年正月）徙山東六州民吏及徒何、高麗雜夷三十六萬，百工伎巧十萬餘口，以充京師（平城）。【略】（二年）二月丁亥朔，諸軍同會，破高車雜種三十餘部，獲七萬餘口，馬三十餘萬匹，牛羊百四十餘萬。驃騎大將軍、衛王儀督三萬騎別從西北絶漠千餘里，破其遺迸七部，獲二萬餘口，馬五萬餘匹，牛羊二十餘萬頭，高車二十餘萬乘，並服玩諸物。【略】（七月）陳郡、河南流民萬餘口内徙，遣使者存勞之。

又 卷三《太宗紀》 （神瑞）二年春正月丙辰，車駕至自北伐，賜從征將士布帛各有差。二月丁亥，大饗于西宮，賜附國大、渠帥朝歲首者繒帛金罽各有差。司馬德宗琅邪太守劉朗，率二千餘家内屬。庚子，河西胡劉雲等，率數萬户内附。【略】秋七月，還宮，復所過田租之半。九月，闕有差。河南流民，前後三千餘家内屬。【略】（泰昌）三年春正月丁酉朔，帝自長川詔護高車中郎將薛繁率高車丁零十二部大衆北略，至弱水，降者二千餘人，獲牛馬二萬餘頭。河東胡、蜀五千餘家相率内屬。【略】夏四月己巳，徙冀、定、幽三州徒何於京師。【略】遣征東將軍長孫道生、給事黃門侍郎奚觀率精騎二襲馮跋，又命驍騎將軍延普自幽州北趨遼西爲聲勢，帝自突門嶺待之。道生至龍城，徙其民萬餘家而還。

又　卷四《世祖紀上》　（始光三年）十有一月戊寅，帝率輕騎二萬襲赫連昌。壬午，至其城下，徙萬餘家而還。【略】（四年六月）乙巳，車駕入城，虜昌羣弟及其諸母、姊妹、妻妾、宮人萬數，【略】（神䴥元年十月）上郡屠各隗詰歸率萬餘家内屬。定州丁零鮮于臺陽、翟喬等二千餘家叛入西山，劫掠郡縣。【略】（三年）夏四月甲子，行幸雲中。敕勒萬餘落叛走。【略】（延和元年）九月乙卯，車駕西還。徙營丘、成周、遼東、樂浪、帶方、玄菟六郡民三萬家于幽州，開倉以賑之。【略】（太延五年）九月丙戌，牧犍兄子萬年率麾下來降。是日，牧犍與左右文武五千人面縛軍門，帝解其縛，待以藩臣之禮，收其城内户口二十餘萬，倉庫珍寶不可稱計。進張掖公禿髮保周爵爲王，與龍驤將軍穆羆、安遠將軍源賀分略諸郡，雜人降者亦數十萬。【略】鎮北將軍封沓討樂都，掠數千家而還。【略】冬十月辛酉，車駕東還，徙涼州民三萬餘家于京師。

又　卷五《世祖紀下》　（正平元年三月）以降民五萬餘家分置近畿。賜留臺文武所獲軍資生口各有差。

又　卷六《顯祖紀》　（皇興二年）十有二月甲午，詔曰：『頃張永迷擾，敢拒王威，暴骨原隰，殘廢不少。死生冤痛，朕甚愍焉。天下民一也，可敕郡縣，永軍殘廢之士，聽還江南；露骸草莽者，收瘞之。』【略】（三年）五月，徙青州民於京師。

又　卷七上《高祖紀上》　（延興元年）冬十月丁亥，沃野、統萬二鎮敕勒叛。詔太尉、隴西王源賀追擊，至枹罕，滅之，斬首三萬餘級；徙其遺迸於冀、定、相三州爲營户。【略】（二年三月）連川敕勒謀叛，徙配青、徐、齊、兗四州爲營户。【略】（三年八月）辛丑，詔遣使者十人循行州郡，檢括户口。其有仍隱不出者，州、郡、縣、户主並論如律。【略】是歲，州鎮十一水旱，丐民田租，開倉賑恤。相州民餓死者二千八百四十五人。吐谷渾部内羌民鍾豈渴干等二千三百户内附。【略】（太和五年二月）假梁郡王嘉大破道成將，俘獲三萬餘口送京師（平城）。【略】（四月）壬子，以南俘萬餘口班賜羣臣。【略】（太和七年七月）冀州上言，爲粥給饑民，所活七十五萬一千七百餘口。

又　卷七下《高祖紀下》　（太和十年）二月甲戌，初立黨、里、鄰三長，定民户籍。【略】

（太和十一年）九月庚戌，詔曰：『去夏以歲旱民饑，須遣就食，舊籍雜亂，難可分簡，故依局割民，閲户造籍，欲令去留得實，賑貸平均。然迺者以來，猶有餓死衢路，無人收識。良由本部不明，籍貫未實，廩恤不周，以至於此。朕猥居民上，聞用慨然。可重遣精檢，勿令遺漏。』

又　卷一五《元暉傳》　暉檢括丁户，聽其歸首，出調絹五萬匹。【略】暉又上書論政要：『其一曰：御史之職，務使得賢。必得其人，不拘階秩，久於其事，責其成功。其二曰：安人寧邊，觀時而動。頃來邊將，亡遠大之略，貪萬一之功，楚梁之好未聞，而蠶婦之怨屢結，斯乃庸人所爲，鋭於姦利之所致也。平吳之計，自有良圖，不在於一城一戍也。又河北數州，國之基本，飢荒多年，户口流散。方今境上兵復徵發，即如此日，何易舉動。愚謂數年以來，唯宜靜邊以息占役，安人勸農，惠此中夏。請嚴敕邊將，自今有賊戍求内附者，不聽輒遣援接，皆須表聞，違者雖有功，請以違詔書論。三曰：國之資儲，唯藉河北。饑饉積年，户口逃散，生長姦詐，因生隱藏，出縮老小，妄注死失。收人租調，割入於己。人困於下，官損於上。自非更立權制，善加檢括，損耗之來，方在未已。請求其議，明宜條格。』帝納之。

又　卷二四《崔道固傳》　乃徙青、齊士望共道固守城者數百家於桑乾，立平齊郡於平城西北北新城。

又　卷三〇《尉拔傳》　在任九年，大收民和，山民一千餘家，上郡徙各廬水胡八百餘落，盡附爲民。

又　卷四二《堯暄傳》　太和中，遷南部尚書。于時始立三長，暄爲東道十三州使，更比户籍。

又　卷四三《劉休賓傳》　白曜送休賓及宿有名望者十餘人，俱入代都爲客。及立平齊郡，乃以梁鄒民爲懷寧縣，休賓爲縣令。

又　《房崇吉傳》　及立平齊郡，以歷城民爲歸安縣，崇吉爲縣令。

又　卷五〇《慕容白曜傳》　後乃徙二城民望於下館，朝廷置平齊郡懷寧、歸安二縣以居之。自餘悉爲奴婢，分賜百官。

又　卷五一《韓均傳》　又以五州民户殷多，編籍不實，以均忠直不阿，詔均檢括，出十餘萬户。復授定州刺史，輕徭寬賦，百姓安之。

又　卷五三《李沖傳》　舊無三長，惟立宗主督護，所以民多隱冒，五十、三十家方爲一户。沖以三正治民，所由來遠，於是創三長之制而上之。文明太后覽而稱善，引見公卿議之。中書令鄭羲、秘書令高祐等曰：『沖求立三長者，乃欲混天下一法。言似可用，事實難行。』羲又曰：『不信臣言，但試行之。事敗之後，當知愚言之不謬。』太尉元丕曰：『臣謂此法若行，于公私有益。』咸稱方今有事之月，校比民户，新舊未分，民必勞怨。請過今秋，至冬閑月，徐乃遣使，於事爲宜。沖曰：『民者，冥也，可使由之，不可使知之。若不因調時，百姓徒知立長校户之勤，未見均徭省賦之益，心必生怨。宜及課調之月，令知賦税之均。既識其事，又得其利，因民之欲，爲之易行。』著作郎傅思益進曰：『民俗既異，險易不同，九品差調，爲日已久，一旦改法，恐成擾亂。』太后曰：『立三長，則課有常準，賦有恒分；苞廕之户可出，僥倖之人可止。何爲而不可？』羣議雖有乖異，然惟以變法爲難，更無異義。遂立三長，公私便之。

又　卷六六《李崇傳》　蠻衆數萬，屯據形要，以拒官軍。崇累戰破之，斬北燕等，徙萬餘户於幽、并諸州。

又　卷七〇《劉藻傳》　時北地諸羌數萬家，恃險作亂，前後牧守不能制。姦暴之徒，並無名實，朝廷患之，以（劉）藻爲北地太守。藻推誠布信，諸羌咸來歸附。藻書其名籍，收其賦税，朝廷嘉之。

又　卷八三上《外戚傳上・閭豆》　太和中，初立三長，以（閭）莊爲定户籍大使，甚有時譽。

又　卷九四《閹官傳・仇洛齊》　魏初禁網疏闊，民户隱匿漏脱者多。東州既平，綾羅户民樂葵因是請採漏户，供爲綸綿。自後逃户占爲細繭羅縠者非一。於是雜、營户帥遍於天下，不屬守宰，發賦輕易，民多私附，户口錯亂。不可檢括。洛齊奏議罷之，一屬郡縣。

又　卷一一〇《食貨志》　既定中山，分徙吏民及徒何種人、工伎巧十萬餘家以充京都，各給耕牛，計口授田。

先是，禁網疏闊，民多逃隱。天興中，詔採諸漏户，令輸綸綿。自後諸逃户占爲細繭羅縠者甚衆。於是雜營户帥遍於天下，不隸守宰，賦役不周，户口錯亂。始光三年詔一切罷之，以屬郡縣。【略】魏初不立三長，故民多蔭附。蔭附者皆無官役，豪强徵斂，倍於公賦。（太和）十年，給事中李沖上言：『宜準古，五家立一鄰長，五鄰立一里長，五里立一黨長，長取鄉人强謹者。鄰長復一夫，里長二，黨長三。所復復征戍，餘若民。三載亡愆則陟用，陟之一等。其民調，一夫一婦帛一匹，粟二石。民年十五以上未娶者，四人出一夫一婦之調；奴任耕，婢任績者，八口當未娶者四；耕牛二十頭當奴婢八。其麻布之鄉，一夫一婦布一匹，下至牛，以此爲降。大率十匹爲工調，二匹爲調外費，三匹爲内外百官俸，此外雜調。民年八十已上，聽一子不從役。孤獨癃老篤疾貧窮不能自存者，三長内疊養食之。』書奏，諸官通議，稱善者衆。高祖從之，於是遣使者行其事。乃詔曰：『夫任土錯貢，所以通有無；井乘定賦，所以均勞逸。有無通則民財不匱，勞逸均則人樂其業。此自古之常道也。又鄰里鄉黨之制，所由來久。欲使風教易周，家至日見，以大督小，從近及遠，如身之使手，幹之總條，然後口算平均，義興訟息。是以三典所同，隨世汚隆；貳監之行，從時損益。故鄭僑復丘賦之術，鄒人獻盍徹之規。雖輕重不同，而當時俱適。自昔以來，諸州户口，籍貫不實，包藏隱漏，廢公罔私。富强者並兼有餘，貧弱者糊口不足。賦税齊等，無輕重之殊；力役同科，無衆寡之别。雖建九品之格，而豐埆之土未融；雖立均輸之楷，而蠶績之鄉無異。致使淳化未樹，民情偷薄。朕每思之，良懷深慨。今革舊從新，爲里黨之法，在所牧守，宜以喻民，使知去煩即簡之要。』初，百姓咸以爲不若循常，豪富並兼者尤弗願也。事施行後，計省昔十有餘倍。於是海内安之。

《陳書》卷三四《文學傳・褚玠》　太建中，山陰縣多豪猾，前後令皆以贓汙免，高宗患之，謂中書舍人蔡景歷曰：『稽陰大邑，久無良宰，卿文士之内，試思其人。』景歷進曰：『褚玠廉儉有幹用，未審堪其選不？』高宗曰：『甚善，卿言與朕意同。』乃除戎昭將軍、山陰令。縣民張次的、王休達等與諸猾吏賄賂通姦，全丁大户，類多隱没。玠乃鎖次的等，具狀啓臺，高宗手勑慰勞，並遣使助玠搜括，所出軍民八百餘户。

《北齊書》卷一八《孫騰傳》　初北境亂離，亡一女，及貴，遠加推訪，終不得，疑其爲人婢賤。及爲司徒，奴婢訴良者，不研虚實，率皆免之，願免千人，冀得其女。時高祖入朝，左右有言之者，高祖大怒，解其司徒。

又　卷四六《補宋世良傳》　（宋世良）尋爲殿中侍御史，詣河北括户，大獲浮惰。還見汲郡城旁多骸骨，移書州郡，令悉收瘞。其夜，甘雨霶霈。還，孝莊勞之曰：『知卿所括得丁倍於本帳，若官人皆如此用心。便是更出一天下也。』

《北史》卷二六《宋世良傳》　世良字元友。【略】尋爲殿中侍御史，詣河北括户，大獲浮惰。還見汲郡城旁多骸骨，移書州郡，悉令收瘞。其夜甘雨滂沱。河内太守田估贓貨百萬，世良檢按之，未竟，遇赦而還。孝莊勞之曰：『知卿所括得丁，倍於本帳。若官人皆如此用心，便是更出一天下也。』

唐·杜佑《通典》卷三《食貨三·鄉黨土斷、版籍並附》　後魏初不立三長，唯立宗主督護，所以人多隱冒，五十、三十家方為一户，謂之蔭附。蔭附者皆無官役，豪强徵斂，倍於公賦矣。孝文太和十年，【略】遂立三長，公私便之。

宋·李昉等《太平御覽》卷二二七《職官部·殿中侍御史》　（唐丘悦）《三國典略》曰：齊宋世良，字元友。魏孝莊時爲殿中侍御史，詣河北括户，大獲游惰。至汲郡旁，見有骸骨，移書瘞之。其夜有雨滂沱。孝莊勞之曰：『卿所括得丁，倍於本帳。若官人皆如此，便是更生出一天下也。』

又　卷二六六《職官部·令長》　（唐丘悦）《三國典略》曰：陳褚玠爲中書侍郎。陳主以山陰縣多豪滑，謂舍人蔡景歷曰：『稽陰大邑，久無良宰，卿文士之内，試思其人。』景歷進曰：『褚玠清廉有幹用。』陳主曰：『善。』乃以爲令。縣人張次的、王休達等與諸滑吏賄賂通姦，全丁大户多有隱没。玠乃鏁次的，具狀啓臺。陳主手敕慰勞，並遣使助玠搜括，所出軍人八百餘户。

宋·司馬光《資治通鑑》卷一四六《梁紀二·高祖武皇帝二》
（梁武帝天監四年）魏王足圍涪城，蜀人震恐，益州城戍降魏者什二三，民自上名籍者五萬餘户。

東魏分部

綜　述

《魏書》卷一〇六上《地形志上》　永安末年，胡賊入洛，官司文簿，散棄者多，往時編户，全無追訪。今録武定之世以爲《志》焉。【略】其淪陷諸州户，據永熙綰籍，無者不録焉。

司州。【略】户三十七萬一千六百七十五，口一百四十五萬九千八百三十五。

魏尹。【略】户一十二萬二千六百一十三，口四十三萬八千二十四。

陽平郡。【略】户四萬七千四百四十四，口一十六萬二千七十五。

廣平郡。【略】户二萬三千七百五十，口十萬三千四百三。

汲郡。【略】户二萬九千八百八十三，口十萬二千九百九十七。

廣宗郡。【略】户一萬三千二百六十二，口五萬五千八百九十七。

東郡。【略】户三萬五百二十一，口十萬七千七百一十七。

北廣平郡。【略】户一萬六千六百九十一，口九萬一千一百四十八。

林慮郡。【略】户一萬三千八百二十一，口五萬二千三百七十二。

頓丘郡。【略】户一萬七千二十二，口八萬七千六十三。

濮陽郡。【略】户一萬八千六百六十四，口五萬五千五百一十二。

黎陽郡。【略】户一萬一千九百八十，口五萬四百五十七。

清河郡。【略】户二萬六千三十三，口十二萬三千六百七十。

定州。【略】户一十七萬七千五百一，口八十三萬四千二百七十四。

中山郡。【略】户五萬二千五百九十二，口二十五萬五千二百四十一。

常山郡。【略】户五萬六千八百九十，口二十四萬八千六百二十二。

鉅鹿郡。【略】户二萬七千一百七十二，口十三萬二百三十九。

博陵郡。【略】户二萬七千八百一十二，口一十三萬五千七十。

北平郡。【略】户一萬三千三百三十四，口六萬五千一百二。

冀州。【略】户十二萬五千六百四十六，口四十六萬六千六百一。

長樂郡。【略】户三萬五千六百八十三，口十四萬三千一百四十五。

勃海郡。【略】户三萬七千九百七十二，口十四萬四百八十二。

武邑郡。【略】户二萬九千七百七十五，口一十四萬四千五百七十九。

安德郡。【略】户二萬二千二百一十六，口六萬八千三百九十六。

幷州。【略】户十萬七千九百八十三，口四十八萬二千一百四十。

太原郡。【略】户四萬五千六，口二十萬七千五百七十八。

上黨郡。【略】户二萬五千九百三十七，口十萬四千四百七十五。

鄉郡。【略】户一萬六千二百一十，口五萬五千九百六十一。

樂平郡。【略】户一萬八千二百六十七，口六萬八千一百五十九。

襄垣郡。【略】户七千五百一十三，口三萬六千五百六十七。

瀛州。【略】户十萬五千五百四十九，口四十五萬一千五百四十二。

高陽郡。【略】户三萬五百八十六，口十四萬一百七。

章武郡。【略】户三萬八千七百五十四，口十六萬二千八百七十。

河間郡。【略】户三萬五千八百九，口十四萬八千五百六十五。

殷州。【略】户七萬七千九百四十三，口三十五萬七千一十六。

趙郡。【略】户三萬一千八百九十九，口十四萬八千三百一十四。

鉅鹿郡。【略】户一萬三千九百九十七，口五萬八千五百四十九。

南趙郡。【略】户三萬二千四十六，口十五萬一百一十三。

滄州。【略】户七萬一千八百三，口二十五萬一千八百七十九。

浮陽郡。【略】户二萬六千八百八十，口九萬八千四百五十八。

樂陵郡。【略】户二萬四千九百九十八，口八萬五千二百八十四。

安德郡。【略】户一萬九千九百二十五，口六萬八千一百三十七。

肆州。【略】户四萬五百八十二，口十八萬一千六百三十三。

永安郡。【略】户二萬二千七百四十八，口一十萬四千一百八十五。

秀容郡。【略】户一萬一千五百六，口四萬七千二十四。

雁門郡。【略】户六千三百二十八，口三萬四百三十四。

幽州。【略】户三萬九千五百八十，口十四萬五百三十六。

燕郡。【略】户五千七百四十八，口二萬二千五百五十九。

范陽郡。【略】户二萬六千八百四十八，口八萬八千七百七。

漁陽郡。【略】户六千九百八十四，口二萬九千六百七十。

晉州。【略】户二萬八千三百四十九，口十萬三十九。

平陽郡。【略】户一萬五千七百三十四，口五萬八千五百七十一。

北絳郡。【略】户一千七百四十，口六千二百九十二。

永安郡。【略】户二千九百三十二，口一萬五百四十。

北五城郡。【略】户二百一十二，口八百六十四。

定陽郡。【略】户四百九十八，口一千九百四十一。

敷城郡。【略】户九十，口三百五十九。

河西郡。【略】户二百五十六，口一千一百四十四。

五城郡。【略】户四百一十一，口一千六百一十八。

西河郡。【略】户一千七百六十一，口四千九百九十七。

冀氏郡。【略】户一千三百二，口五千三百一十六。

南絳郡。【略】户八百三十六，口二千九百九十一。

義寧郡。【略】户二千四百七十八，口八千四百六十六。

懷州。【略】户二萬一千七百四十，口九萬八千三百一十五。

河内郡。【略】户九千九百五，口四萬二千六百一。

武德郡。【略】户一萬一千八百三十五，口五萬五千七百一十四。

建州。【略】户一萬八千九百四，口七萬五千三百。

高都郡。【略】户六千四百九十九，口二萬七千六百三十五。

長平郡。【略】户五千四百一十二，口二萬二千七百七十八。

安平郡。【略】户五千六百五十八，口一萬九千五百五十七。

泰寧郡。【略】户一千三百三十五，口五千三百三十。

汾州。【略】户六千八百二十六，口三萬一千二百一十。

西河郡。【略】户五千三百八十八，口二萬五千三百八十八。

吐京郡。【略】户三百八十四，口一千五百一十三。

五城郡。【略】户二百五十七，口一千一百一。

定陽郡。【略】户七百九十七，口三千二百八。

東雍州。【略】户六千二百四十一，口三萬四百。

邵郡。【略】户五十二，口一百五十八。

高涼郡。【略】户四千四百四十五，口二萬一千八百五十三。
正平郡。【略】户一千七百四十四，口八千三百八十九。
安州。【略】户五千四百五，口二萬三千一百四十九。
密雲郡。【略】户二千二百三十一，口九千一十一。
廣陽郡。【略】户二千八，口八千九百一十九。
安樂郡。【略】户一千一百六十六，口五千二百一十九。
義州。【略】户三千四百二十八，口一萬六千七百六十四。
五城郡。【略】户二千一百，口一萬七千六十九。
泰寧郡。【略】户二百二十八，口一千一百二十七。
新安郡。【略】户三百九十四，口一千五百九十五。
澠池郡。【略】户一百六十六，口八百二十八。
恒農郡。【略】户九十三，口五百四十三。
宜陽郡。【略】户一百六十九，口六百八十六。
金門郡。【略】户二百七十八，口一千二百一十七。
南汾州。【略】户一千九百三十二，口七千六百四十八。
西五城郡。【略】户二百四十七，口一千一百一十八。
北吐京郡。【略】户八十八，口三百五十一。
南吐京郡。【略】户三十二，口七十三。
西定陽郡。【略】户四十二，口一百四十。
定陽郡。【略】户五十四，口一百九十。
北鄉郡。【略】户二百九，口七百五十九。
五城郡。【略】户二百一十四，口八百八十四。
中陽郡。【略】户四百六十八，口一千六百三十七。
龍門郡。【略】户五百七十八，口二千四百九十六。
南營州。【略】户一千八百一十三，口九千三十六。
昌黎郡。【略】户五百九，口二千六百五十八。
遼東郡。【略】户五百六十五，口二千六百三十四。
建德郡。【略】户一百七十八，口八百一十四。
營丘郡。【略】户五百一十二，口二千七百二十七。
樂良郡。【略】户四十九，口二百三。
東燕州。【略】户一千七百六十六，口六千三百一十七。
平昌郡。【略】户四百五十，口一千七百一十三。
上谷郡。【略】户九百四十二，口三千九十三。
偏城郡。【略】户三百七十四，口一千五百一十三。
營州。【略】户一千二十一，口四千六百六十四。
昌黎郡。【略】户二百一，口九百一十八。
建德郡。【略】户二百，口七百九十三。
遼東郡。【略】户一百三十一，口八百五十五。
樂良郡。【略】户二百一十九，口一千八。
冀陽郡。【略】户八十九，口二百九十六。
營丘郡。【略】户一百八十二，口七百九十四。
平州。【略】户九百七十三，口三千七百四十一。
遼西郡。【略】户五百三十七，口一千九百五。
北平郡。【略】户四百三十，口一千八百三十六。
恒州。【略】
朔州。【略】
雲州。【略】
蔚州。【略】
顯州。【略】
廓州。【略】
武州。【略】
西夏州。【略】
寧州。【略】
靈州。【略】
前自恒州已下十州，永安已後，禁旅所出，户口之數，並不得知。

又 卷一〇六中《地形志中》 兖州。【略】户八萬八千三百三十二，口二十六萬六千七百九十一。
泰山郡。【略】户二萬六千八百，口九萬一千八百七十三。
魯郡。【略】户一萬五千一百六十，口四萬七千三百二十九。
高平郡。【略】户一萬一千一百二十四，口二萬五千八百九十六。

任城郡。【略】户八千五十，口二萬一千七百八十九。
東平郡。【略】户二萬七百五十二，口六萬一千八百一十。
東陽平郡。【略】户六千一百四十六，口一萬八千九十四。
青州。【略】户七萬九千七百五十三，口二十萬六千五百八十五。
齊郡。【略】户三萬八百四十八，口八萬二千一百。
北海郡。【略】户一萬七千五百八十七，口四萬六千五百四十九。
樂安郡。【略】户五千九百一十六，口一萬三千二百三十九。
勃海郡。【略】户五千二七十九，口一萬三千七百五。
高陽郡。【略】户六千三百二十二，口一萬七千六百六十七。
河間郡。【略】户五千八百三十，口一萬四千八百一十八。
樂陵郡。【略】户七千九百七十一，口一萬八千五百一十五。
齊州。【略】户七萬七千三百七十八，口二十六萬九千六百六十二。
東魏郡。【略】户一萬九千一百三十，口七萬三千五百七十。
東平原郡。【略】户一萬三千九百二十九，口四萬四百三。
東清河郡。【略】户六千七八百一十，口二萬二千五百七十四。
廣川郡。【略】户三千九百四十五，口一萬三千四百七十二。
濟南郡。【略】户二萬一十七，口六萬八千八百二十。
太原郡。【略】户一萬三千五百六十，口五萬八百二十三。
鄭州。【略】户六萬二千一百七十三，口二十七萬四千二百四十二。
許昌郡。【略】户二萬五千三百二十七，口一十萬四千四百六十三。
潁川郡。【略】户二萬二千四十四，口十萬五千九百九。
陽翟郡。【略】户一萬四千八百二，口六萬三千八百七十。
濟州。【略】户五萬三千二百一十四，口十四萬五千二百八十四。
濟北郡。【略】户九千四百六十七，口二萬九千三百九十九。
平原郡。【略】户二萬二千二百五十，口五萬九千四百三十七。
東平郡。【略】户八千八百九十六，口二萬五千一百三。
南清河郡。【略】户一萬一百三十五，口一萬三千九百八十五。
東濟北郡。【略】户二千四百六十四，口六千六百七十八。
光州。【略】户四萬五千七百七十六，口十六萬九百五十。
東萊郡。【略】户一萬九千一百九十五，口六萬二千四百四十四。
長廣郡。【略】户一萬五千八百三十三，口五萬一千五百六十七。
東牟郡。【略】户一萬七百四十八，口四萬七千三百三十八。
梁州。【略】户四萬三千八百一十九，口十八萬一千九百三。
陽夏郡。【略】户一萬六千五百四十九，口六萬三千五百五十九。
開封郡。【略】户八千二百七，口三萬六千六百二。
陳留郡。【略】户一萬九千六百一十二，口八萬二千七百四十二。
豫州。【略】户四萬一千一百七十二，口九萬六千九百一十六。
汝南郡。【略】户一萬五千八百八十九，口三萬七千六十一。
潁川郡。【略】户八千三百九十六，口二萬六百四十。
汝陽郡。【略】户七千二百五十四，口一萬五千二百四十五。
義陽郡。【略】户一千七百九十，口四千五百九十五。
新蔡郡。【略】户一千九百一十七，口四千七百七十八。
初安郡。【略】户二千二十六，口五千九百二十二。
襄城郡。【略】户一千四百四十六，口四千六十三。
城陽郡。【略】户五百四十六，口一千三百八十八。
廣陵郡。【略】户一千九百六，口三千二百二十四。
北豫州。【略】户四萬七百二十八，口十八萬二千五百五十一。
廣武郡。【略】户一萬五千五百九十六，口七萬四千五百一十九。
滎陽郡。【略】户二萬一千四百七十二，口九萬二千三百一十。
成皋郡。【略】户三千六百六十，口一萬五千七百四十。
徐州。【略】户三萬七千八百一十二，口十萬八千七百八十七。
彭城郡。【略】户六千三百三十九，口二萬三千八百四十一。
南陽平郡。【略】户三千七十一，口六千三百五十八。
蕃郡。【略】户四千三百九十二，口一萬八千八百四十二。
沛郡。【略】户四千四百一十九，口一萬二千二百七十八。
蘭陵郡。【略】户十千四百二十四，口一萬五千七百七十六。
北濟陰郡。【略】户八千五百四十六，口二萬一千九百八十八。
碭郡。【略】户三千六百二十一，口八千七百五十四。
西兗州。【略】户三萬七千四百七，口十萬三千八百九十四。
沛郡。【略】户七千五百七十一，口二萬三百一十四。

濟陰郡。【略】户二萬九千八百三十六，口八萬三千五百八十。
南兗州。【略】户三萬七千一百三十，口十一萬五千五百三十九。
陳留郡。【略】户六千二百三十，口一萬六千七百四十九。
梁郡。【略】户一萬三百五十九，口二萬五千九百九十五。
下蔡郡。【略】户三千三百六十二，口七千九百七十三。
譙郡。【略】户五千一百三十二，口一萬二千九百九十一。
北梁郡。【略】户八千二百三十一，口四萬一千七百三十八。
沛郡。【略】户一千八百四十八，口四千五百六十五。
馬頭郡。【略】户一千九百六十八，口五千五百二十八。
廣州。【略】户二萬八千六百九十六，口九萬六千七百五十。
南陽郡。【略】户七千四百八十九，口二萬六千七百二十八。
順陽郡。【略】户二千四十五，口七千二百五十二。
定陵郡。【略】户三千六百九十，口八千七百五十六。
魯陽郡。【略】户二百四十五，口七百七十五。
汝南郡。【略】户七百八十三，口二千三百四十四。
漢廣郡。【略】户六千二百，口八千一十七。
襄城郡。【略】户八千二百四十四，口四萬二千八百七十八。
膠州。【略】户二萬六千五百六十二，口六萬三百八十二。
東武郡。【略】户八千六百一十七，口一萬八千七百五十七。
高密郡。【略】户七千五百五，口一萬六千一百五十三。
平昌郡。【略】户一萬四百四十，口二萬五千四百七十二。
洛州。【略】户一萬五千六百七十九，口六萬六千五百二十一。
洛陽郡。【略】户三千六百五十九，口一萬五千七十二。
河陰郡。【略】户二千七百六十七，口一萬四千七百一十五。
新安郡。【略】户四百九十，口一千九百一十一。
中川郡。【略】户二千七十八，口八千二百二十五。
河南郡。【略】户三千六百四十二，口一萬四千七百一十五。
陽城郡。【略】户三千四十三，口一萬一千八百八十三。
南青州。【略】户一萬五千二十四，口四萬五千三百二十二。
東安郡。【略】户四千六百四十，口一萬六千五百五十一。

東莞郡。【略】户九千六百二十，口二萬六千五百六。
義塘郡。【略】户七百六十四，口二千二百六十五。
北徐州。【略】户一萬四千七百八十一，口四萬一百二十五。
東泰山郡。【略】户五千七，口一萬六千三百八十一。
琅邪郡。【略】户九千七百七十四，口二萬三千七百四十四。
北揚州。【略】户九千八百四十五，口三萬二千一百三十九。
陳郡。【略】户三千二十四，口七千六百六十九。
南頓郡。【略】户二千五百二十，口七千二百六十五。
汝陰郡。【略】户一千七百九十四，口八千四百九十八。
丹楊郡。【略】户二千一百四十四，口七千九百三十一。
陳留郡。【略】户三百六十七，口七百七十五。
東楚州。【略】户六千五百三十一，口二萬七千一百三十二。
宿豫郡。【略】户一千六百五十五，口七千三百七。
高平郡。【略】户九百二十，口三千九十六。
淮陽郡。【略】户一千六百一十七，口七千二百七十七。
晉寧郡。【略】户一千二百二十二，口五千二十三。
安遠郡。【略】户五百八十，口二千三百八十二。
臨沭郡。【略】户五百三十五，口二千一百七。
東徐州。【略】户六千二百八十一，口三萬六百六十五。
下邳郡。【略】户一千一百四十八，口三千七百三十九。
武原郡。【略】户二千八百一十七，口二萬五十五。
郯郡。【略】户一千二百一十九，口三千三百八。
臨清郡。【略】户一千五百一十七，口三千五百六十三。
海州。【略】户四千八百七十八，口二萬二千二百一十。
東彭城郡。【略】户八百，口三千四百六十九。
東海郡。【略】户一千二百四十二，口五千九百四。
海西郡。【略】户八百六十，口三千九百五十。
沭陽郡。【略】户一千三百九十七，口七千五百八十三。
琅邪郡。【略】户三百五十六，口一千三百七十一。
武陵郡。【略】户二百二十三，口七百三十三。

東豫州。【略】户三千九十九，口一萬一千二十一。

汝南郡。【略】户一千六百二十九，口六千四百八十二。

東新蔡郡。【略】户二百四十七，口六百七十七。

新蔡郡。【略】户四百六十五，口一千五百一十三。

弋陽郡。【略】户一百三十七，口五百三十三。

長陵郡。【略】户三百八十七，口一千三百六十三。

陽安郡。【略】户二十二，口一百三十一。

義州。【略】户二百一十五，口三百二十二。

潁州。【略】户三千六百一，口一萬三千三百四十三。

汝陰、弋陽二郡。【略】户一千六百六十五，口六千七十八。

北陳留、潁川二郡。【略】户三百五十一，口一千二百七十二。

財丘、梁興二郡。【略】户二百八十三，口一千六十九。

西恒農、陳南二郡。【略】户二百三十一，口八百六十四。

東郡、汝南二郡。【略】户一百四十七，口六百二十一。

清河、南陽二郡。【略】户一百三十二，口五百五十五。

東恒農郡。【略】户一百一十九，口四百四十。

新蔡、南陳留二郡。【略】户三百五十七，口一千二百四十二。

滎陽、北通二郡。【略】户一百七十七，口四百七十二。

汝南、太原二郡。【略】户八十七，口四百六。

新興郡。【略】户一百一十二，口三百二十四。

譙州。【略】户二千六百一十七，口七千八百二十一。

南譙郡。【略】户四百七十六，口一千七百三十四。

汴郡。【略】户二百五十三，口八百二十九。

龍亢郡。【略】户三百三十三，口一千六十六。

蘄城郡。【略】户三百二十四，口七百六。

下蔡郡。【略】户三百四十，口八百七十八。

臨渙郡。【略】户七百九，口二千六十二。

蒙郡。【略】户一百八十一，口五百四十六。

北荆州。【略】户九百三十三，口四千五十六。

伊陽郡。【略】户四十八，口二百八十三。

新城郡。【略】户三百三十一，口一千四百八十四。

汝北郡。【略】户五百五十四，口二千二百八十九。

陽州。【略】

南司州。【略】

楚州。【略】

合州。【略】

霍州。【略】

睢州。【略】

南定州。【略】

西楚州。【略】

蔡州。【略】

西淮州。【略】

譙州。【略】

揚州。【略】

淮州。【略】

仁州。【略】

光州。【略】

南朔州。【略】

南建州。【略】

南郢州。【略】

沙州。【略】

北江州。【略】

湘州。【略】

汴州。【略】

財州。【略】

前件自陽州已下二十三州並緣邊新附，地居險遠，故郡縣户口有時而闕。

論說

清·王鳴盛《十七史商榷》卷六七《北史合魏齊周隋書三·魏地形據武定》 魏收《魏志·地形志·敍》首云：『魏定燕趙，遂荒九服，夷翦逋僞，一國一家，遺之度外，吳、蜀而已。正光已前，時惟全盛，户口之數，比夫晉之太康，倍而已矣。孝昌之際，亂離尤甚，恒代而北盡爲丘墟，崤潼已西煙火斷絶。齊方全趙，死如亂麻，生民耗減，且將大半。永安末年，逆賊入洛，官司文簿散棄者多，往時編户全無追訪。今録武定之世以爲志焉。』正光前户口倍於晉太康者，太康猶承漢季三國大亂，而正光時魏之平定已百餘年，故户口極蕃，此言理宜有之。『恒代』云云，謂六鎮之叛，杜洛周葛榮等反；『逆賊入洛』，謂爾朱榮及兆也。武定是東魏末帝孝靜帝最後紀元，其八年遂禪齊。予前後論史例，志地理有以最盛者，有以最後者，此真最後矣。若論盛時，則當以孝文帝太和中，彼時遷都洛陽，爲魏之極盛，今不取而用武定爲正，故志首司州而治鄴城，本相州，即孝靜帝即位之元年改元天平，遷都於此，而改名之其時，已政歸高歡，帝徒擁虚名，誠末造矣。魏收之爲此，要亦因盛時文簿已亡，不得已也。此下又言『其淪陷諸州户，據永熙綰籍』，永熙是孝武帝紀年，帝於三年即西奔長安矣。此志中所列有郡縣名無户口數者，大抵皆他國地而虚言之。

雜録

東魏·楊衒之《洛陽伽藍記》卷五《城北》 京師東西二十里，南北十五里，户十萬九千餘。

《魏書》卷一二《孝靜帝紀》 （武定二年）冬十月丁巳，太保孫騰、大司馬高隆之各爲括户大使，凡獲逃户六十餘萬。十有一月，【略】壬寅，齊文襄王從獻武王討山胡，破之，俘獲一萬餘户，分配諸州。

又 卷八二《常景傳》 天平初，遷鄴，景匹馬從駕。是時詔下三日，户四十萬狼狽就道，收百官馬，尚書丞郎已下非陪從者盡乘驢。齊獻武王以景清貧，特給車牛四乘，妻孥方得達鄴。

《北齊書》卷一八《孫騰傳》 武定中，使於青州，括浮逃户口，遷太保。

又 《高隆之傳》 武定中，爲河北括户大使。

《隋書》卷二四《食貨志》 元象、興和之中，頻歲大穰，穀斛至九錢。是時法網寬弛，百姓多離舊居，闕於徭賦。神武乃命孫騰、高隆之，分括無籍之户，得六十餘萬。於是僑居者各勒還本屬，是後租調之入有加焉。

清·王先謙《魏書校勘記》 《魏書》卷一百六上《地形志·序》：繡鍇莫能比。鍇作錯，是。

魏尹下鄴縣注：二漢屬晉。天平初併蕩陰安陽屬之蕩陰。屬晉作晉屬。

陽平郡下陽平。注：太和二十一年後屬。後作複，是。

東郡下長垣注：景明五年。五作三。

頓丘郡户一萬七千一十二。一作二。

陰安注：太太和十九年復。太字誤重，宋本不誤。

濮陽郡下注：太和十二年屬。二作一。

鉅鹿郡下鄡。鄡作鄡，注同。

安陵注：晉置渤海。海作屬。

武邑郡下武强注：神光二年。二作一。

趙郡下高邑注：有瓙亭祠、瓙作墠。

浮陽郡下注：屬闞州。屬下作瀛。

平陽郡下口五萬八千五百七十二。二作一。

長平郡下玄氏注：有羊頭城。城作山。

西河郡下口。下闕。宋本亦闕。並無口字。

廣陽郡下燕樂注：併水樂。水作冰。

南營州注：孝昌中。昌作皇。

東燕州注：寄治幽都宜都城。宜作宣。

領郡三。縣六。無縣六二字。

平禺郡。禺作昌。

始昌郡下于門。于作幹。《魏書》卷一百六中　泰山郡下梁汶。汶作父。注：有羌裘澤。羌作菟。

高平郡下高平注：後漢章帝更各。各作名，是。

任城郡下鉅野注：有鉅鹿城。鹿作野。

東平郡下富城注：有富城上城。上作人。

青州下□三十萬六千五百八十五。三作二。

齊郡注：奏置。奏作秦，是。

高陽郡注：故安樂地。安樂作樂安。

東魏郡下東魏注：出錫。錫作鐵。

許昌郡下扶溝注：龍州陂屬陵岡。州作洲，屬作刀。

濟州下□一十四萬五千二百八十二。八十二作八十四。

長廣郡下長廣注：活水。活作沽。

開封郡下尉氏注：併死陵。死作苑，即苑字是也。

廣武郡下原武注：原武扶。扶作城。

成皋郡下西成皋注：泥水。泥作讹。

蘭陵郡下户十千四百二十四。宋本亦作十千，疑十乃七之訛。不然，胡不云一萬四百二十四耶？

下蔡郡注：興和中後。後作復。

北梁郡下孝陽注：治毫城。毫作亳。

廣州下□九萬千七百二十八。二十八作八十。

東武郡下扶其注：瀘水。瀘作廬。

河南郡下大和中。大作太。

東泰山郡下領縣二。二作三，是。

東楚州下領郡六，縣二十。無縣二十三字。

高平郡下襄邑注：武定七年。七作十。

晉甯郡下招農注：十三縣。三作二。

臨沭郡。沭作沭，下同。

臨清郡注：置盱呫縣。盱呫作盱眙。

琅邪郡下山寧注：武定七年改置。七作十。

東豫州下□一萬一千三十一。三作二。

東新蔡郡下鮦陽。鮦作鯛，是。

汝陰弋陽二郡下陳留注：有高城陂。城作塘。息。息上有新字。新息上有弋陽二字。合計七縣，此郡領縣七。宋本是也，此脱。

汝北郡注：孝昌二年置。二作三。

永安郡。永作宋。

北譙郡下北譙注：有荷甫城。荷作苟。

南譙郡下領縣。縣下有二字。

穀陽郡。穀作穀。

淮州郡。州作川。

淮南郡下汝。汝下有陰字。

邊城郡下期思注：有九口山。口作日。

北光城郡下樂城。城作安。

《魏書》卷一百六下　隴東郡下涇陽注：涇水出。闕。出下作焉。

金城郡注：後漢建武十三年。闕。隴西。年下作扢，疑當作屬。

昌松郡下揟次注：又作楫次。楫作揖。

白水郡下白水注：粟邑城。邑作乙。

中部郡下狄道注：有狄兔城。注：狄作秋。

豳州注：爲三縣疑。疑作擬。

趙興郡下陽周注：黄帝冢。冢作冡，是。

化城郡。城作政。

復綠。一本作巖緣。復綠作巖綠注：巖作嚴。

上庸郡下豐陽注：太安三年。三作二。

有二字模胡。有下作圈地。

南陽郡下冠軍。注：有模胡。水。有下作湍。

順陽郡下丹水。注：前漢闕。恒農。漢下作屬。

順陽注：晉闕。南鄉。晉下作屬。

東恒農郡下西域。域作城，是。

漢廣郡下南棘陽注：有漢廣。廣下有城字。

西魏分部

綜述

《周書》卷二《文帝紀下》 擒梁元帝，殺之，並虜其百官及士民以歸。没爲奴婢者十餘萬，其免者二百餘家。

《梁書》卷五《元帝紀》 乃選百姓男女數萬口，分爲奴婢，驅入長安；小弱者皆殺之。

宋・司馬光《資治通鑑》卷一六〇《梁紀一六・高祖武皇帝十六》（梁武帝太清元年）魏岐州久經喪亂，刺史鄭穆初到，有户三千。穆撫循安集，數年之間，至四萬餘户，考績為諸州之最。丞相泰擢穆為京兆尹。

又 卷一六五《梁紀二一・世祖孝元皇帝下》 （梁元帝承聖三年）盡俘王公以下，及選百姓男女數萬口為奴婢，《考異》曰：《典畧》作『五十萬』，今從《梁・紀》、《南史》。分賞三軍，驅歸長安，小弱者皆殺之，得免者三百餘家，而人馬所踐及凍死者十二三。

北齊分部

綜述

《周書》卷六《武帝紀下》 （建德六年二月）齊諸行臺州鎮悉降，關東平。合州五十五，郡一百六十二，縣三百八十五，户三百三十萬二千五百二十八，口二千萬六千六百八十六。

《隋書》卷二九《地理志上》 齊承魏末喪亂，與周人抗衡，雖開拓淮南，而郡縣僻小。天保之末，總加併省，洎乎國滅，州九十有七，郡一百六十，縣三百六十五，户三百三萬。

《北史》卷一〇《周紀下》 齊諸行臺州鎮悉降，關東平。合州五十五，郡一百六十二，縣三百八十五，户三百三十萬二千五百八十八，口二千萬六千八百八十六。

唐・杜佑《通典》卷七《食貨七・歷代盛衰户口》 北齊承魏末喪亂，與周人抗衡，雖開拓淮南，而郡縣褊小。文宣受禪，性多暴虐，而能委政宰輔楊遵彦，十數年間，亦稱為理。故其時以為主昏於上，政清於下。及武成、後主，俱是僻王。至崇國諱改之。化三年，為周師所滅。有户三百三萬二千五百二十八，口二千萬六千八百八十。

雜録

《北齊書》卷四《文宣帝紀》 （天保二年）九月壬申，詔免諸伎作、屯、牧、雜色役隸之徒爲白户。【略】（四年十月）甲辰，帝【略】大破之，虜獲十萬餘口、雜畜數十萬頭。（潘相）樂又於青山大破契丹別部。所虜生口皆分置諸州。【略】五年春正月癸巳，帝討山胡，【略】大破之，斬首數萬，獲雜畜十餘萬，遂平石樓。【略】夏四月，茹茹寇肆州。丁巳，帝自晉陽討之，【略】虜乃退走，追擊之，伏尸二十里，獲奄羅辰妻子及生口三萬餘人。【略】（七年十月）是月，發山東寡婦二千六百人以配軍士，有夫而濫奪者五分之一。【略】十一月壬子，詔曰：『【略】魏自孝昌之季，數鍾澆否，禄去公室，政出多門，衣冠道盡，黔首塗炭。銅馬、鐵脛之徒，黑山、青犢之侶，梟張晉、趙，豕突燕、秦，綱紀從茲而頹，彝章因此而紊。是使豪家大族，鳩率鄉部，託迹勤王，規自署置。或外家公主，女謁内成，昧利納財，啓立州郡。離大合小，本逐時宜，部竹分符，蓋不獲已，牧守令長，虚增其數，求功録實，諒足為煩，損害公私，爲弊殊久，既乖爲政之禮，徒有驅羊之費。自爾因循，未遑删改。朕寅膺寶歷，恭臨八荒，建國經野，務存簡易。將欲鎮躁歸靜，反薄還淳，苟失其中，理從刊正。傍觀舊史，逖聽前言，周曰成、康，漢稱文、景，編户之多，古今爲最。而丁口減於疇日，守令倍於昔辰，非所以馭俗調風，示民軌物。且五嶺内賓，三江廻化，拓土開疆，利窮南海。但要荒之所，舊多浮僞，百室之邑，便立州名，三户之民，空張郡目。譬諸木犬，猶彼泥龍，循名督實，事歸烏有。今所併省，一依別制。』於是併省三州、一百五十三郡、五百八十九縣、二鎮二十六戍。

《隋書》卷二四《食貨志》　（北齊）神武乃命孫騰、高隆之分括無籍之户，得六十餘萬。於是僑居者各勒還本屬，是後租調之入有加焉。【略】及文宣受禪，【略】北興長城之役，南有金陵之戰，其後南征諸將，頻歲陷没，士馬死者以數十萬計。【略】（文宣）帝刑罰酷濫，吏道因而成姦，豪黨兼并，户口益多隱漏。舊制，未娶者輸半牀租調，陽翟一郡，户至數萬，籍多無妻。有司劾之，帝以爲生事，由是姦欺尤甚。户口租調，十亡六七。【略】是時山東尚承齊俗，機巧姦僞，避役惰遊者十六七。四方疲人，或詐老詐小，規免租賦。高祖令州縣大索貌閲，户口不實者，正長遠配，而又開相糾之科。大功已下，兼令析籍，各爲户頭，以防容隱。於是計帳進四十四萬三千丁，新附一百六十四萬一千五百口。高熲又以人間課輸，雖有定分，年常徵納，除注恆多，長吏肆情，文帳出没，復無定簿，難以推校，乃爲輸籍定樣，請徧下諸州。每年正月五日，縣令巡人，各隨便近，五黨三黨，共爲一團，依樣定户上下。帝從之。自是姦無所容矣。

又　卷五六《令狐熙傳》　時山東承齊之弊，户口名簿籍類不以實。熙曉諭之，令自歸首，至者一萬户。

北周分部

綜　述

《周書》卷二《文帝紀下》　（大統十二年）夏五月，獨孤信平涼州，擒仲和，遷其民六千餘家於長安。

又　卷六《武帝紀下》　（建德六年）初行刑書要制。【略】正長隱五户及十丁以上、隱地三頃以上者，至死。（十二月）移并州軍人四萬户於關中。

又　卷七《宣帝紀》　（大象元年二月）辛卯，詔徙鄴城石經於洛陽。又詔曰：『洛陽舊都，今既修復，凡是元遷之户，並聽還洛州。此外諸民欲往者，亦任其意。河陽、幽、相、豫、亳、青、徐七總管，受東京六府處分。』

唐·杜佑《通典》卷七《食貨七·歷代盛衰户口》　後周閔、明二帝，主祭而已，俱以弑崩。武帝誅戮權臣，誅宇文護。方覽庶政，躬儉節用，考覈名實，五六年内，平蕩燕齊。滅高齊。嗣子昏虐，亡不旋踵。按大象中，有户三百五十九萬，口九百萬九千六百四。

宋·司馬光《資治通鑑》卷一八〇《隋紀四·高祖文皇帝下》　（隋文帝仁壽四年）受禪之初，民户不滿四百萬，末年，踰八百九十萬，此以開皇初元户口之數，比較仁壽末年、大業初之數而言之也。按周之平齊，得户三百三萬，而隋受周禪，户不滿四百萬，則周氏初有關中，西并巴、蜀，南兼江、漢，見户不滿百萬也。陳氏之亡，户六十萬。大約隋氏混壹天下，見户未及五百萬；及其盛也，蓋幾倍之。獨冀州已一百萬户。

皇帝制度總部

帝系部

綜　述

唐・徐堅《初學記》卷九《帝王部・總叙帝王・叙事》　魏氏。土德。《帝王世紀》曰：魏，曹姓也。武皇帝諱操，字孟德。漢建安二十四年進爵為魏王，改二十五年為延康元年。春正月崩于洛陽，年六十六。太子丕代立，是為文皇帝。其年冬十月受漢禪，改延康元年，曰黄初，都洛陽。黄初七年崩，年四十。皇甫謐云：自黄初元年至禪晉之歲，凡五帝，四十五年。文帝一，明帝二，廢帝齊王三，廢帝高貴鄉公四，元帝五。按：魏文帝初立，號黄初元年。黄初二年劉備於蜀稱帝，號章武元年。立三年而崩，年六十三。子禪嗣位。二主合四十三年，為魏所滅。黄初三年，孫權稱吴王於武昌，號黄武元年，後稱帝。立二十一年而崩，年七十。子亮嗣位。自權至皓四主，合五十九年，為晉所滅。

晉氏。金德。《晉書》曰：武皇帝諱炎，字安世，河内温縣人，姓司馬氏，太始元年，升壇受禪。禮畢即洛陽宫，追尊宣王為宣皇帝，武帝祖。景王為景皇帝，武帝伯父。文王為文皇帝。武帝父。大熙元年崩，年五十五。立二十六年，太子衷嗣，是為惠帝。按：《晉書》自武帝至恭帝，凡一十五帝，合一百六十五年。禪于宋也。武帝一，惠帝二，懷帝三，愍帝四。已上西朝都洛陽。元帝五，明帝六，成帝七，康帝八，穆帝九，哀帝十，廢帝十一，簡文帝十二，孝武帝十三，安帝十四，恭帝十五。已上東朝都建鄴。今潤州江寧縣是也。

元・馬端臨《文獻通考》卷二五〇《帝系考一・帝號歷年》　蜀漢昭烈皇帝，名備，涿郡涿縣人，景帝子中山靖王勝之後，父弘。以建安十九年甲午取蜀，二十四年己亥稱漢中王，辛丑即皇帝位，三年癸卯崩，壽六十三。

改元一。章武三。

後主名禪，昭烈帝子。年十二，以甲辰嗣立。在位四十一年，為魏所滅。

改元四。建興十五。延熙二十。景耀五。炎興元。

右，蜀漢二帝，共四十三年，首辛丑，盡癸未。

魏文帝，沛國譙人，姓曹氏，名丕，武王太子。以庚子受漢禪，即皇帝位，時年三十三。在位七年。丙午崩，壽四十。

改元一。黄初七。

明皇帝，名叡，文帝太子。年二十二，以丁未嗣立，在位十三年。己未崩，壽三十五。

改元三。太和六。青龍四。景初三。

齊王，名芳，明帝養為子。年九歲，以庚申嗣立，在位十四年。癸酉，為司馬師所廢，時年二十三。

改元二。正始九。嘉平五。

高貴鄉公，名髦，文帝孫，東海定王霖子。司馬師既廢齊王，迎立之，年十四。以甲戌嗣立，在位六年。己卯以討司馬昭不克遇弑，年二十。

改元二。正元二。甘露四。

陳留王，名奂，武帝孫，燕王宇子。司馬昭既弑高貴鄉公，迎立之，年十五。以庚辰嗣立，在位五年。乙酉，禪於晉。

改元二。景元四。咸熙二。

右，魏五帝，共四十六年，首庚子，盡乙酉。

吴大帝，吴郡富春人，姓孫氏，名權，長沙太守堅之子，討逆將軍策之弟。漢末，封吴王。及魏王丕篡逆，權以辛丑歲稱帝，在位三十一年。辛未崩，壽七十一。

改元六。黄武七。黄龍三。嘉禾六。赤烏十三。太元一。神鳳一。

會稽王，名亮，大帝少子。以壬申年嗣立，在位六年，為權臣孫綝所廢。庚辰歲，亮以謠言自殺，時年十六。

改元三。建興二。五鳳二。太平二。

景帝，名休，大帝第六子，會稽王亮之兄。初封瑯琊王，戊寅歲，孫綝廢亮，迎而立之，在位六年。甲申歲崩，時年三十。

改元一。永安六。

歸命侯，名皓，大帝之孫，太子和之子。初封烏程侯，景帝崩，吴人迎而立之。晉咸寧末，武帝令將軍王濬等率兵伐之，皓戰敗，詣軍門請降。太康元年徙皓洛陽，封歸命侯，在位十七年。壽四十。

改元八。元興一。甘露一。寶鼎三。建衡三。鳳凰三。天冊一。天璽一。天紀四。

右，吳四帝，共六十年，首辛丑，盡庚子。

晉世祖武皇帝，河内温縣孝敬里人，姓司馬氏，名炎，宣王之孫，文王之子。以乙酉受魏禪即皇帝位，時年二十九。在位二十六年。庚戌崩，壽五十五。

改元三。泰始十。咸寧五。泰康十。

孝惠皇帝，名衷，武帝第二子。以庚戌嗣立，時年三十一，在位十七年。丙寅崩，壽四十八。

改元七。永熙一。元康九。永康一。永寧一。太安二。永興二。光熙一。

孝懷皇帝，名熾，武帝第二十五子。惠帝時，立為皇太弟，帝崩，以丙寅嗣立，時年二十三，在位五年。辛未，劉曜、石勒兵陷洛陽，蒙塵於平陽，壬申，遇害，壽三十。

改元一。永嘉六。

孝愍皇帝，名鄴，武帝孫，吳孝王晏之子。洛陽傾覆，奔長安，衆推為太子。懷帝崩，以癸酉即位，時年十三，在位四年。丙子，劉曜陷長安，丁丑，遇害，壽十八。

改元一。建興四。

右，西晉四帝，共五十二年，首乙酉，盡丙子。

元皇帝，名睿，宣帝曾孫，瑯琊恭王覲之子。襲封鎮建鄴。愍帝遇害，以丁丑嗣立，時年四十一，在位六年。壬午崩，壽四十七。

改元三。建武一。大興四。永昌一。

明皇帝，名紹，元帝太子。以癸未嗣立，時年二十四，在位三年。乙酉崩，壽二十七。

改元一。太寧三。

成皇帝，名衍，明帝太子。以丙戌嗣立，時年五歲，在位十七年。壬寅崩，壽二十二。

改元二。咸和九。咸康八。

康皇帝，名岳，成帝母弟。以癸卯嗣立，時年二十，在位二年。甲辰崩，壽二十二。

改元一。建元二。

穆皇帝，名聃，康帝子。以乙巳嗣立，時年二歲，在位十七年。辛酉崩，壽十九。

改元二。永和十二。升平五。

哀皇帝，名丕，成帝子。以壬戌嗣立，時年二十一，在位四年。乙丑崩，壽二十五。

改元二。隆和一。興寧三。

廢帝，名奕，哀帝母弟。哀帝崩，皇太后詔立之。以丙寅嗣立，時年二十四，在位六年。辛未，桓温廢之。

改元一。太和五。

簡文皇帝，名顯，元帝少子。封會稽王。桓温既廢海西公，迎立之。以辛未嗣立，時年五十一，在位二年。壬申崩，壽五十三。

改元一。咸安二。

孝武皇帝，名曜，簡文帝子。以癸酉嗣立，時年十一，在位二十四年。丙申崩，壽三十五。

改元二。寧康三。太元二十一。

安皇帝，名德宗，孝武帝長子。以辛酉嗣立，時年十五，在位二十二年。戊午崩，壽四十一。

改元三。隆安五。元興三。義熙十四。

恭皇帝，名德文，安帝母弟。以己未嗣立，時年三十四，在位二年。庚申，禪位於宋，遇害，壽三十六。

改元一。元熙二

右，東晉十一帝，共一百有四年，首丁丑，盡庚申。

宋高祖武皇帝，彭城綏輿里人，姓劉氏，名裕。以庚申受晉禪，即皇帝位，時年五十七，在位三年。壬戌崩，壽六十。

改元一。永初三。

少帝，名義符，武帝長子。以壬戌嗣立，時年十七，在位二年。癸亥，徐羨之等廢弑之，壽十九。

改元一。景平二

太祖文皇帝，名義，隆武帝第三子，封宜都王。少帝廢，大臣迎立之。以甲子嗣立，時年十六，在位三十年。癸巳，為元凶劭所弒，壽四十六。

改元一。元嘉三十。

世祖孝武皇帝，名駿，文帝第三子，封武陵王。元凶劭弒逆，入討賊，以甲午嗣立，時年二十四，在位十一年。甲辰崩，壽三十五。

改元二。孝建三。大明八。

前廢帝，名子業。孝武帝長子。以甲辰嗣立，時年十六，在位一年。荒淫無道，遇弒，壽十七。

改元一。景和元。

太宗明皇帝，名彧，文帝第十一子，封淮陽王。廢帝遇弒，以乙巳嗣立，時年二十六，在位八年。壬子崩，壽三十四。

改元二。泰始七。泰豫一。

後廢帝，名昱，明帝太子。以癸丑嗣立，時年二十一，在位五年。丁巳，以無道遇弒，年二十五。

改元一。元徽四。

順皇帝，名準，明帝第三子，封安成王。廢帝殞，蕭道成奉太后令立之，以丁巳嗣立，在位三年。以己未禪於齊，遇害，壽十歲。

改元一。昇明三。

右，宋八帝，共六十年，首庚申，盡己未。

齊太祖高皇帝，東海蘭陵郡人，姓蕭，名道成。以己未歲受宋禪，即皇帝位，時年五十二，在位四年。壬戌崩，壽五十五。

改元一。建元四。

世祖武皇帝，名賾，高帝長子。以壬戌嗣立，時年四十二，在位十二年。癸酉崩，壽五十三。

改元一。永。明十一。

廢帝，名昭業，武帝長孫，立為太孫。以癸酉嗣立，為西昌侯鸞廢而弒之，二十二歲。再立海陵王昭文，復廢之。

改元二。隆昌。延興。

高宗明皇帝，名鸞，始安貞王道生之子。既廢二帝，以甲戌嗣立，時年四十二，在位五年。戊寅崩，壽四十六。

改元二。建武四。永泰一。

廢帝，名寶卷，明帝第二子。以己卯嗣立，時年十六，立三年。辛巳，無道遇弒，壽十八。

改元一。永元三。

和帝，名寶融，明帝第八子。以辛巳嗣立。禪於梁，遇害，壽十五。

改元一。中興元。

右，齊六帝，共二十三年，首己未，盡辛巳。

梁高祖武皇帝，南蘭陵中都里人，姓蕭氏，名衍。以壬午歲受齊禪，時年三十五，在位四十八年。己巳崩，壽八十二。

改元七。天監十八。普通七。大通二。中大通六。大同十一。中大同一。太清三。

太宗、簡文皇帝，名綱，武帝第三子。昭明太子薨，立為太子。以己巳嗣立，三年辛未，侯景廢而弒之。壽四十九。

改元一。大寶三。

世祖孝元皇帝，名繹，武帝第七子，封湘東王。侯景篡立，王僧辨等起兵討誅景，以壬申嗣立，在位三年。甲戌，為西魏所滅，遇害，壽四十七。

改元一。承聖三。

敬皇帝，名方智，元帝第九子，封晉安王。魏克江陵，陳霸先等迎立之。以乙亥嗣立，在位三年。丁丑，禪於陳，遇害，壽十六。

改元二。紹泰一。太平二。

右，梁四帝，共五十六年，首壬午，盡丁丑。

陳高祖武皇帝，吳興長城下若里人，姓陳氏，名霸先。以丁丑受梁禪，時年五十四，在位三年。己卯崩，壽五十六。

改元一。永定三。

世祖文皇帝，名蒨，武帝兄、始興昭烈王之長子。武帝受禪，為臨川王。以庚辰嗣立，七年丙戌崩，壽四十五。

改元二。天嘉六。天康一。

廢帝，名伯宗，文帝長子。以丙戌嗣立，在位三年。戊子，安成王頊廢之而自立。未幾，伯宗崩，壽十九。

改元一。光太二。

高宗宣皇帝，名頊，始興昭烈王次子。以戊子嗣立，時年四十，在位十五年。壬寅崩。

改元一。太建十四。

後主，名叔寶，宣帝太子。以壬寅嗣立，年三十，在位七年。己酉，隋滅之。

改元二。至德四。禎明三。

右，陳五帝，共三十三年，首丁丑，盡己酉。

後魏太祖道武皇帝，其先世為代北鮮卑君長，姓拓跋氏，名珪。以丙戌卽代王位，郊天改元時晉孝武太元十一年。十三年戊戌，取燕，卽帝位。又十二年己酉，為拓跋紹所弒，壽三十九年。

改元四。登國十。皇始二。天興六。天賜四。

太宗明元皇帝，名嗣，道武帝子。以己酉嗣立，在位十五年。癸亥崩，壽三十二。

改元三。永興五。神瑞二。泰常八。

世祖太武皇帝，名燾明元帝長子。以甲子嗣立，在位二十九年。壬辰，為宗愛所弒，壽四十五。

改元六。始光四。神䴥四。太延五。延和三。太平真君十一。正平二。

高宗文成皇帝，名濬，太武帝嫡孫。以壬辰嗣立，在位十四年。乙巳崩，壽十六。

改元四。興安三。興光二。延安五。和平六。

顯祖獻文皇帝，名弘，文成帝長子。以乙巳嗣立，在位七年。辛亥，禪位於太子宏。又五年丙辰崩，壽二十三。

改元二。天安二。皇興五。

高祖孝文皇帝，名宏，獻文帝太子。以辛亥受禪，在位二十九年。己卯崩，壽三十三。

改元三。延興六。承明一。太和二十三。

世宗宣武皇帝，名恪，孝文第二子，為皇太子。以己卯嗣立，在位十七年。乙未崩，壽三十三。

改元四。景明四。正始四。永平四。延昌四。

肅宗孝明皇帝，名詡，宣武帝第二子。以乙未嗣立，在位十四年。戊申崩，壽十九。

改元五。熙平二。神龜二。正光五。孝昌三。武泰一。

敬宗孝莊皇帝，名子攸，彭城王勰第三子，封長樂王。明帝崩，爾朱榮立之。以戊申嗣立，三年庚戌，誅爾朱榮，為其黨所弒，壽二十四。

改元二。建義一。永安三。

節閔帝，名恭，廣陵惠王羽之子，少襲爵。爾朱世隆既弒敬宗，迎立之。以辛亥嗣立，一年壬子，高歡廢而弒之，壽二十四。

改元一。普泰。

孝武皇帝，名修，唐平武穆王懷之子，封平陽王。高歡既廢節閔，奉渤海太守元朗為帝，後廢之而立帝。以壬子嗣立，在位三年。至甲寅，西奔長安崩，壽二十五。

改元一。永熙三。

孝靜皇帝，名善見，清河王亶之世子。孝武帝既西入關，高歡奉帝立之，為東魏。以甲寅嗣立，時年十一，在位十七年。庚午，禪於齊。未幾，遇害，壽二十八。

改元四。天平四。元象元。興和四。武定八。

文皇帝，名寶炬，孝文帝之孫，京兆王愉之子，封南陽王。孝武崩，宇文泰立之。以甲寅嗣立，在位十八年。辛未崩，壽四十五。

改元一。大統十八。

廢帝，名欽，文帝長子。以辛未嗣立，在位三年。癸酉，為宇文泰所廢，尋弒之，壽十六。

不改元。

恭皇帝，名廓，文帝第四子。以甲戌嗣立，三年丙子，禪於周。未幾，周人殺之，壽二十一。

不改元。

右，魏十五帝，共一百七十一年，首丙戌，盡丙子。

北齊顯祖文宣皇帝，渤海蓚人，姓高氏，名洋，神武王歡之次子。以庚午受魏禪，卽皇帝位，在位十年。己卯崩，壽三十一。

改元一。天保十。

廢帝，名殷，文宣太子。以己卯嗣立，一年庚辰，常山王演廢之而自立，尋遇害，壽十五。

改元一。乾明。

孝昭皇帝，名演，神武第六子。以庚辰嗣立，一年崩，壽二十七。

改元一。皇建。

世祖武成皇帝，名湛，神武第九子。辛巳嗣立，五年乙酉，禪位於太子，稱太上皇；又四年戊子崩，壽三十二。

改元二。太寧一。河清四。

後主，名緯，武成帝長子。以乙酉嗣立，在位十三年。丁酉，為周所滅。

改元二。天統五。武平八。隆化元。

右，北齊五帝，共二十八年，首庚午，盡丁酉。

周閔帝，姓宇文氏，名覺，代郡武川人，文王泰之子。以丙子受魏禪，一年丁丑，為晉公護廢而弒之，壽十六。

不改元。

世宗明皇帝，名毓，文王子。晉公護廢閔帝迎立之，以丁丑嗣立，四年庚辰崩，壽二十七。

改元二。武定二。武成二。

高祖武皇帝，名邕，文王第四子。庚辰嗣立，在位十九年。戊戌崩，壽三十六。

改元四。保定五。天和六。建德六。宣政一。

宣皇帝，名贇，武帝長子。以戊戌嗣立，己亥，傳位太子，稱天元，庚子崩，壽二十二。

改元一。大成。

靜帝，名衍，宣帝長子。庚子嗣立，辛丑，禪於隋，遇害，壽九歲。

不改元。大象二。大定二。

右，周五帝，共二十六年，首丙子，盡辛丑。

清・錢儀吉《三國會要》卷一《統系》 蜀漢世系

蜀先主姓劉，諱備，字玄德，涿郡涿縣人，漢景帝子中山靖王勝之後。勝子貞，元狩六年封涿縣陸城亭侯，坐酎金失侯，因家焉。先主祖雄，父弘，世仕州郡。靈帝末，先主從校尉鄒靖討黃巾賊有功，除安喜尉。棄官。頃之，除下密丞。復去官。後為高唐尉，遷令。公孫瓚表為別部司馬，試守平原令，後領相。陶謙表為豫州刺史。謙死，州人迎先主。建安元年，曹公表為鎮東將軍，封宜城亭侯。為豫州牧。還許，為左將軍，出擊袁術。先主未出時，董承受帝衣帶中密詔，當誅曹公。事覺，曹公東征先主，先主敗。袁紹迎先主。曹公破紹，劉表迎，屯新野。曹公南征表。表卒，子琮降曹公。先主結孫權，與曹公戰於赤壁，大破之。羣下推先主為荊州牧，治公安。十九年，劉璋降，復領益州牧。二十四年，羣下上先主為漢中王，表於漢帝。建安二十六年四月丙午，卽皇帝位於成都武擔之南。時魏黃初二年，吳未紀年。三年四月癸巳，二十四日。殂於永安宮，年六十三。五月，梓宮還成都，謚曰昭烈皇帝。八月，葬惠陵。《先主傳》。年號。章武三。

後主諱禪，字公嗣。一名阿斗，見《劉封傳》。先主子。建安二十四年，先主為漢中王，立為王太子。章武元年五月辛巳，立為皇太子。三年五月，襲位於成都。時魏黃初四年，吳黃武二年。時年十七。炎興元年，魏景元四年冬，降於鄧艾。明年春，舉家東遷，為安樂縣公。太始七年，薨於洛陽。《後主傳》。謚曰思公，子恂嗣。注引《蜀紀》。年號。建興十五，延熙二十，景耀五，炎興一。

魏世系

魏太祖武皇帝，沛國譙人也。姓曹，諱操，字孟德。一名吉利，小字阿瞞。漢相國參之後。桓帝世，曹騰為中常侍大長秋，封費亭侯。養子嵩，嗣官至太尉，莫能審其生出本末。吳人作《曹瞞傳》及郭頒《世語》並云：嵩，夏侯氏之子，夏侯惇之叔父。嵩生太祖。舉孝廉為郎，除洛陽北部尉，遷頓丘令。黃巾起，拜騎都尉，討潁川賊，遷濟南相，徵還為東郡太守，不就，徵為典軍校尉。董卓表為驍騎校尉。太祖變易姓名，東歸。至陳留，散家財，合義兵，將以誅卓。推袁紹為盟主。紹表太祖為東郡太守。黃巾入兗州，劉岱為所殺。岱，兗州刺史。州史迎太祖領兗州牧。天子幸安邑。建安元年，太祖將兵西迎，拜建德將軍，遷鎮東將軍，封費亭侯，節鉞，録尚書事，封武平侯，拜公司空，行車騎將軍。九年，鄴定，領冀州牧。十八年為魏公，加九錫。二十一年，進為王。二十五年正月庚子，崩於洛陽，年六十六。謚曰武王。二月丁卯，葬高陵。《武紀》。

文皇帝諱丕，字子桓，武帝太子也。中平四年冬，生於譙。建安十六年，為五官中郎將、副丞相。二十二年，立為魏太子。太祖崩，嗣位為丞相、魏王。延康元年，即黄初元年。十月丙午，漢帝禪。庚午，王即阼。黄初七年五月丁巳，崩於嘉福殿，時年四十。六月戊寅，葬首陽陵。《文紀》。年號。黄初元年十月改年，盡七年。

明皇帝諱叡，字元仲，文帝太子也。年十五，封武德侯。黄初二年為齊公，三年為平原王。七年五月立為皇太子。丁巳，即位。景初三年正月丁亥，崩於嘉福殿，年三十六。松之案：魏武以建安九年八月定鄴，文帝始納甄后，明帝應以十年生，計至此年正月，整三十四年耳。時改正朔，以故年十二月為今年正月，可强名三十五年，不得三十六也。葉維庚曰：《明紀》年十五封武德侯，而《文紀》封武德侯在延康元年五月，是明帝建安十一年生，至此準年三十三，以改正朔則三十四爾。癸丑，葬高平陵。《明紀》。年號。太和，盡六年。青龍元年二月改年，盡四年。景初元年三月改年，盡三年。

齊王諱芳，字蘭卿，明帝無子，養王及秦王詢；宮省事秘，莫有知其所由來者。《魏氏春秋》曰：或云任城王楷子。青龍三年，立為齊王。景初三年正月丁亥朔，立為皇太子。是日即位。嘉平六年九月，司馬景王廢帝；歸藩於齊，年二十三。《三少帝紀》。年號。正始，盡九年。嘉平元年四月改年，止六年九月。

《魏世譜》曰：『晉受禪，封為邵陽縣公，年四十三，泰始十年卒，謚曰厲公。』

高貴鄉公諱髦，字彦士，文帝孫，東海定王霖子也。正始五年，封郯縣高貴鄉公。齊王廢，迎立公。十月庚寅，即位。甘露五年五月己丑卒。《漢晉春秋》曰：帝見威權日去，不勝其忿。召王沈、王經、王業謂曰：『司馬昭之心路人所知也。吾不能受廢辱，當與卿白出討之。』沈、業奔告文王，文王為之備。帝遂帥僮僕數百，鼓譟而出。賈充逆帝，戰於南闕下，成濟前刺帝，刃出於背。文王聞，大驚，曰：『天下其謂我何！』年二十。《三少帝紀》。丁卯，葬于洛陽西北三十里瀍澗之濱。本注引《漢晉春秋》。案：此丁卯，六月日也。年號。正元元年十月改年，盡二年。甘露元年六月改年，止五年五月。

陳留王諱奐，本名璜。字景明，武帝孫，燕王宇子也。甘露二年，封安次縣常道鄉公。高貴鄉公卒，迎立公。六月甲寅，即位。咸熙二年十二月壬戌，禪于晉。甲子，改次于金墉城，而終館于鄴，時年二十一。《三少帝紀》。晉封帝為陳留王，年五十八。太安元年崩，謚曰元皇帝。本注引《魏世譜》。案云：案本紀稱咸熙二年陳留王年二十，推至晉惠帝太安元年，年當五十七，蓋『八』字誤爾。通鑑亦云：太安元年。陳留王薨。

吴世系

孫堅字文臺，吴郡富春人，蓋孫武之後也，中平元年，為中郎將朱儁佐軍司馬，擊破黄巾。三年，為長沙太守，討平賊區星等。録前後功，封烏程侯。靈帝崩，舉兵討董卓。袁術表堅行破虜將軍，領豫州刺史。大破卓軍於陽人。卓徙都入關，堅還住魯陽。初平三年，術使堅擊劉表，為黄祖軍士射殺於峴山。《英雄記》：堅以初平四年正月七日死。時年三十七。權稱尊號，謚堅曰武烈皇帝。尊堅廟於始祖，墓曰高陵。以本《傳》並《注》修，下同。

策字伯符，堅長子。堅薨當嗣侯，讓與弟匡。興平元年，袁術以堅部曲還策。太傅馬日磾表拜懷義校尉。術又表策為折衝校尉，行殄寇將軍，擊走揚州刺史劉繇於曲阿。遂渡浙江，據會稽，自領會稽太守。曹公表策為討逆將軍，封吴侯。《江表傳》：建安二年，漢遣議郎王誧奉戊辰詔書：『以策為騎都尉，襲爵烏程侯，領會稽太守。』策以騎都尉領郡為輕，誧便承制假策明漢將軍。建安五年，為故吴郡太守許貢客所殺。《志林》桓王之薨，建安五年四月四日。年二十六。權稱尊號，追謚策曰長沙桓王。案：『吴王』二字從《吴主傳》增。

權字仲謀。堅次子。策定諸郡，以為陽羨長。郡察孝廉，州舉茂才，行奉義校尉。策薨，以事授權。曹公表權為討虜將軍，領會稽太守。建安十四年，劉備表權行車騎將軍，領徐州牧。黄初二年，魏策命權為吴王，以大將軍使持節督交州，領荆州牧事，加九錫。權外託事魏，而誠心不款。黄武元年，遂改年。時漢章武二年，魏黄初三年。黄龍元年夏四月丙申，即皇帝位。時漢建興七年，魏太和三年。神鳳元年夏四月薨，年七十一，謚曰大皇帝。秋七月，葬蔣陵。年號。黄武七，黄龍三，嘉禾六，赤烏十三，太元一，神鳳一。黄武八年四月改年黄龍。黄龍三年十二月改明年元嘉禾。

【略】

孫亮，字子明，權少子。嗣位，改元三。建興一年，五鳳二年，太平三年。為孫綝所廢，年十六。為會稽王，後自殺。

孫休，字子烈，權第六子，封琅邪王。迎立，改元。永安七年。卒年三十，謚曰景皇帝。

孫皓，字元宗，一名彭祖，字皓宗。權孫，太子和之子，封烏程侯。迎立，改元八。元興一年，甘露一年，寶鼎二年，建衡三年，鳳皇二年，天冊一年，天璽一年，天紀四年。降于晉。封歸命侯。太康五年卒，一云四年。

清・汪兆鏞《晉會要》卷一《帝系上・世系》　司馬氏，其先出自帝高陽之子重黎，按《史記自序》《索隱》云：重司天而黎司地。《春秋左氏傳》：重是少昊之子，黎是顓頊之允二氏所出，各別。于寶云：司馬氏，黎之後是也。《正義》亦引司馬彪序云：南正黎後，世為司馬氏。《晉書》併稱重黎，誤矣。為夏官祝融。歷唐、虞、夏、商，世序其職。及周，以夏官為司馬。其後程伯休父，周宣王時，以世官克平徐方，錫以官族，因而為氏。《宣紀》惠襄之間，司馬氏去周適晉。晉中軍隨會奔秦，而司馬氏入少梁。自司馬氏去周適晉，分散，或在衛，或在趙，或在秦。其在衛者，相中山。《史記集解》徐廣曰：名喜也。在趙者，《史記正義》云：何法盛《晉書》及晉譙國司馬無忌《司馬氏系本》皆云名凱。以傳劍論顯，蒯聵其後也。《正義》：如淳云：《刺客傳》之蒯聵也。在秦者名錯，與張儀爭論，於是惠王使錯將伐蜀，遂拔，因而守之。惠襄之間至此地《史記自序》蒯聵生昭豫，昭豫生憲，憲生卬。蒯聵以下按《索隱》引晉司馬無忌《司馬氏系本》。楚漢間，司馬卬為趙將，與諸侯伐秦。秦亡，立為殷王，都河內。漢以其地為郡，子孫遂家焉。自卬八世，生征西將軍鈞，字叔平。鈞生豫章太守量，字公度。《宣紀》量生儁，字元異，博學好古，倜儻有大度。長八尺三寸，腰帶十圍，儀狀魁岸，與衆有異，鄉黨宗族咸景附焉。位至潁川太守。儁生防，字建公，性質直公方，雖閒居宴處，威儀不忒。雅好漢書名臣列傳，所諷誦者數十萬言。少仕州郡，歷官洛陽令、京兆尹，以年老轉拜騎都尉。養志閭巷，闔門自守。諸子雖冠成人，不命曰進不敢進，不命曰坐不敢坐，不指有所問不敢言，父子之間肅如也。年七十一，建安二十四年終。有子八人，朗最長，次卽晉宣皇帝也。《魏志・司馬朗傳》注引司馬彪《序傳》。

宣皇帝諱懿，字仲達，河內温縣孝敬里人。魏嘉平元年爲丞相。三年，策爲相國，封安平郡公。是年八月，崩。葬於河陰，謚曰文貞，後改謚文宣。钱大昕《考異》云：按《禮志》魏朝初謚宣帝爲文侯，景帝爲武侯。有司表：不宜與二祖同。於是改謚宣文忠武。然則初謚文，無貞字也。此云文宣轉寫之误。晉國初建，追尊曰宣王。武帝受禪，上尊號曰宣皇帝，陵曰高原，廟稱高祖。《宣紀》。

景皇帝諱師，字子元，宣帝長子也。宣帝薨，以撫軍大將軍輔政。正元元年，登位相國。二年，崩。謚曰忠武。晉國建，追尊曰景王。武帝受禪，上尊號曰景皇帝，陵曰峻平，廟稱世宗。《景紀》。

文皇帝諱昭，字子上，景帝之母弟也。景帝崩，進位大將軍，加侍中，都督中外諸軍、録尚書事，輔政。甘露元年，加大都督，進封高都公。三年，封為晉公，固讓。景元四年乃申前命，以并州之太原、上黨、西河、樂平、新興、雁門，司州之河東、平陽、宏農，雍州之馮翊，凡十郡，方七百里，封為晉公。進位相國，又加九錫。咸熙元年，進爵為王。二年，命冕十有二旒，建天子旌旗，出警入蹕，乘金根車，駕六馬，備五時副車，置旄頭雲罕，樂舞八佾，設鐘簴宮懸，進王妃為王后，世子為太子，王女王孫爵命之號皆如帝者之儀。晉國置御史大夫、侍中、常侍、尚書、中領軍、衛將軍官。是年八月，崩。葬崇陽陵，謚曰文王。武帝受禪，追尊號曰文皇帝，廟稱太祖。《文紀》。

又《皇帝》　武皇帝諱炎，字安世，文帝長子也。初，文帝以景帝既宣帝之嫡，早世無後，以帝弟攸為嗣，特加愛異，自謂攝居相位，百年之後，大業宜歸攸。每曰：『此景王之天下也，吾何與焉。』將議立世子，屬意於攸。何曾等固爭咸熙二年五月，乃立帝為晉王太子。八月，文帝崩，嗣相國、晉王位。是時晉德既洽，四海宅心。《武紀》十二月甲子魏帝使持節侍中太保鄭沖、兼太尉司隸校尉李憙奉皇帝璽綬策書，禪位於晉。丙寅，武皇帝設壇场於南郊，《禮志》百僚在位及匈奴南單于四夷會者數萬人，柴燎告類于於帝曰：『皇帝臣炎敢用玄牡明告於皇皇后帝：魏帝稽協皇運，紹天明命以命炎。昔者唐堯，熙隆大道，禪位虞舜，舜又以禪禹，邁德垂訓，多歷年載。暨漢德既衰，太祖武皇帝撥亂濟時，扶翼劉氏，又用受命於漢。粤在魏室，仍世多故，幾於顛墜，實賴有晉匡拯之德，用獲保厥肆祀，弘濟於艱難，此則晉之有大造于魏也。誕惟四方，罔不祗順，廓清梁岷，包懷揚越，八紘同軌，祥瑞屢臻，天人協應，無思不服。肆予憲章三后，用集大命於茲。炎維德不嗣，辭不獲命。於是羣公卿士，百辟庶僚，黎獻陪隸，暨於百蠻君長，僉曰：「皇天鑑下，求人之瘼，既有成命，固非克讓所得距違。天序不可以無統，人神不可以曠主。」炎虔奉皇運，寅畏天威，敬簡元辰，升壇受禪，告類上帝，永答衆望。』禮畢，即洛陽宮幸太極前殿，詔曰：『昔朕皇祖宣王，聖哲欽明，誕應期運，熙帝之載，肇啓洪基。伯考景王，履道宣猷，緝熙諸夏。至於皇考文王，叡哲光遠，允協靈祇，應天順時，受茲明命。仁濟於宇宙，功格於上下。肆魏氏弘鑑於古訓，儀刑於唐虞，疇咨羣后，爰輯大命於朕躬。予一人畏天之命，用不敢違。惟朕寡德，負荷洪烈，託於王公之上，以君臨四海，惴惴惟懼，罔知所濟。惟爾股肱爪牙之佐，文武不貳之臣，乃祖乃父，實左右我先王，光隆我大業。思與萬國，共享休祚。』於是改元泰始。

太熙元年四月己酉，帝崩於含章殿，時年五十五，葬峻陽陵，廟號世祖。帝宇量弘厚，造次必於仁恕；容納讜正，未嘗失色於人；明達善謀，能斷大事，故得撫寧萬國，綏靜四方。承魏氏奢侈刻弊之後，乃勵以恭儉，法度有恆。平吳之後，天下乂安，遂怠於政術，耽於遊宴，寵愛后黨，親貴當權，舊臣不得專任，彝章紊棄，請謁行矣。爰至末年，知惠帝弗克負荷，然恃皇孫聰睿，故無廢立之心。復慮非賈后所生，終致危敗，遂與腹心共圖後事。說者紛然，久而未定，竟用王佑之謀。【略】

孝惠皇帝諱衷，字正度，武帝第二子也。泰始三年，立為皇太子，時年九歲。太熙元年四月己酉，武帝崩。【略】

光熙十一月庚午，帝崩於顯陽殿，時年四十八，葬太陽陵。【略】

永熙一年。永平一年。元康九年。永康一年。永寧一年。太安二年。永興二年。在位十七年。

孝懷皇帝諱熾，字豐度，武帝第二十五子也。太熙元年，封豫章郡王。屬惠帝之時，宗室搆禍，帝沖素自守，門絕賓游，不交世事，專玩史籍，有譽于於時。永興元年十二月，立為皇太弟，以清河王覃本太子也，懼不敢當。典書令廬陵修肅勸，乃從之。光熙元年十一月庚午，孝惠帝崩。羊皇后以於太弟為嫂，不得為太后，催清河王覃入，已至尚書閣，侍中華混等急召太弟。癸酉，即皇帝位。明年正月朔，改元永嘉。【略】

（永嘉七年春正月）劉聰大會，使帝著青衣行酒。侍中庾珉號哭，聰惡之。

丁未，帝遇弒，崩於平陽，時年三十。【略】

《懷紀》在位六年。

孝愍皇帝諱鄴，字彥旗，武帝孫，吳孝王晏之子也。出繼後伯父秦獻王柬，襲封秦王。永嘉二年，拜散騎常侍、撫軍將軍。及洛陽傾覆，避難於滎陽密縣。豫州刺史閻鼎等同謀奉帝歸於長安。六年九月，奉為皇太子，登壇告類，建宗廟社稷。建興元年四月，奉懷帝崩問，舉哀成禮，即皇帝位。以鎮東大將軍、琅琊王睿為侍中、左丞相、大都督陝東諸軍事，大司馬、南陽王保為右丞相、大都督陝西諸軍事。又詔二王曰：『夫陽九百六之厄，雖在盛世，猶或遘之。朕以幼沖，纂承洪緒，庶憑祖宗之靈，羣公義士之方，蕩滅凶寇，拯拔幽宮，瞻望未達，肝心分裂。昔周召分陝，姬氏以隆；平王東遷，晉鄭為輔。今左右丞相茂德齊聖，國之昵屬，當恃二公，掃除鯨鯢，奉迎梓宮，克復中興。令幽、幷兩州勒卒三十萬，直造平陽。右丞相宜帥秦、涼、梁、雍武旅三十萬，徑詣長安。左丞相帥所領精兵二十萬，徑造洛陽。分遣前鋒，為幽幷後駐。赴同大限，克成元勳。』

四年，劉曜進至涇陽，渭北諸城悉潰。八月，劉曜逼京師，內外斷絕，鎮西將軍焦嵩、平東將軍宋哲、始平太守竺恢等同赴國難，雍州刺史麴允與公卿守長安小城以自固。十月，京師饑甚，人相食，死者大半。帝泣謂允曰：『今窘厄如此，外無救援，死於社稷，是朕事也。朕念將士暴離斯酷，今欲乘城未陷為羞死之事，庶令黎元免屠爛之苦。行矣遣書，朕意決矣。』十一月乙未，使侍中宋敞送牋於曜，帝乘羊車，肉袒銜璧，輿櫬出降。羣臣號泣攀車，執帝之手，帝亦悲不自勝。帝遂蒙塵於平陽。聰臨殿，帝稽首於前，麴允伏地慟哭，因自殺。

五年十月，劉聰出獵，令帝行車騎將軍，戎服執戟為導，百姓聚而觀之，故老或欷歔流涕，聰聞而惡之。聰後因大會，使帝行酒洗爵，反而更衣，又使帝執蓋，晉臣在坐者多失聲而泣。十二月戊戌，帝遇弒，崩於平陽，時年十八。帝之繼皇統也，屬永嘉之亂，天下崩離，諸侯無釋位之志，征鎮闕勤王之舉，故君臣窘迫，以至殺辱云。《愍紀》在位五年。

元皇帝諱睿，字景文，宣帝曾孫，瑯琊恭王覲之子也。咸寧二年生。年十五，嗣位琅琊王。幼有令問。及惠皇之際，王室多故，帝每恭儉退讓，以免於禍。沈敏有度量，不顯灼然之迹。元康二年，拜員外散騎常侍。累遷左將軍，從討成都王穎。蕩陰之敗也，叔父東安王繇為穎所害。帝懼禍及，出奔至洛陽，迎太妃俱歸國。

東海王越之收兵邳也，假帝輔國將軍。俄遷安東將軍、都督揚州諸軍事。越西迎駕，留帝居守。永嘉初，用王導計，始鎮建鄴。及懷帝蒙塵，司空荀藩等移檄天下，推帝為盟主。愍帝卽位，加左丞相。進位丞相、大都督中外諸軍事。遣諸將分定江東，平杜弢于於湘州，躬擐甲冑，徵天下兵，剋日進討。平東將軍宋哲至，宣愍帝詔，使攝萬機。羣僚參佐等上尊號，帝不許。固請，帝慨然流涕曰：『孤，罪人也，惟有蹈節死義，以雪天下之恥，庶贖鈇鉞之誅。吾本琅琊王，諸賢見逼不已！』乃呼私奴命駕，將反國。羣臣乃不敢逼，請依魏晉故事為晉王，許之。卽王位，改元建武。六月，司空、并州刺史、廣武侯劉琨等一百八十人上書勸進。帝優令答之。明年三月，愍帝崩問至，帝斬縗居廬。百寮上尊號，卽皇帝位，遂登壇南嶽，受終文祖，焚柴頒瑞，告類上帝，改元太興。永昌元年閏十一月月己丑，帝崩於内殿，時年四十七，葬建平陵，廟號中宗。帝性簡儉冲素，容納直言，虛己待物。然晉室遘紛，皇輿播越，元戎屢動，不出江畿，經略區區，僅全吳楚。終於下陵上辱，憂憤告謝。恭儉之德雖充，雄武之量未足矣。《元紀》。建武一年。太興四年。永昌一年。在位六年。

明皇帝諱紹，字道畿，元皇帝長子也，幼而聰哲，為元帝所異。建興初，拜東中郎將。元帝卽位，立為皇太子。性至孝，有文武才略，欽賢愛客，雅好文辭。當時名臣，自王導、庾亮、温嶠、阮放等，咸見親待。嘗論聖人真假之意，導等不能屈。又習武藝，善撫將士。於時東朝濟濟，遠近屬心焉。永昌元年閏十一月己丑，元帝崩。庚寅，太子卽皇帝位。明年改元太寧。【略】

三年八月壬午，帝不豫，召太宰、西陽王羕，司徒王導，尚書令卞壼，車騎將軍郗鑑，護軍將軍庾亮，領軍將軍陸曄，丹楊尹温嶠並受遺詔，輔太子。戊子，帝崩於東堂，年二十七，葬武平陵，廟號肅祖。帝聰明有機斷，尤精物理。於時兵凶歲饑，死疫過半，虛弊既甚，事極艱。屬王敦挾震主之威，將移神器。帝崎嶇遵養，以弱制强，潛謀獨斷，廓清大祲。改授荊、湘等四州，以分上流之勢，撥亂反正，强本弱枝。雖享國日淺，而規模宏遠矣。《明紀》。在位三年。

成帝諱衍，字世根，明帝長子也。太寧三年三月，立為皇太子。閏月戊子，明帝崩。己丑，太子卽皇帝位。明年改元咸和。【略】

咸康八年六月庚申，帝不豫。引武陵王晞、會稽王昱、中書監庾冰、中書令何充、尚書令諸葛恢並受顧命。癸巳，帝崩於西堂，時年二十二，葬興平陵，廟號顯宗。【略】《成紀》。咸和九年。咸康八年。在位十七年。

康皇帝諱岳，字世同，成帝母弟也。咸和二年封吳王，二年徙封瑯琊王；九年拜散騎常侍，加驃騎將軍；咸康五年遷侍中、司徒。八年六月，成帝不豫，詔以琅琊王為嗣。癸巳，成帝崩。甲午，帝卽位。明年改元建元。

二年九月戊戌，帝崩於式乾殿，時年二十三，葬崇平陵。初，成帝有疾，中書令庾冰自以舅氏當朝，權侔人主，恐異世之後，戚屬將疏，乃言國有强敵，宜立長君，遂以帝為嗣。《康紀》在位三年。

穆皇帝諱聃，字彭子，康帝子也。建元二年九月丙申，立為皇太子。戊戌，康帝崩。己亥，太子卽皇帝位，時年二歲。皇太后臨朝攝政。明年改元永和。皇太后設白紗帷於太極殿，抱帝臨軒。【略】

升平元年正月，帝加元服，始親萬機。皇太后居崇德宮。司徒、會稽王昱稽首歸政，帝不許。

五年五月丁巳，帝崩於顯陽殿，時年十九。葬永平陵，廟號孝宗。《穆紀》。永和十二年。升平五年。在位十七年。

哀帝諱丕，字千齡，成帝長子也。咸康八年，封為琅琊王。永和元年拜散騎常侍，十二年加中軍將軍，升平二年除驃騎將軍。五年五月丁巳，穆帝崩。皇太后令曰：『帝奄不救疾，胤嗣未建。琅琊王丕，中興正統，明德懋親。昔在咸康，屬當儲貳。以年在幼沖，未堪國難，故顯宗高讓。今義望情地，莫與為比，其以王奉大統。』于是百官備法駕，迎于琅琊第。庚申，卽皇帝位。詔曰：『顯宗成皇帝顧命，以時事多艱，宏高世之風，樹德博重，以隆社稷。而國故未之，康穆早世，胤祚不融。朕以寡德，復承先緒，感惟永慕，悲痛兼摧。夫昭穆之義，固宜本之天屬。繼體承基，古今常道。宜上嗣顯宗，以修本統。』明年改元隆和。

興寧二年三月，帝不豫。帝雅好黃老，斷穀，餌長生藥，服食過多，遂中毒，不識萬機，崇德太后復臨朝攝政。三年二月丙申，帝崩於西堂，時年二十五。葬安平陵。《哀紀》。隆和一年。興寧三年。在位四年。【略】

廢帝諱奕，字延齡，哀帝之母弟也。咸康八年封為東海王。永和八年拜散騎常侍，升平四年拜車騎將軍。五年，改封琅琊王。隆和初，轉侍中、驃騎大將軍。興寧三年二月丙申，哀帝崩，無嗣。丁酉，皇太后詔曰：『帝遂不救厥疾，艱禍仍臻，遺緒泯然，哀慟切心。琅琊王奕，明德茂親，屬當儲嗣，宜奉祖宗，纂承大統。便速正大禮，以寧人神。』於是百官奉迎于琅琊第。是日，即皇帝位。明年改元太和。

六年，桓温圖廢立，誣帝在藩夙有痿疾，嬖人相龍、計好、朱靈寶等參侍內寢，而二美人田氏、孟氏生三男，長欲封樹，時人惑之，温因諷太后以伊霍之舉。十一月己酉，集百官於朝堂，宣崇德太后令。桓温使散騎侍郎劉亨收帝璽綬。帝著白袷單衣，步下西堂，乘犢車出神虎門。羣臣拜辭，莫不歔欷。侍御史、殿中監將兵百人衛送東海第。咸安二年，降封海西郡公。太元十一年十月，薨於吳，時年四十五。《海西紀》。在位六年。【略】

簡文皇帝諱昱，字道萬，元帝之少子也。幼而岐嶷。及長，清虛寡欲，尤善玄言。永昌元年，帝封琅琊王，食會稽、宣城如舊。尋徙封會稽王，拜散騎常侍。咸康六年，進撫軍將軍，領祕書監。永和元年，崇德太后臨朝，進位撫軍大將軍、録尚書六條事。二年，詔帝專總萬機。八年，固讓不拜。穆帝始冠，帝稽首歸政，不許。太和元年，進位丞相。及廢帝廢，皇太后詔曰：『丞相、録尚書、會稽王體自中宗，明德劭令，英秀玄虛，神棲事外。以具瞻允塞，故阿衡三世。道化宣流，人望攸歸，為日已久。宜從天人之心，以統皇極。主者明依舊典，以時施行。』於是大司馬桓温率百官進太極前殿，具乘輿法駕，迎帝於會稽邸，於朝堂變服，著平巾幘單衣，東向拜受璽綬。十一月己酉，即皇帝位，改元咸安。

二年七月乙未，帝崩於東堂，時年五十二。葬高平陵，廟號太宗。帝雖神識恬暢，而無濟世大略，故謝安稱為惠帝之流，清談差勝耳。《簡文紀》。在位二年。

孝武皇帝諱曜，字昌明，簡文帝第三子也。咸安二年秋七月己未，立為皇太子。是日，簡文帝崩，太子即皇帝位。明年改元寧康。八月壬子，崇德太后臨朝攝政。

太元元年正月壬寅，帝加元服，皇太后歸政。丙午，帝始臨朝。

二十一年九月庚申，帝崩於清暑殿，時年三十五。葬隆平陵。帝幼稱聰悟。謝安嘗歎以為精理不減先帝。威權己出，雅有人主之量。既而溺於酒色，殆為長夜之飲。醒日既少，而傍無正人，竟不能改焉。而晉祚自此傾矣。《孝武紀》。按《史通·序例篇》云：皇朝《晉書》序云：『凡天子廟號，唯書於卷末。』依檢孝武崩後，竟不言廟曰烈宗。寧康三年。太元二十一年。在位二十四年。【略】

安皇帝諱德宗，字德宗，孝武帝長子也。太元十二年，立為皇太子。二十一年九月庚申，孝武帝崩。辛酉，太子即皇帝位，以司徒、會稽王道子為太傅，攝政。明年正月，帝加元服，改元隆安。太傅、會稽王道子稽首歸政。【略】

（義熙）十四年十二月戊寅，帝崩於東堂，時年（七十三）〔三十七〕。葬休平陵。帝不惠，自少及長，口不能言，雖寒暑之變，無以辨也。凡所動止，皆非己出。故桓玄之篡，因此獲全。《安紀》。隆安五年。元興三年。義熙十四年。在位二十二年。【略】

恭帝諱德文，字德文，安帝母弟也。初封琅琊王，領司徒、録尚書六條事。進位太宰。桓元篡位，與安帝俱居尋陽。隨至江陵。元平，拜大司馬，領司徒，加殊禮。劉裕之北征也，帝上疏，請帥所莅，啓行戎路，修敬山陵。義熙十四年十二月戊寅，安帝崩。劉裕矯詔以大司馬、瑯琊王君臨晉邦。是日，即帝位。明年改元元熙。

二年，傅亮承裕密旨，諷帝禪位，草詔，請帝書之。帝欣然謂左右曰：『晉氏久已失之，今復何恨。』乃書赤紙為詔。遂遜於琅邪第。劉裕以帝為零陵王，居於秣陵，行晉正朔，車旗服色一如其舊，有其文而不備其禮。帝自是之後，深慮禍機，褚后常在帝側，飲食所資，皆出褚后，故宋人莫得伺其隙。宋永初二年九月，裕使后兄叔度請后；有間，兵人踰垣而入，弒帝於內房。時年三十六。謚恭皇帝，葬沖平陵。《恭紀》。在位二年。

右晉，十二世，十五帝，一百五十六年。

中朝四帝，都洛陽，五十四年。

江左十一帝，都建康，一百二年。

清・朱銘盤《南朝宋會要・帝系・帝號》 高祖武皇帝諱裕，字德輿，小名寄奴，彭城縣綏輿里人，姓劉氏，漢高帝弟楚元王交之二十一世孫也。彭城楚都，故苗裔家焉。晉氏東遷，劉氏移居晉陵郡丹徒之京口里。皇祖靖。皇考翹，母曰趙皇后。帝以晉哀帝興寧元年歲在癸亥三月壬寅夜生。仕晉位相國、宋王。恭帝元熙二年六月，受晉禪卽皇帝位。永初三年五月癸亥，崩于西殿。著《紀》三，壽六十。七月己酉，葬丹陽建康縣蔣山初寧陵。謚曰武，廟號高祖。年號永初。三年。太尉。長沙王道憐。司徒。廬陵王義真。司空。徐羨之。

少帝諱義符，小字車兵，武帝長子也。母曰張夫人。帝以晉義熙二年，生于京口。年十歲，拜豫章公世子。宋臺建，拜宋世子。元熙元年，進為宋太子。武帝受禪，立為皇太子。永初三年五月癸亥，卽皇帝位。景平二年五月乙酉，皇太后令廢為營陽王。六月癸丑，徐羨之等使中書舍人邢安泰弑帝于吳郡金昌亭。著《紀》二，年十九。年號。景平。二年。太尉。長沙王道憐。司空。徐羨之。

太祖文皇帝諱義隆，小字車兒，武帝第三子也。母曰胡婕妤。帝以晉安帝義熙三年，生于京口。十一年，封彭城縣公。位至持節都督、西中郎將、荊州刺史。

永初元年，封宜都王，進鎮西將軍。景平二年七月，少帝廢。皇太后令百官備法駕奉迎，入奉皇統。八月丁酉，卽皇帝位。元嘉三十年二月甲子，元凶劭搆逆，帝崩于含章殿。著紀三十，壽四十七。三月癸巳，葬長寧陵。謚曰文，廟號太祖。年號。元嘉。三十年。太保。王弘。大將軍。彭城王義康、江夏王義恭。太尉。江夏王義恭。司徒。徐羨之、王弘、彭城王義康、江夏王義恭、南譙王義宣。司空。徐羨之、王弘、檀道濟、江夏王義恭、南譙王義宣。

世祖孝武皇帝，諱駿，字休龍，小字道民，文帝第三子也。母曰路淑媛。帝以元嘉七年秋八月庚午生。十二年，立為武陵王，二十二年，累遷雍州刺史。二十八年，為都督、江州刺史。三十年，元凶弑逆，帝入討。四月己巳，卽皇帝位。大明八年閏五月庚申，崩于玉燭殿。著紀十一，年三十五。秋七月丙午，葬于丹陽秣陵縣巖山景寧陵。謚曰孝武。廟號世祖。

年號。孝建，三年；大明，八年。誄文。前廢帝撰。太宰。江夏王義恭。丞相。南郡王義宣。太傅。江夏王義恭。大司馬。江夏王義恭。大將軍。江夏王義恭。太尉。江夏王義恭。司徒。江夏王義恭、新安王子鸞。司空。南平王鑠、竟陵王誕、沈慶之、東海王禕。

前廢帝諱子業，小字法師，孝武帝長子也。母曰王皇后。帝以元嘉二十六年正月甲申生。孝建元年正月，立為皇太子。大明八年閏五月庚申，卽皇帝位。景和元年十一月戊午，壽寂之弑帝于華光殿。著紀一，年十七。葬丹陽秣陵縣南郊壇西。年號。永光、景和，合一年。太宰江夏王義恭。太尉。江夏王義恭、沈慶之。司徒新安王子鸞、豫章王子尚。司空。東海王禕。

太宗明皇帝諱彧，字休炳，小字榮期，文帝第十一子也。母曰沈婕妤。帝以元嘉十六年十月戊寅生。二十五年，封淮陽王。二十九年，改封湘東王。孝武踐阼，累遷鎮軍將軍、雍州刺史。景和末入朝，十一月二十九日，阮佃夫等弑廢帝。太皇太后令湘東王纂承皇極統。十二月丙寅，卽皇帝位。泰豫元年四月己亥，崩于景福殿。著紀八，年三十四。五月戊寅，葬臨沂縣莫府山高寧陵。謚曰明，廟號太宗。年號。泰始，七年；泰豫，一年。太尉東海王禕。建安王休仁。司徒。建安王休仁。司空。東海王禕、桂陽王休範。

後廢帝諱昱，字德融，小字慧震，明帝長子也。母曰陳貴妃。帝以大明七年正月辛丑生。泰始二年，立為皇太子。泰豫元年四月庚子，卽皇帝位。元徽五年七月戊子夜，遇弑于仁壽殿。時年十五。己丑，皇太后令追貶為蒼梧郡王。著紀五，年十五。是日，葬丹陽秣陵縣郊壇西。年號元徽。五年。太尉。桂陽王休範。司徒。袁粲。

順皇帝諱準，字仲謨，小字智觀，明帝第三子也。母曰陳昭華。帝以泰始五年七月癸丑生。七年，封安成王，拜撫軍將軍。累遷驃騎大將軍、揚州刺史。元徽五年七月，廢帝殞，皇太后令奉迎安成王。壬辰，卽皇帝位。昇明三年四月辛卯，禪位于齊。建元元年五月己未，殂于丹陽宮。著紀二，年十三。六月乙酉，葬遂寧陵。謚曰順。年號。昇明。三年。

追謚皇帝

皇考諱翹，字顯宗，郡功曹。武帝永初元年六月丁卯，追尊為孝穆皇帝。陵曰興寧。《本紀》、《孝穆皇后傳》。

清·朱銘盤《南朝齊會要·帝系·帝號》 太祖高皇帝諱道成，字紹伯，小字鬬將，姓蕭氏。其先本居東海蘭陵縣中都鄉中都里。晉惠帝分東海郡為蘭陵，故復為蘭陵郡人。高祖整，過江居晉陵武進縣之東城里，寓居江左者，皆僑置本土，加以『南』名，更為南蘭陵人。曾祖雋，祖樂子，考承之。帝以宋元嘉四年丁卯歲生。文帝時，仕至左軍中兵參軍、襲爵晉興縣五等男，封西陽縣侯。明帝時，仕至右衛將軍，領衛尉。順帝昇明中，位相國、齊公，進齊王。三年四月甲午，受宋禪卽皇帝位。建元四年三月壬戌，崩於臨光殿。著《紀》四，壽五十六。四月丙午，葬武進泰安陵。謚。曰高。廟號太祖。年號。建元。四年。司徒。褚淵。司空。褚淵、豫章王嶷。

世祖武皇帝諱賾，字宣遠，小字龍兒，高帝長子也。母曰劉皇后，帝以宋元嘉十七年六月己未生。仕宋位尚書僕射、中軍大將軍、開府儀同三司、聞喜縣公。齊國建，為世子。加侍中、南豫州刺史，進爵為王太子。建元元年六月，立為皇太子。四年三月壬戌，卽皇帝位。永明十一年七月丁巳，崩於延昌殿。著《紀》十一年，年五十四。九月丙寅，葬景安陵。謚。曰武。廟號世祖。年號。永明。十一年。大司馬。豫章王嶷。太尉。豫章王嶷。司徒。褚淵、竟陵王子良。司空。王敬則、豫章王嶷、褚淵。

鬱林王昭業，字元尚，小字法身，文惠太子長子也。母曰王皇后。建元四年六月，封南郡王。永明十一年四月，立為皇太孫。七月戊寅，卽皇帝位。隆昌元年七月癸巳，皇太后令廢為鬱林王。蕭諶等弒於延德殿西衖。輿尸出徐龍駒宅，葬以王禮。著《紀》一，年二十一。年號。隆昌。一年。太傅。竟陵王子良。大將軍。明帝。司徒。竟陵王子良。司空。王敬則。

廢帝海陵恭王昭文，字季尚，文惠太子第二子也。永明四年，封臨汝公，武帝世，位至冠軍將軍、持節、南豫州刺史。鬱林王卽位，改封新安王。进使持節、揚州刺史。隆昌元年七月癸巳，鬱林廢，西昌侯鸞奉帝纂統。丁酉，卽皇帝位。十一月辛亥，皇太后令廢為海陵王。建武元年，詔王依漢東海王彊故事，給虎賁、旄頭、畫輪車，設鐘簴宮縣。十一月，稱王有疾，數遣御師占視，乃殞之。依東海王故事。謚。曰恭。著《紀》一，年十五。年號。延興。一年。太傅。明帝。大將軍。明帝。太尉。王敬則。司徒。鄱陽王鏘、廬陵王子卿。司空。陳顯達。

高宗明皇帝諱鸞，字景栖，始安貞王道生之子也，小諱玄度。仕宋至輔國將軍、淮南宣城二郡太守。高帝踐阼，封西昌侯，位郢州刺史。永明世，累遷尚書左僕射，領右衛將軍。隆昌中，進大將軍，加中書監、開府儀同三司。海陵王立，進都督中外諸軍事、太傅，領大將軍、揚州牧，宣城王。未拜，太后令廢海陵王，以上入纂高帝為第三子，建武元年十月癸亥，卽皇帝位。永泰元年七月己酉，崩於正福殿。著《紀》六，年四十七。葬興安陵。謚。曰明。廟號高宗。年號。建武，五年；永泰，一年。大司馬。王敬則。太尉。陳顯達。司徒。廬陵王子卿。司空。陳顯達。

東昏侯諱寶卷，字智藏，明帝第二子也。母曰劉皇后。本名明賢，建武元年十一月戊子，立為皇太子。永泰元年七月己酉，卽皇帝位。永元三年十二月丙寅，雍州刺史王珍國、侍中張稷入殿廢帝。直後張齊斬首，送蕭衍。宣德太后令依漢海昏侯故事，追封東昏侯。著《紀》三，年十九。年號。永元。三年。丞相。和帝。司徒。晉安王寶義。司空。徐孝嗣。

和帝諱寶融，字智昭，高宗第八子也。母曰劉皇后。建武元年，封隨郡王。三年，為冠軍將軍，領石頭戍軍事。永元元年，改封南康王，為持節、督荆雍益寧梁南北秦七州軍事、西中郎將、荆州刺史。二年十一月甲寅，長史蕭穎胄奉王舉兵。戊午，雍州刺史蕭衍表勸進。十二月乙亥，羣僚勸進，並不許。壬辰，驍騎將軍夏侯亶自建鄴至江陵，稱宣德太后令：『宜纂承皇祚，可冊封宣城王、相國、荆州牧，加黃鉞，置僚屬。』三年正月乙亥，王受命，卽皇帝位。中興二年三月丙辰，遜位於梁。丁卯，蕭衍奉帝為巴陵王。戊辰，薨。葬恭安陵。著《紀》二，年十五。謚。曰和。年號。中興。二年。太尉。晉安王寶義。司徒。晉安王寶義。司空。晉安王寶義。

追謚皇帝

皇考諱承之，字嗣伯。宋右軍將軍、晉興縣男。元嘉二十四年殂。昇明二年，贈散騎常侍、金紫光祿大夫。高帝建元元年五月丙寅，追尊皇考曰宣皇帝。《本紀》。

武帝永明十一年七月戊寅，鬱林王卽位。九越辛酉，追尊文惠皇太子為文皇帝。《本紀》、《文惠太子傳》。

明帝建武元年十一月乙酉，追尊始安貞王為景皇。《本紀》。

清・朱銘盤《南朝梁會要・帝系・帝號》 武帝諱衍，字叔達，小字練兒，南蘭陵中都里人，漢相國何之後也。皇考諱順之，齊高帝族弟。母曰張皇后。帝以宋孝武大明八年甲辰歲生于秣陵縣同夏里三橋宅。齊和帝中興二年二月辛酉，位相國，總百揆，封十郡為梁公。三月癸巳，進梁王。丙午，受齊禪。天監元年四月丙寅，卽皇帝位於南郊。太清三年五月丙辰，崩于淨居殿。著紀四十八，壽八十六。辛巳，遷梓宮於太極前殿。十一月乙卯，葬修陵。謚曰武。廟號高祖。年號。天監，十八年；普通，八年；大通，三年；中大通，六年；大同，十二年；中大同，二年；太清，三年。大司馬。南平王偉。太尉。臨川王宏、元法僧。司徒。謝朏、臨川王宏、元帝。司空。臨川王宏、王茂、元法僧、袁昂、邵陵王綸。

簡文皇帝諱綱，字世纘，小字六通，武帝第三子，昭明太子母弟也。母曰穆太后。天監二年十月丁未，生于顯陽殿。五年，封晉安王。普通四年，累遷都督、雍州刺史。中大通三年，被徵入朝。四月，昭明太子薨。五月丙申，立為皇太子。太清三年五月辛巳，卽皇帝位。大寶二年八月戊午，侯景廢帝為晉安王，矯詔禪位於豫章王棟，乃幽帝於永福省。十月壬寅，帝崩於永福省。著紀二，年四十九。賊偽謚曰明皇帝，廟稱高宗。明年三月己丑，王僧辯平侯景，率百官奉梓宮升廟堂。元帝追崇為簡文皇帝，廟號太宗。四月己丑，葬莊陵。年號。大寶。二年。司空。南康王會理。

元帝諱繹，字世誠，小字七符，武帝第七子也。母曰阮太后。天監七年八月丁巳生。十三年，封湘東郡王。太清元年，累遷鎮西將軍、都督、荊州刺史。三年三月，侯景陷建鄴。四月，上甲侯韶自建鄴至，宣密詔，授假黃鉞、大都督中外諸軍事、司徒承制。承聖元年十一月丙子，卽位於江陵。三年十一月辛亥，為魏軍所執。十二月辛未，魏人戕帝。明年四月，追尊為元皇帝。廟號世祖。著紀三，年四十七。年號。承聖。四年。太宰。敬帝。太尉。武陵王紀、王僧辯。司徒。王僧辯、陸法和。司空。南平王恪、陳霸先。

敬皇帝諱方智，字慧相，元帝第九子也。母曰夏太后。太清三年，封興梁侯。承聖元年，封晉安郡王。二年，出為江州刺史。三年十一月，魏克江陵，太尉王僧辯、司空陳霸先定議，以帝為梁王、太宰、承制。四年二月癸丑，於江州奉迎至建鄴。三月，齊送貞陽侯淵明來主梁嗣。七月辛丑，僧辯納淵明。七月丙午，卽偽位，以帝為皇太子。霸先襲殺僧辯，黜淵明而奉帝。紹泰元年九月丙午，卽皇帝位。太平二年十月辛未，遜位于陳。陳奉帝為江陰王，薨于外邸，追謚敬。著紀三，年十六。年號。紹泰，一年；太平，二年。相國。陳霸先。丞相。陳霸先。太傅。貞陽侯淵明、陳霸先。太保。宜豐侯循、曲江鄉侯勃。太尉。王僧辯、宜豐侯循、曲江鄉侯勃。司徒。曲江鄉侯勃、陸法和、貞陽侯淵明、陳霸先。司空。陳霸先、侯瑱、王琳。

又《追謚皇帝》 皇考諱順之，字文緯，齊高帝族弟也。參預佐命，封臨湘縣侯。歷官侍中，衛尉，太子詹事，領軍將軍，丹陽尹，贈鎮北將軍。《梁書・武紀》、《南史・武紀》。元熙二年正月，追贈侍中、丞相。武帝天監元年丙寅，《南史》在閏四月壬寅。追尊為文皇帝，廟曰太祖。《武紀》。

豫章郡王歡薨，謚安王。子棟嗣。侯景奉以為主。年號天正，追尊昭明太子曰昭明皇帝，安王為安皇帝。《南史・昭明太子傳》。

清・朱銘盤《南朝陳會要・帝系・帝號》 高祖武皇帝諱霸先，字興國，小字法生，吳興長城下若里人，姓陳氏，自云漢太丘長陳寔之後。寔玄孫晉太尉準。準生匡，匡生達，永嘉中南遷，為長城令。達生康，咸和中土斷，故為長城人。皇考文讚，母曰董皇后。帝以梁天監二年癸未歲生。仕梁位相國、陳王。太平元年十月辛未，受梁禪卽皇帝位。永定三年六月丙午，崩於璿璣殿。著《紀》三。壽五十七。八月丙申，葬萬安陵。謚曰武，廟號高祖。年號。永定。三年。司空。侯瑱。

文皇帝諱蒨，字子華，始興昭烈王長子也。母曰始興王孝妃。帝仕梁為會稽太守。永定元年十一月，封臨川郡王。邑二千戶。《武紀》作三千戶。拜侍中、安東將軍。三年六月丙午，武帝崩，遺詔徵帝入纂。甲寅，皇后令卽位太極前殿。天康元年四月癸酉，崩于有覺殿。著《紀》八。六月丙寅，葬永寧陵。謚曰文。廟號世祖。年號。天嘉，七年；天康，一年。太尉。侯瑱。司空。侯安都、安仁王頊。

廢帝諱伯宗，字奉業，小字藥王，文帝嫡長子也。母曰沈皇后。梁承聖三年五月庚寅生。永定二年二月戊辰，拜臨川王世子。三年，文帝嗣位，八月庚戌，立為皇太子。天康元年四月癸酉，文帝崩。是日，太子卽皇帝位于太極前殿。光大二年十一月甲寅，慈訓太后令降為臨海郡王。太建二年四月薨。著《紀》二。年十九。年號。光大，二年。太傅。安成王頊。司徒。安仁王頊。司空。安仁王頊、徐度。

高宗孝宣皇帝諱頊，字紹世，小字師利，始興昭烈王第二子也。梁中大通二年七月辛酉生。仕梁，累官中書侍郎。魏平江陵，遷長安。遥襲封始興郡王。文帝嗣位，改封安成王。天嘉三年，自周還，歷司空、尚書令。廢帝卽位，拜司徒、録尚書、都督中外諸軍事。光大二年正月，進位太傅，領司徒，加殊禮，劍履上殿。十一月甲寅，慈訓太后黜廢帝為臨海王，以帝入纂。太建十四年正月甲寅，崩于宣福殿。著《紀》十四。壽年五十三。二月癸巳，葬顯寧陵。謚曰宣，廟號高宗。年號。太建。十四年。太尉。徐度。司空。徐度、韋昭達、吴明徹、司馬消難。

後主諱叔寶，字元秀，小字黄奴，宣帝嫡長子也。梁承聖二年十一月戊寅生于江陵。明年，魏平江陵，宣帝遷于長安，留後主于穰城。天嘉三年，歸建鄴，立為安成王世子。光大二年，累遷侍中。太建元年正月甲午，立為皇太子。十四年正月甲寅，宣帝崩。丁巳，太子卽皇帝位于太極前殿。禎明三年正月丙戌，隋晉王廣入據臺城，送後主於東宮。三月己巳，自建鄴之長安，班同三品。仁壽四年十一月壬子，終于洛陽。追贈大將軍，封長城縣公，葬河南洛陽之芒山。著《紀》七。年號。至德，四年；禎明，三年。年五十二。謚曰煬。司徒。豫章王叔英。司空。司馬消難、長沙王叔堅。

又《追謚皇帝》 皇考諱文讚，太平元年，贈侍中、光禄大夫，加金章紫綬，封義興郡公，謚曰恭。永定元年十月辛巳，追尊曰景皇帝，廟號太祖。《本紀》。

論說

唐·徐堅《初學記》卷九《帝王部·總敘帝王·論》 晉干寶《晉武革命論》史臣曰：帝王之興，必俟天命，苟有代謝，非人事也。文質異時，興建不同。故古之有天下者，柏皇栗陸以前，為而不有，應而不求，執不象也；鴻荒世及，以一民也；堯舜內禪，體文德也；漢魏外禪，順大名也；湯武革命，應天人也；高光爭伐，定功業也。各因其運而得天下，時隨之義大矣哉。古者敬其事則命以始也，今帝王受命而用其終，豈人事乎？其天意乎。

又《晉紀總論》 史臣曰：昔高祖宣皇帝，以雄才碩量，應運而仕。值魏太祖創基之初，籌畫軍國，嘉謀屢中。遂服輿軫，驅馳三世，性深隩有如城府，而能寬綽以容納；行任數以御物，而知人善采拔，故賢愚咸懷，小大畢力。爾乃取鄧艾於農隙，引周泰於行役，委以文武，各善其事，故能西擒孟達，東舉公孫淵，內夷曹爽，外襲王陵。神略獨斷，征伐四克，維御羣后，大權在己。屢拒諸葛亮節制之兵，而東支吴人輔車之勢。軍旅屢動，邊鄙無虧，於是百姓與能，大象始搆矣。世宗承基，太祖繼業；玄豐亂內，欽誕寇外。潛謀雖密，而在機必兆；淮浦再擾，而許洛不震。咸黜異圖，用光前烈，然後推轂鍾鄧，長驅庸蜀，三關電掃，劉禪入臣。天符人事，於是信矣。始當非常之禮，終受備物之錫。名器崇於周公，權制嚴於伊尹。至於世祖，遂享皇極；正位居體，重言慎法。仁以厚下，儉以足用；和而不弛，寬而能斷。故民詠惟新，四海悅勸矣。

明·周琦《東溪日談録》卷一三《史系談上·三國》 愚嘗以大義裁之，蜀漢當為正統，吴魏皆漢之賊，不當有三國之分。西晉得於魏主之手，是誅漢賊而得之，非纂漢而壞其正統者也。

又《蜀漢》 蜀漢昭烈帝劉備，乃東漢景帝之子，中山靖王之後。徙封於涿，備因家涿。漢末羣雄並起，備起兵於涿。素與關羽、張飛善，故以為將，圖復漢業。後受密詔討曹操，不克，奔荊州，依劉表。於是訪士，聞諸葛孔明，三顧而起之。相與謀畫，始定巴蜀，王漢中，結好孫權，破曹操兵於赤壁，備之功大矣。未幾漢帝遇害，卽位成都，以孔明為相。三年而崩，是為先主。後主劉禪乃昭烈帝之子，先主崩，遺命孔明輔政。孔明乃勸農積穀，講武練兵，出師伐魏，中原恐懼。建興十二年，亮薨，國内無人。姜維伐魏，魏復遣將鄧艾等伐蜀。至成都，帝出降，是為後主。蜀漢二主皆都成都。先主三年，後主四十一年，通四十四年。先漢業未復，而先主崩。後漢業將復，而孔明薨。是天不祚漢也，豈人力之不至哉？

又《魏》 漢魏王曹操之子丕廢漢獻帝為山陽公，自稱帝。丕之為魏文帝者，其志始於操也。猶唐李淵之取天下，其志則世民焉。夫父取天下，將得而留之子；子取天下，將得而付之父。父子不臣，魏與唐有矣。

丕既稱帝矣，即封操為武皇帝。是時吳蜀鼎分，各保疆埸。丕惟深謀極詐，竊比聖禪，而無伐蜀之舉。丕生其子，叡之為明帝者，始以司馬懿為將，與蜀連年用兵。叡之養子芳為廢帝者，大臣攬政，太阿之柄倒持，遂為司馬師所廢。文帝之孫髦立為高貴鄉公者，又司馬昭秉政卒兵，被弑。懿死而髦亦薨亦，無伐蜀之舉。為元帝者，奂也，操之孫。髦薨矣，司馬昭稱為晉公，遣鄧艾鍾會伐蜀，漢遂亡焉。則魏非漢之賊乎？

魏都洛陽，歷文、明、廢、高、元，傳五主，共四十五年，亡於司馬氏之手。

又《吳》 漢吳王孫權之為吳大帝者，堅之子也。堅為漢太守，漢末起兵討董卓。其子策亦相繼為漢太守，遂有江東之地。策卒，而權代之，封為吳王。曹丕篡，蜀主即位，權亦稱帝，即位武昌，遷建業，任用周瑜、魯肅、張昭，雄江東，國内富庶。先是，敗曹操於赤壁。其敗操者，非為漢也，為吳也。故吕蒙、陸遜襲定荆州，至漢王即位於蜀，而權亦稱帝武昌，可見矣。

權在江東之時，魏司馬懿雖有伐蜀之師，而伐吳之志未舉。權之子亮為會稽王，是時懿死，其子司馬師雖有廢帝之志，而征伐之心未興。至權之子休，曰景帝。及休之兄之子皓，曰歸命侯。繼位之時，師死而昭襲爵，司馬氏大焉。故至於炎稱帝號晉之後，遣王濬伐吳於石頭城，遂降皓。是則蜀亡於魏，魏亡於晉，而吳亦亡於晉。吾故以為，晉非取漢天下，取漢賊之天下也。晉之繼漢，宜若無嫌矣。

吳都建業，即位武昌，亦徙建業，傳四主，共五十九年。通策定江東之後，共八十餘年。

又 卷一四《史系談下·西晉》 魏晉王司馬炎，漢亡廢魏元帝為陳留王，遂篡其位而為晉武帝者，其志起於司馬懿之將蜀，司馬師之廢立，司馬昭之稱公取蜀所致也。故即位之初，追祖懿為宣帝，伯父師為景帝，父昭為文帝，而報本焉。或曰『禪』。然乎？以愚觀之，炎世臣魏也，非臣漢也。篡魏也，非篡漢也。謂晉為魏之賊，則可。謂為漢之賊，則未可。故亡漢者，魏也，非晉也。篡魏者，晉也，非禪也。晉將取漢，先借魏而亡之，謂用心之遠則可，謂篡漢，其可乎？

武帝後，惠帝之世，賈后亂政，諸王攻屠，天下大亂，家固不齊也。懷帝之世，兄弟相屠者三人，而惠帝其一家，亦不齊也。遷陷洛陽，為漢劉聰所弑。愍帝以懷帝遇害，即位長安。漢劉曜陷長安，而降之，是以家之不齊。故外患得以乘其機，西晉之衰也有自矣。

西晉都洛陽，懷帝被陷，愍帝即位長安，亦陷。傳四主，共五十二年。有名睿者，懷帝之世為安東將軍，鎮建業，起而為東晉焉。

又《東晉》 晉元帝司馬睿乃懿曾孫。或曰：『睿母通小吏牛金而生焉。』常為安東將軍鎮建業。漢劉聰陷懷帝於洛陽，劉曜陷愍帝於長安。羣臣以王導為謀主，請即位建業，晉之業復焉。元帝後，有明帝者，負明斷之資，不能剪王敦之亂。成帝以幼沖之年，庾太后臨朝。厥後庾冰立太后之弟，曰康帝。康帝傳其子，曰穆帝。褚太后臨朝，又傳康帝弟，曰哀帝。哀帝傳其母弟，曰帝奕。至奕，始降為海西公。桓温立會稽王，曰簡文帝。其子嗣之，曰孝武帝。能用謝安，以敗苻堅之衆。至傳其子，曰安帝。為桓玄所逼，劉裕弑之。又傳其次子，曰恭帝。亦劉裕所篡，尋弑之。夫晉自洛陽之衰，更姓者三。元帝為牛金之子，一也；康帝為成帝之母弟，二也；帝奕為哀帝之母弟，三也。竊司馬氏姓，實非其派，帝奕之亂，喪於劉裕之手也，豈無自哉？

東晉都建業，傳十一主。其別洛陽為西晉，建業為東晉者，皆後世之稱也。

又《南朝》 南朝之地，亦都建業。蓋晉傳宋，宋傳齊，齊傳梁，梁傳陳，自吳至此，凡六朝也。

又《南宋》 晉宋王彭城劉裕，是為宋武帝者。先為晉下邳太守，晉相國桓玄逼晉安帝禪位，裕討平之。至裕為相國，封宋公，廢安帝而弒之。恭帝立，又弒之。以愚觀之，裕為安帝討桓玄，除虺蜴也，至弒安帝，已有心於篡矣。所忌者，帝之弟德文耳。及德文立而見弒，裕遂自稱帝焉，肆虎狼也。除虺蜴而肆虎狼，君子之事君也，肯為是哉？

武帝後，繼之以少、文、孝武、廢、明、蒼梧、順，通八主。其間被弒者，六。宮車宴駕得正而殂者，二。檀道濟弒少帝，太子劭弒文帝，臣下弒廢帝，蕭道成弒蒼梧王，又弒順帝，宋遂亡。夫劉裕弒安、順二主，以取帝位，故其後也被弒多矣，此天道之好還也。湯武固征伐矣，其於桀紂，曾弒之乎？

南宋都建業，傳八主，共六十年。

又《南齊》 宋齊王蘭陵蕭道成弒宋順帝，滅其族而篡其位，是為齊高祖者。事宋明帝時，帝以太子弱，諸弟强，憂之。用道成，盡殺諸弟。既而太子昱立為蒼梧王，復嗜殺，中外恐懼，道成遂弒之。立準，是為順帝。道成之權自是益重。故袁粲謀殺之事泄，父子皆為道成所殺。已而順帝亦禪位，道成尋弒之，誅其族。其事與劉裕等皆操戈入室，導人之殺已也。雖曰治天下，使黄金同土價，何為哉？

高祖之後，繼以武、鬱林、海陵、明、東昏、和，通七主。其間亦被弒者，四。宮車晏駕正殂者，三。蕭鸞弒鬱林王、海陵王，國人弒東昏侯，蕭衍弒和帝而篡之，齊亡焉。夫蕭鸞、蕭衍齊疎族也，弒主以夷其族，而復篡之，因齊王為梁。天道好還，若為宋矣。厥後，梁亦四主而亡，非還之尤速乎？南齊亦都建業，傳七主，共二十三年，祚之尤促者也。

又《南梁》 齊梁王蕭衍乃齊疎族，弒齊和帝而篡其位，是為梁武帝者。嘗為齊南雍州刺史，知齊將亂，密修武備，起兵入建康，為齊相國，封梁王。已而篡齊，和帝廢為巴陵王，尋弒之，遂稱帝。後為侯景所逼，憂憤而殂。北魏於此始分東魏於洛陽，西魏於長安，其混亂也，孰甚於是？

武帝之信浮屠，非徒信而已，乃酷信之，宗廟為之不得血食。侯景既逼，憂憤而殂。景立太子綱，復弒而篡之。先次子繹封湘東王者，與王僧辯起兵，及陳霸先亦起兵，共誅景。建康大亂，故繹復江陵即位。未幾，西魏陷江陵，帝繹出降，為魏人所殺。繹之子方智封晉安王者，因江陵之陷，即位建康。故陳霸先得以篡之，梁遂亡。夫以疎族之親，連弒骨肉，以取天下，尚浮屠，足保乎？况身為天子宗廟，不能血食，大本已失，故浮屠愈尚，國祚愈促。吾道足信，他道之不足信也，明矣。

南梁都建康，遷江陵，又復建康，共四主，五十七年，之間奔走不暇也。

又《南陳》 梁陳王吳興陳霸先篡梁敬帝，是為陳武帝者。以梁武帝為侯景所逼而殂，梁湘東王繹並霸先起兵斬景，屍送建康。霸先於此，已有篡志，所忌者，湘東王繹、晉安王方智耳。故繹不敢即位建康，復江陵。不幸西魏破之，至晉安王方智始又即位建康，故為霸先所篡，廢為江陰王，霸先遂稱帝焉。噫！國本弱而為之扶植，不窺伺以生僭亂者，幾何人哉？武帝後，繼以文帝、臨海王、宣帝者，皆安靜守成，國體不摇。至於後主，奢華酒色，近習用事，將士解體。隋兵起焉，故後主被擄，而陳遂亡。

南陳都建康，傳五主，共三十二年。自吳至此，止六朝，雖後梁復王，都江陵耳。

又《後梁》 後梁宣帝名詧者，昭明太子統之子也。見侯景作亂，簡文帝被弒，奔西魏。西魏立為梁王，徙江陵，使稱帝，故為宣帝。傳明帝、後主，共三世。隋既擄陳後主，滅陳，已而亦廢其國。夫陳滅梁，隋滅陳，去梁已三十餘年，子孫之依於人者，自忿前烈，起而國焉。不幸無繼，絶世舉廢國者，安得而不亡哉？惟西魏德之，則華夏之不如夷狄也。

後梁都江陵，傳三主，共二十三年。

又《北朝》 北朝之主初都平城，北魏時也。後分西魏都長安，東魏都洛陽。南朝梁武帝時也，魏幷諸國，始有北朝之地。其後分為東魏、西魏。東魏傳北齊，西魏傳後周，後周幷北齊，遂傳隋焉。

又《北魏》 朔野南侵而為北魏。道武帝者，姓拓拔，名珪。本朔野君長，幷十六國，奄有北方，建國號魏，遂稱帝，都平城。傳明元帝，又能開拓境土。太武帝復侵宋，降涼，自淮以北悉有之。文成帝能懷集中外，民心復安。獻文帝禪位太子，自稱太上皇。孝文帝變左衽之俗，改拓拔之姓為元氏。宣武帝魏政漸衰。孝明帝六歲卽位，胡太后淫穢。孝莊帝後，長廣王煜、廣陵王恭二人為爾朱兆相繼立之。煜僅三月，恭止二月。高歡起兵誅兆，廢恭，立朗。安定王亦一年耳，北魏衰焉。於是平陽王修以弒恭與煜，懼歡奔長安，依宇文泰，遂立為西魏。故歡立清河王亶之子善見於洛陽，是為東魏。其事在梁武帝大通二年。北魏都平城，傳一十三主，共一百四十九年。

又《**東魏**》 東魏靜帝名善見者，清河王亶之世子也。初，平陽王修逼於高歡，奔長安。高歡奉善見卽位洛陽，年始十一。遷都於鄴，歡自為大丞相。歡死，歡之子澄襲爵，遂幽帝善見於含章臺。澄死，弟洋又自為相國，封齊王，遂廢帝善見而簒其位。夫有所與者，必有所取。東魏之祚，得於高氏之手，豈不亦失於高氏乎？

東魏都洛陽，復都鄴，止一主，十六年。

又《**西魏**》 西魏武帝名修者，本魏平陽王也。以弒恭與煜，為高歡所逼，奔長安，依宇文泰。時[宇]文泰有都督關中之權，遂以修卽帝位，泰為丞相。卒弒之。

繼武帝者，文帝。先為南陽王，亦宇文泰立之，軍國政事一出於泰。故廢帝繼立，以誅泰為志。謀泄，遂為泰廢，尋弒之。泰遂立恭帝，復拓跋之姓。泰死，子覺嗣爵為太師，自稱為周公，遂廢帝而簒其位。夫東魏之得喪者，高氏也。西魏之得喪者，宇文氏也。得之於彼，寧不亦失於彼，無足怪也。

西魏都長安，傳四主，共二十五年。

又《**北齊**》 北齊之宣帝高洋，歡之子，澄之弟。簒東魏靜帝，是為北齊。其志始於父歡，而繼成於兄澄也。歡先封齊王，而澄洋以次襲爵，故國號齊，都於鄴。或曰『禪』。以予言之，自歡誅兆廢恭，徙善見於洛陽而立之，已有簒意，惜乎早死。子澄繼襲，幽帝善見，亦將簒之，惜又早死。次子洋又繼，則廢善見而簒其位。父子相繼為之至是，則謀成矣。殺元氏七百二十一人而滅其族，抑何殘暴如是哉。

宣帝洋之子殷繼立，曰廢帝者。洋不豫，時殷幼，囑其弟常山王演曰：『奪則任汝，慎勿殺之。』其後，演廢殷，殺之自立，是為昭帝。一年墜馬而殂。洋之弟湛立，曰武成帝者，用奢賦重，吏民苦之。湛之子緯立，曰後主者，奢侈昏亂，周武帝滅之。夫爭奪固胡人之遺風矣，其謂『奪則任汝，慎勿殺之』，臨終遺囑有如是者？哀哉。

北齊傳於東魏，共五主，歷二十七年，建都於鄴，蓋自洛徙也。

又《**後周**》 後周閔帝宇文覺，先為西魏太師，自稱周公，年十五簒魏祚。國非覺之所自為矣，宇文護為之，亦非覺所自志矣。宇文泰都督關中時，為武帝所依，既立之，已而又立文帝，又立廢帝。秉以國本之弱，一立一廢又弒之，簒奪之心計於一家久矣。故至於覺，其年雖幼而事有可取之勢，護復為之輔，焉能不成帝業乎？以稱周公，故國號周焉。

閔帝傳明帝，傳武帝，傳宣帝，傳靜帝，而共以成此洪休者，固護所輔。護以閔帝惡已而致其弒。明帝明敏，亦護所忌。護以明帝明敏而進其毒，此家庭之禍也。宣帝寵后，父楊堅佐王室。而靜帝則其女之子，與吾之孫等耳，不佐之，乃滅其族以奪之。此外戚之禍也。禍起於內外族戚之間，固骨肉之自相殘矣。骨肉相殘，其先叔護一人至連弒二帝，亦甚焉。故楊堅元舅得以乘之，遂滅其族而簒其位。堅固所謂忍人也，其外戚之禍非自家庭以導之乎？

後周都長安，傳五主，共二十五年。

雜録

明・淩廸知《**萬姓統譜**》**卷首二**《**三國・蜀漢**》 始昭烈帝，因曹丕簒漢，卽帝位於成都，紹承漢統。終後主，二帝，共四十三年，魏司馬昭滅之。

昭烈帝。姓劉，名備，漢景帝子中山靖王之後。承漢火德，以土德王，都成都。在位三年，壽六十三。三子。改元者一：章武三。

後主。魯王。梁王。

後主。名禪，先主子。在位四十一年。魏伐之，降魏，封安樂公，國亡。壽六十五。五子。改元者四：建興十五，延熙二十，景耀五，炎興一。

又《**魏**》 始文帝簒漢自立，終元帝。五主，共四十五年。司馬炎簒位，滅之。丕父操，小字阿瞞，沛國譙人，奄宦曹騰養子夏侯嵩之子，冒姓曹氏，自言漢相國曹參之後。舉孝廉為郎，起兵討董卓，擊黃巾賊，迎獻帝都許，為大將軍，進位丞相，封魏公。後丕尊為武帝。

文帝。姓曹名丕，操子。簒漢稱帝，承漢火德，以土德王，都洛陽。簒位七年，壽四十六。改元者一：黄初七。武帝二十五子。

文帝。任城威王彰。陳思王植。蕭懷王熊。豐愍王昂。相殤王鑠。鄧哀王沖。彭城王據。燕王宇。沛穆王林。中山恭王衮。濟陰懷王玹。陳留恭王峻。范陽閔王矩。趙王幹。臨邑殤公子上。楚王彪。剛殤公子勤。穀城殤公子乘。郿戴公子整。靈殤公子京。樊安公均。廣宗殤公子。東平靈王徽。樂陵王茂。

文帝九子。明帝。贊哀王協。北海悼王蕤。東武陽王鑒。東海定王霖。元城哀王禮。邯鄲懷王邕。清河悼王貢。廣平哀王儼。

明帝。名叡，文帝子。在位十三年，壽三十六。改元者三：太和六，青龍四，景初三。

帝芳。史稱：齊王，明帝養子。在位十四年，為司馬師所廢，降為邵陵厲公。壽四十三。改元者二：正始九，嘉平五。

帝髦。高貴鄉公，文帝孫，在位六年，為司馬昭所弑。改元者二：正元一，甘露四。

元帝。名奂，陳留王。在位五年，壽五十八。改元者二：景光四，咸熙一。

又《**吴**》 始孫權，終烏程侯皓。四主，共五十九年。晉武帝滅之。其先孫武之後，吴郡富春人孫堅，為長沙太守，破黄巾賊，封烏程侯。子孫策為討逆將軍，封吴侯。策弟孫權，據有江東，成鼎峙之業。父孫堅四子。

長沙王策。大帝權。翊。匡。

大帝。姓孫，名權。魏文帝封吴王，遂即帝位。都金陵，在位三十一年，壽七十一。七子。改元者六：黄武七，黄龍三，嘉禾六，赤烏十三，太元一，神鳳一。

太子登。建昌侯慮。太子和，一子烏程侯皓，皓生太子瑾。魯王霸。齊王奮。景帝休。廢帝亮。

會稽王。名亮，大帝子。在位六年，為孫綝所廢。壽十七。改元者三：建興二，五鳳二，太平二。

景帝。名休，太帝子，孫綝所立。在位七年，壽三十。改元者一：永安七。

烏程侯。名皓，大帝孫。在位十七年，晉武帝伐之，降於晉，封歸命侯，國亡。壽四十三。改元者八：元興一，甘露二，寶鼎三，建衡三，鳳凰三，天冊一，天璽一，天紀四。

又 卷首三《**西晉**》 始武帝篡魏自立，終愍帝丙子。四帝，共五十二年，為五胡偽漢劉聰所篡。其祖司馬懿，河内温縣人，楚漢間司馬卬之後也。曹操辟懿為丞相文學掾，魏明帝時遷太尉、丞相。子師，仍為大將軍、録尚書事。廢齊王，立高貴鄉公，卒。弟昭襲位，廢高貴鄉公，立陳留王，進位相國，封晉國公。進爵為王，卒。子炎嗣，為相國、晉王，成帝業。追尊懿為宣帝，師為景帝，昭為文帝。

宣五王。平原王幹。琅琊武王。清惠侯京。扶風武王駿。梁孝王。

文六王。齊獻王攸。城陽哀王兆。悼惠王定國。廣漢殤王廣德。樂安平王鑑。樂平王延。愍懷太子遹。

八王。汝南文成王亮，賈后使瑋殺之。楚隱王瑋，張華勸賈后殺之。趙王倫，篡位誅。齊王冏，乂殺。長沙王乂，越殺。成都王穎，劉輿殺。河間王顒，模殺。東海孝獻王越，卒於項，被石勒剖柩焚屍。

武帝。姓司馬，名炎，懿之孫，昭之子。篡魏稱帝，承魏土德，以金德王。都洛陽，平吴混一。在位二十五年，壽五十五。改元者三：太始十，咸寧五，太康十。

武十三王。毗陵悼王軌。秦獻王柬。城陽懷王景。東海沖王祗。始平哀王裕。淮南忠壯王允。代哀王寅。新都王該。清河康王遐。汝南哀王謨。吴敬王晏。渤海殤王恢。

惠帝。名衷，武帝子。在位十七年，東海王越酖之，壽四十八。改元者八：太熙一，永平九，永寧一，太安二，永安二，改建武又改永興，光熙一，永康一。

懷帝。名熾，武帝子。在位六年，為五胡劉聰所擒，壽三十。改元者一：永嘉六。

愍帝。名鄴，武帝子。在位四年，為五胡劉聰所擒，壽十八。改元者一：建興四。

又《**東晉**》 始元帝，因懷愍二帝為劉聰所執，同諸臣渡江，即位於建康。終恭帝，十一帝，共一百三年。劉裕篡位滅之。

元帝。姓牛，名睿，琅琊恭王之子，宣帝曾孫。永嘉元年與西陽王羕等五王渡江，父老裹糧而歸之，遂據有建業而都焉。是為東晉。然帝實非司馬氏，乃琅琊恭王妃夏后氏因與小吏牛氏通所生，而冒馬姓，實牛姓是也。承西晉以金德，王都建康，在位六年，壽四十七。改元者三：建武一，大興四，永昌一。

元四王。琅琊孝王裒。東海哀王沖。武陵威王晞。琅琊悼王煥。

明帝。名紹，元帝子。西胡之教始興。在位三年，壽二十七。改元者一：

太寧三。

成帝。名衍，明帝子。五歲即位，太后臨朝，王導輔政。在位十七年，壽二十二。改元者二：咸和九，咸康八。

康帝。名岳，明帝子。在位二年，壽二十三。改元者一：建元二。

穆帝。名聃，康帝子。三歲即位，太后臨朝聽政。在位十七年，壽十九。改元者二：永和十二，升平五。

哀帝。名丕，成帝子。在位四年，壽二十五。改元者二：隆和一，興寧三。

廢帝。名奕，成帝子。在位五年，桓温廢為東海王，又降為海西縣公。壽四十五。改元者一：太和五。

簡文帝。名昱，元帝子。在位二年，壽五十三。改元者一：咸安二。

三王。會稽思，世子道生。臨川獻王。文孝王道生子元顯。

孝武帝。名曜，簡文帝子。十一歲即位，謝安輔政。在位二十四年，壽三十五，因醉為張貴等所弑。改元者二：寧康三，太元二十一。

安帝。名德宗，孝武帝子。桓玄篡位廢為平固王，劉裕誅玄復位，後為劉裕所弑。在位二十二年，壽三十七。改元者三：隆安五，元興三，義熙十四。

恭帝。名德文，孝武帝子，劉裕立之。在位一年，壽三十六，為劉裕所篡，封零陵王，尋弑之，國亡。改元者一：元熙一。

又 **《五胡僭偽十六國·五涼·前涼》** 張軌。安定烏氏人，漢張耳十七世孫。晉惠帝永寧元年為涼州刺史，因據之。安帝拜涼州牧、西平公。在位十二年。始西晉太安元年，終東晉太元元年。八主，共七十四年。鬬秦苻堅滅之。

張寔。軌子，為妖賊所殺。在位六，僭號改元者一：永安六。

茂。軌子，寔之弟。劉曜擊之，出降而卒。在位三年，僭號改元者一：永元三。

駿。寔子，自稱涼王。妖人殺之，在位二十二年。僭號改元者一：太元二十二。

重華。駿之子，在位九年。僭號改元者一：永樂九。

曜靈。重華子，立二月，國人廢之而立張祚。

祚。駿子，立一年。僭號改元者一：和平一。明年去年號，遇殺。

玄靚。重華之子，曜靈之弟。在位九年，僭號改元者一：太始六。明年奉晉升平年號，張天錫弑之。

天錫。玄靚叔父，弑玄靚自立。降於符堅，復歸晉，詔復西平公。在位十二年，僭號改元者一：鳳凰十三。

又 **《後涼》** 呂光，畧陽氏人，為苻堅滅西域，還涼州，聞堅遇弑，遂據姑臧，自稱涼州牧、酒泉公、三河王，即涼王位。始東晉太元十一年，終元興二年。三主，共十九年。後秦姚興滅之。

呂光。在位十三年，僭號改元者三：太安三，麟嘉三，龍飛四。

紹。光嫡子，庶長子纂殺紹自立。

纂。光庶長子，殺紹自立。三年，弟寶之子超殺纂而立兄隆。僭號改元者一：咸寧三。

隆。降於姚興，在位三年。僭號改元者一：神鼎三。

又 **《南涼》** 秃髮烏孤，河西鮮卑人。呂光署為廣武郡公，自稱西平王、武王，都廣武。始東晉隆安元年，終義熙十年。三主，十八年。西秦乞伏熾盤滅之。

烏孤。在位三年，僭號改元者一：太初三，即太和。

利鹿孤。烏孤弟，後稱河西王。在位二年，僭號改元者一：建和二。

傉檀。利鹿孤弟，在位十三年，稱涼王，為乞伏熾盤所殺。僭號改元者二：弘昌六，嘉平七。

又 **《西涼》** 李暠。小字長生，隴西成紀人，漢前將軍李廣十六世孫。父遺腹生暠，北涼王段業以為燉煌太守，又推為秦、涼二州牧，涼王。稱藩於晉，據燉煌、酒泉，即唐之祖也。始東晉隆安四年，終宋永初二年。三主，共二十二年。北涼沮渠蒙遜滅之。

李暠。在位十二年。僭號改元者一：庚子四，建初八。

歆。暠子，立九年。為沮渠蒙遜所害。僭號改元者一：嘉興九。

恂。歆弟，稱涼州牧於燉煌，為沮渠蒙遜所滅。立一年，僭號改元者一：永建一。

又 **《北涼》** 沮渠蒙遜。臨松盧水胡人，起兵推建康太守段業為涼州牧、涼王。後蒙遜殺段業自立，據張掖。始東晉隆安元年，終宋元嘉十六年。三主，四十三年。後魏滅之。

段業。在位五年。僭號改元者：神璽二，天璽三。

沮渠蒙遜。殺段業自立稱涼州牧張掖王遷於姑臧稱河西王在位三十二年僭號改元者四永安十二，始十四承，三義和一。

牧犍。蒙遜子，在位六年，為後魏太武所滅。僭號改元者一：永和六。

又《二趙・前趙初號漢》劉淵。新興匈奴人，冒頓之後。晉惠帝永興元年自稱大單于，據離石左國城，建國號漢，稱漢王。即帝位，都平陽，為五胡亂華之首。始西晉永興元年，終東晉咸和四年。三主，二十六年。後趙石勒滅之。

劉淵。在位六年，僭號改元者三：元熙四，永鳳一，河瑞一。

和。淵長子。立一月，為弟聰所弒。

聰。淵次子。弒兄自立，在位八年。僭號改元者四：光興一，嘉平四，建元一，麟嘉二。

粲。聰子。立一月，為靳準所殺，劉氏男女無少長皆斬東市。發淵、聰塚，斬聰屍，焚其廟。

曜。聰族子。討靳準自立，改國號趙。在位十二年，為石勒所殺。僭號改元者一：光初十二。

又《後趙》石勒。上黨羯人。晉惠帝太安中為羣盜，歸劉淵，以為平晉王。後自為趙王，據襄國，滅前趙，即帝位，徙都臨漳，為五胡亂華之從。始東晉太興元年，終永和七年。七主，共三十三年。冉閔滅之。

石勒。在位十五年，僭號改元者二：太和二，建平四。

弘。勒子。立一年，為勒從子石虎所殺。勒種無遺，僭號改元者一：延熙一。

虎。勒從子。殺石弘自立，遷都鄴。在位十五年，僭號改元者二：建武十四，太寧一。

世。虎嫡子。立一月，為庶兄石遵所弒。

遵。虎庶長子。立十月，弒石世自立，為石鑑所弒。

鑑。虎子。弒石遵自立，立二月，改元青龍。為虎養孫石閔殺之，并石虎三十八孫盡滅，石氏無遺類。殺胡羯二十萬人。

祇。石虎族子。立二年，改元永寧二。石鑑遇害，稱帝於襄國。為其將劉顯所弒，僭號改元者一：永寧二。

又《夏》赫連勃勃。匈奴右賢王去卑之後，劉淵之族也。據朔方統方城，今夏州。始東晉義熙三年，終宋元嘉八年。三主，二十五年。後魏大武滅之。

赫連勃勃。在位二十年，僭號改元者四：龍昇六，鳳翔五，昌武二，真興六。

昌。勃勃子。立一年，為後魏所擒。僭號改元者一：承光一。

定。昌弟。在位四年，擊北涼，為吐谷渾所執，送魏，夏遂亡。僭號改元者一：勝光四。

又《後蜀》李特。巴西宕渠人。晉武帝太康中，關西亂，特隨流人寄食蜀漢。晉太安中，遂據益州，自稱益州牧。子雄稱成都王，即帝位，國號成。始西晉太安二年，終東晉永和三年。五主，四十五年。晉桓温滅之。

李特。在位二年，僭號改元者一：建初二。

雄。特弟。在位三十一年，僭號改元者三：建興三，晏平五，玉衡二十四。

期。李雄兄之子。為雄弟所弒，在位三年，僭號改元者一：玉恒三。

壽。雄弟。弒期自立，在位六年，改國號漢。僭號改元者一：漢興六。

勢。壽子。降于晉桓温，在位三年。僭號改元者二：太和二，嘉亭一。

魏不在十六國數

冉閔。魏郡內黄石養子，冒姓石氏。殺石鑑而自立，復姓冉，國號魏。在位三年，前燕慕容儁滅之。僭號改元者一：永興三。

又《四燕・前燕》五胡亂華之一。慕容廆。小字弈洛瓌，昌黎鮮卑人。其先有熊氏之苗裔，世居北夷，號曰東胡。後為匈奴所敗，分保鮮卑山，因以為號，以慕容為氏。又居遼西，廆父涉歸為鮮卑單于遷邑於遼東。廆繼立，自稱鮮卑大單于。晉元帝封昌黎公、遼東公，據鄴都。始西晉太安二年，終東晉太和五年。四主，六十八年。前秦苻堅滅之。

慕容廆。在位三十一年。

皝。廆子。稱燕王，在位十六年。

儁。皝子。自即帝位，在位十三年四年。無年號，僭號改元者二：元壐五，光壽四。

暐。儁子。降於苻堅，尋為所殺。在位八年，僭號改元者一：建熙八。

又《後燕據中山》慕容垂。皝第五子。慕容儁封吳王，與慕容評相忌，奔秦仕苻堅。堅寇晉，兵敗，復歸燕，自稱燕王，都中山，即帝位。始東晉太元八年，終義熙四年。五主，共二十六年。北燕馮跋滅之。

慕容垂。皝第五子。立十二年。二年無年號，僭號改元者一：建興十。

寶。垂子。立三年，僭號改元者一：永康三。

盛。寶子。立三年，僭號改元者二：建平一，長樂二。

熙。垂少子。立六年，為馮跋同高雲所弒。僭號改元者一：光始六。

高雲。慕容寶養子。弒慕容熙自立。二年，幸臣離班桃仁殺之。僭號改元者一：永始二。

又《南燕據廣固》　慕容德。慕容皝少子，慕容垂弟也。慕容暐封范陽王，慕容寶以為丞相，領冀州牧，遂自稱燕王。入青、齊，據廣固，即帝位。始東晉隆安二年，終義熙六年。二主，共十三年。劉裕滅之。

慕容德。立七年，僭號改元者一：建平七。

超。德兄之子。立六年，為晉劉裕送建康斬之。僭號改元者一：太上六。

又《北燕》　馮跋。長樂信都人。與高雲殺慕容熙，推高雲為主。雲遇弑，衆推馮跋即天王位，國號燕，據昌黎。始東晉義熙五年，終宋元嘉十二年。二主，共二十八年。後魏大武滅之。

馮跋。立二十三年。僭號改元者一：太平二十三。

馮弘。跋弟殺跋之子翼而自立。五年，為後魏大武所滅，奔高麗，後見殺。僭號改元者一：太興五。

又《三秦·前秦五胡亂華之一》　苻健。略陽氐人，世為西戎酋長。父滿洪，晉永嘉之亂據方頭，有虎據中原之志。降於石虎，以都督鎮關中。洪以讖文有『草付應王』，遂改姓苻氏，自稱大單于、三秦王。為麻秋所鴆，子健斬麻秋，嗣位。入關，都長安，稱天王，即帝位。始東晉永和六年，終太元十九年。七主，四十五年。後姚興滅之。

苻洪。立一年。

健。在位四年。僭號改元者一：皇始四。

生。健第三子。立二年，苻堅弑之。僭號改元者一：壽光一。

堅。洪侄之子。弑苻生自立，稱大秦天王大。舉寇晉，敗於淝水而還，為姚萇所殺。篡位二十九年，僭號改元者三：永興二，甘露六，建元二十一。

丕。堅長庶子。稱帝於晉陽，為晉將所殺。立一年，僭號改元者一：太安。

登。堅族孫。稱帝於隴東，為姚興所殺。立八年：太初八。

崇。丕之子。即帝位於湟中，為涼王乾歸所殺。立一年。

後秦五胡亂華之一

姚萇，赤亭羌人，世為羌酋。仕苻堅，為龍驤將軍。弑堅，自稱秦王，據長安。始東晉太元九年，終義熙十三年。三主，三十四年。晉劉裕滅之。

姚萇。在位十年，僭號改元者二：白雀二，建初八。

興。萇長子。在位二十二年，僭號改元者二：皇初五，始十七。

弘。興子。在位二年，降于劉裕，執送建康斬之。僭號改元者一：永和二。

又《西秦》　乞伏國仁。隴西鮮卑人，父司繁，降苻堅，使鎮勇士，尋卒。國仁代鎮。苻堅敗，自稱大單于秦河，闞州牧、苑川王，據金城。始東晉大元十年，終宋元嘉八年。四主，共四十七年。夏赫連定滅之。

乞伏國仁。在位三年，僭號改元者一：建義三。

乾歸。國仁弟。稱河南王、秦王，為兄子公府所殺。在位二十三年，僭號改元者二：太初二十，更始三。

熾盤。乾歸子。在位十七年，僭號改元者二：永康八，建弘九。

慕末。熾盤子。嗣立四年，赫連定滅之。僭號改元者一：永弘四。

又　卷首四《宋》　始武帝庚申篡晉自立，終順帝己未。八主，共六十年。蕭道成篡位滅之。

武帝。姓劉，名裕，小字寄奴，彭城人，楚漢元王交二十一世孫。誅桓玄，滅後秦、南燕。晉封宋公，進爵為王，遂篡晉而自立。承晉金德，以水德王，都建康。篡位三年，壽六十。改元者一：永初三。

少帝。廬陵王義真。文帝。彭城王義康。江夏王義恭。南郡王義宣。衡陽王義季。

少帝。名義符，小字車兵，武帝長子。在位一年，遊戲無度，為徐羨之所廢，壽十九。改元者一：昇平。

文帝。名義隆，小字車兒，武帝第三子。在位三十年，為太子邵所弑，壽四十七。改元者一：元嘉三十。

元兇劭。太子濬。孝武帝。南平王鑠。廬陵王紹。竟陵王誕。建平王宏。東海王禕。晉熙王昶。武昌王渾。明帝。建安王休仁。晉平王休祐。海陵王休茂。鄱陽王休業。臨慶王休倩。新野王夷甫。桂陽王休範。巴陵王休若。

劭。弑父自立，武帝殺之。僭號改元者一：太初。

孝武帝。名駿，小字道人，文帝子。在位十一年，壽三十五。改元者二：孝建三，大明八。

前廢帝。豫章王子尚。晉安王子勳。始平王子鸞。永嘉王子仁。始平王子真。邵陵王子元。淮南王子孟。晉陵王子雲。南海王子師。淮陽王子霄。東平王子嗣。齊敬王子羽。臨海王子頊。

廢帝。名子業，小字法師，孝武帝子。在位一年，湘東王彧使壽寂之弑之。壽十七，改元者一：永光。

明帝。名彧，文帝子。篡位八年，壽三十四，以妾與嬖幸李道兒有孕，取歸，生子繼位。改元者二：泰始七，泰豫一。

後廢帝。法良。順帝。劭陵王友。隨陽王翽。新興王嵩。始建王禧。

廢帝。名昱，明帝子，實李道兒之子。在位四年，壽十五。蕭道成令楊萬年弒之，追廢蒼梧王。改元者一：元徽。

順帝。名準，明帝子。蕭道成立之，在位三年，壽十一，為蕭道成所廢，尋弒之。改元者一：昇明。

又《齊》始高帝篡宋自立，終和帝。七主，共二十三年。蕭衍滅之。

高帝。姓蕭，名道成，小字鬬將，蘭陵人。仕宋為相國，封齊公，進爵為王。篡宋，廢順帝為汝陰王，尋弒之。承宋水德，以木德王，都建康。篡位四年，壽五十六，子十四。改元者一：建元。

武帝。豫章王嶷。臨川王映。長沙王晃。武陵王曅。安成王暠。鄱陽王鏘。桂陽王鑠。始興王鑑。江夏王鋒。南平王鋭。宜都王鏗。晉熙王銶。河東王鉉。

武帝。名賾，高帝子。在位十一年，子十八，壽五十四。改元者一：永明。

文惠太子子四：帝昭業、帝昭文、巴陵王昭秀、桂陽王昭粲。竟陵王子良。廬陵王子卿。魚復侯子響。安陸王子敬。晉安王子懋。隨郡王子隆。建安王子真。西陽王子明。南海王子罕。巴陵王子倫。邵陵王子貞。臨賀王子岳。衡陽王子峻。南康王子琳。永陽王子珉。湘東王子建。南野王子夏。

帝昭業。小字法身，武帝嫡孫。在位一年，為蕭鸞所弒，追廢鬱林王。壽二十一。改元者一：隆昌。

昭文。武帝孫。蕭鸞立之，在位一年，為鸞所弒，追廢海陵王。壽十五，改元者一：延興。

明帝。名鸞，高帝兄始安王道生之子。弒二帝而篡位，在位五年，壽五十七。改元者二：建武四，永泰一。

東昏侯寶卷。江夏王寶玄。鄱陽王寶寅。和帝。巴陵王寶義。晉熙王寶嵩。廬陵王寶源。邵陵王寶攸。桂陽王寶貞。

帝寶卷。明帝子。荒淫殘忍，蕭衍舉兵，奉南康王寶融即位於江陵。兵至建康，張濟入宮斬之，送首於蕭衍，追廢東昏侯。在位二年，壽十九。改元者一：永光。

和帝。名寶融，明帝子。在位一年，蕭衍篡位，廢為零陵王，尋弒之。壽十五，改元者一：中興。

又《梁》始武帝篡齊自立，終敬帝。四主，共五十五年。陳霸先篡位滅之。

武帝。姓蕭，名衍，小字練兒，南蘭陵人，與齊同姓。齊和帝封梁公，進爵為王，弒二帝，篡齊自立。承齊木德，以火德王。在位四十八年，侯景舉兵反，圍臺城。餒崩，壽八十六。十一子。改元者七：天監十八，普通七，大通二，中大通六，大同十一，中大同一，太清三。

簡文帝。西昌侯淵藻。臨汝侯淵。貞陽侯淵明。昭明太子統。豫章王綜。南康王績。廬陵王續。邵陵王綸。元帝。武陵王紀。

簡文帝。名綱，小字世讚，武帝子。在位二年，侯景廢為晉安王，尋弒之。壽四十九，十七子。改元者一：大寶。

哀太子大器。尋陽王大心。江陵王大欵。南海王大臨。南郡王大連。安陸王大春。桂陽王大成。宜都王大封。樂良王大圜。瀏陽王大雅。新興王大莊。西陽王大鈞。武寧王大威。皇子大訓。建平王大球。義安王大昕。汝寧王大摯

豫章王。名棟，昭明太子之孫。侯景立之，在位不久為景所篡。改元者一：天正。

元帝。名繹，小字七符，武帝子。討侯景，殺孫豫章王，即位于江陵。蕭詧引西魏圍江陵，城陷被執，遇弒。在位三年，壽四十七。改元者一：承聖。

忠烈世子方等。貞惠世子方諸。敬帝。愍懷太子方雉改名元良。始安王方略。

敬帝。名方智，元帝子。陳霸先立之，在位二年。為陳霸先所篡，封江陰王，尋弒之。改元者二：紹泰一，太平一。

又《陳》始武帝篡梁自立，終後主。五主，共三十三年。隋文帝滅之。

武帝。姓陳，名霸先，吳興人。仕梁，平侯景有功，封陳公，進爵為王。篡梁自立，承梁火德，以土德王。篡位三年，壽五十七。二子。改元者一：永定。

世子充。長城世子昌。

文帝。名蒨，武帝兄之子。在位七年，壽四十七。改元者二：天嘉六，太康一。子十。

廢帝。始興王伯茂。鄱陽王伯山。新安王伯固。晉安王伯恭。廬陵王伯仁。江夏王伯義。武陵王伯禮。永陽王伯智。桂陽王伯謀。

廢帝。名伯宗，文帝長子。為安成王頊廢為臨海王。在位二年，壽十九。子一。改元者一：光大。

太子至澤。

宣帝。名頊，武帝兄之子。廢臨海王自立，在位十四年，壽五十三。子三十一。改元者一：大建。

始興王叔陵。後主。豫章王叔英。長沙王叔堅。建安王叔卿。宜都王叔明。河東王叔獻。新蔡王叔齊。晉熙王叔文。淮南王叔彪。始興王叔重。尋陽王叔儼。兵陽王叔慎。義陽王叔達。巴山王叔雄。武昌王叔慶。湘東王叔平。臨賀王叔敖。陽山王叔宣。西陽王叔穆。南安王叔儉。南郡王叔澄。沅陵王叔興。岳山王叔韶。新興王叔純。巴東王叔謨。臨海王叔顯。新防王叔坦。新寧王叔隆。新昌王叔榮。太原王叔匡。

後主。名叔寶，小字黄奴，宣帝子。隋文帝伐之，為韓擒虎所執，詣長安，封長城縣公。子十一。在位七年，壽五十二。改元者二：至德四，禎明三。

又《北朝·元魏》 黄帝子昌意少子受封北土，有國焉。興於詰汾，詰汾生力微。力微孫猗盧，晉封為代王，傳至孫什翼犍，為苻犍所併。什翼犍孫拓跋珪復自立為代王，遷居定襄之盛樂，改稱魏王。後都平城，即帝位，以土德王。孝文改姓元氏，遷都洛陽，定為水德。上繼西晉金德。始道武帝丙戌即位，終孝武帝甲寅棄國西奔長安。十三主，共一百四十九年。分為東、西魏。

道武帝。姓拓跋，名珪，什翼犍孫。在位二十三年，為子清河王紹所弑。壽三十九，八子。改元者四：登國十，皇始二，天興六，天賜五。

明元帝。清河王紹。陽平王熙。河南王曜。河間王脩。長樂王處文。廣平王連。京兆王黎。

明元帝。名嗣，道武長子。在位十五年，壽三十二。七子。改元者三：永興五，神瑞二，泰常八。

太武帝。樂平王丕。安定王彌。樂安王範。建寧王崇。新興王俊。永昌王健。

太武帝。名燾，明元子。在位二十八年，壽四十五，為宦官宗愛所弑。六子。改元者六：始光四，神䴥四，延和三，大延四，太平真君十一，正平二。

太子晃十三子。晉王伏羅。東平王翰。臨淮王譚。廣陽王建。南安王余。

文成帝。名濬，太武嫡孫，太子晃之子。在位十四年，壽二十六。子六。改元者四：興安二，興光一，太安五，和平六。

獻文帝。安樂王長樂。廣川王略。齊郡王簡。河間王若。安豐王猛。

獻文帝。名弘，文成子。為馮太后所酖。在位六年，壽二十三。七子。改元者二：天安一，皇興五。

孝文帝。咸陽王禧。趙郡王幹。廣陵王羽。高陽王雍。彭城王勰。北海王詳。

孝文帝。名宏，獻文子。改姓元氏，遷都洛陽。在位二十九年，壽三十三。子七。改元者三：延興五，承明一，太和二十三。

宣武帝。廢太子恂。京兆王愉。清河王懌。廣平王懷。汝南王悦。皇子恌。

宣武帝。名恪，孝文子。在位十六年，壽三十三。魏業始衰，一子。改元者四：景明四，正始四，永平四，延昌四。

孝明帝。名詡，宣武子。六歲即位，胡太后臨朝，復為所酖。在位十三年，壽十九。改元者四：熙平二，神龜二，正光五，孝昌三。

釗。臨洮王寶之子。方三歲，太后立之。尒朱榮舉兵至洛，并胡太后沈之于河。

孝莊帝。名子攸，彭城王勰子。尒朱榮迎立，為尒朱兆所弑。在位二年，壽二十四。改元者一：永安。

東海王。名曄，大武曾孫。尒朱兆所立，又廢之。改元者一：建明。

節閔帝。名恭，獻文孫，廣陵王羽之子。尒朱世隆所立，高歡鴆之。在位二年，壽三十五。改元者一：普泰。

安定王。名朗，章武王融之子，太子晃之後。高歡所立，又廢之，尋見殺。改元者一：中興一。

孝武帝。名脩，孝文孫，廣平王懷之子。高歡所立，惡歡執政，西奔長安，依宇文泰，尋為泰所鴆。在位三年，壽二十五。改元者一：永熙。

東魏

據洛城，後遷鄴。始孝武帝西奔，甲寅高歡迎立孝靜帝，終庚午。一主，十七年。高洋篡位滅之。

孝靜帝。名善見，清河王懌之孫，亶之子。武帝出奔，高歡立之。歡子洋篡位，封中山王，尋弑之。在位十七年，壽二十八。改元者四：天平四，元象一，興和四，武定八。

又《西魏》 都長安，始孝武帝西奔，乙卯文帝即位，終恭帝。三主，共二十二年。宇文覺篡位滅之。

文帝。名寶炬，孝文帝孫，京兆王愉之子。宇文泰鴆孝武帝而立之，初封南陽王。在位十七年，壽四十五。改元者一：大統。

廢帝。名欽，文帝子。在位二年，不改元。宇文泰廢之。

恭帝。名廓，文帝子，廢帝弟。宇文泰立，復姓拓跋氏。在位三年，不改元。宇文泰子宇文覺篡位，尋為所弒。

又《北齊》 高姓，都鄴，即今河南彰德府。始文宣帝篡東魏自立，終幼主。五主，及安德王并高恒，共二十八年。周武帝滅之。

文宣帝。名洋，渤海人，東魏丞相高歡之子。篡東魏自立，在位十年，壽三十一。尊歡為神武皇帝，改元者一：天保。

廢帝。太原王紹德。范陽王紹義。西河王紹仁。隴西王紹廉。

廢帝。名殷，文宣子。常山王演廢為濟南王而篡其位，尋弒之。在位一年，壽十七。改元者一：乾明。

孝昭帝。名演，高歡第六子。篡廢帝自立，在位一年，壽二十七。改元者一：皇建。

樂陵王百年。汝南王彥理。

武成帝。名湛，高歡第九子，孝昭弟。在位四年，傳位太子緯。壽三十三。改元者二：太寧一，河清三。

後主。南陽王綽。琅琊王儼。齊安王廓。北平王貞。北平王仁英。淮南王仁光。

後主。名緯，武成太子。周武帝伐而執之，封温公，後賜死。在位十二年，壽二十三。改元者三：天統五，武平六，隆化一。

東平王恪。幼主。

安德王。名延宗，文宣兄高澄之子。後主被執，即位于太原，尋為周人所執，與後主同賜死。改元者一：德昌即隆化元年。

幼主。名恒，後主子。八歲即位，九歲殂。在位一年，改元者一：承光。

又《後周》 承北魏水德，以木德王。始閔帝篡西魏自立，終靜帝。五主，共二十四年。楊堅篡位滅之。

閔帝。姓宇文，名覺，小字陀羅尼，代郡武川人，西魏丞相宇文泰第三子。篡西魏自立，一年，不改元。為宇文護所弒。

文帝。姓宇文，名泰。十三子。

明帝。閔帝。武帝。衛剌王直。齊王憲。趙王招。陳王純。越王盛。代王達。滕王逌。譙王儉。冀康王通。宋公震。孝康一子。紀厲王康。

明帝。名毓，小字統萬突，宇文泰長子。在位二年，為宇文護所弒。元年不改元，二年改武成。

畢王賢。酆王貞。宋王實。

武帝。名邕，小字禰羅突，宇文泰第四子。誅宇文護，在位十八年，壽三十六。改元者四：保定五，天和六，建德六，宣政一。

宣帝。漢王贊。秦王贄。曹王允。道王充。蔡王兑。荆王元七王俱為隋文所誅。

宣帝。名贇，武帝長子。禪位太子闡，自稱天元皇帝。在位一年，壽二十二。改元者一：大成。

靜帝。萊王衎。郢王術。

靜帝。名衍，宣帝長子。為丞相楊堅所篡，封介公，尋遇害。在位三年，壽九歲。改元者二：大象二，大定一。

又《後梁》 始宣帝，終莒國公琮。三主，共三十三年。隋文帝滅之。

宣帝。名詧，梁武帝孫，昭明太子統之子。封岳陽王，與西魏攻害元帝。西魏立為梁王，資以荆州之地，遂稱帝于江陵。附庸于西魏，奉其正朔。在位七年，壽四十四。改元者一：大定七。

明帝。名巋，宣帝子。在位二十四年，壽四十四。改元者一：天保二十四。

莒國公。名琮，明帝子。隋文帝徵入朝，廢梁國，封莒國公，尋卒。在位二年，改元者一：廣運。

又《南北朝僭偽改元二十四人》 宋

太子劭太初二月。楚武昌王渾永光一月。晉安王子勳。義嘉八月。

齊

吳唐寓之興平二月。雍道晞。建義。

梁

鮮於琛上願。劉欽昑永漢。李賁天德四年。武陵紀天正一年。侯景。太始五月。

陳

梁永嘉王莊天啓二年。

魏

京兆王愉建平二月。破六韓拔陵真王一年。秦莫折念生天建一年。宋元法僧天啓二月。杜洛周真王一年。劉蠡升神嘉九月。鮮于脩禮魯興八月。齊葛榮廣安一年。齊蕭寶寅隆緒四月。劉獲天授一月。万俟醜奴神獸一月。劉刑果天統八月。

後周

齊

范陽王高紹義武平五月。

清・鍾淵映《歷代建元考》卷四　昭烈皇帝備，涿郡人，中山靖王後。以建安十九年甲午取益州。己亥，稱漢中王。辛丑，即皇帝位。三年癸卯，崩。改元一：章武三。

安樂思公禪，昭烈帝太子。以甲辰嗣立，在位四十三年。癸未，降于魏，改元四：建興十五，延熙二十，景耀六。以太史奏景星見改元，炎興元。

《三國志》評曰：禮，國君繼體，逾年改元，而章武之三年，則革稱建興，考之古義，體理為違。

右：後漢二帝，四十三年，通前二漢，四百五十五年。《宋書・五行志》：劉備卒，劉禪即位，亦未逾月而改元為建興。此言之不從也。習鑿齒曰：《禮》：「國君即位，逾年而後改元者。」緣臣子之心不忍一年而有二君也。今可謂亟而不知禮矣。君子是以知蜀之不能東遷也。後又降晉。吳孫亮、晉惠帝、宋元凶亦然。亮不終其位，惠帝號令非已，元凶尋誅，言不從也。

魏曹氏

世祖文皇帝丕，譙國人，武帝操之子。庚子，嗣魏王位，尋受漢禪稱帝。在位七年。丙午，殂。改元一：黃初七。

烈祖明皇帝叡，文帝子。以丁未嗣立，在位十三年。己未，殂。改元三：太和六，青龍四，景初三。

《魏紀》：青龍元年春正月甲申，青龍見摩陂井中。二月，帝如摩陂而觀龍，改元。

景初元年春正月壬辰，山茌縣言黃龍見。高堂隆以為魏得土德，故其瑞。黃龍見，宜改正朔，易服色，以神明其政。帝從其議。三月，下詔改元，以是月為孟夏，四月從地正也。三年冬十二月時，齊王已即位，詔復以建寅之月為正。

齊王芳，明帝養子。以庚申嗣立，在位十四年。癸酉，為司馬師所廢。改元二：正始九，嘉平五。

高貴鄉公髦，文帝孫，東海定王子。以甲戌嗣立，在位六年。己卯，以討司馬昭遇弑。改元二：正元二，甘露五。以甘露降改元。

元皇帝奐，武帝孫，燕王宇子。以庚辰嗣立，在位五年。乙酉，禪于晉。改元二：景元四，咸熙一。

右：魏，五主，四十六年。

附考

烈祖景初元年，遼東公孫淵自立為燕王，遣司馬懿擊斬之。淵改元一：紹漢。

吳孫氏

大皇帝權，吳郡富春人，武烈帝堅之子，長沙桓王策之弟。以漢末有江東，壬寅，改元。辛丑，稱帝。在位三十一年。辛未，殂。改元六：黃武七。以承漢為土德改元，黃龍三。以夏口武昌黃龍見改元，嘉禾六。以會稽南始平嘉禾生改元，赤烏十三，太元一，神鳳一。

《三國志》：秋八月，武昌言麒麟見。有司奏言麒麟者太平之應，宜改年號。詔曰：「間者赤烏集于殿前，朕所親見，若神靈以為嘉祥者，改年宜以赤烏為元。」羣臣奏曰：「昔武王伐紂，有赤烏之祥，君臣觀之，遂有天下，聖人書策載述最詳者，以為近事既嘉，親見又明也。」于是改元。

會稽王亮，大皇帝少子。以壬申嗣立，在位六年，為孫綝所廢。庚辰，歲凶，以謠言自殺。改元三：建興二，五鳳二，太平二。

《宋書・符瑞志》：孫亮建興二年十一月，大鳥五見于春申。吳人以為鳳凰，明年改元為五鳳。又曰：吳孫皓建衡三年，西苑有鳳凰集，以之改元，義同于亮。

景皇帝休，大皇帝第六子。封琅琊王，以戊寅嗣立，在位六年。甲申，殂。改元一：永安六。

歸命侯皓，大皇帝孫，故太子和之子。封烏程侯，以乙酉嗣立。庚子，降于晉。在位十七年。改元八：元興一，甘露一。時告蔣陵甘露降改元，寶鼎三。以所在得天鼎改元，建衡三，鳳凰三。以西苑言鳳凰集改元，天冊一。以掘地得銀冊改元，天璽一，天紀四。

《水經注》：孫皓天璽元年，吳郡上言，臨平湖自漢末穢塞，今更開通。又于湖邊得石函，中有小石，青白色，長四寸，廣二寸餘，刻作『皇帝』字。於是改天冊為天璽元年。

右：吳，四主，五十九年。

晉司馬氏

世祖武皇帝炎，河内温人，高祖宣帝懿孫，世宗景帝師從子，太祖文帝昭子。嗣立晉王，以乙酉受魏曹代禪。庚子，平吳。在位二十六年。庚戌，崩。改元四：泰始十，咸寧五，太康十，太熙元年即惠帝永熙元年。

宋令狐澄《大中遺事》：裴悼詩有太康字，宣宗曰：『太康失邦，何以此謂我？』宰執奏：『晉武帝改元太康。』曰：『天子須博覽，不然幾錯罪悼。』由是躭味經史，夜觀書不休。宮中竊目上為老博士。

孝惠皇帝衷，世祖太子。以庚戌嗣立，在位十六年。丙寅，崩。改元十：永熙一，永平旋改元康，元康九，永康一，永寧一，太安二，永安成都王改建武，建武旋改永興，永興二，光熙一。

永康二年，趙王倫篡位，尊帝為太上皇。尋反正，倫誅。改元一：建始。

孝懷皇帝熾，武帝子。封豫章王，立為太弟。以丙寅嗣立，在位五年。辛未，洛陽陷，遷于平陽。復二年，被弒。改元一：永嘉。

孝愍皇帝業，武帝孫，吳王晏子。以癸酉立于長安。四年丙子，長安陷。丁丑，遇害。改元一：建興四。

右：西晉四帝，五十二年。

中宗元皇帝睿，高祖宣帝懿曾孫，瑯琊王覲子。襲封，鎮建業。以丁丑稱晉王，戊寅卽皇帝位。在位六年，壬午崩。改元三：建武一，大興四，永昌一。

南陽王元保，宣帝懿弟，高密王泰之孫。大興二年，稱晉王于岐山，後為其將張春所弒。改元一：建康。

肅宗明皇帝紹，中宗太子。以癸未嗣立，在位三年。辛酉，崩。改元一：太寧三。

顯宗成皇帝衍，肅宗太子。以丙戌嗣立，在位十七年。壬寅，崩。改元二：咸和九，咸康八。

康皇帝岳，顯宗母弟。封琅琊王，以癸卯嗣立，明年崩。改元一：建元二。

《晉帝紀》：或謂庾冰曰：『郭璞讖云「立始之際岳山傾」，立者，建也；始者，元也；岳山，諱也。』冰瞿然，既而歎曰：『如有吉凶，豈改易所能救乎？』至是果驗。

孝宗穆皇帝聃，康帝子。以乙巳嗣立，時方一歲，在位十七年。辛酉，崩。改元二：永和十二，升平五。

哀皇帝丕，顯宗子。以壬戌嗣立，在位四年。乙丑，崩。改元二：隆和一，興寧三。

唐陸勳《集異志》曰：晉哀帝隆和初，童謠曰：『升平不滿斗，隆和那得久。桓公入石頭，陛下徒出走。』朝廷聞而惡之，改年曰興寧。人復歌曰：『雖復改興寧，亦自無聊生。』哀帝尋崩。升平五年而穆帝崩，不滿斗，升平不至十年也。

海西公奕，哀帝母弟。以丙寅嗣立，在位六年。辛未，為桓温所廢。後薨于吳。改元一：太和。

太宗簡文皇帝昱，中宗少子。封會稽王，以辛未卽位。二年壬申，崩。改元一：咸安。

烈宗孝武皇帝曜，太宗太子。以癸酉嗣立，在位二十四年。丙申，崩。改元二：寧康三，太元二十一。

安皇帝德宗，烈宗太子。以丁酉嗣立，癸卯為桓玄所篡，甲辰，反正。二十二年戊午，為劉裕所弒。改元三：隆安五，元興三，義熙十四。

《晉五行志》曰：桓玄初改年為大亨，遐邇讙言曰『二月了』，故義謀以仲春發也。

愚按：元興元年桓玄改為大亨矣，及篡位，建元永始。後並黜之，但稱元興年。

恭皇帝德文，安帝母弟。封琅琊王，以己未嗣立。二年戊申，禪于宋。辛酉，遇弑。改元一：元熙二。

右：東晉，十一帝，一百四年。通計兩晉一百五十六年。

附考

惠帝永寧元年，益州刺史趙廞自稱益州牧，氐帥李特討平之，僞元一：太平見《晉春秋》。

惠帝太安二年，義陽蠻張昌據江夏，奉山都縣吏丘沈為主，詐稱漢後。陶侃討平之。僞元一：神鳳。

海西公太和五年，廣漢妖賊李金銀、李弘詐稱漢歸義侯勢之子，自立為聖王。益州刺史周楚討平之。僞元一：鳳凰。

安帝元興二年，楚王桓玄廢帝為平固王，自稱楚帝。明年，劉裕等起兵討誅之。僞元一：永始。

《晉書·玄傳》曰：初出僞詔，改年為建始。右丞王悠之曰：『建始，趙王倫僞號也。』又改為永始，復是王莽始執權之歲。其兆號不祥，冥符僭逆如此。

愚按：王氏《玉海》載桓謙有天康、天安二號。謙自桓玄誅後未嘗僭立，豈惡元興之號改立年名，而前史微之不載邪？然亦不應遽有二號，從《晉書》及《通鑑》可也。

又 卷五 東晉列國考

漢劉氏。後改號趙。

高祖光文皇帝淵，新興匈奴人。以晉永興元年甲子起兵離石，自稱漢王。戊辰稱帝，徙都平陽。在位六年。庚午，殂。太子和立，為弟聰所殺。改元三：元熙四，永鳳一，河瑞一。以得玉璽于河改元。

烈宗昭武皇帝，聰淵第四子。封楚王，庚午，殺太子和自立。辛未，陷洛陽。丙子，陷長安。在位九年。戊寅，殂。改元四：光興一，嘉平四，建元一，麟嘉三。

少主粲，聰太子。以戊寅自立，為靳準所弑。改元一：漢昌。

趙主曜，淵族子。封中山王，進封秦王，以戊寅即位于赤壁。滅靳準，改國號趙，徙都長安。在位十一年。戊子，為石勒所執，遇害。明年，勒兵平上邽，盡滅劉氏。曜改元一：光初十二。

《魏書》云：曜得黑兔，改元太和。按：石勒改元太和，疆埸相接，必無與曜同之理。蓋魏收之誤，不取。

光初三年己酉，句渠知叛，自稱大秦。曜遣遊子平逐之。句渠知改元一：平趙。

右：漢趙劉氏，四主，二十七年。

後趙石氏。魏冉閔附。

高祖明皇帝勒，上黨武鄉羯人。始起兵，附劉氏，累封趙公。以己卯稱趙王。元年庚寅，稱天王，尋稱帝，都襄國。在位十四年，癸巳，殂。改元二：太和二，建平三。

海陽王，弘勒太子。以甲午嗣立，為石虎所廢，遇害。改元一：延熙元。

太祖武皇帝虎，勒從子，一云從弟。封中山王，累王魏。以乙未自立，稱天皇，徙都鄴。己酉，稱帝，殂。在位十五年。改元二：建武十四，太寧。

《考異》曰：『《三十國晉春秋》：虎即位，改元永熙。』陳鴻《大統曆》云：『石虎即位，改建平五年為延興，明年改建武。』按：《三十國晉春秋》不記改元延熙，虎之立，實延熙元年也。故誤云永熙。弘既號延熙，虎安肯稱永熙？陳鴻云『虎改建平五年為延興』，即是弘逾年不改元也，恐鴻説誤。

建武三年，安定王子光自稱大皇帝，尋討平之。僞元一：龍興。

城王遵，虎之子。以己酉殺太子世，自立。在位一百八十三日，為冉閔所弑。

義陽王鑒，虎之子。以己酉為冉閔所立，旋廢，弑之，盡滅石氏。凡立一百三日，改元一：青龍。

新興王祗，虎之子。以庚戌嗣立於襄國。二年，為其將劉顯所弑，降于冉閔。改元一：永寧二。

魏武悼天王冉閔，魏郡內黃人，虎之養孫。以庚戌盡滅石氏，稱帝三年。壬子，為燕慕容儁所殺。改元一：永興。

右後趙石氏，二主，五子，三十三年，冉閔三年。

成李氏。後改號漢。

始祖景皇帝特，巴西宕渠人。以晉惠帝太安元年據廣漢，稱益州牧。

明年癸亥，改元。為羅尚所殺，雄立，追上謚號。建初。

太宗成，皇帝雄特之子。以甲子稱成都王，丙寅稱帝。在位三十年。甲午，殂。兄子班立，為雄子期所弒。雄改元三：建興二，晏平五，玉衡二十四。

《通鑑考異》曰：『《十六國春秋目錄》：雄年號建興二，晏平五，與《華陽國志》同。今從之諸書，雄改元晏平，無大武年號。惟《晉載記》改元大武，無晏平年號。』按：雄國號大成，《魏書·雄傳》云：『雄稱帝號大成，改元晏平。』故《三十國春秋》誤云大成，《載紀》傳寫誤為大武。今從諸書，去大武之號。

哀皇帝班，雄兄蕩之子。立為太子，以甲午嗣立。為期所弒，謚戾太子。壽立，追謚不改元。

卬都幽公期，雄子。以乙未自立，在位四年，為李壽所廢。改元一：玉恒四。

愚按：李雄改元玉衡，其子立，復改玉恒。衡與恒，音相近，其義安取弘？《華陽國志》無玉衡，有玉恒。豈玉衡為期所改，而紀載傳訛，誤以為雄耶？抑或期未嘗改元，如五代諸君仍稱先號者耶？無從考質，姑據温公所載書之。

漢中宗昭文皇帝壽，特弟，驤之子。累封漢王，以戊戌廢期自立，改國號漢。在位六年。癸卯，殂。改元一：漢興。

歸義侯勢，壽太子。以甲辰嗣立，在位四年。丁未，降於桓温，李氏亡。勢改元二：太和二，嘉寧二。

右：成漢李氏，五主，四十三年。

秦苻氏

高祖景明皇帝健，畧陽臨渭氐人，太祖惠武帝洪之子。洪卒，嗣統其衆。以晉永和七年辛亥稱天王。壬子，稱帝，都長安。在位五年，殂。改元一：皇始四。

皇始二年，張琚殺杜洪，自立為秦王，屯于宜秋。健遣兵滅之，琚改元一：建昌。

越厲王生，健太子。以乙卯嗣立。三年丁巳，為東海王堅所弒。改元一：壽光。

《載記》：『羣臣奏曰：「未逾年而改元，非禮也。」生怒，窮推議主，得右僕射段紀，殺之。』

世祖宣昭皇帝堅，健弟，雄之子。以丁巳卽位，癸未伐晉，敗還。乙酉出奔五將山，為姚萇所弒。改元三：永興二，甘露六，建元二十。

建元十年，蜀人張育起兵圍成都，自稱蜀王。遣鄧羌討平之。育改元一：黑龍。

哀平皇帝丕，堅庶長子。封長樂公，以乙酉立于晉陽。明年為慕容永所敗，襲洛陽。晉將馮該擊殺之。在位二年，改元一：太安。

太宗高皇帝登，堅疎族。封南安王，以丙戌立於隴東。在位九年。甲午，為姚興所敗。改元一：太初八。

末主崇，登太子。以甲午奔湟中，卽位。冬為乞伏乾歸所殺，秦亡。崇改元一：延初。

太初八年，丞相竇沖叛，自稱秦王，討之不克。後為姚氏所滅。沖改元一：元光。

右：秦苻氏，六主，四十四年。

燕慕容氏

烈祖景昭皇帝儁，昌黎棘城鮮卑人，高祖武宣帝廆之孫，太祖文明帝皝之子。以晉永和五年己酉嗣父燕王位，稱元年。壬子，稱帝，徙都鄴。在帝位八年。庚申，殂。改元二：元璽五。以詐稱得傳國璽改元，光壽三。

幽皇帝暐，儁太子。以庚申嗣立。十一年庚午，為苻秦所執，封新興侯，後以謀叛誅。改元一：建熙十一。

右：燕，二主，建號十九年。通前遼東公廆、燕王皝，共八十五年。

後燕慕容氏、高雲附

世祖成武皇帝垂，太祖文明帝皝之子。初封吳王，奔秦。以晉太元九年甲申起兵，稱燕王元年。丙戌，稱帝，都中山。在位十三年。丙申，以伐魏殂於土谷。改元一：建興十。

丁零王翟遼，以戊子據滑臺，自稱魏天王。辛卯，卒。改元一：建元。

翟釗，遼之子。以辛卯襲父位，明年垂兵襲之，釗奔長子，後為慕容永所殺。改元一：神鼎一作定鼎。

列宗惠閔皇帝寶，垂太子。以丙申嗣立，丁酉魏人攻中山，奔和龍，戊戌為臣蘭汗所弒。在位三年。改元一：永康。

永康三年，蘭汗弒烈宗，自立為昌黎王。長樂公盛討平之。汗改元一：青龍。

開封公詳，以丁酉留守中山，自稱帝。三月為慕容麟所殺。改元一：建始。

趙王麟，垂子。以丁酉殺慕容詳自立，敗奔鄴，後為慕容德所殺。偽元一：延平。

中宗昭武皇帝盛，寶庶長子。封長樂王，以戊戌討賊嗣立。四年辛丑，段璣作亂被傷殂。改元二：建平一，長樂二。

昭文皇帝熙，垂裴長子少子。封河間王，以辛丑討賊立。丁未，為寶養子高雲所弒。在位七年。改元二：光始六，建始一。即高雲正始元年。

惠懿帝高雲，寶養子，本高句麗支庶。以丁未為馮跋等所立。三年己酉，幸臣離班姚仁殺之。改元一：正始。

右：後燕慕容氏，四主，二十四年，高雲三年。

西燕

濟北王慕容泓，儁之子。以晉太元九年甲申起兵攻秦，旋為其臣高蓋所殺。改元一：燕興。

威帝沖，儁之子。以故中山王同泓起兵，為高蓋所立。乙酉稱帝于阿房，明年為其下所殺。改元一：更始。

段隨，慕容沖將。為其下所立，慕容恒、慕容永殺之。改元一：昌平。

慕容覬，故宜都王桓子。為慕容恒所立，恒弟韜殺之于臨晉。改元一：建明。

慕容瑤，沖之子。慕容恒立之，為慕容永所殺。改元一：建平。

慕容忠，泓之子。永立之，為其下刁雲所殺。改元一：建武。

慕容永，廆弟運之孫。以丙戌稱帝于長子。九年甲午，為垂所滅。改元一：中興。

右：西燕，凡七易主，唯慕容永九年。

南燕慕容氏

世宗獻武皇帝備德，本名德，太祖文明帝皝少子。封范陽王，以戊戌歲據滑臺稱燕王，元年庚子拔廣固，都之，稱帝。乙巳，殂。在位五年。改元一：建平六。

北海王超，德兄北海王納之子。以乙巳嗣立，六年庚戌，廣固陷，為晉劉裕所殺。改元一：太上。

右：南燕，二世，十二年。

後秦姚氏

太祖昭武皇帝萇，南安赤亭羌人，始祖景元帝弋仲子，魏武王襄弟。仕苻氏為龍驤將軍，以甲申叛秦稱王。丙戌，稱帝，改長安為常安，都之。在位十年。癸巳，殂。改元二：白雀二，建初八。

高祖文恒皇帝興，萇太子。以甲午嗣立，在位二十二年。丙辰，殂。改元二：皇初，弘始十七　以降稱王改元。

後主泓，興太子。以丙辰嗣立。丁巳，降晉，劉裕遇害于建康。在位二年。改元一：永和。

右：後秦，三主，三十四年。

夏赫連氏

世祖武烈皇帝勃勃，匈奴劉衛辰之子。仕姚秦，封五原公。以丁未稱大夏天王，都統萬。己未，稱帝。在位十八年。乙丑，殂。改元四：龍昇六，鳳翔五，昌武一，真興六。

秦王昌，勃勃次子。以乙丑嗣立，在位四年。戊辰，為魏所獲。改元一：承光三。《魏書》作永光。

平康王定，昌之弟。以戊辰立于平涼，四年辛未，為吐谷渾王慕璝執送于魏，被殺。改元一：勝光。

右：夏赫連氏，三主，二十六年。

北燕馮氏

太祖文成皇帝跋，長樂信都人。以慕容熙建始元年丁未擁立高雲，己酉雲被弒，跋討殺離班，稱天王于和龍。在位二十三年。庚午，殂。改元一：太平。

昭成皇帝弘，跋之弟。以庚午殺跋太子翼自立，在位六年。己卯，為魏所逼，奔高麗，後二年被殺。改元一：大興。

右：北燕，二主，二十八年。

涼張氏。悼公世子大豫附。

武穆公軌，安定烏氏人。以永寧元年為涼州刺史。建寧二年，封西平公。在州十三年、甲戌，薨。私謚武。

元公寔，軌世子。以建興二年襲位，在位六年、庚辰。為妖人劉弘所殺。私謚昭。

建興自五年至八年。一作改元永安。

《晉書列傳》曰：元帝卽位于建鄴，改元大興。寔猶稱建興六年，不從中興之所改也。

成烈公茂，寔弟。以大興四年襲西平公位，趙劉曜拜涼王。在位五年、甲申，薨。私謚成。

建興自九年至十二年。一作改元永元。

忠成公駿，寔世子。以太寧元年嗣立，在位二十三年、丙午。薨。私謚文王。

建興自十三年至三十四年。一作改元太元。

《晉書列傳》曰：太寧元年，駿猶稱建興十二年。會有黃龍見于揖次之嘉泉，右長史汜禕言於駿曰：『案建興之年，是少帝始起之號。帝以凶終，理應改易。朝廷越在江南，音問隔絶，宜因龍改號，以章休徵。』駿不從。

咸和八年，駿上疏稱臣而不奉正朔，猶稱建興二十一年。

敬烈公重華，駿世子。以永和二年嗣立，在位十一年、癸丑，薨。私謚桓。

建興自三十五年至四十一年。一作改元稱永樂。

長寧侯祚，重華庶兄。癸丑，重華薨，廢其子哀公曜靈自立。甲寅，稱帝。乙卯，宋混起兵殺之。改元一：和平。

敬悼公玄靚，曜靈弟。張瓘等推為涼王，在位九年，為叔天錫所弒。私謚沖。

建興自四十三年至四十八年。一作改元太始。

《晉書列傳》曰：玄靚既立，廢和平之號，復稱建興四十九年。及天錫專掌朝政，改建興四十九年，奉升平之號。

悼公天錫，駿少子。以興寧元年自立，始奉江東正朔。在位十三年。丙子，降于苻秦。後淝水之戰歸晉，復拜西平公。卒。

升平東晉穆帝號天錫奉之。一作改元太清。

按：張氏世為晉藩，至奉西朝正朔，垂五十年。其僭立改元者，長寧侯祚耳。而小説相傳，載有五號。考之《晉書》及《北魏書》，並無其事。惟宋龔頴《運歷圖》載之，因書其，所奉晉朝正朔，而附注于下，以俟考。

涼王大豫，故天錫世子。天錫南奔，大豫亡至河西，起兵攻呂光，據陽塢，自稱涼州牧、涼王。兵敗為光所殺。改元一：鳳凰。

右：涼西平公張氏，八世，七十八年。

後涼呂氏

太祖懿武皇帝光，略陽氐人。父婆樓，苻秦太尉。光累遷驃騎將軍，率兵平西域，以乙酉還，據涼州。丙戌，聞秦世祖堅亡，稱涼州牧、酒泉公。己丑，稱三河王。乙未，稱天王。己亥，稱太上皇，傳位太子紹，殂。在位十三年。改元四：大安三，麟嘉七，龍飛三，承康一。

隱王紹，光太子。以己亥嗣立，光殂為庶兄纂所弒。不改元。

靈帝纂，光庶子。封太原公，以己亥篡立。為呂超所殺。在位一年。改元一：咸寧。

《述異記》：呂光承康元年有鬼叫於都街，曰：『兄弟相滅百姓斃。』徼吏尋視之，則無頭鬼。其年，光死，子紹代之。五日，紹庶兄纂殺紹，自立。據此，則呂光尚有承康一號，而正史逸之矣。今補入。

建康公隆，光弟，寶之子。以辛丑卽天王位。三年癸卯，納地於姚秦。改元一：神鼎三。以番禾得小鼎紀元。

右：後涼呂氏，三主，十八年。

南涼禿髮氏

烈祖武王烏孤，河西鮮卑人。以晉安帝隆安元年丁酉稱西平王。后改稱武威王，居樂都。三年己亥，卒。改元一：太初。

康王利鹿孤，烏孤弟。以己亥襲位，稱河西王。三年壬寅，卒。改元一：建和。

景王傉檀，利鹿孤弟。以壬寅襲位，更稱涼王。甲辰，去年號，奉姚秦。戊申，復稱涼王。甲寅，降於乞伏氏。遇酖，卒。改元二：弘昌三；嘉平七。

右：南涼禿髮氏，三世，十九年。

北涼沮渠氏前附段業

涼王段業，京兆人。涼呂氏建康太守，以丁酉稱涼州牧、建康公。己亥，稱涼王。辛丑，為沮渠蒙遜所弒。改元二：神璽二，天璽二。一作六璽。

太祖武宣王沮渠蒙遜，臨松盧水胡人。始起兵奉段業。辛丑，弒業，自稱涼州牧。壬子，稱西河王。辛未，稱涼王，都姑臧。在位三十年，卒。改元四：永安十，玄始十五，承玄三，義和。

哀王牧犍，蒙遜子。以癸酉嗣立，在位七年。庚寅，降于魏，北涼亡。改元一：永和七。

右：北涼沮渠氏，二世，三十九年。

西涼李氏

太祖武昭王暠，隴西成紀人。為段業效穀令。以庚子稱涼州牧、涼公，都燉煌，徙酒泉。在位十八年。丁巳，卒。改元二：庚子五，建初三。

涼公歆，暠世子。以丁巳嗣立。三年庚申，為蒙遜所殺，國亡。改元一：嘉興。

涼李恂，暠子。以庚申據燉煌，稱涼州刺史。明年，為蒙遜所殺。改元一：永建。

右：西涼李氏，二世，二十四年。

西秦乞伏氏

烈祖宣烈王國仁，隴西鮮卑人。始事秦世祖堅，以乙酉稱大單于，尋稱苑川王。在位四年。戊子，殂。改元一：建義三。

高祖武元王乾歸，國仁弟。以戊子嗣，稱河南王。前秦封梁王。八年，改稱西秦王。為姚秦所敗，降于禿髮氏。尋歸姚氏，復逃還苑川。己酉，復稱秦王。前後二十四年。壬子，為國仁子公府所弒。改元二：太初十三，更始二。

太祖文昭王熾盤，乾歸世子。以壬子嗣立，在位十六年。戊辰，殂。改元二：永康八，建弘八。

王慕末，熾盤世子。以戊辰嗣立，在位三年。壬申，為夏主赫連定所殺，國亡。改元一：永弘三。

右：西秦乞伏氏，四主，四十六年。

南朝

宋劉氏

高祖武皇帝裕，彭城人，漢楚元王後。晉下邳太守，安帝時起兵誅桓玄，封宋王。以庚申受晉禪。在位三年。壬戌，崩。改元一：永初。

營陽王義符，高祖太子。以壬戌嗣立。二年甲子，徐羨之等廢，弒之。改元一：景平二。

太祖文皇帝義隆，高祖三子。封宜都王，以甲子入立。在位三十年。癸巳，為太子劭所弒。改元一：元嘉三十。

元嘉三十年，太子劭弒帝自立。武陵王討誅之。偽元一：太初。

世祖孝武皇帝駿，太祖第三子。封武陵王，以甲午討逆，嗣立。在位十一年。甲辰，崩。改元二：孝建三，大明八。

孝建元年，豫州刺史魯爽竊造法服，登壇自號建平元年，扳南郡王義宣為天子，遂同反。被誅。

孝建二年，雍州刺史、武昌王渾與左右作檄文，自號楚王，改元永光，以為戲笑。廢為庶人，逼令自殺。

宋史繩祖《學齋占畢》曰：「《馮鏗事始》載：後魏孝莊時用錢稍薄。高道穆曰：『論今復古，宜改鑄大錢，文載年號，以記其始。』鏗遂以錢載年號始於此。」愚按：杜佑《通典·歷敘古今錢幣之制》載：宋武帝孝建初，鑄四銖錢。文曰『孝建』，一邊文曰『四銖』。則是錢載年號，實始于宋武孝建也。孝建元年，甲午，距後魏孝莊永安二年己酉鑄永安五銖錢之歲，凡七十有六年。紀載昭昭，豈可謂始于永安？鏗讀書不精，誤以高恭之奏請載年號，以記其事始，遂以為事始于此。不知高之奏乃謂改鑄大錢年分之始，非事始也。此固可笑矣。又舍中國正統之年號事始，取諸北狄偏閏之朝，見識何汙下耶？

廢帝子業，世祖太子。以甲辰嗣立。元年乙巳，遇弒。改元二：永光旋改景和，景和太宗改泰始。

太宗明皇帝彧，太祖第十一子。封湘東王，以乙巳立，在位八年。壬子，崩。改元二：泰始七，泰豫一。

晉安王子勳，世祖子。以泰始二年即位潯陽，兵敗遇害。改元一：義嘉。

蒼梧王昱，明帝子。以癸丑嗣立。四年丁巳，被弒。改元一：元徽四。

順皇帝準，明帝三子。封安成王，以丁巳為蕭道成所立。三年己未，禪于齊，被弒。改元一：昇明三。

右宋八主，五十九年。

附考

太祖元嘉九年，蜀賊趙廣推道人枹罕程道養為蜀王，偽稱司馬氏。裴明等討平之。偽元一：泰始。

太祖元嘉十三年，仇池氏王楊難當自稱大秦王，兵敗奔魏。改元一：建義。

齊蕭氏

太祖高皇帝道成，南蘭陵人。仕宋，累封齊王。以己未受禪，在位四年。壬戌，崩。改元一：建元三。

世祖武皇帝頤，太祖太子。以壬戌嗣立，在位十二年。癸酉，崩。改元一：永明十一。

鬱林王昭業，世祖孫，文惠太子子。立為太孫，以癸酉嗣立。元年甲戌，西昌侯廢弒之。改元一：隆昌。

《海陵王紀》：『史臣曰：郭璞稱永昌之名，有二日之像，而隆昌之號亦同焉。』案：漢中平六年，獻帝即位，便改元為光熹。張讓、段珪誅後，改元為昭寧。董卓輔政，改元為永漢。一歲四號也。晉惠帝太安二年，長沙王事敗，成都王穎改元為永安。穎自鄴奪駕，河間王顒復改元永興。一歲三號也。隆昌、延興、建武，亦三改年號。故知防亂之軌迹，雖千載而必同矣。

海陵恭王昭文，鬱林王弟。以甲戌為西昌侯鸞所立，旋廢。改元一：延興。

高宗明皇帝鸞，太祖從子。以甲戌自立，在位五年。戊寅，崩。改元二：建武四，永泰一。

東昏侯寶卷，高宗太子。以己卯嗣立，在位三年。辛巳，遇弒。改元一：永元三。

和皇帝寶融，高宗子。封南康王，以辛丑即位於荊州。明年，禪于梁，遇害。改元一：中興。

右：齊，七主，二十二年。

附考

世祖永明四年，富陽民唐寓之反，稱帝于錢塘。禁兵討平之。偽元一：興平。

東昏侯永元二年，巴西民雍道晞反，自稱鎮西將軍。益州兵與郡兵合擊，平之。偽元一：建義。

梁蕭氏

高祖武皇帝衍，南蘭陵人，與齊同族。始舉兵攻東昏，和帝封梁王。以壬午受禪，在位四十八年。己巳，為侯景所幽，崩。改元七：天監十八，普通七，大通二，中大通六，大同十一，中大同二，太清二。

太清二年，臨賀王正德叛。侯景立為帝。明年，廢而殺之。偽元一：正平。

太宗簡文皇帝綱，高祖第三子。初封晉安王，立為太子，以己巳嗣立。二年辛未，侯景廢而弒之。改元一：大寶。

豫章王棟，高祖曾孫，昭明太子孫，華容公歡子。以辛未為侯景所立，尋廢。湘東王使人殺之。改元一：天正。

武陵王紀，高祖子。以壬申即位于蜀。癸酉，兵敗，為元帝所殺。改元一：天正。

《南史列傳》：紀僭號於蜀，改元曰天正，暗與蕭棟同名，識者尤之。按：棟以辛未廢，而紀以次年壬申即位於蜀，因仍其號。若自以為繼統之正者，如後漢高祖自立於晉陽，托言未忍忘晉，又惡開運之號，乃改稱天福。閏位無紀，紛雜乖錯，誠如歐陽所譏也。

世祖孝元皇帝繹，高祖第七子。封湘東王，以壬申誅景嗣位於江陵。三年甲戌，西魏入寇，遇害。改元一：承聖。

建安公淵明，高祖從子。齊人納之于梁。乙亥，王僧辨立之，尋復位於敬帝，卒。改元一：天成。

敬皇帝方智，世祖第九子。封晉安王，以甲戌稱梁王。乙亥，嗣立。三年丁丑，禪于陳。遇害。改元二：紹泰一，太平二。

永嘉王莊，世祖孫。以戊寅歲王琳自齊迎立，居郢州。庚辰，伐陳兵敗，奔齊，卒于鄴。改元一：天啓。

右：梁，四主，五十六年。

附考

中宗宣皇帝詧，高祖孫，昭明太子統之第三子。初封岳陽王，以承聖三年甲戌魏人立之於江陵。在位八年。壬午，殂。改元一：大定。

世宗孝明皇帝巋，中宗太子。以壬午嗣立，在位二十二年。乙巳，殂。改元一：天保二十二。

莒公琮，世宗太子。以乙巳嗣立。二年丁未，入朝於隋，被廢，國亡。改元一：廣運。

《北史》：琮年號廣運，有識者曰：『運之為字，軍走也。吾君其奔走乎？』

右：後梁，三主，三十三年。

附考

高祖大同元年，鄱陽妖賊鮮于琛作亂，內使陸襄討擒之。偽元一：上願。

高祖大同八年，安成望族劉敬躬據郡反，湘東王遣兵平之。偽元一：永漢。

高祖大同十年，交阯李賁自稱越王。至中大同元年，討。平之。偽元一：大德。

太宗大寶二年，侯景自稱漢皇帝。明年，王僧辨等進兵討之。走至吳，為其下所殺。偽元一：太始。

按：《梁書·陳慶之傳》：大通元年，沙門僧強自稱為帝，攻陷北徐州。其改元無考。時帝方崇信釋氏，捨身同泰。而沙門亦妄竊鴻名，蓋沴之召也。

陳陳氏

高祖武皇帝霸先，吳興長城人。梁末進封陳王，以丁丑受禪，在位三年。己卯，崩。改元一：永定。

世祖文皇帝蒨，高祖從子。封臨川王，以己卯嗣立，在位六年。丙戌，崩。改元二：天嘉六，天康一。

臨海王伯宗，世祖太子。以丙戌嗣立，在位二年。己丑，為安成王頊所廢。改元一：光大。

高宗宣皇帝頊，高祖從子。封安成王，以戊子自立，在位十三年。壬寅，崩。改元一：太建。

長城煬公叔寶，高宗太子。以壬寅嗣立。七年己酉，降于隋軍，國亡。改元二：至德四，禎明三。

右：陳，五主，三十一年。

又 卷六《北朝》 魏拓跋氏改氏元

高祖昭成皇帝什翼犍，其先世為鮮卑酋長。至穆帝猗盧，晉封代王。傳平文帝、煬帝、烈帝、惠帝，臣晉。咸康四年戊戌，什翼犍嗣立，始建年號。三十九年丙子，為子寔君所弒。國破于於苻秦，拓跋氏中絶。

建國三十九

太祖道武皇帝珪，昭成帝嫡孫，世子寔之子。以丙戌即代王位，改稱魏王。十三年戊戌，取燕，即帝位，始定國號。又十二年己酉，為子紹所弒。改元四：登國十，皇始二，天興六，天賜四。

太宗明元皇帝嗣，太祖子。以己酉討紹嗣立，在位十五年。癸亥，殂。改元三：永興五，神瑞四，泰常七。

《魏書》：神瑞元年春正月辛酉，以禎瑞頻集，大赦改元。

世祖大武皇帝燾，太宗長子。以甲子嗣立，在位二十九年。為宗愛所弒。改元六：始光四，神䴥四，太延五，延和三，太平真君十一，正平。

太平真君元年六月丁丑，皇孫濬生，大赦，改元，取寇謙之神書，云輔佐北方太平真君是也。

南安隱王余，世祖子。壬辰，宗愛立之，旋為所弒。改元一：承平。

《通鑑考異》曰：『《宋索虜傳》：燾以烏亦旴用以為太子。會燾死，使嬖人宗愛立博真為後，宗愛、博真恐為弈肝所危，矯殺之而自立，號年承平。博真懦弱，不為國人所附，晃子濬字烏雷直勤，素為燾所愛，燕王會國人曰：『博真非正，不宜立，直勒嫡孫，應立耳。』乃殺博真及宗愛，而立濬為主，號年為正平。與《後魏書》不同。又云在位二十八年，皆《宋書》之誤也。

高宗文成皇帝濬，世祖嫡孫，太子恭宗晃之子。以壬辰誅宗愛嗣立，在位十四年。乙巳，殂。改元四：興安三，興光元，太安四，和平六。

顯祖獻文皇帝弘，高宗太子。以乙巳嗣立，在位七年。辛亥，禪于太子，自稱太上皇。又五年，殂。改元二：天安二，皇興五。

高祖孝文皇帝宏，顯祖太子。以辛亥受禪立。後遷都洛陽，改姓元。在位二十九年。乙卯，崩。改元三：延興四，承明一，太和二十二。

世宗宣武皇帝恪，高祖太子。以己卯嗣立，在位十七年。乙未，殂。改元四：景明四，正始四，永平四，延昌。

文景帝愉，高祖子。封京兆王，以世宗永平元年舉兵于信都，稱帝。兵敗，賜死。後子南陽王寶炬立于長安，追上謚號。改元一：建平。

肅宗孝明皇帝詡，世宗太子。以乙未嗣立，在位十四年。戊申，為母胡太后所酖，殂。改元五：熙平二，神龜二，正光五，孝昌二，武泰一。潘貴嬪生女胡太后詐言皇子大赦改元。

孝昌元年，徐州刺史元法僧稱帝，尋奔梁。梁以為東魏王。改元一：天啓。

敬宗孝莊皇帝子攸，顯祖孫彭城王勰子。戊申，肅宗殂。胡太后立皇女，又立高祖曾孫釗。爾朱榮舉兵討亂，奉帝嗣立。三年庚戌，誅榮，尋洛陽陷，為其從子兆所弑。改元二：建義卽武泰元年，尋改永安，永安。

北海王顥，平王詳子。嗣父封，奔梁。永安二年，梁兵納之，顥卽位于睢陽城，南入洛陽，為爾朱榮所敗，走死。改元二：孝基，建武。

汝南文宣王悅，高祖子。以永安三年庚戌為梁人所立，聞爾朱兆入洛陽，還。後歸國，為孝武所害。改元一：更興。

東海王曄，恭宗之後。初封長廣王，以庚戌為爾朱氏所立。明年辛亥，廢之，而立節閔帝。改元一：建明。

節閔帝恭，廣陵王羽子。辛亥，爾朱氏入洛，迎立之，嗣位。一年壬子，為高歡所廢，遇酖，殂。改元一：普嘉。

安定王朗，恭宗子，章武王之後。以辛酉為高歡所立。明年壬子，入洛陽，與廣陵王同廢，更立平陽王修。未幾，與東海王曄同遇害。改元一：中興。

孝武皇帝修，高祖孫，廣平王懷子。封平陽王，以壬子為高歡所立。甲寅，西奔長安，為宇文泰所弑。改元二：太昌十二月改永熙，永熙三。孝武卽位，紀元永興，以與太宗同號，故改焉。

孝靜皇帝善見，高祖曾孫，清河王懌孫，亶世子。甲寅歲，孝武西奔，為高歡所立。徙都鄴，是為東魏。在位十七年。庚子，禪于齊，遇害。改元四：天平四，元象一，興和四，武定八。

《魏書》：元象元年春正月，有巨象自至碭郡。丁卯，大赦，改元。

文皇帝寶炬，高祖孫，京兆王愉子。封南陽王。甲寅，孝武殂於長安，宇文泰立之。在位十八年。辛未，殂。改元一：大統十八。

沈德符《正閏考》曰：『案：蘇綽《大誥》稱，中興十一年，仍安定王舊號也，實則大統九年。蓋安定雖高歡所立，仍為歡所弑，故追用其年。若孝武帝凡三改年號，且西奔長安依宇文泰，乃盡廢其年不用，則以末年與泰有隙也，泰之無君且不學如此。』愚案：宇文以高氏為偽，烏肯奉其所立者之號？及《蘇綽傳》『中興二十一年卽大統之十一年也』。時有文帝振將墜之緒，比之周宣、漢光，且將行周禮，廢年號，故改中興耳。若云黜正統之孝武，而紀未成君之安定，非篤論矣。況文帝之憑藉宇文，大統之元實卽泰所改，何嫌而並置之乎？

廢帝欽，文帝太子，以辛未嗣立，壬申，稱元年。三年甲戌，為宇文泰所廢。

恭皇帝廓，文帝子。以甲戌為宇文泰所立，稱元年。三年丙子，禪于周。未幾，遇弑。

右：魏自太祖稱帝，傳十五主，一百六十年。東魏，一主，十七年。

附考

太宗神瑞二年，河西饑胡推胡人白亞栗斯為單于，尋為其下所廢。偽元一：建平。

高祖延興元年，妖賊司馬小君聚衆反於平陵，武昌王渾討平之。偽元一：聖君。

世宗正始三年，泰州屠各王法智推主簿呂苟兒為主，安西將軍陸麗討降之。偽元一：建明。

世宗正始三年，涇州民陳瞻聚衆稱王，兼太僕卿楊椿討斬之。偽元一：聖明。

肅宗正光四年，沃野鎮民破六韓拔陵及至孝昌元年，蠕蠕破殺之。偽元一：真王。

肅宗正光五年，泰州民莫折大提稱秦王，尋卒。于念生自稱天子，孝昌三年為秦州民杜粲所殺。念生偽元一：天建。

肅宗孝昌元年，柔玄鎮民杜洛周反于上谷。後二年，為葛榮所殺，并其衆。洛周偽元一：真王。

肅宗孝昌二年，五原降戶鮮于修禮反于定州之佐城，為其黨洪業所殺。偽元一：普興。

肅宗孝昌二年，鮮于修禮黨葛榮自稱齊帝。至永安二年，爾朱榮討擒之。偽元一：廣安。

肅宗孝昌二年，陳留郡民劉獲鄭辯反于西華，尋敗死。偽元一。

肅宗孝昌三年，蕭寶寅稱帝于長安。明年，敗奔万俟醜奴。永安二年，死。改元一：隆緒。

敬宗永安元年，河間邢杲反于青州，自稱漢王。上黨王元天穆討平之。偽元一：天統。

敬宗永安元年，万俟醜奴自稱天子。永安三年，爾朱天光討擒之。偽元一：神獸波斯國獻獅子于魏，醜奴留之因以僭號。

肅宗孝昌元年，稽胡劉蠡升自稱天子。東魏時，高歡襲之，北部王殺之以降。偽元一。

案：《紀年》，諸書載有孝文時沙門司馬惠御聖王，伊祁苟應王，定州人王金駒應王，沙門法慶大乘，幽州人王惠定明法，寧武時幽州沙門劉僧紹淨居國時法王，孝明時陳雙熾始建，又敬宗時劉舉皇武，考之《魏書》及《北史》或以名國，或以自號，不言改元也。去之。

孝靜皇帝天平三年，汾州胡王迢觸曹貳龍聚衆反，署置百官。渤海高歡討平之。偽元一：平都。

齊高氏

顯祖文宣皇帝洋，渤海蓨人，太祖神武帝歡之子，世宗文襄帝澄之弟。嗣封齊王，以庚午受魏靜帝禪。在位十年。己卯，殂。改元一：天保十。

《北齊書・帝紀》：初，帝登阼，改年為天保。士有深識者，天保之字為一大人，只十帝。其不過十乎？

廢帝濟南王殷，顯祖太子。以己卯嗣立。元年庚辰，為常山王演所廢，後遇害。改元一：乾明。

肅宗孝昭皇帝演，顯祖弟。封常山王，以庚辰自立。在位一年，殂。改元一：皇建。

世祖武成皇帝湛，肅宗弟。封長廣王，以辛巳嗣立。五年，禪于於太子，稱太上皇。四年，殂。改元二：太寧一，河清四。

後主溫公緯，世祖太子。以乙酉受內禪立，在位十三年。丁酉，為周師所逼，禪于太子恒，尋被執，後遇害。改元三：天統五，武平八，隆化一。

《北史・劉逖傳》：武成崩，和士開欲改元，議者各異。逖請為『武平』私謂士開曰：『武平反為明輔，逖作此以為公。』士開悅而從之。

安德王延宗，世宗子。以隆化元年留守晉陽，即帝位。二日，城陷，為周師所執。改元一：德昌。

《北齊書傳》：延宗改元，識者以為德昌之文纔得二日，果二日而敗。

幼主恒，後主太子。以丁酉受內禪立，方八歲。尋為周所執，國亡。改元一：承光二。

范陽王紹義，顯祖子。以丁酉奔突厥，即位。庚子，突厥執送于周，徙蜀，疾卒。改元一：武平。

愚案：後主年號武平，至八年改隆化。明年，幼主改承光。未幾，國亡。范陽蓋以二號為亡國時所改，仍稱武平，以繫民望，如後漢劉氏之天福耳。前史俱曰改元，非也。

右：齊，五主，二十八年。

周宇文氏

閔帝覺，其先鮮卑宇文部人，太祖文帝泰之子。嗣為周公，以丙子受魏禪，稱天王。元年，晉公護廢而弑之。

世宗明皇帝毓，太祖文帝子。封寧都公，以丁丑嗣，稱天皇。己卯，即皇帝位。庚辰，殂。在位四年。改元二：武安二，武成二。

《北史·崔猷傳》曰：周明帝即位時，依周禮稱天王，不建年號。猷以為世有澆淳，故帝王因以沿革，請遵秦漢稱皇帝，建年號。朝議從之。

高祖武皇帝邕，太祖文帝第四子。封魯公，以庚辰嗣立。丁酉，滅齊。在位十九年。戊戌，殂。改元四：保定五，天和六，建德六，宣政一。

宣皇帝贇高祖太子以戊戌嗣立。己亥，傳位太子，稱天元皇帝。庚子，殂。改元一：大成静帝旋改大象。

静帝闡一作衍，宣帝太子。以己亥受禪立。辛丑，禪隋，遇害。改元二：大象，大定。

右：周，五主，二十六年。

附考

高祖建德五年，稽胡劉蠡升之孫沒鐸自稱聖武皇帝。明年，齊王憲討平之。偽元一：石平。

皇權標志部

名號分部

綜　述

《三國志》卷二《魏志·文帝紀》　文皇帝諱丕，字子桓，武帝太子也。中平四年冬，生于譙。【略】

漢帝以衆望在魏，乃召羣公卿士，告祠高廟。使兼御史大夫張音持節奉璽綬禪位，册曰：『咨爾魏王：昔者帝堯禪位於虞舜，舜亦以命禹，天命不于常，惟歸有德。漢道陵遲，世失其序，降及朕躬，大亂茲昏，羣兇肆逆，宇内顛覆。賴武王神武，拯茲難於四方，惟清區夏，以保綏我宗廟，豈予一人獲乂，俾九服實受其賜。今王欽承前緒，光于乃德，恢文武之大業，昭爾考之弘烈。皇靈降瑞，人神告徵，誕惟亮采，師錫朕命，僉曰爾度克協于虞舜，用率我唐典，敬遜爾位。於戲！天之曆數在爾躬，允執其中，天祿永終；君其祗順大禮，饗茲萬國，以肅承天命。』乃為壇於繁陽。庚午，王升壇即阼，百官陪位。事訖，降壇，視燎成禮而反。改延康為黄初，大赦。

又　卷三《魏志·明帝紀》　明皇帝諱叡，字元仲，文帝太子也。【略】

太和元年春正月，郊祀武皇帝以配天，宗祀文皇帝於明堂以配上帝。【略】

青龍元年春正月甲申，青龍見郟之摩陂井中。二月丁酉，幸摩陂觀龍，於是改年；改摩陂為龍陂，賜男子爵人二級，鰥寡孤獨無出今年租賦。【略】

景初元年春正月壬辰，山茌縣言黄龍見。於是有司奏，以為魏得地統，宜以建丑之月為正。三月，定曆改年為孟夏四月。《魏書》曰：初，文皇帝即位，以受禪于漢，因循漢正朔弗改。帝在東宮著論，以為五帝三王雖同氣共祖，禮不相襲，正朔自宜改變，以明受命之運。及即位，優游者久之，史官復著言宜改，乃詔三公、特進、九卿、中郎將、大夫、博士、議郎、千石、六百石博議，議者或不同。帝據古典，甲子詔曰：『夫太極運三辰五星於上，元氣轉三統五行於下，登降周旋，終則又始。故仲尼作《春秋》，於三微之月，每月稱王，以明三正迭相為首。今推三統之次，魏得地統，當以建丑之月為正月。考之羣藝，厥義章矣。其改青龍五年三月為景初元年四月。』服色尚黄，犧牲用白，戎事乘黑首白馬，建大赤之旂，朝會建大白之旗。臣松之按：魏為土行，故服色尚黄。行殷之時，以建丑為正，故犧牲旂旗一用殷禮。《禮記》云：『夏后氏尚黑，故戎事乘驪，牲用玄；殷人尚白，戎事乘翰，牲用白；周人尚赤，戎事乘騵，牲用騂。』鄭玄云：『夏后氏以建寅為正，物生色黑；殷以建丑為正，物牙色白；周以建子為正，物萌色赤。翰，白色馬也，《易》曰「白馬翰如」。』《周禮·巾車職》『建大赤以朝』，大白以即戎，此則周以正色之旗以朝，先代之旗即戎。今魏用殷禮，變周之制，故建大白以朝，大赤即戎。改《太和曆》曰《景初曆》。其春夏秋冬孟仲季月雖與正歲不同，至於郊祀、迎氣、礿祠、蒸嘗、巡狩、蒐田、分至啟閉、班宣時令、中氣早晚、敬授民事，皆以正歲斗建為歷數之序。

又　卷四《魏志·齊王芳傳》　齊王諱芳，字蘭卿。明帝無子，養王及秦王詢；宮省事祕，莫有知其所由來者。《魏氏春秋》曰：或云任城王楷子。【略】

（景初三年）十二月，詔曰：「烈祖明皇帝以正月棄背天下，臣子永惟忌日之哀，其復用夏正；雖違先帝通三統之義，斯亦禮制所由變改也。又夏正於數為得天正，其以建寅之月為正始元年正月，以建丑月為後十二月。」【略】

高貴鄉公諱髦，字彥士，文帝孫，東海定王霖子也。正始五年，封郯縣高貴鄉公。少好學，夙成。齊王廢，公卿議迎立公。十月己丑，公至于玄武館，羣臣奏請舍前殿，公以先帝舊處，避止西廂；羣臣又請以法駕迎，公不聽。庚寅，公入于洛陽，羣臣迎拜西掖門南，公下輿將答拜，儐者請曰：「儀不拜。」公曰：「吾人臣也。」遂答拜。至止車門下輿。左右曰：「舊乘輿入。」公曰：「吾被皇太后徵，未知所為！」遂步至太極東堂，見于太后。其日即皇帝位於太極前殿，百僚陪位者欣欣焉。詔曰：「昔三祖神武聖德，應天受祚。齊王嗣位，肆行非度，顛覆厥德。皇太后深惟社稷之重，延納宰輔之謀，用替厥位，集大命于余一人。以眇眇之身，託于王公之上，夙夜祗畏，懼不能嗣守祖宗之大訓，恢中興之弘業，戰戰兢兢，如臨于谷。今羣公卿士股肱之輔，四方征鎮宣力之佐，皆積德累功，忠勤帝室；庶憑先祖先父有德之臣，左右小子，用保乂皇家，俾朕蒙闇，垂拱而治。蓋聞人君之道，德厚侔天地，潤澤施四海，先之以慈愛，示之以好惡，然後教化行於上，兆民聽於下。朕雖不德，昧於大道，思與宇內共臻茲路。《書》不云乎：『安民則惠，黎民懷之。』」大赦，改元。減乘輿服御，後宮用度，及罷尚方御府百工技巧靡麗無益之物。

正元元年冬十月壬辰，遣侍中持節分適四方，觀風俗，勞士民，察冤枉失職者。【略】

甘露元年春正月辛丑，青龍見軹縣井中。【略】

陳留王諱奐，字景明，武帝孫，燕王宇子也。甘露三年，封安次縣常道鄉公。高貴鄉公卒，公卿議迎立公。六月甲寅，入于洛陽，見皇太后，是日即皇帝位于太極前殿，大赦，改年，賜民爵及穀帛各有差。

景元元年夏六月丙辰，進大將軍司馬文王位為相國，封晉公，增封二郡，并前滿十，加九錫之禮，一如前（奏）〔詔〕；諸羣從子弟，其未有侯者皆封亭侯，賜錢千萬，帛萬匹，文王固讓乃止。【略】

咸熙元年春正月壬戌，檻車徵鄧艾。

又　卷三二《蜀志·先主傳》　先主姓劉，諱備，字玄德，涿郡涿縣人，漢景帝子中山靖王勝之後也。勝子貞，元狩六年封涿縣陸城亭侯。坐酎金失侯，因家焉。先主祖雄，父弘，世仕州郡。雄舉孝廉，官至東郡范令。【略】

即皇帝位於成都武擔之南。為文曰：「惟建安二十六年四月丙午，皇帝備敢用玄牡，昭告皇天上帝后土神祇：漢有天下，歷數無疆。曩者王莽篡盜，光武皇帝震怒致誅，社稷復存。今曹操阻兵安忍，戮殺主后，滔天泯夏，罔顧天顯。操子丕，載其凶逆，竊居神器。羣臣將士以為社稷墮廢，備宜脩之，嗣武二祖，龔行天罰。備惟否德，懼忝帝位。詢于庶民，外及蠻夷君長，僉曰『天命不可以不答，祖業不可以久替，四海不可以無主』。率土式望，在備一人。備畏天明命，又懼漢阼將湮于地，謹擇元日，與百寮登壇，受皇帝璽綬。脩燔瘞，告類于天神，惟神饗祚于漢家，永綏四海！」

章武元年夏四月，大赦，改年。

又　卷三三《蜀志·後主傳》　後主諱禪，字公嗣，先主子也。【略】

（章武）三年夏四月，先主殂于永安宮。五月，後主襲位於成都，時年十七。尊皇后曰皇太后。大赦，改元。是歲魏黃初四年也。

建興元年夏，牂牁太守朱褒擁郡反。【略】

延熙元年春正月，立皇后張氏。大赦，改元。【略】

景耀元年，姜維還成都。史官言景星見，於是大赦，改年。

又　卷四七《吳志·吳主傳》　孫權字仲謀。兄策既定諸郡，時權年十五，以為陽羨長。《江表傳》曰：堅為下邳丞時，權生，方頤大口，目有精光，堅異之，以為有貴象。及堅亡，策起事江東，權常隨從。性度弘朗，仁而多斷，好俠養士，始有知名，侔於父兄矣。每參同計謀，策甚奇之，自以為不及也。每請會賓客，常顧權曰：『此諸君，汝之將也。』【略】

黄武元年春正月，陸遜部將（軍）宋謙等攻蜀五屯，皆破之，斬其將。【略】

初權外託事魏，而誠心不款。魏乃遣侍中辛毗、尚書桓階往與盟誓，并徵任子，權辭讓不受。秋九月，魏乃命曹休、張遼、臧霸出洞口，曹仁出濡須，曹真、夏侯尚、張郃、徐晃圍南郡。權遣呂範等督五軍，以舟軍拒休等，諸葛瑾、潘璋、楊粲救南郡，朱桓以濡須督拒仁。時揚、越蠻夷多未平集，內難未弭，故權卑辭上書，求自改厲，『若罪在難除，必不見置，當奉還土地民人，乞寄命交州，以終餘年。』文帝報曰：『君生於擾攘之際，本有從橫之志，降身奉國，以享茲祚。自君策名已來，貢獻盈路。討備之功，國朝仰成。埋而掘之，古人之所恥。朕之與君，大義已定，豈樂勞師遠臨江漢？廊廟之議，王者所不得專；三公上君過失，皆有本末。朕以不明，雖有曾母投杼之疑，猶冀言者不信，以為國福。故先遣使者犒勞，又遣尚書、侍中踐脩前言，以定任子。君遂設辭，不欲使進，議者怪之。又前都尉浩周勸君遣子，乃實朝臣交謀，以此卜君，君果有辭，外引隗囂遣子不終，內喻竇融守忠而已。世殊時異，人各有心。浩周之還，口陳指麾，益令議者發明衆嫌，終始之本，無所據仗，故遂俛仰從羣臣議。今省上事，款誠深至，心用慨然，悽愴動容。即日下詔，敕諸軍但深溝高壘，不得妄進。若君必效忠節，以解疑議，登身朝到，夕召兵還。此言之誠，有如大江！』權遂改年，臨江拒守。【略】

黄龍元年春，公卿百司皆勸權正尊號。夏四月，夏口、武昌並言黄龍、鳳凰見。丙申，南郊即皇帝位，是日大赦，改年。追尊父破虜將軍堅為武烈皇帝，母吳氏為武烈皇后，兄討逆將軍策為長沙桓王。吳王太子登為皇太子。將吏皆進爵加賞。【略】

（黄龍三年十月）會稽南始平言嘉禾生。十二月丁卯，大赦，改明年元也。

嘉禾元年春正月，建昌侯慮卒。【略】

赤烏元年春，鑄當千大錢。夏，呂岱討廬陵賊，畢，還陸口。秋八月，武昌言麒麟見。有司奏言麒麟者太平之應，宜改年號。詔曰：『間者赤烏集於殿前，朕所親見，若神靈以為嘉祥者，改年宜以赤烏為元。』羣臣奏曰：『昔武王伐紂，有赤烏之祥，君臣觀之，遂有天下，聖人書策載述最詳者，以為近事既嘉，親見又明也。』於是改年。【略】

（赤烏十三年）是歲，神人授書，告以改年、立后。

太元元年夏五月，立皇后潘氏，大赦，改年。

又 卷四八《吳志・孫亮傳》 孫亮字子明，權少子也。【略】

太元元年夏，亮母潘氏立為皇后。冬，權寢疾，徵大將軍諸葛恪為太子太傅，會稽太守滕胤為太常，並受詔輔太子。明年四月，權薨，太子即尊號，大赦，改元［建興］。是歲，於魏嘉平四年也。

（建興元年）閏月，以恪為帝太傅，胤為衛將軍領尚書事，上大將軍呂岱為大司馬，諸文武在位皆進爵班賞，宂官加等。【略】

（建興二年）十一月，有大鳥五見于春申，（明年改）［改明年］元。

五鳳元年夏，大水。【略】

太平元年春二月朔，建業火。【略】

孫休字子烈，權第六子。年十三，從中書郎射慈、郎中盛沖受學。太元二年正月，封琅邪王，居虎林。四月，權薨，休弟亮承統，諸葛恪秉政，不欲諸王在濱江兵馬之地，徙休於丹楊郡。太守李衡數以事侵休，休上書乞徙他郡，詔徙會稽。居數歲，夢乘龍上天，顧不見尾，覺而異之。孫亮廢，己未，孫綝使宗正孫楷與中書郎董朝迎休。休初聞問，意疑，楷、朝具述綝等所以奉迎本意，留一日二夜，遂發。十月戊寅，行至曲阿，有老公干休叩頭曰：『事久變生，天下喁喁，願陛下速行。』休善之，是日進及布塞亭。武衛將軍恩行丞相事，率百僚以乘輿法駕迎於永昌亭，築宮，以武帳為便殿，設御座。己卯，休至，望便殿止住，使孫楷先見恩。楷還，休乘輦進，羣臣再拜稱臣。休升便殿，謙不即御坐，止東廂。戶曹尚書前即階下讚奏，丞相奉璽符。休三讓，羣臣三請。休曰：『將相諸侯咸推寡人，寡人敢不承受璽符。』羣臣以次奉引，休就乘輿，百官陪位，綝以兵千人迎於半野，拜于道側，休下車答拜。即日，御正殿，大赦，改元。是歲，於魏甘露三年也。【略】

永安元年冬十月壬午，詔曰：『夫褒德賞功，古今通義。其以大將軍綝為丞相、荊州牧，增食五縣。武衛將軍恩為御史大夫、衛將軍、中軍督，封縣侯。威遠將軍（授）［據］為右將軍、縣侯。偏將軍幹雜號將軍、亭侯。長水校尉張布輔導勤勞，以布為輔義將軍，封永康侯。董朝親迎，封為鄉侯。』【略】

孫皓字元宗，權孫，和子也，一名彭祖，字皓宗。孫休立，封皓為烏程侯，遣就國。西湖民景養相皓當大貴，皓陰喜而不敢泄。休薨，是時蜀初亡，而交阯攜叛，國內震懼，貪得長君。左典軍萬彧昔為烏程令，與皓相善，稱皓才識明斷，是長沙桓王之疇也，又加之好學，奉遵法度，屢言之於丞相濮陽興、左將軍張布。興、布說休妃太后朱，欲以皓為嗣。朱曰：『我寡婦人，安知社稷之慮，苟吳國無隕，宗廟有賴可矣。』於是遂迎立皓，時年二十三，改元，大赦。是歲，於魏咸熙元年也。

元興元年八月，以上大將軍施績、大將軍丁奉為左右大司馬，張布為驃騎將軍，加侍中，諸增位班賞，一皆如舊。【略】

（甘露元年）夏四月，蔣陵言甘露降，於是改年大赦。【略】

寶鼎元年正月，遣大鴻臚張儼、五官中郎將丁忠弔祭晉文帝。【略】

建衡元年春正月，立子瑾為太子，及淮陽、東平王。冬十月，改年，大赦。【略】

（建衡三年）西苑言鳳凰集，改明年元。

鳳皇元年秋八月，徵西陵督步闡。【略】

天冊元年，吳郡言掘地得銀，長一尺，廣三分，刻上有年月字，於是大赦改年。

天璽元年，吳郡言臨平湖自漢末草穢壅塞，今更開通。長老相傳，此湖塞，天下亂，此湖開，天下平。又於湖邊得石函，中有小石，青白色，長四寸，廣二寸餘，刻上作皇帝字，於是改年，大赦。【略】秋八月，京下督孫楷降晉。鄱陽言歷陽山石文理成字，凡二十，云『楚九州渚，吳九州都，揚州士，作天子，四世治，太平始』。又吳興陽羨山有空石，長十餘丈，名曰石室，在所表為大瑞。乃遣兼司徒董朝、兼太常周處至陽羨縣，封禪國山。（明年改）［改明年］元，大赦，以協石文。

天紀元年夏，夏口督孫慎出江夏、汝南，燒略居民。

《晉書》卷三《武帝紀》　武皇帝諱炎，字安世，文帝長子也。【略】

泰始元年冬十二月丙寅，設壇于南郊，百僚在位及匈奴南單于四夷會者數萬人，柴燎告類于上帝曰：『皇帝臣炎敢用玄牡明告于皇皇后帝：魏帝稽協皇運，紹天明命以命炎。昔者唐堯，熙隆大道，禪位虞舜，舜又以禪禹，邁德垂訓，多歷年載。暨漢德既衰，太祖武皇帝撥亂濟時，扶翼劉氏，又用受命于漢。粵在魏室，仍世多故，幾於顛墜，實賴有晉匡拯之德，用獲保厥肆祀，弘濟于艱難，此則晉之有大造于魏也。誕惟四方，罔不祗順，廓清梁岷，包懷揚越，八紘同軌，祥瑞屢臻，天人協應，無思不服。肆予憲章三后，用集大命于茲。炎維德不嗣，辭不獲命。於是羣公卿士，百辟庶僚，黎獻陪隸，暨于百蠻君長，僉曰：「皇天鑒下，求人之瘼，既有成命，固非克讓所得距違。大序不可以無統，人神不可以曠主。」炎虔奉皇運，寅畏天威，敬簡元辰，升壇受禪，告類上帝，永答衆望。』禮畢，即洛陽宮幸太極前殿，詔曰：『昔朕皇祖宣王，聖哲欽明，誕應期運，熙帝之載，肇啟洪基。伯考景王，履道宣猷，緝熙諸夏。至于皇考文王，叡哲光遠，允協靈祇，應天順時，受茲明命。仁濟于宇宙，功格于上下。肆魏氏弘鑒于古訓，儀刑于唐虞，疇咨羣后，爰輯大命于朕身。予一人畏天之命，用不敢違。惟朕寡德，負荷洪烈，託于王公之上，以君臨四海，惴惴惟懼，罔知所濟。惟爾股肱爪牙之佐，文武不貳之臣，乃祖乃父，實左右我先王，光隆我大業。思與萬國，共享休祚。』於是大赦，改元。【略】

咸寧元年春正月戊午朔，大赦，改元。【略】

太康元年春正月己丑朔，五色氣冠日。【略】

三月壬寅，王濬以舟師至于建鄴之石頭，孫皓大懼，面縛輿櫬，降于軍門。濬杖節解縛焚櫬，送于京都。收其圖籍，克州四，郡四十三，縣三百一十三，戶五十二萬三千，吏三萬二千，兵二十三萬，男女口二百三十萬。其牧守已下皆因吳所置，除其苛政，示之簡易，吳人大悅。乙酉，大赦，改元，大酺五日，恤孤老困窮。【略】

太熙元年春正月辛酉朔，改元。

又　卷四《惠帝紀》　孝惠皇帝諱衷，字正度，武帝第二子也。【略】

永平元年春正月乙酉朔，臨朝，不設樂。詔曰：『朕夙遭不造，淹恤在疚。賴祖宗遺靈，宰輔忠賢，得以眇身託于羣后之上。昧於大道，不明于訓，戰戰兢兢，夕惕若厲。乃者哀迷之際，三事股肱，惟社稷之重，率遵翼室之典，猶欲長奉先皇之制，是以有永熙之號。然日月踰邁，已涉新年，開元易紀，禮之舊章。其改永熙二年為永平元年。』【略】

永康元年春正月癸亥朔，大赦，改元。【略】

永寧元年春正月乙丑，趙王倫篡帝位。【略】

（四月）於是大赦，改元，孤寡賜穀五斛，大酺五日。誅趙王倫、義陽王威、九門侯質等及倫之黨與。【略】

（太安元年十二月）大赦，改元。【略】

永興元年春正月丙午，尚書令樂廣卒。成都王穎自鄴諷于帝，乃大赦，改元為永安。【略】

（七月）庚申，大赦，改元為建武。【略】

（十一月）丙午，留臺大赦，改元復為永安。【略】

（十二月丁亥）大赦，改元。【略】

（光熙元年六月）辛未，大赦，改元。

又　卷五《孝懷帝紀》　孝懷皇帝諱熾，字豐度，武帝第二十五子也。【略】

永嘉元年春正月癸丑朔，大赦，改元，除三族刑。

又　《孝愍帝紀》　孝愍皇帝諱鄴，字彥旗，武帝孫，吳孝王晏之子也。【略】

建興元年夏四月丙午，奉懷帝崩問，舉哀成禮。壬申，即皇帝位，大赦，改元。【略】

（建興五年）三月，琅邪王睿承制改元，稱晉王于建康。

又　卷六《元帝紀》　元皇帝諱睿，字景文，宣帝曾孫，琅邪恭王覲之子也。【略】

建武元年春二月辛巳，平東將軍宋哲至，宣愍帝詔曰：『遭運迍否，皇綱不振。朕以寡德，奉承洪緒，不能祈天永命，紹隆中興，至使凶胡敢帥犬羊，逼迫京輦。朕今幽塞窮城，憂慮萬端，恐一旦崩潰。卿指詣丞相，具宣朕意，使攝萬機，時據舊都，修復陵廟，以雪大恥。』

三月，帝素服出次，舉哀三日。西陽王羕及羣僚參佐州征牧守等上尊號，帝不許。羕等以死固請，至於再三。帝慨然流涕曰：『孤，罪人也，惟有蹈節死義，以雪天下之恥，庶贖鈇鉞之誅。吾本琅邪王，諸賢見逼不已！』乃呼私奴命駕，將反國。羣臣乃不敢逼，請依魏晉故事為晉王，許之。辛卯，即王位，大赦，改元。【略】

太興元年春正月戊申朔，臨朝，懸而不樂。

三月癸丑，愍帝崩問至，帝斬縗居廬。丙辰，百僚上尊號。【略】於是大赦，改元，文武增位二等。【略】

永昌元年春正月乙卯，大赦，改元。

又　《明帝紀》　明皇帝諱紹，字道畿，元皇帝長子也，幼而聰哲，為元帝所寵異。【略】

永昌元年閏月己丑，元帝崩。庚寅，太子即皇帝位，大赦，尊所生荀氏為建安郡君。【略】

（太寧元年）三月戊寅朔，改元，臨軒，停饗宴之禮，懸而不樂。

又　卷七《成帝紀》　成皇帝諱衍，字世根，明帝長子也。【略】

咸和元年春二月丁亥，大赦，改元，大酺五日，賜鰥寡孤老米，人二斛，京師百里內復一年。【略】

咸康元年春正月庚午朔，帝加元服，大赦，改元，增文武位一等，大酺三日，賜鰥寡孤獨不能自存者米，人五斛。

又　《康帝紀》　康皇帝諱岳，字世同，成帝母弟也。【略】

建元元年春正月，改元，振恤鰥寡孤獨。

又　卷八《穆帝紀》　穆皇帝諱聃，字彭子，康帝子也。【略】

永和元年春正月甲戌朔，皇太后設白紗帷於太極殿，抱帝臨軒。改元。【略】

升平元年春正月壬戌朔，帝加元服，告于太廟，始親萬機。大赦，改元，增文武位一等。

又　《哀帝紀》　哀皇帝諱丕，字千齡，成帝長子也。【略】

隆和元年春正月壬子，大赦，改元。【略】

興寧元年春二月己亥，大赦，改元。

又　《海西公紀》　廢帝諱奕，字延齡，哀帝之母弟也。【略】

太和元年春二月己丑，以涼州刺史張天錫為大將軍、都督隴右關中諸軍事、西平郡公。

又 卷九《簡文帝紀》 簡文皇帝諱昱，字道萬，元帝之少子也。【略】

咸安元年冬十一月己酉，即皇帝位。桓溫出次中堂，令兵屯衛。乙卯，溫奏廢太宰、武陵王晞及子綜。詔魏郡太守毛安之帥所領宿衛殿內，改元為咸安。

又 《孝武帝紀》 孝武皇帝諱曜，字昌明，簡文帝第三子也。【略】

寧康元年春正月己丑朔，改元。【略】

太元元年春正月壬寅朔，帝加元服，見于太廟。皇太后歸政。甲辰，大赦，改元。

又 卷一〇《安帝紀》 安皇帝諱德宗，字德宗，孝武帝長子也。【略】

隆安元年春正月己亥朔，帝加元服，改元，增文武位一等。【略】

元興元年春正月庚午朔，大赦，改元。【略】

義熙元年春正月，帝在江陵。南陽太守魯宗之起義兵，襲破襄陽。己丑，劉毅次于馬頭。桓振以帝屯于江津。辛卯，宗之破振將溫楷于柞溪，進次紀南，為振所敗。振武將軍劉道規擊桓謙，走之。乘輿反正，帝與琅邪王幸道規舟。戊戌，詔曰：『朕以寡德，夙纂洪緒。不能緝熙遐邇，式遏姦宄。逆臣桓玄乘釁肆亂，乃誣罔天人，篡據極位。朕躬播越，淪胥荒裔，宣皇之基，眇焉以墜。賴鎮軍將軍裕忠武英斷，誠冠終古。運謀機始，貞賢協其契，抆淚誓衆，義士感其心。故霜戈一揮，巨猾奔迸，三率稜威，大憝授首。而孽振猖狂，嗣凶荊郢。幸天祚社稷，義旗載捷，狡徒沮潰，朕獲反正。斯實宗廟之靈，勤王之勳。豈朕一人，獨享伊祜，思與億兆，幸茲更始。其大赦，改元，唯玄振一祖及同黨不在原例。賜百官爵二級，鰥寡孤獨穀人五斛，大酺五日。』

又 《恭帝紀》 恭帝諱德文，字德文，安帝母弟也。【略】

元熙元年春正月壬辰朔，改元。以山陵未厝，不朝會。

《宋書》卷一《武帝紀上》 高祖武皇帝諱裕，字德輿，小名寄奴，彭城縣綏輿里人，漢高帝弟楚元王交之後也。

又 卷三《武帝紀下》 永初元年夏六月丁卯，設壇於南郊，即皇帝位，柴燎告天。策曰：『皇帝臣裕，敢用玄牡，昭告皇天后帝。晉帝以卜世告終，歷數有歸，欽若景運，以命于裕。夫樹君宰世，天下為公，德充帝王，樂推攸集。越俶唐、虞，降暨漢、魏，靡不以上哲格文祖，元勳陟帝位，故能大拯黔首，垂訓無窮。晉自東遷，四維不振，宰輔焉依，為日已久。難棘隆安，禍成元興，遂至帝主遷播，宗祀堙滅。裕雖地非齊、晉，衆無一旅，仰憤時難，俯悼橫流，投袂一麾，則皇祀克復。及危而能持，顛而能扶，姦宄具殲，僭偽必滅。誠興廢有期，否終有數。至於大造晉室，撥亂濟民，因藉時來，實尸其重。加以殊俗慕義，重譯來庭，正朔所暨，咸服聲教。至乃三靈垂象，山川告祥，人神協祉，歲月滋著。是以羣公卿士，億兆夷人，僉曰皇靈降鑒於上，晉朝款誠於下，天命不可以久淹，宸極不可以暫曠。遂逼羣議，恭茲大禮。猥以寡德，託於兆民之上，雖仰畏天威，略是小節，顧深永懷，祗懼若貫。敬簡元辰，升壇受禪，告類上帝，用酬萬國之情。克隆天保，永祚于有宋。惟明靈是饗。』

禮畢，備法駕幸建康宮，臨太極前殿。詔曰：『夫世代迭興，承天統極，雖遭遇異塗，因革殊事，若乃功濟區宇，道振生民，興廢所階，異世一揆。朕以寡薄，屬當艱運，藉否終之期，因士民之力，用獲拯溺，匡世撥亂，安國寧民，業未半古，功參曩烈。晉氏以多難仍遘，歷運已移，欽若前王，憲章令軌，用集大命于朕躬。惟德匪嗣，辭不獲申，遂祗順三靈，饗茲景祚，燔柴于南郊，受終于文祖。猥當與能之期，爰集樂推之運，嘉祚肇開，隆慶惟始，思俾休嘉，惠茲兆庶。其大赦天下。改晉元熙二年為永初元年。賜民爵二級。鰥寡孤獨不能自存者，人穀五斛。逋租宿債勿復收。其有犯鄉論清議、贓汙淫盜，一皆蕩滌洗除，與之更始。長徒之身，特皆原遣。亡官失爵，禁錮奪勞，一依舊準。』

又 卷四《少帝紀》 少帝諱義符，小字車兵，武帝長子也。【略】

明年春正月己亥朔，大赦，改元為景平元年。文武進位二等。

又 卷五《文帝紀》 太祖文皇帝諱義隆，小字車兒，武帝第三子也。【略】

元嘉元年秋八月丁酉，大赦天下，改景平二年為元嘉元年。文武賜位二等，逋租宿債勿復收。

又 卷六《孝武帝紀》 世祖孝武皇帝諱駿，字休龍，小字道民，

文帝第三子也。【略】

孝建元年春正月己亥朔，車駕親祠南郊，改元，大赦天下。【略】

大明元年春正月辛亥朔，改元，大赦天下。賜高年孤疾粟帛各有差。

又 卷七《前廢帝紀》 前廢帝諱子業，小字法師，孝武帝長子也。【略】

永光元年春正月乙未朔，改元。大赦天下。

又 卷八《明帝紀》 太宗明皇帝諱彧，字休炳，小字榮期，文帝第十一子也。【略】

泰始元年冬十二月丙寅，上即皇帝位。詔曰：

高祖武皇帝德洞四瀛，化綿九服。太祖文皇帝以大明定基；世祖孝武皇帝以下武寧亂。日月所照，梯山航海；風雨所均，削衽襲帶。所以業固盛漢，聲溢隆周。子業凶嚚自天，忍悖成性，人面獸心，見於齠日，反道敗德，著自比年。其狎侮五常，怠棄三正，矯誣上天，毒流下國，實開闢所未有，書契所未聞。再罹遏密，而無一日之哀；齊斬在躬，方深北里之樂。虎兕難匣，憑河必彰，遂誅滅上宰，窮釁逆之酷，虐害國輔，究孥戮之刑。子鸞同生，以昔憾殄殪。敬猷兄弟，以睚眥殲夷。徵逼義陽，將加屠膾。陵辱戚藩，櫝楚妃主。奪立左右，竊子置儲，肆酗于朝，宣淫于國。事穢東陵，行汙飛走。積釁罔極，日月滋深。比遂圖犯玄宮，志窺題湊，將肆梟、鏡之禍，騁商、頓之心。又欲鴆毒崇憲，虐加諸父，事均宮闈，聲遍國都。鴟梟小豎，莫不寵暱，朝廷忠誠，必也戮挫。收掩之旨，虓虎結轍；掠奪之使，白刃相望。百僚危氣，首領無有全地；萬姓崩心，妻子不復相保。所以鬼哭山鳴，星鉤血降，神器殆於馭索，景祚危於綴旒。

朕假寐凝憂，泣血待旦，慮大宋之基，於焉而泯，武、文之業，將墜于淵。賴七廟之靈，藉八百之慶，巨猾斯殄，鴻沴時褰。皇綱絕而復紐，天緯缺而更張。猥以寡薄，屬承乾統，上緝三光之重，俯顧庶民之艱。業業矜矜，若履冰谷，思與億兆，同此維新。可大赦天下，改景和元年為泰始元年。賜民爵二級。鰥寡孤獨不能自存者，人穀五斛。逋租宿債勿復收。犯鄉論清議，贓汙淫盜，並悉洗除。長徒之身，特賜原遣。亡官失爵，禁錮舊勞，一依舊典。其昏制謬封，並皆刊削。

又 卷九《後廢帝紀》 廢帝諱昱，字德融，小字慧震，明帝長子也。【略】

元徽元年春正月戊寅朔，改元，大赦天下。

又 卷一〇《順帝紀》 順皇帝諱準，字仲謀，小字智觀，明帝第三子也。【略】

昇明元年，改元，大赦天下，賜文武位二等。

《南齊書》卷一《高帝紀上》 太祖高皇帝諱道成，字紹伯，姓蕭氏，小諱鬭將，漢相國蕭何二十四世孫也。

又 卷二《高帝紀下》 建元元年夏四月甲午，上即皇帝位於南郊，設壇柴燎告天曰：『皇帝臣道成敢用玄牡，昭告皇皇后帝。宋帝陟鑒乾序，欽若明命，以命于道成。夫肇自生民，樹以司牧，所以闡極則天，開元創物，肆茲大道。天下惟公，命不于常。昔在虞、夏，受終上代，粵自漢、魏，揖讓中葉，咸炳諸典謨，載在方冊。水德既微，仍世多故，寔賴道成匡拯之功，以弘濟于厥艱。大造顛墜，再構區宇，宣禮明刑，締仁緝義。晷緯凝象，川岳表靈，誕惟天人，罔弗和會。乃仰協歸運，景屬與能，用集大命于茲。辭德匪嗣，至于累仍，而羣公卿士，庶尹御事，爰及黎獻，至于百戎，僉曰「皇天眷命，不可以固違，人神無託，不可以曠主」。畏天之威，敢不祇從鴻歷。敬簡元辰，虔奉皇符，升壇受禪，告類上帝，以永答民衷，式敷萬國。惟明靈是饗！』

禮畢，大駕還宮，臨太極前殿。詔曰：『五德更紹，帝迹所以代昌，三正迭隆，王度所以改耀。世有質文，時或因革，其資元膺歷，經道振民，固以異術同揆，殊流共貫者矣。朕以寡昧，屬值艱季，推肆勤之誠，藉樂治之數，賢能悉心，士民致力，用獲拯溺龕暴，一匡天下。業未參古，功殆侔昔。宋氏以陵夷有徵，歷數攸及，思弘樂推，永鑒崇替，爰集天祿于朕躬。惟志菲薄，辭弗獲昭，遂欽從天人，式繇景命，祇月正于文祖，升禋𥘸于上帝。猥以寡德，光宅四海，纂革代之蹤，託王公之上，若涉淵水，罔知所濟。寶祚初啟，洪慶惟新，思俾利澤，宣被億兆，可大赦天下。改昇明三年為建元元年。賜民爵二級，文武進位二等，鰥寡孤獨不能自存者穀人五斛。逋租宿債勿復收。有犯鄉論清議，贓汙淫盜，一皆蕩滌，洗除先注，與之更始。長徒敕繫之囚，特皆原遣。亡官失爵，禁錮奪勞，一依舊典。』

又　卷三《武帝紀》　世祖武皇帝諱賾，字宣遠，太祖長子也。小諱龍兒。生於建康青溪宅，其夜陳孝后、劉昭后同夢龍據屋上，故字上焉。【略】

永明元年春正月辛亥，車駕祠南郊，大赦，改元。

又　卷四《鬱林王紀》　鬱林王昭業字元尚，文惠太子長子也。小名法身。【略】

隆昌元年春正月丁未，改元，大赦。

又　卷五《海陵王紀》　海陵恭王昭文字季尚，文惠太子第二子也。【略】

延興元年秋七月丁酉，即皇帝位。【略】大赦，改元。文武賜位二等。

又　卷六《明帝紀》　高宗明皇帝諱鸞，字景栖，始安貞王道生子也。【略】

建武元年冬十月癸亥，即皇帝位。詔曰：『皇齊受終建極，握鏡臨宸，神武重輝，欽明懿鑠，七百攸長，盤石斯固，而王度中蹇，天階荐阻，嗣命多違，蕃釁孔棘，宏圖景歷，將墜諸淵。宣德皇后遠鑒崇替，憲章舊典，疇咨台揆，允定靈策，用集寶命于予一人。猥以虛薄，纘戎大業，仰繫鴻丕，顧臨兆民，永懷先構，若履春冰，寅憂夕惕，罔識攸濟，思與萬國播此惟新。大赦天下，改元。宿衛身普轉一階，其餘文武，賜位二等。逋租宿責，換負官物，在建武元年以前，悉原除。劫賊餘口在臺府者，可悉原放。負釁流徙，並還本鄉。』【略】

永泰元年春正月癸未朔，大赦。逋租宿債在四年之前，皆悉原除。

又　卷七《東昏侯紀》　東昏侯寶卷字智藏，高宗第二子也。本名明賢，高宗輔政後改焉。【略】

永元元年春正月戊寅，大赦，改元。

《梁書》卷一《武帝紀上》　高祖武皇帝諱衍，字叔達，小字練兒，南蘭陵中都里人，漢相國何之後也。

又　卷二《武帝紀中》　天監元年夏四月丙寅，高祖即皇帝位於南郊。設壇柴燎，告類于天曰：『皇帝臣衍，敢用玄牡，昭告于皇天后帝：齊氏以歷運斯既，否終則亨，欽若天應，以命于衍。夫任是司牧，惟能是授；天命不于常，帝王非一族。唐謝虞受，漢替魏升，爰及晉、宋，憲章在昔。咸以君德馭四海，元功子萬姓，故能大庇氓黎，光宅區宇。齊代云季，世主昏凶，狡焉羣慝，是崇是長，肆厥姦回暴亂，以播虐于我有邦，俾溥天惴惴，將墜于深壑。九服八荒之內，連率岳牧之君，蹶角頓顙，匡救無術，臥薪待然，援天靡訴。衍投袂星言，推鋒萬里，厲其掛冠之情，用拯兆民之切。銜膽誓衆，覆銳屠堅，建立人主，克翦昏亂。遂因時來，宰司邦國，濟民康世，實有厥勞。而晷緯呈祥，川岳效祉，朝夕坰牧，日月郊畿。代終之符既顯，革運之期已萃，殊俗百蠻，重譯獻款，人神遠邇，罔不和會。於是羣公卿士，咸致厥誠，並以皇乾降命，難以謙拒。齊帝脫屣萬邦，授以神器。衍自惟匪德，辭不獲許，仰迫上玄之眷，俯惟億兆之心，宸極不可久曠，民神不可乏主，遂藉樂推，膺此嘉祚。以茲寡薄，臨御萬方，顧求夙志，永言祇惕。敬簡元辰，恭茲大禮，升壇受禪，告類上帝，克播休祉，以弘盛烈，式傳厥後，用永保于我有梁。惟明靈是饗。』

禮畢，備法駕即建康宮，臨太極前殿。詔曰：『五精遞襲，皇王所以受命；四海樂推，殷、周所以改物。雖禪代相舛，遭會異時，而微明迭用，其流遠矣。莫不振民育德，光被黎元。朕以寡闇，命不先後，寧濟之功，屬當期運，乘此時來，因心萬物，遂振厥弛維，大造區夏，永言前蹤，義均慚德。齊氏以代終有徵，歷數云改，欽若前載，集大命于朕躬。顧惟菲德，辭不獲命，寅畏上靈，用膺景業。執禋柴之禮，當與能之祚，繼迹百王，君臨四海，若涉大川，罔知攸濟。洪基初兆，萬品權輿，思俾慶澤，覃被率土。可大赦天下。改齊中興二年為天監元年。賜民爵二級；文武加位二等；鰥寡孤獨不能自存者，人穀五斛。逋布、口錢、宿債勿復收。其犯鄉論清議，贓汙淫盜，一皆蕩滌，洗除前注，與之更始。』

又　卷三《武帝紀下》　普通元年春正月乙亥朔，改元，大赦天下，賜文武勞位，孝悌力田爵一級，尤貧之家，勿收常調，鰥寡孤獨，並加贍卹。【略】

（大通元年）三月辛未，輿駕幸同泰寺捨身。甲戌，還宮，赦天下，改元。【略】

（中大通元年）秋九月辛巳，朱雀航華表災。以安北將軍羊侃為青、冀二州刺史。癸巳，輿駕幸同泰寺，設四部無遮大會，因捨身，公卿以下，以錢一億萬奉贖。

冬十月己酉，輿駕還宮，大赦，改元。【略】

大同元年春正月戊申朔，改元，大赦天下。【略】

（中大同元年）夏四月丙戌，於同泰寺解講，設法會。大赦，改元。孝悌力田為父後者賜爵一級，賚宿衛文武各有差。是夜，同泰寺災。【略】

（太清元年）三月庚子，高祖幸同泰寺，設無遮大會，捨身，公卿等以錢一億萬奉贖。甲辰，遣司州刺史羊鴉仁、兖州刺史桓和、仁州刺史湛海珍等應接北豫州。

夏四月丁亥，輿駕還宮，大赦天下，改元，孝悌力田為父後者賜爵一級，在朝羣臣宿衛文武並加頒賚。

《梁書》卷四《簡文帝紀》 太宗簡文皇帝諱綱，字世纘，小字六通，高祖第三子，昭明太子母弟也。【略】

大寶元年春正月辛亥朔，以國哀不朝會。詔曰：『蓋天下者，至公之神器，在昔三五，不獲已而臨蒞之。故帝王之功，聖人之餘事，軒冕之華，儻來之一物。太祖文皇帝含光大之量，啟西伯之基。高祖武皇帝道洽二儀，智周萬物。屬齊季薦瘥，彝倫剝喪，同氣離人苑之禍，元首懷無厭之欲，乃當樂推之運，因億兆之心，承彼掎角，雪茲讎恥。事非為己，義寔從民，故功成弗居，卑宮菲食，大慈之業普薰，汾陽之詔屢下。于茲四紀，無得而稱。朕以寡昧，哀煢孔棘，生靈已盡，志不圖全，僶俛視陰，企承鴻緒。懸旍履薄，未足云喻。痛甚愈遲，諒闇彌切。方當玄默在躬，栖心事外。即王道未直，天步猶艱，式憑宰輔，以弘庶政。履端建號，抑惟舊章。可大赦天下，改太清四年為大寶元年。』

又　卷五《元帝紀》 世祖孝元皇帝諱繹，字世誠，小字七符，高祖第七子也。【略】

大寶元年，世祖猶稱太清四年。【略】

承聖元年冬十一月丙子，世祖即皇帝位於江陵。詔曰：『夫樹之以君，司牧黔首。帝堯之心，豈貴黃屋，誠弗獲已而臨莅之。朕皇祖太祖文皇帝積德岐、梁，化行江、漢，道映在田，具瞻斯屬。皇考高祖武皇帝明並日月，功格區宇，應天從民，惟睿作聖。太宗簡文皇帝地侔啟、誦，方符文、景。羯寇憑陵，時難孔棘。朕大拯横流，克復宗社。羣公卿士、百辟庶僚，咸以皇靈眷命，歸運斯及，天命不可以久淹，宸極不可以久曠，粵若前載，憲章令範，畏天之威，算隆寶歷，用集神器于予一人。昔虞、夏、商、周，年無嘉號，漢、魏、晉、宋，因循以久。朕雖云撥亂，且非創業，思得上繫宗祧，下惠億兆。可改太清六年為承聖元年。逋租宿責，並許弘貸；孝子義孫，可悉賜爵；長徒鏁士，特加原宥；禁錮奪勞，一皆曠蕩。』是日世祖不升正殿，公卿陪列而已。

又　卷六《敬帝紀》 敬皇帝諱方智，字慧相，小字法真，世祖第九子也。【略】

紹泰元年冬十月己巳，詔曰：『王室不造，嬰罹禍釁，西都失守，朝廷淪覆，先帝梓宮，播越非所，王基傾弛，率土罔戴。朕以荒幼，仍屬艱難，泣血枕戈，志復讎逆。大恥未雪，夙宵鯁憤。羣公卿尹，勉以大義，越登寡闇，嗣奉洪業。顧惟夙心，念不至此。庶仰憑先靈，傍資將相，克清元惡，謝冤陵寢。今墜命載新，宗祊更祀，慶流億兆，豈予一人。可改承聖四年為紹泰元年，大赦天下，內外文武賜位一等。』【略】

（太平元年）九月壬寅，改元大赦，孝悌力田賜爵一級，殊才異行所在奏聞，饑難流移勒歸本土。

《陳書》卷一《高祖紀上》 高祖武皇帝諱霸先，字興國，小字法生，吳興長城下若里人，漢太丘長陳寔之後也。

又　《高祖紀下》 永定元年冬十月乙亥，高祖即皇帝位于南郊，柴燎告天曰：『皇帝臣霸先，敢用玄牡昭告于皇皇后帝：梁氏以圮剝荐臻，歷運有極，欽若天應，以命于霸先。夫肇有烝民，乃樹司牧，選賢與能，未常厥姓。放勳、重華之世，咸無意於受終，當塗、典午之君，雖有心於揖讓，皆以英才處萬乘，高勳御四海，故能大庇黔首，光宅區縣。有梁末運，仍葉遘屯，獯醜憑陵，久移神器，承聖在外，非能祀夏，天未悔禍，復罹寇逆，嫡嗣廢黜，宗枝僭詐，天地蕩覆，紀綱泯絕。霸先爰初投袂，大拯横流，重舉義兵，實戡多難，廢王立帝，寔有厥功，安國定社，用盡其力。是謂小康，方期大道。既而煙雲表色，日月呈瑞，緯聚東井，龍見譙邦，除舊布新，既彰玄象，遷虞事夏，且協謳訟，九域八荒，同布衷款，百神羣祀，皆有誠願。梁帝高謝萬邦，授以大寶，霸先自惟菲薄，讓德不嗣，至于再三，辭弗獲許。僉以百姓須主，萬機難曠，皇靈眷命，非可謙拒。畏天之威，用膺嘉祚，永言夙志，能無慚德。敬簡元辰，升壇受禪，告類上帝，用荅民心，永保于我有陳。惟明靈是饗！』【略】

禮畢，輿駕還宮，臨太極前殿。詔曰：『五德更運，帝王所以御天，三正相因，夏、殷所以宰世，雖色分辭翰，時異文質，揖讓征伐，迄用參差，而育德振民，義歸一揆。朕以寡昧，時屬艱危，國步屢屯，天維三絕，肆勤先后，拯厥横流，藉將帥之功，兼猛士之力，一匡天下，再造黔黎。梁氏以天祿永終，歷數攸在，遵與能之典，集大命于朕躬。顧惟菲德，辭不獲亮，式從天睠，俯協民心，受終文祖，升禋上帝，繼迹百王，君臨萬宇，若涉川水，罔知攸濟。寶業初建，皇祚惟新，思俾惠澤，覃被億兆。可大赦天下，改梁太平二年為永定元年。賜民爵二級，文武二等。鰥寡孤獨不能自存者人穀五斛。逋租宿債，皆勿復收。其有犯鄉里清議贓汙淫盜者，皆洗除先注，與之更始。長徒敕繫，特皆原之。亡官失爵，禁錮奪勞，一依舊典。』

又　卷三《世祖紀》　世祖文皇帝諱蒨，字子華，始興昭烈王長子也。【略】

天嘉元年春正月癸丑，詔曰：『朕以寡昧，嗣纂洪業，哀惸在疚，治道弗昭，仰惟前德，幽顯遐暢，恭己不言，庶幾無改。雖宏圖懋軌，日月方弘，而清廟廓然，聖靈浸遠，感尋永往，瞻言罔極。今四象運周，三元告獻，華夷胥洎，玉帛駿奔，思覃遺澤，播之億兆。其大赦天下。改永定四年為天嘉元年。鰥寡孤獨不能自存立者，賜穀人五斛。孝悌力田殊行異等，加爵一級。』【略】

天康元年春二月景子，詔曰：『朕以寡德，纂承洪緒，日昃劬勞，思弘景業，而政道多昧，黎庶未康，兼疹患淹時，亢陽累月，百姓何咎，寔由朕躬，念茲在茲，痛如疾首。可大赦天下，改天嘉七年為天康元年。』

又　卷四《廢帝紀》　廢帝諱伯宗，字奉業，小字藥王，世祖嫡長子也。【略】

光大元年春正月癸酉，尚書左僕射袁樞卒。乙亥，詔曰：『昔昊天成命，降集寶圖，二后重光，九區咸乂。閔余沖薄，王道未昭，荷茲神器，如涉靈海，庶親賢並建，牧伯惟良，天下雍熙，緬同刑措。今三元改歷，萬國充庭，清廟無追，具僚斯在，言瞻寧位，觸感崩心。思播遺恩，俾覃黎獻。可大赦天下。改天康二年為光大元年。孝悌力田賜爵一級。』

又　卷五《宣帝紀》　高宗孝宣皇帝諱頊，字紹世，小字師利，始興昭烈王第二子也。【略】

太建元年春正月甲午，即皇帝位于太極前殿，詔曰：『夫聖人受命，王者中興，並由懿德，方作元后。高祖武皇帝揖拜堯圖，經綸禹迹，配天之業，光辰象而利貞，格地之功，侔川岳而長遠。世祖文皇帝體上聖之姿，當下武之運，築宮示儉，所務唯德，定鼎初基，厥謀斯在。朕以寡薄，才非聖賢，夙荷前規，方傳景祚。雖復親承訓誨，志守藩維，詠季子之高風，思城陽之遠託，自元儲紹國，正位君臨，無道非幾，佇聞刑措。豈圖王室不造，頻謀亂階，天步艱難，將傾寶歷，仰惟嘉命，爰集朕躬。我心貞確，（空）［堅］誓蒼昊，而羣辟啟請，相諠渭橋，文母尊嚴，懸心長樂，對揚璽紱，非止殷湯之三辭，履涉春冬，何但代王之五讓。今便肅奉天策，欽承介圭。若據滄溟，踰增兢業。思所以雲行雨施，品物咸亨，當與黔黎，普同斯慶。可改光大三年為太建元年。大赦天下。在位文武賜位一階，孝悌力田及為父後者賜爵一級，異等殊才，並加策序。鰥寡孤獨不能自存者，人賜穀五斛。』

又　卷六《後主紀》　後主諱叔寶，字元秀，小字黄奴，高宗嫡長子也。【略】

至德元年春正月壬寅，詔曰：『朕以寡薄，嗣守鴻基，哀惸切慮，疹恙纏織，訓俗少方，臨下靡筭，懼甚踐冰，慄同馭朽。而四氣易流，三光遄至，纓紱列陛，玉帛充庭，具物匪新，節序疑舊，緬思前德，永慕昔辰，對軒闥而哽心，顧宸筵而慓氣。思所以仰遵遺構，俯勵薄躬，陶鑄九流，休息百姓，用弘寬簡，取叶陽和。可大赦天下，改太建十五年為至德元年。』【略】

（禎明元年正月）戊寅，詔曰：『柏皇、大庭，鼓淳和於曩日，姬王、嬴后，被澆風於末載，刑書已鑄，善化匪融，禮義既乖，姦宄斯作。何其淳樸不反，浮華競扇者歟？朕居中御物，納隍在睠，頻恢天綱，屢絕三邊，元元黔庶，終罹五辟。蓋乃康哉寡薄，抑焉法令滋章。是用當寧弗怡，矜此向隅之意。今三元具序，萬國朝辰，靈芝獻於始陽，膏露凝於聿歲，從春施令，仰乾布德，思與九有，惟新七政。可大赦天下，改至德五年為禎明元年。」

《魏書》卷二《太祖紀》 太祖道武皇帝，諱珪，昭成皇帝之嫡孫，獻明皇帝之子也。母曰獻明賀皇后。【略】

登國元年春正月戊申，帝即代王位，郊天，建元，大會於牛川。【略】

夏四月，改稱魏王。【略】

（皇始元年）秋七月，左司馬許謙上書勸進尊號，帝始建天子旌旗，出入警蹕，於是改元。【略】

（天興元年）十有二月己丑，帝臨天文殿，太尉、司徒進璽綬，百官咸稱萬歲。大赦，改年。【略】

（天賜元年）冬十月辛巳，大赦，改元。

又 卷三《太宗紀》 太宗明元皇帝，諱嗣，太祖長子也，母曰劉貴人，登國七年生於雲中宮。【略】

天賜六年冬十月，清河王紹作逆，太祖崩。帝入誅紹。壬申，即皇帝位，大赦，改年為永興元年。【略】

神瑞元年春正月辛酉，以禎瑞頻集，大赦，改元。

又 卷四上《世祖紀》 世祖太武皇帝，諱燾，太宗明元皇帝之長子也，母曰杜貴嬪。【略】

始光元年春正月丙寅，安定王彌薨。【略】

神䴥元年春正月，以天下守令多行非法，精選忠良悉代之。【略】

延和元年春正月丙午，尊保太后為皇太后，立皇后赫連氏，立皇子晃為皇太子，謁于太廟，大赦，改年。【略】

太延元年春正月壬午，降死刑已下各一等。癸未，出太祖、太宗宮人，令得嫁。甲申，大赦，改年。

又 卷四下《世祖紀下》 （太平真君元年）六月丁丑，皇孫濬生，大赦，改年。【略】

（正平元年）夏五月壬寅，大赦。六月壬戌，改年。

又 卷五《高宗紀》 高宗文成皇帝，諱濬，恭宗景穆皇帝之長子也。【略】

正平二年十月戊申，即皇帝位於永安前殿，大赦，改年。

興安元年冬十月，以驃騎大將軍元壽樂為太宰、都督中外諸軍事、錄尚書事；尚書長孫渴侯為尚書令，加儀同三司。【略】

（興光元年）秋七月庚子，皇子弘生。辛丑，大赦，改年。【略】

（太安元年）夏六月壬戌，詔名皇子曰弘，曲赦京城，改年。【略】

和平元年春正月甲子朔，大赦，改元。

又 卷六《顯祖紀》 顯祖獻文皇帝，諱弘，高宗文成皇帝之長子也，母曰李貴人。【略】

天安元年春正月乙丑朔，大赦，改年。【略】

（皇興元年八月）戊申，皇子宏生，大赦，改年。

又 卷七上《高祖紀》 高祖孝文皇帝，諱宏，顯祖獻文皇帝之長子，母曰李夫人。【略】

（皇興）五年秋八月丙午，即皇帝位於太華前殿，大赦，改元延興元年。【略】

（承明元年）五月辛未，太上皇帝崩。壬申，大赦，改年。【略】

太和元年春正月乙酉朔，詔曰：「朕夙承寶業，懼不堪荷，而天貺具臻，地瑞並應，風和氣晼，天人交協。豈朕沖昧所能致哉？實賴神祇七廟降福之助。今三正告初，祇感交切，宜因陽始，協典革元，其改今號為太和元年。」

又 卷八《世宗紀》 世宗宣武皇帝，諱恪，高祖孝文皇帝第二子。【略】

景明元年春正月壬寅，車駕謁長陵。乙巳，大赦，改年。【略】

（正始元年正月）丙寅，大赦，改年。【略】

（永平元年八月）丁卯，大赦，改年。【略】

（延昌元年四月）乙酉，大赦，改年。

又 卷九《肅宗紀》 肅宗孝明皇帝，諱詡，世宗宣武皇帝之第二子，母曰胡充華。【略】

熙平元年春正月戊辰朔，大赦，改年。【略】

（神龜元年二月）己酉，詔以神龜表瑞，大赦改年。【略】

（正光元年七月）辛卯，帝加元服，大赦，改年，內外百官進位一等。【略】

（孝昌元年）六月癸未，大赦，改年。【略】

（武泰元年正月）皇女生，祕言皇子。丙寅，大赦，改元。

又 卷一〇《孝莊紀》 孝莊皇帝，諱子攸，彭城王勰之第三子，母曰李妃。【略】

（建義元年四月）辛丑，車駕入宮，御太極殿，詔曰：『太祖誕命應期，龍飛燕代，累世重光，載隆帝緒。冀欲闡茲洪業，永在無窮。豈圖多難，溝茲百六，致使妖悖四起，內外競侵，朝無恤政之臣，野多怨酷之士，實由女主專朝，致茲顛覆。孝明皇帝大情沖順，深存隱忍，奄棄萬國，衆用疑焉。苟求胡出，入守神器，凡厥有心，莫不解體。太原王榮，世抱忠孝，功格古今，赴義晉陽，大會河洛，乃推翼朕躬，應茲大命。德謝少康，道愧前緒，猥以眇身，君臨萬國，如涉淵海，罔知所濟。可大赦天下，改武泰為建義元年。從太原王督將軍士，普加五階；在京文官兩階，武官三級。復天下租役三年。』【略】

（九月）乙亥，以平葛榮，大赦天下，改為永安元年。【略】

（永安三年十月）壬申，尒朱世隆停建興之高都，尒朱兆自晉陽來會之，共推太原太守、行并州刺史長廣王曄為主，大赦所部，號年建明，普汎四級。

又 卷一一《前廢帝紀》 前廢帝，諱恭，字脩業，廣陵惠王羽之子也，母曰王氏。【略】

（普泰元年）春二月己巳，曄進至邙南，世隆等奉王東郭之外，行禪讓之禮。羣臣上表曰：『否泰沿時，殷憂啟聖，故六飛在御，三石興符。伏惟陛下運屬千齡，智周萬物，獨昭繫象，妙極天人，寶歷有歸，光宅攸屬，而將安獨善，不務兼濟，靈命徘徊，幽明載佇。伏願時順謳謠，念茲宗祏，用捨勞疾，允答人神。』王答曰：『自量眇身，是以讓執。然王公勤至，不可拒違。今敬承所陳，惟愧弗堪負荷耳。』太尉公尒朱度律奉進璽綬袞冕之服，乃就輅車，百官侍衛，入自建春、雲龍門，昇太極前殿，羣臣拜賀。禮畢，登閶闔門，詔曰：『朕以寡薄，撫臨萬邦，思與億兆同茲慶泰。可大赦天下，以魏為大魏，改建明二年為普泰元年。其稅市及稅鹽之官，可悉廢之。百雜之戶，貸賜民名，官任仍舊。天下調絹，四百一匹。內外文武，普汎四階；合敘未定第者，亦沾級。除名免官者，特復本資，品封依舊。潁川王尒朱兆，彭城王尒朱仲遠，隴西王尒朱天光，樂平王尒朱世隆，常山王尒朱度律，車騎大將軍、儀同三司齊獻武王，都督斛斯椿下軍士，普汎六級。』

又 《後廢帝紀》 後廢帝，諱朗，字仲哲，章武王融第三子也，母曰程氏。【略】

（中興元年）冬十月壬寅，即皇帝位於信都城西。昇壇焚燎，大赦，稱中興元年。

又 《出帝紀》 出帝，諱脩，字孝則，廣平武穆王懷之第三子也，母李氏。【略】

中興二年夏四月，安定王自以疏遠，未允四海之心，請遜大位。齊獻武王與百僚會議，僉謂高祖不可無後，乃共奉王。戊子，即帝位於東郭之外，入自東陽、雲龍門，御太極前殿，羣臣朝賀。禮畢，昇閶闔門，詔曰：『否泰相沿，廢興互有，玄天無所隱，精靈弗能諭。大魏統乾，德漸區宇，牢籠九服，旁礴三光。而上天降禍，運踵多難，禮樂崩淪，憲章漂沒。赫赫宗周，翦為戎寇；肅肅清廟，將成茂草。胡羯乘機，肆其昏虐，殺君害王，刳剔海內。競其吞噬之意，不識醉飽之心。自書契以來，未有若斯者已！大丞相勃海王忠存本朝，精貫白日，爰舉義旗，志雪國恥。故廣阿之軍，貔虎奪氣；鄴下之師，金湯失險。近者四胡相率，實繁有徒，驅天下之兵，盡華戎之銳。桴鼓暫交，一朝盪滅，元兇授首，大憝斯擒。揚旆濟河，掃清伊洛，士民安堵，不失舊章。社稷危而復安，洪基毀而還構。朕以託體宸極，猥當樂推，祇握寶圖，承茲大業。得以眇身，託於王公之上，若涉淵水，罔識攸津。思與兆民同茲嘉慶，可大赦天下。改中興二年為太昌元年。』

又 卷一二《孝靜帝紀》 孝靜皇帝，諱善見，清河文宣王亶之世子也，母曰胡妃。【略】

（天平元年）冬十月丙寅，即位于城東北，大赦天下，改永熙三年為

天平元年。【略】

元象元年春正月，有巨象自至碭郡陂中，南兗州獲送于鄴。丁卯，大赦，改元。【略】

（興和元年）冬十有一月癸亥，以新宮成，大赦天下，改元。八十以上賜綾帽及杖，七十以上賜帛，及有疾廢者賜粟帛。築城之夫，給復一年。【略】

武定元年春正月壬戌朔，大赦天下，改元。

《北齊書》卷四《文宣帝紀》 顯祖文宣皇帝諱洋，字子進，高祖第二子，世宗之母弟。【略】

（天保元年五月）戊午，乃即皇帝位於南郊，升壇柴燎告天曰：

皇帝臣洋敢用玄牡，昭告於皇皇后帝：否泰相沿，廢興迭用，至道無親，應運斯輔。上覽唐、虞，下稽魏、晉，莫不先天揖讓，考歷歸終。魏氏多難，年將三十，孝昌已後，內外去之。世道橫流，蒼生塗炭。賴我獻武，拯其將溺，三建元首，再立宗祧，掃絕羣凶，芟夷奸宄，德被黔黎，勳光宇宙。文襄嗣武，克構鴻基，功浹寰宇，威稜海外，窮髮懷音，西寇納款，青丘保候，丹穴來庭，扶翼危機，重匡頹運，是則有大造於魏室也。

魏帝以卜世告終，上靈厭德，欽若昊天，允歸大命，以禪於臣洋。夫四海至公，天下為一，總民宰世，樹之以君。既川岳啟符，人神效祉，羣公卿士，八方兆庶，僉曰皇極乃顧於上，魏朝推進於下，天位不可以暫虛。遂逼羣議，恭膺大典。猥以寡薄，託於兆民之上，雖天威在顏，咫尺無遠，循躬自省，實懷祗惕。敬簡元辰，升壇受禪，肆類上帝，以答萬國之心，永隆嘉祚，保祐有齊，以被於無窮之祚。

是日，京師獲赤雀，獻於南郊。事畢，還宮，御太極前殿。詔曰：『無德而稱，代刑以禮，不言而信，先春後秋。故知惻隱之化，天人一揆，弘有之道，今古同風。朕以虛薄，功業無紀。昔先獻武王值魏世不造，九鼎行出，乃驅御侯伯，大號燕、趙，拯厥顛墜，俾亡則存。文襄王外挺武功，內資明德，纂戎先業，闢土服遠。年踰二紀，世歷兩都，獄訟有適，謳歌斯在。故魏帝俯遵歷數，爰念褰裳，遠取唐、虞，終同脫屣。實幽憂未已，志在陽城，而羣公卿士誠守愈切，遂屬代終，居於民上，如涉深水，有眷終朝。始發晉陽，九尾呈瑞，外壇告天，赤雀效祉。惟爾文武不貳心之臣，股肱爪牙之將，左右先王，克隆大業，永言誠節，共斯休祉。思與億兆同始茲日，其大赦天下。改武定八年為天保元年。其百官進階，男子賜爵，鰥寡六疾義夫節婦旌賞各有差。』

又 卷五《廢帝紀》 廢帝殷，字正道，文宣帝之長子也，母曰李皇后。【略】

乾明元年庚辰，春正月癸丑朔，改元。

又 卷六《孝昭帝紀》 孝昭皇帝演，字延安，神武皇帝第六子，文宣帝之母弟也。【略】

皇建元年八月壬午，皇帝即位於晉陽宣德殿，大赦，改乾明元年為皇建。

又 卷七《武成帝紀》 世祖武成皇帝諱湛，神武皇帝第九子，孝昭皇帝之母弟也。【略】

大寧元年冬十一月癸丑，皇帝即位於南宮，大赦，改皇建二年為大寧。【略】

（河清元年四月）乙巳，青州刺史上言，今月庚寅河、濟清。以河、濟清，改大寧二年為河清，降罪人各有差。

又 卷八《後主紀》 後主諱緯，字仁綱，武成皇帝之長子也。【略】

天統元年夏四月丙子，皇帝即位於晉陽宮，大赦，改河清四年為天統。【略】

武平元年春正月乙酉朔，改元。【略】

幼主名恒，帝之長子也。母曰穆皇后，武平元年六月生於鄴。【略】

隆化二年春正月乙亥，即皇帝位，時八歲，改元為承光元年，大赦，尊皇太后為太皇太后，帝為太上皇帝，后為太上皇后。

《周書》卷三《孝閔帝紀》 孝閔皇帝諱覺，字陀羅尼，太祖第三子也。【略】

元年春正月辛丑，即天王位。柴燎告天，朝百官於路門。

又 卷四《明帝紀》 世宗明皇帝諱毓，小名統萬突，太祖長子也。母曰姚夫人，永熙三年，太祖臨夏州，生帝於統萬城，因以名焉。大統十四年，封寧都郡公。十六年，行華州事。尋拜開府儀同三司、宜州諸軍事、宜州刺史。魏恭帝三年，授大將軍，鎮隴右。孝閔帝踐阼，進位柱國，轉岐州諸軍事、岐州刺史。治有美政，黎民懷之。及孝閔帝廢，晉公護遣使迎帝於岐州。秋九月癸亥，至京師，止於舊邸。甲子，羣臣上表勸進，備法駕奉迎。帝固讓，羣臣固請，是日，即天王位，大赦天下。乙丑，朝羣臣於延壽殿。【略】

（武成元年）秋八月己亥，改天王稱皇帝，追尊文王為帝，大赦改元。

又 卷五《武帝紀上》 高祖武皇帝諱邕，字禰羅突，太祖第四子也。【略】

武成二年夏四月，世宗崩，遺詔傳帝位於高祖。高祖固讓，百官勸進，乃從之。壬寅，即皇帝位，大赦天下。【略】

保定元年春正月戊申，詔曰：『寒暑亟周，奄及徂歲，改元命始，國之典章。朕祗承寶圖，宜遵故實。可改武成三年為保定元年。嘉號既新，惠澤宜布，文武百官，各增四級。』【略】

天和元年春正月己卯，日有蝕之。辛巳，露寢成，幸之。令羣臣賦古詩，京邑耆老並預會焉，頒賜各有差。癸未，大赦改元，百官普加四級。【略】

（建德元年三月）丙辰，誅大冢宰晉國公護、護子柱國譚國公會、會弟大將軍莒國公至、崇業公靜，並柱國侯伏侯龍恩、龍恩弟大將軍萬壽、大將軍劉勇等。大赦，改元。

又 卷六《武帝紀下》 （宣政元年三月）壬辰，改元。

又 卷七《宣帝紀》 宣皇帝諱贇，字乾伯，高祖長子也。【略】

大象元年春正月癸巳，受朝於露門，帝服通天冠、絳紗袍，羣臣皆服漢魏衣冠。大赦，改元大成。

又 卷八《靜帝紀》 靜皇帝諱衍，後改為闡，宣帝長子也。【略】

大定元年春正月壬午，詔曰：『朕以不天，夙遭極罰。光陰遄速，遽及此辰。窮慕纏綿，言增號絕。踰祀革號，憲章前典，可改大象三年為大定元年。』

雜録

《晉書》卷八六《張軌傳附子寔傳》 張軌字士彥，安定烏氏人，漢常山景王耳十七代孫也。【略】

寔字安遜，學尚明察，敬賢愛士，以秀才為郎中。【略】

是歲，元帝即位于建鄴，改年太興，寔猶稱建興六年，不從中興之所改也。

又 《張駿傳》 駿字公庭，幼而奇偉。建興四年，封霸城侯。十歲能屬文，卓越不羈，而淫縱過度，常夜微行于邑里，國中化之。及統任，年十八。先是，愍帝使人黃門侍郎史淑在姑臧，左長史氾禕、右長史馬謨等諷淑，令拜駿使持節、大都督、大將軍、涼州牧、領護羌校尉、西平公。赦其境內，置左右前後四率官，繕南宫。劉曜又使人拜駿涼州牧、涼王。【略】

太寧元年，駿猶稱建興十二年，駿親耕藉田。尋承元帝崩問，駿大臨三日。會有黃龍見于揟次之嘉泉，右長史氾禕言於駿曰：『案建興之年，是少帝始起之號。帝以凶終，理應改易。朝廷越在江南，音問隔絕，宜因龍改號，以章休徵。』不從。

又 《張重華傳》 重華字泰臨，駿之第二子也。寬和懿重，沈毅少言。父卒，時年十六。以永和二年自稱持節、大都督、太尉、護羌校尉、涼州牧、西平公、假涼王，赦其境內。

又 《張耀靈傳》 耀靈字元舒。年十歲嗣事，稱大司馬、校尉、刺史、西平公。

又 《張祚傳》 祚字太伯，博學雄武，有政事之才。既立，自稱大都督、大將軍、涼州牧、涼公。【略】

永和十年，祚納尉緝、趙長等議，僭稱帝位，立宗廟，舞八佾，置百官，下書曰：『昔金行失馭，戎狄亂華，胡、羯、氐、羌咸懷竊璽。我武公以神武撥亂，保寧西夏，貢款勤王，旬朔不絕。四祖承光，忠誠彌著。往受晉禪，天下所知，謙沖遜讓，四十年于兹矣。今中原喪亂，華裔無主，羣后僉以九州之望無所依歸，神祇嶽瀆罔所憑係，逼孤攝行大統，以一四海之心。辭不獲已，勉從羣議。待掃穢二京，蕩清周魏，然後迎帝舊都，謝罪天闕，思與兆庶同茲更始。』改建興四十二年為和平元年，赦殊死，賜鰥寡帛，加文武爵各一級。

又《張玄靚傳》　玄靚字元安。既立，自號大都督、大將軍、校尉、涼州牧、西平公，赦其國內，廢和平之號，復稱建興四十三年。**【略】**

玄靚年既幼沖，性又仁弱，天錫既克邕，專掌朝政，改建興四十九年，奉升平之號。

又《張天錫傳》　天錫字純嘏，駿少子也，小名獨活。初字公純嘏，入朝，人笑其三字，因自改焉。玄靚死，國人立之，自號大將軍、校尉、涼州牧、西平公。遣司馬綸騫奉章請命，并送御史俞歸還京都。太和初，詔以天錫為大將軍、大都督、督隴右關中諸軍事、護羌校尉、涼州刺史、西平公。

又　卷一〇一《劉元海載記》　劉元海，新興匈奴人，冒頓之後也。名犯高祖廟諱，故稱其字焉。**【略】**

永興元年，元海乃為壇于南郊，僭即漢王位，下令曰：『昔我太祖高皇帝以神武應期，廓開大業。太宗孝文皇帝重以明德，升平漢道。世宗孝武皇帝拓土攘夷，地過唐日。中宗孝宣皇帝搜揚俊乂，多士盈朝。是我祖宗道邁三王，功高五帝，故卜年倍於夏商，卜世過於姬氏。而元成多僻，哀平短祚，賊臣王莽，滔天篡逆。我世祖光武皇帝誕資聖武，恢復鴻基，祀漢配天，不失舊物，俾三光晦而復明，神器幽而復顯。顯宗孝明皇帝、肅宗孝章皇帝累葉重暉，炎光再闡。自和安已後，皇綱漸頹，天步艱難，國統頻絕。黄巾海沸於九州，羣閹毒流於四海，董卓因之肆其猖勃，曹操父子凶逆相尋。故孝愍委棄萬國，昭烈播越岷蜀，冀否終有泰，旋軫舊京。何圖天未悔禍，後帝窘辱。自社稷淪喪，宗廟之不血食四十年于茲矣。今天誘其衷，悔禍皇漢，使司馬氏父子兄弟迭相殘滅。黎庶塗炭，靡所控告。孤今猥為羣公所推，紹修三祖之業。顧茲尫闇，戰惶靡厝。但以大恥未雪，社稷無主，銜膽栖冰，勉從羣議。』乃赦其境內，年號元熙，追尊劉禪為孝懷皇帝，立漢高祖以下三祖五宗神主而祭之。**【略】**

永嘉二年，元海僭即皇帝位，大赦境內，改元永鳳。**【略】**汾水中得玉璽，文曰『有新保之』，蓋王莽時璽也。得者因增『泉海光』三字，元海以為己瑞，大赦境內，改年河瑞。

又　卷一〇二《劉聰載記》　劉聰字玄明，一名載，元海第四子也。母曰張夫人。**【略】**

於是以永嘉四年僭即皇帝位，大赦境內，改元光興。**【略】**

遷（晋懷）帝及惠帝羊后、傳國六璽于平陽。聰大赦，改年嘉平，以帝為特進、左光禄大夫、平阿公。**【略】**

聰以其太廟新成，大赦境內，改年建元。**【略】**

劉曜陷長安外城，愍帝使侍中宋敞送牋于曜，帝肉袒牽羊，輿櫬銜璧出降。及至平陽，聰以帝為光禄大夫、懷安侯，使粲告于太廟，大赦境內，改年麟嘉。

又《劉粲載記》　粲字士光。少而儁傑，才兼文武。**【略】**

立其妻靳氏為皇后，子元公為太子，大赦境內，改元漢昌。

又　卷一〇三《劉曜載記》　劉曜字永明，元海之族子也。少孤，見養於元海。**【略】**

曜以太興元年僭即皇帝位，大赦境內，惟準一門不在赦例，改元光初。

又　卷一〇五《石勒載記下》　石勒字世龍，初名㔨，上黨武鄉羯人也。其先匈奴别部羌渠之胄。**【略】**

太興二年，勒僞稱趙王，赦殊死已下，均百姓田租之半，賜孝悌力田死義之孤帛各有差，孤老鰥寡穀人三石，大酺七日。依春秋列國、漢初侯王每世稱元，改稱趙王元年。**【略】**

茌平令師懽獲黑兔，獻之於勒，程遐等以為勒『龍飛革命之祥，於晋以水承金，兔陰精之獸，玄為水色，此示殿下宜速副天人之望也』。於是大赦，以咸和三年改年曰太和。**【略】**

勒羣臣議以勒功業既隆，祥符並萃，宜時革徽號以答乾坤之望，於是石季龍等奉皇帝璽綬，上尊號于勒，勒弗許。羣臣固請，勒乃以咸和五年僭號趙天王，行皇帝事。**【略】**

羣臣固請勒宜即尊號，勒乃僭即皇帝位，大赦境內，改元曰建平，自襄國都臨漳。**【略】**

又《石弘載記》　弘字大雅，勒之第二子也。【略】

及勒死，季龍執弘使臨軒，命收程遐、徐光下廷尉，召其子邃率兵入宿衛，文武靡不奔散。弘大懼，讓位于季龍。季龍曰：『君薨而世子立，臣安敢亂之！』弘泣而固讓，季龍怒曰：『若其不堪，天下自當有大議，何足預論！』遂以咸和七年逼立之，改年曰延熙，文武百僚進位一等。

又　卷一〇六《石季龍載記上》　石季龍，勒之從子也，名犯太祖廟諱，故稱字焉。【略】

咸康元年，季龍廢勒子弘，羣臣已下勸其稱尊號。季龍下書曰：『王室多難，海陽自棄，四海業重，故俛從推逼。朕聞道合乾坤者稱皇，德協人神者稱帝，皇帝之號非所敢聞，且可稱居攝趙天王，以副天人之望。』於是赦其境內，改年曰建武。

又　卷一〇七《石季龍載記下》　（冉）閔字永曾，小字棘奴，季龍之養孫也。父瞻，字弘武，本姓冉，名良，魏郡內黃人也。其先漢黎陽騎都督，累世牙門。勒破陳午，獲瞻，時年十二，命季龍子之。【略】

永和六年，（冉閔）殺石鑒，其司徒申鍾、司空郎闓等四十八人上尊號于閔，閔固讓李農，農以死固請，於是僭即皇帝位于南郊，大赦，改元曰永興，國號大魏，復姓冉氏。

又　卷一〇九《慕容皝載記》　慕容皝字元真，廆第三子也。【略】

封弈等以皝任重位輕，宜稱燕王，皝於是以咸康三年僭即王位，赦其境內。

又　卷一一〇《慕容儁載記》　慕容儁字宣英，皝之第二子也。【略】

皝死，永和五年，僭即燕王位，依春秋列國故事稱元年，赦于境內。【略】

先是，蔣幹以傳國璽送于建鄴，儁欲神其事業，言歷運在己，乃詐云閔妻得之以獻，賜號曰『奉璽君』，因以永和八年僭即皇帝位，大赦境內，建元曰元璽，署置百官。【略】

儁太子曄死，偽謚獻懷。升平元年，復立次子暐為皇太子，赦其境內，改元曰光壽。

又　卷一一一《慕容暐載記》　慕容暐字景茂，儁第三子也。【略】

升平四年，僭即皇帝位，大赦境內，改元曰建熙，立其母可足渾氏為皇太后。

又　卷一一二《苻健載記》　苻健字建業，洪第三子也。【略】

永和七年，僭稱天王、大單于，赦境內死罪，建元皇始，繕宗廟社稷，置百官于長安。【略】

八年，健僭即皇帝位于太極前殿，諸公進為王，以大單于授其子萇。

又《苻生載記》　生字長生，健第三子也。【略】

健卒，僭即皇帝位，大赦境內，改年壽光，時永和十二年也。

又　卷一一三《苻堅載記上》　苻堅字永固，一名文玉，雄之子也。【略】

以升平元年僭稱大秦天王，誅生佞倖臣董龍、趙韶等二十餘人，赦其境內，改元曰永興。【略】

大赦，復改元曰甘露。【略】

興寧三年，堅又改元為建元。

又　卷一一四《苻堅載記下》　（姚）泓於是進向長安，改年曰燕興。【略】

慕容沖僭稱尊號於阿房，改年更始。

又　卷一一五《苻丕載記》　苻丕字永叔，堅之長庶子也。【略】

王永留苻沖守壺關，率騎一萬會丕，勸稱尊號，丕從之，乃以太元十年僭即皇帝位于晉陽南。立堅行廟，大赦境內，改元曰太安。【略】

丕之臣佐皆沒慕容永，永乃進據上黨之長子，僭稱大號，改元曰中興。丕在位二年而敗。

又《苻登載記》　登字文高，堅之族孫也。【略】

登於是以太元十一年僭即皇帝位，大赦境內，改元曰太初。【略】

初，登之東也，留其弟司徒廣守雍，太子崇守胡空堡。廣、崇聞登敗，出奔，衆散。登至，無所歸，遂奔平涼，收集遺衆入馬毛山。興率衆攻之，登遣子汝陰王宗質于隴西鮮卑乞伏乾歸，結婚請援，乾歸遣騎二萬救登。登引軍出迎，與興戰于山南，為興所敗，登被殺。在位九年，時年五十二。崇奔于湟中，僭稱尊號，改元延初。偽謚登曰高皇帝，廟號太宗。崇為乾歸所逐，崇、定皆死。

又　卷一一六《姚萇載記》　萇字景茂，弋仲第二十四子也。【略】以太元十一年萇僭即皇帝位于長安，大赦，改元曰建初，國號大秦，改長安曰常安。

又　卷一一七《姚興載記上》　姚興字子略，萇之長子也。【略】太元十九年，僭即帝位于槐里，大赦境內，改元曰皇初，遂如安定。【略】

興以日月薄蝕，災眚屢見，降號稱王，下書令羣公卿士將牧守宰各降一等。於是其太尉趙公旻等五十三人上疏諫曰：『伏惟陛下勳格皇天，功濟四海，威靈振於殊域，聲教暨於遐方，雖成湯之隆殷基，武王之崇周業，未足比喻。方當廓靖江吳，告成中岳，豈宜過垂沖損，違皇天之眷命乎！』興曰：『殷湯、夏禹德冠百王，然猶順守謙沖，未居崇極，况朕寡昧，安可以處之哉！』乃遣旻告于社稷宗廟，大赦，改元弘始。

又　卷一一九《姚泓載記》　姚泓字元子，興之長子也。【略】泓發喪，以義熙十二年僭即帝位，大赦殊死已下，改元永和，廬于諮議堂。

又　卷一二一《李雄載記》　李雄字仲儁，特第三子也。【略】諸將固請雄即尊位，以永興元年僭稱成都王，赦其境內，建元為建興，除晉法，約法七章。【略】（范）長生勸雄稱尊號，雄於是僭即帝位，赦其境內，改年曰太武。【略】

會羅尚卒，巴郡亂，李驤攻涪，又陷之，執梓潼太守譙登，遂乘勝進軍討文碩，害之。雄大悅，赦其境內，改元曰玉衡。

又　《李期載記》　期字世運，雄第四子也。【略】既殺班，欲立越為主，越以期雄妻任氏所養，又多才藝，乃讓位于（李）期。于是僭即皇帝位，大赦境內，改元玉恆。

又　《李壽載記》　壽字武考，驤之子也。【略】遂以咸康四年僭即偽位，赦其境內，改元為漢興。

又　《李勢載記》　勢字子仁，壽之長子也。【略】壽死，勢嗣偽位，赦其境內，改元曰太和。【略】李奕自晉壽舉兵反之，蜀人多有從奕者，衆至數萬。勢登城距戰。奕單騎突門，門者射而殺之，衆乃潰散。勢既誅奕，大赦境內，改年嘉寧。

又　卷一二二《呂光載記》　呂光字世明，略陽氐人也。其先呂文和，漢文帝初，自沛避難徙焉，世為酋豪。父婆樓，佐命苻堅，官至太尉。【略】

光至是始聞苻堅為姚萇所害，奮怒哀號，三軍縞素，大臨于城南，偽謚堅曰文昭皇帝，長吏百石已上服斬縗三月，庶人哭泣三日。光於是大赦境內，建元曰太安，自稱使持節、侍中、中外大都督、督隴右河西諸軍事、大將軍、領護匈奴中郎將、涼州牧、酒泉公。【略】

是時麟見金澤縣，百獸從之，光以為己瑞，以孝武太元十四年僭即三河王位，置百官自丞郎已下，赦其境內，年號麟嘉。【略】

光於是以太元二十一年僭即天王位，大赦境內，改年龍飛。立世子紹為太子，諸子弟為公侯者二十人。

又　《呂纂載記》　纂字永緒，光之庶長子也。【略】纂以隆安四年遂僭即天王位，大赦境內，改元為咸寧。

又　《呂隆載記》　隆字永基，光弟寶之子也。美姿貌，善騎射。光末拜北部護軍，稍歷顯位，有聲稱。

超既殺纂，讓位於隆，隆有難色。超曰：『今猶乘龍上天，豈可中下！』隆以安帝元興元年遂僭即天王位。超先於番禾得小鼎，以為神瑞，大赦，改元為神鼎。

又　卷一二三《慕容垂載記》　慕容垂字道明，皝之第五子也。【略】

垂引兵至滎陽，以太元八年自稱大將軍、大都督、燕王，承制行事，建元曰燕元。令稱統府，府置四佐，王公已下稱臣，凡所封拜，一如王者。【略】

垂定都中山，羣僚勸即尊號，具典儀，修郊燎之禮。垂從之，以太元十一年僭即位，赦其境內，改元曰建興，置百官，繕宗廟社稷，立寶為太子。

又　卷一二四《慕容寶載記》　慕容寶字道祐，垂之第四子也。【略】

垂死，其年寶嗣偽位，大赦境內，改元為永康。【略】（慕容）詳僭稱尊號，置百官，改年號。

又《慕容盛載記》 盛字道運，寶之庶長子也。【略】於是內外怗然，士女咸悅。盛謙揖自卑，不稱尊號。其年，以長樂王稱制，赦其境內，改元曰建平。諸王降爵為公，文武各復舊位。【略】

盛於是僭即尊位，大赦殊死已下，追尊伯考獻莊太子全為獻莊皇帝，尊寶后段氏為皇太后，全妃丁氏為獻莊皇后，謚太子策為獻哀太子。盛幽州刺史慕容豪、尚書左僕射張通、昌黎尹張順謀叛，盛皆誅之。改年為長樂。

又《慕容熙載記》 熙字道文，垂之少子也。【略】及盛死，其太后丁氏以國多難，宜立長君。羣望皆在平原公元，而丁氏意在於熙，遂廢太子定，迎熙入宮。羣臣勸進，熙以讓元，元固以讓熙，熙遂僭即尊位。誅其大臣段璣、秦興等，並夷三族。元以嫌疑賜死。元字道光，寶之第四子也。赦殊死已下，改元曰光始，改北燕臺為大單于臺，置左右輔，位次尚書。

又《慕容雲載記》 慕容雲字子雨，寶之養子也。祖父和，高句驪之支庶，自云高陽氏之苗裔，故以高為氏焉。【略】

熙之葬苻氏也，馮跋謟雲，告之以謀。雲懼曰：『吾嬰疾歷年，卿等所知，願更圖之。』跋逼曰：『慕容氏世衰，河間虐暴，惑妖淫之女而逆亂天常，百姓不堪其害，思亂者十室九焉，此天亡之時也。公自高氏名家，何能為他養子！機運難邀，千歲一時，公焉得辭也！』扶之而出。雲曰：『吾疾苦日久，廢絕世務。卿今興建大事，謬見推逼。所以徘徊，非為身也，實惟否德不足以濟元元故耳。』跋等強之，雲遂即天王位，復姓高氏，大赦境內殊死以下，改元曰正始，國號大燕。署馮跋侍中、都督中外諸軍事、征北大將軍、開府儀同三司、録尚書事、武邑公，封伯、子、男，鄉、亭侯者五十餘人，士卒賜穀帛有差。熙之羣官，復其爵位。立妻李氏為天王后，子彭為太子。

又卷一二五《乞伏國仁載記》 乞伏國仁，隴西鮮卑人也。【略】以孝武太元十年自稱大都督、大將軍、大單于、領秦河二州牧，建元曰建義。

又《乞伏乾歸載記》 乾歸，國仁弟也。【略】雄武英傑，沈雅有度量。國仁之死也，其羣臣咸以國仁子公府沖幼，宜立長君，乃推乾歸為大都督、大將軍、大單于、河南王，赦其境內，改元曰太初。【略】

義熙三年，僭稱秦王，赦其境內，改元更始，置百官，公卿已下皆復本位。

又《乞伏熾磐載記》 熾磐，乾歸長子也。【略】

乾歸死，義熙六年，熾磐襲僞位，大赦，改元曰永康。【略】

元熙元年，立其第二子慕末為太子，領撫軍大將軍、都督中外諸軍事，大赦境內，改元曰建弘，其臣佐等多所封授。熾磐在位七年而宋氏受禪，以宋元嘉四年死。子慕末嗣僞位，在位四年，為赫連定所殺。

又《馮跋載記》 馮跋字文起，長樂信都人也，小字乞直伐，其先畢萬之後也。萬之子孫有食采馮鄉者，因以氏焉。永嘉之亂，跋祖父和避地上黨。父安，雄武有器量，慕容永時為將軍。永滅，跋東徙和龍，家于長谷。【略】

羣臣固請，乃許之，於是以太元二十年乃僭稱天王于昌黎，而不徙舊號，即國曰燕，赦其境內，建元曰太平。

又卷一二六《禿髮烏孤載記》 禿髮烏孤，河西鮮卑人也。其先與後魏同出。八世祖匹孤率其部自塞北遷于河西，其地東至麥田、牽屯，西至濕羅，南至澆河，北接大漠。匹孤卒，子壽闐立。初，壽闐之在孕，母胡掖氏因寢而產於被中，鮮卑謂被為『禿髮』，因而氏焉。壽闐卒，孫樹機能立，壯果多謀略。泰始中，殺秦州刺史胡烈於萬斛堆，敗涼州刺史蘇愉于金山，盡有涼州之地，武帝為之旰食。後為馬隆所敗，部下殺之以降。從弟務丸立。死，孫推斤立。死，子思復鞬立，部衆稍盛。烏孤即思復鞬之子也。【略】

隆安元年，自稱大都督、大將軍、大單于、西平王，赦其境內，年號太初。【略】

在王位三年，僞謚武王，廟號烈祖。弟利鹿孤立。

又《禿髮利鹿孤載記》 利鹿孤以隆安三年即僞位，赦其境內殊死已下，又徙居于西平。【略】

既逾年，赦其境內，改元曰建和。二千石長吏清高有惠化者，皆封亭侯、關內侯。【略】

弟傉檀嗣。

又《秃髮傉檀載記》 及利鹿孤即位，垂拱而已，軍國大事皆以委之。以元興元年僭號涼王，遷于樂都，改元曰弘昌。【略】

傉檀於是僭即涼王位，赦其境內，改年為嘉平，置百官。

又 卷一二七《慕容德載記》 慕容德字玄明，皝之少子也。【略】

（隆安）四年，僭即皇帝位于南郊，大赦，改元為建平。

又 卷一二八《慕容超載記》 慕容超字祖明，德兄北海王納之子。【略】

及德死，以義熙元年僭嗣偽位，大赦境內，改元曰太上。

又 卷一二九《沮渠蒙遜載記》 沮渠蒙遜，臨松盧水胡人也。其先世為匈奴左沮渠，遂以官為氏焉。【略】

屯據金山，與從兄男成推光建康太守段業為使持節、大都督、龍驤大將軍、涼州牧、建康公，改呂光龍飛二年為神璽元年。【略】

隆安五年，梁中庸、房晷、田昂等推蒙遜為使持節、大都督、大將軍、涼州牧、張掖公，赦其境內，改元永安。【略】

俄而蒙遜遷于姑臧，以義熙八年僭即河西王位，大赦境內，改元玄始。置官僚，如呂光為三河王故事。繕宮殿，起城門諸觀。立其子政德為世子，加鎮衛大將軍、録尚書事。

又 卷一三〇《赫連勃勃載記》 赫連勃勃字屈孑，匈奴右賢王去卑之後，劉元海之族也。曾祖武，劉聰世以宗室封樓煩公，拜安北將軍、監鮮卑諸軍事、丁零中郎將，雄據肆盧川。為代王猗盧所敗，遂出塞表。祖豹子招集種落，復為諸部之雄，石季龍遣使就拜平北將軍、左賢王、丁零單于。父衛辰入居塞內，苻堅以為西單于，督攝河西諸虜，屯于代來城。及堅國亂，遂有朔方之地，控弦之士三萬八千。【略】

義熙三年，僭稱天王、大單于，赦其境內，建元曰龍昇，署置百官。自以匈奴夏后氏之苗裔也，國稱大夏。【略】

乃赦其境內，改元為鳳翔。【略】

于是為壇于灞上，僭即皇帝位，赦其境內，改元為昌武。【略】

勃勃還統萬，以宮殿大成，于是赦其境內，又改元曰真興。

唐·許嵩《建康實録》卷一一《吴中·太祖下》 黄武八年春正月，公卿百司連上表，勸王正尊號，王猶謙讓再三。夏四月，黄龍、鳳皇見，武昌、夏口並言之。甲午，公卿再請，王曰：『羣臣百辟，咸以寡人上副天心，寡人敢辭。』甲申，立壇於南郊，即帝位，柴燎告天，禮畢，法駕旋武昌宮，陞太極殿。大赦。改元黄龍元年。建黄龍大牙，常在中軍，令諸將進退向之。詔侍中胡綜為賦，其略曰『乃律天時，制為神軍，取象太乙，五將三門；疾則如電，遲則如雲，進止有度，約而不煩。』

宮殿分部

綜述

《三國志》卷一《魏志·武帝紀》 （建安十五年）冬，作銅雀臺。【略】

（建安十八年）九月，作金虎臺，鑿渠引漳水入白溝以通河。

又 卷二《魏志·文帝紀》 （黄初元年）十二月，初營洛陽宮，戊午幸洛陽。臣松之案：諸書記是時帝居北宮，以建始殿朝羣臣，門曰承明，陳思王植詩曰『謁帝承明廬』是也。至明帝時，始於漢南宮崇德殿處起太極、昭陽諸殿。《魏書》曰：以夏數為得天，故即用夏正，而服色尚黄。《魏略》曰：詔以漢火行也，火忌水，故『洛』去『水』而加『隹』。魏於行次為土，土，水之牡也，水得土而乃流，土得水而柔，故除『隹』加『水』，變『雒』為『洛』。【略】

（黄初二年）是歲築陵雲臺。【略】

（黄初三年）是歲，穿靈芝池。【略】

（黄初四年正月）築南巡臺于宛。【略】

（黄初五年）是歲穿天淵池。【略】

（黄初六年）八月，帝遂以舟師自譙循渦入淮，從陸道幸徐。九月，築東巡臺。

又 卷三《魏志·明帝紀》 （青龙三年）是時，大治洛陽宮，起昭陽、太極殿，築總章觀。百姓失農時，直臣楊阜、高堂隆等各數切諫，雖不能聽，常優容之。《魏略》曰：是年起太極諸殿，築總章觀，高十餘丈，建翔鳳於其上；又於芳林園中起陂池，楫櫂越歌；又於列殿之北，立八坊，諸才人以次序處其中，貴人夫人以上，轉南附焉，其秩石擬百官之數。帝常游宴在內，乃選女子知書可付信者六人，以為女尚書，使典省外奏事，處當畫可，自貴人以下至尚保，及給掖庭灑掃，習伎歌者，各有千數。通引穀水過九龍殿前，為玉井綺欄，蟾蜍含受，神龍吐出。使博士馬均作司南車，水轉百戲。歲首建巨獸，魚龍曼延，弄馬倒騎，備如漢西京之制，築閶闔諸門闕外罘罳。

秋七月，洛陽崇華殿災，八月庚午，立皇子芳為齊王，詢為秦王。丁巳，行還洛陽宮。命有司復崇華，改名九龍殿。【略】

十一月丁酉，行幸許昌宮。

又　卷四七《吳志・吳主傳》（赤烏十年）三月，改作太初宮，諸將及州郡皆義作。《江表傳》載權詔曰：『建業宮乃朕從京來所作將軍府寺耳，材柱率細，皆以腐朽，常恐損壞。今未復西，可徙武昌宮材瓦，更繕治之。』有司奏言曰：『武昌宮已二十八歲，恐不堪用，宜下所在通更伐致。』權曰：『大禹以卑宮為美，今軍事未已，所在多賦，若更通伐，妨損農桑。徙武昌材瓦，自可用也。』

又　卷四八《吳志・孫皓傳》（寶鼎二年）夏六月，起顯明宮。《太康三年地記》曰：吳有太初宮，方三百丈，權所起也。昭明宮方五百丈，皓所作也。避晉諱，故曰顯明。《吳歷》云：顯明在太初之東。《江表傳》曰：皓營新宮，二千石以下皆自入山督攝伐木。又破壞諸營，大開園囿，起土山樓觀，窮極伎巧，功役之費以億萬計。陸凱固諫，不從。

《晉書》卷七《成帝紀》（咸和四年正月）（蘇）峻子碩攻臺城，又焚太極東堂、祕閣，皆盡。城中大饑，米斗萬錢。【略】

（二月）時兵火之後，宮闕灰燼，以建平園為宮。【略】

（咸和五年）九月，造新宮，始繕苑城。【略】

（咸和七年）十二月庚戌，帝遷于新宮。

八年春正月辛亥朔，詔曰：『昔犬賊縱暴，宮室焚蕩，元惡雖翦，未暇營築。有司屢陳朝會逼狹，遂作斯宮，子來之勞，不日而成。既獲臨御，大饗羣后，九賓充庭，百官象物。知君子勤禮，小人盡力矣。思蠲密網，咸同斯惠，其赦五歲刑以下。』

又　卷九《孝武帝紀》（太元）三年春二月乙巳，作新宮，帝移居會稽王邸。【略】

秋七月辛巳，帝入新宮。【略】

（太元十七年）八月，新作東宮。【略】

（太元）二十一年春正月，造清暑殿。【略】

夏四月，新作永安宮。

《宋書》卷五《文帝紀》（元嘉二十三年）是歲，大有年。築北堤，立玄武湖，築景陽山於華林園。

又　卷六《孝武帝紀》（孝建元年正月）是月，起正光殿。【略】

（大明三年九月）壬辰，於玄武湖北立上林苑。

又　卷七《前廢帝紀》（永光元年八月）庚辰，以石頭城為長樂宮，東府城為未央宮。罷東揚州并揚州。甲申，以北邸為建章宮，南第為長楊宮。

又　卷九二《良吏傳》　晉世諸帝，多處內房，朝宴所臨，東西二堂而已。孝武末年，清暑方構，高祖受命，無所改作，所居唯稱西殿，不制嘉名，太祖因之，亦有合殿之稱。及世祖承統，制度奢廣，犬馬餘菽粟，土木衣綈繡，追陋前規，更造正光、玉燭、紫極諸殿，雕欒綺節，珠窗網戶，嬖女幸臣，賜傾府藏，竭四海不供其欲，單民命未快其心。

《南齊書》卷三《武帝紀》（永明十一年七月）上不豫，徙御延昌殿，乘輿始登階，而殿屋鳴吒，上惡之。【略】戊寅，大漸。【略】又詔曰：『我識滅之後，身上著夏衣畫天衣，純烏犀導，應諸器悉不得用寶物及織成等，唯裝複袂衣各一（本）通。常所服身刀長短二口鐵環者，隨我入梓宮。祭敬之典，本在因心，東鄰殺牛，不如西家禴祭。我靈上慎勿以牲為祭，唯設餅、茶飲、干飯、酒脯而已。天下貴賤，咸同此制。未山陵前，朔望設菜食。陵墓萬世所宅，意嘗恨休安陵未稱，今可用東三處地最東邊以葬我，名為景安陵。喪禮每存省約，不須煩民。百官停六時入臨，朔望祖日可依舊。諸主六宮，並不須從山陵。內殿鳳華、壽昌、耀靈三處，是吾所治製。夫貴有天下，富兼四海，宴處寢息，不容乃陋，謂此為奢儉之中，慎勿壞去。顯陽殿玉像諸佛及供養，具如別牒，可盡心禮拜供養之。應有功德事，可專在中。自今公私皆不得出家為道，及起立塔寺，以宅為精舍，並嚴斷之。唯年六十，必有道心，聽朝賢選序，已有別詔。諸小小賜乞，及閤內處分，亦有別牒。內外禁衛勞舊主帥左右，悉付蕭諶優量驅使之，勿負吾遺意也。』是日上崩，年五十四。

又　卷七《東昏侯紀》　後宮遭火之後，更起仙華、神仙、玉壽諸殿，刻畫雕綵，青荓金口帶，麝香塗壁，錦幔珠簾，窮極綺麗。縶役工匠，自夜達曉，猶不副速，乃剔取諸寺佛剎殿藻井仙人騎獸以充足之。世祖興光樓上施青漆，世謂之『青樓』。帝曰：『武帝不巧，何不純用瑠璃。』【略】

三年夏，於閱武堂起芳樂苑，山石皆塗以五采，跨池水立紫閣諸樓觀，壁上畫男女私褻之像。種好樹美竹，天時盛暑，未及經日，便就萎枯。於是徵求民家，望樹便取，毀徹牆屋以移致之，朝栽暮拔，道路相繼，花藥雜草，亦復皆然。

又於苑中立市，太官每旦進酒肉雜肴，使宮人屠酤，潘氏為市令，帝為市魁，執罰，爭者就潘氏決判。

又　卷五七《魏虜傳》　什翼珪始都平城，猶逐水草，無城郭，木末始土著居處。佛狸破梁州、黃龍，徙其居民，大築郭邑。截平城西為宮城，四角起樓，女墻，門不施屋，城又無壍。南門外立二土門，內立廟，開四門，各隨方色，凡五廟，一世一間，瓦屋。其西立太社。佛狸所居雲母等三殿，又立重屋，居其上。飲食廚名『阿真廚』，在西，皇后可孫恒出此廚求食。初，姚興以塞外虜赫連勃勃為安北將軍，領五部胡，屯大城，姚泓敗後，入長安。佛狸攻破勃勃子昌，娶勃勃女為皇后。義熙中，仇池公楊盛表云『索虜勃勃，匈奴正胤』是也。可孫昔妾媵之。殿西鎧仗庫屋四十餘間，殿北絲綿布絹庫土屋一十餘間。偽太子宮在城東，亦開四門，瓦屋，四角起樓。妃妾住皆土屋。婢使千餘人，織綾錦販賣，酤酒，養猪羊，牧牛馬，種菜逐利。太官八十餘窖，窖四千斛，半穀半米。又有懸食瓦屋數十間，置尚方作鐵及木。其袍衣，使宮內婢為［之］。偽太子別有倉庫。

其郭城繞宮城南，悉築為坊，坊開巷。坊大者容四五百家，小者六七十家。每南坊搜檢，以備奸巧。城西南去白登山七里，於山邊別立父祖廟。城西有祠天壇，立四十九木人，長丈許，白幘、練裙、馬尾被，立壇上，常以四月四日殺牛馬祭祀，盛陳鹵簿，邊壇奔馳奏伎為樂。城西三里，刻石寫《五經》及其國記，於鄴取石虎文石屋基六十枚，皆長丈餘，以充用。

《南史》卷五《齊紀下》　（永元）三年，殿內火，合夕便發，其時帝猶未還，宮內諸房閤已閉，內人不得出，外人又不敢輒開，比及開，死者相枕。領軍將軍王瑩率衆救火，太極殿得全。內外叫喚，聲動天地。帝三更中方還，先至東宮，慮有亂，不敢便入，參覘審無異，乃歸。其後出游，火又燒璿儀、曜靈等十餘殿及栢寢，北至華林，西至秘閣，三千餘間皆盡。左右趙鬼能讀《西京賦》，云『栢梁既災，建章是營』。於是大起諸殿，芳樂、芳德、仙華、大興、含德、清曜、安壽等殿，又別為潘妃起神仙、永壽、玉壽三殿，皆帀飾以金璧。其玉壽中作飛仙帳，四面繡綺，窗間盡畫神仙。又作七賢，皆以美女侍側。鑿金銀為書字，靈獸、神禽、風雲、華炬，為之玩飾。椽桷之端，悉垂鈴佩。江左舊物，有古玉律數枚，悉裁以鈿笛。莊嚴寺有玉九子鈴，外國寺佛面有光相，禪靈寺塔諸寶珥，皆剝取以施潘妃殿飾。性急暴，所作便欲速成，造殿未施梁桷，便於地畫之，唯須宏麗，不知精密。酷不別畫，但取絢曜而已，故諸匠賴此得不用情。又鑿金為蓮華以帖地，令潘妃行其上，曰：『此步步生蓮華也。』塗壁皆以麝香，錦幔珠簾，窮極綺麗。縶役工匠，自夜達曉，猶不副速，乃剔取諸寺佛剎殿藻井、仙人、騎獸以充足之。武帝興光樓上施青漆，世人謂之『青樓』，帝曰：『武帝不巧，何不純用瑠璃。』潘氏服御，極選珍寶，主衣庫舊物，不復周用，貴市人間金銀寶物，價皆數倍，虎珀釧一隻，直百七十萬。都下酒租，皆折輸金，以供雜用。猶不能足，下揚、南徐二州橋桁塘埭丁計功為直，斂取見錢，供太樂主衣雜費。由是所在塘瀆，悉皆隳廢。又訂出雉頭、鶴氅、白鷺縗，百品千條，無復窮已。親倖小人，因緣為姦，科一輸十。又各就州縣求為人輸，準取見直，不為輸送。守宰懼威，口不得道，須物之處，以復重求。如此相仍，前後不息，百姓困盡，號泣道路。少府太官，凡諸市買，事皆急速，催求相係。吏司奔馳，遇便虜奪，市廛離散，商旅靡依。

又以閱武堂為芳樂苑，窮奇極麗。當暑種樹，朝種夕死，死而復種，率無一生。於是徵求人家，望樹便取，毀徹牆屋，以移置之。大樹合抱，亦皆移掘，插葉繫華，取玩俄頃。剗取細草，來植階庭，烈日之日，至便焦爍，紛紜往還，無復已極。山石皆塗以采色，跨池水立紫閣諸樓，壁上畫男女私褻之像。明帝時多聚金寶，至是金以為泥，不足周用，令富室賣金，不問多少，限以賤價，又不還直。張欣泰嘗謂舍人裴長穆曰：『宮殿何事頓爾！夫以秦之富，起一阿房而滅，今不及秦一郡，而頓起數十阿房，其危殆矣。』答曰：『非不悦子之道，顧言不用耳。』

《陳書》卷二《高祖紀下》（永定二年七月）初，侯景之平也，火焚太極殿，承聖中議欲營之，獨闕一柱，至是有樟木大十八圍，長四丈五尺，流泊陶家後渚，監軍鄒子度以聞。詔中書令沈衆兼起部尚書，少府卿蔡儔兼將作大匠，起太極殿。【略】

（十月）甲寅，太極殿成，匠各給復。

《魏書》卷七下《高祖紀下》（太和十七年十月）初，帝之南伐也，起宮殿於鄴西；十有一月癸亥，宮成，徙御焉。

又　卷八《世宗紀》（景明二年）九月丁酉，發畿內夫五萬人築京師三百二十三坊，四旬而罷。【略】

（景明三年）十有一月己卯，詔：『京洛兵蕪，歲踰十紀。先皇定鼎舊都，惟新魏歷，翦掃榛荒，創茲雲構，鴻功茂績，規模長遠。今廟社乃建，宮極斯崇，便當以來月中旬，蠲吉徙御。仰尋遺意，感慶交衷。既禮盛周宣斯干之制，事高漢祖壯麗之儀，可依典故，備茲考告，以稱遐邇人臣之望。』十有二月戊子，詔曰：『民本農桑，國重蠶籍，粢盛所憑，冕織攸寄。比京邑初基，耕桑暫缺，遺規往旨，宜必祗修。今寢殿顯成，移御維始，春郊無遠，拂羽有辰。便可表營千畝，開設宮壇，秉耒援筐，躬勸億兆。』壬寅，饗羣臣于太極前殿，賜布帛有差，以初成也。

又　卷一二《孝靜帝紀》（天平二年八月）甲午，發衆七萬六千人營新宮。【略】

（興和元年）九月甲子，發畿內民夫十萬人城鄴城，四十日罷。【略】

冬十有一月癸亥，以新宮成，大赦天下，改元。八十以上賜綾帽及杖，七十以上賜帛，及有疾廢者賜粟帛。築城之夫，給復一年。

北魏·酈道元《水經注》卷一〇《濁漳水》渠水又南逕止車門下，魏武封于鄴為北宮，宮有文昌殿。溝水南北夾道，枝流引灌，所在通溉，東出石竇堰下，注之湟水。故魏武《登臺賦》曰：引長明，灌街里，謂此渠也。石氏于文昌故殿處，造東、西太武二殿，于濟北穀城之山採文石為基。一基下五百武直宿衛。屈柱趺瓦，悉鑄銅為之，金漆圖飾焉。又徙長安、洛陽銅人，置諸宮前，以華國也。城之西北有三臺，皆因城為之基，巍然崇舉，其高若山，建安十五年魏武所起，平坦略盡。《春秋古地》云：葵邱，地名，今鄴西三臺是也。謂臺已平，或更有見，意所未詳。中曰銅雀臺，高十丈，有屋百一間。臺成，命諸子登之，並使為賦。陳思王下筆成章，美捷當時。亦魏武望奉常王叔治之處也。昔嚴才與其屬攻掖門，修聞變，車馬未至，便將官屬步至宮門。太祖在銅雀臺望見之曰：彼來者必王叔治也。相國鍾繇曰：舊，京城有變，九卿各居其府，卿何來也？修曰：食其祿，焉避其難？居府雖舊，非赴難之義。時人以為美談矣。石虎更增二丈，立一屋，連棟接榱，彌覆其上，盤迴隔之，名曰命子窟。又于臺上起五層樓，高十五丈，去地二十七丈。又作銅雀于樓巔，舒翼若飛。南則金虎臺，高八丈，有屋百九間。北曰冰井臺，亦高八丈，有屋百四十五間。上有冰室，室有數井。井深十五丈，藏冰及石墨焉。石墨可書，又燃之難盡，亦謂之石炭。又有粟窖及鹽窖，以備不虞。今窖上猶有石銘存焉。左思《魏都賦》曰：三臺列峙而崢嶸者也。城有七門：南曰鳳陽門，中曰中陽門，次曰廣陽門，東曰建春門，北曰廣德門，次曰廄門，西曰金明門，一曰白門。鳳陽門三臺洞開，高三十五丈。石氏作層觀架其上，置銅鳳，頭高一丈六尺。東城上，石氏立東明觀，觀上加金博山，謂之『鏘天』。北城上有齊斗樓，超出羣榭，孤高特立。其城東西七里，南北五里，飾表以塼。百步一樓，凡諸宮殿，門臺、隅雉，皆加觀榭，層甍反宇，飛檐拂雲，圖以丹青，色以輕素。當其全盛之時，去鄴六七十里，遠望苕亭，巍若仙居。魏因漢祚，復都洛陽，以譙為先人本國，許昌為漢之所居，長安為西京之遺迹，鄴為王業之本基，故號五都也。今相州刺史及魏郡治。

北魏·楊衒之《洛陽伽藍記》卷一《城內·瑶光寺》瑶光寺，世宗宣武皇帝所立。在閶闔城門御道北，東去千秋門二里。

千秋門內道北有西游園，園中有淩雲臺，即是魏文帝所築者。臺上有八角井，高祖於井北造涼風觀，登之遠望，目極洛川。臺下有碧海曲池。臺東有宣慈觀，去地十丈。觀東有靈芝釣臺，累木為之，出於海中，去地二十丈。風生戶牖，雲起梁棟，丹楹刻桷，圖寫列僊。刻石為鯨魚，背負釣臺，既如從地踊出，又似空中飛下。釣臺南有宣光殿，北有嘉福殿，西有九龍殿，殿前九龍吐水成一海。凡四殿，皆有飛閣向靈芝往來。三伏之月，皇帝在靈芝臺以避暑。

有五層浮圖一所，去地五十丈。僊掌凌虛，鐸垂雲表，作工之妙，埒美永寧。講殿尼房，五百餘間，綺疏連亘，戶牖相通，珍木香草，不可勝言。牛筋狗骨之木，雞頭鴨腳之草，亦悉備焉。椒房嬪御，學道之所，掖庭美人，並在其中。亦有名族處女，性愛道場，落髮辭親，來儀此寺，屏珍麗之飾，服修道之衣，投心八正，歸誠一乘。永安三年中，尒朱兆入洛陽，縱兵大掠，時有秀容胡騎數十人，入寺婬穢。自此後頗獲譏訕。京師語曰：『洛陽男兒急作髻，瑤光寺尼奪作壻。』

瑤光寺北有承明門，有金墉城，即魏氏所築。晉永康中惠帝幽於金墉城。

東有洛陽小城，永嘉中所築。城東北角有魏文帝百尺樓，年雖久遠，形製如初。高祖在城內作光極殿，因名金墉城門為光極門。又作重樓飛閣，遍城上下，從地望之，有如雲也。

《北齊書》卷四《文宣帝紀》 （天保二年）冬十月戊申，起宣光、建始、嘉福、仁壽諸殿。**【略】**

（天保九年八月）先是，發丁匠三十餘萬營三臺於鄴下，因其舊基而高博之，大起宮室及遊豫園。至是，三臺成，改銅爵曰金鳳，金獸曰聖應，冰井曰崇光。

十一月甲午，帝至自晉陽，登三臺，御乾象殿，朝讌羣臣，並命賦詩。以新宮成，丁酉，大赦，內外文武普汎一大階。

又 卷八《後主紀》 宮掖婢皆封郡君，宮女寶衣玉食者五百餘人，一裙直萬疋，鏡臺直千金，競為變巧，朝衣夕弊。承武成之奢麗，以為帝王當然。乃更增益宮苑，造偃武脩文臺，其嬪嬙諸宮中起鏡殿、寶殿、瑇瑁殿，丹青彫刻，妙極當時。又於晉陽起十二院，壯麗逾於鄴下。所愛不恒，數毀而又復。夜則以火照作，寒則以湯為泥，百工困窮，無時休息。鑿晉陽西山為大佛像，一夜然油萬盆，光照宮內。又為胡昭儀起大慈寺，未成，改為穆皇后大寶林寺，窮極工巧，運石填泉，勞費億計，人牛死者不可勝紀。

《周書》卷六《武帝紀下》 （建德六年五月）己丑，祠方丘。詔曰：『朕欽承丕緒，寢興寅畏，惡衣菲食，貴昭儉約。上棟下宇，土階茅屋，猶恐居之者逸，作之者勞，詎可廣廈高堂，肆其嗜欲。往者，冢臣專任，制度有違，正殿別寢，事窮壯麗。非直雕牆峻宇，深戒前王，而締構弘敞，有踰清廟。不軌不物，何以示後。兼東夏初平，民未見德，率先海內，宜自朕始。其露寢、會義、崇信、含仁、雲和、思齊諸殿等，農隙之時，悉可毀撤。雕斲之物，並賜貧民。繕造之宜，務從卑樸。』癸巳，行幸雲陽宮。戊戌，詔曰：『京師宮殿，已從撤毀。并、鄴二所，華侈過度，誠復作之非我，豈容因而弗革。諸堂殿壯麗，並宜除蕩，甍宇雜物，分賜窮民。三農之隙，別漸營構，止蔽風雨，務在卑狹。』

又 卷七《宣帝紀》 （大象元年二月）於是發山東諸州兵，增一月功為四十五日役，起洛陽宮。常役四萬人，以迄于晏駕。

又 卷三〇《竇熾傳》 及宣帝營建東京，以熾為京洛營作大監。宮苑制度，皆取決焉。

《北史》卷一〇《周紀下》 （北周宣帝）禪位之後，彌復驕奢。躭酗於後宮，或旬日不出，公卿近臣請事者，皆附閹官奏之。所居宮殿，帷帳皆飾以金玉珠寶，光華炫燿，極麗窮奢。及營洛陽宮，雖未成畢，其規摹壯麗，踰於漢、魏遠矣。

論說

《三國志》卷一三《魏志·王朗傳》 明帝即位，進封蘭陵侯，增邑五百，并前千二百戶。使至鄴省文昭皇后陵，見百姓或有不足。是時方營修宮室，朗上疏曰：『陛下即位已來，恩詔屢布，百姓萬民莫不欣欣。臣頃奉使北行，往反道路，聞衆徭役，其可得蠲除省減者甚多。願陛下重留日昃之聽，以計制寇。昔大禹將欲拯天下之大患，故乃先卑其宮室，儉其衣食，用能盡有九州，弼成五服。句踐欲廣其禦兒之疆，禦兒，吳界邊戍之地名。馘夫差於姑蘇，故亦約其身以及家，儉其家以施國，用能囊括五湖，席捲三江，取威中國，定霸華夏。漢之文、景亦欲恢弘祖業，增崇洪緒，故能割意於百金之臺，昭儉於弋綈之服，內減太官而不受貢獻，外省徭賦而務農桑，用能號稱升平，幾致刑錯。孝武之所以能奮其軍勢，拓其外境，誠因祖考畜積素足，故能遂成大功。霍去病，中才之將，猶以匈奴未滅，不治第宅。明卹遠者略近，事外者簡內。自漢之初及其中興，皆於金革略寢之後，然後鳳闕猥閔，德陽並起。今當建始之前足用列朝會，崇華之後足用序內官，華林、天淵足用展游宴，若且先成閶闔之象魏，使足用列遠人之朝貢者，脩城池，使足用絶踰越，成國險，其餘一切，且須豐年。一以勤耕農為務，習戎備為事，則國無怨曠，戶口滋息，民充兵彊，而寇戎不賓，緝熙不足，未之有也。』轉為司徒。

又《王肅傳》 景初間，宮室盛興，民失農業，期信不敦，刑殺倉卒。肅上疏曰：『大魏承百王之極，生民無幾，干戈未戢，誠宜息民而惠之以安靜遐邇之時也。夫務畜積而息疲民，在於省徭役而勤稼穡。今宮室未就，功業未訖，運漕調發，轉相供奉。是以丁夫疲於力作，農者離其南畝，種穀者寡，食穀者衆，舊穀既沒，新穀莫繼。斯則有國之大患，而非備豫之長策也。今見作者三四萬人，九龍可以安聖體，其內足以列六宮，顯陽之殿，又向將畢，惟泰極已前，功夫尚大，方向盛寒，疾疢或作。誠願陛下發德音，下明詔，深愍役夫之疲勞，厚矜兆民之不贍，取常食廩之士，非急要者之用，選其丁壯，擇留萬人，使一期而更之，咸知息代有日，則莫不悅以即事，勞而不怨矣。計一歲有三百六十萬夫，亦不為少。當一歲成者，聽且三年。分遣其餘，使皆即農，無窮之計也。倉有溢粟，民有餘力：以此興功，何功不立？以此行化，何化不成？夫信之於民，國家大寶也。仲尼曰：「自古皆有死，民非信不立。」夫區區之晉國，微微之重耳，欲用其民，先示以信，是故原雖將降，顧信而歸，用能一戰而霸，于今見稱。前車駕當幸洛陽，發民為營，有司命以營成而罷。既成，又利其功力，不以時遣。有司徒營其目前之利，不顧經國之體。臣愚以為自今以後，儻復使民，宜明其令，使必如期。若有事以次，寧復更發，無或失信。凡陛下臨時之所行刑，皆有罪之吏，宜死之人也。然衆庶不知，謂為倉卒。故願陛下下之於吏而暴其罪。鈞其死也，無使汙于宮掖而為遠近所疑。且人命至重，難生易殺，氣絶而不續者也，是以聖賢重之。孟軻稱殺一無辜以取天下，仁者不為也。漢時有犯蹕驚乘輿馬者，廷尉張釋之奏使罰金，文帝怪其輕，而釋之曰：「方其時，上使誅之則已。今下廷尉。廷尉，天下之平也，一傾之，天下用法皆為輕重，民安所措其手足？」臣以為大失其義，非忠臣所宜陳也。廷尉者，天子之吏也，猶不可以失平，而天子之身，反可以惑謬乎？斯重於為己，而輕於為君，不忠之甚也。周公曰：「天子無戲言；言則史書之，工誦之，士稱之。」言猶不戲，而況行之乎？故釋之之言不可不察，周公之戒不可不法也。』又陳『諸鳥獸無用之物，而有芻穀人徒之費，皆可蠲除。』

《南齊書》卷二三《王儉傳》 上壞宋明帝紫極殿，以材柱起宣陽門。儉與褚淵及叔父僧虔連名上表諫曰：『臣聞德者身之基，儉者德之輿。春臺將立，晉卿秉議，北宮肇構，漢臣盡規。彼二君者，或列國常侯，或守文中主，尚使諫諍在義即悅，況陛下聖哲應期，臣等職司隆重，敢藉前誥，竊乃有心。陛下登庸宰物，節省之教既昭，龍衮琁極，簡約之訓彌遠。乾華外構，采椽不斲，紫極故材，為宣陽門，臣等未譬也。夫移心疾於股肱，非良醫之美；畏影迹而馳騖，豈靜處之方？且又三農在日，千畛咸事，輟望歲之勤，興土木之役，非所以宣昭大猷，光示遐邇。若以門居宮南，重陽所屬，年月稍久，漸就淪胥，自可隨宜脩理而合度，改作之煩，於是乎息。所啓謬合，請付外施行。』上手詔酬納。宋世外六門設竹籬，是年初，有發白虎樽者，言『白門三重門，竹籬穿不完』。上感其言，改立都牆。儉又諫，上答曰：『吾欲令後世無以加也。』

《魏書》卷七下《高祖紀下》 （太和十七年九月）庚午，幸洛陽，周巡故宮基趾。帝顧謂侍臣曰：『晉德不修，早傾宗祀，荒毀至此，用傷朕懷。』遂詠《黍離》之詩，為之流涕。

《隋書》卷二二《五行志上》 陳天嘉六年秋七月，儀賢堂無故自壓，近金沴木也。時帝盛修宮室，起顯德等五殿，稱為壯麗，百姓失業，故木失其性也。儀賢堂者，禮賢尚齒之謂，無故自壓，天戒若曰，帝好奢侈，不能用賢使能，何用虛名也。帝不悟，明年竟崩。

雜　録

《三國志》卷二五《魏志・高堂隆傳》 （魏明）帝愈增崇宮殿，彫飾觀閣，鑿太行之石英，采穀城之文石，起景陽山於芳林之園，建昭陽殿於太極之北，鑄作黃龍鳳皇奇偉之獸，飾金墉、陵雲臺、陵霄闕。百役繁興，作者萬數，公卿以下至于學生，莫不展力，帝乃躬自掘土以率之。

《晉書》卷七九《謝安傳》　是時宮室毀壞，安欲繕之。尚書令王彪之等以外寇為諫，安不從，竟獨決之。宮室用成，皆仰模玄象，合體辰極，而役無勞怨。

又　卷一〇三《劉曜載記》　（劉曜）徙都長安，起光世殿於前，紫光殿於後。【略】繕宗廟、社稷、南北郊。【略】

曜命起酆明觀，立西宮，建陵霄臺於滈池，又將於霸陵西南營壽陵。侍中喬豫、和苞上疏諫曰：『臣聞人主之興作也，必仰準乾象，俯順人時，是以衛文承亂亡之後，宗廟社稷流漂無所，而猶上候營室以構楚宮。彼其急也猶尚若兹，故能興康叔、武公之迹，以延九百之慶也。奉詔書將營酆明觀，市道芻蕘咸以非之，曰一觀之功可以平涼州矣。又奉敕旨復欲擬阿房而建西宮，模瓊臺而起陵霄，此則費萬酆明，功億前役也。以此功費，亦可以吞吳蜀，翦齊魏矣。陛下何為於中興之日而蹤亡國之事！自古聖王，人誰無過！陛下此役，實為過舉，過貴在能改。終之實難。又伏聞敕旨將營建壽陵，周迴四里，下深二十五丈，以銅為棺槨，黃金飾之，恐此功費非國內所能辦也。且臣聞堯葬穀林，市不改肆；顓頊葬廣陽，下不及泉。聖王之於終也如是。秦皇下錮三泉，周輪七里，身亡之後，毀不旋踵，闇主之於終也如此。向魋石椁，孔子以為不如速朽；王孫倮葬，識者嘉其矯世。自古無有不亡之國，不掘之墓，故聖王知厚葬之招害也，故不為之。臣子之於君父，陵墓豈不欲高廣如山岳哉！但以保全始終，安固萬世為優耳。興亡奢儉，冏然於前，惟陛下覽之。』曜大悅，下書曰：『二侍中懇懇有古人之風烈矣，可謂社稷之臣也。非二君，朕安聞此言乎！以孝明於承平之世，四海無虞之日，尚納鍾離一言而罷北宮之役，況朕之闇眇，當今極弊，而可不敬從明誨乎！今敕悉停壽陵制度，一遵霸陵之法。《詩》不云乎：「無言不酬，無德不報。」其封豫安昌子，苞平興子，並領諫議大夫。可敷告天下，使知區區之朝思聞過也。自今政法有不便於時，不利社稷者，其詣闕極言，勿有所諱。』省酆水囿以與貧戶。

又　卷一〇五《石勒載記下》　（太興二年）（石）勒下令曰：『去年水出巨材，所在山積，將皇天欲孤繕修宮宇也！其擬洛陽之太極起建德殿。』遣從事中郎任汪帥使工匠五千採木以供之。【略】

從事中郎劉奥坐營建德殿井木斜縮，斬于殿中。勒悔之，贈太常。【略】

勒將營鄴宮，廷尉續咸上書切諫。勒大怒，曰：『不斬此老臣，朕宮不得成也！』敕御史收之。中書令徐光進曰：『陛下天資聰睿，超邁唐虞，而更不欲聞忠臣之言，豈夏癸、商辛之君邪？其言可用用之，不可用故當容之，奈何一旦以直言而斬列卿乎！』勒歎曰：『為人君不得自專如是！豈不識此言之忠乎？向戲之爾。人家有百匹資，尚欲市別宅，況有天下之富，萬乘之尊乎！終當繕之耳。且敕停作，成吾直臣之氣也。』因賜咸絹百匹，稻百斛。又下書令公卿百僚歲薦賢良、方正、直言、秀異、至孝、廉清各一人，答策上第者拜議郎，中第中郎，下第郎中。其舉人得遞相薦引，廣招賢之路。起明堂、辟雍、靈臺于襄國城西。時大雨霖，中山西北暴水，流漂巨木百餘萬根，集于堂陽。勒大悅，謂公卿曰：『諸卿知不？此非為災也，天意欲吾營鄴都耳。』於是令少府任汪、都水使者張漸等監營鄴宮，勒親授規模。

又　卷一〇六《石季龍載記上》　於襄國起太武殿，於鄴造東西宮，至是皆就。太武殿基高二丈八尺，以文石綷之，下穿伏室，置衛士五百人於其中。東西七十五步，南北六十五步。皆漆瓦、金鐺、銀楹、金柱、珠簾、玉壁，窮極伎巧。又起靈風臺九殿于顯陽殿後，選士庶之女以充之。後庭服綺縠、玩珍奇者萬餘人，內置女官十有八等，教宮人星占及馬步射。置女太史于靈臺，仰觀災祥，以考外太史之虛實。又置女鼓吹羽儀，雜伎工巧，皆與外侔。【略】

季龍志在窮兵，以其國內少馬，乃禁畜私馬，匿者腰斬，收百姓馬四萬餘匹以入于公。兼盛興宮室於鄴，起臺觀四十餘所，營長安、洛陽二宮，作者四十餘萬人。

《宋書》卷三一《五行志二》　魏世起安世殿，晉武帝後居之。安世，武帝字也。【略】

晉孝武太元中，立內殿名曰清暑，少時而崩。時人曰，『清暑』者，反言楚聲也。果有哀楚之聲。有人曰：『非此之謂，豈可極言乎。讖云，代晉者楚，其在茲乎？』及桓玄篡逆，自號曰楚。

南朝宋・劉義慶《世説新語・巧藝第二十一》 陵雲臺樓觀精巧，先稱平衆木輕重，然後造構，乃無錙銖相負揭。臺雖高峻，常隨風搖動，而終無傾倒之理。魏明帝登臺，懼其勢危，別以大材扶持之，樓即積壞。論者謂輕重力偏故也。《洛陽宮殿簿》曰：『陵雲臺上壁方十三丈，高九尺。樓方四丈，高五丈。棟去地十三丈五尺七寸五分也。』

《魏書》卷一九中《任城王澄傳》 車駕還洛，引見王公侍臣於清徽堂。高祖曰：『此堂成來，未與王公行宴樂之禮。後東閣廡堂粗復始就，故今與諸賢欲無高而不昇，無小而不入。』因之流化渠。高祖曰：『此曲水者亦有其義，取乾道曲成，萬物無滯。』次之洗煩池。高祖曰：『此池中亦有嘉魚。』澄曰：『此所謂「魚在在藻，有頒其首」。』高祖曰：『且取「王在靈沼，於牣魚躍」。』次之觀德殿。高祖曰：『射以觀德，故遂命之。』次之凝閑堂。高祖曰：『名目要有其義，此蓋取夫子閑居之義。不可縱奢以忘儉，自安以忘危，故此堂後作茅茨堂。』謂李沖曰：『此東曰步元廡，西曰遊凱廡。此堂雖無唐堯之君，卿等當無愧於元、凱。』沖對曰：『臣既遭唐堯之君，不敢辭元、凱之譽。』高祖曰：『光景垂落，朕同宗則有載考之義，卿等將出無遠，何得默爾，不示德音。』即命黄門侍郎崔光、郭祚，通直郎邢巒、崔休等賦詩言志。燭至，公卿辭退。李沖再拜上千萬歲壽。高祖曰：『卿向以燭至致辭，復獻千萬之壽，朕報卿以《南山》之詩。』高祖曰：『燭至辭退，庶姓之禮；在夜載考，宗族之義。卿等且還，朕與諸王宗室，欲成此夜飲。』

又　卷二七《穆亮傳》 （穆亮）尋領太子太傅。時將建太極殿，引見羣臣於太華殿，高祖曰：『朕仰遵先意，將營殿宇，役夫既至，興功有日。今欲徙居永樂，以避囂埃。土木雖復無心，毀之能不悽愴。今故臨對卿等，與之取別。此殿乃高宗所制，爰歷顯祖，逮朕沖年，受位於此。但事來奪情，將有改制，仰惟疇昔，惟深悲感。』亮稽首對曰：『臣聞稽之卜筮，載自典經，占以決疑，古今攸尚。興建之功，事在不易，願陛下訊之蓍龜，以定可否。又去歲役作，為功甚多，太廟明堂，一年便就。若仍歲頻興，恐民力凋弊。且材幹新伐，為功不固，願得逾年，小康百姓。』高祖曰：『若終不為，可如卿言。後必為之，逾年何益？朕遠覽前王，無不興造。故有周創業，經建靈臺；洪漢受終，未央是作。草創之初，猶尚若此，況朕承累聖之運，屬太平之基。且今八表清晏，年穀又登，爰及此時，以就大功。人生定分，修短命也，蓍蔡雖智，其如之何。當委之大分，豈假卜筮。』遂移御永樂宮。

又　卷五三《李沖傳》 （李）沖機敏有巧思，北京明堂、圓丘、太廟，及洛都初基，安處郊兆，新起堂寢，皆資於沖。勤志強力，孜孜無怠，旦理文簿，兼營匠制，几案盈積，剞劂在手，終不勞厭也。

又　卷九三《恩倖傳・茹皓》 遷驃騎將軍，領華林諸作。皓性微工巧，多所興立。為山於天淵池西，採掘北邙及南山佳石。徙竹汝潁，羅蒔其間；經構樓館，列於上下。樹草栽木，頗有野致。世宗心悦之，以時臨幸。

《周書》卷五《武帝紀上》 （建德元年十二月）庚寅，幸道會苑，以上善殿壯麗，遂焚之。

輿服分部

綜　述

《晉書》卷二五《輿服志》 史臣曰：昔者乘雲效駕，卷領垂衣，則黄帝阜衣纁裳，放勳彤車白馬，叶三微之序，舍寅丑之建，玄戈玉刃，作會相暉。若乃參旗分景，帝車含曜，又所以營衛南宮，增華北極。《月令》季夏之月，命婦官染綵，赬丹班次，各有品章矣。高旗有日月之象，式視有威儀之選，衣兼鞙珮，衡載鳴和，是以閑邪屏棄，不可入也。若乃正名百物，補緝四維，疏懷山之水，靜傾天之害，功尤彰者飾彌焕，德愈盛者服彌尊，莫不質良，用成其美。《書》曰：『明試以功，車服以庸。』《禮記》曰：『鸞車，有虞氏之路也。鉤車，夏后氏之路也。大路，殷路也。乘路，周路也。』而韍火山龍，以通其意。前史以為，聖人見鳥獸容貌，草木英華，始創衣冠，而玄黄殊采；見秋蓬孤轉，杓觿旁建，乃作輿輪，而方圓異則。遇物成象，觸類興端。周因於殷，其來已舊。成王之會，壇垂陰羽，五方之盛，有八十物者焉。宗馬鳥旌，奚往不格，殷公、曹叔，此焉低首。《周禮》，巾車氏建大赤以朝，大白以戎。雅制弘多，式遵遺範，賓入異憲，師行殊則，是以有嚴有翼，用光其武，鉤膺鞗革，乃暢其文。六服之冕，五時之路，王之常制，各有等差。逮禮業彫訛，人情馳爽，諸侯征伐，憲度淪亡，一紫亂於齊飾，長纓混於鄒翫。孔子曰：『君子其學也博，其服也鄉。』若乃豪傑不經，庶人干典，彯鷸冠於鄭伯之門，躡珠履於春申之第。及秦皇并國，攬其餘軌，豐貂東至，獬豸南來，又有玄旗皁旒之制，旄頭罕車之飾，寫九王之廷於咸陽北坂，車輿之綵，各樹其文，所謂秦人大備，而陳戰國之後車者也。及凝脂布網，經書咸燼，削滅三代，以金根為帝軫，除棄六冕，以袀玄為祭服。高祖入關，既因秦制。世宗挺英雄之略，總文景之資，揚霓拂翳，皮軒記鼓，橫汾河而祠后土，登甘泉而祭昊天，奉常獻儀，謂之大駕，車千乘而騎萬匹。至於成帝，以幸姬趙飛燕置屬車間豹尾中，又楊雄所謂弢天狼之威弧，張曜日之靈旄，駢羅列布，霧集雲合者也。於後王氏擅朝，武車常軔，赤眉之亂，文物無遺。建武十三年，吳漢平蜀，始送葆車輿輦，充庭之飾，漸以周備。明帝採《周官》、《禮記》，更服袞章，天子冠通天而佩玉璽。魏明以黼黻之美，有疑於僭，於是隨章償略，而損者半焉。高堂隆奏曰：『改正朔，殊徽號者，帝王所以神明其政，變民耳目也。』帝從其議，改青龍五年為景初元年，服色尚黃，從地正也。世祖武皇帝接天人之貺，開典午之基，受終之禮，皆如唐虞故事。晉氏金行，而服色尚赤，豈有司失其傳歟！

玉、金、象、革、木等路，是為五路，並天子之法車，皆朱班漆輪，畫為槙文。三十幅，法月之數；重轂貳轄。以赤油，廣八寸，長三尺，注地，繫兩軸頭，謂之飛軨。金薄繆龍之為輿倚較，較重，為文獸伏軾，龍首銜軛，左右吉陽筩，鸞雀立衡，槙文畫輈及轓。青蓋，黃為裏，謂之黃屋。金華施橑末，橑二十八以象宿。兩箱之後，皆玳瑁為鶡翅，加以金銀雕飾，故世人亦謂之金鶡車。斜注旂旗於車之左，又加棨戟於車之右，皆橐而施之。棨戟韜以黻繡，上為亞字，繫大蛙蟆幡。軛長丈餘。於戟之杪，以氂牛尾，大如斗，置左騑馬軛上，是為左纛。輈皆曲向上，取《禮緯》『山車垂句』之義，言不揉而能自曲。

玉、金、象三路，各以其物飾車，因以為名。革者漆革，木者漆木。其制，玉路最尊，建太常，十有二旒，九仞委地，畫日月升龍，以祀天。金路建大旂，九旒，以會萬國之賓，亦以賜上公及王子母弟。象路建大赤，通赤無畫，所以視朝，亦以賜諸侯。革路建大白，以即戎兵事，亦以賜四鎮諸侯。木路建大麾，以田獵，其麾色黑，亦以賜藩國。玉路駕六黑馬，餘四路皆駕四馬，馬並以黃金為文髦，插以翟尾。象鑣而鏤錫，錫在馬面，所謂當顱者也。金槙而方釳，金槙謂以金為文。釳以鐵為之，其大三寸，中央兩頭高，如山形，貫中以翟尾而結著之也。繁纓赤罽易茸，金就十有二。繁纓，馬飾纓，在馬膺前，如索帬。五路皆有錫鸞之飾，和鈴之響，鉤膺玉瓌，鉤膺，即繁纓也。瓌，馬帶玦名也。龍輈華轙，輈，車轅也，頭為龍象。轙，謂車衡上環受轡者也。朱幩。幩，飾也，人君以朱纏鑣扇汗，以為飾也。法駕行則五路各有所主，不俱出；臨軒大會則陳乘輿車輦旌鼓於其殿庭。

車，坐乘者謂之安車，倚乘者謂之立車，亦謂之高車。案《周禮》，惟王后有安車也，王亦無之。自漢以來制乘輿，乃有之。有青立車、青安車、赤立車、赤安車、黃立車、黃安車、白立車、白安車、黑立車、黑安車，合十乘，名為五時車，俗謂之五帝車。天子所御則駕六，其餘並駕四。建旂十二，各如車色。立車則正豎其旂，安車則邪注。駕馬，馬亦各隨五時之色，白馬則朱其鬣尾，左右騑驂，金叉鏤錫，黃屋左纛，如金根之制，行則從後。五牛旗，平吳後所造，以五牛建旗，車設五牛，青赤在左，黃在中，白黑在右。豎旗於牛背，行則使人輿之。牛之為義，蓋取其負重致遠而安穩也。旗常纏不舒，所謂德車結旌也。天子親戎則舒，謂武車綏旌也。

金根車，駕四馬，不建旗幟，其上如畫輪車，下猶金根之飾。

耕根車，駕四馬，建赤旗，十有二旒，天子親耕所乘者也。一名芝車，一名三蓋車。置耒耜於軾上。魏景初元年，改正朔，易服色，色尚黃，牲用白，戎事乘黑首白馬，建大赤之旂，朝會則建大白，行殷之時也。泰始二年，有司奏：『宜如有虞遵唐故事，皆用前代正朔服色，其金根、耕根車，並以建赤旗。』帝從之。

輦，案自漢以來為人君之乘，魏晉御小出即乘之。

戎車，駕四馬，天子親戎所乘者也。載金鼓、羽旗、幢翳，置弩於軾上，其建矛麾悉斜注。

獵車，駕四馬，天子校獵所乘也。重輞漫輪，繆龍繞之。一名闟戟車，一名蹋猪車。魏文帝改名蹋獸車。《記》云『國君不乘奇車』，奇車亦獵車也。古天子獵則乘木輅，後人代以獵車也。

游車，九乘，駕四，先驅之乘是也。

雲罕車，駕四。

皮軒車，駕四，以獸皮為軒。

鸞旗車，駕四，先輅所載也。鸞旗者，謂析羽旄而編之，列繫幢傍也。

建華車，駕四，凡二乘，行則分居左右。

輕車，駕二，古之戰車也。前後二十乘，分居左右。輿輪洞朱，不巾不蓋，建矛戟麾幢，置弩箙於軾上。大駕法駕出，射聲校尉、司馬、吏士、戰士載，以次屬車。

司南車，一名指南車，駕四馬，其下制如樓，三級，四角金龍銜羽葆，刻木為仙人。衣羽衣，立車上，車雖回運而手常南指。大駕出行，為先啓之乘。

記里鼓車，駕四，形制如司南，其中有木人執槌向鼓，行一里則打一槌。

羊車，一名輦車，其上如軺，伏兔箱，漆畫輪軛。武帝時，護軍羊琇輒乘羊車，司隸劉毅糾劾其罪。

畫輪車，駕牛，以綵漆畫輪轂，故名曰畫輪車。上起四夾杖，左右開四望，綠油幢，朱絲絡，青交路，其上形制事事如輦，其下猶如犢車耳。古之貴者不乘牛車，漢武帝推恩之末，諸侯寡弱，貧者至乘牛車，其後稍見貴之。自靈獻以來，天子至士遂以為常乘，至尊出朝堂舉哀乘之。

屬車，一曰副車，一曰貳車，一曰左車。漢因秦制，大駕屬車八十一乘，行則中央左右分為行。

法駕屬車三十六乘。最後車懸豹尾，豹尾以前比之省中。屬車皆皁蓋朱裏云。

御衣車、御書車、御軺車、御藥車，皆駕牛。

陽遂四望繐窗皁輪小形車，駕牛。

象車，漢鹵簿最在前。武帝太康中平吳後，南越獻馴象，詔作大車駕之，以載黃門鼓吹數十人，使越人騎之。元正大會，駕象入庭。

中朝大駕鹵簿

先象車，鼓吹一部，十三人，中道。次靜室令，駕一，中道。式道候二人，駕一，分左右也。

次洛陽尉二人，騎，分左右。次洛陽亭長九人，赤車，駕一，分三道，各吹正二人引。

次洛陽令，皁車，駕一，中道。次河南中部掾，中道。河橋掾在左，功曹史在右，並駕一。

次河南尹，駕駟，戟吏六人。

次河南主簿，駕一，中道。

次河南主記，駕一，中道。

次司隸部河南從事，中道。都部從事居左，別駕從事居右，並駕一。

次司隸校尉，駕三，戟吏八人。

次司隸主簿，駕一，中道。

次司隸主記，駕一，中道。

次廷尉明法掾，中道。五官掾居左，功曹史居右，並駕一。

次廷尉卿，駕駟，戟吏六人。

次廷尉主簿、主記，並駕一，在左。太僕引從如廷尉，在中。宗正引從如廷尉，在右。

次太常，駕駟，中道，戟吏六人。太常外部掾居左，五官掾、功曹史居右，並駕一。

次光祿引從，中道。太常主簿、主記居左，衛尉引從居右，並駕一。

次太尉外督令史，駕一，中道。

次西東賊倉戸等曹屬，並駕一，引從。

次太尉，駕駟，中道。太尉主簿、舍人各一人，祭酒二人，並駕一，在左。

次司徒引從，駕駟，中道。

次司空引從，駕駟，中道。三公騎令史戟各八人，鼓吹各一部，七人。

次中護軍，中道，駕駟。鹵簿左右各二行，戟楯在外，弓矢在内，鼓吹一部，七人。

次步兵校尉在左，長水校尉在右，並駕一。各鹵簿左右二行，戟楯在外，刀楯在内，鼓吹各一部，七人。

次射聲校尉在左，翊軍校尉在右，並駕一。各鹵簿左右各二行，戟楯在外，刀楯在内，鼓吹各一部，七人。

次驍騎將軍在左，游擊將軍在右，並駕一。皆鹵簿左右引各二行，戟楯在外，刀楯在内，鼓吹各一部，七人。騎隊，五在左，五在右，隊各五十匹，命中督二人分領左右。各有戟吏二人，麾幢獨揭，鼓在隊前。

次黄門麾騎，中道。

次左將軍在左，前將軍在右，並駕一。皆鹵簿左右各二行，戟楯在外，刀楯在内，鼓吹各一部，七人。

次黄門前部鼓吹，左右各一部，十三人，駕駟。八校尉佐仗，左右各四行，外大戟楯，次九尺楯，次弓矢，次弩，並熊渠、佽飛督領之。

次司南車，駕駟，中道。護駕御史，騎，夾左右。

次謁者僕射，駕駟，中道。

次御史中丞，駕一，中道。

次武賁中郎將，騎，中道。

次九遊車，中道，武剛車夾左右，並駕駟。

次雲罕車，駕駟，中道。

次闟戟車，駕駟，中道，長戟邪偃向後。

次皮軒車，駕駟，中道。

次鸞旗車，中道，建華車分左右，並駕駟。

次護駕尚書郎三人，都官郎中道，駕部在左，中兵在右，並騎。又有護駕尚書一人，騎，督攝前後無常。

次相風，中道。

次司馬督，在前，中道。左右各司馬史三人引仗，左右各六行，外大戟楯二行。

次九尺楯，次刀楯。

次弓矢，次弩。

次五時車，左右有遮列騎。

次典兵中郎，中道，督攝前却無常。左殿中御史，右殿中監，並騎。

次高蓋，中道，左罼，右罕。

次御史，中道，左右節郎各四人。

次華蓋，中道。

次殿中司馬，中道。殿中都尉在左，殿中校尉在右，左右各四行。細楯一行在弩内，又殿中司馬一行，殿中都尉一行，殿中校尉一行。

次擺鼓，中道。

次金根車，駕六馬，中道。太僕卿御，大將軍參乘。左右又各增三行，為九行。司馬史九人，引大戟楯二行，九尺楯一行，刀楯一行，由基一行，細弩一行，跡禽一行，椎斧一行，力人刀楯一行。連細楯，殿中司馬，殿中都尉，殿中校尉，為左右各十二行。金根車建青旂十二。左將軍騎在左，右將軍騎在右，殿中將軍持鑿腦斧夾車，車後衣書主職步從，六行，合左右三十二行。

次曲華蓋，中道。侍中、散騎常侍、黄門侍郎並騎，分左右。

次黄鉞車，駕一，在左，御麾騎在右。

次相風，中道。

次中書監騎左，秘書監騎右。

次殿中御史騎左，殿中監騎右。

次五牛旗，赤青在左，黄在中，白黑在右。

次大輦，中道。太官令丞在左，太醫令丞在右。

次金根車，駕駟，不建旗。

次青立車，次青安車，次赤立車，次赤安車，次黄立車，次黄安車，次白立車，次白安車，次黑立車，次黑安車，合十乘，並駕駟。建旗十二，如車色。立車正竪旗，安車邪拖之。

次蹋猪車，駕駟，中道，無旗。

次耕根車，駕駟，中道，赤旗十二，熊渠督左，佽飛督右。

次御軺車，次御四望車，次御衣車，次御書車，次御藥車，並駕牛，中道。

次尚書令在左，尚書僕射在右，又尚書郎六人，分次左右，並駕。又治書侍御史二人，分左右，又侍御史二人，分次左右，又蘭臺令史分次左右，並騎。

次豹尾車，駕一。自豹尾車後而鹵簿盡矣。但以神弩二十張夾道，至後部鼓吹，其五張神弩置一將，左右各二將。

次輕車二十乘，左右分駕。

次流蘇馬六十匹。

次金鉞車，駕三，中道。左右護駕尚書郎並令史，並騎，各一人。

次金鉦車，駕三，中道。左右護駕侍御史並令史等，並騎，各一人。

次黄門後部鼓吹，左右各十三人。

次戟鼓車，駕牛，二乘，分左右。次左大鴻臚外部掾，右五官掾、功曹史，並駕。

次大鴻臚，駕駟，鉞吏六人。

次大司農引從，中道，左大鴻臚主簿、主記，右少府引從。

次三卿，並騎，吏四人，鈴下二人，執馬鞭辟車六人，執方扇羽林十人，朱衣。

次領軍將軍，中道。鹵簿左右各二行，九尺楯在外，弓矢在内，鼓吹如護軍。

次後軍將軍在左，右將軍在右，各鹵簿鼓吹如左軍、前軍。

次越騎校尉在左，屯騎校尉在右，各鹵簿鼓吹如步兵、射聲。

次領護驍騎、游軍校尉，皆騎，吏四人，乘馬夾道，都督兵曹各一人，乘馬在中。騎將軍四人，騎校、鞉角、金鼓、鈴下、信幡、軍校並駕一。功曹吏、主簿並騎從。扇幢麾各一騎，鼓吹一部，七騎。

次領護軍，加大車斧，五官掾騎從。

次騎十隊，隊各五十匹。將一人，持幢一人，鞉一人，並騎在前，督戰伯長各一人，並騎在後，羽林騎督、幽州突騎督分領之。郎簿十隊，隊各五十人。絳袍將一人，騎、鞉各一人，在前，督戰伯長各一人，步，在後。騎皆持矟。

次大戟一隊，九尺楯一隊，刀楯一隊，弓一隊，弩一隊，隊各五十人。黑袴褶將一人，騎校、鞉角各一人，步，在前，督戰伯長各一人，步，在後。金顏督將並領之。【略】

自過江之後，舊章多缺。元帝踐極，始造大路、戎路各一，皆即古金根之制也，無復充庭之儀。至於郊祀大事，則權飾餘車以周用。六師親征則用戎路，去其蓋而乘之，屬車但五乘而已。加緑油幢，朱絲路，飾青交路，黄金塗五采，其輪轂猶素，兩箱無金錦之飾。其一車又是軺車，舊儀，天子所乘駕六，是時無復六馬之乘，五路皆駕四而已，同用黑，是為玄牡。無復五時車，有事則權以馬車代之，建旗其上。其後但以五色木牛象五時車，豎旗于牛背，行則使人輿之。牛之義，蓋取其負重致遠安而穩也。旗常纏而不舒旆，所謂德車結旌者也。惟天子親戎，五旗舒旆，所謂武車綏旌者也。指南車，過江亡失，及義熙五年，劉裕屠廣固，始復獲焉，乃使工人張綱補緝周用。十三年，裕定關中，又獲司南、記里諸車，制度始備。其輦，過江亦亡制度，太元中謝安率意造焉，及破苻堅於淮上，獲京都舊輦，形制無差，大小如一，時人服其精記。義熙五年，劉裕執慕容超，獲金鉦輦、豹尾，舊式猶存。

元帝太興三年，皇太子釋奠。制曰：『今草創，未有高車，可乘安車也。』太元中，東宮建，乘路有青赤旂，致疑。徐邈議，太子既不備五路，赤旂宜省。漢制，太子鸞路皆以安車為名。自晉過江，禮儀疏舛，王公以下，車服卑雜，惟有東宮禮秩崇異，上次辰極，下納侯王。而安帝為皇太子乘石山安車，制如金路，義不經見，事無所出。

中宮初建及祀先蠶，皆用法駕，太僕妻御，大將軍妻參乘，侍中妻陪乘，丹陽尹建康令及公卿之妻奉引，各乘其夫車服，多以宮人權領其職。

《周禮》，弁師掌六冕，司服掌六服。自后王之制爰及庶人，各有等差。及秦變古制，郊祭之服皆以袀玄，舊法掃地盡矣。漢承秦弊，西京二百餘年猶未能有所制立。及中興後，明帝乃始採《周官》、《禮記》、《尚書》及諸儒記說，還備衮冕之服。天子車乘冠服從歐陽氏說，公卿以下從大小夏侯氏說，始制天子、三公、九卿、特進之服，侍祠天地明堂，皆冠旒冕，兼五冕之制，一服而已。天子備十二章，三公諸侯用山龍九章，九卿以下用華蟲七章，皆具五采。魏明帝以公卿衮衣黼黻之飾，疑於至尊，多所減損，始制天子服刺繡文，公卿服織成文。及晉受命，遵而無改。天子郊祀天地明堂宗廟，元會臨軒，黑介幘，通天冠，平冕。冕，皁表，朱緑裏，廣七寸，長二尺二寸，加於通天冠上，前圓後方，垂白玉珠，十有二旒，以朱組為纓，無緌。佩白玉，垂珠黃大旒，綬黃赤縹紺四采。衣皁上，絳下，前三幅，後四幅，衣畫而裳繡，為日、月、星辰、山、龍、華蟲、藻、火、粉米、黼、黻之象，凡十二章。素帶廣四寸，朱裏，以朱綠裨飾其側。中衣以絳緣其領袖。赤皮為韍，絳袴袜，赤舄。未加元服者，空頂介幘。其釋奠先聖，則皁紗袍，絳緣中衣，絳袴袜，黑舄，其臨軒，亦袞冕也。其朝服，通天冠高九寸，金博山顏，黑介幘，絳紗袍，皁緣中衣。其拜陵，黑介幘，單衣。其雜服，有青赤黃白緗黑色，介幘，五色紗袍，五梁進賢冠，遠遊冠，平上幘武冠。其素服，白帢單衣。後漢以來，天子之冕，前後旒用真白玉珠。魏明帝好婦人之飾，改以珊瑚珠。晉初仍舊不改。及過江，服章多闕，而冕飾以翡翠珊瑚雜珠。侍中顧和奏：『舊禮，冕十二旒，用白玉珠。今美玉難得，不能備，可用白璇珠。』從之。

通天冠，本秦制。高九寸，正豎，頂少斜却，乃直下，鐵為卷梁，前有展筩，冠前加金博山述，乘輿所常服也。【略】

進賢冠，古緇布遺象也，斯蓋文儒者之服。前高七寸，後高三寸，長八寸，有五梁、三梁、二梁、一梁。人主元服，始加緇布，則冠五梁進賢。三公及封郡公、縣公、郡侯、縣侯、鄉亭侯，則冠三梁。卿、大夫、八座，尚書，關中內侯、二千石及千石以上，則冠兩梁。中書郎、秘書丞郎、著作郎、尚書丞郎、太子洗馬舍人、六百石以下至于令史、門郎、小史、並冠一梁。漢建初中，太官令冠兩梁，親省御膳為重也。博士兩梁，崇儒也。宗室劉氏亦得兩梁冠，示加服也。

武冠，一名武弁，一名大冠，一名繁冠，一名建冠，一名籠冠，即古之惠文冠。或曰趙惠文王所造，因以為名。亦云，惠者蟪也，其冠文輕細如蟬翼，故名惠文。或云，齊人見千歲涸澤之神，名曰慶忌，冠大冠，乘小車，好疾馳，因象其冠而服焉。漢幸臣閎孺為侍中，皆服大冠。天子元服亦先加大冠，左右侍臣及諸將軍武官通服之。侍中、常侍則加金璫，附蟬為飾，插以貂毛，黃金為竿，侍中插左，常侍插右。胡廣曰：『昔趙武靈王為胡服，以金貂飾首。秦滅趙，以其君冠賜侍臣。』應劭《漢官》云：『說者以為金取剛强，百鍊不耗。蟬居高飲清，口在掖下。貂內勁悍而外柔縟。』又以蟬取清高飲露而不食，貂則紫蔚柔潤而毛采不彰灼，金則貴其實瑩，於義亦有所取。或以為北土多寒，胡人常以貂皮溫額，後世效此，遂以附冠。漢貂用赤黑色，王莽用黃貂，各附服色所尚也。【略】

長冠，一名齊冠。高七寸，廣三寸，漆纚為之，制如版，以竹為裏。漢高祖微時，以竹皮為此冠，其世因謂劉氏冠。後除竹用漆纚。司馬彪曰：『長冠蓋楚制。人間或謂之鵲尾冠，非也。救日蝕則服長冠，而祠宗廟諸祀冠之。此高祖所造，後世以為祭服，尊敬之至也。』【略】

帽名猶冠也，義取於蒙覆其首，其本纚也。古者冠無幘，冠下有纚，以繒為之。後世施幘於冠，因或裁纚為帽。自乘輿宴居，下至庶人無爵者皆服之。成帝咸和九年，制聽尚書八座丞郎、門下三省侍官乘車，白帢低幃，出入掖門。又，二宮直官著烏紗帢。然則往往士人宴居皆著帢矣。而江左時野人已著帽，人士亦往往而然，但其頂圓耳，後乃高其屋云。

漢制，自天子至於百官，無不佩劍，其後惟朝帶劍。晉世始代之以木，貴者猶用玉首，賤者亦用蚌、金銀、玳瑁為雕飾。

乘輿六璽，秦制也。曰『皇帝行璽』、『皇帝之璽』、『皇帝信璽』、『天子行璽』、『天子之璽』、『天子信璽』，漢遵秦不改。又有秦始皇藍田玉璽，螭獸紐，在六璽之外，文曰『受天之命，皇帝壽昌』。漢高祖佩之，後世名曰傳國璽，與斬白蛇劍俱為乘輿所寶。斬白蛇劍至惠帝時武庫火燒之，遂亡。及懷帝沒胡，傳國璽沒於劉聰，後又沒於石勒。及石季龍死，胡亂，穆帝世乃還江南。

革帶，古之鞶帶也，謂之鞶革，文武衆官牧守丞令下及騶寺皆服之。其有囊綬，則以綴於革帶，其戎服則以皮絡帶代之。八坐尚書荷紫，以生紫為袷囊，綴之服外，加於左肩。昔周公負成王，制此服衣，至今以為朝服。或云漢世用盛奏事，負之以行，未詳也。

車前五百者，卿行旅從，五百人為一旅。漢氏一統，故去其人，留其名也。

袴褶之制，未詳所起，近世凡車駕親戎、中外戒嚴服之。服無定色，冠黑帽，綴紫摽，摽以繒為之，長四寸，廣一寸，腰有絡帶以代鞶。中官紫摽，外官絳摽。又有纂嚴戎服而不綴摽，行留文武悉同。其畋獵巡幸，則惟從官戎服帶鞶革，文官不下纓，武官脫冠。

漢制，一歲五郊，天子與執事者所服各如方色，百官不執事者服常服絳衣以從。魏秘書監秦靜曰：『漢氏承秦，改六冕之制，但玄冠絳衣而已。』魏已來名為五時朝服，又有四時朝服，又有朝服。自皇太子以下隨官受給。百官雖服五時朝服，據今止給四時朝服，闕秋服。三年一易。

諸假印綬而官不給鞶囊者，得自具作，其但假印不假綬者，不得佩綬。鞶，古制也。漢世著鞶囊者，側在腰間，或謂之傍囊，或謂之綬囊，然則以紫囊盛綬也。或盛或散，各有其時。

笏，古者貴賤皆執笏，其有事則搢之於腰帶，所謂搢紳之士者，搢笏而垂紳帶也。紳垂長三尺。笏者，有事則書之，故常簪筆，今之白筆是其遺象。三臺五省二品文官簪之，王、公、侯、伯、子、男、卿尹及武官不簪，加內侍位者乃簪之。手版即古笏矣。尚書令、僕射、尚書手版頭復有白筆，以紫皮裹之，名曰笏。

《宋書》卷一八《禮志五》 秦閱三代之車，獨取殷制。古曰桑根車，秦曰金根車也。漢氏因秦之舊，亦為乘輿，所謂乘殷之路者也。《禮論·輿駕議》曰：『周則玉輅最尊，漢之金根，亦周之玉路也。』漢制，乘輿金根車，輪皆朱斑，重轂兩轄，飛軨。轂外復有轂，施轄，其外復設轄，施銅貫其中。《東京賦》曰：『重輪貳轄，疏轂飛軨。』飛軨以赤油為之，廣八寸，長三尺注地，繫兩軸頭，謂之飛軨也。以金薄繆龍，為輿倚較。較在箱上。

文畫蕃。蕃，箱也。文虎伏軾，龍首銜軛，鸞雀立衡，文畫轅，翠羽蓋黃裏，所謂黃屋也。金華施橑末，建太常十二旒，畫日月升龍，駕六黑馬，施十二鑾，金為叉髦，插以翟尾。又加犛牛尾，大如斗，置左騑馬軛上，所謂左纛輿也。路如周玉路之制。應劭《漢官鹵簿圖》，乘輿大駕，則御鳳皇車，以金根為副。又五色安車、五色立車各五乘。建龍旗，駕四馬，施八鑾，餘如金根之制，猶周金路也。其車各如方色，所謂五時副車，俗謂為『五帝車』也。江左則闕矣。白馬者，朱其鬣，安車者，坐乘。又有建華蓋九重。甘泉鹵簿者，道車五乘，游車九乘，在乘輿車前。又有象車，最在前，試橋道。晉江左駕猶有之。凡婦人車皆坐乘，故《周禮》王后有安車而王無也。漢制乘輿乃有之。

天子所御駕六，其餘副車皆駕四。案《書》稱朽索御六馬。逸禮《王度記》曰：『天子駕六，諸侯駕五，卿駕四，大夫三，士二，庶人一。』楚平王駕白馬。梁惠王以安車駕三送淳于髡，大夫之儀。《周禮》，四馬為乘。毛詩，『天子至大夫同駕四，士駕二』。袁盎諫漢文馳六飛。魏時天子亦駕六。晉《先蠶儀》，皇后安車駕六，以兩轅安車駕五為副。江左以來，相承無六，駕四而已。

宋孝武大明三年，使尚書左丞荀萬秋造五路。《禮圖》，玉路，建赤旗，無蓋，改造依擬金根，而赤漆櫳畫，玉飾諸末，建青旗，十有二旒，駕玄馬四，施羽葆蓋，以祀。即以金根為金路，建大青旗，十有二旒，駕玄馬四，羽葆蓋，以賓。象、革、木路，《周官》、《輿服志》、《禮圖》並不載其形段，並依擬玉路，漆櫳畫，羽葆蓋，象飾諸末，建立赤旗，十有二旒，以視朝。革路，建赤旗，十有二旒，以即戎。木路，建赤麾，以田。象、革駕玄，木駕赤，四馬。舊有大事，法駕出，五路各有所主，不俱出也。大明中，始制五路俱出。親耕籍田，乘三蓋車，一名芝車，又名耕根車，置耒耜於軾上。

戎車立乘，夏曰鉤車，殷曰寅車，周曰元戎。建牙麾，邪注之，載金鼓羽幢，置甲弩於軾上。

獵車，輞轊，輪畫繆龍繞之。一名蹋猪車。魏文帝改曰蹋虎車。

指南車，其始周公所作，以送荒外遠使。地域平漫，迷於東西，造立此車，使常知南北。鬼谷子云：『鄭人取玉，必載司南，為其不惑也。』至于秦、漢，其制無聞。後漢張衡始復創造。漢末喪亂，其器不存。魏高堂隆、秦朗，皆博聞之士，爭論於朝，云無指南車，記者虛說。明帝青龍中，令博士馬鈞更造之而車成。晉亂復亡。石虎使解飛，姚興使令狐生又造焉。安帝義熙十三年，宋武帝平長安，始得此車。其制如鼓車，設木人於車上，舉手指南。車雖回轉，所指不移。大駕鹵簿，最先啓行。此車戎狄所制，機數不精，雖曰指南，多不審正。回曲步驟，猶須人功正之。范陽人祖沖之，有巧思，常謂宜更構造。宋順帝昇明末，齊王為相，命造之焉。車成，使撫軍丹陽尹王僧虔、御史中丞劉休試之。其制甚精，百屈千回，未常移變。晉代又有指南舟。索虜拓跋燾使工人郭善明造指南車，彌年不就。扶風人馬岳又造，垂成，善明酖殺之。

記里車，未詳所由來，亦高祖定三秦所獲。制如指南，其上有鼓，車行一里，木人輒擊一槌。大駕鹵簿，以次指南。

輦車，《周禮》王后五路之卑者也。后宮中從容所乘，非王車也。漢制乘輿御之，或使人輓，或駕果下馬。漢成帝欲與班婕妤同輦是也。後漢陰就外戚驕貴，亦輦。井丹譏之曰：『昔桀乘人車，豈此邪！』然則輦夏后氏末代所造也。井丹譏陰就乘人，而不云僭上，豈貴臣亦得乘之乎？未知何代去其輪。《傅玄子》曰：『夏曰余車，殷曰胡奴，周曰輜車。』輜車，即輦也。魏、晉御小出，常乘馬，亦多乘輿車。輿車，今之小輿。

犢車，軿車之流也。漢諸侯貧者乃乘之，其後轉見貴。孫權云『車中八牛』，即犢車也。江左御出，又載儲偫之物。漢代賤軺車而貴輜軿，魏、晉賤輜軿而貴軺車。又有追鋒車，去小平蓋，加通幰，如軺車，而駕馬。又以雲母飾犢車，謂之雲母車，臣下不得乘，時以賜王公。晉氏又有四望車，今制亦存。又漢制，唯賈人不得乘馬車，其餘皆乘之矣。除吏赤蓋杠，餘則青蓋杠云。【略】

漢制，乘輿御大駕，公卿奉引，太僕御，大將軍參乘，備千乘萬騎，屬車八十一乘。古者諸侯貳車九乘，秦滅九國，兼其車服，故八十一乘也。漢遵弗改。漢都長安時，祠天於甘泉用之。都洛陽，上原陵，又用之，大喪又用之。法駕則河南尹、洛陽令奉引，奉車郎御，侍中參乘，屬車三十六乘。凡屬車皆皁蓋赤裏。後漢祠天郊用法駕，祠宗廟用小駕。小駕，減損副車也。前驅有九斿雲罕，皮軒鑾旗，車皆大夫載之。鑾旗者，編羽旄列繫幢傍也。金鉦黃鉞，黃門鼓車，乘輿之後有屬車，尚書、御史載之。最後一車懸豹尾。豹尾以前，比於省中。每出警蹕清道，建五旗。太僕奉駕條上鹵簿，尚書郎侍御史令史皆執注以督整車騎，所謂護駕也。春秋上陵，尤省於小駕。直事尚書一人從，其餘令史以下皆從行，所謂先置也。薛綜《東京賦》注以雲罕九斿為旌旗別名，亦不辨其形。案魏命晉王建天子旌旗，置旄頭雲罕。是知雲罕非旌旗也。徐廣《車服注》以為九斿，斿車九乘。雲罕疑是罼罕。《詩敘》曰：『齊侯田獵罼弋，百姓苦之。』罼罕本施遊獵，遂為行飾乎？潘岳《籍田賦》先敘五路九旗，次言瓊鈒雲罕。若罕為旗，則岳不應頻句於九旗之下。又以其物匹鈒戟，宜是今罼網明矣。此說為得之。皮軒，以虎皮為軒也。徐又引《淮南子》『軍正執豹皮以制正其衆。』《禮記》『前有士師，則載虎皮』。乘輿豹尾，亦其義類乎？五旗者，五色各一旗，以木牛承其下。徐又云：『木牛，蓋取其負重而安穩也。』五旗纏竿，即《禮記》德車結旌不盡飾也。戎事乃散之。又武車綏旌，垂舒之也。史臣案：今結旌綏旌同，而德車武車之所不建。又木牛之義，亦未灼然可曉。又案《周禮》辨載法物，莫不詳究，然無相風、罼網、旄頭之屬，此非古制明矣。何承天謂戰國並爭，師旅數出，懸烏之設，務察風祲，宜是秦矣。晉武嘗問侍臣：『旄頭何義？』彭推對曰：『秦國有奇怪，觸山截水，無不崩潰，唯畏旄頭，故虎士服之，則秦制也。』張華曰：『有是言而事不經。臣謂壯士之怒，髮踊衝冠，義取於此。』摯虞《決疑》無所是非也。徐爰曰：『彭、張之說，各言意義，無所承據。案天文畢昴之中謂之天街，故車駕以罼罕前引，畢方昴圓，因其象。《星經》，昴一名旄頭，故使執之者冠皮毛之冠也。』

輕車，古之戰車也。輪輿洞朱，不巾不蓋，建矛戟幢麾，置弩於軾上，駕二。射聲校尉司馬吏士載，以次屬車。

《漢儀》曰：『出稱警，入稱蹕。』說者云，車駕出則應稱警，入則應稱蹕也，而今俱唱之。史臣以為警者，警戒也；蹕者，止行也。今從乘輿而出者，並警戒以備非常也。從外而入乘輿相干者，蹕而止之也。董巴、司馬彪云：『諸侯王遮迾出入，稱警設蹕。』

武剛車，有巾有蓋，在前為先驅。又在輕車之後為殿也。駕一。《史記》，衛青征匈奴，以武剛車為營是也。

漢制，大行載輼輬車，四輪。其飾如金根，加施組連璧，交絡，四角金龍首銜璧，垂五采，析羽流蘇，前後雲氣畫帷裳，櫜文畫曲蕃，長與車等。太僕御，駕六白駱馬，以黑藥灼其身為虎文，謂之布施馬。既下，馬斥賣，車藏城北秘宮。今則馬不虎文，不斥賣；車則毀也。自漢霍光、晉安平、齊王、賈充、王導、謝安、宋江夏王葬以殊禮者，皆大輅黃屋，載輼輬車。

《晉令》曰：『乘傳出使，遭喪以上，即自表聞，聽得白服乘騾車，到副使攝事。』徐廣《車服注》：『傳聞騾車者，犢車裝而馬車轅也。』又車無蓋者曰科車。

晉武帝時，護軍將軍羊琇乘羊車，司隸校尉劉毅奏彈之。詔曰：『羊車雖無制，猶非素者所服。』江左來無禁也。

舊有充庭之制，臨軒大會，陳乘輿車輦旌鼓於殿庭。張衡《東京賦》

云：『龍路充庭，鸞旗拂霓。』晉江左廢絶。宋孝武大明中修復。【略】

至秦以戰國即天子位，滅去古制，郊祭之服，皆以袀玄。至漢明帝始採《周官》、《禮記》、《尚書》諸儒說，還備衮冕之服。魏明帝以公卿衮衣黼黻之文，擬於至尊，復損略之。晉以來無改更也。天子禮郊廟，則黑介幘，平冕，今所謂平天冠也。皁表朱綠裏，廣七寸，長尺二寸，垂珠十二旒。以朱組為纓，衣皁上絳下，前三幅，後四幅，衣畫而裳繡，為日、月、星辰、山、龍、華、蟲、藻、火、粉米、黼、黻之象，凡十二章也。素帶廣四寸，朱裏，以朱緣裨飾其側。中衣以絳緣其領袖。赤皮蔽膝。蔽膝，古之韍也。絳袴，絳襪，赤舄。未加元服者，空頂介幘。其釋奠先聖，則皁紗裙，絳緣中衣，絳袴袴，黑舄。其臨軒亦衮冕也。其朝服，通天冠，高九寸，金博山顔，黑介幘，絳紗裙，皁緣中衣。其拜陵，黑介幘，蔆單衣。其雜服，有青赤黄白緗黑色介幘，五色紗裙，五梁進賢冠，遠遊冠，平上幘，武冠。其素服，白帢單衣。《漢儀》，立秋日獵服緗幘。晉哀帝初，博士曹弘之等儀：『立秋御讀令，不應緗幘，求改用素。』詔從之。宋文帝元嘉六年，奉朝請徐道娱表：『不應素幘。』詔門下詳議，帝執宜如舊，遂不改。【略】

幘者，古賤人不冠者之服也。漢元帝額有壯髮，始引幘服之。王莽頂秃，又加其屋也。《漢注》曰：『冠進賢者宜長耳，今介幘也。冠惠文者宜短耳，今平中幘也。知時各隨所宜，後遂因冠為別。』介幘服文吏，平上服武官也。童子幘無屋者，示未成人也。又有納言幘，後收，又一重，方三寸。又有赤幘，騎吏、武史、乘輿鼓吹所服。救日蝕，文武官皆免冠，著赤幘，對朝服，示威武也。宋乘輿鼓吹，黑幘武冠。

漢制，祀事五郊，天子與執事所服各如方色；百官不執事者，自服常服以從。常服，絳衣也。

魏秘書監秦靜曰：『漢氏承秦，改六冕之制，俱玄冠絳衣而已。』晉名曰五時朝服；有四時朝服，又有朝服。

凡兵事，總謂之戎。《尚書》云：『一戎衣而天下定。』《周禮》：『革路以即戎。』又曰：『兵事韋弁服。』以韎韋為弁，又以為衣裳。《春秋左傳》：『戎服將事。』又云：『晉郤至衣韎韋之跗。』注，先儒云：『韎，絳色。』今時伍伯衣。說者云，五霸兵戰，猶有綬紱、冠纓、漫胡，則戎服非袴褶之制，未詳所起。近代車駕親戎中外戒嚴之服，無定色，冠黑帽，綴紫褾。褾以繒為之，長四寸，廣一寸。腰有絡帶，以代鞶革。中官紫褾。外官絳褾。又有纂嚴戎服，而不綴褾。行留文武悉同。其畋獵巡幸，則唯從官戎服，帶鞶革；文官不下纓，武官脱冠。宋文帝元嘉中，巡幸蒐狩皆如之；救宮廟水火，亦如之。【略】

劉向曰：『古者天子至于士，王后至于命婦，必佩玉，尊卑各有其制。』《禮記》曰：『天子佩白玉而玄組綬，公侯山玄玉而朱組綬，卿大夫水蒼玉而緇組綬，士佩瓀玟而緼組綬。』緼，赤黄色。綬者，所貫佩相承受也。上下施韍如蔽膝，貴賤亦各有殊。五霸之後，戰兵不息，佩非兵器，韍非戰儀，於是解去佩韍，留其繫襚而已。秦乃以采組連結於襚，轉相結受，謂之綬。漢承用之。至明帝始復制佩，而漢末又亡絶。魏侍中王粲識其形，乃復造焉。今之佩，粲所制也。皇后至命婦所佩，古制不存，今與外同制，秦組綬，仍又施之。

漢制，自天子至于百官，無不佩刀。司馬彪志具有其制。漢高祖為泗水亭長，拔劍斬白蛇。雋不疑云：『劍者，君子武備。』張衡《東京賦》『紆黄組，腰干將。』然則自人君至十人，又帶劍也。自晉代以來，始以木劍代刃劍。

乘輿六璽，秦制也。《漢舊儀》曰：『皇帝行璽，皇帝之璽，皇帝信璽，天子行璽，天子之璽，天子信璽。』此則漢遵秦也。初高祖入關，得秦始皇藍田玉璽，螭虎紐，文曰『受天之命，皇帝壽昌』。高祖佩之，後代名曰傳國璽，與斬白蛇劍俱為乘輿所寶。傳國璽，魏、晉至今不廢；斬白蛇劍，晉惠帝武庫火燒之，今亡。晉懷帝沒胡，傳國璽沒於劉聰，後又屬石勒。及石勒弟石虎死，胡亂，晉穆帝代，乃還天府。虞喜《志林》曰：『傳國璽，自在六璽之外，天子凡七璽也。』《漢注》曰：『璽，印也。自秦以前，臣下皆以金玉為印，龍虎紐，唯所好。秦以來，以璽為稱，又獨以玉，臣下莫得用。』漢制，皇帝黄赤綬，四采，黄、赤、縹、紺。皇后金璽，綬亦如之。於禮，士綬之色如此，後代變古也。吳無刻玉工，以金為璽。孫皓造金璽六枚是也。又有麟鳳龜龍璽，馳馬鴨頭雜印，今代則闕也。【略】

宋孝武孝建二年十一月乙巳，有司奏：『侍中祭酒何偃議：「自今臨軒，乘輿法服，燾華蓋，登殿宜依廟齋以夾御，侍中、常侍夾扶上殿，及應為王公興，又夾扶，畢，還本位。」求詳議。』曹郎中徐爰參議：『宜如省所稱，以為永准。』詔可。

孝建三年五月壬戌，有司奏：『案漢胡廣、蔡邕並云古者諸侯貳車九乘，秦滅六國，兼其車服，故王者大駕屬車八十一乘。尚書、御史乘之。最後一車，懸豹尾。法駕則三十六乘。檢晉江左逮至于今，乘輿出行，副車相承五乘。』尚書令建平王宏參議：『八十一乘，義兼九國，三十六乘無所准，並不出經典。自邕、廣傳說，又是從官所乘，非帝者副車正數。江左五乘，儉不中禮。案《周官》云：「上公九命，貳車九乘。侯伯七命，車七乘。子男五命，車五乘。」然則帝王十二乘。』詔可。【略】

大明四年正月戊辰，尚書左丞荀萬秋奏：『《籍田儀注》，「皇帝冠通天冠，朱紘，青介幘，衣青紗袍。侍中陪乘，奉車郎秉轡。」案《漢·輿服志》曰：「通天冠，乘輿常服也。」若斯豈可以常服降千畝邪？《禮記》曰：「昔者天子為籍千畝，冕而朱紘，躬秉耒耜。」鄭玄注《周官》司服曰：「六服同冕」，尊故也。時服雖變，冕制不改。又潘岳《籍田賦》云：「常伯陪乘，太僕秉轡。」推此，輿駕籍田，宜冠冕，璪十二旒，朱紘，黑介幘，衣青紗袍。常伯陪乘，太僕秉轡。宜改儀注，一遵二《禮》，以為定儀。』詔可。

大明四年正月己卯，有司奏：『南郊親奉儀注，皇帝初著平天冠，火龍黼黻之服。還，變通天冠，絳紗袍。廟祠親奉，舊儀，皇帝初服與郊不異，而還變著黑介幘，單衣即事，乖體。謂宜同郊還，亦變著通天冠，絳紗袍。又舊儀乘金根車，今五路既備，依《禮》玉路以祀，亦宜改金根車為玉路。』詔可。

大明六年八月壬戌，有司奏：『《漢儀注》「大駕鹵簿，公卿奉引，大將軍參乘，太僕卿御。法駕，侍中參乘，奉車郎御」。晉氏江左，大駕未立，故郊祀用法駕，宗廟以小駕。至於儀服，二駕不異。拜陵，御服單衣幘，百官陪從，朱衣而已，亦謂之小駕，名實乖舛。考尋前記，大駕上陵，北郊。周禮宗廟於昊天有降，宜以大駕郊祀，法駕祠廟，小駕上陵，如為從序。今改祠廟為法駕鹵簿，其軍幢多少，臨時配之。至尊乘玉路，以金路象路革路木路小輦輪御軺衣書等車為副。其餘並如常儀。』詔可。

大明七年二月甲寅，輿駕巡南豫、兗二州，冕服，御玉路，辭二廟。改服通天冠，御木路，建大麾，備春蒐之典。【略】

泰始四年八月甲寅，詔曰：『車服之飾，象數是遵。故盛皇留範，列聖垂制。朕近改定五路，酌古代今，修成六服，沿時變禮。所施之事，各有條敘。便可付外，載之典章。朕以大冕純玉繅，玄衣黃裳，乘玉輅，郊祀天，宗祀明堂。又以法冕五綵繅，玄衣絳裳，乘金路，祀太廟，元正大會諸侯。又以飾冠冕四綵繅，紫衣紅裳，乘象輅，小會宴饗，餞送諸侯，臨軒會王公。又以繡冕三綵繅，朱衣裳，乘革路，征伐不賓，講武校獵。又以紘冕二綵繅，青衣裳，乘木輅，耕稼，饗國子。又以通天冠，朱紗袍，為聽政之服。』

《南齊書》卷一七《輿服志》 昔三皇乘祇車出谷口，夏氏以奚仲為車正，殷有瑞車，山車垂句是也。《周禮》匠人為輿，以象天地。漢武天漢四年，朝諸侯甘泉宮，定輿服制，班于天下。光武建武十三年，得公孫述葆車，輿輦始具。蔡邕創立此志，馬彪勒成漢典，晉摯虞治禮，亦議五輅制度。江左之始，車服多闕，但有金戎，省充庭之儀。太興中，太子臨學，無高蓋車，元帝詔乘安車。元、明時，屬車唯九乘。永和中，石虎死後，舊工人奔叛歸國，稍造車輿。太元中，苻堅敗後，又得偽車輦，於是屬車增為十二乘。義熙中，宋武平關、洛，得姚興偽車輦。宋大明改修輦輅，妙盡時華，始備偽氏，復設充庭之制。永明中，更增藻飾，盛於前矣。案《周禮》以檢《漢志》，名器不同，晉、宋改革，稍與世異，今記時事而已。

玉輅，漆畫輪，兩廂上望板前優遊，龍汗板，斗蓋，一轅，漆畫車衡，[旂]十二旒，棨戟，漆案立床，錦複黃紋鄣泥。

五輅，江左相承駕四馬，左右騑為六。施絳絲遊御繩，其重轂貳轄飛(絡)[軨]幡，左纛，金鍐，方釳，繁纓，鏤錫，皆如古制。世祖永明初，加玉輅為重蓋，又作麒麟頭，采畫，以馬首戴之。竟陵王子良啓曰：『臣聞車旗有章，載自前史，器必依禮，服無舛法。凡蓋員象天，軫方法地，上無二天之儀，下設兩蓋之飾，求之志録，恐為乖衷。又假為麟首，加乎馬頭，事不師古，鮮或可施。』建武中，明帝乃省重蓋等。

金輅。

象輅。

木輅。

革輅，建大麾。

宋昇明三年，錫齊王大輅、戎輅各一。乘黄五輅，無大輅、戎輅。左丞王逡之議：『大輅，殷之祭車，故不登周輅之名，而《明堂位》云「大輅，殷輅也」。注云「大輅，木輅也」。《月令》「中央土，乘大輅」。注云「殷輅也」。《禮器》「大輅繁纓一就」。注云「大輅，殷之祭天車也」。《周禮》五路，玉路、金路、象路、革路、木路。則周之木輅，殷之大輅也。周革路建大白，以即戎，此則戎路也。意謂國之大事，在祀與戎，故錫以殷祭天之車，與周之即戎之路。祀則以殷，戎必以周者，明郊天義遠，建前代之禮，即戎事近，故以今世之制。《明堂位》云「魯君孟春乘大路，載十有二旒日月之章，祀［帝］于（帝）郊」。夫必以大輅以錫諸侯，良有以也。今木路，即大路也。』太尉左長史王儉議，宜用金輅九旒。時乘黄無副，借用五輅，大朝臨軒，權列三輅。

玉、金輅，建碧旂。象、木輅，建赤旂。永明初，太子步兵校尉伏曼容議，以為『齊德尚青，五路五牛及五色幡旗，並宜以先青為次。軍容戎事之所乘，犧牲繭握之所薦，並宜悉依尚色。三代服色，以姓音為尚，漢不識音，故還尚其行運之色。今既無善律，則大齊所尚，亦宜依漢道。若有善吹律者，便應還取姓尚。』太子僕周顒議：『三代姓音，古無前記，裁音配尚，起自曼容。則是曼容善識姓聲，不復方假吹律。何故能識遠代之宫商，而更迷皇朝之律呂，而云當今無知吹律以定所尚，宜附漢以從闕邪？皇朝本以行運為所尚，非關不定於音氏。如此，設有善律之知音，不宜遵聲以為尚。』散騎常侍劉朗之等十五人並議駮之，事不行。【略】

指南車。

記里鼓車。

輦車，《司馬法》曰『夏后氏輦曰金車，殷曰胡奴車，周曰輜車』，皆輦也。《漢書·叔孫通傳》云『皇帝輦出房』，成帝輦過後宫，此朝宴並用也。《輿服志》云『輦車具金銀丹青采膢雕畫蒲陶之文，乘人以行』。信陽侯陰就見井丹，左右人進輦，是為臣下亦得乘之。晉武帝給安平獻王孚雲母輦。晉中朝又有香衣輦，江左唯御所乘。

臥輦。

漆畫輪車，御為羣公舉哀臨哭所乘。皇后、太子妃亦乘之。

漆畫牽車，御及皇太子所乘，即古之羊車也。晉泰始中，中護軍羊琇乘羊車，為司隸校尉劉毅所奏。武帝詔曰：『羊車雖無制，非素者所服，免官。』《衛玠傳》云：『總角乘羊車，市人聚觀。』今不駕羊，猶呼牽此車者為羊車云。

輿車，一曰小輿，小行幸乘之。皇太子亦得於宫内乘之。

衣（畫）書十二乘，古副車之象也。今亦曰五時副車。

青葥車，是謂撿幔車。【略】

《虞書》曰：『予欲觀古人之象，日、月、星辰、山、龍、華蟲作繢，宗彝、藻、火、粉米、黼、黻絺繡，以五采章施于五色。』天子服備日、月以下，公山、龍以下，侯伯華蟲以下，子男藻、火以下，卿大夫粉米以下。天子六冕，王后六服，著在《周官》。公侯以下，咸有名則，佩玉組綬，並具禮文，後代沿革，見《漢志·晉服制令》，其冠十三品，見蔡邕《獨斷》，並不復具詳。宋明帝泰始四年，更制五輅，議修五冕，朝會饗獵，各有所服，事見《宋注》。舊相承三公以下冕七旒，青玉珠，卿大夫以下五旒，黑玉珠。永明六年，太常丞何諲之議，案《周禮》命數，改三公八旒，卿六旒。尚書令王儉議，依漢三公服，山、龍九章，卿華蟲七章。從之。

平冕黑介幘，今謂平天冠。皁表朱緣裏，廣七尺，長尺二寸，垂珠十二旒，以朱組為纓，如其綬色。衣皁上絳下，裳前三幅，後四幅。衣畫而裳繡，為日、月、星辰、山、龍、華蟲、藻、火、粉米、黼、黻十二章。素帶廣四寸，朱裏，以朱緑裨飾其側，要中以朱，垂以緑，垂三尺。中衣，以絳緣其領袖，赤皮韍，絳袴襪，赤舄，郊廟臨朝所服也。漢世冕用白玉珠為旒。魏明帝好婦人飾，改以珊瑚珠。晉初仍舊，後乃改。江左以美玉難得，遂用蚌珠，世謂之白琁珠。

衮衣，漢世出陳留襄邑所織。宋末用繡及織成。建武中，明帝以織成重，乃采畫為之，加飾金銀薄，世亦謂為天衣。

史臣曰：黼黻之設，經緯為用，故五色六章十二衣還相為質也。歷代龍衮，織以成文，今體不勝衣，變易舊法，豈致美黻冕之謂乎！

通天冠，黑介幘，金博山顏，絳紗袍，皁緣中衣，乘輿常朝所服。舊用駮犀簪導，東昏改用玉。其朝服，臣下皆同。

黑介幘，單衣，無定色，乘輿拜陵所服。其白帢單衣，謂之素服，以舉哀臨喪。【略】

袴褶，車駕親戎、中外纂嚴所服。黑冠，帽綴紫褾，以絡帶代鞶帶。中官紫褾，外官絳褾。其纂嚴戎服不綴褾，行留悉同。校獵巡幸，從官戎服革帶鞶帶，文官不纓，武官脱冠。【略】

乘輿傳國璽，秦璽也。晉中原亂没胡。江左初無之，北方人呼晉家為『白板天子』。冉閔敗，璽還南。别有行信等六璽，皆金為之，亦秦、漢之制也。

《魏書》卷一一二《禮志四》　輿服之制，秦漢已降，損益可知矣。魏氏居百王之末，接分崩之後，典禮之用，故有闕焉。太祖世所制車輦，雖參采古式，多違舊章。今案而書之，以存一代之迹。

乘輿輦輅：龍輈十六，四衡，轂朱班，繡輪，有雕虬、文虎、盤螭之飾。龍首銜扼，鸞爵立衡，圓蓋華蟲，金雞樹羽，蛟龍游蘇。建太常十有二旒，畫日月升龍。郊天祭廟則乘之。

乾象輦：羽葆，圓蓋華蟲，金雞樹羽，二十八宿，天階雲罕，山林雲氣、仙聖賢明、忠孝節義、遊龍、飛鳳、朱雀、玄武、白虎、青龍、奇禽異獸可以為飾者皆亦圖焉。太皇太后、皇太后、皇后助祭郊廟則乘之。

大樓輦：輈十二，加以玉飾，衡輪雕綵，與輦輅同，駕牛十二。

小樓輦：輈八，衡輪色數與大樓輦同，駕牛十二。天子、太皇太后、皇太后郊廟，亦乘之。

象輦：左右鳳凰，白馬，仙人前却飛行，駕二象。羽葆旒蘇，龍旂麾，其飾與乾象同。太皇太后、皇太后助祭郊廟之副乘也。

馬輦：重級，其飾皆如之。績漆直輈六，左右騑駕。天子籍田、小祀時，則乘之。

臥輦：其飾皆如之。丹漆，駕六馬。

遊觀輦：其飾亦如之。駕馬十五匹，皆白馬朱髦尾。天子法駕行幸、巡狩、小祀時，則乘之。

七寶旃檀刻鏤輦：金薄隱起。

馬輦：天子三駕所乘，或為副乘。

緇漆蜀馬車：金薄華蟲隱起。

軺軒：駕駟，金銀隱起。出挽解合。

步挽：天子小駕遊宴所乘，亦為副乘。【略】

太祖天興二年，命禮官捃採古事，制三駕鹵簿。一曰大駕，設五輅，建太常，屬車八十一乘。平城令、代尹、司隸校尉、丞相奉引，太尉陪乘，太僕御從。輕車介士，千乘萬騎，魚麗雁行。前驅，皮軒、闟戟、芝蓋、雲罕、指南；後殿，豹尾。鳴葭唱，上下作鼓吹。軍戎、大祠則設之。二曰法駕，屬車三十六乘。平城令、代尹、太尉奉引，侍中陪乘，奉車都尉御。巡狩、小祠則設之。三曰小駕，屬車十二乘。平城令、太僕奉引，常侍陪乘，奉車郎御。遊宴離宮則設之。二至郊天地，四節祠五帝，或公卿行事，唯四月郊天，帝常親行，樂加鍾懸，以為迎送之節焉。

天賜二年初，改大駕魚麗雁行，更為方陳鹵簿。列步騎，内外為四重，列標建旌，通門四達，五色車旗各處其方。諸王導從在鉀騎内，公在幢内，侯在步稍内，子在刀盾内，五品朝臣使列乘輿前兩廂，官卑者先引。王公侯子車旒麾蓋、信幡及散官構服，一皆純黑。【略】

太祖天興元年冬，詔儀曹郎董謐撰朝覲、饗宴、郊廟、社稷之儀。六年，又詔有司製冠服，隨品秩各有差，時事未暇，多失古禮。世祖經營四方，未能留意，仍世以武力為事，取於便習而已。至高祖太和中，始考舊典，以制冠服，百僚六宫，各有差次。早世升遐，猶未周洽。肅宗時，又詔侍中崔光、安豐王延明及在朝名學更議之，條章粗備焉。

熙平元年九月，侍中儀同三司崔光表：『奉詔定五時朝服，案北京及遷都以來，未有斯制，輒勒禮官詳據。』太學博士崔瓚議云：『《周禮》及《禮記》，三冠六冕，承用區分，璪玉五綵，配飾亦别，都無隨氣春夏之異。唯《月令》有青旂、赤玉、黑衣、白輅，隨四時而變，復不列弁冕改用之玄黄。以此而推，五時之冠，《禮》既無文，若求諸正典，難以經證。案司馬彪《續漢書·輿服》及《祭祀志》云：迎氣五郊，自永平中以《禮讖》幷《月令》迎氣服色，因采元始故事，兆五郊於洛陽。又云五郊衣幘，各如方色。又《續漢·禮儀志》：立春，京都百官，皆著青衣，闕服青幘。秋夏悉如其色。自漢逮于魏晉，迎氣五郊，用幘從服，改色隨氣。斯制因循，相承不革，冠冕仍舊，未聞有變。今皇魏憲章前代，損益從宜。五時之冠，愚謂如漢晉用幘為允。』靈太后令曰：『太傅博學洽通，多識前載，既綜朝儀，彌悉其事。便可諮訪，以決所疑。』二年九月，太傅、清河王懌、給事黄門侍郎韋延詳奏：『謹案前敕，制五時朝服，嘗訪國子議其舊式。太學博士崔瓚等議：「自漢逮于魏晉，迎氣五郊，用幘從服，改色隨氣。斯制因循，相承不革，冠冕仍舊，未聞有變。今皇魏憲章前代，損益從宜。五時之冠，謂如漢晉用幘為允。」尚書以禮式不經，請訪議事，奉敕付臣，令加考決。臣以為帝王服章，方為萬世則，不可輕裁。請更集禮官下省定議，蒙敕聽許。謹集門下及學官以上四十三人，尋考史傳，量古校今，一同國子前議。幘隨服變，冠冕弗改。又四門博士臣王僧奇、蔣雅哲二人，以為五時冠冕，宜從衣變。臣等謂從國子前議為允。』靈太后令曰：『依議。』

《隋書》卷一〇《禮儀志五》　輿輦之别，蓋先王之所以列等威也。然隨時而變，代有不同。

梁初，尚遵齊制，其後武帝既議定禮儀，乃漸有變革。始永明中，步兵校尉伏曼容奏，宋大明中，尚書左丞荀萬秋議，金玉二輅，並建碧旂，象革木輅，並建赤旂，非時運所上，又非五方之色。今五輅五牛及五色幡旗，並請準齊所尚青色。時議所駁，不行。及天監三年，乃改五輅旗同用赤而旒不異，以從行運所尚也。

七年，帝曰：『據《禮》「玉輅以祀，金輅以賓」，而今大祀，並乘金輅。』詔下詳議。周捨以為：『金輅以之齋車，本不關於祭祀。』於是改陵廟皆乘玉輅，大駕則太僕卿御，法駕則奉車郎馭。其餘四輅，則使人執轡，以朱絲為之。執者武冠、朱衣。

又齊永明制，玉輅上施重屋，棲寶鳳皇，綴金鈴，鑷珠璫、玉蚌佩。四角金龍，銜五綵毦。又畫麒麟頭加於馬首者。十二年，帝皆省之。

初齊武帝造大小輦，並如軺車，但無輪轂，下横轅軛。梁初，漆畫代之。後帝令上可加笨輦，形如犢車，自兹始也。中方八尺，左右開四望。金為龍首。飾其五末，謂轅轂頭及衡端也。金鸞棲軛。其下施重層，以空青雕鏤為龍鳳象。漆木横前，名為望板。其下交施三十六横。小輿形似軺車，金裝漆畫，但施八横。元正大會，乘出上殿。西堂舉哀亦乘之。行則從後。一名輿車。

羊車一名輦，其上如軺，小兒衣青布袴褶，五辮髻，數人引之。時名羊車小史。漢氏或以人牽，或駕果下馬。梁貴賤通得乘之，名曰牽子。

畫輪車，一乘，駕牛。乘用如齊制，舊史言之詳矣。

衣書車，十二乘，駕牛。漢皁蓋朱裏，過江加緑油幢。朱絲絡，青交路，黄金塗五末。一曰副車。梁朝謂之衣書車。

皇太子鸞輅，駕三馬，左右騑。朱斑輪，倚獸較，伏鹿軾，九旒，畫降龍，青蓋畫幡，文輈，黄金塗五末。近代亦謂之鸞輅，即象輅也。梁東宫初建及太子釋奠、元正朝會則乘之。以畫輪為副。若常乘畫輪，以軺衣書車為副。畫輪車，上開四望，緑油幢，朱繩絡，兩箱裏飾以錦，黄金塗五末。【略】

五牛旗，左青赤，右白黑，黄居其中，蓋古之五時副車也。舊有五色立車，五色安車，合十乘，名為五時車。建旗十二，各如車色。立車則正豎其旗，安車則斜注。馬亦隨五時之色，白馬則朱其鬣尾。左右騑驂，金鍐鏤鍚，黄屋左纛，如金根之制。行則從後。名五時副車。晉過江，不恒有事，則權以馬車代之，建旗其上。後但以五色木牛象車，豎旗於牛背，使人輿之。旗常纏不舒，唯天子親戎，乃舒其旆。周遷以為晉武帝平吴後造五牛之旗，非過江始為也。

指南車，大駕出，為先啓之乘。漢初，置俞兒騎，並為先驅。左太沖曰：『俞騎騁路，指南司方。』後廢其騎而存其車。

記里車，駕牛。其中有木人執槌，車行一里，則打一槌。

鼓吹車，上施層樓，四角金龍，銜旒蘇羽葆。凡鼓吹，陸則樓車，水則樓船，在殿庭則畫筍虡為樓。樓上有翔鸞棲烏，或為鵠形。

陳承梁末，王琳縱火，延燒車府。至天嘉元年，敕守都官尚書、寶安侯到仲舉，議造玉金象革木等五輅及五色副車。皆金薄交龍，為輿倚較，文貔伏軾，虯首銜軛，左右吉陽筩，鸞雀立衡，文畫輈，緑油蓋，黄紱裏，相思橑，金華末。斜注旂旗於車之左，各依方色。加棨戟於車之右，韜以黻繡之衣。獸頭幡，長丈四尺，懸於戟杪。玉輅，正副同駕六馬，餘輅皆駕四馬。馬並黄金為文髦，插以翟尾，玉為鏤鍚。又以綵畫赤油，長三尺，廣八寸，繫兩軸頭，古曰飛軨，改以綵畫蛙蟆幡，綴兩軸頭，即古飛軨遺象也。五輅兩箱後，皆用玳瑁為鶡翅，加以金銀雕飾，故俗人謂之金鶡車。兩箱之裏，衣以紅錦，金花帖釘，上用紅紫錦為後檐，青絞純帶，夏用簟，冬用綺繡褥。此後漸修，具依梁制。

後魏天興初，詔儀曹郎董謐撰朝饗儀，始制軒冕，未知古式，多違舊章。孝文帝時，儀曹令李韶更奏詳定，討論經籍，議改正之。唯備五輅，各依方色，其餘車輦，猶未能具。至熙平九年，明帝又詔侍中崔光與安豐王延明、博士崔瓚採其議，大造車服。定制，五輅並駕五馬。皇太子乘金輅，朱蓋赤質，四馬。三公及王，朱屋青表，制同於輅，名曰高車，駕三馬。庶姓王、侯及尚書令、僕已下，列卿已上，並給軺車，駕用一馬。或乘四望通幰車，駕一牛。自斯以後，條章粗備，北齊咸取用焉。其後因而著令，並無增損。【略】

周氏設六官，置司輅之職，以掌公車之政，辨其名品，與其物色。

皇帝之輅，十有二等：一曰蒼輅，以祀昊天上帝。二曰青輅，以祀東方上帝。三曰朱輅，以祀南方上帝及朝日。四曰黃輅，以祭地祇中央上帝。五曰白輅，以祀西方上帝及夕月。六曰玄輅，以祀北方上帝及感帝，祭神州。此六輅，通漆之而已，不用他物為飾。皆疏面，旒就以方色，俱十有二。七曰玉輅，以享先皇，加元服，納后。八曰碧輅，以祭社稷，享諸先帝，大貞於龜，食三老五更，享食諸侯及耕籍。九曰金輅，以祀星辰，祭四望，視朔，大射，賓射，饗羣臣，巡犧牲，養國老。十曰象輅，以望秩羣祀，視朝，燕諸侯及羣臣，燕射，養庶老，適諸侯家，巡省，臨太學，幸道法門。十一曰革輅，以巡兵即戎。十二曰木輅，以田獵，行鄉畿。此六輅，又以六色漆而畫之，用玉碧金象革物，以飾諸末。皆錫面、金鉤，就以五采，俱十有二。【略】

君駕四，三輈六轡。卿大夫駕三，二輈五轡。士駕二，一輈四轡。

輅之制，重輪重較而加耳焉。皇帝、皇后之輅，輿廣六尺有六寸，輪高七尺。畫輪轂、輈衡以雲牙，箱軾以虡文，虡內畫以雜獸。獸伏軾，鹿倚較。諸侯及夫人、命夫、命婦之輅車，廣六尺有二寸，輪崇六尺有六寸。畫轂，以雲牙，軾以虡文，虡內畫以雲華。鹿倚較。士不畫。后、夫人、內子已下，同去獸與鹿。

凡旗，太常畫三辰，旃畫青龍，旟畫朱雀，旌畫黃麟，旗畫白獸，旐畫玄武，皆加雲。其旜物在軍，亦書其事號，加之以雲氣。徽幟亦如之。旌節又畫白獸，而析羽於其上。

司常，掌旗物之藏。通帛之旗六，以供郊丘之祀。一曰蒼旗，二曰青旗，三曰朱旗，四曰黃旗，五曰白旗，六曰玄旗。畫繢之旗六，以充玉輅之等。一曰三辰之常，二曰青龍之旗，三曰朱鳥之旟，四曰黃麟之旌，五曰白獸之旗，六曰玄武之旐。皆左建旗而右建闔戟。又有繼旗四，以施軍旅。一曰麾，以供軍將。二曰旞，以供師帥。三曰 ，以供旅帥。四曰旆，以供倅長。諸公方輅、碧輅建旂，金輅建旟，象輅建物，木輅建旐。諸侯自金輅而下，如諸公之旗。諸伯自象輅而下，如諸侯之旗。諸子自犀輅而下，如諸伯之旗。諸男自象輅而下，如諸子之旗。三公犀輅、貝輅、篆輅建旜，木輅建旐，夏篆、夏縵及輚車建物。孤卿已下，各以其等建其旗。

旌杠，皇帝六刃，諸侯五刃，大夫四刃，士三刃。旒，皇帝曳地，諸侯及軹，大夫及轂，士及軫。凡注毛於杠首曰綏，析羽曰旌，全羽曰旞。其幓，皇帝諸侯加以弧韣。闔戟，方六尺而被之以瀐，唯皇帝諸侯輅建焉。

車之蓋圓，以象天，輿方，以象地。輪輻三十，以象日月。蓋橑二十有八，以象列宿。設和鑾以節趨行，被旗旒以表貴賤。其取象也大，其彰德也明，是以王者尚之。

皇帝、皇后在喪之車五：一曰木車，初喪乘之。二曰素車，卒哭乘之。三曰藻車，既練乘之。四曰駹車，祥而乘之。五曰漆車，禫而乘之。

及平齊，得其輿輅，藏於中府，盡不施用。至大象初，遣鄭譯閱視武庫，得魏舊物，取尤異者，並加雕飾，分給六宮。有乾象輦，羽葆圓蓋，畫日月五星、二十八宿、天街雲罕、山林奇怪及遊麟飛鳳、朱雀玄武、騶虞青龍，駕二十四馬，以給天中皇后，助祭則乘。又有大樓輦車，龍輈十二，加以玉飾，四轂六衡，方輿圓蓋，金雞樹羽，寶鐸旒蘇，鸞雀立衡，六螭龍銜軛，建太常，畫升龍日月，駕二十牛。又有象輦，左右金鳳，白鹿仙人，羽葆旒蘇，金鈴玉佩，初駕二象，後以六駝代之。並有游觀小樓等輦，駕十五馬車等，合十餘乘，皆魏天興中之所制也。宣帝至是，咸復御之。復令天下車，皆以渾成木為輪。【略】

玉輅，青質，以玉飾諸末。重箱盤輿，左青龍，右白虎，金鳳翅，畫虡文鳥獸。黄屋左纛，金鳳在軾前，八鸞在衡，二鈴在軾。龍輈，前設鄣塵。青蓋黄裏，繡飾。博山鏡子，樹羽。輪皆朱斑重牙。左建旗，十有二旒，幓旒皆畫升龍，其長曳地。右載闟戟，長四尺，廣三尺，黻文。旂首金龍頭，銜結綬及鈴綏。駕蒼龍，金鋄方釳，插翟尾五隼，鏤錫，鞶纓十有二就。祭祀、納后則供之。

金輅，赤質，以金飾諸末。左建旗，右建闟戟。餘與玉輅同。駕赤騮。朝覲會同，饗射飲至則供之。

象輅，黄質，以象飾諸末。左建旌，右建闟戟。駕黄騮。行道則供之。

革輅，白質，輓之以革。左建旟，右建闟戟。駕白駱。巡守臨兵事則供之。

木輅，漆之。左建旐，右建闟戟。駕黑騮。田獵則供之。

五輅之蓋，旌旗之質，及鞶纓，皆從輅之色。蓋之裏，俱用黄。其鏤錫，五輅同。

安車，飾重輿，曲壁，紫油纁朱裏，通幰，朱絲絡網，朱鞶纓，朱覆髮，具絡。駕赤騮。臨幸則供之。

四望車，金飾，青油纁朱裏，通幰。拜陵臨弔則供之。【略】

玉輅，禋祀所用，飾以玉。《白武通》云：『玉輅，大輅也。』《周禮》巾車氏所掌，『鏤錫，樊纓十有再就，建太常，十有二旒』。虞氏謂之鸞車，夏后氏謂之鉤車，殷謂之大輅，周謂之乘輅。《大戴禮》著其形式，上蓋如規象天，二十八橑象列星，下方輿象地，三十輻象一月。前視則覩鑾和之聲，側觀則覩四時之運。昔成湯用而郊祀，因有山車之瑞，亦謂桑根車。蔡邕《獨斷》論漢制度，凡乘輿車，皆有六馬，羽蓋金爪，黄屋左纛，鏤鍐方釳，重轂繁纓，黄繒為蓋裏也。左纛，以旄牛尾建於竿上，其大如斗，立于左騑也。鏤鍐高闊各五寸，上如傘形，施於髮上，而插翟尾也。方釳當顱，蓋馬冠也。繁纓，膺前索也。重轂，重施轂也。應劭《漢官》，大輅龍旂，畫龍於旂上也。董巴志謂為瑞山車，秦謂金根，即殷輅矣。司馬彪志亦云：『漢備五輅，或謂德車，其所駕馬，皆如方色。』唯晉太常卿摯虞，獨疑大輅，謂非玉輅。摯虞之説，理實可疑，而歷代通儒，混為玉輅，詳其施用，義亦不殊。左建太常。案《釋名》：『日月為常，畫日月於旗端，言常明也。』又云：『自夏始也。』奚仲為夏車正，加以旂常，於是旒就有差，用明尊卑之別也。董巴所述，全明漢制。天子建太常，十二斿，曳地，日月升龍，象天明也。今之玉輅，參用舊典，消息取捨，裁其折中。以青為質，玉飾其末。重箱盤輿，左龍右獸，金鳳翅，畫虡文，軛左立纛。金鳳一，在軾前。八鸞在衡，二鈴在軾。龍輈之上，前設鄣塵。青蓋黄裏，繡游帶。金博山，綴以鏡子，下垂八佩。樹四十葆羽。輪皆朱斑重牙，復轄。左建太常，十有二旒，皆畫升龍日月，其長曳地。右載闟戟，長四尺，闊三尺，黻文。旗首金龍頭，銜鈴及綏，垂以結綬。駕蒼龍，金鋄方釳，插翟尾五隼，鏤錫，鞶纓十有二就，皆五繒罽，以為文飾。天子祭祀、納後則乘之。馭士二十八人，餘輅準此。

副車，案蔡邕《獨斷》，五輅之外，乃復設五色安車、立車各一乘，皆駕四馬，是為五時副車。俗人名曰五帝車者，蓋副車也。故張良狙擊秦皇帝，誤中副車。漢家制度，亦備副車。司馬彪云：『德車駕六，後駕四，是為副車。』《魏志》亦云：『天子命太祖駕金根六馬，設五時副車。』江左乃闕，至梁始備。開皇中，不置副車，平陳得之，毀而弗用。至是復並設之。副玉輅，色及旗章，一同正輅，唯降二等。駕用四馬，馭士二十四人。餘四副準此。【略】

金輅，案《尚書》，即綴輅也。《周官》：『金輅，鏤錫，繁纓九就，建大旂，以賓，同姓以封。』夫禮窮則通，下得通於上也，故天子乘之，接賓宴，同姓諸侯，受而出封。是以漢太子、諸王，皆乘金輅及安車，並朱斑輪，倚獸較，伏鹿軾，黑樉文，畫藩，青蓋，金華施橑，朱畫轅，金塗飾。非皇子為王，不錫此乘，皆左右騑，駕三馬。旂九旒，畫降龍。皇孫乘綠車，亦駕之。魏、晉制，太子及諸王，皆駕四馬。依摯虞議，天子金輅，次在第二。又云，金輅以朝，象輅以賓。則是晉用輅與周異矣。《宋起居注》，泰始四年，尚書令建安王休仁議：『天子之元子，士也，故齒胄於辟雍，欲使知教而後尊，不得生而貴矣。既命之後，禮同上公，故天子賜之金輅，但減旂章為等級。象及革木，賜異姓諸侯。在朝卿士，亦準斯例。』此則皇太子及帝子王者，通得乘之。自晉過江，王公以下，車服卑雜，唯有太子，禮秩崇異。又乘山石安車，義不經見，事無所出。

賜金輅者，此為古制，降乘輿二等，駕用四馬。唯天子五輅，通駕六馬。旗旌旗旐，並十二旒。左建旗。案《爾雅》：「錯革鳥曰旗。」郭璞云：「此謂全剝鳥皮毛，置之竿上也。」舊說，刻為革鳥。孫叔然云：「革，急也。言畫急疾鳥於旒上也。」《周官》所謂鳥隼為旟，亦是急義。今之金輅，赤質，黄金飾諸末。左建旟，畫飛隼，右建闟戟，鞶輿鳳翅等，並同玉輅。駕赤駵。臨朝會同，饗射飲至則用之。【略】

象輅，案《尚書》，即先輅也。《周禮》：「象輅，朱繁纓五就，建大赤，以朝，異姓以封。」左建旌。案《爾雅注》「旄首曰旌」，許慎所說「游車載旌」。《廣雅》云：「天子旌高九刃，諸侯七刃，大夫五刃。」《周書·王會》：「張羽鳧旌。」《禮記》云：「龍旂九旒，天子之旌也。」今象輅，以黄為質，象飾諸末。左建旌，畫緑麟，右建闟戟。駕黄駵。祀后土則用之。

革輅，案《釋名》：「天子車也」。《周禮》：「革輅，龍勒，條纓五就，建大白，用之即戎，以封四衛。」古者革輓而漆之，更無他飾。又有「戎輅之萃，廣車之萃，闕車之萃，輕車之萃」。此皆兵車，所謂五戎。然革輅亦名戎輅，天子在軍所乘。廣車，横陣車也。闕車，補闕車也。飾並以革，故「師供革車，各以其萃」。摯虞議云，革輅第四。左建旌。案《釋名》「熊獸為旗」，《周官》「龍旂九旒，以象大火」。今革輅白質，輓之以革。左建旗，畫騶虞，右建闟戟，駕白駱。巡守臨兵則用之。三品已下，並乘革輅，朱色為質。馭士十六人。

木輅，案《尚書》，即次輅也。《周官》：「木輅，緇樊鵠纓，建麾，以畋，以封藩國。」晉摯虞云，畋輅第五。唯宋泰始詔，乘木輅以耕稼。徐爰《釋疑略》曰：「天子五輅，晉遷江左，闕其三，唯有金輅以郊，木輅即戎。宋大明時，始備其數。」凡五輅之蓋，旌旗之質及鞶纓，皆從方色。蓋裏並黄，雕飾如一。沈約曰：「金象革木，《禮圖》不載其形。」今旒數羽葆，並同玉輅。左建旐。案《周官》：「龜蛇為旐。」《釋名》云：「龜知氣兆之吉凶也。」許慎云：「旐有四斿，以象營室。」今木輅黑質，漆之。左建旐，畫玄武，右建闟戟。駕黑駵。畋獵用之。四品方伯乘木輅，赤質，駕士十四人。

安車，案《禮》，卿大夫致事則乘之。其制如輜軿。蔡邕《獨斷》有五色安車，皆畫輪重轂。今畫輪，重輿，曲壁，紫油幢絳裏，通幰，朱絲絡網，赤鞶纓。駕四馬。省問臨幸則乘之。皇太子安車，斑輪，赤質，制略同乘輿，亦駕四馬。

四望車，案晉《中朝大駕鹵簿》，四望車，駕牛中道。《東宮舊儀》，皇太子及妃，皆有畫輪四望車。今四望車，制同犢車，黄金飾，青油幢朱裏，紫通幰，紫絲網。駕一牛。拜陵臨弔則用之。皇太子四望車，緑油幢，青通幰，朱絲絡網。

耕根車，案沈約云：「親幸耕籍御之。三蓋車，一名芝車，又名耕根車。置耒耜於軾上。」即潘岳所謂「紺轅屬於黛耜」者也。開皇無之，駕出親耕，則乘木輅，蓋依宋泰始之故事也。今耕根車，以青為質，三重施蓋，羽葆雕裝，並同玉輅。駕六馬。其軾平，以青囊盛耒而加於上。籍千畝，行三推禮，則親乘焉。

羊車，案晉司隸校尉劉毅，奏護軍羊琇私乘者也。開皇無之，至是始置焉。其制如軺車，金寶飾，紫錦幰，朱絲網。馭童二十人，皆兩鬢髻，服青衣，取年十四五者為，謂之羊車小史。駕以果下馬，其大如羊。

屬車，案古者諸侯貳車九乘，秦滅九國，兼其車服，故為八十一乘。漢遵不改。武帝祠太一甘泉，則盡用之。明帝上原陵，又用之。法駕三十六乘，小駕十二乘。開皇中，大駕十二乘，法駕減半。大業初，屬車備八十一乘，並如犢車，紫通幰，朱絲絡網，黄金飾。駕一牛。在鹵簿中，單行正道。至三年二月，帝嫌其多，問起部郎閻毗。毗曰：「臣共宇文愷參詳故實，此起於秦，遂為後式，故張衡賦云「屬車九九」是也。次及法駕，三分減一，此漢制也。故《文帝紀》「奉天子法駕迎代邸」，如淳曰「屬車三十六乘」是也。又據宋孝建時，有司奏議，晉遷江左，唯設五乘，尚書令建平王宏曰：「八十一乘，無所準憑，江左五乘，儉不中禮。但帝王旂旒之數，皆用十二，今宜準此，設十二乘。」開皇平陳，因以為法令。憲章往古，大駕依秦，法駕依漢，小駕依宋，以為差等。」帝曰：「大駕宜用三十六，法駕宜用十二，小駕除之可也。」

輦，案《釋名》「人所輦也」。漢成帝遊後庭則乘之。徐爰《釋問》云：「天子御輦，侍中陪乘。」今輦，制象軺車，而不施輪，通幰朱絡，飾以金玉，用人荷之。

副輦，加笨，制如犢車，亦通幰朱絡，謂之蓬輦。自梁武帝始也。

輿，案《說文》云：『篚，竹輿也。』《周官》曰：『周人上輿。』漢室制度，以雕為之，方徑六尺。今輿制如輦而但小耳，宮苑宴私則御之。

小輿，幰方，形同幄帳。自閤出升正殿則御之。

雜録

《三國志》卷四《魏志·齊王芳傳》（高貴鄉公曹髦）減乘輿服御，後宮用度，及罷尚方御府百工技巧靡麗無益之物。

唐·杜佑《通典》卷五七《禮典·嘉禮二·君臣冠冕巾幘等制度》

黄帝作冕，垂旒，目不邪視也。充纊，示不聽讒言也。事見《世本》。

周制，弁師掌王之五冕，皆玄冕，朱裏，綖紐。冕服有六而言五者，大裘之冕蓋無旒，不聯數也。綖，冕之覆，在上，是以名焉。紐，小鼻在武上，笄所貫。五采繅十有二就，皆五采玉十有二，玉笄朱紘。繅，雜文之名，合五色絲為繩，垂之綖前後。各十二，所謂邃綖也。就，成也。繩之每匝貫五采玉十二旒，旒則十二玉。每就閒一寸。朱紘，以朱組為紘，紘一條繩屬兩端於武。此謂袞衣之冕十二旒，則用玉二百八十八。鷩冕繅九旒，用玉二百一十六。毳冕七旒，用玉一百六十八。絺冕五旒，用玉一百二十。玄冕三旒，用玉七十二。諸侯及孤卿大夫之冕，各以其等為之。各以其等者，繅玉如其命數。冕則侯伯繅七就，用玉九十八。子男繅五就，用玉五十。繅玉皆三采。孤繅四就，用玉三十二。三命之卿繅三就，用玉十八。再命之大夫繅再就，玉八。繅玉皆朱綠。禁令不得相僭踰。

秦滅禮學，郊社服用，皆以袀玄，以從冕旒，前後邃綖。蔡邕《獨斷》云：『袀，紺繒也。』班固《東都賦》注云：『袀，皁也。』袀音鈞。

後漢光武踐祚，祀天地明堂，皆冠旒冕。孝明帝永平初，詔有司採《周官》、《禮記》、《尚書·皋陶篇》夏侯氏說，冕皆廣七寸，長尺二寸，前圓後方，朱綠裏，玄上，前垂四寸，後垂三寸，繫白玉珠為十二旒，蔡邕《獨斷》云『九旒』也。以其綬采色為組纓。《禮記》曰：『玄冠朱組纓，天子之冠也。』其旒珠，用真白玉。三公諸侯七旒，青玉珠；卿大夫五旒，黑玉珠。皆有前無後，各以其色綬為組纓，旁垂黈纊。助天子郊祀天地、明堂則冠之。

魏因漢故事。明帝好婦人之飾，冕旒改用珊瑚珠。

晉因之。

東晉元帝初過江，服章多闕，而冕飾以翡翠珊瑚珠。侍中顧和奏：『舊禮，冕旒用白玉珠。今美玉難得，不能備，可用白璇珠。』從之。後帝郊祀天地明堂宗廟，元會臨軒，改服黑介幘，通天冠，平冕。冕，皁表，朱綠裏，廣七寸，長一尺二寸，加於通天冠上，前圓後方，垂白玉珠十二旒，以朱組為纓，無緌。王公卿助祭郊廟，冠平冕。王公八旒，卿七旒，組為纓，色如綬也。

宋因之，更名曰平天冕，天子郊祀及宗廟服之，王公並用舊法。

齊因之。

梁因之。其制，前垂四寸，後垂三寸，旒長齊肩，以組為纓，色如其綬，旁垂黈纊，充耳珠以玉瑱。乘輿郊祀天地明堂、享宗廟、元會臨軒則服之。五等諸侯助祭，平冕九旒，青玉為珠，有前無後，各以其綬色為組纓，旁垂黈纊。

陳因之，以為冕旒。皇太子朝服遠遊冠，侍祭則平冕九旒。五等諸侯助祭郊廟，皆平冕九旒，青玉為珠，有前無後，各以其綬色為組纓，旁垂黈纊。

北齊採陳之制，旒玉用五采，以組為纓，色如其綬。其四時郊祀封禪大事，皆服袞冕。皇太子平冕，黑介幘，白珠九旒，飾以三采玉，以組為纓，色如其綬；未加元服，則空頂黑介幘，雙童髻，雙玉導。

後周設司服之官，掌皇帝十二冕。祀昊天則蒼冕，五帝各隨方色，朝日用青冕，夕月用素冕，地祇用黄冕，神州、社稷用玄冕，享先皇、加元服等以象冕，享先帝、食三老、耕籍等以袞冕，視朔、大射等以山冕，視朝、臨法門、適宴等以鷩冕，皆十有二旒。韋弁、皮弁，見在下文。諸公之冕九，方、袞、山、鷩、火、毳等六，皆九旒；韋弁、皮弁、玄冠三，合上為九。諸侯八，無袞冕。諸伯七，又無山冕。諸子六，又無鷩冕。諸男五，又無火冕，冕五旒。三公之冕九，祀、火、毳、藻、繡、爵弁等冕六，韋弁、皮弁、玄冠，合上為九。三孤自祀冕而下八，無火冕。公卿七，又無毳冕。上大夫六，又無藻冕。中大夫五，又無皮弁。下大夫四，又無爵弁。士服三，祀弁、爵弁、玄冕。庶士玄冠而已。其弔服，諸侯當事則弁絰，不則皮弁。以下亦如之。

又　卷六四《禮典・嘉禮九・天子車輅》　秦平九國，蕩滅典籍，舊制多亡。因金根車用金為飾，謂金根車，而為帝軫。玄旗皁斿，以從水德。復法水數，駕馬以六。夏太康盤遊無度，昆弟五人作歌曰，『若朽索之馭六馬』，則六馬非始於秦制，但法水數，故相符爾。

漢武帝天漢四年，始定輿服之制。郊祀所乘，謂之大駕，備車千乘，騎萬匹，其儀甚盛，不必師古。及王莽篡位，武車常韌。如振反。車輪木也。赤眉之亂，文物無遺。

後漢光武平公孫述，始獲葆車輿輦。而因舊制金根車，擬周之玉輅，最尊者也。輪皆朱斑重牙，貳轂兩轄，轂外復有一轂抱轄，其外乃復設轄，抱銅置其中。《東京賦》曰：『重輪貳轄，疏轂飛軨。』注：『飛軨，畫緹油，繫於軸上。』金薄繆龍，為輿倚較，徐廣曰：『繆，交錯之形也。較在箱上。』《說文》曰：『樠文畫蕃。』蕃，箱也。《通俗文》曰：『車箱為較。』文虎伏軾，龍首銜軛，左右吉陽箭，鸞雀立衡，樠文畫輈，羽蓋華蚤，徐廣曰：『翠羽蓋黃裏，所謂黃屋車也。金華施橑末，有二十八枚，即蓋弓也。』建大旂，十有二斿，畫日月升龍，駕六馬，象鑣鏤錫，金鍐方釳，插以翟尾，朱兼樊纓，赤罽易茸，金就十有二，左纛以氂牛尾為之，在左騑馬軛上，大如斗，是為德車。大駕則御鳳凰車，以金根為副。其駕玄馬六，因秦不改。或云始自漢制。許慎《五經異義》，說天子駕六馬，以經言『時乘六龍以御天』。蓋乃陰陽之氣，乘六上下，非為禮制。按《周官・校人》『掌王馬之政，凡擇良馬而養乘之，乘馬一師四圉』，四馬為乘。古《毛詩》說，天子至大夫同駕駟，皆有四方之事，《詩》云『四牡彭彭』是也。

魏武王受漢獻帝命，乘金根車，駕六馬，設五時副車。至明帝景初中，山茌縣黃龍見，以為魏得地統，服色尚黃，戎事乘黑首白馬。齊王正始中，詔出入必御輦乘輿。

晉武帝承魏陳留王命，乘金根車，駕六馬，備五時副車。及受禪，設玉金象革木五輅，並為法駕，旗斿服用，悉取周制，文物華藻，因金根車，更增其飾。朱斑漆輪，加畫文。兩箱之後，加玳瑁為鵾翅，金銀雕飾，時人亦謂為金鵾車。邪注旂旗於車之左，又加棨戟於車之右，皆槖而施之。棨戟韜以黻繡，上為亞字，繫大蛙蟆幡。軛長丈餘。於戟之杪，以氂牛尾，大如斗，置左騑馬軛上，是為左纛。轅皆曲向上，取夏殷山車垂鉤之義。玉輅駕六黑馬，金象革木駕駟，以黃金為叉髦，插以翟尾。象鑣鏤錫，金鍐方釳，繁纓赤罽易茸，金就十有二。五輅皆有錫鑾之飾，和鈴之響，鉤膺玉瓖，龍輈華轙，魚倚反。朱幩。音汾。法駕行則五輅各有所主。復制金根車，去漢之文物，駕四馬，不建旗幟，上如畫輪車，下猶金根之飾。

東晉元帝始建大輅戎輅各一，以殷人祀用大輅，周人即戎用戎輅故也。因金根車飾，皆駕黑駟，是為玄牡。安帝義熙中，平關洛，得姚興偽車輦，或時乘用焉。

宋孝武大明中，尚書左丞荀萬秋改造五輅。玉輅，依晉金根車，加赤漆樠畫，玉飾諸末，建青旗，十有二斿，駕駟以玄，復因漢之安車，章施羽葆蓋，以祀。以金根為金輅，建青旂，駕玄馬四，羽葆蓋，以賓。象、革、木輅，並擬玉輅，漆樠畫，羽葆蓋。象輅視朝，革輅即戎，二輅並建赤旆，駕玄馬四。木輅建赤麾，以田，駕赤馬四。大事法駕，五輅俱出。

齊武帝永明初，伏曼容議：『齊德尚青，車旗先青，次赤，次白，次黑。軍容戎事，宜依漢道行運之色。』因宋金根車而脩玉輅，畫輪金塗，兩箱上望板前優游，通緣金塗鏤鍱，音葉。碧紋箱，鑿鏤金薄帖。兩箱外織成衣，兩箱裏金塗鏤面釘，玳瑁帖。望板箱上帖金博山。優游上，和鸞鳥立花趺銜鈴，銀帶玳瑁箭；優游下，隱膝，裏施金塗鏤面花釘，織成文。優游橫前，施玳瑁帖，金塗花釘，金塗倒龍，後損鑿銀玳瑁龜甲，金塗花沓。望板，金塗受福望龍諸校飾。軛及諸末，皆螭龍首。龍形板在車前，銀帶花獸，金塗受福，緣裏邊，鏤鍱玳瑁織成衣。裏，金塗鏤面花釘。外，金塗博山、辟邪障、鳳凰銜花。升蓋，金塗鏤鍱，二十八爪支子花，黃錦外衣，複碧絹漆布緣油頂，絳絲織成顏芚徒昆反赭舌孔雀毛複錦，綠紋隨陰，懸諸珠蜯佩，金塗鈴，雲朱結仙人綬，雜色真孔雀毦。一轅，漆畫車衡，銀花帶，衡上金塗博山，四和鸞鳥立花趺銜鈴，龍首銜軛，插翟尾，上下花沓，絳綠絲的，望繩八枚。旂十有二斿，畫升龍，竿首金塗龍銜大鄒幡，真毦。棨戟，織成衣，金塗沓駐及受福，金塗鴈鏤鍱。漆安立床，在車中，錦複黃紋，為安立衣。錦複黃紋障泥，八幅，長九尺，綠紅錦芚帶，織成花。五輅江左相承駕駟，左右騑為六。施絳絲遊御繖，其重轂貳轄，飛軨幡，赤油，金紫真旄，左纛置左騑馬軛上，金鋄方釳，繁音聲纓，金塗紫皮帶真旄，橫在馬膺前，其鏤錫，皆如古制。初加玉輅為重蓋，棲寶鳳凰，綴金鑷珠璫玉蚌珮，四角金龍銜五采旄，又麒麟頭加以綵畫，馬首戴之。竟陵王子良啓曰：『凡蓋圓象天，軫方象地。上無二天之儀，下設兩蓋之飾，求諸志録，殊為乖衷。又假為麟首，加乎為頭，事不師古，鮮或可施。』至建武中，明帝乃省重蓋等。金輅之飾如玉輅而減少，象輅減金輅，革輅如象輅而尤減，木輅如革輅，建大赤麾，首施大鄒幡。玉輅、金輅建碧旂，象輅、木輅建赤旂。

梁武帝初因齊制，天監三年，五輅旗麾同用赤而斿不異，以從行運所尚也。七年，帝據《周禮》『玉輅以祀，金輅以賓』，今祀乘金輅，詔下詳議。周捨謂『金輅為齊車，本不關於祭祀』。於是改陵廟皆乘玉輅，纏以朱絲。

陳初因梁。文帝天嘉初，令到仲舉議，錯綜漢晉舊飾，造玉金象革木等五輅。皆金薄交龍，為輿倚較，文豹伏軾，虬首銜軛，左右吉陽筩，鸞雀立衡，櫨文畫轓，綠油蓋，黃紋裏，相思橑，金華末。邪注旂旗於車之左，各依方色。加棨戟於車之右，韜以黻繡。獸頭幡，長丈四尺，懸於戟杪。玉輅，正副同駕六馬，餘皆駕駟。並金叉髦，插以翟尾，玉為鏤錫。以綵畫蛙蟆幡，綴兩軸頭，易漢之飛軨。五輅兩箱後，皆玳瑁為鵾翅，金銀雕飾。兩箱裏，衣紅錦，金花帖釘，上用紅錦為後檐，青紋純帶，夏花簟，冬綺繡褥。

後魏道武帝天興初，脩軒冕，制乾象等輦，草創制度，多違舊章。至孝文太和中，儀曹令李韶更議改正，唯備五輅，各依方色，其餘車輦，猶未能具。明帝熙平中，侍中崔光等議，大造車服，五輅並駕五馬，亦無經據。

北齊車服制度，多因後魏。天保中所乘，是太和中李韶所制五輅。

後周依《周禮》設六官，置司輅之職，掌公車之政，辨其名品物色。皇帝之輅，十有二等：一曰蒼輅，以祀昊天上帝。二曰青輅，以祀東方上帝。三曰朱輅，以祀東方上帝及朝日。四曰黃輅，以祭地祇、中央上帝。五曰白輅，以祀西方上帝及夕月。六曰玄輅，以祀北方上帝及感帝、神州。此六輅，通漆之，而無他飾，即周木輅遺象也。馬皆疏面，斿就以方色，俱十有二。七曰玉輅，以享先皇，加元服，納后。八曰碧輅，以祭社稷，享諸先帝，食三老五更，享諸侯耕籍。九曰金輅，以祀星辰，祝朔。十曰象輅，以望秩羣祀。十一曰革輅，十二曰木輅。此六輅漆畫之，用玉碧金象革物飾諸末。錫面金鉤，就以五采，俱十有二。其輅之飾，重輪重較加茸焉。皇帝之輅，輿廣六尺有六寸。畫輪轂輈衡以雲牙，箱試文，櫨內畫以雜獸。獸伏軾，鹿倚較。三辰之常，玄青蒼等旗，畫繢之，六仞曳地。設和鑾，以節趨行。圓蓋方輿，以象天地。

宋·程大昌《演繁露》卷一三《古服不忌白》

《隋志》：『宋齊之間，天子宴私著白高帽。士庶以烏太子在上省則帽以烏紗，在永福省則白紗。隋時以白帢通為慶弔之服。國子生服白紗巾。晉人著白接䍦。』竇平《酒譜》曰：『接䍦，巾也。南齊垣崇祖守壽春，著白紗帽，肩輿上城。今人必以為怪。古未以白色為忌也。郭林宗遇雨墊巾，李賢《注》云：「周遷《輿服雜事》曰：巾以葛為之，形如帢帢音口洽反，本居士野人所服。魏武造帢，其巾乃廢。今國子學生服焉，以白紗為之。是其制皆不忌白也。」《樂府白紵歌》：「質如輕雲色如銀，制以為袍餘作巾。」袍以光軀，巾拂塵。吳兢《樂府要解》：「案舊史白紵，吳地所出，則誠今之白紵。列子所謂阿錫而西子之舞；所謂白紵紛紛鶴翎亂者是也。」今世人麗妝，必不肯以白紵為衣。古今之變，不同如此。《唐六典》：「天子服有白紗帽。其下服如裙、襦、韈皆以白。」視朝聽訟，燕見賓客，皆以進御，則猶存古制也。然其下注云：「亦用烏紗。」則知古制雖存，未必肯用，多以烏紗代之，則習見忌白久矣。世傳《明皇幸蜀圖》，山谷間老叟出望駕，有著白巾者。釋者曰：「服諸葛武侯也。」此不知古人不忌白也。』

器物分部

綜　述

《三國志》卷四《魏志·齊王芳傳》　（正始元年）秋七月，詔曰：

『《易》稱損上益下，節以制度，不傷財，不害民。方今百姓不足而御府多作金銀雜物，將奚以為？今出黃金銀物百五十種，千八百餘斤，銷冶以供軍用。』

《晉書》卷三《武帝紀》（泰始元年十二年）戊辰，下詔大弘儉約，出御府珠玉玩好之物，頒賜王公以下各有差。【略】

（乙亥）詔曰：『昔王淩謀廢齊王，而王竟不足以守位。鄧艾雖矜功失節，然束手受罪。今大赦其家，還使立後。興滅繼絶，約法省刑。除魏氏宗室禁錮。諸將吏遭三年喪者，遣寧終喪。百姓復其傜役。罷部曲將長吏以下質任。省郡國御調，禁樂府靡麗百戲之伎及雕文游畋之具。開直言之路，置諫官以掌之。』

又　卷二六《食貨志》　世祖武皇帝太康元年，既平孫皓，納百萬而罄三吳之資，接千年而總西蜀之用，韜干戈於府庫，破舟船於江壑，河濱海岸，三丘八藪，耒耨之所不至者，人皆受焉。農祥晨正，平秩東作，荷鍤贏糧，有同雲布。若夫因天而資五緯，因地而興五材，世屬升平，物流倉府，宮闈增飾，服翫相輝，於是王君夫、武子、石崇等更相誇尚，輿服鼎俎之盛，連衡帝室，布金埒之泉，粉珊瑚之樹。物盛則衰，固其宜也。

又　卷四《惠帝紀》（永興元年）冬十一月乙未，（張）方請帝謁廟，因劫帝幸長安。方以所乘車入殿中，帝馳避後園竹中。方逼帝升車，左右中黃門鼓吹十二人步從，唯中書監盧志侍側。方以帝幸其壘，帝令方具車載宮人寶物，軍人因妻略後宮，分爭府藏。魏晉已來之積，掃地無遺矣。【略】

十二月丁亥，詔曰：『【略】自頃戎車屢征，勞費人力，供御之物皆減三分之二，戶調田租三分減一。蠲除苛政，愛人務本。清通之後，當還東京。』

又　卷六《元帝紀》　有司嘗奏太極殿廣室施絳帳，帝曰：『漢文集上書皁囊為帷。』遂令冬施青布，夏施青練帷帳。將拜貴人，有司請市雀釵，帝以煩費不許。所幸鄭夫人衣無文綵。從母弟王廙為母立屋過制，流涕止之。

又　卷七《成帝紀》（咸和七年）秋七月丙辰，詔諸養獸之屬，損費者多，一切除之。

又　卷二四《職官志》　少府，統材官校尉、中左右三尚方、中黃左右藏、左校、甄官、平準、奚官等令，左校坊、鄴中黃左右藏、油官等丞。及渡江，哀帝省并丹楊尹，孝武復置。自渡江唯置一尚方，又省御府。

又　卷三八《齊王攸傳》　時王家人衣食皆出御府，攸表租秩足以自供，求絶之。前後十餘上，帝又不許。

《宋書》卷三《武帝紀下》　上清簡寡欲，嚴整有法度，未嘗視珠玉輿馬之飾，後庭無紈綺絲竹之音。寧州嘗獻虎魄枕，光色甚麗。時將北征，以虎魄治金創，上大悅，命擣碎分付諸將。平關中，得姚興從女，有盛寵，以之廢事。謝晦諫，即時遣出。財帛皆在外府，內無私藏。宋臺既建，有司奏東西堂施局腳牀、銀塗釘，上不許，使用直腳牀，釘用鐵。諸主出適，遣送不過二十萬，無錦繡金玉。內外奉禁，莫不節儉。性尤簡易，常著連齒木屐，好出神虎門逍遥，左右從者不過十餘人。時徐羨之住西州，嘗幸羨之，便步出西掖門，羽儀絡驛追隨，已出西明門矣。諸子旦問起居，入閤脫公服，止著裙帽，如家人之禮。孝武大明中，壞上所居陰室，於其處起玉燭殿，與羣臣觀之。牀頭有土鄣，壁上挂葛燈籠、麻繩拂。侍中袁顗盛稱上儉素之德。孝武不答，獨曰：『田舍公得此，以為過矣。』故能光有天下，克成大業者焉。

又　卷三九《百官志上》　少府，一人。丞一人。掌中服御之物。秦官也，漢因之。掌禁錢以給私養，故曰少府。晉哀帝末，省并丹陽尹。孝武世復置。

《南齊書》卷一《高帝紀上》　大明泰始以來，相承奢侈，百姓成俗。太祖輔政，罷御府，省二尚方諸飾玩。至是又上表禁民閒華偽雜物：不得以金銀為箔，馬乘具不得金銀度，不得織成繡裙，道路不得著錦履，不得用紅色為幡蓋衣服，不得翦綵帛為雜花，不得以綾作雜服飾，不得作鹿行錦及局腳檉柏牀、牙箱籠雜物、綵帛作屏鄣、錦緣薦席，不得私作器仗，不得以七寶飾樂器又諸雜漆物，不得以金銀為花獸，不得輒鑄金銅為像。皆須墨敕，凡十七條。其中宮及諸王服用，雖依舊例，亦請詳衷。

又　卷二《高帝紀下》　即位後，身不御精細之物，敕中書舍人桓景真曰：『主衣中似有玉介導，此制始自大明末，後泰始尤增其麗。留此置主衣，政是興長疾源，可即時打碎。凡復有可異物，皆宜隨例也。』後宫器物欄檻以銅為飾者，皆改用鐵，內殿施黄紗帳，宫人著紫皮履，華蓋除金花爪，用鐵迴釘。每曰：『使我治天下十年，當使黄金與土同價。』欲以身率天下，移變風俗。

又 卷一六《百官志》 少府。府置丞一人。領官如左：左右尚方令各一人，丞一人。鍛署丞一人。永明三年省，四年復置。御府令一人，丞一人。東治令一人，丞一人。南治令一人，丞一人。平准令一人，丞一人。上林令一人，丞一人。亦屬尚書殿中曹。

又 卷三《武帝紀》 上剛毅有斷，為治總大體，以富國為先。頗不喜遊宴、雕綺之事，言常恨之，未能頓遣。臨崩又詔『凡諸遊費，宜從休息。自今遠近薦獻，務存節儉，不得出界營求，相高奢麗。金粟繒纊，弊民已多，珠玉玩好，傷工尤重，嚴加禁絶，不得有違准繩。』

《梁書》卷三《武帝紀下》 日止一食，膳無鮮腴，惟豆羹糲食而已。庶事繁擁，日儻移中，便嗽口以過。身衣布衣，木綿皁帳，一冠三載，一被二年。常克儉於身，凡皆此類。五十外便斷房室。後宫職司貴妃以下，六宫褘褕三翟之外，皆衣不曳地，傍無錦綺。不飲酒，不聽音聲，非宗廟祭祀、大會饗宴及諸法事，未嘗作樂。

《陳書》卷二《高祖紀下》 至升大麓之日，居阿衡之任，恆崇寬政，愛育為本。有須發調軍儲，皆出於事不可息。加以儉素自率，常膳不過數品，私饗曲宴，皆瓦器蚌盤，肴核庶羞，裁令充足而已，不為虚費。初平侯景，及立紹泰，子女玉帛，皆班將士。其充閨房者，衣不重綵，飾無金翠，哥鍾女樂，不列於前。及乎踐祚，彌厲恭儉。故隆功茂德，光有天下焉。

又 卷三《世祖紀》 世祖起自艱難，知百姓疾苦。國家資用，務從儉約。常所調斂，事不獲已者，必咨嗟改色，若在諸身。

又 卷五《宣帝紀》 （太建十年夏四月庚戌）又詔曰：『惟堯葛衣鹿裘，則天為大，伯禹弊衣菲食，夫子曰「無間然」，故儉德之恭，約失者鮮。朕君臨宇宙，十變年籥，旰日勿休，乙夜忘寢，跂予思治，若濟巨川，念兹在兹，懍同馭朽。非貪四海之富，非念黄屋之尊，導仁壽以寘羣生，寧勞役以奉諸已。但承梁季，亂離斯瘼，宫室禾黍，有名亡處，雖輪奂未睹，頗事經營，去泰去甚，猶為勞費。加以戎車屢出，千金日損，府帑未充，民疲征賦。百姓不足，君孰與足？興言靜念，夕惕懷抱，垂訓立法，良所多慚。斲雕為朴，庶幾可慕，雉頭之服既焚，弋綈之衣方襲，損撤之制，前自朕躬，草偃風行，冀以變俗。應御府堂署所營造禮樂儀服軍器之外，其餘悉皆停息；掖庭常供、王侯妃主諸有俸卹，並各量減。』【略】

（太建十一年十二月）己巳，詔曰：『昔堯、舜在上，茅屋土階，湯、禹為君，藜杖韋帶。至如甲帳珠絡，華榱璧璫，未能雍熙，徒聞侈欲。朕企仰前聖，思求訟平，正道多違，澆風靡乂。至今貴里豪家，金鋪玉舄，貧居陋巷，彘食牛衣，稱物平施，何其遼遠。爟烽未息，役賦兼勞，文吏姦貪，妄動科格。重以旗亭關市，稅斂繁多，不廣都內之錢，非供水衡之費，逼遏商賈，營謀私蓄。靖懷眾弊，宜事改張。弗弘王道，安拯民蠹？今可宣勒主衣、尚方諸堂署等，自非軍國資須，不得繕造衆物。後宫僚列，若有游長，掖庭啓奏，即皆量遣。大予祕戲，非會禮經，樂府倡優，不合雅正，並可刪改。市估津稅，軍令國章，更須詳定，唯務平允。別觀離宫，郊閒野外，非恆饗宴，勿復修治。并勒內外文武車馬宅舍，皆循儉約，勿尚奢華。違我嚴規，抑有刑憲。所由具為條格，標榜宣示，令喻朕心焉。』

《魏書》卷七下《高祖紀下》 （太和十一年）冬十月辛未，詔罷起部無益之作，出宫人不執機杼者。【略】

十有一月丁未，詔罷尚方錦繡綾羅之工，四民欲造，任之無禁。其御府衣服、金銀、珠玉、綾羅、錦繡，太官，太僕乘具，內庫弓矢，出其太半，班賚百官及京師士庶，下至工商皁隸，逮於六鎮戍士，各有差。

《北齊書》卷八《後主紀》 宫掖婢皆封郡君，宫女寶衣玉食者五百餘人，一裙直萬疋，鏡臺直千金，競為變巧，朝衣夕弊。承武成之奢麗，以為帝王當然。乃更增益宫苑，造偃武脩文臺，其嬪嬙諸宫中起鏡殿、寶殿、瑇瑁殿，丹青彫刻，妙極當時。又於晉陽起十二院，壯麗逾於鄴下。所愛不恒，數毁而又復。夜則以火照作，寒則以湯為泥，百工困窮，無時休息。鑿晉陽西山為大佛像，一夜然油萬盆，光照宫內。又為胡昭儀起大慈寺，未成，改為穆皇后大寶林寺，窮極工巧，運石填泉，勞費億計，人牛死者不可勝紀。御馬則藉以氈罽，食物有十餘種，將合牝牡，則設青廬，具牢饌而親觀之。狗則飼以粱肉。馬及鷹犬乃有儀同、郡君之號，故有赤彪儀同、逍遥郡君、凌霄郡君，高思好書所謂『駮龍、逍遥』者也。犬於馬上設褥以抱之，鬬雞亦號開府，犬馬雞鷹多食縣幹。鷹之入養者，稍割犬肉以飼之，至數日乃死。

《周書》卷六《武帝紀下》 性既明察，少於恩惠。凡布懷立行，皆欲踰越古人。身衣布袍，寢布被，無金寶之飾，諸宮殿華綺者，皆撤毁之，改為土階數尺，不施櫨栱。其雕文刻鏤，錦繡纂組，一皆禁斷。後宮嬪御，不過十餘人。勞謙接下，自强不息。以海内未康，鋭情教習。至於校兵閲武，步行山谷，履涉勤苦，皆人所不堪。平齊之役，見軍士有跣行者，帝親脱靴以賜之。每宴會將士，必自執杯勸酒，或手付賜物。至於征伐之處，躬在行陣。性又果決，能斷大事。故能得士卒死力，以弱制强。

《隋書》卷二六《百官志上》 梁武受命之初，官班多同宋、齊之舊。【略】

司農卿，位視散騎常侍，主農功倉廩。統太倉、導官、籍田、上林令，又管樂遊、北苑丞，左右中部三倉丞，莢庫、荻庫、箬庫丞，湖西諸屯主。天監九年，又置勸農謁者，視殿中御史。

太府卿，位視宗正，掌金帛府帑。統左右藏令、上庫丞，掌太倉、南北市令。關津亦皆屬焉。

少府卿，位視尚書左丞，置材官將軍、左中右尚方、甄官、平水署、南塘邸税庫、東西冶、中黄、細作、炭庫、紙官、柴署等令丞。【略】

天監初，武帝命尚書删定郎濟陽蔡法度，定令為九品。【略】

御史中丞，尚書吏部郎，祕書監，通直散騎常侍，太子左、右二衛率，左、右驍騎，左、右游擊，太中大夫，皇弟皇子師，司農、少府、廷尉卿，太子中庶子，光禄卿，為十一班。【略】

陳承梁，皆循其制官，而又置相國，位列丞相上。【略】

太后衛尉、太僕、少府三卿，太常、宗正、太府、衛尉、司農、少府、廷尉、光禄、大匠、太僕、鴻臚、太舟等卿，太子詹事，國子祭酒，已上中二千石。

又 卷二七《百官志中》 後齊制官，多循後魏。【略】

門下省，掌獻納諫正，及司進御之職。侍中、給事黄門侍郎各六人，録事四人，通事令史、主事令史八人。統局六。領左右局，領左右各二人，掌知朱華閤内諸事。宣傳已下，白衣齋子已上，皆主之。左右直長四人。尚食局，典御二人，總知御膳事。丞、監各四人。尚藥局，典御及丞各二人，總知御藥事。侍御師、尚藥監各四人。主衣局，都統、子統各二人。掌御衣服玩弄事。齋帥局，齋帥四人。掌鋪設酒掃事。殿中局，殿中監四人。掌駕前奏引行事，制請修補。東耕則進耒耜。【略】

太府寺，掌金帛府庫，營造器物。統左、中、右三尚方，左藏、司染、諸冶東西道署，黄藏、右藏、細作、左校、甄官等署令、丞。左尚方，又别領别局、樂器、器作三局丞。中尚方，又别領别局、涇州絲局、雍州絲局、定州紬綾局四局丞。右尚方，又别領别局丞。司染署，又别領京坊、河東、信都三局丞。諸冶東道，又别領滏口、武安、白間三局丞。諸冶西道，又别領晉陽冶、泉部、大邘、原仇四局丞。甄官署，又别領石窟丞。

論說

《梁書》卷五三《良吏傳》 齊末昏亂，政移羣小，賦調雲起，徭役無度，守宰多倚附權門，互長貪虐，掊克聚斂，侵愁細民，天下摇動，無所厝其手足。高祖在田，知民疾苦，及梁臺建，仍下寬大之書，昏時雜調，咸悉除省，於是四海之内，始得息肩。逮踐皇極，躬覽庶事，日昃聽政，求民之瘼。乃命輶軒以省方俗，置肺石以達窮民，務加隱卹，舒其急病。元年，始去人貲，計丁為布；身服浣濯之衣，御府無文飾，宫掖不過綾綵，無珠璣錦繡；太官撤牢饌，每日膳菜蔬，飲酒不過三醆：以儉先海内。每選長吏，務簡廉平，皆召見御前，親勗治道。

雜録

《三國志》卷二四《魏志・王觀傳》 太尉司馬宣王請觀為從事中

郎，遷為尚書，出為河南尹，徙少府。大將軍曹爽使材官張達斫家屋材，及諸私用之物，觀聞知，皆録奪以沒官。少府統三尚方御府內藏玩弄之寶，爽等奢放，多有干求，憚觀守法，乃徙為太僕。

又　卷五五《吴志・蔣欽傳》（孫）權嘗入其堂內，母疏帳縹被，妻妾布裙。權歎其在貴守約，即敕御府為母作錦被，改易帷帳，妻妾衣服悉皆錦繡。

《晉書》卷一六《律曆志上》泰始十年，中書監荀勖、中書令張華出御府銅竹律二十五具，部太樂郎劉秀等校試，其三具與杜夔及左延年律法同，其二十二具，視其銘題尺寸，是笛律也。

又　卷三三《何遵傳》（何遵）起家散騎黄門郎、散騎常侍、侍中，累轉大鴻臚。性亦奢忲，役使御府工匠作禁物，又鬻行器，為司隸劉毅所奏，免官。

《魏書》卷八《世宗紀》帝幼有大度，喜怒不形於色。雅性儉素。初，高祖欲觀諸子志尚，乃大陳寶物，任其所取，京兆王愉等皆競取珍玩，帝唯取骨如意而已。高祖大奇之。

又　卷一三《皇后傳・宣武靈皇后傳》後幸左藏，王公、嬪、主已下從者百餘人，皆令任力負布絹，即以賜之，多者過二百匹，少者百餘匹。唯長樂公主手持絹二十匹而出，示不異衆而無勞也。世稱其廉。儀同、陳留公李崇，章武王融並以所負過多，顛仆於地，崇乃傷腰，融至損腳。時人為之語曰：『陳留、章武，傷腰折股。貪人敗類，穢我明主。』

宋・李昉等《太平御覽》卷七〇三《服用部五・香爐》魏武《上雜物疏》曰：御物三十種，有純金香爐一枚，貴人、公主有純銀香爐四枚。

又　卷七一〇《服用部十二・几》魏武《上雜物疏》曰：御物三十種，有上車，漆畫重几，大小各一枚。

又　《案》魏武《上雜物疏》曰：御物有純銀參鏤帶漆畫案一枚。

又　卷七一二《服用部十四・熨斗》魏武《上雜物疏》曰：御物有純銀盤，又有容五石銅澡盤也。

又　卷八一二《珍寶部十一・銀》魏武《上雜物疏》曰：御物：中宮貴人、公主、皇子，純銀漆帶鏡一枚。西貴人，純銀參帶五。皇子，銀匣壹；皇子雜用物十六種，純金參帶方嚴四具。

又曰：御物及貴人、公主、皇子，有純銀香爐也。

陵園分部

綜　述

《三國志》卷二《魏志・文帝紀》（黄初三年）冬十月甲子，表首陽山東為壽陵，作終制曰：『禮，國君即位為椑，存不忘亡也。臣松之按：禮，天子諸侯之棺，各有重數；棺之親身者曰椑。昔堯葬穀林，通樹之，禹葬會稽，農不易畝，《呂氏春秋》：堯葬于穀林，通樹之；舜葬于紀，市廛不變其肆；禹葬會稽，不變人徒。故葬於山林，則合乎山林。封樹之制，非上古也，吾無取焉。壽陵因山為體，無為封樹，無立寢殿，造園邑，通神道。夫葬也者，藏也，欲人之不得見也。骨無痛痒之知，冢非棲神之宅，禮不墓祭，欲存亡之不黷也，為棺槨足以朽骨，衣衾足以朽肉而已。故吾營此丘墟不食之地，欲使易代之後不知其處。無施葦炭，無藏金銀銅鐵，一以瓦器，合古塗車、芻靈之義。棺但漆際會三過，飯含無以珠玉，無施珠襦玉匣，諸愚俗所為也。季孫以璵璠斂，孔子歷級而救之，譬之暴骸中原。宋公厚葬，君子謂華元、樂莒不臣，以為棄君於惡。漢文帝之不發，霸陵無求也；光武之掘，原陵封樹也。霸陵之完，功在釋之；原陵之掘，罪在明帝。是釋之忠以利君，明帝愛以害親也。忠臣孝子，宜思仲尼、丘明、釋之之言，鑒華元、樂莒、明帝之戒，存於所以安君定親，使魂靈萬載無危，斯則賢聖之忠孝矣。自古及今，未有不亡之國，亦無不掘之墓也。喪亂以來，漢氏諸陵無不發掘，至乃燒取玉匣金縷，骸骨并盡，是焚如之刑，豈不重痛哉！禍由乎厚葬封樹。「桑、霍為我戒」，不亦明乎？其皇后及貴人以下，不隨王之國者，有終沒皆葬澗西，前又以表其處矣。蓋舜葬蒼梧，二妃不從，延陵葬子，遠在嬴、博，魂而有靈，無不之也，一澗之間，不足為遠。若違今詔，妄有所變改造施，吾為戮尸地下，戮而重戮，死而重死。臣子為蔑死君父，不忠不孝，使死者有知，將不福汝。其以此詔藏之宗廟，副在尚書、祕書、三府。」【略】

（黃初七年三月）丁巳，帝崩于嘉福殿，時年四十。《魏書》曰：殯於崇華前殿。六月戊寅，葬首陽陵。

又　卷三《魏志·明帝紀》　（太和三年）秋七月，武宣卞后祔葬于高陵。【略】

十二月辛未，改葬文昭甄后于朝陽陵。【略】

青龍（三年正月）丁巳，皇太后崩。乙亥，隕石于壽光縣。三月庚寅，葬文德郭后，營陵于首陽陵澗西，如終制。顧愷之《啓蒙注》曰：魏時人有開周王冢者，得殉葬女子，經數日而有氣，數月而能語，年可二十。送詣京師，郭太后愛養之。十餘年，太后崩，哀思哭泣，一年餘而死。【略】

（景初元年九月）庚辰，皇后毛氏卒。冬十月丁未，月犯熒惑。癸丑，葬悼毛后于愍陵。【略】

（景初三年正月丁亥）帝崩于嘉福殿，《魏書》曰：殯于九龍前殿。時年三十六。臣松之按：魏武以建安九年八月定鄴，文帝始納甄后，明帝應以十年生，計至此年正月，整三十四年耳。時改正朔，以故年十二月為今年正月，可彊名三十五年，不得三十六也。癸丑，葬高平陵。

又　卷四《魏志·齊王芳傳》　嘉平元年春正月甲午，車駕謁高平陵。孫盛《魏世譜》曰：高平陵在洛水南大石山，去洛城九十里。【略】

（嘉平三年七月）乙未，葬懷甄后於太清陵。

《晉書》卷三《武帝紀》　（泰始二年十月）丁未，詔曰：「昔舜葬蒼梧，農不易畝；禹葬成紀，市不改肆。上惟祖考清簡之旨，所徙陵十里內居人，動為煩擾，一切停之。」【略】

（咸寧四年）秋七月己丑，祔葬景獻皇后羊氏于峻平陵。【略】

（太熙元年四月）己酉，帝崩于含章殿，時年五十五，葬峻陽陵，廟號世祖。

又　卷四《惠帝紀》　（永平元年正月乙酉）又詔子弟及羣官並不得謁陵。【略】

（永康元年）六月壬寅，葬愍懷太子于顯平陵。【略】

（光熙元年）十一月庚午，帝崩于顯陽殿，時年四十八，葬太陽陵。

又　卷六《元帝紀》　（太興）二年春正月丁卯，崇陽陵毀，帝素服哭三日；使冠軍將軍梁堪、守太常馬龜等修復山陵。迎梓宮于平陽，不克而還。【略】

五月癸丑，太陽陵毀，帝素服哭三日。【略】

（永昌元年閏十一月）己丑，帝崩于內殿，時年四十七，葬建平陵，廟號中宗。

又　《明帝紀》　（太寧元年）二月，葬元帝于建平陵，帝徒跣至于陵所。【略】

（太寧二年）十二月壬子，帝謁建平陵，從大祥之禮。

（太寧三年閏八月）戊子，帝崩于東堂，年二十七，葬武平陵，廟號肅祖。

又　卷七《成帝紀》　（太寧三年九月）辛丑，葬明帝於武平陵。【略】

（咸和三年四月）壬申，葬明穆皇后于武平陵。【略】

（咸康七年）夏四月丁卯，葬恭皇后于興平陵。

（咸康八年六月）癸巳，帝崩于西堂，時年二十二，葬興平陵，廟號顯宗。

又　《康帝紀》　（咸康八年）秋七月丙辰，葬成皇帝于興平陵。帝親奉奠于西階，既發引，徒行至閶闔門，升素輿，至于陵所。【略】

（建元二年九月）戊戌，帝崩于式乾殿，時年二十三，葬崇平陵。

又　卷八《穆帝紀》　（建元二年）冬十月乙丑，葬康皇帝于崇平陵。【略】

（永和七年）九月，峻陽、太陽二陵崩。甲辰，帝素服臨于太極殿三日，遣兼太常趙拔修復山陵。【略】

（永和八年）二月，峻平、崇陽二陵崩。戊辰，帝臨三日，遣殿中都尉王惠如洛陽，以衛五陵。【略】

（永和九年正月）丙寅，皇太后與帝同拜建平陵。【略】

八月，遣兼太尉、河間王欽修復五陵。【略】

（永和）十年春正月己酉朔，帝臨朝，以五陵未復，懸而不樂。【略】

（永和十二年）十一月，遣兼司空、散騎常侍車灌，龍驤將軍袁真等持節如洛陽，修五陵。

十二月庚戌，以有事于五陵，告于太廟，帝及羣臣皆服緦，于太極殿臨三日。【略】

（升平五年）五月丁巳，帝崩于顯陽殿，時年十九。葬永平陵，廟號孝宗。

又 《哀帝紀》 （升平五年）秋七月戊午，葬穆皇帝于永平陵。【略】

（興寧三年二月）丙申，帝崩于西堂，時年二十五。葬安平陵。

又 《海西公紀》 （興寧三年）三月壬申，葬哀皇帝于安平陵。【略】

（太和元年）秋七月癸酉，葬孝皇后于敬平陵。

又 卷九《簡文帝紀》 （咸安二年七月己未）帝崩于東堂，時年五十三。葬高平陵，廟號太宗。

又 《孝武帝紀》 （咸安二年）冬十月丁卯，葬簡文皇帝于高平陵。【略】

太元元年春正月壬寅朔，帝加元服，見于太廟。皇太后歸政。甲辰，大赦，改元。丙午，帝始臨朝。以征西將軍桓豁為征西大將軍，領軍將軍郗愔為鎮軍大將軍，中軍將軍桓沖為車騎將軍，加尚書僕射謝安中書監、録尚書事。甲子，謁建平等四陵。【略】

（太元）四年春正月辛酉，大赦，郡縣遭水旱者減租稅。丙子，謁建平等七陵。【略】

（太元）五年春正月乙巳，謁崇平陵。【略】

十一月乙酉，葬定皇后于隆平陵。【略】

（太元九年正月）辛亥，謁建平等四陵。【略】

秋七月戊戌，遣兼司空、高密王純之修謁洛陽五陵。己酉，葬康獻皇后于崇平陵。【略】

（太元）十年春正月甲午，謁諸陵。【略】

（太元十一年正月）乙酉，謁諸陵。【略】

六月己卯，地震。庚寅，以前輔國將軍楊亮為西戎校尉、雍州刺史，鎮衛山陵。【略】

（太元二十一年）秋九月庚申，帝崩于清暑殿，時年三十五。葬隆平陵。

又 卷一〇《安帝紀》 （太元二十一年）冬十月甲申，葬孝武皇帝于隆平陵。大雪。【略】

（隆安四年八月）壬寅，葬文太后于脩平陵。【略】

（元興三年）八月癸酉，祔葬穆帝章皇后于永平陵。【略】

（義熙十二年）冬十月丙寅，姚泓將姚光以洛陽降。己丑，遣兼司空、高密王恢之修謁五陵。【略】

（義熙十四年）十二月戊寅，帝崩于東堂，時年三十七。葬休平陵。

又 《恭帝紀》 劉裕之北征也，帝上疏，請帥所莅，啓行戎路，修敬山陵。朝廷從之，乃與裕俱發。及有司以即戎不得奉辭陵廟，帝復上疏曰：『臣推轂閫外，將革寒暑，不獲展情埏隧，私心罔極。伏願天慈，特垂聽許，使臣微誠粗申，即路無恨。』許之。及姚泓滅，歸于京都。【略】

元熙元年春正月壬辰朔，改元。以山陵未厝，不朝會。立皇后褚氏。甲午，徵劉裕還朝。戊戌，有星孛于太微西藩，庚申，葬安皇帝于休平陵。帝受朝，懸而不樂。

又 卷二〇《禮志中》 泰始二年八月，詔曰：『此上旬，先帝棄天下日也，便以周年。吾煢煢，當復何時一得敍人子之情邪！思慕煩毒，欲詣陵瞻侍，以盡哀憤。主者具行備。』太宰安平王孚、尚書令裴秀、尚書僕射武陔等奏：『陛下至孝烝烝，哀思罔極。衰麻雖除，哀毀疏食，有損神和。今雖秋節，尚有餘暑，謁見山陵，悲感摧傷，羣下竊用悚息，以為宜降抑聖情，以慰萬國。』詔曰：『孤煢忽爾，日月已周，痛慕摧感，永無逮及。欲瞻奉山陵，以敍哀憤，體氣自佳耳。又已涼，便當行，不得如所奏也。主者便具行備。』又詔曰：『漢文不使天下盡哀，亦帝王至謙之志。當見山陵，何心而無服，其以衰絰行。』孚等重奏曰：『臣聞上古喪期無數，後世乃有年月之漸。漢文帝隨時之義，制為短喪，傳之于後。陛下以社稷宗廟之重，萬方億兆之故，既從權制，釋除衰麻，羣臣百姓吉服，今者謁陵，以敍哀慕，若加衰絰，進退無當。不敢奉詔。』詔曰：『亦知不在此麻布耳。然人子情思，為欲令哀喪之物在身，蓋近情也。羣臣自當案舊制。」孚等又奏曰：『臣聞聖人製作，必從時宜。故五帝殊樂，三王異禮，此古今所以不同，質文所以迭用也。陛下隨時之宜，既降心克己，俯就權制，既除衰麻，而行心喪之禮，今復制服，義無所依。若君服而臣不服，亦未之敢安也。參議宜如前奏。」詔曰：『患情不能跂及耳，衣服何在。諸君勤勤之至，豈苟相違。』【略】

古者天子諸侯葬禮粗備，漢世又多變革。魏晉以下世有改變，大體同漢之制。而魏武以禮送終之制，襲稱之數，繁而無益，俗又過之，豫自制送終衣服四篋，題識其上，春秋冬夏，日有不諱，隨時以斂，金珥珠玉銅鐵之物，一不得送。文帝遵奉，無所增加。及受禪，刻金璽，追加尊號，不敢開埏，乃為石室，藏璽埏首，以示陵中無金銀諸物也。漢禮明器甚多，自是皆省矣。魏文帝黃初三年，又自作終制曰：『禮，國君即位為椑，存不忘亡也。壽陵因山為體，無封樹，無立寢殿，造園邑，通神道。夫葬者藏也，欲人之不得見也。禮不墓祭，欲存亡不黷也。皇后及貴人以下不隨王之國者，有終沒，皆葬澗西，前又已表其處矣。』此詔藏之宗廟，副在尚書、祕書、三府。明帝亦遵奉之。明帝性雖崇奢，然未遽營陵墓之制也。

宣帝豫自於首陽山為土藏，不墳不樹，作《顧命終制》，斂以時服，不設明器。景、文皆謹奉成命，無所加焉。景帝崩，喪事制度又依宣帝故事。武帝泰始四年，文明王皇后崩，將合葬，開崇陽陵，使太尉司馬望奉祭，進皇帝密璽綬於便房神坐。魏氏金璽，此又儉矣。江左初，元、明崇儉，且百度草創，山陵奉終，省約備矣。成帝咸康七年，皇后杜氏崩。詔外官五日一入臨，內官旦一入而已，過葬虞祭禮畢止。有司奏，大行皇后陵所作凶門柏歷門，號顯陽端門。詔曰：『門如所處。凶門柏歷，大為煩費，停之。』案蔡謨說，以二瓦器盛始死之祭，繫於木，裹以葦席，置庭中，近南，名為重，今之凶門是其象也。禮，既虞而作主，今未葬，未有主，故以重當之。禮稱為主道，此其義也。范堅又曰：『凶門非禮，禮有懸重，形似凶門。後人出之門外以表喪，俗遂行之。薄帳，即古弔幕之類也。』是時，又詔曰：『重壤之下，豈宜崇飾無用，陵中唯潔掃而已。』有司又奏，依舊選公卿以下六品子弟六十人為挽郎，詔又停之。孝武帝太元四年九月，皇后王氏崩。詔曰：『終事唯從儉速。』又詔：『遠近不得遣山陵使。』有司奏選挽郎二十四人，詔停之。

古無墓祭之禮。漢承秦，皆有園寢。正月上丁，祠南郊禮畢，次北郊、明堂、高廟、世祖廟，謂之五供。

魏武葬高陵，有司依漢立陵上祭殿。至文帝黃初三年，乃詔曰：『先帝躬履節儉，遺詔省約。子以述父為孝，臣以繫事為忠。古不墓祭，皆設於廟。高陵上殿皆毀壞，車馬還廄，衣服藏府，以從先帝儉德之志。』文帝自作終制，又曰『壽陵無立寢殿，造園邑』，自後園邑寢殿遂絕。齊王在位九年，始一謁高平陵而曹爽誅，其後遂廢，終於魏世。

及宣帝，遺詔『子弟羣官皆不得謁陵』，於是景、文遵旨。至武帝，猶再謁崇陽陵，一謁峻平陵，然遂不敢謁高原陵，至惠帝復止也。

逮于江左，元帝崩後，諸公始有謁陵辭告之事。蓋由眷同友執，率情而舉，非洛京之舊也。成帝時，中宮亦年年拜陵，議者以為非禮，於是遂止，以為永制。至穆帝時，褚太后臨朝，又拜陵，帝幼故也。至孝武崩，驃騎將軍司馬道子曰：『今雖權制釋服，至於朔望諸節，自應展情陵所，以一周為斷。』於是至陵，變服單衣，煩黷無準，非禮意也。及安帝元興元年，尚書左僕射桓謙奏：『百僚拜陵，起於中興，非晉舊典，積習生常，遂為近法尋武皇帝詔，乃不使人主諸王拜陵，豈唯百僚！謂宜遵奉。』於是施行。及義熙初，又復江左之舊。

《宋書》卷三《武帝紀下》（永初元年）閏（八）月壬午朔，詔曰：『晉世帝后及藩王諸陵守衛，宜便置格。其名賢先哲，見優前代，或立德著節，或寧亂庇民，墳塋未遠，並宜灑掃。主者具條以聞。』【略】

（永初三年五月）癸亥，上崩于西殿，時年六十。秋七月己酉，葬丹陽建康縣蔣山初寧陵。

又 卷四《少帝紀》（景平元年）三月壬寅，孝懿皇后祔葬于興寧陵。

又 卷五《文帝紀》（景平二年）八月丙申，車駕至京城。丁酉，謁初寧陵，還於中堂即皇帝位。【略】

（元嘉四年）二月乙卯，行幸丹徒，謁京陵。【略】

（元嘉十七年）九月壬子，葬元皇后於長寧陵。【略】

（元嘉二十六年）二月己亥，車駕陸道幸丹徒，謁京陵。【略】

（元嘉三十年二月）甲子，上崩于含章殿。時年四十七。謚曰景皇帝，廟曰中宗。三月癸巳，葬長寧陵。世祖踐阼，追改謚及廟號。

又　卷六《孝武帝紀》（大明八年閏五月）庚申，帝崩於玉燭殿，時年三十五。秋七月丙午，葬丹陽秣陵縣巖山景寧陵。

又　卷七《前廢帝紀》（大明八年九月）乙卯，文穆皇后祔葬景寧陵。

又　卷八《明帝紀》（泰始二年五月）甲寅，葬崇憲皇太后於修寧陵。【略】

（泰始三年）五月丙辰，宣太后崇寧陵禁內墳屋瘞遷徙者，給葬直，蠲復家丁。【略】

（泰豫元年四月己亥）上崩于景福殿，時年三十四。五月戊寅，葬臨沂縣莫府山高寧陵。

又　卷一〇《順帝紀》　建元元年五月己未，殂于丹陽宮，時年十三。謚曰順帝。六月乙酉，葬于遂寧陵。

又　卷一五《禮志二》　文帝崇陽陵先開一日，遣侍臣侍梓宮，又遣將軍校尉當直尉中監各一人，將殿中將軍以下及先帝時左右常給使詣陵宿衛。【略】

漢獻帝建安末，魏武帝作終令曰：『古之葬者，必在瘠薄之地，其規西原上為壽陵。因高為基，不封不樹。《周禮》，冢人掌公墓之地，凡諸侯居左右以前，卿大夫居後。漢制亦謂之陪陵。其公卿大臣列將有功者，宜陪壽陵。其廣為兆域，使足相容。』魏武以送終制衣服四篋，題識其上，春秋冬夏日有不諱，隨時以斂。金珥珠玉銅鐵之物，一不得送。文帝遵奉，無所增加。及受禪，刻金璽，追加尊號。不敢開埏，乃為石室，藏璽埏首，示陵中無金銀諸物也。漢禮明器甚多，自是皆省矣。

文帝黄初三年，又自作終制：『禮，國君卽位，為椑，存不忘亡也。壽陵因山為體，無封無樹，無立寢殿，造園邑，通神道。夫葬者，藏也。欲人之不能見也。禮不墓祭，欲存亡之不黷也。皇后及貴人以下，不隨王之國者，有終沒，皆葬澗西，前又已表其處矣。』此詔藏之宗廟，副在尚書、祕書三府，明帝亦遵奉之。明帝性雖崇奢，然未遽營陵墓也。

晉宣帝豫自於首陽山為土藏，不墳不樹，作顧命終制，斂以時服，不設明器。文、景皆謹奉成命，無所加焉。

景帝崩，喪事制度，又依宣帝故事。

武帝泰始四年，文明王皇后崩，將合葬，開崇陽陵。使太尉司馬望奉祭，進皇帝蜜璽綬於便房神坐。魏氏金璽，此又儉矣。

泰始二年，詔曰：『昔舜葬蒼梧，農不易畝；禹葬會稽，市不改肆。上惟祖考清簡之旨，外欲移陵十里內居人，一切停之。』江左元、明崇儉，且百度草創，山陵奉終，省約備矣。

成帝咸康七年，杜后崩。詔外官五日一入臨，內官旦一入而已。過葬虞祭禮畢止。有司奏：『大行皇后陵所作凶門柏歷，門號顯陽端門。』詔曰：『門如所處，凶門柏歷，大為煩費，停之。』案蔡謨說，以二瓦器盛死者之祭，繫於木表，裹以葦席，置於庭中近南，名為重。今之凶門，是其遺象也。《禮》，既虞而作主。今未葬，未有主，故以重當之。《禮》稱為主道，此其義也。范堅又曰：『凶門非古。古有懸重，形似凶門。後人出之門外以表喪，俗遂行之。薄帳，卽古弔幕之類也。』是時又詔曰：『重壤之下，豈宜崇飾無用。陵中唯潔掃而已。』有司又奏依舊選公卿以下六品子弟六十人為挽郎。詔又停之。

孝武帝太元四年九月，皇后王氏崩。詔曰：『終事唯從儉速。』又詔：『遠近不得遣山陵使。』有司奏選挽郎二十四人。詔停。

宋文帝元嘉十七年，元皇后崩，詔亦停選挽郎。

漢儀五供畢則上陵，歲歲以為常。魏則無定禮。齊王在位九載，始一謁高平陵，而曹爽誅。其後遂廢，終魏世。

晉宣帝遺詔：『子弟羣官，皆不得謁陵。』於是景、文遵旨。至武帝猶再謁崇陽陵，一謁峻平陵，然遂不敢謁高原陵。至惠帝復止也。逮江左初，元帝崩後，諸公始有謁陵辭陵之事，蓋由眷同友執，率情而舉，非洛京之舊也。成帝時，中宮亦年年拜陵，議者以為非禮，於是遂止，以為永制。至穆帝時，褚太后臨朝，又拜陵，帝幼故也。至孝武崩，驃騎將軍司馬道子命曰：『今雖權制釋服，至於朔望諸節，自應展情陵所，以一周為斷。』於是至陵變服單衣帢，煩瀆無準，非禮意也。至安帝元興元年，尚書左僕射桓謙奏曰：『百僚拜陵，起於中興，非晉舊典。積習生常，遂為近法。尋武皇帝詔，乃不使人主諸王拜陵，豈唯百僚。謂宜遵奉。』於是施行。及義熙初，又復江左之舊。

宋明帝又斷羣臣初拜謁陵，而辭如故。自元嘉以來，每歲正月，輿駕必謁初寧陵，復漢儀也。世祖、太宗亦每歲拜初寧、長寧陵。

漢以後，天下送死奢靡，多作石室石獸碑銘等物。建安十年，魏武帝以天下雕弊，下令不得厚葬，又禁立碑。魏高貴鄉公甘露二年，大將軍參軍太原王倫卒，倫兄俊作表德論，以述倫遺美，云『祇畏王典，不得為銘，乃撰録行事，就刊於墓之陰云爾』。此則碑禁尚嚴也。此後復弛替。

晉武帝咸寧四年，又詔曰：『此石獸碑表，既私褒美，興長虛偽，傷財害人，莫大於此。一禁斷之。其犯者雖會赦令，皆當毁壞。』至元帝太興元年，有司奏：『故驃騎府主簿故恩營葬舊君顧榮，求立碑。』詔特聽立。自是後，禁又漸頽。大臣長吏，人皆私立。義熙中，尚書祠部郎中裴松之又議禁斷，於是至今。

又 卷一六《禮志三》 漢獻帝延康元年七月，魏文帝幸譙，親祠譙陵，此漢禮也。漢氏諸陵皆有園寢者，承秦所為也。説者以為古前廟後寢，以象人君前有朝後有寢也。廟以藏主，四時祭祀，寢有衣冠象生之具以薦新。秦始出寢起於墓側，漢因弗改。陵上稱寢殿，象生之具，古寢之意也。及魏武帝葬高陵，有司依漢，立陵上祭殿。至文帝黄初三年，乃詔曰：『先帝躬履節儉，遺詔省約。子以述父為孝，臣以繫事為忠。古不墓祭，皆設於廟。高陵上殿屋皆毁壞，車馬還廄，衣服藏府，以從先帝儉德之志。』及文帝自作終制，又曰：『壽陵無立寢殿，造園邑。』自後至今，陵寢遂絶。

孫權不立七廟，以父堅嘗為長沙太守，長沙臨湘縣立堅廟而已。權既不親祠，直是依後漢奉南頓故事，使太守祠也。堅廟又見尊曰始祖廟，而不在京師。又以民人所發吳芮冢材為屋，未之前聞也。於建鄴立兄長沙桓王策廟於朱爵橋南。權疾，太子所禱，即策廟也。權卒，子亮代立。明年正月，於宮東立權廟曰太祖廟，既不在宮南，又無昭穆之序。及孫皓初立，追尊父和曰文皇帝。皓先封烏程侯，即改葬和於烏程西山，號曰明陵，置園邑二百家。於烏程立陵寢，使縣令丞四時奉祠。寶鼎元年，遂於烏程分置吳興郡，使太守執事。有司尋又言宜立廟京邑。寶鼎二年，遂更營建，號曰清廟。遣守丞相孟仁、太常姚信等備官僚中軍步騎，以靈輿法駕迎神主於明陵，親引仁拜送於庭。比仁還，中吏手詔日夜相繼，奉問神靈起居動止。巫覡言見和被服顔色如平日，皓悲喜，悉召公卿尚書詣闕下受賜。靈輿當至，使丞相陸凱奉三牲祭於近郊。皓於金城外露宿。明日，望拜於東門之外，又拜廟薦饗。比七日，三祭，倡伎晝夜娛樂。有司奏：『「祭不欲數，數則黷」，宜以禮斷情。』然後止。

《南齊書》卷二《高帝紀下》 （建元元年四月）庚子，詔『宋帝后蕃王諸陵，宜有守衛』。有司奏帝陵各置長一人，兵有差，王陵五人，妃嬪三人。【略】

（建元四年三月）壬戌，上崩于臨光殿，年五十六。四月庚寅，上謚曰太祖高皇帝。奉梓宮於東府前渚升龍舟。丙午，窆武進泰安陵。

又 卷三《武帝紀》 （永明十一年七月戊寅）又詔曰：『我識滅之後，身上著夏衣畫天衣，純烏犀導，應諸器悉不得用寶物及織成等，唯裝複裌衣各一（本）通。常所服身刀長短二口鐵環者，隨我入梓宮。祭敬之典，本在因心，東鄰殺牛，不如西家禴祭。我靈上慎勿以牲為祭，唯設餅、茶飲、干飯、酒脯而已。天下貴賤，咸同此制。未山陵前，朔望設菜食。陵墓萬世所宅，意嘗恨休安陵未稱，今可用東三處地最東邊以葬我，名為景安陵。喪禮每存省約，不須煩民。百官停六時入臨，朔望祖日可依舊。諸主六宮，並不須從山陵。內殿鳳華、壽昌、耀靈三處，是吾所治製。夫貴有天下，富兼四海，宴處寢息，不容乃陋，謂此為奢儉之中，慎勿壞去。顯陽殿玉像諸佛及供養，具如别牒，可盡心禮拜供養之。應有功德事，可專在中。自今公私皆不得出家為道，及起立塔寺，以宅為精舍，並嚴斷之。唯年六十，必有道心，聽朝賢選序，已有别詔。諸小小賜乞，及閤內處分，亦有别牒。內外禁衛勞舊主帥左右，悉付蕭諶優量驅使之，勿負吾遺意也。』是日上崩，年五十四。【略】

九月丙寅，葬景安陵。

又 卷四《鬱林王紀》 隆昌元年春正月戊午，車駕拜崇安陵。

又 卷六《明帝紀》 （永泰元年七月）己酉，帝崩［于］正福殿，年四十七。【略】葬興安陵。

《梁書》卷三《武帝紀下》 （太清三年）五月丙辰，高祖崩于淨居殿，時年八十六。辛巳，遷大行皇帝梓宮于太極前殿。

冬十一月，追尊為武皇帝，廟曰高祖。乙卯，葬于脩陵。

又 卷四《簡文帝紀》（大寶二年十月壬寅）太宗崩於永福省，時年四十九。賊偽謚曰明皇帝，廟稱高宗。明年，三月己丑，王僧辯率前百官奉梓宮升朝堂，世祖追崇為簡文皇帝，廟曰太宗。四月乙丑，葬莊陵。

《陳書》卷二《高祖紀下》（永定元年十月）癸未，尊景帝陵曰瑞陵，昭皇后陵曰嘉陵，依梁初園陵故事。【略】

（永定三年六月）景午，崩于璿璣殿，時年五十七。遺詔追臨川王蒨入纂。甲寅，大行皇帝遷殯于太極殿西階。

秋八月甲午，羣臣上謚曰武皇帝，廟號高祖。景申，葬萬安陵。

又 卷三《世祖紀》（天康元年四月）癸酉，世祖疾甚。是日，崩于有覺殿。遺詔曰：『朕疾苦彌留，遂至不救，脩短有命，夫復何言。但王業艱難，頻歲軍旅，生民多弊，無忘愧惕。今方隅乃定，俗教未弘，便及大漸，以為遺恨。社稷任重，太子可即君臨，王侯將相，善相輔翊，內外協和，勿違朕意！山陵務存儉速。大斂竟，羣臣三日一臨，公除之制，率依舊典。』

又 卷五《宣帝紀》（太建二年四月）戊寅，皇太后祔葬萬安陵。

六月甲子，羣臣上謚曰文皇帝，廟號世祖。丙寅，葬永寧陵。

【略】

（太建十四年）十四年春正月己酉，高宗弗豫。甲寅，崩于宣福殿，時年五十三。【略】

二月辛卯，上謚孝宣皇帝，廟號高宗。癸巳，葬顯寧陵。

《魏書》卷二《太祖紀》元年，葬昭成皇帝於金陵，營梓宮，木柹盡生成林。【略】

（天賜六年）冬十月戊辰，帝崩於天安殿，時年三十九。永興二年九月甲寅，上謚宣武皇帝，葬於盛樂金陵，廟號太祖。泰常五年，改謚曰道武。

又 卷三《太宗紀》（永興二年）九月甲寅，葬太祖宣武皇帝於盛樂金陵。【略】

（永興三年）五月丁卯，車駕謁金陵於盛樂。【略】

（神瑞八年）十有一月己巳，帝崩於西宮，時年三十二。【略】

十有二月庚子，上謚曰明元皇帝，葬于雲中金陵，廟稱太宗。

又 卷四上《世祖紀上》（始光三年）六月，幸雲中舊宮，謁陵廟；西至五原，田於陰山；東至和兜山。

又 卷四下《世祖紀下》（正平元年六月）戊辰，皇太子薨。壬申，葬景穆太子於金陵。【略】

三月甲寅，帝崩於永安宮，時年四十五。祕不發喪，中常侍宗愛矯皇后令，殺東平王翰，迎南安王余入而立之，大赦，改元為永平，尊皇后赫連氏為皇太后。三月辛卯，上尊謚曰太武皇帝，葬於雲中金陵，廟號世祖。

又 卷五《高宗紀》（和平六年）五月癸卯，帝崩于太華殿，時年二十六。六月丙寅，上尊謚曰文成皇帝，廟號高宗。八月，葬雲中之金陵。

又 卷六《顯祖紀》承明元年，年二十三，崩於永安殿，上尊謚曰獻文皇帝，廟號顯祖，葬雲中金陵。

又 卷七下《高祖紀下》（太和十四年）冬十月戊辰，詔曰：『自丁荼苦，奄踰晦朔。仰遵遺旨，祖奠有期。朕將親侍龍輿，奉訣陵隧。諸常從之具，悉可停之。其武衛之官，防侍如法。』癸酉，葬文明太皇太后於永固陵。甲戌，車駕謁永固陵。羣臣固請公除，帝不許。己卯，車駕謁永固陵。庚辰，帝居廬，引見羣僚於太和殿，太尉、東陽王丕等據權制固請，帝引古禮往復，羣臣乃止。語在《禮志》。【略】

甲申，車駕謁永固陵。【略】

（太和十五年）三月甲辰，車駕謁永固陵。【略】

夏四月癸亥，帝始進蔬食。乙丑，謁永固陵。【略】

秋七月乙丑，謁永固陵，規建壽陵。【略】

冬十月庚寅，車駕謁永固陵。是月，明堂、太廟成。【略】

（太和十六年）九月甲寅朔，大序昭穆於明堂，祀文明太皇太后於玄室。辛未，帝以文明太皇太后再周忌日，哭於陵左，絕膳二日，哭不輟聲。【略】

（太和十八年閏二月）甲戌，謁永固陵。【略】

（七月）壬辰，車駕北巡。戊戌，謁金陵。【略】

（八月）庚午，謁永固陵。【略】

（太和二十年五月）遣使者以太牢祭漢光武及明、章三帝陵。又詔漢、魏、晉諸帝陵，各禁方百步不得樵蘇踐蹋。【略】

（太和二十一年二月）癸酉，車駕至平城。甲戌，謁永固陵。癸未，行幸雲中。三月庚寅，車駕至自雲中。辛卯，謁金陵。【略】

（四月）丙戌，遣使者以太牢祀漢帝諸陵。【略】

（太和二十三年）夏四月丙午朔，帝崩于穀塘原之行宮，時年三十三。祕諱，至魯陽發哀，還京師。上謚曰孝文皇帝，廟曰高祖。五月丙申，葬長陵。

又 卷八《世宗紀》 （太和二十三年十月）丙戌，車駕謁長陵。【略】

景明元年春正月壬寅，車駕謁長陵。【略】

冬十月丁卯朔，車駕謁長陵。【略】

（景明）二年春正月丙申朔，車駕謁長陵。【略】

（正始四年十月）乙酉，葬順皇后於永泰陵。【略】

（延昌）四年春正月甲寅，帝不豫，丁巳，崩于式乾殿，時年三十三。二月甲戌朔，上尊謚曰宣武皇帝，廟號世宗。甲午，葬景陵。

又 卷九《肅宗紀》 （延昌四年十二月）丁卯，帝、皇太后謁景陵。【略】

（熙平元年八月）丙午，詔曰：『先賢列聖，道冠生民，仁風盛德，焕乎圖史。暨歷數永終，跡隨物變，陵埏杳藹，鞠為茂草，古帝諸陵，多見踐藉。可明敕所在，諸有帝王墳陵，四面各五十步勿聽耕稼。』【略】

（武泰元年二月）癸丑，帝崩於顯陽殿，時年十九。【略】

（三月）甲申，上尊謚曰孝明皇帝，乙酉，葬於定陵，廟號肅宗。

又 卷一〇《孝莊帝紀》 （永安三年十二月）甲寅，介朱兆遷帝於晉陽；甲子，崩於城內三級佛寺，時年二十四。【略】

中興二年謚為武懷皇帝，太昌元年又謚孝莊皇帝，廟號敬宗。十一月，葬於靜陵。

《北史》卷六《齊紀上》 （興和）五年正月丙午，（高歡）崩於晉陽，時年五十二。祕不發喪。六月壬午，魏帝於東堂舉哀三日，制緦衰，詔凶禮依漢大將軍霍光、東平王蒼故事，贈假黃鉞、使持節、相國、都督中外諸軍事、齊王璽紱、轀輬車、黃屋左纛、前後羽葆鼓吹、輕車介士，兼備九錫殊禮，謚獻武王。八月甲申，葬於鄴西北漳水之西，魏帝臨送於紫陌。天保初，追崇為獻武帝，廟號太祖，陵曰義平。天統元年，改謚神武皇帝，廟號高祖。【略】

（武定七年）二月甲申，（高澄）葬於義平陵之北。天保初，追尊曰文襄皇帝，廟號世宗，陵曰峻成。

《北齊書》卷四《文宣帝紀》 （天保十年）冬十月甲午，帝暴崩於晉陽宮德陽堂，時年三十一。遺詔：『凡諸凶事一依儉約。三年之喪，雖曰達禮，漢文革創，通行自昔，義有存焉，同之可也，喪月之斷限以三十六日。嗣主、百僚、內外遐邇奉制割情，悉從公除。』癸卯，發喪，斂於宣德殿。十一月辛未，梓宮還京師。十二月乙酉，殯於太極前殿。乾明元年二月丙申，葬於武寧陵，謚曰文宣皇帝，廟號威宗。武平初，又改為文宣，廟號顯祖。

又 卷六《孝昭帝紀》 （皇建二年）十一月甲辰，詔曰：『朕嬰此暴疾，奄忽無逮。今嗣子沖眇，未閑政術，社稷業重，理歸上德。右丞相、長廣王湛研機測化，體道居宗，人雄之望，海內瞻仰，同胞共氣，家國所憑，可遣尚書左僕射、趙郡王叡喻旨，徵王統茲大寶。其喪紀之禮一同漢文，三十六日悉從公除，山陵施用，務從儉約。』先是帝不豫而無闕聽覽，是月，崩於晉陽宮，時年二十七。大寧元年閏十二月癸卯，梓宮還鄴，上謚曰孝昭皇帝。庚午，葬於文靖陵。

又 卷七《武成帝紀》 （河清元年）五月甲申，祔葬武明皇后於義平陵。【略】

天統四年十二月辛未，太上皇帝崩於鄴宮乾壽堂，時年三十二，謚曰武成皇帝，廟號世祖。五年二月甲申，葬於永平陵。

《周書》卷二《文帝紀下》 （魏恭帝三年）冬十月乙亥，崩於雲陽宮，還長安發喪。時年五十二。甲申，葬於成陵，謚曰文公。孝閔帝受禪，追尊為文王，廟曰太祖。武成元年，追尊為文皇帝。

又　卷三《孝閔帝紀》（元年四月）壬午，謁成陵。乙酉，還宮。丁亥，祠太廟。【略】

及武帝誅護後，乃詔曰：『慎始敬終，有國彝典；事亡如存，哲王通制。義崇追遠，禮貴尊親。故略陽公至德純粹，天姿秀傑。屬魏祚告終，寶命將改，謳歌允集，歷數攸歸，上協蒼靈之慶，下昭后祇之錫。而禍生肘腋，釁起蕭牆，白獸噬驂，蒼鷹集殿，幽辱神器，弑酷乘輿，冤結生民，毒流宇縣。今河海澄清，氛沴消蕩，追尊之禮，宜崇徽號。』遣太師、蜀國公（過）［迥］於南郊上謚曰孝閔皇帝，陵曰靜陵。

又　卷四《明帝紀》（元年）十二月庚午，謁成陵。癸酉，還宮。【略】

（武成二年四月）辛丑，崩於延壽殿，時年二十七，謚曰明皇帝，廟稱世宗。五月辛未，葬於昭陵。

又　卷五《武帝紀上》（建德三年）五月庚申，葬文宣皇后於永固陵，帝袒跣至陵所。辛酉，詔曰：『齊斬之情，經籍彝訓，近代沿革，遂亡斯禮。伏奉遺令，既葬便除，攀慕几筵，情實未忍。三年之喪，達於天子，古今無易之道，王者之所常行。但時有未諧，不得全制。軍國務重，庶自聽朝。縗麻之節，苦盧之禮，率遵前典，以申罔極。百寮以下，宜依遺令。』公卿上表，固請俯就權制，過葬即吉。帝不許，引古禮答之，羣臣乃止。於是遂申三年之制，五服之內，亦令依禮。

又　卷六《武帝紀下》（宣政元年）六月丁酉，帝疾甚，還京。其夜，崩於乘輿。時年三十六。【略】

謚曰武皇帝，廟稱高祖。己未，葬於孝陵。

又　卷七《宣帝紀》（大象二年五月己酉）帝崩於天德殿。時年二十二，謚曰宣皇帝。

七月丙申，葬定陵。

又　卷八《靜帝紀》　開皇元年五月壬申，崩，時年九歲，隋志也。謚曰靜皇帝，葬恭陵。

論　說

《南齊書》卷一〇《禮志下》　建元四年，高帝山陵，昭皇后應遷祔。祠部疑有祖祭及遣啓諸奠九飯之儀不？左僕射王儉議：『奠如大斂。賀循云「從墓之墓皆設奠，如將葬廟朝之禮」。范寧云「將窆而奠」。雖不稱為祖，而不得無祭。』從之。

有司又奏：『昭皇后神主在廟，今遷祔葬，（廣）［廟］有虞以安神，神既已處廟，改葬出靈，豈應虞祭？鄭注改葬云「從廟之廟，禮宜同從墓之墓」。事何容異！前代謂應無虞。』左僕射王儉議：『范寧云「葬必有魂車」。若不為其歸，神將安舍？世中改葬，即墓所施靈設祭，何得不祭而毀耶？賀循云「既窆，設奠於墓，以終其事」。雖非正虞，亦粗相似。晉氏脩復五陵，宋朝敬后改葬，皆有虞。今設虞非疑。』從之。

唐・杜佑《通典》卷七九《禮典三九・凶禮一・大喪初崩及山陵制》　魏武王以禮送終之制，襲稱之數，繁而無益，俗又過之。先自制送終衣服四篋，題識其上，春秋冬夏，曰有不諱，隨時以斂，金珥珠玉銅鐵之物，一不得送。

黄初三年，文帝又作終制曰：『禮，國君即位為椑，存不忘亡也。壽陵因山為體，無封樹，無立寢殿，無造園邑。此詔藏之宗廟。』

明帝時，毛皇后崩，未葬，詔『宜稱大行』。尚書孫毓奏：『武宣皇后崩，未葬時，稱太后。文德皇后崩，侍中蘇林議：「皇后皆有謚，未葬宜稱大行。」臣以為古禮無稱大行之文。按漢天子稱行在所，言不常居。崩曰大行者，不返之稱也。未葬未有謚，不言大行，則嫌與嗣天子同號。至於后崩未葬，禮未立后，宜無所嫌，故漢氏諸后不稱大行。謂未葬宜直稱皇后。』詔曰：『稱大行者，所以別存亡之號。故事已然，今當如林議，稱大行。』

景初中，明帝崩於建始殿，殯於九龍殿。尚書訪曰：『當以明皇帝謚告四祖，祝文於高皇稱玄孫之子，云何？』王肅曰：『禮稱曾孫某，謂國家也。荀爽、鄭玄說皆云「天子諸侯事曾祖以上，皆稱曾孫」。』又訪：『按漢既葬，容衣還，儒者以為宜如文皇帝故事，以存時所服。』王肅曰：『禮雖無容衣之制，今須容衣還而後虞祭，宜依尸服卒者上服之制。生時褻服，可隨所存；至於制度，則不如禮。孔子曰「祭之以禮」，亦謂此也。諸侯之上服，則今服也。大子不為命服，然亦所以命服之上也。按漢氏西京故事，月游衣冠，則容衣也。言冠以正服，不以褻衣也。』

尚書又訪：『容衣還，羣臣故當在帳中，常填衛見？』王肅曰：『禮不墓祭，而漢氏正月上陵。神座在西序，東向，百辟計吏前告郡之穀價，人之疾苦，欲先帝魂靈聞知。時蔡邕以為「禮有煩而不可去，事亡如存」，況今無填衛之禁，而合於如事存之義。可見於門內，拜訖入帳，臨乃除服。』

晉尚書問：『今大行崩含章殿，安梓宮宜在何殿？』博士卞摧、楊雍議曰：『臣子尊其君父，必居之以正，所以盡孝敬之心。今太極殿，古之路寢，梓宮宜在太極殿，依周人殯於西階。』又問：『既殯之後，別奠下室之饌，朝夕轉易，諸所應設祭，朔望牲用，宜所施行，按禮具答。』摧、雍議：『按禮，天子日食少牢，月朔太牢。喪禮下室之饌，如他日，宜隨御膳朝夕所常用也。朔望則奠，用太牢備物。』又問：『按景帝故事，施倚廬於九龍殿上東廂。今御倚廬為當在太極殿不？諸王廬復應何所？』權琳議：『按《尚書·顧命》，成王崩，康王居於翼室。先儒云「翼室於路寢」。今宜於太極殿上，諸王宜各於其所居為廬，朝夕則就位哭臨。』

按禮，天子七月葬。新議曰：『禮無吉駕象生之飾，四海遏密八音，豈有釋其縗絰以服玄黃黼黻哉！雖於神明，哀素之心已不稱矣。輒除鼓吹吉駕鹵簿。』孫毓駮：『《尚書·顧命》，成王新崩，傳遺命，文物權用吉禮。又禮，卜家占宅朝服。推此無不吉服也。又巾車飾遺車，及葬，執蓋從，方相玄衣朱裳，此鹵簿所依出也。今之吉駕，亦象生之義，凶服可除。鼓吹吉服，可設而不作。』摯虞曰：『按漢魏故事，將葬，設吉凶鹵簿，皆有鼓吹。《新禮》無吉駕導從之文。虞按禮，葬有祥車曠左，則今之容車也。春秋鄭大夫公孫蠆卒，天子追賜大輅，使以行禮。又士喪禮，有道車、乘車，以象生存。此兼有吉駕明文。既有吉駕，則宜有導從。宜定新禮設吉服導從，其凶服鼓吹宜除。』

銘旌建太常，畫日月星辰。杜云：『九仞，旒委地。』杜元凱《喪服要集》云。遣車易以轝牀轝。奠祭之具及器藏物，皆覆以白練。

東晉成帝咸康七年，皇后杜氏崩。詔外官五日一入臨，內官朝一入而已，過葬虞祭禮畢止。有司奏，大行皇后陵所作凶門柏歷門，號明陽端門。詔曰：『門如所處。凶門柏歷，大為繁費，停之。』按蔡謨說，以二瓦器盛始死之祭，繫於木，裹以葦席，置庭中，近南，名為重，今之凶門是其象也。禮，既虞而作主，今未葬，未有主，故以重當之。禮稱為主道，此其義也。范堅又曰：『凶門非禮。禮有懸重，形似凶門。後人出之門外以表喪，俗遂行之。簿帳，即古弔幕之類也。』是時，又詔曰：『重壤之下，豈宜崇飾？陵中唯潔掃而已。』有司又奏，依舊選公卿以下六品子弟六十人為挽郎，詔又停之。

宋崔元凱《喪儀》云：『銘旌，今之旐也。天子丈二尺，皆施跗樹於壙中。遣車九乘，謂結草為馬，以泥為車，疏布輤，四面有障，置壙四角。以載遺奠牢肉，斬取骨脛，車各載一枚。』

陳永定三年七月，武帝崩。尚書左丞庾持云：『晉宋已來，皇帝大行儀注，未祖一日，告南郊太廟，奏策奉謚。梓宮將登轀輬，侍中版奏，已稱某謚皇帝。遣奠，出於階下，方以此時，乃讀哀策。而前代策文，猶稱大行皇帝，請明加詳正。』國子博士、知禮儀沈文阿等謂：『應劭《風俗通》，前帝謚未定，臣子稱大行，以別嗣主。近檢梁儀，自梓宮將登轀輬，版奏皆稱某謚皇帝登轀輬。伏尋今祖祭已奉策謚，哀策既在庭遣祭，不應猶稱大行。且哀策篆書，藏於玄宮，請依梁儀，以傳無窮。』詔可。【略】

魏文帝於首陽東為壽陵，作終制，其略曰：『昔堯葬壽陵，因山為體，無封樹，無立寢殿園邑，為棺槨足以藏骨，為衣衾足以朽肉。吾營此不食之地，欲使易代之後，不知其處。無藏金玉銅鐵，一以瓦器。自古及今，未有不亡之國，亦無不掘之墓。喪亂以來，漢氏諸陵，無不發掘，至乃燒取玉柙金縷，骸骨并盡，是焚如之刑也，豈不重痛哉！若違詔，妄有變改，吾為戮屍於地下，死而重死，不忠不孝。使魂而有知，將不福汝。以為永制，藏之宗廟。』魏文此制，可謂達於事矣。

又 卷八〇《禮典四〇·凶禮二·奔大喪》 魏時禮官議奔喪禮，有除喪而後歸哭於墓者，皆聽哭於陵。尚書盧毓以禮言遂除者，謂有服者耳；無服者則不哭。王肅曰：『既言除喪，豈有服哉？雖除，始見墳，斂髮袒絰，言除斂髮袒絰耳。《記》曰：「朋友之墓，有宿草而不哭焉」，明友未踰年，雖無服猶哭之，有天子之喪未踰時始奔赴而得不哭者乎？今雖權宜即吉，吾本三年之喪也，故三年之後，行禘祫之禮。又，遠方弔貢表，皆宜通，若有禁，乃止，此不得與哭陵相妨害也。』又答難云：

『前説遂除，謂除斂髮袒絰耳，不謂今之奔者皆須斂髮也。責以玄衣冠，又其所不能具，自可服深衣白帢也。』

晉惠帝崩，司徒左長史江統議奔赴山陵曰：『往者蕩陰之役，羣僚奔散，義兵既起，而不附從，主上旋宫，又不歸罪。至於晏駕之日，山陵即安，而猶不到。自臺郎御史以上，應受義責，加貶絶，注列黄紙，不得敘用。至於先有他故去職，或以喪疾免散，仍遇兵隱遁山澤者，宜與上牒異制。《春秋傳》曰：「君子避内難，不避外難。」孫、寧之變，蘧瑗出關，陳力就列，不能者止，未足多責也。及至奔赴，不及在哀，致身後於山陵，故當從時宜以立褒貶，依王政而正準繩，不可偏抗古義以傷今實也。承詔書而制奔赴之期，以為分别遠近，則典而不暢；檢校險易，則密而不弘。故擬七月之典，以議今事。達官名問特通者，過期不到，宜依退免法，注列黄紙，三年乃得敘用。又自非盟主所授，而諸侯州伯所以用，故不得奔赴，宜與下牒同罰。《春秋傳》曰「不以家事辭王事」，此上之行乎下也。諸侯州伯輒留應赴之人，而令失節於王庭，坐於《周官》九代之法，應在犯令陵政之條，諸臺平處，正其削黜。』

東晉成帝咸康中，恭皇后山陵，司徒西曹屬王濛議立奔赴之制曰：『三代垂文，觀時損益。今服教之地，遠於古之九服，若守七月之斷，遠近一概者，違實，懼非通制。請王畿以外，南極五嶺，非守見職，周年不至者，宜勒注黄紙，有爵土者削降。永嘉中，江統議不奔山陵，但三年不敘，於義為輕。今更立如牒。若方伯授用，雖未有王命，猶不與停散同。今見在官即吉之後去職，不及凶事，無所貶責。萬里外以再周為限。自此以内，明依前牒，雖在父母喪，其責不異。』黄門郎徐衆等駮濛云：『若如濛議，見在官者，已拘於制度，不得奔赴。至於既去，雖不及哀，臣子之情，何得不暫致身哉！臣謂喪紀雖過，去職者故宜還赴。』詔可。濛又申述前議曰：『喪紀有數，吉凶有斷，豈可當於縞素既終而制無限之責哉！若除喪使奔，當以何服？素服敘哀，則在廷已吉，陵無哭禮；若玄冠致敬，宜曰朝謁，非奔喪之謂；若服外更立限斷，則不知所準；若不計遠近同服内，則立制漫而無斷。』詔又付尚書左丞王彪之議，云：『昔太寧之難，奔赴無過三年之限。恭皇后不宜踰先制。《禮》，為君之母、妻，居處飲食衎爾。「君已除喪而後聞喪，不稅」，而責有奔，此臣所疑也。且宜一依濛所上。』詔曰：『今輕此制，於名教為不盡矣。今直以或者衆致於此事，不必改先制，如濛所上施行。』

八年，成帝崩，尚書殷融上言：『司徒西曹屬王濛以周年為限，不及者除名，付之鄉論。臣以為夫名教興於義厚，忠孝發於自然，不嚴而著，不肅而成者也。舊禮，國有大諱，外任不得離部，冗散之人，發哀公巷，初無課限有不奔之制。按永平初，先帝稱宣帝遺詔，乃不得令子弟詣陵。唯蕩陰奔赴，多不逮及，始為其制，以篤一時。顧觀人情，未有肅媿，徒興簡默，正足以彰至道之不弘，表臣子之不義。宜遵前代，聞凶行喪三日而已。』詔曰：『孝慈起於自然，忠厚發於天成，若道不喪，豈有今弊。弊至醨薄，反之何期？況以今日之弊，而欲廢準式於穨俗，求自仁於吾朝，其於理化也，無乃迂乎？』融又重啓，依王濛所上為條制。

康帝建元初，融又議定不應奔赴山陵：『據周魯有喪，而魯人不弔。孔子所答曾子，當謂國内卿大夫耳，非如今日見在方外者也。』尚書僕射顧和議：『按《禮記·曾子問》：「父母之喪，既引及塗，聞君薨，如之何？」《穀梁傳》曰：「周人魯人各有喪，周人弔，魯人不弔。」周人雖有喪，遣人可也；魯人當親行事，故不弔也。』

藝文

唐·吕温《吕衡州集》卷二《題梁宣帝陵二首》 即讎終自翦，覆國豈為雄。假號孤城裏，何殊在甬東。

祀夏功何薄，尊周義不成。凄涼庾信賦，千古共傷情。

宋·曾極《金陵百詠吳大帝陵》 老瞞虎裂横中州，何物生兒作仲謀。四十帝中功第一，壞陵無主使人愁。

宋·楊萬里《誠齋集》卷三〇《再賦石翁石婆》 石翁誰怒猶睅目，石婆多愁鬢先禿。荒山埜水四無人，二老對立今幾春。珠襦玉匣化為土，金鳫銀鳧亦飛去。知是六朝何帝陵，摩挲碧蘚俱無語。

宋·蘊洞《泠然齋集》卷六《金陵雜興二百首》 晉宋齊梁幾帝陵，土堆誰解有英靈。三臺五省紛紛改，惟有鍾山只麼青。

明·曾益《温飛卿詩集箋注》卷九《[唐]温庭筠·過吳景帝陵》

王氣銷來水淼茫，豈能才與命相妨。虛開直瀆三千里，青蓋何曾到洛陽。

雜録

《晉書》卷三二《后妃傳下・成帝杜皇后》 先是，三吳女子相與簪白花，望之如素柰，傳言天公織女死，為之著服，至是而后崩。帝下詔曰：『吉凶典儀，誠宜備設；然豐約之度，亦當隨時，況重壤之下，而崇飾無用邪！今山陵之事，一從節儉，陵中唯潔掃而已，不得施塗車芻靈。』有司奏造凶門柏歷及調挽郎，皆不許。又禁遠近遣使。明年元會，有司奏廢樂。詔廢管絃，奏金石如故。

《梁書》卷七《后妃傳・太宗王皇后》 大寶元年九月，葬莊陵。先是詔曰：『簡皇后窀穸有期。昔西京霸陵，因山為藏；東漢壽陵，流水而已。朕屬值時艱，歲饑民弊，方欲以身率下，永示敦樸。今所營莊陵，務存約儉。』

皇權行使部

行政決斷權分部

綜述

《三國志》卷二《魏志・文帝紀》 （黃初）三年春正月丙寅朔，日有蝕之。庚午，行幸許昌宮。詔曰：『今之計、（考）［孝］，古之貢士也；十室之邑，必有忠信，若限年然後取士，是呂尚、周晉不顯於前世也。其令郡國所選，勿拘老幼；儒通經術，吏達文法，到皆試用。有司糾故不以實者。』【略】

九月甲午，詔曰：『夫婦人與政，亂之本也。自今以後，羣臣不得奏事太后，后族之家不得當輔政之任，又不得橫受茅土之爵；以此詔傳後世，若有背違，天下共誅之。』【略】

（黃初五年）五月，有司以公卿朝朔望日，因奏疑事，聽斷大政，論辨得失。【略】

十二月，詔曰：『先王制禮，所以昭孝事祖，大則郊社，其次宗廟，三辰五行，名山大川，非此族也，不在祀典。叔世衰亂，崇信巫史，至乃宮殿之內，戶牖之間，無不沃酹，甚矣其惑也。自今，其敢設非祀之祭，巫祝之言，皆以執左道論，著于令典。』

《晉書》卷三《武帝紀》 （泰始四年）六月丙申朔，詔曰：『郡國守相，三載一巡行屬縣，必以春，此古者所以述職宣風展義也。見長吏，觀風俗，協禮律，考度量，存問耆老，親見百年。録囚徒，理冤枉，詳察政刑得失，知百姓所患苦。無有遠近，便若朕親臨之。敦喻五教，勸務農功，勉勵學者，思勤正典，無為百家庸末，致遠必泥。士庶有好學篤道，孝弟忠信，清白異行者，舉而進之；有不孝敬於父母，不長悌於族黨，悖禮棄常，不率法令者，糾而罪之。田疇闢，生業修，禮教設，禁令行，則長吏之能也。人窮匱，農事荒，姦盜起，刑獄煩，下陵上替，禮義不興，斯長吏之否也。若長吏在官公廉，慮不及私，正色直節，不飾名譽者，及身行貪穢，諂黷求容，公節不立，而私門日富者，並謹察之。揚清激濁，舉善彈違，此朕所以垂拱總綱，責成於良二千石也。於戲戒哉！』【略】

（泰始五年二月）丁亥，詔曰：『古者歲書羣吏之能否，三年而誅賞之。諸令史前後，但簡遣疏劣，而無有勸進，非黜陟之謂也。其條勤能有稱尤異者，歲以為常。吾將議其功勞。』【略】

（泰始六年七月）乙巳詔曰：『自泰始以來，大事皆撰録祕書，寫副。後有其事，輒宜綴集以為常。』

又 卷一〇二《劉聰載記》 聰以劉易為太尉。初置相國，官上公，有殊勳德者死乃贈之。於是大定百官，置太師、丞相，自大司馬以上七公，位皆上公，綠綟綬，遠遊冠。置輔漢，都護，中軍，上軍，輔軍，鎮、衛京，前、後、左、右，上、下軍，輔國，冠軍，龍驤，武牙大將軍，營各配兵二千，皆以諸子為之。置左右司隸，各領戶二十餘萬，萬戶置一內史，凡內史四十三。單于左右輔，各主六夷十萬落，萬落置一都尉。省吏部，置左右選曹尚書。自司隸以下六官，皆位次僕射。置御史大夫及州牧，位皆亞公。以其子粲為丞相、領大將軍、録尚書事，進封晉王，食五都。劉延年録尚書六條事，劉景為太師，王育為太傅，任顗為太保，馬景為大司徒，朱紀為大司空，劉曜為大司馬。

又 卷一一三《苻堅載記上》 堅以關中水旱不時，議依鄭白故事，發其王侯已下及豪望富室僮隸三萬人，開涇水上源，鑿山起堤，通渠引瀆，以溉岡鹵之田。及春而成，百姓賴其利。以涼州新附，復租賦一年。為父後者賜爵一級，孝悌力田爵二級，孤寡高年穀帛有差，女子百戶牛酒，大酺三日。

《魏書》卷二《太祖紀》 （天興三年）十有二月乙未，詔曰：『世俗謂漢高起於布衣而有天下，此未達其故也。夫劉承堯統，曠世繼德，有蛇龍之徵，致雲彩之應，五緯上聚，天人俱協，明革命之主，大運所鍾，不可以非望求也。然狂狡之徒，所以顛蹶而不已者，誠惑於逐鹿之說，而迷於天命也。故有踵覆車之軌，蹈釁逆之蹤，毒甚者傾州郡，害微者敗邑里，至乃身死名頽，殃及九族，從亂隨流，死而不悔，豈不痛哉！《春秋》之義，大一統之美，吳楚僭號，久加誅絶，君子賤其偽名，比之塵垢。自非繼聖載德，天人合會，帝王之業，夫豈虛應。歷觀古今，不義而求非望者，徒喪其保家之道，而伏刀鋸之誅。有國有家者，誠能推廢興之有期，審天命之不易，察徵應之潛授，杜競逐之邪言，絶姦雄之僭肆，思多福於止足，則幾於神智矣。如此，則可以保榮禄於天年，流餘慶於後世。夫然，故禍悖無緣而生，兵甲何因而起？凡厥來世，勗哉戒之，可不慎歟！』

時太史屢奏天文錯亂，帝親覽經占，多云改王易政，故數革官號，一欲防塞凶狡，二欲消災應變。已而慮羣下疑惑，心謗腹非，丙申復詔曰：『上古之治，尚德下名，有任而無爵，易治而事序，故邪謀息而不起，姦慝絶而不作。周姬之末，下凌上替，以號自定，以位制禄，卿世其官，大夫遂事，陽德不暢，議發家陪，故釁由此起，兵由此作。秦漢之弊，捨德崇侈，能否混雜，賢愚相亂，庶官失序，任非其人。於是忠義之道寢，廉恥之節廢，退讓之風絶，毀譽之議興，莫不由乎貴尚名位，而禍敗及之矣。古置三公，職大憂重，故曰「待罪宰相」，將委任責成，非虛寵禄也。而今世俗，僉以臺輔為榮貴，企慕而求之。夫此職司，在人主之所任耳，用之則重，捨之則輕。然則官無常名，而任有定分，是則所貴者至矣，何取於鼎司之虛稱也。夫桀紂之南面，雖高而可薄；姬旦之為下，雖卑而可尊。一官可以效智，蓽門可以垂範。苟以道德為實，賢於覆餗蔀家矣。故量己者，令終而義全；昧利者，身陷而名滅。利之與名，毀譽之疵競；道之與德，神識之家寶。是故道義，治之本；名爵，治之末。名不本於道，不可以為宜；爵無補於時，不可以為用。用而不禁，為病深矣。能通其變，不失其正者，其惟聖人乎？來者誠思成敗之理，察治亂之由，鑑殷周之失，革秦漢之弊，則幾於治矣。』

又 卷四下《世祖紀下》 （太平真君五年正月）戊申，詔曰：『愚民無識，信惑妖邪，私養師巫，挾藏讖記、陰陽、圖緯、方伎之書；又沙門之徒，假西戎虛誕，生致妖孽。非所以壹齊政化，布淳德於天下也。自王公已下至於庶人，有私養沙門、師巫及金銀工巧之人在其家者，皆遣詣官曹，不得容匿。限今年二月十五日，過期不出，師巫、沙門身死，主人門誅。明相宣告，咸使聞知。』

《周書》卷五《武帝紀上》 （建德二年）十二月癸巳，集羣臣及沙門、道士等，帝升高座，辨釋三教先後，以儒教為先，道教為次，佛教為後。

又 卷七《宣帝紀》 （宣政元年八月）遣大使巡察諸州。詔制九條，宣下州郡：一曰，決獄科罪，皆准律文；二曰，母族絶服外者，聽婚；三曰，以杖決罰，悉令依法；四曰，郡縣當境賊盜不擒獲者，並仰録奏；五曰，孝子順孫義夫節婦，表其門閭，才堪任用者，即宜申薦；六曰，或昔經驅使，名位未達，或沉淪蓬蓽，文武可施，宜並採訪，具以名奏；七曰，偽齊七品以上，已敕收用，八品以下，爰及流外，若欲入仕，皆聽預選，降二等授官；八曰，州舉高才博學者為秀才，郡舉經明行修者為孝廉，上州、上郡歲一人，下州、下郡三歲一人；九曰，年七十以上，依式授官，鰥寡困乏不能自存者，並加稟恤。

《隋書》卷九《禮儀志四》 梁元會之禮，未明，庭燎設，文物充庭。臺門闢，禁衛皆嚴，有司各從其事。太階東置白獸樽。羣臣及諸蕃客並集，各從其班而拜。侍中奏中嚴，王公卿尹各執珪璧入拜。侍中乃奏外辦，皇帝服袞冕，乘輿以出。侍中扶左，常侍扶右，黄門侍郎一人，執曲直華蓋從。至階，降輿，納舄升坐。有司御前施奉珪藉。王公以下，至阼階，脱舄劍，升殿，席南奉贄珪璧畢，下殿，納舄佩劍，詣本位。主客即徙珪璧於東廂。帝興，入，徙御坐於西壁下，東向。設皇太子王公已下位。又奏中嚴，皇帝服通天冠，升御坐。王公上壽禮畢，食。食畢，樂伎奏。太官進御酒，主書賦黄甘，逮二品已上。尚書騶騎引計吏，郡國各一人，皆跪受詔。侍中讀五條詔，計吏每應諾訖，令陳便宜者，聽詣白獸樽，以次還坐。宴樂罷，皇帝乘輿以入。皇太子朝，則遠遊冠服，乘金輅，鹵簿以行。預會則劍履升坐。會訖，先興。

天監六年詔曰：『頃代以來，元日朝畢，次會羣臣，則移就西壁下，東向坐。求之古義，王者讌萬國，唯應南面，何更居東面？』於是御坐南向，以西方為上。皇太子以下，在北壁坐者，悉西邊東向。尚書令以下在南方坐者，悉東邊西向。舊元日，御坐東向，酒壺在東壁下。御坐既南向，乃詔壺於南蘭下。又詔：『元日受五等贄，珪璧並量付所司。』周捨案：『《周禮》冢宰，大朝覲，贊玉幣。尚書，古之冢宰。頃王者不親撫玉，則不復須冢宰贊助。尋尚書主客曹郎，既冢宰隸職，今元日五等奠玉既竟，請以主客郎受。鄭玄注《覲禮》云：「既受之後，出付玉人於外。」漢時少府，職掌珪璧，請主客受玉，付少府掌。』帝從之。又尚書僕射沈約議：『《正會儀注》，御出，乘輿至太極殿前，納舄升階。尋路寢之設，本是人君居處，不容自敬宮室。案漢氏，則乘小車升殿。請自今元正及大公事，御宜乘小輿至太極階，仍乘版輿升殿。』制：『可。』

陳制，先元會十日，百官並習儀注，令僕已下，悉公服監之。設庭燎，街闕、城上、殿前皆嚴兵，百官各設部位而朝。宮人皆於東堂，隔綺疏而觀。宮門既無籍，外人但絳衣者，亦得入觀。是日，上事人發白獸樽。自餘亦多依梁禮云。

後齊正日，侍中宣詔慰勞州郡國使。詔牘長一尺三寸，廣一尺，雌黄塗飾，上寫詔書三。計會日，侍中依儀勞郡國計吏，問刺史太守安不，及穀價麥苗善惡，人間疾苦。又班五條詔書於諸州郡國使人，寫以詔牘一枚，長二尺五寸，廣一尺三寸，亦以雌黄塗飾，上寫詔書。正會日，依儀宣示使人，歸以告刺史二千石。一曰，政在正身，在愛人，去殘賊，擇良吏，正決獄，平徭賦。二曰，人生在勤，勤則不匱，其勸率田桑，無或煩擾。三曰，六極之人，務加寬養，必使生有以自救，沒有以自給。四曰，長吏華浮，奉客以求小譽，逐末捨本，政之所疾，宜謹察之。五曰，人事意氣，干亂奉公，外內溷淆，綱紀不設，所宜糾劾。正會日，侍中黄門宣詔勞諸郡上計。勞訖付紙，遣陳土宜。字有脱誤者，呼起席後立。書迹濫劣者，飲墨水一升。文理孟浪，無可取者，奪容刀及席。既而本曹郎中，考其文迹才辭可取者，録牒吏部，簡同流外三品叙。

元正大饗，百官一品已下，流外九品已上預會。一品已下、正三品已上、開國公侯伯、散品公侯及特命之官、下代刺史，並升殿。從三品已下、從九品以上及奉正使人比流官者，在階下。勳品已下端門外。

論說

清·王夫之《讀通鑑論》卷一一《晉泰始元年起·五》 用人與行政，兩者相扶以治，舉一廢一，而害必生焉，魏、晉其驗已。雖無佞人，而亟行苛政以鉗束天下，而使亂不起；然而人心早離，樂於易主，而國速亡。政不苛而用佞人，其政之近道，足以羈縻天下使不叛，然而國是亂，朋黨交爭，而國速以亂。

曹孟德懲漢末之緩弛，而以申、韓為法，臣民皆重足以立；司馬氏乘之以寬惠收人心，君弑國亡，無有起衛之者。然而魏氏所任之人，自謀臣而外，如崔琰、毛玠、辛毗、陳羣、陳矯、高堂隆之流，雖未聞君子之道，而鯁直清嚴，不屑為招權納賄、驕奢柔諂猥鄙之行，故綱紀粗立，垂及於篡，而女謁宵小不得流毒於朝廷，則其效也。

晉武之初立，正郊廟，行通喪，封宗室，罷禁錮，立諫官，徵廢逸，禁讖緯，增吏俸，崇寬弘雅正之治術，故民藉以安；內亂外逼，國已糜爛，而人心猶繫之。然其所用者，賈充、任愷、馮勗、荀紞、何曾、石苞、王愷、石崇、潘岳之流，皆寡廉鮮恥貪冒驕奢之鄙夫；即以張華、陸機錚錚自見，而與邪波流，陷於亂賊而濳不畏死；雖有二傅、和嶠之亢直，而不敵羣小之翕訿；是以彊宗妒後互亂，而氐、羯乘之以倡狂。

小人濁亂，國無與立，非但王衍輩清談誤之也。

是用人行政，交相扶以圖治，失其一，則一之僅存者不足以救；古今亂亡之軌，所以相尋而不舍也。

以要言之，用人其尤亟乎！人而苟為治人也，則治法因之以建，而苛刻縱弛之患兩亡矣。魏之用人，抑苟免於邪佞爾，無有能立久長之本，建弘遠之規者也。孟德之智，所知者有涯；能別於忠佞之分，而不能虛衷以致高朗宏通之士；爭亂之餘，智術興，道德墜，名世之風邈矣。僅一管寧，而德不足以相致也。晉承魏之安處，時非無賢，而獎之不以其道，進之不以其誠，天下頹靡，而以老、莊為藏身之固，其法雖立，文具而已。使二代之君，德修而勤於求治，天下羣趨於正，而豈患法之不立乎？宋太祖、太宗之所以垂統久長，而天下懷其德於既亡之餘，庶幾尚已！

又　卷一三《東晉成帝·一》　少主立，而大臣屍輔政之名，雖周公之聖，不能已二叔之亂，況其下焉者乎？庾亮不專於己，而引西陽王羕、王導、卞壼、郗鑒、温嶠與俱受託孤之遺詔，避漢季竇、梁之顯責，亮其愈矣，雖然，惡有俱為人臣，徒崇此數人者，持百尹之進退，而可以服天下哉？陶侃之貳，祖約、蘇峻之逆，所必然矣。

夫主少則國政亦必有所裁，大臣不居輔政之任而惡乎可？而有道於此，則固無事立輔政之名，授之以獨馭之權，而疑天下。無他，唯官常數定，官聯相屬，法紀豫立，而行其所無事焉耳。三公論道，而使涖庶事，則下侵六卿；百執不相越，而不守其官，則交爭。故六卿百執之可否，三公酌之；而三公唯參可否，不制六卿百執以行其意。則盈廷多士，若出一人，州牧軍帥，適如其恒。天子雖幼，中外自輯以協於治，而惡用輔政者代天子而制命邪？

夫古之天子，未嘗任獨斷也，虛靜以慎守前王之法，雖聰明神武，若無有焉，此之謂無為而治。守典章以使百工各欽其職，非不為而固無為也。誠無為矣，則有天子而若無；有天子而若無，則無天子而若有；主雖幼，百尹皆贊治之人，而惡用標輔政之名以疑天下哉？

是以三代之聖王，定家法朝章于天下初定之日，而行之百世，主少國疑之變，皆已豫持之矣。故三代千八百年，非無沖人踐阼，而大臣無獨攬之威福。若夫周公之輔政，則在六官未建、宗禮未定之日，武王未受命而不遑，不得已而使公獨任之也。雖然，讀《鴟鴞》之詩，而周之危、公之難，亦可見矣。有聖主興，慮後世不能必長君令嗣之承統也，豫定奕世之規，置天子于有無之外，以虛靜而統天下，則不恃有貴戚舊臣以夾輔。既無竇、梁擅國之禍而亦不如庾亮之避其名而啓羣爭。不然，主幼而國無所受裁，雖欲無輔政者，不可得也。

又　《東晉成帝·七》　天下所極重而不可竊者二：天子之位也，是謂治統；聖人之教也，是謂道統。治統之亂，［小人］竊之，［盜賊］竊之，［夷狄］竊之，不可以永世而全身；其幸而數傳者，則必有日月失軌、五星逆行、冬雷夏雪、山崩地坼、雹飛水溢、草木為妖、禽蟲為之異，天地不能保其清寧，人民不能全其壽命，以應之不爽。道統之竊，沐猴而冠，教猱而升木，屍名以徼利，為夷狄盜賊之羽翼，以文致之為聖賢，而恣為妖妄，方且施施然謂守先王之道以化成天下；而受罰於天，不旋踵而亡。

嗚呼！至於竊聖人之教以寵［匪類］，而禍亂極矣！論者不察，猶侈言之，謂盜賊為君子之事，君子不得不予之。此浮屠之徒，但崇敬上木、念誦梵語者，即許以佛種，而無所擇於淫坊酒肆以護門牆貪利養者；猥賤之術，而為君子者效之，不亦傎乎？石勒起明堂、辟雍、靈臺，拓拔宏修禮樂、立明堂，皆是也。敗類之儒，鬻道統以教之竊，而君臣皆自絕於天。故勒之子姓，駢戮于冉閔；元氏之苗裔，至高齊而無噍類；天之不可欺也，如是其赫赫哉！

雖然，敗類之儒，鬻道統於［夷狄］盜賊而使竊者，豈其能竊先王之至教乎？昧其精意，遺其大綱，但於宮室器物登降進止之容，造作纖曲之法，以為先王治定功成之大美在是，私心穿鑿，矜異而不成章，財可用，民可勞，則擬之一日而為已成。故［夷狄］盜賊易於竊而樂竊之以自大，則明堂、辟雍、靈臺是已。明堂之說，見於孟子；辟雍靈臺，詠於《周詩》。以實考之，則明堂者，天子肆覲諸侯于太廟，即廟前當扆之堂也；辟雍者，雍水之側，水所環遠之別宮，為習樂之所也；靈臺，則遊觀之臺，與囿沼相閒者也；皆無當于王者之治教明矣。漢儒師公玉帶之邪說而張惶之，以為王者法天範地，布月令、造俊髦，必於此而明王道，乃為歆零四出、曲徑崇臺、怪異不經之制以神之。此固與［夷狄］盜賊妖妄之情合，而升猱冠猴者讋之以希榮利，固其宜矣。

夫使先王之果于此三宮而興教化也，然亦偶有便於此也，一學宮，而庠、序、棱異矣；一大樂，而《夏》、《濩》、《武》異矣；一大禮，而忠、質、文異矣。若夫百王不易、千聖同原者，其大綱，則明倫也，察物也；其實政，則敷教也，施仁也；其精意，則祇臺也，躋敬也，不顯之臨、無射之保也；此則聖人之道統，非可竊者也。敗類之儒，惡能以此媚［夷狄］盜賊而使自擬先王哉？勞民力，殫國帑，以黷聖而囂然自大，則獲罪於天；天災之，人奪之，聖人之教，明明赫赫，豈有爽乎？論者猶曰君子予之，不亦違天而毀人極也哉！

清·趙翼《廿二史劄記》卷八《南朝多以寒人掌機要》 魏正始、晉永熙以來，皆大臣當國。晉元帝忌王氏之盛，欲政自己出，用刁協、劉隗等為私人，卽召王敦之禍。自後非幼君卽孱主，悉聽命於柄臣，八九十年，已成故事。晉韋華謂姚興曰：『晉主雖有南面之尊，無統馭之實。』宰輔執政，權在臣下，遂成習俗。至宋、齊、梁、陳諸君，則無論賢否，皆威福自己，不肯假權於大臣。而其時高門大族，門戶已成，令、僕三司，可安流平進，不屑竭智盡心，以邀恩寵，且風流相尚，罕以物務關懷，人主遂不能藉以集事，於是不得不用寒人。人寒則希榮切而宣力勤，便於驅策，不覺倚之為心膂。《南史》謂宋孝武不任大臣，而腹心耳目不能無所寄，於是戴法興、巢尚之等皆委任隆密。齊武帝亦曰：『學士輩但讀書耳，不堪經國，經國一劉係宗足矣。』此當時朝局相沿，位尊望重者，其任轉輕，而機要多任用此輩也。然地當清切，手持天憲，口銜詔命，則人雖寒而權自重，權重則勢利盡歸之。如法興威行內外，江夏王義恭雖録尚書事，而積相畏服，猶不能與之抗。阮佃夫、王道隆等，權侔人主，其捉車人官虎賁中郎將，傍馬者官員外郎。茹法亮當權，太尉王儉嘗曰：『我雖有大位，權寄豈及茹公？』朱异權震內外，歸飲私第，慮日晚臺門閉，令鹵簿、警衛自家列至城門，門者遂不敢閉。此可見威勢之薰灼也。法亮在中書，嘗語人曰：『何須覓外祿，此戶內歲可辦百萬。』佃夫宅舍園池勝於諸王邸第，女妓數十，藝貌冠絕當時，出行遇勝流，便邀與同歸，一時珍羞莫不畢具，凡諸火劑，並皆始熟，至數十種，雖晉之王、石不能過。此可見賄賂之盈溢也。蓋出身寒賤，則小器易盈，不知大體，雖一時得其力用，而招權納賄，不復顧惜名檢。其中亦有如法，興遇廢帝無道，頗能禁制，然持正者少，乘勢作姦者多。唐寓之反，說者謂始於虞玩之，而成於呂文度，此已見蠹國害民之大概。甚至佃夫弒主，而推戴明帝。周石珍當侯景圍臺城，輒與景相結，遂為景佐命。至陳末，施文慶、沈客卿用事，自取身榮，不存國計。隋軍臨江，猶曰此常事，邊臣足以當之，不復警備，以致亡國。小人而乘君子之器，其害可勝道哉。大臣不能體國，致人主委任下僚，人主不信大臣，而轉以羣小為心膂，此皆江左之流弊也。按公孫瓚常言，衣冠之人，皆自謂職當富貴，不謝人惠，故所寵皆商販庸兒，亦同此見。

雜録

《三國志》卷四《魏志·齊王芳傳》 （正始八年）秋七月，尚書何晏奏曰：『善為國者必先治其身，治其身者慎其所習。所習正則其身正，其身正則不令而行；所習不正則其身不正，其身不正則雖令不從。是故為人君者，所與游必擇正人，所觀覽必察正象，放鄭聲而弗聽，遠佞人而弗近，然後邪心不生而正道可弘也。季末闇主，不知損益，斥遠君子，引近小人，忠良疏遠，便辟褻狎，亂生近暱，譬之社鼠；考其昏明，所積以然，故聖賢諄諄以為至慮。舜戒禹曰「鄰哉鄰哉」，言慎所近也，周公戒成王曰「其朋其朋」，言慎所與也。（《詩》）《書》云：「一人有慶，兆民賴之。」可自今以後，御幸式乾殿及游豫後園，皆大臣侍從，因從容戲宴，兼省文書，詢謀政事，講論經義，為萬世法。』冬十二月，散騎常侍諫議大夫孔乂奏曰：『禮，天子之宮，有斲礱之制，無朱丹之飾，宜循禮復古。今天下已平，君臣之分明，陛下但當不懈于位，平公正之心，審賞罰以使之。可絕後園習騎乘馬，出必御輦乘車，天下之福，臣子之願也。』晏、乂咸因闕以進規諫。

軍事指揮權分部

綜　述

《三國志》卷四八《吳志·孫亮傳》（太平二年）夏四月，亮臨正殿，大赦，始親政事。綝所表奏，多見難問，又科兵子弟年十八已下十五已上，得三千餘人，選大將子弟年少有勇力者為之將帥。亮曰：『吾立此軍，欲與之俱長。』日於苑中習焉。

《晉書》卷二一《禮志下》　漢魏故事，遣將出征，符節郎授節鉞於朝堂。其後荀顗等所定新禮，遣將，御臨軒，尚書受節鉞，依古兵書跪而推轂之義也。

《宋書》卷一四《禮志一》　漢儀，立秋日，郊禮畢，始揚威武，斬牲於郊，以薦陵廟，名曰貙劉。其儀，乘輿御戎路，白馬朱鬣，躬執弩射牲。太宰令以獲車送陵廟。於是乘輿還宮，遣使以束帛賜武官，肄孫、吳兵法戰陣之儀，率以為常。至獻帝建安二十一年，魏國有司奏：『古四時講武，皆於農隙。漢西京承秦制，三時不講，唯十月都試。今兵革未偃，士民素習，可無四時講武。但以立秋擇吉日大朝車騎，號曰治兵。上合禮名，下承漢制。』奏可。是冬，治兵。魏王親金鼓以令進退。

延康元年，魏文帝為魏王，是年六月立秋，治兵于東郊，公卿相儀。王御華蓋，親令金鼓之節。

明帝太和元年十月，治兵于東郊。

晉武帝泰始四年、九年、咸寧元年、太康四年、六年冬，皆自臨宣武觀，大習衆軍。然不自令進退也。自惠帝以後，其禮遂廢。

元帝太興四年，詔左右衛及諸營教習，依大習儀作雁羽仗。成帝咸和中，詔內外諸軍戲兵於南郊之場，故其地因名鬬場。自後蕃鎮桓、庾諸方伯，往往閱習，然朝廷無事焉。

太祖在位，依故事肄習衆軍，兼用漢、魏之禮。其後以時講武於宣武堂。元嘉二十五年閏二月，大蒐於宣武場，主司奉詔列奏申攝，剋日校獵，百官備辦。設行宮殿便坐武帳於幕府山南岡。設王公百官便坐幔省如常儀，設南北左右四行旌門。建獲旗以表獲車。殿中郎一人典獲車。主者二人收禽。吏二十四人配獲車。備獲車十二兩。校獵之官著袴褶。有帶武冠者。脫冠者上纓。二品以上擁刀，備槊、麾幡，三品以下帶刀。皆騎乘。將領部曲先獵一日，遣屯布圍。領軍將軍一人督右甄；護軍一人督左甄；大司馬一人居中，董正諸軍，悉受節度。殿中郎率獲車部曲，在司馬之後。尚書僕射、都官尚書、五兵尚書、左右丞、都官諸曹郎、都令史、都官諸曹令史幹、蘭臺治書侍御史令史、諸曹令史幹，督攝糾司，校獵非違。至日，會於宣武場，列為重圍。設留守填街位於雲龍門外內官道北，外官道南，以西為上。設從官位於雲龍門內大官階北，小官階南，以西為上。設先置官位於行止車門外內官道西，外官道東，以北為上。設先置官還位於廣莫門外道之東西，以南為上。校獵日平旦，正直侍中奏嚴。上水一刻，奏：『搥一鼓』為一嚴。上水二刻，奏：『搥二鼓』為再嚴。殿中侍御史奏開東中華雲龍門，引仗為小駕鹵簿。百官非校獵之官，著朱服，集列廣莫門外。應還省者還省。留守填街後部從官就位；前部從官依鹵簿；先置官先行。上水三刻，奏：『搥三鼓』為三嚴。上水四刻，奏：『外辦。』正次直侍中、散騎常侍、給事黃門侍郎、軍校劍履進夾上閤。正直侍郎負璽，通事令史帶龜印中書之印。上水五刻，皇帝出。著黑介幘單衣，乘輦。正直侍中負璽陪乘，不帶劍。殿中侍御史督攝黃麾以內。次直侍中、次直黃門侍郎護駕在前。又次直侍中佩信璽、行璽，與正直黃門侍郎從護駕在後。不鳴鼓角，不得諠譁，以次引出，警蹕如常儀。車駕出，騶讚，陛者再拜。皇太子入守。車駕將至，威儀唱：『引先置前部從官就位。』再拜。車駕至行殿前回輦，正直侍中跪奏：『降輦。』次直侍中稱制曰：『可。』正直侍中俛伏起。皇帝降輦登御坐，侍臣升殿。直衛鞁戟虎賁，旄頭文衣，鶡尾，以次列階。正直侍中奏：『解嚴。』先置從駕百官還便坐幔省。

帝若躬親射禽，變御戎服，內外從官以及虎賁悉變服，如校獵儀。鞁戟抽鞘，以備武衛。黃麾內官，從入圍裏。列置部曲，廣張甄圍，旗鼓相望，銜枚而進。甄周圍會，督甄令史奔騎號法施令曰：『春禽懷孕，蒐而不射；鳥獸之肉不登於俎，不射；皮革齒牙骨角毛羽不登於器，不射。』

甄會。大司馬鳴鼓蹙圍，衆軍鼓譟警角，至宣武場止。大司馬屯北旌門；二甄帥屯左右旌門；殿中郎率獲車部曲入次北旌門內之右。皇帝從南旌門入射禽。謁者以獲車收載，還陳於獲旗北。王公以下以次射禽，各送詣獲旗下，付收禽主者。事畢。大司馬鳴鼓解圍復屯，殿中郎率其屬收禽，以實獲車，充庖廚。列言統曹正廚，置尊酒俎肉于中逵，以犒饗校獵衆軍。至晡，正直侍中量宜奏嚴，從官還著朱服，韍戟復鞘。再嚴，先置官先還。三嚴後二刻，正直侍中奏：『外辦。』皇帝著黑介幘單衣。正次直侍中、散騎常侍、給事黃門侍郎、軍校進夾御坐。正直侍中跪奏：『還宮。』次直侍中稱制曰：『可。』正直侍中俛伏起。乘輿登輦還，衛從如常儀。大司馬鳴鼓散屯，以次就舍。車駕將至，威儀唱：『引留守填街先置前部從官就位。』再拜。車駕至殿前回輦，正直侍中跪奏：『降輦。』次直侍中稱制曰：『可。』正直侍中俛伏起。乘輿降入。正直次直侍中、散騎常侍、給事黃門侍郎、散騎侍郎、軍校從至閤，亦如常儀。正直侍中奏：『解嚴。』內外百官拜表問訊如常儀，訖，罷。

《隋書》卷八《禮儀志三》 古者天子征伐，則宜于社，造于祖，類于上帝。還亦以牲徧告。梁天監初，陸璉議定軍禮，遵其制。帝曰：『宜者請征討之宜，造者稟謀於廟，類者奉天時以明伐，並明不敢自專。陳幣承命可也。』璉不能對。嚴植之又爭之，於是告用牲幣，反亦如之。

後齊天子親征纂嚴，則服通天冠，文物充庭。有司奏更衣，乃入，冠武弁，弁左貂附蟬以出。誓訖，擇日備法駕，乘木輅，以造于廟。載遷廟主於齋車，以俟行。次宜于社，有司以毛血釁軍鼓，載帝社石主於車，以俟行。次擇日陳六軍，備大駕，類于上帝。次擇日祈后土、神州、岳鎮、海瀆、源川等。乃為坎盟，督將列牲於坎南，北首。有司坎前讀盟文，割牲耳，承血。皇帝受牲耳，徧授大將，乃置于坎。又歃血，歃徧，又以置坎。禮畢，埋牲及盟書。又卜日，建牙旗於墠，祭以太牢，及所過名山大川，使有司致祭。將届戰所，卜剛日，備玄牲，列軍容，設柴於辰地，為墠而禡祭。大司馬奠矢，有司奠毛血，樂奏大護之音。禮畢，徹牲，柴燎。戰前一日，皇帝禱祖，司空禱社。戰勝則各報以太牢。又以太牢賞用命戰士于祖，引功臣入旌門，即神庭而授版焉。又罰不用命于社，即神庭行戮訖，振旅而還。格廟詣社訖，擇日行飲至禮，文物充庭。有司執簡，紀年號月朔，陳六師凱入格廟之事，飲至策勳之美，因述其功，不替賞典焉。【略】

後齊命將出征，則太卜詣太廟，灼靈龜，授鼓旗於廟。皇帝陳法駕，服衮冕，至廟，拜於太祖。徧告訖，降就中階，引上將，操鉞授柯，曰：『從此上至天，將軍制之。』又操斧授柯，曰：『從此下至泉，將軍制之。』將軍既受斧鉞，對曰：『國不可從外理，軍不可從中制。臣既受命，有鼓旗斧鉞之威，願假一言之命於臣。』帝曰：『苟利社稷，將軍裁之。』將軍就車，載斧鉞而出。皇帝推轂度閫，曰：『從此以外，將軍制之。』

周大將出征，遣太祝，以羊一，祭所過名山大川。明帝武成元年，吐谷渾寇邊。帝常服乘馬，遣大司馬賀蘭祥於太祖之廟，司憲奉鉞，進授大將。大將拜受，以授從者。禮畢，出受甲兵。【略】

古者三年練兵，入而振旅，至於春秋蒐獮，亦以講其事焉。

梁、陳時，依宋元嘉二十五年蒐宣武場。其法，置行軍殿於幕府山南岡，幷設王公百官幕。先獵一日，遣馬騎布圍。右領軍將軍督右，左領軍將軍督左，大司馬董正諸軍。獵日，侍中三奏，一奏，搥一鼓為嚴，三嚴訖，引仗為小駕鹵簿。皇帝乘馬戎服，從者悉絳衫幘，黃麾警蹕，鼓吹如常儀。獵訖，宴會享勞，比校多少。戮一人以懲亂法。會畢，還宮。

後齊常以季秋，皇帝講武於都外。有司先萊野為場，為二軍進止之節。又別墠於北場，輿駕停觀。遂命將簡士教衆，為戰陣之法。凡為陣，少者在前，長者在後。其還，則長者在前，少者在後。長者持弓矢，短者持旌旗。勇者持鉦鼓刀楯，為前行，戰士次之，槊者次之，弓箭為後行。將帥先教士目，使習見旌旗指麾之蹤，發起之意，旗卧則跪。教士耳，使習金鼓動止之節，聲鼓則進，鳴金則止。教士心，使知刑罰之苦，賞賜之利。教士手，使習持五兵之便，戰鬭之備。教士足，使習跪及行列嶮泥之塗。前五日，皆請兵嚴於場所，依方色建旗為和門。都墠之中及四角，皆建五采牙旗。應講武者，各集於其軍。戒鼓一通，軍士皆嚴備。二通，將士貫甲。三通，步軍各為直陣，以相俟。大將各處軍中，立旗鼓下。有司陳小駕鹵簿，皇帝武弁，乘革輅，大司馬介冑乘，奉引入行殿。百司陪列。位定，二軍迭為客主。先舉為客，後舉為主。從五行相勝法，為陣以應之。

後齊春蒐禮，有司規大防，建獲旗，以表獲車。蒐前一日，命布圍。領軍將軍一人，督左甄，護軍將軍一人，督右甄。大司馬一人，居中，節制諸軍。天子陳小駕，服通天冠，乘木輅，詣行宮。將親禽，服戎服，鈒戟者皆嚴。武衛張甄圍，旗鼓相望，銜枚而進。甄常開一方，以令三驅。圍合，吏奔騎令曰：『鳥獸之肉，不登於俎者不射。皮革齒牙，骨角毛羽，不登於器者不射。』甄合，大司馬鳴鼓促圍，衆軍鼓譟鳴角，至期處而止。大司馬屯北旌門，二甄帥屯左右旌門。天子乘馬，從南旌門入，親射禽。謁者以獲車收禽，載還，陳於獲旗之北。王公已下以次射禽，皆送旗下。事畢，大司馬鳴鼓解圍，復屯。殿中郎中率其屬收禽，以實獲車。天子還行宮。命有司，每禽擇取三十，一曰乾豆，二曰賓客，三曰充君之庖。其餘即於圍下量犒將士。禮畢，改服，鈒者韜刃而還。夏苗、秋獮、冬狩，禮皆同。

河清中定令，每歲十二月半後講武，至晦逐除。二軍兵馬，右入千秋門，左入萬歲門，並至永巷南下，至昭陽殿北，二軍交。一軍從西上閤，一軍從東上閤，並從端門南，出閶闔門前橋南，戲射並訖，送至城南郭外罷。

後齊三月三日，皇帝常服乘輿，詣射所，升堂即坐，皇太子及羣官坐定，登歌，進酒行爵。皇帝入便殿，更衣以出，驊騮令進御馬，有司進弓矢。帝射訖，還御坐，射懸侯，又畢，羣官乃射五埒。一品三十二發，一發調馬，十發射下，十五發射上，三發射麞，三發射獸頭。二品三十發，一發調馬，十發射下，三發射麞，三發射帖，三發射獸頭。三品二十五發，一發調馬，五發射下，十發射上，三發射麞，三發射帖，三發射獸頭。四品二十發，一發調馬，五發射下，八發射上，二發射麞，二發射帖，二發射獸頭。五品十五發，一發調馬，四發射下，五發射上，二發射麞，二發射帖，一發射獸頭。侍官御仗已上十發。一發調馬，四發射下，五發射上。

季秋大射，皇帝備大駕，常服，御七寶輦，射七埒。正三品已上，第一埒，一品五十發，一發調馬，十五發射下，二十五發射上，三發射麞，三發射帖，三發射獸頭。二品四十六發。一發調馬，十五發射下，二十二發射上，二發射麞，三發射帖，三發射獸頭。從三品四品第二埒，三品四十二發，一發調馬，十二發射下，二十二發射上，二發射麞，二發射帖，三發射獸頭。四品三十七發。一發調馬，十一發射下，十九發射上，一發射麞，二發射帖，三發射獸頭。五品第三埒，三十二發。一發調馬，九發射下，十七發射上，一發射麞，二發射帖，二發射獸頭。六品第四埒，二十七發。一發調馬，八發射下，十六發射上，一發射麞，一發射帖。七品第五埒，二十一發。一發調馬，六發射下，十二發射上，一發射麞，一發射帖。八品第六埒，十六發。一發調馬，四發射下，九發射上，一發射麞，一發射帖。九品第七埒，十發。一發調馬，三發射下，四發射上，一發射麞，一發射帖。

大射置大將、太尉公為之。射司馬各一人，録事二人。七埒各置埒將、射正參軍各一人，埒士四人，威儀一人，乘白馬以導，的別參軍一人，懸侯下府參軍一人。又各置令史埒士等員，以司其事。

後周仲春教振旅，大司馬建大麾於萊田之所。鄉稍之官，以旂物鼓鐸鉦鐃，各帥其人而致。誅其後至者。建麾於後表之中，以集衆庶。質明，偃麾，誅其不及者。乃陳徒騎，如戰之陣。大司馬北面誓之。軍中皆聽鼓角，以為進止之節。田之日，於所萊之北，建旗為和門。諸將帥徒騎序入其門。有司居門，以平其人。既入而分其地，險野則徒前而騎後，易野則騎前而徒後。既陣，皆坐，乃設驅逆騎，有司表貉於陣前。以太牢祭黃帝軒轅氏，於狩地為壝，建二旗，列五兵於坐側，行三獻禮。遂蒐田致禽以祭社。仲夏教茇舍，如振旅之陣，遂以苗田如蒐法，致禽以享礿。仲秋教練兵，如振旅之陣，遂以獮田如蒐法，致禽以祀方。仲冬教大閱，如振旅之陣，遂以狩田如蒐法，致禽以享烝。

孟秋迎太白，候太白夕見於西方。先見三日，大司馬戒期，遂建旗於陽武門外。司空除壇兆，有司薦毛血，登歌奏昭夏。在位者拜，事畢出。其日中後十刻，六軍士馬，俱介胄集旗下。左右武伯督十二帥嚴街，侍臣文武，俱介胄奉迎。樂師撞黃鍾，右五鍾皆應。皇帝介胄，警蹕以出，如常儀而無鼓角，出國門而軷祭。至則舍於次。太白未見五刻，中外皆嚴，皇帝就位，六軍鼓譟，行三獻之禮。每獻，鼓譟如初獻。事訖，燔燎賜胙，畢，鼓譟而還。【略】

齊制，季冬晦，選樂人子弟十歲以上，十二以下為侲子，合二百四十人。一百二十人，赤幘、皂褠衣，執鼗。一百二十人，赤布袴褶，執鞞角。方相氏黄金四目，熊皮蒙首，玄衣朱裳，執戈揚楯。又作窮奇、祖明之類，凡十二獸，皆有毛角。鼓吹令率之，中黄門行之，冗從僕射將之，以逐惡鬼于禁中。其日戊夜三唱，開諸里門，儺者各集，被服器仗以待事。戊夜四唱，開諸城門，二衛皆嚴。上水一刻，皇帝常服，即御座。王公執事官第一品已下、從六品已上，陪列預觀。儺者鼓譟，入殿西門，徧於禁内。分出二上閤，作方相與十二獸儛戲，喧呼周徧，前後鼓譟。出殿南門，分為六道，出於郭外。【略】

後齊制，日蝕，則太極殿西廂東向，東堂東廂西向，各設御座。羣官公服。晝漏上水一刻，内外皆嚴。三門者閉中門，單門者掩之。蝕前三刻，皇帝服通天冠，即御座，直衛如常，不省事。有變，聞鼓音，則避正殿，就東堂，服白袷單衣。侍臣皆赤幘，帶劍，升殿侍。諸司各於其所，赤幘，持劍，出戶向日立。有司各率官屬，並行宫内諸門、掖門，屯衛太社。鄴令以官屬圍社，守四門，以朱絲繩繞繫社壇三匝。太祝令陳辭責社。太史令二人，走馬露版上尚書，門司疾上之。又告清都尹鳴鼓，如嚴鼓法。日光復，乃止，奏解嚴。

後魏每攻戰剋捷，欲天下知聞，迺書帛，建於竿上，名為露布。其後相因施行。開皇中，迺詔太常卿牛弘、太子庶子裴政撰宣露布禮。及九年平陳，元帥晉王，以驛上露布。兵部奏，請依新禮宣行。承詔集百官、四方客使等，並赴廣陽門外，服朝衣，各依其列。内史令稱有詔，在位者皆拜。宣訖，拜，蹈舞者三，又拜。郡縣亦同。

論説

宋·李燾《六朝通鑑博議》卷六《殺檀道濟魏人大喜》 臣燾曰：士有所持而後敢戰，敵有所畏而後不敢拒。敢者在我，不敢者在敵，未戰而勝負判矣。蓋戰者，卒也所恃以戰者，將也。知吾將之足恃，而後士勇於戰。故威名之將，人主之所崇重也。劉氏自滅秦之後，爪牙股肱誅戮殆盡，其所餘獨檀道濟耳。尊崇任使，以壯士卒之心，銷敵人之氣，用為攻守之基，猶懼其不足而忍殺之乎。既自壞其藩籬，而謂長江大河可恃以不敗。不知古之守者，守以人，不專以地。吳之存亡，決於陸抗；唐之安危，決於李勣。蓋地無常勢，强弱在人，而其人安可不重。

宋·洪邁《容齋隨筆》卷八《東晉將相》 西晉南渡，國勢至弱，元帝為中興主，已有雄武不足之譏，餘皆童幼相承，無足稱算。然其享國百年，五胡雲擾，竟不能窺江、漢，苻堅以百萬之衆，至於送死淝水，後以强臣擅政，鼎命乃移，其于江左之勢，固自若也，是果何術哉？嘗考之矣，以國事付一相，而不貳其任，以外寄付方伯，而不輕其權，文武二柄，既得其道，餘皆可概見矣。百年之間，會稽王昱、道子、元顯以宗室，王敦、二桓以逆取，姑置勿言，卞壼、陸玩、郗鑑、陸曄、王彪之、坦之不任事，其真託國者，王導、庾亮、何充、庾冰、蔡謨、殷浩、謝安、劉裕八人而已。方伯之任，莫重於荆、徐，荆州為國西門，刺史常都督七八州事，力雄强，分天下半。自渡江訖於太元，八十餘年，荷閫寄者，王敦、陶侃、庾氏之亮、翼、桓氏之温、豁、沖、石民八人而已，非終於其軍不輒易，將士服習於下，敵人畏敬於外，非忽去忽來，兵不適將，將不適兵之比也。頃嘗為主上論此，蒙欣然領納，特時有不同，不能行爾。

雜録

《晉書》卷三《武帝紀》 （咸寧元年）二月，以將士應已娶者多，家有五女者給復。

又 卷一一〇《慕容儁載記》 儁于是復圖入寇，兼欲經略關西，乃令州郡校閲見丁，精覆隱漏，率戶留一丁，餘悉發之，欲使步卒滿一百五十萬，期明年大集，將進臨洛陽，為三方節度。武邑劉貴上書極諫，陳百姓凋弊，召兵非法，恐人不堪命，有土崩之禍，并陳時政不便于時者十有三事。儁覽而悦之，付公卿博議，事多納用，乃改為三五占兵，寬戎備一周，悉令明年季冬赴集鄴都。

《魏書》卷四上《世祖紀上》 （神䴥三年）五月戊戌，詔曰：『夫士之為行，在家必孝，處朝必忠，然後身榮於時，名揚後世矣。近遣尚書封鐵翦除亡命，其所部將士有盡忠竭節以殞軀命者，今皆追贈爵號；或有蹈鋒履難以自效者，以功次進位；或有故違軍法私離幢校者，以軍法行戮。夫有功蒙賞，有罪受誅，國之常典，不可暫廢。自今以後，不善者可以自改。其宣敕內外，咸使聞知。』

《周書》卷五《武帝紀上》 （建德二年）十一月辛巳，帝親率（大）［六］軍講武於城東。癸未，集諸軍都督以上五十人於道會苑大射，帝親臨射宮，大備軍容。

（建德三年）六月丁未，集諸軍將，教以戰陣之法。【略】

十二月戊子，大會衛官及軍人以上，賜錢帛各有差。辛卯，月掩太白。詔荊、襄、安、延、夏五州總管內，有能率其從軍者，授官各有差。其貧下戶，給復三年。丙申，改諸軍軍士並為侍官。丁酉，利州上言騶虞見。癸卯，集諸軍講武於臨皋澤。

唐・杜佑《通典》卷七六《禮典三十六・軍禮一》 梁天監初，陸璉定軍禮，依古制類造等用牲幣。帝曰：『宜者請征討有宜，造者稟謀於廟，類者奉天時以明伐，並明不敢自專。陳幣承命可也。』璉不能對。嚴植之又爭之，於是告用牲幣，反亦如之。

北齊天子親征纂嚴，則服通天冠，文物充庭。有司奏更衣，乃入，冠武弁，左貂附蟬以出。誓訖，擇日備法駕，乘木輅，以造於廟。載遷廟主於齋車，以俟行。次宜於社，有司以毛血釁軍鼓，載帝社祏主於車，以俟行。次擇日陳六軍，備大駕，類於上帝。次擇日祈后土、神州、岳鎮、海瀆、源川等。乃為坎盟，督將列牲於坎南，北首。有司於坎前讀盟文，割牲耳，承血，皇帝受牲耳，遍授大將，乃寘於坎。又歃血，歃遍，又以寘坎。禮畢，埋牲及盟書。又卜日，建牙旗於墠，祭以太牢。及所過名山大川，有司致祭。將屆戰所，卜剛日，備玄牲，列軍容，設柴於辰地，為墠而禡祭。大司馬奠矢，有司奠毛血，樂奏大濩之音。禮畢，徹牲，柴燎。戰前一日，皇帝禱祖，司空禱社。戰勝則各報以太牢。又用太牢賞用命於祖，引功臣入旌門，即神庭而授版焉。又罰不用命於社，即神庭行戮訖，振旅而還。格廟詣社訖，擇日行飲至之禮，文物充庭。有司執簡，記年號月朔，陳六師凱入格廟之事，飲至策勳之美，用述其功，不替賞典焉。【略】

宋文帝元嘉二十五年閏二月，大蒐於宣武場。主司列奏申攝，剋日校獵，百官備辦。設行宮殿便座武帳於幕府山南岡，設王公百官便座幔省如常儀，設南北左右四行旌門。建旗以表獲車。殿中郎一人典獲車，主者二人收禽，吏二十四人配獲車十二兩。校獵之官著蔥褲，有帶。二品以上擁刀，備槊麾幡，三品以下帶刀，皆騎乘。將領部曲先獵一日，布圍。領軍將軍一人督右甄；護軍將軍一人督左甄；大司馬一人居中，董正諸將，悉受節度。殿中郎率獲車部曲，在大司馬之後。尚書僕射以下諸官曹令史等，督攝糾司，校獵非違。至日，會於宣武場，列為重圍。設留守填街位於雲龍門外，內官道北，外官道南，以西為上。設從官位於雲龍門內，大官階北，小官階南，以西為上。設先置官位於行上車門外，內官道西，外官道東，以北為上。設先置官還位於廣莫門外道之東西，以南為上。校獵日平旦，正直侍中奏嚴。上水一刻，奏『槌一鼓』，為一嚴。上水二刻，奏『槌二鼓』，為再嚴。殿中侍御史奏開東中華雲龍門，引仗為小駕鹵簿。百官非校獵之官，著朱服，集列廣莫門外。留守填街後部從官就位；前部從官依鹵簿；先置官先行。上水三刻，奏『槌三鼓』，為三嚴。上水四刻，奏『外辦』。正次直侍中、散騎常侍、給事黃門侍郎、散騎侍郎、軍校，劍履進夾上閤。正直侍中負璽，通事令史帶龜印中書之印。上水五刻，皇帝出。著黑介幘單衣，乘輦。正直侍中負璽陪乘，不帶劍。殿中侍御史督攝黃麾以內。次直侍中、次直黃門侍郎護駕在前。又次直侍中佩信璽、行璽，與正直黃門侍郎從護駕在後。不鳴鼓角，不得諠譁，以次引出，警蹕如常儀。車駕出，讚陛者再拜。皇太子入守。車駕將至，威儀唱引先置前部從官就位，再拜。車駕至行殿前回輦，正直侍中跪奏：『降輦。』次直侍中稱制曰：『可。』正直侍中俛伏起。皇帝降輦登御座，侍臣升殿。直衛鈒所立反戟武賁，毛頭文衣鶡尾，以次列階。正直侍中奏：『解嚴。』先置從駕百官還便座幔省。皇帝若親射禽，變服戎服，如校獵儀。內外從官及武賁悉變服，鈒戟抽鞘，以備武衛。黃麾內官，從入圍裏。列置部曲，廣張甄圍，旗鼓相見，銜枚而進。甄周圍會，督甄令史奔騎號法施令曰：『春禽懷孕，蒐而不射；鳥獸之肉不登於俎，不射；皮革齒牙骨角毛羽不登於器，不射。』甄會。大司馬鳴鼓蹙圍，衆軍鼓譟警角，至宣武場止。大司馬屯北旌門，二甄帥屯左右旌門，殿中中郎率獲車部曲入次北旌門內之右。皇帝從南旌門入射禽。謁者以獲車收載，還陳於獲旗之北。王公以下以次射禽，各送詣獲旗下，付收禽主者。事畢，大司馬鳴鼓解圍復屯，殿中郎率其屬收禽，以實獲車，奉車奉充庖廚。正廚置罇酒俎肉於中逵，以犒饗校獵衆軍。至晡，正直侍中量宜奏嚴，從官還著朱服，鈒戟復鞘。再嚴，先置官先還。三嚴後二刻，正直侍中奏：『外辦。』皇帝著黑介幘單衣。正次直侍中、散騎常侍、給事黄門侍郎、軍校進夾御座。正直侍中跪奏：『還宮。』次直侍中稱制曰：『可。』正直侍中俛伏起。乘輿登輦還，衛從如常儀。大司馬鳴鼓散屯，以次就舍。車駕將至，威儀唱引留守填街先置前部從官就位，再拜。車駕至殿前回輦，正直侍中跪奏：『降輦。』次直侍中稱制曰：『可。』正直侍中俛伏起。乘輿降入。正直次直侍中、散騎常侍等從至閤。正直侍中奏：『解嚴。』内外百官拜表問訊訖，罷。

梁陳並依宋儀。其異者，置行殿於幕府山南岡，並設王公百官幕。先獵一日，遣馬騎布圍。左領軍將軍督左，右領軍將軍督右，大司馬董正諸軍。獵日，侍中三奏，一奏搥一鼓，為一嚴，三嚴訖，引仗為小駕鹵簿。皇帝乘馬戎服，從者悉絳衫幘，黄麾警蹕，鼓吹如常儀。獵訖，宴會享勞，比校多少。戮一人以懲亂法。會畢，還宮。

北齊春蒐禮：有司規大防，建獲旗，以表獲車。前一日，命布圍。領軍將軍一人，督左甄；護軍將軍一人，督右甄；大司馬一人，居中，節制諸軍。天子陳小駕，服通天冠，乘木輅，詣行宮。將親禽，服戎服，鈒戟者皆嚴。武衛張甄圍，旗鼓相見，銜枚而進。甄常開一方，以令三驅。圍合，吏奔騎令曰：『鳥獸之肉不登於俎者，不射；皮革齒牙骨角毛羽不登於器者，不射。』甄合，大司馬鳴鼓促圍，衆軍鼓譟鳴角，至期處而止。大司馬屯北旌門，二甄帥屯左右旌門。天子乘馬，從南旌門入，親射禽。謁者以獲車收禽，載還，陳於獲旗之北。王公以下以次射禽，皆送旗下。事畢，大司馬鳴鼓解圍，復屯。殿中郎率其屬收禽，以實獲車。天子還行宮，命有司每禽擇取三十，一曰乾豆，二曰賓客，三曰充君之庖。其餘即於圍下量犒將士。禮畢，改服，鈒者韜刃而還。夏苗、秋獮、冬狩，禮皆同。

後周仲春教振旅，大司馬建大麾於萊田之所。鄉稍之官，以旗物鼓鐸鉦鐃，各帥其人而致。誅其後至者。建麾於後表之軍中，以集衆庶。質明，偃麾，誅其不及者。乃陳徒騎，如戰之陣。大司馬北面誓之。軍中皆

聽鼓角，以為進止之節。田之日，於萊之北，建旗為和門。諸將帥徒騎序入其門，有司居門，以平其人。既入而分其地，險野則徒前而騎後，易野則騎前而徒後。既陣，皆坐，乃設驅逆騎，有司表禡於前。以太牢祭黄帝軒轅氏，於狩地為墠，建二旗，列五兵於座側，行三獻禮。遂蒐田，致禽以祭社。仲夏教茇舍，遂苗田。仲秋練兵獮田。仲冬大閲，遂狩。其致禽享礿教習之儀，並如古周法。【略】

獻帝建安二十一年，有司奏：『古四時講武。按漢西京承秦制，三時不講。唯十月都試金革。今兵戈未偃，士衆素習，可無四時講武，但以立秋擇吉日，大朝車騎，號曰閲兵。上合禮名，下承漢制。』是冬閲兵，魏王曹操親執金鼓以令進退。

延康元年，曹丕嗣魏王。其年秋，閲兵於郊，公卿相儀，王御華蓋，親執金鼓之節。

魏明帝太和元年十月，閲兵於東郊。

晉武帝泰始四年、九年、咸寧元年、太康四年、六年冬，皆自臨宣武觀，大閲，習衆軍。然不自令進退。自惠帝以後，其禮遂廢。

東晉元帝詔左右衛及諸營教習，依大習儀。成帝咸和中，詔内外諸軍戲於南郊之場，故其地因名鬬場。自後蕃鎮桓、庾諸方伯，往往閲習，然朝廷無事焉。

宋文帝依故事肄習衆軍，兼用漢魏之禮。其後以時講武於宣武堂。

後魏明帝永興五年以九月十月之交，親行貙劉之禮。孝成帝和平三年，因歲除大儺，遂耀兵示武。更為制，令步兵陣於南，騎士陣於北，各擊鐘鼓，以為節度。其步兵所衣，青赤黑黄，別為部隊。楯矟矛戟相次周迴轉易，以相赴就。有飛龍騰蛇之變，為函箱魚鱗四門之陣，凡十餘法。跪起前卻，莫不應節。陣畢，南北二軍皆鳴鼓角，衆盡大譟。各令騎將六千人去來挑戰，步兵更進退以相拒擊，南敗北捷，以為盛觀。自後以為常。

北齊常以季秋，皇帝講武於都外。有司先芟萊野為場，為二軍進止之節。又別墠於北場，輿駕停觀。遂命將教衆為戰場之法。凡為陣，少者在前，長者在後。其還，則長者在前，少者在後。長者持弓矢，短者持旌旗。勇者持鉦鼓刀楯為前行，戰士次之，槊者次之，弓箭為後行。將帥先

教士目，使習見旌旗指麾之蹤，發起之意，旗臥則跪。次教士耳，使習聽金鼓動止之節，聲鼓則進，鳴金則止。次教士心，使知刑罰之苦，賞賜之利。次教士手，使習持五兵之便，戰鬭之備。次教士足，使習跪起及行嶮泥之塗。前五日，皆請兵嚴於場所，依方色建旗為和門。都墠之中及四角，皆建五采牙旗。應講武者，各集於其軍。戎鼓一通，軍士皆嚴備。二通，將士擐甲。三通，步軍各為直陣，以相俟。大將各處軍中，立旗鼓下。有司陳小駕鹵簿，皇帝武弁，乘革輅，大司馬介胄乘馬，奉引入行殿。百司陪列。位定，二軍迭為客主。先舉為客，後舉為主。從五行相勝法，為陣以應之。【略】

魏故事，遣將出征，符節郎授節鉞，跪而推轂。

北齊命將出征，則太卜詣廟，灼龜，授鼓旗於廟。皇帝陳法駕，服袞冕，至廟，拜於太祖。徧告訖，降就中階，引上將，操鉞授柯，曰：『從此上至天，將軍制之。』又操斧授柯，曰：『從此下至泉，將軍制之。』將軍既受斧鉞，對曰：『國不可從外理，軍不可從中制。臣既受命，有鼓旗斧鉞之威，願假一言之命於臣。』帝曰：『苟利社稷，將軍裁之。』將軍就車，載斧鉞而出。皇帝推轂度閫，曰：『從此以外，將軍制之。』

後周制，大將出征，遣太祝以羊一，祭所過名山大川。明帝武成元年，吐谷渾寇邊。帝戎服乘馬，遣大司馬賀蘭祥討之。告於太祖之廟，司憲奉鉞，進授大將。大將拜受，以授從者。禮畢，出受甲兵。【略】

後魏每攻戰剋捷，欲天下聞知，乃書帛，建於漆竿上，名為露布，自此始也。其後相因施行。

元·馬端臨《文獻通考》卷一五一《兵考三》　魏制略如東漢，南北軍如故。

魏武為相國，置武衛營，相府以領軍主之。

文帝增置中營，於是何武衛、中壘二營，以領軍將軍併五校統之。是時有中、左、右、前軍各一帥，又有中護、中領軍、領護軍將軍各一人。

黄初中，復令州郡典兵，州置都督，尋加四征、四鎮將軍之號，又置大將軍，都督中外兵之柄世在司馬氏，而魏祚移矣。

吳多舟師，而兵有解煩、敢死兩部，又有車下虎士，《甘寧傳》：『從攻合肥，疫疾，軍旅皆已引出，唯車下虎士千餘人。』丹陽青巾，《孫皓傳》：『丹陽太守沈瑩領丹陽鋭卒刀楯五千，號曰青巾兵，屢捷。』交州義士，《步騭傳》：『權遣呂岱代騭，騭將交州義士萬人出長沙。』及健兒、武射之名。調度亦無法健兒見《淩統》、《甘寧傳》，武射吏見《駱統傳》，大率强者為兵，羸者補戶見《陸遜傳》，至有二百餘家輒皆料取，以他郡羸民遷補其處。《陳武傳》：『武子表領新安都尉。初，表所受賜複人得二百家，在會稽新安縣。表簡視其人皆堪好兵，乃上疏陳讓，乞以還官，充足精鋭。詔曰：「先將軍有功於國，國家以此報之，卿何得辭。」表乃稱曰：「今除國賊，報父之仇，以人為本。空枉此勁鋭以為僮僕，非表志也。」皆輒料取以充部伍。所在以聞，權甚嘉之。下郡縣，料正戶羸民，以補其處。』其後又以五子分將，而吳遂亡。

晉文帝置二衛中衛、後衛，三部司馬前驅、由基、强弩，以中領之軍領之。

武帝以伐吳，遂分左、右各一將軍，又置羽林、虎賁、上騎、異力四部，皆領於驍騎。又有左、右、前、後四軍，四護軍領之。凡二衛、左、右、前、後驍騎七軍，皆以中軍將軍羊祜領之祜罷，改北中軍候。

帝懲魏氏孤立，大封同姓。大國三軍，兵五千人；次國二軍，兵三千人；小國一軍，兵千五百人。

太康元年，既平吳，詔悉去州郡兵。

詔曰：『昔自漢末，四海分崩，刺史內親民事，外領兵馬。今天下為一，當韜戢干戈，刺史分職，皆如漢氏故事，悉去州郡兵，郡置武吏百人，小郡五十人。』交州牧陶璜上言：『交、廣東西數千里，不賓屬者六萬餘戶，至於服從官役纔五千餘家，二州脣齒，唯兵是鎮。又寗州諸夷，接據上流，水陸俱通，州兵未宜約損，以示單虛。』僕射山濤亦言不宜去州郡武備，帝不聽。及永寗以後，盜賊羣起，州郡無備，不能禽制，天下遂大亂，乃濤所言然。其後刺史復兵民之政，州鎮愈重矣。

元帝南渡，有大將軍、都督、四鎮、四征、四平之號，然調兵不出三吳，大發毋過三萬，每議出討，多取奴兵。

自用刁協議，後皆以奴為兵。王道子發諸郡奴，號曰樂屬，庾翼發六州奴北伐是也。

漢主劉聰置輔漢等十六大將軍，各配兵二千，以諸子為之。又置左右司隸，各領戶二千餘萬，萬戶置一內史。單于左右輔，各主六夷十萬落。

萬落置一都尉。趙王石虎命司冀、青、徐、幽、并、雍七州之民，五丁取三，四丁取二，合鄴城舊兵滿五十萬，興舡萬艘，自河通海，運穀千一百萬斛於樂安城，徙遼西、北平、漁陽萬餘戶於兗、豫、雍、洛四州之地，興屯田，括民馬得萬餘。大閱於宛陽，欲以擊燕。又制征士五人出軍一乘，牛二頭，米十五斛，絹十疋，調不辦者斬，民至鬻子以共軍須，猶不能給，死者相望。

秦王苻堅下詔大舉入寇，民每十丁遣一兵，其良家子二十以下有材勇者皆拜羽林郎。良家子至者三萬餘騎。

宋文帝元嘉二十七年，大舉伐魏，以兵力不足，悉發青、冀、徐、豫、二兗三州三五民丁，倩使暫行，符到十日裝束。緣江五郡集廣陵，緣淮三郡集盱眙。又募中外有馬步衆藝武力之士應科者，皆加厚賞。江南白丁輕進易退，卒以敗師。

晉氏南遷，以揚州為京畿，所資皆出焉。以荆、江為重鎮，甲兵所聚盡在焉。常使大將居之，三州戶口居江南之半。宋孝武惡其大，故分揚州、浙東五郡，置東揚州，治會稽，分荆、湘、江、豫州之郡，置郢州，治江夏。罷南蠻校尉，遷其營於建康。

齊高祖受禪。自泰始以來，內外多虞，將帥各募部曲，屯聚建康。李安上表請自非淮北常備，外餘軍悉皆輸遣，若親近宜以隨身者聽限人數。上從之。武帝末年，魏孝文欲遷都洛陽，聲言南伐，詔發揚、徐州民丁，廣設詔募以備之。

後魏明元帝置四廂大將，又放十二時，置十二小將。詔諸州六十戶出戎馬一疋，大閱於東都，署將帥，以山陽侯奚斤為前軍，衆三萬，陽平王熙等十二將各一萬騎。帝臨白登，躬自校覽。其後又詔天下戶二十輸戎馬一疋，大牛一頭，六部人羊滿百口者，調戎馬一疋。

太武真君十一年，遣師南伐，圍盱眙，遺臧質書曰：『吾今所遣鬭兵，盡非我國人，城東北是丁零與胡，南是氐、羌。設使丁零死，正可減常山、趙郡賊；胡死，減幷州賊；氐、羌死，減關中賊。卿殺之無所不利。』

孝文帝定都洛陽，選武勇之士十五萬人為羽林、虎賁，以充宿衛。其後詔軍士自代來者，皆以為羽林、虎賁。司州民十二夫調一吏，以供公私力役。

宣武時，源懷奏：『邊鎮事少，而置官猥多。沃野一鎮，自將以下八百餘人，請一切五分損二。』從之。

孝明時，任城王澄以北邊鎮將選舉彌輕，恐賊虜闚邊，山陵危迫，奏求重鎮將之選，修警備之嚴。詔公卿議之。廷尉少卿袁翻議，以為：『比緣邊州郡，官不擇人，唯論資級。或值貪汙之人，廣開戍邏，多置帥領，或用其左右姻親，或受人貨財請屬，皆無防寇之心，唯有聚斂之意。其勇力之兵，驅令抄掠，若值彊敵，卽為奴虜；如有執獲，奪為已富。其羸弱老小之輩，微解金鐵之工，少嫻草木之作，無不搜營窮壘，苦役百端。自餘或伐木深山，或芸草平陸，販貿往還，相望道路。此等祿既不多，貲亦有限，皆收其實絹，給其虛粟，窮其力，薄其衣，用其功，節其食，緣冬歷夏，加之疾苦，死於溝瀆者什常七八。是以鄰敵伺間，擾我疆埸，皆由邊任不得其人故也。愚謂自今已後，南北邊諸番及所統郡縣、府佐、統軍至於戍主，皆令朝臣王公已下，各舉所知，必選其才，不拘階級。若稱職及敗官，并所舉之人，隨事賞罰。』太后不能用。及正光之末，北邊盜賊羣起，遂逼舊都，犯山陵，如澄所慮。

李崇長史鉅鹿魏蘭根說崇曰：『昔緣邊初置諸鎮，地廣人稀，或徵發中原强宗子弟，或國之肺腑，寄以爪牙。中年以來，有司號為府戶，役同廝養，宦婚班齒，致失清流，而本來族類，各居榮顯，顧瞻彼此，理當憤怨。宜改鎮立州，分置郡縣，凡是府戶，悉免為民。入仕次敍，一集其舊，文武兼用，威恩並施。此計若行，國家無北顧之憂矣。』崇為之聞奏，事寢不報。

廣陽王深上言：『先朝都平城，以北邊為重，盛簡親賢，擁麾作鎮，配以高門子弟，以死防遏，非唯不廢仕宦，乃更獨得複除，當時人物，忻慕為之。太和中，僕射李沖用事，涼州土人，悉免廝役，帝鄉舊門，仍防邊戍。自非得罪當世，莫肯與之為伍。本鎮驅使，但為虞候、白直，一生推遷，不過軍主。然其同族留京師者得上品通官，在鎮者卽為清途所隔。或多逃逸，乃峻邊兵之格，鎮人不聽，浮游在外。於是少年不得從師，長者不得游宦，獨為匪人，言之流涕。自定鼎伊、洛，邊任益輕，唯底滯凡才，乃出為鎮。將相模習，專事聚斂。或諸方奸吏，犯罪配邊，為之損蹤，政以賄立，邊人無不切齒。及阿那瓌背恩，縱掠發奔，命追之，十五萬衆度沙漠，不日而還。邊人見此援師，遂自意輕中國。尚書令臣崇求改鎮為州，抑亦先覺，朝廷未許。而高闕戍主御下失和，拔陵殺之，遂相帥為亂，攻城掠地，所過夷滅。王師屢北，賊黨日盛。此段之舉，指望銷平，而崔暹隻輪不返。臣崇與臣，逡巡複路，相與還次雲中，將士之情，莫不解體。今日所慮，非止西北，將恐諸鎮尋亦如此，天下之事，何易可量。』書奏，不省。

孝明神龜二年，征西將軍張彝子仲瑀上封事，求銓削選格，排抑武人，不使豫清品，於是諠謗盈路，立榜剋期集會，屠其家。二月，羽林、虎賁近千人，直造其第，焚殺彝父子，遠近震駭。胡太后收羽林、虎賁凶强者八人斬之，其餘不復窮治，大赦以安之。高歡時給使至洛，歸而散家財以結客，曰：『宿衛相帥焚大臣之第，朝廷懼其亂而不問，為政如此，事可知矣。』

按先儒因高歡之言，以為當時不能伸張彝之冤酷，殲羽林之驕横，可以見魏政之不綱。然愚嘗考之，拓跋氏起自雲、朔，據有中原，兵戎乃其所以為國也，羽林、虎賁則宿衛之兵，六鎮將卒則禦侮之兵，往往皆代北部落之苗裔，其初藉之以横行中國者孝文詔軍士自代來者，皆以為羽林、虎賁。自孝文定鼎伊、洛，務欲以夏變夷，遂至矯枉過正，宗文鄙武，六鎮兵卒，多擯棄之，有同奴隸，邊任浸輕，裔夷内侮，魏之衰弱實肇於此。任城、廣陽二王之言，可見當時為國遠慮者。正當少遵創造之規，優假介胄之士，以救其偏。而彝複欲排抑武人，不豫清品，且當時幼主尸位，政出房闥，選舉無章，賢否混雜，所謂清品，豈皆佳士？而獨欲擯羽林、虎賁，使不得預乎？軍士賊殺大臣而不能討，紀綱隳矣！然彝父子謀之不臧，固有以取死也。

北齊軍制，別為内外，領之二曹，外步兵曹，内騎兵曹。十八受田，二十充兵，六十免役，頗追古意。

神武王將出兵拒魏，行臺郎中杜弼請先除内賊，歡問内賊為誰，弼曰：『諸勳貴掠奪百姓者是也。』歡不應使軍士皆張弓注矢，舉刀按稍，夾道羅列，命弼冒出其間，弼戰慄流汗，歡乃徐諭之曰：『矢雖注，不射；刀雖舉，不擊；稍雖按，不刺。爾猶亡魂失膽。諸勳人身犯鋒鏑，百死一生，雖或貪鄙，所取者大，豈可同之常人也？』弼乃頓首謝不及。歡每號令軍人，常令丞相屬代郡張華原宣旨，其語鮮卑，則曰：『漢民是汝奴，夫為汝耕，婦為汝織，輸汝粟帛，令汝温飽，汝何為陵之？』其語華人，則曰：『鮮卑是汝作客，得汝一斛粟，一疋絹，為汝擊賊，令汝安寧，汝何為疾之？』

周太祖輔西魏時，用蘇綽言，始仿周典置六軍，籍六等之民，擇魁健材力之士，以為之首，盡蠲租調，而刺史以農隙教之，合為百府。每府一郎將主之，分屬二十四軍，開府各領一軍。大將軍凡十二人，每一將軍統二開府。一柱國主二大將，將複加持節都督以統焉。凡柱國六員，衆不滿五萬人。

閔帝時，改八丁兵為十二丁兵，率歲一月一役。

武帝既誅晉公護，始親政。初，周太祖為魏相，立左右十二軍，總屬相府。太祖殂，皆受晉公護處分。凡所徵發，非護書不行，護第屯兵侍衛盛於宮闕。帝既親政，始收兵權，既克齊之後，并相，各置六府，而東北別為七總管。隋兵制大抵仍周、齊府兵之舊而加潤色，其十二衛：曰翊衛，曰驍騎衛，曰武衛，曰屯衛，曰禦衛，曰侯衛，各分左右，皆置將軍，以分統諸府之兵。有郎將、副將、坊主、團主，以相統治。其外又有驃騎、車騎二府，皆有將軍。後更驃騎曰鷹揚郎將，車騎曰副郎將，別置折衝、果毅，此府兵之大略也。

立法司法權分部

綜　述

《三國志》卷二《魏志・文帝紀》（黄初）四年春正月，詔曰：『喪亂以來，兵革未戢，天下之人，互相殘殺。今海内初定，敢有私復讎者皆族之。』**【略】**

（黄初）五年春正月，初令謀反大逆乃得相告，其餘皆勿聽治；敢妄相告，以其罪罪之。

又　卷三《魏志・明帝紀》（太和三年）冬十月，改平望觀曰聽訟觀。帝常言『獄者，天下之性命也』，每斷大獄，常幸觀臨聽之。【略】

（青龍二年二月）癸酉，詔曰：『鞭作官刑，所以糾慢怠也，而頃多以無辜死。其減鞭杖之制，著于令。』【略】

（青龍四年）六月壬申，詔曰：『有虞氏畫象而民弗犯，周人刑錯而不用。朕從百王之末，追望上世之風，邈乎何相去之遠？法令滋章，犯者彌多，刑罰愈衆，而姦不可止。往者按大辟之條，多所蠲除，思濟生民之命，此朕之至意也。而郡國斃獄，一歲之中尚過數百，豈朕訓導不醇，俾民輕罪，將苛法猶存，為之陷阱乎？有司其議獄緩死，務從寬簡，及乞恩者，或辭未出而獄以報斷，非所以究理盡情也。其令廷尉及天下獄官，諸有死罪具獄以定，非謀反及手殺人，亟語其親治，有乞恩者，使與奏當文書俱上，朕將思所以全之。其布告天下，使明朕意。』

又　卷四《魏志・齊王芳傳》　正始元年春二月乙丑，加侍中中書監劉放、侍中中書令孫資為左右光禄大夫。丙戌，以遼東汶、北豐縣民流徙渡海，規齊郡之西安、臨菑、昌國縣界為新汶、南豐縣，以居流民。

自去冬十二月至此月不雨。丙寅，詔令獄官亟平冤枉，理出輕微；羣公卿士讜言嘉謀，各悉乃心。

《晉書》卷三《武帝紀》（泰始四年正月）丁亥，帝耕於藉田。戊子，詔曰：『古設象刑而衆不犯，今雖參夷而姦不絶，何德刑相去之遠哉！先帝深愍黎元，哀矜庶獄，乃命羣后，考正典刑。朕守遺業，永惟保乂皇基，思與萬國以無為為政。方今陽春養物，東作始興，朕親率王公卿士耕藉田千畝。又律令既就，班之天下，將以簡法務本，惠育海内。宜寬有罪，使得自新，其大赦天下。長吏、郡丞、長史各賜馬一匹。』【略】

（泰始四年十二月）庚寅，帝臨聽訟觀，録廷尉洛陽獄囚，親平決焉。【略】

（泰始五年正月）丙申，帝臨聽訟觀録囚徒，多所原遣。【略】

（泰始十年）六月癸巳，臨聽訟觀録囚徒，多所原遣。

又　卷五《孝懷帝紀》　永嘉元年春正月癸丑朔，大赦，改元，除三族刑。

又　卷六《明帝紀》（太寧）三年春二月戊辰，復三族刑，惟不及婦人。

又　卷三〇《刑法志》　獻帝建安元年，應劭又删定律令，以為《漢議》，表奏之曰：『夫國之大事，莫尚載籍也。載籍也者，決嫌疑，明是非，賞刑之宜，允執厥中，俾後之人永有鑑焉。故膠東相董仲舒老病致仕，朝廷每有政議，數遣廷尉張湯親至陋巷，問其得失，於是作《春秋折獄》二百三十二事，動以《經》對，言之詳矣。逆臣董卓，蕩覆王室，典憲焚燎，靡有孑遺，開闢以來，莫或茲酷。今大駕東邁，巡省許都，拔出險難，其命惟新。臣竊不自揆，輒撰具《律本章句》、《尚書舊事》、《廷尉板令》、《決事比例》、《司徒都目》、《五曹詔書》及《春秋折獄》，凡二百五十篇，蠲去復重，為之節文。又集《議駁》三十篇，以類相從，凡八十二事。其見《漢書》二十五，《漢記》四，皆删敘潤色，以全本體。其二十六，博採古今瓌瑋之士，德義可觀。其二十七，臣所創造。《左氏》云：「雖有姬姜，不棄憔悴；雖有絲麻，不棄菅蒯。」蓋所以代匱也。是用敢露頑才，廁於明哲之末，雖未足綱紀國體，宣洽時雍，庶幾觀察，增闡聖德。惟因萬機之餘暇，遊意省覽。』獻帝善之，於是舊事存焉。

是時天下將亂，百姓有土崩之勢，刑罰不足以懲惡，於是名儒大才故遼東太守崔寔、大司農鄭玄、大鴻臚陳紀之徒，咸以為宜復行肉刑。漢朝既不議其事，故無所用矣。及魏武帝匡輔漢室，尚書令荀彧博訪百官，復欲申之，而少府孔融議以為：『古者敦庬，善否區別，吏端刑清政簡，一無過失，百姓有罪，皆自取之。末世陵遲，風化壞亂，政撓其俗，法害其教。故曰「上失其道，人散久矣」。而欲繩之以古刑，投之以殘棄，非所謂與時消息也。紂斮朝涉之脛，天下謂為無道。夫九牧之地，千八百君，若各刖一人，是天下常有千八百紂也，求世休和，弗可得已。且被刑之人，慮不念生，志在思死，類多趨惡，莫復歸正。夙沙亂齊，伊戾禍宋，趙高、英布，為世大患。不能止人遂為非也。雖忠如鬻拳，信如卞和，智如孫臏，冤如巷伯，才如史遷，達如子政，一罹刀鋸，沒世不齒。是太甲之思庸，穆公之霸秦，陳湯之都賴，魏尚之臨邊，無所復施也。漢開改惡之路，凡為此也。故明德之君，遠度深惟，棄短就長，不苟革其政者也。』朝廷善之，卒不改焉。

及魏國建，陳紀子羣時為御史中丞，魏武帝下令又欲復之，使羣申其父論。羣深陳其便。時鍾繇為相國，亦贊成之，而奉常王脩不同其議。魏武帝亦難以藩國改漢朝之制，遂寢不行。於是乃定甲子科，犯釱左右趾者易以木械，是時乏鐵，故易以木焉。又嫌漢律太重，故令依律論者聽得科半，使從半減也。

魏文帝受禪，又議肉刑。詳議未定，會有軍事，復寢。時有大女劉朱，撾子婦酷暴，前後三婦自殺，論朱減死輸作尚方，因是下怨毒殺人減死之令。魏明帝改士庶罰金之令，男聽以罰金，婦人加笞還從鞭督之例，以其形體裸露故也。

是時承用秦漢舊律，其文起自魏文侯師李悝。悝撰次諸國法，著《法經》。以為王者之政，莫急於盜賊，故其律始于《盜》、《賊》。盜賊須劾捕，故著《網》、《捕》二篇。其輕狡、越城、博戲、借假不廉、淫侈逾制以為《雜律》一篇，又以《具律》具其加減。是故所著六篇而已，然皆罪名之制也。商君受之以相秦。漢承秦制，蕭何定律，除參夷連坐之罪，增部主見知之條，益事律《興》、《廄》、《戶》三篇，合為九篇。叔孫通益律所不及，傍章十八篇。張湯《越宮律》二十七篇。趙禹《朝律》六篇。合六十篇。又漢時決事，集為《令甲》以下三百餘篇，及司徒鮑公撰嫁娶辭訟決為《法比都目》，凡九百六卷。世有增損，率皆集類為篇，結事為章。一章之中或事過數十，事類雖同，輕重乖異。而通條連句，上下相蒙，雖大體異篇，實相采入。《盜律》有賊傷之例，《賊律》有盜章之文，《興律》有上獄之法，《廄律》有逮捕之事，若此之比，錯糅無常。後人生意，各為章句。叔孫宣、郭令卿、馬融、鄭玄諸儒章句十有餘家，家數十萬言。凡斷罪所當由用者，合二萬六千二百七十二條，七百七十三萬二千二百餘言，言數益繁，覽者益難。天子於是下詔，但用鄭氏章句，不得雜用餘家。

衛覬又奏曰：『刑法者，國家之所貴重，而私議之所輕賤；獄吏者，百姓之所懸命，而選用者之所卑下。王政之弊，未必不由此也。請置律博士，轉相教授。』事遂施行。然而律文煩廣，事比衆多，離本依末，決獄之吏如廷尉獄吏范洪受囚絹二丈，附輕法論之，獄吏劉象受屬偏考囚張茂物故，附重法論之。洪、象雖皆棄市，而輕枉者相繼。是時太傅鍾繇又上疏求復肉刑，詔下其奏，司徒王朗議又不同。時議者百餘人，與朗同者多。帝以吳蜀未平，又寢。

其後，天子又下詔改定刑制，命司空陳羣、散騎常侍劉邵、給事黃門侍郎韓遜、議郎庾嶷、中郎黃休、荀詵等刪約舊科，傍采漢律，定為魏法，制《新律》十八篇，《州郡令》四十五篇，《尚書官令》、《軍中令》，合百八十餘篇。其序略曰：

舊律所難知者，由於六篇篇少故也。篇少則文荒，文荒則事寡，事寡則罪漏。是以後人稍增，更與本體相離。今制新律，宜都總事類，多其篇條。

舊律因秦《法經》，就增三篇，而《具律》不移，因在第六。罪條例既不在始，又不在終，非篇章之義。故集罪例以為《刑名》，冠於律首。

《盜律》有劫略、恐猲、和賣買人，科有持質，皆非盜事，故分以為《劫略律》。《賊律》有欺謾、詐偽、逾封、矯制，《囚律》有詐偽生死，《令丙》有詐自複免，事類衆多，故分為《詐律》。《賊律》有賊伐樹木、殺傷人畜產及諸亡印，《金布律》有毀傷亡失縣官財物，故分為《毀亡律》。《囚律》有告劾、傳覆，《廄律》有告反逮受，科有登聞道辭，故分為《告劾律》。《囚律》有繫囚、鞫獄、斷獄之法，《興律》有上獄之事，科有考事報讞，宜別為篇，故分為《繫訊》、《斷獄律》。《盜律》有受所監受財枉法，《雜律》有假借不廉，《令乙》有呵人受錢，科有使者驗賂，其事相類，故分為《請賕律》。《盜律》有勃辱強賊，《興律》有擅興徭役，《具律》有出賣呈，科有擅作修舍事，故分為《興擅律》。《興律》有乏徭稽留，《賊律》有儲峙不辨，《廄律》有乏軍之興，及舊典有奉詔不謹、不承用詔書，漢氏施行有小愆之反不如令，輒劾以不承用詔書乏軍要斬，又減以《丁酉詔書》，《丁酉詔書》，漢文所下，不宜複以為法，故別為之《留律》。秦世舊有廄置、乘傳、副車、食廚，漢初承秦不改，後以費廣稍省，故後漢但設騎置而無車馬，則律猶著其文，則為虛設，故除《廄律》，取其可用合科者，以為《郵驛令》。其告反逮驗，別入《告劾律》。上言變事，以為《變事令》，以驚事告急，與《興律》烽燧及科令者，以為《驚事律》。《盜律》有還贓畀主，《金布律》有罰贖入責以呈黃金為價，科有平庸坐贓事，以為《償贓律》。律之初制，無免坐之文，張湯、趙禹始作監臨部主、見知故縱之例。其見知而故不舉劾，各與同罪，失不舉劾，各以贖論，其不見不知，不坐也，是以文約而例通。科之為制，每條有違科，不覺不知，從坐之免，不復分別，而免坐繁多，宜總為免例，以省科文，故更制定其由例，以為《免坐律》。諸律令中有其教制，本條無從坐之文者，皆從此取法也。凡所定增十三篇，就故五篇，合十八篇，於正律九篇為增，于旁章科令為省矣。

改漢舊律不行於魏者皆除之，更依古義制為五刑。其死刑有三，髡刑有四，完刑、作刑各三，贖刑十一，罰金六，雜抵罪七，凡三十七名，以為律首。又改賊律，但以言語及犯宗廟園陵，謂之大逆無道，要斬，家屬從坐，不及祖父母、孫。至於謀反大逆，臨時捕之，或汙瀦，或梟葅，夷其三族，不在律令，所以嚴絶惡迹也。賊鬭殺人，以劾而亡，許依古義，聽子弟得追殺之。會赦及過誤相殺，不得報讎，所以止殺害也。正殺繼母，與親母同，防繼假之隙也。除異子之科，使父子無異財也。歐兄姊加至五歲刑，以明教化也。囚徒誣告人反，罪及親屬，異於善人，所以累之使省刑息誣也。改投書棄市之科，所以輕刑也。正篡囚棄市之罪，斷凶强為義之蹤也。二歲刑以上，除以家人乞鞫之制，省所煩獄也。改諸郡不得自擇伏日，所以齊風俗也。

斯皆魏世所改，其大略如是。其後正始之間，天下無事，於是征西將軍夏侯玄、河南尹李勝、中領軍曹羲、尚書丁謐又追議肉刑，卒不能決。其文甚多，不載。

及景帝輔政，是時魏法，犯大逆者誅及已出之女。毌丘儉之誅，其子甸妻荀氏應坐死，其族兄顗與景帝姻，通表魏帝，以匃其命。詔聽離婚。荀氏所生女芝，為潁川太守劉子元妻，亦坐死，以懷妊繫獄。荀氏辭詣司隸校尉何曾乞恩，求沒為官婢，以贖芝命。曾哀之，使主簿程咸上議曰：『大司寇作典，建三等之制；甫侯修刑，通輕重之法。叔世多變，秦立重辟，漢又修之。大魏承秦漢之弊，未及革制，所以追戮已出之女，誠欲殄醜類之族也。然則法貴得中，刑慎過制。臣以為女人有三從之義，無自專之道，出適他族，還喪父母，降其服紀，所以明外成之節，異在室之恩。而父母有罪，追刑已出之女；夫黨見誅，又有隨姓之戮。一人之身，內外受辟。今女既嫁，則為異姓之妻；如或產育，則為他族之母，此為元惡之所忽。戮無辜之所重，於防則不足懲姦亂之源，於情則傷孝子之心。男不得罪於他族，而女獨嬰戮於二門，非所以哀矜女弱，蠲明法制之本分也。臣以為在室之女，從父母之誅；既醮之婦，從夫家之罰。宜改舊科，以為永制。』於是有詔改定律令。

文帝為晉王，患前代律令本注煩雜，陳羣、劉邵雖經改革，而科網本密，又叔孫、郭、馬、杜諸儒章句，但取鄭氏，又為偏黨，未可承用。於是令賈充定法律，令與太傅鄭沖、司徒荀顗、中書監荀勖、中軍將軍羊祜、中護軍王業、廷尉杜友、守河南尹杜預、散騎侍郎裴楷、潁川太守周雄、齊相郭頎、騎都尉成公綏、尚書郎柳軌及吏部令史榮邵等十四人典其事，就漢九章增十一篇，仍其族類，正其體號，改舊律為《刑名》、《法例》，辨《囚律》為《告劾》、《繫訊》、《斷獄》，分《盜律》為《請賕》、《詐偽》、《水火》、《毀亡》，因事類為《衛宮》、《違制》，撰《周官》為《諸侯律》，合二十篇，六百二十條，二萬七千六百五十七言。蠲其苛穢，存其清約，事從中典，歸於益時。其餘未宜除者，若軍事、田農、酤酒，未得皆從人心，權設其法，太平當除，故不入律，悉以為令。施行制度，以此設教，違令有罪則入律。其常事品式章程，各還其府，為故事。減梟斬族誅從坐之條，除謀反適養母出女嫁皆不復還坐父母棄市，省禁固相告之條，去捕亡、亡沒為官奴婢之制。輕過誤老少女人，當罰金杖罰者，皆令半之。重姦伯叔母之令，棄市。淫寡女，三歲刑。崇嫁娶之要，一以下娉為正，不理私約。峻禮教之防，準五服以制罪也。凡律令合二千九百二十六條，十二萬六千三百言，六十卷，故事三十卷。泰始三年，事畢，表上。武帝詔曰：『昔蕭何以定律令受封，叔孫通制儀為奉常，賜金五百斤，弟子百人皆為郎。夫立功立事，古今之所重，宜加祿賞，其詳考差敘。輒如詔簡異弟子百人，隨才品用，賞帛萬餘匹。』武帝親自臨講，使裴楷執讀。四年正月，大赦天下，乃班新律。

其後，明法掾張裴又注律，表上之，其要曰：

律始於《刑名》者，所以定罪制也；終於《諸侯》者，所以畢其政也。王政布於上，諸侯奉於下，禮樂撫於中，故有三才之義焉，其相須而成，若一體焉。

《刑名》所以經略罪法之輕重，正加減之等差，明發衆篇之多義，補其章條之不足，較舉上下綱領。其犯盜賊、詐偽、請賕者，則求罪於此，作役、水火、畜養、守備之細事，皆求之作本名。告訊為之心舌，捕繫為之手足，斷獄為之定罪，名例齊其制。自始及終，往而不窮，變動無常，周流四極，上下無方，不離于法律之中也。

其知而犯之謂之故，意以為然謂之失，違忠欺上謂之謾，背信藏巧謂之詐，虧禮廢節謂之不敬，兩訟相趣謂之鬬，兩和相害謂之戲，無變斬擊謂之賊，不意誤犯謂之過失，逆節絶理謂之不道，陵上僭貴謂之惡逆，將害未發謂之戕，唱首先言謂之造意，二人對議謂之謀，制衆建計謂之率，不和謂之强，攻惡謂之略，三人謂之羣，取非其物謂之盜，貨財之利謂之贓：凡二十者，律義之較名也。

夫律者，當慎其變，審其理。若不承用詔書，無故失之刑，當從贖。謀反之同伍，實不知情，當從刑。此故失之變也。卑與尊鬬，皆為賊。鬬之加兵刃水火中，不得為戲，戲之重也。向人室廬道徑射，不得為過，失之禁也。都城人衆中走馬殺人，當為賊，賊之似也。過失似賊，戲似鬬，鬬而殺傷傍人，又似誤，盜傷縛守似强盜，呵人取財似受賕，因辭所連似告劾，諸勿聽理似故縱，持質似恐猲。如此之比，皆為無常之格也。

五刑不簡，正于五罰，五罰不服，正于五過，意善功惡，以金贖之。故律制，生罪不過十四等，死刑不過三，徒加不過六，囚加不過五，累作不過十一歲，累笞不過千二百，刑等不過一歲，金等不過四兩。月贖不計日，日作不拘月，歲數不疑閏。不以加至死，并死不復加。不可累者，故有并數；不可并數，乃累其加。以加論者，但得其加；與加同者，連得其本。不在次者，不以通論。以人得罪與人同，以法得罪與法同。侵生害死，不可齊其防；親疏公私，不可常其教。禮樂崇於上，故降其刑；刑法閑於下，故全其法。是故尊卑敘，仁義明，九族親，王道平也。

律有事狀相似而罪名相涉者，若加威勢下手取財為强盜，不自知亡為縛守，將中有惡言為恐猲，不以罪名呵為呵人，以罪名呵為受賕，劫召其財為持質。此六者，以威勢得財而名殊者也。即不求自與為受求，所監求而後取為盜贓，輸入呵受為留難，斂人財物積藏於官為擅賦，加歐擊之為戮辱。諸如此類，皆為以威勢得財而罪相似者也。

夫刑者，司理之官；理者，求情之機；情者，心神之使。心感則情動於中，而形於言，暢於四支，發於事業。是故姦人心愧而面赤，內怖而色奪。論罪者務本其心，審其情，精其事，近取諸身，遠取諸物，然後乃可以正刑。仰手似乞，俯手似奪，捧手似謝，擬手似訴，拱臂似自首，攘臂似格鬬，矜莊似威，怡悅似福，喜怒憂歡，貌在聲色。姦真猛弱，候在視息。出口有言當為告，下手有禁當為賊，喜子殺怒子當為戲，怒子殺喜子當為賊。諸如此類，自非至精不能極其理也。

律之名例，非正文而分明也。若八十，非殺傷人，他皆勿論，即誣告謀反者反坐。十歲，不得告言人；即奴婢捍主，主得謁殺之。賊燔人廬舍積聚，盜贓五匹以上，棄市；即燔官府積聚盜，亦當與同。歐人教令者與同罪，即令人歐其父母，不可與行者同得重也。若得遺物强取强乞之類，無還贓法隨例畀之文。法律中諸不敬，違儀失式，及犯罪為公為私，贓入身不入身，皆隨事輕重取法，以例求其名也。

夫理者，精玄之妙，不可以一方行也；律者，幽理之奧，不可以一體守也。或計過以配罪，或化略以循常，或隨事以盡情，或趣舍以從時，或推重以立防，或引輕而就下。公私廢避之宜，除削重輕之變，皆所以臨時觀釁，使用法執詮者幽於未制之中，采其根牙之微，致之於機格之上，稱輕重於豪銖，考輩類於參伍，然後乃可以理直刑正。

夫奉聖典者若操刀執繩，刀妄加則傷物，繩妄彈則侵直。梟首者惡之長，斬刑者罪之大，棄市者死之下，髡作者刑之威，贖罰者誤之誡。王者立此五刑，所以實君子而逼小人，故為敕慎之經，皆擬《周易》有變通之體焉。欲令提綱而大道清，舉略而王法齊，其旨遠，其辭文，其言曲而中，其事肆而隱。通天下之志唯忠也，斷天下之疑唯文也，切天下之情唯遠也，彌天下之務唯大也，變無常體唯理也，非天下之賢聖，孰能與於斯！

夫形而上者謂之道，形而下者謂之器，化而財之謂之格。刑殺者是冬震曜之象，髡罪者似秋彫落之變，贖失者是春陽悔吝之疵也。五刑成章，輒相依準，法律之義焉。

是時侍中盧珽、中書侍郎張華又表：『抄《新律》諸死罪條目，懸之亭傳，以示兆庶。』有詔從之。

及劉頌為廷尉，頻表宜復肉刑，不見省，又上言曰：

臣昔上行肉刑，從來積年，遂寢不論。臣竊以為議者拘孝文之小仁，而輕違聖王之典刑，未詳之甚，莫過於此。

今死刑重，故非命者衆；生刑輕，故罪不禁姦。所以然者，肉刑不用之所致也。今為徒者，類性元惡不軌之族也，去家懸遠，作役山谷，飢寒切身，志不聊生，雖有廉士介者，苟慮不首死，則皆為盜賊，豈況本性姦凶無賴之徒乎！又令徒富者輸財，解日歸家，乃無役之人也。貧者起為姦盜，又不制之虜也。不刑，則罪無所禁；不制，則羣惡橫肆。為法若此，近不盡善也。是以徒亡日屬，賊盜日煩，亡之數者至有十數，得輒加刑，日益一歲，此為終身之徒也。自顧反善無期，而災困逼身，其志亡思盜，勢不得息，事使之然也。

古者用刑以止刑，今反於此。諸重犯亡者，髮過三寸輒重髡之，此以刑生刑；加作一歲，此以徒生徒也。亡者積多，繫囚猥畜。議者曰囚不可不赦，復從而赦之，此為刑不制罪，法不勝姦。下知法之不勝，相聚而謀為不軌，月異而歲不同。故自頃年以來，姦惡陵暴，所在充斥。議者不深思此故，而曰肉刑於名忤聽，忤聽孰與賊盜不禁？

聖王之制肉刑，遠有深理，其事可得而言，非徒懲其畏剝割之痛而不為也，乃去其為惡之具，使夫姦人無用復肆其志，止姦絕本，理之盡也。亡者刖足，無所用復亡。盜者截手，無所用復盜。淫者割其勢，理亦如之。除惡塞源，莫善於此，非徒然也。此等已刑之後，便各歸家，父母妻子，共相養恤，不流離於塗路。有今之困，創愈可役，上準古制，隨宜業作，雖已刑殘，不為虛棄，而所患都塞，又生育繁阜之道自若也。

今宜取死刑之限輕，及三犯逃亡淫盜，悉以肉刑代之。其三歲刑以下，已自杖罰遣，又宜制其罰數，使有常限，不得減此。其有宜重者，又任之官長。應四五歲刑者，皆髡笞，笞至一百，稍行，使各有差，悉不復居作。然後刑不復生刑，徒不復生徒，而殘體為戮，終身作誡。人見其痛，畏而不犯，必數倍於今。且為惡者隨發被刑，去其為惡之具，此為諸已刑者皆良士也，豈與全其為姦之手足，而蹴居必死之窮地同哉！而猶曰肉刑不可用，臣竊以為不識務之甚也。

臣昔常侍左右，數聞明詔，謂肉刑宜用，事便於政。願陛下信獨見之斷，使夫能者得奉聖慮，行之於今。比填溝壑，冀見太平。《周禮》三赦三宥，施於老幼悼耄，黔黎不屬逮者，此非為惡之所出，故刑法逆舍而宥之。至於自非此族，犯罪則必刑而無赦，此政之理也。暨至後世，以時嶮多難，因赦解結，權以行之，又不以寬罪人也。至今恒以罪積獄繁，赦以散之，是以赦愈數而獄愈塞，如此不已，將至不勝。原其所由，肉刑不用之故也。今行肉刑，非徒不積，且為惡無具則姦息。去此二端，獄不得繁，故無取於數赦，於政體勝矣。

疏上，又不見省。

至惠帝之世，政出羣下，每有疑獄，各立私情，刑法不定，獄訟繁滋。尚書裴頠表陳之曰：

夫天下之事多塗，非一司之所管；中才之情易擾，賴恒制而後定。先王知其所以然也，是以辨方分職，為之準局。準局既立，各掌其務，刑賞相稱，輕重無二，故下聽有常，羣吏安業也。舊宮掖陵廟有水火毁傷之變，然後尚書乃躬自奔赴，其非此也，皆止於郎令史而已。刑罰所加，各有常刑。

去元康四年，大風之後，廟闕屋瓦有數枚傾落，免太常荀宇。于時以嚴詔所譴，莫敢據正。然內外之意，僉謂事輕責重，有違于常。會五年二月有大風，主者懲懼前事。臣新拜尚書始三日，本曹尚書有疾，權令兼出，按行蘭臺。主者乃瞻望阿棟之間，求索瓦之不正者，得棟上瓦小邪十五處。或是始瓦時邪，蓋不足言，風起倉卒，臺官更往，太常按行，不及得周，文書未至之頃，便競相禁止。臣以權兼暫出，出還便罷，不復得窮其事。而本曹據執，却問無已。臣時具加解遣，而主者畏咎，不從臣言，禁止太常，復興刑獄。

昔漢氏有盜廟玉環者，文帝欲族誅，釋之但處以死刑，曰：『若侵長陵一抔土，何以復加？』文帝從之。大晉垂制，深惟經遠，山陵不封，園邑不飾，墓而不墳，同乎山壤，是以丘阪存其陳草，使齊乎中原矣。雖陵兆尊嚴，唯毁發然後族之，此古典也。若登踐犯損，失盡敬之道，事止刑罪可也。

去八年，奴聽教加誣周龍燒草，廷尉遂奏族龍，一門八口幷命。會龍獄翻，然後得免。考之情理，準之前訓，所處實重。今年八月，陵上荆一枝圍七寸二分者被斫，司徒太常，奔走道路，雖知事小，而案劾難測，搔擾驅馳，各競免負，于今太常禁止未解。近日太祝署失火，燒屋三間半。署在廟北，隔道在重牆之內，又即已滅，頻為詔旨所問。主者以詔旨使問頻繁，便責尚書不即案行，輒禁止，尚書免，皆在法外。

刑書之文有限，而舛違之故無方，故有臨時議處之制，誠不能皆得循常也。至於此等，皆為過當，每相逼迫，不復以理，上替聖朝畫一之德，下損崇禮大臣之望。臣愚以為犯陵上草木，不應乃用同產異刑之制。按行奏劾，應有定準，相承務重，體例遂虧。或因餘事，得容淺深。

頃雖有此表，曲議猶不止。時劉頌為三公尚書，又上疏曰：

自近世以來，法漸多門，令甚不一。臣今備掌刑斷，職思其憂，謹具啓聞。

臣竊伏惟陛下為政，每盡善，故事求曲當，則例不得直；盡善，故法不得全。何則？夫法者，固以盡理為法，而上求盡善，則諸下牽文就意，以赴主之所許，是以法不得全。刑書徵文，徵文必有乖於情聽之斷，而上安於曲當，故執平者因文可引，則生二端。是法多門，令不一，則吏不知所守，下不知所避。姦偽者因法之多門，以售其情，所欲淺深，苟斷不一，則居上者難以檢下，於是事同議異，獄犴不平，有傷於法。

古人有言：『人主詳，其政荒；人主期，其事理。』詳匪他，盡善則法傷，故其政荒也。期者輕重之當，雖不厭情，苟入於文，則循而行之，故其事理也。夫善用法者，忍違情不厭聽之斷，輕重雖不允人心，經於凡覽，若不可行，法乃得直。又君臣之分，各有所司。法欲必奉，故令主者守文；理有窮塞，故使大臣釋滯；事有時宜，故人主權斷。主者守文，若釋之執犯蹕之平也；大臣釋滯，若公孫弘斷郭解之獄也；人主權斷，若漢祖戮丁公之為也。天下萬事，自非斯格重為，故不近似此類，不得出以意妄議，其餘皆以律令從事。然後法信於下，人聽不惑，吏不容姦，可以言政。人主軌斯格以責羣下，大臣小吏各守其局，則法一矣。

古人有言：『善為政者，看人設教。』看人設教，制法之謂也。又曰『隨時之宜』，當務之謂也。然則看人隨時，在大量也，而制其法。法軌既定則行之，行之信如四時，執之堅如金石，羣吏豈得在成制之內，復稱隨時之宜，傍引看人設教，以亂政典哉！何則？始制之初，固已看人而隨時矣。今若設法未盡當，則宜改之。若謂已善，不得盡以為制，而使奉用之司公得出入以差輕重也。夫人君所與天下共者，法也。已令四海，不可以不信以為教，方求天下之不慢，不可繩以不信之法。且先識有言，人至愚而不可欺也。不謂平時背法意斷，不勝百姓願也。

《南齊書》卷六《明帝紀》（建武）二年春正月辛未，詔『京師繫囚殊死，可降為五歲刑，三署見徒五歲以下，悉原散。王公以下，各舉所知。隨王公卿士，內外羣僚，各舉朕違，肆心極諫』。

《梁書》卷二《武帝紀中》（天監元年四月己巳）又詔曰：『金作贖刑，有聞自昔，入縑以免，施於中世，民悅法行，莫尚乎此。永言叔世，偷薄成風，嬰釁入罪，厥塗匪一。斷弊之書，日纏於聽覽；鉗釱之刑，歲積於牢犴。死者不可復生，刑者無因自返，由此而望滋實，庸可致乎？朕夕惕思治，念崇政術，斟酌前王，擇其令典，有可以憲章邦國，罔不由之。釋愧心於四海，昭情素於萬物。俗偽日久，禁網彌繁。漢文四百，邈焉已遠。雖省事清心，無忘日用，而委銜廢策，事未獲從。可依周、漢舊典，有罪入贖，外詳為條格，以時奏聞。』

《魏書》卷八《世宗紀》（延昌元年四月）詔立理訴殿、申訟車，以盡冤窮之理。

又 卷一一一《刑罰志》 二儀既判，彙品生焉，五才兼用，廢一不可。金木水火土，咸相愛惡。陰陽所育，稟氣呈形，鼓之以雷霆，潤之以雲雨，春夏以生長之，秋冬以殺藏之。斯則德刑之設，著自神道。聖人處天地之間，率神祇之意。生民有喜怒之性，哀樂之心，應感而動，動而逾變。淳化所陶，下以惇樸。故異章服，畫衣冠，示恥申禁，而不敢犯。其流既銳，姦黠萌生。是以明法令，立刑賞。故《書》曰：『象以典刑，流宥五刑，鞭作官刑，扑作教刑，金作贖刑，怙終賊刑，眚災肆赦。』舜命咎繇曰：『五刑有服，五服三就，五流有宅，五宅三居。』夏刑則大辟二百，臏辟三百，宮辟五百，劓墨各千。殷因於夏，蓋有損益。《周禮》：建三典，刑邦國，以五聽求民情，八議以申之，三刺以審之。左嘉石，平罷民；右肺石，達窮民。宥不識，宥過失，宥遺忘；赦幼弱，赦耄耋，赦惷愚。周道既衰，穆王荒耄，命呂侯度作祥刑，以詰四方，五刑之屬增矣。夫疑獄氾問，與衆共之，衆疑赦之，必察小大之比以成之。先王之愛民如此，刑成而不可變，故君子盡心焉。

逮於戰國，競任威刑，以相呑噬。商君以《法經》六篇，入說於秦，議參夷之誅，連相坐之法。風俗凋薄，號為虎狼。及於始皇，遂兼天下，毁先王之典，制挾書之禁，法繁於秋荼，網密於凝脂，姦偽並生，赭衣塞路，獄犴淹積，囹圄成市。於是天下怨叛，十室而九。漢祖入關，蠲削煩苛，致三章之約。文帝以仁厚，斷獄四百，幾致刑措。孝武世以姦宄滋甚，增律五十餘篇。宣帝時，路温舒上書曰：『夫獄者天下之命，書曰：與其殺不辜，寧失有罪。今治獄吏，非不慈仁也。上下相毆，以刻為明，深者獲公名，平者多後患。故治獄吏皆欲人死，非憎人也，自安之道，在人之死。夫人情安則樂生，痛則思死，捶楚之下，何求而不得。故囚人不勝痛，則飾辭以示人。吏治者利其然，則指導以明之；上奏畏卻，則鍛練而周內之。雖咎繇聽之，猶以為死有餘罪。何則？文致之罪明也。故天下之患，莫深於獄。』宣帝善之。痛乎！獄吏之害也久矣。故曰，古之立獄，所以求生；今之立獄，所以求殺人。不可不慎也。于定國為廷尉，集諸法律，凡九百六十卷，大辟四百九十條，千八百八十二事，死罪決比，凡三千四百七十二條，諸斷罪當用者，合二萬六千二百七十二條。後漢二百年間，律章無大增減。魏武帝造甲子科條，犯釱左右趾者，易以斗械。明帝改士民罰金之坐，除婦人加笞之制。晉武帝以魏制峻密，又詔車騎賈充集諸儒學，删定名例，為二十卷，幷合二千九百餘條。

晉室喪亂，中原蕩然。魏氏承百王之末，屬崩散之後，典刑泯棄，禮俗澆薄。自太祖撥亂，蕩滌華夏，至于太和，然後吏清政平，斷獄省簡，所謂百年而後勝殘去殺。故權舉行事，以著于篇。

魏初，禮俗純樸，刑禁疏簡。宣帝南遷，復置四部大人，坐王庭決辭訟，以言語約束，刻契記事，無囹圄考訊之法，諸犯罪者，皆臨時決遣。神元因循，亡所革易。

穆帝時，劉聰、石勒傾覆晉室。帝將平其亂，乃峻刑法，每以軍令從事。民乘寬政，多以違命得罪，死者以萬計。於是國落騷駭。平文承業，綏集離散。

昭成建國二年：當死者，聽其家獻金馬以贖；犯大逆者，親族男女無少長皆斬；男女不以禮交皆死；民相殺者，聽與死家馬牛四十九頭，及送葬器物以平之；無繫訊連逮之坐；盜官物，一備五，私則備十。法令明白，百姓晏然。

太祖幼遭艱難，備嘗險阻，具知民之情偽。及在位，躬行仁厚，協和民庶。既定中原，患前代刑網峻密，乃命三公郎王德除其法之酷切於民者，約定科令，大崇簡易。是時，天下民久苦兵亂，畏法樂安。帝知其若此，乃鎮之以玄默，罰必從輕，兆庶欣戴焉。然於大臣持法不捨。季年災異屢見，太祖不豫，綱紀褫頓，刑罰頗為濫酷。

太宗即位，修廢官，恤民隱，命南平公長孫嵩、北新侯安同對理民訟，庶政復有敘焉。帝既練精庶事，為吏者浸以深文避罪。

世祖即位，以刑禁重，神䴥中，詔司徒崔浩定律令。除五歲四歲刑，增一年刑。分大辟為二科死，斬死，入絞。大逆不道腰斬，誅其同籍，年十四已下腐刑，女子沒縣官。害其親者轘之。為蠱毒者，男女皆斬，而焚其家。巫蠱者，負羖羊抱犬沉諸淵。當刑者贖，貧則加鞭二百。畿內民富者燒炭於山，貧者役於圊溷，女子入舂槁；其固疾不逮于人，守苑囿。王官階九品，得以官爵除刑。婦人當刑而孕，產後百日乃決。年十四已下，降刑之半，八十及九歲，非殺人不坐。拷訊不逾四十九。論刑者，部主具狀，公車鞫辭，而三都決之。當死者，部案奏聞。以死不可復生，懼監官不能平，獄成皆呈，帝親臨問，無異辭怨言乃絶之。諸州國之大辟，皆先讞報乃施行。闕左懸登聞鼓，人有窮冤則撾鼓，公車上奏其表。是後民官瀆貨，帝思有以肅之。太延三年，詔天下吏民，得舉告牧守之不法。於是凡庶之凶悖者，專求牧宰之失，迫脅在位，取豪於閭閻。而長吏咸降心以待之，苟免而不耻，貪暴猶自若也。

時輿駕數親征討及行幸四方，真君五年，命恭宗總百揆監國。少傅游雅上疏曰：『殿下親覽百揆，經營內外，昧旦而興，諮詢國老。臣職忝疑承，司是獻替。漢武時，始啓河右四郡，議諸疑罪而謫徙之。十數年後，邊郡充實，並修農戍，孝宣因之，以服北方。此近世之事也。帝王之於罪人，非怒而誅之，欲其徙善而懲惡。謫徙之苦，其懲亦深。自非大逆正刑，皆可從徙，雖舉家投遠，忻喜赴路，力役終身，不敢言苦。且遠流分離，心或思善。如此，姦邪可息，邊垂足備。』恭宗善其言，然未之行。

六年春，以有司斷法不平，詔諸疑獄皆付中書，依古經義論決之。初盜律，贓四十匹致大辟，民多慢政，峻其法，贓三匹皆死。正平元年，詔曰：『刑網大密，犯者更衆，朕甚愍之。其詳案律令，務求厥中，有不便於民者增損之。』於是游雅與中書侍郎胡方回等改定律制。盜律復舊，加故縱、通情、止舍之法及他罪，凡三百九十一條。門誅四，大辟一百四十五，刑二百二十一條。有司雖增損條章，猶未能闡明刑典。

高宗初，仍遵舊式。太安四年，始設酒禁。是時年穀屢登，士民多因酒致酗訟，或議主政。帝惡其若此，故一切禁之，釀、沽飲皆斬之，吉凶賓親，則開禁，有日程。增置内外候官，伺察諸曹外部州鎮，至有微服雜亂於府寺間，以求百官疵失。其所窮治，有司苦加訊惻，而多相誣逮，輒劾以不敬。諸司官贓二丈皆斬。又增律七十九章，門房之誅十有三，大辟三十五，刑六十二。和平末，冀州刺史源賀上言：『自非大逆手殺人者，請原其命，謫守邊戍。』詔從之。

顯祖即位，除口誤，開酒禁。帝勤於治功，百僚内外，莫不震肅。及傳位高祖，猶躬覽萬機，刑政嚴明，顯拔清節，沙汰貪鄙。牧守之廉潔者，往往有聞焉。

延興四年，詔自非大逆干紀者，皆止其身，罷門房之誅。自獄付中書覆案，後頗上下法，遂罷之，獄有大疑，乃平議焉。先是諸曹奏事，多有疑請，又口傳詔敕，或致矯擅。於是事無大小，皆令據律正名，不得疑奏。合則制可，失衷則彈詰之，盡從中墨詔。自是事咸精詳，下莫敢相罔。

顯祖末年，尤重刑罰，言及常用惻愴。每於獄案，必令覆鞫，諸有囚繫，或積年不斷。羣臣頗以為言。帝曰：『獄滯雖非治體，不猶愈乎倉卒而濫也。夫人幽苦則思善，故囹圄與福堂同居。朕欲其改悔，而加以輕恕耳。』由是囚繫雖淹滯，而刑罰多得其所。又以赦令屢下，則狂愚多僥幸，故自延興，終於季年，不復下赦。理官鞫囚，杖限五十，而有司欲免之則以細捶，欲陷之則先大杖。民多不勝而誣引，或絶命於杖下。顯祖知其若此，乃為之制。其捶用荆，平其節，訊囚者其本大三分，杖背者二分，撻脛者一分，拷悉依令。皆從於輕簡也。

高祖馭宇，留心刑法。故事，斬者皆裸形伏質，入死者絞，雖有律，未之行也。太和元年，詔曰：『刑法所以禁暴息姦，絶其命不在裸形。其參詳舊典，務從寬仁。』司徒元丕等奏言：『聖心垂仁恕之惠，使受戮者免裸骸之恥。普天感德，莫不幸甚。臣等謹議，大逆及賊各棄市袒斬，盜及吏受賕各絞刑，踣諸甸師。』又詔曰：『民由化穆，非嚴刑所制。防之雖峻，陷者彌甚。今犯法至死，同入斬刑，去衣裸體，男女媟見。豈齊之以法，示之以禮者也。今具為之制。』

三年，下詔曰：『治因政寬，弊由網密。今候職千數，姦巧弄威，重罪受賕不列，細過吹毛而舉。其一切罷之。』於是更置謹直者數百人，以防諠鬬於街術。吏民安其職業。

先是以律令不具，姦吏用法，致有輕重。詔中書令高閭集中祕官等修改舊文，隨例增減。又敕羣官，參議厥衷，經御刊定。五年冬訖，凡八百三十二章，門房之誅十有六，大辟之罪二百三十五，刑三百七十七；除羣行剽劫首謀門誅，律重者止梟首。

時法官及州郡縣不能以情折獄。乃為重枷，大幾圍；復以縋石懸於囚頸，傷内至骨；更使壯卒迭搏之。囚率不堪，因以誣服。吏持此以為能。帝聞而傷之，乃制非大逆有明證而不款辟者，不得大枷。

律：『枉法十匹，義贓二百疋大辟。』至八年，始班祿制，更定義贓一匹，枉法無多少皆死。是秋遣使者巡行天下，糾守宰之不法，坐贓死者四十餘人。食祿者跼蹐，賕謁之路殆絶。帝哀矜庶獄，至於奏讞，率從降恕，全命徙邊，歲以千計。京師決死獄，歲竟不過五六，州鎮亦簡。

十一年春，詔曰：『三千之罪，莫大於不孝，而律不遜父母，罪止髡刑。於理未衷。可更詳改。』又詔曰：『前命公卿論定刑典，而門房之誅猶在律策，違失《周書》父子異罪。推古求情，意甚無取。可更議之，刪除繁酷。』秋八月詔曰：『律文刑限三年，便入極默。坐無太半之校，罪有死生之殊。可詳案律條，諸有此類，更一刊定。』冬十月，復詔公卿令參議之。

十二年詔：『犯死罪，若父母、祖父母年老，更無成人子孫，又無期親者，仰案後列奏以待報，著之令格。』

世宗即位，意在寬政。正始元年冬，詔曰：『議獄定律，有國攸慎，輕重損益，世或不同。先朝垂心典憲，刊革令軌，但時屬征役，未之詳究，施於時用，猶致疑舛。尚書門下可於中書外省論律令。諸有疑事，斟酌新舊，更加思理，增減上下，必令周備，隨有所立，別以申聞。庶於循變協時，永作通制。」

永平元年秋七月，詔尚書檢枷杖大小違制之由，科其罪失。尚書令高肇，尚書僕射、清河王懌，尚書邢巒，尚書李平，尚書、江陽王繼等奏曰：『臣等聞王者繼天子物，為民父母，導之以德化，齊之以刑法，小大必以情，哀矜而勿喜，務於三訊五聽，不以木石定獄。伏惟陛下子愛蒼生，恩侔天地，疏網改祝，仁過商后。以枷杖之非度，愍民命之或傷，爰降慈旨，廣垂昭恤。雖有虞慎獄之深，漢文惻隱之至，亦未可共日而言矣。謹案《獄官令》：諸察獄，先備五聽之理，盡求情之意，又驗諸證信，事多疑似，猶不首實者，然後加以拷掠；諸犯□年刑已上枷鎖，流徙已上，增以杻械。迭用不俱。非大逆外叛之罪，皆不大枷、高杻、重械，又無用石之文。而法官州郡，因緣增加，遂為恒法。進乖五聽，退違令文，誠宜案劾，依旨科處，但踵行已久，計不推坐。檢杖之小大，鞭之長短，令有定式，但枷之輕重，先無成制。臣等參量，造大枷長一丈三尺，喉下長一丈，通頰木各方五寸，以擬大逆外叛；杻械以掌流刑已上。諸臺、寺、州、郡大枷，請悉焚之。枷本掌囚，非拷訊所用。從今斷獄，皆依令盡聽訊之理，量人强弱，加之拷掠，不聽非法拷人，兼以拷石。』自是枷杖之制，頗有定準。未幾，獄官肆虐，稍復重大。

《法例律》：『五等列爵及在官品令從第五，以階當刑二歲；免官者，三載之後聽仕，降先階一等。』延昌二年春，尚書邢巒奏：『竊詳王公已下，或析體宸極，或著勳當時，咸胙土授民，維城王室。至於五等之爵，亦以功錫，雖爵秩有異，而號擬河山，得之至難，失之永墜。刑典既同，名復殊絶，請議所宜，附為永制。』詔議律之制，與八坐門下參論。皆以為：『官人若罪本除名，以職當刑，猶有餘資，復降階而敘。至於五等封爵，除刑若盡，永即甄削，便同之除名，於例實爽。愚謂自王公以下，有封邑，罪除名，三年之後，宜各降本爵一等，王及郡公降為縣公，公為侯，侯為伯，伯為子，子為男，至于縣男，則降為鄉男。五等爵者，亦依此而降，至於散男。其鄉男無可降授者，三年之後，聽依其本品之資出身。』詔從之。

其年秋，符璽郎中高□賢、弟員外散騎侍郎仲賢、叔司徒府主簿六珍等，坐弟季賢同元愉逆，除名為民，會赦之後，被旨勿論。尚書邢巒奏：『案季賢既受逆官，為其傳檄，規扇幽瀛，遘茲禍亂，據律準犯，罪當孥戮，兄叔坐法，法有明典。賴蒙大宥，身命獲全，除名還民，於其為幸。然反逆坐重，故支屬相及。體既相及，事同一科，豈有赦前皆從流斬之罪，赦後獨除反者之身。又緣坐之罪，不得以職除流。且貨賕小愆，寇盜微戾，贓狀露驗者，會赦猶除其名。何有罪極裂冠，釁均毀冕，父子齊刑，兄弟共罰，赦前同斬從流，赦後有復官之理。依律則罪合孥戮，準赦則例皆除名。古人議無將之罪者，毀其室，洿其宮，絶其蹤，滅其類。其宅猶棄，而況人乎？請依律處，除名為民。』詔曰：『死者既在赦前，又員外非在正侍之限，便可悉聽復仕。』

三年，尚書李平奏：『冀州阜城民費羊皮母亡，家貧無以葬，賣七歲子與同城人張回為婢。回轉賣於鄃縣民梁定之，而不言良狀。案盜律「掠人、掠賣人、和賣人為奴婢者，死」。回故買羊皮女，謀以轉賣。依律處絞刑。』詔曰：『律稱和賣人者，謂兩人詐取他財。今羊皮賣女，告回稱良，張回利賤，知良公買。誠於律俱乖，而兩各非詐。此女雖父賣為婢，體本是良。回轉賣之日，應有遲疑，而決從真賣。於情不可。更推例以為永式。』

廷尉少卿楊鈞議曰：『謹詳盜律「掠人、掠賣人為奴婢者，皆死」，別條「賣子孫者，一歲刑」。賣良是一，而刑死懸殊者，由緣情制罰，則致罪有差。又詳「羣盜强盜，首從皆同」，和掠之罪，固應不異。及「知人掠盜之物，而故買者，以隨從論」。然五服相賣，皆有明條，買者之罪，律所不載。竊謂同凡從法，其緣服相減者，宜有差，買者之罪，不得過於賣者之咎也。但羊皮賣女為婢，不言追贖，張回真買，謂同家財，至於轉鬻之日，不復疑慮。緣其買之於女父，便賣之於他人，准其和掠，此有因緣之類也。又詳恐喝條注：「尊長與之已決，恐喝幼賤求之。」然恐喝體同，而不受恐喝之罪者，以尊長與之已決故也。而張回本買婢於羊皮，乃真賣於定之。准此條例，得先有由；推之因緣，理頗相類。即狀准條，處流為允。』

三公郎中崔鴻議曰：『案律「賣子有一歲刑；賣五服内親屬，在尊長者死，期親及妾與子婦流」。唯買者無罪文。然賣者既以有罪，買者不得不坐。但賣者以天性難奪，支屬易遺，尊卑不同，故罪有異。買者知良故買，又於彼無親。若買同賣者，即理不可。何者？「賣五服內親屬，在尊長者死」，此亦非掠，從其真買，暨於致罪，刑死大殊。明知買者之坐，自應一例，不得全如鈞議，云買者之罪，不過賣者之咎也。且買者於彼無天性支屬之義，何故得有差等之理？又案別條：「知人掠盜之物而故買者，以隨從論。」依此律文，知人掠良，從其宜買，罪止於流。然其親屬相賣，坐殊凡掠。至於買者，亦宜不等。若處同流坐，於法為深。準律斟降，合刑五歲。至如買者，知是良人，決便真賣，不語前人得之由緒。前人謂真奴婢，更或轉賣，因此流漂，罔知所在，家人追贖，求訪無處，永沉賤隸，無復良期。案其罪狀，與掠無異。且法嚴而姦易息，政寬而民多犯，水火之喻，先典明文。今謂買人親屬而復決賣，不告前人良狀由緒，處同掠罪。」

太保、高陽王雍議曰：「州處張回，專引盜律，檢回所犯，本非和掠，保證明然，去盜遠矣。今引以盜律之條，處以和掠之罪，原情究律，實為乖當。如臣鈞之議，知買掠良人者，本無罪文。何以言之？「羣盜強盜，無首從皆同」，和掠之罪，故應不異。明此自無正條，引類以結罪。臣鴻以轉賣流漂，罪與掠等，可謂「罪人斯得」。案《賊律》云：「謀殺人而發覺者流，從者五歲刑；已傷及殺而還蘇者死，從者流；已殺者斬，從而加功者死，不加者流。」詳沉賤之與身死，流漂之與腐骨，一存一亡，為害孰甚？然賊律殺人，有首從之科，盜人賣買，無唱和差等。謀殺之與和掠，同是良人，應為準例。所以不引殺人減之，降從強盜之一科。縱令謀殺之與強盜，俱得為例，而似從輕。其義安在？又云：「知人掠盜之物而故買者，以隨從論。」此明禁暴掠之原，遏姦盜之本，非謂市之於親尊之手，而同之於盜掠之刑。竊謂五服相賣，俱是良人，所以容有差等之罪者，明去掠盜理遠，故從親疏為差級，尊卑為輕重。依律：「諸共犯罪，皆以發意為首。」明賣買之元有由，魁末之坐宜定。若羊皮不云賣，則回無買心，則羊皮為元首，張回為從坐。首有沾刑之科，從有極默之戾，推之憲律，法刑無據。買者之罪，宜各從賣者之坐。又詳臣鴻之議，有從他親屬買得良人，而復真賣，不語後人由狀者，處同掠罪。既一為婢，賣與不賣，俱非良人。何必以不賣為可原，轉賣為難恕。張回之愆，宜鞭一百。賣子葬親，孝誠可美，而表賞之議未聞，刑罰之科已降。恐非敦風厲俗，以德導民之謂。請免羊皮之罪，公酬賣直。」詔曰：「羊皮賣女葬母，孝誠可嘉，便可特原。張回雖買之於父，不應轉賣，可刑五歲。」

先是，皇族有譴，皆不持訊。時有宗士元顯富，犯罪須鞫，宗正約以舊制。尚書李平奏：「以帝宗磐固，周布於天下，其屬籍疏遠，蔭官卑末，無良犯憲，理須推究。請立限斷，以為定式。」詔曰：「雲來綿遠，繁衍世滋，植籍宗氏，而為不善，量亦多矣。先朝既無不訊之格，而空相矯恃，以長違暴。諸在議請之外，可悉依常法。」

其年六月，兼廷尉卿元志、監王靖等上言：「檢除名之例，依律文，『獄成』謂處罪案成者。寺謂犯罪逕彈後，使覆檢鞫證定刑，罪狀彰露，案署分昞，獄理是成。若使案雖成，雖已申省，事下廷尉，或寺以情狀未盡，或邀駕撾鼓，或門下立疑，更付別使者，可從未成之條。其家人陳訴，信其專辭，而阻成斷，便是曲遂於私，有乖公體。何者？五詐既窮，六備已立，僥倖之輩，更起異端，進求延罪於漏刻，退希不測之恩宥，辯以惑正，曲以亂直，長民姦於下，隳國法於上，竊所未安。」大理正崔纂、評楊機、丞甲休、律博士劉安元以為：「律文，獄已成及決竟，經所綰而疑有姦欺，不直於法，及訴冤枉者，得攝訊覆治之。檢使處罪者，雖已案成，御史風彈，以痛誣伏；或拷不承引，依證而科；或有私嫌，強逼成罪；家人訴枉，辭案相背。刑憲不輕，理須訊鞫。既為公正，豈疑於私。如謂規不測之澤，抑絕訟端，則枉滯之徒，終無申理。若從其案成，便乖覆治之律。然未判經赦，及覆治理狀，真偽未分，承前以來，如此例皆得復職。愚謂經奏遇赦，及已覆治，得為獄成。」尚書李韶奏：「使雖結案，處上廷尉，解送至省，及家人訴枉，尚書納辭，連解下鞫，未檢遇宥者，不得為案成之獄。推之情理，謂崔纂等議為允。」詔從之。

熙平中，有冀州妖賊延陵王買，負罪逃亡，赦書斷限之後，不自歸首。廷尉卿裴延儁上言：「《法例律》：『諸逃亡，赦書斷限之後，不自歸首者，復罪如初。』依《賊律》，謀反大逆，處買梟首。其延陵法權等所謂月光童子劉景暉者，妖言惑衆，事在赦後，亦合死坐。」正崔纂以為：「景暉云能變為蛇雉，此乃傍人之言。雖殺暉為無理，恐赦暉復惑衆。是以依違，不敢專執。當今不諱之朝，不應行無罪之戮。景暉九歲小兒，口尚乳臭，舉動云為，並不關己，「月光」之稱，不出其口。皆姦吏無端，橫生粉墨，所謂為之者巧，殺之者能。若以妖言惑衆，據律應死，然更不破□惑衆。赦令之後方顯其事；律令之外，更求其罪。赦律何以取信於天下，天下焉得不疑於赦律乎！《書》曰：與殺無辜，寧失有罪。又案《法例律》：「八十已上，八歲已下，殺傷論坐者上請。」議者謂悼耄之罪，不用此律。愚以老智如尚父，少惠如甘羅，此非常之士，可如其議，景暉愚小，自依凡律。」靈太后令曰：「景暉既經恩宥，何得議加橫罪，可謫略陽民。餘如奏。」

時司州表：「河東郡民李憐生行毒藥，案以死坐。其母訴稱：『一身年老，更無期親，例合上請。』檢籍不謬，未及判申，憐母身喪。州斷三年服終後乃行決。」司徒法曹參軍許琰謂州判為允。主簿李瑒駁曰：「案《法例律》：『諸犯死罪，若祖父母、父母年七十已上，無成人子孫，旁無期親者，具狀上請。流者鞭笞，留養其親，終則從流。不在原赦之例。』檢上請之言，非應府州所決。毒殺人者斬，妻子流，計其所犯，實重餘憲。準之情律，所虧不淺。且憐既懷酖毒之心，謂不可參鄰人伍。計其母在，猶宜闔門投畀，況今死也，引以三年之禮乎？且給假殯葬，足示仁寬，今已卒哭，不合更延。可依法處斬，流其妻子。實足誡彼氓庶，肅是刑章。」尚書蕭寶夤奏從瑒執，詔從之。

舊制，直閤、直後、直齋，武官隊主、隊副等，以比視官，至於犯譴，不得除罪。尚書令、任城王澄奏：「案諸州中正，亦非品令所載，又無祿恤，先朝已來，皆得當刑。直閤等禁直上下，有宿衛之勤，理不應異。」靈太后令準中正。

神龜中，蘭陵公主駙馬都尉劉輝，坐與河陰縣民張智壽妹容妃、陳慶和妹慧猛，姦亂耽惑，毆主傷胎。輝懼罪逃亡。門下處奏：「各入死刑，智壽、慶和並以知情不加防限，處以流坐。」詔曰：「容妃、慧猛恕死，髡鞭付宮，餘如奏。」尚書三公郎中崔纂執曰：「伏見旨募若獲劉輝者，職人賞二階，白民聽出身進一階，厮役免役，奴婢為良。案輝無叛逆之罪，賞同反人劉宣明之格。又尋門下處奏，以「容妃、慧猛與輝私姦，兩情耽惑，令輝挾忿，毆主傷胎。雖律無正條，罪合極法，並處入死。其智壽等二家，配敦煌為兵」。天慈廣被，不即依決，雖恕其命，竊謂未可。夫律令，高皇帝所以治天下，不為喜怒增減，不由親疏改易。案《鬬律》：「祖父母、父母忿怒，以兵刃殺子孫者五歲刑，毆殺者四歲刑，若心有愛憎而故殺者，各加一等。」雖王姬下降，貴殊常妻，然人婦之孕，不得非子。又依永平四年先朝舊格：「諸刑流及死，皆首罪判定，後決從者。」事必因本以求支，獄若以輝逃避，便應懸處，未有捨其首罪而成其末愆。流死參差，或時未允。門下中禁大臣，職在敷奏。昔邴吉為相，不存鬬斃，而問牛喘，豈不以司別故也。案容妃等，罪止於姦私。若擒之穢席，衆證分明，即律科處，不越刑坐。何得同宮掖之罪，齊奚官之役。案智壽口訴，妹適司士曹參軍羅顯貴，已生二女於其夫，則他家之母。《禮》云婦人不二夫，猶曰不二天。若私門失度，罪在於夫，釁非兄弟。昔魏晉未除五族之刑，有免子戮母之坐。何曾諍之，謂：「在室之女，從父母之刑；已醮之婦，從夫家之刑。」斯乃不刊之令軌，古今之通議。《律》，「期親相隱」之謂凡罪。況姦私之醜，豈得以同氣相證。論刑過其所犯，語情又乖律憲。案《律》，姦罪無相緣之坐。不可借輝之忿，加兄弟之刑。夫刑人於市，與衆棄之，爵人於朝，與衆共之，明不私於天下，無欺於耳目。何得以非正刑書，施行四海。刑名一失，駟馬不追。既有詔旨，依即行下，非律之案，理宜更請。」

尚書元脩義以為：「昔哀姜悖禮於魯，齊侯取而殺之，《春秋》所譏。又夏姬罪濫於陳國，但責徵舒，而不非父母。明婦人外成，犯禮之愆，無關本屬。況出適之妹，釁及兄弟乎？」右僕射游肇奏言：「臣等謬參樞轄，獻替是司，門下出納，謨明常則。至於無良犯法，職有司存，劾罪結案，本非其事。容妃等姦狀，罪止於刑，並處極法，準律未當。出適之女，坐及其兄，推據典憲，理實為猛。又輝雖逃刑，罪非孥戮，募同大逆，亦謂加重。乖律之案，理宜陳請。乞付有司，重更詳議。」詔曰：「輝悖法亂理，罪不可縱。厚賞懸募，必望擒獲。容妃、慧猛與輝私亂，因此耽惑，主致非常。此而不誅，將何懲肅！且已醮之女，不應坐及昆弟，但智壽、慶和知妹姦情，初不防禦，招引劉輝，共成淫醜，敗風穢化，理深其罰，特敕門下結獄，不拘恒司，豈得一同常例，以為通準。且古有詔獄，寧復一歸大理。而尚書治本，納言所屬。弗究悖理之淺深，不詳損化之多少，違彼義途，苟存執憲，殊乖任寄，深合罪責。崔纂可免郎，都坐尚書，悉奪祿一時。』

孝昌已後，天下淆亂，法令不恒，或寬或猛。及尒朱擅權，輕重肆意，在官者，多以深酷為能。至遷鄴，京畿羣盜頗起。有司奏立嚴制：諸强盜殺人者，首從皆斬，妻子同籍，配為樂戶；其不殺人，及贓不滿五匹，魁首斬，從者死，妻子亦為樂戶；小盜贓滿十匹已上，魁首死，妻子配驛，從者流。侍中孫騰上言：『謹詳，法若畫一，理尚不二，不可喜怒由情，而致輕重。案《律》，公私劫盜，罪止流刑。而比執事苦違，好為穿鑿，律令之外，更立餘條，通相糾之路，班捉獲之賞。斯乃刑書徒設，獄訟更煩，法令滋彰，盜賊多有。非所謂不嚴而治，遵守典故者矣。臣以為升平之美，義在省刑；陵遲之弊，必由峻法。是以漢約三章，天下歸德；秦酷五刑，率土瓦解。禮訓君子，律禁小人，舉罪定名，國有常辟。至如「眚災肆赦，怙終賊刑」，經典垂言，國朝成範。隨時所用，各有司存。不宜巨細滋煩，令民豫備。恐防之彌堅，攻之彌甚。請諸犯盜之人，悉准律令，以明恒憲。庶使刑殺折衷，不得棄本從末。』詔從之。

天平後，遷移草創，百司多不奉法，貨賄公行。興和初，齊文襄王入輔朝政，以公平肅物，大改其風。至武定中，法令嚴明，四海知治矣。

《周書》卷五《武帝紀上》 建德元年春正月戊午，帝幸玄都觀，親御法座講說，公卿道俗論難，事畢還宮。降死罪及流罪一等，其五歲刑已下，並宥之。【略】

（十二月）己丑，帝御正武殿，親録囚徒，至夜而罷。【略】

（建德二年十二月）戊午，聽訟於正武殿，自旦及夜，繼之以燭。

又 卷六《武帝紀下》 （建德六年十一月）初行《刑書要制》。持杖羣强盜一匹以上，不持杖羣强盜五匹以上，監臨主掌自盜二十匹以上，小盜及詐偽請官物三十匹以上，正長隱五戶及十丁以上，隱地三頃以上者，至死。《刑書》所不載者，自依律科。

《隋書》卷二五《刑法志》 魏武造易鈦之科，明皇施減死之令，中原凋敝，吳、蜀三分，哀矜折獄，亦所未暇。晉氏平吳，九州寧一，乃命賈充，大明刑憲。內以平章百姓，外以和協萬邦，實曰輕平，稱為簡易。是以宋、齊方駕，轥其餘軌。若乃刑隨喜怒，道睽正直，布憲擬於秋荼，設網踰於朝脛，恣興夷翦，取快情靈。若隋高祖之揮刃無辜，齊文宣之輕刀臠割，此所謂匹夫私讎，非關國典。孔子曰：『刑亂及諸政，政亂及諸身。』心之所詣，則善惡之本原也。彪、約所製，無刑法篇，臧、蕭之書，又多漏略。是以撮其遺事，以至隋氏，附于篇云。

梁武帝承齊昏虐之餘，刑政多僻。既即位，乃制權典，依周、漢舊事，有罪者贖。其科，凡在官身犯，罰金。鞭杖杖督之罪，悉入贖停罰。其臺省令史士卒欲贖者，聽之。時欲議定律令，得齊時舊郎濟陽蔡法度，家傳律學，云齊武時，删定郎王植之，集注張、杜舊律，合為一書，凡一千五百三十條，事未施行，其文殆滅。法度能言之。於是以為兼尚書删定郎，使損益植之舊本，以為《梁律》。天監元年八月，乃下詔曰：『律令不一，實難去弊。殺傷有法，昏墨有刑，此蓋常科，易為條例。至如三男一妻，懸首造獄，事非慮內，法出恒鈞。前王之律，後王之令，因循創附，良各有以。若遊辭費句，無取於實録者，宜悉除之。求文指歸，可適變者，載一家為本，用衆家以附。丙丁俱有，則去丁以存丙。若丙丁二事，注釋不同，則二家兼載。咸使百司，議其可不，取其可安，以為標例。宜云「某等如干人同議，以此為長」，則定以為《梁律》。留尚書比部，悉使備文，若班下州郡，止撮機要。可無二門侮法之弊。』法度又請曰：『魏、晉撰律，止關數人，今若皆諮列位，恐緩而無決。』

於是以尚書令王亮、侍中王瑩、尚書僕射沈約、吏部尚書范雲、長兼侍中柳惲、給事黄門侍郎傅昭、通直散騎常侍孔藹、御史中丞樂藹、太常丞許懋等，參議斷定，定為二十篇：一曰刑名，二曰法例，三曰盜劫，四曰賊叛，五曰詐偽，六曰受賕，七曰告劾，八曰討捕，九曰繫訊，十曰斷獄，十一曰雜，十二曰戶，十三曰擅興，十四曰毀亡，十五曰衛宮，十六曰水火，十七曰倉庫，十八曰廄，十九曰關市，二十曰違制。其制刑為十五等之差：棄市已上為死罪，大罪梟其首，其次棄市。刑二歲已上為耐罪，言各隨伎能而任使之也。有髡鉗五歲刑，笞二百，收贖絹，男子六十匹。又有四歲刑，男子四十八匹。又有三歲刑，男子三十六匹。又有二歲刑，男子二十四匹。罰金一兩已上為贖罪。贖死者金二斤，男子十六匹。贖髡鉗五歲刑笞二百者，金一斤十二兩，男子十四匹。贖四歲刑者，金一斤八兩，男子十二匹。贖三歲刑者，金一斤四兩，男子十匹。贖二歲刑者，金一斤，男子八匹。罰金十二兩者，男子六匹。罰金八兩者，男子四匹。罰金四兩者，男子二匹。罰金二兩者，男子一匹。罰金一兩者，男子二丈。女子各半之。五刑不簡，正于五罰，五罰不服，正于五過，以贖論，故為此十五等之差。又制九等之差：有一歲刑，半歲刑，百日刑，鞭杖二百，鞭杖一百，鞭杖五十，鞭杖三十，鞭杖二十，鞭杖一十。又有八等之差：一曰免官，加杖督一百；二曰免官；三曰奪勞百日，杖督一百；四曰杖督一百；五曰杖督五十；六曰杖督三十；七曰杖督二十；八曰杖督一十。論加者上就次，當減者下就次。

凡繫獄者，不即答款，應加測罰，不得以人士為隔。若人士犯罰，違扞不款，宜測罰者，先參議牒啓，然後科行。斷食三日，聽家人進粥二升。女及老小，一百五十刻乃與粥，滿千刻而止。囚有械、杻、斗械及鉗，並立輕重大小之差，而為定制。其鞭，有制鞭、法鞭、常鞭，凡三等之差。制鞭，生革廉成；法鞭，生革去廉；常鞭，熟靼不去廉。皆作鶴頭紐，長一尺一寸。梢長二尺七寸，廣三分，靶長二尺五寸。杖皆用生荆，長六尺。有大杖、法杖、小杖三等之差。大杖，大頭圍一寸三分，小頭圍八分半。法杖，圍一寸三分，小頭五分。小杖，圍一寸一分，小頭極杪。諸督罰，大罪無過五十、三十，小者二十。當笞二百以上者，笞半，餘半後決，中分鞭杖。老小於律令當得鞭杖罰者，皆半之。其應得法鞭、杖者，以熟靼鞭、小杖。過五十者，稍行之。將吏已上及女人應有罰者，以罰金代之。其以職員應罰，及律令指名制罰者，不用此令。其問事諸罰，皆用熟靼鞭、小杖。其制鞭制杖，法鞭法杖，自非特詔，皆不得用。詔鞭杖在京師者，皆於雲龍門行。女子懷孕者，勿得決罰。其謀反、降叛、大逆已上皆斬。父子同產男，無少長，皆棄市。母妻姊妹及應從坐棄市者，妻子女妾同補奚官為奴婢。貲財沒官。劫身皆斬，妻子補兵。遇赦降死者，黵面為劫字，髡鉗，補治鎖士終身。其下又讁運配材官治士、尚方鎖士，皆以輕重差其年數。其重者或終身。

士人有禁錮之科，亦有輕重為差。其犯清議，則終身不齒。耐罪囚八十已上，十歲已下，及孕者、盲者、侏儒當械繫者，及郡國太守相、都尉、關中侯已上，亭侯已上之父母妻子，及所生坐非死罪除名之罪，二千石已上非檻徵者，並頌繫之。

丹陽尹月一詣建康縣，令三官參共録獄，察斷枉直。其尚書當録人之月者，與尚書參共録之。大凡定罪二千五百二十九條。

二年四月癸卯，法度表上新律，又上《令》三十卷，《科》三十卷。帝乃以法度守廷尉卿，詔班新律於天下。

三年八月，建康女子任提女，坐誘口當死。其子景慈對鞫辭云，母實行此。是時法官虞僧虯啓稱：『案子之事親，有隱無犯，直躬證父，仲尼為非。景慈素無防閑之道，死有明目之據，陷親極刑，傷和損俗。凡乞鞫不審，降罪一等，豈得避五歲之刑，忽死母之命！景慈宜加罪辟。』詔流于交州。至是復有流徒之罪。其年十月甲子，詔以金作權典，宜在蠲息。於是除贖罪之科。

武帝敦睦九族，優借朝士，有犯罪者，皆諷羣下，屈法申之。百姓有罪，皆案之以法。其緣坐則老幼不免，一人亡逃，則舉家質作。人既窮急，姦宄益深。後帝親謁南郊，秣陵老人遮帝曰：『陛下為法，急於黎庶，緩於權貴，非長久之術。誠能反是，天下幸甚。』帝於是思有以寬之。舊獄法，夫有罪，逮妻子，子有罪，逮父母。十一年正月壬辰，乃下詔曰：『自今捕讁之家，及罪應質作，若年有老小者，可停將送。』十四年，又除黵面之刑。

帝鋭意儒雅，疏簡刑法，自公卿大臣，咸不以鞫獄留意。姦吏招權，巧文弄法，貨賄成市，多致枉濫。大率二歲刑已上，歲至五千人。是時徒居作者具五任，其無任者，著斗械。若疾病，權解之。是後囚徒或有優劇。大同中，皇太子在春宮視事，見而愍之，乃上疏曰：『臣以比時奉敕，權親京師雜事。切見南北郊壇、材官、車府、太官下省、左裝等處上啓，並請四五歲已下輕囚，助充使役。自有刑均罪等，愆目不異，而甲付錢署，乙配郊壇。錢署三所，於事為劇，郊壇六處，在役則優。今聽獄官詳其可否，舞文之路，自此而生。公平難遇其人，流泉易啓其齒，將恐玉科重輕，全關墨綬，金書去取，更由丹筆。愚謂宜詳立條制，以為永准。』帝手敕報曰：『頃年已來，處處之役，唯資徒讁，逐急充配。若科制繁細，義同簡絲，切須之處，終不可得。引例興訟，紛紜方始，防杜姦巧，自是為難。更當別思，取其便也。』竟弗之從。是時王侯子弟皆長，而驕蹇不法。武帝年老，厭於萬機，又專精佛戒，每斷重罪，則終日弗懌。嘗遊南苑，臨川王宏，伏人於橋下，將欲為逆。事覺，有司請誅之。帝但泣而讓曰：『我人才十倍於爾，處此恒懷戰懼。爾何為者？我豈不能行周公之事，念汝愚故也。』免所居官。頃之，還復本職。由是王侯驕横轉甚，或白日殺人於都街，劫賊亡命，咸於王家自匿，薄暮塵起，則剝掠行路，謂之打稽。武帝深知其弊，而難於誅討。十一年十月，復開贖罪之科。中大同元年七月甲子，詔自今犯罪，非大逆，父母、祖父母勿坐。自是禁網漸疏，百姓安之，而貴戚之家，不法尤甚矣。尋而侯景逆亂。

及元帝即位，懲前政之寬，且帝素苛刻，及周師至，獄中死囚且數千人，有司請皆釋之，以充戰士。帝不許，並令棒殺之。事未行而城陷。敬帝即位，刑政適陳矣。

陳氏承梁季喪亂，刑典疏闊。及武帝即位，思革其弊，乃下詔曰：『朕聞唐、虞道盛，設畫象而不犯，夏、商德衰，雖孥戮其未備。洎乎末代，綱目滋繁，矧屬亂離，憲章遺紊。朕始膺寶歷，思廣政樞，外可搜舉良才，刪改科令，羣僚博議，務存平簡。』於是稍求得梁時明法吏，令與尚書刪定郎范泉，參定律令。又敕尚書僕射沈欽、吏部尚書徐陵、兼尚書左丞宗元饒、兼尚書左丞賀朗參知其事，《制律》三十卷，《令律》四十卷。採酌前代，條流冗雜，綱目雖多，博而非要。其制唯重清議禁錮之科。若縉紳之族，犯虧名教，不孝及內亂者，發詔棄之，終身不齒。先與士人為婚者，許妻家奪之。其獲賊帥及士人惡逆，免死付冶，聽將妻入役，不為年數。又存贖罪之律，復父母緣坐之刑。自餘篇目條綱，輕重簡繁，一用梁法。其有贓驗顯然而不款，則上測立。立測者，以土為垛，高一尺，上圓，劣容囚兩足立。鞭二十，笞三十訖，著兩械及杻，上垛。一上測七刻，日再上。三七日上測，七日一行鞭。凡經杖，合一百五十，得度不承者，免死。其髡鞭五歲刑，降死一等，鎖二重。其五歲刑已下，並鎖一重。五歲四歲刑，若有官，准當二年，餘並居作。其三歲刑，若有官，准當二年，餘一年贖。若公坐過誤，罰金。其二歲刑，有官者，贖論。一歲刑，無官亦贖論。寒庶人，准決鞭杖。囚並著械，徒並著鎖，不計階品。死罪將決，乘露車，著三械，加壺手。至市，脫手械及壺手焉。當刑於市者，夜須明，雨須晴。晦朔、八節、六齊、月在張心日，並不得行刑。廷尉寺為北獄，建康縣為南獄，並置正監平。又制，常以三月，侍中、吏部尚書、尚書、三公郎、部都令史、三公録冤局，令史、御史中丞、侍御史、蘭臺令史，親行京師諸獄及冶署，理察囚徒冤枉。

文帝性明察，留心刑政，親覽獄訟，督責羣下，政號嚴明。是時承寬政之後，功臣貴戚有非法，帝咸以法繩之，頗號峻刻。及宣帝即位，優借文武之士，崇簡易之政，上下便之。其後政令既寬，刑法不立，又以連年北伐，疲人聚為劫盜矣。後主即位，信任讒邪，羣下縱恣，鬻獄成市，賞罰之命，不出于外。後主性猜忍疾忌，威令不行，左右有忤意者，動至夷戮。百姓怨叛，以至於滅。

齊神武、文襄，並由魏相，尚用舊法。及文宣天保元年，始命羣官刊定魏朝《麟趾格》。是時軍國多事，政刑不一，決獄定罪，罕依律文，相承謂之變法從事。清河房超為黎陽郡守，有趙道德者，使以書屬超。超不發書，棒殺其使。文宣於是令守宰各設棒，以誅屬請之使。後都官郎中宋軌奏曰：『昔曹操懸棒，威於亂時，今施之太平，未見其可。若受使請賕，猶致大戮，身為枉法，何以加罪？』於是罷之。既而司徒功曹張老上書，稱大齊受命已來，律令未改，非所以創制垂法，革人視聽。於是始命羣官，議造齊律，積年不成。其決獄猶依魏舊。是時刑政尚新，吏皆奉法。自六年之後，帝遂以功業自矜，恣行酷暴，昏狂酗醟，任情喜怒。為大鑊、長鋸、剉碓之屬，並陳於庭，意有不快，則手自屠裂，或命左右臠噉，以逞其意。時僕射楊遵彥，乃令憲司先定死罪囚，置于仗衛之中，帝欲殺人，則執以應命，謂之供御囚。經三月不殺者，則免其死。帝嘗幸金鳳臺，受佛戒，多召死囚，編籧篨為翅，命之飛下，謂之放生。墜皆致死，帝視以為歡笑。時有司折獄，又皆酷法。訊囚則用車輻猲杖，夾指壓踝，又立之燒犁耳上，或使以臂貫燒車釭。既不勝其苦，皆致誣伏。七年，豫州檢使白摽，為左丞盧斐所劾，乃於獄中誣告斐受金。文宣知其姦罔，詔令按之，果無其事。乃敕八座議立案劾格，負罪不得告人事。於是挾姦者畏糾，乃先加誣訟，以擬當格，吏不能斷。又妄相引，大獄動至千人，多移歲月。然帝猶委政輔臣楊遵彥，彌縫其闕，故時議者竊云，主昏於上，政清於下。

孝昭在藩，已知其失，即位之後，將加懲革。未幾而崩。武成即位，思存輕典，大寧元年，乃下詔曰：『王者所用，唯在賞罰，賞貴適理，罰在得情。然理容進退，事涉疑似，盟府司勳，或有開塞之路，三尺律令，未窮畫一之道。想文王之官人，念宣尼之止訟，刑賞之宜，思獲其所。自今諸應賞罰，皆賞疑從重，罰疑從輕。』又以律令不成，頻加催督。河清三年，尚書令、趙郡王叡等，奏上《齊律》十二篇：一曰名例，二曰禁衛，三日婚戶，四曰擅興，五曰違制，六曰詐偽，七曰鬬訟，八曰賊盜，九曰捕斷，十曰毀損，十一曰廄牧，十二曰雜。其定罪九百四十九條。又上《新令》四十卷，大抵採魏、晉故事。其制，刑名五：一曰死，重者轘之，其次梟首，並陳屍三日；無市者，列於鄉亭顯處。其次斬刑，殊身首。其次絞刑，死而不殊。凡四等。二曰流刑，謂論犯可死，原情可降，鞭笞各一百，髡之，投于邊裔，以為兵卒。未有道里之差。其不合遠配者，男子長徒，女子配舂，並六年。三曰刑罪，即耐罪也。有五歲、四歲、三歲、二歲、一歲之差。凡五等。各加鞭一百。其五歲者，又加笞八十，四歲者六十，三歲者四十，二歲者二十，一歲者無笞。並鎖輸左校而不髡。無保者鉗之。婦人配舂及掖庭織。四曰鞭，有一百、八十、六十、五十、四十之差，凡五等。五曰杖，有三十、二十、十之差，凡三等。大凡為十五等。當加者上就次，當減者下就次。贖罪舊以金，皆代以中絹。死一百疋，流九十二匹，刑五歲七十八匹，四歲六十四匹，三歲五十匹，二歲三十六匹。各通鞭笞論。一歲無笞，則通鞭二十四匹。鞭杖每十，贖絹一匹。至鞭百，則絹十匹。無絹之鄉，皆准絹收錢。自贖笞十已上至死，又為十五等之差。當加減次，如正決法。合贖者，謂流內官及爵秩比視、老小閹癡并過失之屬。犯罰絹一匹及杖十已上，皆名為罪人。盜及殺人而亡者，即懸名注籍，甄其一房配驛戶。宗室則不注盜，及不入奚官，不加宮刑。自犯流罪已下合贖者，及婦人犯刑已下，侏儒、篤疾、癃殘非犯死罪，皆頌繫之。罪刑年者鎖，無鎖以枷。流罪已上加杻械。死罪者桁之。決流刑鞭笞者，鞭其背。五十，一易執鞭人。鞭鞘皆用熟皮，削去廉稜。鞭瘡長一尺。笞者笞臀，而不中易人。杖長三尺五寸，大頭徑二分半，小頭徑一分半。決三十已下杖者，長四尺，大頭徑三分，小頭徑二分。在官犯罪，鞭杖十為一負。閑局六負為一殿，平局八負為一殿，繁局十負為一殿。加於殿者，復計為負焉。赦日，則武庫令設金雞及鼓於閶闔門外之右。勒集囚徒於闕前，撾鼓千聲，釋枷鎖焉。又列重罪十條：一曰反逆，二曰大逆，三曰叛，四曰降，五曰惡逆，六曰不道，七曰不敬，八曰不孝，九曰不義，十曰內亂。其犯此十者，不在八議論贖之限。是後法令明審，科條簡要，又敕仕門之子弟，常講習之。齊人多曉法律，蓋由此也。

其不可為定法者，別制《權令》二卷，與之並行。後平秦王高歸彥謀反，須有約罪，律無正條，於是遂有《別條權格》，與律並行。大理明法，上下比附，欲出則附依輕議，欲入則附從重法，姦吏因之，舞文出沒。至于後主，權幸用事，有不附之者，陰中以法。綱紀紊亂，卒至於亡。

周文帝之有關中也，霸業初基，典章多闕。大統元年，命有司斟酌今古通變，可以益時者，為二十四條之制，奏之。七年，又下十二條制。十年，魏帝命尚書蘇綽，總三十六條，更損益為五卷，班於天下。其後以河南趙肅為廷尉卿，撰定法律。肅積思累年，遂感心疾而死。乃命司憲大夫託拔迪掌之。至保定三年三月庚子乃就，謂之大律，凡二十五篇：一曰刑名，二曰法例，三曰祀享，四曰朝會，五曰婚姻，六曰戶禁，七曰水火，八曰興繕，九曰衛宮，十曰市廛，十一曰鬬競，十二曰劫盜，十三曰賊叛，十四曰毀亡，十五曰違制，十六曰關津，十七曰諸侯，十八曰廄牧，十九曰雜犯，二十曰詐偽，二十一曰請求，二十二曰告言，二十三曰逃亡，二十四曰繫訊，二十五曰斷獄。大凡定罪一千五百三十七條。其制罪：一曰杖刑五，自十至五十。二曰鞭刑五，自六十至于百。三曰徒刑五，徒一年者，鞭六十，笞十。徒二年者，鞭七十，笞二十。徒三年者，鞭八十，笞三十。徒四年者，鞭九十，笞四十。徒五年者，鞭一百，笞五十。四曰流刑五，流衛服，去皇畿二千五百里者，鞭一百，笞六十。流要服，去皇畿三千里者，鞭一百，笞七十。流荒服，去皇畿三千五百里者，鞭一百，笞八十。流鎮服，去皇畿四千里者，鞭一百，笞九十。流蕃服，去皇畿四千五百里者，鞭一百，笞一百。五曰死刑五，一曰磬，二曰絞，三曰斬，四曰梟，五曰裂。五刑之屬各有五，合二十五等。不立十惡之目，而重惡逆、不道、大不敬、不孝、不義、內亂之罪。凡惡逆，肆之三日。盜賊羣攻鄉邑及入人家者，殺之無罪。若報讎者，告於法而自殺之，不坐。經為盜者，注其籍。唯皇宗則否。凡死罪枷而拲，流罪枷而梏，徒罪枷，鞭罪桎，杖罪散以待斷。皇族及有爵者，死罪已下鎖之，徒已下散之。獄成將殺者，書其姓名及其罪於拳，而殺之市。唯皇族與有爵者隱獄。

其贖杖刑五，金一兩至五兩。贖鞭刑五，金六兩至十兩。贖徒刑五，一年金十二兩，二年十五兩，三年一斤二兩，四年一斤五兩，五年一斤八兩。贖流刑，一斤十二兩，俱役六年，不以遠近為差等。贖死罪，金二斤。鞭者以一百為限。加笞者，合二百止。應加鞭笞者，皆先笞後鞭。婦人當笞者，聽以贖論。徒輸作者，皆任其所能而役使之。杖十已上，當加者上就次，數滿乃坐。當減者，死罪流蕃服，蕃服已下俱至徒五年。五年以下，各以一等為差。盜賊及謀反大逆降叛惡逆罪當流者，皆甄一房配為雜戶。其為盜賊事發逃亡者，懸名注配。若再犯徒、三犯鞭者，一身永配下役。應贖金者，鞭杖十，收中絹一匹。流徒者，依限歲收絹十二匹。死罪者一百疋。其贖刑，死罪五旬，流刑四旬，徒刑三旬，鞭刑二旬，杖刑一旬。限外不輸者，歸於法。貧者請而免之。大凡定法一千五百三十七條，班之天下。其大略滋章，條流苛密，比於齊法，煩而不要。

又初除復讎之法，犯者以殺論。時晉公護將有異志，欲寬政以取人心，然闇於知人，所委多不稱職。既用法寬弛，不足制姦，子弟僚屬，皆竊弄其權，百姓愁怨，控告無所。武帝性甚明察，自誅護後，躬覽萬機，雖骨肉無所縱捨，用法嚴正，中外肅然。自魏、晉相承，死罪其重者，妻子皆以補兵。魏虜西涼之人，沒入名為隸戶。魏武入關，隸戶皆在東魏，後齊因之，仍供厮役。建德六年，齊平後，帝欲施輕典於新國，乃詔凡諸雜戶，悉放為百姓。自是無復雜戶。其後又以齊之舊俗，未改昏政，賊盜姦宄，頗乖憲章。其年，又為《刑書要制》以督之。其大抵持仗羣盜一匹以上，不持仗羣盜五匹以上，監臨主掌自盜二十匹以上，盜及詐請官物三十匹以上，正長隱五戶及十丁以上、及地三頃以上，皆死。自餘依《大律》。由是澆詐頗息焉。

宣帝性殘忍暴戾，自在儲貳，惡其叔父齊王憲及王軌、宇文孝伯等。及即位，並先誅戮，由是內外不安，俱懷危懼。帝又恐失衆望，乃行寬法，以取衆心。宣政元年八月，詔制九條，宣下州郡。大象元年，又下詔曰：『高祖所立《刑書要制》，用法深重，其一切除之。』然帝荒淫日甚，惡聞其過，誅殺無度，疏斥大臣。又數行肆赦，為姦者皆輕犯刑法，政令不一，下無適從。於是又廣《刑書要制》，而更峻其法，謂之《刑經聖制》。宿衛之官，一日不直，罪至削除。逃亡者皆死，而家口籍沒。上書字誤者，科其罪。鞭杖皆百二十為度，名曰天杖。其後又加至二百四十。又作礔礰車，以威婦人。其決人罪，云與杖者，即一百二十，多打者，即二百四十。帝既酣飲過度，嘗中飲，有下士楊文祐白宮伯長孫覽，求歌曰：『朝亦醉，暮亦醉。日日恒常醉，政事日無次。』鄭譯奏之，帝怒，命賜杖二百四十而致死。後更令中士皇甫猛歌，猛歌又諷諫。鄭譯又以奏之，又賜猛杖一百二十。是時下自公卿，內及妃后，咸加棰楚，上下愁怨。及帝不豫，而內外離心，各求苟免。隋高祖為相，又行寬大之典，刪略舊律，作《刑書要制》。既成奏之，靜帝下詔頒行。諸有犯罪未科決者，並依制處斷。

論說

《晉書》卷三〇《刑法志》 《傳》曰：『齊之以禮，有耻且格。』刑之不可犯，不若禮之不可踰，則昊歲比於犧年，宜有降矣。若夫穹圓肇判，宵貌攸分，流形播其喜怒，稟氣彰其善惡，則有自然之理焉。念室後刑，衢樽先惠，將以屏除災害，引導休和，取譬琴瑟，不忘銜策，擬陽秋之成化，若堯舜之為心也。郊原布肅，軒皇有轡野之師；雷電揚威，高辛有觸山之務。陳乎兵甲而肆諸市朝，具嚴天刑，以懲亂首，論其本意，蓋有不得已而用之者焉。是以丹浦興仁，羽山咸服。而世屬僥倖，事關攸蠹，政失禮微，獄成刑起，則孔子曰：『聽訟吾猶人也，必也使無訟乎！』及周氏龔行，却收鋒刃，祖述生成，憲章堯禹，政有膏露，威兼禮樂，或觀辭以明其趣，或傾耳以照其微，或彰善以激其情，或除惡以崇其本。至夫取威定霸，一匡九合，寓言成康，不由凝網，此所謂酌其遺美，而愛民治國者焉。若乃化蔑彝倫，道睽明慎，則夏癸之虔劉百姓，商辛之毒痡四海，衞鞅之無所自容，韓非之不勝其虐，與夫《甘棠》流詠，未或同歸。秦文初造參夷，始皇加之抽脅，囹圄如市，悲哀盈路。漢王以三章之法以弔之，文帝以刑厝之道以臨之，于時百姓欣然，將逢交泰。而犴逐情遷，科隨意往，獻瓊杯於闕下，徙青衣於蜀路，覆醢裁刑，傾宗致獄。況乃數囚於京兆之夜，五日於長安之市，北闕相引，中都繼及者，亦往往而有焉。而將亡之國，典刑咸棄，刊章以急其憲，適意以寬其網，桓靈之季，不其然歟！魏明帝時，宮室盛興，而期會迫急，有稽限者，帝親召問，言猶在口，身首已分。王肅抗疏曰：『陛下之所行刑，皆宜死之人也。然衆庶不知，將為倉卒，願陛下之於吏而暴其罪。均其死也，不汙宮掖，不為搢紳驚惋，不為遠近所疑。人命至重，難生易殺，氣絶而不續者也，是以聖王重之。孟軻云：「殺一不辜而取天下者，仁者不為也。」』

世祖武皇帝接三統之微，酌千年之範，乃命有司，大明刑憲。于時詔書頒新法於天下，海內同軌，人甚安之。條綱雖設，稱為簡惠，仰昭天睠，下濟民心，道有法而無敗，德俟刑而久立。及晉圖南徙，百有二年，仰止前規，挹其流潤，江左無外，蠻陬來格。孝武時，會稽王道子傾弄朝權，其所樹之黨，貨官私獄，烈祖惛迷，不聞司敗，晉之綱紀大亂焉。

宋·唐庚《三國雜事》 孫亮太平二年，宗室孫基盜乘御馬，付獄。侍中刁元奏曰：基法應死。然魯王早終，惟陛下哀原之。亮曰：法者，天下所共，奈何以情相迫邪！當思可以釋此者。元曰：赦有大小，或天下，或千里，或五百里，隨意所及。及赦宮中，基得以免。吳之君臣可謂上下皆失其分矣。漢世諸侯王有罪當誅，丞相、御史、典客、宗正、廷尉奏請論如法制。曰：朕不忍致法，其與列侯二千石議之！於是丞相、御史等又奏：臣等謹與列侯二千石議，皆曰宜論如法制。曰：朕不忍致法，其廢勿王，或削地若干。夫論如法者，有司以法守，不忍致法者，人主以道揆今。亮，人主也，而論法；元有司也而論情，故曰吳之君臣可謂上下，皆失其分矣。

清·王夫之《讀通鑑論》卷一五《宋文帝·三》 文帝親臨延賢堂聽訟，非君天下之道也，然於其時則宜也。自晉以來，民之不治也久矣，君非幼沖則昏闇耳，國事一委之宰輔者幾百年。乃其秉政之大臣，圖篡逆者，既以餌天下為心，而成乎縱弛；賢如王導、郗鑑、何充、謝安，亦唯內戢强臣，外禦狄患，暇則從容談說，自託風流；而貪鄙如司馬道子，又弗論也。及晉之亡，而法紀隳，風俗壞，於斯極矣。宋武以武功獵大位，豪邁而不悉治理，固未遑念及於親民也。劉穆之、傅亮區區機變之小人，視斯民之治亂漠然不與相關，有司之貪濁昏亂者，不知其若何也。文帝承其敝而欲理已亂之絲，則更不得高拱穆清以養尊貴。而況羨之、亮、晦殺君立君，威震朝野，民且不知有天子。苟不躬親延訪，則虛縣於上，廢置惟人，亦惡足以制權姦、保大位乎？故急於親臨以示臣民之有主，抑求己自强之道也。以是知文帝之志略已深，而正逆臣之誅，成元嘉之治，皆由此昉焉。

雖然，以是為君人之道則已末矣。國之大政，數端而已；銓選也，賦役也，刑獄也，乃其緒之委也，則不勝其冗，擇得其人而飭之以法，士不廢，民不困，而權亦不移。若必屈天子之尊，撤瑣纖以下問錐刀子女之淫慝，與民競智而撓之者益工，與庶官爭權而竊之者益密，明敏之過，終之以惛，求以起百年之積靡，致旦暮之澄清，不亦難乎！帝之遣使行郡縣訪求民隱，詔郡縣各言利病，斯可謂得治理矣。親臨聽訟，暫爾權宜，非可法者也。王敬弘曰：『臣得訊牘，讀之正自不解。』其辭傲矣，而猶不失相臣之體。相臣執體要，佐天子以用人修法而天下寧，況天子乎？

又《宋後廢帝·二》 （邊外）［夷狄］之輕於殺人，其天性然也。有時乎思所以生人，而非果有不忍人之心，乃以生之之道殺之，遂自信為矜恤。嗚呼！民之遇此也，可悲也夫！

拓拔弘重用大刑，多令覆鞫，以自詫其矜恕，而囚繫積年，不為決遣，其言曰：『幽苦則思善，故智者以囹圄為福堂。』《易》曰：『君子以明慎用刑，而不留獄。』明慎矣，速斷之，而刑者刑，免者免，各得其所，而無所連逮；即或明慎未至，而枉者固千百而什一也。何也？擇折獄之吏，申畫一之法，除條例之繁，嚴失入之罰，枉者固千百而什一矣。夫人之情偽，不可掩於初犯之日，證佐未累，其辭尚直，情窮色見，猶可察也；迨及已久，取案牘而重複理之，移審審於他署，而互相同異，犯者之辨，且屢屈屢伸而錯舛益甚，目眩心疑，愈以亂矣。不留者，取人之初心而驗其誠也；非今歲一官，明歲一吏，顛倒反覆之所能得其情也。徒以饑寒疾疫死之於叢棘之下，不亦慘乎！如是以為矜恤，亦嗜殺之轉念而已矣。

若其罷門房之誅，則得之矣。乃門房之誅所自來，亦有由也。［夷狄］而主［中國］，王侯將相皆其種類，羣起於馳逐之中，僬僬俟俟以為羣友，則一人富貴而合族驕盈，耕者不耕，獵者不獵，依倚勢門，互相煽虐，非被誅者之陷及門房，而門房之陷人於誅者多矣。安與同其噬搏，危與共其誅夷，亦自取之矣。前之立法者，深惡夫合族之蜂集，待食於將吏，衆為虐而一人獨嬰其禍，弗與懲之，而門房之敗類橫逞益烈也。罷其誅，不禁其朋從之惡，拓拔氏之所以斂怨而終亡也。

清·趙翼《廿二史劄記》卷一四《後魏刑殺太過》 後魏起北方，專以刑殺為政令。自猗盧為代王，即嚴刑峻法，諸部人多以違命得罪，凡後期者，舉部戮之。或有宗室相攜，悉赴死所，或問何往，曰當就誅戮。其威嚴如此。道武帝以秦王觚使於燕，為所害，及克中山，收害觚者傳高霸、程同等，皆夷五族，以大刃挫殺之。其討劉衛辰，收其子弟宗黨，無少長五千餘人，盡戮死。末年每朝臣至前，追其舊惡輒殺之。其餘或以顔色動變，或以喘息不調，或以行步乖節，或以言詞失措，皆以為懷惡在心，變見於外，乃手自毆擊，死者皆陳天安殿前。道武時，嘗有神巫謂帝當有暴禍，惟滅『清河』，殺『萬人』，乃可免。帝乃滅清河一郡。嘗手自殺人，欲其數滿萬，或乘輦手劍擊檐輦者腦，一人死，一人代，每一行死者數十。有愛妾名萬人，與帝子清河王紹私通，懼事發，乃弑帝。臨死，始悟『清河』、『萬人』之讖，在此二人也。太武帝雖詔有司按律令務求厥中，皆《本紀》然如崔浩之誅，清河崔氏無遠近，及范陽盧氏、太原郭氏、河東柳氏，皆浩之親黨，盡夷其族，甚至僮吏亦夷五族，同修史者亦族誅。《浩傳》史臣謂太武果於刑戮，後多悔之。則亦仍其祖父舊法也。至孝文帝，始詔一人為惡，殃及合門，朕所不忍，自今非謀反大逆及外奔者，罪止其身。尋又詔五族者降止同祖，三族者止一門，門誅者止其身，於是刑戮稍減。然自先世以來，冤死者已不可數計矣。按猗盧為其子六修所弑，道武為其子紹所弑，及身之報，已屬顯然。其後亡國時，北齊文宣帝問元韶：『光武何故中興？』韶曰：『為王莽誅諸劉不盡。』文宣乃誅諸元世哲、景武等二十五家，男子無少長皆斬，所殺三千人，餘十九家並禁之，韶亦入地牢，絶食，啗衣袖而死。尋又大誅元氏，壯者斬東市，嬰兒投於空中，以槊承之，悉投屍漳水，剖魚者多得爪甲，都下為之久不食魚。文宣嘗令諸囚自金鳳臺各乘紙鳶以飛，最遠者免死，元黄頭獨能至紫階，宜得免矣，仍付御史獄餓死。凡昭成以下並無遺焉。然則元魏之後，竟無遺種，實好殺之報也。高允曰：『臯陶至德也，其後英、蓼先亡，劉、項之際，英布黥而王，經世雖久，猶有刑之餘釁，況凡人乎？』後周宇文氏之後，為隋所誅殺殆盡，史臣亦謂渚宮制勝，闔城孥戮，茹茹歸命，盡種誅夷，周祚不永，或由於此。是則天道之報施，固有昭然不爽者也。

按族誅之法，本起於秦。漢高祖入關，所謂父老苦秦苛法，誹謗者族是也。《後漢書》楊終疏亦言，秦政酷烈，一人有罪，延及三族。如淳曰，父族、母族、妻族也。張晏曰，父母妻子兄弟也。是族誅本秦酷政，漢高約法三章則已除之。然韓、彭之誅皆夷三族，購季布敢匿者罪三族，捕貫高等敢有隨者罪三族。是仍未嘗除也。故崔寔《政論》謂高祖使蕭何定律，有夷三族之令，至文帝始除之。楊終疏所謂文帝至仁，除去收孥是也。然文帝雖除，而其後如李陵、王温舒等仍坐罪族誅。則此刑故在。至魏、晉之際，益慘酷無人理。司馬懿誅曹爽，支黨皆夷三族，男女無少長，姑姊妹女子之適人者，皆殺之。《爽傳》王淩之妹為郭淮妻，淩被誅，淮五子向淮叩頭流血，淮不能忍，乃致書懿免之。《淮傳》毌丘儉之誅，其子甸妻荀氏應坐死，其兄顗乞其命，乃詔離婚，而荀氏所生女，已嫁劉子元，亦當坐死，以懷妊在獄，荀氏乞為婢，以贖女命。按荀氏之女，則儉孫女也，而亦不免，是誅及四族矣，司馬氏之酷如此。程威乃上議曰：『已出之女，父母有罪，既須追刑，夫黨見誅，又須從戮，是一人之身，內外受辟。男不得罪於他族，女獨嬰禍於二門，事屬不均。請在室者從父母之誅，出嫁者從夫家之罰。』乃改此制。《晉書·刑法志》其後解結被戮，其女適裴氏者，明日當嫁而禍起，裴氏欲認活之，女曰：『家既若此，我何活為？』亦坐死。夫以將嫁而夫家來認之即可不死，則已稍輕於毌丘儉之案矣。然一人有罪，害及無辜，秦漢以來，以此法枉殺者，不知凡幾，又況後魏之誅及五族耶。《爾雅》，內宗曰族，妻則曰黨。是古所謂族者，專指宗姓而言。故孔安國稱《尚書》九族，謂自高祖至元孫，即《喪服小記》所云以三為五以五為九也。後世乃誤以父母、妻為三族，以致濫殺益多。顧寧人謂始於杜預，以外祖父母、從母子及妻父母、姑之子、姊妹之子、女之子當之。然《漢書》張晏三族注謂父母、兄弟、妻子也，如淳注則曰父族、母族、妻族也，則此誤不自杜預始矣。今按司馬氏之誅曹爽、王淩、毌丘儉，雖極慘毒，然尚止及於姑姊妹及女子之適人者，至魏太武之誅崔浩，并及於盧氏、郭氏、柳氏，皆夷其族，則於本族之外，延及於母黨、妻黨、出嫁之女黨，安知非如淳、杜預之注之遺害耶？故落筆不可不慎也。

雜録

唐・徐堅《初學記》卷二〇《政理部・刑罰第九》 梁沈約《使四方士民陳刑政詔》。徑寸之寶，或隱泥沙；以人廢言，君子斯惑。朕聽朝晏罷，思闡政術，雖百辟卿士，有懷必聞。而蓄響邊遐，未臻魏闕；或屈以貧陋，或間以山川，頓足延首，無因奏達，豈所謂沉浮靡漏，遠邇兼得者哉。四方士民，若有欲陳刑政，倫儗幽遠，不能自通者，各在條布所懷於刺史二千石。有可申採，大小以聞。

又《立左降詔》。刑乖政失，其源已久。罰罪之奏，日聞於早朝；弊獄之書，亟勞於晏寢。免黜相係，補代紛紜，一離徵囚，乃永歲月，非所以棄瑕録用，隨分盡才者也。是故減秩居官，前代通則，貶職左遷，往朝繼軌。自今內外羣司有事者，可開左降之科。

又《降死罪詔》。朕樹洪業，光宅區宇，而本枝之慶，未廣椒掖。滕衛之地，猶闕蕃屏，言念弓鞲，不能忘懷。第二子始有磐石之資，於焉彌固，慶雖自己，恩加覃及；凡死罪可降一等，五歲刑降二等，三歲刑以下，並悉原放。

元・馬端臨《文獻通考》卷一六四《刑考三・刑制》 魏武帝既建魏國，乃定甲子科，犯釱。左右趾者易以斗械，是時乏鐵，故易以木焉。又嫌漢律太重，故令依律論，聽得科半，使從半減也。

討袁譚時，民憚役而亡，令不得降。頃之，亡民有詣門自首者，公謂之曰：『聽汝則違令，殺汝則誅首，歸深自藏，毋為吏所得。』民垂泣而去。

文帝受禪，又議肉刑。詳議未定，會有軍事，復寢。下怨毒殺人減死之令詳見《詳讞》。又令：謀反、大逆乃得相告，其餘皆勿聽治；敢妄相告，以其罪罪之。

明帝改士庶罰金之令，男聽以罰代金，婦人加笞還從鞭督之例，以其刑體裸露故也。

時宮室盛興，而期會迫急，帝親召問，言猶在口，身首已分。王肅抗疏曰：『陛下所行刑，皆宜死之人也。然衆庶不知，將為倉卒。願下之於吏而暴其罪。均之死也，不汙宮闕，不為縉紳驚惋，不為遠近所疑。人命至重，難生易殺，是以聖王重之。孟軻云：「殺一不辜而得天下，仁者不為也。」』

青龍二年，詔曰：『「鞭作官刑」，所以糾慢怠也，而頃多以無辜死。其減鞭杖之制，著於令。』又令有司刪定大辟，減死罪。

四年，詔曰：『有虞氏畫象而民弗犯，周人刑錯而不用。朕從百王之末，追望上世之風，邈乎何相去之遠？法令滋章，犯者彌多，刑罰愈衆，而姦不可止。往者按大辟之條，多所蠲除，思濟生民之命，此朕之至意也。而郡國斃獄，一歲之中，尚過數百，豈朕訓導不醇，俾民輕罪；將苛法猶存，為之陷阱乎？有司其議獄緩死，務從寬簡，及乞恩者，或辭未出而獄已報斷，非所以究理盡情也。其令廷尉及天下獄官，諸有死罪具獄已定，非謀反、手殺人，亟語其親治，有乞恩者，使與奏當文書俱上，朕將思所以全之。布告天下，使明朕意。』詔更定魏法，制《新律》十八篇，《州郡令》四十五篇，《尚書官令》、《軍中令》，合百八十餘篇。

時承用秦漢舊律，其文起自魏文侯師李悝音恢。悝撰次諸國法，著《法經》，以為王者之政莫急於盜賊，故其律始於《盜》、《賊》。盜賊須劾捕，故著《網》、《捕》二篇。其輕狡、越城、博戲、借假不廉、淫侈逾制，以為《雜律》一篇，又以《（其）〔具〕律》具其加減。是故所著六篇而已，然皆罪名之制也。商君受之以相秦。漢承秦制，蕭何定律，除參夷連坐之罪，增部主見知之條，益事律擅《興》、《廏》、《戶》三篇，合為九篇。叔孫通益律所不及，傍章十八篇，張湯《越宮律》二十七篇，趙禹《朝律》六篇，合六十篇。又漢時決事，集為《令甲》以下三百餘篇，及司徒鮑公撰嫁娶辭訟決為《法比都目》，凡九百六卷。世有增損，率皆集類為篇，結事為章。一章之中或事過數十，類雖同，輕重乖異。而通條連句，上下相蒙，雖大體異篇，實相採入。《盜律》有殘傷之例，《賊律》有盜章之文，《興律》有上獄之法，《廏律》有逮捕之事，若此之比，錯糅無常。後人生意，各為章句。孫叔宣、郭令卿、馬融、鄭玄諸儒章句，十有餘家，家數十萬言。凡斷罪所當由用者，合二萬六千二百七十二條，七百七十三萬二千二百餘言，言數益繁，覽者益難。天子於是下詔，但得用鄭氏章句，不得雜用餘家。衛覬又奏曰：『刑法者，國家之所貴重，而私議之所輕賤；獄吏者，百姓之所縣命，而選用者所卑下。王政之弊，未必不由此也。請置律博士，轉相教授。』事遂施行。然而律文煩廣，事比衆多，離本依末，決獄之吏如廷尉獄吏范洪受囚絹二丈，附輕法論之，獄吏劉象受屬偏考囚張茂物故，附重法論之。洪、象雖皆棄市，而輕枉者相繼。是時太傅鍾繇又上疏求復肉刑，詔下其奏，司徒王朗議又不同。時議者百餘人，與朗同者多。帝以吳蜀未平，又寢。其後，天子又下詔改定刑制，命司空陳羣、散騎常侍劉劭、給事黄門侍郎韓遜、議郎庾嶷、中郎黄休、荀詵等刪約舊科，傍采漢律，定為魏法。

其序略曰：舊律所以難知者，由於六篇篇少故也。篇少則文荒，文荒則事寡，事寡則罪漏。是以後人稍增，更與本體相離。今制新律，宜都總事類，多其篇條。舊律因秦《法經》，就增三篇，而《具律》不移，因在第六。罪條例既不在始，又不在終，非篇章之義。故集罪例以為《刑名》，冠於律首。《盜律》有劫掠、恐喝、和賣買人，科有持質，皆非盜事，故分以為《劫掠律》。《賊律》有欺謾、詐偽、踰封、矯制，《囚律》有詐偽生死，《令景》有詐自復免，事類衆多，故分為《詐律》。《賊律》有賊伐樹木、殺傷人畜産及諸亡印，《金布律》有毀傷亡失縣官財物，故分為《毀亡律》。《囚律》有告劾、傳覆，《廄律》有告反逮受，科有登聞道辭，故分為《告劾律》。《囚律》有繫囚、鞫獄、斷獄之法，《興律》有上獄之事，科有考事報讞，宜別為篇，故分為《繫訊》、《斷獄律》。《盜律》有受所監、受財枉法，《雜律》有假借不廉，《令乙》有呵人受錢，科有使者驗賂，其事相類，故分為《請賕律》。《盜律》有劫辱强賊，《興律》有擅興徭役，《具律》有出賣呈，科有擅作修舍事，故分為《興擅律》。《興律》有乏徭、稽留，《賊律》有儲峙不辦，《廄律》有乏軍之興，及舊典有奉詔不謹、不承用詔書，漢氏施行有小愆乏反不如令，輒劾以不承用詔書，乏軍要斬，又減以《丁酉詔書》；《丁酉詔書》，漢文所下，不宜復以為法，故別為之《留律》。秦世舊有廄置、乘傳、副車、食廚，漢初承秦不改，後以費廣稍省，故後漢但設騎置，無車馬，而律猶著其文，則為虚設，故除《廄律》，取其可用合科者，以為《郵驛令》。其告反逮驗，別入《告劾律》。上言變事，以為《變事令》。以驚事告急，與《興律》烽燧峰遂二音及科令者，以為《警事律》。《盜律》有還贓畀主，《金布律》有罰贖入責以呈黄金為價，科有平庸坐贓事，以為《償贓律》。律之初制，無免坐之文，張湯、趙禹始作監臨部主、見知故縱之例。其見知而故不舉劾，各與同罪，失不舉劾，各以贖論；其不見不知，不坐也；是以文約而例通。科之為制，每條有違科，不覺不知，從坐之免，坐繁多，宜總為免例，以省科文，故更制定其由例，以為《免坐律》。諸律令中有其教制，本條無從坐之文者，皆從此取法也。凡所定，增十三篇，就故五篇，合十八篇，於正律九篇為增，於旁章科令為省矣。改漢舊律不行於魏者皆除之，更依古義制為五刑。其刑死有三，髡，刑有四，完刑、作刑各三，贖刑十一，罰金六，雜抵罪七，凡三十七名，以為律首。又改《賊律》，但以言語及犯宗廟園陵，謂之大逆無道，要斬，家屬從坐，不及祖父母、孫。至於謀反大逆，臨時捕之，或汙瀦，或梟菹，夷其三族，不在律令。所以嚴絶惡迹也。賊鬭殺人，以劾而亡，許依古義，聽子弟得追殺之。會赦及過誤相殺，不得報仇，所以止殺害也。正殺繼母，與親母同，防繼假之隙也。除異子之科，使父子無異財也。毆兄姊加至五歲刑，以明教化也。囚徒誣告人反，罪及親屬，異於善人，所以累之使省刑息誣也。告投書棄市之科，所以輕刑也。正篡囚棄市之罪，斷凶强為義之蹤也。二歲刑以上，除以家人乞鞫之制，省所煩獄也。改諸郡不得自擇伏日，所以齊風俗也。斯皆魏世所改，其大略如此。

致堂胡氏曰：『懷天下當以仁，理天下當以義。律令者，聊以記刑名之數耳，豈所恃以為治也。惟明於經訓者乃能用法，徒貴習法之熟，而無保國化民之本，是李斯所以亡秦者矣。夫業儒之侮經者，尚多有之，況習法而不知仁義之道，其侮法將十人而二五，苟如是，曷若付百官有司於胥吏哉！自後世觀魏之所以存，豈係於有律博士，而其所以亡者，豈係於律令之繁省乎！衛覬之言，非經邦之令猷也。』

齊王時，司馬師輔政，坐母邱儉以大逆之罪，誅夷之。乃改出適女從死之律見《詳讞門》。

晉武帝泰始三年，賈充等修律令成，帝親自臨講，使裴楷執讀。四年，大赦天下，乃頒新律。

初，文王秉魏政，患前代律令煩雜，陳羣、劉劭雖經改革，而科網太密。於是命賈充等定法令，就漢九章增十一篇，仍其族類，正其體號，改舊律為《刑名》、《法例》，辯《囚律》為《告劾》、《繫訊》、《斷獄》，分

《盜律》為《請賕》、《詐僞》、《水火》、《毀亡》，因事類為《衛宮》、《違制》，撰《周官》為《諸侯律》，合二十篇，六百三十條，二萬七千六百五十七言。蠲其苛穢，在於益時。其餘未宜除之者，若軍事、田農、酤酒，未得皆從人心，權設其法，太平當除，故不入律，悉以為令。施行制度，以此設教，違令有罪則入律也。其常事品式章程，各還其府，為故事。減梟斬族誅從坐之條，除謀反適養母出女嫁皆不復還坐父母棄市，省禁錮相告之條，去捕亡沒為官奴婢之制。輕過誤老小女人，當罰金、杖者，皆令半之。重姦伯叔母之令，棄市。淫寡女，三歲刑。崇嫁娶之要，一以下聘為正，不治私約。峻禮教之防，准五服以制罪也。凡律令合二千九百二十六條，十二萬六千三百言，六十卷，故事三十卷。

其後，明法掾張裴，又註律，表上之，其要曰：律始於《刑名》者，所以定罪制也；終於《諸侯》者，所以畢其政也。是以經略罪法之輕重，正加減之等差，明發衆篇之多義，補其章條之不足，較舉上下綱領。其犯盜賊、詐僞、請賕者，則求罪於此，作役、水火、畜養、守備之細事，皆求之作本名。告訊為之心舌，捕繫為之手足，斷獄為之定罪，名例齊其法制。自始及終，往而不窮，變動無常，周流四極，上下無方，不離於法律之中。其知而犯之謂之故，意以為然謂之失，違忠欺上謂之謾，背信藏巧謂之詐，虧禮廢節謂之不敬，兩訟相趣謂之鬬，兩和相害謂之戲，無變斬擊謂之賊，不意誤犯謂之過，逆節絕理謂之不道，陵上僭貴謂之惡逆，將害未發謂之戕，唱首先言謂之造意，二人對議謂之謀，制衆建計謂之率，不和謂之强，攻惡謂之略，三人謂之羣，取非其物謂之盜，貨財之利謂之贓。凡二十者，律義之較名也。夫律者，當慎其變，審其理。若不承用詔書，無故失之刑，當從贖；謀反之同伍，實不知情，當從刑：此故失之變也。卑與尊鬬，皆為賊。鬬之加兵刃水火中，不得為戲，戲之重也。向人室廬道徑射，不得為過，失之禁也。都城人衆中走馬殺人，當為之賊，賊之似也。過失似賊，戲似鬬，鬬而殺傷傍人，又似誤，盜傷縛守似强盜，呵人取財似受賕，因辭所連似告劾，諸勿聽治似故縱，持質似恐喝。如此之比，為無常之格也。五刑不簡，正於五罰；五罰不服，正於五過。意善功惡，以金贖之。故律制，生罰不過十四等，死刑不過三，徒加不過六，囚加不過五，累作不過十一歲，累笞不過千二百，刑等不過一歲，金等不過四兩。月贖不計日，日作不拘月，歲數不疑閏。不以加至死，并死不復加。不可累者，故有并數；不可并數，乃累其加。以加論者，但得其加；與加同者，連得其本。不在次者，不以通論。以人得罪與人同，以法得罪與法同。侵生害死，不可齊其防；親疏公私，不常其教。禮樂崇於上，故降其刑；刑閑於下，故全其法。是故尊卑敘，仁義明，九族親，王道平也。律有事狀相似而罪名相涉者，若加威勢下手取財為强盜，不自知亡為縛守，將中有惡言為恐喝，不以罪名呵為呵人，以罪名呵為受賕，劫召其財為持質。此六者，以威勢得財而名殊者也。即不求自與為受求，所監求而後取為盜贓，輸入呵受為留難，斂人財物積藏於官為擅賦，加毆擊之為戮辱。諸如此類，皆為以威勢得財而罪相似者也。夫刑者，司理之官；理者，求情之機；情者，心神之使。心感則情動於中，而形於言，暢於四支，發於事業。是故姦人心愧而面赤，內怖而色奪。論罪者務本其心，審其情，精其事，近取諸身，遠取諸物，然後乃可以正刑。仰手似乞，俯手似奪，捧手似謝，擬手似訴，拱臂似自首，攘臂似格鬬，矜莊似威，怡悅似福。喜怒憂懼，貌在聲色；姦貞猛弱，候在視息。出口有言當為告，下手有禁當為賊，喜子殺怒子當為戲，怒子殺喜子當為賊。諸如此類，自非至精，不能極其理也。律之名例，非正文而分明也。若八十，非殺傷人，他皆勿論，即誣告謀反者反坐。十歲，不得告言人；即奴婢捍主，主得喝殺之。賊燔人室廬舍積聚，盜贓五匹以上，棄市；即燔官府積聚盜，亦當與同。毆人，教令者與同罪，即令人毆其父母，不可與行者同得重也。若得違物强取强乞之類，無還贓法隨例界之文。法律中諸不敬，違儀失式，及犯罪為公為私，贓入身不入身，皆隨事輕重取法，以例求其名也。夫理者，精元之妙，不可以一方行也；律者，幽理之奧，不可以一體守也。或計過以配罪，或化俗以循常，或隨事以盡情，或取捨以從時，或推重以立防，或引輕以就下，公私廢避之宜，除削重輕之變，皆所以臨時觀釁者，用法執詮者，幽於未制之中，采其根芽之微，致之機略之上，稱輕重於毫銖，考輩類於參伍，然後乃可以理直刑正。夫奉聖謨典者操刀執繩，刀妄加則傷物，繩妄彈則侵直。梟首者惡之長，斬刑者罪之大，棄市者死之下，髡作者刑之威，贖罰者誤之誡。王者立此五刑，所以寶君子而逼小人也，故為敕慎之經，皆擬《周易》有變通之體焉。夫形而上者謂之道，形而下者謂之器，推而行之謂之通，舉而錯之謂之格。刑殺者是冬震曜之象，髡罪者是秋凋落之變，贖失者是春陽悔吝之疵也。五刑成章，輒相依准，法律之義也。

劉頌為廷尉，頻表宜復肉刑，不見省。

頌上言曰：『臣昔上行肉刑，從來積年，遂寢不論。臣竊以為議者拘孝文之小仁，而輕違聖王之典刑，未詳之甚，莫過於此。今死刑重，故非命者衆；生刑輕，故罪不禁姦。所以然者，肉刑不用之所致也。今為徒者，類性元惡不軌之族也，去家懸遠，作役山谷，飢寒切身，志不聊生，又有廉士介者，苟慮不首死，則皆為盜賊矣，況本性姦凶無賴之徒乎！又今徒富者輸財，計日歸家，乃無役之人也。貧者起為姦盜，又不制之虜也。不刑，則罪無所禁；不制，則羣惡橫肆。為法若此，道不盡善也。是以徒亡日屬，賊盜日煩。亡之數者至有十數，得輒加刑，日益一歲，此為終身之徒也。自顧反善無期，而災困逼身，其志亡思盜，勢不得息，事使之然也。古者用刑以止刑，今反於此。諸重犯亡者，髮過三寸輒重髡之，此以刑生刑；加作一歲，此以徒生徒也。亡者積多，繫囚猥畜。議者曰囚不可不赦，復從而赦之，此為刑不制罪，法不勝姦。下知法之不勝，相聚而謀為不軌，月異而歲不同。故自頃以來，姦惡陵暴，所在充斥。議者不深思此故，而曰肉刑於名忤聽，忤聽孰與賊盜不禁？聖王之制肉刑，遠有深理，其事可得而言，非徒懲其畏剝割之痛而不為也，乃去其為惡之具，使夫姦人無用復肆其志，止姦絕本，理之盡也。亡者刖足，無所用復亡。盜者截手，無所用復盜。淫者割其勢，其理亦如之。除惡塞源，莫善於此，非徒然也。此等已刑之後，便各歸家，父母妻子，共相養恤，不流離於塗路。有今之困，創愈可役，上准古制，隨宜業作，雖已刑殘，不為虛棄，而所患都塞，又生育繁阜之道自若也。今宜取死刑之限輕，及三犯逃亡淫盜，悉以肉刑代之。其三歲刑以下，已自杖罰遣，又宜制其罰數，使有常限，不得減此。其有宜重者，又任之官長。應四、五歲刑者，皆髡笞，笞至一百，稍行，使各有差，悉不復居作。然後刑不復生刑，徒不復生徒，而殘體為戮，終身作誡。人見其痛，畏而不犯，必數倍於今。且為惡者隨發被刑，去其為惡之具，此為諸已刑者皆良士也，豈與全其為姦之手足，而蹴居必死之窮地同哉！而猶曰肉刑不可用，臣竊以為不識務之甚也。』疏上，又不見省。

惠帝之世，政出羣下，每有疑獄，各出私情，刑法不定，獄訟繁滋。尚書裴頠、劉頌上疏論之。

訟疏曰：『自近代以來，法漸多門，令甚不一。臣今備掌刑斷，職思其憂，謹具啓聞。臣竊伏惟陛下為政，每盡善，故事求曲當，則例不得直；盡善，故法不得全。何則？夫法者固以盡理為法，而上求盡善，則諸下牽文就意，以赴主之所許，是以法不得全。刑書徵文，徵文必有乖於情聽之斷，而上安於曲當，故執平者因文可引，則生二端。是法多門，令不一，則吏不知所守，下不知所避。姦偽者因法之多門以售其情，所欲淺深，苟斷不一，則居上者難以檢下，於是事同議異，獄犴不平，有傷於法。古人有言：「人主詳，其政荒；人主期，其事理。」詳匪他，盡善則法傷，故其政荒也。期者，輕重之當，雖不厭情，苟入於文，則得而行之，故其事理也。又君臣之分，各有所司。法欲必奉，故令主者守文；理有窮塞，故使大臣釋滯；事有時宜，故人主權斷。主者守文，若釋之執犯蹕之平也；大臣釋滯，若公孫弘斷郭解之獄也；人主權斷，若漢祖戮丁公之為也。天下萬事，自非斯格重為，故不近似此類，不得出以意妄議，其餘皆以律令從事。然後法信於下，人聽不惑，吏不容姦，可以言政。人主軌斯格以責羣下，大臣官吏各守其局，則法一矣。古人有言：「善為政者，看人設教。」看人設教，制法之謂也。又曰「隨時之宜」，當務之謂也。然則看人隨時，在大量也，而制其法。法軌既定則行之，行之信如四時，執之堅如金石，羣吏豈得在成制之內，復稱「隨時之宜」，傍引「看人設教」，以亂政典哉！何則？始制之初，固已看人而隨時矣。今若設法未盡當，則宜改之。若謂已善，不得盡以為制，而使奉用之司公得出入以差輕重也。夫人君所與天下共者，法也。已令四海，不可以不信以為教，方求天下之不慢，不可繩以不信之法。且先識有言：「人至愚而不可欺也。」不謂平時背法意斷，不勝百姓願也。上古議事以制，不為刑辟。夏殷及周，書法象魏。三代之君齊聖，然咸棄曲當之妙鑑，而任徵文之直準，非聖有殊，所遇異也。今論時敦弊，不及中古，而執平者欲適情之所安，自託於議事以制。臣竊以為聽言則美，論理則違。然天下至大，事務衆雜，時有不得悉循文如令。故臣謂宜立格為限，使主者守文，死生以之，不敢錯思於成制之外以差輕重，則法常全。事無正據，名例不及，大臣論當，以釋不滯，則事無閡。至於非常之斷，出法賞罰，若漢祖戮楚臣之私己，封趙氏之無功，唯人主專之，非奉職之臣所得擬議。然後情求傍請之迹絕，似是而非之奏塞，此蓋齊法之大準也。夫出法權制，指施一事，厭情合聽，可適耳目，誠有臨時當意之快，勝於徵文不允人心也。然起為經制，終年施用，恒得一而失十。故小有所得者，必大有所失；近有所漏者，必遠有所苞。故諳事識體者，善權輕重，不以小害大，不以近妨遠。忍曲當之近適，以全簡直之大準。不牽於凡聽之所安，必守徵文以正例。每臨其事，恒御此心以決斷，此又法之大概也。又律法斷罪，皆當以律法令正文，若無正文，依附名例斷之，其正文明例所不及，皆勿論。法吏以上，所執不同，得為異議。如律之文，守法之官，唯當奉用律令。至於法律之內，所見不同，乃得為異議也。今限法曹郎令史，意有不同為駁，唯得論釋法律，以正所斷，不得援求諸外，論隨時之宜，以明法官守局之分。』詔下其事。侍中、太宰、汝南王亮奏，以為：『夫禮以訓世，而法以整俗，理化之本，事實由之。若斷不斷，常輕重隨意，則王憲不一，人無所錯矣。故觀人設教，在上之舉；守文直法，臣吏之節也。臣以為太康八年，隨事異議。周懸象魏之書，漢詠畫一之法，誠以法與時共，義不可二。今法素定，而法為議，則有所開長，以為宜如頌所啓，為永久之制。』於是門下屬三公曰：『昔先王議事以制。自中古以來，執法斷事，既以立法，誠不宜復求法外小善也。若常以善奪法，則人逐善而不忌法，其害甚於無法也。按啓事，欲令法令斷一，事無二門，郎令史已下，應復出法駁按，隨事以聞也。』

懷帝永嘉元年，除三族刑。

東晉元帝為丞相，在江東承制，時百度草創，議斷不循法律，人立異議，高下無狀。主簿熊遠奏曰：『禮以崇善，法以閑非，故禮有常典，法有常防，人知惡而無邪心。是以周建象魏之制，漢創畫一之法，故能闡弘大道，以至刑措。律令之作，由來尚矣。經賢智，歷夷險，隨時斟酌，最為周備。自軍興以來，法度陵替，至於處事不用律令，競作厲命，人立異議，曲適物情，虧傷大例。立節度，復不奉用，臨事改制，朝作夕改。至於主者不敢任法，每輒關諮，委之大官，非為政之體。若本曹處事不合法令，監司當以法彈違，不得動用開塞，以壞成事。案法蓋麤術，非妙道也，矯割物情，以成法耳。若每隨物情，輒改法制，此為以情壞法。法之不以，是謂多門，開人事之路，廣私請之端，非先王立法之本意也。凡為駁議者，若違律令節度，當合經傳及前此故事，不得任情以破成法。愚謂宜令録事更立條制，諸立議者皆當引律令經傳，不得直以情言，無所依準，以虧舊典也。若開塞隨宜，權道制物，此是人君之所得行，非臣子所宜專用。主者唯當徵文據法，以事為斷耳。』是時帝以權宜從事，尚未能從。而河東衞展為晉王大理，考摘故事有不合情者，又上書曰：『今施行詔書，有考子正父死刑，或鞭父母問子所在。近主者所稱《庚寅詔書》，舉家逃亡家長斬。若是逃亡之主，斬之雖重猶可。設子孫犯事，將考祖父逃亡，逃亡是子孫，而父祖嬰其酷。傷順破教，如此者衆。相隱之道離，則君臣之義廢；君臣之義廢，則犯上之姦著矣。秦網密文峻，漢興，掃除煩苛，風移俗易，幾於刑措。大人革命，不得不蕩其穢匿，通其圮滯。今詔書宜除者多，有便於當今，著為正條，則法差簡易。』元帝令曰：『禮樂不興，則刑罰不中。是以明罰敕法，先王所慎。自元康以來，事故薦臻，法禁滋蔓。大理所上，宜朝堂會議，蠲除詔書不可用者，此孤所虛心也。』

帝即位，衞展為廷尉，上言：『古者肉刑，事經前聖，漢文除之，增加大辟。今人戶彫荒，百不遺一，而刑法峻重，非句踐養胎之議。愚謂宜復古施行，以隆太平之化。』詔內外通議。

王導、賀循等議：『今盜者竊人之財，淫者姦人之色，亡者避叛之役，皆無殺害也，刖之以刑。刑之則止，而加之斬戮，戮過其罪，死不可生，縱虐於此，歲以巨計。此乃仁人君子所不忍聞，而況行之於政乎！或者乃曰，死猶不懲，而況於刑？然甿者冥也，其至愚矣，雖加斬戮，忽為灰土，死事日往，生欲日存，未以為改。若刑諸市朝，朝夕鑑戒，刑者誡為惡之永痛，惡者睹殘刖之長廢，故足懼也。然後知先王之輕刑以御物，明誡以懲愚，其理遠矣。』尚書令刁協等議，以：『今中興祚祟，大命惟新，誠宜設肉刑，寬法以育人。然懼羣小愚弊，習玩所見而忽異聞，或未能咸服。愚謂行刖之時，先明申法令，樂刑者刖，甘死者殺，則心服矣。古典刑不上大夫，今士人有犯者，謂宜如舊，不在刑例，則進退惟允。』尚書周顗等議，以為：『復肉刑以代死，誠是聖王之至德，哀矜之弘覆。然竊以為刑罰輕重，隨時而作。時人少死而易威，則從輕而寬之；時人多罪而難威，則宜死刑而濟之。肉刑平代所應立，非救弊之宜也。方今聖化草創，人有餘姦，習惡之徒，為非未已，截頭絞頸，尚不刑禁，而乃更斷足劓鼻，輕其刑罰，使欲為惡者輕犯宜刑，蹈罪更衆，是為輕其刑誘其人於罪，殘其身以加楚毒也。昔之畏死刑以為善人者，今皆犯輕刑而殘其身，畏重之常人，反為犯輕而致困，此皆何異斷刖常人以為恩仁也！恐受刑者轉廣，而為非者日多，踴貴屨賤，有鼻者醜也。徒有輕刑之名，而實開長惡之源。不如殺以止殺，重以全輕，權小停之。須聖化漸著，兆庶易感之日，徐施行也。』議奏，元帝猶欲從展所上，大將軍王敦以為：『百姓習俗日久，忽復肉刑，必駭遠近。且逆寇未殄，不宜有慘酷之聲之聞天下。』於是乃止。

大興四年，著作佐郎郭璞以帝用刑過差，上疏，以為：『陰陽錯繆，皆煩刑所致。赦不欲數，然子產知鑄刑書非政之善不得不作者，須以救弊也，今之宜赦，理亦如之。』

庾翼言：『大較江東之政，以嫗煦豪强，常為民蠹，時有行法，輒施之寒劣。』按史稱元帝好刑名，郭璞復有繁刑之諫。《璞傳》載全疏數百言，然指陳實事，不過言建興四年督運令史淳于伯刑於市而血逆上流，以為冤酷之異。蓋自江左中興以來，姑息立國，北征大事，以乏興殺一督運，未為過也。而當時冤之，史氏書之，以為淫刑。嗣是之後，習為寬弛。劉隗、刁協、庾亮稍欲濟以綜核，而召變稔禍矣。

明帝太寧三年，復三族刑，惟不及婦人。

咸康之時，庾冰好為糾察，近於繁細，後益矯違，複從寬縱，疏密自由，律令無用矣。

石勒既稱趙王，以世亂，律令煩多，命法曹令史貫志採集其要，作《辛亥制》五千文，施行十餘年，乃用律令。以理曹參軍上黨續咸為律學祭酒，咸用法詳平，國人稱之。

安帝元興末，桓元輔政，又議欲復肉刑斬左右趾之法，以輕死刑，命百官議。

蔡廓上議，以為：『肉刑之設，肇自哲王。蓋由曩代風淳，人多惇謹，圖像既陳，則機心直戢，刑人在塗，則不逞改操，故能勝殘去殺，化崇無為。季末澆偽，設網彌密，利巧之懷日滋，恥畏之情轉寡。終身劇役，不足止姦，況乎黥劓，豈能反善？徒有酸慘之聲，而無濟俗之益。至於棄市之條，實非不赦之罪，事非手殺，考律同歸，輕重均科，減降路塞，鍾、陳以之抗言，元皇所為留。滑今英辟翼贊，道邈伊周，誠宜明慎用刑，愛人弘育，申哀矜以革濫，移大辟於支體，全性命之至重，恢繁息於將來。』而孔琳之議不同。時議多與琳同，遂不行。

又 卷一六五《刑考四・刑制》 宋文帝時，侍中蔡廓建議，以為：『鞫獄不宜令子孫下辭明言父祖之罪，虧教傷情，義莫此為大。自今但令家人與囚相見，無乞獄之詞，便足以明伏罪，不須責家人下辭。』朝議咸以為允，從之。

衛將軍王弘言：『主守偷五匹，常偷四十匹，並加大辟，其法太重。宜進主守偷五十匹死，四十匹降以補兵。既得小寬人命，亦足以為懲戒。』從之。

明帝太始四年，詔定黥、刖之制。有司奏：『自今凡劫竊執官仗，拒戰邏司，攻剽亭寺及傷害吏人，并監司將吏自為劫，皆不限人數，悉依舊制斬刑。若遇赦，黥及兩頰「劫」字，斷去兩腳筋，徙付交、梁、寧州。五人以下止相通奪者，亦依黥作「劫」字，斷去兩腳筋，徙付遠州。若遇赦，原斷徙猶黥面，依舊補冶士。家口應及坐，悉依舊結讁。』及帝崩，其例乃寢。

齊高祖時，丹陽尹王僧虔上言：『郡縣獄相承有上湯殺囚，名曰救疾，實行冤暴。豈有死生大命，而潛制下邑。愚謂囚病必先刺郡，求職司與醫對共診驗；遠縣，家人省視，然後處治。』上從之。

武帝永明九年，令删定郎王植之集註張、杜舊律合為一書，凡千五百三十條。事未施行，其文殄滅。

初，晉張裴、杜預共註律三十卷，自泰始以來用之。律文簡約，或一章之中，兩家所處，生殺頓異，臨時斟酌，吏得為姦。上留心法令，詔獄官詳正舊註。七年，尚書删定郎王植乃集定二注，表奏之。詔公卿、八座參議正，竟陵王子良總其事。衆議異同不能宜者，制旨平決。是歲書成。廷尉山陰孔稚珪上表，以為：『律文雖定，苟用失其平，則法書徒明於表裹，冤魂猶結於獄中。竊尋古之名流，多有法學；今之士子，莫肯為業，縱有習者，世議所輕，將恐此書永淪走吏之手矣。今若直律助教，依《五經》例，國子生有欲讀者，策試高第，即加擢用，以補內外之官，庶幾士流有所勸慕。』崔祖思言：『漢時習律有官，子孫並傳其業。今廷尉律生，乃令史門戶，刑之不措，乃此之由。』詔從其請，事竟不行。

梁武帝制，依周、漢故事，有罪者贖。其科，凡在官身犯，罰金；鞭杖督之罪，悉入贖停罰；其臺省令史士卒欲贖者，聽之。時齊時舊郎蔡法度能言齊王植之律，於是使損益舊本，以為《梁律》。天監初又令王亮等定為二十篇，一曰刑名，二曰法例，三曰盜劫，四曰賊叛，五曰詐偽，六曰受賕，七曰告劾，八曰討捕，九曰繫訊，十曰斷獄，十一曰雜，十二曰戶，十三曰擅興，十四曰毀亡，十五曰衛宮，十六曰水火，十七曰倉庫，十八曰廄，十九曰關市，二十曰違制。制刑為十五等之差。棄市以上為死罪，大罪梟其首，次棄市。刑二歲以上為耐罪，言各隨伎能而任使之也。有髡鉗五歲刑，笞一百，收贖絹，男子六十匹。又有四歲刑，男子四十八匹。又有三歲刑，男子三十六匹。又有二歲刑，男子二十四匹。罰金一兩以上為贖罪。贖死者金二斤，男子十六匹。贖髡鉗五歲刑笞二百者，金一斤十二兩，男子十四匹。贖四歲刑者，金一斤八兩，男子十二匹。贖三歲刑者，金一斤四兩，男子十匹。贖二歲，金一斤，男子八匹。罰金十二兩者，男子六匹。罰金八兩者，男子四匹。罰金四兩者，男子二匹。罰金二兩者，男子一匹。罰金一兩，男子二丈。女子各半之。五刑不簡，正於五罰，五罰不服，正於五過，以贖論。故為此十五等之制。又九等之差：有一歲，半歲刑，百日刑，鞭杖一百，鞭杖五十，鞭杖四十，鞭杖三十，鞭杖二十，鞭杖十。又八等之差：一曰免官，加杖督一百；二曰免官；三曰奪勞百日，杖督一百；四曰杖督一百；五曰杖督五十；六曰杖督四十；七曰杖督二十；八曰杖督十。論加者上就次，當減者下就次。凡繫獄者，不即答款，應加測罰，不得以人士為隔。若人士犯罰，違扞不款，宜測罰者，先參議牒啓，然後科行。斷食三日，聽家人進粥二升；女及老小，百五十刻乃與粥，滿千刻而止。囚有械、杻、斗械及鉗，並立輕重大小之差，而為定制。其鞭，有制鞭、法鞭、常鞭，凡三等之差。制鞭，生革廉成；法鞭，生革去廉；常鞭，熟靼不去廉。皆作鶴頭紐，長尺二寸，梢長二尺七寸，廣三分，靶長尺五寸。杖皆用生荊，長六尺。有大杖、法杖、小杖三等之差。大杖，頭圍寸三分，小頭八分半。法杖，圍寸二分，小頭五分。小杖，圍寸一分，小頭極杪。諸督罰，大罪無過五十、三十，小者二十。當笞二百以上者，笞半，餘半後決，中分鞭杖。老小於律令當行鞭杖罰者，皆半之；其應得法鞭、杖以，熟靼鞭、小杖。過五十者，稍行之。將吏以上及女人應有罰者，以罰金代之。其以職員應罰，及律令指名制罰者，不用此令。其問事諸罰，皆用熟靼鞭、小杖。其制鞭、制杖、法杖、法鞭，自非特詔，皆不得用。詔鞭杖在京師者，皆於雲龍門行。女子懷孕者，勿得決罰。其反、叛、大逆以上皆斬。父子同產，男無少長，皆棄市。母妻姊妹及應從坐棄市者，妻子女妾同補奚官為奴婢，資財沒官。劫身皆斬，妻子補兵。遇赦降死，黥面為『劫』字，髡鉗，補冶，鎖士終身。其下又讁配財官治士、尚方鎖士，皆以輕重差其年數。其重者或終身。士人有禁錮之科，亦以輕重為差。其犯清議，則終身不齒。耐罪囚八十以上、十歲以下，及孕者、盲者、侏儒當械繫者，及郡國太守、相、都尉、關中侯以下，亭侯以上之父母妻子，及所坐非死罪除名之罪，二千石以上非檻徵者，並訟繫之。丹陽尹月一詣建康縣，令三官參共録獄，察斷枉直。其尚書録人之月者，並與尚書參共録之。凡定罪二千五百二十九條。又有令三十卷。

天監十一年，詔：『自今逋讁之家，及罪應質作，若年有老小，可停將送。』上敦睦九族，優借朝士，有犯罪者，皆屈法申之。百姓有罪，則案之如法。其緣坐則老幼不免，一人亡逃，舉家質作。民既窮窘，姦宄益深。嘗因郊祀，有秣陵老人遮車駕言曰：『陛下為法，急於黎庶，緩於權貴，非長久之道。』上乃思所以寬之。

十四年，制除黵面之刑。

帝篤尚文雅，疏簡刑法，自公卿大臣，不以鞫獄為意。姦吏柄權弄法，賄賂成市，枉濫者多。大率二歲刑以上，歲至五千人。徒居作者具五任，其無任者著升械，若疾病，權解之。是後囚徒或有優劇。時王侯子弟多驕淫不法。上年老，厭於萬幾，又專精佛戒，每斷重罪，則終日不懌。或謀反逆，事覺，亦泣而宥之。由是王侯益橫，或白晝殺人於都街，或暮夜公行剽掠。有罪亡命，匿於王家，有司不敢搜捕。上深知其弊，而溺於慈愛，不能禁也。

中大同元年，詔自今犯罪，非大逆，父母、祖父母勿坐。自是禁網漸疏，百姓安之，而貴戚之家，不法甚矣。

陳武帝令尚書刪定郎范杲參定律令，又令徐陵等知其事，制《律》三十卷，《科》三十卷。其制維重清議、禁錮之科。若縉紳之族，犯虧名教，不孝及內亂者，終身不齒。先與人為婚者，許妻家奪之。其獲賊帥，士人惡逆，雖經赦免死，付治，聽將妻入役，不為年數。又存贖罪之律，復父母緣坐之刑。自餘一用梁法。其有贓驗昭然而不款伏，則上測立。立測者，以土為垛，高一尺，上員，劣容囚兩足立。鞭二十，笞三十訖，著兩械及杻。上垛。一上測七刻，日再上。三七日上測，七日一行鞭。凡經鞭杖，合一百五十，得度不承者，免死。其髡鞭五歲刑，降死一等，鏁二重。其五歲刑下，並鏁一重。五歲刑，若有官，準當二年，餘並居作。其三歲刑，若有官，準當二年，餘一年贖。若過誤，罰金。其二歲刑，者若有官者，贖一歲刑，無官亦贖論。寒庶人，準決鞭杖。囚並著械，徒並著鏁，亦不計階品。死罪將決，乘露車，著三械，加拳手。至市，脫手械及拳手焉。當刑於市者，夜須明，雨須晴。朔日、八節、六齋日、月在張、心日，並不得行刑。廷尉寺為北獄，建康縣為南獄，並置立、監、平一。又制，常以三月，侍中、吏部尚書、三公郎、部都令史、三公録冤屈、御史中丞、侍御史、蘭臺令史，親行京師諸獄及冶署，理察囚徒冤枉。

後魏昭成帝始制法令。反逆者族。其餘當死者，聽入金、馬贖罪。殺人者，聽與死家馬、牛、葬具以平之。盜官物，一備五；私物，一備十。四部大人共坐王庭決詞訟，無繫訊連逮之苦，境內安之。

道武既平定中原，患舊制太峻，命三公郎王德除其酷法，約定科令。季年被疾，刑法濫酷。太宗承之，吏文亦深。太武帝神麚中，詔崔浩定律令。除五歲、四歲刑，增一年刑。大逆不道，腰斬，誅其同籍；年十四以下腐刑，女子沒縣官。害其親者轘之。為蠱毒者，男女皆斬女焚其家。巫蠱者，負羖羊抱犬沈諸泉。【略】

當死者，定案奏聞，帝親臨問，無異辭怨言，乃刑之。諸州囚大辟，皆先讞報乃施行。其後因官吏黷貨，太延中，詔吏人得舉告牧守之不法。於是凶悖者求得牧宰之失，乃貪暴於閭閻。真君中，以有司斷法不平，詔諸疑獄皆付中書，依經義論決。初，《盜律》贓四十匹致大辟，人多慢政，乃減至三匹。

大平真君十一年，誅司徒崔浩，清河崔氏無遠近，及范陽盧氏、太原郭氏、河東柳氏，皆浩之親黨，盡夷其族。

浩修國史，標立石銘刊《國記》，書事備而不典。既列在衢路，往來行者以為言，浩及秘書郎吏以下並死。浩之將誅也，幽縶置之檻內，送於平城南，使衛士數十人溲其上，呼聲嗷嗷，聞於行路。自宰司之被害，未有如浩之酷者。

正平中，又命太子少傅游雅、中書侍郎胡方回等改定律制，凡三百七十條。門房之誅四，大辟百四十五，刑二百二十一。

獻文成帝太安中，以士民多因酒致鬭及議國政，乃設酒禁，釀、酤、飲者皆斬之。吉凶之會，聽開禁，有程日。增置內外候官，伺察諸曹及州鎮；或微服雜亂於府寺間，以求百官過失。有司窮治，訊掠取服。百官贓滿二丈皆斬。又增律七十九章，門房之誅十有三，大辟三十五，刑六十二。

孝文除口誤，開酒禁。故事，皆斬裸形伏質，太和初，制不令裸形。又令高閭修舊文，隨例增減，凡八百三十二章，門房之誅十有六，大辟之罪二百三十五，刑三百七十七；除羣行剽劫首謀門誅，律重者止梟首。

太和五年，沙門法秀謀反誅。詔曰：『法秀妖詐亂常，妄說符瑞；蘭臺御史張求等一百餘人，招結奴隸，謀為大逆，有司科以族誅，誠合刑憲。但矜愚重命，猶所不忍。其五族者，降止同祖；三族，止一門；門誅，止身。』

帝勤於為政，尤重刑罰，大刑多令覆鞫，或囚繫積年，羣臣頗以為言。帝曰：『滯獄誠非善治，不猶愈於倉猝而濫乎！夫人幽苦則思善，故智者以囹圄為福堂。朕特苦之，欲其改悔而加矜恕耳。』由是囚繫雖滯，而所刑皆得其宜。

時法官及州縣多為重枷，復以縋石懸於囚頸，傷肉至骨，勒以誣服。帝傷之，乃詔非大逆有明證而不疑辭者，不得大枷。

太和八年，始班俸祿，以十月為始，季別受之。舊律，枉法十匹，義贓二十匹，罪死；至是，義贓一匹，枉法無多少，皆死。仍分命使者，糾察守宰之貪者。秦、益二州刺史恒農李洪之以外戚貴顯，為治貪暴，班祿之後，洪之首以贓敗。帝命鎖赴平城，集百官親臨數之；猶以其大臣，聽在家自裁。自餘守宰坐贓死者四十餘人。受祿者無不跼蹐，賕賂殄絕。然吏民犯他法者，帝率寬之。疑罪奏讞多減死徙邊，歲以千計。都下決大辟，歲不過五六人；州鎮亦簡。

十五年，詔：『犯死罪，若父母、祖父母年老，更無成丁子孫，又無周親者，仰按後列奏以待報。著之令。』

宣武帝正始初，尚書令高肇等奏曰：『杖之小大，鞭之長短，令有定式，但枷之輕重，先無成制。請造大枷，長丈三尺，喉下長丈，通頰木各方五寸，以擬大逆外叛。』自是枷杖之制，頗有定準。《法例律》：『五等爵及在《官品令》從第以上，皆當刑二歲；免官者，三歲之後聽仕，降先階一等。』邢巒奏：『官人若有罪本除名，以職當刑，猶有餘資，得降階而敘。至於五等封爵，除刑若盡，永既甄削，便同之除名，於例實爽。愚謂自王公以下，有封邑，罪除名，三年之後，宜各降本爵一等，王及郡公降為縣公，公為侯，侯為伯，伯為子，子為男，至於縣，則降為鄉男。五等爵者，并依此而降，至於散男。其鄉男、散男無可降授者，三年之後，聽依其本品之資出身。』從之。

文帝大統十三年，詔：『自今應宮刑者，直沒官，勿刑。亡奴婢應黥者，止亡罪。』

北齊神武秉魏政，遷都於鄴，羣盜頗起，遂嚴立制：諸强盜殺人者，首從皆斬，妻子同籍，配為樂戶；其不殺人及贓不滿五匹，魁首斬，從者死，妻子亦為樂戶；小盜贓滿十匹以上，魁首死，妻子配驛，從者流。

文宣受禪後，命羣官刊定魏朝《麟趾格》，又議造《齊律》，積年不成，其決獄猶依魏舊式。

自六年以後，帝遂以功業自矜，恣行酷暴，昏狂酗蓄，任情喜怒。為大鑊、長鋸、銼、碓之屬，並陳於庭，意有不快，則手自屠裂，或命左右臠啖，以逞其意。時僕射楊遵彥乃令憲司先定死罪囚置於仗衛之中，帝欲殺人，則執以應命，謂之『供御囚』。應三月不殺者，則免其死。帝嘗幸金鳳臺受佛戒，多召死囚，編蘧蒢為翅，命之飛下，謂之『放生』，墜皆致死，帝視以為歡笑。時有司折獄，又皆酷法。訊囚則用車輻𣫗杖，夾指壓踝，又立之燒犁耳上，或使以臂貫燒車釭。既不勝其苦，皆致誣伏。七年，豫州檢使白樹為左丞盧斐所劾，乃於獄中誣告斐受金。文宣知其姦罔，詔令按之，果無其事。乃敕八座議立《按劾格》，負罪不得告人事。於是挾姦者畏糾，乃先加誣訟，以擬當格，吏不能斷。又妄相引，大獄動至千人，多移歲月。然帝猶委政輔臣楊遵彥，彌縫具闕，故時議者竊云：主昏於上，政清於下。

武成帝河清三年，尚書令趙郡王叡等奏上《齊律》十二篇：一曰名例，二曰禁衛，三曰戶婚，四曰擅興，五曰違制，六曰詐欺，七曰鬭訟，八曰賊盜，九曰捕斷，十曰毀損，十一曰廄牧，十二曰雜。其定罪九百四十九條，又上《新令》三十卷，大抵採魏晉故事。其制，刑名五。一曰死，重者轘之，其次梟首，並陳屍三日；無市者，列於鄉亭。其次斬刑，殊身首。其次絞刑，死而不殊。凡四等。二曰流刑，謂論犯可死，原情可降，鞭、笞百，髡之，投於邊裔，以為兵卒。未有道里之差。其有不合遠配者，男子長徒，女子配舂；並六年。三曰刑罪，即耐罪也。有五歲、四歲、三歲、二歲、一歲之差，凡五等，各加鞭。六歲者，加笞百。其五歲者，又加笞八十，四歲者六十，三歲者四十，二歲者二十，一歲者無笞。並鏁輸左校而不髡，無保者鉗之。婦人配舂及掖庭織。四曰鞭，有百、八十、六十、五十、四十之差，凡五等。五曰杖，有三十、二十、一十之差，凡三等。當加者上就次，當減者下就次。贖罪舊有金，皆代以中絹。死百疋，流九十二匹，刑五歲七十八匹，四歲六十四匹，三歲五十匹，二歲三十六匹。各通鞭、笞論。一歲無笞，則通鞭二十四匹。鞭、杖每十，贖絹一匹；至鞭百，則絹十匹。無絹之鄉，皆準絹收錢。自贖笞十以上至死又為十五等之差。當加減次，如正決法。合贖者，謂流內官及爵秩比視、老小閹癡并過失之屬。犯罰絹一匹及杖十以下，皆名為罪人。盜及殺人而亡者，即懸名注籍，甄其一房配驛戶。宗室則不注盜、不入奚官、不加宮刑。自犯流罪以下合贖者，及婦人犯刑以下，侏儒、篤疾、殘廢非犯死罪，皆訟繫之。罪刑年者鏁，無鏁以枷。流罪以上枷杻械。死罪者桁之。決流刑鞭笞者，鞭其背。五十，一易執鞭人。鞭鞘皆用熟皮，削去廉棱。鞭瘡長一尺。笞者笞臀，而不中易人。杖長三尺五寸，大頭徑二分半，小頭徑一分半。決三十以下者，杖長四尺，大頭徑三分，小頭徑二分。在官犯罪，鞭杖十為一負。閑局六負為一殿，平局八負為一殿，繁局十負為一殿。加於殿者，復計為負焉。又列重罪十條：一曰反逆，二曰大逆，三曰叛，四曰降，五曰惡逆，六曰不道，七曰不敬，八曰不孝，九曰不義，十曰內亂。其犯十者，不在八議論贖之限。是後法令明審，科條簡要，又敕仕門子弟常講習之，故齊人多曉法律。其不可為定法者，別制《權令》二卷，與之並行。

後平秦王高歸彥謀反，須有約罪，律無正條，於是遂有《別條權格》，與律並行。大理明法，上下比附，欲出則附依輕議，欲入則附從重法，姦吏因之，舞文出沒。至於後主，權幸用事，有不附者，陰中以法。綱紀紊亂，卒至於亡。

周武帝保定三年，司憲大夫拓拔迪奏新律，謂之《大律》凡二十五篇：一曰刑名，二曰法例，三曰祀享，四曰朝會，五曰婚姻，六曰戶禁，七曰水火，八曰興繕，九曰衛宮，十曰市廛，十一曰鬬競，十二曰劫盜，十三曰賊叛，十四曰毀亡，十五曰違制，十六曰關津、十七曰諸侯，十八曰廄牧，十九曰雜犯，二十曰詐偽，二十一曰請求，二十二曰告言，二十三曰逃亡，二十四曰繫訊，二十五曰斷獄。大凡定罪千五百三十條。其制罪：一曰杖刑五，自十五至五十。二曰鞭刑五，自六十至於百。三曰徒刑五，徒一年者鞭六十，笞十。徒二年者，鞭七十，笞二十。徒三年者，鞭八十，笞三十。徒四年者，鞭九十，笞四十。徒五年者，鞭百，笞五十。四曰流刑，流衛服，去皇畿二千五百里者，鞭百，笞六十。流要服，去皇畿三千里者，鞭百，笞七十。流荒服，去皇畿三千五百里者，鞭百，笞八十。流鎮服，去皇畿四千里者，鞭百，笞九十。流藩服，去皇畿四千五百里者，鞭百，笞百。死刑五，一曰磬，二曰絞，三曰斬，四曰梟，五曰裂。五刑之屬各有五，合二十五等。不立十惡之目，而重惡逆、不道、大不敬、不孝、不義、內亂之罪也。凡惡逆，肆之三日。盜賊羣攻鄉邑及入人家者，殺之無罪。若報讎者，造於法而自殺之，不坐。經為盜者，注其籍；唯皇宗則否。凡死罪，枷而拲；流罪，枷而梏；徒罪，枷；鞭罪，桎；杖罪，散以待斷。皇族及有爵者，死罪以下鏁之，徒以下散之。獄成將殺者，書其姓名及其罪於拲，而殺之市；唯皇族與有爵者隱獄。

其贖杖刑五，金一兩至五兩。贖鞭刑五，金六兩至十兩。贖徒刑，一年金十二兩；二年十五兩，三年一斤二兩，四年一斤五兩，五年一斤八兩。贖流刑，一斤十二兩，俱役六年，不以遠近為差等。贖死刑，金二斤。鞭者以百為限。加笞者，合二百止。應加鞭、笞者，皆先笞後鞭。婦人當笞者，聽以贖論。徒輸作者，皆任其所能而役使之。杖十以上，當加者上就次，數滿乃坐。當減者，死罪流藩服，藩服以下俱至徒五年，以下各以一等為差。為盜賊者及謀反、大逆、降叛、惡逆罪當流者，皆甄一房配為雜戶。其為盜賊事發逃亡者，懸名注配。若再犯徒、三犯鞭者，一身永配下役。應贖金者，鞭、杖十，收中絹一匹。流、徒者，依限歲收絹十二匹。死罪者百疋。其贖刑，死罪五旬，流刑四旬，徒刑三旬，鞭刑一旬，限外不輸者，歸於法。貧者請而免之。大凡定法千五百三十七條。其大略滋章，條流苛密，比於齊法，煩而不要。又初除復讎之法，犯者以殺論。帝又以齊之舊俗，未改昏政，賊盜姦宄，頗乖憲章，其年，又為《刑書要制》以督之。其大抵持杖羣盜一匹以上，不持杖羣盜五匹以上，監臨主掌自盜二十匹以上，盜及詐請官物三十匹以上，主、長隱五戶及丁五以上，及地頃以上，皆死。自餘依《大律》。由是澆詐頗息焉。

宣帝性殘忍暴戾，自在儲貳，惡其叔父齊王憲及王軌、宇文孝伯等。及即位，並先誅戮，由是外內不安，俱懷危懼。其後荒淫日甚，惡聞其過，誅戮無度，疏斥大臣。又數行肆赦，為姦者皆輕犯法，政令否塞，下無適從。於是又廣《刑書要制》，而更峻其法，謂之《刑經聖制》。宿衛之官，一日不直，罪至削除。逃亡者皆死，而家口籍沒。上書字誤者，科其罪。又作礔礰車，以威婦人。其決人罪，云與杖者，即百二十，云多打者，即二百四十，名曰『天杖』。帝既酣飲過度，有下士楊文祐因歌曰：『朝亦醉，暮亦醉，日日恒常醉，政事日無次。』鄭譯奏之，帝怒，命賜杖二百四十而致死。後更命中士皇甫猛，又諷諫，鄭譯又奏之，又賜猛杖百二十。是時下自公卿，內及妃后，咸加捶楚，上下愁怨。

財政支配權分部

綜述

《三國志》卷四七《吳志·吳主傳》（嘉禾）五年春，鑄大錢，一當五百。詔使吏民輸銅，計銅畀直。設盜鑄之科。【略】

赤烏元年春，鑄當千大錢。

《晉書》卷三《武帝紀》（泰始元年冬十二月丙寅）於是大赦，改元。賜天下爵，人五級；鰥寡孤獨不能自存者穀，人五斛。復天下租賦及關市之稅一年，逋債宿負皆勿收。【略】

（泰始三年）九月甲申，詔曰：『古者以德詔爵，以庸制祿，雖下士猶食上農，外足以奉公忘私，內足以養親施惠。今在位者祿不代耕，非所以崇化之本也。其議增吏俸。』賜王公以下帛各有差。

又 卷二六《食貨志》 獻帝作五銖錢，而有四道連於邊緣。有識者尤之曰：『豈京師破壞，此錢四出也。』

及董卓尋戈，火焚宮室，乃劫鸞駕，西幸長安，悉壞五銖錢，更鑄小錢，盡收長安及洛陽銅人飛廉之屬，以充鼓鑄。又錢無輪郭，文章不便。時人以為秦始皇見長人於臨洮，乃鑄銅人。卓，臨洮人也，興毀不同，凶訛相類。及卓誅死，李傕、郭汜自相攻伐，於長安城中以為戰地。是時穀一斛五十萬，豆麥二十萬，人相食啖，白骨盈積，殘骸餘肉，臭穢道路。帝使侍御史侯汶出太倉米豆，為饑民作糜，經日頒布而死者愈多。帝於是始疑有司盜其糧廩，乃親於御前自加臨給，饑者人皆泣曰：『今始得耳！』帝東歸也，李傕、郭汜等追敗乘輿於曹陽，夜潛渡河，六宮皆步。初出營欄，后手持縑數匹，董承使符節令孫徽以刃脅奪之，殺旁侍者，血濺后服。既至安邑，御衣穿敗，唯以野棗園菜以為糇糧。自此長安城中盡空，並皆四散，二三年間，關中無復行人。建安元年，車駕至洛陽，宮闈蕩滌，百官披荊棘而居焉。州郡各擁强兵，而委輸不至，尚書郎官自出採稆，或不能自反，死於墟巷。

魏武之初，九州雲擾，攻城掠地，保此懷民，軍旅之資，權時調給。于時袁紹軍人皆資椹棗，袁術戰士取給蠃蒲。魏武于是乃募良民屯田許下，又於州郡列置田官，歲有數千萬斛，以充兵戎之用。及初平袁氏，以定鄴都，令收田租畝粟四升，戶絹二匹而綿二斤，餘皆不得擅興，藏强賦弱。文帝黃初二年，以穀貴，始罷五銖錢。于時天下未并，戎車歲動，孔子曰：『加之以師旅，因之以饑饉』，此言兵凶之謀而沴氣應之也。于時三方之人，志相吞滅，戰勝攻取，耕夫釋耒，江淮之鄉，尤缺儲峙。吳上大將軍陸遜抗疏請令諸將各廣其田。權報曰：『甚善。今孤父子親自受田，車中八牛，以為四耦。雖未及古人，亦欲與衆均其勞也。』有吳之務農重穀，始於此焉。魏明帝不恭，淫於宮籞，百僚編於手役，天下失其躬稼。此後關東遇水，民亡產業，而興師遼陽，坐甲江甸，皆以國乏經用，胡可勝言。

世祖武皇帝太康元年，既平孫皓，納百萬而罄三吳之資，接千年而總西蜀之用，韜干戈於府庫，破舟船於江壑，河濱海岸，三丘八藪，耒耨之所不至者，人皆受焉。農祥晨正，平秩東作，荷鍤贏糧，有同雲布。若夫因天而資五緯，因地而興五材，世屬升平，物流倉府，宮闈增飾，服翫相輝，於是王君夫、武子、石崇等更相誇尚，輿服鼎俎之盛，連衡帝室，布金埒之泉，粉珊瑚之樹。物盛則衰，固其宜也。永寧之初，洛中尚有錦帛四百萬，珠寶金銀百餘斛。惠后北征，蕩陰反駕，寒桃在御，隻雞以給，其布衾兩幅，囊錢三千，以為車駕之資焉。懷帝為劉曜所圍，王師累敗，府帑既竭，百官飢甚，比屋不見火煙，飢人自相啖食。愍皇西宅，餒饉弘多，斗米二金，死者太半。劉曜陳兵，內外斷絕，十䴵之麴，屑而供帝，君臣相顧，莫不揮涕。元后渡江，軍事草創，蠻陬賧布，不有恆準，中府所儲，數四千匹。于時石勒勇銳，挺亂淮南，帝懼其侵逼，甚患之，乃詔方鎮云，有斬石勒首者，賞布千匹云。

漢自董卓之亂，百姓流離，穀石至五十餘萬，人多相食。魏武既破黃巾，欲經略四方，而苦軍食不足，羽林監潁川棗祗建置屯田議。魏武乃令曰：『夫定國之術在於强兵足食，秦人以急農兼天下，孝武以屯田定西域，此先世之良式也。』於是以任峻為典農中郎將，募百姓屯田許下，得穀百萬斛。郡國列置田官，數年之中，所在積粟，倉廩皆滿。祗死，魏武後追思其功，封爵其子。建安初，關中百姓流入荆州者十餘萬家，及聞本土安寧，皆企望思歸，而無以自業。於是衛覬議為『鹽者國之大寶，自喪亂以來放散，今宜如舊置使者監賣，以其直益市犁牛，百姓歸者以供給之。勸耕積粟，以豐殖關中，遠者聞之，必多競還。』於是魏武遣謁者僕射監鹽官，移司隷校尉居弘農。流人果還，關中豐實。既而又以沛國劉馥為揚州刺史，鎮合肥，廣屯田，修芍陂、茹陂、七門、吳塘諸堨，以溉稻田，公私有蓄，歷代為利。賈逵之為豫州，南與吳接，修守戰之具，堨汝水，造新陂，又通運渠二百餘里，所謂賈侯渠者也。當黄初中，四方郡守墾田又加，以故國用不匱。時濟北顔斐為京兆太守，京兆自馬超之亂，百姓不專農殖，乃無車牛。斐又課百姓，令閑月取車材，轉相教匠。其無牛者令養豬，投貴賣以買牛。始者皆以為煩，一二年中編戶皆有車牛，於田役省贍，京兆遂以豐沃。鄭渾為沛郡太守，郡居下溼，水潦為患，百姓飢乏。渾於蕭、相二縣興陂堨，開稻田，郡人皆不以為便。渾以為終有經久之利，遂躬率百姓興功，一冬皆成。比年大收，頃畝歲增，租入倍常，郡中賴其利，刻石頌之，號曰鄭陂。魏明帝世徐邈為涼州，土地少雨，常苦乏穀。邈上修武威、酒泉鹽池，以收虜穀。又廣開水田，募貧民佃之，家家豐足，倉庫盈溢。及度支州界軍用之餘，以市金錦犬馬，通供中國之費。西域人入貢，財貨流通，皆邈之功也。其後皇甫隆為敦煌太守，敦煌俗不作耬犁，及不知用水，人牛功力既費，而收穀更少。隆到，乃教作耬犁，又教使灌溉。歲終率計，所省庸力過半，得穀加五，西方以豐。

嘉平四年，關中饑，宣帝表徙冀州農夫五千人佃上邽，興京兆、天水、南安鹽池，以益軍實。青龍元年，開成國渠，自陳倉至槐里築臨晉陂，引汧洛溉舄鹵之地三千餘頃，國以充實焉。正始四年，宣帝又督諸軍伐吳將諸葛恪，焚其積聚，恪棄城遁走。帝因欲廣田積穀，為兼并之計，乃使鄧艾行陳、項以東，至壽春地。艾以為田良水少，不足以盡地利，宜開河渠，可以大積軍糧，又通運漕之道。乃著濟河論以喻其指。又以為昔破黄巾，因為屯田，積穀許都，以制四方。今三隅已定，事在淮南。每大軍征舉，運兵過半，功費巨億，以為大役。陳蔡之間，土下田良，可省許昌左右諸稻田，并水東下。令淮北二萬人、淮南三萬人分休，且佃且守。水豐，常收三倍於西，計除衆費，歲完五百萬斛以為軍資。六七年間，可積三千萬餘斛於淮土，此則十萬之衆五年食也。以此乘敵，無不克矣。宣帝善之，皆如艾計施行。遂北臨淮水，自鍾離而南橫石以西，盡沘水四百餘里，五里置一營，營六十人，且佃且守。兼修廣淮陽、百尺二渠，上引河流，下通淮潁，大治諸陂於潁南、潁北，穿渠三百餘里，溉田二萬頃，淮南、淮北皆相連接。自壽春到京師，農官兵田，雞犬之聲，阡陌相屬。每東南有事，大軍出征，汎舟而下，達于江淮，資食有儲，而無水害，艾所建也。

及晉受命，武帝欲平一江表。時穀賤而布帛貴，帝欲立平糴法，用布帛市穀，以為糧儲。議者謂軍資尚少，不宜以貴易賤。泰始二年，帝乃下詔曰：『夫百姓年豐則用奢，凶荒則窮匱，是相報之理也。故古人權量國用，取赢散滯，有輕重平糴之法。理財鈞施，惠而不費，政之善者也。然此事廢久，天下希習其宜。加以官蓄未廣，言者異同，財貨未能達通其制。更令國寶散於穰歲而上不收，貧弱困於荒年而國無備。豪人富商，挾輕資，蘊重積，以管其利。故農夫苦其業，而末作不可禁也。今者省徭務本，并力墾殖，欲令農功益登，耕者益勸，而猶或騰踊，至於農人並傷。今宜通糴，以充儉乏。主者平議，具為條制。』然事竟未行。是時江南未平，朝廷厲精於稼穡。四年正月丁亥，帝親耕藉田。庚寅，詔曰：『使四海之內，棄末反本，競農務功，能奉宣朕志，令百姓勸事樂業者，其唯郡縣長吏乎！先之勞之，在於不倦。每念其經營職事，亦為勤矣。其以中左典牧種草馬，賜縣令長相及郡國丞各一匹。』是歲，乃立常平倉，豐則糴，儉則糶，以利百姓。五年正月癸巳，敕戒郡國計吏、諸郡國守相令長，務盡地利，禁游食商販。其休假者令與父兄同其勤勞，豪勢不得侵役寡弱，私相置名。十月，詔以『司隷校尉石鑒所上汲郡太守王宏勤恤百姓，導化有方，督勸開荒五千餘頃，遇年普饑而郡界獨無匱乏，可謂能以勸教，時同功異者矣。其賜穀千斛，布告天下』。八年，司徒石苞奏：『州郡農桑未有殿最之制，宜增掾屬令史，有所循行。』帝從之。事見《石苞傳》。苞既明於勸課，百姓安之。十年，光祿勳夏侯和上修新渠、富壽、遊陂三渠，凡溉田千五百頃。

咸寧元年十二月，詔曰：『出戰入耕，雖自古之常，然事力未息，未嘗不以戰士為念也。今以鄴奚官奴婢著新城，代田兵種稻，奴婢各五十人為一屯，屯置司馬，使皆如屯田法。』三年，又詔曰：『今年霖雨過差，又有蟲災。潁川、襄城，自春以來，略不下種，深以為慮。主者何以為百姓計，促處當之。』杜預上疏曰：

臣輒思惟，今者水災東南特劇，非但五稼不收，居業并損，下田所在停汙，高地皆多磽塉，此即百姓困窮方在來年。雖詔書切告長吏二千石為之設計，而不廓開大制，定其趣舍之宜，恐徒文具，所益蓋薄。當今秋夏蔬食之時，而百姓已有不贍，前至冬春，野無青草，則必指仰官穀，以為生命。此乃一方之大事，不可不豫為思慮者也。

臣愚謂既以水為困，當恃魚菜螺蚌，而洪波汎濫，貧弱者終不能得。今者宜大壞兗、豫州東界諸陂，隨其所歸而宣導之。交令饑者盡得水產之饒，百姓不出境界之內，旦暮野食，此目下日給之益也。水去之後，填淤之田，畝收數鍾。至春大種五穀，五穀必豐，此又明年益也。

臣前啓，典牧種牛不供耕駕，至於老不穿鼻者無益於用，而徒有吏士穀草之費，歲送任駕者甚少，尚復不調習，宜大出賣，以易穀及為賞直。詔曰：『孳育之物，不宜減散，事遂停寢。問主者，今典虞右典牧種產牛，大小相通，有四萬五千餘頭。苟不益世用，頭數雖多，其費日廣。古者匹馬匹牛，居則以耕，出則以戰，非如豬羊類也。今徒養宜用之牛，終為無用之費，甚失事宜。東南以水田為業，人無牛犢。今既壞陂，可分種牛三萬五千頭，以付二州將吏士庶，使及春耕。穀登之後，頭責三百斛。是為化無用之費，得運水次成穀七百萬斛，此又數年後之益也。加以百姓降丘宅土，將來公私之饒乃不可計。其所留好種萬頭，可即令右典牧都尉官屬養之。人多畜少，可並佃牧地，明其考課。此又三魏近甸，歲當復入數十萬斛穀，牛又皆當調習，動可駕用，皆今日之可全者也。』

預又言：

諸欲修水田者，皆以火耕水耨為便。非不爾也，然此事施於新田草萊，與百姓居相絕離者耳。往者東南草創人稀，故得火田之利。自頃戶口日增，而陂堨歲決，良田變生蒲葦，人居沮澤之際，水陸失宜，放牧絕種，樹木立枯，皆陂之害也。陂多則土薄水淺，潦不下潤。故每有水雨，輒復橫流，延及陸田。言者不思其故，因云此土不可陸種。臣計漢之戶口，以驗今之陂處，皆陸業也。其或有舊陂舊堨，則堅完修固，非今所謂當為人害者也。臣前見尚書胡威啓宜壞陂，其言懇至。臣中者又見宋侯相應遵上便宜，求壞泗陂，徙運道。時下都督度支共處當，各據所見，不從遵言。臣案遵上事，運道東詣壽春，有舊渠，可不由泗陂。泗陂在遵地界壞地凡萬三千餘頃，傷敗成業。遵縣領應佃二千六百口，可謂至少，而猶患地狹，不足肆力，此皆水之為害也。當所共恤，而都督度支方復執異，非所見之難，直以不同害理也。人心所見既不同，利害之情又有異。軍家之與郡縣，士大夫之與百姓，其意莫有同者，此皆偏其利以忘其害者也。此理之所以未盡，而事之所以多患也。

臣又案，豫州界二度支所領佃者，州郡大軍雜士，凡用水田七千五百餘頃耳，計三年之儲，不過二萬餘頃。以常理言之，無為多積無用之水，況於今者水潦瓫溢，大為災害。臣以為與其失當，寧瀉之不滀。宜發明詔，敕刺史二千石，其漢氏舊陂舊堨及山谷私家小陂，皆當修繕以積水。其諸魏氏以來所造立，及諸因雨決溢蒲葦馬腸陂之類，皆決瀝之。長吏二千石躬親勸功，諸食力之人並一時附功令，比及水凍，得粗枯涸，其所修功實之人皆以俾之。其舊陂堨溝渠當有所補塞者，皆尋求微迹，一如漢時故事，豫為部分列上，須冬東南休兵交代，各留一月以佐之。夫川瀆有常流，地形有定體，漢氏居人衆多，猶以無患，今因其所患而宣寫之，迹古事以明近，大理顯然，可坐論而得。臣不勝愚意，竊謂最是今日之實益也。

朝廷從之。

及平吳之後，有司又奏：『詔書「王公以國為家，京城不宜復有田宅。今未暇作諸國邸，當使城中有往來處，近郊有芻藁之田」。今可限之，國王公侯，京城得有一宅之處。近郊田，大國田十五頃，次國十頃，小國七頃。城內無宅城外有者，皆聽留之。』

又制戶調之式：丁男之戶，歲輸絹三匹，綿三斤，女及次丁男為戶者半輸。其諸邊郡或三分之二，遠者三分之一。夷人輸賨布，戶一匹，遠者或一丈。男子一人占田七十畝，女子三十畝。其外丁男課田五十畝，丁女二十畝，次丁男半之，女則不課。男女年十六已上至六十為正丁，十五已下至十三、六十一已上至六十五為次丁，十二已下六十六已上為老小，不事。遠夷不課田者輸義米，戶三斛，遠者五斗，極遠者輸算錢，人二十八文。其官品第一至于第九，各以貴賤占田，品第一者占五十頃，第二品四十五頃，第三品四十頃，第四品三十五頃，第五品三十頃，第六品二十五頃，第七品二十頃，第八品十五頃，第九品十頃。而又各以品之高卑蔭其親屬，多者及九族，少者三世。宗室、國賓、先賢之後及士人子孫亦如之。而又得蔭人以為衣食客及佃客，品第六已上得衣食客三人，第七第八品二人，第九品及舉輦、迹禽、前驅、由基、强弩、司馬、羽林郎、殿中冗從武賁、殿中武賁、持椎斧武騎武賁、持鈒冗從武賁、命中武賁武騎一人。其應有佃客者，官品第一第二者佃客無過五十戶，第三品十戶，第四品七戶，第五品五戶，第六品三戶，第七品二戶，第八品第九品一戶。

是時天下無事，賦稅平均，人咸安其業而樂其事。及惠帝之後，政教陵夷，至於永嘉，喪亂彌甚。雍州以東，人多飢乏，更相鬻賣，奔迸流移，不可勝數。幽、幷、司、冀、秦、雍六州大蝗，草木及牛馬毛皆盡。又大疾疫，兼以饑饉，百姓又為寇賊所殺，流尸滿河，白骨蔽野。劉曜之逼，朝廷議欲遷都倉垣，人多相食，饑疫總至，百官流亡者十八九。

元帝為晉王，課督農功，詔二千石長吏以入穀多少為殿最。其非宿衞要任，皆宜赴農，使軍各自佃作，即以為廩。太興元年，詔曰：『徐、揚二州土宜三麥，可督令熯地，投秋下種，至夏而熟，繼新故之交，於以周濟，所益甚大。昔漢遣輕車使者氾勝之督三輔種麥，而關中遂穰。勿令後晚。』其後頻年麥雖有旱蝗，而為益猶多。二年，三吳大饑，死者以百數，吳郡太守鄧攸輒開倉廩賑之。元帝時使黃門侍郎虞騤、桓彝開倉廩振給，幷省衆役。百官各上封事，後軍將軍應詹表曰：『夫一人不耕，天下必有受其饑者。而軍興以來，征戰運漕，朝廷宗廟，百官用度，既已殷廣，下及工商流寓僮僕不親農桑而遊食者，以十萬計。不思開立美利，而望國足人給，豈不難哉！古人言曰，飢寒並至，堯舜不能使野無寇盜；貧富幷兼，雖皋陶不能使强不陵弱。故有國有家者，何嘗不務農重穀。近魏武皇帝用棗祗、韓浩之議，廣建屯田，又於征伐之中，分帶甲之士，隨宜開墾，故下不甚勞，而大功克舉也。間者流人奔東吳，東吳今儉，皆已還反。江西良田，曠廢未久，火耕水耨，為功差易。宜簡流人，興復農官，功勞報賞，皆如魏氏故事，一年中與百姓，二年分稅，三年計賦稅以使之，公私兼濟，則倉盈庾億，可計日而待也。』又曰：『昔高祖使蕭何鎮關中，光武令寇恂守河內，魏武委鍾繇以西事，故能使八表夷蕩，區內輯寧。今中州蕭條，未蒙疆理，此兆庶所以企望。壽春一方之會，去此不遠，宜選都督有文武經略者，遠以振河洛之形勢，近以為徐豫之藩鎮，綏集流散，使人有攸依，專委農功，令事有所局。趙充國農於金城，以平西零；諸葛亮耕於渭濱，規抗上國。今諸軍自不對敵，皆宜齊課。』

咸和五年，成帝始度百姓田，取十分之一，率畝稅米三升。六年，以海賊寇抄，運漕不繼，發王公以下餘丁，各運米六斛。是後頻年水災旱蝗，田收不至。咸康初，算度田稅米，空懸五十餘萬斛，尚書褚裒以下免官。穆帝之世，頻有大軍，糧運不繼，制王公以下十三戶共借一人，助度支運。升平初，荀羨為北府都督，鎮下邳，起田于東陽之石鱉，公私利之。哀帝即位，乃減田租，畝收二升。孝武太元二年，除度田收租之制，王公以下口稅三斛，唯蠲在役之身。八年，又增稅米，口五石。至於末年，天下無事，時和年豐，百姓樂業，穀帛殷阜，幾乎家給人足矣。

【略】

及獻帝初平中，董卓乃更鑄小錢，由是貨輕而物貴，穀一斛至錢數百萬。至魏武為相，於是罷之，還用五銖。是時不鑄錢既久，貨本不多，又更無增益，故穀賤無已。及黃初二年，魏文帝罷五銖錢，使百姓以穀帛為市。至明帝世，錢廢穀用既久，人間巧偽漸多，競溼穀以要利，作薄絹以為市，雖處以嚴刑而不能禁也。司馬芝等舉朝大議，以為用錢非徒豐國，亦所以省刑。今若更鑄五銖錢，則國豐刑省，於事為便。魏明帝乃更立五銖錢，至晉用之，不聞有所改創。孫權嘉禾五年，鑄大錢一當五百。赤烏元年，又鑄當千錢。故呂蒙定荆州，孫權賜錢一億。錢既太貴，但有空名，人間患之。權聞百姓不以為便，省息之，鑄為器物，官勿復出也。私家有者，並以輸藏，平卑其直，勿有所枉。

晉自中原喪亂，元帝過江，用孫氏舊錢，輕重雜行，大者謂之比輪，中者謂之四文。吳興沈充又鑄小錢，謂之沈郎錢。錢既不多，由是稍貴。孝武太元三年，詔曰：『錢，國之重寶，小人貪利，銷壞無已，監司當以為意。廣州夷人寶貴銅鼓，而州境素不出銅，聞官私賈人皆於此下貪比輪錢斤兩差重，以入廣州，貨與夷人，鑄敗作鼓。其重為禁制，得者科罪。』安帝元興中，桓玄輔政，立議欲廢錢用穀帛。孔琳之議曰：

《洪範》八政，貨為食次，豈不以交易所資，為用之至要者乎！若使百姓用力於為錢，則是妨為生之業，禁之可也。今農自務穀，工自務器，各隸其業，何嘗致勤於錢。故聖王制無用之貨，以通有用之財，既無毀敗之費，又省難運之苦，此錢所以嗣功龜貝，歷代不廢者也。穀帛為寶，本充衣食，分以為貨，則致損甚多。又勞毀於商販之手，耗棄於割截之用，此之為弊，著自於曩。故鍾繇曰，巧僞之人，競溼穀以要利，制薄絹以充資。魏世制以嚴刑，弗能禁也。是以司馬芝以為用錢非徒豐國，亦所以省刑。錢之不用，由於兵亂積久，自致於廢，有由而然，漢末是也。今既用而廢之，則百姓頓亡其利。今括囊天下之穀，以周天下之食，或倉廩充溢，或糧靡并儲，以相資通，則貧者仰富。致富之道，實假於錢，一朝斷之，便為棄物。是有錢無糧之人，皆坐而飢困，以此斷之，又立弊也。

且據今用錢之處，不以為貧，用穀之處，不以為富。又人習來久，革之必惑。語曰，利不百，不易業，況又錢便于穀邪！魏明帝時錢廢，穀用既久，不以便於人，乃舉朝大議。精才達政之士莫不以宜復用錢，下無異情，朝無異論。彼尚舍穀帛而用錢，足以明穀帛之弊著於已誠也。

世或謂魏氏不用錢久，積累巨萬，故欲行之，利公富國，斯殆不然。晉文後舅犯之謀，而先成季之信，以為雖有一時之勳，不如萬世之益。于時名賢在列，君子盈朝，大謀天下之利害，將定經國之要術。若穀實便錢，義不昧當時之近利，而廢永用之通業，斷可知矣。斯實由困而思革，改而更張耳。近孝武之末，天下無事，時和年豐，百姓樂業，穀帛殷阜，幾乎家給人足，驗之實事，錢又不妨人也。

頃兵革屢興，荒饉荐及，飢寒未振，實此之由。公既援而拯之，大革視聽，弘敦本之教，明廣農之科，敬授人時，各從其業，遊蕩知反，務末自休，同以南畝競力，野無遺壤矣。於此以往，將升平必至，何衣食之足卹！愚謂救弊之術，無取於廢錢。

朝議多同琳之，故玄議不行。

又　卷一一八《姚興載記下》　興以國用不足，增關津之稅，鹽竹山木皆有賦焉。羣臣咸諫，以為天殖品物以養羣生，王者子育萬邦，不宜節約以奪其利。興曰：『能踰關梁通利於山水者，皆豪富之家。吾損有餘以裨不足，有何不可！』乃遂行之。

《魏書》卷三《太宗紀》　（永興）三年春二月戊戌，詔曰：『衣食足，知榮辱。夫人飢寒切己，唯恐朝夕不濟，所急者温飽而已，何暇及於仁義之事乎？王教之多違，蓋由於此也。非夫耕婦織，內外相成，何以家給人足矣。其簡宮人非所當御及執作伎巧，自餘悉出以配鰥民。』

又　卷一一〇《食貨志》　夫為國為家者，莫不以穀貨為本。故《洪範》八政，以食為首，其在《易》曰『聚人曰財』，《周禮》以九職任萬民，以九賦斂財賄。是以古先哲王莫不敬授民時，務農重穀，躬親千畝，貢賦九州。且一夫不耕，一女不織，或受其飢寒者。飢寒迫身，不能保其赤子，攘竊而犯法，以至於殺身。迹其所由，王政所陷也。夫百畝之內，勿奪其時，易其田疇，薄其稅斂，民可使富也。既飽且富，而仁義禮節生焉，亦所謂衣食足，識榮辱也。晉末，天下大亂，生民道盡，或死於干戈，或斃於饑饉，其幸而自存者蓋十五焉。

太祖定中原，接喪亂之弊，兵革並起，民廢農業。方事雖殷，然經略之先，以食為本，使東平公儀墾闢河北，自五原至于棝陽塞外為屯田。初，登國六年破衛辰，收其珍寶、畜產，名馬三十餘萬、牛羊四百餘萬，漸增國用。既定中山，分徙吏民及徒何種人、工伎巧十萬餘家以充京都，各給耕牛，計口授田。天興初，制定京邑，東至代郡，西及善無，南極陰館，北盡參合，為畿內之田；其外四方四維置八部帥以監之，勸課農耕，量校收入，以為殿最。又躬耕籍田率先百姓。自後比歲大熟，匹中八十餘斛。是時戎車不息，雖頻有年，猶未足以久贍矣。

太宗永興中，頻有水旱，詔簡宮人非所當御及非執作伎巧，自餘出賜鰥民。神瑞二年，又不熟，京畿之內，路有行饉。帝以飢將遷都於鄴，用博士崔浩計乃止。於是分簡尤貧者就食山東。敕有司勸課留農者曰：『前志有之，人生在勤，勤則不匱。凡庶民之不畜者祭無牲，不耕者祭無盛，不樹者死無槨，不蠶者衣無帛，不績者喪無衰。教行三農，生殖九穀；教行園囿，毓長草木；教行虞衡，山澤作材；教行藪牧，養蕃鳥獸；教行百工，飭成器用；教行商賈，阜通貨賄；教行嬪婦，化治絲枲；教行臣妾，事勤力役。』自是民皆力勤，故歲數豐穰，畜牧滋息。

泰常六年，詔六部民羊滿百口，調戎馬一匹。

世祖即位，開拓四海，以五方之民各有其性，故修其教不改其俗，齊其政不易其宜，納其方貢以充倉廩，收其貨物以實庫藏，又於歲時取鳥獸之登於俎用者以牣膳府。

先是，禁網疏闊，民多逃隱。天興中，詔採諸漏戶，令輸綸綿。自後諸逃戶占為細繭羅縠者甚衆。於是雜營戶帥遍於天下，不隸守宰，賦役不周，戶口錯亂。始光三年詔一切罷之，以屬郡縣。

神䴥二年，帝親御六軍，略地廣漠。分命諸將，窮追蠕蠕，東至瀚海，西接張掖，北度燕然山，大破之，虜其種落及馬牛雜畜方物萬計。其後復遣成周公萬度歸西伐焉耆，其王鳩尸卑那單騎奔龜茲，舉國臣民負錢懷貨，一時降款，獲其奇寶異玩以巨萬，駝馬雜畜不可勝數。度歸遂入龜茲，復獲其殊方瑰詭之物億萬已上。是時方隅未克，帝屢親戎駕，而委政於恭宗。真君中，恭宗下令修農職之教，事在《帝紀》。此後數年之中，軍國用足矣。

高宗時，牧守之官，頗為貨利。太安初，遣使者二十餘輩循行天下，觀風俗，視民所疾苦。詔使者察諸州郡墾殖田畝、飲食衣服、閭里虛實、盜賊劫掠、貧富強劣而罰之，自此牧守頗改前弊，民以安業。

自太祖定中原，世祖平方難，收獲珍寶，府藏盈積。和平二年秋，詔中尚方作黃金合盤十二具，徑二尺二寸，鏤以白銀，鈿以玫瑰，其銘曰：『九州致貢，殊域來賓，乃作茲器，錯用具珍。鍜以紫金，鏤以白銀，範圍擬載，吐燿含真。纖文麗質，若化若神，皇王御之，百福惟新。』其年冬，詔出內庫綾綿布帛二十萬匹，令內外百官分曹賭射。四年春，詔賜京師之民年七十已上太官廚食以終其身。

顯祖即位，親行儉素，率先公卿，思所以賑益黎庶。至天安、皇興間，歲頻大旱，絹匹千錢。劉彧淮北青、冀、徐、兗、司五州告亂請降，命將率衆以援之。既臨其境，青冀懷貳，進軍圍之，數年乃拔。山東之民咸勤於征戍轉運，帝深以為念。遂因民貧富，為租輸三等九品之制。千里內納粟，千里外納米；上三品戶入京師，中三品入他州要倉，下三品入本州。

先是太安中，高宗以常賦之外雜調十五，頗為煩重，將與除之。尚書毛法仁曰：『此是軍國資用，今頓罷之，臣愚以為不可。』帝曰：『使地利無窮，民力不竭，百姓有餘，吾孰與不足。』遂免之。未幾，復調如前，至是乃終罷焉。於是賦斂稍輕，民復贍矣。

舊制，民間所織絹、布，皆幅廣二尺二寸，長四十尺為一匹，六十尺為一端，令任服用。後乃漸至濫惡，不依尺度。高祖延興三年秋七月，更立嚴制，令一準前式，違者罪各有差，有司不檢察與同罪。

太和八年，始準古班百官之祿，以品第各有差。先是，天下戶以九品混通，戶調帛二匹、絮二斤、絲一斤、粟二十石；又入帛一匹二丈，委之州庫，以供調外之費。至是，戶增帛三匹，粟二石九斗，以為官司之祿。後增調外帛滿二匹。所調各隨其土所出。其司、冀、雍、華、定、相、泰、洛、豫、懷、兗、陝、徐、青、齊、濟、南豫、東兗、東徐十九州，貢綿絹及絲；幽、平、并、肆、岐、涇、荆、涼、梁、汾、秦、安、營、豳、夏、光、郢、東秦，司州萬年、雁門、上谷、靈丘、廣寧、平涼郡，懷州邵上郡之長平、白水縣，青州北海郡之膠東縣、平昌郡之東武平昌縣，高密郡之昌安高密夷安黔陬縣，泰州河東之蒲阪、汾陰縣，東徐州東莞郡之莒、諸、東莞縣，雍州馮翊郡之蓮芍縣、咸陽郡之寧夷縣，北地郡之三原雲陽銅官宜君縣，華州華山郡之夏陽縣，徐州北濟陰郡之離狐豐縣、東海郡之贛榆襄賁縣，皆以麻布充稅。

九年，下詔均給天下民田：

諸男夫十五以上，受露田四十畝，婦人二十畝，奴婢依良。丁牛一頭受田三十畝，限四牛。所授之田率倍之，三易之田再倍之，以供耕作及還受之盈縮。

諸民年及課則受田，老免及身沒則還田。奴婢、牛隨有無以還受。

諸桑田不在還受之限，但通入倍田分。於分雖盈，沒則還田，不得以充露田之數。不足者以露田充倍。

諸初受田者，男夫一人給田二十畝，課蒔餘，種桑五十樹，棗五株，榆三根。非桑之土，夫給一畝，依法課蒔榆、棗。奴各依良。限三年種畢，不畢，奪其不畢之地。於桑榆地分雜蒔餘果及多種桑榆者不禁。

諸應還之田，不得種桑榆棗果，種者以違令論，地入還分。

諸桑田皆為世業，身終不還，恒從見口。有盈者無受無還，不足者受種如法。盈者得賣其盈，不足者得買所不足。不得賣其分，亦不得買過所足。

諸麻布之土，男夫及課，別給麻田十畝，婦人五畝，奴婢依良。皆從還受之法。

諸有舉戶老小癃殘無授田者，年十一已上及癃者各授以半夫田，年踰七十者不還所受，寡婦守志者雖免課亦授婦田。

諸還受民田，恒以正月。若始受田而身亡，及賣買奴婢牛者，皆至明年正月乃得還受。

諸土廣民稀之處，隨力所及，官借民種蒔。役有土居者，依法封授。

諸地狹之處，有進丁受田而不樂遷者，則以其家桑田為正田分，又不足不給倍田，又不足家內人別減分。無桑之鄉準此為法。樂遷者聽逐空荒，不限異州他郡，唯不聽避勞就逸。其地足之處，不得無故而移。

諸民有新居者，三口給地一畝，以為居室，奴婢五口給一畝。男女十五以上，因其地分，口課種菜五分畝之一。

諸一人之分，正從正，倍從倍，不得隔越他畔。進丁受田者恒從所近。若同時俱受，先貧後富。再倍之田，放此為法。

諸遠流配讁、無子孫、及戶絶者，墟宅、桑榆盡為公田，以供授受。授受之次，給其所親；未給之間，亦借其所親。

諸宰民之官，各隨地給公田，刺史十五頃，太守十頃，治中別駕各八頃，縣令、郡丞六頃。更代相付。賣者坐如律。

魏初不立三長，故民多蔭附。蔭附者皆無官役，豪强徵斂，倍於公賦。十年，給事中李沖上言：『宜準古，五家立一鄰長，五鄰立一里長，五里立一黨長，長取鄉人强謹者。鄰長復一夫，里長二，黨長三。所復復征戍，餘若民。三載亡愆則陟用，陟之一等。其民調，一夫一婦帛一匹，粟二石。民年十五以上未娶者，四人出一夫一婦之調；奴任耕，婢任績者，八口當未娶者四；耕牛二十頭當奴婢八。其麻布之鄉，一夫一婦布一匹，下至牛，以此為降。大率十匹為公調，二匹為調外費，三匹為內外百官俸，此外雜調。民年八十已上，聽一子不從役。孤獨癃老篤疾貧窮不能自存者，三長內迭養食之。』

書奏，諸官通議，稱善者衆。高祖從之，於是遣使者行其事。乃詔曰：『夫任土錯貢，所以通有無；井乘定賦，所以均勞逸。有無通則民財不匱，勞逸均則人樂其業。此自古之常道也。又鄰里鄉黨之制，所由來久。欲使風教易周，家至日見，以大督小，從近及遠，如身之使手，幹之總條，然後口算平均，義興訟息。是以三典所同，隨世汚隆；貳監之行，從時損益。故鄭僑復丘賦之術，鄒人獻盍徹之規。雖輕重不同，而當時俱適。自昔以來，諸州戶口，籍貫不實，包藏隱漏，廢公罔私。富强者并兼有餘，貧弱者餬口不足。賦稅齊等，無輕重之殊；力役同科，無衆寡之別。雖建九品之格，而豐埆之土未融；雖立均輸之楷，而蠶績之鄉無異。致使淳化未樹，民情偷薄。朕每思之，良懷深慨。今革舊從新，為里黨之法，在所牧守，宜以喻民，使知去煩即簡之要。』初，百姓咸以為不若循常，豪富并兼者尤弗願也。事施行後，計省昔十有餘倍。於是海內安之。

十一年，大旱，京都民飢。加以牛疫，公私闕乏，時有以馬驢及橐駝供駕輓耕載。詔聽民就豐。行者十五六，道路給糧稟，至所在，三長贍養之。遣使者時省察焉。留業者，皆令主司審覈，開倉賑貸。其有特不自存者，悉檢集，為粥於術衢，以救其困。然主者不明牧察，郊甸間甚多餒死者。時承平日久，府藏盈積，詔盡出御府衣服珍寶、太官雜器、太僕乘具、內庫弓矢刀鉾十分之八、外府衣物繒布絲纊諸所供國用者，以其太半班齎百司，下至工商皂隸，逮于六鎮邊戍，畿內鰥寡孤獨貧癃者，皆有差。

十二年，詔羣臣求安民之術。有司上言：『請析州郡常調九分之二，京都度支歲用之餘，各立官司，豐年糴貯於倉，時儉則加私之一，糶之於民。如此，民必力田以買絹，積財以取粟。官，年登則常積，歲凶則直給。又別立農官，取州郡戶十分之一，以為屯民。相水陸之宜，斷頃畝之數，以贓贖雜物市牛科給，令其肆力。一夫之田，歲責六十斛，甄其正課并征戍雜役。行此二事，數年之中則穀積而民足矣。』帝覽而善之，尋施行焉。自此公私豐贍，雖時有水旱，不為災也。

世祖之平統萬，定秦隴，以河西水草善，乃以為牧地。畜產滋息，馬至二百餘萬匹，橐駝將半之，牛羊則無數。高祖即位之後，復以河陽為牧場，恒置戎馬十萬匹，以擬京師軍警之備。每歲自河西徙牧於并州，以漸南轉，欲其習水土而無死傷也，而河西之牧彌滋矣。正光以後，天下喪亂，遂為羣寇所盜掠焉。

世宗延昌三年春，有司奏長安驪山有銀礦，二石得銀七兩。其年秋，恒州又上言，白登山有銀礦，八石得銀七兩，錫三百餘斤，其色潔白，有踰上品。詔並置銀官，常令採鑄。又漢中舊有金戶千餘家，常於漢水沙淘金，年終總輸。後臨淮王彧為梁州刺史，奏罷之。其鑄鐵為農器、兵刃，在所有之，然以相州牽口冶為工，故常鍊鍛為刀，送於武庫。

自魏德既廣，西域、東夷貢其珍物，充於王府。又於南垂立互市，以致南貨，羽毛齒革之屬無遠不至。神龜、正光之際，府藏盈溢。靈太后曾令公卿已下任力負物而取之，又數賚禁內左右，所費無貲，而不能一丐百姓也。

自徐揚內附之後，仍世經略江淮，於是轉運中州，以實邊鎮，百姓疲於道路。乃令番戍之兵，營起屯田，又收內郡兵資與民和糴，積為邊備。有司又請於水運之次，隨便置倉，乃於小平、石門、白馬津、漳涯、黑水、濟州、陳郡、大梁凡八所，各立邸閣，每軍國有須，應機漕引。自此費役微省。

三門都將薛欽上言：『計京西水次汾華二州、恒農、河北、河東、正平、平陽五郡年常綿絹及貲麻皆折公物，雇車牛送京。道險人弊，費公損私。略計華州一車，官酬絹八匹三丈九尺，別有私民雇價布六十匹；河東一車，官酬絹五匹二丈，別有私民雇價布五十匹。自餘州郡，雖未練多少，推之遠近，應不減此。今求車取雇絹三匹，市材造船，不勞採斫。計船一艘，舉十三車，車取三匹，合有三十九匹。雇作手并匠及船上雜具食直，足以成船。計一船剩絹七十八匹，布七百八十匹。又租車一乘，官格四十斛成載；私民雇價，遠者五斗布一匹，近者一石布一匹。準其私費，一車布遠者八十匹，近者四十匹。造船一艘，計舉七百石，準其雇價，應有一千四百匹。今取布三百匹，造船一艘并船上覆治雜事，計一船有剩布一千一百匹。又其造船之處，皆須鋸材人功，并削船茹，依功多少，即給當州郡門兵，不假更召。汾州有租調之處，去汾不過百里，華州去河不滿六十，並令計程依舊酬價，車送船所。船之所運，唯達濡陂。其陸路從濡陂至倉庫，調一車雇絹一匹，租一車布五匹，則於公私為便。』

尚書度支郎中朱元旭計稱：『效立於公，濟民為本；政列於朝，潤國是先。故大禹疏決，以通四載之宜；有漢穿引，受納百川之用。厥績顯於當時，嘉聲播於圖史。今校薛欽之說，雖迹驗未彰，而指況甚善。所云以船代車，是其策之長者。若以門兵造舟，便為闕彼防禦，無容全依。宜令取雇車之物，市材執作，及倉庫所須，悉以營辦。七月之始，十月初旬，令州郡綱典各受租調於將所，然後付之。十車之中，留車士四人佐其守護。粟帛上船之日，隨運至京，將共監慎，如有耗損，同其陪徵。河中缺失，專歸運司。輸京之時，聽其即納，不得雜合，違失常體。必使量上數下，謹其受入，自餘一如其列。計底柱之難，號為天險，迅驚千里，未易其功。然既陳便利，無容輒抑。若效充其說，則附例酬庸，如其不驗，徵填所損。今始開創，不可懸生減折，具依請營立。一年之後，須知贏費。歲遣御史校其虛實，脫有乖越，別更裁量。』尚書崔休以為刳木為舟，用興上代；鑿渠通運，利盡中古。是以漕輓河渭，留侯以為偉談；方舟蜀漢，酈生稱為口實。豈直張純之奏，見美東都；陳勰之功，事高晉世。其為利益，所從來久矣。案欽所列，實允事宜；郎中之計，備盡公理。但舟楫所通，遠近必至，苟利公私，不宜止在前件。昔人乃遠通褒斜以利關中之漕，南達交廣以增京洛之饒。況乃漳洹夷路，河濟平流，而不均彼省煩，同茲巨益。且鴻溝之引宋衛，史牒具存；討虜之通幽冀，古迹備在。舟車省益，理實相懸；水陸難易，力用不等。昔忝東州，親遥□驗，斯損益不可同年而語。請諸通水運之處，皆宜率同此式。縱復五百、三百里，車運水次，校計利饒，猶為不少。其欽所列州郡，如請興造。東路諸州皆先通水運，今年租調，悉用舟楫。若船數有闕，且賃假充事，比之僦車，交成息耗。其先未通流，宜遣檢行，閑月修治，使理有可通，必無壅滯。如此，則發召匪多，為益實廣，一爾暫勞，久安永逸。』錄尚書、高陽王雍，尚書僕射李崇等奏曰：『運漕之利，今古攸同，舟車息耗，實相殊絕。欽之所列，關西而已，若域內同行，足為公私巨益。謹輒參量，備如前計，庶徵召有減，勞止小康。若此請蒙遂，必須溝洫通流，即求開興修築。或先以開治，或古迹仍在，舊事可因，用功差易。此冬閑月，令疏通咸訖，比春水之時，使運漕無滯。』詔從之，而未能盡行也。

正光後，四方多事，加以水旱，國用不足，預折天下六年租調而徵之。百姓怨苦，民不堪命。有司奏斷百官常給之酒，計一歲所省合米五萬三千五十四斛九升，孽穀六千九百六十斛，麪三十萬五百九十九斤。其四時郊廟、百神羣祀依式供營，遠蕃使客不在斷限。爾後寇賊轉衆，諸將出征，相繼奔敗，所亡器械資糧不可勝數，而關西喪失尤甚，帑藏益以空竭。有司又奏內外百官及諸蕃客稟食及肉悉二分減一，計終歲省肉百五十九萬九千八百五十六斤，米五萬三千九百三十二石。

孝昌二年冬，稅京師田租畝五升，借賃公田者畝一斗。又稅市，入者人一錢，其店舍又為五等，收稅有差。

莊帝初，承喪亂之後，倉廩虛罄，遂班入粟之制。輸粟八千石，賞散侯；六千石，散伯；四千石，散子；三千石，散男。職人輸七百石，賞一大階，授以實官。白民輸五百石，聽依第出身，一千石，加一大階；無第者輸五百石，聽正九品出身，一千石，加一大階。諸沙門有輸粟四千石入京倉者，授本州統，若無本州者，授大州都；若不入京倉，入外州郡倉者，三千石，畿郡都統，依州格；若輸五百石入京倉者，授本郡維那，其無本郡者，授以外郡；粟入外州郡倉七百石者，京倉三百石者，授縣維那。

孝靜天平初，以遷民草創，資產未立，詔出粟一百三十萬石以賑之。三年夏，又賑遷民稟各四十日。其年秋，幷、肆、汾、建、晉、泰、陝、東雍、南汾九州霜旱，民飢流散。四年春，詔所在開倉賑恤之，而死者甚衆。時諸州調絹不依舊式，齊獻武王以其害民，興和三年冬，請班海內，悉以四十尺為度。天下利焉。

河東郡有鹽池，舊立官司以收稅利，是時罷之，而民有富强者專擅其用，貧弱者不得資益。延興末，復立監司，量其貴賤，節其賦入，於是公私兼利。世宗即位，政存寬簡，復罷其禁，與百姓共之。其國用所須，別為條制，取足而已。自後豪貴之家復乘勢占奪，近池之民，又輒障吝。强弱相陵，聞於遠近。神龜初，太師、高陽王雍，太傅、清河王懌等奏：『鹽池天藏，資育羣生。仰惟先朝限者，亦不苟與細民競茲贏利。但利起天池，取用無法，或豪貴封護，或近者吝守，卑賤遠來，超然絶望。是以因置主司，令其裁察，强弱相兼，務令得所。且十一之稅，自古及今，取輒以次，所濟為廣。自爾霑洽，遠近齊平，公私兩宜，儲益不少。及鼓吹主簿王後興等詞稱請供百官食鹽二萬斛之外，歲求輸馬千匹、牛五百頭。以此而推，非可稍計。後中尉甄琛啓求罷禁，被敕付議。尚書執奏，稱琛啓坐談則理高，行之則事闕，請依常禁為允。詔依琛計。乃為繞池之民尉保光等擅自固護，語其障禁，倍於官司，取與自由，貴賤任口。若無大宥，罪合推斷。詳度二三，深乖王法。臣等商量，請依先朝之詔，禁之為便。防姦息暴，斷遣輕重，亦準前旨。所置監司，一同往式。』於是復置監官以監檢焉。其後更罷更立，以至於永熙。

自遷鄴後，於滄、瀛、幽、青四州之境，傍海煮鹽。滄州置竈一千四百八十四，瀛州置灶四百五十二，幽州置竈一百八十，青州置竈五百四十六，又於邯鄲置竈四，計終歲合收鹽二十萬九千七百二斛四升。軍國所資，得以周贍矣。

魏初至於太和，錢貨無所周流，高祖始詔天下用錢焉。十九年，冶鑄粗備，文曰『太和五銖』，詔京師及諸州鎮皆通行之。內外百官祿皆準絹給錢，絹匹為錢二百。在所遺錢工備爐冶，民有欲鑄，聽就鑄之，銅必精練，無所和雜。世宗永平三年冬，又鑄五銖錢。肅宗初，京師及諸州鎮或鑄或否，或有止用古錢，不行新鑄，致商貨不通，貿遷頗隔。

熙平初，尚書令、任城王澄上言：『臣聞《洪範》八政，貨居二焉。《易》稱：「天地之大德曰生，聖人之大寶曰位，何以守位曰仁，何以聚人曰財。」財者，帝王所以聚人守位，成養羣生，奉順天德，治國安民之本也。夏殷之政，九州貢金，以定五品。周仍其舊。太公立九府之法，於是圜貨始行，定銖兩之楷。齊桓循用，以霸諸侯。降及秦始、漢文，遂有輕重之異。吴濞、鄧通之錢，收利遍於天下，河南之地，猶甚多焉。逮于孝武，乃更造五銖，其中毁鑄，隨利改易，故使錢有小大之品。竊尋太和之錢，高祖留心創制，後與五銖並行，此乃不刊之式。但臣竊聞之，君子行禮，不求變俗，因其所宜，順而致用。「太和五銖」雖利於京邑之肆，而不入徐揚之市。土貨既殊，貿鬻亦異，便於荆郢之邦者，則礙於兗豫之域。致使貧民有重困之切，王道貽隔化之訟。去永平三年，都座奏斷天下用錢不依準式者，時被敕云：「不行之錢，雖有常禁，其先用之處，權可聽行，至年末悉令斷之。」延昌二年，徐州民儉，刺史啓奏求行土錢，旨聽權依舊用。謹尋不行之錢，律有明式，指謂雞眼、鐶鑿，更無餘禁。計河南諸州，今所行者，悉非制限。昔來繩禁，愚竊惑焉。又河北州鎮，既無新造五銖，設有舊者，而復禁斷，並不得行，專以單絲之縑，疏縷之布，狹幅促度，不中常式，裂匹為尺，以濟有無。至今徒成杼軸之勞，不免飢寒之苦，良由分截布帛，壅塞錢貨。實非救恤凍餒，子育黎元。謹惟自古以來，錢品不一，前後累代，易變無常。且錢之為名，欲泉流不已。愚意謂今之太和與新鑄五銖，及諸古錢方俗所便用者，雖有大小之異，並得通行。貴賤之差，自依鄉價。庶貨環海內，公私無壅。其不行之錢，及盜鑄毀大為小，巧偽不如法者，據律罪之。』詔曰：『錢行已久，今東尚有事，且依舊用。』

澄又奏：『臣猥屬樞衡，庶罄心力，常願貨物均通，書軌一範。謹詳《周禮》，外府掌邦布之入出。布猶泉也，其藏曰泉，其流曰布。然則錢之興也始於一品，欲令世匠均同，圜流無極。爰曁周景，降逮亡新，易鑄相尋，參差百品，遂令接境乖商，連邦隔貿。臣比奏求宣下海內，依式行錢。登被旨敕，「錢行已久，且可依舊」。謹重參量，以為「太和五銖」乃大魏之通貨，不朽之恒模，寧可專貿於京邑，不行於天下！但今戎馬在郊，江疆未一，東南之州，依舊為便。至於京西、京北域內州鎮未用錢處，行之則不足為難，塞之則有乖通典。何者？布帛不可尺寸而裂，五穀則有負檐之難，錢之為用，貫繈相屬，不假斗斛之器，不勞秤尺之平，濟世之宜，謂為深允。請並下諸方州鎮，其太和及新鑄五銖并古錢內外全好者，不限大小，悉聽行之。雞眼、鐶鑿，依律而禁。河南州鎮先用錢者，既聽依舊，不在斷限。唯太和、五銖二錢得用公造新者，其餘雜種，一用古錢，生新之類，普同禁約。諸方之錢，通用京師，其聽依舊之處，與太和錢及新造五銖並行，若盜鑄者罪重常憲。既欲均齊物品，廛井斯和，若不繩以嚴法，無以肅茲違犯。符旨一宣，仍不遵用者，刺史守令依律治罪。』詔從之。而河北諸州，舊少錢貨，猶以他物交易，錢略不入市也。

二年冬，尚書崔亮奏：『恒農郡銅青谷有銅礦，計一斗得銅五兩四銖；葦池谷礦，計一斗得銅五兩；鸞帳山礦，計一斗得銅四兩；河內郡王屋山礦，計一斗得銅八兩；南青州苑燭山、齊州商山並是往昔銅官，舊迹見在。謹按鑄錢方興，用銅處廣，既有冶利，並宜開鑄。』詔從之。自後所行之錢，民多私鑄，稍就小薄，價用彌賤。

建義初，重盜鑄之禁，開糾賞之格。至永安二年秋，詔更改鑄，文曰『永安五銖』，官自立爐，起自九月至三年正月而止。官欲貴錢，乃出藏絹，分遣使人於二市賣之，絹匹止錢二百，而私市者猶三百。利之所在，盜鑄彌衆，巧偽既多，輕重非一，四方州鎮，用各不同。

遷鄴之後，輕濫尤多。武定初，齊文襄王奏革其弊。於是詔遣使人詣諸州鎮，收銅及錢，悉更改鑄，其文仍舊。然姦僥之徒，越法趨利，未幾之間，漸復細薄。六年，文襄王以錢文五銖，名須稱實，宜稱錢一文重五銖者，聽入市用。計百錢重一斤四兩二十銖，自餘皆準此為數。其京邑二市、天下州鎮郡縣之市，各置二稱，懸於市門，私民所用之稱，皆準市稱以定輕重。凡有私鑄，悉不禁斷，但重五銖，然後聽用。若入市之錢，重不五銖，或雖重五銖而多雜鉛鑞，並不聽用。若有輒以小薄雜錢入市，有人糾獲，其錢悉入告者。其小薄之錢，若即禁斷，恐人交乏絕。畿內五十日，外州百日為限。羣官參議，咸以時穀頗貴，請待有年。上從之而止。

《隋書》卷二四《食貨志》 晉自中原喪亂，元帝寓居江左，百姓之自拔南奔者，並謂之僑人。皆取舊壤之名，僑立郡縣，往往散居，無有土著。而江南之俗，火耕水耨，土地卑濕，無有蓄積之資。諸蠻陬俚洞，霑沐王化者，各隨輕重，收其賧物，以裨國用。又嶺外酋帥，因生口翡翠明珠犀象之饒，雄於鄉曲者，朝廷多因而署之，以收其利。歷宋、齊、梁、陳，皆因而不改。其軍國所須雜物，隨土所出，臨時折課市取，乃無恒法定令。列州郡縣，制其任土所出，以為徵賦。

其無貫之人，不樂州縣編戶者，謂之浮浪人，樂輸亦無定數，任量，准所輸，終優於正課焉。都下人多為諸王公貴人左右、佃客、典計、衣食客之類，皆無課役。官品第一第二，佃客無過四十戶。第三品三十五戶。第四品三十戶。第五品二十五戶。第六品二十戶。第七品十五戶。第八品十戶。第九品五戶。其佃穀，皆與大家量分。其典計，官品第一第二，置三人。第三第四，置二人。第五第六及公府參軍、殿中監、監軍、長史、司馬、部曲督、關外侯、材官、議郎已上，一人。皆通在佃客數中。官品第六已上，并得衣食客三人。第七第八二人。第九品及轝輦、迹禽、前驅、由基强弩司馬、羽林郎、殿中冗從武賁、殿中武賁、持椎斧武騎武賁、持鈒冗從武賁、命中武賁武騎，一人。客皆注家籍。其課，丁男調布絹各二丈，絲三兩，綿八兩，祿絹八尺，祿綿三兩二分，租米五石，祿米二石。丁女並半之。男女年十六已上至六十，為丁。男年十六，亦半課，年十八正課，六十六免課。女以嫁者為丁，若在室者，年二十乃為丁。其男丁，每歲役不過二十日。又率十八人出一運丁役之。其田，畝稅米二斗。蓋大率如此。其度量，斗則三斗當今一斗，稱則三兩當今一兩，尺則一尺二寸當今一尺。

其倉，京都有龍首倉，即石頭津倉也，臺城內倉，南塘倉，常平倉，東、西太倉，東宮倉，所貯總不過五十餘萬。在外有豫章倉、釣磯倉、錢塘倉，並是大貯備之處。自餘諸州郡臺傳，亦各有倉。大抵自侯景之亂，國用常褊。京官文武，月別唯得廩食，多遥帶一郡縣官而取其祿秩焉。揚、徐等大州，比令、僕班。寧、桂等小州，比參軍班。丹陽、吳郡、會稽等郡，同太子詹事、尚書班。高涼、晉康等小郡，三班而已。大縣六班，小縣兩轉方至一班。品第既殊，不可委載。州郡縣祿米絹布絲綿，當處輸臺傳倉庫。若給刺史守令等，先准其所部文武人物多少，由敕而裁。凡如此祿秩，既通所部兵士給之，其家所得蓋少。諸王諸主，出閤就第婚冠所須，及衣裳服飾，并酒米魚鮭香油紙燭等，並官給之。王及主壻外祿者，不給。解任還京，仍亦公給云。

魏自永安之後，政道陵夷，寇亂實繁，農商失業。官有征伐，皆權調於人，猶不足以相資奉，乃令所在迭相糾發，百姓愁怨，無復聊生。尋而六鎮擾亂，相率內徙，寓食於齊、晉之郊。齊神武因之，以成大業。魏武西遷，連年戰爭，河、洛之間，又並空竭。天平元年，遷都於鄴，出粟一百三十萬石，以振貧人。是時六坊之衆，從武帝而西者，不能萬人，餘皆北徙，並給常廩，春秋二時賜帛，以供衣服之費。常調之外，逐豐稔之處，折絹糴粟，以充國儲。於諸州緣河津濟，皆官倉貯積，以擬漕運。於滄、瀛、幽、青四州之境，傍海置鹽官，以煮鹽，每歲收錢，軍國之資，得以周贍。自是之後，倉廩充實，雖有水旱凶饑之處，皆仰開倉以振之。元象、興和之中，頻歲大穰。穀斛至九錢。是時法網寬弛，百姓多離舊居，闕於徭賦。神武乃命孫騰、高隆之，分括無籍之戶，得六十餘萬。於是僑居者各勒還本屬，是後租調之入有加焉。及文襄嗣業，侯景背叛，河南之地，困於兵革。尋而侯景亂梁，乃命行臺辛術，略有淮南之地。其新附州郡，羈縻輕稅而已。

及文宣受禪，多所創革。六坊之內徙者，更加簡練，每一人必當百人，任其臨陣必死，然後取之，謂之百保鮮卑。又簡華人之勇力絕倫者，謂之勇士，以備邊要。始立九等之戶，富者稅其錢，貧者役其力。北興長城之役，南有金陵之戰。其後南征諸將，頻歲陷沒，士馬死者，以數十萬計。重以修創臺殿，所役甚廣。而帝刑罰酷濫，吏道因而成姦，豪黨兼幷，戶口益多隱漏。舊制，未娶者輸半牀租調，陽翟一郡，戶至數萬，籍多無妻。有司劾之，帝以為生事。由是姦欺尤甚。戶口租調，十亡六七。

是時用度轉廣，賜與無節，府藏之積，不足以供，乃減百官之祿，撤軍人常廩，併省州郡縣鎮戍之職。又制刺史守宰行兼者，並不給幹，以節國之費用焉。

天保八年，議徙冀、定、瀛無田之人，謂之樂遷，於幽州范陽寬鄉以處之。百姓驚擾。屬以頻歲不熟，米糴踊貴矣。廢帝乾明中，尚書左丞蘇珍芝，議修石鼈等屯，歲收數萬石。自是淮南軍防，糧廩充足。孝昭皇建中，平州刺史嵇曄建議，開幽州督亢舊陂，長城左右營屯，歲收稻粟數十萬石，北境得以周贍。又於河內置懷義等屯，以給河南之費。自是稍止轉輸之勞。

至河清三年定令，乃命人居十家為比鄰，五十家為閭里，百家為族黨。男子十八以上，六十五已下為丁；十六已上，十七已下為中；六十六已上為老；十五已下為小。率以十八受田，輸租調，二十充兵，六十免力役，六十六退田，免租調。

京城四面，諸坊之外三十里內為公田。受公田者，三縣代遷戶執事官一品已下，逮于羽林武賁，各有差。其外畿郡，華人官第一品已下，羽林武賁已上，各有差。

職事及百姓請墾田者，名為永業田。奴婢受田者，親王止三百人；嗣王止二百人；第二品嗣王已下及庶姓王，止一百五十人；正三品已上及皇宗，止一百人；七品已上，限止八十人；八品已下至庶人，限止六十人。奴婢限外不給田者，皆不輸。其方百里外及州人，一夫受露田八十畝，婦四十畝。奴婢依良人，限數與在京百官同。丁牛一頭，受田六十畝，限止四牛。又每丁給永業二十畝，為桑田。其中種桑五十根，榆三根，棗五根。不在還受之限。非此田者，悉入還受之分。土不宜桑者，給麻田，如桑田法。

率人一牀，調絹一匹，綿八兩，凡十斤綿中，折一斤作絲，墾租二石，義租五斗。奴婢各准良人之半。牛調二尺，墾租一斗，義租五升。墾租送臺，義租納郡，以備水旱。墾租皆依貧富為三梟。其賦稅常調，則少者直出上戶，中者及中戶，多者及下戶。上梟輸遠處，中梟輸次遠，下梟輸當州倉。三年一校焉。租入臺者，五百里內輸粟，五百里外輸米。入州鎮者，輸粟。人欲輸錢者，准上絹收錢。諸州郡皆別置富人倉。初立之日，准所領中下戶口數，得支一年之糧，逐當州穀價賤時，斟量割當年義租充入。穀貴，下價糶之；賤則還用所糶之物，依價糴貯。

每歲春月，各依鄉土早晚，課人農桑。自春及秋，男十五已上，皆布田畝。桑蠶之月，婦女十五已上，皆營蠶桑。孟冬，刺史聽審邦教之優劣，定殿最之科品。人有人力無牛，或有牛無力者，須令相便，皆得納種。使地無遺利，人無遊手焉。

緣邊城守之地，堪墾食者，皆營屯田，置都使子使以統之。一子使當田五十頃，歲終考其所入，以論褒貶。

是時頻歲大水，州郡多遇沉溺，穀價騰踊。朝廷遣使開倉，從貴價以糶之，而百姓無益，饑饉尤甚。重以疾疫相乘，死者十四五焉。

至天統中，又毀東宮，造修文、偃武、隆基嬪嬙諸院，起玳瑁樓。又於遊豫園穿池，周以列館，中起三山，構臺，以象滄海，幷大修佛寺，勞役鉅萬計。財用不給，乃減朝士之祿，斷諸曹糧膳，及九州軍人常賜以供之。武平之後，權幸並進，賜與無限，加之旱蝗，國用轉屈。乃料境內六等富人，調令出錢。而給事黃門侍郎顏之推奏請立關市邸店之稅，開府鄧長顒贊成之，後主大悅。於是以其所入，以供御府聲色之費，軍國之用不豫焉。未幾而亡。

後周太祖作相，創制六官。載師掌任土之法，辨夫家田里之數，會六畜車乘之稽，審賦役斂弛之節，制畿疆修廣之域，頒施惠之要，審牧產之政。司均掌田里之政令。凡人口十已上，宅五畝；口九已上，宅四畝；口五已下，宅三畝。有室者，田百四十畝，丁者田百畝。司賦掌功賦之政令。凡人自十八以至六十有四，與輕癃者，皆賦之。其賦之法，有室者，歲不過絹一匹，綿八兩，粟五斛；丁者半之。其非桑土，有室者，布一匹，麻十斤；丁者又半之。豐年則全賦，中年半之，下年一之，皆以時徵焉。若艱凶札，則不徵其賦。司役掌力役之政令。凡人自十八以至五十有九，皆任於役。豐年不過三旬，中年則二旬，下年則一旬。凡起徒役，無過家一人。其人有年八十者，一子不從役，百年者，家不從役。廢疾非人不養者，一人不從役。若凶札，又無力征。掌鹽掌四鹽之政令。一曰散鹽，煮海以成之；二曰鹽鹽，引池以化之；三曰形鹽，物地以出之；四曰飴鹽，於戎以取之。凡鹽鹽形鹽，每地為之禁，百姓取之，皆稅焉。司倉掌辨九穀之物，以量國用。國用足，即蓄其餘，以待凶荒；不足則止。餘用足，則以粟貸人。春頒之，秋斂之。

閔帝元年，初除市門稅。及宣帝即位，復興入市之稅。武帝保定元年，改八丁兵為十二丁兵，率歲一月役。建德二年，改軍士為侍官，募百姓充之，除其縣籍。是後夏人半為兵矣。宣帝時，發山東諸州，增一月功為四十五日役，以起洛陽宮。幷移相州六府於洛陽，稱東京六府。【略】

晉自過江，凡貨賣奴婢馬牛田宅，有文券，率錢一萬，輸估四百入官，賣者三百，買者一百。無文券者，隨物所堪，亦百分收四，名為散估。歷宋齊梁陳，如此以為常。以此人競商販，不為田業，故使均輸，欲為懲勵。雖以此為辭，其實利在侵削。又都西有石頭津，東有方山津，各置津主一人，賊曹一人，直水五人，以檢察禁物及亡叛者。其荻炭魚薪之類過津者，並十分稅一以入官。其東路無禁貨，故方山津檢察甚簡。淮水北有大市百餘，小市十餘所。大市備置官司，稅斂既重，時甚苦之。

梁初，唯京師及三吳、荆、郢、江、湘、梁、益用錢。其餘州郡，則雜以穀帛交易。交、廣之域，全以金銀為貨。武帝乃鑄錢，肉好周郭，文曰『五銖』，重如其文。而又別鑄，除其肉郭，謂之女錢。二品並行。百姓或私以古錢交易，有直百五銖、五銖、女錢、太平百錢、定平一百、五銖雉錢、五銖對文等號。輕重不一。天子頻下詔書，非新鑄二種之錢，並不許用。而趣利之徒，私用轉甚。至普通中，乃議盡罷銅錢，更鑄鐵錢。人以鐵賤易得，並皆私鑄。及大同已後，所在鐵錢，遂如丘山，物價騰貴。交易者以車載錢，不復計數，而唯論貫。商旅姦詐，因之以求利。自破嶺以東，八十為百，名曰東錢。江、郢已上，七十為百，名曰西錢。京師以九十為百，名曰長錢。中大同元年，天子乃詔通用足陌。詔下而人不從，錢陌益少。至于末年，遂以三十五為百云。

陳初，承梁喪亂之後，鐵錢不行。始梁末又有兩柱錢及鵝眼錢，于時人雜用，其價同，但兩柱重而鵝眼輕。私家多鎔錢，又間以錫鐵，兼以粟帛為貨。至文帝天嘉五年，改鑄五銖。初出，一當鵝眼之十。宣帝太建十一年，又鑄大貨六銖，以一當五銖之十，與五銖並行。後還當一，人皆不便。乃相與訛言曰：『六銖錢有不利縣官之象。』未幾而帝崩，遂廢六銖而行五銖。竟至陳亡。其嶺南諸州，多以鹽米布交易，俱不用錢云。

齊神武霸政之初，承魏猶用永安五銖。遷鄴已後，百姓私鑄，體制漸別，遂各以為名。有雍州青赤，梁州生厚、緊錢、吉錢，河陽生澀、天柱、赤牽之稱。冀州之北，錢皆不行，交貿者皆以絹布。神武帝乃收境內之銅及錢，仍依舊文更鑄，流之四境。未幾之間，漸復細薄，姦偽競起。文宣受禪，除永安之錢，改鑄常平五銖，重如其文。其錢甚貴，且製造甚精。至乾明、皇建之間，往往私鑄。鄴中用錢，有赤熟、青熟、細眉、赤生之異。河南所用，有青薄鉛錫之別。青、齊、徐、兖、梁、豫州，輩類各殊。武平已後，私鑄轉甚，或以生鐵和銅。至于齊亡，卒不能禁。

後周之初，尚用魏錢。及武帝保定元年七月，及更鑄布泉之錢，以一當五，與五銖並行。時梁、益之境，又雜用古錢交易。河西諸郡，或用西域金銀之錢，而官不禁。建德三年六月，更鑄五行大布錢，以一當十，大收商估之利，與布泉錢並行。四年七月，又以邊境之上，人多盜鑄，乃禁五行大布，不得出入四關，布泉之錢，聽入而不聽出。五年正月，以布泉漸賤而人不用，遂廢之。初令私鑄者絞，從者遠配為戶。齊平已後，山東之人，猶雜用齊氏舊錢。至宣帝大象元年十一月，又鑄永通萬國錢。以一當十，與五行大布及五銖，凡三品並用。

論說

《隋書》卷二四《食貨志》　王者量地以制邑，度地以居人，總土地所生，料山澤之利，式遵行令，敬授人時，農商趣向，各本事業。《書》稱懋遷有無，言穀貨流通，咸得其所者也。《周官》太府，掌九貢九賦之法，王之經用，各有等差。所謂取之以道，用之有節，故能養百官之政，勗戰士之功，救天災，服方外，活國安人之大經也。爰自軒、頊，至于堯、舜，皆因其所利而勸之，因其所欲而化之。不奪其時，不窮其力，輕其徵，薄其賦，此五帝三皇不易之教也。古語曰：『善為人者，愛其力而成其財。』若使之不以道，斂之如不及，財盡則怨，力盡則叛。昔禹制九等而康歌興，周人十一而頌聲作。於是東周遷洛，諸侯不軌，魯宣初稅畝，鄭產為丘賦，先王之制，靡有孑遺。秦氏起自西戎，力正天下，驅之以刑罰，棄之以仁恩，以太半之收，長城絕於地脈，以頭會之斂，屯戍窮於嶺外。漢高祖承秦凋敝，十五稅一，中元繼武，府廩彌殷。世宗得之，用成雄侈，開邊擊胡，蕭然咸罄。宮宇捫於天漢，巡遊跨於海表，旱歲除道，凶年嘗秝，戶口以之減半，盜賊以之公行。於是譎詭賦稅，異端俱起，賦及童齔，筭至船車。光武中興，聿遵前事，成賦單薄，足稱經遠。靈帝開鴻都之牓，通賣官之路，公卿州郡，各有等差。漢之常科，土貢方物，帝又遣先輸中署，名為導行，天下賄成，人受其敝。自魏、晉二十一帝，宋、齊十有五主，雖用度有衆寡，租賦有重輕，大抵不能傾人產業，道闕政亂。

雜録

唐·徐堅《初學記》卷二〇《政理部·貢獻第三》　梁沈約《酬荆雍義士獻物者詔》：昔義舉之初，人懷自竭，輸賦罄產，同致厥誠，言稔一概，思有所酬。其雄、荆、郢三洲有獻物助軍國者，外可詳加躅報。

元·馬端臨《文獻通考》卷二三《國用考一·歷代國用》　晉武帝平吳之後，世屬升平，物流倉府，宮闈增飾，服玩相輝。於是王君夫武子、石崇等更相誇尚，輿服鼎俎之盛，連衡帝室，布金埒之泉，粉珊瑚之樹。物盛則衰，固其宜也。永寧之初，洛中尚有錦帛四百萬，珠寶金銀百餘斛。惠后北征，蕩陰反駕，寒桃在御，隻雞以給，其布衾兩幅、囊錢三千，以為車駕之資焉。懷帝為劉曜所圍，王師累敗，府帑既竭，百官饑甚，比屋不見煙火，饑人自相啖食。愍皇西宅，餒饉仍多，斗米二金，死人大半，劉曜陳兵，內外斷絕，拾餅之麪屑而供御，君臣相顧揮涕。

元帝渡江，軍士創草蠻陬，賧布不可恒準，中府所儲布四千匹。於時石勒勇鋭，挺亂淮南，帝懼其侵逼，乃詔方鎮能斬勒首者，賞布千匹云。

蘇峻既平，帑藏空竭，庫中唯有綀數千端，鬻之不售，而國用不給。王導患之，乃與朝賢俱製綀布單衣，於是士人翕然競服之，綀遂踴貴，乃令主者出賣，端至一金。

晉自元帝寓居江左，僑立郡縣，諸蠻陬俚洞霑沐王化者，各隨輕重收其賧物，以裨國用，歷宋、齊、梁、陳，皆因而不改見《田賦門》。

後魏自孝明帝正光後，國用不足，乃先折天下六年租調而徵之，百姓怨苦，有司奏斷百官當給之酒，計一歲所省米穀麴有差見《榷酤門》。爾後寇賊轉衆，諸將出征，相繼奔敗，帑藏空竭，有司又奏内外百官及諸蕃客廩食、肉悉三分減一，計歲終省肉百五十九萬九千八百五十六斤、米五萬三千九百三十二石。

魏自永安之後，政道陵夷，寇亂寔繁，農商失業。官有征伐，皆權調於人，猶不足以相資奉，乃令所在迭相糾發，百姓愁怨，無復聊生。六鎮擾亂，相率内徙，寓食齊、晉之郊，齊神武因之，以成大業。魏武西遷，連年戰爭，河、洛之間，又並空竭，遷都於鄴。時六坊之衆從武帝而西者，不能萬人，餘皆北徙，並給常廩，逐豐稔之處，折絹糴粟，以充國儲。於諸州緣河津濟，皆官倉貯積，以擬漕運；於滄、瀛、幽、青四州之境，傍海置鹽官以煮鹽，每歲收錢，軍國之資，得以周贍。

北齊武成時，用度轉廣，賜予無節，府藏不足以供，乃減百官之禄，徹軍人常廩，併省州郡縣鎮戍之職；又制刺史守宰行兼者並不給幹南齊以有僮幹，若今驅使門僕之類，以節國用之費焉。

皇位繼承部

太子世襲分部

綜　述

《三國志》卷二《魏志·文帝紀》　文皇帝諱丕，字子桓，武帝太子也。中平四年冬，生于譙。建安十六年，為五官中郎將、副丞相。二十二年，立為魏太子。太祖崩，嗣位為丞相、魏王。尊王后曰王太后。改建安二十五年為延康元年。【略】

漢帝以衆望在魏，乃召羣公卿士，告祠高廟。使兼御史大夫張音持節奉璽綬禪位，册曰：『咨爾魏王：昔者帝堯禪位於虞舜，舜亦以命禹，天命不于常，惟歸有德。漢道陵遲，世失其序，降及朕躬，大亂茲昏，羣兇肆逆，宇内顛覆。賴武王神武，拯茲難於四方，惟清區夏，以保綏我宗廟，豈予一人獲乂，俾九服實受其賜。今王欽承前緒，光于乃德，恢文武之大業，昭爾考之弘烈。皇靈降瑞，人神告徵，誕惟亮采，師錫朕命，僉曰爾度克協于虞舜，用率我唐典，敬遜爾位。於戲！天之曆數在爾躬，允執其中，天禄永終；君其祗順大禮，饗茲萬國，以肅承天命。』乃為壇於繁陽。庚午，王升壇即阼，百官陪位。事訖，降壇，視燎成禮而反。改延康為黄初，大赦。

又　卷三《魏志·明帝紀》　明皇帝諱叡，字元仲，文帝太子也。生而太祖愛之，常令在左右。年十五，封武德侯，黄初二年為齊公，三年為平原王。以其母誅，故未建為嗣。七年夏五月，帝病篤，乃立為皇太子。丁巳，即皇帝位，大赦。尊皇太后曰太皇太后，皇后曰皇太后。諸臣封爵各有差。癸未，追謚母甄夫人曰文昭皇后。

又　卷三三《蜀志·後主傳》　後主諱禪，字公嗣，先主子也。建安二十四年，先主為漢中王，立為王太子。及即尊號，册曰：『惟章武元年五月辛巳，皇帝若曰：太子禪，朕遭漢運艱難，賊臣篡盜，社稷無主，格人羣正，以天明命，朕繼大統。今以禪為皇太子，以承宗廟，祗肅社稷。使使持節丞相亮授印綬，敬聽師傅，行一物而三善皆得焉，可不勉與！』三年夏四月，先主殂于永安宮。五月，後主襲位於成都，時年十七。尊皇后曰皇太后。大赦，改元。是歲魏黄初四年也。

又 卷四八《吴志·孫亮傳》 孫亮字子明，權少子也。權春秋高，而亮最少，故尤留意。姊全公主嘗譖太子和子母，心不自安，因倚權意，欲豫自結，數稱述全尚女，勸為亮納。赤烏十三年，和廢，權遂立亮為太子，以全氏為妃。

太元元年夏，亮母潘氏立為皇后。冬，權寢疾，徵大將軍諸葛恪為太子太傅，會稽太守滕胤為太常，並受詔輔太子。明年四月，權薨，太子即尊號，大赦，改元［建興］。是歲於魏嘉平四年也。

《晉書》卷三《武帝紀》 武皇帝諱炎，字安世，文帝長子也。寬惠仁厚，沈深有度量。魏嘉平中，封北平亭侯，歷給事中、奉車都尉、中壘將軍，加散騎常侍，累遷中護軍、假節。迎常道鄉公於東武陽，遷中撫軍，進封新昌鄉侯。及晉國建，立為世子，拜撫軍大將軍，開府、副貳相國。

初，文帝以景帝既宣帝之嫡，早世無後，以帝弟攸為嗣，特加愛異，自謂攝居相位，百年之後，大業宜歸攸。每曰：『此景王之天下也，吾何與焉。』將議立世子，屬意於攸。何曾等固爭曰：『中撫軍聰明神武，有超世之才。髮委地，手過膝，此非人臣之相也。』由是遂定。咸熙二年五月，立為晉王太子。

八月辛卯，文帝崩，太子嗣相國、晉王位。【略】

泰始元年冬十二月丙寅，設壇于南郊，百僚在位及匈奴南單于四夷會者數萬人，柴燎告類于上帝【略】於是大赦，改元。

又 卷四《惠帝紀》 孝惠皇帝諱衷，字正度，武帝第二子也。泰始三年，立為皇太子，時年九歲。

太熙元年四月己酉，武帝崩。是日，皇太子即皇帝位，大赦，改元為永熙。尊皇后楊氏曰皇太后，立妃賈氏為皇后。

又 卷六《明帝紀》 明皇帝諱紹，字道畿，元皇帝長子也，幼而聰哲，為元帝所寵異。【略】

建興初，拜東中郎將，鎮廣陵。元帝為晉王，立為晉王太子。及帝即尊號，立為皇太子。【略】

永昌元年閏月己丑，元帝崩。庚寅，太子即皇帝位，大赦，尊所生荀氏為建安郡君。

又 卷七《成帝紀》 成皇帝諱衍，字世根，明帝長子也。太寧三年三月戊辰，立為皇太子。閏月戊子，明帝崩。己丑，太子即皇帝位，大赦，增文武位二等，賜鰥寡孤老帛，人二匹，尊皇后庾氏為皇太后。

又 卷八《穆帝紀》 穆皇帝諱聃，字彭子，康帝子也。建元二年九月丙申，立為皇太子。戊戌，康帝崩。己亥，太子即皇帝位，時年二歲。大赦，尊皇后為皇太后。壬寅，皇太后臨朝攝政。

又 卷一〇《安帝紀》 安皇帝諱德宗，字德宗，孝武帝長子也。太元十二年八月辛巳，立為皇太子。二十一年九月庚申，孝武帝崩。辛酉，太子即皇帝位，大赦。

《宋書》卷四《少帝紀》 少帝諱義符，小字車兵，武帝長子也。母曰張夫人。晉義熙二年，生於京口。武帝晚無男，及帝生，甚悦。年十歲，拜豫章公世子。帝有旅力，善騎射，解音律。宋臺建，拜宋世子。元熙元年，進為宋太子。武帝受禪，立為皇太子。

永初三年五月癸亥，武帝崩，是日，太子即皇帝位。大赦。尊皇太后曰太皇太后。

又 卷七《前廢帝紀》 前廢帝諱子業，小字法師，孝武帝長子也。

世祖踐阼，立為皇太子。始未之東宮，中庶子、二率並入直永福省。大明二年，出居東宮。四年，講《孝經》於崇正殿。七年，加元服。八年閏五月庚申，世祖崩，其日，太子即皇帝位。

【略】

又 卷九《後廢帝紀》 廢帝諱昱，字德融，小字慧震，明帝長子也。大明七年正月辛丑，生於衞尉府。太宗諸子在孕，皆以《周易》筮之，即以所得之卦為小字，故帝字慧震，其餘皇子亦如之。泰始二年，立為皇太子。三年，始制太子改名昱。安車乘象輅。六年，出東宮。又制太子元正朝賀，服袞冕九章衣。

泰豫元年四月己亥，太宗崩。庚子，太子即皇帝位，大赦天下。

《南齊書》卷三《武帝紀》　世祖武皇帝諱賾，字宣遠，太祖長子也。【略】

齊國建，為齊公世子，改加侍中、南豫州刺史，給油絡車，羽葆鼓吹，增班劍為四十人。以石頭為世子宮，官置二率以下，坊省服章，一如東宮。進爵王太子。太祖即位，為皇太子。

建元四年三月壬戌，太祖崩，上即位，大赦。

又　卷四《鬱林王紀》　鬱林王昭業字元尚，文惠太子長子也。小名法身。世祖即位，封南郡王，二千戶。永明五年十一月戊子，冠於東宮崇政殿。其日小會，賜王公以下帛各有差，給昭業扶二人。七年，有司奏給班劍二十人，鼓吹一部，高選友、學。十一年，給皁輪三望車。詔高選國官。文惠太子薨，立昭業為皇太孫，居東宮。世祖崩，太孫即位。

又　卷七《東昏侯紀》　東昏侯寶卷字智藏，高宗第二子也。本名明賢，高宗輔政後改焉。建武元年，立為皇太子。

永泰元年七月己酉，高宗崩，太子即位。

《梁書》卷四《簡文帝紀》　太宗簡文皇帝諱綱，字世纘，小字六通，高祖第三子，昭明太子母弟也。天監二年十月丁未，生于顯陽殿。五年，封晉安王，食邑八千戶。【略】

（中大通）三年四月乙巳，昭明太子薨。五月丙申，詔曰：『非至公無以主天下，非博愛無以臨四海。所以堯舜克讓，惟德是與；文王舍伯邑考而立武王，格于上下，光于四表。今岱宗牢落，天步艱難，淳風猶鬱，黎民未乂，自非克明克哲，允武允文，豈能荷神器之重，嗣龍圖之尊。晉安王綱，文義生知，孝敬自然，威惠外宣，德行內敏，羣后歸美，率土宅心。可立為皇太子。』七月乙亥，臨軒策拜，以脩繕東宮，權居東府。四年九月，移還東宮。

太清三年五月丙辰，高祖崩。辛巳，即皇帝位。

《陳書》卷四《廢帝紀》　廢帝諱伯宗，字奉業，小字藥王，世祖嫡長子也。梁承聖三年五月庚寅生。永定二年二月戊辰，拜臨川王世子。三年，世祖嗣位，八月庚戌，立為皇太子。自梁室亂離，東宮焚燼，太子居于永福省。

天康元年四月癸酉，世祖崩，其日，太子即皇帝位于太極前殿，詔曰：『上天降禍，大行皇帝奄棄萬國，攀號靡及，五內崩殞。朕以寡德，嗣膺寶命，煢煢在疚，懼甚綴旒，方賴宰輔匡其不逮。可大赦天下。』又詔內外文武，各復其職，遠方悉停奔赴。

又　卷六《後主紀》　後主諱叔寶，字元秀，小字黃奴，高宗嫡長子也。梁承聖二年十一月戊寅生于江陵。明年，江陵陷，高宗遷關右，留後主于穰城。天嘉三年，歸京師，立為安成王世子。天康元年，授寧遠將軍，置佐史。光大二年，為太子中庶子，尋遷侍中，餘如故。太建元年正月甲午，立為皇太子。

十四年正月甲寅，高宗崩。乙卯，始興王叔陵作逆，伏誅。丁巳，太子即皇帝位于太極前殿。

《魏書》卷三《太宗紀》　太宗明元皇帝，諱嗣，太祖長子也，母曰劉貴人，登國七年生於雲中宮。太祖晚有子，聞而大悅，乃大赦天下。帝明叡寬毅，非禮不動，太祖甚奇之。天興六年，封齊王，拜相國，加車騎大將軍。

初，帝母劉貴人賜死，太祖告帝曰：『昔漢武帝將立其子而殺其母，不令婦人後與國政，使外家為亂。汝當繼統，故吾遠同漢武，為長久之計。』帝素純孝，哀泣不能自勝，太祖怒之。帝還宮，哀不自止，日夜號泣。太祖知而又召之。帝欲入，左右曰：『孝子事父，小杖則受，大杖避之。今陛下怒盛，入或不測，陷帝於不義。不如且出，待怒解而進，不晚也。』帝懼，從之，乃遊行逃於外。

天賜六年冬十月，清河王紹作逆，太祖崩。帝入誅紹。壬申，即皇帝位，大赦，改年為永興元年。

又　卷四上《世祖紀上》　世祖太武皇帝，諱燾，太宗明元皇帝之長子也，母曰杜貴嬪。天賜五年生於東宮，體貌瓌異，太祖奇而悅之，曰：『成吾業者，必此子也。』泰常七年四月，封泰平王，五月，為監國。太宗有疾，命帝總攝百揆，聰明大度，意豁如也。八年十一月壬申，即皇帝位，大赦天下。

又　卷五《高宗紀》　高宗文成皇帝，諱濬，恭宗景穆皇帝之長子也。母曰閭氏，真君元年六月生於東宮。帝少聰達，世祖愛之，常置左右，號世嫡皇孫。年五歲，世祖北巡，帝從在後，逢虜帥桎一奴欲加其罰。帝謂之曰：『奴今遭我，汝宜釋之。』帥奉命解縛。世祖聞之，曰：『此兒雖小，欲以天子自處。』意奇之。既長，風格異常，每有大政，常參決可否。正平二年十月戊申，即皇帝位於永安前殿，大赦，改年。

又　卷六《顯祖紀》　顯祖獻文皇帝，諱弘，高宗文成皇帝之長子也，母曰李貴人。興光元年秋七月，生於陰山之北。太安二年二月，立為皇太子。聰叡機悟，幼而有濟民神武之規，仁孝純至，禮敬師友。

和平六年夏五月甲辰，即皇帝位，大赦天下。

又　卷八《世宗紀》　世宗宣武皇帝，諱恪，高祖孝文皇帝第二子。母曰高夫人，初，夢為日所逐，避於牀下，日化為龍，繞己數匝，寤而驚悸，既而有娠。太和七年閏四月，生帝於平城宮。二十一年正月甲午，立為皇太子。

二十三年夏四月丁巳，即皇帝位于魯陽，大赦天下。

又　卷九《肅宗紀》　肅宗孝明皇帝，諱詡，世宗宣武皇帝之第二子，母曰胡充華。永平三年三月丙戌，帝生于宣光殿之東北，有光照于庭中。延昌元年十月乙亥，立為皇太子。

四年春正月丁巳夜，即皇帝位。

《北齊書》卷五《廢帝紀》　廢帝殷，字正道，文宣帝之長子也，母曰李皇后。天保元年，立為皇太子，時年六歲。【略】

（天保）十年十月，文宣崩。癸卯，太子即帝位於晉陽宣德殿，大赦，内外百官普加汎級，亡官失爵，聽復資品。

《周書》卷三《孝閔帝紀》　孝閔皇帝諱覺，字陀羅尼，太祖第三子也。母曰元皇后。大統八年，生於同州官舍。九歲，封略陽郡公。時有善相者史元華見帝，退謂所親曰：『此公子有至貴之相，但恨其壽不足以稱之耳。』魏恭帝三年三月，命為安定公世子。四月，拜大將軍。十月乙亥，太祖崩，丙子，嗣位太師、大冢宰。十二月丁亥，魏帝詔以岐陽之地封帝為周公。庚子，禪位於帝。詔曰：『予聞皇天之命不於常，惟歸於德。故堯授舜，舜授禹，時其宜也。天厭我魏邦，垂變以告，惟爾罔弗知。予雖不明，敢弗龔天命，格有德哉。今踵唐虞舊典，禪位於周，庸布告遐邇焉。』使大宗伯趙貴持節奉册書曰：『咨爾周公，帝王之位弗有常，有德者受命，時乃天道。予式時庸，荒求於唐虞之彝踵。曰我魏德之終舊矣，我邦小大罔弗知，今其可久怫於天道而不歸有德歟。時用詢謀。僉曰公昭考文公，格勳德於天地，丕濟生民。洎公躬，又宣重光。故玄象徵見於上，謳訟奔走於下，天之歷數，用實在焉。予安敢弗若。是以欽祇聖典，遜位於公。公其享茲大命，保有萬國，可不慎歟。』魏帝臨朝，遣民部中大夫、濟北公元迪致皇帝璽紱。固辭。公卿百辟勸進，太（師）〔史〕陳祥瑞，乃從之。是日，魏帝遜于大司馬府。

元年春正月辛丑，即天王位。柴燎告天，朝百官於路門。

又　卷七《宣帝紀》　宣皇帝諱贇，字乾伯，高祖長子也。母曰李太后。武成元年，生於同州。保定元年五月丙午，封魯國公。建德元年四月癸巳，高祖親告廟，冠於阼階，立為皇太子。詔皇太子巡撫西土。文宣皇后崩，高祖諒闇，詔太子總朝政，五旬而罷。高祖每巡幸四方，太子常留監國。五年二月，又詔皇太子巡西土，因討吐谷渾。

宣政元年六月丁酉，高祖崩。戊戌，皇太子即皇帝位，尊皇后為皇太后。

論說

《晉書》卷三《武帝紀》　帝宇量弘厚，造次必於仁恕；容納讜正，未嘗失色於人；明達善謀，能斷大事，故得撫寧萬國，綏靜四方。承魏氏奢侈刻弊之後，百姓思古之遺風，乃厲以恭儉，敦以寡慾。有司嘗奏御牛青絲紖斷，詔以青麻代之。臨朝寬裕，法度有恆。高陽許允既為文帝所殺，允子奇為太常丞。帝將有事於太廟，朝議以奇受害之門，不欲接近左右，請出為長史。帝乃追述允夙望，稱奇之才，擢為祠部郎，時論稱其夷曠。平吳之後，天下乂安，遂怠於政術，耽於遊宴，寵愛后黨，親貴當權，舊臣不得專任，彝章紊廢，請謁行矣。爰至末年，知惠帝弗克負荷，然恃皇孫聰睿，故無廢立之心。復慮非賈后所生，終致危敗，遂與腹心共圖後事。說者紛然，久而不定，竟用王佑之謀，遣太子母弟秦王柬都督關中，楚王瑋、淮南王允並鎮守要害，以强帝室。又恐楊氏之偪，復以佑為北軍中候，以典禁兵。既而寢疾彌留，至於大漸，佐命元勳，皆已先沒，羣臣惶惑，計無所從。會帝小差，有詔以汝南王亮輔政，又欲令朝士之有名望年少者數人佐之，楊駿祕而不宣。帝復尋至迷亂，楊后輒為詔以駿輔政，促亮進發。帝尋小間，問汝南王來未，意欲見之，有所付託。左右答言未至，帝遂困篤。中朝之亂，實始於斯矣。

制曰：武皇承基，誕膺天命，握圖御宇，敷化導民，以佚代勞，以治易亂。絶縑綸之貢，去雕琢之飾，制奢俗以變儉約，止澆風而反淳樸。雅好直言，留心采擢，劉毅、裴楷以質直見容，嵇紹、許奇雖仇讎不棄。仁以御物，寬而得衆，宏略大度，有帝王之量焉。於時民和俗靜，家給人足，聿修武用，思啓封疆。決神算於深衷，斷雄圖於議表。馬隆西伐，王濬南征，師不延時，獯虜削迹，兵無血刃，揚越為墟。通上代之不通，服前王之未服。禎祥顯應，風教肅清，天人之功成矣，霸王之業大矣。雖登封之禮，讓而不為，驕泰之心，因斯以起。見土地之廣，謂萬葉而無虞；睹天下之安，謂千年而永治。不知處廣以思狹，則廣可長廣；居治而忘危，則治無常治。加之建立非所，委寄失才，志欲就於升平，行先迎於禍亂。是猶將適越者指沙漠以遵途，欲登山者涉舟航而覓路，所趣逾遠，所尚轉難，南北倍殊，高下相反，求其至也，不亦難乎！況以新集易動之基，而無久安難拔之慮，故賈充凶豎，懷姦志以擁權；楊駿豺狼，苞禍心以專輔。及乎宮車晚出，諒闇未周，藩翰變親以成疏，連兵競滅其本；棟梁回忠而起僞，擁衆各舉其威。曾未數年，綱紀大亂，海内版蕩，宗廟播遷。帝道王猷，反居文身之俗；神州赤縣，翻成被髮之鄉。棄所大以資人，掩其小而自託，為天下笑，其故何哉？良由失慎於前，所以貽患於後。且知子者賢父，知臣者明君；子不肖則家亡，臣不忠則國亂；國亂不可以安也，家亡不可以全也。是以君子防其始，聖人閑其端。而世祖惑荀勖之姦謀，迷王渾之僞策，心屢移於衆口，事不定於己圖。元海當除而不除，卒令擾亂區夏；惠帝可廢而不廢，終使傾覆洪基。夫全一人者德之輕，拯天下者功之重，棄一子者忍之小，安社稷者孝之大；況乎資三世而成業，延二孽以喪之，所謂取輕德而捨重功，畏小忍而忘大孝。聖賢之道，豈若斯乎！雖則善始於初，而乖令終於末，所以殷勤史策，不能無慊慨焉。

《南齊書》卷四《鬱林王紀論》 史臣曰：鬱林王風華外美，衆所同惑，伏情隱詐，難以兒求。立嫡以長，未知瑕釁，世祖之心，不變周道。既而胥鄙内作，兆自宮闈，雖為害未遠，足傾社稷。《春秋》書梁伯之過，言其自取亡也。

宋・蘇轍《欒城後集》卷九《晉武帝》　立嫡以長不以賢，立子以貴不以長，古今之正義也。然堯廢丹朱用舜，而天下安；帝乙廢微子立紂，而商以亡。古之人蓋有不得已而行之者矣。得已而不已，不得已而已之，二者皆亂也。子非朱、紂，而廢大下之正義，君子不忍也；子如朱、紂，而守天下之正義，君子不為也。漢高帝始謂惠帝仁弱，欲廢之而立如意，既而知人心之在太子也，則寢廢立之議而用平、勃。平、勃皆賢，而權任均，故惠帝雖沒，產、祿雖横，而援立文帝，漢室不病也。武帝既老，知燕王旦、廣陵王胥之不可用也，廢之而立少子，任霍光、金日磾、上官桀、桑弘羊以後事。當是時，昭帝之賢否未可知，而四人枉直相半也。幸而昭帝明哲，霍光忠良，桀、羊雖欲為亂而不遂。其後復廢昌邑，立宣帝，而朝廷晏然無事。蓋人君不幸而立幼主，當如二帝屬任賢臣，乃免於亂，此必然之勢也。魏明帝疾篤而無子，棄遠宗子而立齊王，始欲輔以曹宇、曹肇，而幸臣劉放、孫資不便宇、肇之正，勸帝易以司馬仲達、曹爽。齊王既非天下之望，而爽又以庸才，與仲達姦雄為對，數年之間，遂成篡弑之禍。晉武帝親見此敗矣。惠帝之不肖，羣臣舉知之，而牽制不忍，忌齊王攸之賢，而恃愍懷之小惠，以為可以消未然之憂。獨有一汝南王亮，而不早用，舉社稷之重而付之楊駿，至於一敗塗地，無足怪也。帝之出齊王也，王渾言於帝曰：『攸之於晉，有姬旦之親，若預聞朝政，則腹心不貳之臣也。國家之事，若用后妃外親，則有呂氏、王氏之虞，付之同姓至親，又有吳、楚七國之慮。事任輕重所在，未有不為害者也。惟當任正道，求忠良，不可事事曲設疑防，慮方來之患也。若以智猜物，雖親見疑，至於疏遠，亦安能自保乎？人懷危懼，非為安之理。此最國家之深患也。』渾之言，天下之至言也。帝不能用，而用王佑之計，使太子母弟秦王柬都督關中，楚王瑋、淮南王允並鎮守要害，以强帝室。然晉室之亂，實成於八王。吾嘗籌之，如攸之親賢，奪嫡之禍，非其志也。不幸至此，天下所宗。宗社之計，猶有賴也。如佑之計，使子弟據兵以捍外患，如梁孝王之御吳、楚尚可，若變従中起，而使人人握兵以救內難，此與何進、袁紹召丁原、董卓以除宦官何異？古人有言，擇福莫若重，擇禍莫若輕，如武帝之擇禍福，可謂不審矣。

清·王夫之《讀通鑑論》卷一五《宋孝武帝·二》 拓拔氏將立其子為太子，則殺其母，夷狄殘忍以滅大倫，亦至此哉！然其後卒以未殺之淫媪擅國而召亂以亡，徒以椓杙天性而無救于亡，何為者邪？且夫母后者，豈特不可殺，而亦不必過為防者也。周之過其歷也，化始於《關雎》，琴瑟鐘鼓，唯是樂以友之，而內治修、國政不紊。彼為聖王之化，不可及矣。雖不及此，取供祭祀奉皇天先祖之伉儷而視之如仇讎，是可忍也，亦孰不可忍也！將必如浮屠氏之盡棄家室而後可治也邪？

內教之修尚矣，迪之以陰禮，而可使見德；統之以婦職，而可使見功。夫婦人亦猶是人也，無所見其功德，而後預外事以為榮。故先王勤飭以躬桑漬種之儀，勸獎以亞獻饋籩之禮，有餘榮焉。雖樂於自見之哲婦，亦不患其幽閟深宮如圈豚籠鳥之待飼，而其志寧矣。其次，則后族雖賢弗任也，內堅之服勤于宮中者弗庸也，大臣得箴其舉動，嗣子不托以匡扶，制之之道，亦豈無術，而必以為患哉？不然，人主六御在握，方將舉天下之智勇而馭之，取草澤之雄、夷狄之狡而制之，匹夫亦有一匹偶，而惴惴然唯恐戕我國家也，不亦陋乎！

拓拔氏不足誅者也，有天下者，非猜而鉗之，則昵而縱之。道二：仁與不仁而已，非取法于齊家之聖化，亦惆悵而不得其術也。

清·趙翼《廿二史劄記》卷八《東晉多幼主》 晉南渡後，惟元帝年四十二即位，簡文帝年五十一即位，其餘則踐阼時多幼弱。明帝二十四歲，成帝五歲，康帝二十一歲，穆帝二歲，哀帝二十三歲，廢帝二十一歲，孝武帝十二歲，安帝二十二歲，至恭帝即位，年三十二，而國已歸劉宋矣！蓋運會方隆，則享國久長，生子亦早，故繼體多壯年，所謂國有長君，社稷之福也。及其衰也，人主既短祚，嗣子自多幼沖，固非人力所能為矣！然東晉猶能享國八、九十年，則猶賴大臣輔相之力。明帝、成帝時，有王導、庾亮、郗鑒等。康帝、穆帝時，有褚裒、庾冰、蔡謨、王彪之等。孝武時有謝安、謝元、桓沖等。主雖孱弱，臣尚公忠，是以國脈得以屢延。一桓温出而宗社幾移，迨會稽王道子昏庸當國，元顯以狂愚亂政，而淪胥及溺矣！國家所貴有樹人之計也。

又 卷一四《皇太孫》 《禮記》『有適子，無適孫。』注謂：『冢子，身之副也。』家無二主，亦無二副。』故古未有稱皇太孫者。漢宣帝時，元帝為太子，生成帝，為世嫡皇孫，宣帝愛之，名之曰驁，字曰太孫，此以之為字，非立為太孫也。惟晉惠帝，帝立子遹為皇太子，後為賈后所殺，趙王倫廢后，復遹位號，乃立遹子臨淮王臧為皇太孫。未幾倫又害臧，乃立臧弟襄王尚為皇太孫，尋薨。齊武帝，帝以皇太子長懋先卒，乃立長懋子昭業為皇太孫，其東宮官屬悉改為太孫官屬，太孫即位，以無道廢為鬱林王。魏太武帝，帝先立子晃為皇太子，尋卒，乃封晃子濬為高陽王，後以皇孫世嫡不宜在藩，乃停封號，號世嫡皇孫，後即位，為文成帝。唐高宗，帝屢廢太子，立英王哲為皇太子，太子生重照，帝喜，立為皇太孫，武后時杖死。遼道宗，皇太子濬為乙辛譖廢被害，詔封濬子延禧為燕國王、天下兵馬大元帥，帝崩，遺詔燕國王即位，是為天祐帝。金世宗，帝先立嫡子允恭為皇太子，尋薨，乃立允恭子璟為原王，後立為皇太孫，諭之曰：『明德皇后嫡孫，惟汝一人，故建立在朕，保守在汝。』後即位，是為章宗。元世祖，帝先立嫡子真金為皇太子，真金卒，命皇孫鐵穆爾鎮北邊，授以皇太子寶，帝崩，皇孫入即位，是為成宗。明太祖，帝先立嫡子標為皇太子，先薨，乃立標子允炆為皇太孫，後即位，是為建文帝。明成祖，帝先立高熾為皇太子，是為仁宗，在東宮時，子瞻基性英睿，成祖乃立為皇太孫，是為宣宗。皆有建立。然晉惠帝、齊武帝、金世宗、明太祖皆以皇太子先卒，故立皇太孫以繫正統，此事之不得已者也。魏太武、遼道宗、元世祖則雖東宮先卒，大位已屬嫡孫，然尚不設皇太孫之稱。如魏太武則號其孫曰世嫡皇孫，遼道宗則封其孫曰燕國王、天下兵馬大元帥，元世祖則付其孫以皇太子寶，俱未嘗有皇太孫之號。乃唐高宗則當中宗在東宮時，即立重照為皇太孫。明成祖亦當仁宗在東宮時，即立宣宗為皇太孫，皆非禮也。梁武帝當簡文太子在東宮時，亦立簡文嫡子大器為宣城郡王，而無皇太孫之稱。高宗立重照時，嘗以問裴敬彝、王方慶，皆對曰：『禮有嫡子，無嫡孫。晉立愍懷即遹子為皇太孫，齊立文惠即長懋子為皇太孫，皆居東宮。今有太子，又立太孫，古所未有。』帝曰：『自我作古，若何？』遂立之。是唐時猶有能據禮以爭者。乃明永樂中竟未聞有以此為過舉，而舉朝寂然無聲，可見明臣不讀書、不知故事之陋也。

雜　録

《晉書》卷三一《后妃傳上·武帝楊皇后》　（晉武）帝以皇太子不堪奉大統，密以語后。后曰：『立嫡以長不以賢，豈可動乎？』初，賈充妻郭氏使賂后，求以女為太子妃。及議太子婚，帝欲娶衛瓘女。然后盛稱賈后有淑德，又密使太子太傅荀顗進言，上乃聽之。

又　卷六五《王導傳》　初，（元）帝愛琅邪王裒，將有奪嫡之議，以問導。導曰：『夫立子以長，且紹又賢，不宜改革。』帝猶疑之。導日夕陳諫，故太子卒定。

兄終弟及分部

綜　述

《晉書》卷五《孝懷帝紀》　孝懷皇帝諱熾，字豐度，武帝第二十五子也。太熙元年，封豫章郡王。屬惠帝之時，宗室構禍，帝沖素自守，門絕賓游，不交世事，專玩史籍，有譽于時。初拜散騎常侍，及趙王倫篡，見收。倫敗，為射聲校尉。累遷車騎大將軍、都督青州諸軍事，未之鎮。

永興元年，改授鎮北大將軍、都督鄴城守諸軍事。十二月丁亥，立為皇太弟，帝以清河王覃本太子也，懼不敢當。典書令廬陵脩肅曰：『二相經營王室，志寧社稷，儲貳之重，宜歸時望，親賢之舉，非大王而誰？清河幼弱，未允衆心，是以既升東宮，復贊藩國。今乘輿播越，二宮久曠，常恐氐羌飲馬於涇川，螘衆控弦於霸水。宜及吉辰，時登儲副，上翼大駕，早寧東京，下允黔首喁喁之望。』帝曰：『卿，吾之宋昌也。』乃從之。

光熙元年十一月庚午，孝惠帝崩。羊皇后以於太弟為嫂，不得為太后，催清河王覃入，已至尚書閣，侍中華混等急召太弟。癸酉，即皇帝位，大赦，尊皇后羊氏為惠皇后，居弘訓宮，追尊所生太妃王氏為皇太后，立妃梁氏為皇后。

又　《孝愍帝紀》　孝愍皇帝諱鄴，字彥旗，武帝孫，吳孝王晏之子也。出繼後伯父秦獻王柬，襲封秦王。【略】

（永嘉）六年九月辛巳，奉秦王為皇太子，登壇告類，建宗廟社稷，大赦。加匹征西大將軍，以秦州刺史、南陽王保為大司馬。賈匹討賊張連，遇害，衆推始平太守麴允領雍州刺史，為盟主，承制選置。

建興元年夏四月丙午，奉懷帝崩問，舉哀成禮。壬申，即皇帝位，大赦，改元。

又　卷七《康帝紀》　康皇帝諱岳，字世同，成帝母弟也。咸和元年封吳王，二年徙封琅邪王；九年拜散騎常侍，加驃騎將軍；咸康五年遷侍中、司徒。

八年六月庚寅，成帝不悆，詔以琅邪王為嗣。癸巳，成帝崩。甲午，即皇帝位，大赦。

又　卷八《海西公紀》　廢帝諱奕，字延齡，哀帝之母弟也。咸康八年封為東海王。永和八年拜散騎常侍，尋加鎮軍將軍；升平四年拜車騎將軍。五年，改封琅邪王。隆和初，轉侍中、驃騎大將軍、開府儀同三司。

興寧三年二月丙申，哀帝崩，無嗣。丁酉，皇太后詔曰：『帝遂不救厥疾，艱禍仍臻，遺緒泯然，哀慟切心。琅邪王奕，明德茂親，屬當儲嗣，宜奉祖宗，纂承大統。便速正大禮，以寧人神。』於是百官奉迎于琅邪第。是日，即皇帝位，大赦。

又　卷一〇《恭帝紀》　恭帝諱德文，字德文，安帝母弟也。初封琅邪王，歷中軍將軍、散騎常侍、衛將軍、開府儀同三司，加侍中，領司徒、録尚書六條事。【略】

（義熙）十四年十二月戊寅，安帝崩。劉裕矯稱遺詔曰：『唯我有晉，誕膺明命，業隆九有，光宅四海。朕以不德，屬當多難，幸賴宰輔，拯厥顛覆。仍恃保祐，克黜禍亂，遂冕旒辰極，混一六合。方憑阿衡，惟新洪業，而遘疾大漸，將遂弗興。仰惟祖宗靈命，親賢是荷。咨爾大司馬、琅邪王，體自先皇，明德光懋，屬惟儲貳，衆望攸集。其君臨晉邦，奉係宗祀，允執其中，燮和天下。闡揚末誥，無廢我高祖之景命。』是日，即帝位，大赦。

《宋書》卷一〇《順帝紀》　順皇帝諱準，字仲謀，小字智觀，明帝第三子也。泰始五年七月癸丑生。七年，封安成王，食邑三千戶。仍拜撫軍將軍，置佐史。廢帝即位，為揚州刺史。元徽二年，進號車騎將軍、都督揚南豫二州諸軍事，給鼓吹一部，刺史如故。四年，又進號驃騎大將軍、開府儀同三司，班劍三十人，都督、刺史如故。

元徽五年七月戊子夜，廢帝殞，奉迎王入居朝堂。壬辰，即皇帝位。

《南齊書》卷五《海陵王紀》　海陵恭王昭文字季尚，文惠太子第二子也。永明四年，封臨汝公，邑千五百戶。初為輔國將軍、濟陽太守。十年，轉持節、督南豫州諸軍事、南豫州刺史，將軍如故。十一年，進號冠軍將軍。文惠太子薨，還都。鬱林王即位，為中軍將軍，領兵置佐。封新安王，邑二千戶。隆昌元年，為使持節、都督揚南徐二州諸軍事、揚州刺史，將軍如故。其年，鬱林王廢，尚書令西昌侯鸞議立昭文為帝。

延興元年秋七月丁酉，即皇帝位。

又　卷八《和帝紀》　和帝諱寶融，字智昭，高宗第八子也。建武元年，封隨郡王，邑二千戶。三年，為冠軍將軍，領石頭戍軍事。永元元年，改封南康王，為持節、督荊雍益寧梁南北秦七州軍事、西中郎將、荊州刺史。

二年十一月甲寅，長史蕭穎胄殺輔國將軍、巴西梓潼二郡太守劉山陽，奉梁王舉義。乙卯，教纂嚴。又教曰：『吾躬率晉陽，翦此凶孽，戎事方勤，宜覃澤惠。所領內繫囚見徒，罪無輕重，殊死已下，皆原遣。先有位署，即復本職。將吏轉一階。從征身有家口停鎮，給廩食。凡諸雜役見在諸軍帶甲之身，克定之後，悉免為民。其功效賞報，別有科條。』丙辰，以雍州刺史梁王為使持節、都督前鋒諸軍事、左將軍。丁巳，以蕭穎胄為右將軍、都督行留諸軍事。戊午，梁王上表勸進。十二月乙亥，羣僚勸進，並不許。壬辰，驍騎將軍夏侯亶自京師至江陵，稱宣德太后令：『西中郎將南康王宜纂承皇祚，光臨億兆，方俟清宮，未即大號，可且封宣城、南琅邪、南東海、東陽、臨海、新安、尋陽、南郡、竟陵、宜都十郡為宣城王，相國、荊州牧，加黃鉞，置僚屬，選百官，西中郎府南康國並如故。須軍次近路，主者詳依舊典，法駕奉迎。』三年正月乙巳，王受命，大赦，唯梅蟲兒、茹法珍等不在赦例。右將軍蕭穎胄為左長史，進號鎮軍將軍，梁王進號征東將軍。甲戌，以冠軍將軍楊公則為湘州刺史。甲寅，建牙于城南。二月乙丑，以冠軍長史王茂先為江州刺史，冠軍將軍曹景宗為郢州刺史，右將軍邵陵王寶攸為荊州刺史。己巳，羣僚上尊號，立宗廟及南北郊。甲申，梁王率大衆屯沔口，郢州刺史張沖拒守。三月丁酉，張沖死，驍騎將軍薛元嗣等固城。

中興元年春三月乙巳，即皇帝位，大赦，改元。

《北齊書》卷六《孝昭帝紀》　孝昭皇帝演，字延安，神武皇帝第六子，文宣帝之母弟也。【略】

天保初，進爵為王。五年，除并省尚書令。【略】

及文宣崩，帝居禁中護喪事，幼主即位，乃即朝班。除太傅、録尚書，朝政皆決於帝，月餘，乃居藩邸，自是詔敕多不關帝。客或言於帝曰：『鷙鳥捨巢，必有探卵之患，今日之地，何宜屢出。』乾明元年，從廢帝赴鄴，居于領軍府。時楊愔、燕子獻、可朱渾天和、宋欽道、鄭子默等以帝威望既重，內懼權逼，請以帝為太師、司州牧、録尚書事；長廣王湛為大司馬、録并省尚書事，解京畿大都督。帝時以尊親而見猜斥，乃與長廣王期獵，謀之於野。【略】

三月甲戌，帝初上省，旦發領軍府，大風暴起，壞所御車幔，帝甚惡之。及至省，朝士咸集。坐定，酒數行，執尚書令楊愔、右僕射燕子獻、領軍可朱渾天和、侍中宋欽道等於坐。帝戎服與平原王段韶、平秦王高歸彥、領軍劉洪徽入自雲龍門，於中書省前遇散騎常侍鄭子默，又執之，同斬於御府之內。帝至東閤門，都督成休寧抽刃呵帝。帝令高歸彥喻之，休寧厲聲大呼不從。歸彥既為領軍，素為兵士所服，悉皆弛仗，休寧歎息而罷。帝入至昭陽殿，幼主、太皇太后、皇太后並出臨御坐。帝奏愔等罪，求伏專擅之辜。時庭中及兩廊下衛士二千餘人皆被甲待詔，武衛娥永樂武力絕倫，又被文宣重遇，撫刃思效。廢帝性吃訥，兼倉卒不知所言。太皇太后又為皇太后誓，言帝無異志，唯去逼而已。高歸彥敕勞衛士解嚴，永樂乃內刀而泣。帝乃令歸彥引侍衛之士向華林園，以京畿軍入守門閤，斬娥永樂於園。詔以帝為大丞相、都督中外諸軍、録尚書事，相府佐史進位一等。帝尋如晉陽，有詔軍國大政咸諮決焉。

帝既當大位，知無不為，擇其令典，考綜名實，廢帝恭己以聽政。太皇太后尋下令廢少主，命帝統大業。

皇建元年八月壬午，皇帝即位於晉陽宣德殿，大赦，改乾明元年為皇建。

又 卷七《武成帝紀》 世祖武成皇帝諱湛，神武皇帝第九子，孝昭皇帝之母弟也。儀表瑰傑，神武尤所鍾愛。神武方招懷荒遠，乃為帝聘蠕蠕太子菴羅辰女，號『鄰和公主』。帝時年八歲，冠服端嚴，神情閑遠，華戎歎異。元象中，封長廣郡公。天保初，進爵為王，拜尚書令，尋兼司徒，遷太尉。乾明初，楊愔等密相疏忌，以帝為大司馬，領并州刺史。帝既與孝昭謀誅諸執政，遷太傅、録尚書事、領京畿大都督。皇建初，進位右丞相。孝昭幸晉陽，帝以懿親居守鄴，政事咸見委託。二年，孝昭崩，遺詔徵帝入統大位。及晉陽宮，發喪於崇德殿。皇太后令所司宣遺詔，左丞相斛律金率百僚敦勸，三奏，乃許之。

大寧元年冬十一月癸丑，皇帝即位於南宮，大赦，改皇建二年為大寧。

《周書》卷五《武帝紀上》 高祖武皇帝諱邕，字禰羅突，太祖第四子也。母曰叱奴太后。大統九年，生於同州，有神光照室。幼而孝敬，聰敏有器質。太祖異之，曰：『成吾志者，必此兒也。』年十二，封輔城郡公。孝閔帝踐阼，拜大將軍，出鎮同州。世宗即位，遷柱國，授蒲州諸軍事、蒲州刺史。武成元年，入為大司空、治御正，進封魯國公，領宗師。甚為世宗所親愛，朝廷大事，多共參議。性沉深有遠識，非因顧問，終不輒言。世宗每歎曰：『夫人不言，言必有中。』

武成二年夏四月，世宗崩，遺詔傳帝位於高祖。高祖固讓，百官勸進，乃從之。壬寅，即皇帝位，大赦天下。

論說

《晉書》卷六八《賀循傳》 時宗廟始建，舊儀多闕，或以惠懷二帝應各為世，則潁川世數過七，宜在迭毀。事下太常。循議以為：

禮，兄弟不相為後，不得以承代為世。殷之盤庚不序陽甲，漢之光武不繼成帝，別立廟寢，使臣下祭之，此前代之明典，而承繼之著義也。惠帝無後，懷帝承統，弟不後兄，則懷帝自上繼世祖，不繼惠帝，當同殷之陽甲，漢之成帝。議者以聖德沖遠，未便改舊。諸如此禮，通所未論。是以惠帝尚在太廟，而懷帝復入，數則盈八。盈八之理，由惠帝不出，非上祖宜遷也。下世既升，上世乃遷，遷毀對代，不得相通，未有下升一世而上毀二世者也。惠懷二帝俱繼世祖，兄弟旁親，同為一世，而上毀二為一世。今以惠帝之崩已毀豫章，懷帝之入復毀潁川，如此則一世再遷，祖位橫折，求之古義，未見此例。惠帝宜出，尚未輕論，況可輕毀一祖而無義例乎？潁川既無可毀之理，則見神之數居然自八，此盡有由而然，非謂數之常也。既有八神，則不得不於七室之外權安一位也。至尊於惠懷俱是兄弟，自上後世祖，不繼二帝，則二帝之神行應別出，不為廟中恒有八室也。又武帝初成太廟時，正神止七，而楊元后之神亦權立一室。永熙元年，告世祖謚於太廟八室，此是苟有八神，不拘於七之舊例也。

又議者以景帝俱已在廟，則惠懷一例。景帝盛德元功，王基之本，義著祖宗，百世不毀，故所以特在本廟，且亦世代尚近，數得相容，安神而已，無逼上祖，如王氏昭穆既滿，終應別廟也。以今方之，既輕重義異，又七廟七世之親；昭穆，父子位也。若當兄弟旁滿，輒毀上祖，則祖位空懸，世數不足，何取於三昭三穆與太祖之廟然後成七哉！今七廟之義，出於王氏。從禰以上至於高祖，親廟四世，高祖以上復有五世六世無服之祖，故為三昭三穆并太祖而七也。故世祖郊定廟禮，京兆、潁川曾、高之親，豫章五世，征西六世，以應此義。今至尊繼統，亦宜有五六世之祖，豫章六世，潁川五世，俱不應毀。今既云豫章先毀，又當重毀潁川，此為廟中之親惟從高祖已下，無復高祖以上二世之祖，於王氏之義，三昭三穆廢闕其二，甚非宗廟之本所據承，又違世祖祭征西、豫章之意，於一王定禮所闕不少。

時尚書僕射刁協與循異議，循答義深備，辭多不載，竟從循議焉。朝廷疑滯皆諮之於循，循輒依經禮而對，為當世儒宗。

清・趙翼《廿二史劄記》卷八《晉帝多兄終弟及》 晉司馬師、司馬昭相繼專魏政，是開國時已兄弟相繼。後惠帝以太子太孫俱薨，立弟豫章王熾為皇太弟，即位是為懷帝。成帝崩，母弟岳立，是為康帝。皆庾后出。哀帝崩，母弟奕立，是為廢帝海西公。皆章太妃出。安帝崩，母弟德文立，是為恭帝。皆陳太后出。以後惟北齊文宣、孝昭、武成，亦兄弟遞襲帝位。然孝昭廢濟南王而自立，武成廢樂陵王而自立，非晉之依次而立也。晉懷帝，永嘉五年，為劉曜所擄。次年，賈匹等已奉秦王鄴為皇太子，都於長安，然猶未即尊位，直至永嘉七年，懷帝崩問至，始稱帝，是為愍帝。愍帝，建興四年，降於劉曜。次年，元帝稱晉王於建康，亦未即尊位。又明年，愍帝崩問至，始稱帝。流離傾覆中，尚有不忍其君之意，可謂合乎禮之變者也。

又 卷一四《皇太弟》 皇太孫之稱已非古法。晉以後更有所謂皇太弟者。晉惠帝皇太孫臧及尚俱死，因河間王顒奏，乃詔立成都王穎為皇太弟。惠帝弟，後穎兵敗，又廢之，而立豫章王熾為皇太弟亦惠帝弟，既即位，是為懷帝。劉淵死，其太子和為劉聰所害，聰讓位於弟北海王乂，乂固請聰即位，乃立乂為皇太弟，後又為聰子粲所害。慕容暐為苻堅所擒，官於長安，後暐弟沖起兵，高蓋等立沖為皇太弟，檄書與堅，自稱皇太弟致書，請奉送家兄皇帝出城。苻丕敗死，其子懿奔於苻登，時登已稱帝，乃立懿為皇太弟。此古來所創見也。唐文宗崩，中尉仇士良等立穎王瀍為皇太弟，即位，是為武宗。僖宗崩，軍容使楊復恭立壽王為皇太弟，即位，是為昭宗。此皆倉猝擁立，非預建為儲副者。又南唐元宗李璟，立弟齊王景遂為皇太弟，然未嘗傳位。然兄終弟及，名號尚非不經。唐武宗崩，宦官馬元贄立光王為皇太叔，即位，是為宣宗，此又古所未有。安樂公主請中宗以己為皇太女，則更不經之甚矣。元成宗崩，無子，其兄子海山鎮漠北，海山弟愛育黎拔力八達在懷州，入京監國，迎海山即位，是為武宗，武宗即立愛育黎拔力八達為皇太子。又泰定帝崩，武宗二子在外，長曰和世竦鎮漠北，其弟圖帖睦爾在江陵，亦先入京。稱號，迎和世竦即位，是為明宗，明宗亦立圖帖睦爾為皇太子。明宗尋被害，皇太子仍即位，是為文宗。按武、明二帝皆以其弟為儲副，則皇太弟之號實屬相宜，乃反立為皇太子，是直以弟為子矣！蓋元人不知有皇太弟故事，但知皇太子為繼體之號，而不知其為對君父之稱也。

藩王入繼分部

綜述

《三國志》卷三《魏志·明帝紀》 （太和三年）秋七月，詔曰：『禮，王后無嗣，擇建支子以繼大宗，則當纂正統而奉公義，何得復顧私親哉！漢宣繼昭帝後，加悼考以皇號；哀帝以外藩援立，而董宏等稱引亡秦，惑誤時朝，既尊恭皇，立廟京都，又寵藩妾，使比長信，敘昭穆於前殿，並四位於東宮，僭差無度，人神弗祐，而非罪師丹忠正之諫，用致丁、傅焚如之禍。自是之後，相踵行之。昔魯文逆祀，罪由夏父；宋國非度，譏在華元。其令公卿有司，深以前世行事為戒。後嗣萬一有由諸侯入奉大統，則當明為人後之義；敢為佞邪導諛時君，妄建非正之號以干正統，謂考為皇，稱妣為后，則股肱大臣，誅之無赦。其書之金策，藏之宗廟，著於令典。』

又 卷四《魏志·齊王芳傳》 齊王諱芳，字蘭卿。明帝無子，養王及秦王詢；宮省事祕，莫有知其所由來者。《魏氏春秋》曰：或云任城王楷子。青龍三年，立為齊王。景初三年正月丁亥朔，帝甚病，乃立為皇太子。是日，即皇帝位，大赦。尊皇后曰皇太后。【略】

高貴鄉公諱髦，字彥士，文帝孫，東海定王霖子也。正始五年，封郯縣高貴鄉公。少好學，夙成。齊王廢，公卿議迎立公。十月己丑，公至于玄武館，羣臣奏請舍前殿，公以先帝舊處，避止西廂；羣臣又請以法駕迎，公不聽。庚寅，公入于洛陽，羣臣迎拜西掖門南，公下輿將答拜，儐者請曰：『儀不拜。』公曰：『吾人臣也。』遂答拜。至止車門下輿。左右曰：『舊乘輿入。』公曰：『吾被皇太后徵，未知所為！』遂步至太極東堂，見于太后。其日即皇帝位於太極前殿，百僚陪位者欣欣焉。

又 《陳留王奐傳》 陳留王諱奐，字景明，武帝孫，燕王宇子也。甘露三年，封安次縣常道鄉公。高貴鄉公卒，公卿議迎立公。六月甲寅，入于洛陽，見皇太后，是日即皇帝位于太極前殿，大赦，改年，賜民爵及穀帛各有差。

又　卷四八《吴志·孫休傳》　孫休字子烈，權第六子。年十三，從中書郎射慈、郎中盛沖受學。太元二年正月，封琅邪王，居虎林。四月，權薨，休弟亮承統，諸葛恪秉政，不欲諸王在濱江兵馬之地，徙休於丹楊郡。太守李衡數以事侵休，休上書乞徙他郡，詔徙會稽。居數歲，夢乘龍上天，顧不見尾，覺而異之。孫亮廢，己未，孫綝使宗正孫楷與中書郎董朝迎休。休初聞問，意疑，楷、朝具述綝等所以奉迎本意，留一日二夜，遂發。十月戊寅，行至曲阿，有老公干休叩頭曰：『事久變生，天下喁喁，願陛下速行。』休善之，是日進及布塞亭。武衛將軍恩行丞相事，率百僚以乘輿法駕迎於永昌亭，築宮，以武帳為便殿，設御座。己卯，休至，望便殿止住，使孫楷先見恩。楷還，休乘輦進，羣臣再拜稱臣。休升便殿，謙不即御坐，止東廂。戶曹尚書前即階下讚奏，丞相奉璽符。休三讓，羣臣三請。休曰：『將相諸侯咸推寡人，寡人敢不承受璽符。』羣臣以次奉引，休就乘輿，百官陪位，綝以兵千人迎於半野，拜于道側，休下車答拜。即日，御正殿，大赦，改元。是歲，於魏甘露三年也。【略】

孫皓字元宗，權孫，和子也，一名彭祖，字皓宗。孫休立，封皓為烏程侯，遣就國。西湖民景養相皓當大貴，皓陰喜而不敢泄。休薨，是時蜀初亡，而交阯攜叛，國內震懼，貪得長君。左典軍萬彧昔為烏程令，與皓相善，稱皓才識明斷，是長沙桓王之疇也，又加之好學，奉遵法度，屢言之於丞相濮陽興、左將軍張布。興、布說休妃太后朱，欲以皓為嗣。朱曰：『我寡婦人，安知社稷之慮，苟吴國無損，宗廟有賴可矣。』於是遂迎立皓，時年二十三，改元，大赦。是歲，於魏咸熙元年也。

《晉書》卷八《哀帝紀》　哀皇帝諱丕，字千齡，成帝長子也。咸康八年，封為琅邪王。永和元年拜散騎常侍，十二年加中軍將軍，升平三年除驃騎將軍。

五年五月丁巳，穆帝崩。皇太后令曰：『帝奄不救疾，胤嗣未建。琅邪王丕，中興正統，明德懋親。昔在咸康，屬當儲貳。以年在幼沖，未堪國難，故顯宗高讓。今義望情地，莫與為比，其以王奉大統。』于是百官備法駕，迎于琅邪第。庚申，即皇帝位，大赦。壬戌，詔曰：『朕獲承明命，入纂大統。顧惟先王宗廟，蒸嘗無主，太妃喪庭，廓然靡寄，悲痛感摧，五內抽割。宗國之尊，情禮兼隆，胤嗣之重，義無與二。東海王奕，戚屬親近，宜奉本統，其以奕為琅邪王。』

《陳書》卷三《世祖紀》　世祖文皇帝諱蒨，字子華，始興昭烈王長子也。【略】

高祖受禪，立為臨川郡王，邑二千戶，拜侍中、安東將軍。及周文育、侯安都敗於沌口，高祖詔世祖入衛，軍儲戎備，皆以委焉。尋命率兵城南皖。

永定三年六月景午，高祖崩，遺詔徵世祖入纂。甲寅，至自南皖，入居中書省。皇后令曰：『昊天不弔，上玄降禍。大行皇帝奄捐萬國，率土哀號，普天如喪，窮酷煩冤，無所迨及。諸孤藐爾，反國無期，須立長主，以寧宇縣。侍中、安東將軍、臨川王蒨，體自景皇，屬惟猶子，建殊功於牧野，敷盛業於戡黎，納麓時敘之辰，負扆乘機之日，並佐時雍，是同草創，祧祏所繫，遐邇宅心，宜奉大宗，嗣膺寶録，使七廟有奉，兆民寧晏。未亡人假延餘息，嬰此百罹，尋繹纏綿，興言感絶。』世祖固讓，至于再三，羣公卿士固請，其日即皇帝位於太極前殿。

又　卷五《宣帝紀》　高宗孝宣皇帝諱頊，字紹世，小字師利，始興昭烈王第二子也。【略】及江陵陷，高宗遷于關右。永定元年，遥襲封始興郡王，邑二千戶。三年，世祖嗣位，改封安成王。天嘉三年，自周還，授侍中、中書監、中衛將軍，置佐史。尋授使持節、都督揚南徐東揚南豫北江五州諸軍事、揚州刺史，進號驃騎將軍，餘如故。四年，加開府儀同三司。六年，遷司空。天康元年，授尚書令，餘並如故。廢帝即位，拜司徒，進號驃騎大將軍，録尚書，都督中外諸軍事，給班劍三十人。光大二年正月，進位太傅，領司徒，加殊禮，劍履上殿，增邑并前三千戶，餘並如故。十一月甲寅，慈訓太后令廢帝為臨海王，以高宗入纂。

太建元年春正月甲午，即皇帝位于太極前殿，詔曰：『夫聖人受命，王者中興，並由懿德，方作元后。高祖武皇帝揖拜堯圖，經綸禹迹，配天之業，光辰象而利貞，格地之功，侔川岳而長遠。世祖文皇帝體上聖之姿，當下武之運，築宮示儉，所務唯德，定鼎初基，厥謀斯在。朕以寡薄，才非聖賢，夙荷前規，方傳景祚。雖復親承訓誨，志守藩維，詠季子之高風，思城陽之遠託，自元儲紹國，正位君臨，無道非幾，佇聞刑措。

豈圖王室不造，頻諜亂階，天步艱難，將傾竇歷，仰惟嘉命，爰集朕躬。我心貞確，（空）［堅］誓蒼昊，而羣辟啓請，相誼渭橋，文母尊嚴，懸心長樂，對揚璽紱，非止殷湯之三辭，履涉春冬，何但代王之五讓。今便肅奉天策，欽承介圭。若據滄溟，踰增兢業。思所以雲行雨施，品物咸亨，當與黔黎，普同斯慶。可改光大三年為太建元年。大赦天下。在位文武賜位一階，孝悌力田及為父後者賜爵一級，異等殊才，並加策序。鰥寡孤獨不能自存者，人賜穀五斛。」

《周書》卷四《明帝紀》 世宗明皇帝諱毓，小名統萬突，太祖長子也。母曰姚夫人，永熙三年，太祖臨夏州，生帝於統萬城，因以名焉。大統十四年，封寧都郡公。十六年，行華州事。尋拜開府儀同三司、宜州諸軍事、宜州刺史。魏恭帝三年，授大將軍，鎮隴右。孝閔帝踐阼，進位柱國，轉岐州諸軍事、岐州刺史。治有美政，黎民懷之。及孝閔帝廢，晉公護遣使迎帝於岐州。秋九月癸亥，至京師，止於舊邸。甲子，羣臣上表勸進，備法駕奉迎。帝固讓，羣臣固請，是日，即天王位，大赦天下。乙丑，朝羣臣於延壽殿。

論說

《三國志》卷四《魏志·齊王芳傳論》 評曰：古者以天下為公，唯賢是與。後代世位，立子以適；若適嗣不繼，則宜取旁親明德，若漢之文、宣者，斯不易之常準也。明帝既不能然，情繫私愛，撫養嬰孩，傳以大器，託付不專，必參枝族，終于曹爽誅夷，齊王替位。高貴公才慧夙成，好問尚辭，蓋亦文帝之風流也；然輕躁忿肆，自蹈大禍。陳留王恭己南面，宰輔統政，仰遵前式，揖讓而禪，遂饗封大國，作賓于晉，比之山陽，班寵有加焉。

《陳書》卷三《世祖紀》 世祖起自艱難，知百姓疾苦。國家資用，務從儉約。常所調斂，事不獲已者，必咨嗟改色，若在諸身。主者奏決，妙識真偽，下不容姦，人知自勵矣。一夜內刺閨取外事分判者，前後相續。每雞人伺漏，傳更籤於殿中，乃敕送者必投籤於階石之上，令鎗然有聲，云「吾雖眠，亦令驚覺也」。始終梗概，若此者多焉。

陳吏部尚書姚察曰：世稱繼體守文，宗枝承統，得失之閒，蓋亦詳矣。大抵以奉而勿墜為賢能，橈而易之為不肖；其有光揚前軌，克荷曾構，固以少焉。世祖自初發迹，功庸顯著，寧亂靜寇，首佐大業。及國禍奄臻，入承寶祚，兢兢業業，其若馭朽。【略】可為聯類。至於杖聰明，用鑑識，斯則永平之政，前史其論諸。

又 卷五《宣帝紀論》 高宗在田之日，有大度幹略，及乎登庸，寔允天人之望。梁室喪亂，淮南地並入齊，高宗太建初，志復舊境，乃運神略，授律出師，至於戰勝攻取，獻捷相繼，遂獲反侵地，功實懋焉。及周滅齊，乘勝略地，還達江際矣。

史臣曰：高宗器度弘厚，亦有人君之量焉。世祖知冢嗣仁弱，弗可傳於寶位，高宗地居姬旦，世祖情存太伯，及乎弗悆，大事咸委焉。至於纂業，萬機平理，命將出師，克淮南之地，開拓土宇，靜謐封疆。享國十餘年，志大意逸，呂梁覆（車）［軍］，大喪師徒矣。江左削弱，抑此之由。嗚呼！蓋德不逮文，智不及武，雖得失自我，無禦敵之略焉。

武功入繼分部

綜述

《宋書》卷六《孝武帝紀》 世祖孝武皇帝諱駿，字休龍，小字道民，文帝第三子也。元嘉七年秋八月庚午生。十二年，立為武陵王，食邑二千戶。十六年，都督湘州諸軍事、征虜將軍、湘州刺史，領石頭戍事。十七年，遷使持節、都督南豫豫司雍幷五州諸軍事、南豫州刺史，將軍如故，猶戍石頭。二十一年，加督秦州，進號撫軍將軍。明年，徙都督雍梁南北秦四州荊州之襄陽竟陵南陽順陽新野隨六郡諸軍事、寧蠻校尉、雍州刺史，持節、將軍如故。自晉氏江左以來，襄陽未有皇子重鎮，時太祖欲經略關、河，故有此授。尋給鼓吹一部。【略】

（元嘉）三十年正月，上出次西陽之五洲。會元凶弒逆，以上為征南將軍，加散騎常侍。上率衆入討，荊州刺史南譙王義宣、雍州刺史臧質並舉義兵。四月辛酉，上次溧洲。癸亥，冠軍將軍柳元景前鋒至新亭，修建營壘。甲子，賊劭親率衆攻元景，大敗退走。丙寅，上次江寧。丁卯，大將軍江夏王義恭來奔，奉表上尊號。戊辰，上至于新亭。

己巳，即皇帝位。

《南齊書》卷六《明帝紀》 高宗明皇帝諱鸞，字景栖，始安貞王道生子也。小諱玄度。少孤，太祖撫育，恩過諸子。宋泰豫元年，為安吉令，有嚴能之名。補武陵王左常侍，不拜。元徽二年，為永世令。昇明二年，為邵陵王安南記室參軍。未拜，仍遷寧朔將軍、淮南宣城二郡太守。尋進號輔國將軍。太祖踐阼，遷侍中，封西昌侯，邑千戶。建元二年，為持節、督郢州司州之義陽諸軍事、冠軍將軍、郢州刺史，進號征虜將軍。世祖即位，轉度支尚書，領右軍將軍。永明元年，遷侍中，領驍騎將軍。王子侯舊乘纏帷車，高宗獨乘下帷，儀從如素士。公事混撓，販食人擔火誤燒牛鼻，豫章王白世祖，世祖笑焉。轉為散騎常侍、左衛將軍，清道而行，上甚悅。二年，出為征虜將軍、吳興太守。四年，遷中領軍，常侍並如故。五年，為持節、監豫州郢州之西陽司州之汝南二郡軍事、右將軍、豫州刺史。七年，為尚書右僕射。八年，加領衛尉。十年，轉左僕射。十一年，領右衛將軍。世祖遺詔為侍中、尚書令，尋加鎮軍將軍，給班劍二十人。隆昌元年，即本號為大將軍，給鼓吹一部，親兵五百人。尋又加中書監、開府儀同三司。鬱林王廢，海陵王立，為使持節、都督揚南徐二州軍事、驃騎大將軍、録尚書事、揚州刺史，開府如故，增班劍為三十人，封宣城郡公，二千戶。鎮東府城。給兵五千人，錢二百萬，布千匹。九江作難，假黃鉞，事寧，表送之。尋加黃鉞、都督中外諸軍事、太傅，領大將軍、揚州牧，增班劍為四十人，給幢絡三望車，前後部羽葆鼓吹，劍履上殿，入朝不趨，贊拜不名，置左右長史、司馬、從事中郎、掾、屬各四人，封宣城王，邑五千戶，持節、侍中、中書監、録尚書並如故。未拜，太后令廢海陵王，以上入纂太祖為第三子，羣臣三請，乃受命。

建武元年冬十月癸亥，即皇帝位。

《梁書》卷五《元帝紀》 世祖孝元皇帝諱繹，字世誠，小字七符，高祖第七子也。天監七年八月丁巳生。十三年，封湘東郡王，邑二千戶。初為寧遠將軍、會稽太守，入為侍中、宣威將軍、丹陽尹。普通七年，出為使持節、都督荆湘郢益寧南梁六州諸軍事、西中郎將、荆州刺史。中大通四年，進號平西將軍。大同元年，進號安西將軍。三年，進號鎮西將軍。五年，入為安右將軍、護軍將軍，領石頭戍軍事。六年，出為使持節、都督江州諸軍事、鎮南將軍、江州刺史。太清元年，徙為使持節、都督荆雍湘司郢寧梁南北秦九州諸軍事、鎮西將軍、荆州刺史。三年三月，侯景寇沒京師。四月，太子舍人蕭韶至江陵宣密詔，以世祖為侍中、假黃鉞、大都督中外諸軍事、司徒承制，餘如故。是月，世祖徵兵於湘州，湘州刺史河東王譽拒不遣。六月丙午，遣世子方等帥衆討譽，戰所敗死。七月，又遣鎮兵將軍鮑泉代討譽。九月乙卯，雍州刺史岳陽王詧舉兵反，來寇江陵，世祖嬰城拒守。乙丑，詧將杜崱與其兄弟及楊混各率其衆來降。丙寅，詧遁走。鮑泉攻湘州不克，又遣左衛將軍王僧辯代將。【略】

（大寶三年，世祖猶稱太清六年）三月，王僧辯等平侯景，傳其首於江陵。戊子，以賊平告明堂、太社。【略】

四月乙巳，益州刺史、新除假黃鉞、太尉武陵王紀竊位於蜀，改號天正元年。世祖遣兼司空蕭泰、祠部尚書樂子雲拜謁塋陵，脩復社廟。丁巳，世祖令曰：『軍容不入國，國容不入軍。雖子產獻捷，戎服從事，亞夫弗拜，義止將兵。今凶醜殲夷，逆徒殄潰，九有既截，四海乂安。漢官威儀，方陳盛禮，衛多君子，寄是式瞻。便可解嚴，以時宣勒。』是月，以東陽太守張彪為安東將軍。

五月庚午，司空南平王恪及宗室王侯、大都督王僧辯等，復拜表上尊號，世祖猶固讓不受。庚辰，以征南將軍、湘州刺史、司空南平嗣王恪為鎮東將軍、揚州刺史，餘如故。甲申，以尚書令、征東將軍、開府儀同三司、江州刺史王僧辯為司徒、鎮衛將軍。乙酉，斬賊左僕射王偉、尚書呂季略、少卿周石珍、舍人嚴亶於江陵市。是日，世祖令曰：『君子赦過，著在周經；聖人解網，聞之湯令。自獫狁孔熾，長蛇荐食，赤縣阽危，黔黎塗炭，終宵不寐，志在雪耻。元惡稽誅，本屬侯景；王偉是其心膂，周石珍負背恩義，今並烹諸鼎鑊，肆之市朝。但比屯遭寇擾，為歲已積，衣冠舊貴，被逼偷生，猛士勳豪，和光苟免，凡諸惡侶，諒非一族。令特闡以王澤，削以刑書，自太清六年五月二十日昧爽以前，咸使惟新。』是月，魏遣太師潘樂、辛術等寇秦郡，王僧辯遣杜崱帥衆拒之。以陳霸先為征北大將軍、開府儀同三司、南徐州刺史。是月，魏遣使賀平侯景。

八月，蕭紀率巴、蜀大衆連舟東下，遣護軍陸法和屯巴峽以拒之。

【略】

冬十月乙未，前梁州刺史蕭循自魏至于江陵，以循為平北將軍、開府儀同三司。戊申，執湘州刺史王琳於殿內，琳副將殷晏下獄死。辛酉，以子方略為湘州刺史。庚戌，琳長史陸納及其將潘烏累等舉兵反，襲陷湘州。是月，四方征鎮王公卿士復勸世祖即尊號，猶謙讓未許。表三上，乃從之。

承聖元年冬十一月丙子，世祖即皇帝位於江陵。

論說

《梁書》卷五《元帝紀論》 史臣曰：梁季之禍，巨寇憑壘，世祖時位長連率，有全楚之資，應身率羣后，枕戈先路。虛張外援，事異勤王，在於行師，曾非百舍。後方殲夷大憝，用寧宗社，握圖南面，光啓中興，亦世祖雄才英略，紹兹寶運者也。而稟性猜忌，不隔疏近，御下無術，履冰弗懼，故鳳闕伺晨之功，火無內照之美。以世祖之神睿特達，留情政道，不怵邪說，徙蹕金陵，左鄰强寇，將何以作。是以天未悔禍，蕩覆斯生，悲夫！

內禪分部

綜述

《魏書》卷六《顯祖紀》 帝雅薄時務，常有遺世之心，欲禪位於叔父京兆王子推，語在《任城王雲傳》，羣臣固請，帝乃止。丙午，册命太子曰：『昔堯舜之禪天下也，皆由其子不肖。若丹朱、商均能負荷者，豈搜揚仄陋而授之哉？爾雖沖弱，有君人之表，必能恢隆王道，以濟兆民。今使太保、建安王陸馛，太尉源賀持節奉皇帝璽綬，致位於爾躬。其踐昇帝位，克廣洪業，以光祖宗之烈，使朕優遊履道，頤神養性，可不善歟？』丁未，詔曰：『朕承洪業，運屬太平，淮岱率從，四海清晏。是以希心玄古，志存澹泊。躬覽萬務，則損頤神之和；一日或曠，政有淹滯之失。但子有天下，歸尊於父；父有天下，傳之於子。今稽協靈運，考會羣心，爰命儲宮，踐昇大位。朕方優遊恭己，栖心浩然，社稷乂安，克廣其業，不亦善乎？百官有司，其祇奉胤子，以答天休。宣布宇內，咸使聞悉。』於是羣公奏曰：『昔三皇之世，澹泊無為，故稱皇。是以漢高祖既稱皇帝，尊其父為太上皇，明不統天下。今皇帝幼沖，萬機大政，猶宜陛下總之。謹上尊號太上皇帝。』乃從之。己酉，太上皇帝徙御崇光宮，採椽不斲，土階而已。國之大事咸以聞。

承明元年，年二十三，崩於永安殿，上尊謚曰獻文皇帝，廟號顯祖，葬雲中金陵。

又 卷七上《高祖紀上》 高祖孝文皇帝，諱宏，顯祖獻文皇帝之長子，母曰李夫人。皇興元年八月戊申，生於平城紫宮，神光照於室內，天地氛氳，和氣充塞。帝生而潔白，有異姿，襁褓岐嶷，長而淵裕仁孝，綽然有君人之表。顯祖尤愛異之。三年夏六月辛未，立為皇太子。

五年秋八月丙午，即皇帝位於太華前殿，大赦，改元延興元年。

《北齊書》卷七《武成帝紀》 （河清四年四月）太史奏天文有變，其占當有易王。丙子，乃使太宰段韶兼太尉，持節奉皇帝璽綬傳位於皇太子，大赦，改元為天統元年，百官進級降罪各有差。又詔皇太子妃斛律氏為皇后。於是羣公上尊號為太上皇帝，軍國大事咸以奏聞。始將傳政，使內參乘子尚乘驛送詔書於鄴。子尚出晉陽城，見人騎隨後，忽失之，尚未至鄴而其言已布矣。

又 卷八《後主幼主紀》 後主諱緯，字仁綱，武成皇帝之長子也。母曰胡皇后，夢於海上坐玉盆，日入裙下，遂有娠，天保七年五月五日，生帝於并州邸。帝少美容儀，武成特所愛寵，拜王世子。及武成入纂大業，大寧二年正月丙戌，立為皇太子。河清四年，武成禪位於帝。

天統元年夏四月丙子，皇帝即位於晉陽宮，大赦，改河清四年為天統。【略】

（武平七年）十一月，周武帝退還長安，留偏師守晉州。高阿那肱等圍晉州城。戊寅，帝至圍所。

十二月戊申，周武帝來救晉州。庚戌，戰於城南，我軍大敗。帝棄軍先還。癸丑，入晉陽，憂懼不知所之。甲寅，大赦。帝謂朝臣曰：『周師甚盛，若何？』羣臣咸曰：『天命未改，一得一失，自古皆然。宜停百賦，安慰朝野，收拾遺兵，背城死戰，以存社稷。』帝意猶豫，欲向北朔州。乃留安德王延宗、廣寧王孝珩等守晉陽。若晉陽不守，即欲奔突厥。羣臣皆曰不可，帝不從其言。開府儀同三司賀拔伏恩、封輔相、慕容鍾葵等宿衛近臣三十餘人西奔周師。乙卯，詔募兵，遣安德王延宗為左，廣寧王孝珩為右。延宗入見，帝告欲向北朔州。延宗泣諫，不從。帝密遣王康德與中人齊紹等送皇太后、皇太子於北朔州。丙辰，帝幸城南軍，勞將士，其夜欲遁，諸將不從。丁巳，大赦，改武平七年為隆化元年。其日，穆提婆降周。詔除安德王延宗為相國，委以備禦，延宗流涕受命。帝乃夜斬五龍門而出，欲走突厥，從官多散，領軍梅勝郎叩馬諫，乃迴之鄴。時唯高阿那肱等十餘騎，廣寧王孝珩、襄城王彥道續至，得數十人同行。戊午，延宗從衆議即皇帝位於晉陽，改隆化為德昌元年。

庚申，帝入鄴。辛酉，延宗與周師戰於晉陽，大敗，為周師所虜。帝遣募人，重加官賞，雖有此言，而竟不出物。廣寧王孝珩奏請出宮人及珍寶班賜將士，帝不悅。斛律孝卿居中受委，帶甲以處分，請帝親勞，為帝撰辭，且曰宜慷慨流涕，感激人心。帝既出臨衆，將令之，不復記所受言，遂大笑，左右亦羣咍，將士莫不解體。於是自大丞相已下太宰、三師、大司馬、大將軍、三公等官並增員而授，或三或四，不可勝數。甲子，皇太后從北道至。引文武一品已上入朱華門，賜酒食，給紙筆，問以禦周之方。羣臣各異議，帝莫知所從。又引高元海、宋士素、盧思道、李德林等，欲議禪位皇太子。先是望氣者言，當有革易，於是依天統故事，授位幼主。

幼主名恒，帝之長子也。母曰穆皇后，武平元年六月生於鄴。其年十月，立為皇太子。

隆化二年春正月乙亥，即皇帝位，時八歲，改元為承光元年，大赦，尊皇太后為太皇太后，帝為太上皇帝，后為太上皇后。

《周書》卷七《宣帝紀》 大象元年春正月癸巳，受朝於露門，帝服通天冠、絳紗袍，羣臣皆服漢魏衣冠。大赦，改元大成。初置四輔官，以上柱國大冢宰越王盛為大前疑，相州總管蜀國公尉遲迥為大右弼，申國公李穆為大左輔，大司馬隨國公楊堅為大後丞。癸卯，封皇子衍為魯王。甲辰，東巡狩。丙午，日有背。以柱國、常山公于翼為大司徒。辛亥，以柱國、許國公宇文善為大宗伯。癸丑，日又背。戊午，行幸洛陽。立魯王衍為皇太子。

二月癸亥，詔曰：

河洛之地，世稱朝市。上則於天，陰陽所會；下紀於地，職貢路均。聖人以萬物阜安，乃建王國。時經五代，世歷千祀，規模弘遠，邑居壯麗。自魏氏失馭，城闕為墟，君子有戀舊之風，小人深懷土之思。

我太祖受命酆鎬，胥宇崤函，蕩定四方，有懷光宅。高祖神功聖略，混一區宇，往巡東夏，省方觀俗，布政此宮，遂移氣序。朕以眇身，祇承寶祚，庶幾聿修之志，敢忘燕翼之心。一昨駐蹕金墉，備嘗遊覽，百王制度，基趾尚存，今若因修，為功易立。宜命邦事，修復舊都。奢儉取文質之間，功役依子來之義。北瞻河內，咫尺非遙，前詔經營，今宜停罷。

於是發山東諸州兵，增一月功為四十五日役，起洛陽宮。常役四萬人，以迄于晏駕。并移相州六府於洛陽，稱東京六府。殺柱國、徐州總管、郯國公王軌。停南討諸軍。以趙王招女為千金公主，嫁於突厥。戊辰，以上柱國、鄖國公韋孝寬為徐州總管。乙亥，行幸鄴。丙子，初令授總管刺史及行兵者，加持節，餘悉罷之。辛巳，詔曰：

有聖大寶，實惟重器，玄天表命，人事與能，幽顯同謀，確乎不易。域中之大，實懸定於杳冥；天下為公，蓋不避於內舉。我大周感蒼昊之精，受河洛之錫，武功文德，光格區宇，創業垂統，永光無窮。朕以寡薄，祇承鴻緒，上賴先朝得一之迹，下藉羣后不貳之心。職貢與雲雨俱通，憲章共光華並亘。圓首方足，咸登仁壽，思隆國本，用弘天歷。

皇太子衍，地居上嗣，正統所歸。遠憑積德之休，允協無疆之祚。帝王之量，未肅而成；天祿之期，不謀已至。朕今傳位於衍。乃睠四海，深合謳歌之望；俾予一人，高蹈風塵之表。萬方兆庶，知朕意焉。可大赦天下，改大成元年為大象元年。

帝於是自稱天元皇帝，所居稱天臺，冕有二十四旒，（室）［車］服旗鼓，皆以二十四為節。內史、御正皆置上大夫。皇帝衍稱正陽宮，置納言、御正、諸衛等官，皆准天臺。

又　卷八《靜帝紀》　靜皇帝諱衍，後改為闡，宣帝長子也。母曰朱皇后。建德二年六月，生於東宮。大象元年正月癸卯，封魯王。戊午，立為皇太子。二月辛巳，宣帝於鄴宮傳位授帝，居正陽宮。

二年夏五月乙未，宣帝寢疾，詔帝入宿於露門學。己酉，宣帝崩，帝入居天臺，廢正陽宮。大赦天下，停洛陽宮作。

大臣擁立分部

綜述

《晉書》卷六《元帝紀》　元皇帝諱睿，字景文，宣帝曾孫，琅邪恭王覲之子也。【略】年十五，嗣位琅邪王。【略】

建武元年春二月辛巳，平東將軍宋哲至，宣愍帝詔曰：『遭運迍否，皇綱不振。朕以寡德，奉承洪緒，不能祈天永命，紹隆中興，至使凶胡敢帥犬羊，逼迫京輦。朕今幽塞窮城，憂慮萬端，恐一旦崩潰。卿指詣丞相，具宣朕意，使攝萬機，時據舊都，修復陵廟，以雪大耻。』

三月，帝素服出次，舉哀三日。西陽王羕及羣僚參佐州征牧守等上尊號，帝不許。羕等以死固請，至於再三。帝慨然流涕曰：『孤，罪人也，惟有蹈節死義，以雪天下之耻，庶贖鈇鉞之誅。吾本琅邪王，諸賢見逼不已！』乃呼私奴命駕，將反國。羣臣乃不敢逼，請依魏晉故事為晉王，許之。辛卯，即王位，大赦，改元。其殺祖父母、父母，及劉聰、石勒，不從此令。諸參軍拜奉車都尉，掾屬駙馬都尉。辟掾屬百餘人，時人謂之『百六掾』。乃備百官，立宗廟社稷於建康。時四方競上符瑞，帝曰：『孤負四海之責，未能思愆，何徵祥之有？』

丙辰，立世子紹為晉王太子。以撫軍大將軍、西陽王羕為太保，征南大將軍、漢安侯王敦為大將軍，右將軍王導都督中外諸軍事、驃騎將軍，左長史刁協為尚書左僕射。封王子宣城公裒為琅邪王。

六月丙寅，司空、并州刺史、廣武侯劉琨，幽州刺史、左賢王、渤海公段匹磾，領護烏丸校尉、鎮北將軍劉翰，單于、廣寧公段辰，遼西公段眷，冀州刺史、祝阿子邵續，青州刺史、廣饒侯曹嶷，兗州刺史、定襄侯劉演，東夷校尉崔毖，鮮卑大都督慕容廆等一百八十人上書勸進，曰：

臣聞天生蒸民，樹之以君，所以對越天地，司牧黎元。聖帝明王監其若此，知天地不可以乏饗，故屈其身以奉之；知蒸黎不可以無主，故不得已而臨之。社稷時難，則戚藩定其傾；郊廟或替，則宗哲纂其祀。是以弘振遐風，式固萬世，三五以降，靡不由之。伏惟高祖宣皇帝肇基景命，世祖武皇帝遂造區夏，三葉重光，四聖繼軌，惠澤侔於有虞，卜世過於周氏。自元康以來，艱難繁興，永嘉之際，氛厲彌昏，宸極失御，登遐醜裔，國家之危，有若綴旒。賴先后之德、宗廟之靈，皇帝嗣建，舊物克甄。誕授欽明，服膺聰哲，玉質幼彰，金聲夙振。冢宰攝其綱，百辟輔其政，四海想中興之美，羣生懷來蘇之望。不圖天不悔禍，大災荐臻，國未忘難，寇害尋興。逆胡劉曜，縱逸西都，敢肆犬羊，陵虐天邑。臣奉表使還，乃承西朝以去年十一月不守，主上幽劫，復沈虜庭，神器流離，更辱荒逆。臣每覽史籍，觀之前載，厄運之極，古今未有。苟在食土之毛，含血之類，莫不叩心絕氣，行號巷哭。況臣等荷寵三世，位廁鼎司，聞問震惶，精爽飛越，且驚且惋，五情無主，舉哀朔垂，上下泣血。

臣聞昏明迭用，否泰相濟，天命無改，歷數有歸。或多難以固邦國，或殷憂以啓聖明。是以齊有無知之禍，而小白為五伯之長；晉有麗姬之難，而重耳以主諸侯之盟。社稷靡安，必將有以扶其危；黔首幾絕，必將有以繼其緒。伏惟陛下，玄德通于神明，聖姿合于兩儀，應命世之期，紹千載之運。符瑞之表，天人有徵；中興之兆，圖讖垂典。自京畿隕喪，九服崩離，天下囂然，無所歸懷，雖有夏之遭夷羿，宗姬之離犬戎，蔑以過之。陛下撫征江左，奄有舊吳，柔服以德，伐叛以刑，抗明威以攝不類，杖大順以號宇內。純化既敷，則率土宅心；義風既暢，則遐方企踵。百揆時敘于上，四門穆穆于下。昔少康之隆，夏訓以為美談；宣王中興，周詩以為休詠。況茂勳格于皇天，清暉光于四海，蒼生顒然，莫不欣戴，聲教所加，願為臣妾者哉！且宣皇之胤，惟有陛下，億兆攸歸，曾無與二。天祚大晉，必將有主，主晉祀者，非陛下而誰！是以邇無異言，遠無異望，謳歌者無不吟諷徽猷，獄訟者無不思于聖德。天地之際既交，華夷之情允洽。一角之獸，連理之木，以為休徵者，蓋有百數。冠帶之倫，要荒之衆，不謀同辭者，動以萬計。是以臣等敢考天地之心，因函夏之趣，昧死上尊號。願陛下存舜禹至公之情，狹由巢抗矯之節；以社稷為務，不以小行為先；以黔首為憂，不以克讓為事；上慰宗廟乃顧之懷，下釋普天傾首之勤。則所謂生繁華于枯荑，育豐肌于朽骨，神人獲安，無不幸甚。

臣聞尊位不可久虛，萬機不可久曠。虛之一日，則尊位以殆；曠之浹辰，則萬機以亂。方今踵百王之季，當陽九之會，狡寇窺窬，伺國瑕隙，黎元波蕩，無所繫心，安可廢而不恤哉？陛下雖欲逡巡，其若宗廟何？其若百姓何？昔者惠公虜秦，晉國震駭，呂郤之謀，欲立子圉，外以絶敵人之志，內以固闔境之情。故曰『喪君有君，羣臣輯睦，好我者勸，惡我者懼』。前事之不忘，後代之元龜也。陛下明並日月，無幽不燭，深謀遠猷，出自胸懷。不勝犬馬憂國之情，遲睹人神開泰之路，是以陳其乃誠，布之執事。臣等忝于方任，久在遐外，不得陪列闕庭，與睹盛禮，踊躍之懷，南望罔極。

帝優令答之，語在《琨傳》。【略】

（太興元年）三月癸丑，愍帝崩問至，帝斬縗居廬。丙辰，百僚上尊號。令曰：『孤以不德，當厄運之極，臣節未立，匡救未舉，夙夜所以忘寢食也。今宗廟廢絶，億兆無係，羣官庶尹，咸勉之以大政，亦何敢辭，輒敬從所執。』是日，即皇帝位。詔曰：『昔我高祖宣皇帝誕應期運，廓開皇基。景、文皇帝奕世重光，緝熙諸夏。爰暨世祖，應天順時，受茲明命。功格天地，仁濟宇宙。昊天不融，降此鞠凶，懷帝短世，越去王都。天禍荐臻，大行皇帝崩殂，社稷無奉。肆羣后三司六事之人，疇咨庶尹，至于華戎，致輯大命于朕躬。予一人畏天之威，用弗敢違。遂登壇南嶽，受終文祖，焚柴頒瑞，告類上帝。惟朕寡德，纘我洪緒，若涉大川，罔知攸濟。惟爾股肱爪牙之佐，文武熊羆之臣，用能弼寧晉室，輔余一人。思與萬國，共同休慶。』於是大赦，改元，文武增位二等。庚午，立王太子紹為皇太子。

又　卷九《簡文帝紀》　簡文皇帝諱昱，字道萬，元帝之少子也。**【略】**

廢帝即位，以琅邪王絶嗣，復徙封琅邪，而封王子昌明為會稽王。帝固讓，故雖封琅邪而不去會稽之號。太和元年，進位丞相、録尚書事，入朝不趨，讚拜不名，劍履上殿，給羽葆鼓吹班劍六十人，又固讓。

及廢帝廢，皇太后詔曰：『丞相、録尚書、會稽王體自中宗，明德劭令，英秀玄虛，神棲事外。以具瞻允塞，故阿衡三世。道化宣流，人望攸歸，為日已久。宜從天人之心，以統皇極。主者明依舊典，以時施行。』於是大司馬桓温率百官進太極前殿，具乘輿法駕，奉迎帝於會稽邸，於朝堂變服，著平巾幘單衣，東向拜受璽綬。

咸安元年冬十一月己酉，即皇帝位。

《宋書》卷五《文帝紀》　太祖文皇帝諱義隆，小字車兒，武帝第三子也。**【略】**

景平二年七月中，少帝廢。百官備法駕奉迎，入奉皇統。行臺至江陵，進璽紱。侍中臣琇、散騎常侍臣嶷之、中書監尚書令護軍將軍建城縣公臣亮、左衛將軍臣景仁、給事中游擊將軍龍鄉縣侯臣隆、越騎校尉都亭侯臣綱、給事黄門侍郎臣孔璩之、散騎侍郎臣劉思考、員外散騎侍郎臣潘盛、中書侍郎臣何尚之、羽林監封陽縣開國侯臣蕭思話、長兼尚書左丞德陽縣侯臣孫康、吏部郎中騎都尉臣張茂度、儀曹郎中臣徐長琳、倉部郎中臣庾俊之、都官郎中臣袁洵等上表曰：『臣聞否泰相革，數窮則變，天道所以不謟，卜世所以靈長。乃者運距陵夷，王室艱晦，九服之命，靡所適歸，高祖之業，將墜于地。賴基厚德深，人神同獎，社稷以寧，有生獲乂。伏惟陛下君德自然，聖明在御，孝悌著於家邦，風猷宣於蕃牧。是以徵祥雜沓，符瑞熣煇。宗廟神靈，乃眷西顧，萬邦黎獻，望景託生。臣等忝荷朝列，豫充將命，復集休明之運，再睹太平之業。行臺至止，瞻望城闕，不勝喜說鳧藻之情，謹詣門拜表以聞。』上答曰：『皇運艱弊，數鍾屯夷，仰惟崇基，感尋國故，永慕厥躬，悲慨交集。賴七百祚永，股肱忠賢，故能休否以泰，天人式序。猥以不德，謬降大命，顧己兢悸，何以克堪。輒當暫歸朝庭，展哀陵寢，并與賢彦申寫所懷。望體其心，勿為辭費。』府州佐史並稱臣，請題牓諸門，一依宮省，上不許。甲戌，發江陵。八月丙申，車駕至京城。丁酉，謁初寧陵，還於中堂即皇帝位。

又　卷八《明帝紀》　太宗明皇帝諱彧，字休炳，小字榮期，文帝第十一子也。元嘉十六年十月戊寅生。二十五年，封淮陽王，食邑二千戶。二十九年，改封湘東王。【略】

廢帝景和末，上入朝，被留停都。廢帝誅害宰輔，殺戮大臣，恒慮有圖之者，疑畏諸父，並拘之殿內，遇上無禮，事在《文諸王傳》。遂收上付廷尉，一宿被原。將加禍害者，前後非一。既而害上意定，明旦便應就禍。上先已與腹心阮佃夫、李道兒等密共合謀。于時廢帝左右常慮禍及，人人有異志。唯有直閣將軍宗越、譚金、童太一等數人為其腹心，並虓虎有幹力，在殿省久，衆並畏服之，故莫敢動。是夕，越等並外宿。佃夫、道兒因結壽寂之等殞廢帝於後堂。十一月二十九日夜也。

事定，上未知所為。建安王休仁便稱臣奉引升西堂，登御坐，召見諸大臣。于時事起倉卒，上失履，跣至西堂，猶著烏帽。坐定，休仁呼主衣以白帽代之，令備羽儀。雖未即位，凡衆事悉稱令書施行。己未，司徒揚州刺史豫章王子尚、山陰公主並賜死。宗越、譚金、童太一謀反伏誅。

十二月庚申朔，令書以司空東海王禕為中書監、太尉，鎮軍將軍、江州刺史晉安王子勳進號車騎將軍、開府儀同三司。癸亥，以新除驃騎大將軍建安王休仁為司徒、尚書令、揚州刺史，鎮軍將軍、開府儀同三司山陽王休祐進號驃騎大將軍、荊州刺史。崇憲衛尉桂陽王休範為鎮北將軍、南徐州刺史。乙丑，改封安陸王子綏為江夏王。

泰始元年冬十二月丙寅，上即皇帝位。

《魏書》卷一〇《孝莊帝紀》　孝莊皇帝，諱子攸，彭城王勰之第三子，母曰李妃。肅宗初，以勰有魯陽翼衛之勳，封武城縣開國公。幼侍肅宗書於禁內。及長，風神秀慧，姿貌甚美。拜中書侍郎、城門校尉、兼給事黃門侍郎，雅為肅宗所親待，長直禁中。遷散騎常侍、御史中尉。孝昌二年八月，進封長樂王。轉侍中、中軍將軍。三年十月，以兄彭城王劭事，轉為衛將軍、左光祿大夫、中書監，實見出也。

及武泰元年春二月，肅宗崩，大都督尒朱榮將向京師，謀欲廢立。以帝家有忠勳，且兼民望，陰與帝通，榮乃率衆來赴。

夏四月丙申，帝與兄弟夜北渡河；丁酉，會榮於河陽。戊戌，南濟河，即帝位。以兄彭城王劭為無上王，弟霸城公子正為始平王。以榮為使持節、侍中、都督中外諸軍事、大將軍、尚書令、領軍將軍、領左右，封太原王。己亥，百僚相率，有司奉璽紱，備法駕，奉迎於河梁。庚子，車駕巡河，西至陶渚。榮以兵權在己，遂有異志，乃害靈太后及幼主，次害無上王劭、始平王子正，又害丞相高陽王雍、司空公元欽、儀同三司元恒芝、儀同三司東平王略、廣平王悌、常山王卲、北平王超、任城王彝、趙郡王毓、中山王叔仁、齊郡王温，公卿已下二千餘人。列騎衛帝，遷於便幕。既而榮悔，稽顙謝罪。語在《榮傳》。

又　卷一一《廢出三帝紀》　前廢帝，諱恭，字脩業，廣陵惠王羽之子也，母曰王氏。少端謹，有志度。長而好學，事祖母、嫡母以孝聞。正始中，襲爵。延昌中，拜通直散騎常侍。神龜中，進兼散騎常侍。正光二年，正常侍，領給事黃門侍郎。帝以元叉擅權，遂稱疾不起。久之，因託瘖病。五年，就除金紫光祿大夫，加散騎常侍。建義元年，除儀同三司。

王既絕言，垂將一紀，居於龍花寺，無所交通。永安末，有白莊帝者，言王不語將有異圖；民間遊聲，又云有天子之氣。王懼禍，逃匿上洛，尋見追躡，執送京師，拘禁多日，以無狀獲免。及莊帝崩，尒朱世隆等以元曄疏遠，又非人望所推，以王潛默晦身，有過人之量，將謀廢立，恐實不語，乃令王所親申其意，且兼迫脅。王遂答曰：「天何言哉！」世隆等大悅。

春二月己巳，曄進至邙南，世隆等奉王東郭之外，行禪讓之禮，羣臣上表曰：「否泰沿時，殷憂啓聖，故六飛在御，三石興符。伏惟陛下運屬千齡，智周萬物，獨昭繫象，妙極天人，寶歷有歸，光宅攸屬，而將安獨善，不務兼濟，靈命徘徊，幽明載佇。伏願時順謳謠，念茲宗祏，用捨勞疾，允答人神。」王答曰：「自量眇身，是以讓執。然王公勤至，不可拒違。今敬承所陳，惟愧弗堪負荷耳。」太尉公尒朱度律奉進璽綬袞冕之服，乃就輅車，百官侍衛，入自建春、雲龍門，昇太極前殿，羣臣拜賀。

【略】

後廢帝，諱朗，字仲哲，章武王融第三子也，母曰程氏。少稱明悟。永安二年，為肆州魯郡王後軍府録事參軍、儀同開府司馬。元曄之建明二年正月戊子，為冀州勃海太守。及齊獻武王起義兵，將誅暴逆，乃推戴之。

冬十月壬寅，即皇帝位於信都城西。【略】

出帝，諱脩，字孝則，廣平武穆王懷之第三子也，母李氏。性沉厚少言，好武事。始封汝陽縣開國公，拜通直散騎侍郎，轉中書侍郎。建義初，除散騎常侍，尋遷平東將軍、兼太常卿，又為鎮東將軍、宗正卿。永安三年，封平陽王。普泰初，轉侍中、鎮東將軍、儀同三司、兼尚書右僕射，又加侍中、尚書左僕射。

中興二年夏四月，安定王自以疏遠，未允四海之心，請遜大位。齊獻武王與百僚會議，僉謂高祖不可無後，乃共奉王。戊子，即帝位於東郭之外，入自東陽、雲龍門，御太極前殿，羣臣朝賀。

又 卷一二《孝靜帝紀》 孝靜皇帝，諱善見，清河文宣王亶之世子也，母曰胡妃。永熙三年，拜通直散騎侍郎，八月，為驃騎大將軍、開府儀同三司。出帝既入關，齊獻武王奉迎不克，乃與百僚會議，推帝以奉肅宗之後，時年十一。

冬十月丙寅，即位于城東北，大赦天下，改永熙三年為天平元年。

太子制度部

冊立太子儀分部

綜　述

《三國志》卷三《魏志·明帝紀》 明皇帝諱叡，字元仲，文帝太子也。生而太祖愛之，常令在左右。年十五，封武德侯，黄初二年為齊公，三年為平原王。以其母誅，故未建為嗣。七年夏五月，帝病篤，乃立為皇太子。丁巳，即皇帝位，大赦。

又 卷四《魏志·齊王芳傳》 齊王諱芳，字蘭卿。明帝無子，養王及秦王詢；宮省事祕，莫有知其所由來者。青龍三年，立為齊王。景初三年正月丁亥朔，帝甚病，乃立為皇太子。是日，即皇帝位，大赦。

又 卷三二《蜀志·先主傳》 章武元年夏四月，大赦，改年。以諸葛亮為丞相，許靖為司徒。置百官，立宗廟，祫祭高皇帝以下。五月，立皇后吴氏，子禪為皇太子。六月，以子永為魯王，理為梁王。

又 卷三三《蜀志·後主傳》 後主諱禪，字公嗣，先主子也。建安二十四年，先主為漢中王，立為王太子。及即尊號，册曰：『惟章武元年五月辛巳，皇帝若曰：太子禪，朕遭漢運艱難，賊臣篡盗，社稷無主，格人羣正，以天明命，朕繼大統。今以禪為皇太子，以承宗廟，祗肅社稷。使使持節丞相亮授印綬，敬聽師傅，行一物而三善皆得焉，可不勉與！』【略】

延熙元年春正月，立皇后張氏。大赦，改元。立子璿為太子，子瑶為安定王。

又 卷四七《吴志·吴主傳》 黄龍元年春，公卿百司皆勸權正尊號。夏四月，夏口、武昌並言黄龍、鳳凰見。丙申，南郊即皇帝位，是日大赦，改年。追尊父破虜將軍堅為武烈皇帝，母吴氏為武烈皇后，兄討逆將軍策為長沙桓王。吴王太子登為皇太子。將吏皆進爵加賞。【略】

（赤烏）五年春正月，立子和為太子，大赦，改禾興為嘉興。【略】

（赤烏十三年八月）廢太子和，處故鄣。魯王霸賜死。【略】十一月，立子亮為太子。

又 卷四八《吴志·孫休傳》 （永安五年八月）乙酉，立皇后朱氏。戊子，立子䨩為太子，大赦。【略】

建衡元年春正月，立子瑾為太子，及淮陽、東平王。

《晉書》卷三《武帝紀》 （泰始三年正月）丁卯，立皇子衷為皇太子。詔曰：『朕以不德，託于四海之上，兢兢祗畏，懼無以康濟宇內，思與天下式明王度，正本清源，於置胤樹嫡，非所先務。又近世每建太子，寬宥施惠之事，間不獲已，順從王公卿士之議耳。方今世運垂平，將陳之以德義，示之以好惡，使百姓蠲多幸之慮，篤終始之行，曲惠小仁，故無取焉。咸使知聞。』

又 卷四《惠帝紀》 （永熙元年）秋八月壬午，立廣陵王遹為皇

太子，以中書監何劭為太子太師，吏部尚書王戎為太子太傅，衛將軍楊濟為太子太保。【略】

（永平九年）十二月壬戌，廢皇太子遹為庶人，及其三子幽于金墉城，殺太子母謝氏。【略】

（永康元年三月）癸未，賈后矯詔害庶人遹于許昌。【略】

（太安元年五月）癸卯，以清河王遐子覃為皇太子，賜孤寡帛，大酺五日。【略】

（永興元年）二月乙酉，廢皇后羊氏，幽于金墉城，黜皇太子覃復為清河王。【略】

秋七月丙申朔，右衛將軍陳眕以詔召百僚入殿中，因勒兵討成都王穎。戊戌，大赦，復皇后羊氏及皇太子覃。【略】

八月戊辰，穎殺東安王繇。張方復入洛陽，廢皇后羊氏及皇太子覃。

又 卷五《孝懷帝紀》 孝懷皇帝諱熾，字豐度，武帝第二十五子也。太熙元年，封豫章郡王。【略】

永興元年，改授鎮北大將軍、都督鄴城守諸軍事。十二月丁亥，立為皇太弟，帝以清河王覃本太子也，懼不敢當。【略】

（永嘉元年三月）庚午，立豫章王詮為皇太子。辛未，大赦。

又 《孝愍帝紀》 （永嘉）六年九月辛巳，奉秦王為皇太子，登壇告類，建宗廟社稷，大赦。

又 卷六《元帝紀》 （太興元年三月）庚午，立王太子紹為皇太子。

又 《明帝紀》 （太寧三年三月）戊辰，立皇子衍為皇太子，大赦，增文武位二等，大酺三日，賜鰥寡孤獨帛，人二匹。

又 卷七《成帝紀》 （咸康八年）夏六月庚寅，帝不悆，詔曰：『朕以眇年，獲嗣洪緒，託于王公之上，于茲十有八年。未能闡融政道，翦除逋浸，夙夜戰兢，匪遑寧處。今遘疾殆不興，是用震悼于厥心。千齡眇眇，未堪艱難。司徒、琅邪王岳，親則母弟，體則仁長，君人之風，允塞時望。肆爾王公卿士，其輔之！以祇奉祖宗明祀，協和內外，允執其中。嗚呼，敬之哉！無墜祖宗之顯命。』壬辰，引武陵王晞、會稽王昱、中書監庾冰、中書令何充、尚書令諸葛恢並受顧命。

又 《康帝紀》 （建元二年九月）丙申，立皇子聃為皇太子。

又 卷九《孝武帝紀》 咸安二年秋七月己未，立為皇太子。是日，簡文帝崩，太子即皇帝位。【略】

（太元十二年）秋八月辛巳，立皇子德宗為皇太子，大赦，增文武位二等，大酺五日，賜百官布帛各有差。

《宋書》卷三《武帝紀下》 （永初元年八月）癸酉，立王太子為皇太子。乙亥，詔曰：『朕承歷受終，猥饗天命。荷積善之祚，藉士民之力，七廟備文，率由令範。先后祇嚴，獲遂宣訓，蒸嘗肇建，情敬無違。加以儲宮備禮，皇基彌固，國慶家禮，爰集旬日，豈予一人，獨荷茲慶。其見刑罪無輕重，可悉原赦。限百日，以今為始。先因軍事所發奴僮，各還本主；若死亡及勳勞破免，亦依限還直。』

又 卷五《文帝紀》 （元嘉六年）三月丁巳，立皇子劭為皇太子。戊午，大赦天下，賜文武位一等。

又 卷六《孝武帝紀》 （孝建元年正月）丙寅，立皇子子業為皇太子。賜天下為父後者爵一級。孝子、順孫、義夫、節婦粟帛各有差。

又 卷八《明帝紀》 （泰始二年十月）戊寅，立皇子昱為皇太子。

《南齊書》卷二《高帝紀下》 （建元元年六月）甲申，立皇太子賾。斷諸州郡禮慶。見刑入重者，降一等，并申前赦恩百日。立皇子嶷為豫章王，映為臨川王，晃為長沙王，曄為武陵王，暠為安成王，鏘為鄱陽王，鑠為桂陽王，鑑為廣陵王，皇孫長懋為南郡王。

又 卷三《武帝紀》 （建元四年）六月甲申，立皇太子長懋。詔申壬戌赦恩百日。乙酉，以鄱陽王鏘為雍州刺史，臨汝公子卿為郢州刺史。甲午，以寧朔將軍臧靈智為越州刺史。丙申，立皇太子妃王氏。進封聞喜公子良為竟陵王，臨汝公子卿為廬陵王，應城公子敬為安陸王，江陵公子懋為晉安王，枝江公子隆為隨郡王，皇子子真為建安王，皇孫昭業為南郡王。

又 卷四《鬱林王紀》 鬱林王昭業字元尚，文惠太子長子也。小名法身。世祖即位，封南郡王，二千戶。永明五年十一月戊子，冠於東宮崇政殿。其日小會，賜王公以下帛各有差，給昭業扶二人。七年，有司奏給班劍二十人，鼓吹一部，高選友、學。十一年，給皁輪三望車。詔高選國官。文惠太子薨，立昭業為皇太孫，居東宮。

又　卷六《明帝紀》（建武元年十一月）戊子，立皇太子寶卷，賜天下為父後者爵一級，孝子從孫，義夫節婦，普加甄賜明揚。表其衡閭，賚以束帛。己丑，詔『東宮肇建，遠近或有慶禮，可悉斷之』。

又　卷七《東昏侯紀》（永元元年）夏四月己巳，立皇太子誦，大赦，賜民為父後爵一級。

《梁書》卷二《武帝紀中》（天監元年）冬十一月己未，立小廟。甲子，立皇子統為皇太子。【略】

（中大通三年）夏四月乙巳，皇太子統薨。【略】

秋七月乙亥，立晉安王綱為皇太子。大赦天下，賜為父後者及出處忠孝文武清勤，並賜爵一級。

又　卷四《簡文帝紀》（太清三年六月）丁亥，立宣城王大器為皇太子。

又　卷五《元帝紀》（承聖元年十一月）己卯，立王太子方矩為皇太子，改名元良。

《陳書》卷三《世祖紀》（永定三年）九月辛酉，立皇子伯宗為皇太子，王公以下賜帛各有差。

《魏書》卷四上《世祖紀上》　延和元年春正月丙午，尊保太后為皇太后，立皇后赫連氏，立皇子晃為皇太子，謁于太廟，大赦，改年。

又　卷五《高宗紀》（太安二年）二月丁巳，立皇子弘為皇太子，大赦天下。

又　卷六《顯祖紀》（皇興三年）六月辛未，立皇子宏為皇太子。

又　卷七下《高祖紀下》（太和十七年六月）立皇子恂為皇太子。【略】

秋七月癸丑，以皇太子立，詔賜民為人後者爵一級，為公士；曾為吏屬者爵二級，為上造；鰥寡孤獨不能自存者，人粟五斛。【略】

（太和二十年十二月）丙寅，廢皇太子恂為庶人；丁卯，告太廟。【略】二十有一年春正月丙申，立皇子恪為皇太子，賜天下為父後者爵一級。

又　卷八《世宗紀》（太和）二十一年正月甲午，立為皇太子。【略】

（延昌元年）冬十月乙亥，立皇子詡為皇太子。是月，嚈噠、于闐、高昌及庫莫奚諸國並遣使朝獻。十有一月丙申，詔曰：『朕運承天休，統御宸宇，太子體藉靈明，肇建宮華，明兩既孚，三善方洽，宜澤均率壤，榮汎庶胤。其賜天下為父後者爵一級，孝子、順孫、廉夫、節婦旌表門閭，量給粟帛。』

《北齊書》卷四《文宣帝紀》（天保元年六月）丁亥，詔立王子殷為皇太子，王后李氏為皇后。【略】己亥，以皇太子初入東宮，赦畿內及并州死罪已下，餘州死降，徒流已下一皆原免。

又　卷六《孝昭帝紀》（皇建元年）冬十一月辛亥，立妃元氏為皇后，世子百年為皇太子。賜天下為父後者爵一級。

又　卷七《武成帝紀》　河清元年春正月乙亥，車駕至自晉陽。辛巳，祀南郊。壬午，享太廟。丙戌，立妃胡氏為皇后，子緯為皇太子。大赦，內外百官普加汎級，諸為父後者賜爵一級。

又　卷八《後主紀》（武平元年）九月乙巳，立皇子恒為皇太子。

《周書》卷五《武帝紀上》（建德元年四月）癸巳，立魯國公贇為皇太子。大赦天下，百官各加封級。

又　卷七《宣帝紀》　宣皇帝諱贇，字乾伯，高祖長子也。母曰李太后。武成元年，生於同州。保定元年五月丙午，封魯國公。建德元年四月癸巳，高祖親告廟，冠於阼階，立為皇太子。詔皇太子巡撫西土。【略】

（大象元年正月）戊午，行幸洛陽。立魯王衍為皇太子。

《隋書》卷九《禮儀志四》　後齊冊皇太子，則皇帝臨軒，司徒為使，司空副之。太子服遠遊冠，入至位。使者入，奉冊讀訖，皇太子跪受冊於使，以授中庶子。又受璽綬於尚書，以授庶子。稽首以出。就冊，則使者持節至東宮，宮臣內外官定列。皇太子階東，西面。若幼，則太師抱之，主衣二人奉空頂幘服從，以受冊。明日，拜章表於東宮殿庭，中庶子、中舍人乘軺車，奉章詣朝堂謝。擇日齋於崇正殿，服冕，乘石山安車謁廟。擇日羣臣上禮，又擇日會。明日，三品以上牋賀。

論說

《晉書》卷二一《禮志下》　漢魏故事，皇太子稱臣。新禮以太子既以子為名，而又稱臣，臣子兼稱，於義不通，除太子稱臣之制。摯虞以為：『《孝經》「資於事父以事君」，義兼臣子，則不嫌稱臣，宜定新禮皇太子稱臣如舊。』詔從之。

太寧三年三月戊辰，明帝立皇子衍為皇太子。癸巳，詔曰：『禮無生而貴者，故帝元子方之於士。而漢魏以來，尊崇儲貳，使官屬稱臣，朝臣咸拜，此甚無謂。吾昔在東宮，未及啓革。今衍幼沖之年，便臣先達，將令日習所見，謂之自然，此豈可以教之邪！主者其下公卿內外通議，使必允禮中。』尚書令卞壼議以為：『《周禮》王后太子不會，明禮同於君，皆所以重儲貳，異正嫡。苟奉之如君，不得不拜矣。太子若存謙沖，故宜答拜。臣以為皇太子之立，郊告天地，正位儲宮，豈得同之皇子揖讓而已。謂宜稽則漢魏，闔朝同拜。』從之。【略】

太元十二年，臺符問：『皇太子既拜廟，朝臣奉賀，應上禮與不？』國子博士車胤云：『百辟卿士，咸預盛禮，展敬拜伏，不須復上禮。惟方伯牧守，不睹大禮，自非酒牢貢羞，無以表其乃誠，故宜有上禮。猶如元正大慶，方伯莫不上禮，朝臣奉璧而已。』太學博士庾弘之議：『案咸寧三年始平、濮陽諸王新拜，有司奏依故事，聽京城近臣諸王公主應朝賀者復上禮。今皇太子國之儲副，既已崇建，普天同慶。謂應上禮奉賀。』徐邈同。

雜録

《三國志》卷五九《吳志·孫登傳》　孫登字子高，權長子也。魏黃初二年，以權為吳王，拜登東中郎將，封萬戶侯，登辭疾不受。是歲，立登為太子，選置師傅，銓簡秀士，以為賓友，於是諸葛恪、張休、顧譚、陳表等以選入，侍講詩書，出從騎射。權欲登讀漢書，習知近代之事，以張昭有師法，重煩勞之，乃令休從昭受讀，還以授登。登待接寮屬，略用布衣之禮，與恪、休、譚等或同輿而載，或共帳而寐。太傅張溫言於權曰：『夫中庶子官最親密，切問近對，宜用儁德。』於是乃用表等為中庶子。後又以庶子禮拘，復令整巾侍坐。黃龍元年，權稱尊號，立為皇太子，以恪為左輔，休右弼，譚為輔正，表為翼正都尉，是為四友，而謝景、范慎、刁玄、羊茞等皆為賓客，於是東宮號為多士。

《梁書》卷八《昭明太子傳》　高祖既受禪，有司奏立儲副，高祖以天下始定，百度多闕，未之許也。羣臣固請，天監元年十一月，立為皇太子。時太子年幼，依舊居於內，拜東宮官屬，文武皆入直永福省。

唐·杜佑《通典》卷三〇《職官典十二·東宮官敘》　自魏明帝以後，久曠東宮，制度闕廢，官司不具。吳孫權即位，孫登為太子，兼置四友等官。以諸葛恪為左輔，張休為右弼，顧譚為輔正都尉，陳表為翼正都尉，是為四友。於是東宮號為多士。晉初，詹事、左右率、庶子、中舍人諸官並未置。唯置衛率令典兵，二傅幷攝衆事。至咸寧元年，始置詹事，以領宮事。宋孝武置東宮率更令等官，其中庶子、庶子、中舍人、舍人、洗馬各減舊員之半。後周加置太子諫議員四人。

又　卷五五《禮典十五·吉禮十四·告禮》　徐邈又議云：『按（西晉）武帝永熙元年，告謚南郊，用牲。自江左以來，（東晉）哀帝興寧中、簡文帝咸安中告謚，並蒼璧制幣，告立太子、太孫。』

唐·徐堅《初學記》卷一〇《中宮部·太子第三》　《晉中興書》曰：安皇帝，烈宗長子也，冊為皇太子曰：『岐嶷表于載誕，克廣同乎大成，是用命爾，以登儲貳。』《易》曰：明兩作離，大人以繼明照于四方。王肅注曰：兩離相續，明之義也。【略】

梁武帝《立昭明太子詔》：『朕屬當期運，係迹前王，所以長代流祚，垂之萬葉，百辟咸以元良之寄，有國莫先，自昔哲后。降及近代，莫不立儲樹嫡，守器承祧。及旁挹羣議，遠惟七百，建茲蒙稚，仰副宗祊；承華肇開，崇賢克永，無疆之慶，非獨在余。恩霑渥澤，被之遐邇。』

又《立晉安王為太子詔》：『非至公無以王天下，非博愛無以臨四海，所以堯禪舜讓，惟德是與；文王舍伯邑考而立武王，格於上下，光於四表。今岱宗牢落，天步艱難，淳風猶鬱，黎民未乂。自非克明克哲，允文允武，豈能荷神器之重，嗣龍圖之尊？晉安王綱，德行內敏，威惠外宣，羣后歸美，率土宅心，可立綱為皇太子。庶百年勝殘，方流餘慶，必世後仁，永固洪業。』

後魏温子昇《莊帝生皇太子赦詔》：『有國三善，事屬元良；本枝百世，義鍾繼體。朕應天纂命，握圖受籙；景祚惟新，卜年以永。令月吉辰，皇子誕育；彩雲映日，神光照殿。方開博望，將起龍樓；遠近同歡，人神共悅。』

唐・歐陽詢等《藝文類聚》卷一六《儲宮部》 梁武帝《立皇太子詔》曰：非至公無以王天下，非博愛無以臨四海，所以堯禪舜讓，惟德是與，文王舍伯邑考而立武王，格于上下，光被四表，今岱宗牢落，天步艱難，淳風猶鬱，黎民未乂，自非克明克哲，允文允武，豈能荷神器之重，嗣龍圖之尊，晉安王綱，德行內敏，威惠外宣，羣后歸美，率土宅心，可立綱為皇太子，庶百年勝殘，方流餘慶，畢世後仁，永固洪業。

太子冠服璽綬分部

綜述

《晉書》卷二一《禮志下》 太元中，尚書符問王公已下見皇太子儀及所衣服。侍中領國子博士車胤議：『朝臣宜朱衣褠幘，拜敬，太子答拜。案經傳不見其文，故太傅羊祜牋慶太子，稱叩頭死罪，此則拜之證也。又太寧三年詔議其典，尚書卞壼謂宜稽則漢魏，闔朝同拜。其朱衣冠冕，惟施之天朝，宜褠幘而已。』朝議多同。

又 卷二五《輿服志》 皇太子安車，駕三，左右騑。朱班輪，倚獸較，伏鹿軾。九旒，畫降龍。青蓋，金華蚤二十八枚。黑櫕文畫轓，文輈，黄金塗五采。亦謂之鸞路。非法駕則乘畫輪車，上開四望，綠油幢，朱絲繩絡，兩箱裏飾以金錦，黄金塗五采。其副車三乘，形制如所乘，但不畫輪耳。**【略】**

游遠冠，傅玄云秦冠也。似通天而前無山述，有展筩橫于冠前。皇太子及王者後、帝之兄弟、帝之子封郡王者服之。諸王加官者自服其官之冠服，惟太子及王者後常冠焉。太子則以翠羽為緌，綴以白珠，其餘但青絲而已。**【略】**

皇太子金璽龜鈕，朱黄綬，四采：赤、黄、縹、紺。給五時朝服，遠遊冠，介幘、翠緌。佩瑜玉，垂組。朱衣絳紗襮，皁緣白紗，其中衣白曲領。帶劍，火珠素首。革帶，玉鉤燮獸頭鞶囊。其大小會祠宗廟朔望五日還朝皆朝服，常還上宮則朱服，預上宮正會則於殿下脫劍舄。又有三梁進賢冠。其侍祀則平冕九旒，袞衣九章，白紗絳緣中單，絳繒韠，采畫織成袞帶，金辟邪首，紫綠二色帶，采畫廣領，曲領各一，赤舄絳襪。若講，則著介幘單衣；釋奠，則遠遊冠，玄朝服，絳緣中單，絳袴襪，玄舄。若未加元服，則中舍人執冕從，介幘單衣玄服。

又 卷一一〇《慕容儁載記》 儁給事黄門侍郎申胤上言曰：『夫名尊禮重，先王之制。冠冕之式，代或不同。漢以蕭曹之功，有殊羣辟，故劍履上殿，入朝不趨。世無其功，則禮宜闕也。至於東宮，體此為儀，魏晉因循，制不納舄。今皇儲過謙，準同百僚，禮卑逼下，有違朝式。太子有統天之重，而與諸王齊冠遠游，非所以辨章貴賤也。

祭饗朝慶，宜正服袞衣九文，冠冕九旒。

又仲冬長至，太陰數終，黄鍾產氣，綿微於下，此月閉關息旅，后不省方。《禮記》曰：『是月也，事欲靜，君子齋戒去聲色。』唯《周官》有天子之南郊從八能之說。或以有事至靈，非朝饗之節，故有樂作之理。王者慎微，禮從其重。前來二至闕鼓，不宜有設，今之鏗鏘，蓋以常儀。二至之禮，事殊餘節，猥動金聲，驚越神氣，施之宣養，實為未盡。

又朝服雖是古禮，絳褠始於秦漢，迄于今代，遂相仍準。朔望正旦，乃具衮舄。禮，諸侯旅見天子，不得終事者三，雨沾服失容，其在一焉。今或朝日天雨，未有定儀。禮貴適時，不在過恭。近以地溼不得納舄，而以衮襈改履。案言稱朝服，所以服之而朝，一體之間，上下二制，或廢或存，實乖禮意。大燕受命，侔蹤虞夏，諸所施行，宜損益定之，以為皇代永制。』

儁曰：『其劍舄不趨，事下太常參議。太子服羈冕，冠九旒，超級逼上，未可行也。冠服何容一施一廢，皆可詳定。』

《宋書》卷五《文帝紀》 （元嘉十六年）冬十二月乙亥，皇太子冠，大赦天下。

又　卷六《孝武帝紀》（大明七年）冬十月壬寅，太子冠，賜王公以下帛各有差。

又　卷一四《禮志一》　禮冠於廟，魏以來不復在廟。然晉武、惠冠太子，皆即廟見，斯亦擬在廟之儀也。晉穆帝、孝武將冠，先以幣告廟，訖又廟見也。

晉惠帝之為太子將冠也，武帝臨軒，使兼司徒高陽王珪加冠，兼光祿勳、屯騎校尉華廙贊冠。【略】

宋冠皇太子及蕃王，亦一加也。官有其注。

又　卷一八《禮志五》　漢制，太子、皇子皆安車，朱斑輪，倚虎較，伏鹿軾，黑櫄文畫蕃，青蓋，金華施橑末，黑櫄文畫轓，黃金塗五末。皇子為王，錫以此乘，故曰王青蓋車。皆左右騑駕，五旂，旂九旒，畫降龍。皇孫乘綠蓋車，亦駕三。魏、晉之制，太子及諸王皆駕四。

晉元帝太興三年，太子釋奠。詔曰：『未有高車，可乘安車。』高車，即立乘車也。【略】

皇太子，金璽，龜紐，纁朱綬，四采，赤、黃、縹、紺。給五時朝服，遠遊冠，亦有三梁進賢冠。佩瑜玉。

《南齊書》卷一七《輿服志》　皇太子象輅。校飾如御，旂九旒降龍。

【略】

遠游冠，太子諸王所冠。太子朱纓，翠羽緌珠節。【略】

綬，乘輿黃赤綬，黃赤縹綠紺五采。太子朱綬，諸王纁朱綬，皆赤黃縹紺四采。妃亦同。【略】

皇后金璽，太子諸王金璽，皆龜鈕。

《隋書》卷一一《禮儀志六》（陳朝）皇太子，金璽龜鈕，朱綬，三百二十首。朝服，遠遊冠，金博山，佩瑜玉翠緌，垂組，朱衣，絳紗袍，皁緣白紗中衣，白曲領，帶鹿盧劍，火珠首，素革帶，玉鉤燮，獸頭鞶囊。其大小會、祠廟、朔望、五日還朝，皆朝服，常還上宮則朱服。若釋奠，則遠遊冠，玄朝服，絳緣中單，絳袴袜，玄舄。講，則著介幘。又有三梁進賢冠。其侍祀則平冕九旒，袞衣九章，白紗絳緣中單，絳繒韠，赤舄，絳韈。若加元服，則中舍執冕從。皇太子舊有五時朝服，自天監之後則朱服。在上省則烏帽，永福省則白帽云。【略】

（北魏）皇太子平冕，黑介幘，垂白珠九旒，飾以三采玉，以組為纓，色如其綬。金璽，朱綬，四采，赤黃縹紺。綬朱質，長二丈一尺，三百二十首，廣九寸。小綬長三尺二寸，與綬同色，而首半之。袞服，同乘輿而九章，絳紱，佩瑜玉，玉具劍，火珠標首，絳袴袜，赤舄。非謁廟則不服。未加元服，則空頂黑介幘，雙童髻，雙玉導。中舍人執遠遊冠以從。其遠遊三梁冠，黑介幘，翠緌纓，絳紗袍，皁緣中單，黑舄。大朝所服，亦服進賢三梁冠，黑介幘，皁朝服，絳緣中單，玄舄。為宮臣舉哀，白帢，單衣，烏皮履。未加元服，則素服。

皇太子璽，黃金為之，方一寸，龜鈕，文曰『皇太子璽』。宮中大事用璽，小事用門下典書坊印。

論說

《宋書》卷一五《禮志二》　泰始十年，武元楊皇后崩。博士張靖議：『太子宜依漢文權制，割情除服。』博士陳逵議：『太子宜令服重。』尚書僕射盧欽、尚書魏舒、杜預奏：『諒闇之制，乃因自古，是以高宗無服喪之文，唯稱不言而已。漢文限三十六日，魏氏以既虞為斷。皇太子與國為體，理宜釋服。』博士段暢承述預旨，推引《禮》傳以成其說。既卒哭，太子及三夫人以下皆隨御除服。

又　卷一八《禮志五》　明帝泰始四年五月甲戌，尚書令建安王休仁參議：『天子之子，與士齒讓，達於辟雍，無生而貴者也。既命而尊，禮同上公。周制五等，車服相涉，公降王者，一等而已。王以金路賜同姓諸侯，象及革木，以賜異姓侯伯，在朝卿士，亦準斯禮。按如此制，則東宮應乘金路。自晉武過江，禮儀疏舛，王公以下，車服卑雜；唯有東宮，禮秩崇異，上次辰極，下絕侯王。而皇太子乘石山安車，義不見經，事無所出。禮所謂金、玉路者，正以金玉飾輅諸末耳。左右前後，同以漆畫。秦改周輅，制為金根，通以金薄，周匝四面。漢、魏、二晉，因循莫改。逮于大明，始備五輅。金玉二制，並類金根，造次瞻睹，殆無差別。若錫之東儲，於禮嫌重，非所以崇峻陛級，表示等威。且《春秋》之義，降下以兩，臣子之義，宜從謙約。謂東宮車服，宜降天子二等，驂駕四馬，乘象輅，降龍碧旂九葉。進不斥尊，退不逼下，沿古酌時，於禮為衷。』詔可。【略】

泰始六年正月戊辰，有司奏：『被敕皇太子正冬朝賀，合著袞冕九章衣不？』儀曹郎丘仲起議：『案《周禮》，公自袞冕以下。鄭注：「袞冕以至卿大夫之玄冕，皆其朝聘天子之服也。」伏尋古之上公，尚得服袞以朝。皇太子以儲副之尊，率土瞻仰。愚謂宜式遵盛典，服袞冕九旒以朝賀。』兼左丞陸澄議：『服冕以朝，實著經典。秦除六冕之制，至漢明帝始與諸儒還備古章。自魏、晉以來，宗廟行禮之外，不欲令臣下服袞冕，故位公者，每加侍官。今皇太子承乾作副，禮絶羣后，宜遵聖王之盛典，革近代之陋制。臣等參議，依禮，皇太子元正朝賀，應服袞冕九章衣。以仲起議為允。撰載儀注。』詔可。

藝文

唐·徐堅《初學記》卷一〇《中宮部·太子第三》　宋謝莊慶《太子元服上至尊表》：『伏惟皇太子殿下：明兩承乾，元良作貳；抗法還身，英華自遠。樂以脩中，禮以治外；三善克茂，德成教尊。今日吉辰，昭加元服。對靈祇之望，儔上庠之歡，率天罄世，莫不載躍。』

又《太子元服上太后表》：『離景承震，樞光陪極；毓問東華，飛英上序。樂正歌風，司成頌德；清明神鏡，温文在躬。練日簡辰，昭備元服。懋三王之教，屬少海之重。』

雜録

《魏書》卷一〇八之四《禮志四》　高祖太和十九年五月甲午，冠皇太子恂於廟。丙申，高祖臨光極堂，太子入見，帝親詔之。事在《恂傳》。六月，高祖臨光極堂，引見羣官。詔曰：『比冠子恂，禮有所闕，當思往失，更順將來。禮古今殊制，三代異章。近冠恂之禮有三失，一，朕與諸儒同誤，二，諸儒違朕，故令有三誤。今中原兆建，百禮惟新，而有此三失，殊以愧歎。《春秋》，襄公將至衛，以同姓之國，問其年幾，而行冠禮。古者皆灌地降神，或有作樂以迎神。昨失作樂。至廟庭，朕以意而行拜禮，雖不得降神，於理猶差完。司馬彪云，漢帝有四冠：一緇布，二進賢，三武弁，四通天冠。朕見《家語·冠頌篇》，四加冠，公也。《家語》雖非正經，孔子之言與經何異。諸儒忽司馬彪《志》，致使天子之子，而行士冠禮，此朝廷之失。冠禮朕以為有賓，諸儒皆以為無賓，朕既從之，復令有失。孔所云「斐然成章」，其斯之謂。』太子太傅穆亮等拜謝。高祖曰：『昔裴頠作冠儀，不知有四，裴頠尚不知，卿等復何愧。』

唐·杜佑《通典》卷五六《禮典十六·嘉禮一·皇太子冠》　魏氏冠太子，再加。皇子、王公嗣子，乃三。孫毓以為一加再加，皆非禮也。冠諸王，因漢遣使行事。

晉惠帝之為太子，將冠，武帝臨軒，使兼司徒高陽王珪加冠，兼光祿大夫、屯騎校尉華廙贊冠。武、惠冠太子，冠訖，皆即廟見，斯亦擬在廟之儀。泰始六年，南宮王承年十五，依舊應冠。有司議奏：『禮十五成童。國君十五而生子，以明可冠之宜。又漢魏遣使冠諸王，非古典。』於是制儀，王十五而冠，遂革使命。咸寧二年秋閏九月，遣使冠汝南王柬。惠帝以正月景午，冠太子訖，乃廟見。懷帝亦以正月冠皇太子。

宋冠皇太子及藩王以一加。

齊武帝孫南郡王昭業冠，從尚書令王儉議，使太常持節一加冠，大鴻臚為贊，醮酒之儀，國官陪位，拜賀如常。其日，內外二品清官以上，詣公車門集賀，并詣東宮南門通牋。別日上禮，宮臣亦詣門稱慶，如上臺之儀。既冠之後，剋日謁廟。儉議曰：『皇孫冠事，歷代所無，禮雖有嫡子無嫡孫，然南郡王體自儲暉，實惟國重，元服之典，宜異列藩。依於諸王則輕，同於儲皇則重。按《士冠禮》：「主人玄冠朝服。」注云：「主人，冠者之父兄也。」尋其言父及兄，則明祖在，父不為主也。又《春秋》之義，「不以父命辭王父命」，則皇太子無專用之道。宜使太常持節一加冠。』并撰立贊冠醮酒二辭，不依藩國。詔可也。祝辭曰：『皇帝使給事中、太常、武安侯蕭惠本加南郡王冠。筮日戒賓，肇加元服。棄爾幼志，從厥成德。親賢使能，克崇景福。』醮酒辭曰：『旨酒既清，嘉薦既盈。兄弟具在，淑慎儀形。永永眉壽，於穆斯寧。』明帝冠太子用正月。

梁武帝天監十三年正月，冠太子於太極殿，修前代之儀。

後魏孝文帝冠皇太子恂於廟。詔曰：『司馬彪《漢志》：漢帝有四加冠，一緇布，二進賢，三武弁，四通天。朕見《家語・冠頌》篇，四加冠，公也。家語，孔子之言，與正經何異？諸儒忽司馬彪《志》，致使天子之子，而行士冠。朕以為有賓，諸儒皆以為無賓。孔氏所云「斐然成章」，其斯之謂矣。』

北齊制，皇太子冠，則太尉以制幣告七廟。擇日臨軒，有司供帳於崇正殿。中嚴，皇太子空頂幘公服出，立東階之南，西面。使者入，立西階之南，東面。受詔訖，入室盥櫛，出，南面。使者進揖，詣冠席，西面坐。光祿卿盥訖，詣太子前跪櫛。使者又盥，奉進賢三梁冠，至太子前，東面祝，脫空頂幘，加冠。太子興，入室更衣，出，又南面就席。光祿卿盥櫛。使者又盥祝，脫三梁冠，再加遠遊冠。太子又入室更衣。設席中楹之西，使者揖就席，南面。光祿卿洗爵酌醴，使者詣席前，北面祝。太子拜，受醴，即席坐，祭之，啐之，奠爵，降階，復本位，西面。三師、三少及在位羣官拜事訖。又擇日會宮臣，又擇日謁廟。

元・馬端臨《文獻通考》卷一一九《王禮考十四・皇太子皇子公卿以下車輦鹵簿》

魏因漢制。文帝問：『東平王有輅，為是特賜乎？』鄭稱對曰：『天子五輅，金輅以封，同姓諸侯得與天子同乘金輅，非特賜始有也。』

晉皇太子安車，因魏制而駕三馬。非法駕則乘畫輪車，上開四望，綠油幢，朱絲繩絡，兩廂裏飾，黃金漆塗五末。其副車三乘，形制如所乘，但不畫輪耳。王青蓋車，皇孫綠蓋車，並駕三，左右騑。

晉制：雲母車，以雲母飾犢車，以賜王公。皂輪車，駕牛，形如犢車，皂漆較轂，上加青油幢，朱絲繩絡。諸王三公有勳德者特加之。位至公，或四望、三望、夾望車。油幢車，駕牛，如犢車，皂輪，但不漆轂，王公大臣有勳德特給之。通幰車，駕牛，如犢車，但舉其幰通覆車上，諸王三公並乘之。武帝詔給魏舒陽燧四望小車。三望如四望。油幢給車，似三望而減。王公加禮者乘，次三望。平乘車竹簟子壁，措輪為輪，通幰其後形龍牽，金塗支子花紐，轅頭後稍沓伏神承塗。庶人亦然。三公諸王所乘。自四望至平乘，皆銅校飾。諸公給朝車駕駟、安車黑耳，駕三。自祭酒掾下及令史，皆皂輪，特進以下，諸將軍非持節都督者，給安車黑耳駕二。三公、九卿、二千石，皆人車立乘，駕四。去位致仕告老，賜安車駕四。郡縣公侯，安車駕二，右騑，皆朱斑輪，倚鹿車，伏熊軾，皂繒蓋。旂旂，公八，侯七，卿五，皆畫降龍。中二千石、二千石，皆皂蓋，朱輪同五駕二。千石、六百石，朱左輪。王公之元子攝命理國者，安車駕三，旂七旂，封侯之元子五旂。大使車，立乘，駕四，赤帷裳，騶騎，公卿二千石郊廟、上陵、從駕所乘。小使車，不立乘，駕四，輕車之流也。蘭輿皆朱赤轂，赤屏泥，白蓋，赤帷裳。追捕執取者所乘。凡諸使車，皆朱斑輪，赤衡軛。追鋒車，去小蓋，加通幔，如軺車，駕二。以迅速為名，戎陣之間，是為傳乘，軺車，古將軍所乘傳之車。按漢貴輜軿而賤軺車，魏晉貴軺車而賤輜軿。三品將軍以上、尚書令軺車黑耳有後戶，僕射但有後戶耳，並皂輪也。

東晉安帝時，皇子乘後山安車，制如金輅。

宋因之，皇子為王，亦錫以皇太子之安車。皇孫綠車，亦因舊法。其追鋒車、雲母車、四望車。公及列侯所乘安車，依漢舊制，駕二馬。旂旗旂，王公，侯七，卿五，皆降龍。公卿、中二千石郊陵法出，皆大車立乘，駕四；他出、去位、致仕者，皆安車，四馬，二千石皆皂蓋，朱轓，銅五末，駕二，右騑：王公之世子攝命治國者，安車，駕三，旂旗七，旂侯世子五旂。

齊皇太子乘象輅，校飾如御，旂旗九旂，降龍制。黃屋車，建碧旂，九旂，九旂，鸞輅也。蓋以黃輅為裏，金塗校其絳絲，九命上公所乘。青蓋安車，朱轓斑輪，駕一，左右騑，通幰車為副，諸王禮行所乘。皂蓋安車，朱轓，漆斑輪，駕一，通幰朱車為副，三公禮行所乘。安車，黑耳皂蓋，朱轓，駕一，牛車為副，國公列侯禮行所乘。馬車，駕一，九卿、領、護、二衛、驍遊、四軍、五校從郊陵所乘。餘同晉法。

梁皇太子、皇子因齊象輅制鸞輅，駕三，左右騑。朱斑輪，倚獸較，伏鹿軾、九旂，降龍，青蓋，畫轓，文軜，金塗五末。以畫輪車為副。常乘畫輪，則衣畫車為副。其畫輪車，上開四望，綠油幢，朱繩絡，兩箱裏飾以金錦。二千石四品以上及列侯，皆給軺車，駕牛。伏兔箱，青油幢，朱絲絡，轂輞皆黑漆。天監二年令，三公、開府、尚書令、給鹿幡軺，施耳，後戶，皂輞。尚書僕射、左右光祿大夫、侍中、中書監令、秘書監，給鳳轄軺，後戶，皂輞。領、護、國子祭酒、太子詹事、尚書、侍中、列卿等，給聊泥軺，無後戶，漆輪。車驃、騎及諸王除刺史帶將軍，給龍雀軺，以金銀飾。御史中丞給方蓋軺，形小如傘。諸王三公有勳德者，皆特加皂輪車，駕牛，形如犢車。但烏漆輪轂，黃金雕裝，上加清油幢，朱絲絡，通幰。王公加禮者，給油幢絡車，駕牛，朱輪華轂。

程氏《演繁露》曰：『舊尚書令、僕、中丞騶唱，得入宮門，止於馬道馬道是許人上馬處也。郭祚為僕射，奏言非盡敬之宜。騶唱不入宮，自此始也。按騶唱者，騶從之傳呼也。朱仲遠為行臺僕射，請準朝式，在軍鳴騶，廢帝笑而許之。史臣謂其任情，則是僕射在朝得用騶唱，而蒞軍則否，軍國異容之義也。在軍而乞從朝儀，所以名為任情也。梁制，尚書令、僕、御史中丞各給威儀十人，其七人武冠絳韝唱呼入殿，引喤至階，一人執儀囊不喤音橫，《類篇》曰，喧也，則七人同聲唱導，故曰喧也《通典》二十二。絳韝六人，所謂騶也。』

陳因梁制。

後魏太子乘金輅，朱蓋，赤質，駕四馬。三公及王車，朱屋青蓋，制同五輅，名曰高車，駕三馬。庶姓王侯及尚書令、僕以下，列卿以上，並給軺車，駕一馬，或乘四望通幰車，駕一牛。

北齊因魏制。王、庶姓王、儀同三司以下，翟尾扇，紫傘。皇宗及三品以上官，青傘朱裏。其青傘碧裏，達於士人，不禁。正從一品執事散官、及儀同三司，乘油朱絡網車，車，牛飾得用金塗及純銀。二品、三品乘卷通幰車，車牛金飾。七品以上，乘偏幰車，車牛飾以銅。

後周諸公之輅九。方輅各象方之色、碧輅、金輅，皆錫面，鞶纓九就，金鉤。象輅、犀輅、貝輅、革輅、篆輅、木輅，皆疏面，鞶纓九就。皆以朱、白、蒼三采。諸侯自方輅而下八，無碧輅。諸伯自方輅而下七，無金輅。諸子自方輅而下六，無象輅。諸男自方輅而下五，又無犀輅。凡就，各如其命。三公之車輅九：衪輅、犀輅、貝輅、篆輅、木輅、夏篆、夏縵，墨車、棧車。自篆以上，金塗諸末，錫，鞶纓，金鉤。木輅以下，銅飾諸末，疏，鞶纓皆九就。三孤自衪輅而下八，無犀輅。六卿自衪輅而下七，又無貝輅。上大夫自衪輅而下六，又無篆輅。中大夫自衪輅而下五，又無木輅。下大夫自衪輅而下四，又無夏篆。士車三：衪車、墨車、棧車，凡就，各如其命數。自孤以下，就以朱綠二采。

太子官屬分部

綜　述

《晉書》卷二四《職官志》　太子太傅、少傅，皆古官也。泰始三年，武帝始建官，各置一人，尚未置詹事，官事無大小，皆由二傅，並有功曹、主簿、五官。太傅中二千石，少傅二千石。其訓導者，太傅在前，少傅在後。皇太子先拜，諸傅然後答之。武帝後以儲副體尊，遂命諸公居之；以本位重，故或行或領。時侍中任愷，武帝所親敬，復使領之，蓋一時之制也。咸寧元年，以給事黃門侍郎楊珧為詹事，掌宮事，二傅不復領官屬。及楊珧為衛將軍，領少傅，省詹事，遂崇廣傅訓，命太尉賈充領太保，司空齊王攸領太傅，所置吏屬復如舊。二傅進賢兩梁冠，黑介幘，五時朝服，佩水蒼玉，食奉日三斛。太康二年，始給春賜絹五十匹，秋絹百疋，綿百斤。其後太尉汝南王亮、車騎將軍楊駿、司空衛瓘、石鑑皆領傅保，猶不置詹事，以終武帝之世。惠帝元康元年，復置詹事，二傅給菜田六頃，田騶六人，立夏後不及田者，食奉一年。置丞一人，秩千石；主簿、五官掾、功曹史、主記門下史、録事、戶曹法曹倉曹賊曹功曹書佐、門下亭長、門下書佐、省事各一人，給赤耳安車一乘。及愍懷建官，乃置六傅，三太、三少，以景帝諱師，故改太師為太保，通省尚書事，詹事文書關由六傅。然自元康之後，諸傅或二或三，或四或六，及永康中復不置詹事也。自太安已來置詹事，終孝懷之世。渡江之後，有太傅少傅，不立師保。

中庶子四人，職如侍中。

中舍人四人，咸寧四年置，以舍人才學美者為之，與中庶子共掌文翰，職如黃門侍郎，在中庶子下，洗馬上。

食官令一人，職如太官令。

庶子四人，職比散騎常侍、中書監令。

舍人十六人，職比散騎、中書等侍郎。

洗馬八人，職如謁者祕書，掌圖籍。釋奠講經則掌其事，出則直者前驅，導威儀。

率更令，主宮殿門戶及賞罰事，職如光祿勳、衛尉。

家令，主刑獄、穀貨、飲食，職比司農、少府。漢東京主食官令，食官令及晉自為官，不復屬家令。

僕，主車馬親族職如太僕、宗正。

左右衛率，案武帝建東宮，置衛率，初曰中衛率。泰始五年，分為左右，各領一軍。惠帝時，愍懷太子在東宮，又加前後二率。及江左，省前後二率，孝武太元中又置。

《宋書》卷四〇《百官志下》　太子太傅，一人。丞一人。太子少傅，一人。丞一人。傅，古官也。《文王世子》曰：『凡三王教世子，太傅在前，少傅在後，並以輔導為職。』漢高帝九年，以叔孫通為太子太傅，位次太常。二漢並無丞。魏世無東宮，然則晉氏置丞也。晉武帝泰始五年，詔太子拜太傅、少傅，如弟子事師之禮；二傅不得上疏曲敬。二傅並有功曹、主簿、五官。太傅中二千石，少傅二千石。

太子詹事，一人。丞一人。職比臺尚書令、領軍將軍。詹，省也。漢西京則太子門大夫、庶子、洗馬、舍人屬二傅，率更令、家令、僕、衛率屬詹事。皆秦官也。後漢省詹事，太子官屬悉屬少傅，而太傅不復領官屬。晉初太子官屬通屬二傅。咸寧元年，復置詹事，二傅不復領官屬。詹事二千石。

家令，一人。丞一人。晉世置。漢世太子食湯沐邑十縣，家令主之。又主刑獄飲食，職比廷尉、司農、少府。漢東京主食官令。食官令，晉世自為官，不復屬家令。

率更令，一人。主宮殿門戶及賞罰事，職如光祿勳、衛尉。漢東京掌庶子、舍人，晉世則不也。自漢至晉，家令在率更下；宋則居上。

僕，一人。漢世太子五日一朝，非入朝日，遣僕及中允旦入請問起居，主車馬、親族，職如太僕、宗正。自家令至僕，為太子三卿。三卿秩千石。

門大夫，二人。漢東京置，職如中郎將，分掌遠近表牋。秩六百石。

中庶子，四人。職如侍中。漢東京員五人，晉減為四人。秩六百石。

中舍人，四人。漢東京太子官屬有中允之職，在中庶子下，洗馬上，疑若今中書舍人矣。中舍人，晉初置，職如黃門侍郎。

食官令，一人。職如太官令。漢東京官也。今屬中庶子。

庶子四人，職比散騎常侍、中書監令。晉制也。漢西京員五人，漢東京無員，職如三署中郎。古者諸侯世子有庶子之官，秦因其名也。秩四百石。

舍人，十六人。職如散騎、中書侍郎。晉制也。二漢無員，掌宿衛如三署中郎。

洗馬，八人。職如謁者、祕書郎也。二漢員十六人。太子出，則當直者前驅導威儀。秩比六百石。

太子左衛率，七人。太子右衛率，二人。二率職如二衛。秦時直云衛率，漢因之，主門衛。晉初曰中衛率，泰始分為左右，各領一軍。惠帝時，愍懷太子在東宮，加置前後二率。成都王穎為太弟，又置中衛，是為五率。江左初，省前後二率。孝武太元中又置。皆有丞，晉初置。宋世止置左右二率。秩舊四百石。

太子屯騎校尉。太子步兵校尉。太子翊軍校尉。三校尉各七人，並宋初置。屯騎、步兵，因臺校尉；翊軍，晉武帝太康初置，始為臺校尉，而以唐彬居之，江左省。

太子冗從僕射，七人。宋初置。

太子旅賁中郎將，十人。職如虎賁中郎將。宋初置。《周官》有旅賁氏。漢制，天子有虎賁，王侯有旅賁。旅，衆也。

太子左積弩將軍，十人。太子右積弩將軍，二人。漢東京積弩將軍，雜號也，無左右之積弩。魏世至晉江左，左右積弩為臺職，領營兵。宋世度東宮，無復營矣。

《南齊書》卷一六《百官志》　太子太傅。少傅。府置丞、功曹、五官、主簿。太子詹事。府置丞一人以下。太子率更令。太子家令。置丞。太子僕。太子門大夫。太子中庶子。太子中舍人。太子洗馬。太子舍人。

太子左右衛率各一。太子翊軍步兵屯騎三校尉。太子旅賁中郎將一人。太子左右積弩將軍。太子殿中將軍、員外殿中將軍。太子倉官令。太子常從虎賁督。右東宮職僚。

《魏書》卷一一三《官氏志》 太和中高祖詔羣僚議定百官，著於令，今列於左，勳品、流外位卑而不載矣。【略】

太子太師
太子太傅
太子太保
右東宮三師【略】
太子少師
太子少傅
太子少保
右東宮三少【略】
太子左右詹事
太子左右衛率【略】
太子中庶子【略】
右第三品上【略】
右第三品中【略】
太子家令
太子率更令
太子僕
太子庶子【略】
右從第三品上【略】
太子三校【略】
右從第四品上【略】
太子中舍人【略】
右從第四品中【略】
太子洗馬【略】
右從第四品上【略】
太子門大夫【略】
右從第四品下【略】
太子舍人【略】
太子倉令【略】
太子食官令【略】
太子中盾【略】
右第五品上【略】
太子廏長【略】
右第五品下【略】
太子常從虎賁督【略】
太子守舍人【略】
太子主書舍人
太子主衣舍人
右第六品中【略】
太子左、右衛率主簿【略】
右第七品上【略】
太子典書令史
太子典衣令史
右第七品中【略】

（太和）二十三年，高祖複次職令，及帝崩，世宗初班行之，以為永制。【略】

子太師 太子太傅 太子太保【略】
右第二品【略】
太子少師 太子少傅 太子少保 中書令 太子詹事【略】
右第三品【略】
太子左右衛率【略】
右從第三品【略】
太子中庶子【略】
右第四品【略】
太子家令 太子率更令 太子僕 太子庶子【略】
右從第四品【略】

太子中舍人【略】

右第五品【略】

太子屯騎校尉 太子步兵校尉 太子翌軍校尉【略】

右從第五品【略】

太子門大夫【略】

太子舍人【略】

右從第六品【略】

太子三卿丞【略】

右第九品【略】

太子廄長【略】

右從第九品

《隋書》卷二六《百官志上》 梁武受命之初，官班多同宋、齊之舊。【略】

太子太傅一人，位視尚書令。少傅一人，位視左僕射。天監初，又置東宮常侍，皆散騎常侍為之。

詹事，位視中護軍，任總宮朝。二傅及詹事，各置丞、功曹、主簿。五官、家令、率更令、僕各一人。家令，自宋、齊已來，清流者不為之。天監六年，帝以三卿陵替，乃詔革選。家令視通直常侍，率更、僕視黃門三等，皆置丞。中大通三年，以昭明太子妃居金華宮，又置金華家令。

左、右衛率各一人，位視御史中丞。各有丞。左率領果毅、統遠、立忠、建寧、陵鋒、夷寇、祚德等七營，右率領崇榮、永吉、崇和、細射等四營。二率各置殿中將軍十人，員外將軍十人，正員司馬四人。又有員外司馬督官。其屯騎、步兵、翊軍三校尉各一人，謂之三校。旅賁中郎將、冗從僕射各一人，謂之二將。左、右積弩將軍各一人。門大夫一人，視謁者僕射。

中庶子四人，功高者一人為祭酒。行則負璽，前後部護駕。

中舍人四人，功高者一人，與中庶子祭酒共掌其坊之禁令。又有通事守舍人、典事守舍人、典法守舍人員。

庶子四人，掌侍從左右，獻納得失。高功者一人，與高功舍人共掌其坊之禁令。

舍人十六人，掌文記。通事舍人二人，視南臺御史，多以餘官兼職。典經局洗馬八人，位視通直郎。置典經守舍人、典事守舍人員。又有外監殿局，內監殿局，導客局，齋內局，主璽、主衣、扶侍等局，門局，錫庫局、內廄局，中藥藏局，食官局，外廄局，車廄局等，各置有司，以承其事。【略】

天監初，武帝命尚書刪定郎濟陽蔡法度，定令為九品。【略】

諸將軍開府儀同三司、左右光祿開府儀同三司，為十七班。尚書令、太子太傅、左右光祿大夫，為十六班。

尚書左僕射，太子少傅，尚書僕射、右僕射，中書監，特進，領、護軍將軍，為十五班。

中領、護軍，吏部尚書，太子詹事，金紫光祿大夫，太常卿，為十四班。【略】

御史中丞，尚書吏部郎，祕書監，通直散騎常侍，太子左、右二衛率，左、右驍騎，左、右游擊，太中大夫，皇弟皇子師，司農、少府、廷尉卿，太子中庶子，光祿卿，為十一班。

給事黃門侍郎，員外散騎常侍，皇弟皇子府長史，太僕、大匠卿，太子家令、率更令、僕，揚州別駕，中散大夫，司徒右長史，雲騎、游騎，皇弟皇子府司馬，朱衣直閣將軍，為十班。

尚書左丞，鴻臚卿，中書侍郎，國子博士，太子庶子，揚州中從事，皇弟皇子公府從事中郎，太舟卿，大長秋，皇弟皇子府諮議，嗣王府長史，前左右後四軍，嗣王府司馬，庶姓公府長史、司馬，為九班。

祕書丞，太子中舍人，司徒左西掾，司徒屬，皇弟皇子友，散騎侍郎，尚書右丞，南徐州別駕，皇弟皇子公府掾屬，皇弟皇子單為二衛司馬，嗣王庶姓公府從事中郎，左、右中郎將，嗣王庶姓公府諮議，皇弟皇子之庶子府長史、司馬，蕃王府長史、司馬，庶姓持節府長史、司馬，為八班。

五校，東宮三校，皇弟皇子之庶子府中録事、中記室、中直兵參軍，南徐州中從事，皇弟皇子之庶子府、蕃王府諮議，為七班。

太子洗馬，通直散騎侍郎，司徒主簿，尚書侍郎，著作郎，皇弟皇子府功曹史，五經博士，皇弟皇子府録事、記室、中兵參軍，皇弟皇子荆江雍郢南兗五州別駕，領、護軍長史、司馬，嗣王庶姓公府掾屬，南臺治書侍御史，廷尉三官，謁者僕射，太子門大夫，嗣王庶姓公府中録事、中記室、中直兵參軍，庶姓府諮議，為六班。

尚書郎中，皇弟皇子文學及府主簿，太子太傅、少傅丞，皇弟皇子湘豫司益廣青衡七州別駕，皇弟皇子荆江雍郢南兗五州中從事，嗣王庶姓荆江雍郢南兗五州別駕，太常丞，皇弟皇子國郎中令、三將，東宮二將，嗣王府功曹史，庶姓公府録事、記室、中兵參軍，皇弟皇子之庶子府、蕃王府中録事、中記室、中直兵參軍，為五班。

給事中，皇弟皇子府正參軍，中書舍人，建康三官，皇弟皇子北徐北兗梁交南梁五州別駕，皇弟皇子湘豫司益廣青衡七州別駕、中從事，嗣王庶姓湘豫司益廣青衡七州別駕，嗣王庶姓荆江雍郢南兗五州中從事，宗正、太府、衛尉、司農、少府、廷尉、太子詹事等丞，積射、强弩將軍，太子左右積弩將軍，皇弟皇子國大農，嗣王國郎中令，嗣王庶姓公府主簿，皇弟皇子之庶子府蕃王府功曹史，皇弟皇子之庶子府蕃王府録事、記室、中兵參軍，為四班。

太子舍人，司徒祭酒，皇弟皇子公府祭酒，員外散騎侍郎，皇弟皇子府行參軍，太子太傅少傅五官功曹主簿，二衛司馬，公車令，胄子律博士，皇弟皇子越桂寧霍四州別駕，皇弟皇子北徐北兗梁交南梁五州中從事，嗣王庶姓北徐北兗梁交南梁五州別駕，湘豫司益廣青衡七州中從事，嗣王庶姓公府正參軍，皇弟皇子之庶子府蕃王府曹主簿，武衛將軍，光祿丞，皇弟皇子國中尉，太僕大匠丞，嗣王國大農，蕃王國郎中令，庶姓持節府中録事、中記室、中直兵參軍，北館令，為三班。

祕書郎，著作佐郎，揚、南徐州主簿，嗣王庶姓公府祭酒，皇弟皇子單為領護詹事二衛等五官、功曹、主簿，太學博士，皇弟皇子國常侍，奉朝請，國子助教，皇弟皇子越桂寧霍四州中從事，皇弟皇子荆江雍郢南兗五州主簿，嗣王庶姓越桂寧霍四州別駕，嗣王庶姓北徐北兗梁交南梁五州中從事，鴻臚丞，尚書五都令史，武騎常侍，材官將軍，明堂二廟帝陵令，嗣王府庶姓公府行參軍，皇弟皇子之庶子府正參軍，蕃王國大農，庶姓持節府録事、記室、中兵參軍，庶姓持節府功曹史，為二班。

揚南徐州西曹祭酒從事，皇弟皇子國侍郎，嗣王國常侍，揚南徐州議曹從事，東宮通事舍人，南臺侍御史，太舟丞，二衛殿中將軍，太子二率殿中將軍，皇弟皇子之庶子府蕃王府行參軍，蕃王國中尉，皇弟皇子湘豫司益廣青衡七州主簿，皇弟皇子荆雍郢南兗四州西曹祭酒議曹從事，皇弟皇子江州西曹從事、祭酒議曹祭酒部傳從事，嗣王庶姓越桂寧霍四州中從事，嗣王庶姓荆江雍郢南兗五州主簿，庶姓持節府主簿，汝陰巴陵二國郎中令，太官、太樂、太市、太史、太醫、太祝、東西冶、左右尚方、南北武庫、車府等令，為一班。

位不登二品者，又為七班。皇弟皇子府長兼參軍，皇弟皇子國三軍、嗣王國侍郎、蕃王國常侍，揚南徐州文學從事，殿中御史，庶姓持節府除正參軍、太子家令丞、二衛殿中員外將軍、太子二率殿中員外將軍、鎮蠻安遠護軍度支校尉等司馬，皇弟皇子北徐北兗梁交南梁五州主簿、皇弟皇子湘豫司益廣青衡七州西曹祭酒議曹從事，皇弟皇子荆雍郢三州從事史，江州議曹從事，南兗州文學從事，嗣王庶姓湘豫司益廣青衡七州主簿、嗣王庶姓荆雍郢南兗四州西曹祭酒議曹從事，嗣王庶姓江州西曹從事、祭酒部傳從事、勸農謁者，汝陰巴陵二王國大農，郡公國郎中令，為七班。

【略】

皇弟皇子國三令，嗣王國典書令，蕃王國三軍，皇弟皇子公府東曹督護，嗣王府庶姓公府參軍督護，皇弟皇子之庶子長兼參軍，蕃王府長兼參軍，二衛正員司馬督，太子二率正員司馬督，領護主簿，詹事主簿，二衛功曹，太常五官功曹，石頭戍軍功曹，庶姓持節府行參軍，皇弟皇子越桂寧霍四州西曹祭酒議曹從事，皇弟皇子北徐北兗梁交南梁五州文學從事，嗣王庶姓越桂寧霍四州主簿，嗣王庶姓北徐北兗梁交南梁五州西曹祭酒議曹從事，嗣王庶姓豫司益廣青五州文學從事，湘衡二州從事，汝陰巴陵二王國常侍，郡公國中尉，縣侯國郎中令，皇弟皇子府功曹督護，為五班。

嗣王國三令，蕃王國典書令，嗣王府功曹督護，庶姓公府東曹督護，皇弟皇子之庶子府參軍督護，蕃王府參軍督護，二衛員外司馬督，太子二率員外司馬督，二衛主簿，太常主簿，宗正等十一卿五官功曹，石頭戍軍主簿，庶姓持節府板行參軍，皇弟皇子越桂寧霍四州文學從事，嗣王庶姓越桂寧霍四州西曹祭酒議曹從事，嗣王庶姓北徐北兗梁交南梁五州文學從事，汝陰巴陵二王國侍郎，縣公國中尉，為四班。【略】

陳承梁，皆循其制官，而又置相國，位列丞相上。并丞相、太宰、太傅、太保、大司馬、大將軍，並以為贈官。定令，尚書置五員，郎二十一員。其餘並遵梁制，為十八班，而官有清濁。自十二班以上並詔授，表啓不稱姓。從十一班至九班，禮數復為一等。又流外有七班，此是寒微士人為之。從此班者，方得進登第一班。其親王起家則為侍中。若加將軍，方得有佐史，無將軍則無府，止有國官。皇太子冢嫡者，起家封王，依諸王起家。餘子並封公，起家中書郎。諸王子并諸侯世子，起家給事。三公子起家員外散騎侍郎，令僕子起家祕書郎。若員滿，亦為板法曹，雖高半階，望終祕書郎下。次令僕子起家著作佐郎，亦為板行參軍。此外有揚州主簿、太學博士、王國侍郎、奉朝請、嗣王行參車，並起家官，未合發詔。諸王公參佐等官，仍為清濁。或有選司補用，亦有府牒即授者，不拘年限，去留隨意。在府之日，唯賓遊宴賞，時復修參，更無餘事。若隨府王在州，其僚佐等，或亦得預催督。若其驅使，便有職務。其衣冠子弟，多自修立，非氣類者，唯利是求，暴物亂政，皆此之類。國之政事，並由中書省。有中書舍人五人，領主事十人，書吏二百人。書吏不足，并取助書。分掌二十一局事，各當尚書諸曹，並為上司，總國內機要，而尚書唯聽受而已。被委此官，多擅威勢。其庶姓為州，若無將軍者，謂之單車。郡縣官之任代下，有迎新送故之法，餉饋皆百姓出，並以定令。

又　卷二七《百官志中》　後齊制官，多循後魏。**【略】**

太子太師、太傅、太保，是為三師，掌師範訓導，輔翊皇太子。少師、少傅、少保，是為三少，各一人，掌奉皇太子，以觀三師之德。出則三師在前，三少在後。

詹事，總東宮內外衆務，事無大小，皆統之。府置丞、功曹、五官、主簿、録事員。領家令，率更令、僕等三寺，左右衛二坊。三寺各置丞，二坊各置司馬，俱有功曹、主簿，以承其事。

家令，領食官、典倉、司藏等署令、丞。又領內坊令、丞。掌知閤內諸事。其食官，又別領器局、酒局二丞，典倉又別領園丞，司藏又別領仗庫、典作二局丞。率更領中盾署令、丞各一人。掌周衛禁防，漏刻鐘鼓。僕寺領廄牧署令、丞，署又別有車輿局丞。

左右衛坊率，各領騎官備身正副都督、騎官備身五職、騎官備身員。又有內直備身正副都督、內直備身五職、內直備身員。又有備身正副都督、備身五職員。又有直閣、直前、直後員。又有旅騎、屯衛、典軍等校尉各二人，騎尉三十人。

門下坊，中庶子、中舍人、通事守舍人、主事守舍人，各四人。又領殿內、典膳、藥藏、齋帥等局。殿內局有內直監二人，副直監四人。典膳、藥藏局，監、丞各二人。藥藏又有侍醫四人。齋帥局，齋帥、內閣帥各二人。

典書坊，庶子四人，舍人二十八人。又領典經坊，洗馬八人，守舍人二人，門大夫、坊門大夫、主簿各一人。并統伶官西涼二部，伶官清商二部。

論說

《晉書》卷四四《鄭默傳》　武帝受禪，與太原郭弈俱為中庶子。朝廷以太子官屬宜稱陪臣，默上言：『皇太子體皇極之尊，無私於天下。宮臣皆受命天朝，不得同之藩國。』事遂施行。

藝文

南朝梁・蕭統《昭明太子集》卷二《與東宮官屬令》　威明昨宵奄復殂化，甚可痛傷！其風韻遒上，神峰標映，千里絕迹，百尺無枝。文辯縱横，才學優贍。跌宕之情彌遠，濠梁之氣特多。實俊人也。一爾過隙，永歸長夜。金刀掩芒，長淮絕涸。去歲冬中，已傷劉子；今兹寒孟，復悼王生。俱往之傷，信非虛說。

雜録

《晉書》卷四《惠帝紀》　帝之為太子也，朝廷咸知不堪政事，武帝亦疑焉。嘗悉召東宮官屬，使以尚書事令太子決之，帝不能對。賈妃遣左右代對，多引古義。給事張泓曰：『太子不學，陛下所知。今宜以事斷，不可引書。』妃從之。泓乃具草，令帝書之。武帝覽而大悦，太子遂安。

《北史》卷三〇《盧傳辯傳》 初，周文欲行周官，命蘇綽專掌其事。未幾而綽卒，乃令辯成之。於是依《周禮》建六官，革漢、魏之法。以魏恭帝三年，始命行之。六卿之外，置太師、太傅、太保各一人，是曰三孤。時未建東宫，其太子官員，改創未畢。尋又改典命為大司禮，置中大夫。自兹厥後，世有損益。武成元年，增御正四人，位上大夫。保定四年，改宗伯為納言，禮部為司宗，大司禮為禮部，大司樂為樂部。五年，左右武伯各置大夫一人。以建德元年，改置宿衛官員。二年，省六府諸司中大夫以下官，府置四司，以下大夫為官之長，上士貳之。是歲，又增改東宫官員。三年，初置太子諫議大夫，員四人，文學十人；皇弟、皇子友，員各二人，學士六人。四年，又改置宿衛官員。其司武、司衛之類，皆後所增改。太子正宫尹之屬，亦後所創置。而典章散滅，弗可復知。宣帝嗣位，事不師古，官員班品，隨情變革。至如初置四輔官，及六府諸司復置中大夫，并御正、内史增置上大夫等，則今載於外史。餘則朝出夕改，莫能詳録。

于時，雖行《周禮》，内外衆職，又兼用秦、漢等官，今略舉其名號及命數，附之於左。其紀傳内更有餘官而於此不載者，亦史之闕文也。

唐·杜佑《通典》卷三〇《職官典十二·東宫官》 自魏明帝以後，久曠東宫，制度闕廢，官司不具。吴孫權即位，孫登為太子，兼置四友等官。以諸葛恪為左輔，張休為右弼，顧譚為輔正都尉，陳表為翼正都尉，是為四友。於是東宫號為多士。晉初，詹事、左右率、庶子、中舍人諸官並未置。唯置衛率令典兵，二傅幷攝衆事。至咸寧元年，始置詹事，以領宫事。宋孝武置東宫率更令等官，其中庶子、庶子、中舍人、舍人、洗馬各減舊員之半。後周加置太子諫議員四人。至隋罷詹事，分東宫置門下坊、典書坊，北齊已有典書坊。以分統諸局。比門下、内史二省。門下坊有左庶子二人，内舍人四人，録事二人，統司經、宫門、内直、典膳、藥藏、齋帥等六局。典書坊有右庶子二人，舍人、通事舍人各八人，領内坊。【略】

太子六傅三太　三少

太子師、保、二傅，殷周已有。二傅為太傅、少傅。《詩·小弁》篇，太子之傅作焉，以刺幽王。弁音步干反。逮乎列國，秦亦有之。孝公時，商鞅設法黥太子師傅是也。漢高帝以叔孫通為太子太傅，位次太常後，亦有少傅。初，叔孫通為太子太傅。高帝欲立趙王，廢太子，通諫曰：『昔晉獻公以驪姬故廢太子，晉國亂者數十年。秦不早定扶蘇，終使滅祀。今太子仁孝，陛下必廢嫡立庶，臣願先伏誅，以頸血汙地。』上曰：『公罷，吾戲耳。』通曰：『太子天下本，本一摇，天下振動，奈何以天下戲乎！』又高帝東征，留太子監關中兵，謂張良曰：『子房雖病，强卧而傅太子。』時叔孫通為太傅，留侯行少傅事。後太子幾廢，良立策，召四皓以免。又竇嬰為太傅，景帝欲廢太子，嬰數爭不得，因謝病屏居，田南山下。又疏廣字仲翁，為太傅，兄子受為少傅，父子並為師傅，朝廷以為榮。後皆請免，歸鄉里，公卿祖餞東都門外。百姓觀者歎曰：『賢哉二大夫。』初太子外祖許伯，以太子少，請使其弟舜監護太子家。廣曰：『太子國儲副君，師友必天下英俊，不宜獨親外家。今官屬已備，若親暱外家，非所以廣太子德於天下也。』上善之。又夏侯勝字長公，為太傅，卒官，太后以嘗受《尚書》於勝，素服五日，以報師傅之恩，儒者以為榮。又萬石君石奮、韋玄成、丙吉並為太傅。又匡衡、王丹並為少傅。後漢太傅禮如師，不領官屬，而少傅主太子官屬。光武大會百官曰：『誰可傅太子者？』羣臣承意，皆言太子舅執金吾陰識可。博士張佚曰：『今陛下立太子，為陰氏乎？為天下乎？即為陰氏，則陰侯可。為天下，則宜用天下賢才。』上曰：『欲署者，以輔太子也。今博士不難正朕，況太子乎！』即拜佚為太傅，桓榮為少傅。又明帝以鄧禹先帝名臣，拜太子太傅。漢魏故事，太子於二傅執弟子禮，皆為書不曰令。少傅稱臣，而太傅不臣。吴薛綜，綜子瑩、瑩子兼，三代並為太子少傅。晉泰始三年，武帝始建置東宫，各置一人。尚未置詹事，宫事無大小，皆由二傅。少傅立草，太傅書真，以為儲訓。並有功曹、主簿、五官。秩與後漢同。皇太子先拜，諸傅然後答之，如弟子事師之禮。二傅不得上疏曲敬。武帝後以儲副體尊，遂命諸公居之。以本位重，故或行或領。時侍中任愷，武帝所親敬，復使領之，蓋一時之制也。咸寧元年，以給事黄門侍郎楊珧為詹事，掌宫事，二傅不復領官屬。及楊珧為衛將軍，領少傅，復省詹事，遂崇廣傅訓，命太尉賈充領太保，司空齊王攸領太傅，所置吏屬復如舊。二傅皆進賢兩梁冠，黑介幘，五時朝服，佩水蒼玉。《晉令》曰：『太子太保銀印青綬。』其後，太尉汝南王亮、車騎將軍楊駿、司空衛瓘、石鑑皆領傅、保，猶不置詹事，以終武帝之代。惠帝元康元年，復置詹事。二傅給菜田六頃，田騶五十人，夏後不及田者，食俸一年。給赤耳安車一乘。及愍懷建宫，乃置六傅，三太三少。《晉書》曰：『東宮舊制，月請錢五十萬，以備衆用。愍懷太子恆探取三月以供嬖寵。』以景帝諱師，故改太師為太帥，通省尚書事詹事，文書關由六傅。《職官要録》曰：『晉太子六傅，各有丞一人。』自元康之後，諸傅或二或三，或四或六。渡江之後，有太傅少傅，不立師保。晉王導為太傅。時孝懷太子為胡所害，始奉諱，有司奏天子三朝舉哀，羣臣一哭而已。導以皇太子普天有情，羣下宜同三朝之制。元帝從之。又齊王攸領太傅，作《太傅箴》，獻於太子。傅玄亦有少傅箴。又任愷、山濤、張華並為少傅。又云衛瓘領少傅，加千兵百騎，鼓吹之府。《山公啓事》曰：『太子保傅，不可不高盡天下之選。羊祜秉德尚義，可出入周旋，令太子每睹儀形。方任雖重，比此為輕。又可朝會，與聞國議。』宋有太傅、少傅，各兼丞一人。其保傅並銀章青綬。齊與宋同。武帝時以王儉為少傅。舊太子敬二傅同，至是，朝議接少傅以賓友之禮。梁太傅位視尚書令，少傅視左僕射。《職官要録》曰：『三少舊視左僕射，冠服同三太也。』陳因之。自宋以下，唯有傅而無師、保。後魏有太師、太傅、太保，謂之東宮三師；少師、少傅、少保，謂之東宮三少。孝明在東宮，宣武皇帝欲以崔光為太子師傅，光固辭。帝令太子南面再拜，宮臣皆從太子拜。光北面立，不敢答拜，唯西面拜謝而出，乃授光太子少傅。北齊皆有之，出則三師在前，三少在後。後周不置。【略】

太子賓客

漢高帝時，有四人年老，以上慢侮，逃匿山中，義不為漢臣，謂之四皓。東園公、綺里季、夏黄公、角里先生。高帝不能致。及將廢太子，太子迎四人至，侍從太子，鬚眉皓白，衣冠甚偉。高帝既見，曰：『煩公幸卒護太子。』太子由是不廢。至孝武帝，又為太子立博望苑，使通賓客。晉元康元年，愍懷太子始之東宮，惠帝詔曰：『遹幼蒙，今出止東宮，雖賴師傅羣賢之訓，其遊處左右，宜得正人，能相長益者。太保衛瓘息庭，司空隴西王泰息略，太子太傅楊濟息毖，太子少師裴楷息憲，太子少傅華廙息恆，各道義之門，有不肅之訓。其令五人更往來與太子習數，備賓友也。』其時雖非官，而謂之東宮賓客，皆選文義之士，以侍儲皇。其後無聞。【略】

太子詹事丞　主簿　司直

詹事，秦官，應劭曰：『詹，省也，給也。』漢因之，掌皇后、太子家。皇后、太子，各置詹事，隨其所在以名官。《漢官》曰：『詹事，位在長秋上，亦宦者，主中諸官。』《後漢志》曰：『初，成帝鴻嘉三年，省詹事職，并大長秋。是後，皇后當法駕出，則中謁中宦者職吏權兼詹事，奉引訖罷。宦者誅後，尚書選兼職吏一人奉引，此皆皇后詹事也。』漢時，太子門大夫、庶子、洗馬、舍人，皆屬二傅。其太子家令丞、率更令丞、僕、中盾衛率等官，並屬詹事。竇嬰字王孫，景帝時為詹事。帝弟梁孝王，母竇太后愛之。酒酣，上曰：『千秋萬歲後，傳梁王。』太后歡。嬰引酒卮進上曰：『天下者，高帝天下，父子相傳，漢之約也。上何以得傳梁王。』太后由是憎嬰。後漢省詹事，而太子官悉屬少傅。魏復置詹事，領東宮衆務。晉不置，至咸寧元年，復置以掌宮事。事具六傅篇。及永康中，復不置。自太安以來，又置，終孝懷之代。其職擬尚書令，掌三令、四率、中庶子、庶子、洗馬、舍人等官。銀印青綬，介幘，進賢兩梁冠，絳朝服，佩水蒼玉。晉卞壼為詹事，時稱卞壼裁斷切直，忠於事上。宋與晉同。齊置府，領官屬。齊沈文季為太子詹事。梁、陳任總宮朝。後魏有太子左右詹事。北齊東宮衆事，無大小皆統之，領三寺左右衛二坊。後周置太子宮正、宮尹。【略】

丞：秦官，漢因之。後漢省。魏、晉隨詹事省置。至晉永康中，詹事特置丞一人，掌文書，關通六傅。過江多用員外郎，遷尚書郎。宋、齊因之。梁、陳制，一梁冠，皂朝服，銅印墨綬。後魏、北齊並有之。後魏楊昱字元略，為詹事丞。孝明為太子，尚在懷抱，其所出入，唯乳母而已，不令官僚聞知。昱諫曰：『太子動止，宜令翼從。陛下若召太子，必降手敕，令臣下咸知。』乃詔曰：『自此以後，非朕手敕，勿令兒出宮。宮臣在直，從至萬歲門。』【略】

主簿：一人。晉始置，自後歷代皆有。大唐因之，掌付事、句稽、監印、紙筆。

司直：二人。大唐龍朔三年置桂坊，比御史臺，置令一人，比大夫；司直二人，比侍御史。掌彈劾宮府寮。其後廢桂坊，以司直隸詹事府。

太子庶子中允　司議郎　中舍人　舍人　通事舍人　諭德　贊善　崇文館學士　洗馬　文學校書　正字　典膳郎　藥藏郎　內直郎　典設郎　宮門郎

古者，天子有庶子之官，《周官》謂之諸子。職諸侯卿大夫之庶子，掌其戒令與其教理，有大事則帥國子而致於太子，唯所用之。秦因之，置中庶子、庶子員。《宋志》云：『後漢置中庶子。』按：齊人鄒陽上疏云『秦皇帝任中庶子蒙嘉之言』，則庶子之為秦官明矣。漢因之，有庶子，員五人。史丹、王商、歐陽地餘並為中庶子。王莽改曰中尚翼子。後漢員五人，職如侍中，而庶子無員，職如三署中郎。凡庶子主宮中幷諸吏之適子及支庶版籍。魏因之。在吴為親近之官。吴張温言於孫權曰：『中庶子官最親密，切問近對，宜用雋選。』由是以顧譚為之。晉中庶子、庶子各四員，職比侍中、散騎常侍及中書監令，皆以俊茂者為之，或以郡守參選。《山公啓事》曰：『中庶子缺，宜得俊茂者。以濟陰太守劉儼、城陽太守石崇參選。』《晉書》曰：『鄭默為中庶子，朝廷以為太子官屬，宜稱陪臣。默上言皇太子體皇極之尊，無私於天下，宮臣皆受命天朝，不得同之藩國。事遂施行。』又温嶠為中庶子，獻侍臣箴，甚見補益。又王珣啓以桓謙為中庶子曰：『東宮之選中庶子，總管門下，尤不可不得其才。』若釋奠，中庶子扶左，庶子扶右。宋與晉同。武冠，平巾幘，絳朝服。元嘉初，詔二率、中庶子隨太子入直上宮。十四年，又詔還直東宮。至齊，其庶子用人卑雜。梁天監七年詔革選。其年，以太子中舍人、司徒從事中郎為之。凡中庶子四人，以功高者一人為祭酒，行則負璽，前後部護駕，與功高中舍人一人共掌其坊之禁令。庶子四人，掌侍從左右，獻納得失，功高者一人與功高舍人一人共掌其坊之禁令。冠服並同前代。陳因梁制。後魏亦有中庶子、庶子官。北齊門下坊，中庶子四人領之；典書坊，庶子四人領之。【略】

中允：後漢太子官屬有之，職在中庶子下，洗馬上。漢制，太子五日一朝，其非朝日，即使僕及中允朝，朝請問起居。其後無聞。宋、齊有中舍人，是其職也。【略】

中舍人：晉咸寧初，置中舍人四人，以舍人才學之美者為之，與中庶子共掌文翰，在中庶子下，洗馬上。晉陸雲為中舍人。凡奏事文書皆綜典之，監和嘗藥，月檢奏直臣名，更直五日，典文疏如中書郎。宋亦四人。齊有一人。梁時功高者一人，與中庶子祭酒共掌其坊之禁令。陳因之。後魏、北齊並有之。【略】

舍人：秦官也。漢因之，比郎中，選良家子孫。晁錯、鄭當時並為太子舍人。後漢無員，更直宿衛，如三署郎中。凡帝初即位，未有太子，太子官屬皆罷，唯舍人不省，屬少府。魏因之。晉有十六人，職比散騎中書侍郎，從駕則正直從，次直守。妃出則次直從。晉王衍以名門超為太子舍人。又樂廣、潘岳、顧榮、夏侯湛並為之。元帝大興元年，以太子舅虞胤為舍人，太子奏曰：『舅甥宜崇敬，不欲降舅氏之親為侍臣。』詔乃轉胤為常侍。《山公啓事》曰：『太子舍人夏侯湛有盛才而不長理人，有益臺閣。』宋有四人。齊有一人。梁有十六人，掌文記。梁劉杳字士深，為舍人。及昭明太子薨，新宮建，舊人例無住者，敕特留杳焉。陳因梁制。後魏亦有之。北齊典書坊置二十人。【略】

通事舍人：齊中庶子屬官有通事守舍人，庶子下有內典書通事舍人二人，掌宣傳令旨，內外啓奏。梁亦有之。視南臺御史，多以餘官兼職。陳因之。北齊門下坊有通事舍人八人。至隋亦有之。煬帝改為宣令舍人，八員。大唐復為通事舍人，亦有八員，掌引導辭見，承令勞問。

左右諭德：龍朔三年，初置太子左右諭德各一員，掌侍從贊諭，職比常侍。

左右贊善大夫：龍朔二年初置左贊善大夫，替中允；置右贊善大夫，替中舍人。咸亨元年，中允、舍人復舊，而贊善大夫別自為官，左右各五人，皆掌侍從翊贊，比諫議大夫。

崇文館學士：魏文帝始置崇文觀，以王肅為祭酒。其後無聞。【略】

洗馬：秦官，漢亦曰先馬。如淳曰：『前驅也。』《國語》曰：『句踐親為夫差先馬。』先或作洗。又《漢書》：『汲黯及姊子司馬安並為太子洗馬。安文深巧善宦，四至九卿。』後漢員十六人，職如謁者，太子出則當直者前驅，導威儀也。漢選郎中補。安帝時，太子謁廟，洗馬高山冠。非乘從時，著小冠。魏因之。晉有八人，職如謁者，准祕書郎。進賢一梁冠，黑介幘，絳朝服。掌圖籍，釋奠講經則掌其事，餘與後漢同。晉江統為洗馬，太子頗好遊宴，或闕朝侍，統以五事諫之。又陸機、鄧攸、傅咸並為洗馬，又衛玠為洗馬。宋與晉同。齊置一人。梁有典經局，又置八人，掌文翰，尤為清選，皆取甲族有才名者為之，位視通直郎。梁庾於陵拜洗馬，舍人如故。舊事，東宮官屬，通為清選，洗馬掌文翰，尤其清者。東宮近代用人，皆取甲族有才名者。時於陵、周捨並擢充斯職。武帝曰：『官以人而清，豈限於甲族。』時論美之。陳因之。北齊典經坊洗馬二人。【略】

文學：漢時郡及王國並有文學，而東宮無聞。魏武置太子文學，魏武為丞相，以司馬宣王為文學掾，甚為世子所親信。自後並無。至後周建德三年，太子文學十人，後省。【略】

校書：宋孝建中，洗馬有校書吏四人，自後無聞。北齊有太子校書。【略】

典膳郎：漢魏以來並有太子食官局。至北齊，門下坊始別置典膳局，有監、丞各二人。【略】

藥藏郎：北齊門下坊領藥藏局，有監、丞各二人，侍藥四人。【略】

內直郎：齊有太子內直兵局，內直兵史二人。梁有齋內、主璽、主衣、扶侍等局，各置有司，以承其事。陳因之。北齊門下坊領殿內局，有內直監二人，副監四人。【略】

典設郎：南齊置齋居局齋居庫，丞一人。梁齋內局各置有司，以承其事。陳因之。北齊門下坊有齋帥局，有太子齋帥、內閤帥各二人。【略】

宮門郎：秦有太子門大夫，漢因之，員二人，《漢官儀》曰：『門大夫選四府掾屬。』職比郎將。《漢官儀》曰：『安帝時，太子謁廟，門大夫乘從冠兩梁冠。』魏因之。晉太子門大夫准公車令，掌通牋表及宮門禁防。宋因之。梁代視謁者僕射。陳因之。北齊謂之門大夫坊，并統伶官。【略】

太子家令丞　主簿　食官署　典倉署　司藏署

家令，秦官，屬詹事。服虔曰：『太子稱家，故曰家令。』漢因之，有丞，晁錯為太子家令，以奇辯得幸太子，太子家號為智囊。疏受亦為太子家令。主倉穀飲食，職似司農、少府。漢代太子食湯沐邑十縣，家令主之。後漢則屬少傅，主倉穀飲食。魏因之。晉又兼主刑獄、穀貨、飲食，職比廷尉、司農、少府。其家令、率更令及僕，為太子三卿。太康八年，進品與中庶子、二率同。自漢至晉，家令在率更下，宋則居上。銅印墨綬，進賢兩梁冠，絳朝服。主內茵褥牀几諸供中之物及官奴婢、月用錢、內庫、鹽米、車牛、刑獄。齊因之。自宋齊以來，清流者不為之。沈約為齊文惠太子家令。至梁天監六年，武帝以三卿陵替，乃詔革選，家令視通直常侍，率更、僕視黃門。陳因之。後魏亦曰三卿。北齊家令有功曹、主簿，領食官、典倉、司藏等三署及領內坊令、丞。【略】

丞：漢家令有丞，後無聞。宋書云『家令丞一人，晉置』。宋齊以後並有之。後周無。【略】

主簿：晉家令有主簿，宋齊因之，自後無。北齊家令有主簿員。【略】

食官署令、丞：漢詹事屬官有食官令長丞。後漢亦有，而屬少傅，主飲食。晉太子食官令，職如太官令。宋則屬中庶子。齊則屬詹事，掌廚膳之事。梁食官局屬庶子。陳因之。後魏亦有。北齊有食官令、丞，又別領器局、酒局二丞。【略】

典倉署令：後漢太子倉令屬少傅，主倉穀。魏以下無聞。後魏有之。北齊家令寺領典倉署令、丞，典倉署又別領園丞。【略】

司藏署令：晉家令有主物吏四人。梁有錫賜庫局丞庶子，又有東宮衛庫丞。北齊家令寺領司藏署令、丞，司藏又別領仗庫、典作二局丞。【略】

太子率更令丞　主簿

率更令，秦官。顏師古曰：『掌知漏刻，故曰率更。』漢因之，有丞、主簿、庶子、舍人更直，職似光祿勳而屬詹事。後漢因之，後屬少傅。魏因之。晉主宮殿門戶及賞罰事，職如光祿勳、衛尉，而屬詹事。宋制，銅印墨綬，進賢兩梁冠，絳朝服。梁、陳、後魏並有之。北齊領中盾署，掌周衛禁防漏刻鐘鼓，亦屬詹事。【略】

丞：後漢率更置丞一人。歷代悉有，唯後周無。【略】

主簿：晉置一人。宋無，齊有之，自後無聞。北齊、隋又有之。【略】

太子僕丞　主簿　廄牧署

僕，秦官。漢因之，又有長丞，主車馬。又有太子廄長一人，亦主車馬。後漢因之，而屬少傅，職如太僕。太子五日一朝。其非太子朝日，即與中允入問起居。魏因之。晉主輿馬，兼主親族，如太僕、宗正。從駕乘安車，次家令而屬詹事。宋齊並有之。梁視黃門郎。陳因之。後魏亦有。北齊詹事領僕寺，置令、丞、功曹、主簿，領廄牧署令。【略】

丞：梁有之，陳因之。後魏、北齊、隋並有之。大唐因之。

主簿：晉置，宋無，齊有之。梁、陳、後魏無，北齊、隋皆有之。大唐因之。

廄牧署令、丞：漢有太子廄長、丞，屬詹事。後漢亦有，而屬少傅，主車馬。魏晉因之。齊東宮屬有內廄局、外廄局，皆有丞。梁陳因之。後

魏有之。北齊則曰廄牧署令、丞，車輿局丞。【略】

左右衛率府副率以下官屬

衛率府，秦官。漢因之，屬詹事。後漢主門衛徼循衛士，而屬少傅。魏因之。晉武帝建東宫，置衛率，初曰中衛率。泰始五年，分為左右衛率，各領一軍。惠帝時，愍懷太子在東宫，又加前後二衛率。《晉志》曰：『凡太子出，前衛率導在前，黄麾，左右二率從，使導輿車。後衛率從，在烏皮外。並帶戟執刀，其服並視左右衛將軍。』《山公啓事》曰：『太子左率缺，侍衛威重，宜得其才無疾患者。城陽太守石崇，忠篤有文武，河東太守焦勝，清貞著信義，皆其選也。』劉卞為愍懷太子左率，知賈后必害太子，乃問張華，華曰：『君欲如何？』卞曰：『東宫雋乂如林，四率精兵萬人。公居阿衡之任，若得公命，皇太子因朝，使録尚書事，廢賈后於金墉，兩黄門力耳。』華曰：『廢立大事，恆懼禍甚，又非所能。』賈后微聞，遷卞為雍州刺史，卞恐終露，乃服藥卒。成都王穎為太弟，又置中衛率，是為五率。及江左，省前後率。孝武太元中，又置。宋齊止署左右二率。齊沈約為太子右率。又徐孝嗣自吏部尚書轉領太子右率，臺閣事多以委之。沈文季亦嘗為此官。梁二率視御史中丞。銅印墨綬，武冠，絳朝服。左率領七營，右率領四營。陳有二率。後魏曰左右衛率。北齊謂之左右衛率坊。後周東宫有司戎、司武、司衛等員。【略】

親府、勳府、翊府中郎將各一人。梁左右衛率共領十一營，二率各領殿中將軍十人、員外將軍十人。北齊左右衛坊率各領騎官備身員外，又有内直備身正副都督。【略】

太子旅賁中郎將

旅賁中郎將一人，職如武賁中郎將，宋初置。天子有武賁，習武訓也。諸侯有旅賁，禦災害也。

太子習政監國分部

綜述

《魏書》卷三《太宗紀》（泰常七年）夏四月甲戌，封皇子燾為泰平王，燾，字佛釐，拜相國，加大將軍。【略】五月，詔皇太子臨朝聽政。是月，泰平王攝政。

又　卷四上《世祖紀上》（太延五年）六月甲辰，車駕西討沮渠牧犍，侍中、宜都王穆壽輔皇太子決留臺事；大將軍、長樂王嵇敬，輔國大將軍、建寧王崇二萬人屯漠南，以備蠕蠕。

又　卷四下《世祖紀下》（太平真君四年）冬十一月，將軍皮豹子等追破劉義隆將於濁水。甲子，車駕至於朔方。詔曰：『朕承祖宗重光之緒，思闡洪基，恢隆萬世。自經營大下，平暴除亂，掃清不順，二十年矣。夫陰陽有往復，四時有代謝。授子任賢，所以休息，優隆功臣，式圖長久，蓋古今不易之令典也。其令皇太子副理萬機，總統百揆。諸朕功臣，勤勞日久，皆當以爵歸第，隨時朝請，饗宴朕前，論道陳謨而已，不宜復煩以劇職。更舉賢俊，以備百官。主者明為科制，以稱朕心。』十二月辛卯，車駕至自北伐。

五年春正月壬寅，皇太子始總百揆。侍中、中書監、宜都王穆壽，司徒、東郡公崔浩，侍中、廣平公張黎，侍中、建興公古弼，輔太子以決庶政。諸上書者皆稱臣，上疏儀與表同。【略】

（太平真君十一年）秋七月，義隆遣其輔國將軍蕭斌之率衆六萬寇濟州，刺史王買得棄州走，斌之遂入城，仍使寧朔將軍王玄謨西攻滑臺。詔枋頭鎮將、平南將軍、南康公杜道儁助守兖州。八月癸亥，田於河西。癸未，治兵於西郊。九月辛卯，輿駕南伐。癸巳，皇太子北伐，屯于漠南，吴王余留守京都。庚子，曲赦定冀相三州死罪已下。發州郡兵五萬分給諸軍。

又　《恭宗紀》　恭宗景穆皇帝諱晃，太武皇帝之長子也，母賀夫人。延和元年春正月丙午，立為皇太子，時年五歲。明慧强識，聞則不忘。及長，好讀經史，皆通大義。世祖甚奇之。世祖東征和龍，詔恭宗録尚書事；西征涼州，詔恭宗監國。【略】

初，恭宗監國，曾令曰：『《周書》言：「任農以耕事，貢九穀；任圃以樹事，貢草木；任工以餘材，貢器物；任商以市事，貢貨賄；任牧以畜事，貢鳥獸；任嬪以女事，貢布帛；任衡以山事，貢其材；任虞以澤事，貢其物。」其制有司課畿内之民，使無牛家以人牛力相貿，墾殖鋤耨。其有牛家與無牛家一人種田二十二畝，償以私鋤功七畝，如是為差，至與小、老無牛家種田七畝，小、老者償以鋤功二畝。皆以五口下貧家為率。各列家別口數，所勸種頃畝，明立簿目。所種者於地首標題姓名，以辨播殖之功。」又禁飲酒、雜戲、棄本沽販者。墾田大為增闢。

《北齊書》卷四《文宣帝紀》（天保元年九月）庚午，帝如晉陽，拜辭山陵。是日皇太子入居涼風堂監總國事。

又 卷五《廢帝紀》（天保）九年，文宣在晉陽，太子監國，集諸儒講《孝經》。令楊愔傳旨，謂國子助教許散愁曰：『先生在世何以自資？』對曰：『散愁自少以來，不登變童之牀，不入季女之室，服膺簡策，不知老之將至。平生素懷，若斯而已。』太子曰：『顏子縮屋稱貞，柳下嫗而不亂，未若此翁白首不娶者也。』乃賚絹百疋。

《周書》卷五《武帝紀上》（建德二年二月）甲寅，詔皇太子贇撫巡西土。【略】

三月己卯，皇太子於岐州獲二白鹿以獻。詔答曰：『在德不在瑞。』【略】

（建德三年）三月辛酉，至自雲陽宮。癸酉，皇太后叱奴氏崩。帝居倚廬，朝夕共一溢米。羣臣表請，累旬乃止。詔皇太子贇總釐庶政。

又 卷六《武帝紀下》（建德五年）二月辛酉，遣皇太子贇巡撫西土，仍討吐谷渾，戎事節度，並宜隨機專決。【略】

八月戊申，皇太子伐吐谷渾，至伏俟城而還。

又 卷七《宣帝紀》 文宣皇后崩，高祖諒闇，詔太子總朝政，五旬而罷。高祖每巡幸四方，太子常留監國。五年二月，又詔皇太子巡西土，因討吐谷渾。

論說

《宋書》卷一八《禮志五》 大明三年六月乙丑，有司奏：『來七月十五日，嘗祠太廟、章皇太后廟，輿駕親奉。而乘輿辭廟親戎，太子合親祠與不？且今月二十四日，第八皇女夭。案《禮》「宮中有故，三月不舉祭」。皇太子入住上宮，於事有疑。』下禮官議正。太學博士司馬興之議：『竊惟「國之大事，在祀與戎」。皇太子有撫軍之道，而無專御之義，戎既如之，祀亦宜然。案《祭統》，「夫祭之道，孫為王父尸」。又云：「祭有昭穆，所以別父子」。太子監國，雖不攝，至於宗廟，則昭穆實存，謂事不可亂。又云：「有故則使人」。准此二三，太子無奉祀之道。又皇女夭札，則實同宮一體之哀，理不得異。設令得祀，令猶無親奉之義。』博士郁議：『案《春秋》，太子奉社稷之粢盛，長子主器，出可守宗廟，以為祭主，《易·象》明文。監國之重，居然親祭。皇女夭札，時既同宮，三月廢祭，於禮宜停。』二議不同。尚書參議，宜以郁議為允。詔可。

唐·杜佑《通典》卷七一《禮典三十一·嘉禮十六·皇太子監國及會宮臣議》 北齊天保元年，皇太子監國，在西林園冬會。羣臣議，皆東面。二年，於北城第內冬會，又議東面。吏部郎陸卬疑非禮，魏收改為西面。

邢子才議欲依前，曰：『凡禮有同者，不可令異。詩說，天子至於大夫，皆乘四馬，況以方面之少，何可皆不同乎？若太子定西面者，王公卿大夫士，復何面也？南面，人君正位。今一官之長，無不南面；太子聽政，亦南面坐。議者引晉舊事，太子在東宮西面，為避尊位，非為嚮臺殿也。子才以為東晉博議，依漢魏之舊，太子普臣四海，不以為嫌，又何疑於東面？禮「嗣子絕旁親」，「嗣子冠於阼」，「冢子生，接以太牢」。漢元著令，太子絕馳道。此皆禮同於君。又晉王公嗣子，攝命臨國，乘七旒安車，駕用三馬，禮同三公。近宋太子乘象輅，皆有同處，不以為嫌。況東面者，君臣通禮，獨何為避？明為嚮臺，所以然也。近皇太子在西林園，於殿猶且東面，於北城非宮殿之處，更不得耶？諸人以東面為尊，宴會須避。按《燕禮》、《燕義》，君位在東，賓位在西，君位在阼階，故有武王踐阼》，不在西也。《禮》「乘君之車，不敢曠左」。君在，惡空其位，左亦在東，不在西也。「君在阼，夫人在房」，鄭注「人君尊東也」。前代及今，皇帝宴會接客，亦東堂西面。若以東面為貴，皇太子以儲后之禮，監國之重，別第宴臣賓，自得申其正位。禮者皆東宮臣屬，公卿接宴，觀禮而已。若以西面為卑，實是君之正位，太公不肯北面說《丹書》，西面則道之，西面乃尊也。君位南面，有東有西，何可皆避？且事雖少異，有可相比者。周公，臣也；太子，子也。周公為冢宰，太子為儲貳。明堂尊於別第，朝諸侯重於宴臣賓，南面貴於東面。臣疏於子，冢宰輕於儲貳。周公攝政，得在明堂南面朝諸侯，今太子監國，不得於別第異宮東面宴客，情所未安。且君行以太子監國，君宴不以公卿為賓，明父子無嫌，君臣有嫌。按《儀注》，親王受詔冠婚，皇子皇女皆東面。今不約王公南面，獨約太子，何所取耶？議者南尊改就西面，轉居尊位，更非合禮。方面既少，難為節文。東西二面，君臣通用，太子宜然，於理為允。』

魏收議云：『去天保初，皇太子監國。冬會羣官於西林園都亭，坐從東面，義取於嚮中宮殿臺故也。二年於宮冬會，坐乃東面，收竊以為疑。前者遂有別議，議者同之。邢尚書以前定東面之議，復申本懷，此乃國之大禮，無容不盡所見。收以為太子東宮，位在於震，長子之義也。按《易》八卦，正位嚮中。皇太子今居北城，於宮殿為東北，南面而坐，於義為背也。前者立議，據東宮為本。又按《東宮舊事》，太子宴會，多以西面為禮，此又誠證，非徒言也。不言太子常無東西二面之坐，但用之有所。至如西園東面，所不疑也。未知君臣車服有同異之議，何為而發？就如所云，但知禮有同者，不可令異。不知禮有異者，不可令同。苟別君臣同異之禮，恐重紙累札，書不盡也。』子才竟執東面，收執西面，援引經據，交相往復，其後竟從西面為定。

時議又疑宮吏之姓與太子名同。子才又謂曰：『按《曲禮》「大夫士之子，不與嗣君同名。」鄭注云：「若先生之，亦不改。」漢法，天子登位，布名於天下，四海之內，無不咸避。按《春秋經》「衛石惡出奔在晉」，衛侯衎卒，其子惡始立，明石惡與長子同名。諸侯長子在一國之內，與皇太子於天下，禮亦不異。鄭言先生不改，蓋以此義。衛石惡、宋向戌，皆與君同名，《春秋》不譏。皇太子雖有儲貳之重，未為海內所避，何容便改人姓？然事有消息，不得皆同於古。宮吏至微，而有所犯，朝夕從事，亦是難安。宜聽出宮，更補他職。』制曰『可』。

宋・楊萬里《誠齋集》卷六二《上壽皇論東宮參決書》　所謂庶務者，何務也？非禮樂征伐之政，福威玉食之權乎？是政也，是權也，可以出於一，而不可出於二者也。出於一，則治，則安，則存。出於貳，則亂，則危，則亡。蓋政出於一，則天下之心聽於一。出於二，則天下之心聽於貳。《傳》曰：『國不堪貳。』又曰：『民無貳王。』今陛下在上而又置參決，無乃國有二乎？自古未有國二而不危者。蓋國有二，則天下向背之心必生。向背之心生，則彼此之黨必立。彼此之黨立，則讒間之言必起。讒間之言起，則父子之隙必開。開者不可復合，隙者不可復全。昔趙武靈王命其子何聽朝而從旁觀之，魏太武命其太子晃監國而自將於外，既而間隙一開，四父子皆及於禍，而二國遂大亂。故夫君父在上，而太子監國，此古人不幸之事也，非令典也。

雜録

《梁書》卷八《昭明太子傳》　太子自加元服，高祖便使省萬機，內外百司奏事者填塞於前。太子明於庶事，纖毫必曉，每所奏有謬誤及巧妄，皆即就辯析，示其可否，徐令改正，未嘗彈糾一人。平斷法獄，多所全宥，天下皆稱仁。

性寬和容衆，喜慍不形於色。引納才學之士，賞愛無倦。恒自討論篇籍，或與學士商権古今；閒則繼以文章著述，率以為常。于時東宮有書幾三萬卷，名才並集，文學之盛，晉、宋以來未之有也。

《北齊書》卷一三《高叡傳》　（天保）九年，車駕幸樓煩，叡朝於行宮，仍從還晉陽。時濟南以太子監國，因立大都督府，與尚書省分理衆事，仍開府置佐。顯祖特崇其選，乃除叡侍中、攝大都督府長史。叡後因侍宴，顯祖從容顧謂常山王演等曰：『由來亦有如此長史不？吾用此長史何如？』演對曰：『陛下垂心庶政，優賢禮物，須拔進居蟬珥之榮，退當委要之職，自昔以來，實未聞如此銓授。』帝曰：『吾於此亦自謂得宜。』

唐・杜佑《通典》卷二二《職官典四・尚書上》　北齊尚書省亦有録、令、僕射，總理六尚書事，謂之都省，亦謂之北省。後濟南王以太子監國，立大都督府，與尚書省分理衆事，仍開府置佐。

又　卷七一《禮典三十一・嘉禮十六・皇太子監國有司儀注》　宋文帝元嘉二十六年二月，東巡，皇太子監國，有司奏儀注。

某曹關某事云云。被命，議宜如是。請為牋如左。謹關。

右署衆官如常儀。

尚書僕射、尚書左右丞某甲，死罪死罪。某事云云。參議以為宜如是事諾。奉行。某死罪死罪。

年月日。某曹上。

右牋儀準於啓事年月右方，關門下位及尚書官署。其言選事者，依舊不經他官。

某曹關太常甲乙啓辭。押。某署令某甲上言。某事云云。請臺告報如所稱。主者詳檢相應。請聽如所上事諾。別符申攝奉行。謹關。

年月日。

右關事儀準於黄案年月日右方，關門下位年月下左方，下附列尚書衆官署。其尚書名下應云奏者，今言關。餘皆如黄案式。

某曹關司徒長史王甲啓辭。押。某州刺史景丁解騰某郡縣令長李乙書言某事云云。請臺告報如所稱。尚書某甲參議，以為所論正如法令，告報聽如所上。請為令書如左。謹關。

右關門下位及尚書署，如上儀。

司徒長史王甲啓辭。押。某州刺史景丁解騰某郡縣令長李乙書言某事。云云。請臺告報。

年月日。尚書令某甲上建康宫。如無令，稱僕射。

右令曰下司徒，今報聽如某所上。其宣攝奉行如故事。文書如千里驛行。

年月日朔甲子。尚書令某甲下。無令稱僕射。

司徒承書從事書到上　起某曹。

右外上事，内處報，下令書儀。

某曹關事。云云。令如是，請為令書如左。謹關。

右關署如前式。

令司徒。某事。云云。令如是，其下所屬，奉行如故事。文書如千里驛行。

年月日子。下起某曹。

右令書自内出下外儀。

令書前某官某甲。令以甲為某官，如故事。

年月日。侍御史某甲受。

右令書版文準詔書版文。

尚書下。云云。奉行如故事。

右以準尚書敕儀。起某曹。

右並白紙書。凡外内應關牋之事，一準此為儀。其經宫臣者，依臣禮。拜刺史二千石誡敕文曰制詔云云。某動静屢聞。

右除拜詔書除者如舊文。其拜令書除者，「令」代「制詔」，餘如常儀。辭關版文云：「某官糞土臣某甲臨官。稽首再拜辭。」制曰右除糞土臣及稽首云云。某官某甲再拜辭。以「令曰」代「制曰」。某官宫臣者，稱臣。

后妃制度部

位號等級分部

綜述

《三國志》卷五《魏志・后妃傳》　漢制，帝祖母曰太皇太后，帝母曰皇太后，帝妃曰皇后，其餘内官十有四等。魏因漢法，母后之號，皆如舊制，自夫人以下，世有增損。太祖建國，始命王后，其下五等：有夫人，有昭儀，有婕妤，有容華，有美人。文帝增貴嬪、淑媛、脩容、順成、良人。明帝增淑妃、昭華、脩儀；除順成官。太和中始復命夫人，登其位於淑妃之上。自夫人以下爵凡十二等：貴嬪、夫人，位次皇后，爵無所視；淑妃位視相國，爵比諸侯王；淑媛位視御史大夫，爵比縣公；昭儀比縣侯；昭華比鄉侯；脩容比亭侯；脩儀比關内侯；婕妤視中二千石；容華視真二千石；美人視比二千石；良人視千石。

《宋書》卷四一《后妃傳》　帝祖母號太皇太后，母號皇太后，妃號皇后，漢舊制也。

晉武帝採漢、魏之制，置貴嬪、夫人、貴人，是為三夫人，位視三公。淑妃、淑媛、淑儀、修華、修容、修儀、婕妤、容華、充華，是為九嬪，位視九卿。其餘有美人、才人、中才人，爵視千石以下。高祖受命，省二才人，其餘仍用晉制。貴嬪，魏文帝所制。夫人，魏武帝初建魏國所制。貴人，漢光武所制。淑妃，魏明帝所制。淑媛，魏文帝所制。淑儀、修華，晉武帝所制。修容，魏文帝所制。修儀，魏明帝所制。婕妤、容華，前漢舊號。充華，晉武帝所制。美人，漢光武所制。世祖孝建三年，省夫人、修華、修容，置貴妃，位比相國，進貴嬪，位比丞相，貴人位比三司，以為三夫人。又置昭儀、昭容、昭華，以代修華、修儀、修容。又置中才人、充衣，以為散位。昭儀，漢元帝所制。昭容，世祖所制。昭華，魏明帝所制。中才人，晉武帝所制。充衣，前漢舊制。太宗泰始元年，省淑妃、昭華、中才人、充衣，復置修華、修儀、修容、才人、良人。三年，又省貴人，置貴姬，以備三夫人之數。又置昭華，增淑容、承徽、列榮。以淑媛、淑儀、淑容、昭華、昭儀、昭容、修華、修儀、修容為九嬪。婕妤、容華、充華、承徽、列榮凡五職，班亞九嬪。美人、中才人、才人三職為散役。其後太宗留心後房，擬外百官，備位置內職。列其名品于後。

《南齊書》卷二〇《皇后傳》　六宮位號，漢、魏以來，因襲增置，世不同矣。建元元年，有司奏置貴嬪、夫人、貴人為三夫人，脩華、脩儀、脩容、淑妃、淑媛、淑儀、婕妤、容華、充華為九嬪，美人、中才人、才人為散職。永明元年，有司奏貴妃、淑妃並加金章紫綬，佩于窴玉。淑妃舊擬九棘，以淑為温恭之稱，妃為亞后之名，進同貴妃，以比三司。夫人之號，不殊蕃國。降淑媛以比九卿。七年，復置昭容，位在九嬪。建元三年，太子宮置三內職，良娣比開國侯，保林比五等侯，才人比駙馬都尉。

《梁書》卷七《后妃傳》　《易》曰：『有天地然後有萬物，有萬物然後有男女，有男女然後有夫婦。』夫婦之義尚矣哉！《周禮》，王者立后六宮，三夫人、九嬪、二十七世婦、八十一御妻，以聽天下之內治。故《昏義》云：『天子之與后，猶日之與月，陰之與陽，相須而成者也。』漢初因秦稱號，帝母稱皇太后，后稱皇后，而加以美人、良人、八子、七子之屬。至孝武制婕妤之徒凡十四等。降及魏、晉，母后之號，皆因漢法；自夫人以下，世有增損焉。高祖撥亂反正，深鑑奢逸，惡衣菲食，務先節儉。配德早終，長秋曠位，嬪嬙之數，無所改作。太宗、世祖出自儲藩，而妃並先殂，又不建椒闈。【略】

高祖義師起，昭明太子始誕育，貴嬪與太子留在州城。京邑平，乃還京都。天監元年五月，有司奏為貴人，未拜；其年八月，又為貴嬪，位在三夫人上，居于顯陽殿。及太子定位，有司奏曰：

禮，母以子貴。皇儲所生，不容無敬。宋泰豫元年六月，議百官以吏敬敬帝所生陳太妃，則宋明帝在時，百官未有敬。臣竊謂『母以子貴』，義著《春秋》。皇太子副貳宸極，率土咸執吏禮，既盡禮皇儲，則所生不容無敬。但帝王妃嬪，義與外隔，以理以例，無致敬之道也。今皇太子聖睿在躬，儲禮夙備，子貴之道，抑有舊章。王侯妃主常得通信問者，及六宮三夫人雖與貴嬪同列，並應以敬皇太子之禮敬貴嬪。宋元嘉中，始興、武陵國臣並以吏敬敬所生潘淑妃、路淑媛。貴嬪於宮臣雖非小君，其義不異，與宋泰豫朝議百官以吏敬敬帝所生，事義正同。謂宮閫施敬宜同吏禮，詣神虎門奉牋致謁；年節稱慶，亦同如此。婦人無閫外之事，賀及問訊牋什，所由官報聞而已。夫婦人之道，義無自專，若不仰繫於夫，則當俯繫於子。榮親之道，應極其所榮，未有子所行而所從不足者也。故《春秋》凡王命為夫人，則禮秩與子等。列國雖異於儲貳，而從尊之義不殊，前代依准，布在舊事。貴嬪載誕元良，克固大業，禮同儲君，實惟舊典。尋前代始置貴嬪，位次皇后，爵無所視；其次職者，位視相國，爵比諸侯王。此貴嬪之禮，已高朝列；況母儀春宮，義絕常算。且儲妃作配，率由盛則；以婦踰姑，彌乖從序。謂貴嬪典章，一與太子不異。

於是貴嬪備典章禮數，同于太子，言則稱令。

《陳書》卷七《后妃傳》　《周禮》，王者立后，六宮，三夫人，九嬪，二十七世婦，八十一御妻，以聽天下之內治。然受命繼體之主，非獨外相佐也，蓋亦有內德助焉。漢魏已來，六宮之職，因襲增置，代不同矣。高祖承微接亂，光膺天歷，以樸素自處，故後宮員位多闕。世祖天嘉初，詔立後宮員數，始置貴妃、貴嬪、貴姬三人，以擬古之三夫人。又置淑媛、淑儀、淑容、昭華、昭容、昭儀、脩華、脩儀、脩容九人，以擬古之九嬪。又置婕妤、容華、充華、承徽、烈榮五人，謂之五職，亞於九嬪。又置美人、才人、良人三職，其職無員數，號為散位。世祖性恭儉，而嬪嬙多闕，高宗、後主內職無所改作。

《魏書》卷一三《皇后傳》 漢因秦制，帝之祖母曰太皇太后，母曰皇太后，妃曰皇后，餘則多稱夫人，隨世增損，非如《周禮》有夫人、嬪婦、御妻之定數焉。魏晉相因，時有昇降，前史言之具矣。

魏氏王業之兆雖始於神元，至於昭成之前，世崇儉質，妃嬙嬪御，率多闕焉，惟以次第為稱。而章、平、思、昭、穆、惠、煬、烈八帝，妃后無聞。太祖追尊祖妣，皆從帝謚為皇后，始立中宮，餘妾或稱夫人，多少無限，然皆有品次。世祖稍增左右昭儀及貴人、椒房、中式數等，後庭漸已多矣。又魏故事，將立皇后必令手鑄金人，以成者為吉，不成則不得立也。又世祖、高宗緣保母劬勞之恩，並極尊崇之義，雖事乖典禮，而觀過知仁。【略】

道武皇后慕容氏，寶之季女也。中山平，入充掖庭，得幸。左丞相衛王儀等奏請立皇后，帝從羣臣議，令后鑄金人，成，乃立之，告於郊廟。封后母孟為漂陽君。後崩。

道武宣穆皇后劉氏，劉眷女也。登國初，納為夫人，生華陰公主，後生太宗。后專理內事，寵待有加，以鑄金人不成，故不得登后位。魏故事，後宮產子將為儲貳，其母皆賜死。太祖末年，后以舊法薨。太宗即位，追尊謚號，配饗太廟。自此後宮人為帝母，皆正位配饗焉。【略】

先是，世祖保母竇氏，初以夫家坐事誅，與二女俱入宮。操行純備，進退以禮。太宗命為世祖保母。性仁慈，勤撫導。世祖感其恩訓，奉養不異所生。及即位，尊為保太后，後尊為皇太后，封其弟漏頭為遼東王。太后訓釐內外，甚有聲稱。性恬素寡欲，喜怒不形於色，好揚人之善，隱人之過。世祖征涼州，蠕蠕吳提入寇，太后命諸將擊走之。真君元年崩，時年六十三。詔天下大臨三日，太保盧魯元監護喪事，謚曰惠，葬崞山，從后意也。初，后嘗登崞山，顧謂左右曰：『吾母養帝躬，敬神而愛人，若死而不滅，必不為賤鬼。然於先朝本無位次，不可違禮以從園陵。此山之上，可以終託。』故葬焉。別立后寢廟於崞山，建碑頌德。【略】

高宗乳母常氏，本遼西人。太延中，以事入宮，世祖選乳高宗。慈和履順，有劬勞保護之功。高宗即位，尊為保太后，尋為皇太后，謁於郊廟。和平元年崩，詔天下大臨三日，謚曰昭，葬於廣寧磨笄山，俗謂之鳴雞山，太后遺志也。依惠太后故事，別立寢廟，置守陵二百家，樹碑頌德。

《北史》卷一三《后妃傳上》 漢因秦制，帝之祖母曰太皇太后，母曰皇太后，妃曰皇后，餘則多稱夫人，隨世增損，非如《周禮》有夫人、嬪婦、御妻之數焉。魏、晉相因，時有升降，前史言之具矣。

魏氏王業之兆，雖始於神元，然自昭成之前，未具言六宮之典，而章、平、思、昭、穆、惠、煬、烈八帝妃后無聞。道武追尊祖妣，皆從帝謚為皇后。始立中宮，餘妾或稱夫人，多少無限，然皆有品次。太武稍增左右昭儀及貴人、椒房等，後庭漸已多矣。又魏故事，將立皇后，必令手鑄金人，以成者為吉，不則不得立也。又太武、文成，保母劬勞之恩，並極尊崇之義，雖事乖典禮，而觀過知仁。

孝文改定內官：左右昭儀位視大司馬，三夫人視三公，三嬪視三卿，六嬪視六卿，世婦視中大夫，御女視元士。後置女職，以典內事：內司視尚書令、僕；作司、大監、女侍中三官視二品；監、女尚書、美人，女史、女賢人、女書史、書女、小書女五官視三品；中才人、供人、中使、女生才人、恭使宮人視四品；青衣、女酒、女饗、女食、奚官女奴視五品。

及齊神武、文襄，俱未踐尊極。神武嫡妻稱妃，其所娉蠕蠕女為蠕蠕公主。文襄既尚魏朝公主，故無別號。兩宮自餘姬侍，並稱娘而已。文宣後庭雖有夫人、嬪、御之稱，然未具員數。孝昭內職甚少，唯楊嬪才貌兼美，復是貴家，襄城王母桑氏有德行，並蒙恩禮，其餘無聞焉。

河清新令：內命婦依古制有三夫人、九嬪、二十七世婦、八十一御女。又準漢制置昭儀，有左右二人，比丞相；其弘德、正德、崇德為三夫人，比三公；光猷、昭訓、隆徽為上嬪，比三卿；宣徽、凝暉、宣明、順華、凝華、光訓為下嬪，比六卿；正華、令則、修訓、曜儀、明淑、芳華、敬婉、昭華、光正、昭寧、貞範、弘徽、和德、弘猷、茂光、明信、靜訓、曜德、廣訓、暉範、敬訓、芳猷、婉華、明範、豔儀、暉則、敬信為二十七世婦，比從三品；穆光、茂德、貞懿、曜光、貞凝、光範、令儀、內範、穆閨、婉德、明婉、豔婉、妙範、暉章、敬茂、靜肅、瓊章、穆華、慎儀、妙儀、明懿、崇明、麗則、婉儀、彭媛、脩閑、脩靜、弘慎、豔光、漪容、徽淑、秀儀、芳婉、貞慎、明豔、貞穆、脩範、肅容、茂儀、英淑、弘豔、正信、凝婉、英範、懷順、脩媛、良則、瑶章、訓成、潤儀、寧訓、淑懿、柔則、穆儀、脩禮、昭慎、貞媛、肅閨、敬順、柔華、昭順、敬寧、明訓、弘儀、崇敬、脩敬、承閑、昭容、麗儀、閑華、思柔、媛光、懷德、良媛、淑猗、茂範、良信、豔華、徽娥、肅儀、妙則為八十一御女，比正四品。武成好內，並具其員，自外又置才人、采女，以為散號。

後主既立二后，昭儀以下皆倍其數。又置左右娥英，比左右丞相，降昭儀比二大夫。尋又置淑妃一人，比相國。

周氏率由姬制，內職有序。文帝創基，修衽席以儉約；武皇嗣歷，節情欲於矯枉。宮闈有貫魚之美，戚里無私溺之尤，可謂得君人之體也。

宣皇外行其志，內逞其欲，溪壑難滿，采擇無厭，恩之所加，莫限冢阜；榮之所及，無隔險詖。於是升蘭殿以正位，踐椒庭而齊體者，非一人焉；階房帷而拖青紫，緣恩倖而擁玉帛，非一族焉。雖辛、癸之荒淫，趙、李之傾惑，曾未足比其髣髴也。人厭苛政，弊事實多，文帝之祀忽諸，特由於此。

論說

《南史》卷一一《后妃傳上》　六宮位號，前史代有不同。晉武帝采漢魏之制，置貴嬪、夫人、貴人，是為三夫人，位視三公；淑妃、淑媛、淑儀、修華、修容、修儀、婕妤、容華、充華，是為九嬪，位視九卿；其餘有美人、才人、中才人，爵視千石以下。宋武帝省二才人，其餘仍用晉制。案貴嬪，魏文帝所制。夫人，魏武初建魏國所制。貴人，漢光武所制。淑妃，魏明帝所制。淑媛，魏文帝所制。淑儀、修華，晉武帝所制。修容，魏文帝所制。修儀，魏明帝所制。婕妤、容華，前漢舊號。充華，晉武帝所制。美人，漢光武所制。及孝武孝建三年，省夫人；置貴妃，位比相國，進貴嬪比丞相，貴人比三司，以為三夫人。又置昭儀、昭容、昭華，以代修華、修儀、修容。又置中才人、充衣，以為散位。案昭儀，漢元帝所制。昭容，孝武所制。昭華，魏明帝所制。中才人，晉武帝所制。充衣，前漢舊制。

及明帝泰始二年，省淑妃、昭華、中才人、充衣，復置修華、修儀、修容、才人、良人；三年，又省貴人，置貴姬，以備三夫人之數；又置昭華，增淑容、承徽、列榮；以淑媛、淑儀、淑容、昭華、昭儀、昭容、修華、修儀、修容為九嬪；婕妤、容華、充華、承徽、列榮：凡五職，亞九嬪；美人、才人、良人三職為散役。其後，帝留心後房，擬百官，備置內職焉。

及齊高帝建元元年，有司奏置貴嬪、夫人、貴人為三夫人，修華、修儀、修容、淑妃、淑媛、淑儀、婕妤、容華、充華為九嬪，美人、中才人、才人為散職。三年，太子宮置三內職：良娣比開國侯，保林比五等侯，才人比駙馬都尉。及永明元年，有司奏貴妃、淑妃並加金章紫綬；佩于寘玉；淑妃舊擬九棘，以淑為温恭之稱，妃為亞后之名，進同貴妃，以比三司；夫人之號，不殊蕃國；降淑媛以比九卿。七年，復置昭容，位在九嬪焉。

梁武撥亂反正，深鑑奢逸，配德早終，長秋曠位。定令制貴妃、貴嬪、貴姬為三夫人；淑媛、淑儀、淑容、昭華、昭儀、昭容、修華、修儀、修容為九嬪；婕妤、容華、充華、承徽、列榮為五職；美人、才人、良人為三職。東宮置良娣、保林為二職。及簡文、元帝出自儲蕃，或迫在拘縶，或逼於寇亂；且妃並先殂，更不建椒闈。

陳武光膺天歷，以樸素自居，故後宮員位，其數多闕。文帝天嘉之後，詔宮職備員。其所制立，無改梁舊。編之令文，以為後法。然帝性恭儉，而嬪嬙不備。宣帝、後主，無所改作。

藝文

《晉書》卷三一《后妃傳下》　贊曰：二妃光舜，三母翼周。末升夷癸，褒進亡幽。家邦興滅，職此之由。穆后沈斷，忘情執爨。故劍辭恩，池蒲起歎。崇化繁祉，肇基商亂。二楊繼寵，福極災生。南風熾虐，國喪身傾。獻容幸亂，居辱疑榮。援筆廢主，持尺威帝。契闊終罹，殷憂以斃。芬實窈窕，芳菲婉嫕。呂妾變嬴，黃姬化芈。石文遠著，金行潛徙。婦德傾城，迷朱奪紫。

唐・徐堅《初學記》卷一〇《中宮部・［晉］張華〈中宮歌詩〉》 先王統大業，玄化漸八維；儀刑孚萬邦，內訓崇宮闈。皇英垂帝則，大雅詠三妃；含章體柔順，率禮蹈謙祗。螽斯弘慈惠，樛木逮幽微；徽音穆清風，高義邈不追。貴榮參日月，舉世仰餘輝。

又《［晉］成公綏〈中宮詩〉》 天地不獨立，造化由陰陽；乾坤垂覆載，日月曜重光。理國先家道，立教起閨房；二妃濟有虞，三母翊周王。塗山興大禹，有莘佐成湯；齊晉霸諸侯，皆賴姬與姜。關雎思賢妃，此言安可忘。

雜録

唐・杜佑《通典》卷三四《職官典・后妃》 漢興，因秦之稱，帝祖母稱太皇太后，帝母稱皇太后，正嫡稱皇后，皇后之尊侔於天子，璽綬如之。凡皇后稱椒房者，《詩》云：『椒聊之實，繁衍盈升。』國人羡其繁興，以椒塗室，亦取溫煖除惡氣也。妾皆稱夫人。又有美人、視二千石，比少上造。良人、視八百石，比左庶長。八子、視千石，比中更。七子、視八百石，比右庶長。長使、視六百石，比五大夫。少使、視四百石，比公乘。婕妤、武帝加置，視上卿，比列侯。娙娥、武帝加置，視中二千石，比關中侯。容華、武帝加置，視真二千石，比大上造。充衣、武帝加置，視千石，比左更。昭儀、元帝加置，位視丞相，爵比諸侯王。五官、視三百石。順常、視二百石。無涓、共和、娛靈、保林、良使、夜者，皆視百石。上家人子、中家人子。視有秩斗食。五官以下，死葬司馬門外。其太子有妃，有良娣，有孺子，妻妾凡三等。子皆稱皇孫，皇孫妻妾無位號，皆稱家人。光武中興，悉闕此號，唯皇后如舊。有貴人，貴人金印紫綬。美人、宮人、采女，皆無祿秩，四時賞賜而已。漢法常因八月算民，遣中大夫與掖庭丞及相工，於洛陽鄉中，閱視良家童女，年十三以上二十以下姿色端麗合法相者，載還後宮，擇視可否。魏武帝因西漢置夫人、昭儀、婕妤、容華、美人。文帝增置貴嬪、貴嬪、夫人並位次皇后，爵無所視。淑媛、位次御史大夫，爵比縣公。脩容、比亭侯。順成、明帝除順成。良人。視千石。明帝又增淑妃、位視相國，爵比諸侯王。昭華、比鄉侯。脩儀。比關內侯。自夫人以下，爵凡十二等。明帝遊宴在內，又選女子六人為女尚書，典省外奏事也。晉因魏制。宋初，多因舊制。孝武帝孝建三年，置貴妃，比相國。進貴嬪，比丞相。貴人，比三司。以為三年人。又置昭儀、昭容、昭華，以代脩華、脩儀、脩容。又置中才人、充衣，以為散位。其後或省或改，不能悉舉。廢帝即位，上明帝陳貴妃尊號曰皇太妃，依晉孝武李太妃故事，置家令一人。改諸國太妃曰大妃。音怡。其江左四代，互相沿襲，無大異同。宋前廢帝以新蔡公主號為謝貴妃，加虎賁龍旂，出警入蹕。齊永明元年，有司奏貴妃、淑妃並加金章紫綬，佩于寶玉。自後魏以下，班號謬亂，不足為紀。

冊立后妃儀分部

綜述

《三國志》卷五《魏志・后妃傳》 文德郭皇后，安平廣宗人也。祖世長吏。《魏書》曰：父永，官至南郡太守，謚敬侯。母姓董氏，即堂陽君，生三男二女：長男浮，高唐令，次女昱，次即后，后弟都，弟成。后以漢中平元年三月乙卯生，生而有異常。后少而父永奇之曰：『此乃吾女中王也。』遂以女王為字。早失二親，喪亂流離，沒在銅鞮侯家。太祖為魏公時，得入東宮。后有智數，時時有所獻納。文帝定為嗣，后有謀焉。太子即王位，后為夫人，及踐阼，為貴嬪。甄后之死，由后之寵也。黃初三年，將登后位，文帝欲立為后，中郎棧潛上疏曰：『在昔帝王之治天下，不惟外輔，亦有內助，治亂所由，盛衰從之。故西陵配黃，英娥降嬀，並以賢明，流芳上世。桀奔南巢，禍階末喜；紂以炮烙，怡悅妲己。是以聖哲慎立元妃，必取先代世族之家，擇其令淑以統六宮，虔奉宗廟，陰教聿修。《易》曰：「家道正而天下定。」由內及外，先王之令典也。《春秋》書宗人釁夏云，無以妾為夫人之禮。齊桓誓命于葵丘，亦曰「無以妾為妻」。

今後宮嬖寵，常亞乘輿。若因愛登后，使賤人暴貴，臣恐後世下陵上替，開張非度，亂自上起也。』文帝不從，遂立為皇后。《魏書》曰：后上表謝曰：『妾無皇、英釐降之節，又非姜、任思齊之倫，誠不足以假充女君之盛位，處中饋之重任。』后自在東宮，及即尊位，雖有異寵，心愈恭肅，供養永壽宮，以孝聞。是時柴貴人亦有寵，后教訓獎導之。後宮諸貴人時有過失，常彌覆之，有譴讓，輒為帝言其本末，帝或大有所怒，至為之頓首請罪，是以六宮無怨。性儉約，不好音樂，常慕漢明德馬后之為人。

《晉書》卷二一《禮志下》　魏齊王正始四年，立皇后甄氏，其儀不存。

武帝咸寧二年，臨軒，遣太尉賈充策立皇后楊氏，納悼后也。因大赦，賜王公以下各有差，百僚上禮。

太康八年，有司奏：『婚禮納徵，大婚用玄纁束帛，加珪，馬二駟。王侯玄纁束帛，加璧，乘馬。大夫用玄纁束帛，加羊。古者以皮馬為庭實，天子加以穀珪，諸侯加大璋，可依《周禮》改璧用璋，其羊雁酒米玄纁如故。諸侯婚禮，加納采、告期、親迎各帛五匹，及納徵馬四匹，皆令夫家自備。惟璋，官為具致之。』尚書朱整議：『案魏氏故事，王娶妃、公主嫁之禮，天子諸侯以皮馬為庭實，天子加以穀珪，諸侯加以大璋。漢高后制聘，后黃金二百斤，馬十二匹。夫人金五十斤，馬四匹。魏氏王娶妃、公主嫁之禮，用絹百九十匹。晉興，故事用絹三百疋。』詔曰：『公主嫁由夫氏，不宜皆為備物，賜錢使足而已。惟給璋，餘如故事。』

成帝咸康二年，臨軒，遣使持節、兼太保、領軍將軍諸葛恢，兼太尉、護軍將軍孔愉，六禮備物，拜皇后杜氏。即日入宮，帝御太極殿，羣臣畢賀。賀，非禮也。王者婚禮，禮無其制。《春秋》『祭公逆王后于紀』，《穀梁》、《左氏傳》說與《公羊》又不同。而自漢魏遺事，並皆闕略。武、惠納后，江左又無復《儀注》。故成帝將納杜后，太常華恒始與博士參定其儀。據杜預《左氏傳》說，主婚是供其婚禮之幣而已。又，周靈王求婚於齊，齊侯問於晏桓子，桓子對曰：『夫婦所生若如人，姑姊妹則稱先守某公之遺女若如人。』此則天子之命自得下達，臣下之荅徑自上通。先儒以為丘明詳録其事，蓋為王者婚娶之禮也。故成帝臨軒，遣使稱制拜后，然其《儀注》又不具存。

康帝建元元年，納皇后褚氏，而《儀注》陛者不設旄頭。殿中御史奏：『今迎皇后，依成恭皇后入宮御物，而《儀注》至尊袞冕升殿，旄頭不設，求量處。又案，昔迎恭皇后，惟作青龍旂，其餘皆即御物。今當臨軒遣使，而立五牛旗，旄頭罼罕並出即用，故致今闕。』詔曰：『所以正法服、升太極者，以敬其始，故備其禮也。今云何更闕所重而徹法物邪！又恭后神主入廟，先帝詔后禮宜降，不宜建五牛旗，而今猶復設之邪！既不設五牛旗，則旄頭罼罕之物易具也。』又詔曰：『舊制既難準，且於今而備，亦非宜。府庫之儲，惟當以供軍國之費耳。法服儀飾粗令舉，其餘兼副雜器停之。』

穆帝升平元年，將納皇后何氏。太常王彪之大引經傳及諸故事以定其禮，深非《公羊》婚禮不稱主人之義。又曰：『王者之於四海，無不臣妾，雖復父兄之親，師友之賢，皆純臣也。夫崇三綱之始，以定乾坤之儀，安有天父之尊，而稱臣下之命以納伉儷。安有臣下之卑，而稱天父之名以行大禮。遠尋古禮，無王者此制；近求史籍，無王者此比。於情不安，於義不通。案咸寧二年，納悼皇后時，弘訓太后母臨天下，而無命戚屬之臣為武皇父兄主婚之文。又考大晉已行之事，咸寧故事不稱父兄師友，則咸康華恒所上禮合於舊。臣愚謂今納后儀制，宜一依咸康故事。』於是從之。華恒所定之禮，依漢舊及晉已行之制，故彪之多從咸康，由此也。惟以娶婦之家三日不舉樂，而咸康羣臣賀，為失禮。故但依咸寧上禮，不復賀。其告廟六禮版文等儀，皆彪之所定也。其納采版文璽書曰：『皇帝咨前太尉參軍何琦。渾元資始，肇經人倫，爰及夫婦，以奉天地宗廟社稷。謀于公卿，咸以宜率由舊典。今使使持節太常彪之、宗正綜以禮納采。』主人曰：『皇帝嘉命，訪婚陋族，備數采擇。臣從祖弟故散騎侍郎準之遺女，未閑教訓，衣履若如人。欽承舊章，肅奉典制。前太尉參軍、都鄉侯糞土臣何琦稽首頓首，再拜承詔。』次問名版文曰：『皇帝曰：咨某官某姓。兩儀配合，承天統物，正位乎內，必俟令族，重申舊典。今使使持節、太常某，宗正某，以禮問名。』主人曰：『皇帝嘉命，使者某到，重宣中詔，問臣名族。臣族女父母所生，先臣故光祿大夫、雩婁侯禎之遺玄孫，先臣故豫州刺史、關中侯惲之曾孫，先臣故安豐太守、關中侯叡之孫，先臣故散騎侍郎準之遺女。外出自先臣故尚書左丞孔冑之外曾孫，先臣故侍中、關內侯夷之外孫女，年十七。欽承舊章，肅奉典制。』次納吉版文曰：『皇帝曰：咨某官某姓。人謀龜從，僉曰貞吉，敬從典禮。今使使持節、太常某，宗正某以禮納吉。』主人曰：『皇帝嘉命，使者某重宣中詔，太卜元吉。臣陋族卑鄙，憂懼不堪。欽承舊章，肅奉典制。』次納徵版文曰：『皇帝曰：咨某官某姓之女，有母儀之德，窈窕之姿，如山如河，宜奉宗廟，永承天祚。以玄纁皮帛，馬羊錢璧，以章典禮。今使使持節、司徒某，太常某，以禮納徵。』主人曰：『皇帝嘉命，降婚卑陋，崇以上公，寵以典禮，備物典策。欽承舊章，肅奉典制。』次請期版文曰：『皇帝曰：咨某官某姓。謀于公卿，泰筮元龜，罔有不臧，率遵典禮。今使使持節、太常某，宗正某，以禮請期。』主人曰：『皇帝嘉命，使者某重宣中詔，吉日惟某可迎。臣欽承舊章，肅奉典制。』次親迎版文曰：『皇帝曰：咨某官某姓。歲吉月令，吉日惟某，率禮以迎。今使使持節、太保某，太尉某，以禮迎。』主人曰：『皇帝嘉命，使者某重宣中詔，令月吉辰，備禮以迎。上公宗卿兼至，副介近臣百兩。臣螻蟻之族，猥承大禮，憂懼戰悸。欽承舊章，肅奉典制。』某稽首承詔，皆如初答。

孝武納王皇后，其禮亦如之。其納采、問名、納吉、請期、親迎，皆用白雁、白羊各一頭，酒米各十二斛。惟納徵羊一頭，玄纁用帛三匹，絳二匹，絹二百疋，獸皮二枚，錢二百萬，玉璧一枚，馬六匹，酒米各十二斛。鄭玄所謂五雁六禮也。其珪馬之制，備物之數，校太康所奏又有不同云。

古者婚冠皆有醮，鄭氏醮文三首具存。

升平八年，臺符問『迎皇后大駕應作鼓吹不』。博士胡訥議：『臨軒《儀注》闕，無施安鼓吹處所，又無舉麾鳴鐘之條。』太常王彪之以為：『婚禮不樂。鼓吹亦樂之總名。《儀注》所以無者，依婚禮。今宜備設而不作。』時用此議。

永和二年納后，議賀不。王述云：『婚是嘉禮。《春秋傳》曰：「娶者大吉，非常吉。」又《傳》曰：「鄭子罕如晉，賀夫人。」鄰國猶相賀，況臣下邪！如此，便應賀，但不在三日內耳。今因廟見成禮而賀，亦是一節也。』王彪之議云：『婚禮不樂不賀，禮之明文。傳稱子罕如晉賀夫人，既無經文，又《傳》不云《禮》也。禮，取婦三日不舉樂，明三日之後自當樂。至於不賀，無三日之斷，恐三日之後故無應賀之禮。』又云：『《禮記》所以言賀取妻者，是因就酒食而有慶語也。愚謂無直相賀之體，而有禮貺共慶會之義，今世所共行。』于時竟不賀。

穆帝納后欲用九月，九月是忌月。范汪問王彪之，答云：『禮無忌月，不敢以所不見，便謂無之。』博士曹耽、荀訥等並謂無忌月之文，不應有妨。王洽曰：『若有忌月，當復有忌歲。』【略】

武帝泰始十年，將聘拜三夫人、九嬪。有司奏：『禮，皇后聘以穀珪，無妾媵禮贄之制。』詔曰：『拜授可依魏氏故事。』於是臨軒，使使持節兼太常拜三夫人，兼御史中丞拜九嬪。

又 卷三二《后妃傳下·元敬虞皇后》 元敬虞皇后諱孟母，濟陽外黃人也。父豫，見《外戚傳》。帝為琅邪王，納后為妃，無子。永嘉六年薨，時年三十五。

帝為晉王，追尊為王后。有司奏王后應別立廟。令曰：『今宗廟未成，不宜更興作，便修飾陵上屋以為廟。』太興三年，冊曰：『皇帝咨前琅邪王妃虞氏：朕祇順昊天成命，用陟帝位。悼妃夙徂，徽音潛翳，御于家邦，靡所儀刑，陰教有虧，用傷于懷。追號制謚，先王之典。今遣使持節兼太尉萬勝奉冊贈皇后璽綬，祀以太牢。魂而有靈，嘉茲寵榮。』乃祔於太廟，葬建平陵。

又 《明穆庾皇后》 明帝即位，立為皇后。冊曰：『妃庾氏昔承明命，作嬪東宮，虔恭中饋，思媚軌則。履信思順，以成肅雝之道；正位閨房，以著協德之美。朕夙罹不造，煢煢在疚。羣公卿士，稽之往代，僉以崇嫡明統，載在典謨，宜建長秋，以奉宗廟。是以追述先志，不替舊命，使使持節兼太尉授皇后璽綬。夫坤德尚柔，婦道承姑，崇粢盛之禮，敦螽斯之義。是以利在永貞，克隆堂基，母儀天下，潛暢陰教。鑒于六列，考之篇籍，禍福無門，盛衰由人，雖休勿休。其敬之哉，可不慎歟！』

又 《成恭杜皇后》 成帝以后奕世名德，咸康二年備禮拜為皇后，即日入宮。帝御太極前殿，羣臣畢賀，晝漏盡，懸籥，百官乃罷。后少有姿色，然長猶無齒，有來求婚者輒中止。及帝納采之日，一夜齒盡生。改宣城陵陽縣為廣陽縣。

又《穆章何皇后》 穆章何皇后諱法倪，廬江灊人也。父準，見《外戚傳》。以名家膺選。升平元年八月，下璽書曰：『皇帝咨前太尉參軍何琦：混元資始，肇經人倫，爰及夫婦，以奉天地宗廟社稷。謀于公卿，咸以宜率由舊典。今使使持節太常彪之、宗正綜，以禮納采。』琦答曰：『前太尉參軍、都鄉侯糞土臣何琦稽首頓首再拜。皇帝嘉命，訪婚陋族，備數採擇。臣從祖弟故散騎侍郎準之遺女，未閑教訓，衣履若如人。欽承舊章，肅奉典制。』又使兼太保、武陵王晞，兼太尉、中領軍洽，持節奉冊立為皇后。

又《孝武文李太后》 及孝武帝初即位，尊為淑妃。太元三年，進為貴人。九年，又進為夫人。十二年，加為皇太妃，儀服一同太后。十九年，會稽王道子啓：『母以子貴，慶厚禮崇。伏惟皇太妃純德光大，休祐攸鍾，啓嘉祚於聖明，嗣徽音于上列。雖幽顯同謀，而稱謂未盡，非所以仰述聖心，允答天人。宜崇正名號，詳案舊典。』八月辛巳，帝臨軒，遣兼太保劉耽尊為皇太后，稱崇訓宮。安帝即位，尊為太皇太后。

又《孝武定王皇后》 初，帝將納后，訪于公卿。于時蘊子恭以弱冠見僕射謝安，安深敬重之。既而謂人曰：『昔毛嘉耻于魏朝，楊駿幾傾晉室。若帝納后，有父者，唯廕望如王蘊乃可。』既而訪蘊女，容德淑令，乃舉以應選。寧康三年，中軍將軍桓沖等奏曰：『臣聞天地之道，蓋相須而化成；帝后之德，必相協而政隆。然後品物流形，彝倫攸敘，靈根長固，本枝百世。天人同致，莫不由此。是以塗山作儷，而夏族以熙；妊姒配周，而姬祚以昌。今長秋將建，宜時簡擇。伏聞試守晉陵太守王蘊女，天性柔順，四業允備。且盛德之胄，美善先積。臣等參議，可以配德乾元，恭承宗廟，徽音六宮，母儀天下。』於是帝始納焉。封蘊妻劉氏為樂平鄉君。

《宋書》卷一四《禮志一》 魏齊王正始四年，立皇后甄氏，其儀不存。

晉武帝咸寧二年，臨軒，遣太尉賈充策立后楊氏，納悼后也。因大赦，賜王公以下各有差。百僚上禮。

太康八年，有司奏：『昏禮納徵，大昏用玄纁，束帛加珪，馬二駟；王侯玄纁，束帛加璧，乘馬；大夫用玄纁，束帛加羊。古者以皮馬為庭實，天子加穀珪，諸侯加大璋。可依《周禮》改璧用璋，其羊、雁、酒、米、玄纁如故。諸侯昏禮加納采告期親迎各帛五匹，及納徵馬四匹，皆令夫家自備，唯璋官為具致之。』尚書朱整議：『按魏氏故事，王娶妃、公主嫁之禮，天子諸侯以皮馬為庭實，天子加以穀珪，諸侯加以大璋。漢高后制，聘后黄金二百斤，馬十二匹；夫人金五十斤，馬四匹。魏聘后、王娶妃、公主嫁之禮，用絹百九十匹。晉興，故事用絹三百疋。』詔曰：『公主嫁由夫氏，不宜皆為備物，賜錢使足而已。唯給璋，餘如故事。』

成帝咸康二年，臨軒，遣使兼太保領軍將軍諸葛恢、兼太尉護軍將軍孔愉六禮備物，拜皇后杜氏。即日入宮。帝御太極殿，羣臣畢賀，非禮也。王者昏禮，禮無其制。《春秋》祭公逆王后于紀。《穀梁》、《左氏說》與《公羊》又不同。而漢、魏遺事闕略者衆。晉武、惠納后，江左又無復儀注，故成帝將納杜后，太常華恒始與博士參定其儀。據杜預《左氏傳》說主婚，是供其婚禮之幣而已。又周靈王求婚於齊，齊侯問於晏桓子，桓子對曰：『夫婦所生若而人，姑姊妹則稱先守某公之遺女若而人。』此則天子之命，自得下達，臣下之答，徑自上通。先儒以為丘明詳録其事，蓋為王者婚娶之禮也。故成帝臨軒遣使稱制拜后。然其儀注，又不具存。

康帝建元元年，納后褚氏。而儀注陛者不設旄頭。殿中御史奏：『今迎皇后，依昔成恭皇后入宮御物，而儀注至尊袞冕升殿，旄頭不設，求量處。又案昔迎恭皇后，唯作青龍旂，其餘皆即御物。今當臨軒遣使，而立五牛旂旗，旄頭畢罕並出。即用舊制，今闕。』詔曰：『所以正法服升太極者，以敬其始，故備其禮也。今云何更闕所重而撤法物邪？又恭后神主入廟，先帝詔后禮宜有降，不宜建五牛旗，而今猶復設之邪？既不設五牛旗，則旄頭畢罕之器易具也。』又詔曰：『舊制既難準，且於今而備，亦非宜。府庫之儲，唯當以供軍國之費耳。法服儀飾粗令舉，其餘兼副雜器，停之。』

及至穆帝升平元年，將納皇后何氏，太常王彪之始更大引經傳及諸故事，以正其禮，深非公羊婚禮不稱主人之義。又曰：『王者之於四海，無非臣妾。雖復父兄之親，師友之賢，皆純臣也。夫崇三綱之始，以定乾坤之儀，安有天父之尊，而稱臣下之命，以納伉儷；安有臣下之卑，而稱天父之名，以行大禮。遠尋古禮，無王者此制；近求史籍，無王者此比。於情不安，於義不通。案咸寧二年，納悼皇后時，弘訓太后母臨天下，而無命戚屬之臣為武皇父兄主婚之文。又考大晉已行之事，咸寧故事，不稱父兄師友，則咸康華恒所上合於舊也。臣愚謂今納后儀制，宜一依咸康故事。」於是從之。華恒所定六禮，云宜依漢舊及大晉已行之制，此恒猶識前事，故王彪之多從咸康，由此也。惟以取婦之家，三日不舉樂，而咸康羣臣賀為失禮；故但依咸寧上禮，不復賀也。其告廟六禮版文等儀，皆彪之所定也。詳推有典制，其納采版文璽書曰：「皇帝咨前太尉參軍何琦，渾元資始，肇經人倫，爰及夫婦，以奉天地宗廟社稷，謀于公卿，咸以為宜率由舊典。今使使持節太常彪之、宗正綜以禮納采。」主人曰：『皇帝嘉命，訪婚陋族，備數采擇。臣從祖弟故散騎侍郎準之遺女，未閑教訓，衣履若而人，欽承舊章，肅奉典制。前太尉參軍都鄉侯糞土臣何琦稽首再拜承制詔。』次問名版文曰：『皇帝曰，咨某官某姓，兩儀配合，承天統物，正位于內，必俟令族，重章舊典。今使使持節太常某、宗正某，以禮問名。』主人曰：『皇帝嘉命，使者某到，重宣中詔，問臣名族。臣族女父母所生先臣故光祿大夫雩婁侯楨之遺玄孫，先臣故豫州刺史關中侯惲之曾孫，先臣故安豐太守關中侯叡之孫，先臣故散騎侍郎準之遺女。外出自先臣故尚書左丞冑之外曾孫，先臣故侍中關內侯夷之外孫女。年十七。欽承舊章，肅奉典制。』次納吉版文曰：『皇帝曰，咨某官某姓，人謀龜從，僉曰貞吉，敬從典禮。今使持節太常某、宗正某，以禮納吉。』主人曰：『皇帝嘉命，使者某重宣中詔，太卜元吉。臣陋族卑鄙，憂懼不堪。欽承舊章，肅奉典制。』次納徵版文：『皇帝曰，咨某官某姓之女，有母儀之德，窈窕之姿，如山如河，宜奉宗廟，永承天祚。以玄纁皮帛馬羊錢璧，以章典禮。今使使持節司徒某、太常某，以禮納徵。』主人曰：『皇帝嘉命，降婚卑陋，崇以上公，寵以典禮，備物典策。欽承舊章，肅奉典制。』次請期版文：『皇帝曰，咨某官某姓，謀于公卿，大筮元龜，罔有不臧，率遵典禮。今使使持節太常某、宗正某，以禮請期。』主人曰：『皇帝嘉命，使某重宣中詔，吉日惟某可迎。臣欽承舊章，肅奉典制。』次親迎版文：『皇帝曰，咨某官某姓，歲吉月令，吉日惟某，率禮以迎。今使使持節太保某、太尉某以迎。』主人曰：『皇帝嘉命，使者某重宣中詔。令月吉辰，備禮以迎。上公宗卿，兼至副介，近臣百兩。臣螻蟻之族，猥承大禮，憂懼戰悸，欽承舊章，肅奉典制。』其稽首承詔皆如初答。

孝武納王皇后，其禮亦如之。其納采、問名、納吉、請期、親迎，皆用白雁白羊各一頭，酒米各十二斛。唯納徵羊一頭，玄纁用帛三匹，絳二匹，絹二百疋，虎皮二枚，錢二百萬，玉璧一枚，馬六頭，酒米各十二斛，鄭玄所謂五雁六禮也。其珪馬之制，備物之數，校太康所奏，又有不同，官有其注。

《南齊書》卷九《禮志上》 永明中，世祖以婚禮奢費，敕諸王納妃，上御及六宮依禮止棗栗腶脩，加以香澤花粉，其餘衣物皆停。唯公主降嬪，則止遺舅姑也。永泰元年，尚書令徐孝嗣議曰：『夫人倫之始，莫重冠婚，所以尊表成德，結歡兩姓。年代汙隆，古今殊則，繁簡之儀，因時或異。三加廢於士庶，六禮限於天朝，雖因習未久，事難頓改，而大典之要，深宜損益。案《士冠禮》，三加畢，乃醴冠者，醴則唯一而已，故醴辭無二。若不醴，則每加輒醮以酒，故醮辭有三。王肅云「醴本古，其禮重，酒用時味，其禮輕故也」。或醴或醮，二三之義，詳記於經文。今皇王冠畢，一酌而已，即可擬古設（禮）〔醴〕。而猶用醮辭，寔為乖衷。尋婚禮實篚以四爵，加以合巹，既崇尚質之理，又象泮合之義。故三飯卒食，再酳用巹。先儒以禮成好合，事終於三，然後用巹合。儀注先酳巹，以再以三，有違旨趣。又《郊特牲》曰「三王作牢用陶匏」。言太古之時，無共牢之禮，三王作之，而用太古之器，重夫婦之始也。今雖以方樏示約，而彌乖昔典。又連巹以鎖，蓋出近俗。復別有牢燭，雕費采飾，亦虧曩制。方今聖政日隆，聲教惟穆，則古昔以敦風，存餼羊以愛禮，沿襲之規，有切治要，嘉禮實重，宜備舊章。謂自今王侯已下冠畢一酌醴，以遵古之義。醴即用舊文，於事為允。婚亦依古，以巹酌終酳之酒，並除金銀連鎖，自餘雜器，悉用埏陶。堂人執燭，足充炳燎，牢燭華侈，亦宜停省。庶斲雕可期，移俗有漸。』參議並同。奏可。

《周書》卷九《皇后傳》 武帝阿史那皇后，突厥木扞可汗俟斤之女。突厥滅茹茹之後，盡有塞表之地，控弦數十萬，志陵中夏。太祖方與齊人爭衡，結以為援。俟斤初欲以女配帝，既而悔之。高祖即位，前後累遣使要結，乃許歸后於我。保定五年二月，詔陳國公純、許國公宇文貴、神武公竇毅、南（陽）［安］公楊荐等，奉備皇后文物及行殿，并六宮以下百二十人，至俟斤牙帳所，迎后。俟斤又許齊人以婚，將有異志。純等在彼累載，不得反命。雖諭之以信義，俟斤不從。會大雷風起，飄壞其穹廬等，旬日不止。俟斤大懼，以為天譴，乃備禮送后。（及）純等設行殿，列羽儀，奉之以歸。天和三年三月，后至，高祖行親迎之禮。后有姿貌，善容止，高祖深敬焉。

宣帝即位，尊為皇太后。大象元年二月，改為天元皇太后。二年二月，又尊為天元上皇太后。册曰：『天元皇帝臣贇，奉璽綬册，謹上天元皇太后尊號曰天元上皇太后。伏惟窮神盡智，含弘載物，道洽萬邦，儀刑四海。聖慈訓誘，恩深明德，雖册徽號，未極尊嚴。是用增奉鴻名，光縟常禮。俾誠敬有展，歡慰在茲，福祉無疆，億兆斯賴。』宣帝崩，靜帝尊為太皇太后。隋開皇二年殂，年三十二。隋文帝詔有司備禮册，祔葬於孝陵。

武帝李皇后名娥姿，楚人也。于謹平江陵，后家被籍沒。至長安，太祖以后賜高祖，後稍得親幸。大象元年二月，改為天元帝太后。七月，又尊為天皇太后。二年，尊為天元聖皇太后。册曰：『天元皇帝臣贇，奉璽綬册，謹上天皇太后尊號曰天元聖皇太后。伏惟月精效祉，坤靈表貺，瑞肇丹陵，慶流華渚。雖率由令典，夙奉徽號，而因心盡敬，未極尊名。是用思弘稱首，上昭聖德，敢竭誠敬，永綏福履。顯揚慈訓，貽厥孫謀。』宣帝崩，靜帝尊為太帝太后。隋開皇元年三月，出俗為尼，改名常悲。八年殂，年五十三，以尼禮葬于京城南。

宣帝楊皇后名麗華，隋文帝長女。帝在東宮，高祖為帝納后為皇太子妃。宣政元年閏六月，立為皇后。帝後自稱天元皇帝，號后為天元皇后。尋又立天皇后及左右皇后，與后為四皇后焉。二年，詔曰：『帝降二女，后德所以儷君；天列四星，妃象於焉垂耀。朕取法上玄，稽諸令典，爰命四后，內正六宮，庶弘贊柔德，廣修粢盛。比殊禮雖降，稱謂曷宜，其因天之象，增錫嘉名。』於是后與三皇后並加（太）［大］焉。帝遣使持節册后為天元大皇后曰：『咨爾含章載德，體順居貞，肅恭享祀，儀刑邦國，是用嘉茲顯號，式暢徽音。爾其敬踐厥猷，寅答靈命，對揚休烈，可不慎歟。』尋又立［為］天中大皇后，與后為五皇后。【略】

宣帝朱皇后名滿月，吳人也。其家坐事，沒入東宮。帝之為太子，后被選掌帝衣服。帝年少，召而幸之，遂生靜帝。大象元年，立為天元帝后，尋改為天皇后。二年，又改為天大皇后。册曰：『咨爾彌宣四德，訓範六宮，軒庭列序，堯門表慶，嘉稱既降，盛典宜膺。爾其飾性履道，無忝禮正，永固休祉，可不慎歟。』后本非良家子，又年長於帝十餘歲，疏賤無寵。以靜帝故，特尊崇之，班亞楊皇后焉。宣帝崩，靜帝尊為帝太（皇）［后］。隋開皇元年，出俗為尼，名法淨。六年殂，年四十，以尼禮葬京城。

宣帝陳皇后名月儀，自云潁川人，大將軍山提第八女也。大象元年六月，以選入宮，拜為德妃。月餘，立為天左皇后。二年二月，改天左大皇后。册曰：『咨爾儀範柔閑，操履凝潔，淑問彰於遠近，令則冠於宮闈。是用申彼寵章，加茲徽號。爾其復禮問詩，披圖顧史，永隆嘉命，可不慎歟。』三月，又詔曰：『正內之重，風化之基，嘉耦之制，代多殊典。軒、嚳繼軌，次妃並四；虞舜受命，厥娶猶三。禮非相襲，隨時不無。朕祗承寶圖，載弘徽號，自我改作，超革先古。曰天元居極，五帝所以仰崇；王者稱尊，列后於焉上儷。且坤儀比德，土數惟五，既縟恆典，宜取斯儀。四大皇后外，可增置天中大皇后一人。天中大皇后爰主粢盛，徽音日躋，肇建嘉名，宜膺顯册。』於是以后為天中大皇后。帝崩，后出家為尼，改名華光。【略】

宣帝元皇后名樂尚，河南洛陽人也。開府晟之第二女。年十五，被選入宮，拜為貴妃。大象元年七月，立為天右皇后。二年二月，改為天右大皇后。册曰：『咨爾資靈姜水，載德涂山，懿淑內融，徽音潛暢。是用加茲寵數，式光踐禮。爾其聿修儀範，肅膺顯册，祗承休命，可不慎歟。』帝崩，后出俗為尼，改名華勝。初，后與陳后同時被選入宮，俱拜為妃，及升后位，又同日受册，帝寵遇二后，禮數均等，年齒復同，特相親愛。及為尼後，李、朱及尉遲后等並相繼殞沒，而二后于今尚存。后父晟，少以元氏宗室，拜開府。大象（末）［元］年七月，以后父進位上柱國，封翼國公。

宣帝尉遲皇后名熾繁，蜀國公迥之孫女。有美色。初適杞國公亮子西陽公温，以宗婦例入朝，帝逼而幸之。及亮謀逆，帝誅温，進后入宫，拜為長貴妃。大象二年三月，立為天左大皇后。册曰：『咨爾門膺積善，躬表靈貺，徽音茂德，朕實嘉之。是用弘兹盛典，申彼寵章。爾其克慎厥猷，寅荅景命，永承休烈，可不慎歟。』帝崩，后出俗為尼，改名華首。隋開皇十五年，殂，年三十。

静帝司馬皇后名令姬，柱國、滎陽公消難之女。大象元年二月，宣帝傳位於帝，七月，為帝納為皇后。册曰：『坤道成形，厚德於焉載物；陰精迭運，重光所以麗天。在昔皇王，膺乾御歷，内政為助，昭被圖篆。惟爾門積慶靈，家韜休烈，徽音令範，無背一時。是用命爾，作儷皇極。爾其克勵婉心，肅膺盛典，追皇、英之逸軌，庶任、姒之芳塵，褘翟有光，粢盛無怠，雖休勿休，以隆嘉祚。』二年九月，隋文帝以后父擁衆奔陳，廢后為庶人。後嫁為隋司（州）［隸］刺史李丹妻，于今尚存。

《隋書》卷九《禮儀志四》 後齊將崇皇太后，則太尉以玉帛告圓丘方澤，以幣告廟。皇帝乃臨軒，命太保持節，太尉副之。設九儐，命使者受璽綬册及節，詣西上閤。其日，昭陽殿文物具陳，臨軒訖，使者就位，持節及璽綬稱詔。二侍中拜進，受節及册璽綬，以付小黄門。黄門以詣閤。皇太后服褘衣，處昭陽殿，公主及命婦陪列於殿，皆拜。小黄門以節綬入，女侍中受，以進皇太后。皇太后興，受，以授左右。復坐，反節於使者。使者受節出。

册皇后，如太后之禮。【略】

後齊皇帝納后之禮，納采、問名、納徵訖，告圓丘方澤及廟，如加元服。是日，皇帝臨軒，命太尉為使，司徒副之。持節詣皇后行宫，東向，奉璽綬册，以授中常侍。皇后受册於行殿。使者出，與公卿以下皆拜。有司備迎禮。太保太尉，受詔而行。主人公服，迎拜於門。使者入，升自賓階，東面。主人升自阼階，西面。禮物陳於庭。設席於兩楹間，童子以璽書版升，主人跪受。送使者，拜于大門之外。有司先於昭陽殿兩楹間供帳，為同牢之具。皇后服大嚴繡衣，帶綬珮，加幜。女長御引出，升畫輪四望車。女侍中負璽陪乘。鹵簿如大駕。皇帝服衮冕出，升御坐。皇后入門，大鹵簿住門外，小鹵簿入。到東上閤，施步鄣，降車，席道以入昭陽殿。前至席位，姆去幜，皇后先拜後起，皇帝後拜先起。帝升自西階，詣同牢坐，與皇后俱坐。各三飯訖，又各酳二爵一卺。奏禮畢，皇后興，南面立。皇帝御太極殿，王公已下拜，皇帝興，入。明日，后展衣，於昭陽殿拜表謝。又明日，以榛栗棗脩，見皇太后於昭陽殿。擇日，羣官上禮。又擇日，謁廟。皇帝使太尉，先以太牢告，而後徧見羣廟。

皇太子納妃禮，皇帝遣使納采，有司備禮物。會畢，使者受詔而行。主人迎于大門外。禮畢，會於聽事。其次問名、納吉，並如納采。納徵，則使司徒及尚書令為使，備禮物而行。請期，則以太常宗正卿為使，如納采。親迎，則太尉為使。三日，妃朝皇帝於昭陽殿，又朝皇后於宣光殿。擇日，羣官上禮。他日，妃還。又他日，皇太子拜閤。

藝　文

《晉書》卷三一《后妃傳上·左貴嬪》 夫咸寧二年，納悼后，（左）芬于座受詔作頌，其辭曰：『峨峨華嶽，峻極泰清。巨靈導流，河濆是經。惟濆之神，惟嶽之靈。鍾于楊族，載育盛明。穆穆我后，應期挺生。含聰履喆，岐嶷夙成。如蘭之茂，如玉之榮。越在幼沖，休有令名。飛聲八極，翕習紫庭。超妊邈姒，比德皇英。京室是嘉，備禮致娉。令月吉辰，百僚奉迎。周生歸韓，詩人是詠。我后戾止，車服暉映。登位太微，明德日盛。羣黎欣戴，函夏同慶。翼翼聖皇，叡喆孔純。愍兹狂戾，闡惠播仁。蠲釁滌穢，與時惟新。沛然洪赦，恩詔遐震。后之踐阼，囹圄虚陳。萬國齊歡，六合同欣。坤神抃舞，天人載悦。興瑞降祥，表精日月。和氣煙熅，三光朗烈。既獲嘉時，尋播甘雪。玄雲晻藹，靈液霏霏。既儲既積，待陽而晞。曣晛沾濡，柔潤中畿。長享豐年，福禄永綏。』

唐·徐堅《初學記》卷一〇《中宫部·［南朝梁］江淹〈為建平王慶皇后正位章〉》 伏承以嘉月惠時，膺曜辰正，翬褕昭品，褕組在飾，休遍函夏，譽殷靈昧。伏惟光曜静德，式懷謙順，升降圖傳，左右詩史，夙諳茂資，早摛芳訓。衍教紫宸，麗軌華屋，聲激綺組，風偃家邦。

又《［北魏］温子升〈魏帝納皇后羣臣上禮章〉》 臣聞軒轅乃神，

西陵以之作合；夏后至聖，塗山於是來嬪。伏惟陛下龍飛纘極，大明理運，長秋既建，陰教有主，景命無窮，皇圖長固。普天之下，莫不欣躍。

雜録

《宋書》卷四一《后妃傳》 武帝胡婕妤諱道安，淮南人。義熙初，為高祖所納，生文帝。五年，被譴賜死，時年四十二。葬丹徒。高祖踐阼，追贈婕妤。

太祖即位，有司奏曰：『臣聞德厚者禮尊，慶深者位極。故閟宮既構，詠歌先妣；園陵崇衛，聿追來孝。伏惟先婕妤柔明塞淵，光備六列，德昭坤範，訓洽母儀。用能啓祚聖明，奄宅四海。嚴親莫逮，天祿永違。臣等遠準《春秋》，近稽漢、晉。謹上尊號曰章皇太后，陵曰熙寧。』立廟於京師。【略】

文帝路淑媛諱惠男，丹陽建康人也。以色貌選入後宮，生孝武帝，拜為淑媛。年既長，無寵，常隨世祖出蕃。世祖入討元凶，淑媛留尋陽。上即位，遣建平王宏奉迎。有司奏曰：『臣聞歷集周邦，徽音克嗣，氣淳漢國，沙麓發祥。昔在上代，業隆祚遠，未有不敷陰教以闡洪基，膺淑慶以載聖哲者也。伏惟淑媛柔明內昭，徽儀外範，合靈初迪，則庶姬仰燿；引訓蕃闈，則家邦被德。民應惟和，神屬惟祉，故能誕鍾叡躬，用集大命，固靈根於既殞，融盛烈乎中興。載厚化深，聲詠允緝，宜式諧舊典，恭享極號。謹奉尊號曰皇太后，宮曰崇憲。』太后居顯陽殿。【略】

文帝沈婕妤諱容姬，不知何許人也。納於後宮，為美人。生明帝，拜為婕妤。元嘉三十年卒，時四十。葬建康之莫府山。世祖即位，追贈湘東國太妃。太宗即位，有司奏曰：『昔幽都追遠，正邑纏哀，緬慕德義，敬奉園陵。先太妃德履端華，徽景明峻，風光宸掖，訓流國闈，鞠聖誕靈，蚤損鴻祚。臣等遠模漢冊，近儀晉典，謹上尊號為皇太后。』下禮官議謚，謚曰宣太后，陵號曰崇寧。【略】

明帝陳貴妃諱妙登，丹陽建康人，屠家女也。【略】

太宗即位，拜貴妃，禮秩同皇太子妃。廢帝踐阼，有司奏曰：『臣聞河龍啓聖，理浹民神；郊電基皇，慶爍天地。故資敬之道，粹古銘風；沿貴之誼，眇代凝則。伏惟貴妃含和日晷，表淑星樞，徽音峻古，柔光照世，聲華帝掖，軌秀天嬪，景發皇明，祚昌睿命。而備物之章，未煥彝策。遠酌前王，允陟鴻典。臣等參議，謹上尊號曰皇太妃。輿服一如晉孝武帝太后故事。置家令一人。改諸國太妃曰太妃。宮曰弘化。』追贈太妃父金寶散騎常侍，金寶妻王氏永世縣成樂鄉君。昇明初，降為蒼梧王太妃。

唐·杜佑《通典》卷五八《禮典十八·嘉禮三·天子納后冊后附》 魏制，天子冊后，以皮馬庭實加穀珪。齊王正始四年，立后甄氏，其儀不存。

晉武帝咸寧二年，臨軒遣太尉賈充冊立皇后楊氏，因大赦，賜王公以下各有差，百僚上禮。納悼后。太康八年，有司奏，大婚納徵，用玄纁束帛加穀珪，馬二駟，羊鴈酒米如故。尚書朱整議：按魏婚故事，天子以皮馬為庭實，加以穀珪。

東晉成帝咸康二年，帝臨軒，遣使持節、兼太保、領軍諸葛恢，兼太尉、護軍孔愉，六禮備物，拜皇后杜氏。即日入宮，帝御太極殿，羣臣畢賀。賀，非禮也。王者婚禮，禮無其制。《春秋》『祭公逆王后於紀』，《穀梁》、《左氏說》與《公羊》又不同。而況漢魏遺事，闕略者衆。晉武、惠納后，江左又無儀注。故成帝將納杜后，太常華恒始與博士參定其儀。據杜元凱《左氏傳》說，主婚是供其婚禮之幣而已。又，周靈王求婚於齊，先儒以為丘明詳録為王者婚禮。故成帝臨軒，遣使稱制拜后，然其儀注，又不具存。

康帝建元元年，納后褚氏，而儀注陛者不設旄頭。殿中御史奏：『今迎皇后，依昔成恭皇后入宮御物，而儀注至尊袞冕升殿，旄頭不設。昔迎恭皇后，唯作青龍旂，其餘皆即御物。今臨軒遣使，而立五牛旂，旄頭畢罕並出。即用舊制，今闕。』詔曰：『今所以正法服、升太極者，以敬其始，故備禮也。今何闕所重而撤法物邪？又恭后神主入廟，先帝詔后禮宜有降，不宜建五牛旂，既不設五牛旂，則旄頭畢罕易具也。』又詔：『舊制既難準，且於今而備法服，儀飾麤舉，兼副雜器停之。』

穆帝永和十年，臺符問：『六禮版文，舊稱皇帝，今太后臨朝，當何稱？』博士曹耽云：『《公羊傳》，婚禮不稱主人，母命諸父為主。』《傳》：紀裂繻來迎女，不稱使也。無母，辭窮，乃命使者耳。太常王彪之云：『三傳異義，不可全據。今皇后臨朝稱制，文告所達，國之大典，皆仰稟成命，非無外事也。豈婚聘獨不通乎！六禮版文，應稱皇太后詔。』彪之又曰：『天子嫁女使同姓之國為主者，以受體於皇極，則有虧婚姻之敵禮。至於迎后之制，必禮成而後入，雖復戚屬之尊，亦臣妾也。天王之后，寧可先之蕃國，然後入臨六宮乎？是以祭公來迎王后於紀，使我為媒，不云為主。』符又問：『今后還政，不復臨朝，當何稱？』彪之云『當稱皇帝詔』。

升平元年，將納皇后何氏，彪之正禮始更大引經傳及諸故事，深非《公羊》『婚禮不稱主人』之義。曰：『王者之於四海，無不臣妾，雖復父兄之親，師友之賢，皆純臣也。夫崇三綱之始，定乾坤之儀，安有天父之尊，而稱臣下之命以納伉儷；安有臣下之卑，而稱天父之名以行大禮。遠尋古禮，於義不通。按咸寧二年，納悼皇后時，弘訓太后母臨天下，而無命戚屬之臣為武皇父兄主婚之文。考咸寧故事不稱父兄師友，則咸康華恒所上合於舊也。謂今納后儀制，宜一依咸康故事。』從之。華恒定六禮，云宜依舊及大晉已行之制，此恒猶識前事，故王彪之言從咸康，由此也。唯以『娶婦之家三日不舉樂』，而咸康羣臣賀為失禮，故但依咸寧上禮，不復賀也。其告廟六禮版文等，皆彪之所定。博士荀納云：『凡六禮版，長尺二寸，以應十二月；博四寸，以象四時；厚八分，以象八節。皆真書。后家答則以鮫腳書之。』納采，用鴈一頭，白羊一口，酒十二斛，米十二斛。文曰：『皇帝咨前太尉參軍、都鄉侯何：渾元資始，肇經人倫，爰及夫婦，以奉宗廟天地社稷。謀於公卿，咸以為宜。率由舊典，今使使持節、崇德衛尉、領太常彪之，兼宗正、散騎侍郎綜，以禮納采。』后家答曰：『皇帝嘉命，訪婚陋族，備數采擇。臣之先臣散騎侍郎準之遺女，未嫻教訓，衣履若而人。欽承舊章，肅奉典制。前太尉參軍、都鄉侯糞土臣何琦稽首頓首，再拜承制詔。』問名，用鴈羊酒米如前。文曰：『皇帝曰：咨前某官某侯何：兩儀配合，承天統物，正位乎內，必俟令族。重申舊典，今使使持節、某官彪之，某官綜，以禮問名。』后家答：『皇帝嘉命，使者彪之重宣中詔，問臣名族。臣族女父母所生，先臣故光祿大夫、雩婁侯楨之遺玄孫，先臣故豫州刺史、關內侯惲之曾孫，先臣故安豐太守、關內侯叡之孫，先臣故散騎侍郎準之遺女。外出自於先臣故尚書左丞孔胄之外曾孫，先臣故侍中、關內侯夷之外孫女，年十七。欽承舊章，肅奉典制。前某官某侯糞土臣何琦稽首頓首，再拜欽承制詔。』納吉，用鴈羊酒米如前。文曰：『皇帝曰：咨前某官某侯何：人謀龜從，僉曰貞吉。敬順典禮，今使使持節、某官彪之，某官綜，以禮納吉。』后家答：『皇帝嘉命，使者彪之重宣中詔，大卜元吉。臣陋族卑鄙，憂懼不堪，欽承舊章，肅奉典制。前某官某侯糞土臣何琦稽首頓首，再拜承制詔。』納徵，用白羊一口，玄纁帛三匹，絳二匹，絹二百疋，獸皮二枚，錢二百萬，玉璧一枚，酒十二斛，白米十二斛，馬六匹。文曰：『皇帝曰：咨某官某侯何之族女，有母儀之德，窈窕之姿，如山如河，宜奉宗廟，永承天祚。以玄纁皮帛，馬羊錢璧，以彰典禮。今使使持節、兼司徒、光祿勳、關內侯恪，崇德衛尉、領太常彪之，以禮納徵。』后家答：『皇帝嘉命，使者恪重宣中詔，降婚卑陋，命以上公，寵以豐禮，備物典冊。欽承舊章，肅奉典制。前某官某侯某云云，再拜承制詔。』請期，用鴈羊酒米如初。文曰：『皇帝曰：咨前某官某侯何：謀於公卿，大筮元龜，罔有不臧。率遵典禮，今使使持節某官彪之，某官綜，以禮請期。』后家答：『皇帝嘉命，使者彪之重宣中詔，吉日惟八月壬子可迎。臣欽承舊章，肅奉典制。前某官某侯某，再拜承制詔。』迎用鴈羊酒米如初。文曰：『皇帝曰：咨前某官某侯何：歲吉月令，吉日惟某，率禮以迎。今遣使持節、兼太保、侍中、太宰、武陵王晞迎。』后家答：『皇帝嘉命，使者晞重宣中詔，令月吉辰，備禮以迎。上公宗卿兼至，副介近臣百兩。臣螻蟻之族，猥承大禮，憂懼戰悸。欽承舊章，肅奉典制。前某官某侯糞土臣某，謹因使者兼某官某王晞上謹答。』冊皇后文曰：『惟升平元年八月，皇帝使使持節、兼太保、侍中、太宰、武陵王晞冊命故散騎侍郎女何氏為皇后。咨爾易本乾坤，《詩》首《關雎》，王化之本，實由內輔。是故皇英嬪虞，帝道以光；任姒母周，胤嗣克崇。皇后其祇勖厥德，以肅承宗廟，虔恭中饋，盡敬婦道，帥導六宮，作軌儀於四海。皇天無親，惟德是依，可不慎歟！』

北齊皇帝納后之禮，納采、問名、納徵訖，告圓丘方澤及廟。是日，皇帝臨軒，命太尉為使，司徒副之。持節詣后行宮，東向，奉璽綬冊以授中常侍。皇后受冊於行殿。使者出，與公卿以下皆拜。有司備迎禮。太保、太尉受詔而行。主人公服，迎拜於門。使者入，升自賓階，東面。主人升自阼階，西面。禮物陳於庭。設席於兩楹間，童子以璽書版升，主人跪受。送使者，拜於大門外。有司先於昭陽殿兩楹間供帳，為同牢之具。皇后服大嚴繡衣，帶綬珮，加幜。幜音景。女長御引出，升畫輪四望車。女侍中負璽陪乘。鹵簿如大駕。皇帝服袞冕出，升御座。皇后入門，大鹵簿住門外，小鹵簿入。到東上閤，施步障，降車，席道以入昭陽殿。前至席位，姆去幜，皇后先拜後起，皇帝後拜先起。升自西階，詣同牢座，與皇后俱坐。各三飯訖，又各酳二爵一巹。奏禮畢，后興，南面立。皇帝御太極殿，王公以下拜，皇帝興，入。明日，后展衣，於昭陽殿拜表謝。又明日，以榛栗棗脩，見皇太后於昭陽殿。擇日，羣官上禮。又擇日，謁廟。皇帝使太尉，先以太牢告，而後遍見羣廟。

又《天子冊妃嬪夫人》 晉武帝泰始十年，將聘三夫人、九嬪，有司奏：『禮，皇后聘以穀珪，無妾媵禮贄之制。』詔曰：『拜授可依魏氏故事。』於是臨軒，使使持節兼太常拜三夫人，兼御史中丞拜九嬪。

后妃冠服璽綬分部

綜述

《晉書》卷二五《輿服志》 皇太后、皇后法駕，乘重翟羽蓋金根車，駕青輅，青帷裳，雲櫖畫轅，黃金塗五采，蓋爪施金華，駕三，左右騑。其廟見小駕，則乘紫罽軿車，雲櫖畫輈，黃金塗五采，駕三。非法駕則皇太后乘輦，皇后乘畫輪車。皇后先蠶，乘油畫雲母安車，駕六騩馬；騩，淺黑色。油畫兩轅安車，駕五騩馬，為副。又，金薄石山軿、紫絳罽軿車，皆駕三騩馬，為副。女旄頭十二人，持棨戟二人，共載安車，儷駕。女尚輦十二人，乘輜車，儷駕。女長御八人，乘安車，儷駕。三夫人油軿車，駕兩馬，左騑。其貴人駕節畫輈。三夫人助蠶，乘青交路，安車，駕三，皆以紫絳罽軿車。九嬪世婦乘軿車，駕三。【略】

長公主赤罽軿車，駕兩馬。公主、王太妃、王妃，皆油軿車，駕兩馬，右騑。公主油畫安車，駕三，青交路，以紫絳罽軿車駕三為副，王太妃、三夫人亦如之。公主助蠶，乘油畫安車，駕三。公主有先置者，乘青交路安車，駕三。

諸王妃、公太夫人、夫人、縣鄉君、諸郡公侯特進夫人助蠶，乘皂交路安車，駕三。

皇后謁廟，其服皂上皂下，親蠶則青上縹下，皆深衣制，隱領袖緣以絛。首飾則假髻，步搖，俗謂之珠松是也，簪珥。步搖以黃金為山題，貫白珠為支相繆。八爵九華，熊、獸、赤羆、天鹿、辟邪、南山豐大特六獸，諸爵獸皆以翡翠為毛羽，金題白珠璫，繞以翡翠為華。元康六年，詔曰：『魏以來皇后蠶服皆以文繡，非古義也。今宜純服青，以為永制。』

貴人、夫人、貴嬪，是為三夫人，皆金章紫綬，章文曰貴人、夫人、貴嬪之章。佩于闐玉。淑妃、淑媛、淑儀、修華、修容、修儀、婕妤、容華、充華，是為九嬪，銀印青綬，佩采瓄玉。貴人、貴嬪、夫人助蠶，服純縹為上與下，皆深衣制。太平髻，七鏌蔽髻，黑玳瑁，又加簪珥。九嬪及公主、夫人五鏌，世婦三鏌。助蠶之義，自古而然矣。

皇太子妃金璽龜鈕，纁朱綬，佩瑜玉。

諸王太妃、妃、諸長公主、公主、封君金印紫綬，佩山玄玉。

長公主、公主見會，太平髻，七鏌蔽髻。其長公主得有步搖，皆有簪珥，衣服同制。自公主、封君以上皆帶綬，以彩組為緄帶，各如其綬色，金辟邪首為帶玦。【略】

自二千石夫人以上至皇后，皆以蠶衣為朝服。

《宋書》卷一八《禮志五》 晉《先蠶儀注》，皇后乘油畫雲母安車，駕六騩馬。騩，淺黑色也。油畫兩轅安車，駕五騩馬為副。公主油畫安車，駕三。三夫人青交絡安車，駕三。皆以紫絳罽軿車，駕三為副。九嬪世婦軿車，駕二。宮人輜車，駕一。王妃、公侯特進夫人、封君皂交絡安車，駕三。【略】

漢制，太后入廟祭神服，紺上皁下，親蠶，青上縹下，皆深衣。深衣，即單衣也。首飾剪氂幗。

漢制，皇后謁廟服，紺上皁下。親蠶，青上縹下。首飾，假髻，步搖，八雀，九華，加以翡翠。晉《先蠶儀注》，皇后十二鏌，步搖，大手髻，衣純青之衣，帶綬佩。今皇后謁廟服袿襡大衣，謂之褘衣。公主三夫人大手髻，七鏌，蔽髻。九嬪及公夫人五鏌。世婦三鏌。公主會見，大手髻。其長公主得有步搖。公主封君以上皆帶綬，以采組為緄帶，各如其綬色。公特進列侯夫人、卿校世婦、二千石命婦年長者，紺繒幗。佐祭則皁絹上下。助蠶則青絹上下。自皇后至二千石命婦，皆以蠶衣為朝服。

劉向曰：『古者天子至于士，王后至于命婦，必佩玉，尊卑各有其制。』《禮記》曰：『天子佩白玉而玄組綬，公侯山玄玉而朱組綬，卿大夫水蒼玉而緇組綬，士佩瓀玟而緼組綬。』緼，赤黄色。綬者，所貫佩相承受也。上下施韍如蔽膝，貴賤亦各有殊。五霸之後，戰兵不息，佩非兵器，韍非戰儀，於是解去佩韍，留其繫襚而已。秦乃以采組連結於襚，轉相結受，謂之綬。漢承用之。至明帝始復制佩，而漢末又亡絶。魏侍中王粲識其形，乃復造焉。今之佩，粲所制也。皇后至命婦所佩，古制不存，今與外同制，秦組綬，仍又施之。【略】

漢制，皇帝黄赤綬，四采，黄、赤、縹、紺。皇后金璽，綬亦如之。

【略】

貴嬪、夫人、貴人，金章，文曰貴嬪、夫人、貴人之章。紫綬。佩于闐玉。

淑妃、淑媛、淑儀、修華、修容、修儀、婕妤、容華、充華，銀印，文曰淑妃、淑媛、淑儀、修華、修容、修儀、婕妤、容華、充華之印。青綬。佩五采瓊玉。

皇太子妃，金璽，龜紐，纁朱綬。佩瑜玉。

諸王太妃、妃、諸長公主、公主、封君，金印，紫綬。佩山玄玉。

《南齊書》卷九《禮志上》 建武二年，有司奏景懿后遷登新廟車服之儀。祠部郎何佟之議曰：『《周禮》王之六服，大裘為上，衮冕次之。五車，玉輅為上，金輅次之。皇后六服，褘衣為上，褕翟次之。首飾有三，副為上，編次之。五車，重翟為上，厭翟次之。上公（年）〔無〕大裘玉輅，而上公夫人有副及褘衣，是以《祭統》云「夫人副褘立于東房」也。又鄭云「皇后六服，唯上公夫人亦有褘衣」。《詩》云「翟茀以朝」。鄭以翟茀為厭翟，侯伯夫人入廟所乘。今上公夫人副褘既同，則重翟或不殊矣。況景皇懿后禮崇九命。且晉朝太妃服章之禮，同於太后，宋代皇太妃唯無五牛旗為異，其外侍官則有侍中、散騎常侍、黄門侍郎、散騎侍郎各二人，分從前後部，同於王者，内職則有女尚書、女長御各二人，桀引同於太后。又魏朝之晉王，晉之宋王，並置百官，擬於天朝。至於晉文王終猶稱薨，而太上皇稱崩，則是禮加於王矣。故前議景皇后悉依近代皇太妃之儀，則侍衛陪乘並不得異，后乘重翟，亦謂非疑也。尋齊初移廟，宣皇神主乘金輅，皇帝親奉，亦乘金輅，先往行禮畢，仍從神主至新廟，今所宜依准也。』從之。

又 卷一七《輿服志》 皇太后皇后重翟車，金塗校具，白地人馬錦帖，廂隱膝後戶，白牙的帖，金塗面釘，漆畫輪，鐵鐺，金塗縱容後路輮，師子轄，抗檐皆施金塗螭頭及神龍雀等諸飾。軛衡上施金博山，又有金塗長角巴首。蓋，金塗，爪支子花二十八，青油俠碧絹黄絞蓋，漆布裏。紫顏（芼）〔芚〕，黄絞紫絞隨陰，碧（毛）芚。外上施絳紫絲絡。碧旂九旒，棨戟。宋元嘉《東宮儀記》云中宮僕御重翟金根車，未詳得稱為金根也。

皇太子妃厭翟車。如重翟，飾微減。【略】

油絡畫安車，公主、王妃、三公特進夫人所乘。漢制，皇后貴人紫罽軿車。晉皇后乘雲母油畫安車，駕六，以兩轅安車駕五為副。公主畫安車駕六，以兩轅安車駕三為副。公主畫安車駕三，三夫人青交絡安車駕三，皆以紫絳罽軿車駕三為副。九嬪世婦軿車駕二，王公妃特進夫人皁交絡為副。漢賤軺車而貴軿車，晉賤輜軿而貴軺車，皆行禮所乘。【略】

綬，乘輿黄赤綬，黄赤縹綠紺五采。太子朱綬，諸王纁朱綬，皆赤黄縹紺四采。妃亦同。【略】皇后與乘輿同赤，貴嬪、夫人、貴人紫，王太妃、長公主、封君亦紫綬，六宮青綬，青白紅，郡公、侯夫人青綬。【略】

皇后金璽，太子諸王金璽，皆龜鈕。公侯五等金章，公世子金印，侯銀印，貴嬪、夫人金章，公主、王太妃、封君金印，六宮以下公侯太夫人夫人銀印。

《魏書》卷一〇八之四《禮志四》 肅宗熙平元年六月，中侍中劉騰等奏：『中宮僕刺列車輿朽敗。自昔舊都，禮物頗異，遷京已來，未復更造。請集禮官，以裁其制。』靈太后令曰：『付尚書量議。』太常卿穆紹，少卿元端，博士鄭六、劉臺龍等議：『案《周禮》王后之五輅：重翟錫面朱總，厭翟勒面繢總，安車彫面鷖總，皆有容蓋；翟車貝面組總，有握；輦車，組輓，有翣，羽蓋。重翟，后從王祭祀所乘；厭翟，后從王賓饗諸侯所乘；安車，后朝見於王所乘；翟車，后出桑則乘；輦車，后宮中所乘。謹以《周禮》聖制，不刊之典，其禮文尤備。孔子云「其或繼周者，雖百世可知也」，以其法不可踰。以此言之，後王輿服典章，多放周式。雖文質時變，輅名宜存，彫飾雖異，理無全捨。當今聖后臨朝，親覽庶政，輿駕之式，宜備典禮。臣等學缺通經，叨參議末，輒率短見，宜準《周禮》備造五輅，彫飾之制，隨時增減。』

太學博士王延業議：『案《周禮》，王后有五輅，重翟以從王祠，厭翟以從王饗賓客，安車以朝見于王，翟車以親桑，輦車宮中所乘。又《漢輿服志》云：秦并天下，閱三代之禮，或曰殷瑞山車，金根之色，殷人以為大輅，於是始皇作金根之車。漢承秦制，御為乘輿。太皇太后、皇太后皆御金根車，加交絡、帷裳，非法駕則乘紫罽軿車，雲欂文畫輈，黄金塗五末，蓋爪，左右騑，駕三馬。阮諶《禮圖》并載秦漢已來輿服，亦云：金根輅，皇后法駕乘之，以禮婚見廟；桑輅，后法駕乘之以親桑；安車，后小駕乘之以助祭；山軿車，后行則乘之；紺罽軿車，后小行則乘之，以哭公主、邑君、王妃、公侯夫人；入閤輿，后出入閤、宮中小遊則乘之。晉《先蠶儀注》：皇后乘雲母安車，駕六騩。案周、秦、漢、晉車輿儀式，互見圖書，雖名號小異，其大較略相依擬。金根車雖起自秦造，即殷之遺制，今之乘輿五輅，是其象也，華飾典麗，容觀莊美。司馬彪以為孔子所謂乘殷之輅，即此之謂也。案《阮氏圖》，桑車亦飾以雲母，晉之雲母車即是，一與周之翟車其用正同。安車既名同周制，又用同重翟。山軿車，案《圖》飾之以紫。紺罽軿車，雖制用異於厭翟，而實同用。於今入閤輿與輦，其用又同。案《圖》，今之黑漆畫扇輦，與周之輦車其形相似。竊以為秦滅周制，百事創革，官名軌式，莫不殊異。漢魏因循，繼踵仍舊，雖時有損益，而莫能反古。良由去聖久遠，典儀殊缺，時移俗易，物隨事變。雖經賢哲，祖襲無改。伏惟皇太后叡聖淵凝，照臨萬物，動循典故，貽則後王。今輒竭管見，稽之《周禮》，考之漢晉，採諸圖史，驗之時事，以為宜依漢晉：法駕，則御金根車，駕四馬，加交絡帷裳；御雲母車，駕四馬，以親桑；其非法駕則御紫罽軿車，駕三馬；小駕則御安車，駕三馬，以助祭；小行則御紺罽軿車，駕三馬，以哭公主、王妃、公侯夫人；宮中出入，則御畫扇輦車。案舊事，比之《周禮》，唯闕從王饗賓客及朝見於王之乘。竊以為古者諸侯有朝會之禮，故有從饗之儀。今無其事，宜從省略。又今之皇居，宮掖相逼，就有朝見，理無結駟，即事考實，亦宜闕廢。又哭公主及王妃，《周禮》所無，施之於今，實合事要。損益不同，用捨隨時，三代異制，其道然也。又金根及雲母，駕馬或三或六，訪之《經禮》，無駕六之文。今之乘輿，又皆駕四，義符古典，宜仍駕四。其餘小駕，宜從駕三。其制用形飾，備見圖志。』

司空領尚書令任城王澄、尚書左僕射元暉、尚書右僕射李平、尚書齊王蕭寶夤、尚書元欽、尚書元昭、尚書左丞盧同、右丞元洪超、考功郎中劉懋、北主客郎中源子恭、南主客郎中游思進、三公郎中崔鴻、長兼駕部郎中薛悅、起部郎中杜遇、左主客郎中元韡、騎兵郎中房景先、外兵郎中石士基、長兼右外兵郎中鄭幼儒、都官郎中李秀之、兼尚書左士郎中朱元旭、度支郎中谷穎、左民郎中張均、金部郎中李仲東、庫部郎中賈思同、國子博士薛禎、邢晏、高諒、奚延、太學博士邢湛、崔瓚、韋朏、鄭季明、國子助教韓神固、四門博士楊那羅、唐荊寶、王令雋、吳珍之、宋婆羅、劉燮、高顯邕、杜靈雋、張文和、陳智顯、楊渴侯、趙安慶、賈天度、艾僧櫆、呂太保、王當百、槐貴等五十人，議以為：『皇太后稱制臨朝，躬親庶政，郊天祭地，宗廟之禮，所乘之車，宜同至尊，不應更有製造。《周禮》、魏晉雖有文辭，不辨形制，假令欲作，恐未合古制，而不可以為一代典。臣以太常、國子二議為疑，重集羣官，並從今議，唯恩裁決。』靈太后令曰：『羣官以後議折中者，便可如奏。』

《隋書》卷一〇《禮儀志五》 皇后重翟車，案《周禮》，正后亦有五輅：一曰重翟，二曰厭翟，三曰安車，四曰翟車，五曰輦車。漢制，后法駕，乘重翟車。今重翟，青質，金飾諸末。畫輪，金根朱牙，重轂。其箱飾以重翟羽。青油幢朱裏，通幰，紫繡帷，朱絲絡，紫繡帶。八鑾在衡，鏤鍚，鞶纓十有二就，金槃方釳，插翟尾，朱總，綴於馬勒及兩金鑣之上。駕蒼龍。受册從祀郊禖享廟則供之。

厭翟，赤質，金飾諸末。朱輪，畫朱牙。其箱飾以次翟羽，紫油幢朱裏，通幰，紅錦帷，朱絲絡網，紅錦帶。其餘如重翟。駕赤騮。採桑則供之。

翟車，黄質，金飾諸末。輪畫朱牙。其箱飾以翟羽，黄油幢黄裏，通幰，白紅錦帷，朱絲絡網，白紅錦帶。其餘如重翟。駕黄騮。歸寧則供之。諸鞶纓之色，皆從車質。

安車，金飾，紫通幰，朱裏。駕四馬。臨幸及吊則供之。

輦車，金飾，同於蓬輦，通幰，斑輪，駕用四馬。宮苑近行則乘之。

皇后屬車三十六乘，初宇文愷、閻毗奏定，請減乘輿之半。禮部侍郎許善心奏駁曰：『謹案《周禮》，后備六服，并設五輅，采章之數，並與王同，屬車之制，不應獨異。又宋孝建時，議定輿輦，天子屬車，十有二乘。至大明元年九月，有司奏皇后副車，未有定式，詔下禮官，議正其數。博士王燮之議：「鄭玄云：后象王立六宮，亦正寢一而燕寢五。推其所立，每與王同，謂十二乘通關為允。」宋帝從之，遂為後式。今請依乘輿，不須差降。』制曰：『可。』

三妃乘翟車，以赤為質，駕二馬。九嬪已下，並乘犢車，青幰，朱絡網。

又 卷一一《禮儀志六》 皇后謁廟，服褂襡大衣，蓋嫁服也，謂之褘衣，皁上皁下。親蠶則青上縹下。皆深衣制，隱領袖緣以絛。首飾則假髻、步搖，俗謂之珠松是也。簪珥步搖，以黃金為山題，貫白珠，為桂枝相繆。八爵九華，熊、獸、赤羆、天鹿、辟邪、南山豐大特六獸。諸爵獸皆以翡翠為［毛羽。金題，白珠璫繞，以翡翠為］華。綬佩同乘輿。

貴妃、貴嬪、貴姬，是為三夫人，金章龜紐，紫綬，八十首。佩于闐玉，獸頭鞶。

淑媛、淑儀、淑容、昭華、昭儀、昭容、修華、修儀、修容，是為九嬪，金章龜鈕，青綬，八十首。獸頭鞶，佩采創玉。

婕妤、容華、充華、承徽、列榮五職，亞九嬪，銀印珪鈕，艾綬，獸頭鞶。

美人、才人、良人三職，散位，銅印環鈕，墨綬，獸頭鞶。

皇太子妃，金璽龜鈕，纁朱綬，一百六十首。佩瑜玉，獸頭鞶。

良娣，銀印珪鈕，佩采創玉，青綬，八十首。獸爪鞶。

保林，銀印珪鈕，佩水蒼玉，青綬，八十首。獸爪鞶。

諸王太妃、妃、諸長公主、公主、封君，金印龜鈕，紫綬，八十首。佩山玄玉，獸頭鞶。【略】

自晉左遷，中原禮儀多缺。後魏天興六年，詔有司始制冠冕，各依品秩，以示等差，然未能皆得舊制。至太和中，方考故實，正定前謬，更造衣冠，尚不能周洽。及至熙平二年，太傅、清河王懌、黃門侍郎韋廷祥等，奏定五時朝服，準漢故事，五郊衣幘，各如方色焉。及後齊因之。河清中，改易舊物，著令定制云。【略】

皇后璽、綬、佩同乘輿，假髻，步搖，十二鈿，八雀九華。助祭朝會以褘衣，祠郊禖以褕狄，小宴以闕狄，親蠶以鞠衣，禮見皇帝以展衣，宴居以褖衣。六服俱有蔽膝、織成緄帶。皇太后、皇后璽，並以白玉為之，方一寸二分，螭獸鈕，文各如其號。璽不行用，有令，則太后以宮名衛尉印，皇后則以長秋印。

內外命婦從五品已上，蔽髻，唯以鈿數花釵多少為品秩。二品已上金玉飾，三品已下金飾。內命婦、左右昭儀、三夫人視一品，假髻，九鈿，金章，紫綬，服褕翟，雙佩山玄玉。九嬪視三品，五鈿蔽髻，銀章，青綬，服鞠衣，佩水蒼玉。世婦視四品，三鈿，銀印，青綬，服展衣，無佩。八十一御女視五品，一鈿，銅印，墨綬，服褖衣。又有宮人女官服制，第二品七鈿蔽髻，服闕翟；三品五鈿，鞠衣；四品三鈿，展衣；五品一鈿，褖衣；六品褖衣；七品青紗公服。俱大首髻。八品、九品，俱青紗公服，偏髾髻。

皇太子妃璽、綬、佩同皇太子，假髻，步搖，九鈿，服褕翟。從蠶則青紗公服。

皇太子妃璽，以黃金，方一寸，龜鈕，文曰『皇太子妃之璽』。若有封書，則用內坊印。

郡長公主、公主、王國太妃、妃，纁朱綬，髻章服佩同內命婦一品。郡長君七鈿蔽髻，玄朱綬，闕翟，章佩與公主同。郡君、縣主，佩水蒼玉，餘與郡長君同。太子良娣視九嬪服。縣主青朱綬，餘與良娣同。女侍中五鈿，假金印、紫綬，服鞠衣，佩水蒼玉。縣君銀章，青朱綬，餘與女侍中同。太子孺人同世婦。太子家人子同御女。鄉主、鄉君，素朱綬，佩水蒼玉，餘與御女同。【略】

皇后衣十二等。其翟衣六，從皇帝祀郊禖，享先皇，朝皇太后，則服翬衣。素質，五色。祭陰社，朝命婦，則服褕衣。青質，五色。祭羣小祀，受獻繭，則服鷩衣。赤衣。采桑則服鳪衣。黃色。從皇帝見賓客，聽女教，則服鵫衣。白色。食命婦，歸寧，則服翃衣。玄色。俱十有二等，以翬雉為領褾，各有二。臨婦學及法道門，燕命婦，有時見命婦，則蒼衣。春齋及祭還，則青衣。夏齋及祭還，則朱衣。采桑齋及采桑還，則黃衣。秋齋及祭還，則素衣。冬齋及祭還，則玄衣。自青衣而下五，其領褾以相

生之色。【略】

三妃，三公夫人之服九：一曰鳪衣，二曰鶾衣，三曰翟衣，四曰青衣，五曰朱衣，六曰黄衣，七曰素衣，八曰玄衣，九曰霼衣。似髮。華皆九樹。其雉衣亦皆九等，以鳪雉為領褾，各九。

三𡚱，三孤之内子，自鶾衣而下八。雉衣皆八等，以鶾雉為領褾，各八。

六嬪，六卿之内子，自翟衣而下七。雉衣皆七等，以翟雉為領褾，各七。

上媛，上大夫之孺人，自青衣而下六。

中媛，中大夫之孺人，自朱衣而下五。

下媛，下大夫之孺人，自黄衣而下四。

御婉士之婦人，自素衣而下三。

中宫六尚，緅衣。其色赤而微玄。

諸命秩之服，曰公服，其餘常服，曰私衣。皇后華皆有十二樹。諸侯之夫人，亦皆以命數為之節。三妃，三公夫人已下，又各依其命。一命再命者，又俱以三為節。

皇后及諸侯夫人之服，皆舄履。三妃，三公夫人已下，翟衣則舄，其餘皆履。舄、履各如其裳之色。

皇后之凶服，斬衰、齊衰，降旁期已下弔服。為妃、嬪、三公之夫人、孤卿内子之喪，錫衰。錫者，十五升去其半。無事其縷，有事其布，哀在内也。為諸侯夫人之喪，緦衰。緦亦十五升去其半。有事其縷，無事其布，哀在外也。為媛、御婉及大夫孺人、士之婦人之喪，疑衰。十四升，疑於吉。皆吉笄，無首。象笄，去首飾。太陰虧則素服。蕩天下之陰事。諸侯之夫人及三妃與三公之夫人已下凶事，則五衰：自緦已上皆服之。其弔，諸侯夫人於卿之内子、大夫孺人，錫衰。於己之同姓之臣，緦衰。於士之婦人，疑衰。皆吉笄，無首。其三妃已下及媛，三公夫人已下及孺人，其弔服錫衰。御婉及士之婦人，弔服疑衰。疑衰同笄。九族已下皆骨笄。【略】

皇后璽，文曰『皇后之璽』，白玉為之，方寸五分，高寸，麟鈕。

論　説

《南齊書》卷二〇《皇后傳論》　史臣曰：后妃之德，著自風謠，義起閨房，而道化天下。繅盆獻種，罔非耕織，佩管晨興，與子同事，可以光熙閫業，作儷公侯。孝、昭二后，並有賢明之訓，不得母臨萬國。寶命方昌，椒庭虚位，有婦人焉，空慕周興，禎符顯瑞，徒萃徽名。若使掖作同休，陰教遠變，則馬、鄧風流，復存乎此。太祖創命，宫禁貶約，毁宋明之紫極，革前代之踰奢，衣不文繡，色無紅采，永巷貧空，有同素室。世祖嗣位，運藉休平，壽昌前興，鳳華晚搆，香柏文檉，花梁繡柱，雕金鏤寶，頗用房帷，趙瑟《吳趨》，承閑奏曲，歲費傍恩，足使充牣，事由私蓄，無損國儲。高宗仗數矯情，外行儉陋，内奉宫業，曾莫云改。東昏喪道，侈風大扇，銷糜海内，以贍浮飾，哲婦傾城，同符殷、夏。嗚呼！所以垂戒於方來［也］。

雜　録

唐·杜佑《通典》卷六二《禮典二二·嘉禮七》　后妃命婦首飾制度

魏制，貴人、夫人以下助蠶，皆大手髻，七鏌音奠蔽髻，黑玳瑁，又加簪珥。九嬪以下五鏌，世婦三鏌。諸王妃、長公主，大手髻，七鏌蔽髻。其長公主得有步摇，皆有簪珥。公特進列侯卿校代婦、中二千石以下夫人，紺繒蔮，黄金龍首銜白珠，魚須擿，長一尺，為簪珥。

晉依前代，皇后首飾：假髻，步摇，簪珥。步摇以黄金為山題，貫白珠為枝相繆，八爵九華，熊、武、赤羆、天鹿、辟邪、南山豐大特六獸。諸爵獸皆以翡翠為毛羽，金題，白珠璫繞，以翡翠為花。元康六年詔改。

宋依漢制，太后入廟祭祀，首飾翦氂幗。皇后親蠶，首飾假髻，步摇，八雀九華，加以翡翠。復依晉法，皇后十二鏌，步摇，大手髻。公主、三夫人大手髻，七鏌蔽髻。公夫人，五鏌。代婦三鏌。其長公主得有步搖。公特進列侯夫人、二千石命婦年長者，紺繒幗。

齊因之。公主會見大手髻，不易舊法。

陳依前制，皇后謁廟，首飾假髻，步搖，簪珥。步搖以黃金為山題，貫白珠，為枝相繆，八爵九華，熊、虎、赤羆、天鹿、辟邪、南山豐大特六獸。諸爵獸皆以翡翠為毛羽，金題，白珠璫繞，以翡翠為華。開國公侯太夫人，大手髻，七鏌蔽髻。九嬪及公夫人，五鏌。世婦三鏌。其長公主得有步搖。公、特進、列侯、卿、校、中二千石夫人，紺繒幗，黃金龍首銜白珠，魚須擿，長一尺，為簪珥。

後魏天興六年，詔有司始制冠冕，各依品秩，以示等差，然未能皆得舊法。

北齊依前制，皇后首飾假髻，步搖，十二鏌，八雀九華。內命婦以上，蔽髻，唯以鏌數花釵多少為品秩。二品以上金玉飾，三品以下金飾。內命婦、左右昭儀、三夫人視一品，假髻，九鏌；三品五鏌蔽髻；四品三鏌；五品一鏌。又有宮人女官：第二品七鏌蔽髻，三品五鏌，四品三鏌，五品一鏌，六品、七品大手髻，八品、九品偏髾髻。皇太子妃，假髻，步搖，九鏌。郡長君七鏌蔽髻。太子良娣視九嬪、女侍中，五鏌。內外命婦、宮人女官從蠶，則各依品次，還著蔽髻。

後周制，皇后首飾，花釵十有二樹。諸侯之夫人，亦皆以命數為之節。三妃、三公夫人以下，又各依其命。一命再命者，又俱以三為節。

【略】

后妃命婦服章制度

魏之服制，不依古法，多以文繡。

晉依前漢制，皇后謁廟，服皁上皁下；蠶，青上縹下。隱領袖緣。元康六年，詔以純青服。貴人、夫人、貴嬪，是為三夫人，皆金章紫綬。九嬪銀印青綬，佩采瓄玉。助蠶之服，純縹為上下。皇太子妃，金璽龜鈕，纁朱綬，佩瑜玉。諸王太妃、妃、諸長公主、公主、封君，金印紫綬，佩山玄玉。自公主、封君以上，皆帶綬，以采組為緄帶，各如其綬色，金辟邪首為帶玦。郡縣公侯太夫人、夫人，銀印青綬，水蒼玉。公特進列卿代婦、中二千石夫人入廟助祭者，皁絹上下；助蠶者，縹絹上下。自二千石夫人以上至皇后，皆以蠶衣為朝服。

宋制，太后、皇后入廟，服袿襡上圭，下屬。大衣，謂之褘衣。公主、封君以上皆帶綬，以采組為緄帶，各如綬色。公特進列侯夫人、卿校代婦、二千石命婦年長者，入廟佐祭，皁絹上下；助蠶則青絹上下。自皇后至二千石命婦，皆以蠶衣為朝服。按漢劉向曰：『古者天子至於士，王后至於命婦，必佩玉，尊卑各有其制。』王后至命婦所佩玉，古制不存，今與外同制。

齊因之。袿襡用繡為衣裳，黃綬。貴嬪、夫人、貴人、王太妃、長公主、封君，皆紫綬。六宮、郡公、侯夫人，青綬。

陳依前制，皇后謁廟，袿襡大衣，皁上皁下，親蠶則青上縹下，隱領袖緣。貴妃、嬪，金章龜鈕，紫授，佩于闐玉，獸頭鞶。九嬪，金章龜鈕，青綬，獸頭鞶，佩采瓄玉。婕妤以下，銀印珪鈕，艾綬，獸頭鞶。美人等，銅印環鈕，墨綬，獸頭鞶。

皇太子妃，金璽龜鈕，纁朱綬，佩瑜玉。良娣，銀印珪鈕，佩采瓄玉，青綬，獸爪鞶。寶林，佩水蒼玉，餘同。開國公侯太夫人，獸頭鞶，餘同。長公主、公主、封君，金印龜鈕，紫綬，佩山玄玉，獸頭鞶。公主封君以上皆帶綬，以采組為緄帶，各以其綬色，金辟邪首為帶玦。自二千石以上至皇后，皆以蠶衣為朝服。

北齊皇后助祭、朝會以褘衣，祠郊禖以褕翟，小宴以闕翟，親蠶以鞠衣，禮見皇帝以展衣，宴居以褖衣。六服俱有蔽膝、織成緄帶。

內外命婦從二品以上，金章，紫綬，服褕翟，雙佩山玄玉。九嬪視三品，銀章，青綬，鞠衣，佩水蒼玉。世婦視四品，銀印，青綬，展衣。八十一御女視五品，銅印，墨綬，褖衣。

又有宮人女官服：一品闕翟；三品鞠衣；四品展衣；五品、六品褖衣；七品、八品、九品，俱青紗公服。

皇太子妃，璽綬佩同皇太子，服褕翟，從蠶則青紗公服。郡長公主、公主、王國太妃、妃，纁朱綬，章服佩同內命婦一品。郡長君，玄朱綬，闕翟，章佩與公主同。郡君、縣主，佩水蒼玉，餘與郡長君同。太子良娣視九嬪服。縣主青朱綬，餘與良娣同。女侍中，假金印紫綬，服鞠衣，佩水蒼玉。縣君銀章，青朱綬，除與女侍中同。太子孺子同世婦。太子家人子同御女。鄉主、鄉君，素朱綬，佩水蒼玉，餘與御女同。

外命婦皆如其夫；若夫假章印綬佩，妻則不假。一品、二品服闕翟，三品服鞠衣，四品展衣，五品褖衣。

内外命婦、宫人從蠶，則各依品次，皆服青紗公服。其外命婦，綬帶鞶囊，皆准其夫公服之例。百官之母詔加太夫人者，朝服公服，各與其命婦服同。

後周制，皇后之服，十有二等。其翟衣六：從皇帝祀郊禖，享先皇，朝皇太后，則服翬衣；祭陰社，朝命婦，則服揄衣；祭羣小祀，受獻繭，則服鷩衣；採桑則服鳪衣；黄色。音卜。從皇帝見賓客，聽女教，則服鵫衣；白色。音罩。食命婦，歸寧，則服翐衣。玄色。音秩。俱十有二等，以翬翟為領褾，各十有二。臨婦學及法道門，燕命婦，有時見命婦，則蒼衣；春齊及祭還，則青衣；夏齊及祭還，則朱衣；採桑齊及採桑還，則黄衣；秋齊及祭還，則素衣；冬齊及祭還，則玄衣。自青衣而下，其領褾以相生之色。

諸公夫人九服，其翟衣翟皆九等，俱以揄翟為領褾，各九。自揄衣以下，鷩、鳪、鵫、翐、朱、黄、素、玄等衣九也。自朱衣而下，其領褾亦用相生之色。諸侯夫人，自鷩衣而下八；其翟衣翟皆八等，俱以鷩翟為領褾；無揄衣。

諸伯夫人，自鳪衣而下七；其翟衣翟皆七等，俱以鳪翟為領褾；又無鷩衣。諸子夫人，自鵫衣而下六；其翟衣翟皆六等，俱以鵫翟為領褾；又無鳪衣。諸男夫人，自鳺衣而下五；其翟衣翟皆五等，俱以鳺翟為領褾；又無鵫衣。

三妃、三公夫人之服九：鳪衣，鵫衣，鳺衣，青衣，朱衣，黄衣，素衣，玄衣，綃衣。其翟亦九等，以鳪翟為領褾，各九。三㚤、三孤之内子，自鵫衣而下八。翟皆八等，以鵫翟為領褾，各八。六嬪、六卿之内子，自鳺衣而下七。翟皆七等，以鳺翟為領褾，各七。上媛、上大夫之孺人，自青衣而下六。中媛、中大夫之孺人，自朱衣而下五。下媛、下大夫之孺人，自黄衣而下四。御婉、士之婦，自素衣而下三。中宫六尚，緅子衣。諸命秩之服曰公服，其餘常服曰私衣。

宫官分部

綜述

《宋書》卷三九《百官志上》 太后三卿，各一人。應氏《漢官》曰：『衛尉、少府，秦官；太僕，漢成帝置。皆隨太后宫為號，在正卿上，無太后乃闕。』魏改漢制，在九卿下。晉復舊，在同號卿上。

大長秋，皇后卿也。有后則置，無則省。秦時為將行，漢景帝中六年，更名大長秋。韋曜曰：『長秋者，以皇后陰官，秋者陰之始，取其終而長，欲其久也。』自太常至長秋，皆置功曹、主簿、五官。漢東京諸郡有五官掾，因其名也。漢制卿尹秩皆中二千石，丞一千石。

《魏書》卷一三《皇后傳》 高祖改定内官，左右昭儀位視大司馬，三夫人視三公，三嬪視三卿，六嬪視六卿，世婦視中大夫，御女視元士。後置女職，以典内事。内司視尚書令、僕。作司、大監、女侍中三官視二品。監，女尚書，美人，女史、女賢人、書史、書女、小書女五官，視三品。中才人、供人、中使女生、才人、恭使宫人視四品，春衣、女酒、女饗、女食、奚官女奴視五品。

女職分部

綜述

《宋書》卷四一《后妃傳》 其後太宗留心後房，擬外百官，備位置内職。列其名品于後。

後宫通尹，準録尚書。

紫極戸主。

光興戸主。

官品第一各置一人，並銓六宮。
後宮列敘，準尚書令，銓六宮。
紫極中監尹，銓六宮。
光興中監尹，銓六宮。
宣融戶主，銓六宮。
紫極房帥，置一人。
光興房帥，置一人。
官品第二各置一人。
後宮司儀，準左僕射，銓人士。
後宮司政，準右僕射，銓人士。
參議女林，準銀青光祿，銓人士。
中臺侍御尹，銓六宮。
宣融便殿中監尹，銓六宮。
采蓺房主，銓六宮。
南房主，銓六宮。
中藏女典，銓六宮。
典坊，銓六宮。
樂正，銓六宮。
內保，銓人士。
學林祭酒，銓人士。
昭陽房帥，置一人。
徽音房帥，置一人。
宣融房帥，置一人。
官品第三各置一人。
後宮都掌治職，置二人。準左右丞，位比尚書，銓人士。
後宮殿中治職，置一人。準左民尚書，銓人士。
後宮源典治職，置一人。準祠部尚書，銓人士。
後宮穀帛治職，置一人。準度支尚書。
中傅，置一人。銓人士。
後宮校事女史，置一人。銓人士。
紫極中監女史，置一人。銓人士。
光興中監女史，置一人。銓人士。
紫極房參事，置人無定數。銓人士。有限外。
宣融房參事，置人無定數。銓人士。有限外。
中臺侍御奏案女史，置一人。銓人士。
贊樂女史，置一人。銓人士。
中訓女史，置一人。銓人士。
女祝史，置一人。
紫極中監典，置一人。
光興中監典，置一人。
典樂帥，置人無定數。有限外。
紫極房廉帥祭酒，置一人。
光興房廉帥祭酒，置一人。
宣融房廉帥祭酒，置一人。
官品第四。
後宮通關參事，置一人。
景德房參事，置人無定數。銓人士。
采蓺房參事，置人無定數。銓人士。
南房參事，置人無定數。銓人士。
內房參事，置一人。銓人士。
校學女史，置一人。銓人士。
後宮中房帥，置二人。
後宮源典帥，置二人。
後宮穀帛帥，置二人。
中臺帥，置一人。
中臺侍御起居帥，置二人。
中臺侍御詔誥帥，置二人。
斯男房帥，置一人。
宣豫房帥，置一人。
景德房帥，置一人。

采菰房帥，置一人。
中藏帥，置一人。
內坊帥，置一人。
南房帥，置一人。
外華房帥，置一人。
招慶房帥，置一人。
紫極諸房廉帥，置人無定數。有限外。
紫極中監省帥，置一人。
紫極殿帥，置六人。
光興殿帥，置四人。
徽音監帥，置一人。
徽章監帥，置一人。
宣融便殿中監典，置一人。
清商帥，置人無定數。
總章帥，置人無定數。
左西章帥，置人無定數。
右西章帥，置人無定數。
中廚帥，置一人。
官品第五。
中臺侍御執衛，置人無定數。
中臺侍御監閨帥，置二人。
中臺侍御監司帥，置二人。
宣融便殿帥，置一人。
永巷帥，置一人。
後宮都掌內史，置二人。
後宮殿中內史，置一人。
後宮源典內史，置一人。
後宮縠帛內史，置二人。
後宮監臨內史，置二人。
中臺侍御執法內史，置一人。
中臺侍御典內史，置二人。
中臺侍御節度內史，置二人。
中臺侍御應內史，置六人。
紫極房內史，置一人。
光興房內史，置一人。
助教，置一人。
綵製帥，置人無定數。
裝飾帥，置人無定數。
繡帥，置人無定數。
織帥，置人無定數。
學林館帥，置一人。
宮閨帥，置一人。
教堂帥，置人無定數。有限外。
監解帥，置人無定數。
累室帥，置人無定數。
行病帥，置人無定數。官品第六。
合堂帥，置二人。
御清帥，置一人。
監夜帥，置一人。
諸房禁防，置人無定數。
三廂禁防，置三人。
諸房廚帥，各置一人。
中廚廉，置三人。
應閨，置六人。
諸應閤，置人無定數。
宮閨史，置一人。
官品第七。
諸房中掾，各置一人。
中藏掾，各置二人。
比五品敕吏。

紫極供殿直㠶。

光興供殿直㠶。

總章仗㠶。

侍御扶侍。

主衣。

準二衛五品，敕吏比六品。

供殿左右。紫極置二十人。光興置十人。

左右守藏，置四人。

典樂人。

比諸房禁防。

作㠶。

比王官。

供殿給使。紫極置二十人。光興置十人。

典殿，置人無定數。

比官人。

紫極三廂給事，置十人。

全堂給使，置五人。

宮閨給使，置六人。

比房。

唐・李林甫等《唐六典》卷一二《內官宮官內侍省》 宮官：《周禮・宗伯》：『世婦，每宮卿二人、下大夫四人、中士八人、女府二人、女史二。』鄭玄云：『世婦，后宮官也。王后六宮女府、女史、女奴之有才智者。』《魏略》：『魏明帝遊宴在內，選女子知書可付信者為女尚書，省奏事。』《晉令》有崇德毀大監、尚衣・尚食大監，並銀章、艾綬，二千石；崇華殿大監、元華食監、都監、上監，銅印、墨綬，千石；女史、賢人、恭人、中使、大使，碧綸綬。宋明帝留心後房，擬外百官，備置其職。兩齊、梁、陳不見。後魏、後周亦擬外官置內職。【略】

尚宮局：尚宮二人，正五品。司記二人，正六品；典記二人，正七品；掌記二人，正八品。司言二人，正六品；典言二人，正七品；掌簿二人，正八品。司闈二人，正六品；典簿六人，正七品；掌簿二人，正八品。司闈六人，正六品；典闈六人，正七品；掌闈六人，正八品。

尚宮掌導引中宮，惣司記、司言、司簿、司闈四司之官屬。凡六尚事物出納文籍，皆印署之。六尚須物，外物之司受敕連署牒，仍取尚宮押印，司記録目，為抄出，付內侍省受牒，便移外司。其五尚之印唯於當司宮內行用，不得印出外文牒。

司記掌印。凡宮內諸司簿書出入録目，審而付行焉。典記、掌記佐之。餘司二佐並准此。女史掌執文書。餘女史准此。

司言掌宣傳啓奏之事。凡有敕處分，承敕人宣付司言連署、案記，別鈔一本，付門司傳出。若外司附奏，受事人奏聞，承敕處分，傳付外司；仍録事目、旨意，亦連署為案。

司簿掌宮人名簿、廩賜之事。

司闈掌宮闈管鑰之事。

尚儀局：尚儀二人，正五品。司籍二人，正六品；典籍二人，正七品；掌籍二人，正八品。司樂四人，正六品；典樂四人，正七品；掌樂四人，正八品。司賓二人，正六品；典賓二人，正七品；掌賓二人，正八品。司贊二人，正六品；典贊二人，正七品；掌贊二人，正八品。彤史二人，正六品。《石氏星經》：『女史一星，婦人之微者。』《周禮》：『女史掌王后之禮職，以詔后理內政，統內官，書內令。后之事，以禮從。』《詩》云：『靜女其孌，貽我彤管。』《毛傳》曰：『古者，后、夫人必有女史彤管之法。後、妃、羣妾以禮御于君所，女史書其日月，授之環，以進退之。生子月辰，以金環退之。當御之者，以銀環進之，著於左手；既御，箸于右手。事無大小，記以成法。彤管，以赤心正人也。』

尚儀掌禮儀起居，惣司籍、司樂、司賓、司贊四司之官屬。

司籍掌四部經籍教授、筆札、几案之事。

司樂掌率樂人習樂、陳縣、拊擊、進退之事。

司賓掌賓客朝見、宴會賞賜之事。

司贊掌朝見、宴會贊相之事。凡朝會，司贊引客立於殿庭，司言宣敕賜坐，司贊引升就席。酒至，起，再拜；食至亦起。

尚服局：尚服二人，正五品。《周禮》：『內司服掌王后六服：褘衣、褕翟、闕翟、鞠衣、展衣、褖衣、素紗。』司馬彪《續漢志》：『皇后謁廟，服紺上、皁下；蠶，青上、縹下；皆深衣制，隱領，袖緣以絛。假結，首飾步搖、簪珥。步搖以黃金為山題，貫白珠為桂枝相摎。八爵、九華、熊、虎、赤罷、天鹿，辟邪、南山豐大特六獸。諸爵、獸皆以翡翠為毛羽。金題，白珠璫繞，以翡翠為華。綬、佩同乘輿。』魏、晉、宋、齊、梁、陳略同。後魏，北齊皇后璽，綬、佩同乘輿，假髻，步搖，十二鏌，八爵、九華。助祭、朝會以褘衣，郊、禖以褕翟，小宴以闕翟，親蠶以鞠衣，見皇帝以展衣，宴居以褖衣，俱有蔽膝、織成緄帶。後周皇后衣十二等。翟衣六：從祀、郊、禖，享先皇，服翬衣；祭陰社，朝命婦，服褕衣；獻繭，服鷩衣；采桑，服鳪衣；聽女教，服鵫衣；歸寧，服翐衣，以翬雉為領、褾。臨婦學，燕命婦，蒼衣；春齋、祭還，青衣；夏齋、祭還，朱衣；采桑齋、采桑還，黃衣；秋齋、祭還，素衣；冬齋、祭還，玄衣；其褾、領以相生色，華皆十二樹。隋初，皇后首飾花十二樹。褘衣，青紗內單，黼領，羅縠褾、襈，蔽膝，大帶，以青衣，革帶，青韈、舄，金飾，白玉佩，玄組綬，祭及朝會則服。鞠衣，黃羅為之、蔽膝、大帶、舄、革帶隨衣色，餘同褘衣，親蠶則服。青衣，青羅為之，制同鞠衣，去華、大帶、佩、綬，見帝則服。朱衣，緋羅為之，制如青衣，宴賓則服。煬帝令牛弘等制皇后服四等：褘衣，以翬翟，五綵重行，十二等；首飾花十二鈿，小花毦十二樹，兩博鬢；素紗內單，黼領；羅縠褾、襈，皆以朱；蔽膝隨裳色，以緅為緣，用翟三章；大帶隨衣色，飾以朱、綠之錦，青綠；革帶，青韈、舄，以金飾；白玉佩，玄組綬，章采、尺寸同乘輿，祭及朝會則服。鞠衣，小花十二樹。青衣、朱服，皆參准宋太始及梁、陳故事增損用之。皇朝因之。司賓二人，正六品；凡太皇太后、皇太后、皇后之寶皆以金為之，並不行用。其應封令書，太皇太后、皇太后用宮官印，皇后用內侍省印焉。典寶二人，正七品；掌寶二人，正八品。司衣二人，正六品；典衣二人，正七品；掌衣二人，正八品。司飾二人，正六品；典飾二人，正七品；掌飾二人，正八品。司仗二人，正六品；典仗二人，正七品；掌仗二人，正八品。

尚服掌供內服用采章之數。凡皇后之衣服，一曰褘衣，二曰鞠衣，三曰禮衣；首飾花十二樹，小花如大花之數，並兩博鬢。褘衣，深青織成為之，文為翬雉之形，素質，五色，十二等；素紗中單，黼領；羅縠褾、襈，皆用朱色；蔽膝隨裳色，以緅為領緣，用翟為章，三等；大帶隨衣色，朱裏，紕其外，上以朱錦，下以綠錦，紐約用青組；以青衣，革帶，青韈、舄，舄加青飾；白玉雙佩，玄組雙大綬，章采、尺寸與乘輿同。受冊、助祭、朝會則服之。鞠衣，黃羅為之，其蔽膝、大帶及衣革帶、韈、舄隨衣色；餘與褘衣同，唯無翟。親蠶則服之。鈿釵禮衣，十二鈿，服通用雜色，制與上同；雙佩，小綬；去舄，加履。宴見賓客則服之。內命之服：花釵，施兩博鬢，寶鈿飾。翟衣，青質，羅為之，繡為翟，編次於衣及裳，重為九等而下。第一品花釵九樹；寶鈿准花數，下准次；翟九等。第二品花釵八樹，翟八等。第三品花釵七樹，翟七等。第四品花釵六樹，翟六等。第五品花釵五樹，翟五等。並素紗中單，黼領；朱褾、襈，亦通用羅縠；蔽膝隨裳色，以緅為領緣，加以文繡，重翟為章二等，一品已下皆同；大帶，紕其外，上以朱錦，下以綠錦，紐約用青組；以青衣，革帶，青韈、舄，佩、綬。內命服受冊、從蠶、朝會則服之。鈿釵禮衣，通用雜色，制與上同，加雙佩、小綬，絇履；第一品九鈿，第二品八鈿，第三品七鈿，第四品六鈿，第五品五鈿。內命婦常參見則服之。凡六尚、寶林、御女、采女及女官之服，禮衣通用雜色，制與上同，唯無首飾、佩、綬。七品已上有大事則服之。尋常供奉則公服，去中單、蔽膝、大帶。九品已上，大事及尋常供奉並公服。東宮准此。女史則半袖裙襦。惣司寶、司衣、司飾、司仗四司之官屬。

司寶掌琮寶、符契、圖籍。凡神寶、受命寶、銅魚符及契、四方傳符，皆識其行用之別安置，具立文簿。外司請用，執狀奏聞，同檢出付，仍録案記；符還，朱書記之。

司衣掌衣服、首飾。

司飾掌膏沐、巾櫛、玩弄器物之事。

司仗掌羽儀仗衛之事。

尚食局：尚食二人，正五品。司膳四人，正六品；典膳四人，正七品，掌膳四人，正八品。司醞二人，正六品；典醞二人，正七品；掌醞二人，正八品。司藥二人，正六品；典藥二人，正七品；掌藥二人，正八品。司饎二人，正六品；典饎二人，正七品；掌饎二人，正八品。

尚食掌供膳羞品齊之數，惣司膳、司醞、司藥、司館四司之官屬。凡進食，先嘗之。

司膳掌割烹煎和之事。

司醞掌酒醴酏飲之事。

司藥掌醫方藥物之事。

司饎掌給宮人廩餼、飲食、薪炭之事。

尚寢局：尚寢二人，正五品。《周禮》：『女御，掌御敘于王之燕寢。』司設二人，正六品；典設二人；正七品；掌設二人，正八品。司輿二人，正六品；典輿二人，正七品；掌輿二人，正八品。司苑二人，正六品；典苑二人，正七品；掌苑二人，正八品。司燈二人，正六品；典燈二人，正七品；掌燈二人，正八品。

尚寢掌燕寢進御之次敘，惣司設、司輿、司苑、司燈四司之官屬。

司設掌帷帳、茵席，灑掃、張設之事。

司輿掌輿輦、傘扇、羽儀之事。

司苑掌園苑種殖蔬果之事。

司燈掌燈燭膏火之事。

尚功局：尚功二人，正五品。司製二人，正六品；典製二人，正七品；掌製二人，正八品。司珍二人，正六品；典珍二人，正七品；掌珍二人，正八品。司彩二人，正六品；典彩二人，正七品；掌彩二人，正八品。司計二人，正六品；典計二人，正七品；掌計二人，正八品。

尚功掌女工之程課，總司製、司珍、司彩、司計四司之官屬。

司製掌衣服裁制縫線之事。

司珍掌金玉寶貨之事。

司彩掌彩物、繒錦、絲枲之事。

司計掌支度衣服、飲食、薪炭之事。

宮正一人，正五品；司正二人，正六品；典正四人，正七品。

宮正掌戒令、糾禁、謫罰之事。凡宮人已上有不供職事，違犯法式，司正已下起牒，取宮正裁。事小，局司決罰；事大，録狀奏聞。司正、典正佐之。

雜　録

宋・王楙《野客叢書》卷一五《禁中起居注》　葛洪引漢《禁中起居注》，驗董仲舒所撰《李少君家録》云，知漢起居注，在宮為女史之職。自魏晉以來，起居注皆近侍之人所録，不復女職矣。今考《隋書・經籍志》，自漢獻帝以來，至隋開皇間，所謂起居注，凡有四十四部。《隋志》謂晉時得汲冢書，有《穆天子傳》，體制與今起居注正同，蓋周時內史所記，王命之副也。《周官》『內史掌王之命，遂書其副而藏之』，是其職也。又謂《禁中起居注》，零落不可復知。觀葛洪所引，則知尚存于晉，至隋始亡。

宗室制度部

諸王分部

綜　述

《三國志》卷三《魏志・明帝紀》　（太和）六年春二月，詔曰：『古之帝王，封建諸侯，所以藩屏王室也。詩不云乎，「懷德維寧，宗子維城」。秦、漢繼周，或强或弱，俱失厥中。大魏創業，諸王開國，隨時之宜，未有定制，非所以永為後法也。其改封諸侯王，皆以郡為國。』

又　卷四七《吳志・吳主傳》　（赤烏）五年春正月，立子和為太子，大赦，改禾興為嘉興。百官奏立皇后及四王，詔曰：『今天下未定，民物勞瘁，且有功者或未録，饑寒者尚未恤，猥割土壤以豐子弟，崇爵位以寵妃妾，孤甚不取。其釋此議。』【略】是歲大疫，有司又奏立后及諸王。八月，立子霸為魯王。【略】

（赤烏十三年八月）廢太子和，處故鄣。魯王霸賜死。【略】

（太元）二年春正月，立故太子和為南陽王，居長沙；子奮為齊王，居武昌；子休為瑯邪王，居虎林。

又　卷四八《吳志・孫晧傳》　（元興元年）九月，貶太后為景皇后，追謚父和曰文皇帝，尊母何為太后。十月，封休太子𩅦為豫章王，次子汝南王，次子梁王，次子陳王，立皇后滕氏。【略】

建衡元年春正月，立子瑾為太子，及淮陽、東平王。【略】

（鳳皇二年）秋九月，改封淮陽為魯，東平為齊，又封陳留、章陵等九王，凡十一王，王給三千兵。大赦。【略】

（天紀二年）秋七月，立成紀、宣威等十一王，王給三千兵，大赦。【略】

（天紀）四年春，立中山、代等十一王，大赦。

《晉書》卷一九《禮志上》 魏氏雖天子耕藉，藩鎮闕諸侯百畝之禮。及武帝末，有司奏：「古諸侯耕藉田百畝，躬執耒以奉社稷宗廟，以勸率農功。今諸王臨國，宜依修耕藉之義。」然竟未施行。

又 卷二〇《禮志中》 咸寧二年，安平穆王薨，無嗣，以母弟敦上繼獻王後，移太常問應何服。博士張靖答，宜依魯僖服閔三年例。尚書符詰靖：「穆王不臣敦，敦不繼穆，與閔僖不同。」孫毓、宋昌議，以穆王不之國，敦不仕諸侯，不應三年。以義處之，敦宜服本服，一期而除，主穆王喪祭三年畢，乃吉祭獻王。毓云：「《禮》，君之子孫所以臣諸兄者，以臨國故也。《禮》又與諸侯為兄弟服斬者，謂鄰國之臣於鄰國之君，有猶君之義故也。今穆王既不之國，不臣兄弟，敦不仕諸侯，無鄰臣之義，異於閔僖，如符旨也。但喪無主，敦既奉詔紹國，受重主喪，典其祭祀。「大功者主人之喪，有三年者則必為之再祭」。鄭氏《注》云，「謂死者之從父昆弟來為喪主也。有三年者，謂妻若子幼少也」。「再祭，謂大小祥也」。穆妃及國臣於禮皆當三年，此為有三年者，敦當為之主大小兩祥祭也。且哀樂不相雜，吉凶不相干。凶服在宮，哭泣未絕。敦遽主穆王之喪，而國制未除，則不得以己本親服除而吉祭獻王也。」

咸寧四年，陳留國上，燕公是王之父，王出奉明帝祀，今於王為從父，有司奏應服期，不以親疏尊卑為降。詔曰：「王奉魏氏，所承者重，不得服其私親。」穆帝時，東海國言，哀王薨踰年，嗣王乃來繼，不復追服，羣臣皆已反吉，國妃亦宜同除。詔曰：「朝廷所以從權制者，以王事奪之，非為變禮也。婦人傳重義大，若從權制，義將安託！」於是國妃終三年之禮。孫盛以為：「廢三年之禮，開偷薄之源，漢魏失之大者也。今若以大夫宜奪以王事，婦人可終本服，是吉凶之儀雜陳於宮寢，縗素之制乖異於內外，無乃情禮俱違，哀樂失所乎！」【略】

（太元）十八年，（太常車）胤又上言：「去年上，自頃開國公侯，至于卿士，庶子為後者，服其庶母，同之於嫡，違禮犯制，宜加裁抑。事上經年，未被告報，未審朝議以何為疑。若以所陳或謬，則經有文；若以古今不同，則晉有成典。升平四年，故太宰武陵王所生母喪，表求齊衰三年，詔聽依昔樂安王故事，制大功九月。興寧三年，故梁王㻂又所生母喪，亦求三年。《庚子詔書》依太宰故事，同服大功。若謹案《周禮》，則緦麻三月；若奉晉制，則大功九月。古禮今制，並無居廬三年之文，而頃年已來，各申私情，更相擬襲，漸以成俗。縱而不禁，則聖典滅矣。夫尊尊親親，立人之本，王化所由，二端而已。故先王設教，務弘其極，尊郊社之敬，制越紼之禮，嚴宗廟之祀，厭庶子之服，所以經緯人文，化成天下。夫屈家事於王道，厭私恩於祖宗，豈非上行乎下，父行乎子！若尊尊之心有時而替，宜厭之情觸事而申，祖宗之敬微，而君臣之禮虧矣。嚴恪微於祖宗，致敬虧於事上，而欲俗安化隆，不亦難乎！區區所惜，實在於斯。職之所司，不敢不言。請臺參詳。」尚書奏：「案如辭輒下主者詳尋。依禮，庶子與尊者為體，不敢服其私親，此尊祖敬宗之義。自頃陵遲，斯禮遂廢。封國之君廢五廟之重，士庶匹夫闕烝嘗之禮，習成積俗，宜被革正。輒內外參詳，謂宜聽胤所上，可依樂安王大功為正。請為告書如左，班下內外，以定永制，普令依承，事可奉行。」詔可。

《禮》，王為三公六卿錫衰，為大夫士疑衰，首服弁絰。天子諸侯皆為貴臣貴妾服三月。漢為大臣制服無聞焉。漢明帝時，東海恭王薨，帝出幸津門亭發哀。

及武帝咸寧二年十一月，詔「諸王公大臣薨，應三朝發哀者，踰月舉樂，其一朝發哀者，三日不舉樂也」。【略】

漢魏故事無五等諸侯之制，公卿朝士服喪，親疏各如其親。新禮王公五等諸侯成國置卿者，及朝廷公孤之爵，皆傍親絕期，而傍親為之服斬衰，卿校位從大夫者皆絕緦。摯虞以為：「古者諸侯君臨其國，臣諸父兄，今之諸侯未同于古。未同于古，則其尊未全，不宜便從絕期之制，而令傍親服斬衰之重也。諸侯既然，則公孤之爵亦宜如舊。昔魏武帝建安中已曾表上，漢朝依古為制，事與古異，皆不施行，施行者著在魏科。大晉采以著令，宜定新禮皆如舊。」詔從之。【略】

永和十一年，彭城國為李太妃求謚。博士曹耽之議：「夫婦行不必同，不得以夫謚謚婦。《春秋》婦人有謚甚多，經無譏文，知禮得謚也。」胡訥云：「禮，婦人生以夫爵，死以夫謚。《春秋》夫人有謚，不復依禮耳。安平獻王李妃、琅邪武王諸葛妃、太傅東海王裴妃並無謚，今宜率舊典。」王彪之云：「婦人有謚，禮壞故耳。聲子為謚，服虔諸儒以為非。

杜預亦云「禮，婦人無謚」。《春秋》無譏之文，所謂不待貶絶自明者也。近世惟后乃有謚耳。」

又　卷二一《禮志下》　漢魏故事，王公羣妾見於夫人，夫人不答拜。新禮以為禮無不答，更制妃公侯夫人答妾拜。摯虞以為：「禮，妾事女君如婦之事姑，妾服女君期，女君不報，則敬與婦同而又加賤也。名位不同，本無酬報。禮無不答，義不謂此。先聖殊嫡庶之別，以絶陵替之漸。峻明其防，猶有僭違。宜定新禮，自如其舊。」詔可其議。【略】

泰始十年，南宮王承年十五，依舊應冠。有司議奏：「禮，十五成童，國君十五而生子，以明可冠之宜。又漢魏遣使冠諸王，非古典。」於是制諸王十五而冠，不復加使命。

又　卷二四《職官志》　丞相、相國，並秦官也。晉受魏禪，並不置，自惠帝以後，省置無恒。為之者，趙王倫、梁王肜、成都王穎、南陽王保、王敦、王導之徒，皆非復尋常人臣之職。

太宰、太傅、太保，周之三公官也。魏初唯置太傅，以鍾繇為之，末年又置太保，以鄭沖為之。晉初以景帝諱故，又採《周官》官名，置太宰以代太師之任，秩增三司，與太傅太保皆為上公，論道經邦，燮理陰陽，無其人則闕。以安平獻王孚居之。自渡江以後，其名不替，而居之者甚寡。【略】

宗正，統皇族宗人圖諜，又統太醫令史，又有司牧掾員。【略】

王置師、友、文學各一人，景帝諱，故改師為傅。友者因文王、仲尼四友之名號。改太守為內史，省相及僕。有郎中令、中尉、大農為三卿。大國置左右常侍各一人，省郎中，置侍郎二人，典書、典祠、典衛、學官令、典書丞各一人，治書四人，中尉司馬、世子庶子、陵廟牧長各一人，謁者四人，中大夫六人，舍人十人，典府各一人。

咸寧三年，衛將軍楊珧與中書監荀勖以齊王攸有時望，懼惠帝有後難，因追故司空裴秀立五等封建之旨，從容共陳時宜於武帝，以為「古者建侯，所以藩衛王室。今吳寇未殄，方岳任大，而諸王為帥，都督封國，既各不臣其統內，於事重非宜。又異姓諸將居邊，宜參以親戚，而諸王公皆在京都，非扞城之義，萬世之固」。帝初未之察，於是下詔議其制。有司奏從諸王公，更制戶邑，皆中尉領兵。其平原、汝南、琅邪、扶風、齊為大國，梁、趙、樂安、燕、安平、義陽為次國，其餘為小國，皆制所近縣益滿萬戶。又為郡公制度如小國王，亦中尉領兵。郡侯如不滿五千戶王，置一軍一千一百人，亦中尉領之。于時，唯特增魯公國戶邑，追進封故司空博陵公王沈為郡公，鉅平侯羊祜為南城郡侯。又南宮王承、隨王萬各於泰始中封為縣王，邑千戶，至是改正縣王增邑為三千戶，制度如郡侯，亦置一軍。自此非皇子不得為王，而諸王之支庶，皆皇家之近屬至親，亦各以土推恩受封。其大國次國始封王之支子為公，承封王之支子為侯，繼承封王之支子為伯。小國五千戶已上，始封王之支子為子，不滿五千戶始封王之支子及始封公侯之支子皆為男，非此皆不得封。其公之制度如五千戶國，侯之制度如不滿五千戶國，亦置一軍千人，中尉領之，伯子男以下各有差而不置軍。大國始封之孫罷下軍，曾孫又罷上軍，次國始封子孫亦罷下軍，其餘皆以一軍為常。大國中軍二千人，上下軍各千五百人，次國上軍二千人，下軍千人。其未之國者，大國置守土百人，次國八十人，小國六十人，郡侯縣公亦如小國制度。既行，所增徙各如本奏遣就國，而諸公皆戀京師，涕泣而去。及吳平後，齊王攸遂之國。

又　卷二五《輿服志》　王青蓋車，皇孫綠蓋車，並駕三，左右騑。

雲母車，以雲母飾犢車。臣下不得乘，以賜王公耳。

皁輪車，駕四牛，形制猶如犢車，但皁漆輪轂，上加青油幢，朱絲繩絡。諸王三公有勳德者特加之。位至公或四望、三望、夾望車。

油幢車，駕牛，形制如皁輪，但不漆轂耳。王公大臣有勳德者特給之。

通幰車，駕牛，猶如今犢車制，但舉其幰通覆車上也。諸王三公並乘之。【略】

諸王妃、公太夫人、夫人、縣鄉君、諸郡公侯特進夫人助蠶，乘皁交路安車，駕三。

諸侯監國世子之世婦、侍中常侍尚書中書監令卿校世婦、命婦助蠶，乘皁交路安車，儷駕。【略】

王妃、特進夫人、封郡君，安車，駕三，皁交路。封縣鄉君油軿車，駕兩馬，右騑。【略】

平冕，王公、卿助祭於郊廟服之。王公八旒，卿七旒。以組為纓，色如其綬。王公衣山龍以下九章，卿衣華蟲以下七章。

游遠冠，傅玄云秦冠也。似通天而前無山述，有展筩橫于冠前。皇太子及王者後、帝之兄弟、帝之子封郡王者服之。諸王加官者自服其官之冠服，惟太子及王者後常冠焉。太子則以翠羽為緌，綴以白珠，其餘但青絲而已。【略】

皮弁，以鹿皮淺毛黃白色者為之。《禮》『王皮弁，會五采玉璂，象邸玉笄』，謂之合皮為弁。其縫中名曰會，以采玉朱為璂。璂，結也。天子五采，諸侯三采。邸，冠下抵也，象骨為之，音帝也。天子則縫有十二，公九，侯伯七，子男五，孤四，卿大夫三。【略】

笏，古者貴賤皆執笏，其有事則搢之於腰帶，所謂搢紳之士者，搢笏而垂紳帶也。紳垂長三尺。笏者，有事則書之，故常簪筆，今之白筆是其遺象。三臺五省二品文官簪之，王、公、侯、伯、子、男、卿尹及武官不簪，加內侍位者乃簪之。【略】

諸王金璽龜鈕，纁朱綬，四采：朱、黃、縹、紺。五時朝服，遠遊冠介幘，亦有三梁進賢冠。朱衣絳紗襮皁緣，中衣表素。革帶，黑舄，佩山玄玉，垂組，大帶。若加餘官，則服其加官之服也。【略】

諸王太妃、妃、諸長公主、公主、封君金印紫綬，佩山玄玉。【略】

自二千石夫人以上至皇后，皆以蠶衣為朝服。

又 卷三七《安平獻王孚傳》 安平獻王孚字叔達，宣帝次弟也。【略】

及武帝受禪，陳留王就金墉城，孚拜辭，執王手，流涕歔欷，不能自勝。曰：『臣死之日，固大魏之純臣也。』詔曰：『太傅勳德弘茂，朕所瞻仰，以光導弘訓，鎮靜宇內，願奉以不臣之禮。其封為安平王，邑四萬戶。進拜太宰、持節、都督中外諸軍事。』有司奏，諸王未之國者，所置官屬，權未有備。帝以孚明德屬尊，當宣化樹教，為羣后作則，遂備置官屬焉。又以孚內有親戚，外有交游，惠下之費，而經用不豐，奉絹二千匹。及元會，詔孚乘輿車上殿，帝於阼階迎拜。既坐，帝親奉觴上壽，如家人禮。帝每拜，孚跪而止之。又給以雲母輦、青蓋車。

孚雖見尊寵，不以為榮，常有憂色。臨終，遺令曰：『有魏貞士河內溫縣司馬孚，字叔達，不伊不周，不夷不惠，立身行道，終始若一。當以素棺單槨，斂以時服。』泰始八年薨，時年九十三。帝於太極東堂舉哀三日。詔曰：『王勳德超世，尊寵無二，期頤在位，朕之所倚。庶永百齡，諮仰訓導，奄忽殂隕，哀慕感切。其以東園溫明祕器、朝服一具、衣一襲、緋練百疋、絹布各五百疋、錢百萬、穀千斛以供喪事。諸所施行，皆依漢東平獻王蒼故事。』其家遵孚遺旨，所給器物，一不施用。帝再臨喪，親拜盡哀。及葬，又幸都亭，望柩而拜，哀動左右。給鑾輅輕車，介士武賁百人，吉凶導從二千餘人，前後鼓吹，配饗太廟。

又《義陽成王望傳》 義陽成王望字子初，出繼伯父朗，寬厚有父風。【略】武帝受禪，封義陽王，邑萬戶，給兵二千人。

又《河間平王洪傳》 河間平王洪字孔業，出繼叔父昌武亭侯遺。【略】武帝受禪，封河間王。

又《竟陵王楙傳》 竟陵王楙字孔偉，初封樂陵亭侯，起家參相國軍事。武帝受禪，封東平王，邑三千九十七戶。入為散騎常侍、尚書。

又《太原成王輔傳》 太原成王輔，魏末為野王太守。武帝受禪，封渤海王，邑五千三百七十九戶，泰始二年之國。後為衛尉，出為東中郎將，轉南中郎將。咸寧三年，徙為太原王，監并州諸軍事。太康四年入朝，五年薨，追贈鎮北將軍。永平元年，更贈衛將軍、開府儀同三司。

又《下邳獻王晃傳》 下邳獻王晃字子明，魏封武始亭侯，拜黃門侍郎，改封西安男，出為東莞太守。武帝受禪，封下邳王，邑五千一百七十六戶，泰始二年就國。

晃孝友貞廉，謙虛下士，甚得宗室之稱。後為長水校尉、南中郎將。

又《太原烈王瓌傳》 太原烈王瓌字子泉，魏長樂亭侯，改封貴壽鄉侯。歷振威將軍、祕書監，封固始子。武帝受禪，封太原王，邑五千四百九十六戶，泰始二年就國。四年入朝，賜袞冕之服，還東中郎將。

又《高陽元王珪傳》 高陽元王珪字子璋，少有才望，魏高陽鄉侯。歷河南令，進封湞陽子，拜給事黃門侍郎。武帝受禪，封高陽王，邑五千五百七十戶。歷北中郎將、督鄴城守諸軍事。泰始六年入朝，以父孚年高，乞留供養。拜尚書，遷右僕射。十年薨，詔遣兼大鴻臚持節監護喪事，贈車騎將軍、儀同三司。

又《常山孝王衡傳》 常山孝王衡字子平，魏封德陽鄉侯。進封汝陽子，為駙馬都尉。武帝受禪，封常山王，邑三千七百九十戶。

又《沛順王景傳》 沛順王景字子文，魏樂安亭侯。歷諫議大夫。武帝受禪，封沛王，邑三千四百戶。

又《彭城穆王權傳》 彭城穆王權字子輿，宣帝弟魏魯相東武城侯馗之子也。初襲封，拜冗從僕射。武帝受禪，封彭城王，邑二千九百戶。出為北中郎將、都督鄴城守諸軍事。泰始中入朝，賜袞冕之服。

又《高密文獻王泰傳》 高密文獻王泰字子舒，彭城穆王權之弟，魏陽亭侯，補陽翟令，遷扶風太守。武帝受禪，封隴西王，邑三千二百戶，拜游擊將軍。出為兖州刺史，加鷹揚將軍。遷使持節、都督寧益二州諸軍事、安西將軍，領益州刺史，稱疾不行。轉安北將軍，代兄權督鄴城守事。遷安西將軍、都督關中事。太康初，入為散騎常侍、前將軍，領鄴城門校尉，以疾去官。後代下邳王晃為尚書左僕射。出為鎮西將軍，領護西戎校尉、假節，代扶風王駿都督關中軍事，以疾還京師。永熙初，代石鑑為司空，尋領太子太保。及楊駿誅，泰領駿營，加侍中，給步兵二千五百人，騎五百疋。泰固辭，乃給千兵百騎。

又《新蔡武哀王騰傳》 新蔡武哀王騰字元邁，少拜冗從僕射，封東嬴公，歷南陽、魏郡太守，所在稱職。徵為宗正，遷太常，轉持節、寧北將軍、都督幷州諸軍事、幷州刺史。惠帝討成都王穎，六軍敗績。騰與安北將軍王浚共殺穎所署幽州刺史和演，率衆討穎。穎遣北中郎將王斌距戰，浚率鮮卑騎擊斌，騰為後係，大破之。穎懼，挾帝歸洛陽，進騰位安北將軍。永嘉初，遷車騎將軍、都督鄴城守諸軍事，鎮鄴。又以迎駕之勳，改封新蔡王。

又《南陽王模傳》 南陽王模字元表，少好學，與元帝及范陽王虓俱有稱於宗室。初封平昌公。惠帝末，拜冗從僕射，累遷太子庶子、員外散騎常侍。成都王穎奔長安，東海王越以模為北中郎將，鎮鄴。永興初，成都王穎故帳下督公師藩、樓權、郝昌等攻鄴，模左右謀應之。廣平太守丁邵率衆救模，范陽王虓又遣兖州刺史苟晞援之，藩等散走。遷鎮東大將軍，鎮許昌。進爵南陽王。永嘉初，轉征西大將軍、開府、都督秦雍梁益諸軍事，代河間王顒鎮關中。

又《范陽康王綏傳》 范陽康王綏字子都，彭城王權季弟也。初為諫議大夫。泰始元年受封，在位十五年。

又《濟南惠王遂傳》 濟南惠王遂字子伯，宣帝弟魏鴻臚丞恂之子也。仕魏關內侯，進封平昌亭侯，歷典軍郎將。景元二年，轉封武城鄉侯、督鄴城守諸軍事、北中郎將。五等建，封祝阿伯，累遷冠軍將軍。武帝受禪，封濟南王。

又《譙剛王遜傳》 譙剛王遜字子悌，宣帝弟魏中郎進之子也。仕魏關內侯，改封城陽亭侯，參鎮東軍事，拜輕車將軍、羽林左監。五等建，徙封涇陽男。武帝受禪，封譙王，邑四千四百戶。

又《高陽王睦傳》 高陽王睦字子友，譙王遜之弟也。魏安平亭侯，歷侍御史。武帝受禪，封中山王，邑五千二百戶。睦自表乞依六蓼祀皋陶，鄫杞祀相立廟。事下太常，依禮典平議。博士祭酒劉憙等議：「《禮記王制》，諸侯五廟，二昭二穆，與太祖而五。是則立始祖之廟，謂嫡統承重，一人得立耳。假令支弟並為諸侯，始封之君不得立廟也。今睦非為正統，若立祖廟，中山不得並也。後世中山乃得為睦立廟，為後世子孫之始祖耳。」詔曰：「禮文不明，此制度大事，宜令詳審，可下禮官博議，乃處當之。」

又《任城景王陵傳》 任城景王陵字子山，宣帝弟魏司隸從事安城亭侯通之子也。初拜議郎。泰始元年，封北海王，邑四千七百戶。三年，轉封任城王，之國。

又《西河繆王斌傳》 西河繆王斌字子政，魏中郎。武帝受禪，封陳王，邑千七百一十戶。三年，改封西河。

又卷三八《平原王幹傳》 宣帝九男，穆張皇后生景帝、文帝、平原王幹，伏夫人生汝南文成王亮、琅邪武王伷、清惠亭侯京、扶風武王駿，張夫人生梁王肜，柏夫人生趙王倫。【略】

平原王幹字子良。少以公子魏時封安陽亭侯，稍遷撫軍中郎將，進爵平陽鄉侯。五等建，改封定陶伯。武帝踐阼，封平原王，邑萬一千三百戶，給鼓吹、駙馬二匹，加侍中之服。咸寧初，遣諸王之國，幹有篤疾，性理不恒，而頗清虛靜退，簡於情欲，故特詔留之。太康末，拜光祿大夫，加侍中，特假金章紫綬，班次三司。惠帝即位，進左光祿大夫，侍中如故，劍履上殿，入朝不趨。

又《琅邪武王伷傳》 琅邪武王伷字子將，正始初封南安亭侯。早有才望，起家為寧朔將軍，監守鄴城，有綏懷之稱。累遷散騎常侍，進封東武鄉侯，拜右將軍、監兗州諸軍事、兗州刺史。五等初建，封南皮伯。轉征虜將軍、假節。武帝踐阼，封東莞郡王，邑萬六百戶。始置二卿，特詔諸王自選令長。伷表讓，不許。入為尚書右僕射、撫軍將軍，出為鎮東大將軍、假節、徐州諸軍事，代衛瓘鎮下邳。伷鎮御有方，得將士死力，吴人憚之。加開府儀同三司，改封琅邪王，以東莞益其國。【略】

伷既戚屬尊重，加有平吴之功，克己恭儉，無矜滿之色，僚吏盡力，百姓懷化。疾篤，賜牀帳、衣服、錢帛、秔粱等物，遣侍中問焉。太康四年薨，時年五十七。臨終表求葬母太妃陵次，并乞分國封四子，帝許之。子恭王覲立。又封次子澹為武陵王，繇為東安王，漼為淮陵王。

又《扶風武王駿傳》 扶風武王駿字子臧。幼聰惠，年五六歲能書疏，諷誦經籍，見者奇之。及長，清貞守道，宗室之中最為儁望。【略】

武帝踐阼，進封汝陰王，邑萬戶，都督豫州諸軍事。吴將丁奉寇芍陂，駿督諸軍距退之。遷使持節、都督揚州諸軍事，代石苞鎮壽春。尋復都督豫州，還鎮許昌。遷鎮西大將軍、使持節、都督雍涼等州諸軍事，代汝南王亮鎮關中，加袞冕侍中之服。

又《梁孝王肜傳》 梁孝王肜字子徽。清修恭慎，無他才能，以公子封平樂亭侯。及五等建，改封開平子。武帝踐阼，封梁王，邑五千三百五十八戶。及之國，遷北中郎將，督鄴城守事。

時諸王自選官屬，肜以汝陰上計吏張蕃為中大夫。蕃素無行，本名雄，妻劉氏解音樂，為曹爽教伎。蕃又往來何晏所，而恣為姦淫。晏誅，徙河間，乃變名自結於肜。為有司所奏，詔削一縣。

又《齊獻王攸傳》 文帝九男，文明王皇后生武帝、齊獻王攸、城陽哀王兆、遼東悼惠王定國、廣漢殤王廣德，其樂安平王鑒、燕王機、皇子永祚、樂平王延祚不知母氏。燕王機繼清惠亭侯，别有傳。永祚早亡，無傳。

齊獻王攸字大猷。少而岐嶷。及長，清和平允，親賢好施，愛經籍，能屬文，善尺牘，為世所楷。才望出武帝之右，宣帝每器之。景帝無子，命攸為嗣。【略】

武帝踐阼，封齊王。時朝廷草創，而攸總統軍事，撫寧內外，莫不景附焉。詔議藩王令自選國內長吏，攸奏議曰：『昔聖王封建萬國，以親諸侯，軌迹相承，莫之能改。誠以君不世居，則人心偷幸；人無常主，則風俗偽薄。是以先帝深覽經遠之統，思復先哲之軌，分土畫疆，建爵五等，或以進德，或以酬功。伏惟陛下應期創業，樹建親戚，聽使藩國自除長吏。而今草創，制度初立，雖庸蜀順軌，吴猶未賓，宜俟清泰，乃議復古之制。』書比三上，輒報不許。其後國相上長吏缺，典書令請求差選。攸下令曰：『忝受恩禮，不稱惟憂。至於官人敘才，皆朝廷之事，非國所宜裁也。其令自上請之。』時王家人衣食皆出御府，攸表租秩足以自供，求絶之。前後十餘上，帝又不許。攸雖未之國，文武官屬，下至士卒，分租賦以給之，疾病死喪賜與之。而時有水旱，國內百姓則加振貸，須豐年乃責，十減其二，國內賴之。【略】

轉鎮軍大將軍，加侍中，羽葆、鼓吹，行太子少傅。數年，授太子太傅。【略】

咸寧二年，代賈充為司空，侍中、太傅如故。【略】

及帝晚年，諸子並弱，而太子不令，朝臣內外，皆屬意於攸。中書監荀勖、侍中馮紞皆諂諛自進，攸素疾之。勖等以朝望在攸，恐其為嗣，禍必及己，乃從容言於帝曰：『陛下萬歲之後，太子不得立也。』帝曰：『何故？』勖曰：『百僚內外皆歸心於齊王，太子焉得立乎！陛下試詔齊王之國，必舉朝以為不可，則臣言有徵矣。』紞又言曰：『陛下遣諸侯之國，成五等之制者，宜先從親始。親莫若齊王。』

帝既信勖言，又納紞說，太康三年乃下詔曰：『古者九命作伯，或入毗朝政，或出御方嶽。周之呂望，五侯九伯，實得征之。侍中、司空、齊王攸，明德清暢，忠允篤誠。以母弟之親，受台輔之任，佐命立勳，劬勞王室，宜登顯位，以稱具瞻。其以為大司馬、都督青州諸軍事，侍中如故，假節，將本營千人，親騎帳下司馬大車皆如舊，增鼓吹一部，官騎滿二十人，置騎司馬五人。餘主者詳案舊制施行。』攸不悅，主簿丁頤曰：『昔太公封齊，猶表東海；桓公九合，以長五伯。況殿下誕德欽明，恢弼大藩，穆然東軫，莫不得所。何必絳闕，乃弘帝載！』攸曰：『吾無匡時之用，卿言何多。」

明年，策攸曰：『於戲！惟命不于常，天既遷有魏之祚。我有晉既受順天明命，光建羣后，越造王國于東土，錫茲青社，用藩翼我邦家。茂哉無怠，以永保宗廟。』又詔下太常，議崇錫之物，以濟南郡益齊國。又以攸子寔為北海王。於是備物典策，設軒懸之樂、六佾之舞，黄鉞朝車乘輿之副從焉。

攸知勖、紞構己，憤怨發疾，乞守先后陵，不許。帝遣御醫診視，諸醫希旨，皆言無疾。疾轉篤，猶催上道。攸自强入辭，素持容儀，疾雖困，尚自整厲，舉止如常，帝益疑無疾。辭出信宿，歐血而薨，時年三十六。帝哭之慟，馮紞侍側曰：『齊王名過其實，而天下歸之。今自薨隕，社稷之福也，陛下何哀之過！』帝收淚而止。詔喪禮依安平王孚故事，廟設軒懸之樂，配饗太廟。

又《樂安平王鑑傳》 樂安平王鑑字大明，初封臨泗亭侯。武帝踐阼，封樂安王。帝為鑑及燕王機高選師友，下詔曰：『樂安王鑑、燕王機並以長大，宜得輔導師友，取明經儒學，有行義節儉，使足嚴憚。昔韓起與田蘇遊而好善，宜必得其人。』

《宋書》卷一四《禮志一》 宋冠皇太子及蕃王，亦一加也。官有其注。晉武帝泰始十年，南宫王承年十五，依舊應冠。有司議奏：『禮十五成童。國君十五而生子，以明可冠之宜。又漢、魏遣使冠諸王，非古典。』於是制諸王十五冠，不復加命。元嘉十一年，營道侯將冠。詔曰：『營道侯義綦可剋日冠。外詳舊施行。』何楨《冠儀約制》及王堪私撰《冠儀》，亦皆家人之可遵用者也。【略】

太康八年，有司奏：『昏禮納徵，大昏用玄纁，束帛加珪，馬二駟；王侯玄纁，束帛加璧，乘馬；大夫用玄纁，束帛加羊。古者以皮馬為庭實，天子加穀珪，諸侯加大璋。可依《周禮》改璧用璋，其羊、雁、酒、米、玄纁如故。諸侯昏禮加納采告期親迎各帛五匹，及納徵馬四匹，皆令夫家自備，唯璋官為具致之。』尚書朱整議：『按魏氏故事，王娶妃、公主嫁之禮，天子諸侯以皮馬為庭實，天子加以穀珪，諸侯加以大璋。漢高后制，聘后黄金二百斤，馬十二匹；夫人金五十斤，馬四匹。魏聘后、王娶妃、公主嫁之禮，用絹百九十匹。晉興，故事用絹三百疋。』詔曰：『公主嫁由夫氏，不宜皆為備物，賜錢使足而已。唯給璋，餘如故事。』【略】

魏制，蕃王不得朝覲。明帝時有朝者，皆由特恩，不得以為常。晉泰始中，有司奏：『諸侯之國，其王公以下入朝者，四方各為二番，三歲而周，周則更始。若臨時有故，却在明年。來朝之後，更滿三歲乃復，不得從本數。朝禮執璧如舊朝之制。不朝之歲，各遣卿奉聘。』奏可。江左王侯不之國，其有授任居外，則同方伯刺史二千石之禮，亦無朝聘之制，此禮遂廢。【略】

元嘉二十年，太祖將親耕，以其久廢，使何承天撰定儀注。史學生山謙之已私鳩集，因以奏聞。乃下詔曰：『國以民為本，民以食為天。一夫輟耕，饑者必及。倉廩既實，禮節以興。自頃在所貧耗，家無宿積，陰陽暫偏，則人懷愁墊；年或不稔，而病乏比室。誠由政德未孚，以臻斯弊，抑亦耕桑未廣，地利多遺。宰守微化導之方，萌庶忘勤分之義。永言弘濟，明發載懷。雖制令亟下，終莫懲勸，而坐望滋殖，庸可致乎。有司其班宣舊條，務盡敦課。遊食之徒，咸令附業。考覈勤惰，行其誅賞；觀察能殿，嚴加黜陟。古者從時脈土，以訓農功，躬耕帝籍，敬供粢盛。仰瞻前王，思遵令典，便可量處千畝，考卜元辰。朕當親率百辟，致禮郊甸。庶幾誠素，獎被斯民。』於是斟酌衆條，造定圖注。先立春九日，尚書宣攝內外，各使隨局從事。司空、大農、京尹、令、尉，度宫之辰地八里之外，整制千畝，開阡陌。立先農壇於中阡西陌南，御耕壇於中阡東陌北。將耕，宿設青幕于耕壇之上。皇后帥六宫之人出穜稑之種，付籍田令。耕日，太祝以一太牢告祠先農，悉如祠帝社之儀。孟春之月，擇上辛後吉亥日，御乘耕根三蓋車，駕蒼駟，青旂，著通天冠，青幘，朝服青衮，帶佩蒼玉。蕃王以下至六百石皆衣青。唯三臺武衛不耕，不改服章。車駕出，衆事如郊廟之儀。車駕至籍田，侍中跪奏：『尊降車。』臨壇，大司農跪奏：『先農已享，請皇帝親耕。』太史令讚曰：『皇帝親耕。』三推三反。於是羣臣以次耕，王公五等開國諸侯五推五反，孤卿大夫七推七反，士九推九反。籍田令率其屬耕，竟畝，灑種，即耰，禮畢。

魏氏雖天子耕籍，其蕃鎮諸侯，並闕百畝之禮。晉武帝末，有司奏：『古諸侯耕籍百畝，躬秉耒耜，以奉社稷宗廟，以勸率農功。今諸王治國，宜修耕籍之義。』然未施行。宋太祖東耕後，乃班下州郡縣，悉備其禮焉。

又 卷一五《禮志二》 宋文帝元嘉四年八月，太傅長沙景王神主隨子南兗州刺史義欣鎮廣陵，備所加殊禮下船。及至鎮，入行廟。大司馬臨川烈武王神主隨子荆州刺史義慶江陵，亦如之。

又 卷一七《禮志四》 孝武帝孝建三年五月丁巳，詔以第四皇子出紹江夏王太子叡為後。有司奏：『皇子出後，檢未有告廟先例，輒勒二學禮官議正，應告與不？告者為告幾室？』太學博士傅休議：『禮無皇子出後告廟明文。晉太康四年，封北海王寔紹廣漢殤王後，告于太廟。漢初帝各異廟，故告不必同。自漢明帝以來，乃共堂各室，魏、晉依之。今既共堂，若獨告一室，而闕諸室，則於情未安。』太常丞庾亮之議：『案《禮》「大事則告祖禰，小事則特告禰」。今皇子出嗣，宜告禰廟。』祠部朱膺之議以為：『有事告廟，蓋國之常典。今皇子出紹，事非常均。愚以為宜告。賀循云，古禮異廟，唯謁一室是也。既皆共廟，而闕於諸帝，於情未安。謂循言為允，宜在皆告。』兼右丞殿中郎徐爰議以為：『國之大事，必告祖禰。皇子出嗣，不得謂小。昔第五皇子承統廬陵，備告七廟。』參議以爰議為允。詔可。

大明元年六月己卯朔，詔以前太子步兵校尉祗男歆紹南豐王朗。有司奏：『朗先嗣營陽，告廟臨軒。檢繼體為舊，不告廟臨軒。』下禮官議正。太學博士王燮之議：『南豐昔別開土宇，以紹營陽，義同始封，故有臨軒告廟之禮。今歆奉詔出嗣，則成繼體，先爵猶存，事是傳襲，不應告廟臨軒。』祠部郎朱膺之議：『南豐王嗣爵封已絶，聖恩垂矜，特詔繼茅土，復申義同始封，為之告廟臨軒。』殿中郎徐爰議：『營陽繼體皇基，身亡封絶，恩詔追封，錫以一城。既始啓建茅土，故宜臨軒告廟。今歆繼後南豐，彼此俱為列國，長沙、南豐，自應各告其祖，豈關太廟。事非始封，不合臨軒。同博士王燮之議。』參詳，爰議為允。詔可。【略】

宋孝武帝孝建元年七月辛酉，有司奏：『東平沖王年稚無後，唯殤服五月。雖臣不殤君，應有主祭，而國是追贈，又無其臣。未詳毁靈立廟，為當它祔與不？輒下禮官詳議。』太學博士臣徐宏議：『王既無後，追贈無臣，殤服既竟，靈便合毁。《記》曰：「殤與無後者，從祖祔食。」又曰：「士大夫不得祔於諸侯，祔於祖之為士大夫者。」按諸侯不得祔於天子。沖王則宜祔諸祖之廟為王者，應祔長沙景王廟。』詔可。

大明四年丁巳，有司奏：『安陸國土雖建，而奠酹之所，未及營立，四時薦饗，故祔江夏之廟。宣王所生夫人，當應祠不？』太學博士傅郁議：『應廢祭。』右丞徐爰議：『按《禮》，「慈母妾母不世祭」。鄭玄注：「以其非正，故傳曰子祭孫止。」又云：「為慈母後者，為祖庶母可也。」注稱：「緣為慈母後之義，父妾無子，亦可命己庶子為之後也。」考尋斯義，父母妾之祭，不必唯子。江夏宣王太子，體自元宰，道戚之胤，遭時不幸，聖上矜悼，降出皇愛，嗣承徽緒，光啓大蕃，屬國為祖。始王夫人載育明懿，則一國之正，上無所厭，哀敬得申。既未獲祔享江夏，又不從祭安陸，即事求情，愚以為宜依祖母有為後之義，謂合列祀于廟。』二議不同，參議以爰議為允。詔可。

大明六年十月丙寅，有司奏：『故晉陵孝王子雲未有嗣，安廟後三日，國臣從權制除釋，朔望周忌，應還臨與不？祭之日，誰為主？』太常丞庾蔚之議：『既葬三日，國臣從權制除釋。而靈筵猶存，朔望及期忌，諸臣宜還臨哭，變服衣帢，使上卿主祭。王既未有後，又無三年服者，期親服除，而國尚存，便宜立廟，為國之始祖。服除之日，神主暫祔食祖廟。諸王不得祖天子，宜祔從祖國廟，還居新廟之室。未有嗣之前，四時饗薦，常使上卿主之。』左丞徐爰參議，以蔚之議為允。詔可。【略】

大明七年三月戊戌，有司奏：『新安王服宣貴妃齊衰期，十一月練，十三月縞，十五月祥，心喪三年。未詳宜貴妃祔廟，應在何時？入廟之日，當先有祔，為但入新廟而已？若在大祥及禫中入廟者，遇四時便得祭不？新安王在心制中，得親奉祭不？』太學博士虞龢議：『《春秋傳》云：「祔而作主，烝嘗禘於廟。」嘗為吉祭之名，大祥及禫，未得入廟，應在禫除之後也。新安王心喪之内，若遇時節，便應吉祭於廟，親奉亦在無嫌。祔之為言，以後亡者祔於先廟也。《小記》云：「諸侯不得祔於天子。」今貴妃爵視諸侯，居然不得祔於先后。又別考新宮，無所宜祔。且卒哭之後，益無祔理。』左丞徐爰議以：『禮有損益，古今異儀，雖云卒哭而祔，祔而作主，時之諸侯，皆禫終入廟。且麻衣縓緣，革服於元嘉，苫絰變除，申情於皇宋。況宣貴妃誕育叡蕃，葬加殊禮，靈筵廬位，皆主之哲王，考宮創祀，不得關之朝廷。謂禫除之後，宜親執奠爵之禮。若有故，三卿行事。貴妃上厭皇姑，下絶列國，無所應祔。」參議，僉議大體與爰不異，宜以爰議為允。詔可。

大明七年十一月癸未，有司奏：「晉陵國刺：孝王廟依廬陵等國例，一歲五祭。二國以王［有衡陽王服，今年內不祠。尋國未有嗣王］，三卿主祭。應同有服之例與不？」博士顔僧道議：「《禮記》云：『所祭者亡服則祭。』今晉陵王於衡陽小功，宜依二國同廢。」太常丞庾蔚之議：「緦不祭者，據主為言也。晉陵雖未有嗣，宜依有嗣致服，依闕祭之限。衡陽為族伯緦麻，則應祭三月。」兼左丞徐爰議：「嗣王未立，將來承胤未知疏近。豈宜空計服屬，以虧祭敬。」參議以爰議為允。詔可。

大明八年正月壬辰，有司奏：「故齊敬王子羽將來立後，未詳便應作主立廟？為須有後之日？未立廟者，為於何處祭祀？」游擊將軍徐爰議以為：「國無後，於制除罷。始封之君，宜存繼嗣。皇子追贈，則為始祖。臣不殤君，事著前準，豈容虛闕烝嘗，以俟有後。謂宜立廟作主，三卿主祭依舊。」通關博議，以爰議為允。令便立廟。廟成作主，依晉陵王近例，先暫祔廬陵孝獻王廟。祭竟，神主即還新廟。未立後之前，常使國上卿主祭。

又 卷一八《禮志五》 又以雲母飾犢車，謂之雲母車，臣下不得乘，時以賜王公。晉氏又有四望車，今制亦存。【略】

王妃、公侯特進夫人、封君皁交絡安車，駕三。【略】

高車，即立乘車也。公及列侯安車，朱斑輪、倚鹿較、伏熊軾、黑蕃者謂之軒，皁繒蓋，駕二，右騑。王公旂八旒，侯七旒，卿五旒，皆降龍。【略】

《漢儀》曰：「出稱警，入稱蹕。」說者云，車駕出則應稱警，入則應稱蹕也，而今俱唱之。史臣以為警者，警戒也。蹕者，止行也。今從乘輿而出者，並警戒以備非常也。從外而入乘輿相干者，蹕而止之也。董巴、司馬彪云：「諸侯王遮迾出入，稱警設蹕。」【略】

進賢冠，前高七寸，後高三寸，長八寸，梁數隨貴賤，古之緇布冠也。文儒者之所服。上公、卿助祭於郊廟，皆平冕，王公八旒，卿七旒，以組為纓，色如其綬。王公衣山龍以下，九章也，卿衣華蟲以下，七章也。【略】

劉向曰：「古者天子至于士，王后至于命婦，必佩玉，尊卑各有其制。」《禮記》曰：「天子佩白玉而玄組綬，公侯山玄玉而朱組綬，卿大夫水蒼玉而緇組綬，士佩瓀玟而縕組綬。」縕，赤黄色。綬者，所貫佩相承受也。上下施韍如蔽膝，貴賤亦各有殊。五霸之後，戰兵不息，佩非兵器，韍非戰儀，於是解去佩韍，留其繫璲而已。秦乃以采組連結於璲，轉相結受，謂之綬。漢承用之。至明帝始復制佩，而漢末又亡絶。魏侍中王粲識其形，乃復造焉。今之佩，粲所制也。皇后至命婦所佩，古制不存，今與外同制，秦組綬，仍又施之。【略】

諸王，金璽，龜紐，纁朱綬，四采，赤、黄、縹、紺。給五時朝服，遠遊冠，亦有三梁進賢冠。佩山玄玉。【略】

諸王太妃、妃、諸長公主、公主、封君，金印，紫綬。佩山玄玉。

諸王世子，金印，紫綬。五時朝服，進賢兩梁冠。佩山玄玉。【略】

諸軍長史、諸卿尹丞、獄丞、太子保傅詹事丞、郡國太守相內史、丞、長史、諸縣署令長相、關谷長、王公侯諸署令、長、司理、治書、公主家僕，銅印，墨綬。朝服，進賢一梁冠。【略】

王郡公侯郎中令、大農，銅印，青綬。朝服，進賢兩梁冠。【略】

王郡公侯中尉，銅印，墨綬。朝服，武冠。【略】

諸縣署丞、太子諸署丞、王公侯諸署及公主家丞，銅印，黄綬。朝服，進賢一梁冠。【略】

古者貴賤皆執笏，其有事則搢之於腰帶，所謂搢紳之士者，搢笏而垂紳帶也。紳垂三尺。笏者有事則書之，故常簪筆，今之白筆，是其遺象。三臺五省二品文官簪之。王公侯伯子男卿尹及武官不簪。【略】

晉武帝泰始三年，詔太宰安平王孚服侍中之服，賜大司馬義陽王望袞冕之服。四年，又詔趙、樂安、燕王服散騎常侍之服。十年，賜彭城王袞冕之服。

偽楚桓玄將篡，亦加安帝母弟太宰琅邪王袞冕服。

宋興以來，王公貴臣加侍中、散騎常侍，乃得服貂璫也。【略】

明帝泰始四年五月甲戌，尚書令建安王休仁參議：「天子之子，與士齒讓，達於辟雍，無生而貴者也。既命而尊，禮同上公。周制五等，車服相涉，公降王者，一等而已。王以金路賜同姓諸侯，象及革木，以賜異姓侯伯，在朝卿士，亦準斯禮。按如此制，則東宮應乘金路。自晉武過江，禮儀疏舛，王公以下，車服卑雜；唯有東宮，禮秩崇異，上次辰極，下絶侯王。而皇太子乘石山安車，義不見經，事無所出。《禮》所謂金、玉路者，正以金玉飾輅諸末耳。左右前後，同以漆畫。秦改周輅，制為金根，通以金薄，周匝四面。漢、魏、二晉，因循莫改。逮于大明，始備五輅。金玉二制，並類金根，造次瞻睹，殆無差別。若錫之東儲，於禮嫌重，非所以崇峻陛級，表示等威。且《春秋》之義，降下以兩，臣子之義，宜從謙約。謂東宮車服，宜降天子二等，驂駕四馬，乘象輅，降龍碧旂九葉。進不斥尊，退不逼下，沿古酌時，於禮為衷。』詔可。

又　卷三九《百官志上》　大鴻臚，掌贊導拜授諸王。秦世為典客，漢景帝中六年，更名大行令，武帝太初元年，更名大鴻臚。鴻，大也。臚，陳也。晉江左初省。有事則權置，事畢即省。【略】

又　卷四〇《百官志下》　給事黄門侍郎，四人。與侍中俱掌門下衆事。郊廟臨軒，則一人執麾。《漢百官表》秦曰給事黄門，無員，掌侍從左右，漢因之。漢東京曰給事黄門侍郎，亦無員，掌侍從左右，關通中外，諸王朝見，則引王就坐。應劭曰：『每日莫向青瑣門拜，謂之夕郎。』史臣按劉向與子歆書曰：『黄門郎，顯處也。』然則前漢世已為黄門侍郎矣。董巴《漢書》曰：『禁門曰黄闥，中人主之，故號曰黄門令。』然則黄門郎給事黄闥之内，故曰黄門郎也。魏、晉以來員四人，秩六百石。【略】

漢初王國置太傅，掌輔導；内史主治民；丞相統衆官；中尉掌武職。分官置職，略同京師。至景帝懲七國之亂，更制諸王不得治國，漢為置吏，改丞相曰相，省御史大夫、廷尉、少府、宗正、博士官，其大夫、謁者、諸官長丞，皆損其員數。後改漢内史為京兆尹，中尉為執金吾，郎中令為光禄勳，而王國如故，又太僕為僕，司農為大農。成帝更令相治民如郡太守，省内史。其中尉如郡尉，太傅但曰傅。漢東京亦置傅一人，王師事之；相一人，主治民；中尉一人，主盜賊；郎中令一人，掌郎中宿衛；僕一人；治書一人，治書本曰尚書，後更名治書；中大夫，無員，掌奉使京師及諸國；謁者及禮樂、衛士、醫工、永巷、祀禮長各一人；郎中，無員。魏氏謁者官屬，史闕不知次第。晉武帝初置師、友、文學各一人。師即傅也，景帝諱師，改為傅。宋世復改曰師。其文學，前漢已置也。友者因文王、仲尼四友之名也。改太守為内史，省相及僕。有郎中令、中尉、大農為三卿。大國置左右常侍各三人，省郎中，置侍郎二人。大國又置上軍、中軍、下軍三將軍；次國上軍將軍、下軍將軍各一人；小國上軍而已。典書、典祠、典衛、學官令、典書令丞各一人，治書四人，中尉、司馬、世子庶子陵廟、牧長各一人，謁者四人，中大夫六人，舍人十人，典醫丞、典府丞各　人。宋氏以來，一用晉制，雖大小國，皆有三軍。晉制，典書令在常侍下，侍郎上；江左則侍郎次常侍，而典書令居三軍下矣。江左以來，公國則無中尉、常侍、三軍，侯國又無大農、侍郎，伯子男唯典書以下，又無學官令矣。吏職皆以次損省焉。晉江右公侯以下置官屬，隨國小大，無定制也。晉江左諸國，並三分食一。元帝太興元年，始制九分食一。

又　卷六一《江夏文獻王義恭傳》　江夏文獻王義恭，幼而明穎，姿顔美麗，高祖特所鍾愛，諸子莫及也。飲食寢臥，常不離於側。高祖為性儉約，諸子食不過五醆盤，而義恭愛寵異常，求須果食，日中無筭，得未嘗噉，悉以乞與傍人。廬陵諸王未嘗敢求，求亦不得。

景平二年，監南豫豫司雍秦并六州諸軍事、冠軍將軍、南豫州刺史，代廬陵王義真鎮歷陽，時年十二。元嘉元年，封江夏王，食邑五千户。加使持節，進號撫軍將軍，給鼓吹一部。三年，監南徐兗二州揚州之晉陵諸軍事、徐州刺史，持節、將軍如故。進監為都督，未之任。太祖征謝晦，義恭還鎮京口。

六年，改授散騎常侍、都督荆湘雍益梁寧南北秦八州諸軍事、荆州刺史，持節、將軍如故。義恭涉獵文義，而驕奢不節，既出鎮，太祖與書誡之曰：

汝以弱冠，便親方任。天下艱難，家國事重，雖曰守成，實亦未易。隆替安危，在吾曹耳，豈可不感尋王業，大懼負荷。今既分張，言集無日，無由復得動相規誨，宜深自砥礪，思而後行。開布誠心，厝懷平當，親禮國士，友接佳流，識別賢愚，鑑察邪正，然後能盡君子之心，收小人之力。

汝神意爽悟，有日新之美，而進德修業，未有可稱，吾所以恨之而不能已已者也。汝性褊急，袁太妃亦說如此。性之所滯，其欲必行，意所不在，從物回改，此最弊事。宜應慨然立志，念自裁抑。何至丈夫方欲贊世成名而無斷者哉。今粗疏十數事，汝別時可省也。遠大者豈可具言，細碎復非筆可盡。

禮賢下士，聖人垂訓；驕侈矜尚，先哲所去。豁達大度，漢祖之德；猜忌褊急，魏武之累。《漢書》稱衛青云：『大將軍遇士大夫以禮，與小人有恩。』西門、安于，矯性齊美；關羽、張飛，任偏同弊。行己舉事，深宜鑑此。

若事異今日，嗣子幼蒙，司徒便當周公之事，汝不可不盡祇順之理。苟有所懷，密自書陳。若形迹之間，深宜慎護。至於爾時安危，天下決汝二人耳，勿忘吾言。

今既進袁太妃供給，計足充諸用，此外一不須復有求取，近亦具白此意。唯脫應大餉致，而當時遇有所乏，汝自可少多供奉耳。汝一月日自用不可過三十萬，若能省此，益美。

西楚殷曠，常宜早起，接對賓侶，勿使留滯。判急務訖，然後可入問訊，既睹顏色，審起居，便應即出，不須久停，以廢庶事也。下日及夜，自有餘閑。

府舍住止，園池堂觀，略所諳究，計當無須改作。司徒亦云爾。若脫於左右之宜，須小小回易，當以始至一治為限，不煩紛紜，日求新異。

凡訊獄多決，當時難可逆慮，此實為難，汝復不習，殊當未有次第。訊前一二日，取訊簿密與劉湛輩共詳，大不同也。至訊日，虛懷博盡，慎無以喜怒加人。能擇善者而從之，美自歸己。不可專意自決，以矜獨斷之明也。萬一如此，必有大吝，非唯訊獄，君子用心，自不應爾。刑獄不可擁滯，一月可再訊。

凡事皆應慎密，亦宜豫敕左右，人有至誠，所陳不可漏泄，以負忠信之款也。古人言『君不密則失臣，臣不密則失身』。或相讒搆，勿輕信受，每有此事，當善察之。

名器深宜慎惜，不可妄以假人。昵近爵賜，尤應裁量。吾於左右雖為少恩，如聞外論，不以為非也。

以貴陵物物不服，以威加人人不厭，此易達事耳。

聲樂嬉游，不宜令過，蒱酒漁獵，一切勿為。供用奉身，皆有節度，奇服異器，不宜興長。汝嬪侍左右，已有數人，既始至西，未可匆匆復有所納。

又誡之曰：

宜數引見佐史，非唯臣主自應相見，不數則彼我不親，不親則無因得盡人，人不盡，復何由知其衆事。廣引視聽，既益開博，於言事者，又差有地也。

又　卷七二《建平宣簡王宏傳》　（大明）五年，益諸弟國各千戶，先薨者不在其例，唯宏追益。

《南齊書》卷九《禮志上》　永明五年十月，有司奏：『南郡王昭業冠，求儀注未有前准。』尚書令王儉議：『皇孫冠事，歷代所無，禮雖有嫡子［無］嫡孫，然而地居正體，下及五世。今南郡王體自儲暉，實惟國裔，元服之典，宜異列蕃。案《士冠禮》「主人玄冠朝服，賓加其冠，贊者結纓」。鄭玄云「主人，冠者之父兄也」。尋其言父及兄，則明祖在，父不為主也。《大戴禮記·公冠篇》云公冠自為主，四加玄冕，以卿為賓。此則繼體之君及帝之庶子不得稱子者也。《小戴禮記·冠義》云「冠於阼，以著代也。醮於客位，三加彌尊，加有成也」。注稱「嫡子冠於阼，庶子冠於房」。《記》又云「古者重冠，故行之於廟，所以自卑而尊先祖也」。據此而言，彌與鄭注《儀禮》相會。是故中朝以來，太子冠則皇帝臨軒，司徒加冠，光祿贊冠。諸王則郎中加冠，中尉贊冠。今同於儲皇則重，依於諸王則輕。又《春秋》之義，「不以父命辭王父命」。《禮》「父在斯為子，君在斯為臣」。皇太子居臣子之節，無專用之道。南郡雖處蕃國，非支庶之列，宜稟天朝之命，微申冠阼之禮。晉武帝詔稱漢、魏遣使冠諸王，非古正典。此蓋謂庶子封王，合依公冠自主之義，至於國之長孫，遣使惟允。宜使太常持節加冠，大鴻臚為贊，醮酒之儀，亦歸二卿，祝醮之辭，附准經記，別更撰立，不依蕃國常體。國官陪位拜賀，自依舊章。其日內外二品清官以上，詣止車集賀，并詣東宮南門通牋。別日上禮，宮臣亦詣門稱賀，如上臺之儀。既冠之後，剋日謁廟，以弘尊祖之義。此既大典，宜通關八座丞郎并下二學詳議。』僕射王奂等十四人議並同，并撰立贊冠醮酒二辭。詔『可』。祝辭曰：『皇帝使給事中、太常、武安侯蕭惠基加南郡王冠。』祝曰：『筮日筮賓，肇加元服。棄爾幼志，從厥成德。親賢使能，克隆景福。』醮酒辭曰：『旨酒既清，嘉薦既盈。兄弟具在，淑慎儀形。永届眉壽，於穆斯寧。』

又　卷一六《百官志》　諸王師、友、文學各一人。國官郎中令、中尉、大農為三卿，左右常侍、侍郎，上軍、中軍、下軍三軍，典書、典祠、學官、典衛四令，食官、廄牧長、謁者以下。公侯置郎中令一卿。

又　卷一七《輿服志》　油絡畫安車，公主、王妃、三公特進夫人所乘。漢制，皇后貴人紫罽軿車。晉皇后乘雲母油畫安車，駕六，以兩轅安車駕五為副。公主畫安車駕六，以兩轅安車駕三為副。公主畫安車駕三，三夫人青交絡安車駕三，皆以紫絳罽軿車駕三為副。九嬪世婦軿車駕二，王公妃特進夫人皁交絡為副。漢賤軺車而貴軿車，晉賤輜軿而貴軺車，皆行禮所乘。【略】

青蓋安車，朱幡漆班輪，駕一，左右騑，通幰車為副，諸王禮行所乘。凡車有幡者謂之軒。【略】

遠游冠，太子諸王所冠。太子朱纓，翠羽緌珠節。諸王玄纓，公侯皆同。

平冕，各以組為纓，王公八旒，衣山、龍九章，卿七旒，衣華蟲七章，並助祭所服。皆畫皂絳繒為之。【略】

綬，乘輿黄赤綬，黄赤縹緑紺五采。太子朱綬，諸王纁朱綬，皆赤黄縹紺四采。妃亦同。【略】

皇后金璽，太子諸王金璽，皆龜鈕。

《梁書》卷二二《南平元襄王偉傳》　南平元襄王偉字文達，太祖第八子也。【略】

（天監）十三年，改為左光祿大夫。加親信四十人，歲給米萬斛，布絹五千匹，藥直二百四十萬，廚供月二十萬，并二衛兩營雜役二百人，倍先，置防閤白直左右職局一百人。偉末年疾浸劇，不復出藩，故俸秩加焉。【略】

（中大通）五年，薨，時年五十八。詔斂以衮冕，給東園祕器。又詔曰：『旌德紀功，前王令典；慎終追遠，列代通規。故侍中、中書令、大司馬南平王偉，器宇宏曠，鑑識弘簡。爰在弱齡，清風載穆，翼佐草昧，勳高樊、沔，契闊艱難，劬勞任寄。及贊務論道，弘茲衮職。奄焉薨逝，朕用震慟于厥心。宜隆寵命，式昭茂典。可贈侍中、太宰，王如故。給羽葆鼓吹一部，並班劍四十人。謚曰元襄。』

《陳書》卷二八《世祖九王傳》　舊制諸王受封，未加戎號者，不置佐史，於是尚書八座奏曰：『夫增崇徽號，飾表車服，所以闡彰厥德，下變民望。第二皇子新除始興王伯茂，體自尊極，神姿明穎，玉映夙辰，蘭芬綺歲，清暉美譽，日茂月升，道鬱平、河，聲超袞、植。皇情追感，聖性天深，以本宗闕緒，纂承藩嗣，雖珪社是膺，而戎章未襲，豈所以光崇睿哲，寵樹皇枝。臣等參議，宜加寧遠將軍，置佐史。』詔曰『可』。【略】

江左自西晉相承，諸王開國，並以戶數相差為大小三品。大國置上、中、下三將軍，又置司馬一人；次國置中、下二將軍；小國置將軍一人。餘官亦准此為差。高祖受命，自永定訖于禎明，唯衡陽王昌特加殊寵，至五千戶。自餘大國不過二千戶，小國即千戶。而舊史殘缺，不能別知其國戶數，故綴其遺事附于此。

《魏書》卷七下《高祖紀下》　（太和十六年正月）乙丑，制諸遠屬非太祖子孫及異姓為王，皆降為公，公為侯，侯為伯，子男仍舊，皆除將軍之號。

又　卷一九上《拓跋遥傳》　初，遥大功昆弟，皆是恭宗之孫，至肅宗而本服絶，故除遥等屬籍。遥表曰：『竊聞聖人所以南面而聽天下，其不可得變革者，則親也，尊也。四世而緦服窮，五世而袒免，六世而親屬竭矣。去茲以往，猶繫之以姓而弗別，綴之以食而弗殊。又《律》云議親者，非唯當世之屬親，歷謂先帝之五世。謹尋斯旨，將以廣帝宗，重盤石。先皇所以變茲事條，為此別制者，太和之季，方有意於吴蜀，經始之費，慮深在初，割減之起，暫出當時也。且臨淮王提，分屬籍之始，高祖賜帛三千匹，所以重分離；樂良王長命，亦賜縑二千匹，所以存慈眷。此皆先朝殷勤克念，不得已而然者也。古人有言，百足之蟲至死不僵者，以其輔己者衆。臣誠不欲妄親太階，苟求潤屋，但傷大宗一分，則天子屬籍不過十數人而已。在漢，諸王之子不限多少，皆列土而封，謂之曰侯，至于魏晉，莫不廣胙河山，稱之曰公者，蓋惡其大宗之不固，骨肉之恩疏矣。臣去皇上，雖是五世之遠，於先帝便是天子之孫，高祖所以國秩祿賦復給衣食，后族唯給其賦不與衣食者，欲以別外內限異同也。今諸廟之感，在心未忘；行道之悲，倏然已及。其諸封者，身亡之日，三年服終，然後改奪。今朝廷猶在遏密之中，便議此事，實用未安。』詔付尚書博議以聞。尚書令任城王澄、尚書左僕射元暉奏同遥表。靈太后不從。

又　卷一九中《拓跋澄傳》　澄表曰：『臣參訓先朝，藉規有日，臣每於侍坐，先帝未常不以《書典》在懷，《禮經》為事，周旋之則，不輟於時。自鳳舉中京，方隆禮教，宗室之範，每蒙委及，四門之選，負荷銓量。自先皇升遐，未遑修述，學宮虚荷四門之名，宗人有闕四時之業，青衿之緒，於茲將廢。臣每惟其事，竊所傷懷。伏惟聖略宏遠，四方罕務，宴安之辰，於是乎在。何為太平之世，而令子衿之歎興焉；聖明之日，而使宗人之訓闕焉。愚謂可敕有司，修復皇宗之學，開闢四門之教，使將落之族，日就月將。』詔曰：『胄子崇業，自古盛典，國均之訓，無應久廢，尚書更可量宜修立。』

又　卷一九下《拓跋楨傳》　南安王楨，皇興二年封，加征南大將軍、中都大官，尋遷內都大官。高祖即位，除涼州鎮都大將。尋以綏撫有能，加都督西戎諸軍事、征西大將軍、領護西域校尉、儀同三司、涼州刺史。徵為內都大官，出為使持節、侍中、本將軍、開府、長安鎮都大將、雍州刺史。楨性忠謹，事母以孝聞，賜帛千匹以褒之。

徵赴講武，高祖引見於皇信堂，戒之曰：『翁孝行著於私庭，令問彰於邦國，每欽忠懿，思一言展，故因講武，遠徵赴闕。仰戀仁慈，情在未已。但長安鎮年饑民儉，理須綏撫，不容久留，翁今還州，其勤隱恤，無令境內有飢餒之民。翁既國之懿親，終無貧賤之慮。所宜慎者，略有三事：一者，恃親驕矜，違禮僭度；二者，傲慢貪奢，不恤政事；三者，飲酒遊逸，不擇交友。三者不去，患禍將生，但能慎此，足以全身遠害，光國榮家，終始之德成矣。』而楨不能遵奉，後乃聚斂肆情。文明太后、高祖並臨皇信堂，引見王公，太后令曰：『汝陰王天賜、南安王楨不順法度，黷貨聚斂，依犯論坐，將至不測。卿等為當存親以毀令，為欲滅親以明法？』羣臣咸以二王託體先皇，宜蒙矜恕。太后不答。高祖乃詔曰：『南安王楨以懿戚之貴，作鎮關右，不能潔己奉公，助宣皇度，方肆貪欲，殖貨私庭，放縱姦囚，壅絶訴訟，貨遺諸使，邀求虚稱，二三之狀，皆犯刑書。昔魏武翦髮以齊衆，叔向戮弟以明法，克己忍親，以率天下。夫豈不懷，有為而然耳。今者所犯，事重疇日，循古推刑，實在難恕。皇太后天慈寬篤，恩矜國屬，每一尋惟高宗孔懷之近，發言哽塞，悲慟于懷；且以南安王孝養之名，聞於內外；特一原恕，削除封爵，以庶人歸第，禁錮終身。』

又　卷二一上《拓跋禧傳》　詔曰：『夫婚姻之義，曩葉攸崇，求賢擇偶，綿代斯慎，故剛柔著於易經，鵲巢載于詩典，所以重夫婦之道，美尸鳩之德，作配君子，流芳後昆者也。然則婚者，合二姓之好，結他族之親，上以事宗廟，下以繼後世，必敬慎重正而後親之。夫婦既親，然後父子君臣、禮義忠孝，於斯備矣。太祖龍飛九五，始稽遠則，而撥亂創業，日昃不暇。至於諸王娉合之儀，宗室婚姻之戒，或得賢淑，或乖好逑。自茲以後，其風漸缺，皆人乏窈窕，族非百兩，擬匹卑濫，舅氏輕微，違典滯俗，深用為歎。以皇子茂年，宜簡令正，前者所納，可為妾媵。將以此年為六弟娉室。長弟咸陽王禧可娉故潁川太守隴西李輔女，次弟河南王幹可娉故中散代郡穆明樂女，次弟廣陵王羽可娉驃騎諮議參軍滎陽鄭平城女，次弟潁川王雍可娉故中書博士范陽盧神寶女，次弟始平王勰可娉廷尉卿隴西李沖女，季弟北海王詳可娉吏部郎中滎陽鄭懿女。』

又　卷一〇八之四《禮志四》　金根車：羽葆，旒，畫輈輪，華首，綵軒交落，左右騑。太皇太后、皇太后、皇后助祭郊廟，籍田先蠶，則乘之。長公主、大貴、公主、封君、諸王妃皆得乘，但右騑而已。【略】

公安車：緇漆，紫蓋朱裏，畫輈，朱雀、青龍、白虎，龍旂八斿，駕三馬。軺車與王同。

《隋書》卷七《禮儀志二》　（天监）七年，舍人周捨以為：『《禮》「玉輅以祀，金輅以賓」，則祭日應乘玉輅。』詔下其議。左丞孔休源議：『玉輅既有明文，而《儀注》金輅，當由宋、齊乖謬，宜依捨議。』帝從之。又禮官司馬筠議：『自今大事，徧告七廟，小事止告一室。』於是議以封禪，南、北郊，祀明堂，巡省四方，御臨戎出征，皇太子加元服，寇賊平蕩，築宮立闕，纂戎戒嚴、解嚴，合十一條，則徧告七廟。講武修宗廟明堂、臨軒封拜公王，四夷款化貢方物，諸公王以愆削封，及詔封王紹襲，合六條，則告一室。帝從之。【略】

（北齊）王及五等開國，執事官、散官從三品已上，皆祀五世。

又 卷八《禮儀志三》 後齊定令，親王、公主、太妃、妃及從三品已上喪者，借白鼓一面，喪畢進輸。王、郡公主、太妃、儀同三司已上及令僕，皆聽立凶門柏歷。

又 卷九《禮儀志四》 （北齊）册諸王，以臨軒日上水一刻，吏部令史乘馬，齎召版，詣王第。王乘高車，鹵簿至東掖門止，乘軺車。既入，至席。尚書讀册訖，以授王，又授章綬。事畢，乘軺車，入鹵簿，乘高車，詣閶闔門，伏闕表謝。報訖，拜廟還第。就第，則鴻臚卿持節，吏部尚書授册，侍御史授節。使者受而出，乘軺車，持節，詣王第。入就西階，東面。王入，立於東階，西面。使者讀册，博士讀版，王俛伏。興，進受册章綬茅土，俛伏三稽首，還本位，謝如上儀。在州鎮，則使者受節册，乘軺車至州，如王第。

諸王、三公、儀同、尚書令、五等開國、太妃、妃、公主恭拜册，軸一枚，長二尺，以白練衣之。用竹簡十二枚，六枚與軸等，六枚長尺二寸。文出集書，書皆篆字。哀册、贈册亦同。

諸王、五等開國及鄉男恭拜，以其封國所在方，取社壇方面土，包以白茅，內青箱中。函方五寸，以青塗飾，封授之，以為社。

又 卷一〇《禮儀志五》 天監二年令，三公、開府、尚書令，則給鹿幡軺，施耳，後戶，皁輞。尚書僕射、左右光祿大夫、侍中、中書監令、祕書監，則給鳳轄軺，後戶，皁輞。領、護、國子祭酒、太子詹事、尚書、侍中、列卿、散騎常侍，給聊泥軺，無後戶，漆輪。車騎、驃騎及諸王除刺史、帶將軍，給龍雀軺，以金銀飾。御史中丞給方蓋軺，形如小傘。

諸王三公有勳德者，皆特加皁輪車，駕牛，形如犢車。但烏漆輪轂，黃金雕裝，上加青油幢，朱絲絡，通幰或四望。上臺，三夫人亦乘之，以揭幢涅幰為副。王公加禮者，給油幢絡車，駕牛。朱輪華轂。天監二年令，上臺，六宮、長公主、公主、諸王太妃、妃，皆乘青油輿幢通幰車，揭幢涅幰為副。采女、皇女、諸王嗣子、侯夫人，皆乘赤油揭幢車，以涅幰為副。侍女、直乘涅幰之乘。

諸王三公並乘通幰平乘車，竹箕子壁、仰，檳榆為輞。如今犢車，但舉幰通覆上。【略】

至熙平九年，明帝又詔侍中崔光與安豐王延明、博士崔瓚採其議，大造車服。定制，五輅並駕五馬。皇太子乘金輅，朱蓋赤質，四馬。三公及王，朱屋青表，制同於輅，名曰高車，駕三馬。庶姓王、侯及尚書令、僕已下，列卿已上，並給軺車，駕用一馬。或乘四望通幰車，駕一牛。自斯以後，條章粗備，北齊咸取用焉。其後因而著令，並無增損。

王、庶姓王、儀同三司已上、親公主，雉尾扇，紫傘。

又 卷一一《禮儀志六》 諸王，金璽龜鈕，纁朱綬，一百六十首。朝服，遠遊冠，介幘，朱衣，絳紗袍，皁緣中衣，素帶，黑舄。佩山玄玉，垂組，大帶，獸頭鞶，腰劍。若加餘官，則服其加官之服。【略】

諸王嗣子，金印珪鈕，紫綬，八十首。朝服，進賢二梁冠，佩山玄玉，獸頭鞶，腰劍。【略】

諸王友、文學，朱服，進賢一梁冠。《陳令》：諸王師服同。【略】

諸縣署丞、太子諸署丞、王公侯諸署及公主家令丞、僕，銅印環鈕，黃綬，朱服，進賢一梁冠。【略】

諸王典籤帥，單衣，平巾幘。典籤書吏，袴褶，平巾幘。

諸王書佐，單衣，介幘。【略】

諸王國舍人、司理、謁者、閤下令史、中衛都尉，朱衣，進賢一梁冠。【略】

遠遊冠，制似通天，而前無山、述，有展筩，橫于冠前。皇太子及王者後、諸王服之。諸王加官者，自服其官之冠服，唯太子及王者後常冠焉。太子則以翠羽為緌，綴以白珠。其餘但青絲而已。【略】

諸王太妃、妃、諸長公主、公主、封君，金印龜鈕，紫綬，八十首。佩山玄玉，獸頭鞶。【略】

遠遊三梁，諸王所服。其未冠，則空頂黑介幘。【略】

諸王纁朱綬，四采，赤黃縹紺，純朱質，纁文織，長二丈一尺，二百四十首，廣九寸。

《晉書》卷三七《宗室傳論》 史臣曰：泰始之初，天下少事，革魏餘弊，遵周舊典，並建宗室，以為藩翰。諸父同虞虢之尊，兄弟受魯衛之祉，以為歷紀長久，本支百世。安平風度宏邈，器宇高雅，內弘道義，外闡忠貞。洎高貴薨殂，則枕尸流慟；陳留就國，則拜辭隕涕。語曰『疾風彰勁草』，獻王其有焉。故能位班上列，享年眉壽，清徽至範，為晉宗英，子孫遵業，世篤其慶。高密風監清遠，簡素寡欲，孝以承親，忠以奉上，方諸枝庶，實謂國楨。新蔡、南陽，俱涖方嶽。值王室多難，中原蕪梗，表義甄節，效績艱危。于時醜類實繁，凶威日逞，勢懸衆寡，相繼淪亡，悲夫！譙閔沈雄壯勇，作鎮南服。屬姦回肆亂，稱兵內侮。懷忠憤發，建義湘州，荆沔響應，羣才致力。雖元勳不立，而誠節克彰，垂裕後昆，奕世貞烈，豈不休哉！勳託末屬，稟性凶暴。仍荷朝寄，推轂梁岷，遂棄親背主，負恩放命。憑庸蜀之饒，苞藏不逞；恃江山之固，姦謀日深。是以搢紳切齒，攄積憤之志；義士思奮，厲忘身之節。天道禍淫，應時蕩定。昔汲黯猶在，淮南寢謀，周撫若存，凶渠未發，以邪忌正，異代同規。《詩》云『自貽伊戚』，其勳之謂矣。習陽憑慶枝葉，守約懷逸，棲情塵外，希蹤物表，顧匹夫之獨善，貴達節之弘規，言出身播，猶為幸也。

《南齊書》卷三五《高祖十二王傳論》 史臣曰：陳思王表云『權之所存，雖疏必重；勢之所去，雖親必輕』。若夫六代之興亡，曹冏論之當矣。分珪命社，實寄宗城，就國之典，既隨世革，卿士入朝，作貴蕃輔。皇王託體，同稟尊極，仕無常資，秩有恆數，禮地兼隆，易生（推擬）［猜疑］。世祖顧命，情深尊嫡，淵圖遠算，意在無遺。豈不以羣王少弱，未更多難，高宗清謹，同起布衣，故韜末命於近親，寄重權於疏戚，子弟布列，外有强大之勢，疏親中立，可息覬覦之謀，表裏相維，足固家國。曾不慮機能運衡，寡以制衆，［宗族殲滅，一至於斯］。曹植之言信之矣。

又 卷四〇《武十七王傳論》 史臣曰：民之勞逸，隨所遭遇，習以成性，有識斯同。帝王子弟，生長尊（手）［貴］，薪禽之道未知，富厚之圖已極。齠年稚齒，養器深宮，習趨拜之儀，受文句之學，坐躡搢紳，傍絶交友，情偽之事，不經耳目，憂懼之道，未涉胸衿，雖卓爾天悟，自得懷抱，孤寡為識，所陋猶多。朝出闈閨，暮司方岳，帝子臨州，親民尚小，年序次第，宜屏皇家，防驕剪逸，積代恒典，平允之情，操捶貽慮。故輔以上佐，簡自帝心，勞舊左右，用為主帥，州國府第，先令後行，飲食遊（屈）［居］，動應聞啓，端拱守祿，遵承法度，張弛之要，莫敢厝言，行事執其權，典籤掣其肘，苟利之義未申，專違之咎已及。處地雖重，行己莫由，威不在身，恩未接下，倉卒一朝，艱難總集，望其釋位扶危，不可得矣。路温舒云：『秦有十失，其一尚存。』斯宋氏之餘風，在齊而彌弊也。

《梁書》卷二二《太祖五王傳論》 史臣曰：自昔王者創業，廣植親親，割裂州國，封建子弟。是以大旆少帛，崇於魯、衛，盤石凝脂，樹斯梁、楚。高祖遠遵前軌，藩屏懿親。至於安成、南平、鄱陽、始興，俱以名迹著，蓋亦漢之間、平矣。

清·王夫之《讀通鑑論》卷一一《晉泰始元年起·九》 晉詔諸王大國置三軍，次國二軍，小國一軍，其所依倣之名曰周制也。古之諸侯，皆自有兵，周弗能奪，而非予之也。其自周始建之國，各使有兵，彼有而此不得獨無也。郡縣之天下，兵皆統于天子，州郡不能自有其人民，獨假王侯以兵，授以相競之資，何為也哉？夫晉豈果循周制以追三代之久安長治也乎？懲魏之虧替宗室，而使權臣乘之耳。乃魏之削諸侯者，疑同姓也；晉之授兵宗室以制天下者，疑天下也。疑同姓而天下乘之，疑天下而同姓乘之，力防其所疑，而禍發於所不疑，其得禍也異，而受禍於疑則同也。

嗚呼！以疑而能不召亂亡之禍者無有。天下皆以為疑己矣，而孰親之？其假以防疑者，且幸己之不見疑而窺其疏以乘之；無可親而但相乘，於是而庸人之疑，終古而不釋。道不足於己，則先自疑於心；心不自保，而天下舉無可信，兄弟也，臣僚也，編氓也，皆可疑者也。以一人之疑敵天下，而謂智計之可恃以防，其愚不可瘳，其禍不可救矣。親親而以疑，則親非其親；尊賢而以疑，則賢非其賢；愛衆而以疑，則衆非其衆；夫何疑哉？君子樂得其道，小人樂得其欲而已矣。交君子以道，給小人之欲，孤游於六合，而荆棘不生，無有聖賢而無豪傑之度者也。

又　卷一二《晉懷帝·一》　晉武分諸王使典兵，晉不競矣。彼皆膏粱紈袴之子也，教練不親，束伍不禁，瓦合而徒炫其軍容，足以亂爾，而不足以競。乂、穎、顒、越之交相殘殺，閧然而前，積然而熸，未嘗有經旬之戰守，而横屍萬計，其以民命為戲久矣。不足以競而欲相競，於是乎不得不借夷狄以為强。劉淵之起，司馬穎召之也；石勒之起，苟晞用之也；拓拔氏之起，劉琨資之也；皆不足以競，不獲已而藉之以競，而晉遂亡。中國之禍，遂千餘年而不息。使競在中國而無待於彼，不示以弱而絶其相陵之萌，則七國之反，赤眉、黄巾之亂，袁、曹、公孫、韓、馬之爭，中國亦嘗鼎沸矣，既折既摧而還歸於定，亦惡至此哉！

武帝無百年之算，授兵于孺子，司馬穎之頑愚，延異類以逞，不足誅也。若夫劉琨者，懷忠憤以志匡中國，而亦何為爾邪？琨進索虜，將以討劉淵也。拒一夷而進一夷，事卒不成，徒延拓拔猗盧於陘北，不亦傎乎！夫琨不能驅市人以敵大寇也，誠難；然君子之自靖以忠於所事，亦為其所可為而已矣。智索力窮，則歸命朝廷，如魏勝、辛棄疾斯亦可矣，未有急一時而忘無窮之禍者也。蓋琨亦功名之士耳，志在功名而不聞君子之道，則功不遂、名不貞，而為後世僇，自貽之矣。前有不慮之君，後有不慮之臣，相仍以亂天下；國速亡，夷、夏之防永裂。嗚呼！將誰咎哉！

又　卷一七《蕭梁武帝·二九》　父子兄弟之恩，至於武帝之子孫而絶滅無餘矣。唯蕭綜凶忍而疑於東昏之子，其他皆非蠭目豺聲如商臣，帝亦未有蔡景之慝，所以然者，豈非慈過而傷慈之致哉？正德之逆也，見帝而泣；蕭綸之悖也，語蕭確而亦泣。繹也、範也、譽也、詧也，雖無致死以救君父之心，而皆援戈以起。然而遷延坐視，内自相圖，骨肉相吞，置帝之困餓幽辱而不相顧也。且其人非無智可謀，無勇可鼓；而大器之篤孝以安死，方等之忘身而自靖，咸有古烈士之風焉。敘之以禮，誨之以道，約之以法，掖之以善，皆王室之輔也；抑豈若晉惠之愚、劉劭之凶，不可革易也乎？慈而無節，寵而無等，尚婦寺之仁，施禽犢之愛，望恩無已，則挾怨益深，諸子之惡，非武帝陷之，而豈其不仁至此哉？

而不但此也，人主之廢教於子者，類皆縱之於淫聲美色狗馬馳逐之中。而帝身既不然，教且不爾，是以諸子皆有文章名理之譽，而固多智數。然而所習而讀者，宫體之淫詞；所研諸慮者，浮屠之邪說；二者似無損于忠孝之大節，而固不然也。子不云巧言鮮仁，則言巧而仁忘，仁忘而恩絶矣。若浮屠者，以緣生為種性，自來自去於分段生死之中，父母者，貪欲癡愛之障也，以衆生平等視之，見其危亡，悲湣而已，過此又奚容捐自有之生緣以殉其難乎？二者中于人心，則雖禽呴魚沫，相合以相親；而相離以相叛，不保之於勢窮力蹙之日矣。然則謂帝慈之已過者，非果慈也，視其子無殊於虎，以大慈普攝投身飼之而已。其學不仁，其教無父，雖得天下，不能一旦居，豈有爽與？

清·趙翼《廿二史劄記》卷一四《異姓封王之濫自後魏始》　太武帝即位，封長孫嵩北平王，奚斤宜城王，長孫翰平陽王，叔孫建丹陽王，司馬楚之琅琊王，杜超陽平王，穆壽宜都王，長孫道生上黨王，樓伏連廣陵王。自是功臣無有不王者。文成帝封周忸樂陵王，杜遺、閭若文、劉尼、杜元寶、源賀、閭武皮、常英、閭毗、閭紇、尉眷、乙惲、李峻俱進爵為王。又封陸麗為平原王，麗乞以讓父，帝曰：『吾豈不能以二王封卿父子也。』乃封其父俟東平王。後麗之子叡事獻文帝，又封東郡王，一門之内遂有三王。獻文帝又封慕容白曜濟南王，韓頹襄城王。孝文帝亦封陳建魏郡王，苟頹河東王，王叡中山王，張祐新平王。太和十六年，始詔諸遠族非太祖子孫及異姓封王者，皆降為公，公為侯，侯為伯，其子、男仍舊。皆除將軍之號，惟長孫道生以大功特不降，自是名器稍重。至北齊武成帝時，又極猥褻。奄人鄧長顒、韓寶業、盧勒叉、齊紹、秦子徵、陳德信俱封王。後主緯時，庶姓封王者尤多，穆提婆城陽郡王，高阿那肱淮陽郡王，韓長鸞昌黎郡王，皆倖臣也。張景仁以侍書封王，傳謂倉頡以來，八體進爵，一人而已。又有倉頭陳山提、蓋豐樂、劉郁斤、趙道德、劉桃枝、梅勝郎、辛洛周、高舍洛，至武平時，皆封王，其不及武平者，亦追贈王爵。《齊書》謂諸倉頭始自家人，情寄深密，及後主時，已是先朝勳舊，故致此叨竊。又有樂人曹僧奴及其子妙達，以能彈琵琶亦封王。此外官階更不可數計，開府千餘，儀同無數。諸貴寵追贈祖父，歲一進官，位極而止。馬及鷹犬皆有郡君、儀同之號，如赤彪儀同、逍遥郡君、淩霄郡君之類，甚至鬬雞亦號開府。官爵之濫，至此極矣。故當時受之者，不以為榮，且反有以為辱者。陽休之為中書監，封燕郡王，謂人曰：『我非奴，何忽有此授。』可見人之賤之，至不齒於人列也。荒亂之朝，何所不至，固不可以常理論矣。

雜録

清·趙翼《廿二史劄記》卷八《八王之亂》 惠帝時八王之亂，《晉書》彙敘在一卷，《通鑑紀事本末》亦另為一條，然頭緒繁多，覽者不易了。今撮敘於此。武帝監崩，欲以汝南王亮司馬懿之子，武帝叔父，與皇后父楊駿同輔政。駿匿其詔，矯令亮出鎮許昌。惠帝既立，賈后擅權，殺楊駿，廢楊太后，徵亮入，與衛瓘同輔政。亮與楚王瑋武帝第五子，惠帝之弟。不協，瑋諂於賈后，誣亮、瓘有廢立之謀。后乃使帝詔瑋殺亮、瓘，又坐瑋以矯殺亮、瓘之罪，即日殺瑋。后益肆淫恣，廢太子遹，惠帝長子，非賈后生。弒楊太后。時趙王倫在京師，懿第九子，惠帝之叔祖。素諂賈后，其嬖人孫秀，說以太子之廢人言公實與謀，宜廢后以雪此聲，倫從之。秀又恐太子聰明，終有疑於倫，不如待后殺太子而廢后為太子報讎，可以立功。乃使后黨諷后，后果殺太子，倫遂矯詔與齊王冏齊王攸之子，惠帝從弟。率兵入宮，廢后，幽於金墉城，尋害之。倫自為相國、侍中，都督中外諸軍事。孫秀等恃勢肆橫，冏內懷不平，秀覺之，出冏鎮許昌。倫僭位，以惠帝為太上皇，遷於金墉。於是冏及河間王顒、司馬孚之孫，惠帝從叔，時鎮長安。成都王穎武帝第十六子，惠帝之弟，時鎮鄴中。共起兵討倫，倫兵敗，其將王輿廢倫斬秀，迎惠帝復位。倫尋伏誅，穎遂還鄴，冏入京。帝拜冏大司馬，如宣、景輔魏故事。冏大權在握，沈湎酒色，不入朝，坐召百官，恣行非法。有校尉李含奔於長安，詐稱有詔使河間王顒討冏。顒遂上表，請廢冏，以成都王輔政，並檄長沙王乂為內主。武帝第六子，惠帝之弟。冏遣兵襲乂，乂徑入宮，奉帝討斬冏。顒本以乂弱冏強，冀乂為冏所殺，而以殺乂之罪討之，因廢帝立穎，己為宰相，可以專政。及乂先殺冏，其計不遂，穎亦以乂在內，己不得遙執朝權，於是顒遣將張方率兵，與穎同向京師。帝又詔乂為大都督拒方等，連戰，先勝後敗。東海王越在京，司馬泰之子，惠帝從叔祖。慮事不濟，與殿中將收乂送金墉，乂為張方所殺。穎入京，尋還於鄴。顒表穎為皇太弟，位相國，乘輿服御及宿衛兵皆遷於鄴，朝政悉穎主之。左衛將軍陳眕不平，奉帝討穎。穎遣將石超敗帝於蕩陰，超遂以帝入於鄴。平北將軍王浚起兵討穎，穎戰敗，仍擁帝還洛陽。時顒遣張方救穎，方遂挾帝及穎歸於長安。顒廢穎，立豫章王熾武帝第二十五子，惠帝之弟，是為懷帝。為皇太弟。東海王越自徐州起兵迎大駕，顒又命穎統兵拒之。河橋戰敗，越兵入關，奉惠帝還洛陽。穎竄於武關、新野間，有詔捕之，為劉輿所害。顒亦單騎逃太白山，其故將迎入長安。有詔徵顒為司徒，顒入京，途次為南陽王模所殺。惠帝崩，懷帝即位。越出討石勒而卒。此八王始末也。

趙王倫將篡時，淮南王允武帝子，惠帝弟。在京師舉兵欲誅倫，為倫所殺。又吳王晏亦武帝子。亦助淮南王允攻倫，兵敗被廢。後長沙王乂及成都王穎相攻時，晏又為前鋒都督。此二王俱不在八王之內。

公主分部

綜述

《晉書》卷二一《禮志下》 太康八年，有司奏：『婚禮納徵，大婚用玄纁束帛，加珪，馬二駟。王侯玄纁束帛，加璧，乘馬。大夫用玄纁束帛，加羊。古者以皮馬為庭實，天子加以穀珪，諸侯加大璋，可依《周禮》改璧用璋，其羊雁酒米玄纁如故。諸侯婚禮，加納采、告期、親迎各帛五匹，及納徵馬四匹，皆令夫家自備。惟璋，官為具致之。』尚書朱整議：『案魏氏故事，王娶妃、公主嫁之禮，天子諸侯以皮馬為庭實，天子加以穀珪，諸侯加以大璋。漢高后制聘，后黃金二百斤，馬十二匹。夫人金五十斤，馬四匹。魏氏王娶妃、公主嫁之禮，用絹百九十匹。晉興，故事用絹三百疋。』詔曰：『公主嫁由夫氏，不宜皆為備物，賜錢使足而已。惟給璋，餘如故事。』**【略】**

漢魏之禮云，公主居第，尚公主者來第成婚。司空王朗以為不可，其後乃革。太元中，公主納徵以獸豹皮各一具禮，豈謂婚禮不辨王公之序，故取獸豹以尊其事乎！

又　卷三一《后妃傳上·惠帝賈皇后》　惠帝即位，立為皇后，生河東、臨海、始平公主、哀獻皇女。【略】

及河東公主有疾，師巫以為宜施寬令，乃稱詔大赦天下。

又　卷二五《輿服志》　長公主赤罽軿車，駕兩馬。公主、王太妃、王妃，皆油軿車，駕兩馬，右騑。公主油畫安車，駕三，青交路，以紫絳罽軿車駕三為副，王太妃、三夫人亦如之。公主助蠶，乘油畫安車，駕三。公主有先置者，乘青交路安車，駕三。【略】

太平髻，七鎮蔽髻，黑玳瑁，又加簪珥。九嬪及公主、夫人五鎮，世婦三鎮。助蠶之義，自古而然矣。【略】

諸王太妃、妃、諸長公主、公主、封君金印紫綬，佩山玄玉。

長公主、公主見會，太平髻，七鎮蔽髻。其長公主得有步搖，皆有簪珥，衣服同制。

自公主、封君以上皆帶綬，以綵組為緄帶，各如其綬色，金辟邪首為帶玦。

《宋書》卷一八《禮志五》　晉《先蠶儀注》，皇后乘油畫雲母安車，駕六騩馬。騩，淺黑色也。油畫兩轅安車，駕五騩馬為副。公主油畫安車，駕三。【略】

晉《先蠶儀注》，皇后十二鎮，步搖，大手髻，衣純青之衣，帶綬佩。今皇后謁廟服袿鎮大衣，謂之褘衣。公主三夫人大手髻，七鎮，蔽髻。九嬪及公夫人五鎮。世婦三鎮。公主會見，大手髻。其長公主得有步搖。公主封君以上皆帶綬，以采組為緄帶，各如其綬色。【略】

諸王太妃、妃、諸長公主、公主、封君，金印，紫綬。佩山玄玉。【略】

諸軍長史、諸卿尹丞、獄丞、太子保傅詹事丞、郡國太守相內史、丞、長史、諸縣署令長相、關谷長、王公侯諸署令、長、司理、治書、公主家僕，銅印，墨綬。朝服，進賢一梁冠。【略】

諸縣署丞、太子諸署丞、王公侯諸署及公主家丞，銅印，黃綬。朝服，進賢一梁冠。【略】

宋孝武孝建元年，丞相南郡王義宣，二年，雍州刺史武昌王渾，又有異圖。世祖嫌侯王強盛，欲加減削。其年十月己未，大司馬江夏王義恭、驃騎大將軍竟陵王誕表改革諸王車服制度，凡九條，表在《義恭傳》。上因諷有司更增廣條目。奏曰：『車服以庸，《虞書》茂典；名器慎假，《春秋》明誡。是以尚方所制，禁嚴漢律，諸侯竊服，雖親必罪。自頃以來，下僭彌盛。器服裝飾，樂舞音容，通於王公，達于衆庶。上下無辨，民志靡一。今表之所陳，實允禮度。九條之格，猶有未盡，謹共附益，凡二十四條。聽事不得南向坐，施帳并蟠。蕃國官正冬不得跣登國殿，及夾侍國師傳令及油戟。公主王妃傳令，不得朱服。輿不得重杠。鄣扇不得雉尾。劍不得鹿盧形。槊毦不得孔雀白鷺。夾轂隊不得絳襖。平乘誕馬不得過二匹。胡伎不得綵衣。舞伎正冬著袿衣，不得莊面蔽花。正冬會不得鐸舞、杯柈舞。長蹻伎、透舒、丸劍、博山伎、緣大橦伎、升五案伎，自非正冬會奏舞曲，不得舞。諸妃主不得著衮帶。信幡，非臺省官悉用絳。郡縣內史相及封內官長，於其封君，既非在三，罷官則不復追敬，不合稱臣，正宜上下官敬而已。諸鎮常行，車前後不得過六隊，白直夾轂，不在其限。刀不得過銀銅為裝。諸王女封縣主、諸王子孫襲封王王之妃及封侯者夫人行，並不得鹵簿。諸王子繼體為王者，婚葬吉凶，悉依諸國公侯之禮，不得同皇弟皇子。車輿不得油幢，軺車不在其限。平乘舫皆平兩頭作露平形，不得擬像龍舟，悉不得朱油。帳鉤不得作五花及豎笱形。若先有器物者，悉輸送臺臧。書到後二十日期，若有竊玩犯禁者，及統司無舉糾，並臨時議罪。』詔可。

《南齊書》卷一七《輿服志》　油絡畫安車，公主、王妃、三公特進夫人所乘。漢制，皇后貴人紫罽軿車。晉皇后乘雲母油畫安車，駕六，以兩轅安車駕五為副。公主畫安車駕六，以兩轅安車駕三為副。公主畫安車駕三，三夫人青交絡安車駕三，皆以紫絳罽軿車駕三為副。【略】

皇后與乘輿同赤，貴嬪、夫人、貴人紫，王太妃、長公主、封君亦紫綬，六宮青綬，青白紅，郡公、侯夫人青綬。【略】

公侯五等金章，公世子金印，侯銀印，貴嬪、夫人金章，公主、王太妃、封君金印，六宮以下公侯太夫人夫人銀印。

《陳書》卷二《高祖紀下》（永定三年正月）辛丑，詔曰：『南康、始興王諸妹，已有封爵，依禮止是藩主。此二王者，有殊恆情，宜隆禮數。諸主儀秩及尚主，可並同皇女。』

《魏書》卷二四《崔玄伯傳》 太祖曾引玄伯講《漢書》，至婁敬說漢祖欲以魯元公主妻匈奴，善之，嗟歎者良久。是以諸公主皆釐降于賓附之國，朝臣子弟，雖名族美彥，不得尚焉。

又 卷一〇八《禮志一》 華陰公主，帝姊也，元紹之為逆，有保護功，故別立其廟於太祖廟垣後，因祭薦焉。

又 卷一一一《禮志四》 金根車：羽葆，旒，畫輈輪，華首，綵軒交落，左右騑。太皇太后、皇太后、皇后助祭郊廟，籍田先蠶，則乘之。長公主、大貴、公主、封君、諸王妃皆得乘，但右騑而已。【略】

《隋書》卷一一《禮儀志六》 （南朝制度）諸縣署丞、太子諸署丞、王公侯諸署及公主家令丞、僕，銅印環鈕，黃綬，朱服，進賢一梁冠。【略】

諸王太妃、妃、諸長公主、公主、封君，金印龜鈕，紫綬，八十首。佩山玄玉，獸頭鞶。【略】

公主、三夫人，大手髻，七鈿蔽髻。九嬪及公夫人，五鈿；世婦，三鈿。其長公主得有步搖。公主、封君已上，皆帶綬。以綵組為緄帶，各以其綬色。金辟邪，首為帶玦。

（北朝制度）郡長公主、公主、王國太妃、妃，纁朱綬，髻章服佩同內命婦一品。郡長君七鈿蔽髻，玄朱綬，闕翟，章佩與公主同。

唐·杜佑《通典》卷三一《職官典十三·公主》 凡皇帝之女為公主，皆列侯尚之。周制，王姬下嫁於諸侯，以同姓諸侯主之。公者，諸侯之尊稱，故謂之公主。後漢荀爽上疏曰：『漢承秦法，設尚主之儀，以妻制夫，以卑臨尊。悉宜改尚主之制，以稱乾坤之性。』【略】

自魏始而有保、傅、相、常侍、侍郎、郎中令、中尉、大農、文學、友、謁者大夫、諸雜署令、丞。公主有家令、僕、丞、行夜督郵。王太妃有家令、僕、丞。【略】

宋氏一用晉制，唯大小國皆有三軍。【略】公主有傅、令，傅、令不得朱服。不得朱服，亦江夏王所奏。【略】陳置九等，公主有家令之制。【略】

後魏道武皇始元年，始封五等。【略】凡公主皆嫁於賓附之國；朝臣子弟，雖名族美彥，不得尚焉。後魏道武帝因見《漢書》婁敬說高帝，欲以魯元公主妻匈奴，良久，故立此制。又江陽王女卒，靈太后詔贈鄉主。【略】

公主有家令丞。高平公主薨，欲使公主家令居廬制服。太常博士常景曰：『婦人無專國之理。婦人為君，男子為臣，古禮所不載，則家令不得純臣，公主不得為正君，明矣。』乃寢。

北齊有王、公、侯、伯、子、男六等之爵。王位列大司馬上，非親王則在三公下，封內之調，盡以入臺，三分食一，公以下四分食一。王置師一人，餘官大抵與晉、宋、梁制不異。公主則置家令、丞等官。

唐·李林甫等《唐六典》卷二九《諸王府公主邑司》 公主邑司，令一人，從七品下；《漢書·百官表》：『宗正屬官有公主家令。』公主所食曰『邑』。晉太康中，為長山長公主置家令一人。宋、齊已後，時有其職。隋氏復置，皇朝因之。神龍初，公主府並同王府置官屬；景雲初，罷之。丞一人，從八品下；《晉起居注》云：『太康十一年，詔曰：「南郡公主家令丞缺，何以不補？」』隋有其職，皇朝因之。録事一人，從九品下。皇朝因隋置。公主邑司官各掌主家財貨出入、田園徵封之事。其制度皆隸宗正焉。

唐·徐堅《初學記》卷一〇《帝戚部·駙馬》 漢制，天子以列侯尚公主，諸侯以國人承翁主。崔浩義云：尚，承，皆卑下之名也。公主別立第舍，太子之女，則令列侯就第奉事之，故尚公主。諸王女，則當國人來承事之，皆不得謁見舅姑，通問而已。天子尊，令諸公代主婚，故曰公主。諸王卑則自主之，故曰翁主。後漢皇女為縣公主，諸王女為鄉亭公主；晉已後，王女為縣主。魏晉之後，尚公主皆拜駙馬都尉。初，駙馬都尉，漢武置也，掌御馬。《說文》云：駙馬，字從馬付聲。一曰駙，近也，疾也。應劭曰：自上安下曰尉，都謂總領。歷兩漢，多宗室及外戚與諸公子孫任之。至魏，何晏，大將軍何進孫，以主婿拜駙馬都尉。其後杜預尚晉宣帝女高陸公主，拜駙馬都尉；王濟尚晉文帝女常山公主，拜駙馬都尉。後代因魏晉以為恒，每尚公主則拜駙馬都尉。出《漢書》及《齊職儀》。又《晉書》：傅宣尚晉武帝女弘農公主，桓温尚元帝女南康公主，荀羨尚元帝女潯陽公主，劉惔尚晉明帝女廬陵公主，皆拜駙馬都尉。

論說

清·趙翼《廿二史劄記》卷一一《宋世閨門無禮》 宋武起自鄉豪，以詐力得天下，其於家庭之教，固未暇及也，是以宮闈之亂，無復倫理。趙倩尚文帝女海鹽公主，始興王濬出入宮掖，與主私通，倩知之，與主肆詈搏擊，至引絶帳帶。事上聞，文帝詔離婚，殺主所生母蔣美人。《宋書·趙倫之傳》如此。《南史》則謂倩與公主素相愛，偶因戲言，以手擊主。事上聞，文帝怒，遂離婚。孝武閨庭無禮，有所御幸，嘗留止其母路太后房內，故人間咸有醜聲，宮掖事秘，莫能辨也。《路太后傳》帝又與南郡王義宣諸女淫亂，義宣因此發怒，遂舉兵反。《義宣傳》義宣敗後，帝又密取其女入宮，假姓殷氏，拜為淑儀，左右宣泄者多死，殷卒，帝命謝莊作哀冊文。《殷淑儀傳》前廢帝子業以文帝女新蔡公主為貴嬪，改姓謝氏，殺一宮婢代之，詭言主薨，以武賁鈒戟鸞輅龍旂送還其家。《廢帝紀》，并見《何邁傳》帝姊山陰公主淫恣過度，謂帝曰『妾與陛下，雖男女有殊，俱託體先帝，陛下後宮數百，而妾惟駙馬一人，事不均平，一何至此。』帝為置面首左右三十人。公主又以吏部郎褚淵貌美，就帝請以自侍，備見逼迫，十餘日，淵誓死不回，乃得免。《廢帝紀》帝又使左右淫建安王休仁母楊太妃，劉道隆欲得帝歡，盡諸醜狀。休仁妃殷氏有疾，召祖翻診視，祖翻貌美，殷悅之，遂與姦，事泄，遣還家賜死。皆《休仁傳》明帝內宴，裸婦人而觀之，以為歡笑，王皇后獨以扇障面，帝怒曰『外舍寒乞，今共為樂，何為不視？』后曰『為樂之方甚多，豈有姑姊妹相聚，而裸婦人形體，以此為樂，實外舍所無。』帝大怒。《王皇后傳》帝又以妃陳氏賜李道兒，尋又迎還，生後廢帝，故人間皆呼廢帝為李氏子，廢帝亦自稱李將軍，或自謂李统。《陳太妃傳》帝又素肥，晚年廢疾，不能內御，諸弟姬人有孕者，輒取入宮，生子則殺其母，而與六宮所愛者養之。順帝本桂陽王休範子也，以陳昭華為母。《陳昭華傳》此見於紀傳者，宮庭內習尚如此，宜乎士大夫以聯姻帝室為畏途。且凡為公主者皆淫妒，人主亦自知之，故江教當尚主，明帝使人代教作辭婚表，遍示諸公主，以愧厲之，《文穆皇后傳》亦一代得失之林也。齊鬱林尊其母王太后，稱宣德宮，置男左右三十人，前代所未有也。《南史·王皇后傳》梁武與殷叡素舊，乃以女永興公主妻其子鈞。鈞形貌短小，為主所憎，每被召入，先滿壁書殷叡字，鈞輒流涕而出，主又命束而反之。鈞不勝怒，而言於帝，帝以犀如意擊主，碎其背。是梁時公主亦然。

藝文

唐·歐陽詢等《藝文類聚》卷一六《儲宮部》 魏温子昇《常山公主碑》曰：啓泰微之層構，辟閶闔之重扉，據天下以為家，苞率土而光宅，然則昆山西峙，爰有夜光，漢水東流，是生明月，公主稟靈宸極，資和天地，芬芳有性，温潤成質，自然秘遠，若上元之隔絳河，直置清高，類姮娥之依桂樹，令淑之至，比光明於宵燭，幽閒之盛，匹穠華於桃李，託體宮闈，而執心撝順，婉然左辟，率禮如賓，舉華燭以宵征，動鳴佩而晨去，致肅雍於車乘，成好合於琴瑟，立行潔於清冰，抗志高於黃鵠，停輪表信，闔門示禮，終能成其子姓，貽厥孫謀，而鐘漏相催，日夜不息，川有急流，風無靜樹，奄辭身世，從宓妃於伊洛，遽捐館舍，追帝子於瀟湘，銘曰：龍轡莫援，日車遂往，奄離形神，忽歸丘壤，祖歌薤露，出奏巫山，永厝中野，終掩窮泉，蕭瑟神道，荒涼墓田，松檟徒列，琬琰空傳。

墓誌宋謝莊《豫章長公主墓誌銘》曰：稟中樞之照，體星軒之華，肅恭在國，掖庭欽其風，恪勤衡館，庶族仰其德，神葉靈條，爰自帝堯，文信啓魯，肇京于楚，宵燭載照，娥英是從，婉娩絺綌，優柔肅雍，蘅蕙有寶，金碧不居，泉庭一夜，里館長蕪。

齊王融《永嘉長公主墓志銘》曰：作儀阿媛，取儷漢妃，相金陋質，穠李慚暉，肅穆婦容，靜恭女德，顧史求箴，披圖問則，慶善郁夷，與仁冥默，宵燧亡明，曉挽已聲，松門嚴閟，泉帳寒清，悠哉白日，欝彼佳城。

齊謝脁《臨海公主墓志銘》曰：長發有祥，瑤臺乃構，玄鳥歸飛，北音斯奏，聿來徐土，禎符爰授，帝體靈柯，穠華以秀，飾館東魯，言歸景族，有教公宮，無繫車服，既肅簪珥，亦崇湯沐，率禮衡門，降情雲屋，彼月斯望，在鈞維緡，瞻須配景，望燭齊神，霾華昆岫，滅采上春，慈纏雲陛，悲動外姻，欝彼崇芒，睠然城輦，輜翟按轡，龍旒徐轉。

又《新安長公主墓志銘》曰：氛氳長發，時惟睿文，誕茲明淑，玉振蘭芬，譽宣女師，德侔高行，肅穆嬪風，優遊閫正，撫事成箴，臨圖作鏡，如何冥默，方春委盛。

誄魏陳王曹植《平原懿公主誄》曰：俯振地紀，仰錯天文。悲風激興，霜飆雪雰。凋蘭夭蕙，良幹以泯。於惟懿主，瑛瑤其質。協榮應期，含英秀出。岐嶷之姿，寔朗寔賁。生在十旬，察人識物。儀同聖表，聲協音律。驤眉識往，俛瞳知來。求顏必笑，和音則該。阿保接手，侍御充傍。常在繈抱，不停第牀。專愛一宮，取玩聖皇。何圖奄忽，罹天之殃。魂神遷移，精爽翾翔。號之不應，聽之莫聆。帝用吁嗟，嗚呼失聲。嗚呼哀哉，憐爾早歿。不逮陰光，改封大郡。惟帝舊疆，建土開家。邑移蕃王，緄珮惟鮮。朱紱斯煌，國號既崇。哀爾孤獨，配爾名子。華宗貴族，爵以列侯。銀艾優渥，成禮于宮。靈輀交轂，生雖異室。歿同山岳，爰構玄宮。玉石交連，朱房皓璧。鬲曜電鮮，飾終備衞。法生象存，長埏繕脩。神閨掩扉，二柩並降。雙魂孰依，人誰不歿。憐爾尚微，阿保激摧。聖上傷悲，城闕之詩。以日喻歲，況我愛子。神光長滅，扃關一闔，曷其復晳。

晉潘岳《南陽長公主誄》曰：昔唐女嬪嬀，書敘釐降之美，周姬適齊，詩詠肅雍之歌，漢之新野，以節義垂號千載，伊晉之獻主，以聰明叡智，考終定謚，茲可謂母儀純備，邁蹤古烈者已，惜乎不永，背世湮沉，爰託素旂，式章徽音，主之誕育，既慕洪胄，德之休明，亦固天授，思心婉孌，淑質純茂，母儀不忒，內則靡疚，肇自弱笄，有馥其芬，言告言歸，作合于荀，在貴思降，處逸能勤，上虔諸姑，下接支嬪，內諧閨閫，外和族姻，終温且惠，淑慎其身，積善餘慶，啓茲名胤，厲以惠肅，誨以柔順，主實體化，不言而信，二子遵式，匪嚴而峻，於穆獻主，奕代熙盛，重作大司，黎牧火正，國之仁姑，家之慈母，天道輔賢，宜享遐壽，如何短命，曾不華首，寢疾弗興，繁榮摧朽，嗚呼哀哉，容車戒路，祖奠在庭，騑驂躊躇，服馬悲鳴，皇輿親臨，望旗失聲，列辟咸起，灑淚霑纓，嗚呼哀哉，既次墓門，降柩升輴，靈衣從風，素幕生塵，明燎守夜，竦紼俟晨，嗷嗷遺嗣，煢煢孤臣，號無廢音，涕不輟巾。又皇女誄曰：厥初在鞠，玉質華繁，玄發儵曜，蛾眉連娟，清顱橫流，明眸朗鮮，迎時夙智，望歲能言，亦既免懷，提攜紫庭，聰惠機警，授色應聲，亹亹其進，好曰之經，辭令容止，閑於幼齡，猗猗春蘭，柔條含芳，落英彫矣，從風飄颺，妙妙弱媛，窈窕淑良，孰是人斯，而罹斯殃，靈殯既祖，次此暴廬，披覽遺物，徘徊舊居，手澤未改，領膩如初，孤魂遐逝，存亡永殊，嗚呼哀哉。

晉左九嬪《萬年公主誄》曰：昔滿衣早智，周晉夙成，咸以岐嶷，名存典經，猗歟公主，在幼克哲，方德比齒，有邈先烈，何德之盛，而年或闕，何華之繁，而實不結，雨墜風逝，形影長滅，赫赫京室，河洛所經，陰精發曜，降茲淑靈，篤生公主，誕膺休禎，秀生紫微，日暉月明，既睇艷姿，徽音孔昭，盼倩其媚，婉曼其嫿，寵玩軒陛，如瓊如瑤，雖則弱齒，雙德兼苞，五福所集，聞之先民，積善鍾慶，祜德輔仁，宜終淑美，光暉日新，云何降戾，景命不振，曄曄榮曜，英蕤始芳，何辜於天，猥遇降霜，猳猳稚魂，飄颻遐翔，於戲何辜，痛茲不福，生而何晚，歿而何速，酷矣皇靈，謬哉司祿，嗚呼哀哉，日月載馳，白露凝結，自主薨徂，奄離時節，吉凶乖邈，存亡異制，將遷幽都，潛神永翳，嗚呼公主，魂豈是綏，岌岌靈輀，駿駟騑騑，挽僮齊唱，悲音激摧，士女歔欷，高風增哀，一日不見，採蕭作歌，況我公主，形滅體訛，精靈遷逝，幽此中阿，言思言念，涕淚滂沱，嗚呼哀哉。

雜録

《三國志》卷五《魏志·后妃傳·文昭甄皇后》 建安中，袁紹為中子熙納之。熙出為幽州，后留養姑。及冀州平，文帝納后于鄴，有寵，生明帝及東鄉公主。【略】

太和六年，明帝愛女淑薨，追封謚淑為平原懿公主，為之立廟。取后亡從孫黄與合葬，追封黄列侯，以夫人郭氏從弟德為之後，承甄氏姓，封德為平原侯，襲公主爵。孫盛曰：於禮，婦人既無封爵之典，況于孩末，而可建以大邑乎？德自異族，援繼非類，匪功匪親，而襲母爵，違情背典，於此為甚。陳羣雖抗言，楊阜引事比並，然皆不能極陳先王之禮，明封建繼嗣之義，忠至之辭，猶有闕乎！《詩》云：『赫赫師尹，民具爾瞻。』宰輔之職，其可略哉！

又　卷二二《魏志·陳羣傳》　後皇女淑薨，追封謚平原懿公主。（陳）羣上疏曰：『長短有命，存亡有分。故聖人制禮，或抑或致，以求厥中。防墓有不脩之儉，嬴、博有不歸之魂。夫大人動合天地，垂之無窮，又大德不踰閑，動為師表故也。八歲下殤，禮所不備，況未期月，而以成人禮送之，加為制服，舉朝素衣，朝夕哭臨，自古已來，未有此比。而乃復自往視陵，親臨祖載。願陛下抑割無益有損之事，但悉聽羣臣送葬，乞車駕不行，此萬國之至望也。聞車駕欲幸摩陂，實到許昌，二宮上下，皆悉俱東，舉朝大小，莫不驚怪。或言欲以避衰，或言欲於便處移殿舍，或不知何故。臣以為吉凶有命，禍福由人，移徙求安，則亦無益。若必當移避，繕治金墉城西宮，及孟津別宮，皆可權時分止。可無舉宮暴露野次，廢損盛節蠶農之要。又賊地聞之，以為大衰。加所煩費，不可計量。且（由）吉士賢人，當盛衰，處安危，秉道信命，非徙其家以寧，鄉邑從其風化，無恐懼之心。況乃帝王萬國之主，靜則天下安，動則天下擾；行止動靜，豈可輕脫哉？』帝不聽。

又　卷二五《魏志·楊阜傳》　帝愛女淑，未期而夭，帝痛之甚，追封平原公主，立廟洛陽，葬於南陵。將自臨送，阜上疏曰：『文皇帝、武宣皇后崩，陛下皆不送葬，所以重社稷，備不虞也。何至孩抱之赤子而可送葬也哉？』帝不從。

又　卷四八《吴志·孫亮傳》　孫亮字子明，權少子也。權春秋高，而亮最少，故尤留意。姊全公主嘗譖太子和子母，心不自安，因倚權意，欲豫自結，數稱述全尚女，勸為亮納。赤烏十三年，和廢，權遂立亮為太子，以全氏為妃。

又　卷五〇《吴志·妃嬪傳》　吴主權王夫人，琅邪人也。《吴書》曰：夫人父名盧九。夫人以選入宮，黄武中得幸，生（孫）和，寵次步氏。步氏薨後，和立為太子，權將立夫人為后，而全公主素憎夫人，稍稍譖毀。及權寢疾，言有喜色，由是權深責怒，以憂死。【略】

孫休朱夫人，朱據女，休姊公主所生也。臣松之以為休妻其甥，事同漢惠。荀悦譏之已當，故不復廣言。

又　卷五九《吴志·吴主五子傳》　是後王夫人與全公主有隙。權嘗寢疾，和祠祭於廟，和妃叔父張休居近廟，邀和過所居。全公主使人覘視，因言太子不在廟中，專就妃家計議；又言王夫人見上寢疾，有喜色。權由是發怒，夫人憂死，而和寵稍損，懼於廢黜。

《宋書》卷七《前廢帝紀》　山陰公主淫恣過度，謂帝曰：『妾與陛下，雖男女有殊，俱託體先帝。陛下六宮萬數，而妾唯駙馬一人。事不均平，一何至此！』帝乃為主置面首左右三十人；進爵會稽郡長公主，秩同郡王，食湯沐邑二千戶，給鼓吹一部，加班劍二十人。帝每出，與朝臣常共陪輦。主以吏部郎褚淵貌美，就帝請以自侍，帝許之。淵侍主十日，備見逼迫，誓死不回，遂得免。

又　卷四一《后妃傳》　（孝武文穆王皇后父偃）長子藻，位至東陽太守。尚太祖第六女臨川長公主諱英媛。公主性妒，而藻別愛左右人吴崇祖，前廢帝景和中，主讒之於廢帝，藻坐下獄死，主與王氏離婚。泰始初，以主適豫章太守庾沖遠，未及成禮而沖遠卒。

宋世諸主，莫不嚴妒，太宗每疾之。湖熟令袁慆妻以妒忌賜死，使近臣虞通之撰《妒婦記》。左光禄大夫江湛孫效當尚世祖女，上乃使人為效作表讓婚，曰：

伏承詔旨，當以臨汝公主降嬪，榮出望表，恩加典外。顧審輶蔽，伏用憂惶。臣寒門悴族，人凡質陋，閭閻有對，本隔天姻。如臣素流，室貧業寡，年近將冠，皆已有室，荆釵布裙，足得成禮。每不自解，無偶迄茲，媒訪莫尋，素族弗問。自惟門慶，屬降公主，天恩所覃，容及醜末。懷憂抱惕，慮不獲免，徽命所當，果膺茲舉。雖門泰宗榮，於臣非幸，仰緣聖貸，冒陳愚實。

自晉氏以來，配尚王姬者，雖累經美冑，亟有名才，至如王敦懾氣，桓温斂威，真長佯愚以求免，子敬灸足以違詔，王偃無仲都之質，而裸露於北階，何瑀闕龍工之姿，而投軀於深井，謝莊殆自同於矇叟，殷沖幾不免於强鉏。彼數人者，非無才意，而勢屈於崇貴，事隔於聞覽，吞悲茹氣，無所逃訴。制勒甚於僕隸，防閑過於婢妾。往來出入，人理之常，當賓待客，朋從之義。而令掃轍息駕，無闚門之期；廢筵抽席，絶接對之理。非唯交友離異，乃亦兄弟疏闊。第令受酒肉之賜，制以動靜；監子荷錢帛之私，節其言笑。姆嬭爭媚，相勸以嚴；妮媼競前，相諂以急。第令必凡庸下才，監子皆葭萌愚豎，議舉止則未閑是非，聽言語則謬於虛實。姆嬭敢恃耆舊，唯贊妒忌，尼媪自倡多知，務檢口舌。其間又有應答問訊，卜筮師母，乃至殘餘飲食，詰辯與誰，衣被故敝，必責頭領。又出入之宜，繁省難衷，或進不獲前，或入不聽出。不入則嫌於欲疏，求出則疑有別意，召必以三晡為期，遣必以日出為限，夕不見晚魄，朝不識曙星。至於夜步月而弄琴，晝拱袂而披卷，一生之內，與此長乖。又聲影裁聞，則少婢奔迸；裾袂向席，則老醜叢來。左右整刷，以疑寵見嫌；賓客未冠，以少容致斥。禮則有列媵，象則有貫魚，本無嫚嫡之嫌，豈有輕婦之誚。況今義絶傍私，虔恭正匹，而每事必言無儀適，設辭輒言輕易我。又竊聞諸主集聚，唯論夫族。緩不足為急者法，急則可為緩者師，更相扇誘，本其恒意，不可貸借，固實常辭。或言野敗去，或言人笑我，雖家曰私理，有甚王憲，發口所言，恒同科律。王藻雖復强很，頗經學涉，戲笑之事，遂為冤魂。褚曖憂憤，用致夭絶。傷理害義，難以具聞。

夫螽斯之德，實致克昌；專妒之行，有妨繁衍。是以尚主之門，往往絶嗣；駙馬之身，通離釁咎。以臣凡弱，何以克堪。必將毁族淪門，豈伊身眚。前後嬰此，其人雖衆，然皆患彰遐邇，事隔天朝，故吞言咽理，無敢論訴。臣幸屬聖明，矜照由道，弘物以典，處親以公，臣之鄙懷，可得自盡。如臣門分，世荷殊榮，足守前基，便預提拂，清官顯宦，或由才升，一叨婚戚，咸成恩假。是以仰冒非宜，披露丹實。非唯止陳一己，規全身願；實乃廣申諸門憂患之切。伏願天慈照察，特賜蠲停，使燕雀微羣，得保叢蔚，蠢物含生，自己彌篤。若恩詔難降，披請不申，便當刊膚剪髮，投山竄海。

太宗以此表遍示諸主。於是臨川長公主上表曰：『妾遭隨奇薄，絶於王氏，私庭囂戾，致此分異。今孤疾煢然，假息朝夕，情寄所鍾，唯在一子。契闊荼炭，持兼憐愍，否泰枯榮，繫以為命。實願申其門釁，還為母子。推遷偪俛，未及自聞。先朝慈愛，鑑妾丹衷。若賜使息徹歸第定省，仰揆天旨，或有可尋。今事迫誠切，不顧典憲，敢緣恩燾，觸冒披聞。特乞還身王族，守養弱嗣。雖死之日，實甘於生。』許之。【略】

（前廢帝何）后父瑀，字稚玉，晉尚書左僕射澄曾孫也。祖融，大司農。瑀尚高祖少女豫章康長公主諱欣男。公主先適徐喬，美容色，聰敏有智數，太祖世，禮待特隆。瑀豪競於時，與平昌孟靈休、東海何勗等，並以輿馬驕奢相尚。公主與瑀情愛隆密，何氏外姻疏戚，莫不沾被恩紀。瑀歷位清顯，至衛將軍。大明八年，公主薨，瑀墓開，世祖追贈金紫光祿大夫，加散騎常侍。

子邁，尚太祖第十女新蔡公主諱英媚。邁少以貴戚居顯宦，好犬馬馳逐，多聚才力之士。有墅在江乘縣界，去京師三十里。邁每游履，輒結駟連騎，武士成羣。大明末，為豫章王子尚撫軍諮議參軍，加寧朔將軍、南濟陰太守。廢帝納公主於後宮，偽言薨殞，殺一婢送出邁第殯葬行喪禮。常疑邁有異圖，邁亦招聚同志，欲因行幸廢立。事覺，廢帝自出討邁誅之。太宗即位，追封建寧縣侯，食邑五百戶。子曼倩嗣，齊受禪，國除。

又　卷四六《趙倫之傳》　（趙倫之）子倩，尚文帝第四女海鹽公主。初，始興王濬以潘妃之寵，故得出入後宮，遂與公主私通。及適倩，倩入宮而怒，肆詈搏擊，引絶帳帶。事上聞，有詔離婚，殺主所生蔣美人，伯符慚懼發病卒。謚曰肅。傳國至孫勗，齊受禪，國除。

又　卷七一《徐湛之傳》　徐湛之字孝源，東海郯人。司徒羡之兄孫，吳郡太守佩之弟子也。祖欽之，祕書監。父逵之，尚高祖長女會稽公主，為振威將軍、彭城沛二郡太守。【略】

會稽公主身居長嫡，為太祖所禮，家事大小，必咨而後行。西征謝晦，使公主留止臺內，總攝六宮。忽有不得意，輒號哭，上甚憚之。初，高祖微時，貧陋過甚，嘗自往新洲伐荻，有納布衫襖等衣，皆敬皇后手自作，高祖既貴，以此衣付公主，曰：『後世若有驕奢不節者，可以此衣示之。』湛之為大將軍彭城王義康所愛，與劉湛等頗相附協。及劉湛得罪，事連湛之，太祖大怒，將致大辟。湛之憂懼無計，以告公主。公主即日入宮，既見太祖，因號哭下牀，不復施臣妾之禮。以錦囊盛高祖納衣，擲地以示上曰：『汝家本貧賤，此是我母為汝父作此納衣。今日有一頓飽食，便欲殘害我兒子！』上亦號哭，湛之由此得全也。遷中護軍，未拜，又遷太子詹事，尋加侍中。

《南史》卷六〇《殷鈞傳》　自宋、齊以來，公主多驕淫無行，永興主加以險虐。（殷）鈞形貌短小，為主所憎，每被召入，先滿壁為殷叡字，鈞輒流涕以出，主命婢束而反之。鈞不勝怒而言於帝，帝以犀如意擊主碎於背，然猶恨鈞。

宗室限制分部

《魏書》卷一三《皇后傳·孝文幽皇后》 及高祖在汝南不豫，（孝文幽皇）后便公然醜恣，中常侍雙蒙等為其心腹。中常侍劇鵬諫而不從，憤懼致死。是時，彭城公主，宋王劉昶子婦也，年少嫠居。北平公馮夙，后之同母弟也，后求婚於高祖，高祖許之。公主志不願，后欲强之。婚有日矣，公主密與侍婢及家僮十餘人，乘輕車，冒霖雨，赴懸瓠奉謁高祖，自陳本意，因言后與菩薩亂狀。高祖聞而駭愕，未之全信而祕匿之，惟彭城王侍疾左右，具知其事。

綜述

《三國志》卷一九《魏志·任城陳蕭王傳》 任城威王彰，字子文。【略】

（黄初）三年，立為任城王。四年，朝京都，疾薨于邸，謚曰威。《魏氏春秋》曰：初，彰問璽綬，將有異志，故來朝不即得見。彰忿怒暴薨。至葬，賜鑾輅、龍旂，虎賁百人，如漢東平王故事。子楷嗣，徙封中牟。五年，改封任城縣。太和六年，復改封任城國，食五縣二千五百戶。青龍三年，楷坐私遣官屬詣中尚方作禁物，削縣二千戶。正始七年，徙封濟南，三千戶。正元、景元初，連增邑，凡四千四百戶。楷，泰始初為崇化少府，見《百官名》。

陳思王植字子建。【略】

（黄初）三年，立為鄄城王，邑二千五百戶。

四年，徙封雍丘王。其年，朝京都。【略】

六年，帝東征，還過雍丘，幸植宮，增戶五百。太和元年，徙封浚儀。二年，復還雍丘。植常自憤怨，抱利器而無所施，上疏求自試。【略】

（太和）三年，徙封東阿。五年，復上疏求存問親戚，因致其意。【略】

其年冬，詔諸王朝六年正月。其二月，以陳四縣封植為陳王，邑三千五百戶。植每欲求別見，獨談論及時政，幸冀試用，終不能得。既還，悵然絕望。時法制，待藩國既自峻迫，寮屬皆賈豎下才，兵人給其殘老，大數不過二百人。又植以前過，事事復減半，十一年中而三徙都，常汲汲無歡，遂發疾薨，時年四十一。植常為琴瑟調歌，辭曰：『吁嗟此轉蓬，居世何獨然！長去本根逝，夙夜無休閒。東西經七陌，南北越九阡，卒遇回風起，吹我入雲間。自謂終天路，忽焉下沉淵。驚飇接我出，故歸彼中田。當南而更北，謂東而反西，宕宕當何依，忽亡而復存。飄颻周八澤，連翩歷五山，流轉無恆處，誰知吾苦艱？願為中林草，秋隨野火燔，糜滅豈不痛，願與根荄連。』孫盛曰：異哉，魏氏之封建也！不度先王之典，不思藩屏之術，違敦睦之風，背維城之義。漢初之封，或權侔人主，雖云不度，時勢然也。魏氏諸侯，陋同匹夫，雖懲七國，矯枉過也。且魏之代漢，非積德之由，風澤既微，六合未一，而彫翦枝幹，委權異族，勢同瘣木，危若巢幕，不嗣忽諸，非天喪也。五等之制，萬世不易之典。六代興亡，曹冏論之詳矣。遺令薄葬。以小子志，保家之主也，欲立之。初，植登魚山，臨東阿，喟然有終焉之心，遂營為墓。子志嗣，徙封濟北王。景初中詔曰：『陳思王昔雖有過失，既克己慎行，以補前闕，且自少至終，篇籍不離於手，誠難能也。其收黄初中諸奏植罪狀，公卿已下議尚書、祕書、中書三府、大鴻臚者皆削除之。撰録植前後所著賦頌詩銘雜論凡百餘篇，副藏內外。』志累增邑，并前九百九十戶。《志別傳》曰：志字允恭，好學有才行。晉武帝為中撫軍，迎常道鄉公于鄴，志夜與帝相見，帝與語，從暮至旦，甚器之。及受禪，改封鄄城公。發詔以志為樂平太守，歷章武、趙郡，遷散騎常侍、國子博士，後轉博士祭酒。及齊王攸當之藩，下禮官議崇錫之典，志嘆曰：『安有如此之才，如此之親，而不得樹本助化，而遠出海隅者乎？』乃建議以諫，辭旨甚切。帝大怒，免志官。後復為散騎常侍。志遭母憂，居喪盡哀，因得疾病，喜怒失常，太康九年卒，謚曰定公。

又 卷二〇《魏志·鄧哀王沖傳》 鄧哀王沖字倉舒。【略】年十三，建安十三年疾病，太祖親為請命。及亡，哀甚。文帝寬喻太祖，太祖曰：『此我之不幸，而汝曹之幸也。』孫盛曰：《春秋》之義，立嫡以長不以賢。沖雖存也猶不宜立，況其既沒，而發斯言乎？《詩》云：『無易由言。』魏武其易之也。言則流涕，為聘甄氏亡女與合葬，贈騎都尉印綬，命宛侯據子琮奉沖後。二十二年，封琮為鄧侯。黄初二年，追贈謚沖曰鄧哀侯，又追加號為公。《魏書》載策曰：『惟黄初二年八月丙午，皇帝曰：咨爾鄧哀侯沖，昔皇天鍾美於爾躬，俾聰哲之才，成於弱年。當永享顯祚，克成厥終。如何不禄，早世夭昏！朕承天序，享有四海，並建親親，以藩王室，惟爾不逮斯榮，且葬禮未備。追悼之懷，愴然攸傷。今還葬于高陵，使使持節兼謁者僕射郎中陳承，追賜號曰鄧公，祠以太牢。魂而有靈，休茲寵榮。嗚呼哀哉！』《魏略》曰：文帝常言『家兄孝廉，自其分也。若使倉舒在，我亦無天下。』三年，進琮爵，徙封冠軍公。四年，徙封己氏公。太和五年，加沖號曰鄧哀王。景初元年，琮坐於中尚方作禁物，削戶三百，貶爵為都鄉侯。三年，復為己氏公。正始七年，轉封平陽公。景初、正元、景元中，累增邑，并前千九百戶。

又《彭城王據傳》 彭城王據，建安十六年封范陽侯。二十二年，徙封宛侯。黄初二年，進爵為公。三年，為章陵王，其年徙封義陽。文帝以南方下濕，又以環太妃彭城人，徙封彭城。又徙封濟陰。五年，詔曰：『先王建國，隨時而制。漢祖增秦所置郡，至光武以天下損耗，并省郡縣。以今比之，益不及焉。其改封諸王，皆為縣王。』據改封定陶縣。太和六年，改封諸王，皆以郡為國，據復封彭城。景初元年，據坐私遣人詣中尚方作禁物，削縣二千戶。《魏書》載璽書曰：『制詔彭城王：有司奏，王遣司馬董和，齎珠玉來到京師中尚方，多作禁物，交通工官，出入近署，踰侈非度，慢令違制，繩王以法。朕用憮然，不寧于心。王以懿親之重，處藩輔之位，典籍日陳於前，勤誦不輟於側。加雅素奉脩，恭肅敬慎，務在蹈道，孜孜不衰，豈忘率意正身，考終厥行哉？若然小疵，或謬于細人，忽不覺悟，以斯為失耳。《書》曰：「惟聖罔念作狂，惟狂克念作聖。」古人垂誥，乃至於此，故君子思心無斯須遠道焉。常慮所以累德者而去之，則德明矣；開心所以為塞者而通之，則心夷矣；慎行所以為尤者而脩之，則行全矣：三者，王之所能備也。今詔有司宥王，既削縣二千戶，以彰八柄與奪之法。昔羲、文作《易》，著休復之語，仲尼論行，既過能改。王其改行，茂昭斯義，率意無怠。』三年，復所削戶邑。正元、景元中累增邑，并前四千六百戶。

又《燕王宇傳》 燕王宇字彭祖。建安十六年，封都鄉侯。二十二年，改封魯陽侯。黄初二年，進爵為公。三年，為下邳王。五年，改封單父縣。太和六年，改封燕王。明帝少與宇同止，常愛異之。及即位，寵賜與諸王殊。青龍三年，徵入朝。景初元年，還鄴。二年夏，復徵詣京都。冬十二月，明帝疾篤，拜宇為大將軍，屬以後事。受署四日，宇深固讓；帝意亦變，遂免宇官。三年夏，還鄴。景初、正元、景元中，累增邑，并前五千五百戶。常道鄉公奐，宇之子，入繼大宗。

又《中山恭王衮傳》 中山恭王衮，建安二十一年封平鄉侯。【略】

（黄初）三年，為北海王。【略】四年，改封贊王。七年，徙封濮陽。太和二年就國，尚約儉，教敕妃妾紡績織紝，習為家人之事。五年冬，入朝。六年，改封中山。

初，衮來朝，犯京都禁。青龍元年，有司奏衮。詔曰：『王素敬慎，邂逅至此，其以議親之典議之。』有司固執。詔削縣二，戶七百五十。《魏書》載璽書曰：『制詔中山王：有司奏，王乃者來朝，犯交通京師之禁。朕惟親親之恩，用寢吏議。然法者，所與天下共也，不可得廢。今削王縣二，戶七百五十。夫克己復禮，聖人稱仁，朝過夕改，君子與之。王其戒諸，無貳咎悔也。』衮憂懼，戒敕官屬愈謹。帝嘉其意，二年，復所削縣。【略】

（青龍三年）其年薨。詔沛王林留訖葬，使大鴻臚持節典護喪事，宗正弔祭，贈賵甚厚。凡所著文章二萬餘言，才不及陳思王而好與之侔。子孚嗣。景初、正元、景元中，累增邑，并前三千四百戶。

又《趙王幹傳》 趙王幹，建安二十年封高平亭侯。二十二年，徙封賴亭侯。其年改封弘農侯。黄初二年，進爵，徙封燕公。《魏略》曰：幹一名良。良本陳妾子，良生而陳氏死，太祖令王夫人養之。良年五歲而太祖疾困，遺令語太子曰：『此兒三歲亡母，五歲失父，以累汝也。』太子由是親待，隆於諸弟。良年小，常呼文帝為阿翁，帝謂良曰：『我，汝兄耳。』文帝又愍其如是，每為流涕。臣松之案：此傳以母貴賤為次，不計兄弟之年，故楚王彪年雖大，傳在幹後。尋朱建平傳，知彪大幹二十歲。三年，為河間王。五年，改封樂城縣。七年，徙封鉅鹿。太和六年，改封趙王。幹母有寵於太祖。及文帝為嗣，幹母有力。文帝臨崩，有遺詔，是以明帝常加恩意。青龍二年，私通賓客，為有司所奏，賜幹璽書誡誨之，曰：『《易》稱「開國承家，小人勿用」，《詩》著「大車惟塵」之誡。自太祖受命創業，深睹治亂之源，鑑存亡之機，初封諸侯，訓以恭慎之至言，輔以天下之端士，常稱馬援之遺誡，重諸侯賓客交通之禁，乃使與犯妖惡同。夫豈以此薄骨肉哉？徒欲使子弟無過失之愆，士民無傷害之悔耳。高祖踐阼，祗慎萬機，申著諸侯不朝之令。朕感詩人《常棣》之作，嘉《采菽》之義，亦緣詔文曰「若有詔得詣京都」，故命諸王以朝聘之禮。而楚、中山並犯交通之禁，趙宗、戴捷咸伏其辜。近東平王復使屬官毆壽張吏，有司舉奏，朕裁削縣。（令）［今］有司以曹纂、王喬等因九族時節，集會王家，或非其時，皆違禁防。朕惟王幼少有恭順之素，加受先帝顧命，欲崇恩禮，延乎後嗣，況近在王之身乎？且自非聖人，孰能無過？已詔有司宥王之失。古人有言：「戒慎乎其所不睹，恐懼乎其所弗聞，莫見乎隱，莫顯乎微，故君子慎其獨焉。」叔父茲率先聖之典，以纂乃先帝之遺命，戰戰兢兢，靖恭厥位，稱朕意焉。』景初、正元、景元中，累增邑，并前五千戶。

又 《楚王彪傳》 楚王彪字朱虎。建安二十一年，封壽春侯。黃初二年，進爵，徙封汝陽公。三年，封弋陽王。其年徙封吳王。五年，改封壽春縣。七年，徙封白馬。太和五年冬，朝京都。六年，改封楚。初，彪來朝，犯禁，［青龍］元年，為有司所奏，詔削縣三，戶千五百。二年，大赦，復所削縣。景初三年，增戶五百，并前三千戶。嘉平元年，兗州刺史令狐愚與太尉王淩謀迎彪都許昌。語在《淩傳》。乃遣傳及侍御史就國案驗，收治諸相連及者。廷尉請徵彪治罪。於是依漢燕王旦故事，使兼廷尉大鴻臚持節賜彪璽書切責之，使自圖焉。孔衍《漢魏春秋》載璽書曰：『夫先王行賞不遺仇讎，用戮不違親戚，至公之義也。故周公流涕而決二叔之罪，孝武傷懷而斷昭平之獄，古今常典也。惟王，國之至親，作藩于外，不能祗奉王度，表率宗室，而謀於姦邪，乃與太尉王淩、兗州刺史令狐愚構通逆謀，圖危社稷，有悖忒之心，無忠孝之意。宗廟有靈，王其何面目以見先帝？朕深痛王自陷罪辜，既得王情，深用憮然。有司奏王當就大理，朕惟公族甸師之義，不忍肆王市朝，故遣使者賜書。王自作孽，匪由於他，燕剌之事，宜足以觀。王其自圖之！』彪乃自殺。妃及諸子皆免為庶人，徙平原。彪之官屬以下及監國謁者，坐知情無輔導之義，皆伏誅。國除為淮南郡。正元元年詔曰：『故楚王彪，背國附姦，身死嗣替，雖自取之，猶哀矜焉。夫含垢藏疾，親親之道也，其封彪世子嘉為常山真定王。』景元元年，增邑，并前二千五百戶。臣松之案：嘉入晉，封高邑公。元康中，與石崇俱為國子博士。嘉後為東莞太守，崇為征虜將軍，監青、徐軍事，屯於下邳，嘉以詩遺崇曰：『文武應時用，兼才在明哲。嗟嗟我石生，為國之俊傑。入侍於皇闥，出則登九列。威檢肅青、徐，風發宜吳裔。疇昔謬同位，情至過魯、衛。分離踰十載，思遠心增結。願子鑑斯誡，寒暑不踰契。』崇答曰：『昔常接羽儀，俱游青雲中，敦道訓冑子，儒化渙以融，同聲無異響，故使恩愛隆。豈惟敦初好，款分在令終。孔不陋九夷，老氏適西戎。逍遙滄海隅，可以保王躬。世事非所務，周公不足夢。玄寂令神王，是以守至沖。』王隱《晉書》載吏部郎李重啓云：『魏氏宗室屈滯，每聖恩所存。東莞太守曹嘉，才幹學義，不及志、翕，而良素修潔，性業踰之；又已歷二郡。臣以為優先代之後，可以嘉為員外散騎侍郎。』

又 《東平靈王徽傳》 東平靈王徽，奉叔公朗陵哀侯玉後。建安二十二年，封歷城侯。黃初二年，進爵為公。三年，為廬江王。四年，徙封壽張王。五年，改封壽張縣。太和六年，改封東平。青龍二年，徽使官屬撾壽張縣吏，為有司所奏。詔削縣一，戶五百。其年復所削縣。正始三年薨。子翕嗣。景初、正元、景元中，累增邑，并前三千四百戶。

又 《樂陵王茂傳》 樂陵王茂，建安二十二年封萬歲亭侯。二十三年，改封平輿侯。黃初三年，進爵，徙封乘氏公。七年，徙封中丘。茂性傲佷，少無寵於太祖。及文帝世，又獨不王。太和元年，徙封聊城公，其年為王。詔曰：『昔象之為虐至甚，而大舜猶侯之有庳。近漢氏淮南、阜陵，皆為亂臣逆子，而猶或及身而復國，或至子而錫土。有虞建之於上古，漢文、明、章行之乎前代，斯皆敦敘親親之厚義也。聊城公茂少不閑禮教，長不務善道。先帝以為古之立諸侯也，皆命賢者，故姬姓有未必侯者，是以獨不王茂。太皇太后數以為言。如聞茂頃來少知悔昔之非，欲脩善將來。君子與其進，不保其往也。今封茂為聊城王，以慰太皇太后下流之念。』六年，改封曲陽王。正始三年，東平靈王薨，茂稱嗌痛，不肯發哀，居處出入自若。有司奏除國土，詔削縣一，戶五百。五年，徙封樂陵，詔以茂租奉少，諸子多，復所削戶，又增戶七百。嘉平、正元、景元中，累增邑，并前五千戶。

《晉書》卷二一《禮志下》 魏制，藩王不得朝覲。魏明帝時，有朝者皆由特恩，不得以為常。乃泰始中，有司奏：『諸侯之國，其王公以下入朝者，四方各為二番，三歲而周，周則更始。若臨時有故，却在明年。明年來朝之後，更滿三歲乃復朝，不得違本數。朝禮皆親執璧，如舊朝之制。不朝之歲，各遣卿奉聘。』奏可。江左王侯不之國，其有受任居外，則同方伯刺史二千石之禮，亦無朝聘之制，故此禮遂廢。

《魏書》卷二一下《彭城王勰傳》　時咸陽王禧漸以驕矜，頗有不法，北海王詳陰言於世宗，世宗深忌之。又言勰大得人情，不宜久在宰輔，勸世宗遵高祖遺敕。禧等又出領軍于烈為恒州，非烈情願，固强之，烈深以為忿。烈子忠嘗在左右，密令忠言於世宗云：『諸王等意不可測，宜廢之，早自覽政。』時將礿祭，王公並齋於廟東坊。世宗遣于烈將宿衛壯士六十餘人召禧、勰、詳等，引入，見之於光極殿。世宗謂勰曰：『頃來南北務殷，不容仰遂沖操。恪是何人，而敢久違先敕，今遂叔父高蹈之意。』勰謝曰：『先帝不以臣虛薄，曲垂罔己之澤，出入綢繆，公私無捨。自陛下龍飛九五，屢求解落，既為宰輔所抑，亦不為陛下所許。先歲夏中，重塵天聽，時蒙優借，出為定州。往年還洛陽，敕總戎淮肥，雖無功效，幸免罪戾。云歸未幾，復委臣以非據之任。臣頻煩干請，具簡聖聽。陛下孝深無改，仰遵先詔，上成睿明之美，下遂微臣之志，感惟今往，悲喜交深。』乃詔曰：『王宿尚閑靜，志捐世務，先帝愛亮之至，弗奪此情，遺敕炳然，許遂沖退。雅操不移，朕亦未敢違奪。今乃釋位歸第，丘園是營，高尚之節，確爾貞固，《賁》、《履》之操，邈焉難追。而王宅初構，財力多闕，成立之期，歲月莫就。可量遣工役，分給材瓦，稟王所好，速令制辦，務從簡素，以稱王心。』勰因是作《蠅賦》以諭懷，惡讒構也。

又以勰為太師，勰遂固辭。詔曰：『蓋二儀分象，君臣之位形焉；上下既位，唱和之義生焉。自古統天位主，曷常不賴明師，仗賢輔，而後燮和陰陽，彝倫民物者哉？往而不返者，先民誠有之，斯所謂獨善其身而亂大倫，山林之士耳。賢人君子則不然也。屈己以安民，艱身以濟物，所謂以先知覺後知，同塵而與天下俱潔者也。朕猥以沖年，纂臨寶歷，實賴叔父匡濟之功，誠宜永兼將相，以綱維內外。但逼奪先旨，憚違沖挹，俛志割心，以遂高素。自比水旱乖和，陰陽失序，是以屈王論道，庶燮茲玉燭。且師宰從容，無廢清尚，故周旦復辟而居之，尚父期頤以終位。王義兼家國，理絕獨高，可遣侍中敦諭。』世宗又修家人書於勰曰：『恪言：奉還告承，猶執沖遜，恪實闇寡，政術多秕，匡弼之寄，仰屬親尊。父德望兼重，師訓所歸，豈得近遺家國，遠崇清尚也。便願紆降，時副傾注之心。』勰不得已而應命。

世宗後頻幸勰第。及京兆、廣平暴虐不法，詔宿衛隊主率羽林虎賁，幽守諸王於其第。勰上表切諫，世宗不納。勰既無山水之適，又絕知己之遊，唯對妻子，鬱鬱不樂。議定律令，勰與高陽王雍、八座、朝士有才學者五日一集，參論軌制應否之宜。而勰夙侍高祖，兼聰達博聞，凡所裁決，時彥歸仰。加以美容貌，善風儀，端嚴若神，折旋合度，出入言笑，觀者忘疲。又加侍中。勰敦尚文史，物務之暇，披覽不輟。撰自古帝王賢達至於魏世子孫，三十卷，名曰《要略》。小心謹慎，初無過失，雖閑居宴處，亦無慢色惰容。愛敬儒彥，傾心禮待。清正儉素，門無私謁。

性仁孝，言於朝廷，以其舅潘僧固為冀州樂陵太守。京兆王愉搆逆，僧固見逼從之。尚書令高肇性既凶愎，賊害賢俊。又肇之兄女，入為夫人，順皇后崩，世宗欲以為后，勰固執以為不可。肇於是屢譖勰於世宗，世宗不納。因僧固之同愉逆，肇誣勰北與愉通，南招蠻賊。勰國郎中令魏偃、前防閤高祖珍希肇提攜，搆成其事。肇初令侍中元暉以奏世宗，暉不從，令左衛元珍言之。世宗訪之於暉，暉明勰無此。世宗更以問肇，肇以魏偃、祖珍為證，世宗乃信之。

永平元年九月，召勰及高陽王雍、廣陽王嘉、清河王懌、廣平王懷及高肇等入。時勰妃方產，勰乃固辭不赴。中使相繼，不得已乃令命駕，意甚憂懼，與妃訣而登車。入東掖門，度一小橋，牛不肯進，遂擊之，良久。更有使者責勰來遲，乃令去牛，人挽而進，宴於禁中。至夜皆醉，各就別所消息。俄而元珍將武士齎毒酒而至。勰曰：『吾忠於朝廷，何罪見殺！一見至尊，死無恨也。』珍曰：『至尊何可復見！王但飲酒。』勰曰：『至尊聖明，不應無事殺我，求與告我罪者一對曲直。』武士以刀鐶築勰二下。勰大言曰：『皇天！忠而見殺。』武士又以刀鐶築勰。勰乃飲毒酒，武士就殺之。向晨，以褥裹屍，輿從屏門而出，載屍歸第，云王因飲而薨。勰妃李氏，司空沖之女也，號哭大言曰：『高肇枉理殺人，天道有靈，汝還當惡死。』及肇以罪見殺，論者知有報應焉。世宗為舉哀於東堂，給東園第一祕器、朝服一襲、賻錢八十萬、布二千匹、蠟五百斤，大鴻臚護喪事。

論說

《三國志》卷二〇《魏志·武文世王公傳》 評曰：魏氏王公，既徒有國土之名，而無社稷之實，又禁防壅隔，同於囹圄；位號靡定，大小歲易；骨肉之恩乖，《常棣》之義廢。為法之弊，一至于此乎！《袁子》曰：魏興，承大亂之後，民人損減，不可則以古始。於是封建侯王，皆使寄地，空名而無其實。王國使有老兵百餘人，以衞其國。雖有王侯之號，而乃儕為匹夫。縣隔千里之外，無朝聘之儀，鄰國無會同之制。諸侯游獵不得過三十里，又為設防輔監國之官以伺察之。王侯皆思為布衣而不能得。既違宗國藩屏之義，又虧親戚骨肉之恩。《魏氏春秋》載宗室曹冏上書曰：『臣聞古之王者，必建同姓以明親親，必樹異姓以明賢賢。故《傳》曰「庸勳親親，昵近尊賢」；《書》曰「克明俊德，以親九族」；《詩》云「懷德維寧，宗子維城」。由是觀之，非賢無與興功，非親無與輔治。夫親親之道，專用則其漸也微弱；賢賢之道，偏任則其弊也劫奪。先聖知其然也，故博求親疏而並用之；近則有宗盟藩衞之固，遠則有仁賢輔弼之助，盛則有與共其治，衰則有與守其土，安則有與享其福，危則有與同其禍。夫然，故能有其國家，保其社稷，歷紀長久，本枝百世也。今魏尊尊之法雖明，親親之道未備。《詩》不云乎，「鶺鴒在原，兄弟急難」。以斯言之，明兄弟相救於喪亂之際，同心於憂禍之間，雖有鬩牆之忿，不忘禦侮之事。何則？憂患同也。今則不然，或任而不重，或釋而不任，一旦疆埸稱警，關門反拒，股肱不扶，胸心無衞。臣竊惟此，寢不安席，思獻丹誠，貢策朱闕。謹撰合所聞，敘論成敗。論曰：【略】魏太祖武皇帝躬聖明之資，兼神武之略，恥王綱之廢絕，愍漢室之傾覆，龍飛譙、沛，鳳翔兗、豫，掃除凶逆，翦滅鯨鯢，迎帝西京，定都潁邑，德動天地，義感人神。漢氏奉天，禪位大魏。大魏之興，于今二十有四年矣，觀五代之存亡而不用其長策，睹前車之傾覆而不改於轍迹；子弟王空虛之地，君有不使之民，宗室竄於閭閻，不聞邦國之政，權均匹夫，勢齊凡庶；內無深根不拔之固，外無盤石宗盟之助，非所以安社稷，為萬世之業也。且今之州牧、郡守，古之方伯、諸侯，皆跨有千里之土，兼軍武之任，或比國數人，或兄弟並據；而宗室子弟曾無一人閒廁其閒，與相維持，非所以強幹弱枝，備萬一之虞也。今之用賢，或超為名都之主，或為偏師之帥，而宗室有文者必限小縣之宰，有武者必置百人之上，使夫廉高之士，畢志於衡軛之內，才能之人，恥與非類為伍，非所以勸進賢能，褒異宗室之禮也。夫泉竭則流涸，根朽則葉枯；枝繁者蔭根，條落者本孤。故語曰「百足之蟲，至死不殭」，以扶之者衆也。此言雖小，可以譬大。且墉基不可倉卒而成，威名不可一朝而立，皆為之有漸，建之有素。譬之種樹，久則深固其本根，茂盛其枝葉，若造次徙於山林之中，植於宮闕之下，雖壅之以黑墳，煖之以春日，猶不救於枯槁，而何暇繁育哉？夫樹猶親戚，土猶士民，建置不久，則輕下慢上，平居猶懼其離叛，危急將若之何？是以聖王安而不逸，以慮危也，存而設備，以懼亡也。故疾風卒至而無摧拔之憂，天下有變而無傾危之患矣。』冏，中常侍兄叔興之後，少帝族祖也。是時天子幼稚，冏冀以此論感悟曹爽，爽不能納。

《宋書》卷一四《禮志一》 魏制，蕃王不得朝覲。明帝時有朝者，皆由特恩，不得以為常。晉泰始中，有司奏：『諸侯之國，其王公以下入朝者，四方各為二番，三歲而周，周則更始。若臨時有故，却在明年。來朝之後，更滿三歲乃復，不得從本數。朝禮執璧如舊朝之制。不朝之歲，各遣卿奉聘。』奏可。江左王侯不之國，其有授任居外，則同方伯刺史二千石之禮，亦無朝聘之制，此禮遂廢。

又 卷一八《禮志五》 宋孝武孝建元年，丞相南郡王義宣，二年，雍州刺史武昌王渾，又有異圖。世祖嫌侯王强盛，欲加減削。其年十月己未，大司馬江夏王義恭、驃騎大將軍竟陵王誕表改革諸王車服制度，凡九條，表在《義恭傳》。上因諷有司更增廣條目。奏曰：『車服以庸，《虞書》茂典；名器慎假，《春秋》明誡。是以尚方所制，禁嚴漢律，諸侯竊服，雖親必罪。自頃以來，下僭彌盛。器服裝飾，樂舞音容，通於王公，達于衆庶。上下無辨，民志靡一。今表之所陳，實允禮度。九條之格，猶有未盡，謹共附益，凡二十四條。聽事不得南向坐，施帳并幡。蕃國官正冬不得跣登國殿，及夾侍國師傳令及油戟。公主王妃傳令，不得朱服。輿不得重杠。鄣扇不得雉尾。劍不得鹿盧形。槊毦不得孔雀白鷺。夾轂隊不得絳襖。平乘誕馬不得過二匹。胡伎不得綵衣。舞伎正冬著褂衣，不得莊面蔽花。正冬會不得鐸舞、杯柈舞。長蹻伎、趦舒、丸劍、博山伎、緣大橦伎、升五案伎，自非正冬會奏舞曲，不得舞。諸妃主不得著袞帶。信幡，非臺省官悉用絳。郡縣內史相及封內官長，於其封君，既非在三，罷官則不復追敬，不合稱臣，正宜上下官敬而已。諸鎮常行，車前後不得過六隊，白直夾轂，不在其限。刀不得過銀銅為裝。諸王女封縣主、諸王子孫襲封王王之妃及封侯者夫人行，並不得鹵簿。諸王子繼體為王者，婚葬吉凶，悉依諸國公侯之禮，不得同皇弟皇子。車輿不得油幢，軺車不在其限。平乘舫皆平兩頭作露平形，不得擬像龍舟，悉不得朱油。帳鏞不得作五花及豎筍形。若先有器物者，悉輸送臺藏。書到後二十日期，若有竊玩犯禁者，及統司無舉糾，並臨時議罪。」詔可。

《周書》卷一三《文閔明武宣諸子傳論》 史臣曰：昔賢之議者，咸云以周建五等，歷載八百；秦立郡縣，二世而亡。雖得失之迹可尋，是非之理互起，而因循莫變，復古未聞。良由著論者溺於貴達，司契者難於易業，詳求適變之道，未窮於至當也。嘗試論之：

夫皇王迭興，為國之道匪一；賢聖間出，立德之指殊塗。斯豈故為相反哉，亦云治而已矣。何則？五等之制，行於商周之前；郡縣之設，始於秦漢之後。論時則澆淳理隔，易地則用捨或殊。譬猶干戈日用，難以成垓下之業；稷嗣所述，不可施成周之朝。是知因時制宜者，為政之上務也；觀民立教者，經國之長策也。且夫列封疆，建侯伯，擇賢能，置牧守，循名雖曰異軌，責實抑亦同歸。盛則與之共安，衰則與之共患。共安繫乎善惡，非禮義無以敦風；共患寄以存亡，非甲兵不能靖亂。是以齊、晉帥禮，鼎業傾而復振；溫、陶釋位，王綱弛而更張。然則周之列國，非一姓也，晉之羣臣，非一族也，豈齊、晉強於列國，溫、陶賢於羣臣者哉，蓋勢重者易以立功，權輕者難以盡節故也。由此言之，建侯置守，乃古今之異術；兵權勢位，蓋安危之所階乎。

太祖之定關右，日不暇給，既以人臣禮終，未遑藩屏之事。晉蕩輔政，爰樹其黨，宗室長幼，並據勢位，握兵權，雖海內謝隆平之風，而國家有盤石之固矣。高祖克翦芒刺，思弘政術，懲專朝之為患，忘維城之遠圖，外崇寵位，內結猜阻。自是配天之基，潛有朽壤之墟矣。宣皇嗣位，凶暴是聞，芟刈先其本枝，削黜遍於公族。雖復地惟叔父，親則同生，文能附衆，武能威敵，莫不謝卿士於當年，從侯服於下國。號為千乘，勢侔匹夫。是以權臣乘其機，謀士因其隙，遷龜鼎速於俯拾，殲王侯烈於燎原。悠悠邃古，未聞斯酷。豈非摧枯振朽，易為力乎。向使宣皇采姬、劉之制，覽聖哲之術，分命賢戚，布於內外，料其輕重，間以親疏，首尾相持，遠近為用。使其勢位也足以扶危，其權力也不能為亂。事業既定，僥倖自息。雖使臥赤子，朝委裘，社稷固以久安，億兆可以無患矣。何后族之地，而勢能窺其神器哉。

清·王夫之《讀通鑑論》卷一一《晉泰始元年起·一》 魏削宗室而權臣篡，晉封同姓而骨肉殘，故法者非所以守天下也；而懷、湣陷沒，琅邪復立國于江東者幾百年，則晉為愈矣。天下者，非一姓之私也，興亡之修短有恆數，苟易姓而無原野流血之慘，則輕授他人而民不病。魏之授晉，上雖逆而下固安，無乃不可乎！然而三代王者建親賢之輔，必欲享國長久而無能奪，豈私計哉？

人之所以異於禽獸者，非其利病生死之知擇也。則君子之為天下君以別人於禽獸者，亦非但恤其病而使之利，全其生而使無死也。原於天之仁，則不可無父子；原於天之義，則不可無君臣。均是人而戴之為君，尊親於父，則旦易一主，夕易一主，稽首匍伏，以勢為從違而不知耻，生人之道蔑矣。以是而利，不如其病之；以是而生，不如其死之也。先王重不忍於斯民，非姑息之仁，以全軀保妻子、導天下於魚蟲之聚者，慮此深矣！然則晉保社稷於百年，而魏速淪亡於三世，其於君天下之道，得失較然矣。

晉武之不終也，惠帝之不慧也，懷、湣之不足以圖存，元帝之不可大有為也；然其後王敦、蘇峻、桓溫相踵以謀逆，桓玄且移天步以自踞，然而遲之又久，非安帝之不知飢飽，而劉裕功勳赫奕，莫能奪也。謂非大封同姓之有以維繫之乎？宋文帝寵任諸弟，使理國政、牧方州，慮亦及此；而明帝誅夷之以無遺，蕭道成乃乘虛而攘之。嗣是而攘天位者如拾墜葉，臣不以易主為慚，民不以改姓為異。垂及唐、宋，雖權臣不作，而盜賊夷狄進矣。然則以八王之禍咎晉氏之非，抑將以射肩請隧咎文昭武穆之不當裂土而封乎？法不可以守天下，而賢於無法。亦規諸至仁大義之原而已。

又 卷一五《宋孝武帝·一》 勢變情移，而有元安之災，恬不知警，違時任意，則禍必及，庸夫之恒態也。惟然，而巧者測之，急改其常度，以迎當時之意指，乃至殘忍甚害，為同類所飲恨而不顧，以是為自全之策；幸而全也，小人之尤也，而究以得全者亦鮮矣。

孝武以藩王起兵，而受臣民之推戴，德望素為諸王所輕，不自安也；於是殺鑠，誅義宣，忍削本支，以快其志。江夏王義恭誘逆劭棄南岸，單騎南奔，上表勸進，斬逆濬，厥功大矣；於是畏禍之及己也，條奏裁損王侯九事，以希合孝武未言之隱，削剝諸王以消疑忌。夫義恭豈無葛藟之恩，利非在己，而滅天性以任骨肉之怨者，何也？以為先自我發，而人不得挾短長以議己，全軀保祿位之術，自詑為工矣。

或曰：遇暴人，丁險運，不授異姓以制我之權，而自任之，則禍泯於無形，亦知時度勢者之不廢乎！浸不若此，而以篤懿親、固根本之言投於猜忌之衷，無救于時，而只以自害，奚可也？曰：君子之處此，固有道矣。物激矣，而持之以定，禹之所以抑洪水也。勢危矣，而居之以安，孔子之所以解匡圍也。聖人豈有以異於人哉？出乎聖，即疾入乎狂。義恭之狂也，無以持物而自莫其居也。君多忌而寡恩矣，義宣等之不輯，非必妄干天位，而貪權勢以啓忮人之釁矣。義恭以有功居百僚之上，誠危矣；而遠嫌以消疑忌，固無難也。自謝不敏，翩然而去之，養疾邱園，杜口朝政，則於以自全焉有餘矣。而何事導君以殘刻，而已為不仁之俑哉？

主自疑也，吾自信也，諸王自競也，吾自靜也。或有聞風而相效者，則宗族以保，而帝亦且消其猜防骨肉之邪心。其不然也，為孝武獻殘忍之謀者，豈伊無人，而我處無咎之中，不已裕乎？唯其欲為功以固榮寵也，而違心以行顛倒之政，引君以益其慝，斂衆怨以激其爭，而後天理亡，民彝絕，國亦以危矣。身雖苟免，其喙息亦何異於禽獸哉？其究也，逃孝建、大明之網羅，翱翔百僚之上，而終授首於子業，狂者之自斃也，未有免者也。道二：仁與不仁而已矣。一念之貪，天理之賊，聖狂之界也。

清·趙翼《廿二史劄記》卷一一《宋子孫屠戮之慘》 宋武帝七子：長義符，即位，以失德為徐羨之等所廢，殺於金昌亭。次廬陵王義真，亦被廢，殺於新安郡。次文帝義隆，為其子劭所弑。次彭城王義康，為文帝賜死。其子允，文為劭所殺。次江夏王義恭，為前廢帝所殺。先有十二子，盡為劭所殺。後又有四子，為前廢帝所殺。次南郡王義宣，以謀反為朱修之所殺。其長子恢自殺，愷逃在民間，亦捕殺，餘子在江陵者，皆為修之所殺。次衡陽王義季，以飲酒致殞，傳國至孫，齊受禪國除。是武帝七子，惟義季善終有後，其餘皆死於非命，且無後也。文帝十九子，長元凶劭，次始興王濬，皆以弑逆被誅。劭四子，濬三子，皆梟首。次孝武帝。次南平王鑠，為孝武酖死。其子敬猷、敬淵、敬先，皆為前廢帝所殺。次廬陵王紹，出繼義真，以善終。紹又無子，以敬先嗣，即前廢帝所殺者。次竟陵王誕，為孝武所忌，使沈慶之攻殺之。無子。次建平王宏，善終。其子景素，後廢帝時被殺，并殺其子延齡及二少子。次廬江王禕，明帝逼令自殺。有子克明，善終，無子。次晉熙王昶，前廢帝欲討之，乃奔魏。有二妾，還都各生一子，尋皆殤。明帝以子燮繼之，齊受禪，賜死。惟昶奔魏，後為駙馬都尉，有子承緒，孫文遠等。次武昌王渾，孝武帝逼令自殺。無子。次明帝。次始安王休仁，為明帝所忌，賜死。其子伯融、伯猷，後廢帝時為楊運長等所殺。次晉平王休祐，明帝使人觸之，墜馬死。有十三子。順帝時蕭道成以朝命並賜死。次海陵王休茂，以反被殺。次鄱陽王休業、臨慶王休倩、新野王夷父，皆早卒。次桂陽王休範，舉兵討蕭道成，為張敬兒所殺。子德宣、德嗣、青牛、智藏，皆被殺。次巴陵王休若，為明帝賜死。子沖，尋卒。是文帝十九子，惟孝武及明帝嗣位，紹及宏善終，昶奔魏，休業、休倩、夷父早卒，其餘皆不得死，且亦無後也。孝武帝二十八子，夭殤者十，為前廢帝所殺者二，為明帝所殺者十六。見《南史誤處》條內。當明帝時，以孝武子孫誅殺已盡，轉以己子武陵王贊為孝武後，則孝武子孫已無一在者可知也。案《劉休傳》，明帝素肥痿，不能御內，諸王妾有孕者，密取入宮，生子則閉其母於後房。順帝本桂陽王休範子也。蒼梧亦非帝子，陳太妃先為李道兒妾，故蒼梧自稱李统云。然則明帝雖有十二子，皆非親子也，而何以自護其假子，而盡殺祖宗之子孫？卒之十二子中，後廢帝及順帝，皆為蕭道成所殺，隨陽王翽、新興王嵩、始建王禧，亦為道成所殺，智井、燮、躋皆出繼，而燮亦為道成所殺，智井、燮生卒不可考。惟法良及邵陵王友暨第四子之未名者，以早夭免誅。然則明帝十二子，其真偽本不可知，而即其自號為親子者，夭卒不過數人，其餘亦皆不得其死，且皆年幼無子也。《南史·順帝紀》謂帝遜位被害後，宋之王侯無少長皆盡矣。然則宋武九子，四十餘孫，六七十曾孫，死於非命者十之七八，且無一有後於世者。當其勃焉興也，子孫繁衍，為帝為王，榮貴富盛，極一世之福。及其敗也，如風之捲籜，一掃而空之，橫屍喋血，斬艾無噍類，欲求為匹夫之傳家保世而不可得。斯固南北分裂時劫運使然，抑亦宋武以猜忍起家，肆虐晉室，戾氣所結，流禍於後嗣。孝武、明帝又繼以凶忍慘毒，誅夷骨肉，惟恐不盡，兄弟子姓悉草薙而禽獮之，皆諸帝之自為屠戮，非假手於他族也。卒至宗支盡，而己之子孫轉為他族所屠，豈非天道好還之明驗哉。前廢帝嘗夢其母王太后謂之曰：『汝不孝不仁，本無人君之相。子尚愚悖，亦非運祚所及。孝武險虐滅道，怨結神人，兒子雖多，並無天命，是冥冥中固有鑒觀不爽者。孝武既以多殺文帝子而絶嗣，明帝又以多殺孝武子，而其子亡國殞身，無復孑遺，真所謂自作之孽也。

又　卷一二《齊明帝殺高武子孫》　宋子孫多不得其死，猶是文帝、孝武、廢帝、明帝數君之所為。至齊高、武子孫，則皆明帝一人所殺，其慘毒自古所未有也。明帝本高帝兄子，早孤，高帝撫之，恩過諸子，歷高、武二朝，爵通侯，官僕射，至鬱林王時輔政，因鬱林無道，弑之而立海陵，不數月，又廢弑之而奪其位。自以得不以正，親子皆幼小，而高、武子孫日漸長大，遂盡滅之無遺種。《子岳傳》今按高帝十九子，長武帝，次豫章王嶷、臨川王映、長沙王晃、武陵王曄、安成王暠、始興王鑑，皆卒於明帝前，故未被害；又早殤者四人；其餘鄱陽王鏘、桂陽王鑠、江夏王鋒、南平王鋭、宜都王鏗、晉熙王銶、河東王鉉、衡陽王鈞，皆明帝所殺也。武帝二十三子，長文惠太子，早薨；次竟陵王子良，善終；魚復侯子響，武帝時以擅殺長史，拒臺兵，見殺；又早殤者四人；其餘廬陵王子卿、安陸王子敬、晉（陵）［安］王子懋、隨郡王子隆、建安王子真、西陽王子明、南海王子罕、巴陵王子倫、邵陵王子、臨賀王子岳、西陽王子文、衡陽王子峻、南康王子琳、湘東王子建、衡陽王子珉、南郡王子夏，皆明帝所殺也。文惠太子子鬱林王昭業、海陵王昭文，既為明帝所弑，巴陵王昭秀、桂陽王昭粲，亦明帝殺之，甚至竟陵王子良之子昭胄、昭穎亦明帝所殺。統計高帝後，惟豫章王嶷有子，子廉、子恪、子操、子範、子顯、子雲等有後於梁，其餘諸子，及武帝、文惠諸子孫，大半皆被明帝之禍，且俱無後。按齊高嘗戒武帝曰：『宋氏若不骨肉相殘，他族豈得乘其衰敝？』故終武帝世，諸兄弟尚得保全。然齊高但知宋之自相屠戮，而不知己之殺劉氏子孫之慘。當巴陵王子倫被害時，謂茹法亮曰：『先朝殺滅劉氏，今日之事，理數固然。』是天理即人心，殺人子孫者，人亦殺其孫。金翅下殿，搏食小龍無數。《子夏傳》。明帝名鸞，即金翅鳥也。斯固齊高之自取也。然齊明之忍心害理，亦已至矣。［延興］、建武中，凡三誅諸王。每一行事，帝輒先燒香火，嗚咽流涕，人以此知其夜當有殺戮。《子岳傳》每殺諸王皆以夜，遣兵圍宅，或斧砍關，排牆而入。《鏘傳》當時高、武子孫，朝不保夕，每朝見，鞠躬俯僂，不敢正行直視。《鉉傳》桂陽王鑠見帝後，出謂人曰：『吾前日見上流涕嗚咽，而鄱陽、隨郡誅。今日又流涕而有愧色，其在吾耶？』是夕果見殺。《鑠傳》宜都王鏗詠陸機弔魏武云：『昔以四海為己任，死則以愛子託人。』左右皆泣，未幾賜死。《鏗傳》王敬則起兵向闕，以奉南康王子恪為名，子恪逃走，不知所在。明帝欲盡殺高、武子孫，乃悉召入尚書省，敕人各兩左右自隨，孩抱者乳母隨入。其夜太醫煮藥，都水辦棺材數十具，須三更悉殺之。會子恪自吴奔歸，二更刺啓入。時刻已至而帝眠未醒，沈徽孚、單景雋少留其事。及帝覺，乃白子恪已至，帝驚曰：『未盡諸王命耶？』景雋具以事答，明日悉遣諸王侯還第。《昭胄傳》蓋天良難昧，帝亦動於心之所不安也，然其後又卒皆誅死，然則齊明之殘忍慘毒，無復人理，真禽獸之不若矣。卒之高、武帝子孫既盡，而己之子東昏侯寶卷、和帝寶融，皆被廢殺之禍。江夏王寶玄先為東昏所殺，鄱陽王寶寅逃入魏，後亦謀反誅，邵陵王寶攸、晉熙王寶嵩、桂陽王寶貞，皆中興元二年賜死，惟廣陵王寶源以先卒未被禍，巴陵王寶義以廢疾得善終，餘皆早夭。是明帝之子亦無一得免禍者。始安王遥光，明帝親兄子，明帝謀害諸王，皆遥光贊成之，後遥光亦以反誅。真所謂天理昭彰，報施不爽，凡殺人以利己者，可以觀於此矣。

又　《齊制典籤之權太重》　齊制，諸王出鎮，其年小者，則置行事及典籤以佐之，一州政事以及諸王之起居飲食，皆聽命焉，而典籤尤為切近。《齊書·孝武諸子傳論》謂，帝子臨州，年皆幼小，故輔以上佐，簡自帝心。州國府第，先事後行，飲食起居，動應聞啓。行事執其權，典籤掣其肘，處地雖重，行己莫由。斯宋氏之餘風，在齊而彌甚也。今見於列傳者，武陵王奕為丹陽尹，始不置行事，得自親政。《奕傳》隨郡王子隆督益州，始親府州事。《子隆傳》可見其始皆有行事，不得自專也。蔡約為宜都王長史，行府州事，時諸王行事多相裁割，約在任，主佐之間穆如也。《約傳》可見行事如約者少也。劉暄為江夏王寶元郢州行事，執事過刻，有人獻馬，寶元欲看之，暄曰：『馬何須看。』妃索煮肫，暄曰：

『已煮鵝，不復煩此。』寶元曰：『舅殊無渭陽之情。』《江祏傳》可見行事之威制也，此行事之弊也。其籤帥之權，如武陵王奕在江州，忤典籤趙渥之，趙渥之啓其得失，即召還京。《奕傳》宜都王鏗，舉動每為籤帥所判，立意多不得行。《鏗傳》南海王子罕欲暫遊東堂，典籤姜秀不許，還泣謂母曰：『兒欲移五步不得，與囚何異。』邵陵王子貞求熊白，廚人答以無典籤命，不敢與。西陽王子明欲送書侍讀鮑僎，典籤吴修之不許，乃止。俱見《子倫傳》其有不甘受制而擅殺典籤者，則必治以專輒之罪。如長沙王晃為典籤所裁，晃殺之，高帝大怒，手詔賜杖。《晃傳》魚復侯子響為行事劉寅、典籤吴修之等所奏，武帝遣臺使檢校，子響憤殺寅、修之等，後以抗拒臺兵被誅。《子響傳》是以威行州郡，權重藩君，勢積重而難返。當子響之殺寅等也，武帝聞之曰：『子響遂反。』戴僧靜大言曰：『諸王都應反。』帝問故，對曰：『諸王無罪，而一時被囚，取一挺藕，一杯漿，籤帥不在，則竟日忍渴。諸州但聞有籤帥，不聞有刺史。』見《子倫傳》。而《僧靜傳》，武帝使僧靜往討，僧靜曰：『王年少，長史捉之太急，忿不思難，故耳。天子兒過誤殺人，有何大罪，而忽遣軍西上耶？僧靜不敢奉詔。』竟陵王子良嘗問范雲曰：『士大夫何故詣籤帥？』雲曰：『詣長史以下皆無益，詣籤帥便有十倍之利，不詣何為！』《子倫傳》故明帝殺諸王，無不就典籤殺之。其初輔政時，防制諸王，先致密旨於上佐。《孔琇之傳》又令蕭諶召諸王典籤，約不許諸王外接人物。《諶傳》其害巴陵王子倫也，懼其有兵能拒命，以問典籤裴伯茂，伯茂曰：『若遣兵恐不可即得，委伯茂則一小吏力耳。』果以酖逼之死。《子倫傳》又遣裴叔業害南平王鋭，防閤周伯玉欲斬叔業，舉兵匡社稷，典籤叱左右斬之，鋭遂見害。《鋭傳》積威之漸，一至於此。

按《南史·呂文顯傳》，故事，府州部內論事皆用籤，前敘所論之事，後書某官某籤，故府州置典籤掌之，本五品吏耳。宋季多以幼小王子出為方鎮，人主皆以親近左右為典籤，一歲中還都者數四，人主輒問以刺史之賢否，往往出於其口，於是威行州郡，權重藩君。齊明帝知之，始制諸州論事不得遣典籤，其任稍輕，其後仍復積重。《梁書》，江革為廬陵王長史，時少王行事，多傾意於籤帥，革以正直自處，不與籤帥同坐。蓋以典籤本微賤者也，然官小而權重，革之為此，豈至梁時籤帥已輕，不復如齊時之威福在手耶？